Werner Fuchs-Heinritz · Rüdiger Lautmann
Otthein Rammstedt · Hanns Wienold (Hrsg.)

Lexikon zur Soziologie

Werner Fuchs-Heinritz
Rüdiger Lautmann
Otthein Rammstedt
Hanns Wienold (Hrsg.)

Lexikon zur Soziologie

4., grundlegend überarbeitete Auflage

unter Mitarbeit von
Eva Barlösius
Daniela Klimke
Urs Stäheli
Christoph Weischer

VS VERLAG FÜR SOZIALWISSENSCHAFTEN

Bibliografische Information Der Deutschen Nationalbibliothek
Die Deutsche Nationalbibliothek verzeichnet diese Publikation in der
Deutschen Nationalbibliografie; detaillierte bibliografische Daten sind im Internet über
<http://dnb.d-nb.de> abrufbar.

4., grundlegend überarbeitete Auflage 2007

Alle Rechte vorbehalten
© VS Verlag für Sozialwissenschaften | GWV Fachverlage GmbH, Wiesbaden 2007

Lektorat: Frank Engelhardt

Der VS Verlag für Sozialwissenschaften ist ein Unternehmen von Springer Science Business Media.
www.vs-verlag.de

Umschlaggestaltung: KünkelLopka Medienentwicklung, Heidelberg
Druck und buchbinderische Verarbeitung: Krips b.v., Meppel
Gedruckt auf säurefreiem und chlorfrei gebleichtem Papier
Printed in the Netherlands

ISBN 978-3-531-15573-9

Vorwort

„Das Flüchtige oder die Wörterbücher-Gelehrsamkeit, die
sich in ernsthaften Schriften so übel ausnimmt, und den Kenner
anstinkt, ist die wahre Würze witziger Schriften wo es eine
güldne Regel bleibt, daß man alles so zu sagen sucht, als wüßte
man hundertmal mehr, oder das Wegwerfen gewisser Sätze
mit einem Anstand als hätte man solcher 100 noch im Vorrat.
Ja kein Buch geschrieben, wo eine Seite hinreicht, und kein Kapitel,
wo ein Wort eben die Dienste tut."

G. Chr. Lichtenberg (1775)

„Was Ideologie heiße und was Ideologien sind, läßt sich ausmachen
nur so, indem man der Bewegung des Begriffs gerecht wird, die
zugleich eine der Sache ist."

Th. W. Adorno (1954)

Das aktuelle **Lexikon zur Soziologie** liegt nun vor; es handelt sich um die vierte Auflage. Gegenüber der letzten Auflage sind Hunderte von Artikeln neu hinzugekommen, sind Hunderte von Artikeln umgeschrieben, gekürzt, korrigiert, dem neuen Verständnis angepasst, sind aber auch Hunderte von Artikeln gestrichen worden. Daher ist das neue **Lexikon zur Soziologie** im Format und im Umfang größer ausgefallen. Vergleicht man die jetzige mit der ersten Auflage, so zeigt sich, dass viel, sehr viel geändert wurde. Es hätte für ein anderes Soziologie-Lexikon gereicht.

Die Veränderungen sind weitgehend den Veränderungen in der Soziologie geschuldet, wie sie sich in der aktuellen Literatur – in den deutschsprachigen Fachzeitschriften der Soziologie und benachbarter Disziplinen, in den soziologischen Lehrbüchern und den in den Vordergrund gerückten soziologischen Monografien – niederschlagen. Solche Veränderungen sind einerseits durch Veränderungen in der Gesellschaft bedingt, die generell das Objekt der Soziologie umreißt, und andererseits durch ein sich infolge dessen änderndes Wahrnehmen von Soziologie in der öffentlichen Meinung, dem die Soziologie durch eine Korrektur des Selbstverständnisses folgt. Die Stellung der Soziologie in der Gesellschaft hat sich gewandelt wie auch das Wissen darum in der Soziologie. Das prägt die aktuelle soziologische Diskussion und lässt neue und andere Problemkreise in den Vordergrund treten.

Das **Lexikon zur Soziologie** berücksichtigt – gewollt – auch in der vierten Auflage wieder solche Situationen. Und das Lexikon versucht, eine Übersicht des jeweiligen Wortschatzes der soziologischen Sprache zu geben, wenn auch der Umfang neuer soziologischer Begriffe, neuer Wortschöpfungen oder Begriffsübernahmen begrenzt ist.

Aber bei allen Änderungen in der Auswahl der Stichwörter und ihrer Behandlung bleibt das Anliegen des Lexikons gleich: Hauptaufgabe des Lexikons sollte und soll es immer noch nur sein, soziologischen Laien, soziologisch Interessierten und Soziologen die Möglichkeit zu bieten, Fachbegriffe nachschlagen zu können und kurz erklärt zu finden, die nicht aus sich heraus verständlich sind oder in der Fachliteratur abweichend vom Alltagsverständnis gebraucht werden. Über sie will das **Lexikon zur Soziologie** schnell, kompetent und verständlich Auskunft geben. Es will den für viele unverständlichen Wortschatz der aktuellen Soziologie im deutschen Sprachbereich wiedergeben. Das **Lexikon zur Soziologie** ist somit nicht als Lesebuch, noch viel weniger als Lehrbuch konzipiert, es bleibt, was es sein will, ein reines Hilfsmittel. Inhalt, Länge und Differenziertheit der Erläuterungen zu den Stichwörtern richten sich demgemäß nur nach der Erklärungsbedürftigkeit des je einzelnen Begriffs; der Umfang sagt folglich weder etwas über die Wichtigkeit des Begriffs aus, noch etwas über seine Verbreitung, noch etwas über seine erkenntnistheoretische Fruchtbarkeit. Dem Kriterium der Erklärungsbedürftigkeit entsprechend wird versucht, die Erläuterungen so elementar wie möglich zu halten. Die Stichwörter setzen jeweils mit der Definition ein, die teilweise – der Verständlichkeit wegen – um Erläuterungen, um Beispiele und, wenn notwendig, um theoretische Einbindungen ergänzt wird. Sollten gleichwohl Fachbegriffe gebraucht werden, die dem Leser unbekannt sind, kann er im Allgemeinen damit rechnen, dass diese ebenfalls im Lexikon auffindbar sind. Nicht finden wird der Leser jedoch begriffs-

und ideengeschichtliche Ausführungen, die soziologischen Enzyklopädien und gediegenen Wörterbüchern zu entnehmen sind, auch nicht Problemlösungen, wie sie in den Handbüchern aufgeführt sind, oder die Namen der Fachvertreter, die sich ja in den Soziologenlexika finden lassen. Das **Lexikon zur Soziologie** will die Wörter mit ihren reinen Definitionen auflisten, und zwar unabhängig von theoretischen Einbindungen, Bereichsorientierungen, historischen Ableitungen und modisch-politischen Verpflichtungen.

Als das **Lexikon zur Soziologie** 1968 konzipiert wurde, war das Ziel, zum Abbau der Verständigungsschwierigkeiten beizutragen, die zwischen den verschiedenen Lehrmeinungen herrschten, die mit je eigener Terminologie in Frankfurt am Main und in Köln, in Göttingen und in Mannheim, in Münster in Westfalen und in Berlin Soziologie vertraten. Das Lexikon sollte ein soziologischer Duden werden, der Auskunft über die Begriffe in der Soziologie geben und zugleich diese „Wörter-Welt" kodifizieren sollte. Um Verzerrungen zu vermeiden, um keine bestimmte Schule oder Richtung bei der Auswahl der Stichwörter, bei der Suche nach Autoren und bei der Korrektur der Artikel unversehens zu *der* Soziologie werden zu lassen, fragte ich meine Kollegen in der Sozialforschungsstelle Dortmund, Werner Fuchs, den 1984 bereits gestorbenen Rolf Klima, Rüdiger Lautmann und Hanns Wienold, an der Erstellung des Lexikons mitzuwirken. Das Standardwerk der Fachsprache der damaligen Soziologie in der Bundesrepublik Deutschland schwebte uns wohl vor. Während der Erstellung des **Lexikons zur Soziologie** stellten wir fest, dass mit dem Modisch-Werden der Soziologie eine Flut von Begriffsneuschöpfungen einsetzte, die häufig der Unkenntnis des bestehenden Wortschatzes geschuldet waren; sie zu protokollieren wie zugleich diesen Vorgang einzudämmen, wurde nun auch zur Aufgabe – schon für die erste Auflage des **Lexikons zur Soziologie** 1973. Bereits vier Jahre später kam es zur zweiten Auflage und dann, nach einer Reihe von Nachdrucken, 1994 zur dritten Auflage, der jetzt, nach wiederum einer Reihe von Nachdrucken, die vierte Auflage folgt. Jeweils zeigte sich, dass sich angesichts der gesellschaftlichen Verhältnisse die „Wörter-Welt" der Soziologie gewandelt hatte; dass sie stets den neuen Problemfeldern, die der Soziologie aufgedrängt wurden, Rechnung trug und Zeugnis ablegte für die Identitätsprobleme eines Faches, das von Kontinuitätsbrüchen gekennzeichnet ist. Dass der Wandel des Begriffs zugleich einer der Sache sei, konstatierte einst Theodor W. Adorno; und wir stellten mit Bedauern fest, dass diesen zentralen Aspekt aufzuzeigen, das Konzept unseres Lexikons verbot; uns blieb nur festzuhalten, dass den Begriffen neue Bedeutungen „zugewachsen" waren. Aber auch so, als reiner soziologischer Duden, hat das Lexikon zur Institutionalisierung der Soziologie jenseits aller Schulen und Lehrmeinungen über all die Jahre beigetragen.

Dass angesichts des fortschreitenden gesellschaftlichen Wandels die Soziologie nicht erstarren wird, ist fast selbstverständlich. Auch sie wird sich weiter ändern. Und damit wird in einigen Jahren wohl eine neu überarbeitete Auflage notwendig werden. Um für diese und – hoffentlich – folgende Revisionen Kontinuität garantieren zu können, haben wir zwischenzeitlich unsere Gruppe um Eva Barlösius, Daniela Klimke, Urs Stäheli und Christoph Weischer erweitert. Sie haben bereits bei der hier vorliegenden vierten Auflage mitgewirkt und sollen später die Verantwortung als Herausgeber übernehmen.

Bielefeld, im März 2007   *Otthein Rammstedt*

Hinweise für den Benutzer

1. Die Stichworte sind durch Fettdruck hervorgehoben und alphabetisch geordnet. Stichworte, die sich aus einem Adjektiv und einem Substantiv zusammensetzen, sind in der Regel unter dem Substantiv (z.B. **Abstieg, sozialer**), mehrgliedrige Begriffe unter dem ersten Begriff eingefügt (z.B. **after-only design**).
2. Fremdsprachige Begriffe, für die sich keine adäquate Übertragung ins Deutsche durchgesetzt hat, werden in der Originalsprache aufgeführt; gibt es eine adäquate Übertragung, so wird der fremdsprachige unter dem deutschen Begriff erläutert und ihm in Kursivdruck nachgestellt; englischsprache Begriffe werden dann nicht mehr als solche gekennzeichnet (z.B. **Aktion, direkte,** frz.: *action directe*; aber: **Achtung,** *deference*).
3. Verschiedene Begriffsbedeutungen werden mit den Zeichen [1], [2] etc. aufgezählt.
4. Auf andere im Lexikon vorhandene Begriffe und Bearbeitungen von Stichwörtern an anderer Stelle verweist das Zeichen →.
5. Griechische Symbole sind in deutscher Umschrift aufgeführt (z.B. τ unter Tau)
6. Abkürzungen im Text entsprechen dem Duden.

Die Initialen der Autoren

A.B.	Andrea Bührmann	H.D.	Hansjürgen Daheim
A.G.	Andreas Gaidt	H.D.R.	Horst Dieter Rönsch
A.G.W.	Ansgar G. Weymann	H.Du.	Helmut Dubiel
A.H.	Antje Hasse	H.E.	Heinz Epskamp
A.K.	Alexandra König	H.E.M.	Harald E. Mey
A.R.	Angela Rammstedt	H.G.	Helga Gripp
A.St.	Annemarie Strubelt	H.G.T.	Hans-Günther Thien
A.T.	Angela Taeger	H.H.	Heinz Hartmann
A.W.	Annette Wagner	H.Ha.	Heinz Harbach
B.Ba.	Bálint Balla	H.J.D.	Heinz-Jürgen Dahme
B.Bi.	Benno Biermann	H.L.	Hartmut Lüdtke
B.Bu.	Bernd Buchhofer	H.M.	Heiner Meulemann
B.K.	Babis Karakalos	H.S.	Hugo Schwarze
B.Kr.	Bernhard Kroner	H.Tr.	Hubert Treiber
B.M.	Boris Michel	H.Ty.	Hartmann Tyrell
B.R.	Barbara Rönsch	H.U.O.	Hans-Uwe Otto
B.S.	Burkard Sievers	H.W.	Hanns Wienold
B.W.R.	Bruno W. Reimann	H.W.K.	Heinz Walter Krohne
C.P.	Christian Papilloud	I.K.	Ivonne Küsters
C.R.S.	Christiane R. Schmerl	I.M.	Ingo Meyer
C.Rü.	Christoph Rülcker	J.B.	Jost Bauch
C.S.	Constans Seyfarth	J.F.	Jürgen Friedrichs
C.W.	Christoph Weischer	J.H.	Jürgen Hohmeier
C.Wo.	Christine Woesler	J.K.	Jürgen Kohl
D.B.	Detlef Bald	J.Ma.	Joachim Matthes
D.E.	Dieter Eich	J.Mo.	Jürgen Motschmann
D.G.	Dieter Grunow	J.W.	Jan Wehrheim
D.K.	Detlef Krause	K.C.K.	Klaus Christian Köhnke
D.Kl.	Daniela Klimke	K.H.	Klaus Horn
D.V.	Dirk Verdicchio	K.H.H.	Karl-Heinz Hörning
E.B.	Eva Barlösius	K.K.	Klaus Kraemer
E.D.	Ellen Diederich	K.L.	Kurt Lüscher
E.H.	Edgar Hörnig	K.Le.	Karl Lenz
E.He.	Eberhard Hüppe	K.R.	Kurt Röttgers
E.L.	Elmar Lange	K.St.	Klaus Sturzebecher
E.Li.	Ekkehard Lippert	K.T.	Klaus Türk
E.T.	Elisabeth Tuider	L.C.	Lars Clausen
E.W.	Ernst Wittig	L.K.	Lucian Kern
F.B.	Friedrich Blahusch	M.B.	Manfred Brusten
F.G.	Friedhelm Guttandin	M.G.	Markus Göbel
F.H.	Friedhart Hegner	M.K.	Manfred Küchler
F.K.S.	Franz-Karl Schlehuber	M.M.	Michael Meuser
F.S.	Fritz Schütze	M.O.H.	Manfred O. Hinz
F.St.	Franz Steinbacher	M.S.	Michael Schetsche
F.X.K.	Franz-Xaver Kaufmann	M.Sch.	Maria Schumacher
G.B.	Günter Büschges	N.L.	Niklas Luhmann
G.E.	Günter Endruweit	N.M.	Norbert Müller
G.F.	Gabriele Fornefeld	O.M.	Oliver Marchart
G.K.	Gábor Kiss	O.R.	Otthein Rammstedt
G.L.	Günter Linnenkamp	P.G.	Peter Gross
G.v.K.	Günter von Kirn	P.L.B.	Peter Lütke-Bornefeld
G.W.	Gerhard Wagner	P.P.	Peter Pappert
H.A.	Heinz Abels	R.G.	Richard Grathoff

R.Ka.	Rainer Kawa	U.S.	Ulrich Schmitz
R.Kl.	Rolf Klima	U.Sch.	Uta Schlichting
R.Kö.	Reinhard Kößler	U.Schi.	Uwe Schimank
R.Kr.	Rüdiger Kramme	U.St.	Urs Stäheli
R.L.	Rüdiger Lautmann	V.K.	Volker Koch
R.N.	Reinhardt Nippert	V.Kr.	Volkhard Krech
R.O.W.	Renate Otto-Walter	V.V.	Viktor Vanberg
R.R.G.	Rolf-Richard Grauhan	W.B.	Wolfgang Bisler
R.S.	Rainer Schützeichel	W.F.H.	Werner Fuchs-Heinritz
R.T.	Robert Tschiedel	W.K.	Wolfgang Kröpp
S.B.	Silke Bellanger	W.L.B.	Walter L. Bühl
S.F.	Sonngrit Fürter	W.La.	Wilfried Laatz
S.H.	Stephanie Hering	W.Li.	Waldemar Lilli
S.J.	Stefan Jensen	W.Lp.	Wolfgang Lipp
S.S.	Siegfried Schneider	W.M.S.	Walter M. Sprondel
T.B.	Torsten Bügner	W.P.	Wichard Puls
T.G.	Thomas Günther	W.S.	Wolf Schönleiter
T.L.	Thomas Leithäuser	W.Sa.	Wolfgang Sawall
U.B.	Ulrich Billerbeck	W.Sch.	Wolfgang Schoene
U.E.	Udo Eberenz	W.Sl.	Wolfgang Slesina
U.K.	Uta Klein	W.St.	Wendelin Strubelt

Die Autorinnen und Autoren

Abels, Heinz
Bald, Detlef
Balla, Bálint
Barlösius, Eva
Bauch, Jost
Bellanger, Silke
Biermann, Benno
Billerbeck, Ulrich
Bisler, Wolfgang
Blahusch, Friedrich
Brusten, Manfred
Buchhofer, Bernd
Bügner, Torsten
Bührmann, Andrea
Bühl, Walter L.
Büschges, Günter
Clausen, Lars
Daheim, Hansjürgen
Dahme, Heinz-Jürgen
Diederich, Ellen
Dubiel, Helmut
Eberenz, Udo
Eich, Dieter
Endruweit, Günter
Epskamp, Heinz
Fornefeld, Gabriele
Friedrichs, Jürgen
Fuchs-Heinritz, Werner
Fürter, Sonngrit
Gaidt, Andreas
Göbel, Markus
Grathoff, Richard
Grauhan, Rolf-Richard
Gripp, Helga
Gross, Peter
Grunow, Dieter
Günther, Thomas
Guttandin, Friedhelm
Harbach, Heinz
Hartmann, Heinz
Hasse, Antje
Hegner, Friedhart
Hering, Stephanie
Hinz, Manfred O.
Hohmeier, Jürgen
Horn, Klaus
Hörnig, Edgar
Hörning, Karl-Heinz
Hüppe, Eberhard
Jensen, Stefan
Karakalos, Babis
Kaufmann, Franz-Xaver
Kawa, Rainer

Kern, Lucian
Kirn, Günter von
Kiss, Gábor
Klein, Uta
Klima, Rolf
Klimke, Daniela
Koch, Volker
Kohl, Jürgen
Köhnke, Klaus Christian
König, Alexandra
Kößler, Reinhart
Kraemer, Klaus
Kramme, Rüdiger
Krause, Detlef
Krech, Volkhard
Krohne, Heinz Walter
Kroner, Bernhard
Kröpp, Wolfgang
Küchler, Manfred
Küsters, Ivonne
Laatz, Wilfried
Lange, Elmar
Lautmann, Rüdiger
Leithäuser, Thomas
Lenz, Karl
Lilli, Waldemar
Linnenkamp, Günter
Lipp, Wolfgang
Lippert, Ekkehard
Lüdtke, Hartmut
Luhmann, Niklas
Lüscher, Kurt
Lütke-Bornefeld, Peter
Marchart, Oliver
Matthes, Joachim
Meulemann, Heiner
Meuser, Michael
Mey, Harald F.
Meyer, Ingo
Michel, Boris
Motschmann, Jürgen
Müller, Norbert
Nippert, Reinhardt
Otto, Hans-Uwe
Otto-Walter, Renate
Papilloud, Christian
Pappert, Peter
Puls, Wichard
Rammstedt, Angela
Rammstedt, Otthein
Reimann, Bruno W.
Rönsch, Barbara
Rönsch, Horst Dieter

Röttgers, Kurt
Rülcker, Christoph
Sawall, Wolfgang
Schetsche, Michael
Schimank, Uwe
Schlehuber, Franz-Karl
Schlichting, Uta
Schmerl, Christiane R.
Schmitz, Ulrich
Schneider, Siegfried
Schoene, Wolfgang
Schönleiter, Wolf
Schumacher, Maria
Schütze, Fritz
Schützeichel, Rainer
Schwarze, Hugo
Seyfarth, Constans
Sievers, Burkard
Slesina, Wolfgang
Sprondel, Walter M.
Stäheli, Urs

Steinbacher, Franz
Strubelt, Annemarie
Strubelt, Wendelin
Sturzebecher, Klaus
Taeger, Angela
Thien, Hans-Günter
Treiber, Hubert
Tschiedel, Robert
Türk, Klaus
Tuider, Elisabeth
Tyrell, Hartmann
Vanberg, Viktor
Verdicchio, Dirk
Wagner, Annette
Wagner, Gerhard
Wehrheim, Jan
Weischer, Christoph
Weymann, Ansgar G.
Wienold, Hanns
Wittig, Ernst
Woesler, Christine

A

AAM, Abkürzung von „angeborener auslösender Mechanismus", → Auslöser

Abbildtheorie → Widerspiegelungstheorie

Abbildung, in der Mathematik Bezeichnung für eine Zuordnung, die Elementen einer Menge A Elemente einer Menge B zuteilt. Man spricht von einer A. *aus A in B,* wenn es Elemente aus A gibt, denen kein Element aus B zugeordnet ist, und es Elemente aus B gibt, die nicht einem Element aus A zugeordnet sind. Eine A. *von A in B* liegt vor, wenn jedem Element von A mindestens ein Element von B zugeordnet ist. Eine A. *aus A auf B* ist gegeben, wenn jedes Element von B mindestens einem Element von A zugeordnet ist. Bei einer A. *von A auf B* ist jedem Element von A mindestens ein Element von B und jedes Element von B ist mindestens einem Element von A zugeordnet. Bei einer eindeutigen A. ist jedem Element von A nur ein Element von B zugeordnet. Eine eindeutige A. *von A in B* heißt Funktion. Eine eindeutige Funktion liegt vor, wenn verschiedenen Elementen von A auch verschiedene Elemente von B zugeordnet sind. Eine Funktion heißt umkehrbar eindeutig, wenn es auch zu jedem Element von B nur ein Element von A gibt. H.W.

abdikativ → Führungsstil

Abduktion, abduktiver Schluss [1] Bezeichnung von C.S. Peirce für eine neben → Deduktion und → Induktion dritte Möglichkeit syllogistischen Schließens, und zwar das Schließen von dem Resultat (*conclusio*) und der Regel (*major*) auf den Fall (*minor*). Beispiel: Alle Menschen von Kreta lügen (Regel); diese Menschen lügen (Resultat); diese Menschen sind von Kreta (Fall). Die A. ist nur ein Wahrscheinlichkeitsschluss, findet jedoch in den Wissenschaften Anwendung bei Hypothesenbildungen. O.R.
[2] In der qualitativen Sozialforschung gilt A. inzwischen – mit unterschiedlicher Bedeutung – als Schlussverfahren, das die Entdeckung von neuen theoretisierbaren Gesichtspunkten gestattet bzw. sichert. Es geht darum, angesichts überraschender Daten eine Regel zu finden – und zwar ohne ausdrückliches bzw. logisch begründetes Verfahren –, die diese Daten einordnen kann. „Beobachtung, Überraschung, Suche nach einer Regel, welche das Überraschende weniger überraschend erscheinen lässt, gedankenexperimentelles Ausprobieren einer aufgekommenen Vermutung durch Vergleich mit dem Beobachteten, Hin- und Herschieben von Ideen, Entwicklung einer Hypothese, welche *zweierlei* leistet: sie reduziert einerseits Überraschung, und sie stärkt zugleich den Glauben an die Gültigkeit der gefundenen Regel." (J. Reichertz 2003) W.F.H.

Abenteuer ist ein Erlebnis, das aus dem gewöhnlichen Leben herausragt, ohne selbst zwangsläufig außergewöhnlich zu sein. Das A. ist nach G. Simmel (1910) in sich abgeschlossen, was heißt, dass es Anfang und Ende hat und zugleich zeitlich keinen bestimmten Punkt des Lebenslaufes markiert. Das A. kann aber bei aller Zufälligkeit bedeutsam und sinnvoll für den Einzelnen und sein Leben sein. O.R.

Abenteurer- und Raubkapitalismus nennt M. Weber eine der vorrationalistischen Formen kapitalistischen Erwerbs, bei der Gewinnchancen wesentlich in einem quasi politischen Mandat (z.B. bei Kriegszügen) oder in staatlicher Protektion (z.B. bei staatlich privilegierten Außenhandelskapitalisten) begründet sind. C.S.

aberrant – nonkonform, in der Kriminalsoziologie zwei Typen abweichenden Verhaltens: a.es Handeln bestreitet nicht die Gültigkeit der verletzten Regel; demgegenüber sucht n.es Handeln die Regel zu ändern, indem es sie verletzt. Daher wird ein (a.er) Dieb seine Tat verbergen, während ein Nonkonformist sein Verhalten öffentlich macht. C.Wo./R.L.

Abfolgeerwartung, bei D. Claessens (1967) Bezeichnung für die beim Säugling entstehende Gewissheit, dass in der Umwelt (bestimmte) Ereignisse aufeinander folgen. J.F.

Abfuhr, bei S. Freud Bezeichnung für die „Entleerung der Energie", die dem psychischen Apparat durch Reize inneren oder äußeren Ursprungs zugeführt wird. Bedeutet etwa: Reduktion einer psychischen (Trieb-)Spannung. R.Kl.

Abgrenzungskriterium, *demarcation criterion,* wissenschaftstheoretische Bezeichnung für das entscheidende Kennzeichen oder „Kriterium" für die „Abgrenzung" (d.h. Unterscheidung) der empirischen Wissenschaft von anderen, nichterfahrungswissenschaftlichen Aussagensystemen wie Mathematik, Logik, Metaphysik oder auch „Pseudowissenschaften" wie der Astrologie. Der → Positivismus sieht das A. in der Verifizierbarkeit von Aussagen, will also nur solche Aussagen als (erfahrungs-)„wissenschaftlich" anerkennen, die sich auf elementare Erfahrungssätze (→ Basissätze, → Protokollsätze) logisch „zurückführen" lassen. Dagegen sieht der Kritische Rationalismus (K.R. Popper) das A. in der → Falsifizierbarkeit wissenschaftlicher Aussagen. Die Aufgabe, ein solches A. zu finden, wird als „Abgrenzungsproblem" bezeichnet. R.Kl.

Abgrenzungsproblem → Abgrenzungskriterium

Abhängigkeit, *dependency,* [1] Bezeichnung für eine Reihe von Verhaltensdispositionen eines Individuums: a) Passivität, b) Suche nach Unterstützung (instrumentelle A.), c) Bemühen, zu anderen Kontakt zu gewinnen und aufrecht zu erhalten und bei anderen positive Reaktionen auszulösen (emotionale A.).   W.Sl.
[2] Statistische A., Bezeichnung dafür, dass ein Merkmal oder ein Messwert mit einem anderen Messwert in einem statistischen Zusammenhang im Sinne der → Korrelation steht, oder dafür, dass mehrere Messungen an der gleichen Stichprobe gewonnen wurden und daher im Zusammenhang stehen (→ Stichproben, abhängige).
[3] → Variable, abhängige – unabhängige   R.Kl.
Abhängigkeit, funktionelle – hierarchische. In Betriebs- und Organisationssoziologie bezeichnet f. A. eine von den sachlichen und technischen Erfordernissen des Arbeitsablaufs bedingte Abhängigkeit der Arbeitskräfte im Arbeitsprozess; h. A. bezeichnet demgegenüber Formen der Kooperation, die nicht durch die technischorganisatorische Struktur des Arbeitsablaufs, sondern aufgrund von Anweisungen und Entscheidungen in einer Vorgesetztenhierarchie zu Stande kommen.   F.B.
Abhängigkeit, strukturelle, zentraler Begriff der lateinamerikanischen Theorien der Abhängigkeit (→ *Dependencia*-Theorien), der die innere Verfasstheit und Struktur der abhängigen Gesellschaften und Ökonomien in den Mittelpunkt stellt. Bei der s.n A. „handelt es sich nicht nur um eine durch äußeren Druck bestimmte Unterordnung, sondern um einen Modus von Herrschaft, der auch von innen her ausgeübt wird" (A. Quijano). Hauptmerkmale der s.n A. sind u.a. die → strukturelle Heterogenität von Ökonomie und Gesellschaft, eine schwache nationale Bourgeoisie, die Ausrichtung der Ökonomie auf die Bedürfnisse der kapitalistischen Zentren, die Existenz breiter marginalisierter Massen (→ marginal).   H.W.
Abhängigkeit, technologische → Technologietransfer
Abhängigkeitsbedürfnis, [1] *dependency need,* Bezeichnung für das vom Kleinkind aufgrund der als angenehm empfundenen Zuwendungen der Pflegeperson erworbene Bedürfnis, von dieser Person umsorgt und geliebt zu werden. Das A. hat eine wichtige motivierende Funktion für die Bereitschaft des Kindes, sich den Erwartungen seiner wichtigsten Kontaktperson(en) anzupassen.
[2] Synonym für Gesellungsbedürfnis, engl. zumeist *affiliation want,* das Bedürfnis, mit anderen zusammen zu sein, Freundschaften zu schließen oder sonstige Bindungen einzugehen (→ Gesellung).   W.Sl.

Abhängigkeitsquotient, verschiedentlich auch Gesamtabhängigkeits-, oder Lastquotient, drückt ausgehend von der Altersverteilung einer Bevölkerung das Verhältnis der nicht-erwerbsfähigen (unter 20 und über 60 Jahre) zur erwerbsfähigen Bevölkerung (20–60 Jahre) aus; die Altersgrenzen können jedoch variieren. Es können auch Jugend- bzw. Altenquotienten berechnet werden, die im Zähler dann nur die jüngere oder ältere Gruppe enthalten.   C.W.
ability (engl.) → Fähigkeit
Ablaufdiagramm, Flussdiagramm, grafische Darstellung zur Veranschaulichung organisatorischer Zusammenhänge, wodurch sowohl die zeitliche Abfolge als auch die gegenseitige Abhängigkeit der einzelnen Arbeitsschritte übersichtlich dargestellt werden. Häufige Verwendung in der EDV als Vorbereitung für die Programmierung.   D.G.
Ablaufmuster, institutionalisierte, in Biografieforschung und Soziologie des Lebenslaufs Bezeichnung für institutionell vorgegebene und garantierte Wege von Einzelnen bzw. Gruppen durch aufeinander folgende Statusniveaus. Beispiel: Der Weg von Schülern durch die Schule ist nach Schrittigkeit (Klasse für Klasse), Zeit (schuljährlich) und Bedingungen für den Übergang zum nächsten Statusniveau (Versetzung o.ä.) institutionell vorgegeben und gesichert. Insofern i. A. sowohl die institutionell vorgegebene Ablaufordnung als auch die Realisierungen dieser Ablaufordnung durch Einzelne bzw. Gruppen meinen kann, ist der Begriff leicht mehrdeutig. Darin (dem Inhalt nach sowieso) ist er der Bezeichnung → Karriere ähnlich. W.F.H.
Ablauforganisation → Aufbau- und Ablauforganisation
Ablehnungsbereich, Bezeichnung der Statistik für diejenige Menge von möglichen Stichprobenergebnissen, bei denen in einem statistischen Test im Falle, dass ein Wert aus dieser Menge in der betrachteten Stichprobe realisiert ist, die → Nullhypothese verworfen wird, da diese Werte nur eine geringe Eintrittswahrscheinlichkeit besitzen, wenn die geprüfte Nullhypothese richtig ist. Die Größe des A.s hängt vom gewählten → Signifikanzniveau ab.   H.W.
Ablehnungsbindung, bezeichnet eine Bindung an eine andere Person, die durch dauernde Kundgebungen von Ablehnung begleitet wird, ohne dass es zur Trennung kommt; z.B. in Ehen oder in Beziehungen zu Autoritäten (R. Sennett 1985).   W.F.H.
Ableitung, [1] Bezeichnung für Vorgang und Ergebnis des logischen Schließens nach festgelegten Schlussregeln, die einen wichtigen Bereich der Logik bilden.   H.W.

[2] In der marxistischen Diskussion eine Strategie der Hypothesengewinnung, wobei aus dem Gegebensein objektiver Verhältnisse geschlossen werden kann, bestimmte empirische Erscheinungsformen seien vorhanden. Beispielsweise wird aus dem Stand der Produktionsverhältnisse der Charakter von Staat und Recht abgeleitet. R.L.

Ablösung, [1] in der psychoanalytischen Therapie das Selbstständigwerden des Patienten nach dem Durcharbeiten der Übertragungsneurose und dem Aufgeben des Arbeitsbündnisses mit dem Analytiker. K.H.
[2] Auch Bezeichnung für die Auflösung der engen Bindung an die elterliche Autorität im Verlaufe der Pubertät oder überhaupt für die Auflösung der (kindlichen) Abhängigkeit von bestimmten Bezugspersonen. Gilt als wesentliche Voraussetzung für soziale → Reife. R.Kl.

Abnormalität, Bezeichnung (häufig abfällig gemeint) für die Beschaffenheit eines Menschen, der die herrschenden Standards, was einen Menschen ausmache, nicht voll erfüllt. Das Urteil der A. kann z.B. durch körperliche, seelische oder geistige Behinderungen ausgelöst werden und hat eine generelle → Stigmatisierung des Betroffenen zur Folge. R.L.

Abolitionismus, *abolition,* [1] bezeichnet das Ziel einer sozialen Bewegung, die für eine Abschaffung einer Institution eintritt (historische Beispiele betreffen die Sklaverei oder die Prostituiertenkontrolle).
[2] In der Kriminalsoziologie meint der A. die Abschaffung des Gefängnisses, ja des repressiven Strafrechts; stattdessen sollten Konflikte informell gelöst werden. D.Kl.

abreagieren, Abreaktion, Begriff aus der Frühzeit der psychoanalytischen Hysterietherapie. Spontane oder therapeutisch herbeigeführte Entladung eines unterdrückten Affekts, der mit einem traumatischen Erlebnis verknüpft ist. Man nahm an, dass dieser Affekt Krankheitsursache werden kann, wenn er nicht abreagiert wird (→ Katharsis). K.H.

absentee ownership (engl.), Bezeichnung für eine Situation, in der der Eigentümer von Produktionsmitteln bzw. Produktionsstätten diese nicht selbst leitet, sondern dazu Beauftragte eingestellt hat und ohne Teilnahme an der Produktionsstätte den Gewinn bzw. die Rente erhält. Beispiele: Großgrundbesitzer, die von Pächtern leben; Aktionäre in Aktiengesellschaften. W.F.H.

Absentismus, Bezeichnung für Häufigkeit und Art des durch den Arbeitsvertrag nicht gerechtfertigten Wegbleibens vom Arbeitsplatz. Gründe und Bedingungen des A. sind wichtige Untersuchungsgegenstände der angewandten Industrie- und Betriebssoziologie. W.F.H.

Absolutismus, eine Herrschaftsform im Europa des 17. und 18. Jahrhunderts (und im weiteren Sinn Bezeichnung für diese Epoche): Nachdem der mittelalterliche Kriegeradel in den Glaubenskriegen endgültig seine Macht verloren hatte, machten die Monarchen die Adligen zum Hofadel und gewannen unbeschränkte Macht, die weder durch Gesetz oder Verfassung noch durch andere politisch-gesellschaftliche Kräfte kontrolliert wurde. Inbegriff dieser Entwicklung ist das Frankreich Ludwigs XIV. Mittel zur Sicherung dieser Macht waren – abgesehen von der „Verhofung" des Adels – ein auf den Monarchen verpflichtetes Heer, eine nicht an die Landstände und die Territorialfürsten gebundene Beamtenschaft sowie, damit verbunden, die Ausbildung von Großstaaten. Durch die Herstellung von allgemeinen Voraussetzungen für Handel und Gewerbe (zentralstaatliche Verwaltung und Gesetzgebung, Verkehrsnetzentwicklung usw.) wurden die wirtschaftlichen Interessen des Bürgertums stark gefördert.
Vorschläge, den Begriff A. von diesem historischen Sinn zu lösen und als allgemeine Bezeichnung für eine unbeschränkte Herrschaft zu formulieren, hatten bislang keinen Erfolg. W.F.H.

Abstammungsfamilie → Fortpflanzungsfamilie – Orientierungsfamilie

Abstammungslehre → Deszendenztheorie

Abstammungslücke → *lineage gap*

Abstand, sozialer → Distanz, soziale

Abstandsvergrößerung, raumzeitliche, *time-space distanciation,* bei A. Giddens Bezeichnung dafür, zu welchem Grade Gesellschaften in der Lage sind, sich in Raum und Zeit auszudehnen. Die moderne Gesellschaft sei (wegen ihrer separaten Konzeptionen von Zeit und Raum, wegen der Dominanz von abstrakten → symbolischen Zeichen – Geld vor allem – und wegen der Einrichtung von → Expertensystemen) zu umfassender r.A. fähig. → Globalisierung W.F.H.

Absterben des Staates, zentraler Bestandteil der Revolutionstheorie von K. Marx: Nach der Machtübernahme des Proletariats wird der Staat langfristig alle Aufgaben einbüßen, weil es im Kommunismus keine Herrschaft von Menschen über Menschen mehr geben wird. M.S.

Absterbeordnung → Sterbetafeln

Abstieg, sozialer, Wechsel von Personen oder Gruppierungen von einer Position M zu einer Position N, zumeist bezogen auf Berufspositionen, wobei die Position N mit einer geringeren Wertschätzung in der Gesellschaft und einer geringeren Lebenschance für die Absteigenden verbunden ist als M. Mit dem s.n A. verringert sich der Status der Personen, die den (Berufs-) Wechsel vorgenommen haben oder dazu gezwungen worden sind. O.R.

Abstimmungen, kollektive → Entscheidungen, kollektive

Abstimmungsmacht, *voting power,* in Politikwissenschaft und politischer Soziologie Bezeichnung für die Einflusschancen bei Abstimmungen in Parlamenten (aber auch in anderen, mithilfe von Abstimmungen entscheidenden Gremien), die sich aus der häufigen Notwendigkeit, Koalitionen zu bilden, ergeben. A. ist nicht gleich groß wie die Zahl der Sitze, die eine Partei oder Gruppe hat, sondern ergibt sich aus der Gesamtkonstellation von Fraktionen und Abstimmungsregeln. So kann eine kleine Fraktion unter Umständen sehr große A. haben, weil eine größere Fraktion wegen der Abstimmungsregeln auf sie angewiesen ist. Zur Messung von A. liegen u.a. aus der Spieltheorie Instrumente vor. Unter demokratietheoretischen Gesichtspunkten macht das Konzept der A. darauf aufmerksam, dass der Wille der Wähler zwar in der Zahl der Abgeordnetensitze angemessen zur Geltung kommt, keineswegs aber normalerweise bei den Entscheidungen. W.F.H.

Abstoßung, soziale, *rejection,* Bezeichnung für das Ausmaß der Abneigung, welches zwischen Personen besteht. Vor allem in der → Soziometrie [1] häufig verwandter Gegenbegriff zu „soziale Anziehung" (→ Attraktion). R.Kl.

Abstraktion, von lat. *abstrahere* = abziehen, Bezeichnung für Verfahren und Ergebnis bei der Bildung von Begriffen. Die A. besteht in der Isolierung bestimmter Merkmale konkreter Objekte. Objekte, die nach diesen Merkmalen einander ähnlich sind, werden zu Klassen zusammengefasst. Andere Merkmale der Objekte werden dabei nicht beachtet. Als „abstrakt" werden i.d.R. solche Begriffe, Aussagen oder Überlegungen bezeichnet, die einen Sachverhalt nur

unter speziellen Gesichtspunkten, nicht jedoch in der konkreten Vielfalt seiner Eigenschaften betreffen. H.W./G.E.

Abstraktion, analytische, Arbeitsschritt bei der Auswertung von → narrativen Interviews, bei dem die Ergebnisse der → strukturellen inhaltlichen Beschreibung aller Segmente des Interviews, also die identifizierten Strukturen des Prozessverlaufs in jedem einzelnen Segment, systematisch verknüpft werden. Hiermit entsteht ein Strukturplan des gesamten, vom Befragten geschilderten Prozesses; dabei wird von den Details der ursprünglichen Erzählung weitgehend abgesehen. Aspekte bei der Erfassung der Prozessstruktur sind neben der Verlaufsrichtung z.B. die Selbst- oder Fremdbestimmtheit der Handlungen oder die Orientierung an normativen Ablaufmustern. I.K.

Abstraktion, ideierende → Ideation

Abstrom, Bezeichnung in der Mobilitätsforschung für intergenerative Positionsveränderungen der Personen, die dem Väterberuf nach aus derselben Berufskategorie stammen, sich jedoch in ihrem Beruf auf andere, verschiedene Berufsgruppen verteilen. W.F.H./O.R.

Abstromquote, Bezeichnung für den Anteilswert (i.v.H.) derer, die dem Beruf ihrer Väter nach aus einer Berufskategorie stammen und die ihrem eigenen Beruf nach anderen, verschiedenen Berufskategorien angehören. Die A. gewinnt man durch die zeilenweise Prozentuierung in der Kontingenztafel; also Abstromquote

$$p_i = \frac{\sum_{i \neq j} n_{ij}}{n_{i.}}$$

O.R.

Abulie → Antriebsschwäche

Abwälzung, Bezeichnung von G. Simmel (1908) für das in funktional differenzierten, hierarchisch strukturierten Gruppierungen auftretende Verhalten, dass der Einzelne an ihn gestellte

Kontingenztafel zu → *Abstromquote,* → *Herkunftsquote*

		Befragte nach eigenem Beruf						
		1	2	...	j	...	m	
	1	n_{11}	n_{12}	...	n_{1j}	...	n_{1m}	$n_{1.}$
	2	n_{21}	n_{22}	...	n_{2j}	...	n_{2m}	$n_{2.}$
Befragte nach Väterberuf	.	.	.		.		.	.
	i	n_{i1}	n_{i2}	...	n_{ij}	...	n_{im}	$n_{i.}$
	.	.	.		.		.	.
	m	n_{m1}	n_{m2}	...	n_{mj}	...	n_{mm}	$n_{m.}$
		$n_{.1}$	$n_{.2}$	...	$n_{.j}$	...	$n_{.m}$	$n_{..} = N$

Erwartungen, z.B. Pflichten und Verantwortungen, enttäuscht, indem er unterstellt, die Gruppierung als unpersönliches Gebilde habe die von ihm erwarteten Leistungen statt seiner zu erbringen.   O.R.

Abwehr, perzeptorische → Wahrnehmungsabwehr

Abwehrmechanismen, Defensivmechanismen, Verteidigungsmechanismen, nach psychoanalytischer Ich-Psychologie systematisch dargestellte, unbewusste Operationsweisen des Ich bei der Vermittlung zwischen Triebwunsch und Realität. Das Verfahren der Abwehr ist, unerträgliche Konflikte, die bei dieser Vermittlungsarbeit aufkommen, durch verschiedene Techniken (z.B. Verdrängung, Regression, Reaktionsbildung, Isolierung, Ungeschehenmachen, Projektion, Introjektion, Wendung gegen das Ich, Verkehrung ins Gegenteil und, mit Einschränkung, auch Sublimierung), immer aber durch eine Entstellung des problematischen Sachverhaltes im Bewusstsein, erträglich zu machen. Auf diese Weise erhält das Ich zwar seine Funktionsfähigkeit, allerdings um den Preis je spezifischer Einschränkungen. Man ordnet den psychosexuellen Entwicklungsstufen typische A. zu.   K.H.

Abweichung → Devianz

Abweichung, durchschnittliche, seltener auch mittlere A., statistisches Maß für die Streuung von Messwerten. Die d. A. wird gebildet als Summe der absoluten Beträge der Abweichungen aller Messwerte vom arithmetischen Mittel oder auch vom Median, dividiert durch die Anzahl der Messwerte.   H.W.

Abweichung, mittlere, auch mittlere quadratische A., Synonym für → Varianz, seltener gebräuchlich auch für → durchschnittliche Abweichung.   H.W.

Abweichung, primäre → Devianz, primäre

Abweichung, sekundäre → Devianz, sekundäre

Abweichungsdämpfung – Abweichungsverstärkung, *deviation attenuation – deviation amplification,* aus der Kybernetik (vom Modell des Reglers) übernommene Unterscheidung von Dynamiken, die einer Zustandsveränderung entgegenwirken (A.d.) oder eine solche befördern (A.v.). Die informelle soziale Kontrolle z.B. in Nachbarschaften oder dörflichen Gemeinschaften bewirkt durch wechselseitige Beobachtung und Sanktionsandrohung Normkonformität, ist also eine A.d. Hingegen bezeichnet A.v. Prozesse der Verstärkung einer Störung in sozialen Strukturen (bis hin zur Zerstörung) sowie die Herausbildung neuer Strukturen. Für die Verstärkung von Störungen ist die → Verlaufskurve in der Biografieforschung ein Beispiel; der → Matthäus-Effekt ist ein Beispiel für die Heraus-

bildung und Stabilisierung von ungleicher Reputation bei Wissenschaftlern.   W.F.H.

Abweichungsverstärkung → Abweichungsdämpfung – Abweichungsverstärkung

acceptance (engl.), „Annahme" (eines anderen Menschen), nach T. Parsons ein spezieller Reaktionstyp: im interpersonalen Bereich svw. „Liebe", auf der Gruppenebene svw. „Solidarität der Mitgliedschaft in einem Kollektiv, der diffuse symbolische Ausdruck der Anerkennung der Zugehörigkeit" eines Individuums zur Gruppe. Damit unterscheidet Parsons *a.* von den Reaktionstypen → *response,* → *approval* und → *esteem.*   R.Kl.

access point (engl.) → Zugangspunkt

accessibility (engl.) → Zugänglichkeit

access-society (engl.), Zugangsgesellschaft, bezeichnet bei J. Simon (1987) einen Trend der → Kontrollgesellschaft, in der der Zugang zu gesellschaftlichen Ressourcen und Räumen in Abhängigkeit vom Risikoprofil der Subjekte gewährt wird. Der Zugang zu einem Einkaufszentrum z.B. kann verhindert werden, wenn Besucher nicht wie Kunden aussehen, sondern als potenzielle Störenfriede oder Diebe eingeschätzt werden. Besondere Brisanz erlangen damit die Techniken zur Identifizierung der Risikoträger, wie Videoüberwachung und Gentests, die Personengruppen aufgrund bestimmter Merkmale von gesellschaftlicher Teilhabe ausschließen können (→ Ausgrenzung, sozialräumliche [2]).   D.Kl.

account (engl.), Darstellung, praktische Erklärung. Mit diesem Begriff beschreibt die Ethnomethodologie die reflexive Selbstorganisation von Handlungszusammenhängen. *A.s* sind ein konstituierendes Element von Handlungen, nicht bloß Kommentierungen. Mittels *a.s* produzieren die Handelnden die Strukturen sozialer Wirklichkeit, die dem Alltagswissen als fraglos gegeben erscheinen.   M.M.

achieved status (engl.) → Status, erworbener

Achsenzeit, ein von K. Jaspers vorgeschlagener und von S.N. Eisenstadt in die Soziologie eingeführter Begriff für die Kulturen (Kulturen der Achsenzeit, z.B. antikes Griechenland, Israel, Mesopotamien), in denen im ersten vorchristlichen Jahrtausend eine grundlegende Spannung zwischen einer weltlichen und einer transzendentalen Ordnung institutionalisiert worden ist.   R.S.

Achtung, Ehrerbietung, *deference,* bei E. Goffman die Handlungskomponente, durch die symbolisch dem Interaktionspartner Wertschätzung übermittelt wird. Entgegengebrachte A., wo sie erhalten bleiben soll, bindet den Geachteten sowohl in der aktuellen Interaktion als auch in seinem Handeln und seiner Selbstdarstellung. H.Ty./R.L.

acquiescence (engl.) → Akquieszenz

act, adventurous deviant (engl.), eine deviante bzw. kriminelle Handlung, die dadurch wahrscheinlich gemacht wird, dass entweder die Handlung selbst oder das Übertreten eines bekannten Verbotes als abenteuerlich-aufregend (und nicht als deviant) erlebt und eingestuft wird. Der Drogenkonsum bei Jugendlichen wäre ein Beispiel hierfür (J. Lofland 1969). → *act, defensive deviant* W.F.H.

act, defensive deviant (engl.), eine deviante bzw. kriminelle Handlung (bis hin zum Totschlag), die dadurch wahrscheinlich gemacht wird, dass sich zunächst der Täter subjektiv in seiner körperlichen Integrität oder seiner Selbstachtung bedroht fühlt (J. Lofland 1969). → *encapsulation,* → *act, adventurous deviant* W.F.H.

act, social (engl.), sozialer Akt, ein Grundbegriff bei G.H. Mead, der die kleinste Einheit des sozialen Prozesses insgesamt meint. *S.a.* bedeutet nicht etwa die soziale Handlung, sondern den Zusammenhang einer Geste von A und der Reaktion von B darauf, die der Geste von A nachträglich ihren Sinn (C) gibt. Die so entstehende und gegenüber A wie B neuartige (von beiden weder beabsichtigte noch antizipierte, in gewissem Sinne objektive) Sinnstruktur des Ablaufs (C) kann erst nachträglich in den subjektiven Sinnhorizont von A und/oder B genommen und gegebenenfalls intentional gedeutet werden. Nach Mead ist der *s.a.* eine naturgeschichtliche Kategorie, also auch bei nicht-menschlichen Gattungen wirksam. W.F.H.

acte gratuit (frz.), eigentlich: unentgeltliche Handlung, heißt im Anarchismus nach A. Camus eine spontane Aktion des Einzelnen gegen die sachliche Umwelt aus einem moralischen Konflikt heraus, ohne dass der Einzelne damit etwas direkt sozial ändern will. O.R.

action (engl.) → Handlung

action directe (frz.) → Aktion, direkte

action orientations (engl.) → Handlungsorientierungen

action research (engl.) → Aktionsforschung

action scheme (engl.) → Bezugsrahmen, handlungstheoretischer

actionnalisme (frz.) → Aktionalismus

action-space (engl.) → Handlungsraum

actor (engl.) → Akteur

Actor-Network Theory, ANT (engl.), Akteur-Netzwerk Theorie, ein in der neueren Wissenschafts- und Techniksoziologie (→ *Science and Technology Studies*) entwickelter Ansatz (M. Callon, B. Latour, J. Law), der das Soziale unter der Prämisse der Vernetzung von menschlichen und nicht-menschlichen Entitäten betrachtet.

Bei der Analyse der heterogenen, sozio-technischen Netzwerke gelten alle Elemente (Entitäten) als gleichwertig, egal ob es sich dabei um Menschen, Dinge oder Texte handelt (erweitertes Symmetrieprinzip). *Actor* bezeichnet damit kein intentional handelndes Individuum. Mit dem Begriff der → Übersetzung werden die konstitutiven Operationen innerhalb sozio-technischer Netzwerke beschrieben. Die Differenz zwischen → Makro- und → Mikrostrukturen ist hiernach lediglich quantitativer Art (anstatt qualitativer). Trotz ihres Namens existiert kein theoretischer Textkorpus der *ANT,* vielmehr werden Argumente und Begriffe anhand empirischer Fallstudien entwickelt. D.V.

actuarial justice (engl.), versicherungsmathematische Kriminalpolitik, Begriff von J. Simon und M. Feeley (1994), mit dem eine neue Form der Kriminalitätskontrolle beschrieben wird. *A.j.* zielt auf die Prävention von Kriminalität auf der Grundlage von Risikoprofilen. Die Kriminalpolitik der → Disziplinargesellschaft legt an den einzelnen Straftäter moralische Maßstäbe von Schuld und Sühne an. Strafe soll demnach gerecht sein und dient in erster Linie der Abschreckung und Besserung des Täters. Demgegenüber orientiert sich die *a.j.* am statistisch berechneten Risiko, das von Tätergruppen ausgeht, um die Allgemeinheit vor ihm zu schützen. Die Rasterfahndung, mit der potenzielle Straftäter nach definierten Merkmalen ausfindig gemacht werden sollen, ist hiernach ein Ausdruck von *a.j.* Mit ihr sind Gefahren umfassender Erkennungstechniken (z.B. Gentests) verbunden zur frühzeitigen → Ausschließung von Risikoträgern. D.Kl.

Adaptation, [1] *sensory adaptation*, die Anpassung bzw. Einstellung des Organismus (speziell seiner Sinne) auf das jeweilige Intensitätsniveau von Dauerreizen. II.W.K.

[2] In der → strukturell-funktionalen Theorie (T. Parsons) wird mit A. die Anpassung des Systems an seine Umwelt bezeichnet, die im Prozess der A. verändert wird. Die A. zählt mit der → Integration, der → Zielerreichung und der → *pattern maintenance* zu den Problemen, die ein soziales System kennzeichnen und zu deren Bewältigung funktional vier Untersysteme ausgerichtet sind. H.E./O.R.

[3] *social adaptation,* Synonym für soziale → Anpassung. Die Bezeichnung „soziale A." wird von den meisten Autoren wegen der möglichen Verwechslung mit dem Begriff der A. im Sinne von [1] vermieden. Im Englischen benutzt man dafür zumeist *social adjustment.* R.Kl.

adaptation-level theory (engl.), „Adaptations-Niveau-Theorie", ein von H. Helson zunächst für die Wahrnehmungsforschung entwickelter

Ansatz, der auch für die Einstellungsforschung Gültigkeit beansprucht. Die *a.-l.t.* geht von der Annahme aus, dass subjektive Wahrnehmungs- und Einstellungssysteme sich in Form bipolarer Beurteilungsdimensionen (hell-dunkel; leicht-schwer; gut-schlecht) mit einem neutralen Null-punkt, dem *a.l.*, darstellen lassen. Vor diesem Bezugspunkt werden alle eintreffenden Reize und Informationen wahrgenommen und bewertet. **C.R.S.**

Adaptationsniveau, Abkürzung: AN, *adaptation level, AL,* Begriff aus der Motivationspsychologie (H. Helson, D.C. McClelland). Bezeichnet den hypothetischen Bezugspunkt (Null-Punkt; nach Helson das geometrische Mittel aus allen jeweils wirksamen Reizen), um den sich alles Verhalten eines Organismus zentriert. Motivationsvorgänge werden danach nur dann in Gang gesetzt, wenn der Organismus mit Reizen konfrontiert wird (Ist-Lage), die eine bestimmte Distanz zum AN dieser Reize (Soll-Lage) aufweisen. **H.W.K.**

Adaptationsniveau-Theorie → *adaptation-level theory*

adelphisch, Bezeichnung für Erb- und Nachfolgeregeln, die den Bruder des Verstorbenen begünstigen. **W.F.H.**

Ad-hoc-Gruppe, bei E. Goffman (1961) Bezeichnung für zufällig entstehende und sich rasch wieder auflösende Interaktionsbeziehungen, z.B. eine Gruppe von Passanten, die zufällig in ein Gespräch verwickelt werden. **R.Kl.**

Ad-hoc-Hypothese, Zusatzannahme, die *ad hoc* (d.h. eigens für den Zweck) in eine Theorie eingeführt wird, um sie gegen auftretende Kritik und Widerlegungsversuche zu stützen. **L.K.**

adjustment, social (engl.) → Anpassung, soziale

Adoleszenz, *adolescence,* die Lebensjahre zwischen der Geschlechtsreife (→ Pubertät) und dem Eintritt in das Erwachsenenleben, also die Zeit vom 12., 13., 14. Lebensjahr bis ungefähr zum 20. A. ist meist bedeutungsgleich mit Jugend bzw. Jugendphase, betont jedoch stärker die psychosexuelle Entwicklung (genitale Sexualität) als das Hineinwachsen in die Erwachsenenrollen. **W.F.H.**

Adressant bezeichnet in sozialen Kommunikationsprozessen denjenigen, der durch eine Mitteilung (→ Adresse) eine Verhaltensbestimmung (Verstehen der Mitteilung) beim Kommunikationspartner (→ Adressat) intendiert.
Als Synonyme für A. sind gebräuchlich: Kommunikator, Informationsquelle, Initiator, Kodierer, Kommunikationsquelle, Sender, Produzent, Urheber, Übermittler, Vermittler. **A.R.**

Adressat , [1] ist in sozialen Kommunikationsprozessen derjenige, an den eine bestimmte Mitteilung (Adresse) gerichtet ist. Die Kommunika-

tion ist nur dann vollständig geleistet, wenn der A. durch Verstehen des vom Absender subjektiv gemeinten Sinnes der Mitteilung auf diese reagiert. Als Synonyme für A. sind gebräuchlich: Empfänger, Rezipient, Konsument, Kommunikant, Publikum, Dekodierer, Kommunikationsziel. **A.R.**
[2] In konstruktivistischen Theorien ist der A. die Personifizierung einer Adresse, von der aber kein hermeneutisches richtiges Verstehen erwartet wird. Durch Adressierung wird die Wahrscheinlichkeit von kommunikativen Anschlussereignissen vergrößert. **U.St.**

Adresse, [1] Bezeichnung für vom Adressanten an den Adressaten gerichtete Mitteilung in sozialen Kommunikationsprozessen; die A. wird über ein bestimmtes Kommunikationsmedium (Rede, Buch, Film, Lied etc.) in einer bestimmten Kommunikationsart (Sprache, Gestik, Mimik etc.) sowie in einer bestimmten Kommunikationsform (Code) übermittelt. Die A. besteht sowohl aus dem ausgesagten Sachverhalt wie auch aus bewusst oder unbewusst in die Mitteilung miteinfließenden Informationen über den Adressanten (Selbstbild des Adressanten, Fremdbild, das der Adressant vom Adressaten hat, Werteinschätzung der Mitteilung etc.).
Als Synonyme für A. sind gebräuchlich: Information, Mitteilung, Sendung, Botschaft, Inhalt, Bedeutung, Sinn, Produkt, Signal.
[2] In der EDV ein Symbol zur Kennzeichnung einer Speicherzelle. **A.G.W./A.R.**

Advokaten, in der politischen Soziologie Bezeichnung für Kräfte, die in den Prozess der Politikgestaltung eingreifen, ohne an ihm formell beteiligt oder von den Resultaten unmittelbar betroffen zu sein. Soziologen bzw. Soziologinnen betätigen sich oft stellvertretend als A. für solche Problemgruppen, die ihre Interessen selber nicht anmelden können. **R.L.**

Advokatenplanung, *advocacy planning* → Anwaltsplanung

advokatorische Betroffenheit → Betroffenheit, advokative

Affekt, vieldeutiger Begriff für jede emotionale Regung, Gefühls- und Gemütsbewegung (Jubel, Hass usw.); relativ kurze, aber intensive, meist normale Variante des psychischen Geschehens, bei dem körperliche Veränderungen (Beschleunigung des Pulses, Magen-Darm-Tätigkeit) spürbar werden. In konflikthaften Situationen kann es zu intellektuell ungesteuerten A.-Handlungen kommen (Entladung). **K.St.**

Affekt, frei beweglicher, *free floating affect,* Bezeichnung für ein Gefühl oder Streben, das nach Ersatzbefriedigungsobjekten sucht, da die direkte oder ursprüngliche Befriedigung nicht erreichbar ist. **E.L.**

Affektfixierung → Fixierung [3]

Affektisolierung → Affektverdrängung

affektiv, affektuell, emotional, einen Affekt bzw. eine Emotion oder das Gefühlsleben insgesamt betreffend.   K.St.

Affektivität, Emotionalität, Gefühlsansprechbarkeit, [1] Bezeichnung für die Gesamtheit des emotionalen Geschehens; kann (neben den kognitiven Aktivitäten und den konativen oder Willensäußerungen) zu den relativ konstanten Grundfunktionen einer Persönlichkeit gezählt werden. Der Grad der A. lässt sich an der Leichtigkeit oder Schwere der Auslösung einer Reaktion, gemessen an der Größe des Anlasses, abschätzen (z.B. starke A. bei Verletzung von Egoismen).   K.St.

[2] Bezeichnung für die Neigung einer Person, auf Ereignisse affektiv oder emotional (anstatt affektiv neutral; → Affektivität – Neutralität) zu reagieren.   R.Kl.

Affektivität – Neutralität, *affectivity – neutrality,* in der strukturell-funktionalen Theorie: eine der polaren Alternativen der Wertorientierung (→ *pattern variables*). Bei A. gibt der Handelnde einem Impuls sogleich nach; seine Orientierung zielt auf eine relativ unmittelbare Vorteilserlangung. Bei N. geht es um entferntere Ziele; die Befriedigung wird hinausgeschoben. Die meisten Handlungen enthalten beide Alternativen; der Unterschied ist also skalar und nicht antinomisch. Es kommt auf das Vorwiegen der einen oder der anderen Richtung an.   G.E.

Affektkultur, in der Sozialpsychologie (A. Mitscherlich) benutzte Bezeichnung für die Kultiviertheit der Affektäußerungen: Gefühlsregungen wie Freude oder Ärger werden in beherrschter, den kulturellen Normen der Gruppe entsprechender Form geäußert.   K.H./R.Kl.

affektuell, [1] gleich bedeutend mit → affektiv.

[2] Bei M. Weber Bezeichnung für ein Handeln, das aktuellen Gefühlslagen folgt (a.es Handeln), also auf seinen Gegenstand primär emotional, durch Hingabe bezogen ist.   H.L.

Affektverdrängung, Gefühlsverdrängung, von S. Freud Isolierung des Affekts genannt, ein Abwehrmechanismus, der schmerzlichen oder beängstigenden Gefühlen den Zugang zum Bewusstsein versperrt. → Verdrängung   K.St.

Affektverschiebung, Verschiebung, psychoanalytische Bezeichnung für die Zuordnung eines Affektes zu einem anderen als dem Vorgang oder Gegenstand, der ihn ursprünglich ausgelöst hat (z.B. im Traum). Verschoben wird die Besetzung, d.h. die Aufladung mit psychischer Energie, auf etwas weniger Tabuisiertes. Beispiel: ein Rekrut bewirft aus Ärger über seinen Leutnant nicht ihn, sondern dessen Hund mit Sand.   K.St.

affiliation (engl.) → Gesellschaft

affiliation want (engl.) → Abhängigkeitsbedürfnis [2]

affinity, elective (engl.) → Wahlverwandtschaft

Affirmation, Bejahung eines Urteils oder einer Aussage.   O.R.

affirmative action (engl.) → Aktion, affirmative

affluent society (engl.) → Überflussgesellschaft

Afflux, Bezeichnung für den Zustrom in eine bestimmte Positionsgruppe, von dieser aus gesehen.   O.R.

after-only-design (engl.), Form des Experiments, in dem Messungen an den Versuchspersonen, z.B. von Einstellungen, bestimmten Verhaltensweisen oder Leistungen, die im Experiment verschiedenen Einflüssen ausgesetzt werden, allein nach Ablauf der Versuche vorgenommen werden. Im *a.-o.-d.* können die Auswirkungen verschiedener Einflussformen und Einflussstärken miteinander verglichen werden. Dagegen lassen sich nicht die Veränderungen an den Versuchspersonen feststellen (→ *before-after-design*). Das *a.-.o.-d.* empfiehlt sich, wenn durch Messungen vor Beginn der Versuche Verzerrungen eintreten können, etwa eine unerwünschte Aufmerksamkeit der Versuchsperson für die Thematik des Experiments.   H.W.

Agamie, eine Heiratsregel, die es freistellt, ob der Ehepartner innerhalb oder außerhalb der eigenen Gruppe gewählt wird (→ Endogamie – Exogamie).   W.F.H.

age class (engl.) → Altersklasse

age norm (engl.) → Altersnorm

age, ideal (engl.) → Alter, ideales

age, relational (engl.) → Alter, relationales

ageism (engl.), in Analogie zu Rassismus, Sexismus usw. gebildet, bezeichnet die Diskriminierung von Menschen aufgrund ihres Alters sowie Vorstellungen, die solche Diskriminierung befördern (etwa dass alte Menschen allgemein weniger leistungsfähig seien als junge).   W.F.H.

agency (engl.), [1] → Agentschaft

[2] In der Redewendung *structure and agency* bezeichnet *a.* den Aspekt der Handelnden und der Interaktion, entgegengesetzt zu dem Aspekt des sozialen Gefüges, welches die Handlungsmöglichkeiten einengt. Wie nun die einzelnen Interaktionen in die sozialen Gegebenheiten eingebunden sind, das beschäftigt die soziologische Theoriebildung: Was ist primär – die Akteure und Interaktionen *oder* die gesellschaftlichen Verhältnisse? Wie lassen sich beide Aspekte zu einem einheitlichen Denkansatz verbinden? Als ein Beispiel dafür → Strukturation.

R.L.

agent – passagee (engl.), Bezeichnungen bei B. Glaser und A. Strauss (1971) für zwei einander gegenüberstehende Positionen bzw. Gruppen in fast allen → Statuspassagen: Diejenigen, die für den reibungslosen Ablauf der Statuspassage zuständig sind, die sie „auf Kurs halten" (*a.*, auch: Trainer), und diejenigen, die die Statuspassage durchlaufen (*p.*). Ähnlich: *controller* und *controllee* (Roth 1963). W.F.H.

Agenten der Sozialisation, *agencies of socialisation* → Sozialisationsinstanzen

Agenten des Wandels, Akteure des Wandels, *change agents, change actors*, Bezeichnung für Personen oder Ereignisse, die sozialen Wandel veranlassen, z.B. charismatische Führer, Erfindungen. O.R.

Agententheorie, abschätzige Bezeichnung für Deutungsformen politisch-gesellschaftlicher Konflikte, die diese allein (oder hauptsächlich) auf gezielte Störversuche von Einzelnen oder Gruppen zurückführen wollen (somit strukturelle Gründe ausblenden). W.F.H.

Agentschaft, *agency*, grundlegender Begriff in der Sozialtheorie von J.S. Coleman (1991). In der A. sind drei Parteien definiert: Prinzipal, Agent und Drittpartei. Gegen eine Entschädigung übergibt der Agent dem Prinzipal das Kontrollrecht über seine Handlungen innerhalb einer wohldefinierten Menge von Ereignissen, indem er dem Prinzipal seine Dienstleistungen zur Verfügung stellt. A. bezeichnet allgemein die Übernahme einer und mehrer Handlungen durch einen Akteur (Agent), der für einen anderen Akteur (Prinzipal) tätig wird, z.B. in Form eines bezahlten Auftrags oder aufgrund von Freundschaft. A.en finden sich außer in Unternehmen und Organisationen in vielen anderen Sozialbereichen. Generell geht die Theorie geht davon aus, dass Prinzipal und Agent eigene Interessen verfolgen. Als affine A. bezeichnet Coleman den Fall, in dem sich der Agent mit den Interessen des Prinzipals identifiziert. H.W./R.L.

Agentschaft, affine → Agentschaft

Agenturen der Sozialisation → Sozialisationsinstanzen

Agglomeration, eine Verdichtung oder Zusammenballung insbesondere von Siedlungen zu Großstädten oder von Industrien und Siedlungen zu Industriebezirken. R.L.

Agglutination, „Bedeutungsverdichtung", Bezeichnung dafür, dass ein Symbol, ein Wort, Bild o.ä. im Denken oder „inneren Sprechen", im Traum oder auch in der Kunst eine Fülle von miteinander verschmolzenen Bedeutungen, Sinngehalten und Gefühlsqualitäten erhält, für die sonst mehrere verschiedene Symbole verwandt werden. Durch A. erhalten Worte ihre konnotative Bedeutung (→ Konnotation). R.Kl.

Aggregat, [1] Bezeichnung für Anhäufungen, Zusammenfassungen, Obergesamtheiten von Mengen von Objekten oder Untersuchungseinheiten. Aus der Menge der Arbeiter können z.B. folgende A.e gebildet werden: Arbeiter eines Betriebs, einer Stadt, eines Landes, die Facharbeiter, die Arbeiterklasse.
[2] In der klassischen Soziologie meint A. eine soziale Gesamtheit, die durch Annäherung (räumlich und/oder durch Interaktionen) entstand, ohne dass sich die Bestandteile (z.B. Individuen, Familien, Clans etc.) durch die A.bildung ändern müssen; A. steht somit im Gegensatz zu einer Gesamtheit, die innerlich verbunden ist (z.B. Organismus).
[3] In der Technik wird unter A. auch eine Maschine oder ein Verbund von Maschinen verstanden. H.W./O.R.

Aggregatdaten → Merkmale, kollektive

Aggregateigenschaften, *emergent properties*, Bezeichnung für Eigenschaften eines Systems, die dessen Teile oder Subsysteme nicht besitzen. Beispiel: Die Struktur der Gesellschaft ist nicht identisch mit der Summe ihrer Rollen oder Gruppen. Die A. sind entweder spezifisch ganzheitliche oder zusätzliche Eigenschaften. → Merkmale, analytische O.R.

Aggregation, Bildung von Maßzahlen zur Kennzeichnung von Kollektiven von Untersuchungseinheiten durch Zusammenfassung von Messwerten der betreffenden Untersuchungseinheiten. Aggregierte Größen sind etwa: der Preis einer Ware als Durchschnitt der Einzelpreise, der Anteil von Katholiken in einem Wahlbezirk, das Einkommen aller Hochschullehrcr. Merkmale von Kollektiven, die durch A. gebildet werden, heißen auch analytische Merkmale (P.F. Lazarsfeld u. H. Menzel). Neben der A. von Einzelmerkmalen finden sich auch A.en von Beziehungen zwischen Variablen: etwa die Bildung einer gesamtwirtschaftlichen Nachfragekurve für eine Ware aus den Nachfragekurven der einzelnen Konsumenten. Probleme der A. sind in der Soziologie u.a. in der → Kontextanalyse von Bedeutung. H.W.

Aggregationseffekt → Emergenz

Aggregationsniveau → Aggregationsstufe

Aggregationsstufe, Aggregationsniveau, Bezeichnung für den Grad der analytisch-statistischen Zusammenfassung von Untersuchungsobjekten und ihren Merkmalen zu übergeordneten, sie umfassenden Einheiten bzw. Merkmalen; z.B. Zusammenfassung der Einkommen von Arbeitern nach Betrieben oder Branchen zur Bildung von betrieblichen bzw. branchenspezifischen Durchschnittseinkommen. H.W.

Aggregatmerkmale → Merkmale, analytische

Aggression, [1] aggressives Verhalten, in der Psychologie eine auf Verletzung eines anderen Lebewesens zielende Handlung (Aggression) und/oder die latente Intention, das zu tun (Aggressivität). Für das Entstehen aggressiven Verhaltens gibt es unterschiedliche Erklärungen. Einige Verhaltensforscher und psychoanalytisch orientierte Autoren erklären solches Verhalten als unmittelbare, andere als mittelbare Folge eines A.s-Triebes. Einige Psychologen dagegen verstehen aggressives Verhalten als Folge einer Frustration (→ Frustration-Aggression-Hypothese) oder als Resultat eines Lernprozesses (→ Lernen). A. wird auch als Folge mangelhafter oder fehlgeschlagener Sozialisation, als komplex sozialwissenschaftlich zu erklärendes Verhalten angesehen, bei dem das Naturmoment Trieb nur als ein verursachender Faktor neben anderen betrachtet wird.
[2] In der Politikwissenschaft wird unter A. das gewaltsame Eindringen einer Macht in fremdes Staatsgebiet verstanden. K.H.

Aggression, frei bewegliche, *free-floating aggression,* Bezeichnung für aggressive Energie, die nicht mehr in Sinn- und entsprechende Handlungsstrukturen (z.B. Verteidigung gegen eine tatsächliche persönliche Bedrohung) integriert ist. Sie stammt aus sozialen Situationen, in welchen aggressive Gefühle oder Handlungen tabuiert sind (z.B. Familie, Arbeitsplatz). Durch → Abwehrmechanismen des Ich kann sie unbewusst in nicht tabuierte Sinnzusammenhänge eingefügt werden, etwa in Handlungen gegen kollektiv definierte Feinde, missliebige Minoritäten usw. K.H.

Aggression, indirekte, Bezeichnung für aggressive Handlungen, die nicht direkt auf eine (physische) Verletzung des die A. auslösenden Objekts zielen. Als i.A. gelten einerseits solche Handlungen, die sich zwar gegen das A. auslösende Objekt richten, die vorhandene Aggressivität jedoch nur in relativ milder oder auch in nicht ohne weiteres als aggressives Verhalten erkennbarer Form ausdrücken. Andererseits werden auch Angriffe gegen andere Gegenstände als die, welche die A. ursprünglich ausgelöst haben, als i.A. bezeichnet (→ Affektverschiebung). R.Kl.

Aggression, instrumentelle, Bezeichnung für aggressives Verhalten, welches der Erreichung bestimmter Ziele oder der Durchsetzung bestimmter Interessen dient und somit nicht oder nicht nur auf einen Aggressionstrieb oder auf eine Frustration durch das Objekt, gegen welches sich die Aggression richtet, zurückgeführt werden kann. So handelt es sich bei einem Raubmord um i. A., insofern diese Handlung ausge-

führt wird, um sich das Eigentum des Opfers anzueignen. R.Kl.

Aggression, kollektive, kollektive Aggressivität, die Tendenz von Gruppen, interne Probleme nicht auszutragen und stattdessen kollektiv aggressiv gegenüber anderen Gruppen zu reagieren. Man spricht auch vom aggressiven Verhalten der Eigengruppe gegenüber einer Fremdgruppe; es eint die Gruppe und wehrt Fremdes ab (→ Ethnozentrismus, → Sündenbock). Individuelles aggressives Potenzial speist k. A., gewinnt als gesellschaftlich organisiertes jedoch eine neue Qualität (→ Aggression, frei bewegliche). K.H.

Aggressionsabfuhr, die Reduktion einer aggressiven Spannung durch Handeln. K.H.

Aggressionsobjekt, das Objekt (der Gegenstand, Mensch oder/und deren Repräsentanz im Bewusstsein), gegen das eine Aggression sich richtet und durch das daher eine aggressive Spannung reduziert werden kann. Das A. kann, muss aber nicht mit der Ursache der aggressiven Spannung sein. K.H.

Aggressivität → Aggression [1]

AGIL-Schema, Abkürzung für eine Vierfeldertafel (von T. Parsons), worin die Begriffe → *adaptation, goal-attainment,* → *integration* und *latency* die vier → Systemprobleme bezeichnen, die als Grundfunktion sozialer Systeme gelten. R.L.

Agnation ist das Prinzip, eine Verwandtschaft zwischen Nachfahren nur dann zu unterstellen, wenn sie von einem gemeinsamen männlichen Vorfahren abstammen (so in der römischen Agnatenfamilie). Gegenbegriff: → Kognation. E.L.

Agnostizismus, Bezeichnung für alle philosophischen und theologischen Lehren, die von der Position einer erkenntnistheoretisch begründeten Urteilsenthaltung aus die prinzipielle Unerkennbarkeit übersinnlicher Wirklichkeit(en), des Wesens der Dinge und letztlich der objektiven Realität behaupten, deren Existenz also weder konstatieren noch leugnen und sich somit jenseits der Alternative von Theismus und Atheismus, Idealismus und Materialismus bewegen. Über die erkenntnistheoretische Definition hinaus lässt sich der Begriff inhaltlich nur in Absetzung von jeweils andersartig vertretenen Wahrheitsansprüchen und ihren Begründbarkeitspostulaten bestimmen. V.Kr.

agonal, abgeleitet von gr. *agon* (Wettkampf), beschreibt eine Vorstellung von Gesellschaft bzw. Politik, wonach der regelgebundene Konflikt zwischen Individuen die gesellschaftliche Entwicklung antreibt. In der Tradition von J. Burckhardt, F. Nietzsche und M. Weber wird dies als ein positives Kriterium gesehen. In neueren Ansätzen der Demokratietheorie (Ch. Mouffe) wird ein agonales Modell der letztlich unabstellbaren Austragung von Konflikten gegen normative Konsensmodelle stark gemacht. O.M.

Agrarbürokratie, allgemeine Bezeichnung (B. Moore) für vorindustrielle despotische Zentralregierungen (China, Indien, Russland u.a.), die eine Vielzahl von zentralisierten Aufgaben wahrnehmen bzw. durch einen zentralen Beamtenapparat kontrollieren. H.W.

Agrargesellschaft, Gesellschaft, die auf agrarischer Produktion basiert. Die A. kennt Städte als Herrschafts- und Handelszentren und zentralstaatliche Organisation (→ Agraria). Die historischen Agrargesellschaften (z.B. Stammesgesellschaften, antike Großreiche, Feudalstaaten, vorindustrieller → Agrarkapitalismus) weisen unterschiedliche → Agrarverfassungen auf. Gegenbegriff zu A. ist die → Industriegesellschaft. H.W.

Agraria (F.W. Riggs), ist ein Gesellschaftstypus, der in städtischen Zentren schon Formen der Hochkultur, vor allem moralisch generalisierte, kultisch gepflegte Religion, in Herrschaftsrollen ausdifferenzierte Politik, Gerichtsbarkeit sowie technisch und kommerziell entwickelte Wirtschaft kennt, der aber auf dem Lande noch vorwiegend archaische Verhältnisse bewahrt. Die Kommunikation zwischen Stadt und Land ist gering und für beide Bereiche fast ohne strukturelle Relevanz. N.L.

Agrarkapitalismus, Form der Agrarverfassung, kapitalistische Organisation der landwirtschaftlichen Produktion. In Europa, speziell in England, entsteht der A. vor Beginn des Industriekapitalismus. Der A. ist hier durch Privateigentum am Boden (Befreiung von feudalen Belastungen und dörflichen Regulierungen), Produktion für den Markt und durch Pachtverhältnisse zwischen Grundrentner und landwirtschaftlichem Betrieb (auch mit freier Lohnarbeit) gekennzeichnet. H.W.

Agrarrevolution, Umbrüche in der landwirtschaftlichen Produktionsweise, [1] Übergang von Jäger- und Sammlerkulturen zu Tierhaltung und Ackerbau (→ neolithische Revolution). [2] Industrialisierung der Landwirtschaft durch Mechanisierung mithilfe von Traktoren, Erntemaschinen, Wasserpumpen, Dünger, Einführung neuer Sorten von Pflanzen (→ grüne Revolution). H.W.

Agrarsoziologie, *rural sociology*, [1] Erforschung und Theorie agrarischer Gesellschaften und ihrer Transformationen. Gegenstände der A. sind u.a. die Organisationsformen der landwirtschaftlichen Produktion und bäuerlichen Wirtschaften unter verschiedenen natürlichen und gesellschaftlichen Bedingungen, die bäuerlichen Gemeinschaften und Gesellschaften, die Formen

personaler oder staatlicher Herrschaft in agrarischen Gesellschaften, die bäuerlichen Bewegungen und Revolutionen, die Auflösung und Umwandlung traditioneller agrarischer Strukturen durch Marktproduktion, Industrialisierung der Landwirtschaft, Migration u.a.

[2] Unter der Bezeichnung ländliche Soziologie finden sich auch Untersuchungen zur Sozialstruktur ländlicher Räume und Gemeinden und ihrer gewandelten Funktionen in Industriegesellschaften. H.W.

Agrarverfassung, dominante Form der Produktions-, Austausch- und Herrschaftsbeziehungen in Agrargesellschaften. Max Weber unterscheidet acht Haupttypen mit zahlreichen Variationen: a) ambulanter Ackerbau (→ Wanderfeldbau) mit Appropriation des Bodens an den Stamm oder den Haushaltsverband; b) sesshafter Ackerbau mit dörflicher oder genossenschaftlicher Regulierung der Bodennutzung; c) grundherrschaftliches oder fiskalisches Bodenmonopol mit Solidarhaftung der Bauerngemeinschaften (z.B. für die Abgaben und Steuern); d)→ Grundherrschaft mit leibeigenen Bauern; e) Grundherrschaft mit selbständigen bäuerlichen Wirtschaften; f) → Plantagenwirtschaften mit unfreien oder freien Arbeitskräften; g) Gutswirtschaften mit Privateigentum am Bodenbesitz und Bewirtschaftung durch Pächter und freie Arbeiter (→ Agrarkapitalismus; h) selbständige bäuerliche Wirtschaften mit bäuerlichem Bodenbesitz (ohne Grundherrschaft) → Gesellschaft, bäuerliche. H.W.

Agrobusiness, meist kritische Bezeichnung für den Komplex weltweit operierender Unternehmen und Institutionen (Börsen, Banken, Makler, → Agroindustrie), die die landwirtschaftliche Produktion sowohl in den Industriestaaten (USA, Westeuropa) und in der Dritten Welt beherrschen und das Geschäft mit dem Hunger machen. H.W.

Agroindustrie, Industriekomplex mit meist transnational tätigen Unternehmen, Teil des → *Agrobusiness*, der die industriellen Inputs der landwirtschaftlichen Produktion (Dünger, Saatgut, Pestizide, Maschinen) wie auch die Weiterverarbeitung der landwirtschaftlichen Produkte dominiert, aber häufig nicht unmittelbar (→ Vertragsproduktion) in der landwirtschaftlichen Produktion engagiert ist. Die dynamischen Sektoren der A. sind die Forschungen im Bereich der Bio- und Gentechnologie. H.W.

Aha-Erlebnis, nach K. Bühler Bezeichnung für die plötzlich eintretende Einsicht in die Bedeutung eines bestimmten Gegenstandes oder in einen bestimmten Zusammenhang oder für den plötzlichen Einfall einer Problemlösung. R.Kl.

Ahnenkult → Totenkult

Ähnlichkeitsmaße → Distanzmaße

AIT → Intelligenztest, analytischer

akephal, von griech. „kopflos", Bezeichnung für eine frühe oder einfache Form der Vergesellschaftung, in der noch keine zentrale Instanz vorhanden ist. Die Regulierung des Sozialprozesses bleibt der Selbsthilfe und der Verhandlung vorbehalten. R.L.

Akkomodation, [1] in der Soziologie Bezeichnung für die passive Form der Anpassung, für das Sich-einfügen-Müssen in die sozialen Verhältnisse. O.R.
[2] In der → genetischen Erkenntnistheorie von J. Piaget die „von innen nach außen", d.h. vom Organismus auf die Umwelt gerichtete Phase eines Erkenntnisaktes, in der ein bestimmtes allgemeines Deutungsmuster auf eine neue, ungewöhnliche Situation angewendet und dabei entsprechend modifiziert und differenziert wird. → Assimilation [4] R.Kl.
[3] → Äquilibration

Akkulturation, [1] der Wandel der Kultur einer Gruppe oder auch eines Einzelnen durch Übernahme von Elementen aus einer anderen Kultur. A. kommt zu Stande aus nachhaltigem Kontakt und mehr oder minder kontinuierlicher Interaktion zwischen kulturell verschiedenen Gruppen. Dabei werden in ihrem Verlauf Techniken, Verhaltensmuster, Werte, Institutionen übernommen und je nach Gegebenheiten abgeändert und angepasst. E.W.
[2] Gelegentlich auch: die Übertragung von Kulturelementen von einer Generation auf die folgende (→ Enkulturation). R.L.

Akkumulation, [1] allgemein Ansammlung, insbesondere die Anhäufung von Reichtum, z.B. in Form von Geld, Boden oder Produktionsmitteln. C.Rü.
[2] In der marxistischen Theorie bezeichnet A. den Prozess der Rückverwandlung eines Teils des in der Warenproduktion erzielten Mehrwerts in zusätzliches produktives Kapital (Produktion auf erweiterter Stufenleiter). Der durch die Konkurrenz erzeugte Zwang zur A. (→ Akkumulationsgesetz) stellt die zentrale Antriebskraft kapitalistischer Entwicklung dar. Die kapitalistische A. kann in zwei Formen erfolgen: a) auf der Grundlage der schon zuvor angewandten Produktionsmethoden, d.h. durch Vervielfachung der Arbeiterzahl und der Maschinen im selben Maßstab (gleich bleibende organische Zusammensetzung des Kapitals); b) durch Anwendung neuer Maschinen mit dem Ziel der Ersparung von Arbeitskräften (steigende organische → Zusammensetzung des Kapitals). Die A. ist begleitet von Konzentration und Zentralisation des Kapitals. R.Ka./H.W.

[3] Mit der Herausbildung und Deregulierung der Finanzmärkte im globalen Kapitalismus wird der Zusammenhang der A. von Geld (monetäre A. in Form unterschiedlicher Geldanlagen) und der A. von produktivem Kapital (sog. reale A.) gelockert. Dies schlägt sich u.a. in sog. *Bubbles*, Bankenkrisen bis hin zu internationalen Finanzkrisen nieder. H.W.

Akkumulation, kapitalistische → Akkumulation [2]

Akkumulation, kulturelle, das Wachstum einer Kultur durch Übernahme von Elementen aus anderen Kulturen, durch Neuentwicklung, Umformung und Differenzierung, oft bedeutungsgleich mit → Kulturwachstum. W.F.H.

Akkumulation, primäre → Akkumulation, ursprüngliche

Akkumulation, primäre sozialistische, von E. Preobrazenskij Anfang der 1920er Jahre geprägter Begriff für die Herausbildung eines gesellschaftlichen Fonds zum Aufbau der Industrie durch Belastung der Landwirtschaft. R.Ka.

Akkumulation, ursprüngliche, primäre Akkumulation, [1] nach den bürgerlich-liberalen Theoretikern des 17./18. Jahrhunderts (z.B. J. Locke) resultiert die ursprüngliche Schaffung von Kapital im Übergang von der vorbürgerlichen zur Bürgerlichen Gesellschaft aus der Aneignung der Früchte eigener Arbeit durch selbständige Produzenten (→ Besitzindividualismus).
[2] K. Marx ironisiert diese Rechtfertigungstheorie als „sogenannte u.A." Nach ihm stellt die u.A. einen Prozess der Trennung der unmittelbaren Produzenten von ihren Produktionsmitteln dar, z.B. durch gewaltsame Enteignung der Bauern vom Land, Einhegungen der Allmenden, die Auflösung feudaler und zunftmäßiger Bindungen, durch die insgesamt auf gewaltsame Weise eine Klasse besitzloser, frei disponibler Arbeitskräfte für das Kapital geschaffen wurde. Zur u.A. zählt Marx weiter auch die Ausplünderung von Kolonien, Aneignung von kirchlichem und feudalem Eigentum, Steuern sowie die Staatsverschuldung. Die theoretische Bedeutung der genannten Vorgänge für den Übergang vom Feudalismus zum Kapitalismus wird unterschiedlich bewertet.
[3] In der Erschließung von Regionen für Rohstoffextraktion und industrielle Produktion, der erzwungenen Abwanderung ländlicher Kleinproduzenten, der Mobilisierung von Arbeitsmigranten, der Aneignung genetischer Ressourcen („Biopiraterie") wird heute eine fortgesetzte u.A. gesehen, in der einige Theoretiker eine notwendige Bedingung weiterer kapitalistischer Akkumulation erkennen wollen. H.W.

[4] svw. → A., primäre sozialistische

Akkumulationsgesetz → Akkumulation [2], → Gesetz der kapitalistischen Akkumulation

Akkumulationsmodus → Akkumulationsregime

Akkumulationsregime, auch: Akkumulationsmodus, bezeichnet in der franz. Regulationstheorie nach A. Lipietz (1985) eine auf spezifische Technologien gestützte Form der Produktions- und Arbeitsorganisation kapitalistischer Marktgesellschaften. Daran gebunden ist der Modus der Kapitalreproduktion, Investitionszyklen, Konkurrenzformen, Kapitalverwertungsmechanismen, Branchenstrukturen, Verhältnis von Produktionsmittel- und Konsumgütersektor, des Lohnverhältnisses, der Klassenstruktur, der Staatsintervention, der Beziehungen zwischen kapitalistischen und nicht-kapitalistischen Sektoren der gesellschaftlichen Arbeit sowie der Weltmarktintegration. Das A. zielt auf die Absicherung der für die stabile Reproduktion des Kapitals notwendigen Schlüsselbalancen (z.B. zwischen Lohn und Produktivität, Zins und Profit). K.K.

Akquieszenz, *acquiescence,* Ja-Sage-Neigung, in der Umfrageforschung Tendenz der Befragungsperson, formal ähnliche Fragen, besonders Vorgaben in Skalen, ohne Rücksicht auf den Inhalt der Fragen zu bejahen. Die wahre Meinung der Befragungsperson wird durch die Frageformulierung verzerrt; die Erhebung wird reaktiv (→ Reaktivität). H.M.

Akrasie, Willensschwäche → Präferenzwandel

Akt, illokutionärer, Begriff der Theorie der → Sprechakte (J.L. Austin 1962; J.R. Searle 1969) für Handlungen wie „aussagen", „beschreiben", „versprechen", „tadeln" usw. Der i.e A. ist ein konstitutiver Aspekt von Sprechakten, die durch die Äußerung von Sätzen vollzogen werden. Damit ein Satz als eine Mitteilung oder Warnung verstanden wird, muss seine Äußerung als Vollzug eines i.n A.s erkennbar sein, der bestimmten Bedingungen und Regeln unterliegt. Der i.e A. ist die kleinste Einheit menschlicher Kommunikation. Akte, die weitergehende Konsequenzen oder Wirkungen von Äußerungen auf den Zuhörer beinhalten, z.B. durch Argumentieren „überzeugen" oder durch Warnen „erschrecken", jemanden durch Worte zu ärgern oder zu langweilen, heißen perlokutionäre Akte. H.W.

Akt, perlokutionärer → Akt, illokutionärer

Akt, sozialer → *act, social*

Aktant, heißt bei B. Latour (1996) „etwas, das handelt oder dem ein Handeln von anderen zugestanden wird". Bemerkenswerterweise umfasst diese Auffassung zu Akteuren nicht nur Menschen, sondern auch nichthumane und künstliche Wesen. Es braucht keine spezielle Motivation eines Menschenindividuums oder von Menschen generell gegeben zu sein. A.en sind danach alle, denen ein Handlungspotenzial übertragen wird, beispielsweise ein Körperorgan, ein Schlüsselanhänger, das Internet, ein Flugzeug, die Sauerstoffmaske darin. R.L.

Aktenanalyse, [1] allgemein jegliche systematische Durchsicht von Akten (also den schriftlichen Aufzeichnungen von „Vorgängen", „Maßnahmen" und Entscheidungen in – vor allem – staatlichen Organisationen und Verwaltungen) im Hinblick auf Fragestellungen (auch in praktischer Absicht, etwa wenn Juristen einen Prozess vorbereiten).

[2] In den Sozialwissenschaften werden Akten entweder im Hinblick auf die darin wirkenden Deutungsmuster von der sozialen Wirklichkeit, auf Entscheidungsbegründungen und Auffassungen von „Fällen" (etwa bei Gericht oder beim Jugendamt) inhaltsanalytisch oder hermeneutisch untersucht oder als Grundmaterial für die Rekonstruktion der Arbeitsweise von Organisationen bzw. Verwaltungen genutzt, also zur Untersuchung von Entscheidungsprozessen (etwa Einweisung in ein Heim, Entmündigung) oder von internen Kommunikationsprozessen. Bei A. in diesem Sinne handelt es sich eher um einen Arbeitsbereich der Sozialwissenschaften als um eine eigenständige Methode, denn es werden auch anderswo verwendete methodische Mittel eingesetzt; allerdings erfordert die Eigentümlichkeit von Akten als Ausgangsmaterial spezielle Überlegungen und Kontrollen zu deren Vollständigkeit, Aussagekraft usw. W.F.H.

Akteur, Aktor, *actor,* bezeichnet die handelnde Einheit, gleichgültig ob als Individuum oder als Kollektiv. Der Begriff impliziert die an einer gegebenen Situation beteiligten Orientierungen des Individuums bzw. Kollektivs: seine Motive, Erwartungen, Ziele, Einstellungen etc. In einer sozialen Beziehung zwischen mehreren A.en unterscheidet man begrifflich zwischen *Ego* (dem handelnden Subjekt) und *Alter* (dem Objekt der Orientierung für *Ego*). H.L.

Akteur, korporativer, *corporate actor* → Körperschaft [2]

Akteurmodelle, soziologische, Bezeichnung für grundlegende soziologische Modelle zur Erklärung der Wahl, die der Handelnde unter den situativ möglichen Handlungsalternativen trifft. Bei U. Schimank (2000) z.B. der → *homo sociologicus* (Orientierung an sozialen Normen), der → *homo oeconomicus* (Orientierung an der Maximierung des eigenen Nutzens), der → *emotional man* (Handlungswahl bestimmt durch Gefühle) und der → Identitätsbehaupter (Orientierung an einer angemessenen Darstellung der eigenen Identität). W.F.H.

Aktion, affirmative, *affirmative action, reverse discrimination, positive discrimination,* sozialreformerische Maßnahme zur Behebung von sozialer Ungleichheit, indem die Repräsentation diskriminierter sozialer Gruppen und Minoritäten in industriellen und kulturellen Organisationen sichergestellt wird. O.R.

Aktion, direkte, frz.: *action directe,* [1] heißt im Anarchismus die spontane Empörung des Einzelnen gegen bestimmte soziale Zwänge, denen er in seiner persönlichen Situation ausgeliefert ist. Die d. A. appelliert an das Solidaritätsgefühl der Mitmenschen.
[2] Im Syndikalismus gehört die d. A. zur „Taktik spontaner Handlungen" gegen das bestehende System. In Form von passivem Widerstand, Demonstrationen, Sabotageakten und letztlich Generalstreik soll die d. A. es dem Proletariat ermöglichen, seine Interessen mittels illegitimer Mittel in einem Staat durchzusetzen, dessen Regeln der Konfliktabwicklung jede Veränderung verhindern. O.R.

Aktion, kollektive, Bezeichnung für jede Art von gemeinsamen Handeln einer Mehrzahl von Menschen. In einem engeren Sinne steht k. A. für jede Art von nicht organisiertem gemeinsamen Handeln einer Mehrzahl von Menschen, z.B. Massen. O.R.

Aktion, politische, bezeichnet in der politischen Soziologie eine Verhaltensform von Gruppen und Parteien, die bei ihren Durchsetzungsversuchen die Regeln der Demokratie, die Vorschrift des Mehrheitsbeschlusses und die bestehenden Institutionen beachtet. Die p. A. wird zum Teil (R. Heberle) als Gegenbegriff zu → direkte Aktion verstanden. W.F.H.

Aktion, sozio-musikalische, bezeichnet bei A. Silbermann (1957) die Interaktion von Individuen aufgrund eines Musikerlebnisses. Die s.-m. A. ist vorwiegend emotional motiviert. Affekterzeugung durch Musik und die Veräußerung von innerer Bewegung in der Öffentlichkeit sind Inhalte der s.-m.n A. Silbermann analysiert den Zusammenhang zwischen ästhetischen Wirkungen, → Distinktion und gesellschaftlichem Handeln, der für die Formen emotionaler Kontrolle durch ästhetische Technologien (Akustikdesign, Muzak) und musikindustrielle Vermarktungsstrategien relevant ist. E.He.

Aktionalismus, frz.: *actionnalisme,* Bezeichnung von A. Touraine (1965) für seinen handlungswissenschaftlichen Theorieansatz (im Unterschied zu Strukturalismus oder Funktionalismus), der im Mittelpunkt die Konflikte der sozialen Klassen und die sozialen Bewegungen hat. W.F.H.

Aktionismus, ein politisches Verhalten von Gruppen, das nicht durch klare Ziel- und Wertvorstellungen begründet ist, sondern durch den Versuch der kollektiven Lösung psychischer Spannungen, der Abreaktion von Aggressionen: Sie haben nichts mit dem aktuellen politischen Konflikt zu tun, sondern werden als Bedürfnis nach Selbstdarstellung und Protestverhalten in die Aktion eingebracht. In der Politik wird A. oft als Kampfbegriff verwendet, etwa um einem politischen Gegner Nichternsthaftigkeit des Wollens oder politische Unvernunft vorzuwerfen. W.F.H.

Aktionsformen, reine, → Handlungen, logische, → Handlungen, nichtlogische

Aktionsforschung, *action research,* auch: Handlungsforschung, Forschung als Teil eines Programmes der Veränderung bestehender sozialer Verhältnisse (z.B. Sanierung von Slums, Abbau von Rassendiskriminierung). Der Forscher ist zugleich Beobachter wie aktiver Teilnehmer der Aktionen, die sowohl durch praktische wie durch wissenschaftliche Fragestellungen angeregt sein können. Die an dem Programm Beteiligten und/oder von ihm Betroffenen (z.B. die Bewohner des zu sanierenden Slums) werden in die Planung, Durchführung und Auswertung der Forschungen einbezogen. H.W.

Aktionsparameter, aus der Ökonomie stammende Bezeichnung für diejenigen Werte oder Größen, die ein Handelnder in seinen Aktionen unabhängig voneinander bestimmen kann. Die A. des Produzenten einer Ware können etwa die Menge der Herstellung oder der Preis, zu dem die Ware angeboten werden soll, sein. H.W.

Aktionsprogramm, [1] allgemein die als Programm formulierten Ziele einer Gruppe, Bewegung, Partei o.ä.
[2] Auch: Handlungsprogramm, bei B. Latour (1996) die in ein technisches Objekt oder einen technischen Prozess eingeschriebene menschliche Handlung bzw. Handlungskonstellation (z.B. Bedienung einer Waschmaschine). W.F.H.

Aktionsschema → Bezugsrahmen, handlungstheoretischer

Aktionssystem → Handlungssystem

Aktionstendenz → Handlungstendenz

Aktivität, Tätigkeit im allgemeinsten Sinne. Eines der grundlegenden Verhaltenselemente (neben Interaktion und Gefühl), die G.C. Homans (1950) als Zentralkategorien zur Formulierung seiner Hypothesen über Gruppenverhalten verwendet. V.V.

Aktor → Akteur

Aktualneurose → Neurose

Aktualprogramm → Grundprogramm – Aktualprogramm

Akzeleration, Beschleunigung, in der Entwicklungspsychologie Bezeichnung für das frühere Eintreten der körperlichen Reife bei Jugendlichen im Vergleich zu früheren Generationen oder auch im Vergleich zu einer bestimmten Norm. Der Begriff wird vor allem auf die Beschleunigung des Längenwachstums und den früheren Abschluss der sexuellen Reifung bezogen. Nach Auffassung einiger Autoren führt die A. zu einer Diskrepanz zwischen körperlicher „Frühreife" und der noch nicht abgeschlossenen Persönlichkeitsentwicklung, die wiederum als Ursache für verschiedene Formen der Fehlanpassung und allgemeiner Verhaltensstörungen bei Jugendlichen angesehen wird. R.Kl.

Akzeleration, säkulare, bedeutungsgleich mit → Akzeleration, betont jedoch die rund zwei Jahrhunderte umgreifende Dauer der Vorverlegung der kindlich-jugendlichen Entwicklung. W.F.H.

Akzentuierung, die Überbetonung oder Hervorhebung eines Objekts oder Objektmerkmals auf Kosten anderer Objekte oder Merkmale im Wahrnehmen und Denken. Zum Beispiel werden Geldmünzen aufgrund ihres Wertes in ihrer Größe überschätzt. W.Li.

Akzeptabilität, *acceptability,* die erwartete Bereitschaft, dass die Betroffenen von Entscheidungen deren Folgen freiwillig hinnehmen. Besondere Bedeutung kommt der erwarteten A. von Risiken durch die Bevölkerung in politischen Entscheidungsprozessen über die Einführung neuer Technologien zu. O.R.

Akzeptanz, [1] Zustimmungsbereitschaft zu einer politischen Maßnahme in der Bevölkerung, z.B. dem Bau von Kernkraftwerken, verstanden als Eigenschaft dieser Maßnahme.
[2] Bereitschaft von Personen, Traditionen als für ihre Lebensführung selbstverständlich hinzunehmen. H.M.

aleatorisch, von lat. *alea,* Würfel, zufällig, auf einem Zufallsprozess beruhend. H.W.

Algebra dichotomer Systeme, von P.F. Lazarsfeld entwickelte Modelle zur Analyse des Zusammenhangs zwischen dichotomen Merkmalen. Durch Verwendung von Determinantenrechnung (symmetrische Parameter) lassen sich rechnerisch überschaubare Beziehungen zwischen partiellen Korrelationen angeben, aus deren spezieller Form Aussagen über die Art des Zusammenhangs hergeleitet werden. M.K.

Algorithmus, Bezeichnung für Verfahrensweisen, die aus eindeutig definierten Folgen von Operationen bestehen und nach einer begrenzten Zahl von Schritten zur Lösung eines, z.B. mathematischen, Problems führen. H.W.

Alienation → Entfremdung, → Selbstentfremdung, → Entäußerung

alienation of labor (engl.) → Arbeit, entfremdete [2]

aliénation totale (frz.) → Entfremdung, totale

alienation, political (engl.) → Entfremdung, politische

Alienationskoeffizient → Unbestimmtheitsmaß

Alienität, von lat. *alienus,* fremd, bezeichnet das prinzipielle Fremdsein zwischen den Beteiligten einer Interaktionssituation. Da jede Seite handeln kann, wie vom Gegenüber erwartet *oder* aber auch ganz anders, entsteht immer eine strukturell unbestimmte Situation (→ doppelte Kontingenz). R.L.

Allaussage, Bezeichnung für eine Aussage, die für alle Elemente einer betrachteten Klasse von Objekten gelten soll: „Für alle X ... gilt, dass ..." Beispiel: „In jeder Gesellschaft gibt es ein Herrschaftssystem." Eine A. lässt sich widerlegen (falsifizieren), jedoch nicht endgültig beweisen (verifizieren). H.W.

ALLBUS, kurz für „Allgemeine Bevölkerungsumfrage Sozialwissenschaften". Sie wird seit 1980 in zweijährigem Abstand als repräsentative Befragung der wahlberechtigten Bevölkerung der Bundesrepublik (und ehemals Westberlins) durchgeführt und der wissenschaftlichen Öffentlichkeit für Sekundäranalysen zur Verfügung gestellt. Neben einem festen Frageteil werden nach wechselnden Schwerpunkten Einstellungen und Verhaltensweisen untersucht. Inzwischen sind auch im Rahmen des *International Social Survey Program (ISSP)* Frageteile eingegliedert, die zugleich in mehreren anderen Staaten erhoben werden. Zunächst von der Deutschen Forschungsgemeinschaft finanziert ist der A. nunmehr beim Zentrum für Umfragen, Methoden und Analysen (ZUMA) angesiedelt. Ch.W.

Allelonomie bezeichnet den Zustand einer Gesellschaft, in dem die Gesamtheit der Mitglieder selbst Träger der Ordnung ist und sie durch den Mechanismus allgemeiner gegenseitiger Überwachung und Kontrolle aufrechterhält. Die A. geht historisch einem Gesellschaftszustand voraus, in dem sich der ordnungsbewahrende Kontrollmechanismus in eine funktional abgegliederte Instanz ausdifferenziert. O.R.

Allmende, [1] im deutschen Sprachraum historisch Bezeichnung für die unverteilte Flur (Weide und Wald) im → Gemeineigentum etwa eines Dorfes, das allen Dorfgenossen zur gemeinsamen Nutzung zur Verfügung stand.
[2] auch Allmendegut, in neueren Ansätzen (*rational choice, social choice* u.a.) häufig gleichbedeutend mit → Kollektivgütern. H.W.

Allmendegut → Allmende [2]

allocation decision (engl.) → *policy decision*

Allokation, *allocation,* Zuteilung, Anweisung, Verteilung. [1] Bezeichnet in der Ökonomie die

Verteilung prinzipiell knapper Ressourcen mit dem Ziel, sie gemäß der Dringlichkeit der Zwecke zu verteilen. Eine optimale A. von Ressourcen (→ Pareto-Optimal) ist jedoch nur unter Annahme einer spezifischen Wohlfahrtsfunktion möglich (normative Ökonomik).
[2] Aus dem Sprachgebrauch der Ökonomie von der Soziologie entlehnt, bezeichnet A. allgemein eine Verteilung wichtiger Komponenten innerhalb eines Systems derart, dass sie mit dem Funktionieren des Systems in einem gegebenen Zustand vereinbar sind. Speziell werden in der Systemtheorie unter A. jene Prozesse verstanden, die eine Verteilung der Komponenten oder Teile des Systems unter dem Gesichtspunkt der Aufrechterhaltung des Gleichgewichtszustandes sicherstellen, so beispielsweise in Persönlichkeitssystemen die Bedürfnisdispositionen, in sozialen Systemen die Rollen oder Rollenerwartungen (T. Parsons u. E.A. Shils 1951). S.S.

Alltag, der Handlungsbereich, in dem die fundamentalen sozialen Orientierungen ausgebildet werden. Die Lebenswelt des A.s ist bestimmt durch Intersubjektivität und fraglose Gegebenheit, sie ist die „vornehmliche und ausgezeichnete Wirklichkeit" (A. Schütz). Für die interpretative Soziologie verbindet sich mit der Soziologie des A.s ein Forschungsprogramm, auf theoriestrategischer wie auf methodologischer Ebene. Die Rekonstruktion der Strukturen des A.shandelns gilt als eine vordringliche Aufgabe der Soziologie. M.M.

Alltagsästhetik, in der Kultursoziologie die Besetzung von Gegenständen mit Erlebnisabsichten. Einem jeglichen Objekt (Konsumgüter, Veranstaltungen, Situationen, Handlungen usw.) kann eine Bedeutung verliehen werden, die es für Genuss, Lebensauffassung und Distinktion tauglich macht. In der A. entstehen Strömungen, die sich als Stilmuster ausmachen lassen (z.B. das → Hochkulturschema von G. Schulze). R.L.

Alltagsbewusstsein. Mit dem Begriff versucht die Sozialwissenschaft, meist mit kritischer Absicht, das gesellschaftliche Bewusstsein zu beschreiben, das in den unmittelbaren alltäglichen Verhältnissen befangen ist. A. hat seine institutionellen, kollektiven und individuellen Formen. Seine Figuren lassen sich in Massenmedien, Massenveranstaltungen sowie auch in den Gedanken, Vorstellungen und sprachlichen Äußerungen von Einzelnen aufdecken. Charakteristisch für das A. ist der Versuch, schwer wiegende Konflikte und Probleme zu vermeiden, die Welt in seinen Vorstellungen zu harmonisieren, den Status quo der gesellschaftlichen Verhältnisse als natürlich anzusehen. So ist es empfänglich

für Ideologien und hat nur wenig Sinn für grundlegende Kritik. T.L.

Alltagsethik, v.a. auf die Religionssoziologie M. Webers verweisender Begriff zur Bezeichnung für ein die Lebensführung reglementierendes Handlungsgefüge, das sich aus dem Verhältnis zwischen den Dogmen und ethischen Postulaten einer Religion, dem Ausmaß ihrer Internalisierung und den daraus resultierenden Orientierungen der Gläubigen in Bezug auf die Anforderungen des Alltags konstituiert (→ Berufsethik). V.Kr.

Alltagsgeschichte, [1] die Sozial- und Kulturgeschichte des alltäglichen Lebens, seiner Routinen, Gewohnheiten und seiner Gerätschaften, als Teil der Geschichtswissenschaft.
[2] Viele neuere Arbeiten zur A. haben das Alltagsleben der „kleinen Leute" (der Arbeiter, der Handwerker und Bauern) sowie von Gruppen in den Mittelpunkt gestellt, die man (pointiert) als die Verlierer in der Geschichte ansehen kann (die Frauen etwa). Hierdurch soll Widerspruch eingelegt werden gegen die traditionelle Vorliebe der Geschichtswissenschaft für die historischen Großereignisse und die historischen Persönlichkeiten, aber auch gegen die an Strukturen und Langfristprozessen orientierte neuere Gesellschaftsgeschichte. Insofern handelt es sich bei A. um einen (noch nicht abschließend ausformulierten) Konzeptvorschlag, wie Geschichte aufzufassen sei, dass sie nämlich ohne Berücksichtigung der A. der „kleinen Leute" nicht angemessen verstanden werden könne. W.F.H.

Alltagskultur, als Gegenbegriff zur „hohen" oder Repräsentativkultur konzipiert, aber anders als → Populärkultur ohne abwertende Beiklänge. Gemeint ist das Insgesamt von im alltäglichen Leben produzierten und tradierten Kulturformen, also Kleidung, Wohnungseinrichtung, Formen der Ernährung und des Essens, Formen des Umgangs und der Geselligkeit, Geschichtenerzählen und Liedersingen usw., auch selbstständige Umformung und Umdeutung massenmedialer Angebote und solcher der kommerziellen Werbung; so könnte man die Verzierungen an Autos (samt Sinnsprüchen) und die „Wohnlichmachung" ihrer Innenräume durchaus zur A. rechnen. W.F.H.

Alltagsleben, *everyday life,* vor allem in der phänomenologischen Soziologie und im symbolischen Interaktionismus gebrauchte Bezeichnung für das Erleben und Handeln von Personen in allgemein bekannten und vertrauten Situationen auf der Basis selbstverständlicher Erwartungen. Das A. ist von dem Bewusstsein geprägt, dass jeder vernünftige und normale Mensch die gleiche Auffassung von der Wirklichkeit, in der man lebt, und ihrer Ordnung hat, wie man selbst. E.L./W.B.

Alltagstheorie, Laientheorie, pragmatische Theorie, Bezeichnung für ein Wissen, das handlungsleitend ist, indessen nicht nach wissenschaftlichen Kriterien überprüft ist. Analysen des strafrichterlichen Verhaltens haben beispielsweise gezeigt, dass neben den empirisch belegbaren Fakten und den strafrechtlichen Normen auch A.n die Urteile stark beeinflussen, z.B. bei der Diskriminierung bestimmter Unterschichtangehöriger. R.L.

Alltagswelt → Lebenswelt [2]

Alltagswissen bezeichnet das Wissen und Denken von Gruppen und einzelnen, das ihre unmittelbaren, alltäglichen Lebenszusammenhänge organisiert. A. ist unproblematisch, stützt sich auf einen praktischen Fundus von Erfahrung; es ist Resultat praktisch eingeübter Routine. Ein gutes Modell für A. ist die Straßenverkehrsordnung: man weiß, was man zu tun und zu lassen hat, gegen welche Regeln wie und wann verstoßen werden kann. Das gilt gleichermaßen für Interaktionen und Kommunikationen in Gruppen. Jeder glaubt, den anderen zu kennen, weiß, was er von ihm zu halten hat, und glaubt, der andere wiederum schätze ihn so ein, wie er sich selbst einschätzt. Aber auch hier gibt es Listen und Regelverstöße: man redet hinter dem Rücken eines Bekannten anders über ihn, als man mit ihm selbst über ihn reden würde. So bleibt die Identität einer jeden Person und Gruppe im A. zwiespältig. A. ist eine Kategorie der phänomenologisch orientierten Sozialwissenschaft, der → Ethnomethodologie. T.L.

alpha (α) – Fehler → Fehler erster Art

Alphabetisierung, staatliche oder private Programme, z.T. in Form von politischen Massenkampagnen (u.a. in China, Kuba, Nicaragua) zur Verbreitung eines Mindestniveaus von Lese- und Schreibkenntnissen in der Bevölkerung. Die A. steht häufig im Zusammenhang mit einer politisch ausgerichteten Volkserziehung (P. Freire). H.W.

Als-ob-Verhalten, nicht-reales, vorgestelltes Verhalten, das auf einem Sich-Versetzen in einen anderen als den tatsächlich gegebenen Zustand beruht, z.B. einem Hineindenken in die Lage oder Rolle eines anderen (→ Rolleneinnahme). V.V.

Altenherrschaft → Gerontokratie

Altenquotient → Abhängigkeitsquotient

Alter – Ego → Ego – Alter

alter ego (lat.), das andere, das zweite Ich, [1] in der phänomenologischen Sozialphilosophie Bezeichnung für den in der Fremderfahrung als ein anderes „Ich", d.h. als ein ebenfalls „aus sich

selbst heraus" erlebendes und handelndes Subjekt erlebten anderen Menschen.

[2] Bei C.G. Jung Bezeichnung für den „Schatten" oder die Personifikation der nicht zugelassenen, verdrängten Inhalte der eigenen Psyche. R.Kl.

[3] Völkerkundliche und religionswissenschaftliche Bezeichnung für die Vorstellung von einem „zweiten Ich", das vor allem Häuptlingen, Medizinmännern und anderen herausgehobenen Personen zugeschrieben wird. Man trägt es in sich, es kann aber auch als Doppelgänger auftreten oder in der Gestalt eines anderen Lebewesens (eines Tiers oder einer Pflanze, vgl. „Buschseele"), insofern Nähe zu Vorstellungen und Praktiken des → Totemismus. R.Kl./W.F.H.

Alter, ideales, *ideal age,* bezeichnet in Untersuchungen zu → Altersnormen jenes Lebensalter, zu dem man nach Meinung der Befragten am besten ein bestimmtes Lebensereignis (Heirat, Kinder usw.) erreichen sollte (Neugarten/Datan 1983). W.F.H.

Alter, relationales, *relational age,* bezeichnet normative Vorstellungen davon, wie groß der Altersabstand zwischen wichtigen Interaktionspartnern (z.B. zwischen Eheleuten, zwischen Geschwistern) sein sollte. W.F.H.

Alter, soziales, *social age,* im Unterschied zu dem nach Lebensjahren gemessenen Alter die sozial bestimmten Definitionen des Altseins: Die Lebensphasenkategorien Kind, Jugendlicher, Erwachsener, Greis, verschiedene organisationsinterne Altersmaßstäbe (Dienstalter etwa), normativ getönte Vorstellungen z.B. vom relationalen Alter, davon also, wie unterschiedlich alt Heiratende noch sein dürfen, usw., folgen nicht dem Maßstab der Lebensjahre (und sind von Gesellschaft zu Gesellschaft verschieden). Ausgeblendet wird mit dem Begriff s. A. allerdings, dass auch die Einordnung nach in Lebensjahren gerechnetem Alter ein s. A. ist (und dazu von geschichtlich recht neuer Geltung). W.F.H.

Alterität, abgeleitet von lat. *alter,* der Andere, besagt, dass beim Erkennen eines Interaktionspartners zunächst einmal dessen Ähnlichkeit mit dem Erkennenden unterstellt wird. → *Ego* kommuniziert mit einem → *alter ego.* H. Knoblauch (2004) sieht hierin eines der Grundmodelle, wie das Gegenüber des Handelnden erfasst werden kann. R.L.

Alternation, in der phänomenologischen Soziologie die Verwandlung der subjektiven Wirklichkeit durch den Wechsel der signifikanten Anderen und der damit verbundenen Legitimitätsvorstellungen und Plausibilitätsstrukturen. Extremes Beispiel einer Alternation ist eine religiöse → Konversion. W.L.B.

Alternativbewegungen → Bewegungen, neue soziale

Alternative, funktionale → Äquivalent, funktionales

Alternative, kulturelle. Aus einer Mehrzahl kultureller Elemente, die alle kulturell gebilligt sind, kann der Einzelne zur Bewältigung sozialer Situationen wählen. Z.B. ist heute das Begrüßungsverhalten meistens recht frei gestaltbar, und auch die Wahl der Bekleidung unterliegt (in einem bestimmten Rahmen) meist keiner festen „Kleiderordnung".   W.F.H.

Alternativhypothese, Hypothese, die vorläufig akzeptiert wird, wenn die Nullhypothese verworfen werden konnte; besagt im Gegensatz zur Nullhypothese, dass es eine bestimmte, nicht rein zufällige Beziehung zwischen den untersuchten Variablen gibt.   L.K.

Alternativrolle, in der Arbeitsmarktanalyse benutzte, umstrittene Bezeichnung für Existenzmöglichkeiten außerhalb des über den Arbeitsmarkt vermittelten Lohnarbeiterstatus, insb. für diskriminierte Gruppen (u.a. Frauen, Ausländer), die „auf dem Arbeitsmarkt mit kulturellen Deutungen und gesellschaftlichen Definitionen konfrontiert werden, in denen die Möglichkeit ihrer ‚Unterbringung' in arbeitsmarktexternen Alternativ- oder Reserverollen mitgedacht ist." (C. Offe u. P. Hinrichs 1977).   H.W.

Alternssoziologie → Alterssoziologie [1]

Altersaufbau → Altersstruktur

Altersbild, das Insgesamt der Vorstellungen davon, wie man im Alter (d.h. nach Ende des Arbeitslebens) leben wird.   W.F.H.

Altersdelinquenz, Bezeichnung für die spezifische Kriminalität älterer Menschen, insbesondere nach ihrem Ausscheiden aus beruflichen Positionen. Beispiele für A. sind Betrug und bestimmte Sittlichkeitsvergehen. Die soziologischen Ursachen der A. werden etwa in Rollenverlust und Statusunsicherheit gesehen.   C. Wo./B.J.

Alterseffekt, auch Alterns- oder Alterungseffekt, diejenige im systematischen, kombinierten Quer- und Längsschnittvergleich verschiedener Kohorten ermittelte Verhaltensdifferenz, die als Wirkung des Alterns zu deuten und nicht zugleich auf sozialen Wandel (→ Kohorteneffekt) zurückzuführen ist.   H.L.

Altersendogamie, soziale Vorschriften, die die Aufnahme sexueller Beziehungen oder die Heirat nur innerhalb der eigenen → Altersgruppe erlauben.   W.F.H.

Altersforschung → Gerontologie

Altersgliederung → Altersstruktur

Altersgruppe, *age group,* Bezeichnung von wechselnder Bedeutung. [1] Die Altersgleichen in der Generationenabfolge, die in einem be-

stimmten Lebensabschnitt gemeinsame Erfahrungen gemacht haben.
[2] Als Gruppe zusammengefasste Anzahl von Gleichaltrigen.   W.F.H.

Altersirrelevanz, bezeichnet einen (für die Zukunft prognostizierten) gesellschaftlichen Zustand, in dem die Zuschreibung nach Alter und die → Altersnormen keine bedeutende Rolle mehr spielen. Als Belege für diese Entwicklung gelten u.a. ein zwischen den Altersgruppen nivelliertes Konsumverhalten, die entstrukturierte Abfolge von Berufsausbildung/Berufsarbeit sowie, dass viele Erwachsene und auch alte Menschen Momente der Jugendlichkeit übernehmen.   W.F.H.

Altersklasse, *age class,* in Völkerkunde und Nachbarwissenschaften Bezeichnung für die gesellschaftlich geregelte Vereinigung von Personen gleichen Alters und gleichen Geschlechts in Bünden, vor allem in primitiven Gesellschaften. Gleiches Alter heißt hier übrigens gewöhnlich, dass die Angehörigen der A. zur gleichen Zeit durch die Initiationsriten gegangen sind (nicht aber gleiches Alter nach Lebensjahren haben). Die Funktionen der A. sind unterschiedlich, meist ist die Zugehörigkeit Ausdruck der Macht- und Prestigechancen der Einzelnen.   W.F.H.

Alterskultur, [1] die Gesamtheit der spezifischen Vorstellungen und Verhaltensformen, die (in den industriell entwickelten Gesellschaften) von den alten, aus dem Produktionsprozess entlassenen Personen geteilt werden.
[2] In einem allgemeineren Sinne die spezifischen Vorstellungen und Verhaltensformen, die Gleichaltrige im Unterschied zu in einer anderen Lebensphase oder Altersstufe Stehenden miteinander teilen (also etwa Oberbegriff für Kindheitskultur, Jugendkultur, Erwachsenenkultur, Alterskultur).   W.F.H.

Altersnorm, *age norm,* [1] soziale Vorschrift, wie man sich in einem bestimmten Alter oder als Mitglied einer bestimmten Altersstufe zu verhalten (z.B. zu kleiden) hat.
[2] Soziale Vorschrift, in welchem Alter man (spätestens) einen Status (z.B. Leben aufgrund eigenen Verdienstes), einen bestimmten Handlungsbereich (z.B. Erfahrungen mit dem anderen Geschlecht oder Elternschaft) oder einen bestimmten Kompetenzbereich (z.B. Lesen können) erreicht haben sollte.
[3] In einem weiteren Sinne auch Bezeichnung für die Vorstellungen (→ Altersorientierungen), die Einzelne oder Gruppen von [1] oder [2] haben.   W.F.H.

Altersnorm, informelle, eine → Altersnorm, die nicht durch Gesetz oder formelle Vorschrift geregelt ist, sondern die aufgrund von gemeinsamen Überzeugungen und Traditionen gilt, z.B. die Norm, dass der Altersunterschied zwischen Liebespartnern nicht zu groß sein sollte. W.F.H.

Altersorientierungen, [1] allgemeine Bezeichnung für die Bedeutung von Alterskategorien für die Lebensorientierung und für die gegenseitige Beurteilung von Menschen. [2] Speziell die Orientierungen, die die Einhaltung von → Altersnormen betreffen. W.F.H.

Alterspyramide → Altersstruktur

Altersschichtung → Altersstruktur

Alterssoziologie, [1] soziale Gerontologie, Gerontosoziologie, Alternssoziologie, der Teil der Wissenschaften vom Alter, der sich unter soziologischen Fragestellungen mit den Lebensformen und -möglichkeiten der Alten in den industriell entwickelten Gesellschaften beschäftigt. Probleme des Kontaktverlusts zum Berufsbereich und zum Familienzusammenhang stehen dabei u.a. im Vordergrund; leitend ist die grundlegende praktische Frage, wie diese Lebensphase – wenn nicht als eine des Verfalls zum Tode hin – sozialpolitisch definiert und gestaltet werden kann. [2] Allgemein die soziologischen Studien, die sich mit der Struktur, der Bedeutung und dem Wandel von Alterskategorien im sozialen Leben befassen. W.F.H.

Altersstruktur, auch Altersschichtung, Altersaufbau, Altersgliederung, Gliederung einer Gruppe oder Bevölkerung nach dem Umfang ihrer Jahrgangsgruppen. Die A. ist ein zentraler Gegenstand der Bevölkerungswissenschaft. Sie kann Aufschluss über Wachstums- oder Schrumpfungsprozesse in einer Bevölkerung geben. Die A. wird meist in Form eines Häufigkeitspolygons dargestellt, für das sich auch der Name „Alterspyramide" eingebürgert hat, obwohl im strengen Sinne nur eine wachsende Bevölkerung eine pyramidale A. besitzt:

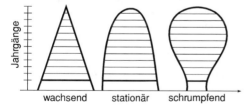

Die Flächengrößen der einzelnen Altersgruppen oder Jahrgänge entsprechen ihren prozentualen Anteilen an der Gesamtbevölkerung. H.W.

Altersstufe, Bezeichnung für Typen menschlichen Verhaltens und individueller Eigenart in Abhängigkeit von der Zugehörigkeit zu gesellschaftlich mehr oder weniger streng definierten Gruppen von Gleichaltrigen (z.B. „die Krieger", „die Jugend"). Gleiches Alter bemisst sich hierbei gewöhnlich nicht nach Lebensjahren, sondern danach, dass die Angehörigen einer A. zu gleicher Zeit durch die Reife- bzw. Initiationszeremonien gegangen sind. W.F.H.

Altruismus, [1] von A. Comte eingeführte Bezeichnung für Selbstlosigkeit im Handeln und Denken. Nach Comte sollte die Maxime „Für den anderen leben!" (frz.: *Vivre pour autrui!*) die Moral der Zukunft, des positiven Stadiums bestimmen. Altruistisches Verhalten richtet sich vorrangig auf die Wohlfahrt und das Glück anderer und stellt die Befriedigung der eigenen Wünsche und Bedürfnisse zu Gunsten dieses Ziels zurück. [2] Bei E. Durkheim Bezeichnung für einen gesellschaftlichen Zustand, bei dem das Individuum vollständig in der Gruppe aufgeht und keine Interessen besitzt, die den Zielen der Gruppe entgegenstehen; Pflichterfüllung und Gehorsam gegenüber den Gruppennormen gelten als höchste Werte. → Selbstmord, altruistischer R.Kl.

Amalgamation, Bezeichnung in der älteren Sozialphilosophie für die Vereinigung verschiedenartiger Teile (Personen, Gruppierungen) zu einem sozialen Ganzen (Gruppe, Gesellschaft). Die A. gilt als gegenläufige Anschauung zur → sozialen Differenzierung. O.R.

Ambiguität, *ambiguity* → Mehrdeutigkeit

Ambiguitätstoleranz, die Fähigkeit, Mehrdeutigkeiten und widersprüchliche Verhaltenserwartungen in sozialer Interaktion auszuhalten und handlungspraktisch zu bewältigen. Zentrale Kompetenz zur Entwicklung und Behauptung von Ich-Identität und biografischer Kontinuität. M.M.

ambilateral, Bezeichnung für Abstammungsfolgen in einem Verwandtschaftssystem, in dem der Einzelne die Wahl hat, sich der väterlichen oder der mütterlichen Linie anzuschließen. W.F.H.

ambilokal → unilokal

Ambitendenz, allgemeine Bezeichnung für das gleichzeitige Vorhandensein widersprüchlicher Handlungstendenzen bei einem Individuum. Auch → Ambivalenz R.Kl.

Ambivalenz, [1] affektive A., Doppelgerichtetheit, aus der Tiefenpsychologie stammende Bezeichnung dafür, dass eine Person in Bezug auf einen Gegenstand gleichzeitig einander entgegengesetzte Gefühle (Abneigung und Zuneigung) oder Handlungstendenzen besitzt. Beispiel: „Hassliebe". R.Kl. [2] Soziale A., Merkmal einer sozialen Situation, in welcher miteinander unvereinbare normative Erwartungen an den Inhaber einer Position oder mehrerer Positionen gerichtet werden und diese Person momentan über keine Möglichkeiten zur Lösung dieses Konflikts verfügt. E.L.

Ambivalenzkonflikt, nach K. Lewin (1939) Bezeichnung für einen → Appetenz-Aversions-Konflikt, also für einen Konflikt zwischen dem Motiv, ein Objekt oder ein Ziel aufzusuchen, und dem gleichzeitigen Motiv, dieses Objekt oder dieses Ziel zu meiden. R.Kl.

amitalokal, *amitalocal,* ethnologische Bezeichnung für eine Residenzregel von Neuverheirateten: Wohnung bei der Schwester des Vaters der Ehefrau (→ unilokal). W.F.H.

Amphiktyonie, Bezeichnung aus der Antike für den Zusammenschluss von selbstständigen politischen Einheiten aufgrund gemeinsamer Religion und zum Zwecke gemeinsamer Religionsausübung an zentralen Orten, wodurch oft auch politisch Frieden und Vereinigung erreicht werden soll. W.F.H.

Amplifikation, wörtlich: Steigerung, vornehmlich in der Kommunikationstheorie verwendete Bezeichnung für die illustrierende Funktion spezieller nonverbaler Verhaltensweisen für die sie begleitende verbale Äußerung, z.B. mit dem Finger auf eine Person weisen, ergänzend zum Gesprochenen: „Der da!" O.R.

Amt, *office,* Berufsposition und Berufstätigkeit in einer formellen oder bürokratischen Organisation, unter der Rollenerwartungen, nur im Namen der von der Leitung der Organisation delegierten Autorität zu handeln (→ Amtsautorität), für alle Betroffenen in gleicher Weise zugänglich zu sein, niemanden zu bevorzugen oder zu benachteiligen. W.F.H.

Ämterpatronage, im ursprünglichen Sinn Bezeichnung für das Recht, Ämter, z.B. Offiziersstellen oder Ministerposten, zu besetzen. Die Ä. war bis in die Zeit der konstitutionellen Monarchien ein Vorrecht des Monarchen. Heute wird unter Ä. der Einfluss von Personen oder Gruppen auf Einstellungen oder Beförderungen (vor allem in Verwaltungen) verstanden, der entgegen den jeweils geltenden Einstellungs- und Beförderungskriterien zur Bevorzugung einzelner Anwärter nach persönlichen, politischen oder weltanschaulichen Gesichtspunkten führt. H.W.

Amthauer-Test, Intelligenz-Struktur-Test (IST), von R. Amthauer entwickelter → Gruppentest für höhere Intelligenzniveaus. Der A.-T. prüft u.a. Abstraktionsfähigkeit, Kombinationsfähigkeit, Gedächtnis, räumliches Vorstellen, Sprachgefühl, Urteilsbildung, rechnerisches Denken. H.W.

Amtsautorität, auch Positionsautorität, aus den offiziellen Einflussrechten eines → Amtes, d.h. einer Position in einer bürokratischen oder formalen Organisation abgeleitete Autorität, die in der Regel diesem Amt von der Leitung der Organisation offiziell zudelegiert wurde. H.H.

Amtsbonus, Bezeichnung dafür, dass die Bevölkerung die Regierung positiver bewertet als die sie tragenden Parteien und in der Regel erst recht positiver als die Politiker und Parteien der Opposition. R.L.

Amtscharisma. Diese Form der Veralltäglichung des → Charisma, des ursprünglichen Glaubens an die Berechtigung eines Herrschers als herausragender Persönlichkeit, besteht darin, dass dieser Glaube sich auf ein soziales Gebilde (auf eine Institution) überträgt (M. Weber). W.F.H.

Amtshierarchie, der durch Kontroll- und Beschwerdewege gekennzeichnete Instanzenzug einer oder mehrerer Behörden. W.F.H.

anaklitisch, wörtl. anlehnend, [1] als „Anlehnung" bezeichnet S. Freud die Bindung der kindlichen Sexualtriebe an den Selbsterhaltungstrieb und die Wahl solcher Objekte als Liebesobjekte, die der Selbsterhaltung dienen (z.B. die Mutterbrust).
[2] In einem weiteren Sinne svw. „die Anlehnung des Kindes an seine Mutter betreffend". R.Kl.

anal, auf die Körperzone des Anus (Afters) oder auch – in der Psychoanalyse – die dort lokalisierten oder dorthin zielenden Empfindungen oder Triebregungen bezogen oder damit zusammenhängend. → Analerotik, → Charakter, analer, → Libidostufen W.Sch.

Analerotik, psychoanalytische Bezeichnung für die – auf den After als erogene Zone zielenden – sexuellen Triebäußerungen der analen Stufe (→ Libidostufen) sowie, psychopathologisch gesehen, für die Fixierung an Befriedigungsweisen und Objektbeziehungen dieser Phase. Ausstoßen und Behalten sind typische Modi analerotischen Verhaltens; Kot und, in sublimierter Form, Geld sind Gegenstände typischen Interesses. K.H.

anal-sadistisch → Libidostufen

analog – digital, [1] die Erfassung einer physikalischen Größe (z.B. Temperatur) kann a., d.h. durch eine andere Größe (Länge der Quecksilbersäule), oder d. in Ziffernform erfolgen. Mithilfe von Wandlern können a. in d. Informationen umgesetzt werden. Mit ihrer Digitalisierung werden Informationen in EDV-Anlagen verarbeitbar und speicherbar. Ch.W.
[2] In der Kommunikationstheorie bezeichnet a. Ähnlichkeitsverhältnisse, die ohne klare Grenzen kontinuierlich funktionieren. D. dagegen ist eine binäre Codierung (z.B. 0/1), welche klare Grenzen einfügt, aber arbiträr ist und daher über keine Ähnlichkeit mit dem Dargestellten verfügt. Die Umwandlung analoger Kommunikation (z.B. Emotionen) in digitale Information

(z.B. Wörter) wird häufig als Ursache von Kommunikationsproblemen verstanden, die sich bis zu *double binds* (G. Bateson) steigern können. U.St.

Analogie, Ähnlichkeit zweier Systeme in Bezug auf ihre Funktionen oder Strukturen; häufig zur Kennzeichnung der Beziehungen zwischen Realität und Modell verwandt, wobei je nach Problemlage eine teilweise Übereinstimmung ausreichen kann. → Homomorphie und → Isomorphie stellen strenge Formen der Beziehungen zwischen A.modell und dem modellierten Bereich der Realität dar. Analoge Modelle stellen qualitative Umdeutungen der Realität dar. So können z.B. Struktur und Funktionen eines Nervensystems oder einer Volkswirtschaft an Hand analoger Modelle in Form von Systemen elektrischer Schaltkreise untersucht werden. H.W.

Analogieschluss, auch Analogismus, Schlussverfahren, bei dem aufgrund von Übereinstimmungen und Ähnlichkeiten von Sachverhalten oder Systemen in bestimmten Funktionsweisen, Strukturen, Eigenschaften von Elementen auf die Ähnlichkeit auch anderer Funktionen, Bestandteile usw. der Systeme geschlossen wird. H.D.R.

Analogismus → Analogieschluss

Analog-Rechner, Rechensystem, das zur Abbildung der Rechengrößen „gleichförmige" physikalische Größen (z.B. Längen in Rechenschiebern oder Stromstärken) benutzt. H.W.

Analyse abweichender Fälle, *deviant case analysis,* gesonderte Analyse solcher Untersuchungseinheiten, die mit ihren Messwerten nicht in ein Erklärungsmuster fallen, das auf die überwiegende Mehrheit der untersuchten Fälle zutrifft. Die A. a. F. dient dazu, zusätzliche Einflussgrößen aufzudecken oder Messoperationen zu verbessern. H.W.

Analyse latenter Strukturen, *latent structure analysis,* die Analyse zugrunde liegender Strukturen, ein von P.F. Lazarsfeld entwickeltes allgemeines Modell zur Messung einer Variablen durch dichotome Indikatoren. Die Verteilung der Versuchspersonen in Bezug auf diese Variable sowie die untereinander unabhängigen Verteilungen der Indikatoren in Bezug auf die Wahrscheinlichkeit, positiv zu antworten, bestimmen dabei die Häufigkeiten der verschiedenen Antwortmuster, die empirisch ermittelt und aus denen die unbekannten Größen berechnet werden. M.K.

Analyse, diachrone, Längsschnittuntersuchung, → Querschnittuntersuchung

Analyse, dimensionale, [1] die Entwicklung eines Begriffssystems, das die für eine Wissenschaft relevanten Dimensionen der Wirklichkeit definiert. Die „Dimensionen des Sozialen" werden z.B. durch Begriffe wie Rolle, Norm, Sanktion bestimmt und geordnet. Begriffsanordnungen, die zur Beschreibung von Gegenständen entwickelt werden, heißen „deskriptive Schemata" (L.H. Zetterberg). W.Sl.

[2] Sammelbezeichnung für Modelle und Verfahren, die nach der Anzahl der notwendigen Variablen, Faktoren, Koeffizienten oder allgemein „Dimensionen" fragen, die erforderlich sind, um eine bestimmte Menge von Daten (Distanzen oder Ähnlichkeiten zwischen Objekten oder Personen, Korrelationen zwischen Variablen) angemessen zu beschreiben. Die d. A. geht i.d.R. von einem räumlichen Modell aus oder kann in ein solches übersetzt werden. Zur d.n A. zählen u.a. die Faktorenanalyse und Modelle der mehrdimensionalen Skalierung. H.W.

Analyse, funktionale, Form der Untersuchung sozialer oder biologischer Systeme. Theoretischer und methodischer Ausgangspunkt der f.A. ist die Bestimmung von → funktionalen Erfordernissen, die in bestimmter Weise erfüllt sein müssen, damit das System unter bestimmten Umweltbedingungen arbeiten und überleben kann. In der f.A. werden die Mechanismen des Systems untersucht, die zur Erfüllung der Erfordernisse beitragen. Ziel der Analyse ist u.a., → funktionale Äquivalente zu bestimmen, die den Systemerfordernissen entsprechen. Dies geschieht z.B. durch Vergleich von Systemen. In der Literatur wird häufig entgegengesetzt verfahren: Von einem bestimmten Systembestandteil ausgehend wird nach dessen funktionalen Beiträgen zum System, nach seinen Dysfunktionen, nach manifesten und latenten Funktionen geforscht. Wenn die Systemerfordernisse nicht explizit formuliert sind, besteht diese Art der f.A. häufig in einer Aufzählung (bewerteter) Wirkungen eines Systemteils. Die Probleme der f.A. wurden von R.K. Merton (1957) in einem Paradigma zusammengefasst. H.W.

Analyse, kausale, Bestimmung der Abhängigkeitsbeziehungen in einem System von Variablen. Die Variablen können aufgeteilt werden nach solchen, die durch andere Variable des Systems bestimmt werden (abhängige Variable), und solchen, die nur von Größen außerhalb des Systems abhängen (unabhängige Variable). Die k. A. besteht i.d.R. in der Prüfung der Angemessenheit von Kausalmodellen für bestimmte Daten (Korrelationen), die sich häufig durch mehrere Modelle der → multivariaten Analyse darstellen lassen (→ Pfadanalyse, → LISREL). H.W.

Analyse, marginale → Marginalismus

Analyse, multivariate, Mehrvariablen-Analyse, bezeichnet in der empirischen Sozialforschung die statistische Untersuchung der Beziehungen mehrerer Variablen untereinander. Zur m.A gehören auch Modelle der → dimensionalen Analyse [2]. Ausgangspunkt der m.A. sind häufig die Zusammenhänge (→ Korrelationen) zwischen je zwei Variablen. Indem eine oder mehrere Variablen (Test-Variable) wechselseitig konstant gehalten werden, können aus den jeweiligen partiellen Korrelationen zweier Variablen Rückschlüsse auf die Beziehungsstruktur der Variablen gezogen werden. Insbesondere interessiert, ob Korrelationen durch die Einführung von Dritt- oder Viertvariablen etc. sich auflösen, abschwächen, verändern oder entstehen. So lassen sich verschiedene Modelle kausaler Strukturen daraufhin prüfen, ob sie mit den Daten vereinbar sind (H. Simon, H.M. Blalock). Aus den Veränderungen von Beziehungen lassen sich Interaktionseffekte (statistische Interaktion) zwischen den Variablen bestimmen, d.h. gemeinsame nicht additive Einwirkungen zweier oder mehrerer Variablen auf eine dritte. In jüngerer Zeit werden zunehmend anspruchsvolle Analyse-Modelle (→ Faktorenanalyse, → Pfadanalyse, → LISREL, → log-lineare Modelle) verwendet. Formen der m.A. sind heute gängiger Bestandteil der Analyse statistischer Daten.

H.W.

Analyse, pathologische, bezeichnet bei A. Comte eine Forschungsstrategie, die geeignet sei, das (im sozialen Bereich gewöhnlich nicht mögliche) Experiment zu ersetzen: Aus der Analyse der Störungen des sozialen Organismus (analog zu Krankheiten aufgefasst) könne die Struktur seines normalen Zustandes erschlossen werden, weil auch bei Störungen die sozialen Grundgesetze wirksam seien. Diesen Gedanken hat E. Durkheim in seinen „Regeln der soziologischen Methode" fortgeführt.

W.F.H.

Analyse, phänomenologische → Phänomenologie

Analyse, strukturale, die Methode, aus vergleichender Beobachtung verschiedener sozialer Phänomene diejenigen gemeinsamen, meist formalen, Elemente auszusondern, deren Zusammenhang sich als die konstante Struktur des Systems interpretieren lässt. Am Einzelphänomen wird mittels s.r A. untersucht, welche Bedeutung ihm innerhalb der Gesamtstruktur zukommt.

H.L.

Analyse, strukturell-funktionale, die Vorgehensweise einer Schule der Soziologie, des → Funktionalismus, wobei einerseits strukturelle Grundprobleme und institutionelle Strukturen eines sozialen Systems beschrieben und andererseits die Wirkungen dynamischer Elemente auf diese strukturellen Faktoren untersucht werden.

B.W.R.

Analyse, synchrone → Querschnittsuntersuchung

analysis, narrative (engl.) → Narrationsanalyse [1]

analysis, social (engl.), Sozialdiagnose, eine problemorientierte Richtung der amerikanischen Soziologie (z.B. A. Etzioni). Sie beschäftigt sich mit aktuellen und gesamtgesellschaftlichen Problemen und wendet dabei die üblichen Methoden der Soziologie an.

R.L.

analytisch, zergliedernd, Kennzeichnung von Aussagen, Urteilen, Definitionen, Kategorien, die durch logisch-gedankliche Zerlegung von Sachverhalten oder Begriffen in ihre Bestandteile gebildet werden.

Im Unterschied zu a. werden als synthetisch (zusammensetzend, erweiternd) solche Aussagen gekennzeichnet, die auf Erfahrung beruhen bzw. durch Erfahrung überprüft werden können. Beispiel: „Alle Chinesen sind gelb" ist eine a. wahre Aussage, wenn im Begriff „Chinese" „gelb" bereits als Bestandteil enthalten ist. „Alle Chinesen sind Kommunisten" ist dagegen eine synthetische Aussage. Sie fügt dem Begriff „Chinese" einen – möglicherweise falschen – Erfahrungsinhalt hinzu. An Stelle von „synthetisch" wird auch der Ausdruck „empirisch" gebraucht.

H.W.

Anamnese, wörtlich „Zurückbesinnung", ein in Medizin, klinischer Psychologie und sozialen Beratungsdiensten verwendetes Befragungsverfahren zur Erfassung der biografischen Vorgeschichte körperlicher und seelischer Erkrankungen oder Störungen, insbesondere der Symptomgeschichte und der damit zusammenhängenden Ereignisse und Erlebnisse. → Sozialanamnese

C.R.S.

Anarchie der Produktion → Warenproduktion, einfache

Anarchie, Herrschaftslosigkeit, Herrscherlosigkeit. [1] Zustand der Gesellschaft, den der → Anarchismus anstrebt.
[2] Im Sinne von Gesetzlosigkeit, Unordnung und Chaos findet der Begriff A. dort Verwendung, wo Ordnung als notwendig abhängig von Herrschaft empfunden wird.
[3] Seit den antiken Staatstheorien (Platon, Aristoteles) gilt die A. als die (fiktive) Regierungsform der bürgerlichen Gesellschaft, in die die Demokratie bei ihrem Niedergang umschlägt.

O.R.

Anarchie, organisatorische, bezeichnet einen Organisationstyp (oft an Hochschulen exemplifiziert), in dem Entscheidungsprozesse durch lockere Koinzidenzen von vier Komponenten – Probleme, Verfahren, Beteiligte und Lösungen – gekennzeichnet sind. Wie in einem Papierkorb

(J. P. March/M. Olsen 1976, → *garbage can*) finden z.B. bereitliegende Problemlösungen mehr oder weniger passende Probleme anstatt umgekehrt, weil routinemäßig Entscheidungsverfahren angesetzt sind, die allerdings mit stark fluktuierender Beteiligung stattfinden.   U.Schi.

Anarchie, regulierte, bezeichnet nach einer auf Durkheim zurückgehenden Formulierung die Ordnungsformen von Gesellschaften, die auf Verwandtschaftsorganisation beruhen (→ Gesellschaften, segmentäre). Das Fehlen einer Zentralinstanz (→ akephal) ist entscheidendes Kriterium der Herrschaftslosigkeit.   R.Kö.

Anarchismus, allgemeine Bezeichnung für die anarchistischen Theorien und die anarchistische Bewegung seit Mitte des 19. Jahrhunderts. Da der A. im Gegensatz zum Marxismus an einem strikten Praxis-Theorie-Verständnis festhält, gibt es keine rein theoretischen Schriften und keine „universalistische" Theorie des A.
Im Hinblick auf die Erreichung der individuellen Freiheit und der sozialen Gleichheit werden fast durchgehend von den Anarchisten folgende Forderungen erhoben: a) die Aufhebung der Herrschaft des Menschen über den Menschen, d.h. die Abschaffung der Herrschaftssysteme, vornehmlich des Staates, und aller hierarchisch strukturierten Gebilde; b) der Rekurs auf die Natur des Menschen als solidarisches Wesen, wobei diese Rückfindung nur über die Negation des falsch verstandenen Individualismus erreichbar ist, d.h. Identität gewinnen ohne Privateigentum, und der Entschleierung der jetzt geltenden Moral als unsolidarische, systemstabilisierende; c) das Primat des Einzelnen gegenüber dem sich als Teil-einer-Klasse-Fühlen; d) das dauernde Revoltieren an Stelle der geplanten Revolution, da bei den gesellschaftlichen Antagonismen kein Zustand nach der Revolution vorausgesagt werden kann.
Als Mittel dient dem A. die direkte Aktion, zeitweilig auch der von Nečaev propagierte Terrorismus. Hauptvertreter des A. sind u.a.: P.J. Proudhon, M. Bakunin, P. Kropotkin, E. Reclus, J. Grave, C. Malato, J. Most, R. Rocker, A. Berkman, E. Goldman, B.R. Tucker, G. Landauer.   O.R.

Anarchismus, epistemologischer, anarchistische Erkenntnistheorie, Bezeichnung P. Feyerabends für die von ihm skizzierte Erkenntnis- und Wissenschaftstheorie (1975), derzufolge alle bisher von den Philosophen formulierten erkenntnistheoretischen „Prinzipien" und „methodologischen Regeln" den Erkenntnisfortschritt nur behindern: „Der einzige Grundsatz, der den Fortschritt nicht behindert, lautet: *Anything goes.*"   R.Kl.

Anarcho-Syndikalismus, Bezeichnung für die Gewerkschaftsbewegung in Frankreich, Spanien und den lateinamerikanischen Ländern (*syndicat* [frz.] = Gewerkschaft), die um die Jahrhundertwende durch Streiks, direkte Aktionen und Boykotts für die Arbeiterklasse kämpfte (z.B. in Frankreich die C.G.T. und die Bourse de Travail). Vom Anarchismus übernahm der A.-S. die Formen des Widerstands, das Ziel der Sozialisierung der Produktionsmittel und die Ablehnung der parlamentarischen Demokratie, die sich in Nicht-Beteiligung an den Wahlen äußerte, lehnte jedoch den strikten Individualismus des Anarchismus ab.   O.R.

Anaskopie, nach T. Geiger eine soziologische Betrachtungsweise, die vom gesellig lebenden Individuum ausgehend soziale Gruppen zu beschreiben und zu erklären versucht. Gegenbegriff → Kataskopie   E.L.

anchoring of attitudes (engl.) → Verankerung von Attitüden

anchoring of judgements (engl.) → Verankerung von Urteilen

Anciennitätsprinzip, Bezeichnung für eine Aufstiegsregel in Organisationen und Verwaltungen nach der Dauer der Zugehörigkeit zu der Organisation bzw. Verwaltung (Dienstalter). W.F.H.

Andere, das ganz, von R. Otto in den religionswissenschaftlichen Sprachgebrauch eingeführte, hauptsächlich in der Religionsphänomenologie gebrauchte Bezeichnung des geheimnisvollen, befremdlichen und Furcht erregenden Momentes des Heiligen (*„Mysterium tremendum"*).   V.Kr.

Andere, der generalisierte, der verallgemeinerte Andere, *the generalized other,* von G.H. Mcad eingeführte Bezeichnung für die verallgemeinernde Vorstellung, die eine Person von den Erwartungen und Haltungen der anderen Mitglieder ihrer Gruppe besitzt und ihr eigenes Verhalten bestimmt. D. g. A. wird durch → Rolleneinnahme in Interaktion mit → signifikanten Anderen entwickelt; die dabei gewonnenen Vorstellungen über die Einstellungen und Erwartungen anderer Personen werden generalisiert und zu einem integrierten Bild „des" Anderen verknüpft, der auch als Repräsentant der Gruppe selbst erscheinen kann: „Die Einstellung des generalisierten Anderen ist die Einstellung der ganzen Gemeinschaft. (Diese) ... ist der generalisierte Andere, insofern sie – als ein organisierter Prozess oder soziale Aktivität – von jedem ihrer einzelnen Mitglieder erfahren wird" (Mead 1934).   W.B./R.Kl.

Andere, der große, bezeichnet in der → strukturalen Psychoanalyse J. Lacans 1. das Unbewusste (als Diskurs des A., der sich – z.B. in Form von Fehlleistungen – dem bewussten Zugriff des

Subjekts entzieht); 2. die Instanz des Gesetzes (als Ensemble aller Strukturen, durch die soziale Verhältnisse reguliert werden); 3. die Sprache selbst bzw. → das Symbolische; 4. die Gesellschaft, insofern sie wie auch das Unbewusste bei Lacan als sprachanalog strukturiert verstanden wird.   O.M.

Andere, der phänomenale, *the phenomenal other*, im symbolischen Interaktionismus Bezeichnung für das Bild, welches man sich von den Erwartungen, Einstellungen usw. einer bestimmten anderen Person aufgrund von Einfühlung und → Rolleneinnahme macht.   R.Kl.

Andere, der signifikante, nach G.H. Mead (1934) derjenige Interaktionspartner, der den sprachlichen und nichtsprachlichen Gesten des Individuums in der sozialen Interaktion ihre Bedeutung verleiht, indem er sie auf eine sozial sinnvolle Art beantwortet und ihnen damit ihre soziale Bestimmung gibt.   W.B.

Andere, der verallgemeinerte → Andere, der generalisierte

Androzentrismus, von gr. *andros* = Mann, bezeichnet die Neigung, das gesamte Leben von männlicher Warte aus zu sehen, zu erforschen und zu verändern. Dabei geht es weniger um den moralischen Vorwurf, der Soziologe verfälsche bewusst seine Resultate. Vielmehr will der Begriff A. kritisieren, dass den Themen, Theorien und Methoden eine Verzerrung innewohne, die einseitig auf das Erleben und die Interessen von Männern abstelle. Der A. kann nicht mit einem Ruck, auch nicht durch einen Akt guten Willens beseitigt werden, sondern nur in einem geduldigen Dialog mit der Frauenforschung – langfristig durch eine Änderung der Soziologie insgesamt.   R.L.

Aneignung → Appropriation

Aneignungstheorie → Okkupationstheorie

Anerkennung, soziale Anerkennung, *recognition*, [1] allgemeine Bezeichnung für die positive Einstellung zu einer Person, für ihre positive Bewertung durch andere, für das Akzeptieren einer Person durch andere (Gegenteil: Ablehnung). Es wird angenommen, dass das Bedürfnis nach A. eines der wichtigsten sekundären Motive beim Menschen ist und dass daher die wechselseitige A. eine große Bedeutung für die Stabilität sozialer Beziehungen besitzt. Die Vergabe bzw. Verweigerung sozialer A. ist daher auch ein bedeutsames Sanktionsmittel zur Erzielung von Konformität mit Gruppennormen.   R.Kl.
[2] In der Sozialphilosophie (A. Honneth 1992) bezeichnet A. das Sein- und Geltenlassen des Anderen, ein moralisches Verhältnis zwischen Ungleichen – etwa zwischen „Herr und Knecht". Als Grundformen der A. gelten Liebe, Vertrag und Solidarität. A. ist auch jenes Verhältnis zwischen der Gesellschaftsmehrheit und den Minderheiten, worin diesen ein Lebensrecht zugestanden wird, ohne dass sie ihre Eigenart aufgeben müssten. Die A. von Differenz gilt als ethisch geboten; umstritten ist hingegen, welche Forderungen im einzelnen aus dem Anspruch auf gleichstellende A. folgen.   R.L.

Anerkennung, professionelle, *professional recognition*, in der Wissenschaftssoziologie (R.K. Merton, W.O. Hagstrom u.a.) die spezifische Belohnungsart, durch die professionelle Wissenschaftler motiviert werden und die sich daher als Mittel der sozialen Kontrolle innerhalb der Wissenschaft als sozialer Institution eignet. Als p. A. wird die Anerkennung bezeichnet, die ein Wissenschaftler für seine Beiträge zum Erkenntnisfortschritt von seinen Kollegen erhält.   R.Kl.

Anfangsbedingungen → Randbedingungen [2]

Angebot – Nachfrage. In ökonomischen Marktmodellen sind A. bzw. N. aggregierte Größen der Mengen einer Ware oder Leistung, die Teile der potenziellen Verkäufer (Anbieter) bzw. Käufer (Nachfrager) bei einem bestimmten Marktpreis in der Lage bzw. bereit sind, zu verkaufen bzw. zu kaufen. In diesem Sinne ist N. immer „kaufkräftige" N., die auf den Konsumentenmärkten neben Bedürfnissen und Präferenzen entscheidend auch von der Einkommensverteilung der Käufer abhängig ist. Für die Anbieter gilt im Modell, dass sie der bei einem bestimmten Preis produzierten oder auf den Markt gebrachten Warenmenge ihr eingesetztes Kapital zumindest durchschnittlich verzinsen können müssen. Die beim sog. Ausgleich zwischen A. und N. auf einem Markt umgesetzte Warenmenge entspricht daher weder der „gesellschaftlichen Nachfrage" oder den Bedürfnissen bestimmter Gruppen noch der Menge eines Gutes, die gesellschaftlich durch die bestehenden Kapazitäten produziert werden könnte. Überlegungen zu den institutionellen Bedingungen von Märkten (Regelungen von Wettbewerb und → Marktmacht, Werbung und Imagepflege, Marktinformation und Verbraucherschutz u.a.) oder die Berücksichtigung von sog. → Transaktionskosten (Informationskosten, Wegekosten, Organisationskosten u.a.) nähern das abstrakte Marktmodell von A. und N. realen Verhältnissen an, in denen ein „Marktgleichgewicht" nur ausnahmsweise vorherrscht.   H.W.

Angebotskurve, Bezeichnung der Wirtschaftstheorie für die Darstellung der verschiedenen Mengen einer Ware, die ein Anbieter (z.B. ein Unternehmen) bei unterschiedlichen Preisen der Ware auf dem Markt zum Verkauf anbietet. Es wird angenommen, dass ein Anbieter i.d.R. große Mengen, wenn er hohe Preise erwartet, und kleine Mengen, wenn er niedrige Preise erwartet, anbietet. Der Verlauf der A. wird durch die Angebotselastizität gekennzeichnet, d.h. der relativen Mengenänderung im Verhältnis zur relativen Änderung der Preise. Die A. wird neben den Grenzkosten der Ware maßgeblich durch die → Marktmacht des Anbieters bestimmt.

H.W.

angewandt → Wissenschaft, reine – angewandte, → Bindestrich-Soziologie

Angst, [1] der emotionale Zustand des plötzlichen und sehr starken Erregungsanstiegs (*arousal*, organische Indikatoren u.a.: Herzschlagbeschleunigung, Atemfrequenz- und Blutdruckerhöhung) nach der Wahrnehmung im Einzelnen nicht genauer zu bestimmender Gefahrensignale, aber noch vor einer Entscheidung, wie auf diese zu reagieren ist.
[2] Die Bereitschaft, bei Anwesenheit bestimmter Gefahrensignale (d.h. in als bedrohlich empfundenen Situationen) mit einem übermäßig starken Erregungsanstieg zu reagieren (manifeste Angst, „Ängstlichkeit").
[3] In S. Freuds erster Angsttheorie (1895) das Ergebnis (die Konversion) unterdrückter (verdrängter) sexueller Energien (Sexualspannung), in seiner zweiten Angsttheorie (1926 und später) ein Gefahrensignal aus dem Innern des Organismus, das das Individuum auf das Auftauchen eigener verbotener Triebregungen hinweist („neurotische Angst"). Von dieser neurotischen Angst unterscheidet Freud die „Realangst", die eine einsichtige Reaktion des Organismus auf tatsächlich vorhandene Gefahrenreize der Umwelt darstellt, und die „Überich-" oder „Schuldangst", die sich auf überstarke Überich-Ansprüche („Gewissen", Autoritätspersonen) bezieht.

H.W.K.

Angstneurose, zur Gruppe der „Aktualneurosen" gehörende psychische Erkrankung, bei der sich, anders als bei einer „Psychoneurose" (Hysterie, Phobie, Zwangsneurose) kein verstehbarer Zusammenhang zwischen ausgelösten Symptomen (Angstanfälle teilweise schweren Ausmaßes) und auslösenden Ursachen herstellen lässt. Trotzdem wird auch bei der A., wie bei jeder Neurose, davon ausgegangen, dass sie auf Situationen zurückgeht, in denen das Individuum auftretende Affekte nur unvollkommen verarbeiten konnte.

H.W.K.

Anhäufungseffekt → Emergenz

Anima, das nach der tiefenpsychologischen Lehre C.G. Jungs im Seelenleben des Mannes wirksame Urbild von der Frau schlechthin, das unbewusst in jeder realen Partnerin gesucht wird; für die Frau gilt entsprechend, dass sie ein – von Jung „Animus" genanntes – Urbild vom Mann in sich trägt.

W.Sch.

Animalismus, [1] Bezeichnung von W. Sombart für die sozialwissenschaftlichen Richtungen und Weltanschauungen, die den Menschen und die Gesellschaft ausschließlich aus der Rückführung des Menschen auf seine Herkunft und seine enge Verbindung mit dem Tierreich zu erklären versuchen.

O.R.

[2] In der Völkerkunde Bezeichnung für Weltanschauungen und Praktiken von Jägergesellschaften, die sich auf das (hauptsächliche) Jagdtier richten (Tiertänze, Jagdzauber, Möglichkeit der Verwandlung in ein Tier usw.).

W.F.H.

Animatismus → Präanimismus

Animismus, [1] in der Religionsethnologie Bezeichnung für den bei Naturvölkern vorkommenden Glauben, alle Erscheinungsformen der Umwelt hätten eine persönliche Seele.
[2] Bezeichnung für die religionswissenschaftliche Theorie, die besagt, dass der Glaube, alle Erscheinungsformen der Umwelt hätten eine persönliche Seele, die ursprüngliche Form des Religiösen sei.
[3] In der Entwicklungspsychologie Bezeichnung für die Tendenz des Kindes, Objekte seiner Umwelt als lebend und mit einem eigenen Willen ausgestattet zu begreifen (J. Piaget).

O.R.

Animus → Anima

Anker → Verankerung von Urteilen

Anlage und Umwelt, das Problem, die Unterschiede zwischen Individuen in die zwei Ursachen-Komponenten erbbedingte (anlagemäßige) gegen umweltbedingte (erlernte) Verhaltensformen bzw. Eigenschaften zu zerlegen. Wichtiges Hilfsmittel der A. u. U.-Forschung ist die Zwillingsforschung. Die Diskussion über den jeweiligen Anteil dieser beiden Komponenten an den bestimmten Eigenschaften bzw. Verhaltensformen (z.B. an der Aggression oder der Intelligenz) hat derzeit noch zu keinen befriedigenden Ergebnissen geführt.

H.W.K.

Anlage, die Gesamtheit der angeborenen, durch die Erbfaktoren übertragenen Eigenschaften und Dispositionen eines Individuums.

H.W.K.

Anlage-Sinn → Platzierungssinn

Anlehnung → anaklitisch

Anmutung, gestaltpsychologische Bezeichnung für die Art und Weise, in der die Wahrnehmung eines Objektes auf das wahrnehmende Subjekt wirkt. Als Beispiele für verschiedene Anmutungsweisen oder Anmutungsqualitäten einer wahrgenommenen Gestalt werden genannt: anziehend, abstoßend, beängstigend, ermutigend usw.

R.Kl.

Annahmebereich, in der Statistik Bezeichnung für die Menge der möglichen Ergebnisse einer Stichprobe, die zur Annahme der geprüften Hypothese führt, falls der realisierte Stichprobenwert innerhalb dieses Bereiches liegt. Die Hypothese wird verworfen, wenn der Stichprobenwert im → Ablehnungsbereich liegt.   H.W.

Annales (frz.), Kurzbezeichnung für die maßgeblich von L. Febvre und M. Bloch beeinflusste Gruppe von französischen Historikern, die in enger Kooperation mit den Soziologen aus dem Durkheim-Kreis eine sozialwissenschaftlich orientierte Geschichtsschreibung betreiben. Benannt nach ihrer Zeitschrift *Annales d'histoire économique et sociale* (1929; später *Annales. Économiques. Sociétés. Civilisations*). Angesichts ihrer Heterogenität lässt sich kaum von einer „Schule" sprechen. A. gilt als in der zweiten Hälfte des 20. Jahrhunderts weltweit einflussreichste geschichtswissenschaftliche Forschungsrichtung. Gemeinsam ist den Vertretern eine große Nähe zur Interdisziplinarität. Die Zusammenarbeit insbesondere mit der Geografie, Ethnologie, Soziologie, Psychologie und Ökonomie geschieht im Interesse einer Menschenwissenschaft als Mentalitäts- und → Totalgeschichte. Arbeiten, wie die von M. Bloch, L. Febvre, F. Braudel, E. Le Roy Ladurie, Ph. Ariès, P. Chaunu, R. Chartier, M. Vovelle, M. Ozouf, haben methodisch Neuland erschlossen (quantifizierende, anthropologische, soziolinguistische Verfahren) und ganz neue Forschungsgebiete für die Geschichtswissenschaft eröffnet (historische Demografie, Alltag, Familie, politische Symbole).   R.S./A.T.

Annihilation, Vernichtung, zumeist begrifflich in Absetzung zu → dialektischer Negation verwendet.   O.R.

Anomia → Anomie [3], [4]

Anomie, [1] Zustand der Regellosigkeit bzw. Normlosigkeit a) als Folge wachsender Arbeitsteilung; die Individuen stehen in ungenügend intimer und dauerhafter Beziehung, sodass sich kein System gemeinsamer Regeln entwickeln kann, b) als Folge der Ausweitung der menschlichen Bedürfnisse ins Unendliche. A. tritt besonders in Zeiten plötzlicher wirtschaftlicher Depression oder Prosperität auf und führt zu einer erhöhten Rate abweichenden Verhaltens (E. Durkheim).
[2] Zusammenbruch der kulturellen Ordnung in Form des Auseinanderklaffens von kulturell vorgegebenen Zielen und Werten einerseits und den sozial erlaubten Möglichkeiten, diese Ziele und Werte zu erreichen, andererseits. Die Situation der A. übt auf die Individuen einen Druck zu abweichendem Verhalten aus und wird je nach Anerkennung oder Ablehnung der kulturellen Ziele und Werte oder der erlaubten Mittel durch verschiedene Formen der Anpassung bewältigt (R.K. Merton).   E.L.

[3] Bezeichnung für einen psychischen Zustand, der vor allem durch Gefühle der Einsamkeit, der Isoliertheit, der Fremdheit, der Orientierungslosigkeit sowie der Macht- und Hilflosigkeit gekennzeichnet ist. An Stelle dieses Begriffs der A. wird auch die Bezeichnung „Anomia" (*anomia*) verwandt. Psychologische A. gilt als Folge von A. im soziologischen Sinne. Zur Messung psychologischer A. sind verschiedene, zumeist als „Anomieskalen" bezeichnete Einstellungsskalen entwickelt worden (H. McClosky u. J.H. Schaar 1965; L. Srole 1956).
[4] Anomia, Bezeichnung für eine spezielle Form der Aphasie (= Störung des Sprachvermögens), die sich als Unfähigkeit äußert, sich an Dingnamen zu erinnern bzw. sich derselben zu bedienen.   R.Kl.

Anomietheorie, in der Kriminologie ein fester Begriff zur Untersuchung von Normabweichungen. Die A. geht aus von dem Schema bei R. K. Merton, → Anomie [2]. Danach kommt es auf zweierlei an: Welche Ziele sind gesellschaftlich vorgeschrieben? Welche erlaubten Mittel sind vorhanden, um diese Ziele zu verwirklichen? Je nachdem, ob ein Individuum die Ziele anerkennt oder nicht, ob es über die nötigen Mittel verfügt oder nicht, ergeben sich die vier Grundsituationen: Innovation, Ritualismus, Rückzug und Rebellion. Die A. wurde vielfach empirisch geprüft und konzeptionell weiterentwickelt.   R.L.

Anonymisierung, Bezeichnung für die Löschung aller Hinweise in empirischen Daten (etwa in einem Fragebogen) und in Forschungsberichten auf der Grundlage dieser Daten, die dem Leser des Forschungsberichts (oder auch einem unbefugten Mitarbeiter in der Forschungsarbeit) verraten könnten, von welcher Person jene Daten stammen. A. ist geboten aus Gründen des Datenschutzes, aber meist auch aus Gründen der Forschungsethik. Ist A. bei Fragebögen eher ein technisches Problem, so taucht bei qualitativen Interviews die Schwierigkeit auf, dass Löschung aller möglichen Hinweise auf die Person des Befragten den Informationsgehalt der Daten verfälscht, mindestens vermindert. Deshalb praktiziert hier der Sozialforscher meist nicht A., sondern eine Pseudonymisierung, d.h. er ersetzt die originalen, auf die Person verweisenden Daten durch selbst erfundene, die aber im Informationsgehalt möglichst nahe an den originalen sein sollen.   W.F.H.

Anordnen → Richten

Anpassung, soziale Anpassung, *adjustment*, *social adjustment*, auch *social adaptation*, allgemeine Bezeichnung für den Prozess oder das Ergebnis des Prozesses, durch den zwischen den Fähigkeiten, Bedürfnissen und Zielen des Individuums einerseits und den von der sozialen Umwelt an das Individuum gerichteten Anforderungen ebenso wie den ihm von der Umwelt gebotenen Möglichkeiten der Bedürfnisbefriedigung andererseits ein „Gleichgewicht" hergestellt wird. Obwohl in der Literatur zumeist nur die → Konformität des Individuums mit den Zielen, Normen usw. der Umwelt als A. bezeichnet wird, wobei das Individuum in der Regel nur das als seine eigenen Ziele und Wünsche empfindet, was die Umwelt von ihm erwartet, sind grundsätzlich auch Formen abweichenden Verhaltens als Arten individueller A. aufzufassen, durch die das Individuum beispielsweise seinerseits versucht, seine Umwelt gemäß den eigenen Zielen oder Möglichkeiten zu verändern („schöpferische" oder „innovatorische" A.).   R.Kl.

Anpassung, antizipatorische → Sozialisation, antizipatorische

Anpassungslernen → Erfolgslernen

Anpassungstest, statistischer Test für den Vergleich von beobachteten Verteilungen in einer Stichprobe mit einer erwarteten Verteilung. Der A. prüft, mit welcher Wahrscheinlichkeit eine Stichprobe aus einer Grundgesamtheit stammen kann, für die die erwartete Verteilung gilt. Eine einfache Form des A.s ist der Binomialtest.   H.W.

Anreiz, Ansporn, *incentive*, Bezeichnung für eine äußere Bedingung, die dazu beiträgt, einen Lernprozess oder allgemein einen Handlungsvollzug zu intensivieren oder überhaupt erst in Gang zu setzen. Bisweilen wird angenommen, dass eine äußere Bedingung deshalb zu einem A. wird, weil sie ein Bedürfnis oder ein Motiv befriedigt und somit ein Verhalten auslöst, das der Erreichung oder Herstellung jener Bedingung dient.   H.S.

Anreizsystem, Bezeichnung für ein System, das aufgrundlage von Belohnungen Interaktionen reguliert.   O.R.

Anrufung, psychoanalytisch geprägter Begriff der Ideologietheorie von L. Althusser, die das Subjekt (*sujet*) als einen Effekt gesellschaftlicher Verhältnisse auffasst, indem es von der „Nation", dem „Staat", der „Partei" oder „Gott", also imaginären Größen, beim Namen gerufen wird. Ideologie, verortet in der Praxis der → ideologischen Staatsapparate, produziert das imaginäre Verhältnis zwischen Subjekt und Gesellschaft. Gerade das sich als „frei" erkennende Subjekt entspringt bei Althusser einem Akt der „Unterwerfung" (*assujetissement*) unter die A. Die Gesellschaft erst macht die Menschen zu „Subjekten", aber zu durch sie beherrschten.   H.W.

Ansatz, theoretischer, Modell zur Interpretation der sozialen Welt. Empirische Forschung ohne theoriesprachlichen Bezug bleibt soziologisch folgenlos. In der Soziologie existiert eine Vielzahl von t.en A.en mit jeweils unterschiedlichem Geltungsanspruch, z.B. Theorien der bürgerlichen Gesellschaft, Systemtheorie, Interaktionstheorien, Verhaltenstheorie, Theorien mittlerer Reichweite. → approach   M.M.

Ansehen, soziales → Prestige

Ansichsein → Fürsichsein

Ansporn → Anreiz

Anspruchsindividualismus, bezeichnet eine Sicherung der Identität in der modernen Gesellschaft durch Formulierung von Ansprüchen an Staat und Gesellschaft (bessere Bildung, mehr Einkommen, bessere medizinische Versorgung usw.), die, weil sie in die Zukunft gerichtet sind, Sinn und Kontinuität fürs individuelle Lebensverständnis bieten (U. Schimank 1994). → Leistungsindividualismus   W.F.H.

Anspruchsniveau, Aspirationsniveau, *level of aspiration*, aus der Lewin-Schule stammende Bezeichnung für den maximalen Schwierigkeitsgrad einer Leistung (z.B. einer schulischen Leistung) oder den maximalen Grad der Zielerreichung (z.B. die Höhe des Lebensstandards), den ein Mensch anstrebt. Wichtig für das A. sind die Erfahrungen mit und die Einstellungen zu Erfolg und Misserfolg: Erfolgserfahrungen lassen das A. i.d.R. ansteigen, während es nach Misserfolgserlebnissen sinkt; es hängt aber auch vom A. ab, was als Erfolg bzw. Misserfolg betrachtet wird: Das Erreichen von Zielen, die erheblich unter dem A. liegen, wird zumeist nicht als Erfolg bewertet, während das Versagen vor Aufgaben, deren Schwierigkeitsgrad erheblich über dem A. liegt, häufig nicht als Misserfolg erfahren wird.   H.E.M./R.Kl.

Anspruchsresignation, Bezeichnung aus Studien über Lebenszufriedenheit und Zufriedenheit mit einzelnen Bedingungen des Lebens (Einkommen, Wohnverhältnisse, soziale Sicherung usw.) im Zusammenhang mit der Wohlfahrtsentwicklung dafür, dass sich Befragte auch bei offenbar unbefriedigenden Lebensbedingungen als zufrieden erklären. Annahme ist, dass sie ihre Ansprüche resignativ an die unbefriedigenden Lebensbedingungen angleichen.   W.F.H.

Anstalt, öffentliche Einrichtung mit Organisationscharakter, der vom Staat oder der Gesellschaft bestimmte Aufgaben zugewiesen sind, die sie in einem rechtlich festgelegten Rahmen zu erfüllen hat. Nach M. Weber verfügen A.en über eine rational gesatzte Ordnung und einen das Handeln ihrer Mitglieder mitbestimmenden Zwangsapparat. Der Begriff bezieht sich heute vor allem auf Organisationen mit pädagogischen, therapeutischen oder kustodialen Aufgaben (Schule, Heil-, Strafanstalt). Er ist in dieser Bedeutung mit dem besonderen „Gewaltverhältnis", dem Insassen von A.en unterliegen, eng verknüpft. J.H.

Anstaltsgnade, von M. Weber eingeführte Bezeichnung für die Art der Gnadenspendung, deren Wirksamkeit erstens an die Zugehörigkeit des Erlösungsbedürftigen zur Gnadenanstalt und nicht seine persönliche religiöse Qualifikation sowie zweitens an das ordnungsmäßig verliehene Amt und nicht die persönliche charismatische Qualifikation des Priesters gebunden ist (Gegensatz: charismatische Gnadenspendung). V.Kr.

Anstaltshandeln, das zielgerichtete und organisierte Handeln von → Anstalten. J.H.

Anstaltskirche, eine v.a. auf die religionssoziologische Begrifflichkeit M. Webers zurückgehende Bezeichnung für einen Typus kirchlicher Organisation, der auf zugeschriebener (nicht: freiwillig erworbener) Mitgliedschaft beruht und seine gesatzte Ordnung innerhalb eines angebbaren Wirkungsbereiches weithin unabhängig vom Willen seiner Mitglieder aufrechtzuerhalten vermag. Staatskirche und Volkskirche sind typische A.en; Gegensatz: Vereins- oder Freiwilligkeitskirchen. J.Ma.

Anstaltsstaat, von M. Weber definierter Begriff (1921), der den modernen Staat kennzeichnen soll. Die einzelnen Personen und Tatbestände werden dabei einer prinzipiellen, auf rational gesatzten Ordnungen beruhenden Rechtsgleichheit untergeordnet, die formal allgemein zugänglich sein ebenso wie schematische Ermächtigungen für jede Person aufweisen muss, „gewillkürtes Recht durch private sachliche Rechtsgeschäfte bestimmter Art zu schaffen". Die Zugehörigkeit wird bestimmt etwa durch Geburt, die Ordnungen gelten unabhängig von individueller Zustimmung oder Mitwirkung. Die historisch treibenden Kräfte hinter Herrschern und Beamten der erstarkenden Staaten, besonders die „Interessen der Marktmachtinteressenten", also die besitzende Klasse. G.F.

Ansteckung, *contagion,* als soziale A. (*social contagion*), Verhaltens-A. (*behavior contagion*) oder emotionale A. (*emotional contagion*) wird insbesondere in der amerikanischen Soziologie die spontane Übernahme oder Imitation der Verhaltensweisen, Überzeugungen oder Gefühlslagen einer Person oder Gruppe durch andere Personen oder Gruppen bezeichnet, die zu epidemieartigen Diffusionsprozessen führt. Beispiele für eine solche A. sind die Verbreitung von Gerüchten, Moden, die Bereitschaft zum Selbstmord, zu bestimmten Gewaltverbrechen u.ä. R.Kl.

Anstoßmaßnahme, affektive, Bezeichnung für eine starke gefühlsmäßige Ablehnung von Personen oder Gruppen, die gewissermaßen tiefer verankert ist als Vorurteile, nämlich auf der Ebene von in der Sozialisation erworbenen Urteilsmustern wie schön/hässlich, vollständig/unvollständig, angenehm/unangenehm. Beispiel: die (auch) körperlich spürbare Ablehnung von Behinderten oder von Angehörigen anderer Rassen. W.F.H.

Antagonismus, Widerstreit von Kräften, [1] in der marxistischen Theorie der gesellschaftliche Widerspruch, der aus der jeweils konkreten, historischen Organisationsform der gesellschaftlichen Produktion unmittelbar entspringt und diese charakterisiert. Zugleich aber produziert dieser A. die Bedingungen seiner Aufhebung. So erzeugt das Kapitalverhältnis den Klassenantagonismus, aber nach K. Marx auch die Bedingungen seiner Aufhebung durch eine proletarische Revolution. C.Rü.
[2] Im Saint-Simonismus ist der A. das soziale Prinzip, das der Vergesellschaftung entgegensteht. Ursache des A. ist „die Herrschaft der physischen Kraft" und die Wirkung des A. ist die „Ausbeutung des Menschen durch den Menschen". Solange der A. das bestimmende Prinzip in der Gesellschaft ist, solange leben die Menschen noch im „provisorischen Stadium", im „Stadium des A.", das auch in der Gegenwart noch nicht abgeschlossen ist.
[3] Von I. Kant in die Sozialphilosophie eingeführte Bezeichnung zur Umschreibung der „ungesellligen Geselligkeit der Menschen", die sich daraus ergibt, dass der Mensch zum einen den Hang hat, „in Gesellschaft zu treten", d.h. sich zu vergesellschaften, und zum anderen den Hang zur Vereinzelung; erst durch diesen A. kann der Mensch und die Menschheit sich entfalten und die Gesellschaft zu einem „moralischen Ganzen" werden. O.R.

Antecedensbedingungen → Randbedingungen

Anthropogenese, die Herausbildung der menschlichen Gattung aus dem Tierreich (bei E. Haeckel Anthropogenie), die Entstehung und Veränderung der biologischen Ausstattung des Menschen in Zusammenhang mit den Formen gesellschaftlicher Reproduktion des Lebens (Arbeit, Werkzeugverwendung). W.F.H.

Anthropogenie → Anthropogenese

Anthropogonie – Kosmogonie, Bezeichnungen für mythische und wissenschaftliche Erklärungsmodelle der Erschaffung oder Entstehung bzw. Abstammung der Welt(ordnung) bzw. der Menschen(gattung). V.Kr.

Anthropologie, [1] eine mehrere Disziplinen übergreifende Wissenschaft von den Lebens-

und Äußerungsformen des Menschen überhaupt. Zu ihr rechnen Archäologie, Sprachwissenschaft, die Lehre von der Entwicklung des Menschen aus dem Tierreich, die Lehren von den körperlichen Unterschieden der Rassen und Völker, die Lehren von der konstitutionellen Entwicklung des Einzelmenschen, die philosophischen Studien zur Frage „Was ist der Mensch?" (I. Kant), die → philosophische Anthropologie im engeren Sinne, die → Kulturanthropologie.

[2] In USA, England und Frankreich oft Bezeichnung für die Wissenschaften von den primitiven Gesellschaften, also bedeutungsgleich mit → Ethnologie, Kulturanthropologie oder Völkerkunde.

[3] Naturwissenschaftliche und medizinische Disziplin, die sich mit dem Menschen und der Geschichte seiner Ablösung aus dem Tierreich beschäftigt.   W.F.H.

Anthropologie, angewandte, *applied* bzw. *practical anthropology,* angewandte Ethnologie, Bezeichnungen für die politische Anwendung einer der Wissenschaften, die (vor allem in den USA) zur → Anthropologie gerechnet werden. Die Bezeichnungen umfassen sowohl die (frühere) Tätigkeit von Anthropologen in Kolonialverwaltungen (meist mit der Absicht, „menschlichere" Behandlung der Kolonisierten zu erreichen), zur Integration der Reste der Urbevölkerung in den USA, zur Lösung von Stabilitätsproblemen der industriell entwickelten Gesellschaften (Minderheitenprobleme), als auch den Einsatz für Menschenrechte und für das Recht auf eigenkulturelle Entwicklung.   W.F.H.

Anthropologie, formale, innerhalb des Marxismus vertretene Lehre von den „unveränderlichen Voraussetzungen menschlicher Veränderlichkeit" (L. Kofler 1973). F. A., die vom formalen, d.h. primären Daseinsbedingungen (körperlich-seelische Organisation, Vernunftausstattung und planvolles Handeln, Gesellschaftlichkeit und Geschichtlichkeit) menschlicher Existenz zum Gegenstand hat, ist jeder kritischen Theorie voranzustellen, um möglicher Anthropologisierung soziologischer wie auch Soziologisierung anthropologischer Sachverhalte zuvor. Zusammenhänge zu begegnen. Erst die dialektische Vermittlung inhaltlich ausgeformter historisch-soziologischer Phänomene mit den sie nicht beeinflussenden, sie jedoch ermöglichenden formalen Voraussetzungen menschlicher Existenz führt zu einem adäquaten Bild vom Menschen. Mit seiner Forderung nach dialektischer Vermittlung von Biologischem (Form), das er weder genetisch noch geschichtsphilosophisch interpretiert, und Sozialem (Inhalt) nimmt Kofler eine Sonderstellung im Marxismus ein.   W.S.

Anthropologie, historische, neuere Arbeitsrichtung in der Geschichtswissenschaft mit Überschneidungen zur Kulturanthropologie, Alltagsgeschichte, Mentalitätsgeschichte usw. Ihr Name zeigt an, dass sie sich nicht für übergeschichtlich-universale, sondern geschichtlich spezifische Weisen des Menschseins interessiert.   W.F.H.

Anthropologie, ökonomische, Richtung innerhalb der anthropologischen Wissenschaften (vor allem derer, die sich mit den primitiven Gesellschaften beschäftigen), die die materielle Produktion und Reproduktion des gesellschaftlichen Lebens zum Ausgangspunkt ihrer Analysen nimmt (dabei aber die „unökonomischen" Formen berücksichtigen muss, z.B. den zeremoniellen Gabentausch oder den Potlatch).
     W.F.H.

Anthropologie, philosophische, deutet das Wesen des Menschen aus der Spannung zwischen Naturwesen und geschichtlich gewordenem und geschichtlich sich selbst gestaltendem. Sie geht davon aus, dass die Konstitution des Menschen im Unterschied zu vergleichbaren Tiergattungen (Instinktschwäche, mangelhafte organische Ausstattung) als Prozess der Selbstschöpfung des Menschen durch den Menschen in der Geschichte verstanden werden muss. Durch diese These von einer konstitutionellen Angewiesenheit der menschlichen Art auf Kultur und Geschichte, von einem radikal anderen In-der-Welt-Sein als dem der Tiere widerspricht die p. A. der vom Darwinismus herkommenden Vorstellung von einer mehr oder weniger großen Nähe des Menschen zum Tier. Im Unterschied zur älteren Anthropologie als Teilgebiet der Philosophie nimmt die p. A. gezielt die Resultate empirisch arbeitender Disziplinen über die Konstitution des Menschen im Unterschied zum Tiere auf, um sie im Hinblick auf die Frage nach der „Stellung des Menschen im Kosmos" (M. Scheler 1928) zu verallgemeinern. Geistesgeschichtlich steht die p. A. in Zusammenhang mit der Lebens- und Existenzialphilosophie; wichtige Vertreter sind M. Scheler und H. Plessner.
     W.F.H.

Anthropologie, politische, [1] der Zweig der (Kultur-)Anthropologie bzw. der Ethnologie, der die politischen Organisationsformen primitiver Gesellschaften vergleichend untersucht.

[2] Lehre von den für die Inhaber der Herrschaftspositionen und für die Beherrschten notwendigen Tugenden (W. Hennis).   W.F.H.

Anthropologie, soziale → Sozialanthropologie

Anthropologie, strukturale, Richtung in den kulturanthropologisch-ethnologischen Disziplinen, die die Grundlage sozialer Ordnungen (Verwandtschaftssysteme, Heiratsregeln, Gegenseitigkeitsbeziehungen in der Ökonomie usw.)

in allgemein gültigen Strukturregeln zu erkennen sucht, die ein „strukturales Unbewusstes" bilden (C. Lévi-Strauss). Angeregt wurde diese Forschungsrichtung von der Sprachwissenschaft her, die gezeigt hatte, dass die Regeln der Syntax, der Morphologie, der Phonetik dem Sprecher nicht bewusst sind, dass diese Regeln (etwa die der Kombinierbarkeit von Vokalen und Konsonanten in einer bestimmten Sprache) aber systematischen Charakter haben und durch Formeln dargestellt werden können.   W.F.H.

anthropology, applied (engl.) → Anthropologie, angewandte

anthropology, practical (engl.) → Anthropologie, angewandte

Anthropomorphismus, die Zuschreibung menschlicher Eigenschaften an nichtmenschliche Objekte, solche der Natur oder solche der Imagination.   W.F.H.

Antihomosexualität → Homophobie

Anti-Intrazeption, Bezeichnung für die Verhaltenseigenschaft, in der Gesellschaft Subjektives abzuwehren und Fantasievolles und Sensibles zu unterdrücken. T.W. Adorno u.a. (1950) sahen in der A.-I. einen Aspekt der autoritären Charakterstruktur; in der von ihnen entwickelten F-Skala ist A.-I. eine Variable.   O.R.

Antikapitalismus, in politischer Soziologie und politischer Wissenschaft Bezeichnung für soziale Bewegungen und Theorien, die sich (aus verschiedenen gesellschaftlichen Interessenlagen heraus) gegen die kapitalistischen Produktionsverhältnisse richten, also sowohl Bewegungen in Mittelstand und Intelligenz wie in der Arbeiterschaft.   W.F.H.

Antikommunismus, [1] allgemeine Bezeichnung für politische Auffassungen und Kräfte, die sich gegen den Kommunismus wenden, wobei mit „Kommunismus" meist die Theorie und Praxis der kommunistischen Regimes, insbesondere des früheren sowjetischen, als auch der Kommunismus als Weltbewegung (kommunistische Parteien und Organisationen in nicht-kommunistischen Ländern) gemeint sind.
[2] Speziell Bezeichnung für eine vorurteilsvolle, also wenig informierte, emotionale Abwehrhaltung gegenüber „dem" Kommunismus, die oft auch auf nicht kommunistische sozialistische Parteien und Bewegungen oder auf „die Linke" überhaupt ausgedehnt wurde. In diesem Sinne selten Gegenstand soziologischer Untersuchung, hingegen oft politischer Kampfbegriff: Der Vorwurf des A. wurde zeitweise (in den 1970er Jahren) als Mittel genutzt, um jeder Kritik an den kommunistischen Regimes bzw. Parteien Voreingenommenheit und bloß emotionale Abwehr zu unterstellen.   W.F.H.

Antimonopolismus, im Rahmen der Theorie des → staatsmonopolistischen Kapitalismus entwickeltes Konzept, das den politischen Zusammenschluss von Arbeitern, Angestellten, kleinen und mittleren Selbstständigen (Freiberuflern, Handwerkern, Unternehmern) usw. gegen die Konzentration des Kapitals in Produktion, Handel und Dienstleistungssektor (Monopole) postuliert. → Demokratie, antimonopolistische, → Schichten, antimonopolistische   W.F.H./R.Kl.

Antinomie, Widerspruch eines Gesetzes mit sich selbst oder Widerspruch zwischen zwei Gesetzen, die als wahr gelten. In der formalen Logik werden als A.n solche Aussagen bezeichnet, aus denen mit den Mitteln der Logik ihre Negation ableitbar ist. Klassisches Beispiel einer A. ist die Aussage des sog. „kretischen Lügners": „Alles, was ich sage, ist gelogen."   O.R.

Anti-Ödipus, *L'Anti-Oedipe* (frz.) ist der Titel eines Werks von G. Deleuze u. F. Guattari (1972). Zugleich steht der Titel für ein bestimmtes Programm der kritischen Veränderung der psychoanalytischen Theorie, das nicht mehr auf die Annahme setzt, Wahnsinn werde durch bestimmte Familienstrukturen erzeugt. Dem „Imperialismus von Ödipus" wird in dieser Konzeption vor allem eine Schizophrenie entgegengesetzt, die noch nicht durch klinische Kategorien reduziert ist. Das Programm leistet eine kritische Genealogie des psychoanalytischen Denkschemas, das das Begehren (frz.: *désir*, Wunsch) auf eine Verhaltensregulierung im Schema Vater-Mutter-Kind reduziert, und es leistet zugleich in der Gestalt des „Schizos" den Entwurf einer Lebenspraxis der Entgrenzung des Begehrens (die zudem die Grenze aller Vergesellschaftungsprozesse markiert).   K.R.

Anti-Pädagogik, ein erziehungspolitisches Programm, das aus den Vorschlägen zu einer antiautoritären Erziehung entstanden ist und diese radikalisiert: Jegliche Erziehung (bzw. Pädagogik) gilt als Abrichtung, Unterdrückung, Dressur des Kindes. Ziel ist ein gleichberechtigter Umgang von Erwachsenen und Kindern, der statt auf Erziehung auf gegenseitiger Beratung und Anregung beruhte, sowie eine Zuerkennung möglichst aller Menschen- und Persönlichkeitsrechte an das Kind. Diese eher vom Rande der Erziehungswissenschaft her vorgetragenen Vorschläge fordern naturgemäß jegliche Erziehungstheorie und -praxis heraus.   W.F.H.

Antipsychiatrie, Gegenentwurf zur herkömmlichen Psychiatrie, der psychische Störung nicht als eine spezifische Krankheitsform, sondern als Reaktionsweise des Individuums auf die bestehenden Sozialbeziehungen, in denen es lebt, auffasst. Die Therapieansätze basieren vorwiegend auf Dauerkommunikationsprozessen zwischen den Klienten untereinander sowie zwischen Klienten und Therapeut. R.N.

Antiritualismus, meist kritische Bezeichnung für Bewegungen, Lebens- oder Gesellschaftsprogramme, die sich gegen jegliche rituelle (allgemeiner auch: normative und symbolische) Verfestigung und Grenzziehung im sozialen Leben wenden und stattdessen auf die Freiheit des Individuums und seine Ich-Autonomie als Regulationskraft setzen. A. sei, so M. Douglas (1970), auch in soziologischen Theorien zu finden, etwa in R.K. Mertons Begriff → Ritualismus, der einen allein mechanischen Vollzug entleerter Verhaltensformen meine und die konstitutive und auch produktive Kraft von Ritualen für Orientierung und Gewissheit ausblende. W.F.H.

Antisemitismus, Bezeichnung für das stereotype → Vorurteil gegenüber Juden, durch das diese als minderwertige und gefährliche → Fremdgruppe definiert werden. In den meisten von christlicher Tradition geprägten Gesellschaften ist der A. Bestandteil der rechtsradikalen und nationalistischen Ideologien und mit verschiedenen Formen der aktiven Diskriminierung verbunden, die im Falle des nationalsozialistischen Deutschlands bis zur systematischen Ausrottung führten. A. als individuelles Vorurteil ist häufig Kennzeichen der sog. autoritären Persönlichkeit. Der Ausdruck A. ist eine ungenaue Begriffsbildung insofern, als er Vorurteilshaltungen gegenüber nichtjüdischen semitischen Gruppen (z.B. Arabern) nicht meint. → Sündenbock R.Kl.

Anti-Soziologie nennt H. Schelsky (1975) seine soziologische Kritik an der Soziologie in der Bundesrepublik Deutschland der 1970er Jahre, der er vorwirft, „gewollt oder ungewollt die sozialreligiöse oder die sinnproduzierende Heils- und Klassenherrschaft" zu fördern. In einem weiteren Sinne werden mit A.-S. alle modernen Infragestellungen der Soziologie mittels Soziologie bezeichnet. O.R.

Antisymmetrie, Eigenschaft einer → Relation

Antithese → These

Antithetik, Lehre von den Entgegensetzungen. Nach I. Kant beschäftigt sich die A. im Rahmen seiner transzendentalen Dialektik „nicht mit einseitigen Behauptungen" des Gegenteils, sondern mit dem „Widerstreit der dem Scheine nach dogmatischen Erkenntnisse, ohne dass man einer vor der anderen einen vorzüglichen Anspruch auf Beifall beilegt". O.R.

Antizipation, gedankliche Vorwegnahme des Inhaltes und/oder Verlaufs einer Handlung oder Situation. → Sozialisation, antizipatorische J.F.

Antrieb, *drive*, auch: Aktivität, Vitalität, hypothetische Größe, die die Intensität des psychischen Geschehens bestimmt und sich als Oberbegriff anbietet für alle dynamischen Phänome-

ne, die als Trieb-, Drang-, Sucht-, Strebungs- und Willenserlebnisse bezeichnet werden (H. Thomae). A. wird als energetisierend, aber nicht richtunggebend angesehen, ist „Motor, aber kein Steuerrad" (D. Hebb). C.W. Tolman versteht unter A. (*drive*) die Folge eines physiologischen Mangels, der zum Handeln treibt (z.B. Hunger). Dagegen manifestieren Bedürfnisse (*needs*) die „Bereitschaft" des Organismus, bestimmte Objekte aufzusuchen oder zu meiden (Appetit). K.St.

Antriebslehren, thematische, Erklärungsversuche der Wirksamkeit des Antriebs. Unterschieden werden monothematische Antriebslehren, die mit der Annahme einer einzigen Grundrichtung (oder eines einzigen „Themas") der psychischen Aktivitäten operieren, etwa dem allgemeinen Streben nach Lust (S. Freud) oder dem nach Macht und Geltung (A. Adler), und polythematische Antriebslehren, die eine Vielzahl von Antriebsthemen voraussetzen. K.St.

Antriebsreduktion → Triebreduktion

Antriebsreiz → Triebreiz

Antriebsschwäche, Abulie, allgemeine Verminderung und Verarmung des Antriebs, z.B. aufgrund von Nährstoffmangel, Überforderung, ungenügender Zielattraktivität oder fehlendem emotionalen Kontakt sowie verschiedenen physiologischen Ursachen. K.St.

Antriebsüberschuss, Bezeichnung für diejenige Antriebsenergie, die ein Lebewesen nicht zur Ausführung spezifischer, instinktgesteuerter Handlungsvollzüge zur Erreichung bestimmter biologischer Zwecke verbraucht und die somit gleichsam „zweckfrei", z.B. im Spiel, eingesetzt werden kann. Nach A. Gehlen (1941) besitzt der Mensch einen allgemeinen A., weil bei ihm die Antriebe grundsätzlich nicht mehr instinktgebunden seien. Die dadurch freigesetzte Energie ermögliche und erfordere zugleich die Schaffung kanalisierender kultureller Verhaltensmuster, insbesondere der Institutionen. R.Kl.

Antwortreaktion → Respondent [2]

Anwaltsplanung, Advokatenplanung, *advocacy planning*, auch advozierende oder advokative Planung, Bezeichnung für den Versuch, das Planungsmonopol der öffentlichen Planungsinstitutionen zu durchbrechen durch die anwaltsmäßige Vertretung der Planungsinteressen von Betroffenen (z.B. bei der Stadtsanierung) durch unabhängige Experten. Unterstellt wird, dass jede Planung interessengebunden ist, daher bedürfe demokratische Planung einer Planungsvielfalt. W.St.

Anweisung → Allokation

Anweisung, operationale → Definition, operationale

Anwendungsregeln, informelle, den Vertretern der → Instanzen sozialer Kontrolle meist nicht bewusste außerrechtliche Regeln, die die – vor allem schichtspezifisch selektive – Anwendung der kodifizierten Regeln des Rechts (Strafgesetze) maßgeblich beeinflussen oder erst ermöglichen. Zu den Grundelementen der i.n A. gehören u.a. Praxistheorien über Entstehung und Kontrolle kriminellen Verhaltens, allgemeine Vorstellungen von Normalität und Devianz, professionelle Selbstverständnisse und Vorurteile, Praxisroutinen der Typisierung, Rekonstruktion und strafrechtlichen Subsumption von Einzelfällen. M.B.

anything goes (engl.), wissenschaftstheoretische Position eines radikalen Relativismus, der jegliches methodologische Reglement als erkenntnisbehindernd zurückweist. → Anarchismus, epistemologischer M.M.

Anzeichen → Zeichen

Anziehung → Attraktion

Anziehungsforschung, ein psychologisches Arbeitsfeld, das untersucht, wer für wen als Partner für eine → Zweierbeziehung usw. interessant ist. W.F.H.

Apathie, Teilnahmslosigkeit, in der Psychologie Bezeichnung für einen – häufig krankhaften – Zustand, der durch das Fehlen affektiver Erregbarkeit, also die Abwesenheit von Gefühlen oder Emotionen bzw. von Bekundungen der Lust oder des Schmerzes gekennzeichnet ist. R.Kl.

Apathie, politische, allgemein eine desinteressierte, inhaltslos-passive Einstellung zu den Einrichtungen und Vorgängen des politischen Bereichs einer Gesellschaft. Mit der Tatsache konfrontiert, dass in den westlichen Demokratien die politische Führung zwar in regelmäßigen Abständen durch Wahlen legitimiert wird, im Übrigen aber weitgehend ohne Kontrolle durch die Basis handelt, suchte die politische Soziologie nach einer Erklärung durch individuelle Haltungen, vor allem die p. A. Als Entstehungsbedingungen der p.n A. werden manchmal aber auch Faktoren des politischen Systems angeführt: die Chancenlosigkeit der Absichten der Beherrschten, die Beschränkung der Kontrollmöglichkeiten auf die Wahlen. Einige Autoren sehen in einem Mindestmaß an p.r A. eine Stabilitätsbedingung der parlamentarischen Demokratie (S.M. Lipset). W.F.H.

Apokalyptik, [1] Bezeichnung für ein literarisches Genre mit dem Gattungsmerkmal des Visionsberichtes, in dem ein außerweltliches Wesen einem menschlichen Empfänger eine zeitlich und räumlich transzendente Realität enthüllt.

[2] Streng dualistisches Deutungsmuster, das die Gegenwart als krisenhaft und dem Untergang geweiht interpretiert und eine radikal andere, transzendente Ordnung antizipiert. Die aus der A. resultierende Ethik trägt i.d.R. weltüberwindenden Charakter, kann sich aber auch auf politische Weltveränderung richten. A. ist religionshistorisch oft mit → Messianismus und → Chiliasmus vermengt und deshalb begrifflich nicht genau abgrenzbar. V.Kr.

apollinisch → Kultur, apollinische

Apologetik – Polemik, komplementäre Argumentationsmodi, mittels derer Meinungs- und Überzeugungsstreitigkeiten ausgetragen werden. A. meint das Gesamt aller Formen der zur Entschuldigung, Rechtfertigung oder Rechenschaft geeigneten Verteidigungsrede, P. den scharf und kontrovers geführten Angriff auf eine gegnerische Position (Gegensatz: Irenik). V.Kr.

Apologie, [1] Verteidigung, Verteidigungsrede. [2] In der Soziologie werden mit A. diejenigen Theorien charakterisiert, die aufgrund ihrer Anlage die sozialen Strukturen nur in Bezug auf Funktion und Erhalt beschreiben, ihre Herrschafts- und Konfliktdimensionen sowie die Möglichkeiten sozialen Wandels ausklammern und somit die bestehenden Strukturverhältnisse festigen. V.Kr.

Apotheose, griech. „Vergottung", Erhebung eines lebenden oder toten Menschen (z.B. eines Herrschers) zum Gott. V.Kr.

apotropäisch, zauberischer Abwehr von Unheil dienend; a.e Mittel sind z.B. Blut, Speichel, Wortformeln, Schrift, Tätowierungen und Amulette. Vielfach beruht der a.e Zauber auf dem Prinzip der Analogie, nach dem Mittel und Objekt in einer einander entsprechenden Beziehung stehen (→ magisch). V.Kr.

Apparat, bürokratischer, [1] der größere, von Anordnungen abhängige Teil einer Verwaltung im Gegensatz zu den wenigen höchsten Beamten, die über die sachlichen Mittel der Verwaltungsarbeit verfügen (M. Weber). [2] Allgemeine, meist abwertende Bezeichnung für staatliche Verwaltungen. W.F.H.

Apparat, politischer, meist abschätzige Bezeichnung für die Organisationsform von politischen Parteien in parlamentarischen Demokratien (fest angestellte Sekretäre, Stäbe, Verwaltungen), oft verbunden mit dem Hinweis auf deren Verselbstständigungstendenz gegenüber den Regeln demokratischer Willensbildung. W.F.H.

Apparat, privater → società civile

Apparat, psychischer, seelischer Apparat, in der psychoanalytischen Theorie S. Freuds Bezeichnung für eine Modellvorstellung des Psychischen, die dessen Differenzierung in verschiedene Instanzen mit bestimmter wechselseitiger Zuordnung und dessen Fähigkeit zur Weiterleitung und Umwandlung psychischer Energien hervorhebt.   R.Kl.

appeasement behavior (engl.) → Demutsgebärde

Apperzeption, wörtlich etwa: „hinzukommende Erfahrung", allgemein Bezeichnung für die Aufnahme neuer Erfahrungen im Lichte bereits vorhandenen Wissens. Im Besonderen:
[1] In der älteren Erkenntnistheorie (Leibniz, Kant) Bezeichnung für das klare, durch Aufmerksamkeit und Gedächtnis sowie bewusste begriffliche Identifikation der Erkenntnisgegenstände ausgezeichnete Erkennen.
[2] In der pädagogischen Psychologie J.F. Herbarts (1776-1841) Bezeichnung für den nach seiner Auffassung allen Erfahrungsvorgängen zugrunde liegenden Sachverhalt, dass jeder neue Eindruck, jede neue Erfahrung mittels der „Apperzeptionsmasse" (auch: apperzeptive Masse), d.h. der Gesamtheit der früheren Eindrücke, des schon vorhandenen Wissens verarbeitet und eingeordnet wird. A. ist also die Verarbeitung eines neuen Eindrucks mithilfe der Apperzeptionsmasse.
[3] In der Psychologie W. Wundts (1832–1920) Bezeichnung für das aktive, vom Willen gelenkte Erfassen neuer Eindrücke, ihre Eingliederung in das System des bereits vorhandenen Wissens und die bewusste Verarbeitung der neuen Erfahrungen gemäß der Struktur dieses Wissenssystems.
[4] Ähnlich verwendet A. Schütz (1899–1959) den Begriff in seiner phänomenologischen Soziologie: als Bezeichnung für die spontane Interpretation sinnlicher Wahrnehmungen im Lichte früherer Erfahrungen und bereits vorhandenen Wissens über den Erkenntnisgegenstand.
[5] Bisweilen auch lediglich Synonym für „Perzeption" oder „Wahrnehmung".   R.Kl.

Apperzeptionsmasse → Apperzeption [2]

Apperzeptionspsychologie, Apperzeptionstheorie, die der → Assoziationspsychologie entgegenstehende Lehre, derzufolge Vorstellungen und Denkvollzüge nicht assoziativ und mechanisch verknüpft werden, sondern durch → Apperzeption, also mehr durch den Willen gelenkt, und/oder durch das jeweils bereits vorhandene Wissen verarbeitet und strukturiert werden.   R.Kl.

Apperzeptionstest, thematischer → TAT

Appetenz, Verlangen, Streben nach etwas. Gegensatz: → Aversion   R.Kl.

Appetenz-Appetenz-Konflikt, auch: Appetenzkonflikt, *approach-approach conflict*, von K. Lewin (1931) eingeführte Bezeichnung für einen

Konflikt, der dadurch entsteht, dass zu zwei oder mehreren Objekten gleichzeitig Appetenz (Wunsch nach Erreichung) vorhanden ist, die aber nicht gleichzeitig erreicht werden können, sodass eine Entscheidung notwendig wird.   K.St.

Appetenz-Aversions-Konflikt, *approach-avoidance conflict*, Konflikttyp (nach K. Lewin), bei dem zu einer Gegebenheit zugleich Aversion wie Appetenz bestehen. Ein junger Mann, der auf ein anziehendes Mädchen zugeht, jedoch – abgehalten durch Furcht vor möglicher Ablehnung oder sozialer Missbilligung – nach einigen Schritten die Annäherung abbricht, zeigt A.-A.-Verhalten.   K.St.

Appetenz-Aversions-Konflikt, doppelter, *double approach-avoidance conflict*, Konflikttyp (C.J. Hovland und R.R. Sears), bei dem zu wenigstens zwei Gegebenheiten gleichzeitig Aversion wie Appetenz besteht und auf den meist mit unentschlossenen Kompromisslösungen oder mit Blockieren, d.h. Verweigern einer Lösung reagiert wird.   K.St.

Appetenzkonflikt → Appetenz-Appetenz-Konflikt

Appetenzphase → Appetenzverhalten

Appetenzverhalten, ein Begriff aus der Instinktlehre (N. Tinbergen). Bezeichnet die einer Instinkthandlung vorausgehende Phase, in welcher zielgerichtet die Schlüsselreize aufgesucht werden, die zur Auslösung der Instinkthandlung führen (Appetenzphase). Diese Suche ist oft sehr ausgedehnt und aus mehreren Elementen zusammengesetzt, wobei auch Einsichtshandlungen eine Rolle zu spielen scheinen; insofern stellt das A. die Instinkttheorie vor schwierige Probleme.   H.S./K.St.

Appräsentation, eine von E .Husserl eingeführte und in der → phänomenologischen Soziologie benutzte Bezeichnung für die Mitvergegenwärtigung von etwas durch etwas, das in Vorstellungen, Wahrnehmung oder Zeichen präsent ist. Insbesondere die Zeichen und Symbole werden auf A.sbeziehungen zurückgeführt.   R.S.

approach (engl.), Forschungsansatz, der die zu verwendenden Methoden und Techniken auf der Grundlage der für den jeweiligen Forschungsbereich passenden Begriffe und Hypothesen entwickelt.   E.L.

approach-approach conflict (engl.) → Appetenz-Appetenz-Konflikt

approach-avoidance conflict (engl.) → Appetenz-Aversions-Konflikt

approach-avoidance conflict, double (engl.) → Appetenz-Aversions-Konflikt, doppelter

Appropriation, Aneignung, [1] im Marxismus besonders die private Aneignung des gesellschaftlichen Reichtums durch die Aneignung des Mehrwerts.   C.Rü.

[2] Bei M. Weber bezeichnet A. die „Schließung" der sozialen und ökonomischen Chancen innerhalb einer Gemeinschaft gegen Außenstehende. Die A. ist damit die Quelle jedweden Eigentums.   O.R.

approval (engl.), „Zustimmung", „Billigung" (der Handlungsweise einer anderen Person), bei T. Parsons ein spezieller Reaktionstyp, nämlich die „positive Sanktionierung von funktional spezifischen instrumentellen Verhaltensweisen in Bezug auf ihre Effektivität". Damit unterscheidet Parsons *a.* von den Reaktionstypen → *response*, → *acceptance* und → *esteem*.   R.Kl.

a priori (lat.), von früher, von vornherein, [1] heißt die Erkenntnis, die unabhängig aller Erfahrung aus der Vernunft mittels logischen Schließens erzielt wird;
[2] seit I. Kant heißt die Erkenntnis an sich rein, d.h. a. p., wenn sie aus den Formen der Anschauung (Raum, Zeit), des Verstandes (Kategorien) und der Vernunftbegriffe gegenüber der Natur gewonnen wird.   O.R.

Apriori, religiöses, von G. Simmel und E. Troeltsch eingeführte und von R. Otto für die Religionswissenschaft konzeptualisierte Bezeichnung für die Eigenständigkeit religiöser Erkenntnis, die durch das dem Bewusstsein *a priori*, d.h. vor aller Erfahrung gegebene Wissen um die Wirklichkeit des Transzendenten ermöglicht wird.   V.Kr.

Apriori, soziologische, Bezeichnung für die der Erkenntnis von Gesellschaft vorauszusetzenden Prinzipien, die erfahrungsunabhängig sind. Für solche apriorisch wirkenden Bedingungen der Vergesellschaftung skizziert G. Simmel (1908) beispielhaft drei: (1) das Ich sieht ein Du stets jeweils nur „in irgend einem Maße verallgemeinert", es geht davon aus, dass es auch in dessen Augen nur stets verallgemeinert wahrgenommen wird (soziale Rolle); (2) jedes Individuum ist als „Element einer Gruppe nicht nur Gesellschaftsteil, sondern außerdem noch etwas", dass sich seine Eigenheit, seine Individualität aus dem Vergesellschaftet- und Nicht-vergesellschaftet-Sein ableitet (sozialer Typus); und (3) ist die Zuordnung des Einzelnen zur Gesellschaft (im Sinne von Summe der hochdifferenzierten Wechselwirkungen) angesprochen: „Dass jedes Individuum durch seine Qualität von sich aus auf eine bestimmte Stelle innerhalb seines sozialen Milieus hingewiesen ist: dass diese ihm ideell zugehörige Stelle auch wirklich in dem sozialen Ganzen vorhanden ist – das ist die Voraussetzung, von der aus der Einzelne sein gesellschaftliches Leben lebt" (Individuum/Gesellschaft). Simmel verfolgt analog zu Kants Frage

„Wie ist Natur möglich?" die für die Soziologie fundamentale Frage „Wie ist Gesellschaft möglich?"; weicht aber insofern von dessen theoretischen Vorgabe ab, indem er die a.p. nicht als Kategorien der reinen, sondern der historischen Vernunft versteht.   O.R.

aptitude (engl.) → Eignung

AQ → Leistungsquotient

Äquifinalität ist die Möglichkeit, den gleichen Zustand auf verschiedenen Wegen (durch verschiedene Mittel, von verschiedenen Ausgangslagen aus) zu verwirklichen. Der Begriff stammt aus der Biologie und setzt umweltoffene Systeme voraus.   N.L.

Äquilibration, auch Akkomodation, Begriff aus der Theorie kognitiver Entwicklung nach J. Piaget, wonach eine (intrinsische, motivationale) Bedingung für Denkfortschritte ein (kognitiver) Konflikt oder Widerspruch zwischen Begriffen, Regeln, Handlungs- oder Sichtweisen ist, den das Kind durch die Ausbildung neuer Begriffe oder Regeln in einem „höheren Gleichgewicht" auflöst.   H.W.

Äquilibrium → Gleichgewicht

Äquivalent, allgemeines, Begriff der marxistischen Werttheorie im Zusammenhang der Herleitung des Geldes aus dem einfachen Warentausch. Er bezeichnet die Funktion einer spezifischen Ware, die allen anderen Waren gegenüber in Äquivalentform steht, d.h. deren Naturalgestalt die gemeinsame Wertgestalt aller anderen Waren ist, in der alle anderen Waren ihren Wert messen und die gegen alle diese Waren austauschbar ist. Wenn eine spezifische Ware ständig und ausschließlich als a. Ä. fungiert, wird diese Ware „mit deren Naturalform die Äquivalentform historisch verwächst" (K. Marx), zum Geld.   R.Ka.

Äquivalent, funktionales, funktionale Alternative, funktionales Substitut, ist ein soziales Element (z.B. eine Rolle, eine Institution), das im Wirkungszusammenhang eines sozialen Systems die Leistung eines anderen Elements im Hinblick auf die Erreichung eines bestimmten Systemzustandes in gleicher Weise erbringen und dieses daher ersetzen kann. Die Existenz von Elementen gleicher Wirkung eröffnet Wahlmöglichkeiten im Hinblick auf die Lösung von Systemproblemen.   B.W.R.

Äquivalententausch, Tausch von Gleichwertigem. Der Ä. ist ein Prinzip des Warentausches, das besagt, dass zwei → Waren, die sich zum Zwecke des Tauschs auf dem Markt gegenüberstehen, gleichen Wert repräsentieren müssen, damit der Tauschakt vollzogen werden kann. Der Ä. hat als Problem sowohl bei den klassischen Ökonomen wie bei K. Marx besondere Bedeutung, weil erklärt werden muss, wie unter

A

der Bedingung des in der Zirkulationssphäre geltenden A. nichtsdestoweniger allgemein vom Kapital ein → Mehrwert erzielt werden kann, wie also der Nicht-Ä. zwischen Kapital und Lohnarbeit ohne formelle Verletzung des Prinzips des Ä. erfolgt. In der marxistischen Ideologiekritik ist der Ä. ein wichtiges Moment zur Erklärung bürgerlicher Gleichheits- und Freiheitsvorstellungen. **R.Ka.**

Äquivalentform, Begriff der Marx'schen Werttheorie im Zusammenhang der Herleitung des Geldes aus der Form der einfachen Tauschbeziehung „Ware gegen Ware". In der Tauschgleichung „x Ware A = y Ware B" ist der Wert der Ware A als relativer Wert dargestellt (sie befindet sich in relativer Wertform), der gegenüber die Ware B als Äquivalent funktioniert oder in der Ä. steht. Der Wert der Ware A wird ausgedrückt im Gebrauchswert der Ware B. Es genügt ein bestimmtes Quantum der Ware B, um ein bestimmtes Wertquantum der Ware A auszudrücken. Die Ä. einer Ware besitzt insgesamt drei Eigentümlichkeiten: 1. Der Gebrauchswert wird zur Erscheinung seines Gegenteils, des Werts. 2. Die Gleichsetzung von Wertdingen impliziert die Gleichsetzung der ihnen gemeinsamen menschlichen Arbeit: konkrete Arbeit wird zur Erscheinungsform ihres Gegenteils, abstrakter Arbeit (→ Arbeit, abstrakte – konkrete). 3. Abstrakte Arbeit verwandelt, da in beiden Waren steckend, die Privatarbeit in ihr Gegenteil, zu Arbeit in unmittelbar gesellschaftlicher Form. **D.K.**

Äquivalenzeinkommen, mit der Umrechnung von Haushaltseinkommen in Ä. sollen die Kostenvorteile (*economies of scale*), die sich bei bestimmten Haushaltskonstellationen (z.B. durch gemeinsame Nutzung von Wohnraum und Konsumgütern) ergeben, berücksichtigt werden. Zur Berechnung der Ä. werden nach verschiedenen Äquivalenzskalen Gewichtungsfaktoren ermittelt; dabei werden die Zahl der erwachsenen Personen bzw. die Zahl und das Alter der Kinder berücksichtigt. Am häufigsten wird derzeit die so genannte neue bzw. alte OECD-Skala verwandt. **C.W.**

Äquivalenzprinzip, Grundsatz der Gleichwertigkeit von Leistung und Gegenleistung. Legitimiert in der Sozialpolitik die Bemessung der Sozialleistungen nach der Höhe der Beiträge. **F.X.K.**

Äquivalenzrelation, Bezeichnung für eine → Relation mit den Eigenschaften der Reflexivität, Symmetrie und Transitivität. Durch eine Ä. wird eine Menge von Objekten in sich gegenseitig ausschließende Teilmengen zerlegt. **H.W.**

Äquivalenzskala → Äquivalenzeinkommen

Äquivokation, [1] Gleichnamigkeit von Dingen oder Tatbeständen, die ihrem Wesen nach verschieden sind.
[2] In der Informationstheorie bedeutet Ä. Zweideutigkeit und steht für die im Übertragungsprozess verlorengehende Information. Ä. liegt dann vor, wenn der Empfänger nicht entscheiden kann, ob die erhaltene Information vom Sender stammt oder nicht. **O.R.**

Arbeit, allgemeine Bezeichnung für eine bewusste, zweckmäßige Tätigkeit, mit der etwas erstellt wird. Welche dieser Tätigkeiten A. heißt und welche Bedeutung A. für den Menschen hat, ist von den jeweiligen gesellschaftlichen Umständen bestimmt.
[1] Alltagssprachlich umfasst A. im heutigen Gebrauch alle Tätigkeiten für eigenen oder fremden Unterhalt oder Erwerb (Erwerbsarbeit, Lohnarbeit, Hausarbeit, Reproduktionsarbeit, Eigenarbeit) sowie für das Gemeinwesen (ehrenamtliche A., Bürgerarbeit).
[2] In der ökonomischen Theorie ist A. einer von mehreren (entlohnten) → Produktionsfaktoren.
[3] Bei G.W.F. Hegel und in Anschluss an ihn auch bei K. Marx ist A. eine Form der menschlichen → Entäußerung [2].
[4] Bei K. Marx bezeichnet A. in allgemeiner Bestimmung die Vermittlung des notwendigen Stoffwechsels zwischen Natur und Gesellschaft. A. und Natur bilden die alleinigen Quellen gesellschaftlichen Reichtums. In der kapitalistischen Produktionsweise wird A. zur Quelle von → Wert [3]. **H.W.**

Arbeit, abstrakte – konkrete, bilden in der Marx'schen Theorie den Doppelcharakter der Arbeit in der kapitalistischen Produktionsweise. Als k.A. bestimmt K. Marx die zweckbestimmte Form der Arbeit überhaupt und damit die natürliche Grundlage der Produktion. Ergebnis der k.A. sind → Gebrauchswerte, d.h. Produktions- und Konsumtionsmittel. Mit a.A. bezeichnet Marx Arbeit, soweit sie Wert für das Kapital bildet. Unter den Bedingungen der kapitalistischen Warenproduktion stellt a.A. den spezifischen gesellschaftlichen Charakter der individuell unter der Regie der Kapitale verausgabten Arbeiten dar, die sich in den Warenwerten nur als gleiche, „abstrakte", „Werte setzende" Arbeit aufeinander beziehen. A.A. bildet → Neuwert im Gegensatz zur k.A., die Gebrauchswert herstellt und den Wert der für die Produktion vorausgesetzten Produktionsmittel auf das Produkt überträgt. **R.Ka./J.Mo.**

Arbeit, autonome, kritischer Begriff der Industriesoziologie (H. Wolff 1999), der die Annahme einer Eigensinnigkeit oder Widerständigkeit der Arbeitenden zum Ausdruck bringt, die sich in verschiedenen, historisch-konkreten Formen immer wieder neu manifestiert und so einer vollständigen Unterwerfung der Arbeit unter die Herrschaft des Kapitals entgegensteht. Historisch finden sich Ansätze eines Konzepts a.A. in den Zielvorstellungen der Arbeiterbewegung („industrielle Demokratie") und in Vorstellungen, die in der Tradition betrieblicher und gesellschaftlicher Selbstverwaltungsmodelle stehen. Positiv zielt eine Autonomisierung von Arbeit auf die Überwindung der Trennung von Leitung und Ausführung, von bürokratisch-hierarchischen Strukturen und der Monopolisierung von Macht und Wissen.   M.Sch.

Arbeit, bezahlte → Arbeit, notwendige

Arbeit, einfache – komplizierte, e.A. bezeichnet in der Marxschen Werttheorie die Verausgabung von Arbeitskraft, zu der jeder gesunde Mensch ohne besondere Voraussetzungen fähig ist. Das Niveau der e.A. ist in den einzelnen Epochen, Regionen und Gesellschaften verschieden. K.A. ist die Verausgabung einer Arbeitskraft, die über diesem Niveau liegt, und zwar aufgrund der Entwicklung der Produktivkräfte bzw. der Ausbildung der Arbeitskraft. Die Marxsche Begründung einer höheren Wertbildung durch k.A. ist jedoch mit anderen Momenten seiner Werttheorie nicht vereinbar.   W.F.H./R.Ka.

Arbeit, entfremdete, [1] in den frühen Schriften von K. Marx mehr oder weniger bedeutungsgleich mit Lohnarbeit, insbesondere Begriff für das Verhältnis des Arbeiters zu den durch seine Arbeit geschaffenen Gütern im Kapitalismus: Als Produkte und als Produktionsmittel gehören sie ihm nicht. Als Maschinerie treten sie ihm handfest als Kapital gegenüber, seine lebendige Arbeit wird durch die in der Maschinerie vergegenständlichte und vom Kapital angeeignete Arbeit beherrscht.

[2] *Alienation of labor*, Industriesoziologen rechnen die Entfremdung der Arbeit der entwickelten Arbeitsteilung zu: Sie erlaubt es dem Arbeiter nicht mehr, sich in seiner Tätigkeit zu verwirklichen, macht ihm die Arbeit zum bloßen Mittel der Lebensfristung, da er weder das Produkt sehen noch über die Bedingungen seiner Arbeit bestimmen kann.   W.F.H.

Arbeit, geistige → Arbeit, körperliche – geistige

Arbeit, gesellschaftlich notwendige, [1] bezeichnet in der Marxschen Theorie den Aufwand an Arbeit bzw. Arbeitszeit, der zur Herstellung von Gebrauchswerten zur Befriedigung eines bestimmten gesellschaftlichen Bedürfnisses unter durchschnittlichen Produktionsbedingungen notwendig ist.   W.F.H.

[2] Der gesellschaftliche Aufwand an Arbeit, der erforderlich ist, um die gesellschaftlichen Pro-

duktivkräfte auf einem gegebenen Niveau zu reproduzieren.   H.W.

Arbeit, gesellschaftliche, Grundbegriff der Marx'schen Gesellschaftstheorie, nach der der gesellschaftliche Zusammenhang primär durch menschliche Arbeit als Vermittlung des notwendigen Stoffwechsels von Natur und Gesellschaft hergestellt wird. Ihr sozialer Charakter ist in der gesellschaftlichen Natur der Menschen begründet. In der warenproduzierenden Gesellschaft erscheint die g.A. als → private Arbeit.   H.W.

Arbeit, improduktive → Arbeit, produktive – unproduktive [3]

Arbeit, körperliche – geistige, [1] allgemeine Unterscheidung zwischen Arbeit als Verausgabung von körperlicher (auch Handarbeit) und geistiger (auch Kopfarbeit) Kraft.

[2] Nach K. Marx trennen sich k.A. und g.A. mit der Entstehung der Klassengesellschaften und der Arbeitsteilung. Die unterdrückten Klassen leisten vorwiegend k.A., die herrschenden beanspruchen für sich die g.A. Die Arbeitsteilung im Betrieb seit der Manufakturperiode führte zur Trennung von k.A. und g.A. innerhalb des betrieblichen Gesamtarbeiters, zwischen Handarbeitern und technisch-wissenschaftlich Ausgebildeten. Die Trennung von k.A. und g.A. wird nach der Marxschen Theorie im Sozialismus überwunden (durch polytechnische Bildung, durch Veränderung der betrieblichen Arbeitsorganisation, durch Veränderung des Charakters der Arbeit usw.).   W.F.H.

Arbeit, komplizierte → Arbeit, einfache – komplizierte

Arbeit, konkrete → Arbeit, abstrakte – konkrete

Arbeit, lebendige – vergegenständlichte, Unterscheidung der marxistischen Theorie in Bezug auf den Arbeitsprozess zwischen der Verausgabung des menschlichen Arbeitsvermögens in der Arbeit (l.A.) und der in Produkten früherer Arbeitsprozesse materialisierten Arbeit (v.A., auch tote A. oder Kapital).   W.F.H.

Arbeit, materialisierte → Arbeit, lebendige – vergegenständlichte

Arbeit, monotone → Arbeitsmonotonie

Arbeit, notwendige, in der Marx'schen Theorie die Arbeit bzw. Arbeitszeit, die zur Reproduktion des Arbeitenden aufgewandt werden muss (auch „bezahlte A.", insofern der Lohn die Reproduktionskosten deckt). Die darüber hinausgehende Arbeit bzw. Arbeitszeit schafft → Mehrwert und wird im Kapitalismus vom Kapitalisten angeeignet.   W.F.H.

Arbeit, private. Unter den Verhältnissen der kapitalistischen Warenproduktion erscheint die → gesellschaftliche Arbeit als Summe der Arbeit individueller, autonom entscheidender Produzenten, als p. A. Der gesellschaftliche Charakter der Arbeit (insofern sie gesellschaftliche Bedürfnisse befriedigt) wird nicht unmittelbar in der Produktionsentscheidung betätigt. Erst nach Abschluss des Produktionsprozesses, auf dem Markt, zeigt sich, ob das hergestellte Produkt gesellschaftliche Bedürfnisse (nach Art und Preis) befriedigt, also die verausgabte p.A. als gesellschaftliche akzeptiert wird.   R.Ka.

Arbeit, produktive – unproduktive, [1] A. Smith bestimmt als p.A. die in der Produktion materieller marktfähiger Waren verausgabte Arbeit und als u.A. alle andere Arbeit, z.B. auch die privaten Dienstleistungen.   D.K.
[2] P.A. bezeichnet in der Marxschen Theorie alle Aneignung der Natur durch den Menschen in der Arbeit.
[3] Auch wertschaffende Arbeit. Nach K. Marx zählt im Kapitalismus nur diejenige Arbeit als produktiv, die unmittelbar Mehrwert schafft, zur Verwertung des Kapitals beiträgt. U.A. (auch improduktive A.) ist Arbeit, deren Resultat, als Gegenstand oder Dienstleistung, vom Käufer unmittelbar konsumiert wird, also nicht als Ware auf dem Markt erscheint. Von der gesellschaftlichen Form her gesehen kann dieselbe Arbeit, z.B. Kochen, als p.A. oder als u.A. erscheinen. Zur u.A. zählen bei Marx auch die Arbeiten, die durch die Formbestimmungen der Produktionsweise (→ *faux frais*) bestimmt sind.   W.F.H/H.W.

Arbeit, repetitive, auch: repetitive Teilarbeit, allgemeine Bezeichnung der Arbeitssoziologie für Arbeitstätigkeiten bzw. Arbeitsplätze in der industriellen Produktion, die durch einfache Tätigkeiten, die einen kleinen, genau abgegrenzten Teilprozess des Produktionsganges betreffen, durch ständige Wiederholung in kurzen Zeitabständen und durch starke Bestimmung aller Arbeitshandlungen und -bewegungen des Arbeiters durch die Maschinen gekennzeichnet sind. Für typisch wird meist die Arbeit an Fließbändern genommen; r. A. tritt aber auch an anderen Arbeitsplätzen auf.   W.F.H.

Arbeit, tote → Arbeit, lebendige – vergegenständlichte

Arbeit, unbezahlte → Mehrarbeit

Arbeit, unfreie, *bondage,* im Unterschied zur formell freien, kontraktlichen, mit Rechten ausgestatteten Lohnarbeit, jede Form durch außerökonomischen Zwang regulierter Arbeit (Sklaverei, → Schuld- und Vertragsknechtschaft, familiäre Abhängigkeit). Kolonialstaaten haben sich regelmäßig auf Zwangsarbeit gestützt. Heute sind Kinderarbeit und Prostitution in großem Umfang durch u. A. gekennzeichnet. Sie ist aber auch in der Landwirtschaft (z.B. Brasilien) oder in bestimmten (modernen) Industriezweigen (z.B. in den *sweatshops* der Textilindustrie) zu finden. Die Situation von Migranten (Illegalität, Verschuldung) macht diese häufig für repressive Arbeitsverhältnisse verwundbar. Schätzungen der Anzahl von Menschen, die heute u. A. verrichten, liegen zwischen 20 und 200 Millionen (P. Arlacchi 1999).   H.W.

Arbeit, unproduktive → Arbeit, produktive – unproduktive

Arbeit, vergegenständlichte → Arbeit, lebendige – vergegenständlichte

Arbeit, wertschaffende → Arbeit, produktive – unproduktive [3]

Arbeit, wissenschaftlich-technische → Intelligenz, wissenschaftlich-technische

Arbeiter, neuer → Arbeiterklasse, neue

Arbeiteraristokratie, Bezeichnung für einen Teil der Arbeiterklasse, der seit Mitte des 19. Jahrhunderts sich als höher qualifizierte und besser bezahlte Schicht herausbildete. Die Spaltung der Arbeiterbewegung in einen reformerischen und einen revolutionären Teil wird oft auf die Entwicklung einer A. zurückgeführt. Nach der → Imperialismustheorie von W.I. Lenin wird der ausbleibende Widerstand der Sozialisten in Europa gegen Kolonial- und Kriegspolitik auf die Bildung einer A. zurückgeführt, deren Führer durch die Monopolbourgeoisie gekauft wurden.   W.F.H.

Arbeiterautoritarismus, Bezeichnung für die Hypothese, dass die Arbeiterschaft nicht zu demokratischen Verhaltensformen tendiert, vielmehr bei sozialen Konflikten eine stärkere Intervention der Regierenden verlangt.   O.R.

Arbeiterbewegung, die Gesamtheit der organisierten ökonomischen, politischen, sozialen und kulturellen Anstrengungen der Arbeiter, das Verhältnis von Lohnarbeit und Kapital innerhalb des Kapitalismus und/oder durch seine Überwindung zu Gunsten der Lohnarbeiter zu verändern.   W.F.H.

Arbeiterbewegungskultur, die organisierten Formen der Arbeiterbewegung, der herrschenden Kultur eigene Inhalte entgegenzusetzen, um die Köpfe und Herzen von Arbeitern und Arbeiterinnen der bürgerlichen Kultur zu entwinden, für den „sozialistischen Kampf" zu gewinnen und diese in die Umwälzung der kapitalistischen Gesellschaft einzubinden. In sog. Vorfeldorganisationen wurde seit der Wende zum 20. Jahrhundert von SPD und seit der Weimarer Republik von SPD und KPD versucht, ein „eigenes Lager" aufzubauen (z.B. im Arbeiterturner-, -sänger-, -radfahrer-, -schwimmer-, -etc. -Bund, aber auch im Bund proletarisch-revolutionärer Schriftsteller). Dabei spielte allerdings von vornherein der Gedanke eine wichtige Rolle, das „bürgerliche Erbe" anzutreten, womit sowohl die Problematik einer Verbürgerlichung als auch die der Entfernung vom Alltag der Nicht-Organisierten gesetzt war (→ Arbeiterkultur).   H.G.T.

Arbeiterbewusstsein, Kategorie der Industrie-, Betriebs- und Arbeitssoziologie zur Untersuchung des sozialen Selbstverständnisses der Industriearbeiter und ihrer Einstellungen zur Arbeit, zur Arbeitsorganisation, zum technischen Wandel, als Ausdruck ihrer kollektiven Erfahrungsbasis.   W.F.H.

Arbeiterbürokratie, Schicht von Arbeitern innerhalb der politischen und gewerkschaftlichen Arbeiterbewegung, die von deren Organisationen (Partei, Gewerkschaften) beschäftigt werden (Funktionäre, Journalisten etc.). Der Begriff wird vorwiegend als Erklärungsmoment für reformistische Entwicklungen in der Arbeiterbewegung verwendet: Es wird behauptet, die A. entwickle ein Sonderinteresse gegenüber den Interessen der Arbeiterklasse, sie sei an der ruhigen Entwicklung der Organisationen interessiert und versuche demnach, eine revolutionäre Politik zu verhindern.   R.Ka.

Arbeiterfrage → Frage, soziale

Arbeiterklasse, Proletariat, *working class,* frz. *classe ouvrière,* [1] die Gesamtheit der Lohnabhängigen, die keine Produktionsmittel besitzen und ihre Arbeitskraft zum Zwecke ihrer materiellen Reproduktion verkaufen müssen und aufgrund ihrer persönlichen Freiheit in der Lage sind, über ihre Person zu verfügen.
[2] Die marxistische Klassentheorie identifiziert die A. als eine Hauptklasse der kapitalistischen Produktionsweise, die aufgrund des → Kapitalverhältnisses zur Bourgeoisie in antagonistischem Widerspruch steht.   R.Ka.
[3] In bestimmten Kontexten gleichgesetzt mit den manuell tätigen Lohnabhängigen (z.B. in Abgrenzung zu den Handlungsgehilfen des Kapitals oder den Staatsdienern); in weiterer Verengung svw. Industriearbeiterschaft. → Klassenanalyse   R.Ka./H.W.

Arbeiterklasse, neue, Bezeichnung der Industriesoziologie und der sozialistischen Theorie für die technisch und wissenschaftlich hoch qualifizierten Arbeiter bzw. Angestellten, die meist in die technische Leitungsstruktur der Betriebe integriert sind. Die Diskussion über die betriebs- und gesellschaftspolitische Rolle dieser „neuen Arbeiter" hebt hervor, dass ihnen die kapitalistische Leitungsstruktur der Betriebe nicht länger als notwendig erscheint, und vermutet, dass sie von daher ein starkes, auf ihre sachliche Qualifikation gegründetes politisches Selbstbewusstsein entwickeln, das zur Forderung nach Übernahme der Betriebe in die Hand der

Arbeiter gehen kann. Einige Autoren halten diese zahlenmäßig kleine Schicht für die Avantgarde der Arbeiterklasse (S. Mallet).   W.F.H.

Arbeiterkontrolle, Bezeichnung der Arbeiterbewegung für ein Leitungssystem der betrieblichen Produktion, in dem Vertreter der Arbeiter (Räte) über alle mit der betrieblichen Produktion verbundenen Vorgänge (Investitionsentscheidungen, Kalkulation, Buchhaltung, Verwaltung, Verkauf usw.) Kontrolle ausüben.   W.F.H.

Arbeiterkultur, die Lebens- und Denkweise von Arbeitern und Arbeiterinnen, die sich in einer Vielzahl unterschiedlicher Handlungsformen (von der Sprache bis zur Gestik, von der Kleidung bis zum Fernsehkonsum, → Habitus) ausdrückt und Verbindungspunkte mit der dominanten Kultur aufweist. A. ist in der Arbeits- und Lebenssituation sowie den alltäglichen Erfahrungen und im geschichtlichen Prozess grundgelegt; wesentlich für ihre Dauerhaftigkeit, die sie zumindest ein Stück weit von konjunkturellen Beliebigkeiten bewahrt, ist das im generationellen Wechsel aufgebaute → kollektive Gedächtnis, mit dem neben den unmittelbaren Ausdrucksweisen vor allem Wert- und Lebensorientierungen (→ Mentalitäten) vermittelt werden. Die wesentlichen Grundmuster der A. bestehen in der Defensivität, informellen Kollektivität und Maskulinität, die allerdings in ihrer Gültigkeit für unterschiedliche Gruppierungen zu differenzieren sind. Zudem steht A. im historischen Prozess; im für die Soziologie der Weimarer Zeit und der BRD in den 1950er Jahren wichtigen Theorem der Verbürgerlichung wird eine grundlegende Änderung angenommen. Da A. allerdings nie ein in sich geschlossenes Ganzes bildete, sondern immer Berührungspunkte zu anderen Kulturen aufwies und von diesen überlagert wurde, kann auch heute nicht einfach von ihrem Verschwinden ausgegangen werden.   H.G.T.

Arbeiterselbstverwaltung, die Übernahme der Leitung in einem Betrieb bzw. in Betrieben durch die Arbeiter (und Angestellten), insofern politischer Gegenbegriff zu Mitbestimmung. Als gesamtgesellschaftliches Programm wurde A. zeitweise im kommunistischen Jugoslawien erprobt, zuvor in Katalonien vor der Machtübernahme Francos.   W.F.H.

Arbeitgeber – Arbeitnehmer, in Volks- und Betriebswirtschaft und in der Sprache der Sozialpolitik Bezeichnungen für den Unternehmer bzw. Verwaltungsleiter, der Arbeiter, Angestellte und Beamte gegen Lohn und Gehalt anstellt und beschäftigt (Ag.), und für diejenigen, die ihren Lebensunterhalt dadurch erwerben, dass sie eine solche Anstellung eingehen (An.). F. Engels (1883) kritisierte diese Bezeichnungen als

„jenes Kauderwelsch, worin z.B. derjenige, der sich für bare Zahlung von andern ihre Arbeit geben lässt, der Arbeitgeber heißt, und Arbeitnehmer derjenige, dessen Arbeit ihm für Lohn abgenommen wird."   W.F.H.

Arbeitnehmer → Arbeitgeber – Arbeitnehmer

Arbeitsanforderungen, Begriff aus der analytischen → Arbeitsplatzbewertung. A. sind nach → Refa: Können, Belastung, Verantwortung und Umgebungseinflüsse. Die A. sollen die Lohnhöhe bestimmen. Damit wird der Tatsache Rechnung getragen, dass in großen Teilen der modernen mechanisierten und automatisierten Industrie der Einfluss des Arbeiters auf den Produktenausstoß zurückgeht, sodass sich die Vorstellung des „gerechten Leistungslohns" nicht mehr an dem Verhältnis Stückzahl pro Zeiteinheit orientieren kann.   R.Ka.

Arbeitsanreicherung, auch: Arbeitsbereicherung, Arbeitsplatzbereicherung, *job enrichment*, Vergrößerung und teilweise Verselbstständigung individueller Arbeitsvollzüge durch arbeitsorganisatorische Umstellungen und durch betriebliche Aus- und Weiterbildungsprogramme. A. soll anspruchsvollere Arbeitsaufgaben, z.T. selbstständige Wartung und Reparatur von Anlagen, und verminderte Fremdkontrolle ermöglichen. A. als neue Form der Arbeitsorganisation wurde ebenso wie → Stellenrotation und → Arbeitsplatzausweitung im Kontext des Programms „Humanisierung des Arbeitslebens" diskutiert. M.Sch.

Arbeitsbedingungen, [1] allgemeine Bezeichnung in Industrie- und Betriebssoziologie für alle Faktoren, die bei einer konkreten Arbeitstätigkeit auf Leistungsfähigkeit, Gesundheit, Erlebnisformen usw. der Arbeitenden einwirken.
[2] In der Marx'schen Theorie bezeichnet A. die Bedingungen der lebendigen Arbeit, also Arbeitsgegenstand und Arbeitsmittel (Produktionsmittel).   W.F.H.

Arbeitsbereicherung → Arbeitsanreicherung

Arbeitsbewertung, analytische → Arbeitsplatzbewertung, analytische

Arbeitsbeziehungen, *labour relations* (engl.) → Beziehungen, industrielle

Arbeitsdefinition → Definition, operationale

Arbeitserziehung, [1] allgemeine Bezeichnung für die Vorbereitung der Kinder auf die Teilnahme an der gesellschaftlichen Produktion, insbesondere für die Vermittlung von grundlegenden Kenntnissen, Fähigkeiten und Fertigkeiten, die sich auf Produktionsmittel, Arbeitsgegenstände und Formen der Arbeitsorganisation beziehen, durch die Schule und andere Erziehungseinrichtungen. Hierzu gehört auch die Vermittlung von Arbeitshaltungen, Arbeitstugenden usw.

[2] Auch Bezeichnung für verschiedene Versuche zur Verbindung von Unterricht und Arbeit, → polytechnische Bildung.
[3] Auch allgemeine Bezeichnung für verschiedene Formen der Erziehung durch Arbeit, wobei der Erwerb grundlegender körperlicher und geistiger Qualifikationen oft zur Aufhebung der Arbeitsteilung von Hand- und Kopfarbeit beitragen soll.
[4] In der Sozialpädagogik, zurückgehend auf die Arbeitshäuser und den Arbeitszwang in Findel- und Waisenhäusern, ein Mittel in Fürsorgeheimen und Jugendstrafanstalten zur Wiedereingliederung von straffällig gewordenen Jugendlichen u.a. in den gesellschaftlichen Funktionszusammenhang.   E.D.

Arbeitsethik, allgemeine Bezeichnung für die religiös, sittlich oder weltanschaulich bestimmten Wertungen und Zweckbestimmungen der Arbeit bzw. des Berufs. Beispiel: die Lehre des asketischen Protestantismus von der Verantwortung des Besitzenden gegenüber seinem Besitz (Spar- und Akkumulationszwang) und von der durch Gott verfügten Pflicht zur Erfüllung der Anforderungen des Berufs.   W.F.H.

Arbeitsfreude, allgemeine Bezeichnung in Arbeits- und Betriebssoziologie für die Möglichkeit, über die Notwendigkeit zur Sicherung des Lebensunterhalts hinaus Freude an der Arbeit zu gewinnen und einen menschenwürdigen Sinnbezug zu ihr herzustellen. Oft bedeutungsgleich mit → Arbeitszufriedenheit, Gegenbegriff zu → Arbeitsleid.   W.F.H.

Arbeitsgegenstand, Begriff aus der Marx'schen Analyse des Arbeitsprozesses. A.e sind Rohstoffe oder schon bearbeitete Materialien (Halbprodukte), auf die die lebendige Arbeit wirkt, um ein bestimmtes Produkt herzustellen.
         R.Ka./W.F.H.

Arbeitsgesellschaft, von R. Dahrendorf 1980 in die Soziologie eingeführter Begriff, der zum Thema des 21. Deutschen Soziologentages 1982 in Bamberg wurde („Krise der Arbeitsgesellschaft?"). A. begreift den Charakter der westlichen-industriellen Gesellschaft als in der Lebensführung der (allermeisten) Menschen, als in Werten, Normen und Orientierungen und in der inneren Konfliktdynamik durch (Erwerbs-) Arbeit grundlegend geprägt. Von hier aus können die Gesellschaftsanalysen von Klassikern der Soziologie (K. Marx, M. Weber, E. Durkheim u.a.) und die Arbeiten der späteren Industriesoziologie gewissermaßen nachträglich als Analysen der A. aufgefasst werden (ohne dass sie diesen Begriff verwendet hätten). Dabei dient der Begriff A. dazu, Fragen danach stellen zu können, ob er noch angemessen ist. Hinweise, dass die gegenwärtige Gesellschaft nicht mehr als A. aufgefasst werden kann, sind z.B.: der Rückgang der durchschnittlichen Lebensarbeitszeit und die Zunahme von in Aus- und Weiterbildungsprozessen befindlichen Gesellschaftsmitgliedern; strukturelle Arbeitslosigkeit und institutionalisierte Unterbeschäftigung; Entfaltung des Freizeitlebens und Anwachsen seiner Wertigkeit; Rückgang der subjektiven Bedeutung von Berufsarbeit für die Lebensauffassung und die Befindlichkeit, überhaupt das Anwachsen postmaterialistischer Werte; Verblassen der klassischen Konflikte zwischen Kapital und Arbeit im Problemhorizont der politischen Aufgaben und Fragen. W.F.H.

Arbeitsgruppe, die in einem Produktionsgang oder einem Teilabschnitt in mehr oder weniger großer Abhängigkeit voneinander Arbeitenden. Im Gegensatz zu → Berufsgruppe umgreift A. Angehörige unterschiedlicher Ausbildung und Berufsposition. W.F.H.

Arbeitshypothese, Hypothese, die noch nicht empirisch geprüft wurde, mit der man aber mangels besserer Kenntnisse probeweise arbeitet. L.K.

Arbeitsintensität, [1] allgemein das Verhältnis der Verausgabung von Arbeit pro Zeiteinheit, messbar im Verschleiß von Muskel- und Nervenkraft.
[2] In der Ökonomie das Verhältnis von Arbeits- und Kapitaleinsatz.
[3] Nach der Marx'schen Theorie ist die gesteigerte A. trotz gleichen Resultats, nämlich gesteigertem Produktenausstoß, von gesteigerter → Arbeitsproduktivität zu unterscheiden; letztere ist bei gleich bleibender A. durch technische Verbesserungen, Qualifikationsänderungen, organisatorische Maßnahmen u.a. bedingt. Im Gegensatz zur überdurchschnittlich produktiven Arbeit setzt die überdurchschnittlich intensive Arbeit mehr Wert pro Zeiteinheit. R.Ka./D.K.

Arbeitskampf, allgemeine Bezeichnung für kollektive Konflikthandlungen zwischen den Leitungen von Betrieben oder Verwaltungen (bzw. deren überregionaler Interessenvertretungen) und den Arbeitern und Angestellten (bzw. deren gewerkschaftlicher oder anderer Interessenvertretung); sie werden offen – durch Streik, Fabrikbesetzung, Aussperrung usw. – ausgetragen. W.F.H.

Arbeitskräftebedarfsansatz → *manpower-approach*

Arbeitskräfterotation, zumeist restriktive und repressive Formen des periodischen Austausches von nicht heimischen Arbeitsmigranten (→ Arbeitsmigration; → Wanderarbeit). Typisch: die Aufenthaltsregelungen für „Gastarbeiter" in der Bundesrepublik bis zum Anwerbestopp; klassisch: die Rekrutierung von Arbeitskräften für die südafrikanischen Minen. Die R. führt zu einer Aufteilung der Reproduktionskosten der Arbeitskräfte zu Lasten der Herkunftsregionen. H.W.

Arbeitskräftestrategie, Begriff der Industriesoziologie für die „Gesamtheit der betrieblichen Strukturen, Politiken und Maßnahmen ..., die sicherstellen, dass dem Betrieb die zur Realisierung seiner Globalstrategie benötigte Arbeitskraft und Arbeitsleistung zu akzeptablen Kosten zur Verfügung steht" (B. Lutz 1987). H.W.

Arbeitskräftestruktur, die nach Gebiet, Branche, Geschlecht, Alter, Qualifikation usw. aufgegliederte Zusammensetzung der Berufstätigen eines Betriebes, Staates usw. W.F.H.

Arbeitskraft, [1] Arbeitsvermögen, allgemein die körperlichen und geistigen Fähigkeiten von Einzelnen, Arbeit in welcher Form auch immer zu leisten.
[2] Bezeichnung für die Arbeitenden selbst, zumeist in abhängigen Verhältnissen (z.B. die Lohnabhängigen in der Industrie).
[3] Unter kapitalistischen Produktionsverhältnissen wird die A. zu einer Ware (nicht aber der Arbeitende, der über seine Person formell verfügen kann und in diesem Sinne frei ist). Für die Marxsche Theorie entscheidend ist, dass das Kapital nicht die Arbeit, sondern die ihm von den Lohnabhängigen zur Verfügung gestellte A. bezahlt. Nach K. Marx unterscheidet sich die Ware A. von anderen Waren dadurch, dass sie nicht auf kapitalistische Weise produziert oder reproduziert wird. Der Lohn richtet sich nach den gesellschaftlich gegebenen Reproduktionskosten der A. (Lebensmittel, Unterkunft, Kosten des Aufziehens von Kindern), soweit sie von den Arbeitenden durch Warenkäufe bestritten werden müssen. W.F.H./H.W.

Arbeitskultur, Ensemble der Lebensformen und Einstellungen, die das Arbeitsverhalten, insbesondere die Reaktionen auf Anforderungen industrieller Arbeit prägen. A. wird bestimmt nicht allein durch unmittelbare Zwänge und direkte Disziplinierungsinstanzen, sondern insbesondere durch die Vermittlung vielfältiger Orientierungsleistungen und Verhaltensanforderungen, denen sich lohnabhängig Arbeitende in industriell-kapitalistischen Gesellschaften konfrontiert sehen, neben unterschiedlichsten zeitlichen Vorgaben etwa auch Erfordernisse von Interessenorganisation. Eine besondere Problemebene bildet A. im Kontext → nachholender Industrialisierung. R.Kö.

Arbeitsleid, Arbeitsmühe, *effort*, in Industrie- und Arbeitssoziologie (W. Baldamus, C. von Ferber) allgemeine Bezeichnung für die negativen Erlebnisse der Arbeitenden im Arbeitsprozess aufgrund körperlicher Anstrengung, psychischer Belastung und sozialer Unfreiheit.   W.F.H.

Arbeitslosigkeit, strukturelle, Sammelbezeichnung für alle Arten von Arbeitslosigkeit, die in der Struktur der Wirtschaft (Veränderung der sektoriellen und Branchenstruktur, technologische Umstrukturierungen, Änderungen der Berufs- und Anforderungsstrukturen) und/oder in der „Struktur" der Person (Bildung bzw. Ausbildung, Alter, Geschlecht, Familienstand, Wohnort, soziale Herkunft) begründet liegen. Ältere Bezeichnungen sind Anpassungs-, friktionelle, funktionelle u.a. Arbeitslosigkeit.   D.K.

Arbeitslosigkeit, verdeckte, amtlich nicht registrierte, von amtswegen nicht als solche deklarierte Arbeitslosigkeit von arbeitsfähigen und Arbeit suchenden Personen, die sich z.B. in Maßnahmen wie Berufsgrundjahren, Umschulungen und anderen Warteschleifen befinden, oder deren Status (z.B. Hausfrauen, Studierende, Kurzarbeiter) sie als „nicht arbeitslos" ausweist.   H.W.

Arbeitsmarkt, besonderer Markt, auf dem die „Besitzer" von Arbeitskraft um Arbeitsplatz- und Einkommenschancen konkurrieren. Diese Chancen hängen von jeweiligen Angebotsbedingungen (Zwang zum Verkauf der Arbeitskraft, Qualifikation der Arbeitskräfte, gewerkschaftliche Organisation) und jeweiligen Nachfragebedingungen (Bedarf an Arbeitskräften, relative Nachfragemacht) ab. Praktisch herrschen unvollkommene Teilarbeitsmärkte vor. Sie sind einzeln oder kombiniert z.B. beruflich, bildungsmäßig und geschlechtsspezifisch, aber auch sektoriell, branchenmäßig, betrieblich, tarifvertraglich oder gesetzlich abgegrenzt. Auch innerbetrieblich können (Teil-) Arbeitsmärkte unterschieden werden.   D.K.

Arbeitsmarkt, dualer, auch geteilter A., nach verbreiteter Ansicht (u.a. M.J. Piore, P.B. Doeringer) im Verlauf fortschreitender Technisierung und Automatisierung der Produktion zu beobachtende Spaltung des Arbeitsmarktes in zwei Segmente, dem primären Segment stabiler, dauerhaft besetzter Arbeitsplätze und dem sekundären Segment befristeter, fluktuierender Arbeitsverhältnisse, die längerfristig zur Spaltung der Arbeiterschaft in → Kern- und Randbelegschaften führt.   H.W.

Arbeitsmarkt, erster → Arbeitsmarkt, dualer

Arbeitsmarkt, geteilter → Arbeitsmarkt, dualer

Arbeitsmarkt, grauer, auch Grauzone des Arbeitsmarktes, Begriff aus der Arbeitsmarktforschung, der seit Ende der 1970er Jahre Beschäftigungsverhältnisse von insb. Hoch- und Fachhochschulabsolventen bezeichnet, die weder Tarifverträgen noch Beamtenrecht unterliegen, dem Ausbildungsgang nicht entsprechend und

gering oder gar nicht entlohnt werden. Diese können z.B. sein: sog. „Jobben" (etwa als Taxifahrer), Stipendien, Werkverträge, durch Ehepartner zwischenfinanzierte Promotionen, ABM, freie publizistische Tätigkeit, aber auch Selbstständigkeit aufgrund von Lebensumorientierungen (Wertewandel) oder als Reaktion auf die schlechte Arbeitsmarktsituation. Der g.e A. kann mit herkömmlichen Kategorien der Statistik nur in seinen Einzelteilen erfasst werden.   G.F.

Arbeitsmarkt-Individualisierung → Individualisierung [6]

Arbeitsmarkt, interner, Begriff der Industriesoziologie (B. Lutz 1987); kennzeichnet eine Strategie von Unternehmen, die Besetzung von betrieblichen Arbeitsplätzen mit entsprechend qualifizierten Arbeitskräften nicht allein durch Anwerbung von außen (externer Arbeitsmarkt), sondern durch Qualifizierung und Bindung eines dauerhaft beschäftigten Teils der Belegschaft an den Betrieb zu erreichen. Der i.e A. ist durch deutliche Zutrittsregeln, hierarchische Stufungen und institutionalisierte Aufstiegsmuster gekennzeichnet.   H.W.

Arbeitsmarkt, zweiter → Arbeitsmarkt, dualer

Arbeitsmarktsegmentation, im Zusammenhang struktureller Arbeitslosigkeit entwickeltes Konzept (u.a. W. Sengenberger, B. Lutz), das die Zerlegung des Arbeitsmarktes in voneinander abgeschottete Teilarbeitsmärkte nach Geschlecht, ethnischer Herkunft oder Qualifikation beinhaltet. Eine wichtige Form der A. ist die → betriebszentrierte A.   H.W.

Arbeitsmarktsegmentation, betriebszentrierte, Begriff der Industriesoziologie (B. Lutz 1987) für die stabile Trennung von externem und → internem Arbeitsmarkt durch eine dauerhafte Bindung von Beschäftigten („Stammbelegschaften") an den Betrieb, durch die Qualifikationserwerb, Besetzung von Arbeitsplätzen und innerbetrieblicher Aufstieg beiderseits verbindlich geregelt ist.   H.W.

Arbeitsmigration, Ortswechsel von Individuen oder auch Haushalten mit dem hauptsächlichen Motiv der Aufnahme von entlohnter Arbeit am neuen Ort (im Unterschied zur Fluchtmigration, Heiratsmigration u.a.). Die Abgrenzung der Migrationsformen aufgrund von Zielen oder Motiven ist jedoch aufgrund der häufig insgesamt prekären Situation von Menschen, z.B. in marginalisierten Regionen, problematisch („Armutsmigration"). Die A. kann kurzfristig, periodisch (→ Wanderarbeit), längerfristig, aber mit der Perspektive der Rückkehr, oder dauerhaft ausgerichtet sein. Die A. ist heute ein weltweites, massenhaftes Phänomen, das unterschiedlichen Regulierungen (Anwerbung, Arbeitserlaubnisse,

Nachzugsregelungen, Einbürgerung, Abschiebung u.a.) unterliegt. Die Forschung konzentriert sich u.a. auf die Ausbildung stabiler Muster der grenzüberschreitenden A. zwischen verschiedenen Weltregionen (→ Transmigration). H.W.

Arbeitsmittel, Begriff aus der Marx'schen Analyse des Arbeitsprozesses. A. sind Werkzeuge, Maschinen, Vorrichtungen u.ä., die zur Umformung der Arbeitsgegenstände in Produkte genutzt werden. Im weiteren Sinne zählen zu den A. auch die gegenständlichen Bedingungen des Arbeitsprozesses (Gebäude, Transportmittel usw.). R.Ka./W.F.H.

Arbeitsmonotonie, Folgeerscheinung von Arbeitsanforderungen an Arbeitsplätzen in der mechanisierten Produktion: Das Maschinensystem zwingt den Arbeiter bei hoher Arbeitszerlegung zur dauernden Wiederholung von Detailtätigkeiten und stumpft so seine Sinne und seine körperliche Bewegungsfähigkeit ab. Gegen dieses Konzept ist aufgrund von Befragungen usw. eingewandt worden, dass monotone Arbeitstätigkeiten nicht notwendigerweise zu Monotonieerlebnissen führen, dass also Form der Arbeit und Arbeitserlebnis bzw. Arbeitszufriedenheit getrennt untersucht werden müssen. W.F.H.

Arbeitsmoral, die Gesamtheit der Wertvorstellungen und Dispositionen von Arbeitenden, die sich auf das Verhalten in der Produktion und am Arbeitsplatz beziehen. W.F.H.

Arbeitsmühe → Arbeitsleid

Arbeitsökonomie, [1] *labor economics,* eine Disziplin, die Arbeitsmarkt, Arbeitsmarktpolitik und Lohnpolitik zum Gegenstand hat.
[2] In der DDR erforschte die A., auch Arbeitsökonomik, die Gesetzmäßigkeiten der Entwicklung der Produktivkräfte und die Veränderungen im Charakter der Arbeit im Laufe der wissenschaftlich-technischen Revolution unter ökonomischen Fragestellungen. W.F.H.

Arbeitsökonomik → Arbeitsökonomie [2]

Arbeitsorganisation, allgemeine Bezeichnung für die planmäßige Kombination von Einzelnen und Gruppen im Verhältnis zu den Produktionsmitteln bei der Arbeit. W.F.H.

Arbeitsorganisation, industrielle, umfassende Bezeichnung für die Struktur der Arbeitsbedingungen im Industriebetrieb (Arbeitsteilung, Kooperation, Arbeitsplatzanforderungen, betriebliche Hierarchie usw.). Sie wird als durch die fundamentalen gesellschaftlichen Strukturprinzipien (z.B. das Verhältnis von Lohnarbeit und Kapital) bestimmt angesehen. W.F.H.

Arbeitsorientierung, instrumentelle, in Industrie- und Arbeitssoziologie Bezeichnung für ein geringes Interesse der Arbeiter an ihrer konkreten Arbeitstätigkeit bei gleichzeitigem Nachdruck auf die Funktion der Arbeitstätigkeit als Gelderwerb. →Instrumentalismus [2] W.F.H.

Arbeitsphysiologie, auch: Leistungsphysiologie, Zweig der Arbeitsmedizin mit dem Verhältnis von Körperfunktionen bei der Arbeit zu Gestaltung des Arbeitsplatzes als Gegenstand. W.F.H.

Arbeitsplatzanalyse, arbeitswissenschaftliche Methode zur Erhebung von Informationen über die konkreten Bedingungen am Arbeitsplatz. W.F.H.

Arbeitsplatzausweitung, *job enlargement,* Bezeichnung für Veränderungen der betrieblichen Arbeitsorganisation, die den Aufgabenbereich einzelner Arbeitsplätze und die in ihnen gegebenen Handlungsmöglichkeiten und Entscheidungsbereiche erweitern, um so Entfremdungs- und Monotonieerscheinungen zu vermindern. W.F.H.

Arbeitsplatzbereicherung → Arbeitsanreicherung

Arbeitsplatzbewertung, analytische, auch: analytische Arbeitsbewertung, Methoden der Arbeitswissenschaften zur Messung der Schwierigkeit und Kompliziertheit von Arbeitstätigkeiten, meist für die Bestimmung der Lohnhöhe, des „gerechten Leistungslohns". Kritisiert wird die oft willkürliche Gewichtung der Anforderungselemente und damit auch die oft willkürliche Herstellung von Anforderungs- und Lohnhierarchien. R.Ka./D.K.

Arbeitsplatzmobilität, [1] Bezeichnung für den Wechsel von Personen oder Personengruppen von einem Arbeitsplatz zu einem anderen (im Unterschied zur regionalen Mobilität).
[2] Bezeichnung für die Fähigkeit von Personen oder Personengruppen zum Wechsel des Arbeitsplatzes aufgrund von entsprechenden Qualifikationen oder von Offenheit gegenüber Veränderungen der Arbeitssituation. W.F.H.

Arbeitspolitik, Prozess der Regulation betrieblicher Arbeits- und Produktionsprozesse hinsichtlich technischer, ökonomischer, sozialer und politischer Strukturen. Zentral für das Konzept A. ist die Annahme der Kontingenz dieser Strukturen. Zu unterscheiden ist zwischen indirekter, auf individuelle und monetäre Kompensation der Folgen des Arbeitsprozesses bezogener, und direkter, in Formen und Inhalte des Arbeitsprozesses eingreifender, auf kollektive Mobilisierung und Verhandlungen beruhender A. Handlungsebenen von A. sind der Betrieb (*politics in production*), der Staat (*politics of production*) und das System der industriellen Beziehungen. Dominanter Träger von A. ist das Unternehmen, das hierbei auf ökonomische und technische Sachzwänge verweisen kann, während Gewerkschaften ihre A. über Forderungen und Politisierung vermitteln müssen. Das Terrain von A. ist so ein mögliches Feld von politischen Auseinandersetzungen (*„terrain of contest"*, M. Burawoy), nicht ein ständig umkämpftes Feld (*„contested terrain"*, R. Edwards), Handlungsformen sind charakterisiert durch eine Verknüpfung von Konflikt- und Konsensprozessen. In der Forschungsperspektive geht es v.a. um die Untersuchung der Politikhaltigkeit (→ Mikropolitik) arbeitsprozessbezogener Praktiken, Maßnahmen und Entscheidungen und auf Arbeitsprozesse bezogener Strategien im Zusammenhang von Rationalisierungsprozessen.

M.Sch.

Arbeitsproduktivität, [1] Nach der Volkswirtschaftslehre wird das eingesetzte Kapital nicht nur durch Arbeit vermehrt, sondern durch alle am Produktionsprozess beteiligten Faktoren. Die A. drückt nur das Verhältnis von (Wert-) Produktmenge zu aufgewandter Arbeit aus, ist also kein Maß für den produktiven Beitrag des Faktors Arbeit.
[2] In der Marx'schen Theorie bemisst sich die A. am Grad der Nützlichkeit der → konkreten Arbeit (Gebrauchswertquantum pro Zeiteinheit). Sie ist ein Maß für die gebrauchswertschaffende Arbeit im Verhältnis zur aufgewendeten Arbeitszeit. A. beruht auf materiell-technischen und gesellschaftlichen Faktoren. → Arbeitsintensität [3] W.F.H./D.K.

Arbeitsprozess – Verwertungsprozess, in der Marx'schen Theorie [1] allgemeine Bezeichnung dafür, dass die Menschen zur Lebenserhaltung durch Arbeit bestimmte Produktionsverhältnisse eingehen, die zugleich ihre Naturverhältnisse bestimmen.
[2] Bezeichnung der Tatsache, dass unter den Bedingungen entwickelter Arbeitsteilung das Endprodukt eines Produktionsprozesses nicht mehr Leistung eines einzelnen Arbeiters, sondern Leistung aller am Produktionsprozess Beteiligten ist. R.Ka.

Arbeitsprozess, gesellschaftlicher, in der Marx'-schen Theorie [1] allgemeine Bezeichnung dafür, dass die Menschen zum Zwecke ihrer Lebenserhaltung durch Arbeit bestimmte Produktionsverhältnisse eingehen;
[2] Bezeichnung der Tatsache, dass unter den Bedingungen entwickelter Arbeitsteilung das Endprodukt eines Produktionsprozesses nicht mehr Leistung eines einzelnen Arbeiters, sondern Leistung aller am Produktionsprozess Beteiligten ist. R.Ka.

Arbeitspsychologie, angewandte Disziplin, die sich zusammen mit anderen Arbeitswissenschaften um die optimale Gestaltung von Arbeitsablauf und Arbeitsplatz bemüht sowie die Einstel-

lungen zur Arbeit und das Erleben von Arbeit untersucht. W.F.H.

Arbeitsqualifikation → Qualifikation

Arbeitsrente, Form der Grundrente, die durch Arbeit des Pächters in der Wirtschaft des Grundherren (z.B. Fronhof) entrichtet wird. Die Arbeitszeit des Pächters oder Fröners ist geteilt in die Arbeit für den Herrn und die Arbeit für den eigenen Haushalt. In der A. stellt sich die Aneignung des Mehrprodukts durch den Grundherrn als unmittelbares Herrschafts- und Knechtschaftsverhältnis dar. H.W.

Arbeitsrhythmus, die Ablaufschemata und Takte der Arbeitstätigkeit. W.F.H.

Arbeitssituation, restriktive, in Industrie-, Betriebs- und Arbeitssoziologie Bezeichnung für einen Arbeitsplatz mit niedrigen Qualifikationsanforderungen, niedrigen Entscheidungschancen und hoher Belastung durch manuelle bzw. repetitive Tätigkeit. W.F.H.

Arbeitssoziologie, *sociology of work,* soziologische Teildisziplin, die sich ohne klare Abgrenzung zu Berufs-, Betriebs- und Industriesoziologie und in Nachbarschaft zu anderen Arbeitswissenschaften mit der Arbeit vor allem in der industriellen Produktion befasst. Probleme der Kooperation, des Kontakts und der Arbeitsteilung in der industriellen Arbeitsorganisation, Fragen der Arbeitszufriedenheit und der Arbeitsmotivation, die Möglichkeiten zu Mitbestimmung und Selbstverwirklichung im Arbeitsprozess, das Verhältnis von Arbeitenden und Maschinerie (Automation), die Entwicklung der betrieblichen Statushierarchie und der Qualifikationsstruktur im Zusammenhang mit dem technischen Fortschritt, neuerdings verstärkt die Zusammenhänge von Arbeit und Lebenszusammenhang insgesamt (Lebensstil, Hausarbeit, Familie usw.) sind ihre wichtigsten Gegenstände. Wegen der herausragenden Bedeutung der Arbeit für die Gesamtgestalt industrieller Gesellschaften haben arbeitssoziologische Studien oft einen gesellschaftsanalytischen Horizont.

W.F.H.

Arbeitsteilung, *division of labor,* frz.: *division du travail,* [1] bezeichnet bei E. Durkheim sowohl die historisch-gesellschaftliche Tendenz zur relativen Trennung und Verselbstständigung von politischen, administrativen, wirtschaftlichen usw. Funktionen und Institutionen (frz.: *division du travail social*) als auch die historisch-sozioökonomische Tendenz zur relativen Trennung und Verselbstständigung von Berufstätigkeiten, Arbeitsgängen, Fähigkeiten und Fertigkeiten. F.H.
[2] In der älteren Sozialwissenschaft ist A. Bezeichnung für die Aufsplitterung von größeren Produktionsgängen auf eine Vielzahl von Produzenten bei gleichzeitiger Koordination (in der

Einheit Betrieb) im Interesse größerer Produktivität (A. Smith).

[3] Die marxistische Theorie unterscheidet zwischen der A. im Allgemeinen, im Besonderen und im Einzelnen. Unter der A. im Allgemeinen versteht K. Marx die gesellschaftliche A., die „Trennung der gesellschaftlichen Produktion in ihre großen Gattungen, wie Agrikultur, Industrie usw." R.Ka.

[4] Bedeutungsgleich mit → Berufsdifferenzierung.

Arbeitsteilung, anomische, Bezeichnung von E. Durkheim für eine pathologische Form der A., bei der – wie beispielsweise in Phasen rascher technischer und ökonomischer Entwicklung – eine rechtlich und moralisch begründete Definition und Zuordnung der Berufsfelder und -positionen in der Gesellschaft fehlt. F.H.

Arbeitsteilung, aufgezwungene, Bezeichnung von E. Durkheim für eine pathologische Form der A., bei der die Regelungen betreffend die Zuteilung der Erwerbstätigkeiten nicht auf der Chancengleichheit und Wahlfreiheit der Arbeitenden, sondern auf Klassen- und Machtunterschieden beruhen, deren juristische und moralische Rechtfertigung von der Mehrheit der Arbeitenden nicht akzeptiert wird. F.H.

Arbeitsteilung, berufliche → Berufsdifferenzierung

Arbeitsteilung, disfunktionelle, nennt E. Durkheim eine pathologische Form der A. innerhalb eines Industrie- oder Verwaltungsbetriebes, die gekennzeichnet ist durch unklare Aufgabenumschreibung, planlosen Personaleinsatz u.ä. F.H.

Arbeitsteilung, gebietliche → Arbeitsteilung, territoriale

Arbeitsteilung, geschlechtliche, die Aufteilung gesellschaftlicher Aufgaben an Männer und Frauen aufgrundlage der verschiedenen biologischen Leistungen der Geschlechter. Wie weitreichend die biologische Determinierung der g.n A. insb. bei der Zeugung und Aufzucht des Nachwuchses ist, wieweit auch diese Arbeiten der sozialen Regulation unterliegen und angesichts von Bio- und Gentechnologien sozial neu definiert werden müssen, ist umstritten. J.Mo./H.W.

Arbeitsteilung, geschlechtsspezifische, Verteilung gesellschaftlicher Aufgaben in der Produktion, im Haushalt und in der Familie, in politischen, kultischen und kulturellen Institutionen auf Männer und Frauen nach Geschlechtszugehörigkeit. In vielen Gesellschaften ist die g. A. institutionalisiert durch Einschließung der Frau ins „Haus", durch Ausschluss der Frauen von der öffentlichen, politischen Sphäre, von Bildungsgängen und formalisierten Aufstiegskanälen. Umstritten ist, wieweit die g. A. durch unterschiedliche natürliche Befähigungen der Geschlechter, ihre biologischen Anlagen (→ geschlechtliche Arbeitsteilung) bedingt ist, wieweit sie auf Erziehung beruht (→ geschlechtsspezifisches Arbeitsvermögen) und Bestandteil einer allgemeinen, durchgängigen Diskriminierung und Unterdrückung von Frauen in patriarchalischen Gesellschaften ist. H.W.

Arbeitsteilung, gesellschaftliche → Arbeitsteilung [3]

Arbeitsteilung, horizontale – vertikale. Die Organisationssoziologie bezeichnet mit h.r A. die Spezialisierung nach besonderen Aufgabenbereichen, mit v.r A. die Spezialisierung nach dem Grad der Entscheidungsbefugnis. W.F.H.

Arbeitsteilung, internationale, die Verteilung der Leistungen für gemeinsame wirtschaftliche Ziele auf verschiedene Staaten, die bewusst geplant wird oder sich über Marktmechanismen durchsetzt. W.F.H.

Arbeitsteilung, manufakturmäßige, bei K. Marx die organisierte „betriebliche" Zusammenfassung und Spezialisierung von Handwerken und handwerklichen Tätigkeiten. → Manufaktur D.K./W.F.H.

Arbeitsteilung, natürliche → Arbeitsteilung, ursprüngliche

Arbeitsteilung, naturwüchsige → Arbeitsteilung, ursprüngliche

Arbeitsteilung, neue internationale, Verlagerung von Industrien oder Produktionsbereichen aus den industrialisierten Zentren in die Länder der kapitalistischen Peripherie (z.B. Hüttenindustrie, Automobilproduktion, Textilien, Bereiche der Elektronikindustrie u.a. in Form von → Weltmarktfabriken und → freien Produktionszonen). Diese neuen Industrien, die Lohndifferenzen, geringe Umweltauflagen, Steuervorteile etc. ausnutzen, sind weitgehend auf den Export der Produkte in die Zentren ausgerichtet. Sie konzentrieren sich innerhalb der n.i.A. auf die Entwicklung fortgeschrittener Technologien (z.B. Elektronik, Gen- und Biotechnologien) und neuer Energiequellen. Neben die Abhängigkeitsformen der alten i.A. (zwischen industriellen Produzenten und Rohstofflieferanten) treten mit der n.i.A. neue Abhängigkeiten der peripheren Länder (Technologietransfer, Verschuldung, transnationale Konzerne). H.W.

Arbeitsteilung, ökologische → Arbeitsteilung, territoriale

Arbeitsteilung, soziale – technische, [1] Unterscheidung der Arbeits- und Berufssoziologie: S.A. meint die Teilung der Arbeit nach Berufen, Berufspositionen und Arbeitsplätzen, t.A. die Zerlegung von Arbeitstätigkeiten.

[2] In der Marx'schen Theorie wird die → manufakturmäßige Arbeitsteilung als historisch

letzte Form bestimmt, allein durch Teilung der Arbeitstätigkeiten die Produktivität zu steigern. Im → Fabriksystem greift die Arbeitsteilung auf die Arbeitsmittel, die Werkzeuge, über und lässt die durch Maschinen und Maschinensysteme bestimmte t.A. entstehen, in der die menschliche Arbeitskraft nur noch als Anhängsel der Maschinen erscheint.   **W.F.H.**

Arbeitsteilung, technische → Arbeitsteilung, soziale – technische

Arbeitsteilung, territoriale, auch: gebietliche Arbeitsteilung, ökologische Arbeitsteilung, räumliche Gliederung der gesamtgesellschaftlichen Produktion. Spezifische verselbstständigte Produktionsprozesse werden aufgrund natürlicher, historischer und ökonomischer Bedingungen an bestimmten Standorten lokalisiert. Die t. A. führt zur Entwicklung von spezialisierten Wirtschaftsgebieten.   **J.Mo.**

Arbeitsteilung, ursprüngliche, natürliche bzw. naturwüchsige Arbeitsteilung, in den geschichtlich frühesten Stadien die A. entsprechend den von Geschlecht, Alter und anderen natürlichen Eigenschaften bedingten Leistungen.   **J.Mo.**

Arbeitsteilung, vertikale → Arbeitsteilung, horizontale – vertikale

Arbeitsteilung, vertragliche, nennt E. Durkheim eine pathologische Form der A., die zwar auf gesamtgesellschaftlich anerkannten Prinzipien des Rechts und der ökonomischen Effizienz, nicht jedoch auf spontane innerer Zustimmung des einzelnen Arbeitenden basiert.   **F.H.**

Arbeitsverdichtung, Zunahme der pro Zeiteinheit geleisteten Arbeit, z.B. infolge von Arbeitszeitverkürzung, veränderten Tätigkeitsmerkmalen, Rationalisierung. Damit geht jedoch nicht zwangsläufig eine Steigerung der → Arbeitsproduktivität einher. A. bewirkt eine Steigerung der Arbeitsintensität.   **M.Sch.**

Arbeitsvereinigung, [1] bei K. Bücher bedeutet A. die Vereinigung von Arbeiten in einer Hand und Arbeitsgemeinschaft die Ausführung einer Arbeit durch mehrere Arbeiter.
[2] Heute ist A. eine allgemeine Bezeichnung für Zusammenarbeit im Gegensatz zu Arbeitszerlegung oder Arbeitsscheidung, meist bedeutungsgleich mit → Kooperation.   **D.K./W.F.H.**

Arbeitsvermögen → Arbeitskraft

Arbeitsvermögen, geschlechtsspezifisches, im familialen Sozialisationsprozess erworbene grundlegende, differente Fähigkeiten der Geschlechter für Arbeitsprozesse in Fabrik und Büro. Das g.e A. ist insb. für Frauen beschrieben worden: Geduld, Einfühlung, Fingerfertigkeit u.a. Der Begriff dient der Erklärung der Diskriminierung von Frauen in der Erwerbsarbeit.   **H.W.**

Arbeitsverschiebung, bei K. Bücher örtlich die Verlagerung einer Arbeitsleistung aus einer Produktionsstätte in eine andere und zeitlich die Ersetzung unmittelbarer durch vorgetane Arbeit.   **D.K.**

Arbeitswertlehre → Arbeitswerttheorie

Arbeitswerttheorie, auch Arbeitswertlehre, [1] Theorie der klassischen Ökonomie (A. Smith, D. Ricardo u.a.), nach der der relative Wert von Waren, ihr Tauschverhältnis, sich nach dem Verhältnis der für ihre Herstellung aufgewendeten Mengen menschlicher Arbeit, gemessen in der Zeit, bestimmt.

[2] In Fortführung und Kritik der Klassiker zeigt K. Marx, dass, bei strikter Gegenüberstellung von menschlicher Arbeit und ihren materiellen (stofflichen, energetischen) Voraussetzungen, das Arbeitsprodukt nichts anderes ist als eine Transformation der stofflichen Voraussetzungen durch zweckmäßig angewandte Arbeit. Arbeit und (vorgefundene) Natur sind die alleinigen Quellen des produzierten gesellschaftlichen Reichtums. Das Arbeitsergebnis einer bestimmten Arbeitsperiode kann so als in einer Sache vergegenständlichte Arbeit aufgefasst werden. Ein Mehrprodukt ergibt sich hiernach dadurch, dass mehr Arbeit verausgabt wird, als zur Reproduktion der sachlichen und lebendigen Voraussetzungen (Arbeitskraft) der Arbeit in der gleichen Arbeitsperiode erforderlich ist. Diese Struktur gilt unabhängig von gesellschaftlichen Formbestimmungen und ist als solche nicht quantitativ fassbar. Erst in der kapitalistischen Produktionsweise nehmen die Arbeitsprodukte allgemein die Form von Waren an, die als Werte gegen Geld getauscht werden. Die Arbeit bildet zugleich den Gebrauchswert wie den Wert der Waren, ist daher „Substanz" der Werte. Die Produktionsvoraussetzungen (Arbeitsgegenstände, Arbeitsmittel, Arbeitskräfte) erhalten eine quantitative Bestimmung als Kapital, das Mehrprodukt die Form des von den kapitalistischen Produzenten angeeigneten Mehrwerts. Als konkrete Produkte wie zugleich (abstrakten, rein quantitativ bestimmten) Wert und Mehrwert produzierend besitzt Arbeit nun den Doppelcharakter von konkreter und abstrakter Arbeit.

[3] Neben den Formbestimmungen versucht K. Marx auch, die relativen Wertverhältnisse (ausgedrückt in Preisen) aus einer quantitativen Bestimmtheit der aufgewendeten Arbeit (in Form der → Arbeitszeit [2]) abzuleiten. Die A. als Arbeitsmengentheorie scheitert jedoch letztlich daran, dass unter der Voraussetzung von Geld und Kapital die Arbeitsvoraussetzungen immer schon die Gestalt eines in Geldgrößen ausgedrückten Werts besitzen (sog. Transformations-

problem). Als prämonetäre A. ist, wie die Neo-Ricardianer (P. Sraffa 1976) zeigen können, eine Arbeitsmengentheorie zur Erklärung der relativen Preise entbehrlich. Die Schwierigkeiten des Verständnisses der Marxschen Werttheorie, die zu bis in die Gegenwart führenden Kontroversen Anlass gegeben haben, liegen darin, dass in den drei Bänden von „Das Kapital", die z.T. von F. Engels redigiert wurden, prämonetäre A. und monetäre Wert- und Kapitaltheorie nebeneinander vorkommen (M. Heinrich 2003).   H.W.

Arbeitswissenschaften, [1] allgemeine Bezeichnung für eine Anzahl von Teil- und Spezialdisziplinen, die sich mit dem Zusammenhang von organisatorischen, sozialen und technischen Aspekten der (betrieblichen) Arbeit und den entsprechenden Gestaltungsaufgaben befassen: Arbeitsmedizin, Arbeitsphysiologie, Arbeitssoziologie, Arbeitspsychologie, betriebswirtschaftliche, volkswirtschaftliche und ingenieurwissenschaftliche Problemansätze.
[2] Auch angewandte A., Bezeichnung für eine Reihe von Methoden der Arbeitsplatzanalyse, der Arbeitsbewertung, der Einschätzung der Arbeitskräfte auf Eignung und Motivation, der zweckmäßigen Gestaltung der Arbeitsgänge, der Sicherung ihrer sozialen Angemessenheit.
[3] Ergonomie, oft bedeutungsgleich mit A., manchmal als Teilgebiet von A. aufgefasst, das sich unter vor allem technischen und physiologischen Aspekten mit dem Verhältnis von Mensch und Arbeit befasst.   W.F.H.

Arbeitszeit, [1] in Lohnarbeitsverhältnissen die zeitliche Dauer, für die die Arbeitskraft einem Betrieb zur Nutzung überlassen wird, i.d.R. eine bestimmte Anzahl von Stunden pro Tag oder pro Woche. Die A. unterliegt betrieblichen Bedingungen und Regelungen, die die Arbeit z.B. durch Pausenregelung und Maschinentakt intensivieren und verdichten (→ Arbeitsintensität, → Arbeitsverdichtung).
[2] Bei K. Marx zusammenfassender Ausdruck für den quantitativen Charakter, den die Wert bildende Arbeit im → Arbeits- und Verwertungsprozess des Kapitals annimmt.   H.W.

Arbeitszeitflexibilisierung, eine nicht starre Organisation der Dauer, Lage und Verteilung der Arbeitszeit. Ausgangspunkt hierbei ist die so genannte Normalarbeitszeit. Um die Rentabilität zu erhöhen, soll die A. der a) Anpassung der Arbeits- und Betriebszeiten an Produktions- und Auftragsrhythmen, b) Ausweitung der Betriebsnutzungszeiten und c) Differenzierung der individuellen Arbeitszeiten dienen. Es existieren verschiedene Formen der A. von Gleitzeitmo-

dellen über variable Teilzeitarbeits- bis hin zu Jahresarbeitszeitsystemen.   M.Sch.

Arbeitszeitformen, die konkrete Ausgestaltung der Lage und Dauer der Arbeitszeit. Grundsätzlich lassen sich starre und variable A. unterscheiden. Die starre Arbeitszeitform ist gekennzeichnet durch eine nicht bewegliche Normalarbeitszeit, die variable Arbeitszeitform durch eine innerhalb bestimmter Grenzen verschiebbare Normalarbeitszeit. Variable A. dienen in erster Linie der Anpassung der Arbeitszeit an betriebliche Erfordernisse.   M.Sch.

Arbeitszeitsystem, bezeichnet die je unterschiedliche Gestaltung des zeitlichen Ablaufs der Tätigkeiten (nach Dauer, Tempo, Intensität, Lage in der Tages- bzw. Wochenzeit usw.) für unterschiedliche Berufsgruppen.   W.F.H.

Arbeitszerlegung → Produktionsteilung

Arbeitszufriedenheit, *job satisfaction,* in Industrie- und Arbeitssoziologie der Grad der Zufriedenheit der Arbeiter mit ihren Arbeitsbedingungen und ihrer Arbeitstätigkeit.   W.F.H.

Archäologie des Wissens, Bezeichnung des französischen Strukturalisten M. Foucault für die von ihm vorgelegten kultur- und wissenschaftshistorischen Untersuchungen, in denen es um die Aufdeckung der fundamentalen Denkstrukturen („historischen Aprioris", „epistemologischen Felder" oder „Systemen der Gleichzeitigkeit") geht, die die Entwicklung des Denkens, insbesondere die Entfaltung des wissenschaftlichen Denkens des Menschen einer bestimmten historischen Epoche in jeweils spezifischer Weise prägen und bestimmen. Damit sollen zugleich bestimmte epochale „Brüche" und „Diskontinuitäten" in der Ideen- und Wissenschaftsgeschichte aufgedeckt werden. Mit dem Begriff der A. d. W. sucht sich Foucault von der herkömmlichen, unter den Gesichtspunkten der „Kontinuität" und des „Fortschritts" betriebenen Ideen- und Wissenschaftsgeschichte abzugrenzen.   R.Kl.

Archetypus, nach C.G. Jung noch jenseits des persönlichen Unbewussten liegende, stammesgeschichtlich vorgegebene Inhalte des → kollektiven Unbewussten, die eine allgemeine seelische Grundlage überpersönlicher Art bilden. Es soll zahlreiche solcher Bilder, die in der Mythologie und den Religionen repräsentiert sind, geben: der alte Weise, die Hexe usf.   K.H.

Architektursoziologie, spezielle Soziologie, die sich mit den sozialen Dimensionen materialisierter Architektur beschäftigt. Architektur wird verstanden als Artefakt, das unter konkreten historischen, technischen und ökonomischen Bedingungen auf eine Funktion und Form hin entsteht und damit Ausdruck allgemeiner kultureller Dispositionen und Ideen ist. Gleichzeitig entfalten Bauten in ihrer relativen Dauerhaftigkeit und Festigkeit stabilisierende Effekte für das Soziale, indem sie Orientierung und Ordnung im Raum vorstrukturieren. Die Spannweite der A. reicht von baupolitischen Fragen über die Analyse von Gebäuden als Manifestationen von Architekturdiskursen und die Auswirkungen der gebauten Umwelt bis hin zur Berufssoziologie von Architekten.   S.H.

area approach (engl.), in speziellen Soziologien die Sichtweise, erklärungsbedürftige Phänomene mit dem Ort oder Gebiet des Geschehens in Beziehung zu setzen. So wird in der Kriminalsoziologie der Zusammenhang zwischen Stadtteilen (ihren Merkmalen, ihrer Entfernung zum Stadtzentrum usw.) und abweichendem Verhalten untersucht.   R.L.

area sample (engl.) → Flächen-Stichprobe

areas, natural (engl.), gewachsene Gebiete. Der Begriff stammt aus der ökologischen Schule der Stadtsoziologie und bezeichnet Stadtteile, die in Bezug auf ein oder mehrere soziologisch bedeutsame(s) Merkmal(e) eine Einheit bilden: in der Zusammensetzung der Bevölkerung (z.B. gleiche Schicht, gleiche Rasse) oder der Bodennutzung (z.B. Industriegebiet). Die Merkmalsgleichheit entsteht dabei nicht aufgrund einer administrativen Maßnahme, sondern aufgrund ungeplanter sozialer Prozesse innerhalb der Stadt.   J.F.

Arena, [1] politikwissenschaftliche Bezeichnung für die je spezifische Konstellation von Parteien, Interessenverbänden und staatlicher Verwaltung, aus der heraus eine Politik formuliert bzw. entwickelt wird. Annahme ist, dass je nach (thematischem) Politikfeld, je nach Konfliktniveau und in Abhängigkeit von politischen Traditionen unterschiedliche A.en für die Befassung mit einem politischen Problem und der Formulierung einer ihm angemessenen Politik zuständig sind.
[2] Im symbolischen Interaktionismus Bezeichnung von leicht wechselnder Bedeutung für die durch die Orientierung an einer Bezugsgruppe entstehende „soziale Welt" (T. Shibutani 1955) oder für Diskussions-, Wettstreit- und Kampf-„plätze" in und zwischen solchen „sozialen Welten", auf denen Individuen, Gruppen und große Kollektive um Aufgabenverteilung, Macht und Ansehen, Ziele und Weltanschauungen usw. miteinander streiten (A. Strauss). Dabei gelten je nach A. andere Regeln, sind andere Mittel des Streits erlaubt oder möglich, sind andere Wege der Darstellung und Durchsetzung geboten.   W.F.H.

Aristokratie, [1] Herrschaftsform innerhalb der klassischen Polis-Theorie (Plato, Aristoteles), keine Staatsform. Die Kriterien zur Auswahl der „Besten", die herrschen sollten, ergaben sich aus den Erwartungen, wer als „Beste" die der Polis immanenten Zwecke verwirklichen können.
[2] Herrschaftsform, in der ein erbadeliger Stand verfassungsmäßig die Herrschaft ausübt und demgemäß sich die Institutionen und Verfahren der politischen Entscheidungen ausprägen.
[3] Bezeichnung für den erbadeligen Stand; fälschlicherweise wird diese Bedeutung für den Adel noch verwandt, nachdem dieser seine verfassungsmäßige Herrschaftsposition aufgeben musste.   O.R.

Arithmetik, politische, die ersten Ansätze zu einer Wissenschaft der Bevölkerungsstruktur und Bevölkerungsbewegung im 17. und 18. Jahrhundert.   W.F.H.

Arkanpolitik, Geheimpolitik.   O.R.

Armut, in den Sozialwissenschaften vieldeutig gebrauchter Begriff zur Beschreibung ökonomischer und/oder sozialer Randlagen. Es muss dabei unterschieden werden zwischen freiwilliger A. – etwa des Franziskaner-Ordens – sowie absoluter A. (auch Urarmut), die das physische Überlebensproblem kennzeichnet, und relativer A., die die wirtschaftliche Lage einer Person oder Gruppe, in der diese Person oder Gruppe den Lebensunterhalt, gemessen an einem gesellschaftlichen Mindestbedarf oder am Existenzminimum, nicht aus eigenen Kräften bestreiten kann, bezeichnet. A. ist somit relativ zu dem, was in einer bestimmten Gesellschaft oder Gesellschaftsschicht als Mindestbedarf oder Existenzminimum bezeichnet wird. Der Begriff der relativen A. setzt dabei die – historisch erst durch die Industrialisierung möglich gewordene – ausreichende Produktion von Gütern voraus und verweist so auf den verteilungspolitischen Zusammenhang von A. und Reichtum. Die Mittel zur Bekämpfung von A. werden entsprechend unterschiedlich entwickelt (→ Klassenkampf, → Sozialpolitik). In der A.sforschung ist ein zentrales Problem die Bestimmung des Existenzminimums als objektivem A.skriterium. In der BRD wird dies z.B. am Einkommen durch das Bundessozialhilfegesetz festgelegt. Neben dem eigenen, direkten Einkommen tragen aber auch andere Faktoren, wie etwa Wohnumfeld, Familienzusammenhang oder Gesundheitsversorgung zum subjektiven A.sempfinden bei; dieser Faktor wird im sog. Lebenslagenansatz seit den 1980er Jahren berücksichtigt.   E.L./G.F.

Armut, neue, bezeichnet die Rückkehr der Armut in den westlichen Gesellschaften ab den 1980er Jahren infolge anhaltend hoher Arbeitslosigkeit. Die n.A. markiert das Ende der Nachkriegsjahrzehnte, in denen annähernd Vollbeschäftigung und wachsender Wohlstand Armut weitgehend verdrängt hatte. Die n.A. wurde zunächst auf Kinder, Alte und Frauen bezogen (H. Geißler). Heute betrifft sie v.a. an- und ungelernte Industriearbeiter, deren Arbeitsplätze durch die internationale Konkurrenz der industriellen Massenproduktion, durch Rationalisierung und Verschlankung der Unternehmen, Verlagerung der Produktionsstätten ins Ausland sowie mit steigendem Angebot an qualifizierten Arbeitskräften gefährdet sind.   D.Kl.

Armut, primäre – sekundäre – tertiäre, zur Differenzierung von A.sphänomen werden verschiedene Konzepte verwandt. In der einen Variante wird p.A. als Ressourcenarmut begriffen, während s.A. A.sphänomene bezeichnen soll, die auf eine ineffiziente Nutzung von vorhandenen Ressourcen zurückgehen. In einer anderen Variante steht p.A. für eine unzureichende Ausstattung mit lebensnotwendigen Gütern (Nahrung, Kleidung, Wohnen), s.A. bezeichnet subjektiv empfundene A.s- und Mangelsituationen, t.A. umfasst die psychosozialen Folgeeffekte von A.   C.W.

Armutsintensität, Armutsmaß nach J. Foster, J. Greer und E. Thorbecke, das den durchschnittlichen quadrierten Einkommensanteil, der zum Erreichen der Armutsgrenze fehlt, wiedergibt → FGT-Armutsmaße.   C.W.

Armutslücke, mit unterschiedlich definierten Maßen wird in relativen oder absoluten Größen beschrieben, wie groß der Abstand des armen Bevölkerungsteils zur jeweiligen Armutsgrenze ist, → FGT-Armutsmaße.   C.W.

Armutskultur → Kultur der Armut

Arrows Paradox → Entscheidungen, kollektive

Art → Gattung

art social (frz.), wörtlich: soziale Kunst, Bezeichnung der französischen Aufklärung für die besondere Fähigkeit der Menschheit, wenn sie sich vervollkommnet habe, das Zusammenleben in Gesellschaft nach mathematischen Gesetzmäßigkeiten zu regeln und damit von äußerem Zwang und Zufall zu befreien. Die *a. s.* beeinflusste über den Frühsozialismus die soziologischen und sozialistischen Theorien.   O.R.

Artefakt, [1] ein von Menschen hergestelltes Objekt.
[2] Ein von vorgeschichtlichen Menschen bearbeitetes Werkzeug.   E.L.

Artefaktforschung → Forschungsartefakt

artificial codes (engl.) → Zeichen, künstliche

artificial intelligence (AI) (amerik.) → Intelligenz, künstliche

artificiality in politics (engl.), svw. Künstlichkeit in der Politik, bezeichnet bei E. Voegelin (1975) die Annahme, die Seelen der Menschen könnten und müssten durch politische Propaganda, Mei-

nungspolitik, politische Bildung o.ä. geordnet und geformt werden, weil sie von sich aus ungeordnet seien, sowie die entsprechenden Handlungen selbst. Voegelin erachtet die *a.i.p.* als neuzeitliches („dämonisches") Phänomen, weil sie vom Wachsen der Seele in Kommunikation mit der Transzendenz prinzipiell absieht.   W.F.H.

Artikulation von Produktionsweisen, Analysemodell auf der Grundlage einer strukturalistischen Marx-Lektüre (L. Althusser u. E. Balibar; B. Hindess u. P.Q. Hirst), insb. für Gesellschaftsformationen der Dritten Welt, die als Verknüpfungen oder Penetrationen von „Strukturen" oder „Logiken" von Produktionsweisen (Produktionsverhältnisse/Produktivkräfte) aufgefasst werden, in denen auch bei Vorherrschaft der kapitalistischen Produktionsweise die unterlegene, vorkapitalistische, z.B. kleinbäuerliche oder gentile, Produktionsweise mitreproduziert wird und eigene, nicht unbedingt funktionale, Wirkungen auf die Gesamtstruktur behält. Durch das Konzept der A. v. P. werden Momente regionaler und historisch begrenzter Strukturen und ihrer Brüche an Stelle einer allgemeinen „Entwicklungsgeschichte" betont.   H.W.

Artikulation, aus der Linguistik und der Freud'schen Traumdeutung entliehener Begriff, der in der poststrukturalistischen Diskurstheorie (E. Laclau/Ch. Mouffe 1985) die Verbindung von zwei diskursiven Elementen bezeichnet (z.B. von Nationalismus und Sozialismus, oder Besitz und Individualismus), wobei sich durch die A. die Bedeutung der beiden Elemente verändert. A. ist häufig Ort diskursiver Kämpfe, da hier eine (Neu-)Fixierung von Bedeutung angestrebt wird (Re-A.), was in der Regel mit einer Veränderung bestehender Bedeutungen einhergeht (De-A.). Der Begriff A. richtet sich gegen reduktionistische marxistische Gesellschaftsvorstellungen, die gesellschaftliche Sinnproduktion als ökonomisch determiniert verstehen. Dagegen hebt A. die Unbestimmtheit des Sozialen und die dadurch eröffneten Sinnmöglichkeiten hervor.   U.St.

Artikulierung, politische, *political articulation*, bei E. Voegelin (1956) der geschichtliche Vorgang, in dem eine Vielzahl von Menschen sich zu einer handlungsfähigen (politischen) Gesellschaft zusammenschließen, indem sie Herrscher, Fürsten, Repräsentanten usw. als Akteure bestimmen und anerkennen, dass diese für die Gesellschaft handeln, verordnen, befehlen können.   W.F.H.

ascribed status (engl.) → Status, zugeschriebener

Askese, Bezeichnung für ein in der griechischen Ethik entwickeltes, auf dem → Leib-Seele-Dualismus basierendes Ensemble von Einschränkungspraktiken, die zunächst als physisches Training der körperlichen Ertüchtigung, dann als ethische Bewährung der Erreichung der Ideale der Weisheit, Tugend und Frömmigkeit dienen und zu vorbildlicher Lebensweise sowie gesteigerter Vitalität führen.   V.Kr.

Askese, außerweltliche, Bezeichnung für diejenige Form der → Askese, die in der Spätantike unter dem Einfluss der (neu)- platonischen Vorstellung vom Leib als Gefängnis der Seele zu einem planmäßig angewandten Mittel der religiös motivierten Weltflucht wird. Praktiken der a.n A. sind die systematische Abtötung der leiblichen Bedürfnisse in Form von Verzicht- und Leidensleistungen mannigfacher Art.   V.Kr.

Askese, innerweltliche, nach M. Weber zentrales, ökonomisch und gesellschaftlich hoch wirksames Element der protestantischen Ethik: der calvinistische Gedanke, der Gnadenstand des Gläubigen lasse sich in der innerweltlichen Lebensführung methodisch kontrollieren, forderte zu rationaler Gestaltung des ganzen Daseins, insbesondere aber zur i.n A. gegenüber erzieltem Gewinn und Güterzuwachs auf. Rationales Berufshandeln, asketische Lebensführung im Alltag und Kapitalbildung durch asketischen Sparzwang sind nach M. Weber die religiös bedingten Antriebe des kapitalistischen Geistes.   J.Ma.

Askription → Zuschreibung

asozial, umgangssprachlich, abwertend für nicht-den-sozialen-Normen-und-Strukturen-sich-einfügen.   O.R.

Asozialisation, *a-socialization* → Entsozialisierung

Aspirationsniveau → Anspruchsniveau

Assimilation, [1] allgemeine Bezeichnung für ein Ähnlichwerden aufgrund eines Angleichungs- oder Anpassungsprozesses.
[2] Soziale A.: Angleichung eines Individuums oder einer Gruppe an die soziale Umgebung durch Übernahme ähnlicher Verhaltensweisen und Einstellungen. Sie kann als notwendige, aber nicht zureichende Bedingung für die Verschmelzung von Minoritäten mit ihrer Umwelt angesehen werden (vgl. die Lage der „assimilierten" Juden in Deutschland vor 1933).
[3] Auf dem Gebiet der Wahrnehmung Bezeichnung für die Tendenz, ähnliche, aber unterschiedliche Reize, Situationen usw. als gleichartige Reize, Situationen usw. wahrzunehmen, d.h. zu assimilieren, und entsprechende, gleichartige Reaktionen hervorzurufen.
[4] Bezeichnung für die Tendenz, verschiedene Erfahrungsinhalte miteinander in Verbindung

zu bringen und zu einem Ganzen zu verknüpfen.
[5] In der → genetischen Erkenntnistheorie von J. Piaget die „von außen nach innen", d.h. von der Umwelt auf den Organismus gerichtete Phase eines Erkenntnisaktes, in der bestimmte Umweltdaten in ein vorhandenes allgemeines Deutungsmuster inkorporiert werden. → Akkommodation [2]   R.Kl.

Assimilations-Kontrast-Theorie, *assimilation-contrast theory,* eine von M. Sherif u. C.I. Hovland entwickelte Theorie zur Erklärung und Vorhersage von Einstellungsänderungen. Ähnlich wie die → adaptation-level theory geht sie von einer individuellen „Bezugsskala" mit einem Bezugspunkt („Ankerreiz") aus, die beide die Einschätzung neuer Meinungen und Informationen bestimmen, gleichzeitig aber auch selbst durch deren Gewicht und Entfernung zum Ankerreiz beeinflusst werden. Die Einschätzung einer neuen Information ist abhängig von ihrem Abstand zum Bezugspunkt: bei geringem Abstand wird die Einstellung assimiliert, d.h. als eigene akzeptiert; bei größerem Abstand wird sie durch den Kontrast zum Bezugspunkt als unvereinbar mit den eigenen Einstellungen abgelehnt. Die absolute Größe des kritischen Abstands, der über Assimilation oder Kontrast entscheidet, wird als abhängig vom Grad der Ich-Beteiligung am jeweiligen Kommunikationsinhalt gesehen.   C.R.S.

Assoziation (lat.: Vergesellschaftung), [1] Bezeichnung für den Prozess und das Ergebnis des Zusammenfindens Einzelner um der gemeinsamen Verfolgung eines Zwecks oder einer Funktion willen. Unter diesem Aspekt wurde die A. im 19. Jahrhundert synonym mit Genossenschaft verwendet.   O.R.
[2] In der Psychologie im engeren Sinne Bezeichnung für die Verknüpfung von Vorstellungen (z.B. Gras – grün; Winter – Schnee), die bewirkt, dass das Bewusstwerden einer Vorstellung (z.B. Winter) andere mit ihr verknüpfte Vorstellungen (z.B. Schnee, kalt usw.) ins Gedächtnis ruft. Darüber hinaus können jedoch auch Gefühle oder Bewegungen mit Vorstellungen assoziiert werden. A.en werden gebildet, wenn die Vorstellungsinhalte im Verhältnis der Ähnlichkeit, des Gegensatzes, der räumlichen Nähe oder der zeitlichen Nähe zueinander stehen (so genannte Assoziationsgesetze).   H.S.
[3] In der Statistik Synonym für → Korrelation, insb. nominal und ordinal skalierter Variablen.   H.W.

Assoziation, differenzielle, Begriff in der Theorie von E.H. Sutherland zur Erklärung von Kriminalität. Danach ist kriminelles Verhalten erlernt (also nicht ererbt oder erfunden), und zwar in Prozessen der Kommunikation mit anderen Menschen, vor allem mit kleineren Gruppen. Gelernt werden die Techniken der Verbrechensausführung sowie die spezifische Richtung der Motivation. Jemand neigt zu kriminellem Verhalten, wenn seine Einstellungen die Gesetzesverletzung eher begünstigen als verurteilen. Die d. A. bezieht sich nicht auf den Anschluss an Kriminelle oder Nicht- Kriminelle, sondern lediglich auf die Assoziierung mit Definitionen, die das Verbrechen billigen oder missbilligen.

R.L.

Assoziationismus → Assoziationspsychologie

Assoziationsindex, *index of association,* Stabilitätsindex, gibt in der Mobilitätsforschung an, wie sich der Anteil der von Vätern in (Berufs-) Position P abstammenden Söhne, die die (Berufs-)Position P einnehmen, zur relativen Größe der Position P in der Sohngeneration verhält. Mittels des A. kann eine Verringerung der Mobilität in der Generationsfolge gemessen werden, die abhängig ist von strukturell vorgegebenen Kriterien für den sozialen Ab- und Aufstieg. Der A. lässt sich sowohl aus der Abstromquote errechnen:

$$A_A = \frac{SPV : SV}{SP : S}$$

wie auch aus der Herkunftsquote:

$$A_H = \frac{SPV : SP}{SV : S}$$

dabei bedeutet: SPV = Söhne in P von Vätern in P, SV = Söhne von Vätern in P, SP = Söhne in P, S = alle Söhne.   O.R.

Assoziationsmaße, nach verschiedenen statistischen Modellen berechnete Maßzahlen für den Zusammenhang oder die Korrelation zwischen Variablen. Als A. werden i.d.R. solche Größen bezeichnet, die zur Messung der Beziehung zwischen qualitativen, nominalskalierten Variablen oder zwischen ordinalskalierten Variablen, etwa Rangreihen, herangezogen werden. Zu den A.n zählen die → Chi-Quadrat-Kontingenzmaße, die Maße von L.A. → Goodman und W.H. Kruskal, → Rangkorrelationen und andere. Die A. werden auch insb. bei qualitativen Variablen als Kontingenzmaße bezeichnet.   H.W.

Assoziationspsychologie, Assoziationstheorie, auch: Assoziationismus, auf Hobbes, Hume und die beiden Mill zurückgehende, im 19. Jahrhundert führende psychologische Lehre, derzufolge sich mithilfe der sog. Assoziationsgesetze (→ Assoziation [2]) das gesamte Seelenleben erklären lässt. Die dieser Auffassung zugrunde liegende Annahme, man könne jeden psychischen Vorgang, vor allem jede Vorstellung, auf bestimmte isolierte, (quasi-)mechanische auslösende Anregungen (Stimuli) zurückführen, ist insbesondere von der Gestalt- und Ganzheitspsychologie in Frage gestellt worden, derzufolge Verknüpfungen oder Ganzheiten von Vorstellungskomplexen nicht durch räumliche oder zeitliche Nähe entstehen, sondern sich nach bestimmten Gestaltungsgesetzen organisieren.

H.E.M./R.Kl.

Assoziationsstrukturanalyse, im Zusammenhang der → Konfigurationsfrequenzanalyse entwickeltes Konzept zur statistischen Analyse und Darstellung der Zusammenhänge (Assoziationen) unterschiedlicher Ordnung (je zwei, je drei usw.) in einer begrenzten Menge von dichotomen Variablen.   H.W.

Assoziationstest, Wortassoziationstest, Bezeichnung für psychologische Verfahren, bei denen eine Versuchsperson aufgefordert wird, auf ein ihr genanntes Reizwort hin ein oder mehrere andere, ihr gerade einfallende Worte zu nennen (→ freies Assoziieren) oder mit einem Wort bestimmter Art – z.B. mit einem Wort von entgegengesetzter Bedeutung oder mit einem Synonym – zu antworten (→ gelenktes oder kontrolliertes Assoziieren).   R.Kl.

Assoziationstheorie → Assoziationspsychologie

Assoziieren, freies, auf C.G. Jung und M. Wertheimer zurückgehende psychologische Untersuchungstechnik zur Erschließung bestimmter kognitiver Organisationen. Einer Person wird ein Reizwort dargeboten, auf das sie mit dem ersten ihr einfallenden Wort zu reagieren hat (Beispiel: Reiz „Tisch" – Reaktion etwa „Stuhl", „Tischtuch" oder „Mahlzeit"). Psychodiagnostisch aufschlussreich sind dabei die Länge der Reaktionszeit und die Qualität des Reaktionsworts.

H.W.K.

Assoziieren, gelenktes, oder kontrolliertes Assoziieren, psychologische Untersuchungstechnik, bei der einer Versuchsperson ein bestimmtes Reizwort vorgelegt wird, auf das sie mit einem Wort reagieren soll, das zum Reizwort in einer bestimmten logisch-semantischen Beziehung – z.B. in der Beziehung des Gegensatzes – steht. Beispiel: Reizwort „Berg"; gefordertes Reaktionswort „Tal".   R.Kl.

Aston-Konzept, an der Universität Aston (Birmingham) in den 1960er Jahren entwickeltes Konzept zur Messung von Struktur und Effizienz von Organisationen (Unternehmen). Es unterscheidet hauptsächlich Kontextvariablen der Organisation (historische Entwicklung, Eigentumsform, Größe, technologischer Stand usw.) und Strukturvariablen (Formalisierung, Spezialisierung, Rollendefinitionen usw.), wobei angenommen wird, dass die Kontextvariablen die Strukturvariablen bedingen und dadurch die Effizienz der Organisation. Sowohl gegen das methodische Vorgehen wie gegen die theoretischen Annahmen liegen in der Organisationssoziologie inzwischen Einwände vor. W.F.H.

Asymmetrie, Eigenschaft einer → Relation

Atavismus, Bezeichnung in der Evolutionstheorie für das Wiederauftreten von Eigenschaften der Vorfahren in späteren Generationen, die in dazwischenliegenden Generationen nicht dominant wurden. Der A. ist eine Form der indirekten Vererbung. Umgangssprachlich hat sich hieraus in der Soziologie entwickelt: Rückfall von Einzelnen oder sozialen Einheiten in angenommene früh- oder vormenschliche Verhaltensweisen oder Vorstellungen. O.R.

Ätiologie, [1] allgemein: Lehre von den kausalen Ursachen bestimmter Erscheinungen.
[2] In der Kriminalsoziologie: der Versuch, kriminelles Verhalten vornehmlich aus den Merkmalen der Täter zu erklären. Abweichung wird als pathologisch begriffen und wie eine Krankheit zu kurieren versucht. Gegen diese individuumzentrierte Sicht tritt der → *labeling approach* an. C.Wo./R.L.
[3] In der Medizinsoziologie: der Ansatz, der Krankheitsentstehung von dem Vorhandensein spezifischer sozialer Bedingungen her zu erklären versucht. R.N.

ATLAS.ti, Programmpaket für die qualitative Datenanalyse → Programmpakete

Atom, soziales, *social atom,* in der Soziometrie (J.L. Moreno 1943) Bezeichnung für die kleinste soziale Einheit, nämlich das Individuum und die (nahen oder entfernten) Personen, mit denen es emotional verbunden ist. W.F.H.

Atomisierung der Arbeit, bei W. Hellpach die Auflösung der Arbeit in letzte Elementarverrichtungen. Die Arbeiter verrichten nur noch anforderungsärmste, monotone Arbeit, und ihre Einzelarbeitsplätze sind nur noch „maschinell" miteinander verbunden. D.K.

Atomismus, logischer, Auffassung, derzufolge auch die komplexeste Aussage in elementare (atomare) Sätze zerlegt werden kann, denen in der Realität ebenso elementare Sachverhalte entsprechen, aus denen man sich die Welt zusammengesetzt zu denken hat. Die Wahrheit jeder komplexen Aussage ist danach eine Funktion der Wahrheit der in ihr enthaltenen atomaren Sätze, und letztere ergibt sich daraus, dass der durch sie beschriebene Sachverhalt besteht (L. Wittgenstein, B. Russell). L.K.

Atomismus, soziologischer, eine vornehmlich im 19. Jahrhundert vertretene Lehrmeinung, derzufolge nur das Individuum ein konkret Wirkliches ist; jedes soziale Gebilde ist danach nur

als Zusammenballung von Individuen zu verstehen. O.R.

Atomstaat, nach R. Jungk (1977) werden Staaten zunehmend gezwungen, Freiheitsrechte der Bürger einzuschränken, um die hohen Sicherheitsrisiken großtechnischer Anlagen zu kontrollieren. Dies gilt insbesondere für die so genannte friedliche Nutzung der Atomenergie, und zwar sowohl im „Normalbetrieb" wie auch im Falle von Atomunfällen. Gesundheitsgefährdende Arbeitsplätze, Verschleierung und Verharmlosung, möglichst totale Überwachung sowie geheime Katastrophenpläne gehören nach Jungk zu den notwendigen Begleitbedingungen dieser Art des „technischen Fortschritts". R.T.

attitude change (engl.) → Einstellungsänderung
attitude cluster (engl.) → Einstellungs- Cluster
attitude constellation (engl.) → Einstellungskonstellation
attitude formation (engl.) → Einstellungsbildung
attitude scale (engl.) → Einstellungsskala
Attitüde, *attitude* → Einstellung

Attraktion, Attraktivität, soziale Anziehung, allgemeine Bezeichnung für die Intensität, mit der sich eine Person zu einem Objekt, insbesondere zu einer anderen Person oder zu einer Gruppe (→ Kohäsion) hingezogen fühlt. Die Interaktionstheorie (T.M. Newcomb, G.C. Homans) nimmt an, dass ein enger Zusammenhang zwischen Kontakthäufigkeit und A. besteht. In der Regel ist der Begriff der A. in etwa gleich bedeutend mit „Sympathie" oder „Zuneigung" (*liking*). R.Kl.

Attraktionsindex → Benini-Index
Attraktivität → Attraktion
Attribution, „Zuschreibung" → Attributionstheorie

Attributionstheorie, Zuschreibungstheorie, eine Theorierichtung innerhalb der kognitiv orientierten Sozialpsychologie. Sie geht von der naiven Verhaltenstheorie F. Heiders aus, nach der der Mensch bestrebt sei, sich in seiner Umwelt zu orientieren, adäquat auf sie zu reagieren und die Folgen seines Verhaltens zu antizipieren. Diese Ziele können dadurch erreicht werden, dass Informationen aus der Umwelt nach kausalen Prinzipien geordnet und verknüpft werden (Attribution). Daher werden aus Eigenschaften und Verhalten von Personen Schlussfolgerungen auf Absichten, Ursachen und Zusammenhänge gezogen, die das eigene zukünftige Verhalten bestimmen. Attributionen können durch „kausale Schemata" (H. Kelley), d.h. ein festes Repertoire kulturell oder individuell geformter Erfahrungen, schneller und ökonomischer vorgenommen werden. Die A. spielt eine grundlegende Rolle im Gebiet der sozialen Wahrnehmung (hier besonders Personwahrnehmung, Selbstwahrnehmung); sie findet auch bei der Erforschung der Leistungsmotivation (Attribuierung von Erfolg und Misserfolg) Beachtung. C.R.S.

audience cult (engl.), bezeichnet in Untersuchungen von neuen religiösen Bewegungen bzw. Sekten (R. Stark/W.S. Bainbridge 1985) eine Organisationsform, in der sich eine nur lose verbundene anonyme Leser- und Zuhörerschaft eine neue Lehre über Broschüren, Vorträge o.ä. aneignet. → *client cult*, → *cult movement*
W.F.H.

Aufbau- und Ablauforganisation, aus der betriebswirtschaftlichen Organisationslehre (E. Kosiol) stammendes Begriffspaar, bei dem von der Vorstellung ausgegangen wird, Unternehmungen als Organisationen seien derart strukturiert, dass sie ihre Zielsetzung optimal erfüllen. Unter strukturellem Aspekt (Au.) werden aus dem Unternehmenszweck (Gesamtaufgabe) deduktiv unter besonderer Berücksichtigung produktionstechnischer und ökonomischer (nicht sozialer!) Bedingungen Teilaufgaben gewonnen (Aufgabenanalyse), zusammengefasst und einzelnen Aufgabenträgern – Personen oder Sachmitteln – zugewiesen (Aufgabensynthese). Unter prozessualem Aspekt (Ab.) werden im Rahmen der Arbeitsanalyse einzelnen Personen als Aufgabenträgern zuweisbare Teilaufgaben festgelegt und im Rahmen der Arbeitssynthese unter Berücksichtigung personaler und zeitlicher Bedingungen zu einem arbeitsteilig organisierten Arbeitsvollzug zusammengefasst. P.L.B.

Aufbereitung → Datenaufbereitung

Auffälligkeit, in der Soziologie der sozialen Kontrolle die Feststellung einer → Instanz sozialer Kontrolle, dass ein Individuum von einer sozialen Norm abgewichen sei. R.L.

Aufforderungscharakter, Valenz, bezeichnet in der Feld- oder Vektorpsychologie (K. Lewin) die Eigenschaft konkreter oder abstrakter Wahrnehmungsgegenstände (z.B. einer verlockenden Speise oder eines moralischen Wertes), beim Subjekt bestimmte Bedürfnisdispositionen „anzusprechen" und es somit „aufzufordern", etwas Bestimmtes zu tun oder zu unterlassen (z.B. die Speise zu essen, eine „unmoralische" Handlung zu unterlassen). H.E.M./R.Kl.

Aufforderungscharakteristik, *demand-characteristic*, Merkmale am Verhalten von Versuchsleitern oder an der Experimentalsituation, die der Versuchsperson anzeigen, welche Reaktionen von ihr im Experiment erwartet werden. Eine A. führt zu einer künstlichen Bestätigung der Forschungshypothesen (→ Forschungsartefakte).
H.W.

Aufhebung, wichtiger Begriff aus dialektischen Sozialphilosophien und -theorien. Aus widersprüchlichen Bestimmungen wird dabei zunächst bei G.W.F. Hegel zu „einfachen" Bestimmungen fortgegangen, sodass jene in diesen „aufgehoben" sind; d.h. vor allem dreierlei: a) auf eine höhere Stufe der Entwicklung gehoben worden sind, b) in ihrer Widersprüchlichkeit vernichtet sind, c) in ihren wesentlichen Gehalten erhalten. Wird bei Hegel vom Begriff der A. im Zusammenhang der Entwicklung des Gedankens Gebrauch gemacht, so ist im dialektischen Materialismus seit K. Marx eine Ausweitung des Begriffs und Anwendung auf reale Prozesse zu verzeichnen. Die Widersprüche der gesellschaftlichen Entwicklungen werden beseitigt, die wesentlichen Bestimmungen jeder Seite des Widerspuchs werden dabei bewahrt, und insgesamt wird auf diese Weise eine höhere Stufe der gesellschaftlichen Entwicklung erreicht. K.R.

Aufklärung, enlightenment,; frz.: *l'âge de la raison; siècle de lumières et de philosopie,* eine vom Bürgertum getragene Bewegung des 18. Jahrhunderts, die von England, Frankreich und Deutschland ausgehend sich in ganz Europa durchsetzte bei aller inhaltlicher Verschiedenheit und zeitlicher Verschiebung. I. Kant umschreibt die A. als den „Ausgang des Menschen aus seiner selbstverschuldeten Unmündigkeit" mit der Devise: „Habe Mut, dich deines eigenen Verstandes zu bedienen!". Mit der Kritik an Vorurteilen jeglicher Art und der kritischen Durchleuchtung der gesellschaftlichen Selbstverständlichkeiten, vornehmlich solcher aus der Religion, der Politik, der Kunst und den Wissenschaften, zielte die A. auf eine Veränderung der Menschheit und der Gesellschaft. Dabei ging die A. davon aus, dass der Mensch von Natur aus gut und vernünftig sei, dass er durch Anwendung seiner Vernunft logisch richtig und damit sittlich gut handle (Rationalismus) und dass bei freier Entfaltung der Vernunft ein dauernder Fortschritt der menschlichen Gemeinschaft zum Wohl und Nutzen der Menschheit gewährleistet sei. Die A. forderte daher die Freiheit und Gleichheit der Menschen, die Toleranz und die Freiheit der Meinungsäußerung.

Die A. bewirkte eine Trennung von Staat und Gesellschaft, indem die klassische Vorstellung von der bürgerlichen Gesellschaft aufgegeben sowie die Machbarkeit des Staates bewusst wurde, und verhalf dem Bürgertum zum Durchbruch. Im Gegensatz jedoch zu Amerika (Unabhängigkeitserklärung der Vereinigten Staaten), England (Freiheitsrechte in der Verfassung) und Frankreich (Revolution von 1789) hatte in Deutschland die A. keine direkten politischen Folgen, vielmehr verlor das Bürgertum im Idealismus und der Romantik sein kritisch politisches, revolutionäres Bewusstsein.

Als Vertreter der A. gelten u.a. in Frankreich: Bayle, Montesquieu, Voltaire, Rousseau sowie die Enzyklopädisten d'Alembert, Diderot, Helvetius, Holbach, Grimm und LaMettrie; in England: Tindal, Toland und die sog. „Freigeister"; in Deutschland: Abbt, Bahrdt, Feder, Friedrich der Große, Garve, Lessing, Mendelssohn, Nicolai, Reimarus und Lichtenberg.   O.R.

Auflockerung, stadtplanerisches Konzept, Gebiete geringer(er) Besiedlung, durchzogen von Grünanlagen, herzustellen.   J.F.

Aufsteigen vom Abstrakten zum Konkreten, Marx'sche Formulierung für die gedankliche Erfassung der konkreten Realität als „Einheit des Mannigfaltigen", als „Zusammenfassung vieler Bestimmungen". Der konkrete Zusammenhang wird ausgehend von den Abstraktionen, die an ihm gewonnen werden, im Kopf als „Gedankentotalität", als „Gedankenkonkretum" reproduziert. Das Konkrete ist „Ausgangspunkt der Anschauung und der Vorstellung", werde aber zunächst chaotisch, nicht in seiner inneren Struktur erfahren. Im Unterschied zur künstlerischen, religiösen oder praktisch-geistigen Aneignung der Welt bezeichnet K. Marx das A.v.A.z.K. in der „Einleitung zur Kritik der politischen Ökonomie" als die wissenschaftlich richtige Methode.   H.W.

Aufstieg, sozialer, Wechsel von Personen oder Gruppierungen von einer Position P zu einer Position Q, zumeist bezogen auf Berufspositionen, wobei die Position Q gesellschaftlich eine höhere Wertschätzung erfährt als P. Mit dem s.n A. als einer Form der vertikalen Mobilität steigert sich nicht nur der Status der Positionswechsler, sondern zumeist verbessert sich auch ihre Lebenschance.   O.R.

Aufstiegsambivalenz, Doppelwertigkeit des sozialen Aufstiegs. Bezeichnet die sich aus der sozialen Distanz der verschiedenen Aufstiegsschichten gegenüber der Herkunftsschicht ergebende subjektive Unsicherheit im Standortbewusstsein, sofern die mit der Aufstiegssituation kollidierenden Verhaltensweisen, Werte, Einstellungen der Herkunftsschicht nicht bewältigt werden, d.h. der Konflikt verschiedener sozialer Identifikationen (J. Habermas 1961) nicht gelöst werden kann.   S.S.

Aufstiegsassimilation, Aufstiegsvermischung, nach W.E. Mühlmann der sozialanthropologische Aspekt ethnischer Vermischung, der speziell Vorgang und Folgen vertikaler Mobilität meint, durch den Teile eines Volkstum über beispielsweise Hypergamie (Hinaufheiraten), Aneignung höherer Bildung oder Unterwerfung in ein anderes Volkstum übergehen.   S.S.

Aufstiegsbewusstsein, Bezeichnung für eine durch Überzeugung und Erfahrung gefestigte

Vorstellung in hierarchisch strukturierten Gesellschaften, dass die Chance zum sozialen Aufstieg für jeden besteht, eine Anerkennung für die individuelle Leistung ist und somit das Bemühen um den Aufstieg als rational gilt. Diese gesellschaftliche Anerkennung wird darin gesehen, dass die je eigene Leistung objektiv, von außen einer positiv ausgefallenen Bewertung unterworfen wurde, als auch in der Honorierung mit Werten (z.B. Vermögen, Macht, Prestige), die unabhängig von dem Bereich, in dem die Leistung erbracht wurde, Geltung haben. O.R.

Aufstiegsideologie, jede Form von Ideologie in hierarchisch strukturierten, sich als offen verstehenden Gesellschaften, die die Aufstiegsorientierung (→ Aufstiegsbewusstsein) zum entscheidenden Kriterium für rationales Handeln im sozialen System setzt und damit die Hierarchie als Selbstverständlichkeit stabilisiert.   O.R.

Aufstiegskanäle → Aufstiegsmedien

Aufstiegskriterien, [1] ein oder mehrere (kombinierte) sozial relevante Merkmale, mit denen sich individuelle oder gesellschaftliche Wertdifferenzierungen (Rangunterschiede) verbinden, beispielsweise Beruf, Einkommen, Schulbildung. Empirisch ist die Bestimmung und Kombination von A. mit erheblichen methodischen Problemen verbunden, da sowohl Inhalte als auch Dimensionen der A. variieren.
[2] Nach F. Fürstenberg (1969) jene grundlegenden Merkmale für sozialen Aufstieg, mit denen in einer mehrdimensional, in verschiedene Sozialsektoren differenzierten Gesellschaft wenigstens in einem Sektor soziale Funktionsänderungen bzw. -erweiterungen einhergehen, die in der Regel „mit einem Zuwachs an sozialer Macht im Sinne der Erweiterung der Verhaltenskontrolle und des Verfügungsspielraumes verbunden" sind. Beispielsweise Besitz, spezielle Fähigkeiten und Fertigkeiten. Gegenüber den sekundären A. bezeichnet Fürstenberg diese als primäre A.   S.S.

Aufstiegskriterien, primäre → Aufstiegskriterien [2]

Aufstiegskriterien, sekundäre, nach F. Fürstenberg (1969) Aufstiegsattribute bzw. -folgen, wie beispielsweise Einkommenshöhe, Wohnungsgröße, deren Aussagewert für sozialen Aufstieg von einer Bestimmung des Ausgangsniveaus abhängig ist, d.h. der sozialen Rangordnung in einem Sozialsektor.   S.S.

Aufstiegsmedien, Aufstiegskanäle, Bezeichnung für die Mittel oder Instanzen, die einer erwerben oder durchlaufen soll, um aufsteigen zu können, z.B. Schulbildung/Schule, Berufsprüfung/Beruf, Heirat, Besitz.   O.R.

Aufstiegssurrogate, Bezeichnung für Positionswechsel in hochdifferenzierten leistungsorientierten Gesellschaften, die scheinbar einen Statusgewinn mit sich bringen (z.B. durch Titel), jedoch keinen Zuwachs an Macht oder Vermögen.   O.R.

Aufstiegsvermischung → Aufstiegsassimilation

Auftragsautorität, Bezeichnung für eine Einflusschance, die sich auf den ausdrücklich formulierten und zeitlich wie sachlich begrenzten Auftrag der Beherrschten gründet.   W.F.H.

Auftragsforschung, wissenschaftliche Forschung im Auftrag Dritter (Wirtschaft, Staat, Verbände, Parteien, Kirchen etc.). Die Problemstellung wird in mehr oder weniger genauer Formulierung vom Auftraggeber vorgegeben. Probleme ergeben sich in der A. häufig aus Auflagen des Auftraggebers für die Methodenwahl und die Veröffentlichung der Forschungsergebnisse. In vielen Fällen gelangen die Ergebnisse nicht an eine wissenschaftliche oder breitere Öffentlichkeit.   H.W.

Auftreten, *demeanour,* bezeichnet bei A. Giddens das Benehmen von Vertretern → abstrakter Systeme gegenüber Menschen ohne Expertenwissen (z.B. Richter, Arzt, Begleitpersonal im Flugzeug), um diese zu beruhigen (im Sinne von: „Alles läuft normal", „Wir haben alles unter Kontrolle").   W.F.H.

Aufwand, geringstmöglicher → Gesetz des geringstmöglichen Aufwandes

Aufwand, verlorener, bezeichnet ein (häufig irreführendes) Entscheidungskriterium, das vergangene Investitionen höher bewertet als zukünftige Erträge. Als klar wurde, dass der Bau der *Concorde* unrentabel sein werde, beschloss man, sie trotzdem zu bauen wegen der bereits investierten Mittel (deshalb auch: *Concorde*-Trugschluss). Häufig ein Kriterium für die Aufrechterhaltung einer → Zweierbeziehung.   W.F.H.

Aura, [1] bezeichnet bei W. Benjamin das Ergriffenwerden von einem Anderen in dessen Einzigkeit, z. B. bei einem Kunstwerk „als einmalige Erscheinung einer Ferne, so nah sie sein mag". A. ist eine Form des Wahrnehmens, die in gelassener (statt absichtsvoller) Haltung stattfindet. Sie ist nichts, was sich in Wörtern ausspricht, sondern etwas, das sich zeigt. [2] Allgemeiner und vor allem alltagssprachlich bezeichnet A. die besondere Ausstrahlung einer Person, wenn diese in eine soziale Interaktion eintritt.   R.L.

Ausbeutung, Exploitation, bezeichnet in der marxistischen Theorie die allen Klassengesellschaften gemeinsame Aneignung eines Teils des gesellschaftlichen Reichtums durch die herrschende Klasse. Den Produzenten wird über die zur Reproduktion ihrer Arbeitskraft notwendige Arbeit hinaus zusätzliche Arbeit abgefordert (→

Mehrarbeit), deren Resultat als → Mehrprodukt bezeichnet wird.

Die A. nimmt in den verschiedenen Klassengesellschaften unterschiedliche Formen an, die das zugrunde liegende Verhältnis teilweise verschleiern. Im Feudalismus tritt die A. offen zutage (→ Arbeits-, → Produkten- und → Geldrente), teilweise wird die Mehrarbeit zeitlich und örtlich getrennt von der notwendigen Arbeit geleistet (Fronarbeit). In der kapitalistischen Gesellschaft nimmt die A. die besondere Form des → Mehrwerts an. Der äußere Schein, dass der Arbeiter seine Arbeit verkauft, verschleiert hier die A. → Lohnfetisch

     C.Rü./R.Ka.

Ausbeutung, sekundäre, bezeichnet bei K. Marx im Unterschied zur → Ausbeutung in der Produktionssphäre die Beraubung der Arbeiterklasse um Teile ihres Lohns, wenn dieser gegen überteuerte Lebensmittel getauscht werden muss (Mietwucher, Verschlechterung der Lebensmittel, Trucksystem).   R.Ka.

Ausbeutungsgrad, Ausbeutungsrate, Exploitationsgrad, Exploitationsrate, in der marxistischen Theorie die quantitative Bestimmung des Ausbeutungsverhältnisses. Der A. ist das Verhältnis der durch den Ausbeuter (bzw. die Ausbeuterklasse) ohne Äquivalent angeeigneten Mehrarbeit zu der notwendigen, zur Reproduktion der Arbeitskraft der unmittelbaren Produzenten erforderlichen Arbeit. In der kapitalistischen Produktionsweise drückt sich der A. in Form eines Wertverhältnisses aus, als Verhältnis zwischen dem Mehrwert und dem Wert der Arbeitskraft (variables Kapital) (→ Mehrwertrate). Ein populärer Ausdruck hierfür ist die Formulierung „Verhältnis zwischen unbezahlter und bezahlter Arbeit", die aber das Missverständnis impliziert, der Kapitalist kaufe die Arbeit des Lohnabhängigen und nicht seine Arbeitskraft.

     R.Ka.

Ausbeutungsrate → Ausbeutungsgrad

Ausbildungssektor, in Analogie zu Produktionssektor die Gesamtheit der Einrichtungen des Bildungs- und Erziehungswesens. An eine Kritik der Bildungsökonomie und Bildungsplanung anschließend verstanden die Ansätze zu einer Politischen Ökonomie des A.s in den 1970er Jahren (E. Altvater, F. Huisken) die Institutionen und Funktionen des Bildungswesens nicht mehr vordringlich als Phänomene des Überbaus. Die verstärkten staatlichen Planungs- und Rationalisierungsanstrengungen in der BRD wurden als Versuch zur Planung der Herstellung der Ware Arbeitskraft im Interesse des Kapitals begriffen. Bildungsökonomische Beziehungen zwischen A., Produktions- und Reproduktionsbereich, Probleme der Bildungsplanung und Bildungspolitik, der Lehrplanplanung und -reform, der Didaktik und Methodik des Unterrichts usw. wurden gemäß diesem Ansatz analysiert.   W.F.H.

Ausdehnung, emotionale → Expansion, soziale

Aus-dem-Felde-Gehen, Rückzug aus einem Handlungsfeld (einem sozialen Interaktionszusammenhang), um einer psychischen Konfliktsituation zu entgehen. Der Begriff entstammt der psychologischen Feldtheorie.   V.V.

Ausdifferenzierung (von Systemen, Rollen, Codes, Symbolen usw.) ist die Annahme von strukturellen Beschränkungen (*constraints*), die das Ausdifferenzierte unabhängig machen von beliebigen und zugleich abhängig machen von bestimmten Prozessen seiner Umwelt. → Differenzierung   N.L.

Ausdruck, *expression*, ein Aspekt der Seinsweise von Gebilden aller Art, nach H. Rohracher „dasjenige an den Wahrnehmungsinhalten, was durch unmittelbare Wirkung gefühlsmäßige Stellungnahmen und Beurteilungen auslöst und dadurch den wahrgenommenen Dingen Eigenschaften zuschreibt, die reizmäßig nicht gegeben sind" (z.B. „aufrichtiger" Händedruck, „majestätische" Berge, „intelligente" Handschrift). K.St.

Ausdruckserscheinung, Ausdrucksbewegung, äußerlich sichtbare, vom vegetativen Nervensystem gesteuerte körperliche Begleiterscheinung für psychisches Geschehen (z.B. Erröten, Weinen, ungewollte Muskelkontraktionen bei Freude, Anstrengung etc.). Hauptbereiche der A. sind beim Menschen Mimik, Gestik, Gang, Gebärde (Hände), Stimme und Sprechweise, Handschrift.   K.St.

Ausdrucksforschung, Ausdruckskunde, das ordnende Bemühen um die Erkenntnis von Zusammenhängen zwischen Ausdruckserscheinungen und ihrer psychologischen Bedeutung etwa im Sinne einer Persönlichkeitsdiagnostik (z.B. Graphologie).   K.St.

Ausdruckskontrolle, *expressive control*, Bezeichnung von E. Goffman für die Anforderung an einen sozial Handelnden, dass innerhalb seiner Darstellung die Nebenereignisse (z.B. in Sprache, Mimik, Gestik) den beabsichtigten Eindruck bei den Partnern nicht stören.   R.L.

Ausdruckskunde → Ausdrucksforschung

Ausdruckszeichen, *performance codes*, durch körperliche Aktivitäten gegebene Informationen in der nonverbalen Kommunikation, z.B. Mimik, Gestik und paralinguistische Phänomene wie Lächeln, Seufzen, etc.   O.R.

Ausfallquote, Anteil von Elementen (z.B. Personen) einer gezogenen Stichprobe, die nicht in vorgesehener Weise untersucht werden konnten. Die A. bei einer Befragung kann durch Verweigerung des Interviews, Unauffindbarkeit des Befragten etc. entstehen. Für verschiedene Untersuchungsmethoden gibt es typische Ausfälle und A.   H.W.

Ausgangsstichprobe, Bezeichnung für Stichproben, die die Grundlage einer Untersuchung bilden (z.B. Auswahl aus den Haushaltungen einer Stadt), in der jedoch Elemente enthalten sind, die nicht zur Zielgruppe der Untersuchung gehören (z.B. Rentner bei einer Untersuchung von Erwerbstätigen). Nach Aussonderung dieser Elemente erhält man die bereinigte Stichprobe.   H.W.

Ausgangswertgesetz, Abhängigkeit der Messwertveränderungen, z.B. im Experiment, von der Höhe der Ausgangswerte: je höher der Anfangswert, desto geringer die realisierbare Veränderung (*ceiling effect*, Decken-Effekt).   H.W.

Ausgrenzung, soziale, der bildhafte, aus der Alltagssprache entlehnte Begriff bezeichnet eine durchgreifende Benachteiligung von Personengruppen hinsichtlich von deren Lebenschancen. Die Verkürzung betrifft v.a. das soziale Ansehen und/oder die materielle Lage. Meist geht es allerdings nicht um ein „Draußen" sondern um ein „Abseits". Noch stärker tritt der dramatische Akzent solcher Benennungen hervor, wenn die von A. Betroffenen als „die Überflüssigen" bezeichnet werden. Die Soziologie bezeichnet solche Phänomene auch als → Ausschließung oder → Exklusion.   R.L.

Ausgrenzung, sozialräumliche, auch räumliche A. genannt. [1] Der Begriff umschreibt innerhalb eines Prozesses sozialer → Ausgrenzung die sozialräumliche Dimension: Sozial, politisch und ökonomisch benachteiligte Wohnquartiere können u.a. durch → Stigmatisierung als → Ghetto oder → sozialer Brennpunkt zusätzlich benachteiligende Effekte auf die Bewohner/innen haben. Beispielsweise ist der Zugang zum Arbeitsmarkt aufgrund der Wohnanschrift erschwert oder primäre soziale Kontakte sind auf Personen mit den gleichen niedrigen sozialen Status beschränkt. Es entsteht ein sich selbst verstärkender Kreislauf.
[2] S.A. bezeichnet die → Exklusion von Personenkategorien aus einzelnen städtischen Räumen: ihnen wird entweder der Zutritt verwehrt oder aber die Symbolik eines Ortes unterminiert bereits die Zutrittsbereitschaft (vgl. → No-go-area).   J.W.

Aushandeln, *negotiation*. Für den Symbolischen Interaktionismus ist A. ein konstitutiver Bestandteil jeder sozialen Interaktion und von sozialen Beziehungen jeglicher Art. Interaktion erfordert eine ständige wechselseitige Abstimmung von Handlungslinien und → Situationsdefinitionen durch die Akteure. Eine gemeinsame Situationsdefinition ist das Produkt andauernder Aushandlungsprozesse, eine virtuell revisionsbedürftige „Arbeitsübereinstimmung". Der Begriff des A.s verweist auf den dynamischen, prozesshaften Charakter sozialer Ordnung (→ *negotiated order approach*). M.M.

Auslese, [1] Bezeichnung in der Sozialanthropologie für das überproportionale Anwachsen einer Gruppierung im Vergleich zu einer anderen innerhalb eines Ganzen.
[2] → Selektion O.R.

Auslese, natürliche → Gesetz der natürlichen Auslese

Auslöschung → Löschung

Auslöser, angeborene Auslösemechanismen (AAM), Auslöseschemata, *releaser*, Bezeichnung für Instinkthandlungen (Signalbewegungen) und Erkennungssignale von Lebewesen, die beim Artgenossen eine spezifische Reaktion auslösen (K. Lorenz). Beispiele sind die auffällig rote Färbung der Schnabelinnenseite von Jungvögeln, die beim „Sperren" als A. für das Füttern durch die Eltern wirkt, oder die → Demutsgebärde, die eine Tötungshemmung auslöst. Die Reize oder Reizkonstellationen, die als A. eines Instinktverhaltens (z.B. Paarung, Flucht) wirken, werden auch als → Schlüsselreize bezeichnet. Beim Menschen gilt z.B. das → Kindchenschema als A. für Pflegeverhalten und emotionale Zuwendung. R.Kl.

Ausmerze, Bezeichnung in der älteren Sozialanthropologie für das unterproportionale Anwachsen einer Gruppierung im Vergleich zu einer anderen innerhalb eines Ganzen. O.R.

Ausprägung, Merkmalsausprägung, Bezeichnung für die Werte einer Variablen. H.W.

Ausreißer, Bezeichnung der Statistik für ein Element in einer Häufigkeitsverteilung, das aufgrund seines extremen Wertes relativ isoliert von der Masse der Werte ist. H.W.

Aussage, analytische → analytisch

Aussage, gesetzesartige → Gesetz

Aussage, synthetische → analytisch

Aussagenanalyse → Inhaltsanalyse

Aussagenlogik, Gesamtheit der Regeln und Methoden, die zur Feststellung der Wahrheit oder Falschheit von Aussagen und deren Verknüpfungen notwendig sind. Aussagen sind sprachliche Gebilde, die entweder wahr oder falsch sind. Die im Allgemeinen in der A. verwendeten Verknüpfungen „und", „oder", „nicht", „wenn – dann", „genau dann – wenn" werden durch Wahrheitswertetafeln definiert. Besonders wichtig sind die Gesetze der A., die Tautologien. Die A. ist eine der Grundlagen der modernen Mathematik, sie ist von Bedeutung in der Wissenschaftslogik. N.M.

Ausschließung, auch: Ausschluss oder (kaum zu unterscheiden) → Exklusion, bezeichnet mit bildhafter Deutlichkeit die Grenzziehung gegen-

über sozial unerwünschten Personen, Gruppen und Populationen. Den Ausgeschlossenen wird der volle Bürgerschaftsstatus verweigert, wird die Teilhabe an den zugänglichen Lebenschancen vorenthalten. A. geschieht gegenüber sozial Abweichenden (→ Stigma), etwa Armen, Geisteskranken oder Bestraften, und sie trifft ganze Bevölkerungsgruppen wie Fremde einer bestimmten Nationalität. In der Soziologie zwar seit jeher als Grundbegriff anerkannt (M. Weber, → soziale Schließung [2], ferner → marginal) genoss A. als Thema keine Prominenz, solange sie wohlfahrtsstaatlich abgepuffert war. Unter neoliberalen Diktaten öffnet sich die soziale Schere wieder; die Lebensverhältnisse von beispielsweise Armen und Arbeitslosen (M. Kronauer 2002) usw. finden heute viel engagierte Aufmerksamkeit. Es wird aber auch darauf hingewiesen, dass gesellschaftliche Integration auf einer Grenzziehung nach außen beruhe, sodass → Inklusion nicht ohne Exklusion zu haben sei (N. Luhmann 1997). R.L.

Ausschluss → Exklusion

Ausschöpfung → Stichprobenausschöpfung

Außenfront der Verwaltung, auch Verwaltungsfront, meint die durch sozial-staatliche Entwicklung zunehmende Kontaktstelle zwischen Bürger und Verwaltung. A. d. V. betrifft in der Regel kommunale Organe als unterste Verwaltungsebene für die Durchführung der gesetzlich geregelten Ordnungs-, Betreuungs- und Leistungsaufgaben des Staates. D.B.

Außengruppe → Fremdgruppe

Außenheirat → Endogamie

Außenleitung, Außenlenkung, Außensteuerung, *other-directedness*, nach D. Riesman Bezeichnung für die Lenkung des Verhaltens des Individuen durch die Erwartungen und Wünsche anderer Personen. Ein primär außengeleitetes Verhalten setzt also eine besonders hohe Empfänglichkeit für die Erwartungen der anderen voraus („soziale Antenne"); ihm entspricht eine konformistische, oberflächliche Einstellung. Beides ist kennzeichnend für einen spezifischen Charaktertypus oder Sozialcharakter (→ Charakter, sozialer), den „außengeleiteten Menschen". A. wird unterschieden von → Innenleitung und → Traditionsleitung, wobei nach Riesman A. als Form der Sicherung der Verhaltenskonformität und der außengeleitete Mensch als vorherrschender Charaktertypus typisch für die industriell entwickelte Gesellschaft, insbesondere die amerikanische, ist. R.Kl.

Außenschau, Prospektive, nennt T. Geiger (1962) die Sichtweise der Naturwissenschaftler, da nicht nur ihr Forschungsobjekt interesseneutral ist, sondern vielmehr auch die Dinge der Natur nicht unmittelbare Sinnträger sind. O.R.

Außenseiter, [1] Bezeichnung für das Mitglied einer Gruppe, das z.B. aufgrund eines besonderen äußeren Merkmals (etwa Hautfarbe), einer „extremen" Meinung oder eines abweichenden Verhaltens von der Gruppe abgelehnt und isoliert wird oder sich selbst von Interaktionen mit den übrigen Gruppenmitgliedern zurückhält. [2] gleichbedeutend mit dem Begriff des → Isolierten in der Soziometrie. [3] Im allgemeineren Sinne Bezeichnung für Individuen in einer marginalen sozialen Situation, die selbstgewählt (z.B. der „Bohemien") oder durch gesellschaftlichen Druck aufgezwungen sein kann (*marginal man*; → marginal).   R.Kl.

Außensteuerung → Außenleitung

Außenwelt, s.v.w. → Umwelt

Außeralltäglichkeit, Bezeichnung für ein Handeln, einen Bewusstseinszustand oder Sachverhalt mit sich von der Alltagsrationalität in spezifischer Weise unterscheidendem Charakter. Beispielsweise beschreibt jede mystische Erfahrung (→ Mystik) sich als Einsicht in eine „andere Wirklichkeit", für die die normalen Kategorien von Raum und Zeit nicht gelten, die genuine Form des → Charismas lehnt jedwede Verflechtung in den Alltag, die Einbettung in wirtschaftliche und politische Rationalität, ab, ekstatisches Verhalten gibt sich abnormal, Gruppenekstasen und → Orgien setzen im Alltag geltende soziale Rollenverteilungen und Unterschiede außer Kraft. A. zeichnet sich durch die von den an ihr Teilhabenden erfahrene besondere Nähe zum Transzendenten aus und kann in heiligen Räumen (Kirchen, Tempel), heiligen Zeiten (Feste und Feiern) und besonderen Rollen (→ Charisma, → Schamanismus) institutionalisiert werden.   V.Kr.

Äußerlichkeit → *exteriority*

Ausstrahlungseffekt → Hofeffekt

Austausch, Tausch, *exchange*, gegenseitige Darbietung von Leistungen materieller und immaterieller Art (Gegenseitigkeit, Reziprozität). Insbesondere in der Kulturanthropologie wurde die Bedeutung des A.es als Grundlage und Stabilisierungsfaktor sozialer Beziehungen aufgewiesen (B. Malinowski, M. Mauss, R. Thurnwald). In der soziologischen Austauschtheorie (G.C. Homans, P.M. Blau) werden soziale Beziehungen generell als A.beziehungen interpretiert. → Tausch   V.V.

Austausch, indirekter, Austauschbeziehung, in der die Gegenleistung für ein bestimmtes Verhalten nicht (nur) vom unmittelbaren Adressaten dieses Verhaltens erbracht wird, sondern von einer „dritten Instanz" außerhalb der direkten Interaktionsbeziehung. Die Bedeutung des i.n A.es nimmt mit dem Organisationsgrad eines sozialen Systems zu.   V.V.

Austausch, kultureller, die wechselseitige Übernahme kultureller Elemente bei der Begegnung zweier Kulturen.   W.F.H.

Austauschprozess, Vorgang des Austauschs von Waren auf dem Markt. Nach K. Marx vollzieht sich der Austausch als Aktion der Warenbesitzer, als „Händewechsel" der Waren bzw. von Ware und Geld. Im A. werden die Waren faktisch als Äquivalente behandelt. Die Warenbesitzer tun dies jedoch nicht als freie Individuen, sondern als → Charaktermasken, indem sie der ökonomischen Bestimmtheit ihrer Waren Ausdruck verleihen. Insofern bringt der A. den in der Warenform angelegten → Warenfetisch zum Vorschein.   R.Ka.

Austauschrate, das Verhältnis von Leistung und Gegenleistung in sozialen Austauschbeziehungen. Die tatsächliche A. ist bestimmt durch die jeweilige relative Machtposition der Austauschparteien (die ihrerseits wiederum von der relativen Knappheit der ausgetauschten Leistungen abhängt) und durch die normativ wirksamen Erwartungen, die sich im Austauschprozess als gruppenspezifische Vorstellungen von „gerechtem" oder „fairem" Austausch herausbilden.   V.V.

Austauschsystem, Netz von direkt oder indirekt miteinander verflochtenen Austauschbeziehungen.   V.V.

Austauschtheorie, *exchange theory* (engl.) → Austausch

austerity (engl.), Austerität, Politik der Einschränkung des Massenkonsums, des Lebensstandards der Lohnabhängigen zur Lösung ökonomischer Krisen; in den Arbeiterparteien und Gewerkschaften in den letzten Jahrzehnten auch als Strategie zur selbst organisierten Umverteilung von Krisenlasten innerhalb der Lohnabhängigen diskutiert, z.B. im Zusammenhang der Massenarbeitslosigkeit und einer allgemeinen Verkürzung und Neuverteilung der Arbeitszeit.   H.W.

Austromarxismus, Bezeichnung für die von M. Adler (1877–1940), O. Bauer (1882–1938), F. Adler (1879–1960), K. Renner (1870–1950), R. Hilferding (1877–1941) u.a. in Österreich zwischen 1904 und 1934 vertretene Auffassung vom Marxismus, die sich gegen den deutschen Revisionismus wie auch gegen den Bolschewismus wandte; indem der A. jenem Reformismus vorwarf, diesem Aktionismus, galt er für einige Zeit als linker Flügel der II. Internationale. Der A. hielt am Ziel der klassenlosen Gesellschaft fest, von der er annahm, dass sie mit Notwendigkeit von selbst komme. In der Teilhabe sozialdemokratischer Parteien an der Regierung, der zunehmenden Vergesellschaftung der Produktion und der wachsenden Einflussnahme des Staates auf den Wirtschaftsprozess sah der A. Verwirklichungstendenzen des Sozialismus. Auf philosophischem Gebiet war der A. dem erkenntniskritischen Idealismus I. Kants verpflichtet, mithilfe dessen (vornehmlich von M. Adler) die theoretische Arbeit von K. Marx analysiert werden sollte, um aus ihr eine „Theorie der sozialen Erfahrung" werden zu lassen.

C.Rü./O.R.

Auswahl, Stichprobe → Auswahlverfahren

Auswahl, bewusste → Auswahl, gezielte

Auswahl, disproportionale, geschichtete Auswahl, bei der der Auswahlsatz für die einzelne Schicht, d.h. die Wahrscheinlichkeit der Elemente einer Schicht, in die Stichprobe zu gelangen, nicht proportional dem Umfang der Schicht in der Grundgesamtheit gewählt wird. So werden häufig kleine Schichten in der Auswahl stärker berücksichtigt, um eine aussagekräftige Menge von Fällen für die Untersuchung zu erhalten.

H.W.

Auswahl, geschichtete, Stichprobe, bei der die Grundgesamtheit in Teilgesamtheiten (Schichten, *strata*) aufgeteilt wird, die in sich sehr homogen (geringe Varianz des betrachteten Merkmals), untereinander sehr heterogen sein sollen. Durch die Schichtung kann der Auswahlfehler, der durch reine Zufallsauswahl entstehen würde, verringert werden und zwar umso mehr, je homogener die Schichten sind. Die Auswahl aus den Schichten kann proportional zum Umfang der Schichten oder disproportional erfolgen, wenn etwa bestimmte Schichten nur einen geringen Umfang besitzen. Bei der optimalen Schichtung soll der Auswahlsatz pro Schicht so festgelegt werden, dass der Auswahlfehler minimiert wird. Die Merkmale, nach denen geschichtet wird, erreichen eine umso größere Homogenität, je stärker sie mit den Zielvariablen der Untersuchung korreliert sind. Stehen mehrere Variablen im Zentrum der Untersuchung, dann dürfte eine Schichtung in vielen Fällen nicht effektiv sein.

H.W.

Auswahl, gezielte, auch: bewusste Auswahl oder Stichprobe, stellt ein Erhebungsverfahren dar, bei dem besonders typische oder in anderer Weise ausgezeichnete Elemente einer Population ausgewählt werden, von denen man sich Aufschluss über die Gesamtheit verspricht. So werden etwa „typische" CDU-Wahlkreise etc. gewählt, um Aussagen über Wahlchancen zu gewinnen. Die Ergebnisse der g.n A. leiden i.d.R. daran, dass die Auswahlkriterien willkürlich sind und subjektiven Verzerrungen unterliegen.

H.W.

Auswahl, mehrstufige, Stichprobenverfahren, bei dem zunächst aus der Grundgesamtheit zu-

fällig Teilgesamtheiten (etwa Städte oder Regionen) ausgewählt, aus den Teilgesamtheiten dann die Elemente entnommen werden. Die m. A. empfiehlt sich immer dann, wenn die untersuchte Gesamtheit groß und räumlich gestreut ist, sodass die Einheiten auf der letzten Stufe (z.B. Personen) nicht direkt erhoben werden können. Die m. A. ist daher zumeist in Kombination mit einer geschichteten Auswahl das gebräuchliche Verfahren bei größeren Zufallsauswahlen.

H.W.

Auswahl, proportionale, geschichtete Auswahl, bei der der relative Umfang der Schichten in der Stichprobe ihrem relativen Umfang in der Grundgesamtheit entspricht. Für alle Schichten besteht ein gleich großer Auswahlsatz. H.W.

Auswahl, repräsentative → Zufallsauswahl

Auswahl, sequenzielle → Sequenzanalyse [1]

Auswahl, systematische, Zufallsauswahl, bei der in einem Plan festgelegt ist, in welcher Weise und Abfolge die Elemente der Grundgesamtheit entnommen werden (z.B. jeder 20. in einer Kartei, gezählt von einem bestimmten Anfangspunkt, ist auszuwählen). Um den Zufallscharakter der s.n A. zu wahren, muss darauf geachtet werden, in welcher Weise die Elemente der Grundgesamtheit angeordnet sind. Als s. A. werden auch geschichtete und mehrstufige Auswahlen im Unterschied zur uneingeschränkten Zufallsauswahl bezeichnet. H.W.

Auswahl, theoretische, *theoretical sampling,* ein von B. Glaser und A. Strauss (1967) vorgeschlagenes Auswahlverfahren, das nicht die (statistisch begründete) Abbildung einer Grundgesamtheit beabsichtigt, sondern die Entdeckung theoretisch relevanter Dimensionen oder die Entwicklung einer Typologie. Theoretische Durchdringung und Fortgang der Auswahl sollen parallel zueinander bearbeitet werden; ein erster oder einige erste Fälle (qualitative Interviews, Beobachtungen o.ä.) werden im Hinblick auf die theoretisch interessierende Frage erhoben und miteinander verglichen. Die daraus entstandenen ersten theoretischen Gesichtspunkte leiten die Auswahl des nächsten Falles oder der nächsten Fälle an, entweder um die schon erreichte theoretische Einsicht zu differenzieren (nächster Fall im Hinblick auf einen minimalen Vergleich), oder um sie durch kontrastive Daten zu erweitern oder zu verunsichern (nächster Fall im Hinblick auf einen maximalen Vergleich). Nach und nach wird so eine Ausschöpfung des Feldes erreicht, eine nach aller Übersicht vollständige Erfassung des Gegenstandes (wenn neue Fälle keine Zusätze zur schon formulierten Theorie ergeben oder die beabsichtigte Typologie nicht mehr verändern, wenn also → theoretische Sättigung erreicht ist). Die t. A. wird nur in qualitativer Sozialforschung verwendet und kann als Grundstein einer qualitativen Methodologie gelten, die davon ausgeht, dass soziale Prozesse bzw. Konstellationen in der Wirklichkeit nicht in unendlich großer Variabilität auftreten, sondern in ihren konturierten Varianten endlich sind (ein soziokulturelles Repertoire bilden) – was das Abbruchkriterium der Sättigung rechtfertigt und allgemein den Versuch, nicht Verteilungsaussagen zu erarbeiten, sondern die konturierten Varianten gezielt zu erfassen. Eine nachfolgende quantitative Untersuchung der durch t. A. erarbeiteten Theorie oder Typologie in Richtung auf Verteilungsaussagen ist durchaus möglich, aber noch kaum versucht worden. In der Forschungspraxis ist t. A. arbeits- und zeitaufwändig (wegen der Parallelität von sukzessiver Auswahl und sukzessiver Auswertung), weshalb oft Abkürzungsverfahren im Gebrauch sind (z.B. kontrastive Auswahl aufgrund von Vorerfahrung oder vorläufiger Auswertung des schon erhobenen Materials).   W.F.H.

Auswahl, willkürliche, Form der Stichprobe, bei der die Elemente planlos, aufs Geratewohl herausgegriffen werden, z.B. beliebige Passanten an einer Straßenecke. Die w. A. ist einer Zufallsauswahl nur dann gleichwertig, wenn die Elemente in der Grundgesamtheit vollkommen zufällig angeordnet sind, was bei menschlichen Populationen kaum je gegeben sein dürfte.   H.W.

Auswahleinheit, Bezeichnung für die Klasse von Objekten (Individuen, Gruppen, Verhaltensakte, Organisationen etc.), aus denen zu Untersuchungszwecken eine Auswahl getroffen wird. Bei bestimmten Stichprobenformen (mehrstufige Auswahlen) können auch mehrere A.en vorkommen. Die A. ist nicht immer mit der Untersuchungseinheit identisch (Klumpenstichprobe).   H.W.

Auswahlfehler, Stichprobenfehler, *sampling error*, Abweichung bestimmter Werte der Stichprobe (Mittelwerte, Anteile, Varianzen) von den Werten der Grundgesamtheit, die auf das Ziehen einer Zufallsstichprobe zurückzuführen ist. Aus der zufälligen Streuung des A.s um den entsprechenden Wert der Grundgesamtheit bei wiederholter Ziehung einer Stichprobe gleichen Umfangs entsteht die → Stichprobenverteilung. Je geringer die Streuung einer Variable in der Grundgesamtheit und je größer der Umfang der Stichprobe ist, desto kleiner dürfte der A. für einen Stichprobenwert ausfallen.   H.W.

Auswahlsatz, *sampling fraction*, Anteil der in einer Stichprobe erfassten Elemente an der Grundgesamtheit. Liegt eine → mehrstufige oder → geschichtete Auswahl vor, dann kann der A. zwischen den Stufen oder Schichten variieren.   H.W.

Auswahlverfahren, Stichprobenverfahren, Methoden der Auswahl von Elementen einer Grundgesamtheit (alle Bewohner der Bundesrepublik, alle Beamten, alle Arbeiter eines Betriebes), die gewährleisten sollen, dass von der Auswahl oder Stichprobe möglichst genaue Rückschlüsse auf die Grundgesamtheit möglich sind. Bei Zufallsauswahlen (reine oder uneingeschränkte Zufallsauswahlen, geschichtete Auswahlen, mehrstufige Auswahlen und Klumpenstichproben) ist es möglich, den Auswahl- oder Stichprobenfehler zu berechnen, während bei willkürlichen Auswahlen und Quoten-Stichproben nicht angegeben werden kann, mit welcher Wahrscheinlichkeit ein Stichprobenwert dem Wert der Grundgesamtheit innerhalb bestimmter Grenzen entspricht. Mit A. werden auch die praktischen Verfahren bezeichnet, die Elemente der Stichprobe aufzufinden und zusammenzustellen (z.B. Karteiauswahlen).   H.W.

Auswertung, umfassende Bezeichnung der empirischen Sozialforschung für alle Schritte der Analyse und Darstellung von empirisch gewonnenen Daten.   H.W.

Auszahlung, *pay off, outcome,* aus der → Spieltheorie stammende Bezeichnung für das positiv oder negativ bewertete Ergebnis einer Handlung oder Entscheidung. Der Begriff der A. wird vor allem für solche Fälle verwendet, bei denen die Gewinne oder Verluste der handelnden Personen oder Spieler einen zahlenmäßigen Ausdruck besitzen und in ihrer Höhe von den Handlungen von Gegenspielern beeinflusst werden können.   H.W.

Auszahlungsmatrix → Spielmatrix

authentisch, Bezeichnung für Berichte und Analysen, denen über die übliche → Validität hinaus eine besondere, vom Autor in seiner Beziehung zum Untersuchungsfeld gewährleistete Gültigkeit zukommt. A. meint direkte Zeugenschaft, persönliche Unmittelbarkeit und schonungslose Wahrhaftigkeit.   R.L.

Autismus, [1] autistisches Denken, Bezeichnung für die Beherrschung des Denkens durch die eigenen Wünsche und Emotionen des Subjekts auf Kosten der Orientierung an der objektiven Realität; äußert sich in „Tagträumen", In-sich-Versunkenheit und Nachdenklichkeit bei geringer Ansprechbarkeit von außen und starkem Egozentrismus.
[2] Bezeichnung für eine psychotische Störung (→ Psychose), insbesondere bei Kindern („kindlicher A."), die sich in extremer Teilnahmslosigkeit, fast völliger sozialer Unansprechbarkeit, → Perseveranz u.ä. Symptomen äußert. Autistische Kinder lernen meist spät und häufig niemals sprechen, obwohl die Intelligenz i.d.R. nicht gestört ist.   R.Kl.

Autogenese, Begriffsvorschlag der psychologischen Persönlichkeitsforschung (G. Jüttemann 2002) für den hauptsächlichen Gegenstand der Psychologie: Wie die einzelnen Menschen ihre Lebensführung gestalten und sich dadurch selbst entwickeln.   W.F.H.

Autokatalyse, bezeichnet einen sich im Zeitverlauf selbst verstärkenden Prozess. Ein soziales Phänomen schaukelt sich auf und wächst aus eigener Dynamik weiter. Beispiele: Kurssprünge an der Börse („die Hausse nährt die Hausse") oder das Aufrauschen von Skandalen.   R.L.

Autokephalie, [1] „selbstständige Oberhoheit" von Nationalkirchen im Bereich der griechisch-orthodoxen Kirche.
[2] A. eines Verbandes bedeutet in der Terminologie M. Webers, „dass der Leiter und der Verbandsstab nach den eignen Ordnungen des Verbandes, nicht wie bei der Heterokephalie, durch Außenstehende bestellt wird" (Weber 1922). A. der Stadt meint in Webers Herrschaftssoziologie die ausschließliche Wirksamkeit der städteeigenen Gerichts- und Verwaltungsbehörden. V.Kr.

Autokinese, eine Scheinbewegung, d.h. eine nur aufgrund einer Sinnestäuschung vom Betrachter wahrgenommene Bewegung eines Objekts, das sich im physikalischen Sinne nicht bewegt. Als autokinetisches Phänomen wird die scheinbare Bewegung bezeichnet, die ein feststehender Lichtpunkt vollzieht, wenn man ihn in einem ansonsten vollkommen dunklen Raum fixierend betrachtet. In einem klassischen Experiment zur Untersuchung des Einflusses sozialer Faktoren auf Wahrnehmungsvorgänge hat M. Sherif (1935) sich dieses Phänomens bedient, indem er die Versuchspersonen das Ausmaß der Scheinbewegung schätzen ließ: Das Urteil der einzelnen Beobachter über das Ausmaß der Bewegung wurde deutlich durch das Urteil der Gruppe beeinflusst.   R.Kl.

Autokorrelation, Abhängigkeit der Messwerte in einer Messreihe, etwa einer Zeitreihe, voneinander. Die A. wird durch Korrelation der Reihe mit den um eine bestimmte Anzahl von Stellen, etwa Zeitpunkten, verschobenen Werten der selben Reihe bestimmt. Bei Verschiebung um eine Stelle erhält man den A.s-Koeffizienten 1. Ordnung.   H.W.

Autokratie, die weder personell noch institutionell beschränkte Herrschaft eines Einzelnen als Tyrann, Diktator, Monarch usw.   W.F.H.

Autokratie, industrielle, die unangefochtene Herrschaft des Betriebseigentümers oder seiner Beauftragten im Betrieb, insofern ein Gegenbegriff zu → industrielle Demokratie.   W.F.H.

autokratisch → Führungsstil

automatic interaction detection (engl.), automatischer Interaktionsdetektor, → Kontrasttypenverfahren

Automation, Automatisierung, die Einrichtung der Produktionsgänge als weitgehend sich selbst regulierender Zusammenhang von Maschinen- und Kontrollsystemen, die die Anwendung einfacher Arbeit mehr und mehr überflüssig macht und die Arbeit des Menschen überhaupt aus dem Fertigungsprozess in die wissenschaftlich-technische Vorbereitung und Überprüfung der Fertigung verschiebt. Die einschlägige Debatte schwankt, ob A. eine Fortsetzung der Mechanisierung oder eine qualitativ neue Stufe der Produktivkräfte ist. Die industrie- und arbeitssoziologische Forschung hat sich seit Jahrzehnten auf die Folgen von A. für die innerbetriebliche Arbeitskräftestruktur, die Veränderungen von Qualifikations- und Berufsstruktur und das Verhältnis zur Arbeit konzentriert. Anfängliche Befürchtungen einer allgemeinen Dequalifikation sind inzwischen durch differenziertere Beobachtungen und Beurteilungen ersetzt worden.   W.F.H.

Automatisierung → Automation

Autonomie, berufliche, Begriff der kritischen Berufsbildungstheorie (W. Lempert), der die Einheit von Fähigkeiten zur Bewältigung von Arbeitsfunktionen, von Dispositionen zur beruflichen Mobilität und von Voraussetzungen zur Teilnahme an den betrieblichen Entscheidungsprozessen bezeichnet.   W.F.H.

Autonomie, funktionale, in der strukturell-funktionalen Handlungstheorie die relative Unabhängigkeit einiger höherer Bedürfnisse, die sich selbstständig durchsetzen.   R.L.

Autonomie, organisatorische → Organisationsautonomie

Autonomie, personale, die Chance eines Individuums, im Rahmen bestimmter kultureller und rechtlicher Schranken bestimmte Orientierungs- und Verhaltensmuster aus einem Repertoire von Werten und Verhaltensmustern auszuwählen.   B.W.R.

Autonomie, soziale, [1] ursprünglich: das Recht der Selbstgesetzgebung.
[2] Bezogen auf soziale Einheiten und Prozesse: Gesellschaftliche Systeme, Teil-, Untersysteme können im Rahmen bestimmter kultureller und rechtlicher Schranken wie im Rahmen ihrer Austauschprozesse mit anderen Systemen ihre grundlegenden strukturellen Muster und Mechanismen selbst definieren, auf der Grundlage dieser strukturellen Mechanismen bestimmte Ziele, Werte, Normen, Inhalte selbst festlegen und schließlich eigenständig die Einhaltung dieser Normen kontrollieren.   B.W.R.

Autopoiesis liegt dann vor, wenn die Elemente eines Systems durch das Netzwerk der Elemente des selben Systems (re-)produziert werden. Vorbedingung der Anwendung des Begriffs der A. auf soziale Systeme ist eine Verzeitlichung des Elementbegriffs. Entsprechend sind nicht Menschen Elemente sozialer Systeme, sondern Kommunikationen, die wiederum nur unter Rückgriff und Vorgriff auf andere Kommunikation zu Stande kommen. M.G.

autopoietisch → Autopoiesis

autoritär, Autoritarismus, [1] bezeichnet in der Sozialpsychologie (T.W. Adorno u.a. 1950) ein Einstellungssyndrom, das u.a. eine hohe Bereitschaft zu konformem Verhalten, die Tendenz zur Unterwerfung unter Stärkere und zur Beherrschung Schwächerer, übermäßige Kontrolle der eigenen Gefühle und Impulse, Intoleranz, sexuelle Prüderie, → Ethnozentrismus und → Antisemitismus umfasst (a.e Persönlichkeit, auch „antidemokratische" Persönlichkeit). Die a. Einstellung korreliert mit politisch-reaktionären Auffassungen sowie mit niedrigem sozioökonomischem Status und geringem Ausbildungsgrad.
[2] Bezeichnung für politische Herrschaftsformen, in denen die Regierungsgewalt dem Volk entzogen ist und demokratische Formen der Willensbildung allenfalls zum Schein bestehen. In der politischen Soziologie werden die früheren Herrschaftsformen in Spanien (Franco) und Portugal (Salazar) häufig als a. bezeichnet. Der Autoritarismus unterscheidet sich vom Totalitarismus vor allem dadurch, dass in letzterem eine den Staat beherrschende Partei in wesentlich stärkerem Maße in alle Lebensbereiche eingreift und sie ideologisch zu durchdringen sucht. Der a. Staat begnügt sich demgegenüber häufig damit, die demokratische Willensbildung („Polizeistaat") auszuschalten und sie durch militärische und quasi-militärische Kommandostrukturen zu ersetzen.
[3] Bezeichnung für einen strafenden, vorgesetztenorientierten → Führungsstil. R.Kl.

Autoritarismus → autoritär

Autoritarismus der Arbeiterklasse, Bezeichnung für widersprüchliche Verhaltensweisen der Arbeiterklasse derart, dass sie einerseits weiß und befürwortet, dass ihre Interessen durch die Gewerkschaften und fortschrittliche Parteien vertreten werden, jedoch andererseits deren progressive Politik innerlich nicht akzeptiert aufgrund traditionalistischer (Lebens-)Einstellungen (S.M. Lipset). W.F.H.

Autoritarismus, konsultativer, politische Herrschaftsformen, bei denen die Regierungsgewalt zwar in der Hand weniger liegt, aber nicht unbeschränkt: Die Entscheidungsgewalt der Herrschenden ist begrenzt durch andere politische und gesellschaftliche Instanzen, die vor der Entscheidung zumindest ihre Konsultation durchsetzen können. K. A. diente zur Beschreibung der durch FDGB, FDJ, Betriebsleitungen usw. beschränkten Herrschaft der SED in der DDR (P.C. Ludz). W.F.H.

Autorität, Bezeichnung für den als rechtmäßig anerkannten Einfluss einer sozialen Instanz, in der Regel: einer Person oder Gruppe. Erscheinungsformen der A. werden meist unterschieden nach der Basis des Autoritätsanspruchs und des ihm entsprechenden Legitimitätseinverständnisses. Weitere Unterscheidungsmöglichkeiten liegen etwa in der relativen Überprüfbarkeit des Anspruchs, der vergleichsweisen Stabilität des Legitimitätseinverständnisses, der Abhängigkeit faktischer Autoritätsausübung von der relativen Geschlossenheit des Einverständnisses unter denjenigen, die der A. unterworfen werden. H.H.

Autorität, abstrakte → Autorität, natürliche – abstrakte

Autorität, demokratische, demokratisch legitimierte A. Sie entsteht aus der Beteiligung der Gruppenmitglieder an der Bildung von Normen und Regeln, Übereinstimmung über den Zweck der Autoritätsausübung und der Interpretation des Legitimitätseinverständnisses als Mittel zur Erreichung des gemeinsam anerkannten Ziels (A.W. Gouldner). H.H.

Autorität, formale – informelle. [1] F. A. wird konstituiert durch offizielle Anerkennung eines Einflusses durch die Leiter oder Repräsentanten einer Gruppe oder Organisation. I. A. ist gekennzeichnet durch die Abwesenheit solcher Anerkennung.
[2] Unter f.r A. wird auch die aufgrund von Legitimitätsglauben anerkannte Autorität und der dem Positionsinhaber aus dieser Position zufallende Einfluss verstanden. H.H.

Autorität, funktionale, fußt auf überlegenem Sachverstand, daher auch als Expertenautorität, Sachautorität, Fachautorität bezeichnet. Die Anerkennung der f.n A. ist unter anderem abhängig von der gesellschaftlichen Wertschätzung besonderen Wissens und Könnens. H.H.

Autorität, informelle → Autorität, formale – informelle

Autorität, kollegiale, durch Kollegenbeziehungen legitimierte Autorität. Sie ergibt sich aus dem Konsens über Normen und Spielregeln unter den Mitgliedern einer Fachgemeinschaft oder formalen Organisation, betont relative Arbeitsautonomie und Gemeinsamkeit im Denken und Handeln trotz offizieller Über- und Unterordnung, wird typisch von der Gruppe ausgeübt (S. Marcson).   H.H.

Autorität, natürliche – abstrakte, Unterscheidung für die festen Einflussbeziehungen in der kleinen Gruppe, z.B. der Familie (n. A., auch primäre A.), und die Einflusschancen der gesellschaftlichen und staatlichen Institutionen (a. A.).   W.F.H.

Autorität, persönliche, [1] die durch herausragende persönliche Eigenschaften erlangte Autorität.
[2] Die Autorität, die unabhängig von sachlicher Kompetenz und Stellung in einer Hierarchie durch lange Erfahrung und Bekanntheit in einem Betrieb oder einer Organisation erlangt werden kann.   W.F.H.

Autorität, primäre → Autorität, natürliche – abstrakte

Autorität, professionelle, Autorität aufgrund überlegenen Sachverstands bei Mitgliedern der Professionen, d.h. von Berufen, die eine hoch qualifizierte Ausbildung erfordern und eine Ideologie gesellschaftlicher Dienstleistung aufweisen. Die vorgebliche Kollektivorientierung und beruflichen Beiträge zum Wohl der Gesellschaft werden auf Seiten der Professionen als zusätzliche Begründungen des Autoritätsanspruchs angeführt.   H.H.

Autoritätsanspruch → Legitimitätsanspruch

Autoritätsgefälle, prinzipielles, bezeichnet die Annahme (R. Dahrendorf), dass Einrichtungen außerhalb des politischen Bereichs einer parlamentarischen Demokratie (Familie, Schule, Militär, kapitalistischer Betrieb usw.) durch Autoritätsverhältnisse gekennzeichnet sind, die aufgrund biologischer Unreife, mangelnder Kompetenz usw. notwendig sind und durch Mitbestimmungsregelungen nicht verändert werden können.   W.F.H.

Autoritätsgrundlage, die den Autoritätsanspruch einer Person oder Gruppe begründende Haltung der Gehorchenden: Tradition, Glaube an die sachliche Berechtigung des Anspruchs usw.   W.F.H.

Autoritätshierarchie, allgemeine Bezeichnung dafür, dass Anordnungs- und Entscheidungsbefugnisse in einer Organisation, Gesellschaft usw. in einer Rangfolge verteilt sind.   W.F.H.

Autoritätskonflikt, [1] allgemein der bei Gehorsamsverweigerung auf einen Autoritätsanspruch hin auftretende Streit um die Berechtigung des Anspruchs oder der Gehorsamsverweigerung.
[2] In der Familiensoziologie bezeichnet A. die Weigerung vieler Jugendlicher, den Anweisungen ihrer Eltern ungeprüft Gehorsam zu leisten, und die Folgen dieser Weigerung.   E.D.

Autoritätsprinzip, in der psychoanalytisch orientierten Sozialwissenschaft das Ineinandergreifen

von autoritären Strukturen der Psychen von Einzelnen und autoritären Verhältnissen in den wichtigsten gesellschaftlichen Bereichen, insbesondere der Arbeit. Diese Strukturgleichheit werde hauptsächlich garantiert durch die Sexualunterdrückung in der bürgerlichen Familie.   W.F.H.

Autoritätsstruktur, die Form der Verteilung und Kombination der Anweisungsbefugnisse und Gehorsamspflichten in einer Gruppe oder Organisation.   W.F.H.

Autoritätszentrum, die Positionen in einer Gruppe oder Organisation, in denen endgültige Entscheidungen getroffen und die Zielerreichung der gesamten Gruppe kontrolliert wird.   W.F.H.

Autostereotyp, auch: → Selbstbild, die starre und feststehende Vorstellung, die man von sich selbst oder der eigenen Bezugsgruppe hat. Meistens liegt ihm eine positive Einstellung zu Grunde.   W.Li.

autozentriert, [1] auf sich selbst bezogen;
[2] für die entwicklungspolitische Diskussion: → Entwicklung, autozentrierte.   H.W.

Aversion, Ablehnung, Abneigung. Gegensatz: → Appetenz   R.Kl.

Aversions-Aversions-Konflikt, *avoidance-avoidance conflict,* Konflikttyp (K. Lewin), bezeichnet den Zustand, dass jemand gegen zwei oder mehrere Objekte gleichzeitig Aversionstendenzen erlebt. A. entsteht, wenn „die Vermeidung des einen Übels die Nichtvermeidung des anderen nach sich zieht" (R. Bergius).   K.St.

aversiv, unangenehm, bestrafend, fluchtauslösend, → Reiz, aversiver

Aviamento (port.), brasilianisches System der Schuldknechtschaft, entwickelte sich vor allem zwischen Kautschuksammlern, Zwischenhändlern und Exporteuren.   H.W.

avoidance (engl.) → Vermeidung

avoidance relationship (engl.) → Meidungsbeziehung

avoidance-avoidance conflict (engl.) → Aversions-Aversions-Konflikt

avoidance-learning (engl.) → Vermeidungslernen

Avunkulat, Bezeichnung der Völkerkunde, [1] allgemein für eine besonders nahe Beziehung eines Jungen (seltener eines Mädchens) zum Bruder seiner Mutter (im Vergleich und als Ausgleich der Beziehung zum Vater);
[2] für die Erziehung der Kinder durch den mütterlichen Onkel in einigen (matrilinealen) Familiensystemen, die oft mit entsprechender Erbfolge gekoppelt ist.   W.F.H.

avunkulokal, *avunculocal,* ethnologische Bezeichnung für eine Residenzregel von Neuverheirateten: Wohnung bei dem Bruder der Mutter des Ehemannes (→ unilokal).   W.F.H.

awareness context (engl.) → Bewusstheitskontext

Axialprinzip, bei D. Bell (1979) die bildhafte Vorstellung, es gäbe ein „bewegendes Prinzip", um das sich alle gesellschaftlichen Institutionen gruppieren. Das A. ist die „Achse, um die sich eine Gesellschaft dreht". Bell hält für die westliche Welt das theoretische Wissen für so zentral, dass es die entscheidende Quelle gesellschaftlichen Wandels bildet.   R.L.

Axiologie, Wertlehre als strenge Wissenschaft im Gegensatz zu allen auf Praxis ausgerichteten Wertlehren.   O.R.

Axiom, grundlegender Satz in einem System von Aussagen. [1] Nach der älteren Auffassung (Aristoteles) leuchtet das A. unmittelbar als richtig ein und kann als Grundlage des Aussagensystems auch nicht aus anderen Aussagen bewiesen werden.
[2] Nach der auf D. Hilbert zurückgehenden Auffassung werden die im A. genannten Begriffe durch das A. erst eingeführt und beanspruchen keine Geltung außerhalb des Axiomenzusammenhangs.   L.K.

Axiomatisierung, Umwandlung einer Theorie in ein axiomatisch-deduktives System. Einige Sätze des Aussagensystems werden derart als Axiome oder Ausgangssätze gewählt oder eingeführt, dass alle weiteren Aussagen (Theoreme) durch rein logische Ableitung auf diese Axiome zurückgeführt werden können.
Die Axiome sollen unabhängig voneinander sein und dürfen nicht zu Widersprüchen führen. Sie sollen in dem Sinne vollständig sein, dass alle Aussagen im Bereich der Theorie auch aus ihnen abgeleitet werden können.
Die A. erfordert eine genaue Festlegung der Definitions- und Ableitungsregeln und sollte deshalb von einer → Formalisierung der Theorie begleitet werden. Eine axiomatisierte Theorie wird allgemein als strengste Form eines wissenschaftlichen Aussagensystems angesehen.   L.K./H.W.

B

Babbage-Prinzip, von C. Babbage (On the Economy of Machinery, London 1832) aufgewiesene Möglichkeit, in Folge zunehmender Arbeitsteilung in der Fabrik qualifizierte Arbeiter durch unqualifizierte zu ersetzen, die Qualifikationen des Einzelnen besser auszunutzen und dadurch die Lohnkosten pro Produkteinheit zu senken.   H.W.

Babouvismus, umfasst die Gesamtheit der von Babeuf (1760-1797) und seinen Anhängern entwickelten Theorien und politischen Programme. Im engeren Sinne versteht man unter B. die Ansichten der „Verschwörer für die Gleichheit" (1796), die für eine radikale soziale und politische Gleichheit, eine direkte Demokratie und für eine sozialistische Revolution, nach der für eine Übergangszeit eine Minderheit diktatorisch herrschen sollte, um die übrigen Ziele des B. zu verwirklichen, eintraten.   O.R.

backward-linkages (engl.), in der Ökonomie Bezeichnung für die einer bestimmten Produktionsstufe vorgelagerten Industrien, die Zulieferindustrien.   H.W.

Badewanne → Coleman's Badewanne

Bagatelldelikte, in der Kriminalsoziologie Bezeichnung für Straftaten, bei denen zwar gegen ein Gesetz verstoßen wurde, aber der angerichtete Schaden gering ist. Beispiel: Ladendiebstahl. Die Bearbeitung der B., insofern diese massenhaft auftreten und verfolgt werden, belastet die Justizbehörden stark.   R.L.

Balance, kognitive, kognitives Gleichgewicht, bezeichnet in der → Sozialpsychologie (F. Heider, T.M. Newcomb) eine Ausgewogenheit der von einer Person wahrgenommenen Beziehungen zwischen Personen und Objekten. K.B. soll herrschen, wenn alle Beziehungen im Lebensraum einer Person „harmonisch" zusammenpassen, d.h. wenn zwischen Objekten oder Personen, die von der Person gleich (positiv oder negativ) beurteilt werden, eine positive Beziehung besteht, oder wenn zwischen Objekten, die ungleich bewertet werden, eine negative Beziehung besteht: A liebt B, A hasst C, B hasst C. Nach der Balancetheorie führen Ungleichgewichte zu Spannungen im Individuum, das dann dazu tendiert, die Beziehungen in Richtung auf größere Balance zu verändern. → Balance, strukturelle   R.Kl./H.W.

Balance, strukturelle, Zustand eines Systems von Elementen (insb. Mitgliedern von Gruppen, wahrgenommenen Objekten oder Einstellungs-

B

inhalten), zwischen denen positive oder negative Beziehungen (lieben, hassen, bestätigen, widersprechen etc.) bestehen, bei dem sich die Elemente so in zwei Mengen aufteilen lassen, dass alle negativen Beziehungen zwischen den Mengen, alle positiven Beziehungen innerhalb der Mengen liegen. Die s. B. ist eine formalisierte Verallgemeinerung der → kognitiven Balance von F. Heider und T.M. Newcomb, die von D. Cartwright und F. Harary (1956) auf der Grundlage der → Graphentheorie entwickelt wurde. Kognitive Systeme oder Gruppen sollen nach der Balancetheorie zur s.n B. streben. Daneben kann die s. B. als polarisierte Form des → *clustering* betrachtet werden. H.W.

Bales-Matrix → Interaktionsmatrix

Balintgruppe, von M. Balint entwickelte Form einer Kleingruppe von Ärzten, in der diese unter Anleitung eines Psychotherapeuten eine Gesprächstechnik zur Untersuchung der seelischen Probleme ihrer Patienten erlernen und wechselseitig kontrollieren. R.L.

Ballungen, in der Stadtsoziologie Bezeichnung für eine als Folge des Verstädterungsprozesses eingetretene Konzentration der Bevölkerung in bestimmten Gebieten auf engem Raum. J.F.

Bande → *Gang*

bandwagon-effect (engl.), Mehrheitseinfluss, [1] bezeichnet das Abweichen der Versuchsperson von der eigenen, vorher vertretenen Meinung unter dem Einfluss und Druck der von der Mehrheit der Mit-Versuchspersonen vertretenen Auffassung, mit dem Ziel, sich der herrschenden Meinung, der wahrscheinlich erfolgreichen Perspektive anzuschließen. D.G. [2] In der Konsumtheorie als Mitläufereffekt Form der Anpassung des eigenen an fremdes Konsumverhalten. D.K.

bargaining power (engl.), Bezeichnung für alle Durchsetzungs- und Druckmittel, die zwei gegnerische Parteien in einer Verhandlungsphase aufeinander ausüben können, um das Verhandlungsergebnis in ihrem Sinne zu beeinflussen. W.F.H.

bargaining, collective (engl.) → Kollektivverhandlungen

Barriere, Hindernis, in der → Feldtheorie K. Lewins Bezeichnung für eine passiv hemmende psychologische oder soziale Kraft im Gegensatz zu aktiven oder treibenden Kräften. B. bezeichnet jedes Moment im Lebensraum von Personen, das deren Handeln Widerstand entgegensetzt. Ihre Überwindung erfordert physische oder geistige Anstrengungen (→ Umweghandlungen), im Falle sozialer B. auch das Mithandeln anderer Personen. H.E.M./R.Kl.

Bartholomew-Index → Einkommensmobilität

basic needs (engl.) → Grundbedürfnisse

basic personality structure (engl.) → Grundpersönlichkeit

Basis – Überbau, auch materielle, gesellschaftliche bzw. ökonomische Basis – politischer bzw. ideologischer Überbau. Mit diesen Begriffen bestimmt die marxistische Theorie die gesellschaftlichen Ideen und Wissenssysteme sowie Einrichtungen und Organisationen wie Staat und Recht, Kirche, Parteien usw. Der Ü. ist hiernach in letzter Instanz von der ökonomischen Grundlage einer historisch konkreten Gesellschaft, ihrem wirklichen Lebensprozess (B.) abhängig. Daraus ergibt sich die methodische Konsequenz, die Erscheinungsformen des Ü. aus der Analyse der B. zu erklären trotz aller Wechselwirkungen zwischen Ü. und B. Veränderungen der Verhältnisse sind hiernach nicht von einer bloßen Veränderung des Ü. zu erwarten. In der kommunistischen Gesellschaft werde eine veränderte Beziehung zwischen B. und Ü. bestehen als „Produktion der Verkehrsform selbst" (K. Marx), als bewusste Lenkung und Gestaltung des materiellen Lebensprozesses durch alle Produzenten. C.Rü./W.F.H.

Basis, gesellschaftliche → Basis – Überbau

Basis, materielle → Basis – Überbau

Basis, ökonomische → Basis – Überbau

Basisdemokratie, von den neuen sozialen Bewegungen (und der Partei der Grünen) seit den 1970er Jahren vertretenes Konzept der organisationsinternen und auch der gesamtgesellschaftlichen politischen Willensbildung, das im Unterschied zur repräsentativen Demokratie Momente aus der Räte- und der direkten Demokratie aufnimmt: Weitreichende Beschlussrechte von Mitgliederversammlungen bzw. lokalen Basisgruppen, meist bis hin zum → imperativen Mandat, d.h. der vollständigen Bindung von Delegierten, Abgeordneten o.ä. an die Beschlüsse der „Basis", und zur Verpflichtung von Delegierten, Abgeordneten o.ä., ihr Amt nach einer bestimmten Zeit für andere Gewählte frei zu machen (Rotation), damit die Verselbstständigung von politischen Führungsgruppen verhindert werden kann. Abgesehen von dem strukturellen Problem, wie B. in einem parlamentarisch-repräsentativen Gesamtfeld funktionieren kann, hat sich vor allem die Legitimität der Basis (bei wechselnder Zusammensetzung der Mitgliederversammlungen, bei inhaltlich allein behaupteter Zuständigkeit von Basisgruppen) als problematisch herausgestellt. W.F.H.

Basisfamilie → Kernfamilie

Basispersönlichkeit → Grundpersönlichkeit

Basisregeln, von A.V. Cicourel synonym gebrauchter Begriff für → Interpretationsverfahren. M.M.

Basissätze, Aussagen über beobachtbare Ereignisse in bestimmten Raum-Zeit-Gebieten (K.R. Popper), die, wenn sie durch andere Wissenschaftler hinreichend geprüft und anerkannt sind, zur Prüfung von Theorien, aus denen sie abgeleitet werden können, dienen sollen. Die B. sollen die positivistische Begründung der Wissenschaften in Wahrnehmungsprotokollen (→ Protokollsätze) durch kritisierbare Feststellungen ersetzen. H.W.

Basisstudie, Basismessung, in der Forschung zum sozialen und zum Wertwandel Ausgangserhebung, auf die zu einem späteren Zeitpunkt eine genaue Wiederholung der gleichen Messung, eine → Replikation [1], folgt, sodass durch den Vergleich beider Messungen ein Wandel oder Nichtwandel sichtbar wird. H.M.

Baum → Dendrogramm

Bayes'sches Theorem, von dem Engländer T. Bayes (1702-1761) angegebenes Theorem der Wahrscheinlichkeitsrechnung zur Berechnung bedingter Wahrscheinlichkeiten. Die Anwendung des B.n T.s, um zunächst relativ willkürlich festgesetzte (subjektive) Wahrscheinlichkeiten durch Beobachtung zu verbessern, indem man das B. T. als Aussage über die (*a-priori-*)Wahrscheinlichkeit ohne zusätzliche Information eines Ereignisses A und die (*a-posteriori-*)Wahrscheinlichkeit von A nach Eintreten von B interpretiert, ist Kernpunkt der so genannten Bayes'schen Statistik, die jedoch umstritten ist. M.K.

Bedarf → *social demand approach*

Bedarfsdeckung → Bedarfswirtschaft – Erwerbswirtschaft

Bedarfswirtschaft – Erwerbswirtschaft, Bezeichnungen von M. Weber für zwei Formen des Wirtschaftens: a) bei gegebener Güterknappheit den eigenen Bedarf zu decken (B.), b) aus der Knappheit durch Produktion und Tausch Gewinn zu ziehen (E.). Bedarfsdeckung und Erwerb sind nach Weber die zwei rein wirtschaftlichen Ziele. Einen Zusammenschluss von Personen zum Erwerb bezeichnet Weber als Wirtschaftsgemeinschaft, einen Zusammenschluss zur Bedarfsdeckung als wirtschaftende Gemeinschaft. H.W.

Bedeutung, [1] jene Seite eines Zeichens oder einer Zeichenreihe, die den Bezug auf den Sachverhalt enthält, auf den sie hinweist.
[2] Die B. eines Ausdrucks ist dessen Extension (Begriffsumfang, G. Frege).
[3] Die B. einer sprachlichen Äußerung ist die Situation, in der sie gesprochen wird, und die Reaktion, die sie im Hörer hervorruft (Behaviorismus). A.H.

Bedeutung, denotative, der Sachverhalt, der durch eine Bezeichnung bezeichnet wird. Die d. B. ist im Unterschied zur → konnotativen Bedeutung i.d.R. für alle Benutzer der Bezeichnung in gleicher Weise, etwa durch ein Wörterbuch, festgelegt. H.W.

Bedeutung, funktionale, *functional significance*, Bezeichnung für die Eigenschaft bestimmter Bedingungen und Elemente, positiven oder negativen Einfluss im Hinblick auf die Erreichung von Systemzielen zu besitzen. Problematisch ist die Verwendung des Begriffs da, wo diesen Elementen teleologische (d.h. selbstregelnde) Funktionen zugeschrieben werden. B.W.R.

Bedeutung, konnotative, Konnotation, die für einen Benutzer mit einer Bezeichnung verknüpften subjektiven Vorstellungen, Bewertungen und Gefühle, die nicht in der → denotativen Bedeutung einer Bezeichnung enthalten sind. Die k. B. eines Wortes für eine Person kann mithilfe des semantischen Differenzials untersucht werden. H.W.

Bedeutungsanalyse, auch analytische Definition, Zerlegung eines Begriffes in seine semantischen Bestandteile und Erläuterung der Regeln seines Gebrauches. Die B. ist eine Spielart der → Realdefinition. Da die B. vom tatsächlichen Sprachgebrauch ausgeht, lässt sich prinzipiell sagen, ob sie richtig oder falsch ist. In der Soziologie ist die B. besonders bei den Begriffen nützlich, die gegenüber Versuchspersonen, Interviewpartnern usw. verwandt werden. H.D.R.

Bedeutungsfeld → Feld, semantisches

Bedeutungslehre → Semantik

Bedeutungsstruktur, objektive → Sinnstruktur, latente

bedingt, im Sinne der Lerntheorie gleichbedeutend mit „konditioniert". → Konditionierung; → Reaktion, bedingte; → Reiz, bedinger R.Kl.

Bedingung, *condition*, allgemeine Bezeichnung für Umstände, deren kausale Verknüpfung mit dem zu erklärenden Sachverhalt angedeutet werden soll. R.L.

Bedingungen, restriktive, in der Politischen Wissenschaft (O. Kirchheimer) Bezeichnung für die gesellschaftlichen, institutionellen und ideologischen Zustände, die ein neu entstehendes Herrschaftssystem als gegeben vorfindet und die die Veränderungsabsichten der Träger des neuen Herrschaftssystems beschränken. W.F.H.

Bedingungsansatz → Ätiologie [3]

Bedürfnis, *need*, [1] jeder Mangelzustand, den ein Individuum zu überwinden sucht; jeder Zustand des Organismus, der ein bestimmtes Verhalten in Richtung auf seine Beseitigung auslöst. Die Abgrenzung des B.-Begriffs in diesem allgemeinen Sinne von den Begriffen → Trieb und → Motiv ist unscharf; häufig werden diese Ausdrücke synonym verwandt. → Motive, primäre→ Motive, sekundäre → Kollektivbedürfnissen [1].

B

[2] In der klassischen (behavioristischen) Lern- und Verhaltenstheorie ist B. ein hypothetisches (erschlossenes) Defizit in einem Organismus (z.B. Hunger), das über die Zeitdauer, die ein Individuum eine benötigte Substanz (z.B. Nahrung) nicht erhalten hat, gemessen wird (→ Deprivation [1]). Dabei wird angenommen (C.L. Hull), dass die Befriedigung eines B. die künftige Auftretenswahrscheinlichkeit derjenigen Verhaltensweisen erhöht, d.h. zum „Lernen" dieser Verhaltensweisen führt, die (evtl. zufällig) zur Befriedigung geführt haben.   H.W.K.

Bedürfnisbefriedigung → Befriedigung

Bedürfnisorientierung. Nach K.O. Hondrich ist von B. statt von Bedürfnissen zu sprechen, um zu verdeutlichen, dass sich alle personalen Bedürfnisse in Auseinandersetzung mit der sozialen Umwelt formen. Die Dynamik der B. erwächst aus der Spannung zwischen personalem und sozialem System.   D.K.

Bedürfnisreduktion → Triebreduktion

Bedürfnisse, gelernte → Motive, sekundäre

Bedürfnisse, komplementäre → Komplementärbedürfnisse

Bedürfnisse, physiologische → Motive, primäre

Bedürfnisse, primäre → Motive, primäre

Bedürfnisse, sekundäre → Motive, sekundäre

Bedürfnisse, soziale → Motive, soziale

Beeinflussbarkeit, Suggestibilität, Überredbarkeit, Überzeugbarkeit, *persuasibility*, Bezeichnung für eine individuelle → Disposition, für Kommunikationen empfänglich zu sein, die auf eine Veränderung der eigenen Einstellungen, Meinungen und Verhaltensweisen abzielen (→ Beeinflussung), und auf sie in der vom Kommunikator gewünschten Weise zu reagieren. In der Literatur wird eine „allgemeine B." (*general persuasibility*) von verschiedenen Arten der „gebundenen" oder „spezifischen B." (*bound persuasibility*) unterschieden. „allgemeine B." ist eine generelle Bereitschaft des Individuums, durch Überredungsversuche beeinflusst zu werden, wer auch immer der Kommunikator sein mag und was auch immer Gegenstand, Inhalt, Form und sonstige Umstände der auf Beeinflussung zielenden Kommunikation sein mögen. Bei den verschiedenen Arten der „gebundenen B." ist die Beeinflussung des Individuums an die spezifische Beschaffenheit der Kommunikation „gebunden", so z.B. an die Art der vom Kommunikator vorgebrachten Argumente oder Appelle.   R.Kl.

Beeinflussung, Überredung, Überzeugung, *persuasion*, Bezeichnung für die Tatsache oder das Verfahren der Veränderung von Einstellungen, Meinungen oder Verhaltensweisen durch → Kommunikation, insbesondere durch Argumentation und durch Appell an bestimmte Überzeugungen, Werthaltungen und Emotionen der zu beeinflussenden Individuen.   R.Kl.

Beeinflussung, moralische, *moral persuasion*, Bezeichnung für die → Beeinflussung von Individuen durch Appell an ihre moralischen Überzeugungen und Werthaltungen (z.B. „Verantwortungsbewusstsein", „Einsicht" in die „Verwerflichkeit" bestimmter Verhaltensweisen usw.) im Unterschied zur Beeinflussung mittels (zweck-)rationaler Argumentation, Drohung usw.   R.Kl.

Befehlsweg, in der Organisationssoziologie Bezeichnung für den Weg, den ein Befehl, eine Anordnung usw. in der Hierarchie von oben nach unten nehmen muss (gemäß den Vorschriften über Anordnungsbefugnisse und Gehorsamspflichten). In der traditionellen Verwaltung unterstehen mehrere Untergebene jeweils einem Vorgesetzten. In einer auf Wissen und Sachverständigkeit (und nicht in erster Linie auf Positionsmerkmalen) beruhenden Organisationsstruktur ist der B. vielfältiger, unklarer und deshalb von den unteren Mitgliedern der Organisation teilweise bestimmbar.   W.F.H.

Befehlswirtschaft, in der Analyse des Nationalsozialismus Bezeichnung von F. Neumann (Behemoth, 1942/1977) für den Teil der Wirtschaft, der durch direkte staatliche Wirtschaftstätigkeit, Parteiunternehmen und staatliche Wirtschaftskontrollen (Preise, Investitionen, Gewinne, Arbeitskräfte, Außenhandel) bestimmt war.   H.W.

Befindlichkeitsmanagement, Bezeichnung für sozial nicht geregelte Formen des Umgangs mit dem eigenen Körper und der individuellen Stimulierung des alltäglichen Lebensgefühls (also mittels Zigaretten, Alkohol, Beruhigungs- und anderen Medikamenten usw.), für die individualisierte „Kultivierung der Befindlichkeit" (C. von Ferber 1980, im Anschluss an N. Elias' Zivilisationstheorie).   W.F.H.

Befindlichkeitsstörung, die Gesamtheit aller subjektiv als Beeinträchtigung der körperlichen und psychischen Existenz empfundenen Störungen, die medizinisch nicht oder noch nicht Krankheitswert zugewiesen bekommen haben.   R.N.

Befolgung, *compliance*, ein Verhalten, das eine geltende Norm absichtlich erfüllt. Über die bloße → Konformität hinaus sind bei der B. auch das Bewusstsein vom Vorhandensein der Norm und die Intention zur Normerfüllung vorhanden.   R.L.

before-after design (engl.), experimentelle Versuchsanordnung, bei der an den Versuchspersonen zweimal Messungen vorgenommen werden, vor und nach der Durchführung der Versuche, die miteinander verglichen werden. In einigen

Fällen ist dem *b.-a. d.* ein → *after-only design* vorzuziehen. H.W.

Befragte(r), Erhebungseinheit in den verschiedenen Formen der mündlichen oder schriftlichen Befragung; in der empirischen Sozialforschung Gegenstand einer speziellen Lehre (J. van Koolwijk u. M. Wieken-Mayser Bd. 4, 1974), die sich mit der Erreichbarkeit, der Antwortbereitschaft, der Aufrichtigkeit, der Beeinflussbarkeit, dem Antwortverhalten u.a. von B.n im Allgemeinen und von besonderen Gruppen befasst. Die Befragung als artifizielle soziale Situation weist dem B.n eine bestimmte, kulturell einzuübende Rolle zu. In bestimmter Hinsicht erweist sich der B. etwa in Bezug auf Antwortstile (*response sets*) oder Falschantworten auch als Fehlerquelle, die nicht auszuschalten, aber in Rechnung zu stellen ist. H.W.

Befragung, Umfrage, Untersuchung insb. von Einstellungen und Meinungen in einer Bevölkerung mithilfe des → Interviews. H.W.

Befragung, diachrone, bezeichnet eine v.a. in der → Oral History angewandte Methode, mit der zeitgeschichtliche Ereignisse und Konstellationen durch Interviews mit Zeitzeugen erhoben werden. W.F.H.

Befragung, gegabelte, *split ballot*, Bezeichnung für eine Befragung, die mit zwei Versionen eines Fragebogens arbeitet, die vergleichbaren Stichproben aus einer Bevölkerung vorgelegt werden. Mit der g.n B. können alternative Formulierungen einzelner Fragen geprüft werden. Im kommerziellen Bereich wird die g. B. auch zur Erhöhung der Fragekapazität einer Befragung benutzt. H.W.

Befragung, postalische, schriftliche Befragung, bei der die Zustellung und Rücksendung der Fragebögen durch die Post erfolgt. Die Rücksendequote ist häufig gering und weist Verzerrungen auf. H.W.

Befragung, repräsentative, Untersuchung mithilfe von Interviews auf der Grundlage einer → Zufallsauswahl. H.W.

Befreiungsbewegung, [1] kontinuierlicher Prozess des Protestes einer an Mitgliedern wachsenden Gruppierung mit dem Ziel, sich aus bestehenden Zwangsverhältnissen zu lösen. Gegen wen oder was in der Gesellschaft sich der Protest richtet, kann in B.en variieren. O.R. [2] Speziell meist Bezeichnung für die politischen und militärischen Anstrengungen von Bewegungen in der Dritten Welt, sich von Kolonialherren oder aus wirtschaftlicher Abhängigkeit von industriell entwickelten Ländern zu befreien. W.F.H.

Befreiungstheologie, von katholischen Theologen vor allem in Lateinamerika und Asien entwickelte und propagierte Lehre, die axiomatisch von der ‚Option für die Armen' ausgeht und die Befreiungsbewegungen durch Vermittlung von politischer Praxis mit spiritueller Kontemplation theologisch zu legitimieren und zu stärken beabsichtigt. Das Kirchenkonzept der B. sieht eine Aufwertung des Laienstandes vor und hat als Kern die sog. Basisgemeinden, in denen die christliche Ethik in Form von politischen, wirtschaftlichen und sozialen Selbsthilfeorganisationen Gestalt gewinnen soll. V.Kr.

Befriedigung, Bedürfnisbefriedigung, derjenige Zustand des Organismus, der bei Vorliegen eines bestimmten (hypothetischen) Mangelzustands im Organismus (→ Bedürfnis, *need*, z.B. Hunger) angestrebt wird. In der (klassischen) Lerntheorie (C.L. Hull, B.F. Skinner) wird postuliert, dass die B. eines Bedürfnisses die Auftretenswahrscheinlichkeit (Stärke, Gelerntheit) derjenigen Verhaltensweise erhöht, die (evtl. zufällig) zur B. geführt hat. H.W.K.

Befriedigung, aufgeschobene → Belohnung, aufgeschobene

Befriedungsverhalten → Demutsgebärde

Begabung, zentraler Begriff der Pädagogik und der Psychologie für die subjektiven Voraussetzungen (Fähigkeiten, Fertigkeiten, Lerndispositionen, Aspirationen usw.) für Lern- und Leistungsprozesse. Weil der Begriff wichtige weltanschauliche Kontroversen berührt (Vererbung von B. oder Herausbildung und Förderung im Erziehungsmilieu) und weil er zur Begründung von schul- und bildungspolitischen Entscheidungen (z.B. Begabtenauslese) herangezogen wird, ist er oft auch Kampfbegriff. Die einschlägige psychologisch-pädagogische Forschung geht inzwischen davon aus, dass ererbte wie aus der Sozialisation stammende Faktoren zusammenwirken, und untersucht B. häufig als in Teildimensionen (Kreativität, Intelligenz, Leistungsmotivation u.a.) aufdifferenziert. W.F.H.

Begabungsreserven, Bildungsreserven, Bezeichnung aus der Debatte über die Bildungsreform in den 1960er Jahren für diejenigen (begabten) Kinder und Jugendlichen, die aufgrund des damaligen Schul- und Bildungssystems nicht die ihnen angemessene (höhere) Schulausbildung absolvieren konnten. Als Mittel zur Veränderung dieses Missstandes wurden angesehen: Beseitigung regionaler Benachteiligungen etwa durch Mittelpunktschulen, Schaffung von Durchlässigkeit zwischen den Schulformen, Vorschulerziehung, kompensatorische Erziehung, Ermutigung zum Besuch höherer Schulen und zur „Bildungsbereitschaft" usw. W.F.H.

Begegnung → *encounter*

Begehren, zentrales Konzept der strukturalen Psychoanalyse J. Lacans („Wunsch" bei S. Freud). Das B. entspringt dem Umstand, dass

B

B

das Subjekt von einem ursprünglichen Mangel gekennzeichnet ist, den das B. zu überwinden sucht, ohne dass dies je gelingen würde. Zugleich muss das B. als soziales Produkt verstanden werden, da es sich immer im Verhältnis zum B. der anderen (beginnend mit dem B. der Mutter) oder des Anderen (der symbolischen Ordnung der Sprache bzw. der Gesellschaft) konstituiert → Andere, der große.   O.M.

Begleitforschung → Evaluationsforschung

Begräbnis, zweites, auch: Zweitbestattung, Bezeichnung für den Brauch in vielen vorgeschichtlichen Gesellschaften, die Toten zunächst vorläufig zu begraben (gewöhnlich bis zum Abschluss der Verwesung), um dann die Knochen endgültig zu bestatten (R. Hertz 1905/1906).
          W.F.H.

Begriff, Bezeichnung für eine Klasse von Objekten oder gedanklichen Vorstellungen oder für eine Klasse solcher Klassen, die durch gedankliche Einteilung der Objekte oder Vorstellungen nach bestimmten ihnen anhaftenden oder zugeschriebenen Eigenschaften in Klassen ähnlicher oder gleicher Elemente entsteht. Die Menge der Eigenschaften und Beziehungen, die Elemente einer Klasse kennzeichnen und von Elementen anderer Klassen unterscheiden, wird Begriffsinhalt (Intension) genannt. Die Menge der Elemente, die die entsprechenden Eigenschaften besitzen, heißt Begriffsumfang (Extension). Die Beziehungen zwischen B.en werden zumeist nach den Beziehungen ihrer Umfänge (Enthaltensein, Überschneidung, Identität, Nichtüberschneidung oder Disjunktsein) angegeben.
          H.W.

Begriff, theoretischer, Begriff einer theoretischen Sprache, in der Aussagen über Gesetzmäßigkeiten in der Realität formuliert werden. Umstritten ist das Problem der Verbindung zwischen t.n B.en und der → Beobachtungssprache. So fordert das positivistische Prinzip der Beobachtbarkeit die Zurückführbarkeit aller t.n B.e auf die unmittelbare Erfahrung, das u.a. mit dem Hinweis auf die Entwicklung der Naturwissenschaften bestritten wird, in deren Theorien oft nur partielle Übergänge zwischen t.n B.en und Beobachtungsbegriffen bestehen.   H.D.R.

Begriffsbildung, *concept formation,* Formung und Festlegung von Begriffen durch Vorgänge der Abstraktion, Definition und Explikation bereits bestehender Begriffe. Die B. umfasst sowohl die Entwicklung qualitativer (Klassifikationen, Typen) wie quantitativer Begriffe.
Neben der Wissenschaftstheorie befasst sich auch die Psychologie mit Vorgängen der B. etwa im Zusammenhang mit Wahrnehmungsvorgängen oder dem Spracherwerb bei Kindern (J. Piaget). Im Umkreis von Kybernetik und Psychologie befinden sich Versuche zu einer automatischen B. durch Computer.   H.W.

Begriffsexplikation → Explikation

Begriffsgeschichte, [1] Eine auf der Grundlage leximetrisch erstellter Datenmengen vornehmlich hermeneutisch-rekonstruktiv verfahrende *Text*wissenschaft, die den Bedeutungswandel etablierter und das Aufkommen neuer Begriffe im soziopolitischen Kontext verfolgt. B. ist als Hilfsdisziplin der historisch orientierten Kultur- und Wissenssoziologie wichtig geworden.
[2] Als Terminus erstmals bei G.F.W. Hegel belegt, ist B. ursprünglich philosophischer Herkunft und versprach eine Alternative zu den relativistischen Tendenzen des Historismus. B. setzt ihrerseits die Erfahrung der Historisierung von Einzelwissenschaften und deren Erkenntnissen in der „Bewegung des Begriffs" voraus.
[3] Der Schwerpunkt aktueller geschichtswissenschaftlicher B. ist auf die Großepoche der sozialhistorischen Moderne seit dem Niedergang des Ancien Régime ab ca. 1750 (→ Sattelzeit) und der daraus folgenden Transformation der gesamten soziopolitischen Ideenwelt ausgerichtet. B. ist demnach bezogen auf die Rekonstruktion der umfassenden Realhistorie und findet in der anvisierten Konvergenz mit letzterer (R. Koselleck 1972) so zugleich ihren Maximalanspruch und ihr größtes methodisches Problem.
[4] Soziologisch akzentuiert, postuliert B. ein komplexes Korrespondenz-, nicht Kausalitätsverhältnis zwischen „Gesellschaftsstruktur und Semantik" (N. Luhmann 1980 ff.); philosophisch betont B. als Historische Semantik im Gegenzug zur Diskursanalyse neuerdings die durch Begriffssysteme stets erst ermöglichte interpretative Offenheit der kulturellen Weltgestaltung (R. Konersmann 1999).   I.M.

Begriffsinhalt → Begriff

Begriffsnominalismus → Nominalismus

Begriffsrealismus → Realismus

Begriffsumfang → Begriff

Begründungszusammenhang → Entdeckungszusammenhang – Rechtfertigungszusammenhang

Behandlungsorganisation, *treatment organization, people changing organization,* diejenigen Sozialsysteme, deren Ziel darin besteht, auf einen Teil ihrer Mitglieder einzuwirken, etwa durch Verwahrung, Sozialisationsversuche oder körperliche Behandlung. Beispiele: Gefängnis, Schule, Heilanstalt.   R.L.

behavior (engl.) → Verhalten

behavior, administrative (engl.), von H.A. Simon 1947 eingeführter Begriff für Verhalten in Betrieben, Organisationen und Bürokratien, mit Schwerpunktsetzung auf „Entscheidungen treffen" und „Mitarbeiter führen". Der Begriff soll die empirisch-verhaltenswissenschaftliche Vorgehensweise entsprechender Studien signalisieren. W.F.H.

behavior contagion (engl.) → Ansteckung

behavior control (engl.) → Verhaltenskontrolle; → *fate control – behavior control*

behavior documents (engl.) → Verhaltensdokumente

behavior-space (engl.) → Handlungsraum

Behaviorismus, psychologische Richtung, die fordert, dass die Psychologie als streng erfahrungswissenschaftliche Disziplin Aussagen nur über das äußerlich sichtbare Verhalten (*behavior*) zu machen hat. Grundlegendes theoretisches Schema des sich insbesondere von jeder introspektiven Psychologie abgrenzenden B. ist das Reiz- Reaktions-Modell (→ S-R-Theorie). In seiner ursprünglich sehr eng empiristisch gefassten Form enthielt dieses Modell keinerlei Begriffe oder Annahmen, die sich nicht auf direkt am Organismus oder in seiner Umwelt beobachtbare Vorgänge bezogen. Durch die Einführung von Annahmen über die Wirksamkeit von sog. intervenierenden Variablen (d.h. von Faktoren, die zwischen den Reizen und den Reaktionen „vermitteln"), z.T. sogar durch die Einführung von Annahmen über „Bewusstseins"-Prozesse (d.h. kognitive oder mentale Vorgänge) hat sich in den letzten Jahrzehnten eine Liberalisierung des B. vollzogen (→ Neobehaviorismus). Innerhalb der Sozialwissenschaften ist der B. vor allem als Grundlage des verhaltenstheoretischen Ansatzes in der Soziologie (→ Verhaltenssoziologie) bedeutsam geworden. V.V./R.Kl.

Beißordnung → Hackordnung

Bekehrung → Konversion [2]

Bekenntnis, [1] die die als verbindlich geltenden Inhalte einer Religionsgemeinschaft zusammenfassende und Kollektividentität stiftende Glaubensformel oder Textsammlung.

[2] Sozial geregelte Konfrontation des Ich mit dem Selbst, in der sich das Individuum qua sozial erzeugter Deutungsmuster beschreibt, sich zu ihnen bekennt und sich so in gesellschaftlich bereitgestellte Identitätsmuster fügt (im religiösen Kontext als B. zu einer Konfession sowie in der Form der Beichte, auf juristischer Ebene als Schuldbekenntnis, in der politischen Sphäre als B. zu einer Ideologie). V.Kr.

Bekenntnistheorien → Gebrauchstheorien – Bekenntnistheorien

Bekräftigung → Verstärkung

Belastetheit einer Theorie → Konstruktivismus [4]

Belastungsforschung, Studien über körperliche, psychische und soziale Belastungen (oft bedeutungsgleich mit Stressoren, → Stress) am Arbeitsplatz und allgemeiner in der Arbeitswelt,

die interdisziplinär (Psychologie, Medizin, Arbeits- und Industriesoziologie) erarbeitet werden. W.F.H.

Belegerzählung, Bezeichnung für eine Geschichte im → narrativen Interview, die der Glaubhaftmachung des zuvor Dargestellten oder Behaupteten dient. Entweder wird dabei eine tatsächlich erlebte Situation geschildert oder eine Vielzahl erlebter Situationen wird zu einer verdichtet. Die → immanenten Nachfragen des Interviewers versuchen u.a., B. zu initiieren. I.K.

Belegschaftskooperation, spontane und ungeregelte Formen der Zusammenarbeit der Arbeiter (und Angestellten) außerhalb und gegen die Weisungen der betrieblichen Hierarchie. Sie dienen der Kompensation mangelnder Informiertheit und unzutreffender Anweisungen durch die Betriebshierarchie. Manche Autoren sehen im produktionsökonomisch erzwungenen Bedeutungszuwachs der B. eine Chance für die Inbesitznahme der Betriebe durch die Arbeitenden. W.F.H.

Beliebtheitsspezialist → Führer, expressiver – instrumentaler

belief – disbelief (engl.), heißt jede Aussage oder Vermutung, dass etwas Bestimmtes der Fall ist (b.) oder nicht der Fall ist (d.). Von M. Rokeach eingeführtes Begriffspaar zur Analyse kognitiver Systeme; im Deutschen zuweilen übersetzt mit Meinungskonformität vs. Meinungskontrarität, Zustimmung vs. Ablehnung. O.R.

Belohnung, *reward, gratification,* Bezeichnung für die positiven Folgen von Handlungen, d.h. für diejenigen nach einer Handlung erfolgenden Reize, die zu einer → Verstärkung führen. Folgt auf ein bestimmtes Verhalten eine B. (z.B. Futter für Versuchstiere, die eine Taste drücken; Lob für einen Schüler, der eine richtige Antwort gibt), so wird nach dem „Gesetz der Auswirkung" (→ Effektgesetz, *law of effect*) von E.L. Thorndike dieses belohnte Verhalten zukünftig mit größerer Wahrscheinlichkeit auftreten, während nicht belohnte Verhaltensweisen erlöschen. H.S.

Belohnung-Bestrafungs-Mechanismen, *reward-punishment-mechanisms,* von T. Parsons (1951) in Parallele zu den Lernmechanismen Verstärkung – Löschung geprägte Bezeichnung für Vorgänge bei der Sozialisation des Individuums. Die B.-B.-M. sorgen für die Konformität des Individualverhaltens mit den Sozialerwartungen. G.E./R.L.

Belohnung, aufgeschobene, verzögerte Belohnung, auch: aufgeschobene Befriedigung, *deferred gratification,* allgemein Bezeichnung für eine Belohnung, die nicht unmittelbar auf eine bestimmte Handlung folgt.

B

[1] In der Soziologie ist seit L. Schneider u. S. Lysgaard (1953) von dem „Verhaltensmuster der aufgeschobenen Belohnung" (*deferred gratification pattern*) die Rede; hier handelt es sich um eine Einstellung oder um einen Verhaltensstil, auf momentane Vorteile zu Gunsten späterer, größerer Vorteile zu verzichten, z.B. durch Sparen, Zurückhalten von Belohnungen, Verlängerung der Lernprozesse. K.L.
[2] Verzögerte Belohnung, Bezeichnung für eine spezielle Art der → Konditionierung, bei der die Belohnung nicht unmittelbar auf eine bestimmte Handlung folgt. Allgemein gilt, dass die Wirksamkeit der Belohnung als Verstärker mit der Verzögerungsdauer abnimmt. H.S.

Belohnung, extrinsische → Motivation, intrinsische – extrinsische

Belohnung, intrinsische → Motivation, intrinsische – extrinsische

Belohnung, primäre → Verstärker, primärer

Belohnung, sekundäre → Verstärker, sekundärer

Belohnung, verzögerte → Belohnung, aufgeschobene [2]

Belohnungsmacht, *reward power*, Bezeichnung für den Einfluss oder die Macht, die eine Person oder Organisation durch ihre Kontrolle der Reize besitzen, die bei anderen Personen als Verstärker (Belohnungen) wirken. B. über die Mitglieder einer Organisation besitzen z.B. die Instanzen dieser Organisation, die den Zugang zu den von den Mitgliedern angestrebten Aufstiegspositionen kontrollieren. R.Kl.

Benachteiligung, relative → Deprivation, relative

Benchmarking (engl.), Leistungsvergleich, dient der Effizienzmaximierung von Organisationen durch den standardisierten Vergleich von Kosten, Leistungen und Ergebnissen mit denen anderer Organisationen. Die Ergebnisse sollen Anhaltspunkte für → Best Practice liefern. B. zielt darauf ab, ein transparentes Wettbewerbssystem auch außerhalb des Wirtschaftssektors zu schaffen. Die Pisa-Studie, in der Schulen und Schülerleistungen international verglichen wurden, ist ein Beispiel für B. Die Übertragbarkeit ökonomischer Leistungskritierien im Rahmen dieses → Qualitätsmanagements auf nicht-wirtschaftliche Organisationen ist umstritten. D.Kl.

Benefiziar, in der Rechtssoziologie der Begünstigte einer sozialen Norm, also der, dessen Interesse durch die Regel geschützt wird. Dass ein B. über die Einhaltung der Norm wacht und bei Verletzungen selber eine Sanktion ergreift, ist eine häufig anzutreffende Lösung des Problems sozialer Ordnung. R.L.

Benennung, Gebrauch vorwiegend wie → Bezeichnung [1], selten wie → Bezeichnung [2].
A.H.

Benennungsmacht, auch: Definitionsmacht, meint die spezielle Autoritätschance zur offiziellen Durchsetzung einer als legitim definierten Sicht von sozialer Welt. B. zielt auf die Verfügungsmacht über die in den Köpfen der Menschen bzw. in der objektiven Wirklichkeit institutionalisierten Taxinomien (Titel, Bildungszertifikate etc.). K.K.

Benini-Index, Attraktionsindex von R. Benini, gibt an, wie stark die gegenseitige Attraktion zwischen sozialen Gruppen im Hinblick auf Mobilität ist. Dabei geht der B.-I. davon aus, dass der Umfang der Gruppen festgelegt ist:

$$\text{B.-I.} = \frac{G - EG}{OG - EG}$$

Dabei bedeutet: G = Zahl der Gruppenwechsler, EG = Zahl der zu erwartenden Gruppenwechsler, OG = objektiv mögliche Zahl von Gruppenwechslern. O.R.

Bentham'sches Prinzip, Prinzip der Nützlichkeit oder des größtmöglichsten Glücks (→ Utilitarismus), wonach der Staat immer so handeln soll, dass das größtmöglichste Glück möglichst vieler Menschen erreicht wird. Der englische Sozialreformer und Sozialwissenschaftler J. Bentham (1748–1832) definiert dabei Glück als eine Summe von Freuden und Schmerzen. Ziel des Staates ist die soziale Wohlfahrt (Überfluss, Sicherheit und Gleichheit). H.W.

Beobachtung zweiter Ordnung, verweist auf eine wichtige und vielbenutzte Unterscheidung in der Theorie von N. Luhmann, nämlich auf das Beobachten von Beobachtern (→ Beobachtung [3]). Dazu drei Beispiele: Ein Wissenschaftler sieht einen anderen nicht unmittelbar beim Forschen zu und begnügt sich auch nicht mit der Lektüre von dessen Veröffentlichungen (das wäre eine B. erster Ordnung), sondern liest die Rezensionen, welche die Arbeiten des Kollegen erfahren haben – und bildet sich aus den Bewertungen zweiter Hand sein eigenes Urteil. Den Wert einer Handelsware bestimmt man nicht selbst, sondern über den Preis; an diesem lässt sich beobachten, wie Andere den Markt beobachten. Machtbeziehungen sind auf B.z.O. angewiesen; „andernfalls müsste man ständig drohen oder Drohungen provozieren, um herauszufinden, welche Kommunikation durch Macht gedeckt ist" (Luhmann 1997). R.L.

Beobachtung, [1] allgemein: mehr oder weniger gezielte Wahrnehmung von Sachverhalten und Vorgängen. In diesem Sinn kann systematisierte B. als Bezeichnung für alle Arten empirischer Forschung dienen.

[2] In Absetzung zu experimentellen Vorgehensweisen werden als B. auch nur solche Erhebungsverfahren bezeichnet, bei denen sich der Forscher gegenüber seinem Untersuchungsgegenstand rein passiv registrierend verhält. H.W.

[3] B. wird im Kontext soziologisch-systemtheoretischer Argumentationen a) als Operation verstanden, die auf der Grundlage einer Unterscheidung eine Bezeichnung setzt und damit Information erzeugt. B. erzeugt nach dieser Definition eine Zwei-Seiten-Form, die dem Mechanismus der Überschussproduktion und Selektion folgt, weil sie immer nur die eine Seite einer Unterscheidung bezeichnen kann, andererseits aber beide Seiten gleichzeitig gegeben sind. Welche Unterscheidung von einem beobachtenden System verwendet wird, ist dabei vom System abhängig.

b) B.en sind immer Operationen empirischer Systeme. Soziale Systeme sind in diesem Sinne beobachtungsfähig, wenn sie Unterscheidungen verwenden, wobei schon bei den basalen Operationen der Kommunikation B.en (anhand der Differenz Information/Mitteilung) konstitutiv sind.

c) B.en sind für sich selbst nicht beobachtbar, sondern nur durch eine andere B., die eine erste B. von etwas unterscheiden kann. Dies leistet eine B. zweiter Ordnung (B. der B.). M.G.

Beobachtung, direkte – indirekte, Unterscheidung, die sich auf die Möglichkeit des Forschers bezieht, die Entstehung der Daten für seine Untersuchung zu kontrollieren. Im Falle der d.n B. (z.B. Interview, Experiment, Feldbeobachtung) ist der Forscher an der Herstellung des Datenmaterials aktiv beteiligt, im Falle der i.n B. wertet er unabhängig von seinem Forschungsziel entstandene Materialien (Dokumente, Berichte, Biografien, Kulturprodukte etc.) aus. H.W.

Beobachtung, kontrollierte, Beobachtung mithilfe eines Beobachtungs- oder Kategorienschemas, das die Auswahl der zu beobachtenden und zu protokollierenden Vorgänge steuern soll. H.W.

Beobachtung, offene, → Beobachtung, verdeckte – offene

Beobachtung, teilnehmende, Form der Beobachtung, bei der der Beobachter an den Aktivitäten der beobachteten Gruppen teilnimmt. Der Grad der Teilnahme kann je nach Untersuchungsziel von bloßer sichtbarer Anwesenheit bis zur Übernahme und Identifikation mit bestimmten Rollen der beobachteten Gruppe variieren. Besondere Probleme der t.n B. liegen in der Zuverlässigkeit der Beobachtung, die durch zu starke Identifikation mit den Beobachteten gemindert werden kann, und in der möglichen Veränderung und Verzerrung des zu beobach-

tenden Verhaltensweise durch die Anwesenheit des Beobachters. Von einigen Forschern wird die t. B. nicht als ein Erhebungsinstrument unter anderen angesehen, sondern als das angemessene Verfahren betrachtet, soziale Wirklichkeit im direkten Zugriff von innen heraus verstehend zu erfassen. H.W.

Beobachtung, verdeckte – offene, Beobachtungsformen, bei denen der Beobachter von den Beobachteten in seiner Rolle als Beobachter erkannt bzw. nicht erkannt werden soll. H.W.

Beobachtung, zensierte, Bezeichung aus der Analyse von Ereignisdaten (→ Ereignisanalyse) für die Messung der Dauer von Episoden, bei der die Länge der letzten Episode einer Episodensequenz (z.B. Beschäftigung – Arbeitslosigkeit – Beschäftigung) durch den Beobachtungszeitpunkt „vorzeitig" begrenzt ist. Die z. B. führt i.d.R. zur systematischen Unterschätzung der mittleren Episodendauer in einer Population. H.W.

Beobachtungsbegriffe, Begriffe, die unmittelbar der Beobachtung zugängliche Sachverhalte betreffen. Nach älteren positivistischen Auffassungen sind nur Begriffe sinnvoll, die sich auf B. zurückführen lassen, während in neueren Versionen (etwa R. Carnap) auch nicht direkt auf B. zurückführbare → theoretische Begriffe zugelassen werden. H.W.

Beobachtungseinheit → Untersuchungseinheit

Beobachtungsfehler, Variationen in den Wahrnehmungen eines Sachverhaltes bei einem oder zwischen verschiedenen Beobachtern, die von den Einstellungen zum Objekt, Aufnahmefähigkeit, Aufmerksamkeit etc. abhängen. Als „persönliche Gleichung" werden B. bezeichnet, die in konstanter Form beim individuellen Beobachter auftreten. H.W.

Beobachtungsinterview, Instrument zur verstehenden Analyse von Arbeitstätigkeiten bzw. -situationen. Die Besonderheit des B.s besteht darin, dass es auf zwei Ebenen der sozialen Wirklichkeit zugleich ansetzt. Neben der Erhebung faktischer Sachverhalte der Arbeitssituation wie etwa der Beobachtung und Beschreibung räumlicher Gegebenheiten, technischer Arbeitsmittel, von Vorschriften/Arbeitsanweisungen und Schritten des Arbeitsprozesses soll durch die Interviewsequenzen, durchgeführt während des Arbeitsvollzugs, der das Handeln und Erleben bestimmende soziale Sinn (weniger der subjektive Sinn) ermittelt werden. Die Fragen im B. gehen von den beobachteten Szenen aus und sollen so eine Generierung von Kategorien – im Sinne der → *grounded theory* – ermöglichen. Als Vorgänger dieses Verfahrens können die Arbeitsmonografie bei Popitz/Bahrdt et al. 1957

B

und die Arbeitsplatzbeobachtung bei Kern/Schumann 1970 angesehen werden.   M.Sch.

Beobachtungskonstellation, Bezeichnung für eine elementare Form der Konstellation von mindestens zwei Akteuren. Sie liegt vor, wenn die Akteure bemerken, „dass zwischen ihnen eine → Intentionsinterferenz besteht, die von beiden nicht bagatellisiert wird und auf die sich daher beide in ihrem weiteren Handeln einstellen – jedoch ohne einander diesbezüglich gezielt zu beeinflussen oder miteinander zu verhandeln." (U. Schimank 2000)   W.F.H.

Beobachtungslernen → Lernen durch Beobachtung

Beobachtungssprache, auch empiristische Sprache, bei R. Carnap mit *Lo* bezeichnet, Sprache, deren Aussagen empirisch bestätigungsfähig oder überprüfbar sind. Die B. muss nicht nur Beobachtungsbegriffe und Beobachtungssätze enthalten, allerdings müssen alle Begriffe der B. auf Beobachtungsbegriffe zurückführbar sein. Von der B. wird die theoretische Sprache (L_T) unterschieden, deren Begriffe zunächst undefiniert sind bzw. aus undefinierten Grundbegriffen abgeleitet sind. Die in der theoretischen Sprache formulierte Theorie ist ein Modell oder Kalkül ohne empirischen Bezug, das mithilfe der B. interpretiert oder partiell interpretiert werden kann. Dies geschieht mithilfe von sog. Korrespondenzregeln.   H.W.

Beratungsforschung, Studien über die Struktur, die Kommunikationsformen, den Erfolg sowie über die Folgen (für den einzelnen Klienten wie für die gesamte Kultur) der in den letzten Jahrzehnten vermehrt institutionalisierten Orientierungs- und Hilfsangebote (Therapien, Beratungsstellen, Telefonseelsorge, Selbsterfahrungsgruppen usw.). B. ist ein gemeinsames Arbeitsfeld von Psychologen, Sozialpsychologen und Soziologen.   W.F.H.

Beraubung, von E. Cannan eingeführte Bezeichnung für die von A. Smith vertretene Auffassung, dass die Erhebung von Kapitalzins und Grundrente durch die besitzenden Klassen eine Unterdrückung (*oppression*) der Arbeiterklasse darstellt, indem der auf dem Markt erzielte Ertrag der Arbeit jeweils um den Anteil für den Kapitalzins und die Grundrente vermindert wird.   F.H.

Berdache, in der Ethnologie Bezeichnung für Transvestiten bei einigen Indianerstämmen Nord- und Südamerikas sowie bei sibirischen Völkern, die dort die angesehene Aufgabe des Medizinmannes ausüben. Ein Junge gerät in eine solche Entwicklung meist nicht aufgrund persönlicher Voraussetzungen (besondere Veranlagung oder eigene Tendenz zur Weiblichkeit), sondern aufgrund religiöser Regeln (etwa:

ein Traum, eine Vision lässt ihm und seinen Angehörigen keine andere Möglichkeit).   W.F.H.

Berührungsangst meint im soziologischen Sinne die kollektiv auftretende Furcht, in allzu große Nähe zu einem Objekt zu kommen, als Resultat einer Überempfindlichkeit, der jede unmittelbare Berührung ein Schmerz ist. Nach G. Simmel (1896) ist die B. Kennzeichen der Moderne. B. wird von ihm als Tendenz auf Distanzierung in der Kultur nachgewiesen: in der Malerei, der Dichtung, im familiären Verhalten, in der Geldwirtschaft.   O.R.

Beruf, [1] Komplex von Leistungen (Tätigkeiten und Fertigkeiten), die der Einzelne in einer öffentlichen oder privaten, profit- oder nichtprofitorientierten Arbeitsorganisation zur persönlichen Erledigung übernommen hat und die den Erwerb seines wie seiner Kernfamilie Lebensunterhalts sichert. [2] Dem Einzelnen durch Berufung auf religiöser oder sozialer Basis als Amt auferlegt, das Quelle von Berufsethos ist (Ausgangspunkt kulturkritischer Analysen der modernen Arbeitswelt).   H.D.

Beruflichkeit → Berufsform der Arbeitskraft

Berufsauslese, Bezeichnung für medizinische, psychologische, soziale Auswahlmechanismen von Geeigneten für eine Berufsausbildung oder eine Berufsposition.   W.F.H.

Berufsbewertung. Berufspositionen werden von den Gesellschaftsmitgliedern hinsichtlich von Merkmalen wie Einkommen, Ansehen, Macht bewertet, und zwar nach Kriterien wie dem Ausmaß der Kontrolle über das eigene wie das Verhalten anderer, der als erforderlich angesehenen Ausbildung, der perzipierten Bedeutung für das Funktionieren der Gesellschaft. Die B. durch die Inhaber der Positionen orientiert sich vor allem am Bedürfnis nach Steigerung der Selbstwertgefühle. Von der B. der Positionen ist die des Rollenhandelns zu unterscheiden.   H.D.

Berufsbewusstsein, das Wissen der den gleichen Beruf Ausübenden von ihrer Zusammengehörigkeit. Der Grad des B.s hängt vom Grad der Professionalisierung des entsprechenden Berufs ab.   W.F.H.

Berufsbiografie, [1] allgemein das Abfolgemuster von Berufsausbildung über Berufseinstieg hin zu den u.U. unterschiedlichen beruflichen Positionen bzw. Arbeitsplätzen, die ein Arbeitender im Laufe seines Lebenslaufs einnimmt. [2] Speziell (in der Biografieforschung) die Darstellung und Deutung dieses Ablaufs durch einen Befragten.   W.F.H.

Berufsdifferenzierung, berufliche Arbeitsteilung, Prozess, in dem durch technologisch und/oder sozial bedingte Berufsspaltung, Produktionsteilung und Arbeitszerlegung neue Berufspositionen im Rahmen der gesellschaftlichen Arbeitsteilung entstehen. Oft wird zwischen funktioneller (Aufgaben) und struktureller (Positionen) B. unterschieden. **H.D.**

Berufsethik, [1] die Gesamtheit der von einem Berufsverband kodifizierten Vorschriften für das berufliche Verhalten seiner Mitglieder.
[2] Die Gesamtheit der Wertvorstellungen und Erwartungen, mit denen die Angehörigen eines Berufes ihr berufliches Verhalten kontrollieren. **W.F.H.**

Berufsethik, asketische, auch rationale B., eine auf die religionssoziologische Begrifflichkeit M. Webers zurückgehende Bezeichnung für die ethische Haltung des innerweltlichen Asketen (→ Askese, innerweltliche), der nach dem Sinn seiner sachlichen Berufsausübung innerhalb der Gesamtwelt – für welche allein Gott die Verantwortung trägt – weder fragt noch zu fragen nötig hat, weil ihm das Bewusstsein genügt, in seinem persönlichen rationalen Handeln in dieser Welt den für ihn in seinem letzten Sinn unerforschlichen Willen Gottes zu vollstrecken. **V.Kr.**

Berufsethik, organische, eine auf die religionssoziologische Begrifflichkeit M. Webers zurückgehende Bezeichnung für die Konzeption einer Ethik, welche die Spannungen zwischen religiösen Werten und Normen und den anethischen oder antiethischen Anforderungen des Lebens in der staatlichen und ökonomischen Gewaltordnung löst, indem sie die Brüderlichkeitspostulate durch metaphysische Deduktion der Gewalt- und Ungleichheitsverhältnisse differenziert und relativiert (Gegensatz: asketische oder rationale Berufsethik). **V.Kr.**

Berufsethik, rationale → Berufsethik, asketische

Berufsfeldqualifikation, die Gesamtheit von Wissen, Fertigkeiten, Fähigkeiten und Einstellungen als Ergebnis eines Ausbildungsganges, die zur alternativen Ausübung mehrerer, miteinander in ihren Arbeitsanforderungen verwandter Berufe befähigt. **W.F.H.**

Berufsform der Arbeitskraft, auch: Beruflichkeit, Bezeichnung in der Arbeits- und Berufssoziologie dafür, dass die Arbeitskräfte mit je spezifischen Bündeln von einzelnen Qualifikationen (aufgrund ihrer Berufsausbildung) auf den Arbeitsmarkt treten, deren Kombination nicht nur an der zweckmäßigen Erfüllung von Arbeitsaufgaben orientiert ist, sondern auch Ergebnis der Kämpfe zwischen Berufsgruppen um Zuständigkeitsbereiche, Verdienstmöglichkeiten und Prestige sowie das Resultat sozialer Zuschreibungen ist. Hieraus und aus der relativen Starrheit von Berufen können Arbeitsmarktprobleme entstehen. **W.F.H.**

Berufsgruppe, die Gesamtheit der einen bestimmten Beruf Ausübenden, die über gleiche oder ähnliche Fertigkeiten und Kenntnisse verfügen und ein Bewusstsein von dieser Zugehörigkeit haben. **W.F.H.**

Berufsideologie, die den Angehörigen eines Berufes gemeinsamen Wert- und Rechtfertigungsvorstellungen über den eigenen Beruf, seine gesellschaftliche Wertigkeit und Wichtigkeit. **W.F.H.**

Berufsjargon, die den Angehörigen eines Berufes gemeinsame Sondersprache, in der vor allem ihre Arbeitsgegenstände, -instrumente und -tätigkeiten durch von der allgemeinen Sprache abweichende Bezeichnungen und Wendungen ausgedrückt werden. Der B. erleichtert die Kommunikation unter den Berufsangehörigen und wahrt gegenüber Berufsfremden soziale Distanz. **W.F.H.**

Berufskultur, die Gesamtheit der von einer Berufsgruppe im Unterschied zu anderen geteilten Wertvorstellungen, Normen und sozialen Orientierungen. **W.F.H.**

Berufsmobilität, [1] allgemein und unscharf der Berufswechsel: Eintritt in einen anderen Beruf – auch nur zwischen- und innerbetrieblicher Arbeitsplatzwechsel –, beruflicher Ab- und Aufstieg. **D.K.**
[2] Veränderung der Berufsqualifikationen der Arbeitenden (durch Umschulung auf einen anderen Beruf oder durch Höherqualifizierung auf einen qualifizierteren Beruf).
[3] Veränderung der Berufstätigkeit der Arbeitenden (also in erster Linie Veränderung der Beschäftigtenstruktur, nicht der Qualifikationen).
[4] Veränderung der Anforderungen der Arbeitsplätze (also der Arbeitsplatzstruktur) an die Arbeitenden. **W.F.H.**

Berufsorganisation, formale, im Unterschied zu Lokalgruppen oder Kontaktnetzen der Berufskollegen in der Regel freiwilliger Zusammenschluss der Inhaber in bestimmter Hinsicht gleichartiger Berufspositionen mit satzungsmäßiger Regelung von Aufgaben und Struktur. Typen von f.n B.en sind Gewerkschaften, Berufsvereinigungen, wissenschaftliche Gesellschaften. Sie unterscheiden sich hinsichtlich der Betonung der Interessenvertretung nach außen, der Vermittlung von Wissen an die Mitglieder, der Beteiligung der Mitglieder am Organisationsleben. **H.D.**

Berufsorientierung, berufliche Orientierung, [1] der Vorgang, in dem die Einzelnen verschiedene berufliche Alternativen auf dem Hintergrund eigener Möglichkeiten, Fähigkeiten und Lebensabsichten abwägen und sich innerhalb der ge-

sellschaftlich gegebenen Möglichkeiten für einen Beruf entscheiden.
[2] Bestandteil des vorberuflichen Unterrichts (Arbeitslehre usw.), der diesen Prozess des Abwägens verschiedener Berufe durch größere Informiertheit und Klarheit der individuellen Motive reibungsloser gestalten will. W.F.H.

Berufsposition, eine Teilaufgabe im Rahmen der beruflich organisierten Arbeitsteilung der Gesellschaft, die eine soziale Position in einer Arbeitsorganisation ergibt. H.D.

Berufsprestige, die gesellschaftliche Wertschätzung für die im Rahmen der Berufsdifferenzierung bestehenden Berufspositionen als Ergebnis der Berufsbewertung. B. wird durch Prestigeskalen zu messen versucht. H.D.

Berufspsychologie, eine Teildisziplin der angewandten Psychologie, die die typischen Tätigkeiten von Berufen untersucht sowie – auf dieser Grundlage – die Eignung von Menschen für bestimmte Berufe (einschließlich ihrer Berufswünsche und -interessen). W.F.H.

Berufsqualifikation, [1] die Gesamtheit von Wissen, Fertigkeiten und Fähigkeiten, die zur Ausübung eines bestimmten Berufes notwendig ist.
[2] Die Gesamtheit von Wissen, Fertigkeiten und Fähigkeiten, die ein Individuum dazu befähigen, überhaupt eine Berufstätigkeit auszuüben. W.F.H.

Berufsrevolutionär, Bezeichnung für eine Person, die ihre gesamte Aktivität auf die Überwindung der bestehenden Sozialstrukturen hin ausrichtet und ihre Lebensplanung in den Dienst einer von ihr als objektiv notwendig angenommenen Revolution stellt. O.R.

Berufsrolle, die die Berufsposition definierenden Rollenerwartungen. B. wird häufig statt Berufsposition verwendet. H.D.

Berufsschicht, nicht scharf abgrenzbare Kategorie von Berufspositionen und deren Inhabern, die sich von anderen hinsichtlich des Berufsprestiges unterscheidet. B. wird in modernen Gesellschaften häufig als Indikator für soziale Schicht benutzt. H.D.

Berufsschneidung, im Grunde bedeutungsgleich mit Arbeitsteilung zwischen Berufen (→ Berufsdifferenzierung), betont jedoch, da aus der subjektorientierten Arbeits- und Berufssoziologie (K.M. Bolte, U. Beck, M. Brater u.a.) stammend, dass die Zuweisung von Tätigkeiten und von Ausbildungsvoraussetzungen an Berufe (also die „Schneidung" der Berufe) nicht allein aus technisch-ökonomischer Zweckmäßigkeit rührt; die Bündelung von Qualifikationen und von Tätigkeiten zu Berufen ist (auch) Resultat von früheren und heutigen Kämpfen zwischen Berufsgruppen (etwa: Apotheker und Drogist, Arzt und Hebamme) um Zuständigkeitsbereiche, Verdienstchancen und Prestige. W.F.H.

Berufssoziologie, die Anwendung soziologischer Begriffe und Theorien auf Arbeit und Beruf. Ihre Hauptarbeitsgebiete sind: Arbeit und Beruf als menschliches Verhalten; Berufsstruktur der Gesellschaft; Berufswahl, -ausbildung, -mobilität; soziale Beziehungen bei der Arbeit; Berufsorganisation und -kultur; Beruf und Persönlichkeit. H.D.

Berufsstruktur, das Muster der Berufsdifferenzierung einer Gesellschaft, Gemeinde, Arbeitsorganisation usw. Dimensionen können sein: Tätigkeitsart, Qualifikationsniveau, Wirtschaftszweig, arbeitsrechtliche Stellung, Besitz der Produktionsmittel. Die B. wird durch Berufsstatistik quantitativ zu beschreiben versucht. H.D.

Berufsverbandsprinzip – Industrieverbandsprinzip, Prinzipien gewerkschaftlicher Organisation; nach dem B. schließen sich die Angehörigen einer bestimmten Berufsgruppe, z.B. die Maurer, die Hutmacherinnen usw., zu einer Gewerkschaft zusammen, während nach dem I. die Angehörigen eines Industriezweigs, z.B. der Stahlindustrie, unabhängig von ihren jeweiligen Berufen oder Tätigkeiten in einer Gewerkschaft organisiert sind. Nach dem B. können die Beschäftigten eines Betriebes in unterschiedlichen Gewerkschaften organisiert sein. H.W.

Berufsvererbung, die besonders im bäuerlich-handwerklichen Milieu feststellbare Tradition der Zuweisung des Vaterberufs an den Sohn, basierend auf dem für die Berufsausübung erforderlichen Besitz der Produktionsmittel. B. ist nicht zu verwechseln mit der Statusvererbung bei den Inhabern von Berufspositionen am oberen und am unteren Ende der Prestigeskala moderner Gesellschaften. H.D.

Berufswahl, [1] Rekrutierung der Inhaber der Berufspositionen aus der Sicht des Einzelnen; vorausgesetzt sind rechtliche Wahlfreiheit und berufliche Alternativen. Die B. ist ein Prozess, in dem sich der Einzelne für ein Berufsfeld entscheidet, für die zugehörigen Positionen qualifiziert und, oft mehrfach im Arbeitsleben, um eine dieser oder auch anderer Positionen bewirbt. Die B. wird gesteuert durch „Neigung und Eignung" als Ergebnisse der Sozialisation sowie durch die Agenten der Gesellschaft, die über den Zugang zu den Berufspositionen entscheiden.
[2] Entscheidung des Jugendlichen für eine Berufsausbildung bzw. Berufsposition. H.D.

Berufswahl, zweite, [1] bei Professionen die Entscheidung für eine Berufsposition oder -laufbahn nach Beendigung der Ausbildung für ein Berufsfeld.

[2] Der Abschluss der Experimentierphase der Berufswahl durch Einmündung in eine relativ stabile Laufbahn.   H.D.

Berufswechsel, institutionalisierter (H. Ebel). Jugendliche unter 18 Jahren dürfen in der BRD aufgrund von Gesetzen in bestimmten Tätigkeitsbereichen nicht beschäftigt werden. Bis sie hier arbeiten dürfen, bleibt ihnen nur die Annahme einer Lehrstelle, die sie später nicht beruflich verwenden wollen oder können, oder ungelernte Arbeit.   W.F.H.

Berufszufriedenheit, die subjektive Befriedigung des Inhabers einer Berufsposition mit Einkommen, Tätigkeitsart, Aufstiegschancen, Autoritätsbeziehungen, usw. Die B. beeinflusst Berufsmobilität: Unzufriedenheit führt zum Positionswechsel, wenn Verbesserungschancen geboten und gesehen werden.   H.D.

Berufszuweisung, die Rekrutierung der Inhaber der Berufspositionen aus der Sicht der Gesellschaft. Die B. an den Einzelnen erfolgt bei Dominanz von Tradition oder Gewaltverhältnissen allein durch die Agenten der Gesellschaft, ohne dass er die Möglichkeit der Berufswahl hat. Die B. beginnt mit der Sozialisation in Elternhaus und Schule und setzt sich im Arbeitsleben mit der Akzeptierung einer Position in einer Arbeitsorganisation fort.   H.D.

Beschäftigtenstruktur, Bezeichnung für die Verteilung der Beschäftigten einer Betriebsabteilung, eines Betriebes, einer Region usw. nach Alter, Geschlecht, Qualifikationshöhe, Beschäftigungsdauer usw.   W.F.H.

Beschäftigungssystem, alle Einrichtungen einer Gesellschaft (private Haushalte, gewinn- und nicht-gewinnorientierte private und öffentliche Organisationen), in denen erwerbswirtschaftliche Personen als selbstständig oder unselbstständig Beschäftigte (Erwerbstätige) gegen (monetäres) Entgelt Arbeitsleistungen erbringen können.   D.K.

Beschleunigung, kulturelle → Gesetz der kulturellen Beschleunigung

Beschreibung, [1] Deskription, geordnete Darstellung beobachtbarer Sachverhalte in der Form räumlich und zeitlich festgelegter Existenzaussagen (Basissätze), zuweilen mit Nennung des Berichtenden (Protokoll- oder Berichtssätze). Durch die B. werden unter dem Gesichtspunkt einer bestimmten Problemstellung die Primärinformationen aufbereitet, die dann als Daten der Modell- und Hypothesenbildung dienen bzw. sie absichern.   H.D.R.

[2] In der Luhmann'schen Systemtheorie sind Selbst- und Fremd-B. konstitutiv für soziale Systeme. Selbst-B. bezeichnet die Gesamtheit der Selbstbeobachtungen, die zur B. der imaginären Einheit eines Systems verwendet wird. Verzichtet wird auf die Annahme einer bereits vor der B. bestehenden Realität oder Logik des Systems, da Systeme sich nur durch Selbst-B. erfassen können. Fremd-B. bezeichnen demgegenüber die in Selbst-B. konstruierte imaginäre Einheit eines Funktionssystems aus der Perspektive eines anderen Systems. Selbst- und Fremd-B. sind in der Regel durch inkongruente Perspektiven geprägt. Die Unterscheidung ist wiedereintrittsfähig, sodass Selbst-B. in sich mögliche Fremd-B. durch andere Systeme reflektieren können.   U.St.

Beschreibung, dichte, *thick description,* Bezeichnung von C. Geertz (1973) nach einem Ausdruck von G. Ryle für die von ihm postulierte spezielle Arbeitsweise der Ethnografie als „Niederschrift" eines sozialen Diskurses, die in Form einer Lesart, einer Deutung, das, was geschieht, über den sozialen Augenblick hinaus mikroskopisch, akribisch festhält. Diese Niederschriften bilden das Material des soziologischen Denkens. Von der „dünnen Beschreibung", einem reinen Festhalten „faktischer" Verläufe, unterscheidet sich die d. B. dadurch, dass sie die „geschichtete Hierarchie von Bedeutungsstrukturen", die in den Diskurs verwoben ist, in Rechnung stellt und sich selbst darüber Rechenschaft gibt.   H.W.

Beschreibung, strukturelle inhaltliche, im Verfahren von F. Schütze ein wesentlicher Arbeitsschritt bei der Auswertung eines → narrativen Interviews, der auf die formale Analyse des Textes folgt. Die auf ihre narrativen Anteile reduzierte und anhand formaler Merkmale in Segmente gegliederte → Stegreiferzählung wird daraufhin untersucht, welche Ereignisse und Reaktionen des Erzählers im jeweiligen Segment in welcher Darstellungsweise vorgebracht werden. Ziel es ist, in jedem Segment die Verlaufsstruktur des geschilderten Prozesses zu identifizieren. Dabei werden möglichst alle relevanten Einflussgrößen des Prozessverlaufs berücksichtigt, z.B. der institutionelle Handlungsrahmen oder neben den faktischen Handlungen auch Handlungspläne, innere Reaktionen und Deutungsmuster des Erzählers. Bei autobiografischen Erzählungen werden den Segmenten die in ihnen jeweils vorherrschenden → Prozessstrukturen des Lebensablaufs zugeordnet.   I.K.

Beschwichtigungsverhalten → Demutsgebärde

Beschwörung, Bezeichnung für eine magische Praxis, in der durch Wort oder Ritual ein Zwang auf geglaubte Geistwesen geübt wird, dem Menschen zu Willen zu sein. B.spraktiken richten sich sowohl auf gute, dem Menschen nützliche wie auch auf böse, ihm schädliche Geister. Im zweiten Fall handelt es sich um → Exorzismus (→ magisch).   V.K.

B

Besessenheit → Exorzismus, → Schamanismus

Besetzung, *cathexis,* psychoanalytischer Begriff für die Bindung psychischer Energie an ein Objekt (→ Objektbesetzung), an eine Vorstellung oder einen Vorstellungskomplex, an einen Körperteil usw. B. äußert sich in emotionalem Interesse an der besetzten Vorstellung oder dem besetzten Objekt, z.B. in der Identifikation mit einer Person.   K.H.

Besitz, die Verfügungsgewalt über eine bestimmte appropriierte Chance (Gebrauch, Nutzung, Kontrolle von Sachen, Personen, Ämtern, Erfindungen u.a.) unbeschadet ihrer rechtlichen Bestimmungen (→ Eigentum). Diese „faktische" Verfügungsgewalt beinhaltet eine bestimmte tatsächliche, regelmäßige oder erwartbare Ausübung der Kontrolle oder der Nutzungen. B. kann neben rechtlichen Sanktionen auch auf Aneignung (→ Appropriation) mit Gewalt, organisierter Monopolisierung von Chancen, auf Gewohnheiten (Herkunft, Gruppenzugehörigkeit) oder sonstigen Formen sozialer Billigung (Privilegien) beruhen.   H.W.

Besitzindividualismus, *possessive individualism,* [1] zusammenfassende Bezeichnung (C.B. Macpherson 1962) für die in England im 17. Jahrhundert (T. Hobbes, J. Locke) entwickelte politische Theorie der bürgerlichen Gesellschaft, die aus dem unbedingten, in der Natur des Menschen begründeten Recht des Individuums an seiner eigenen Person, für das es der Gesellschaft nichts schuldet, das Recht auf Eigentum und das Recht auf Vertragsfreiheit zur Veräußerung des Eigentums einschließlich seiner Arbeitskraft ableitet. Der Ursprung des Privateigentums wird in der Aneignung der Produkte der eigenen Arbeit gesehen, die damit für die bürgerliche Gesellschaft konstitutiv ist. Die Freiheit des Einzelnen kann nur insoweit eingeschränkt werden, als es zur Gewährleistung der gleichen Freiheit anderer nötig ist. Die politische Gesellschaft ist hiernach eine Institution zum Schutz von persönlicher Freiheit, individuellem Eigentum und Gewährleistung freier Tauschbeziehungen.

[2] Mit der Etablierung der bürgerlichen Gesellschaft und des Privateigentums verkehren sich die Begründungsverhältnisse: Privateigentum wird nun zum Garanten individueller Freiheit erklärt (z.B. Politik der Eigentumsbildung in Arbeitnehmerhand, Volksaktien etc.). Auch kann nun das Recht am Privateigentum Freiheitsrechte (z.B. Koalitionsfreiheit) einschränken.   H.W.

Besitzklasse, Gruppe von Menschen in gleicher Klassenlage, die primär durch Besitzunterschiede bestimmt ist (M. Weber 1922).   O.R.

Best Practice (engl.), beste Praxis, bezeichnet vorbildliche Verfahren, die sich in der Praxis von Organisationen im Hinblick auf ihre effiziente Zielerreichung bewährt haben. B.P. kann anhand eines → Benchmarkings ermittelt werden mit dem Ziel, alte Verfahrensstrukturen aufzubrechen und durch bessere Lösungen zu ersetzen. Die Übertragbarkeit von *B.P.* verschiedener Organisationen ist problematisch.   D.Kl.

Bestätigung, *confirmation,* Bezeichnung, die sowohl im Sinne von → Verifikation wie im Sinne von → Bewährung benutzt wird.   H.W.

Bestimmtheitsmaß → Determinationskoeffizient

Bestrafung, Strafe, *punishment,* Bezeichnung für die negativen oder unangenehmen Folgen von Handlungen. Bestrafung kann darin bestehen, dass nach dem Auftreten einer (unerwünschten) Verhaltensweise ein schmerzhafter Reiz (z.B. elektrischer Schock bei Versuchstieren) verabreicht wird, oder dass ein vorhandener oder erwarteter angenehmer Reiz vorenthalten wird (z.B. Liebesentzug der Mutter bei ungezogenen Kindern). Wie in Lernexperimenten gezeigt werden konnte, führt die Verabreichung eines schmerzhaften Reizes nicht zur Löschung des „unerwünschten" Verhaltens, sondern lediglich zur Unterdrückung, sodass in der Folge das bestrafte Verhalten sogar verstärkt wieder auftreten kann, wenn nun die Strafe ausbleibt. → Verstärkung, positive – negative   H.S.

Besuchsehe, Bezeichnung der Ethnologie für eine Eheform, bei der die Gatten einander zum Zwecke des Vollzugs der Ehe besuchen, weil getrenntes Wohnen (duolokale Residenz) sozialkulturell vorgeschrieben ist.   W.F.H.

beta (β) – Fehler → Fehler zweiter Art

Beteiligtsein, *involvement,* die besondere Art und Weise sowie Intensität, in der die Motive, Einstellungen und Erwartungen eines Akteurs mit der Struktur eines sozialen Systems (z.B. einer Gruppe, *group involvement*) verbunden sind, im Sinne seines persönlichen Engagements, seiner Integration und individuellen Deutung der Teilnahme.   H.L.
Die Pflicht zum B. (*involvement obligation,* E. Goffman) bedeutet eine Darstellungspflicht bei der Interaktion, wonach jeder Handelnde ein gewisses Maß an Interesse und Engagement am Gegenstand der betreffenden Interaktion zeigen soll.   H.Ty.

Beteiligung, betriebliche, allgemein Bezeichnung für Maßnahmen, Beschäftigte eines Unternehmens an Entscheidungsprozessen teilhaben zu lassen, die zuvor hierarchisch monopolisiert waren. Konzepte b.r B. wurden im Zuge veränderter Rationalisierungskonzepte seit Anfang der 1980er Jahre (→ neue Produktionskonzepte, → systemische Rationalisierung, → flexible Spezialisierung) entwickelt, die sich nicht mehr am bis dahin im Management dominierenden Paradigma des → Taylorismus orientierten, sondern die Produktionsintelligenz der Beschäftigten rehabilitierten. Ziel ist es, mittels aktiver Einbindung der Beschäftigten in Rationalisierung Zugriff auf deren Produktionswissen und damit auf bisher unerschlossene Produktivitätspotentiale zu erhalten; gleichzeitig wird diesen eine Mitsprache bei arbeitspolitischen Entscheidungen eingeräumt. Vom Management initiierte b. B. ist zu unterscheiden von Beteiligungsansätzen, die eine Verbesserung der betrieblichen und gesellschaftlichen Machtstellung der abhängig Beschäftigten anstreben („Mitbestimmung am Arbeitsplatz"). Obschon nach einer Phase breiter Einführung b.r B. Anfang der 1990er Jahre deren Rücknahme bzw. ein selektiver Einsatz folgte, zeigen neuere empirische Befunde (Dörre 2002), dass partizipative Managementkonzepte konstitutiv für die – postfordistische – Restrukturierung von Produktionssystemen geworden sind und sich die Ausrichtung des Rationalisierungshandelns von der Technikeinführung hin zur Betriebs- und Unternehmensorganisation verschiebt.   M.Sch.

Beteiligung, politische → Partizipation [2]

Betrachtung, ganzheitliche → Holismus

Betrieb, zentrale Institution moderner Gesellschaften zur Erstellung von Gütern und Dienstleistungen durch räumliche Zusammenfassung und Kombination der Produktionsfaktoren nach Maßgabe des Wirtschaftlichkeitsprinzips. Als soziales Gebilde ist der B. vor allem durch seine Herrschaftsstruktur sowie den Grad und die Form der innerbetrieblichen Arbeitsteilung gekennzeichnet. Analytisch wird zwischen formaler und informaler B.struktur unterschieden, innerhalb der Formalstruktur des B.s nach skalarer (befehlshierarchischer) und funktionaler Organisation.   B.Bi.

Betrieb, bürokratischer, [1] durch die Merkmale bürokratischer Herrschaftsausübung und Verwaltung geprägter Betrieb. Als Indikator gilt u.a. ein hoher Anteil der Angestelltenpositionen an der Gesamtbelegschaft.
[2] Behörde, Amt oder Dienststelle einer staatlichen Verwaltung.   B.Bi.

Betrieb, kapitalistischer, von einem oder mehreren Eigentümern (Kapitalisten) oder deren Beauftragten (Managern) oder – bei breiter Streuung der Eigentumsanteile – durch beauftragte Banken o.ä. nach der Maxime privater Gewinnmaximierung geleiteter Betrieb. Die Herrschaftsverteilung folgt der Eigentumsverteilung: Die vom Eigentum an den Produktionsmitteln ausgeschlossenen Arbeiter und Angestellten produzieren in Abhängigkeit vom Ei-

gentümer bzw. von den Beauftragten der Eigentümer.   B.Bi.

Betrieb, politischer, meist abschätzige Bezeichnung für die Aktivitäten der Parteien und politischen Gruppen in parlamentarischen Demokratien beim Versuch, die politische Macht zu gewinnen und zu behalten, also Mitgliederschulung, Kandidatenvorstellung, Öffentlichkeitsarbeit usw.   W.F.H.

Betriebsdemokratie, programmatischer Begriff aus der gewerkschaftlich-gesellschaftspolitischen Debatte, der auf möglichst weit gehende Ausdehnung der Rechte von Betriebs- und Personalräten und anderer institutionalisierter Formen der Mitbestimmung und Partizipation der Arbeitenden zielt.   W.F.H.

Betriebsform, typisierende Kennzeichnung des Wirtschaftsbetriebes anhand von ökonomisch oder soziologisch relevanten Strukturdimensionen. Als solche kommen in Betracht: Betriebsgröße (Zahl der Beschäftigten), Wirtschaftszweig, Produktionsverfahren, Organisationsstruktur, politische Verfassung, Eigentumsverhältnisse.   B.Bi.

Betriebsführung, wissenschaftliche, *scientific management,* von F.W. Taylor (1911) begründetes System der Rationalisierung der betrieblichen Arbeitsabläufe durch Zeit- und Bewegungsstudien, exakte Leistungsmessung, Normung der Werkzeuge und Handgriffe, sowie an Funktionen orientierte Verteilung der innerbetrieblichen Anweisungsbefugnisse (→ Funktionsmeister statt Einzelmeister). Das System der w.n B. umfasst vier Dimensionen arbeitsorganisatorischer Rationalisierung: a) Festlegung des konkreten Arbeitsablaufs in zeitlicher und bewegungsmäßiger Hinsicht (Zeit- und Bewegungsstudien); b) Zuweisung der Arbeitsaufgaben und detaillierte Anweisungen zur Durchführung; c) Steuerung der Leistungsabgabe durch finanzielle Anreize (Akkord- und Prämienlohn); d) Formalisierung und Zentralisierung der Anweisungs- und Kontrollstrukturen („Arbeitsbüro").
Die mit der w.n B. verbundene Organisationstheorie überließ die empirische Untersuchung von Struktur und Funktion der Organisation weitgehend anderen Disziplinen, was insbesondere der *human-relations*-Ansatz (mit seinem Nachdruck auf die informellen Beziehungen im Betrieb) kritisierte.   B.Bi./M.Sch.

Betriebshierarchie, die feste Befehlsstruktur des Betriebs von oben nach unten. Die hierarchische betriebliche Entscheidungsstruktur wurde früher überwiegend mit technisch-sachlichen Notwendigkeiten und produktiver Effizienz begründet. Die B. kann weiter gehend als Mittel der Sicherung von privilegierten Besitz- und

B

Verfügungsrechten betrachtet werden. Die Kritik hebt hervor, dass z.b. ohne Änderung der Produktionsaufgabe auch variablere Entscheidungsstrukturen möglich und u.U. eher positive Wirkungen auf das Produktionsergebnis zu erwarten sind. Ferner lässt sich die Legitimität der Besitzrechte und von ihnen abgeleiteter Verfügungsrechte bestreiten.   D.K./W.F.H.

Betriebsklima, Aspekt der informellen Struktur des Betriebes, gesehen unter der Befriedigung sozio-emotionaler Bedürfnisse der Betriebsangehörigen. Das B. äußert sich in Einstellungen der Arbeitenden zu Betrieb, Vorgesetzten und Kollegen, zu Arbeit und Lohn. Diese subjektiven Faktoren sind ihrerseits weitgehend durch die objektiven Arbeitsbedingungen geformt und gewinnen im B. wiederum den Charakter eines objektiven, für den Einzelnen verbindlichen sozialen Tatbestandes.   B.Bi.

Betriebspsychologie, ein Teil der angewandten Psychologie, der die Motivationen, Einstellungen und Verhaltensweisen der im Betrieb Tätigen sowie die Beziehungen zwischen ihnen mit psychologischen und sozialpsychologischen Theorien (Gruppendynamik) zu erklären und zu verändern sucht. Neben der Entwicklung und Anwendung von psychologischen Eignungstests zur leistungsgerechten Auslese erforscht die B. u.a. die Leistungsmotivation der Beschäftigten, die subjektiven Faktoren des Betriebsklimas, die informellen Gruppen, verschiedene Führungsstile sowie innerbetriebliche Spannungen und Konflikte, um sie im Sinne der Betriebsführung zu beeinflussen.   B.Bi.

Betriebspyramide, eine Umschreibung für die betriebliche Status-Hierarchie. Da die niedrigen Status-Kategorien (an- und ungelernte Arbeiter) in der Regel stärker besetzt sind als die höheren und hohen (Betriebsleiter, Direktoren), entsteht das Bild einer Pyramide.   B.Bi.

Betriebssoziologie, spezielle Soziologie der mit den betrieblichen Arbeitsverhältnissen gegebenen sozialen Strukturen und Beziehungen. Hervorgegangen aus sozialreformerischen Bestrebungen der industriellen Frühzeit auf der einen Seite, die mit der → wissenschaftlichen Betriebsführung verknüpften Rationalisierungsinteressen auf der anderen Seite, stellt sich die B. den doppelten Anspruch, den Betrieb sowohl als Zwangsverband und Stätte struktureller Konflikte wie auch als integriertes Sozialsystem zu analysieren. Als empirische Wissenschaft erforscht die B. vor allem die Zusammenhänge zwischen objektiven Arbeitsbedingungen und sozialen Strukturen, Verhaltensweisen und Einstellungen (informelle Gruppen, Betriebsklima, Arbeitszufriedenheit, Fluktuation) sowie die Probleme einzelner Positionen (Meister, Mitbe-

stimmungsorgane) und Kategorien (Arbeiter, Angestellte, Management) im Betrieb.   B.Bi.

Betriebszufriedenheit, der Grad der Zufriedenheit der Arbeitenden mit dem Betrieb als sozialer Gesamtheit und Institution.   B.Bi.

Betriebszweck, das vom Betrieb angestrebte Produktionsergebnis. Der B. ist von den persönlichen Zielen der Betriebsmitglieder ebenso zu unterscheiden wie von den latenten Zielen des Betriebes als sozialem System.   B.Bi.

Betroffenheit, [1] der Umstand, dass jemand vom Handeln anderer oder von gesellschaftlichen Arrangements in seiner Lebenswelt berührt, insbesondere in seinen objektiven Interessen verletzt oder gefördert wird. In Forschungen über gesellschaftliche Entscheidungsvorgänge, etwa städtischer Planung oder Verhängung von Sanktionen, wird oft auf die mangelnde → Partizipation der Betroffenen hingewiesen.   R.L.
[2] B. ist soziologisch als eine Infragestellung der sozialen Identität zu verstehen, die dem Einzelnen als überraschende Veränderung in seinem sozialen Umfeld bewusst wird, auf die er nicht routinisiert problemlösend zu reagieren vermag. B. wirkt sich in der zeitlichen Dimension als Infragestellung von Erwartungen, in der sachlichen Dimension als Infragestellung von Routine und in der sozialen Dimension als Infragestellung von Interaktion aus (O. Rammstedt 1981).   O.R.

Betroffenheit, advokative, heißt die Identifikation mit der Betroffenheit anderer. Das führt dazu, dass die Ursachen der faktischen B. von denen zu beseitigen versucht werden, die a.B. durch Solidarität, Liebe, Mitleid verspüren.
                O.R.

Beurteilungsskala → Ratingskala

Beurteilungszusammenhang → Entdeckungszusammenhang – Rechtfertigungszusammenhang

Beutekapitalismus nennt M. Weber eine der vorrationalistischen Formen kapitalistischen Erwerbs, bei der die Gewinnchancen wesentlich in physischer Gewalt (Zwangsarbeit, vor allem kolonialer B.) oder in ökonomischem Charisma (Spekulationshelden) begründet sind.   C.S.

Beutekommunismus → Kriegerkommunismus

Bevölkerung, die Gesamtheit aller Personen in einem bestimmten Gebiet. Dieser Zentralbegriff der analytischen Demografie wird zum Teil als Vorstufe eines engeren soziologischen Gesellschaftsbegriffs benutzt.   G.E.

Bevölkerung, stabile, Modell der Bevölkerungswissenschaft, in dem die Bevölkerung nur durch Sterbe- und Fruchtbarkeitswerte bestimmt wird. Im Einzelnen ist eine s. B. durch konstante altersspezifische Fruchtbarkeitswerte für Frauen, alters- und geschlechtsspezifische Sterbewerte und ein konstantes Verhältnis von männlichen zu weiblichen Neugeborenen gekennzeichnet.

H.W.

Bevölkerung, stationäre, Bevölkerung, deren Geburten- und Sterberaten sich genau entsprechen, sodass sich der Umfang der Bevölkerung nicht verändert. H.W.

Bevölkerungsaufbau, Bezeichnung für eine Reihe von Parametern, die die Reproduktion und das Wachstum einer Bevölkerung bestimmen, u.a. die Altersschichtung (z.B. der Anteil der Jugendlichen unter 15 Jahren an der Gesamtbevölkerung), das Geschlechterverhältnis, der Anteil der Bevölkerung im erwerbsfähigen Alter.

H.W.

Bevölkerungsbewegungen, Veränderungen in der Bevölkerung einer bestimmten Region durch Migrationen, z.B. Land-Stadt-Wanderungen, oder durch Geburt und Tod (natürliche B.).

H.W.

Bevölkerungsdichte, durchschnittliche Anzahl von Einwohnern pro Flächeneinheit (z.B. Quadratkilometer) in einem bestimmten Raum (z.B. Stadtgebiet, Land). H.W.

Bevölkerungsdynamik → Bevölkerungsweise

Bevölkerungsgesetz, von R. Malthus (1798) aufgestellte Theorie, wonach der Lebensunterhalt der Bevölkerung ständig auf das Existenzminimum herabgedrückt ist. Grundlage des B.es bildet die Anschauung, dass die Produktion linear anwachse, die Bevölkerung jedoch geometrisch. Aus diesem Missverhältnis resultieren nach dem B. periodisch Hungersnöte, Seuchen oder Kriege, die ein Gleichgewicht zwischen Produktion und Bevölkerung wiederherstellen. H.W.

Bevölkerungsgleichgewicht, Modellzustand, in dem sich Zuwächse (Geburten, Einwanderungen) und Abnahmen (Todesfälle, Auswanderungen) in einer bestimmten Bevölkerung ausgleichen. H.W.

Bevölkerungskontrolle → Bevölkerungspolitik

Bevölkerungslehre → Demografie

Bevölkerungsoptimum, Variante zum Malthus'schen → Bevölkerungsgesetz (nach J.S. Mill), nach der mit einem Bevölkerungswachstum nicht unbedingt ein Rückgang des Sozialprodukts pro Kopf verbunden sein muss, sondern es über eine Steigerung der Produktivität zeitweilig erhöht werden kann. Das B. ist an dem Punkte gegeben, an dem ein weiteres Anwachsen der Bevölkerung zu einem Rückgang des Sozialprodukts pro Kopf führen würde. H.W.

Bevölkerungspolitik, umfassender Politikbereich, im Einzelnen besonders Maßnahmen nationalstaatlicher oder internationaler, aber auch privater Institutionen, die Umfang, Zusammensetzung und räumliche Verteilung einer Bevölkerung und ihrer Gruppen betreffen. Zum Be-

reich der B. gehören u.a. antinatalistische (z.B. Verhütungsprogramme) oder pronatalistische (z.B. Abtreibungsverbot) Geburtenkontrollen, Hygiene- und Gesundheitspolitik (z.B. zur Senkung von Mütter- und Säuglingssterblichkeit), die Regelung von Ein- und Auswanderungen sowie von Land-Stadt- Wanderungen. Zur B. gehört insb. auch die sog. Eugenik, die mit den Entwicklungen der Humangenetik und ihrer Technologien neue Bedeutung für die Bevölkerungskontrolle oder → Biopolitik erhalten hat.

H.W.

Bevölkerungspyramide, Alterspyramide → Altersstruktur

Bevölkerungsschere, gegenläufige Bewegungen von Geburts- und Sterbeziffern, meist sinkende Sterbeziffern bei steigender oder gleich bleibender Geburtenziffer. H.W.

Bevölkerungstheorie → Demografie

Bevölkerungsumfrage der Sozialwissenschaften, Allgemeine → Allbus

Bevölkerungsvakuum, Situation, in der eine Vergrößerung der Bevölkerung möglich ist, ohne dass Nahrungsmittel und andere Güter verknappen. H.W.

Bevölkerungsweise, generative Struktur, Bevölkerungsdynamik, Bezeichnung von G. Mackenroth für die historisch vorgefundenen Zusammenhänge zwischen Familienform, Heiratshäufigkeit, Heiratsalter, Fruchtbarkeit und Sterblichkeit unter bestimmten sozioökonomischen Bedingungen und dem Bevölkerungswachstum. Es wird zwischen alter und neuer B. unterschieden. In der alten B., die für die vorindustrielle Zeit zutrifft, wird Bevölkerungswachstum im Wesentlichen durch das Heiratsalter und die Heiratshäufigkeit bestimmt. In der neuen B., in industriellen Gesellschaften, wird Bevölkerungswachstum ausschließlich durch die Fruchtbarkeit bestimmt. R.N./H.W.

Bevölkerungswellen, durch Kriege, Wirtschaftskrisen etc. verursachte wellenartige Bewegung im Bevölkerungsaufbau, die durch Veränderung der Sterblichkeit, der Häufigkeit von Eheschließungen und Kinderzahlen hervorgerufen wird. Ist eine Generation z.B. wegen Geburtenausfall relativ schwach besetzt, so wird sich die Wellenbewegung mit kleiner werdenden Ausschlägen in der Nachkommenschaft dieser Altersgruppe fortsetzen. H.W.

Bevölkerungswissenschaft → Demografie

Bewährung, von K.R. Popper aufgestelltes Kriterium zur Beurteilung von Theorien. Eine Theorie ist bewährt genannt, wenn sie Versuche der → Falsifikation übersteht und mit den anerkannten Basissätzen vereinbar ist. Der Bewährungsgrad einer geprüften Theorie steigt, je größer ihr Anwendungsgebiet, je bestimmter sie

B

in ihren Aussagen, je geringer ihre logische Wahrscheinlichkeit ist.   H.W.

Bewährungsdynamik, bezeichnet in U. Oevermanns Vorschlag einer Religionssoziologie (1995) die nicht (mehr) nur angesichts des Todes, sondern an jeder Sequenzstelle des Handelns auftretende Bewährungsproblematik der Lebenspraxis: „Wer bin ich – in der Krise, in der ich mich entscheiden muß? Woher komme ich – d.h. welches sind die zunächst unbegriffenen Gründe, die mich der Vernünftigkeit meiner Entscheidung sicher machten? Wohin gehe ich – d.h. welches sind die noch nicht absehbaren Folgen, die aus der Weichenstellung dieser Entscheidung sich ergeben werden?" Wegen des Wissens von der Endlichkeit der Lebenspraxis ist das Bewährungsproblem nicht durch eine Lösung abschließbar. Das Bewährungsproblem kann (je nach Gesellschaftsform usw.) magisch beschworen, religiös-dogmatisch symbolisiert oder säkularisiert als andauernder Kampf um die Autonomie der Lebenspraxis gefasst werden. Damit das nie abschließend lösbare Bewährungsproblem lebbar wird, liegen Bewährungsmythen nahe, die Sinn und Kontinuität in die Reihe der früheren Entscheidungen bis jetzt bringen: religiöse Schöpfungs- oder Erlösungsmythen, säkularisierte Leistungsethiken und Lebensstile. Oevermann hält diesen Ansatz für geeignet, die Wirksamkeit von Religion auch und gerade für solche soziokulturellen Zustände aufweisen zu können, die ohne institutionelle religiöse Partizipation und ohne einschlägige Glaubensvorstellungen auskommen.   W.F.H.

Bewährungsmythos → Bewährungsdynamik
Bewährungsproblem → Bewährungsdynamik
Bewegung, [1] → Bewegung, soziale
[2] Bezeichnung, mit der sich faschistische Parteien selbst belegten, um vorzutäuschen, sie seien das einzige „dynamische Element" im Staate und in der Gesellschaft; daraus sollte sich notwendigerweise ergeben, dass die faschistische Partei im Staat regieren und für das Volk sprechen müsste – ohne jegliche Opposition.   O.R.

Bewegung, autokinetische → Autokinese
Bewegung, charismatische, messianistische Bewegung, Bezeichnung für die Form der sozialen Bewegung, die getragen wird von einem charismatischen Führer und seiner Gefolgschaft, die an sein → Charisma glaubt. Die Zielvorstellungen der c.n B. leiten sich aus dem Sendungsglauben des Führers (Messias) ab und sind geprägt durch die Erwartung, dass ein, wie auch immer umschriebenes Heil oder Unheil bald und plötzlich für die Menschheit heraufkommt. Von hier aus wird das alltägliche Geschehen problematisiert, werden die bestehenden sozialen Regeln sinnlos. Das Verhalten der Mitglieder der c.n B.

lässt sich vom alltäglich-üblichen durch Regelfremdheit, vornehmlich Wirtschaftsfremdheit, unterscheiden, und es befindet sich damit bewusst in Übereinstimmung mit der spezifischen Außeralltäglichkeit des akzeptierten Charisma. Als Beispiel für eine c. B. gilt die Bildung der urchristlichen Gemeinde um Jesus.   O.R.

Bewegung, chiliastische, millenaristische Bewegung, [1] eine christliche Bewegung, die den plötzlichen und baldigen Untergang dieser Welt und den ihm folgenden Beginn des Tausendjährigen Reiches erwartet, wie es in den apokalyptischen Teilen der Bibel prophezeit ist. Die c. B. rechnet mit dem Umschlag von dieser, wie vorausgesagt, moralisch immer schlechter und gewaltsamer werdenden Welt in eine Epoche der Glückseligkeit für nur ihre Anhänger, da die übrige Menschheit vernichtet werde. Die c. B. tendiert weniger zum Umsturz der bestehenden Sozialordnung, da damit das Ende nur verschoben werde, sondern vielmehr zur bewussten Bildung einer Gegengesellschaft, die mit der bestehenden Gesellschaft nichts mehr gemein haben will. Ein Beispiel ist die Täuferbewegung in Münster (1534/35).
[2] Im übertragenen Sinne Bezeichnung für soziale Bewegungen, die die soziale Entwicklung teleologisch-dualistisch verstehen, d.h. die Gesellschaft könne nur entweder einen zeitlos glücklichen Zustand anstreben oder aber zugrundegehen. Als Beispiele gelten der andalusische Dorfanarchismus (etwa 1872 bis 1936) und die sizilianischen Bauernbewegungen (ab 1875).   O.R.

Bewegung, ideologische, Sammelbegriff aus der Sichtweise der bestehenden Systeme für alle Bewegungen, die entweder ihnen zuwiderlaufende Ziele anstreben oder die Ziel der Gesellschaft für objektiv vorgegeben halten und damit ihr Bewusstsein von Wandel gefährden könnten.   O.R.

Bewegung, messianistische → Bewegung, charismatische
Bewegung, millenaristische → Bewegung, chiliastische
Bewegung, nativistische, Bezeichnung für die die Entwicklung der eigenen Gesellschaft beeinflussende Gruppierung, die das Ziel verfolgt, ausgewählte Aspekte der eigenen oder der für eigen erklärten Kultur wiederzubeleben oder ihre dominante Stellung gegen Einflüsse von außen auf Dauer zu sichern; n. B.en sind meist mit Fremdenhass gekoppelt.   O.R.

Bewegung, ökologische → Bewegungen, neue soziale
Bewegung, revolutionäre, [1] soziale Bewegung, die den Umsturz des bestehenden Sozialgefüges

propagiert, unabhängig davon, ob es zur Revolution kommt oder nicht.

[2] Die Gruppierung mit Massenbasis in der Revolution und deren Vorstellung von der notwendigen Umgestaltung der Gesellschaftsordnung, die den Entwicklungsgang in der Revolution maßgebend bestimmt, unabhängig davon, ob die Revolution erfolgreich ist oder nicht.   O.R.

Bewegung, soziale, *social movement,* [1] nach L. von Stein (1842, 1849, 1878) Bezeichnung für den sozialen Prozess, der in seiner Gesetzmäßigkeit vom Widerspruch zwischen Arbeit und Kapital geprägt sei. „Das erste Gebiet, auf welchem jener Widerspruch sich zur Geltung bringt, ist das des arbeitenden Gedankens. Das zweite Gebiet ist das der wirklichen Tat. Auf dem ersten entstehen die sozialen Theorien, auf dem zweiten das, was wir die s.n B.en nennen werden" (1878). L. von Stein, der als erster s. B. soziologisch reflektierte, sieht das Soziale von der Arbeit bestimmt, die sich als zentraler Faktor im politisch-gesellschaftlichen Bereich durchsetze. Mit diesem Verständnis greift von Stein auf den Saint-Simonismus zurück; und er versteht den Prozess der Durchsetzung im Sinne Hegels: „Die Bewegung selbst ist die Dialektik alles Seyenden" (G.W.F. Hegel 1833/36).   O.R.

[2] Das kontinuierliche Agieren auf radikale Erneuerung der Gesellschaft hin durch eine Anzahl von Personen, die nicht formal organisiert sind (z.B. in einer Partei) jedoch ein Wir-Gefühl entwickeln (R. Heberle).

[3] Ein Prozess des Protestes gegen bestehende soziale Verhältnisse, bewusst getragen von einer an Mitgliedern wachsenden Gruppierung, die nicht formal organisiert zu sein braucht. Dieser Protest richtet sich nicht direkt gegen die Ursachen der Missstände; er ist vielmehr auf Ebenen umgelenkt, die in den Gesellschaften als dominant angesehen werden. So sind in der je spezifischen Berücksichtigung der konkret historischen Situation der Gesellschaft „rein" religiöse, humanitäre, politische oder ökonomische Bewegungen als s. B.en zu werten. Auch zielt der Protest nicht auf die Akzeptierung durch das bestehende soziale System, sondern diesem wird eine absolute (nicht dem Wandel unterworfen zu scheinende) Vorstellung von Gesellschaft entgegengestellt, die jetzt und nun verwirklicht werden muss (immanente Heilserwartung). Die s. B. endet, wenn sie sich institutionalisiert oder in ihre Heilserwartung den Zeitfaktor aufnimmt und damit ihr für die Gesellschaft angestrebtes Ziel nur noch als ein mögliches Ergebnis der sozialen Entwicklung betrachtet (O. Rammstedt 1976).

[4] svw. → Arbeiterbewegung

[5] svw. Trend, historische Tendenz

[6] svw. liberale, fortschrittliche Partei (ca. 1825-1865); heute nicht mehr gebräuchlich.   O.R.

Bewegungen, neue religiöse, Sammelbezeichnung für unter den Bedingungen der Pluralisierung religiöser Orientierung hauptsächlich in den westlichen Industrieländern verbreitete neu entstandene Religiositätsformen und Religionsgemeinschaften mit unterschiedlichem Organisationsgrad, die sich durch Verschmelzung verschiedener religiöser Traditionen (→ Synkretismus), Opposition zu etablierten Religionen und einen zumindest anfänglich hohen Bindungsgrad ihrer Anhänger auszeichnen.   V.Kr.

Bewegungen, neue soziale (NSB), [1] Sammelbezeichnung für alle sozialen Bewegungen seit den 1970er Jahren; z.B. Bürgerinitiativ-, Umweltschutz-, Anti-AKW-, Frauen-, Friedens-, Alternativ-, Jugend-Bewegung. → Bewegung, soziale

[2] Aktionsgruppe, die im Namen eines postmaterialistischen Prinzips gegen das instrumentelle Prinzip protestiert, auf dem die Integration der Gesellschaft ruht. In soweit unterscheide sich die n. s. B. von der sog. „alten" sozialen Bewegung, wenn unter ihr vor allem die Arbeiterbewegung verstanden wird, da deren Mobilisierung von materiellen Bedingungen abgehangen habe und die Bewegungsziele materialistischen Werten verbunden geblieben seien. Die n. s. B., mit der Studentenbewegung einsetzend, zerfalle seit den 1970er Jahren in eine Reihe autonomer, aber vernetzter Teilbewegungen, deren Akteure sich durch eine gemeinsame Lebensweise und einen gemeinsamen Werthorizont auszeichnen. Der Protest der n.n s.n B. richtet sich gegen das politisch-kulturelle System. Daher werden unter diesem Aspekt nicht alle aktuellen sozialen Bewegungen zur n.n s.n B. gerechnet.   O.R.

Bewegungskrieg – Stellungskrieg, Bezeichnung von A. Gramsci für zwei revolutionäre Strategien der unterdrückten Klassen und ihrer Organisationen: Ist der Staat nur in geringem Maße auf hegemoniale Weise in der → Zivilgesellschaft [1] verankert, so kann der Staatsapparat, wie in Russland 1917/18, in Form eines B. besetzt und umgestürzt werden. In den westlichen kapitalistischen Gesellschaften sah Gramsci dagegen eine Situation gegeben, in der im → erweiterten Staat die → Zivilgesellschaft gewissermaßen als Befestigung des Staates im Vorfeld wirkt und die Vormacht in der Gesellschaft nur durch einen langwierigen, den Staat unterminierenden S. zu erreichen ist.   T.G./H.W.

Bewertung, *evaluation,* auch Wertung, [1] Akt der Beurteilung eines Sachverhalts anhand von

B

Wertmaßstäben, z.B. als wünschenswert, gut oder hässlich.   J.F.

[2] In der strukturell-funktionalen Theorie: Auswahl unter Handlungsorientierungen. Bereits durch B. wird jede Handlung in ein soziales System integriert.   G.E.

Bewertungsanalyse, *evaluative assertion analysis,* von C.E. Osgood entwickeltes inhaltsanalytisches Verfahren zur Messung der Intensität von Einstellungen. Untersuchungseinheiten der B. sind Sätze, die zerlegt und in eine bestimmte Form gebracht werden. Die Bestandteile der normierten Sätze werden nach einem bestimmten Schema bewertet. Die B. ist relativ aufwändig. Ihre Zuverlässigkeit hängt stark von der Schulung der Kodierer ab.   H.W.

Bewertungszusammenhang → Entdeckungszusammenhang – Rechtfertigungszusammenhang

Bewusstheit, *awareness,* im Allgemeinen Bezeichnung für den Tatbestand, dass eine Person einer Sache, insbesondere ihres eigenen Verhaltens und Denkens gewahr wird bzw. dass sie einen Gegenstand oder ein Ereignis bemerkt. Der Begriff wird in der experimentellen Psychologie vor allem zur Bezeichnung des Tatbestandes verwandt, dass eine Versuchsperson sich eines bestimmten kritischen Reizes, der ihr Verhalten beeinflusst, bewusst ist, d.h. dass sie darüber eine nachträgliche Mitteilung machen kann.   R.Kl.

Bewusstheitskontext, *awareness context,* von A. Strauss u. B. Glaser in einer Studie über Sterbende im Krankenhaus (1965) entwickeltes Merkmal von Interaktionskonstellationen, das das Ausmaß des Wissens aller Beteiligten voneinander und von sich selbst in den Augen anderer meint. Ein offener B. besteht, wenn der Sterbende um seinen Zustand weiß und weiß, dass alle anderen (Ärzte, Schwestern, Angehörige usw.) davon wissen. Ein geschlossener B. besteht, wenn dem Sterbenden sein Zustand verheimlicht wird, ihn aber andere Beteiligte kennen. Hierzu müssen unter Umständen spezielle Interaktionstaktiken (vielleicht auch Lügen) eingesetzt werden. Ein B. der Verstellung besteht, wenn der Sterbende von seinem Zustand weiß und die anderen auch, aber beide so tun, als wüssten sie es nicht. Weitere Kombinationen sind denkbar. Aus diesem Befund ist ein allgemeines Merkmal von Interaktionsprozessen entwickelt worden, das (etwa: Eltern sprechen in Gegenwart ihrer Kinder über Problematisches) erhellend sein kann für die Untersuchung von Interaktionsbeiträgen und für die Gesamtgestalt von Interaktionsprozessen.   W.F.H.

Bewusstsein, einer der traditionsreichsten und zugleich vieldeutigsten Begriffe der Philosophie und der Wissenschaften vom Menschen, insbesondere der Psychologie und Soziologie.

[1] In der Psychologie überwiegend das Sich-Innesein, das Präsent-Haben von Erlebnissen, von psychischen Vorgängen und Zuständen. Das B. umfasst also die Gesamtheit der wirklichen oder gleichzeitig gegenwärtigen Wahrnehmungen, Erinnerungen, Vorstellungen, Gedanken, Intentionen usw., die einem Subjekt als Gegenstände seines Erlebens gegeben sind. Im Einzelnen sind unterschieden worden a) das Außenwelt- oder Gegenstandsb., d.h. die von einem Subjekt als wirklich erlebte Welt bzw. das Wissen des Subjekts von den Objekten seines Erlebens, b) das Innenweltb., d.h. die Gesamtheit der Gedanken, Vorstellungen, Vermutungen, Hoffnungen usw., die sich das Subjekt als solche (d.h. als Gedanken, Vorstellungen usw.) vergegenwärtigt, c) das Ich- oder Selbstb., d.h. das Wissen des Subjekts von sich selbst als überdauerndes, im Zeitablauf identisches Ich, das jene Erlebnisse „hat". B.szustände werden nach Klarheit und Deutlichkeit des Erlebens unterschieden.

[2] Darüber hinaus gibt es in der Psychologie eine ganze Reihe weiterer Verwendungsweisen des Begriffs B. als Bezeichnung für den Zustand der psychischen Wachheit, der Empfindungsfähigkeit des Gehirns für die Fähigkeit des Individuums, sich über sein eigenes Erleben mitzuteilen, für den Zustand der Aufmerksamkeit und schließlich für Absichtlichkeit, Vorsätzlichkeit, Selbstkontrolle.

[3] In der Psychoanalyse wird das B. oder das Bewusste dem → Unbewussten und dem → Vorbewussten gegenübergestellt. Es bezeichnet hier deskriptiv die augenblickliche Qualität der inneren und äußeren Wahrnehmungen. In der psychoanalytischen Theorie ist das B. die Funktion desjenigen Teils des psychischen Apparats, der die Informationen aus der Außenwelt, die von innen kommenden Empfindungen sowie die wiederbelebten Erinnerungen empfängt. (→ Bewusstseinsschwelle, → Verdrängung).

[4] Wenn der Begriff des B.s in der Soziologie benutzt wird, geschieht dies überwiegend im Sinne von [1]. Jedoch hebt die Soziologie hervor, dass die Inhalte und Strukturen des individuellen B.s in weitem Maße gesellschaftlich bestimmt sind. Die Gesamtheit der Vorstellungen, Anschauungen, Gefühle, Intentionen usw., die von den Mitgliedern einer Gesellschaft in mehr oder weniger starkem Maße geteilt werden, bezeichnet man in der Soziologie als → gesellschaftliches B. oder – in der Tradition E. Durkheims – als → Kollektivb. Insbesondere das B. des Individuums von den gesellschaftlichen Zu-

ständen, in denen es lebt, und von seiner eigenen sozialen Situation werden nach soziologischer Auffassung stark von seiner tatsächlichen gesellschaftlichen Lage, vor allem von seiner „Klassenlage", bestimmt (K. Marx: „Es ist nicht das B. der Menschen, das ihr Sein, sondern umgekehrt ihr gesellschaftliches Sein, das ihr B. bestimmt"). → Bewusstsein, falsches; → Klassenbewusstsein. R.Kl.

Bewusstsein, falsches, im Marxismus verwandter Begriff, um eine bestimmte (undialektische und verdinglichte) Form der Erfassung der Wirklichkeit zu charakterisieren. „Falsch" ist ein Bewusstsein, welches eine historische Erscheinung für eine ewige, ein menschliches Produkt für etwas naturhaft Entstandenes oder von außen Gegebenes nimmt. Im f.B. sind die gesellschaftlichen Verhältnisse nicht als gesellschaftlich produzierte begriffen, sondern als natürliche, ohne das menschliche Zutun entstandene. Das f.B. darf weder philosophisch als Abweichung von einer vorausgesetzten Wahrheit, noch psychologisch als Irrtum verstanden werden. Das f.B. ist nur die Kehrseite einer „falsch" eingerichteten Gesellschaft, so wie die Entfremdung des Bewusstseins die Kehrseite der ökonomischen Entfremdung ist. So ist das religiöse Bewusstsein zwar ein f.B., aber die Religion ist Ausdruck der politischen und ökonomischen Situation. Besonders folgenreich war die politische Wendung der Rede vom f.B. im Marxismus-Leninismus als Abweichung vom durch die Parteilinie definierten Klassenbewusstsein. P.G.

Bewusstsein, gesellschaftliches, meist im Rahmen der marxistischen Soziologie gebrauchter Begriff, der die Gesamtheit der gesellschaftlich geprägten Anschauungen, Ideen und Theorien umfasst. Das g.e B. ist bedingt durch das gesellschaftliche Sein. Die marxistische bzw. materialistische Annahme, das gesellschaftliche Sein bestimme das Bewusstsein, ist allerdings nicht ontologisch zu verstehen, sondern historisch: Das Sein bestimmt das Bewusstsein in einer bestimmten historischen Situation, in der aufgrund bestimmter Bedingungen das Sein übermächtig geworden ist. Die nachmarxistische Wissenssoziologie versucht, nicht nur die Beziehungen zwischen sozialen Lagen und Bewusstseins- oder Wissensformen herzustellen, sondern auch etwas über die Beziehungen der Wissensformen untereinander auszumachen. P.G.

Bewusstsein, kollektives → Kollektivbewusstsein

Bewusstsein, utopisches, utopisches Denken, Erwartungen von der möglichen Zukunft gesellschaftlicher Entwicklung zu Frieden, Glück, realer Gerechtigkeit: Diese Erwartungen richten zwar das Verhalten der Einzelnen und Gruppen, die das u.e B. tragen, auf diese Ziele aus, machen ihr Handeln aber erfolglos – so die Kritik seit K. Marx und F. Engels –, weil die Erwartungen nur ausgedacht und ersehnt sind, weil sie nicht aus den gesellschaftlichen Realprozessen abgeleitet sind. W.F.H.

Bewusstsein, verdinglichtes, in der marxistisch orientierten Soziologie zur Charakterisierung eines Bewusstseins verwandt, das die Dinghaftigkeit und Gegenständlichkeit der Erscheinungen nicht in ihrem gesellschaftlichen Zusammenhang begreift. Das v.e B. nimmt die gesellschaftlichen Produkte nicht als gesellschaftlich produzierte, als Ergebnisse menschlicher Tätigkeit, sondern als äußerliche, geschichtslose und eigenen Gesetzen gehorchende, natürliche und unveränderliche Dinge; von Kapitalproduktivität zu sprechen, verweist z.B. auf v. B., da hiermit unterstellt wird, dass das Kapital als solches produktiv sein könne. P.G.

Bewusstseinsschwelle, jene Grenze, von der ab ein unbewusster Inhalt klar und bewusst wird. S. Freud spricht 1917 in einem Bild vom System des Unbewussten als einem Raum, an den sich ein zweiter anschließe, der das Vorbewusste und das Bewusstsein enthalte. „An der Schwelle zwischen beiden" stehe der „Zensor", der über die Bewusstseinsfähigkeit „verdrängter" Regungen entscheide. Sein Widerstand werde durch die psychoanalytische Behandlung aufzuheben versucht.
Der Begriff der B. ist nicht mit dem Begriff der → Schwelle im psychophysischen Sinne zu verwechseln. K.St.

Bewusstseinsstufe, in der marxistischen Soziologie der Entwicklungsstand der Ideen, Theorien usw., die in der unterdrückten Klasse der antagonistischen Klassengesellschaft wirksam sind im Hinblick auf den Grad a) der Übereinstimmung mit den objektiven Entwicklungstendenzen der Gesellschaft und b) der Organisation zur selbstbewussten und damit revolutionär handlungsfähigen Klasse. C.Rü.

Bezeichnung, [1] oft auch: Benennung, der Vorgang des Zuweisens von Zeichen zu Objekten in Form von Individuen- oder Klassennamen.
[2] Seltener auch: Benennung, Zeichen mit der Funktion, entweder ein individuelles Objekt von anderen zu unterscheiden oder bestimmte Objekte einer Klasse zuzuordnen. A.H.

Beziehung, [1] Bezeichnung für die aktuellen wie potenziellen Vorgänge (Erwartungen, Wahrnehmungen, Kommunikationen, soziales Handeln) zwischen zwei oder mehreren Individuen und zwar unabhängig von der zeitlichen Dauer dieser Wechselbeziehung.
[2] Bezeichnung für eine Handlungseinheit bzw. ein → soziales Gebilde von länger dauerndem

Bestand, das eine gewisse Generalisierung erwartbaren Verhaltens zulässt. B.S.

[3] Bedeutungsoffene Bezeichung für einen statistischen Zusammenhang zwischen Variablen. W.F.H.

Beziehung, dyadische → Dyade

Beziehung, geschlossene soziale → Schließung, soziale [2]

Beziehung, offene soziale → Schließung, soziale [2]

Beziehung, reine, *pure relationship,* von A. Giddens (1991, 1992) in die Soziologie persönlicher Beziehungen eingeführtes Konzept. Die r.B. bezeichnet partnerschaftliche Lebensweisen, wie sie sich seit 1970 entwickelt haben, hierunter vor allem die nichteheliche Lebensgemeinschaft. Im Unterschied zu den traditionellen Formen ist die r.B. nicht in äußeren Bedingungen des sozialen oder ökonomischen Lebens verankert. Sie wird nur gesucht für etwas, das sie den unmittelbar Beteiligten bringen kann. Äußere Verankerungen werden durch Bindung (*commitment*) ersetzt. Sie ist reflexiv organisiert, fokussiert sich auf Intimität und hängt von gegenseitigem Vertrauen ab. Wegen ihrer leichten Auflösbarkeit stößt die r.B. auch auf Kritik. R.L.

Beziehungen, horizontale – vertikale. H. B. sind Kontakte zwischen Angehörigen des gleichen Rangs in einer Organisation, die im Gegensatz zu v.n B. nicht durch Statusunterschiede der Kontaktpartner geprägt sind. J.H.

Beziehungen, industrielle, *industrial relations,* allgemein die Gesamtheit der Beziehungen zwischen Unternehmen und abhängig Beschäftigten auf den Ebenen: Betrieb, sektoraler Arbeitsmarkt und Gesamtwirtschaft. Den verschiedenen Regelungsebenen entsprechen jeweils spezifische Akteure und Regelungsverfahren (Normen, Verträge, Institutionen). Das Zentrum der i.n B. bilden die Arbeitsverhältnisse (Arbeitsbeziehungen, *labour relations*), um die es in den friedlichen oder konfliktorischen Interaktionen der beteiligten Gruppen geht. Charakteristisch für das deutsche System der i.n B. sind a) seine duale Vertretungsstruktur (betriebliche Interessenvertretung, sektorale Tarifverhandlungen), b) seine Verrechtlichung (Betriebsverfassung, Tarifautonomie, Arbeitskampfrecht), c) die Repräsentativität der Organe kollektiver Interessenvertretung (relative Unabhängigkeit von der Zustimmung der Mitglieder bzw. Belegschaft, Alleinvertretungsanspruch der Gewerkschaften) und d) die Zentralisierung des Tarifverhandlungssystems und der Tarifparteien. In Gestalt von Rahmenverträgen, Kollektivvereinbarungen, Vermittlungs- und Schlichtungsinstanzen zwischen Unternehmern bzw. ihren Verbänden und Gewerkschaften sind die i.n B. Ausdruck

der Institutionalisierung des Klassengegensatzes. B.Bi./M.Sch.

Beziehungen, internationale, *international relations,* internationale Politik, Gegenstand sozialwissenschaftlicher Studien über die Beziehungsmuster zwischen Staaten und Nationen im Weltzusammenhang. Bestandteil universitärer Lehre und Forschung sind die i.n B. seit den 1950er Jahren; meist in Kooperation mit oder als Bestandteil von Politischer Wissenschaft, politischer Soziologie, Staatslehre und Weltwirtschaftstheorie. Außenpolitische Entscheidungen, Bündnissysteme, Weltorganisationen, Konfliktmuster, Rüstungskontrolle und Abrüstung gehören zu ihren wichtigsten Arbeitsgebieten. W.F.H.

Beziehungen, persönliche, *personal relations,* ein Teilgebiet der Mikrosoziologie, worin die verschiedenen Arten von seelisch tiefgehenden Verhältnissen zwischen zwei Menschen untersucht werden. Neben Ehe und Eltern-Kindschaft sind das u.a. Freundschaft und Lebensgemeinschaften in vielen Formen. „Sie sind nicht zufällige Äußerungsformen individueller Anlagen, sondern ordnen sich in ihren Arten und Formen nach gesellschaftlichen Bedingungen" (F.H. Tenbruck 1964/1989). P.B. unterscheiden sich als eigene Systemebene von einer (kleinen) Organisation oder Gruppe. Gegenüber bloßer Interaktion enthält eine p.B. emergente Eigenschaften wie Vertrauen, Intimität und Hingabe (K. Lenz 1998). P.B. zeichnen sich durch ein hohes Maß an Kontinuität aus, das die Abfolge von Interaktionen überspannt und es möglich macht, an die gemeinsame Vergangenheit anzuknüpfen. Darüber hinaus besitzen p.B. ein persönliches Wissen, hohe Affektivität (sowohl positiver wie auch negativer Art) und eine ausgeprägte Interdependenz. Sie sind darauf angewiesen, sich in Interaktionen zu aktualisieren. Jedoch sind sie nicht – wie Interaktionen – auf die Anwesenheit in einer sozialen Situation beschränkt, sondern überdauern diese. Immer wieder wird gefordert und versucht, eine spezielle Soziologie der p.B. einzurichten; doch bislang ist es bei Ansätzen geblieben. K.Le./R.L.

Beziehungen, vertikale → Beziehungen, horizontale – vertikale

Beziehungen, zwischenstaatliche → Beziehungen, internationale

Beziehungsanalyse → Relationsanalyse

Beziehungsaspekt – Inhaltsaspekt, in der Kommunikationstheorie (P. Watzlawick) Bezeichnung für die zwei Ebenen menschlicher Kommunikation: die Ebene des Austauschs von Inhalten (I.) und die Ebene der Definition der Beziehung zwischen den Kommunizierenden (B.). I. und B. sind insofern unmittelbar aufeinander verwiesen, als der Stellenwert und die Bedeutung, die der Austausch von Inhalten für die Kommunizierenden haben, zu einem Großteil durch das „metakommunikativ" (Tonfall, Gestik usw.) hergestellte Verständnis über die Art der Beziehung zwischen den Kommunizierenden bestimmt wird. H.G.

Beziehungsfalle → Doppelbindungs-Hypothese

Beziehungslehre, Beziehungssoziologie, Beziehungswissenschaft, Bezeichnung im weiteren Sinne für jene soziologischen Ansätze, die die soziale Beziehung als Grundkategorie eines Theorieentwurfs wählen. Vertreter dieser B. sind u.a. E. Dupréel, F. Oppenheimer, J. Plenge, W. Stok und A. Vierkandt. Im engeren Sinne bezeichnet B. den soziologischen Ansatz von L. von Wiese. Seine B. stellt einen systematischen Ausbau der von G. Simmel entwickelten soziologischen Betrachtungsweise dar (→ Soziologie, formale). Noch entschiedener als Simmel lehnt von Wiese einen wissenschaftlichen Gesellschaftsbegriff als bloße Fiktion ab und rekurriert stattdessen auf das Soziale als „einem verwickelten Netz von Beziehungen zwischen Menschen". Aufgabe der als B. verstandenen Soziologie ist es im Gegensatz zu anderen „Kulturwissenschaften", die Formen der Assoziation und Dissoziation der Menschen zu analysieren, nicht jedoch den Zweck dieser Beziehungen. Daher sind soziale Prozesse, Abstand (Distanz) und soziale Gebilde die Grundbegriffe seiner beziehungswissenschaftlichen Soziologie. Soziale Beziehungen sind das Ergebnis sozialer Prozesse, die ihrerseits wiederum als Veränderungen zwischenmenschlicher Abstände definiert werden. Sobald soziale Prozesse eine gewisse Konstanz und Kontinuität sowie gleiche Beziehungen als Ergebnis aufweisen, ergeben sich soziale Gebilde. Gegenüber einfacheren sozialen Beziehungen sind soziale Gebilde durch ihre höhere Elastizität und einen unproblematischeren Bestand gekennzeichnet. Die Aufgabe der Allgemeinen Soziologie sieht von Wiese in der Analyse einzelner sozialer Beziehungen und sozialer Gebilde sowie in deren Einordnung in ein allgemeines Beziehungssystem und ein System aller sozialen Gebilde. B.S.

Beziehungsmerkmale → Relationsmerkmale

Beziehungssoziologie → Beziehungslehre

Beziehungstrauma, eine seelische Erschütterung, die auf belastende Ereignisse in Nah-Beziehungen (z.B. Misshandlung oder sexuelle Gewalt durch Eltern, Freunde, Ehepartner) zurückgeht. W.F.H.

Beziehungswissenschaft → Beziehungslehre

Bezugsgruppe, *reference group,* [1] Identifikationsgruppe, Bezeichnung für eine Gruppe, mit der sich eine Person identifiziert, an deren Nor-

men und Wertvorstellungen sie ihr eigenes Verhalten misst und deren Ziele, Meinungen, Vorurteile usw. sie zu ihren eigenen macht. Als B.n von Personen kommen sowohl solche Gruppen in Frage, denen die Betreffenden bereits angehören (Mitgliedschaftsgruppen), als auch solche Gruppen, in die das Individuum aufgenommen oder von denen es anerkannt werden möchte. B.n in diesem Sinne werden auch als „positive" B.n bezeichnet und damit von den sog. → „negativen" B.n unterschieden.

[2] In der soziologischen Rollentheorie (R. Dahrendorf) auch Bezeichnung für diejenigen Gruppen oder Instanzen, deren Verhaltenserwartungen eine bestimmte soziale → Rolle definieren. R.Kl.

Bezugsgruppe, negative, *negative reference group,* Bezeichnung für eine Gruppe, deren Normen und Verhaltenserwartungen insofern von bestimmten Personen oder Gruppen zum Maßstab ihres eigenen Verhaltens gemacht werden, als sie diese Normen und Erwartungen bewusst zurückweisen und zum Anlass für die Entwicklung von Gegen-Normen und -Erwartungen nehmen. Bestimmte Ziele und Verhaltensweisen werden von Individuen nicht akzeptiert, gerade „weil" es sich um Ziele und Verhaltensweisen ihrer n.n B. handelt. R.Kl.

Bezugsmacht, *referent power,* eine Durchsetzungschance, die auch ohne Einfluss- und Durchsetzungsversuch darauf beruht, dass mittels Bezugsgruppenverhältnis Imitation und Identifikation mit den Machtträgern stattfindet (J.R.P. French u. B.H.C. Raven 1959). K.H.H.

Bezugsperson, Bezeichnung für eine Person, mit der sich Individuen identifizieren und an deren Überzeugungen, Einstellungen und Verhaltensweisen sie die Richtigkeit und Angemessenheit ihrer eigenen Überzeugungen, Einstellungen und Verhaltensweisen messen; eine B. ist für ein gegebenes Individuum also diejenige Person, die ihm als „Maßstab" seines eigenen Lebens dient. R.Kl.

Bezugsprobleme, funktionale, Bezeichnung aus der strukturell-funktionalen Theorie: Annahmen über angestrebte Systemziele oder zu lösende Systemprobleme, die als methodische Bezugspunkte in die funktionale Analyse der Wirkungen von Elementen und Bedingungen eines sozialen Systems eingeführt werden. Durch Angabe der f.n B. können die Wirkungen der Elemente eingegrenzt und auf einem definierten Bezugsniveau verglichen werden, das jedoch prinzipiell variabel und verschiebbar ist, da stets eine Mehrzahl oft konfligierender Systemziele gegeben ist. Selektion und Definition von f.n B.n sind daher sehr wichtig, weil hiervon Umfang und Richtung der Wirkungsanalyse abhängen. B.W.R.

Bezugsrahmen, *frame of reference,* in der Handlungstheorie: die für einen Akteur in einer bestimmten Situation gegebenen bzw. von ihm gewählten Bewertungs- und Orientierungsmaßstäbe (z.B. gleiche Gemeinde, ähnlicher Beruf, gleicher Status), die sein soziales Verhalten mitbestimmen. H.L.

Bezugsrahmen, begrifflicher, *conceptual framework,* [1] in der Wissenschaftssprache der Begriffskomplex, der zur Benennung und Einordnung von Wahrnehmungen und Erfahrungen dient. Da in ihn in mehr oder weniger starkem Maße theoretische Vorentscheidungen eingehen, ist eine Grenze zum → theoretischen Bezugsrahmen häufig nicht genau zu ziehen.
[2] Der von Mensch zu Mensch unterschiedliche, sprachlich darstellbare Teil des „Weltbildes" eines Individuums, der bei diesbezüglichen sozialwissenschaftlichen Untersuchungen (z.B. bei Interviewfragen) berücksichtigt werden muss. H.D.R.

Bezugsrahmen, handlungstheoretischer, *frame of reference of the theory of action, action scheme,* das Begriffsschema und die Modellannahmen der soziologischen Handlungstheorie, innerhalb derer u.a. folgende Grundbegriffe systematisch zueinander in Beziehung gesetzt werden: Situation, Orientierung, Akteur, Persönlichkeit, soziales System, kulturelles System. H.L.

Bezugsrahmen, theoretischer, *conceptual scheme,* ermöglicht die Einordnung von wissenschaftlichen Aussagen über die Realität und liefert Kategorien für die Beschreibung von Ereignissen und Gegenständen sowie Kriterien in Bezug auf Vollständigkeit und Genauigkeit der Beschreibung. Der t.e B. erlaubt eine logische Anordnung der Kategorien und schafft somit eine Voraussetzung für ein theoretisches System. Er steht in engem Zusammenhang mit dem → begrifflichen Bezugsrahmen [1] H.D.R.

Bezugssystem, *frame of reference,* [1] → Bezugsrahmen
[2] In der Psychologie Bezeichnung für die durch frühere Erfahrungen mit ähnlichen Gegenständen oder Ereignissen erworbenen, bei der Wahrnehmung oder Bewertung von Gegenständen und Ereignissen (zumeist unbewusst) angewandten Vergleichs- und Bewertungsmaßstäbe. So hängt es z.B. von dem jeweils angewandten B. ab, ob ein Mensch als „schön" oder „hässlich", ob eine schulische Leistung als „befriedigend" oder „mangelhaft" empfunden wird. R.Kl.

bias (engl.), [1] Verzerrung, ein systematischer Messfehler, der durch subjektive Faktoren im Forschungsprozess (wie etwa Suggestion bei der Fragestellung, Einseitigkeit bei der Auswahl der Untersuchungsobjekte usw.) hervorgerufen wird und die Gültigkeit des Messergebnisses beeinträchtigt. E.L.
[2] Systematische „Verzerrung" in einem Mehrheitswahlsystem zu Ungunsten der Partei, die aufgrund ungleicher Wahlkreiseinteilung und/oder der Konzentration ihrer Stimmen in Hochburgen stets einen höheren Prozentsatz der im gesamten Wahlgebiet abgegebenen Stimmen für die gleiche Zahl von Parlamentssitzen benötigt als die vom *b.* bevorzugte Konkurrenz. Im „personalisierten Verhältniswahlrecht" der Bundesrepublik kann der *b.* zu „Überhangmandaten" für die begünstigte Partei führen. H.D.R.

Bifurkation, Gabelung, eine in zahlreichen Verwandtschaftssystemen geltende und praktizierte Regel, die Bezeichnung eines Verwandten C durch den Verwandten A vom Geschlecht des C und A verbindenden Verwandten B abhängig zu machen, also z.B. dem Großvater, der Vater der Mutter ist, eine andere Bezeichnung zu geben als dem Großvater, der Vater des Vaters ist. Diese Regel gilt in unserem Verwandtschaftssystem nicht. E.L.

big man (engl.), Bezeichnung der Ethnologie für einen durch Beschenkung anderer und darauf gegründete Loyalitäten erworbenen Status (in Melanesien), der aber gewöhnlich nicht auf Dauer eingenommen werden kann (wegen der Notwendigkeit, mit der Beschenkung der anderen fortzufahren o.ä.). W.F.H.

BIK-Region, nach der entwickelnden Firma „BIK" benannte Systematik, in der Raumeinheiten erhoben werden, die eine größere Stadt und die anliegenden Wohnorte von Pendlern umfasst. In der empirischen Sozialforschung dient diese Systematik dazu, größere regionale Einheiten zu bilden, die im Hinblick auf bestimmte Merkmale ihrer Einwohner (z.B. Lebensstil, Interessen, Einstellungen) homogen sind. D.Kl.

Bikulturalismus, der Sachverhalt, dass bestimmte Personen oder Gruppen gleichzeitig zwei Kulturen angehören, wie am deutlichsten an vielen, zumal den geschlossen siedelnden Einwanderern (und ihrer ersten Nachkommengeneration) in den USA zu beobachten; häufig, jedoch nicht immer, ist Zweisprachigkeit (Bilingualismus) damit verbunden. W.Sch.

bilateral, [1] Bezeichnung für eine Verwandtschaftszurechnung zu beiden und durch beide Elternteile.
[2] Bezeichnung für eine nicht-unilineale Verwandtschaftszurechnung, bei der die Abstammung von beiden Elternteilen gleiche soziale Gültigkeit hat.

[3] Im Falle der → Kreuzbasenehe Bezeichnung für das Heiratsmuster zu beiden Kreuzbasen.

[4] In der Politikwissenschaft (und der Sprache der Politik) gewöhnlich Bezeichnung für (nur) zweiseitige Abmachungen, Verträge usw.

W.F.H.

Bildstatistik, ein Verfahren in der Psychologie, bei dem etwa eine Vielzahl von Porträtfotografien aus einer Gruppe übereinander projiziert wird, um typische bzw. durchschnittliche Gesichtszüge in dieser Gruppe darstellen zu können.

W.F.H.

Bildung, ein nur im Deutschen gebräuchlicher und geistesgeschichtlich reicher Begriff, seit etwa zwei Jahrhunderten ein Zentralbegriff der Pädagogik, in verschiedenen Zusammensetzungen aber auch in der Soziologie verwendet.

[1] In der älteren pädagogischen und auch literarischen Tradition meint B. die Herausarbeitung der inneren Vermögen der Menschlichkeit hin zu einer dem Individuum angemessenen Lebensform, die teilhat am Wesentlichen des Lebens (etwa am Reich der Ideen, an kultivierter Lebenshaltung, an der kulturellen Überlieferung, an der Betätigung der Vernunft). Bis heute einflussreich wurden die Gedanken von W. von Humboldt zu einer „allgemeinen Menschenbildung", die vor jeder Ausrichtung auf die Zugehörigkeit zu Ständen und Berufen durch ästhetische, geschichtliche, sprachliche und mathematische Unterweisung alle zu einer ausgeglichenen und selbst bestimmten Individualität führen sollte.

[2] Die neuere Pädagogik hat unterm sozialwissenschaftlich-psychologischen Einfluss zum Teil ganz auf den Begriff verzichtet (zu Gunsten von Erziehung, Sozialisation, Lernen, Qualifikation usw.), zum Teil Neuentwürfe zu B. vorgelegt, die meist traditionelle Motive mit solchen aus der neueren Debatte über Emanzipation, Selbstbestimmung und Selbstverwirklichung zu verbinden suchen.

[3] In der Soziologie wird B. meist „neutraler", also ohne Anklänge an die geistes- und pädagogikgeschichtlichen Wurzeln verwendet und bezeichnet gewöhnlich die Entwicklung des Kindes und Jugendlichen zu individueller Handlungsfähigkeit und zu sozialer Kompetenz vermittels der vor allem in den staatlichen Bildungseinrichtungen möglichen Lern- und Sozialisationsprozesse (während Erziehung oft den im und durch das Elternhaus möglichen Lern- und Sozialisationsprozessen vorbehalten ist). In dieser „neutralen" Bedeutungsverwendung stimmt die Soziologie überein mit der Sprache der Politik und der Bildungsreform. W.F.H.

Bildung, polytechnische, ein Bildungsziel und -prinzip im Bildungssystem sozialistischer Staaten, abgeleitet aus den Marx'schen Analysen zur allseitigen Entwicklung des Menschen. Durch Verbindung von Unterricht und produktiver Arbeit (und Gymnastik), durch Vermittlung der technologisch-theoretischen Grundlagen der wichtigsten Produktionsprozesse sollten Folgen der kapitalistischen Arbeitsteilung aufgehoben und die Produzenten zur Leitung der Produktion befähigt werden. W.F.H.

Bildungsaufwand → Bildungsinvestition

Bildungsbarriere, Bezeichung aus der Debatte über die Bildungsreform in den 1960er Jahren für soziale Bedingungen, die Kindern aus den unteren Schichten oder aus bestimmten sozio-kulturellen Milieus den Zugang zu den höheren Schulwegen erschweren oder ihn faktisch ausschließen (z.B. traditionelle Bildungsfeindlichkeit der Eltern, ungünstige regionale Struktur der Schulformen, Benachteiligung von Mädchen, → Sprachbarrieren). W.F.H.

Bildungsbeteiligung, die Proportion, zu der Kinder aus bestimmten Gruppen (Berufsgruppen, Schichten, Geschlechter usw.) die (weiterführenden) Schulformen und Bildungseinrichtungen besuchen. Der Begriff entstammt (wie noch deutlich an der Implikation zu sehen, es handele sich um eine „Beteiligung") der Bildungsreformdebatte der 1960er und 1970er Jahre, wird inzwischen aber neutral im Sinne einer Kennziffer verwendet. W.F.H.

Bildungsbiografie, [1] allgemein das Ablaufmuster von Vorschulerziehung und Einschulung bis hin zu weiterführenden Schulformen und evtl. Hochschule (sowie spätere Weiter- und Fortbildung), das in Kindheit und Jugend (bzw. im Lebenslauf) durchlaufen wird.

[2] Speziell (in der Biografieforschung) die Darstellung und Deutung dieses Ablaufs durch einen Befragten. W.F.H.

Bildungsbürgertum, heißt zum einen die soziale Schicht, die sich aus Bildungsbürgern zusammensetzt, und zum anderen ihr Lebensstil, der geprägt ist von der Trennung der zwei Kulturen, der des Geistes vs. der der Praxis. Das B. entwickelte sich im ausgehenden 18. und beginnenden 19. Jahrhundert in Opposition zur ständischen Gesellschaftsordnung und weist in der vorindustriellen Phase der deutschen Staaten noch keine Momente der Bürger als Klasse auf. Die Stellung im Beruf, der Vermögensstand und die Höhe des Einkommens sind für die Struktur der B. ohne große Bedeutung, obwohl es ein hohes soziales Prestige genießt und enge Kontakte zu den kulturellen, sozialen und politischen Entscheidungszentren pflegt. Im ausgehenden 19. Jahrhundert wird der Gegensatz des B. zur bür-

B

gerlichen Klasse evident, der es den politischen, kulturellen und sozialen Einfluss raubt. O.R.

Bildungschancen, die gesellschaftlich bestimmten Möglichkeiten von Kindern, ihre Begabungen angemessen in den Einrichtungen des Bildungssystems entfalten zu können. Nach liberaler Bildungstheorie verursachen trotz formalrechtlicher Gleichheit des Zugangs zu den verschiedenen Schulzweigen und -stufen soziale Faktoren (z.B. Schichtzugehörigkeit der Eltern, unterschiedliche Sprachgewohnheiten, wirtschaftsgeografische Lage) eine erhebliche Ungleichheit der B.: Die Gleichheit der B. soll durch Abbau einiger dieser Faktoren (z.B. Bildungsberatung und Differenzierung des Bildungsangebots, kompensatorische Spracherziehung, Subventionierung von ausbildungs- und lagebedingten Kosten) hergestellt werden. D.K./E.D.

Bildungsforschung, die Untersuchung der inneren Strukturen und Leistungen des Bildungssystems sowie seiner Beziehungen zur gesellschaftlichen Entwicklung im Hinblick auf eine angemessene staatliche Bildungspolitik und -planung, also mit mehr oder weniger praktischem Bezug. Entstanden ist B. im Zusammenhang mit der Debatte über Bildungsreformen in den 1960er Jahren (vgl. Gründung des Berliner Max-Planck-Instituts für B.) als gemeinsames Arbeitsgebiet von Bildungssoziologie, Bildungsstatistik, Bildungsökonomie, Bildungsplanung, Curriculumforschung, Psychologie des Lernens, Sozialisationsforschung und empirisch-pädagogischen Studien. Bei allem bildungspolitisch-praktischen Bezug sind aus ihr eine Reihe von Studien entstanden, die grundlagentheoretische Bedeutung haben (zur Sozialisationstheorie, zur Entwicklungspsychologie der Lebensspanne, zur Soziologie des Lebenslaufs u.a.). W.F.H.

Bildungsgeografie, die Erforschung des Bildungsstandes einer Bevölkerung unter territorialem Aspekt. W.F.H.

Bildungsinvestition, Bildungsaufwand, alle direkten (hauptsächlich monetären Kosten) und indirekten (hauptsächlich entgangenen monetären Einkommen) Aufwendungen zur Erzeugung von Qualifikationen überwiegend im Bildungs- und Ausbildungssystem. Von ökonomisch vorteilhaften B.en spricht man immer, wenn erwartet wird, dass den Aufwendungen mindestens gleich große Erträge in Form von hauptsächlich monetären Einkommen gegenüberstehen werden, ob diese nun individuell oder volkswirtschaftlich anfallen. D.K.

Bildungskapital, in P. Bourdieus Theorie der Reproduktion von sozialen Klassen über die Generationen hinweg und der dabei wirksamen Ressourcen (Kapitalsorten) Bezeichnung für jenen Teil des → kulturellen Kapitals (also der indivi-

duell angeeigneten kulturellen Tradition und „Kultiviertheit"), der durch die Schule erworben und der in Abschlusszeugnissen ausgedrückt wird (deshalb manchmal auch als institutionalisiertes kulturelles Kapital bezeichnet). Das Verhältnis von B. zu dem aus der Herkunftsfamilie mitgebrachten kulturellen Kapital stellt sich als Forschungsproblem seit der Bildungsreform, durch die viele Jugendlichen ohne traditionelles kulturelles Kapital von der Familie her hohe Bildungsabschlüsse erlangen können. W.F.H.

Bildungsnachfrage, in bildungsökonomischen bzw. bildungsplanerischen Ansätzen Bezeichnung für die Summe der einzelnen Nachfrageakte nach Aufnahme in Ausbildungsgänge. Die B. ist Gegenstand und Grundlage angebotsorientierter Bildungsplanung. Die Bezeichnung B. findet sich auch für die beschäftigungsseitige Nachfrage nach ausgebildeten Personen. D.K./W.F.H.

Bildungsökonomie, *economics of education,* Teildisziplin der Bildungsforschung, die die ökonomischen Bedingungen und Voraussetzungen des Bildungssystems einer Gesellschaft und seiner Entwicklung sowie die Beziehungen zwischen den Resultaten des Bildungssystems (Qualifikationsstruktur) und den Anforderungen des Beschäftigungssystems (Beschäftigungs-, Berufs- und Anforderungsstrukturen) sowie der Volkswirtschaft und ihrer Entwicklung zu bestimmen sucht (auch durch internationalen Vergleich). Kerne der traditionellen Bildungsökonomie sind die Theorie des Humankapitals (*human capital*), die Analyse des Beitrags der Bildung zum Wachstum und die wachstumsorientierte Analyse des Bedarfs an Arbeitskräften. Die marxistische Kritik an der B. ist in den 1970er Jahren als politische Ökonomie des → Ausbildungssektors aufgetreten. D.K./W.F.H.

Bildungsplanung, auf der Grundlage von Analysen und Prognosen des quantitativen und qualitativen Zusammenhangs zwischen Bildungs- und Beschäftigungssystem erfolgende, meist staatliche Begründung und Durchführung von bildungs- und beschäftigungspolitischen Maßnahmen. Es kann sich um nachfrage- bzw. angebotsorientierte (einschließlich Nachfrage nach Bildung und Angebot an ausgebildeten Arbeitskräften), bedarfs- bzw. nachfrageorientierte (Bedarf an bzw. Nachfrage nach ausgebildeten Arbeitskräften) oder um wachstumsorientierte B. handeln. D.K.

Bildungsplanung, angebotsorientierte → Bildungsnachfrage

Bildungsplanung, bedarfsorientierte → *man-power-approach*

Bildungsplanung, nachfrageorientierte → *man-power-approach*

Bildungsprivileg, allgemeine Bezeichnung (aus der Debatte über die Bildungsreform in den 1960er Jahren) für die hohe Chance von Kindern aus der Oberschicht und den gebildeten Teilen der Mittelschicht, eine höhere Schule bzw. die Universität zu besuchen.   W.F.H.

Bildungsproduktion, Qualifikationsproduktion, Bezeichnungen für die meist staatlich (aber auch privat) organisierte Herstellung von Qualifikationen (Qualifizierung von Personen). D.K.

Bildungsreserven → Begabungsreserven

Bildungssoziologie, eine soziologische Teildisziplin, die die inneren Strukturen und Prozesse (vor allem) des staatlichen Bildungssystems untersucht sowie dessen Beziehungen zu anderen sozialen Bereichen. Leitend sind Fragestellungen nach der Schichtgebundenheit von Bildungschancen, nach der Beziehung zwischen Schule und anderen Lebensbereichen (Familie, Freizeit, Medienkonsum), nach der Interaktionsstruktur im Lehrer-Schüler-Verhältnis sowie nach dem internen Organisationsaufbau von Bildungseinrichtungen, nach den Auswirkungen der „Verschulung" bzw. des Ausbaus des Bildungssystems in den letzten Jahrzehnten auf die Persönlichkeitsentwicklung sowie auf die gesamte Kultur.

B. hat keine klaren Grenzen zu benachbarten Teilgebieten der Sozialwissenschaften; Vorschläge, B. auf die Untersuchung des Bildungssystems zu beschränken und der Erziehungssoziologie die der Familienerziehung und der außerschulischen Einflüsse zuzuweisen, haben sich bislang nicht durchgesetzt. B. durch Sozialisationsforschung zu ersetzen, hätte den Nachteil der Abschottung der institutionsbezogenen Fragestellungen.   W.F.H.

Bildungsstruktur → Qualifikationsstruktur

Bildungssystem bezeichnet das Insgesamt aller institutionalisierten Einrichtungen, in denen Menschen erzogen werden. Hierzu zählen insb. Schulen, Hochschulen und Weiterbildungsorganisationen.   R.L.

Bildungstechnologie → Unterrichtstechnologie

Bildungsweltanschauung → Weltanschauung

Bildungswissen → Herrschaftswissen [1]

bilinear, Bezeichnung für eine Verwandtschaftszurechnung bei den australischen Ureinwohnern (G.P. Murdock): Zur Verwandtschaft gehören die mütterlichen und väterlichen Verwandten, ausgeschlossen werden die nur mütterlichen und nur väterlichen Beziehungen.   W.F.H.

Bilingualismus, Zweisprachigkeit, Bezeichnung für den Erwerb zweier Sprachen als Muttersprachen.   H.W.

bilokal → unilokal

Binärcode, [1] Code, dessen Codewörter durch Anordnung von zwei Werten, etwa 1 und 0, in bestimmten endlichen Reihenfolgen gebildet werden. Der Informationswert jeder Stelle eines solchen Worts beträgt 1 bit.   H.W.

[2] B.s sind aus systemtheoretischer Perspektive Duplikationsregeln, die die Realität mit einer Differenz überziehen und dadurch einen Kontingenzraum schaffen. Im Gegensatz zu einfachen Unterscheidungen sind B.s dadurch charakterisiert, dass die jeweils andere Seite der Unterscheidung durch die Negation ihrer Gegenseite definiert sind. Wird ein B. (z.B. wahr/unwahr) auf sich selbst angewendet, so entstehen → Paradoxien.   M.G.

Bindestrich-Soziologie, angewandte S., spezielle S., *applied sociology,* soziologische Forschungsgebiete, die sich mit gesellschaftlichen Teilbereichen (Recht, Wirtschaft, Familie usw.) befassen und dabei allgemeine soziologische Theorien anwenden. Hieraus entstehen B.-S.n wie Rechtssoziologie, Wirtschaftssoziologie usw.   B.W.R./R.L.

Bindung → *commitment*

Bindung, affektive, auf dem subjektiven Erleben der Wirkung emotionaler Faktoren beruhende Überzeugung, es bestehe eine spezifisch geartete Zusammengehörigkeit z.B. zweier Partner oder eines empfindenden Subjekts und einer Gruppe oder einer Sache (Mutter – Kind, Bürger – „seine" Stadt, Pilot – „seine" Maschine). Eine positive a. B. ist in der frühen Kindheit entscheidend für Ich-Entwicklung und späteren Umweltkontakt (→ Urvertrauen).   K.St.

Bindung, gesichtsabhängige – Bindung, gesichtsunabhängige, *facework commitment – faceless commitment,* Unterscheidung von A. Giddens für Vertrauensbeziehungen, die in und durch Situationen gemeinsamer Anwesenheit (g.ab.B.) hergestellt werden, und solchen, die ohne Anwesenheitssituationen als Glauben an → symbolische Zeichen oder → Expertensysteme entstehen (g.unab.B). → abstrakte Systeme   W.F.H.

Bindung, gesichtsunabhängige → Bindung, gesichtsabhängige – Bindung, gesichtsunabhängige

Binnendesorganisation, in der Familiensoziologie Bezeichnung für Ausfallerscheinungen in der personellen Zusammensetzung der Familie, die zu deren Unvollständigkeit führen.   E.L.

Binnenheirat → Endogamie

Binnenschau, Circumspektive, nennt T. Geiger (1962) die Sichtweise der Sozialwissenschaftler, da ihr Objekt geschichtlich-sinnhafter Art ist und sie in der Erforschung des Gesellschaftlichen sich nicht aus der Gesellschaft lösen können.   O.R.

Binnenwanderung, im Unterschied zur Auswanderung Wanderungen innerhalb einer bestimmten Region, etwa vom Land zur Stadt.   H.W.

Binomialkoeffizient → Kombinatorik

Binomialtest, Test für die Fragestellung, ob eine Stichprobe vom Umfang N mit einem Alternativmerkmal (männlich – weiblich) einer Grundgesamtheit angehört, an der die schwächer besetzte Kategorie einen bekannten Anteil von p_g hat. Unter der Nullhypothese, dass die Stichprobe dieser Grundgesamtheit angehört, hat eine zufällige Aufteilung der Stichprobe in x Elemente der kleineren und $N - x$ Elemente der größeren Kategorie die Wahrscheinlichkeit

$$p_s(x) = \binom{N}{x} p_{g^x} (1 - p_g)^{N-x}.$$

Die Nullhypothese wird abgelehnt, wenn die Wahrscheinlichkeit, dass sich x oder weniger Elemente in der Kategorie finden lassen, unterhalb der gesetzten Annahmegrenze befindet. Diese Wahrscheinlichkeit ergibt sich aus

$$p = \sum_{i=0}^{x} \binom{N}{i} p_{g^i} (1 - p_g)^{N-i}.$$

Für die zweiseitige Fragestellung ist die Wahrscheinlichkeit zu ermitteln, dass sich x oder weniger Elemente in der einen oder der anderen Kategorie befinden. **H.W.**

Binomialverteilung, Wahrscheinlichkeitsfunktion, die die Wahrscheinlichkeit angibt, dass bei zwei möglichen Ereignisarten, A oder B, das Ereignis A bei n Versuchen (z.B. ziehen einer Kugel aus einer Urne mit schwarzen oder weißen Kugeln) x-mal eintritt. Die Erfolgswahrscheinlichkeit von A beim Einzelversuch sei p. $q = 1 - p$ sei die Wahrscheinlichkeit, dass sich B ereignet. Da die Einzelergebnisse unabhängig sind, ist die Wahrscheinlichkeit einer Form der Realisierung von x:

$$p^x q^{n-x} = \underbrace{p\ p\ p\ p\ ...p}_{x\text{-mal}} \quad \underbrace{q\ q\ q\ ...\ q}_{n-x\text{-mal}}$$

Da es für $x \binom{n}{x}$ mögliche Realisierungsformen gibt, ergibt sich die Wahrscheinlichkeit von x aus:

$$f(x) = \binom{n}{x} p^x q^{n-x}$$

H.W.

Biocönologie, Wissenschaft vom Zusammenleben verschiedener biologischer Arten und von der Selbstregulation des ökologischen Gleichgewichtes. Grundbegriff der B. ist die Lebensgemeinschaft. **F.St.**

Biocönose → Biozönose

Biografie, [1] allgemein Beschreibung der Lebensgeschichte eines Menschen (im Unterschied zur Autobiografie, der Beschreibung der eigenen Lebensgeschichte).

[2] In der (soziologischen) Biografieforschung allgemein die Lebensgeschichte eines Menschen, wie sie im Protokoll von einem biografischen Interview, in einer von ihm (mit oder ohne Anregung des Sozialforschers) verfassten Autobiografie oder in ähnlichen Datenformen dargestellt ist (B. hier eigentlich im Sinne von Autobiografie).

[3] Ebenfalls in der Biografieforschung das Ablaufmuster, die Verlaufsform, die Gesamtgestalt der Handlungen, Ereignisse und des Erleidens, wie sie anhand einer Lebensgeschichte als „prozessuale Struktur" analysiert werden können. Es wird angenommen, dass diese prozessualen Strukturen charakteristische Merkmale einer Gesellschaft (in einer bestimmten historischen Situation) bilden (im Sinne der lebendigen Vermittlung von Einzelleben mit Gesellschaftsstrukturen und Gesellschaftsschicksal), dass sie auf ein sozio-kulturelles Repertoire verweisen, das die sozial möglichen Formen der Lebensgestaltung, der Lebens- und Selbstauffassung und ihrer erzählenden Darstellung regelt.

[4] Ähnlich wie Lebenslauf und Lebensgeschichte wird B. hin und wieder metaphorisch für die Geschichte eines Kollektivs oder einer Organisation verwendet. **W.F.H.**

Biografie, kollektive, [1] Bezeichnung für die Lebensgeschichte eines Kollektivs unter der Annahme, dass gleiche oder ähnliche historische Bedingungen, gleiche zentrale Lebensereignisse und gleiche Deutungen und Wertvorstellungen die Lebensführung der Angehörigen dieses Kollektivs ausgemacht haben. Insofern können N. Elias' „Studien über die Deutschen" (1989) als k. B. aufgefasst werden. Der Begriff hat dann allein metaphorische Bedeutung, wenn die oben genannte Annahme nicht empirisch aufgewiesen, sondern vorausgesetzt wird.

[2] In der (quantitativ arbeitenden) → historischen Sozialforschung Bezeichnung für einen Forschungsansatz, der Grunddaten der Lebensläufe in einer Gruppe (z.B. soziale Herkunft, Bildungsgrad) nutzt, um von hier aus Haltungen, Präferenzen, Entscheidungen dieser Gruppe zu erklären. Angewandt wurde dieser Ansatz u.a. zur Erklärung der politischen Entscheidungen von Senatoren in den USA und derer der Abgeordneten der Paulskirche (H. Best 1980). **W.F.H.**

Biografieforschung, Arbeitsrichtung in der Soziologie und in einigen Nachbardisziplinen ohne klare Grenzziehung, zusammengehalten durch den Versuch, durch die Analyse der in einer (Auto-)Biografie (als Interview oder anders er-

hoben) abgebildeten und gedeuteten Handlungen und Ereignisse zu Auskünften über soziale Prozesse zu gelangen.
[1] In einem älteren Sinne bedeutungsgleich mit der Anwendung der → biografischen Methode, also Erhebung und Analyse von biografischen Interviews sowie von schriftlichen autobiografischen und biografischen Zeugnissen unter verschiedenen Fragestellungen (Migrations- und Akkulturationsprozesse, kriminelle Karrieren, Berufsbiografien, Teilnahme an oder Erleben von historischen Großereignissen, Entstehung und Wandel von kollektiven Identitäten usw.).
[2] In der neueren B. stehen Versuche im Mittelpunkt, die zentralen Konzepte (Biografie, Prozessstrukturen, Trajekte, Statuspassagen usw.) empirisch wie theoretisch als Beiträge zur Allgemeinen Soziologie zu begründen (statt nur biografische Materialien für unterschiedliche Fragestellungen zu benutzen). Hierzu zählen Versuche, in der Biografie das Verhältnis von Handeln und von sozialen Strukturen aufzuzeigen, die (Auto-)Biografie kultursoziologisch als moderne Form der Selbstthematisierung aufzufassen, die Biografie als neue Form der Vergesellschaftung aufzuweisen. Daneben ist die ältere B. im Sinne von [1] in viele Themenfelder hinein fortgeführt und auch methodisch ausdifferenziert worden.
[3] Manchmal gilt B. auch als Oberbegriff für alle mit Biografie und Lebenslauf befassten Arbeitsrichtungen, also auch für die soziologische Lebenslaufforschung, für einschlägige Ansätze in Psychologie, Pädagogik und auch Volkskunde und Geschichte.   W.F.H.

Biografik, psychologische, allgemeine (inzwischen ungebräuchliche) Bezeichnung für die Verwendung biografischer Methoden in der Psychologie und für darauf gründende Untersuchungen (etwa über die subjektive Periodisierung des Lebenslaufs, über das Auf und Ab von Belastungen bzw. Krisen und ausgeglichener Lebensgestimmtheit usw.).   W.F.H.

Biografisierung, Bezeichnung für die Durchsetzung einer Handlungs- und Lebensorientierung in der modernen Gesellschaft, die auf den Erfahrungen der eigenen Biografie gründet und sich am Entwurf einer eigenen Lebenslinie orientiert (und weniger oder nicht an sozial vorgegebenen Statuspassagen, Altersnormen, institutionellen Ablaufmustern oder Karrieren); insofern Parallelbegriff zu → Individualisierung. Gegen vereinfachte Auffassungen von B. ist eingewandt worden, dass sie implizit die Hoffnung nahe legen, es handele sich (allein) um Autonomiegewinn, wo doch (auch) strukturelle Zwänge zu B. herausfordern (Freisetzungsprozesse und

Erosionen im hergebrachten „Normalzuschnitt" des Lebens in Familie, Arbeit und Beruf usw.).
W.F.H.

Biologismus → Soziologie, biologische

Biomacht, bezeichnet bei M. Foucault (1976) eine spezifische Rationalität der bürgerlichen Gesellschaft. Diese Machtform zielt auf das Leben als eine zu optimierende Ressource. Über den menschlichen Körper wird nicht mehr als Demonstrationsobjekt feudalistischer Allmacht und Souveränität willkürlich verfügt. Vielmehr sollen seine positiven Produktiv- und „Lebenskräfte" nutzbar gemacht werden, um sie im Sinne einer allgemeinen Ökonomisierung der Gesellschaft auszurichten und zu instrumentalisieren. Als → Disziplinarmacht richtet sich B. auf die individuellen Körper, als → Bio-Politik zielt sie auf die Bevölkerung. Medium der B. sind regulative Bevölkerungspolitiken (Geburtenkontrolle), Gen- und Reproduktionstechnologien, Demografie (Statistik), die Disziplinierung des Körperverhaltens durch Institutionen wie Schule, Fabrik, Armee („Politische Ökonomie des Körpers") sowie spezifische Selbstverhältnisse (z.B. Psychoanalyse). Zentraler Mechanismus der B. ist das → Dispositiv der Sexualität als Scharnier zwischen individuellem und gesellschaftlichem Leben. Historisch wird B. abgegrenzt von der Reichtum abschöpfenden und zentralistischen Souveränitätsmacht (deren Hauptressource Land und Boden war). → Gouvernementalität   K.K./B.M.

Biopolitik, auch Bio-Politik der Bevölkerung, bezeichnet bei Foucault die ab Mitte des 18. Jh.s auf die Regulation der Bevölkerung zielenden, hauptsächlich im Staat lokalisierten Machttechniken, die durch Registratur und statistische Erfassung Wissen über die der Bevölkerung eigenen Prozesse (Hygiene, Lebenserwartung, Produktion) schaffen. (→ Macht-Wissen-Komplex) Zentrale Institutionen sind die → Dispositive der Sicherheit (etwa Sozialversicherungen, Krankheitsregister).   B.M.

Biosoziologie, übergreifende Disziplin der Biologie und Soziologie, die allgemeine soziale Lebenslehre, die Human-, Tier- und Pflanzensoziologie umfasst. B. wird nicht einheitlich verwendet, da das Verhältnis von Biologie und Soziologie unterschiedlich interpretiert wird. Im Allgemeinen untersucht die B. biologische Vorgänge in ihrer Wechselwirkung mit sozialen Kollektivitäten und mit der Umgebung der beobachteten Einheit.   F.St.

Biotop heißt in der Biologie und Ökologie der geografisch abgrenzbare Lebensraum der → Biozönose.   O.R.

Biozönose, auch: Biocönose, Lebensgemeinschaft, heißt in der Biologie und Ökologie die

Gesamtheit artverschiedener Lebewesen, die über eine bestimmte Dauer in einem bestimmten geografisch begrenzten Raum leben und durch Wechselwirkungen untereinander in Beziehungen stehen.   O.R.

bit, Abkürzung für *binary digit*, Binärstelle in einem → Binärcode, die Maßeinheit, in der der Informationsgehalt eines Zeichens gemessen wird. Wegen der Notwendigkeit der Kodierung von Buchstabenfolgen durch Dualzahlen hat es sich durchgesetzt, den Logarithmus zur Basis 2 als Maß für den Informationsgehalt eines Zeichens aus einer Buchstabenfolge zu verwenden, somit $_2\log 2 = 1$ bit.   N.M.

bivariat, zwei Variablen betreffend. → Verteilung, multivariate   H.W.

Black Box-Methode, Untersuchung von Systemen, deren Struktur nicht oder nur unvollständig bekannt ist (schwarzer Kasten), für die jedoch Informationen über Input und Output bestehen. Die *B.-B.*-M. besteht in der Aufstellung von Funktionen, die eine Verknüpfung zwischen Ein- und Ausgabegrößen herstellen ohne Berücksichtigung der internen Umsetzungsvorgänge. Solche Funktionen werden von einigen Forschern als hinlängliche Beschreibung des Systems, von anderen Forschern als Hypothesen, von denen her die interne Struktur weiter aufgeschlossen werden kann, aufgefasst. Obwohl meistens nicht offen erkennbar, gibt es in jeder Untersuchung von Systemen schwarze Kästen, d.h. Elemente, die in ihrer internen Wirkungsweise nicht analysiert werden oder nicht analysiert werden können.   H.W.

Blick, reiner, bezeichnet bei P. Bourdieu (1982) eine Betrachtungsweise von ästhetischen Objekten, die sich diesen ganz zwecklos (ohne Nutzenskalkulation, ohne Hoffnung auf Belehrung oder Gestimmtheit) zuwendet und darin eine Haltung zur Welt insgesamt ausdrückt, die von allen Nöten und Zwängen des Lebens frei ist. Solche Distanz sei nur den Angehörigen der Oberschicht (Bourgeoisie) möglich.   W.F.H.

Block, historischer, Begriff nach A. Gramsci für den „organischen Zusammenhang" von Basis und Überbau als einer realen Einheit von materiellen und politisch-ideologischen Momenten. Der h.e B., der der bürgerlichen Klassenherrschaft zugrunde liegt, entwickelt sich in der Bildung des modernen bürgerlichen Nationalstaates, der alle Klassen materiell und ideologisch „integriert".   H.W.

Block an der Macht bezeichnet nach N. Poulantzas die aus den politisch herrschenden Klassen und Fraktionen gebildete widersprüchliche Einheit in ihrem Verhältnis zur besonderen Form des kapitalistischen Staates.   K.K.

Blockvariable, in der experimentellen Forschung Bezeichnung für Variablen, deren Einfluss auf die Versuchsergebnisse kontrolliert wird, um ihn vom Einfluss der betrachteten unabhängigen Variablen zu trennen. Die Kategorien der B.n heißen Blöcke. Die Versuchspersonen in einem Block sind in Bezug auf die B. homogen. Je nach Versuchsplan wird die unabhängige Variable innerhalb der Blöcke und zwischen den Blöcken variiert. Eine andere Möglichkeit der Kontrolle des Einflusses von Variablen besteht in der → Randomisierung.   H.W.

blue collar (engl.) → *white collar*

Bodenrente → Grundrente

Bogardus-Skala, Sozialdistanz-Skala, *social-distance scale,* Bezeichnung für eine von E.S. Bogardus (1925) entwickelte Skala zur Messung von Einstellungen gegenüber sozialen, insbesondere nationalen Gruppen. Bei der Messung der → „sozialen Distanz" eines Individuums zu einer bestimmten Gruppe mithilfe der B.-S. wird dem Befragten eine Reihe von *items* vorgegeben, anhand derer er angeben soll, wie eng die sozialen Beziehungen sind, die er mit einem typischen Mitglied der betreffenden Gruppe einzugehen bereit wäre. Die zur Auswahl vorgegebenen Grade der Intimität reichen von der Billigung der Einheirat in die eigene Familie bis zu dem Wunsch nach Ausweisung aus dem eigenen Land.   R.Kl.

bogus pipeline (engl.), „Schwindel-Draht", Vorrichtung, die eine Versuchsperson veranlassen soll, ihre „wahren" Einstellungen zu äußern. Ihr wird mitgeteilt, dass sie über einen Draht an einen Apparat angeschlossen ist, der ihre Impulse oder Gedanken aufzeichnet.   H.W.

Bohème (frz.), Bezeichnung für eine großstädtische Subkultur von Künstlern und Intellektuellen mit ausgeprägt antibürgerlicher Haltung; Konnotationen von Leichtlebigkeit, Unbekümmertheit und Unkonventionalität.   T.B.

Bolschewismus, ursprünglich Bezeichnung für das Programm des radikalen Flügels der russischen Sozialdemokratischen Partei, der sog. Mehrheitssozialisten (*bolsche,* russ. = mehr), die sich seit 1903 für die revolutionäre Taktik Lenins entschieden hatten. Seit der Russischen Revolution bis Stalins Tod (1953) svw. Sowjetkommunismus.   O.R.

Bonapartismus, [1] Bezeichnung für eine plebiszitär-cäsaristische Herrschaftstechnik. Der B. leitet sich von der Machtergreifung L. Napoléons ab, der 1848 zum Präsidenten der 2. Republik und 1852 als Napoléon III. zum Kaiser gewählt wurde. Dieser Vorgang machte deutlich, dass das allgemeine demokratische Wahlrecht in Revolutionszeiten mit der Ordnung des Ancien Régime vereinbar ist. Die überwältigende Mehrheit der unzufriedenen Masse wählt keine Regierung, die eine Revolution anstrebt. Der B. zeigt nach E.J. Hobsbawm (1975), dass sich ein Regime ohne Waffengewalt auf eine „Spielart der Demagogie und Massenbeeinflussung gründen läßt".

[2] Im Alltagsverständnis wird gegenwärtig mit B. die Gefahr gemeint, dass in Krisensituationen die Bevölkerung geneigt ist, denn „starken Mann" als ihren „Retter" zu wählen.   O.R.

[3] Bezeichnung der Marxschen Theorie für autokratische politische Systeme im Übergang zur kapitalistischen Entwicklung, in dem die Vorherrschaft der traditionellen Klassen gebrochen ist, die neuen Klassen aber noch nicht in der Lage sind, die Macht zu übernehmen. Der B. stützt sich auf ein Bündnis der den Staatsapparat und seine Institutionen (Armee, Polizei etc.) kontrollierenden Machtgruppen. Der B. stellt den Staat „über die Gesellschaft" als „Repräsentant aller Bürger" und verleugnet alle Klassengegensätze.   D.E.

bondage (engl.) → Arbeit, unfreie
bonum commune (lat.) → Gemeinwohl [3]
Borderline-Persönlichkeit, Bezeichnung für eine Persönlichkeitsstörung, die im Grenzbereich von Psychose und Neurose eingeordnet wird. Lange Zeit war die B.-P. eher eine Verlegenheitsdiagnose, bis u.a. durch die Arbeiten von O.F. Kernberg, Spitzer und Endicott das Konstrukt so weit präzisiert wurde, dass es heute in die zehnte Version des *ICD* (*International Classification of Diseases*) aufgenommen worden ist. Die *B.-P.* ist eine offizielle psychiatrische Krankheitsdiagnose und bezeichnet eine Persönlichkeitsstörung, die vor allem durch exzessive Impulsivität und mangelnde Selbstkontrolle gekennzeichnet ist. Diagnostisch relevant sind ferner instabile, gleichzeitig intensive zwischenmenschliche Beziehungen, ein unklares und gestörtes eigenes Selbstbild (einschließlich der sexuellen Präferenzen) und physisch selbstschädigende Handlungen.   W.P.

boundary exchange (engl.) → Grenzaustausch
bourgeois – citoyen (frz.), seit der Französischen Revolution bezeichnet der *c.* den politisch emanzipierten, aktiven Staatsbürger, der ökonomisch unabhängig ist, da er Eigentum besitzt, und als freies und gleiches Mitglied der Nation Stimmrecht hat; im Gegensatz dazu ist der *b.* der ständisch verstandene Stadtbürger, der als passives Teil des Staates zwar auch in den Genuss von Freiheit und Gleichheit kommt, jedoch kein Stimmrecht hat. Bei G.W.F. Hegel wird der Begriff *c.* (Staatsbürger) insoweit kritisiert, als *c.* und *b.* nicht mehr als Gegenbegriffe verstanden werden, sondern der *c.* ist zugleich auch immer *b.*; der *b.* ist als Gegenstand in der bürgerlichen

Gesellschaft „das Konkretum *der Vorstellung,* das man *Mensch* nennt". Bei K. Marx wird anfänglich das Begriffspaar in Anschluss an Hegel noch einmal aufgenommen und als politische Emanzipation interpretiert, als die Reduktion des Menschen auf *b.* und *c.,* d.h. „einerseits auf das Mitglied der bürgerlichen Gesellschaft, auf das *egoistische unabhängige* Individuum, andererseits auf den *Staatsbürger,* auf die moralische Person".

Das Begriffspaar *b. – c.* verlor bereits im 19. Jahrhundert immer mehr an Bedeutung, je mehr sich das Begriffspaar Bourgeoisie – Proletariat durchsetzte.   O.R.

Bourgeoisie (frz.), [1] seit der Französischen Revolution Bezeichnung für die soziale Klasse, nicht mehr für den politisch- gesellschaftlichen Stand der Bürger (→ *bourgeois – citoyen*); die *B.* prägt die Entwicklung der bürgerlichen Gesellschaft und das politische Geschehen durch ein egoistisches, nur auf die Befriedigung der eigenen individuellen Bedürfnisse gerichtetes Wirtschaftshandeln.   O.R.

[2] Bei C.-H. de Saint-Simon Bezeichnung für den unproduktiven Teil der zweiten Gesellschaftsklasse zwischen dem Adel und den Nichteigentümern. Zur *B.* gehören z.B. höhere Beamte, Juristen und nicht-adelige Grundrentner. Die *B.,* deren gesellschaftliche Antipode die → *industriels* sind, der produktive Teil der zweiten Gesellschaftsklasse, hat als entscheidende Kraft in der Französischen Revolution für die Beseitigung der adligen und klerikalen Vorrechte gekämpft, ohne jedoch den produktiven Klassen die politische und wirtschaftliche Vorrangstellung einzuräumen.   F.H.

[3] Im Marxismus die Klasse der kapitalistischen Gesellschaft, deren Mitglieder rechtlich, ökonomisch sowie politisch frei sind und die als Eigentümer der Produktionsmittel die anderen Klassen, vornehmlich das Proletariat (→ Arbeiterklasse), in Abhängigkeit gebracht haben und halten. Die ökonomische Schlüsselposition der *B.* in der Gesellschaft wird dadurch abgestützt, dass sie zugleich auch die politisch und ideologisch herrschende Klasse ist.   O.R.

Bourgeoisie, administrative → Bourgeoisie, bürokratische

Bourgeoisie, bürokratische, auch administrative *B.,* Bezeichnung für die Leitungsebene von staatlichen Unternehmen (z.B. in Ländern der Dritten Welt), die bei einem hohen Gewicht der Staatsbetriebe in der Ökonomie, bei im Prinzip kapitalistischem Wirtschaften der betreffenden Staatsunternehmen und ggf. aufgrund besonderer Möglichkeiten zur Aneignung von Profiten eine eigene Stellung in der Klassenstruktur des Landes einnimmt. H.W.

Bourgeoisie, nationale, Fraktion der Bourgeoisie eines Landes, die im Unterschied zur reinen → Kompradorenbourgeoisie gegenüber dem ausländischen Kapital „in der politischen und ideologischen Struktur eine verhältnismäßig autonome Stellung einnimmt und so eine eigene Einheit darstellt" (N. Poulantzas). H.W.

Boykott, gezielte Unterbindung sozialer oder ökonomischer Beziehungen. B. wird als Mittel in Konflikten eingesetzt, um den Gegner zu schwächen. O.R.

brain drain (engl.), wörtlich „Hirn-Abfluss", Bezeichnung für die Auswanderung hoch qualifizierter Arbeitskräfte (Wissenschaftler, Ingenieure usw.) in Länder, die ihnen bessere Arbeitsbedingungen und Karrierechancen bieten. Beispiele: die Abwanderung europäischer Wissenschaftler in die USA in den 1950er und 1960er Jahren oder die Auswanderung von Intellektuellen der sog. → Entwicklungsländer in die Industriestaaten heute. R.Kl.

Brauch bezeichnet soziale Verhaltensregelmäßigkeiten, für die es keine besonderen Kontrollmechanismus gibt, durch die ihre Einhaltung garantiert wird. M. Weber nennt die nur durch tatsächliche Übung gegebene Regelmäßigkeit des sozialen Handelns B. H.Tr.

Brauchtumsforschung, eine Disziplin der Volkskunde und der Kulturanthropologie, die sich mit Entstehung, Geltung und Verbreitung von gewohnheitsmäßig und allgemein geübten Verhaltensweisen beschäftigt (vor allem mit Ess-, Gruß-, Bekleidungsweisen sowie Festen). W.F.H.

Brennpunkt, sozialer, ein populärer und stigmatisierend (→ Stigmatisierung) wirkender Begriff für benachteiligte Wohnquartiere, in denen sich soziale Problemlagen wie etwa eine hohe Arbeitslosenquote konzentrieren (vgl. → Ghettoisierung; Ausgrenzung, sozialräumliche). In Politik und Stadtplanung in jüngerer Zeit als „Quartiere mit besonderem Erneuerungsbedarf" bezeichnet. J.W.

bricolage (frz.), „Bastelei", [1] in C. Lévi-Strauss' Untersuchung über das → „wilde Denken" (1962) Versuch, Mythos, Aberglaube und andere „wilde" Orientierungsformen und Handlungsweisen in ihrem Zusammenhang als das Resultat einer „Logik des Bastelns" zu verstehen, d.h. als Sammlung, Nutzung und Bedeutungsveränderung von vorgefundenen Elementen im Hinblick auf eine Orientierungsfrage, ein Handlungsproblem. Gegensatz zu *b.* ist das moderne wissenschaftliche Denken, das technische Passung der Elemente zum Problem unterstellt bzw. herstellt.

[2] Dieser Gedanke wurde von der Jugendforschung (D. Hebdige 1979) aufgenommen, um die Sinnstrukturen von Jugendstilen (Punks, Teds, Skinheads usw.) verstehen zu können als Aneinanderreihung von (in den kommerziellen Angeboten, der Mode usw.) vorgefundenen Elementen, die diesen neue und eigenständige Bedeutung und starke sozial-expressive Wirkung verleiht. W.F.H.

Broken Windows-Theorie (engl.), von J.Q. Wilson u. G.L. Kelling entwickelte Analyse von Prozessen, die zum Niedergang von Wohnquartieren führen. Der Name bezieht sich auf den heruntergekommenen Zustand von Hausfassaden (zerbrochene Fenster). Gemäß des B.W.-Ansatzes führen Symbole sozialer und physischer Unordnung zur Verringerung von Normakzeptanz und zur Meidung → öffentlicher Räume, wodurch sich informelle → soziale Kontrolle abschwäche und „schwere" Formen von → Kriminalität Einzug hielten. Da der B.W.-Ansatz keine Erklärung enthält, warum Symbole der Unordnung auftreten, kann nicht von einer eigenständigen Theorie gesprochen werden. J.W.

Brückenhypothese, Bezeichnung für Annahmen über den Zusammenhang zwischen Gegebenheiten der Ausgangssituation einer Handlung und den Zielen und Wünschen der Akteure als Teil der sog. → Situationsanalyse. Durch eine B. soll ein Zusammenhang zwischen gesellschaftlichen Strukturen und Gesetzen des individuellen Handelns hergestellt werden. Die B.n sind wichtiger Teil des Modells der soziologischen Erklärung, wie es von J.S. Coleman, H. Esser u.a. konzipiert worden ist. W.P.

Brüderlichkeitsethik nennt M. Weber eine Form ethisch verstandener Religiosität, deren Kern die Forderung ist, dem Bösen nicht mit Gewalt zu widerstehen (antipolitische Weltablehnung). Ihr Nährboden sind vor allem Situationen, in denen politischen und sozialen, an Macht- und Standeskämpfen orientierten Interessen der Boden entzogen ist. C.S.

Bruderschaftskirche, religionssoziologische Bezeichnung für die Kirchenform, in der nach F. Fürstenberg die Primärkontakte der Mitglieder ausschlaggebend sind und der Organisationsgrad auf den sozialen Raum der einzelnen, selbstständigen Lokalgemeinde beschränkt ist (Gegensatz: → Verbandskirche). V.Kr.

Bruttoreproduktionsziffer → Reproduktionsziffer

Bruttosozialprodukt → Sozialprodukt

Bumerang-Effekt, Reaktion von Versuchspersonen oder Befragten auf Kommunikationen, die Einstellungsveränderungen anstreben, die nicht der Beeinflussungsrichtung folgt, sondern verstärktes Festhalten der Befragten an der eigenen Einstellung zeigt. Wenn Beeinflussungsversuche durchschaut oder aus anderen Gründen (Werbung, Propaganda) als lästig empfunden werden, tritt eine aktive Abwehr aller Mitteilungen oder eine Abkapselung gegen die Beeinflusser und die von ihnen benutzten Kommunikationskanäle ein.   D.G./A.G.W.

Bund, [1] Primärgruppe auf der Basis von Freundschaftsbeziehungen, in der Spontaneität und die Begeisterung für eine Sache und einen Führer im Vordergrund stehen. Der Begriff wurde von H. Schmalenbach eingeführt.   E.L.
[2] In der Ethnologie Bezeichnung für sozial stark geregelte Gruppierungen (religiöses bzw. kultisches Geheimwissen, besondere Initiation, eigene Versammlungsorte, oft Ausschluss von Frauen) von Männern gleicher Abstammung (Männerbund) oder von eigens rekrutierten Mitgliedern (Geheimbund).   W.F.H.

Bündnisse, alternierende, Bezeichnung für das Phänomen, dass sich die Inhaber eines bestimmten sozialen Ranges (z.B. in Organisationen: in der Familie: → Generationen, alternierende) in der Regel mit Inhabern von Rängen, die jeweils um zwei Stufen höher oder niedriger als die eigene sind, gegen die Inhaber des nächsthöheren bzw. nächstniedrigeren Ranges verbünden. Ferner sind die sozialen Beziehungen zwischen den Inhabern alternierender Ränge (z.B. Großeltern – Enkel, Majore – Leutnants, Hauptleute – Unteroffiziere) im Allgemeinen ungezwungener und herzlicher und durch häufigere freiwillige Interaktion gekennzeichnet als die zwischen Ranginhabern, die in einem direkten Überordnungs- Unterordnungs-Verhältnis stehen (z.B. Eltern – Kinder, Hauptleute – Leutnants). Erklärt wird dies u.a. mit der stärkeren sozialen Kontrolle, der Personen von Seiten der ihnen unmittelbar übergeordneten Ränge ausgesetzt sind sowie mit der Tatsache, dass der Aufstiegswille von Personen in einer Organisation nur von den Inhabern der nächsthöheren Ränge als unmittelbare Konkurrenzdrohung empfunden werden kann.   R.Kl.

Bürger → *bourgeois – citoyen*

Bürgerbeteiligung, im Rahmen der Bürgerinitiativbewegung insbesondere in den 1970er und 1980er Jahren aufgestellte Forderung nach weiter gehender Beteiligung der betroffenen Bürger an wirtschaftlichen und v.a. politischen Entscheidungen über zukünftige Lebensbedingungen, meist hinsichtlich der Gefährdung durch großtechnische Anlagen (z.B. atomtechnische Anlagen). Für die B. wurden in den letzten Jahren verschiedene Modelle entwickelt.   R.T.

Bürgergesellschaft, Eindeutschung vom am. *civil society* in den späten 1980er Jahren, um den Begriff → Zivilgesellschaft zu ersetzen. Im Deut-

schen ist der Begriff „zivil" durch die Antonyme „militärisch" und „kirchlich" anders konnotiert als das am. *civil*. Das Kunstwort B. wird aufgegriffen, um eine Trennschärfe zu → bürgerlicher Gesellschaft wahren zu können.   O.R.

Bürgerinitiativbewegung → Bewegungen, neue soziale

Bürgerinitiative, Bezeichnung für eine spontan entstandene Aktionsgruppe, die eine mehr oder weniger lose Organisationsform aufweist; die B. verfolgt den Zweck, Missstände in der sozialen und/oder natürlichen Umwelt mittelbar oder unmittelbar zu beheben, also durch Selbsthilfe oder durch politische Einflussnahme.   O.R.

Bürgerkultur, *civic culture,* eine Form der politischen Kultur in parlamentarischen Demokratien: Das Verhalten im Rahmen demokratischer Normen und Einrichtungen ist von den Bürgern weitgehend angeeignet und verläuft ausgewogen selbstverständlich; das Eigeninteresse der Bürger setzt sich nicht allein, sondern in Verbindung mit demokratischen Wertvorstellungen als solidarisches durch (S. Verba).   W.F.H.

Bürgerschaft → Bürgertum [1]

Bürgertum, vieldeutiger Begriff der meist nur umgangssprachlich benutzt wird. [1] Historisch bezeichnet B. den politisch-gesellschaftlichen Stand der Bürger (→ Stand, dritter), Synonym: Bürgerschaft.
[2] Mit aufkommender Industrialisierung und der Ablösung absolutistischer Herrschaftssysteme wird das B. zur sozialen Klasse (→ Bourgeoisie), das jedoch ständische Tendenzen beibehält (→ Mittelstand).
[3] Umfassende Bezeichnung für alle sozialen Klassen, die sich zur → Mittelschicht rechnen.
[4] Umfassende Bezeichnung für alle sozialen Klassen, die seit der Industrialisierung die → bürgerliche Gesellschaft ihren Interessen gemäß prägten.
[5] Bezeichnung für die Kultur der bürgerlichen Gesellschaft.   O.R.

Bürokratie, [1] idealtypischer Begriff für eine (staatliche oder nichtstaatliche) Verwaltung, die durch klare Befehlsgliederung von oben nach unten, Entscheidungen nach Gesetz und Vorschrift (Unpersönlichkeit), fest angestellte Funktionsträger, die fachlich ausgebildet sind und Laufbahnen folgen, Geplantheit und Genauigkeit der Handlungen und ihre Routinisiertheit, Schriftlichkeit und Überprüfbarkeit der „Vorgänge" (Aktenführung) gekennzeichnet ist.
[2] Die Gesamtheit der Beamten eines Staates.   W.F.H.

Bürokratie, bestrafende → Bürokratie, disziplinäre – repräsentative

Bürokratie, disziplinäre – repräsentative, bestrafende Bürokratie – Expertenbürokratie.

C

Aufgrund empirischer Untersuchungen in der Perspektive des Bürokratiebegriffs von M. Weber gelangt A.W. Gouldner zur Unterscheidung von d.r B., die die Befolgung von Regeln aufgrund festgelegter Anweisungsbefugnisse durchsetzt, und r.r B., die die Befolgung von Regeln im Interesse der Gesamtorganisation durch Überzeugung von der Richtigkeit der Regeln durchsetzt.   W.F.H.

Bürokratie, kapitalistische, die Verwaltung kapitalistischer Betriebe durch in abgegrenzten Kompetenzbereichen regel- und vorschriftsmäßig arbeitende Amtsträger (M. Weber). W.F.H.

Bürokratie, professionelle, eine Form der Bürokratie, die es mit ungleichförmigen Aufgabenfeldern zu tun hat und deren innere Struktur daher vom klassischen Bürokratiemodell M. Webers abweicht: Politische Verbände und Berufsverbände z.b. können sich nicht auf gleich bleibende Faktoren der Umwelt einstellen, sondern müssen umgekehrt auf unerwartete und wechselnde Situationen schnell und häufig nicht aufgrund vorher gefassten Handlungsabsichten reagieren. Die p. B. ist deshalb gekennzeichnet durch eine eher horizontale Befehlsstruktur, durch geringere Arbeitsteilung und Kompetenzfestlegung sowie dadurch, dass viele ihrer Mitglieder über professionelles Fachwissen verfügen.   W.F.H.

Bürokratie, rationale. Gegenüber älteren Formen bürokratischer Herrschaft zeichnet sich die moderne r. B. in erster Linie durch fachlich spezifische Ausbildung der Beamten aus. „Regel, Zweck, Mittel, ‚sachliche' Unpersönlichkeit beherrschen ihr Gebaren" (M. Weber).   W.F.H.

Bürokratie, repräsentative → Bürokratie, disziplinäre – repräsentative

Bürokratisierung, [1] Vorgang der Regelung der Arbeits- und Kommunikationsbeziehungen in einer Organisation, einem Betrieb oder einer Gesellschaft durch Vorschriften, Dienstwege und feste Funktionsteilung.
[2] Im historischen Sinn bezeichnet B. den Prozess, in dem sich die Bürokratie als dem (auf persönlichen oder Gruppenbeziehungen beruhenden) Herrschaftssystem des Feudalismus überlegene Form der Kontrolle und Planung der gesellschaftlichen Reproduktion (verbunden mit Geldwirtschaft und staatlichem Steuerwesen) durchgesetzt hat.   W.F.H.

Bürokratismus, [1] Bezeichnung für ein Verhalten von Bürokraten, das durch übermäßige Regeltreue und Disziplin die Ziele der Organisation aus dem Auge verliert und daher kaum noch zur Lösung unerwarteter Aufgaben oder der Ziele der Organisation insgesamt taugt.

[2] Auch allgemeine Bezeichnung für das Vorherrschen bürokratischer Herrschaft in einer Gesellschaft.
[3] Abschätzige Bezeichnung für langsame oder undurchsichtige Entscheidungsprozesse in Verwaltungen.   W.F.H./F.B.

business administration (engl.), eine Disziplin in den USA, die für Führungspositionen in Industrie und anderen Bereichen ausbildet und sich besonders mit den Problemen effektiver Betriebsorganisation und rationaler Entscheidung beschäftigt.   W.F.H.

Business Improvement District (engl.), eine Organisationsform marktwirtschaftlicher Akteure und privater Wohnungseigentümer/innen in einem innerstädtischen Quartier, um dieses aufzuwerten. I.d.R. steht die Stärkung von weichen Standortfaktoren im Vordergrund von Aktivitäten (gemeinschaftliche Werbung, Design, Straßenreinigung, Sicherheitsdienstleistungen). Während Grund und Boden de jure öffentlich bleiben, werden über privatwirtschaftlich finanzierte Infrastruktur die Erscheinung und die Nutzungsmöglichkeiten → öffentlicher Räume beeinflusst. B.I.D.s gewinnen im Zuge des → Neoliberalismus [2] und der Finanzprobleme der öffentlichen Hand zunehmende Bedeutung.
J.W.

C

c → Kapital, konstantes

Cafeteria-Frage, spezielle Form der geschlossenen Frage. Die C.-F. besteht aus einer Liste von Antwortmöglichkeiten, aus denen der Befragte eine oder mehrere auszuwählen hat („Welche der folgenden Tätigkeiten interessiert Sie besonders?"). In den Antwortvorgaben sind in der Regel mehrere Verhaltens- oder Einstellungsdimensionen repräsentiert.   H.W.

capital, human (engl.) → Humankapital
capital, intangible (engl.) → Humankapital
capital, non physical (engl.) → Humankapital
career drift (engl.), ein Wechsel einer → Karriere bzw. einer → Statuspassage (Roth 1963), z.B. Berufswechsel, Spezialisierung im Beruf, sozialer Aufstieg.   W.F.H.

career pattern → Karrieremuster

Cargo-Kult, allgemeine Bezeichnung für rituellmagische Verhaltensweisen in Melanesien, die den Kultanhängern durch Vermittlung der Ahnen eine Teilhabe an den europäischen Kulturgütern (*cargo* = Schiffsladung) verschaffen will. Der C.-K. bildet den generellen Aspekt einer Vielzahl von → nativistischen Bewegungen, der als abweisende Reaktion der angestammten Tradition auf die unerklärliche Macht und den Reichtum der fremden Europäer gedeutet wird. J.Ma.

Carpenter-Effekt, ideomotorisches Gesetz, bezeichnet den Antrieb, wahrgenommene oder vorgestellte Bewegungsabläufe unwillkürlich mitzuvollziehen. Der C.-E. spielt eine besondere Rolle im Sozialisationsprozess, da Kinder zahlreiche Verhaltensweisen lernen, indem sie Erwachsene – meist unbewusst – nachahmen. H.S.

carrying capacity (engl.), „Tragefähigkeit" eines Gebietes, in Biologie und Demografie Bezeichnung für die Größe einer Population, die von einem Gebiet, einer „ökologischen Nische" ernährt werden kann, ohne die erneuerbaren Ressourcen auf Dauer zu schädigen (Raubbau) und das sog. ökologische Gleichgewicht langfristig zu stören. Die *c. c.* ist keine feste Größe, sondern kann durch Arbeit und stoffliche Inputs sowohl erhöht wie verringert werden. Der Begriff beinhaltet nicht, dass die *c. c.* eines Gebietes durch die Bevölkerung, z.B. eine Jäger- oder Sammler-Kultur, immer ausgeschöpft wird. H.W.

case study (engl.) → Einzelfallstudie

case-work (engl.), Einzelfallhilfe, -arbeit, Einzelbetreuung, gehört neben Gruppenarbeit (*groupwork*) und Gemeinwesenarbeit (*communitywork*) zu den klassischen Methoden der Sozialpädagogik und Sozialarbeit. Unter dem Begriff werden die Prinzipien zusammengefasst, nach denen einer Person (oder einer Familie) aufgrund einer Diagnose subjektiver und objektiver Situationsfaktoren bestimmte Hilfen (z.B. Beratung) zuteil werden, die ihm die Lösung seiner spezifischen Probleme erlauben (z.B. bei der Resozialisierung von Straffälligen). H.L.

cash cropping (engl.), landwirtschaftliche Produktion, deren Produkte (*crops*), z.B. Getreide, Baumwolle, Kaffee etc. auf (Welt-)Märkten gegen Geld (*cash*) verkauft werden und nicht direkt für den Lebensunterhalt (Subsistenz) der unmittelbaren Produzenten, z.B. der Kleinbauern, verwendet werden. H.W.

Casino-Kapitalismus, auch Derivaten- oder Arbitragekapitalismus (Altvater/Mahnkopf 1999), Bezeichnung für den im Zuge der Deregulierung der internationalen Finanzmärkte sprunghaft ausgeweiteten Welthandel mit Finanzinstrumenten (sog. Finanzderivaten) und die damit einhergehenden Konzentrationsprozesse im Finanzsektor. Die Finanzanlagen von privaten Haushalten und insbesondere von institutionellen Anlegern (Versicherungen, Pensionsfonds,

Hedge Funds) sind z.T. hoch spekulativ (z.B. Ausnutzung von Währungsschwankungen, Zinsdifferenzen), außerordentlich beweglich und mitverantwortlich für Instabilitäten auf den Finanzmärkten und Finanzkrisen. Aus marxistischer Sicht vollzieht sich im C. eine Verselbständigung der Akkumulation von Geldkapital gegenüber der realen Kapitalakkumulation (Mehrwertproduktion), ohne sich letztlich von dieser unabhängig machen zu können. H.W.

cathexis (engl.) → Besetzung

CATI, Abk. für *Computer Assisted Telephone Interviewing,* ein Verfahren der Datenerhebung, wobei die Befragung telefonisch stattfindet und die → Kodierung [1] der Antworten sogleich in einen Computer eingegeben wird. R.L.

Caudillismus (span.: *caudillo,* Führer), lateinamerikanische Form der Palastrevolution. O.R.

CAVD-Test, Bezeichnung für eine von E.L. Thorndike entwickelte Batterie von vier Intelligenztests, und zwar einen Ergänzungstest („*completion*"), einen Test zur Prüfung der rechnerischen Fähigkeiten („*arithmetical problems*"), einen Test zur Überprüfung des Wortschatzes („*vocabulary*") sowie einen Test mit Denkaufgaben („*directions*"). R.Kl.

caziquismo (span.) → Kazikismus

ceiling effect (engl.) → Ausgangswertgesetz

Centil, *centile,* Abkürzung für Perzentil → Partil

ceteris-paribus-Klausel, bei vielen sozialwissenschaftlichen Modellen und Gesetzesaussagen (insb. der Nationalökonomie) angefügte Einschränkung, die beinhaltet, dass die Gesetzesaussagen nur insoweit gelten sollen, als alle nicht im Modell oder der Aussage enthaltenen Faktoren konstant bleiben. Diese Faktoren werden in der *c.-p.-*K. nicht näher bezeichnet. Daher können die Modelle nicht empirisch überprüft werden, da bei konträren Beobachtungen die Aussagen unter Hinweis auf mögliche Änderungen der durch die *c.-p.-*K. nicht spezifizierten Faktoren aufrechterhalten werden können. Diese Verwendung der *c.-p.-*K. führt zur Immunisierung der Aussagen und Modelle. Hierauf gründet sich der Vorwurf des → Modell-Platonismus. H.W.

challenge – response (engl.), Herausforderung – Erwiderung, ist als Begriffspaar von A.J. Toynbee zur Erfassung des kulturellen Wandels eingeführt worden. Jede Gesellschaft muss Änderungen, seien sie in der Gesellschaft selbst, seien sie in ihrer Umwelt, als *c.s* betrachten, die in Hinblick auf einen Gleichgewichtszustand *r.s* der Gesellschaft bedürfen. Je genereller *r.s* auf *c.s* sind, umso mehr werden sie in ihren Folgewirkungen in der Gesellschaft zu *c.s,* die neue *r.s* hervorrufen und damit den kulturellen Wandel vorantreiben. O.R.

champ (frz.) → Feld [6]

Chance, ökonomische, von M. Weber (1921) geprägter Ausdruck, der all jene Chancen, im Unterschied zu „Gütern" und „Leistungen", kennzeichnen soll, die „durch Sitte, Interessenlage oder garantierte Ordnung" einem Marktteilnehmer „in Aussicht gestellt" oder als garantierte „Verfügungsgewalten einer Wirtschaft über sachliche und persönliche Nutzleistungen dargeboten werden". Hierzu gehören u.a. durch Konventionen oder Interessenlage zugängliche Kundschaft, Eigentum oder Amtsstellungen. Eine zunehmende Zahl von Konkurrenten im Marktgeschehen führt nach Weber zu einem Wettbewerb um ö. C.n und zu dem Versuch, Gruppen von Mitkonkurrenten durch negative Herausstellung eines beliebigen, äußerlich feststellbaren Merkmals, etwa Rasse, Sprache, regionale oder soziale Herkunft, einzuschränken. Die sich daraus entwickelnden „Interessentengemeinschaften" streben nach einer Begrenzung des Wettbewerbs durch eine spezifische „Vergesellschaftung mit rationaler Ordnung", in diesem Fall durch Monopole. Die Gemeinschaft wird so geschlossen, der Zugang zu ö.n C.n auf bestimmte Mitglieder beschränkt.   G.F.

Chancengleichheit bezeichnet eines der verschiedenen Kriterien, nach denen das Postulat einer *égalité* gemessen werden kann. Verzichtet wird auf eine absolute Gleichheit der Resultate (jedes Mitglied soll genau denselben Anteil bekommen). Und es genügt auch nicht eine Gleichbehandlung (wonach willkürliche Unterscheidungen verboten sind). Vielmehr verlangt C., dass allen eine Gelegenheit eingeräumt wird, ihren Fähigkeiten und Wünschen zu folgen, so gut diese eben tragen. Wer C. herstellen will, muss auf den Zugang zu Belohnungen und zu hochbewerteten Positionen achten.   R.L.

change actors (engl.) → Agenten des Wandels

change agents (engl.) → Agenten des Wandels

Chaos, gr.: Wirrwarr, Ordnungslosigkeit, Zustandsbeschreibung für die Bereiche der Realität, die sich der Erfassung durch rationale Erklärungsmuster entziehen.   O.R.

Chaosforschung, Bezeichnung für unterschiedliche theoretische Ansätze, die Gesetzmäßigkeiten zu erfassen suchen, die dem Chaos (gr.: gähnender Abgrund), dem „Tohuwabohu" zugrunde liegen. Alle diese Ansätze folgen I. Prigogine (1991), der als Ursache von Chaos Instabilität ansieht und für die Physik das mögliche Ermitteln kohärenter Strukturen „als Entstehung von Ordnung aus dem Chaos" (1971) beschreibt. Das Chaos wird als dynamisch begriffen, es wandelt sich durch Gabelungen, Phasenumschlag usw. In Analogie werden politische und soziale Instabilitäten, die die Systeme unter

Zeitdruck infrage stellen können, zum einen in Hinblick auf die Regeln des Verlaufs und zum anderen in der Suche nach sozialen kohärenten Strukturen erforscht. Erforscht wird auch, wie geordnete Prozesse in Unordnung übertragen, etwa durch Katastrophen oder Panik.
O.R./H.W.

Chapin-Skala, eine von F.S. Chapin (1935) entwickelte → Ratingskala zur Messung des sozioökonomischen Status von Familien anhand der Ausstattung und des Zustandes (Sauberkeit, Ordnung) ihrer Wohnzimmer. Die Skala ordnet einer Reihe von Merkmalen und Gegenständen, die in diesen Räumen vorhanden sein können, positive und negative Punktzahlen zu, deren Summe die Maßzahl des Status ergibt.   R.Kl.

Charakter, allgemeine und zusammenfassende, sehr unterschiedlich gebrauchte Bezeichnung für die Gesamtheit der psychischen Eigenschaften oder Merkmale eines Menschen und deren mehr oder weniger stabilen strukturellen Zusammenhang. Obwohl in der Literatur nahezu synonym mit dem Begriff der → Persönlichkeit gebraucht, betont C. doch mehr die individuelle Besonderheit und Einmaligkeit sowie die relative Konstanz oder Unveränderlichkeit der psychischen Struktur des Einzelmenschen. Darin klingt das ältere Verständnis des C.-Begriffs (griech. „das Eingeprägte") nach, für welches der C. die Summe der angeborenen, unveränderlichen (vor allem: sittlich-moralischen) Anlagen und Merkmale eines Menschen war.   R.Kl.

Charakter, analer, in psychoanalytischer Terminologie eine relativ feste Abwehrstruktur, die sich durch Verarbeitung spezifischer Probleme der analen psychosexuellen Entwicklungsstufe (→ Libidostufen) auszeichnet. Aufgrund der in der bürgerlichen Gesellschaft vorherrschenden Erziehungspraktiken (→ Reinlichkeitsdressur) zeichnet sich der a.e C. hier, wie angenommen wird, insbesondere durch Sparsamkeit, Geiz, Sauberkeit, Pünktlichkeit, Ordnungsliebe aus.
K.H.

Charakter, autoritärer → autoritär

Charakter, genitaler, in psychoanalytischer Terminologie eine relativ feste Abwehrstruktur, die sich durch Verarbeitung spezifischer Probleme der genitalen psychosexuellen Entwicklungsstufe (→ Libidostufen) auszeichnet. Es entwickeln sich besonders aggressive und narzisstische Züge und großes Selbstvertrauen sowie eine gewisse Leistungslust usw.   K.H.

Charakter, oraler, in psychoanalytischer Terminologie eine relativ feste Abwehrstruktur, die sich durch Verarbeitung spezifischer Probleme der oralen psychosexuellen Entwicklungsstufe (→ Libidostufen) auszeichnet. Als Eigenschaften finden wir unter anderem entwickeltes Ge-

schmacksvermögen, das Vorherrschen von Versorgungsfragen, aber auch rednerischen Ehrgeiz.
K.H.

Charakter, politischer, in sozialpsychologischen Ansätzen der Politischen Wissenschaft und der politischen Soziologie Bezeichnung für politische (z.B. → autoritäre) Einstellungen und Haltungen, die in den Charakteren der Einzelnen verankert bzw. ein Teil derselben sind. Die Bildung des p.n C.s wird auf spezifische Sozialisations- und Erziehungsformen in Abhängigkeit von ökonomischen Grundstrukturen und geschichtlichen Erfahrungen zurückgeführt (→ Charakter, sozialer). W.F.H.

Charakter, revolutionärer, ein Gegenbegriff bei E. Fromm (1963) zu → autoritärer [1] Charakter (ohne empirische Belege): Der r.C. weise eine tiefe Identifikation mit der Menschheit und eine starke Liebe zum Leben auf. W.F.H.

Charakter, sozialer, Sozialcharakter, Bezeichnung für den Teil des Charakters oder der Persönlichkeit, der den Mitgliedern einer Gruppe mehr oder weniger gemeinsam ist (Verwandte Bezeichnungen: → Modalpersönlichkeit, → Grundpersönlichkeit). So wird z.B. von dem s.n C. eines Volkes (→ Nationalcharakter), einer sozialen Schicht oder Klasse, „der" Bauern usw. gesprochen. Die Ausformung des s.n C.s wird auf die Gleichförmigkeit der Sozialisationsprozesse innerhalb einer Gruppe in Abhängigkeit von der Struktur dieser Gruppe zurückgeführt.
R.Kl.

Charakterbildung, Charakterformierung, Bezeichnung für den Prozess, in dem der → Charakter eines Menschen durch Erfahrung und Sozialisation geformt und aufgebaut wird. Da der Begriff häufig moralische Nebenbedeutungen enthält, wird heute eher von Persönlichkeitsbildung oder -formierung oder von → Personalisation gesprochen. R.Kl.

Charakterkunde → Charakterologie

Charaktermaske, Bezeichnung von K. Marx für den entfremdeten Menschen in der bürgerlich-kapitalistischen Klassengesellschaft. Gesellschaftlich treten sich die Individuen nicht als Persönlichkeiten, sondern „als Repräsentanten von Ware und daher als Warenbesitzer" gegenüber. In ihrem Handeln verhalten sich die Menschen als Träger der ökonomischen Verhältnisse, als deren Personifikation sie C.n sind.
C.Rü./O.R.

Charakterologie, Charakterkunde, die psychologische Lehre von der Entwicklung, den Formen und dem Aufbau des → Charakters. Als Hauptvertreter der deutschen C. gelten L. Klages (1872-1956) und P. Lersch (1898-1972). R.Kl.

Charakterrolle → Persönlichkeitsrolle

Charisma nennt M. Weber die von den Beteiligten als außergewöhnlich empfundene Qualität einer Persönlichkeit, um derentwillen diese als mit übernatürlichen (übermenschlichen, nicht jedem zugänglichen) Kräften begabt oder als gottgesandt oder als vorbildlich gilt, deshalb u.U. als Führer gewertet wird bzw. Gehorsam verlangen kann. Für die Geltung des C. ist entscheidend die durch Bewährung (z.B. durch Wunder) zu sichernde Anerkennung durch die Beherrschten (Jünger, Gefolgsleute). Charismatische Herrschaft ist in reiner Form spezifisch wirtschaftsfremd; an die Bewährung des charismatisch qualifizierten Herrn pflegen sich aber auf Seiten seiner Jünger und insbesonders seiner Verwaltungsgehilfen in der Regel neben ideellen Prämien handfeste ökonomische Erwartungen zu knüpfen. C.S.

Chartismus, Bezeichnung für den Zweig der Arbeiterbewegung in England, der zwischen 1838 und 1848 für allgemeines Wahlrecht, Behebung der sozialen Folgen der Industrialisierung und Sozialreformen eintrat. Der Begriff leitete sich von der *„People's Charter"* ab, die als Kampfschrift von W. Lovett und F. Place entworfen worden war. Der C. fiel durch neue Aktionsformen (Generalstreik, Werksbesetzungen, Maschinenstürmerei) auf, die ihm zeitweilig große politische Bedeutung zukommen ließen. O.R.

checks and balances (engl.), das in der Verfassung der USA gegenüber der Gewaltenteilung erweiterte System der Kontrolle zwischen Gesetzgebung, Regierung und Rechtsprechung.
W.F.H.

Chicago-Schule, [1] von A.W. Small (1854–1926), W.I. Thomas (1863–1947), R.E. Park (1864–1944) und E.W. Burgess (1886–1966) in den frühen 1920er Jahren am Department für Soziologie der Universität von Chicago begründete und bis in die 1940er Jahre einflussreichste Schule der amerikanischen Soziologie. Als Hauptleistung der C.-S. gilt die fruchtbare Verbindung von soziologischer Theoriebildung und systematischer empirischer Sozialforschung, durch die die Entwicklung der Soziologie zu einer akademischen Disziplin entscheidend vorangetrieben wurde. R.Kl.
[2] → Monetarismus [1]

chicken game (engl.), in der Spieltheorie und experimentellen Forschung Bezeichnung für ein Zwei-Personen-Nicht-Nullsummenspiel, bei dem im Unterschied zum → Häftlingsdilemmaspiel ein Spieler einen größeren Verlust erleidet, wenn beide Spieler die Konfliktstrategie wählen (α_1, β_1), als wenn er sich auch gegenüber der Drohung kooperativ verhält, dass der Gegner unkooperatives Verhal-

C

ten zeigt (α_2, β_1 bzw. a_1, β_2). Die Spielmatrix hat die Form:

Spieler 2

$$\text{Spieler 1} \quad \begin{array}{c} \beta_1 \qquad\qquad \beta_2 \\ \begin{array}{c} \alpha_1 \\ \alpha_2 \end{array} \left(\begin{array}{cc} (-\alpha_{11}, -b_{11}) & (-\alpha_{12}, -b_{12}) \\ (\alpha_{21}, -b_{21}) & (\alpha_{22}, b_{22}) \end{array} \right) \end{array}$$

Bedingung:

$$a_{21} > a_{22} > a_{12} > a_{11}$$

bzw.

$$b_{12} > b_{22} > b_{21} > b_{11}$$

Das c. g. wird als → experimentelles Spiel insb. zur Untersuchung von Anpassungsverhalten gegenüber Drohungen benutzt.   H.W.

Chiliasmus, Millenarismus, Endzeiterwartung, ursprünglich Erwartung des messianischen Reiches auf Erden am Ende der Menschheitsgeschichte; mit dem Aufkommen des modernen Fortschrittsglaubens säkularisiert zu Reform- und Revolutionsmodellen und -bewegungen, die auf eine Gesellschaft der allgemeinen Wohlfahrt und des Glücks, der Gerechtigkeit, des Friedens und der Humanität abzielen.   J.Ma.

Chi-Quadrat, χ^2, a) die Stichprobenfunktion, die als Summe der Quadrate von n Variablen, die alle die gleiche Normalverteilung haben, definiert ist. Die Verteilung von χ^2 liegt in tabellierter Form vor;
b) die von K. Pearson definierte Stichprobenfunktion, die den Unterschied zwischen den empirisch ermittelten und den theoretisch erwarteten Häufigkeiten misst. Sind die Messwerte in n Klassen aufgeteilt, ist a_k die empirische und e_k die theoretische Häufigkeit in der k-ten Klasse, so ist

$$\chi^2 = \sum_{k=1}^{n} \frac{(a_k - e_k)^2}{e_k}$$

χ^2 wird sowohl zum Test der Anpassung eines Merkmals an eine bestimmte Verteilung als auch zur Prüfung der Unabhängigkeit, damit indirekt des Zusammenhangs, zweier Merkmale benutzt. Die Zahl der Freiheitsgrade bestimmt sich dabei aus der konkreten Prüfsituation. Da das Pearsonsche χ^2 näherungsweise die Verteilung der unter a) definierten Funktion hat, können deren Tabellen mit gewissen Einschränkungen benutzt werden. Der C.-Q.-Test zur Prüfung der Abhängigkeit zweier Merkmale ist eines der häufigsten, wenn auch oft fälschlich angewandten Testverfahren in der empirischen Sozialforschung.   M.K.

Chi-Quadrat-Kontingenzmaße, spezielle Korrelationskoeffizienten für zwei nominal skalierte Merkmale, die gewisse Normierungen von χ^2 darstellen. Diese Maße sind nur im Fall zweier dichotomer Merkmale anschaulich zu interpretieren, außerdem hängt der Höchstwert von der Zahl der Klassen sowie vom Stichprobenumfang ab, sodass die Literatur die Anwendung dieser Maße nur für Vierfeldertafeln empfiehlt. Zu diesen Maßen gehören der Kontingenzkoeffizient $C = \sqrt{\dfrac{\chi^2}{N + \chi^2}}$, Tschuprows T, Cramers C_r, und der Koeffizient $\varphi = \sqrt{\dfrac{\chi^2}{N}}$.   M.K.

choice (engl.), Wahl, Wahlhandlung oder → Entscheidung

choice, social (engl.) → Entscheidungen, kollektive

chose sociale (frz.), bei E. Durkheim Bezeichnung für den Dingcharakter des Sozialen. Zwar sind im Unterschied zu den Untersuchungsgegenständen der Naturwissenschaften die sozialen Tatbestände keine materiellen Dinge, aber sie sind auch keine rein geistig-psychischen, durch Wesensschau oder nachfühlendes Verstehen erfassbaren Dinge. Vielmehr handelt es sich um festgelegte Muster des Handelns und Erlebens, die außerhalb des individuellen Bewusstseins und unabhängig vom Willen der einzelnen Menschen vorliegen und systematischer Beobachtung von außen zugänglich sind.   F.H.

Chosismus, kritisierende Bezeichnung für die von E. Durkheim systematisch entwickelte Auffassung, dass die sozialen Tatbestände deutlich gegen geistig-psychische Dinge und somit gegen philosophische Wesensschau und gegen psychologisches Verstehen abzugrenzen sind. Kritisiert wird ebenso die äußerliche Gegenständlichkeit bzw. Verdinglichung der sozialen Tatsachen und die damit implizierte Loslösung von den handelnden und erlebenden Menschen.   F.H.

christliche Gesellschaftslehre → Soziallehre

christliche Soziallehre → Soziallehre

circulus vitiosus (lat.), [1] Trugschluss, Zirkelschluss, in dem vorausgesetzt wird, was zu beweisen ist.
[2] „Teufelskreis“, Bezeichnung etwa für Interaktionsabläufe, in denen der Versuch, Missverständnisse aufzuklären, zu tieferen Missverständnissen, der Versuch, Feindschaft abzubauen, zu größerer Feindschaft führt etc.   H.W.

Circumspektive → Binnenschau

citoyen (frz.) → *bourgeois – citoyen*

civic culture (engl.) → Bürgerkultur

civil religion (engl.), frz: *religion civile*, im Deutschen gelegentlich übersetzt mit: bürgerliche

oder Zivilreligion, [1] von J.J. Rousseau geprägter Begriff zur Bezeichnung einer Sammlung von bekenntnispflichtigen religiösen Dogmen, die der Durchsetzung des *volonté géneral* dienen und somit integraler Bestandteil des Gesellschaftsvertrags (*contrat social*) sind.
[2] Als *c. r.* von R.N. Bellah 1967 konzeptualisierter Begriff zur Umschreibung grundlegender, als allgemeinverbindlich anerkannter Überzeugungen und Werte im Bewusstsein der US-amerikanischen Öffentlichkeit, die in ihrer Symbolik zumindest rudimentär religiösen Charakter besitzen und die Identität der US-amerikanischen Gesellschaft als Nation konstituieren.
[3] In den 1970er und 1980er Jahren wurde der Begriff auf europäische Verhältnisse übertragen, um das Phänomen einer (implizit) religiösen Begründung von politischen Grundwerten systematisch beschreiben zu können. Als *c. r.* können generell alle Versuche gelten, einen Legitimationshorizont einer politischen Ordnung mittels letztbegründenden Überzeugungen, Symbolen und Ritualen zu konstruieren.   V.Kr.
[4] Die Bezüge zwischen dem „Heiligen" und dem „Profanen" werden als Zivilreligion (*c.r.*) für gesellschaftliche Rituale, Zeremonien und Symbole gegenwärtig stark diskutiert. Am Beispiel der Geschichte des *Palio* in Siena zeigt G.A. Parsons (2002) die Kontinuität von *civic religion* und *c.r.* auf.   R.L.

civil society (engl.) → Gesellschaft, bürgerliche

clan (engl.) → Klan

clash of civilizations (engl.), Kampf der Kulturen, Begriff von S. Huntington (1996), der behauptet, dass zukünftige Konflikte in erster Linie nicht mehr zwischen Nationalstaaten, sondern verschiedenen Kulturen ausbrechen werden. Identitäten und Abgrenzungen würden hiernach jenseits von Ideologien (z.B. Kapitalismus vs. Kommunismus) und aufgrund von Globalisierungsprozessen durch die Besinnung auf die eigene Kultur (wie Religion, Werte und Normen) gebildet. Die westliche Kultur werde gegenüber der islamischen an Macht verlieren. Die Anschläge vom elften September 2001 wurden vielfach als *c.o.c.* gedeutet.   D.Kl.

class (engl.) → Schicht, soziale; (selten) → Klasse

class, closed (engl.), geschlossene Schicht, ist eine soziale Einheit, deren Grenzen so starr sind, dass für Einzelne oder Gruppierungen kaum Möglichkeiten des Zugangs bzw. des Austritts bestehen.   B.Ba.

class, open (engl.), offene Schicht, bedeutet, dass die Grenzen der sozialen Einheit verhältnismäßig flexibel sind und über eine ausreichen-de Durchlässigkeit verfügen, um Zugang bzw. Austritt zu gewährleisten.   B.Ba.

class, working (engl.) → Arbeiterklasse

classe ouvrière (frz.) → Arbeiterklasse

classement, loi de (frz.) → *loi de classement*

client cult (engl.), bezeichnet in Untersuchungen von neuen religiösen Bewegungen bzw. Sekten (R. Stark/W.S. Bainbridge 1985) eine Organisationsform, in der die Interessenten an einer neuen Lehre hauptsächlich als Kunden erscheinen (meist von Seminaren und anderen Angeboten zur persönlichen Entwicklung usw.). → *audience cult*, → *cult movement*   W.F.H.

Clique, [1] Bezeichnung für informelle Gruppen, die sich „privat" innerhalb formaler Organisationen (z.B. Betrieben, Behörden) bilden und durch besonders hohe Interaktionsdichte und eine gewisse Isolation von den übrigen Organisationsmitgliedern auszeichnen. Häufig unterstützen sich die Mitglieder der C. gegenseitig in der Konkurrenz mit den übrigen Organisationsmitgliedern und entwickeln Normen und Ziele, die von den Normen und Zielen der Organisation abweichen (z.B. Zurückhalten der Arbeitsleistung).
[2] In einem allgemeineren Sinne Bezeichnung für alle durch Konsensus begründeten, aber nicht formal organisierten sozialen Gruppierungen, die innerhalb der sie umgreifenden Institution oder Gesellschaft ihre eigenen, „partikularen" Interessen verfolgen und dabei ihre Mitglieder in der Konkurrenz mit anderen, nicht „dazugehörenden" Personen und Gruppen unterstützen. C.n-Bildung in diesem Sinne ist z.B. im Bereich der Kultur („Literaten-C.") und in lokalen Nachbarschaften zu beobachten. Auf gesamtgesellschaftlicher Ebene spielen C.n bei der Verquickung von politischen, wirtschaftlichen und militärischen Führungsgruppen eine bedeutsame Rolle (C.W. Mills).   R.Kl.
[3] In der Jugend- und Freizeitsoziologie Bezeichnung für eine relativ feste Gesellungsform von Jugendlichen (häufiges, fast tägliches Treffen; relativ feste Migliedschaft – bis hin zu gemeinsamen Abzeichen oder Kleidungsstücken; starkes Zusammengehörigkeitsgefühl), im Unterschied zu einem Bekanntenkreis oder zu einer thematisch strukturierten → Szene.   W.F.H.
[4] In der Soziometrie Bezeichnung für eine Anzahl von Gruppenmitgliedern, die sich untereinander besonders häufig wählen, andere Gruppenmitglieder jedoch wenig wählen und auch von diesen wenig gewählt werden.   R.Kl.

Clique, strategische, nach N. Luhmann (1964) Bezeichnung für eine Clique innerhalb formaler Organisationen, die die formale Organisationsstruktur der eigenen Zielsetzung unterordnet und sie „als bloßes Mittel zur Ratifizierung von Entscheidungen oder zur Festigung von Machterwerben" behandelt. R.Kl.

closed-mindedness (engl.) → Dogmatismus

closed shop (engl.), „geschlossener Betrieb", gewerkschaftliche Strategien, meist in Absprache mit der Unternehmensleitung, nur Personen in einem Betrieb als Beschäftigte zuzulassen, die auch zugleich Mitglied der entsprechenden Gewerkschaft sind. H.W.

Cluster-Analyse, *cluster analysis*, [1] von Tyron, Holzinger und Harman entwickeltes Modell zur Ordnung von Variablen, das als Vorform des Zentroid-Modells der Faktorenanalyse aufgefasst werden kann. Die Korrelationen zwischen den Variablen werden als Werte einer Intervallskala aufgefasst, die einen Grad der Zugehörigkeit von Variablen zueinander misst. Die Variablen werden so zu Gruppen geordnet, dass die Korrelationen innerhalb der Gruppen hoch im Vergleich zu den Korrelationen zwischen den Gruppen sind. Der Vergleich wird mithilfe des B-Koeffizienten durchgeführt, der das Verhältnis des Durchschnitts der Korrelationen in einer Gruppe zum Durchschnitt der Korrelationen der Variablen in der Gruppe mit Variablen außerhalb der Gruppe angibt. Die Interpretation der Cluster hängt von den beschreibenden Absichten der Untersuchung ab. Ein der *C.-A.* verwandtes Modell ist die *Linkage*-Analyse von L.L. McQuitty, die zur Gruppenbildung von Variablen und Objekten geeignet ist. H.W.
[2] Verfahren zur Bündelung von Fällen mit ähnlichen Merkmalen zu Gruppen (Clustern), die in ihrer Binnenstruktur möglichst ähnlich und untereinander möglichst verschieden sind; diese *Cluster* können Grundlage einer Typologie von Fällen sein. Auf Basis einer Distanzmatrix, der verschiedene Distanzmaße zugrunde liegen können, erfolgt nach unterschiedlichen Verfahren eine schrittweise Bündelung der Fälle. Gute Zuweisungsalgorithmen erfordern bei höheren Fallzahlen noch lange Rechenzeiten, sodass Verfahren entwickelt wurden, bei denen Clusterzentren vorgegeben werden können. Die Ergebnisse des Cluster-Prozesses sind die Clustermittelwerte und die Besetzung der Cluster. Bei hierarchischen Verfahren ist der Prozess der schrittweisen Zuordnung von Interesse. Eine Validierung der Ergebnisse kann über eine Varianzanalyse der Clustermittelwerte erfolgen. Die C.-A. ist auch für dichotomisierte Daten nominalen Niveaus geeignet. Ch.W.

cluster-sample (engl.) → Klumpenstichprobe

clustering (engl.), in der sozialpsychologischen Forschung (J.A. Davis) Bezeichnung für die Herausbildung von Gruppen aus einer Menge von Individuen mit dem Ergebnis, dass innerhalb der Gruppen positive, zwischen den Gruppen dagegen negative Beziehungen zwischen den Individuen bestehen. Die Bildung → struktureller Balance kann als besonderer Fall des *c.* aufgefasst werden. H.W.

Code → Kode

code sheet (engl.) → Kodierung

coefficient of alienation (engl.) → Unbestimmtheitsmaß

cognitive mapping technique (engl.), von R.M. Axelrod (1976) entwickelte Methode zur Erfassung von Eigenschaften politischer Führer. Die *c. m. t.* geht von einem prozeduralen Ansatz aus und ermöglicht dadurch, unterschiedliche politische Überzeugungen eines Führers kausal zu verbinden. O.R.

Coleman's Badewanne, saloppe Bezeichnung für das dreistufige Erklärungsmodell bei J.S. Coleman, H. Esser u.a., das durch → Brückenhypothesen und Aggregationsregeln kollektive Sachverhalte aus dem Handeln individueller Akteure kausal erklären möchte. H.W.

colleague family (engl.) → Partnerschaftsfamilie

collective bargaining (engl.) → Kollektivverhandlungen

collective efficacy → Kontrolle, informelle

college, invisible (engl.), „unsichtbares College", von D.J. de Solla Price (1963) geprägte Bezeichnung für zumeist nicht mehr als etwa 100 bis 200 Personen umfassende, im Vergleich zur Gesamtzahl der Mitglieder einer Disziplin oder Teildisziplin also relativ kleine Gruppen von zumeist sehr produktiven Wissenschaftlern, die auf dem gleichen Forschungsgebiet arbeiten und miteinander in einem sehr engen kommunikativen Kontakt stehen, obwohl sie zumeist an ganz verschiedenen Orten arbeiten und die Beziehungen zwischen ihnen nicht formalisiert sind. Es wird angenommen (D. Crane 1972), dass solchen *i. c.s* (vor allem als Bezugsgruppen für die einzelnen Forscher) eine sehr wichtige Funktion innerhalb der sozialen Organisation der Wissenschaft und damit für die Steuerung des Forschungsprozesses zukommt. R.Kl.

colligation (engl.), bezeichnet in sequentiell-prozessual angelegten Studien (z.B. in der → historischen Soziologie, der vergleichenden Analyse von Organisationen oder von sozialen Bewegungen) den Arbeitsschritt der Definition möglicher Untersuchungseinheiten und der Gruppierung von Ereignissen zu einem Handlungsstrang. Insoweit entspricht *c.* dem Arbeitsschritt, in dem das Messen in einer quantitativen Studie konzeptualisiert wird. W.F.H.

colonato (port.), brasilianisches Modell ländlicher Arbeitsbeziehungen, z.B. im Kaffeeanbau. Die Arbeitskräfte (*colonos*) sind mit ihren Familien auf dem Land des Grundbesitzers angesiedelt, bearbeiten Parzellen für den Eigenbedarf und arbeiten für den Patron teils unentgeltlich, teils gegen Lohn. H.W.

coming out (engl.), wörtlich: Herauskommen, ins Deutsche übernommene Bezeichnung für den stufenweisen Prozess, in dem eine Person ihre Zugehörigkeit zu einer Kategorie sozialer → Devianz selbst erkennt und anderen bekannt macht. Wenn diese Person ihre Abweichung vor überhaupt niemanden mehr verbirgt oder sogar öffentlich bekannt macht, heißt das *going public*. R.L.

coming out all over (engl.), Bezeichnung von J.I. Kitsuse für eine späte und erst in modernen Gesellschaften anzutreffende Stufe der moralischen → Karriere [3] einer abweichenden Person oder Sozialkategorie. Der Gang in die Öffentlichkeit wird publizistisch so angelegt – argumentativ, laut, schrill –, dass über → Stigma-Umkehr das Vorurteil entlegitimiert wird. R.L.

commitment (engl.), Bindung, Verpflichtung, [1] eine durch Normen oder Werte intendierte Verpflichtung des handelnden Individuums, den in ihnen enthaltenen Verhaltensanspruch zu akzeptieren und zu realisieren. Die Norm, der gegenüber ein *c.* besteht, wird über die bloße Akzeptierung hinaus zum handlungsleitenden Motiv. C.Wo./R.L.
[2] In Brehm und Cohens Formulierung der Theorie der → kognitiven Dissonanz Bezeichnung für die Selbstfestlegung einer Person auf eine bestimmte Handlungs- oder Einstellungsalternative. Nur solche Kognitionen, die mit einem *c.* (einer Entscheidung) inkonsistent sind, rufen Dissonanz hervor. Um eine Dissonanz zu reduzieren, werden am leichtesten die Kognitionen verändert, auf die sich die Person nicht „festgelegt" hat. R.Kl.

commodification (engl.) → Kommodifizierung

commodity chain (engl.), die Kette der Stadien, die eine Ware von der Herstellung bis zum Verkauf durchläuft, z.B. in der agroindustriellen Produktion von „Hähnchen" von der Züchtung von Legehennen über Brütung, Mästung, Schlachtung, Verpackung bis zur Regalpräsentation im Supermarkt. Jedes Stadium kann zur eigenen Anlagesphäre von Kapital werden bzw. verschiedene Stadien können vertikal in einem Unternehmen integriert werden. Entlang des *c. c.* können sich in unterschiedlicher Weise Dominanzbeziehungen ergeben, z.B. der weiterverarbeitenden über die vorgelagerten Stufen. H.W.

common interest (engl.) → Gemeininteresse

common sense (engl.), der auf der Alltagserfahrung beruhende gesunde Menschenverstand, der zur Erklärung und zur Lösung von Alltagsproblemen benutzt wird. In der schottischen Philo-

sophie des 18. und 19. Jahrhunderts galt der *c. s.* als natürliche Grundlage jeglicher Erkenntnis. R.Kl.

communalism (engl.), „Kommunalismus", kollektiver Antagonismus, organisiert auf der Basis von religiösen, linguistischen oder ethnischen Identitäten (D. Ludden 1996). Das Konzept stammt aus dem indischen Kontext und bezeichnet die fundamentale Idee, dass Hindus und Muslime zwei separate „Gemeinschaften" in wesentlichem Gegensatz zu einander bilden. Die Gruppenzugehörigkeit ist unmittelbar bestimmend für die individuelle Identität. Die Beziehung Hindus – Moslems bildet das Modell, nach dem auch andere Gruppenidentitäten konstruiert sind. H.W.

communality (engl.) → Kommunalität, → Kommunismus [3]

communitas (lat.) → societas civilis

community development (engl.), Gemeindeentwicklung, [1] in einem allgemeinen Sinne die beabsichtigte Beschleunigung von sozialem, ökonomischem und technologischem Wandel in einer Gemeinde.
[2] Speziell der Prozess, mit dem die Einwohner einer Gemeinde befähigt werden sollen, in ihrem Interesse liegende Projekte im lokalen Bereich zu starten und durchzuführen. → Gemeinwesenarbeit R.L.

community mental health movement (engl.), Bewegung zur Förderung gemeinde- oder nachbarschaftsnaher psychiatrischer Versorgung. In den USA zwischen 1955 und 1970 mit staatlicher Unterstützung entstanden, versucht diese Bewegung durch kleine therapeutische Einheiten die Behandlung und Wiedereingliederung psychisch Kranker möglichst ohne Unterbrechung der Sozialbeziehungen in nachbarschaftlicher Umgebung durchzuführen (→ community psychiatry). R.N.

community organization (engl.) → Gemeinwesenarbeit

Community Policing (engl.), ein Konzept neuer polizeilicher Handlungsorientierungen, welches an der Kooperation mit einer, i.d.R. lokal definierten, Gemeinde ansetzt und kriminalitätsbezogene Probleme auf der lokalen oder kommunalen Ebene lösen soll. Zentrale Aspekte sind: Erhöhung der polizeilichen Erreichbarkeit etwa durch Fußstreifen, die Orientierung an den speziellen Bedürfnissen einer Gemeinde, die Kooperation mit den Anwohner/innen (vgl. → Neighborhood Watch) sowie problemorientierte Aktivitäten, die nicht genuin polizeiliche Handlungsfelder betreffen. Diskussionsbedürftig ist dabei insbesondere, welche sozialen Gruppen definieren, was ein lokales Problem ist und welche Gruppen mit der Polizei kooperieren und umgekehrt. J.W.

community power structure (engl.) → Machtstruktur, lokale

community psychiatry (engl.), gemeindenahe oder nachbarschaftliche Psychiatrie. Primär präventiv orientierte Richtung in der Psychiatrie, die von dem Ansatz ausgeht, dass durch die Behandlungsverfahren der klassischen Psychiatrie in großen Institutionen psychische Krankheit eher chronifiziert als geheilt wird, weil die Betroffenen von allen ihren Sozialbeziehungen abgeschnitten sind und nicht den Umgang in der Welt außerhalb der Anstalt wiedererlernen können. Daher versucht die *c. p.* unter weitgehender Beibehaltung der Sozialbeziehungen der Klienten in kleinen Zentren aktiv zu werden, die räumlich möglichst dicht bei den ursprünglichen Lebensbereichen der Klienten liegen, um so die Mitwirkung des Erkrankten und seiner relevanten Interaktionspartner am therapeutischen Prozess zu sichern. R.N.

community self survey (engl.), svw. Selbstanalyse einer Gemeinde, Bezeichnung für eine von den Gemeindebürgern (unter Anleitung von Experten) unternommene Untersuchung ihrer Gemeinde, um auf diesem Wege Spannungen identifizieren und beseitigen zu können mit dem Ziel, Entwicklungspotenziale freizusetzen. W.F.H.

community studies (engl.) → Gemeindestudien

community, scientific (engl.) → Fachgemeinschaft, wissenschaftliche

companionship family (engl.) → Gefährtenfamilie

comparative government (engl.), vergleichende Regierungslehre, älterer Ansatz der vergleichenden politischen Wissenschaft, der die durch Verfassung und Gesetze bestimmte Struktur politischer Willensbildung und Entscheidung zum Gegenstand des Vergleichs nahm und dabei – der Kritik der › *comparative politics* zufolge – die politischen Funktionen vernachlässigte. W.F.H.

comparative politics (engl.). Anders als die älteren politikwissenschaftlichen Vergleiche von Verfassungen und Regierungsformen vergleicht die *c. p.* politische Systeme. Dabei sollen nationale Voreingenommenheiten wegfallen, die wirklichen politischen Prozesse (und nicht allein die Institutionen) verglichen werden, und zwar mithilfe von als universal angenommenen politischen Funktionen, die zum Vergleich der konkreten Erfüllung oder Leistung in einzelnen Systemen als Maßstab dienen. W.F.H.

comparison, encompassing (engl.), svw. ein Vergleich, der den Kontext der zu vergleichenden Gegebenheiten wahrt. Bezeichnet in der → *new*

historical sociology einen Vergleich von historischen Prozessen, der deren Besonderheit nicht zugunsten von wenigen Merkmalen übergeht. W.F.H.

Compiler → Programmiersprachen

compliance (engl.), [1] „Willfährigkeit", ein von H. Kelman eingeführter Begriff zur Differenzierung von Einstellungsänderungen. Er unterscheidet *c.* von Identifikation und Internalisation. Im Gegensatz zu letzteren, die eine persönliche oder inhaltliche Überzeugung des einstellungsändernden Subjekts beinhalten, ist *c.* kennzeichnend für Einstellungsänderungen, die aus Opportunismus oder Schwäche vollzogen werden.
[2] → Befolgung C.R.S.

compliance, coercive (engl.), erzwungene Folgsamkeit, ist eine auf starke Ablehnung stoßende Lenkung und Kontrolle niedriger Ränge einer Organisation vermittels Ausübung physischer Gewalt. Die *c. c.* ist charakteristisch für Zwangsorganisationen wie Gefängnisse. G.B.

compliance, forced (engl.), „erzwungene Einwilligung", in der Theorie der → kognitiven Dissonanz (L. Festinger) Bezeichnung für ein durch sozialen Druck, d.h. durch die Drohung mit einer Bestrafung oder durch das Angebot einer Belohnung, herbeigeführtes einstellungsdiskrepantes Verhalten. So werden Personen in den sog. Zwanzig-Dollar-Experimenten durch ein Geldgeschenk zu einer Meinungsäußerung gegenüber Dritten veranlasst, die im Widerspruch zu ihren tatsächlichen Überzeugungen steht. R.Kl.

compliance, normative (engl.), normativ- soziale Folgsamkeit, ist eine starke Zustimmung findende Lenkung und Kontrolle der niedrigen Ränge einer Organisation mithilfe normativer und sozialer Sanktionen. Die *n. c.* ist charakteristisch für normative Organisationen wie Kirchen. G.B.

compliance, utilitarian (engl.), utilitaristische Folgsamkeit, ist eine rechenhafte, abwägende Reaktionen hervorrufende Lenkung und Kontrolle der niedrigen Ränge einer Organisation vermittels materieller Belohnung. Sie ist charakteristisch für utilitaristische Organisationen wie Industrieunternehmen. G.B.

computer science (engl.) → Informatik

Computerdemokratie, in den 1960er Jahren entwickelte Vorstellung einer unmittelbareren Beteiligung der Bürger an politischen Entscheidungsprozessen durch die Nutzung moderner Telekommunikations- und Datenverarbeitungsanlagen. R.T.

computing, pervasive (engl.), auch: *ubiquitous computing*, bezeichnet technisch-soziale Entwürfe, denen zufolge miteinander vernetzte Kleinrechner das Alltagsleben und die gesellschaftlichen Strukturen durchdringen und viele Handlungsabläufe (z.B. des Haushalts) informatisieren werden.   W.F.H.

computing, ubiquitous → *computing, pervasive*

concept formation (engl.) → Begriffsbildung

conceptual scheme (engl.), Begriffsschema → Bezugsrahmen, theoretischer

Concorde-Trugschluss → Aufwand, verlorener

confirmation (engl.) → Bestätigung

congruity (engl.) → Kongruenz – Inkongruenz

conjunctural process (engl.) → Prozess, konjunkturaler

Cönose, auch: Lebensverein, in der Tiersoziologie die relativ stabile Form einer Anhäufung von Tieren, die dadurch zusammengeführt werden, dass sie auf bestimmte Umweltlagen gleich reagieren. Die C. ist eine Vorstufe der Tiergesellschaft.   R.L.

consanguinity (engl.) → Verwandtschaft

conscience collective (frz.) → Kollektivbewusstsein

consensus (lat./engl.) → Konsens

consequences, unanticipated (engl.) → Folgen, unvorhergesehene

conspicuous consumption (engl.) → Konsum, demonstrativer

conspiracy theory (engl.) → Verschwörungstheorie

construct validity (engl.) → Validität theoretischer Konstrukte

consumption, conspicuous (engl.) → Konsum, demonstrativer

contagion (engl.) → Ansteckung

content analysis (engl.) → Inhaltsanalyse

content validity (engl.), inhaltliche Validität → Validität, interne

context of discovery – context of justification (engl.) → Entdeckungszusammenhang – Rechtfertigungszusammenhang

contextualization cues (engl.) → Kontextualisierung

contrat social (frz.), Gesellschaftsvertrag, bei J.-J. Rousseau Bezeichnung für jene zwischenmenschliche Vereinbarung, durch welche die bis dahin in natürlicher Freiheit lebenden Individuen sich wechselseitig zur Beachtung gemeinsam konstituierter Werte, Normen und Formen der Interessenwahrnehmung zum Zwecke der Selbsterhaltung verpflichten. Der *c. s.* ist zu verstehen a) als abstrakter historischer Einschnitt in der Menschheitsentwicklung im Sinne eines durch die physische Konstitution des Menschen und die Spezialisierung seiner Fähigkeiten/Fertigkeiten notwendig gewordenen funktionsteiligen Zusammenschlusses, b) als konkreter historischer Einschnitt im Leben der Bewohner eines abgrenzbaren Territoriums im Sinne der Bildung eines Gemeinwesens, c) als Konstituierung eines politischen Systems, durch welches die Reichen und Mächtigen sich schützen gegen die Ansprüche und Übergriffe der Ärmeren, und d) als Vereinbarung über die prinzipielle und unter bestimmten Umständen zurücknehmbare Bereitschaft zum Verzicht auf persönliche Freiheiten und Interessen mit dem Ziel der Erhaltung der Freiheit aller und der Sicherung des Fortbestands des Gemeinwesens.   F.H.

control theory (engl.) → Kontrolltheorie

control, expressive (engl.) → Ausdruckskontrolle

controllee (engl.) → *agent – passagee*

controller (engl.) → *agent – passagee*

cooperative system (engl.) → Kooperationssystem

coordination decision (engl.) → *policy decision*

coping (engl.), svw. bewältigen, in Psychologie und Medizin gebräuchlicher Begriff, der die Bearbeitung einer chronischen Krankheit oder eines anderen belastenden Lebensereignisses durch Betroffene und ihre Angehörigen bezeichnet. Im Unterschied zum alltäglichen Problemlösungsverhalten fehlen beim *c.* vorgegebene Routinelösungen. Der Ausgang einer Erkrankung oder Lebenskrise wird weniger durch die objektive Schwere des belastenden Ereignisses bestimmt als vielmehr durch die subjektive Form der Wahrnehmung und Bewertung sowie der Aktivierung neuer kognitiver und emotionaler Problemlösungsmuster.   V.K.

core culture (engl.) → Kernkultur

Cornell-Technik, Methode für die tabellarische Aufbereitung und Überprüfung der Guttman-Skala.   P.P.

corporate identity (engl.) → Unternehmenskultur

corporation (engl.) → Körperschaft [2]

Corpsgeist → Gruppengeist

correlation ratio (engl.), Korrelationsverhältnis, Korrelationsindex, symbolisiert durch η^2, ein Korrelationskoeffizient für den Fall, dass die als abhängig betrachtete Variable intervallskaliert ist. Die *c. r.* ist als Verhältnis der „erklärten" zur totalen Varianz definiert. Die erklärte Varianz wird dabei aus den theoretischen Werten eines zugrunde liegenden Modells, etwa einer Regressionskurve $f(X)$ oder den einzelnen Spaltenmittelwerten bei nominaler Skalierung, berechnet.   M.K.

corroboration (engl.) → Bewährung

counterconditioning (engl.) → Gegenkonditionierung

counterfactual conditional (engl.) → Konditionalsatz, irrealer

counterformity (engl.) → Nonkonformität, zwanghafte

counterinsurgency (engl.), „Gegenaufstand", der Gesamtkomplex von militärischen, paramilitärischen, politisch-ökonomischen und psychologischen Maßnahmen, Programmen und Techniken, die von einem herrschenden System im Vorfeld von „Aufruhr und Revolution", insbesondere gegen nationale Befreiungsbewegungen vorbeugend ergriffen werden. Durch systematische sozialwissenschaftliche Untersuchungen bisher erfolgreich verlaufender Aufstände, Revolutionen und Arbeitskämpfe und dauernde Präsenz in „bedrohten Gebieten" werden Indikatoren erarbeitet, um die Wahrscheinlichkeit eines „inneren Krieges" abschätzbar zu machen. Von Marxisten wird die c. als die „moderne verwissenschaftliche Konterrevolution" bezeichnet.
D.E.

countersociety (engl.) → Kontergesellschaft

Cournot-Effekte, bezeichnet (in Erinnerung an den französischen Mathematiker und Ökonomen A.A. Cournot) bei R. Boudon (1984) soziale Effekte, die aus einem nicht vorhersehbaren und koinzidenziellen Zusammenwirken mehrerer Ursachenlinien bzw. Akteure entstehen; sie werden als „zufällig" o.ä. erlebt und können aus soziologischen Gesetzmäßigkeiten nicht erklärt, geschweige denn prognostiziert, sondern nur historisch nachvollzogen werden (z.B. viele Ereignisse in Politik und Geschichte). W.F.H.

couvade (frz.), Männerkindbett, vielfältige Bräuche vor allem in primitiven Gesellschaften, durch die der Mann an Schwangerschaft und Geburt teilnimmt (Fasten, Nachahmung des Wochenbettes, Tabuierung bestimmter Handlungen). W.F.H.

CPM → Methode des kritischen Pfades

CR, Abk. für *conditioned response* → Reaktion, bedingte

Cramers C$_r$ → *Chi*-Quadrat-Kontingenzmaße

Credenzialismus, in der Ungleichheits- und Mobilitätsforschung Bezeichnung für eine Tendenz, dass Bildungspatente die Zugangsmöglichkeiten zu den höheren und besser bezahlten Berufspositionen regeln (und nicht etwa, jedenfalls nicht direkt, die Schichtherkunft oder direkte Berufsvererbung). W.F.H.

criss-cross (engl.), der Grad, in dem es möglich ist, bei gegensätzlichen Gruppeninteressen durch den Einsatz von vermittelnden Personen Schiedsrichterfunktionen zu erfüllen. H.E.

criterion validity (engl.) → Validität, externe

critical path method (engl.) → Methode des kritischen Pfades

criticism, context of (engl.) → Entdeckungszusammenhang – Rechtfertigungszusammenhang

cross pressure (engl.), eine Konfliktsituation, in der eine Person hinsichtlich ihrer Einstellungen oder Glaubensvorstellungen zwei oder mehreren einander widersprechenden Richtungen der Beeinflussung ausgesetzt ist. Quellen der Beeinflussung können sein: unterschiedliche Bezugspersonen, Bezugs- oder Mitgliedsgruppen oder Schichten. Die Kenntnis solcher Einflusskonstellationen ist wichtig für die Vorhersage von Einstellungsänderungen, vor allem im Bereich des Wählerverhaltens. B.Bu.

cross section study (engl.) → Querschnittsuntersuchung

cross-cousin-marriage (engl.) → Kreuzbasenehe

cross-cultural-survey (engl.), Bezeichnung für vergleichende Dokumentationen und Studien zu verschiedenen Kulturen und der für sie relevanten sozioökonomischen Faktoren. Als bekannteste Studie dieses Forschungsansatzes gilt der → *human relations area file*. W.F.H.

cross-polity-survey (engl.), Forschungsansatz in der vergleichenden Regierungs- und Verfassungslehre in den USA, der aufgrund umfassender Datenaufnahme von sozialwissenschaftlichen, politikwissenschaftlichen und ökonomischen Faktoren Merkmalskombinationen herauszuarbeiten versucht. W.F.H.

cross-validation (engl.) → Kreuzvalidierung

crowd (engl.), (Menschen-)Menge, eine vorübergehende Ansammlung mehr oder weniger erregter Menschen. Deutsche Synonyme: aktuelle Masse (T. Geiger), konkrete Masse (L. von Wiese). → Masse [1]; → Massenhandeln R.Kl.

CS, Abkürzung für: *conditioned stimulus,* → Reiz, bedingter

cue (engl.) → Hinweisreiz

cult movement (engl.), bezeichnet in Untersuchungen von neuen religiösen Bewegungen bzw. Sekten (R. Stark/W.S. Bainbridge 1985) eine umfassende Organisation der Interessenten an einer neuen Lehre (durch regelmäßige Teilnahme, Abbruch der Beziehungen zu anderen religiösen Gruppen, klare Vorschriften für die Lebensführung, teilweise Isolierung von der übrigen sozialen Welt). → *audience cult,* → *client cult*
W.F.H.

cultural lag (engl.), *culture lag,* Kulturverspätung, kulturelle Verspätung (W.F. Ogburn), ein Entwicklungsrückstand von Teilen der nichtmateriellen Kultur, die das Verhältnis zur materiellen Kultur regeln, hinter der Entwicklung der materiellen Kultur. So hat z.B. die Trennung von Wohnort und Arbeitsplatz des Mannes einen erst viel später einsetzenden, relativ adäquaten Wandel in der funktionalen und wertmäßigen Stellung der Frau in den industriell entwickelten Gesellschaften herbeigeführt. Bei späteren Autoren wurde die Bedeutung von c. l. oft ausgedehnt auf einen Entwicklungsrückstand der gesellschaftlichen Ordnung hinter der Entwicklung des gegenständlichen Reichtums der Gesell-

C

schaft oder auf eine mangelhafte Anpassung sich gegenseitig bedingender Kulturelemente (z.B. Autofabrikation und verspäteter Straßenbau). W.F.H./G.K.

cultural mobility (engl.) → Mobilität, kulturelle

cultural studies (engl.), zusammenfassende Bezeichnung für Forschungen, die von einem Ende 1950er Jahre von britischen Forschern konzipierten holistischen Kulturbegriff ausgehen: R. Williams prägte die Formel der Kultur als *„the whole way of life of a group of people"*. Im Anschluss daran definiert E.P. Thompson Kultur als politisch umkämpftes Feld. Dieser Kulturbegriff, der auch als „Popularkultur" (→ Populäre, das) bezeichnet worden ist, bildet die Basis für die Arbeit des 1964 in Birmingham gegründeten *Centre of Contemporary Cultural Studies* (CCCS). Ethnografische Studien zu jugendlichen Subkulturen und Medienanalysen am CCCS bewirken in den 1960er und 1970er Jahren eine zunehmende Betonung kultureller Vielfältigkeit. So wird insb. in den USA, wo sich die *c.s.* seit den 1980er Jahren institutionalisieren und professionalisieren können, von Kulturen der Klasse, der Geschlechter, der Ethnien, aber auch von sexuellen, politischen und medial vermittelten Sub-, Rand- und Spezialkulturen gesprochen. Seit den 1990er Jahren etablieren sich über Debatten um den Feminismus, die Postmoderne und den Postkolonialismus vielfältige Forschungsthemen. Das Ziel der *c.s.* besteht nun in der Erforschung der widerständigen kulturellen Praxen der „Leute" (*people*). Dabei werden die *people* nicht durch ihre Beziehungen zu den Produktionsmitteln, sondern durch ihren Bezug auf diskursive Ideologien und ihre Opposition zum Machtblock (*power-bloc*) bestimmt. Der Unterschied zur → Kultursoziologie kann vor allem in der interventionalistischen Programmatik der *c.s.* gesehen werden. A.B.

cultural turn (engl.), wörtlich: kulturelle Wende, bezeichnet für die Sozialwissenschaften eine Verlagerung der theoretischen Perspektive, wobei bisherige Themen der Gesellschaftsanalyse in den Hintergrund treten. Hatte in den 1960/1970er Jahren die Sphäre von Arbeit und Erwerb im Vordergrund der Aufmerksamkeit gestanden, auch Fragen von Herrschaft und Konflikt, so entstand in den 1980/1990er Jahren ein neuer soziologischer Subjektivismus. Die wichtigsten Einflüsse wurden nunmehr in den Lebensstilen und sozialen Milieus, in Familie, Lebenslauf und Bildung sowie im Geschlechterverhältnis gesucht – allesamt kulturelle Aspekte. Der Begriff „Kultur" ist allerdings ebenso unbestimmt wie der von „Gesellschaft". Der *c.t.* verdankt sich wissenschaftsexternen Verunsicherungen. Die aktuellen Veränderungen in den westlichen Ländern erhöhen den individuellen und kollektiven Sinnbedarf, dem die Soziologie aus ihrer Blütezeit von der Mitte des 20. Jahrhunderts offenbar nicht mehr genügt. R.L.

cultural-demand-approach (engl.) → *social-demand-approach*

culture area (engl.) → Kulturgebiet

culture growth (engl.) → Kulturwachstum

culture lag (engl.) → *cultural lag*

culture of poverty (engl.) → Kultur der Armut

culture trait (engl.) → Kulturmerkmal

culture, civic (engl.) → Bürgerkultur

culture, defensive (engl.), bezeichnet in der Kulturanthropologie und Ethnologie das Verhalten eines (eingeborenen) Befragten, auf eine Frage eines Forschers hin nicht sachlich Auskunft über die eigene Kultur zu geben, sondern ein Bild von dieser Kultur absichtlich zu produzieren, das vor allem dazu dient, den von außen gekommenen Fragereiz abzuweisen bzw. zu beruhigen (R. König). W.F.H.

culture, profane (engl.) → Kultur, profane

Curriculum, Bezeichnung der Erziehungswissenschaft von stark wechselnder Bedeutung. [1] System von Aussagen, das die Ziele, Inhalte, Methoden, Organisationsformen und Kontrollmittel organisierter Lernprozesse beschreibt und zusammenstellt als Instrument der Steuerung des Lernens. [2] Oft auch Bezeichnung für die faktischen Lernprozesse, auf die sich solche Aussagensysteme beziehen. W.F.H.

Curriculumforschung, Disziplin der Erziehungswissenschaften, die mit sozialwissenschaftlichen Begriffen und Methoden beantworten soll, welche Kenntnisse und Einstellungen, Fertigkeiten und Fähigkeiten die Lernenden in welcher inhaltlichen und sequenziellen Struktur, unter welchen Lernzielen in formalisierten Ausbildungsgängen erwerben sollen. W.F.H.

customs (engl.) nennt W.G. Sumner (1906) die unter gleichen Lebensbedingungen und aus gleichen Interessen entstehenden gruppenspezifischen Verhaltensweisen im Kampf ums Dasein. Die *c.* werden als Erfahrungen weitergegeben. O.R.

Cyberspace, vortheoretische Bezeichnung für einen technisch erzeugten Sozialraum, der medial vermittelte Interaktionen zwischen räumlich entfernten Individuen, aber auch zwischen Menschen und Künstlichen Intelligenzen ermöglicht. M.S.

D

Dämonismus, [1] religionswissenschaftlich-klassifikatorische Bezeichnung für den Glauben an übersinnliche, aber auf die Welt und Menschen (positive wie negative) Einfluss nehmende und erfahrbare Mächte, die im Unterschied zum → Dynamismus nicht energetisch als mechanisch wirkend, sondern personal als mit Gestalt und Willen ausgestattete Wesen vorgestellt werden.
[2] Bezeichnung für die religionswissenschaftliche Theorie, nach welcher der Glaube an Dämonen der Ursprung der Religion sei. V.Kr.

Darstellen → Verhalten, darstellendes

Darwinismus, [1] die von C. Darwin aufgestellte Theorie, nach der die Entwicklung der Arten wie die Entstehung neuer Arten auf die natürlichen Auslese vererblicher Varianten zurückgeführt werden kann. Im Gegensatz zum → Lamarckismus geht der D. davon aus, dass die Varianten aus einer Anhäufung kleinerer Variationen bestehen, die im Kampf ums Dasein gemäß ihrer Angepasstheit an sich ändernde Umweltbedingungen selektiert werden (*survival of the fittest*).
[2] svw. → Deszendenztheorie O.R.

Darwinismus, sozialer, Bezeichnung für die mit der Darwin'schen Theorie gestützte Evolutionstheorie H. Spencers. Diese galt im 19.Jahrhundert als philosophische Spekulation, bis sie durch den Darwinismus „bewiesen" schien. In der gegenwärtigen Diskussion synonym für die ältere → Evolutionstheorie. O.R.

Daseinsvorsorge, von E. Forsthoff Ende der 1930er Jahre in das Verwaltungsrecht eingeführter Begriff, mit dem auf das Ungenügen des traditionellen Verwaltungsrechts für die Erfüllung der im Zuge der Industrialisierung aufgetretenen Anforderungen an staatliches Handeln verwiesen werden soll. D. meint die „Darbringung von Leistungen (durch den Staat – S.S.), auf welche der in die modernen massentümlichen Lebensformen verwiesene Mensch lebensnotwendig angewiesen ist". Zweck der dem Staat obliegenden D. ist die „Befriedigung allgemeiner Bedürfnisse (Forsthoff nennt u.a. Gas, Wasser, Abwasserleitung, Verkehrsmittel, elektrische Energie) zu sozial angemessenen Bedingungen". Da der Begriff der D. heute weitgehend als überholt – weil zu eng – angesehen wird, werden die von der öffentlichen Hand übernommenen und bedürfnisbefriedigenden Aufgaben zum einen unter dem Gesichtspunkt der Sozialstaat-

lichkeit, zum anderen unter dem Erfordernis gesellschaftlicher und politischer Planung diskutiert. S.S.

data dredging (engl.), das „Ausbaggern von Daten", abfälliger Ausdruck für ein verbreitetes Verfahren in der empirischen Sozialforschung, bei dem Daten, die ohne eine weit reichende theoretische Konzeption erhoben werden, schematisch auf Zusammenhänge zwischen Variablen durchforstet werden. Das Ergebnis des *d. d.* besteht i.d.R. in einer Anhäufung sog. „signifikanter Zusammenhänge", denen in einigen Fällen nachträglich eine Systematik unterlegt wird. H.W.

data retrieval (engl.) → *retrieval*

Daten, alle Informationen über soziale Tatsachen und Prozesse qualitativer und quantitativer Art, die durch Techniken der empirischen Sozialforschung erhoben werden. Daten können sowohl unter expliziten Forschungszielen als auch zufällig gewonnen werden. Alle Entscheidungen über Stichprobe, Fragebogen etc. bestimmen die Art der erhebbaren Daten. D.G.

Daten, harte – weiche, weitgehend polemisch verwandte Unterscheidung, die insb. von Anhängern sog. „harter" Methoden benutzt wird. Danach gelten als „hart" solche Daten, die mit Hilfe von genau definierten, möglichst quantifizierenden Messmethoden gewonnen werden und sich so durch ein hohes Maß an → Intersubjektivität auszeichnen sollen. Als „weich" gelten hier Daten, die in hohem Maße situations- und personenabhängig und verschiedenen Interpretationen zugänglich sind. Die Gegenposition (→ reflexive Soziologie) tendiert dazu, auf den Datenbegriff ganz zu verzichten. H.W.

Daten, weiche → Daten, harte – weiche

Datenanalyse, umfassende Bezeichnung für alle Schritte der Aufbereitung und Auswertung vorliegender Daten über gesellschaftliche Prozesse und Sachverhalte, die durch quantitative oder qualitative Methoden gewonnen wurden. Der Zugang zur gesellschaftlichen Wirklichkeit ist in der D. stets vermittelt durch die besonderen Methoden der → Erhebung von Daten. H.W.

Datenarchive, Umfragearchive, Datenbanken, Bezeichnung für Forschungseinrichtungen, die mit der Sammlung, Aufbewahrung, Systematisierung der Erhebungsinstrumente und Datenträger empirischer Untersuchungen beschäftigt sind. Die D. dienen u.a. dem Zweck der Sekundäranalyse und haben in der international vergleichenden Forschung zunehmend an Bedeutung gewonnen. Probleme der D. liegen in der Datenrückgewinnung (*retrieval*). Wichtig ist hierbei besonders die Entwicklung von Listen von Indikatoren, mit deren Hilfe Daten für bestimmte Fragestellungen aufgesucht werden können. H.W.

Datenaufbereitung, systematische Vorbereitung der mit den Erhebungsinstrumenten der empirischen Sozialforschung gewonnenen Informationen zur Auswertung. Dazu gehört vor allem die Übertragung der verbalen Informationen in Symbole, die maschinell (elektromechanisch oder elektronisch) bearbeitet werden können (Kodierung). D.G.

Datenbanken → Datenarchive

Datenkranz, Menge aller Sachverhalte, die bei der Bildung eines Modells oder einer Theorie über einen bestimmten Abschnitt der Realität als gegeben angenommen werden und nicht durch die Theorie erklärt werden sollen. Im D. werden häufig gerade solche gesellschaftlichen Bedingungen und Hintergründe ausgeblendet, die zur Entstehung und Aufrechterhaltung der betrachteten gesellschaftlichen Zustände beitragen. So werden etwa in der Ökonomie die gesellschaftlichen Voraussetzungen bestimmter Marktformen i.d.R. in den D. verwiesen. Eine solche Ausklammerung kann dazu führen, dass in einem bestimmten räumlich-zeitlich begrenzten Bereich beobachtete Regelmäßigkeiten als universelle, historischen Prozessen entzogene Gesetzmäßigkeiten angegeben werden können. H.W.

Datenlage, umfassende Bezeichnung für Art, Qualität und Umfang der Daten, die für ein bestimmtes Forschungsproblem verfügbar sind. Mit D. werden daneben auch die Möglichkeiten und Schwierigkeiten der Erhebung von Daten bezeichnet, die sich z.B. aus der beschränkten Zugänglichkeit zu Informationen, Lückenhaftigkeit von Adressenmaterial für Stichproben etc. ergeben. H.W.

Datenmatrix, Tabelle mit N x K Informationen (N = Anzahl der Untersuchungseinheiten, K = Anzahl der Variablen), die Ausgangspunkt und Gegenstand der statistischen Analyse ist. H.W.

Datenreduktion, [1] auch: Datenverdichtung, Zusammenfassung größerer Mengen von Daten in wenige Werte, die die Mengen charakterisieren sollen. Beispiele für D. sind etwa die Maße der beschreibenden Statistik: Mittelwert, Varianz, Schiefe etc. Darüber hinaus kann eine Vielzahl von Modellen der Datenanalyse als Verfahren zur D. aufgefasst werden: Korrelationsanalyse, Regressionsanalyse, Faktorenanalyse etc.
[2] Eine D. oder Informationsreduktion findet sich auch in den Vorgängen der Wahrnehmung und Informationsverarbeitung von Menschen und anderen Organismen. H.W.

Datenrückgewinnung, *data retrieval* → *retrieval*

Datensatz, nach Erhebungseinheiten und Untersuchungsmerkmalen geordnete Menge von Daten (z.B. in Form einer → Datenmatrix) für ein umrissenes Untersuchungsfeld. Ein D. ist gekennzeichnet durch die Menge der untersuchten Fälle, die benutzten Erhebungsinstrumente und den Erhebungszeitpunkt. H.W.

Datenverdichtung → Datenreduktion [1]

Datenverkettung → *record-linkage*

Dauer → *durée*

Dauerbeziehung, sexuelle, ein Zusammenleben von Mann und Frau, bei dem sich Dauer und Inhalt der Beziehung nach dem Ausmaß der sexuellen Befriedigung der Partner regeln (W. Reich). W.F.H.

Dauerreflexion, institutionalisierte. Von H. Schelsky (1957) verwendete Bezeichnung im Zusammenhang mit seiner Überlegung, dass die moderne Form des christlichen Glaubens nicht Identifizierung mit vorgegeben-eindeutigen Wahrheiten ist, sondern – darin ihr Form der modernen Subjektivität im Allgemeinen ähnlich – eine reflektierte und reflexive ist, von Relativierung über Gegenstandsannahme zu neuer Relativierung ständig weiterläuft. Mit „Ist Dauerreflexion institutionalisierbar?" stellte Schelsky die Frage, ob (und wie) diese moderne Glaubensform als Gemeinde leben, als Kirche organisiert sein, als Verkündigung wirken kann. Seine Antwort (i. D. als „Gespräch" und als „Begegnung" – auf Tagungen, in christlichen Akademien, in Gesprächskreisen der Gemeinden, durch Beratung in der Beichte usw., die mehr und mehr die hergebrachten Formen der Gläubigkeit und des Gemeindelebens zurückdrängen dürften) hat auch einen über Kirchen- und Religionssoziologie hinausreichenden Aspekt: Die D. moderner Subjektivität ist institutionalisierbar als „Gesprächskultur" (darin Widerspruch zu A. Gehlen, der an der modernen Subjektivität deren Unfähigkeit zur Institutionalisierung beklagt hatte). W.F.H.

DDR-Forschung, frühere Bezeichnung für Forschungen über die gesellschaftlich-politischen Strukturen und Probleme der DDR aus interdisziplinärer Sicht in der BRD (Ökonomie, Soziologie, Rechtswissenschaft, Psychologie, Erziehungswissenschaft, Politische Wissenschaft, Geschichtswissenschaft). Während die ältere Ostkunde und Ostforschung im Kalten Krieg klar ihre Gegnerschaft gegenüber der DDR zeigten, bemühte sich die DDR-F. seit der Wende der westdeutschen Ostpolitik zur Entspannung um Verbreitung von Kenntnissen über die DDR und – vereinzelt – darum, von deren Einrichtungen zu lernen (vgl. partielle Orientierung der Arbeitslehre-Diskussion am polytechnischen Unterricht). Oft ging sie seitdem von der

Grundannahme einer Strukturgleichheit industrieller Gesellschaften gleich welcher Gesellschaftsordnung (Konvergenzthese) aus. W.F.H.

DDR-Nostalgische, eines der zehn Sinus-Milieus (2004), zu dem rd. 6% der Bevölkerung (fast ein Viertel der Ostdeutschen) gehören. Angehörige der ehemaligen DDR-Führungselite sind hier überrepräsentiert. Sie fühlen sich als Verlierer der Wende und sehnen sich nach sozialistischen Idealen von Gerechtigkeit und Solidarität zurück. D.Kl.

debureaucratization (engl.) → Entbürokatisierung

Deckerinnerungen nennt S. Freud (Psychopathologie des Alltagslebens) die Kindheitserinnerungen, weil und insoweit diese tiefere, triebökonomisch bestimmte Erfahrungen verdecken. W.F.H.

decoding (engl.) → Verschlüsseln – Entschlüsseln

Dedikation, in der Psychologie des Lebenslaufs (Ch. Bühler 1969) ein Streben nach Erfüllung von Werten und Zielen, die über die Befriedigung persönlicher Bedürfnisse hinausreichen (z.B. Albert Schweitzer). W.F.H.

Deduktion, Grundform des logischen Schließens. Man unterscheidet zwei Fälle: a) Wenn *A*, dann *B*; nun aber *A*, also *B* (*modus ponens*); wenn *A*, dann *B*; nun aber nicht *B*, also auch nicht *A* (*modus tollens*). Mithilfe der logischen Regeln des Schließens können aus wahren oder als wahr angenommenen Aussagen weitere Aussagen abgeleitet (deduziert) werden, die ihrerseits für weitere D.en benutzt werden können. Die Anwendung der deduktiven Methode setzt Anfangsaussagen (Axiome) voraus, die ihrerseits nicht abgeleitet oder bewiesen werden. L.K./H.W.

deep acting (engl.) → Handeln, inneres

deep grammar (engl.) → Oberflächengrammatik – Tiefengrammatik

deep structure (engl.) → Oberflächenstruktur – Tiefenstruktur

défense sociale (frz.), die an Strafverfolgung und Strafvollzug gerichtete Forderung, an einem straffällig gewordenen Menschen nicht Vergeltung zu üben, sondern den Täter so zu behandeln und zu sozialisieren, dass er künftig gesetzestreu leben kann und die Gesellschaft vor Kriminalität geschützt bleibt. Die *d. s.* verlangt von der Behandlung, welche mit dem Täter durchgeführt wird, Garantien bezüglich der Verfassungsmäßigkeit und Wissenschaftlichkeit der Therapie. R.L.

Defensible Space (engl.), ein auf O. Newman zurückgehender Ansatz, bei dem Wohngebäude oder ganze Wohnquartiere baulich so gestaltet werden, dass eine eindeutige symbolische Abstufung zwischen → öffentlichem, halb-öffentlichem und privatem Raum erkennbar ist. Eine solche Abstufung soll sowohl unterschiedliche normative Standards symbolisieren und die Zugangsbereitschaft Fremder abstufen als auch informelle soziale Kontrolle und Verantwortlichkeit der Anwohner/innen für den Raum erhöhen. J.W.

Defensivmechanismen → Abwehrmechanismen

deference (engl.) → Achtung

deferred gratification pattern (engl.) → Belohnung, aufgeschobene [1]

Definition der Situation, von W.I. Thomas (1928) eingeführter Begriff, der den Vorgang bezeichnet, durch den Handelnde Ereignissen (z.B. dem Handeln anderer) Sinn zuschreiben, d.h. die Bedeutung festlegen, die diesen Ereignissen für sie selbst zukommt. Durch die D. d. S. erhalten Ereignisse einen sozialen Sinn, sie werden Bestandteil einer sozialen Wirklichkeit. Die Art, in der Personen Situationen definieren, ist nicht nur eine individuelle Angelegenheit; sie wird auch von den in einer Gesellschaft oder Gruppe für selbstverständlich gehaltenen Überzeugungen beeinflusst, die Bestandteil der Kultur der betreffenden sozialen Gruppierung sind. → Thomas-Theorem W.B.

Definition, Festlegung, Abgrenzung der Bedeutung von Begriffen durch genaue Angabe von Eigenschaften und Beziehungen der betrachteten Sachverhalte sowie die Angabe, Festlegung der Verwendungsweise von Worten oder Zeichen. Die wichtigsten Formen der D. sind die → Realdefinition und die → Nominaldefinition. Formal besteht eine D. aus dem Teil, der zu definieren ist (*Definiendum*) und dem Teil, der definiert (*Definiens*). Da beide Teile bedeutungsgleich sind, können sie in einem Verwendungszusammenhang jeweils durch einander ersetzt werden II.W.

Definition, analytische → Bedeutungsanalyse

Definition, extensionale – intensionale, Unterscheidung zweier Möglichkeiten, die Bedeutung eines Begriffs festzulegen. Von einer e.n D. spricht man, wenn alle Objekte, die durch den Begriff bezeichnet werden sollen, aufgezählt werden. Eine i. D. besteht in der Aufzählung und Verknüpfung aller definierten Eigenschaften der bezeichneten Objekte. H.W.

Definition, kontextuelle → Kontextdefinition

Definition, nominale → Nominaldefinition

Definition, operationale, auch: operationale Anweisung, Arbeitsdefinition, *working definition,* Festlegung der Bedeutung eines Begriffs durch Angabe von Messverfahren, durch die die gemeinte Größe bestimmt werden soll. Als o. D. von sozialer Schichtung könnte z.B. eine Rangordnung von Berufspositionen gewählt werden.

In der empirischen Forschung werden o. D.en meist in Bezug auf ein konkretes Forschungsproblem entwickelt. Im → Operationalismus werden o. D.en als einzig sinnvolle Form von Definitionen angesehen. H.W.

Definition, reale → Realdefinition

Definitionsansatz, [1] deutsche Bezeichnung für → labeling approach.
[2] Kriminalsoziologische Forschungsperspektive im Rahmen des labeling approach, die sich speziell mit Prozessen der Definition befasst, insbesondere im Bereich der Strafgesetzgebung und der Strafverfolgung, aber auch in informellen Interaktionen zwischen Personen, die von Strafverfolgung bedroht oder betroffen sind (→ Definition der Situation). Dem D. zufolge bezeichnen Merkmale wie „abweichend" oder „kriminell" keine Qualität, die Personen oder Verhaltensweisen als solchen zu Eigen ist; sie stellen vielmehr lediglich ein durch Definitionsprozesse zustandegekommenes Etikett dar, das bestimmten Personen und Verhaltensweisen als Qualitätsmerkmal zugeschrieben wird. M.B.

Definitionsmacht, die Chance, andere oder Situationen und Handlungen als abweichend oder kriminell zu bezeichnen und dieser Bezeichnung soziale (auch juristische) Geltung zu verschaffen. Der → Definitionsansatz [2] hat die D. von Instanzen sozialer Kontrolle (Polizei, Gericht, Schule usw.) zu einem zentralen Gegenstand der Forschung gemacht. W.F.H./M.M.

deflection (engl.), Bezeichnung aus der psychoanalytischen Jugendforschung (P. Blos 1962) für eine Ab- bzw. Rücklenkung von seelischen Bindungskräften des Jugendlichen von den Eltern weg und hin zum eigenen Ich. Hierdurch sollen die verschiedenen Formen der – auch expressiven – Ich-Behauptung und der Ich-Präsentation in der Jugend erklärt werden. W.F.H.

Deflux, Bezeichnung für den Abstrom aus einer bestimmten Positionsgruppe, von dieser aus gesehen. O.R.

deformation professionel (frz.), Bezeichnung für typische Persönlichkeitszüge bei Angehörigen eines Berufes, die als Resultat von die normale Persönlichkeitsentwicklung beeinträchtigenden Bedingungen der Berufsarbeit gelten. W.F.H.

degrees of freedom (engl.) → Freiheitsgrade

degrouping (engl.), „Ent-Gruppung", von R.K. Merton u. A. Kitt (1950) geprägte Bezeichnung für den Vorgang der Ablösung eines Individuums von älteren Gruppenbindungen zur Vorbereitung der Eingliederung in eine neue soziale Gruppe. R.Kl.

Deindustrialisierung, auf eine bestimmte Region bezogener Abbau von Arbeitsplätzen in der industriellen Produktion, häufig aufgrund von Verlagerungen an neue Standorte, etwa in die → freien Produktionszonen der Dritten Welt (z.B. Automobil-, Textilindustrie), oder wegen abnehmender Konkurrenzfähigkeit auf dem Weltmarkt, veralteter Technologien oder Produkten (z.B. Werftindustrie), die für die Region bestimmend waren. H.W.

Deklassierte → Unterschicht

Deklassierung, Bezeichnung für den Vorgang bzw. das Ergebnis des Vorganges, in dessen Verlauf Individuen oder Aggregate aus einer höheren sozialen Klasse (Schicht) in eine niedrigere absteigen. In einem eingeschränkten Sinn spricht man bereits von D., wenn ein Individuum oder ein Aggregat in der Gesellschaft an Prestige oder an Status verliert. B.Ba.

dekodieren → enkodieren

Dekommodifizierung, bezeichnet eine wichtige Wirkung von wohlfahrtsstaatlichen Maßnahmen, nämlich die Lebensführung durch staatliche Zuwendungen vom Arbeitsmarkt unabhängig zu machen (G. Esping-Andersen 1998). → Kommodifizierung W.F.H.

Dekonstruktion → Dekonstruktivismus

Dekonstruktivismus, Richtung und Methode einer Analyse und Kritik von Denksystemen, die sich an entsprechenden Vorstellungen J. Derridas orientiert. In Fortsetzung eines bereits von M. Heidegger formulierten Programms der Destruktion aller Metaphysik hatte Derrida die bisherige Metaphysik einschließlich aller Metaphysikkritik dahingehend kritisiert, dass diese abendländische Denktradition jeweils von der Entgegensetzung des metaphysischen Diskurses und seines Außerhalb ausging. Unter diesen Bedingungen gerät jede Kritik der Metaphysik selbst zu einer Gestalt von Metaphysik. Der D. verfährt daher im Gegenzug perspektivisch und nimmt einmal diese, ein andermal jene Perspektive ein, ohne irgendeine unter ihnen zu verabsolutieren. Im strengen Sinne ist so selbst eine Definition von Dekonstruktion unzulässig, weil jede Definition eine ganz bestimmte Perspektive auf diese Praxis im Umgang mit Texten hypostasieren würde und weil sie unterstellen müsste, dass es außerhalb des Textes ein Etwas gäbe, das die Texte meinen: „Ein Text-Äußeres gibt es nicht." (J. Derrida 1974). K.R.

Dekonzentration, in den Verwaltungswissenschaften Bezeichnung für die Delegation abgeleiteter Zuständigkeiten an nachgeordnete Instanzen durch eine Rechtsinstitution, die die primäre Zuständigkeit behält. O.R.

Delegation, [1] Abordnung von Personen zur Wahrnehmung bestimmter Funktionen.
[2] Einmalige oder dauernde Übertragung von Aufgaben, Befugnissen und Zuständigkeiten von höheren auf niedrigere Stellen zur Entlastung

der Führungskräfte und zur Erhöhung des Engagements und der Motivation der Mitarbeiter. D. wird als Führungsmittel empfohlen (Harzburger Modell, *management by delegation*). F.B.

Delegationselite, politische Führungsgruppen in demokratischen Systemen, deren Selektion über Wahl durch die tragende Basisgruppe erfolgt. Die D. ist ein Typ der Funktionselite. O.R.

Delegationstheorie, in der Soziologie der Angestellten (F. Croner) entwickelte Theorie zu Entstehung und Funktion der Angestellten als von den Arbeitern unterschiedene Berufs- und Statusgruppe aus der Delegation von Teilen der Funktion des Unternehmers an die Angestellten. W.F.H.

Delegierter, [1] allgemein ein mit Vollmacht (durch einen Herrscher, aufgrund einer Wahl) ausgestatteter Abgesandter. [2] Bei B. Latour (1996) Bezeichnung für solche technische Konstellationen, die Menschen zu einem bestimmten Verhalten nötigen, und die selbst Ersatz sind für anweisende soziale Instanzen. Beispiele: eine Verkehrsampel ist ein „delegierter Verkehrspolizist", ein automatischer Türöffner ersetzt einen Portier. W.F.H.

deliberativ, bezeichnet einen Politikstil, der auf den Eigensinn eines verständigungsorientierten öffentlichen Gesprächs abzielt (J. Habermas). Politik erschöpft sich danach nicht im Kampf um Mehrheiten (das wäre das herkömmliche liberale Modell), sondern sucht den Diskurs und die Kooperation zwischen den rivalisierenden Kräften, damit gute Gründe sich durchsetzen können. Der in der politischen Arena ausgetragene Meinungsstreit entfaltet danach legitimierende Kraft. R.L.

Deliktrate, Delinquenzrate, ein Maß für das Vorkommen bestimmter Straftaten. Man unterteilt die bekannt gewordenen Delikte in Klassen (z.B. Mord, Diebstahl) und setzt deren Häufigkeit ins Verhältnis zur Bevölkerung eines bestimmten Gebiets. C.Wo./R.L.

Delinquenz → Devianz

Delinquenzbelastung, ein Maß für Zahl und Art der Verhaltensakte, in denen ein Individuum von den herrschenden Normen des Strafrechts oder der Moral abgewichen ist. Mit eigenen empirischen Untersuchungen über die D. versucht die neuere Kriminologie, von den vielfältig verzerrten Angaben der offiziellen Kriminalstatistik unabhängig zu werden. R.L.

Delinquenzindex, methodische Anordnung zur empirischen Messung der Delinquenzbelastung von Personen oder Gruppen; meist durch Zusammenfassung oder durch eine gewichtete Kombination mehrerer Indikatoren für Delinquenz, z.B. Anzahl, Art und Schwere selbstzugestandener Delikte, Anzahl, Art und Schwere re-

gistrierter Auffälligkeiten bei Instanzen sozialer Kontrolle, subjektive Einstellung gegenüber Straftaten, Kontakte mit Delinquenten. M.B.

Delinquenzprophylaxe, durch sozialwissenschaftliche Erkenntnisse begründete Maßnahmen und Strategien der Vorbeugung und Verhütung von Delinquenz a) auf der mikrosoziologischen Ebene unmittelbarer Interaktionen zwischen Eltern und ihren Kindern, in informellen Altersgruppen von Jugendlichen sowie in Kontakten zwischen Vertretern von Kontrollinstanzen und ‚auffällig' gewordenen Kindern bzw. Jugendlichen; b) auf der organisationssoziologischen Ebene der Instanzen sozialer Kontrolle: Probleme der Reorganisation, der Zielformulierung und Ausstattung sowie Ausbildung ihres Personals; und c) auf der makrosoziologischen Ebene der Planung, der Politik und der Gesetzgebung: insbesondere Sozialpolitik, Kriminalpolitik, Jugend- und Familienpolitik, Arbeitsmarkt- und Wirtschaftspolitik, Städteplanung und Wohnungsbaupolitik, Schul- und Bildungspolitik. Unter soziologischer Perspektive hat D. im Sinne eines Ausgleichs materieller Benachteiligungen und des Abbaus anderer delinquenzverursachender Lebensbedingungen vor Entstehung sozialer Auffälligkeit (primäre Prophylaxe) Vorrang vor Maßnahmen der Verbesserung von Verwaltung und Betreuung gefährdeter oder bereits auffällig gewordener Personen mit dem Ziel, weitere Auffälligkeiten zu verhindern (sekundäre und tertiäre Prophylaxe). M.B.

Delinquenzrate → Deliktrate

demand – support (engl.). Im systemtheoretischen *input-output*-Modell der Politischen Wissenschaft (D. Easton) sind *d.* und *s.* Bestandteile des *input*: *d.* ist der Sammelbegriff für alle Interessen und Absichten, die an das politische System herangetragen werden und von ihm Entscheidungen verlangen; *s.* ist der Sammelbegriff für alle Leistungen der Unterstützung, die die Regierten für das System aufbringen. Die Entscheidungen der Herrschenden über die Verteilung von Gütern reagieren auf die *d.s* und dienen der Erhaltung und Gewinnung von *s.s*. W.F.H.

demand-characteristic (engl.) → Aufforderungscharakteristik

demarcation-criterion (engl.) → Abgrenzungskriterium

demeanour (engl.) → Auftreten

Dementierkriminologie → Irrtumssoziologie

democracy, industrial (engl.) → Demokratie, industrielle [2]

Demografie, auch: Demologie, Wissenschaft von der Bevölkerung, insbesondere der Bevölkerungsstruktur und der Bevölkerungsentwicklung. Zentrale Variable der D. sind u.a. Bevölkerungsgröße, Altersaufbau, Fruchtbarkeitsraten, Sterblichkeit, Migrationen. Die Geschichte der D. reicht bis ins 17. Jahrhundert zurück und ist eng mit ökonomischen und politischen Fragestellungen verknüpft. Die D. bedient sich zunehmend statistischer Verfahren und mathematischer Modelle u.a. etwa zur Vorhersage von Bevölkerungsentwicklungen. Im deutschen Sprachraum wird gelegentlich zwischen der D. und der Bevölkerungswissenschaft oder Bevölkerungslehre unterschieden. Dabei wird der D. die Rolle der statistischen Erfassung und Beschreibung der Bevölkerung zugeschrieben, während der Bevölkerungswissenschaft die Aufgabe der Erklärung durch Rückgriff auf soziale Strukturen, historische Bedingungen etc. zukommt.   H.W.

demografische Transformation → Transformation, demografische

demografischer Wandel, verallgemeinernde Beschreibung von Veränderungen der vergangenen, gegenwärtigen und zukünftigen Bevölkerungsstruktur (z.B. rückläufige Geburtenziffern, Veränderung der Altersstruktur) und der daraus resultierenden gesellschaftlichen Probleme.
                                                C.W.

demografisches Momentum → Momentum, demografisches

Demokratie, „Volksherrschaft", allgemeine Bezeichnung für Herrschaftsformen und/oder Politiken, durch die das Volk über sich selbst bestimmt.

[1] D. als Herrschafts- oder Staatsform bedeutet, dass die Souveränität, die Staatsgewalt, bei der Gesamtheit der freien, mündigen Bürger – dem „Volke" – liegt oder, wie es im Grundgesetz der Bundesrepublik Deutschland heißt, „vom Volke ausgeht" (Art. 20, Abs. 2 GG). Dabei wird zwischen direkter oder → plebiszitärer D. und indirekter oder → repräsentativer D. unterschieden: in der plebiszitären D. wird die Staatsgewalt vom Volke in Volksabstimmungen („Plebisziten") usw. unmittelbar ausgeübt, während das Volk in der repräsentativen D. die Staatsgewalt durch „besondere Organe der Gesetzgebung, der vollziehenden Gewalt und der Rechtsprechung" ausübt bzw. an diese Organe delegiert (Art. 20, Abs. 2 GG). Nach diesem Verständnis ist die D. also eine nichttyrannische Staatsform, in der auf dem Wege von Abstimmungen und/oder Wahlen Mehrheitsentscheidungen getroffen und Regierungen gebildet werden. D. bleibt hier auf den staatlichen Bereich beschränkt; „Freiheit" wird im Rahmen dieses (klassisch-liberalen) D.-Begriffs im Wesentlichen als Freiheit vom Staat, d.h. als vom Staat unabhängige

Entfaltungsmöglichkeit von Individuen und Gruppen verstanden.

[2] D. als Politik dagegen ist ein gesellschaftspolitisches Gestaltungsprinzip, demzufolge die Voraussetzungen für die freie Selbstbestimmung des Einzelnen durch die Mittel staatlicher Gewalt überhaupt erst herzustellen und dann ständig zu vervollkommnen sind. Dazu gehört insbesondere die Beseitigung bestehender gesellschaftlicher Ungleichheiten und damit unterschiedlicher Partizipationschancen. D. in diesem Sinne ist also eine Politik, die durch die → „Demokratisierung" aller Lebensbereiche gesellschaftliche Machtdifferenzen abbaut, damit alle Menschen in gleicher Weise über sich selbst bestimmen können. Die klassisch-liberalen, staatsunabhängigen Freiheitsrechte des Individuums erscheinen im Rahmen dieses D.-Verständnisses nur insoweit gerechtfertigt, wie sie dem Prinzip der Gleichheit (und damit der gleichberechtigten Selbstbestimmung aller) nicht im Wege stehen.

Die Frage der Vereinbarkeit von D. als Staatsform und D. als Politik ist eines der Hauptprobleme der gegenwärtigen politischen Soziologie. So gilt den Anhängern des gesellschaftspolitischen D.-Begriffs im Sinne von [2] die D. als Staatsform im Sinne von [1] als bloß → formale D., solange das Gleichheitsprinzip nicht politisch durchgesetzt ist. Dagegen befürchten liberale Kritiker des Demokratisierungskonzepts, dass das Gleichheitsprinzip nur gegen den Willen der Mehrheit der Gesellschaftsmitglieder oder jedenfalls auf Kosten wesentlicher individueller Freiheiten durchgesetzt werden könnte, was auf die Ersetzung der D. durch eine tyrannische Staatsform hinauslaufen würde.   O.R./R.Kl.

[3] Bei J.-J. Rousseau Bezeichnung für jene Herrschaftsform eines Gemeinwesens, bei der die Trennung zwischen gesetzgebender und -ausführender Gewalt weitgehend aufgehoben ist, indem die Mehrzahl der stimmberechtigten Bürger zugleich Inhaber von Regierungs- und Verwaltungsämtern ist. Die D. kann nur in räumlich und bevölkerungsmäßig kleinen, ökonomisch und technisch-arbeitsmäßig wenig differenzierten sowie sittlich stark integrierten Gemeinwesen erfolgreich bestehen.   F.H.

Demokratie, antimonopolistische, im Rahmen der Theorie des → staatsmonopolistischen Kapitalismus entwickeltes Konzept, das eine Staats- und Gesellschaftsordnung bezeichnen soll, in der es den → antimonopolistischen Schichten unter Führung der Arbeiterklasse gelungen ist, den „staatsmonopolistischen Lenkungs- und Machtapparat" den „Monopolen zu entreißen und den Interessen des Volkes unterzuordnen". Die damit erkämpfte a. D. wird als wichtige Vorstufe zum Sozialismus betrachtet. Historisch wurde u.a. in der „Phase der antifaschistisch-demokratischen Reformen" in der Sowjetischen Besatzungszone bzw. DDR nach 1945 ein Ansatz zur a.n D. gesehen. Nicht zuletzt wegen solcher historischer Beispiele betonen Kritiker des Konzepts die Gefahr, dass es in der a.n D. nicht zu der versprochenen Demokratisierung von Wirtschaft und Gesellschaft, sondern nur zu einem Austausch der Führungseliten kommt, d.h. zur bloßen Übernahme des „staatsmonopolistischen Lenkungs- und Machtapparats" durch die kommunistische Parteibürokratie. W.F.H./R.Kl.

Demokratie, bürgerliche, Bezeichnung von wechselnder Bedeutung, hin und wieder als Gegenbegriff zu → sozialistische D., zu → Volksdemokratie oder anderen gebraucht, also auch politischer Kampfbegriff. Den sozialgeschichtlichen Bedeutungskern wird man darin sehen können, dass viele demokratische Systeme bis hinein in das 20. Jahrhundert das Wahlrecht an Besitz und Stand banden (also die Arbeiterschaft – und die Frauen – ausschlossen) und den „Bürger" (im Doppelsinn von Standeszugehörigkeit und Staatsbürger) als Grundelement angenommen haben. Widersprüche zwischen demokratischer Organisation der Politik und gesellschaftlicher Ungleichheit im Bereich der Wirtschaft (Verhältnis von Lohnarbeit und Kapital) werden ebenfalls durch den Begriff der b.n D. angesprochen. W.F.H.

Demokratie, direkte → Demokratie, unmittelbare – mittelbare

Demokratie, formale – materiale. F. D. bezeichnet demokratische Herrschaftsformen (etwa die liberale Demokratie), in denen die Spielregeln von Wahl, Mehrheitsbeschluss usw. eingehalten werden, wobei – anders als in der m.n D. (auch. inhaltliche D.) die Interessen der Mehrheit des Volkes aufgrund sozial-ökonomischer Benachteiligung nicht zur Geltung kommen können. M. D. bezeichnet demgegenüber das Ziel, die Demokratie nicht nur als Form, sondern auch als Inhalt zu verwirklichen, d.h. für die Mehrheit des Volkes nicht nur dem Gesetz nach, sondern der wirklichen Lebenssituation nach (also in Betrieb, Schule, Universität usw.) Möglichkeiten der Interessenverwirklichung zu schaffen. W.F.H.

Demokratie, indirekte → Demokratie, unmittelbare – mittelbare

Demokratie, industrielle, [1] bezeichnet Institutionen in kapitalistischen Gesellschaften, durch die Arbeiter und Angestellte im Betrieb und überbetrieblich auf die industrielle Produktion Einfluss nehmen können (Betriebsrat, Mitbe-

stimmung usw.). Dem Begriff liegt die Annahme zu Grunde, dass als politisch verstandene Willensbildungsformen auf die industrielle Produktion übertragen werden sollen und können. W.F.H.

[2] *industrial democracy* (S.J. Webb), eine von den Syndikalisten geforderte Art der Arbeitermitverwaltung. Sie wird als Übergangsstufe zu einer angezielten Alleinbestimmung der Arbeitenden verstanden. O.R.

Demokratie, inhaltliche → Demokratie, formale – materiale

Demokratie, innere → Demokratie, innerorganisatorische

Demokratie, innerorganisatorische, innere Demokratie, der Grad der Mitbestimmungsmöglichkeiten der Organisationsmitglieder auf die Aktivitäten der Organisation (meist allein auf freiwillige Organisationen wie Verbände, Parteien, Gewerkschaften bezogen). Seit R. Michels These von der unausweichlichen Tendenz zur Oligarchie in diesen Verbänden ist i. D. ein zentrales Thema der politischen und Organisationssoziologie. In der Untersuchung einer amerikanischen Druckergewerkschaft (S.M. Lipset u.a.) wurde nachgewiesen, dass die i. D. lebensfähig ist, wenn innerhalb der Organisation mehrere Fraktionen verankert sind. In der Organisations- und Strategiedebatte der Arbeiterbewegung ist i. D. seit jeher ein zentraler Inhalt. W.F.H.

Demokratie, liberale, Gegenbegriff zu soziale Demokratie u.ä., als Modell also eine politische Ordnung, in der die „klassischen" Merkmale der Demokratie verwirklicht sind und funktionieren (allgemeines Wahlrecht, Gewaltenteilung, Abhängigkeit der Regierung vom Parlament und damit indirekt von den Wählern, mehrere Parteien, Garantie von persönlichen Freiheitsrechten usw.), alle anderen gesellschaftlichen Bereiche (vor allem die Wirtschaft, auch das Privatleben) aber in ihren eigenen Gesetzen und Traditionen überlassen werden. W.F.H.

Demokratie, materiale → Demokratie, formale – materiale

Demokratie, mittelbare → Demokratie, unmittelbare – mittelbare

Demokratie, parlamentarische, Parlamentarismus, Haupttyp der modernen Demokratie, in dem das Volk als Basis (und nicht als Träger) des politischen Geschehens auftritt und im Wesentlichen allein durch periodische Wahlen die Staatsgewalt trägt. Fungierendes Organ der Staatsgewalt ist das vom Volk gewählte Parlament. Ihm ist die Regierung verantwortlich, was normalerweise darauf hinaus läuft, dass die Mehrheitsfraktion oder ein Bündnis mehrerer Fraktionen die Regierung bilden. Politische Wissenschaft und politische Soziologie haben in den letzten Jahrzehnten einen Funktionsverlust des Parlaments zu Gunsten einer diffusen Entscheidungsstruktur von Verwaltung und privatwirtschaftlichen Interessenverbänden festgestellt. W.F.H.

Demokratie, parteienstaatliche, eine Form der parlamentarischen Demokratie. Die Parteien als dauerhafte, in der Bevölkerung durch Mitgliedschaft oder Anhängerschaft verankerte Organe der Willensbildung bestimmen den Spielraum politischer Entscheidung mehr und mehr und eignen sich staatliche Aufgaben an, was in der Verfassung meist nicht vorgesehen ist. W.F.H.

Demokratie, plebiszitäre, eine politische Verfassung, in der das Volk nicht allein (wie in der repräsentativen oder parlamentarischen Demokratie) Delegationsfunktionen und Kontrollrechte ausüben kann, sondern darüber hinaus direkt an der Machtausübung teilnimmt (durch Volksabstimmungen über Gesetze, Verordnungen, Wahlen des Staatsoberhauptes usw.). Auch repräsentative oder parlamentarische Demokratien enthalten meist plebiszitäre Elemente (so auch die Verfassung der Schweiz). W.F.H.

Demokratie, pluralistische, Bezeichnung für Demokratieformen (seit dem 1. Weltkrieg), in denen die Parteien sich gegenüber ihren Mitgliedern relativ verselbstständigt haben und Interessen artikulieren, die nicht länger unversöhnlich zueinander sind, sondern in Mechanismen des Interessenausgleichs außerhalb des Parlaments kompromissfähig sind. Voraussetzung der p.n D. ist die politische Integration der Arbeiterschaft in die bürgerliche Demokratie, die Umwandlung konservativer Parteien in „Volksparteien", die – mehr oder weniger unausgesprochene – Übereinkunft aller Parteien, ihre Programme auf Reformen zu beschränken. Die p. D. zeichnet sich so durch die politische Artikulation aller gesellschaftlichen Klassen und Schichten aus, wobei der Spielraum der Artikulation durch den gesellschaftspolitischen *status quo* begrenzt wird (→ Pluralismus). W.F.H.

Demokratie, politische, Herrschaftsformen bzw. Verfassungen, die die Herrschaft des Volkes auf den staatlichen Bereich beschränken, insofern Gegenbegriff zu allen Formen der Herrschaft des Volkes auch außerhalb des Staates. W.F.H.

Demokratie, proletarische, die Herrschaft des Proletariats über die Minderheit der ehemals in der bürgerlichen Demokratie herrschenden Klasse der Produktionsmittelbesitzer. W.F.H.

Demokratie, repräsentative, ein Gegenbegriff zu plebiszitärer Demokratie: Das Volk ist Basis der Staatsgewalt, delegiert aber ihre Ausübung an im Namen des Volkes handelnde Organe (Parlament usw.), deren Mitglieder (Abgeordnete usw.) nicht an Aufträge gebunden sind, sondern

aus freier Verantwortung entscheiden. Nur am Tage der Wahl hat das Volk entscheidenden Einfluss auf die Zusammensetzung der repräsentativen Organe und damit auf das politische Geschehen. W.F.H.

Demokratie, soziale, Begriff aus der sozialdemokratischen und sozialistischen (→ Austromarxismus) Staatsdiskussion der 1920er Jahre für die Demokratieform, in der der Privatbesitz an den Produktionsmitteln zwar prinzipiell unangetastet bleibt, der Bereich der Wirtschaftstätigkeit in kommunaler, staatlicher oder genossenschaftlicher Hand aber stark erweitert ist. Die Lebensbedingungen der Arbeitenden sind durch Sozial- und Arbeitsgesetze und durch Vermögensumverteilung verbessert, die die staatliche Gewalt im Interesse der Arbeitenden durchgesetzt hat. W.F.H.

Demokratie, sozialistische, das Modell der Herrschaftsform der sozialistischen Gesellschaften auf der Basis vergesellschafteter Produktionsmittel. Sie ist durch die führende Rolle der Arbeiterpartei im Bündnis mit anderen Parteien und Volksschichten gekennzeichnet und durch eine Form der Willensbildung, die die Grenzen zwischen dem staatlichen und anderen Bereichen der Gesellschaft aufhebt. Die Formen der s.n D. waren in verschiedenen sozialistischen Gesellschaften verschieden (betriebliche Arbeiterselbstverwaltung, Rätesysteme, Genossenschaftswesen, Kombinationen von Repräsentation in Parlamenten und direkter Mitbestimmung usw.), haben jedoch nirgendwo entscheidende Einspruchsrechte gegen die jeweilige Staatspartei erlangen können. W.F.H.

Demokratie, unmittelbare – mittelbare, direkte – indirekte Demokratie. In der u.n D. beraten und beschließen alle freien Bürger in gemeinsamer Zusammenkunft und üben so die Volksherrschaft aus. In der m.n D. ist das Entscheidungs- und Beschlussrecht weitgehend an Vertretungs- und Vermittlungsorgane (Delegationen, Parteien, Verbände usw.) abgegeben. → Demokratie, plebiszitäre, → Demokratie, repräsentative W.F.H.

Demokratieforschung, Studien der Politischen Wissenschaft und politischen Soziologie über die strukturellen, institutionellen, staats- und verfassungsrechtlichen Probleme der parlamentarischen Demokratien. W.F.H.

Demokratisierung, [1] der geschichtliche Prozess der Durchsetzung von Formen und Prinzipien der Volksherrschaft im staatlich- politischen Bereich.
[2] Der geschichtliche Prozess der Durchsetzung von Formen und Prinzipien der Volksherrschaft auch außerhalb des staatlich-politischen Bereichs in der Absicht, den Widerspruch von poli-

tischer Gleichheit und sozial-ökonomischer Ungleichheit zu beseitigen.

[3] Insbesondere seit der Studentenbewegung in den 1960er Jahren der Prozess der Aufhebung hierarchischer Leitungs- und Befehlsverhältnisse in Parteien, Organisationen und gesellschaftlichen Einrichtungen, die als unnötig, nicht effektiv oder unterdrückend angesehen werden, durch Neuordnung mithilfe von räte- oder basisdemokratischen Elementen.   W.F.H.

Demokratisierungstyp, Typen unterschiedlicher Breite der demokratischen Organisationsform in einer Gesellschaft, z.B. allein die staatliche Sphäre umfassend oder auf andere gesellschaftliche Bereiche übergreifend.   W.F.H.

Demologie, Bevölkerungslehre → Demografie

Demonstrationseffekt, auch Duesenberry-Effekt, aus der Ökonomie stammende Hypothese, nach der das Konsumverhalten einer Einkommensgruppe durch den sichtbaren Konsumstil der nächst höheren Gruppe beeinflusst wird. Im internationalen Bereich findet sich ein D. in der Orientierung der Oberschichten unterentwickelter Länder am Lebens- und Konsumstil der entsprechenden Schichten der Industrieländer.
                    H.W.

Demos, nach E.K. Francis Bezeichnung für ein soziales Gebilde, in dem sich das soziale Handeln ableitet von den einander zuwiderlaufenden Machtbedürfnissen des Einzelnen.   O.R.

Demoskopie → Umfrageforschung

Demutsgebärde, -haltung, -stellung, auch Befriedungs- oder Beschwichtigungsverhalten, *appeasement behavior,* in der Verhaltensforschung Bezeichnung für artspezifische „Unterwerfungsgesten" die, wenn sie von einem im Kampf mit einem Artgenossen befindlichen Tier gezeigt werden, die Beendigung des Angriffs durch den Überlegenen bewirken. Bisweilen werden auch menschliche Gesten wie die Verneigung als D. interpretiert.   R.Kl.

Dendrogramm, „Baum", grafische Darstellungsweise für hierarchisch geordnete Abfolgen (z.B. Klassifikationen oder Entscheidungen):

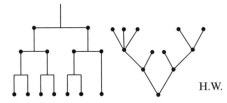

                    H.W.

denial (engl.) → Verleugnung

Denken, zusammenfassende Bezeichnung für diejenigen Tätigkeiten, bei denen Individuen Sachverhalte vergleichen, unterscheiden, zusammenfassen, abstrahieren usw. und dabei zu Schlüssen, Urteilen sowie zur Bildung von Begriffen kommen. Das D. wird zuweilen als → Probehandeln interpretiert, welches der Suche nach Möglichkeiten zur Überwindung von → Barrieren dient. Die Soziologie (vor allem die Wissenssoziologie) untersucht die Abhängigkeit des D. und seiner Strukturen („Denkstile") von sozialen Einflüssen.   R.Kl.

Denken, autistisches → Autismus

Denken, diskursives → Diskurs [2]

Denken, domestiziertes → Denken, wildes

Denken, konservatives, in der Wissenssoziologie K. Mannheims geprägter Ausdruck, der einen Denkstil meint, der völlig in Deckung mit der Wirklichkeit ist, dieser weder (utopisch) vorausläuft, noch sie (reflexiv) erhellt. Das k.e D. ist nicht zu verwechseln mit der → konservativen Idee oder dem → Traditionalismus.   P.G.

Denken, prälogisches, von L. Lévy-Bruhl (1921) formulierter Begriff im Zusammenhang mit seiner Annahme, dass die Angehörigen von primitiven Gesellschaften über eine ganz andere Denkweise verfügten als die der modernen, nämlich über eine unentwickelte, mythologische, durch Kollektivorientierungen stark geprägte, der Logik und der Wissenschaft unzugängliche Denkweise (→ Gesetz der Partizipation).
                    W.F.H.

Denken, utopisches → Bewusstsein, utopisches

Denken, wildes, frz.: *pensée sauvage,* nach C. Levi-Strauss (1962) das ursprüngliche, so genannte mythische oder magische Denken, im Gegensatz zum „domestizierten Denken" (frz.: *pensée domestiquée*) in den „höheren" Kulturen und den modernen Zivilisationen. Das w.e D. sei dadurch gekennzeichnet, dass es dem Ganzen (z.B. Stamm, Clan, Gemeinschaft) einen Sinn belasse, der, in Ablehnung diachroner Strukturierungen, im w.n D. ständig präsent und real wirksam sei. Das w.e D. sei synchronisch und daher nicht kausal, aber logisch. Wie das domestizierte Denken weise nämlich das w.e D. Codes und einen Drang nach Taxonomie auf, wenn dieses auch nicht erkenntnistheoretisch reflektiert werde, sondern nur erahnt und eingespielt sei.   O.R.

Denksoziologie, bei K. Mannheim Synonym für Wissenssoziologie.   O.R.

Denkstil → Stil

Denkwollen → Weltwollen

Denkzeug, in Analogie zum Begriff des „Werkzeugs" Bezeichnung für Datenverarbeitungsanlagen. Hintergrund ist die Vorstellung einer fortschreitenden Technisierung verschiedener Arbeits- und Lebenszusammenhänge, auf deren entwickeltster Stufe nun die geistigen Arbeiten automatisiert werden. Von seinen Verwendern in der Regel positiv konnotiert; D.e ermöglichen demnach zusätzliche Kreativitätsspielräume durch die Integration technischer und menschlicher Informationsverarbeitung im Produktionsbereich (z.B. CAD, CAM), in der Verwaltung („automatisiertes Büro") sowie im Reproduktionsbereich (Computergrafik, computerunterstütztes Komponieren etc.).   R.T.

Denomination, Bezeichnung für eine Religionsgemeinschaft, die nicht auf dem Prinzip der Mitgliedschaft einer Gesamtbevölkerung beruht (Staatskirche, Volkskirche), aber auch nicht bloße Vereins- oder Freiwilligkeitskirche ist, sondern zwischen diesen beiden Grenztypen größere Bevölkerungsgruppen mit charakteristischen Gemeinsamkeiten (zumeist schichtenspezifischer, ethnischer oder sozialökologischer Art) in sich aufnimmt, sich eine dauerhafte, jedoch nicht vornehmlich auf räumlicher Gebietsaufteilung beruhende Organisation gibt und sich von anderen Religionsgemeinschaften inhaltlich verwandter Grundrichtungen durch dogmatische oder kultische Besonderheiten unterscheidet. Ein denominationales Kirchensystem besteht in den USA.   J.Ma.

Denominationalismus, Organisationsform von Religionsgemeinschaften in pluralistischen Industriegesellschaften (insbesondere USA) mit einem Mittelweg zwischen (Staats-)Kirche und Sekte.   G.E.

density, social (engl.) → Dichte, soziale

Deontik, auch: Normen- oder Imperativlogik, Bezeichnung für die logische Analyse normativer Aussagen („du sollst ...; du musst ...; es ist erlaubt ...; es ist verboten ...") und der Strukturen normativer Aussagensysteme.   H.W.

Departizipation, Abbau einer bereits gegebenen → Partizipation. D. wird beispielsweise in vielen Entwicklungsländern beobachtet, wenn die genossenschaftliche Produktionsweise verschwindet.   R.L.

Dependencia-Theorien, von span. *dependencia*, Abhängigkeit, Bezeichnung für Theorien über die Auswirkungen der asymmetrischen Struktur der Interaktionsbeziehungen zwischen den entwickelten Zentren und den unterentwickelten Peripherien des internationalen Systems (→ Zentrum – Peripherie). Dabei betonen die *D*.-T. vor allem die internen strukturellen Konsequenzen in den von den Zentren abhängigen Ländern und Regionen (Peripherien) im Rahmen einer funktionalen Verknüpfung der Entwicklung der Zentren mit der Unterentwicklung der Peripherien. Die *D*.-T. wurden von lateinamerikanischen Sozialwissenschaftlern entwickelt, um das allseitige Abhängigkeitsverhältnis der lateinamerikanischen Staaten von den USA zu erklären.   H.Ha.

dependency (engl.) → Abhängigkeit

dependency need (engl.) → Abhängigkeitsbedürfnis

Dependenzanalyse, Unterform der → Pfadanalyse

Dependenztheorien → *Dependencia*-Theorien

Depersonalisation → Entpersönlichung

Deprivation, wörtlich „Beraubung", [1] im psychologischen Sinne Bezeichnung für einen Zustand des Mangels oder der Entbehrung, der eintritt, wenn einem Organismus die Möglichkeit zur Befriedigung bestimmter → Bedürfnisse vorenthalten wird.
[2] Soziale D., Bezeichnung für die Unterversorgung bestimmter Individuen oder Gruppen einer Gesellschaft mit lebenswichtigen oder für unbedingt notwendig gehaltenen Gütern, Dienstleistungen oder auch Einkommen, sodass das → soziale Existenzminimum unterschritten wird. → Deprivation, relative   R.Kl.

Deprivation, relative, relative Benachteiligung, Bezeichnung für den von einem Individuum subjektiv empfundenen Grad der Deprivation (Versagung, Enttäuschung, Bestrafung), der sich nicht aus der objektiven Beschaffenheit der als nachteilig oder unangenehm empfundenen Umstände ergibt, sondern aus dem Grad, mit dem diese Umstände von den Erwartungen negativ abweichen, die das Individuum aufgrund seiner bisherigen Erfahrungen, einem Vergleich mit anderen Personen (→ Bezugsgruppe) usw. für „angemessen" hält. Entsprechend hängt die „relative Gratifikation", die eine Person erfährt, von ihren Vorstellungen über die Belohnungshöhe ab, die für einen Menschen in „vergleichbarer" Position und Situation „angemessen" ist.   H.L./R.Kl.

Deprivation, soziale → Deprivation [2]

Deprivation, sprachliche, stark beschränkte Fähigkeit eines Menschen, Sprache als differenziertes Kommunikationsmittel zu handhaben. S. D. ist bedingt durch die soziale Umwelt, besonders in den ersten Lebensjahren.   A.H.

Deprofessionalisierung, Bezeichnung für die Veränderungen in der Rolle des Experten, hervorgerufen durch Kritik und Abwertung an solchen Eigenschaften eines Berufes, die früher zu dessen → Professionalisierung geführt haben.   R.L.

Dequalifizierung, Entqualifizierung, die verminderte Nutzung, die teilweise oder völlige Entwertung vorhandener bildungsmäßiger, beruflicher oder Arbeitsqualifikation. Innerbetrieblich kann D. als Folge von Rationalisierung auftreten. Gesellschaftlich wird D. entweder gedeutet als Verwandlung von Arbeit in Lohnarbeit oder als allgemeine Tendenz der Minderung von Arbeitsqualifikationen unter industriegesellschaftlichen (kapitalistischen und sozialistischen) Bedingungen. D.K./W.F.H.

Deregulierung, Auflösung von kollektivvertraglichen, gesetzlichen oder sonstigen institutionalisierten Regelungen von sozialen Verhältnissen (z.B. Arbeitsverhältnissen, Verhältnissen sozialer Sicherung) zu Gunsten eines „freien" Verkehrs zwischen den unmittelbar Beteiligten. Die D. als politisches Programm (z.B. als „Privatisierung" öffentlicher Leistungen) baut auf die „freien Kräfte des Marktes", die zu einer ökonomischen, effektiven Allokation der volkswirtschaftlichen Ressourcen führen sollen. H.W.

Derivate → Residuen

Derivationen nennt V. Pareto jene scheinlogischen Argumentationen, die der bewusstseinsmäßigen und verbalen Rechtfertigung residual bedingter Handlungen dienen. D., wie z.B. einfache Behauptungen, Autorität oder Tendenz nach Übereinstimmung mit als akzeptiert erwarteten Normen, täuschen eine Rationalität vor, um nichtrationale Handlungsimpulse (→ Residuen) z.T. im Nachhinein als kognitiv glaubhaft rechtfertigen zu können. G.K.

desaggregieren, in der Statistik Auflösung einer → Aggregationsstufe in die vorausgesetzten Aggregationsstufen oder Elemente, z.B. das Einkommen eines Haushaltes in die Einkommen der Haushaltsmitglieder. H.W.

Desarollismus, von span. *desarollo,* Entwicklung, nach dem 2. Weltkrieg in Lateinamerika formulierte reformistisch-kapitalistische Entwicklungstheorie und -politik. Im Unterschied zu Industrialisierungsstrategien, die auf nationaler Basis Importe überflüssig machen sollen, versucht der D. intern-nationale und externe Faktoren zu optimieren. Durch diese Verknüpfung entstehen im Zuge der nationalen Industrialisierung neue Abhängigkeiten. In der Praxis zeigen sich zwei Richtungen: der „D. nach außen" durch Ausweitung und Belebung des außenwirtschaftlichen Sektors (z.B. Brasilien unter Kubitschek) – und der „D. nach innen" durch Ausweitung nationaler Entwicklungsträger (z.B. Dominikanische Republik unter Bosch und Peru nach 1968). D.E.

Desasterforschung → Katastrophenforschung

De-Segregation → Segregation

Desertifikation, Wüstenbildung, nach der U.N *Convention to Combat Desertification* (1994) die dauerhafte Minderung der Ertragsfähigkeit von Böden durch klimatische Einflüsse, menschliche Nutzung (z.B. Überweidung, Überdüngung, Versalzung) und andere anthropogene Faktoren. H.W.

Desertion, in der Familiensoziologie Bezeichnung für das zeitweise oder endgültige Verlassen der Familiengemeinschaft durch Ehemann oder Ehefrau. Häufig ist die D. des Ehemannes besonders in unteren Schichten und bei Minderheiten (z.b. den amerikanischen Schwarzen). → Unterschichtenmatriarchat W.F.H.

design (engl.), Plan, auch Plan-Durchführung. *D.* kommt in mehreren Zusammensetzungen vor: *survey design, research design,* experimenteller *design.* Mit *d.* werden alle zu einer empirischen Untersuchung gehörigen Überlegungen und Schritte und ihre Verknüpfung in der Durchführung der Untersuchung bezeichnet: Hypothesen oder Fragestellungen, zur Überprüfung abgeleitete Hypothesen, Wahl von Messinstrumenten, Auswahl des Untersuchungsgebietes, Festlegung von Stichprobenumfängen und Signifikanzniveaus, Wahl von Kontrollgruppen etc. Stringente Beziehungen zwischen Hypothesen und einem *d.,* der die möglichen Antworten auf eine bestimmte Fragestellung abgrenzt, finden sich am ehesten in der experimentellen Forschung. H.W.

design, experimenteller → Versuchsplan

design, faktorieller → Versuchsplan, faktorieller

Desintegration der Familie → Familiendesintegration

Desintegration, Disintegration, [1] auch: Desorganisation, Prozess der Auflösung der internen Struktur einer sozialen Gruppe oder eines sozialen Systems.

[2] Prozess der Auffächerung eines kulturellen Normen- und Wertesystems in eine Vielzahl einzelner Kultursektoren (Technik, Wirtschaft, Recht usw.), die relativ unabhängig voneinander funktionieren und autonom sind. E.L.

desinterestedness (engl.), als Norm der Wissenschaft: → Uneigennützigkeit

Desirabilität, soziale, soziale Erwünschtheit, *social desirability,* Bezeichnung für die Tendenz, seine Verhaltens- und Meinungsäußerungen an den Wünschen und Erwartungen der sozialen Umwelt auszurichten, auch wenn man sich dadurch in Widerspruch zu seinen wahren Überzeugungen setzt. Als eine → Reaktionseinstellung (*response set*) in Interviews und Tests führt die s. D. zu systematischen Verzerrungen, etwa wenn der Befragte sich nicht wahrheitsgemäß über seine Einstellungen und Eigenschaften äußert, sondern so, wie es seiner Meinung nach von ihm erwartet wird. R.Kl./H.W.

desk research (engl.), Schreibtischforschung, nicht empirische Forschung. H.W.

Deskription → Beschreibung

desocialization (engl.) → Entsozialisierung

Desorganisation der Familie → Familiendesorganisation

Desorganisation, svw. → Desintegration [1]

Desorganisation, persönliche → Persönlichkeitsdesorganisation

Desozialisation → Entsozialisierung

Despotie, eine politische Herrschaftsform (als Form der Diktatur), in der ein oder mehrere Gewaltherrscher ohne jede Einschränkung (durch Gesetz, Tradition oder Moral) und ohne jede Kontrolle (durch die Beherrschten oder durch andere politische Kräfte) regieren, gestützt oft auf landfremde Söldner.   W.F.H.

Despotie, industrielle, [1] auf frühe Kritiker des Fabriksystems zurückgehende Formbestimmung von Herrschaft im kapitalistischen Industriebetrieb. Ungeachtet der Abwandlungen in unterschiedlichen → Fabrikregimes bleibt i. D. bestehen, da der Betrieb prinzipiell private und letztlich aufgrund des Eigentumsrechts absolute Verfügungssphäre des kapitalistischen Unternehmers oder seiner Agenten ist.
[2] Ausdehnung betrieblicher Herrschaftsformen auf gesamtgesellschaftliche Ebene unter Eliminierung marktförmiger Vermittlung in Gesellschaften sowjetischen Typs.   R.Kö.

Despotie, orientalische, schon auf Aristoteles zurückgehende Kategorie für die Herrschaftsform → orientalischer Gesellschaften. Neben der absoluten Gewalt des Despoten gekennzeichnet durch das Zusammenfallen öffentlicher Verfügungsmöglichkeiten und privater Appropriationschancen, prekäres Eigentum sowie produktive, oft „hydraulische" Funktionen des Staatsapparats. Im Gefolge von K.A. Wittfogel (1956) erweitert zur Analyse „totaler Macht" in Gesellschaften sowjetischen Typs. Die Kritik bestreitet das Vorhandensein der strukturellen Voraussetzungen der o.n D.   R.Kö.

Destruktionstrieb, nach S. Freud die nach außen gerichtete Erscheinungsform des dem Eros entgegengesetzten Todestriebes; oft auch im Sinne von Aggressionstrieb benutzt.   K.H.

Deszendenzlehre → Deszendenztheorie

Deszendenztheorie, Abstammungslehre, eine in Biologie und Anthropologie vertretene Lehrmeinung, die Ähnlichkeiten und Übereinstimmungen bei unterschiedlichen Tier- und Pflanzenarten durch Herkunft von gemeinsamen Ahnen erklärt; unterschieden wird zwischen der monophylitischen D., die das Leben auf eine Urart zurückführt, und der polyphyletischen D., die das Leben aus mehreren Stämmen entstanden sehen will. Die D. geht wie die Evolutionstheorie von der Annahme aus, dass es eine natürliche Entwicklung der Lebewesen vom Einfachen zum Komplizierten durch Differenzierung gibt.   O.R.

Deszendenztheorie, monophylitische → Deszendenztheorie

Deszendenztheorie, polyphyletische → Deszendenztheorie

Detailarbeit, Teilarbeit, Bezeichnung für die typische Arbeitstätigkeit in der ökonomischen Produktion seit Aufhebung der handwerklichen Ganzheit der Arbeit durch die manufakturmäßige Arbeitsteilung: Die innerhalb des Maschinensystems weitgetriebene Arbeitsteilung zwischen den Maschinen macht die Arbeiter zum Anhängsel der durch die Maschinen objektiv vorgegebenen Arbeitsanforderungen, die sich auf einfache, einen kleinen Ausschnitt des Produktionsgangs ausmachende Handgriffe beschränken.   W.F.H.

Detailqualifikation, eine Qualifikation, die nur zu spezialisierten Funktionen innerhalb der Produktionsgänge befähigt. Dies beschränkt die Fähigkeitsentwicklung der Industriearbeiter erheblich, macht sie hilflos gegenüber Verschiebungen in der Arbeitsplatzstruktur und verwehrt ihnen Möglichkeiten, den technisch-ökonomischen Zusammenhang des betrieblichen und gesellschaftlichen Produktionsprozesses zu begreifen.   W.F.H.

Determinanten, gesellschaftliche, unscharf gebrauchte Bezeichnung für solche Strukturen bzw. Kräfte in einer Gesellschaft, die bestimmenden Einfluss auf andere ausüben oder die Gesellschaftsordnung insgesamt prägen (meist in marxistischer Tradition, etwa für die Abhängigkeit des Überbaus von der Basis).   W.F.H.

Determinationskoeffizient, Bestimmtheitsmaß, r^2, Spezialfall der → *correlation ratio* für ein lineares Regressionsmodell. Rechnerisch erhält man den D. als Quadrat des Pearson-Koeffizienten.   M.K.

Determinismus – Indeterminismus, Anschauungen, nach denen alle Ereignisse in der Natur und damit auch alle menschlichen Handlungen vollständig kausal bestimmt sind (D.) bzw., dass Menschen Wahlfreiheit oder Ereignisse Zufallscharakter besitzen (I.). Die beiden Standpunkte spielen eine Rolle in der Diskussion um die Verantwortlichkeit von Menschen für ihre Taten, haben jedoch streng genommen mit der ethischen Fragestellung nichts zu tun. Ihre Vertreter finden sich ferner in Debatten, ob die Sozialwissenschaften Naturwissenschaften seien und sie damit der Methodologie der Naturwissenschaften unterlägen. Von einigen Wissenschaftstheoretikern wird die Unterscheidung zwischen D. und I. als metaphysisch abgelehnt und nur in der Form zugelassen, ob Ereignisse mithilfe vorliegender Theorien vollständig prognostizierbar sind oder nicht. → Komplexitäts-Indeterminierbarkeit   H.W.

Determinismus, technologischer. Ähnlich wie → Technizismus bezeichnet t. D. die Ableitung der Kooperationsformen und Arbeitsteiligkeit, der betrieblichen Befehlsstruktur und des Bewusstseins der Arbeiter aus der als eigenständig angenommenen Entwicklung der Technologie.

      W.F.H.

deterministisch, → Determinismus, [1] nennt man eine Annahme, nach der aufgrund des Wirkens allgemeiner sozialer Gesetzmäßigkeiten soziale Ereignisse unabhängig vom Willen der beteiligten Akteure eintreten.   D.K.
[2] Im Unterschied zu → stochastisch Kennzeichung von Hypothesen, Erklärungen oder formalisierten Modellen (z.B. Kausalmodellen), die die abhängigen Ereignisse oder Zustände theoretisch als vollständig durch die unabhängigen Variablen, auch wenn diese zum Teil unbekannt sind (Residuen), bestimmt ansehen, d.h. Zufallsprozesse, es sei denn in Form von zufälligen → Messfehlern, ausschließen.   H.W.

detribalisation (engl.), Stammesentfremdung, die soziale und räumliche Ablösung von Einzelnen oder Gruppierungen aus ihrem Stammeszusammenhang. Als Merkmale dafür gelten: a) dauernder Wohnort außerhalb der Jurisdiktion des Stammesherrschers, b) Abbruch aller Beziehungen zu ihm, c) Unabhängigkeit von materieller Unterstützung durch die Familie oder Sippe in Notzeiten. Zumeist erfolgt die *d.* durch Abwanderung in Städte.   O.R.

Deutungsmuster, die Annahmen, mit denen Gruppen und Teil- sowie Gesamtgesellschaften ihre Lebenswirklichkeit interpretieren. D. schließen sich oft zu einem eng verbundenen Gefüge von Regeln zusammen, mit denen die jeweilige Welt verstanden und in ihr gehandelt werden kann.   R.L.

developmental tasks (engl.) → Entwicklungsaufgaben

Developmentalismus, *developmentalism*, eine von R. Nisbet in die historische Sozialforschung eingeführte Bezeichnung für Modelle, die von einer evolutionär festgelegten Abfolge bestimmter Stadien in der historischen Entwicklung ausgehen.   R.S.

deviant case analysis (engl.) → Analyse abweichender Fälle

Devianz, *deviancy*, Delinquenz, abweichendes Verhalten, [1] Bezeichnung für Verhaltensweisen, die mit geltenden Normen und Werten nicht übereinstimmen.
[2] Nach dem → *labeling approach* ist deviant jedes Verhalten, das die Leute so etikettieren (H.S. Becker). Von D. wird also in dem Maße gesprochen, als man in einem Verhalten ein persönlich diskreditierendes Abweichen von den normativen Erwartungen einer Gruppe sieht und als es interpersonelle oder kollektive Reaktionen hervorruft, die dazu dienen, die jenes Verhalten zeigenden Individuen zu „isolieren",

„behandeln", „bessern" oder zu „bestrafen" (E.M. Schur). Hauptbeispiel für D. ist die von den Strafgesetzen und Strafverfolgungsinstanzen definierte Kriminalität. Der Begriff bezieht sich aber ebenso auf die stigmatisierenden Eigenschaften und Verhaltensweisen von körperlich, psychisch oder geistig Behinderten sowie von Angehörigen rassischer, nationaler, politischer oder sexueller Minderheiten.   R.L.

Devianz, primäre, auch: primäre Abweichung, *primary deviation* (E.M. Lemert), ein abweichendes Verhalten, dessen Ursache – im Gegensatz zur → sekundären Devianz – in sehr vielfältigen sozialen, kulturellen, psychischen und physischen Faktoren liegen kann, die entweder zufällig oder in bestimmten Kombinationen auftreten. P. D. wird zwar als Abweichung erkannt oder sogar als sozial unerwünscht definiert, sie wirkt sich jedoch nur unwesentlich auf Status und psychische Struktur des deviant Handelnden aus. Damit bezeichnet das Konzept der p.n D. zwar mehr oder weniger gravierende Normverletzungen, ihre Ursachen entscheiden jedoch nicht darüber, ob sie zu einer abweichenden Rolle stabilisiert werden.   M.B.

Devianz, sekundäre, auch: sekundäre Abweichung, *secondary deviation*, ein von E.M. Lemert eingeführter zentraler Begriff im Rahmen des → *labeling approach*. Im Gegensatz zur → primären Devianz umfasst s. D. alle Formen abweichenden Verhaltens, die als Produkt oder Folge informeller und formeller Prozesse sozialer Kontrolle verstanden werden können; das heißt, s. D. ist das Ergebnis eines sich eskalierenden Prozesses zwischen abweichendem Verhalten einerseits und gesellschaftlicher Reaktion auf Abweichung (Definition, Selektion, Segregation, Sanktion, Etikettierung und Stigmatisierung) andererseits. Ausgehend von diesem prozesshaften Verständnis von Devianz äußert sich s. D. in der Regel zunächst als Auflehnung gegen Maßnahmen der sozialen Kontrolle, dann als Gewöhnung und Anpassung an Situationen sozialer Kontrolle und schließlich in der Übernahme angesonnener Deviantenrollen bis hin zur Entwicklung einer devianten Identität (Selbstbild) einschließlich der daraus resultierenden Einstellungen und Handlungen.   M.B.

deviation amplification (engl.) → Abweichungsdämpfung – Abweichungsverstärkung

deviation attenuation (engl.) → Abweichungsdämpfung – Abweichungsverstärkung

deviation, primary (engl.) → Devianz, primäre

deviation, secondary (engl.) → Devianz, sekundäre

Dezentralisation, [1] Zerlegung des Aufgabenkomplexes eines Betriebes, einer Unternehmung oder einer Behörde in Teilaufgaben und Teilbereiche.

[2] Übertragung selbstständiger, in bestimmtem Umfang aber begrenzter Anordnungs- und Dispositionsbefugnisse auf untergeordnete Funktionsträger zur Beschleunigung der für einen Teilbereich zutreffenden Entscheidungen. F.B.

[3] Übertragung von Entscheidungsbefugnissen innerhalb eines regionalen Bereichs. Auch gewählte oder von den örtlichen Wählern ernannte Körperschaften in Bezug auf Rechtsnormen, denen die Bewohner des regionalen Bereichs unterworfen sind. O.R.

Dezentrierung des Subjekts, erkenntnistheoretische Denkfigur M. Foucaults, mit der gegen die metaphysische „Souveränität des Bewusstseins" das Auseinanderfallen oder „Verschwinden des Subjekts" in der modernen Gesellschaft erfasst werden soll. Das Subjekt als Zentrum sozialer Ordnungen wird in Frage gestellt. Stattdessen steht das Subjekt am Rande dessen, was durch es geschieht; es steht einem Objekt nicht klar abgegrenzt als Subjekt gegenüber. Der historische Prozess ist hier weder von freien Entschlüssen des Individuums noch von mono- oder multikausalen Determinanten bestimmt, sondern ist als relativ offenes Spiel in sich heterogener und diskontinuierlicher Beziehungen zu denken. Deshalb hat das Verhältnis zwischen Subjekt und Objekt auch nicht mehr die Form Individuum – Wahrheit. K.K.

Dezil → Partil

Dezil-Ratios geben Auskunft über das Verhältnis verschiedener Segmente z.B. einer Einkommensverteilung; damit können z.B. Polarisierungseffekte beschrieben werden. Gruppiert man die sortierten Einkommen von Personen oder Haushalten in Gruppen von jeweils 10%, so gibt z.B. die D.-R. 90:10 das Verhältnis der Untergrenze des obersten (reichsten) Einkommensdezils zur Obergrenze des untersten (ärmsten) Einkommensdezils an. Die Berechnung der D.-R. 90:50 bzw. 50:10 kann diese Information weiter spezifizieren. Verschiedentlich werden die D.-R. an Stelle der Dezile über die Dezilanteile (z.B. Einkommensanteile) berechnet. C.W.

Dezision, [1] → Entscheidung
[2] Vor allem: eine unbegründete Willkürentscheidung. W.La.

Dezisionismus → Modell, dezisionistisches

Dharma Prinzip. [1] Dharma steht in der Philosophie des Hinduismus für die schicksalsmäßige Bestimmung des Geschehens und für die unerbittliche Einfügung in eine Ordnung, die das Handeln der Menschen strikt festlegt.
[2] Im Gegensatz zum Konkurrenzprinzip, demzufolge die soziale Stellung des Einzelnen im Zuge des Wettbewerbs mit anderen entschieden wird, definiert L. von Wiese (1924/28) D. P. als das Prinzip einer Sozialordnung, die die Stellung des Einzelnen von vornherein festlegt. Seine Regeln vermögen die Konkurrenz, sobald sie ihr beigemischt werden, zu zähmen. F.G.

diachron – synchron (gr.), durch die Zeit hindurch, geschichtlich, entwicklungsmäßig – gleichzeitig. O.R.

Diagnose, soziologische, Sozialdiagnose, [1] Beschreibung eines gesellschaftlichen Sachverhalts und Feststellung bestimmter Sozialprobleme mit soziologischen Begriffen im Rahmen bestimmter soziologischer Theorien.
[2] → *analysis, social* B.W.R.

Dialekt, im Gegensatz zur allgemeinen Verkehrssprache an bestimmte geografische Räume gebundene Besonderheiten einer Sprache, die insofern als Ausdruck der besonderen Sozialstruktur eines Gebietes angesehen werden können, als in der Regel die regionale Abgrenzung nach verschiedenen Dialekten einer Unterteilung nach städtischen und ländlichen Wirtschaftsstrukturen entspricht. Im Nebeneinander von Verkehrs- und Dialektsprache erweist sich die Dialektsprache häufig als soziales Spezifikum der unteren und mittleren Gesellschaftsschichten. F.K.S.

Dialektik der Natur → Dialektik [5]

Dialektik, [1] eigentlich: Kunst der Unterredung, Ablauf des (wissenschaftlichen) Gesprächs. Durch das Vertreten von widersprüchlichen Meinungen gelangt man durch das Zusammen-Denken von Begriffen zur Erkenntnis des Wahren (D. ist dann Teil der Logik: Sokrates, Platon) oder zur Erkenntnis des Wahrscheinlichen (D. ist dann Teil der Topik: Aristoteles, Cicero).

[2] I. Kant unterteilt die Logik in Analytik und D. Diese bedeuten bei ihm sowohl die „Logik des Scheins" als auch die „Kritik des dialektischen Scheins" (transzendentale D.). Als Logik des Scheins ist die D. eine sophistische Kunst, die aus den formalen Bedingungen des Erkennens ohne Berücksichtigung oder in bewusster Missachtung der Erfahrung auf den Inhalt der Erkenntnis schließt. Hingegen soll die transzendentale D. den scheinbaren Widerspruch zwischen Erkenntnis und Erfahrung kritisieren, aufklären und bewusst halten; die D. verweist nach Kant nämlich auf die Grenzen des Erkennens, auf die Differenz zwischen Erscheinung und Wirklichkeit eines Objekts, wie es jenseits unserer menschlichen Erkenntnis existieren kann (Ding an sich), da Urteile und Gesetze über alle Erfahrung hinaus (transzendent) Geltung haben oder Geltung haben können.

D

[3] Bei G.W.F. Hegel ist D. in Anschluss an Fichte nicht mehr nur Methode der Erkenntnis, sondern die dem Denken und dem Sein zugrunde liegende, auf das Absolute (als „abstraktes Allgemeines") zielende Gesetzmäßigkeit der Selbstentfaltung. Denken und Sein sind identisch, da das Sein an sich „Idee" (objektive Vernunft) ist. Die D. ergibt sich nicht durch ein von außen Herantragen eines Widersprüchlichen, sondern der Widerspruch steckt in den Dingen selbst, er ist ihre Negation. Die Negation eines Dings oder eines Begriffs setzt sich durch, hebt gesetzmäßig das Positive auf. Jedoch ist das Positive und seine Negation nicht Nichts, d.h. *a* + non-*a* ≠ 0, sondern die Aufhebung des Positiven durch seine Negation ist nur die Negation des je Spezifischen, d.h. des besonderen Inhalts oder der bestimmten Sache; die Negation der gegenwärtigen Gesellschaft ist also nicht die Negation von Gesellschaft überhaupt, sondern der Form oder des Inhalts dieser bestimmten Gesellschaft. Indem sich die Negation durchsetzt, wird sie zum Positiven, beinhaltet damit zugleich aber auch wieder ihre Negation. Jede Negation ist damit (von einem Urzustand abgesehen) jeweils Negation eines Positiven, das selbst einmal als Negation ein Positives aufgehoben hat, ist somit immer Negation der Negation.

Der dialektische Prozess wird vorangetrieben durch das den Begriffen und Dingen innewohnende Bedürfnis nach Aufhebung von Widersprüchlichkeit. Zwar ist das „Besondere", das jeweils real Seiende, das Positive (nicht nur formal, sondern auch inhaltlich), aber es stellt nur einen Fortschritt in Hinblick auf das Absolute dar, auf einen Zustand ohne Widerspruch, auf „eine Identität der Identität und der Nichtidentität".

[4] K. Marx hält sich weitestgehend an Hegels D., die für Marx „unbedingt das letzte Wort aller Philosophie" ist, auch wenn Hegel ihr einen „mystischen Schein" durch die Verklärung des Bestehenden gegeben habe. D. ist als Methode und als Form der Gedankenentwicklung ideologiekritische Gesellschaftstheorie. Die D. ist kritisch und revolutionär, indem sie ideelle Systeme, die alle „den Unterschied von Herrschaft des Menschen und Herrschaft des Privateigentums ausdrücken" – sie verweisen also alle auf das System der politischen Ökonomie –, immanent als Prozess darstellt: durch das Aufweisen der Negation offenbart sich die Mängelhaftigkeit, durch den Hinweis auf die Negation der Negation wird die Notwendigkeit der Aufhebung bewusst und wirksam.

Die D. ist kein weltanschauliches Prinzip, keine universelle Gesetzmäßigkeit; „wir treten ... nicht der Welt doktrinär mit einem neuen Prinzip entgegen: Hier ist die Wahrheit, hier kniee nieder! Wir entwickeln der Welt aus den Prinzipien der Welt neue Prinzipien. Wir sagen ihr nicht: Laß ab von deinen Kämpfen, sie sind dummes Zeug; wir wollen dir die wahre Parole des Kampfes zuschrein. Wir zeigen ihr nur, warum sie eigentlich kämpft, und das Bewußtsein ist eine Sache, die sie sich aneignen *muß*, wenn sie auch nicht will" (K. Marx 1844). Da der Sozialismus den Forderungen der Vernunft im kapitalistischen System entspricht, arbeitet die D. in ihrer notwendigen Praxisabhängigkeit immer für das sich revolutionsbezogen organisierende Proletariat, als der Negation der bestehenden Verhältnisse.

[5] Bei F. Engels ist D. nicht mehr wie bei Marx nur Methode und „Form der Gedankenentwicklung", vielmehr versteht er darunter „die Wissenschaft von den allgemeinen Bewegungs- und Entwicklungsgesetzen der Natur, der Menschengesellschaft und des Denkens". Für die D. als Wissenschaft, als Methode, führt Engels als Hauptgesetze an: „Umschlag von Quantität und Qualität – Gegenseitiges Durchdringen der polaren Gegensätze und Ineinander-Umschlagen, wenn auf die Spitze getrieben – Entwicklung durch den Widerspruch oder Negation der Negation – Spirale Form der Entwicklung" (1873/83). O.R.

[6] In der marxistischen Diskussion hat der Begriff D. vielfältige Erörterung erfahren. Folgende Bestimmungen lassen sich herausheben:

a) D. als Ausdruck von der gesetzmäßigen Notwendigkeit geschichtlicher Veränderung, als Ausdruck der Geschichte als unbewusst erlittenem oder bewusst gestaltetem Entwicklungsprozess der Menschen („Das Sichere ist nicht sicher. So, wie es ist, bleibt es nicht. Wenn die Herrschenden gesprochen haben, werden die Beherrschten sprechen. Wer wagt zu sagen: Niemals? An wem liegt es, wenn die Unterdrückung bleibt? An uns." B. Brecht, Lob der Dialektik).

b) Die D. als Einzelwissenschaft von den allgemeinsten Gesetzen der Bewegung und Entwicklung in Natur, Gesellschaft und menschlichem Denken: die Lehren von der Negation der Negation in Natur und Gesellschaft, vom Widerspruch als treibender Kraft der geschichtlichen Evolution usw.

c) Die D. als Theorie und Methode der menschlichen Erkenntnis und des menschlichen Denkens in seinen allgemeinsten Bestimmungen.

d) Die D. als Anleitung zum praktisch-umgestaltenden Handeln, als Nachweis der Entwicklungstendenzen und Entwicklungsgesetze der menschlichen Gesellschaft, die bewusst aufgegriffen und gestaltet werden müssen von der Arbeiterbewegung.

[7] Neben diesen Bedeutungen wird D. oft sehr unscharf verwendet, so z.B. als Bezeichnung für Gegensätzlichkeit, als Synonym für Wechselwirkung zwischen mehreren Faktoren, als Synonym für Interdependenz etc. W.F.H.

Dialektik, idealistische, svw. → Dialektik [3]

Dialektik, materialistische, svw. → Dialektik [4-6]

Dialektik, negative, als zentrale Kategorie der kritischen Theorie bestimmt sie sich als Nichtidentität. Nach T.W. Adorno (1966) ist die dialektische These, das Positive sei als die Negation eines Negativen zu interpretieren, nicht aufrechtzuerhalten. Die Negation schlägt nie ins Positive um, sondern bleibt, was sie ist: die Aufhebung eines Je-Spezifischen. Somit ist die Negation als Aufhebung nie Vermittlung, kein Vehikel zur Beibehaltung oder Restitution von Aspekten eines schon Negierten. Von hieraus bleibt die Dialektik immer zugleich praktisch, solange sie alles allein dadurch festlegt, dass es ein Negiertwerdendes ist, solange sie jedes Beständig-Gedachte entschleiert. Ein zweites Moment der n.n D. liegt nach Adorno darin, der These zu widersprechen, dass die Negation zur Vermittlung führt, zum Aufheben des Bestimmten im Allgemeinen. Dann wären das Bestimmte und das Allgemeine identisch und damit verdächtig, konform mit der Möglichkeit von Herrschaft zu sein. Die n. D. betont jedoch dagegen die Nichtidentität des Besonderen, „seine Unauflöslichkeit im Oberbegriff". Damit gibt sie dem Besonderen seine Besonderheit zurück und zugleich seine Freiheit.

Die klassische Dialektik (Hegel, Marx) hatte unreflektiert dem Identitätszwang der Tauschgesellschaft sich gebeugt und den Widerspruch als absolute Eigenschaft der Dinge annehmen müssen, ohne ihn als „Nichtidentität im Banne der Gesetze" zu entschleiern. Alle Dialektik „ist das Selbstbewusstsein des objektiven Verblendungszusammenhangs, nicht bereits diesem entronnen". Aufgabe der n.n D. ist es, diesen Bann in der Kritik zu brechen. O.R.

Dialektsprache → Dialekt

Diamat → Materialismus, dialektischer

Diaspora (gr.), „Zerstreuung", [1] Bezeichnung für die Zerstreuung des jüdischen Volkes und für das Land, wo deren Teile lebten (Septuaginta, N.T.).

[2] Im Katholizismus Bezeichnung für jene katholischen Gemeinden, die in ihrem Umfeld in der Minderheit sind.

[3] Heute allgemein gebräuchliche Bezeichnung für Orte, die von religiösen, konfessionellen oder nationalen Minderheiten bewohnt werden bzw. für die Minderheiten selbst, die an der Zugehörigkeit zu Herkunftsort und Gemeinschaft (Sprache, Religion, Kultur) festhalten bzw. diesen zugerechnet werden. Der Begriff findet heute Aufnahme in der Migrationsforschung und in den → post-colonial studies zur Thematisierung von Erfahrungen und Bindungen von Einwanderern, Arbeitsmigranten, Nachkommen von Sklavenbevölkerungen, Deportierten, Flüchtlingen usw. (R. Cohen 1997). Von S. Hall (1991) wird die (postkoloniale) D. mit Erfahrungen kultureller → Hybridität verbunden. H.W./B.M.

Diaspora-Gruppen, mobile, *mobilized diasporas,* bezeichnet ethnische oder religiöse Gruppen, die in Imperien oder Staaten zerstreut siedeln, und die aufgrund ihrer Mobilität und Sprachfähigkeiten besondere Voraussetzungen für die Ausbreitung von Innovationen und für kulturelle und wirtschaftliche Vermittlung (als Kaufleute, Unternehmer, Finanzexperten, Diplomaten) haben (J. Armstrong 1976). Z.B. die Juden früher in Mittel- und Osteuropa, die Chinesen in Südostasien. W.F.H.

Diätetik, [1] Lehre von der vernünftigen Lebensweise.

[2] Nach T. Geiger die Lehre vom Lebensvollzug in seiner Abhängigkeit von physisch-biotischen Bedingungen einerseits (z.B. die Auswirkungen des Hormonalsystems auf das soziale Verhalten des Menschen) und vom Tonusproblem, d.h. der durch Nerveneinfluss dauernd aufrecht gehaltene Spannungszustand des Menschen, andererseits (so sind z.B. Geselligkeit und Abgeschiedenheit als Mittel zur Regeneration von Kräften nur situationsspezifisch fassbar, da beide sowohl Spannung wie Entspannung im Individuum hervorrufen können). O.R.

Dichotomie, Bezeichnung für die Zweiteilung oder zweigliedrige Einteilung eines Ganzen, z.B. mittels → dichotomer Merkmale. O.R.

Dichte, Dichtefunktion, [1] über dem Intervall der möglichen Werte einer stetigen Wahrscheinlichkeitsverteilung definierte Funktion, sodass das Integral über diese Funktion die Wahrscheinlichkeit dafür ist, dass ein Wert zwischen Ober- und Untergrenze des Integrals fällt: so stellt z.B. die Glockenkurve die D. der Normalverteilung dar. M.K.

[2] In der Soziologie wird unter D. oder sozialer D. auch die Anzahl der Interaktionen oder Kontakte in einer Gruppe oder Gesellschaft bei gegebener Anzahl von Mitgliedern (Volumen) verstanden. H.W.

Dichte, dynamische, bei E. Durkheim Bezeichnung für eine charakteristische Wirkgröße bzw. für eine Maßgröße in Zusammenhang mit dem inneren Aufbau einer Gesellschaft oder eines gesellschaftlichen Subsystems. Die d. D. ergibt sich aus der Zahl der miteinander in Beziehung stehenden Personen bzw. sozialen Gebilde sowie aus der Häufigkeit und Dauer der Kontakte und aus dem Grad der normativ-moralischen Verbundenheit der Beteiligten. F.H.

Dichte, materielle, bei E. Durkheim Bezeichnung für eine Wirkgröße bzw. Maßgröße in Zusammenhang mit dem inneren Aufbau einer Gesellschaft oder eines gesellschaftlichen Subsystems. Die m. D. ergibt sich aus der Zahl der zugehörigen Personen pro Flächeneinheit sowie aus der Zahl und Leistungsfähigkeit der Nachrichten- und Verkehrsverbindungen. F.H.

Dichte, soziale, *social density,* dieser zentrale Begriff der Großstadtsoziologie bezeichnet das Verhältnis zwischen der Bevölkerung und der von ihr bewohnten Fläche. Nach E. Durkheim, G. Simmel und L. Wirth nehmen mit steigender s.r D. auch soziale Differenzierung, räumliche Trennung, Heterogenität und formale Kontrollen zu. J.F.

Dichtefunktion → Dichte [1]

Dichtetoleranz, Bezeichnung der vergleichenden Verhaltensforschung für die artspezifischen Grenzen, innerhalb derer die Dichte der Bevölkerung einer Art in einem bestimmten Territorium variieren kann, ohne dass es zu individuellen und sozialen Fehlanpassungen kommt. R.Kl.

Dienstbotenklasse, Bezeichnung von A. Gorz (1989) für Beschäftigte in Privathaushalten, wie Kindermädchen, Gärtner und Haushaltshilfen. Die wachsende D. ist charakterisiert durch geringbezahlte und unsichere Arbeitsverhältnisse, die zu verstärkter sozialer Ungleichheit führen. D.Kl.

Dienste, soziale, *social services,* Bezeichnung für solche öffentlichen Sozialleistungen, die nicht vorwiegend in Einkommensübertragungen bestehen, sondern in der Bereitstellung naturaler Leistungen, auch immaterieller Hilfen (z.B. öffentlicher Gesundheitsdienst, Jugendhilfe, Sozialarbeit). S. D. umfassen vor allem Aufgaben der Beratung, Erziehung, Betreuung, Behandlung und Pflege; sie stehen den Betroffenen meist ohne spezifisches Nutzungsentgelt zur Verfügung. J.K.

Dienstehe, auch Dienstheirat, Bezeichnung in der Ethnologie für eine Ehe, die den Ehemann zu Arbeitsleistungen für die Herkunftsfamilie seiner Frau verpflichtet. W.F.H.

Dienstheirat → Dienstehe

Dienstklasse nennt K. Renner (1953) die die Funktionen der Kapitalisten wahrnehmenden Angestellten; sie sind weder Eigentümer des Kapitals noch leisten sie wertbildende Arbeit, vielmehr disponieren sie über geschaffene Werte. Die Angestellten sind in der modernen Gesellschaft von einer Kaste zu einer Klasse geworden, der zwar Autorität zugesprochen wird, die jedoch keine absolute Herrschaft ausübt. O.R.

Dienstleistung, private – öffentliche, überwiegend ist mit D. eine immaterielle, entgeltliche oder unentgeltliche Leistung gemeint, die einen Nutzen stiftet. Eine p. D. wird marktlich erbracht (Transport, bezahlte Hausarbeit, Friseurarbeit, Rechtsberatung). Das Besondere einer ö.n D. bzw. eines politischen Gutes besteht in der meist nicht entgeltlichen Bereitstellung durch den Staat (Verteidigung, Rechtssicherheit, Bildungsmöglichkeiten), wobei bei einer reinen ö.n D. niemand von der Nutzung ausgeschlossen werden oder unterschiedliche qualitative und quantitative Nutzungsrechte erhalten darf. Tatsächlich hängen Art und Umfang ö.r D.en sowie Art und Umfang der Nutzung von durchsetzungsfähigen Interessen ab. D.K.

Dienstleistungen, organisierte, Dienstleistungen, die im Rahmen arbeitsteilig organisierter Instanzen erbracht werden und durch die unmittelbare Interaktion zwischen „Produzenten" und „Konsumenten", z.B. zwischen öffentlicher Verwaltung und Bürger, charakterisiert sind. O. D. sind eine typische Form der öffentlichen Hilfegewährung an benachteiligte, bedürftige oder gefährdete Individuen bzw. Gruppen. J.K.

Dienstwissen, Bezeichnung für die durch den Dienstverkehr erworbenen oder aktenkundigen Tatsachenkenntnisse, z.B. Betriebs- oder Organisationsinterna. In bürokratischen Organisationen kommt das D. meist zum Fachwissen und bedeutet eine Machtsteigerung. Umfangreiches und wichtiges D. sichert seinem Träger wegen seines Informationsvorsprungs eine Machtposition und schützt ihn weitgehend vor Kündigung. F.B.

Diesseitigkeitsreligion, auch: säkulare Religion oder Vernunftreligion, in der älteren Religionssoziologie (M. Weber, J. Wach u.a.) eingeführter Begriff für Weltanschauungen, die sich selbst nicht notwendig immer als Religion bezeichnen, jedoch an der Art, wie sie diesseitige Phänomene (Staat, Klasse, Wissenschaft) verabsolutieren und zum Gegenstand von verehrungsähnlichem Verhalten machen, erkennen lassen, dass ihnen diese Phänomene äquivalent sind für die übermenschlichen Kräfte, die in Transzendenzreligionen das Verehrungsverhalten bestimmen. In der strukturfunktionalistisch orientierten Religionssoziologie werden D.en entsprechend als funktionale Äquivalente für „eigentliche" Religion theoretisch gedeutet. Nach M. Weber ist jedes religiös oder magisch motivierte Handeln „in seinem urwüchsigen Bestande" diesseitig ausgerichtet.   J.Ma.

différance (frz.), ein von J. Derrida 1967/68 geprägter Terminus, der die Differenz zur Differenz (*différence*) orthografisch im System der Schrift festhalten will, wo der Laut zur Kennzeichnung dieses Unterschiedes versagt. (In deutschen Übersetzungen wird diese Differenz teilweise als „Differänz" wiedergegeben.) Man kann die Verwendung des Terminus eher eine strategische Maßnahme der Absetzung nennen, als dass man ihm eine Definition begrifflicher Art zuordnen könnte. Denn mit ihm soll die Erzeugung einer Grunddifferenz angezeigt werden, es soll aber nicht in das identifizierende Bezeichnen eines Anderen als eines Selben zurückgefallen werden. Anders als alle bisherige Metaphysik seit Aristoteles führt das Denken der *d.* nicht auf eine Einheit (einen Grund, einen Ursprung) zurück, sondern will es bei Vielheiten belassen, in denen dann u.a. auch (plural) Einheiten vorkommen können. Gedanklich ist das nur dadurch möglich, dass die Abweichung der *d.* von der *différence* nicht als eine konzipiert ist, sondern als ein vielfältiges, schillerndes und perspektivenreiches Abweichen. Sie ist damit zwar auch eine Form von Ursprung, aber nicht in dem „vollen" Sinne, dass sich aus diesem Ursprung irgendetwas Bestimmtes und Identisches ableiten ließe; die paradoxe Formulierung eines nicht-ursprünglichen Ursprungs ist der *d.* daher angemessen.   K.R.

difference reveal technique (engl.) → Widerspruchsdiskussionstechnik

differentia accidentalis (lat.) → Differenz

differentia numerica (lat.) → Differenz

differentia specifica (lat.) → Differenz

Differenz, Verschiedenheit, Unterschied, das Anderssein von Dingen, die aber etwas gemeinsam haben (Aristoteles). In der Scholastik wird dem folgend die D. spezifiziert in 1. Veränderung an einem Objekt in der Zeit (*differentia accidentalis*), 2. die Verschiedenheit von Exemplaren derselben Art oder Gattung (*differentia numerica*), 3. die Verschiedenheit von Arten derselben Gattung (*differentia specifica*).   O.R.

Differenzial, semantisches → Polaritätsprofil

Differenzialrente → Grundrente [2]

Differenzierung nacheinander → Differenzierung [2]

Differenzierung nebeneinander → Differenzierung [2]

Differenzierung, Entstehung von Unterschieden, ist nach G. Simmel (1890) nicht von einer besonderen Kraft, einer → Evolutionsformel abhängig, sondern nur der „Ausdruck für ein Phä-

nomen, das aus der Wirkung der realen elementaren Kräfte hervorgeht". Die D. sei im Sozialen weniger ein trennendes Prinzip, als vielmehr ein sozialisierendes. Analytisch unterscheidet er D. nebeneinander von D. nacheinander: Unterschiedliche Dinge werden zu einem Zeitpunkt als „nebeneinander" verstanden, wenn sie als Dinge einer Art zugehörig klassifiziert und somit als Ergebnis einer D. verstanden werden; unterschiedliche Dinge werden in der Zeitreihe als zusammengehörig verstanden, wenn sie mittels der Evolutionstheorie H. Spencers als Veränderungen genommen werden, als „D. nacheinander".   O.R.

Differenzierung, funktionale, Gliederung eines sozialen Systems oder Untersystems in strukturell verschiedene Elemente im Hinblick auf die vom System verfolgte(n) Funktion(en). Die Elemente übernehmen verschiedene, einander ergänzende Funktionen, von deren ineinander greifendem Zusammenwirken die Systemverwirklichung abhängig ist. F. D. steigert durch die Vorteile der Spezialisierung das Leistungspotenzial eines Systems, erhöht damit aber zugleich die Kooperations- und Koordinationserfordernisse sowie die Störanfälligkeit des Systems beim Ausfall einzelner differenzierter Funktionen.   B.W.R.

Differenzierung, gesellschaftliche → Differenzierung [1]

Differenzierung, hierarchische, [1] allgemeine Bezeichnung für die ungleiche Verteilung der Entscheidungsbefugnisse in einer Organisation, Gesellschaft usw. auf verschiedene Positionsinhaber.

[2] Allgemeine Bezeichnung für eine Verteilung von Funktionen und Tätigkeitsanforderungen an die Mitglieder einer Organisation, Gesellschaft usw., die gleichzeitig eine ungleiche Verteilung der Entscheidungsbefugnisse ist. W.F.H.

Differenzierung, segmentäre → Differenzierung [1]

Differenzierung, soziale, Prozess der gesellschaftlichen Teilung der Arbeit durch Herausbildung sozialer Rollen, in denen spezifische Fertigkeiten und Leistungen als unterschiedlich verbindliche Handlungserwartungen institutionalisiert werden. S. D. ist ein Teil des Prozesses der sozialen Evolution und seit H. Spencer ein Zentralbegriff der Makrosoziologie.   B.W.R./R.L.

Differenzierung, stratifikatorische, Bezeichnung für das dominante Ordnungsprinzip der vormodernen westlichen Gesellschaft (bis hinein ins 18. Jahrhundert), demzufolge Schichten (durch Interaktion miteinander verbunden, von prinzipiell Gleichrangigen gebildete und gegen andere abgegrenzte Stände o.ä.) hauptsächlich den Binnenaufbau der Gesellschaft regulierten (N. Luhmann 1985). Seither sei dies Ordnungsprinzip zunehmend durch das der → funktionalen Differenzierung ersetzt worden. W.F.H.

Differenzierung, strukturelle, die Gliederung eines Systems in eine Vielzahl gleich- und verschiedenartiger Positionen, die unterschiedliche Leistungen im Hinblick auf die Systemziele verbindlich institutionalisieren. B.W.R.

differenzierungstheoretisch → differenztheoretisch

differenztheoretisch, auch: differenzierungstheoretisch, bezeichnet eine allgemeine soziologische Perspektive, welche die Ungleichartigartigkeit der Bausteine einer modernen Gesellschaft hervorhebt. In den Vordergrund rücken dann die Rollendifferenzierung (z.B. Geschlechterrollen innerhalb von Familien) oder die Unterschiedlichkeit von Teilsystemen (z.B. zwischen Wirtschaft und Politik). Im Kontrast zu den d. Ansätzen stehen die macht- und konflikttheoretischen. R.L.

Differenztheorien, [1] Sammelbezeichnung für soziologische Theorien, die weder eine gründende Identität als Fundament voraussetzen (wie z.B. identische Subjekte, Letztbegründungen, soziale Gesetze und Teleologien), noch die Differentialität des Sozialen in einer Synthese (Dialektik) oder umfassenden Einheit (Mengenlehre) auflösen. Das Soziale ist wegen dieser fehlenden Fundierung für D. durch eine permanente Unruhe charakterisiert, die sich durch die unabschließbare Arbeit an und mit der Differenz ergeben. Für dekonstruktive Sozialtheorien bleibt die Differenz des Sozialen nicht nur instabil, sondern diese wird durch ihre Wiederholung (→ Iteration) „kontaminiert". Diese „Unreinheit" von Differenzen wird auch als Scheitern von Differenzen bezeichnet. Zu teils differenztheoretisch argumentierenden soziologischen Theoretikern gehören z.B. G. Simmel, G. Tarde, G. Bateson, N. Luhmann, M. Foucault. U.St. [2] Im Feminismus gehen klassische D. von einer grundlegenden und stabilen Unterschiedlichkeit von Frauen und Männern aus (→ Gynozentrismus). Der dekonstruktive Feminismus (J. Butler) schließt dagegen an [1] an. D.V.

Diffusheit → Spezifität – Diffusheit

Diffusion bezeichnet die Verbreitung und Annahme von Neuerungen und Informationen in einem sozialen System oder Subsystem. Für den D.sprozess in den modernen Industriegesellschaften sind die in den Massenmedien gegebenen Strukturen und Kanäle wichtig. E.W.

Diffusion, kulturelle, [1] die Verbreitung von einzelnen Kulturelementen zwischen Kulturen durch Übernahme (sekundäre k. D.) und Wan-

derung (primäre k. D.). Manche Ethnologen gehen davon aus, dass dies die vorherrschende Form des Kulturwandels ist und dass eine voneinander unabhängige Entwicklung gleicher oder ähnlicher Kulturelemente in verschiedenen Gesellschaften unwahrscheinlich ist. [2] Auch Kulturdiffusion, die Verbreitung von einzelnen Kulturelementen innerhalb einer Kultur. W.F.H.

Diffusion, primäre kulturelle → Diffusion, kulturelle [1]

Diffusion, sekundäre kulturelle → Diffusion, kulturelle [1]

Diffusionismus, ältere Richtung der Ethnologie, die das Auftreten einzelner, insbesondere materieller Kulturelemente bei verschiedenen Völkern durch Verbreitung erklären wollte, und die ihre gleichzeitige Erfindung bei verschiedenen Völkern ausschloss. Der (ethnologische) Funktionalismus hat diesem Ansatz mit dem Argument widersprochen, dass die Übernahme eines Kulturelementes nicht bedeute, dass es dabei seinen Sinn bewahrt oder in der übernehmenden Kultur den gleichen Zweck wie zuvor erfüllt. W.F.H.

Diffusionskanal, das Medium der Verbreitung oder Übermittlung von kulturellen Elementen, Erfindungen oder Informationen. W.F.H.

digital → analog – digital

Digital-Rechner, Rechensystem, das zur Abbildung der Rechengrößen diskrete physikalische Zustände verwendet (z.B. „elektrische Spannung liegt vor" – „liegt nicht vor"), durch das Ziffernsystem dargestellt werden kann. H.W.

Digraph, *directed graph,* gerichteter Graph → Graphentheorie

Diktatur des Proletariats, in der marxistischen Theorie die durch die sozialistische Revolution erreichte Herrschaft der arbeitenden Klasse in der Übergangsgesellschaft. Im Sinne des Proletariats wird die besiegte Bourgeoisie an der Wiederherstellung kapitalistischer Produktionsverhältnisse gehindert, die revolutionäre Gesellschaft gegen Angriffe von außen gesichert und die Durchsetzung der sozialistischen Vergesellschaftungsformen gefördert. Die politischen Mittel sind dabei vielfältig: Führungsrolle der Arbeiterpartei, Massenkampagnen, Erziehungsarbeit im Betrieb, Entwicklung neuer Formen der Willensbildung und der Entscheidungskontrolle. Die D. d. P. entfällt, wenn die Aufgaben der Übergangsgesellschaft gelöst sind. C.Rü./O.R.

Diktatur, die unbeschränkte Herrschaft eines einzelnen, einer Gruppe, eines Verbandes, einer Partei oder einer Klasse in einem Staat. Im Einzelnen gibt es sehr unterschiedliche Formen im Hinblick auf die Legitimität (keine bei Gewaltherrschaft, plebiszitäre oder pseudo-plebiszitäre bei „Führerregimes" usw.), im Hinblick auf die Ordnungsziele (Restauration einer früheren Ordnung oder Herstellung einer geplanten), im Hinblick auf die Machtbasis (Militärdiktatur, Parteidiktatur usw.).   W.F.H.

Diktatur, totalitäre → Totalitarismus

Dilemma, eine Situation beim Entscheiden, bei der die Wahl einer jeden der sich anbietenden Alternativen verlangt, eines der verfolgten Ziele zu Gunsten eines anderen zu vernachlässigen. Nach P.M. Blau sind D.ta eine ständige Quelle für Konflikt und Wandel in Organisationen.
                    R.L.

Dilemma-Interview, Interviewform, die – theoretisch in der Nachfolge von J. Piaget und L. Kohlberg – die Befragten mit Darstellungen von → moralischen Dilemmata konfrontiert. W.F.H.

Dilemma, moralisches, in der kognitiven Psychologie Bezeichnung für ein methodisches Konzept, mit dem das moralische Urteilsniveau (im Sinne des Stufenmodells moralischen Bewusstseins nach L. Kohlberg) erforscht werden kann: Die Testpersonen werden mit kurzen typisierten Geschichten konfrontiert, die ein m. D. enthalten, und um Stellungnahme und um Begründungen für diese Stellungnahme gebeten.
                    W.F.H.

Dilemmasituationen, strategische Situationen im Rahmen der Spieltheorie, bei der sich zwei Akteure zwischen nicht-kooperativen Strategien und Kooperation entscheiden müssen. Die bekannteste Dilemmasituation ist das sog. Häftlingsdilemma (→ Häftlingsdilemmaspiel). W.P.

Dimension, Abmessung, Ausdehnungsrichtung, Merkmalsbereich, an metrischen Räumen orientierte Strukturvorstellung von sozialen Verhältnissen und Phänomenen. In der empirischen Sozialforschung werden die Merkmale eines Objekts häufig als nach den D.en eines „Merkmalsraumes" oder → Eigenschaftsraumes geordnet gedacht, die empirisch als statistische Zusammenhänge zwischen den Merkmalen erscheinen.
                    H.W.

Dimensionsanalyse → Analyse, dimensionale

Dingcharakter → *chose sociale*

dionysisch → Kultur, dionysische

Direktinvestition, Kapitalanlagen im Ausland, die im Unterschied zu Krediten direktes Eigentum an Produktionsanlagen, Geschäftshäusern etc. begründen, z.B. als Kapitalbeteiligung oder Niederlassung.   H.W.

Dirigismus, Bezeichnung für eine Form der staatlichen Wirtschaftslenkung durch Steuerpolitik, Infrastrukturpolitik usw., die das Privatei-

gentum an den Produktionsmitteln und die Marktwirtschaft weitgehend beibehält.   J.Mo.

disaster syndrome (engl.), in der älteren Katastrophensoziologie (A.F.C. Wallace 1956) Bezeichnung für die Annahme, dass die von einer Katastrophe betroffenen Menschen verwirrt und sozial regellos handelten. Dieser Annahme hat die neuere Forschung widersprochen: Die Menschen handelten zwar zeitweise aufgeregt, aber durchaus relativ realitätsangemessen.   W.F.H.

disbelief (engl.) → *belief – disbelief*

discoveries, multiple (engl.), *simultaneous discoveries* → Mehrfachentdeckungen

discovery, context of (engl.) → Entdeckungszusammenhang – Rechtfertigungszusammenhang

discrimination, positive (engl.) → Aktion, affirmative

discrimination, reverse (engl.) → Aktion, affirmative

disembedding (engl.) → Einbettung – Entbettung

Disengagement-Theorie, Erklärung der Prozesse der sozialen Alterung eines Menschen, des Verlustes von Rollen und der zunehmenden Ausgrenzung im Wesentlichen durch den altersbedingten Verfall physischer und psychischer Fähigkeiten (E. Cumming u. W.E. Henry 1961).
                    H.W.

Disfunktion → Dysfunktion

Disinhibition → Enthemmung

Disintegration → Desintegration

diskret, Eigenschaft von → Variablen oder → Wahrscheinlichkeitsverteilungen

Diskriminanzanalyse, statistische Modelle für die Zuordnung von untersuchten Objekten zu Klassen oder Kollektiven von Objekten aufgrund einer Reihe beobachteter Merkmale. Anhand einer Diskriminanz- oder Trennfunktion wird entschieden, ob ein Objekt eher dem einen oder einem anderen Kollektiv zuzuordnen ist. Die D. kann zur Beurteilung der Übereinstimmung oder Unterschiedlichkeit von Stichproben dienen. Das Modell der D. geht auf R.H. Fisher zurück.   H.W.

Diskrimination, [1] Reizdiskrimination, kognitive [2] auch Reizdifferenzierung, Bezeichnung für Leistungen des Unterscheidens oder Auseinanderhaltens von Signalen oder Reizen: eine bestimmte Reaktion wird nur dann gezeigt, wenn ein bestimmter Reiz (ein sog. diskrimierender Reiz) vorliegt.

[2] D. im Sinne von → Diskriminierung R.Kl.

Diskriminationslernen, Diskriminationstraining, Bezeichnung für das Lernen von Diskriminationsleistungen (→ Diskrimination [1]): eine bestimmte Reaktion wird nur dann verstärkt, wenn ein ganz bestimmter Reiz (der sog. diskriminierende Reiz) vorliegt, nicht aber, wenn die-

D

ser Reiz nicht vorliegt bzw. wenn ein anderer Reiz vorliegt. Beispiel: wenn ein Kind auf ein Objekt zeigt und „Hund" sagt, wird es für diese Reaktion nur dann belohnt, wenn jenes Objekt (der diskriminierende Reiz) ein Hund ist, nicht aber, wenn es sich um eine Katze oder um einen Stuhl handelt. Auf diese Weise lernt das Kind, zwischen Stühlen und anderen Gegenständen zu unterscheiden (zu „diskriminieren").   R.Kl.

Diskriminationstechnik → Skalendiskriminationstechnik

Diskriminierung, soziale Diskrimination, Bezeichnung für Einstellungen oder Verhaltensweisen, durch die andere Menschen oder Gruppen verächtlich gemacht oder benachteiligt – „diskriminiert" werden. Mit ökonomischer und sozio-ökonomischer D. ist die objektiv feststellbare und messbare Benachteiligung von Personengesamtheiten nach verschiedenen Merkmalen (Rasse, Geschlecht, Alter, soziale Herkunft, Region) gemeint.   R.Kl./D.K.

Diskurs der Moderne → Moderne [2]

Diskurs, [1] allgemein das sukzessive, logische Fortschreiten von einem bestimmten Argument zu einem anderen durch begriffliches („diskursives") Denken (im Gegensatz zum „intuitiven Denken").   H.G.
[2] In der Verwendung bei J. Habermas die argumentative, dialogisch konzipierte und methodisch reflektierte Form des über die „vernünftige Rede" vermittelten begrifflichen Denkens. Die Verfahrensnormen des konsensuellen Handelns sind weder für Herrschaft disponibel noch auf Dauer durch strategisches Handeln revidierbar, da die Idee der vernünftigen Rede in den Grundstrukturen des sprachlichen Handelns angelegt ist.
[3] Bei M. Foucault spezifisch geregelte Verknüpfungen oder Formationen von „Aussagen" (*énoncé*). Darunter versteht Foucault weder die Proposition (die deskriptive Aussage) noch den grammatikalischen Satz oder den Sprechakt. Demgegenüber sollen die „Aussagen" die völlig individualisierte, kontingente und reine Materialität des zu einer bestimmten Zeit und an einem bestimmten Ort wirklich Gesagten bezeichnen.   K.K.

Diskurs, herrschaftsfreier, bei J. Habermas Bezeichnung für einen → Diskurs [2], bei dem die formalen Eigenschaften der → idealen Sprechsituation erfüllt sind, sodass „eine schrittweise Radikalisierung, d.h. Selbstreflexion des erkennenden Subjekts" möglich wird. Nur in einem h.n D. kann es zu einer „echten" Einigung über auf der Ebene des → kommunikativen Handelns problematisch gewordene Geltungsan-

sprüche von Normen und Argumenten kommen.   H.G.

Diskurs, performativer, bezeichnet in der Sozialtheorie P. Bourdieus den Akt der öffentlichen Benennung einer neuen Vorstellung und einer neuen Gliederung der sozialen Welt, der nicht nur Akzeptanz, sondern auch allgemeine Anerkennung bewirkt und sich damit durchsetzt: Das Gesagte wird durch den Akt des Sagens herbeigeführt. Der p.e D. schafft durch eine ‚Aussage' Subjekte und Objekte der sozialen Welt, grenzt andere ‚Wahrheiten' aus, sanktioniert abweichendes Verhalten negativ und erzwingt Konformität.   K.K.

Diskursanalyse. Ist der Begriff des Diskurses in der Sozialphilosophie des 20. Jahrhunderts kein eindeutiger Begriff, je nach dem ob er im Kontext der Theorie des kommunikativen Handelns (J. Habermas) diejenige Instanz meint, durch die Geltungsansprüche einer kritischen Prüfung unterzogen werden, oder ob er im Rahmen des französischen (Post-)Strukturalismus angesiedelt ist, so ist der Begriff einer D. allein auf letzteren Kontext bezogen. Diskurse sind danach diejenigen durch eine Verschränkung von Wissen und Praxis gekennzeichneten Bedingungen für textuelles und anderes Handeln, die nach M. Foucault folgende Eigenschaften haben: er schließt aus (bestimmte Redesubjekte und bestimmte Redegegenstände); er organisiert die jeweilige Vernunft (und den von ihr definierten jeweiligen Wahnsinn) und den Willen zur Wahrheit; und er vollzieht diese Funktionen durch bestimmte, historisch wandelbare und daher historiografisch zu beschreibende Verfahren, durch die die Diskurse einer Disziplin unterliegen, z.B. das Prinzip der textuellen Anschlusses („Kommentar"), das Prinzip der Autorzentrierung des Textes und das Prinzip der notwendigen Qualifikation zur Textpartizipation. Anders gesagt: Texte schließen auf bestimmte und durch den Diskurs geregelte Weise an andere Texte an; Texte organisieren sich so, als spreche sich in ihnen ein Subjekt aus; und Diskurse formulieren Bedingungen der Zulassung, z.B. Prüfungen der Qualifikation. D.n im Sinne Foucaults, die sich in detaillierten historisch-genealogischen Studien ausformen, wollen den z.B. im wissenschaftlichen Diskurs als selbstverständlich vorausgesetzten Willen zur Wahrheit thematisieren und d.h. in Frage stellen können, sie wollen ferner die „Sprünge" im vermeintlichen Kontinuum des Diskurses herausstellen, und sie wollen schließlich die Annahme der Souveränität des erkennenden Subjekts praktisch zerstören. K.R.

Diskurskontrolle bezeichnet bei M. Foucault die Art und Weise, Diskurse zu kanalisieren und zu verknappen. Foucault unterscheidet unterschiedliche äußerliche Praktiken der D.: das Verbot (Tabuisierung von Themen, Ritualisierung von Situationen), die Grenzziehung und Verwerfung (Vernunft vs. Wahnsinn) und die Entgegensetzung von Wahrem und Falschem. Hiervon ist die innere Selbstkontrolle der Diskurse zu unterscheiden: das Prinzip des Kommentars (unendliche Wiederholung kanonisierter Diskurse), des Autors (Unterwerfung des Diskurses unter Identität eines Schöpfersubjekts) und der Disziplin (Einschränkung durch Einordnung in begrenzte Horizonte von Regel- und Definitionssystemen).   K.K.

Dislozierung, bei A. Giddens Bezeichnung für den die Moderne kennzeichnenden Vorgang, dass der Ort (im Sinne des Vertrauten und Lokalen) seine Eigenbedeutung verliert und von u.U. weit entfernt liegenden Bedingungen bestimmt wird. Z.B. ist der Supermarkt um die Ecke Teil einer Kette, die bis in die USA reicht.   W.F.H.

disorder, physical – social → *incivilities, physical – social*

Disorganisation → Desintegration [1]

Disparität der gesellschaftlichen Lebensbereiche → Disparitätsthese

Disparitäten, horizontale → Disparitätsthese

Disparitätsthese, auch: These der horizontalen Disparität von Lebensbereichen, ein der „Frankfurter Schule" verpflichteter Theorieansatz: In der spätkapitalistischen Gesellschaft lässt sich Ungleichheit nicht mehr allein aus Einkommen, Status und Eigentum an Produktionsmitteln (also durch eine Klassentheorie) erklären; der Staat ist nicht länger ideeller Gesamtkapitalist, sondern ist als politisches Zentrum zu einem Instrument der Krisenbewältigung geworden, das dem Einfluss aller Machtgruppen unterliegt und dabei der Stabilität des Gesamtsystems dient. Über die Ungleichheit durch Klassenlage hat sich die Disparität der gesellschaftlichen Lebensbereiche geschoben: Interessen, die sich in den den Staat beeinflussenden Machtgruppen organisiert haben, werden mit höherer Chance erfüllt als andere. So ist der Widerspruch zwischen dem Entwicklungsstand etwa des Militärwesens auf der einen und dem Bildungs-, Verkehrs- und Gesundheitswesen auf der anderen Seite zu erklären. Die Lebenschancen der Einzelnen sind nicht mehr allein bestimmt durch ihre Klassenlage, sondern auch durch die politisch gesetzten Prioritäten der politisch regulierten Erfüllung bestimmter Interessen.   W.F.H.

Dispersion → Streuung

Disponibilität, [1] vielseitige Einsetzbarkeit der Arbeitskräfte in der modernen Industrie. In dieser formalen Fassung bedeutet D. sowohl vielseitige Einsetzbarkeit aufgrund geringer Anforderungen der Arbeitsplatzstruktur an eine geringe Qualifikation der Arbeitskräfte wie vielseitige Einsetzbarkeit aufgrund hoher Anforderungen an eine hohe Qualifikation.
[2] Nach marxistischer Bildungstheorie vermittelt die → polytechnische Bildung in breiter Grundlagenbildung die Voraussetzungen für eine hohe, aktive D. der Arbeitenden im Sozialismus, indem sie zur Veränderung der Arbeitsplatzanforderungen befähigt werden.   W.F.H.

Disponibilität, aktive → Disponibilität [2]

Disposition, die organisierte Gesamtheit der Tendenzen eines Individuums, in bestimmter Weise auf einzelne Reizgegebenheiten zu reagieren.   H.W.K.

Disposition, scholastische, bezeichnet bei P. Bourdieu (2001) eine Grundhaltung des Denkens und der Weltauffassung insgesamt, die sich, entlastet von den Nöten, dem Zeit- und Handlungsdruck der sozialen Praxis, gewissermaßen spielerisch der Lösung von grundlegenden Problemen zuwenden kann. Geschichtlich und sozialstrukturell beruhe dieses „reine Denken" auf einer Lebenssituation (in der Antike zunächst der Philosophen, heute aller, die die Oberschule bzw. die Universität besuchen), die handlungsentlastet ist. Werde diese Grundbedingung wissenschaftlicher Tätigkeit nicht reflektiert, könnte dies nach Bourdieu nachteilige Folgen haben, z.B. könnte die soziale Praxis mittels der s.D. als bloßes Schauspiel gesehen werden, das aus der Ferne erschließbar sei. → Epistemozentrismus, scholastischer   W.F.H.

Dispositionsbegriffe bezeichnen Eigenschaften von Dingen oder Personen, die nur aufgrund von Reaktionen auf Stimuli (in der Soziologie z.B. Interviewfragen) festgestellt werden können. Zur Vermeidung von logischen Schwierigkeiten bei der Definition derartiger, nicht direkt beobachtbarer Eigenschaften führt R. Carnap die Definition von D.n durch Reduktionssätze ein: eine Eigenschaft E liegt dann und nur dann vor, wenn bei Stimulus S die Reaktion R auftritt. Wenn sich R in Interview oder Experiment zeigt, wird durch Reduktion auf das Vorhandensein von E geschlossen.   H.D.R.

Dispositiv, von frz. *dispositif,* bezeichnet urspr. die Zurüstungen für eine strategische Operation insb. medizinischer oder militärischer Art. M. Foucault verwendet das Wort zunächst als Machtd., später in umfassendem Sinne. D. ist danach ein Netzwerk heterogener Elemente (aus Gedanken, Gesprächen, Gesetzen, Einrichtungen, Wissenschaften), die in ihrem wechselhaften Zusammenspiel auf gesellschaftliche Erfordernisse antworten. Gegenüber der → Episteme stellt D. eine Verallgemeinerung dar. Ein Hauptbeispiel ist die Sexualität. Seit dem 18. Jh. gilt ihr ein beständiges Augenmerk der Kontrollinstanzen und der Wissenschaften. Diese Diskursivierung bringt die moderne Sexualität als ein Konstrukt von Gedanken und Praktiken strategisch zugerichtet hervor – als ein umfassendes D. R.L.

Dissimilaritätsindex → Segregationsindizes

Dissonanz, kognitive, sozialpsychologische Bezeichnung dafür, dass zwischen gedanklichen Elementen eine Beziehung des Widerspruchs vorliegt. Zwei kognitive Elemente „befinden sich in einer dissonanten Beziehung, wenn [...] aus dem einen Element das Gegenteil des anderen folgen würde" (L. Festinger 1957); anderenfalls liegt kognitive Konsonanz vor. Festinger unterscheidet insbesondere die folgenden Situationen, in denen k.D. auftritt: logische Inkonsistenz zwischen Überzeugungen, Widerspruch des eigenen Verhaltens zu bestimmten kulturellen Normen und Einstellungen, Inkonsistenz zwischen einer Kognition und einer allgemeineren, umfassenderen Kognition, Widerspruch zwischen einer früheren und einer neuen Erfahrung. Als der theoretisch bedeutsamste Fall von k.D. erscheint in der Literatur der Widerspruch zwischen den Einstellungen und dem tatsächlichen Verhalten eines Individuums („einstellungsdiskrepantes Verhalten"). → Dissonanzreduktion R.Kl.

Dissonanzreduktion, Bezeichnung für die Beseitigung oder wenigstens Verminderung → kognitiver Dissonanz durch Veränderung der kognitiven Elemente, die die Dissonanz hervorrufen. L. Festinger (1957) nennt als Möglichkeiten die Veränderung der Kognitionen über das eigene Verhalten, die Veränderung von Kognitionen über die Realität und die Aufnahme neuer Kognitionen. So könnte ein Raucher, der von der krebsfördernden Wirkung des Rauchens erfährt, das Rauchen einstellen oder sich einreden, die von ihm bevorzugte Zigarettenmarke sei nicht gesundheitsschädlich, oder sich weiteres Informationsmaterial beschaffen, in dem der kausale Zusammenhang zwischen dem Rauchen und Lungenkrebs bestritten wird. R.Kl.

Dissozialisation, Bezeichnung für Prozesse, durch die verhindert wird, dass jemand diejenigen Verhaltensweisen erlernt, die seine volle Teilhabe an den gesellschaftlichen Gütern ermöglichen würden. In ihrer äußersten Form führt D. zur Ausgliederung aus dem sozialen Leben (z.B. Einweisung in eine Heilanstalt). R.L.

Dissoziationsstrategie → Entwicklung, autozentrierte

Distanz, soziale, sozialer Abstand, [1] bezeichnet bei G. Simmel ein erkenntnistheoretisches und soziologisches Konzept. Erkenntnistheoretisch betrachten verschiedene Wissenschaften den gleichen Gegenstand aus unterschiedlicher D., wobei jede Perspektive ihr Recht haben kann. Als soziologisches Konzept bezeichnet s. D. ein Verhältnis zwischen Personen oder sozialen Gruppen. Die sozialen Formen, d.h. die Wechselwirkungen zwischen den Individuen, überbrücken (im Konflikt) oder vergrößern (beim Geheimnis) die s. D. zwischen ihnen. S. D. hat räumlichen wie symbolischen Charakter.
[2] R.E. Park und E.S. Bogardus verstehen s. D. als psychische Kontakthindernisse und als Maß, wie stark sich zwei Personen oder Gruppen tatsächlich oder aufgrund von Vorurteilen zu unterscheiden glauben. Bogardus entwickelte eine s. D.-Skala (→ Bogardus-Skala) zur Messung von Sympathiebeziehungen.
[3] P.A. Sorokin versteht unter s.r D. einen objektiv-soziologischen Ansatz zur Bestimmung des Unterschiedes zwischen Positionen, die Personen durch ihre Gruppenmitgliedschaft einnehmen. Je größer die Ähnlichkeit der Positionen in einer Gruppe, desto geringer die s. D. zwischen ihnen. Je unterschiedlicher die Positionen in einer Gruppe, desto größer ist die s. D. zwischen ihnen.
[4] E. Goffman definiert s. D. als die Grenze einer die Person umgebenden Sphäre, bis zu der andere sich ihr körperlich nähern dürfen. H.J.D.

Distanz-Cluster-Analyse, *distance-cluster analysis,* Modell von C.E. Osgood und anderen zur Ordnung von Begriffen in einem semantischen Raum. Die Begriffe werden zu Gruppen ähnlicher Begriffe (*Cluster*) nach einem speziellen Distanzmaß zusammengefasst, das aus der Bewertung der Begriffe auf einem semantischen Differenzial gebildet wird. H.W.

Distanzierung, auch: Lebensdistanzierung, bezeichnet bei K. Mannheim (1930) eine Lockerung der Verbindlichkeit, mit der die Verfassung der sozialen Welt für die Individuen Gültigkeit hat. Die Dinge, Institutionen, Regeln usw. werden zum Objekt des Nachdenkens gemacht, die Welt ist nicht mehr *die* Welt. Geschichtlich ist D. mit der Reformation verknüpft, in der das mittelalterliche stabile Weltbild relativiert wurde. D. gilt Mannheim als die Voraussetzung für die Soziologie. W.F.H.

Distanzmaße, Ähnlichkeitsmaße, Klasse von Maßen, die auf der Basis der Messung der „Ähnlichkeit" von Objekten ihre Abstände in einem metrischen Raum angeben. Hierdurch wird die → Datenmatrix in eine Matrix der paarweisen Distanzen zwischen den Untersuchungseinheiten überführt, die weiteren analytischen Zwecken (*Cluster*-Analyse, *smallest space analysis*) dient, die i.d.R. zu einer Reduktion der zur Beschreibung der Objekte benötigten Informationen führt. Die Distanz oder Ähnlichkeit zweier Untersuchungseinheiten wird aus dem Vergleich ihrer Merkmalsprofile (→ Profilanalyse) gewonnen. **H.W.**

Distanzrating, Einschätzung der Ähnlichkeit von Objekten durch Untersuchungspersonen. Dazu werden die Objekte paarweise beurteilt. Zur Einschätzung werden meist ganze Zahlen benutzt. Das D. kann dazu dienen, die Anzahl der Dimensionen abzuschätzen, mit deren Hilfe die Befragten die vorgelegten Objekte ordnen. Es liegen verschiedene Verfahren vor, die Objekte mithilfe der Distanzen in euklidischen oder nicht-euklidischen Räumen anzuordnen. Dabei wird darauf geachtet, die Zahl der Dimensionen möglichst klein zu halten, ohne die Distanzverhältnisse allzu sehr zu verzerren. **H.W.**

Distinktion, [1] allgemein eine vornehme Haltung, durch die man sich von anderen und insbesondere von der „Masse" unterscheiden will (W.G. Sumner 1906). **W.F.H.**
[2] Bezeichnet nach P. Bourdieu die – habituell vermittelte – kulturelle Abgrenzung zwischen sozialen Gruppen. D.en lassen sich für das Bildungsverhalten, die Aneignung von Kunst, den Stoff des Lesens usw. nachweisen. Durch D.en versucht eine Klasse, dem eigenen Lebensstil in auffälliger Abhebung vom Massengeschmack den Anstrich des Höherwertigen zu verleihen. Die daraus hervorgehenden unterschiedlichen Lebensstile, Verhaltensweisen und Denkmuster reproduzieren die ungleichen Gliederungsprinzipien der Gesellschaftsstruktur. **K.K./R.L.**

Distinktionsprofit, in der Sozialtheorie P. Bourdieus grundlegender Begriff für das Verständnis der Alltagskultur herrschender Klassen. D. bezeichnet alle erfolgreichen Versuche, dem eigenen Lebensstil durch demonstrative Abgrenzung gegenüber dem „Massengeschmack" die Aura legitimer Höherwertigkeit zu verleihen. Der D. ist die kulturelle Verkörperung eines positionsabhängigen Nutzenkalküls. **K.K.**

distribution (engl.) → Verteilung

Distributionsverhältnisse, Verteilungsverhältnisse, bezeichnen die in einer bestimmten Gesellschaft gegebene Verteilung der Produktionsmittel auf die Gesellschaftsglieder Mit der Verteilung der Produktionsmittel ist auch die Verteilung des Produktionsresultats gegeben. Im Kapitalismus sind alle Waren in erster Instanz Eigentum der Produktionsmittelbesitzer. **R.Ka.**

Disziplin [1] bezeichnet sowohl das folgsame äußerliche Verhalten als auch die innere Einstellung von Individuen in Organisationen, die auf dem Prinzip von Befehl und Gehorsam beruhen, sowie in Massensituationen. Die freiwillige Zustimmung zur Unterordnung ist als sog. Sekundärtugend Charaktermerkmal der autoritären Persönlichkeit. **M.S.**
[2] svw. Einzelwissenschaft

Disziplin, bürokratische → Disziplin, organisierte

Disziplin, organisierte, bürokratische Disziplin, die prompte, automatische Ausführung der von einem Vorgesetzten im Rahmen seiner Amtskompetenzen erteilten Befehle und die beständige „innere" Ausführungsbereitschaft. Dieser eingeübte Gehorsam sichert das verlässliche Funktionieren der Verwaltung im Sinne der Leitung (M. Weber). **W.Sl.**

Disziplinargesellschaft, bei M. Foucault Bezeichnung für diejenige Gesellschaftsform, die wesentlich durch → Disziplinarmacht geordnet wird. Zentrale Merkmale sind analog strukturierte, aber (streng) getrennte Institutionen, die das Individuum durchläuft und die es normalisieren (Familie, Schule, Fabrik, Gefängnis, Psychiatrie). Die D. entsteht aus der Ablösung der souveränen Macht des Fürsten im 18. und 19. Jahrhundert. G. Deleuze (1990) sieht die D. als historische Phase vor der → Kontrollgesellschaft. **B.M.**

Disziplinarmacht, bei M. Foucault (1975) zusammenfassende Bezeichnung für Techniken der Kontrolle, der Überwachung und des Zwangs, die das Verhalten der Individuen bis in die kleinsten Details verfolgen und regeln. Die D. ist eine → produktive Macht, die am Körper der Individuen ansetzt, diese im Raum verteilt und in der Zeit anordnet. Die Kräfte der Individuen sollen ökonomisch nutzbar und gleichzeitig politisch fügsam gemacht werden. D. ordnet die Individuen sichtbar und analysierbar an (→ Panoptikum) und erscheint dabei als unsichtbare (normierende) Kraft, die von den Individuen als Seele bzw. Gewissen internalisiert wird. Besondere Bedeutung haben disziplinierende Institutionen, sog. Einschließungsmilieus, wie Gefängnis, Schule, Fabrik, Kaserne. **B.M.**

Disziplinierungstechnik, Bezeichnung der Sozialisationsforschung für die Maßnahmen der Erzieher, die das Kind zum Verzicht auf die (direkte und unmittelbare) Erfüllung von wichtigen Bedürfnissen zwingen und es so an die Verhaltensnormen der Erwachsenen anpassen. **W.F.H.**

Divergenztheorem, Annahme der Gruppensoziologie und Sozialpsychologie, dass (Klein-) Gruppen immer zwei Führungsrollen (formell oder informell) besetzen: die Rolle dessen, der bei den Gruppenmitgliedern die meiste Sympathie findet, und die Rolle dessen, der in der Lö-

sung von Problemen der Gruppe am tüchtigsten ist. → Führer, expressiver – instrumentaler
W.F.H.

Diversion, in der Kriminalsoziologie die Vergrößerung des Arsenals zur Verfügung stehender Sanktionen und die Verlagerung der Kontrolle auf außergerichtliche Instanzen. Neben die Strafen in Form von Geldzahlung oder Freiheitsentzug treten dabei beispielsweise Führungsaufsicht, Arbeitsauflagen, therapeutische Behandlungen, ambulante Betreuung, Erziehungs- und Trainingskurse sowie andere Weisungen. D. will institutionelle Sanktionen vermindern und tut dies möglicherweise um den Preis vermehrter Kontrolle.
R.L.

Divination, religionswissenschaftlicher Sammelbegriff zur Bezeichnung von allen religiösen Deutungsversuchen, die eine Klärung der nahen oder fernen Zukunft bzw. Lüftung von Geheimnissen der Vergangenheit vornehmen. D.spraktiken sind z.B. Los, Traum, Orakel und Prophetie. Soziologisch wird die Funktion der D. in der Transformation von Unvertrautem in Vertrautes gesehen.
V.Kr.

division du travail (frz.) → Arbeitsteilung
division du travail social (frz.) → Arbeitsteilung [1]
division of labor (engl.) → Arbeitsteilung
Dogmatismus, [1] im philosophischen Sinne die Aufstellung metaphysischer Lehren und Systeme ohne vorausgehende Erkenntniskritik, insbesondere die Verwendung von Begriffen, die jenseits von Erfahrung und Erkenntnis liegen. D. ist ein „Verfahren der reinen Vernunft ohne vorangehende Kritik ihres eigene Vermögens" (I. Kant).
O.R.

[2] *closed-mindedness,* in der Sozialpsychologie Bezeichnung für eine Einstellung, die gekennzeichnet ist durch eine starke Tendenz, Überzeugungen, die den gewohnten eigenen Auffassungen widersprechen, zurückzuweisen, durch eine geringe Fähigkeit, verschiedenartige Informationen miteinander in Beziehung zu setzen, sowie durch die Tatsache, dass Wahrnehmungen, Vorstellungen und Urteile, die positiv bewertete Objekte betreffen, wesentlich genauer und komplexer ausfallen als solche, die negativ bewertete Objekte betreffen. Wegen der Tendenz, sich gegen neuartige Überzeugungen zu „verschließen", wird eine von hohem D. gekennzeichnete Persönlichkeit auch als *closed mind* bezeichnet, eine Person mit niedrigem D. dagegen als *open mind* (M. Rokeach 1960). Es wird angenommen, dass die Auffassungen eines Menschen umso mehr von → Wunschdenken und Autoritätsgläubigkeit geprägt werden, je höher sein D. ist.
R.Kl.

doing gender (engl.), svw. Geschlecht machen, bezeichnet die Handlungen, mit denen jemand die eigene Geschlechtszugehörigkeit vorführt. Mit *d.g.* wird darauf aufmerksam gemacht, dass es nicht genügt, die primären (meist ja unsichtbaren) Geschlechtsmerkmale zu besitzen, um als Frau, als Mann (oder auch etwas Drittes) auftreten zu können. Der von C. West/D.H. Zimmerman bereits 1977 benutzte Begriff hat große Verbreitung erlangt. Er macht aus der scheinbar biologisch einfach gegebenen Eigenschaft eine soziologische Handlungskategorie. Seitdem wird Geschlecht auch als eine komplexe Handlungsroutine betrachtet, eingebettet die in die Interaktionen des Alltags.
R.L.

Dokument → Interpretation, dokumentarische
Dokument, persönliches, *personal document, human document,* ältere Bezeichnung in Psychologie, Soziologie und Ethnologie für Datenformen, die über Lebensgeschichte und Lebenserfahrungen eines einzelnen Auskunft geben, also Tagebuch, Autobiografie, Briefe, Protokolle aus biografischen Interviews, Protokolle und Beobachtungen über einzelne Menschen, unter Umständen auch einschlägige Akten. Heute ist teilweise „biografisches Material" o.ä. im Gebrauch, teilweise wird der Datenbereich nicht als gemeinsamer behandelt (vgl. die relative Selbstständigkeit der Forschungen über Autobiografien oder die Konzentration der Biografieforschung auf biografische Interviews).
W.F.H.

Dokumentenanalyse, Auswertung von Dokumenten (diplomatische Schriftstücke, politische Stellungnahmen usw., aber auch allgemein Datenträger aller Art) durch Auslegung oder formale Methoden der Inhaltsanalyse.
H.D.R.

domaine (frz.) → Grundherrschaft
domestic mode of production (engl.) → häusliche Produktionsweise
domestication of women (engl.), „Verhäuslichung" der Frauen, auch „Hausfrauisierung", Begriff der feministischen Theoriebildung (B. Rogers, M. Mies u.a.), Bezeichnung für die Verwandlung der produktiven Tätigkeiten von Frauen in unentlohnte Hausarbeit. für die Beschränkung von Frauen vornehmlich auf häusliche Arbeiten in bestimmten Phasen der industriell-kapitalistischen Entwicklung. Hausarbeit und Hausfrauenrolle bilden in dieser Sicht moderne Arbeits- und Produktionsverhältnisse.
H.W.

Dominanz, *dominance,* in der Sozialpsychologie Bezeichnung für eine individuelle Tendenz zur Beherrschung anderer Menschen, die sich im Verhalten durch bestimmtes Auftreten, Selbstvertrauen, Machtbewusstsein, Willensstärke, dem Geben von Anweisungen an andere u.ä.

(Dominanzverhalten) ausdrückt. Gegenteil: „Unterwürfigkeit" (*submissiveness*).   R.Kl.

domination (engl.), Bezeichnung für die Führerschaft in großen Gruppen im Gegensatz zu der in kleinen Gruppen (*leadership*). → Führung
     W.F.H.

don (frz.) → Geschenk

Doppelbindungs-Hypothese, *double-bind- hypothesis,* eine von G. Bateson u.a. (erstmals 1956) entwickelte Theorie zur Erklärung schizophrenen (und auch neurotischen) Verhaltens. Bei der Doppelbindungssituation (auch: Beziehungsfalle) ist ein Individuum in eine intensive, ihm lebenswichtige Beziehung eingebunden und empfängt Botschaften, die einander widersprechen; ob das Individuum nun der einen oder der anderen Botschaft folgt – es erhält jedes Mal nur Nachteile, kann aber weder diesem Dilemma sich entziehen noch es aufklären. Beispielsweise erzeugt eine Mutter eine Doppelbindungssituation gegenüber ihrem Kind, wenn sie einerseits dessen Annäherungen feindselig zurückweist, beim daraus resultierenden Rückzug des Kindes andererseits Liebe simuliert. Doppelbindungssituationen verhindern oder zerstören Kommunikationsfähigkeiten: Der Betroffene kann nicht mehr verstehen, was sein Partner wirklich meint.   R.L.

Doppelcharakter der Arbeit → Arbeit, abstrakte – konkrete

Doppelcharakter der Ware → Ware [2]

Doppelherrschaft, Begriff aus der strategischen Diskussion der Arbeiterbewegung: Durch die Erweiterung des staatlichen Sektors der Wirtschaft, durch staatliche Strukturreformen kann der herrschenden Klasse zunehmend die wirtschaftliche und politische Macht genommen werden, in Betrieb und Gesellschaft entstünden dann zwei etwa gleich starke Herrschaftsstrukturen als Ausgangsbasis für eine sozialistische Umwälzung.   W.F.H.

Doppelmoral, [1] allgemeine Bezeichnung für allgemeine moralische Vorschriften, die nur im Interesse eines der Beteiligten wirken oder angewendet werden.
[2] Meist Bezeichnung für die starke, moralisch allgemein begründete Einschränkung der sexuellen Betätigung der Frau bei gleichzeitiger Freizügigkeit beim Mann in gesellschaftlichen Systemen, in denen die Frau eine dem Mann gegenüber untergeordnete Stellung einnimmt.
     W.Sa.

Doppelstaat, Begriff von E. Fraenkel (1941) zur Charakterisierung der Verfassungswirklichkeit des nationalsozialistischen Herrschaftssystems in Deutschland 1933 – 1945. Der D. zeichnet sich durch ein komplementäres Nebeneinander von „Maßnahmestaat" und „Normenstaat" aus.

Im Maßnahmestaat steht die gesamte Rechtsordnung zur Disposition der politischen Instanzen. Die staatlichen Organe handeln nach dem „Prinzip der politischen Zweckmäßigkeit". Innerhalb des Maßnahmestaats stellt der Normenstaat keine Sphäre der „Rechtsstaatlichkeit" dar, das „private und öffentliche Leben regelt sich vielmehr nach den Normen überkommenen und neu geschaffenen Rechts, ... soweit die politischen Instanzen von ihren Machtbefugnissen keinen Gebrauch machen". Der D. basiert nach Fraenkel auf der faktischen Fortexistenz des Privateigentums an Produktionsmitteln und seiner Garantie durch den Nationalsozialismus. Die Regeln der Kapitalverwertung setzen dem Maßnahmestaat Grenzen, der seinerseits in die Wirtschaft dadurch einbricht, „dass er alle echten Arbeiterorganisationen zerstörte und alle ... Arbeiterführer als ‚Staatsfeinde' verfolgte"H.W.

double-bind-Hypothese → Doppelbindungs-Hypothese

downgrading (engl.), Hinabstufen, in einer Organisation die Versetzung in einen niedrigeren Rang, insbesondere auf einen minderen Arbeitsplatz.   R.L.

downward comparison (engl.), bezeichnet in der Vorurteilsforschung die Neigung dominierter bzw. benachteiligter Minderheiten, sich nach unten hin zu vergleichen und Zufriedenheit daraus zu ziehen, dass es Gruppen gibt, denen es noch schlechter geht (z.B. gegenseitige Beurteilung der Immigrantengruppen).   W.F.H.

doxa (gr.), [1] eine Meinung, die nicht das Ergebnis von vernünftigen Erkenntnissen ist, sondern auf Sinneseindrücken basiert. Nach Plato liegt die d. folglich zwischen Wissen und Nichtwissen. Entsprechend wurden in der Philosophie des Mittelalters Allgemeinbegriffe als d. verstanden, da sie nur konfuse Vorstellungen vermittelten.   O.R.
[2] Bei P. Bourdieu bezeichnet d. jenes Ensemble von Glaubensvorstellungen, die eine soziale Ordnung als natürlich erscheinen lassen. Die d. wird normalerweise nicht hinterfragt, wird als Orientierungsrahmen meist nicht einmal bemerkt. Das Handeln orientiert sich an der Vorstellung, dass „es so sein muss". Auch jene, die innerhalb der Ordnung eine beherrschte Position einnehmen, übernehmen die anerkannten Deutungen und tragen zu ihrer Reproduktion bei. In Krisen der Ordnung (z.B. Bruch zwischen objektiven Strukturen und Habitusformen) wird die d. diskutiert und retrospektiv überhaupt erst erkennbar.   A.K.

Dreieck, soziometrisches, Bezeichnung für die wechselseitige Wahl dreier Individuen in einem soziometrischen Test in Bezug auf das gleiche Wahlkriterium.   R.Kl.

D

Drei-Phasen-Modell, eine heute bei Frauen weit verbreitete Form des Lebenslaufs. Nach Berufsausbildung und einigen Jahren Berufstätigkeit folgt eine Phase, in der sich die Frau den (kleinen) Kindern und dem Haushalt widmet, um später wieder in die Berufsarbeit zurückzukehren.   W.F.H.

Dreistadiengesetz, von A. Comte im Anschluss an Bossuet, Condorcet und Saint-Simon konzipiertes Schema zur Klassifikation der Entwicklungsstadien jeder einzelnen historischen Gesellschaft sowie der Menschheitsgeschichte. Sowohl die individuellen Erkenntnisfähigkeiten als auch die Wissenschaften sowie die Zivilisation durchlaufen notwendigerweise und unumkehrbar drei Entwicklungsstadien zunehmender Aussonderung und Konkretisierung: das theologisch aktive, das metaphysisch abstrakte und das positiv reale. In jedem Stadium der Entwicklung einer Zivilisation bestehen spezifische Wechselwirkungen zwischen den dominierenden Mustern individueller Erkenntnisweisen, dem Abstraktions- bzw. Konkretionsgrad der Wissenschaften, dem Stand der Technisierung und Organisation der Güterproduktion und der Arbeitsteilung sowie dem Ausmaß der Anwendung physischer Gewalt in der Politik. In jedem Stadium existieren in allen genannten Bereichen jeweils Bestandteile der vorangehenden Ordnung fort. → Stadium, definitives; → Stadium, kritisches; → Stadium, metaphysisches; → Stadium, organisches; → Stadium, positives; → Stadium, theologisches   F.H.

Dressur, Bezeichnung für ein Verfahren der Verhaltenssteuerung. Durch Verstärkung spezifischer Reaktionen und durch wiederholtes Üben wird eine Verhaltensselektion bewirkt. → instrumentelle Konditionierung.   H.S.

Drift, [1] Bezeichnung in Analysen des Zusammenhangs zweier Phänomene, wie z.B. von Arbeitslosigkeit und Krankheit, um Selektionseffekte, also Wechselwirkungen zwischen beiden Phänomenen, zu bezeichnen; in diesem Sinne Gegenbegriff zu einem Verursachungs-Zusammenhang, bei dem die Krankheit eine kausale Folge der Arbeitslosigkeit ist.
[2] Bezeichnung von R. Sennett (1998) für einen Zustand des Kontrollverlustes über die Entwicklung des eigenen Lebens und ein richtungsloses Dahintreiben bzw. die Angst vor beidem. In diesem Zustand geraten die Menschen nach Sennett unter den Anforderungen und Arbeitsbedingungen des heutigen → flexiblen Kapitalismus, da dieser Kurzfristigkeit, Oberflächlichkeit und Geschichtslosigkeit aller sozialen Bindungen erfordere und es so den Individuen unmöglich mache, eine klar konturierte Vorstellung vom eigenen Lebensverlauf und damit eine stabile Identität auszuformen.   I.K.

Dritte Welt → Welt, dritte

Dritte, der [1] in der Rechtssoziologie diejenigen Personen oder Instanzen, welche sich in einen Streit einmischen, ohne in dem Konflikt selbst Partei zu sein. Die D.n können Schlichter, Richter oder Polizisten sein. Das Auftreten eines D.n gilt als Anfang einer Rechtsordnung, ja von Staatlichkeit eines Gemeinwesens überhaupt; denn gewaltsame Selbsthilfe wird dadurch unwahrscheinlicher.   R.L.
[2] Instanz, welche die Doppelfunktion, zu trennen und zu verbinden, übernimmt (G. Simmel). D.D. kann zu einer sozialen Dyade hinzutreten, wo er u.a. die Rolle des Schiedsrichters und Vermittlers, des lachenden Dritten oder des Sündenbocks übernehmen kann. Damit besetzt d.D. eine Zwischenposition: sei es als Störung und → Parasit in der Kommunikation (M. Serres), als hybrides Zwischenwesen (z.B. Monster) oder als ausgeschlossene Möglichkeit. D.D. ermöglicht erst jene Einheiten, zwischen welche er tritt.   U.St.

Dritt-Variable → Test-Variable

drive (engl.) → Antrieb, → Trieb

drive stimulus (engl.) → Triebreiz

Dromologie, (von gr. = der Lauf), nach P. Virilio die Theorie vom Wesen der Geschwindigkeit, ihren Entstehungsbedingungen, Wandlungen und Auswirkungen. Gegenstand der Analyse ist der Wandel von Zeit- und Raumerfahrungen in der modernen, mobilen Industriegesellschaft. Virilios Beobachtungen münden in die These ein, dass im Zuge der Revolution im Transport- und Kommunikationswesen die lokale Identität des Raumes sich zunehmend verflüchtigt, immer schemenhafter wird. An die Stelle des geografischen Ortes als Orientierungs- und Erfahrungsgrundlage rückt damit der Rhythmus der linearen (Uhr-)Zeit. Nicht mehr seine Beschaffenheit, Struktur oder sein Ausmaß bestimmen den Raum, sondern die Geschwindigkeit seiner Durchquerung. Virilio diagnostiziert diese „Entwirklichung" als „Entfremdung durch Geschwindigkeit".   K.K.

drop-out (engl.), Abbrecher, bezeichnet eine Person, die einen Bildungsgang ohne den vorgesehenen Abschluss verlässt. Die Überfüllung der Hochschulen in den 1990er Jahren lässt nicht nur die Zahl, sondern auch den Anteil von d.-o.s emporschnellen.   R.L.

Druck, sozialer → Zwang, sozialer

Druckgruppe → *pressure group*

D-S-System → Zustandssystem, diskretes

Du, [1] nach J.G. Fichte (1797) selektiert das Ich das D. aus dem reinen Nicht-Ich, dem bloßen Es, aus. Auf dieses D. überträgt dann das Ich den in ihm selbst gewonnenen Begriff von sich selbst. [2] In der Soziologie G. Simmels (1908) steht das D. für den sozialen Anderen. Das D. ist ein → Nicht-Ich, das für sich ein Ich ist, ein wirklich Für-sich-Seiendes. Die soziale Beziehung ist also eine Wechselwirkung zwischen Ich und D., wobei jedes von sich aus auf das andere verweist und durch das andere sich selbst erfährt. Das Wissen um das eigenständige D. bedingt die Selbstgewissheit des Ich, „mit gewissen Seiten nicht Element der Gesellschaft zu sein", was dessen Individualität ausmacht. Zudem verweist es aber auf die Seiten, mit denen es Element der Gesellschaft ist: „die Art seines Vergesellschaftet-Seins ist bestimmt durch die Art seines Nicht-Vergesellschaft-Seins". O.R.

Dualismus, in der Ethnologie → *moiety organization*

Dualismustheorie, in der entwicklungspolitischen Diskussion → Dualwirtschaft [1]

Dualität von Struktur. Gegen eine verdinglichende Sichtweise von Struktur betont A. Giddens in seiner Theorie der Strukturierung, dass Struktur beides ist: Medium und Resultat von Handeln. Soziales Handeln kann nur in Strukturvorgaben erfolgen und reproduziert in einem rekursiven Prozess zugleich die Strukturen. Struktur existiert nicht außerhalb des Handelns, ist nicht ein Zwang, sondern, obwohl dem intentionalen Zugriff weitgehend entzogen, Produkt sozialer Praxis. Gesellschaftliche Reproduktion wird als dynamischer Prozess der Strukturierung begriffen. M.M.

Dualsystem → *moiety organization*

Dualwirtschaft, *dual economy,* [1] Modellvorstellung zur Erklärung der Gleichzeitigkeit von gesamtgesellschaftlicher Unterentwicklung und sektoralem wirtschaftlichen Wachstum in Ländern der Dritten Welt, die auf der getrennten Existenz eines subsistenzwirtschaftlichen (traditionellen, stagnierenden) und eines kapitalistischen (modernen, dynamischen) warenproduzierenden Sektors beruhen soll. Die Anhänger der sog. Dualismustheorie erwarten eine Ausdehnung des „modernen Sektors" in die „traditionellen" Bereiche und damit langfristig eine Homogenisierung der Strukturen. Gegen diese Vorstellung wird u.a. auf die funktionelle Unterordnung der Subsistenzproduktion unter die kapitalistische Warenproduktion, ihre Verschränkungen in der Reproduktion der Arbeitskräfte hingewiesen. [2] Uneinheitliches, teils deskriptives, teils politisch-strategisches Konzept (J. Huber u. A. Gorz) der Zurückdrängung des kapitalistischen, profit- oder ausschließlich gelderwerbsorientierten Wirtschaftens durch Entwicklung einer Al-

ternativökonomie, die auch Lohnarbeit kennt, jedoch wesentlich durch Bedarfsorientierung, Selbstbestimmung und Selbstverwaltung gekennzeichnet ist. Die D. bezeichnet das mögliche Nebeneinander bzw. die Entkoppelung der beiden Sektoren. Für den alternativen Sektor stehen häufig auch die Ausdrücke → Eigenarbeit, → informeller Sektor, autonomer Sektor oder → Schattenwirtschaft, die jedoch nicht deckungsgleich sind. H.W.

Duesenberry-Effekt → Demonstrationseffekt

Du-Ideal → Figurationsideal

Dummy-Variable, (*dummy* = Attrappe), Bezeichnung für eine Variable, die nur die Werte 1 (Merkmal vorhanden) und 0 (Merkmal nicht vorhanden) annehmen kann, z.B. „ist rothaarig" = 1; „ist nicht rothaarig" = 0. Durch die Bezeichnung *D.-V.* werden solche Variablen von echten Dichotomien (männlich oder weiblich; kleiner oder größer gleich ...) unterschieden. H.W.

Dunkelfeld, eine Kriminalität, die „offiziell" unbekannt geblieben ist und deshalb weder in amtlichen Akten noch in amtlichen Statistiken auftaucht. Der Begriff D. wird sehr uneinheitlich verwendet. So ist vor allem danach zu unterscheiden, ob sich das D. auf Straftaten oder aber auf Straftäter bezieht. Die wichtigsten Definitionen lauten: D. ist a) die Differenz zwischen der Gesamtmenge aller Handlungen, die gemessen an den jeweils gültigen gesetzlichen Definitionen als strafbar gelten und den der Polizei bekannt gewordenen Straftaten, die in der Kriminalstatistik registriert sind; b) die Differenz zwischen der Gesamtzahl aller Personen, die strafbare Handlungen begangen haben und denjenigen Personen, die von der Polizei als Straftäter ermittelt wurden bzw. einer Straftat verdächtigt werden.

Andere Definitionen setzen die ‚Gesamtzahl der Straftäter' in Beziehung zur Zahl derjenigen, die von einem Gericht als Straftäter verurteilt wurden, da – juristisch gesehen – nur dem Gericht zusteht, festzustellen, wer als Straftäter gilt. Trotz aller Bemühungen bleiben die Bestimmungen des D.es letztlich notwendigerweise abstrakt, da auf konkreter Ebene die Definition einer Handlung als „Straftat" und die Definition einer Person als „Straftäter" von einer Vielzahl sozialer Konstruktions- und Selektionsprozesse abhängt, die zwar zur Gewinnung des „Hellfeldes" beitragen, nicht aber zur Klärung des D.es (z.B. keine Bearbeitung durch Polizei und Justiz). Deshalb vertreten viele Kriminologen die Ansicht, dass die Kriminalstatistiken streng genommen nur etwas über die Tätigkeit der Strafverfolgungsbehörden aussagen, während sich das D. einer exakten Bestimmung grundsätzlich entzieht. Dennoch ist die Erforschung des D.es sowohl von wissenschaftlicher als auch von sozial- und kriminalpolitisch höchster Bedeutung, da die Daten über bekannt gewordene Kriminalität möglicherweise zu völlig falschen Schlussfolgerungen verleiten. → Dunkelfeldforschung M.B.

Dunkelfeldforschung, der Versuch, mithilfe empirischer Forschungsmethoden Informationen über das → Dunkelfeld der Kriminalität zu erhalten. Zu den Methoden der D. gehören: a) Selbstreport-Untersuchungen (fälschlich häufig ‚Täterbefragungen' genannt), bei denen Personen danach befragt werden, welche Delikte sie selbst bereits begangen haben; b) Opferbefragungen, bei denen Personen danach befragt werden, inwieweit sie bereits Opfer von Straftaten waren und was sie daraufhin getan haben (z.B. Anzeigenerstattung); c) teilnehmende Beobachtungen im Dunkelfeld. M.B.

Dunkelziffer, die zahlenmäßige Differenz zwischen tatsächlich begangenen, aber offiziellen Stellen (insbesondere der Polizei) unbekannt gebliebenen Straftaten und der in offiziellen Statistiken (insbesondere in den Kriminalstatistiken) registrierten Straftaten. Da es sich hierbei jedoch nicht um exakt quantifizierbare Daten handelt, sondern bestenfalls um Angaben, die lediglich eine gewisse Abschätzung der Größenordnungen erlauben, wird in der Regel nur von → Dunkelfeld gesprochen. M.B.

duolokal → Besuchsehe

Duopol → Dyopol

duration (engl.), in der Jugend- und Lebenslaufsoziologie ein Maß für die Zeit in Lebensjahren, die die beiden mittleren Quartile einer Kohorte brauchen, um ein Lebensereignis zu erreichen. Beispiel: die Zeit zwischen dem Punkt, an dem 25% einer Kohorte die Schule verlassen haben, bis zu dem, an dem 75% das erreicht haben (H. Winsborough 1978). W.F.H.

Durchgangsschichten, Bezeichnung für soziale Schichten, die bei Prozessen des sozialen Aufstiegs als typische Durchgangsstationen erscheinen; so haben empirische Untersuchungen zur Intergenerationen- Mobilität nachweisen können, dass bei einem sozialen Aufstieg vom Arbeiter zum Akademiker die mittlere Generation typischerweise D. wie etwa der Berufsschicht der Angestellten oder Lehrer angehörte, während der direkte Aufstieg relativ selten war. M.B.

Durchschnitt → Mittel, arithmetisches

Durchschnitt, gleitender, *moving average,* Verfahren zur Glättung von Messwertreihen, etwa Zeitreihen, um die zugrunde liegende Tendenz gegenüber zufälligen Störungen sichtbar zu ma-

chen. An die Stelle der ursprünglichen Werte treten gewichtete Durchschnitte aus den jeweils benachbarten Werten, etwa dem Wert und den k vorausgehenden und k nachfolgenden Werten. H.W.

Durchschnittsprofitrate, auch Durchschnittsprofit, [1] durch die Konkurrenz innerhalb und zwischen den Anlagesphären des Kapitals bewirkte Tendenz zur Ausgleichung der Verwertung der Einzelkapitale, d.h. der in den Warenpreisen realisierten Profite im Verhältnis zum vorgeschossenen Kapital. Mobiles Kapital fließt von Sphären niedriger zu Sphären höherer Profitabilität ein. Es kommt zum Ausgleich der Profitraten. In der Kalkulation der Unternehmen wird die D. als ein Element des Warenpreises bereits vorausgesetzt. In die Ausgleichung zur D. gehen neben den industriellen auch das Handels- und Bankenkapital ein.
[2] Die Existenz der D. stellte die klassische → Arbeitswerttheorie [1] vor das Problem, dass sich Waren bei unterschiedlicher → Wertzusammensetzung der Einzelkapitale nicht zu ihren Werten tauschen. K. Marx glaubte die Frage durch sein Verfahren der Transformation von Werten in Produktionspreise gelöst zu haben. (→ Arbeitswerttheorie [3]). H.W.

Durchschnittstypus, [1] Bezeichnung von M. Weber für die Kennzeichnung eines sozialen Sachverhalts durch statistisch ermittelte Durchschnittswerte („Der typische Beamte verdient ...").
[2] Bei E. Durkheim → Normaltypus. H.W.

Durchstreichtests, psychologische Tests insb. zur Messung der Aufmerksamkeit und Konzentrationsfähigkeit und zur Beobachtung von Arbeitsrhythmen. Aus einer längeren Folge von Zeichen soll die Versuchsperson die Zeichen durchstreichen (ankreuzen etc.), die einer Vorlage entsprechen. H.W.

durée (frz.), Dauer, [1] meint insbesondere in wissenschaftlichen (philosophischen, historischen) Zusammenhängen die gelebte, die erfüllte Zeit im Gegensatz zur chronometrisch quantifizierten Zeit. In dieser Weise kritisierte H. Bergson die aus den Naturwissenschaften importierte Zeitvorstellung, die die Zeit verräumlichte und metrisierte. In den Sozialwissenschaften sind Untersuchungen über Zeit weitgehend dieser Perspektive einer inhaltlich bestimmten „Eigenzeit" gefolgt (R.K. Merton, N. Elias, N. Luhmann).
[2] In der Geschichtswissenschaft der „Annales"-Schule werden Ablaufstrukturen unterschiedlicher Ausdehnung mit dem Terminus *d.* belegt; so unterscheidet F. Braudel die *longue durée* der Geschichte von Strukturen von der *très longue durée* der Geschichte der Zivilisatio-

nen und von der individuellen, kurzen Dauer von Ereignissen. K.R.

Dyade, Paar, Zweiergruppe, Bezeichnungen für Gruppen, die aus zwei Mitgliedern bestehen. Deren Beziehung wird auch als „dyadische Beziehung" bezeichnet. R.Kl.

Dyarchie, Bezeichnung für ein Autoritätsgefüge in einer Gruppe oder Organisation, das in zwei Linien (statt, wie üblich, in einer Linie) verläuft. R.L.

dying trajectory (engl.), bezeichnet bei A. Strauss den Sterbeprozess als sozial geordnete → Statuspassage. W.F.H.

Dynamik, soziale, nach A. Comte Bezeichnung für jenen Bereich soziologischer Theorie und Methodologie, der sich dem Studium der Struktur des Wandels der Gesellschaft widmet. Die s. D. muss berücksichtigen, dass Veränderungen in einem bestimmten Bereich der Gesellschaft bedingt sein können durch Wandlungen in anderen Bereichen bzw. ihrerseits verändernd auf andere Bereiche einwirken können. Daraus folgt für die Untersuchungsmethode der Anspruch, einzelne Wandlungsprozesse stets vor dem Hintergrund des gesamten Wirkungszusammenhangs zu erklären. Ziel der Untersuchung der Entwicklung einzelner Gesellschaften sowie der Erforschung der Geschichte der Menschheit ist die positiv-exakte Erfassung des (Natur-)Gesetzes der Entwicklung bzw. des Fortschritts. → Wandel, sozialer; → Fortschritt; → Innovation F.H.

Dynamismus, [1] in Ethnologie und Religionswissenschaften Bezeichnung für die Vorstellung, eine unpersönliche, heilig- übernatürliche Kraft (z.B. Manitu oder Wakan bei nordamerikanischen Stämmen) wirke in allen Gegebenheiten der Wirklichkeit. W.F.H.
[2] Bezeichnung für die religionswissenschaftliche Theorie, nach der die archaisch- religiöse Erfahrung von unpersönlich- übernatürlichen Mächten die ursprüngliche Form des Religiösen und die Vorstufe des Glaubens an Götter ist. V.Kr.

Dyopol, auch Duopol, Bezeichnung der Ökonomie für eine Form des → Oligopols, in dem nur zwei Anbieter einer Ware als Konkurrenten einen Markt bestimmen. H.W.

Dysfunktion ist diejenige Wirkung eines sozialen Elements, welche die Umweltanpassung, Integration, Zielverwirklichung, Strukturerhaltung des Systems beeinträchtigt. Der Begriff fasst damit in problematischer Weise sowohl Faktoren, welche die systemimmanente Funktionalität mindern, wie auch systemwandelnde Tendenzen. B.W.R.

Dysphorie, Spannungszustand und Niedergeschlagenheit, hervorgerufen durch Angst. R.L.

Dysstruktur, *dysstructure,* die Ordnung von Elementen eines Systems, deren Zusammenwirken Spannungen und Instabilität hervorruft, die seinen Bestand gefährden. Das Verhältnis von Verkehrswegen, Mobilität und Verkehrsverhalten (Unfallquote) oder rationaler Organisation und verselbstständigten Amtsregeln (Bürokratismus) tragen z.B. Merkmale von D. Gegenbegriff: → Eustruktur. H.L.

E

early adapters (engl.), in Forschungen über die Verbreitung von neuem Wissen, von Innovationen allgemein, diejenigen aus dem Feld der potenziellen Anwender, die das Neue als Erste annehmen und in ihre Lebens- und Tätigkeitsbereiche aufnehmen. W.F.H.

ECHP → Gemeinschaftsstatistik über Einkommen und Lebensbedingungen

ecology, human (engl.) → Sozialökologie

economics of education (engl.) → Bildungsökonomie

economics of scale (engl.) → Skaleneffekte

economics, external (engl.),→ Effekte, externe

economics, internal (engl.) → Effekte, externe

ecosystem (engl.) → Ökosystem

Edge City (engl.), Bezeichnung für eine von der Kernstadt unabhängige → Suburbia, an die sich Einzelhandel sowie Dienstleistungs- bzw. Büroarbeitsplätze angliedern und die infolgedessen einen Einpendlerüberschuss aufweist. J.W.

éducation permanente (frz.) → Erziehung, permanente

effectiveness (engl.) → Effektivität

effectiveness model (engl.) → Erfolgsmodell

Effekt, reaktiver → Hawthorne-Effekt

Effekt, soziodynamischer → Gesetz, soziodynamisches

Effekte, externe, *external economics,* auch Externalitäten, auf A. Marshall (1890) zurückgehende Bezeichnung der Wirtschaftstheorie für produktive (oder negative) Einflüsse zwischen wirtschaftlichen Akteuren (Produzenten, Konsumenten), die nicht aus den Marktbeziehungen der Akteure entspringen und daher nicht entgolten werden. In der neoklassischen Umweltökonomie werden Umweltbelastungen, die durch ökonomische Aktivitäten entstehen, z.B. Wasserverunreinigung, als e.E. angesehen. Nach der an A.C. Pigou (1929) orientierten Lösung sollen e.E. (als eine Art öffentliches Gut) nach dem Verursacherprinzip besteuert werden (Pigou-Steuer). Durch Überwälzung der Steuer auf die Preise soll die Nachfrage nach dem belastenden Gut sinken. Nach der Lösung von R.H. Coase (1960) sollen e.E. durch Vergabe von Eigentumsrechten (→ *property rights*) an die Verursacher oder die Belasteten internalisiert werden. Hat ein Unternehmen das Recht auf Wassereinleitung in einen Fluss, so muss es von den Anrainern für die Nicht-Einleitung entschädigt werden; haben diese das Recht auf sauberes Wasser, so muss das Unternehmen für die Einleitung Kompensationen zahlen. Sofern die Transaktionskosten nicht prohibitiv sind, soll durch die Verhandlungslösung eine pareto-optimale Allokation des Nutzens aus der Wassereinleitung entstehen. Die Lösungen verhindern keine Umweltbelastungen, sondern bestimmen ökonomisch den als optimal angesehenen Grad der Umweltbelastung. H.W.

Effekte, strukturelle, [1] die dauerhaften Folgen des Wirkens eines oder des Zusammenwirkens mehrerer Strukturelemente im System. So ist z.B. die relative Langsamkeit institutioneller Veränderungen ein s.r E. der parlamentarischen Demokratie, oder wachsende Freizeit ist ein s.r E. steigender Produktivität der Wirtschaft. H.L.
[2] → Gruppenkompositionseffekt

Effektgesetz, Gesetz des Effektes, Erfolgsgesetz, *law of effect,* besagt (E.L. Thorndike 1932), dass die Wahrscheinlichkeit oder Intensität einer Reaktion auf einen Reiz erhöht wird, wenn die Reaktion zu einem Erfolg (z.B. zu einer Belohnung) führt. In einer Lernsituation, in der zumeist mehrere Reaktionen möglich sind, wird durch den Effekt die „richtige" Reaktion von anderen unterschieden (Verhaltensselektion). H.S.

Effektivität – Effizienz, *effectiveness – efficiency,* [1] Unterscheidung für Leistungsaspekte von Organisationen: Et. bezeichnet Wirksamkeit und Erfolg von Organisationen, das Ausmaß, zu dem sie ihre Ziele erreichen, gewonnen aus dem Vergleich von *input* und *output.* Ez. bezeichnet dagegen Strategien der Herstellung von Et., die durch verschiedene Kombinationen der *input*-Faktoren zu Stande kommen sowie durch mehr oder weniger rationale Verhältnisse zwischen den eingesetzten Mitteln und den verfolgten Zielen.
[2] Oft auch in einem allgemeinen Sinne von Wirksamkeit gleich bedeutend. J.H.

Effektivitätsquote, bei T. Geiger die Wirkungschance einer Norm. Die E. besteht aus der Summe der Situationen, in denen entweder die Norm erfüllt oder abweichendes Verhalten sanktioniert wurde. Die Frage nach der E.

knüpft an die Erfahrung an, dass ein verbal als geltend Ausgewiesenes nicht immer mit tatsächlich Geltendem identisch ist. R.L./M.O.H.

Effektor, Organ (Muskeln, Drüsen), das Reaktionen hervorbringt bzw. an dem sich die Abgabe von Reaktionen erkennen lässt. Gegenbegriff: → Rezeptor H.S.

effervescence (frz.), „Gärung", [1] von E. Durkheim (1912) verwendete Bezeichnung für den Zustand kollektiver Erregung, in dem das Individuum aus seinem alltäglichen Leben heraustritt und sich von einer außerordentlichen Macht hingerissen und beherrscht fühlt. Durkheim leitet aus dem Phänomen der *e.* die Entstehung der religiösen Idee her.
[2] M. Maffesoli (1982) erweitert den Begriff der *e.* zu einem die rationale Ebene übersteigenden Grundbestandteil jeder gesellschaftlichen Strukturbildung. V.Kr.

efficacité (frz.), Wirksamkeit, bei E. Durkheim Bezeichnung für jene aktive bzw. produktive Kraft, die die Menschen aufgrund sozial vermittelter Vorstellungen allen Gegenständen und Wesen zumessen, welche verändernd auf andere Gegenstände und Wesen einwirken. Die Vorstellung von der *e.* liegt sowohl dem Denken in den Kategorien von Ursache und Wirkung als auch dem Handeln unter Berücksichtigung eigener oder fremder Macht zu Grunde. F.H.

efficacy (engl.), Wirksamkeit, heißt in der politischen Psychologie eine gelernte Erwartungshaltung, die in politischen Situationen aktiviert wird. O.R.

efficiency (engl.) → Effektivität – Effizienz
Effizienz → Effektivität – Effizienz
effort (engl.) → Arbeitsleid
Egalität → Gleichheit
Egalitarismus, [1] pejorative Bezeichnung des Gleichheitsstrebens.
[2] Der E. verneint die Legitimität aller natürlichen und sozialen Unterschiede von Menschen und fordert deren weitestgehende Aufhebung. Er spielte eine bedeutsame Rolle in den vorrevolutionären (1848) Geheimbünden und in der westdeutschen bildungspolitischen Diskussion der 1960er und 1970er Jahre. F.X.K.

Ego → Ich
Ego – Alter (lat.), „Ich" und „der Andere", in handlungstheoretischen Erörterungen symbolische Bezeichnungen für den Akteur und die Person(en), auf die sich seine Handlungen richten oder die mit ihm interagiert (interagieren). R.Kl.

ego-defense (engl.) → Ich-Abwehr
ego-involvement (engl.) → Ich-Beteiligung
Egoismus, [1] Eigenliebe, Ichliebe, Bezeichnung für ein Verhalten, das ausschließlich oder vorrangig auf die Befriedigung der eigenen Wün-

sche und Bedürfnisse gerichtet ist und sich wenig um die Wünsche und die Wohlfahrt anderer Menschen kümmert. Gegenbegriff: → Altruismus

[2] Bei E. Durkheim Bezeichnung für einen gesellschaftlichen Zustand, der durch eine starke Betonung der individuellen Verantwortung für die zentralen gesellschaftlichen Normen, Ziele und Werte bei gleichzeitig geringer gesellschaftlicher Integration gekennzeichnet ist. → Selbstmord, egoistischer   R.Kl.

egologisch, bezeichnet ein Verständnis von Sozialität und Intersubjektivität, wie es insbesondere die phänomenologisch-soziologischen Arbeiten von A. Schütz prägt. Sozialität und intersubjektives Verstehen sind für Schütz eine Idealisierungsleistung des individuellen Bewusstseins; eine „Reziprozität der Perspektiven" von *ego* und *alter* kann es demnach nur als wechselseitig vorgenommene Unterstellung geben. Die Deutung, die *ego* hinsichtlich des Verhaltens von *alter* vornimmt, kann prinzipiell nicht mit dessen Eigendeutung zusammen fallen. Einen gemeinsamen Sinn gibt es folglich nicht. Ein Gegenentwurf zu einer e. Perspektive ist mit dem Begriff der „praktischen Intersubjektivität" (H. Joas) bezeichnet, demzufolge Sozialität und Intersubjektivität in Prozessen der praktischen Handlungskoordination fundiert sind (praxeologische Perspektive).   M.M.

Egozentrik, Egozentrismus, Ichbezogenheit, Bezeichnung für eine Einstellung oder auch Weltauffassung, die das eigene Ich in den Mittelpunkt des Denkens und Handelns stellt und alles – vor allem den anderen Menschen – nach seiner Bedeutung für die eigene Person bewertet. E. muss nicht mit Egoismus einhergehen.   R.Kl.

EGP-Klassenschema, ein von R. Erikson, J.H. Goldthorpe, und L. Portocarero (daher: EGP) im Rahmen der vergleichenden Ungleichheits- und Mobilitätsforschung entwickeltes Konzept zur Bestimmung der Klassenlage auf Basis standardisierter Informationen zum Beruf bzw. zur beruflichen Stellung. Das Schema bildet in kondensierter Form verschiedene Dimensionen ab: manuell/landwirtschaftlich – nicht manuell, Grade der Routinisierung bzw. Qualifikation, Weisungsbefugnis, Selbständigkeit bzw. Lohnabhängigkeit. Sieht man von den Untergruppen ab, so wird zwischen der oberen (I: z.B. Unternehmer, leitende Angestellte und Beamte) und unteren Dienstklasse (II: z.B. mittlere Beamte und Angestellte), den nicht-manuellen Routinedienstleistungen (III), kleineren Selbstständigen (IV), Arbeitern und Angestellten in manuellen Berufen (V, VI) sowie gering-qualifizierten Arbeitern (VII) unterschieden.   C.W.

Ehe, in der deutschen Gegenwartsgesellschaft eine vom Staat gestiftete, auf Dauer angelegte (was eine spätere Auflösung nicht ausschließt, diese jedoch an einen Rechtsakt, die Scheidung, bindet) Gemeinschaft, die nur von zwei, verschiedengeschlechtlichen und ehemündigen Personen geschlossen werden kann. Historisch und kulturvergleichend betrachtet, ist der Staat nicht die einzige mögliche E.schließungsinstanz. In Deutschland beansprucht der Staat erst seit 1875 das E.schließungsmonopol und hat dadurch die Kirche abgelöst. Vor der Kirche und auch in vielen anderen Kulturen fungier(t)en Familien- und Verwandtschaftsverbände als zentrale E.schließungsinstanzen. Neben der monogamen E., die in der christlich-abendländlichen Kultur gesetzlich verbindlich vorgegeben ist, existieren zahlreiche Gesellschaften mit polygamen E.formen, bei denen entweder ein Mann mit mehreren Frauen (Polygynie) oder eine Frau mit mehreren Männern (Polyandrie) verheiratet sein kann. Eine besondere Funktion kommt der E. kulturübergreifend durch die mit ihr einhergehende Legitimität des Nachwuchses, die Einbindung in das Verwandtschaftssystem und durch das in vielen Gesellschaften daran gebundene Recht auf Geschlechtsverkehr zu.   K.Le.

Ehe, arrangierte → Kontraktehe [2]

ehernes Gesetz der Oligarchie → Gesetz der Oligarchie, ehernes

ehernes Lohngesetz → Lohngesetz, ehernes

Ehrenfels-Kriterien, Ehrenfels-Qualitäten → Gestaltqualitäten

Ehrerbietung → Achtung

Eidos (gr.), Urbild, Gestalt, [1] in der Phänomenologie E. Husserls und der phänomenologischen Soziologie svw. Wesen.

[2] Bei P. Bourdieu (1993) ein „System logischer Schemata", einer im Alltagsleben praktischen Vorstellung des Lebens. Im Spätwerk Bourdieus wird E. zur Facette innerhalb seines Habitusbegriffs.   C.P./O.R.

Eigenarbeit, in Abgrenzung zur Erwerbs- bzw. Lohnarbeit Tätigkeiten zum unmittelbaren Unterhalt der eigenen Person, der eigenen Familie bzw. des eigenen Haushalts (sog. Hausarbeiten, Heimwerken, Kleingärtnerei, Betreuen und Pflegen u.a.). Innerhalb der Marktökonomie erhält E. tendenziell den Charakter geschlechtsspezifischer Restarbeit. In der Kritik der Arbeitsgesellschaft (z.B. A. Gorz 1989) und Entwürfen alternativer Wirtschaftens bildet E. dagegen aufgrund ihrer sog. Gebrauchswertorientierung ein positives Gegenbild zur Erwerbsarbeit.   H.W.

Eigencharisma nennt M. Weber dasjenige Charisma, auf das sich ein charismatischer Herr

(Führer) legitim, ohne qualifizierende Zustimmung der Beherrschten, berufen kann; davon ist die für jedes Charisma konstitutive Bewährung unbetroffen.   C.S.

Eigendynamik, Bezeichnung für solche soziale Prozesse, die ihre eigenen Bewegungsantriebe, etwa relevante Motive der involvierten Akteure, immer wieder selbst erzeugen. Z.B. Wettrüsten: Die eine Seite rüstet weiter auf, weil die andere Seite weiter aufrüstet, und umgekehrt.   U.Schi.

eigenevolutiv, svw. der eigenen Entwicklungsrichtung folgend, so bezeichnet A. Weber (1955) die die gegenwärtige Gesellschaftsepoche bestimmenden Kräfte: Wissenschaft, Technik, kapitalistische Wirtschaft.   W.F.H.

Eigen-Familie → Fortpflanzungsfamilie – Orientierungsfamilie

Eigengruppe, auch Wir-Gruppe, Innengruppe, *in-group,* Bezeichnung für eine Gruppe, der man sich zugehörig fühlt und mit der man sich identifiziert. Die Mitglieder sind durch ein starkes Gefühl der Zusammengehörigkeit und Loyalität verbunden („Wir-Gefühl") und grenzen sich von den „Anderen" (→ Fremdgruppe) ab. Der Begriff spielt in der Gruppenpsychologie und der Vorurteils- und Stereotypenforschung eine Rolle.   W.Li./R.Kl.

Eigeninteresse, *self-interest,* Streben nach maximalen Vor- und minimalen Nachteilen für die eigene Person. Häufige, aber umstrittene Grundannahme in Wirtschafts- und Sozialtheorien.   G.E.

Eigenleben, bezeichnet bei K. Mannheim (1941/1951) „das Verlangen des einzelnen, gewisse Sphären inneren Erlebens dem Einfluß der Umwelt zu entziehen und fühlbar zu behalten", also das relative Zurückgezogenheit des privaten Daseins von sozialen Kontakten (z.B. auch: eigenes Zimmer) und die dadurch mögliche Verinnerlichung. In frühen Gesellschaften und auf dem Dorf gebe es kein E.   W.F.H.

Eigenlegitimität, eine Herrschaftsbasis, die nicht aus Ordnungen und Satzungen abgeleitet ist, sondern sich aus der kontinuierlichen Bewährung des Herrschaftsinhabers oder -bewerbers ergibt; gilt typisch für das reine Charisma. E.L.

Eigenschaft, [1] allgemein ein Merkmal, ein Attribut, eine Qualität, die einem Gegenstand zugeschrieben wird bzw. die einen Gegenstand kennzeichnet.

[2] In der Psychologie, vor allem in der Persönlichkeitsforschung, synonym mit → Persönlichkeitseigenschaft.   R.Kl.

Eigenschaftsmatrix → Eigenschaftsraum

Eigenschaftsraum, *property-space,* Menge von Eigenschaften, die vom Forscher für die Beschreibung bestimmter sozialer Tatbestände und Vorgänge als ausreichend angesehen werden.

Das Resultat einer Kombination von Eigenschaften (Eigenschaftsmatrix) soll in der Regel eine erschöpfende Aufteilung des Beobachtungsmaterials in Typen oder bei einem E. aus kontinuierlichen Variablen in einem mehrdimensionalen Raum ergeben. An einen E. kann die Anforderung gestellt werden, durch möglichst wenig Variable das Untersuchungsmaterial zu repräsentieren. Deshalb sollten die benutzten Variablen voneinander weitgehend unabhängig sein.   H.W.

Eigensinn, dem Buch „Geschichte und Eigensinn" von O. Negt und A. Kluge (1981) zufolge eine Kraft des Widersprechens, des Widerstehens und der hartnäckigen Lebendigkeit, die sich gegen die Gesetze kapitalistischer Akkumulation sperrt, ja möglicherweise die durch die ursprüngliche Akkumulation erfolgte Trennung der Produzenten von ihren Produktionsmitteln und ihren Lebensumständen rückgängig zu machen versucht. Diese Kraft des E.s wird in der Lebendigkeit des Arbeitsvermögens vermutet, in Assoziation und Theoriearbeit, in Rebellion und Selbstregulation. Insgesamt steht E. für den Versuch, andere (und stärkere) Kräfte zu identifizieren, die auf eine Überwindung des Kapitalismus drängen könnten, als dies die marxistische Diskussion zuvor vermochte.   W.F.H.

Eigentümerkapitalist → Kapitalist, fungierender

Eigentum, [1] in der Nachfolge M. Webers dauerhafte, zeitlich unbegrenzt appropriierte Chancen, die im Unterschied zum → Besitz rechtlich sanktioniert sind (V.M. Bader u. A. Benschop 1989). Rechtliche Regelungen beziehen sich etwa auf die Übertragbarkeit eines E.s (z.B. Vererbung). E.objekte sind nicht nur Sachen im engeren Sinne, sondern allgemein Nutzungschancen (z.B. Erwerbschancen), die an Sachen, aber auch an Personen, Positionen und Ämter (z.D. Pfründe) oder an Rechte (z.B. Urheberrechte an Computerprogrammen, Beteiligungen) gebunden sind. Eigentümer können u.a. Individuen, Haushalte, Stämme, Organisationen, Klassen oder Staaten sein (Individual-, Familien-, Staatseigentum), je nachdem wer durch das Aneignungsverhältnis (→ Appropriation) von der Nutzung ausgeschlossen bzw. nicht ausgeschlossen wird (→ Gemein- vs. → Privateigentum).

[2] Die Eingrenzung des E.s auf E. an Sachen ist ein Produkt moderner liberaler Theorie. Der → Liberalismus fasst das macht- und herrschaftslose E. des Bürgers (als Privateigentümer) als unmittelbares Verhältnis von Person und Sache auf und trennt damit E. von Herrschafts- oder Hoheitsrechten in Ablehnung der überwundenen feudalen Verhältnisse. Das Konstrukt des freien Privateigentums, das nicht auf Herrschaft,

sondern auf Arbeit, d.h. produktiver Nutzung gründet, liegt in diesem Sinne der liberalen Trennung von Staat und Gesellschaft oder Politik und Ökonomie zugrunde. Landreformen richten sich so u.a. auf die Enteignung und Umverteilung von durch ihre Eigentümer nicht oder unzureichend genutzten Böden (z.B. Brasilien).

[3] Mit dem Begriff des → Privateigentums verbindet sich in der Tradition des römischen Rechts die Vorstellung vom absoluten E., ungeteilt und unbeschränkt, das im Extrem auch nicht genutzt und zerstört werden kann. Andere Rechtstraditionen sehen E. als ein Bündel von Rechten auf Gebrauch, Kontrolle, Übertragung etc. an (→ *property rights*). Unter bestimmten Verhältnissen kann z.B. Land vererbt, aber nicht verkauft werden. Eine Einschränkung des absoluten E. wird im Rahmen der Privateigentumsordnung der BRD etwa in Form der Sozialpflichtigkeit oder der Möglichkeit der Enteignung durch den Staat ausgesprochen.

[4] Mit der Entwicklung der großen Aktiengesellschaften seit dem 19. Jahrhundert reduziert sich E. zum Teil auf einen veräußerbaren Titel, auf Dividende ohne Möglichkeit der Kontrolle über die Unternehmen. Diese Trennung von Eigentum und Kontrolle führte zum Begriff der → Managerrevolution oder → Managerkontrolle.   H.W.

Eigentumsideologie, [1] allgemeine Bezeichnung für Vorstellungszusammenhänge, die im Interesse der besitzenden und herrschenden Gruppen falsche Vorstellungen darüber enthalten, wie Eigentum erworben wird (Tellerwäschermärchen), wie es vermehrt wird (durch Sparen und indem man „Geld arbeiten lässt"), wozu es dient (dem Gemeinwohl).   W.F.H.

[2] Bezeichnung für die mehr oder weniger ideologischen Begründungen für alle die sozialpolitischen Maßnahmen, die auf die Förderung individuellen Eigentums (breite Eigentumsstreuung und Beteiligung am Vermögenszuwachs) gerichtet sind.

[3] Bezeichnung für die Behauptung, die gesellschaftlichen Macht- und Herrschaftsverhältnisse beruhten im Wesentlichen auf bestimmten, z.B. privaten Eigentumsverhältnissen.   D.K.

Eigentumsrechte → *property rights*

Eigentumsverhältnisse → Produktionsverhältnisse

Eigenzeit, Bezeichnung für die in der modernen Gesellschaft je Handlungsfeld und Lebensraum jeweils unterschiedliche Abfolge- und Zeitorganisation des sozialen Geschehens, was für die Einzelnen Umschaltnotwendigkeiten und für die

Organisationen Koordinationsaufgaben aufwirft (F. Fürstenberg 1986).   W.F.H.

Eignung, *aptitude*, ein empirisch abgrenzbares Persönlichkeitsmerkmal, mit dem der Erfolg in bestimmten Tätigkeiten (z.B. als Flugzeugführer) vorhergesagt werden soll. E.en werden im Allgemeinen als zusammengesetzt gedacht aus verschiedenen Einzelfähigkeiten, z.B. räumlichem Vorstellungsvermögen, Konzentrationsfähigkeit, Gedächtnis.   H.W.K.

Eignungstest, ein Verfahren, das Vorhersagen des Erfolges in bestimmten Tätigkeiten oder Berufen (z.B. als Flugzeugführer oder Büroangestellter) ermöglichen soll. E.s sind gewöhnlich zusammengesetzt (Testbatterie) aus verschiedenen Fähigkeits- und Leistungstests, z.B. aus Tests des räumlichen Vorstellungsvermögens, des mechanischen Verständnisses, der Konzentrationsfähigkeit, der allgemeinen Intelligenz.   H.W.K.

Einbettung – Entbettung, *embedding – disembedding*, [1] Begriffspaar, das den Unterschied zwischen vormoderner Ortsgebundenheit der Lebensführung (Einb.) und der Herausgehobenheit „sozialer Beziehungen aus ortsgebundenen Interaktionszusammenhängen und ihre unbegrenzte Raum-Zeit-Spannen übergreifende Umstrukturierung" in der Moderne (Entb.) bezeichnen soll (A. Giddens 1995). Wichtige Mechanismen, die Entb. bewirken, sind erstens → symbolische Zeichen, die kursieren können ohne Rücksicht auf die Merkmale der Individuen oder Gruppen, die mit ihnen umgehen (z.B. Geld), zweitens → Expertensysteme, also Zusammenhänge von spezialisiertem Fachwissen, die tendenziell überall und unabhängig von Interaktionssituationen bestimmte Leistungen erbringen (z.B. Versorgung mit Elektrizität, bautechnische Prüfung von Gebäuden, Organisation des Telefonnetzes).   W.F.H.

[2] bei K. Polanyi → Entbettung

Eindrucksmanipulation, *impression management*, insbesondere von E. Goffman verwendeter Ausdruck zur Bezeichnung einer bestimmten Art der Selbstdarstellung von Personen oder Gruppierungen. E. bedeutet die unwillkürliche oder auch intendierte Steuerung und Kontrolle der Wahrnehmung der eigenen Person oder Gruppierung durch andere.   H.Ty.

Eindrucksoffenheit bezeichnet in der philosophischen Anthropologie (A. Gehlen) die relative Unabhängigkeit des menschlichen Wahrnehmungsapparates von angeborenen Reiz-Reaktions-Schemata.   W.F.H.

Einehe → Monogamie

Einer-Massen bezeichnet bei T. Geiger (1955) einen „Massenvorgang, der sich aus Häufung von Einzelübergängen ergibt", beispielsweise bei gleicher Richtung, von gleichen Ausgangs- zu gleichen Zielschichten als Fluktuation. S.S.

Einfachheit → Prinzip der Einfachheit

Einfachstruktur, *simple structure,* Kriterium in der Faktorenanalyse für die → Rotation von Faktorenachsen, das eine optimale Interpretation der Faktoren ermöglichen soll. Allgemein liegt eine E. vor, wenn die Variablen jeweils nicht von allen Faktoren abhängig sind. Speziell fordert L.L. Thurstone für die E., dass a) jede Variable von zumindest einem Faktor unabhängig sein soll, b) jeder Faktor bei einer gewissen Zahl von Variablen keine Faktorenladungen aufzeigen soll, c) es für je zwei Faktoren Variablen gibt, die auf einem Faktor keine, auf dem anderen dagegen hohe Ladungen besitzen, d) es nur wenige Variablen geben soll, die auf je zwei Faktoren gleichzeitig hohe Ladungen besitzen und dass e) bei einer Vielzahl von Faktoren viele Variablen für je zwei Faktoren keine Ladungen besitzen. Ob durch Rotation eine E. erreicht werden kann, hängt von der Struktur der Beziehungen der Variablen ab. H.W.

Einfaktortheorien → Theorienmonismus – Theorienpluralismus

Einfluss, horizontaler – vertikaler, in der Kommunikationssoziologie ist h. E. eine Form der Einflussnahme von Personen auf die Meinungsbildung anderer Personen innerhalb einer im Wesentlichen gleichen Gesellschaftsschicht. V. E. ist demgegenüber die Meinungsbeeinflussung in der Weise, dass Meinungen durch die Eliten einer Gesellschaft gebildet werden und allmählich von einer Gesellschaftsschicht zur nächsten durchsickern. → Kommunikationsfluss, zweistufiger E.L.

Einfluss, interpersonaler, *interpersonal influence,* die wechselseitige Beeinflussung zwischen Personen durch Interaktion. R.L.

Einfluss, kultureller, allgemein die kulturellen Einwirkungen einer Kultur oder Gesellschaft auf andere. W F H

Einfluss, persönlicher, Form der direkten Beeinflussung von Gruppenmitgliedern durch Gruppen(Meinungs-)führer, im Unterschied zur „unpersönlichen" Beeinflussung von Personen durch das Massenkommunikationsmedien Zeitung, Rundfunk und Fernsehen. E.L.

Einfluss, sozialer, *social influence,* im weitesten Sinne jedes Verhalten einer Person oder Gruppe, das in direkter oder indirekter Weise eine bestimmte Wirkung auf das zukünftige Verhalten oder die zukünftige Einstellung anderer Personen oder Gruppen derart ausübt, dass diese im Falle der Abwesenheit des Verhaltens anders sein würden. Gegenüber Macht, Herrschaft und sozialer Kontrolle ist s. E. der allgemeinere Begriff. E.L.

Einfluss, vertikaler → Einfluss, horizontaler – vertikaler

Einflussfeld, induzierendes Feld, *power field,* in der psychologischen Feldtheorie (K. Lewin) Bezeichnung für ein Kräftefeld, das von einer psychologischen oder sozialen Einheit (z.B. einer Person, Gruppe oder Schicht, ggf. auch von Normen oder Werten) ausgehend die Handlungen anderer solcher Einheiten beeinflusst, d.h. bewirkt oder hemmt. H.E.M.

Einflussforschung, kritische Bezeichnung für Studien über Schule und Bildung im Kapitalismus in den 1970er Jahren: Sie belegten den kapitalistischen Charakter der Schule allein durch den Nachweis der personellen Verflechtung von (Schul-)Bürokratie und Unternehmerverbänden und der Einflusschancen letzterer auf Bildungsplanung, Schulentwicklung, Lehrerfortbildung und Unterricht. W.F.H.

Einfluss-Panel, *impact panel,* Panel-Untersuchung, bei der die Wirkungen von Ereignissen und Einflüssen, etwa auf Einstellungen der Untersuchten, die zwischen den Untersuchungswellen auftreten, analysiert werden sollen. H.W.

Einflussschichten, Bezeichnung für die Teilgruppen einer Gruppe, denen ein sehr großer, mittlerer oder geringer Einfluss zugeschrieben wird. E.L.

Einfühlung, Empathie, Bezeichnung für das Sich-Hineinversetzen in eine andere Person (oder die Identifikation mit ihr) zu dem Zweck, sie durch inneren Nachvollzug ihrer Verhaltensweisen zu verstehen. E. findet statt aufgrund des eigenen Verhaltens und der eigenen Erfahrungen mit anderen. R.Kl./G.E.

Eingenerationenfamilie, besteht nur aus dem Gattenpaar. Die Definition eines Gattenpaares ohne bei ihm lebende Kinder als Familie ist umstritten. Bei Verwendung des Begriffs ist umstritten, ob ein Gattenpaar bereits nach der Heirat und ohne Kinder oder erst als Elternpaar, dessen erwachsene Kinder das Elternhaus verlassen haben, eine E. bildet. R.O.W.

Einheit der Gesellschaft, funktionale, Annahme des älteren Funktionalismus, dass alle institutionalisierten Handlungen und Elemente eines sozialen Systems – in Analogie zu biologischen Organismen – als selbsttätige Mechanismen gleichgewichtsregulierend und systemerhaltend wirken und somit das Funktionieren des Systems als einer konfliktfreien und integrierten Einheit regeln. B.W.R.

Einheit, kognitive, *cognitive unit,* in der Literatur zur kognitiven Konsistenz Bezeichnung für jedes Paar → kognitiver Elemente, die im Bewusstsein einer Person durch eine bestimmte Beziehung miteinander verbunden sind. R.Kl.

Einheitsfront → Volksfront – Einheitsfront

Einheitsgewerkschaft, gewerkschaftliches Organisationsprinzip, nach dem die Lohnabhängigen a) unabhängig von ihren Berufen und ihrer Branchenzugehörigkeit und/oder b) unabhängig von ihrer (partei-)politischen Ausrichtung in einer Gewerkschaft bzw. in einem Gewerkschaftszusammenschluss oder Dachverband organisiert sind.   H.W.

Einheitswissenschaft, programmatische Forderung des Wiener Kreises nach der Einheit aller Wissenschaften, die sich durch eine Einheitssprache ergeben soll, an die folgende Forderungen zu stellen sind: a) Intersubjektive Verständlichkeit, d.h. ihre Zeichen müssen für alle dieselbe Bedeutung haben; b) Universalität, d.h. es muss jeder beliebige Sachverhalt in ihr ausgedrückt werden können. Beide Forderungen sind bislang nicht erfüllt. Der von L. von Bertalanffy entwickelte Ansatz einer Allgemeinen Systemtheorie erhebt ebenfalls einen noch nicht eingelösten einheitswissenschaftlichen Anspruch.   L.K.

Einkommensmobilität, gibt Auskunft über die Statik oder Dynamik von Einkommensstrukturen und Einkommensungleichheiten. Insbesondere in der Armutsforschung spielt die Frage der Dauer von Armutsphasen eine wichtige Rolle für die Einschätzung der Befunde. Ein einfaches Maß zur Beschreibung von E. ist der Bartholomew-Index, der im Jahresvergleich darüber Auskunft gibt, wie groß der Anteil von Personen oder Haushalten ist, die zwischen Einkommensklassen (Quintile der Einkommensverteilung) wechseln; dabei wird auch die Höhe der Veränderung der Einkommensklasse berücksichtigt.   C.W.

Einkommens- und Verbrauchsstichprobe, EVS, liefert detaillierte Angaben zur finanziellen Situation (Einkommen, Vermögen, Schulden), zur Wohnsituation, zur Ausstattung mit Gebrauchsgütern und zum Konsumverhalten von privaten Haushalten. Sie wird in Fünf-Jahres-Intervallen vom Statistischen Bundesamt bzw. den Landesämtern erhoben; die Teilnahme erfolgt freiwillig. Neben Interviews werden die Daten auch aus Haushaltsbüchern gewonnen.   C.W.

Einkommensverteilung, erste – zweite, die Verteilung von Lohn- und Erwerbseinkommen von Personen bzw. Haushalten/Unternehmen vor bzw. nach der Umverteilung durch Sozialversicherungsabgaben und Steuern bzw. Subventionen und Transfereinkommen.   H.W.

Einparteiensystem – Mehr(Viel-)parteiensystem – Zweiparteiensystem. Die Anzahl der im politischen System handelnden Parteien ist ein wichtiger Faktor für dessen Funktion und die der Parteien. In USA und England besteht traditionellerweise aufgrund des Mehrheitswahlrechts ein Z., wobei in einigen Südstaaten der USA allein die Demokratische Partei auftritt, also ein E. besteht. Abgesehen von den politisch-institutionellen Folgen verschiedener Parteiensysteme (Regierungskoalitionen sind in einem Z. selten) haben diese vor allem Auswirkungen auf die Chance, den politischen Willen durch verschiedene Parteien (M. oder V.) oder aber durch verschiedene Fraktionen und Verbände innerhalb einer Partei zu artikulieren, wie dies für das E. und das Z. kennzeichnend ist.   W.F.H.

Einpunktbewegung, *single purpose movement,* offene politische Gruppierung, die ein einziges Ziel verfolgt und nicht als dauerhaftes Instrument politischer Durchsetzung angelegt ist (z.B. Ostermarschbewegung, Frauenrechtlerinnen, Organisationen für das Alkoholverbot). Mehrfach ist beobachtet worden, dass E.en nach Erreichung ihres Zieles entweder selbstständig oder in anderen Zusammenhängen weiter existierten. Dies geht auf eine Verselbstständigung der Führungsgruppe zurück, die neue Ziele für die Bewegung setzt, oder darauf, dass die an einer E. Beteiligten nicht nur in einem Ziel übereinstimmen, sondern in einem umfassenderen Zielbereich, der aber anfangs nicht artikuliert wird, weil das die Legitimierungschancen beeinträchtigen oder Unterdrückung und andere Einschränkungen von außen einbringen würde.   W.F.H.

Einrichtung, soziale, rational geordneter, durch Anstaltsbetrieb gekennzeichneter Teil einer Institution oder eines Institutionenverbandes. Im Gegensatz zur Institution (*crescive social institution*) ist die s. E. (*enacted social institution*) zweckspezifisch und zeitlich begrenzt.   W.L.B.

Einschätzung, soziale, *esteem,* die Wertschätzung, die eine Person innerhalb einer Gruppe genießt und die ihren → sozialen Rang bestimmt.   R.Kl.

Einschließungsmilieu → Disziplinarmacht

Einschnitt, epistemologischer, bezeichnet in der Nachfolge von G. Bachelard bei L. Althusser einen Prozess (und nicht ein Ergebnis oder Ereignis) der Entwicklung wissenschaftlicher Kategorien und Denksysteme, sich gegen die Selbstgewissheiten der lebensweltlichen und alltagspolitischen Praktiken und Redeweisen wenden.   K.K.

Einsetzungsriten, frz.: *rites d'institution,* Institutionalisierungsriten, nennt P. Bourdieu den aufwändigen Vorgang, nützliche Verbindungen herzustellen und aufrechtzuerhalten. Bestimmte soziale Institutionen (der Verwandtschaft, Freundschaft, Aristokratie usw.) verschaffen dem so Eingeführten einen Zauber des Geweihten. Durch E. erhält man Zugang zu materiellen oder symbolischen Profiten.   R.L.

Einstellung, Attitüde, *attitude.* Es gibt dispositionsbezogene, primär erlebensbezogene und verhaltensbezogene E.sbegriffe. Bei der ersten Gruppe bezeichnet E. eine von einer Person gelernte, relativ stabile [1] Disposition oder Bereitschaft, auf ein Objekt (Gegenstand, Person, Idee usw.) mit bestimmten (positiven oder negativen) Gefühlen, Wahrnehmungen und Vorstellungen sowie Verhaltensweisen zu reagieren. Dabei bezeichnet man die gefühlsmäßigen, emotionalen Regungen gegenüber dem Objekt als die affektive Komponente der E., die Wahrnehmungen, Vorstellungen, Auffassungen usw. von dem Objekt als die kognitive Komponente und die Verhaltenstendenzen gegenüber dem Objekt als die konative oder Handlungs-Komponente der E. Überwiegend wird die affektive Komponente als zentral betrachtet. Dagegen ist die Einbeziehung der Handlungs-Komponente in den E.sbegriff umstritten. Somit ergeben sich die folgenden Bedeutungsvarianten:
[2] Disposition oder Bereitschaft, ein Objekt in bestimmter (positiver oder negativer) Weise zu bewerten; hier umfasst der Begriff lediglich die affektive und die kognitive Komponente: E. als Disposition zu einer bestimmten Auffassung von einem Objekt und zu einer bestimmten Zuneigung oder Abneigung gegenüber dem in dieser Weise aufgefassten Objekt.
[3] Bei der zweiten Gruppe von E.sbegriffen bezeichnet E. ein gelerntes, relativ stabiles Erlebnismuster, mit dem eine Person auf ein Objekt reagiert. Das Muster besteht aus einer kognitiven, affektiven und konativen Komponente.
[4] Unter E. versteht man auch eine gelernte, relativ stabile affektive Reaktion einer Person auf ein Objekt.
[5] Der verhaltensbezogene E.sbegriff von M.L. DeFleur u. F.R. Westie bezeichnet die „Wahrscheinlichkeit des (Wieder-)Auftretens spezifischer Verhaltensformen". W.Sl
[6] *set,* ein Zustand der psychischen und nervlichen Bereitschaft, auf bestimmte Reize zu reagieren (Reizeinstellung) oder auf Reize in bestimmter Weise zu reagieren (→ Reaktionseinstellung). R.Kl.

Einstellung, autoritäre → autoritär

Einstellung, kollektive, eine Einstellung, die mehr oder weniger inhaltlich übereinstimmend, kohärent usw. von einer Großgruppe (z.B. Bevölkerung einer Stadt, eines Landes) oder von einem unter analytischen Gesichtspunkten gewählten Aggregat (die Frauen, die Alten o.ä.) geteilt wird. Der Begriff will sich (anders als dies Weltanschauung, politisches Bewusstsein, Ideologie o.ä. meist tun) empirischer Überprüfung und Erweiterung öffnen. W.F.H.

Einstellung, natürliche, [1] in der phänomenologischen Philosophie E. Husserls Bezeichnung für die selbstverständliche, untheoretische und praktische Orientierung der Menschen in einer Welt, die ihnen als Lebenswelt vertraut und bekannt sowie intersubjektiv gemeinsam ist.
[2] Der Sozialphänomenologe A. Schütz schließt bei seinem Versuch, die verstehende Soziologie (M. Webers) durch eine Analyse des Sinnbegriffs zu fundieren, an Husserl an und untersucht die Voraussetzungen, die in der n.n E. gemacht sind sowie deren Funktionsweise, u.a. – und auch von Husserl angeregt – die grundlegenden Annahmen („Idealisierungen") von der Beständigkeit der Weltstruktur und von der Beständigkeit der Möglichkeit, sie wahrzunehmen und auf sie einzuwirken; die Folienwirkung von erlernten Wissensformen („verfügbares Wissen" samt Typisierungen in einer Sozialgruppe oder Gesellschaft) für die Einordnung und Entschlüsselung von neuen Erfahrungen; die Sicherung von Intersubjektivität durch die fraglos geltende Idealisierung von der „Reziprozität der Perspektiven" bzw. der „Vertauschbarkeit der Standorte", also die Annahme, an der Stelle eines anderen würde ich eben das sehen, was er sieht, und umgekehrt. W.F.H.

Einstellungsänderung, *attitude change,* Bezeichnung für Veränderungen in der Denk- und Wahrnehmungs- (kognitiven), Fühl- (affektiven) und u.U. in der Verhaltens-Komponente einer Einstellung, und zwar entweder gleichermaßen bei allen drei Einstellungskomponenten oder aber zumindest bei einer der beiden ersten Komponenten. W.Sl.

Einstellungsänderung, kongruente – inkongruente, Bezeichnung für die Änderung einer Einstellung in der Richtung ihres bisherigen positiven oder negativen Vorzeichens (Verstärkung) bzw. in der Gegenrichtung zu ihrem bisherigen Vorzeichen (Abschwächung einer Einstellung oder Umkehrung ihres bisherigen Vorzeichens). W.Sl.

Einstellungsbeziehung, in der phänomenologischen Soziologie das Aufeinander-eingestellt-Sein zweier Handelnder, insofern als ich annehme, dass mein Partner sein Handeln und Verhalten ebenso an meinen Bewusstseinsabläufen orientieren werde, wie ich mein Handeln an den seinen orientiere. Die E. ist Voraussetzung eines aufeinander bezogenen Handelns. W.L.B.

Einstellungsbildung, *attitude formation,* Bezeichnung für den Lernprozess eines Individuums, in dem es aufgrund unmittelbarer Erfahrung mit einem Objekt oder aufgrund der Vermittlung durch andere Personen bestimmte Denk- und Wahrnehmungs- (kognitive), Fühl- (affektive) und Verhaltens-Dispositionen gegenüber dem Objekt sowie ein bestimmtes Beziehungsmuster zwischen diesen Dispositionen erwirbt.   W.Sl.

Einstellungs-Cluster, *attitude cluster,* Bezeichnung für eine Menge von zwei oder mehr Einstellungen eines Individuums, die eng miteinander zusammenhängen, sich gegenseitig stützen und von den anderen Einstellungen des Individuums relativ klar unterschieden und isoliert sind. So können z.B. die Einstellungen eines Individuums gegenüber einer bestimmten Minorität ein E.-C. bilden.   R.Kl.

Einstellungskonstellation, *attitude constellation,* Bezeichnung für die Gesamtheit der Einstellungen eines Individuums.   R.Kl.

Einstellungsmessung, nicht-reaktive, umfasst in Anlehnung an die *unobtrusive measures* (→ *measures, unobtrusive*) entwickelte Vorgehensweisen zur Einstellungsmessung, mit denen quasi natürliche Situationen herbeigeführt werden, die den Forschungscharakter der Situation vor den Untersuchten verdecken sollen. Hierdurch soll vermieden werden, dass die Untersuchten in ihren Äußerungen auf die Untersuchungssituation als solche reagieren. Bekannte Verfahren sind die → *lost letter technique* und die → *wrong number technique*.   H.W.

Einstellungsskala, *attitude scale,* Sammelbezeichnung für → Skalen verschiedenen Typs und unterschiedlicher Konstruktionsweise, mit denen die Intensität (Valenz oder Ausprägungsgrad) der verschiedenen Komponenten von Einstellungen gemessen werden kann. Im Allgemeinen besteht eine E. aus einer Reihe von → *items* oder *statements* (Behauptungen), zu denen der Befragte seine Zustimmung oder Ablehnung bzw. den Grad derselben ausdrücken oder in anderer Weise Stellung nehmen soll.   R.Kl.

Einstellungsverankerung → Verankerung von Attitüden

Einverleibung → Inkorporierung

Einverständnis, die den geltenden und anerkannten sozialen Regeln, Gesetzen und Bräuchen zugrunde liegende Übereinstimmung der Gruppenmitglieder. Sie sichert die Chance, das eigene Handeln erfolgreich an Erwartungen über das Verhalten anderer orientieren zu können (M. Weber).   W.F.H.

Einverständnishandeln, im Gegensatz zum Handeln aufgrund von Vereinbarungen, Satzungen und Rechten beruht E. auf der Chance, aufgrund allgemeiner Übereinstimmung sich erfolgreich an Erwartungen über das Verhalten anderer orientieren zu können (M. Weber).   W.F.H.

Einwegkommunikation → Kommunikation, gegenseitige

Einzelarbeit → *case-work*

Einzelfallarbeit, -hilfe → *case-work*

Einzelfallstudie, Fallstudie, *case study,* Untersuchungsform, die in der detaillierten Analyse einzelner Untersuchungseinheiten (Individuen, Gruppen, Institutionen u.a.) besteht. Das Ziel der E. ist, genaueren Einblick in das Zusammenwirken einer Vielzahl von Faktoren (etwa in den Biografien von Kriminellen) zu erhalten, wobei sie meist auf das Auffinden und Herausarbeiten typischer Vorgänge gerichtet ist. Eine E. wird häufig zur Vorbereitung oder als Ergänzung größerer Untersuchungen eingesetzt.   H.W.

Einzelmeister → Funktionsmeister

Einzelwissenschaft, Konzeption „einzelner", ursprünglich außerhalb des Bereichs der Philosophie stehender Wissenschaften, die voneinander getrennt und mit verschiedenen Methoden arbeiten, da sie dem Wesen nach unterschiedliche Objekte untersuchen. Dieser Auffassung liegt die Aufgliederung der Wissenschaften in die klassischen Disziplinen zu Grunde.   L.K.

Ekstase, griech. das „Außersichsein", Bezeichnung für veränderte Bewusstseinszustände und/oder Verhaltensweisen, die von den jeweils dominanten Vorstellungen einer Gesellschaft oder Gruppe abweichen und deshalb als abnormal und außeralltäglich gelten. Ekstatische Zustände lassen sich künstlich erzeugen, z.B. durch Alkohol, Tabak und ähnliche Narkotika, Musik, Gesang, Tanz, → Askese, Fasten, Meditation und Atemregulierung, können aber auch als plötzlich und unerwartet hereinbrechend erfahren werden. Die soziale und kulturelle Bedeutung der E. besteht darin, dass die vergesellschafteten Individuen mit ihrer Hilfe gegen den normierten, rationalen Regeln folgenden Alltag wenigstens zeitweise opponieren und ihn außer Kraft zu setzen vermögen und gleichzeitig damit der Zustand der → Außeralltäglichkeit durch eine befristete, i.d.R. ritualisierte Praxis gesellschaftlich akzeptabel gemacht werden kann, indem in der zeitlichen und räumlichen Differenz die Alltäglichkeit legitimiert wird. In der Gruppenekstase wird durch die sinnliche Erfahrung des Kollektivbewusstseins die Sozialität gestärkt (E. Durkheim, → *effervescence*). Eine soziale Rolle erhält die E. u.a. im → Schamanismus.   V.Kr.

élan vital (frz.), Lebensschwung, Lebensdrang, in der Philosophie von H. Bergson (1859-1941) die metaphysische Urkraft, aufgrund derer sich Mensch und Universum in schöpferischer Aktivität entfalten.   R.Kl.

Elastizität, die Fähigkeit eines sozialen Systems, trotz ungleichartiger und abweichender Erfüllung seiner Funktionen zu überdauern. Rollenvorschriften können z.B. nicht in absoluter Präzision gesetzt werden, weil sonst das System an der realen Verhaltensschwankung der Rollenin-

E

haber zerbräche. In der soziologischen System-theorie ist E. eine wichtige Ursache für sozialen Wandel. W.F.H.

Elastizität, sekundäre, Bezeichnung für Ermes-sensspielräume, die auch bei streng festgelegten Entscheidungsprozessen begrenzte Einflussmög-lichkeiten offen lassen (z.b. bei der festen Ver-bindung von Tatbestand und Gesetz dem Ge-richt Einfluss durch die Definition des Tatbe-standes lassen). W.F.H.

Elektrakomplex, in der psychoanalytischen Theorie ein nach Agamemnons Tochter Elektra benannter Konflikt bei Frauen, der insbesonde-re durch Penisneid und enge Bindung an den Vater charakterisiert ist. Dem entspricht beim Manne der (durch Kastrationsangst und Mutter-bindung bzw. Hass auf den Vater gekennzeich-nete) → Ödipuskomplex. K.H.

Element, Bezeichnung für einen nicht weiter zerlegbaren oder unter bestimmten Gesichts-punkten nicht weiter zu zerlegenden Bestandteil eines Sachverhalts oder Systems. Die E.e eines Systems schließen sich gegenseitig in dem Sinne aus, dass kein E. Teil eines anderen E.s sein kann. In diesem Sinne können nicht Individuen, Gruppen, Organisationen gleichzeitig als E.e ei-ner Gesellschaft bezeichnet werden. H.W.

Element, kognitives, für verschiedene Theorien der kognitiven Konsistenz Bezeichnung für die Grundeinheiten des menschlichen Denkens und Erkennens. Ein k. E. ist eine im Denken eines Menschen repräsentierte Information (eine „Vorstellung" oder ein „Wissen") über ein kon-kretes oder abstraktes Objekt, z.B. ein Verhal-ten, eine Situation, einen anderen Menschen, ein Ziel oder einen Wunsch, oder über irgendwel-che Beziehungen zwischen solchen Objekten. R.Kl.

Elementarereignis → Ereignisraum

Elite, [1] die Summe der Inhaber von Herr-schaftspositionen, deren Entscheidungen auf-grund ihrer Positions-Rollen gesamtgesellschaft-liche Folgen haben können.
[2] Die Summe der Inhaber der höchsten Rang-plätze auf der Macht- oder Prestigeskala der Gesellschaft, die aufgrund sozial akzeptierter Qualifikationen (z.B. Zugehörigkeit zum Adel, Besitz an Kapital, Leistungsnachweise) die hie-rarchisch höchsten Positionen in den sozialen Subsystemen einnehmen und deren Entschei-dungen mittels ihrer Positions-Rollen über das je spezifische Subsystem hinaus zur Erhaltung oder Veränderung der Sozialstruktur und der sie tragenden Normen beitragen, bzw. die mittels ihres Prestiges die Erwartungserwartungen in Handlungen mitbestimmen, an denen sie nicht beteiligt sind.

[3] In agrarischen Systemen die Gruppe, die an der Spitze der Sozialhierarchie steht, die die „vernünftige" Herrschaft inne hat und im gesell-schaftlichen Bewusstsein den Zweck des Gan-zen nach außen und innen repräsentiert, d.h. in allen Medien des sozialen Systems an der Spitze steht; die E. überragt die Beherrschten z.B. in Besitz an Wahrheit, Schönheit, Geld, Tugenden.
[4] Die Gruppe der Inhaber der höchsten Rang-plätze auf der Macht-, Einkommens- oder Pres-tigeskala innerhalb einer bestimmten Region; diese Gruppe, die auch Prominenz genannt wer-den kann, trifft weniger mit Macht, die sie durch Positionen hat, regional relevante Entscheidun-gen, sondern sie beeinflusst sie.
[5] → Aristokratie
[6] Nach V. Pareto (1916) die Summe der in den verschiedensten Tätigkeitsbereichen Erfolg-reichsten und Mächtigsten; die E. teilt sich in zwei Gruppierungen: die kombinatorische und die persistente E. O.R.

Elite, administrative → Verwaltungselite

Elite, alte → Elite, neue

Elite, dynastische, eine Führungsgruppe, deren Mitglieder alle einer Familie angehören und der dieser Tatbestand als ausschließliches Kriterium für die → Rekrutierung dient. O.R.

Elite, geschlossene, oligarchische Elite, jede Form von Elite, in der Rekrutierungs- und Zu-gehörigkeitskriterien von der Elite selbst vorge-geben und kontrolliert werden, um den Status in einer als dichotom strukturiert verstandenen Gesellschaft zu wahren. O.R.

Elite, kombinatorische, nach V. Pareto (1916) die Gruppierung der Erfolgreichsten und Mäch-tigsten in den Tätigkeitsbereichen, die dem Re-siduum „Kombination" entgegenkommen; dazu zählen: Bankiers, Wirtschaftsbosse, Manager, Advokaten, also alle, die aus dem Residuum zur ständigen Änderung, zu spekulativen Handlun-gen und Manipulation veranlasst werden. → Residuen O.R.

Elite, kulturelle, Einflussgruppe, die nicht auf das soziale und politische Verhalten der vielen einzelnen, sondern auf die Inhaber der Macht-positionen einwirkt. Zur k.n E. zählen: Hoch-schulleiter, Mitglieder der wissenschaftlichen und künstlerischen Akademien, Leiter von For-schungsinstituten, großen Theatern und Museen, arrivierte Künstler, Schriftsteller etc. O.R.

Elite, meinungsbildende, Gruppe von Inhabern der Schlüsselpositionen in Presse, Rundfunk und Fernsehen, die mittels der Massenmedien Einfluss auf das soziale und politische Verhalten der Einzelnen wie auf die Entscheidungen der Inhaber von Machtpositionen haben können. O.R.

Elite, neue, Bezeichnung für die → Funktionselite in bewusster Absetzung zu historisch älteren Formen der Elite, die dadurch gekennzeichnet waren, dass sie die Rekrutierungs- und Zugehörigkeitskriterien vorgaben und dass ihre Mitglieder die höchsten Rangplätze auf der Machtskala der Gesellschaft einnahmen (alte E.).   O.R.

Elite, offene, jede Form der Elite, in der Rekrutierungs- und Zugehörigkeitskriterien funktional von der Gesellschaft vorgegeben und überwacht werden, sodass der personelle Bestand jederzeit auswechselbar und abberufbar bleibt.   O.R.

Elite, oligarchische → Elite, geschlossene

Elite, patriarchale, jede Form von Elite, deren Mitglieder, unabhängig von der Art der Rekrutierungskriterien, lebenslang oder bis zum freiwilligen Rücktritt unbestritten ihre Positionen innehaben. Zur p.n E. gehören z.B. Bischöfe.
O.R.

Elite, persistente, nach V. Pareto (1916) die Gruppierung der Erfolgreichsten und Mächtigsten in den Tätigkeitsbereichen, die dem → Residuum „Persistenz der Aggregate" entgegenkommen; zur p.n E. zählen: Kapitalrentner, Großgrundbesitzer, Kirchenfürsten, Beamte; also alle, die aus dem Residuum zum Verharren im Bestehenden veranlasst werden.   O.R.

Elite, politische, [1] Herrschaftselite, jede Form von Elite, deren Entscheidungen aufgrund von Macht gesamtgesellschaftliche Folgen garantieren können. Zur p.n E. gehört nicht die Prominenz.
[2] Korrespondierender Begriff zu Verwaltungselite; p. E. ist dann die Führungsgruppe in dem Bereich, der die Funktion hat, die Bereitschaft, Entscheidungen der Verwaltung zu akzeptieren, zu gewährleisten und eine mehr oder weniger fraglose Anerkennung der Entscheidungen sicherzustellen, die nach Maßgabe von Plänen und Programmen bindend von der Verwaltung erstellt werden.   O.R.

Eliteformung, die Art der Bildung von Elite, die in sozialen Bewegungen feststellbar ist; in ihnen bildet sich eine Führungsgruppe, eine Gegenelite, die sich aufgrund von Kriterien durchgesetzt hat (z.B. politische Begabung und Bewährung), die nicht die Kriterien zur Rekrutierung der systemstützenden Elite sind.   O.R.

Elitekultur→ Populärkultur – Elitekultur

Emanation (lat.), „Ausfluss", [1] heißt metaphysisch das Hervorgehen eines niederen, weniger vollkommenen Seins aus einem höheren, vollkommenen Prinzip, wobei dieses dadurch nicht beeinflusst wird.
[2] In der Soziologie – recht ungenau – als Gegenbegriff zu → Evolution verwendet.   O.R.

Emanzipation, [1] ursprünglich: Entlassenwerden vom Gewalthabenden aus Gewaltverhältnissen, die im sozialen Kontext als „natürlich" gelten; so die E. des Sohnes aus der Gewalt des Vaters.
[2] In den bürgerlichen Bewegungen des 18. und 19. Jahrhunderts bezeichnet E. die Befreiung des Bürgertums aus ökonomischen, politischen, sozialen und geistigen Abhängigkeitsverhältnissen. E. heißt hier sowohl die soziale E.sbewegung als auch deren Idee, die die Ungerechtigkeit der Abhängigkeitsverhältnisse in Beibehaltung oder Wiedereinsetzung traditionaler (positiver) Rechtsformen sieht. Die → Aufklärung dieser Missstände gilt zugleich als Appell an die Herrschenden, diese Verhältnisse zu revidieren.
[3] Seit der Französischen Revolution bezeichnet E. die Selbstbefreiung von Gruppen, Klassen, Gesellschaften aus Zwangsverhältnissen. Die revolutionären Topoi Gleichheit und Freiheit werden als normative Setzung der Gleichheit aller als Ziel und die Freiheit als Befreiung aus ökonomisch, politisch und sozial bedingten Ungleichheiten zu den Zentralpunkten der soziologischen Theorien und der sozialistischen Bewegungen. Besondere Bedeutung kommen seitdem zu: a) der politischen E., beginnend mit der Gleichberechtigung der Bauern und des Proletariats seit dem Saint-Simonismus; b) der Frauen-E. seit dem Fourierismus; c) der menschlichen E. als der „Zurückführung der menschlichen Welt, der Verhältnisse auf den Menschen selbst" (K. Marx).   O.R.

embedded economy (engl.)   → Einbettung – Entbettung

embedding (engl.) → Einbettung – Entbettung

Emblem, Sinnbild, Kennzeichen, in der Kommunikationstheorie svw. nonverbales Zeichen.
O.R.

Emergenz, Emergenz-, Anhäufungs-, Aggregations- oder Kompositionseffekt, allgemein: qualitativer Sprung, neuer Zustand eines Systems, der nicht auf frühere Zustände oder Eigenschaften auf niedrigeren Aggregationsniveaus linear zurückgeführt werden kann. So können bestimmte Eigenschaften von Gruppen oder Organisationen (z.B. Kohäsion oder Effektivität) nicht vollständig durch Eigenschaften der beteiligten Mitglieder, sondern nur durch Rekurs auf Struktureffekte als Ergebnis von Interdependenz erklärt werden. Auch Auffassungen, die dem → methodologischen Individualismus nahe stehen, akzeptieren heute weitgehend, dass sich solche Struktureffekte nicht streng reduktionistisch erklären lassen. E.phänomene werden insbesondere in der Makrosoziologie und in systemtheoretischen Ansätzen betont (R. Ashby,

E

K.W. Deutsch, A. Etzioni). Nach R. Boudon bedeutet E. die Wirkungen einer sozialen Interdependenzsituation, die von den Akteuren nicht explizit angestrebt wurde. Daher lassen sich die meisten E.erscheinungen auch als kollektive → unvorhergesehene Folgen individueller intentionaler Handlungen deuten. E. ist ein zentrales Problem jeder Theorie der sozialen Ordnung, in der Struktur durch Handlungskoordination gemäß sozialer Rollen, Gruppeninteressen u. dgl. oder durch Selbststeuerung erklärt wird.

H.D.R./H.W./H.L.

emisch – etisch, Bezeichnung für unterschiedliche Stadien bzw. Ebenen in der Erforschung soziokultureller Strukturen. In der et.en Voranalyse werden die naturwissenschaftlich feststellbaren physischen Gegebenheiten erfasst (z.B. biologische Verwandtschaft), in der em.en Hauptanalyse die symbolisch-wissensmäßige Schicht gesellschaftlicher Tatbestände (z.B. das soziokulturell definierte Verwandtschaftssystem einer Gesellschaft). Das Begriffspaar em. – et. wurde vom Linguisten K.L. Pike geprägt und findet Anwendung in linguistisch orientierten Richtungen der Sozialwissenschaften. Ausgangspunkt der Unterscheidung sind die Untersuchungen über die Lautstruktur menschlicher Sprache: die Phon*etik* entwickelt einen Katalog eindeutig messbarer und trennbarer Laute (Phone); die phon*emische* Analyse wählt aus diesem Katalog die lautlichen Einheiten aus, die für eine bestimmte Sprache relevant sind.   F.S.

Emotion → Gefühl [1]

emotional man (engl.), ein neueres → soziologisches Akteurmodell (H. Flam 1990), das Emotionen wie Wut, Neid oder Liebe als dominante Handlungsantriebe betont. Weniger als „purer" e.m. bedeutsam, als als „constrained" e.m., also als emotionales Handeln, das durch Normen oder rationale Nutzenerwägungen gerahmt wird.   U.Schi.

emotional, gefühlsmäßig, auch → affektiv R.Kl.

Emotionskultur, allgemeine Bezeichnung für Komplexe von sozio-kulturellen Sinngebungen der Gefühle, die in ihrer geschichtlichen Konstellation oder im Verhältnis zum Zivilisationsprozess (N. Elias) untersucht werden.   W.F.H.

Emotionssoziologie, auch: Soziologie der Emotionen, Soziologie der Gefühle, Bezeichnung für das Forschungsfeld, welches sich mit der soziologischen Analyse von Gefühlen und ihrer Relevanz für die (Re-)Produktion sozialer Strukturen und Prozesse befasst. Die E. beschäftigt sich auf der Basis unterschiedlicher theoretischer und methodischer Ansätze mit Grundlagenfragen nach dem Zusammenhang von Emotionen, Kognitionen und Handlungen oder nach dem Verhältnis von Emotionalität und Rationalität,

die in den Bereich der soziologischen Theorie gehören. Ferner befasst sie sich mit spezifischen Emotionen wie z.B. Neid, Liebe und Vertrauen sowie mit den typischen Emotionen in spezifischen sozialen Bereichen und Systemen wie z.B. Emotionen in Organisationen.   R.S.

Empathie → Einfühlung

Empfänger → Adressat

Empfindung, Bezeichnung für die einfachen, nicht weiter zerlegbaren Erlebnisse oder Wahrnehmungen, die durch die Einwirkung eines Reizes auf ein Sinnesorgan ausgelöst werden. Nach den angesprochenen Sinnesorganen werden Gesichts-, Gehörs-, Gleichgewichts-, Organempfindungen usw. unterschieden. Ausgelöst werden E.en sowohl durch Reize außerhalb als auch innerhalb des Körpers. → Psychophysik; → Schwelle   R.Kl.

Empirie, Erfahrung, [1] im → Empirismus die unmittelbar gegebenen Wahrnehmungen. [2] In den modernen Sozialwissenschaften die Ebene der Daten, die über Tatbestände und Vorgänge in der Realität erhoben werden. L.K.

Empiriokritizismus, Bezeichnung von R. Avenarius für eine antimetaphysische, subjektivistische Richtung des Positivismus, die sich als „Kritik der reinen Erfahrung" verstand. Für den E. besteht Wissenschaft in einer gedanklichen Nachbildung von Tatsachen, die immer nur Empfindungen oder Bewusstseinsinhalte sind. So enthält z.B. eine Aussage über die Gesellschaft keine Anerkennung der Gesellschaft als Realität, als ein Selbstständiges, bildet auch diese nicht ab, sondern beinhaltet und bedeutet als Aussage nur die Beziehung auf die Tatsache Gesellschaft hin, die die Aussage nachbildet, auf die Erfahrungen von Gesellschaft, aus denen die Aussage denkökonomisch abstrahiert worden ist. Aufgabe der Wissenschaft ist daher nach dem E., die Erfahrungen und ihre wechselseitigen Beziehungen darzustellen, aus denen allein das „natürliche Weltbild" besteht; alles, was jenseits der Empfindung liegt, hat keine Realität an sich, ist metaphysisch. Vertreter des E. waren: R. Avenarius (1843–1896), E. Mach (1838–1916), der mit dem E. großen Einfluss auf die Naturwissenschaften nahm, sodass Machismus als Synonym für E. gebräuchlich ist, H. Gomperz (1873–1942), T. Ziehen (1862– 1950), A.A. Bogdanow (1837–1928), W.A. Basarow (1874–1939) u.a. Neben E. Husserl und R. Hönigswald hat vornehmlich W.I. Lenin den E. scharf kritisiert.

O.R.

empirisch, Bezeichnung für Aussagen oder Aussagensysteme, die sich direkt oder indirekt auf Erfahrungen beziehen und an ihnen überprüfen lassen.   H.W.

Empirismus, philosophische Strömung, die bereits mit dem Ausgang des Mittelalters einsetzt und die nicht in der Vernunft, sondern in der Erfahrung die Quelle allen Wissens sieht. Im Gegensatz zum klassischen Rationalismus will der E. von den unmittelbar gegebenen Wahrnehmungen her durch induktive Schlüsse die allgemeinen Gesetzmäßigkeiten erschließen. Dabei besteht die Gefahr einer psychologischen Reduktion wissenschaftlicher Erkenntnis auf Sinneswahrnehmungen. Neuere Formen des E. (logischer E. bzw. Positivismus) lassen Erfahrung nicht mehr als Erkenntnisquelle, sondern nur mehr als Bestätigungsinstanz für Aussagen gelten.   L.K.

Empirismus, logischer → Positivismus, logischer

Empowerment, aus dem Engl., meint allgemein die Stärkung individueller Akteure. Der Begriff entstammt der Frauenbewegung, die damit die potenziellen Opfer häuslicher Gewalt konfliktfähig zu machen suchte. Die Kinderschutzbewegung hat für den Kampf gegen sexuellen Missbrauch das Konzept übernommen. Auch im Kampf gegen den Frauenhandel hat der E.gedanke einen Platz. E. soll danach dazu dienen, sich männlicher Übergriffe zu erwehren bzw. sich in organisierter Form zu schützen. In ihren Grundannahmen und latenten Funktionen wird die E.bewegung als ein transnationales Moralunternehmen gegen männliche Gewalt bewertet. Der Begriff wird auch in organisationswissenschaftlichen und entwicklungspolitischen Zusammenhängen verwendet.   R.L.

empty-nest-Periode, in der Soziologie des Lebenslaufs Bezeichnung für jene Phase im Leben von Erwachsenen, die sich ergibt, wenn die erwachsen gewordenen Kinder den elterlichen Haushalt verlassen. Die Umstellung auf die e.-n.-P. gilt oft als krisenhaft, weil für die Eltern jetzt wieder ihre Gattenbeziehung dominant wird und auch, weil dies typischerweise mit einer „Krise der Lebensmitte" zeitlich zusammentrifft.   W.F.H.

encapsulation (engl.), svw. Verengung der Handlungsorientierung, nach J. Lofland (1969) kann e. folgen, wenn die eigene körperliche Integrität bzw. die Selbstachtung bedroht erscheint: Unterm Druck der Bedrohtheit wirkt die Zeit knapp, in der man ihr entgehen oder sie beseitigen will; rasch wirkende und leicht verfügbare Reaktionsmöglichkeiten werden anderen vorgezogen; Gedanken an die Folgen des Tuns (z.B. mögliche spätere Bestrafung) setzen aus. Unter bestimmten Bedingungen werden jetzt deviante Handlungen wahrscheinlich (bis hin zum Totschlag). → act, defensive deviant   W.F.H.

encoding (engl.), [1] im prozesstheoretischen Ansatz von Abbott (2001) die Fähigkeit von sozialen Strukturen, sich so in den gesamten sozialen Prozess einzuordnen, dass ihre dauerhafte Reproduktion ohne entscheidenden Wandel möglich wird.   W.F.H
[2] → verschlüsseln – entschlüsseln

encomienda (span.), „Schutzsystem", System der Zwangsarbeit und des Tributs, durch das jeweils Teile der indianischen Bevölkerung Amerikas durch die spanische Krone dem „Schutz" eines Kolonisators unterstellt wurden, der sich ihre Arbeit, jedoch nicht ihr Land aneignen durfte. Hierdurch sollte die Bildung einer Klasse von Feudalherren, die sich der Krone widersetzen konnten, in Lateinamerika verhindert werden.   H.W.

encounter (engl.), wörtlich: Zusammentreffen, Begegnung, bei E. Goffman (1961) Bezeichnung für eine soziale Situation, in der eine auf ein bestimmtes Thema gerichtete Interaktion (→ Interaktion, zentrierte) stattfindet.   R.Kl.

Endnachfrage, Endverbrauch → Konsum [1]

Endogamie – Exogamie, Binnenheirat – Außenheirat. En. bedeutet Heirat nur oder vorwiegend innerhalb einer Gruppe, z.B. eines Stammes, eines Clans, einer Religionsgruppe. Hingegen verbieten die Regeln der Ex. die Heirat innerhalb dieser Gruppe und führen zu regelmäßig geübtem Frauentausch. Mehrere durch diesen Tausch verbundene exogame Gruppen können sich innerhalb größerer Gruppen endogam verhalten, also eine endogame Obergruppe bilden.
                                         R.O.W.

endogen, „von innen heraus", Bezeichnung für Ursachen, Faktoren, Wandlungsprozesse, die aus dem Inneren eines Systems oder Komplexes von Beziehungen wirken.   H.W.

Energie, psychische, eine in sehr vielen psychologischen Theorien benutzte, gleichwohl aber sehr unscharf definierte, häufig nur metaphorische, der physikalischen Begriffsbildung entlehnte Bezeichnung der – hypothetischen – Ursache jeglichen Verhaltens überhaupt. Der psychologischen → Feldtheorie, der psychoanalytischen → Trieblehre, der Instinktlehre, aber auch den meisten anderen Motivationstheorien liegen explizite oder implizite Vorstellungen über das Wirken p.E., psychischer „Kräfte" o.ä. zugrunde. Kritiker dieser Vorstellungen betonen, dass die Einführung des Begriffs p.r E. nur dann sinnvoll sei, wenn man von der falschen Auffassung ausgehe, dass der Organismus „an sich" untätig sei. Der Organismus benötige keine besondere „Schubkraft", um ihn zu Aktivitäten zu veranlassen. Nicht Verhalten als solches müsse erklärt werden, sondern vielmehr die spezifischen Arten des Verhaltens.   R.Kl.

Engel'sches Gesetz, von E. Engel (1857) gemachte Beobachtung, die weithin als gesichert angenommen wird, nach der die Ausgaben eines Haushaltes für Nahrungsmittel bei steigendem Einkommen schwächer steigen als die Gesamtausgaben. Die Beziehungen zwischen Ausgaben für bestimmte Güter und dem Einkommen werden danach als Engel-Kurven bezeichnet. Ein gleiches Gesetz wie Engel formulierte Schwabe für Wohnungsausgaben, das jedoch nicht so gesichert ist. Weitere Untersuchungen ergaben überproportionale Anstiege für dauerhafte Konsumgüter und Dienstleistungen. Wichtige Überlegungen zur Abhängigkeit des Konsumverhaltens vom Einkommen stammen von J.S. Duesenberry, der u.a. Schichtzugehörigkeit, Schichtwechsel und Konsumgewohnheiten mit in Betracht zieht. H.W.

Enklave, [1] Wirtschaftsenklave, Einschluss eines Wirtschaftskomplexes, eines Unternehmens in eine regionale oder nationale Wirtschaft, ohne stärkere Integration in vor- oder nachgelagerte Bereiche. Typische Beispiele sind die sog. → Weltmarktfabriken. Je nach Perspektive handelt es sich um eine E. oder eine Exklave. H.W.

[2] Ein inselhaftes, teilweise baulich abgegrenztes oder befestigtes Wohnquartier, das durch soziale und/oder kulturelle Homogenität der Bewohner/innen gekennzeichnet ist. Im Unterschied zum → Ghetto besteht eine freie Wahl des Wohnortes, und die Wirtschaftsbeziehungen zur Außenwelt sind integriert oder ausbeuterisch. Die sozialen Beziehungen nach außen können sowohl offen als auch diskriminierend sein. Aktuelle und historische Beispiele sind Chinatown (Immigrantenenklave), bestimmte Typen von → *Gated Communities* (ausschließende Enklaven) oder imperiale E. in Kolonialreichen. J.W.

[3] Im Territorium eines Staates eingeschlossenes Hoheitsgebiet eines anderen Staates, z.B. das spanische Ceuta in Marroko, der US-Stützpunkt Guantanamo auf Cuba. H.W.

Enklaven, Problem der → Sinnbereiche, abgeschlossene

enkodieren – dekodieren, in der Kommunikationsforschung das → Verschlüsseln und Entschlüsseln einer Nachricht. Die *Cultural Studies* (insb. S. Hall) verabschieden damit das lineare Modell von Kommunikation: Sender – Nachricht – Empfänger. Da E. und D. zwei selbständige Vorgänge sind, korrespondieren die Resultate nicht zwangsläufig. Der Empfänger kann die angebotene Definition akzeptieren *oder* dagegen opponieren *oder* eine neue Version aushandeln. Die Hegemonie der Massenmedien kann so durchbrochen werden. R.L.

Enkulturation, Bezeichnung für den Prozess, durch den der Mensch von Geburt an die kulturellen Überlieferungen seiner Gruppe (→ Kultur, → Gruppenkultur) erlernt und somit ein „Mitglied" dieser Kultur wird. Dazu gehört vor allem das Erlernen der (gruppen- und schichtspezifischen) Sprache. Die E. vollzieht sich nur teilweise als bewusste Vermittlung und Aneignung von kulturellen Inhalten und Techniken (z.B. in der Schule); viele wichtige Aspekte der Kultur werden hauptsächlich unbewusst aufgrund von Erfahrungen in der alltäglichen Kommunikation und Interaktion mit den relevanten → Bezugspersonen des Individuums gelernt. Insofern diese kulturellen Elemente im Zuge der E. von dem Individuum „verinnerlicht" (→ Verinnerlichung) werden, ist die E. ein wichtiger Aspekt des Aufbaus der → sozialkulturellen Persönlichkeit. Die E. wird im Allgemeinen als ein Aspekt oder Teil, bisweilen (G. Wurzbacher, T. Scharmann) jedoch auch als ein eigener Prozess neben der → Sozialisation des Individuums betrachtet. R.Kl.

Enkulturationsmedien, Bezeichnung für die Instanzen, in denen oder durch das Individuen enkulturiert werden. R.Kl.

Enkulturationsreize, die von einer bestimmten sozialen Umwelt ausgehenden Stimuli, durch welche das Lernen kultureller Muster beeinflusst wird. R.Kl.

Enquête (frz.), *inquiry*, Bezeichnung für eine sozialwissenschaftliche Untersuchung und den Bericht über ihre Ergebnisse. O.R./W.F.H.

Entäußerung, *alienation*, [1] in den Staatsvertragstheorien der klassischen politischen Philosophie Bezeichnung für die Übertragung von allen Rechten der Mitglieder der Gesellschaft an den Staat bzw. an die Repräsentation der Gesamtgesellschaft (der Bürger entäußert sich seiner Rechte).

[?] Bei G.W.F. Hegel bezeichnet die Kategorie E. die Äußerung des Inneren tätiger Subjekte; Formen dieser Äußerung sind Arbeit und Sprache. Im Prozess der E. findet eine Entzweiung statt, indem für das Bewusstsein des Subjekts das Veräußerte Teil der Wirklichkeit wird (Fürsichsein), etwas bewirkt, und parallel eine Entleerung des Subjekts eintritt, bzw. das Bewusstsein an sich als Begriff. Das Werden der Wirklichkeit (Objekt) ist abhängig von der E. des Subjekts, da das Innere zum Äußeren und zugleich die Äußerlichkeit desselben aufgehoben wird. Damit hat die E. konstitutive Bedeutung für das Subjekt-Objekt-Verhältnis und für die dialektische Methode generell.

[3] Wie Hegel geht K. Marx auf die Arbeit als Ursprung der E. zurück. „Die E. des Arbeiters in seinem Produkt hat die Bedeutung, nicht nur, dass seine Arbeit zu einem Gegenstand, zu ei-

ner *äußern* Existenz wird, sondern dass sie *außer* ihm, unabhängig, fremd von ihm existiert und eine selbstständige Macht ihm gegenüber wird, dass das Leben, was er dem Gegenstand verliehn hat, ihm feindlich und fremd gegenübertritt" (1844). Weitestgehend wird hiermit bei Marx E. identisch mit → Entfremdung.
[4] → Verdinglichung O.R.
[5] In der verstehenden Soziologie: das Individuum kann sich nur selbst erfahren und mit sich identisch werden, indem es sich selbst als Inhaber einer sozialen Rolle gegenübertritt. R.L.

Entäußerung, totale → Entfremdung, totale

Entbettung, *disembedment,* [1] bei Karl Polanyi (1957) Bezeichnung für die Loslösung vor allem wirtschaftlicher Strukturen und Prozesse von gesellschaftlichen Kontrollen und Restriktionen durch verallgemeinerte Warenwirtschaft seit Mitte des 19. Jahrhunderts. Polanyi versteht besonders die Marktgängigkeit von Land, Arbeit und Geld als Ausgangspunkt der Gesellschaftskrise des aufstrebenden industriellen Kapitalismus, unter deren Eindruck in einer „zweiten Welle" neue Formen gesellschaftlicher Kontrolle, zumal staatlicher Regulation eingeführt werden (Einbettung). Das Theorem erhielt neue Aktualität im Kontext der aktuellen Globalisierungsdebatte, u.a. durch die New International Political Economy und in Deutschland durch Elmar Altvater. R.Kö.
[2] → Einbettung – Entbettung

Entbürokratisierung, *debureaucratization,* Prozesse der Auflösung oder Verminderung strenger Vorschriften für das Handeln in Verwaltungen, oft mit dem Ziel umweltangepassterer Zielerfüllung oder der Verbesserung des Kontaktes zwischen Verwaltung und den auf sie angewiesenen Personen. W.F.H.

Entdeckungszusammenhang – Rechtfertigungszusammenhang, *context of discovery – context of justification,* von H. Reichenbach (1938) in die Erkenntnis- und Wissenschaftstheorie eingeführte Bezeichnungen zur Unterscheidung der empirischen (psychischen und sozialen) Bedingungen, unter denen wissenschaftliche Theorien entstehen bzw. erzeugt werden und die zu wissenschaftlichen Entdeckungen führen (E., auch Entstehungs- oder Erzeugungszusammenhang), von den logischen Zusammenhängen, die für die Beurteilung der Gültigkeit oder des Wahrheitsanspruches einer wissenschaftlichen Theorie von Bedeutung sind (R. oder Begründungszusammenhang). Während die Analyse des E.es eine Aufgabe der empirischen Wissenschaften (insbesondere der → Wissenschaftssoziologie) ist, wird die Analyse des R.es als Aufgabe der Erkenntnis- und Wissenschaftstheorie im engeren, logisch-normativen Sinne betrachtet (→ Logik der

Forschung). Dabei wird betont, dass die im E. bedeutsamen Tatsachenfragen für die Beantwortung von Geltungsfragen, die den R. betreffen, unerheblich sind: ob z.B. eine Theorie wahr oder falsch ist, hat mit den Umständen ihrer Entstehung nichts zu tun. Der → Kritische Rationalismus, der die logisch-rationale Rechtfertigung von Theorien für unmöglich hält, spricht statt vom R. lieber vom Beurteilungs-, Bewertungs- oder Kritikzusammenhang („*context of criticism", „context of rational evaluation"*)R.Kl.

Entdifferenzierung, Prozess der Auflösung eines strukturell und funktional gegliederten Systemzusammenhangs, der zu Minderung des Leistungspotenzials, Gefährdung der Zielverwirklichung des Systems führen, schließlich schrittweise dessen Bestands- und Überlebensvoraussetzungen zerstören kann. B.W.R.

Enteignung → Expropriation

Entelechie (gr.), Vollkommenheitszustand, seit Aristoteles verstanden als Zweckrealisierung, mit der ein vollendetes Einzelding als abgeschlossenes Ganzes zustande kommt. Meint E. im engeren Sinne, dass jedes Einzelding in seiner Form sein Idealziel als Anlage in sich enthält, so wird zugleich damit angesprochen, dass die Form Energie als wirkende Ursache in sich birgt. Der angesprochene Prozeß zur Verwirklichung der E. wird als kontingent angesehen, was heißt, dass der Mensch durch sein eigenes Verhalten für seine E. verantwortlich ist; nur die Befolgung der Tugenden ermögliche es dem Menschen nach Aristoteles, zum „guten Menschen" zu werden und damit seine E. zu erreichen. Seit der Aufklärung heißt E. zumeist Tendenz und zugleich die Fähigkeit des Einzelnen, sich selbst zu verwirklichen (W. Stern 1918) und legitimiert damit die Ablehnung der die E. hindernden äußeren Kräfte. Und seit dem 19. Jahrhundert wird die E. in der Entwicklungs- und Evolutionstheorie aufgegriffen als Bezeichnung für das dem Ding naturgesetzmäßig vorgegebene Ziel der Entwicklung. O.R.

Entfremdung von der Arbeit → Arbeit, entfremdete

Entfremdung, *alienation,* [1] allgemein Bezeichnung für den Prozess, in dem eine Beziehung oder ein Verhältnis zu einer Sache, einer Situation, einem Menschen oder einer sozialen Gruppe zerstört wird oder verloren geht. Als Synonyme werden z.T. fälschlich verwandt: Entäußerung, Vergegenständlichung, Verdinglichung, Entwirklichung, Alienation und → Reifikation.
[2] Bei G.W.F. Hegel bezeichnet E. die Form der → Entäußerung, bei der ein Teil der Entzweiung zum Ganzen gemacht wird. So führt die Aufklärung zur E., wenn der dialektische Widerspruch zwischen subjektiv und objektiv durch die Ab-

E

solut-Setzung des Verstandesprinzips aufgehoben scheint. Die Entäußerung der Arbeit des tätigen Subjekts wird zur E., wenn das bewirkte Objekt nicht mehr in Beziehung zum Inneren des Subjekts steht, ihm etwas Fremdes, Selbständiges wird.

[3] In der marxistischen Theorie wird E. zum Ausdruck einer bestimmten historischen Situation, die sich durch kapitalistische Produktion, durch Privateigentum an den Produktionsmitteln und durch Lohnarbeit auszeichnet. Die E. der Arbeit besteht darin, dass der Gegenstand der Arbeit, das Arbeitsprodukt, für den Lohnarbeiter zu etwas Fremdem, Äußerlichem, zu einer Ware wird, das der Arbeiter für einen anonymen Markt schafft. Die kapitalistische Lohnarbeit entfremdet den Arbeiter aber nicht nur vom Produkt seiner Tätigkeit, sondern von der Tätigkeit selber. E. meint also nicht nur das Verhältnis des Arbeiters zum Produkt der Arbeit, sondern zugleich das Verhältnis der Arbeit zum Akt der Produktion. Beide Aspekte führen dazu, dass der Arbeiter sich von sich selbst entfremdet, dass er einem anderen Menschen gegenübersteht, wenn er sich selbst gegenübersteht. „Der Arbeiter fühlt sich erst außer der Arbeit bei sich und in der Arbeit außer sich" (K. Marx).

[4] In der soziologischen Forschung wird der E.begriff ohne historische und gesamtgesellschaftliche Dimensionen konzipiert (R. König, E. Topitsch, R.K. Merton) und als anomisches Verhalten operationalisiert. Der bekannteste Versuch stammt von M. Seeman (1959), der fünf Erscheinungsweisen von E. unterscheidet: das Gefühl der Machtlosigkeit, das Gefühl der Sinnlosigkeit, die Situation der Normlosigkeit, die Situation der Isolierung und die Selbst-E.

                               P.G./O.R.

Entfremdung, politische, *political alienation,* empirisch orientiertes Konzept in der politischen Soziologie, der politischen und Sozialpsychologie, das verbreitete Einstellungen und Haltungen fassen will, die auf emotionaler Ablehnung des (demokratischen) politischen Systems beruhen oder als anderswie abträglich für sein Funktionieren gelten. Theoretisch wie empirisch hat sich ein gemeinsames Verständnis nicht durchgesetzt; oft werden in den Operationalisierungen Übergänge zu einer generellen sozialen Entfremdung oder zu Störungen in der Persönlichkeit gemacht. Gemeint sind mit p.r E. meist fehlendes Verständnis für die Konkurrenzmechanismen in der Demokratie (etwa zwischen Parteien) und ein Vertrauen in den Staat an sich, in einen Führer; ein allgemeines Misstrau-

en gegen Politiker bzw. gegen die politische Sphäre, oft verbunden mit Verachtung des „politischen Geschäfts"; eine Wahrnehmung von politischen Auseinandersetzungen als im Grunde störend oder unnötig, oft verbunden mit Vertrauen in Fachleute und „sachliche Entscheidungen"; Desinteresse an Politik bis hin zu politischer Apathie.   W.F.H.

Entfremdung, totale, frz.: *aliénation totale,* totale Entäußerung, bezeichnet bei J.J. Rousseau (1752) die Abgabe aller Rechte jeden Gesellschaftsmitgliedes an die Gesamtheit im Gesellschaftsvertrag; in ihm geben die Mitglieder der Gesellschaft ihre natürliche (subjektive) Freiheit zu Gunsten der Freiheit unter selbstgegebenen Gesetzen der → *volonté générale* auf.   O.R.

Entfremdung, zwanghafte, *compulsive alienation* → Konformität, zwanghafte

Enthemmung, *disinhibition,* [1] lerntheoretisch (im Anschluss an I. Pawlow) Bezeichnung für die Aufhebung einer durch einen Hemmreiz erzeugten Löschung oder Hemmung einer Verhaltensweise durch die Darbietung eines Zusatzreizes. Dabei wird angenommen, dass der Zusatzreiz die Wirkung des Hemmreizes hemmt. H.S.
[2] In der Instinktlehre Bezeichnung für die Auslösung einer Instinkthandlung bzw. die Aktualisierung eines Instinktautomatismus durch die Überwindung einer hemmenden Schwelle. Dazu sind im Allgemeinen eine hinreichende Antriebsspannung und ein auslösender Reiz erforderlich.   R.Kl.

Entideologisierung, [1] allgemeine Bezeichnung für den Prozess, durch den politisch-soziale → Ideologien, und zwar entweder bestimmte, spezifische ideologische Aussagensysteme und Programme oder ideologisches Denken überhaupt, an gesellschaftlicher Bedeutung verlieren, da sie nicht länger zur Legitimation bestehender Herrschaftsverhältnisse, politischer Zielsetzungen usw. benutzt und/oder akzeptiert werden. Der Begriff wurde insbesondere in den 1950er und frühen 1960er Jahren benutzt, um die damals angeblich vorherrschende Tendenz zu einer „pragmatischen", nicht länger an den klassischen politischen Ideologien wie Sozialismus, Liberalismus, Konservativismus usw. orientierten Politik zu kennzeichnen. Mit dem Argument, dass diesem Verzicht auf eine explizite ideologische Auseinandersetzung selbst eine implizite Ideologie zugrunde liege, die auf die Leugnung und Verschleierung nach wie vor bestehender Klassengegensätze ziele, wurde insbesondere von marxistischen Kritikern bestritten, dass es sich hier tatsächlich um eine E. handele. → Mittelstandsgesellschaft, nivellierte   R.Kl.
[2] Im engeren Sinne Bezeichnung für den Prozess und das Ergebnis der Überprüfung ideolo-

gischer Aussagen auf ihren Wahrheitsgehalt und des Nachweises, dass diese Aussagen, obwohl sie für sich selbst objektive Gültigkeit, „Wissenschaftlichkeit" usw. in Anspruch nehmen, nur die materiellen gesellschaftlichen Verhältnisse und Interessen widerspiegeln. Synonym: Ideologiekritik. O.R.

Entindividualisierung, bezeichnet Vorgänge und Konstellationen, durch die man sich als einer unter vielen ähnlichen Menschen vorkommt, z.B. Kunden in Einkaufszentren, Verkehrsteilnehmer im Stau, Besucher eines Sportstadions (U. Schimank 2000). W.F.H.

Entinnerlichung der Familie, ein Zurücktreten von familiären Handlungen und Absichten, die über den direkten Nutzen der Familie hinausgehen. Die wachsende Wichtigkeit der Lebenserhaltung der Familie dient der Festigung der Familie als Institution in der industriell entwickelten Gesellschaft (H. Schelsky). W.F.H.

Entinstitutionalisierung → Institutionalisierung

Entkirchlichung, [1] Bezeichnung für einen Prozess der gesellschaftlichen Isolierung von Kirchen, der Freisetzung sowohl des profanen gesellschaftlichen Raumes als auch der Kirchen hinsichtlich ihrer spezifisch religiösen Funktionen, verbunden mit einem schwindenden Einfluss der Kirchen in außerreligiösen Bereichen (F.X. Kaufmann).
[2] Bezeichnung für den Rückgang der Teilnahme der formellen Kirchenmitglieder an den als spezifisch ausgewiesenen Veranstaltungen des kirchlichen Lebens. J.Ma.

Entkolonisierung → Entwicklungsland

Entkriminalisierung, eine Handlung oder eine Person vom Makel des Kriminellen befreien; insbesondere auf der Ebene der Gesetzgebung durch Streichung oder Modifikation von Strafrechtsnormen (→ Kriminalisierung). M.B.

Entlastung, [1] in der Anthropologie, vor allem in der anthropologischen Theorie der Institution (A. Gehlen, H. Schelsky) wird der Begriff der E. speziell zur Bezeichnung der Funktion gesellschaftlich sanktionierter kultureller Verhaltensmuster verwandt, die darin bestehe, dem – im Unterschied zum Tier nicht instinktgesteuerten – Menschen die „Last" der Entscheidung zwischen den vielfältigen möglichen Verhaltensweisen und der Orientierung in der Fülle von Eindrücken und Reizen, von denen er „überflutet" wird, abzunehmen oder wenigstens zu erleichtern.
[2] In der Systemtheorie N. Luhmanns spielt der Begriff der E. unter der Bezeichnung „Reduktion von Komplexität" eine zentrale Rolle. R.Kl.

Entlehnung, kulturelle, Bezeichnung für die Übernahme von Kulturelementen aus einer anderen Kultur. W.F.H.

enlightenment (engl.) → Aufklärung

Entlohnung → Lohnsystem

Entpersönlichung, *depersonalization*, Bezeichnung für den Abbau „persönlicher" Beziehungen zwischen Menschen zugunsten einer Regelung der sozialen Beziehungen nach generellen und abstrakten, „unpersönlichen" Normen, wie es etwa für die Beziehungen zwischen den Funktionären einer Bürokratie und den Klienten dieser Bürokratie kennzeichnend ist: Bürokraten und Klienten verkehren nicht als individuelle „Personen" miteinander, sondern als Träger spezifischer Rollen; an die Stelle diffuser und partikularistischer Beziehungen treten spezifische und universalistische Beziehungen. R.Kl.

Entpolitisierung, [1] Bezeichnung dafür, dass Einzelne und Gruppen nicht mehr an der politischen Willensbildung teilnehmen oder dies ohne gründliche Informiertheit und ohne Abwägung ihrer Lebensinteressen tun. Mit E. suchte sich vor allem die westdeutsche Studentenbewegung den niedrigen Stand der politischen Aktivität in der Arbeiterschaft (und in anderen Bevölkerungsgruppen) trotz weiter bestehender sozialer Ungleichheit und Konfliktlagen zu erklären. Eine halbherzige Verarbeitung des Nationalsozialismus, die politische Restauration in der Bundesrepublik, der Einfluss von Massenmedien, die Prägung durch Kulturindustrie u.a. wurden für diese E. verantwortlich gemacht. W.F.H.
[2] Auch Bezeichnung für einen Vorgang, durch den bestimmte Lebensbereiche (z.B. wissenschaftliche Diskussionen) von politischen Aspekten, d.h. Machtfragen, freigehalten werden. R.Kl.

Entqualifizierung → Dequalifizierung

Entropie, „Umwandelbarkeit", [1] aus der Thermodynamik stammende Bezeichnung für den Grad der Nichtumkehrbarkeit physikalischer Vorgänge: so geht nach dem 1. Hauptsatz der Thermodynamik Wärme immer nur von wärmeren zu kälteren Körpern über, niemals umgekehrt. Nach dem 2. Hauptsatz wächst die E. eines Zustands (etwa eines abgeschlossenen Körpers mit einem Gas) proportional dem Logarithmus der Wahrscheinlichkeit des Zustands: $E = k \ln W$ (k = physikalische Konstante). Hiernach streben alle abgeschlossenen physikalischen Systeme dem Zustand maximaler E. oder Wahrscheinlichkeit zu. Unter thermodynamischer Wahrscheinlichkeit wird die Anzahl der Möglichkeiten verstanden, durch die ein Zustand (etwa eine Verteilung von Energie über die Moleküle eines Gases) realisiert werden kann.

Ein formal gleicher Ausdruck wie für die E. findet sich in der Definition des → Informationsgehaltes einer Zeichenmenge. E. und Informationsgehalt werden oft unrichtig als Synonyme verwendet.

[2] In der allgemeinen Systemtheorie misst E. den Grad der Unordnung in einem System: Die E. einer Gruppenstruktur ist umso größer, je gleichmäßiger Aktivitäten, Interaktionen, Gefühle über die Gruppenmitglieder verteilt sind (F. v. Cube und R. Gunzenhäuser 1967). Im Unterschied zu geschlossenen Systemen können offene Systeme (Organisationen, Gesellschaften) durch Energieaustausch mit der Umwelt sich in einem Zustand hoher Ordnung halten oder weiter strukturieren (L. von Bertalanffy).

H.J.D./H.W.

Entropie, negative → Informationsgehalt

Entscheidung, *decision,* auch Wahlhandlung, *choice,* umfassende Bezeichnung für den Vorgang des Auswählens einer Handlung aus einer mehr oder weniger fest umrissenen Menge von Handlungsmöglichkeiten. Der Begriff der E. hat in den letzten Jahrzehnten in vielen Wissenschaften, darunter Ökonomie, Psychologie, Sozialpsychologie, Soziologie, eine zentrale Stellung erreicht (→ Entscheidungstheorie; → *rational choice-theory*). H.W.

Entscheidungen unter Gewissheit → Entscheidungen unter Ungewissheit

Entscheidungen unter Risiko, Entscheidungen, in denen der Handelnde, der eine Wahl zwischen seinen Handlungsmöglichkeiten zu treffen hat, nur die Wahrscheinlichkeiten kennt, mit der die verschiedenen möglichen Ergebnisse seiner Aktionen (Reaktionen eines Gegners oder Naturereignisse in → Spielen gegen die Natur) eintreten. Aus den Wahrscheinlichkeiten der Ergebnisse und ihren Nutzen ergibt sich das Risiko einer Handlung. Die Wahrscheinlichkeitsverteilung über die möglichen Ereignisse oder Reaktionen (auch A-priori-Verteilung genannt, wenn sie vor der Entscheidungsfindung gegeben sein soll) kann durch subjektive Schätzung oder durch Experimente gewonnen werden, bzw. man kann eine Verteilung der Entscheidung zu Grunde legen, die für den Handelnden besonders ungünstig ist (→ Minimaxkriterium) oder zunächst alle Ereignisse als gleich wahrscheinlich ansehen. Ist keine Wahrscheinlichkeitsverteilung gegeben, so spricht man von → Entscheidungen unter Ungewissheit, die etwa in der → Spieltheorie behandelt werden. H.W.

Entscheidungen unter Ungewissheit, Entscheidungen, bei denen der Handelnde eine Wahl unter seinen Handlungsmöglichkeiten zu treffen

hat, ohne zu wissen, welche Handlungen sein Gegenspieler aus seinen Möglichkeiten ergreifen wird oder ergriffen hat. Ist der Gegenspieler die „Natur" (Spiele gegen die Natur), dann bezieht sich die Ungewissheit darauf, welcher der möglichen Zustände vorliegt oder eintreten wird, etwa bei der Entscheidung, ob gefischt werden soll oder nicht, ob Fische vorhanden sind oder nicht. Weiß der Handelnde, welcher Zustand vorliegt, so spricht man von Entscheidung unter Gewissheit. H.W.

Entscheidungen, biografische, jene strategischen Entscheidungen, die die weitere Lebensführung langfristig festlegen, also z.B. Berufs- oder Studienwahl, Wahl des Ehepartners, ein Kind bekommen. W.F.H.

Entscheidungen, kollektive, *social choice, social decision* auch: kollektive Abstimmungen, Bezeichnung für Entscheidungen, die auf den Entscheidungen oder Präferenzen für bestimmte Alternativen von zwei und mehr Individuen beruhen (etwa in Gruppen, Gremien, Parlamenten oder der Bevölkerung). Neben der Untersuchung soziologischer und sozialpsychologischer Determinanten in Gruppenentscheidungen (z.B. des Risiko-Verhaltens) finden sich logische Untersuchungen der Abhängigkeit der k.n E. von den jeweils geltenden Entscheidungsregeln, der möglichen Verteilungen von Präferenzen und der Macht- und Mehrheitsverhältnisse im Entscheidungsgremium. Im Anschluss an die Diskussion um Wohlfahrtsfunktionen in der Wohlfahrtsökonomie wird insb. das Problem der Aggregierung einer sozialen Präferenzordnung aus der Menge der individuellen Präferenzordnungen untersucht. Die Unmöglichkeit der Erstellung einer aggregierten Präferenzordnung unter bestimmt angegebenen Bedingungen (u.a. keine diktatorischen k.n E., Beeinflussung der k.n E. durch die individuelle Entscheidung), die bei allen möglichen individuellen Präferenzordnungen zu konsistenten Ergebnissen führt, ist nach K.J. Arrow (1951) als Arrows Paradox bezeichnet worden. Bedeutsam ist auch das Olson-Theorem zur Rationalität sog. *free rider* geworden (→ Kollektivgüter) sowie die These von G. Hardin (1968) zum allgemeinen Missbrauch kollektiven Eigentums. H.W.

Entscheidungen, mehrstufige, Entscheidungen, die in mehrere aneinander anschließende Entscheidungsvorgänge aufgeteilt sind. Die Handlungsmöglichkeiten, die sich auf einer bestimmten Stufe ergeben, werden von der Entscheidung auf der vorhergehenden Stufe bestimmt. Man nennt m. E. auch einen dynamischen Entscheidungsprozess. Die mathematischen Modelle zur Lösung von m.n E. werden als dynamisches Programmieren bezeichnet und gehen zum größten Teil auf A. Wald und R. Bellman zurück.   H.W.

Entscheidungsgehalt, Anzahl der maximal notwendigen Ja-Nein-Entscheidungen, um aus einer Menge von Elementen oder Zeichen ein bestimmtes Element auszusondern. Sind z.B. vier Zeichen *A, B, C* und *D* gegeben und soll entschieden (geraten) werden, welches Element vorliegt, so benötige ich maximal zwei Entscheidungen, um das Element festzulegen: Ist es in *A, B* oder *C, D*? Ist es *A* oder *B* bzw. *C* oder *D*? Der E. kann als anderer Ausdruck für den → Informationsgehalt einer Nachricht aufgefasst werden. Er wird wie der Informationsgehalt in → *bit* gemessen.   H.W.

Entscheidungsgesellschaft, Bezeichnung dafür, dass die moderne Gesellschaft u.a. dadurch charakterisiert ist (U. Schimank 2005), dass die Akteure zunehmend häufiger rationale Entscheidungen treffen müssen (weil andere Akteure das erwarten bzw. weil institutionelle Konstellationen entsprechend gebaut sind), und sie dies auch selbst wollen (weil ihnen das durch die Sozialisation nahegelegt wurde).   W.F.H.

Entscheidungsmatrix, Matrix, deren Zeilen aus den möglichen Aktivitäten des Handelnden, deren Spalten aus den möglichen Ergebnissen der Handlungen gebildet werden. Die Elemente der E. bestehen aus den Nutzen oder Verlusten, die den Kombinationen von Handlungen und Ergebnissen zugeordnet sind. Werden die Spalten durch die Aktivitäten eines zweiten Handelnden gebildet oder werden die Ergebnisse als „Aktivitäten" der Natur aufgefasst, dann wird die E. auch als → Spielmatrix oder Auszahlungsmatrix bezeichnet.   H.W.

Entscheidungsnorm, ein Begriff aus der Rechtssoziologie von E. Ehrlich: jeder allgemeine Grundsatz, der in einem Streitfall dem Gericht über die Partikularität der jeweiligen Parteinormen hinweghilft und auch solche Probleme entscheiden lässt, die in den Parteinormen nicht geregelt sind. E.en befinden sich also in der Rechtssphäre, die jenseits der inneren Ordnung gesellschaftlicher Einheiten beginnt. Problematisch sind die Formulierungsbedingungen der E. Ehrlichs E. entsteht im Graubereich juristischer Tradition, in dem der Tatbereich in den Rechtsbereich übergeht.   M.O.H.

Entscheidungsprogramme → Programmierung von Entscheidungen

Entscheidungsprozess → Entscheidungen, mehrstufige

Entscheidungsregel → Strategie

Entscheidungstheorie, Theorie der rationalen Wahl oder Wahlhandlung, übergreift Disziplinen (Soziologie, Ökonomie, Psychologie, Philosophie, Statistik), die sich mit den Kriterien und Bedingungen rationaler individueller und kollektiver Entscheidung befassen. Zu den ausgearbeiteten Gebieten und Modellen gehören die → Spieltheorie, die → Operationsforschung, die → Wohlfahrtsökonomie, die Psychologie des Risikoverhaltens, die Probleme der Nutzenmessung und Erstellung konsistenter individueller und kollektiver Präferenzordnungen, die Theorie statistischen Testens und Entscheidens und anderes mehr. Als neuer Sammelbegriff bietet sich heute auch die sog. → *rational choice-theory* an.   H.W.

Entscheidungsvariable, Bezeichnung für diejenigen veränderlichen Größen in einem System von Variablen, die durch Entscheidung des Akteurs verändert werden können.   H.W.

Entschichtung, [1] Bezeichnung für den Prozess zunehmender Verwischung von Schichtgrenzen. [2] Bezeichnung für den sozialen Prozess der Nivellierung von Schichtunterschieden. [3] Bezeichnung für den Abbau der Bedeutung gesellschaftlicher Schichten überhaupt (→ Umschichtung).   M.B.

entschlüsseln → verschlüsseln – entschlüsseln

Entsexualisierung, die Verneinung bzw. Neutralisierung von sexuellen Antrieben oder von Ausdrucksformen der Sexualität in einer einzelnen Gesellschaft oder einer Gesellschaft (als Folge übermächtiger Normen).   W.Sa./W.F.H.

Entsozialisierung, Desozialisation, Asozialisation, Bezeichnung für die Umkehrung eines Sozialisationsprozesses, also für einen Prozess, bei dem die Ergebnisse einer Sozialisation rückgängig gemacht werden. Die Person „verlernt" hierbei die bereits internalisierten Normen, weil ihre Befolgung im Interaktionsprozess keine Verstärkung mehr erfährt. Im Hinblick auf die kulturellen Selbstverständlichkeiten einer bestimmten Gruppe wird dieser Prozess häufig begleitet von Entfremdung und Ablösung von dieser Gruppe (z.B. als Folge längerer Abwesenheit) und von Anpassung an eine andere Kultur.   R.Kl.

Entstehungszusammenhang → Entdeckungszusammenhang – Rechtfertigungszusammenhang

Entsublimierung, nach psychoanalytischer Terminologie die Rückkehr von bereits auf kulturell als wertvoll anerkannte Objekte gelenkter Triebenergie auf die ursprünglich interessierenden sexuellen. Allgemeiner der Übergang zu kulturell nicht als wertvoll anerkanntem Verhalten.   K.H.

Entsublimierung, repressive, Prozesse scheinbarer sexueller Liberalisierung (z.B. „die kommerzielle Freigabe" der Sexualität „an Geschäft und Vergnügen", H. Marcuse): das gesellschaftliche Herrschaftszentrum kann sich eine solche Freigabe leisten, weil seine Interessen in der

Psychostruktur der Menschen als deren vermeintlich eigene verankert sind.   W.Sa.

Enttäuschungsfestigkeit. Erwartungen sind enttäuschungsfest, wenn und soweit sie auch angesichts gegenteiliger Erfahrungen aufrechterhalten werden.   N.L.

Entwicklung, *development*, [1] Prozess der Veränderung von Objekten in einem größeren Zeitabschnitt, in dem einzelne Abschnitte oder Phasenübergänge „Punkte ohne Wiederkehr" (*points of no return*) sind, da in der E. irreversible Veränderungen eingetreten sind; diese Veränderungen weisen einen höheren Grad an Differenziertheit und Komplexität auf (→ Evolution).

[2] Prozess fortschreitender Veränderungen sozialer Gebilde bis zu einem Endzustand hin (→ Entwicklung, soziale).

[3] Prozess der physischen und psychischen Reifung des Einzelnen oder von Gruppierungen bezogen auf biologische Vorgänge und/oder auf Anpassungsvorgänge an eine systemabhängige Umwelt (soziale Reifung). → Sozialisation

[4] Prozess der Entfaltung des einzelnen Lebewesens vom befruchteten Ei bis zum ausgewachsenen, vollentwickelten Organismus (→ Ontogenese).

[5] Prozess der Veränderungen in der Stammesgeschichte von Tieren oder Pflanzen (→ Phylogenese).

[6] Psychische E. → Entwicklungspsychologie, → Entwicklungsphasen

[7] Selbstentwicklung, Selbstentfaltung, bezeichnet im Idealismus den Prozess des Fortschritts in Hinblick auf Vervollkommnung; die E. setzt sich zusammen aus der „Selbstentfaltung des Göttlichen in der Welt, Selbstentwicklung des Lebendigen zum Göttlichen hin" und aus der schöpferischen Darstellung des Weltprozesses (K. Hoffmeister).

[8] Bezeichnung für die Umkehrung einer Kausalkette, indem die in der Zeit rückführenden bewirkenden Ursachen nun parallel zur Zeit als verursachende Wirkungen, als notwendige Abfolge betrachtet werden.   O.R.

Entwicklung, autozentrierte, auch dissoziative E., ein entwicklungspolitisches Konzept (D. Senghaas 1977), das darauf abzielt, die Unterentwicklung und Abhängigkeit in den Ländern der Dritten Welt zu überwinden durch *self-reliance* (Eigenständigkeit) der nationalen Ökonomien. Die Außenorientierung der Ökonomien (insb. Export von Rohstoffen, Import von Ausrüstungen für die Industrie und Technologien sowie von Luxusgütern) soll durch eine neue Verbindung von landwirtschaftlicher und industrieller Entwicklung, durch Entwicklung der Binnenmärkte für die bisher ausgeschlossenen Massen der Bevölkerung, Minderung der technologischen Abhängigkeit und durch eigenständige kulturell-technologische Entwicklungen erfolgen. Die a.E. bedeutet jedoch keine Autarkie. An die Stelle der → internationalen Arbeitsteilung zwischen Metropolen und Peripherie soll eine vertiefte Arbeitsteilung zwischen den Ökonomien der Dritten Welt, insb. auf den Rohstoffsektoren treten.   H.W.

Entwicklung, dissoziative → Entwicklung, autozentrierte

Entwicklung, nachhaltige, *sustainable development*, politisches Konzept, das angesichts der Endlichkeit von Ressourcen, zunehmenden Umweltbelastungen und Umweltzerstörungen, globaler Ungleichheit und bestehenden Verteilungskonflikten einen Kompromiss zwischen ökonomischem Wachstum, Umwelterhaltung und sozialer Gerechtigkeit (→ Nachhaltigkeit) sucht. So geht die *World Commission of Environment and Development* (WCED) davon aus, dass die Umweltproblematik eine Folge von Armut ist und durch wirtschaftliche Entwicklung beseitigt werden kann. Im sog. Brundtland-Bericht (1987) heißt es: „Sustainable development is development that meets the needs of the present without compromising the ability of future generations to meet their own needs." Der Erfolg dieser Formel liegt vor allem in ihrer operationalen Unbestimmtheit. Zu fragen ist etwa nach den gesellschaftlichen Ordnungen, die es ermöglichen, einvernehmlich Bedürfnisse zu formulieren, Fehlentwicklungen zu erkennen und diese auf demokratische Weise zu korrigieren.   H.W.

Entwicklung, nachholende → Industrialisierung, nachholende

Entwicklung, politische, Bezeichnung insbesondere der → *comparative politics*, die die Chancen parlamentarischer Demokratie in Entwicklungsländern untersucht. Sie entwickelt Ablaufschemata des Übergangs von einer Familien- und Stammesgesellschaft zur Herausbildung eines politischen Systems, das den anderen gesellschaftlichen Bereichen gegenüber relativ selbstständig ist. In welchen Zusammenhängen p. E. mit sozioökonomischen Bedingungen steht, hat die Diskussion nicht abschließend geklärt.   W.F.H.

Entwicklung, psychosexuelle → Libidostufen

Entwicklung, soziale, [1] zumeist undefiniert gelassen und implizit i.S. von → sozialem Wandel verwendet.

[2] Soziologische Definitionen i.e.S. sind in der Zielangabe oft wertbeladen und benutzen Entwicklung damit als Synonym für Fortschritt. So sieht R.F. Behrendt Entwicklung als „gelenkten

dynamischen Kulturwandel ...", verbunden mit wachsender Beteiligung immer zahlreicherer Mitglieder des Sozialgebildes an der Förderung und Lenkung dieses Wandels und an der Nutznießung seiner Ergebnisse". Ähnliches gilt für die häufige Gleichsetzung von Entwicklung mit Modernisierung, Verwestlichung u.ä.
[3] Im Unterschied zu → Evolution, → Fortschritt und → Wandel ein sozialer Prozess, durch den charakteristische Elemente der Sozialstruktur verändert werden, wobei die realen Veränderungen im Verhältnis zu den objektiven Möglichkeiten gesehen werden.   G.E.

Entwicklung, unilineare → Fortschritt

Entwicklungsaufgaben, *developmental tasks,* von dem Entwicklungspsychologen R.J. Havighurst (1951) formuliertes Modell von Herausforderungen, die sich dem Jugendlichen bei seiner Entwicklung in körperlicher, seelischer und sozialer Hinsicht stellen und von deren Bewältigung und Bewältigungsart viel für das weitere Leben abhängt. E. sind u.a. das Erreichen einer emotionalen Unabhängigkeit von den Eltern und von anderen Erwachsenen, die Gestaltung der jetzt möglichen Beziehungen zum andern Geschlecht, die Vorbereitung auf den Beruf, die Entwicklung der Zielsetzung, wirtschaftlich selbstständig zu leben, die kognitive Vorbereitung auf die Staatsbürgerrolle. Andere Entwicklungspsychologen sowie Jugendsoziologen haben diesen Katalog erweitert und verändert; geblieben ist die dem Modell implizite, deutlich normative Blickrichtung aus der Erwachsenenperspektive, die zudem das Auftreten von E. im Erwachsenenalter abschatten könnte.   W.F.H.

Entwicklungsgesetz, [1] es basiert nach H. Spencer auf den biologischen „Prinzipien" der Entwicklung des Organischen von unzusammenhängender Homogenität zur zusammenhängenden Heterogenität. Einfache, d.h. wenig strukturierte Gebilde (wie z.B. Horde, Stamm) entwickeln sich infolge des Bevölkerungswachstums zu komplexen, d.h. äußerst differenziert strukturierten Aggregaten (wie z.B. Nationalstaat) und zeichnen sich durch ihre hohe Leistungseffizienz aus, die die Grundlage für eine fortschreitende individuelle Emanzipation (vor allem: Wohlstand, Rechtssicherheit, Freizügigkeit in Aktivitäten) bildet.   G.K.
[2] → Gesetz, historisches

Entwicklungsland, unterentwickeltes L., entwicklungsgehemmtes L., Kurzbezeichnung für ein Land, das nach unterschiedlich verwandten Maßstäben (oft Pro-Kopf- Einkommen der Bevölkerung, auch Alphabetisierung, Infrastruktur oder individuelle Chancengleichheit) deutlich hinter „entwickelten" Ländern, wo E. als Begriff geprägt wurde, zurücksteht. Im E. wird „Ent-

wicklung" eher als steigende politisch-ökonomische Unabhängigkeit (Entkolonialisierung), von außen her eher als soziale Annäherung bei politischer Abhängigkeit gesehen; soziologisch ist der Entwicklungsbegriff mehrdeutig.   L.C.

Entwicklungsorientierungen, bezeichnen in der Sozialpsychologie die Vorstellungen Jugendlicher davon, welche Schritte bzw. Ziele sie im Laufe ihrer weiteren Entwicklung wann erreichen wollen, also die „Erwartungen über den zeitlichen Ablauf der eigenen Entwicklung" (E. Schmitt-Rodermund/R.K. Silbereisen 1999).   W.F.H.

Entwicklungsphasen, Entwicklungsstufen des Menschen, in der Psychologie Bezeichnung für die verschiedenen, mehr oder weniger deutlich voneinander abgrenzbaren Stufen, die der einzelne Mensch im Laufe seiner Entwicklung (→ Entwicklungspsychologie) durchläuft. In welche Abschnitte die Entwicklung im Einzelnen eingeteilt wird, hängt stark von den jeweiligen psychologischen Entwicklungstheorien ab. So unterscheidet die psychoanalytische Theorie verschiedene Stufen (→ Libidostufen) der psychosexuellen Entwicklung. Üblich ist die Stufenfolge: Säugling – Kleinst- und Kleinkind – Kind – Jugendlicher – Heranwachsender – Erwachsener – Alternder – Alter Mensch – Greis. Andere E., die in der Literatur eine besondere Rolle spielen, sind → Pubertät, → Adoleszenz. Wichtig ist, dass das in Jahren gemessene Lebensalter allein keine Rückschlüsse auf die jeweils erreichte E. erlaubt. Es gibt individuelle Unterschiede der Entwicklung („Entwicklungsalter"). Viele Merkmale bestimmter E. werden nicht durch natürliche Reifungs- oder Alterungsprozesse, sondern durch soziale Umstände, vor allem durch → Sozialisation und Zuschreibung, erworben. → Alter, soziales   R.Kl.

Entwicklungspsychologie der Lebensspanne, *life-span developmental psychology,* neuere Richtung in der Entwicklungspsychologie. Sie betont im Unterschied zur früheren Konzentration der Entwicklungspsychologie auf Kindheit und Jugend die lebenslange körperlich-seelischsoziale Entwicklung des Menschen, fasst ihren Gegenstand als einen altersbezogenen Prozess von Entwicklung und Verlust, untersucht Wandlungen und Krisen (hierbei wird unterstellt, dass nicht Krisen per se nachteilige Wirkungen für die weitere Entwicklung haben, sondern die Art und Weise, wie der Mensch darauf reagiert) und zeigt durch Vergleich mehrerer Geburtskohorten, dass die Entwicklung in der Lebensspanne je nach kulturell-historischen Bedingungen usw. unterschiedlich verläuft. Zur E. d. L. gehören auch die Studien über → kritische Lebensereignisse sowie Studien in praktischer Absicht (über

Präventions- und Interventionsmöglichkeiten in den Altersphasen). Häufig Zusammenarbeit mit Nachbardisziplinen, z.B. mit Soziologie des Lebenslaufs und Sozialisationsforschung.   W.F.H.

Entwicklungspsychologie, *development psychology,* auch: psychologische Entwicklungstheorie, Bezeichnung für das Teilgebiet der Psychologie, das die Veränderungen der Fähigkeiten und Verhaltensweisen des Menschen im Verlaufe seines Lebens erforscht. Im Vordergrund der E. steht die Untersuchung von Reifungsprozessen (d.h. Veränderungen, die spontan und aus rein inneren Gründen nach Ablauf einer bestimmten Zeit eintreten, wie etwa das Gehenlernen des Kleinkindes) einerseits und andererseits von Veränderungen, die auf Umwelteinflüsse bzw. auf die Interaktion des Individuums mit der Umwelt zurückgehen (Prägung, Lernen, Übung).   R.Kl.

Entwicklungssoziologie, [1] spezielle Soziologie von Entwicklungsprozessen. Im Gegensatz zur Soziologie der Entwicklungsländer nicht geografisch, sondern thematisch beschränkt auf die Untersuchung der Veränderung von typischen Strukturen eines sozialen Objektes. Entwicklung bezieht auch das Umfeld des sozialen Wandels ein und ist damit weiter als dieser.   G.E.
[2] Zuweilen auch svw. Soziologie der Entwicklungsländer.   R.L.

Entwicklungsstufen → Entwicklungsphasen

Entwicklungstheorien, [1] *developmental theories,* bezeichnet implizite Vorstellungen der Eltern darüber, wie sich ihre Kinder entwickeln und wann ihnen welche Autonomierechte zugestanden werden sollten (Feldman/Quaterman 1988).   W.F.H.
[2] Theorien der Entstehung und Entwicklung moderner, nationalstaatlicher Gesellschaften, speziell der kapitalistischen Industriegesellschaften, die lange Zeit von vielen Theoretikern als Modellfall der Entwicklung in Form einer → Modernisierung galten. Die meisten bedeutenden soziologischen Theoretiker (Marx, Weber, Durkheim, Simmel, Elias, Parsons, Luhmann) haben hier zu ihre spezifischen Beiträge geliefert. Die Erfahrungen mit den Problemen nachholender Entwicklung (→ Industrialsisierung, nachholdende) führten in Lateinamerika nach dem 2. Weltkrieg zur Formulierung von Theorien der abhängigen Entwicklung (→ Dependencia-Theorien) als Erklärung von „Unterentwicklung" (H. Cardoso, C. Furtado, A.G. Frank). Die Ungleichzeitigkeit von Entwicklungen in den Zentren und an der Peripherie wurde von I. Wallerstein in der Weltsystemtheorie weiter ausgearbeitet. Die Theorien abhängiger Entwicklung wurden ergänzt von Konzepten ei-

ner → autozentrierten Entwicklung (D. Senghaas). Während in den 90er Jahren des vorigen Jahrhunderts nach dem Zusammenbruch der Sowjetunion, dem Auftauchen sog. → Schwellenländer in Südostasien und Lateinamerika und der Stagnation in Afrika schon das „Ende der großen (Entwicklungs-)Theorien" ausgerufen wurde, nehmen E. heute die Form von Theorien der → Globalisierung an (z.B. M. Castells' Theorie der → „Netzwerkgesellschaft").   H.W.
[3] → Evolutionstheorien

Entwicklungstheorien, psychologische → Entwicklungspsychologie

Entwicklungsweise, von M. Castells unter Verweis auf A. Touraine benutzter Terminus für große technologische Arrangements, insbesondere → Industrialismus und → Informationalismus. Diese stehen quer zu „Produktionsweisen" wie → Kapitalismus oder → Etatismus, sodass sich begrifflich vor allem zwischen unterschiedlichen Formen industrieller Gesellschaften differenzieren lässt.   R.Kö.

Entwirklichung → Entfremdung

Entzauberung, [1] religionssoziologisch der Vorgang, dass der Glaube an Magie zurückgedrängt, Götter und Dämonen eliminiert werden.
[2] In der allgemeinen Soziologie der Prozess zunehmender Intellektualisierung des Denkens sowie der → Rationalisierung [2].   R.L.

Entzweiung, Bezeichnung seit G.W.F. Hegel für den Prozess des Auseinandertretens in einen dialektischen Widerspruch. Die E. ist die geschichtliche Form der Einheit, so z.B. bei der → Entfremdung, bei der gesellschaftlichen Entwicklung etc.   O.R.

environment, created (engl.) → Umwelt, gestaltete

Environmentalismus, *environmentalism,* Bezeichnung von E.C. Semple (1863-1932) in Anschluss an F. Ratzel für eine geografisch orientierte soziologische Richtung, derzufolge der Mensch immer nur zusammen mit dem (geografischen) Raum, in dem er lebt, untersucht werden kann; dieser je spezifische Raum determiniert das menschliche Handeln und Erleben. Da heute auch die Erforschung der sozialen Umwelt als E. bezeichnet wird, heißt der Ansatz von Semple nun deterministischer E.   O.R.

EP → *participation, evaluated*

Epidemiologie, Lehre von den Epidemien, von der Häufigkeit des Auftretens bestimmter Krankheiten und den Formen ihrer Verbreitung. Im weiteren Sinne werden in den Sozialwissenschaften solche Untersuchungen als epidemiologische Forschungen bezeichnet, die die Ausbreitung von Nachrichten, Gerüchten, technischen

Neuerungen, Kontaktnetzen u.a. in einer bestimmten Bevölkerung zum Gegenstand haben. H.W.

Epigenesis, Modell für sozialen Wandel, demzufolge Änderungen im sozialen System als Umänderungen von Funktionen und den dazugehörigen sozialen Einheiten anzusehen sind. Diese Änderungen im System hängen von Umweltveränderungen ab, die von den Funktionsänderungen im System beeinflusst werden können. O.R.

Epiphänomen, Begleiterscheinung, [1] in der Medizingeschichte Bezeichnung für ein zufälliges, nicht notwendiges Symptom, das sich zusätzlich zu den charakteristischen Symptomen bei einer Krankheit einstellt. [2] In der Sozialphilosophie ist mit E. ein Oberflächenphänomen gemeint, das in Abhebung von realen, dem Bewusstsein nicht unmittelbar zugänglichen Vorgängen wahrgenommen wird. So ist für Materialisten das Bewusstsein ein E. der Materie oder des Seins. O.R.

Episode, [1] in der → phänomenologischen Soziologie eine bestimmte Abfolge von Interaktionen, die in einer gegebenen kulturellen Umgebung immer wiederkehrt. E.n des Alltags sind beispielsweise: Wortwechsel mit dem Briefträger an der Haustür, Spiel mit den Kindern. [2] Elementarer Begriff der → Ereignisanalyse. R.L.

Episoden, im Rahmen von → Ereignisanalysen die Zeiträume zwischen zwei Ereignissen oder Zustandswechseln; so stellt sich z.B. ein Lebenslauf als eine Sequenz verschiedener E. dar. E. werden als linkszensiert bezeichnet, wenn keine Informationen zum Beginn einer Episode vorlegen, bei einer rechtszensierten E. fehlen Daten zum Ende der Episode, da diese z.B. zum Erhebungszeitpunkt noch nicht abgeschlossen ist. Unter bestimmten Voraussetzungen lassen sich jedoch auch rechtszensierte Daten im Rahmen der Ereignisanalyse bearbeiten. C.W.

Episteme, bei M. Foucault Bezeichnung für die Wissensform einer Epoche. In einer gegebenen Kultur ist die Beziehung zwischen den wahrnehmbaren Dingen (Wahrnehmungsraum) und dem, was über sie ausgesagt, d.h. gewusst werden kann (Sprachsystem), auf eine je spezifische Weise kodiert. Die E. bildet die Gesamtheit der Grundkodierungen einer Epoche. V.K.

Epistemologie, Erkenntnistheorie, im spezielleren Sinne → Wissenschaftstheorie. H.W.

Epistemozentrismus, scholastischer, auch: scholastischer Ethnozentrismus, *scholastic fallacy,* bezeichnet bei P. Bourdieu (2001) eine (gewöhnlich unbemerkte) vorurteilhafte Erkenntnishaltung von Sozialwissenschaftlern, die darin besteht, dass sie ihre Kategorien und Klassifikationen als Abbild der sozialen Praxis auffassen bzw. die soziale Praxis als Ausführung der sozialwissenschaftlich formulierten Regelsysteme. Die Sozialwissenschaftler ignorieren gewöhnlich alles, was sie, indem sie ihre Objekte von außen und aus der Ferne einer handlungsentlasteten Situation betrachten, in sie hineinprojizieren. Z.B. habe „der Soziologe, der das Schulsystem untersucht, einen Umgang mit der Schule, der nichts mit dem eines Vaters zu tun hat, der eine gute Schule für seine Tochter sucht." (Bourdieu/Wacquant 1996) → Disposition, scholastische W.F.H.

Epoché (griech.), „Anhalten", [1] in der antiken Philosophie Bezeichnung für das Anhalten i.S. von Innehalten in der Suche nach Wahrheit. Denn der akademische Streit zwischen den philosophischen Schulen um das, was Wahrheit sei, lenke vom Sinn des Philosophierens ab, nämlich glückselig zu werden. [2] In der Stoa steht E. für die ethische Forderung, man habe seine Zustimmung zu jeglicher Vorstellung anzuhalten, d.h. zurückzuhalten; E. gegenüber allen Dingen. [3] In der Phänomenologie bezeichnet E. den Übergang vom natürlichen zur phänomenologischen Einstellung. E. bedeutet hier das Ausschalten der theoretischen Vormeinungen in Hinblick auf ein thematisiertes Objekt. O.R.

equation, personal (engl.) → Gleichung, persönliche

equilibrium, moving (engl.) → Fließgleichgewicht

Equity-Theorie, eine sozialpsychologische Perspektive auf das Problem gleicher und gerechter Güterverteilung. *Equity* (engl., schwer übersetzbar) bezeichnet einen Maßstab, nach dem Vorteile und Lasten in fairer Weise zugewiesen werden sollen. Die Resultate müssen als recht-und-billig, ausgewogen, anständig anmuten. Gemessen wird die *equity* am Quotienten zwischen Aufwand und Ertrag, die sich einem sozialen Akteur zurechnen lassen. Mühe und Lohn sollen in einem angemessenen Verhältnis stehen. Die *E.*-T. klärt die Operationen, mit welchen die Akteure unter diesem Gerechtigkeitsideal vorgehen. R.L.

Erbcharisma nennt M. Weber eine Lösung des notwendigen Veralltäglichungsprozesses reinen persönlichen Charismas: in Form der Vorstellung, dass Charisma eine Qualität des Blutes sei und also an der Sippe des ursprünglichen (realen oder fiktiven) Charismaträgers hafte. C.S.

Erbe, soziales, *social heritage,* in der intergenerativen Folge gesehen der Erwerb von Eigenschaften des sozialen Systems im Sozialisationsprozess, die als determinierende Faktoren den

Inhalt dieses Prozesses bestimmen, z.B. Werte, Normen, Rollenerwartungen. **O.R.**

Ereignis, bezeichnet in der neueren Kulturforschung das Auftreten oder Vorkommen von Handlungen im Zeitablauf – kontrastiert zum Sinn oder Inhalt der Handlung. Betont wird der Unterschied zum Werk, dessen Begriff sich erweitert, z.B. zur „Serie", zum „Projekt", zur „offenen Struktur", zum „Protokoll einer Aktion". Hier, in der künstlerischen Avantgarde der zweiten Hälfte des 20. Jhdts., zeigt sich das „Wechsel zum Performativen, vom Raum zur Zeit, vom Werk zum E." (D. Mersch 2002). Im Theater wird „Werktreue" vom „Regieprojekt" als Arbeitsgrundlage abgelöst; das Malen kann monochrom sein, Musik tonlos gemacht werden (J. Cage). **R.L.**

Ereignisablaufanalyse, in ihr werden, ausgehend von einem definierten auslösenden Ereignis (z.B. Bruch eines Ventils), über den Erfolg oder Misserfolg dann notwendiger Gegenmaßnahmen die verschiedenen möglichen Auswirkungen dieses Ereignisses erfasst. Je umfänglicher die erforderlichen Gegenmaßnahmen, desto differenzierter ist die Zahl der möglichen Ereignisabläufe. Sie werden im Ereignisablaufdiagramm zusammmengefasst. Die E. als Methode wird in der Technikfolgenbewertung und der Risikoforschung verwendet. **O.R.**

Ereignisanalyse, Sammelbegriff für statistische Verfahren zur Analyse von Ereignisdaten oder so genannten Episoden; diese bestehen aus einzelnen diskreten Ereignissen oder Zuständen und dazwischen liegenden Intervallen beliebiger Länge, wie z.B. ein Lebenslauf oder eine Krankengeschichte. Die E. liefert damit präzisere Beschreibungen von Verlaufsdaten als z.B. eine → Panel-Analyse. Zu den Modellen bzw. Verfahren der E. rechnen z.B. *Hazard* und *Survivor* Funktionen, die mit der Sterbetafelmethode, dem Kaplan-Meier-Schätzer, dem Cox-Modell oder parametrischen Regressionsmodellen geschätzt werden. Insbesondere im Bereich der Sekundäranalyse z.B. von Krankenkassen- oder Versicherungsdaten ist die E. von besonderer Bedeutung. **C.W.**

Ereignisraum, Menge aller möglichen Elementar-Ereignisse, z.B. beim Würfeln, beim wiederholten Ziehen von Stichproben aus einer Grundgesamtheit etc. Die Elementarereignisse sind Ereignisse, die nicht weiter zerlegt werden und sich gegenseitig ausschließen. Durch die logischen Verknüpfungen „und" (sowohl – als auch) und „oder" (entweder – oder) können alle weiteren Ereignisse aus den Elementar-Ereignissen gebildet werden. Die Definition eines E.s ist Voraussetzung für die wahrscheinlich-

keitstheoretische Behandlung von stochastischen Vorgängen (z.B. Mobilitätsprozessen). **H.W.**

Erfahrungsraum, konjunktiver, bezeichnet in der Wissenssoziologie von K. Mannheim einen spezifischen Modus der „Seinsverbundenheit des Wissens". K.E. meint eine Gemeinsamkeit der Erfahrungsbasis, die dadurch vermittelt ist, dass Individuen derselben „sozialen Lagerung" angehören, weil sie unter ähnlichen Bedingungen leben oder aufgewachsen sind. Ein k.E. stiftet eine grundlegende Gemeinsamkeit, die auch zwischen Menschen gegeben sein kann, die nie miteinander in Kontakt gekommen sind. Mannheim hat dies am Generationszusammenhang expliziert. Der Begriff des k.E. beschreibt den Zusammenhang von sozialer Lage und Orientierung in der sozialen Welt in ähnlicher Weise wie der von P. Bourdieu entwickelte Begriff des → Habitus. Eine von der k. Erfahrung unterschiedene Dimension der Seinsverbundenheit des Wissens ist die kommunikative Erfahrung. Diese stiftet eine Sozialität, die auf dem Weg der Interaktion erst hergestellt wird. **M.M.**

Erfahrungswelt, in der phänomenologischen Soziologie Bezeichnung für die Umwelt des Menschen, die strukturiert ist durch den sinnvollen Zusammenhang der ineinander verwobenen Handlungen und Erlebnisse von Mitmenschen. Die E. ist dem Menschen nicht einfach vorgegeben, wie etwa die Umwelt dem Tier, sondern er schafft mit an dieser Welt und sie prägt ihn in seinen Erfahrungen. Die Natur zum Beispiel oder soziale Institutionen und Traditionen sind nicht in ihrer bloßen Faktizität, sondern als Daten der E., also in ihrem Bezug auf soziale Verhaltensprozesse, für menschliches Handeln relevant. In der soziologischen Theorie führen verschiedene Konzeptionen vom Sinn sozialen Handelns zu verschiedenen Vorstellungen der E. Im symbolischen Interaktionismus führt der Begriff der kommunikativen Erfahrung zur Vorstellung des *„universe of discourse"*, einer kommunikativen E., im sog. phänomenologischen Ansatz zum Begriff der „Lebenswelt", deren Teilstrukturen in der Theorie der „abgeschlossenen Sinnbereiche" untersucht werden. **R.G.**

Erfahrungswissenschaft, Wissenschaft, die ihre Erkenntnisse auf Erfahrung gründet. Es wird darüber gestritten, ob die Erfahrung als Bestätigungsinstanz für empirische Aussagen (logischer Empirismus bzw. Positivismus) oder als Widerlegungsinstanz (kritischer Rationalismus) dienen soll. Bei M. Weber dient E. zur Kennzeichnung einer objektiven, wertfreien Sozialwissenschaft. **L.K./H.W.**

Erfolg, bezeichnet ein Handeln auf sozial anerkannte Ziele hin, mit dem Resultat der Durchsetzung. Kontrastiert mit „Leistung" gilt E. als ein Signum gegenwärtiger Marktgesellschaften (S. Neckel 2002). Während dem Leistungsprinzip Gerechtigkeitsvorstellungen i.S.v. Regeln der Gegenseitigkeit (→ Reziprozität) zugrunde liegen, wonach der Einsatz eines jeden ähnlich belohnt wird, interessiert sich das E.prinzip ausschließlich für die Ergebnisse, ungeachtet der Art ihres Zustandekommens. Aktuelle Beispiele sind die Verbreitung von *Castings* statt Prüfungen oder Aktiengewinne, die Einkommen aus Erwerbsarbeit ersetzen.   R.L.

Erfolgserlebnis, psychische Wirkung relativ erfolgreicher Handlungen, bestimmend für Leistungsmotivation und möglichen Lernzuwachs. Ein E. ist nicht von der objektiv vorgegebenen Schwierigkeit der zu lösenden Aufgabe abhängig, sondern vom persönlichen Schwierigkeitsmaßstab (H. Heckhausen), vom individuellen → Anspruchsniveau (F. Hoppe).   K.St.

Erfolgsgesetz → Effektgesetz

Erfolgslernen, auch: selektives oder Anpassungslernen, Lernprinzip, nach dem das Verhalten eines Organismus über Erfolg oder Misserfolg seiner Aktionen in der Umwelt gesteuert wird. Die Chance des Einsatzes eines freien Verhaltensinventars wird durch E. „begrenzt", da durch *feed-back* die je erfolgreichen Verhaltensweisen herausgefiltert werden.   K.St.

Erfolgsmodell, *effectiveness model,* dient der Analyse sozialer Systeme, insbesondere von Organisationen, unter einer spezifischen Fragestellung: Das E. gibt die Arten von Wechselbeziehungen zwischen den Elementen eines Systems an, die die Verwirklichung eines gegebenen Ziels am wirksamsten oder wirksamer als andere Kombinationen der Systemelemente ermöglichen.   J.H.

Erfolgsmotivation – Misserfolgsmotivation, Bezeichnungen für alternative Ausrichtungen der → Leistungsmotivation (H. Heckhausen 1963): der Erfolgsmotivierte wird in erster Linie von der Hoffnung auf Erfolg geleitet; seine Furcht vor Misserfolg ist gering. Für den Misserfolgsmotivierten besteht Leistung primär darin, Misserfolge zu vermeiden. Erfolgsmotivierte sind dementsprechend zumeist zuversichtlich und risikofreudig, während Misserfolgsmotivierte eher Besorgnis und Zweifel am Gelingen riskanter Unternehmungen zeigen.   R.KL.

Erfordernis, funktionales, funktionaler Imperativ, *functional requisite, prerequisite, need,* in der strukturell-funktionalen Theorie: ein Element oder Mechanismus der Sozialstruktur im Sinne einer institutionellen Regelung, dessen Wirksamkeit die Erhaltung eines gegebenen sozialen Systems garantiert und das daher ohne grundlegenden Systemwandel nicht durch andere Strukturelemente ersetzbar ist. Als f.e E.se werden genannt: Umweltanpassung, Zielverwirklichung, Integration, Strukturerhaltung. Beim Wegfall eines f.n E.ces ist die Aufrechterhaltung eines bestimmten Systemzustandes nicht mehr gewährleistet. Lässt sich ein f. E. nicht durch Experimente oder Systemvergleiche empirisch erhärten, dann hat der Schluss von empirisch gegebenen Bedingungen auf ein bestandsnotwendiges f. E. den Charakter einer nichtbeweisbaren, aber auch nichtwiderlegbaren Behauptung. Umstritten ist, ob die f.n E.se wirklich für alle sozialen Systeme konstitutionsnotwendig sind und nicht vielmehr an ein historisches Gesellschaftsmodell gebunden sind.   H.L/B.W.R.

Erfordernis, strukturelles, *structural requisite,* ist eine bestimmte Struktur, die gegeben sein muss, damit die Erreichung oder Aufrechterhaltung eines Systemzustandes gewährleistet ist. Während ein funktionales Erfordernis von gegeneinander substituierbaren Strukturelementen erbracht werden kann, bezieht sich das s.e E. auf ein bestimmtes Strukturelement.   B.W.R.

Ergänzungstest → Satz-Ergänzungs-Test

ergodisch, Kennzeichnung der Statistik für → stochastische Prozesse, deren Wahrscheinlichkeitsverteilungen immer, unabhängig von der Anfangsverteilung, zu einer bestimmten Grenzverteilung konvergieren.   H.W.

Ergonomie → Arbeitswissenschaften [3]

Erhebung, [1] Gewinnung von Daten für bestimmte Untersuchungszwecke. Bei Umfragen erfolgt die E. etwa durch die Interviews. [2] Im weiteren Sinne wird E. auch als Ausdruck für eine empirische Untersuchung insgesamt benutzt.   H.W.

Erhebungstechniken, Wege zur Gewinnung von Daten über bestimmte Bereiche von Sachverhalten unter einer wissenschaftlichen oder praktischen Fragestellung. Zu den E. zählen insbesondere die Verfahren der Beobachtung, der Befragung, des Experiments und der Analyse von Dokumenten, zu denen ausgearbeitete Kunstlehren vorliegen. Die Wahl der E. ist von der Fragestellung abhängig, da Daten und Analyse-Ergebnisse je nach den gewählten E. unterschiedlich ausfallen können.   H.W.

Erinnerung, transaktive, bezeichnet die arbeitsteilige Speicherung von Informationen und Erinnerungen in einer Kleingruppe. In einem Paar oder einer Familie z.B. merkt sich nicht jeder alles Relevante, sondern verlässt sich (teilweise) auf die Erinnerung des/der Anderen.   W.F.H.

erkennen → Kognition

Erkenntnis, subjektive – objektive, von K.R. Popper eingeführte Unterscheidung: Erkenntnis im subjektiven Sinne oder s. E. ist ein Geistes- oder Bewusstseinszustand, ein Glaube oder Zweifel, eine Erwartung oder Verhaltensdisposition. Erkenntnis im objektiven Sinne oder o. E. dagegen besteht aus sprachlich formulierten Theorien und Argumenten bzw. aus den logischen Gehalten dieser Theorien und Argumente, die – im Unterschied zur s.n E. – logisch-rational kritisiert und diskutiert werden können.

R.Kl.

Erkenntnis, symbolische heißt nach H. Bergson und G. Simmel das Verfahren, das zur Erfassung eines Gegenstandes diesen auf schon bekannte, also diesem und anderen Gegenständen gemeinsame Elemente zurückführt. Die s.E. sei strikt von der → Intuition zu interscheiden. O.R.

Erkenntnisinteresse, erkenntnisleitendes Interesse, nach J. Habermas und K.O. Apel Bezeichnung für das Interesse, das einem bestimmten, durch eine spezifische methodologische Orientierung gekennzeichneten Wissenschaftstypus zugrunde liegen soll. Die Lehre von den E.n behauptet, dass den empirisch-analytischen Wissenschaften ein technisches (d.h. auf technische Verwertbarkeit der Ergebnisse gerichtetes), den „historisch-hermeneutischen" Wissenschaften ein praktisches (d.h. auf Handlungsorientierung gerichtetes) und den „kritischen Sozialwissenschaften" ein auf Lösung des „Subjekts aus der Abhängigkeit von hypostasierten Gewalten" durch das Mittel der „Selbstreflexion" gerichtetes emanzipatorisches E. zugrunde liegt. Jedes dieser E.n stiftet danach ein je besonderes „transzendentales" Bezugssystem, durch das die verschiedenartigen Typen der Forschung und der entsprechenden Forschungsergebnisse ihren spezifischen „Sinn" erhalten. R.Kl.

Erkenntnislogik → Forschungslogik

Erkenntnistheorie, Lehre von den Bedingungen des Erkennens. Im weiteren Sinne umfasst E. alle wissenschaftlichen, z.B. soziologischen, physiologischen, psychologischen Beiträge zur Erfassung des Phänomens „Erkennen"; im engeren Sinne heißt E. die Wissenschaft von den Prinzipien der Erkenntnis. O.R.

Erkenntnistheorie, anarchistische → Anarchismus, epistemologischer

Erkenntnistheorie, genetische, Bezeichnung für den von dem Schweizer Psychologen J. Piaget im Zusammenhang mit Studien über die Entwicklung der Intelligenz und des Denkens bei Kindern ausgearbeiteten erkenntnistheoretischen Ansatz: die g. E. „versucht, Erkennen, insbesondere wissenschaftliches Erkennen, durch seine Geschichte, seine Soziogenese und vor allem die psychologischen Ursprünge der Begriffe und Operationen, auf denen es beruht, zu erklären" (Piaget). R.Kl.

Erklärung, [1] Erläuterung der Bedeutung eines Begriffes, eines Satzes.
[2] Aussagen oder Aussagesysteme (Theorien), die Antwort auf die Fragen geben sollen, warum ein Ereignis eintritt, ein Sachverhalt in einer bestimmten Form vorliegt etc. Nicht alle Formen der E. werden wissenschaftlich als befriedigend angesehen. I.d.R. wird verlangt, dass die E. den betreffenden Sachverhalt in Beziehung zu generellen Aussagen (Gesetze, Prinzipien) setzt. Die Verknüpfung wird in verschiedenen Formen vorgenommen (deduktive E., funktionale E.), die zum Teil mit dem Charakter der Beziehungen variieren (kausale E., statistische E.). Über die angemessene Form einer E. in den Sozialwissenschaften bestehen ausgedehnte Diskussionen und Kontroversen. H.W.

Erklärung, deduktiv-nomologische, logische Ableitung eines beobachtbaren Sachverhalts (*Explanandum*) aus Gesetzen und Randbedingungen (Antecedensbedingungen). Gesetze und Randbedingungen werden als *Explanans* bezeichnet. Beispiel: Gruppe A zeigt größere Kohäsion als Gruppe B (*Explanandum*). Je größer die Interaktion zwischen den Mitgliedern einer Gruppe, umso größer ist die Kohäsion (Gesetzesaussage). Gruppe A zeigt größere Interaktion als Gruppe B (Antecedensbedingung). Die d.-n. E. setzt streng genommen deterministische Gesetze voraus. Die Form der d.-n.n E. ist vor allem von C.G. Hempel und P. Oppenheim (1948) untersucht worden und auch als Hempel-Oppenheim-Modell bekannt. H.W.

Erklärung, empirische, [1] die Angabe von empirisch beobachtbaren Sachverhalten, die als Ursachen eines zu erklärenden Ereignisses gelten sollen, z.B. in historischen Erklärungen. („Seuchen, Versklavung, Ausrottung und Selbstmord waren die Ursachen der Auslöschung vieler indianischer Völker").
[2] Erklärung mithilfe empirischer Gesetze im Rahmen einer deduktiv-nomologischen Erklärung. Erklärungen [1] lassen sich in vielen Fällen zumindest partiell in Form von Erklärungen [2] explizieren. H.W.

Erklärung, funktionale, Erklärung des Vorliegens, insb. des Fortbestehens eines Tatbestandes, der Teil eines sozialen, biologischen etc. Systems ist, durch die Beiträge (Funktionen), die der betreffende Teil zur Aufrechterhaltung des Systems liefert. Es ist strittig, ob die f. E. als eine kausale Erklärung aufgefasst und entsprechend umformuliert werden muss. Ein prominentes Beispiel für eine f. E. ist die Erklärung der sozialen Schichtung durch K. Davis und W.E. Moore als Anreizsystem für die Mitglieder einer Gesellschaft, Positionen, die an sich mit größeren Entbehrungen verbunden sein sollen, zu übernehmen.   H.W.

Erklärung, genetische, Erklärung des Zustandekommens eines Ereignisses durch unmittelbar vorausgehende Ereignisse, die ihrerseits auf weiter zurückliegende Ereignisse zurückgeführt werden.   H.W.

Erklärung, kausale, Deduktion eines Ereignisses aus mindestens einem Kausalgesetz und den Antecedensbedingungen, die den Ursachenkomplex bilden.   H.W.

Erklärung, kontrafaktische, bezeichnet den Versuch, kausale Abhängigkeiten in Gedankenexperimenten („Was wäre, wenn ...") durch die Variation von möglichen Ursache-Wirkungs-Ketten aufzudecken.   R.S.

Erklärung, kontrastive, eine von der pragmatischen Wissenschaftstheorie (B.C. van Fraassen) vorgeschlagene Form wissenschaftlicher Erklärungen, in der Phänomene kontrastiv durch Ereignisklassen erklärt werden („Warum ist X und nicht Y der Fall?").   R.S.

Erklärung, kybernetische, eine Erklärung von sozialen Ereignissen und Strukturen durch kybernetische Effekte (Rückkopplungen, Prinzipien der Selbstorganisation). → Kybernetik
R.S.

Erklärung, narrative, untersucht soziale Phänomene durch die Erzählung ihrer Genese.   R.S.

Erklärung, partielle, Erklärung, bei der die Gesetzesaussagen zusammen mit den Antecedensbedingungen nicht hinreichen, alle beschriebenen Merkmale des beobachteten Sachverhalts zu erklären.   H.W.

Erklärung, rationale, rekonstruiert Handlungen durch die (rationalen) Gründe, die dem Akteur in einer bestimmten Situation für sein Handeln zur Verfügung standen. Die Gründe sollen bestimmten Rationalitätsprinzipien (z.B. Nutzenmaximierung oder Risikominimierung; Reziprozität oder Äquivalenz) unterliegen, die vom Forscher zu verstehen sind. Nach M. Weber soll eine soziologische E. von rationalen Handlungen ausgehen. Fraglich ist, ob r.E. als empirische oder kausale E. aufgefasst werden können. Von vielen Methodologen wird die r.E. nicht als allgemeine Form der E. von sozialem Verhalten akzeptiert, da sie nichtrationales Verhalten als abweichend definiert.   H.W.

Erklärung, statistische, Erklärung eines bestimmten Ereignisses mithilfe eines statistischen Gesetzes. Über Möglichkeit und Form der s.n E. (z.B. deduktive – induktive s. E.) hat sich eine breite Diskussion entwickelt. Die s. E. ist häufig explizit oder implizit Form soziologischer Erklärungen.   H.W.

Erklärung, teleologische, Erklärungsform, die als Grund für ein Ereignis oder eine Aktivität ein bestimmtes Ziel oder einen Zustand angibt, der mithilfe des zu erklärenden Sachverhalts erreicht wird. Bei den t.n E.en ist umstritten, ob sie als kausale Erklärungen aufgefasst werden können.   H.W.

Erklärungskraft, entspricht dem empirischen Gehalt einer Hypothese oder Theorie. Eine Erklärung oder eine Voraussage stellt die Unterordnung eines Einzelfalles unter ein allgemeines Gesetz bzw. eine Gesetzeshypothese dar. Je größer also die Klasse von Fällen, die eine Gesetzeshypothese umfasst und damit auch erklären und voraussagen kann, desto höher ist ihre E. Die E. dient in der Forschungslogik des kritischen Rationalismus als Kriterium zur Beurteilung der Prüfbarkeit und damit der Güte einer Theorie.   L.K.

Erklärungsskizze, Erklärungsversuch eines bestimmten Sachverhalts, bei dem die notwendigen Anfangsbedingungen und allgemeinen Gesetze nicht vollständig bekannt sind.   H.W.

Erkundungsstudie → Leitstudie

erleben, [1] heißt ursprünglich noch am Leben sein, wenn etwas geschieht. Daher beharrt e. immer auf selbst-e. und geht von einer Unmittelbarkeit des Erfassens der Wirklichkeit aus.
[2] Das sinnliche Wahrnehmen von Welt.
[3] Das Wahrnehmen der Zustandsänderung eines Systems (= Verhalten), die dessen Umwelt zugerechnet wird – im Unterschied zum Handeln, bei dem die Zustandsänderung eines Systems diesem selbst zugeschrieben wird (N. Luhmann 1990).   O.R.

Erlebnisgesellschaft, eine schlagwortartig treffende Bezeichnung für die heute von vielen Menschen verfolgte Lebensauffassung einer Innenorientierung. Diese bezieht sich auf mich als Subjekt anstatt intersubjektiv auf die Anderen außerhalb von mir. Man denkt über sich selbst nach und wie man zu einer „interessanten", lohnenden Existenz gelangen kann. Das „Projekt des schönen Lebens" ist zum Massenphänomen geworden. Die E. löst andere Konzepte ab, etwa das „Projekt des dienenden, einer Sache untergeordneten Lebens" oder das „Projekt des bloßen physischen Überlebens". Die Kultur der E. vollzieht sich verschieden je nach Milieu (z.B. → Integrationsmilieu) und Geschmack (→ Alltagsästhetik). Die Konzeption der E. und eine empirische Beschreibung für die 1980er Jahre stammen von G. Schulze (1992).   R.L.

Erlebnismarkt, in der Theorie der → Erlebnisgesellschaft das Zusammentreffen von Nachfrage nach subjektiv befriedigenden Waren und Dienstleistungen mit den entsprechenden Angeboten. „Wer Erlebnisse nachfragt, handelt nach anderen Gesichtspunkten als der Konsument von Gebrauchsartikeln" (Schulze 1992). Der E.

hat sich seit den 1970er Jahren beständig ausgedehnt, und bei immer mehr Produkten tritt die
Erlebniskomponente gegenüber der platten Ge-
brauchsfunktion in den Vordergrund.   R.L.

Erlebnisschichtung, von K. Mannheim im Zusammenhang seiner Generationstheorie verwendeter Begriff dafür, dass eine Generation von
zum selben Zeitpunkt geborenen Menschen den
gleichen Abschnitt der historisch-sozialen Ereignisse und Entwicklungen erlebt und zudem im
selben Bezug zur persönlichen Entwicklung: „Es
ist weitgehend entscheidend für die Formierung
des Bewußtseins, welche Erlebnisse als ‚erste
Eindrücke‘, ‚Jugenderlebnisse‘ sich niederschlagen, und welche als zweite, dritte Schicht usw.
hinzukommen" (1928).   W.F.H.

Erlösungsreligionen, Sammelbezeichnung für
den Religionstypus, der auf einem Erlösungs-
glauben und einer Erlösungsethik basiert. Die
Erlösungshoffnung richtet sich z.B. auf die Freiheit vom physischen, seelischen oder sozialen
Leben, auf das Vergehen des empirischen Selbst,
auf die Befreiung von der sinnlosen Geschäftig-
keit und Vergänglichkeit des Lebens als solchem
oder von der persönlichen Unvollkommenheit.
Die E. werden zum Gegenstand der Soziologie,
sofern sie durch die Schaffung einer spezifisch
religiös reglementierten Lebensführung für das
Alltagshandeln Konsequenzen haben.   V.Kr.

Erlösungswissen → Herrschaftswissen [1]

erogen, sexuelle Erregung auslösend. → Zone,
erogene   R.Kl.

Eros, [1] von S. Freud nach dem griechischen
Liebesgott benannter Trieb, der dem Todestrieb
entgegengesetzt ist und die vereinigenden, aufbauenden, lebenserhaltenden Kräfte repräsentiert.   K.H.
[2] In der Sozialphilosophie L. Koflers (1967)
der Dreiklang von Liebe und Sexualität,
Freundschaft und Geselligkeit und umfassender
Kulturbetätigung.   W.S.

Eros, asketischer, Bezeichnung für eine unter
spätkapitalistischen Bedingungen sich zuspitzen-
de Dialektik von Genuss und Askese, die sich
den Menschen repressiv unterordnet bzw. sich
gegen ihn wendet.   W.S.

error-choice technique (engl.), Fehlerwahl-
Technik, eine von K.R. Hammond (1948) entwickelte Technik zur Messung von Einstellungen.
Die Versuchspersonen haben bei einer Reihe
von Fragen zwischen jeweils zwei alternativen
Antworten zu wählen, die beide gleich falsch
sind, jedoch jeweils in entgegengesetzter Richtung von der richtigen Antwort abweichen. Beispiel: „Verdient ein Arbeiter im Monat durchschnittlich (1) DM 700 oder (2) DM 900?"
(Richtige Antwort: DM 800). Es wird angenommen, dass die Entscheidung für eine Antwort,

die ein „günstigeres" („ungünstigeres") Bild der
Wirklichkeit (im Beispiel der Arbeitsbedingungen) zeichnet, eine positive (negative) Einstellung zu dem betreffenden Gegenstand reflektiert.   R.Kl.

Ersatzbefriedigung, Ersatzhandlung, Verschiebung sowohl der Objekte als auch der Ziele primärer Motive (Ersatz), wenn dieses Motiv aufgrund von Versagung (Frustration) aufgegeben
werden muss. Wird dabei das ursprünglich ver-
sagte (frustrierte) Motiv vom Erleben fern gehalten, so spricht man vom Vorliegen von Abwehrmechanismen (z.B. Verdrängung, Projektion, Regression).   H.W.K.

Ersatzbildung. In der Psychoanalyse werden als
E. Krankheitssymptome oder Verhaltensaspekte
bezeichnet, die aus einem Konflikt hervorgin-
gen, nachdem das Subjekt ein ursprüngliches Interesse (z.B. sexuellen Verkehr mit dem gegengeschlechtlichen Elternteil) nicht realisieren
konnte. Dabei tritt an die Stelle eines verdrängten (weil verbotenen) Symbolanteils im Bewusstsein ein anderer. Ein (erlaubtes) Symptom,
z.B. zwanghafte Verfolgung pornografischer
Publikationen, dient, vom Gesichtspunkt der
psychischen Ökonomie her gesehen, der Erfüllung des verdrängten Wunsches.   K.H.

Ersatzhandlung → Ersatzbefriedigung

Ersatzobjekt, Ersatzziel, das Objekt oder das
Ziel, das angestrebt wird (auf das sich ein Motiv
„verschiebt"), wenn das ursprünglich interessierende Objekt oder Ziel aufgegeben werden
muss. In psychoanalytischer Terminologie zumeist das sozial zugelassene Objekt oder Ziel,
das an die Stelle eines (tabuierten oder aus anderen Gründen unerfüllbaren) sexuellen Interesses tritt.   H.W.K./K.H.

Ersatzreligion, Formen quasi-religiöser Erfahrung oder quasi religiösen Verhaltens, die, zu
meist in der Ablehnung oder Bekämpfung vorgegebener Religionsformen, bei einzelnen
Gruppen oder in ganzen Gesellschaften in Erfüllung religiöser Funktionen auftreten oder
eingeführt werden, zumeist mit säkularen Glaubensinhalten in der Form von Diesseitigkeitsreligionen.   J.Ma.

Ersatzweg, Bezeichnung für den Weg (oder allgemein: für das Verhalten zur Erreichung eines
gegebenen Ziels), den (das) ein Individuum
wählt, um ein Ziel zu erreichen, wenn der zunächst beabsichtigte Weg durch eine → Barriere
blockiert ist.   R.Kl.

Ersatzziel → Ersatzobjekt

Erstinterview, in der Psychoanalyse das erste,
eher explorative Gespräch zwischen Patient und
Therapeut, das die Grundlage für die Entscheidung bildet, ob die seelische Störung des Patien-

ten sich überhaupt für eine psychoanalytische Behandlung eignet. **W.F.H.**

Ertragsgesetz, auch: Gesetz vom abnehmenden Grenzertrag, Verallgemeinerung empirischer Beobachtungen, insbesondere in der Landwirtschaft, über den Zusammenhang zwischen den Mengen der eingesetzten Produktionsmittel und dem Produktionsergebnis. Das E. besagt, dass der Ertragszuwachs pro Einheit der eingesetzten Produktionsmittel (Grenzertrag) mit wachsendem Umfang der Produktionsmittel ständig kleiner wird. Das E. wird auch auf Funktionen mit zunächst steigenden und dann fallenden Grenzerträgen bezogen. Die empirische Basis des E.es ist uneinheitlich. Für die industrielle Produktion besitzt das E. nur sehr eingeschränkte Geltung. **H.W.**

Ertragsratenansatz, *rate-of-return-approach,* bildungsökonomischer Ansatz und Methode zur Berechnung des Ertrages von Bildungsinvestitionen. Die interne Ertragsrate gibt an, wie hoch die Verzinsung einer Investition ist. Sie ergibt sich rechnerisch als jene Diskontierungsrate, bei welcher der Gegenwartswert (→ Kapitalwert) von Kosten und Erträgen einer Bildungsinvestition gleich groß oder ihre Differenz null wird. Erst durch Vergleich mit anderen Zinssätzen (z.B. Marktzins für Realkapital, Zinssatz für Obligationen, subjektiver Kalkulationszins) wird über die Vorteilhaftigkeit der Investition entschieden. Probleme sind die Annahmen über Kosten- und Ertragszurechnungen und die notwendigen restriktiven Annahmen über langfristige Entwicklungen. **D.K./W.F.H.**

Ertragswert → Kapitalwert

Erwachsenenkultur, als Gegenbegriff zu → Jugendkultur Bezeichnung für die Gesamtheit der Werte, Vorstellungen und Verhaltensformen der erwachsenen Mitglieder einer Gesellschaft. **E.D.**

Erwachsenenzentrismus → Jugendzentrismus

Erwartung, [1] *expectation,* im weiteren Sinne jede Annahme eines Handelnden über die Wahrscheinlichkeit des Eintretens eines bestimmten Ereignisses in der Zukunft. [2] Die auf Erfahrung und/oder Kenntnis geltender Normen gestützte Annahme, dass sich eine bestimmte Person A in einer bestimmten Situation S (z.B. in einer Diskussion, in einer bestimmten Berufsposition) in einer bestimmten, vorhersehbaren Weise verhalten wird ("Verhaltenserwartung" oder, auf die Inhaber einer bestimmten Position bezogen, "Rollenerwartung"). [3] *Expectancy,* vor allem in der kognitiven Lerntheorie E.C. Tolmans das Vorwegnehmen der Ergebnisse einer eigenen zukünftigen Verhaltensweise. Im Gegensatz zu E. im Sinne von [1] und [2] ist E. im Sinne von *expectancy* eine

aus dem beobachteten Verhalten erschlossene intervenierende Variable. **J.F./K.St./R.Kl.**

Erwartung, gelernte, nach E.C. Tolman Bezeichnung für die im Verlaufe eines Lernprozesses erworbene Disposition, auf sog. → Hinweisreize (z.B. Markierungen in einem Labyrinth) zu reagieren, als ob es sich dabei um Zeichen für andere Objekte (z.B. für das Futter am Ausgang des Labyrinths) handelt. Der Erwerb dieser Disposition wird als Ausbildung der "Zeichen-Gestalt" (→ kognitive Landkarte) einer Problemlage interpretiert. **K.St./R.Kl.**

Erwartung, kognitive, Antizipation und zugleich Vergegenwärtigung eines künftigen Ereignisses. Als k. werden E.en erlebt und behandelt, die "im Falle der Enttäuschung an die Wirklichkeit angepasst werden" (N. Luhmann 1972). Gegenbegriff: normative Erwartung. **O.R.**

Erwartung, normative, eine an Verhaltensregeln ausgerichtete Antizipation künftiger Ereignisse. Eine n. E. wird im Falle der Enttäuschung, wenn ein Aktionspartner ihr zuwiderhandelt, nicht fallen gelassen. Gegenbegriff: kognitive Erwartung. **O.R.**

Erwartungsdiskrepanz, *discrepancy of expectations,* ungleiche, einander widersprechende Erwartungen zweier Akteure in einer Situation, sodass keine Reziprozität des Handelns entsteht. **J.F.**

Erwartungserwartung, die Annahmen eines Individuums A darüber, welche Verhaltensprognosen und -forderungen ein anderes Individuum B gegenüber A hegt. Nach N. Luhmann muss man nicht nur das Verhalten, sondern auch die Erwartungen des anderen erwarten können, um adäquat reagieren zu können. Da das Individuum B nun seinerseits Vermutungen über die E.en von A haben kann, gibt es auch Erwartungs-E.en usf. **R.L.**

Erwartungsgeneralisierung → Generalisierung

Erwartungshaltung, der Vorgang, dass jemand aufgrund früherer Erfahrungen Annahmen über die Reaktion von Personen sowie über den Verlauf und Ausgang von Situationen macht. E.en beruhen auf der Fähigkeit des Menschen, Bestimmtes als Folge von anderem überhaupt erwarten zu können. Sie entwickeln sich als Verdichtung von → Abfolgeerwartungen. Das Individuum lernt in seiner Kindheit, Vertrauen in das Verhalten der Umwelt zu haben. **J.F./E.L.**

Erwartungshorizont, [1] aus der Nationalökonomie (J. Tinbergen) stammender Begriff, der die zeitliche Grenze bezeichnet, jenseits derer alle Möglichkeiten subjektiv gleich wahrscheinlich werden. Der E. ist also die jeweils bevorstehende Zeitspanne, für die ich Erwartungen hinsichtlich des Erfolges meiner Handlungen erstellen kann.

E

[2] In einem weiteren Sinne (z.B. bei K.R. Popper) die Gesamtheit der unbewussten und bewussten Erwartungen, mit denen wir an eine bestimmte Situation herantreten. Der E. ist das Bezugssystem oder der → Bezugsrahmen, der unseren Erlebnissen, Handlungen, Beobachtungen usw. erst ihre Bedeutung verleiht.   R.Kl.

Erwartungsnutzen, zentrales Konzept der → Wert-Erwartungs-Theorie. Im Sinne der Theorie wird diejenige Alternative von einem Akteur gewählt, deren → Erwartungswert am höchsten ist. Das Erklärungsmodell wurde dadurch verfeinert, dass subjektive Wahrscheinlichkeiten und subjektive Bewertungen eingeführt werden, die dann als subjektiver Nutzen verstanden werden. Das Konzept der subjektiven Nutzenerwartungen lässt sich – laut Hartmut Esser – auf Thornton C. Fry und Leonhard J. Savage zurückführen, wobei Letzterer den Begriff der „personalen" Nutzen-Erwartung (E.) eingeführt hat.   W.P.

Erwartungssicherheit, Grad der – aufgrund vergangener Erfahrungen gewonnenen – Gewissheit darüber, welches Verhalten seitens der beteiligten Akteure in bestimmten Situationen zu erwarten ist. Die E. steigt mit dem Grad der Normierung und Institutionalisierung sozialer Interaktionsbeziehungen.   V.V.

Erwartungstreue → Schätzverfahren

Erwartungswert, der theoretische Mittelwert einer Wahrscheinlichkeitsverteilung; für diskrete Verteilungen die Summe aller Produkte aus möglichen Werten und zugehöriger Wahrscheinlichkeit. Der E. ist der Wert, den man bei genügend großem Stichprobenumfang im Durchschnitt erwarten kann (Gesetz der großen Zahlen).   M.K.

Erwerbsklasse, eine Gruppe von Menschen in gleicher → Klassenlage, die primär bestimmt ist durch die Chance der Marktverwertung von Gütern oder Leistungen (M. Weber 1922).   O.R.

Erwerbspersonen, auch. Erwerbsbevölkerung, alle Erwerbstätigen und Erwerbslosen (Arbeitslose und sonstige Erwerbssuchende) einschließlich der sog. mithelfenden Familienangehörigen in einer Wohnbevölkerung zu einem bestimmten Zeitpunkt. Nicht zu den E. zählen die sog. Nichterwerbspersonen, die normalerweise nicht erwerbstätig sind und auch nicht einen Erwerb suchen. Neben dem Erwerbskonzept (auf Erwerb gerichtete Tätigkeit unabhängig von Entlohnung, Umfang und Dauer) gibt es in der Sozialstatistik weitere Konzepte zur Definition der Erwerbsbevölkerung: a) das Arbeitskräftepotenzial, d.h. die Bevölkerung im sog. erwerbsfähigen Alter (in der BRD etwa zwischen 15 und 65 Jahren); b) das Unterhaltskonzept, d.h. solche Personen, die ihren Unterhalt überwiegend

aus eigener Erwerbstätigkeit bestreiten; c) das Arbeitskräftekonzept (*labor force*), alle Personen, die regelmäßig mehr als eine bestimmte wöchentliche Mindestzeit erwerbstätig sind.   H.W.

Erwerbsquote, in der Sozialstatistik der Anteil der Erwerbspersonen an der Wohnbevölkerung (allgemeine E.).   H.W.

Erwerbswirtschaft → Bedarfswirtschaft – Erwerbswirtschaft

Erwiderung → Reaktion

erworben, im Gegensatz zu angeboren svw. gelernt. → Lernen, → Anlage und Umwelt   R.Kl.

Erwünschtheit, soziale → Desirabilität, soziale

Erzählforschung, [1] traditionsreiches Arbeitsgebiet der Volkskunde (auch: Erzählungsforschung), das Sagen, Märchen, Legenden und andere Volksüberlieferungen sammelt und untersucht, deren Verbreitung erforscht sowie die sozialen Situationen und Anlässe fürs Erzählen (auch die Charakteristika von erfahrenen Erzählern).

[2] Neuerdings hat sich E. in der Volkskunde auch zeitgenössisch-alltäglichen Gattungen zugewandt (Gerüchte, Witze, Erzählungen über spannende Ereignisse, Nacherzählungen von Medienangeboten usw.) sowie mithilfe biografischer bzw. Oral-History-Interviews biografisch-zeitgeschichtliche Erfahrungen erforscht.

[3] Gemeinsame Arbeitsrichtung von Linguisten, Literaturwissenschaftlern und Soziologen zur Erforschung von alltäglichen Erzählungen, ihres Aufbaus und ihrer internen Sequenzialität, ihrer Darstellungsmodi und Erzählintentionen (z.B. Erzählungen in Alltagskonversationen, vor Gericht, in der Therapie und in Beratungssituationen). Datengrundlage ist gewöhnlich ein nach genauen Transkriptionsregeln verschriftlichtes Protokoll einer Tonbandaufnahme. Diese Studien sind anregend und wichtig für die Methodik und die Methodologie der soziologischen Analyse von → narrativen Interviews und ganz allgemein für qualitative Analysen von Interviewprotokollen.   W.F.H.

Erzählknoten, Passage im narrativen Interview, in der die interviewte Person Teilerzählungen miteinander verknüpft und damit Ereigniskonstellationen nachvollziehbar darstellt.   M.M.

Erzählungsforschung → Erzählforschung [1]

Erzeugungsgrammatik → Grammatik, generative

Erzeugungszusammenhang → Entdeckungszusammenhang – Rechtfertigungszusammenhang

Erziehung, autoritative, *authoritative parenting*, ein → Erziehungsstil, der liebevolle Wärme, Akzeptieren des Kindes und seiner Meinungen, Beteiligtheit am Leben des Kindes, variierende

Anforderungen an seine jeweilige Reife und feste Verhaltenskontrollen miteinander kombiniert (D. Baumrind 1967). A.E. (im Unterschied zu autoritärer oder zu *laissez-faire*-Erziehung) gilt als günstige Voraussetzung für die Persönlichkeitsentwicklung des Kindes und seinen Erfolg in der Schule. W.F.H.

Erziehung, formale – informale, Unterscheidung für Erziehungsprozesse, die innerhalb des geplanten Funktionsbereichs von Erziehungsinstitutionen (Kindergarten, Schule usw.) ablaufen (f. E.) und die außerhalb des geplanten Funktionsbereichs oder außerhalb solcher Einrichtungen überhaupt (i. E.) ablaufen. E.D.

Erziehung, funktionale – intentionale. Unter f.r E. versteht man die Gesamtheit der persönlichkeitsprägenden Einflüsse, denen das Kind in seiner sozialen Umgebung unterliegt, ohne dass diese immer erzieherisch beabsichtigt sein müssen. Unter i.r E. sind allein die Erziehungseinflüsse zu verstehen, die sich selbst als erzieherische begreifen, vor allem die der Schule und anderer Bildungsinstitutionen. Für diese Unterscheidung sind auch die Begriffe Sozialwerdung und Sozialmachung gebräuchlich. E.D.

Erziehung, informale → Erziehung, formale – informale

Erziehung, intentionale → Erziehung, funktionale – intentionale

Erziehung, kompensatorische, Bezeichnung aus der Bildungsreformdebatte der 1960er und 1970er Jahre: Lernangebote und Erziehungsbemühungen innerhalb und außerhalb von Vorschule und Schule, durch die Kindern aus Unterschichten, die aufgrund familiärer Erziehung und klassenspezifischer Lebenslage in Sprachverhalten und Lernmotivation weniger als andere Kinder entwickelt sind, ausgleichende Lernmöglichkeiten gesichert werden sollen. Die Kritik hob hervor, dass die k. E. Struktur und Inhalte des bestehenden Bildungssystems insgesamt unverändert lässt; dass allein anpassungsfähigere Arbeiterkinder an Mittelschichtnormen angepasst werden. E.D.

Erziehung, permanente, frz.: *education permanente*, [1] alle Lernvorgänge, die die Erwachsenen über Kindheit und Jugend hinaus sowohl in formalen Ausbildungsinstitutionen wie im alltäglichen gesellschaftlichen Leben vollziehen. [2] Die Fortbildungsgänge und -institutionen der Erwachsenenbildung, die der beruflichen Weiterqualifizierung der Arbeitskraft und der Erweiterung der Allgemeinbildung dienen. W.F.H.

Erziehungsklima, affektives, der durch Gefühle, Ängste und unbewusste Motive der Erzieher gebildete Hintergrund der sichtbaren Erziehungspraxis. W.F.H.

Erziehungsmechanismen, Bezeichnung für die für die Erziehung des Kindes relevanten Verhaltensformen der Erzieher, die unabhängig von ihrem Erziehungsziel als Folge von Zwängen der (materiellen) Lebenssituation sich durchsetzen. W.F.H.

Erziehungspsychologie → Psychologie, pädagogische

Erziehungssoziologie → Soziologie, pädagogische, → Bildungssoziologie

Erziehungsstil, Art und Weise der Erziehung im Hinblick auf die Begründung und den Gebrauch von Autorität. Im Allgemeinen werden – ähnlich wie bei dem allgemeineren Begriff des → Führungsstils – drei E.e unterschieden: der autoritäre, der demokratische und der *laissez-faire*- oder permissive E. R.Kl.

Erziehungstechnologie → Unterrichtstechnologie

Erziehungswissenschaft, [1] alle Einzeldisziplinen, die sich theoretisch und praktisch mit dem Erziehungsgeschehen befassen, insofern meist bedeutungsgleich mit Pädagogik als Fach an den Universitäten (nicht im angewandten Sinne). [2] Bezeichnung für Richtungen der Pädagogik (insbesondere der pädagogischen Forschung und Lehre), die sich von der normativ-geisteswissenschaftlichen Pädagogik gelöst haben. Sie übernehmen, häufig mit dem Selbstverständnis einer Sozial- bzw. Gesellschaftswissenschaft, soziologische, sozialpsychologische und andere Methoden und Fragestellungen, um damit die Überprüfbarkeit pädagogischer Aussagen und Strategien zu erhöhen, die gesellschaftliche Funktion der Pädagogik an Zielen der Emanzipation orientieren zu können, oder beides. W.F.H.

Es, lat.: *id*, in der Psychoanalyse eine der drei Instanzen des psychischen Apparates. Es repräsentiert den Naturaspekt des Menschen, der nicht in den Formen seiner gesellschaftlichen Bearbeitung aufgeht. In dieser Eigenschaft liegt E. als psychische Struktur im psychosomatischen Grenzbereich. Aus ihm differenzieren sich im Verlauf der Sozialisation die psychischen Strukturelemente Ich und Über-Ich. Zunächst auch als Ort des Niederschlags stammesgeschichtlicher Erfahrungen gesehen, wird es später in der psychoanalytischen Theorie als a) Reservoir der Triebe und b) Niederschlag der in lebensgeschichtlichen Konflikten unbewusst gewordenen Erfahrungsmomente angesehen. Insofern repräsentiert E. die erste Natur des Menschen, aber auch wichtige Elemente zweiter Natur. In diesem Sinne wirken aus dem E. sowohl die Dynamik der Triebe als auch die dem Bewusstsein entzogenen Erfahrungsmomente aufs Ich ein; letztere in einer durch Ich-Zensur entstellten Weise, z.B. im Traum. Sofern von innerer Orga-

E

nisation des E. die Rede sein kann, folgt sie dem Lustprinzip; sie ist chaotisch, dem Realitätsprinzip entgegengesetzt. E. und Ich sind a) Verbündete und b) Kontrahenten. Einerseits dient das Ich dem E. als Vermittlungsinstanz zur Realität hin, andererseits schützt sich das Ich im Interesse seiner Realitätsangepasstheit und im Sinne des Über-Ichs vor chaotischen Impulsen aus dem E.   K.H.

escape learning (engl.) → Fluchtlernen

Eschatologie, Bezeichnung für alle Lehren von den letzten, äußersten Dingen am Ausgang der Zeit; je nachdem, ob sich die E. auf ein Individuum, auf Völker bzw. Staaten oder auf die Welt(ordnung) bezieht, handelt es sich um individuelle, kollektive bzw. geschichtliche oder kosmologische E.n.   V.Kr.

Eskapismus, Bezeichnung für eine Flucht vor der Realität in eine fiktive, erträumte Scheinwelt.   O.R.

e-Social Science (engl.), neuere Bezeichnung für jene sozialwissenschaftliche Forschung, die virtuell integrierte Datenbestände (auch aus unterschiedlichen Wissenschaften) sowie elektronisch zugängliche Verzeichnisse von Analyseinstrumenten nutzt. Sie arbeitet hierbei mit sehr großen Datenmengen; eine Vielzahl von Wissenschaftlern (auch aus unterschiedlichen Disziplinen) kann an Problemlösungen zusammenarbeiten.   W.F.H.

Esoterik, Bezeichnung für geheimes Sonderwissen, das nur für Eingeweihte bestimmt und verständlich ist. Die esoterische Sprache zeichnet sich durch ihren verrätselten und hermetischen Charakter aus, indem sie sich schwer zu entschlüsselnder Symbole und Allegorien bedient. Die das esoterische Sonderwissen nicht unbedingt, aber häufig begleitende Sozialform sind esoterische Zirkel mit starker Gruppenidentität, Intimitäts- und Exklusivitätsanspruch (→ Geheimkulte, Geheimbünde). In den gegenwärtigen westlichen Industrieländern finden esoterische Lehren ihre Träger zumeist in der Alternativ- und Subkultur.   V.Kr.

esprit de corps (frz.), Corpsgeist → Gruppengeist

Essenzialismus, Bezeichnung für philosophische Positionen, nach denen für bestimmte Gattungsbegriffe sowohl deren „Wesen", d.h. die notwendigen und natürlichen, vom Zufälligen der individuellen Ausprägungen losgelösten Eigenschaften, als auch normative Schlussfolgerungen aus dieser Wesensbestimmung angebbar sind. Schlussfolgerungen darüber, ob z.B. irgendwelche Handlungen dem Wesen eines Begriffs (etwa Staat oder Familie) gemäß sind, setzen die „Wahrheit" der Wesensbestimmung voraus. Unabhängig von der Kontroverse, ob der Wahr-

heitsbegriff auf Wesensaussagen (im Unterschied zu Tatsachenaussagen) anwendbar ist, stellt sich gerade in den Sozialwissenschaften das Problem der Vielfalt z.T. gegensätzlicher Wesensbestimmungen, die gleichermaßen Gültigkeit für sich beanspruchen.   H.D.R.

Establishment, [1] ursprünglich ein gesellschaftskritischer Begriff zur Kennzeichnung all derer, die die Schlüsselpositionen eines Verbandes, einer Partei, einer staatlichen Einrichtung, der Betriebe usw. innehaben und sich durch Beeinflussung der Basis und durch deren Apathie dort zu halten wissen.
[2] In der der Studentenbewegung in der BRD war E. ein zentraler strategischer Begriff; unter Verzicht auf klassentheoretische Bestimmungen ging man von einem Gegensatz von unterdrückenden Institutionen (E.) und Unterdrückten aus.   W.F.H.

esteem (engl.), wörtlich: Hochachtung, Wertschätzung (eines anderen Menschen).
[1] → Einschätzung, soziale
[2] Bei T. Parsons ein spezieller Reaktionstyp, nämlich die „positive Gesamtbewertung einer Person, eines Kollektivs oder eines anderen Objekts in bezug auf universalistische Standards ... unabhängig von der Zugehörigkeit dieser Person usw. zu einem bestimmten Bezugssystem". Damit unterscheidet Parsons e. von den Reaktionstypen → response, → approval und → acceptance.   R.Kl.

Etablierte, eines der zehn Sinus-Milieus (2004), zu dem rd. 10% der Bevölkerung gehören. Zu den E. gehören Vierzig- bis Sechzigjährige mit guter Bildung. Sie grenzen sich mit einem exklusiven Lebensstil und Erfolg im Beruf bewusst von anderen ab.   D.Kl.

Etatismus, [1] ursprünglich Einschränkung einer föderativen Verfassung durch zentralistische Erweiterung bundesstaatlicher Kompetenzen gegenüber den Gliedstaaten und die Ausdehnung staatsunmittelbarer Verwaltung. Allgemein ist E. die im Gegensatz zum Rechtsstaatsprinzip stehende Tendenz, vor allem im wirtschaftlichen Bereich die staatliche Machtsphäre auf Kosten der Individuen auszudehnen.   J.Mo.
[2] von engl. statism, bezeichnet allgemein staatszentrierte Strategien nachholender Entwicklung und Industrialisierung, spezifischer die Gesellschaftssysteme sowjetischen Typs, bei M. Castells deren → Entwicklungsweise.   R.Kö.

Ethik, [1] Gesamtheit aller Prinzipien, die Handeln, Sitten und Gebräuche der Menschen eines bestimmten Kulturkreises regeln.
[2] Seit Aristoteles Bezeichnung für die Lehre vom sittlich guten Handeln, die als solche eine Normwissenschaft ist. Man unterscheidet zwi-

schen philosophischer und theologischer E. sowie zwischen Individual- und → Sozialethik. Aus soziologischer Perspektive unterliegt jede Ethik den jeweils allgemeingesellschaftlich geltenden Wertemustern einer Kultur. V.Kr.

Ethik-Kodex heißt eine 1992 geschaffene Broschüre mit Regeln für beruflich richtiges Handeln von Soziologen und Soziologinnen. Beschrieben werden die gesellschaftliche Verantwortung, Aufklärungspflichten gegenüber denjenigen, die erforscht werden, usf. Verstöße können von einer Ethik-Kommission festgestellt und geahndet werden. R.L.

Ethik, protestantische, im Gefolge der religionssoziologischen Arbeiten M. Webers vielfach diskutierter idealtypischer Begriff für jenes System von Glaubenssätzen, ethischen Normen und Maximen der Lebensführung, das, vornehmlich auf der Prädestinationslehre Calvins gründend, über das Kulturmuster eines bestimmten Berufs-, Arbeits- und Leistungsverständnisses nach M. Weber den „Geist des Kapitalismus" und damit die inneren Antriebe der modernen Wirtschaftsgesellschaft hervorgebracht hat. J.Ma.

Ethnizität, *ethnicity,* Begriff für ethnische Identitätsbildung in Form der Aufwertung von Sprache, kulturellen Eigenheiten und Traditionen der ethnischen Gruppe. Von E. wird insb. in den USA in Bezug auf die europäischen, aber auch auf die asiatischen und lateinamerikanischen Einwanderergruppen gesprochen, die z.T. in den letzten Jahrzehnten über Strategien der ethnischen Selbstabgrenzung, gerade auch im Zeichen schwindender Identität, ihren Status zu verbessern suchten (S. Steinberg 1981). Bezeichnenderweise wird E. selten zur Bestimmung des Verhältnisses von Schwarzen und Weißen in den USA verwendet. H.W.

Ethnizität, symbolische, bezeichnet eine bestimmte Eigenart in der Identität von Minderheiten, nachdem sie sich in die Mehrheit eingefügt haben. Einige Merkmale der früheren kulturellen Zugehörigkeit werden weiterhin gepflegt (z.B. religiöse Feste werden gefeiert, Ernährungsgewohnheiten beibehalten), obwohl man sich äußerlich und im Alltag der neuen Umgebung angepasst hat. Empirisch wird das für jüdische US-Amerikaner und für Einwanderungspopulationen der dritten Generation diskutiert (H.J. Gans 1979, 1994). Das nostalgische Festhalten an einer Tradition hält den Fortgang der Integration nicht auf. R.L.

Ethnogenese bezeichnet die Entstehung und Ausbreitung eines Volkstums. Soziologisch wird nach den Determinanten der E. gefragt (Religion, Sprache usw.). R.L.

Ethnografie, [1] die Beschreibung der Lebensverhältnisse und Sitten fremder Völker, insb. auch einfacher Gesellschaften. Der Bericht kann aus der Feldforschung völkerkundlicher Fachleute stammen, aber auch die Beobachtungen anderer (etwa Reisender oder Kaufleute) wiedergeben.

[2] Im Rahmen der neueren phänomenologischen Soziologie die in genauer Beobachtung des Feldes gewonnene Beschreibung, auf welche Weise die Angehörigen einer Kultur wahrnehmen, abgrenzen und einordnen, wie sie ihre Handlungen durchführen und welche Bedeutungen sie den Handlungen und Objekten zuschreiben, die in ihrer Kultur vorkommen. R.L.

Ethnografie des Sprechens, *ethnography of speaking,* Arbeitsrichtung in der Soziolinguistik (D. Hymes 1962), die als ihren Gegenstand das Sprechen und nicht die Sprache als Code auffasst, die sich also für die mannigfaltigen und fließenden Kommunikationsakte in einer sozialen Gruppe, deren Formen und Funktionen interessiert (statt diese – etwa lingustisch – aus einer Strukturanalyse der Sprache als Code abzuleiten). Hierzu nutzt die E. d. S. von der allgemeinen Kommunikationstheorie entwickelte Begriffe, z.B. Sender, Empfänger, Kanal, Art der Codes, *setting* des Kommunikationsakts, Form der *message* usw. W.F.H.

ethnographie metropolitaine (frz.), der Teil der (französischen) Volkskunde, der nicht – wie die Volkskunde überwiegend – agrarische Gegenstandsbereiche untersucht, sondern großstädtische. W.F.H.

ethnography of speaking (engl.) → Ethnografie des Sprechens

Ethnohistorie erforscht die Entwicklung und die geschichtlichen Epochen einer Kultur. Vielfältige Quellen (von Bildern bis zu mündlichen Berichten) werden genutzt. Es wird nicht nur auf große Ereignisse und führende Personen geachtet, sondern auch auf den Alltag und die kleinen Leute. R.L.

Ethnolinguistik, auch → Metalinguistik, Untersuchung der Wechselbeziehungen zwischen Sprache und nichtsprachlichen kulturellen Faktoren in einer Gesellschaft. A.H.

ethnologie urbaine (frz.), Bezeichnung der französischen Sozialwissenschaften für stadtsoziologische Forschungen, die sich besonders den spezifisch städtischen Gesellungsformen usw. widmen (ethnische Minoritäten, Beziehungsstrukturen in Neubauvierteln, kriminelle Banden, Jugendcliquen usw.) W.F.H.

Ethnologie, Völkerkunde, [1] früher oft bedeutungsgleich mit → Ethnografie [1], dem Beschreiben von primitiven Gesellschaften, bezeichnet E. heute die systematische Wissenschaft, die Kultur und Sozialstruktur der primitiven Gesellschaften untersucht. Überschneidun-

gen mit der Soziologie (→ Ethnosoziologie), Bedeutungsähnlichkeiten mit der Kulturanthropologie in den USA und der englischen Sozialanthropologie.
[2] In den US-amerikanischen Wissenschaften der → Anthropologie oft Bezeichnung für die wissenschaftliche Beschäftigung mit Sozialstruktur und Kultur aller Gesellschaften (unabhängig von ihrem Entwicklungsgrad).   W.F.H.

Ethnologie, angewandte → Anthropologie, angewandte

Ethnomethodologie, Bezeichnung für eine von H. Garfinkel und H. Sacks angeführte Forschungsrichtung, welche die alltagsweltlichen Methoden zu erfassen versucht, mit denen die Gesellschaftsmitglieder die tagtäglichen Routineangelegenheiten ihrer Handlungs- und Interaktionspraxis, einschließlich der Praxis wissenschaftlichen Handelns, zu bewältigen suchen und diese Bewältigung einander wechselseitig als normal anzusinnen und zu vermitteln trachten.
Ähnlich wie entsprechende Forschungsrichtungen innerhalb der amerikanischen Ethnologie (z.B. → *ethnoscience*) geht es der E. um eine Analyse des „subjektiven" Aspektes der sozialen Wirklichkeit, wie sie von den Gesellschaftsmitgliedern erlebt wird. Während sich allerdings die *ethnoscience* auf die semantisch-inhaltliche Erfassung von soziohistorisch spezifisch institutionalisierten Vorstellungsgehalten spezialisiert, geht es der E. zunächst einmal um die für jede Gesellschaft universalen Weisen, in denen die Gesellschaftsmitglieder auf die soziokulturell institutionalisierten Wissensbestände (den jeweiligen Bestand an „Alltagswissen" bzw. *„common sense"*) zurückgreifen, diese situationsspezifisch anwenden und dabei in Ad-hoc-Strategien reinterpretieren.   F.S.

Ethnopsychoanalyse, Forschungsrichtung innerhalb der Ethnologie, die Grundelemente der psychoanalytischen Therapie für die Erforschung fremder Kulturen nutzt: das Interview folgt mehr oder weniger den Grundregeln für eine psychoanalytische Sitzung; nicht Sachlichkeit und Informationsgenauigkeit sind das Ziel, sondern die Ermöglichung von Übertragung und Gegenübertragung zwischen Informant und Interviewer. Die Interpretation dieser unbewussten Vorgänge soll zu einer Untersuchung der Fremdheitserfahrungen beim Interviewer führen (die also absichtlich als Erkenntnismittel genutzt werden) und das (kollektive) Unbewusste der fremden Kultur zugänglich machen. Die Anwendung solcher Interviewmethode hat eine psychoanalytische Ausbildung zur Voraussetzung (und muss in der Praxis durch Distan-

zierungsmittel – Forschungstagebuch, Supervision o.ä. – unterstützt werden).   W.F.H.

Ethnopsychologie, [1] Wissenschaft vom beobachteten oder vermuteten Seelenleben der sog. Naturvölker; insofern praktisch synonym mit → Völkerpsychologie, scheint dieser Begriff dort leicht bevorzugt zu werden, wo eine weniger starr evolutionistische, empirienähere Psychologie fremder Gruppen mit einfacher Kultur gemeint wird; heute weithin verdrängt von der → „Kultur- und Persönlichkeits"-Forschung.
[2] Einstweilen noch sehr selten: Name für die wissenschaftlich erfassten und dargestellten Seelenlehren jener fremden Gruppen.   W.Sch.

Ethnos, nach E.K. Francis Bezeichnung für ein soziales Gebilde, in dem sich das soziale Handeln ableitet von einer gemeinsamen Herkunft, an die die Einzelnen glauben.   O.R.

ethnoscience (engl.), Ethnowissenschaft, Ethnotheorie, ist eine aus der amerikanischen Ethnografie stammende Forschungsrichtung, die über die sprachlich formulierten Orientierungsschemata die Regelmäßigkeiten im Verhalten einer Gruppe oder Gesellschaft verstehen und erklären will. Die *e.* geht von der Überlegung aus, dass man die im Vokabular der gruppen- oder gesellschaftsspezifischen Sprache als bedeutungsmäßige Wörterbucheinträge einlagernden Vorstellungsbilder als unmittelbar handlungsleitende Orientierungsschemata betrachten kann. Die analytische Rekonstruktion der Vorstellungsbilder führe auf systematische, den Gruppen- bzw. Gesellschaftsmitgliedern unbewusste oder nur halbbewusste Orientierungsdimensionen zur kognitiven Aufordnung von Welt und Gesellschaft, die Netze dieser Dimensionen schlügen sich in der semantischen Struktur der gruppen- bzw. gesellschaftsspezifischen Sprache und dem System ihrer pragmatischen Anwendungsregeln nieder und mit ihrer Aufdeckung sei die analytische Rekonstruktion eines wesentlichen Bereiches unmittelbar handlungsleitender Regel- und Orientierungssysteme gesellschaftlicher Praxis gelungen. Die Beherrschung des sich im sprachlichen Bedeutungssystem niederschlagenden Regelsystems der Handlungssteuerung sei wie die gruppen- oder gesellschaftsspezifischen Sprachen im Prinzip allen Gruppen- bzw. Gesellschaftsmitgliedern gemeinsam und drücke sich in ihrer soziokulturellen Kompetenz aus, die für die Gruppe oder Gesellschaft typischen Handlungsperformanzen vollziehen und erwarten zu können. Wie in der Linguistik müsse die Erhebung derartiger soziokultureller Regel- und Vorstellungssysteme in natürlichen Kontexten der Kommunikation vollzogen werden, und die Befragungsperson habe den Status eines natürlichen Informanten (in

Parallele zum natürlichen Sprecher der Linguistik), der darüber Auskunft geben könne, ob eine Abfolge von Weltereignissen einschließlich ihrer Deutung dem Ordnungsrahmen des kulturellen Selbstverständnisses seiner Gruppe oder Gesellschaft angemessen sei oder nicht. F.S.

Ethnosoziologie, [1] von R. Thurnwald eingeführte Bezeichnung für soziologisch orientierte völkerkundliche Studien, im Großen und Ganzen auf Thurnwalds Arbeiten und die seiner Schüler beschränkt.
[2] Hin und wieder Bezeichnung für die Studien und Arbeitsrichtungen, in denen sich Ethnologie und Soziologie verschränken. W.F.H.

Ethnotheorie → *ethnoscience*

Ethnowissenschaft → *ethnoscience*

Ethnozentrismus, Bezeichnung für die Tendenz, die Eigenschaften (Wertvorstellungen, Normen usw.) der eigenen Gruppe (→ Eigengruppe), insbesondere der eigenen Volksgruppe, höher zu bewerten als die Eigenschaften anderer Gruppen (→ Fremdgruppe) und als Bezugssystem für die Beurteilung der anderen Gruppen zu wählen, sodass die Mitglieder der eigenen Gruppe generell als hochwertig, die der fremden Gruppen als minderwertig angesehen werden. Die ideologisierte Form des E. nationaler Gruppen wird als „Nationalismus" bezeichnet. Der Begriff spielt eine Rolle in der Vorurteils- und Stereotypenforschung. R.Kl.

Ethnozentrismus, jugendlicher → Jugendzentrismus

Ethnozentrismus, scholastischer → Epistemozentrismus, scholastischer

Ethologie, [1] die Lehre vom Verhalten der Tiere
[2] Die → vergleichende Verhaltensforschung
[3] Nach einem Vorschlag von J.S. Mill (1843) Bezeichnung für eine zu schaffende Lehre von den Einwirkungen verschiedener Umstände physischer und moralischer Art auf die Entstehung verschiedener Charaktertypen.
[4] Selten auch synonym mit Ethik R.Kl.

Ethos (gr.), Sitte, Brauch, [1] meint die Gesamtheit der Standards, Regeln und Ideale, die als subjektive Momente in Form von Überzeugung das Verhalten der Einzelnen und der Rollenträger prägt und sich in dauerhaften Verhaltensformen niederschlägt. So spricht man vom E. des Forschers, des Arztes, etc. E. umfasst nur den Teil der → Moral, der von den einzelnen verinnerlicht ist, als eigene Überzeugung Verhalten initiiert. O.R.
[2] Nach P. Bourdieu die Normen des Ethischen, „welche für alle Gesellschaftsklassen die jeweils legitimen Darstellungsgegenstände und Darstellungsweisen definieren und damit aus dem Bereich des Darstellbaren bestimmte Realitäten

wie Arten ihrer Darstellung ausgrenzen" (1982). E. meint hier eine alltagspraktische Moral, die ein Akteur in seinem Leben inkorporiert und entwickelt, ohne dafür bewusst eine Ethik aufgebaut zu haben. E. wird dann im Bourdieuschen → Habitus zu einer Facette. C.P.

Etikettierungsansatz → *labeling approach*

etisch → emisch – etisch

Eudämonismus → Hedonismus

Eufunktion bezeichnet die system- und gleichgewichterhaltende Wirkung eines sozialen Elements und darüber hinaus dessen Beitrag zum optimalen Funktionieren des Systems. Gegenbegriff: Dysfunktion. B.W.R.

Euphemismen, praktische, bei P. Bourdieu (1998) solche Äußerungen von Menschen, durch die sie mitteilen, dass sie durchaus gewillt sind, sich an die sozialen Regeln zu halten (es aber in diesem oder jenem Fall nicht können). W.F.H.

Eurokommunismus, von den Medien geprägter Ausdruck für den programmatischen Wandel kommunistischer Parteien – KPSp, KPF und KPI – Mitte der 1970er Jahre. Dieser bezieht sich vorwiegend auf a) Ablehnung der „Diktatur des Proletariats", b) Anerkennung der Errungenschaften der bürgerlichen Demokratie, c) Betonung der Vereinbarkeit von Sozialismus und bürgerlich-parlamentarischen Systemen, d) Ablehnung von Revolution als Mittel der Machtübernahme, stattdessen schrittweise friedliche Umwälzung von Gesellschaft durch strukturelle Reformen, e) Ablehnung der Vormachtstellung der KPdSU und f) Anerkennung nationaler Wege (auch strategischer Art) zum Sozialismus. Inzwischen muss man diesen Weg zur Machtteilhabe als gescheitert betrachten. G.F.

Europäisches Haushaltspanel → Gemeinschaftsstatistik über Einkommen und Lebensbedingungen

Eurozentrismus, ideologisches Pendant zur politischen und ökonomischen Hegemonie der westlichen Gesellschaften (Europa und Nordamerika) über den ‚Rest der Welt'. In der Wissenschaft kritisiert E. (als negativer Wertbegriff) die Tendenz, die sozialen Verhältnisse außereuropäischer Gesellschaften mit westlichen Maßstäben zu bewerten. M.S.

EU-SILC → Gemeinschaftsstatistik über Einkommen und Lebensbedingungen

Eustruktur, Gleichförmigkeit des Handelns oder Verhaltens, die einen Beitrag zum Bestand des umgreifenden Handlungssystems leistet. Gegenbegriff: Dysstruktur. E.L.

evaluation (engl.) → Bewertung

evaluation, context of rational (engl.) → Entdeckungszusammenhang – Rechtfertigungszusammenhang

Evaluationsforschung, wissenschaftliche Begleitung und Bewertung von wissenschaftlich-praktischen Projekten, z.B. Schulversuchen, Gemeinwesenarbeit, Entwicklungsvorhaben. Die E. hat die Aufgabe, die Ergebnisse (Zielerreichung) und evtl. auch die Wirkungen eines Projektes und ihre Bedeutsamkeit festzustellen und anhand bestimmter Kriterien zu bewerten. Die Ergebnisse müssen hierzu mit der Ausgangslage, den Zielsetzungen, den Maßnahmen des Projekts, den sich u.U. verändernden Rahmenbedingungen und evtl. weiteren Veränderungen im Umfeld eines Projekts in Beziehung gesetzt werden. Die E. sollte neben der Sicht des Auftraggebers auch die der Beteiligten und Betroffenen berücksichtigen. Die E. kann die Form einer begleitenden Untersuchung oder einer ex-post-E. besitzen. Sie erfolgt häufig mit Mitteln der empirischen Sozialforschung in Anlehnung an experimentelle Untersuchungsformen (Vorher-Nachher-Vergleich, Kontrollgruppenvergleiche). H.W.

evaluative assertion analysis (engl.) → Bewertungsanalyse

evaluative orientation (engl.) → Orientierung, evaluative

evangelische Soziallehre → Soziallehre

Evasion, Bezeichnung von T. Parsons für einen Typ abweichenden Verhaltens, der charakterisiert ist durch Rückzug aus normativen Beziehungen und Ablehnung von Verantwortlichkeit. C.Wo.

event, emergent (engl.), bezeichnet in der Zeittheorie von G.H. Mead (im Anschluss an Whitehead) ein neuartiges Ereignis, das (weil überraschend) eine (problematische) Gegenwart konstituiert, und damit zugleich Vergangenheit und Zukunft. W.F.H.

everyday life (engl.) → Alltagsleben

evidenzbasiert, auch: empiriegestützt, heißen solche Erkenntnisse, die über eine sorgfältig gesicherte → Validität verfügen. Bei der Anwendung sozialwissenschaftlicher Theorien sollen nur e. Resultate zum Zuge kommen, wie eine seit Ende der 1990er Jahre aktive Strömung fordert. Danach müssen Interventionen in der Sozialarbeit, Kriminalprävention und Bildung durch Vorabexperimente ihre Wirksamkeit nachweisen (→ Evaluationsforschung). R.L.

Evolution, [1] Bezeichnung für allmählich fortschreitende Veränderungen in Struktur und Verhalten der Lebewesen, sodass die Nachfahren andersartig als die Vorfahren werden aufgrund von → Variation, → Selektion und → Stabilisierung innerhalb der Organismen.
[2] Bezeichnung für allmählich fortschreitende Veränderungen in der Gesellschaft, die in Hinblick auf ein sozial festgelegtes Ziel geplant sind.
[3] Bezeichnung für den Entwicklungsprozess der Gesellschaft, der unabhängig vom sozialen Handeln einem bestimmten, objektiven Ziel zutreibt. O.R.
[4] In Verbindung mit dem Konzept der Autopoiesis wird soziokulturelle E. als Prozess der Strukturänderung des Gesellschaftssystems verstanden und baut auf der Differenz von Variation, Selektion und Restabilisierung auf, wobei deren Differenz wiederum ein Produkt soziokultureller E. ist. Im Kontext einer solchen differenztheoretischen E.theorie übernimmt die negierfähige → Kommunikation die Variationsfunktion. Die Selektionsfunktion wird in früheren Gesellschaftsformen entweder durch die Sprache in Verbindung mit anderen Einrichtungen wie Moral oder Rhetorik übernommen, in der funktional differenzierten Gesellschaft durch → symbolisch generalisierte Kommunikationsmedien. Die Stabilisierungsfunktion wird durch die Differenzierungsform übernommen. Zu unterscheiden sind die Differenzierungsformen segmentäre, → stratifikatorische und → funktionale Differenzierung. Spezifikum der funktional differenzierten Gesellschaft ist eine ungleichartige Ordnung der Teilsysteme, die auf eine hierachische Ordnung zwischen den Systemen verzichtet. Spezifisch ist die Ausdifferenzierung von autonomen, selbstreferenziellen, auf der Basis eines binären → Code operierenden Funktionssystemen (→ Autopoiesis), deren Funktion nicht durch andere gesellschaftliche Teilsysteme übernommen werden kann. M.G.

evolutionäres Potenzial, Gesetz des → Gesetz des evolutionären Potenzials

Evolutionismus, [1] Bezeichnung für die Theorien der sozialen Evolution.
[2] Abwertende Bezeichnung für die klassische Evolutionstheorie, der unterstellt wird, sie habe die Evolution als zwangsläufig, unumkehrbar, unilinear und kontinuierlich betrachtet. O.R.

Evolutionsformel, Bezeichnung für H. Spencers These (1862), dass jede reale Entwicklung gesetzmäßig von der unzusammenhängenden Gleichartigkeit der Teile zur zusammenhängenden Ungleichartigkeit, vom Aggregat zum System verlaufe. O.R.

Evolutionspsychologie, ein Ansatz, in dem die Erkenntnisse und die Prinzipien der evolutionären Biologie benutzt werden, um die Struktur des menschlichen Geistes zu analysieren. E. will nicht als ein Forschungsgebiet, wie Wahrnehmung oder soziales Verhalten, verstanden werden, sondern als eine Sichtweise, die zu jedem Thema der Psychologie Anwendung finden kann. In dieser Perspektive ist der Geist eine Sammlung von informationsverarbeitenden Maschinen, die durch natürliche Auslese entstanden sind, um die Probleme des Menschen zu lösen.   W.P.

Evolutionstheorie, Entwicklungstheorie, Bezeichnung für eine Theorie über Ursache und Verlauf der Entwicklung des organischen Lebens und/oder der Systeme menschlichen Zusammenlebens. Generell lassen sich die verschiedenen E.n typisieren in biologisch-soziale und soziokulturelle E.n; in der biologisch-sozialen E. (Deszendenztheorie) wird ausgegangen von der menschlich-biologischen Entwicklung (→ Ontogenese, → Phylogenese) mit vererbbaren Faktoren, die in Interdependenz mit der sozialen und kulturellen Umwelt sich entfalten. Da der Entwicklungsgang sich naturgesetzlich-kausal auf bestimmte Faktoren zurückführen lasse (z.B. Mutation, → Selektion), ist für diese Richtung die Evolution ein determinierter Prozess. In der soziokulturellen E. wird dagegen die Entwicklung als abhängig von Veränderungen der Umweltbedingungen, in Interdependenz mit der Systemstruktur, für die Funktionserfüllungen des sozialen Systems gesehen; Evolution als stochastischer Prozess ist somit ohne biologische Faktoren möglich. → Neo-Evolutionismus   O.R.

Evolutionstheorie, biologisch-soziale → Evolutionstheorie

Evolutionstheorie, soziokulturelle → Evolutionstheorie

ex post facto (lat.), wörtlich: nach Vorliegen des Tatbestands, Zusatzbezeichnung für Theorien, Hypothesen, Erklärungen, Interpretationen, die erst aufgrund vorliegender Untersuchungsergebnisse formuliert werden. Diese Ergebnisse können daher nicht zur Überprüfung der *ex-post-facto*-Theorien herangezogen werden.   H.W.

Ex-post-facto-Methode, spezielle Form der Kausalanalyse, bei der von einer bekannten Wirkung (z.B. Einstellungsänderung) ausgehend nach der Ursache gesucht wird. Das kann geschehen durch a) Vergleich der Zielgruppe vor und nach der Einwirkung des hypothetischen Kausalfaktors oder b) Vergleich zweier Gruppen, von denen die eine dem hypothetischen Kausalfaktor ausgesetzt war (Experimentalgruppe), die andere aber nicht (Kontrollgruppe).   D.G.

exchange theory (engl.) → Austausch

Exekutive , ausführende Gewalt, im Rahmen der → Gewaltenteilung wird diese von der → Legislative und → Judikative unterschieden. Zu den Institutionen der E. zählen z.B. Regierung und Polizei.   D.Kl.

exhaurieren → Konstruktivismus

Exhaustion → Konstruktivismus

Exilierung, faktisches Ausstoßen Einzelner oder von Gruppen aus der Gesellschaft durch physische Gewalt oder Rechtszwang.   O.R.

Existenzaussage, Existenzsatz, Aussage der Form: „Es gibt ein (mehrere) X ..., für die gilt, dass ...", „Es gibt mindestens ein Y ..., für das gilt, dass ...". Beispiel: „Es gibt eine klassenlose Gesellschaft". Eine E. lässt sich verifizieren, aber nicht falsifizieren.   H.W.

Existenzminimum, physisches, Summe der Mittel, jeweils ausgedrückt in einer Werteinheit (z.B. Geld), die ein Individuum in einer bestimmten Zeiteinheit braucht,
[1] um am Leben zu bleiben,
[2] um am Leben zu bleiben und seine Arbeitskraft ständig reproduzieren zu können,
[3] um am Leben zu bleiben, seine Arbeitskraft ständig zu reproduzieren und sich ohne Vermehrung oder Verminderung seiner Schicht fortpflanzen zu können.   O.R.

Existenzminimum, soziales, Summe der Mittel, die ein Individuum in einem bestimmten Zeitraum braucht, um alle von der je spezifischen Gesellschaft als unabdingbar erklärten Bedürfnisse befriedigen zu können; das s.e E. wird in einer Werteinheit ausgedrückt, z.B. in Geld.   O.R.

Existenzsatz → Existenzaussage

Existenzwerdung → Fürsichsein

exit – voice (engl.). Unterschieden werden drei Arten von individuellen Reaktionen eines Mitglieds, wenn eine Organisation ihre Leistungen verschlechtert: Es kann die Organisation verlassen (*e.*), es kann auf der Leistung bestehen (*v.*) oder es kann den Leistungsabfall einfach hinnehmen (*loyalty*).   R.L.

Exklave → Enklave

Exklusion, auch → Ausschließung, Ausschluss, bezeichnet einen Entzug von Lebenschancen, der die Betroffenen unter die Armutsgrenze drückt (M. Kronauer 2002) oder ihre Eignung für unbefangene Kommunikation aufhebt. Heute ist weniger der (bei Geburt) zugeschriebene Status maßgebend und mehr der im Lebenslauf erworbene; daher bedurfte es eines deutlichen Begriffs für den → sozialen Abstieg. E. drückt das Erzwungene dieser Mobilität aus. Die lateinamerikanische Soziologie versteht unter E. auch das Nichtvorhandensein von Straßen, Schulen, Gesundheitseinrichtungen, Märkten an einem Ort, wodurch die dort Wohnenden, z.B. Siedler der Agrarreform oder Bewohner von Favelas u.a. vom gesellschaftlichen Austausch abgekoppelt werden. Ausgeschlossen wird allerdings nicht aus „der Gesellschaft", sondern aus derjenigen sozialen Schicht, in der die E. stattfindet. Zunehmende E.vorgänge bedingen soziale Spal-

E

tungen und gefährden die gesamtgesellschaftliche Integration. Die soziologische Theorie diskutiert darüber, inwieweit E. und → Inklusion zwei Prozesse sind, die zwar in einem begrifflichen Gegensatz stehen, aber aufeinander verweisen. R.L.

[2] → Ostrazismus

Exklusionsindividualität, bezeichnet in der Systemtheorie jene nur negativ bestimmbare Form moderner Individualität, die nicht Eingang in die einzelnen Funktionssysteme finden kann – also nicht durch Inklusion in ein Funktionssystem zustande kommt, sondern sich gerade der Exklusion aus Funktionssystemen verdankt. U.St.

Exogamie → Endogamie

exogen, „von außen wirkend", Bezeichnung für Ursachen, Einflüsse, Wandlungsprozesse, die von außen auf ein System oder einen Komplex von Beziehungen einwirken. Gegenbegriff: endogen. H.W.

Exorzismus, Bezeichnung für die Form der → Beschwörung, in der die Austreibung böser Geistwesen (wie Dämonen und Teufel) aus einem kranken oder 'geistbesessenen' Menschen, u.U. auch aus einer bestimmten Örtlichkeit vorgenommen wird. Religionspsychologisch kann E. als therapeutischer Prozess interpretiert werden, in dem der Behandelte z.B. durch traumatische Erfahrungen und Schuldgefühle verursachte destruktive Energien abbauen kann. Aus religionssoziologischer Sicht kommt dem E. die Funktion zu, gruppeninterne oder gesellschaftliche Konflikte zu regulieren, die sich durch Projektion der Gruppe bzw. der Gesellschaft oder des Exorzisten in dem „Besessenen" manifestiert haben. → Dämonismus, → magisch V.Kr.

Exosystem, in U. Bronfenbrenners Vorschlag für eine ökologische Sozialisationsforschung (1980) Bezeichnung für ein Handlungsfeld, an dem eine Person aus dem unmittelbaren Handlungsfeld des Sozialisanden (z.B. des Schülers) direkt teilnimmt, zu dem aber der Sozialisand keinen Zugang hat (z.B. die Familie des Lehrers, der Kegelklub des Vaters). W.F.H.

Expansion, soziale, auch: emotionale Ausdehnung oder Soziabilität, bezeichnet in der soziometrischen Analyse das Ausmaß, in dem ein Individuum andere Individuen wählt (positive s. E.) oder ablehnt (negative s. E.). E.L.

expectancy (engl.) → Erwartung [3]

Experiment, planmäßige Beobachtung bestimmter Sachverhalte und ihrer Veränderungen unter vom Forscher kontrollierten und variierten Bedingungen. Das E. unterscheidet sich u.a. dadurch von anderen Beobachtungsformen, dass die beobachteten Vorgänge durch den Forscher hervorgerufen, hergestellt werden. Der Ablauf

des E.s ist jeweils in einem → Versuchsplan festgelegt. H.W.

Experiment, entscheidendes, lat.: *experimentum crucis,* Versuchsanordnung, die geeignet ist, eine Hypothese oder Theorie schlüssig zu widerlegen und damit eine Entscheidung zu Gunsten einer alternativen Theorie zu fällen. Die Geschichte der Naturwissenschaft kennt einige berühmte Beispiele für e.e E.e, etwa den Michelson-Versuch, der zur Relativitätstheorie führte. In der Soziologie ist über ein e. E. noch nicht berichtet worden. L.K.

Experiment, indirektes, von E. Durkheim synonym für → vergleichende Methode verwandt, soll als Äquivalent für die auf die Erforschung von Kausalzusammenhängen ausgerichtete experimentelle Methode der Naturwissenschaften gelten, da in der Soziologie nach Durkheim Sachverhalte vom Experimentator nicht willkürlich manipulierbar sind. Das i.E. entspricht in der statistischen Durchführung der → multivariaten Analyse. H.W.

Experiment, natürliches, *natural experiment,* Bezeichnung für Untersuchungsformen in der Soziologie, in denen der Forscher nicht bestimmte, unabhängige Variable manipuliert, um bestimmte Wirkungen zu beobachten, sondern in gegebenen Situationen systematisch Daten erhebt, etwa durch Interviews, die – nachträglich – durch verschiedene Analyse-Techniken auf ihre kausalen Beziehungen untersucht werden. Der Ausdruck n. E. wird häufig im Vergleich zur sog. strengen Form des Experiments in abwertendem Sinn benutzt. H.W.

Experiment, qualitatives, wissenschaftlich kontrollierte Eingriffe in offene Situationen mit dem Ziel der Exploration komplexer (nicht künstlich vereinfachter) struktureller und dynamischer Zusammenhänge z.B. bei der Lösung von Problemen in Gruppen und Organisationen. Die von G. Kleining (1986) entwickelten Strategien und Methoden des q.n E.s setzen an beim Experimentieren als Form des Alltagsverhaltens. H.W.

Experimentalgruppe → Experimentiergruppe

Experimentalisten, eines der zehn Sinus-Milieus (2004), zu dem rd. 7% der Bevölkerung gehören. Ihnen gehören v.a. junge Singles aus gutem Elternhaus mit hohen Bildungsabschlüssen an. Sie geben sich kreativ und tolerant. Ihr Interesse richtet sich auf alles Neue und Außergewöhnliche. D.Kl.

experimenter bias (engl.) → Versuchsleitereffekt

experimenter effect (engl.) → Versuchsleitereffekt

Experimentiergruppe, auch: Experimentalgruppe, bei verschiedenen Formen des Experiments

„im Gegensatz zur Kontrollgruppe jene Gruppe, bei der [...] ein Reiz gegeben wird, dessen Wirkung untersucht werden soll" (R. König et al. 1956).   R.Kl.

experimentum crucis (lat.) → Experiment, entscheidendes

Experten, in der empirischen Sozialforschung [1] ein zur Eichung von Einstellungsskalen aufgrund seiner vermuteten Kompetenz ausgewählter Personenkreis. E. platzieren eine Reihe von *items* auf einer Stufenskala. Kriterien für die Auswahl geeigneter *items* sind der mittlere Skalenwert und die durch die Streuung bestimmte Diskriminierungsfähigkeit der *items*. [2] Zur Befragung aufgrund der vermuteten Kompetenz ausgewählter Personenkreis, von dem qualifizierte Informationen zu einem Problemgebiet erwartet werden (z.B. Befragung der Vertrauensleute, des Betriebsrats und der leitenden Angestellten über den Verlauf eines Streiks).   P.P.

Expertenautorität → Autorität, funktionale

Expertenbefragung → Experteninterview

Expertenbürokratie → Bürokratie, disziplinäre

Expertenherrschaft → Technokratie

Experteninterview, auch: Expertenbefragung, Informanteninterview, gezielte Befragung von → Experten [2]. Die Auswahl erfolgt nicht nach Gesichtspunkten statistischer Repräsentativität, sondern zur Repräsentation wichtiger Akteure oder Gruppen im Untersuchungsfeld.   H.W.

Expertensysteme, bezeichnet „Systeme technischer Leistungsfähigkeit oder professioneller Sachkenntnis, die weite Bereiche der materiellen und gesellschaftlichen Umfelder, in denen wir heute leben, prägen". (A. Giddens 1995) Gemeint sind bei Giddens nicht nur jene Berufe (Arzt, Rechtsanwalt, Steuerberater usw.), deren Expertenkenntnisse von Fall zu Fall nachgefragt werden, sondern auch und vor allem der Tatbestand, dass im Grunde in allen praktischen Gegebenheiten des modernen Lebens professionelle Kenntnisse und spezielle Organisationsarbeit stecken, denen die Menschen normalerweise vertrauen, ohne sie zu verstehen (z.B. Ampelschaltung auf Straßen, Bautechnik in Gebäuden, Steuerung im Eisenbahnnetz). → Systeme, abstrakte   W.F.H.

Expertokratie → Technokratie

explanans – explanandum (lat.), erklärender (*explanans*) und zu erklärender (*explanandum*) Bestandteil einer Erklärung. Die Unterscheidung ist insb. im Rahmen → deduktiv-nomologischer Erklärungen von Bedeutung.   H.W.

Explikation, auch: Begriffsexplikation (R. Carnap), Präzisierung eines unscharfen Begriffes (Explikandum) durch Angabe der Gebrauchsregeln, Nachbarbegriffe usw., um zu einem für wissenschaftliche Zwecke brauchbaren Begriff (Explikat) zu gelangen. Die E. ist eine Form der Realdefinition.   H.D.R.

Exploitation → Ausbeutung

Exploitationsgrad → Ausbeutungsgrad

Exploitationsrate → Ausbeutungsgrad

Exploration, in Psychiatrie und klinischer Psychologie: die durch gezielte Befragung des Patienten erfolgende Informationssammlung für diagnostische Zwecke.   R.Kl.

Explorationsstudie → Leitstudie

Explorationsverhalten → Neugier

explorativ. Im Kontext einer theorie- oder hypothesentestenden Forschung nach dem deduktiv-nomologischen Modell gilt die Exploration als eine Vorstufe zur Haupterhebung, die notwendig wird, wenn aufgrund mangelnden theoretischen oder empirischen Wissens die Formulierung von Hypothesen, die Bestimmung von Dimensionen oder eine begründete Entscheidung über Erhebungsverfahren anders nicht möglich ist. In der qualitativen Forschung ist die Exploration eines Untersuchungsfeldes ein wichtiges und eigenständiges Verfahren zur empirisch fundierten Theoriebildung.   M.M.

expressed emotion, E.E., engl., Konzept der Medizinsoziologie für eine Gruppe von Emotionen (u.a. *criticism, hostility, overinvolvement*) von Familienangehörigen gegenüber Personen, die an einer Psychose erkrankt sind. G.W. Brown konnte zeigen, dass *e.e.* in der Familienatmosphäre einen Risikofaktor für eine psychotische Erkrankung (insbesondere, vielleicht auch ausschließlich, für Rückfälle nach psychotischen Vorerkrankungen) bildet.   W.P.

expression (engl.) → Ausdruck

expressiv, [1] im allgemeinen Sinne svw. „etwas ausdrückend", „ausdrucksvoll". [2] Bezeichnung für ein Verhalten oder für eine Orientierung, das bzw. die auf den unmittelbaren Ausdruck von Gefühlen, Bedürfnissen, Wünschen, Überzeugungen usw. gerichtet ist. In der Soziologie und Sozialanthropologie werden jene kulturellen Elemente, Verhaltensmuster, Rollen, Institutionen usw. als e. bezeichnet, die dem symbolischen Ausdruck von Gefühlen, Wünschen, Werten, Zielen und Überzeugungen dienen, welche den Mitgliedern einer Gruppe, Organisation oder Gesellschaft gemeinsam sind bzw. gemeinsam sein sollen. Als institutionalisierte Formen e.en Verhaltens gelten u.a. religiöse und andere (z.B. politische) Rituale sowie Feste, Bräuche, Kunst. Dem Begriff der e.en Orientierung wird häufig (T. Parsons) der der → instrumentalen Orientierung gegenübergestellt, womit eine nicht auf den unmittelbaren Ausdruck von Gefühlen und Bedürfnissen, sondern auf das Erreichen von (womöglich fernen) Zielen gerichtete Verhaltensorientierung gemeint ist. Instrumentale und e.e Orientierung sind danach als Orientierungsalternativen zu betrachten. R.Kl.

Expropriation, Enteignung, [1] im Marxismus die fortschreitende Trennung der individuellen Produzenten von ihren Produktions- und Subsistenzmitteln. C.Rü.
[2] Eine technisch bedingte E. des einzelnen Arbeiters von den sachlichen Beschaffungsmitteln liegt vor, wenn u.a. „die Arbeitsmittel die simultane und sukzessive Bedienung durch zahlreiche Arbeiter bedingen" (M. Weber). Ökonomische E. bezeichnet die im Verlauf der → Appropriation erfolgende Trennung zwischen Besitzern und denen, die mittels des Besitzobjektes arbeiten, jedoch keine Entscheidungsgewalt über den Einsatz des Besitzes haben. Die Appropriation an von den Arbeitern verschiedene Besitzer bedeutet die ökonomische E. der Arbeiterschaft als Gesamtheit von den sachlichen Beschaffungsmitteln. D.K./O.R.

exteriority (engl.), Äußerlichkeit, von T. Parsons geprägte Bezeichnung für die von E. Durkheim den sozialen Tatsachen zugeschriebene Eigenschaft, dass sie dem individuellen Bewusstsein äußerlich sind. Die e. drückt sich darin aus, dass die sozialen Tatsachen zwar vom individuellen Bewusstsein getragen und in geringem Ausmaße auch geformt werden, dass sie jedoch etwas qualitativ anderes sind als die Summe aller individuellen Formen und Inhalte des Bewusstseins, denen sie somit als eigenständige Wirkgröße mit prägender Kraft gegenübertreten. F.H.

Exterminismus, kritischer Begriff der Friedensforschung und Friedensbewegung (E.P. Thompson) für den Willen zu einer äußerst schnellen und äußerst risikoreichen Eskalation von internationalen Konflikten, die zum Einsatz von Waffen mit unkalkulierbaren und unkontrollierbaren Wirkungen und Folgen (Auslöschung von Bevölkerungen und Ökosystemen) führt. H.W.

Externalisierung, [1] die Verlegung von inneren Prozessen (Fühlen, Denken) in die Außenwelt, z.B. beim Abwehrmechanismus der Projektion. Im individuell krankhaften Falle ist E. eine Halluzination. G.E.
[2] Bei P.L. Berger und T. Luckmann die Entäußerung von subjektiv gemeintem Sinn. R.L.
[3] In der Debatte um das Verhältnis von Ökonomie und Ökologie Bezeichnung für das Abwälzen von Kosten für Entsorgung von Abfällen und Umweltgiften, Regeneration von Rohstoffen und Regionen, Vorsorge bei produktions- und konsumtionsbedingten Risiken sowie sozialen Kosten (Entwurzelungen von Bevölkerungen, Sicherheitsrisiken etc.) auf die „Allgemeinheit", auf andere Regionen (z.B. Giftmüllexport) und nachfolgende Generationen. Die „Umwelt" als Ressourcenquelle wie als Schadstofflager (Emissionssenke) erscheint aus der Sicht der ökonomischen Kalküle als „frei", kostenlos verfügbar. Entsprechend würde eine Internalisierung („Ökonomisierung der Ökologie") bedeuten, die o.a. Kosten in die Preise miteinzurechnen. Damit wäre jedoch die Verhinderung von Schäden nicht garantiert, bzw. wäre eine weitere Ungleichverteilung der Lasten (unbelastete Umwelt als teures Gut) zu erwarten. H.W.

Externalitäten → Effekte, externe

Extinktion → Löschung

extrafunktional → Fertigkeiten, extrafunktionale

Extrafunktionalisierung, Bezeichnung für eine Tendenz des Wandels der Qualifikationsanforderungen in hoch technisierten Gesellschaften in Richtung auf → extrafunktionale Fertigkeiten. B.W.R.

Extrapolation, Schluss von beobachteten Datenwerten (z.B. eines Trends) auf unbekannte Werte. Die Voraussage beruht auf Regelmäßigkeiten oder Abhängigkeiten in den Daten, die auch für den nicht beobachteten Wertebereich gelten sollen. H.W.

Extrapositionalität → Exzentrizität

Extraprofit → Surplusprofit

Extrapunitivität, Bezeichnung für die Tendenz, interpersonelle Konfliktsituationen und Schwierigkeiten überwiegend so wahrzunehmen und zu verarbeiten, dass die Ursache des Konflikts als Schuld anderer Personen begriffen und/oder dargestellt wird. C.R.S.

Extraversion, ein auf C.G. Jung zurückgehendes, vor allem von H.J. Eysenck aufgegriffenes bipolares Konzept der Persönlichkeitsforschung. Gegenpol: → Introversion. Der extravertierte Typ kann durch folgende Eigenschaften gekennzeichnet werden: wechselhaft, impulsiv, optimistisch, aktiv, gesellig, aus sich herausgehend, gesprächig. H.W.K.

Extremgruppenanalyse → Extremtypus

Extremtypus, auch: reiner Typus, Untersuchungsobjekt, das gleichzeitig in mehreren Merkmalsdimensionen extreme Werte aufweist. Die Analyse von Extremgruppen, z.B. ihre kontrastierende Gegenüberstellung, stellt häufig eine Vorstufe zu genauerer Klassifikation oder Messung der Objekte dar. H.W.

Extremwert, in der Statistik sehr große oder sehr kleine Werte, auch als „Ausreißer" bezeichnet, wenn sie weit von allen übrigen Werten entfernt liegen. Ein E. beeinflusst besonders das arithmetische Mittel einer Verteilung und sollte gesondert betrachtet werden (Messfehler, besondere Bedingungen). H.W.

extrinsisch → Motivation, intrinsische – extrinsische

Exzentrizität, auch: exzentrische Position, Extrapositionalität oder exzentrische Positionalität, Bezeichnungen in der Philosophischen Anthropologie (H. Plessner) für die Sonderstellung des Menschen in der Natur als Verhältnis von Leib und Umwelt, das alle Lebensäußerungen und Vermögen des Menschen gleichermaßen prägt und von denen des Tieres unterscheidet: Das Tier lebt als Zentrum, erlebt sich aber nicht so. Der Mensch dagegen ist in allen seinen Lebensäußerungen und Vermögen gebrochen, sie sind immer zugleich triebhaft und bewusst, zuständlich und gegenständlich, er hat einen Leib und verfügt über einen Körper. Diese Sonderstellung des Menschen in der Natur wird auf biologische Gattungsmerkmale zurückgeführt und gilt als Grundbedingung von Geschichte und Kultur: Insofern der Mensch sein Handeln bewusst auf sich bezieht und also in seinem Handeln gebrochen ist, muss er sich immer erst (auch geschichtlich) zu dem machen, was er ist. W.F.H.

Exzess einer Häufigkeitsverteilung → Kurtosis

F

Fabianismus, Theorie und Lehre der 1883 in London gegründeten „Fabian Society", der u.a. S. Webb, B. Webb, G.B. Shaw angehörten. Der F. propagiert gegenüber dem Liberalismus ein wissenschaftlich gestütztes Kontrollsystem von Wirtschaft und Gesellschaft, um einen demokratischen Sozialismus zu verwirklichen. O.R.

Fabrik, mit Entwicklung des Kapitalismus entstehende Form der Produktionsorganisation. Gegenüber der → Manufaktur zeichnet sich die F. durch die organisatorische Aufsplitterung der Arbeitsvollzüge und der auf Basis dieser Spezialisierung möglich gewordenen Anwendung von Maschinen im Produktionsprozess aus, die eine enorme Steigerung der → Arbeitsproduktivität bewirken. Planung, Organisation und Kontrolle werden aus dem Arbeitsprozess ausgelagert, mit wachsender Größe der F. entsteht eine neue Gruppe von Beschäftigten: Angestellte, die diese Aufgaben übernehmen. Insbesondere die An-

wendung von Maschinen bedeutet einen qualitativen Umschlag in der gesellschaftlichen Organisation der Arbeit, da zunehmend nicht mehr die Qualifikation der Arbeitenden, sondern die eingesetzte Technik den Produktionsprozess bestimmen. M.Sch.

Fabrikregime, spezifische Form der „Politik der Produktion" im kapitalistischen Industriebetrieb einschließlich der Vermittlung mit den Reproduktionsbedingungen. M. Burawoy (1985) entwirft im Anschluss an die *labour process*-Debatte eine zeitlich-genetische Abfolge von F.s: Auf den *„company state"*, daneben auch „patriarchalische" F.s, folgen Marktdespotismus, paternalistische und partizipatorische Formen der Hegemonie und neuerdings wieder eine Tendenz zum „hegemonischen Despotismus". R.Kö.

Fabriksystem, industrielle Großproduktion, die durch Einführung der Maschine, Einrichtung großer Fabriken, also Entfaltung der Produktivkräfte mit neuer Qualität und Bildung des industriellen Proletariats gekennzeichnete Epoche kapitalistischer Entwicklung (K. Marx). Während die innerbetriebliche Arbeitsteilung in der Manufaktur von der handwerklich qualifizierten, virtuosen Arbeitskraft her bestimmt wurde, wird sie nun bestimmt von der in der Maschinerie objektivierten Arbeitsteilung bei gleichzeitiger Reduktion der Qualifikation des Durchschnittsarbeiters. W.F.H.

face validity (engl.), augenscheinliche Validität, Plausibilität der Übereinstimmung zwischen Begriffen, Messoperationen oder Experimenten und der durch sie zu beschreibenden oder zu ermittelnden Tatsachen und Messdaten; „oberflächliche" Form der → internen Validität. H.D.R.

faceless commitment (engl.) → Bindung, gesichtsabhängige – Bindung, gesichtsunabhängige

face-to-face group (engl.), Gruppe mit direktem Kontakt, Bezeichnung für Gruppen mit direkten Kontakten zwischen ihren Mitgliedern, die also „von Angesicht zu Angesicht" miteinander verkehren. Nicht alle → Primärgruppen sind *f.-t.-f. g.s* und umgekehrt: Primärgruppen können auch trotz räumlicher Trennung ihrer Mitglieder fortbestehen; nicht alle *f.-t.-f. g.s* weisen den Grad von Emotionalität und Intimität auf, den eine Primärgruppe kennzeichnet. R.Kl.

face-to-face-Interview (engl.), persönliches Interview, bezeichnet im Gegensatz zum schriftlichen oder telefonischen I. eine Befragungssituation, in der Interviewer und die befragte Person direkt miteinander kommunizieren. Aufgrund der mit dieser Methode verbundenen hohen Kosten und langwierigen Datenerhebung wird diese v.a. im Rahmen → qualitativer Forschung

F

angewendet, in der eine geringere Menge von Befragten ausreicht. D.Kl.

face-to-face-Kommunikation → Kommunikation, direkte

facework commitment (engl.) → Bindung, gesichtsabhängige – Bindung, gesichtsunabhängige

Fachautorität → Autorität, funktionale

Fachbeamtentum, Verwaltungsform, in der auf ihrem Sach- und Entscheidungsgebiet qualifizierte Beamte (und nicht z.B. Wahlbeamte) arbeiten (M. Weber). W.F.H.

Fachgemeinschaft, wissenschaftliche, Wissenschaftler-Gemeinschaft, Wissenschaftsgemeinschaft, *scientific community,* von M. Polányi (1942) geprägte und später von W.O. Hagstrom (1965) in die Wissenschaftssoziologie eingeführte Bezeichnung für die Wissenschaft als eine spezifische, von anderen abgrenzbare soziale Institution mit eigenen Normen und Werten, typischen Formen sozialer Kontrolle usw. Der Begriff wird nicht nur auf „die" Wissenschaft in ihrer Gesamtheit oder als Idealtypus angewendet, sondern auch auf wissenschaftliche Teilbereiche; so spricht man z.B. von der w.n F. eines Landes, einer bestimmten wissenschaftlichen Disziplin oder eines Forschungsgebietes. R.Kl.

Fachsozialisation, auch: fachspezifische Sozialisation, bezeichnet jene Sozialisationsprozesse und -wirkungen, die durch das Studium eines Faches sowie danach durch die Zugehörigkeit zu einer Berufsgruppe zustande kommt, die fachlich organisiert ist bzw. eine fachliche Identität aufweist. W.F.H.

facilities (engl.) → Gelegenheiten

factor loading (engl.) → Faktorenladung

fad (engl.), plötzlich auftretende, kurzlebige Erscheinung ungewöhnlichen oder modischen Verhaltens, die nur von einem geringen Teil der Bevölkerung getragen wird. C.Wo.

Fähigkeit, Begabung, *ability,* psychologische Bezeichnung für die Güte, mit der eine Person bestimmte Akte, z.B. Rechnen, Denksportaufgaben usw., lösen, vollziehen kann. F. bezeichnet (im Unterschied zur → Eignung) die jeweilige augenblickliche Leistungsgüte. Unterschieden und mit besonderen Verfahren gemessen werden die Spezialfähigkeiten (*special abilities*), z.B. räumliches Vorstellungsvermögen, mechanisches Verständnis, Gedächtnis und die allgemeine Fähigkeit (*general mental ability*). → Intelligenz H.W.K.

fait social (frz.) → Tatbestand, sozialer

Faktor, Ursache, Bestimmungsgrund, Kraft, Bestandteil, [1] im Experiment Bezeichnung für Variablen und Bedingungen, denen ein ursächlicher Einfluss auf ein bestimmtes Ergebnis zugeschrieben wird und die vom Forscher kontrolliert werden.

[2] Als Ergebnis der → Faktorenanalyse stellen F.en Gruppen numerischer Ausdrücke dar, die als Korrelationen zwischen den F.en und den beobachteten Variablen aufgefasst und zur Beschreibung oder Erklärung der Beziehungen zwischen den Variablen dienen. Die F.en können dabei als gemeinsame Dimensionen der Kovariation der Variablen oder den Variablen gemeinsam zugrunde liegende Ursachenkomplexe angesehen werden. H.W.

Faktor, dritter. Für den im Rahmen der modellanalytischen Wachstumstheorien der Volkswirtschaftslehre mehr oder weniger großen Bereich nicht erklärten Produktivitätszuwachses haben einige Autoren – methodisch ungesichert – einen d.n F. herangezogen: Er wird entweder als technischer Fortschritt oder als Qualifikationszuwachs der Arbeitskräfte identifiziert (→ Restgrößenansatz). W.F.H.

Faktor, genereller, *general factor, g-factor,* in der Faktorenanalyse ein Faktor, der in den Varianzen aller untersuchten Variablen enthalten ist. → Zwei-Faktoren-Theorie R.Kl.

Faktor, subjektiver, [1] bei K. Marx (1867) Residualkategorie für die lebenden Menschen unter der Herrschaft des Tauschwertes: die Menschen als s. F. des Arbeitsprozesses. In seiner verdinglichten Form bringt damit der Begriff s. F. die Zurichtung der Menschen als Ware zur Sprache. [2] In der kritischen → politischen Psychologie wird an dieser Spannung des Begriffs im Sinne der → kritischen Theorie festgehalten und gefragt, a) welche Struktur die jeweiligen gesellschaftlichen Verhältnisse der weltoffenen menschlichen Sinnlichkeit (Denken, Fühlen, Sprechen) geben, und b), wie sich diese Struktur gegenüber ihrer Genese (primäre und sekundäre Sozialisation) unkontrolliert verselbstständigt, sowohl als (psychisch bedingte) Krankheit oder (irrationale und/oder faschistische) soziale Bewegung, als auch als vernünftige Politik, mit der die Menschen praktisch-theoretisch Herr der eigenen Lebensbedingungen werden können. K.H./O.R.

Faktoren des gesellschaftlichen Bewusstseins → Idealfaktoren

Faktoren des gesellschaftlichen Seins → Realfaktoren

Faktoren des Überbaus → Idealfaktoren

Faktoren des Unterbaus → Realfaktoren

Faktoren, orthogonale, Bezeichnung für Faktoren, die unabhängig voneinander einen bestimmten Einfluss ausüben. In der Faktorenanalyse werden o. F. durch rechtwinklig aufeinanderstehende Achsen in einem Koordinatensystem dargestellt. H.W.

Faktorenanalyse, *factor analysis*, Bezeichnung für eine Familie von statistischen Modellen und Verfahren, mit denen Variablen und die zwischen ihnen bestehenden Beziehungen auf eine Reihe ihnen gemeinsamer und spezifischer Faktoren zurückgeführt werden können. Ausgangspunkt der F. ist die Korrelationsmatrix der beobachteten Variablen, aus der nach bestimmten Verfahren Faktoren extrahiert (herausgezogen) werden. Ziel ist es, mithilfe einer möglichst geringen Zahl von Faktoren die Korrelationen rekonstruieren zu können. Die inhaltliche Interpretation der Faktoren muss vom Forscher je nach Art der Variablen vorgenommen werden. Es besteht heute weitgehend Einigkeit darüber, dass die F. ein Instrument zur Reduktion einer Vielzahl von Informationen auf wenige Größen darstellt, sie daher beschreibenden Charakter hat und nur in einzelnen Fällen kausale Erklärungen ermöglicht. H.W.

Faktorenanalyse, multiple, *multiple factor analysis*, Bezeichnung von L.L. Thurstone für Faktorenanalysen, die mehr als einen oder zwei Faktoren, wie etwa in den Ansätzen von C. Spearman, betrachten. Heute ist m. F. gleich bedeutend mit → Faktorenanalyse. H.W.

Faktorenladung, *factor loading*, in der Faktorenanalyse Maßzahl für den Anteil der Varianz einer Variablen, der durch einen bestimmten Faktor erklärt wird. F. kann als Korrelation zwischen dem Faktor und der Variable interpretiert werden. H.W.

Falangismus, Ideologie und Herrschaftsform des Regimes von General Franco in Spanien, benannt nach der die Diktatur tragenden Partei (Falange). W.F.H.

Fall, abweichender → Analyse abweichender Fälle

Fall, negativer, Bezeichnung aus Entwürfen für eine Methodologie qualitativer Sozialforschung: Zu einem theoretischen Problem werden nach und nach Fälle untersucht (und zwar möglichst weit auseinander liegende, also „Ausnahmen" o.ä.) und dabei die vorläufige Theorie (Erklärung) erweitert und differenziert. Trifft ein n. F. auf, also einer, auf den die vorläufige Theorie nicht zutrifft, so muss sie umgearbeitet werden (oder der Gegenstandsbereich neu überdacht werden). Ziel ist, „Ausnahmen" Erkenntnis abzugewinnen und so nach Möglichkeit aufgrund relativ weniger Fallstudien zu einem abschließenden Ergebnis zu kommen. → Induktion, analytische W.F.H.

fallacy (engl.) → Fehlschluss

fallacy, scholastic (engl.) → Epistemozentrismus, scholastischer

Fallibilismus, Anschauung, die besonders im kritischen Rationalismus vertreten wird, nach der es keine unfehlbare Erkenntnisinstanz gibt. H.W.

Fallstudie → Einzelfallstudie

Falsifikation, Widerlegung (und Verfahren der Widerlegung) von Hypothesen oder Theorien durch empirische Aussagen. Nach der Forschungslogik des kritischen Rationalismus ist die F. nur für Aussagen einer bestimmten Form (Allsätze bzw. Basissätze) möglich und wird mit deduktiven Schlüssen durchgeführt. L.K.

Falsifikationismus, Bezeichnung für die von K.R. Popper vertretene methodologische Auffassung, dass der Wahrheitsanspruch empirischer Theorien nicht durch Verifikation begründet oder gerechtfertigt, wohl aber durch → Falsifikation widerlegt und zurückgewiesen werden kann; Erkenntnisfortschritt könne daher nur erreicht werden, wenn man sich nach Kräften bemüht, vorhandene Theorien zu falsifizieren und falsifizierte Theorien durch andere, neu zu erfindende Theorien mit größerer → Erklärungskraft zu ersetzen, die den empirischen Tests, an denen die falsifizierten Theorien gescheitert sind, standhalten und darüber hinaus neue Voraussagen (und damit neue Überprüfungen) ermöglichen. R.Kl.

Falsifizierbarkeit, Eigenschaft einer Hypothese oder Theorie, empirisch widerlegbar (falsifizierbar) zu sein; zentrales Konzept der Forschungslogik des kritischen Rationalismus. Um falsifizierbar zu sein, müssen die Aussagen der Theorie die Form von Allsätzen haben (Alle Schwäne sind weiß.), da aus deren Negativformulierung (Es gibt keine nicht-weißen Schwäne.) durch Hinzufügung einer Raum-Zeit-Bestimmung ein Basissatz ableitbar ist (An der Raum-Zeit-Stelle *k* gibt es keinen nicht-weißen Schwan.), der durch eine einzige entgegenstehende Beobachtung, ebenfalls als Basissatz formuliert (An der Raum-Zeit-Stelle *k* gibt es einen schwarzen Schwan.), widerlegt werden kann. Damit ist neben dem entgegenstehenden Basissatz die Ausgangshypothese falsifiziert. Die Eigenschaft der Verifizierbarkeit haben hingegen nur Aussagen in Form von Existenzsätzen (Es gibt weiße Schwäne.). Diese können zwar durch eine einzige zutreffende Beobachtung bestätigt (verifiziert), wegen der fehlenden Möglichkeit der Ableitung von Basissätzen aber nicht falsifiziert werden. Umgekehrt können falsifizierbare Allsätze nicht verifiziert werden (Asymmetrie von Falsifizierbarkeit und Verifizierbarkeit). L.K.

Familialismus, das der modernen bürgerlichen Familie eigentümliche Hintanstellen der individuellen Bedürfnisse gegenüber denen der Familie, das grundlegend in der Moralisierung der Gefühle und der moralischen Beanspruchung der „ganzen" Person des/der Anderen (Ehepartner, Kinder) verankert ist. F., grundgelegt im Familienrecht, bedeutet die Akzeptierung der drei institutionellen Elemente „eheliche Lebensgemeinschaft", „Eltern-" und „Kindschaft" und zeigt sich in einer moralischen Überbeanspruchung des alltäglichen Lebens, die sich häufig in Versagens- und Schuldvorstellungen äußert (Gröll). Die Akzeptierung von Familienpflichten, die den Bedürfnissen der Einzelnen äußerlich bleiben, schlägt sich angesichts der Zwänge des Alltags als unendliche Suche nach Bewältigungsformen nieder, die allerdings kaum gelingen wollen, da ihnen der Zweck vorgeordnet bleibt. Das gilt insbesondere für das Umgehen mit der „Liebespflicht".   H.G.T.

Familie, eine universale soziale Einrichtung, die aber zwischen den Kulturen und über die historische Zeit erhebliche Unterschiede in der Ausgestaltung aufweist. Grundlegend für die F. ist die Zusammengehörigkeit von zwei oder mehreren aufeinander bezogenen Generationen, die zueinander in der Mutter- und/oder Vater-Kind-Beziehung stehen und in einem gemeinsamen Haushalt leben können, aber nicht leben müssen. Eine F. wird durch die Übernahme und das Innehaben einer Mutter- und/oder Vater-Position im Lebensalltag des Kindes generiert. Entscheidend dafür ist eine soziale, nicht die biologische Elternschaft. Das Wissen um die eigene biologische Mutter- und Vaterschaft scheint offensichtlich kulturübergreifend in einem herausragenden Maße motivationsschaffend und -verstärkend zu wirken, elterliche Zuständigkeit für ein Kind zu übernehmen. Eine Vater- oder Mutter-Position kann jedoch auch übernommen und ausgeübt werden, ohne dass diese biologisch fundiert ist. Von einer F. kann immer dann gesprochen werden, wenn mindestens eine Mutter-Kind- bzw. eine Vater-Kind-Beziehung vorhanden ist. Ob noch weitere Personen zur F. gerechnet werden, und wenn ja, welche, ist eine Frage der Grenzziehung, die kulturell, historisch, aber auch innergesellschaftlich variieren kann.   K.Le.

Familie, atomistische, *atomistic family,* die mit sinkendem Einfluss der Verwandtschaftsgruppe und der familistischen Werte entstehende desintegrierte, individualistische städtische Familie.   R.O.W.

Familie, bürgerliche, [1] Bezeichnung für die mit dem Bürgertum entstandene patriarchalische Familie, in der die Autorität des Vaters durch unternehmerische Leistung und vererbbaren Familienbesitz begründet ist.

[2] Die Erziehungsziele und Strukturen der b.n F. bleiben weitgehend auch erhalten, seit in der Mehrzahl der Mittelschichtfamilien die Position des Vaters nicht mehr durch seine gesellschaftliche Machtstellung, z.B. durch Familienbesitz, gestützt wird.
[3] In kritischen Gesellschaftsanalysen bezeichnet b. F. die vorherrschende Form der Familie in kapitalistischen Gesellschaften, die gekennzeichnet ist durch Unterdrückung der Frau und der Kinder, Unterdrückung der Sexualität durch die Monogamie; Herstellung von autoritätsgläubigen, ängstlichen Charakterstrukturen, die nach vielen Autoren (z.B. W. Reich) psychischer Ausdruck der gesellschaftlichen Grundverhältnisse im Kapitalismus sind.   R.O.W.

Familie, bürokratische, *bureaucratic family,* Familienform in Gesellschaften, deren ökonomische Organisation sich vom unternehmerischen zum bürokratischen Typ wandelt, in denen der Unterschied zwischen familialen und nichtfamilialen, insbesondere ökonomischen Verhaltensmustern abnimmt: In der b.n F. wie in nichtfamilialen Gruppen wird Interaktion von Kooperation und gegenseitiger Unterstützung bestimmt.   R.O.W.

Familie, desorganisierte → Familiendesorganisation

Familie, egalitäre, *egalitarian family,* durch häufig mit beruflicher oder ehrenamtlicher Tätigkeit der Frau außer Haus korrelierende Anerkennung der Gleichheit der Ehegatten sowie relative Autonomie der Kinder gekennzeichnete Familie.   R.O.W.

Familie, erweiterte, [1] *extended family,* Familienform, in der eine größere Zahl von Verwandten den Familienverband bilden (also nicht nur Vater, Mutter, Kinder), indem entweder mehrere Generationen oder generationsgleiche erwachsene Verwandte (Geschwister, Vettern usw.) zusammenleben. Kennzeichen der e.n F. ist unter anderem, dass die Kinder ohne ausdrückliche Berücksichtigung biologischer Abstammung den Erwachsenen gegenüber insgesamt als Gruppe erzogen werden.
[2] *Fraternal joint family,* besteht aus zwei Brüdern mit ihren Familien (nicht als dauerhafte Lebensform).
[3] Auch bedeutungsgleich mit Polygamie (→ Monogamie – Polygamie).   W.F.H.

Familie, halbpatriarchalische, *semi-patriarchal family,* von im Vergleich zur patriarchalischen Familie erheblich geschwächter Dominanz des Ehemannes und Vaters gekennzeichneter Familientyp in den heutigen Industriegesellschaften, z.B. die in den amerikanischen Städten angesiedelte, aus Europa ausgewanderte, ursprünglich ländliche patriarchalische Familie.   R.O.W.

Familie, institutionelle, *institutional family,* bei E.W. Burgess die strukturell fest in die Gesamtgesellschaft integrierte traditionale Familie, die heute zunehmend von der → Gefährtenfamilie ersetzt wird.   R.O.W.

Familie, konjugale → Gattenfamilie

Familie, matrifokale, aufgrund wechselnder oder nicht in der Familie lebender männlicher Partner der Mutter besteht die m. F. dauerhaft nur aus der Mutter und ihren Kindern bei entsprechend starker Bindung der Kinder an die Mutter: typisches Beispiel sind die m.n F.n auf den karibischen Inseln, die mit Unehelichkeitsraten von häufig über 50% korrelieren. R.O.W.

Familie, mehrgenerative → Mehrgenerationenfamilie

Familie, modifizierte erweiterte, *modified extended family,* besteht aus zwei oder mehreren freiwillig und gefühlsmäßig sowie durch gegenseitige Hilfe, gemeinsame Freizeitgestaltung u.a. verbundenen neolokalen Kleinfamilien (häufig Eltern und deren verheiratete Kinder) in der gegenwärtigen städtisch-industriellen Gesellschaft.   R.O.W.

Familie, patriarchalische, gekennzeichnet durch mehr oder weniger absolute Macht des Vaters oder Großvaters über die Ehefrau, die unverheirateten Töchter, die Söhne, deren Frauen und Kinder.   R.O.W.

Familie, unvollständige, durch Tod des Vaters, der Mutter, beider Eltern, durch Scheidung oder nichteheliche Mutterschaft – gemessen an den gesellschaftlichen Vorstellungen von vollständiger Familie – reduzierte Familie.   R.O.W.

Familienbiografie, [1] allgemein das Ablaufmuster von Eheschließung über Elternschaft bis hin zum Weggang der Kinder aus dem Elternhause (manchmal einschließlich des Ablaufs der Ehe), das die meisten Erwachsenen durchlaufen. [2] Speziell (in der Biografieforschung) die Darstellung und Deutung dieses Ablaufs durch einen Befragten.   W.F.H.

Familiendesintegration, Desintegration der Familie, bezeichnet den Prozess der relativen Ausgliederung der Familie aus zentralen gesellschaftlichen Bereichen (Arbeit, Bildung), der Abgabe von Funktionen an andere gesellschaftliche Einrichtungen, der begleitet wird von der Verkleinerung der Familie bis hin zur Gattenfamilie (R. König).   W.F.H.

Familiendesorganisation, Desorganisation der Familie, bezeichnet mangelnde innere Stabilität der Familie in den industriell entwickelten Gesellschaften, die durch Auflösung oder Abschwächung der Familienbeziehungen (Tren-

nung, Scheidung, Arbeitsbedingungen) verursacht wird (R. König).   W.F.H.

Familienideologie, kritische Bezeichnung für Vorstellungen, die die bürgerliche Familie für einen unverzichtbaren Wert ausgeben, die unterdrückte Rolle der Frau und der Kinder stabilisieren, einer freieren Entfaltung der Sexualität feindlich sind und damit zur Stabilität kapitalistischer Produktionsverhältnisse beitragen.   W.F.H.

Familienklima → Familienstil

Familienkomplex, Kernkomplex, bei B. Malinowski Bezeichnung für den → Komplex, der sich aufgrund der durch eine bestimmte Familienstruktur verursachten psychischen Konflikte und Verdrängungen während der psychosexuellen Entwicklung des Kindes bildet und dessen späteres Sozialverhalten und Denken entscheidend bestimmt. Da die Familienstruktur nicht in allen Kulturen und Gesellschaften die gleiche ist, hat auch der F. eine je nach Gesellschaftsstruktur andersartige Gestalt. Nach Malinowski ist der → Ödipuskomplex der für eine patriarchalische und patrilineale Kultur, in welcher der Vater eine stark herrschende und repressive Funktion ausübt, charakteristische F. In anderen Kulturen (wie in den matriarchalischen und matrilinealen) gebe es hingegen keinen Ödipuskomplex, sondern einen entsprechend andersartigen F. Damit wendet sich Malinowski gegen die psychoanalytische Lehre S. Freuds, die annimmt, der Ödipuskomplex sei universal. R.Kl.

Familienkonstellation, in der → Individualpsychologie A. Adlers Bezeichnung für die Gesamtheit der familiären Bedingungen (Zahl und Alter der Geschwister, Eigenschaften der Eltern, Beziehungen zwischen den Familienmitgliedern usw.), die die individuelle Entwicklung des Kindes beeinflussen.   R.Kl.

Familienlinie, die sozialen Definitionen der Abstammung. Über die F. wird eine bestimmte, über gemeinsame Abstammung verwandte Gruppe zur Basis für Identifikation, Güterbesitz, Austausch, Interaktion. Zu unterscheiden sind unilineare, entweder patrilineare, über die Abstammung des Vaters definierte oder matrilineare, über die Abstammung der Mutter definierte Verwandtschaftssysteme von bilateralen Systemen, die sowohl die Verwandtschaftsgruppe des Vaters als auch die der Mutter einschließen.   R.O.W.

Familienmuster, Verhaltensstruktur der Mitglieder eines bestimmten Familiensystems. R.O.W.

Familienneurose, psychogene Störungen, die nicht als Störungen von Einzelnen beschrieben und behandelt werden können, sondern nur als solche des familiären Lebenszusammenhangs.   W.F.H.

Familienorganisation, *family organization,* das auf Kooperation angelegte System wechselseitiger Abhängigkeit zwischen den über bestimmte Abstammungs- und Heiratsregeln definierten Familienmitgliedern.   R.O.W.

Familiensoziologie, befasst sich mit der Familie als sozialer Gruppe mit eigenen sozialen Gesetzmäßigkeiten; entstand als solche in der Mitte des 19. Jahrhunderts mit Fragestellungen zur Entwicklung der Familie; wurde weiterentwickelt in ethnosoziologischen Forschungen mit ersten Beiträgen zum interkulturellen Vergleich von Familienformen sowie in problemorientierten Familienuntersuchungen in Industriegesellschaften; gegenwärtig bedeutsame Ansätze der F. sind die institutionelle, die interaktionale und die strukturell-funktionale F.   R.O.W.

Familienstil, auch: Familienklima, in der Sozialisationsforschung und in der Familiensoziologie Bezeichnung für Eigenheiten des Familienlebens, die von Bedeutung für die Entwicklung des Kindes sein können: „... der Duktus der Bewegungen, die Gestik, die Mimik, die Art und Lautstärke und die Häufigkeit des Lachens oder Lächelns, die Art und Lautstärke des Sprechens, der ‚Geräuschpegel' in der Wohnung überhaupt, die Weite oder Enge der Räume, die Geruchsverhältnisse, die Möbelausstattung, die familienspezifischen Sitten und Gebräuche" (D. Claessens 1972).   W.F.H.

Familienstruktur, *family structure,* das relativ beständige, normativ orientierte Beziehungsmuster zwischen den Inhabern der in einem bestimmten Familiensystem enthaltenen Rollen. R.O.W.

Familienthema, Bezeichnung in der Familiensoziologie für das Orientierungs- und auch emotionale Muster, das die eigentümliche Wirklichkeits- und Selbstauffassung einer Familie bildet, das angibt, was das Wichtige und Erstrebenswerte im Leben in dieser Familie ausmacht, das beantwortet, wer man ist (als Familiengruppe) und weshalb das richtig ist.   W.F.H.

Familientherapie, Bezeichnung von ungenauem Gebrauch für beratende und heilende Eingriffe in gestörte familiäre Lebenszusammenhänge. F. unterscheidet sich in Methode und Gegenstand insofern von Psychoanalyse und Psychotherapie, als der Lebenszusammenhang mehrerer Personen aufgeklärt und normalisiert werden soll.   W.F.H.

Familientyp, allgemeine Bezeichnung für die in verschiedenen Gesellschaften, Epochen usw. nach Größe, Intimität, Eigentumsregelung, Rechtsstellung, Herrschaftsverhältnissen, Sexualunterdrückung usw. verschiedenen Familienformen.   W.F.H.

Familienverband, besteht aus den in einem gemeinsamen Haushalt zusammenlebenden Familienmitgliedern.   R.O.W.

Familienwelt, Bezeichnung aus der qualitativen (ethnografischen) Familienforschung (R.D. Hess u. G. Handel 1975) für das Insgesamt der kognitiven, emotionalen und interaktiven Eigentümlichkeiten einer Familie, die deren spezifischen inneren Kommunikationsstil, ihre Selbstauffassung als Gruppe und ihre Definition der Familienumwelt, ihre Lebensweise ausmachen.   W.F.H.

Familienwirtschaft, auch Hauswirtschaft, Produktions- und Sozialform, in der die Trennung von Haushalt und Betrieb nicht oder nur begrenzt durchgeführt ist (etwa in bäuerlichen oder Handwerkerhaushalten und in der Hausindustrie). F. ist nur begrenzt kapitalistischer Betriebs- und Rechnungsführung zugänglich. Die F. stützt sich vornehmlich auf die familiären/häuslichen Arbeitskräfte. Sie ist häufig vornehmlich auf die Sicherung der Subsistenzbasis der Familien- oder erweiterten Hausgemeinschaft ausgerichtet (→ Subsistenzwirtschaft), schließt aber als solche Bereicherungsstreben nicht aus.   H.W.

Familienzentrismus → Jugendzentrismus

Familienzyklus, *family cycle,* [1] die Formen der zeitlichen Abfolge der verschiedenen Beziehungsstrukturen in der Familie von Liebespaar über Ehepaar ohne Kinder, Elternpaar mit Kindern, Ehepaar nach Selbstständigkeit der Kinder. Für Untersuchungen über das Konsumverhalten und die finanziellen Entscheidungen der Familie sowie für bevölkerungswissenschaftliche Studien hat sich der F. als wichtig herausgestellt. [2] Der Zeitraum, in dem die moderne Kleinfamilie mit Eltern und Kind besteht, also zwischen Geburt des ersten und Selbstständigkeit des letzten Kindes.   W.F.H.

Familismus, *familism,* Bezeichnung für ein Verhältnis von Familie und Gesellschaft, das durch weitgehende Identität gekennzeichnet ist; das System aller (oder einiger herrschender) Familien bildet das Gemeinwesen, z.B. die chinesischen Großfamilien, die Verwandtschaften in einigen Ländern der Dritten Welt. Aus der Perspektive der Gesamtgesellschaft werden dafür auch die Bezeichnungen familistische Sozialstruktur oder familiaristische Gesellschaft verwendet.   W.F.H.

famille conjugale (frz.) → Gattenfamilie

family cycle (engl.) → Familienzyklus

family of orientation (engl.) → Fortpflanzungsfamilie – Orientierungsfamilie

family of procreation (engl.) → Fortpflanzungsfamilie – Orientierungsfamilie

family, extended (engl.) → Familie, erweiterte

family, generational (engl.) → Mehrgenerationenfamilie

family, modified extended (engl.) → Familie,
modifizierte erweiterte

family, semi-patriarchal (engl.) → Familie, halbpatriarchalische

Fantasie, soziologische → Imagination, soziologische

Faschismus, [1] ursprünglich Bezeichnung für
die rechtsextreme Bewegung Mussolinis in Italien, später sowohl für ähnliche Bewegungen in
verschiedenen Ländern wie für Staats- und
Herrschaftsformen solcher Bewegungen, die in
Deutschland, Italien, Ungarn usw. die Macht er-
obert hatten. Manchmal werden auch andere
autoritäre Regimes (Spanien unter Franco, Portugal unter Salazar, Argentinien unter Peron
usw.) als faschistisch bezeichnet. In den politischen Kämpfen der zwanziger, dreißiger und
vierziger Jahre des 20. Jahrhunderts war F. häufig ein Kampfbegriff und wurde inflationär benutzt (z.T. bis heute).
[2] Ein engerer F.begriff der Politischen Wissenschaft berücksichtigt in erster Linie die Herrschaftsformen (eindeutige Befehlsgewalt von
Personen und wenigen Organen; Führerprinzip;
Ausschaltung parlamentarischer Opposition; Ig-
norierung von Gesetz und Verfassung), die ideologischen Äußerungen (Nationalismus, Antisemitismus und Rassismus überhaupt, Minder-
heitendiskriminierung, Antikommunismus, De-
mokratiefeindschaft, rückwärtsgerichteter Antikapitalismus, z.B. Verherrlichung vorindustrieller Lebensformen), die Herrschaftsmethoden
(quasi-militärische Kampfverbände, eine alle gesellschaftlichen Bereiche durchdringende Verbindung von Terror und Propaganda) sowie die
soziale Lage der Anhängerschaft (unterer und
mittlerer Mittelstand sowie Teile der Arbeiterschaft).
[3] Ein breiterer, sozialökonomisch begründeter
F.begriff in der marxistischen Diskussion sieht
in ihm den Versuch eines Teils, einer Fraktion
der Bourgeoisie (→ Monopolbourgeoisie), die
aufgrund großer Kapitalverwertungsschwierig-
keiten und des Zusammenbruchs der Markt-
funktionen kapitalistischer Ökonomie zu erwartende Mobilisierung der Arbeiterschaft zu verhindern durch die Preisgabe der parlamentarischen Demokratie, die Errichtung einer Militärdiktatur und die Kriegsvorbereitung. Die inner-
marxistische Kritik an diesem F.begriff hebt hervor, dass der F. nicht als politisches Resultat der
Absichten einer besonders reaktionären Fraktion der Bourgeosie zu verstehen sei, sondern nur
als Ausdruck des Niedergangs des Kapitalismus
und der bürgerlichen Gesellschaft insgesamt; die

Analyse des F. als Resultat der aggressiven Interessen der Monopolbourgeoisie könne nicht
erklären, warum sich der F. in Deutschland und
Italien z.B. auf eine – auch Teile der Arbeiterschaft umfassende – Massenbewegung stützen
konnte.   W.F.H.

Faschismus-Skala → F-Skala

Fassadentechniken. Innerhalb der dramaturgischen Techniken, mit deren Hilfe sich Menschen
gegenüber anderen selbst darstellen, handelt es
sich bei den F. speziell um die Verfahren der
Eindrucksmanipulation, die der Koordination
der verschiedenen Elemente der Fassaden, d.h.
des Ausdrucksrepertoires, dienen (E. Goffman
1969). Im Einzelnen handelt es sich dabei um
das Herstellen einer Kohärenz zwischen Büh-
nenbild (z.B. räumliche Umgebung, Möbelstü-
cke, Dekorationselemente), Erscheinung (z.B.
Amtszeichen, Rangmerkmale, Kleidung, Geschlecht, Alter) und Verhalten (z.B. Haltung,
Gestik).   F.G.

fast-and-frugal-heuristics (engl.), Bezeichnung
für alltägliche Annahmen, die eine Reihe von
Entscheidungsstrategien bei begrenzter Information über die Alternativen begründen. Diese
seien oft ebenso erfolgreich wie komplizierte
Kalkulationen der Entscheidungsproblematik,
z.B. die Entscheidung eines Arztes im Rettungs-
wagen, ob ein Patient mit einer Herzattacke
sehr oder weniger gefährdet ist (Gigerenzer
u.a. 1999). → recognition heuristics, → satisficing
                                                 W.F.H.

fate control – behavior control (engl.), von J.W.
Thibaut u. H.H. Kelley (1959) eingeführte Unterscheidung von Machtbeziehungen zwischen
Personen. Person A hat f. c. (wörtlich: „Schick-
salskontrolle") über Person B, wenn A allein
durch ihr eigenes Verhalten vorherbestimmen
kann, wieweit B belohnt wird oder nicht, sodass
es für B gleichgültig ist, wie sie auf A's Entscheidung reagiert. Im Unterschied dazu besitzt
A b. c. („Verhaltenskontrolle") über B, wenn A
durch ihre Entscheidungen bestimmt, welche
der möglichen Reaktionen B's für B am vorteil-
haftesten sind; in diesem Fall ist es für B nicht
gleichgültig, wie sie auf A reagiert, sondern sie
muss die „richtige" Entscheidung treffen, wenn
sie belohnt werden will.   R.Kl.

faux frais (frz.), falsche bzw. tote Kosten, Begriff
der klassischen und der marxistischen Ökonomie zur Kennzeichnung desjenigen Arbeits-
aufwands, der zwar im Rahmen der kapitalistischen Produktion notwendig ist, aber keinen
Wert und deshalb auch keinen Mehrwert
schafft, sondern einen Abzug vom produzierten
Mehrwert bedeutet: Zirkulationskosten, d.h.
Kosten, die zur Formverwandlung von Geld in
Produktionsmittel und von Warenkapital in

Geld nötig sind; die Kosten der Beaufsichtigung der Arbeiter, soweit nicht dem gesellschaftlichen Arbeitsprozess, sondern dem Charakter des kapitalistischen Produktionsprozesses als Verwertungsprozess geschuldet. Die Bestimmung von *f. f.* hängt von der Bestimmung produktiver oder mehrwertschaffender Arbeit ab, was theoretisch und empirisch Probleme macht.

R.Ka./D.K.

Fechnersches Gesetz, Umformung des Weberschen Gesetzes der Psychophysik, das annähernd für mittlere Intensitätsgrade von psychischen Reizen gilt. Das F.e G. beinhaltet, dass die Stärke einer Empfindung proportional dem Logarithmus der Intensität des Reizes wächst: $E = k \log I$. Die Konstante k variiert nach der Art des Reizes (Töne, Druck, Geschmack etc.).

H.W.

feed-back (engl.) → Rückkopplung

feed-back-Stimuli, afferente Rückkopplung: Erfolgserlebnisse während eines Lernvorgangs wirken auf die Lernmotivation zurück, es entstehen Fortsetzungserwartungen und damit Anreize zu weiterem Lernen.

G.v.K.

Fehlanpassung, Fehl- oder Unangepasstheit, *maladjustment*, Bezeichnung für die Unfähigkeit (bisweilen auch: die fehlende Bereitschaft) von Individuen oder Gruppen, bestimmten eigenen oder durch die Umwelt gesetzten Zielen, Standards, Anforderungen o.ä. zu entsprechen bzw. für die Unfähigkeit, die eigenen Ziele und die Anforderungen der Umwelt miteinander in Einklang zu bringen. Dieser Zustand kann entweder durch eine Veränderung der Anforderungen (z.B. Senkung des Anspruchsniveaus, Minderung des Leistungsdrucks) oder durch die Steigerung der Leistungstüchtigkeit auf dem betreffenden Gebiet behoben werden.

R.Kl.

Fehler der Auswahl → Auswahlfehler

Fehler erster Art, Begriff der statistischen Testtheorie, die Wahrscheinlichkeit dafür, die Nullhypothese zu verwerfen, obwohl diese richtig ist. Allgemeiner auch der Fehler, bei einem Entscheidungsverfahren eine eigentlich günstige Alternative nicht zu wählen. Ein F. e. A. wird auch als α (alpha)-Fehler bezeichnet.

M.K.

Fehler zweiter Art, Begriff der statistischen Testtheorie, die Wahrscheinlichkeit dafür, die Nullhypothese anzunehmen, obwohl diese falsch ist. Ein F. z. A. wird auch β (beta)-Fehler genannt.

M.K.

Fehler, mittlerer → Zufallsfehler

Fehler, systematischer, Messfehler, der in nicht zufälliger Art (→ Zufallsfehler) mit dem Messinstrument oder dem Messvorgang verbunden ist. Ein s. F. kann z.B. durch eine bestimmte Einstellung von Interviewern, Suggestivfragen, die

Kategorisierung von Skalen etc. hervorgerufen werden.

H.W.

Fehlerbaum → Fehlerbaumanalyse

Fehlerbaumanalyse, mit ihr werden die Wahrscheinlichkeiten ermittelt, mit denen benötigte Systemfunktionen in technischen Aggregaten nicht verfügbar sind oder ausfallen. Grafisch bildet die Spitze des Fehlerbaums den Ausfall einer speziellen Funktion ab (z.B. Schnellabschaltung fällt aus). Von diesem „unerwünschten Ereignis" ausgehend, werden alle Kombinationen von Komponentenausfällen gesucht, die zu diesem „unerwünschten Ereignis" führen. Bei der F. handelt es sich im Gegensatz zur → Ereignisablaufanalyse um ein deduktives Verfahren. Zur Anwendung gelangt die F. in Zusammenhang mit Risikoermittlungen.

O.R.

Fehlerfreundlichkeit, eine Strategie der Entscheidung (bei → begrenzter Rationalität), die möglichst auf Reversibilität der Entscheidung achtet, falls diese sich später als Fehler herausstellt, die also Rückfallpositionen vorsieht.

W.F.H.

Fehlerquadrat, auch: quadratischer Fehler, Standardfehler, Bezeichnungen für den → Auswahlfehler einer Zufallsstichprobe.

H.W.

Fehlertheorie → Messfehler

Fehlleistung, auch: Fehlhandlung, jedes Tun oder Unterlassen von der Art des Versprechens, Vergessens, Verlierens usw., in dem ein vornehmlich durch äußere Rücksichten gehemmter Impuls sich eben so weit durchsetzt, dass sein ursprüngliches Ziel erkennbar wird (Beispiel: der widerstrebend verfasste Brief, dessen Absendung der Schreiber „vergisst").

W.Sch.

Fehlschluss, atomistischer, auch: individualistischer Fehlschluss, Übertragung von Beziehungen, die zwischen den Daten auf einer bestimmten Ebene von Untersuchungseinheiten (etwa Individuen) beobachtet werden, auf Beziehungen zwischen Kollektiven von Untersuchungseinheiten (etwa Gruppen, Parteien). Beispiel: Arbeiter mit guter Ausbildung verdienen mehr als Arbeiter mit geringer Ausbildung. Also: Die Arbeiterschaft in Staaten mit hohem Ausbildungsniveau hat ein größeres Einkommen als in Staaten mit niedrigerem Ausbildungsniveau. Der a.F. ist die Umkehrung des → Gruppenfehlschlusses.

H.W.

Fehlschluss, individualistischer → Fehlschluss, atomistischer

Fehlschluss, naturalistischer → Naturalismus

Fehlschluss, ökologischer → Gruppenfehlschluss

Feind → Freund – Feind

Feld der Macht, frz.: *champ du pouvoir*, bei P. Bourdieu ein → Feld [6], dessen Akteure und Institutionen über die Mittel verfügen, um in allen anderen Feldern die dominierenden Positionen zu besetzen. Insofern ein Ersatzbegriff für → herrschende Klasse [1]. W.F.H.

Feld, [1] im allgemeinsten Sinne eine geografische Fläche, ein Raum, ein Gebiet.

[2] In Ausdrücken wie → Feldforschung usw. Bezeichnung für den Lebensraum, die natürliche Umgebung, in denen sich die vom Sozialforscher untersuchten Objekte befinden (im Gegensatz zum Laboratorium mit seinen künstlich geschaffenen Bedingungen).

[3] Im engeren Sinne ein von Kräften, die sich wechselseitig beeinflussen, erfüllter Raum. In diesem Sinne wird der Begriff z.B. in der Physik benutzt („Magnetfeld"). Ein F. ist ein dynamisches Ganzes: jede Veränderung an einem Punkt des F.es führt zu einer Umgliederung des gesamten F.es. So wurde der Begriff zunächst in die Psychologie, dann in die Sozialwissenschaften übernommen.

[4] Psychisches oder psychologisches F., gestaltpsychologische Bezeichnung für die Gesamtheit der in der Erfahrungswelt eines Individuums zu einem gegebenen Zeitpunkt präsenten Faktoren, die sein Verhalten beeinflussen; jedem Element in einer Menge wahrgenommener Dinge („Wahrnehmungs-F.", „phänomenales F."), jedem Denkinhalt eine spezifische Kraft (bei M. Wertheimer, W. Köhler, K. Koffka auch eine elektrochemische Kraft im Gehirn); die Gesamtheit der Kräfte strebt zu einem Zustand der Ausgeglichenheit. Unausgeglichenheit (subjektiv erlebt als Spannung, Dissonanz usw.) führt daher zu einer Umstrukturierung des F.es. Jede Denkbewegung, jedes Verhalten kann auf F.-Wirkungen zurückgeführt werden. Bei K. Lewin werden F.er grafisch und mathematisch-topologisch dargestellt (→ Vektorpsychologie).

[5] Soziales F., eine Mehrzahl gleichzeitig wirkender und sich wechselseitig beeinflussender sozialer Tatsachen. Der Begriff spielt in der „dynamischen" Betrachtung sozialer Strukturen eine Rolle und impliziert die Vorstellung sich gegenseitig verstärkender oder behindernder „sozialer Kräfte" in einem „sozialen Raum" (z.B. Spannungen zwischen sozialen Schichten, Konflikte zwischen individuellen Motiven und äußeren Einflüssen, unterschiedliche Einflusszonen von Personen und Gruppen usw.). H.E.M.

[6] Mit F. bezeichnet P. Bourdieu ein Netz von objektiven Relationen zwischen Positionen, die sich aus der Entwicklung und Verteilung der im Feld relevanten Formen von Macht bzw. Kapital ergeben. Ein F. ist definiert durch seine spezifischen Kapitalsorten, (nicht kodifizierten) Spielregeln und Denkmodi/Interessen (→ illusio). Um die Verteilung des Kapitals und die Spielre-

geln wird im (Kräfte-)F. ständig gekämpft, mittels Erhaltungsstrategien der Herrschenden bzw. Strategien der (→ Häresie) der Aufstrebenden (Konservierungs- oder Subversivstrategien). Das F.konzept wendet sich gegen Vorstellungen, die das Soziale auf Substanzen oder Interaktionen rückführen sowie gegen den Gesellschaftsbegriff. A.K.

Feld, induzierendes → Einflussfeld

Feld, semantisches, Wortfeld, Bedeutungsfeld, eine Gruppe von Wörtern, deren Bedeutung sich auf einen gemeinsamen Objektbereich bezieht, jedoch jeweils in modifizierter Form. Die Untersuchung kann auf Wörter zielen, die zur selben grammatischen Kategorie gehören (sprechen, reden, sagen) oder verschiedene Kategorien umfassen, wobei das Gemeinsame sich entweder im Wortstamm ausdrückt (rot, Röte, Rötung) oder sich durch Assoziation herstellt (Angel, Fisch, schwimmen). A.H.

Feldabhängigkeit → Feldhandeln

Feldarbeit, Bezeichnung aus der empirischen Sozialforschung für die Erhebungstätigkeiten bei einer Feldforschung: Interviewen, Beobachten, Dokumente sammeln usw. H.W.

Feldbeobachtung, Beobachtung eines sozialen Sachverhalts im Rahmen seiner natürlichen, vom Forscher nicht systematisch beeinflussten Umwelt. H.W.

Feldexperiment, Untersuchung in natürlichen Situationen, in denen der Forscher eine oder mehrere Einflussfaktoren unter kontrollierten Bedingungen manipulieren kann (z.B. ein vom Experimentator geleitetes Jugendlager). Die Unterschiede zwischen dem F. und dem Laboriumsexperiment sind gradueller Natur. Das F. dürfte einen Mangel an Präzision dadurch wettmachen, dass die unabhängigen Faktoren eine stärkere Wirkungsweise entfalten können. Das F. dürfte sich deshalb zur Prüfung breiter gehaltener Hypothesen besonders eignen. H.W.

Feldforschung, *field study,* Untersuchung natürlicher Lebenssituationen (Schulen, Betriebe, Gemeinden, Eingeborenen-Stämme etc.). In der F. werden im Regel vom Forscher keine Eingriffe zur Beeinflussung von unabhängigen Faktoren vorgenommen, sondern er registriert vorliegende Verhaltensweisen und Beziehungen und versucht, diese mithilfe anderer Beobachtungen zu erklären. Probleme der F. liegen in der Messung von Variablen mithilfe von Indikatoren und der Kontrolle von Bedingungen und Faktoren bei der Analyse von Einflussbeziehungen. Wegen ihrer Realitätsnähe und Offenheit gegenüber unerwarteten Sachverhalten hat die F. hohen heuristischen Wert. H.W.

Feldhandeln, feldabhängiges Handeln, in K. Lewins → Feldtheorie Bezeichnung für das von den Feldkräften der Umwelt (des Umfeldes) bestimmte bzw. mit ihnen im Einklang befindliche Handeln im Gegensatz zu dem „beherrschten" Handeln, bei welchem die von der Person ausgehenden Kräfte den Umfeldkräften entgegengerichtet sind. Feldabhängigkeit des Handelns ist nicht mit deterministischer Außenbestimmung des Handelns gleichzusetzen; vielmehr sind im Falle des F.s die Umfeldkräfte und die von der Person ausgehenden Kräfte gleichgerichtet.   H.E.M.

Feldkräfte, in einem umfassenden Zusammenhang (→ Feld) gleichzeitig wirkende Kräfte. In der psychologischen und sozialpsychologischen Feldtheorie (K. Lewin) Bezeichnung für die Antriebe und Barrieren (z.B. Bedürfnisse, Ziele, Triebe als aktive, Hemmungen und Hindernisse als passive F.), durch die Handlungen (Lokomotionen) bewirkt oder gehemmt werden. In mathematisch-topologischer und grafischer Darstellung erscheinen F. als Vektoren.   H.E.M.

Feldkräfte, induzierte, die durch äußere Mächte oder Einflüsse erzeugten, ggf. von einem Feld auf ein anderes übertragenen, handlungsbewirkenden oder -hemmenden Kräfte.   H.E.M.

Feldkräfte, resultierende, die aus einer Konstellation mehrerer seelischer oder sozialer Kräfte abgeleiteten Handlungsantriebe. Eine r. F.t ist etwa der Handlungsantrieb, der einem Kompromiss zwischen einem selbstgewollten und einem von außen aufgedrängten Handlungsziel entspringt.   H.E.M.

Feldpsychologie → Vektorpsychologie

Feldtheorie, eine Theorie der vielfachen wechselseitigen Verursachung auf der Grundlage von Annahmen über die Verteilung gerichteter Kräfte im Raum. Die psychologisch-sozialpsychologische F. (begründet durch K. Lewin) geht von der Vorstellung des Lebensraumes aus, der die gesamte psychisch-soziale Umwelt des Individuums einschließlich seiner selbst und anderer Personen so, wie sie vom Individuum wahrgenommen wird, umfasst. Von den in diesem Lebensraum vorhandenen Elementen gehen teils anziehende, teils abstoßende Kräfte (→ Aufforderungscharakter) aus; auch den Bedürfnissen und → Quasibedürfnissen des Individuums entsprechen Kräfte aktivierender oder hemmender Art. Diese Kräfte werden grafisch bzw. topologisch als Vektoren bestimmter Richtung und Intensität dargestellt. Das Verhalten von Personen und Gruppen soll als das Resultat auf das Individuum (bzw. die Gruppe) einwirkender und von ihm ausgehenden Feldkräfte erklärt werden. → Feld, → Vektorpsychologie
H.E.M./R.Kl.

Feminismus, Gesellschaftstheorie sowie politische Bewegung mit dem Ziel, die Benachteili-

gung von Frauen abzuschaffen. Als Ursache der Unterdrückung von Frauen wird das hierarchische Geschlechterverhältnis identifiziert, welches nur durch einen grundlegenden Wandel der gesellschaftlichen Machtverhältnisse behoben werden kann. Der wissenschaftliche Feminismus beschäftigt sich v.a. mit dem Geschlecht als Strukturprinzip, den Ursachen des hierarchischen Geschlechterverhältnisses und der Geschlechterpolitik.   E.B.

feminist studies (engl.) → *women studies*

Fernmoral, bezeichnet einen (auch durch die Medien angeregten) „Zustand der potentiellen Dauerstellungnahme" (U. Beck 1986) auch und gerade zu Ereignissen weit außerhalb des individuellen Erfahrungs- und Verantwortungsbereichs.   W.F.H.

Fertigkeiten, extrafunktionale – funktionale, e. F. sind Fertigkeiten, die den technischen Anforderungen der Arbeitsplatzstruktur an die Qualifikation der Arbeitskräfte entsprechen; e. F. sind nicht-technische, spezifisch soziale Qualifikationen, die das reibungslose Funktionieren des Produktionsprozesses insgesamt garantieren und daher für den Arbeitsvollzug immer wichtiger werden. Beispiel ist das Verantwortungsbewusstsein für die Erhaltung der Produktionsmittel, für die Arbeitsplatzsicherheit, die Anpassung an übergreifende Bedingungen industrieller Arbeitswelt (R. Dahrendorf).   B.W.R./W.F.H.

Fertigkeiten, funktionale → Fertigkeiten, extrafunktionale – funktionale

Fertigkeiten, soziale, *social skills*, allgemeine und umfassende Bezeichnung für die Gesamtheit der Fähigkeiten und Fertigkeiten eines Individuums, soziale Situationen, insbesondere das Verhalten anderer Personen, richtig einschätzen und das Verhalten der anderen beeinflussen oder manipulieren zu können.   R.Kl.

Fertilität, Fruchtbarkeit → Fruchtbarkeitsziffern

Feststellungen, orientierende, Orientierungsaussagen, *orienting statements*, Bezeichnung von G.C. Homans für Hypothesen über Zusammenhänge zwischen Variablen eines Untersuchungsgebietes, die nur das Vorliegen bestimmter Zusammenhänge behaupten, ohne etwas über Richtung und Form der Zusammenhänge auszusagen („Es ist ein Zusammenhang zwischen Arbeitszufriedenheit und Betriebsklima zu erwarten"). In der empirischen Sozialforschung sind o. F. weit verbreitet. Die o.n F. reichen zur Bildung von Theorien nicht aus, sondern besitzen vornehmlich heuristische Funktionen.   H.W.

Fetisch, [1] ethnologisch: sehr unbestimmter, darum fast nur populärwissenschaftlich verwendeter Ausdruck für materielle Objekte, die in sog. primitiven Kulturen quasi-religiöse Wesenheiten, meist niederen Ranges, verkörpern oder denen, gleichsam als komplexen Amuletten, besonders starke, häufig nur bestimmten Personen verfügbare Zauberkraft zugeschrieben wird.

[2] Psychoanalytisch und sexologisch: jedes Objekt des sexuellen → Fetischismus [2] einer Person.   W.Sch.

[3] Bei K. Marx die Erscheinung eines gesellschaftlichen Verhältnisses in Form einer Sache oder eines Verhältnisses von Sachen (→ Geldfetisch, → Kapitalfetisch, → Lohnfetisch, → Warenfetisch).   H.W.

Fetischcharakter der Ware → Warenfetisch

Fetischismus, [1] ethnologisch: zusammenfassender Name für die als nur aus dem Glauben an Fetische bestehend vorgestellte Religion mancher sog. primitiver Kulturen.

[2] Psychoanalytisch und sexologisch: besondere sexuelle Bedürfnislage, in der das Begehren auf den Besitz von oder die Vornahme bestimmter Handlungen an Objekten konzentriert ist, die zum „normalen" (d.h. hier: biologisch zweckhaften) Sexualvollzug an sich keine Beziehung haben; trotz der Partialität solcher Ziele vermag ihre Erlangung den Betreffenden meist zum mehr oder weniger vollständigen Orgasmus zu verhelfen.   W.Sch.

Feudalismus, [1] Staats- und Gesellschaftsordnung, in der eine adlige Oberschicht mit Grundherrschaft und zahlreichen Privilegien ausgestattet (belehnt) ist. Frühere Bezeichnung: Lehnswesen. Dem System von Privilegien entspricht in umgekehrter Richtung ein System von Treue- und Gefolgschaftspflichten. Die bekanntesten historischen Ausprägungen finden sich im mittelalterlichen Europa, in Japan, China, Indien und Südamerika. Feudalistische Tendenzen und Restbestände lassen sich auch in den darauffolgenden Staats- und Gesellschaftsordnungen nachweisen.   G.L.

[2] In der marxistischen Theorie bezeichnet F. die ökonomische Gesellschaftsformation zwischen Sklavenhalterordnung und Kapitalismus: Die Aneignung von Teilen des gesellschaftlichen Produkts durch die herrschende Klasse ist hier durch die Verfügung über den Boden begründet.   G.L./W.F.H.

FGT-Armutsmaße, die von J. Foster, J. Greer und E. Thorbecke (deshalb: FGT) entwickelten Armutsmaße geben je nach Wahl der Parameter Auskunft über die Armutsquote, die Armutslücke (der durchschnittliche Einkommensanteil, der zum Erreichen der Armutsgrenze fehlt) bzw. die Armutsintensität (die quadrierte Armutslücke) in einer untersuchten Gruppe.   C.W.

Figuration, ein „Interpendenzgeflecht" (N. Elias in Anschluss an G. Simmel) einzelner Menschen; der Begriff betont gegenüber der → Gruppe die

Ausgerichtetheiten, Angewiesenheiten und Abhängigkeiten von einzelnen/mehreren auch über Gruppengrenzen hinweg; gegenüber dem ebenfalls weit verzweigten Netzwerk (→ Netzwerk, soziales) die (oft ungeplante) Dynamik und (keinesfalls unendlich variable oder beliebige) Strukturiertheit sozialer Prozesse zwischen zahlreichen Menschen – z.B. soziale Funktionsteilung (→ Arbeitsteilung [1]) oder → Zivilisation [1].   L.C.

Figurationsideal, bezeichnet jene sozialisatorisch erworbenen Idealvorstellungen von sich (Ich-Ideal) im Verhältnis zu und gebunden an ein Ideal vom Partner (Du-Ideal). Alle erlernen z.B. das eigene geschlechtsspezifische Ideal des Verhaltens usw. im Hinblick auf das komplementäre andersgeschlechtliche (B. van Stolk/C. Wouters 1987).   W.F.H.

Figurationssoziologie, (Selbst-)Bezeichnung einiger der Sozialwissenschaftler, die die Schriften von N. Elias als Grundlage für ein Forschungsprogramm ansehen, also als paradigmatische Schriften (und die – offenbar – eine Schule zu bilden versuchen).   W.F.H.

Fiktion, institutionelle, Bezeichnung für den von den Mitgliedern eines Kollektivs (Gruppe, Organisation, Nation usw.) geteilten Glauben, dass ihr Kollektiv ein „Ganzes" ist, das „mehr ist als die Summe seiner Teile" (Holismus). Die i. F. macht aus dem Kollektiv ein überindividuelles Wesen von höherer Ordnung und höherem Wert, das die konkreten Mitglieder und die materielle Kultur des Kollektivs transzendiert, dem häufig sogar Eigenschaften einer Person (eigener Wille usw.) zugeschrieben werden und das sich als Identifikationsobjekt eignet, von dessen Vollkommenheit das Individuum auch dann noch überzeugt bleiben kann, wenn seine Erfahrungen mit den konkreten Mitgliedern des Kollektivs unbefriedigend verlaufen.   R.Kl.

Fiktionalität, Annahme, Unterstellung, Erdichtung, ist auf einer mittleren Abstraktionsebene zwischen Illusion und Imaginärem angesiedelt. F. bezeichnet ein operativ-intentionales, selbst aber nicht gegenstandsfähiges Medium zur Zweckrealisation in ästhetischen sowie sozialen Wahrnehmungs- und Handlungskontexten. Seit längerem von negativen Konnotationen befreit, ist F. als integraler, kreativistischer Bestandteil sozialer Wirklichkeiten (C. Castoriadis 1975) anerkannt. Das nur scheinbare Paradox, dass gerade F. wesentlich an der Konstruktion von Realität beteiligt ist, wird heute weitgehend anerkannt, wirft allerdings auch das Problem auf, wie Fiktionales von Realem überhaupt analytisch zu trennen ist. Ähnlich vieler aus der Ästhetik in die Sozialwissenschaften übernommener Begriffe wird F. zur kulturanthropologischen

Grundausstattung gezählt (T.D. Henrich/W. Iser 1983). I.M.

fiktiv – real, [1] in der soziologischen Diskussion benennt das Oppositionspaar f. – r. Modalitäten der Wahrnehmung sozialer Phänomene. Dies geschieht im Unterschied zur philosophischen Tradition, die mit f. – r. primär Qualitäten des Seins ansprach. Widerständigkeit und „Zwang" scheinen als Realitätsindikatoren des Sozialen nicht mehr auszureichen, da Fiktives diese Eigenschaften teilen kann und die Separierung rein f.er von r.en sozialen Konstrukten kaum noch überzeugt. Etwa in der mikrosoziologischen Reflexion der Zeitdimension wird deutlich, dass bereits jede Handlungsintention mit f.en Elementen (Konsistenzunterstellungen) operieren muss, um r. vollzogen werden zu können. Mischformen wie Rechtsfiktionen, symbolische Handlungen etc. sind daher als Normalfall sozialer Wirklichkeit zu betrachten.
[2] Diesseits ideologischer Auseinandersetzungen um die Frage, was eigentlich r. sei, wurde der epistemische Aspekt von f. – r. verstärkt in der Postmoderne angegangen. Die Wiederaufnahme von F. Nietzsches Kritik der Ontologisierungstendenz von Sprache, Theoreme der poststrukturalistischen Psychoanalyse (J. Lacan) und die Konjunktur des radikalen Konstruktivismus verfolgen verschiedene Ansätze, die Relation von f. – r. zur Disposition zu stellen. Die Betonung der Beobachterabhängigkeit jeder Unterscheidung/Wahrnehmung scheint sich als Vermittlungskonzept einer starren Dichotomie von f. – r. durchzusetzen. I.M.

filiation (frz.), Abstammung, definiert über bestimmte, z.B. matrilineare oder patrilineare Filiationsregeln das Verwandtschaftssystem in der → strukturalen Anthropologie. R.O.W.

Filiationsprinzip, allgemeine Bezeichnung für den Regelzusammenhang, der bestimmt, zu welcher Verwandtschaftsgruppe ein Kind gehört bzw. welche Personen für seine Erziehung und Aufsicht zuständig sind. In den gegenwärtigen entwickelten Gesellschaften gilt vor allem die (leibliche) Mutter eines Kindes als für seine Aufzucht und Erziehung zuständig und geeignet. W.F.H.

Filmsoziologie, spezielle Soziologie, die sich mit der Rezeption, den Produktions- und technisch-institutionellen Bedingungen sowie den sozialen Bedeutungen der Inhalte von Filmen befasst. Die F. nimmt den Film zum Ausgangspunkt von Gesellschaftsanalysen. Eine umfassende F. würde alle genannten Aspekte berücksichtigen. Aufgrund der Ausdifferenzierung der theoretischen und methodischen Zugangsweisen zu den einzelnen Teilaspekten, haben sich seit den 1960er Jahren (S. Kracauer) verschiedene Strän-

ge der F. herausgebildet, die nur schwer vereinbar sind. Aufgrund der thematischen Breite ist die F. inter- und transdisziplinär. So kann sie u.a. als Teilgebiet der Kultur-, Medien-, Kunst- oder Techniksoziologie betrachtet werden. D.V.

Filterfrage, Interviewfrage, die dazu dient, jene Personen herauszufinden, für die spezielle Fragen vorgesehen sind: „Wählen Sie CDU?" „Wenn ja, dann sagen Sie bitte ..." H.W.

Finalitätsprinzip, Gestaltungsprinzip des Systems sozialer Sicherung, nach dem Art und Höhe von Sozialleistungen am Ziel der Schadensbehebung oder der gleichmäßigen Sicherung orientiert sind. Das F. legitimiert eine Vereinheitlichung des Leistungsrechts unabhängig von der Schadensursache. Gegenbegriff: → Kausalitätsprinzip F.X.K.

Finanzkapital → Finanzkapitalismus

Finanzkapitalismus, in die marxistische Diskussion von R. Hilferding (1910) eingeführte Bezeichnung für die auf den Konkurrenzkapitalismus folgende Stufe der kapitalistischen Produktionsweise: „Konzentration der Produktion, daraus erwachsende Monopole, Verschmelzung oder Verwachsen der Banken mit der Industrie – das ist die Entstehungsgeschichte des Finanzkapitals und der Inhalt dieses Begriffs" (W.I. Lenin). Als organisatorisches und politisches Zentrum des Finanzkapitals gelten die Großbanken. Die Bankmonopolisten werden als eine oder die mächtigste Gruppe der Monopolisten bestimmt (→ Finanzoligarchie), durch die im F. die Überwindung der Anarchie der Produktion innerhalb der kapitalistischen Gesellschaften teilweise gelingt, wobei die Widersprüche kapitalistischer Ökonomie auf der Ebene von Weltmarkt und Krieg zwischen den Staaten sich umso schärfer ausdrücken. → Imperialismustheorie. W.F.H.

Finanzkrise des Staates, im Anschluss an R. Goldscheid von J. O'Connor (*fiscal crisis of the state*) neu geprägter Begriff für das Dilemma des kapitalistischen Steuerstaats, durch seine Maßnahmen zur Einnahmensteigerung (Akkumulationsforderung, Wachstumspolitik) jene gesellschaftlichen Folgeprobleme mitzuerzeugen, die ihn zu erhöhten Ausgaben zwingen (Soziallasten, *social expenses*"). R.R.G.

Finanzoligarchie, in der marxistischen Diskussion Begriff für die kleine Gruppe der Bankkapitalisten, die im → Finanzkapitalismus und → Imperialismus zu entscheidender Macht in der Gesellschaft gelangen. W.F.H.

Finanzsoziologie, spezielle Soziologie, deren Gegenstand das Finanzgebaren des Staates ist. Zu den Themen zählen u.a. die Analyse der Ziele des Staatshaushaltes und seine gesellschaftlichen Auswirkungen, Steuerpolitik und Steuermoral, Versorgung der Bevölkerung mit Sozialleistungen, Stabilisierung des kapitalistischen Wirtschaftssystems durch den Staat. Die F. ist vor allem in der deutschen Soziologie entwickelt worden (R. Goldscheid, G. von Schmoller, J.A. Schumpeter, G. Schmölders). H.W.

Fiskalismus, Bezeichnung für eine wirtschaftspolitische Konzeption (J.M. Keynes) der Steuerung der Konjunkturen durch staatliche Fiskalpolitik (Staatsausgaben, Staatsverschuldung, Steuern). H.W.

Fixierung, [1] in Lernprozessen: Bezeichnung für die Festigung von Lerninhalten durch Übung.
[2] Bezeichnung für die Ausbildung eines stereotypen (rigiden) Verhaltens, das besonders unter Bestrafungsbedingungen auftritt und sich als sehr resistent gegen Veränderung erweist. H.S.
[3] Affektfixierung, Triebfixierung, Objektfixierung: Psychoanalytische Bezeichnung für eine starke, unflexible emotionale Bindung an reale oder symbolisierte Objekte und/oder Weisen der Befriedigung, insbesondere für die Erscheinung, dass das affektive Interesse an Objekten, die in einer frühen Entwicklungsstufe (→ Libidostufen) relevant und für sie charakteristisch sind, haften bleibt und sich nicht, wie gewöhnlich, auf neue Ziele weiterentwickelt. So ist etwa „anale F." die affektive Bindung an Objekte und Befriedigungsweisen, die für die anale Phase der psychosexuellen Entwicklung charakteristisch sind und normalerweise mit Abschluss dieser Phase aufgegeben werden. K.H./K.St.

Flächen-Stichprobe, Gebietsauswahl, *area sample*, Zufallsauswahl, in der die auszuwählenden Einheiten Flächen, Gebiete, Orte darstellen. Die F.-S. wird zumeist in mehrstufigen Auswahlen benutzt, wenn es zu aufwändig (Kosten, Zeit) oder zu schwierig (Erstellung einer umfassenden Adressenkartei) ist, direkt eine Stichprobe aus der zu untersuchenden Population zu ziehen. In einigen Fällen werden Flächen auch als letzte Auswahlstufe benutzt (5. Block, 3. Straße, 1. Haus, 2. Etage). F.-S.n sind vor allem dann sinnvoll, wenn für eine Population kein zuverlässiges Adressenmaterial vorliegt (etwa in Entwicklungsländern). H.W.

Flaneur (frz.), müßig Umherschlendernder, wurde im Zuge der sprunghaften Urbanisierung und Expansion der großen Metropolen im 19. Jahrhundert zum Sozialtypus (H. Heine; Ch. Baudelaire). Dem F. wurde und wird ein kontemplativ Müßiggängerisches (*spleen* i.S.v. Verschrobenheit; und „*ennui*", frz., i.S.v. demonstrativer Langeweile) zugeschrieben, der die säkulare Umwälzung der Interaktionsformen und äs-

thetischen Apperzeptionsweisen (*choc*) registriert und zumeist ihre Konsequenzen im Rahmen einer Diagnose bzw. Philosophie der Moderne mit charakteristischer Vermengung melancholischer sowie fortschrittsoptimistischer Positionen zu reflektieren sucht. I.M.

Fleck, blinder, aus der Anatomie des Auges entstammende Bezeichnung für die Unbeobachtbarkeit der eigenen Beobachtung während ihres Vollzugs (verwendet z.B. von N. Luhmann 1997). Andere Beobachter oder eine zeitversetzte Selbstbeobachtung können durch die Verwendung inkongruenter Perspektiven diesen b.F. beobachten, wobei diese Beobachtung wiederum einen eigenen b.F. schafft. Die notwendige Erzeugung b.F. impliziert einen Gesellschaftsbegriff, der von der Unabschließbarkeit des Sozialen ausgeht, da keine soziale Operation ohne die Herstellung von b.F. auskommt. U.St.

Flexibilität, [1] die Fähigkeit einer Organisation, sich in ihrem Innern vollziehenden (internen) oder in ihrer Umwelt ereignenden (externen) Änderungen anzupassen. F. ist eine wichtige Voraussetzung für die innere Stabilität, den Fortbestand und den Erfolg einer Organisation. Organisationen können sich auf verschiedenen Ebenen (Zielen, Strukturen, Rollen) Veränderungen anpassen.
[2] In Bildungsökonomie und -planung der Grad, zu dem gleich Ausgebildete verschiedenartige Berufsfunktionen ausfüllen können.
[3] In einem weiteren bildungsökonomischen Sinne der Grad, zu dem sich Absolventen eines Ausbildungsganges oder Arbeitskräfte überhaupt an unterschiedliche bzw. sich verändernde Anforderungen der Arbeitsplatzstruktur anpassen können. W.F.H./J.H.
[4] Eine psychologische, mittels Skalen erfasste Eigenschaft mit dem Gegenpol → Rigidität. Bedeutet svw. „kognitive Beweglichkeit". W.Li.

Fließfertigung → Fließproduktion

Fließgleichgewicht, *moving equilibrium,* der Zustand eines Systems, in dem die charakteristischen Eigenschaften des Gleichgewichts der wirkenden Kräfte erhalten bleiben, obwohl sich die Randbedingungen dieses Systems entsprechend zu den Vorgängen im übergeordneten System relativ verändern. Nach L. von Bertalanffy liegt ein F. insb. in organischen Systemen dann vor, wenn in den Austauschbeziehungen mit der Umwelt die aufbauenden Prozesse (Energiezufuhr) gerade mit den abbauenden Vorgängen (Ausstoß, Verbrauch) ausgeglichen sind. R.N./H.W.

Fließproduktion, Fließfertigung, Begriff, der die stoffliche Seite eines Produktionsprozesses kennzeichnet und sich auf Industriezweige der Verfahrensindustrie wie Zucker-, Erdölraffinierung, Eisen-, Stahl- und chemische Grundindustrie sowie Sprengstoffherstellung bezieht. Bei F. werden Stoffe in überwiegend teilautomatisierten Großanlagen in ihrem Aggregatzustand oder ihrer chemischen Struktur durch Trenn- und Mischvorgänge aufbereitet bzw. umgewandelt. Die Arbeitsfunktionen umfassen dabei im Wesentlichen An- und Abfahren der Anlage, Überwachung von Produkt, Prozess und Anlage sowie Instandhaltung.   M.Sch.

floating vote (engl.) → Wechselwähler

flow-Erlebnis, in der Freizeitforschung und in der Motivationspsychologie Bezeichnung für ein zweckfreies Erleben jenseits von Verpflichtung und Routine, das sich etwa bei intensiv betriebenen Hobbys, im Spiel und beim Sport einstellt (M. Csikszentmihaly 1985). Kennzeichen sind: Handeln und Bewusstsein verschmelzen bis hin zur Selbstvergessenheit; die Aufmerksamkeit konzentriert sich auf das Feld des Tuns; die in der Situation gegebenen Leistungsanforderungen und die vorhandenen Leistungspotenziale der Person passen optimal zueinander. W.F.H.

Flucht, Fluchtreaktion, -bewegung, -verhalten, in Psychologie und Verhaltensforschung Bezeichnung für die durch einen aversiven bzw. durch einen konditionierten aversiven Reiz ausgelösten Reaktionen, durch welche die Einwirkung dieses Reizes beendet wird. → Vermeidung
R.Kl.

Fluchtlernen, *escape learning,* Bezeichnung für jene Lernprozesse, die durch die Beendigung der Einwirkung eines aversiven Reizes (d.h. einer Bestrafung) verstärkt werden. → Vermeidungslernen   R.Kl.

Fluktuation, Bewegung, Wechsel, [1] nach T. Geiger (1951) im Unterschied zum individuellen Wechsel der „Zu- und Abstrom von → Einer-Massen zwischen den durch das angewandte Schichtungsmodell erfaßten Schichten" oder anderen Einheiten, wie beispielsweise Berufspositionen, Generationen. Geiger unterscheidet F. von → Umschichtungen, die aufgrund komparativstatischer Analyse (Zeitpunktevergleich) immer nur das Nettoergebnis von F. widerspiegeln; demgegenüber stellt F. die Gesamtzahl der zwischen den Zeitpunkten abgelaufenen Bewegungen dar (als Zu- oder Abstrom).   S.S.
[2] In speziellem Sinn Bezeichnung für die Häufigkeit der Arbeitsplatzwechsel in und zwischen Betrieben. Gründe und Neigung zu F. sind wichtiger Gegenstand der angewandten Industrie- und Betriebssoziologie.   W.F.H.

fluidity (engl.), in der Katastrophensoziologie (S.H. Prince 1968) Bezeichnung für den Verlust an Routine, Erwartungssicherheit und Beständigkeit des Handelns bei den Individuen in der Zeit einer sozialen Krise bzw. nach einer Katastrophe.   W.F.H.

Fluktuationsfrequenz, nach T. Geiger (1955) die Häufigkeit, d.h. die quantitative Bestimmung von Einzelübergängen zwischen Schichten oder anderen Gliederungseinheiten „innerhalb einer Zeiteinheit und im Verhältnis zur Gesamtmenge der Population".   S.S.

Fluktuationstabelle, Bezeichnung für die tabellarische Darstellung eines oder mehrerer gleicher Merkmale, deren zeitliche Veränderung durch Messen, Befragen oder Beobachten bei gleichen Personen zu mindestens zwei Zeitpunkten erfasst wird, wie es beispielsweise bei Panel-Befragungen der Fall ist.   S.S.

Flussdiagramm → Ablaufdiagramm

focal points (engl.) → Fokalpunkte

focal theory of adolescence (engl.), bezeichnet bei J.S. Coleman (1989), dass Aufgaben der Jugend (Neubestimmung des Verhältnisses zu den Eltern, Gleichaltrigengruppe, heterosexuelle Erfahrungen usw.) im Normalfall nicht gleichzeitig, sondern nacheinander bearbeitet werden.
W.F.H.

Fokalperson → Rollenträger

Fokalpunkte, *focal points,* eine von Th.C. Schelling eingeführte Bezeichnung für gemeinsame Fixpunkte in der Koorientierung von Akteuren.
R.S.

Fokusgruppe, *focus group,* bezeichnet eine (nicht nur in der empirischen Sozialforschung benutzte) Methode, um die Meinungen und Erfahrungen zu einem bestimmten Thema herauszufinden. An einer gut arbeitenden F. nehmen etwa zwischen 5 und 12 Personen teil, die seitens des Forschungsprojekts ausgewählt wurden. Ein bis zwei Vertreter des Projekts moderieren die Diskussion und halten diese beim Thema. Das Gespräch in der F. führt dazu, dass die einzelnen Teilnehmer ihre eigene Position klären und deutlich formulieren. In der Forschung dient diese Erhebungsart u.a. dazu, ein neues Gebiet zu explorieren und Hypothesen zu bilden. Das Instrument ähnelt sehr dem Verfahren der → Gruppendiskussion.   R.L.

Fokussierung, fokussiert, svw. konzentriert auf einen bestimmten Punkt oder Menschen, etwa in einem Interview.   R.L.

Fokussierungsmetapher, ein von R. Bohnsack in die interpretative Sozialforschung eingeführtes methodisches Prinzip zur Identifizierung von Schlüsselstellen in Texten, von denen aus sich grundlegende Orientierungsmuster rekonstruieren lassen. F.n sind dramaturgische Höhepunkte, in denen das Besondere eines Falls in metaphorischer Verdichtung zum Ausdruck gebracht wird.   M.M.

Folgebedürfnisse, aus vorangegangenen befriedigten Bedürfnissen abgeleitete weitergehende Bedürfnisse.   E.L.

Folgen, unvorhergesehene, unbeabsichtigte Folgen, unvorhergesehene Konsequenzen, *unanticipated consequences*, die Folgen eines zielgerichteten Handelns, z.B. geplanter Reformen, die selbst nicht als Ziele definiert waren und aufgrund der Unvorhersagbarkeit des Verhaltens bestimmter beteiligter Variabler oder der Unangemessenheit der Mittel auftreten. Beispiel: Bodenspekulationen als u. F. einer geplanten Stadtteilsanierung. U. F. können die intendierten Ziele stören, verhindern oder auch in ihr Gegenteil verkehren.   H.L.

Folgenorientierung bezeichnet in der Rechtssoziologie das Maß, in dem ein juristisches Urteil seine nahen und fernen Wirkungen bereits im Entscheidungsvorgang mitberücksichtigt.   R.L.

Folgestudie, *Follow-up*-Studie, Wiederholung, Replikation einer Untersuchung zur Bestimmung zeitlicher Entwicklungen (z.B. Trends) von Folgen bestimmter Maßnahmen oder Ereignisse oder zur Überprüfung des methodischen Instrumentariums.   H.W.

Folgewelt → Vorwelt

folk culture (engl.) → *folk society*

folk devils (engl.), wörtlich etwa: Teufel im Volksmund, bezeichnet Personen oder Kategorien, von denen schreckliche Handlungen ausgehen, welche die Moralordnung grundlegend gefährden. Der Begriff wurde von Stanley Cohen mit seinem gleichnamigen Buch von 1972 in die Soziologie eingeführt. Das Unwerturteil als *f. d.* trifft bestimmte Außenseiter und Randgruppen, die damit aus dem großen Repertoire sozialer Abweichungen herausgehoben und in besonderem Maße verteufelt werden. Sie werden der schlimmst denkbaren Verbrechen verdächtigt und für tief gehende Sozialprobleme verantwortlich gemacht, weit über das übliche Maß an Stigmatisierung von Devianzen hinaus. Historische Beispiele sind: Hexen, Zigeuner, Anarchisten, Homosexuelle; in jüngerer Zeit RAF-Terroristen und Aids-Kranke. Heute könnten – bei aller Anerkennung der Gefahren des Kindesmissbrauchs – die so genannten Pädophilen unter den Begriff *f. d.* fallen; denn das Übermaß an öffentlicher Erregung und manchmal lynchartiger Verfolgung demonstriert den grenzenlosen Abscheu gegenüber einem Monster, gerade auch im Abstand zu der rational zurückhaltenden Einschätzung seitens der offiziellen Kontrollinstanzen. Mit jedem *f.d.* wird ein Feindbild gezeichnet, dessen Inhalt und Konjunktur soziologisch untersucht werden muss.   R.L.

folk society (engl.), auch: *folk culture*, von R. Redfield entwickelte Bezeichnung für einen Idealtyp ländlich-ganzheitlich organisierter Gesellschafts- und Kulturform, den man insbesondere von dem Begriff der primitiven Gesellschaft bzw. Kultur abzusetzen versucht: eine *f. c.* ist gekennzeichnet durch enge, persönliche Verwandtschaftsbeziehungen, Unterordnung der Individuen unter die gemeinschaftlichen Aufgaben, große Bedeutung religiöser Werte und Orientierungen, strenge Moralvorschriften, weiter durch relative Statik der gesellschaftlichen Entwicklung und Isolation von anderen Kulturen. Dieses Konzept Redfields steht in deutlichem Zusammenhang mit anderen Versuchen, in früheren gesellschaftlichen Organisationsformen Strukturgleichheiten zu entwickeln, die sie von denen der modernen industriell entwickelten Gesellschaften klar unterscheiden lassen, z.B. F. Tönnies' Begriff der → Gemeinschaft.   W.F.H.

folkways (engl.) nennt W.G. Sumner (1906) gruppenspezifische Verhaltensregeln, die bei ihrer Entstehung im Kampf ums Dasein problembezogen waren; die *f.* bleiben zwar bestehen, da sie durch Tradition, Imitation und Autorität an die Nachkommen weitergegeben werden, wirken dann aber, wenn die Problembezogenheit fortfällt, für die Gruppe willkürlich und imperativ.   O.R.

Follow-up-Studie (engl.) → Folgestudie

Fondsverwaltung, spezielle Form der staatlichen Einflussnahme vor allem auf die kommunale Selbstverwaltung, bei der bestimmte Leistungen aus einem Fonds durch ministeriell, d.h. durch Verwaltungsverordnungen festgelegte „Förderungsrichtlinien" gewährt werden. Da die in den Verwaltungsverordnungen enthaltenen Vergabebedingungen nur denjenigen binden, der am Förderprogramm partizipieren will, ist damit ein Verwaltungshandeln im gesetzfreien Raum gegeben. Eine parlamentarische Kontrolle erfolgt lediglich bei der Fondszuweisung, nicht bei seiner Verteilung. Über F. werden beispielsweise so ausschließlich Modellmaßnahmen finanziert.   S.S.

forced compliance (engl.) → *compliance, forced*

forced-choice technique (engl.), Verfahren bei der Messung von Einstellungen, bei dem das befragte Individuum gehalten ist, aus vorgegebenen Alternativen (z.B. „Lesen Sie lieber oder gehen Sie lieber ins Kino?") jeweils die, die ihm mehr entspricht, auszuwählen.   H.W.

Fordismus, nach der → Regulationstheorie im engeren Sinne die Bezeichnung einer → Regulationsweise bzw. eines → Akkumulationsregimes. Oft werden darunter auch die politischen und sozialen Strukturen gefasst, die die relative Stabilität dieser Formation ausmachen. F. steht für eine bestimmte Form industrieller Produktion (Massenproduktion – Henry Ford), einen bestimmten Arbeits- (Taylorismus) und Konsumtypus (Massenkonsum, Reproduktion aus dem formellen Sektor, Mobilität). Dadurch werden auch weite Teile des politischen (Keynesianismus) und sozio-kulturellen Lebens geprägt. Gegenwärtig wird oft eine Krise des F. diagnostiziert: Massenarbeitslosigkeit, Ende des Keynesianismus, Ende der Massenproduktion, Krise des Normalarbeitsverhältnisses, Individualisierung etc.   Ch.W.

Form, [1] bezeichnet bei G. Simmel das Objekt der Soziologie. F. wird als Typusbezeichnung und als methodisches Prinzip verwandt. Als Typusbezeichnung ist die F. eines speziell Geformten das Ergebnis kategorialer Vermittlung, die empirisch fassbare Gesellschaft somit das Ergebnis „von Menschen in Wechselwirkung". Als methodisches Problem ist F. als negatives Korrelat der phänomenologischen Bestimmtheit die Möglichkeit, transzendentale Begründungen der Wissenschaft zuzuordnen. Die Gesellschaft als F. ist dann eine Idee, welche soziologische Erkenntnisse ermöglicht. Erst der Vermittlung beider F.aspekte der Gesellschaft stellt das Objekt der Soziologie dar, die sich damit von anderen Sozialwissenschaften unterscheiden lässt. O.R.
[2] Bei K. Marx die Art und Weise, in der gesellschaftliche Verhältnisse vermittelt werden und in der Anschauung erscheinen (Erscheinungsf.). So ist etwa „Ware" die F., in der sich im Kapitalismus die isoliert voneinander verrichteten Privatarbeiten aufeinander beziehen. Das gesellschaftliche Verhältnis der Arbeitenden erscheint als ein sachliches Verhältnis von Dingen (Waren). Die F. vermittelt den Zusammenhang von etwas Zusammengehörigen, aber gesellschaftlich von einander Getrenntem. Die historisch sich wandelnden gesellschaftlichen F.en bezeichnen den spezifisch historischen Charakter einer Gesellschaft und sind damit zentraler Gegenstand der Marxschen Gesellschaftstheorie. → Formanalyse   H.W.
[3] Bei N. Luhmann → Medium-Form
Form – Inhalt → Soziologie, formale
formal → formell – informell
Formalisierung, Darstellung der theoretischen Aussagesysteme einer Wissenschaft in einer formalen Sprache, die sich dadurch auszeichnet, dass ihre Zeichen, die Regeln für die Bildung von Ausdrücken, die Transformationsregeln, nach denen Aussagen ineinander überführt werden können, explizit definiert sind. Eine F. bietet die Möglichkeit, die logischen Beziehungen zwischen den Aussagen einer Theorie exakt anzugeben und die Konsistenz des Aussagesystems zu überprüfen, in eindeutiger Weise Hypothesen, die empirisch geprüft werden, aus der Theorie zu folgern. Eine spezielle Form der F. ist die

Mathematisierung, d.h. die Interpretation einer mathematischen Theorie (u.a. Graphentheorie, stochastische Prozesse) durch die Begriffe einer Theorie. Weder die F. im Allgemeinen noch die Mathematisierung im Besonderen bringen als solche Erkenntnisse über einen Sachverhalt hervor, sie können jedoch dazu dienen, auch komplexere Sachverhalte adäquat darzustellen.   H.W.

Formalität → Informalisierung [2]
Formalsoziologie → Soziologie, formale
Formanalyse, Untersuchung der gesellschaftlichen Formbestimmtheiten der kapitalistischen Produktionsweise. Bei der F. geht es nicht um die „Produktion im Allgemeinen", also um das, was allen Produktionsepochen gemeinsam ist, sondern um die Art und Weise der Produktion und Aneignung des gesellschaftlichen Reichtums. K. Marx geht daher in der Darstellung im „Kapital" von der Warenform der Produkte aus und entwickelt u.a. daraus die Formen der abstrakten Arbeit, des Geldes, des Kapitals. Er kritisiert die bürgerlichen Ökonomen darin, dass sie nicht die spezifischen Formen der kapitalistischen Produktionsweise untersuchen, sondern den stofflichen Momenten verhaftet bleiben.   H.W.

Formation, technologische, nach H. Hülsmann globale Bezeichnung für den derzeitigen Entwicklungsstand moderner Gesellschaften auf der Grundlage der entwickelten Naturwissenschaften, durch die die traditionell unterstellte Trennung zwischen Theorie und Praxis zunehmend aufgehoben wird. T. F. kennzeichnet danach die Art und Weise, wie eine Gesellschaft Leben, Arbeit und Wissen, kurz: Produktion und Reproduktion, ihren Stoffwechselprozess mit der Natur organisiert. Das kann man an ihren Werkzeugen, ihren Symbolen und an ihren Formen der Organisation ablesen. Dies geschieht im Rahmen der t.n F. als konfliktueller Prozess, in dem Forderungen nach einer besseren Ethik o.ä. der tatsächlichen technologischen Entwicklung zwangsläufig hinterherhinken. Vielmehr werden naturwissenschaftliche Modelle zunehmend zu sozialen Strategien des Handelns und Herstellens. Der zugehörige theoretische Prozess wird gedeutet als „metonymischer Transport" des Übergangs von Bedeutungen und der Neustrukturierung semantischer Felder, der der Diskurs über die Regeln, die seine Gültigkeit ausmachen, zunehmend immanent ist.   R.T.

Formel, trinitarische, ironische Bezeichnung von K. Marx für die ökonomische „Dreieinigkeit": Kapital – Profit, Boden – Grundrente, Arbeit – Arbeitslohn, die die „Quellen" des gesellschaftlichen Reichtums und ihre Einkommensformen zusammenfasst. In der bürgerlichen Theorie der

drei Produktionsfaktoren von Kapital, Arbeit und Boden sieht Marx die vollendete Mystifikation des inneren Zusammenhanges der kapitalistischen Produktion als Produktion von Mehrwert, der in der Form von Profit, Rente und Zins als „Revenuequellen" angeeignet wird.
H.W.

formell – informell, formal – informal, Begriffspaar zur Unterscheidung wichtiger Aspekte sozialer Organisation sowie bestimmter Typen sozialer Beziehungen und sozialer Gruppen. F. heißen diese, sofern sie sich aus planvollen organisatorischen Festlegungen ergeben. Sie sind i., insofern sie sich ungeplant, durch spontane Verbindung – meist allerdings in Reaktion auf Herausforderungen der formellen Organisation – bilden. Ein klassischer Fall i.er Gruppenbildung vollzieht sich, wenn aufgrund f.en Leistungsdruckes von oben sich i.e Cliquen bilden, die diesem Druck durch eigene Normsetzung und Leistungszurückhaltung begegnen.   W.La./R.Kl.

Forschung, angewandte, → Wissenschaft, reine – angewandte, → Bindestrichsoziologie

Forschung, entwicklungslogische, Bezeichnung für die psychologischen und pädagogischen Studien, die sich an die Vorbilder der Entwicklungspsychologen J. Piaget und L. Kohlberg anschließen.   W.F.H.

Forschung, qualitative, Richtung der empirischen Sozialforschung, die im Gegensatz zu den standardisierten Erhebungs- und quantifizierenden Auswertungsverfahren die Prinzipien der Offenheit, Flexibilität und Kommunikation betont. Bevorzugte Erhebungsmethoden sind Formen des offenen Interviews (narratives oder Leitfadeninterview), teilnehmende Beobachtung, Gruppendiskussion. Dem Konzept der hypothesentestenden Forschung wird das Modell der → *grounded theory* entgegengesetzt: Entwicklung und Überprüfung von theoretischen Aussagen als Ziel und ständig zu leistende Aufgabe während des gesamten Forschungsprozesses. Innerhalb der q.F. lassen sich grob zwei Richtungen unterscheiden: a) lebensweltlich-ethnografische Beschreibung sozialer Milieus auf der Basis eines interpretativen Nachvollzugs subjektiv gemeinten Sinns; b) interpretative Rekonstruktion kollektiver Sinngehalte und latenter Sinnstrukturen.   M.M.

Forschungsartefakt, Ergebnis empirischer Forschungen (Experimente, Interviews etc.), das durch die Forschungssituation selbst produziert wird. Ein bekanntes Beispiel ist der → Hawthorne-Effekt. Die Untersuchung von F.en ist besonders durch die Studien von R. Rosenthal (1966) zu den → Versuchsleitereffekten angeregt worden.   H.W.

Forschungsdatenzentren, meint die Einrichtungen des Statistischen Bundesamtes bzw. der Landesämter, welche ausgewählte Mikrodaten aus der amtlichen Statistik als Public- bzw. Scientific-Use-Files oder via Datenfernverarbeitung für die sozialwissenschaftliche Forschung zur Verfügung stellen.   C.W.

Forschungsdesign → *design*

Forschungsethik → Ethik-Kodex

Forschungslogik, Erkenntnislogik, Erkenntnistheorie des kritischen Rationalismus; umfasst die formalen Voraussetzungen und logischen Regeln der Überprüfung von Hypothesen und Theorien, die unter Voraussetzung des Kriteriums der Falsifizierbarkeit für Aussagen entwickelt sind (→ Logik der Forschung).   L.K.

Forschungsökonomie, [1] Nachbar- und Zweigdisziplin der Bildungsökonomie, die die ökonomischen Beziehungen zwischen wissenschaftlicher Forschung, Entwicklung und Verwertung der Forschungsresultate im Produktionsprozess untersucht.   W.F.H.
[2] Allgemein: Sparsam-effizienter Umgang mit den Ressourcen der Forschung.   R.L.

Forschungsprogramm, *scientific research programme,* zentraler Begriff der methodologischen Lehre, die I. Lakatos in Fortführung von K.R. Poppers „Logik der Forschung" entwickelt hat. Ein F. besteht einerseits aus einem konventionalistisch akzeptierten und somit kraft vorläufiger Entscheidung nicht zu widerlegenden (→ Konventionalismus) „harten Kern" theoretischer Annahmen (z.B. das Gesetz der Schwerkraft in Newtons Mechanik); die „negative Heuristik" des F.s verbietet es, Beobachtungen, die den zum „harten Kern" gehörenden Annahmen zu widersprechen scheinen („Anomalien"), als Widerlegungen dieser Annahmen zu interpretieren und fordert die Konstruktion eines „Schutzringes" von „Hilfshypothesen" (z.B. Annahmen über das Vorliegen bestimmter Randbedingungen), die im Falle von Anomalien revidiert werden können. Andererseits gehört zu einem F. eine „positive Heuristik", die die Probleme definiert, die in der Verfolgung des F.s gelöst werden sollen. Ein F. wird progressiv genannt, solange ihm die Antizipation neuer, „überraschender" Entdeckungen gelingt („progressive Problemverschiebung"); es stagniert, wenn es nur zu nachträglichen Erklärungen von Zufallsentdeckungen, die von einem rivalisierenden F. antizipiert wurden, fähig ist („degenerierende Problemverschiebung").   R.Kl.

Forschungssoziologie → Wissenschaftssoziologie

Forschungstagebuch. Besonders in der qualitativen Sozialforschung führt der Forscher häufig ein F. während der Forschungsarbeit, um darin etwa während der Feldarbeit auftretende

F

Fremdheitserfahrungen aufzuzeichnen (damit sie keine unkontrollierte Wirkung auf seine Wahrnehmung und Interpretation haben), um seine Überlegungen bei Einzelentscheidungen (etwa Auswahl des nächsten Falles bei der → theoretischen Auswahl) oder um während der Feldarbeit nebenbei erlangte Auskünfte zu dokumentieren (die evtl. später wichtig werden könnten). Auch die während Erhebung und Auswertung nach und nach entstehenden theoretischen Entwürfe können nach Art eines F.s vermerkt werden. Unabdingbar ist ein F. bei solchen Vorgehensweisen, die auch die persönliche Erfahrung des Forschers als Erkenntnismittel nutzen wollen (vgl. → Ethnopsychoanalyse).
W.F.H.

Forschungstransfer → Wissenschaftstransfer

Fortpflanzungsfamilie – Orientierungsfamilie, auch: Zeugungsfamilie bzw. Eigenfamilie bzw. *family of procreation* – Herkunftsfamilie bzw. Abstammungsfamilie bzw. *family of orientation.* In der O. wird das Individuum geboren und erzogen (erhält seine Orientierung), sind ihm sexuelle Beziehungen verboten. In der F. zeugt und erzieht es selbst (W.L. Warner, T. Parsons). Die Unterscheidung ist nur sinnvoll, wenn sich Familienzugehörigkeit und biologische Verwandtschaft decken.
W.F.H.

Fortpflanzungsverhalten → Verhalten, generatives

Fortran, kurz für: *formula translation,* höhere Programmiersprache, universell einsetzbar, Schwerpunkte liegen jedoch bei wissenschaftlich-technischen Problemstellungen. Sie wird häufig für die Realisierung komplexerer statistischer Verfahren und Modelle eingesetzt. 1955 von IBM entwickelt, wurde die Sprache laufend weiterentwickelt und zunehmend komplexer. Die Programmiersprache ist mit Einschränkungen auch für Mikrocomputer verfügbar. Ch.W.

Fortschreibung, Weiterführung von Zeitreihen für eine Population aufgrund von Schätzungen (z.B. Mikrozensus) oder Modellannahmen (z.B. Trendextrapolation).
H.W.

Fortschritt, *progress,* [1] Bezeichnung für die Entwicklung von niederen zu höheren Zuständen.
[2] In der Bedeutung eines einheitlichen, gesetzmäßigen, zielgerichteten und nicht umkehrbaren Prozesses (unilineare Entwicklung) war der F. ein zentrales Konzept der → Aufklärung; da dieser F.sbegriff die Entwicklung der gesamten Menschheit und die Entfaltung der Zivilisation (in der Bereitstellung materieller Güter) unterstellte und beide Bereiche als gekoppelt angesehen wurden, konnte die F.sidee im 18. Jahrhundert sowohl den Glauben an die Vernunft als auch die beginnende Industrialisierung sowie

die Kolonisation legitimieren, indem in dem Bewusstsein gehandelt wurde, auf eine Vervollkommnung der Welt hinzuwirken. Auch wenn es zu keiner einheitlichen F.stheorie gekommen ist, lassen sich jedoch deutlich zwei Richtungen erkennen: a) Der F. ist abhängig von gesellschaftlichen Kräften, sodass vornehmlich in Hinblick auf Beschleunigung des Prozesses in ihn eingegriffen werden kann; dieser Aspekt ist nach der Französischen Revolution vor allem im Sozialismus erhalten geblieben. b) Der F. wird als mechanischer Ablauf verstanden, als Naturgesetz, das es zu erfassen gilt; deutlich wird dies bei A. Comte, dessen Auffassung als Vollendung der klassischen F.stheorie gilt. Nach ihm vollzieht sich der F. aufgrund wissenschaftlich beobachtbarer Gesetzmäßigkeiten in Form einer aufwärtsgerichteten Geraden, die durch rassische und klimatische Faktoren sowie durch nicht wissenschaftlich gelenkte politische Aktionen gelegentliche Krümmungen aufweisen kann. Endpunkt ist die Reinigung aller Wissenschaften von Fiktion und Spekulation sowie die Befreiung der industriellen Gesellschaft von nicht wissenschaftlich gelenkter Herrschaft. In der zweiten Hälfte des 19. Jahrhunderts verbindet sich diese Richtung mit dem Evolutionismus.

Seit M. Weber wird die F.stheorie in der Soziologie als unhaltbar betrachtet, da im F.sbegriff neben der Bedeutung „Entwicklung" auch die der „fortschreitenden technischen Rationalität der Mittel" und die der „Wertsteigerung" enthalten ist.
O.R.

Fortschritt, evolutionärer, [1] Bezeichnung für die stetig wachsende universale biologische Tüchtigkeit, d.h. die wachsende Fähigkeit, die Umwelt zu beherrschen und von ihr unabhängig zu werden.
[2] Nach J.S. Huxley (1942) ist der e.e F. eine Theorie über die Kulturentwicklung, derzufolge der Mensch als „Treuhänder" der biologischen Evolution mit dem Ziel handelt und entscheidet, die Progression auf Dauer zu stellen.
O.R.

Fortschritt, evolutionär-sozialer, Bezeichnung für die stetig wachsende Fähigkeit sozialer Systeme, sich ihrer je spezifischen Umwelt anzupassen, die sie in ihrer Struktur selbst mit beeinflussen. Diese Anpassung vollzieht sich, indem in den Gesellschaften neue Mechanismen durch Innovationen entwickelt werden, die entweder neu entstandene Probleme der Gesellschaft lösen oder bereits bestehende Probleme mit weniger Aufwand abarbeiten können.
O.R.

Fortschritt, technischer, in der Ökonomie die meist durch Anwendung technischer und wissenschaftlicher Erkenntnisse erzielte Produktivitätssteigerung (sich auswirkend als absoluter oder relativer mengen- oder wertmäßiger *Output*-Zuwachs). Unterschieden werden meist neutraler, arbeits- und kapitalsparender t. F., d.h. entweder steigt die Produktivität beider Faktoren in gleichem Maße oder nur die Produktivität eines der beiden Faktoren (vorherrschend ist die Annahme relativ arbeitssparenden t.n F.s).   D.K.

Fortschritt, wissenschaftlich-technischer, abgekürzt wtF, in der marxistischen Diskussion der 1970er Jahre (DDR) Bezeichnung für die Entwicklung der Produktivkräfte Wissenschaft und Technik. Der Begriff des wtF unterscheidet sich von dem zuvor gebräuchlichen der → wissenschaftlich-technischen Revolution vor allem dadurch, dass er keine mechanische Verknüpfung zwischen wissenschaftlich-technischem und sozialem Fortschritt (d.h. sozialistischer Revolution) unterstellt.   W.F.H.

Forum, eine der Formen gesellschaftlicher Öffentlichkeit, wobei sich der politische Meinungsaustausch in offen-informeller Weise ergibt. Die Kommunikation geschieht hier spontan und dezentral, die Themen wechseln ungesteuert, wie in den Chatgruppen des Internet. Gegensatz: → Arena   R.L.

forward-linkages (engl.), in der Ökonomie Bezeichnung für die einer Produktionsstufe nachgelagerten Industrien.   H.W.

Fourierismus, soziétäre Theorie, Bezeichnung für die von C. Fourier (1772-1837) vertretene Lehre und deren Weiterentwicklung durch seine Anhänger, der soziétären Schule. Der F. wendet sich gegen den Liberalismus und die Fortschrittsgläubigkeit seiner Zeit und kritisiert u.a. schärfstens Ausbeutung, Entfremdungstendenzen, den „räuberischen" Handel und die „industrielle" Anarchie. Zentralpunkt des F. ist das Gesetz der „sozialen Bewegung", d.h. der Entwicklung der Gesellschaftsformen und des sozialen Mechanismus, die in Abhängigkeit von Triebbefriedigung gesehen werden.   O.R.

Frage, neue soziale, Bezeichnung aus der sozial- und allgemein gesellschaftspolitischen Diskussion der 1970er Jahre, die durch „neue" darauf aufmerksam machen will, dass die jetzt dominanten sozialen Spannungen nicht nach dem Muster der → sozialen Frage des 19. Jahrhunderts verstanden und behoben werden können.
[1] Meist Bezeichnung dafür, dass innerhalb der übergreifenden Wohlfahrtsentwicklung sich bei einigen Gruppen, besser: in einigen Lebenslagen Benachteiligungen häufen, die nur unzureichend oder gar nicht vom System der sozialen Sicherung erfasst werden (Alte, Einsame, Dauerarbeitslose, Frauen nach Scheidung usw.). Theore-

tischer Bezugspunkt ist oft die → Disparitätsthese.
[2] Hin und wieder (vor allem in der Sprache der Politik) auch Bezeichnung für andere Spannungen oder Gefährdungspotenziale, die nicht nach dem Muster der sozialen Frage des 19. Jahrhunderts begriffen werden können (Umweltschäden und deren Auswirkungen auf die Gesundheit, Verhältnis von entwickelten Gesellschaften zu denen der Dritten Welt o.ä.).   W.F.H.

Frage, soziale, [1] Begriff zur Kennzeichnung der durch die Entwicklung des privatkapitalistischen Wirtschaftssystems bewirkten gesellschaftlichen Desorganisationstendenzen und Konflikte, die nicht in Beibehaltung des Wirtschaftssystems durch private Initiative der Betroffenen gelöst werden können. Damit werden sie zu gesamtgesellschaftlichen Problemen; die Lösung der s.n F. ist Teil des Zwecks des sozialen Systems.
[2] In einem engeren Sinne meint s. F. die Verelendung und Ausbeutung des Proletariats im Verlauf der anfänglich sprunghaften Entwicklung der Industrialisierung. Insoweit ist die s. F. z.B. für Großbritannien, Frankreich und Deutschland im 19. Jahrhundert weitgehend identisch mit der Arbeiterfrage.   F.X.K./O.R.

Fragebogen, *questionnaire,* Zusammenstellung der bei einer schriftlichen oder mündlichen Befragung zu verwendenden Fragen und Fragegruppen. Der Anordnung von Fragen im F. kommt große Bedeutung zu, da eine bestimmte Abfolge von Themen zur Verzerrung der Antworten führen kann, z.B. durch Ausstrahlungseffekte.   H.W.

Fragebogen, soziometrischer, ein Erhebungsinstrument für die Binnenstruktur von Gruppen: „wer mit wem". Es enthält mündlich oder schriftlich zu beantwortende Fragen, mit Hilfe die positiven und negativen soziometrischen Wahlen der Mitglieder einer Gruppe ermittelt werden sollen.   R.Kl.

Fragen, geschlossene, Interviewfragen, bei denen der Befragte zwischen vorgegebenen Antwortmöglichkeiten zu wählen hat. Die Schwierigkeit bei den g.n F. besteht in der adäquaten Aufgliederung der Antwortkategorien vor Beginn der Untersuchung. G. F. werden fast ausschließlich in teil- oder vollstandardisierten Interviews verwendet.   H.W.

Fragen, indirekte, Bezeichnung für eine Vielzahl von Fragearten, deren Bedeutung für den Forscher von der scheinbar offenkundigen Bedeutung für den Befragten abweicht. Dem Befragten soll verborgen bleiben, welche Informationen der Forscher über ihn durch i. F. erhält. Zu den i.n F. zählen projektive Techniken, Wortassoziationen, Satzergänzungen usw. Viele Fragen können sowohl direkt wie indirekt ausgewertet werden. Eine Frage nach den Namen von Politikern gibt sowohl den Informationsstand (direkt) wie das politische Interesse (indirekt) des Befragten an. Durch i. F. sollen Antworthemmungen, kognitive Verzerrungen etc. umgangen werden. **H.W.**

Fragen, offene, Interviewfragen, bei denen den Befragten keine Antwortkategorien vorgegeben werden. O. F. werden häufig in explorativen Untersuchungen verwendet, bei denen die Antwortmöglichkeiten nicht vor der Untersuchung abgeschätzt werden können. **H.W.**

Fragen, projektive, meist mehrdeutig formulierte Fragen in einem Fragebogen, Interview oder → projektiven Test, von denen angenommen wird, dass sie den Befragten zu einer Antwort anregen, aus denen sich Rückschlüsse auf seine ihm u.U. selbst nicht bewussten Bedürfnisse, Gefühle, Konflikte usw. ziehen lassen. → Projektion **R.Kl.**

frame (engl.), [1] auch Rahmen, bezeichnet in der Handlungstheorie von H. Esser einen spezifischen Vorgang der Orientierung und die Selektion einer bestimmten subjektiven Definition der Situation. Er wird von Esser als *framing* bezeichnet, weil das gewählte Modell einen Rahmen darstellt, an dem der Akteur sich bei seinen Handlungen orientiert. Ein F. beinhaltet in typisierter Form die spezielle inhaltliche Definition einer sozialen Situation, d.h. vor allem das Oberziel, um das es in der Situation geht, also z.B. Konsens in der Ehe oder Wahrheitsfindung in der Wissenschaft. Das Oberziel liefert den kulturellen, funktionalen und normativen Code des F. Mithilfe dieses Codes wird die Bewertung von möglichen Handlungsergebnissen festgelegt. In der Regel wird aber nicht nur ein F. gewählt, sondern gleichzeitig auch ein *Skript*. Ein Skript definiert die typischen, am Code des F. orientierten inhaltlichen Abläufe für Sequenzen von Handlungen, d.h. es ist das Programm des Handelns innerhalb eines bestimmten F. (z.B. die etablierten Regeln der Konsensfindung in einer Ehe). **W.P.**
[2] → Rahmenanalyse

frame of reference (engl.) → Bezugsrahmen

Frankfurter Schule, nach dem 2. Weltkrieg aufgekommene Bezeichnung für den Kreis von Sozialwissenschaftlern, die sich am „Institut für Sozialforschung" in Frankfurt a.M. (gegr. 1924) um M. Horkheimer scharten, nachdem dieser 1930 Institutsdirektor geworden war, und für die von ihnen repräsentierte theoretische Ausrichtung (→ Theorie, kritische). Dieser Kreis arbeitete bewusst arbeitsteilig und fächerübergrei-

fend und hatte als Publikationsorgan die „Zeitschrift für Sozialforschung" (ab 1932). Nach der Vertreibung durch die Nationalsozialisten emigrierten fast alle Mitglieder der F. S. in die USA (Horkheimer, T.W. Adorno, H. Marcuse, E. Fromm, L. Löwenthal, F. Pollock, K.A. Wittfogel). 1950 eröffneten Horkheimer, Pollock und Adorno das „Institut für Sozialforschung" in Frankfurt wieder. In einem weiteren Sinne werden heute zur F. S. alle die Sozialwissenschaftler gezählt, die in den 1950er und 1960er Jahren am Institut ausgebildet wurden und sich bis heute der kritischen Theorie verpflichtet fühlen. Zu nennen sind u.a. J. Habermas, A. Schmidt, O. Negt. **O.R.**

fraternal joint family (engl.) → Familie, erweiterte [2]

Frau, frauenidentifizierte, *woman identified woman,* Bezeichnung in der feministischen Theorie für ein radikales Programm in Forschung, Politik und Liebe. Hierbei richten sich das Selbstverständnis, die Weltsicht und das eigene Handeln völlig nach Kriterien der Weiblichkeit. **R.L.**

Frauenfeindschaft → Misogynie

Frauenforschung bezeichnet eine nach dem Vorbild der → *women studies* seit etwa 1980 auch in Deutschland prominente Strömung nicht bloß der Soziologie. Zu dem Kriterium, dass hier über Frauen in frauenfreundlicher Absicht geforscht wird, ist inzwischen das weitere Merkmal getreten, dass dies vor allem nur durch Frauen geschehen kann. Interessierte Männer sind auf die sich entwickelnde → Geschlechterforschung verwiesen und finden zunehmend auch Ergebnisse der → Männerstudien (*men's studies*) vor. F. ist mittlerweile an den Hochschulen institutionalisiert und in Studiengängen verankert. **R.L.**

Frauenfrage bezeichnete insb. um 1900 ein von der ersten Frauenbewegung angemeldetes politisches Thema: die Rechtlosigkeit des ‚zweiten Geschlechts' sollte endlich aufgehoben werden. **R.L.**

free rider (engl.), „Trittbrettfahrer" → Kollektivgüter

free-floating affect (engl.) → Affekt, frei beweglicher

free-floating aggression (engl.) → Aggression, frei bewegliche

Freiburger Schule → Neukantianismus

Freiheit, bürgerliche, frz.: *liberté civile,* bei J.-J. Rousseau Bezeichnung für jenen Spielraum des Handelns, den das Individuum sich selbst in seiner Eigenschaft als Bürger eines Gemeinwesens unter Beachtung der geltenden sozialen Werte und Normen setzt. Somit besteht die b. F. in der dem Menschen als Bürger gegebenen Fähigkeit, jene Grundsätze des Verhaltens zu erkennen und aus eigenem Antrieb zu befolgen, die für den die Freiheit und das Leben seiner Mitmenschen sichernden Fortbestand des Gemeinwesens notwendig sind. F.H.

Freiheit, natürliche, frz.: *liberté naturelle*, bei J.-J. Rousseau Bezeichnung für jenen Spielraum des Handelns, über den die Menschen vor bzw. außerhalb der wechselseitigen Verpflichtung zur Beachtung gemeinsam konstituierter Werte, Normen und Formen der Bedürfnisbefriedigung verfügen. Somit besteht die n. F. in der Fähigkeit des natürlichen Menschen, sich im Rahmen seiner Kräfte alle Wünsche zu erfüllen, die ihm aus seiner unreflektierten Triebstruktur erwachsen. F.H.

Freiheitsgrade, *degrees of freedom*, von R.A. Fisher in die Statistik eingeführte Bezeichnung für die Anzahl von Werten, die innerhalb der Begrenzungen eines Systems von Werten frei variieren oder gewählt werden können. So hat eine Kontingenztabelle mit n-Reihen und m-Spalten $(n - 1)$ $(m - 1)$ Freiheitsgrade. Sind in diesem Fall bei fest vorgegebenen Randsummen z.B. $(n - 1)$ Werte einer Spalte gewählt, so ist auch die Größe des letzten Wertes bestimmt. F. wird daneben noch in mehreren leicht variierenden Bedeutungen benutzt. H.W.

Freisetzung, kulturelle → Freisetzung, sozio-kulturelle

Freisetzung, sozio-kulturelle, auch: kulturelle F., Bezeichnung in sozialpsychologischer Jugendforschung (T. Ziehe) dafür, dass Kinder und Jugendliche aufgrund einer „Aufstörung von Traditionen" in den letzten Jahrzehnten nicht mehr an relativ stabilen kulturellen Traditionen orientiert aufwachsen (bzw. durch diese gegängelt werden), sondern in vielen Bereichen offene Terrains, ausufernde Möglichkeiten und ungeordnete Handlungsfelder vorfinden (Sexualität, Familienformen, Identitätsbilder usw.). S.-k. F. will durch die Analogie zur ökonomischen Freisetzung zur Lohnarbeit im 19. Jahrhundert auf die Zwiespältigkeit dieser neuen Sozialisationssituation hinweisen: Sie bringt nicht nur Offenheit, sondern auch Verluste (Unwahrscheinlichkeit, einen innengeleiteten Sozialcharakter auszubilden) und Gefährdungen (Ausufern von Fantasien, Ansprüchen und Erwartungen) mit sich. W.F.H.

Freizeit, [1] bezeichnet formal die von der überwiegend fremdbestimmten Berufsarbeit entlastete Zeit; ob der Zeitraum, der durch physiologische Notwendigkeiten (z.B. Schlaf, Essen, etc.) vom Individuum in Anspruch genommen wird, zur F. zählt, wird in der Literatur nicht einheitlich beurteilt.
[2] Bezeichnung für den von Fremdbestimmung freien Zeitraum, der von den Einzelnen nach freiem Ermessen ausgefüllt wird; die Fremdbestimmung meint bei einigen Autoren nur die Berufsarbeit, bei anderen schließt sie jeden sozialen Zwang ein, der den Einzelnen daran hindert, sich in der F. frei zu entfalten (z.B. Konsumzwang).
[3] → Muße O.R.

Freizeitkarrieren, [1] Aufstiegsmöglichkeiten außerhalb der Berufssphäre, z.B. in Vereinen, die von Seiten der Gesellschaft als Äquivalent und von Seiten des Einzelnen als Kompensation für die Nicht-Erreichung von Berufskarrieren angesehen werden können. Insofern sind solche F. eine Form von → Aufstiegssurrogaten. O.R.
[2] F.e kann auch heißen der strukturierte Verlauf, der etwa einen Jugendlichen von der ersten Beschäftigung mit einem Hobby, einer Sportart, einem Gerät (Heimcomputer o.ä.) zu hoher Kompetenz in diesem Spezialbereich führt, die unter Umständen der entsprechenden Kompetenz von Professionellen überlegen oder gleichwertig ist, allgemein also die durch Lernen, Erfolg, Beratung, Gruppenzusammenschluss, Teilnahme an medialen Angeboten (einschlägige Zeitschriften) usw. strukturierte Entwicklung besonderer Kenntnisse und Fähigkeiten in der Freizeit (d.h. ohne dominante Anleitung durch Schule oder eine andere Bildungs- oder Berufsbildungsinstitution). Dabei können manche F. später beruflich genutzt werden oder sind mindestens insofern dienlich, als sie allgemeine Erwartungen im Beruf vorbereitet haben (etwa Sinn für technische Bastelei). W.F.H.

Freizeitverhalten, Bezeichnung für das Insgesamt der Motive, Ziele, Werte, sozialen Orientierungen und Situationen von Individuen bei der Verwendung und Interpretation von freier Zeit, ein besonderer struktureller Sektor der Industriegesellschaft, der die in anderen gesellschaftlichen Sektoren – wie dem Arbeits- und Berufssystem, dem Bereich politischer Teilnahme vorherrschenden Verhaltensmuster ergänzt. H.L.

Fremdbestimmung, allgemeine Bezeichnung für die Abhängigkeit eines Menschen in seinen Entscheidungen und Handlungen von anderen Personen oder von äußeren (z.B. wirtschaftlichen oder politischen) Umständen. V.K.

Fremdbild → Heterostereotyp

Fremdeinschätzung, auch: Fremdzuordnung, Fremdzurechnung, Fremdeinstufung, Fremdbild, bezeichnet ein methodisches Verfahren zur Bestimmung sozialer Differenzierung (Schichtung), das – im Gegensatz zur → Selbsteinschätzung – von den durch Dritte vorgegebenen Merkmalen (z.B. durch den Forscher) oder den über die zu untersuchende Population bestehenden Vorstel-

F

lungen ausgeht, d.h. allgemein von der Frage: Wer rechnet wen zu welcher Schicht?   **S.S.**

Fremdeinstellung, nach A. Schütz (1932) die durch eine besondere Einstellung gekennzeichnete Zuwendung eines Individuums zu einem anderen. F. bezeichnet das Bewusstseinserlebnis eines *ego*, das den anderen nicht als physischen Gegenstand der Außenwelt erlebt, sondern als ein anderes Ich, als ein Du, das Bewusstsein und Dauer hat, mit ihm in der gleichen Welt lebt und in der Lage ist, ebenso sinnvoll zu handeln und zu erleben wie es selbst.   **W.B.**

Fremdeinstufung → Fremdeinschätzung

Fremder ist der Wandernde, „der heute kommt und morgen bleibt". Der F. ist einer der sozialen Typen, die Mitglied und zugleich Nicht-Mitglied einer Gesellschaft sind. Aus dieser Sonderposition leiten sich die Eigenschaften ab, die dem Typus F. zugeschrieben werden, nämlich Beweglichkeit, Objektivität und Freiheit. Trotz dieser von der Gesellschaft dem F. zugewiesenen positiven Werten, bleibt das Verhältnis zum F. seinem Wesen nach abstrakt, da „man mit dem Fremden nur gewisse allgemeine Qualitäten gemein hat", ja, sodass der F. eigentlich nicht als Individuum, sondern nur als der F. „eines bestimmten Typus überhaupt empfunden" wird. Auf diese Umschreibung durch G. Simmel (1908) geht die soziologische Diskussion über den F. zurück: so der Sozialtypus *marginal man* (→ marginal [1]) vom Simmelschüler R.E. Park (1928), so der „Fremde" von A. Schütz (1972), der – gegenüber Simmels Sicht von der Gesellschaft aus – die gesellschaftlichen Vorgaben aus der Sicht des F. analysiert.   **O.R.**

Fremdgruppe, auch: Außengruppe, *out-group*, die Gruppe, von der man sich distanziert; sie steht im Gegensatz zur eigenen Bezugsgruppe, der man sich zugehörig fühlt (der → Eigengruppe), und kann daher auch als → „negative Bezugsgruppe" bezeichnet werden. Der Begriff spielt in der Gruppenpsychologie, der Vorurteils- und der Stereotypenforschung eine Rolle.   **W.Li.**

Fremdstereotyp → Heterostereotyp

Fremdverstehen, das (phänomenologische) Verstehen des Anderen als *alter ego* (Fremd-Ich), „indem wir die wahrgenommene und gedeutete Handlung als eine von uns zu setzende Handlung entwerfen und in einer Fantasie des Handlungsvollzuges unsere Bewusstseinserlebnisse bei dem nach diesem Entwurf orientierten Handeln intentional fixieren" (A. Schütz). Die Möglichkeit des F.s durch „Einfühlung" wie durch „Analogiebildung" ist letztlich in der vorgegebenen Erfahrung des „Wir" begründet.   **W.L.B.**

Fremdzuordnung → Fremdeinschätzung

Fremdzurechnung → Fremdeinschätzung

Fremdzwang → Selbstzwang – Fremdzwang

Frequenz, [1] Anzahl von Ereignissen (z.B. Schwingungen) pro Zeiteinheit.
[2] In der Statistik Synonym für → Häufigkeit.   **H.W.**

Freund – Feind. Im Kontext der politischen Philosophie von C. Schmitt dient die Schematisierung von F. – F. als Kriterium des Politischen. Gegenüber oft vorgetragenen Missverständnissen ist zu betonen, dass Schmitt diesen Gegensatz nicht als unhintergehbar auffasst; nur – dort wo die Polarisierung in Freund und Feind nicht mehr besteht, handelt es sich nach seinen Begriffen nicht mehr um eine Gestalt des Politischen. Gäbe es Grund zu der Annahme, dass unter Menschen die Handlungsform des Politischen enden könnte, so wäre damit auch die Grenze der F.-F.-Schematisierung erreicht. **K.R.**

Freundschaft, eine persönliche Beziehung, die sich durch eine längerfristig bestehende freiwillige Interdependenz zweier Personen und eine starke Ausrichtung auf ihre sozial-emotionale Qualität auszeichnet. F. können sowohl zwischen gleichgeschlechtlichen wie auch verschiedengeschlechtlichen Personen bestehen; sie scheinen aber unter Personen des gleichen Geschlechts stärker verbreitet zu sein. Gemeinsame Aktivitäten, Intimität, Affektivität und wechselseitige Unterstützung gehören zu F., wenngleich ihre Inhalte und ihr Umfang stark variieren. Von → Zweierbeziehungen unterscheiden F. sich dadurch, dass sie keinen Anspruch auf Exklusivität und auf den anderen als ganze Person haben sowie keine fortgesetzte Praxis sexueller Interaktion einschließen. Dies schließt Übergänge jedoch nicht aus, z.B. wenn aus einer F. – u.a. durch das Hinzukommen sexuellen Austausches – eine Zweierbeziehung entsteht oder aus einer gescheiterten Zweierbeziehung eine F. erwächst.   **K.Le.**

Friede, ewiger. Ist Friede als bloße Abwesenheit von Krieg definiert, dann sind Krieg und Frieden Wechselbegriffe und der historische Wechsel von friedlichen und kriegerischen Epochen der Menschheit eine beklagenswerte Unabänderlichkeit. Allmählich setzt sich die Einsicht in die Asymmetrie der Begriffe durch: es lassen sich zwar im Frieden die Voraussetzungen des Krieges schaffen, aber es lassen sich nicht kriegerisch die Friedensbedingungen schaffen, obwohl gerade diese Behauptung vielfach zu den Rechtfertigungsgründen für Kriege gehört hat. Frieden wird damit zu einem mehrstufigen Begriff: zwischenstaatlicher Friede hängt auch ab vom inneren, vom sozialen Frieden der beteiligten Gesellschaften oder gar davon, ob die Menschen Frieden mit sich selbst gemacht haben. – Seit dem Mittelalter (Dante, Dubois, dann Erasmus von Rotterdam) werden die Bedingungen reflektiert, die dazu führen könnten, dass ein dauerhafter Friede in Europa gesichert werden kann. Diese Überlegungen gingen einerseits in die Richtung der politischen Utopien der frühen Neuzeit, andererseits in die Richtung konkreter politischer Maßnahmenkataloge. Der Begriff des „paix perpétuelle" (Abbé de St. Pierre), des dauerhaften Friedens, wurde in Deutschland, vor allem seit I. Kants berühmter Schrift als „ewiger" Friede wiedergegeben. Nach andersgearteten Vorüberlegungen J.-J. Rousseaus war Kant der erste, der die Idee der Friedenssicherung mit inneren politischen Bedingungen verknüpfte („Republikanismus"), sodass seit Kant eine Verbindung der bürgerlichen Emanzipationsbewegung, und schließlich auch der sozialistischen Bewegung mit Motiven der Friedensbewegung (mouvement en faveur de la paix) besteht.   K.R.

Frieden, positiver – negativer, zwei verschiedene Fassungen des Friedensbegriffs. Da es sich als schwierig erwies, alle Bedingungen anzugeben, die erfüllt sein müssen, um sinnvoll von Frieden sprechen zu können (dies wäre der Begriff des p.n F.s), konzentrierte sich die Forschung auf die Bedingungen, die es ausschließen, einen Zustand als Frieden zu bezeichnen (n. F.), etwa das Vorkommen kriegerischer Auseinandersetzungen. Es bleibt indessen das Problem bestehen, ob man die sozialen Zustände in einer Feudalgesellschaft oder Diktatur, die Bevölkerungsmehrheiten mit anderen Mitteln als offener Gewalt unterdrücken, als Frieden bezeichnen kann (J. Galtung).   R.L.

Frieden, sozialer, gesellschaftlicher Wertbegriff, dessen kognitives Moment etwa als Fehlen gewaltsamer innergesellschaftlicher Konflikte bestimmt werden kann. Eine ideologische Verwendung zur Konfliktunterdrückung liegt nahe: z.B. Verständnis von Streiks oder von Aussperrung als Störung des s.n F.s.   F.X.K.

Friedensbewegung → Bewegungen, neue soziale

Friedensforschung, vergleichsweise junge, praxisorientierte wissenschaftliche Disziplin, hervorgegangen aus der Politikwissenschaft. Die Bedingungen für die Gewinnung, Erhaltung und Sicherung eines „positiven" (im Unterschied zum bestehenden „negativen") Friedens und die Möglichkeiten des Krisenmanagements im Inneren und nach außen sind Untersuchungsgegenstände. Auch die Ursachen, Motive und Interessenlagen beim Entstehen von Konflikten werden erforscht. Die Soziologie hat sich in der F. bislang nur selten engagiert.   E.Li.

Friedman-Test, auch: Rangvarianzanalyse, Prüfmodell für Untersuchungen, in denen die untersuchten Individuen k verschiedenen Reizen ausgesetzt werden, die die Zielvariable beeinflussen sollen. Für jede Untersuchungsperson werden die k Messwerte in eine Rangordnung gebracht. Unter der Null-Hypothese, dass die k Reize (oder Bedingungen) keinen Einfluss auf die Verteilung der Messwerte haben, müssen die Ränge zufällig über die k Bedingungen verteilt sein. Danach dürfen sich die Summen der Ränge über alle Individuen innerhalb der k Bedingungen nur zufällig voneinander unterscheiden. Für die Rangsummen, die die Prüfgrößen darstellen, hat M. Friedman eine Prüf-Verteilung entwickelt.   H.W.

Frömmigkeit → Religiosität

Fruchtbarkeitsziffer, Geburtenziffer, bei der die Anzahl der Geborenen zu bestimmten Zeitpunkten nicht zur Gesamtheit einer Bevölkerung oder eines Bevölkerungsteils in Verhältnis gesetzt wird, sondern nur zum fruchtbaren Teil, speziell zur Anzahl der Frauen zwischen 15 und 45 Jahren.   H.W.

Frühkapitalismus, vom Hochmittelalter bis etwa 1800 dauernde Entwicklungsphase des Kapitalismus, in der zunächst punktuell und neben feudal oder zunftmäßig gebundenen Wirtschaftsweisen sich Bank- oder Handelskapitale entwickelten, parallel zu einer manufakturmäßig organisierten Produktion.   C.Rü.

Frühsozialismus, im weitesten Sinne die Gesamtheit der sozialen Ideen und Bewegungen, die den Anfang sozialistischer Theorienbildung markieren und die in der Entwicklungsphase des modernen Industriekapitalismus entstehen. Vielfach mit utopischem oder anarchistischem Einschlag, zielt der F. auf die Entfaltung der industriellen Gesellschaft (C.H. de Saint-Simon), auf die Errichtung einer revolutionären Diktatur (F.N. Babeuf, A. Blanqui), auf radikalen Gleichheitskommunismus (Babeuf, E. Cabet) und auf grundlegende gesellschaftliche Reformen (R. Owen, C. Fourier). Im engeren Sinne meint F. nur die Vertreter sozialreformerischer Ideen.   C.Rü.

Frustration, Versagung, Enttäuschung, das Vereiteln einer zielgerichteten, womöglich auf Triebspannung zurückgehenden bzw. auf Triebbefriedigung gerichteten Handlung eines Menschen. Der Begriff bezeichnet häufig auch nur das Ausbleiben einer (gewohnten oder erwarteten) Belohnung.   K.H.

Frustration-Ärger/Wut-Hypothese, eine der Neuformulierungen der → Frustration- Aggression-Hypothese, die die emotionalen Reaktionen auf Frustrationserlebnisse betont. Vor allem sind es Ärger und Wut (anger), die in Interaktion mit Hemmungspotenzialen die Verbindung von Frustration und aggressivem Verhalten begünstigen können (L. Berkowitz).   B.Kr.

F

F

Frustration-Aggression-Hypothese, die von der Yale-Schule 1939 entwickelte sozialpsychologische Vorstellung, dass jede Frustration Aggression zur Folge habe und einer Aggression immer Frustration vorausgehe. Dieses Denkmodell hat sich in dieser strengen Form nicht bewährt, weil die experimentelle Forschung diesen Zusammenhang nicht immer nachweisen konnte. Offenbar gibt es auch andere Verarbeitungsformen einer Frustration (z.b. Diskussion, Verdrängung). Die F.-A.-H. hat gegenüber der bloß triebtheoretischen Erklärung aggressiven Verhaltens Bedeutung erlangt, insofern sie die Rolle der gesellschaftlichen Verhältnisse für die Verursachung aggressiven Verhaltens zur Diskussion stellte. K.H.

Frustration-Antrieb-Hypothese, eine der Neuformulierungen der → Frustration-Aggression-Hypothese. Nach der F.-A.-H. steigert sich auf das Frustrationserleben hin jedwedes Verhalten in seiner Intensität, nicht nur aggressives, sondern auch Abhängigkeits-, autistisches, apathisches oder konstruktives Verhalten (A. Bandura). B.Kr.

Frustration-Fixation-Hypothese, eine der Neuformulierungen der → Frustration-Aggression-Hypothese. Nach der F.-F.-H. wird eine Frustration der Art vorausgesetzt, dass sich eine regelmäßig erwartete Beziehung zwischen → Hinweisreizen (*cues*) und Bedürfnisse befriedigenden Reaktionen zu zufälligen, nicht voraussagbaren Beziehungen verändert. Die Reaktionen in dieser Frustrationssituation verlieren an Plastizität, werden zunehmend stereotyper und rigider (N.R.F. Maier). B.Kr.

Frustration-Regression-Hypothese, eine der Neuformulierungen der → Frustration-Aggression-Hypothese. Nach der F.-R.-H. (K. Lewin) werden bei einer Leistung, die unter lang anhaltenden frustrierenden Bedingungen durchgeführt wird, a) Gütemaßstäbe bei der Leistungsbeurteilung immer weniger streng angelegt und/oder b) immer mehr solche qualitativ anderen Verhaltensweisen ausgeführt, die als Zurückfallen auf frühere, biografisch für überwunden erachtete Verhaltensschemata begriffen werden (bei S. Freud mit Primitivierung bezeichnet). B.Kr.

Frustrationstoleranz, *frustration tolerance,* ein von S. Rosenzweig (1938) im Rahmen der experimentellen Psychoanalyseforschung geprägter Begriff für die Fähigkeit eines Individuums, Frustrationen zu ertragen, ohne dadurch Schäden in seiner psychobiologischen Anpassung zu erleiden (z.B. in Form von Panikerlebnissen oder der neurotischen Frustrationsverarbeitung vermittels Abwehrmechanismen). Die Ausbildung der F. gilt als zentrale Aufgabe der psychosozialen

Entwicklung. Die Konzeption F. weist Parallelen zur Freudschen Begrifflichkeit der Ich-Stärke, resp. Ich-Schwäche auf; sie wird jedoch als ein quantifizierbares, mithin prinzipiell mess- und prüfbares Kontinuum begriffen. A.W.

F-Skala, Faschismus-Skala, eine von T.W. Adorno und anderen (1950) entwickelte Skala zur Messung autoritärer, antisemitischer und politisch-konservativer Einstellungen, die als Disposition zur Übernahme faschistischer Ideologie und Verhaltensweisen gedeutet wurden. Die Kritik an der F-S. richtet sich gegen den der Skala zugrunde liegenden Faschismus-Begriff: So soll ein hoher Rang auf dieser Skala allenfalls auf konservatives, nicht jedoch auf faschistisches Bewusstsein hindeuten. G.v.K./R.Kl.

F-Test, Testmodell für die Fragestellung, ob mehrere unabhängige Zufallsstichproben den gleichen Grundgesamtheiten angehören und sich die Messergebnisse der Stichproben daher nur zufällig unterscheiden. Der F-T. setzt voraus, dass die Grundgesamtheiten die gleichen Varianzen aufweisen und die Messwerte normalverteilt sind. Der F-T. beruht auf der Möglichkeit, bei mehreren Stichproben, die gleichen Grundgesamtheiten angehören (Null-Hypothese), zwei unabhängige gleich gute Schätzungen zur Varianz der Grundgesamtheit durchzuführen: Über die Varianz innerhalb der Stichproben, die als Summe der Varianzen der einzelnen Stichproben dividiert durch die Anzahl der Freiheitsgrade ($N - k$; N = Anzahl der Elemente aller Stichproben, k = Zahl der Stichproben) gebildet wird, und über die Varianz zwischen den Stichproben, die aus der Varianz der Mittelwerte der Stichproben um den Gesamtmittelwert aller Stichproben dividiert durch die Freiheitsgrade $k - 1$ besteht. Das Verhältnis der beiden Schätzwerte (Zwischenvarianz/Binnenvarianz) ist der Prüfwert F. Unter der Null-Hypothese sollte er den Wert 1 annehmen. Werte für F, die bei gegebenem Verhältnis der Freiheitsgrade der Schätzwerte nicht mehr als zufällig, sondern auf einem bestimmten Signifikanzniveau als durch Unterschiede der Mittelwerte der Grundgesamtheiten bedingt gelten können, sind tabelliert. H.W.

Fügsamkeit, der Gehorsam der Beherrschten auf einen Befehl der Herrschenden hin, den sie als legitim anerkennen (M. Weber). W.F.H.

Führer, *leader,* [1] allgemeine, insbesondere in der Analyse kleiner Gruppen benutzte Bezeichnung für eine Person, die die Macht besitzt, Aktivitäten innerhalb einer Gruppe einzuleiten, also Führung auszuüben. Dazu gehört i.d.R. ein hoher Status in der betreffenden Gruppe.
[2] Hin und wieder auch in der politischen Soziologie und der Politischen Wissenschaft Be-

zeichnung für die Herrschenden bzw. Regierenden.   R.Kl./W.F.H.

Führer, expressiver – instrumentaler, expressiver – instrumentaler, ein Begriffspaar, mit dem die Differenzierung der Führungsrolle in Gruppen bezeichnet wird (→ Divergenztheorem) in einen „Beliebtheitsspezialisten", der häufig als relativ untüchtig gilt, und einen „Tüchtigkeitsspezialisten", der nicht selten relativ unbeliebt ist. Der Beliebtheitsspezialist (*social-emotional specialist*) dominiert in der Emotionalsphäre, d.h. er ist der „Liebling" der Gruppe und widmet sich selbst vorrangig dem Ausdruck (daher e.F.) von Gefühlen, insbesondere von Zuneigung und Sympathie für andere, wodurch er zur Entspannung von Konflikten innerhalb der Gruppe beitragen kann. Der Tüchtigkeitsspezialist (*task specialist*) dominiert in der Leistungssphäre, d.h. er gilt als derjenige, der die Techniken (daher i.F.) zur Bewältigung der gemeinsamen Aufgaben am besten beherrscht und der daher den anderen Befehle, Vorschläge usw. erteilen kann und soll.   R.Kl.

Führer, isolierter → Führer, soziometrischer

Führer, kosmopolitaner, *cosmopolitan leader*, jemand, der aufgrund seiner über die lokalen Verhältnisse hinausgehenden Kenntnisse und Interessen Einfluss innerhalb einer Gemeinschaft ausübt.   E.L.

Führer, lokaler, *local leader*, jemand, der aufgrund seiner Kenntnisse und Interessen hinsichtlich lokaler Angelegenheiten Einfluss innerhalb einer Gemeinschaft ausübt.   E.L.

Führer, natürlicher, bei D.C. Miller et al. (1950) Bezeichnung für das Mitglied einer Gruppe, das „die Initiative und Energie zeigt, die die Gruppe vorantreiben". Der n.e F. ist häufig nicht mit dem gewählten formalen Führer oder dem soziometrischen Führer identisch.   R.Kl.

Führer, passiver, Bezeichnung für einen Gruppenleiter, der Einfluss auf andere Gruppenmitglieder ausübt, indem er für Letztere als Vorbild wirkt, nicht aber, indem er die anderen durch aktive Maßnahmen (z.B. Anweisungen) beeinflusst.   R.Kl.

Führer, soziometrischer, eine Person, die in einem soziometrischen Test in Bezug auf alle Wahlkriterien besonders häufig gewählt wird. Wird eine Person nicht direkt von der überwiegenden Anzahl der Gruppenmitglieder, sondern nur von Personen, die ihrerseits besonders häufig gewählt werden, gewählt, dann spricht man von einem isolierten Führer.   R.Kl./H.W.

Führerhierarchie, hierarchische Anordnung von Personen oder Positionen derart, dass jede Person oder Position oberhalb der untersten und unterhalb der obersten Ebene anderen über- und untergeordnet ist.   H.E.M.

Führung, Führerschaft, *leadership*, weitgehende Verhaltenslenkung anderer ermöglichendes Macht- und Einflussübergewicht einer Person in einer Gruppe oder einem Verband. F. äußert sich (nach G.C. Homans) im häufigeren Einleiten als Empfangen von Handlungsimpulsen in Interaktionen. F. beruht in einfachen Gruppen auf weitgehender normativer oder gefühlsmäßiger Bejahung durch die Gruppenglieder (Autorität), in zusammengesetzten Gruppen und Verbänden häufig auf dem Gehorsam eines engeren Kreises (Kaders), der die F. gegenüber den übrigen Mitgliedern erzwingt. → Führungsstil   H.E.M.

Führung, autoritäre → Führungsstil

Führung, demokratische → Führungsstil

Führung, laissez faire → Führungsstil

Führungsauslese, Bezeichnung für die Prozesse der Auswahl von Regierenden und Abgeordneten in der Demokratie. Die liberale Demokratietheorie macht in erster Linie Mängel der F. für die unvollständige und widersprüchliche Verwirklichung der Volksherrschaft verantwortlich.   W.F.H.

Führungsgruppe → Elite

Führungskoalition, in Kleingruppen: Bezeichnung für die solidarische Beziehung zwischen → expressivem und instrumentalem Führer in der Gruppe, die verhindert, dass beide von den übrigen Gruppenmitgliedern gegeneinander ausgespielt werden können.   R.Kl.

Führungsstil, Art und Weise der Ausübung von Führung im Zusammenhang mit der Entstehung und Begründung von Autorität. In der Literatur werden vor allem folgende F.e herausgestellt:
a) autoritärer, auch autokratischer, vorgesetztenorientierter, strafender F., eine vorschreibende Führung mit Vorherrschen der Vorgesetzter-Untergebenen-Beziehung gegenüber der Solidarität der Mitglieder der geführten Einheit untereinander; latenter Aggressionsdruck, der sich bei Freigabe oder Wegfall der Führung gegenüber „Sündenböcken" austobt.
b) demokratischer, auch kooperativer, partizipatorischer, gruppen- oder untergebenenorientierter F.: Führung überwiegend über Zustimmung und Mitwirkung der Geführten, jedoch spielt der Führer durch Vorschläge usw. eher eine aktive als eine passive Rolle; Subgruppenbildung und solidarische Beziehungen zwischen den Mitgliedern sind erwünscht; bei Ausfall der Führung wesentlich stabiler als im Falle von a).
c) *laissez-faire*, auch permissiver, nicht-direktiver, abdikativer F.: freies Gewährenlassen der Untergebenen; Führer verzichtet auf jeglichen Einfluss; kann insbesondere nach vorherigem autoritärem F. zum „Kampf aller gegen alle"

führen; Gruppenatmosphäre entspannter als bei a), aber weniger solidarisch als bei b). → Erziehungsstil   H.E.M.

Führungssysteme, bei A. Gehlen Bezeichnung für solche kulturellen Institutionen, die zentral sind für den Gesamtaufbau einer Kultur (etwa wie Leitthemen) und daher so kräftig wirken, dass sich ihre Geltung bzw. ihre Regeln und Orientierungen auch auf Bereiche ausdehnen, für die sie (eigentlich) nicht passen, nicht zuständig sind. Beispiele: die vollständige Durchdringung des Lebens in manchen primitiven Gesellschaften durch die Verwandtschafts- und Heiratsregeln; die Ausweitung der politischen Demokratie auf ihr ursprünglich fremde Felder (die Wirtschaft, die Schule, die Familie).
W.F.H.

Fundamentalismus, [1] allgemein eine Tendenz, sich auf moralische Grundsatzfragen zurückzubeziehen.   R.L.
[2] Von T. Parsons in die Soziologie eingeführter Begriff zur Bezeichnung eines gesellschaftlichen Entdifferenzierungsprozesses in Form der Deflation des Mediums des kulturellen Systems, den *value commitments*, mit dem Ziel universalverbindlicher Geltung als Reaktion auf deren Inflation aufgrund ihres höheren Grades an symbolischer Generalisierung in der säkularen, ausdifferenzierten Gesellschaft.
[3] Im weiteren Sinne bezeichnet F. eine Form → sozialer Bewegung, die sich im städtischen Milieu unter einer ideologischen Leitdifferenz und einem daran orientierten Lebensführungskonzept gegen die gesellschaftliche Ausdifferenzierung in Teilsysteme sowie gegen die damit verbundene Auflösung personalistischer (in manchen Varianten des F. auch patriarchalischer) Ordnungsvorstellungen und Sozialbeziehungen sowie deren Ersetzung durch versachlichte Prinzipien der Teilsysteme richtet. F. tritt sowohl im politischen (z.B. in der Ökologiebewegung mit der Leitdifferenz umweltschädlich/umweltschützend) als auch im religiösen Bereich (mit der Leitdifferenz gläubig/ungläubig) auf.
[4] Ursprünglich Selbstbezeichnung einer die Bibel wörtlich nehmenden theologischen Richtung im Protestantismus in den USA, die sich gegen historisch-kritische Bibelkritik und die Evolutionstheorie Darwins wendet.   V.Kr.

Fundamentalopposition, grundsätzliche Kritik an Prinzipien einer herrschenden Ordnung, z.B. am notwendig formalen Charakter bürgerlichrechtlicher Institute.   U.B.

Funeralriten → Totenkult

Funktion, sehr vieldeutiger (R.K. Merton) Grundbegriff der modernen Soziologie. [1] Die Umgangssprache bezeichnet mit F. häufig eine soziale Position, etwa innerhalb einer Organisation (z.B. jemand bekleidet die F. eines Personalleiters), insbesondere die dem Positionsinhaber zugewiesenen Aufgaben (z.B. der Personalleiter hat die F., Arbeitsverträge abzuschließen).
[2] An den mathematischen Sprachgebrauch angelehnt bedeutet der Satz „a ist eine F. von b": a hängt von b ab; a ist von b verursacht.
[3] Der Satz „c hat eine F. für d" bedeutet etwa: c wirkt sich auf d aus. In einem engeren Sinne ist dies die Bedeutung von F. in der strukturell-funktionalen Theorie. → Funktionalismus
[4] In der funktional-strukturellen Theorie N. Luhmanns bezeichnet F. einen abstrakten Gesichtspunkt, im Hinblick auf den mehrere Leistungen als äquivalent erscheinen.   R.L.

Funktion, adaptive, der Prozess der Anpassung eines sozialen Systems an seine Umweltbedingungen und andere Systeme. Die a. F. bewirkt Systemerhaltung und Zielverwirklichung.
B.W.R.

Funktion, manifeste – latente. M. F. ist diejenige Wirkung eines sozialen Elements oder Prozesses im Hinblick auf Umweltanpassung, Zielverwirklichung, Integration und Strukturerhaltung eines sozialen Systems, die von den Mitgliedern des Systems sowohl beabsichtigt als auch wahrgenommen wird; l. F. ist dagegen eine Wirkung dieser Art, die von den Handlungsträgern weder beabsichtigt ist noch wahrgenommen wird. Integration, Erhaltung und Anpassung zu Bezugsgesichtspunkten der Beschreibung von m.n und l.n F.en zu machen ist einerseits problematisch, weil damit Bezugsprobleme ausgeklammert sind, die sich an Konflikt und Wandel des Systems orientieren; andererseits enthält der Begriff der l.n F. – wenn er den erfassten Wirkungen nicht nur zufälligen Charakter zuschreibt – Annahmen hinsichtlich des Vorhandenseins systemimmanenter selbstregelnder Mechanismen, die einem Organismus-Modell von Gesellschaft entstammen und sich empirisch nicht erhärten lassen.   B.W.R.

funktional, die Wirkung eines sozialen Elements, das einen positiven Beitrag leistet a) zur Verwirklichung eines sollwertmäßig variabel definierbaren Systemzustands, b) zur Erhaltung, Integration und Umweltanpassung eines sozialen Systems.   B.W.R.

Funktionalismus, [1] Methode der Erfassung von Wirkungsdimensionen der Elemente eines sozialen Systems, und zwar im Hinblick auf Systemziele. Die Systemziele werden nicht aus einem inhaltlichen theoretischen Modell von Gesellschaft abgeleitet, sondern als methodische Operation in die Analyse eingeführt, die einzig den Sinn hat, die Vielzahl der in einem sozialen

System ablaufenden Prozesse auf diejenigen Dimensionen zu reduzieren, die für die Verwirklichung der angenommenen Sollwerte des Systems von positiver oder negativer Bedeutung sind. Da sich einerseits die als funktional oder dysfunktional beschriebenen Wirkungen der untersuchten Elemente je nach Wahl der Bezugsperspektiven verändern, Umfang und Richtung der Wirkungsanalyse also vom definierten Bezugsniveau abhängig sind, andererseits die Auswahl der Bezugsprobleme häufig mit einem wertbezogenen gesellschaftlichen Vorverständnis korrespondiert, liegt die entscheidende Bedeutung in der Auswahl und Begründung dieser Bezugsperspektiven. Die Analyse der Wirkungen einzelner Elemente auf ein nur operational definiertes, konstantes Bezugsniveau sagt nichts über die Ursache des Vorkommens der Elemente im Systemzusammenhang aus. Sie erschließt Perspektiven des Vergleichs: Elemente gleicher Wirkung können ermittelt und als funktional austauschbar betrachtet werden. Damit werden Freiheitsgrade und Wahlchancen im Hinblick auf die Lösung von Systemproblemen unter definierten Zielperspektiven theoretisch begründbar.
[2] Die Verfahrensweise des älteren F. steht im Zusammenhang mit einem inhaltlichen gesellschaftlichen Modell, das er, in Analogie zu biologischen Organismen, als einen auf Systemerhaltung und Gleichgewichtsregulierung ausgerichteten Wirkungszusammenhang begreift, in dem alle institutionalisierten Elemente als selbstregelnde Mechanismen in diesem Sinne zusammenwirken.   B.W.R.

Funktionalismus, kultureller, eine Richtung in Ethnologie und Kulturanthropologie, die eine jede Kultur als „instrumentellen Apparat" zum Zwecke der menschlichen Bedürfnisbefriedigung und Lebensbewältigung versteht, deren Elemente (Handlungen, Gegenstände, Einstellungen) je bestimmte Funktionen erfüllen, aber insgesamt durch gegenseitige Abhängigkeit ein System bilden (B. Malinowski 1939). Funktion ist also immer der Beitrag eines kulturellen Elementes zur Bedürfnisbefriedigung. Der k.e F. setzte sich scharf gegen die älteren, mit metaphysischen Annahmen über das Wesen der Kultur und der Ideen arbeitenden Kulturwissenschaft, aber auch gegen den Evolutionismus ab; er hatte Einfluss auf die Entwicklung der strukturell-funktionalen Theorie in der Soziologie.   W.F.H.

Funktionaltheorie → Theorie, strukturell- funktionale; → Funktionalismus

Funktionen, politische, in der → *comparative politics* (G.A. Almond) die zentralen Leistungsformen eines politischen Systems für die Gesellschaft, z.B. Grad und Art der politischen Interessenartikulation, der politischen Rekrutierung, der politischen Sozialisation, des Gesetzemachens.   W.F.H.

Funktionsanalyse → Analyse, funktionale

Funktionselite, Summe der Rollenträger mit dem höchsten Status in den Subsystemen einer funktional differenzierten Gesellschaft, die aufgrund von Fähigkeit und Leistung nach systemabhängigen Kriterien solche Positionen einnimmt, die Entscheidungen über das je spezifische Subsystem hinaus wirksam werden lassen können.   O.R.

Funktionsgruppe → Leistungsgruppe

Funktionslust, Bezeichnung für die Lustempfindungen, die allein durch die Aktivierung der biologischen Funktionen, die Tätigkeit des Organismus erzeugt werden und nicht durch irgendwelche Zwecke oder Ziele, die durch diese Tätigkeit u.U. erreicht werden. So wird angenommen (K. Bühler, K. Groos, P. Leyhausen), dass die „Unermüdlichkeit", mit der Tiere und Menschen sich dem Spiel hingeben, der F. entspringt.   R.Kl.

Funktionsmeister – Einzelmeister. In Industrie- und Betriebssoziologie bezeichnet F. seit W.F. Taylor Meister, deren Entscheidungs-, Kontroll- und Anordnungsfunktionen der betrieblichen Arbeitsteilung entsprechend funktional bestimmt und arbeitsteilig gefasst werden: die Arbeiter unterstehen so jeweils direkt mehreren F.n, die verschiedene Funktionen wahrnehmen (z.B. Instandhaltung, Prüfung usw.). Demgegenüber bezeichnet E. einen Meister, der diese Funktionen zusammen erfüllt und dem allein die Arbeiter direkt unterstellt sind.   W.F.H.

Funktionsschwächesanierung, städtebauliches Sanierungskonzept auf der Grundlage einer Funktionsgliederung von Städten (Wohnen, Verkehr, Produktion, Dienstleistungen). Durch die F. sollen die einem Stadtteil zugewiesenen Funktionen verbessert werden.   H.W.

Funktionsverlust der Familie, [1] der Rückgang der Wichtigkeit der Familie für die Lebensführung der Einzelnen (Erziehung, Ausbildung, ökonomische Sicherung) in den industriell entwickelten Gesellschaften, der einhergeht mit der Verkleinerung der Verwandtschaft auf die Kleinfamilie.
[2] Der Rückgang der Wichtigkeit der Beziehung zu den allernächsten Verwandten (Vater, Mutter, Geschwister) für die Lebensführung der Einzelnen.   W.F.H.

funnel technique (engl.) → Trichtertechnik

Furcht, Furchtreaktion, Bezeichnung für eine intensive emotionale und körperliche, von „bedrohlichen" Reizen ausgelöste und auf die Wahrnehmung einer relativ genau bestimmbaren Gefahrenquelle konditionierte Reaktion des Organismus, die i.d.R. zu artspezifischen instinktiven Flucht- und ähnlichen Reaktionen führt oder erlernte Verhaltensweisen in Gang setzt. Im Unterschied zur → Angst wird F. immer auf eine bestimmte Gefahrenquelle bezogen.   H.W.K./R.Kl.

Fürsichsein ist nach G.W.F. Hegel das Ziel der Selbsterfassung des Geistes. Die Entwicklung dessen verläuft über die Stufen Ansichsein – Existenzwerdung – F., d.h. das Ansich der Verwirklichung ist in einem geordneten Ganzen gebettet; mit dem Ins-Dasein-Treten verdoppelt sich der Geist (→ Entzweiung), wird ein Unterschiedenes, das im Widerspruch zur Einheit steht; die Identität von Einfachem und Konkretem, Anlage und Existenz, Subjekt und Objekt ist der Zweck der Entwicklung: das F. Dies F. ist dem Geist vorbehalten, da nur er sich verdoppeln kann und im Ende zu seinem Anfang findet, gerade weil allein der Geist, „indem er für ein Anderes ist, er darin für sich ist" (Hegel).   O.R.

Fürsorge bezeichnete bis in die 1960er Jahre die heute unter dem Begriff der Sozialhilfe subsumierten staatlichen Leistungen zur Abwehr individueller Notlagen. Die Institutionen der öffentlichen F. nahmen historisch auch Kontrollinteressen des Staates gegenüber den unteren Gesellschaftsschichten wahr.   M.S.

Futurologie → Zukunftsforschung

fuzzy sets (engl.), „unscharfe Mengen", mathematisches Konzept, das im Unterschied zu „scharfen Mengen" (mit eindeutiger Zuordnung der Elemente) auch graduelle Zugehörigkeiten und Übergangsbereiche zwischen Mengen zulässt. *F.s.* finden sich in vielen Bereichen aufgrund der Unschärfe, Unsicherheit von Daten und Messungen, aber auch als Eigenschaft der beobachteten Gegenstände und Prozesse, z.B. bei Reifungs- oder Alterungsprozessen. Der exakte Umgang mit unexakten Mengen geht auf den Systemtheoretiker L.A. Zadeh in den 1960er Jahren zurück. Die *f.s.* haben heute ein breites Anwendungsspektrum u.a. in Informatik, Technik, Ökonomie und Entscheidungstheorie. In den Sozialwissenschaften hat C.C. Ragin (2000) die Verwendung des Konzepts als eine Vermittlung von quantitativer und qualitativer Forschung empfohlen. Das Konzept trägt u.a. partiellen Zugehörigkeiten Rechnung, z.B. jemand ist zu einem Teil „Städter", aber auch zum Teil „Landbewohner", hat Anteile des „Männlichen" wie des „Weiblichen". Diese Sichtweise führt zu einer stärkeren Berücksichtigung von „Übergangsbereichen" und „Sprungstellen" und nicht-linearen Verursachungsprozessen, die ty-

pisch für viele Bereiche der Sozialforschung sind.   H.W.

G

Gabe → Geschenk

Gabel, eine Filterfrage im Interview, an die sich für verschiedene Befragtengruppen unterschiedliche Fragen anschließen.   H.W.

Gang (engl.), Bande, Zusammenschluss mehrerer, häufig aggressiver Personen, meistens Jugendlicher, zu gemeinsamen Aktionen. Man unterscheidet idealtypisch delinquente, gewalttätige und soziale G.s.   C.Wo./R.L.

ganzheitlich, holistisch → Holismus

gap, revolutionary (engl.), revolutionäre Lücke, das Auseinandertreten von gesellschaftlichen Ansprüchen und gesellschaftlichen Erwartungen, die vornehmlich von der gesamtgesellschaftlichen Leistung bestimmt werden, ergibt nach R. Tanter und M. Midlarsky ein *r. g.* Die Differenz zwischen Ansprüchen und Erwartungen wird als Maß für das Revolutionspotenzial betrachtet. Es wird angenommen, dass die Revolution umso länger dauere und umso gewaltsamer verlaufe, je größer diese Differenz ist.   O.R.

Garantismus, die im → Fourierismus angestrebte gesellschaftliche Übergangsperiode zu einer egalitären Gemeinschaft der Zukunft (→ Phalanstère), in der in jedem Menschen das Existenzminimum, die Sicherheit und der Komfort garantiert werden müsse.   O.R.

garbage can (engl.), „Mülleimer", von J. March und J.P. Olson (1976) als Gegenbild zur Organisation als rationalem, zielorientiertem, auf Entscheidungen basierendem Sozialgebilde entworfener Organisationstyp unter den Bedingungen von Unsicherheit und Ambiguität. Im *g.c.* sind Ziele, Mittel, Problemdefinitionen, Entscheidungen und Mitglieder nur lose mit einander verbunden („organisierte Anarchie"). Probleme werden durch Nicht-Entscheidungen „gelöst" bzw. wichtige Entscheidungen passieren en passant. Ziele und Zwecke erscheinen als nachträgliche Legitimation von Entscheidungen bzw. als Produkt eines spielerischen, probierenden Organisationshandelns (*„technology of foolishness"*).   H.W.

Garnisonsstaat, *garrison state*, die angesichts totalitärer Diktaturen (Deutschland, Italien, Sowjetunion u.a.) formulierte Zukunftserwartung, dass sich die Weltpolitik in die Richtung einer umfassenden Herrschaft von militärischen und polizeilichen Gewaltspezialisten entwickelt, bei der die Anwendung von Zwang zum Dauerzustand wird (H. Lasswell 1937). Aus der Sorge um die Zukunft der Demokratie enthält das Konzept die Aufforderung, die (militaristische) Polizei-Kasernenwelt zu zivilisieren und alle Möglichkeiten ihrer Auflösung zu fördern.

E.Li.

garrison state (engl.) → Garnisonsstaat

Gartenstadtbewegung, von dem Engländer E. Howard 1898 formuliertes städtebaulich-sozialreformerisches Programm zur Entlastung der Großstädte durch neue, kleine, ökonomisch selbstständige Städte mit zahlreichen Grünanlagen.

J.F.

Gastprostitution, Bezeichnung in der Ethnologie für eine Form der Gastfreundschaft, die das Angebot einer Frau (nicht notwendigerweise der Ehefrau des Gastgebers) einschließt.

W.F.H.

gate keeper (engl.) → Pförtner

Gated Community (engl.), Bezeichnung für ein baulich abgeschlossenes, meist privatrechtlich organisiertes Wohnquartier mit verstärkten Sicherheitseinrichtungen. G.C.s sind Ausdruck einer sicherheitstechnisch überhöhten → sozialen und ethnischen Segregation von Großstädten, u.a. in Folge von Marktdominanz auf dem Immobiliensektor, sozialer Spaltungen und Kriminalitätsängsten. G.C.s sind überwiegend eine neue Ausprägung von → Suburbia und dienen in den USA seit Ende des 20. Jahrhunderts insbesondere als Wohnquartiere der Mittelschicht.

J.W.

Gated New Town (engl.), Bezeichnung für neu geplante, eigenständige, privatwirtschaftlich finanzierte und vermarktete Städte nach dem Vorbild von → Gated Communities. G.N.T.s sind baulich abgeschottete Städte für z.T. mehrere Zehntausend Bewohner/innen die über verstärkte Sicherheitseinrichtungen (Videoüberwachung, private Sicherheitsdienste) verfügen. Teilweise sind sie zudem auch innerhalb durch sicherheitstechnisch überhöhte soziale → Segregation gekennzeichnet.

J.W.

Gattenfamilie, konjugale Familie, frz.: *famille conjugale,* der moderne Typ der Kernfamilie, in dem das überdauernde Element die Lebensgemeinschaft der Gatten ist (E. Durkheim): Vor Geburt der Kinder und nach deren Selbstständigkeit leben – wenn auch nicht ohne Kontakt zu Kindern und Verwandten – allein die beiden Gatten in einem Haushalt.

W.F.H.

Gattung, lat.: *genus,* Wesenheit, [1] in der Philosophie Bezeichnung für den übergeordneten Begriff, wohingegen der untergeordnete Begriff

Art (lat.: *species*) heißt. Die Art unterscheidet sich von der G. durch artbildende Unterschiede (lat.: *differentia specifica*); z.B. „Quadrat" als Art von „Rechteck" als Gattung durch „gleichseitig" als artbildenden Unterschied. G. und Art sind relative Begriffe.

[2] In der Biologie bezeichnet G. eine systematisierende Kategorie, zu der verwandtschaftlich sich nahe stehende Arten zusammengefasst werden, z.B. „Fichte" und „Kiefer" als Arten, „Nadelbaum" als zugehörige Gattung.

[3] In der Literaturwissenschaft ist G. eine Klassifikation der Dichtung; unterschieden werden u.a. die G.en Lyrik, Epik, Dramatik.

O.R.

Gattungen, kommunikative, Bezeichnung für verfestigte und regulierte Formen des Sprechens und Mitteilens, im Unterschied zu „spontan" produzierter Kommunikation (T. Luckmann). Beispiele: Klatsch, Konversionserzählung, Interview, Predigt.

W.F.H.

Gattungsgeschäfte des Kapitals, Begriff der marxistischen Theorie für diejenigen Belange der einzelnen Kapitale, die zur Sicherung und Erhöhung der Profite notwendig sind, die aber nicht von einem einzelnen Kapital profitträchtig betrieben werden können (Sicherung des Rechtsbereichs, politische Gewalt, Ausbildung der Arbeitskraft, Grundlagenforschung, Ausbau der Infrastruktur). Die G. d. K. werden deshalb vom Staat über die Aneignung eines Teils der Profite (Einkommensteuer etc.) und der Arbeitslöhne (Lohnsteuer) wahrgenommen.

R.Ka.

Gauß-Verteilung → Normalverteilung

Gebarenserwartung, die Vorstellung eines Beobachters, dass in einer typischen Situation ein bestimmtes Verhalten von Seiten des Handelnden angemessen sei (T. Geiger).

R.L.

Gebarensmodell, die Fassung des Begriffs der → Norm bei T. Geiger: Befindet sich jemand in der Situation s, so pflegt von seiner Seite das Gebaren (Verhalten) g zu folgen. Mit Symbolen: $s \rightarrow g$. Das G. wirkt beim Handelnden als Vorbild für sein Verhalten, beim Zuschauer als Erwartung eines bestimmten Verhaltens von Seiten des Handelnden.

R.L.

Gebiete, gewachsene → *areas, natural*

Gebietsauswahl → Flächenstichprobe

Gebilde, gesellschaftliche, sind bei H. Freyer (1930) im Unterschied zu geistigen Gebilden der Gegenstandsbereich der Soziologie als → Wirklichkeitswissenschaft. G. G. sind durch drei Eigenschaften zu charakterisieren: a) Während geistige Gebilde, wie Kunstwerke, Rechtssysteme, wissenschaftliche Lehrgebäude oder Sprachen, aus gegenständlichen Sinngehalten bestehen, sind g. G. Formen aus menschlichem Leben, in Form gefasstes Leben. Die Menschen selbst sind das Material, aus dem sich die g.n G. auf-

bauen. b) Im Unterschied zu geistigen Gebilden, die dadurch charakterisiert sind, dass sie
ihren Sinngehalt der Zeit entrücken, sind g. G.
wesentlich zeitgebunden, geschichtlich bezogen.
Sie sind immer im Werden, im Umbau begriffen, trotz aller vorübergehenden Ruhe und Stabilität letztlich dynamisch und labil. c) G. G.
sind die existenzielle Situation des Menschen,
sein gegenwärtiges Schicksal. Daher hat es die
Soziologie mit Objekten zu tun, zu denen die
Menschen anders stehen als zu den Gebilden
des Geistes. Die Menschen stehen den g.n G.n
als Gegenstand ihrer Erkenntnis nicht wie die
Geisteswissenschaften rein theoretisch, verstehend gegenüber, sondern sind durch eine Wil-
lensbeziehung mit ihm verbunden. Dieser Sachverhalt konstituiert für die Soziologie eine eigenständige Erkenntnishaltung, die sie als →
Wirklichkeitswissenschaft kennzeichnet.   F.G.

Gebilde, kulturelles, [1] soziale Verfestigung, die
sich im Prozess des kulturellen Lebens einstellt.
Das k.G. ist so die „Äußerung", die „Form" der
Verwirklichung der Kultur; das wiederum dann
dem zukünftigen kulturellen Leben „Inhalt und
Form, Spielraum und Ordnung" gibt (G. Simmel
1918). Das k.G. zeichnet sich aus durch Geschlossenheit in sich selbst, einen Anspruch auf
Dauer und eine Resistenz gegenüber Infragestellungen. Insoweit fördert das k.G. den kulturellen Fortgang wie es ihn zugleich bremst. Als
Beispiele nennt Simmel soziale Verfassungen,
Kunstwerke, Religionen, wissenschaftliche Erkenntnisse, die Techniken, die bürgerlichen Gesetze.
[2] In einer falsch verstandenen Rezeption hat
L. von Wiese den Simmel'schen Gedanken des
k.G. übernommen und unter dem Begriff → Vitalgebilde seiner Soziologie eingefügt.   O.R.

Gebilde, soziales, der Begriff wird von L. von
Wiese definiert „als eine Mehrzahl von sozialen
Beziehungen, die so untereinander verbunden
sind, daß man sie im praktischen Leben als Ein-
heiten deutet". Wenngleich sie sich sinnlicher
Wahrnehmung entziehen, so kommt ihnen doch
Realität „im Sinne von lebensbeeinflussender
Wirksamkeit" zu. Der Begriff s.G. ist eines der
Grundkonzepte der Beziehungslehre von v. Wie-
se.   B.S.

Gebilde, vitale → Vitalgebilde

Gebildelehre, Bezeichnung für den Teil in der
Soziologie L. von Wieses (→ Beziehungslehre),
der im Unterschied zur Lehre von den sozialen
Prozessen die fest geformten, sich wiederholen-
den und auf Dauerhaftigkeit hin strukturierten
zwischenmenschlichen Beziehungen unter mehr
oder weniger straffen Organisationsbedingungen
(Masse, Gruppe, Körperschaften, Staat, Kirche, Stand, Klasse) analysiert. Der Begriff Ge-

bilde soll im Unterschied zum Begriff Institution den Charakter der „Unfertigkeit" und
„Mitgestaltung" zum Ausdruck bringen, um den
direkten, von der Sphäre zwischenmenschlicher
Beziehungen resultierenden Einfluss auf institutionelle Gebilde hervorzuheben. Die G. soll die
institutionalisierten Verdichtungen von Interaktionsprozessen unter dem Aspekt ihres formalen Charakters (also: unabhängig von Zielinhal-
ten) und jener Prozesse analysieren, die am
Grad ihrer Wirksamkeit auf das konkrete Hand-
lungsnetz innerhalb dieser Gebilde beobachtet
und gemessen werden können.   B.S./G.K.

Gebilderichtmaß, bezeichnet bei L. von Wiese
das „Vorbild", das ein → soziales Gebilde zusammenhält und seine Ziele personifiziert, z.B.
der Monarch als Verkörperung des Staatswil-
lens.   W.F.H.

Gebrauchsdefinition → Kontextdefinition

Gebrauchstheorien – Bekenntnistheorien, *theories-in-use – espoused theories,* in der Organisationssoziologie (Argyris/Schön 1978) die Unterscheidung zwischen solchen „Theorien" (i.S.v.
Handlungsregeln und Handlungsorientierungen), die das tatsächliche Handeln von Organisationsmitgliedern (gegebenenfalls auch ohne
volles Wissen davon) leiten (G.), und solchen,
die die Mitglieder auf Befragen als offizielle
Handlungsleitlinien mitteilen (B.).   W.F.H.

Gebrauchsweise, soziale, bezeichnet bei P. Bourdieu (1982) die durch Einstellungen und Haltungen der Konsumenten bestimmte Nutzungs-
form eines Konsumgutes (die nicht in ihm selbst
gegeben ist).   W.F.H.

Gebrauchswert, Wert eines Gutes im Hinblick
auf die Erfüllung bestimmter Zwecke, z.B. zur
Befriedigung von Bedürfnissen, zur Produktion
von Gütern. Bei K. Marx ist G. der Gegenbegriff
zum → Tauschwert [2], der nichts über die Nützlichkeit des Gutes aussagt, obwohl eine Ware,
um Tauschwert zu sein, immer auch G. besitzen
muss. Nach bürgerlicher Auffassung drückt der
Preis (oder Tauschwert) eines Gutes insofern
und insoweit auch dessen G. aus, als der Preis
auf Nutzenschätzungen zurückgeht.   D.K./G.L.

Geburt, soziokulturelle → Geburt, zweite

Geburt, zweite, auch: soziokulturelle Geburt.
Der Begriff knüpft an die Annahme an, dass der
neugeborene Mensch durch weitgehende In-
stinktlosigkeit, Verhaltensunsicherheit und Unangepasstheit charakterisiert sei und bezeichnet
den Prozess, in dem der Mensch durch Übernahme kultureller Elemente seiner Gesellschaft
eine sozio-kulturelle Persönlichkeit entwickelt,
den Schritt vom biologischen Mängelwesen zum
gesellschaftlich handlungs- und existenzfähigen
Kulturwesen vollzieht.   W.Sl.

Geburtenüberschuss, Kennzahl der Bevölkerungswissenschaft, Anzahl der Lebendgeborenen abzüglich der Sterbefälle pro 1000 der Bevölkerung pro Jahr. Der G. ist eine Komponente des Bevölkerungswachstums.   H.W.

Geburtenziffer, Zahl der Lebendgeborenen pro tausend Einwohner der Gesamtbevölkerung oder einer Teilbevölkerung zu einem bestimmten Zeitpunkt.   H.W.

Geburtenziffer, abgeschlossene, *completed fertility rate,* Angabe über die durchschnittliche Zahl der (lebendgeborenen) Kinder, die Frauen eines bestimmten Jahrgangs oder einer Generation am Ende des „gebärfähigen Alters" (z.B. 49 Jahre) geboren haben. Sie liefert die zuverlässigsten Angaben über die Geburtenentwicklung, kann jedoch Veränderungen erst mit einem großen zeitlichen Verzug beschreiben. Durch Hochrechnungen können diese Informationen auch für Jahrgänge gewonnen werden, die sich noch im gebärfähigen Alter befinden; diese sind jedoch angesichts der Veränderungen des reproduktiven Verhaltens entsprechend unsicherer.   C.W.

Geburtenziffer, zusammengefasste, *total fertility rate,* auch Gesamtfertilitätsrate, basiert auf den Geburtendaten eines Jahres, also auf Querschnittsinformationen. Die z.G. wird als Summe der altersspezifischen G. dieses Jahres berechnet. Wenn sich das reproduktive Verhalten verändert, sind Rückschlüsse auf die → abgeschlossene G. nur bedingt möglich.   C.W.

Geburtselite, jede Form von Elite, die sich ausschließlich aus sich selbst rekrutiert.   O.R.

Geburtsprinzip, die Zuweisung des sozialen Status an einen Menschen entsprechend der Gruppe, dem Milieu oder Stand, in die er hineingeboren wurde; insofern Gegenbegriff zu → Leistungsprinzip.   W.F.H.

Gedächtnis, allgemeine Bezeichnung für „die Fähigkeit, frühere Erfahrungen ohne ins Gewicht fallende Änderung ihres Inhaltes und ihrer Ordnung wieder ins Bewusstsein zurückzurufen" (G.E. Miller 1924). Zu den G.leistungen gehören Leistungen des Behaltens, des Erinnerns und des Wiedererkennens von Erfahrungsinhalten.   R.Kl.

Gedächtnis, kollektives, ist als Ausdruck der menschlichen Sozialität ein Phänomen des Erinnerungsvermögens und gründet sich auf symbolische Sprach- und Denkfähigkeiten. Diese bilden das schöpferische Potenzial jeder Gesellschaft und das Fundament kollektiver Praxis: Einerseits werden der Ausgang und die Grenzen habitualisierten und innovatorischen Handelns durch das k.e G. vorweg eingeengt, andererseits die Konstruktion der gesamten objektiven Wirklichkeit durch die Etablierung sozialer Raum-Zeit-Koordinaten ermöglicht.

Verbale Konventionen sind das elementarste Substrat des k.n G.ses, in dessen Rahmen alle individuellen G.se einbezogen und unter sich verbunden sind (M. Halbwachs). Die Sozialisierung jedes Gruppenmitgliedes erfolgt durch seine allmähliche Aneignung von Elementen des k.n G.ses, das auch der Sitz der Tradition ist. Die Denkweise eines Einzelnen kann niemals adäquat begriffen werden, wenn sie nicht im Rahmen des k.n G.ses einer Gruppe eingeordnet wird. Die Ähnlichkeit der Gedächtniselemente ist das Zeichen für eine Interessen- und Denkgemeinschaft. In differenzierten Gesellschaften gehört der Einzelne mehreren Gruppen an und partizipiert demnach an verschiedenen k.n G.sen.   B.K.

Gedankenexperiment, Bezeichnung für die gedankliche Analyse von Modellen, gedanklich erstellten Wirkungszusammenhängen, Idealtypen etc., die zur Überprüfung der logischen Konsistenz des Gedankensystems wie zur Ableitung von Folgerungen für empirisch nur unvollkommen realisierbare Situationen dienen kann. Das G. kann empirische Experimente nicht ersetzen, da es nichts über die faktische Geltung von Hypothesen aussagt.   H.W.

Gefährtenfamilie, *companionship family,* [1] durch Gefühlsbindungen zwischen den Ehegatten zusammengehaltene, von einer Rollen- und Autoritätsverteilung nach Können und persönlichen Fähigkeiten sowie von hoher Aussprachefähigkeit und gemeinsamen Entscheidungen gekennzeichnete Gattenfamilie.
[2] Nach D.R. Miller u. G.E. Swanson durch gemeinsame Erledigung von Entscheidungen und Aufgaben gekennzeichneter Übergangsfamilientyp zwischen der traditionalen patriarchalischen Familie und der durch gemeinsame Entscheidungen und nach den Fähigkeiten der Ehegatten spezialisierte Arbeitsteilung gekennzeichneten Partnerschaftsfamilie.   R.O.W.

Gefahr → Risiko [4]

Gefangenendilemma → Häftlingsdilemmaspiel

Gefangenenrate, gibt die Anzahl der Gefängnisinsassen auf 100 000 Einwohner an. Die Entwicklungen der G. ist ein Indikator für → Punitivität.   D.Kl.

Gefolgschaft, [1] Sozialform bei den Germanen während Kriegs- und Raubzügen, die nicht als Stammesverband geführt wurden, sondern durch den freiwilligen Zusammenschluss von kriegsfähigen Männern unter der Leitung eines anerkannten Kriegsführers (basierend auf eidlicher gegenseitiger Verpflichtung für die Dauer der Unternehmung). G. gilt als eine wichtige Vorform und Voraussetzung für das mittelalterliche Feudalsystem.

[2] Bezeichnung für den Verwaltungsstab eines charismatischen Herrschers (z.B. eines Kriegsfürsten), der seine Befehle ausführt und vertritt. Er ist nicht durch Kompetenzregelung, Amtshierarchie, Besoldung, Laufbahn usw. gegliedert (M. Weber).   W.F.H.

Gefüge, die Anordnung einer Mehrzahl von Elementen innerhalb eines Ganzen. G. bezeichnet, ebenso wie → Struktur, den Gliederungsaspekt von sozialen Gebilden.   R.L.

Gefühl, [1] Emotion, *emotion*, allgemeine Bezeichnung für die affektive Seite des Erlebens, d.h. für die mehr oder weniger intensiven Erfahrungen von Lust oder Unlust in Bezug auf die Erlebnisinhalte (Wahrnehmungen, Vorstellungen usw.), denen körperliche Reaktionen (Erregung – Beruhigung, Spannung – Entspannung) entsprechen. Beispiele für G.e sind Ärger, Furcht, Ekel, Freude, Liebe. Die G.e oder das Fühlen werden häufig als eine der Grundfunktionen der Persönlichkeit dem Denken und Wollen gegenübergestellt. G. und → Affekt werden häufig synonym verwandt, jedoch benutzt man den Begriff des Affektes im Allgemeinen für die kurzfristigeren und intensiveren Gefühlsbewegungen.
[2] *sentiment*, bei G.C. Homans zusammenfassende Bezeichnung für alle Arten innerer psychischer Zustände oder Wahrnehmungen über den Zustand der inneren Organe. Dazu rechnet Homans u.a. Triebe, Emotionen, Empfindungen, Gemütszustände, Affekte, Haltungen. G. im Sinne von *sentiment* ist – neben „Aktivität" und „Interaktion" – einer der drei Grundbegriffe in Homans' Theorie der sozialen Gruppe (1950).   R.Kl.

Gefühlsarbeit, [1] beim Individuum die Steuerung der eigenen Emotionen, um der Situation, in der es sich befindet, eine angemessene Form zu verleihen. Bei A.R. Hochschild (1990) eine Emotionssteuerung, die darauf bedacht ist einen bestimmten öffentlich sichtbaren Körper- und Gesichtsausdruck herzustellen, wie es in manchen „Frauenberufen" erwartet wird.
[2] Beim Berufstätigen der Aspekt seiner Arbeit, der die persönlichen Reaktionen der Klienten mit gezielter Aufmerksamkeit berücksichtigt und in den Arbeitsverlauf einbindet.   R.L.
[3] *sentimental work*, von A. Strauss vorgeschlagener Begriff für die Anstrengungen, die Angehörige von Dienstleistungsberufen (insbes. Krankenhauspersonal) aufwenden, um angesichts von Unglück, Krankheit und Sterben ihrer Klienten bzw. Patienten ihre Fassung zu bewahren, ihren Mut nicht zu verlieren, den respektvollen Umgang untereinander und mit Klienten bzw. Patienten nicht zu verletzen.   W.F.H.

Gefühlsnorm, eine Norm, die verlangt, dass man ein bestimmtes Gefühl haben und zeigen sollte (A. Hochschild 1990). → Gefühlsarbeit   W.F.H.

Gegenakkulturation, allgemeine Bezeichnung für Versuche von Minderheiten und Immigrantengruppen, eine → Akkulturation [1] an die Mehrheitskultur zu vermeiden und sich vor ihr abzuschließen, sich auf die eigenen kulturellen Eigenheiten zu besinnen und sie an die Kinder weiterzugeben sowie allgemein die Binnenbeziehungen zu stärken.   W.F.H.

Gegenbesetzung, in der Psychoanalyse eine spezifische Abwehrform des Ich, in der die verbotenen, unbewusst gewordenen Wünsche und Vorstellungen mit dem gleichen Quantum psychischer Energie, mit dem sie aus dem unbewusst gewordenen Zustand ins Bewusstsein drängen, im unbewussten Zustand gehalten werden. Ein energieraubender, die psychische Bewegungsfreiheit einschränkender psychoökonomischer Vorgang.   K.H.

Gegenelite, Konterelite, Gruppierung, die Ziele verfolgt, die denen der herrschenden Elite zuwiderlaufen, und die die Macht hat, diese Ziele innerhalb angebbarer Sozialgebilde durchzusetzen.   O.R.

Gegengesellschaft → Kontergesellschaft
[2] Bezeichnung für die Wiederholung einer einseitigen Kommunikation, in der Adressant und Adressat die gleichen bleiben, jedoch der Inhalt bewusst im Widerspruch zur vorhergehenden gehalten wird. Die G. ist Bestandteil der überredenden Kommunikation mit dem Ziel, beim Adressaten einen Einstellungswandel hervorzurufen.   O.R.

Gegenkonditionierung, *counter conditioning*, lerntheoretische Bezeichnung für die Herstellung einer zweiten (konkurrierenden) → bedingten Reaktion auf einen bestimmten Stimulus, die mit der ursprünglich gelernten Reaktion unvereinbar ist, sodass letztere beseitigt wird.   H.S.

Gegenkultur, Kontrakultur, Bezeichnung für einen Werte- und Normenkomplex, der bestimmte Teile der Kultur einer Gesellschaft verwirft und dafür eigene Standards einsetzt. Die G. ist eine Subkultur und weithin aus ihrer Opposition zur dominanten Kultur zu verstehen.   R.L.

Gegenmacht, die von den Machtunterworfenen eingesetzten Mittel zur Verringerung und Überwindung, Blockierung oder Neutralisierung einer Übermacht (etwa in Theorien der nationalen Gewaltenteilung oder des internationalen Machtgleichgewichts). G. entsteht nach K. Galbraith fast gesetzmäßig in der „pluralistischen Gesellschaft" nach dem Prinzip: Druck erzeugt Gegendruck (Selbstausgleich).   K.H.H./W.St.

Gegenöffentlichkeit, bezeichnet in der Soziologie der → neuen sozialen Bewegungen denjenigen Teil der gesellschaftlichen Meinung, der den Protest plausibel findet. Aus eigener Kraft kommen → soziale Bewegungen nicht sehr weit, denn sie stehen zunächst isoliert da. Mithilfe der liberalen Massenmedien kann sich eine wachsende G. bilden, welche die Innovationsimpulse unterstützt und Sympathisanten zuführt.   R.L.

Gegenrevolution, Konterrevolution, Bezeichnung für eine gegen eine erfolgreich angelaufene oder abgeschlossene Revolution gerichtete Revolution, die den Zweck verfolgt, den prärevolutionären Zustand wieder herzustellen. Die Gruppierung, die die G. trägt, besteht neben der vormals herrschenden Klasse vornehmlich aus den Teilen der vormals Beherrschten, die im Zuge der Radikalisierung während des Revolutionsprozesses zu sozialen Randgruppierungen wurden.   O.R.

Gegenseitigkeit → Reziprozität, → Tausch, → Solidaritätsprinzip

Gegenstandsbedeutung, zentraler Begriff der Wahrnehmungstheorie von K. Holzkamp (1973). Die G. stellt eine Strukturierung der Wahrnehmung von Gegenständen oder Personen auf der Grundlage ihrer Beziehung zur gesellschaftlichen Arbeit dar. So erscheint ein bestimmtes Objekt (Werkzeug) als „Gebrauchswert-Vergegenständlichung" bestimmter „verallgemeinerter menschlicher Zwecke". Die G.en werden als objektive Eigenschaften der Dinge erfahren und sind in der Wahrnehmung untrennbar und unmittelbar mit den figural- qualitativen Eigenschaften der Gegenstände oder Personen verbunden. Die G.en orientieren auf der jeweiligen Entwicklungsstufe die Wahrnehmung an den Erfordernissen der gesellschaftlichen Arbeit. Durch sie eignen sich die Individuen die gesellschaftlichen Erfahrungen an.   H.W.

Gegentaktiken, absichtliche Versuche, jemanden als Angehörigen einer geheimen Gruppe zu identifizieren bzw. seine Maskierungsmanöver zu durchschauen, z.B. indem man verräterische Zeichen herauslockt oder sich selbst als Mitglied dieser Gruppe ausgibt (B. Glaser/A. Strauss 1998).   W.F.H.

Gegenübertragung, in der psychoanalytischen Therapie die vom Analytiker in der analytischen Situation zu kontrollierenden, eigenen unbewussten Reaktionen, insbesondere die Reaktion auf die → Übertragung des Patienten.   K.H.

Gegenwartsorientierung – Zukunftsorientierung, Unterscheidung des Sozialisationstheorie und -forschung (B. Rosen) für Orientierungen als Ergebnis schichtspezifischer Sozialisation: Insbesondere gegenüber den Leistungsansprüchen der Schule sind Arbeiterkinder eher an einer Problemlösung in und für die Gegenwart orientiert, Kinder aus den Mittelschichten eher an einer Problemlösung für die Zukunft.   W.F.H.

Gegenwartsschwelle, bezeichnet in der → Biografieforschung jene Zeitmarkierung in biografischen Erzählungen, zu der eine wichtige gegenwärtige Konstellation begonnen hat, z.B. zu der eine chronische Erkrankung als solche erkannt und in die Lebensführung integriert wurde (Fischer 1986).   W.F.H.

Gegenwartswissenschaft, Programmbegriff von R. König für die Soziologie: Weil sie selbst aus „Triebkräften entstanden ist, die in einer bestimmten Gesellschaftsverfassung wurzeln, also in einer genau umschreibbaren ‚Gegenwart' ..., müssen auch die Methoden und Erkenntnisse der Soziologie ganz und gar auf Gegenwartserkenntnis abstellen" (1949). Dies führe dazu, dass die Erkenntnisse der Soziologie immer nur bis auf weiteres gelten, nämlich bis neue Entwicklungen der Gesellschaft neue Fragen aufwerfen.   W.F.H.

Gehalt, empirischer, Umfang der Information, die eine Hypothese oder Theorie über die Realität liefert; hängt in der Forschungslogik des kritischen Rationalismus mit dem Grad der Falsifizierbarkeit zusammen: eine Theorie hat umso mehr e.n G., je besser sie sich widerlegen lässt, da sie, um eher widerlegbar zu sein, über entsprechend mehr Fälle etwas aussagen muss.   L.K.

Geheimkulte, Oberbegriff für Formen der religiösen und kultischen Gemeinschaftsbildung, die sich nach dem Prinzip der Arkandisziplin und → Esoterik mit Exklusivitätsanspruch und hoher Gruppenkohäsion organisieren und sich um nur den Mitgliedern zugängliche Lehren, Rituale und Institutionen zentrieren.   V.Kr.

Geheimnis heißt im Allgemeinen das, was willentlich vor anderen verborgen wird, wobei jedoch das G. vom anderen absichtlich oder unabsichtlich anerkannt, respektiert wird. Im Besonderen wird von G. gesprochen, wenn dem Verbergen die Absicht der Entschleierung gegenübersteht. Dieses „das durch negative und positive Mittel getragene Verbergen von Wirklichkeiten", ist nach G. Simmel (1906, 1908) „eine der größten Errungenschaften der Menschheit". Denn das G. biete quasi die „Möglichkeit einer zweiten Welt neben der offenbaren, und diese von jener aufs stärkste beeinflußt". Das G. ist so als eine soziale Technik, als eine → Form des Handelns anzusehen, das in sozialen Verhältnissen von starker Differenziertheit gefordert wird, und das umgekehrt solche Differenziertheit trägt und steigert. Damit wird das G. prägend für die Moderne, in der „alles Öffentliche immer öffentlicher und alles Private immer privater", immer geheimer wird. O.R.

Geist des Kapitalismus, Bezeichnung M. Webers für die dem Kapitalismus entsprechende und ihn unterstützende Wirtschaftsgesinnung, die Weber in seinen historischen Studien über die Entstehung des modernen Kapitalismus aus den Vorstellungen des asketischen Protestantismus herausarbeitet: Arbeit gilt als von Gott gesetzter Selbstzweck des Lebens; Verpflichtung zu rationaler Lebensführung und zu verantwortlichem Umgang des Menschen mit seinem Besitz (Zwang zum Sparen, zur Vermehrung des Besitzes); Erwartung religiöser Belohnungen für rastlose weltliche Berufsarbeit. W.F.H.

Geist, kapitalistischer → Geist des Kapitalismus

Geist, objektiver, Bezeichnung für menschliche Geistestätigkeit, die sich in Symbolen, Werkzeugen, Institutionen, Sitten objektiviert hat. Der Terminus o. G. ist ausgehend von G.W.F. Hegel über W. Dilthey in die Soziologie eingedrungen. H. Freyer (1923) nimmt eine dreifache Schichtung des o.n G.es vor: a) Die Bedeutung eines Sachverhaltes ist objektiv. Ein Zeichen – etwa ein Fingerzeig, ein Wort – hat nicht etwa das seelische Erlebnis des Zeigenden, sondern einen gegenständlichen, objektiven Sachverhalt, nämlich das Gezeigte, zu seinem Sinn. b) Die Realisierungen des o.n G.es tragen ihren Sinn in sich, sie sind von ihrem Entstehungsprozess abgelöst. Man vermag ihren Sinn zu verstehen, ohne z.B. etwas über die Person ihres Erzeugers zu wissen, so wie man Sinn und Zweck einer Maschine rein aus ihrer Funktionsweise verstehen kann. c) Die Realisierungen des o.n G.es existieren verselbstständigt gegenüber den lebenden Menschen, die sie hervorgebracht haben. Dies gilt z.B. für Sitten, Normen und Regeln menschlichen Verhaltens. Das Auffinden des Sinngehaltes jener objektiven Formen ist Aufgabe einer → objektiven Hermeneutik [1]. F.G.

Geld, [1] in der kapitalistischen Produktionsweise nach K. Marx die verselbständigte, allgemeine Form des → Werts [3] als Wertgröße. Im G. erhält der Wert seine gegenständliche Form. G. funktioniert als Maßstab der Preise (Tauschwerte), als Zirkulationsmittel, das den Austausch von Waren vermittelt sowie als Zahlungsmittel zur Begleichung von Forderungen aus Warenkäufen oder Krediten. Marx entwickelt die Form des G. anhand der Entwicklung der Geldware, z.B. Gold, als → allgemeines Äquivalent. Das heutige Geldsystem funktioniert ohne eine bestimmte Geldware, ohne dass damit die Bestimmung der Geldform bei Marx hinfällig ist. H.W.

[2] G. heißt nach G. Simmel (1909) der bloße, jedem Eigenwert fremde Ausdruck des gegensei-

tig gemessenen Wertes der Dinge. Das G., in seiner Funktion betrachtet, ist ein Symbol der Werte, die im Tausch in Wechselwirkung treten. Es ist das Produkt, die Objektivierung kristallisierter Wechselwirkungen. Das G. ist nichts anderes als ein Gefäß, eine Form, die keine Inhalte hat, sondern die alle Inhalte verkörpert: Das G. kann alle Werte ausdrücken. In diesem Sinne ist das G. reine Relation zu den gewerteten Objekten. Bedeutsam wird das beim Übergang vom Material- zum Funktionswert des G., von einem G., das seinen Wert aus seiner stofflichen Substanz ableitet, zu einem G., das seinen Wert aus der Funktion schöpft. G. kann zunächst „seine Funktion ausüben, weil es ein Wert ist; dann aber wird es ein Wert, weil es sie ausübt". Das G. vermittelt im Tausch nicht, weil es allgemein begehrt wird; vielmehr wir das Zeichen-G. allgemein begehrt, weil es vermittelt; und das bedeutet für das Verständnis des Wertes eine Wandlung: der ökonomische Wert einer Ware ist nicht mehr durch die Beziehung Ware-G. zu beschreiben, d.h. der Bestimmung des Wertes durch das Inbeziehungsetzen einer Menge der Ware zu einer Menge des G.-Materials (Gold, Silber). Vielmehr ergibt sich der Wert der Ware nun aus der G.-Summe, die man für sie erhält – und der Wert dieser G.-Summe besteht ausschließlich in der Qualität und Menge anderer Waren, die man für sie erhalten kann. Die Monetarisierung der Gesellschaft war für Simmel ein Kennzeichen von Modernität. Dadurch, dass die Arbeit nicht mehr wertschaffend ist, ergibt sich die Möglichkeit, Werte im Allgemeinen zu produzieren. Arbeitswert beschränkte sich auf einen Bereich der Gesellschaft, aber jetzt ist der Wert generalisiert worden, und jeder Wert kann in G. ausgedrückt werden. Gleichzeitig gibt es die Möglichkeit, alles mit allem in der Gesellschaft über die Skala G. zu berechnen. O.R.

Geldfetisch, Begriff der marxistischen Werttheorie, der eine bestimmte verfestigte Form des → Warenfetischs bezeichnet, die dadurch entsteht, dass mit der Entwicklung des Geldes aus der Tauschbeziehung das gesellschaftliche Verhältnis, das sich im Wert äußert, nun nicht mehr als sachliche Eigenschaft aller Waren, sondern als ausschließliche Eigenschaft des Geldes erscheint. Das Geld erscheint als die allgemeine Form des gesellschaftlichen Reichtums, es beherrscht die Produzenten, die es nicht mehr als ihr eigenes Produkt erkennen können, als sachliche Macht und erscheint als Subjekt der gesellschaftlichen Prozesse. → Kapitalfetisch R.Ka.

Geldform, Begriff der marxistischen Werttheorie. G. ist diejenige Form des Wertverhältnisses, bei der sich die Warenwerte in einem → allgemeinen Äquivalent darstellen. **R.Ka.**

Geldrente, Form der Grundrente, bei der das an den Grundherrn abzuführende Mehrprodukt in Geld gezahlt wird. Im Unterschied zur → Produktenrente fällt das Produkt bei der G. zunächst insgesamt dem unmittelbaren Produzenten zu, der einen Teil, mindestens in Höhe der G., auf dem Markt gegen Geld veräußern muss. Im ausgehenden Mittelalter und allgemein mit der Ausbreitung von Waren- und Geldbeziehungen war die feudale Grundrente vielfach von der → Arbeitsrente bzw. der → Produktenrente in G. umgewandelt worden. **H.W.**

Geldschleier , [1] Vorstellung, wonach das Geld (in der Funktion des Maßstabs der Preise und als Zirkulationsmittel) keine eigenständige ökonomische Rolle besitzt. Die ökonomischen Prozesse können hiernach durch Fortziehen des G.s in Reinheit betrachtet werden. **H.W.**
[2] → Geldfetisch

Geldwirtschaft → Naturalwirtschaft

Gelegenheiten, *facilities,* die für einen Akteur notwendigen strukturellen Bedingungen und Instrumente, um das von ihm erwartete Rollenverhalten angemessen zu realisieren. Dazu gehören ebenso materielle Mittel wie eindeutige Rechte und Pflichten, gelernte Qualifikationen und verfügbare Interaktionspartner. Probleme der sozialen Organisation sind vorrangig solche der Verteilung von G. **H.L.**

Gelegenheitsstruktur, *opportunity structure,* Begriff aus der Theorie von R.A. Cloward u. L.E. Ohlin zur Erklärung abweichenden, insbesondere kriminellen, Verhaltens. Danach gibt es geeignete Bedingungen für das Lernen von Werten und Fertigkeiten, die mit der Ausübung einer bestimmten, etwa einer devianten, Rolle verbunden sind; und es muss auch dem Einzelnen die Möglichkeit gegeben sein, die gelernte Rolle zu spielen. Der Zugang zu → illegitimen Mitteln ist je nach Sozialstruktur und Stellung des Individuums darin verschieden. **R.L.**

Geltung, [1] G. einer sozialen Ordnung oder Norm. Nach M. Weber besitzt eine Ordnung G., wenn die Betroffenen die Ordnung als legitim und tatsächlich bestehend ansehen.
[2] G. einer Aussage im Sinne von Gültigkeit, Wahrheit, Evidenz einer Aussage.
[3] G. einer Aussage im Sinne von Geltungsbereich (Klasse von Sachverhalten, räumlich-zeitliche Ausdehnung), auf den die Aussage zutreffen soll.
[4] G. einer Person, Synonym für Wertschätzung, Prestige. **H.W.**

Geltungshierarchie, ein Normenkomplex, der so gegliedert ist, dass man für einzelne Normen ihre Legitimitätsgeltung von anderen, „höher-

rangigen", Normen ableiten kann. Eine solche Beziehung besteht etwa zwischen dem polizeilich aufgestellten Verkehrszeichen, dem die Arbeit der Polizei regelnden Verwaltungsrecht und, als oberster Hierarchiestufe, der Verfassung. **R.L.**

Geltungskonsum, *conspicious consumption,* Bezeichnung für ein Konsumverhalten, welches dem Ziel dient, gegenüber der sozialen Umwelt (z.B. den Nachbarn, den Kollegen) die Zugehörigkeit zu einer bestimmten Statusgruppe, Einkommensschicht usw. zu demonstrieren. So spricht man etwa von G., wenn sich jemand ein luxuriöses Auto nicht deshalb kauft, weil er es „braucht", sondern deshalb, weil er zeigen will, dass er sich ein solches Auto „leisten" kann. **O.R.**

Gemeinde, *community,* eine sesshafte, lokal gebundene Bevölkerung, deren Mitglieder aufgrund ökonomischer und sozialer Beziehungen sowie ihrer Identifikation mit der G. eine Einheit bilden. Umstritten ist, ob zur Definition der G. das Merkmal politischer Selbstständigkeit gehört und ob es eine obere Grenze in der Größe von G.en gibt (z.B. Stadt). **J.F.**

Gemeindeentwicklung → *community development*

Gemeindereligiosität, Begriff der Religionssoziologie, bei M. Weber feste, meist örtlich gebundene Vergesellschaftungen von Laien (Gemeinschaften von Gläubigen) durch aktives religiöses Gemeinschaftshandeln. Die Zugehörigkeit zur Gemeinde besitzt für die Wirksamkeit der Religion (Bedeutung von Texten und ihrer Interpretation, Sakramente, insg. das Verhältnis von Priestern zu den Laien) maßgebende Bedeutung. Die G. ist typisch für Sektenbildungen, etwa die Täufergemeinden. **H.W.**

Gemeindesoziologie, Ende des 19. Jahrhunderts entstandenes Teilgebiet der Soziologie, das auf die Erforschung von Gemeinden gerichtet ist. **J.F.**

Gemeindestudien, *community-studies,* Monografien der sozialen Struktur einzelner kleiner Städte mit einem sozial-anthropologischen Forschungsansatz (Beobachtung und Interview). Die ursprünglich nordamerikanische Forschungsrichtung wurde nach dem 2. Weltkrieg auch in der BRD angewendet. **J.F.**

Gemeineigentum, auch: Kollektiveigentum, [1] gemeinschaftlich durch Gruppen, Gemeinschaften, Genossenschaften etc. ausgeübte Verfügung über Güter, Sachen, Ressourcen (z.B. Wald und Weideland, Fischgründe, aber auch Gebäude oder Betriebe), die den Mitgliedern der Gemeinschaften auf bestimmte Weisen (per Satzung oder Gewohnheitsrecht) den Zugang zu den Ressourcen ermöglicht, Nicht-Mitgliedern

jedoch verwehrt. Durch die Zugangsbegrenzung unterscheidet sich G. von → Kollektivgütern, teilt mit ihnen jedoch die Problematik der kollektiven Herstellung und Erhaltung der Ressourcen.
[2] Gebräuchlich auch als Bezeichnung für Staatseigentum oder öffentliche Güter (→ Kollektivgüter) **H.W.**

Gemeininteresse, *common interest,* formaler Begriff zur Kennzeichnung der Interessen, die in einem Zustand allgemeiner Konkurrenz allen Individuen und sozialen Gruppen gemeinsam sein sollen. **U.B.**

Gemeinsamkeit, negative, bezeichnet eine Form der Paarbeziehung, in der ständige Feindseligkeit, ein Hin und Her von Anklage und Verteidigung das Zusammenleben bestimmen. Dadurch werden erotische und sexuelle Begegnungen unmöglich gemacht, was als die heimliche Funktion der n.G. angesehen wird (H. Stierlin 1976). **W.F.H.**

Gemeinschaft – Gesellschaft, ein von F. Tönnies geprägtes dichotomisches Begriffspaar für aus der Wirklichkeit abstrahierte Typen menschlicher Verbundenheit. Die Gm. beruht auf instinktivem Gefallen oder auf gewohnheitsbedingter Anpassung oder auf ideenbezogenem gemeinsamem Gedächtnis der beteiligten Personen. Die Bluts-Gm., die Orts-Gm. und die Religions-Gm. als Grundformen der Gm. sind organisch gewachsene Ganze, die mehr sind als die jeweilige Summe ihrer Teile und die entwicklungsgeschichtlich früher sind als die zweckhaft geschaffenen „gesellschaftlichen" Typen menschlicher Verbundenheit. Die Gs. hingegen ergibt sich aus dem planmäßigen Aufeinanderabstimmen des Denkens und Handelns einer Mehrzahl von Individuen, die sich aus der gemeinsamen Verwirklichung eines bestimmten Zweckes einen persönlichen Nutzen errechnen. Sowohl das Abwägen der Verhaltensmöglichkeiten (Bedacht) als auch die Entscheidung für eine Möglichkeit (Beschluss) sowie die abstrakte gedankliche Ordnung beider (Begriff) finden entwicklungsgeschichtlich ihren vollkommensten Ausdruck in der bürgerlichen Gs. der Neuzeit. **F.H.**

Gemeinschaft, vorgestellte, *imagined community,* bezeichnet nach B. Anderson (1983/1991) die moderne „Nation" im Sinne einer vorgestellten oder „erfundenen Nation" (so der dt. Buchtitel). Wie in allen Großkollektiven kann „Gemeinschaft" auch im Nationalstaat nicht durch unmittelbare Interaktionen realisiert werden. Der Anspruch, Gemeinschaft zu sein und eine auf den Nationalstaat bezogene kollektive Identität zu besitzen, besteht daher nur in der Vorstellung bestimmter Gruppen und Schichten. Die v.G.

wirft die Frage der materiellen Rückbindung durch Solidar- und Sicherungssysteme auf. **R.Kö.**

Gemeinschaft, wissenschaftliche, *scientific community* → Fachgemeinschaft, wissenschaftliche

Gemeinschaften, virtuelle, über das Internet organisierte, interaktive Kommunikationsnetzwerke, die eine spezifische kollektive Identität für sich definieren. **R.Kö.**

Gemeinschaftshandeln, soziales Handeln aufgrund von stark affektiv gefärbten und solidarischen Beziehungen der Akteure, die sich primär an ihrem eigenen partikularistischen Bezugsrahmen orientieren und einander nach persönlichen Qualitäten und Sympathien bewerten. G. dominiert typischerweise in Primärgruppen, z.B. der Familie. Gegenbegriff: → Gesellschaftshandeln **H.L.**

Gemeinschaftsstatistik über Einkommen und Lebensbedingungen, EU-SILC, *Community Statistics on Income and Living Conditions,* Ziel der EU-Statistik sind vergleichbare Quer- und Längsschnittdaten über Einkommen, Armut, soziale Ausgrenzung und sonstige Lebensbedingungen auf nationaler und europäischer Ebene. Die Erhebung ersetzt seit 2003 nach und nach das Europäische Haushaltspanel (*ECHP*). Die Daten werden u.a. für die Erhebung der 2001 vom Europäischen Rat in Laeken vereinbarten statistischen Indikatoren zu Armut und sozialer Ausgrenzung genutzt. **C.W.**

Gemeinwesen, bei F. Tönnies Bezeichnung für jenen Typus der (Volks-)Gemeinschaft, in dem sich auf der Grundlage einer Vielzahl von gegeneinander abgrenzbaren Bedürfnissen, Fähigkeiten, Kenntnissen, Arbeitsbereichen usw. ein soziales Gefüge herausgebildet hat, in dem aufgrund überkommener Sitte und gesetzten Rechts die Angehörigen der Volksgemeinschaft jeweils bestimmten Ämtern und Ständen mit vorgegebenen Rechten, Pflichten und Funktionen zugeordnet sind. **F.H.**

Gemeinwesenarbeit, *community organization, community development,* neben Einzelfallhilfe (*case work*) und Gruppenarbeit (*group work*) die dritte klassische Methode der Sozialarbeit, die meist innerhalb eines geografisch abgegrenzten Gebietes (einer Gemeinde oder eines Teils davon, etwa eines Slums oder einer Nachbarschaft) stattfindet und nach M.G. Ross aus mehreren Schritten besteht: a) die Einwohner des Gebiets erkennen ihre Bedürfnisse und entschließen sich, für deren Erfüllung zu arbeiten; b) Hilfsquellen (interne oder externe) werden erschlossen; c) in diesem Sinne werden Maßnahmen eingeleitet, die ein solidarisches und kooperatives Verhalten in der Gemeinde ausbauen. **R.L.**

Gemeinwirtschaft, Gesamtheit der wirtschaftlichen Unternehmen, die bei der Festsetzung von Preisen für Güter und Dienstleistungen entweder nach dem Kostendeckungsprinzip arbeiten oder aber erwirtschaftete Erträge zu Gunsten des Gemeinwohls einsetzen. Träger können der Staat, Gewerkschaften, Kirchen und Verbände sein. Für einige sozialistische Theoretiker stellten Unternehmen der G. Zwischenschritte auf dem Weg zu einer nicht privatkapitalistischen Volkswirtschaft dar. Die Idee der G. verlor in den 1980er Jahren in der Bundesrepublik durch den Zusammenbruch der Gewerkschaftsunternehmen stark an Ansehen.   M.S.

Gemeinwohl, lat.: *bonum commune,* [1] bezeichnet in der klassischen politischen Philosophie den Zweck des Staates. Da dieser als das vorgängige Ganze die Einheit darstellt, können die Teile (Individuum, Familie, Sippe, Gemeinde etc.) sich nicht selbst genügen, keine eigenständigen Zwecke entwickeln, sondern vermögen nur in der Zweckerfüllung des Staates Teilziele zum Vollkommenen zu sein. Zweck des Staates ist inhaltlich die Bewerkstelligung des „guten Seins".
[2] Bezeichnet in der neuzeitlichen politischen Philosophie den Zweck des Zusammenschlusses der Menschen zur bürgerlichen Gesellschaft; dabei hat der Staat den Zweck, das Sein, die Existenz seiner Bürger zu garantieren.   O.R.
[3] Bezeichnung für ein von katholischen Sozialethikern seit dem 2. Weltkrieg in den Vordergrund gerücktes Kriterium gesellschaftspolitischen Handelns. G. impliziert einen Gesellschaftszustand, der nicht nur durch ökonomische Wohlfahrt, sondern auch durch rechtliche, soziale und kulturelle Merkmale zu kennzeichnen ist.   F.X.K.

Gender (engl.), soziales Geschlecht, wird in der → Geschlechterforschung dem Begriff *sex* als (vermeintlich biologisch gegebenem) Geschlechtskörper gegenübergestellt. G. verweist darauf, dass → Geschlechtsidentitäten wie Weiblichkeit und Männlichkeit angeboren sind. Vielmehr sind sie ein Produkt spezifischer sozio-kultureller, historischer Konstruktionen (→ Geschlechtskonstruktion), die in jedem Moment des Alltagshandels interaktiv hergestellt werden müssen (→ *doing gender*). „Wir werden nicht als Frauen geboren, sondern dazu gemacht" (S. de Beauvoir 1949). Nach der Historikerin J. Scott (1988) hat v.a. J. Butler (1991; 1995) *sex*, die Existenz eines ahistorisches, universell gegebenen Sexualkörpers, als einen Effekt diskursiver Praktiken dechiffriert. Die biologische und soziale Geschlechterdifferenz, die geschlechtsspezifische Arbeitsteilung, → Geschlechtsidentitäten, Geschlechternormen und -wahrnehmungen sind in historische und kulturell variable → Macht-Wissen-Komplexe eingebunden.   E.T.

Gender Mainstreaming (engl.), eine Strategie zur Förderung der Gleichstellung von Frauen und Männern. G.M. ist der Erkenntnis geschuldet, dass Frauen- und Gleichstellungspolitik nur dann zu langfristigen strukturellen Veränderungen beitragen kann, wenn Gleichstellung als Querschnittsthema aller Politik- und Arbeitsbereiche betrachtet wird. G.M. ist eine Doppelstrategie, d.h. alle Vorhaben werden auf ihre geschlechtsspezifischen Wirkungen hin überprüft und so gestaltet, dass sie einen Beitrag zur Förderung der Gleichstellung von Frauen und Männern leisten. Darüber hinaus sollen spezifische Förderprogramme weiterhin gezielt den Abbau von Ungleichheit beschleunigen. G.M. wurde auf der 3. UN-Weltfrauenkonferenz in Nairobi (1985) als politische Strategie vorgestellt und auf der 4. Weltfrauenkonferenz in Peking (1995) beschlossen. In der EU ist G.M. u.a. im Amsterdamer Vertrag festgeschrieben und damit auch für die Mitgliedsstaaten rechtsverbindlich. U.K.

Gender Studies befassen sich mit dem kulturell bestimmten Verhältnis der Geschlechter zueinander. G.S. fußen auf der Grundannahme, dass die Bedeutungen, Rollen, Aufgaben und Funktionen, die als typisch weiblich oder typisch männlich wahrgenommen werden, nicht aus den biologischen Unterschieden zwischen Mann und Frauen resultieren, sondern gesellschaftlich konstruiert werden und damit veränderbar sind. → Women Studies/feminist studies; → Geschlechterforschung → Frauenforschung   E.B.

gendered (engl.), auch: *genderized,* svw. geschlechtsgeprägt. Im Deutschen benutzt, weil hier die Trennung *sex vs. gender,* d.h. physisches vs. soziales Geschlecht, sprachlich nicht vorhanden ist. Bezeichnet die nach weiblich/männlich getrennten Versionen eines soziokulturellen Phänomens.   R.L.

Gender-Kompetenz, bezeichnet diejenige Schlüsselqualifikation, mit der in einer Arbeitsorganisation neue geschlechterpolitische Konzepte implementiert werden können. G.-K. bedeutet, die bestehenden Geschlechterverhältnisse – gerade auch in dem betreffenden Betrieb – zu durchschauen und die Gleichberechtigung zwischen Frauen und Männern zu fördern.
                                          R.L.

Genealogie, zentraler Methodenbegriff M. Foucaults, mit dem die Diskontinuität historischer Denksysteme und Diskursformationen erfasst werden soll. Anstelle von Ursprüngen, feststehenden Wesenheiten, expliziter Intentionalität und metaphysischen Finalitäten sucht die genealogische Methode nach sog. Kräfteverhältnissen, die sich in historischen Ereignissen auswirken.

G

Für den Genealogen bewegt weder ein Individual- noch ein Kollektivsubjekt die Geschichte. Die G. ersetzt die strukturalistische Prämisse zeitlos-invarianter, geschlossener Regelzusammenhänge durch die Annahme eines veränderlichen und offenen „Spiels" vielfältiger und kontingenter Ereignisse. K.K.

general inquirer (engl.), Inhaltsanalyseprogramm für die Verkodung und statistische Auswertung von Texten durch Datenverarbeitung. Es arbeitet mit einem Sortier- und einem Statistikprogramm, dem Wörterbuch, das die Untersuchungseinheiten (Begriffe, Idiome) enthält, dem Kategorienschema sowie dem Text, der je nach Problem aufbereitet sein kann. Die Vorteile liegen in der hohen Schnelligkeit, der Wiederholbarkeit, der Reliabilität, der Möglichkeit, auch kompliziertere, die Satzgrenzen überschreitende logische Abfolgen aufzuspüren, und darin, dass das Auffinden unterschwelliger, latenter Texteigenschaften und -aussagen durch die Verarbeitung großer Textmengen möglich wird. H.D.R.

Generalfaktor → Faktor, genereller

Generalisation → Generalisierung

Generalisierung, Generalisation, Verallgemeinerung, [1] allgemeine Bezeichnung für einen Schluss von einer begrenzten Zahl von Dingen oder Ereignissen einer Klasse auf die Gesamtheit der Dinge oder Ereignisse dieser Klasse (auch → Induktion). Dabei handelt es sich, streng genommen, nie um einen logischen Schluss, sondern stets um eine Hypothese, also um eine widerlegbare Vermutung. So handelt es sich etwa um eine G., wenn man aufgrund der Beobachtung eines weißen Schwans die Hypothese aufstellt, alle Schwäne seien weiß. Bei der G. von empirischen Beobachtungen spricht man auch von „empirischer G.". Bei der Bildung von Vorurteilen spielt die unzulässige G. einmal gemachter Erfahrungen mit bestimmten Angehörigen einer Bevölkerungsgruppe (z.B. mit einzelnen Ausländern in bestimmten Situationen) auf alle Mitglieder dieser Gruppe (im Beispiel: auf alle Ausländer in jeder Situation) eine wichtige Rolle. H.W./R.Kl.
[2] Wichtiger Begriff der Lerntheorie, der die Tatsache bezeichnet, dass Reaktionen, die durch bestimmte Reize ausgelöst werden, auch durch ähnliche Reize ausgelöst werden können (→ Reizgeneralisierung; Gegenbegriff: → Diskrimination), oder dass Reize, die bestimmte Reaktionen auslösen, auch mehr oder weniger ähnliche Reaktionen auslösen können (→ Reaktionsgeneralisierung; Gegenbegriff: → Differenzierung [2]). H.S.

Generalisierung, empirische → Generalisierung [1]

Generalist, Organisator in Führungsstäben. Aus militärischer Generalstabsausbildung ins ökonomische Topmanagement und auf Regierungen übertragenes Prinzip, Teilforderungen zu Gunsten der optimal funktionsfähigen Führung eines Gesamtsystems zu überwinden. Als Mittel dienen Kommunikation, Koordination und Kooperation. D.B.

generalized other (engl.) → Andere, der (die) generalisierte

generation gap (engl.) → Generationslücke

Generation X, wurde mit dem Roman von D. Coupland zum Medienschlagwort für die zwischen 1960 und 1970 Geborenen. Sie wuchsen unter den Bedingungen existenzieller Risiken heran, wie Arbeitsplatzunsicherheit und Umweltgefahren. Hieraus haben sich unterschiedliche Lebensstile herausgebildet, deren Heterogenität sich in der Bezeichnung ausdrücken soll. Gemeinsam ist der G.X eine kritische Haltung gegenüber dem Wohlstands- und Fortschrittsglauben ihrer Elterngeneration, die sich z.B. in Konsumverweigerung zeigen kann. D.Kl.

Generation, ein Aggregat von benachbarten Altersgruppen bzw. Geburtsjahrgängen, die sich a) in ihren charakteristischen Verhaltensmustern zu einem bestimmten Zeitpunkt von anderen Altersgruppen und b) von der gleichen Alterskategorie früherer oder späterer Zeitpunkte unterscheiden. In dynamischen Gesellschaften verkürzt sich die klassische biologische Wirkungsdauer einer Generation von 30 Jahren in dem Maße, wie von den Heranwachsenden neue soziokulturelle Inhalte übernommen und alte „vergessen" werden. Die Wirkung jüngerer G.en als „Mutationspotential der Gesellschaft" (K. Mannheim) bemisst sich daran, wie ihr Verhalten zum festen Bestandteil der Sozialstruktur wird. H.L.

Generation, geprellte, bezeichnet bei P. Bourdieu (1982) jene Generation von Schulabgängern, die im Zuge der Bildungsreform eine Entwertung ihrer Bildungszertifikate hinnehmen musste. Ende der 1960er Jahre öffnete sich das Schulsystem gegenüber den Angehörigen bildungsfernerer Klassen. Mit der zunehmenden Verbreitung von höheren Schulabschlüssen verringert sich zugleich ihr Wert und die mit ihnen verbundenen Chancen auf dem Arbeitsmarkt. War z.B. mit dem Abitur in der vorhergehenden Generation noch die Aussicht auf prestigereiche Berufe verbunden, so müssen sich Abiturienten seitdem auch mit Berufspositionen zufrieden geben, für die ehemals niedrigere Abschlüsse genügten. Karrierechancen hängen damit weniger von formalen Schulabschlüssen ab als von weiteren kulturellen Ressourcen, die in erster Linie mit der sozialen Herkunft verbunden sind.   D.Kl.

Generation, politische, aus einer Weiterentwicklung von K. Mannheims Generationenansatz entstandener Begriff dafür, dass gleichaltrige Jugendliche bei ihrer Begegnung mit der jeweils gegebenen politisch- historischen Gesamtsituation mehr oder weniger gemeinsame politische Grunderfahrungen machen bzw. Grundhaltungen ausbilden, die (möglicherweise) alle später im Lebenslauf auftretenden politischen Erfahrungen und Entscheidungen mitbestimmen. Varianten dieses Gedankens sind die Annahmen, dass nur ein Teil der jeweils gleichaltrigen Jugendlichen eine p. G. in diesem Sinne bilden (z.B. gehören nicht alle Gleichaltrigen der „Studentenbewegungsgeneration" an), oder dass es nur bei besonders herausfordernden politisch-historischen Konstellationen zur Bildung einer p.n G. kommt, weil nur solche das politische Verhalten derart intensiv prägen können.
                                                W.F.H.

Generation, skeptische, Bezeichnung für die Jugend der BRD der 1950er Jahre als Typ: Desinteresse an Politik und Weltanschauung, skeptische, pragmatische Orientierung gegenüber dem gesellschaftlichen Status quo, dem man sich durch Qualifikation anzupassen sucht. Bei bestehenden Beschränkungen des Jugendalters durch soziale Verbote kann diese Haltung die jugendliche Verhaltensunsicherheit nicht aufheben, sondern nur verdecken (H. Schelsky). Die Kritik gegen diese Befunde richtete sich gegen ihre Verallgemeinerung und grundsätzlich gegen eine Typenbildung auf der Basis einer Generation.   W.F.H.

generational occupational mobility score (engl.) → GOMS

Generationen, alternierende, *alternate generations,* Bezeichnung für das vor allem in sog. primitiven Gesellschaften zu beobachtende Phänomen, dass die Interaktionen zwischen Großeltern und Enkeln im Allgemeinen unbefangener, herzlicher und häufiger sind als die zwischen Eltern und Kindern, die wegen der Autoritätsstellung der Eltern und ihrer Fähigkeit zur sozialen Kontrolle der Familienangelegenheiten gezwungener und seltener sind. Es handelt sich um einen Sonderfall des Phänomens der → alternierenden Bündnisse.   R.Kl.

Generationenordnung, [1] Bezeichnung für die Art und Weise, wie die Angehörigen der verschiedenen Generationen in der Struktur der Gruppe oder der Gesellschaft einander zugeordnet sind.
[2] Bedeutungsunscharfe Bezeichnung für industriell nicht entwickelte Gesellschaften, als deren wichtigstes Strukturmerkmal die für alle gesell-schaftlichen Bereiche bestimmende Festigkeit des Zusammenhangs von Verwandtschaftssystemen über viele Generationen hinweg gilt.
                                                W.F.H.

Generationsdynamik, Schnelligkeit und Wirksamkeit der Ablösung älterer Generationen durch jüngere und der Veränderung eines bestehenden Generationszusammenhanges nach Anzahl und Differenzen der Generationen. Der G. entspricht das Ausmaß des sozialen Wandels sowie die Veränderung der Sozialisationsprozesse in einer Gesellschaft.   H.L.

Generationseinheit → Generationslagerung

Generationsendogamie, soziale Vorschriften, welche die Aufnahme sexueller Beziehungen oder Heirat nur mit Angehörigen der eigenen Generation erlauben.   W.F.H.

Generationskonflikt, Bezeichnung für Meinungsverschiedenheiten und Streit zwischen den Angehörigen verschiedener Generationen (und zwar gewöhnlich zwischen denen, die aufeinander folgen, also etwa zwischen Jugendlichen und Erwachsenen, zwischen Erwachsenen und Alten). Innerhalb der Familien hat diese Spannung (die auch ein zentrales literarisches Thema war) offenbar abgenommen; in der öffentlichen Debatte über die Rechte von Kindern, Jugendlichen, Erwachsenen und Alten im Verhältnis zueinander hingegen hat der G. eine deutliche Artikulation erfahren (Stichworte: Kinderfeindlichkeit, Anti-Pädagogik, Erwachsenenfeindlichkeit in jugendlichen Protestbewegungen, Defensivorganisationen der Alten).   W.F.H.

Generationslagerung – Generationseinheit – Generationszusammenhang. Begriffe in K. Mannheims Generationstheorie (1928): Gl. ist eine allgemeine Bezeichnung für die Zugehörigkeit aller Einzelnen einer Gesellschaft zu einer bestimmten altersmäßigen Lebensgemeinschaft, die durch gemeinsame soziale und geschichtliche Erfahrungen, Erziehungsstile und Lebensführungen gekennzeichnet ist (in Analogie zu Klassenlage). Mit Gz. wird der gleiche Sachverhalt beschrieben, oft mit der zusätzlichen Bedeutung, dass sich die Einzelnen dieser Gemeinsamkeit mehr oder weniger bewusst sind. Ge. betont gegenüber Gz. den Faktor der Bewusstheit noch stärker, die zur Gruppenbildung im kulturellen und auch politischen Bereich führt.
                                                W.F.H.

Generationslücke, *generation gap,* Bezeichnung für den Abstand, die Diskrepanz zwischen aufeinander folgenden Generationen (Kindern, Eltern, Großeltern) im Hinblick auf Lebensorientierungen, politische und soziale Einstellungen, kulturelle Werte, Bildungsniveau usw. (und die unter Umständen zu → Generationskonflikt führen kann). Neueren Diagnosen zufolge wird dieser Abstand in einigen Bereichen (Mode, Musikgeschmack, Vertrautheit mit Medienangeboten usw.) größer.   W.F.H.

Generationstheorie, historischer und kulturhistorischer Erklärungsversuch für geschichtliche Prozesse, der die Unterschiede und Gegensätze zwischen Generationen (also alten und jungen Gesellschaftsmitgliedern) zum Ausgangspunkt nimmt.   W.F.H.

Generationswechsel, die Übernahme der Führungsaufgaben in einem Verband, einer Organisation oder im Staat durch die Angehörigen einer jüngeren Generation und die Zurückdrängung bzw. Ablösung der Angehörigen einer älteren Generation.   W.F.H.

Generationszusammenhang → Generationslagerung

Genese, die Entstehung eines Ereignisses aus früheren, mit ihm zusammenhängenden Ereignissen. Eine genetische Verknüpfung kann historisch oder auch kausal gemeint sein.   R.L.

genetisch, eine soziologische Analyse, welche die Entstehungsbedingungen eines Vorgangs aufzudecken sucht, seien diese → kausal oder historisch, im Gegensatz etwa zur → funktionalen Analyse oder zur → Beschreibung.   R.L.

Genitalerotik, Gesamtheit der Strebungen, Verhaltensweisen und Empfindungen, die sich auf die lustbringende Betätigung der eigenen Sexualorgane, vorzugsweise in der Vereinigung mit denjenigen eines Partners, richten. Nach psychoanalytischer Theorie ist die G. die Form der Erotik, zu der das Subjekt nach Abschluss seiner psychosexuellen Entwicklung, also nach Erreichen der genitalen Stufe (→ Libidostufen) kommt; als Basis einer Gefühlsbindung zwischen zwei genital „reifen" Persönlichkeiten ist sie Bedingung der genitalen oder – nach S. Freud – „völlig normalen" Liebe, in der sich die sinnlichen und die zärtlichen Bestrebungen vereinigen.   W.Sch./R.Kl.

Genitalorganisation, die genitale → Libidoorganisation oder die genitale Stufe der psychosexuellen Entwicklung. → Libidostufen   R.Kl.

Genomotiv – Phänomotiv, von W. Stern eingeführte Bezeichnungen zur Unterscheidung der Motive, die auf angeborene „Richtungsdispositionen" zurückgehen (G.), von den Motiven, die dem Individuum als Antizipation eines Zieles bewusst sind (P.). Die G.e bewirken das Auftreten der P.e.   R.Kl.

Genossenschaft, im 19. Jahrhundert nach den Ideen von C.H. de Saint-Simon und C. Fourier entstandene Zusammenschlüsse einzelner Produzenten oder Konsumenten nach den Prinzipien der Selbsthilfe und der kooperativen Verwaltung bzw. Kontrolle. G. wurde als Gegenmaßnahme gegen die Marktmacht von Großunternehmen verstanden, z.T. auch mit explizit antikapitalistischem Grundverständnis als Antizipation zukünftiger umfassender → Gemeinwirtschaft gegründet. In Deutschland waren von besonderer praktischer Bedeutung die Ansätze von H. Schulze-Delitzsch (gewerbliche G.n) und R.W. Raiffeisen (landwirtschaftliche G.n).   M.S.

Genotext, in der Textsemiotik bei J. Kristeva (1974) umfassende Bezeichnung für semiotische Prozesse, die zu einem Text „drängen" („Triebe, ihre Dispositionen, der Zuschnitt, den sie dem Körper aufprägen, das ökologische und gesellschaftliche System, das den Organismus umgibt"), geformt durch die semantischen und kategoriellen Felder unterschiedlicher Diskurse und Diskursgattungen. Der in einem Text enthaltene G. ist in gewisser Weise „vorsprachlich", „vorkommunikativ" und bildet die Grundlage der Sprache oder des Phänotextes, der entsprechend den Regeln der Kommunikation zwischen Sender und Empfänger erzeugbar ist. G. und Phänotext lassen sich nicht aufeinander reduzieren. In seiner → Intertextualität entspricht der G. bei Kristeva dem Schreiben, der Phänotext dem Sprechen.   H.W.

Genotyp – Phänotyp, Bezeichnungen zur Unterscheidung der Gesamtheit der nicht ohne weiteres erkennbaren Erbanlagen oder des „Erbbildes" eines Individuums (G.) von seiner äußeren Erscheinungsform (P.), die durch die Wechselwirkungen zwischen Anlagen und Umwelteinflüssen erworben und geprägt wird. → Anlage und Umwelt   R.Kl.

Gens, [1] im vorkaiserlichen Rom die vornehmen und einflussreichen Familiengruppen, die gleichzeitig Kult- und Siedlungsverbände waren. [2] In der Ethnologie eine Verwandtschaftsgruppe mit patrilinealer Abstammungszurechnung, in der älteren ethnologischen Literatur oft als Gegensatz zum matrilineal strukturierten → Klan.   W.F.H.

Gentilcharisma, das → Charisma haftet nicht an einem persönlichen Träger, sondern an den Mitgliedern einer Sippe als solchen. Aus der Konzeption der G. leitet sich z.B. das erbliche „Gottesgnadentum" ab.   O.R.

Gentrification (engl.), Gentrifizierung, von *gentry* (Adel) abgeleiteter Begriff, der die soziale und bauliche Aufwertung eines innerstädtischen Quartiers benennt. Ursachen von G. sind entweder der soziale Aufstieg von Teilen der Bewohnerschaft, infolge dessen Privateigentümer Modernisierungsmaßnahmen vornehmen (*incumbent upgrading*) und sozial gleichgestellte Bewohner nachziehen, oder G. ist ein durch Verwertungsinteressen angetriebener Prozess aufgrund einer Rentenlücke (*rent gap*) zwischen tatsächlichem und aufgrund der Lage eines

Quartiers möglichem Mietniveau. Vor allem im letzten Fall geht die Aufwertung mit einer Verdrängung von Haushalten geringeren Einkommens einher. J.W.

genus (lat.) → Gattung

Geografie, politische, [1] auch: Geopolitik, Bezeichnung für die Lehre von der Bestimmtheit der innenpolitischen Verfassung und der Außenpolitik eines Staates (Volkes) durch Faktoren geografischer Natur (Klima, Verkehrsmöglichkeiten, „natürliche Grenzen" usw.). Für den Imperialismus leistete die p. G. wichtige ideologische Voraussetzungen, z.B. in den Lehren vom Lebensraum der Völker. W.F.H./H.W. [2] Eine Subdisziplin der Humangeografie, die sich mit den räumlichen Aspekten politischer Prozesse und politischer Kommunikation befasst. Im 19. Jahrhundert aus der Auseinandersetzung mit dem Verhältnis von Staat und Lebensraum hervorgegangen, zwischenzeitlich durch die „Geopolitik" im Dritten Reich diskreditiert, erlebt die p.G. seit den 1980er Jahren eine Renaissance. Als kritische, häufig poststrukturalistische Sozialwissenschaft zählen heute Imperialismus, supranationale Regimes, post- und neo-koloniale Beziehungen, Rassen- und Klassenkonflikte, Migration und die Überwachung öffentlicher Räume zu ihren bevorzugten Forschungsthemen. Innerhalb der p.G. hat sich die diskursanalytische *critical geopolitics* als eigenständiger Ansatz etabliert. W.Z.

Geografie, soziale → Sozialgeografie

Geometrie, soziologische, ein theoretischer Ansatz, der die Arten der Vergesellschaftung untersucht. „Sie betrachtet die Form, durch die Materie überhaupt zu empirischen Körpern wird" (G. Simmel 1908). Die mathematische Analogie will hervorheben, dass die Formen der Vergesellschaftung nur in der Abstraktion existieren. Der Hinweis hat den Vorteil, zunächst nur „äußerst einfache Gebilde vorzufinden, in welche die komplizierteren Figuren aufgelöst werden können". R.L.

Geopolitik → Geografie, politische

Geräusch, Rauschen, *noise*, aus der Nachrichtentechnik in die Kommunikations- bzw. Informationstheorie übernommene Bezeichnung für Störungen der Signalübermittlung. Sie kommen dadurch zu Stande, dass zu den für die Signalübermittlung notwendigen Informationsquanten zusätzliche hinzukommen, die die Aufnahme der Information erschweren (z.B. von außen kommende Störgeräusche). W.F.H.

Gerechtigkeit, zentrale Wertidee der europäischen Tradition, wurzelt im biblischen Schrifttum und im griechischen Denken (besonders Aristoteles). Während die allgemeine G.sformel

– jedem das Seine geben – inhaltsleer erscheint, lassen sich Konkretionen des G.sbegriffs sowie Institutionen und Verhaltensweisen in jeder Gesellschaft feststellen, aus denen wirksame G.svorstellungen erschlossen werden können. F.X.K.

Gerechtigkeit, soziale, taucht als Begriff erst im 20. Jahrhundert auf, vor allem im Zusammenhang mit sozialpolitischen Maßnahmen, als G. bezogen auf das Verhältnis von Klassen und Ständen. Zweck der s.n G. ist es, mittels ethisch-rechtlicher Maßnahmen Ungleichverteilungen vornehmlich im wirtschaftlichen Bereich zu verhindern und/oder zu beheben. F.X.K.

Gerichtetheit, [1] allgemeine Bezeichnung für das Ausgerichtetsein eines Verhaltens auf ein bestimmtes Ziel. Verwandte Bezeichnung: → Orientierung. [2] Gleichbedeutend mit → Einstellung unter besonderer Betonung der zur Einstellung gehörenden Handlungstendenz gegenüber einem Objekt. [3] Synonym für → Intentionalität. R.Kl.

Gerontokratie, auch: Altenherrschaft, Bezeichnung für die Beherrschung einer Gesellschaft oder Gruppe durch die Alten, entweder durch familiäre Vormachtstellung oder durch politische Gremien (Ältestenrat). Die Definition der Alten ist dabei nicht unbedingt an die Zahl der Lebensjahre gebunden, sondern bestimmt sich auch aus höherer Erfahrung, vollbrachten Leistungen usw. W.F.H.

Gerontologie, Altersforschung, ein Wissenschaftszweig, der in den letzten Jahrzehnten im Zusammenhang mit dem starken Anwachsen der Zahl der über 65-jährigen Personen bzw. der nicht mehr im Arbeitsprozess stehenden Personen in den industriell entwickelten Gesellschaften an Bedeutung gewonnen hat. Unter interdisziplinären Fragestellungen beschäftigt sich die G. mit den gesundheitlichen, finanziellen und sozialen Lebensformen und -möglichkeiten dieser Altersgruppe. W.F.H.

Gerontologie, soziale → Alterssoziologie

Gerontosoziologie → Alterssoziologie [1]

gerrymandering (engl.), eigentlich die Manipulation von Grenzen der Abstimmungsbezirke, um die Wiederwahl der Amtsinhaber zu gewährleisten. In der Theoriedebatte um die Konstruktion sozialer Probleme wird als *ontological g.* ein bestimmter Argumentationstrick bezeichnet, und zwar eine erkenntnistheoretische Inkonsequenz. Auf der einen Seite betone man den Konstruktivcharakter sämtlicher Elemente der sozialen Wirklichkeit; auf der anderen Seite werde bei der inhaltlichen Diskussion darauf verwiesen, dass die Beschreibung bestimmter Sachverhalte als soziales Problem mit den „objektiven"

Merkmalen dieses Sachverhalts nicht übereinstimme (S. Woolgar/D. Pawluch 1985). Der Widerspruch soll darin liegen, dass im zweiten Fall der vorgebliche Konstruktivcharakter sämtlicher Realität nicht beibehalten wird.   R.L.

Gerüchte, schnell und in der Regel unkontrolliert zirkulierende Informationen, die häufig auf ein Geheimnis oder ein verstecktes Wissen Bezug nehmen, wobei ihr Wahrheitsgehalt offiziell unbestätigt und die Quelle anonym bleibt. Neben den einzelnen G.kommunikationen sind G. wegen ihrer schnellen Zirkulation auch als „ältestes Massenmedium" (J.-N. Kapferer) bezeichnet worden, das den sozialen Zusammenhalt steigert. Die Zirkulation von G. erzeugt eine Eigendynamik, in der sich ihre Bedeutung verändern kann.   U.St.

Gesamtabhängigkeitsquotient → Abhängigkeitsquotient

Gesamtarbeiter, produktiver, auch betrieblicher G., Begriff aus der marxistischen Analyse des gesellschaftlichen Arbeitsprozesses. Bei einem bestimmten Grad der innerbetrieblichen Arbeitsteilung und Kooperation ist es nicht mehr nötig, selbst Hand an das Produkt des Fertigungsprozesses zu legen, um produktiver Arbeiter zu sein. Die in der betrieblichen Kooperation miteinander verbundenen Arbeiter bilden den p.G., der Einzelne ist sein Organ. Die Produktivität des Einzelarbeiters vermittelt sich über den G. Im Rahmen der Klassenanalyse wird die Zuordnung von bestimmten gesellschaftlichen Gruppen zum p.G. kontrovers diskutiert.   R.Ka.

Gesamtformung, biografische, Bezeichnung für das Ergebnis der Analyse eines biografischen → narrativen Interviews, das auf den → strukturellen inhaltlichen Beschreibungen der Interviewsegmente basiert und Teil der → analytischen Abstraktion von den Details der ursprünglichen Narration ist. Die b.G. charakterisiert alle Biografieabschnitte durch die sie jeweils bestimmenden → Prozessstrukturen des Lebensablaufs, also der vorherrschenden Entwicklungsformen und -modi der Biografie, und versucht so, die Prozessstruktur des gesamten biografischen Verlaufs in ihrer individuellen Kausalität zu erfassen.   I.K.

Gesamtgesellschaft, auch: globale Gesellschaft, [1] unscharfe Bezeichnung für den umgreifenden sozialen Zusammenhang eines Individuums oder einer Institution.
[2] Umfassende Bezeichnung für eine konkrete Gesellschaft innerhalb bestimmter räumlicher und kultureller Grenzen.
[3] Als globale Gesellschaft werden auch in Absetzung zu Teilbereichen einer Gesellschaft sog. gesellschaftliche Vollgebilde bezeichnet, in denen alle wesentlichen Institutionen einer Gesellschaft ausgebildet sind.   H.W.

Gesamtkapitalist, ideeller, bezeichnet in der marxistischen Theorie eine Funktion des kapitalistischen Staates. Der i.G. übernimmt die → Gattungsgeschäfte des Kapitals, d.h. diejenigen allgemeinen Belange der Einzelkapitalien, die von diesen selbst nicht wahrgenommen werden können (rechtliche Sicherung der Zirkulationssphäre, Ausübung der politischen Gewalt, Sicherung der Randbedingungen des Verwertungsprozesses etc.). Er vertritt damit auch systemische Gesamtinteressen gegenüber Interessen der Einzelkapitale.   R.Ka.

Gesamtmittelwert, *grand mean,* als gewogenes arithmetisches Mittel der Mittelwert aller Untergruppen, in die eine Gesamtmenge von Untersuchungsobjekten zerlegt ist.   H.W.

Gesamtperson, in Anschluss an O. von Gierke Bezeichnung für jede Form der sozialen Vereinigung (→ Gemeinschaft), die eine wirkliche zusammengesetzte Person mit einem wirklichen Gesamtwillen sein soll. Die Vorstellung von einer G. hatte nur Bedeutung in der organizistischen Soziologie. → Person, kollektive   O.R.

Gesamtrechnung, volkswirtschaftliche, ein System der Erfassung volkswirtschaftlicher Aktivitäten mittels Konten. Das Bildungsprinzip der Konten (in der BRD: 51) beruht auf verschieden gegliederten ökonomischen Funktionen (z.B. Produktion, Einkommensentstehung und -verwendung, Vermögens- und Kreditänderung) und verschiedenen institutionellen Gliederungen der Wirtschaftssubjekte (z.B. private Haushalte, Unternehmen, Staat). So lassen sich bilden: Produktionskosten der Unternehmen, Kreditinstitute und Gebietskörperschaft, Einkommensverwendungskosten der Unternehmen, Gebietskörperschaften und privaten Haushalte usw.
Die theoretisch und politisch interessanteste Kerngröße ist das Bruttosozialprodukt: Im zusammengefassten Güterkonto erscheinen jeweils in Wertgrößen auf der linken Seite (es handelt sich stets um zweiseitige oder doppelte Einzelkonten) die Bruttoproduktion (→ Sozialprodukt) und der Import, auf der rechten Seite die volkswirtschaftliche Zwischennachfrage (Vorleistungen an die Sektoren) und die volkswirtschaftliche Endnachfrage. Erst die volkswirtschaftliche Endnachfrage (Konsum plus Investition plus Export) vermindert um den Import ergibt das Bruttosozialprodukt zu Marktpreisen (Y_m^b) (von der Verwendungsseite her gesehen und nach dem Inländerkonzept). Y_m^b minus Abschreibungen (D) = Nettosozialprodukt zu Marktpreisen (Y_m^n); Y_m^n minus indirekte Steuern

(ind) plus Subventionen an Unternehmen (Z_U) = Nettosozialprodukt zu Faktorkosten (Y_f^n) oder Volkseinkommen. Von dieser Größe lässt sich dann eine ganze Hierarchie von Einkommensgrößen ableiten. Auch die Veränderung der Verteilung von Vermögen und Einkommen kann sichtbar gemacht werden. Eine solche volkswirtschaftliche Rechnungslegung (→ Sozialberichterstattung, gesellschaftliche) erlaubt nicht nur die *ex post*-Ermittlung der wichtigsten Einzel- und aggregierten Resultate des Wirtschaftens, sondern lässt auch Rückschlüsse auf deren Zustandekommen, die bestehenden binnen- und außenwirtschaftlichen Verflechtungen und jeweilige Änderungen zu, woraus, unter Verwendung wirtschafts- und insbesondere kreislauftheoretischer Kenntnisse, wirtschaftspolitisch relevante Einsichten gewonnen werden können. D.K.

Gesamtstatus, eine mehr oder minder hohe Position in einer durch Zusammenfassung mehrerer Teildimensionen entstandenen Gesamtdimension sozialen Ansehens. So werden z.B. die Ränge, die jemand in seinem Beruf, in einer politischen Partei und in einem Sportverein einnimmt, zu seinem G. zusammengefasst. W.La./R.L.

gesatzt → Satzung

Geschenk, Gabe, frz.: *don*, in soziologischer und kulturanthropologischer Interpretation eine Institution, die zur Aufrechterhaltung der sozialen Beziehungen zwischen den sich gegenseitig Beschenkenden beiträgt. In vielen Kulturen ist der Austausch von G.en rituell geregelt und religiös verankert (→ Potlach, → Kula). M. Mauss hat in seinem *„Essai sur le don"* (1923/24) die Bedeutung der Institution des G.es als eines → „sozialen Totalphänomens" mit gleichzeitig rechtlicher, wirtschaftlicher, religiöser, ästhetischer und sozialmorphologischer Funktion betont. → Tausch R.Kl.

Geschichte → Vorwelt

Geschichte, inkorporierte – objektivierte. O.G. bezeichnet bei P. Bourdieu (1997) die in Dingen, Gebäuden, Maschinen, Institutionen, Ideen usw. gegebene Gegenwart der Geschichte. I.G. ist die (durch Sozialisation usw.) in die Menschen eingeschriebene Geschichte, „die Habitus gewordene Geschichte"; z.B. den Hut zum Gruß ziehen geht auf die Sitte des Mittelalters zurück, zum Zeichen friedlicher Absichten den Helm abzunehmen. W.F.H.

Geschichte, objektivierte → Geschichte, inkorporierte – objektivierte

Geschichte, serielle, Methode der Geschichtsdarstellung, die auf die *Annales*-Schule zurückzuführen ist. (*„Annales"* ist der Name einer

französischen historischen Zeitschrift.) Sie setzt sich ab von der traditionellen Ereignis-Geschichte, die berichtenswerte Einzelereignisse zu einer im Prinzip einzigen, kontinuierlichen Geschichte anordnete. Die serielle Geschichtsschreibung versucht dagegen, Serien zusammenzustellen, dieses in der Überzeugung, dass es nicht die eine Zeit gibt, auf der sich die Ereignisse wie auf einer einzigen Perlenschnur aufreihen, sondern dass Ereignisse unterschiedlichen „Zeiten" zuzuordnen sind, sodass sich plurale Serien von Ereigniskonstellationen ergeben. Diese Serien ordnen sich nicht einer einzigen übergeordneten Serie ein, sodass Geschichte in der seriellen Geschichtsschreibung wahrscheinlicher diskontinuierlich als kontinuierlich erscheinen wird. Die wirtschaftliche Krise Frankreichs im 18. Jh. (E. Labrousse) ist beispielsweise eine mehrdimensionale Krise, aus verschiedenen Serien zusammengesetzt. Einzelereignisse können sehr wohl Bestandteile von mehreren solcher Serien sein. Das Einzelereignis ist für die serielle Geschichtsschreibung damit letztlich nicht entwertet, sondern im Gegenteil enorm aufgewertet dadurch, dass es nicht die einfache Voraussetzung der Geschichtsschreibung darstellt, sondern ihre komplexe, durch Serienzugehörigkeiten konstruierte wissenschaftliche Tatsache. K.R.

Geschichtsphilosophie, frz.: *philosophie de l'histoire*, [1] von Voltaire eingeführte Bezeichnung für die Lehre von den Voraussetzungen und Bedingungen der Geschichtswissenschaft sowie über das Wesen, der Richtung und dem Sinn der Geschichte.
[2] In der Soziologie Bezeichnung für jede spekulative Theorie über sozialen Wandel. O.R.

Geschichtsschreibung, mündliche → Oral History

Geschichtssoziologie, [1] in Anschluss an A. Weber eine soziologische Richtung, die historischkonkrete Gesamtkonstellationen des Gesellschaftlichen untersucht, um eine allgemeine Strukturlehre der geschichtlichen Welt zu gewinnen. A. Weber unterscheidet beim Erfassen der geschichtlichen Realität zwischen Gesellschaftsprozess (Formen der Vergesellschaftung), Kulturprozess (geistige Entwicklung) und Zivilisationsprozess (rationale Erfindungen). Häufig wird dieser Ansatz mit Kultursoziologie gleichgesetzt.
[2] svw. → Soziologie, historische O.R.

Geschicklichkeit, *skill*, allgemeine Bezeichnung für die Fähigkeit, bestimmte Aufgaben (z.B. bestimmte Arbeitsvollzüge) unter optimaler Ausnutzung der eigenen Talente so gut und so präzise wie möglich zu bewältigen. Der Begriff der G. spielt vor allem im Zusammenhang mit der

Frage der Eignung von Personen für bestimmte manuelle Tätigkeiten eine Rolle. H.W.K./R.Kl.

Geschicklichkeit, soziale, *social skill* → Fertigkeiten, soziale

Geschlecht → Geschlechtskonstruktion, → Gender

Geschlechterbinarismus, bezeichnet die Gewohnheit des Alltagswissens, den Menschen als entweder Frau oder Mann zu denken – in einer Zweiteilung also, welche weitere Formen der Variable Geschlecht entweder ausschließt oder als unnormale (pathologische usw.) Abweichung behandelt. Zusammen mit der → Heteronormativität ein Hauptangriffspunkt der → *Queer theory.*   R.L.

Geschlechterforschung, *gender studies.* Soziologische G. behandelt die sozialen und kulturellen Dimensionen des Geschlechterverhältnisses: Wie heranwachsende Menschen zu Frauen und Männern (sozialisiert) werden; was sie tun müssen, um in ihrer Geschlechtsidentität anerkannt zu werden; wie die Geschlechterordnung als ein Verhältnis sozialer Ungleichheit im alltäglichen Handeln von Männern und Frauen (re-)produziert wird (Analyse der sozialen Konstruktion von Geschlecht); welcher Stellenwert den mit dem Geschlechterverhältnis verbundenen sozialen Differenzierungen, insbesondere der Teilung von Erwerbs- und Reproduktionsarbeit zukommt (Sozialstrukturanalyse). G. erstreckt sich auf sämtliche Gegenstandsbereiche soziologischer Forschung und betrifft sowohl die Analyse elementarer sozialer Interaktion (Mikrosoziologie) als auch gesellschaftstheoretische Fragen (Makrosoziologie). Geschlecht wird als eine fundamentale Strukturkategorie der Soziologie begriffen. In dem Maße, in dem die Dynamik der Geschlechterverhältnisse an Einfluss auf die gesellschaftliche Entwicklung gewinnt, erhöht sich die Bedeutung der G. für die Soziologie generell.   M.M.

Geschlechterstaat, Bezeichnung für einen Staat bzw. eine politische Ordnung, in denen die Führungspositionen nur den Angehörigen bestimmter Geschlechter (d.h. Verwandtschaftsgruppen) offen stehen.   W.F.H.

Geschlechterverhältnis, [1] allgemeine Bezeichnung für die strukturell verankerten Verhältnisse zwischen Männern und Frauen (im Hinblick auf Zuständigkeiten, Rechte und Pflichten, Rollenbesetzungen und Geschlechtsidentitäten usw.) in einer Gesellschaft; wichtiger Forschungsgegenstand aufgrund von Anregungen aus der → Frauenforschung.
[2] → Sexualproportion   W.F.H.

Geschlechtsantagonismus, in der Ethnologie Bezeichnung für eine Durchorganisation mancher primitiver Gesellschaften nach männlichen und weiblichen Bereichen, wobei die Zuständigkeiten, Rechte und Pflichten von Männern bzw. Frauen strikt voneinander geschieden werden (oft verbunden mit Benachteiligung der Frauen).   W.F.H.

Geschlechtsdifferenzierung, allgemeine Bezeichnung für die geregelte Aufteilung der gesellschaftlichen Funktionen unter Mann und Frau. Diese Aufteilung variiert von Gesellschaft zu Gesellschaft, von Epoche zu Epoche.   W.F.H.

Geschlechtsidentität, emotionales und kognitives Selbstkonzept, das Bewusstsein, ein Mann oder eine Frau zu sein. Als Unterscheidungen des umfassenden und allgemeinen Begriffs sind erstens eine Kernidentität (*core-identity*), die sich in den frühen Lebensjahren entwickelt, zweitens eine Geschlechtsrollenidentität (*gender-role-identity*) als Bündel von Erwartungen an das eigene Verhalten und das Verhalten Anderer und drittens die sexuelle Präferenz zu nennen. Der Erwerb von G. als interaktiver Lernprozess kann nicht unabhängig von Machtverhältnissen, von Arbeitsteilung und der gesellschaftlichen Organisation von Sexualität betrachtet werden. Die Frauenforschung wies auf die Konflikthaftigkeit der weiblichen G. infolge einer widersprüchlichen Vergesellschaftung von Frauen hin. Danach findet eine „doppelte Vergesellschaftung" durch die beiden Bereiche Produktion bzw. öffentliche Sphäre und Reproduktion bzw. private Sphäre statt. G. wird in der Frauen- und Geschlechterforschung dann kritisch gesehen, wenn sie als stabile, eindeutige und universale Konstante angenommen wird. Stattdessen werden sozialer Kontext, eine andauernde Vergesellschaftung und damit eine nie abgeschlossene Identitätsbildung betont.   U.K.

Geschlechtskonstruktion, die kulturelle Erzeugung der Geschlechtsdifferenz von männlich/weiblich sowohl in Form eines sozialen Geschlechts (→ *Gender*) wie eines biologischen Geschlechts (*sex*). Mit dem Begriff wird die Annahme einer natürlichen Zweigeschlechtlichkeit als ontologisierende Betrachtungsweise abgelehnt. Stattdessen gilt das Interesse den Mechanismen der Erzeugung von Geschlechtszugehörigkeit, Geschlechtsdifferenzen und anderen geschlechtsrelevanten Kategorien durch Diskurse oder Interaktionen (→ *doing gender*). Kritisch wird in der Geschlechterforschung angemerkt, dass die Betonung des Geschlechts als Konstruktion entpolitisierend wirken könne, da in einer radikalen Sichtweise „Frau" keine objektive Realität darstellt, sondern sozial konstruiert ist und daher keine politische Kraft mehr entfaltet. Kritisch wird auch die mangelnde Beachtung des Körpers und des leiblichen Empfindens für das subjektive Erleben der Geschlechterdifferenz angemerkt. **U.K.**

Geschlechtsrolle, die sozial geteilten Verhaltenserwartungen an Frauen bzw. Männer und die entsprechenden Verhaltensmuster. Die Verhaltenserwartungen beruhen auf der geschlechtstypischen Arbeitsteilung, die bislang trotz eines Wandels der Geschlechterverhältnisse fortbesteht, wie z.B. Untersuchungen über die Aufgabenverteilung im Haushalt und bei der Kindererziehung zeigen. T. Parsons und R.F. Bales (1955) leiteten die rollenspezifischen Anforderungen aus der Zuständigkeit des Mannes für den Beruf und der Frau für die Erziehung der Kinder ab. Sie unterschieden die männliche G. als „instrumentell-adaptiv" von der weiblichen als „expressiv-integrativ". Parsons ging dabei davon aus, dass eine erfolgreiche Sozialisation auf eine Familienorientierung der Frau und eine Berufsorientierung des Mannes hinwirken müsse. Die Frauenforschung kritisierte seit den 1970er Jahren das Konzept der G., da es die Macht- und Herrschaftsverhältnisse nicht berücksichtige und die G.n mit vermeintlichen transhistorischen und transkulturellen Attributen versehe. Stattdessen betrachtet die Frauen- und Geschlechterforschung Geschlecht als Strukturkategorie, als Platzanweiser in der Gesellschaft. Nicht mehr die Frage nach Geschlechtsdifferenzen ist zentral, sondern die nach Prozessen, die zu Geschlechtsunterscheidungen führen. (→ Geschlechtskonstruktion, → *doing gender*). **U.K.**

Geschlossenheit, operative, in der Systemtheorie N. Luhmanns grundlegender Modus der Selbstorganisation von Systemen: „rekursive Ermöglichung eigener Operationen durch die Resultate eigener Operationen" (Luhmann 1997). Das System wird durch seine eigenen basalen, an einander anschließenden Operationen erzeugt. Alles was im System passiert und bearbeitet wird, erfolgt nach dem Modus seiner Operationen. Für soziale Systeme sind dies Kommunikationen. Die o.G. soll nicht bedeuten, dass Systeme in energetischem oder kausalem Sinne geschlossen sind. **H.W.**

Geschmack, bezeichnet bei P. Bourdieu die klassengebundenen Präferenzen und Kompetenzen beim Essen, in der Mode, in der Kunst usw. Vermittels des → Habitus [4] bildet sich der G. durch die Klassenlage und die soziale Laufbahn (und ist kein Merkmal der Persönlichkeit). Im Einzelnen identifiziert Bourdieu drei Formen des G. (legitim, prätentiös, populär), die an Ober-, Mittel- und Unterklasse gebunden sind. Nur der G. der Herrschenden repräsentiert die legitime Kultur und kann einen Gewinn an → Distinktion verschaffen. **A.K.**

Geschwisterreihe, Bezeichnung für die altersmäßige Abfolge der Kinder in einer Familie. **E.D.**

Geschwisterrivalität, *sibling rivalry*, die Konkurrenz der Kinder um die Zuneigung von Vater und Mutter oder beider Eltern. **E.D.**

Geselligkeit, [1] das zwanglose Zusammensein von Menschen (oder von Lebewesen). Vorausgesetzt wird für dieses Verständnis von G. ein Hang oder Trieb zur G. als Bedingung für die Bildung von Gesellschaft; so spricht Aristoteles vom ζῷον πολιτικόν, vom Menschen, der von Natur aus auf Gesellschaft ausgerichtet ist. Im gleichen Sinne geht A. Ferguson (1766) von einem Gesetz der G. aus. Diese anthropologische Verankerung der G. ist weitgehend zum Selbstverständnis der Soziologie geworden.
[2] Wenn I. Kant (1784) von der immer wieder angesprochenen „ungeselligen G." des Menschen spricht, so unterstellt er einen grundsätzlichen Konflikt zwischen individuellen und sozialen Neigungen; er versöhnt damit Th. Hobbes und Aristoteles, indem er den Staat auf die vernünftige Übereinkunft von ungesellig-egoistischen Motivationen der Einzelmenschen zurückführt und als Opposition die G. als gleichsam natürliche Grundlage der Gesellschaft setzt.
[3] Bezeichnung für das zweckfreie Zusammensein von Menschen um seiner selbst willen. In diesem Sinne definiert G. Simmel (1910) G. „als die Spielform der Vergesellschaftung". Das zweckfreie zwischenmenschliche Verhalten in der G. entspreche dem zweckvollen in der Gesellschaft; erfolge hier die Vergesellschaftung, die Sozialisation, durch das Erlernen der sozialen Formen, so bei der G. durch das Spielen dieser Formen, die an keinen Inhalt geknüpft seien, also leere Formen, Spielformen sind. Die Vergesellschaftung mittels G. erfolgt mittelbar, indem die Regeln, die an den Formen haften, gelernt bzw. verstärkt werden. Der Reiz der G. für den Menschen liegt im Hang zur G. – Simmel redet gar von einem nicht biologisch gemeinten „G.strieb" –, zu einem entlastenden Miteinander. Voraussetzung hierfür sei eine, nicht durch soziale Schranken behinderte unmittelbare Interaktion und das Absehen von der sozialen Persönlichkeit, was dem Einzelnen Freiheit einräume. Bedingungen seien sodann, dass der Alltag nicht in die G. eingezogen werde, das Spielen nie in Ernst umschlagen dürfe und man taktvoll miteinander umgehe, also stets, bei aller vorgegebenen Nähe, Distanz wahre. Jeder spielt in der G. sich selbst. **O.R.**

Geselligkeit, ungesellige → Geselligkeit [2]

Gesellschaft, [1] das jeweils umfassendste System menschlichen Zusammenlebens. Über wei-

G

tere einschränkende Merkmale besteht kein Einverständnis.   N.L.

[2] Der G.sbegriff ist immer Teil einer Theorie des menschlichen Zusammenlebens, als theoretischer Begriff immer abhängig von der sozialen Realität der G. als seiner Praxis. Mit dem Erstarken des Bürgertums, das an der öffentlichen Gewalt nicht teilhat, kommt es in der Sozialphilosophie seit dem 17. Jahrhundert im Rahmen der herrschenden → *societas-civilis*-Vorstellung zur Problematisierung der Legitimität politischer Herrschaft (T. Hobbes, B. Pascal, J. Locke), die erst nach der französischen Revolution zur Trennung des Verständnisses von Staat und G. führt (C.H. de Saint-Simon, G.W.F. Hegel, L. von Stein). Die Erkenntnis, dass die G. ihre politische Verfassung nach Stand der eigenen Entwicklung ändern kann, schlägt sich in der klassischen Soziologie im Begreifen der G. als eine werdende nieder (A. Comte, Frühsozialismus, deutscher Idealismus). Von ihr ist dann die jeweils statisch verstandene politische Verfassung abhängig. Damit wird das Wesen des G.sbegriffs geändert, indem die Einheit der G. nun nicht mehr in der politisch-staatlichen Bedürfnisbefriedigung, sondern – sozialhistorisch synchron mit der Industrialisierung – in der Wirtschaft, in einem System der Befriedigung ökonomischer Bedürfnisse (Saint-Simon, C. Fourier, K. Marx) liegt. Ganz im Sinne der → Aufklärung geht die Soziologie in der ersten Hälfte des 19. Jahrhunderts davon aus, dass im Verstehen der G. als einer letztlich → natürlichen Ordnung nicht die G. selbst problematisierbar ist, sondern nur ihre „pathologischen Auswüchse" müssen offenkundig gemacht und damit heilbar werden (Saint-Simon: Herrschaft; C. Fourier: Handel; P.J. Proudhon: Eigentum; von Stein, Marx, F. Engels: Klassenstruktur). Erst als der Begriff der → bürgerlichen G. durch das Anwachsen des vierten Standes (Proletariat) nicht mehr synonym mit G. verwendbar ist, wird die Koppelung von Vernunft und G. suspekt und in der Soziologie reflektiert (F. Tönnies); einerseits wird nun der emotional orientierte Gemeinschaftsbegriff zum Gegenbegriff der G. (→ Gemeinschaft – G.), andererseits wird die G. nun als weitestgehend unbeeinflussbar durch ihre Mitglieder interpretiert: Die G. als → sozialer Körper ist ein eigenes Lebewesen, das unabhängig von seinen Teilen entscheidet (H. Spencer, A. Schäffle, R. Worms), bzw. die G. ist Partner im Kampf ums Dasein und kann, ohne sich selbst zu gefährden, keine Rücksichten auf ihre Mitglieder nehmen (→ Sozialdarwinismus). Erst mit diesem Schritt löst sich das Verständnis auf, dass die G. als das

Ganze mit den Individuen als ihren Teilen einen identischen Zweck habe; G. wird nun Objekt der soziologischen Forschung; sei es, dass als Äquivalent für G. der Gruppenbegriff eingeführt wird (L. Gumplowicz), um die Identität des Zwecks der Teile und des Ganzen zu wahren, sei es, dass die G. als Mittel für die Zwecke der Teile oder die Individuen als Mittel für den Zweck der G. analysiert werden.   O.R.

In der neueren Soziologie finden sich vor allem die folgenden Konzeptionen von G.:

[3] G. als Summe von Individuen, die durch ein Netzwerk sozialer Beziehungen miteinander in Kontakt und Interaktion stehen, bzw. als Summe der sozialen Wechselwirkungen. Aus dieser Sichtweise ist die Untersuchung der G. eine Untersuchung der Formen und Strukturen der Beziehungen (G. Simmel). M. Weber bezeichnet die gesellschaftlichen Beziehungen, aus deren Summe die G. entsteht, mit dem Begriff des sozialen Handelns, das dadurch gekennzeichnet ist, dass sein vom Handelnden gemeinter Sinn immer auf das Handeln anderer bezogen ist und durch diese Orientierung gesteuert wird.   H.W.

[4] In der Nachfolge M. Webers definiert die Theorie des Handlungssystems (T. Parsons) G. als die Kollektivität (= soziales System mit gemeinschaftlicher Wertorientierung und Handlungsfähigkeit), die alle erhaltungsnotwendigen Funktionen in sich erfüllen kann (Autarkie).
                                                        N.L.

[5] Ähnlich der Handlungstheorie wird in kulturanthropologischen Theorien G. als Gruppe von Individuen definiert, die sich durch eine gesonderte Kultur (Wertsystem, Tradition) auszeichnet und unabhängig von anderen Gruppierungen ist (nicht Untergruppe einer anderen Gruppe). Bestimmend für die sozialen Beziehungen ist das Hineinwachsen des Einzelnen in die durch die Kultur angebotenen Orientierungen und Handlungsformen.

[6] Als deskriptiver Begriff wird G. meist durch Aufzählung von Eigenschaften definiert: u.a. abgegrenztes Territorium; die Bevölkerung besteht aus beiden Geschlechtern und allen Altersgruppen; die G. erneuert sich selbst durch sexuelle Reproduktion; sie existiert über die Lebenszeit der Individuen hinaus; sie besitzt bestimmte Organisationsformen und eine eigene Kultur.
[7] → Gesamtgesellschaft   H.W.

Gesellschaft, akephale → akephal

Gesellschaft, antagonistische, bezeichnet bei W. Abendroth die durch das Weiterbestehen von Klassenkonflikten gekennzeichnete spätkapitalistische Gesellschaft. Entgegengesetzt ist die

These des „gesellschaftlichen Pluralismus", dessen Existenz verneint wird. **W.St.**

Gesellschaft, asymmetrische, Charakterisierung der zeitgenössischen Gesellschaft durch J. Coleman (1982): Korporative Akteure, vor allem in Gestalt großer Organisationen in fast allen Lebensbereichen, sind den einzelnen Personen in der Regel machtüberlegen; die enorme und unaufhaltsame Zunahme korporativer Akteure führt dazu, dass ihnen die individuellen Akteure in der Gestaltung ihrer Lebensverhältnisse zunehmend ausgeliefert sind. Ohne expliziten Bezug darauf führt die → soziologische Zeitdiagnose der a.G. die früheren Zeitdiagnosen der „bürokratischen Herrschaft" (M. Weber) und der „verwalteten Welt" (T.W. Adorno und M. Horkheimer) fort. **U.Schi.**

Gesellschaft, bäuerliche, *peasant society,* Form der Agrargesellschaft, gekennzeichnet durch Homogenität gleichartiger, i.d.R. subsistenzorientierter bäuerlicher Familienwirtschaften, die in dörflichen oder genossenschaftlichen Verbänden zusammengeschlossen sind und gegenüber den Oberherrn, Städten und insb. dem Staat ein eigenes Wert- und Regelsystem (Heirat, Erbschaft, gegenseitige Hilfe, Recht) behaupten. Typischerweise verläuft die Beziehung zum übergeordneten Herrschaftsverband in Form der Verwandtschaft (Klan) oder der Patronage, z.B. über einen Kaziken. Aufgrund der geringen inneren Differenzierung wird der b.n G. großes Beharrungsvermögen zugeschrieben. **H.W.**

Gesellschaft, bürgerliche, [1] eine Gesellschaftsform, die geprägt ist durch das Bürgertum (→ Stand, dritter). Der Begriff b. G. bezeichnet hiermit die Gesellschaft des ausgehenden 17. bis zum beginnenden 19. Jahrhundert in West-, Mittel- und Nordeuropa. Das Bürgertum partizipierte nicht an der politischen Herrschaft, emanzipierte sich jedoch durch Machtentfaltung im ökonomischen Bereich und reduzierte damit das Politische auf das staatliche Handeln. Dies schlug sich in der (ideengeschichtlichen) Trennung von Staat und Gesellschaft nieder, wobei das Bürgertum als → räsonierendes Publikum das Politische in Abhängigkeit von der Gesellschaft, d.h. der → *volonté générale* des Bürgertums, brachte und den ökonomischen Bereich, nun zentraler Bestandteil der Gesellschaft, in Betonung der → *volonté de tous* (→ Liberalismus) aus der Einflusssphäre des Politischen löste.

[2] In der deutschsprachigen Literatur ist der Begriff b. G. stark gekennzeichnet durch die Umschreibung G.W.F. Hegels. Nach ihm ist die b. G. ein „System der Bedürfnisse", in welchem „die Personen als solche nicht die absolute Ein-

heit, sondern ihre eigene Besonderheit und ihr Fürsichsein in ihrem Bewusstsein und zu ihrem Zwecke haben – das System der Atomistik. (...) Die in sich entwickelte Totalität dieses Zusammenhangs ist der Staat als b. G. oder als äußerer Staat."

[3] In der alteuropäischen Tradition bis um 1800 Bezeichnung für Staat und Gesellschaft als die Vereinigung der rechtsfähigen und politisch berechtigten, d.h. ökonomisch und rechtlich freien Bürger. Diese Vereinigung ist ein homogenes Herrschaftsgefüge, das zwar auf der ökonomischen Sphäre beruht, die aber als Teil der häuslichen Gesellschaft nicht Teil der b.n G. ist. Damit gehören nicht zur b.n G. die Sklaven, Leibeigenen, Knechte, Lohnabhängigen wie auch nicht Frauen und Kinder. → *societas civilis*

[4] Synonym für kapitalistische Gesellschaft. → Kapitalismus **O.R.**

Gesellschaft, dualistische, setzt sich aus zwei unterschiedlich organisierten, relativ autonomen gesellschaftlichen Sektoren zusammen. Typisch ist etwa das Nebeneinander eines subsistenzwirtschaftlichen und eines kapitalistischen Sektors in Entwicklungsländern (wirtschaftlicher Dualismus). **W.La.**

Gesellschaft, einsegmentäre → Morphologie, soziale

Gesellschaft, entwickelte, auch: industrielle Gesellschaft, Bezeichnung für Gesellschaften, die im Unterschied zu den sog. unterentwickelten, agrarischen Gesellschaften auf einer fortgeschrittenen industriellen Produktion beruhen. Hinter dem Begriff der e.n G. steht i.d.R. die Vorstellung des → Industrialismus als Endstufe gesellschaftlicher Entwicklung, die die inneren Konflikte und Widersprüche dieser Gesellschaften außer Acht lässt. **H.W.**

Gesellschaft, familiaristische → Familismus

Gesellschaft, geschlossene, Bezeichnung von K.R. Popper für die magische, stammesgebundene oder kollektivistische Gesellschaft, in der die sozialen Beziehungen nicht abstrakt geregelt sind (Arbeitsteilung, Güteraustausch), sondern die Mitglieder konkret physische Beziehungen untereinander haben (Berührung, Geruch, Sicht). **O.R.**

Gesellschaft, industrielle → Industriegesellschaft; → Gesellschaft, entwickelte

Gesellschaft, kalte, frz.: *societé froide,* nach C. Lévi-Strauss Bezeichnung für eine Gesellschaft ohne Geschichte, die mittels speziell entwickelter Institutionen versucht, „auf gleichsam automatische Weise die Wirkungen zu annullieren, die die historischen Faktoren auf ihr Gleichgewicht und ihre Kontinuität haben können". K. G. soll Bezeichnungen wie archaische Gesellschaft, → primitive Gesellschaft, geschichtsloses Volk ersetzen. Gegenbegriff: → warme Gesellschaft   O.R.

Gesellschaft, kapitalistische → Kapitalismus

Gesellschaft, klassenlose, [1] in der marxistischen Theorie Begriff für die Gesellschaftsformationen, in denen die Produzenten die Produktion gemeinschaftlich betreiben und die Resultate gemeinschaftlich aneignen, also für die urkommunistische und die kommunistische Gesellschaft: in ihnen ist die Trennung der Gesellschaft in herrschende und ausgebeutete Klassen aufgehoben in der gemeinschaftlichen Verfügung über Produktion und Aneignung.

Die marxistische Diskussion in den früheren sozialistischen Gesellschaften ging überwiegend davon aus, dass hier Klassen noch bestanden, wenn auch nicht mehr notwendig in einem antagonistischen Verhältnis.

[2] Der Begriff der k.n G. wird in der gesellschaftspolitischen Literatur zur Kennzeichnung kapitalistischer Gesellschaften benutzt, wenn nachgewiesen werden soll, dass in diesen der Klassengegensatz durch Industrialisierung, parlamentarische Demokratie und Sozialgesetze aufgehoben sei.   W.F.H.

Gesellschaft, matristische → Mutterrecht – Vaterrecht [3]

Gesellschaft, multikulturelle, teils deskriptiv, teils normativ verwendeter Begriff für moderne, nicht homogene Gesellschaften, deren Mitglieder sich als Ergebnis weltweiter Migrationsprozesse in Bezug auf ethnische und regionale Herkunft sowie religiöse und kulturelle Zugehörigkeit unterscheiden. Normativ wendet sich das Konzept gegen Begriffe wie den der → Leitkultur, die den Primat einer unterstellten Mehrheitskultur festschreiben wollen. Gegenüber Ländern wie den USA und Kanada begann die Diskussion um eine m.G. in Deutschland verspätet, weil Deutschland sich offiziell bis heute nicht als Einwanderungsland definiert. Das Konzept wird mit unterschiedlichen politisierenden Absichten verwendet: von denen, die die Spielregeln einer toleranten und pluralistischen Gesellschaft einfordern (Leggewie 1990), und denen, die in der m.G. eine Bedrohung und „Überfremdung" erblicken. Kritiker argumentieren, dass durch den Begriff ethnische und kulturelle Differenzen festgeschrieben werden.   U.K.

Gesellschaft, offene, Bezeichnung von K.R. Popper (1944) für die Gesellschaftsordnung, die „auf dem Weg über abstrakte Relationen, wie Austausch oder Arbeitsteilung, funktioniert". In ihr sehen sich die Individuen rationalen persönlichen Entscheidungen gegenüber; insoweit die Menschen ihre biologisch-sozialen Bedürfnisse in der o.n G. nicht befriedigen können und diese

ihnen so als abstrakt und entpersönlicht erscheint, fliehen sie in konkrete soziale Gruppen und entwickeln von hier aus Feindschaft gegen die o. G. Gegenbegriff: → Gesellschaft, geschlossene   O.R.

Gesellschaft, orientalische, Abgrenzung zu westlichen Gesellschaften hinsichtlich politischer Struktur, Eigentumsverhältnissen und Entwicklungsdynamik. → Orientalische Despotie, Fehlen privaten Grundeigentums sowie selbstständiger Städte und Stände, Dominanz von Gemeindestrukturen, endlich Stagnation werden vorrangig mit klimatischen Verhältnissen trockener Zonen erklärt, klassisch bei Montesquieu, in marxistischer Version → asiatische Produktionsweise. Die Kritik, klassisch bei Voltaire, behauptet die grundlegende Identität „orientalischer" und „okzidentaler" Gesellschaften. M. Weber hat die Fragestellung zugespitzt auf die Entstehungsbedingungen des modernen Kapitalismus und die Voraussetzungen von Modernisierung. Die neuere „Orientalismus"-Kritik (u.a. E. Said) stellt Quellen- und Faktengrundlage der Rede von o.r G. grundsätzlich in Frage.   R.Kö.

Gesellschaft, politische → Staat, erweiterter

Gesellschaft, postindustrielle, bei D. Bell ein analytisches Konzept zur Identifizierung eines grundlegenden Wandels in der Sozialstruktur (besonders in Ökonomie, Technik, sozialer Schichtung, Eliten). Nach Bell unterscheiden sich Gesellschaftstypen (vorindustrielle, industrielle und postindustrielle) in ihren → Axial-Prinzipien und -Institutionen. Neues Axial-Prinzip der p.n G. ist die zunehmende Produktion und Kodifizierung von theoretischem Wissen, gegenüber dem alten Axial-Prinzip ökonomisches Wachstum in industriellen Gesellschaften. Hauptproblem p.r G.en ist die Organisation von Wissenschaft und Forschung. Keine notwendige Vereinheitlichungstendenz besteht in p.n G.en auf kulturellem und politischem Gebiet. H.J.D.

Gesellschaft, postkapitalistische, nach R. Dahrendorf entscheidet in den heutigen p.n G.en nicht mehr der Besitz an Produktionsmitteln über die Verteilung von Macht, Herrschaft und Privilegien. In der p.n G. sind demnach regierende und herrschende Klasse nicht notwendig identisch. Damit zusammenhängend hätten sich auch die Konfliktformen und Klassenstrukturen grundlegend geändert. Der alte Konflikt zwischen Lohnarbeit und Kapital werde institutionell geregelt. Konflikte entstehen primär in der politischen Sphäre. Entscheidende Macht liegt in den Händen der Regierungseliten (Verwaltungsstab, Ministerien, oberste Richter). H.J.D.

Gesellschaft, postkoloniale, durch ehemalige Kolonialherrschaft geprägte Gesellschaften der Gegenwart, die i.d.R. gekennzeichnet sind durch unvollständige Produktions- und Reproduktionskreisläufe, dadurch bedingte sozioökonomische Außenorientierung und die Verbindung fluider, durch → strategische Gruppen charakterisierte Formen gesellschaftlicher Differenzierung mit klientelistischen und patrimonialen Machtstrukturen. Die Makrostrukturen der p.G. sind Ergebnis sozialer Koevolution der kolonisierenden und der kolonisierten Gesellschaften, also nicht traditional bestimmt, sondern Teil der gesellschaftlichen Moderne.   R.Kö.

Gesellschaft, postmoderne. A. Etzioni diagnostiziert mit dem Ende des 2. Weltkrieges in den USA den Beginn eines Transformationsprozesses in Richtung p. G. Kennzeichen dafür sind radikale Veränderungen in den Kommunikations-, Wissens- und Energietechnologien. Zentrales Merkmal ist die kontinuierliche Zunahme der Effizienz der Produktionstechnologie und die damit verbundene wachsende Herausforderung für den Primat jener Werte, denen diese Mittel dienen sollen. Primäre politische Aufgabe der p.n G.en werde es sein, den Konflikt zwischen technologischer Beherrschung und technologischem Beherrschtwerden zu lösen.   H.J.D.

Gesellschaft, präfigurative, eine Gesellschaft, in der das Verhältnis der Generationen in der Sozialisation verschoben ist: Die Älteren lernen von den Jüngeren (M. Mead 1970).   W.F.H.

Gesellschaft, primitive. Wegen des möglichen abwertenden Beiklangs und der deutlich eurozentrischen Sichtweise wird p. G. heute vorsichtig und distanziert verwendet. Alternative Begriffe haben sich aber entweder nicht gehalten (Naturvölker oder archaische Gesellschaften) oder (noch) nicht durchgesetzt (z.B. schriftlose außereuropäische Gesellschaften).
[1] Allgemeine Bezeichnung für Gesellschaften, die in der Geschichte früh aufgetreten sind.
[2] Gesellschaften, die heute neben feudalen, industriell entwickelten oder auf dem Wege zu solcher Entwicklung befindlichen Gesellschaften frühere Strukturprinzipien repräsentieren (z.B. Schriftlosigkeit, geringe soziale Differenziertheit, Geschichtslosigkeit im Sinne von einfacher Tradierung der Kulturmuster, gering entwickelte Herrschaftsstrukturen, fehlende Trennung von religiösen, ökonomischen und kulturellen Tätigkeitsbereichen). Eine p. G. hat danach wichtige Schritte in der Geschichte hin zu den entwickelten Gesellschaften nicht vollzogen. Das Studium der p.n G.en erleichtert so den Zugang zur Analyse von Geschichte und Struktur der entwickelten Gesellschaften.
[3] Manche Autoren kritisieren die in [2] gemachte Entwicklungsannahme, dass nämlich p. G.en Sozialformen bildeten, die den Entwick-

lungspfad zur modernen entwickelten Gesellschaft abgebrochen oder nicht gefunden haben, und betonen den Eigenwert der p.n G.en unter den Varianten der gesellschaftlichen Ordnung, die sich in der Geschichte der Menschheit herausgebildet haben (betonen auch, dass die zeitgenössischen p.n G.en das Ergebnis einer ebenso langen Geschichte sind wie die modernen, also nicht Abbild menschheitsgeschichtlich früher Formen).   W.F.H.

Gesellschaft, segmentäre, [1] häufig identisch mit → tribaler Gesellschaft. Gesellschaftsform, die aus strukturell, ökonomisch und kulturell gleichartigen lokalen Teilgemeinschaften gebildet wird, die einer gemeinsamen → *lineage* angehören. Im Falle von Konflikten werden in der aufsteigenden Linie der Abstammung Bündnisse aktiviert oder Vermittlungen organisiert.
[2] Bei E. Durkheim ist die s.G. durch Abwesenheit → funktionaler Differenzierung, d.h. im Kern Abwesenheit von → Arbeitsteilung zwischen den konstitutiven Einheiten, gekennzeichnet. Der Zusammenhang wird durch → mechanische Solidarität gestiftet.   H.W.

Gesellschaft, ständische, [1] ein Gesellschaftssystem, das nach sozialen Ständen oder ständischen Schichten gegliedert ist, dem Einzelnen also die meisten Rollen aufgrund seiner sozialen Herkunft (Geburt) zuweist. Die Schichten untereinander haben eine Rangordnung, und zwischen ihnen besteht regelmäßig nur geringe Mobilität.   H.Tr.
[2] → Ständegesellschaft

Gesellschaft, totalitäre → Totalitarismus

Gesellschaft, traditionale, eine Gesellschaft, in der althergebrachte Strukturen, Normen usw. so vorherrschen, dass sie die Entwicklung der Gesellschaft entscheidend bestimmen.   G.E.

Gesellschaft, tribale, auch: Stammesgesellschaft, Tribus, Stamm, methodisch und empirisch problematische Vorstellung einer allgemeinen Gesellschaftsform, die antike und zeitgenössische, „einfache" Gesellschaften umfassen soll. Die Problematik liegt in der historisch und lokal variablen Form der Verbindung von Verwandtschaftsorganisation und politischer Organisation (M. Godelier 1973).
[1] Häufig beinhaltet der Begriff nicht mehr als ein Gebilde von verwandtschaftlichen Gruppen mit einem gemeinsamen Territorium, einem gemeinsamen Namen, von der Gruppe geteilter Kultur und Tradition, ohne staatliche und klassenförmige Organisation, wobei die Frage nach der Form der politischen Organisation (akephal, segmentiert oder zentralisiert) offen bleibt.
[2] Bei L.H. Morgan (*Ancient Society*, 1877) ist der Stamm oder das Gentil die Organisations-

form auf der Stufe der Barbarei zwischen der Wildheit und der Zivilisation (staatliche Gesellschaft). Er ist eine endogame Zusammenfassung von segmentierten Klans einer gemeinsamen Abstammungslinie mit eigenem Gebiet, gemeinsamen Kult und eigener oberster „Verwaltung" (z.B. Rat von Häuptlingen). Nach Morgan findet sich die t. G. sowohl in den antiken Gesellschaften Europas wie bei den Indianern Nordamerikas.

[3] Bei M. Sahlins (*Tribesmen*, 1968) bildet die t. G. eine Entwicklungsstufe zwischen Bande und Staat. Sie verbindet mehrere elementare Einheiten oder Segmente (→ segmentäre Gesellschaft), die durch polyfunktionale Verwandtschaftsbeziehungen gekennzeichnet sind und lokale Ressourcen und Flächen zumindest zeitweilig gemeinsam nutzen. Die lokalen Einheiten werden in Konfliktfällen durch in der Lineage übergeordnete „Bündnisse" politisch organisiert oder unterliegen auf Zeit oder permanent der Herrschaft eines Häuptlings.   H.W.

Gesellschaft, warme, frz.: *societé chaude*, Bezeichnung von C. Lévi-Strauss für Gesellschaft mit Geschichte im Gegensatz zu geschichtsloser Gesellschaft (→ Gesellschaft, kalte). Die w. G. zeichnet aus, „dass sie entschlossen das historische Werden interiorisiert, um es zum Motor ihrer Entwicklung zu machen" (1962). Die w. G. reflektiere nicht nur ihre historische Gebundenheit, sondern vergrößere für sich und andere Gesellschaften durch die Art und Weise der Reflexion die Folgen der Bedingung Geschichte ins Unermessliche.   O.R.

Gesellschaft, zivile → Zivilgesellschaft

Gesellschaftsbild bezeichnet die von Mitgliedern einer Gesellschaft entwickelten Ordnungsvorstellungen über den Aufbau ihrer Gesellschaft, mit deren Hilfe die individuelle Lage in Relation zu den anderen definiert werden kann. Vorausgesetzt ist dabei immer eine irgendwie geartete Differenzierung der Gesellschaft, die entlang verschiedener Dimensionen für Individuen relevant werden kann. In der Dimension der Klassen- und Schichtdifferenzierung ergeben sich so entweder dichotomisch gespaltene G.er (Kapitalisten vs. Arbeiter) oder G.er der graduellen Abstufung (Oberschicht vs. Mittelschicht vs. Unterschicht). Daneben findet sich häufig ein G. der zwar funktional verschiedenen, aber sozial prinzipiell gleichen Bürger; ihm liegt die Dimension der Arbeitsteilung zu Grunde.   W.M.S.

Gesellschaftsbild, dichotomes, Bezeichnung für ein Bild von der Gesellschaft bei Arbeitern, das in industriesoziologischen Untersuchungen von H. Popitz u.a. in den 1950er Jahren vorgefunden

wurde: Die Arbeiter erleben die Gesellschaft als scharf in ein Oben und ein Unten halbiert und verstehen sich selbst als „unten", ohne dass dies ausdrücklich als Klassengegensatz beschrieben würde. Die Dichotomie wird als unüberbrückbar erlebt. Demgegenüber haben Angestellte ein eher → hierarchisches Gesellschaftsbild.   W.F.H.

Gesellschaftsbild, hierarchisches, Bezeichnung für ein Bild von der Gesellschaft bei Angestellten, das in industriesoziologischen Untersuchungen von H. Popitz u.a. in den 1950er Jahren vorgefunden wurde: Die Angestellten sehen über und unter sich andere Schichten und Berufsgruppen, erleben sich selbst in der Mitte und nehmen Stufen und Niveauunterschiede in dieser Hierarchie der Schichten genau wahr. Demgegenüber haben Arbeiter ein eher → dichotomes Gesellschaftsbild.   W.F.H.

Gesellschaftsformation, [1] bei K. Marx uneinheitlich verwendete Bezeichnung für übergreifende Formen oder auch Epochen gesellschaftlicher Entwicklung. Unter der Bezeichnung „ökonomische G.", auch „sekundäre" G., fasst Marx vier „progressive Epochen" oder Produktionsweisen zusammen: antike, asiatische, feudale und kapitalistische Produktionsweise. Diese zeigen gegenüber (ur-)gemeindlichen Produktionsweisen einer „primären" G. auf differenzierte und historisch unterschiedlich verlaufende Weisen den „Scheidungsprozess des Arbeiters von seinen Arbeitsbedingungen", der letztlich zur Herausbildung des Privateigentums an Produktionsmitteln auf der einen und der eigentumslosen, freien Lohnarbeiter auf der anderen Seite führt. Im Sowjetmarxismus (Stalin 1939) wurde hieraus im Sinne eines unilinearen Evolutionismus ein Fünf-Stadien-Schema historisch streng auf einander folgender Produktionsweisen: Urgemeinschaft, Sklaverei, Feudalismus, Kapitalismus, Sozialismus/Kommunismus (unter Auslassung der → asiatischen Produktionsweise).

[2] Bei K. Marx stellenweise auch gleichbedeutend mit → Produktionsweise.

[3] Bei einigen Theoretikern (N. Poulantzas) Begriff für die (ungleichzeitige) Gleichzeitigkeit mehrerer Produktionsweisen in einer meist nationalstaatlich abgegrenzten Gesellschaft oder mehrerer Produktionsverhältnisse in einer Produktionsweise (z.B. Lohnarbeit, Sklaverei, einfache Warenproduktion).   H.W.

Gesellschaftsformation, sozialökonomische → Gesellschaftsformation, ökonomische

Gesellschaftshandeln, soziales Handeln aufgrund von affektiv neutralen Beziehungen, die über Sekundärgruppen, Organisationen, Institutionen, Vereinbarungen vermittelt sind. G. folgt primär einem von privaten Deutungen abgehobenen Bezugsrahmen und orientiert sich an spezifischen Rollen sowie dem Verhalten (Leistung) der Akteure. Rational motivierter Interessenausgleich oder -verbindung (M. Weber) sind typische Funktionen von G. Gegenbegriff: → Gemeinschaftshandeln H.L.

Gesellschaftskritik, allgemeine Bezeichnung für Kritik an der aktuellen Gesellschaft durch Vergleich a) mit anderen und/ oder b) mit früheren Gesellschaften, durch Messen c) an einer Utopie oder d) an ethischen Festsetzungen. In einem weiteren Sinne gehört zur G. auch die Kritik an bestimmten gesellschaftlichen Verhältnissen (Sozialkritik), wie sie Teil jedes sozialen Protestes ist. O.R.

Gesellschaftslehre, [1] modellartiger Entwurf eines globalen gesellschaftlichen Systems. Zugrunde gelegt werden dabei Annahmen über die „richtige" Gesellschaft oder Wesensprinzipien des Gesellschaftlichen, die sich, ebenso wie die daraus abgeleiteten Folgesätze, der empirischen Überprüfbarkeit entziehen.
[2] Zuweilen wird G. gleichgesetzt mit Soziologie. B.W.R.

Gesellschaftslehre, christliche, Entwurf eines gesellschaftsbezogenen Systems von Soll-Sätzen, dessen normative Annahmen den christlichen Heilslehren entstammen. Dieses System zielt nicht auf die analytische Erkenntnis dessen ab, was ist, sondern will zum Handeln anleiten. Grundprinzipien sind, wenn auch mit konfessionellen Unterschieden, das Prinzip der Solidarität, der Verpflichtung zum helfenden Zusammenwirken und das Prinzip der Subsidiarität, d.h. der Hilfe zur Selbsthilfe. B.W.R.

Gesellschaftslehre, formale, [1] Synonym für die auf G. Simmels Arbeiten basierende Soziologie als Wissenschaft von den Formen der Vergesellschaftung bzw. der sozialen Wechselwirkungen.
→ Soziologie, formale
[2] Bezeichnung für das Simmelsche Verständnis von Soziologie. Dieses impliziert eine Neubestimmung der Gesellschaft als des ihr genuinen Objektes. Damit aus einer bloßen Anhäufung von Menschen Gesellschaft im soziologischen Sinne wird, gilt als Voraussetzung, dass Individuen miteinander in Wechselwirkung stehen. Soziologie als Wissenschaft von der Gesellschaft kann „nur diese Wechselwirkungen, diese Arten und Formen der Vergesellschaftung untersuchen wollen". Parallel zu diesem empirischen Gesellschaftsbegriff bemüht sich Simmel zugleich um eine zweifache philosophische Bestimmung von Gesellschaft: Erkenntnistheoretisch ist Gesellschaft für Simmel allein aufgrund eines apriorischen Gesellschaftsbewusstseins der Individuen möglich; metaphysisch fragt Simmel nach dem Sinn und der Funktion der Gesellschaft für das Individuum. B.S.

Gesellschaftslehre, statistische, [1] untersucht das Zusammenspiel von biologischen und sozialen Faktoren im generativen (Bevölkerungs-) Prozess einer Gesellschaft und versucht auf der Basis statistisch ermittelter Regelmäßigkeiten und Entwicklungstrends Struktur- und Entwicklungsgesetze des generativen Geschehens zu formulieren. Die s. G. hat ihren Ursprung in der „Politischen Arithmetik" des 17. und 18. Jahrhunderts; in neuerer Zeit hat sie ihren Niederschlag in den Arbeiten von G. Mackenroth gefunden.
[2] S. G. ist über die bevölkerungssoziologische Dimension hinaus eine Teildisziplin der empirischen Sozialwissenschaften, die in scheinbar willkürlichen Handlungen bestimmte Regelmäßigkeiten zu entdecken sucht, die statistischen Gesetzen unterliegen. In neuerer Zeit von A. Wagner vertreten, geht die s. G. auf A. Quetelet, den Begründer des so genannten statistischen Fatalismus oder Determinismus, zurück. B.W.R.

Gesellschaftsordnung, allgemeine Bezeichnung für die grundlegenden Merkmale einer Gesellschaft, also vor allem für die wirtschaftlichen Formen, die Über- bzw. Unterordnung von Schichten. W.F.H.

Gesellschaftsschicht, [1] der vor allem von T. Geiger verwendete Begriff umfasst die Gesamtheit all derjenigen Personen und Gruppen innerhalb einer Bevölkerung, die sich in gleichartiger, objektiv feststellbarer Soziallage befinden und die sich in Anbetracht dieser Gemeinsamkeit miteinander verbunden fühlen bzw. die sich aufgrund ihrer Gleichartigkeit auch tatsächlich solidarisch fühlen und verhalten. Mit dieser Formulierung glaubt Geiger einen Schichtbegriff gefunden zu haben, der a) über eine bloße Beschreibung und Klassifikation hinausgeht, indem er Lage und Haltung ausdrücklich miteinander verknüpft, der sich aber b) dennoch deutlich genug von den deterministischen Implikationen des Marx'schen Klassenbegriffs abhebt.
[2] Alltagssprachliche Bezeichnung für bestimmte soziale Gruppierungen innerhalb der Gesellschaft, z.B. die oberen Zehntausend, Mittelstand, Arbeiterschaft. M.B.

Gesellschaftsschichtmodell, nach R. Mayntz (1958) Ausdruck für Schichtungsvorstellungen der Bevölkerung, in denen „die einzelne soziale Schicht nicht durch ein einziges objektives Merkmal wie Einkommen, Beruf oder Umfang der Ausbildung und Bildung, sondern durch eine nicht ausdrücklich erwähnte Vielzahl derartiger und anderer Merkmale in irgendeiner ... Kombination" bestimmt wird. Der größte Teil der G.e setzt sich beispielsweise aus folgenden

Ausdrücken zusammen: unterer Stand, untere Klasse, untere Kreise, untere Schicht, Niedriggestellte, Mittelstand, Bürger, mittlere Schicht, mittlere Klasse, oberer, gehobener, höherer, hoher Stand oder Klasse. Gegenüber dem Einkommens-, Bildungs- und Berufsschichtmodell gehen in das G. am ehesten mehr oder weniger unklare Vorstellungen eines gesellschaftlichen Ranges ein. S.S.

Gesellschaftssyntax, ein von D. Claessens in Anlehnung an einen sprachwissenschaftlichen Ausdruck geprägter Begriff. G. bezeichnet ein Regelsystem, das gesellschaftliche Grundelemente einander zuordnet, insbesondere die sozialen Werte und Normen miteinander verklammert.
R.L.

Gesellschaftssystem → System, soziales

Gesellschaftstheorie, [1] allgemein Bezeichnung für Theorien von der → Gesellschaft.
[2] Gleichbedeutend mit dem Theorieverständnis der Frankfurter Schule der Soziologie, → Theorie der Gesellschaft
[3] Im spezifischen Sinne alle Theorieansätze in der Nachfolge der bürgerlichen Philosophie, Sozialtheorie und Ökonomie sowie ihrer Kritik durch K. Marx und F. Engels. Sie gehen von einer Kernstruktur, einem die jeweilige historisch bestimmte Gesellschaft durchgängig oder dominant bestimmenden Verhältnis aus (Kapital oder Feudaleigentum z.B.), um von hier aus die Teilstrukturen des sozialen Lebens zu erklären. Gegenüber der gängigen akademischen Arbeitsteilung der Sozialwissenschaften bestehen sie auf dem Versuch, die Totalität des gesellschaftlichen Lebenszusammenhangs in der Einheit von ökonomischen, sozialen und psychischen Prozessen zu erkennen (und damit für Veränderung zu öffnen). W.F.H.

Gesellschaftsverfassung, „der bewusst geordnete Teil der sozialen Beziehungen" (W. Hofmann 1969), z.B. Staatsverfassung, Rechtsverfassung.
W.F.H.

Gesellschaftsvertrag → contrat social, → Kontraktualismus

Gesellschaftswissenschaft, [1] bezeichnet im engeren Sinne Soziologie, Politische Wissenschaft, Politische Ökonomie, also die Wissenschaften, die sich mit den fundamentalen Strukturen des gesellschaftlichen Lebens befassen.
[2] Im weiteren Sinne alle Wissenschaften vom gesellschaftlichen Leben der Menschen (Erziehungswissenschaft, Geschichte, Psychologie, Sprachwissenschaft usw.), und insofern oft bedeutungsgleich mit Sozialwissenschaften. Werden G. und Sozialwissenschaft aber als bedeutungsgleich verstanden, so sind im Gegensatz zu der mit dem Begriff Sozialwissenschaften oft

verbundenen positivistisch-verhaltenswissenschaftlichen Bedeutung mit G. meist folgende Bedeutungen mitgemeint: Die erkenntnistheoretische Absicht, die Beziehungen der Menschen in der Gesellschaft nicht auf individuelle Merkmale zurückzuführen, sondern diese aus der historisch-konkreten Totalität des gesellschaftlichen Lebenszusammenhangs zu begreifen; die wissenschaftspolitische Absicht, die gesellschaftlichen Konflikte der Menschen nicht von außen zu beschreiben, sondern als Wissenschaft Ausdruck und Moment der fortschrittlichen Tendenzen in diesen Konflikten zu werden und damit zu ihrer Lösung beizutragen. W.F.H.
[3] Im 19. Jahrhundert im deutschsprachigen Bereich svw. Soziologie. O.R.

Gesellung, affiliation, Verhalten, das auf Zusammensein mit anderen Menschen ausgerichtet ist. Als G. auslösend wurden vorwiegend stress- bzw. furchterzeugende Situationen untersucht.
U.Sch.

Gesetz der großen Zahlen, Satz der Stichprobentheorie, der besagt, dass mit wachsendem Stichprobenumfang die Wahrscheinlichkeit, dass das arithmetische Mittel der Realisationen mit dem Erwartungswert der Verteilung der Grundgesamtheit fast übereinstimmt, gegen Eins strebt. Aus dem G. d. g. Z. kann jedoch nicht gefolgert werden, dass bei genügend großem Stichprobenumfang die beiden Werte notwendig übereinstimmen. Im Einzelfall sind beliebig große Abweichungen möglich. Das G. d. g. Z. ist ein wichtiges Hilfsmittel zur Festlegung des Stichprobenumfanges. M.K.

Gesetz der kapitalistischen Akkumulation, [1] auch allgemeines, absolutes G.d.A., wonach der kapitalistischen Anhäufung von Reichtum auf der einen Seite eine Akkumulation von „Elend, Arbeitsqual, Sklaverei, Unwissenheit, Brutalisierung und moralischer Degradation" (K. Marx) auf der anderen Seite entspricht. Marx betrachtet im G.d.A. die Verschlechterung (Verelendung) der Lage vom Kapital beschäftigten Arbeiter, wie die Ausdehnung der → industriellen Reservearmee und der „Lazarusschicht" der Arbeiterklasse (→ Pauperismus). Die dem Kapital nur von außen auferlegbaren „Fesseln" (Arbeitsrecht, Sozialrecht) sind tendenziell immer bedroht. Heute müssen die Massen der Marginalisierten in den Metropolen (Mexiko City, Rio de Janeiro) in das G.d.A. miteinbezogen werden. H.W.
[2] Svw. Zwang zur Akkumulation → Akkumulation [2]

Gesetz der Klassifikation → loi de classement

Gesetz der Konzentration, im Zuge der kapitalistischen Entwicklung wird nach K. Marx die

Gesellschaft polarisiert und das Gesamtkapital auf nur wenige Hände verteilt, da der Großbetrieb aufgrund des rationelleren Einsatzes der Produktionsmittel und der relativ schnelleren Kapitalakkumulation die Kleinunternehmen aus der Konkurrenz wirft und die kleinbetrieblichen Eigenproduzenten proletarisiert. Dieser Prozess ist nicht abgeschlossen (z.B. Bildung neuer Kapitale im Bereich des sog. „Mittelstands).

                                     C.Rü.

Gesetz der kulturellen Beschleunigung, Bezeichnung für den angenommenen Sachverhalt, dass im Verlauf der Geschichte die Fähigkeit der Menschen immer schneller wächst, ihre Zwecke in materiellen, biologischen, psychischen und sozialen Bereichen zu verwirklichen.
                                     O.R.

Gesetz der logarithmischen Wellen, besagt, dass im Verlauf der Geschichte die Erfüllung von sozialen Zwecken (ablesbar an Erfindungen, Anwachsen spezieller sozialer Organisationen und Kulturkomplexe) in der Form aufsteigender Wellen fortschreitet; d.h. in Analogie zu logarithmischen Kurven verläuft der Anstieg zuerst langsam, wird dann immer steiler bis zu einem Gipfelpunkt; danach verflacht die Kurve oder steigt ab.
                                     O.R.

Gesetz der natürlichen Auslese, besagt nach C. Darwin, dass sich aus der durchschnittlichen Konstanz der Populationsgrößen und einer permanenten Überproduktion von Nachkommen ein „Kampf ums Dasein" ergibt, in dem nur diejenigen sich durchsetzen und fortpflanzen können, die der je spezifischen Umweltsituation am besten gewachsen sind, während die anderen ausgemerzt oder prozentual vermindert werden.
                                     O.R.

Gesetz der Oligarchie, ehernes, Feststellung von R. Michels (1910), dass im politischen System oligarchische Tendenzen herrschen. Selbst in demokratisch ausgerichteten politischen Institutionen hat eine Minderheit die relevanten Entscheidungspositionen inne, die für die Mehrheit unerreichbar sind, da die Minderheit ihre Positionen durch Sich-wiederwählen-Lassen behält oder unter sich austauscht.
                                     O.R.

Gesetz der Partizipation, von L. Lévy-Bruhl (1921) vorgeschlagener Begriff für eine Struktur → prälogischen Denkens, die er bei den Angehörigen der primitiven Gesellschaften wirksam sah: Hier gelte weder der Satz vom ausgeschlossenen Widerspruch, noch folgten Weltbild und Handlungserklärung der Kausalannahme. Alle Wirkkräfte und Momente des Lebendigen werden als miteinander verknüpft vorgestellt (so insbesondere demonstrierbar bei den Vorstellungen und Praktiken im Zusam-

menhang mit Tod, erstem und zweitem Begräbnis usw.).   W.F.H.

Gesetz der Suggestion. S. Sighele ging in seiner Soziologie (1891) davon aus, dass die Suggestion i.S.v. unterschwelliger Beeinflussung die entscheidende Größe zur Erklärung sozialen Verhaltens sei. Dem von ihm formulierten G.d.S. sprach er „universelle Bedeutung" zu: „Niemand bewegt sich, wirkt, denkt, außer dank einer Suggestion, welche durch den Anblick eines Gegenstandes, das Hören eines Wortes oder Tones, durch irgendeine von außen auf unseren Organismus einwirkende Bewegung hervorgebracht worden ist". Sighele kritisierte damit auch das Gesetz der → Nachahmung von G. Tarde (1890), sei Nachahmung doch von der Suggestion hervorgebracht.   O.R.

Gesetz der Wirkung → Effektgesetz

Gesetz des Effektes → Effektgesetz

Gesetz des evolutionären Potenzials, eine von E.R. Service (1960) in bewusster Ablehnung eines linearen Entwicklungsbegriffs aufgestellte Hypothese, dass, je spezialisierter und angepasster eine Form in einem gegebenen Stadium der Evolution sei, ihr Potenzial umso geringer sei, auf das nächste Stadium überzugehen.   O.R.

Gesetz des geringstmöglichen Aufwandes, *law of least effort,* Bezeichnung für den Tatbestand, dass aus einer Menge von Reaktionen, über die ein Organismus verfügt, jeweils diejenige Reaktion ausgewählt wird, die mit größter Wahrscheinlichkeit – aufgrund bisheriger Erfahrungen – auf dem kürzesten Wege zum Erfolg führt.   H.S.

Gesetz des kategorialen Urteils, *law of categorical judgement,* ein von L.L. Thurstone entwickeltes Kalkül zur Skalierung von Stimuli (z.B. *items*), die auf einer Dimension entlang einer sie repräsentierenden Stufenskala angeordnet werden sollen. Das G. d. k. U. geht davon aus, dass ein auf die Dimension bezogenes psychologisches Kontinuum in Stufen bzw. geordneten Kategorien unterteilt werden kann. Urteilsschwankungen entsprechend liegen die kategorialen Grenzen nicht fest, sondern sind als Normalverteilungen darstellbar. Die Anordnung eines Stimulus auf der Stufenskala bedeutet eine Entscheidung darüber, ob ein Stimulus ober- oder unterhalb einer kategorialen Grenze liegen soll. Die Grenzen haben die Funktion des Vergleichsstimulus beim Gesetz des vergleichenden Urteils; die Ableitung des Kalküls ist daher analog.   P.P.

Gesetz des soziodynamischen Effekts → Gesetz, soziodynamisches

Gesetz des steigenden Surplus, besagt, dass im Kapitalismus die Ausbeutung des Arbeiters durch die Verlängerung des Arbeitstages und/

oder die Intensivierung der Arbeit selbst ständig zunehmen werde. Nur dadurch lasse sich eine den Verwertungsinteressen des Kapitals entsprechende Aneignung von Mehrwert erreichen.

C.Rü.

Gesetz des tendenziellen Falls der Profitrate, Bezeichnung für ein nach K. Marx zentrales Bewegungsgesetz kapitalistischer Produktionsweise, für das sich in seinen Schriften verschiedene, teils plausible, aber nicht zwingende Begründungen finden. Ausgangspunkt ist die steigende Wertzusammensetzung des Kapitals (relative Zunahme des konstanten im Vergleich zum variablen Kapital) (c/v), die darauf hindeutet, dass die Wertgröße der Mehrwert (m) produzierenden Arbeit (v) im Vergleich zur Gesamtmasse des zu verwertenden Kapitals (c) langfristig sinkt. Die zusammengefasste gesellschaftliche Profitrate $p = m/(c + v)$ bezieht den produzierten Mehrwert auf das Gesamtkapital. Hierfür lässt sich auch schreiben: $p = m/v / (c/v + 1)$. Die Profitrate hängt danach von der Mehrwertrate (m/v) und der Wertzusammensetzung (c/v) ab. Damit das Gesetz allgemein gilt, müsste gezeigt werden können, dass die Mehrwertrate oder Ausbeutungsrate im Verlauf der Akkumulation notwendigerweise langsamer steigt als die Wertzusammensetzung. Marx selbst spricht aufgrund vieler möglicher entgegenwirkender Faktoren nur von einer, allerdings zwangsläufigen, „Tendenz" zum Fall der Profitrate. Mit dem Gesetz sind sowohl die zyklischen Krisen, wie die Krisenhaftigkeit der kapitalistischen Akkumulation und die innere Tendenz zum Zusammenbruch begründet worden.   H.W.

Gesetz des vergleichenden Urteils, *law of comparative judgement,* ein von L.L. Thurstone entwickeltes Kalkül zur Konstruktion einer Intervallskala auf der Grundlage des Paarvergleichs einer Reihe von Stimuli (z.B. *items*). Das Kalkül leitet den Skalenwert eines Stimulus aus der Häufigkeitsrate ab, mit der Stimulus S_i größer als Stimulus S_j oder S_i kleiner als S_j eingestuft wird. Zugrunde liegt das Postulat, dass jedes Urteil über einen Stimulus durch einen Wert auf einem psychologischen Kontinuum einer Einstellungsdimension abgebildet werden kann und dass intra- und interpersonelle Schwankungen der Urteile eine Häufigkeitsverteilung um einen Modus bedingen. Unter der Voraussetzung der Normalverteilung lässt sich der Modus als Mittelwert interpretieren, der den Skalenwert des Stimulus darstellt.   P.P.

Gesetz vom abnehmenden Grenzertrag → Ertragsgesetz

Gesetz, [1] Norm, Regel, die innerhalb eines festgelegten Geltungsbereiches für eine benannte Menge von Personen, Handlungen und Hand-

lungsmöglichkeiten verbindlich und deren Nichteinhaltung von der gesetzgebenden Instanz mit Sanktionen bedroht ist.

[2] Ethisches oder moralisches Prinzip, das für alle Menschen verbindlich sein soll.

[3] Regelmäßigkeiten in der Natur; Naturgesetze, die unabhängig von Beobachtern die Vorgänge in einem Bereich der Realität bestimmen.

[4] Logisches Gesetz; Aussagen der Mathematik und Logik, die unabhängig von der Erfahrung wahr sind.

[5] Wahre Aussagen einer empirischen Wissenschaft über ein Naturgesetz.   H.W.

[6] Bezeichnung für Aussagen einer bestimmten Form: Gesetzeshypothesen oder nomologische Hypothesen. G.e in diesem Sinne sind Allaussagen, die Sachverhalte und Ereigniszusammenhänge bezeichnen, die unter bestimmten angegebenen Bedingungen auftreten. Sie haben etwa die Form: Wenn der Sachverhalt x vorliegt und die Bedingungen y_1, y_2, ... gegeben sind, dann wird der Tatbestand z eintreten. Die Gesetzesaussage soll raumzeitlich uneingeschränkt gelten. Ist die Geltung eines G.es eingeschränkt, etwa in der Soziologie auf einzelne Kulturen oder Epochen, dann wird auch von einem Quasi-Gesetz (H. Albert) gesprochen. G.e der angegebenen Form bilden die Grundlage der deduktiv- nomologischen Erklärungsform. Aufstellung und Verbindung von G.en in Theorien und deren empirische Überprüfung sind in verschiedenen Konzeptionen (logischer Empirismus) Hauptziele der empirischen Wissenschaften. Über die Kriterien der „Gesetzesartigkeit" von Aussagen findet sich in der Literatur keine Einigkeit.   L.K.

Gesetz, deterministisches, Aussage über Regelmäßigkeiten oder Beziehungen zwischen Ereignissen, Objekten, nach der bei Vorliegen eines bestimmten Sachverhalts ein anderer Sachverhalt mit Notwendigkeit, ohne Ausnahme vorliegt oder eintritt, z.B. bei kausalen Gesetzen. Nur mithilfe von d.n G.en sind deduktiv verfahrende Erklärungen möglich.   H.W.

Gesetz, empirisches, [1] beobachtete Regelhaftigkeit von Sachverhalten und Vorgängen in der Realität im Sinne eines Naturgesetzes (→ Gesetz [3]).

[2] Gesetzesaussage, die in einer → Beobachtungssprache formuliert ist.   H.W.

Gesetz, Fechner'sches → Fechner'sches Gesetz

Gesetz, historisches, Bezeichnung für so genannte Entwicklungsgesetze (→ Historizismus), nach denen die Entwicklungsstufen der Gesellschaft notwendigerweise in einer bestimmten Ordnung aufeinander folgen, d.h. dass gesellschaftliche Entwicklungen oder andere historische Prozesse immer nach einem gleichen Schema verlaufen. Nach K.R. Popper stellen die h.n G.e in den Sozialwissenschaften keine Gesetze, sondern nur Feststellungen über singuläre historische Ereignisse, d.h. beobachtete Sequenzen dar, solange nicht Bedingungen angegeben werden können, unter denen etwa ein bestimmtes Entwicklungsschema in allen Gesellschaften vorfindbar wäre.   H.W.

Gesetz, ideomotorisches → Carpenter-Effekt

Gesetz, individuelles, Bezeichnung G. Simmels (1913/1918) für seinen Entwurf einer Moral für das gegenwärtige Stadium der Kulturentwicklung, in dem die Menschen ihr Leben nicht „unter einem patriarchalischen Despotismus" gestalten. Gemeint ist soviel wie die Mitarbeit an ästhetischen, kulturellen, religiösen, altruistischen, patriotischen usw. Aufgaben, die – absichtslos – eine „Vollendung der Persönlichkeit" herbeiführt, die Verwirklichung einer idealen Lebensgestalt. Wichtigste Frage dieser Moral ist: „Kannst du wollen, dass dieses dein Tun dein ganzes Leben bestimme?" (denn jedes Tun forme die Gestalt des Lebenslaufs mit). Wegen dieser Gebundenheit an die sittliche Gestaltung des je eigenen Lebens hält Simmel das i.e G. nicht für ausformulierbar. Individuell bzw. Individualität meinen dabei nicht Besonderheit oder Einzigartigkeit (im Vergleich zu anderen), sondern die unhintergehbare Tatsache, dass das Leben nur als individuelles lebt, dass alles Geschehen und Handeln an, mit und durch ein lebendiges Individuum geschieht (also „Eigenheit" statt Einzigartigkeit).   W.F.H.

Gesetz, kausales, Annahme über ursächliche Beziehungen zwischen Klassen von Ereignissen, an die in der Regel folgende Anforderungen gestellt werden: die Beziehungen sollen deterministisch sein, sie sollen einen Ablauf oder Prozess beinhalten, sie sollen exakt, quantitativ formuliert sein, sie sollen gegenüber Verschiebungen in Raum und Zeit invariant sein. Als weitere Merkmale werden auch genannt, dass sie Mikroereignisse (aus denen größere Phänomene aufgebaut sind) verbinden sollen, dass die Beziehungen zwischen Ursache und Wirkung direkt (Nahwirkung) sind. Diese Forderungen werden häufig in unterschiedlicher Kombination zur Explikation von k.n G.en benutzt.   H.W.

Gesetz, normatives → Gesetz

Gesetz, soziodynamisches, auch: Gesetz des soziodynamischen Effekts, besagt nach J.L. Moreno (1967), dass in einem soziometrischen Test stets einige wenige Personen „einen Überschuss an Wahlen" erhalten, etliche aber mehr oder weniger isoliert bleiben.   R.Kl.

Gesetz, statistisches, unter bestimmten angegebenen Bedingungen (Ursachenkomplex) bestehende, invariante Wahrscheinlichkeitsbeziehung zwischen Ereignisklassen (z.B. die Vererbungsgesetze von Mendel). „Immer wenn A vorliegt, kann mit einer Wahrscheinlichkeit x das Vorliegen von B erwartet werden."   H.W.

Gesetze, materielle, Begriff der Marx'schen Theorie für „aus der Naturnotwendigkeit der Produktion selbst hervorgehende Formen, die von Willen, Politik usw. unabhängig sind" (K. Marx 1862) und bestimmte historische Gesellschaftsstufen bestimmen.   W.F.H.

Gesetzeshypothese → Gesetz

Gesinnungsethik, von M. Weber eingeführte Bezeichnung einer ethischen Haltung, die die Richtigkeit eines Handelns in erster Linie aufgrund von Überzeugungen und nicht im Hinblick auf die zu erwartenden Folgen beurteilt (→ Verantwortungsethik).   F.X.K.

GESIS, Abk. für die Gesellschaft Sozialwissenschaftlicher Infrastruktureinrichtungen. Die von der Bundesrepublik („Blaue Liste") geförderte Gesellschaft setzt sich aus drei Einrichtungen zusammen, dem Informationszentrum Sozialwissenschaften (→ IZ), dem Zentralarchiv für Empirische Sozialforschung (→ ZA) und dem Zentrum für Umfragen, Methoden und Analysen (→ ZUMA).   C.W.

Gesprächsforschung, untersucht mit soziologischen, psychologischen und linguistischen Methoden und Theorien die Prinzipien und Regeln, wie Akteure Gespräche führen bzw. miteinander interagieren (→ Interaktion, soziale). Im Mittelpunkt stehen: die formale Abwicklung des Gesprächs (Gesprächsorganisation), die sozialen Beziehungsmuster zwischen den Gesprächspartnern, die Gesprächsthemen sowie die Form der Beteiligung der Gesprächspartner (Gesprächsmodalität).   R.S.

Gesprächstherapie, [1] in der Heilbehandlung psychischer Störungen zusammenfassende Bezeichnung für verschiedene Methoden, die eine sprachliche Kommunikation zwischen Patient und Therapeut benutzen. Die G. kann belehrend (psychagogisch), psychoanalytisch oder nicht-direktiv verfahren.
[2] Speziell die klientenbezogene (*client-centered*) Gesprächspsychotherapie, in der es dem Patienten möglich wird, sich verstanden und akzeptiert zu fühlen sowie sich selbst verstehen zu lernen.   R.L.

Gestalt, Bezeichnung für ein Gebilde, eine Konfiguration oder eine Ereignisfolge, die zwar aus unterschiedlichen Elementen, Gliedern oder Einzelvorgängen zusammengesetzt sind, jedoch nicht als bloße Summe dieser Komponenten wahrgenommen werden, sondern als ein einheitliches, von seiner Umgebung abgehobenes Ganzes. Die G.eigenschaft eines solchen Gebildes

G

wird dabei durch dessen Struktur, d.h. durch die besondere Form der Anordnung, der Aufeinanderfolge oder des Wirkungszusammenhanges der Elemente gestiftet. Die Eigenheiten, die nur der G. als ganzer, nicht aber den einzelnen Elementen der G. bzw. deren Summe zukommen, heißen → Gestaltqualitäten. → Gestaltpsychologie   H.E.M./R.Kl.

Gestalt, gute, bezeichnet in der → Gestaltpsychologie (M. Wertheimer 1957) die Neigung von Versuchspersonen, Bruchstücke sinnvoll miteinander zu kombinieren (z.B. zwei Ausrisse wieder passend zusammenzufügen).   W.F.H.

Gestaltpsychologie, auch Gestalttheorie, Bezeichnung für eine von M. Wertheimer, W. Köhler und K. Koffka begründete Schulrichtung der Psychologie, die (im Gegensatz zum sog. Elementarismus) nicht die Einzelkomponenten oder Elemente des Wahrnehmens und Verhaltens und deren mechanische oder assoziative (→ Assoziationspsychologie) Verknüpfungen als Grundeinheiten und -prozesse des psychischen Geschehens betrachtet, sondern vielmehr die gesthafaften Ganzheiten und Ordnungen im Erleben und Verhalten des Individuums und in dessen Umwelt. Dabei nimmt die G. an, dass → Gestalten im Prozess der Wahrnehmung nicht nachträglich und zusätzlich zu der eigentlichen Sinneswahrnehmung produziert werden, sondern genetisch vor diesen gegeben sind. Die G. war ursprünglich für die Wahrnehmungslehre von Bedeutung. Jedoch wurden ihre Grundannahmen später auf andere psychologische Gebiete übertragen und beeinflussten sozialpsychologische und gruppentheoretische Entwicklungen, in erster Linie die von K. Lewin begründeten Ansätze der → Vektorpsychologie, der → Feldtheorie und der → Gruppendynamik sowie die Theorien der kognitiven → Konsistenz – Inkonsistenz.   R.Kl.

Gestaltqualitäten, auch: Ehrenfels-Kriterien, von C. von Ehrenfels (1890) eingeführte Bezeichnung für die von ihm beschriebenen Eigenschaften von Ganzheiten oder → Gestalten, die sich nicht aus den Eigenschaften der Elemente dieser Ganzheiten herleiten lassen, sondern nur der Gestalt als solcher anhaften. Es handelt sich a) um die „Übersummenhaftigkeit" oder „Übersummativität" (Beispiel: einzelne Töne oder die Summe dieser Töne ergeben noch keine Melodie) und b) um die „Transponierbarkeit" (Beispiel: eine Melodie bleibt auch dann erhalten und als solche wieder erkennbar, wenn sie in eine andere Tonart transponiert wird; die Gestalt der Melodie ist also von der absoluten Höhe ihrer Einzeltöne unabhängig).   R.Kl.

Geste. Der Austausch von G.n ist nach G.H. Mead die Urform von Kommunikation und Ver-

haltenskoordination, typisch für tierische Sozialität, aber nicht auf diese beschränkt. Im Unterschied zu → signifikanten Symbolen funktioniert durch G.n gesteuerte Kommunikation in Form von Reiz-Reaktions-Ketten. Eine G. bezeichnet einen Teil einer Handlung, in dem die gesamte Handlung repräsentiert ist. Für den Empfänger stellt die G. einen Reiz dar, der ihn unmittelbar reagieren lässt. Die Bedeutung einer G. liegt auf einer vorreflexiven Ebene in den Handlungen, die sie hervorruft.   M.M.

Gesundheitssoziologie, umfassende Bezeichnung für die soziologische Erforschung der sozialen und ökologischen Umweltbedingungen von Krankheit und Gesundheit sowie der Versorgungssysteme für Gesunde und Kranke. Der Begriff wurde von K. Hurrelmann (2000) in Analogie zur Gesundheitspsychologie eingeführt. Die G. hat wie die Gesundheitspsychologie – u.a. im Gegensatz zur klinischen Psychologie – einen positiven Gesundheitsbegriff, wie ihn die Weltgesundheitsorganisation (WHO) schon seit 1946 verwendet. Gesundheit ist demnach ein „Zustand des völligen körperlichen, seelischen und sozialen Wohlbefindens und nicht nur das Freisein von Krankheit und Gebrechen".
                                                W.P.

Gesundheitssystem, Bezeichnung für die Gesamtheit aller öffentlichen und privaten Dienste, die Leistungen für die Gesunderhaltung der Bevölkerung erbringen. Das G. umfasst also nicht nur die therapeutischen Dienste des ambulanten und stationären Bereiches, sondern den Bereich der Rehabilitation, der Früherkennung und der Prävention von Krankheit und Behinderung sowie die sozialpolitischen Institutionen, die die Finanzierung dieser Leistungen ermöglichen (gesetzliche Kranken- und Rentenversicherungen).   R.N.

Gewalt, [1] Bezeichnung für einen einmaligen physischen Akt, für den Vorgang, dass ein Mensch einem anderen Menschen Schaden mittels physischer Stärke zufügt.
[2] Bezeichnung für die Form des Einflusses, die permanent gekoppelt ist an das Eingreifen in sittliche Verhältnisse, deren Sphäre durch Recht und Gerechtigkeit abgesteckt wird (W. Benjamin).
[3] Bezeichnung für die dahingehende Beeinflussung von Menschen, dass ihre aktuelle somatische und geistige Verwirklichung geringer ist als ihre potenzielle Verwirklichung; so liegt z.B. Gewalt vor, wenn das Analphabetentum verbreiteter ist als nötig (J. Galtung).   O.R.

Gewalt, direkte → Gewalt, strukturelle

Gewalt, indirekte → Gewalt, strukturelle

Gewalt, personale → Gewalt, strukturelle

Gewalt, strukturelle, indirekte Gewalt, heißt nach J. Galtung der Typ von Gewalt, bei dem die Beeinflussung nicht von einem handelnden Subjekt ausgeht (personale oder direkte Gewalt), sondern im gesellschaftlichen System eingebaut ist; dies äußert sich in ungleichen Macht- und Besitzverhältnissen und davon abhängig in ungleichen Lebenschancen.   O.R.

Gewalt, symbolische, auch symbolische Macht, bezeichnet bei P. Bourdieu die Kraft, die Anerkennung von Bedeutungen durchsetzen zu können. Die s.G. schafft eine Herrschaftsform, die als naturgegeben erscheint. Die Beherrschten erkennen die s.G. meist fraglos an, weil sie mit ihren Dispositionen in Einklang steht.   A.K.

Gewaltenteilung, auch: Gewaltentrennung, Verfassungsgrundsatz bürgerlich-demokratischer Herrschaftssysteme seit der Verfassung der USA: Durch Verteilung der Entscheidungskompetenzen (Gesetzgebung, Regierung, Rechtsprechung) auf verschiedene Organe bzw. Personengruppen soll ein Höchstmaß an wechselseitiger Kontrolle unter den in der Demokratie Machthabenden erreicht und die Konzentration von Macht bei wenigen verhindert werden. Zuerst formuliert von Montesquieu (1748) und entstanden als Kompromiss zwischen absolutem Monarchen, Adel und Bürgertum (dieses übernahm die Gesetzgebung im Parlament), hat die G. in den von Parteien und Interessenverbänden bestimmten Formen der Willensbildung in heutigen Demokratien an Klarheit und Funktion verloren.   W.F.H.

Gewaltentrennung → Gewaltenteilung

Gewaltmonopol, Bezeichnung dafür, dass die Anwendung physischer Zwangsmittel bei bestimmten, meist staatlichen Instanzen konzentriert worden ist, insb. bei der Polizei und dem Militär.   R.L.

Gewaltordnung, das den Staat definierende Monopol auf legitime, durch die Rechtsordnung beschränkte Gewaltsamkeit.   W.F.H.

Gewaltverhältnis, allgemeines – besonderes, Bezeichnung für ein Arrangement von Rechten und insbesondere Pflichten, in dem das Individuum zum Staat steht, und zwar als Bürger bzw. Bürgerin wie alle anderen auch (a. G.) oder als Mitglied in staatlichen Institutionen (b. G.).   R.L.

Gewichtung, [1] Bezeichnung für einen Vorgang bei der Zusammenfassung einzelner Maßzahlen eines Tests (z.B. Intelligenztest) zu einem Gesamtwert (*score*) für den Test, wobei die einzelnen Werte gemäß ihrer Bedeutung für die zu messende Größe durch Multiplikation mit bestimmten Konstanten gewichtet werden. Die Konstanten werden als Gewichte bezeichnet.

[2] Die G. von disproportional → geschichteten Auswahlen erfolgt zur Schätzung bestimmter Werte der Grundgesamtheit, indem die betreffenden Werte der einzelnen Schichten gemäß dem Anteil der jeweiligen Schicht in der Grundgesamtheit mit Gewichten versehen werden.   H.W.

Gewinn-Koalition → Koalition

Gewissheit, soziale, Bezeichnung für den Aspekt des sozialen Handelns, dass der Einzelne, um sinnvoll handeln zu können, davon ausgehen muss, dass die Umwelt für einen bestimmten Zeitabschnitt identisch bleibt.   O.R.

Gewöhnung, [1] Bezeichnung für die abnehmende Bereitschaft, auf einen wiederholt dargebotenen Reiz zu reagieren, oder auch für das leichtre Unbewusstbleiben eines solchen Reizes. So wird z.B. ein Dauergeräusch, an das man sich gewöhnt hat, nicht mehr bewusst wahrgenommen.   H.S.

[2] Svw. → Gewohnheit [1]

Gewohnheit, *habit,* [1] in der Psychologie Bezeichnung für gelernte, durch häufige Wiederholung zunehmend leichter und „automatischer", d.h. unbewusster ablaufende Reaktionen auf bestimmte Reize bzw. angesichts bestimmter Situationen (bei den meisten Menschen z.B. die Verrichtungen vor dem Zu-Bett-Gehen).

[2] In der Soziologie Bezeichnung für Verhaltensweisen (insbesondere Muster sozialer Interaktion), die in wiederkehrenden Situationen routinemäßig und selbstverständlich angewandt werden, ohne jedoch unbedingt verbindlich vorgeschrieben und sanktioniert zu sein. Die Soziologie betont im Allgemeinen, dass soziale Verhaltensweisen (z.B. Rollenverhalten) zwar durch Lernen und Wiederholung zu G.en im psychologischen Sinne von [1] werden könnten, die Entstehung dieser Verhaltensweisen und ihre häufige Wiederkehr selbst jedoch durch soziale Tatsachen erklärt werden müssten.   H.Tr./R.Kl.

Gewohnheitsrecht, derjenige Teil eines aktuell geltenden → Rechts, der nicht in Form von Gesetzen oder höchstrichterlichen Urteilen niedergelegt ist. G. findet sich in einfachen Gesellschaften, ferner in den Lücken des kodifizierten Rechts (so insb. in den internationalen Beziehungen) sowie gelegentlich auch in Abänderung vorhandener Gesetze. Ob eine Norm als G. gilt, entscheidet sich unter zwei Gesichtspunkten: Es wird in einiger Häufigkeit tatsächlich so gelebt, wie sie es beschreibt (lat. *consuetudo*), und die Überzeugung ist verbreitet, so sollte es sein (lat. *opinio necessitatis*). Die empirische Sozialforschung hilft bei der Klärung dieser Tatsachen.   R.L.

Gezweiung → Soziologie, universalistische

G

g-Faktor → Faktor, genereller

Ghetto (ital.), [1] seit dem 16. Jahrhundert Bezeichnung für den abgeschlossenen Bereich in europäischen Städten, in denen die Juden leben mussten.
[2] Seit der bürgerrechtlichen Gleichstellung der Juden im 19. Jahrhundert Bezeichnung für ein zumeist abgesondertes jüdisches Wohnviertel.
[3] G. meint heute im übertragenen, diskriminierenden Sinne einen städtischen Wohnbezirk, in den Bevölkerungsteile ausgegrenzt werden. Wesentliche Merkmale von G. sind: inselhafte Lage, bauliche Abgetrenntheit und die Nichtanbindung an die städtische Infrastruktur; für die Bewohner des G. besteht keine freie Wahl des Wohnortes, keine Wirtschaftsbeziehungen nach außen (oder aber durch Ausbeutung gekennzeichnete), Diskriminierung in sozialen Beziehungen sowie eine über Hautfarbe, ethnische Zugehörigkeit, Religion und/oder niedrigen ökonomischen Status definierte Marginalisierung. Beispiele: das Warschauer G. im Zusammenhang mit dem Judenmord der Nazis während des Zweiten Weltkriegs, Harlem um 1920, die South Bronx um 1990, südafrikanische Townships während der Apartheid, die Slums in den lateinamerikanischen Megastädten.
[4] Begrenzt auf den religiösen Aspekt findet G. auch Verwendung i.S.v. Diaspora.   J.W./O.R.

Ghettoisierung, das Zusammensiedeln einer ethnischen Minderheit in Stadtteilen und Straßenzügen, die ihr dann weitgehend vorbehalten bleiben. Freiwilligkeit und äußerer Druck mischen sich bei G. in verschiedenem Ausmaß. In übertragenem Sinne bezeichnet G. das Sich-Abschließen einer → Randgruppe in ihrer Subkultur.   R.L.

Giffen-Effekt, Bezeichnung aus der Ökonomie nach dem Engländer Giffen für das Ansteigen der Nachfrage nach einem bestimmten Gut bei steigendem Preis. Der G.-E. ist insbesondere bei Grundnahrungsmitteln (z.B. Brot) beobachtet worden, da bei kleinerem Einkommen ein Ansteigen der Preise dieser Güter dadurch ausgeglichen wird, dass die Nachfrage von teureren Gütern (z.B. Fleisch) auf diese Güter verlagert wird. Der G.-E. kann daneben auch bei Waren festgestellt werden, deren Preis dem Konsumenten einen Prestigewert zu verschaffen scheint.   H.W.

Gildensozialismus, die Richtung in der Arbeiterbewegung, die auf eine Förderung der Organisation genossenschaftlicher Selbsthilfe hinwirkte, um die soziale Lage der Arbeiterschaft zu verbessern. Wenn dieser Gedanke auch schon bei den Frühsozialisten eine Rolle spielte (R. Owen, C. Fourier, L. Blanc, P.-J. Proudhon),

so gewann der G. erst zu Beginn des 20. Jahrhunderts in England als Bewegung an Bedeutung. Zunächst handwerklich orientiert (daher Rückbezug auf Gilden), wurde er nach dem ersten Weltkrieg gesamtgesellschaftlich wirksam durch die Zielsetzung, die Fabriken seien an die organisierte Arbeiterschaft zu übereignen.   C.Rü.

Gini-Index, ein nach dem italienischen Statistiker C. Gini benanntes Maß für die ungleichmäßige Verteilung materiellen Besitzes in einer Population. Der G.-I. ist ablesbar an der Fläche zwischen der Lorenz-Kurve einer Verteilung und der Diagonalen, die die theoretische Gleichverteilung darstellt. Je geringer der G.-I., umso geringer die Ungleichheit.   O.R.

glass ceiling (engl.), „gläserne Decke", Bezeichnung für nicht unmittelbar erkennbare Barrieren, die Personen, wie etwa Migranten, insbesondere aber auch Frauen am Aufstieg in Führungspositionen hindern. Zugrunde liegt ein *gender bias*, eine geschlechtliche Substruktur in Organisationen, die eine Geschlechterungleichheit produziert und reproduziert (J. Acker 1991). Eine der Ursachen für das Phänomen *g.c.* ist die geschlechterstereotype Zuschreibung von Eigenschaften, die sich für Frauen in bestimmten Berufspositionen benachteiligend auswirkt.   U.K.

Gleichaltrigengruppe, *peer group,* Bezeichnung für Spielgruppen und andere Gruppen gleichaltriger Kinder und Jugendlicher, deren Bedeutung in unserer Gesellschaft hauptsächlich darin gesehen wird, dass sie als Primärgruppen den Sozialisationsprozess, der in der Familie eingeleitet wird, fortsetzen und dabei zu einer – vor allem emotionalen – Ablösung oder Emanzipation des jungen Menschen von den familiären Abhängigkeitsverhältnissen beitragen.   R.Kl.

Gleichartigkeit, unzusammenhängende → Evolutionsformel

Gleichgewicht, Äquilibrium, auch: Gleichgewichtspunkt, Zustand eines Systems unter gegebenen Umweltbedingungen, in dem die im System wirksamen Kräfte keine Veränderung, keinen Übergang in einen anderen Zustand herbeiführen. Treten keine zusätzlichen Impulse, keine Störungen von außen auf, dann verharrt das System im Zustand des G.s. Kehrt das System bei Abweichungen zum ursprünglichen Zustand zurück, dann liegt ein stabiler G.spunkt vor, im anderen Fall ist das G. instabil. Ein System kann mehrere G.szustände besitzen. Der Ursprung des Begriffs liegt in der klassischen Mechanik. Aus dem physikalischen Kontext wurde die Vorstellung des G.s zunächst in die Ökonomie und dann in die Politik übertragen. In der Soziologie wird der Begriff sowohl in der makro- als auch in der mikrosoziologischen Betrachtung verwendet. Gesamtgesellschaftlich bezeichnet G. einen Zustand, in dem die sozialen Gruppen durch eine gleichmäßige Verteilung der Macht auf gegenseitige Kooperation angewiesen sind. In mikro-soziologischer Sicht kennzeichnet G. die Situation, in der kein Mitglied einer Gruppe dem anderen an Einfluss auf die ablaufenden Gruppenprozesse überlegen ist. G. ist eine Modellvorstellung, die im soziologischen Bereich die Voraussetzung quasi-harmonischer, stabiler Zustände macht, da G.szustände nur durch äußere Einflüsse verändert werden können. Dadurch besteht die Gefahr, dass dynamische Entwicklungen zu statisch interpretiert werden.

R.N./H.W.

Gleichgewicht, kognitives → Balance, kognitive

Gleichgewicht, ökologisches, Bezeichnung für den Zustand eines → Ökosystems, der durch Selbstregulierung einen Ausgleich widerläufiger Kräfte erzielt, was als Dauer fassbar wird. O.R.

Gleichgewicht, quasi-stationäres, bei K. Lewin Bezeichnung für den Zustand in einem quasi-stationären Prozess, in dem sich widerstreitende Kräfte (z.B. die Diskriminierung einer Minorität und der Widerstand dieser Minorität gegen die Diskriminierung) auf einem bestimmten Niveau von Druck und Gegendruck „die Waage halten". R.Kl.

Gleichgewichtsmodell, [1] → Gleichgewicht [2] → Integrationsmodell

Gleichgewichtspunkt → Gleichgewicht

Gleichgültigkeit, höfliche, auch: höfliche Nichtbeachtung, *civil inattention*, bezeichnet nach E. Goffman (1982) ein für angemessen gehaltenes Verhalten vor allem in öffentlichen Situationen: Die einander begegnenden Menschen lassen wohl erkennen, dass sie einander bemerken, vermeiden zugleich aber alle Initiativen, die vom jeweils Anderen als störend oder aufdringlich erlebt werden könnten. W.F.H.

Gleichheit, frz.: *égalité,* [1] als gesellschaftspolitisches Postulat nach J.-J. Rousseau Bezeichnung für jenes Verhältnis zwischen Menschen, bei dem keine einseitige Abhängigkeit des einen vom anderen besteht. Garant der G. ist das Fehlen von Privatbesitz und die freie Verfügung aller über die lebensnotwendigen Güter. Im Prozess fortschreitender Arbeitsteilung wird die G. eingeschränkt durch die weitgehende Differenzierung der Fähigkeiten, Fertigkeiten und Produktionsinstrumente sowie durch die daraus entstehenden einseitigen Abhängigkeiten. Sowohl die auf physisch-geistigen als auch die auf ökonomischen Kapazitätsunterschieden beruhende Ungleichheit wird überformt durch die politisch- rechtlich-moralische G., welche in einem wohl geordneten Gemeinwesen allen Bür-

gern das gleiche Recht zur Mitbestimmung über die gemeinsamen Angelegenheiten und zur Festlegung des Freiheitsspielraums aller gibt.

[2] Bezeichnung für jenen Typus von sozialen Beziehungen zwischen Individuen, Gruppen, Schichten etc. in der Gesellschaft, bei dem im Hinblick auf bestimmte Aspekte (z.B. religiös-sittliche, rechtliche, ökonomische) keine Unterschiede zwischen den Beteiligten bestehen.

F.H.

Gleichheit, totale → Egalitarismus

Gleichheit der Bildungschancen → Bildungschancen

Gleichung, persönliche, *personal equation,* → Beobachtungsfehler. In Anschluss an F. Oppenheimer allgemeine Bezeichnung für die spezifisch persönliche, durch individuelle Anlage und soziale Lebensgeschichte bedingte Abweichung individuellen Verhaltens von normativ verankerten Rollenerwartungen. R.K.

Gleichverteilung, Häufigkeitsverteilung, bei der alle Messwerte die gleiche Häufigkeit besitzen. H.W.

Gleichzeitigkeit, Simultaneität, in der phänomenologischen Soziologie: Koexistenz zweier oder mehrerer Dauern des (subjektiven) Erlebnisstromes, die konstitutiv für gemeinsames Erleben und Handeln ist. K.L.

Gleichzeitigkeitsprinzip, eine Regel der feldtheoretischen Betrachtung von Wirkungen interdependenter Faktoren (→ Feld, → Feldkräfte). Besagt, dass alle das Verhalten beeinflussenden Faktoren als gleichzeitig in einem Feld wirkende Kräfte anzusetzen sind, so z.B. Faktoren, die in der Vergangenheit liegen, als die „Erfahrungen", die gegenwärtig das Handeln einer Person bestimmen. H.E.M.

Global City, eine Stadt, in der sich Kontroll- und Leitungsfunktionen der globalen Ökonomie, insbesondere des Finanzsektors, konzentrieren. Zentrale These des G.C.-Ansatzes ist, dass sich im transnationalen Raum der globalisierten Ökonomie ein Netz von Städten herausbildet, welches diese Funktionen übernimmt. G.C.s zeichnen sich durch soziale Polarisierungstendenzen aus. Die Einwohnerzahl ist im Unterschied zur → Mega City nicht entscheidend.

J.W.

global governance (engl.), [1] umstrittenes, politikwissenschaftliches Konzept, das versucht, staatliche und nicht-staatliche Akteure, Formen der Koordination, Kooperation und kollektiven Entscheidung zur Ermöglichung von international tragfähigen Lösungen globaler Probleme in internationalen Ordnungsstrukturen zu bestimmen. Das Konzept geht davon aus, dass es keinen Weltstaat oder eine Weltregierung geben wird bzw. geben soll.

G

[2] Als deskriptiver Begriff umfasst *g.g.* die Zusammenarbeit in internationalen Organisationen und die komplexen Prozesse der Aushandlung → internationaler Regime und ihr Funktionieren.   R.Kö./H.W.

Global Player (engl.), Begriff für auf dem internationalen Markt agierende große Konzerne, die aufgrund ihrer wirtschaftlichen Macht politische Entscheidungen beeinflussen können. Um eine Abwanderung von Produktionsstätten ins Ausland zu vermeiden, gewähren Regierungen G.P. z.B. Steuervorteile.   D.Kl.

Globalgesellschaft, älterer Terminus für → Gesamtgesellschaft: das Insgesamt aller einzelnen Bereiche und Gruppierungen, die sich unter jeweils zu bestimmenden Merkmalen zusammenfassen lassen.   J.F.

Globalisierung, *globalization,* [1] allgemeine Bezeichnung für das (wirtschaftliche, politische, kulturelle usw.) Zusammenwachsen der einzelnen Gesellschaften auf der Welt zu einer → Weltgesellschaft (das zu einer Neufassung des Gesellschaftsbegriffs und zur Herausarbeitung einer internationalen Soziologie herausfordert).
[2] Bezeichnung für eine Reihe von Prozessen, „die eine Transformation der räumlichen Organisation sozialer Beziehungen und Transaktionen – hinsichtlich ihrer Ausdehnung, Intensität, Geschwindigkeit und Wirkungen – bewirken und transkontinentale und interregionale Bewegungen, Aktivitäten und Machtbeziehungen erzeugen" (David Held et al. 1999). Neben den räumlichen Dimensionen der G. werden häufig auch die damit zusammenhängenden Zeitbeziehungen (z.B. Kommunikation in Echtzeit) betont.
[3] M. Castells stellt den Netzwerkcharakter der G. (→ Netzwerkgesellschaft) und die Virtualität der Gemeinschaftsbildung heraus.
[4] In vorwiegend ökonomischer Bedeutung: die Herstellung und Ausweitung der → Weltmärkte und Internationalisierung des Kapitals, insbesondere auch durch internationale Finanzmärkte. Die weltweite Konkurrenz fördert die Vereinheitlichung von Produkt- und Produktionsstandards sowie der Organisationskulturen (*benchmarking, best practices*). Die G. führt zur Bildung großräumiger Wirtschaftsblöcke (EU, NAFTA, Mercosur u.a.) und zur Regionalisierung der Weltwirtschaft in der „Konkurrenz der Standorte", die mit einer Vertiefung weltweiter Ungleichheiten, der Marginalisierung von Regionen und Bevölkerungsgruppen verbunden ist und nationale und transnationale Migrationsprozesse verstärkt.
[5] Weltmarkt, Klimawandel, Begrenztheit von Ressourcen, Krieg und Terrorismus bewirken vielfältige globale Betroffenheiten und Interdependenzen (→ globale öffentliche Güter), die zur Suche nach umfassenden politischen Lösungen (→ global governance) und zur Bildung → internationaler Regime führen.   W.F.H./H.W.

Glocalism → glokal

Glockenkurve, die grafische Darstellung einer Normalverteilung. Die G. ist eine eingipflige, zum Lot durch den Gipfel (Modalwert) symmetrische Kurve, die im Abstand der Standardabweichung von diesem Lot Wendepunkte besitzt.   M.K.

glokal, Glokalisierung, Wortverbindung aus global und lokal, charakterisiert die räumliche Bindung globalisierter Verhältnisse (Kommunikation, Produktion, Märkte) an bestimmte (Stand-)Orte (z.B. „global cities", Industriedistrikte) oder „Knoten" in globalen Netzwerken. Im Unterschied zur Vorstellung vom „global village", das auf die quasi nachbarschaftliche „Nähe" in globalen Kommunikationssystemen abhebt, verweist g. auf die räumliche Selektivität von Globalisierung, die bestimmte Ort oder Regionen (und ihre Bevölkerungen) einschließt, andere dagegen ausschließt und marginalisiert.   H.W.

Glutzündel-Prinzip, bei R.K. Merton Bezeichnung dafür, dass öffentliche wissenschaftliche Debatten wie soziale Konflikte verlaufen, also als Kampf um Status, nicht als Suche nach Wahrheit.   W.F.H.

goal attainment (engl.) → Zielerreichung

going native (engl.), svw. „ein Eingeborener werden". Meist abschätzige Bezeichnung dafür, dass ein Feldforscher (in der Ethnologie, aber auch in Soziologie und anderen Disziplinen) während der Forschungsarbeit in einem ihm fremden sozialen Bereich versucht, ein Mitglied dieses sozialen Bereichs zu werden (und so die Forschungsarbeit aufgibt). Als Anstrengung, die Balance zwischen Forschungsaufgabe und Vertrautheit mit dem Felde zu halten, auch als Versuchung, sich der fremden Welt anzuschließen, treten Tendenzen des *g. n.* in vielen Feldforschungsprojekten auf. Es liegt dies an der „Bodenlosigkeit" der Rolle des Forschers, der ja weder dem untersuchten Feld als Mitglied angehört noch als normales Mitglied seiner eigenen sozialen Gruppe auftritt (ein solches würde sich nicht derart intensiv um Verstehen des Fremden bemühen).   W.F.H.

going public (engl.) → *coming out*

GOMS, Abkürzung für: *generational occupational mobility score,* von M. Tumin und A. Feldman entwickeltes Maß für Berufsmobilität. Basisgröße ist die Summe der Auf- und Abstiegsbewegungen einer Person, die mit der durchschnittlichen Mobilitätsrate aller Personen, deren Väter die gleiche Berufsposition einnehmen, verglichen wird, so z.B. die Berufsmobilität einer Angestelltentochter mit der anderer Angestelltentöchter.

$$\text{GOMS} = \frac{x - \bar{x}}{\sigma} + 10,$$

wobei x den Berufsmobilitätsgrad einer Person, $\bar{x}$ die durchschnittliche Berufsmobilitätsrate aller Personen mit gleichem Vaterberuf und σ die Standardabweichung bedeutet. 10 wird addiert, um alle Ergebnisse positiv zu erhalten. S.S.

Good Practice → Best Practice

Goodman-Kruskals Gamma (γ), spezieller Korrelationskoeffizient für zwei ordinal skalierte Merkmale. Wie auch die übrigen Goodman-Kruskal-Maße beruht γ auf dem Prinzip der proportionalen Irrtumsverminderung. Geschätzt wird hierbei die Art der Ordnung zwischen Untersuchungseinheiten ohne und mit Kenntnis dieser Beziehung in Bezug auf die andere Variable. Für Vierfeldertafeln stimmt γ mit dem Yule-Koeffizienten überein. M.K.

Goodman-Kruskals Lambda (λ), spezieller Korrelationskoeffizient für zwei nominal skalierte Merkmale. λ ist asymmetrisch, d.h. der Wert hängt davon ab, welches Merkmal als das abhängige betrachtet wird. Geschätzt wird hierbei die abhängige Variable durch die Modalwerte der Marginal- bzw. der bedingten Verteilungen, und λ wird als proportionale Irrtumsverminderung definiert. M.K.

Goodman-Kruskals Tau (τ), spezieller asymmetrischer Korrelationskoeffizient für zwei nominal skalierte Merkmale. Grundlage für τ ist das Modell einer Zufallsbelegung der Felder unter Einhaltung der empirischen Häufigkeiten. Für Vierfeldertafeln stimmt τ mit $\varphi^2 = r_\varphi^2$ überein, ist also in diesem Fall symmetrisch. M.K.

Google-Gesellschaft, von K. Lehmann und M. Schetsche (2005) geprägte metaphorische Bezeichnung für die zweite, digitale Phase der Wissensgesellschaft. Sie entsteht zu Beginn des 21. Jahrhunderts durch die allgemeine Nutzung multifunktionaler, teilweise mobiler Datenverarbeitungs- und Kommunikationstechnologie, deren Anwendung ein weltweites Netzwerk des permanenten Datenaustausches (Internet) realisiert. M.S.

Gossen'sche Gesetze → Grenznutzen

Gouvernementalität, bei M. Foucault (1976) eine Wortschöpfung, gebildet aus *gouverner* (regieren) und *mentalité*. Bezeichnet die Gesamtheit der Institutionen, Verfahren, Analysen und Taktiken der → Bio-Macht, wie sie sich seit dem 18. Jh. in den westlichen Gesellschaften durchzusetzen begann, die als Hauptzielscheibe die Bevölkerung, als Hauptwissensform die politi-

sche Ökonomie und als wesentliches technisches Instrument die Sicherheitsdispositive (→ Dispositiv) hat. Das Konzept der G. erweitert die → Mikrophysik der Macht um Aspekte der Herrschaft und Subjektivität. Daran lehnen sich seit den 1990er Jahren die sog. G.s-Studien, zur Untersuchung neoliberaler Diskurse, Machtverhältnisse und → Subjektivierungsweisen an. B.M.

governance (engl.), bezeichnet die zielgerichtete Regelung gesellschaftlicher Vorgänge auch ohne einen Staat, der von oben her steuert (dies wäre *government*). Die *g.*-Form des Regierens wird von der angelsächsischen Politikwissenschaft neuerdings betont; sie hebt damit den Unterschied zur unmittelbaren Macht- und Gewaltanwendung hervor. G. ruft neue Selbsttechnologien hervor. Beispielsweise macht der Gesundheitspass die Patientendaten nicht nur den Ärzten und Krankenkassen zugänglich, sondern bewegt die Individuen zur Selbstkontrolle. Der Besitzer des Chips erhält die Verantwortung für seine eigne Gesundheitsvorsorge. Mittels *G.* wird nicht mehr nur staatlich-hierarchisch gesteuert. Sondern Regiertwerden und Sich-selbst-Regieren greifen als Praktiken ineinander; „ist Kontrolle erfolgreich, dann werden sie ununterscheidbar" (S. Krasmann 2003). R.L.

government, comparative (engl.) → *comparative government*

Gradation, der von S. Ossowski eingeführte Begriff soll in Abhebung vom asymmetrische Abhängigkeit implizierenden dichotomischen Klassenmodell gesellschaftlicher Differenzierung auf ein drei- und mehrstufiges Schichtungssystem verweisen, in dem die sozialen Schichten nicht durch Abhängigkeitsverhältnisse, sondern lediglich durch ein (logisch) ordnendes Verhältnis im Sinne von „höher" oder „niedriger" gekennzeichnet sind. Während das System der sozialen Schichten bei der einfachen G. auf der Steigerung nur eines einzigen objektiv messbaren Merkmals beruht (historisches Beispiel: die Einteilung der athenischen Bürger in vier Steuerklassen mit institutionell festgesetzten Privilegien und Pflichten je nach der Höhe des Einkommens), wird unter synthetischer G. eine Rangordnung von Schichten verstanden, die durch die Kombination mehrerer Merkmale zu Stande kommt (Schichtindex). M.B.

Gradient, Gefälle, Maß für die Zunahme oder Abnahme einer Größe innerhalb eines Zeit- oder Raumabschnitts. → Zielgradient, → Generalisationsgradient H.E.M.

Grammatik, generative, Erzeugungsgrammatik, linguistische Theorie, nach der Sprache beschrieben werden kann als ein formales Regelsystem, welches jeden möglichen Satz einer natürlichen Sprache hervorbringt (erzeugt, generiert) und ihm zugleich eine Strukturbeschreibung zuordnet. Die Theorie enthält (bei N. Chomsky, doch von anderen abgelehnt) zwei Grundannahmen: Es existiere eine Universalgrammatik, d.h. der größte Teil der Tiefenstrukturen aller natürlichen Sprachen sei gleich. Dem menschlichen Gehirn seien sprachliche Strukturen, *innate ideas*, nicht nur Dispositionen, angeboren, die das Erlernen einer menschlichen Sprache ermöglichen.   A.H.

grand mean (engl.) → Gesamtmittelwert

grand theory (engl.), „große Theorie", ironische Bezeichnung von C.W. Mills für eine Theoriebildung, die hauptsächlich auf der Ebene von Begriffsanalysen verharrt. Diese Kritik zielte insbesondere auf die Schule von T. Parsons.   R.L.

Graphentheorie, mathematische Theorie, die in den Sozialwissenschaften zur Darstellung von Strukturen verwendet wird, die aus einer Menge von Elementen (z.B. Personen einer Gruppe oder Organisation) und Relationen (z.B. Sympathie-, Kommunikations- oder Anweisungsbeziehungen) bestehen. Ein Graph als Abbildung einer bestimmten Struktur besteht aus den Elementen oder Knoten ($A, B … N$) und den Beziehungen oder Kanten ($a, b, … n$) zwischen den Elementen.

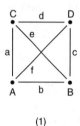

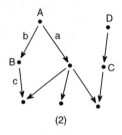

(1)   (2)

Sind die Relationen symmetrisch (z.B. Verwandtschaft), ist der Graph ungerichtet (Fall 1), sind sie asymmetrisch (z.B. Anweisungsbefugnis), so heißt der Graph gerichtet (Fall 2). Neben der Formalisierung von sozialwissenschaftlichen Theorien (z.B. → strukturelle Balance) wird die G. in einer Reihe von Planungstechniken (z.B. → Methode des kritischen Pfades) angewendet.   H.W.

Graswurzel, *grass root,* ein bildlicher Ausdruck aus der us-amerikanischen Politikszene, der eine bestimmte Entstehungsform sozialer Initiativen und Bewegungen charakterisiert: „von unten" nämlich und hierarchiefrei (G.bewegung, G.revolution). Die Willensbildung ist hier womöglich noch geringer formalisiert als bei der verwandten → Basisdemokratie, sodass eine Verbindung zum → Anarchismus entsteht.   R.L.

gratification, deferred (engl.) → Belohnung, aufgeschobene

Gratifikation → Belohnung

Gratifikation, relative → Deprivation, relative

Gratifikationskrise, theoretisches Konzept von J. Siegrist (1996), das primär bestimmte Belastungserfahrungen im Rahmen der Erwerbstätigkeit im mittleren Erwachsenenalter, die chronischen Distress induzieren, bezeichnet. Als soziologische Kategorien für diese Distresserfahrungen benennt Siegrist – u.a. unter Bezugnahme auf G.H. Mead – drei Modi der Selbstregulation: Selbstwirksamkeit, Selbstbewertung und Selbsteinbindung. Diesen Modi werden spezifische sozio-emotionale Motivationen (zielgerichtetes Handeln, Belohnung bzw. Anerkennung, Zugehörigkeit) und soziale Chancenstrukturen (Zuweisen von Rollen, Zuteilen von Gratifikationen, Verfügen über soziale Netzwerke) zugeordnet. Belastungen in Form negativer Emotionen für das Individuum entstehen vor allem dann, wenn zwischen sozio-emotionalen Motivationen und entsprechenden Optionen der sozialen Chancenstruktur Diskordanzen auftreten. G. im engeren Sinne bezeichnet die Diskordanz zwischen günstigen Leistungen der Selbstwirksamkeit in Form hoher beruflicher Verausgabung und ungünstigen Erfahrungen der Selbstbewertung in Form niedriger, der Leistung nicht angemessener Belohnungen. G. steigert das Risiko für koronare Herzerkrankungen und riskanten Alkoholkonsum, wie in zahlreichen empirischen Studien gezeigt werden konnte.   W.P.

Gratisproduktivkraft, marxistischer Begriff für die unentgeltliche Entwicklung derjenigen Produktivkraft, die aus der „Kooperation" selbst (vor allem aus planmäßiger betrieblicher Arbeitsteilung) entspringt; auch bezeichnet als „gesellschaftliche Produktivkraft der Arbeit" oder „Produktivkraft gesellschaftlicher Arbeit". D.K.

Grenzaustausch, *boundary exchange,* Austausch über Systemgrenzen hinaus, sowohl zwischen den Subsystemen eines Gesamtsystems, wie auch zwischen Gesamtsystem und Umwelt.   H.E.

Grenzen des Systems, Systemgrenzen, in einem System müssen sich die Beziehungen zwischen Systemelementen von denen zwischen Systemelementen und Teilen der Umgebung theoretisch und empirisch unterscheiden. Diese Unterschiede definieren die G. d. S. Soziale Systeme besitzen Grenzen gegenüber der Natur, der Persönlichkeit und der Kultur einerseits, gegenüber anderen sozialen Systemen andererseits. Im Unterschied zu → Horizonten stehen Systemgrenzen, da strukturabhängig, relativ fest und sind für kausale und kommunikative Prozesse durchlässig. Unter diesem Gesichtspunkt besagt der Begriff der Systemgrenze auch, dass ein Prozess

beim Überschreiten der Grenze anderen Bedingungen bzw. Regeln unterworfen wird.
H.E./N.L.

Grenzertrag → Ertragsgesetz

Grenznutzen, Nutzenzuwachs, den ein Individuum erhält, wenn sein gegebener Bestand eines Gutes um eine Einheit erhöht wird. Der G. hängt also von der jeweils vorhandenen – oder schon genossenen Menge eines Gutes ab. Das 1. Gesetz von H.H. Gossen (1810–1858) besagt, dass der G. mit wachsender Menge oder wachsender Bedürfnisbefriedigung abnimmt. Der Wert eines Gutes für ein Individuum hängt danach von seinem Grenznutzen ab. Nach dem 2. Gossen'schen Gesetz wird ein bestimmtes Einkommen so auf die begehrten Güter aufgeteilt, dass für alle Güter der gleiche G. erzielt wird. Da auch Einkommenseinheiten ein G. zukommt, verhalten sich nach dem 2. Gesetz im Nutzenmaximum des Individuums die G. der Güter zueinander, wie sich ihre Preise zueinander verhalten. Grenznutzenbetrachtungen und die Gossen'schen Gesetze bilden die Grundlage vieler Theorien der Nachfrage und des Konsums.
H.W.

Grenzproduktivität, Erhöhung der produzierten Gütermenge aufgrund der Erhöhung eines bestimmten Produktionsmittels um eine Einheit. Unter dem Prinzip der Gewinnmaximierung soll die Kurve des Grenzerlöses (Zuwachs an Produkten multipliziert mit dem Marktpreis) die Nachfragekurve für den betreffenden Produktionsfaktor darstellen (Grenzerlös gleich Preis des Produktionsfaktors). Von einer Reihe von Wirtschaftstheoretikern wird in der G. die Grundlage der Verteilung des Volkseinkommens auf die sog. Produktionsfaktoren gesehen.
H.W.

Grenzsituation, auch: marginale Situation, Ereignis, das nicht zu den selbstverständlichen, normalen Alltagssituationen gehört (z.B. der Tod) und eine Bedrohung der Wirklichkeit des Alltagslebens darstellt. Die G. schafft ein Problem, das mit den verfügbaren Techniken zur Bewältigung von Alltagsproblemen nicht gelöst werden kann und löst dadurch für die Handelnden eine Krisensituation aus.
W.B.

Grenzstellen, in der systemtheoretischen Organisationssoziologie diejenigen Positionen in einer Organisation, denen der Verkehr mit Außenstehenden aufgetragen ist, sodass dies nicht mehr Sache aller Mitglieder ist.
R.L.

Gresham'sches Gesetz, besagt, dass von zwei austauschbaren Währungen die dem Marktpreis nach wertvollere (gutes Geld) durch die weniger wertvolle (schlechtes Geld) verdrängt wird, da Geldbesitzer dazu neigen, besseres Geld zurückzuhalten. Das G. G. weist darauf hin, dass Geld nicht nur Tauschmittel ist, sondern auch eigenen Warenwert besitzen kann.
W.La./H.W.

grilling process (engl.), wörtlich: Ausquetschungs-Prozess, wird der Vorgang genannt, dem ein Fremder oder Neuankömmling in einer Gruppe ausgeliefert ist, indem er offen oder versteckt nach einer Reihe von sozialen Merkmalen gefragt wird, mit deren Kenntnis es der Gruppe möglich ist, den Fremden einzuordnen und damit ihr Verhalten ihm gegenüber zu strukturieren.
O.R.

Großfamilie, [1] allgemeine Bezeichnung für die familiäre Lebensgemeinschaft von altersgleichen erwachsenen Verwandten und ihren Kindern. [2] Bedeutungsunscharfe Bezeichnung für eine gemeinsam wohnende Verwandtschaftsgruppe, also sowohl für einen Familiengründer samt Nachkommenschaft wie für mehrere Geschwister mit ihrer Nachkommenschaft. Meist zerfällt die G. in die Kernfamilien, wenn die Angehörigen der ältesten Generation sterben.
W.F.H.

Großforschung, *big science,* Bezeichnung für die durch Konzentration von wissenschaftlichem Personal und Sachmitteln ermöglichte Forschung in „Großforschungsanlagen", die durch die Überschreitung der bei Forschungsinstituten sonst üblichen Größe des technischen und apparativen Aufwandes und des Personal- und Mittelbedarfs sowie u.a. durch die Vereinigung von Forscherteams verschiedener Fachgebiete und ein industrieähnliches Management gekennzeichnet sind.
R.Kl.

Großorganisation, [1] Bezeichnung für eine Organisation mit großer Personal- oder Mitgliederzahl. [2] Eine Organisation mit sektoraler und/oder regionaler Untergliederung (z.B. Gewerkschaft, Kirche, Militär, Verband), oft bedeutungsgleich mit komplexer Organisation.
F.B.

Großproduktion, industrielle → Fabriksystem

Großstadtkritik, jene Form der Kulturkritik, die sich seit dem 17. Jahrhundert auf die Lebensbedingungen in der Großstadt richtet. Im 18. Jahrhundert warnte die G. vor allem vor der Entvölkerung des Landes und richtete sich gegen Seuchen, Elend, Laster und – im Gefolge J.-J. Rousseaus – gegen die städtische „Unnatur" (z.B. F. Quesnay), im 19. Jahrhundert zudem gegen städtische Arbeitsbedingungen, das entstehende Proletariat und Technik schlechthin (z.B. W.H. Riehl, H.D. Thoreau), wobei meist fälschlich der Stadt angelastet wird, was Folge der Industrialisierung ist.
J.F.

Großstadtsoziologie, Teilgebiet der Soziologie, das die Beschreibung und Analyse sozialen Verhaltens, der Bodennutzung, des Wachstums und der Macht- und Entscheidungsprozesse in den für eine Zeit jeweils sehr großen Gemeinden

G

umfasst, heute also Städte über 100 000 Einwohner sowie Stadtregionen.   J.F.

grounded theory (engl.), gegenstandsbezogene Theorie, von A.L. Strauss und B. Glaser eingeführte Bezeichnung für einen bestimmten Weg, zu neuen Hypothesen zu gelangen, sodass eine in den Daten verankerte Theorie entsteht. Bei der Erkundung des Feldes stellen sich erste Vermutungen über Zusammenhänge ein. Diese anfänglichen und gegenstandsnahen Hypothesen werden in systematischen Vergleichen auf ihre Tragfähigkeit geprüft. Theorie entwickelt sich flexibel als Prozess.   R.L.

group involvement (engl.) → Beteiligtsein

Grundauszählung, spezielle Auswertungsmethode für Daten, die in der Summierung identischer Antworten (*reponses*) auf die einzelnen Fragen (Stimuli) besteht. Das Ergebnis ist eine univariate Verteilung von Antworten (auf eine Frage) in der untersuchten Gruppe (*sample*).   D.G.

Grundbedürfnisse, *basic needs*, Konzept entwicklungspolitischer Strategien in den 1970er Jahren (WHO, ILO, UNICEF), in dessen Zentrum eine Mindestversorgung von Haushalten mit Gütern des privaten und öffentlichen Konsums steht: Wohnung, Kleidung, Nahrung, Trinkwasser, sanitäre Anlagen, Gesundheitsversorgung, Erziehung, Transport. Die G. werden häufig auch in eine Rangordnung gebracht (physisches Überleben, soziale, kulturelle, partizipative G.). Entwicklungsstrategien der vorrangigen Befriedigung von G.n sind umstritten, da sie die ökonomischen und sozialen Strukturen eher festschreiben als verändern.   H.W.

Grundbegriffe, auch: Grundkategorien, [1] Begriffe, die zentrale Gegenstände oder Sachverhalte bezeichnen, die als Ausgangspunkte für Beschreibung und theoretische Schlussfolgerungen in einer Wissenschaft dienen. [2] In einem axiomatisch-deduktiven Aussagensystem die Begriffe, die selbst in diesem System nicht mehr definiert werden können, auf die aber alle anderen (definierten) Begriffe zurückgeführt werden.   H.D.R.

Gründe und Ursachen, *reasons and causes*, bezeichnet eine Debatte in der analytischen Wissenschaftstheorie, wie eine angemessene → Erklärung beschaffen sei. In Frage steht, ob es neben → kausalen noch weitere Wege des Erklärens gibt, die in den für ein soziales Handeln gegebenen Begründungen liegen könnten. G. sind vor allem Motive und Gedanken eines Akteurs, die das Handeln anleiten. Der Streit geht um das Verhältnis von G.n und U. sowie darum, ob neben objektiven U. auch die subjektiven G. herangezogen werden müssen.   R.L.

Grundgesamtheit bezeichnet die gesamte Zielgruppe einer Erhebung, aus der eine Stichprobe

von Versuchspersonen (Interviewten) gezogen wird. Ergebnisse aus der Stichprobe können – soweit diese repräsentativ war – auf die Grundgesamtheit übertragen werden.   D.G.

Grundgesetz, psychophysisches → Fechner'sches Gesetz

Grundherrschaft, *manor, domaine* (frz.), grundlegende Einheit des feudalen Regimes (M. Bloch), ein System rechtlicher und ökonomischer Beziehungen zwischen Grundherr und seinen Abhängigen. Am Gut, das der Herr einem Abhängigen zur häufig lebenslangen oder erblichen Nutzung überlassen hatte, besaßen vielfach beide Parteien eigentumsförmige Rechte (geteiltes Eigentum). Häufig war die G. unterteilt in den Herrenhof (Gutshof, Fronhof), der vom weltlichen oder kirchlichen Grundherrn in Eigenregie betrieben wurde, die Allmende zur gemeinschaftlichen Nutzung und meist breit gestreute Bauerngüter (Hufe), dessen Inhaber (Hintersassen) dem Grundherrn Dienste und Abgaben unterschiedlichster Art schuldeten. Ausübung hoheitlicher, gerichtlicher und kirchlicher Aufgaben, persönliche Schutzverhältnisse und Dienstbarkeiten (Hörigkeit) bestimmten den patrimonialen Charakter der G.   H.W.

Grundklassen, Hauptklassen, in der marxistischen Theorie Bezeichnung für die Klassen, die eine Gesellschaftsordnung prägen und deren Konflikt zum Umschlag in eine höher entwickelte Gesellschaftsordnung treibt, z.B. Sklavenhalter – Sklaven, Feudalherren – Leibeigene, Kapitalisten (Bourgeoisie) – Proletarier (Arbeiterklasse). Die G. sind bedingt durch die in der je spezifischen Gesellschaft herrschenden Formen des Eigentums an Produktionsmitteln.   O.R.

Grundlagenforschung, so genannte reine, für außerwissenschaftlichen Zwecken freie Forschung. Der Terminus hat sich vor allem für wissenschaftliche Forschung im Bereich der durch Wirtschaftsunternehmen geförderten Forschung eingebürgert, die nicht unmittelbar Anwendungszwecken dient.   H.W.

Grundlagenkontingenz, bezeichnet bei U. Beck (2000) den Sachverhalt, dass in der heutigen Gesellschaft alles entschieden werden muss, auch der Verzicht auf Entscheidung.   W.F.H.

Grundpersönlichkeit, Basispersönlichkeit, auch: basale Persönlichkeit, jene Persönlichkeits- und Verhaltensmerkmale, die die Mehrzahl der Mitglieder einer Gesellschaft aufgrund gemeinsamer, typischer gesellschaftlicher Erfahrungen während der Kindheit aufweist.   W.Sl.

Grundprogramm – Aktualprogramm, in der sprachlichen Kommunikation die Gesamtheit der sprachlichen wie auch außersprachlichen Fähigkeiten, die erforderlich sind, um den im Rahmen einer Sprechgemeinschaft möglichen unterschiedlichen Sprechsituationen gerecht zu werden. G. bezeichnet Fähigkeiten, wie Kenntnisse der sozialen Normen, Sprachvermögen, Wissen, Erfahrung, die primär von der sozialen Lage des Sprechers abhängig sind, und die ihm als Grundlage seines Sprachverhaltens zur Verfügung stehen. Unter A. wird das Sprachverhalten verstanden, mit dem der Sprecher sich auf der Basis seines G.s auf den Partner, die räumlichen, zeitlichen und sonstigen Faktoren der aktuellen Gesprächssituation einstellt. F.K.S.

Grundrente, Bodenrente. [1] Die Tatbestände einer differentialen natürlichen und einer durch Bearbeitung (Arbeits- und Kapitalaufwand) differenzierten Ertragsfähigkeit des Bodens haben in Verbindung mit dem Tatbestand des privaten Besitzes bzw. Eigentums an (Grund und) Boden zu unterschiedlichen Rentenerklärungen geführt. Überwiegend wird unter G. ein besonderes Einkommen verstanden, das auf der Verwertbarkeit und Verwertung des Bodens beruht und dem Bodeneigentümer zufällt. D.K.
[2] Die Marx'sche Theorie versucht im Anschluss an D. Ricardo zu erklären, wie unbearbeiteter Boden, der an sich keinen Wert besitzt, da er nicht Produkt von Arbeit ist, trotzdem einen Preis hat. Sie leitet die G. aus der allgemeinen Tatsache ab, dass Grund und Boden nicht (wie etwa Luft) in praktisch unbegrenzter Menge frei verfügbar ist, was zum Monopol des privaten Grundeigentums führt (absolute G.). Darüber hinaus enthält die G. einen weiteren, jeweils unterschiedlich hohen Bestandteil, der in der unterschiedlichen Bodenqualität bzw. in dem damit verbundenen unterschiedlichen Kapitalaufwand und in der unterschiedlichen Entfernung zu den Abnehmern begründet ist (Differenzialrente). R.Ka.
[3] In der neoklassischen Theorie ist G. (meist nur Rente genannt) der Preis für den Produktionsfaktor Boden, wobei der Preis auf natürliche und wirtschaftliche Knappheitsrelationen zurückgeführt wird. D.K.

Grundrente, absolute → Grundrente [2]

Grundrente, städtische, Grundrente, die aufgrund der Lagevorteile, die der städtische Boden besonders in Ballungsgebieten bestimmten Unternehmen (Kredit, Versicherung, Wohnungsbau) bietet, wie der entwickelten Infrastruktur in städtischen Gebieten (Transportwesen, Arbeitskräftestruktur) von den Grundbesitzern erzielt werden kann. Mit der städtischen Grundrente steigen auch die städtischen Bodenpreise. H.W.

Grundsozialisation, Grundsozialisierung, Bezeichnung für den Prozess des Aufbaus der sozialkulturellen → Grundpersönlichkeit während der Kindheit. Es wird angenommen, dass die G. für die meisten Mitglieder einer Gesellschaft – oder wenigstens einer sozialen Schicht – mehr oder weniger gleich verläuft. R.Kl.

Grundwiderspruch, in der marxistischen Theorie das antagonistische Verhältnis von Lohnarbeit und Kapital als Ausbeutung der menschlichen Arbeitskraft für den sachlichen Zweck der Kapitalvermehrung. In kapitalistischen Gesellschaften bestimme der G. den Gesamtzusammenhang des sozialen Lebens in allen Teilstrukturen. Die gesellschaftlichen Auseinandersetzungen führen letztlich zur Frage, ob es gelingt, einen anderen Zweck der gesellschaftlichen Arbeit durchzusetzen als den der Kapitalakkumulation. W.F.H.

Gruppe mit direktem Kontakt → *face-to-face group*

Gruppe, soziale Gruppe, eine sehr unterschiedlich verwandte Bezeichnung für eine Mehrzahl von Individuen. Der Begriff kann Personenkollektive von der Zweier-G. (Dyade, Paar) bis zur Gesamtgesellschaft bezeichnen. [1] Jedoch scheinen die meisten Definitionen wenigstens darin überein zu stimmen, dass zwei oder mehr Individuen dann eine G. bilden, wenn die Beziehungen zwischen diesen Individuen soweit als regelmäßig und zeitlich überdauernd betrachtet werden können, dass man von einer integrierten sozialen Struktur sprechen kann, es sich also nicht lediglich um eine bloße Menge oder Kategorie oder um eine momentane Ansammlung von Individuen handelt. Da die Integration der Individuen mehr oder weniger stark sein kann, bezeichnet der Begriff der G. ein Kontinuum.

[2] Zusätzliches Definitionsmerkmal ist häufig das Bewusstsein der Zusammengehörigkeit auf Seiten der miteinander in Beziehung stehenden Individuen sowie eine Unterscheidung zwischen Mitgliedern und Nicht-Mitgliedern (Gruppenbewusstsein, „Wir-Gefühl").

[3] Von manchen Autoren werden außer den in [1] und [2] genannten Merkmalen noch die Existenz eines gemeinsamen G.ziels, die Institutionalisierung spezifischer G.-Normen, Statusdifferenzierung und/oder die Ausbildung eines Systems differenzierter Rollen und ähnliche Struktureigenschaften als Voraussetzung für die Verwendung des G.-Begriffs genannt.

[4] Andere Autoren (G.C. Homans) beschränken den Begriff der G. bisweilen auf eine Anzahl von Personen, die miteinander direkte Kontakte unterhalten (*face-to-face group*). Da solche allseitigen direkten Interaktionsbeziehungen nur zwischen den Mitgliedern von Kollektiven möglich sind, die einen gewissen Umfang nicht überschreiten, wird die G. durch diese Definition

gleichzeitig gegen größere Kollektive (Institutionen, Gesellschaften) abgegrenzt.

[5] Manchmal wird der Begriff der G. auch benutzt, um eine lediglich durch ein oder mehrere gemeinsame Merkmale charakterisierte Vielzahl von Personen zu kennzeichnen („die Studenten" oder „die katholischen Industriearbeiter"), ohne dass irgendeine Form der sozialen Integration oder des Zusammengehörigkeitsgefühls dieser Personen vorausgesetzt wird. Allerdings wird häufig angenommen, dass die zu einer solchen gemeinsamen Kategorie gehörenden Personen unter bestimmten Umständen in ähnlicher Weise reagieren.   R.Kl.

Gruppe, autonome, nach G.C. Homans Bezeichnung für solche Gruppen, deren Aktivitäten, Interaktionsmuster, Normen usw. nicht unmittelbar von der Umgebung bestimmt werden, sondern sich unabhängig von diesen und spontan entwickeln.   R.Kl.

Gruppe, demografische → Sozialkategorie

Gruppe, formale, formelle Gruppe → Gruppe, informelle

Gruppe, informelle, manchmal auch: psychologische Gruppe, Bezeichnung für eine Gruppe, bei der die Beziehungen zwischen den Mitgliedern nicht durch explizite organisatorische Regelungen herbeigeführt und bestimmt werden (formelle Gruppe), sondern spontan als Folge interpersonaler Attraktivität (z.B. Freundschaft), gemeinsamer Interessen usw. entstehen und fortgesetzt werden. I. G.n entwickeln sich häufig innerhalb formaler Organisationen (z.B. Betrieben) und übernehmen die Befriedigung wichtiger Bedürfnisse der Gruppenmitglieder (z.B. nach Information, gegenseitiger Hilfe), die von der formalen Organisation selbst nicht befriedigt werden. I. G.n leisten daher im Allgemeinen einen positiven Beitrag zum Funktionieren der Organisation; jedoch können i. G.n, die von den Organisationszielen abweichende Gruppenziele und -normen entwickeln, auch störenden Einfluss ausüben (→ Clique [1]).   R.Kl.

Gruppe, intermediäre, allgemeine Bezeichnung für Gruppen (einschließlich Organisationen), die die Verbindung zwischen dem Ganzen einer arbeitsteiligen Gesellschaft und dem einzelnen Individuum herstellen. Zum Beispiel kann ein Individuum in einer solchen komplexen Gesellschaft die Regierungsentscheidungen kaum direkt, sondern höchstens durch Mitarbeit in Parteigruppen usw. beeinflussen. Ebenso beeinflusst etwa politische Propaganda die Wahlentscheidungen von Individuen im Wesentlichen nur, wenn sie von solchen i.n G.n (z.B. Berufsverbänden, Vereinen) aufgenommen wird.   R.Kl.

Gruppe, intime → Intimgruppe

Gruppe, konsensuelle – symbiotische, nach E. Gross (1956) eine Unterscheidung von Gruppen hinsichtlich der Ursachen ihres Zusammenhalts und ihrer Stabilität: in einer k.n G. ist die Übereinstimmung oder – allgemeiner – die „Ähnlichkeit" der Mitglieder (in ihren Einstellungen, Fähigkeiten usw.) die Basis des Zusammenhaltes, während es in einer s.n G. die wechselseitige Bedürfnisbefriedigung der Mitglieder ist. Die Kohäsion einer k.n G. wird von Gross für weniger stabil als die von einer s.n G. gehalten.   R.Kl.

Gruppe, kulturtragende → Kulturträger

Gruppe, primäre → Primärgruppe

Gruppe, psychologische → Gruppe, informelle

Gruppe, sekundäre → Sekundärgruppe

Gruppe, strategische, an M. Weber orientierter Begriff, der insbesondere für die Umbruchsituationen der Klassenstrukturen der Dritten Welt geprägt wurde (H.D. Evers, T. Schiel 1988) und solche Gruppierungen als Ansatzpunkte neuer Klassenbildungen identifiziert, die sich im Erwerb und der Sicherung neuer Positionen und ihrer Appropriationschancen (Staatsbürokratie, Militär, Geschäftsleute) bilden. Aus den s.n G.n rekrutieren sich die neuen politischen Führer im Konflikt um die politische Macht. Die gelungene Monopolisierung und Kontrolle von Positionen und Ressourcen bildet die Grundlage einer neuen herrschenden Klasse.   H.W.

Gruppe, symbiotische → Gruppe, konsensuelle – symbiotische

Gruppe, synthetische, in der experimentellen Kleingruppenforschung Bezeichnung für eine Anzahl von Personen, die auf Anweisung des Versuchsleiters in Isolation voneinander an der Lösung eines bestimmten Problems arbeiten, das gleichzeitig auch von einer echten face-to-face-Gruppe bearbeitet wird, die auf dem Wege der Kommunikation und Diskussion zu einem gemeinsamen Ergebnis gelangen soll. Die von der s.n G., also den isoliert arbeitenden Individuen gefundenen Einzelergebnisse werden vom Versuchsleiter nachträglich zu einer „gemeinsamen" Problemlösung zusammengefasst oder „synthetisiert", die dann mit der von der eigentlichen Experimentiergruppe gefundenen Problemlösung verglichen werden kann. Auf diese Weise soll festgestellt werden, wie sich die Zusammenarbeit innerhalb von Gruppen auf deren Effektivität in der Bewältigung gemeinsamer Aufgaben auswirkt. → Gruppeneffektivität
                                    R.Kl.

Gruppe, unechte, bezeichnet in der → Beziehungslehre L. von Wieses Gruppen, denen die Einzelnen nur durch Zahlung eines Beitrags oder durch formalen Beitritt angehören, z.B. ein Verein, eine Aktiengesellschaft.   W.F.H.

Gruppen, kulturtragende → Kulturträger

Gruppenanziehung → Kohäsion [2]

Gruppenatmosphäre, auch: Gruppenklima, bezeichnet die Stimmungslage einer Gruppe und ist trotz individueller Unterschiede als ganzheitliches Phänomen wahrnehmbar; von Bedeutung z.B. im Zusammenhang mit Führungsstilen. Auch für größere Sozialeinheiten untersuchungsfähig (z.B. Betriebsklima).   H.E.M.

Gruppenattraktivität → Kohäsion [2]

Gruppenbewusstsein → Kollektivbewusstsein; → Wirbewusstsein

Gruppendesintegration → Desintegration [1]

Gruppendiskussion, [1] ein im Rahmen der Gruppendynamik besonders von K. Lewin entwickeltes und untersuchtes Verfahren zur Meinungs- und Verhaltensänderung in Kleingruppen. G.en mit einem am Ende der Diskussion gemeinsam gefassten Gruppenbeschluss erwiesen sich als erfolgreicher als Appelle oder aufklärende Vorträge, um bestimmte Einstellungen und Gewohnheiten der Zuhörer bzw. Teilnehmer zu verändern.   C.R.S.
[2] → Gruppeninterview
[3] Ein Instrument der empirischen Sozialforschung, mit dem die Meinungen in nicht standardisierter Form erhoben werden. Seitens der Diskussionsleitung wird ein Thema vorgegeben. In den Verlauf des Gesprächs wird nur eingegriffen, wenn dieses stockt oder abgleitet. Der Verlauf kann aufgezeichnet, verschriftet und einer Inhaltsanalyse unterzogen werden. Das Verfahren empfiehlt sich für gesellschaftlich kontroverse Themen sowie für noch wenig geklärte Forschungsfragen.   R.L.

Gruppendruck, Gruppenzwang, zusammenfassende Bezeichnung für die Einflüsse der Gruppe auf ihre individuellen Mitglieder, die diese zu Konformität veranlassen. In einem allgemeineren Sinne kann man statt von G. auch von sozialem Druck oder Zwang oder von sozialer Kontrolle sprechen.   R.Kl.

Gruppendynamik, [1] von K. Lewin (1890–1947) geprägte Bezeichnung für die Lehre von den Prozessen der wechselseitigen Steuerung des Verhaltens der Mitglieder von sozialen Gruppen, insbesondere von Kleingruppen („psychodynamischer Gruppenprozess"). Die G. untersucht u.a. die Ursachen und Folgen der Gruppenbildung, die Interdependenz von Kontakthäufigkeit und Sympathie der Gruppenmitglieder, den Vorgang der Rollendifferenzierung in Gruppen, vor allem die Ausdifferenzierung von Führerrollen und verschiedene Formen der Führung, das Verhältnis von Gruppenstruktur und Gruppenleistung sowie die Möglichkeiten der planmäßigen Beeinflussung von Gruppenprozessen.

[2] Bisweilen auch Bezeichnung für die in sozialen Gruppen ablaufenden Prozesse selbst.
                R.Kl.

Gruppeneffekte, auch: Gruppenfaktoren, im engeren Sinne Bezeichnung für leistungsfördernde Einflüsse, die der Gruppenarbeit gegenüber der Einzelarbeit zukommen. Dabei wird zwischen echten G.n und Pseudo-G.n unterschieden. Echte G. sind solche Leistungsvorteile, die durch tatsächliche Interaktion der Gruppenmitglieder zu Stande kommen: durch emotionale und intellektuelle Anregung, gesteigerte Arbeitsmoral, Wettbewerb. Als Pseudo-G. werden jene Einflüsse bezeichnet, die nicht auf Interaktion zurückgehen, sondern auf die Vervielfachung der individuellen Leistung, wie Kapazitätssteigerung, Arbeitsteilung, statistischer Fehlerausgleich bei Schätzaufgaben, erhöhte Wahrscheinlichkeit der Lösungsfindung, wenn mehr als eine Person nach der Lösung sucht. Das Auftreten echter oder Pseudo-G. hängt von der Struktur der jeweils zu bearbeitenden Aufgabe ab.
                C.R.S.

Gruppeneffektivität, *group effectiveness,* auch: Gruppenleistung, Bezeichnung für das Ausmaß, in dem eine Gruppe bestimmte Aufgaben erfüllt oder Ziele erreicht. Je nach der Definition der Gruppenaufgabe kann mit G. sehr Verschiedenes gemeint sein, z.B. sowohl die „Produktivität" einer Arbeitsgruppe (etwa Zahl der hergestellten Werkstücke pro Zeiteinheit) als auch die subjektive Zufriedenheit der Gruppenmitglieder. Die Kleingruppenforschung untersucht die Abhängigkeit der G. von Gruppenstruktur und Gruppenprozess. Für viele Leistungsarten (z.B. Leistungen vom Typus des Bestimmens, des Suchens und Beurteilens sowie des Tragens und Hebens) gilt, dass die G. aufgrund der Zusammenarbeit und wechselseitigen Ergänzung der Gruppenmitglieder höher liegt als die Summe der Leistungen, die die Gruppenmitglieder als Einzelne erbringen können.   R.Kl.

Gruppenehe, galt einigen der früheren Völkerkundler als ursprüngliche Eheform (sozial legitimierte und auf Dauer gestellte Ehebeziehung mehrerer Männer mit mehreren Frauen). Die spätere Forschung hat herausgestellt, dass es sich bei den entsprechenden ethnologischen Belegen durchweg um temporäre (etwa für die Dauer eines Festes oder Ritus) bzw. um nebengeordnete Sexualbeziehungen handelt, nicht aber um Ehe im eigentlichen Sinn.
                R.O.W./W.F.H.

Gruppeneigenschaft → Merkmale, kollektive

Gruppeneinfluss, svw. → Gruppendruck

Gruppenentscheidung, *group decision,* [1] Bezeichnung für die von einer Mehrzahl von Individuen gemeinsam getroffenen Entscheidungen.

Die G. kann in Form einer informellen Feststellung des z.B. durch eine Diskussion in der Gruppe erzielten Konsensus oder aber durch eine formale Abstimmung nach festgelegten Abstimmungsregeln (z.B. Mehrheitsentscheidung) erfolgen. → Entscheidung, kollektive
[2] Bezeichnung für die von Individuen unter dem Einfluss des Meinungsbildungsprozesses in einer Gruppe getroffenen Festlegungen. Die Methode, individuelle Entscheidungen mittels Gruppendiskussion zu beeinflussen, wird daher auch als Gruppenentscheidungsmethode (*group-decision method*) bezeichnet und gilt als besonders effektives Instrument zur Veränderung individueller Verhaltenweisen und Meinungen.
R.Kl.

Gruppenexperiment, [1] Sammelbezeichnung für alle Formen der Untersuchung von Gruppen und Gruppenprozessen unter experimentellen Bedingungen (→ Experiment).
[2] Unter weniger exakter Verwendung des Experimentbegriffs (F. Pollock) auch Bezeichnung für die Untersuchung von Einstellungen und Meinungen mithilfe der Methode der → Gruppendiskussion [3] (→ Gruppeninterview). R.Kl.

Gruppenfaktoren → Gruppeneffekte

Gruppenfehlschluss, ökologischer Fehlschluss, *ecological fallacy, aggregative fallacy,* Schluss von den beobachteten Beziehungen zwischen Daten über Kollektive (Gruppen von Personen, Regionen, Staaten) auf Beziehungen zwischen Merkmalen der Elemente der Kollektive (z.B. Personen). Beispiel für einen G.: Der Anteil der Farbigen an den Einwohnern einer Region korreliert negativ mit der durchschnittlichen Einkommenshöhe der Region. Also: Farbige besitzen (in allen Regionen) ein niedrigeres Einkommen als Weiße. Dem G. entgegengesetzt ist der → atomistische Fehlschluss. Der G. ist in der soziologischen Forschung häufig anzutreffen. Durch bestimmte Verfahren lässt sich aus der Korrelation der Kollektivmerkmale ein Bereich abschätzen, innerhalb dessen die Korrelation der Individualmerkmale liegt. H.W.

Gruppenfigur, bei H. Popitz (1967) Bezeichnung für eine bestimmte Form der Verhaltenstypisierung und Erwartungsbildung, die sich in informellen Gruppen ausbildet, jedoch noch nicht als soziale Rolle bezeichnet werden kann, da eine „positionelle Verfestigung" noch nicht eingetreten ist. „Solche G.en sind etwa der Initiant und Ideenproduzent, auf dessen Einfälle man wartet, der Narr und Alleinunterhalter, der Vertrauensmann und Beichtvater, der diplomatische Vertreter für Außenbeziehungen der Gruppe – und schließlich natürlich die verschiedensten Spielarten des Anführers und der sogenannten ‚Null-Personen' oder Prügelknaben" (Popitz). R.Kl.

Gruppenforschung, unscharf abgegrenzte Sammelbezeichnung für das Gebiet der Erforschung menschlichen Gruppenverhaltens. Ist meistens gleichbedeutend mit → Kleingruppenforschung, bezieht aber manchmal auch die Untersuchung sozialen Verhaltens in komplexeren Sozialgebilden ein. R.Kl.

Gruppengeist, [1] auch: Corpsgeist, frz. *esprit de corps,* Bezeichnung für das Solidaritäts- und Zusammengehörigkeitsgefühl der Mitglieder einer Gruppe Der G. äußert sich insbesondere darin, dass die Gruppe ihre Mitglieder gegen Angriffe und Kritik von Nicht-Mitgliedern abschirmt.
[2] Gleichbedeutend mit Gruppenbewusstsein, → Kollektivbewusstbewusstsein [3], → Wirbewusstsein R.Kl.

Gruppenidentität, auch: Kollektividentität, die in Symbolen – im Mythos, in der historischen Überlieferung, auch in der politischen Propaganda – dargestellte, im konkreten sozialen Handeln entfaltete, kollektive Selbstanschauung einer Gruppe (z.B. eines Volkes). Nach E.H. Erikson liegen der G. kollektive Vorstellungen über Vergangenheit und Zukunft der Gruppe, ihre (z.B. wirtschaftlichen) Ziele und Mittel (den „kollektiven Lebensplan"), ggf. auch über das Verhältnis der Gruppe zu einem geografischen Raum (der „Heimat") zu Grunde. Die G. organisiert die Erfahrungen der Gruppe in grundlegender Weise und geht – über die Erziehung – in die Vorstellungen, die Lebensziele und das Selbstbewusstsein der Einzelnen selbst ein, d.h. sie prägt auch die Identität des einzelnen (→ Identität [2]). W.Lp./R.Kl.

Gruppenideologie, eine zusammenfassende Bezeichnung für die von der Mehrheit einer Gruppe geteilten Überzeugungen, Wertvorstellungen und Normen. R.Kl.

Gruppenintegration → Kohäsion [1]

Gruppeninterview, Sonderfall der Interviewmethode, bei der der Interviewer (bzw. mehrere Interviewer) in direktem Kontakt mit mehreren Interviewten seine Fragen stellt. Damit werden nicht nur einzelne Antworten herausgefordert, sondern auch eine Diskussion unter den Interviewten selbst (deshalb auch die Bezeichnung → Gruppendiskussion). In seiner lockersten Form – wobei der Interviewer nur Stichworte zur Diskussion gibt – stellt das G. eine Vorbereitung für andere Erhebungsmethoden dar, indem das Problembewusstsein und die Problemsicht der Zielgruppe erkundet wird. D.G.

Gruppenklima → Gruppenatmosphäre

Gruppenkohäsion, Gruppenkohäsivität → Kohäsion

Gruppenkompositionseffekt, Bezeichnung von J.A. Davis für eine bestimmte Form von Kontexteffekten, in der eine bestimmte Variable auf der individuellen wie auf der Aggregatebene (Gruppe) wirkt. Ein G., von P.M. Blau auch struktureller Effekt genannt, liegt z.B. vor, wenn das Wahlverhalten von Katholiken und Protestanten in Abhängigkeit von den Prozentsätzen an Katholiken bzw. Protestanten in den einzelnen Gemeinden oder Bezirken variiert.   H.W.

Gruppenkonflikt → Inter-Gruppenkonflikt – Intra-Gruppenkonflikt

Gruppenkultur, Bezeichnung für die Gesamtheit der materiellen, normativen und kognitiven Überlieferungen, die eine Gruppe zur Lösung ihrer Probleme anwendet. Zur G. gehören z.B. die von einer Gruppe benutzten Techniken im weitesten Sinne des Wortes (etwa Werkzeuge), die institutionalisierten Wege der Kommunikation und Interaktion, die gemeinsamen Überzeugungen, Normen und Werte („Gruppenideologie").   R.Kl.

Gruppenleistung → Gruppeneffektivität

Gruppenlokomotion, im Anschluss an K. Lewin Bezeichnung für die „Bewegung" von Gruppen, d.h. ihre Annäherung an (evtl. auch ihre Entfernung von) ein(em) Gruppenziel.   R.Kl.

Gruppenmerkmal → Merkmale, kollektive

Gruppenmitgliedschaft, Gruppenzugehörigkeit, uneinheitlich definierte Bezeichnung für die Tatsache der Zugehörigkeit eines Individuums zu einer Gruppe. Als Kriterien der G. gelten u.a. (einzeln oder gemeinsam): häufige Interaktion mit den Gruppenmitgliedern, die Teilhabe an einem von der Gruppe getragenen Zusammengehörigkeits- oder „Wir"-Gefühls, die mehr oder weniger formale Aufnahme in die Gruppe (z.B. bei Organisationen).   R.Kl.

Gruppenmitgliedschaft, mehrfache, multiple oder überlappende Gruppenmitgliedschaft, Bezeichnung für die gleichzeitige Mitgliedschaft einer Person in mehreren Gruppen.   R.Kl.

Gruppenmoral, [1] die gemeinsamen Normen und Werte der Mitglieder einer Gruppe.
[2] In bewertender Betrachtung (als „gute" G.) auch Zusammenhalt und Ausdauer einer Gruppe (z.B. in Gefahren- und Konfliktsituationen).   H.E.M.

Gruppennorm, Gruppenstandard, [1] deskriptiver Begriff zur Bezeichnung einer Gleichförmigkeit bestimmter Meinungen oder Verhaltensweisen der Gruppenmitglieder.
[2] Theoretischer Begriff zur Bezeichnung des hypothetischen Faktors, mit dessen Hilfe eine beobachtete, auf den Gruppeneinfluss zurückgehende Gleichförmigkeit des Denkens oder Verhaltens erklärt werden soll. So wird etwa behauptet, die Mitglieder einer Gruppe dächten oder verhielten sich in einem bestimmten

Punkte ähnlich, „weil" in der betreffenden Gruppe eine entsprechende G. herrsche.   R.Kl.

Gruppenorganisation, allgemeine Bezeichnung für die innere soziale Struktur von Gruppen und die Beziehungen zwischen Gruppen.   R.Kl.

Gruppenorganisation, differenzielle, auch: differentielle soziale Organisation, Bezeichnung für einen Typus sozialer Organisation, wo mehrere Gruppen miteinander in Beziehung stehen, die jeweils alternative und nicht miteinander in Einklang stehende Verhaltensmaßstäbe besitzen, so dass ein Individuum, welches entsprechend den Normen und Werten einer Gruppe erzogen wird und sich entsprechend verhält, nach den Maßstäben der anderen Gruppen als „abweichend" gilt. Der Begriff wird insbesondere bei der Erklärung „kriminellen" Verhaltens benutzt (→ Assoziation, differentielle).   R.Kl.

Gruppenprozess, psychodynamischer → Gruppendynamik

Gruppenprozessanalyse → Interaktionsanalyse

Gruppenpsyche → Kollektivbewusstsein

Gruppenpsychologie, Teilgebiet der Psychologie, das sich mit den Wechselbeziehungen zwischen Individuum und Gruppe und den psychischen Prozessen in Gruppen beschäftigt. Gebräuchlichere Bezeichnungen: → Gruppendynamik, → Sozialpsychologie   R.Kl.

Gruppenpsychotherapie → Gruppentherapie

Gruppenrichtmaß, bezeichnet in der → Beziehungslehre L. von Wieses das Gruppenvorbild, das jede größere Gruppe (nicht die Kleingruppe) hat, das ihre Ziele ausdrückt und das sie zusammenhält. Das G. kann durch eine Person der Gegenwart oder der Vergangenheit versinnbildlicht werden, aber auch durch ein Zukunftsbild.   W.F.H.

Gruppenseele → Kollektivbewusstsein

Gruppenspannung, *group tension,* allgemeine Bezeichnung für das Vorhandensein von „Spannung", d.h. von widerstreitenden Strebungen und Interessen und von manifesten oder latenten Konflikten innerhalb von Gruppen.   R.Kl.

Gruppenstandard → Gruppennorm

Gruppensynergie, *group synergy,* nach R.B. Cattell Bezeichnung für die Gesamtenergie, die eine soziale Gruppe aufgrund der Zusammenfassung der biologischen und motivationalen Antriebe ihrer einzelnen Mitglieder besitzt. → Synergie   R.Kl.

Gruppensyntalität → Syntalität

Gruppentests, Bezeichnung für Testverfahren, die so konstruiert sind, dass sie – im Gegensatz zu individuellen Tests – gleichzeitig an einer größeren Anzahl von Personen durchgeführt werden können. G. existieren für inhaltlich ganz unterschiedliche Bereiche, wie z.B. Intelligenz, Schulreife, Konzentration, manuelle Fähigkeiten.

Als G. angelegte Testverfahren sind in der Durchführung zeitökonomischer als individuelle Tests und finden daher besonders bei Zulassungs- und Selektionsfragen (Schule, Ausbildung, Beruf) Verwendung. C.R.S.

Gruppentherapie, Gruppenpsychotherapie, eine spezielle Form der Psychotherapie, bei der eine kleinere Gruppe von Patienten (meist 5-6 Personen) mit dem Therapeuten zusammentrifft, wodurch dem einzelnen Patienten die Möglichkeit gegeben wird, „seine Übertragung auf mehrere ... Personen zu verteilen und sein Selbstbild in der Auseinandersetzung mit diesen zu gestalten" (P.R. Hofstätter 1957). Besondere Methoden der G. sind Psychodrama und Soziodrama. R.Kl.

Gruppenvalenz, der „Aufforderungscharakter" oder die Valenz einer Gruppe, also die Anziehungskraft oder Attraktivität, die eine Gruppe auf Individuen ausübt. Synonyme Bezeichnungen: Gruppenattraktivität, Gruppenkohäsion. → Kohäsion [2] R.Kl.

Gruppenvariable → Merkmale, kollektive

Gruppenzugehörigkeit → Gruppenmitgliedschaft

Gruppenzusammenhalt → Kohäsion [1]

Gruppenzusammenhang, dynamischer, nach K. Lewin der Wirkungszusammenhang gattungsmäßig verschiedener Gruppenteile (z.B. Mann, Frau und Kind in einer Familie). H.E.M.

Gruppenzwang → Gruppendruck

Grußverhältnis, vergleichsweise reduzierte Form der „Bekanntschaft" zwischen Personen, welche den Betreffenden, wenn sie sich begegnen, nicht abverlangt, in aufwändigere Interaktionen miteinander einzutreten, sondern es beim wechselseitigen Grüßen belässt, sie dazu u.U. allerdings verpflichtet. H.Ty.

gubernativ, wörtlich: regierungsseitig, bezeichnet in der Rechtssoziologie die Akte der Staatsverwaltung, beispielsweise die Rechtssetzung durch Behördentätigkeit (statt durch die Legislative der Parlamente). R.L.

Gültigkeit → Validität

Guerilla, wörtl. kleiner Krieg, [1] militärische Auseinandersetzung zwischen bewaffneten Teilen der Bevölkerung eines Gebietes mit der regulären Armee des eigenen Landes, einer Besatzungsmacht oder einer feindlichen Armee. [2] Bezeichnung allein für die bewaffneten Teile der Bevölkerung in entsprechenden Auseinandersetzungen. W.F.H.

Güter, globale öffentliche, Bezeichnung für öffentliche Güter (→ Kollektivgüter), deren Nutzen oder deren negative Effekte (im Fall von *public bads*) sich im Unterschied zu nationalen öffentlichen Gütern im Prinzip auf die Menschen aller Länder und Regionen der Erde erstrecken (I. Kaul et al. 2003). Als g.ö.G. werden so unterschiedliche Dinge wie die internationale Luftfahrt, internationale Währungsstabilität, Verhinderung der Ausbreitung von Krankheiten (z.B. AIDS), (Schutz vor) Terrorismus, der Weltfrieden oder die Ozeane angesehen. Gleichfalls werden zu ihnen die Institutionen (UNO, Internationaler Gerichtshof) und die → internationalen Regime gezählt, die sich mit der Herstellung und Kontrolle von g.ö.G. befassen. H.W.

guinea pig effect (engl.), Meerschweincheneffekt → Hawthorne-Effekt

Gut, meritorisches → Kollektivgüter

Gut, öffentliches → Kollektivgüter

Gut, positionelles, Bezeichnung für Güter, deren Gebrauchswert davon abhängt, dass nur ein Teil der potenziellen Nutzer das Gut erwirbt bzw. ein Teil von der Nutzung ausgeschlossen wird. Bekanntestes Beispiel für ein p. G. ist das Auto: Je mehr Personen ein Auto benutzen, umso langsamer können sich alle bei begrenzten Straßenkapazitäten mit ihm fortbewegen. Alle Güter des demonstrativen Konsums sind p.e G.er. In der ökologischen Diskussion wird insb. auch die industrielle Produktion der Industrienationen insgesamt als p. G. angesehen, da sie aufgrund des hohen Ressourcenverbrauchs und der Emissionen nur einer begrenzten Anzahl von Ländern möglich war und bleibt. H.W.

Guttman-Skala → Skalogramm-Analyse

Gynäkokratie, Herrschaft der Frauen, in der älteren Völkerkunde und teilweise bis heute mit → Matriarchat bezeichnet. Ob es G. in vorindustriellen Gesellschaften überhaupt gegeben hat, ist umstritten. W.F.H.

Gynozentrismus, kennzeichnet eine Richtung differenztheoretischer feministischer Theoriebildung der 1970er und 1980er Jahre. Im Gegensatz zu Ansätzen, welche die prinzipielle Gleichheit der Geschlechter betonen, geht der G. von einer grundsätzlichen Differenz von Frauen und Männern aus (M. Daly). Die Diskriminierung von Frauen resultiert demnach aus der Abwertung weiblicher Aktivitäten und Eigenschaften in patriarchalen Gesellschaften bzw. symbolischen Ordnungen. Ausgehend von positiv konnotierten Konzepten des weiblichen Körpers, der weiblichen Fürsorge (C. Gilligan) und Beziehungsorientierung zielt der G. auf die Aufwertung der mit Weiblichkeit assoziierten Werte und Ideale und eine entsprechende Veränderung der symbolischen Ordnung (L. Irigaray, L. Muraro). Poststrukturalistische und konstruktivistische feministische Theorien kritisieren den G. wegen seiner immanenten Affirmation einer biologisch begründeten Geschlechterdifferenz und der Vernachlässigung bzw. Negation anders-

G

artiger Bedingungen von Differenz wie bspw. Klasse oder Ethnizität.   S.B.

H

habit (engl.) → Gewohnheit
habit strength (engl.) → Gewohnheitsstärke
Habitat, [1] der Lebensraum von Tieren.
[2] Im übertragenen Sinne: die geografische und klimatische Umwelt menschlicher Gemeinschaften.   R.Kl.
Habitualisierung, [1] allgemein Bezeichnung dafür, dass ein bestimmtes Verhalten zur → Gewohnheit wird.   R.Kl.
[2] Bei A. Gehlen (1949) Bezeichnung für Eingewöhnung und Schematisierung von Handlungen, Gedankengängen, Urteilsbildungen, Wertgefühlen, Motiven und Entscheidungsakten. Die habitualisierten, eingeschliffenen Verhaltensfiguren und Bewusstseinsfunktionen sind weitgehend kritikfest und einwandsimmun. H. sorgt insbesondere im intellektuellen Bereich für Entlastung von ansonsten permanent geforderter Aufmerksamkeit und Entscheidungsbereitschaft. Häufig wiederholte Handlungen verfestigen sich zu einem Schema, das unter Einsparung von Kraft für Entscheidungen reproduziert werden kann. Derartige H.sprozesse gehen jeder Herausbildung von Institutionen voran.   F.G.
habituell, gewohnheitsmäßig, eine relativ feste, unveränderliche Gewohnheit darstellend. R.Kl.
Habitus, [1] svw. → Gewohnheit.
[2] Die Gesamtheit der relativ festliegenden Einstellungen und Gewohnheiten einer Person.
[3] Die äußere Erscheinung eines Menschen, von der aus man auf dessen Anlagen, Einstellungen und Gewohnheiten schließen kann.   R.Kl.
[4] In den Analysen P. Bourdieus (1973, in früheren Schriften auch: Ethos) Bezeichnung für das Repertoire kultureller Praktiken (Denk-, Wahrnehmungs-, Beurteilungs- und Aktionsschemata), das den Mitgliedern einer sozialen Einheit (Gruppe, Klasse, Gesellschaft, Kultur) jeweils gemeinsam ist. Bourdieu zufolge produzieren Familie, Schule und Kulturindustrie einen für jede soziale Einheit spezifischen H., indem sie für dessen Verinnerlichung seitens der Individuen sorgen, denen dann der H. zur zweiten

Natur wird. Je schwieriger und langwieriger die Lernprozesse für den Erwerb der für eine soziale Einheit charakteristischen kulturellen Praktiken sind, desto eher lassen sie Rückschlüsse auf die soziale Zugehörigkeit derjenigen zu, die sie zu praktizieren wissen. Auf diese Weise dient der H. auch der Unterscheidung (→ Distinktion) zwischen verschiedenen sozialen Einheiten und deren jeweiligen Mitgliedern.   F.G.

Habitus, beruflicher, der dem beruflichen Handeln und dem Berufsverständnis der Einzelnen zugrunde liegende Zusammenhang von festliegenden Dispositionen und Impulsen (als Ergebnis von Berufsaus- und Weiterbildung, aber vor allem auch der strukturierenden Kraft der Arbeitsverhältnisse selbst).   W.F.H.

Habitus, politischer, der dem politischen Verhalten der Einzelnen zugrunde liegende Zusammenhang von festliegenden Dispositionen und Impulsen, die sich auf den politischen Bereich beziehen (z.B. Distanz von aller Politik, allgemeine Engagiertheit).   W.F.H.

hacienda (span.), allg. Eigentum, spez. Bezeichnung für landwirtschaftliche Betriebe in Lateinamerika, die auf einer Monopolisierung von Land und Wasser beruhen und deren Landbesitz häufig die tatsächlich genutzten Flächen weit übersteigt. Dadurch wird die landlose Landbevölkerung gezwungen, als Kleinpächter oder als Lohnarbeiter für die *h.* zu arbeiten. Die Lohnarbeit besitzt häufig den Charakter der → Schuldknechtschaft (*peonaje*), die zu lebenslanger Bindung der Arbeitskräfte und ihrer Nachkommen an die *h.* führt. Seit ihren Anfängen im 16. Jh. ist die *h.* auf Produktion für den Markt ausgerichtet und dient dem meist abwesenden Eigentümer als Kapitalanlage. Häufig wird die *h.* jedoch auch als ein feudales, auf Leibeigenschaft beruhendes, auf Selbstversorgung ausgerichtetes System aufgefasst.   H.W.

Hackordnung, Beißordnung, allgemein auch: Platzrangordnung, Bezeichnung für die zuerst auf Hühnerhöfen, dann auch bei anderen Tiergruppen beobachteten Rangfolgen, die sich darin äußern, welches Tier welches andere Tier hackt, beißt usw., ohne selbst von Letzterem gehackt oder gebissen zu werden. Welchen Rang ein Tier in der H. einnimmt, wird zumeist in Kämpfen festgestellt; danach bleibt die H. eine Zeit lang stabil.   R.Kl.

Häftlingsdilemmaspiel, Gefangenendilemmaspiel, *prisoner's dilemma game, P.D. game,* in der Spieltheorie und experimentellen Forschung Bezeichnung für ein Zwei-Personen-Nicht-Nullsummenspiel, dessen Spielmatrix die allgemeine Form hat:

Spieler 2

$$\beta_1 \qquad \beta_2$$

Spieler 1 $\begin{array}{c} \alpha_1 \\ \alpha_2 \end{array} \left(\begin{array}{cc} (-\alpha_{11}, -b_{11}) & (-\alpha_{12}, -b_{12}) \\ (\alpha_{21}, -b_{21}) & (\alpha_{22}, b_{22}) \end{array} \right)$

Bedingung:

$$a_{21} > a_{22} > a_{11} > a_{12}$$

bzw.

$$b_{12} > b_{22} > b_{11} > b_{21}$$

Die Auszahlungsmatrix gibt das Dilemma zweier Komplizen wieder, die getrennt über ein Verbrechen verhört werden und folgende Strafen zu befürchten haben: gestehen beide (α_1, β_1), erwartet sie eine mittlere Strafe; gesteht nur einer (α_2, β_1 bzw. α_1, β_2), wird dieser freigelassen, während den anderen eine hohe Strafe erwartet; gestehen beide nicht (α_2, β_2), kann ihnen nur eine milde Strafe auferlegt werden.

Das H. wird vorwiegend zur Untersuchung von Konflikt- und Kooperationsverhalten und der Lernvorgänge in Interaktionen verwendet. Besonders häufig ist untersucht worden, welche Auswirkungen unterschiedliche Kommunikationsmöglichkeiten auf das Verhalten der Spieler besitzen. N.M.

Halbierungsverfahren → *Split-Half*-Methoden

Halbierungszuverlässigkeit → *Split-Half*-Methoden

Halbfreizeit, jener Zeitverwendungs- und Handlungsbereich „zwischen" Erwerbsarbeit und physiologischer Notwendigkeit einerseits, intrinsisch bestimmter Eigenzeit andererseits, der im Rahmen öffentlicher oder familialer Verpflichtungen, selbstbestimmter Haushaltsproduktion, des *Do-it-yourself* und dgl. gestaltet wird und Konsum- und Beziehungsarbeit, Kindererziehung, freiwillige Weiterbildung, Tätigkeit in Ehrenämtern usw. einschließt, allerdings dem Grad nach jeweils relativ zu den objektiven Lagemerkmalen der Akteure. Wachsende Zeitknappheit trotz weiterer Arbeitszeitverkürzung, Flexibilisierung der Erwerbsarbeit, Verteuerung fremder Dienstleistungen und Differenzierung der Freizeitaktivitäten lassen generell ein Anwachsen des Anteils der H. erwarten, die durch mannigfaltige Kombinationen von expressiv-diffusen Motiven und instrumental-spezifischen Zwecken gekennzeichnet ist. H.L.

Halbpacht → Metäriewirtschaft

Halo-Effekt → Hoffeffekt

Haltung, [1] svw. → Einstellung.

[2] *posture*, Körperstellung oder -haltung. R.Kl.

Hamburg-Wechsler-Intelligenztest → Wechsler-Test

hand, invisible (engl.) → *invisible hand*

Handarbeit → Arbeit, körperliche

Handel, stummer → Tausch, stummer

Handeln, neben seiner allgemeinen Verwendung zur Bezeichnung menschlicher Verhaltensäußerung (→ Verhalten, *behavior*) wird der Begriff des H.s oft in spezifischer Absetzung vom Begriff des Verhaltens benutzt, um die Besonderheit des menschlichen Verhaltens gegenüber dem tierischen Verhalten zu betonen, nämlich dessen Intentionalität oder Zielgerichtetheit (*action*). Verbunden mit einer solchen Verwendungsweise des Begriffes H. ist in der Regel ein methodisch (Methode des Verstehens) begründeter Autonomieanspruch der Sozialwissenschaften als Wissenschaften vom menschlichen Handeln. → Handlung V.V.

Handeln, affektuelles → affektuell [2]

Handeln, inneres, *deep acting*, Begleitung oder Fundierung der Darstellung einer Beziehung, eines Ausdrucks (z.B. der Trauer oder Freude), die in einer bestimmten Situation erwartet werden, durch „Gefühlsarbeit" (A.R. Hochschild), d.h. der Herstellung von entsprechenden Gefühlen. H.W.

Handeln, kollektives, [1] elementares gleichartiges Verhalten, das seine Gleichartigkeit nicht aus gemeinsamen Normen und Werten, sondern aus gleichen oder ähnlichen Eindrücken und Umwelteinflüssen erhält. E.L.

[2] svw. → Entscheidungen, kollektive

Handeln, kommunikatives, bei J. Habermas Bezeichnung für eine der beiden von ihm unterschiedenen Ebenen der Kommunikation: k. H. ist die Ebene des Informationsaustausches, auf der die Geltung von Sinnzusammenhängen und die Legitimität von Werten und Normen unproblematisiert hingenommen bzw. vorausgesetzt werden. Eventuell auftretende Meinungsverschiedenheiten dagegen werden auf der Ebene des → Diskurses [2] erörtert. K. H. und Diskurs sind unmittelbar aufeinander bezogen und können nur analytisch getrennt werden. H.G.

Handeln, politisches, die gesellschaftlich geregelten Tätigkeiten, die sich auf die Erreichung politischer Ziele, die Verteilung politischer Güter und die Verbreitung politischer Orientierungen beziehen. W.F.H.

Handeln, rationales, [1] ein Handeln ist dann rational, wenn unter gegebenen Bedingungen ein bestimmter Zweck mit dem geringsten Einsatz an Mitteln und den geringsten unerwünschten Nebenfolgen verwirklicht werden kann. Die Frage nach der Rationalität der Handlungszwecke selbst bleibt in dieser formalen Bestimmung ausgeklammert.

[2] Übereinstimmung der subjektiven Handlungszwecke mit den gesellschaftlich sanktionierten Zwecken. B.W.R.

Handeln, religiöses, orientiert sich an der sinnhaften Ordnung der Beziehungen zwischen als übernatürlich, dinglich oder personenhaft geglaubten Mächten und den Menschen. Es kann zwischen der magischen Unterwerfung der übersinnlichen Mächte unter menschliche Zwecke (→ magisch) und dem Gehorsam gegenüber einem Gott, religiösen Normen und Gesetzen (→ Ethik) variieren und ist entweder auf die Harmonisierung diesseitiger Verhältnisse oder auf Weltüberwindung als Heilsziel ausgerichtet.   V.Kr.

Handeln, sinnhaftes, ein Handeln, mit dem der Akteur einen subjektiven Sinn verbindet und das infolgedessen nicht auf „allgemein gültige", „objektiv richtige" Maßstäbe oder „natürliche" Determinanten zurückzuführen ist. S. H. als Ergebnis menschlicher Fähigkeit der Interpretation von Realität und der Verinnerlichung von Werten und Erwartungen folgt stärker bewussten Motiven als rein → affektives, reaktives oder traditionales Verhalten. Es wird daher verstehbar, d.h. durch rationalen Nachvollzug deutbar (M. Weber). Damit wird die Motivation des Akteurs zur Voraussetzung der Erklärung seines Handelns.   H.L.

Handeln, soziales → Handlung

Handeln, strategisches, ein rationales, kalkulierendes Handeln, das die möglichen Aktionen und Reaktionen eines ebenfalls rationalen „Gegenspielers" in Rechnung stellt (H. Brentel 1999). S.H. ist ein Handeln unter Unsicherheit, bei dem die Umwelt des Handelnden nicht mehr als gegeben angenommen wird.   H.W.

Handeln, traditionales → traditional

Handeln, wertrationales → wertrational

Handeln, zielorientiertes → Zielorientierung

Handeln, zweckrationales → zweckrational

Handelnder → Akteur

Handelns- und Zustandsordnung, bei T. Geiger die Grundlinien, nach denen eine Gesellschaft oder eine Gruppe strukturiert ist.   R.L.

Handelskapital, Kaufmannskapital, kommerzielles Kapital, Warenhandlungskapital, nach der Marx'schen Theorie die geschichtlich erste Form des Kapitals bzw. des Tauschwerts: als Funktion des Austausches zwischen Völkern, Gemeinden usw. wirkt das Geld in der Bewegung des Kaufens, um zu verkaufen, als H. Der Tauschwert ist dabei noch nicht zum Strukturmerkmal der Produktion von Waren geworden. Im Verlauf des geschichtlichen Prozesses, in dem das industrielle Kapital zum bestimmenden Moment der Produktion von Waren und zum Grundverhältnis der bürgerlichen Gesellschaft wird, unterwirft es sich die geschichtlich vorgefundenen früheren Formen des Kapitals und macht sie zu sekundären, abgeleiteten Formen.   W.F.H.

Handelskapitalismus, Vorform des modernen Kapitalismus, die auf Handel basiert und sich seit dem Altertum besonders in den Städten des Mittelmeerraumes in immer neuen Ansätzen entwickelte.   C.Rü.

Handlung, Handeln, *action*, Prozess des Zustandswandels eines empirischen H.ssystems. Eine H. richtet sich immer auf Gegenstände in der Umwelt des Akteurs; soziales Handeln ist dabei definiert als eine durch Beziehungen zwischen Akteuren geregelte Folge von H.en. Nach der allgemeinen H.stheorie (T. Parsons u.a.) ist H. ein Moment des Verhaltens, das zielgerichtet ist, in Situationen der Orientierung stattfindet, normativer Regelung unterliegt und der Motivation des Akteurs folgt. H. als zeitlich-situationale Einheit motivierten Verhaltens kann konkret vielerlei bedeuten: Aneignung, Differenzierung oder Stabilisierung von Umwelt, Anpassung des Akteurs, aber auch Dulden oder Unterlassen, immer aber im allgemeinsten Sinn: Zustandsveränderung der Beziehung Akteur-Situation.   H.L.

Handlungen, logische, eine von V. Pareto eingeführte Bezeichnung für jene reine Aktionsform, jene Handlungen, deren subjektiv gesetzte Zweck-Mittel-Relation mit den objektiv gegebenen Möglichkeiten in der Realität übereinstimmt. Der Ingenieur z.B., der eine Brücke bauen soll, kennt das Ziel, das er erreichen will. Durch Materialstudien ist er in der Lage, das Zweck-Mittel-Verhältnis adäquat zu berechnen. Die subjektiven Absichten stimmen hier mit den objektiv existierenden Realisierungsmöglichkeiten überein. Die Kriterien des Logischen sollen nach Pareto, im Unterschied zum Typus rationalen Handelns bei M. Weber, nicht an dem vom Handelnden gemeinten subjektiven Sinn, sondern an der objektiven Sinnhaftigkeit gemessen werden, die von den Beobachtern feststellbar und experimentell nachprüfbar ist.   G.K.

Handlungen, nicht-logische, dürfen nach V. Pareto nicht mit „unlogischen" verwechselt werden: Das charakteristische Merkmal n.-l.r H. als reiner Aktionsform besteht in der Diskrepanz zwischen subjektiv gewünschten und objektiv möglichen Zielorientierungen. Ihre soziale Funktion soll – im Unterschied zur Orientierung an der Wahrheit (→ logische Handlungen) – in ihrer Nützlichkeit gesehen werden. Ideologien z.B. können nicht wissenschaftlich wahr sein; sie kommen aber einem gefühlsmäßigen Bedürfnis entgegen und haben außerdem noch eine gesellschaftsintegrierende Wirkung. Sie sind, von diesem Standpunkt aus gesehen, nicht unlogisch.   G.K.

Handlungen, unerledigte → Zeigarnik-Effekt

Handlungs- vs. Systemrationalität, eine Figur aus der Theoriediskussion zur Frage, wie das Zustandekommen einer „vernünftigen Gesellschaftsordnung" zu denken sei. J. Habermas (1981) hat den Begriff H. eingeführt und ihn unter drei Aspekten bestimmt: das in Sprechsituationen angewandte Wissen, die Form der intersubjektiven Verständigung, die Weitergabe des Wissens. Für den Begriff S. verzichtet N. Luhmann (1968) auf den Akteursbezug; Rationalität stellt sich in sozialen Gebilden durch → Reduktion von Komplexität her. Der Gegensatz beider Theorieschulen wurde in der deutschen Soziologie lange diskutiert. Beide rücken von einer Dominanz des Zweck-Mittel-Denkens ab, die für M. Weber noch gegolten hatte. → Systemrationalität [2] R.L.

Handlungsalternativen → *pattern variables*

Handlungsfiktion, bezeichnet die auch kontrafaktische Zurechnung von Handeln, also den Sachverhalt, dass „jemandem Handeln unterstellt wird, dieser sich aber nur verhalten hat." (U. Schimank 2000). Die retrospektive Zurechnung kann zur prospektiven Zumutung werden. W.F.H.

Handlungsforschung → Aktionsforschung

Handlungskapazität, das Ausmaß der Fähigkeit eines Menschen, durch eigene Handlungsbeiträge intentional seine Lebensbedingungen zu beeinflussen. Sie vermindert sich oder fällt ganz aus in Krisen und in Orientierungszusammenbrüchen, wenn also Erfahrungen des Erleidens überwiegen. W.F.H.

Handlungskompetenz, die aufgrund sozioökonomisch bedingter familiärer und außerfamiliärer Sozialisation erworbenen Fähigkeiten zum Einsatz komplexer und systematischer Handlungsstrategien sowie zur sprachlichen Bewältigung und Legitimierung konkreter Handlungssituationen. Das vor allem in der interaktionstheoretischen Diskussion verwendete Konzept der H. verweist auf die Bedeutung bestimmter grundlegender, nicht normativ verstandener Interaktionsfähigkeiten (Basisregeln), deren sich der Handelnde in aller Regel nicht bewusst ist, obschon sie sein Handeln entscheidend strukturieren. Damit gerät das Konzept der H. zur Kritik an Interaktionstheorien (z.B. im Rahmen des → *labeling approach*), bei denen der Handlungsbegriff auf intentionale, sinnkonstituierende und vom Handelnden bewusst reflektierte, insbesondere normative Dimensionen reduziert wird. Bedeutung erhält das Konzept der H. insbesondere bei der Analyse zwangskommunikativer Interaktionen zwischen Vertretern von Kontrollinstanzen und ihren jeweiligen „Klienten": Wenn strukturelle Unterprivilegierung als Ursache für mangelnde H. gilt und mangelnde H. zu

Nachteilen in der Interaktion mit Vertretern der → Instanzen sozialer Kontrolle führt, dann verläuft die formelle → soziale Kontrolle zum Nachteil (leichtere → Kriminalisierung) unterprivilegierter Gruppen. Zu den konkreten Dimensionen der H. gehören: die Fähigkeit zu einem der Interaktionssituation angemessenen Planungsverhalten, die Fähigkeit zur Antizipation und Wahrnehmung subtiler Erwartungen der Interaktionspartner, die Fähigkeit zur Äußerung legitim erscheinender Rechtfertigungen bei der Rekonstruktion von Ereignissen und Situationsdefinitionen, die Fähigkeit zur Artikulation eigener Äußerungen unter Antizipation möglicher Reaktionen der Interaktionspartner und schließlich die autonome Kontrolle darüber, was – der Situation angemessen – im eigenen Interesse besser gesagt oder verschwiegen wird. M.B.

Handlungskreis, Bezeichnung des menschlichen Handelns als Kreisprozess (Wahrnehmung, Motorik, Objektkontakt, Sprachausdruck), der auf der Trennung von Trieb und Handlung, die den Menschen vom Tier unterscheidet, beruht. Nach A. Gehlen ist durch dieses Konzept der traditionelle Dualismus von Leib und Seele, von Körper und Geist überwindbar. W.F.H.

Handlungsmuster. Die Sozialität menschlichen Handelns wird u.a. dadurch verbürgt, dass es in seinem Ablauf bestimmten kollektiv verfügbaren Mustern folgt. H. werden konstituiert durch Habitualisierung, Tradition, Regelorientierung, einen spezifischen Habitus. Für die wechselseitige Abstimmung individuellen Handelns sind H. notwendige Voraussetzung; durch sie wird Handeln erwartbar. Sie sind als Folge fortlaufender Reproduktion in sozialer Interaktion virtuell einer ständigen Veränderung unterzogen. M.M.

Handlungsorientierungen, *action-orientations*, Gesichtspunkte für das Verhalten eines Handelnden gegenüber einem sozialen, physikalischen oder kulturellen Objekt. Sie bestehen nach T. Parsons aus → motivationalen und → Wertorientierungen. G.E.

Handlungsprogramm → Aktionsprogramm [2]

Handlungsraum, *action-space* oder *behavior-space*, bei T. Parsons u. R.F. Bales (1953) Bezeichnung für den „Raum" (im mathematischen Sinne), der durch die Dimensionen definiert ist, in denen der Handelnde eine Bewertung seiner Handlungsmöglichkeiten vornimmt (Orientierungsalternativen, *pattern variables*). Jedes Handeln wird danach als Bewegung innerhalb eines solchen H.es betrachtet. R.Kl.

Handlungsschema, biografisches, bezeichnet in der Biografietheorie von F. Schütze eine von vier möglichen → Prozessstrukturen des Lebensablaufs, von elementaren Entwicklungsformen von Biografien. Das b.H. ist durch Intentionalität, Aktivität, Handlungsautonomie und Handlungskontrolle des Biografieträgers gekennzeichnet; die Verwirklichung seines – einmal gefassten oder stetig weiterentwickelten – biografischen Entwurfes bestimmt die Entwicklung der Biografie. I.K.

Handlungsspielraum bezeichnet das Maß an Freiheit, welches die gesellschaftliche Einbettung dem Individuum belässt. Je mehr Alternativen in einer Entscheidungssituation zur Verfügung stehen, je geringer die einschränkenden Bedingungen sind, desto größer ist der H. R.L.

Handlungsstil, grundlegende Merkmale des Handelns von einzelnen (z.B. des Handelns in Gruppen, Milieus usw.), die als „Stil" miteinander verbunden auf Dauer angewendet werden (also Fristigkeit des Handlungsplans, Grad der situativen Gebundenheit des Handlungsziels, Unmittelbarkeit oder Verzögerung der Durchführung des Handelns, Grad der Selektivität der Folgenwahrnehmung usw.). W.F.H.

Handlungssystem, Aktionssystem, *system of action*, die organisierte Vielfalt der Handlungsorientierungen mehrerer Akteure, die in Wechselwirkung miteinander stehen (T. Parsons, E.A. Shils u.a.): Soziale Prozesse verlaufen nicht zufallsmäßig, sondern gemäß den Bedingungen eines H.s. Es lassen sich drei Systemebenen unterscheiden, die im H. aufeinander bezogen sind: Persönlichkeitssysteme als Muster individueller Motivationen, soziale Systeme als integrierte Rollenmuster sowie kulturelle Systeme als interindividuelle Muster von Werten, Normen und Symbolen. Ein individueller Akt im H. wird von allen drei Komponenten gesteuert. H.L.

Handlungssystem, organisiertes → Organisation

Handlungstendenz, Aktionstendenz, Verhaltenstendenz, allgemeine Bezeichnung für die Disposition eines Organismus zu einem bestimmten Verhalten. Die H. einer Person gegenüber einem bestimmten Objekt wird im Allgemeinen als ein Teil ihrer → Einstellung zu diesem Objekt angesehen (neben der kognitiven und der affektiven Komponente der Einstellung). R.Kl.

Handlungstheorie, Theorie des Handelns, *theory of action*, theoretischer Ansatz in den Sozialwissenschaften, der die Intentionalität (Zielgerichtetheit) menschlichen Handelns zur Grundlage eines besonderen, nicht rein erfahrungswissenschaftlichen Erklärungsprinzips nimmt (Verstehbarkeit menschlichen Handelns). V.V. Unter dem Begriff der H. werden verschiedene Versuche zusammengefasst, generelle Begriffe und Aussagen hinsichtlich der Bedingungen, Formen und Handlungsrichtungen elementaren sozialen Verhaltens in einer sozialwissenschaftlichen Grundlagentheorie zu systematisieren. Es

existieren diverse wahrnehmungs- und motivationspsychologische, lerntheoretische, interaktionistische, entscheidungs- und rollentheoretische Ansätze und Modelle, die bisher nicht befriedigend integriert sind. Grundmodell der H. ist das Zweck- (bzw. Ziel-) Mittel-Schema, d.h. der Akteur in einer sozialen Situation, in der sich für ihn aus dem Bedingungsgefüge von individueller Motivation und Zielen, alternativen Objekten und Mitteln, sozialen Normen und Erwartungen über → Belohnungs-Bestrafungs-Mechanismen oder Strategien der Reduktion → kognitiver Dissonanz eine bestimmte Handlungsorientierung ergibt. Aufgabe der H. ist es, über die theoretische Klassifikation von Orientierungsalternativen hinaus die Gesetzmäßigkeiten festzustellen, mithilfe derer das spezifische Handeln eines Akteurs aufgrund seiner Situation erklärt oder vorhergesagt werden kann. H.L.

Handlungsverstehen. In der von M. Weber begründeten Tradition der Verstehenden Soziologie erfordert die Erklärung sozialen Handelns den Nachvollzug des das Handeln orientierenden subjektiv gemeinten Sinns, also der Intentionen des Handelnden. Wie neuere Ansätze der interpretativen Soziologie gezeigt haben, gelingt H. nur unter Berücksichtigung des Kontextes, in den die Handlung eingebettet ist (→ Kontextverstehen) und der handlungsleitenden Regeln (→ Regelverstehen). M.M.

Handlungswissenschaften, zusammenfassende Bezeichnung für die Disziplinen, die auf der Grundlage der → Handlungstheorie entstanden sind. R.L.

hantologisch, verweist auf Interaktionen mit einer okkulten Welt. Es entstehen Brüche in den routinierten Handlungs- und Sinnprozessen. Jemand wird z.B. von Gespenstern heimgesucht, sodass er mit diesen Wesen nicht „in einer Welt" ist (S. Moebius 2003). R.L.

Happiness-Barriere, *happiness barrier,* Bezeichnung aus Studien über Lebenszufriedenheit und Zufriedenheit mit einzelnen Lebensbedingungen zur Erklärung dafür, dass sich Befragte (auch bei offenbar unbefriedigenden Lebensverhältnissen) als zufrieden erklären (J.P. Roos): Angenommen wird eine sozial wirksame Hemmung, die H.-B., Unzufriedenheit zuzugeben. W.F.H.

Häresie, Strategien der, bezeichnet bei P. Bourdieu Angriffe auf die bestehende Ordnung, indem Glaubensvorstellungen in Frage gestellt und neue Sichtweisen und Möglichkeiten diskutiert werden. A.K.

Harlekin-Komplex, eine von D.C. McClelland (1967) vorgeschlagene Bezeichnung für das Phänomen, dass weibliche Untersuchungspersonen

H

in psychologischen Studien dazu tendieren, den Tod als „heiteren Verführer", also mit Komponenten verbotener Sexualität zu beschreiben bzw. zu erleben.   W.F.H.

Harmonie, prästabilierte, frz.: *harmonie préétablie, harmonie universelle,* Bezeichnung von G.W. Leibniz für die Übereinstimmung von Substanzen; diese beruht darauf, dass die Substanzen ihren je spezifischen Gesetzen gehorchen, nicht jedoch untereinander wechselseitig aufeinander Einfluss nehmen.   O.R.

Harmoniemilieu, eine der gesellschaftlichen Großgruppen innerhalb der kultursoziologischen Fünferklassifikation von G. Schulze. Der leitende Erlebniswert ist Geborgenheit. Das H. besteht aus eher älteren Personen mit geringer Bildung, welche sich gemütlich einrichten, antiexzentrisch kleiden, volkstümlich unterhalten usw. Damit grenzen sie sich vor allem gegen das → Niveaumilieu ab.   R.L.

Harmonisierung, soziale, Postulat nach Vereinheitlichung der sozialpolitischen Maßnahmen. Einer s.n H. steht vor allem das Prinzip erworbener Rechte entgegen.   F.X.K.

Hass, sozialer, nennt G. Simmel (1908) das gruppenspezifische Verhalten allem gegenüber, das den Bestand der Gruppe zu gefährden scheint. Der s.e H. fördert die Gruppenintegration.   O.R.

Hassverbrechen, *hate crimes,* neu aufgekommene Bezeichnung für Gewalttaten, die zu Lasten von Angehörigen der Randgruppen begangen werden. Die Opfer finden wenig öffentliche Unterstützung. Die Täter stammen oft aus ökonomisch, kulturell und ethnisch randständigen Milieus.   R.L.

Häufigkeit, in der Statistik die Anzahl von Fällen, Ereignissen, Messwerten in einer Klasse oder Ausprägung einer Variablen. Durch Zuordnung der Beobachtungswerte zu den einzelnen Klassen oder Ausprägungen entstehen → Häufigkeitsverteilungen.   H.W.

Häufigkeit, kumulierte, Bezeichnung der Statistik für die Häufigkeitswerte, die durch schrittweises Aufsummieren (Kumulieren) der Häufigkeiten von Messwerten entstehen, etwa:

Messwerte	Häufigkeit	k. H.
1	5	5
2	9	14
3	4	18
4	2	20

Die Spalte der k.n H.en im Beispiel ermöglicht z.B. folgende Aussage: Von den 20 Versuchspersonen haben 14 Werte unter 3 erzielt.   H.W.

Häufigkeit, relative, Verhältnis der beobachteten Ereignisse oder Fälle einer bestimmten Klasse zur Gesamtheit der betrachteten Fälle oder Ereignisse. Tritt z.B. bei 10 Münzeinwürfen 5-mal die Zahl auf, so ist die r. H. des Ereignisses „Zahl" 5/10. Die r. H. wird i.d.R. als Prozentsatz der Gesamtheit der betrachteten Fälle angegeben. Die r. H. eines Ereignisses wird von einer Reihe von Theoretikern zur Definition der → empirischen Wahrscheinlichkeit eines Ereignisses verwandt.   H.W.

Häufigkeitspolygon → Histogramm

Häufigkeitsverteilung, die Angabe, wie viele Werte oder welcher Prozentsatz empirischer Daten auf die möglichen Ausprägungen entfallen. Dabei werden der Art der Daten entsprechend die möglichen Ausprägungen zu endlich vielen Klassen zusammengefasst. Die H. wird tabellarisch oder grafisch als Polygonzug oder als Histogramm dargestellt. Von der grafischen Darstellung leiten sich die Namen einzelner typischer H.en her, wie *I-, U-,* oder *J-* Verteilung.   M.K.

Häufigkeitswahrscheinlichkeit → Wahrscheinlichkeit, statistische

Hauptachsenmethode → Hauptkomponentenmethode

Hauptklassen → Grundklassen

Hauptkomponentenmethode, auch: Hauptachsenmethode, Methode der Faktorenanalyse zur Bestimmung der den Variablen gemeinsamen Faktoren. Sie kennzeichnet sich durch die Vorstellung von den Faktoren als Achsen durch den Schwerpunkt einer Konfiguration oder eines Körpers von Punkten, der durch die Variablen gebildet wird. Dabei wird zunächst die Achse bestimmt, in deren Richtung die größte Varianz vorliegt. Wird senkrecht zur ersten Achse eine Ebene durch den Schwerpunkt gelegt, dann wird die zweite Achse so bestimmt, dass die größte Varianz der auf die Ebene projizierten Punkte in ihre Richtung fällt. Im Unterschied zur → Zentroidmethode wird bei der H. also nach einem bestimmten System von Achsen gesucht. Die H. wird heute in der Regel der Zentroidmethode vorgezogen.   H.W.

Hauptstatus → *master status*

Hauptwiderspruch – Nebenwiderspruch, Begriffe der marxistischen Diskussion für die theoretische Vorrangigkeit und politische Bedeutung von sozialen und ökonomischen Problemen. Ist mit H. das Verhältnis von Lohnarbeit und Kapital als Grundverhältnis der kapitalistischen Gesellschaften bezeichnet, so gelten andere soziale Widersprüche (z.B. Unterdrückung der Frau in Beruf, Ehe und Leben; Reglementierung der Ausbildungsgänge in Schule und Hochschule; Unterdrückung der Sexualität in der bürgerlichen Gesellschaft; rassistische Diskriminierung, Probleme der Zerrissenheit der individuellen Persönlichkeit und Biografie u.a.m.) als N.e. Die N.e können nur aufgehoben werden, wenn der H. in den Kapitalverhältnissen überwunden wird. Der Auffassung des → Geschlechterverhältnisses als N. wird vor allem von feministischer Seite heftig widersprochen. **W.F.H.**

Haus, ganzes, Bezeichnung für die vorwiegend für die Landbevölkerung geltende vorbürgerliche Form des Zusammenlebens, die besser als die Bezeichnung „Großfamilie" die zwei (höchstens drei) Generationen umfassende Blutverwandtschaftsgruppe charakterisiert, die zusammen mit dem Gesinde in einer Hausgemeinschaft wohnt und unter der Herrschaft des Hausvaters die zur Sicherung des täglichen Lebens notwendigen Arbeiten verrichtet (O. Brunner). Das ganze Haus stellt eine Einheit von Produktion und Konsumtion dar und ist primär auf die Bedürfnisse und begrenzten Möglichkeiten der an ihrer Selbstversorgung orientierten, relativ geschlossenen bäuerlichen Subsistenz- oder Hauswirtschaft zugeschnitten (→ *Oikos*). Dies gilt auch für seine Herrschaftsstruktur, die Abhängigkeits- und Besitzverhältnisse sowie die generative Reproduktion und den Status der Beteiligten. Im Zuge der Durchsetzung gewerblicher Warenproduktion lösen sich Produktion, Konsum und generative Reproduktion von der agrarischen Basis und werden zu marktabhängigen Größen, doch behalten sie gleichzeitig zumindest ein Stück weit ihren durch die Familie gegebenen strukturellen und funktionellen Zusammenhang bei; der Haushalt bleibt weiterhin an die „traditionelle Familienwirtschaft" gebunden (A.V. Čayanov; P. Kriedte, H. Medick u. J. Schlumbohm). **H.G.T.**

Hausarbeit, [1] Arbeit, die im Innenbereich eines → Haushalts [1] verrichtet wird. Zu ihr zählen regelmäßig produktive und reproduktive Arbeiten zum physischen, psychischen und generativen Überleben des Haushaltsverbandes und seiner Mitglieder. Umfang und Art der Tätigkeiten hängen in industriellen Gesellschaften mit davon ab, wie weit sie auf der Grundlage der Haushaltseinkommen durch Waren und gekaufte Dienstleistungen oder Mechanisierung ersetzt werden können und sollen. Die H. hat neben der Belastung als z.T. repetitive, schwere und unqualifizierte Arbeit erhebliche Bedeutung für das Zeitbudget der erwerbstätigen und nichterwerbstätigen Haushaltsmitglieder (z.B. Doppelbelastung der Frauen). Andererseits gilt sie in ihrer Gebrauchswertorientierung als Gegenbild zur Lohnarbeit (→ Eigenarbeit). [2] In feministischen Theorien wird H. häufig vornehmlich als unentlohnte Arbeit zur Repro-

duktion von Arbeitskräften verstanden, die Frauen zugewiesen wird bzw. auf die die Tätigkeiten von Frauen beschränkt werden (→ *domestication of women*). Die Nichtentlohnung der H. wird als Ausbeutung, Mehrwertproduktion oder allgemein als Grundlage kapitalistischer Ökonomie verstanden. Die Kampagne „Lohn für Hausarbeit" (entstanden in den 1970er Jahren) sollte die Unterbewertung der Arbeit von Frauen gleichermaßen in Haushalten und Fabriken bzw. Büros aufheben und von hier aus das Geschlechterverhältnis und das patriarchalisch-kapitalistische System revolutionieren. **H.W.**

Hausfamilie, bezeichnet über drei und mehr Generationen sich erstreckende Familienverbände, die zwar nicht im gleichen Haushalt, aber in einem gemeinsamen Haus wohnen und auch partiell miteinander wirtschaften (M. Fuchs 2003). In Deutschland sind ca. 7% der Haushalte in H. eingebunden; in ihnen leben ca. 13% der Bevölkerung. Auf dem Land gibt es deutlich mehr H. als in Mittel- und Großstädten. H. finden sich primär in einem traditionellen Milieu mit starker konfessioneller Bindung und konservativer politischer Orientierung. H.n sind in aller Regel langfristige Lebensarrangements. **K.Le.**

Hausfrauisierung → *domestication of women*

Haushalt, [1] deskriptive Bezeichnung für die produktiv-reproduktiven Tätigkeiten einer Hausgemeinschaft von Personen, die nicht notwendig familiar miteinander verbunden sind. Familienverbände bilden andererseits i.d.R. auch H.e. Ein H. kann aus einer einzelnen Person (Ein-Personen-H.) oder aus mehreren Personen oder Gruppen von Personen (mehrere Familien oder Paare in Wohngemeinschaften oder in erweiterten bäuerlichen H.en) bestehen. Verbindendes Moment ist i.d.R. zumindest eine gemeinsame „Börse", die von einem Haushaltsvorstand (Mann/Frau) oder der Gruppe verwaltet wird. Arbeitszuweisung erfolgt häufig auf geschlechtlicher oder generationeller Basis. Die Verknüpfung von produktiven und konsumtiven Tätigkeiten zum H. ist abhängig von der Produktionsweise (bäuerliche Wirtschaft oder Lohnarbeiterhaushalt) und empirisch variabel.

[2] Zähl- und Untersuchungseinheit bei Bevölkerungserhebungen (→ Zensus). Die Abgrenzung von H.en, etwa orientiert an Haushaltsvorständen, bringt insb. auch in den agrarischen und halbagrarischen Gesellschaften der Dritten Welt große Probleme mit sich.

[3] Als „gute Haushälterei" ist der H. in vorindustriellen, patriarchalisch-feudalen Gesellschaften ein wesentlicher Aspekt des → ganzen Hauses.

[4] Analytisch kann H. als ein System des Ausgleichs von erwirtschafteten Erträgen und konsumtivem Aufwand in Abhängigkeit von Überlebensnotwendigkeiten und sozial gebilligten Bedürfnisstrukturen verstanden werden, insb. auch als System der Regulierung des Arbeitsaufwandes (Arbeitsmühe) der H.smitglieder und ihrer konsumtiven Ansprüche. In Grenzsituationen der Überlebenssicherung (Kleinbauern, städtische marginalisierte und proletarisierte Schichten) wird die Senkung oder Steigerung des Nachwuchses als potenzielle Arbeitskräfte vs. Konsumenten zur kritischen Größe.
[5] svw. Budget; in diesem Sinne spricht man vom Staatsh. oder dem H. einer Institution.

H.W.

Haushaltung → *Oikos*

Hausindustrie, auch: Heimindustrie, Heimgewerbe, [1] bedeutsame Betriebsform der sich in Europa entwickelnden kapitalistischen Warenproduktion vor der Durchsetzung des Fabriksystems, bei welcher die Arbeiter „bei sich daheim beschäftigt werden". Die H. setzt auf der einen Seite (in Form des Kauf- oder Verlagssystems) Unternehmen, die über das Kapital und den Zugang zu den Rohstoff- und Absatzmärkten verfügen, voraus, auf der anderen Seite aus landwirtschaftlicher oder zünftig-handwerklicher Produktion weitgehend freigesetzte Arbeitskräfte. Daneben ist die Existenz von überregionalen Märkten für Massenerzeugnisse bedeutsam. → Protoindustrialisierung
[2] Die moderne H. (Schwitzsystem, *sweating system*) entwickelte sich im 19. Jh. in Abhängigkeit von der großen Industrie als das „auswärtige Department der Fabrik" durch Auslagerung einzelner Produktionsvorgänge, z.B. Näharbeiten in der Bekleidungsindustrie, in die Wohnung des Arbeiters bzw. der Arbeiterin. H.W.

Hauskommunismus nennt M. Weber eine Form der Vergemeinschaftung auf der Basis gefühlter (insbesondere traditionaler) Solidarität bei rechnungsfremdem Konsum aus gemeinsam erwirtschafteten Vorräten. C.S.

Hawala-Banken, Systeme des informellen Geldtransfers zwischen verschiedenen Regionen oder Ländern. H. funktionieren etwa so, dass einer Transaktion in einer Region (Einzahlung) eine Transaktion in der anderen Region (Auszahlung) entspricht, ohne dass dazu das Geld eine Grenze überqueren muss. H. werden u.a. benutzt zur Überweisung von Geldern von Arbeitsmigranten an ihre Familien sowie zu anderen (illegalen) Transaktionen der Schattenwirtschaft. H.W.

HAWIE, HAWIK → Wechsler-Test

Hawthorne-Effekt, im Sozialforscherjargon auch „Versuchskanincheneffekt" oder „Meerschweincheneffekt" genannt, ein berühmt gewordenes Beispiel für die Auswirkung des Gefühls, Versuchsperson (oder „Versuchskanninchen") zu sein, auf die Reaktionen von Personen, deren Verhalten experimentell untersucht werden soll (der sog. reaktive Effekt). Im Verlaufe der → Hawthorne-Experimente sollten die Auswirkungen verschiedenartiger Arbeitsbedingungen auf die Arbeitsproduktivität von Arbeiterinnen untersucht werden. Dabei wurde entdeckt, dass eine beobachtete Steigerung der Produktivität nicht auf die vom Versuchsleiter veranlasste, planmäßige Variation der Arbeitsbedingungen zurückging, sondern auf die Tatsache, dass die Arbeiterinnen wegen ihrer Auswahl als Versuchspersonen eine verstärkte Aufmerksamkeit der Firmenleitung ihnen gegenüber vermuteten. Reaktive Effekte wie der H.-E. können, wenn sie vom Forscher nicht erkannt und kontrolliert werden, die Ergebnisse experimenteller Untersuchungen verfälschen. R.Kl.

Hawthorne-Experimente, Hawthorne-Studien, Bezeichnung für eine klassische Studie der Betriebspsychologie und -soziologie, die E. Mayo und Mitarbeiter gegen Ende der 1920er Jahre in einem Werk der amerikanischen Elektroindustrie mit dem Namen „Hawthorne" durchführten. Dabei wurde u.a. gezeigt, dass Arbeitsleistung und Zufriedenheit der Beschäftigten wesentlich von der Zugehörigkeit zu informellen Gruppen innerhalb des Betriebes beeinflusst werden. R.Kl.

Hazard-Modell, [1] statistisches Modell zur Analyse von zeitlichen Verläufen von Risiken und Überlebensprozessen. → Hazard-Rate
[2] Bei Schmeiser 1989 stellt H. den Berufsweg des Professors als Glücksgeschichte, als nach vielen Risiken eher zufällig erreichten Erfolg dar. W.F.H.

Hazard-Rate, auch Hazard-Funktion, *hazard function*, Zielgröße in statistischen Modellen, die die Veränderung des Risikos des Eintritts eines bestimmten Ereignisses (z.B. Tod) im Zeitverlauf in Abhängigkeit von bestimmten Größen (z.B. Nikotinkonsum, Stress) analysieren und darstellen. Die H. kann als Wahrscheinlichkeit interpretiert werden, dass eine Zustandsänderung in einem definierten Zeitraum eintritt, nachdem in der bis zu Beginn dieses Zeitraums verstrichenen Zeit keine Veränderung zu beobachten war. So wird in Analysen des Verlaufs von Arbeitslosigkeit mithilfe von Hazard-Modellen die H. definiert als Verhältnis der Anzahl der Personen, die in einem bestimmten Zeitraum aus der Arbeitslosigkeit ausscheiden, zur Anzahl der Personen, die bis zu Beginn dieses

Zeitraums in der Arbeitslosigkeit verblieben waren. → Überlebensfunktion; → Ereignisanalyse.   H.W.

HdA → Humanisierung der Arbeit

Hedonismus, eine philosophische Anschauung, nach der eine Handlung oder Verhaltensweise nur anstrebenswert ist, wenn individueller Lustgewinn (gr.: ηδονη = Lust) Motiv und/oder Zweck ist. Der H. sieht Lust entweder im Freisein von Leid (negativer H.) oder in der Nichtbewirkung von Leid; insoweit vertritt der H. die Maxime, sich vor Extremen zu hüten, Maß zu halten. Eine Abwandlung des H. ist der Eudämonismus, nach dem das Ziel des Handelns ist, die eigene und/oder fremde Glückseligkeit, die individuelle oder allgemeine Wohlfahrt zu bewirken.   H.W./O.R.

Hedonisten, eines der zehn Sinus-Milieus (2004), zu dem rd. 11% der Bevölkerung gehören. Zu den H. werden Teile der jüngeren, wenig gebildeten Unter- und unteren Mittelschicht gezählt. Mit einer gegenwartsbezogenen Spaßorientierung grenzen sie sich von Konventionen und Leistungserwartungen ab.   D.Kl.

Hegemonie, Vorherrschaft, auch: Führung, in der politischen Soziologie Kennzeichnung der Fähigkeit der herrschenden Klasse bzw. ihrer dominanten Fraktion, sich die beherrschten Klassen (konsensuell) unterzuordnen, ohne direkt auf Gewaltmittel zurückzugreifen. In der im Anschluss an A. Gramsci geführten Diskussion stehen u.a. die Rolle der bürgerlichen Kultur, die politischen und ideologischen Funktionen des Parlamentarismus, die Rolle des Staates und seiner ideologischen, politischen, ökonomischen und repressiven Apparate wie auch das prekäre Verhältnis der verschiedenen Fraktionen der Bourgeoisie (Groß-, Mittel-, Kleinkapitale, Grundstoff- vs. Exportindustrien) in der Ausübung der Klassenherrschaft im Mittelpunkt des Interesses. Als „Volksstaat mit Klassencharakter" (N. Poulantzas) hat der Staat die Funktion der Sicherung der H., indem er in einem „politischen Projekt" (z.B. Schaffung moderner konkurrenzfähiger Exportindustrien) das Interesse der dominierenden Fraktion der Bourgeoisie (z.B. exportorientiertes Großkapital) als „Allgemeininteresse der Gesamtgesellschaft" („Modernisierung", „nationale Leistungsfähigkeit") vertritt, einen Ausgleich mit den übrigen Kapitalfraktionen sucht und die beherrschten Klassen ideologisch und materiell (Nationalgefühl, Arbeitsplatzgarantien) in das Projekt einzubinden versucht.   H.W.

heilig – profan. Mit dem Begriffspaar wird in der Religionssoziologie E. Durkheims und in der Religionsphänomenologie M. Eliades das primäre Unterscheidungsmerkmal religiösen Wahrnehmens, Denkens und Handelns benannt. Alles als h. Attribuierte ist das mit besonderer, numinoser Macht Geladene oder zu ihr in Beziehung stehende und damit das von der p.en Sphäre Unterschiedene. Die Differenz zwischen der h.en und der p.en Sphäre ist von absoluter Andersartigkeit und Unvereinbarkeit, was allerdings Verbindungen und Übergänge nicht ausschließt. Diese werden durch Symbole, den h.en Gegenständen, Tieren, Menschen, Orten und Zeiten ermöglicht, die Erscheinungsformen des H.en im P.en repräsentieren und denen gegenüber sich zu verhalten die → Riten anleiten.   V.Kr.

Heilserwartung, imminente → Bewegung, soziale [3]

Heilswissen → Herrschaftswissen [1]

Heimindustrie, Heimgewerbe → Hausindustrie

Heirat, informale, relativ formloses Eingehen von Geschlechtsbeziehungen in der Gruppenehe.   R.O.W.

Heiratsbeschränkung, allgemeine Bezeichnung für sozial geltende Beschränkungen der Eheschließung, z.B. die mit der früheren Form der Mehrgenerationenfamilie in Deutschland, der Stammfamilie, verbundene Regelung, dass Männer erst ab 35 Jahren und nur bei Vorhandensein einer bäuerlichen Stelle heiraten dürfen.   R.O.W.

Heiratsfamilie, eine Familienform, in der das Verhältnis der Ehegatten und die Gefühlsbindungen zwischen ihnen zentral sind für die Struktur der Familienbeziehungen.   R.O.W.

Heiratsfeld, der Kreis der nach jeweils bestimmten Endogamie-Regeln erlaubten oder vorgeschriebenen Heiratsfähigen.   R.O.W.

Heiratsklasse, *marriage class,* ethnologische Bezeichnung für Untergruppen einer Gesellschaft, durch die festgelegt ist, wer für ein Individuum heiratsfähig ist und wer nicht.   R.O.W./W.F.H.

Heiratskreise, die durch bestimmte Endogamieregeln, darunter insbesondere gleichhohe Schichtzugehörigkeit, für die Partnerwahl bevorzugten Familiengruppen.   R.O.W.

Heiratsmuster → Heiratsordnung

Heiratsordnung, Heiratsmuster, Bezeichnungen für das System der Regeln für die Prozesse der Werbung, Partnerwahl und Heirat.   R.O.W.

Hellfeld, in der Kriminologie derjenige Teil strafbarer Handlungen, welcher den Instanzen sozialer Kontrolle bekannt geworden ist. Berichte in den Medien sowie Diskussionen in der Politik verwenden zumeist die Angaben der jährlich erscheinenden Polizeilichen Kriminalstatistik. Auch die Justizstatistik (mit den Zahlen zu den Urteilen der Strafgerichte) eignet sich zur Beschreibung des H.s. Gegenbegriff: → Dunkelfeld.   R.L.

H

Hemmreiz, Bezeichnung für einen Reiz, dessen Darbietung die Äußerung einer gelernten Verhaltensweise unterdrückt. H.S.

Hemmung in Lernprozessen, Inhibition, Bezeichnung für die Herabsetzung oder Unterdrückung einer Reaktionsbereitschaft, wobei zumeist angenommen wird, dass andere Aktivitäten mit der geforderten Reaktion interferieren. Neben spezifischen Bedingungen, die eine H. bewirken können, werden H.prozesse auch als automatische Folge des Lernprozesses selbst angenommen. H.S.

Hempel-Oppenheim-Modell der Erklärung → Erklärung, deduktiv-nomologische

Herausforderung – Erwiderung → *challenge – response*

Herdeninstinkt, Herdentrieb, [1] Bezeichnung für die bei zahlreichen Tierarten zu beobachtende Tendenz, in größeren, häufig auch arbeitsteilig und hierarchisch strukturierten Gruppen (Herden, Rudeln, Horden usw.) zusammenzuleben.
[2] In der älteren Sozialwissenschaft (besonders bei W. Trotter 1916) angenommene, heute aber abgelehnte Erklärung für die Neigung von Menschen, sich sozialen Gruppen und ihren Führern anzuschließen und deren Verhalten blind nachzuahmen. R.Kl.
[3] Kulturkritisch abwertende Bezeichnung (F. Nietzsche) für den Hang zur Mittelmäßigkeit, das Misstrauen und den Hass gegen außergewöhnliche Menschen.
[4] Bei P.A. Kropotkin – in bewusster Absetzung von sozialdarwinistischen Thesen – die natürliche Neigung des Menschen zu Solidarität und zur Bildung sozialer Gruppen. O.R.

heritage, social (engl.) → Erbe, soziales

Herkunft, soziale, bezeichnet im biografischen (Geburt) und strukturellen (Schicht, Klasse) Kontext den sozio-ökonomischen Status der Abstammungsfamilie, in der Regel nur der Rang des Vaterberufs, der mit dem erreichten Status in der Generationenfolge verglichen wird, um so Ausmaß (Herkunftsquote) und Richtung (Rekrutierungsbereich, Auf- und Abstieg) der Mobilität bestimmen zu können. Herkunftsstudien, d.h. Untersuchungen zu dem Problem, aus welchen Bereichen sich bestimmte Gesellschaftsgruppen rekrutieren, gehören zu den ältesten Mobilitätsuntersuchungen (Untersuchungen des Vereins für Socialpolitik; J. Nothaas 1930; H. Mitgau 1928). Obwohl gegenüber der Ständegesellschaft – in der mit der s.n H. für den einzelnen Lebenschancen und Status weitgehend festgelegt waren – in unserer Gesellschaft einschneidende Strukturveränderungen erfolgt sind, werden auch in ihr – entgegen einer Ideologie von der „mobilen Gesellschaft" – z.B. Ein-

kommensverteilung und Vermögensbildung, Ausbildungschancen und soziale Aufstiegsmöglichkeit (R. Geißler 1987) in starkem Ausmaß durch die s. H. bestimmt. S.S.

Herkunftsfamilie → Fortpflanzungsfamilie – Orientierungsfamilie

Herkunftsgruppe, in der Familiensoziologie Bezeichnung für die Gruppe, mit der eine Person als verwandt aufgrund von Abstammung gilt.
R.Kl.

Herkunftsmilieu, allgemein Bezeichnung für die jeweiligen materiellen und sozialen Bedingungen des Aufwachsens von Kindern und Jugendlichen, denen insbesondere in der Sozialisationstheorie eine bestimmende Wirkung für die Ausprägung von Fähigkeiten, aber vor allem von Handlungs- und Lebensorientierungen zugeschrieben werden. Dabei spielen Schicht- und Klassenverhältnisse eine wesentliche Rolle (→ Arbeiterkultur), die allerdings durch einebnende Tendenzen der Gesamtgesellschaft (Medien, Schule u. Staat) überlagert werden; das drückt sich insbesondere im sozialen Aufstieg aus, der das Aufeinandertreffen und die Vermischung zweier Milieus beinhaltet. H.G.T.

Herkunftsquote, identisch mit Zustromquote. Verhältniszahl, die angibt, zu welchem Anteil (in v.H.) die Personen einer Gruppe x jeweils aus den Gruppen x_1 bis x_n stammen. Die Aussagefähigkeit der H. ist begrenzt; sie sagt nichts über Ablehnung oder Bevorzugung beispielsweise bestimmter Berufsbereiche aus, sofern nicht strukturelle Determinanten, wie Größe und Entwicklung der Abstammungsgruppen, im Zeitablauf berücksichtigt werden. Die H. als

$$\frac{\sum_{i \neq j} n_{ij}}{n_{\cdot j}}$$ stellt in der Kontingenztafel (→ Abstromquote) den relativen Anteil jeder Feldhäufigkeit an der Spaltenhäufigkeit dar. S.S.

Hermeneutik, Lehre von der Auslegung von Texten sowie von nicht-sprachlichen Kulturäußerungen, entstand zunächst in der Theologie, Jurisprudenz und Geschichtswissenschaft. Unter den vielen Spielarten der H. lassen sich zwei Gruppen bilden: H. als Kunstlehre, als Auslegungsmethode in den Geisteswissenschaften, und andererseits die philosophische H., in der sich Elemente der Lebensphilosophie, Phänomenologie, Sprachphilosophie, kritischen Theorie und des Existenzialismus finden und die sich z.T. als Erkenntnistheorie versteht. In unterschiedlichem Maße werden dabei u.a. folgende Punkte als Aufgaben der H. angesehen: a) interpretative Klärung von Grundbegriffen; b) Verstehen eines Textes und seiner Bedeutung aus seiner Zeit heraus, unter Berücksichtigung von Situation, Motivation und Intention seines Verfassers; c) die Erfassung des „absoluten Geistes", des Anteils an einer überzeitlichen Wahrheit, der sich in der fraglichen Epoche geäußert hat und vom Text (häufig nur verborgen) übermittelt wird; d) Offenlegung des Sinns, den ein Text für den Interpreten und seine Zeit hat, d.h. eine normative Anwendung der überlieferten Wahrheit; e) insbesondere in der von der kritischen Theorie beeinflussten H. die Hineinnahme einer lebensweltlich eingebetteten Subjekt-Objekt-Dialektik in die sozialwissenschaftliche Methodendiskussion. Man folgt dabei in jedem Fall dem „hermeneutischen Zirkel", mit dem sowohl der wechselseitige Beeinflussungsprozess zwischen dem Subjekt und einem unter ständig neuen Gesichtspunkten zu verstehenden, gelegentlich als „Du" begriffenen Objekt gemeint ist als auch eine iterative Annäherung an den Sinn von Begriff und Text, von Teil und Ganzem (z.B. auch einer Handlung im sozialen Kontext): Das Teil kann nur mithilfe einer hypothetischen Annahme über die Bedeutung des Ganzen verstanden werden, das Ganze nur aus der Bedeutung seiner Teile heraus, wobei auch das Ganze wiederum als Teil eines größeren Ganzen gesehen wird, sodass sich dieser Prozess auf der nächsthöheren Ebene wiederholt. Das adäquate Verständnis ergibt sich nach wiederholtem Durchlaufen des Zirkels. Die Kritik seitens der modernen sozialwissenschaftlichen Methodologie weist auf die Intuition als Grundlage aller H. hin sowie auf normative und gelegentlich geschichtsphilosophische Züge der H., die einer Intersubjektivität und Operationalisierung entgegenstehen. H.D.R.

Hermeneutik, dialogische, neuere Methode und Arbeitsrichtung einer „verstehenden Psychologie", die ihre Grundsätze aus der Frankfurter Schule (J. Habermas, A. Lorenzer) herleitet: An der Deutung einer Äußerung, eines Textes usw. wird derjenige, der sie als Untersuchungsperson gegeben hat, beteiligt (deshalb „dialogisch"). Über die Triftigkeit dieser Deutung entscheidet die Untersuchungsperson mit (im Gespräch mit dem Forscher, → kommunikative Validierung), Ziel ist Übereinstimmung von Untersuchungsperson und Forscher über die Deutung. Da die Grundbedingung für das Gelingen solcher Dialoge in einer „idealen Sprechsituation" (im Sinne von Habermas) besteht, die gegenseitiges argumentatives Überzeugen ermöglicht, werden auch Mittel eingesetzt, um die Untersuchungsperson zur allein sachlich orientierten Teilnahme an solchen Dialogen zu befähigen (u.a. werden die Untersuchungspersonen über die theoretischen und empirischen Schlussformen des Forschers unterrichtet). W.F.H.

Hermeneutik, doppelte, charakteristische Eigenschaft sozialwissenschaftlicher Bedeutungsschemata; wechselseitige Beziehung zwischen Alltags- und wissenschaftlichen Theorien. Aufgrund der sinnhaften Konstitution der sozialen Welt knüpfen soziologische Interpretationen an diejenigen der Gesellschaftsmitglieder an und sind dergestalt Konzepte „zweiter Ordnung". Durch ihre Verwendung in der Alltagspraxis wirken sie verändernd auf die Konstitution des Gegenstandes der Soziologie zurück. M.M.

Hermeneutik, gegenständliche → Hermeneutik, objektive [1]

Hermeneutik, objektive, [1] der Terminus stammt von H. Freyer (1923); manchmal auch: gegenständliche Hermeneutik. Die o. H. sucht nach dem objektiven, gegenständlichen Sinngehalt von Zeichen, Geräten, sozialen Formen. Die objektive Bedeutung eines Werkzeuges liegt seiner Funktionsweise, die unabhängig vom Subjekt und von der Stimmungslage seines Konstrukteurs analysiert werden kann. → objektiver Geist

[2] Unter dem Titel o. H. (manchmal auch: genetischer Strukturalismus oder strukturale Hermeneutik) entwickelt U. Oevermann (1976) ein Verfahren der Rekonstruktion latenter Sinnstrukturen alltäglichen Handelns mithilfe hermeneutischer Textinterpretation. Ausgangspunkt ist die Vertextung einer symbolisch vermittelten Interaktion in Gestalt eines schriftlichen Interaktionsprotokolls. Vorausgesetzt wird, dass sich in diesem „Interaktionstext" die latente Sinnstruktur materialisiert hat und daher jederzeit in ihm aufgedeckt werden kann. Kernstück der o.n H. Oevermanns ist die Sequenzanalyse: Ein Interaktionstext wird sequenziell, vom ersten Kommunikationsakt an so ausgedeutet, dass alle mit dem einzelnen Akt und seiner kontextuellen Situierung konsistenten Bedeutungen und Lesarten zur Explikation gebracht werden. Die sich anschließende Erörterung der Bedeutungsmöglichkeiten, die die jeweils nächstfolgenden Textsequenzen enthalten, bestätigt oder widerlegt die für die vorangegangene Sequenz gefundenen Lesarten. Im Laufe der Analyse der einzelnen Textsequenzen werden allmählich all jene Interpretationen ausgeschieden, die sich nicht durch den gesamten Interaktionskontext belegen lassen. Im Zuge der Sequenzanalyse werden erstens alle in einem Text latent enthaltenen Bedeutungsmöglichkeiten aufgedeckt, und zweitens wird überprüft, welche der Möglichkeiten empirisch im gegebenen Fall von dem Interaktionsteilnehmer bzw. Interviewten gewählt wurden. F.G.

Hermeneutik, strukturale → Hermeneutik, objektive [2]

Herr-Knecht-Beziehung, [1] gilt in der klassischen politischen Philosophie von Aristoteles bis I. Kant als ein natürliches Zwangsverhältnis. Die H.-K.-B. kennzeichnet die spezifische Form von Gesellschaft, die den Zweck hat, die Reproduktion des Lebens zu gewährleisten. Diese Gesellschaftsform (lat.: *societas herilis*) umgreift den ökonomischen Bereich und ist als nicht politischer Bereich der Haushaltung (→ *oikos*) zugeordnet. Die H.-K.-B. gilt deshalb als naturhaft ungleiches Arbeitsverhältnis, d.h. als natürliches Gewaltverhältnis, da die Menschen unterschieden werden in solche, die Verstand nicht als tätige Kraft besitzen, also die Knechte, die nur gehorchen können, und solche, die der Verstand befähigt, den Produktionsprozess vorsorgend zu gestalten, also die Herren. Die H.-K.-B. ist daher als eine realgesellschaftliche scharf von Herrschaft in der → bürgerlichen Gesellschaft zu unterscheiden.

[2] Seit G.W.F. Hegel Bezeichnung für ein gegenseitiges Abhängigkeitsverhältnis als Bewusstseinsform. Hegel sieht die H.-K.-B. als konstitutiv für die soziale Entwicklung, da sie von Arbeit und Bildung abhängt. Der Einzelne wird zum Herrn, indem er seine subjektive Natürlichkeit (Begierden, Todesangst, etc.) überwindend denjenigen zum Knecht macht, der sich aus dieser Natürlichkeit nicht zu lösen vermag. Der Knecht muss für den Herrn die Auseinandersetzung mit der Natur übernehmen. Aber diese Auseinandersetzung mit der Natur ist als „Dienst" wider die Natur des Knechtes. Unter der Herrschaft wird somit der Knecht gezwungen, seine unmittelbare Natürlichkeit zu überwinden – wie es vorher der Herr tat. Aber der Knecht bleibt, da er arbeitet, in Beziehung zur Natur. Durch die Entzweiung, durch die Arbeit kommt das Bewusstsein des Knechts „zu sich selbst", was dem des Herrn in der H.-K.-B. versagt bleibt. „Die Wahrheit des selbständigen Bewußtseins ist demnach das knechtische Bewußtsein. Dieses erscheint zwar zunächst außer sich und nicht als die Wahrheit des Selbstbewußtseins. Aber wie die Herrschaft zeigte, daß ihr Wesen das Verkehrte dessen ist, was sie sein will, so wird auch wohl die Knechtschaft in ihrer Vollbringung zum Gegenteile dessen werden, was sie unmittelbar ist; sie wird als in sich zurückgedrängtes Bewußtsein in sich gehen und zur wahren Selbstständigkeit sich umkehren." (1807)

[3] Bezeichnung für ein Zwangsverhältnis, das die „gesetzmäßig" eintretende Umkehr in der Beziehung in sich trägt: Der Herr wird Knecht, und der Knecht wird Herr werden.   O.R.

Herrschaft der Verbände → Verbändeherrschaft

Herrschaft, [1] legitime Macht, d.h. von den Betroffenen als rechtmäßig anerkannte Macht einer sozialen Instanz, insbesondere von Organisationen und gemeinsam dominierenden Gruppen. Im Gegensatz zur Autorität begründet sich H. eher auf ein aus Glauben statt Wissen entstehendes Legitimitätseinverständnis. Der Begriff impliziert Werbung um die Anerkennung der Rechtmäßigkeit von Macht, ein unmittelbares Verhältnis zwischen den Vertretern des Legitimitätsanspruchs und der den der H. Unterworfenen, fraglosen Gehorsam nach grundsätzlicher Anerkennung der Rechtmäßigkeit (G. Simmel, M. Weber, C.J. Friedrich). H. gilt als Schlüsselkategorie für die Erklärung gesellschaftlicher Strukturen, Konflikte, kooperativer Beziehungen, Erscheinungen des Wandels. Die Kritik am H.sbegriff betont den historischen Charakter von H., insbesondere die sozialen Folgen von H. und die Aufhebbarkeit des Legitimitätseinverständnisses.

[2] Die marxistische Sozialtheorie setzt H. gleich mit Machtausübung einer Klasse über andere Klassen und Schichten; ihre Annehmbarkeit im Sinne dieser Theorie entscheidet sich an der Identität der Herrschenden (Arbeiterklasse, Bourgeoisie).   H.H.

[3] In der Sozialtheorie von J.S. Coleman (1990) besteht H. (im Original *authority*) im Recht einer Person oder einer Korporation, das Handeln einer anderen Person in bestimmter Hinsicht und in bestimmten Umfang zu kontrollieren. Coleman geht davon aus, dass H. prinzipiell durch Übertragung der Kontrollrechte einer Person an den eigenen Handlungen, sofern sie das Recht auf Übertragung besitzt, auf eine andere Person bzw. Korporation konstituiert wird. Insofern kann das Recht auf H. auch prinzipiell immer entzogen werden.   H.W.

Herrschaft, bürokratische, ist legale Herrschaft mithilfe eines Verwaltungsstabes (M. Weber).   H.H.

Herrschaft, charismatische, sie beruht auf dem Glauben an die außeralltägliche Begabtheit einer auf soziale Neuordnung ausgehenden Person (M. Weber). → Charisma   H.H.

Herrschaft, disjunkte → Herrschaft, konjunkte

Herrschaft, einfache → Herrschaft, komplexe

Herrschaft, komplexe, bei J.S. Coleman Form der → Herrschaft [3], bei der mit dem Recht auf Kontrolle über Handlungen zugleich das Recht auf Übertragung des Kontrollrechts an Dritte („Statthalter") übertragen wird. Einfache H. liegt vor, wenn das Übertragungsrecht nicht mit übertragen wird (z.B. bei einem charismatischen Führer).   H.W.

Herrschaft, konjunkte, Bezeichnung von J.S. Coleman für die Übertragung von → Herrschaft [3] unter der subjektiv rationalen Annahme, dass derjenige, der die Herrschaft ausübt, dies im Interesse und zum Nutzen desjenigen tut, der sich der Herrschaft unterstellt. Als disjunkte H. bezeichnet Coleman den Fall, dass die Interessen des Herrschenden und Beherrschten nicht übereinstimmen und der Beherrschte die Übertragung von Kontrollrechten über seine Handlungen aufgrund sonstiger Kompensationen (z.B. Bezahlung) vornimmt.   H.W.

Herrschaft, legale, besteht dort, wo sowohl formal korrekte legale Satzung der Herrschaftsbefugnisse vorliegt als auch die Begründung dieser Herrschaft von den Betroffenen anerkannt wird (J. Winckelmann).   H.H.

Herrschaft, patriarchalische, reinste Ausprägung der traditionalen Herrschaft, historisch entstanden aus der Einzelherrschaft von nach festen Erbregeln bestimmten Patriarchen, in abgewandelter Form ausgeübt auf der Grundlage selbstständiger Herrschaftsansprüche, deren Anerkennung durch die Beherrschten und Anlehnung an den Führungsstil klassischer Patriarchen.   H.H.

Herrschaft, rationale, beruht auf dem Glauben, dass die Herrschenden eine vernunftbegründete Orientierung einhalten und sich auf eine formal korrekte Satzung stützen. Die rationale Ausrichtung kann zweckrationaler Natur sein, also auf das vergleichende Abwägen von Zielen und Mitteln gerichtet sein, oder wertrationale Züge tragen, d.h. sich zum Handeln im Dienst einer Überzeugung von einem Wert oder von Werten verpflichtet fühlen (M. Weber).   H.H.

Herrschaft, ständische, Bezeichnung für eine Form der traditionalen Herrschaft mithilfe eines Verwaltungsstabs, der der herrschenden Person oder Gruppe durch Loyalität verbunden ist (M. Weber).   H.H.

Herrschaft, totalitäre → Totalitarismus

Herrschaft, traditionale, gründet auf dem Glauben an die Wertigkeit geschichtlicher Institutionen und Einflusschancen.   H.H.

Herrschaftsapparat, allgemeine Bezeichnung für den institutionellen Zusammenhang derer, die den Willen der Herrschenden ausführen.   W.F.H.

Herrschaftselite → Elite, politische

Herrschaftsideologie, jede Form von Ideologie, deren Funktion es ist, die Herrschaftsstruktur zu stabilisieren, indem sie die Problematisierung des Herrschender/Beherrschte-Verhältnisses oder bereits deren kommunikationsfähige Artikulation verhindert.   O.R.

Herrschaftsordnung – Machtordnung, [1] der Unterschied zwischen Abhängigkeitsverhältnissen, die auf sozialökonomischen Grundverhältnissen beruhen, etwa der Ausbeutung der Arbeiterklasse durch die Kapitalisten (H.), und solchen, die nur im Bereich von Staat und Politik verankert sind und relevant werden (M.). Zwischen beiden sind in der Geschichte verschiedene Kombinationen aufgetreten (W. Hofmann).

[2] H. bezeichnet allgemein die geordnete Gesamtheit aller Herrschaftsverhältnisse in einer Gesellschaft.   W.F.H.

Herrschaftsübertragung → Herrschaft [3]

Herrschaftsverband, ein Verband, dessen Mitglieder auf geltender Ordnung beruhenden Herrschaftsverhältnissen unterworfen sind (M. Weber).   W.F.H.

Herrschaftswissen – Erlösungswissen – Bildungswissen, [1] auch: Naturbeherrschungs-, Leistungs- oder positives Wissen – Heils- oder religiöses Wissen – Bildungs- oder metaphysisches Wissen, bei M. Scheler die drei Grundformen des Wissens, die als Konstanten menschlichen Daseins (bei allerdings unterschiedlicher Konstellation) gelten (damit wendet sich Scheler gegen Stadien- oder Entwicklungstheorien nach dem Schema „von der Religion zur Wissenschaft" o.ä.). H. dient der Beherrschung der Natur und von Menschen und der Veränderung der Welt (mittels Wissenschaft, Technik usw.), E. antwortet auf Fragen nach dem Sinn des Daseins und nach dem Wesen höherer Mächte, B. antwortet auf die „Verwunderung" darüber, dass dies oder jenes (seinem Wesen nach) so ist und nicht anders (ohne praktische Absichten).

[2] H. bezeichnet allgemein auch Wissensbestände in einer Gruppe, Organisation oder Gesellschaft, die allein den Herrschenden zugänglich sind und die ihnen zur Beherrschung der anderen dienen.   W.F.H.

Heterogamie – Homogamie. Mit diesen Begriffen werden Gleichartigkeit (Ho.) bzw. Ungleichartigkeit (He.) der Gatten bei der Partnerwahl bezeichnet (nach Klassenzugehörigkeit, Alter, Konfession, Bildungsstand usw.).   W.F.H.

Heterogenität, soziale, Ergebnis der allgemeinsten gesellschaftlichen Entwicklung von unbestimmter, zusammenhangloser Gleichartigkeit zu strukturell und funktional differenzierten, ungleichartigen Elementen, die miteinander durch Austausch- und Kooperationsbeziehungen verknüpft sind (z.B. in einer Großstadt).   B.W.R.

Heterogenität, strukturelle, strukturelle, in den Theorien des peripheren Kapitalismus (R. Prebisch, A. Córdova) zentrale Kennzeichnung für Ökonomie und Gesellschaftsstruktur der Länder der Dritten Welt, in denen verschiedene Produktionsweisen und Sozialstrukturen (kapitalistisch-industrielle Sektoren, ländliche Subsistenzwirtschaft, informelle Wirtschaft) nebeneinander bestehen. Die mangelnde innere Kohärenz der Gesellschaft wird im Widerspruch zur Dualismustheorie (→ Dualwirtschaft [1]) nicht als Ursache, sondern als Ergebnis der Abhängigkeit der peripheren Länder von den kapitalistischen Zentren aufgefasst.   H.W.

Heterokephalie → Autokephalie [2]

Heteronomie, wörtl. Fremdgesetzlichkeit. Bezogen auf soziale Prozesse und Einheiten: Die in einem sozialen System strukturell verankerten Normen, Werte und Ziele sind nicht von den Mitgliedern dieses Systems selbst definiert, sondern von äußeren Kräften aufgezwungen. V.K.

Heteronormativität, Charakterisierung von zwischengeschlechtlichem Begehren (Heterosexualität) als zugrunde liegender Norm der Geschlechterdifferenz (M. Warner 1990). H. reguliert und strukturiert nicht nur Wissensproduktionen und Diskurse, die Formierung von Subjektivitäten und Lebensformen, sondern sämtliche Gesellschaftsverhältnisse. Heterosexualität und Zweigeschlechtlichkeit sind mit der Organisation der bürgerlichen Kleinfamilie und der vergeschlechtlichten Arbeitsteilung im Kapitalismus auf scheinbar natürliche Weise verbunden. H. errichtet ein Verhältnis der dauerhaften Übereinstimmung von Sex, → Gender und sexueller Praxis und Begehren (J. Butler 1991). Die so geformte „heterosexuelle Matrix" stellt das kulturelle Raster dar, durch das Geschlechter, Körper und Begehrensformen naturalisiert und gleichzeitig verworfene Wesen hervorgebracht werden (→ *queer*).   E.T.

Heterostase → Homöostase

Heterostereotyp, auch: Fremdbild, Fremdstereotyp, die starre und feststehende Vorstellung oder Meinung über anders geartete, insbesondere fremdländische Personen und Gruppen, denen typische Eigenschaften zugeschrieben werden.   W.Li.

Heterotopien (gr.), andere Orte, heißen bei M. Foucault real existierende Orte in der Gesellschaft, die deren Strukturen widerspiegeln und sie zugleich auf eine ungebräuchliche Weise neu konfigurieren, womit die reale Umgebung in Frage gestellt wird. H. sind Gegenbilder der Gesellschaft wie Gefängnis, Theater, Jahrmarkt, Feriendorf, Bordell, Kolonie, Schiff. O.R.

heuristisch, Bezeichnung für Hypothesen, Untersuchungsansätze oder Gedankenexperimente, die zur Entdeckung, Auffindung und Entwicklung neuer Erkenntnisse oder Theorien geeignet zu sein scheinen (griech. *heuriskein* – finden). Unter dem Namen Heuristik sind in jüngerer

Zeit Versuche unternommen worden, das wissenschaftliche Suchverhalten methodisch zu steuern.   H.W.

Hexis (gr.), sich in einer bestimmten Lage befinden, nach P. Bourdieu das Verhältnis des Selbst zu seinem Körper; darum spricht Bourdieu auch von der „körperlichen H." als einer Grunddimension des sozialen Orientierungssinns; sie „stellt eine praktische Weise der Erfahrung und Äußerung des eigenen gesellschaftlichen Stellenwerts dar" (1982). Neben den physischen Merkmalen des Körpers, wie seine Fülligkeit oder schlanke Statur, äußert sich der gesellschaftliche Stellenwert auch in Gestik und Körperhaltung. Eine raumverdrängende Körperhaltung von Männern z.B., die durch selbstsichere ausholende Gesten abgestützt wird, kann dazu dienen, die gesellschaftliche Machtposition gegenüber Frauen (mit eher zurückhaltender Haltung und knappen Gesten) anzuzeigen.

Hierarchie, [1] ursprünglich Bezeichnung für die Rangordnung der Würdenträger in der christlichen Kirche.
[2] Bezeichnung für verschiedene fest gefügte soziale Rangordnungen und Über- bzw. Unterordnungsverhältnisse von unscharfem Gebrauch, meist mit der Konnotation einer pyramidenförmigen Struktur.
[3] Auch soziale H., allgemeine Bezeichnung für die Über- und Unterordnungsverhältnisse von Schichten und Klassen in einer Gesellschaft.
[4] Allgemeine Bezeichnung für die Rangordnung der Weisungsbefugten in einer Organisation oder Verwaltung, oft auch für eine durch Rangordnungen besonders nachhaltig strukturierte Organisation oder Verwaltung. W.F.H.

Hierarchie, bürokratische, die pyramidenförmige Rangordnung der Weisungsbefugten in einer Verwaltung, gekennzeichnet durch Untergebenenverhältnis jeweils mehrerer Untergebener zu einem Vorgesetzten und horizontaler Kommunikation als Ausnahme oder Regelverstoß.
                W.F.H.

Hierarchie, multiple, eine Rangordnung von Weisungsbefugten in einer Verwaltung. Sie setzt entweder durch mehrfache oder nicht eindeutige Zuordnung von Vorgesetzten und Untergebenen das strenge Handeln nach Vorschrift mehr oder weniger außer Kraft und überlässt den Untergebenen erheblichen Einfluss auf die Vorgesetzten oder hat durch mehrfache, nicht eindeutige Kontrollbefugnisse anderer (politischer) Instanzen über die Hierarchie entsprechende Folgen. W.F.H.

Hierarchie, soziale → Hierarchie [2]

Hierarchisierung, Vorgänge, durch die Tätigkeit und Kommunikation in einer Organisation zunehmend durch die klare Rangfolge von Entscheidungs- oder Amtsträgern bestimmt werden. Die H. von Tätigkeiten und Entscheidungsbefugnissen kann unterschiedliche Formen annehmen (z.b. je nach Aufgabe, Technik und Größe einer Organisation) und auf unterschiedlichen Grundlagen beruhen (z.B. Eigentum, Qualifikation, Wahl).   D.K./W.F.H.

hierarchy, erotic (engl.) → Rangordnung, erotische

Hierokratie (griech.: Herrschaft des Heiligen), auch: Theokratie, Bezeichnung für die aus enger Verbindung zwischen religiöser und politischer Ideologie und Macht hervorgehende Herrschaftsform, in der religiöse und weltliche Ordnung deckungsgleich sind. Formen der H. sind a) diejenige, in welcher der irdische Herrscher als göttliche Inkarnation bzw. als von göttlicher Herkunft stammend, als Stellvertreter Gottes oder von der religiösen Macht als gottgewollt legitimiert gilt (z.B. der Dalai-Lama im tibetischen Lamaismus vor der chinesischen Besetzung, der die irdische Herrschaft als göttliche Inkarnation ausgeübt hat), und b) diejenige, in der von religiösen Amtsträgern ein geistliches Regiment ausgeübt wird, das als ein in Vertretung der Gottheit geübtes aufgefasst wird (z.B. im schiitischen Islam Irans nach der Revolution 1979).   V.Kr.

Hierophanie, von M. Eliade geprägter und in der sich ihm anschließenden Religionsphänomenologie gebrauchter Begriff zur Bezeichnung der Manifestation des Heiligen in profanen Gegenständen, Personen oder Sachverhalten. Von der H. zu unterscheiden ist die Realisation des Heiligen, d.h. die menschlicher Initiative entspringende Schaffung und Erhaltung religiöser Phänomene.   V.Kr.

Hilfe, gegenseitige, *mutual aid*, wird von den Anarchisten als zentraler Faktor der Evolution angesehen. Im Gegensatz zum Darwinismus gilt nicht der Kampf aller gegen alle im „Kampf ums Dasein" als entscheidend für das Überleben der Menschheit, sondern das ist abhängig vom „instinktiven" Bedürfnis der Menschen nach Zusammenarbeit und d.g.r H.   O.R.

Hilfshypothese, eine Zusatzannahme (z.B. über das Vorliegen bestimmter → Randbedingungen oder Beobachtungsfehler), die eingeführt wird, um den scheinbaren Widerspruch zwischen einer gegebenen Theorie und gewissen Beobachtungen aufzulösen. Wenn die H. selbst nicht überprüfbar ist und nur für den Zweck eingeführt wurde, die betreffende Theorie gegen Widerlegung zu immunisieren, spricht man von einer → Ad-hoc-Hypothese.   R.Kl.

Hingebung-und-Begriff, *surrender and catch,* das Grundkonzept in der Wissens- und Kultursoziologie von K.H. Wolff (1968, 1976). In der H. sus-

pendiert jemand seine soziale, historische und kulturelle Einbettung, um sich auf ein Thema, einen Gegenstand oder eine Person völlig einzulassen; dies verlangt „die äußerste, noch gerade erträgliche Konzentration des Individuums" (Wolff 1998). Daraus resultiert Kreativität; man macht einen „Fang" (B., c.), der in einem Werk (Kunst, Wissenschaft, Erfindung usw.) oder in einem Gefühl (Liebe, Schmerz usw.) bestehen kann. Über das reizvolle Konzept H.u.B. wurde in Soziologie, Ethnologie und Kulturwissenschaft viel diskutiert, aber meist nur mit dem Autor, der sich für sein Konzept sehr engagiert hat.   R.L.

Hinterbühne – Vorderbühne, von E. Goffman vielfach verwendete Metapher aus der Theaterwelt: Auf der V. spielen die Menschen ihre Rollen für das Publikum (nach Regeln und mehr oder weniger formalisiert), auf der H. bereiten sie sich auf ihre Auftritte vor (innerlich wie äußerlich) oder entspannen sich vom Rollenverhalten auf der V.   W.F.H.

Hintergrunderzählung, im → narrativen Interview eine Geschichte, die der Befragte einfügt, wenn ihm die bisher gegebenen Informationen zum Verständnis des zuvor Erzählten als nicht ausreichend erscheinen. H. resultieren aus dem Wirken der → Zugzwänge des Erzählens, insbesondere des Detaillierungszwangs.   I.K.

Hintergrundserfüllung, bei A. Gehlen die Befriedigung chronisch abgesättigter und daher nicht mehr aktualisierter Bedürfnisse. Wer eine Wohnung hat, für den wird das Bedürfnis nach Geborgenheit nicht mehr so dringend. Das Leben in einer Familie rückt das Bedürfnis nach Gegenwart anderer Menschen in die H., während ein Mensch in Einzelhaft sich hier sehr stark als unerfüllt erlebt. Bedürfnisse verlagern sich aus dem Vordergrund des Affektuellen in den Hintergrund durch eine Stabilisierung der inneren und äußeren Situation.   W.L.B./R.L.

Hintergrundwissen, das zu einem gegebenen Zeitpunkt – z.B. bei der Diskussion eines bestimmten theoretischen Problems – jeweils als „unproblematisch" vorausgesetzte Wissen (K.R. Popper).   R.Kl.

Hinweisreiz, *cue,* Bezeichnung für einen Reiz, der nicht direkt eine Reaktion auslöst, sondern (Situations-)Hinweise gibt, dass eine Reaktion zu einer Verstärkung führt. H.e sind streng genommen in jeder Lernsituation mitgegeben, auch wenn ein Organismus auf einen bestimmten Standardreiz konditioniert wird, da Lernen immer in einer mehr oder weniger komplexen Situation stattfindet. Systematisch werden H.e als Hilfen in Lehrprogrammen eingesetzt. Es handelt sich dabei um Hilfen, die die Beantwortung einer Aufgabe erleichtern sollen.   H.S.

H

Hirtenkultur, [1] Bezeichnung für die Annahme der älteren Völkerkunde, die Viehzüchter hätten neben den Pflanzern und den Jägern einen eigenen ursprünglichen Kulturkreis gebildet (und durch Überlagerung anderer zur Bildung von Hochkulturen beigetragen).
[2] Allgemein primitive Gesellschaften, die sich primär durch Haltung von Weidetieren ernähren.   W.F.H.

Histogramm, grafische Darstellung einer Häufigkeitsverteilung durch Rechtecke, die den Häufigkeiten der Messwerte proportional sind.

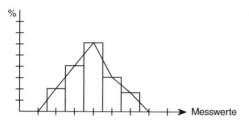

Durch Verbindung durch Strecken entsteht ein Häufigkeitspolygon.   H.W.

histoire profonde (frz.), bezeichnet bei F. Braudel die in der Tiefe gelegenen geschichtlichen Bedingungen von Gegenwart und Zukunft, also z.B. die Siedlungsstruktur, die Struktur der Familien in Regionen. → *durée* [2]   W.F.H.

historic turn (engl.), bezeichnet die seit den 1980er Jahren vor allem in den USA deutlich verstärkte Hinwendung der Soziologie (→ *new historical sociology*), der Politikwissenschaft, der Ethnologie und Kulturanthropologie, auch der Rechtswissenschaft zu geschichtlichen Gegenständen und zu einschlägigen Prozesstheorien.
                                          W.F.H.

Historismus, [1] Bezeichnung für besonders in der deutschen Philosophie des 19. und 20. Jahrhunderts einflussreiche Strömungen, die darin übereinstimmen, in der „Geschichtlichkeit" (d.h. dem Bewusstsein der Prägung durch die eigene Vergangenheit und der Einbettung in Traditionszusammenhänge) das Wesen menschlicher Existenz zu sehen sowie die geschichtliche Herkunft und Formung jeglicher Ideen und Institutionen zu betonen.
[2] In der deutschen Geschichtswissenschaft lange Zeit vorherrschende Richtung, die in Abgrenzung sowohl zu einer am Naturrecht orientierten normativen Betrachtung als auch zu dem Bemühen, Gesetzmäßigkeiten in der Geschichte festzustellen, das Verstehen historischer Erscheinungen aus ihrem Gewachsensein, aus ihrer Einordnung in den historischen Ablauf lehrte. Diesen Erscheinungen wird Einmaligkeit, Unvergleichbarkeit sowie aufgrund ihrer bloßen

Verwirklichung in der Geschichte ein Wert an sich zugeschrieben, sodass nur verstehendes Einfühlen in ihre Individualität als angemessene Erkenntnisweise gilt. Durch Ablehnung abstrakter überzeitlicher Prinzipien kann der H. schließlich in einen Erkenntnis- und Wertrelativismus münden, da sowohl die Bedingtheit des eigenen historischen Standorts als auch die in sich geschlossene Individualität eines vergangenen Ereignisses ein sicheres Wissen verhindern müssten und die Anwendung „absoluter", aber letztlich durch eine bestimmte Epoche geprägter Wertmaßstäbe nicht angemessen sei. Nicht zuletzt dieser Relativismus führte bei konservativen wie auch liberalen Vertretern des H. zur Hervorhebung der Nation als dem verbleibenden Bezugsrahmen und zur Verklärung des Staates als eigentlich handelndes Geschichtssubjekt.
[3] Parallel zum H. in der Geschichtswissenschaft entstanden insbesondere in der Wirtschafts- und Rechtswissenschaft „historische Schulen", die zu Gunsten der Darstellung der historischen Entstehung ihrer Gegenstände deren systematisch-theoretische Erfassung in den Hintergrund drängten.
[4] Als H. wird gelegentlich die Übertragung geschichtsphilosophischer Doktrinen auf die Sozialwissenschaften bezeichnet.   H.D.R.

Historizismus, *historicism,* von K.R. Popper zur Kennzeichnung von Auffassungen verwandt, denen zufolge es historische Entwicklungsgesetze gibt, auf die sich Voraussage und Gestaltung der Zukunft stützen können und müssen. Unter den Begriff H. fallen danach sowohl geschichtsphilosophische Ansätze wie insbesondere der historische Materialismus als auch die aus logischen Gründen von Popper für aussichtslos erklärten Versuche der Sozialwissenschaften, derartige Gesetzmäßigkeiten des Geschichtsverlaufs selbst zu erarbeiten.   H.D.R.

Hochkostensituation – Niedrigkostensituation, Begriffspaar in der → Entscheidungstheorie: In einer H. steht für den Handelnden nach dessen Deutung viel auf dem Spiel; er konzentriert sich deshalb auf die Situation und sucht nach einer (zweck-)rationalen Entscheidung. In einer N. steht nach Deutung des Akteurs wenig auf dem Spiel; u.U. entscheidet er sich ohne Kalkulation für das Nächstbeste.   W.F.H.

Hochkultur, als Gegenbegriff zu → primitiver Kultur oder Volkskultur Bezeichnung für Kulturen, für die sie tragenden Gesellschaften oder ganze → Kulturkreise, die sich durch entwickelte Formen der Naturbeherrschung und komplexe Mechanismen der sozialen Organisation auszeichnen sowie über entfaltete städtische Lebensformen verfügen. Traditionellerweise gelten als H.en das alte Ägypten sowie Mesopotamien, China und Indien, Mittelamerika und Peru.

W.F.H.

Hochkulturschema, eine Geschmacksrichtung, die früher als „schöngeistig" gekennzeichnet wurde. Die Inhalte geben sich ambitioniert, gepflegt, ja überheblich. Zum Konsum muss man sich konzentrieren, vorher bereits Etliches wissen, das körperliche Mitgehen zurückhalten usw. G. Schulze (1992) stellt dem H. das → Trivialschema und das → Spannungsschema gegenüber.

R.L.

Hochrechnung, Bezeichnung für die Schätzung von absoluten Zahlen bestimmter Merkmale oder Kategorien (z.B. Wähler einer Partei) in der Grundgesamtheit, deren Umfang bekannt ist, aufgrund der Daten einer Stichprobe (z.B. Anteile der Wähler einer Partei in der Stichprobe).

H.W.

Hochreligion, religionswissenschaftliche Bezeichnung für die Religionsform in Hochkulturen, der hauptsächlich wegen des Schriftgebrauchs ein höherer Komplexitätsgrad als primitiven Religionen (→ Religion, primitive) beigemesen wird (z.B. → Stifter- und Weltreligionen).

V.Kr.

hodologisch → Raum, hodologischer

Hofeffekt, auch: Halo-Effekt, Ausstrahlungseffekt, Bezeichnung für einen Zusammenhang zwischen Einschätzungen von Sachverhalten aufgrund von Merkmalen, die untereinander in Beziehung stehen. Die Bewertung eines Merkmals richtet sich danach, welche relevanten Eigenschaften im Umkreis des betrachteten Sachverhalts wahrgenommen werden. H.e werden im Interview zwischen benachbarten Fragen oder bei *Rating*-Skalen beobachtet. Der H. wird i.d.R. als eine Fehlerquelle aufgefasst, die die „wahre" Einschätzung eines Objekts durch eine Person verzerrt.

H.W.

Hoffnung → Vertrauen

Holismus, ganzheitliche Betrachtung, stellt bei Organismen, Kollektiven, Systemen die Eigenschaften des Ganzen, der Gesamtheit, heraus, die nach dieser Ansicht nicht auf die Eigenschaften der Teile zurückführbar sind und auch dann erhalten bleiben, wenn die Teile ausgetauscht werden. Der H. leitet sich von der Aristotelischen „Das Ganze ist mehr als die Summe seiner Teile" her und fand außer in Biologie und Psychologie (Gestaltpsychologie) u.a. auch Eingang in die Soziologie. Er wurde wegen seiner ungeklärten Begriffe und intuitiven Vorgehensweise angegriffen, die in der Soziologie häufig mit einer essenzialistischen und normativen Betrachtung der Gesellschaft und anderer

sozialer Einheiten verbunden waren und sind.

→ Planung, holistische   H.D.R.

homme moyen (frz.), „mittlerer" Mensch, bei A. Quetelet (1835) die Personifikation des arithmetischen Mittels und damit Inbegriff seiner statistisch-mathematischen Gesetze über gesellschaftliche Erscheinungen (z.B. Selbstmord, Delinquenz, Heirat). Obwohl der *h. m.* eine Abstraktion ist, sieht Quetelet in ihm den Repräsentanten der Notwendigkeit im politischen und sozialen Leben.

O.R.

homme total (frz.), totaler Mensch, Bezeichnung von M. Mauss (1950) für den Menschen als das ausschließliche Ensemble gesellschaftlicher Verhältnisse, sodass die Untersuchung menschlichen Handelns und Erlebens identisch ist mit der der Gesellschaft im Ganzen.

O.R.

homo clausus (lat.), svw. „Mensch im Gehäuse", von N. Elias kritisch verwendeter Begriff für die Vorstellung, der einzelne Mensch sei eine eigene Welt für sich, die unabhängig von der (v.a. sozialen) Welt außerhalb existiere und anderen Menschen als ganz eigene Welt begegne. Diese Vorstellung, deren philosophiegeschichtliche Herkunft Elias andeutet (u.a. G.W. Leibniz' Monade, das erkenntnistheoretische Subjekt I. Kants), lege manchen Soziologen, aber auch allgemein den Irrtum nahe, der Einzelmensch sei das Wirkliche, die Gesellschaft eine bloße Abstraktion. Demgegenüber bemüht sich Elias in seinen Schriften um den Nachweis, dass das Individuum in seinem Denken, seiner Selbsterfahrung, seiner Affektkontrolle Teil von → Figurationen, von relativ stabilen Konstellationen einer Mehrzahl von Menschen ist und dass es sich bei seiner Selbsterfahrung als „abgekapselt" um das Ergebnis einer in einem jahrhundertelangen Zivilisationsprozess erlernten Affektkontrolle handelt.

W.F.H.

homo oeconomicus (lat.), von der klassischen Wirtschaftstheorie konzipiertes Verhaltensmodell eines rational wirtschaftenden Menschen. Die Handlungen des *h. o.* werden durch das ökonomische Prinzip (Maximierung des Nutzens bei gegebenem Mitteleinsatz bzw. Minimierung des Mitteleinsatzes bei gegebenem Nutzen) gesteuert.

G.L.

homo prudens (lat.), kluger Mensch, Sprachfigur bei P. O'Malley zur Beschreibung des auf umfängliche Vorsorge bedachten Individuums im → Neoliberalismus [2]. Mit dem Rückzug des → Wohlfahrtsstaates wird die Verantwortung für die Risikoabsicherung zunehmend auf die Individuen verlagert (→ Responsibilisierung). Dem *h.p.* obliegt es z.B., eine private Altersvorsorge zu treffen und eigene Schutzmaßnahmen gegen Kriminalität zu ergreifen.

D.Kl.

H

homo sacer (lat.), wörtlich: heiliger Mensch, ein aus dem römischen Recht stammender Begriff, der durch ein Buch des italienischen Rechtsphilosophen G. Agamben (1995, dt. 2002) in die Debatte über den Genozid und das KZ als totale Institution übernommen worden ist. Als „heilig" gilt danach ein Leben, welches zwar von jedermann straflos getötet werden darf, aber nicht im Rahmen eines rechtlichen Verfahrens und auch nicht zur religiösen Opferung. Der Geächtete wird aus der Gemeinschaft ausgeschlossen; als „heilig" gilt das ihm verbleibende „nackte" Leben.   R.L.

homo sociologicus (lat.), soziologischer Mensch, Bezeichnung von R. Dahrendorf (1958) für eine Personifikation des Begriffs der sozialen Rolle als Elementarkategorie für eine Theorie des sozialen Handelns. Der *h. s.* ist der (abstrakte) Mensch als Träger sozial vorgeformter Rollen und steht somit „am Schnittpunkt des Individuums und der Gesellschaft".   O.R.

Homöostase, der Regelungsprozess eines Organismus, der vitale Vorgänge aktiviert oder dämpft, sobald bestimmte Schwellenwerte über- oder unterschritten werden (z.B. Körpertemperatur, Blutzuckergehalt). Durch H. geregelte Prozesse haben die Tendenz, den vormaligen Zustand wieder herzustellen. Treffen mehrere auf Selbstregulation beruhende Vorgänge aufeinander, so kommt es zur Heterostase, der möglichen Zerstörung anderer Systeme durch Prozesse der Selbstregulation. Da H. auf Erhaltung bzw. Wiedererrichtung von stabilen Zuständen ausgerichtet ist, wird die immanente konservative Sichtweise bei Anwendung auf soziale Situationen deutlich.   R.N.

Homogamie → Heterogamie – Homogamie

Homogenitäts-Index, eine von Loevinger entwickelte Maßzahl für die Güte einer Guttman-Skala. [1] H.-I. für je zwei *Items* der Skala: $H_{ij} = (p_{i,j} - p_i)/(1 - p_i)$ (wenn $p_j \leq p_i$); $p_{i,j}$ = Anteil derjenigen, die *item i* akzeptieren, aus denen, die auch *j* akzeptieren; p_i = Anteil derjenigen, die *i* akzeptieren. Wenn $H_{ij} = 1$, dann sind *items i* und *j* vollständig homogen, wenn $H_{ij} = 0$, dann sind *i* und *j* völlig unabhängig voneinander.
[2] H.-I. für den ganzen Test (H_t) ist der gewichtete Durchschnitt der Indizes H_{ij} aller *item*-Paare.   P.P.

Homologie, [1] allgemein Gleichartigkeit, z.B. bei einer Erhebung die Übereinstimmung in der Geschlechtszugehörigkeit – Interviewerin und befragte Frau.   R.L.
[2] In der Wissenssoziologie eine strukturelle Gemeinsamkeit, die der Sinnkonstitution in verschiedenen Sinnzusammenhängen zugrundeliegt, z.B. in Form eines sozialen Deutungsmusters.   M.M.

[3] In der Biologie, insbesondere in der → vergleichenden Verhaltensforschung, Bezeichnung für die stammesgeschichtliche Verwandtschaft bestimmter Körperorgane oder Verhaltensweisen bei verschiedenen Gattungen.   R.Kl.

Homomorphie liegt vor, wenn anders als bei der Isomorphie die Beziehung zwischen zwei Strukturen nicht umkehrbar ist, weil die eine komplexer ist als die andere, sodass mehreren Elementen der komplexen Struktur nur eines in der einfachen zugeordnet ist. Der Schluss von der einfachen auf die komplexe Struktur ist daher nicht mehr eindeutig.   H.D.R.

Homophobie, Antihomosexualität, die vorurteilsvolle Ablehnungsreaktion gegenüber Lesben und Schwulen. H. ist bei Individuen oft mit starken Affekten verbunden und gesellschaftlich in zahlreichen Diskriminierungsfeldern verankert.   R.L.

Homosozialität, die besonders engen Beziehungen zwischen den Angehörigen einer sozialen Kategorie, etwa der Männer untereinander. Mit H. werden gelegentlich die Mechanismen beschrieben und erklärt, mit denen geschlechtsspezifische Privilegien gesichert werden. Der Begriff lässt sich auch auf die interne Kommunikationsstruktur anderer Gruppierungen anwenden, die etwa nach Merkmalen des Alters, der ethnischen Zugehörigkeit oder einer sozialen Schicht entstehen.   R.L.

Homostudien bezeichnet die zuerst um 1980 an niederländischen Universitäten institutionalisierte Erforschung von Fragen der lesbischen und schwulen Lebensform.   R.L.

Honoratioren, [1] die Personen, die aus ihrer ökonomischen Situation heraus ohne jegliches Entgelt kontinuierlich, nebenberuflich leitend oder verwaltend in Organisationen tätig sind, die in der Gesellschaft als gemeinnützig verstanden werden. Die H. beeinflussen aufgrund ihres Status, weniger aufgrund ihrer Macht, die sozial relevanten Entscheidungen. Der hohe Status hängt ab von der sozialen Belohnung (Prestige) für das Übernehmen gemeinnütziger Aufgaben ohne Entgelt, was andererseits verhindert, dass die Gesellschaft auf die Rekrutierungs- und Zugehörigkeitskriterien Einfluss nehmen kann.
[2] Synonym für Prominenz (→ Elite [4]).   O.R.

Honoratiorendemokratie, eine Demokratieform, in der die Politiker dem Besitz- und Bildungsbürgertum entstammen. Sie sind aufgrund ihrer Einkünfte nebenberuflich politisch tätig, ohne in Parteien oder festen politischen Organisationen verankert zu sein. Mit H. lassen sich Herrschaftsformen im Deutschland des 19. Jahrhunderts kennzeichnen, heute nur noch manche kleinstädtische Formen kommunaler Selbstverwaltung.   W.F.H.

Honoratiorenpartei, eine Partei, deren Mitglieder oder hauptsächliche Träger aus reichen, angesehenen Bürgern bestehen. Sie verfügt weder über einen Verwaltungsstab noch hat sie ihre breite Anhängerschaft verbindlich organisiert. Die H. ist typisch für die klassische liberale Demokratie.   W.F.H.

hooking process (engl.), svw. ködern, bei A. Strauss und B. Glaser Bezeichnung für die Handlungen, durch die jemand in eine als unerwünscht oder als gefährlich geltende → Statuspassage (z.B. Drogengebrauch) hineingezogen wird.   W.F.H.

Horde, [1] Tierhorde, Bezeichnung für die Sozialverbände verschiedener höherer, gesellig lebender Tierarten (z.B. der Paviane). Die Tierh. besitzt – im Unterschied zur Herde und zum Rudel – bereits eine relativ differenzierte Gruppenstruktur.
[2] Nach Auffassung vieler Autoren der Anthropologie sowie der Ur- und Frühgeschichte die Urform menschlicher Gruppen- und Gesellschaftsbildung. Es soll sich dabei um mehrere Familien umfassende, in einem bestimmten Territorium nomadisierende Gruppen von Jägern und Sammlern gehandelt haben. Aus den H.n sollen sich die Stämme als nächsthöhere Gesellungsform entwickelt haben. → Urhorde   R.Kl.

Hören, regressives, kritisch-polemischer Begriff bei T.W. Adorno, bezeichnet die Verdinglichung und Verflachung der Hörerfahrung in Zusammenhang mit der Expansion der → Kulturindustrie, die einen Hörertyp hervorbringt, der sich von kunstfremden und fetischisierten Kategorien wie etwa Bekanntheit, Verkaufszahlen, Hit-Listen leiten lässt. Die Hörtheorie Adornos beharrt demgegenüber auf dem Kunstwert als objektiver, hör- und erfahrbarer Größe.   E.He.

Hörerforschung, spezielles Gebiet der empirischen Sozialforschung, das der Effizienzkontrolle gesendeter Rundfunkprogramme dient. Untersucht werden mittels Umfragetechniken in der H. u.a. demografische Daten der Adressaten, Hörgewohnheiten, Hörerwünsche, Verbreitung von Mitteilungen, ihre Wirkung. Die H. wird vornehmlich von den Rundfunkanstalten finanziert.   A.G.W.

Hörigkeit, innerhalb der feudalen Institution der Grundherrschaft Verpflichtung des Untergebenen zur persönlichen Dienstbarkeit.   H.W.

Horizont ist eine Metapher der transzendentalen Phänomenologie und phänomenologischen Psychologie, die auch in der Soziologie gebraucht wird. Sie bezeichnet im Unterschied zur (feststehenden) → Grenze eines Systems eine Grenze, die sich bei jeder Annäherung verschiebt, also im Unendlichen liegt, aber dadurch

wie endlich wirkt, sodass die weitere Annäherung schließlich an Interesse verliert.   N.L.

hormisch, die Antriebe, Instinkte, Motive usw. von Organismen betreffend. Nach W. McDougall (1871-1938) wird eine psychologische Theorie als h. bezeichnet, wenn sie das Streben nach bestimmten Zielen, das auf das Erreichen bestimmter Objekte gerichtete Antriebsgeschehen zum Ausgangspunkt ihrer Erklärungen macht.   H.W.K.

Hortikulturgesellschaft, Bezeichnung für eine Gesellschaft, deren ökonomische Grundlage der Gartenbau ist. H.en sind eine entwicklungsgeschichtliche Vorstufe von Agrargesellschaften. Der Stand der Produktionstechnologie ist gekennzeichnet durch den Gebrauch primitiver Hacken und einfacher Grabestöcke (Lenski).   H.J.D.

Hospitalismus, zusammenfassende Bezeichnung für die pathologischen Folgen eines längeren Aufenthaltes in Anstalten und Heimen, insbesondere in Krankenhäusern, Kinder- und Pflegeheimen. H. ist vor allem bei Kleinkindern beobachtet worden (R. Spitz). Die Schäden sind sowohl körperlicher als auch seelischer Art. Dazu gehören in erster Linie → Retardationen der körperlichen und geistigen Entwicklung, erhöhte Anfälligkeit gegenüber Erkrankungen, Rückfall in Verhaltensweisen früherer Entwicklungsstufen, verminderte Kontaktfähigkeit und allgemeine → Antriebsschwäche. Als Ursachen des H. werden vor allem Mangel an persönlicher Zuwendung seitens einer Dauerpflegeperson (affektive Deprivation) sowie Mangel an Anregung (Reizdeprivation) genannt.   R.Kl./F.X.K.

hot spot → Brennpunkt, sozialer

human document (engl.) → Dokument, persönliches

human ecology (engl.) → Sozialökologie

human relations (engl.), seit den 1930er Jahren, den industriesoziologischen Untersuchungen von E. Mayo und F.J. Roethlisberger, die die Existenz informeller Gruppen und ihre Bedeutung für Betriebsklima und Arbeitseinsatz nachwiesen, bezeichnet *h. r.* die Gesamtheit der „menschlichen", nicht von der Betriebsorganisation vorgeschriebenen Beziehungen eines Betriebes. *H. r.* wurden zum Ziel einer reformerischen Bewegung, die von der Berücksichtigung der *h. r.* eine Entspannung der betrieblichen Konflikte erwartete und zum zentralen Bestandteil der Herrschaftstechnik und Effektivierungstechnik der Betriebsführung wurde.   W.F.H.

human relations area files (engl.), umfangreiche Sammlung kulturanthropologischer, soziologischer und historischer Daten über eine Vielzahl primitiver und entwickelter Gesellschaften anhand eines differenzierten Kategoriensystems,

H

begonnen von G.P. Murdock an der Yale Universität. W.F.H.

Humanisierung der Arbeitswelt, abgek. HdA, Anfang der 1970er Jahre einsetzende gesellschaftspolitische und wissenschaftliche Diskussion um Möglichkeiten der Anpassung von Arbeitsbedingungen an die Bedürfnisse der arbeitenden Menschen. Hintergrund dieser Debatte waren die seit Ende der 1960er Jahre in der Bundesrepublik manifest auftretenden Krisenerscheinungen, der Wandel und die Verschärfung der Probleme der betrieblichen Arbeitskraftverwertung und ein seit Beginn der 1970er Jahre wachsender Rationalisierungsdruck in den Betrieben. Das 1974 von der Bundesregierung eingesetzte Programm „Humanisierung des Arbeitslebens" war der Versuch, mittels staatlicher Unterstützung neue Formen der Arbeitsgestaltung zur Verbesserung der Qualität der Arbeit in der betrieblichen Praxis zu realisieren. In den Anfängen konzentrierten sich die Maßnahmen auf den Abbau von Schwerbelastungen und Alternativen zu taylorisierter Arbeit, später auf Qualifizierung und Arbeitszeitfragen. H. d. A. bezieht sich allgemein auf folgende Ebenen: a) konkrete Bedingungen des Arbeitenden am Arbeitsplatz, b) Situation des Beschäftigten innerhalb des Sozialgebildes Betrieb, c) Stellung auf dem Arbeitsmarkt, d) Probleme des Einflusses von Arbeitsbedingungen auf den „Freizeit"-Bereich. Begrenzt ist eine H. d. A. jedoch dort, wo die Reproduktionsinteressen von abhängig Beschäftigten den unternehmerischen Interessen an der Verwertung von Arbeitskraft widersprechen. M.Sch.

Humankapital, [1] *human capital, intangible capital, non-physical capital,* immaterielles Kapital, zentraler Begriff in Bildungsökonomie und -planung: Erziehung und Ausbildung werden als in den Menschen investiertes Kapital angesehen (und zu quantifizieren versucht), das seinem Träger Erträge in Form von monetären (Lohn, Gehalt) und auch nichtmonetären (Zufriedenheit, soziale Kompetenz) „Einkommen" erbringt. D.K./W.F.H.
[2] Im weiteren Sinne rechnen zum H. alle jene Aufwendungen, die dem Zweck der physischen Produktion und Reproduktion des Menschen sowie der Hervorbringung von geistigen, ökonomischen (z.B. beruflichen), sozialen (z.B. kommunikativen) und politischen (z.B. partizipativen) Fähigkeiten oder Qualifikationen dienen. D.K.

Humanökologie heißt der Teil der Ökologie, der sich mit den Beziehungen zwischen den Menschen und der Umwelt beschäftigt. Die H. untersucht den Wandel der menschlichen Lebensverhältnisse in Bindung an einen spezifischen Raum im Wechselverhältnis mit den sozialstrukturellen Verhältnissen, mit der sozialen und der „natürlichen" Umwelt. Die H. ist zu unterscheiden von der *human ecology* der Chicagoer Schule (→ Sozialökologie). O.R.

Humanwissenschaften, Menschenwissenschaften, Sammelbezeichnung für die Wissenschaften vom Menschen wie z.B. Medizin, Anthropologie, Psychologie, Wirtschafts-, Sozial- und Kulturwissenschaften. R.Kl.

Hybridisierung, bezeichnet den Prozess der globalen Ausbreitung von Vielfalt, von Diversität. Dieser ist dadurch gekennzeichnet, dass die vielen unterschiedlichen Einheiten im Laufe des Prozesses nicht ihre Eigenständigkeit verlieren, sondern neue Einheiten gerade deshalb hervorbringen, weil sie verschieden sind (J. Nederveen Pieterse 1994). O.R.

Hybridität, [1] hybrid, svw. durch Kreuzung oder Mischung entstanden, zwitterhaft, bezeichnet vor allem kulturelle Neubildungen (Musik, Literatur) im Kontakt von Kulturen (→ *post-colonial studies*).
[2] B. Latour (1998) bezeichnet auch Ding-Mensch-Systeme und Apparaturen als Hybride, denen ein eigener Akteursstatus zugeschrieben wird (→ Aktant). H.W.

Hypergamie, Bezeichnung für den Brauch oder die Institution, dass Frauen einer niedrigeren Schicht oder Kaste Männer einer höheren heiraten. R.O.W.

hyperreal, bezeichnet in der Simulacren-Theorie von J. Baudrillard einen medial erzeugten Wirklichkeitsstatus, in dem die (modernen) Unterscheidungen zwischen Wahrem und Falschem, Realem und Imaginärem aufgehoben sind. Tatsachen und Ereignisse werden symbolisch im Schnittpunkt von Modellen erzeugt. Die Entstehung des Hyperrealen ist Folge der Dominanz medial vermittelten Realitätswissens gegenüber sinnlich-unmittelbaren Erfahrungen. M.S.

Hyperrealismus → Simulation

Hypertrophierung, in der Konsumtheorie ein zentraler Begriff. H. eines Bedarfs liegt immer dann vor, wenn die Deckung des Bedarfs an oder die Versorgung mit Gütern so groß ist, dass deshalb die Versorgung mit anderen höher zu bewertenden, meist immateriellen Gütern vernachlässigt wird. Grund der H. können insbesondere eingelebte Gewohnheiten, Anpassungsverhalten und interessenabhängige Manipulationen sein. D.K.

Hypogamie, Bezeichnung für die im Gegensatz zur → Hypergamie (Heirat der Frau in eine höhere Schicht oder Kaste) auftretenden Fälle der Heirat der Frau in eine niedrigere Schicht oder Kaste. R.O.W.

Hypostasierung, Verdinglichung eines Begriffs, Unterstellung von realen, substanziellen Grundlagen begrifflicher Unterscheidungen und begrifflicher Konstruktionen. **H.W.**

Hypothese, empirisch gehaltvolle Aussage, die einer Klasse von Einheiten bestimmte Eigenschaften zuschreibt oder gewisse Ereigniszusammenhänge oder -folgen behauptet, d.h. das Vorliegen einer Regelmäßigkeit im untersuchten Bereich konstatiert. Sie gilt stets nur vorläufig und muss so beschaffen sein, dass ihre Überprüfbarkeit durch Beobachtung und Experiment gewährleistet ist. H.n sind die wichtigsten Bestandteile wissenschaftlicher Erklärungen. **L.K.**

Hypothese, heuristische, unüberprüfte Vermutung über bestimmte Zusammenhänge, die die Funktion hat, zu weiteren Suchprozessen anzuregen. **L.K.**

Hypothese, nomologische, Gesetzeshypothese → Gesetz [6]

Hypothese, statistische, Wahrscheinlichkeitshypothese, eine wissenschaftliche Behauptung, die über Ereigniszusammenhänge oder -folgen aussagt, dass sie unter den allgemein charakterisierten Bedingungen nicht in jedem Fall, sondern mit einer bestimmten Wahrscheinlichkeit auftreten. Entsprechend wird einer untersuchten Klasse von Einheiten eine bestimmte Eigenschaft nicht durchgehend, sondern mit einer angegebenen Wahrscheinlichkeit zugesprochen. **L.K.**

Hysteresis-Effekt, bezeichnet bei P. Bourdieu eine Trägheit der Denk-, Wahrnehmungs- und Handlungsschemata der Individuen, eine Beharrungstendenz des → Habitus [4]. Entstehen neue soziale Strukturen oder Konstellationen, so tendiert der Habitus dazu, sie mithilfe der bisherigen Kategorien wahrzunehmen und zu bearbeiten; auch neigt der Habitus dazu, solche Situationen aufzusuchen, in denen sich seine Dispositionen bewähren können. Den H.-E. macht Bourdieu verantwortlich für alles, was im individuellen wie kollektiven Leben versäumt wird; er versinnbildlicht ihn mit der Figur des Don Quijote. **A.K.**

Hysterie, [1] Gruppe neurotischer Verhaltensweisen mit stark unterschiedlichen Erscheinungsbildern. Die zugrunde liegenden psychischen Konflikte äußern sich u.a. in bestimmten körperlichen Symptomen (u.a. Lähmungen, Unempfindlichkeiten, Schwindel, Schmerzen ohne körperliche Befunde, hysterische Blindheit, Erstickungs- und epilepsieähnliche Anfälle), die häufig als inszeniert, theatralisch erscheinen. Neben diesen Formen der Konversionshysterie (→ Konversion) finden sich Formen der Angsthysterie (Phobien), des Gedächtnisverlustes, des dissoziativen Erlebens (Fremdheit, Entpersönlichung) und anderes. Während die H. in früheren Zeiten insb. bei Frauen auch als Zeichen der Besessenheit und Hexerei, aber auch als Simulation oder Krankheit durch Einbildung erschien, zeigten die Untersuchungen von J. Breuer und S. Freud, auf die sich die Psychoanalyse gründete, ihre Verursachung durch Prozesse im → Unbewussten.

[2] Insb. in Bezug auf Formen der Konversionshysterie wird die H. auch als Botschaft („buchstäbliches Sprechen" des Körpers), als Kommunikations- und Beziehungsform aufgefasst. In feministischer Theorie werden hysterische Phänomene, die vor allem bei Frauen auftreten, auch als Formen der Verneinung und Verweigerung, der Karikatur der Rollenzumutungen durch Überanpassung u.a. interpretiert (C.v. Braun 1985). **H.W.**

I J

I

I (engl.), „Ich", in der Sozialpsychologie von G.H. Mead (1934) die nicht durch die sozialen Rollen des Individuums festgelegte Komponente des → Selbst. Während die andere Komponente des Selbst, die *me*, die an das Individuum gerichteten Erwartungen seiner Rollenpartner repräsentiert, stellt das *I* ein zweites Stadium der Reflexivität dar, in welchem das Individuum sich mit dem *me* und damit mit seinen sozialen Rollen und den aus ihnen resultierenden Zwängen auseinander setzt und so die Tatsache seiner „Individualität" erlebt. **W.B.**

IA → Intelligenzalter

Ich, auch: *Ego* (lat.), [1] vor allem in der empirischen Persönlichkeitsforschung: das Selbst, das Selbstbild, d.h. das Individuum in seiner Selbstwahrnehmung, den Erfahrungen, die es im Laufe seiner Entwicklung mit sich selbst gemacht hat.

[2] Das Selbstbild des Individuums als Identitätserlebnis in einer zeitlichen oder lebensgeschichtlichen Einordnung (so etwa W. Wundt).

[3] Das handelnde Individuum, das aktiv die Umwelt verändert.

[4] Der Kern der Persönlichkeit im Gegensatz zu ihrer Peripherie, den Körperorganen und Körperbedürfnissen, aber auch gegenüber den Trieben, Werten und Wünschen, denen gegenüber eine bejahende oder verneinende Stellung-

nahme möglich ist (so z.B. in der → Schichten-lehre).

[5] Nach psychoanalytischer Annahme die psy-chische Struktur, die diese Erlebnisse, Erfahrun-gen und Verhaltensweisen ermöglicht. Danach ist das I. Teil des psychischen Apparats, eine Instanz innerhalb des Funktionszusammenhangs des Psychischen, neben → Es und → Über-Ich. Das I. vermittelt zwischen Triebbedürfnissen, Über-Ich-Forderungen und den Notwendigkei-ten der Realität, indem es über angeborene und erworbene Leistungen verfügt. Das I. hat die Aufgabe der Selbstbehauptung und erfüllt sie durch Reizaufnahme von außen, Erinnerung, Reizabwehr bei zu starken Einflüssen, Anpas-sung bei mäßigen Reizen und durch Aktivität in der zweckmäßigen Veränderung der Umwelt. Die Selbstbehauptung des I. erfolgt gegenüber Triebbedürfnissen durch Unterdrückung (wenn ihre Erfüllung den Forderungen des Über-Ich zuwiderliefe) oder Aufschub (bis zu einem güns-tigeren Zeitpunkt) oder Herstellung günstiger Umstände für die Triebbefriedigung. Das I. um-fasst das Bewusste, das Vorbewusste (Erinner-bare) und unbewusste Strukturen (Abwehrme-chanismen).   E.H.

Ich-Abwehr, *ego-defense,* in der Psychoanalyse die Unterdrückung der dem Ich unerträglichen Vorstellungen durch Ausschluss aus dem Be-wusstsein. Das Ich setzt sich als abwehrende Instanz einem Wunsch entgegen, der Konflikte bedingen würde. I.-A. soll verhindern, dass die verdrängten Inhalte (die zu Bewusstsein kamen) handlungsrelevant werden. Sie wird durch eine Unlustempfindung ausgelöst, die der verdräng-ten Vorstellung zugehört. → Abwehrmechanis-men   E.H.

Ich-Aktivität, ein Handeln, das durch die Funk-tion der Ich-Struktur bestimmt ist; im Gegensatz zur Triebaktivität, die auf unmittelbare Lustbe-friedigung ausgerichtet ist, wird bei I.-A. die Wirkung des → Realitätsprinzips betont. E.H.

Ich-Austritt, *out-of-the-body-experience,* Be-zeichnung der Psychologie für ein Erlebnis von Beinahe-Gestorbenen (etwa in Unfällen) von ihrer todnahen Situation: Sie hätten die Vorgän-ge an ihrem Körper von außen, meist von oben beobachtet, und zwar als eher von Gefühlen nicht betroffener Beobachter. Das Erlebnis des I.-A.s wird manchmal als Ausdruck des Wun-sches nach Unsterblichkeit gesehen, manchmal als Ausdruck von Abwehr gegen die Endgültig-keit des Todes.   W.F.H

Ich-Autonomie, Unabhängigkeit des Ich gegen-über dem Über-Ich, der Außenwelt und dem Es.
                                           E.H.

Ich-Besetzung, psychoanalytischer Begriff, [1] li-bidinöse Triebenergie, die an das Ich gebunden ist.
[2] Das Ich als Libidoreservoir, von dem aus an-dere psychische Inhalte (z.B. Objektrepräsen-tanzen) mit Ich-Energie besetzt werden können.
                                           E.H.

Ich-Beteiligung, *ego-involvement,* Anteilnahme am Geschehen in der näheren und weiteren Umgebung. Die I.-B. bewirkt, dass in der sozia-len Situation die bedeutsamen Einstellungen und Vorurteile angewendet werden, die für den sozialen Status, die soziale Position oder die so-zialen Rollen des Individuums eine Schutz- bzw. Orientierungsfunktion haben. Beide Extrempole der I.-B. (Gleichgültigkeit, Affektansteckung) können Zeichen einer Ich-Schwäche sein. E.H.

ich-dyston, *ego-dystonic,* nicht ich-gerecht. → ich-gerecht   E.H.

Ich-Expansion, Ich-Ausdehnung oder Ich-Erweiterung, meist im Sinne eines patholo-gischen Erlebnisses großer Verfügbarkeit über Menschen, Dinge oder die Natur im Allgemei-nen, z.B. bei Manien.   E.H.

Ich-Funktionen, Ich-Leistungen, Aufgaben, die das Ich erfüllt. I.-F. sind abhängig von der Ich-Reife und damit vom Verhältnis des Ich zu anderen psychischen Instanzen und der Realität. Sie lassen sich in Gegensatzpaaren anordnen: Triebwiderstand gegen -befriedigung, Einsicht in eine Absicht gegen Rationalisieren, Suche zu verstehen gegen systematische Entstellung, fer-ner Kontrolle der Körperbewegungen, der Wahrnehmung, Realitätsprüfung, Antizipation, zeitliche Ordnung seelischer Vorgänge und ra-tionales Denken.   E.H.

Ich-Gehorsam, Verhalten, das von einem gefes-tigten, bewussten und kritischen Ich gesteuert ist. A. Mitscherlich unterscheidet vier Ebenen eines echten Gehorsams: Trieb-, Lern-, Gewis-sens- und Ichgehorsam, nach denen das Ich im Dienste der Triebbefriedigung, der Realitäts-orientierung bei der Triebbefriedigung, eines strengen Gewissens oder aber eines entwick-lungsoffenen Gewissens stehen kann, das eine relativ große Autonomie gegenüber Trieben, Normen und Realitätsanforderungen ermög-licht.   E.H.

ich-gerecht, ich-synton, *ego-syntonic,* im Gegen-satz zu → ich-dyston; i.-g. sind Vorstellungen und Affekte, die mit der Integrität des Ich ver-einbar sind. I.-g. sind Motive, die der Funktion des Ich entspringen (Ich-Triebe). Ich-dyston sind das Verdrängte und das in der Symptombil-dung der Neurose gebundene Verdrängte. E.H.

Ich-Ideal, nach psychologischer Auffassung eine Instanz der Persönlichkeit, die aus der Selbst-idealisierung, Identifizierung mit den Eltern, ihren späteren Vertretern und Idealen der Gesellschaft entsteht. Ursprünglich wurde I.-I. synonym mit Über-Ich verwendet, meist als gesonderte Instanz mit der Funktion des Ideals, mindestens aber als eine besondere Substruktur des Über-Ich angenommen. Das I.-I. liefert ein Vorbild, dem das Individuum sich anzugleichen versucht und dient zur Beurteilung des tatsächlich Erreichten im Verhältnis zum Ideal. I.-I. ist zentraler Begriff der Massenpsychologie S. Freuds. Es kann durch ein idealisiertes Realobjekt ersetzt werden, demgegenüber dann eine verliebte Hörigkeit besteht. Der Massenführer tritt in diese Funktion ein und erzeugt dadurch eine identifikatorische Bindung der Individuen auch untereinander. *E.H.*

Ich-Identität → Identität [2]

Ich-Integration, Ich-Synthese, konfliktlösende Aktivität des Ich; Auflösung von Widersprüchen zwischen unterschiedlichen Motivationsanteilen und deren inneren strukturellen Voraussetzungen, den Vorstellungs- und Affektrepräsentanzen von Objekten und vom Selbst. *E.H.*

Ich-Kontrolle, auch: Selbstkontrolle, bezeichnet die Kontrolle und Verfügbarkeit des Ich über Triebe, Bewegungsapparat, Gedächtnis usw., aber auch über Überichnormen und Veränderung der Realität. I.-K. besteht in der Zulassung oder Abwehr, der Unterdrückung oder dem Aufschub von Motivationsanteilen, die durch die Funktion der psychischen Instanzen organisiert werden. *E.H.*

Ich-Leistungen → Ich-Funktionen

Ich-Psychologie, eine Schule der Psychoanalyse (H. Hartmann, E.H. Erikson, D. Rapaport), deren Ziel es war, zwischen Psychoanalyse und akademischen Wissenschaften, speziell Psychophysiologie, Lernpsychologie, Kinderpsychologie und Sozialpsychologie, einen Austausch von Erkenntnissen und Methoden herzustellen und dies über die Theorie des Ich abzuwickeln. Das Ich gilt in der I.-P. vor allem als Apparat der Regulation und Anpassung; seine Entwicklung als durch Reifung und Lernen gekennzeichnet. Die Ideen der I.-P. werden weiterhin stark diskutiert und in einer Psychologie des Selbst fortentwickelt (H. Kohut). *E.H./R.L.*

Ich-Regression, Rückkehr zu Verhaltensweisen, die in einer früheren Organisationsstufe des Ich erworben wurden, etwa in der Beziehung zu anderen Menschen (z.B. Rivalitäten) oder des Denkens (z.B. magische Allmachtsfantasien). I.-R. kann unter der Kontrolle des Ich stehen (Schlaf, schöpferische Tätigkeit) oder sich gegen den Widerstand des bewussten Ich durchsetzen (z.B. bei Neurosen). *E.H.*

Ich-Reife, psychoanalytischer Begriff, [1] optimale Entwicklung des Ich, die das Erreichen der genitalen Stufe der psychosexuellen Entwicklung und die Überwindung des → Ödipuskomplexes voraussetzt und dem Subjekt die reife „genitale Liebe" ermöglicht, in der sich die sinnlichen und die zärtlichen Bedürfnisse vereinigen.
[2] Die relative Position, die ein Individuum auf dem Kontinuum möglicher I.-R.- Stufen erreicht hat. *E.H.*

Ich-Schwäche, Zustand des Ich, in dem es die Reize aus der Außenwelt und den Trieben (noch) nicht oder nur wenig kontrollieren kann. *E.H.*

Ich-Stärke entspricht einem Zustand der Ich-Integration und Ich-Autonomie mit der Möglichkeit weitgehender Ich-Kontrolle. I.-S. entspricht einer allgemeinen Leistungsfähigkeit und Stabilität der Ich-Funktionen. Faktoren, die die I.-S. begünstigen, sind Neutralisierungen von Triebenergie, Toleranz gegenüber Versagungen und Toleranz gegenüber Angst. *E.H.*

Ich-Synthese → Ich-Integration

ich-synton, *ego-syntonic* → ich-gerecht

Ich-Triebe, ein spezieller Triebtypus, dessen Energie das Ich im Abwehrprozess verwendet. I.-T. werden als Selbsterhaltungstriebe den Sexualtrieben gegenübergestellt. Die Theorie der I.-T. ist eine ältere Triebtheorie S. Freuds (1910 bis 1915), die zu Gunsten der Gegenüberstellung von Aggression und Sexualität aufgegeben wurde. *E.H.*

Ich-Verlust, Verlust der Ich-Grenzen bei sehr weitgehenden Regressionen. I.-V. ist normal beim Orgasmus, aber pathologisch bei bestimmten Krankheiten (Schizophrenie). Angst vor I.-V. ist eine Determinante für das Entstehen von Perversionen. *E.H.*

Ich-Zensur, die Funktion der kritischen Selbstbeobachtung und ihr Ergebnis, die Abwehrleistung des Ich gegenüber Vorstellungen und Erinnerungen, die aus dem Unbewussten gegen das Vorbewusste andrängen, z.B. in der Traumentstellung. *E.H.*

Id (lat.) → Es

Idealfaktoren, Faktoren des Überbaus, Faktoren des gesellschaftlichen Bewusstseins, heißen allgemein Vorstellungen, Einstellungen und Denkgebilde (Geist), soweit sie im Sozialprozess eine Rolle spielen. Der Begriff stammt aus der Wissenssoziologie M. Schelers und bezeichnet dort das, was an einer historischen Erscheinung durch Akte des menschlichen Geistes (in Abgrenzung zu den Realfaktoren) bedingt ist. Zu den I. zählen u.a. Religion, Metaphysik, Wissenschaft, Kunst, Recht. I. sind in ihrer Genese unabhängig von den realen Gegebenheiten, differenzieren sich als Formen des → Heils-, Bildungs- und Naturbeherrschungswissens gleich-

I J

ursprünglich aus der Vorstufe des mythischen Denkens aus und folgen in ihrer Entwicklung autonomen Gesetzen. Sie greifen „leitend und lenkend" in die Geschichte der Realfaktoren ein, ohne jedoch ihrer eigenen Realisierung fähig zu sein. I. stehen zueinander in spezifischem (wesensmäßigem) Verhältnis. Dessen Struktur zu ermitteln ist Aufgabe der „Wesenslehre vom menschlichen Geiste", die Schelers Programm der Kultursoziologie ebenso zugrunde liegt wie die „Ursprungslehre der menschlichen Triebe" der Realsoziologie.   W.M.S.

Ideal-Ich, nach psychoanalytischer Auffassung ein Vorläufer des → Ich-Ideals, ein Ideal narzisstischer Allmacht, das als psychische Struktur Niederschlag des primären Narzissmus (d.h. im Erleben des Säuglings im Verhältnis zur Mutter) ist und einem Ich zugehörig, das sich mit dem Es noch einig fühlt.   E.H.

Idealismus, [1] Bezeichnung für eine philosophische Orientierung, die seins- und erkenntnismäßig „Ideen" als letzte Realität nimmt. Die philosophische Bedeutung des Begriffs ist uneinheitlich, da kein einheitliches Verständnis von „Idee" in den verschiedenen Richtungen der I. vorliegt. Vor allem sind zu unterscheiden: → I., kritischer, → I., metaphysischer, → I., erkenntnistheoretischer.

[2] Im klassischen Materialismus und → Realismus Bezeichnung für alle jeweils anderen philosophischen Richtungen. I. ist hier ein rein polemischer Gegenbegriff.

[3] Umgangssprachliche Bezeichnung für jede durch altruistische „Ideale" geprägte Lebensanschauung und Lebensführung.   O.R.

Idealismus, erkenntnistheoretischer, ein philosophischer Ansatz, nach dem die Außenwelt nicht unabhängig von Bewusstsein existiert, sondern nur als Objekt von Erfahrung oder als etwas dem Bewusstsein Immanentes. Die Außenwelt ist „ideal" („ideell"), deren empirisch fassbaren Teile nicht „an sich", sondern nur in Beziehung zu einem erkennenden Subjekt „sind".   O.R.

Idealismus, formaler → Idealismus, kritischer

Idealismus, kritischer, auch: transzendentaler I. oder formaler I., ist von I. Kant begründet. K. I. geht davon aus, dass die Dinge, die in der Raumzeitlichkeit als Substanzen in Wechselwirkung miteinander stehen, nur Erscheinungen sind, nicht jedoch schon die unerkennbaren Dinge „an sich". Was wir raumzeitlich erfassen, ist zwar empirisch real, aber nicht unabhängig von unserer Erfahrung.   O.R.

Idealismus, metaphysischer, heißt eine philosophische Richtung, nach der alles Wirkliche nur Idee (Geist und/oder Vernunft) ist. Die realen Dinge gelten als Widerspiegelungen oder Entfaltungen eines geistigen Gehaltes. Der m.e I.

beruft sich auf Platon, der zwei Seinsbereiche unterschied, nämlich den der realen, vergänglichen Dinge und den des übersinnlichen, unvergänglichen „idealen Seins". Nur indem die realen Dinge am „idealen Sein" teilhaben, „sind" sie und werden wissenschaftlich erkennbar.
                    O.R.

Idealismus, transzendentaler → Idealismus, kritischer

Idealnorm, eine Verhaltensregel, bei der das vorgeschriebene Verhalten angestrebt, aber nicht realisiert wird. Der Gegensatz zu I. ist „praktische Norm".   C.Wo.

Idealtypus, insbesondere von M. Weber entwickelte Form der begrifflichen Erfassung komplexer sozialer Sachverhalte. Unter vorher gewählten Aspekten gelangt man durch das Absehen von Zufälligkeiten und die Zusammenstellung der wichtigsten Phänomene (die in der Realität nicht immer gemeinsam vorkommen müssen) zu einer Abstraktion, die hauptsächlich zwei Funktionen hat: Zunächst wird ein allgemeiner Begriff geschaffen, dessen Definition den Hintergrund abgibt, vor dem die Besonderheiten des Einzelfalles sich abheben und beschrieben werden können. Darüber hinaus liegt mit dem I. dann ein Ansatz zur Erklärung vor, wenn die Zusammenstellung der in der Definition vorkommenden Phänomene theoretische Annahmen über Interdependenzen, Kausalverhältnisse usw. folgt. In der wissenschaftstheoretischen Diskussion wird kritisiert, dass der I. herkömmlicherweise der → verstehenden Methode nahe steht. Demgegenüber gibt es Versuche, die Problematik des I. in den Bereichen der Begriffs- und Modellbildung wieder aufzunehmen.
                    H.D.R.

Ideation, ideierende Abstraktion, [1] Prozess der Herausbildung einer Idee.
[2] In der → Phänomenologie besteht die I. in der Beziehung des Konkreten auf die Idee, in der Erhebung des Besonderen zur zeitlosen identisch bleibenden Geltungseinheit.   O.R.

idée directrice (frz.) kann nach A. Gehlen „wissenschaftlich und objektiv nur in Bezug auf die gesellschaftlichen Institutionen verstanden werden". Sie fungiert als Umschreibung für die sinnstiftende bzw. normative Potenz der Institutionen.   W.S.

Idee, konservative, bezeichnet in der Wissenssoziologie eine reflektierte Gestalt des utopischen Bewusstseins, die das Bestehende und das Vergangene dem Zukünftigen bewusst vorzieht.
                    P.G.

Ideen, kollektive → Kollektivbewusstsein [1]

Ideengeschichte, Bezeichnung für eine Art der Geistesgeschichte, die eine Kategorie durch unterschiedliche Wissenschaften, Bereiche der Kultur und gesellschaftliche Ausprägungen verfolgt.   O.R.

Identifikation → Identifizierung

Identifikation, politische, Vorgänge, durch die die Einzelnen sich (mehr oder weniger affektiv) politischen Gruppen zurechnen, deren Ziele und Führer als die eigenen anerkennen.   W.F.H.

Identifikationsgruppe → Bezugsgruppe

Identifizierung, Identifikation, [1] das Übernehmen, Verinnerlichen realer oder vorgestellter Eigenschaften eines Objekts, zumeist eines menschlichen Liebesobjekts. Beispiel: die Übernahme der Eigenschaften (Vorstellungen, Motive, Verhaltensweisen usw.) des Vaters durch den Sohn (der sich also mit seinem Vater „identifiziert"). Dieser aus der Psychoanalyse in den allgemeinen sozialwissenschaftlichen Gebrauch übergegangene Begriff bezeichnet einen ähnlichen Vorgang wie der lerntheoretische Begriff der → Nachahmung (oder des Lernens am Modell).   K.H.
[2] Das Wiedererkennen, die begriffliche Bestimmung einer Sache.   R.Kl.

Identifizierung, primäre – sekundäre, psychoanalytische Unterscheidung zwischen einer primitiven, infantilen Form der Identifizierung mit einem anderen Menschen, die dem Muster der oralen Beziehung zur Mutter folgt (p. I.), und einer reiferen, der ein Verzicht auf die libidinöse Besetzung des anderen vorangegangen ist (s. I.).   W.K.

Identität, von lat. *idem*, „dasselbe", [1] im allgemeinen und philosophischen Sinne die „Selbigkeit" oder das Gleichbleibende von etwas (eines Dinges, einer Person, eines Satzes usw.) mit sich selbst oder etwas anderem. Der „Satz von der I." ($A = A$) ist eines der wichtigsten Prinzipien der Logik.
[2] Psychoanalytisch-sozialpsychologische Bezeichnung für das dauernde innere Sich-Selbst-Gleichsein, die Kontinuität des Selbsterlebens eines Individuums (Ich-I., auch Selbst-I.), die im Wesentlichen durch die dauerhafte Übernahme bestimmter sozialer Rollen und Gruppenmitgliedschaften sowie durch die gesellschaftliche Anerkennung als jemand, der die betreffenden Rollen innehat bzw. zu der betreffenden Gruppe gehört, hergestellt wird. Nach E.H. Erikson findet der Prozess der I.sfindung und I.sbildung vor allem während der Pubertät und Adoleszenz statt, in der das Individuum die für sein weiteres Leben wichtigsten Rollen wählt und übernimmt. Dabei steht der Jugendliche vor der Aufgabe, seine ihm bewussten und unbewussten Anlagen, Bedürfnisse, Fähigkeiten, Identifikationen usw. und die verschiedenen, häufig konfli-

gierenden Elemente der zu übernehmenden Rollen zu integrieren. Wenn diese Aufgabe nicht gelöst wird, kann es zu schwer wiegenden Krisen und Störungen (→ Identitätsdiffusion) kommen. Im Hinblick auf die verschiedenen wichtigen Rollen und Gruppenmitgliedschaften, die die I. einer Person bestimmen, unterscheidet man verschiedene Arten oder Aspekte der I. (z.B. berufliche I., geschlechtliche I., nationale I.).   E.H./R.Kl.

Identität, balancierende, von L. Krappmann (1969) auf der Basis des symbolischen Interaktionismus – insbesondere den Arbeiten von G.H. Mead (1934) und E. Goffman (1963) – entwickelte Identitätskonzeption, die in Abgrenzung zum psychoanalytischen Identitätsbegriff (z.B. E.H. Erikson) I. als permanente Leistung des Individuums sieht, um an Interaktionsprozessen teilnehmen zu können. Diese Leistung besteht darin, dass das Individuum zwischen den Anforderungen der sozialen Umwelt und seinen eigenen Bedürfnissen eine Balance hält. Dies kann z.B. durch eine Scheinnormalität (*phantom normalcy*) erreicht werden, d.h. das Individuum macht gleichzeitig deutlich, dass es die Erwartungen der sozialen Umwelt übernimmt, sie aber dennoch nicht erfüllen kann, in dem es in den Interaktionen auf einer „Als-ob"-Basis operiert.   W.P.

Identität, kulturelle, kollektive Identität von Kulturen, Gesellschaften und deren Untereinheiten. Identitätsstiftend wirken u.a. Religion, Sprache, Dialekt, Geschlechtszugehörigkeit. Bei der in modernen Gesellschaften gegebenen Pluralität von Kulturen verschafft die k. I. Gruppierungen der „Peripherie" (Subkulturen, soziale Bewegungen, Ausländer) ein Selbstbehauptungspotenzial gegenüber nivellierenden Tendenzen des „Zentrums".   M.M.

Identität, narrative, ein der Biografieforschung entstammender Identitätsbegriff (G. Lucius-Hoene/A. Deppermann 2002), der den konstruktiven Anteil des autobiografischen Erzählens bei der Identitätsherstellung betont; die, z.B. in einem → narrativen Interview, dargestellte personale und soziale Identität wird als eine situative und kontextabhängige Hervorbringung des Erzählers bzw. der kommunikativen Interaktion betrachtet, die außerhalb des Interviews als solche nicht besteht.   I.K.

Identität, negative, nach E.H. Erikson Bezeichnung für eine I. (→ Identität [2]), die durch die Übernahme von Rollen und Identifikation mit Vorbildern gebildet wird, welche von dem betreffenden Individuum selbst und seiner gesellschaftlichen Umwelt negativ bewertet werden. Die Wahl einer n.n I. kann u.a. die Folge des Scheiterns der Bemühungen um den Aufbau ei-

I J

ner positiven Identität oder der Flucht vor überhöhten eigenen und fremden Rollenanforderungen sein. Durch den Aufbau der n.n I. kann das Individuum eine sonst drohende → Identitätsdiffusion vermeiden oder verdecken. So kann z.B. ein junger Mann, der einsehen muss, dass er an das Vorbild des von ihm bewunderten berühmten Vaters nie heranreichen wird, seinen ganzen Ehrgeiz darein setzen, wenigstens als Versager so „erfolgreich" wie möglich zu werden; die Rolle des „totalen Versagers" liefert ihm dann seine n. I.   R.Kl.

Identitäten, konkurrierende, divergierende Persönlichkeitsstrukturen als Folge strukturbedingter Statusinkonsistenzen; in komplexen Industriegesellschaften häufig aufgrund unterschiedlich hoher Positionen in verschiedenen Teildimensionen sozialer Schichtung (z.B. hohes Ausbildungsniveau, aber geringes Einkommen). K. I. führen zu situationsspezifisch wechselnden Identifikationen und Identitäten und damit verbundenen konfligierenden persönlichkeitsinternen Zwängen (*cross pressures*).   M.B.

Identitätsbehaupter, eines der vier grundlegenden → soziologischen Akteurmodelle bei U. Schimank (2000): Der Handelnde wählt aus den in der Situation möglichen Handlungsalternativen diejenige aus, die sich am besten eignet zur angemessenen Präsentation dessen, was er für seine Identität hält.   W.F.H.

Identitätsbildung → Identität [2]

Identitätsdiffusion, nach E.H. Erikson (1959) die vorübergehende oder dauernde Unfähigkeit eines Individuums zur Bildung einer Identität (→ Identität [2]). I. wird als „eine Zersplitterung des Selbst-Bildes ..., ein Verlust der Mitte, ein Gefühl der Verwirrung und in schweren Fällen die Furcht vor völliger Auflösung" beschrieben. Zur I. kommt es insbesondere bei jungen Menschen, die die Aufgabe nicht bewältigen, angesichts einer Vielfalt neuer, häufig widersprüchlicher Rollenerwartungen, Vorbilder, Identifikationsmöglichkeiten und Lebensziele (vor allem: Berufsziele) eine Entscheidung zu treffen und sich auf eine bestimmte psychosoziale Selbstdefinition festzulegen.   R.Kl.

Identitätsverlust, der Verlust der Identität (→ Identität [2]) oder des Selbstbildes, d.h. des Wissens, „wer man ist und wohin man gehört", wie er z.B. nach dem Verlust der beruflichen Stellung oder einer anderen wichtigen sozialen Rolle, der Ablehnung durch eine für das Individuum bedeutsame Bezugsgruppe, dem Scheitern eines Lebensplanes usw. eintreten kann.   R.Kl.

Ideologie, [1] System von Überzeugungen und Begriffen, das der Durchsetzung von Machtinteressen in der Gesellschaft dient und, um dieser Funktion zu genügen, die soziale Realität teilweise verzerrt wiedergibt.
[2] System von Überzeugungen und Begriffen, das die soziale Wirklichkeit in einer Weise sinnhaft strukturiert, um in ihr handeln zu können, ohne dass bestehende Zwangsverhältnisse problematisiert werden. Die Aussagen dieses Systems sind bedingt durch die je spezifische politisch-ökonomische Strukturierung der Gesellschaft.
[3] System von Überzeugungen und Begriffen, das in seiner Form ersetzbar ist, mit der Funktion, im Bereich der kausalen Auslegung des Handelns Folgen zu neutralisieren und somit rationale Handlungen zu ermöglichen. I. und rationale Organisation sind daher als komplementär zu verstehen.
[4] Wissenschaft der Ideen, die nach Destutt de Tracy (1801) die Aufgabe hat, die Quellen menschlicher Erkenntnis, ihre Grenzen und den Grad ihrer Gewissheit mit naturwissenschaftlichen Methoden zu erforschen, um den Fortschritt der Wissenschaft zu gewährleisten.   O.R.

Ideologie, partikulare, Bezeichnung von K. Mannheim für Ideen und Vorstellungen, die der Einzelne als Individuum oder als Mitglied eines Aggregats vertritt mit dem Ziel, Tatbestände zu verschleiern.   O.R.

Ideologie, radikale → Ideologie, totale

Ideologie, totale, auch: Totalideologie, radikale Ideologie, Bezeichnung von K. Mannheim für die gesamten Überzeugungen und Begriffe einer Gesellschaft zu einem bestimmten Zeitpunkt oder einer historisch-sozial konkret bestimmten Gruppe (Klasse). Die „Seinsgebundenheit" des Denkens verweist nach Mannheim auf den ideologischen Charakter jeglichen Wissens.   O.R.

Ideologie, universelle, Bezeichnung für die Ideologie, die die gesamten in einer Gesellschaft herrschenden und möglichen Überzeugungen und Begriffe umfasst, die ein Handeln als sinnvoll erscheinen lassen.   O.R.

Ideologiefabrik, salopper Ausdruck für Institutionen, die herrschaftssichernde und -verschleiernde Wertvorstellungen und Informationen herstellen, verbreiten und in der Psyche der Einzelnen verankern (z.B. die bürgerliche Familie bei W. Reich).   W.F.H.

Ideologiekritik, [1] der Nachweis, dass einzelne Aussagen einer Ideologie durch materielle Interessen gelenkt sind und dass die Ideologie Zwangsverhältnisse in der Gesellschaft stabilisiert. Die I. dient dem Ziel, nicht einlösbare Geltungsansprüche der Ideologie zu reflektieren, um diese zu negieren.
[2] Analyse der durch die Ideologie prämierten und neutralisierten Folgen des Handelns für den

Bestand einer Sozialordnung oder einer Organisation mit der Absicht, die Ideologie zu ändern oder zu verbessern.   O.R.

[3] In der Marx'schen Theorie bezeichnet I. das Verfahren, die Gehalte bürgerlicher Ideologie nicht nur als interessenbedingt und daher falsch aufzuweisen, sondern die materielle Notwendigkeit für dieses falsche Bewusstsein, seine Entstehung und Geltung, aus der historisch-sozialen Lage der Bourgeoisie zu entwickeln. So beruhen nach K. Marx die bürgerlichen Vorstellungen von Freiheit und Gleichheit auf den Marktverhältnissen, in denen sich die Einzelnen als unabhängige Warenbesitzer gegenübertreten. Dahinter bleiben Abhängigkeit und Ausbeutung durch die Lohnarbeitsverhältnisse verborgen.   W.F.H.

Ideologieverdacht, Bezeichnung für die sozialwissenschaftlich begründete Vermutung, dass eine Aussage interessenbedingt ist und diese Bindung selbst nicht angibt oder zu verschleiern versucht. Vornehmlich tritt der I. auf bei wissenschaftlich verbrämten Selbstverständnisäußerungen von Gruppen oder Institutionen.   O.R.

ideomotorisch → Carpenter-Effekt

idiografisch – nomothetisch. I. ist nach einer älteren Wissenschaftstheorie (H. Windelband) das Vorgehen der Kultur- und Geschichtswissenschaften, die individualisierend das Besondere beschreiben. Die Naturwissenschaften gehen n. vor, indem sie das Wiederkehrende in Gesetze (gr. *nomoi*) fassen. Heute betrachtet man diesen Gegensatz zu streng; die Unterschiede verwischen sich, da i.e Wissenschaften (z.B. die Geschichtswissenschaft) auf übergreifende Hypothesen zurückgehen und die n.en Wissenschaften sich der Fallstudie als heuristische Hilfe oder Prüfinstanz bedienen.   G.E./H.D.R.

Idiolekt, [1] Gesamtheit der sprachlichen Fähigkeiten und Gewohnheiten eines Individuums. [2] Sprachliche Besonderheit, die sich nur bei einzelnen Angehörigen einer Sprachgemeinschaft findet.   A.H.

Idolatrie, Bilderverehrung, Götzendienst, Begriff der älteren Religionswissenschaften für die Verehrung von Menschen- bzw. Tierdarstellungen.   W.F.H.

Ignoranz, pluralistische, nach F.H. Allport (1924) Bezeichnung für eine Situation, in der zahlreiche Menschen bestimmte Normen (z.B. des Sexualverhaltens) innerlich ablehnen und auch privat (d.h. soweit sie sich unkontrolliert fühlen) nicht befolgen, aber jeweils irrtümlich sich selbst für den einzigen „Nonkonformisten" halten. Jeder glaubt, dass jeder außer ihm selbst die Normen akzeptiere und befolge, und verheimlicht daher seine abweichenden Einstellungen, um sich nicht der Missbilligung durch die

anderen auszusetzen. Dieses Schweigen aber wird wiederum von den anderen als Zustimmung zu den Normen gedeutet, sodass die p. I. von keinem durchbrochen wird.   R.Kl.

Ikonologie, Bezeichnung für die auslegende und Quellenkunstgeschichte, die den symbolischen Bedeutungsgehalt · von einzelnen Kunstwerken sowie Bildprogrammen erschließt, indem sie die Symbole mit ihren religiösen, ideen- und geistesgeschichtlichen, ideologisch-diskursiven, politischen, sozialen und ökonomischen Hintergründen in Beziehung setzt.   V.Kr.

Illegalität, brauchbare, Handlungen in einer Organisation bzw. einem sozialen System, die zwar die formalen Regeln überschreiten oder verletzen, aber den Zielen und der Stabilität des Systems nützlich sind (N. Luhmann).   W.F.H.

Illegitimität, Bezeichnung für Verhaltensweisen oder Zustände, die nicht in Übereinstimmung mit dem Gesetz oder mit anderen Normen stehen (z.B. früher die nicht-eheliche Geburt eines Kindes).   C.Wo.

illokutionär → Akt, illokutionärer

illusio (lat.), bezeichnet bei P. Bourdieu das Interesse für und den Glauben an die Spielregeln und Werte eines → Feldes [6], an das, worum es eigentlich geht, worum im Feld gekämpft wird (z.B. Vermehrung von Geldvermögen im wirtschaftlichen Feld, wissenschaftliche Reputation im wissenschaftlichen Feld). Die i. ist nicht kodifiziert und dringt selten ins Bewusstsein, sie ist jedoch Voraussetzung für die Teilnahme an den Konkurrenzen und Kämpfen im Feld. Wird die i. aufgegeben oder kritisch hinterfragt, steht die weitere Existenz des Feldes auf dem Spiel.   A.K.

Illusion, biografische, in P. Bourdieus Kritik an der → Biografieforschung (1990) die Feststellung, dass das Konzept Biografie (bzw. Lebensgeschichte) eine in die Sozialwissenschaft eingedrungene Alltagsvorstellung sei. Sie unterstelle, dass das Leben des Individuums nach Art einer Geschichte einen sinnvollen und kohärenten Zusammenhang bilde, dass diese Geschichte einen Anfang habe, der sinnhaft zu weiteren Stationen und Ereignissen führe bis hin zu einem aus dieser Kette hervorgehenden Ende. Diese b.I. werde durch die literarische Tradition des Romans gestützt sowie durch Vorgaben der sozialen Welt, die die Kontinuität des Identitätsbewusstseins sichern sollen (z.B. der Eigenname eines jeden Menschen).   W.F.H.

image (engl.), Bild, Vorstellungsbild, [1] Bezeichnung für die Gesamtheit der Vorstellungen, Einstellungen, Gefühle usw., die eine Person oder Gruppe im Hinblick auf etwas Spezielles (z.B. einen Markenartikel, einen Parteiführer, ein Nachbarvolk, die eigene Person oder Grup-

I J

pe) besitzt. Verwandte, aber nicht so umfassende Bezeichnungen sind → Stereotyp, → Vorurteil, Ruf. Der Begriff spielt vor allem in der Absatz- und Verbrauchsforschung (Marktpsychologie, „Motivforschung") eine Rolle und wurde hier von Gardner u. Levy (1955) eingeführt. **R.Kl.**

[2] Nach E. Goffman (1967) das durch Verhaltensstrategie in der Interaktion ausgebaute Selbstbild eines Interaktionspartners, das von den anderen Interaktionspartnern anerkannt und im Verlaufe der Interaktion gestützt wird. **W.B.**

Imaginäre, das, neben dem → Realen und dem → Symbolischen eines der drei Register, die gemeinsam das grundlegende Klassifikationssystem der strukturalen Psychoanalyse J. Lacans bilden. D.I. bezeichnet bei Lacan das duale Verhältnis, in dem sich das Ich mit seinem eigenen Spiegelbild identifiziert. Da dieser Prozess (etwa im Narzissmus) mit dem trügerischen Fantasma von Totalität, Fülle und Ganzheit verbunden ist, wurde d.I. zu einer zentralen Kategorie der lacanianischen Ideologietheorie (S. Žižek). **O.M.**

Imagination, soziologische, soziologische Fantasie, [1] die individuelle Fähigkeit, durch das Verständnis sozialer Verhältnisse und Ereignisse die eigene Lage kritisch zu erkennen und zu relativieren, um dadurch sensibel zu werden gegenüber sozialen Zwängen und Katastrophen (C.W. Mills).
[2] O. Negt erweitert das Konzept der s.n I. von Mills, nun begrifflich als soziologische Fantasie, insbesondere angewendet auf die Arbeiterbildung: die Fähigkeit der Übersetzung wissenschaftlicher Sachverhalte in anschauliche Denkformen, die nicht nur zur technischen Verwertung von Informationen führen, sondern zur Bewusstseinsänderung mit der Motivation zum praktischen sozialen Handeln. **H.L.**

Imago (lat.), wörtl. „Bild", psychoanalytische Bezeichnung (C.G. Jung) für die häufig verzerrte, d.h. idealisierende oder desidealisierende, unbewusste Vorstellung, die jemand von einer Bezugsperson seiner frühen familiären Umgebung (z.B. von seinem Vater: „Vater-I.") besitzt. Es wird angenommen, dass eine solche I. die Art und Weise bestimmt, in der eine Person andere Menschen auffasst. So kann etwa das Verhalten eines Mannes gegenüber Frauen von seiner Mutter-I. bestimmt werden. **R.Kl.**

Imitation → Nachahmung

Imitation, rationale, eine Entscheidungsstrategie bei eingeschränkter Übersicht über die Bedingungen. Die r.I. sieht aus wie eine → Nachahmung (Imitation) oder wie → Konformismus, sie beruht jedoch auf Kalkulation (Hedström 1998).

Z.B. in unbekannter Gegend ein Restaurant deshalb aufsuchen, weil viele Gäste darin essen. **W.F.H.**

Immanenz – Transzendenz. [1] Die Sozialphänomenologie bezeichnet mit der Differenz von I. und T. die Unterscheidung zwischen dem in der Erfahrung jeweils gerade Gegenwärtigen und dem Nicht-Gegenwärtigen, das aber als Horizont Bestandteil der gegenwärtigen Erfahrung ist. Je nachdem, ob das gegenwärtig Nicht-Erfahrene prinzipiell genauso erfahrbar ist wie das gegenwärtig Erfahrene oder nur durch Anzeigen erfahrbar ist oder in der gleichen Wirklichkeit überhaupt nicht erfahrbar ist, unterscheidet man „kleine", „mittlere" und „große" T.
[2] In der Systemtheorie N. Luhmanns ist I. – T. der symbolisch generalisierte → Binärcode des Religionssystems, mittels dessen unbestimmbare in bestimmte Komplexität, Unvertrautes in Vertrautes transformiert werden kann. **V.Kr.**

Immunisierung, Verfahren des Absicherns von Hypothesen und Theorien vor möglichen Widerlegungen durch Erweiterung des logischen Spielraums, Manipulation der *ceteris-paribus*-Klausel oder Verwendung undefinierter Begriffe. Der Vorwurf der I. wird z.B. im Zusammenhang mit dem Vorwurf des → Modell-Platonismus gegen die Modellkonstruktionen der Nationalökonomie erhoben. **L.K.**

impact panel (engl.) → Einfluss-Panel

Imperativ, funktionaler → Erfordernis, funktionales

Imperativ, kategorischer, heißt das von I. Kant in seiner praktischen Philosophie behandelte Sittengesetz. Der k.e I. gebietet eine Handlung für sich selbst, ohne Verbindung mit einem Zweck. Nach Kant lautet der k.e I. als Gebot der praktischen Vernunft: „Handle so, dass die Maxime deines Willens jederzeit zugleich als Prinzip einer allgemeinen Gesetzgebung gelten könne." **O.R.**

Imperative, strukturelle, *structural imperatives,* bestimmte Zwänge oder institutionelle Erwartungen aufgrund der Wirksamkeit gegebener Strukturbedingungen, die ohne gravierende Folgen für einzelne Akteure oder das soziale System nicht zu umgehen sind. Beispiele: eingeschränkte Mobilität der Inhaber hoch qualifizierter, knapper Berufspositionen; Öffentlichkeit politischer Entscheidungen in demokratischen Systemen. **H.L.**

Imperialismus, Bezeichnung für das außenpolitische Verhalten der Großmächte am Ende des 19. Jahrhunderts (aggressive Expansion, Kolonialismus). Mit dem Begriff des I. wird gleichzeitig die Epoche bezeichnet, in der sich die imperialistische Politik entfaltete. **R.Ka.**

Imperialismustheorie, [1] J.A. Hobson (1901) bezeichnet in seiner einflussreichen Darstellung den Imperialismus als Resultat verfehlter Politik und parasitärer Machenschaften von Minderheiten. Dagegen versuchten vor und während des 1. Weltkrieges marxistische Theoretiker wie O. Bauer, N.I. Bucharin, R. Hilferding, R. Luxemburg und W.I. Lenin imperialistische Expansionsbestrebungen und kriegerische Auseinandersetzungen aus Struktur und Entwicklung des Kapitalismus selbst zu erklären. Gemeinsam ist ihnen die Sichtweise, dass die Nationalstaaten mit Unterstützung des nationalistischen Bürgertums, Kleinbürgertums und Teilen der Arbeiterschaft (→ Arbeiteraristokratie) zum politischen und militärischen Arm des nationalen Kapitals werden. Luxemburg (1913) erklärt den Imperialismus mit einer Notwendigkeit des Kapitals, sich ständig in ein äußeres, ihm noch nicht unterworfenes Milieu ausdehnen zu müssen. Hilferding (1910) sieht in der Herausbildung des → Finanzkapitalismus das Ende des Konkurrenzkapitalismus erreicht. Die im Finanzkapital zusammengefassten Kapitalfraktionen machen Staat und Politik zu Mitteln ökonomischer und gewaltsamer Expansion. Für Lenin (1916) ist im Anschluss an Hobson und Hilferding mit dem monopolistischen Stadium das höchste und zugleich finale Stadium der kapitalistischen Entwicklung erreicht, in der der Kapitalismus in „Fäulnis" übergeht und reif für den Sozialismus ist. In der monopolistischen Zusammenfassung der Kapitals und der Aufhebung der Konkurrenz sieht Lenin bereits den Übergang zu einer „höheren Ordnung". H.W.

[2] Daneben gibt es eine Vielzahl weiterer sozialwissenschaftlicher I. Einige betonen die Fortwirkung von vorindustriellen Tendenzen (Kriegslust der Adligen usw., so J.A. Schumpeter), heben die Funktionen des Imperialismus für die Innenpolitik des erobernden Staates hervor (am Beispiel der Parallelität von Kolonialpolitik und Unterdrückung der Arbeiterbewegung unter Bismarck), trennen die Bildung von Großstaaten von den Interessen der Warenausfuhr (M. Weber), halten den Imperialismus für eine übersteigerte Form des Nationalismus oder für einen Ausdruck europäischen Sendungsbewusstseins. W.F.H.

[3] I. finden auch heute in der Analyse der → Internationalisierung und → Globalisierung [4] des Kapitals Anwendung. Unter Rückgriff auf R. Luxemburg wird darauf hingewiesen, dass die räumlich-geografische und gesellschaftliche Expansion des Kapitals (fortgesetzte → ursprüngliche Akkumulation [3]) nicht abgeschlossen ist.

Zu bedenken ist jedoch die heute grundlegend veränderte Rolle der Nationalstaaten. H.W.

Implementation, Anwendung und Durchführung von Gesetzen, Plänen und anderen politischen Handlungsprogrammen. O.R.

Implementationsforschung untersucht das Handeln der Verwaltung bei der Erfüllung (*implementation*) ihrer Aufgaben. Die I. zeigt die auftretenden Diskrepanzen zwischen politischen Handlungsprogrammen und ihren realen Wirkungen (*impact*), also z.B. zwischen der angezielten und der real dann eingetretenen Auswirkung eines Gesetzes. Für diese Diskrepanzen zwischen Norm und Wirklichkeit, Absicht und Wirkung sucht die I. ursächliche Erklärungen. O.R.

Implikation, [1] in der Aussagenlogik Bezeichnung für eine Verbindung zwischen zwei Aussagen, *p* und *q*, derart dass, wenn *p* wahr ist, auch *q* wahr ist. Eine solche Verbindung ist nur dann falsch, wenn *p* wahr und *q* falsch ist.
[2] Im weniger strengen Gebrauch werden mit I. alle Folgerungen und Konsequenzen bezeichnet, die aus bestimmten Aussagen gezogen werden bzw. sich ergeben können. H.W.

implosion, social (engl.), bezeichnet eine krisenhafte Entwicklung eines Verbandes, einer Gruppe oder eines Kollektivs bzw. einen Zusammenbruch von innen heraus: Starke Verdichtung der Kommunikation im Inneren bei gleichzeitiger Überwertung der Binnenperspektiven gegenüber der Außenwelt, z.B. bei der Entstehung von Sekten oder *cults* (R. Stark/W.S. Bainbridge 1985). W.F.H.

Imponiergehabe, Imponiergebaren, in der vergleichenden Verhaltensforschung zusammenfassende Bezeichnung für bestimmte, meist sehr auffällige Instinkthandlungen, die beim Geschlechtsrivalen eine Fluchtreaktion oder auch eine Kampfhaltung und häufig auch beim Geschlechtspartner Paarungsbereitschaft auslösen. R.Kl.

Importsubstitution, ökonomische Strategie in der Dritten Welt, unter Führung des Staates oder der nationalen Bourgeoisie die Abhängigkeiten von den kapitalistischen Zentren durch die Ersetzung von Importen durch eigene Produktion zu lockern. Aufgrund der Kräfteverhältnisse der Klassen, ihrer Stellung auf den Binnenmärkten konzentriert sich die I. häufig auf hochwertige Konsum- und Luxusgüter. Die Entwicklung eigener Konsumgüterindustrien führt jedoch zu verstärkter technologischer Abhängigkeit und zur Beherrschung durch transnationale Konzerne. Nach dem 2. Weltkrieg wird die I. weitgehend als gescheitert angesehen. H.W.

I J

impression management (engl.) → Eindrucks-manipulation

Imputation, [1] Zurechnung, Begriff der Spieltheorie für die Aufteilung des Gewinns einer Koalition in einem *N*-Personen-Spiel unter die Mitglieder der Koalition. H.W. [2] Ersetzung fehlender Daten. I.verfahren werden in der Datenanalyse zum einen insbesondere bei Paneldaten genutzt, um fehlende Angaben, die in komplexen statistischen Verfahren zu Problemen führen, zu ersetzen. Für diese I. kann z.B. auf Mittelwerte, auf Regressionsbeziehungen, auf logische Schlüsse, auf Daten aus vergleichbaren Fällen oder früheren Befragungen bzw. auf Experteneinschätzungen zurückgegriffen werden. Zum anderen wird I. eingesetzt, um Angaben, die nicht direkt ermittelbar sind, aus anderen Informationen zu errechnen; so wird z.B. bei der Einkommensmessung für Haushalte mit Wohneigentum eine fiktive Miete errechnet. C.W.

inattention, civil (engl.) → Gleichgültigkeit, höfliche

incentive (engl.) → Anreiz

incivilities, physical – social (engl.), zentrale Begriffe in der → Broken-Windows-Theorie zur Bezeichnung städtischer Verfallserscheinungen. Zu den *p.i.* zählen z.B. Graffiti an Häusern und Müll auf den Straßen. Als *s.i.* werden Anstoß erregende Verhaltensweisen bezeichnet (»Ungezogenheiten«), wie bettelnde Obdachlose und herumlungernde Jugendliche. *I.* gelten hiernach als Vorstufe von Kriminalität, indem sie den Bewohnern wie auch potenziellen Straftätern anzeigen, dass in diesem Stadtteil die → soziale Kontrolle gering ist. D.Kl.

increasing knowledge gap (engl.) → Wissenskluft, These der wachsenden

independence (engl.) → Selbstständigkeit

Indeterminismus → Determinismus – Indeterminismus

index of association (engl.) → Assoziationsindex

index of status characteristics, *ISC,* von W.L. Warner (1949) entwickelter multidimensionaler Index zur Messung von Rangdifferenzierungen sozialer Positionen (z.B. in der Jonesville-Studie). Der *ISC* ist die Summe der vier gewichteten Sub-Indices Beruf, Einkommensquelle, Haustyp und Wohngegend. Jede dieser vier Variablen wird siebenstufig skaliert. So wird beispielsweise die Einkommensquelle gestuft nach 1 (höchste Stufe) = ererbter Reichtum, 2 = erworbener Reichtum, 3 = Gewinne, 4 = Gehalt, 5 = Lohn, 6 = private Unterstützung, 7 = öffentliche Unterstützung. Der für jede Person auf der Skala gewonnene Wert wird mit einem Gewicht multipliziert, das, um eine unabhängige Schät-

zung des Status mittels der vier Variablen zu ermöglichen, über eine lineare Regressionsgleichung gewonnen wird. So hat der Beruf das Gewicht 4, die Einkommensquelle und der Haustyp je 3 und die Wohngegend das Gewicht 2. Die Anwendbarkeit dieser für Jonesville ermittelten Gewichtungen auf größere Städte (z.B. Minneapolis) wurde durch Hochbaum (1955) und andere in Frage gestellt. Der *ISC* ist eine Weiterentwicklung der Statuseinschätzung durch das Verfahren der → *evaluated participation* (*EP*). S.S.

Index, [1] Bezeichnung für die Zusammenfassung mehrerer Indikatoren zu einem Messwert zur Messung komplexer, vielschichtiger Sachverhalte (z.B. Lebensstandard, Intelligenz). Probleme entstehen bei Auswahl und Gewichtung der Indikatoren. [2] Synonym für → Indikator. [3] Svw. → Indexzahl H.W.

Indexikalität verweist darauf, dass jede sprachliche Äußerung an einem Ort, zu einer Zeit stattfindet, von einer Sprecherperson gemacht wird und an einen Hörer gerichtet ist. Wörter weisen darauf hin (gr. *deixis*, zeigen). Die Analyse sprachlicher Interaktion muss die I. in Rechnung stellen. I. drückt sich z.B. in diesen Wörtern aus: hier, jetzt, dies, ich, sie, er, es, dort, heute, gestern. Mit der I. sozialen Handelns beschäftigt sich die Ethnomethodologie. Die Handlung wird als ein Index begriffen, der auf zwei Aspekte verweist: auf den jeweiligen Handlungskontext und auf situationsübergreifende Muster. Die Verbindung von Ereignis und Muster stellen die Handelnden in der jeweiligen Situation selbst her. R.L./M.M.

Indexzahl, auch: Index, Bezeichnung der Statistik für eine Verhältniszahl, die sich ergibt, wenn eine Größe (z.B. Preisniveau 1992) zu einer Basisgröße (Preisniveau 1980) in Beziehung gesetzt wird. Der Wert der Basisgröße wird gleich 100 % gesetzt. Die I.en dienen dem Vergleich verschiedener Werte, etwa zur Darstellung einer zeitlichen Entwicklung. H.W.

Indifferenzzustand, von G. Simmel (1900) geprägter Terminus, der den Zustand der Ungeschiedenheit vor jeder Differenzierung bezeichnet. So bildete sich die Persönlichkeit im Gegensatz zu einer Welt der Dinge und Sachen in einem langen Prozess der Differenzierung beider aus ihrer ursprünglichen ungeschiedenen Einheit, in der der Besitz eines Menschen noch als Teil seiner persönlichen Sphäre, quasi als Verlängerung seines Körpers, aufgefasst worden war, heraus. Die Auffassung von der Ungeschiedenheit, dem I. von Person und Sache, machte es noch im Mittelalter unmöglich, Land als beliebig veräußerbaren oder erwerbbaren Besitz zu betrachten. Mit dem Besitz von Land waren persönliche Rechte und Pflichten untrennbar verbunden. F.G.

indigen → Völker, indigene

indigenismo (span.), Komplex von Vorstellungen und Ideen zur Integration und Inkorporation indianischer Völker in einen modernen, als homogen gedachten Nationalstaat. Ausgehend von Mexiko bestimmte der i. lange Zeit die paternalistische Politik lateinamerikanischer Staaten, die auf Assimilation der Indianer zielte und ihre Kulturen allenfalls als folkloristische Traditionen gelten ließ. Heute hat der integrationistische i. vielfach einer Anerkennung der indianischen Völker und ihrer Rechte und einer Förderung ihrer Sprachen und Kulturen Platz gemacht, zum Teil unter Einräumung von territorialer Selbstbestimmung und lokaler Autonomie. → Völker, indigene H.W.

Indikator, in der Sozialforschung Repräsentant, „Anzeiger" für untersuchte Sachverhalte oder Eigenschaften sozialer Tatsachen und Prozesse. In der Form des *„pars pro toto"* (Teil fürs Ganze) wird z.B. der Beruf als I. des Sozialprestiges gewählt, die formale Ausbildung als I. für Bildungsgrad, der IQ als I. für Intelligenz. Häufig müssen mehrere I.en eine Eigenschaft des Untersuchungsobjektes repräsentieren. Ein I. gestattet nur, mit Wahrscheinlichkeit auf das vorausgesetzte Indikatum (Merkmale, Eigenschaften) zu schließen. D.G.

Indikatoren, kulturelle, in Analogie zu → soziale Indikatoren gebildeter Begriff (G. Gerbner 1964), der Verfahren zur Messung des kulturellen Wandels in Gesellschaften vor allem anhand von Material aus der Massenkommunikation (Zeitungen, Zeitschriften, Fernsehen, Bücher usw.) bezeichnet. Untersucht werden mit Methoden, die dem Repertoire der Inhaltsanalyse entstammen oder dieser verwandt sind, die Darstellungen von Werten und Wertkonflikten, von für eine Gesellschaft wichtigen Lebensproblemen (im Hinblick z.B. auf Zentralität, Wichtigkeit und Bewertung), um damit Aufschluß über die Entwicklung der für die Kultur bestimmenden Werte und Vorstellungskomplexe zu gewinnen. W.F.H.

Indikatoren, soziale, *social indicators,* Bezeichnung für i.d.R. sozialstatistische Größen, mit denen soziale, politische und ökonomische Zustände (z.B. Bildung, Gesundheit, Armut) und Veränderungsvorgänge in einer Gesellschaft dargestellt werden können. (→ Sozialindikatorenforschung) H.W.

Indikatoren-Analyse, auch: *Item*-Analyse, Untersuchung von Indikatoren auf ihren Bezug zum repräsentierten Sachverhalt, d.h. ihre Aussagekraft. Zur I.-A. gehören u.a. die Prüfung in Bewährungssituationen, semantische Analyse, Vergleiche und Abgrenzungen zu anderen Indikatoren, insb. in Bezug auf ihre Konsistenz in der Zuordnung von untersuchten Objekten zu bestimmten Werten, Klassen und auf ihre Trennschärfe. Die I.-A. ist Bestandteil der Entwicklung von Skalen. D.G./H.W.

Indikatorenforschung → Sozialindikatorenforschung

indirect rule (engl.), indirekte Herrschaft, Maxime der englischen Kolonialherrschaft, Herrschaft und Verwaltung mittels einheimischer Eliten und Bürokratien auszuüben. H.W.

Individualdaten → Merkmale, individuelle

individual-demand-approach (engl.) → Bildungsnachfrage

Individualgüter → Kollektivgüter

Individualisierung, [1] in Sozialarbeit und entsprechender Gesetzgebung der Grundsatz, Armut, Hilfsbedürftigkeit usw. als Merkmale einzelner Menschen anzusehen und zu mildern.
[2] In der Soziologie oft bedeutungsunscharfe Bezeichnung für einen Rückgang allgemein sozialer oder kollektiver Orientierungen und entsprechender Handlungen zu Gunsten einer Überantwortung an Entscheidungen und Gestaltungen durch das Individuum. In dieser Bedeutung oft auch Bezeichnung für den kulturgeschichtlichen Vorgang seit Ende des Mittelalters, in dem das Individuum sich als Sinnzentrum seines Lebens formulierte (etwa durch Autobiografie), sich als Entscheidungszentrum gegen Tradition und Dogma zu behaupten suchte (Reformation, Aufklärung) und sich lebenspraktisch (als Wissenschaftler, als Künstler, als Unternehmer, usw.) bewährte. W.F.H.
[3] Bei G. Simmel Bezeichnung für die Verselbstständigung der Einzelnen aus gemeinschaftlichen Zusammenhängen: Äußerte sich dies im 18. Jahrhundert als Lösen von politischstrukturellen Zwängen (→ Emanzipation), so im 19. Jahrhundert als Anders-sein-Müssen, was Simmel vor allem am Beitrag des Geldes und der Geldwirtschaft zur Durchsetzung individueller Besitzrechte darlegt (1900). Dadurch wurden moderne Lebensformen überhaupt erst möglich, nämlich vor allem die Assoziation von einander nicht von vornherein – durch Familie, Stand usw. – oder als Lebensgemeinschaft – z.B. die Zünfte – verbundene Individuen, etwa als Kapitalgesellschaft, aber auch als Verein. So habe I. also keineswegs zum Rückgang von Assoziation geführt. Als allgemeine Regel behauptet Simmel, „dass die Erweiterung einer Gruppe Hand in Hand geht mit der Individualisierung und Verselbstständigung ihrer einzelnen Mitglieder". W.F.H./O.R.

[4] In einem Teil der marxistischen Diskussion (und in der entsprechenden politischen Rhetorik) Bezeichnung für abnehmende Orientierung an Kollektiven bzw. an sozio-politisch als Handlungsträger vorgestellten Großgruppen (die Arbeiterbewegung o.ä.). Im Denkmodell, dass die wirklichen Lebensinteressen der Menschen die gemeinsamen und kollektiv organisierten seien, treten nicht so gerichtete Lebenswünsche und Orientierungen als individualisierte auf.

[5] M. Foucault (1975) verwendet I. zur Bezeichnung solcher Vornahmen und Prozesse, durch die in der modernen, in der Disziplinargesellschaft die Menschen unterworfen werden, indem sie zu Individuen gemacht werden. An solcher I. als Machttechnik wirken die Psychologie (samt Psychiatrie usw.) mit, indem sie den Einzelnen beobachtet, seine Seele vermisst und mit Normen vergleicht (ähnlich andere Humanwissenschaften), sowie unterschiedliche Institutionen, die an der „Besserung" von Verwahrlosten oder Auffälligen, an der Resozialisation von Kriminellen, an der Heilung von Verrückten usw. arbeiten, indem sie durch die Vermutung pathologischer seelischer Entwicklung und orientiert am Einzelfall individualisiert werden. Zur Vor- und Parallelgeschichte solcher I. rechnet Foucault bestimmte Muster räumlicher Vereinzelung (die Haftzelle, die Schulbank, den Schlafplatz im Arbeitshaus usw.) sowie Formen der körperlichen Dressur (strenge Tagesordnung in Erziehungsheimen und Besserungsanstalten, den Drill beim Militär, die Sitzordnung in der Schule).

[6] In U. Becks I.sthese (1983, 1986) Bezeichnung für einen Zentralvorgang in der gegenwärtigen modernen Gesellschaft: Die die Lebensführung der Menschen bisher ordnenden großen Gussformen (Zugehörigkeit zu Klasse bzw. Schicht, Familie und Konstellationen von Mann und Frau sowie von Erwachsenen und Kindern, – bei den Männern – lebenslange Berufsarbeit usw.) verlieren an Ordnungskraft; absehbar werde eine dominant aufs Schicksal des einzelnen (Arbeitsmarkt-Individualisierung, aber auch Dominieren von individuellen Interessenlagen in bisherigen Primärgruppen, besonders in Ehe und Familie) zentrierte Lebensform. Solche Freisetzung sei begleitet von Verlusten (Einbindung in traditionale Orientierungssysteme, in hergebrachte Solidargruppen usw.) sowie insbesondere von einer – unter Bedingungen des Wohlfahrtsstaates – radikalen Steigerung der Abhängigkeit der Lebensführung von institutionellen Vorgaben, Regelungen und Standardisierungen des Lebenslaufs. Es entstehe eine Art von direktem Verhältnis zwischen individualisierter Existenzform und staatlich-gesellschaftlichen Vorgaben (das die I. weiter zu steigern tendiert).   W.F.H.

Individualismus, methodologischer. Dem m.n I. zufolge sind Sätze über gesellschaftliche Gruppen und Sachverhalte vollständig auf Sätze über Individuen reduzierbar. Soziale Situationen oder Akteure bauen sich auf aus individuellen Handlungen, Motivationen usw. Individuelles Verhalten lässt sich nicht durch gesellschaftliche Faktoren bzw. makrosoziologische Gesetze erklären. Phänomene der Emergenz werden bestritten.   H.D.R.

Individualitätsmuster, individuelle, aber typisierbare Verhaltensstile, die auf das eigentliche Rollenverhalten aufgesetzt sind, um nach außen den Eindruck einer Distanzierung von der Rolle zu erwecken.   B.Bu.

Individualmerkmal → Merkmale, individuelle

Individualpsychologie, [1] Bezeichnung für die von A. Adler begründete psychoanalytische Theorie. Die I. geht von der Annahme eines → Minderwertigkeitskomplexes aus, den jedes Individuum besitze, und untersucht die Formen der → Kompensation dieses Komplexes.
[2] Sozialwissenschaftler benutzen den Begriff I. auch als Gegenbegriff zu „Sozialpsychologie"; „individualpsychologisch" sind dann alle Erklärungen, die vom psychischen Geschehen beim Einzelmenschen und nicht von sozialen Faktoren ausgehen.   R.Kl.

Individual-Soziogramm, eine besondere Form des → Soziogramms, bei dem nur die soziometrische Stellung eines einzelnen Gruppenmitglieds (empfangene und abgegebene Wahlen) dargestellt wird.   R.Kl.

Individuation, Individuierung, Bezeichnung für die Entwicklung einer besonderen, „individuellen" Persönlichkeitsstruktur, die das Individuum u.a. instandsetzen soll, sich durch „autonomes", normabweichendes Verhalten gegen den Anpassungsdruck der Gesellschaft zu behaupten. Autoren, die den Begriff der I. benutzen, tun dies zumeist in Abgrenzung vom Begriff der → Sozialisation, wobei „Sozialisation" im Unterschied zu I. die „Einpassung" des Individuums in die Gesellschaft bezeichnen soll.   R.Kl.

Induktion, Schluss von einer endlichen Zahl singulärer (einzelner) Fälle auf alle Fälle einer Klasse; als Schlussverfahren streng genommen nicht zulässig, wird aber in der Regel akzeptiert, wenn zwischen der Zahl der Ausgangsfälle und der Zahl der Fälle, auf die geschlossen wird, eine bestimmte Relation (Bestätigungsgrad) besteht.   L.K.

Induktion, analytische, von F. Znaniecki (1934) formulierter Gegenbegriff zu statistischer Induktion, die nur zu Aussagen wie „Mehr S sind P als Nicht-P" gelangen könne und somit die „Ausnahmen" von einem statistisch feststellbaren Zusammenhang mehr oder weniger ignoriere. A. I. hingegen will zu Aussagen gelangen, die für alle Fälle gelten („Alle S sind P", „Alle Nicht-S sind Nicht-P"). Als Verfahren hierfür wird die Untersuchung einer kleineren Fallzahl empfohlen, die nicht nach den Kriterien der Repräsentativität ausgewählt wird, sondern danach, möglichst solche Fälle zu erheben, die der vorläufig entwickelten Theorie widersprechen oder zu deren Überarbeitung herausfordern, die also „Ausnahmen" sind (→ Fall, negativer). Nach Znanieckis Vorschlag haben nur wenige Forscher entsprechend gearbeitet, auch in der seit den 1970er Jahren neu aufgeblühten qualitativen Sozialforschung ist die a. I. kaum beachtet worden. W.F.H.

Induktion, psychologische, Bezeichnung der psychologischen → Feldtheorie: die Einwirkung des „Umfeldes" oder der Umwelt auf das „innere" Verhaltensfeld, d.h. die Konstellation der Verhaltensantriebe und Verhaltenshemmungen, einer Bewusstseinseinheit (z.B. einer Person, einer Gruppe). H.E.M.

industrial devide (engl.) → Spezialisierung, flexible

industrial free zone (engl.) → Produktionszone, freie

industrial relations (engl.) → Beziehungen, industrielle

Industrialisierung, [1] allgemein die Umwandlung von Bereichen gesellschaftlicher Arbeit durch Einführung industrieller Arbeitsweisen und Organisationsformen. (→ Industrie [1]) So kann auch von einer I. der Landwirtschaft, der Verwaltungsarbeit, der Dienstleistungen oder der geistig-wissenschaftlichen Arbeit gesprochen werden. Die I. vollzieht sich in Schüben (→ erste, → zweite industrielle Revolution etc.) und unterliegt Wandlungen der technologischen Basis, der betrieblichen Organisation und des Managements im Rahmen sich weltweit und regional wandelnder Industriestrukturen. (→ Deindustrialisierung; → neue internationale Arbeitsteilung)

[2] Die umfassende Umwandlung einer auf landwirtschaftlicher Produktion beruhenden Gesellschaft (→ Agrargesellschaft) durch industrielle Produktion zur → Industriegesellschaft. Die I. beruht in Europa u.a. auf der Durchsetzung kapitalistischer Produktionsverhältnisse, den Produktivitätssteigerungen in der Landwirtschaft und einer verstärkten Nutzung wissenschaftlich-technologischer Innovationen. Zu den bedeutsamsten Erscheinungen der I. seit dem ausgehenden 18. Jh. zählen die Entstehung der Industriearbeiterklasse, die Entwicklung des → Fabriksystems, die Entstehung von Industriestädten, die Entstehung staatlicher Massenverwaltungen, die Einführung eines allgemeinen Schulsystems sowie die Durchsetzung eines an Erwerb, Leistung und Wirtschaftlichkeit orientierten Wertesystems. H.W.

[3] Im Anschluss an A. Touraine und D. Bell wird die Abfolge von Vor-I., I. und Post-I. von der variierenden sozioökonomischen Struktur einzelner Gesellschaften unterschieden (→ Entwicklungsweise). R.Kö.

Industrialisierung, nachholende, auch: nachholende Entwicklung, Prozesse und Strategien im Gefolge der singulären industriellen Revolution in England, im 20. Jh. zunehmend im Kontext der Überwindung nicht nur von „Rückständigkeit", sondern auch der Folgen kolonialer Herrschaft, ferner seit der Russischen Revolution 1917 immer wieder verknüpft mit Strategien „nichtkapitalistischer Entwicklung". Es ergeben sich stark divergierende Perspektiven bezüglich der Staatsfunktion, innergesellschaftlicher Differenzierung und der Integration in den Weltmarkt im Verlauf der n.n I. Neuerdings wird n. I. problematisiert unter globalen ökologischen Aspekten, was regionale und globale Entwicklungsalternativen impliziert. R.Kö.

Industrialismus, [1] Bezeichnung C.-H. de Saint-Simons für seine eigene Lehre, zur Unterscheidung von Liberalismus und Sozialismus (ab 1824).

[2] Bezeichnung im Rahmen der → Konvergenztheorien für einen Zustand, auf den alle entwickelten Gesellschaften unabhängig von ideologischen Differenzen aufgrund der Sachzwänge der technologischen und wirtschaftlichen Entwicklung zustreben. Der I. ist durch eine egalitäre, pluralistische Gesellschaftsform mit verschiedenen Machtzentren (Interessengruppen), Vereinheitlichung von Schichtungsdimensionen, abnehmenden Distanzen zwischen oberen und unteren Schichten und erhöhter vertikaler Mobilität gekennzeichnet. Der Zugang zu gesellschaftlichen Positionen wird durch Ausbildung und Berufswahl bestimmt. Die Erziehung führt nach der „Logik des Industrialismus" (C. Kerr u.a. 1960) „zu einem Gleichheit, die nichts mit Ideologie zu tun hat". H.W.

Industrie, [1] in Form des Industriebetriebs organisierte Arbeit. Merkmale der I. sind technisch bestimmte Arbeitsteilung und Arbeitszerlegung, die Mechanisierung von Arbeitsvorgängen, die planmäßig organisierte, häufig massenhafte Zusammenfassung von Arbeitsvorgängen unter einem Kommando als → Betrieb (Fabrik, Großverwaltung, Großlabor etc.) mit Zuord-

I J

nung der Arbeitenden zu bestimmten Arbeitsgängen und die weitgehende Trennung der dirigierenden, kontrollierenden und planenden von den ausführenden Tätigkeiten.
[2] Zusammenfassende Bezeichnung für die Betriebe der sog. „produzierenden" oder „verarbeitenden" Sektoren der Warenproduktion (z.B. Schwerindustrie, Leichtindustrie, Konsumgüterindustrie) in Abgrenzung u.a. zur Landwirtschaft, den Dienstleistungen, der staatlichen Verwaltung.   H.W.

Industriebetrieb → Industrie [1]; → Betrieb

Industriebürokratie, [1] Bezeichnung der Industrie- und Betriebssoziologie (H.P. Bahrdt 1958) für die Angestelltenpositionen und -tätigkeiten in Industrie (und Verwaltung), die mehr und mehr durch Technisierung der Büroarbeit gekennzeichnet sind.
[2] Auch Bezeichnung für die bürokratische Verwaltung im Industriebetrieb. → Bürokratie   W.F.H.

Industriefeudalismus, eine Funktionserweiterung kapitalistischer Betriebe, die durch sozialpolitische, soziale und kulturelle Aktivitäten (Betriebswohnungen, -kindergärten usw.) den Lebenskreis der Arbeiter und Angestellten auch außerhalb der Produktion bestimmen und die staatlichen Instanzen in diesen Bereichen von sich abhängig machen.   W.F.H.

Industriegesellschaft, industrielle Gesellschaft, [1] allgemeine Bezeichnung für Gesellschaften mit hohem Anteil fabrikmäßiger Produktion.
[2] Insbesondere Bezeichnung für die Sozialstruktur, die sich mit der „industriellen Revolution" seit Ende des 18. Jahrhunderts herausgebildet hat und die Merkmale Bevölkerungswachstum, Abzug ländlicher Arbeitskräfte, Außenwirtschaft, Planung, Funktionsverlust der Familie u.v.a., allgemein: ein hohes Maß an sozialer Differenzierung und Dynamik aufweist. Die I. wird eng mit der → Modernisierung verbunden. Während des jahrzehntelangen Ost-West-Konflikts galt I. als das Gegenkonzept zur sozialistischen Gesellschaft (→ Konvergenzthese). Das Konzept einer I. wurde früher als harmonisierend kritisiert, weil es über fortbestehende Ungleichheiten hinwegtäusche oder sie für notwendig erkläre. Die Diskussion um eine → postindustrielle Gesellschaft erklärte die I. wegen des Wertewandels für überholt. Der Begriff hat sich gleichwohl gehalten. Gegenwärtig sitzt die I. wegen der fortschreitenden Zerstörung der natürlichen Umwelt auf der Anklagebank.
[3] In einer engen Bedeutung meint I. jenen Sektor der Wirtschaft, der fortschrittliche Technologie mit großem Kapitaleinsatz verbindet

und von starken Kapitalgesellschaften beherrscht wird.   R.L.

Industriegesellschaft, kapitalistische → Kapitalismus

industriels (frz.), wörtlich: Industrielle, bei C.-H. de Saint-Simon Bezeichnung für die produktiven Kräfte bzw. Klassen der Gesellschaft. Wissenschaftler, Künstler und Bankiers gehören hierzu ebenso wie alle, die sich mit der Herstellung und Verteilung von landwirtschaftlichen und gewerblichen Gütern befassen. Die Bezeichnung *i.* ist bei Saint-Simon der Gegenbegriff zu → Bourgeoisie.   F.H.

Industriesoziologie, spezielle Soziologie industrieller Institutionen, Verhaltensmuster und Einstellungen sowie ihrer Beziehungen zu anderen Bereichen der Gesellschaft. Während die sozialen Probleme der industriellen Frühzeit (Proletarisierung, Entfremdung, Klassengegensatz) den Anstoß für die Entwicklung der I. gaben, steht heute die umfassende Erkundung der sozialen Bedingungen und Folgen der Industrialisierung im Mittelpunkt ihres Interesses. Unter diesem Aspekt gehören z.B. Urbanisierungsprozesse, Wandlungen der Familienstruktur, des Freizeitverhaltens und Lebensstils sowie wirtschaftsbezogene Motivationen und Werthaltungen zu den Themen der I. Als theoretischer Bezugsrahmen der I. bieten sich neben der marxistischen Kapitalismustheorie die Ergebnisse der historisch orientierten bürgerlichen Kapitalismusforschung (M. Weber, W. Sombart) an. Die neueren Theorien des Industrialismus und der Konvergenz industrieller Gesellschaften stellen gleichfalls Versuche der theoretischen Vertiefung der I. dar.   B.Bi.

Industrieverbandsprinzip → Berufsverbandsprinzip

Industriosität, im 19. Jahrhundert geprägter Begriff für (erwünschte) Arbeitshaltungen wie Fleiß, Ordnungsliebe, Genauigkeit, ökonomischer Krafteinsatz und Beachtung der Zeitökonomie.   W.F.H.

infant mortality rate (engl.) → Säuglingssterblichkeit

Inferenzstatistik → Statistik, schließende

Inferioritätskomplex → Minderwertigkeitskomplex

informal → formell – informell

Informalisierung, [1] von C. Wouters (1977) vorgeschlagene Bezeichnung für Lockerungen bei den Verhaltensstandards etwa seit dem 2. Weltkrieg (Verbreitung des Duzens auch unter Personen, die einander nicht nahe stehen; permissive Erziehungshaltung der Eltern; sexuelle Erfahrungen und Themen werden gesprächsfähig; die Kleidungsregeln gestatten offene erotischkörperliche Signale; die Förmlichkeit des Briefeschreibens verliert sich zu Gunsten eines nachlässig-persönlichen Stils usw.). Wouters, der seine Überlegungen als kritische Ergänzungen zu N. Elias' Zivilisationstheorie vorbringt, stellt fest, dass I. zwar von Elias nicht ausreichend berücksichtigt worden sei, seiner Grundthese (Fortgang des Zivilisationsprozesses durch vermehrte Selbstkontrolle) aber nicht widerspreche; denn I. sei von verstärkter Selbstkontrolle begleitet oder setze diese voraus (z.B. setzt die Verbreitung des Nacktbadens mehr Zivilisiertheit voraus und ist nicht bloße Lockerung). [2] Elias hat diese Kritik aufgenommen und systematisch gefasst: Informalität und Formalität bilden in jeder Epoche des Zivilisationsprozesses ein spannungsreiches Verhältnis, „der Code oder Kanon des Verhaltens und Empfindens unserer Gesellschaften (und vielleicht aller Gesellschaften)" ist „nicht aus einem Guss" (Elias 1989).   W.F.H.

Informalität → Informalisierung [2]

Informanteninterview → Experteninterview

Informatik, *computer science,* Wissenschaft von den Grundlagen der Informationsverarbeitung (insbesondere durch Computer).   W.F.H.

information feed-back (engl.) → Rückkopplung, informationelle

information input (engl.) → Informationseingabe – Informationsausgabe

information output (engl.) → Informationseingabe – Informationsausgabe

information overload (engl.) → Informationsüberlastung

information processing (engl.) → Informationsverarbeitung

Information, [1] allgemeine Bezeichnung für Kenntnisse und Wissensinhalte. [2] Allgemeine Bezeichnung für die Prozesse, in denen Kenntnisse und Wissen durch Wahrnehmung, Nachrichtenübermittlung usw. zu Stande kommen. [3] Allgemeine Bezeichnung für die kleinste inhaltlich oder formal bestimmbare Einheit von Vorgängen der Nachrichtenübermittlung bzw. der Kommunikation. [4] Bezeichnung für jedes Zeichen oder jede begrenzte Folge von Zeichen, die aus einem vorgegebenen Zeichensystem (mathematisch, sprachlich usw.) ausgewählt werden: zur Beseitigung oder Verringerung einer bestehenden Ungewissheit oder um bereits vorhandene Erfahrungsinhalte unter neuen Gesichtspunkten zu überprüfen. [5] Unter I. wird manchmal auch jede Art von Zeichen verstanden, die einen Empfänger erreicht: also auch Zeichen, die nicht vom Sender

ausgehen, sowie Zeichen, die der Empfänger nicht entziffern (verstehen) kann.   G.v.K.

Information, abweichende, *discrepant information,* aus dem Rahmen der Struktur des Vorwissens oder der Erwartung des Empfängers fallende oder seinem Standpunkt widersprechende I. Je nachdem kann sie Lernprozesse in Gang setzen, ihn diese I.en verdrängen lassen oder ihn zu Gegenmaßnahmen (z.B. Gegendarstellung) veranlassen.   U.S.

Information, äußere – innere, externe – interne Information. Von außerhalb eines Systems, einer Gruppe oder Organisation auf diese einströmende aktuelle (meist bisher unbekannte) I. heißt extern. Hingegen aus dem eigenen Bereich kommende aktuelle und alle gespeicherte I. heißt intern.   U.S.

information, discrepant (engl.) → Information, abweichende

Information, externe → Information, äußere – innere

Information, gespeicherte, in der Vergangenheit entstandene I., die im menschlichen Gedächtnis oder häufiger durch technische Hilfsmittel in Archiven, Bibliotheken, Datenbanken usw. jederzeit abrufbar aufbewahrt wird.   U.S.

Information, innere → Information, äußere – innere

Information, interne → Information, äußere – innere

Information, übertragene, auch: Transinformation, Bezeichnung in Kommunikationswissenschaft und Informationstheorie für den Betrag der von einem Sender ausgegebenen Information, der den Empfänger erreicht.   W.F.H.

Informationalismus, die für das „Informationszeitalter" (M. Castells 1996/2000) bestimmende → Entwicklungsweise, basierend auf mikroelektronischen Kommunikationsmedien, dem Aufbau von → Netzwerken in allen Lebensbereichen. I. geht einher mit einer neuen Wirtschaftsform und tiefgreifenden kulturellen Veränderungen aufgrund von Virtualisierung und der Neubestimmung von Zeit und Raum.   R.Kö.

Informationsappetenz, zweckgerichtetes methodisches oder auch instinktives Anstreben einer Situation, die eine Informationsaufnahme ermöglichen soll.   G.v.K.

Informationsaufnahme, auf der Empfängerseite Akt der Aufnahme einströmender Informationen vor ihrer Verarbeitung und Auswertung.   U.S.

Informationsausgabe → Informationseingabe – Informationsausgabe

Informationsaustausch, Kommunikation zwischen zwei oder mehr Partnern (Staaten, Organisationen, Gruppen, Individuen), während der alle Beteiligten voneinander lernen, also ihnen

I J

bisher unbekannte Informationen erfahren, z.B. durch Briefwechsel, Meinungsaustausch, Diskussion.   U.S.

Informationsauswahl, in jedem Kommunikationsprozess bewusster oder unbewusster Vorgang der Selektion der für den Informationsempfänger (aufgrund seines Vorwissens) sowohl verständlichen als auch (bei → Informationsüberlastung) wichtigsten der ihm mitgeteilten Informationen. Von der mehr oder weniger rationalen Auswahlstrategie hängen Ausmaß von Kommunikationsstörungen und Anzahl vermeidbarer Fehlentscheidungen ab.   U.S.

Informationsdistanz, spätere oder schlechtere Informiertheit (z.B. über gesellschaftliche Vorgänge) bei Individuen, die räumlich entfernt von gesellschaftlichen Zentren wohnen.   G.v.K.

Informationseingabe – Informationsausgabe, *information input – information output,* [1] Informationsmenge unmittelbar vor bzw. nach der Übertragung einer Nachricht durch einen Kanal in jedem natürlichen wie technisch vermittelten Kommunikationsprozess.

[2] Vorgang der Bereitstellung von Informationen vor bzw. nach ihrer Verarbeitung, besonders bei Datenverarbeitungsanlagen.   U.S.

Informationsfluss, [1] allgemeine Bezeichnung für Vorgänge der Informationsübermittlung in einer Kommunikationsbeziehung.

[2] Bezeichnung für die Höhe des → Informationsgehaltes, der mithilfe eines bestimmten Zeichensystems in einem Kommunikationskanal pro Zeiteinheit zwischen einem Sender und einem Empfänger übertragen wird.   G.v.K.

Informationsgehalt, Bezeichnung aus der Informationstheorie für den Informationswert eines Zeichens oder Ereignisses innerhalb einer Menge möglicher Ereignisse oder Zeichen. Der I. eines Zeichens ist umso höher, je geringer die Wahrscheinlichkeit des Eintretens dieses Zeichens ist, je größer die Ungewissheit ist, die durch das Zeichen beseitigt wird. Der I. eines Zeichens wird in → bit gemessen, d.h. der Anzahl von Binärentscheidungen, die maximal zur Bestimmung des Vorliegens eines Zeichens erforderlich sind (→ Entscheidungsgehalt). Bei N gleichwahrscheinlichen Zeichen ist der I. eines Zeichens

$$I = \mathrm{ld}\ N \text{ bit}$$

(ld = Logarithmus zur Basis 2).

Haben die Zeichen unterschiedliche Wahrscheinlichkeiten, so ergibt sich der I. eines Zeichens x_i aus

$$I\,(x_i)\ =\ \mathrm{ld}\,\frac{1}{p_i}$$

(p_i = Wahrscheinlichkeit von x_i).

Der mittlere Informationsgehalt (H) einer gegebenen Menge von Zeichen ist wie folgt bestimmt:

$$H = -\sum_{i=1}^{N} p_i\ \mathrm{ld}\ p_i \text{ bit pro Zeichen.}$$

H wird auch als negative Entropie oder Negentropie einer Zeichenmenge bezeichnet.
                                        G.v.K./H.W.

Informationsgesellschaft, Bezeichnung in sozialwissenschaftlichen Zeitdiagnosen, die einen Umbruch von der Industrie- bzw. Arbeitsgesellschaft zu einer I. sehen, deren grundlegende Technologien die der Information seien (Stichworte: Computerisierung, Vernetzung der Informationskanäle bis in die Privathaushalte hinein, weltweit rasche Datenübermittlung). Den Anstoß zu diesen Diagnosen hat D. Bell (1975) mit einem Entwurf einer postindustriellen, auf Information gegründeten Gesellschaft gegeben.
                                                W.F.H.

Informationskanal, Bezeichnung für das Medium oder Mittel der Informationsvorgänge zwischen Sender und Empfänger. Eine inhaltlich und formal vollständige Übermittlung der Information von Sender über den I. zum Empfänger ist selten. Die Vollständigkeit der Übermittlung kann aber durch Berücksichtigung der Kapazität des I.s bei der Informationseingabe verbessert werden. Bei der Übermittlung durch den I. können zwei Arten von Störungen auftreten: → Informationsverlust durch Verstümmelung der Zeichen usw.; nicht beabsichtigter Zuwachs an Informationen durch → Geräusch.   G.v.K.

Informationskontrolle, [1] Art und Grad der sozialen und juristischen Geregeltheit, mit der Nachrichten in einer Gruppe, einer Organisation oder Gesellschaft erhoben und verbreitet werden.   W.F.H.

[2] In der Soziologie abweichenden Verhaltens (E. Goffman) der Aufwand an Vorsicht, mit der eine diskreditierbare Person sich selbst vor anderen darstellt. Bei nicht sichtbarer → Devianz können einzelne Merkmale des Privatlebens oder des Lebenslaufs den Schluss auf die Abweichung nahe legen und werden daher unterdrückt. I. gehört zum → Stigmamanagement.
                                                R.L.

Informationsmenge, Anzahl der kleinsten Informationseinheiten (Ja-nein-Entscheidungen) in einer gegebenen Nachricht, gemessen in → bit. Sie wird durch die Komplexität des Strukturmusters einer Beziehung zwischen Ereignissen bestimmt.   U.S.

Informationsmessung, Bestimmung des → Informationsgehaltes eines Zeichens oder einer größeren Mitteilung. G.v.K.

Informationsreduktion → Datenreduktion

Informationssammler → *inside-dopester*

Informationsschatten, durch Beeinträchtigung der Informationsverbreitung entstandene teilweise Uninformiertheit bei Einzelnen oder Gruppen. G.v.K.

Informationssystem, das System der Nachrichtenerhebung und -verbreitung in einer Gruppe, einer Organisation, einer Gesellschaft. W.F.H.

Informationstechnologie, eine technisch auf Basis der Mikroelektronik entwickelte Form der Wissensspeicherung u. -verarbeitung (Computer), die universell anwendbar ist. Die I. birgt ein gegenüber herkömmlichen Methoden der Informationsverarbeitung erhöhtes Zentralisierungs-, Steuerungs- und Kontrollpotenzial bei gleichzeitig dezentralem Einsatz. M.Sch.

Informationstheorie, untersucht in enger Beziehung zur → Kybernetik Probleme der Informationsvermittlung und der Verarbeitung von Informationen. Hauptbereiche der I. sind Fragen der Entwicklung von Zeichensystemen zur Kodierung von Nachrichten (Verschlüsselung – Entschlüsselung) und der Übertragung von Nachrichten in störungsanfälligen Informationskanälen. Neben der Anwendung der statistisch-mathematischen I. zur Optimierung technischer Nachrichtensysteme findet die I. zunehmend auch Eingang in die Psychologie, Linguistik und Soziologie (z.B. Untersuchung der Wahrnehmungsfähigkeit, der → Redundanz sprachlicher Kodes, der → „Entropie" von Gruppenstrukturen). Dabei werden neben der Struktur von Zeichensystemen (Syntaktik) zunehmend auch die Bedeutung der Zeichen (Semantik) und ihre gesellschaftlichen Funktionen (Pragmatik) Gegenstand einer allgemeinen I. G.v.K./H.W.

Informationsüberlastung, Nachrichtenüberlastung, *information overload*. [1] Bezogen auf die Mitteilung von Informationen bedeutet I. eine für die Leistungsfähigkeit der Übertragungskanäle (Aufnahmefähigkeit an → bit pro Zeiteinheit) zu große Informationsmenge. [2] Bezogen auf die Auswertung von Informationen bedeutet I. eine Überforderung der Empfänger, eine Entscheidungsüberlastung. U.S.

Informationsverarbeitung, Nachrichtenverarbeitung, *information processing*, meist rechnerischer, kombinatorischer oder organisatorischer Prozess, der aus vorhandenen Informationen neue gewinnt, die für eine bestimmte Fragestellung wichtig sind oder für weitere I. eine geeignete Form haben. Unter mathematischem Aspekt ist I. eine Kodierung gemäß einer Abbil-

dungsvorschrift, die einer Informationsmenge *I* eine Informationsmenge *I'* zuordnet. Nach K.W. Deutsch geschieht I. im Prinzip in sieben Schritten: Auswahl, Abstraktion, Speicherung, Auflösung, Neukombination, selektiv-kritisches Erkennen und erneute Anwendung von Informationsmustern, welche Kreativität zum Endergebnis hat. U.S.

Informationsverdrängung, pauschale Abwehr oder mangelnde Zurkenntnisnahme (gewöhnlich nur) von außerhalb einströmenden aktuellen neuen Informationen, etwa aus → Informationsüberlastung oder Angst, Entscheidungen treffen zu müssen. U.S.

Informationsverlust, die Differenz zwischen Informationsmenge oder -inhalt am Eingang und am Ausgang eines Informations- oder Kommunikationskanals. I. kann etwa dadurch auftreten, dass die Kapazität des Übertragungskanals verglichen mit der Ergiebigkeit des Informationsquelle zu gering ist. Sozialwissenschaftlich kann z.B. ein Gerücht durch I. entstanden sein. U.S.

informell → formell – informell

Infrastruktur, im weitesten Verständnis ein Rahmenbegriff für die Gesamtheit der in einer Volkswirtschaft bzw. Gesellschaft gegebenen Grund-und Ausgangsbedingungen für die weitere Entwicklung. D.K.

Infrastruktur, ökonomische, volkswirtschaftlicher Rahmenbegriff für die Gesamtheit aller jener materiellen (Verkehrswege, Energieversorgung, Entsorgung) und immateriellen (Qualifikation der Arbeitskräfte, soziale Dienste, soziokulturelles Klima) Voraussetzungen der organisierten Produktion von Sachgütern und Dienstleistungen, welche nicht selbst durch die Unternehmen geschaffen werden und nicht in ihre Rechnungslegung eingehen. In entwickelten Volkswirtschaften kann wegen der wachsenden Interdependenzen immer weniger klar zwischen ö.r I. und eigentlicher Produktion unterschieden werden. Im Kapitalismus hängt die Bereitstellung und Finanzierung von ö.r I. zusätzlich ab vom Kräfteverhältnis zwischen privater Wirtschaft und Staat. D.K.

Infrastruktur, soziale, die als Ergebnis langfristiger soziokultureller Investitionen bestehenden Grund- und Ausgangsbedingungen des sozialen Systems für weitere Entwicklungen, z.B. Rechtsordnung, Bildungswesen, demokratische Institutionen, ärztliche Versorgung, Kriminalität. H.L.

in-group (engl.) → Eigengruppe

Inhaltsanalyse, *content analysis*, auch: Aussagenanalyse, formalisierte und quantitative Erfassung objektiv feststellbarer Eigenschaften von Kommunikationsinhalten. Dabei wird davon ausgegangen, dass Art und Häufigkeit von übermittelten Symbolen (manifester Inhalt) Indika-

I J

tor sowohl für Einstellungen und Wertsysteme der Autoren wie auch für die Wirkung auf die Zielgruppe ist (latenter Inhalt). Ausgangspunkt jeder I. müssen am Problem orientierte Hypothesen sein, nach denen die Kategorien (Objekte, Werte, Einstellungen usw.) ausgewählt werden, deren Auftreten gemessen werden soll. Dann sind die Untersuchungseinheiten festzulegen (Symbole, Wörter, Schlagzeilen usw.) sowie die Art ihrer Erfassung (Häufigkeit, Umfang, Intensität usw.). Hier wie auch bei der Kategorienerstellung ergeben sich beträchtliche Validitätsprobleme. Da die Menge der Texte häufig eine Beschränkung erfordert, muss das Stichprobenproblem (Repräsentativität der Auswahl) gelöst werden: Verzerrungen können sich sowohl durch eine schematische wie auch durch eine willkürliche Auswahl ergeben. Mit dem nächsten Schritt, der Verkodung (Einordnung der Einheiten in die Kategorien), ist die Frage der Zuverlässigkeit verknüpft, da die Maßstäbe der Verkoder nicht nur verschieden sind, sondern auch im Zeitablauf variieren. Der Einsatz von Rechnern kann diese Frage weitgehend lösen. Die statistische Auswertung schließlich schafft mit ihren Häufigkeits- und Abhängigkeitsmaßen die Vergleichsmöglichkeit mit anderen Texten und mit Kontrolluntersuchungen aufgrund anderer Methoden. Gegen die I. wird eingewandt, dass sie wichtige Elemente des Textverständnisses nicht liefern kann, z.B. die Erfassung ironischer oder verfremdeter Redeweise, Angaben über den Zweck des Textes oder die Intentionen des Absenders oder die Heranziehung des Kontextes (bis hin zur „Gesamtaussage" eines Textes) für die Bewertung der Textelemente. H.D.R.

Inhaltsaspekt → Beziehungsaspekt – Inhaltsaspekt

Inhaltskollektiv, *universe of content,* Bezeichnung von L.A. Guttman für die Menge, das Universum aller *items,* die Indikatoren eines Sachverhalts, einer Eigenschaft sind. Aus dem I. werden die *items* für die → Skalogramm-Analyse gewählt, die auch als Prüfmittel aufgefasst werden kann, inwieweit sich die *items* tatsächlich auf einen bestimmten Sachverhalt beziehen, d.h. eindimensional sind. H.W.

Inhibition → Hemmung

Initiation, [1] durch Einweisung, Prüfungen und Riten geregelte Aufnahme eines neuen Mitgliedes in einen Geheimbund oder eine religiöse Vereinigung (z.B. Orden).
[2] Allgemeine Bezeichnung für die Neuaufnahme in eine soziale Gruppe oder einen Verband, die zeremoniell geregelt ist (Lehrlingsfreisprechung, Habilitation, Äquatortaufe usw.).

[3] Meist wird I. gebraucht allein zur Bezeichnung der Aufnahme des Kindes bzw. des Jugendlichen in die Welt der Erwachsenen (Pubertätsriten oder Jugendweihen). W.F.H.

Initiationsriten, Jugendweihen, Pubertätsriten, Bezeichnungen für die Übernahme des Kindes in den Erwachsenenstatus, die sich durch eine Zeremonie oder eine begrenzte Zeit der Übungen und Prüfungen vollzieht. Das Lebensalter der → Adoleszenz bzw. Jugend tritt daher in vielen primitiven Gesellschaften nicht auf, weder als Altersgruppe noch als mit jugendlichen Verhaltensformen gekennzeichnetes Lebensalter. Die soziale Reifeerklärung erfolgt in verschiedenen primitiven Gesellschaften zu verschiedenen Zeitpunkten der körperlichen Reife. In den industriell entwickelten Gesellschaften haben sich Reste dieser Reifeerklärung in nicht miteinander koordinierten Reifeerklärungen erhalten (Kommunion, Konfirmation, Schulabschlüsse, Stufen des gesetzlich definierten Erwachsenenstatus). W.F.H.

Initiationssystem, die Gesamtheit der sozialen Vorschriften und Zeremonien, durch die eine Gruppe oder Gesellschaft einzelnen Mitgliedern einen neuen Status, eine neue Mitgliedschaft, eine neue Altersstufe verleiht. I. wird meist bedeutungsgleich mit → Initiationsriten verwendet. W.F.H.

Initiativgruppe, [1] allgemein die Gruppe derer in einem Verband, einer Organisation, einer sozialen Beziehung, die „die Initiative ergreifen", also sich durch Vorschläge und Tatkraft zum Handlungsträger machen.
[2] Speziell Bezeichnung für freiwillige Zusammenschlüsse im vorparlamentarischen politischen Bereich, die ein begrenztes und befristetes Ziel vorschlagen und durchsetzen wollen (so oft bedeutungsähnlich mit Bürgerinitiative gebraucht). W.F.H.

Inklusion, [1] In der sozialwissenschaftlichen Systemtheorie die Einbeziehung einer größeren Zahl von Einheiten (Personen, sozialen Rollen, sozialen Mechanismen) in spezifische Funktionskreise, wie sie im Prozess der funktionalen Ausdifferenzierung sozialer Systeme erforderlich wird. In T. Parsons' Theorie der soziokulturellen Evolution gilt I. als einer der Aspekte des Entwicklungsprozesses, besonders der modernen Gesellschaften. N.L.
[2] Ein differenzierungstheoretisches Konzept für die Teilhabe von Personen an gesellschaftlichen Teilsystemen. Die Lebensführung der Personen in der modernen Gesellschaft ist durch eine rollenförmige multiple Partialinklusion in die verschiedenen Teilsysteme (u.a. Wirtschaft, Bildung, Massenmedien, Sport, Familie) gekennzeichnet. U.Schi.

inkommensurabel, unvergleichbar, Bezeichnung für Sachverhalte, die nicht gemeinsam durch eine Klassifikation oder Messoperation erfasst werden können. **H.W.**

Inkompatibilität, Unvereinbarkeit, Bezeichnung für das in vielen bürgerlichen Verfassungen formulierte Verbot (als Folge der Gewaltenteilung), gleichzeitig Funktionen mehrerer staatlicher Gewalten auszuüben, z.B. gleichzeitig Abgeordneter und Richter zu sein. **W.F.H.**

Inkompatibilitätstheorem. Bei C.-H. Saint-Simon, A. Comte und H. Spencer finden sich erstmals Gedanken zur grundsätzlichen Unvereinbarkeit (I.) von industrieller und militärischer Arbeit. Auch wenn sich Comtes Drei-Stadien-Gesetz (im Laufe gesellschaftlicher Entwicklung wird Militär zunehmend entbehrlich) bislang nicht bestätigt hat, ist der Gedanke, Militär als soziales Strukturelement zu begreifen, um den Entwicklungsstand von Gesellschaft zu beschreiben, nach wie vor aktuell. Reformulierung des I.s durch W.R. Vogt: „Je weiter fortgeschritten die gesellschaftliche Entwicklung, desto weniger funktionell und kompatibel ist die Austragung von Konflikten durch Krieg und Militär." **E.Li.**

Inkongruenz, Inkongruität → Kongruenz – Inkongruenz

Inkonsistenz → Konsistenz – Inkonsistenz

Inkonsistenz, affektiv-kognitive → Konsistenz, affektiv-kognitive

Inkonsistenz, kognitive → Konsistenz – Inkonsistenz [2]

Inkonsistenz, logisch-affektive → Konsistenz, logisch-affektive

Inkonsistenztheorien → Konsistenz – Inkonsistenz [2]

Inkorporierung meint in der Sozialtheorie P. Bourdieus die subtile, körperliche Einschreibung oder auch Einverleibung gesellschaftlicher Machtverhältnisse und damit deren „Verfeinerung". Die zunehmende Vergesellschaftung der menschlichen „Natur" in modernen Gesellschaften wird habituell vermittelt. In dieser relativen Unbewusstheit liegt nach Bourdieu die Verklärung gesellschaftlicher Unterschiede als „natürliche" begründet. → Verinnerlichung **K.K.**

Inkrementalismus, *incrementalism,* Vorgehen bei Entscheidungen, das auf grundlegende Änderungen verzichtet und stattdessen einen geringen, leicht kontrollierbaren Wandel anstrebt, als dessen Maßstab der bestehende Zustand genommen wird. **W.St.**

Inkrementalismus, biografischer, eine Form der Lebensführung, die auf klare und weitreichende Ziele verzichtet und eher daran orientiert ist, ferner liegende Probleme abzuwarten und die sich aufdrängenden Probleme nicht größer werden zu lassen, eine Art von „Sich-Durchwursteln" (U. Schimank 2000). → Inkrementalismus **W.F.H.**

Inkubationsperiode, in der Katastrophensoziologie (R.H. Turner 1976) Bezeichnung für die dem Eintritt der Katastrophe vorausgehende Zeit, in der nicht-normale Ereignisse übersehen, falsch interpretiert oder auf falsche Zusammenhänge bezogen werden, sodass sich unbemerkt ein Gefahrenpotenzial aufbauen kann. **W.F.H.**

inmate culture (engl.) → Insassenkultur

Innen-Außen-Differenz, Bezeichnung für den Unterschied zwischen der internen Struktur einer Ordnung und deren Umwelt. Ein System dehnt sich nicht beliebig aus, sondern setzt sich Grenzen und erhält sie aufrecht. **R.L.**

Innengruppe → Eigengruppe

Innenleitung, Innenlenkung, Innensteuerung, *inner-directedness,* von D. Riesman eingeführte Bezeichnung für die Lenkung des Verhaltens der Individuen durch ein frühzeitig verinnerlichtes Schema von Lebenszielen. Die I. wirkt gleichsam als „innerer Kompass", nach welchem der Einzelne sein Leben ausrichtet. Die innengeleitete Persönlichkeit wird als besonders „ich-stark" und unbeirrbar durch äußere Widerstände beschrieben. I. wird von → Traditionsleitung und → Außenleitung unterschieden und war nach Riesman zu Beginn und während der Epoche der Industrialisierung der vorherrschende Charaktertypus. **R.Kl.**

Innovation, Neuerung, die Hervorbringung, Durchsetzung, Übernahme und Anwendung neuer Ideen und Techniken, bisher unbekannter Produkte oder Rollen in einem sozialen System oder Subsystem. In modernen industriellen Gesellschaften ist I. zur Norm geworden: In einer Umwelt steigender Aufnahmefähigkeit und I.s-bereitschaft wird Neuerung im institutionalisierten I.sprozess zur Routine. I.sinitiativen gehen zumeist von kreativen Einzelnen, den Innovatoren, aus. **E.W.**

Innovation, organisatorische, organisierte Innovation, alle Änderungen der Programme, Prozesse oder Produkte, die eine Organisation erstmals durchführt, gleich ob es sich um originäre oder imitative Änderungen handelt. In manchen Organisationen ist der Innovationsprozess institutionalisiert. Spezifische Formen der o.n I. sind z.B. die kontinuierliche vs. verspätete oder krisenbedingte Innovation, die spontane vs. langfristig geplante Innovation; ferner hinsichtlich des Innovationsgrades die graduelle vs. strukturelle Innovation. **W.Sl.**

Innovator, Person oder Instanz, die kreative Problemlösungen für einen gegebenen Bereich einführt. Man unterscheidet aktive I.en, die eine

Innovation betreiben, und passive I.en, die ihr Verhalten danach einstellen.   E.W.

input (engl.) → *output*

Input-Output-Analyse, modellmäßige Betrachtung der Verflechtungen zwischen den Sektoren oder auch den Produktionsunternehmen einer Volkswirtschaft. Jeder Sektor hat einen *input* (Rohstoffe, Produkte), den er von anderen Sektoren erhält, und einen *output* (seine Produkte), der an andere Sektoren weitergeleitet wird. Die Sektorenbildung (Kohle, Stahl, Landwirtschaft etc.) hängt von der Fragestellung ab. Die Ströme zwischen den Sektoren werden von den Produktionsumfängen bestimmt. Bei gegebenen Produktionszielen lassen sich durch die *I.-O.-A.* der Bedarf an Arbeit und Kapital und die Umfänge der Ströme ermitteln. Die *I.-O.-A.* kann so als Instrument der Wirtschaftsplanung benutzt werden. Die Entstehung der *I.-O.-A.* ist mit dem Namen von W. Leontief verknüpft.
H.W.

Input-Output-Modell, Bezeichnung für den Tatbestand, dass offene Systeme mit ihrer Umwelt Informationen, Material und Leistungen austauschen. Das System kann in den von der Umwelt gesetzten Grenzen die Regeln dieses Austausches selbst bestimmen. Die Entscheidung über die Regeln fällt nach dem Prinzip der Selbsterhaltung des Systems in einer problematischen Umwelt.   H.E.

inquirer, general (engl.) → *general inquirer*

Insassenkultur, *inmate culture,* bezeichnet die Sonderbeziehungen zwischen Menschen, die in einer → totalen Institution eingesperrt sind. In einem Gefängnis unterscheiden sich die von den Häftlingen untereinander beachteten Normen und Werte teilweise von denen, die sie in der Außenwelt befolgen.   R.L.

inside-dopester (engl.), Informationssammler, bei D. Riesman Bezeichnung für einen Typ des außengeleiteten Menschen, der den politischen Vorgängen nur als Verbraucher, Sammler von Information, insbesondere von Kulisseninformationen gegenübersteht, der sich zu den gut Unterrichteten zählt, dabei für sich keine Chance eigenen politischen Handelns sieht.   H.W.

instant-Krieg, bezeichnet bei M. Castells (2001) eine moderne Form der Kriegsführung durch Staaten, deren Bevölkerung der Kriegführung abgeneigt ist: durch Berufsarmeen (damit die Bürger möglichst wenig behelligt werden), schnell durchgeführt (damit die Konsequenzen für Ressourcen und Legitimität nicht lange öffentlich diskutiert werden) und nach Art eines chirurgischen Eingriffs (damit die Zerstörungen beim Feind überschaubar bleiben bzw. durch Informationspolitik verschleiert werden können

und nicht Gegenstand der öffentlichen Diskussion werden).   W.F.H.

Instanz sozialer Kontrolle, *agency of social control,* häufig auch: Institution sozialer Kontrolle. Der Begriff der I. s. K. bezieht sich auf alle Institutionen, deren Aufgabe darin besteht, soziale Normen durchzusetzen; i.e.S. sind jedoch nur solche Institutionen gemeint, die sich an der Durchsetzung von Strafrechtsnormen beteiligen. In der wissenschaftlichen Literatur wurden bislang vor allem die Schule, die Sozialarbeit, die Polizei, die Staatsanwaltschaft, die Justiz, der Strafvollzug und die Psychiatrie als I.en s. K. bezeichnet und analysiert. Im Gegensatz zu dem allgemeineren Begriff der → Institution greift der Begriff der Instanz solche Aspekte einer Institution auf, die zur Kennzeichnung formeller sozialer Kontrolle besonders bedeutsam sind: So muss eine I. s. K. bereits vor dem Eintreten der Notwendigkeit ihres Kontrollhandelns als dafür zuständig erklärt worden sein, sie muss über eine für das Kontrollhandeln notwendige Zwangsgewalt verfügen und sie ist in der Ausführung ihres Kontrollhandelns an bestimmte Regeln gebunden. → Sanktionsnormen, → Sanktion, formale   M.B.

Instinkt, angeborene (d.h. nichtgelernte), artspezifische, in der Regel adaptive (d.h. lebens- und arterhaltende) Reaktionstendenzen des Organismus, die durch besondere Reizbedingungen („angeborene Auslöser-Schemata") ausgelöst werden. I.e können sowohl einfache (z.B. Fluchtreaktion) wie äußerst komplexe Handlungskonfigurationen (z.B. Nestbau und Brutpflege) determinieren.   H.W.K.
Wieweit bestimmte menschliche Verhaltensweisen als I.verhalten gedeutet werden können, ist umstritten. Das von älteren Sozialtheoretikern gelegentlich praktizierte Verfahren, zur Erklärung eines bestimmten Verhaltens einfach einen entsprechenden I. zu postulieren (also z.B. das Familienleben durch einen „Familien-I." zu erklären), wird heute allgemein abgelehnt (Tautologievorwurf).   R.Kl.

Instinkt, kollektiver, Bezeichnung von A. Smith (1776) für den der menschlichen Gattung unterstellten Trieb zur Innovation; die Erfindungen dienen der Vereinfachung der Interaktionen und der Rationalisierung des menschlichen Zusammenlebens. So sei die Erfindung des Geldes auf den k.n I. zurückzuführen.   O.R.

Instinktreduktion, nach A. Gehlen (1952) Bezeichnung für den Abbau der angeborenen und starren bei allen anderen Tierarten vorhandenen instinktiven Verhaltensformen im Verlaufe der Entstehung der menschlichen Gattung. Mit der I. sind dem Menschen nach Gehlen vor allem viele der „hemmenden Regulationen" ver-

I J

loren gegangen, die die vitalen Antriebe der Tiere steuern (z.B. die instinktive Hemmung gegen die Tötung von Artgenossen). Die beim Menschen noch feststellbaren Reste instinktgesteuerten Verhaltens nennt Gehlen „Instinktresiduen". Gehlens These von der I. ist in der vergleichenden Verhaltensforschung (P. Leyhausen, O. Koenig) umstritten. **R.Kl.**

Instinktresiduen → Instinktreduktion

Instinktschwäche, nach A. Gehlen Bezeichnung für die angeblich geringe Ausstattung des menschlichen Organismus mit Instinkten, die zugleich eine Bedingung der → Plastizität der menschlichen Anlagen sei. → Instinktreduktion
W.Sl.

Institution, ein Komplex von gesamtgesellschaftlich zentralen, dem planenden Eingriff („Organisation") jedoch schwer zugänglichen und unspezifischen („überdeterminierten"), trotzdem aber deutlich abhebbaren Handlungs- und Beziehungsmustern, der vor allem durch die Verankerung der zentralen Ordnungswerte in der Antriebsstruktur der Gesellschaftsmitglieder gekennzeichnet ist. Die neuere Soziologie vermeidet es, multidimensionale Gebilde (wie die Familie, den Staat) als I. zu bezeichnen, insofern sie einerseits gleichzeitig Momente der I., der Organisation und der Assoziation in sich schließen und andererseits mehrere I.en (wie Ehe, Elternschaft) umfassen.
Für die I.theorie sind besonders der kulturanthropologische und der strukturell-funktionale Ansatz wichtig geworden. Der kulturanthropologische Ansatz betrachtet die I. vor allem als gesellschaftlichen Instinkt-Ersatz zur Stabilisierung des menschlichen Verhaltens. Der strukturell-funktionale Ansatz betont die Bedeutung der I. für die Selbsterhaltung des sozialen Systems. Danach sind drei Momente der I. zu unterscheiden: Erstens ordnet sie das Geflecht der sozialen Beziehungen und Rollen, der materiellen und sozialen Austauschbeziehungen (relationaler Aspekt). Zweitens regelt sie die Zuordnung der Machtpositionen und die Verteilung der sozialen Belohnungen (regulativer Aspekt). Drittens repräsentiert sie – in Ideologien und expressiven Symbolen – den Sinnzusammenhang des sozialen Systems (kultureller Aspekt).
Die verschiedenen I.en einer Kollektivität und die verschiedenen Funktionen innerhalb einer I. müssen keineswegs in einem logisch konsistenten System verbunden sein; eher sind unbemerkte Widersprüche die Regel. Obwohl sich I.en gerade dadurch auszeichnen, dass sie uns im Alltagsleben als selbstverständlich und unveränderlich erscheinen, sind sie – wissenschaftlich gesehen – keineswegs als statische Gegebenheiten zu betrachten; sie sind vielmehr einem fortlaufenden Prozess der Institutionalisierung und Entinstitutionalisierung unterworfen. Dieser Wandel wird durch die Verdichtung und Verdünnung der gesellschaftlichen Beziehungen, durch ihre wechselnde Typisierung und gegenläufige Personalisierung, durch die Umformung der Legitimitätsvorstellungen, der kognitiven und normativen Interpretationen und durch die unterschiedliche Verfügbarkeit von negativen und positiven Sanktionen hervorgerufen. Außerdem sind die Prozesse der Institutionalisierung – d.h. der Entäußerung (Externalisierung) und Verdinglichung (Objektivation) der sozialen Beziehungen – stets im Zusammenhang mit den korrespondierenden Prozessen der Internalisierung zu sehen. **W.L.B.**

Institution, intermediäre, auch: intermediäre Organisation, bezeichnet halbstaatliche und politische Einrichtungen und Gruppen, die zwischen den verfassungsmäßigen Organen der Willensbildung und verschiedenen Teilgruppen der Bevölkerung Informationen, Entscheidungsalternativen und Orientierungen vermitteln.
W.F.H.

Institution, totale → Organisation, totale

Institutionalisierung, der Vorgang der Generalisierung und Typisierung von gegenseitig aufeinander bezogenen und stark habitualisierten Handlungen, sodass sich relativ konstante Handlungs- und Beziehungsmuster herausbilden. Die Rücknahme dieser Typisierung, z.B. durch die Schaffung einer privaten und persönlichen Sphäre, wird als Entinstitutionalisierung bezeichnet. **W.L.B.**

Institutionalisierung, sekundäre, *secondary institutionalization,* die Form der Institutionalisierung in gesonderten Bereichen der Gesellschaft. In ihnen bilden sich Verhaltensmuster heraus, die sich von den offiziellen, voll anerkannten Rollen im übergreifenden Sozialsystem unterscheiden, jedoch von diesem erlaubt werden (z.B. Jugendgruppen). Die s. I. ist ein Anpassungsmechanismus, indem er einerseits potenziell abweichendes Verhalten isoliert und andererseits „die Gratifikation der Mitglieder und dadurch auch ihre Solidarität mit dem sozialen System maximiert" (S.N. Eisenstadt). **O.R.**

Institutionalisierungsriten → Einsetzungsriten

institutionalism, historical (engl.) → Institutionalismus, historischer

Institutionalismus, akteurzentrierter, von R. Mayntz u. F.W. Scharpf (1995) konzipierter analytischer Bezugsrahmen zur Untersuchung von Strukturdynamiken „staatsnaher Sektoren" der modernen Gesellschaft – genauer: des Wechsel-

I J

spiels von politischer Gesellschaftssteuerung und der → Eigendynamiken gesellschaftlicher Teilbereiche wie Wissenschaft, Gesundheitswesen oder Bildung. Das Konzept greift Elemente verschiedener Spielarten des → neuen Institutionalismus auf. U.Schi.

Institutionalismus, historischer, *historical institutionalism*, eine Arbeitsrichtung in der neueren angelsächsischen → historischen Soziologie (→ *new historical sociology*), die sich der langfristigen Geschichte von Institutionen widmet und hierbei nach vergleichenden fallnahen Theoremen sucht (statt eine Einordnung in umfassende Theorien zu suchen). W.F.H.

Institutionalismus, neuer, Neo-Institutionalismus, bezeichnet eine verschiedene Sozialwissenschaften (Politikwissenschaft, Wirtschaftswissenschaft, Geschichtswissenschaft und Soziologie) durchziehende neuere Strömung, die zum einen institutionelle Strukturen als wichtige oder sogar primäre Handlungsprägungen betont und zum anderen – im Unterschied zum älteren Institutionalismus – viel stärker die Dynamiken institutioneller Strukturen (Aufbau, Erhaltung, Veränderung, Zerstörung) ins Blickfeld rückt. Zu unterscheiden sind ein stark von der ökonomischen *rational choice-theory* geprägter, ein historische Pfadabhängigkeiten hervorhebender und ein auch kulturelle Orientierungen einbeziehender soziologischer n.I. U.Schi.

Institutionalisten, gegen die reine Theorie gerichtete wirtschaftswissenschaftliche Strömung in den USA (T. Veblen). Wirtschaftliches Handeln muss den I. zufolge aus einem Ensemble institutioneller Bedingungen erklärt werden. Dazu bedarf es vornehmlich historischer und statistischer Studien. W.La.

Institutionenlehre, politische, in Politischer Wissenschaft und politischem Unterricht die Lehre von den verfassungsmäßigen Einrichtungen der Willensbildung, Regierung und Verwaltung. Sie berücksichtigt meist wenig die (von den Verfassungsvorschriften abweichenden) wirklichen politischen Prozesse. W.F.H.

Institutionentransfer, von G. Lehmbruch (1992) eingeführter Begriff, um die Besonderheit der ostdeutschen Transformation im Vergleich zu den Wandlungsprozessen in den anderen ehemaligen staatssozialistischen Ländern zu kennzeichnen. Darunter wird die Übertragung der westdeutschen Wirtschafts- und Sozialordnung auf das Gebiet der ehemaligen DDR verstanden. Mit der Übertragung verband sich die Erwartung, dass die Angleichung der Institutionen zu einer Angleichung an die westlichen Lebensverhältnisse führen würde. E.B.

Instruktion, programmierte → Lernen, programmiertes

instrumental, instrumentell, [1] im allgemeinen Sinne svw. als Mittel zu einem Zwecke dienend, zweckdienlich.

[2] Bezeichnung für ein Verhalten oder für eine Orientierung, das bzw. die auf die Erreichung eines bestimmten, gegebenen Zweckes oder Zieles gerichtet ist. In Gruppen, Organisationen und anderen Kollektiven werden jene Verhaltensmuster, Rollen, Subsysteme usw. als i. bezeichnet, die der Erreichung der gemeinsamen Ziele bzw. der Ziele des Kollektivs dienen (z.B. die i.e Führungsrolle; → Führer, expressiver – instrumenteller). Der Begriff der i.en Orientierung wird häufig (T. Parsons) dem der → expressiven Orientierung gegenübergestellt, womit eine nicht auf das Erreichen von (womöglich fernen) Zielen, sondern auf den unmittelbaren Ausdruck von Gefühlen, Bedürfnissen, Werten usw. gerichtete Verhaltensorientierung gemeint ist. Expressive und i.e Orientierung gelten danach als Orientierungsalternativen. R.Kl.

Instrumentalismus, [1] erkenntnistheoretische Auffassung, nach der Theorien und ihre Begriffe keine Aussagen über die Welt enthalten, sondern nur Werkzeuge zur Voraussage beobachtbarer Tatbestände darstellen und nach ihrer praktischen Verwertbarkeit beurteilt werden müssen.

[2] Bezeichnung von J.H. Goldthorpe, A. Touraine und anderen Industriesoziologen für die verbreitete Einstellung von Arbeitern, ihre Arbeit, Arbeitssituationen und Arbeitsbelastungen vorrangig unter dem Aspekt der Lohnhöhe zu beurteilen. Der I. wird bürgerlich-mittelständischen Berufsorientierungen gegenübergestellt (Verbürgerlichungsthese). H.W.

Insulation, bezeichnet allgemein einen Vorgang, durch den sich Gruppen (zeitweise) unabhängig machen von der Notwendigkeit, auf Umweltforderungen zu reagieren. Dies geschieht durch die Bildung von nach außen geschützten Binnenräumen, z.B. Sorge der Mutter für den Säugling, Stadtmauer (D. Claessens 1993). I. gilt als eine Grundbedingung für das Werden der Menschheit und für die Sozialisation jedes Kindes. W.F.H.

Inszenierung, [1] aus der Theaterwissenschaft übernommener Begriff, der den modalen Aspekt ästhetischer Ereignisse gegenüber den fixierteren Elementen wie Skript und Rolle betont. Geistesgeschichtlicher Hintergrund der I. ist der sich durch die gesamte abendländische Tradition ziehende *theatrum mundi*-Topos, der hier regelmäßig die metaphysische Frage nach dem Autor des „Welttheaters" aufwarf.

[2] I. hat im Gefolge der Rezeption dieses Topos metaphorisch Eingang in die Sozial- und Geis-

teswissenschaften gefunden. In der Soziologie wurde I. früh durch den Nachweis etabliert, dass Interaktion ohne reflexive Nutzung der strategischen Möglichkeiten und Grenzen jeder „Presentation of Self in Everyday Life" (E. Goffman 1959) unmöglich sei.

[3] Erst seitdem der Rollenbegriff durch seine Universalisierung und deterministische Konnotation erheblich an Attraktivität eingebüßt hat, erfährt I. als Nachfolge- und Gegenbegriff Konjunktur. I. wird aber ebenso, zumal durch ihre Anwendung auf meso- und makrosoziologische Gegenstandsbereiche, trivialisiert: Texte, Diskurse, Organisationen, Unternehmen, politische Repräsentationen, ganze Kulturen „inszenieren" sich. Neben die Risiko-, Informations- und Erlebnisgesellschaft tritt so nun auch die „I.sgesellschaft" (H. Willems/M. Jurga 1998). Ob damit mehr als nur Oberflächenphänomene der modernen Gesellschaft angesprochen werden, bleibt fraglich.   I.M.

Integration, [1] die Einheit eines Sozialsystems, geschaffen durch die verbindliche Festlegung der Positionen der verschiedenen Elemente und die Definition ihrer Beziehungen untereinander. Diese Definition geschieht nach den Prinzipien der Eindeutigkeit und Konfliktfreiheit. Die I. eines Elementes ist vollzogen, wenn seine Stellung sowohl in der vertikalen Dimension einer Gesellschaft (also sein Status im Schichtsystem) wie auch auf der horizontalen Dimension (also seine Rolle im System der Arbeitsteilung) festgelegt ist und sowohl von ihm als auch von den anderen Elementen des Systems akzeptiert wird. Die I. einer Gesellschaft ist dementsprechend nur gewährleistet, wenn ein breiter Konsens über die Beziehungen zwischen Macht, Geld, Prestige und Fähigkeiten einerseits und deren Verflechtung mit dem System sozialer Arbeitsteilung andererseits besteht. Existiert dieser Konsens nicht oder nur teilweise, entstehen strukturelle Spannungen im System, die ihr Ventil in sozialen Konflikten finden.   H.E.
[2] Die Eingliederung, insbesondere Akzeptierung eines Individuums in seiner Gruppe. R.L.

Integration, funktionale, kooperatives und konfliktfreies Zusammenwirken von funktional differenzierten Elementen und Aktivitäten aufgrund ihres sich gegenseitig ergänzenden Charakters.   B.W.R.

Integration, negative, nach D. Groh Bezeichnung für die besondere gesellschaftliche Stellung der sozialdemokratischen Arbeiterschaft im Wilhelminischen Kaiserreich. Diese ist gekennzeichnet durch zunehmende ökonomische Besserstellung und Tendenzen zur rechtlichen und faktischen Verbesserung einerseits bei

gleichzeitiger grundsätzlicher Verweigerung der Gleichberechtigung in Staat und Gesellschaft und Fortdauer der Ausbeutung und der Unterdrückungsmaßnahmen andererseits.   K.K.

Integration, normative, die Verankerung der Ziele und Werte eines sozialen Systems im handlungsbestimmenden Einstellungs- und Motivationsgefüge der Systemmitglieder. N. I. geschieht durch Verinnerlichung dieser Normen, also über Sozialisation.   B.W.R./H.E.

Integration, politische, [1] allgemein und in der Sprache der Politik die Versuche von politisch Führenden, einzelne, Gruppen, soziale Kollektive zur Übereinstimmung in Zielen und Mitteln und zur Hinnahme oder Unterstützung von politischen Entscheidungen zu bringen (durch Überreden und Überzeugen, durch Kompromisse im politischen Programm, durch Aushandeln von Vor- und Nachteilen usw.).
[2] Speziell die geplanten und ungeplanten Prozesse der Zusammenfassung von gegensätzlichen oder nicht leicht vereinbaren politischen und Klasseninteressen zum Zwecke der Stabilisierung des gesellschaftlichen *status quo* (z.B. die p. I. der Arbeiterklasse bzw. der Arbeiterbewegung in die bürgerliche Demokratie durch Kanalisierung des Klassenkampfes, durch soziale Sicherung und wohlfahrtsstaatliche Regelungen, durch Weltanschauungen, die den Klassenkampf für überwindbar erklären).   W.F.H.

Integrationsfunktion, die jeder Gesellschaft gestellte Aufgabe, das Problem der Verteilung ihrer Ressourcen und Gratifikationen zu lösen. Die I. gilt als geleistet, wenn jene Verteilung von der überwiegenden Mehrheit der Gesellschaftsmitglieder akzeptiert wird.   H.E.

Integrationsmilieu, eine der gesellschaftlichen Großgruppen innerhalb der kultursoziologischen Fünferklassifikation von G. Schulze. Im I. herrscht ein Bedürfnis nach Konformität. Vertreten sind eher Ältere mit mittlerer Bildung. Als alltagsästhetische Merkmale fallen beispielsweise ins Auge: Pflege von Haus und Garten, kultureller Genuss – aber nicht zu anspruchsvoll, Nachbarschafts- und Vereinsaktivitäten. Auf der sozialen Leiter stehen I.-Angehörige zwischen → Niveau- und → Harmoniemilieu.
                                        R.L.

Integrationsmodell, zusammenfassende Charakterisierung für den Entwurf der Gesellschaft durch die → strukturell-funktionale Theorie. Das Erkenntnisinteresse dieser Theorie richtet sich auf die Analyse der Bedingungen des Gleichgewichts sozialer Systeme, definiert durch gelungene Integration auf der Basis des gesellschaftlichen Konsens. Das I. versteht das soziale Gleichgewicht als den normalen Zustand sozialer Systeme, während der Konflikt als der patho-

I J

logische und dysfunktionale Ausnahmefall vermieden werden müsse. Im Gegensatz zum Konfliktmodell unterschätzt dieser Ansatz systematisch die Funktionen des sozialen Konflikts für den sozialen Wandel, ist daher also eher zur Analyse statischer als dynamischer Gesellschaften geeignet.   H.E.

integration studies (engl.), neuere Bezeichnung für sozialwissenschaftliche Studien über den Zusammenschluss Europas.   W.F.H.

Intellektuelle, in der Literatur mitunter sinnidentisch mit Intelligenz [1], im allgemeinen Sprachgebrauch als Sammelbegriff für in der Regel akademisch ausgebildete Personen, die kritisch zu gesellschaftlichen Widersprüchen stehen und diese in ihren Werken (Literatur, Wissenschaft, Kunst) thematisieren.
[1] Mitglieder einer besonderen sozialen Schicht, die sich durch die Art ihrer Stellung (z.B. als freischwebende I., K. Mannheim) von allen anderen sozialen Gruppen oder Klassen unterscheidet.
[2] Ausübende von intellektuellen Tätigkeiten, die hierdurch in spezifischer Weise in das soziale Gefüge eingebunden sind (A. Gramsci). Entscheidend ist nicht der Ort der Tätigkeit (etwa Universität, Staat, Gewerkschaften), sondern die Art der Tätigkeit und deren Verhältnis zum und Auswirkung auf den → Block an der Macht (→ Zivilgesellschaft [2]); dabei ist die interne Differenzierung zu beachten, von den Schöpfern der verschiedenen Wissenschaften bis hin zu den Verwaltern und Verbreitern des vorhandenen und akkumulierten intellektuellen Reichtums (z.B. Militär). Nach A. Gramsci sind alle Menschen Intellektuelle, aber sie sind keineswegs alle als solche tätig.   H.G.T.

Intellektuelle, organische, Während nach A. Gramsci um die → traditionellen I.n ein ständiger Kampf zwischen den unterschiedlichen sozialen und politischen Gruppierungen geführt wird, suchen diese zugleich eigene, „organische" I. zu formen, die dem Milieu der Gruppe von vornherein eng verhaftet sind.   H.G.T.

Intellektuelle, traditionelle, bei A. Gramsci die insbesondere durch ihre Anbindung an die Institutionen des → Blocks an der Macht situierten Intellektuellen, die durch eine tiefe Kluft von der arbeitenden Bevölkerung (dem „Volk") getrennt sind und diese zugleich hegemonial einbinden (klassisches Beispiel: Kirche und Priester, seit Beginn der Moderne: Universitätslehrer).   H.G.T.

Intelligentsia, in der Literatur z.T. sinnidentisch mit → Intelligenz [1], → Intellektuellen, akademisch Ausgebildeten, → Elite etc., überwiegend aber bezogen auf die Intelligenz des zaristischen

Russlands; begriffsgeschichtlich bedeutsam für die Analyse der Intelligenz in Westeuropa.   H.U.O.

Intelligenz, [1] als Sozialkategorie: in der Literatur öfters sinnidentisch mit → Intellektuellen, → Intelligentsia, akademisch Ausgebildeten, → Elite etc.; unterschiedliche, z.T. widersprüchliche und auch in der soziologischen Theorie – z.B. als Kategorie einer sozialen Rolle vielfach unbefriedigende Bezeichnung für
a) eine besondere soziale Schicht, die sich durch die spezifische Art ihrer sozialen Stellung (z.B. als → freischwebende I.) von den Grundklassen der Gesellschaft unterscheidet.
b) Mitglieder bestimmter Berufe, die früher auch als so genannte „freie", selbstständige Berufe – z.B. Ärzte, Rechtsanwälte – bezeichnet wurden, heute aber diesen Status weitgehend verloren haben, und/oder Ausübende bestimmter (geistiger) Arbeitstätigkeiten. Dieser auch als gesellschaftliche Arbeitsteilung konstitutiv gesetzte Unterschied zur überwiegend körperlichen Arbeit wird z.B. von der Kapitalismuskritik u.a. in der theoretischen Diskussion von Lohnabhängigkeit und Kapital in Frage gestellt (lohnabhängige I.).
c) Absolventen einer bestimmten (überwiegend formal akademischen) Bildungsstufe.
d) Ausübende bestimmter sozialer Funktionen, die als Schaffung und Vermittlung von Kulturwerten, d.h. durch die Hervorbringung religiöser, ästhetischer und wissenschaftlicher Weltdeutungen sowie als geistige Bewältigung aktueller politischer Aufgaben etc. umschrieben werden.   H.U.O.

[2] Als psychologischer Begriff: Bezeichnung für die Menge von Fähigkeiten, die zur erfolgreichen Durchführung von Lern- und Denkaufgaben notwendig ist. Entsprechend den verschiedenen I.-Theorien gibt es auch unterschiedliche I.-Definitionen. Als ihnen gemeinsam könnte folgende Bestimmung angesehen werden: I. bezeichnet die Schnelligkeit und Güte, mit der eine Person mit verschiedenen Arten von Materialien, Zahlen, Wörtern, Zeichen, räumlichen Gebilden usw. operieren kann. Schnelligkeit und Güte derartiger Operationen werden dabei, je nach Theorie der Intelligenz, etwa durch eine generelle Fähigkeit (Generalfaktor G) und einige spezifische Gruppenfaktoren (C.E. Spearman), oder durch eine Reihe voneinander relativ unabhängiger Faktoren (Primärfähigkeiten) konstituiert gedacht. Nach L.L. Thurstone lassen sich folgende Primärfähigkeiten (*primary mental abilities*) isolieren: Sprachbeherrschung, Wortflüssigkeit, Rechenfähigkeit, Raumvorstellung,

Gedächtnis, Wahrnehmungsgeschwindigkeit und schlussfolgerndes Denken. Die Diskussion über die Frage, welche I.-Anteile angeboren bzw. erworben sind, hat bisher zu keinem abschließenden Ergebnis geführt (→ Anlage und Umwelt).
H.W.K.

Intelligenz, freischwebende, bei A. Weber Bezeichnung für einen angeblich relativ klassenlosen Zustand der Intelligenz sowohl hinsichtlich ihrer sozialen Lage als auch ihrer Interessen. In der Wissenssoziologie (K. Mannheim) entsteht daraus für die f. I. die Chance, sich des prinzipiellen Ideologieverdachts zu entziehen und aus der „Erhellung" des eigenen und der fremden Standpunkte die disparaten Elemente des Denkens in „überperspektivischer Synthese" und „dynamischer Vermittlung" einer Objektivität im Sinne des Gesamtwohls anzunähern. H.U.O.

Intelligenz, ingenieurwissenschaftliche → Intelligenz, wissenschaftlich-technische

Intelligenz, künstliche, KI, *artificial intelligence, AI,* Bezeichnung für ein Teilgebiet der Computerwissenschaften und ihrer Anwendungen in der Informationsverarbeitung. Wesentliche Besonderheit ist die „Lernfähigkeit" (Selbstprogrammierung im Verlaufe der Nutzung) der KI-Systeme. Neben Stimm-, Sprach- und Bild-„verstehen" sowie Lernprogrammen sind die wichtigsten Anwendungsgebiete die Robotik und v.a. Expertensysteme. Zu Unrecht häufig diskutiert hinsichtlich der Möglichkeiten, menschliches Denken komplett nachzubilden (H.L. Dreyfus, J. Searle). R.T.

Intelligenz, naturwissenschaftliche → Intelligenz, wissenschaftlich-technische

Intelligenz, pädagogische → Intelligenz, wissenschaftlich-technische

Intelligenz, sozialwissenschaftliche → Intelligenz, wissenschaftlich-technische

Intelligenz, technische → Intelligenz, wissenschaftlich-technische

Intelligenz, wissenschaftlich-technische, zusammenfassende Bezeichnung für alle Beschäftigten, die mit einer Ausbildung in Universität oder Fachhochschule Arbeiten mit wissenschaftlichen Qualifikationsanforderungen verrichten. Nach den stofflichen Charakteristika ihrer Arbeit werden meist folgende Unterscheidungen getroffen: Die naturwissenschaftliche I. erweitert die Grundlagen der Naturerkenntnis auf der Ebene allgemeiner Gesetze. Die ingenieurwissenschaftliche und technische I. arbeitet an der Übersetzung von allgemeinen Gesetzen in Lösungsvorschläge für spezifische Probleme. Die sozialwissenschaftliche I. arbeitet an der Erkenntnis, Formulierung und Anwendung der Gesetze des gesellschaftlichen Lebens. Die pädagogische I. stellt bei anderen Qualifikationen

und Qualifikationsvoraussetzungen her. In Bezug auf die Klassenlage der w.-t.n I. wurde die – vor allem marxistische – Diskussion nicht abgeschlossen: als abhängig Beschäftigte und auf Grund ihrer zunehmend unselbstständigen Arbeitssituation gehören die Angehörigen der w.-t.n I. eher zur Arbeiterklasse; ihre (sinkende) Teilhabe an der Herrschaftsstruktur des kapitalistischen Betriebes sowie berufsständische Ideologien sprechen gegen diese Zurechnung.
W.F.H.

Intelligenz-Struktur-Test → Amthauer-Test

Intelligenzalter, Abkürzung: IA, *mental age,* die Fähigkeit, Aufgaben zu lösen, die der durchschnittlichen Leistungsfähigkeit von Kindern eines bestimmten Lebensalters entsprechen. → Intelligenzquotient H.W.K.

Intelligenzquotient, Abkürzung: IQ, von W. Stern (1920) eingeführtes Konzept der Intelligenzmessung, definiert als

$$\frac{\text{Intelligenzalter}}{\text{Lebensalter}} \times 100$$

So hat beispielsweise ein Kind, das Aufgaben löst, die 50 % aller Sechsjährigen lösen, ein IA von sechs Jahren. Beträgt auch sein LA sechs Jahre, so ergibt sich ein IQ von (6 : 6) × 100 = 100, wie ihn definitionsgemäß ein normalintelligentes Kind besitzt. Ist der IA größer als LA (= IQ über 100), so ist das Kind überdurchschnittlich, ist IA kleiner als LA (= IQ unter 100), so ist das Kind unterdurchschnittlich intelligent. Wegen der Problematik des „Intelligenzalter"-Konzepts, besonders im Hinblick auf die Messung der Erwachsenen-Intelligenz, ist der I. heute weitgehend durch den „Abweichungsquotienten" (D. Wechsler) ersetzt worden, d.h. das Maß der (positiven oder negativen) Abweichung der Intelligenzleistung des Individuums von der Durchschnittsleistung Gleichaltriger (der „Altersnorm"), die immer bei 100 liegt. Bei diesem Maß handelt es sich jedoch eigentlich nicht um einen „Quotienten". H.W.K.

Intelligenztest, Verfahren zur Bestimmung der Intelligenzhöhe eines Individuums. Ein I. besteht aus einer Serie von Aufgaben unterschiedlicher Schwierigkeit, die an einer repräsentativen Stichprobe aus der für diesen Test in Frage kommenden Population standardisiert („geeicht") sind. Nach der Art der Testdurchführung unterscheidet man zwischen Individual- und → Gruppentests sowie nach der Art der Aufgaben zwischen verbalen und nicht-verbalen bzw. kulturfreien (oder Handlungs-) Tests (→ Test, kulturfreier). Bei nicht-verbalen Aufgaben müssen z.B. unvollständige Bilder ergänzt oder bunte Würfel zu bestimmten Mustern zusammenge-

I J

setzt werden. Oft enthält ein I. auch beide Aufgabentypen.   H.W.K.

Intelligenztest, analytischer, AIT, von R. Meili entwickelter Test zur schulischen und beruflichen Beratung. Der a.e I. ist auf die Prüfung verschiedener Intelligenzformen ausgerichtet.   H.W.

Intensivierung der Arbeit → Arbeitsintensität

Intensivinterview → Tiefeninterview

Intention bezeichnet in Handlungstheorien allgemein die Absichtlichkeit, mit der die Beteiligten vorgehen. Die Soziologie will allerdings das Handeln nicht allein aus der I. oder aus anderer individueller Motivation verstehen, sondern aus dem subjektiv gemeinten, objektiv rekonstruierten Sinn.   R.L.

Intention, kommunikative, die subjektiven Gründe, aus denen ein Sprecher ein bestimmtes Gespräch aufnimmt. Dabei wird häufig unterschieden, ob Kontaktaufnahme mit einem bestimmten Partner oder das Interesse an einem bestimmten Thema primär zur Aufnahme der Kommunikation geführt hat, um die Auswirkungen dieses Faktors auf die verschiedenen Phasen des Sprechprozesses untersuchen zu können.   F.K.S.

Intentionalität, Bezeichnung für den Umstand, dass individuelles Erleben sich auf etwas richtet. Die phänomenologische Theorie sieht hier eine unweigerliche Gegenstandsbezogenheit oder Horizontspannung des Bewusstseins und, davon abgeleitet, aller (mehr oder weniger) bewussten und unbewussten Erlebnisse und Akte. Der Begriff der I. ist (zusammen mit den Begriffen des *ego* und des *alter ego*) ein Zentralbegriff der transzendentalphilosophischen Phänomenologie, der heute eine dialogische Philosophie mit den Zentralbegriffen der „Dialogizität" und des „Du" entgegengestellt wird.   W.L.B.

Intentionalitätserwartung, bei J. Habermas (Theorie der → kommunikativen Kompetenz) Bezeichnung für die prinzipiell vorgenommene Unterstellung eines Kommunizierenden, dass sein Kommunikationspartner „zurechnungsfähig" ist, d.h. dass er das, was er sagt, auch wirklich sagen will. Diese Unterstellung kann kontrafaktisch sein, ist aber eine für die menschliche Kommunikation konstitutive, d.h. unerlässliche und bei Eintritt in die Kommunikation immer schon vorgenommene Annahme. Ohne diese Unterstellung wird die Ebene der Intersubjektivität verlassen, denn der Partner wird in diesem Falle seines Subjektstatus beraubt und zum Objekt gemacht.   H.G.

Intentionsinterferenz, bezeichnet allgemein den Sachverhalt, dass der Handelnde beim Verfolgen seiner Ziele bzw. Interessen keine vollständige Kontrolle über die Handlungssituation hat, dass andere Handelnde mit ihren Zielen bzw. Interessen interferieren.   W.F.H.

interaction, focused (engl.) → Interaktion, zentrierte – nicht-zentrierte

interaction, unfocused (engl.) → Interaktion, zentrierte – nichtzentrierte

interaction process analysis (engl.) → Interaktionsanalyse

Interakt, in qualitativen Analysen von Interaktionsprotokollen Bezeichnung für die kleinsten identifizierbaren Interaktionsbeiträge der miteinander Handelnden; hierzu zählen u.U. auch Einwürfe einzelner Worte oder von Kurzkommentaren wie „ja, ja" oder „mhm". Die Interpretation etwa im Sinne der → objektiven Hermeneutik [2] folgt der Abfolge dieser I.e (Sequenzanalyse).   W.F.H.

Interaktiogramm, von P. Atteslander (1959) entwickelte Methode zur Ermittlung der Sozialorganisation von Arbeitsgruppen durch Messung der Interaktionshäufigkeit, bezogen auf Art und Inhalt der Interaktionstätigkeit (Anstöße und Erwiderungen), formale und informale, verbale und nichtverbale Handlungen.   W.B.

Interaktion, [1] Wechselwirkung.
[2] Die wechselseitige Beeinflussung des Verhaltens von Individuen oder Gruppen. I. liegt dann vor, „wenn die Aktivität einer Person die Aktivität einer anderen Person auslöst" (K.-D. Opp 1972). In diesem Sinne wird der Begriff in verhaltenstheoretischen Ansätzen der Soziologie benutzt. Es handelt sich (neben → Aktivität und → Gefühl [2]) um einen der drei Grundbegriffe in G.C. Homans' Theorie der sozialen Gruppe (1950).   R.Kl.
[3] Im Gegensatz zu → Organisation ist der Systemtypus der I. durch Anwesenheit von Personen definiert, wobei über diese Anwesenheit das System selber entscheidet. I. ist, anders als andere Systemtypen, in hohem Maße auf Wahrnehmung als Mechanismus der Informationsgewinnung angewiesen und ist, sehr viel mehr als dies für Organisationen gilt, durch psychische Systeme irritierbar.   M.G.
[4] Meist gleichbedeutend mit → sozialem Handeln, → I., soziale   R.Kl.

Interaktion, kulturelle, allgemeine Bezeichnung für die Austausch- und wechselseitigen Einflussbeziehungen zwischen Kulturen und Gesellschaften.   W.F.H.

Interaktion, laterale, das Handeln zwischen Personen, die in einer hierarchisch gegliederten Organisation auf gleicher „Stufe" stehen, also in bezug aufeinander keine Anweisungsbefugnis bzw. Gehorsamspflicht haben. Gegensatz: → Interaktion, skalare   V.V.

I J

Interaktion, nicht-zentrierte, *unfocused interaction* → Interaktion, zentrierte – nicht-zentrierte

Interaktion, ökologische, neben der sozialen und anorganischen jene Form der I., „bei der sich lebende Organismen gegenseitig dadurch beeinflussen, dass sie einen begrenzt vorhandenen Umweltfaktor, von dem sie beide abhängig sind, vermehren oder verringern" (J.A. Quinn), z.B. Boden, Wohnungen.   J.F.

Interaktion, skalare, vgl. ital. *scala* – Treppe, Begriff der Organisationssoziologie zur Bezeichnung von Interaktionsbeziehungen zwischen Personen, die in einer hierarchisch gegliederten Organisation in bezug aufeinander Anweisungsbefugnis bzw. Gehorsamspflicht haben. Gegenbegriff: → Interaktion, laterale   V.V.

Interaktion, soziale, [1] die durch Kommunikation (Sprache, Symbole, Gesten usw.) vermittelten wechselseitigen Beziehungen zwischen Personen und Gruppen und die daraus resultierende wechselseitige Beeinflussung ihrer Einstellungen, Erwartungen und Handlungen. Durch die Betonung des Kommunikationsprozesses, in welchem die Individuen einander den „gemeinten Sinn" ihrer Handlungen vermitteln, unterscheidet sich dieser handlungstheoretische Begriff der s.n I. von dem verhaltenstheoretischen Interaktionsbegriff (→ Interaktion [2]). Besondere Bedeutung haben die folgenden Spezifikationen dieses allgemeinen Begriffs der s.n I. erlangt:
[2] In T. Parsons' Theorie des sozialen Handelns ist s. I. das aufeinander bezogene Handeln zweier Personen (→ *ego* und *alter*), das dadurch zu Stande kommt, dass die Akteure ihr Handeln wechselseitig an einander komplementären Erwartungen ausrichten. S. I. ist hier zumeist an soziale Rollen als Elemente sozialer Systeme gebunden und durch gemeinsame Normen geregelt.
[3] Insbesondere die Handlungstheorie des → symbolischen Interaktionismus betont das Vorhandensein allgemein anerkannter und geteilter Symbole als Voraussetzung für s. I. Der Begriff bezeichnet dabei den Sachverhalt, dass Handelnde die möglichen Reaktionen von Handlungspartnern auf ihr Handeln vorwegnehmen und ihr eigenes Handeln darauf einrichten. → Interaktion, symbolische   W.B./R.Kl.

Interaktion, statistische, in der → multivariaten Analyse Bezeichnung für die gemeinsame Wirkung von zwei oder mehr Variablen auf eine abhängige Variable, die nicht als lineare Kombination der Effekte der einzelnen Variablen darstellbar ist. Zur Schätzung der s.I. etwa in der folgenden Gleichung

$$Y = a + \underbrace{b_1 X_1 + b_2 X_2}_{\text{additive Effekte}} + \underbrace{c X_1 X_2}_{\text{s.I.}}$$

gibt es verschiedene statistische Modelle. (→ Gruppenkompositionseffekte)   H.W.

Interaktion, symbolische, Handeln auf der Grundlage allgemein anerkannter Symbole (Sinnbilder), die für beide Partner gleichen Bedeutungsgehalt haben, der nicht durch gleichförmige Reaktionen, sondern durch die Erwartung des auf das eigene Verhalten bezogenen Antwortverhaltens des Interaktionspartners definiert ist.   W.B.

Interaktion, unzentrierte → Interaktion, zentrierte – unzentrierte

Interaktion, zentrierte – nicht-zentrierte, *focused – unfocused interaction*, bei E. Goffman (1963) Bezeichnungen für zwei unterschiedliche Formen der unmittelbaren Interaktion: z. I. ist die durch Konzentration der Aufmerksamkeit auf ein gemeinsames Thema der Interaktion zu Stande gekommene und strukturierte Interaktion, in deren Verlauf die Interaktionspartner zur Aufrechterhaltung des gemeinsamen Bezugspunktes kooperieren und dessen Gefährdung negativ sanktionieren. Im Gegensatz dazu ist die n.-z. I. die Interaktion, in der die Interaktionspartner nur auf wechselseitige Wahrnehmung konzentriert sind, durch sie Informationen übereinander sammeln und lediglich in der wechselseitigen Wahrnehmung der Wahrnehmungsleistungen anderer miteinander kommunizieren.   W.B.

Interaktion, zentrierte – unzentrierte, eine Unterscheidung danach, ob in einer Situation anwesende Menschen miteinander direkt und für alle sichtbar kommunizieren (z.I.) oder dies nicht direkt und gegebenenfalls nicht sichtbar tun (u.I.).   W.F.H.

Interaktion, zirkuläre, zirkuläre Reaktion, Bezeichnung für einen Interaktionsprozess, in welchem zwei oder mehr Individuen wechselseitig bestimmte Reaktionen ständig verstärken: ein Verhalten des Individuums A verstärkt eine bestimmte Reaktion des Individuums B, die wiederum das zunächst von A gezeigte Verhalten verstärkt usw.   R.Kl.

Interaktionismus, symbolischer, von G.H. Mead (1863–1931) begründete soziologisch-sozialpsychologische Schule, die individuelles Verhalten und Bewusstsein aus dem sozialen Prozess heraus erklärt und diesen selbst durch Muster aufeinander bezogenen Handelns strukturiert sieht, die dem Individuum sprachlich vermittelt sind und es ihm ermöglichen, in sich selbst die Erwiderungen hervorzurufen, die sein Handeln im Partner hervorruft, und diese Erwiderungen zur

Kontrolle seines eigenen Verhaltens einzusetzen.   W.B.

Interaktionsanalyse, auch: Interaktions- oder Gruppenprozessanalyse, Prozessanalyse sozialer Beziehungen, von E.D. Chapple u. K.M. Arensberg (1940) entwickelte Methode zur Beobachtung, Beschreibung und Analyse von Interaktionen in Institutionen, *interaction analysis, interaction process analysis.* Von R.F. Bales (1950) zu einer standardisierten Technik der Untersuchung von Interaktionsprozessen (zumeist Gesprächsverläufen) in Kleingruppen weiterentwickelt. Bei der I. wird das beobachtete Verhalten der Individuen mithilfe eines Kategorienschemas in dem Augenblick eingeordnet und notiert, in welchem es stattfindet (auch: entsprechende Klassifikation von Videoaufzeichnungen). Die Kategorien sind nach positiver, neutraler bzw. negativer Intensität des individuellen Beitrags in der inhaltlich-sachlichen oder der affektiv-emotionalen Dimension des Verhaltens definiert. Beispiele sind: „zeigt Solidarität", „zeigt Entspannung", „bittet um Auskunft", „zeigt Antagonismus". Es wird angenommen, dass diese Verhaltensweisen nicht zufällig aufeinander folgen, sondern die Struktur der Gruppe widerspiegeln, in der der Interaktionsprozess stattfindet. Bales, Cohen u.a. haben das Instrument später zum SYMLOG-System (der mehrstufigen Beobachtung von Gruppen) weiterentwickelt, wobei die Gesprächsbeiträge der Mitglieder klassifiziert werden nach verbalem und nonverbalem Verhalten, geäußerten Vorstellungsbildern und Werturteilen in Bezug auf ein Objekt sowie nach ihrer Lage in den drei Dimensionen: einflussnehmend versus auf Einfluss verzichtend, unfreundlich versus freundlich, zielgerichtet-kontrolliert versus gefühlsbestimmt-ausdrucksvoll. Inzwischen liegen verfeinerte Verfahren der computergestützten Dateneingabe bei der I. vor.   W.B./H.L.

Interaktionschronograph, von R.F. Bales u. P.E. Slater (1955) zum Zwecke der → Interaktionsanalyse entwickeltes Gerät, auf dem ein Papierstreifen, in dessen vertikaler Richtung die Beobachtungskategorien eingetragen sind, in horizontaler Richtung abläuft. Jede Handlung wird dadurch notiert, dass ihr zwei Kennziffern zugeordnet werden, von denen die erste die handelnde Person, die zweite die Person, an die sich die Handlung richtet, bezeichnet. Die Notierung erfolgt fortlaufend. Jede Handlung wird damit bezüglich ihrer Qualität, ihres Urhebers, ihrer Richtung und ihres Zeitpunktes klassifiziert.
                                                    W.B.

Interaktionsdetektor, automatischer → Kontrasttypenverfahren

Interaktionseffekte→ Interaktion, statistische

Interaktionsformen, von A. Lorenzer eingeführte Bezeichnung für die als Resultat einer gesellschaftlichen Auseinandersetzung mit der Natur (insbesondere der inneren „biologischen Triebnatur" des Menschen) verstandenen Grundelemente der Verhaltens- und Persönlichkeitsstruktur des Individuums. Nach Lorenzers „Konzept der I." verläuft die → Sozialisation in drei Phasen: a) Einübung vorsprachlicher I. in der unmittelbar-sinnlichen Interaktion zwischen Mutter und Kind ; b) Verbindung dieser vorsprachlichen I. mit „Sprachfiguren" zu → symbolischen I. c) punktuelle Wiederauflösung dieser symbolischen I. als Resultat eines neurotischen Konflikts zwischen den einsozialisierten Verhaltensregeln der vorsprachlichen, sinnlich-unmittelbaren I. und den in Sprache enthaltenen Verhaltensnormen.   K.H.

Interaktionsformen, symbolische, in A. Lorenzers Konzept der → Interaktionsformen Bezeichnung für sprachsymbolisch vermittelte und daher bewusst reflektier- und diskutierbare individuelle „Handlungsentwürfe", die durch die Verbindung vorsprachlicher, in der unmittelbar-sinnlichen Mutter- Kind-Beziehung eingeübter Interaktionsformen mit bestimmten „Sprachfiguren" gebildet werden. Die Auflösung s.r I. im neurotischen Konflikt führt zur Entstehung sprachloser (und daher nicht mehr unmittelbar bewusstseinsfähiger) Interaktionsformen oder → „Klischees" auf der einen und emotionsloser Sprachfiguren oder „Zeichen" (→ Zeichen [3]) auf der anderen Seite.   K.H.

Interaktionsgruppe, *interacting group* → Koaktionsgruppe – Interaktionsgruppe

Interaktionskompetenz, allgemein der Fähigkeitsgrad eines Menschen, Interaktionen zu beginnen, an ihnen teilzunehmen, an ihnen so teilzunehmen, dass Störungen, Missverständnisse, Krisen usw. möglichst nicht aufkommen oder aber überwunden werden können, dass eventuell vorgegebene Interaktionsstrukturen nicht zerstört werden. Die I. kann beeinträchtigt sein durch mangelhafte Sprachfähigkeit, durch mangelnde Fähigkeit zur Perspektivenübernahme, durch dauerhafte oder vorübergehende seelische Zustände (etwa große Angst, ausgeprägte Egozentrik).   W.F.H.

Interaktionsmatrix, auch: „Bales-Matrix", von R.F. Bales et al. (1953) benutzte Form der tabellarischen Darstellung von Interaktionsprozessen in Kleingruppen. Dabei erscheinen die Gruppenmitglieder i.d.R. in der Randspalte als Initiatoren und in der Randzeile als „Empfänger" von Interaktionen; in den Zellen werden die Zahlen der zwischen den einzelnen Mitgliedern vorkommenden Interaktionen eingetragen.
                                                    R.Kl.

Interaktionsmedien → Kommunikationsmedien, symbolisch generalisierte [2]

Interaktionsmuster, [1] die in einer Gruppe gültigen normativen, d.h. mit Sanktionen verknüpften Maßstäbe des Verhaltens, die angeben, wie bestimmte Personen sich in bestimmten Situationen, bezogen auf das Verhalten einer anderen oder mehrerer anderer Personen, in der gleichen Situation zu verhalten haben. I. geben an, was Handelnde in bestimmten Situationen voneinander als normales Verhalten erwarten können.   W.B.
[2] Die Gesamtheit der wechselseitigen Reaktionen aller Mitglieder einer Gruppe in einer bestimmten Situation oder in einem bestimmten Zeitabschnitt.   R.Kl.

Interaktionspyramide, dasjenige Interaktionsschema in hierarchisch gegliederten Organisationen, das sich von der Führungsspitze aus über die einzelnen Rangstufen nach unten hin pyramidenförmig erweitert.   V.V.

Interaktionsrahmen → Rahmenanalyse

Interaktionsritual, *interaction ritual,* nach E. Goffman (1967) sozial standardisierte und geforderte, auf die Wiederherstellung eines *Images* (→ *image* [2]) gerichtete Ausgleichshandlung (z.B. Entschuldigung, Abbitte), mit der Handelnde auf einen Zustand der sozialen Missachtung eines der Interaktionspartner reagieren, d.h. auf ein Ereignis, das eine sozial nicht übersehbare Bedrohung ihres *Images* und damit ein Vergehen gegen die expressive Ordnung der Interaktion darstellt.   W.B.

Interaktionssystem, Handlungszusammenhang, in dem das wechselseitig voneinander abhängige Handeln mindestens zweier Personen in dem Sinne strukturiert ist, d.h. geordnet und aufeinander bezogen ist, dass das Verhalten und die Einstellungen des einen Handelnden (*ego*) mit den Erwartungen derjenigen anderen Handelnden, mit Bezug auf die gehandelt wird (*alter*), übereinstimmen und umgekehrt.   W.B.

Interaktivität, *interactivity,* die aktive Qualität oder das aktive Potenzial von Wechselwirkungen, die Akteure in einem technologisch mediatisierten Umfeld (z.B. Internet) vergesellschaftet (S. Rafaeli 1988, 1997). Rafaeli betrachtet I. als einen graduellen Kommunikationsbegriff. Je nach dem, ob die Kohärenz der Integration von technologisch mediatisierter Kommunikationen schwach oder stark ist, unterscheidet er zwischen nicht-interaktiver, quasi-aktiver und vollinteraktiver Kommunikation.   C.P.

Interdependenz, direkte – indirekte, damit unterscheidet R. Boudon (1980), ob die in Interdependenz zueinander Stehenden von ihrer wechselseitigen Abhängigkeit und den entsprechenden Emergenzeffekten wissen (d.I.) oder nicht (i.I.).   W.F.H.

Interdependenz, funktionale, in einem Sozialsystem die wechselseitigen Abhängigkeitsbeziehungen von einzelnen Teilen, die füreinander Aufgaben erfüllen.   B.W.R./R.L.

Interdependenz, indirekte → Interdependenz, direkte – indirekte

Interdependenz, soziale, Bezeichnung für den Umstand, dass Menschen in ihrem Dasein aufeinander eingestellt und angewiesen sind (T. Geiger). Der Einzelne rechnet in seinem Tun und Lassen mit den anderen, die selbst wiederum von seinem Handeln betroffen sind und darauf reagieren.   H.Tr.

Interdependenzsystem, nach R. Boudon ein Interaktionssystem ohne planvolle Koordinierung der Handlungen nach institutionellen Regeln, sozialen Rollen u. dgl. Gegensatz: funktionales (Rollen-)System. Typisch für I.e ist der Reichtum an unbeabsichtigten Handlungfolgen, Handlungsparadoxien und → Emergenz, z.B. Warteschlangen, Dilemmata, Aufschaukelungseffekten usw.   H.L.

Interdiskurs, [1] geht nach M. Pecheux der jeweiligen sprachlichen Sequenz eines Diskurses voraus und bezieht sich auf jene präkonstruierten Elemente, die sich auf andere Diskurse beziehen, welche vorher, außerhalb und unabhängig bereits existieren. Der I. umfasst damit auch das „Nicht-Gesagte" eines Spezialdiskurses, das aus dem Bereich des „Bereits-Gesagten" eines anderen Diskurses stammt.
[2] In der Literaturtheorie bei J. Link (1983) Bezeichnung für die Gesamtheit diskursiver Elemente, die nicht diskursspezifisch (z.B. spezifisch medizinisch), sondern mehreren Diskursen gemeinsam sind (z.B. „Fairness" in Sport, Politik, Recht etc.). Diese Elemente können materialer (Symbole, „Charaktere"), formaler (syntaktische Anordnungsschemata, mathematisch-logische Formalisierung etc.) sowie pragmatischer Art sein (Institutionalisierung von Symbolen, Handlungsschemata, Rituale).   K.K.

Interdiskursivität → Intertextualität

Interesse, [1] „subjektives" I., psychologisch die Ausrichtung von Aufmerksamkeit, Gedanken und Absichten einer Person auf einen Gegenstand oder Sachverhalt, dem ein subjektiver Wert zugeschrieben wird. Dynamisches, motivierendes Merkmal, das sich als individuelle „Einstellung zum Wertvollen" (C.F. Graumann) kennzeichnen lässt.   K.St.
[2] Bezeichnung für Absichten und Ziele (vor allem: materielle, ökonomische und politische Ziele), deren Verwirklichung für eine Person, Gruppe oder Organisation nützlich oder vorteilhaft ist. In diesem Sinne ist I. häufig gleichbe-

deutend mit (persönlichem oder Gruppen-) Vorteil, Nutzen. I. wird nicht selten aus Annahmen über Bedürfnisse abgeleitet. Unter der Voraussetzung, dass Menschen sich über das, was für sie in einer gegebenen Situation von Vorteil wäre, subjektiv täuschen können, nennt man die diesem Vorteil tatsächlich entsprechenden Ziele auch „objektive I.". → Interessen, objektive – subjektive R.Kl.

Interesse, erkenntnisleitendes → Erkenntnisinteresse

Interesse, materielles – moralisches, [1] als ma. I. werden in der marxistischen Gesellschaftstheorie und in der kritischen Theorie diejenigen Handlungsrichtungen von Einzelnen und Kollektiven bestimmt, die Ausdruck und Moment des materiellen Lebensprozesses der Gesellschaft sind, sich also auf Klassenlage, Arbeitssituation, Lebenslage usw. beziehen. [2] Die Gesellschaftswissenschaften in einigen sozialistischen Ländern gingen von einer Doppelstruktur der gesellschaftlichen und individuellen Interessen in der → Übergangsgesellschaft aus: Das ma.e I. richtet sich auf Lohn und Gewinnanteil, das mo.e I. richtet sich auf die Entfaltung sozialistischer Beziehungen zwischen den Menschen. W.F.H.

Interesse, moralisches → Interesse, materielles – moralisches [2]

Interesse, politisches, in der politischen Soziologie, aber auch im sozialkundlichen Unterricht und in der politischen Bildung Bezeichnung für die Bereitschaft, sich über den Bereich des Politischen zu informieren, sich eigene begründete Urteile zu erarbeiten, an der politischen Willensbildung teilzunehmen sowie – allgemein – die Aufgaben und Möglichkeiten eines mündigen und kritischen Staatsbürgers zu erfüllen. Insofern manchmal auch politischer Kampfbegriff gegen andere, die diesen Zielen nicht nachstreben (vgl. die vielfältigen Vorwürfe an die „Unpolitischen"). Durch seine volkspädagogische Verwendung hat der Begriff zu dem Missverständnis beigetragen, Einstellung zum und Beteiligung am politischen Geschehen seien (allein) in der Motivations- und Interessenstruktur der Einzelnen begründet und allein von dort veränderbar. Weil p. I. zudem meist nicht klar trennt zwischen der Bereitschaft, sich politisch zu informieren, und der, sich politisch zu engagieren (erstere ist gewöhnlich deutlich größer), wird der Begriff wissenschaftlich inzwischen seltener benutzt. W.F.H.

Interesselosigkeit, bezeichnet bei P. Bourdieu (1982) eine ungezwungene und distanzierte allgemeine Haltung, die mit der Unabhängigkeit von ökonomischen Zwängen zunimmt. In der Auswahl der Wohnungseinrichtungen genauso wie in der Vorliebe für bestimmte Kunstobjekte und in der gelungenen Selbstdarstellung offenbart sich die I., mit der sich Angehörige der bürgerlichen Klasse von den unteren Klassen abgrenzen. D.Kl.

Interessen, antagonistische, [1] allgemeine Bezeichnung für Antriebe und Handlungsrichtungen, die gegensätzlich zueinander stehen. [2] Spezieller Begriff für die widersprüchlich zueinander stehenden Interessen der → Grundklassen von Lohnarbeitern und Produktionsmittelbesitzern in kapitalistischen Gesellschaften. Der in den Grundbedingungen kapitalistischer Produktionsweise angelegte Widerspruch zeigt sich sowohl in den Auseinandersetzungen um die Lohnhöhe und soziale Sicherung wie in den Kämpfen um die Arbeitsbedingungen (Länge der Arbeitszeit, Arbeitsintensität, Entleerung der Arbeitsinhalte etc.). W.F.H.

Interessen, latente → Interessen, manifeste – latente

Interessen, manifeste – latente, von R. Dahrendorf in Anlehnung an R.K. Mertons Begriff der → manifesten und latenten Funktionen eingeführte Begriffe: l. I. sind beabsichtigte Handlungstendenzen, m. I. sind artikulierte und/oder kodifizierte Handlungsrichtungen. W.F.H.

Interessen, objektive – subjektive. Mehr oder weniger deutlich an K. Marx anknüpfende (→ Interesse, materielles) Unterscheidung: S. I. sind solche Bedürfnis- und Handlungsrichtungen, die vom Handlungssubjekt nicht im Hinblick auf ihre Übereinstimmung mit seinen „wirklichen", gewissermaßen existenziellen Entwicklungsbedingungen und -notwendigkeiten überprüft wurden. O. I. sind diejenigen Bedürfnis- und Handlungsrichtungen, die verfolgt würden, wäre das Handlungssubjekt in klarer und unverstellter Kenntnis seiner „eigentlichen" Entwicklungsrichtung. Während die Marxisten sich meist darum bemüht haben, die o.n I. der Klassen aus einer geschichtlichen Untersuchung von deren Konstellation und (wahrscheinlichen) Zukunft zu erschließen, unterstellen trivialisierte Varianten des Begriffsgebrauchs manchmal nur, dies oder das seien die o.n I. von sozialen Kollektiven. W.F.H.

Interessen, organisierte, die Absichten und Bedürfnisse von Gruppen, die zur Durchsetzung im politischen Bereich der Gesellschaft Verbände bilden und sich gegenüber Regierung und Parlament artikulieren. W.F.H.

Interessen, subjektive → Interessen, objektive – subjektive

Interessenaggregierung, in der → *comparative politics* (G.A. Almond) eine der zentralen (*input*-) Funktionen politischer Systeme: die Bestimmung und Bündelung politischer Interessen in Parteien. **W.F.H.**

Interessenantagonismus → Interessen, antagonistische

Interessenartikulation, [1] allgemein die Grade der inhaltlichen Genauigkeit und des Nachdrucks, mit denen die Anliegen gesellschaftlicher Gruppen und Klassen im politischen Bereich organisiert geltend gemacht werden. [2] In der → *comparative politics* (G.A. Almond) eine der zentralen (*input-*) Funktionen politischer Systeme: die Anmeldung gesellschaftlicher Interessen im politischen Bereich. **W.F.H.**

Interessengruppe, Interessenverband, Macht- und Einflussgruppe, *pressure group*, Verbände zur organisierten politischen Durchsetzung gesellschaftlicher Interessen von Teilgruppen der Gesellschaft: Gewerkschaften und Arbeitgeberverbände, Berufsvereinigungen, Standesorganisationen, Kirchen, Veteranenvereine usw. Die politische Soziologie sucht das Verhältnis der I.n zu politischen Parteien und Parlament auf der einen und Klassen und Schichten auf der anderen Seite zu klären. Sie stellt eine Verlagerung des Machtzentrums weg vom Parlament fest. Daraus ergeben sich Warnungen vor einer strukturellen Aushöhlung der demokratischen Willensbildung (belegt durch Hinweise auf das höhere Druckpotenzial der I.n als das der Wahlbürger), aber auch Versuche, das Ineinander von I.n und Parlament, Regierung und Verwaltung als dynamische Integration von sonst möglicherweise auseinander brechenden gesellschaftlichen Teilinteressen zu verstehen. **W.F.H.**

Interessengruppentheorie, *interest group theory,* die theoretischen Ansätze zur Erklärung des Funktionsverlusts des Parlaments durch die zunehmende Verflechtung zwischen staatlichen und politischen Instanzen mit gesellschaftlichen → Interessengruppen, die jeweils die Bedürfnisse von Teilgruppen der Gesellschaft durchzusetzen versuchen. Dabei wird die geringere oder größere Machtposition der Interessengruppen gegenüber anderen sowie gegenüber den politischen und staatlichen Instanzen einbezogen und das Geflecht dieser Aushandlungsprozesse bestimmt. **W.F.H.**

Interessenkonflikt, unspezifische Bezeichnung für eine offene oder verdeckte Gegensatzbeziehung zwischen den Zielen verschiedener Personen oder Gruppen. **E.L.**

Interessenlage, [1] Zustand wechselseitig aufeinander abgestimmter Interessen mehrerer Personen oder Gruppen. **E.L.**
[2] Basis von Ansprüchen, die ein Individuum oder eine Gruppe gegenüber anderen erhebt. **R.L.**

Interessenlage, objektive, Zustand widerläufiger Interessen sozialer Einheiten in der Gesellschaft, die als Erscheinungsformen der materiellen, politischen, ökonomischen und sozialen Verhältnisse gelten. **O.R.**

Interessenpartei, eine Partei in parlamentarischen Demokratien, die die gesellschaftlichen Teilinteressen von klar abgegrenzten Gruppen und Schichten vertritt, ohne diese Teilinteressen ausdrücklich zu einem das gesamte politische Geschehen betreffenden politischen Programm auszubauen (z.B. Großgrundbesitzer, Flüchtlinge und Heimatvertriebene). Gegenbegriffe: → Weltanschauungspartei, → Volkspartei **W.F.H.**

Interessenpartikularismus, Bezeichnung für gesellschaftliche Verhältnisse, in denen die Beziehungen zwischen Gruppen und zwischen Einzelnen dahin tendieren, persönliche oder Gruppeninteressen von den Interessen der anderen abzugrenzen und diesen gegenüber durchzusetzen. **E.L.**

Interessenpolitik → Statuspolitik

Interessenverband → Interessengruppe

Interferenz, sprachliche, Überlagerung unterschiedlicher Sprachsysteme, sowohl in der Beziehung verschiedener Sprachgemeinschaften zueinander als auch innerhalb von Sprachgemeinschaften, in denen Dialekte und Standardsprache nebeneinander existieren. Die Möglichkeit der Übernahme von Strukturen eines Systems in das andere, die damit gegeben ist, kann über größere Zeiträume zu Sprachveränderungen führen. **F.K.S.**

Inter-Generationen-Mobilität, die Veränderung der sozialen Rangposition von Personen oder -gruppen über die Zeit, gemessen an der zwischen mindestens zwei Generationen abgelaufenen Bewegung, beispielsweise Beruf von Sohn oder Tochter verglichen mit dem des Vaters. **S.S./R.L.**

Inter-Gruppen-Beziehungen, die Beziehungen zwischen Gruppen (im Gegensatz zu den Beziehungen zwischen den Mitgliedern und Untergruppen innerhalb einer Gruppe: „Intra-Gruppen-Beziehungen"). Die Bezeichnung I.-G.-B. bezieht sich vor allem auf die Spannungen und Konflikte zwischen → Eigen- und → Fremdgruppen und spielt in der Vorurteils- und Konfliktforschung eine besondere Rolle. **H.E.M.**

Inter-Gruppenkonflikt – Intra-Gruppenkonflikt, Bezeichnungen für Konflikte zwischen (Inter-G.) oder innerhalb (Intra-G.) von Gruppen. **R.Kl.**

Interkorrelationen, Korrelationen innerhalb einer Gruppe von Variablen. **H.W.**

I J

intermediär, auf mittlerem Niveau angesiedelt, beispielsweise zwischen dem Individuum und einer zentralistisch-bürokratischen Politikstruktur.

R.L.

Internalisierung → Verinnerlichung; → Externalisierung [3]

Internationale Standardklassifikation der Berufe, *International Standard Classification of Occupations* (*ISCO-88*), von der internationalen Arbeitsorganisation (*ILO*) erstellte internationale Berufssystematik, die in einem ein- bis vierstelligen Code Informationen über Berufshauptgruppen, Berufsgruppen, Berufsuntergruppe und Berufsgattungen aufbereitet.   C.W.

Internationale Standardklassifikation des Bildungswesens, *The International Standard Classification of Education* (*ISCED*), eine von der UNESCO eingeführte Kodierung für eine international vergleichende hierarchische Anordnung von Bildungsstufen. Die Klassifikation umfasst sechs Stufen des formalen Bildungsstandes sowie einige Unterstufen.   C.W.

Internationaler sozioökonomischer Index des beruflichen Status, *International Socio-Economic Index of Occupational Status* (*ISEI*), der von Ganzeboom und Treiman entwickelte Index wird aus Angaben zum Beruf (→ ISCO-Code) gewonnen und in international vergleichenden Studien (z.B. PISA, Europäische Arbeitskräftestichprobe) eingesetzt. Der Index hat einen Wertebereich zwischen 16 und 90. In die Konstruktion des Index sind Informationen zum Einkommen, zur Bildung und zum Beruf eingegangen; die Alterseffekte wurden im Skalierungsmodell kontrolliert.   C.W.

Internationalisierung des Kapitals, Zunahme internationaler Kapitalbewegungen in Form des internationalen Warenhandels, der Anlage- und Direktinvestitionen und der Internationalisierung des Finanzkapitals (Entwicklung eines monetären Weltmarktes insb. als sog. Freie Bankzonen, die der nationalen staatlichen Kontrolle weitgehend entzogen sind). Einen wichtigen institutionellen Rahmen für die I. d. K. bilden die multi- oder → transnationalen Konzerne. Die zunehmende Wählbarkeit von Produktionsstandorten soll zu einer Dezentralisierung oder Globalisierung der Produktion bei gleichzeitig wachsender Kontrolle durch die Konzernzentralen führen. Die Prozesse der I. d. K. spielen sich überwiegend zwischen den Industrieländern ab. Es ist umstritten, ob durch die I. d. K. eine Annäherung der sog. Entwicklungsländer an die Industrieländer erfolgt oder ob die Gräben vertieft werden.   H.W.

Internationalismus, [1] die grundsätzliche und auch organisatorisch verwirklichte Auffassung, dass der Kampf der Arbeiterbewegung gegen Kapitalismus und Imperialismus nur international geführt werden kann.
[2] In sozialpsychologischen Studien ein Bündel von Einstellungen und Wertvorstellungen, die das Wohl aller Völker über das der eigenen Nation stellen.   W.F.H.

Interorganisationsnetz, bildlich vereinfachende Bezeichnung für die zwischen Organisationseinheiten (z.B. Wirtschaftsunternehmen, Behörden, Verbänden) bestehenden Bezüge. Mithilfe der analytischen Abstraktion von der Vielschichtigkeit der realen Beziehungen lassen sich übersichtliche Typen für a) die Form der Bezüge (z.B. dauerhaft oder sporadisch), b) die Richtung der Abhängigkeits- und Machtrelationen sowie des Ressourcenflusses (z.B. einseitig oder wechselseitig) und c) die Medien bzw. Inhalte der interorganisatorischen Prozesse (z.B. Informationen, Personal, Rohstoffe) gewinnen. (→ Umweltbeziehungen, organisatorische)   F.H.

Interorganisationstheorie, Sammelbegriff für beschreibende und/oder erklärende Bemühungen um den gesellschaftlichen Tatbestand einer zunehmenden Verflechtung („Vernetzung") von Organisationseinheiten (Betriebe, Behörden, Parteien usw.) in modernen Industriestaaten. Die theoretischen Bemühungen sind teilweise auf Form und Inhalt der zwischen Organisationseinheiten bestehenden Beziehungen und teilweise auf Instanzen und Verfahren zur Regelung dieser Beziehungen gerichtet. Hinsichtlich Form und Richtung der Interorganisationsbezüge wird die Struktur von Abhängigkeits- und Machtrelationen analysiert, wobei als Grundtypen Aushandeln, Koordination, Kooptation und Fusion sowie mehr oder weniger geregelte Formen des Konflikts und der Konkurrenz anzusehen sind. Hinsichtlich der Medien und Inhalte werden vor allem Informationen sowie personelle und materielle Ressourcen analysiert.

F.H.

Interpenetration ist in der Theorie des Aktionssystems von T. Parsons Oberbegriff zu Institutionalisierung, Internalisierung und Lernen. Er bezeichnet hier den Verbindungsmechanismus zwischen Kultursystem, sozialem System, personalem System und Organismus, durch den Teile der jeweils zu verknüpfenden Systeme im Kontakt wie ein gemeinsames Subsystem fungieren. Die funktional-strukturelle Theorie schlägt vor, von I. zu sprechen, wenn Systeme für den Aufbau von Systemen höherer Ordnung ihre Kontingenz und Veränderlichkeit (nicht, wie bei Parsons, eines ihrer Teilsysteme) zur Verfügung stellen. Interpenetrierende Systeme gehören jeweils zur Umwelt derjenigen Systeme, die sie aufbauen, setzen aber zumeist auch das System, das sie aufbauen, als ihre eigene Umwelt voraus.

In der Soziologie dient dieser Begriff vor allem der Darstellung des Verhältnisses von personalen und sozialen Systemen. I. ist für die Theorie autopoietischer, selbstreferenzieller Systeme Voraussetzung für ein hinreichend häufiges Vorkommen der Erfahrung → doppelter Kontingenz, da die ereignishafte Konvergenz von Elementen im nächsten Moment in differenten Systemen unter verschiedenen Anschlussbedingungen stehen.   N.L./M.G.

interpersonal response trait (engl.), nach D. Krech, R.S. Crutchfield u. E.L. Ballachey (1962) Bezeichnung für individuelle Dispositionen (als Persönlichkeitseigenschaften), auf das Verhalten anderer Personen in einer bestimmten, für das betreffende Individuum charakteristischen Weise zu reagieren. Beispiele für *i. r. t.s* sind → Dominanz, → Selbstständigkeit und → Soziabilität [1].   R.Kl.

Interpretation eines Kalküls, Vorgang, bei dem ein zunächst völlig inhaltsleeres formales Kalkül, das ein System aus abstrakt-symbolischen Zeichen darstellt, mit denen nach bestimmten syntaktischen Regeln operiert werden kann, inhaltlich bestimmt wird, indem den Zeichen Begriffe oder Eigenschaften einer Theorie zugeordnet werden. Die I. e. K. findet sich etwa bei der Formalisierung und Mathematisierung von Theorien.   L.K.

Interpretation, dokumentarische, auch: dokumentarische Methode, von K. Mannheim eingeführter, jetzt vor allem in der → Ethnomethodologie benutzter Begriff, der den Sachverhalt bezeichnet, dass die Handelnden ihre Handlungen wechselseitig als Ausdruck oder „Dokument" eines diesen Handlungen zugrunde liegenden „Musters" interpretieren. Die wechselseitige d. I. der Handlungen ist Grundlage für die wechselseitige Identifikation der Rollenerwartungen und den Vorgang der → Rolleneinnahme.   R.Kl.

Interpretationsverfahren, [1] zusammenfassende Bezeichnung für alle Verfahren bzw. Methoden, die einen sozialen Vorgang bzw. eine kulturelle Objektivation sinnverstehend auslegen. W.F.H. [2] Von A.V. Cicourel in die ethnomethodologische Diskussion eingeführtes Konzept zur Bezeichnung der grundlegenden operativen Struktur sozialen Handelns. Als tiefenstrukturelle sozial-kognitive Mechanismen ermöglichen I. die interpretative Anwendung sozialer Normen auf Handlungssituationen und die Konstitution interaktiver Reziprozität. I. liefern ein beständiges Gespür für soziale Struktur.   M.M.

interpretativ → Soziologie, interpretative

Interpsychologie, von G. Tarde (1890) vorgeschlagene Bezeichnung für Soziologie und So-

zialpsychologie. Sie soll ausdrücken, dass sich diese Wissenschaften mit dem „interpsychischen" oder „zwischenmenschlichen" Geschehen befassen.   R.Kl.

Interpunktion, differenzielle, bezeichnet bei P. Watzlawick (1969) die unterschiedliche Darstellung von Ereignissen, die zu einem Konflikt geführt haben bzw. diesen aufrechterhalten, durch die Konfliktgegner.   W.F.H.

Interrollenkonflikt, Situation widersprüchlicher Rollenerwartungen zwischen zwei oder mehreren Rollen eines Rollenträgers. So befindet sich ein Parlamentarier, der auch einen Beratungsvertrag hat, in der Klemme zwischen den Erwartungen der Öffentlichkeit und den Wünschen des ihn honorierenden Unternehmers. Ein I. ist häufig gekoppelt mit → Rollenüberlastung. Das Konfliktlösungsverhalten entspricht dem des → Intrarollenkonflikts.   B.Bu./R.L.

Intersenderkonflikt, Rollenbeziehung, in der Interessengegensätze oder Wertkonflikte zwischen zwei oder mehreren → Rollensendern auf dem Rücken eines Rollenträgers ausgetragen werden, der von den Kontrahenten abhängig ist: er steht vor dem Dilemma, verschiedene einander widersprechende Rollenerwartungen zu integrieren, wie z.B. der Student, dessen Examensarbeit von zwei Vertretern seines Faches begutachtet wird, die ihr Urteil an einander widersprechenden Standards ihrer Wissenschaft orientieren.   B.Bu.

Intersubjektivität, [1] methodologisch allgemein Nachprüfbarkeit, Kritisierbarkeit einer begründeten wissenschaftlichen Aussage durch kompetente Mitglieder der *scientific community.* Im engeren Sinne wird I. von Aussagen gefordert, die über den empirischen Gehalt von Theorien entscheiden sollen. I. bedeutet hier die Wiederholbarkeit von Beobachtungen oder Messungen unter angegebenen Beobachtungs- bzw. Messbedingungen. I. gilt in der empirisch-analytisch orientierten Sozialwissenschaft als Bedingung der → Objektivität wissenschaftlicher Aussagen. [2] Im Rahmen von Ansätzen der verstehenden, interpretativen Soziologie wird unter I. der von den Mitgliedern einer Gruppe oder Institution gemeinsam geteilte Bedeutungsgehalt bestimmter Handlungen oder Symbole verstanden, der durch Interaktion hergestellt und reproduziert wird.   H.W.

Intersystemmodelle, Intersystemanalyse, Modell bzw. Analyse der Beziehungen, insbesondere der Austauschbeziehungen zwischen verschiedenen Systemen (H. Hartmann).   H.E.

Intertextualität, auch: Interdiskursivität, bezeichnet die semantische Vielschichtigkeit eines Textes, der stets aus Aussagen verschiedener Diskurse besteht und allein in seiner Existenz

I J

immer schon auf I. verweist. Ein so definierter Text erlaubt folglich weder substanziell-personale noch substanziell-klassifikatorische Zuordnungen. Die Vorstellung von I. zielt damit auf die Auflösung hermetisch geschlossener Sinneinheiten in Texten und Diskursen.   K.K.

Intervall, Abstand, Zwischenraum zwischen Messwerten. Im Fall metrischer Skala wird das I. als ein Vielfaches einer standardisierten Messeinheit ausgedrückt (Meter, Sekunden etc.).   H.W.

Intervalle, gleich erscheinende → Thurstone-Skala

Intervall-Schätzung → Schätzverfahren

Intervallskala, eine metrische Anordnung von Elementen (z.B. *items*) auf einem Kontinuum reeller Zahlen, das eine in diesem Bereich messbare Merkmalsdimension der Elemente repräsentiert. Die → Metrik ermöglicht Aussagen über die Distanz zwischen den auf der Skala platzierten Elementen, wobei die Wahl eines Nullpunktes willkürlich ist (Indifferenz gegen eine lineare Transformation).   P.P.

Intervallverstärkung → Verstärkungspläne

Intervention, in der Soziologie der sozialen Kontrolle das Einschreiten von → Instanzen gegen abweichendes Verhalten.   R.L.

Interventionismus → Staatsinterventionismus

Interventionsstaat → Staatsinterventionismus

Interview, Methode der empirischen Sozialforschung zur Erhebung von Daten, bei der ein geschulter Interviewer (Versuchsleiter) im direkten Kontakt mit einem zu Interviewenden (Versuchsperson) mündlich Fragen stellt, um in kontrollierter Weise Informationen zu gewinnen. Aufgrund der geringen Verweigerungsrate besonders häufig angewendet.   D.G.

Interview, biografisches, auch: lebensgeschichtliches oder soziobiografisches I., mündlich durchgeführtes Interview, das der Erhebung der Lebensgeschichte (oder auch von Teilabschnitten dieser) dient, wobei im Einzelnen verschiedene Verfahren verwendet werden: feste Leitfäden; flexible Leitfäden; allein narrativer Stimulus; gezielte Diskussionsanregungen zu einzelnen Lebensentscheidungen durch den Interviewer u.a. Insofern meint b. I. nicht eine bestimmte Interviewmethode, sondern betont das Erhebungsinteresse an einer Rekonstruktion der Lebensgeschichte (bzw. der Geschichte eines Lebensabschnittes). Im Übrigen ist die Bezeichnung dadurch gerechtfertigt, dass sie in den Rahmen einer größeren methodologischen und methodischen Diskussion gehört, in der vor allem folgende Fragen erörtert werden: Ist die durch das b.e I. erhobene Lebensgeschichte allein eine selektive, am Material der eigenen Vergangenheit dargelegte Selbstthematisierung des Befragten?

Ist sie darüber hinaus eine retrospektive Vergegenwärtigung der bisherigen Lebensgeschichte? Dann stellen sich z.B. Fragen nach den Relevanzen, die diese Retrospektive steuern, sowie nach den Gedächtnisleistungen. Oder gelangt die im b.n I. evozierte Lebensgeschichte (unter bestimmten interviewmethodischen Bedingungen, → Interview, narratives) in die Nähe einer die früheren Erfahrungen und Handlungen mehr oder weniger gut abbildenden Darstellung?   W.F.H.

Interview, erzählendes → Interview, narratives

Interview, face-to-face → *face-to-face*-Interview

interview, focused (engl.) → Interview, zentriertes

Interview, freies → Tiefeninterview

Interview, gelenktes, Interview anhand eines Interviewleitfadens ohne fest vorgegebene Fragen.   H.W.

Interview, halbstandardisiertes → Interview, zentriertes

Interview, hartes → Interview, weiches – hartes

Interview, klinisches, Form des Tiefeninterviews, in dem sich der Befragte insbesondere über weitreichende Einstellungen, Orientierungen, Motivationen, die aus seiner Lebensgeschichte resultieren, äußern soll. Das k.e I. kann etwa dazu dienen, Ursachen für Kriminalität oder Sucht, die in den Erfahrungen des Betreffenden mit seiner Familie liegen, aufzudecken.   H.W.

Interview, lebensgeschichtliches → Interview, biografisches

Interview, narratives, erzählendes Interview, weitgehend nichtstandardisierte Erhebungsform, die zur Analyse von Ereignisverläufen, z.B. biografischen Prozessen (Bewältigung von Arbeitslosigkeit, Krankheitsverhalten, Ehescheidungen, Berufswahlen und Bildungskarrieren, Statuspassagen u.a.), aber auch zur Analyse von konflikthaften Gruppenprozessen, Familienkonstellationen oder kollektiven Entscheidungen dienen kann. Das n.e I. wird auch als narratives Gruppeninterview praktiziert. Ausgangspunkt des n.n I.s sollte ein identischer Erzählanreiz von „narrativer Generierungskraft" (F. Schütze) sein, der der Stegreiferzählung Bedeutung und Richtung gibt, die sich vom Zuhörer ungestört auf der Basis der Erzählkompetenz und entlang der Relevanzstrukturen des Erzählers entfalten soll. Das n.e I. produziert i.d.R. einen Text mit hohen Anforderungen an die Transkription und die Textanalyse (Erzählschichten, Ereignisse und Deutungen, Tiefenstrukturen), die zu eigenständigen inhaltsanalytischen und hermeneutischen Methodologien führen.   H.W.

interview, objectifying (engl.), eine Interviewform, bei der der Befragte genau über den Zweck der Forschung informiert und darum gebeten wird, an den Zielen des Forschers mitzu-arbeiten (G. Sjoberg/R. Nett 1968), also ähnlich dem → Experteninterview. Das *o.i.* kann nur dann verwendet werden, wenn der Befragte zu einer objektivierend-sachlichen Einstellung in der Lage ist.   W.F.H.

Interview, offenes → Tiefeninterview

Interview, postalisches, schriftliches Interview, bei dem den Befragten der Fragebogen mit der Post zugestellt wird. In der Regel ist ein Rück-sendeumschlag beigefügt. Bei einem p.n I. ist mit einer hohen Ausfallquote zu rechnen, die zu schwer kontrollierbaren Verzerrungen führen kann.   H.W.

Interview, problemzentriertes, Form des qualita-tiven Interviews (A. Witzel 1985), in dem Ele-mente des leitfadenorientierten Interviews und des narrativen Interviews verbunden werden. Im p.n I. sollen die Problemstellungen von den Be-fragten weitgehend selbst, erzählend, in den von ihnen gesehenen Zusammenhängen entwickelt werden. Durch Interviewereingriffe (Verständ-nisfragen, Strukturierungen, konfrontative Fra-gen u.a.) und die Orientierung an einer *Check*-Liste wird der „narrative Fluss" jedoch zur Er-höhung des Verständnisses beim Interviewer (Herstellung von Zusammenhängen, Überprü-fung von Deutungen u.a.) unterbrochen.   H.W.

Interview, schriftliches, spezieller Typ des Inter-views, bei dem die Fragen in schriftlicher Form vorgelegt werden und vom Befragten schriftlich beantwortet werden.   D.G.

Interview, soziobiografisches → Interview, bio-grafisches

Interview, standardisiertes, spezielle Form des Interviews, bei der alle Einzelheiten des Frage-und Reaktionsverhaltens von Interviewern ge-nau festgelegt sind, um eine maximale Ver-gleichbarkeit von Daten zu erreichen, die von verschiedenen Interviewern erhoben werden. Eignet sich besonders gut zur Überprüfung von Hypothesen.   D.G.

Interview, strukturiertes, Interview, bei dem die Reihenfolge der dem Befragten vorzulegenden Fragen oder Themengebiete dem Interviewer vorgeschrieben ist.   H.W.

Interview, telefonisches, spezielle Interviewtech-nik, bei der das „Instrument Telefon" zwischen den Befragten und den Interviewer geschaltet wird, wodurch unerwünschte Einflüsse auf den Befragten vermieden werden können. Der Vor-teil dieser Technik ist die Schnelligkeit, Wirt-schaftlichkeit und die Erleichterung der Aus-wahl, da die Grundgesamtheit (alle Inhaber ei-nes Telefonanschlusses) festliegt. Allerdings sind die Anschlüsse nicht immer repräsentativ ver-teilt.   D.G.

Interview, weiches – hartes, Formen des Inter-viewerverhaltens in der Interaktion mit dem In-terviewten. „Weich" ist ein Interview, wenn der Interviewer versucht, ein Vertrauensverhältnis zum Befragten zu entwickeln, indem er der Per-son des Befragten (nicht den Antworten) seine Sympathie demonstriert. „Hart" ist ein Inter-view, wenn der Interviewer eine ausgesprochen autoritäre Stellung gegenüber dem Befragten einnimmt, also gewissermaßen eine Verhörtech-nik anwendet. Beide Formen erscheinen geeig-net, auch verborgene Sachverhalte und Meinun-gen aufzudecken.   D.G.

Interview, zentriertes, *focused interview,* auch: halbstandardisiertes Interview, Sonderform des mündlich-persönlichen Interviews, bei der die Interviewanweisung eine Liste von Themen, Ge-genständen und Fragevorschlägen enthält, die vom Interviewer im Verlauf des Interviews zu behandeln ist. Die Interviewanweisung lässt gro-ßen Spielraum für die Interaktion zwischen In-terviewer und Befragtem.   D.G.

Interviewanweisung → Interviewleitfaden

Interviewereffekt, Verzerrung in den Antworten von Befragten, die auf den Interviewer zurück-zuführen sind. Zu den Hauptursachen gehören die Motivation, die Einstellungen und Vorurtei-le des Interviewers zu Themen der Befragung, sein Rollenspiel im Interview. Der I. kann so-wohl bei der Verschlüsselung der Antworten durch den Interviewer wie bei den Antworten selbst festgestellt werden, die Reaktionen auf ein bestimmtes Interviewerverhalten darstellen. Dem I. begegnet man durch Kontrollen, Inter-viewerschulung und -auswahl, Fragebogengestal-tung und die Zuordnung von Interviewern zu Befragten.   H.W.

Interviewerfehler, systematisch auftretende und unerwünschte → Interviewereffekte.   R.L.

Interviewerkontrolle, Überprüfung der Arbeit der Interviewer, die sich je nach Organisation des Interviewerstabes und der spezifischen In-terviewaufgaben z.B. auf wiederkehrende Feh-ler beim Ausfüllen der Fragebögen, auf Verhin-derung von fiktiven Interviews (die Interviewer füllen den Fragebogen selbst aus) oder auf die richtige Quotenauswahl bezieht.   D.G.

Interviewleitfaden, Interviewanweisung, schrift-lich festgelegte Richtlinien, nach denen der In-terviewer in der Interaktion mit dem Inter-viewten vorzugehen hat. Der Umfang ist varia-bel: von einer groben Skizzierung des Inter-view-Zieles bis zur detaillierten Festlegung aller einzelnen Handlungs- und Frageschritte.   D.G.

Intimgruppe, Bezeichnung für Kleingruppen, deren Mitglieder einander eng vertraut („in-tim") und gefühlsmäßig verbunden sind (Bei-

I J

spiel: die Kernfamilie). Weitgehend synonym mit → Primärgruppe. R.Kl.

Intimität, bezeichnet eine Situation innerhalb persönlicher Beziehungen, bei der die Kommunikation besonders eng ist und sich auch auf sonst geheim gehaltene Seiten erstreckt. Neigungen und Schwächen werden wechselseitig eingestanden und akzeptiert. Nach N. Luhmann (1990) verweist die soziale Semantik der I. die Beteiligten an, auf Störungen in der strukturellen Koppelung von Bewusstsein und Kommunikation zu achten und daraus zu lernen. R.L.

Intoleranz gegen Mehrdeutigkeit, *intolerance of ambiguity,* nach E. Frenkel-Brunswik das Unvermögen, mehrdeutige, d.h. unstrukturierte und schwierig zu ordnende und zu beurteilende Situationen, Sachverhalte und Ereignisse auszuhalten bzw. mit ihnen fertig zu werden. Personen mit hoher I. g. M. neigen zum Schwarz-Weiß-Denken und zur Ausbildung von einfachen, klar strukturierten kognitiven Systemen. R.Kl.

Intra-Generationen-Mobilität, die Veränderung der sozialen Rangposition von Personen oder -gruppen über die Zeit, gemessen an den abgelaufenen Bewegungen innerhalb einer Generation, beispielsweise Häufigkeit und Art des Berufswechsels von 35-jährigen. S.S.

Intra-Gruppenkonflikt → Inter-Gruppenkonflikt – Intra-Gruppenkonflikt

Intransitivität, mögliche Eigenschaft einer → Relation

Intrarollenkonflikt, Situation widersprüchlicher Rollenerwartungen in den verschiedenen Sektoren einer Rolle. Üblicherweise hegen die typischen Partner einer Rolle unterschiedliche Erwartungen an das Verhalten des Rollenträgers. Vom Lehrer z.B. erwarten Schüler und deren Eltern Nachsicht bei der Zensurengebung; Schulbehörde und Industrie hingegen stellen strenge Leistungsanforderungen und verlangen Auslese. Solange nun die Möglichkeit besteht, die einzelnen Sektoren einer Rolle räumlich-zeitlich voneinander abzugrenzen, gerät der Rollenträger nicht in ein Anpassungs- oder Entscheidungsdilemma. Wenn sich jedoch die Sektoren überschneiden, d.h. wenn das Rollenverhalten in den verschiedenen Sektoren jeweils allen Rollenpartnern transparent gemacht wird und diese Situation länger andauert, entsteht für den Rollenträger eine Lage, auf die er mit individuellen Integrationsanstrengungen reagieren muss. B.Bu./R.L.

Intrasenderkonflikt, Rollenbeziehung, in der seitens ein und desselben Rollensenders unbeständige und widersprüchliche Rollenerwartungen an einen Rollenträger gerichtet werden. B.Bu.

intrinsisch → Motivation, intrinsische – extrinsische

Introjektion, die Aufnahme fremder Vorstellungen, Einstellungen, Überzeugungen, Motive usw. in das eigene Denken und Handeln. Nach psychoanalytischer Auffassung die Aufnahme äußerer Objekte in das Ich, ihre Einbeziehung in das Innere des psychischen Apparats, wo sie als Gegenstände subjektiver Fantasien und Interessen fungieren. Zwischen I. und → Identifizierung besteht ein enger Zusammenhang; häufig werden beide Begriffe synonym verwandt. Häufig wird der Begriff der I. auch synonym mit dem der → Verinnerlichung gebraucht. Gegenbegriff: → Projektion R.Kl.

Introspektion, Selbstbeobachtung, Aussagen der untersuchten Person oder des Forschers über eigene Erlebnisse, Handlungen, „seelische" Vorgänge, die u.a. in der Denk- und Wahrnehmungspsychologie als Untersuchungsmaterial herangezogen werden. Zuverlässigkeit und Möglichkeiten der Verallgemeinerung sind bei der I. zum Teil gering. H.W.

Introversion, ein auf C.G. Jungs Typologie zurückgehendes, vor allem von H.J. Eysenck aufgegriffenes bipolares Konzept der Persönlichkeitsforschung. Gegenpol: → Extraversion. Der introvertierte Typ kann durch folgende Eigenschaften gekennzeichnet werden: sorgsam, nachdenklich, pessimistisch, passiv, ungesellig, zurückhaltend, schweigsam, friedlich. H.W.K

Intuition, schlagartiges Erfassen des umfassenden Erkenntnisgegenstandes im Gegensatz zum →diskursiven Denken, bzw. der → symbolischen Erkenntnis. Nach H. Bergson (1903) heißt I. die „Sympathie", mit der man sich in das Innere eines Objekts versetzt, um dessen Individualität, dessen Einmaligkeit zu erkennen, die – konsequenterweise – nicht angemessen in Worte zu fassen ist. Die I. ist Bergson das Mittel, um die philosophisch gängige Subjekt/Objekt-Spaltung zu überwinden. O.R.

Invasion, [1] allgemein das (militärische) Eindringen in ein fremdes Terrororium. [2] In der Stadtforschung ein Begriff des sozialökologischen Ansatzes der → Chicago Schule, der das Eindringen einer Bevölkerungsgruppe in das Quartier einer anderen beschreibt (vgl. → Sukzession). J.W.

inventories (engl.), auch Skalen-Inventare, die Zusammenfassung von Testskalen zur Messung globalerer Konstrukte – wie z.B. der Persönlichkeit. Sie wird als Inventar bezeichnet, wenn sie sich faktorenanalytisch stützen lässt. So gibt es z.B. in der Psychologie den NEO-FFI Test nach P. Costa und R. McCrae, der ein multidimensionales Persönlichkeitsinventar ist, das die wichtigsten Bereiche individueller Unterschiede erfasst. Umfangreiche faktorenanalytische Studien haben gezeigt, dass der Einschätzung von Personen in Fragebogen und auf Adjektivskalen fünf robuste Dimensionen zugrunde liegen. Das NEO-FFI erfasst mit seinen insgesamt 60 Items diese Dimensionen auf fünf Skalen: Neurotizismus, Extraversion, Offenheit für Erfahrung, Verträglichkeit und Gewissenhaftigkeit. W.P.

Investition, [1] in der Ökonomie allgemein jede mit Kosten verbundene Aktivität zur Erzielung eines mindestens den Kosten gleichen Ertrages. Die wertmäßigen periodischen Gesamtaufwendungen zur Erhaltung und Erweiterung des volkswirtschaftlichen Produktionsapparates nennt man Brutto-I. Diese setzen sich zusammen aus den Ersatz-I.en (Abschreibungen als rechnerische Größe für die Wertminderung der sachlichen Produktionsmittel) und den sich gleichsam als Restgröße ergebenden Netto-I.en.
[2] In der Soziologie (G.C. Homans, P.M. Blau) sind I.en Bestandteil des Gesetzes zur Gerechtigkeit (Proportionalität von Belohnungen). D.K.

invisible hand (engl.), unsichtbare Hand, bei A. Smith bildhafte Bezeichnung für das Prinzip seiner Gesellschaftstheorie, demzufolge die individuellen Bedürfnisse und Interessen bis auf wenige Ausnahmen harmonisch abgestimmt sind mit den sozialen Normen und Institutionen sowie mit den Bestandserfordernissen der Gesellschaft. Diese wechselseitige Anpassung beruht zum einen auf dem Prozess der individuellen Übernahme von gesellschaftlich geprägten Verhaltens- und Erlebnisweisen und zum anderen auf der Unterstützung, die von den sozialen Institutionen in Bezug auf die individuellen Bedürfnis- und Interessenbefriedigung ausgeht. F.H.

Involution, [1] nach A. Schäffle Bezeichnung für die Zeit des Verfalls eines sozialen Organismus bis hin zur völligen Auflösung (sozialer Tod), zum Zerfall der sozialen Gebilde in unzusammenhängende Individuen mit ungleichartigen Handlungszielen. Der Begriff I. galt als Korrigendum zum stets progressiv verstandenen Begriff Evolution. O.R.
[2] Hin und wieder Bezeichnung für eine Rückentwicklung demokratischer Herrschaftssysteme, Parteien und Theorien zu vor- und undemokratischen Formen. W.F.H.

involution, agricultural (engl.), von C. Geertz (1963) an der Untersuchung der Nassreiskulturen (*sawah*) auf Java gewonnene Bezeichnung für eine durch die koloniale duale Wirtschaft (Zucker für den Export; Reis für den lokalen Konsum) blockierte Entwicklung, in der die Bevölkerungszunahme auf lange Zeit durch eine

ständige Intensivierung und Verfeinerung der traditionellen Produktionsformen absorbiert wurde. H.W.

involvement (engl.) → Beteiligtsein

involvement obligation (engl.) → Beteiligtsein

involvement, alienative (engl.), fremdbestimmte Bindung. Unter starker Missbilligung erfolgende, äußerst frustrierende zwangsweise Bindung an eine Organisation. G.B.

involvement, calculative (engl.), rechenhafte Bindung. Vom Vergleich der in Aussicht gestellten Belohnung mit anderen eigenen Interessen jeweils abhängige Bindung an eine Organisation. G.B.

involvement, moral (engl.), moralische Verpflichtung. Auf Pflicht- und Ehrgefühl oder auf Überzeugung beruhende starke persönliche Bindung an eine Organisation. G.B.

Inwertsetzung, Einbeziehung eines Raums, einer Region in den globalen Raum des Weltmarktes (Altvater/Mahnkopf 1999) unter der spezifischen Perspektive der Extraktion möglicher wertvoller Rohstoffe und ihrer Transformation in (auf dem Weltmarkt) handelbare Waren. Die I. führt zu Scheidung der „wertvollen" von den „wertlosen" oder hinderlichen Natureigenschaften und Bestandteilen des Raums, der Sicherung von Eigentumsrechten und einer spezifischen, auf selektive Verwertung ausgerichteten Raumordnung. Auf den Raum (und seine Bevölkerung) bezogene „Entwicklung" ist hiernach ein selektiver, vereinseitigender Prozess unter spezifischer Verwertungsperspektive. Der Begriff der I. kann für alle potentiell in den Verwertungsprozess einbeziehbaren natürlichen Ressourcen verallgemeinert werden. H.W.

Inzesttabu, das Verbot der Heirat oder der Aufnahme sexueller Beziehungen innerhalb einer Verwandtschaftsgruppe. Was jeweils als Verwandtschaftsgruppe in diesem Sinne gilt, variiert von Gesellschaft zu Gesellschaft, von Epoche zu Epoche; das Verbot selbst gilt in allen bekannten Gesellschaften (mit wenigen Ausnahmen bei Herrscherfamilien, vgl. die altägyptischen Pharaonen). Auch in den industriell entwickelten Gesellschaften ist das Verbot nicht ganz identisch mit dem Verbot sexueller Beziehungen zu nahen Blutsverwandten. In den meisten Gesellschaften spielt das Verbot als Strukturvorschrift für Familien und Gruppen eine wichtige Rolle. In der Lehre von S. Freud hat es eine zentrale theoretische Funktion. T. Parsons (1954) hat versucht, das I. weniger als Verbot denn als Aufforderung an das Kind zu verstehen, seine Herkunftsfamilie zu verlassen und dadurch zu übergreifenden sozialen Verbindungen und Verflechtungen beizutragen. W.F.H.

I J

Inzidenzrate, gibt das Verhältnis zwischen dem Auftreten eines Merkmals oder Ereignisses in einem definierten Zeitraum zu der Anzahl der in Betracht kommenden Personen wieder. Die I. wird berechnet, um die Häufigkeit von z.B. Erkrankungen oder Kriminalitätsopfererfahrungen zu erheben. Wenn Befragte angeben, mehrfach Opfer desselben Ereignisses geworden zu sein, ist die I. höher als die → Prävalenzrate.
R.N./D.Kl.

IQ → Intelligenzquotient

Irenik → Apologetik

Irreflexivität, mögliche Eigenschaft einer → Relation

Irrelevanz, kognitive → Kognition, irrelevante

Irrgarten-Weg → *maze-way*

Irrtumssoziologie, meint eine Erkenntnishaltung, die darauf aus ist, in anderen Wissensgebieten deren Defizite aufzuweisen. Eine I. stellt die Verzerrungen heraus, die z.B. aufgrund sozialer Herkunft der Experten entstehen (D. Bloor 1976). Ähnlich wird von „Dementierkriminologie" gesprochen, wenn die soziologische Analyse der Strafverfolgung sich darauf beschränkt, die offizielle Kriminalstatistik auf die einseitige Verfolgung der Unterschichten zurückzuführen. Vor allem die Wissenssoziologie neigte früher dazu, sich in den Grenzen einer I. zu halten. Überwunden ist das nicht, wenn daran festgehalten wird, nach soziologisch erklärbaren Missgriffen in z.B. Technik, Medizin oder Recht zu suchen, also in Wissensgebieten, die anderen Denkregeln folgen als die Soziologie. Man wird dann „eine Soziologie der Abweichung von der inneren Logik der wissenschaftlichen Wissensproduktion betreiben, I. eben" (I. Schulz-Schaeffer 2004).
R.L.

Irrtumswahrscheinlichkeit, Bezeichnung für die Wahrscheinlichkeit, bei der statistischen Prüfung einer Hypothese einen → Fehler erster Art zu begehen. Je kleiner die I. festgelegt wird, desto höher ist die Sicherheitswahrscheinlichkeit oder das → Signifikanzniveau.
H.W.

ISC → *index of status characteristics*

ISCED → Internationale Standardklassifikation des Bildungswesens

ISCO → Internationale Standardklassifikation der Berufe

ISEI-Index → Internationaler sozioökonomischer Index des beruflichen Status

Isoglossen, auf Sprachkarten Linien, die geografische Gebiete voneinander trennen, in welchen sich die Sprache im Hinblick auf ein bestimmtes untersuchtes Merkmal unterscheidet.
A.H.

isolate (engl.), bezeichnet einen Menschentyp, der (freiwillig oder erzwungen) ohne soziale Bindungen, Pflichten und ohne Teilnahme an den sozialen Zeitordnungen lebt, am beruflich-

wirtschaftlichen Wettbewerb nicht teilnimmt, z.B. Bettler und Tramps, aber auch manche Inhaber hochgeschätzter Positionen (M. Douglas 1986).
W.F.H.

Isolierte, in der Soziometrie Bezeichnung für Personen, die in einem soziometrischen Test von niemandem gewählt werden und auch selbst niemanden wählen.
R.Kl.

Isolierung des Affektes → Affektverdrängung

Isolierung, mikrosoziale, bezeichnet den Vorgang, in dem und durch den ein Mensch seine Freunde verliert, sich der Verwandtschaft entfremdet, Bekanntschaften meidet und allenfalls noch die Beziehung zum Ehepartner aufrecht erhält (B. van Stolk/C. Wouters 1987).
W.F.H.

Isomorphie, Bezeichnung für eine Beziehung zwischen zwei Systemen von Elementen, die dann vorliegt, wenn beide Strukturen der Elemente umkehrbar eindeutig aufeinander abbildbar sind, d.h. wenn jedem Element und jeder Beziehung zwischen Elementen in einem System nur ein Element und eine Beziehung in einem anderen entspricht. Das Problem der I. stellt sich bei der Modellbildung, z.B. bei Abbildung einer sozialen Struktur auf eine mathematische Formulierung. I. wird oft mit → Homomorphie verwechselt.
H.D.R.

Isomorphismus, institutioneller, bezeichnet bei P.J. diMaggio/W.W. Powell (1983) jene Prozesse des Lernens, durch die sich Organisationen an den als besonders erfolgreich geltenden Organisationen in einem Feld orientieren und deren Strukturen nachahmen.
W.F.H.

Isoplethkarte, grafische Methode von C.F. Schmid zur Darstellung der räumlichen Verteilung von Kriminalität. Mit einer I. wurde ermittelt, dass im Stadtzentrum die stärkste Kriminalität vorliegt, diese aber zu den Stadtrand- und Landgebieten hin abfällt.
C.Wo.

Issue-Orientierung, die Aufmerksamkeit von Wählern für Sachfragen. Mit *I.-O.* richtet man sich bei der Stimmabgabe nach Problemen und vergleicht die verschiedenen Wahlaussagen hierzu. Andere Orientierungsmuster in politischen Wahlen sind Kandidatenorientierung bzw. Parteibindung.
R.L.

issue-technique (engl.), Ansatz zur Untersuchung des Einflusses von Personen in der Analyse gemeindlicher Macht-Strukturen (*community power structure*). Die *i.-t.* besteht in der Ermittlung, welche Personen an welchen Entscheidungen (*issues*) ausschlaggebend mitgewirkt haben.
H.W.

IST → Amthauer-Test

item (engl.), Bestandteil von Skalen und Fragebögen, als Frage oder Urteil *(statement)* formulierte Aussage, zu der ein Befragter Zustimmung bzw. Ablehnung in der Form ja/nein oder in verschiedenen Intensitätsstufen äußert.   P.P.

Item-Analyse → Indikatoren-Analyse

Iteration, Wiederholung, Bezeichnung für die schrittweise Annäherung an eine Lösung durch wiederholte Anwendung bestimmter Operationen (z.B. Rechenoperationen).   H.W.

Iterationstest, Wald-Wolfowitz-Run-Test, Runtest, Test, der zur Prüfung der Zufallsmäßigkeit einer Stichprobe verwandt wird. Die Prüfgröße *r* (*runs*) gibt die Zahl der Folgen gleicher Merkmale bei Alternativdaten an, die bei der Stichprobenentnahme beobachtet werden. In der Folge

$$AA \ B \ AAA \ BB \ A \ BB$$

finden sich *r* = 6 Iterationen, da auch allein stehende Elemente als Iterationen gewertet werden. Unter der Nullhypothese einer zufälligen Reihenfolge ist *r* für größere Stichproben annähernd normal verteilt mit dem Mittelwert

$$m_r = 1 + \frac{2 \, N_1 \, N_2}{N} \, ; \, N = N_1 + N_2$$

und der Standardabweichung

$$s_r = \sqrt{\frac{2 \, N_1 \, N_2 \, (2 \, N_1 \, N_2 - N)}{N^2 \, (N-1)}}$$

N_1 und N_2 sind die Anzahlen der Stichprobenelemente mit den alternativen Ausprägungen. Bei nicht-alternativen Merkmalen können diese etwa durch Aufteilung am Median in Alternativen überführt werden.
Der I. ist von A. Wald und J. Wolfowitz ursprünglich für den Vergleich zweier größerer Stichproben entwickelt worden. Die Messwerte der beiden Stichproben werden dabei in eine gemeinsame Rangordnung gebracht. Die Größe *r* ist durch die Zahl der Iterationen von Messwerten in der Rangordnung gegeben, die der gleichen Stichprobe angehören. Liegen zwischen den Stichproben viele Ranggleichheiten vor, ist der I. nicht anwendbar.   H.W.

ius sanguinis – ius soli, von lat. *ius* = Recht, *sanguis* = Blut und *solum* = Boden. Das *i.sang.* bezeichnet das „Recht der Abstammung", das die Staatsangehörigkeit von der der Eltern ableitet. Neben dem Abstammungsprinzip gilt in Deutschland unter bestimmten Voraussetzungen seit 2000 auch das *i.soli*, „Recht des Bodens", das die Staatsangehörigkeit an den Geburtsort knüpft. Besteht ein Land auf der Option für den einen oder anderen Staat, untersagt also eine Mehrfachzugehörigkeit, erschwert das die Integration von Zugewanderten.   D.Kl.

IZ, Abk. für Informationszentrum Sozialwissenschaften. Das IZ in Bonn dokumentiert Literatur und Forschungsarbeiten aus dem Bereich der deutschsprachigen Sozialwissenschaften, → GESIS   C.W.

J

Jahre, formative → Prägephase

jakobinisch, radikal aus politischer Überzeugung. Die Bezeichnung j. verweist auf den wichtigsten politischen Klub der französischen Revolution, dem auch Robespierre angehörte.   O.R.

Janowitz-Modell, das von M. Janowitz in seiner 1955 mit der DIVO durchgeführten Untersuchung über „Schichtung und Mobilität in Westdeutschland" angewandte Verfahren. Untersucht wurde intragenerationelle (Veränderungen in Beruf und sozialer Schicht zwischen 1939 und 1955) und intergenerationelle Mobilität an Hand einer Berufsgliederung, festgestellt durch genaue Berufsbezeichnung des Haushaltsvorstandes; die einzelnen Berufe wurden 14 Berufsgruppen zugeordnet, diese vier sozialen Schichten: obere und untere Mittelschicht, obere und untere Unterschicht.   S.S.

J-Kurve, [1] Bezeichnung für eine Verteilungskurve, die die Form eines *J* oder seines Spiegelbildes aufweist.
[2] Bezeichnung für die von F.H. Allport gefundene *J*-förmige Häufigkeitsverteilung von Verhaltensweisen, die (bzw. deren Urheber) sozialer Kontrolle, d.h. einem Konformitätsdruck ausgesetzt sei. Unterliegen Verhaltensweisen keiner sozialen Regelung, ähnelt ihre Häufigkeit eher einer Normalverteilung.   W.Sl.

JND, *j.n.d.* (engl.), Abkürzung von *just noticeable difference*, eben merklicher Unterschied, Unterschiedsschwelle. → Schwelle   R.Kl.

job enlargement (engl.) → Arbeitsplatzausweitung

job enrichment (engl.) → Arbeitsanreicherung

job rotation (engl.) → Stellenrotation

job satisfaction (engl.) → Arbeitszufriedenheit

joint family (engl.), im indischen Kontext eine Form der → Großfamilie [2], in der i.d.R. mehrere koresidierende (Kern)Familien (die Erzeugerfamilie mit den Familien von Söhnen oder auch die Familien von Brüdern) durch ungeteilten Familienbesitz (insbesondere Land) in der Hand des Haushaltsvorstandes, gemeinsame

Kulte und gemeinsamen Konsum verbunden sind. Die *j.f.* zerfällt i.d.R. bei Teilung des Besitzes nach dem Tod des Haushaltsvorstandes.

         H.W.

joint venture (amerik.), auch: Unternehmenskooperation, bezeichnet eine freiwillige, durch Vertrag gesicherte, mittel- oder langfristig strukturierte Zusammenarbeit von zwei selbstständig weiter existierenden und zumindest prinzipiell gleichberechtigten Unternehmen; in den 1980er Jahren wurde der Begriff um die internationale Komponente erweitert. Durch *j. v.* sollen die Ziele der jeweiligen Firmen, aber auch gemeinsame, neu gesetzte Vorhaben bei vermindertem Risiko und vergrößertem Kapitalvolumen erreicht werden. Oft werden über diesen Weg protektionistische Schranken, so etwa in der Autoindustrie, überwunden, oder man verschafft sich überhaupt Eintritt zu Märkten, z.B. nach China, bzw. erschließt, aus der Sicht des ‚Entwicklungslandes‘, z.B. technisches und/oder betriebswissenschaftliches *Know-how* und Kapital.   G.F.

joking relationship (engl.) → Neckbeziehung

Judikative, die rechtsprechende Gewalt im Staat. Im Rahmen der → Gewaltenteilung wird diese von der → Legislative und → Exekutive unterschieden.   D.Kl.

Jugenddelinquenz → Jugendkriminalität

Jugendforschung, der disziplinenübergreifende Arbeitsbereich empirischer Studien über Jugend und Jugendliche (Pädagogik, Psychologie, Psychiatrie, Soziologie u.a.). Allerdings wird bei J. oft vor allem an die pädagogische J. gedacht, zum einen, weil hauptsächlich Pädagogen diesen Arbeitsbereich angeregt haben (vgl. S. Bernfeld 1914/15), zum anderen, weil die Pädagogik (anders als Jugendsoziologie, Jugendpsychologie usw.) über keinen anderen Begriff verfügt (Jugendpädagogik meint ja nicht oder nicht in erster Linie die empirische Erforschung der Jugendsituation).   W.F.H.

Jugendkriminalität, Jugenddelinquenz, die vom Strafrecht verbotenen Verhaltensweisen noch nicht erwachsener Menschen. Für die Kriminalität der unter 14-jährigen bürgert sich jetzt der Ausdruck Kinderkriminalität ein. J. unterscheidet sich von der Erwachsenenkriminalität z.B. durch erhöhte relative Häufigkeit und durch die Art der Delikte.   R.L.

Jugendkultur, *youth culture,* allgemein die Gesellungsformen von Jugendlichen sowie die darin wirkenden Normen und Wertvorstellungen, durch die sich Jugendliche (in der modernen Gesellschaft) von Erwachsenen unterscheiden. Die Bezeichnung J. wird in vielfältiger Bedeutung und manchmal unscharf gebraucht.

[1] Die Jugendbewegung seit Ende des 19. Jahrhunderts hat J. als Entwurf einer eigenen, von der Jugend bestimmten und ihr angemessenen Lebensweise (samt Liedgut, Dichtung und Umgangsformen) vorgeschlagen. Jugendforscher, die aus dieser politischen und pädagogischen Tradition heraus J. verwenden, denken meist an die von Jugendlichen selbst geschaffenen kulturellen Elemente und Sozialformen (rechnen also Einflüsse aus dem Kommerziellen nicht hinzu).

[2] Seitenverkehrt zu [1] verstehen manche unter J. vor allem solche Vorstellungen und Verhaltensweisen von Jugendlichen, die aus der kommerziellen Verwertung eines gesellschaftlichen Jugend- und Jugendlichkeitsideals stammen (Star-Kult, kommerzielle Fan-Clubs, Mode usw.).

[3] Einige soziologische Theoretiker (S.N. Eisenstadt 1956, T. Parsons) verstehen unter J. das Geflecht der altershomogenen Gruppen, Bekanntschaftsnetze und Cliquen, das beim Übergang von der partikularistischen Welt der Herkunftsfamilie zur universalistischen Welt der Erwachsenenrollen entsteht. Ein Strukturwiderspruch zwischen Familie und Gesellschaft werde von den Jugendlichen mithilfe von J. in diesem Sinne gelöst (die jugendlichen Gruppen erleichtern die Herausbildung einiger nicht-familiärer Dispositionen), mindestens bearbeitet.

[4] J. Coleman (1961) behauptet die Existenz einer eigenständigen J. (als gesellschaftlicher Teilkultur neben anderen), belegt über die jugendlichen Gesellungsformen hinaus durch Hinweis auf eine autonome Wertewelt (Sport und Mode, Autos und *dating*), autonom auch in dem Sinne, als die Jugendlichen sich vor allem an Gleichaltrigen orientieren, nicht an Erwachsenen. Diese These hat eine intensive Debatte in der Jugendsoziologie ausgelöst, die zu Relativierungen führte.

[5] Manche verstehen unter J. (auch: jugendliche Gegenkultur) vor allem jene Gruppen und Bewegungen (seit den 1950er Jahren, vor allem aber seit der Studentenbewegung), die sich ausdrücklich und in ihrer Lebensweise (u.U. auch subversiv) gegen die bestehende Gesellschaft richten (Hippies, Punker z.B.).

[6] Von einem integrativen Ansatz her gilt J. als Bereich der von Jugendlichen getragenen Vorstellungen, Lebensentwürfe, Stilelemente, Gesellungsformen usw., zunächst ganz gleich, ob diese kommerziell induziert, von internationalen Vorbildern her übernommen oder selbst produziert sind (die Unterscheidung fällt hier ja immer schwerer), um dann das innere Spannungsfeld dieser Sozialformen und kulturellen Motive sozialgeschichtlich aufschlüsseln zu können.

       W.F.H.

Jugendquotient → Abhängigkeitsquotient

Jugendreligionen, religionswissenschaftliche Sammelbezeichnung für religiös-weltanschauliche Gruppen und Bewegungen, deren Anhängerschaft zum größten Teil aus Jugendlichen in der Adoleszenz besteht. J.en zentrieren sich i.d.R. um eine Führergestalt mit messianischem Anspruch und sind im Übrigen durch die den → neuen religiösen Bewegungen gemeinsamen Merkmale gekennzeichnet. V.Kr.

Jugendsoziologie, soziologische Teildisziplin, die sich mit dem Übergangsstadium, durch das Kinder zu Erwachsenen werden, unter den Gesichtspunkten der familiären und außerfamiliären Erziehung, der Statuszuweisung und Initiation, dem damit verbundenen Identitätswandel, der Jugendkriminalität, der jugendeigenen Gruppenbildungen und jugendspezifischen Verhaltensformen beschäftigt. Wichtige Fragestellungen, die die J. mit der allgemeinen Soziologie verbinden, sind z.B. die nach einer → Jugendkultur als gesellschaftlicher Teilkultur, nach den Folgen des soziokulturellen Wandels für das Verhältnis von Jugendlichen und Erwachsenen, nach Gründen und Wirkungen oppositioneller Jugendbewegungen, nach Geschichte und Zukunft des Jugendstatus als Lebensaltersstufe, nach der Ausbildung der Geschlechtsrollen im Hinblick auf unterschiedliche Lebenschancen der Geschlechter. W.F.H.

Jugendstile, Bezeichnung für die insbesondere seit den 1950er Jahren aufgetretenen Stilformen von jugendlichen Gruppen oder Szenen (z.B. Halbstarke, Hippies, Skinheads), die sich einerseits gegen das Erwachsenenleben, andererseits gegeneinander konturieren. W.F.H.

Jugendweihen → Initiationsriten

Jugendzentrismus, auch: jugendlicher Ethnozentrismus, von J. Zinnecker im Anschluss an M. Schofield (1969, „Teenager- Ethnozentrismus") entwickelte Dimension des Verhaltens und der Orientierung bei einem Teil der Jugendlichen heute: Diese orientieren sich im Hinblick auf Werte, Normen, Mode, körperliche Selbstdarstellung und Umgangsformen kaum an Eltern, Lehrern oder anderen Erwachsenen, sehen hier geradezu ein feindliches Verhältnis, sondern an ihresgleichen; dominante Gesellungsformen sind dementsprechend die Straßen- oder Schulclique, die subkulturelle Gruppe, der Freundeskreis von Gleichaltrigen. Zuerst wurde J. als Gegenbegriff zu Familienzentrismus (Jugendliche, die sich ohne großen Rückhalt in Gruppen von Gleich-

altrigen an den Vorgaben und Ratschlägen ihrer Eltern orientieren und deren Lebensentwürfe annehmen) benutzt, dann auch als Gegenbegriff zu Erwachsenenzentrismus (eine analoge Einstellung bei einem Teil der Erwachsenen, im Grunde im Sinne von Jugendfeindlichkeit). W.F.H.

Jurisprudenz, soziologische, eine Methode der Rechtswissenschaft, die davon ausgeht, dass die begriffliche Entfaltung juristischer Argumente allein nicht in der Lage ist, den in Konflikt geratenen Interessen gerecht zu werden, sondern dass – bei aller Anstrengung um ein juristisch begründetes Vorgehen – der Einzelfall auch soziologisch gesehen werden muss. Die s. J. stellt einen Versuch dar, die Verbundenheit von Sein und Sollen bzw. ihre Nichttrennbarkeit zu belegen. M.O.H.

Juristenmonopol. Mit diesem Begriff wird kritisiert, dass das Laufbahnsystem des allgemeinen höheren Verwaltungsdienstes weitgehend an juristischen Qualifikationen orientiert ist, was zu einer Bevorzugung von Juristen gegenüber Wirtschafts- und Sozialwissenschaftlern führt. Die Kritik bezieht sich auf empirische Untersuchungen, nach denen der Anteil von Juristen nicht nur bei den Einstellungen überproportional groß ist, sondern auch umso größer wird, je höher die hierarchische Position einer Stelle ist. M.S.

juste milieu (frz.), die richtige Mitte, beim Handeln und Urteilen das Mittelmaß zwischen Extremen. [1] Nach der Julirevolution von 1830 in Frankreich wurde das *j. m.* zum Grundprinzip der Regierungspolitik des „Bürgerkönigs" Louis Philippe: Das Staatswohl könne nur bewahrt werden, wenn die Regierungsgewalt den verfeindeten Parteien der Royalisten und Republikaner gegenüber ein *j. m.*, d.h. ein Mittelmaß beachte. Diese politische Maxime fand ihre soziale Stütze im liberal-konservativ gesinnten Großbürgertum. In der Folge bedeutete *j. m.* in politischer Hinsicht eine Schaukel- und Balancepolitik, in kultureller Hinsicht eine Vermeidung oder Abschwächung theoretischer und praktischer Gegensätze und Extreme. [2] Später ein Synonym für Mittelmäßigkeit und laue Gesinnung. H. Maus (1940) zufolge war das *j. m.* im 19. Jahrhundert die das Bürgertum prägende Haltung. F.G.

justification, context of (engl.) → Entdeckungszusammenhang – Rechtfertigungszusammenhang

K

Kabinettsystem. Entstanden aus den Geheimen Räten der Fürsten ist das K. eine Regierungsform, in der die durch das Parlament bestimmten Regierenden sich mit einem Kreis von Beratern und Ausführenden umgeben (Minister), die dem Parlament nicht oder nicht direkt verantwortlich sind. W.F.H.

Kader, [1] in einem älteren Sinne der für Leitungs- und Führungsaufgaben ausgebildete Kern einer Truppe, dann auch die Gesamtheit der leitenden Funktionäre einer Organisation, eines Verbandes, eines Unternehmens usw.
[2] In den kommunistischen Parteien und in den sozialistischen Staaten Bezeichnung für die Leiter und Funktionäre in Partei, Staat und Wirtschaft (später auch Ausdehnung auf alle Angestellten, vgl. „Kaderakte" für „Personalakte"). W.F.H.

Kaderpartei, Bezeichnung vor allem für sozialistische und kommunistische Parteien, deren innere Struktur durch Kader (gezielt ausgewählte und ausgebildete Funktionäre) gekennzeichnet ist. W.F.H.

Kalkül, hedonistischer, *hedonistic calculus,* Bezeichnung für das Abwägen von Verhaltensalternativen unter dem Gesichtspunkt des durch sie zu erzielenden Lustgewinns. R.Kl.

Kameradschaftskommunismus, nach M. Weber eine Form des → Kriegerkommunismus mit besonderer Betonung quasi ständischer Privilegierung. C.S.

Kameralwissenschaft, Lehren von der Staatswirtschaft, der Staatsverwaltung und des fürstlichen Vermögens (*camera* = Schatzkammer), die im 17. und 18. Jahrhundert von den Beratern an den Fürstenhöfen entwickelt wurden. Die Kameralisten vertraten überwiegend merkantilistische Positionen. Die besondere Beachtung der Staatsfinanzen trug ihnen den Vorwurf ein (A. Smith), dass sie den gesellschaftlichen Reichtum mit Reichtum an Geld und Edelmetallen verwechselten. Bedeutender Vertreter der K. war J.H.G. von Justi (1717–1771). H.W.

Kampf ums Dasein → Sozialdarwinismus

Kanal → Kommunikationskanal; → Mobilitätskanal; → Informationskanal

Kanalisierung, [1] der Prozess, in dem das Individuum lernt, seine zunächst relativ unspezifischen Bedürfnisse und Antriebe (z.B. Hunger) auf spezifische Objekte oder Arten der Befriedigung (z.B. die Einnahme bestimmter Arten von Nahrungsmitteln unter Beachtung bestimmter Tischsitten) zu richten und zu fixieren. R.Kl.
[2] Bezeichnung für das Leiten oder Umleiten von Einstellungen oder Verhaltensweisen. Im engeren Sinne spricht man von K. bei Eingriffen, die physisch oder sozial stark abgesichert sind (in andere „Kanäle" lenken), im weiteren Sinne bedeutet K. jede Art von Einflussnahme auf Einstellungen. A.G.W.

Kanaltheorie, Erklärung von Geschehnissen innerhalb sozialer Gruppen durch die Annahme umwelt- oder feldbedingter „Kanäle" oder „Wege", über die die Gruppe mit ihrer Umwelt in Verbindung tritt (K. Lewin). Teil der → psychologischen Ökologie (Umweltlehre). Zentral für die K. ist der Begriff des „Pförtners" (*gate keeper*) oder „Schleusenöffners". So werden etwa die Essensgewohnheiten in einer Familie mit der (durch gewohnheitsmäßige Zuständigkeiten begründeten) Pförtner-Rolle der Hausfrau hinsichtlich des Einkaufs von Lebensmitteln und dem Zugang derselben zu bestimmten Einkaufsmöglichkeiten erklärt. Ähnlich könnten die politischen Einstellungen der Familienmitglieder durch die *gate keeper*-Funktion des Ehemannes hinsichtlich des Einfließens politischer Informationen in die Familie erklärt werden. H.E.M.

Kann-Norm – Soll-Norm – Muss-Norm. M.-N.en sind rechtlich fixierte Verhaltensvorschriften, deren Verbindlichkeit hoch ist. Bei S.-N.en handelt es sich um Sittennormen, bei denen die erzwingbare Verbindlichkeit kaum geringer ist. K.-N.en decken sich mit sozialen Verhaltensregelmäßigkeiten, deren Einhaltung nicht durch besondere Kontrollmechanismen garantiert wird (Brauch). Es handelt sich also um eine Klassifikation von Normen nach dem Grad ihrer Verbindlichkeit, d.h. nach dem Ausmaß der sich anknüpfenden Sanktionen (von gerichtlicher Strafe über soziale Ächtung bis hinab zu bloßem Belächeln). H.Ti.

Kanzlerdemokratie, eine demokratische Regierungsform, in der der Kanzler als Regierungschef aufgrund von Verfassungsvorschriften eine dominierende Rolle hat (geprägt ursprünglich im Hinblick auf K. Adenauers Regierungsstil). W.F.H.

Kapital, [1] im üblichen, zugleich engeren ökonomischen Sinne jedes direkt erwerblichen Zwecken (→ Profit [2]) dienende materielle Vermögen (natural oder monetär ausgedrückt); im weiteren Sinne jedes direkt oder indirekt erwerblichen Zwecken dienende materielle (*tangible capital*) oder immaterielle (*intangible capital*) Vermögen; im weitesten Sinne alle materiellen und immateriellen „Verkörperungen" (*capi-*

tal embodied) von Aufwendungen (monetär ausdrückbar oder nicht), sofern sie geeignet sind, zur Erhaltung und Verbesserung von Produktions- und Konsummöglichkeiten bzw. Lebensmöglichkeiten allgemein beizutragen.

Der eine Kern des üblichen K.begriffs besteht in der Unterstellung von Erwerbstauglichkeit bzw. Produktivität: K. sei ein Produktionsfaktor (→ Produktionsfaktorentheorie), dessen Einsatz in erklärbarer und berechenbarer Weise zum Produkt beitrage, ohne dass deshalb K. ein originär produktiver Faktor sein müsse. Der andere Kern besteht in der Verknüpfung der „produktiven" oder „Einkommen schaffenden" Eigenschaft des K.s mit dem Besitz von K. Dem Besitzer von K. steht danach ein Entgelt für die Eigen- oder Fremdnutzung seines K.s zu (Zins; aber auch Rente, Unternehmerlohn, Lohn).

Als wichtigste K.begriffe sind zu nennen: K. als in Sachen objektiviertes Erwerbsvermögen (bezeichnet als physisches K., materielles K., Sachkapital, Realkapital) oder als abstraktes Erwerbsvermögen (Geld und Kredit). Produktives K. im engeren Sinne ist bestimmt als im Unternehmenssektor verfügbares objektiviertes Erwerbsvermögen, das einen direkten Beitrag zum Produkt leistet. Privates K. bezeichnet entweder das im privaten Unternehmenssektor gebundene und verfügbare Anlage-, Umlauf- und Geldkapital oder das in der Verfügung von Personen bzw. Haushalten befindliche K. Humank. nennt man die Verkörperungen von Aufwendungen, die direkt der Beeinflussung der Erwerbsmöglichkeiten von (Erwerbs-) Personen dienen. Als Sozialkapital (*social overhead capital*) werden die Verkörperungen von Aufwendungen bezeichnet, die eher indirekt der erwerblichen Nutzung von Sach- und Humankapital dienen (Infrastruktur). Gemeint sind in der Regel nur K.e in monetär ausdrückbarer Form. Selten wird K. als sozialökonomische Kategorie (E. Preiser) aufgefasst, als Herrschaft „des K.s" über „die Arbeit". Die seit einigen Jahren beobachtbare Tendenz zu weiter gefassten Begriffen von K. macht sowohl die vorherrschenden Begriffe von K. (z.B. „produktives" K.) als auch die institutionellen Abgrenzungen (z.B. privates K.) zunehmend fragwürdig. Eine einheitliche, etwa alle monetär ausdrückbaren K.e einbeziehende und institutionell zumindest vollständige (z.B. Einbeziehung der privaten und öffentlichen Haushalte) Vermögensrechnung (→ Volkswirtschaftliche Gesamtrechnung, → Sozialberichterstattung) liegt noch nicht vor.   D.K.

[2] In der Marx'schen Theorie allgemein der „sich selbst verwertende Wert", dem als gesell-schaftlich entwickelte Form die Produktion gesellschaftlichen Reichtums, der gesellschaftliche Reproduktionsprozess untergeordnet ist. K. Marx entwickelt den Begriff des K.s aus der Zirkulationsform Geld-Ware-Geld (mehr Geld). Der Zweck des Austausches besteht in der Vermehrung des Reichtums in der abstrakten Form des Geldes. In dieser Zirkulationsform ist schon die „Maßlosigkeit" der Verwertung des K.s, der ihm innewohnende Zwang zu immer weiterer → Akkumulation angelegt (ständige Verwandlung von Geld in „noch mehr Geld"). Die Verwertung des Werts, dessen Erscheinungsform der Tauschwert der Ware ist, kann sich nicht im Austauschprozess Geld-Ware-Geld (Äquivalententausch) schlechthin vollziehen, sondern nur dadurch, dass sich Geld, nun als K., gegen die besondere Ware Arbeitskraft tauscht, das K. als „tote", vergegenständlichte Arbeit Verfügung über die lebendige, wertbildende Arbeit gewinnt, durch die sie sich im → Arbeits- und Verwertungsprozess der Produktion erhält und zugleich vermehrt. Die Existenz des K.s ist an die Klasse der produktiven Lohnarbeiter gebunden (→ Kapitalverhältnis), mit der es sich herausbildet und verschwindet. Im Kreislaufprozess des K.s, der den gesellschaftlichen Reproduktionsprozess determiniert, nimmt das K. verschiedene Formen an (Geld – Rohstoffe/Anlagen/Arbeitskraft – Ware – Geld), in denen es gleichzeitig nebeneinander existiert. Diesem Gestaltwandel in der Produktion und Realisierung des Werts und Mehrwerts entsprechen besondere Anlagesphären (industrielles K., Handelskapital, Bankkapital). In der Herausbildung der → Durchschnittsprofitrate sind die konkurrierenden Einzelkapitale der verschiedenen Anlagesphären miteinander verbunden.   H.W.

[3] Bei P. Bourdieu diejenigen Ressourcen, welche ungleiche Lebenschancen zuweisen und die innerhalb der → Felder [6] als „Trümpfe" benutzt werden können. Neben dem ökonomischen K. unterscheidet er vor allem → soziales K., → kulturelles und → symbolisches K., verwendet aber auch für einzelne Felder spezifische Kapitalformen (z.B. wissenschaftliches, literarisches, technisches K.). Die verschiedenen Kapitalsorten sind mehr oder weniger gut konvertierbar (→ Konvertierbarkeit der Kapitalsorten).   R.L./A.K.

Kapital, fiktives, im Unterschied zum realen, im Verwertungsprozess fungierenden Kapital, das den Formelwechsel von Geld-Ware-Geld vollzieht, bezeichnet K. Marx die bloßen Ansprüche auf Teile der Erträge (Aktien, Schuldverschreibungen und andere Finanzpapiere) als f.K. Der

Preis dieser Papiere ergibt sich aus der Diskontierung (Kapitalisierung) der erwarteten, zukünftigen Erträge mit dem bestehenden Zinssatz. Die Finanzmärkte schaffen hierdurch die Möglichkeit einer eigenen (monetären) Akkumulation, die sich von der Akkumulation des realen Kapitals löst.   H.W.

Kapital, fixes – zirkulierendes, Unterscheidung in der Marx'schen Theorie für die Formen, die das → konstante Kapital im Produktions- und Zirkulationsprozess annimmt. Ein Teil dieses Kapitals bleibt in der Produktion (Anlagen, Gebäude) fixiert. Sein Wert wird durch Abnutzung vermindert und im Arbeitsprozess auf den Produktenwert übertragen. Sachliche Gestalt und Wertgestalt des Kapitals treten auseinander. Ein anderer Teil (Arbeitsstoffe, Energieträger) wird produktiv konsumiert und als Wert übertragen. Alle auf die Produkte (Waren) übertragenen Wertteile können sich im Austausch in Geld zurückverwandeln, sie bilden flüssiges oder z.K. Die notwendige, auch räumliche Fixierung des Kapitals steht im Widerspruch zum ständigen Bestreben seine Umlaufgeschwindigkeit zu erhöhen. Dem f.n Kapital droht die Gefahr der Entwertung durch Veralterung oder „moralischen Verschleiß" (K. Marx).   W.F.H./H.W.

Kapital, flüssiges → Kapital, fixes – zirkulierendes

Kapital, gesellschaftliches → Kapital, soziales

Kapital, immaterielles → Humankapital [1]

Kapital, internationales → Internationalisierung des Kapitals

Kapital, kommerzielles → Handelskapital

Kapital, konstantes, abgekürzt *c*, bei K. Marx Bezeichnung für die Kapitalgröße, die in Produktionsmittel (Arbeitsmittel wie Maschinen und Hilfsstoffe bzw. Arbeitsgegenstände wie Rohmaterialien und Vorprodukte) verauslagt ist. Der Wert des k.K. verändert sich im Produktionsprozess nicht, sondern wird durch die angewandte Arbeit auf das Warenprodukt ganz oder anteilig (je nach Verschleiß) übertragen. Die Reproduktion des k.K. im Warenwert bedingt für den Kapitalisten keine gesonderten Arbeitsaufwendungen.   H.W.

Kapital, kulturelles, auch: Bildungskapital; bezeichnet nach P. Bourdieu alle materiellen wie symbolischen und institutionalisierten Kulturgüter und -ressourcen, die als symbolische Machtmittel zur Durchsetzung hegemonialer Wertehierarchien, legitimer Habitusformen und Wahrnehmungsweisen der sozialen Welt instrumentalisiert werden. K. K. existiert als Machtpotenz in körperlich einverleibter (Mentalitäten, Dispositionen), verdinglichter (kulturelle Sachgüter, Kunstwerke, Literatur) und institutionalisierter Form (Bildungszertifikate, Titel).   K.K.

Kapital, nationales, [1] auch Nationalkapital, zusammenfassender Ausdruck für das in einem Land angelegte Kapital.

[2] Einzelkapitale und Kapitalgruppen mit hohem politischen Gewicht, die in der Lage sind, besondere Verwertungsmöglichkeiten eines Landes (Qualifikationsstruktur oder Loyalitäten der Arbeitsbevölkerung, Lohnniveau, Infrastrukturen, Bodenschätze etc.) gegenüber konkurrierenden Kapitalen aus dem Ausland u.a. auch mithilfe nationaler Gesetzgebung und staatlichen Interventionen zu behaupten.

[3] Kapital, das im Unterschied zu transnationalen Unternehmen weitgehend nur auf einem nationalen Markt agiert und an den inländischen Standort gebunden ist. Dem internationalisierten K. wird i.d.R. eine Überlegenheit über das n.K. zugeschrieben.   H.W.

Kapital, organische Zusammensetzung des → Zusammensetzung des Kapitals

Kapital, produktives → Kapital [1]

Kapital, soziales, [1] auch Sozialkapital, in P. Bourdieus Theorie der Reproduktion der Klassen eine der drei Kapitalsorten (ökonomisches Kapital, → kulturelles Kapital), die Individuen und Gruppen als Ressourcen bei Gewinn und Erhaltung von Status dienen. Das s.K. wird gebildet von den Ressourcen, die sich aus dem jeweiligen Netz von Beziehungen ergeben, die der Einzelne für sich nutzen kann, die sich also aus der anerkannten Zugehörigkeit zu einer Gruppe (im weiteren Sinne) herausholen lassen (z.B. Empfehlungen, Gutachten, Kreditwürdigkeit, Heiratsverbindungen, Zugehörigkeit zu exklusiven Klubs, „Beziehungen" auch im umgangssprachlichen Sinne). Zum Aufbau und zum Erhalt dieses Netzes gegenseitiger Anerkennung und Hilfe (falls nötig) wird erhebliche Arbeit aufgewandt: einflussreiche Freunde oder Förderer gewinnen, in die richtigen Kreise hineinkommen, vielversprechende Zufallsbekanntschaften in feste Beziehungen verwandeln, Geschenk- und Besuchsbeziehungen aufrechterhalten usw.   W.F.H.

[2] Allgemeiner als bei P. Bourdieu bezeichnet s.K. bei J.S. Coleman (1990) alle sozialstrukturellen Ressourcen, die bestimmte Handlungen eines Individuums als Teil einer Beziehungsstruktur begünstigen. Grundlage von s.K. können u.a. Herrschafts- oder Vertrauensbeziehungen, Rechte und Normen oder Organisationen sein. S.K. entsteht häufig als unbeabsichtigtes Nebenprodukt sozialer Beziehungen und ist als Eigenschaft einer Struktur nicht als Privateigentum einer Person anzusehen. Wie bei Bourdieu tragen auch bei Coleman Beziehungsstrukturen und Netzwerke zur Bildung von s.K. bei.   H.W.

Kapital, symbolisches, bezeichnet bei P. Bourdieu keine eigene Kapitalform, sondern den symbolischen Effekt anderer Kapitalsorten, die „Form", in der diese als legitim anerkannt werden. Z.B. kann ökonomisches Kapital in Form von Statussymbolen oder Schenkungen Anerkennung und Legitimierung finden, ohne dass die Machtbeziehungen offen gelegt werden.
A.K.

Kapital, variables, abgekürzt *v,* bei K. Marx Bezeichnung für die Kapitalgröße, die in Form der bezahlten Arbeitskraft im Produktionsprozess verauslagt ist. Dem v.K. steht im produzierten Warenwert der von der verausgabten Arbeit geschaffene → Neuwert gegenüber, der das v.K. um den Mehrwert übersteigt. Die als v.K. genutzte Arbeitskraft reproduziert im Warenwert ihr eigenes Äquivalent (Lohn) und einen Überschuss (Mehrwert), der variabel ausfallen kann.
H.W.

Kapital, wissenschaftliches, bei P. Bourdieu jene Kapitalsorte, um die im Feld der Wissenschaft gekämpft wird und das in der Anerkennung besteht, die durch das Gesamtheit der Mitbewerber gewährt wird. Das w.K. hat zwei Formen: Das persönliche Prestige als Wissenschaftler (erlangt durch Beiträge zum Fortschritt der Wissenschaft; messbar durch Veröffentlichungen in prestigereichen Zeitschriften, Zitationshäufigkeit usw.) und das institutionelle w.K. (ausgedrückt durch Mitgliedschaft in Instituten, Kommissionen, Fachverbänden sowie durch Teilnahme an Kongressen, Festakten, Herausgeberschaften usw.).
W.F.H.

Kapital, zirkulierendes → Kapital, fixes – zirkulierendes

Kapitalakkumulation, [1] in der politischen Ökonomie → Akkumulation [2].
[2] In P. Bourdieus Theorie der Reproduktion sozialer Klassen allgemeine Bezeichnung dafür, dass die Ressourcen der Einzelnen wie der Gruppen zur Erlangung einer sozialen Position (im Sinne von ökonomischem, → kulturellem oder → sozialem Kapital) nicht zufällig verteilt sind, sondern aus früheren Aneignungsprozessen resultieren.
W.F.H.

Kapitalausweitung → Kapitalkoeffizient

Kapitalfetisch, Begriff der marxistischen Theorie: aus den Produktionsverhältnissen der kapitalistischen Produktionsweise entspringt notwendig die Vorstellung vom Kapital als einem Ding; die gesellschaftlichen Formbestimmtheiten des Kapitalverhältnisses scheinen als sachliche Eigenschaften den als Kapital fungierenden Produktionsmitteln unmittelbar anzuhaften. Vor allem erscheinen die gesellschaftlichen Produktivkräfte der Arbeit, die aus Kooperation und Arbeitsteilung und der dadurch möglichen Ein-

beziehung der Wissenschaft in den Produktionsprozess entspringen, als Produktivkräfte des Kapitals. Das Kapital – der Ausdruck der gesellschaftlichen Beziehungen der Produzenten – gewinnt sachliche Macht über diese, erscheint als Subjekt der gesellschaftlichen Entwicklung. Der K. ist eine Verdichtung und Weiterentwicklung des → Waren- und des → Geldfetischs. R.Ka.

Kapitalfraktion, in der marxistischen Theorie Begriff für eine Gruppe von Einzelkapitalien und deren politischen Repräsentanten (z.B. Schwerindustrie, Atomindustrie, auch Industriekapital, Bankkapital), die gegenüber anderen Kapitalgruppen aufgrund der spezifischen Verwertungsbedingungen spezifische Interessen entwickelt, welche in der politischen Sphäre geltend gemacht werden (Außen-, Bildungs-, Steuer- und Konjunkturpolitik etc.). R.Ka.

Kapitalherrschaft nennt M. Weber diejenige Form unpersönlicher Herrschaft, die im Rahmen kapitalistischer Produktionsverhältnisse gilt und bei der, idealtypisch, das „persönliche" Verhalten aller Beteiligten wesentlich der objektiven Situation, also insbesondere ökonomischen Gesetzlichkeiten und deren Beachtung zugeschrieben wird. Im Unterschied zu allen anderen Formen der Herrschaft kennt die K. kein Prinzip der Legitimation und der ethischen Reglementierbarkeit. C.S.

Kapitalintensität, als absolutes oder relatives Verhältnis von jeweils preisbewertetem Kapitaleinsatz und Arbeitseinsatz ein Maß für den technischen Fortschritt (Tendenz zur Kapitalintensivierung). Statistisch oft nur Verhältnis von preisbewertetem Sachkapital zu Zahl der Beschäftigten. D.K.

Kapitalisierung, [1] bedeutungsgleich mit Verwertung (→ Arbeitsprozess – Verwertungsprozess).
[2] Bezeichnung für Prozesse, in denen ein Arbeitsgang, ein Produktionszweig, ein Bereich gesellschaftlicher Arbeit der Logik und Struktur kapitalistischer Ausbeutung und Rationalität unterworfen wird. W.F.H.
[3] In der bürgerlichen Ökonomie Begriff sowohl für das „Zu-Geld-Machen" von Kapital als auch umgekehrt für das „Zu-Kapital-Machen" von Geld. D.K.
[4] Svw. Diskontierung, Berechnung des → Kapitalwerts.

Kapitalismus, [1] mit verschiedenen Bedeutungen benutzter Begriff der Sozialwissenschaften für die Wirtschafts- und Gesellschaftsform, die sich mit Ausgang des Mittelalters vor allem in Westeuropa entwickelt hat und heute insbesondere für die sog. westlichen Industrieländer kennzeichnend ist. Als Merkmale des K. gelten allgemein: (a) Die Güterproduktion vollzieht sich unter Bedingungen des Privateigentums an den Produktionsmitteln. (b) Große Teile der Bevölkerung besitzen keine Produktionsmittel, sondern müssen ein Lohnarbeitsverhältnis eingehen, um leben zu können. (c) Die Triebkraft der wirtschaftlichen Prozesse ist das Interesse der Produktionsmittelbesitzer an Vermehrung des eingesetzten Kapitals, an Profitmaximierung.

[2] In der marxistischen Theorie die durch den Zwang zur Akkumulation von Kapital durch Verwertung bereits gebildeten Kapitals gekennzeichnete Gesellschaftsform, wobei Kapital nicht als Vermögen oder Geldsumme bestimmt ist, sondern durch seine Funktion: die Anwendung lebendiger Arbeit zum Zwecke der Produktion von → Mehrwert. Die durch die → Mehrarbeit geschaffenen Werte werden vom Produktionsmittelbesitzer privat angeeignet. Dem widerspricht der gesellschaftlich-kooperative Charakter des Produktionsprozesses. Insofern diese Wirtschaftsform nicht an der Erfüllung gesellschaftlicher Bedürfnisse ausgerichtet ist, sondern an der Vermehrung bereits akkumulierter Kapitale, an der Mehrwertproduktion, ist sie durch innere Widersprüche gekennzeichnet: Produktion und Zirkulation der Waren sind einander nicht geplant zugeordnet; die Produktion der Waren erweist sich erst im Austausch als Resultat gesellschaftlicher Arbeit; Krisen und Konjunkturen wechseln einander in Zyklen ab. Vom weitgehend ungesteuerten, krisenhaften Verlauf der Akkumulation sind mehr oder weniger alle gesellschaftlichen Bereiche und Weltregionen betroffen (z.B. in Form von Arbeitslosigkeit, Steuerausfällen, absterbenden Industrien bis hin zu imperialistischen Kriegen). Die mit der Überwindung der Schranken der Akkumulation einhergehenden gesellschaftlich-politischen Umbrüche haben bisher jedoch, entgegen den Vorhersagen von K. Marx und der marxistischen Orthodoxie, nicht zum Zusammenbruch des K. geführt. Durch → Globalisierung [4], neue Informations- und Biotechnologien u.a. werden neue Bewegungsräume und Anlagesphären für das Kapital erschlossen. Zugleich wachsen in der Gegenwart weltweit die Ungleichheit der Lebensbedingungen und die Umweltbelastungen weiter an, die die industriell-kapitalistische Lebensweise als „Modell für alle" in Frage stellen.

[3] Die Volkswirtschaftslehre sieht den K. als ein wirtschaftliches System an, das am besten geeignet ist, die Produktivpotenzen der Gesellschaft zu entwickeln: Indem die wirtschaftlichen Entscheidungen den Produktionsmittelbesitzern

überlassen sind (ohne größeren staatlichen Einfluss), sind diese durch Konkurrenz untereinander zu größtmöglicher Ausschöpfung der gesellschaftlichen Ressourcen, zur Entwicklung neuer Produktionsverfahren und zur Erfüllung neuer gesellschaftlicher Bedürfnisse gezwungen. In diesem Modell hat der Profit die Funktion eines Anreizes für den Unternehmer, Kapital vorzuschießen und die Produktion in Gang zu setzen, und gilt Kapital (Geld- und Sachmittel) als produktiv.

[4] Bei M. Weber haben Erwerbstrieb und Gewinnstreben nichts mit dem K. allein zu tun, sondern finden sich in aller Geschichte. K. begreift er als Tendenz zur Bändigung dieses irrationalen, gewalttätigen Erwerbsstrebens: „Ein ‚kapitalistischer' Wirtschaftsakt soll uns heißen zunächst ein solcher, der auf Erwartung von Gewinn durch Ausnützung von Tausch-Chancen ruht: auf (formell) friedlichen Erwerbschancen also [...] Wo kapitalistischer Erwerb rational erstrebt wird, da ist ein entsprechendes Handeln orientiert an Kapitalrechnung [...], es ist eingeordnet in eine planmäßige Verwendung von sachlichen oder persönlichen Nutzleistungen als Erwerbsmittel derart, daß der bilanzmäßig errechnete Schlußertrag der Einzelunternehmung an geldwertem Güterbesitz [...] beim Rechnungsabschluß das ‚Kapital': d.h. den bilanzmäßigen Schätzungswert der für den Erwerb durch Tausch verwendeten sachlichen Erwerbsmittel, übersteigen [...] soll" (M. Weber). In diesem Sinne hat es für Weber immer K. gegeben. Der moderne K. unterscheidet sich von diesen geschichtlichen Formen durch die freie Lohnarbeit, durch die rationale Verwaltung des Betriebs, durch die wissenschaftliche Berechenbarkeit der produktiven Faktoren und durch die Anwendung der exakten Naturwissenschaften. In seinen historischen Studien hat Weber insbesondere die Rolle des asketischen Protestantismus für die Herausbildung des kapitalistischen Geistes, der mit dem modernen K. verbundenen Wirtschaftsgesinnung, herausgearbeitet.

[5] Da der Begriff K. in den Klassenkämpfen eine Kampffunktion hat, weil er auf den gesellschaftlichen Grundwiderspruch und (im Zusammenhang sozialistischer Theorie) auf Möglichkeit und Notwendigkeit der Abschaffung des → Kapitalverhältnisses hinweist, wird der Begriff von vielen Autoren und Gruppen als ideologisch zurückgewiesen. Stattdessen verwendet man „Unternehmerwirtschaft", „Freie Wirtschaft", „Freie Gesellschaft", „Freie Marktwirtschaft" usw.   H.W./W.F.H.

Kapitalismus, flexibler, Bezeichnung im Umfeld der → Regulationstheorie (M. Aglietta, R. Boyer, A. Lipietz, J. Hirsch u.a.) für ein postfordistisches → Akkumulationsregime, in dem durch Flexibilisierung, d.h. vor allem durch Privatisierung und Deregulierung, „Marktkräfte" in allen gesellschaftlichen Bereichen freigesetzt und gestärkt werden sollen. Es vollzieht sich ein Übergang vom Manager- zum Aktionärskapitalismus, der die Stellung der Eigentümer bei der Unternehmenskontrolle und damit die Ausrichtung von Unternehmen an kurzfristigem Gewinn stärkt. Neben der fortschreitenden Internationalisierung der Ökonomie (→ Globalisierung) basiert der f.K. in hohem Maße auf der Expansion einer *Informational Economy*, deren Basistechnologie alle anderen Branchen durchdringt. Zudem entstehen wissensintensive Leitsektoren (IT-Branche, Telekommunikation, Bio- und Gentechnologie etc.). Das Regime des f.n K. treibt die Tertiarisierung der Wirtschaft voran und verändert nachhaltig die Struktur von Arbeitsverhältnissen.   M.Sch.

Kapitalismus, moderner → Kapitalismus [4]

Kapitalismus, organisierter, Begriff aus der → Imperialismustheorie, mit dem verschiedene sozialistische und sozialdemokratische Theoretiker im Anschluss an R. Hilferding diejenige Phase der kapitalistischen Entwicklung bezeichnen, in der die freie Konkurrenz durch übergreifende Organisationsformen im Zuge der Konzentration und Zentralisation, vor allem auch durch die Entstehung des Finanzkapitals abgelöst sei (Kartelle, Trusts etc.). Der Begriff des o.K. impliziert, dass die Anarchie der kapitalistischen Produktion abgelöst sei durch eine kapitalistische Planung, die die zyklischen Krisen verhindern könne.   R.Ka.

Kapitalismus, peripherer, Begriff zur Analyse der politisch-ökonomischen Strukturen in der Dritten Welt, die einerseits als kapitalistisch geformt, andererseits aber als abhängig vom Akkumulationsprozess in den Zentren (USA, Westeuropa, Japan) des kapitalistischen Weltsystems angesehen werden. Vom metropolitanen K. unterscheidet sich der p.e K. dadurch, dass das „kapitalistische Modell ... mittels politischer Herrschaft von außen aufgepfropft wird" (S. Amin). An die Stelle einer „eigenständigen Akkumulation" auf der Basis einer verbundenen Entwicklung der Produktion von Produktions- und Konsumtionsmitteln tritt in der Peripherie auf der Grundlage billiger Arbeitskräfte im Exportsektor, der die Zentren insb. mit Rohstoffen und Nahrungsmitteln versorgt. Die Arbeitskräfte entstammen weitgehend nicht-kapitalistischen Agrarverhältnissen, eine Industrialisierung der Landwirtschaft findet nicht statt. Der Binnen-markt besitzt nur geringe Ausdehnung, auf dem Luxuswaren für Großgrundbesitzer, die schwache inländische Bourgeoisie und die Staatsbürokratie großen Raum einnehmen. Die nationale Bourgeoisie ist vom Kapital der Metropolen abhängig und mit ihm politisch verbündet (→ Kompradorenbourgeoisie).   H.W.

Kapitalismus, staatsmonopolistischer, auch Stamokap, zentraler Begriff marxistisch-leninistischer Kapitalismustheorien. Sie gehen davon aus, dass sich seit Beginn des 20. Jahrhunderts die Widersprüche der kapitalistischen Ökonomie nur noch durch Staatseingriffe in die Krisentendenz glätten ließen, dass das Monopolkapital seine Herrschaft nur noch durch Verschmelzung mit der Staatsmacht halten konnte. Diese Entwicklungen erbrachten etwa in den 1950er Jahren den s.K. Indem der Staat offen politisch die Interessen des Monopolkapitals durchsetzte, baute er auf der politischen Ebene durch Formierung die demokratischen Rechte ab. Die Kritik am Theorem des s.K. richtet sich auf den Monopolbegriff, auf implizite Annahmen über die relative Eigenständigkeit des Staates gegenüber der ökonomischen Sphäre, auf politische Implikationen (insbesondere auf die Vorstellung, abgesehen von der relativ kleinen Gruppe von Staatsfunktionären und Monopolkapitalisten habe die große Mehrheit der Bevölkerung im Grunde ein gleichgerichtetes Interesse an einer sozialistischen Gesellschaft). W.F.H.

Kapitalist, fungierender, auch: Eigentümerkapitalist, Bezeichnung für denjenigen Eigentümer von Produktionsmitteln, der die Leitungs- und Kontrollfunktionen seines Betriebes oder Unternehmens selbst ausübt oder an der Ausübung teilnimmt und diese Funktionen nicht an Beauftragte (Manager) abgegeben hat.   W.F.H.

Kapitalkoeffizient, numerisches Verhältnis von wertmäßigem Kapitalbestand und Wertprodukt. Der K. wird ermittelt als Bestandsgröße (durchschnittlicher K.) oder Stromgröße (marginaler K.). Der K. sagt nur aus, dass der Kapitalaufwand pro Einheit des Produkts relativ hoch oder niedrig ist, abnimmt oder zunimmt. Das bedeutet zugleich (Kehrwert des K. ist die Kapitalproduktivität) eine relativ niedrige oder hohe rechnerische Kapitalproduktivität (kapitalbezogene, nicht Produktivität des Kapitals). Möglich ist z.B.: Erhöhung, Konstanz oder Abnahme des K.en bei jeweils steigender Kapitalintensität (Verhältnis von Kapital zu Arbeitseinsatz). Niveau und Tendenz des K.en sind Merkmale wirtschaftlicher Entwicklung.   D.K.

Kapitalkonzentration, die Ansammlung von Kapital in einem Unternehmen (→ Akkumulation [2]), durch die zugleich Unternehmen von geringer Akkumulationskraft aus dem Markt gedrängt werden. In der Marx'schen Theorie geht die Kapitalkonzentration mit → Kapitalzentralisation als notwendigen Folgen der kapitalistischen Entwicklung einher.   H.W.

Kapitalrechnung → Kapitalismus [4]

Kapitalverhältnis, in der marxistischen Diskussion Bezeichnung dafür, dass es sich beim Kapital nicht – wie die bürgerliche Volkswirtschaftslehre meint – um ein Produktionsinstrument handelt, mit dessen Hilfe der gesellschaftliche Reichtum vermehrt wird, sondern um das gesellschaftliche Verhältnis von Lohnarbeit leistenden Arbeitern und mehrwertaneignenden Eigentümern von Produktionsmitteln in der Form von → Kapital. Das Verhältnis von Lohnarbeit und Kapital wird durch den Verwertungsprozess des Kapitals reproduziert: auf der einen Seite das vermehrte Kapital, auf der anderen Seite die weiterhin eigentumslosen Lohnarbeiter. Da diese aus dem Lohn kein Kapital bilden können, müssen sie erneut ihre Arbeitskraft gegen Lohn verkaufen. Neben dem ökonomischen Zwang wird das K. auch politisch-rechtlich gesichert (Eigentumsrecht, Arbeitsrecht, Sozialrecht).   W.F.H./H.W.

Kapitalverkürzung → Kapitalkoeffizient

Kapitalvertiefung → Kapitalkoeffizient

Kapitalwert, auch: Ertragswert. Allgemein der für einen Bezugszeitpunkt errechnete Nettowert eines Kapitals (Gegenwartswert). Den Wert erhält man durch die Addition aller erwarteten und auf die Gegenwart abgezinsten Nettoerträge. Zentraler Begriff der Theorie des → Humankapitals.   D.K.

Kapitalzentralisation, Begriff der Marx'schen Theorie für die Zusammenfassung von Kapital durch wenige Kapitalisten oder Kapitalgruppen (z.B. durch Aufkäufe von Unternehmen, Kapitalverflechtungen).   H.W.

Kapitalzirkulation, Zirkulation des Kapitals, Begriff der Marx'schen Theorie für den Formwandel des Kapitals aus der Geldform in die Form des in der Produktion eingesetzten Kapitals, von dort in die Warenform, aus der Warenform zurück in die Geldform. Im strengen Sinne zirkuliert das Kapital nicht, da es stets, wenn auch in wechselnder Form, in der Hand des Kapitalisten bleibt. Ziel und Zweck der Bewegung des Kapitals $(G - W - G')$ ist die Vermehrung des eingesetzten Kapitals. Das Kapital, das der Kapitalist vorschießt, d.h. gegen Waren (Produktionsmittel, Arbeitskraft, Rohstoffe usw.) tauscht, kehrt zu ihm zurück, vergrößert um den in der Produktion produzierten → Mehrwert. „Die Kreisläufe der individuellen Kapitale verschlingen sich aber ineinander, setzen sich voraus und bedingen einander, und bilden gerade in dieser

Verschlingung die Bewegung des gesellschaftlichen Gesamtkapitals" (K. Marx).   W.F.H./C.Rü.

Kapitalzusammensetzung → Zusammensetzung des Kapitals

Karriere, *career,* [1] eine Abfolge verwandter Berufsrollen, die jemand während seines Arbeitslebens nacheinander einnimmt, z.B. die Laufbahn eines Beamten.   O.R.
[2] Im weiteren Sinne: eine typische Abfolge von Aktivitäten und sozialen Rollen, z.B. die kriminelle K. eines Mannes vom Fürsorgezögling über den Gelegenheitsdieb zum sog. Berufsverbrecher.   O.R./R.L.
[3] Als moralische K. bezeichnet E. Goffman den sozialisatorischen Werdegang einer stigmatisierten Person, die sich ihres abweichenden Charakters bewusst wird, sich dazu bekennt (→ *coming-out*), sich in eine Subkultur integriert usw. Diese Phasen werden in einem für die Epoche oder das Milieu kennzeichnenden Tempo durchlaufen.   R.L.

Karriere, abweichende, Bezeichung des → *labeling approach* für die Entwicklung von konsistenten abweichenden Verhaltensweisen in Reaktion auf Etikettierung und Stigmatisierung.   M.M.

Karriere-Elite, Summe der Inhaber von Positionen, die die höchsten Rangplätze auf der Macht- oder Prestigeskala der Gesellschaft einnehmen; diese Positionen sind die Endstufen institutionalisierter Abfolgen von Berufspositionen. Zur K.-E. als Typus der Funktionselite zählen z.B. das hohe Beamtentum, die Generalität.   O.R.

Karrieremobilität, Grad und Formen des beruflichen Auf- und Abstiegs im Leben eines Einzelnen.   W.F.H.

Karrieremuster, *career pattern,* über gesellschaftliche Zuweisungsprozesse und überwiegend durch besondere Zugangswege festgelegte, relativ stabile und zielgerichtete Aufeinanderfolge von Berufspositionen (Laufbahn), mit deren einzelnen Stationen für den Positionsinhaber ein berechenbarer sozialer Aufstieg verbunden ist. In Organisationen sind stabile K. ein Mittel, um Positionsinhaber zu einem loyalen Verhalten gegenüber der Organisation anzuhalten.   S.S.

Karriere, negative, nach P. Bourdieu das Absinken aus der Arbeiterschaft in das Elend und die Unsicherheit der subproletarischen Schichten. Die n.K. bilde als Befürchtung eine zentrale Motivation für die Einstellungen und Lebensplanungen der Arbeiterschaft.   W.F.H.

Karteiauswahl, Ziehung einer Stichprobe aus einer Liste, in der die Gesamtheit der Untersuchungseinheiten enthalten ist, etwa Verzeichnisse von Belegschaftsmitgliedern oder Karteien von Einwohnermeldeämtern. Fehler können bei einer K. dadurch auftreten, dass die Liste unvollständig ist, Doppelnennungen enthält oder die Einheiten der Liste so gruppiert sind, dass nicht alle Einheiten die gleiche Chance besitzen, in die Stichprobe zu gelangen. H.W.

Kartell, vertragliche Vereinigung mehrerer selbstständiger Unternehmen zur Herabsetzung der Konkurrenz auf einem bestimmten Markt (etwa Koordinierung der Preis- und Absatzpolitik). H.W.

Kaste, [1] eine spezielle Form von → Stand; K. ist eine exklusive Gemeinschaft von Personen, deren sozialer Status durch Geburt vorgegeben ist und die kraft religiös ritualisierter Vorschriften demselben Stand angehörig bleiben und spezielle Funktionen für die Gesellschaft erfüllen müssen.
[2] Im weiteren Sinne Bezeichnung für Gruppierungen oder Bevölkerungsteile, die aufgrund ihrer sozialen Lage determiniert sind in Möglichkeiten der Berufswahl, in Zuerkennung von Prestige, in sozialer und geografischer Mobilität etc. In diesem Sinne werden die unterprivilegierten Bevölkerungsteile in modernen Industriegesellschaften K.n genannt, z.B. die Farbigen in den USA.
[3] Sozialkritische Bezeichnung für sich als Stand fühlende Gruppierungen in modernen Gesellschaften; Beispiele: Richter, Hochschullehrer, Ärzte, Offiziere, Geistliche. O.R.

Kastrationsangst, nach älterer psychoanalytischer Auffassung die auf die Entdeckung des anatomischen Geschlechtsunterschiedes zurückgehende Angst des Knaben, seines Penis beraubt zu werden → Kastrationskomplex. R.Kl.

Kastrationskomplex, ein → Komplex, der nach psychoanalytischer Auffassung als Folge der Entdeckung des anatomischen Geschlechtsunterschiedes und der daraufhin vom Kinde entwickelten Kastrationsfantasie (→ Kastrationsangst beim Knaben, → Penisneid beim Mädchen) in der phallischen Phase entsteht. Die Psychoanalyse nimmt an, dass sich das Kind den Geschlechtsunterschied nur durch den Wegfall des Penis beim Mädchen erklären kann („infantile Sexualtheorie"). Der K. steht in enger Beziehung zum → Ödipuskomplex: der Knabe fürchtet, der Vater werde „auch" ihn kastrieren; das Mädchen empfindet die erlittene „Kastration" als Benachteiligung und fürchtet u.U. weitere Verletzungen seiner körperlichen Integrität. Der K. wird als ubiquitär angesehen, d.h. er entsteht relativ unabhängig von äußeren Bedingungen wie Erziehung, tatsächlicher Kastrationsdrohung usw., nämlich aufgrund der narzisstischen Besetzung des Phallus, der somit einen wesentlichen Teil eines integrierten Selbst bildet. Vor-

läufer des K.es sind in der Erfahrung der Trennung von den narzisstisch besetzten Partialobjekten (Mutter-)Brust und Kot zu sehen. U.E.

Kataklysmentheorie, die Form der Katastrophentheorie, nach der das organische Leben durch Überschwemmungen und Sintfluten vernichtet wird. Vertreten wurde diese Auffassung z.B. von G. Cuvier (1812). O.R.

Katallaktik, aus der Betriebswirtschaftslehre herrührende Bezeichnung der Abläufe in einer sozialen Organisation (einem Betrieb) im Unterschied zur Betrachtung seiner (statisch aufgefassten) „Struktur". L.C.

Kataskopie, nach T. Geiger soziologische Betrachtungsweise, die von sozialen Gruppen ausgehend individuelle Verhaltensweisen zu beschreiben und zu erklären versucht. Dabei erscheinen die integrierten Individuen als namenlose und gleichsam zufällige Einzelne. Gegenbegriff: → Anaskopie E.L./O.R.

Katastrophe, [1] ein plötzlich hereinbrechendes Ereignis mit entsetzlichen Folgen.
[2] Bezeichnung für einen Prozess, der „in unvermuteter Form radikalen und rapiden Wandel bedingt" (L. Clausen). O.R.

Katastrophenforschung, auch: Desasterforschung, in den USA entstandener Arbeitsbereich von Soziologen und Sozialpsychologen, der Geschehenskomplexe untersucht, die mehr oder weniger unerwartet auftreten und verheerende Wirkungen haben können, also die Steuerungskraft sozialer und politischer Einrichtungen (sowie die Handlungskapazität der einzelnen) zumindest zeitweise deutlich überfordern (z.B. Überschwemmungen, Sturmkatastrophen, große Waldbrände, Explosionen in Chemiefabriken, Vulkanausbrüche, große Störfälle in einem Atomkraftwerk; Kriege – soweit es nicht um Atomangriffe geht – werden hingegen meist nicht zu den Katastrophen in diesem Sinne gerechnet). Hauptfragen der K., die oft unter praktischen Gesichtspunkten betrieben wird (Katastrophenverhinderung bzw. optimale Normalisierung nach einer Katastrophe), sind: Welches sind die Ursachen und Auslöser von Katastrophen? Wie sind die Verlaufsformen von Katastrophen bzw. des Zusammenbruchs der Steuerungsfähigkeit der sozialen und politischen Einrichtungen und der individuellen Handlungskapazitäten gebaut? Ist das Verhalten derer, die von einer Katastrophe betroffen sind, ein Steigerungsmoment der Katastrophe (Panik usw.)? Wie wird der teilweise oder umfassende Ausfall von sozialer Normalität von den betroffenen Menschen in der bedrohlichen Situation verarbeitet, wie wird die Erfahrung eines Zerfalls von Sozialität biografisch eingeordnet? W.F.H.

K

Kategorie, Zusammenfassung von Merkmalen, unter der sich Gegenstände oder Begriffe einordnen lassen. In der Philosophie häufig Bezeichnung für Grundbegriffe, Aussageformen, Wesensarten, Seinsweisen, Erkenntnisbedingungen usw. Bei I. Kant apriorische Denkformen und damit Bedingungen aller möglichen Erfahrung. **H.D.R.**

Kategorie, soziale → Sozialkategorie

Kategorisierung, in der empirischen Sozialforschung Zusammenfassung der Messwerte oder Ausprägungen einer quantitativen Variable zu Merkmalsklassen, z.B. Einkommensklassen, Altersklassen bzw. die Bildung oder weitere Zusammenfassung der Ausprägungen oder Kategorien von qualitativen Variablen. Eine K. sollte eindeutig und vollständig sein, d.h. jeder Fall sollte einer und nur einer Kategorie angehören. **H.W.**

Katharsis, gr. „Reinigung", das „Sich-von-der-Seele-Reden" bedrückender oder konflikthafter Erlebnisse, wie es in den Anfangszeiten der Psychoanalyse als das eigentlich Heilsame im ungehemmten Aussprechen jedweder Einfälle galt; diese „kathartische Methode" eröffnete zwar einen Weg zum sog. Unbewussten, wurde in ihrer therapeutischen Bedeutung jedoch sehr bald vom eigentlichen psychoanalytischen Verfahren überholt. **W.Sch.**

Kathedersozialismus, Bezeichnung für eine reformerische Richtung der deutschen Volkswirtschaftslehre. Seine Vertreter, u.a. G. von Schmoller (1838-1917), A. Schäffle (1831–1903) und A. Wagner (1835–1917), sahen es im Gegensatz zum Wirtschaftsliberalismus als die ethische Pflicht des Staates an, die wirtschaftlich Schwachen zu schützen. Ihrer Ansicht nach fiel dem über den Interessen stehenden Staat der Ausgleich zwischen Kapital und Arbeit zu. **C.Rü.**

Kathexis, im Deutschen selten gebrauchtes Synonym für → Besetzung. **W.Sch.**

katholische Soziallehre → Soziallehre

Kaufmannskapital → Handelskapital

Kaufsystem → Verlagssystem

kausal, Bezeichnung für eine Beziehung zwischen Sachverhalten, Ereignissen, von denen ein Komplex als Ursache aufgefasst wird, der die anderen bewirkt. Kausalbeziehungen werden von anderen Beziehungen durch eine Reihe von Merkmalen unterschieden (→ Gesetze, kausale). Methodologische Schwierigkeiten bereitet eine sinnvolle Abgrenzung des Ursachenkomplexes von anderen etwa begleitenden oder vorausgehenden Ereignissen. Mit dem Begriff der Kausalbeziehung wird oft die Vorstellung einer notwendigen Beziehung verbunden, die entweder in der Natur oder im Wahrnehmungsvorgang (D. Hume) begründet ist. **H.W.**

Kausaladäquanz → Sinnadäquanz

Kausalität, lineare → Kausalität, strukturale

Kausalität, strukturale, Bezeichnung von L. Althusser für eine neue Kausalbeziehung zwischen Ganzem und Teil. Ganzes und Teil stehen nicht mehr in einer direkten Ausdrucksbeziehung zueinander, d.h. das Teil trägt nicht die strukturelle Ordnung des Ganzen in sich, sondern das Ganze definiert sich als bestimmender Typ der Zuordnung strukturell differierender Teile. → Totalität, expressive **J.B.**

Kausalitätsprinzip, in der Sozialpolitik ein Gestaltungsprinzip des Systems sozialer Sicherung, nach dem Art und Höhe von Sozialleistungen nach der Ursache des Schadens (z.B. Krieg, Arbeitsunfall) zu bemessen sind. Gegenbegriff: → Finalitätsprinzip **F.X.K.**

Kausalmodell, theoretisch-hypothetische Konstruktion der Abhängigkeitsbeziehungen in einem System von Variablen. Das K. sollte explizit alle Determinanten der zu erklärenden Sachverhalte enthalten. Die Überprüfung der möglichen Angemessenheit von K.en für bestimmte Datenkonstellationen ist Gegenstand der → kausalen Analyse. **H.W.**

Kavaliersdelikt, ein im sozialen Umkreis des Täters als nicht ehrenrührig geltendes Delikt, das durchaus mit Prestigezuwachs verbunden sein kann. Das K. erklärt sich aus einer Diskrepanz zwischen strafrechtlich sanktionierten und gesellschaftlichen, in Teilbereichen der Gesellschaft Gültigkeit aufweisenden Normen. **W.S.**

Kazikismus, *caziquismo* (span.), Form der politischen Patronage, durch die lokale Führer, die Kaziken, Gefolgschaften für herrschende Gruppen (z.B. Wählerstimmen für die Regierungspartei) organisieren, die ihrerseits die Stellung der lokalen Führer garantieren. Die Grundlagen des K. sind die traditionellen Formen ökonomischen Zwanges und offener Gewalt. **H.W.**

Kendall's Tau, mit τ bezeichneter Rangkorrelationskoeffizient zwischen zwei Rangreihen, der auf einer Größe S basiert, die angibt, wie viele der möglichen Paare von Rängen einer Rangreihe in richtiger Ordnung (die niedrigere Rangziffer vor der höheren) stehen, wenn die Ränge der anderen Rangreihe in richtiger Folge (1, 2, 3, ...) geordnet sind. In der Anordnung 1, 3, 4, 2 stehen vier Wertepaare $(1-3, 1-4, 1-2, 3-4)$ in der richtigen Ordnung und zwei in umgekehrter Folge $(3-2, 4-2)$. S ergibt sich aus der Differenz $4 - 2 = 2$. τ ist definiert als

$$\tau = \frac{S}{S_{max}}$$

S_{max} ist der maximal mögliche Wert für eine Rangreihe gegebener Länge. H.W.

Kernbelegschaft. In der industriesoziologischen Arbeitsmarkttheorie wird mit K. diejenige Gruppe von Beschäftigten auf dem internen Arbeitsmarkt bezeichnet, deren innerbetriebliche Arbeitsmarktstellung aufgrund ihrer Qualifikationen (betriebsspezifische Spezialarbeiter, Facharbeiter) und ihrer Betriebsbindung (Wichtigkeit, Unersetzbarkeit für einen geregelten Produktionsablauf bzw. Aufrechterhaltung der Produktion) so stark ist, dass sie bei Konjunkturschwankungen nicht oder kaum von Entlassungen bedroht ist. M.Sch.

Kern-Ereignis, bezeichnet jene (politisch-geschichtlichen) Ereignisse bzw. Ereigniskonstellationen, die die Selbstauffassung von politischen Großgebilden (Staat, Partei, Nation usw.) ausmachen, z.B. Nationalsozialismus und Zweiter Weltkrieg für Deutschland. W.F.H.

Kernfamilie, *nuclear family,* auch: Basisfamilie, [1] als Komplementärbegriff zu → erweiterte Familie die Lebensgemeinschaft von Mann, Frau und unverheirateten, unmündigen Kindern.
[2] → Kleinfamilie W.F.H.

Kerngemeinde, in der Kirchensoziologie geprägte Bezeichnung für jene Mitgliedergruppe innerhalb einer volkskirchlichen Ortsgemeinde, die einen besonders engen Kontakt mit dem organisierten kirchlichen Leben hält und damit das Erscheinungsbild des kirchlichen Lebens sowohl gegenüber der Gesamtgemeinde und einer breiteren Öffentlichkeit als auch gegenüber der professionell betriebenen kirchlichen Organisation prägt. In der Sozialstruktur der K. dominieren Gruppen, die außerhalb des kirchlichen Lebens gesellschaftlich eher randständig sind. J.Ma.

Kernkomplex, [1] → Familienkomplex
[2] Bei S. Freud ein seltener gebrauchter Ausdruck für → Ödipuskomplex. R.Kl.

Kernkultur, *core culture,* Bezeichnung für den Teil der Kultur einer Gesellschaft, der von allen ihren Mitgliedern geteilt wird. R.Kl.

Kette, soziometrische, Bezeichnung der → Soziometrie für eine Menge von Gruppenmitgliedern (A, B, C, ..., N), deren Wahlen in einem soziometrischen Test sich wie folgt darstellen lassen: A wählt B, B wählt C usw. Grafisch: $A \rightarrow B \rightarrow C \rightarrow \cdots \rightarrow N$. Dabei sind auch gegenseitige Wahlen (A wählt B und wird von B gewählt) möglich. R.Kl.

Kettenmigration, *chain migration,* bezeichnet eine häufige Verlaufsform von (Arbeits-)Migration, die so vor sich geht: Zuerst wandern junge und unverheiratete Menschen (Pioniermigranten), die, sobald sie sich durch Beruf und Wohnung einigermaßen etabliert haben, Verwandte nachziehen. K. führt so zur Ballung bestimmter Herkunftsgruppen an bestimmten Orten, zugleich werden auf lange Zeit die Beziehungen zur Herkunftsregion aufrechterhalten, weil noch nicht alle Verwandte und Nachbarn nachgekommen sind. W.F.H.

key (engl.) → Modul

Keynesianismus, auf J.M. Keynes zurückgehende Richtung der Wirtschaftspolitik, die es aufgrund der Erfahrungen in der Weltwirtschaftskrise von 1929-1932 zur Aufgabe des Staates erklärt, die Wirtschaft zu steuern und insbesondere für einen hohen Beschäftigungsstand zu sorgen. Im Gegensatz zur älteren klassischen und neoklassischen Wirtschaftstheorie bestreitet der K. die Selbststeuerungsfähigkeit der Wirtschaft und nimmt stattdessen – verursacht durch Unterkonsumtion und daraus folgende unzureichende Neuinvestition – eine Tendenz zum Verharren in der Depression an, der der Staat durch Belebung der effektiven Nachfrage im Wege der Globalsteuerung (z.B. durch Kreditexpansion, öffentliche Aufträge, *deficit spending* bzw. antizyklische Finanzpolitik usw.) entgegenzuwirken hat. Vertreter der neoklassischen ökonomischen Theorie werfen den Rezepten des – von Gewerkschaftsseite meist unterstützten – K. vor, in eine Dauerinflation zu führen. Marxistische Ökonomen bemängeln u.a. den „Psychologismus" bei der Erklärung von abnehmender Verbrauchs- und Investitionsneigung, der die säkularen Gesetze der Entwicklung der kapitalistischen Wirtschaft unberücksichtigt lasse. Als bislang einflussreichste Theorie der Wirtschaftspolitik ist der K. erst durch das Phänomen der „Stagflation" in eine Krise geraten, in der im Unterschied zu früheren Erfahrungen eine inflationäre Politik die wirtschaftliche Stagnation nicht nachhaltig überwinden kann. H.D.R.

Kindchenschema, Bezeichnung der Verhaltensforschung (K. Lorenz) für den Gesichtsausdruck von Lebewesen, der dem eines kleinen Kindes gleicht (Pausbacken, hohe Stirn, großer Kopf im Verhältnis zur Größe des übrigen Körpers) und beim Menschen als → Auslöser für emotionale Zuwendung, Liebkosungen und Pflegeverhalten gegenüber diesen Lebewesen wirkt. Nicht nur das Gesicht des Kleinkindes besitzt also die auslösende Wirkung des K.s, sondern auch der Gesichtsausdruck bestimmter Tiere mit ähnlichen Merkmalen (z.B. kleiner Katzen) oder von entsprechenden Attrappen (z.B. Teddybär). R.Kl.

Kinderkriminalität → Jugendkriminalität

kinship (engl.) → Verwandtschaft

Kirche, Bezeichnung für den hierokratischen (→ Hierokratie) Anstaltsbetrieb (→ Anstalt), in dem die rational gesatzten und oktroyierten Ordnungen durch Spendung oder Versagung von Heilsgütern durch die Priesterschaft garantiert werden. Sie behauptet die universalistische Geltung ihrer Lehren und beansprucht ein Monopol auf den Weg zum Heil. Mit dieser Definition steht der Begriff der K. im Gegensatz zu dem der → Sekte.   V.Kr.

Kirchensoziologie, seit den 1950er Jahren gebräuchliche Bezeichnung für die thematische Konzentration der Religionssoziologie auf solche religiösen Erscheinungen, die sich als kirchlich organisiert identifizieren lassen. Forschungsgebiete der K. sind Struktur und Funktionsweise von Kirchengemeinden (auch: Pfarrsoziologie), territorialer und nationaler Kirchen und kirchlicher Organisationen aller Art; die Erforschung der gesellschaftlichen und organisationellen Bedingungen für die Teilnahme der Kirchenmitglieder am kirchlichen Leben; aber auch die Zusammenhänge zwischen formaler Religionszugehörigkeit oder Kirchenmitgliedschaft einerseits und typischen sozialen Verhaltensweisen andererseits (z.B. konfessionsspezifische Besonderheiten des familialen und generativen Verhaltens, die über die Wirksamkeit kirchlicher Instanzen vermittelt werden).   J.Ma.

Kirchlichkeit, ein Bündel von Einstellungen und Verhaltensweisen, deren Formen und Inhalte von dem Vorhandensein kirchlicher Institutionen in einer Gesellschaft bedingt sind. Die von kirchlichen Institutionen entwickelten und vertretenen Verhaltenserwartungen (Normen) werden, ohne dass die kirchlichen Institutionen selbst immer direkt als Sozialisationsagenten tätig sein müssten, mittels vielfältiger Mechanismen auf den Mitgliederbestand und seinen Nachwuchs übertragen. Der Grad der so erzeugten Konformität des Mitgliederverhaltens mit den kirchlich institutionalisierten Erwartungen ist der Ausgangspunkt für das Bemühen, K. messbar zu machen.   J.Ma.

Kirchlichkeit, distanzierte, Bezeichnung für die v.a. in staats- und volkskirchlichen Systemen beobachtbare Diskrepanz zwischen einer verbreitet schwachen Teilnahme am kirchlichen Leben bei gleichzeitig bekundetem Interesse am Bestehen von Kirche und am Fortbestehen der Zugehörigkeit zu ihr.   J.Ma.

kitchen cabinet (amerik.) → Küchenkabinett

Klan, *clan*, ethnologischer Begriff von stark wechselnder Bedeutung. [1] Ursprünglich → unilineale Abstammungsgruppe mit mutterrechtlicher Verwandtschaftsrechnung, also Komplementärbegriff zu → *Gens.*
[2] Auch Bezeichnung für alle unilinealen Abstammungsgruppen in verschiedenen Familiensystemen.
[3] Im Verhältnis zum Familienbegriff bezeichnet K. bestimmte übergreifende Funktionen des Familiensystems, also gemeinsamen Kult, gegen-

seitige wirtschaftliche Unterstützung und Förderung, Solidarität in der politischen Durchsetzung. In dieser Bedeutung ist K. auch Bestandteil der Alltagssprache geworden.   W.F.H.

Klan-Totemismus → Totem, → Totemismus

Klasse an sich, in der marxistischen Theorie Bezeichnung für eine Klasse, die noch nicht zum Bewusstsein ihrer eigenen Interessenlage gekommen ist. Die Mitglieder der K.a.s. weisen zwar aufgrund ihres Verhältnisses zu den Produktionsmitteln gleiche Interessen auf, sind sich jedoch noch nicht ihrer im Klassengegensatz objektiv gegebenen Gemeinsamkeit bewusst und haben sich noch nicht zur Klasse als Handlungseinheit zusammengefunden.   O.R.

Klasse für sich, in der marxistischen Revolutions- und Klassentheorie charakterisiert der Begriff eine bestimmte Qualität des Klassenbewusstseins. Um die kapitalistischen Verhältnisse umzustürzen, genügt es nicht, dass das Proletariat „an sich" eine revolutionäre Klasse ist, die sich von anderen Klassen objektiv durch den Nichtbesitz an Produktionsmitteln unterscheidet. Das Proletariat muss sich vielmehr seines Klasseninteresses bewusst werden, es muss sich aus einer → Klasse an sich in eine K.f.s. verwandeln. Die zahlreichen Dimensionen der Konstituierung von Klasse als Kollektivsubjekt hat insbesondere E.P. Thompson wegweisend untersucht.   P.G.

Klasse, [1] analytischer Begriff für einen Teil der Gesellschaft, gekennzeichnet durch ein Merkmal, der dem anderen Teil der Gesellschaft, gekennzeichnet durch das genau entgegengesetzte Merkmal, gegenübersteht; z.B. Herrschende – Beherrschte, Arme – Reiche, Ausbeuter – Ausgebeutete, Eigentümer an Produktionsmitteln – Nichteigentümer an Produktionsmitteln etc.
[2] Bevölkerungsgruppierung, die sich aufgrund ökonomischer Faktoren in der Gesellschaft gebildet hat; z.B. unterscheidet D. Ricardo zwischen drei K.n: Eigentümer des Grund und Bodens, Besitzer des Kapitals, Arbeiter.
[3] Nach K. Marx Bevölkerungsgruppierung, die sich aufgrund der Arbeitsteilung und der ungleichen Eigentumsverteilung der Produktionsmittel im politisch-ökonomischen Sozialgefüge herausgebildet hat. Ihre Stellung in der Gesellschaft hängt ausschließlich von der Struktur der herrschenden Eigentumsordnung ab. Der Unterschied und der Gegensatz zu den anderen K.n in der Gesellschaft ergeben sich aus der politischen Verfügungsgewalt über Menschen und aus der ökonomischen Verfügungsgewalt über die Aneignung von Produktionsmitteln. Insoweit ist auch bei Marx der Klassenbegriff eine analyti-

sche Kategorie. Erst die → K. für sich gewinnt soziale und politische Relevanz durch ihr Handeln, das im Fall der modernen Arbeiterklasse auf die Negierung nicht nur der bestehenden K.unterschiede, sondern der K.differenzierungen überhaupt gerichtet sein soll. Die kollektive Verfolgung der durch ihre kollektive Lage gegebenen, einander widerstreitenden Interessen unterschiedlicher Klassen ergibt unterschiedliche Formen von → K.kampf.

[4] Bei M. Weber jede Gruppe von Menschen, die sich in einer gleichen → Klassenlage befindet.

[5] In der Logik Bezeichnung für die Gesamtheit der durch ein gemeinsames Merkmal (Prädikat) gekennzeichneten Gegenstände, der Elemente der betreffenden K.

[6] Synonym für → Schicht; dies häufig bei Übersetzungen aus dem Englischen (*class*).

[7] Synonym für → Status; weniger in der deutsch- als in der englischsprachigen Literatur verbreitet.

[8] Synonym für Berufsgruppe, z.B. die K. der Weber (veraltet).

[9] Synonym für → Stand, z.B. die K. der Bürger (veraltet). O.R.

[10] Bei P. Bourdieu eine Großgruppe, die anhand der „Struktur der Beziehungen" zwischen mehreren Merkmalen (Beruf, Geschlecht, Alter, Ethnie, Entwicklungsaussichten usw.), welche ihre Stellung in der Sozialstruktur bestimmen, definiert ist. In seinen Klassenanalysen verwendet Bourdieu jedoch meist nur das Volumen von → kulturellem und ökonomischem Kapital sowie die Struktur von deren Verhältnis. Hierdurch ergeben sich analytisch drei Grundklassen (samt Klassenfraktionen): herrschende Klasse (Bourgeoisie), Kleinbürgertum (Mittelschicht), beherrschte Klasse (Arbeiterschaft und Bauern). → Klasse, objektive – mobilisierte A.K.

Klasse, besitzende, eine soziale Klasse, für deren Entstehen und Zusammenhalt die Teilhabe an Eigentum und Besitz konstitutiv ist. B.Ba.

Klasse, disponible, Bezeichnung der → Physiokraten für die Gesamtheit der Eigentümer an Grund und Boden, die der produktiven Klasse ermöglicht, Mehrwert zu entwickeln. Zur d.n K. zählen: der König, die Großgrundbesitzer, die klerikalen Zehntherren (d.h. Deputatsberechtigte). O.R.

Klasse, herrschende, [1] ist die Gruppierung in einer Klassengesellschaft, die die Macht ökonomisch und politisch innehat, die Herrschaft ausübt und die übrigen sozialen Klassen unter Kontrolle hält. In der marxistischen Theorie ist die h. K. jeweils die Grundklasse einer Gesellschaftsordnung, die aufgrund des Eigentums und der Verfügungsgewalt über die Produktionsmittel die jeweils andere Grundklasse ausbeutet. Als Synonym wird (selten) Oberklasse verwendet.

[2] (Unspezifische) Bezeichnung für herrschende Minoritäten, z.B. Eliten, Gruppe der Manager, Gruppe der Bürokraten (in der früheren Sowjetunion). B.Ba.

Klasse, kapitalistische, nach marxistischer Theorie die Gruppierung in der kapitalistischen Gesellschaft, die faktisch und rechtlich abgesichert Eigentümer und Verfügungsberechtigte der Produktionsmittel ist, deren Mitglieder die Arbeiterklasse durch die Aneignung des von den Lohnarbeitern produzierten Mehrwerts ausbeuten und mittels ihrer wirtschaftlichen Macht auch die politische Macht im Staate kontrollieren. B.Ba.

Klasse, mobilisierte → Klasse, objektive – mobilisierte

Klasse, neue, [1] Bezeichnung aus kritischen Untersuchungen der sozialökonomischen und politischen Verhältnisse in nichtkapitalistischen Ländern. Entweder sind damit die Sozialgruppen der Staatsfunktionäre, Wirtschafts- und Betriebsfunktionäre sowie Teile der Akademiker gemeint, die gegenüber der Masse der Bevölkerung deutlich bessere Einkommens- und Lebensverhältnisse haben und diese mithilfe politischer Macht zu erhalten suchen. Oder, mit schärferer analytischer Anstrengung, jene Sozialgruppen, die zwar nicht juristisch, wohl aber faktisch über die Produktionsmittel verfügen (als Staats- und Wirtschaftsfunktionäre), weil die Arbeitenden zwar nominell, nicht aber durch selbstständige Entscheidungs- und Kontrollorgane über Plan, Betriebsentwicklung, Arbeitsorganisation, Mehrwertverteilung usw. entscheiden können.

[2] In verschiedenen theoretischen Versuchen Bezeichnung für Sozialgruppen in entwickelten Gesellschaften, die gewissermaßen jenseits der „klassischen" Klassen Bourgeoisie und Proletariat sich als Klasse formieren (z.B. die Angestellten, die Manager). W.F.H.

Klasse, objektive – mobilisierte, Unterscheidung bei P. Bourdieu: Die o.K. ist die durch die sozialwissenschaftliche Analyse der Verfügung über Kapitalsorten ermittelte Großgruppe, die von sich nichts weiß und sich nicht artikuliert; die m.K. ist eine solche Großgruppe, die sich auf der Grundlage homogener Merkmale (vor allem: ähnlichen Kapitalbesitzes) zusammenfindet und im Kampf um die Verteilung bzw. die Verteilungsregeln der Kapitalien aktiv auftritt. Der Übergang von der o.K. zur m.K. bedarf der politischen Aktivierung und ergibt sich nicht von selbst. W.F.H.

K

Klasse, politische, die Gruppe der Inhaber der politischen Führungspositionen in einer Gesellschaft (G. Mosca), meist bedeutungsgleich mit Elite oder Machtelite.   W.F.H.

Klasse, produktive, Zusammenfassung der Berufsgruppen, die Rohstoffe gewinnen oder Nahrungsmittel produzieren, also den natürlichen Bodenschatz zu Mehrwert entwickeln. Beispiele: Bergleute, Bauern, Pächter. Der Begriff p. K. war bei den Physiokraten und den Frühsozialisten gebräuchlich.   O.R.

Klasse, soziale [1] → Klasse.
[2] Bei M. Weber (1922) die Gesamtheit derjenigen → Klassenlagen, zwischen denen ein Wechsel (persönlich oder in der Generationsfolge) leicht möglich ist und typisch stattzufinden pflegt.   O.R.

Klasse, sterile, unproduktive Klasse, Zusammenfassung der Berufsgruppen, die nicht an der Gewinnung von Rohstoffen oder Nahrungsmitteln beteiligt sind. Die s. K. ist deshalb steril, weil sie keine „Reichtümer" erzeugt, sondern ihren Lebensunterhalt aus zweiter Hand bezieht, z.B. Handwerker, Industriearbeiter, Fabrikanten, Kaufleute. Der Begriff s. K. war bei den → Physiokraten und Frühsozialisten gebräuchlich.
      O.R.

Klasse, unproduktive → Klasse, sterile

Klassenanalyse, in der marxistischen Theorie der Versuch, die Gliederung einer Gesellschaft in relativ homogene Gruppen mit je unterschiedlicher Interessenlage und unterschiedlicher historischer Perspektive aufgrund ihrer Stellung im Produktionsprozess, ihrem Verhältnis zu den Produktionsmitteln und dem Anteil am gesellschaftlichen Reichtum analytisch festzustellen. Darüber hinaus müssen die Traditionen der einzelnen Gruppen etc. festgestellt werden, um zu erkennen, inwieweit sie sich bewusst mit ihrer objektiven Interessenlage identifizieren bzw. identifizieren werden und in welcher Weise sie zu politischem Kampf für ihre Interessen in der Lage sind. Die kapitalistische Gesellschaft wird durch den Antagonismus zwischen Bourgeoisie und Arbeiterklasse charakterisiert. Eine K. muss also vor allem die Bestimmung dieser beiden Klassen sowie der → Klassenfraktionen unter historisch sich wandelnden Bedingungen leisten. Dabei stellt sich auch die Aufgabe, objektive und subjektive Klassenlage der „Mittelschichten", der Bauern, der Intelligenz und ihrer Stellung in den Klassenauseinandersetzungen etc. auszumachen.   R.Ka.

Klassenantagonismus ist der Begriff der marxistischen Theorie zur Bezeichnung des als unversöhnlich geltenden Konflikts der → Grundklassen in Klassengesellschaften.   B.Ba.

Klassenbegriff, objektiver, meint die Zuordnung zu einer sozialen Klasse aufgrund objektiver Merkmale (z.B. Anteil an Macht, Eigentum u.a.), ungeachtet der Frage, ob die Zugehörigkeit den Mitgliedern dieser Klasse selbst bewusst ist oder nicht.   B.Ba.

Klassenbegriff, subjektiver, meint die Zuordnung zu einer sozialen Klasse aufgrund subjektiver Merkmale (z.B. Bewusstsein der Klassenzugehörigkeit, Einschätzung Außenstehender über den Klassenstatus u.a.).   B.Ba.

Klassenbewusstsein, das Gemeinsame im individuellen Bewusstsein der Mitglieder einer Klasse, das bedingt ist durch die sozial-ökonomische Situation, durch das soziale Sein. Da das Bewusstsein der herrschenden Klasse zugleich das herrschende Bewusstsein in der Gesellschaft ist, kann nach marxistischer Lehre die beherrschte Klasse erst im Klassenkampf, als Klasse für sich, zum richtigen K. kommen und damit ihre Interessen im Sinne der objektiv gesellschaftlichen Entwicklungstendenzen artikulieren. Damit kommt im Selbstbewusstsein der beherrschten Klasse (im Kapitalismus: des Proletariats) die geschichtlich-gesellschaftliche Substanz zu sich selbst. Die beherrschte Klasse wird somit zum realen Subjekt-Objekt der Geschichte. In der Geschichte der marxistischen Theorie und auf sie sich berufenden Politik kam es zu folgenreichen Hypostasierungen des „proletarischen Klassenbewusstseins".   O.R.

Klassenegoismus, Selbstsucht der Klassen, d.h. Handlungsorientierung an besonderen, sich aus der Klassenlage ergebenden Interessen, die oft nicht mit den aus der gesamtgesellschaftlichen Entwicklung folgenden objektiven Interessen der Gesellschaft übereinstimmen.   C.Rü.

Klassenfraktion, vor allem in der marxistischen Gesellschaftstheorie Bezeichnung für denjenigen Teil einer der Grundklassen Arbeiterklasse und Bourgeoisie, der aufgrund seiner spezifischen Stellung zur Kapitalakkumulation ökonomisch und/oder politisch mit gegenüber der Gesamtklasse relativ eigenständigen Interessen handelt. Im Unterschied zu Teilklasse, → Nebenklasse, Schichten innerhalb von Klassen ist also mit K. nicht die objektive Lage im gesellschaftlichen Lebenszusammenhang, sondern in erster Linie die Formulierung und Vertretung dieser besonderen Lebensinteressen gemeint.
      W.F.H.

Klassengebundenheit bezeichnet solch eine spezifische Eigenschaft von Denk- und Verhaltensweisen, die auf die Zugehörigkeit der sie entfaltenden Individuen und gesellschaftlichen Gruppen zu einer bestimmten sozialen Klasse zurückgeführt werden können, insofern nämlich in ihnen der prägende, bestimmende Einfluss dieser Klasse zur Geltung kommt.   B.Ba.

Klassen, gefährliche, frz. *classes dangereuses*, Bezeichnung für verarmte Bevölkerungsteile, die durch Kriminalität, Unruhen und Revolten die gesellschaftliche Ordnung bedrohen. Der Begriff geht zurück auf die Zeit der frühen Industrialisierung im 19. Jahrhundert, die zu Verelendung und sozialer Desorganisation führte. Inzwischen wird der Begriff wieder häufiger verwendet, um Gefahren der → neuen Armut und sozialer → Ausschließung zu beschreiben. → Urban Underclass   D.Kl.

Klassengegensatz, jener Typus eines gesamtgesellschaftlichen Konfliktes, der im Zusammenhang mit den Interessendivergenzen zwischen sozialen Klassen entsteht.   B.Ba.

Klassengesellschaft [1] wird eine Gesellschaft genannt, deren konstitutives Merkmal ihre Gliederung in soziale Klassen ist.
[2] In der marxistischen Theorie Begriff für alle Gesellschaftsformationen, die auf antagonistischen Klassenverhältnissen beruhen (typischerweise Sklavenhaltergesellschaft, Feudalismus, Kapitalismus) im Unterschied zu den klassenlosen Gesellschaften (Urkommunismus, Kommunismus).
Ob eine sozialistische Gesellschaft, die gemäß der marxistischen Theorie als Übergangsgesellschaft zu einer kommunistischen Gesellschaft anzusehen ist, als K. zu gelten hat und in welchem Verhältnis die Klassentrennung hier zu den sozialistischen Produktionsverhältnissen steht, war Gegenstand der internationalen marxistischen Diskussion.   B.Ba./W.F.H.

Klassengleichgewicht, Begriff aus der österreichischen Arbeiterbewegung der 1920er Jahre (→ Austromarxismus) für die als gleich stark angenommene Machtstellung von Arbeiterklasse und Bürgertum in der Gesellschaft. Durch parlamentarische Erfolge, eine Struktur von Versicherungen und Genossenschaften, von Konsumptions- und Produktionsstätten in der Hand der Arbeiterorganisationen sei die Arbeiterklasse Träger einer neuen Gesellschaft innerhalb der alten.   W.F.H.

Klassenhabitus bezeichnet im Gegensatz zum individuellen → Habitus die relativ gleichen Merkmale von Lebensstilen, Denkmustern und Verhaltensweisen bei Mitgliedern ein und derselben sozialen Lage.   K.K.

Klassenhandeln wird jener Typus von sozialem Handeln genannt, bei dem Motive des Handelns durch Klassenlage und Klasseninteresse bestimmt oder beeinflusst werden, also ein Handeln, das an den Zielen dieser Klasse orientiert ist.   B.Ba.

Klassenharmonie bezeichnet eine grundsätzliche Solidarität zwischen den sozialen Klassen einer Gesellschaft, einen Zustand, bei dem keine unlösbaren Konflikte und antagonistischen Widersprüche zwischen den Klassen bestehen.   B.Ba.

Klassenherrschaft bedeutet die Herrschaft einer sozialen Klasse über den Rest der Gesellschaft, wobei nach marxistischer Theorie diese Herrschaft Ausdruck grundlegender Verhältnisse zwischen den Menschen und Klassen in Bezug auf die Aneignung von Teilen der gesellschaftlichen Produkte ist. Insofern ist das Ziel der K. die Sicherung der Machtpositionen der herrschenden Klasse und damit zugleich die Aufrechterhaltung der bestehenden Produktionsverhältnisse, in denen die herrschende Klasse sich Teile der Arbeit der beherrschten Klassen aneignet.   B.Ba./W.F.H.

Klasseninteresse ist die Gesamtheit der Bedürfnisse und Erfordernisse der Angehörigen einer sozialen Klasse. Das K. ergibt sich aufgrund der sozioökonomischen Verhältnisse und der Klassenlage. Es richtet sich auf das Verhältnis von Produktivkräften zu Produktionsverhältnissen und zielt somit auf die Negation der antagonistischen Klasse.   B.Ba.

Klassenjustiz, das Rechtssystem einer Gesellschaft, die als Klassengesellschaft angesehen wird und in der der Justiz die Funktion des Schutzes der Interessen der herrschenden Klasse und der Stabilisierung ihrer Herrschaft zukommt.   B.Ba.

Klassenkampf, Auseinandersetzung zwischen sich im allseitigen Gegensatz gegenüberstehenden Klassen um die Entscheidungsgewalt in der Gesellschaft. Nach marxistisch-leninistischer Auffassung verläuft der K. in drei weitgehend parallelen Abschnitten und kulminiert in der Revolution: a) der ökonomische K., in dem sich die nicht im Besitz der Produktionsmittel Befindlichen organisieren, um ihre wirtschaftliche Situation zu verbessern (z.B. Streik); b) der politische K., in dem die Klassen nicht mehr geprägt sind durch das Konkurrenzverhalten der einzelnen Mitglieder, sondern durch ein kollektives Bewusstwerden der objektiven politischen, ökonomischen Situation (→ Klasse für sich) und das Eintreten der Einzelnen für die Klasseninteressen; in diesem Abschnitt finden sich die Beherrschten zur Partei, die als Instrument dient, die Herrschenden zu stürzen; c) der ideologische K., in dem der Überbau sich der neuen politisch-ökonomischen Situation anpasst.   O.R.

Klassenkampf, demokratischer, der in den Spielregeln repräsentativer Demokratie (periodische Wahlen usw.) kanalisierte „Klassenkampf" (S.M. Lipset).   W.F.H.

Klassenkampf, ideologischer → Klassenkampf

Klassenkampf, ökonomischer → Klassenkampf

Klassenkampf, politischer → Klassenkampf

Klassenkompromiss meint den ökonomischen und politischen „Interessensausgleich" zwischen verschiedenen sozialen Klassen unter Wahrung der vorherrschenden gesellschaftlichen Produktionsweise. Das Aushandeln des K.es ist in modernen Wohlfahrtsstaaten einem institutionell reglementierten, verrechtlichten Sozialpartnerschaftssystem unterworfen. Der K. bezieht folglich nicht nur die Produktionssphäre, sondern auch die (staatliche) Verteilungssphäre ein.
K.K.

Klassenkonflikt ist die Bezeichnung für die Auseinandersetzung von sozialen Klassen, deren Ursache im Privateigentum liegt. Nach marxistischer Theorie ist der K. das entscheidende Moment der gesellschaftlichen Entwicklung, da erst im K. die Klassen sich konstituieren (→ Klasse für sich) und damit der Klassenkampf möglich wird, der die Negation der bestehenden Gesellschaftsformation einleitet.
B.Ba.

Klassenkultur, Bezeichnung für eine als spezifische Kultur einer sozialen Klasse in Erscheinung tretende Kultur, gestaltet und geprägt durch das Schaffen der Zugehörigen und der Sympathisanten dieser Klasse. In der K. widerspiegelt sich daher auch die soziale Problematik der betreffenden Klasse.
B.Ba.

Klassenlage, [1] die Position eines Individuums oder einer Gruppe in einer Klassengesellschaft. Nach der marxistischen Theorie ist für die Bestimmung der K. primär die durch die Teilhabe an bzw. den Ausschluss von dem Eigentum an Produktionsmitteln bedingte gesellschaftliche Position maßgeblich. Anderen Theorien zufolge ergibt sich die K. auch im Zusammenhang mit anderen Kriterien (z.B. Abstammung, Ausmaß an Reichtum, Macht, Sozialprestige u.a.). B.Ba.
[2] Bei M. Weber (1922) die typische Chance der Güterversorgung, der äußeren Lebensstellung und des inneren Lebensschicksals, welche aus Maß und Art der Verfügungsgewalt oder der nicht vorhandenen Verfügungsgewalt über Güter oder Leistungsqualifikationen und aus der gegebenen Art ihrer Verwertbarkeit für die Erzielung von Einkommen oder Einkünften innerhalb einer gegebenen Wirtschaftsordnung folgt.
[3] → Standortgebundenheit   O.R.

Klassenmacht, die Möglichkeit der Mitglieder einer Klasse, den eigenen Willen und die Klasseninteressen auch gegen den Widerstand der ihnen Unterworfenen (anderen Klassen) durchzusetzen, wozu i.d.R. ein Gewaltapparat nötig ist.
H.G.T.

Klassenmedizin, Bezeichnung für den Sachverhalt, dass die Zugehörigkeit zu einer sozialen Klasse über die Qualität der medizinischen Versorgung entscheidet. Relikte der K. werden im Privatpatiententum sowie in der Krankenhausorganisation mit verschiedenen Pflegeklassen gesehen.
R.N.

Klassenorganisation ist die Organisation von Angehörigen derselben sozialen Klasse. K. gilt als eines der wichtigsten Instrumente in der Durchsetzung der Interessen einer Klasse, da mit der K. sich die → Klasse für sich konstituiert.
B.Ba.

Klassenpartei, [1] Bezeichnung für solche Parteien, die in ihrem politischen Handeln die Interessen und die sozialen Bewegungen einer gesellschaftlichen Grundklasse zum Ausdruck bringen und politisch weitertreiben.
[2] In einem oberflächlichen Sinne auch Bezeichnung für solche Parteien, die ihre Mitglieder vorzugsweise aus einer bestimmten sozialen Klasse rekrutieren.
B.Ba./W.F.H.

Klassenpolitik → Statuspolitik

Klassenpraxis, [1] die in der Regel von einem normativen Bezugspunkt aus erwünschte Handlungsweise einer Klasse, insbesondere der unterdrückten Klasse, die von der „Klasse an sich" zur „Klasse für sich" werden soll. Dabei wurde und wird in der marxistisch-leninistischen Tradition als Vermittlungsorgan „die Partei" zwischengeschaltet, deren Mitglieder „die" Klassenpraxis kennen, als Ziel vorgeben und den notwendigen Weg zur „distinkten" Praxis zu weisen meinen.
[2] Die alltäglichen Handlungen von Klassenindividuen, die in ihrer Lage, den damit verbundenen Erfahrungen und d.h. ihrer Kultur (Arbeiterkultur, Habitus) fundiert sind, wobei intermediäre Einflüsse (dominante Kultur, Staat) eine wichtige Rolle spielen.
H.G.T.

Klassenrevolution wird jener Typus sozialer Umwälzung genannt, der im Zusammenhang mit bis zum Äußersten gesteigerten Gegensätzen zwischen den sozialen Klassen einer Gesellschaft stattfindet und die bisherige Struktur des Klassengefüges grundlegend verändert.
B.Ba.

Klassenschichtung wird jene Gruppen- (Schichten-)Einteilung einer Gesellschaft genannt, bei der die Zugehörigkeit zu einer bestimmten sozialen Klasse das ausschlaggebende Kriterium der Zuordnung der Mitglieder der Gesellschaft zu den einzelnen Gruppen (Schichten) darstellt.
B.Ba.

Klassensemantik, spezielle Deutungsweise sozialer Ungleichheit, die nicht nur ihren Gegenstand zu beschreiben versucht, sondern in gewissem Sinne auch erzeugt. Klassentheorien etwa lassen Klassenstrukturen, die aufgrund individualisierter Wahrnehmung von Ungleichheit lebensweltlich nicht evident erscheinen, überhaupt erst erkennbar und sichtbar werden.   **K.K.**

Klassensolidarität wird der im Zuge von Konflikten mit anderen Klassen sich entwickelnde Gemeinschaftsgeist der Angehörigen einer bestimmten sozialen Klasse genannt. K. entfaltet sich in der Regel im Zusammenhang mit einer gemeinsamen Klassenlage, Klassenorganisation und Klassenbewusstsein.   **B.Ba.**

Klassenspannung wird eine den Ausbruch eines offenen Klassenkampfes verhindernde Spannung zwischen sozialen Klassen einer als Klassengesellschaft aufgefassten Gesellschaft bezeichnet.   **B.Ba.**

Klassensprache, das unterschiedliche Sprachrepertoire und -verhalten der Mitglieder der jeweiligen Klassen und Schichten einer Gesellschaft, das als Mittel zur Interpretation der sozialen Verhältnisse, der eigenen Lage in ihr und d.h. auch zur Distinktion dient. Der Gebrauch der Sprache prägt die Lebensweise und ist zugleich Teil von ihr (Kultur); allerdings ergibt sich die K. keineswegs direkt aus der Klassenlage, sondern sie ist überlagert von der hegemonialen Kultur und durchsetzt von „Traditionalismen" (→ kollektives Gedächtnis).   **H.G.T.**

Klassenstaat ist der Staat der Klassengesellschaften, insb. gemäß der marxistischen Theorie: hier nimmt der Staat als Gesamtkapitalist diejenigen Funktionen wahr, die die Einzelkapitale – in Konkurrenz gegeneinander gestellt – nicht wahrnehmen können, vornehmlich die Schaffung allgemeiner Produktionsvoraussetzungen (wie Infrastruktur, Qualifikationsstruktur) und die politisch-juristische Sicherung der bestehenden Herrschaftsverhältnisse.   **B.Ba./W.F.H.**

Klassenstruktur ist jene Art der Gliederung der Gesellschaft, der als ordnendes Prinzip oder als Realität die Aufteilung und Schichtung in Klassen zugrunde liegt. Maßgebliche Elemente der Beschreibung sind besonders die Kräfteverhältnisse, Beziehungen und Interdependenzen der einzelnen Klassen und ihrer Angehörigen.   **B.Ba.**

Klassensymbiose, Bezeichnung für ein Zweckbündnis unterschiedlicher sozialer Klassen, das unter den Bedingungen einer gesellschaftlichen Reproduktionskrise auf die Restabilisierung brüchig gewordener ökonomischer und politischer Herrschaftsstrukturen zielt, d.h. auf die Durchsetzung partikularer Ansprüche und Interessen sowie auf die Absicherung der gesellschaftlichen Führungsrolle.   **K.K.**

Klassentheorie, [1] wird jener Typ sozialwissenschaftlicher Theorie genannt, in der Gesetzmäßigkeiten und Zusammenhänge des gesellschaftlichen Lebens mittels des Begriffes „soziale

Klasse" als zentraler Kategorie interpretiert werden.   **B.Ba.**

[2] Im engeren Sinne die Marx'sche K., die die Erkenntnisse über die Gliederung der Gesellschaft in Klassen von bürgerlichen Autoren übernimmt, aber historisch bestimmt in Richtung auf die Aufhebung der Klassen und der Klassengesellschaft. → Klassenanalyse   **W.F.H.**

Klassifikation, Einteilung von Dingen oder Begriffen in → Klassen [5], sodass ein Element möglichst nur in einer Klasse erscheint und alle in Frage kommenden Objekte eingeordnet werden können. Eine K. setzt erste theoretische Verallgemeinerungen voraus, damit die Definition der Klassen und ihre Zuordnung in Bezug auf die Problemstellung zweckmäßig und fruchtbar sein kann.   **H.D.R.**

Klassifikation, Gesetz der → *loi de classement*

Klassifikationsanalyse, mathematisch-statistische Verfahren zur empirischen Klassifikation von untersuchten Einheiten in Bezug auf bestimmte Relationen (Ähnlichkeit, Zugehörigkeit, Nähe), die i.d.R. die möglichen Einteilungen nach bestimmten Kriterien (Homogenität, Gruppenzahl u.a.) optimieren sollen. Ein wichtiges Modell der K. ist die → *Cluster*-Analyse.   **H.W.**

Klassifikationsmacht → Definitionsmacht

Klassifikationsmatrix, tabellarische Darstellung einer zwei- oder mehrdimensionalen Klassifikation. Jedes Feld der Tabelle bildet eine disjunkte Klasse, die durch zwei oder mehrere unabhängige Merkmale bzw. Variable definiert ist. In einer K. erscheinen die untersuchten Objekte eindeutig und vollständig in Klassen geordnet.   **H.W.**

Klassismus, *classism*, in Anlehnung an Begriffsbildungen wie Rassimus oder Sexismus gebildete Bezeichnung für Systeme von sozialen Unterdrückungen, die sich an Klassenzugehörigkeit und Klassenherkunft von Menschen orientieren und z.B. einen bestimmten Klassenhabitus diskriminieren (A. Meulenbelt 1984; C. Baron 2000).   **H.W.**

kleinbäuerlich, Kennzeichnung von landwirtschaftlichen Familienwirtschaften oder Betrieben, die auf Grund ihrer Ausstattung mit Ressourcen (fruchtbare Böden, Arbeitskräfte), einhergehend mit geringer Kreditfähigkeit, nicht in der Lage sind, dauerhaft Überschüsse über ihren Unterhalt hinaus zu erwirtschaften. Häufig sind die Haushalte auf Zuverdienste durch Lohnarbeit (z.B. Überweisungen von Arbeitsmigranten oder Pensionen) angewiesen bzw. der Betrieb selbst ist defizitär und bedarf der privaten oder staatlichen Subventionierung. Aufgrund hoher Anfälligkeit z.B. gegenüber Ernteausfällen, Preisverfall, Krankheit etc. ist die k.e Existenzform insgesamt prekär und auf Vermeidung von Risiken ausgerichtet, wenn auch nicht grundsätzlich innovationsfeindlich. **H.W.**

Kleinbürger, aufsteigende, nach P. Bourdieu (1982) jene Fraktion des Kleinbürgertums (svw. Mittelschicht), die durch Bildungseifer, Sparsamkeit und Fleiß einen sozialen Aufstieg (wenn schon nicht für sich selbst, so wenigstens für die Kinder) zu erlangen sucht. **W.F.H.**

Kleinbürgertum, klassensoziologischer Begriff zur Beschreibung der sozialstrukturellen Mittellage. Bereits 1851 charakterisierte F. Engels (1851) diese Klasse durch ihren unsicheren Standort zwischen der Bürgerlichen Klasse und dem Proletariat: „Das ewige Hin- und Hergerissensein zwischen der Hoffnung, in die Reihen der wohlhabenderen Klasse aufzusteigen, und der Furcht, auf das Niveau der Proletarier oder gar des Paupers hinabgedrückt zu werden [...]" mache es wankelmütig. Ähnlich dann P. Bourdieu (1982). Gerade in Krisenzeiten tendiert das K. zu politischer Radikalisierung (wie bei der Heraufkunft des Nationalsozialismus). Die Hoffnungen auf sozialen Aufstieg und die Deklassierungsangst treiben es zu Ehrgeiz und moralischer Rigidität. **D.Kl.**

Kleinbürgertum, absteigendes, bezeichnet im → sozialen Raum von P. Bourdieu (1982) die untere Position der drei kleinbürgerlichen Milieus. Zum a.K. gehören Ältere mit geringem → Kapital, die überwiegend als Händler und Handwerker tätig sind. Sie sind gekennzeichnet durch einen rechtschaffenen, an Traditionen orientierten Lebensstil und repressive Einstellungen gegenüber allem Neuen. Ihre Ressentiments richten sie v.a. gegen die laxe Moral des → neuen Kleinbürgertums. **D.Kl.**

Kleinbürgertum, exekutives, bezeichnet bei P. Bourdieu (1982) die mittlere Position der drei kleinbürgerlichen Milieus. Das e.K. verfügt über mittleres → Kapital und arbeitet zumeist als Angestellte. Der Glaube, noch mehr im Leben erreichen zu können, drückt sich in Ehrgeiz, Anpassungsbereitschaft und moralisch rigiden Einstellungen aus. **D.Kl.**

Kleinbürgertum, neues, bezeichnet bei P. Bourdieu (1982) die höchste Position der drei kleinbürgerlichen Milieus. Zum n.K. zählen Jüngere, die über beträchtliches → kulturelles Kapital verfügen, das es ihnen erlaubt, sich in den neuen Dienstleistungsberufen zu etablieren (z.B. in der Werbebranche). Mit ihrem Streben nach Selbstverwirklichung, Genuss und Kreativität grenzen sie sich von den übrigen kleinbürgerlichen Milieus ab. **D.Kl.**

Kleinfamilie, die in den industriell entwickelten Gesellschaften vorherrschende Familienform: wenige Kinder, Lebensgemeinschaft allein von Mann und Frau (auch → Kernfamilie). **W.F.H.**

Kleingruppenforschung, *small group research,* von R.F. Bales (1946) geprägte Bezeichnung für die Untersuchung der Interaktionsprozesse in relativ „kleinen" Gruppen und der Wechselbeziehungen zwischen dem Verhalten der Mitglieder und der Struktur dieser Gruppen. Die von Bales und anderen Autoren gegebenen Definitionen der „Kleingruppe" besagen im Allgemeinen nicht mehr, als dass es sich dabei um → *face-to-face*-Gruppen handelt. Es gibt keine genauen Angaben darüber, wie „klein" eine Gruppe genau sein muss, wenn sie als „Kleingruppe" bezeichnet werden soll. Vorwiegend arbeitet die K. jedoch mit Gruppen von außerordentlich geringer Mitgliederzahl (2 bis 5, selten mehr als 10, kaum jemals 20 oder mehr Personen). Die K. untersucht zumeist „künstliche", ad hoc für experimentelle Zwecke gebildete Laboratoriumsgruppen, bisweilen allerdings auch „natürliche" (z.B. Familien-, Arbeits-) Gruppen in ihrer normalen Umgebung. **R.Kl.**

Klerikalismus, meist kritische Bezeichnung für direkte oder indirekte Einflussnahmen des (katholischen) Klerus auf Politik (sowie Erziehung, Wissenschaft, Kultur) z.B. durch kirchlich orientierte Parteien (z.B. das Zentrum), durch öffentliche Stellungnahmen zu Gunsten bestimmter Parteien, durch Unterstellung von Teilfeldern der Erziehung (Kindergärten, Schulen) unter kirchliche Regie usw. Der Begriff setzt eine gesellschaftliche Konstellation voraus, in der Politik, Wissenschaft, Erziehung und Kultur sich aus einem religiös umfassten Gesamtfeld (so noch im Mittelalter) gelöst haben; er entstand in den Konflikten über die kirchlichen Zuständigkeiten im Verhältnis zum Staat im 19. Jahrhundert. **W.F.H.**

Klientelismus, System personeller, asymmetrischer Abhängigkeitsbeziehungen in politischen Apparaten, zwischen „Personen von Einfluss" und ihren „Schützlingen" (Klienten) auf der Grundlage personal vermittelter Vergünstigungen und Gegenleistungen. **H.W.**

Klienten, diejenigen, welche die Leistungen einer Organisation in Anspruch nehmen bzw. an die Leistungen adressiert werden. Für helfende Organisationen beispielsweise wird untersucht, inwieweit den K. die geleistete Sozialarbeit nützt oder inwieweit diese den K. zu Kontrollzwecken aufgenötigt wird. **R.L.**

Klimatheorie, Erklärung sozialer Phänomene durch geografisch-klimatische Daten. Die K. ist letzlich eine biologische Theorie, die eine Modifikation der organischen Prozesse durch physikalische Faktoren nachzuweisen beabsichtigt. Verschiedene K.n sind seit Hippokrates entwickelt worden, so u.a. von Ibn Chaldun, Montesquieu (1748), W. Hellpach (1917) und C.C. Huntington (1924). O.R.

klinisch, in den Sozialwissenschaften Bezeichnung für einen Ansatz der wissenschaftlichen Praxisberatung, dessen Modell die Beziehung zwischen einem Psychotherapeuten und seinem Klienten ist: Der wissenschaftliche Experte spielt die Rolle eines „Agenten des Wandels", der mit einem „Klientensystem" (öff. Verwaltung, Industriebetrieb o.ä.) zusammenarbeitet, um dort „geplanten Wandel" herbeizuführen. R.Kl.

Klischee, nach A. Lorenzer Bezeichnung für diejenigen → Interaktionsformen, die entweder im Verlaufe der Sozialisation nicht mit Sprachfiguren verbunden werden konnten oder denen diese Verbindung im neurotischen Konflikt wieder abhanden kam, die also „desymbolisiert" wurden. Als sprachlose, desymbolisierte Interaktionsformen sind K.s nicht mehr unmittelbar bewusstseinsfähig und der Diskussion über ihre Brauchbarkeit als Handlungsentwürfe entzogen, d.h. „fixiert". K.H.

Klosterkommunismus nennt M. Weber eine Form religiöser Vergemeinschaftung auf dem Boden außeralltäglicher (nicht notwendig: außerökonomischer) charismatisch-heiliger Gesinnung bei gefühlter Solidarität und rechnungsfremdem Konsum aus gemeinsamen Vorräten. C.S

Klumpenstichprobe, *cluster-sample,* i.d.R. geschichtetes und mehrstufiges Auswahlverfahren, bei der die Elemente nicht einzeln, sondern zusammengefasst nach „Klumpen" gezogen werden. Bei einer nach Schulformen geschichteten Schüleruntersuchung werden zunächst Schulen ausgewählt, dann aus den nach Jahrgängen geschichteten Klassen Klassenverbände dieser Schulen und schließlich als „Klumpen" alle Schüler und Schülerinnen der ausgewählten Klassen untersucht. Für die K. sprechen häufig pragmatische Gründe. Der zu erwartende → Stichprobenfehler ist jedoch stark von der Zusammensetzung der „Klumpen" abhängig. Die K. empfiehlt sich dann, wenn die Klumpen in sich in Bezug auf interessierende Variable (z.B. Ausländeranteil) heterogen, aber im Vergleich miteinander homogen sind. H.W.

Knappheit, [1] Relation zwischen einer als gegeben und begrenzt angenommenen Menge verfügbarer Ressourcen (Güter, Arbeitskräfte, Geld, aber auch Positionen oder Aufmerksamkeit) und einer gegebenen Menge von Nutzungsinteressen (Bedürfnissen) bzw. Interessenten. Die Problematik des Begriffes liegt in der wechselseitigen Bedingtheit von „Ressourcen" und „Bedürfnissen". K. ist je nach Situation neben natürlichen Gegebenheiten (z.B. nachwach-

sende oder nicht nachwachsende Rohstoffe) durch Bedürfnisstrukturen, (technische) Fähigkeiten zur Aneignung oder Herstellung begehrter Güter, institutionellen Formen der Knapphaltung (z.B. Geld) und gesellschaftlicher Ungleichheit bestimmt.
[2] Die (rationale) Verwendung knapper Güter bildet den Gegenstand der neoklassischen Ökonomie: „Ökonomie ist die Wissenschaft, die menschliches Verhalten als Beziehung zwischen Zwecken und knappen Mitteln mit unterschiedlichen Verwendungsmöglichkeiten untersucht." (Robbins 1932) Bei alternativer Verwendbarkeit von Ressourcen zeigt sich K. auch in den sog. Opportunitätskosten, d.h. in Form entgangenen Nutzens. H.W.

Knotenpunkt, frz. *point de capiton.* Begriff der → strukturalen Psychoanalyse, mit dem die temporäre Fixierung von Bedeutung erklärt wird: Im Signifikationsprozess bindet ein K. einen Signifikanten (materieller Träger des Zeichens, z.B. Lautbild) an ein Signifikat (Vorstellungsinhalt des Zeichens) und ermöglicht damit die Produktion von Bedeutung. Wo dies nicht gelingt, kommt es zur Psychose. Analog dazu stellen K.e in der poststrukturalistischen Hegemonietheorie von E. Laclau und Ch. Mouffe jene Verdichtungen von Macht dar, die soziale wie politische Bedeutung hegemonial fixieren. O.M.

known group method (engl.), Verfahren zur Validierung von Einstellungsskalen, etwa zur Messung von Vorurteilen gegenüber Farbigen. Die konstruierten Skalen werden Gruppen mit einer bekannten Einstellung, z.B. Weißen in den Südstaaten, zur Beantwortung vorgelegt. H.W.

Koaktionsgruppe – Interaktionsgruppe, *co-acting group – interacting group,* ein von F.H. Allport eingeführtes Begriffspaar. Als K. wird eine Mehrzahl von Personen bezeichnet, die lediglich „nebeneinander" (d.h. in körperlicher Nähe) agieren, ohne dass es zu sozialen Wechselbeziehungen zwischen diesen Personen kommt, wie man es sich u.U. von Arbeitern an einem Fließband vorstellen kann. Eine I. ist im Unterschied dazu eine Mehrzahl von Personen, die „miteinander" agieren, also in Interaktion stehen und sich wechselseitig beeinflussen. R.Kl.

Koalition, [1] allgemeine Bezeichnung für die befristete Vereinigung von Personen, Gruppen, Parteien, Organisationen, Staaten usw. zur Erreichung eines oder mehrerer bestimmter Ziele.
[2] Der Begriff K. hat theoretische Bedeutung hauptsächlich in der → Spieltheorie. Bei N Personen, die an einem Spiel beteiligt sind, existieren 2^N mögliche Koalitionen. Es existiert eine Auszahlungsfunktion, die jeder K. einen bestimmten Betrag zuordnet. Je nach Höhe der → Auszahlung unterscheidet man Gewinn- und

Verlust-K.en. Eine blockierende K. ist diejenige, die eine Formierung von Gewinn- und Verlust-K.en verhindert. N.M.

Koalition, blockierende → Koalition [2]

Koalitionsbildung, *coalition formation,* Bezeichnung für die Prozesse, in denen Personen, Gruppen, Parteien usw. durch personelle und Zielabstimmung die Bedingungen für eine → Koalition herstellen. W.F.H.

Koalitionsfreiheit, das Recht in demokratischen Verfassungen, sich zur Wahrung von Arbeits- und Wirtschaftsinteressen zusammenzuschließen. Die K. für die Arbeiter (Gewerkschaften) hat die Arbeiterbewegung in langen Kämpfen durchgesetzt. W.F.H.

Kode, auch: Code, [1] Bezeichnung für die Zuordnungsregeln, nach denen Zeichen aus einer bestimmten Menge von Zeichen bestimmten Informationen zugeordnet werden. Der K. dient zur Darstellung von lnformationen. Er ist Voraussetzung für jeden Informationsaustausch. Seine Kenntnis ist die Bedingung für die Zugehörigkeit zu einer Kommunikationsgemeinschaft. Ein für die technische Informationsverarbeitung besonders wichtiger K. ist der → Binärcode. F.K.S./H.W.
[2] Eine bestimmte Art, Ausschnitte der sozialen Wirklichkeit zu bearbeiten und Bilder der Umwelt zu erzeugen. R.L.
[3] Aus systemtheoretischer Perspektive sind K.s Duplikationsregeln, die die Realität mit einer Differenz überziehen und dadurch einen Kontingenzraum schaffen. Im Gegensatz zu einfachen Unterscheidungen sind binäre K.s dadurch charakterisiert, dass die jeweils andere Seite der Unterscheidung durch die Negation ihrer Gegenseite definiert ist. Wird ein K. (z.B. wahr/unwahr) auf sich selbst angewendet, so entstehen Paradoxien. M.G.

Kode, elaborierter → Sprache, formale – öffentliche

Kode, restringierter → Sprache, formale – öffentliche

Kodierblatt → Kodierung

kodieren[2] → enkodieren – dekodieren

Kodieren, offenes – theoretisches, wichtige Arbeitsschritte in dem von B. Glaser u. A.L. Strauss (Strauss 1987) vorgeschlagenen Weg zu einer → *grounded theory*: Das o.e K. etwa von Protokollen qualitativer Interviews ist nicht, wie bei quantitativen Studien, die Zuordnung von Textstellen zu zuvor festgelegten Codes, sondern die vorläufige, aber intensive (Stelle für Stelle berücksichtigende) Entwicklung von Kategorien, die möglichst nahe am Datenmaterial bleiben sollen (also etwa in der Sprache des Interviewten formuliert), um damit ein weit gespanntes Verständnis davon zu gewinnen, was in den Daten steckt. Spätere Überarbeitungen dieser ersten Kategorien beim t.en K., nunmehr an der Frage orientiert, welche Kernkategorie (*core category*) dazu geeignet wäre, möglichst alle Aspekte der Daten im Hinblick auf eine Theorie zu ordnen, werden begleitet von theoretischen Überlegungen (niedergelegt als *memos*) und u.U. neu geprüft durch weitere Interviews. W.F.H.

Kodieren, theoretisches → Kodieren, offenes – theoretisches

Kodierplan → Kodierung

Kodierung, [1] kontrollierte Übertragung quantitativer und qualitativer Daten in numerische oder alphabetische Symbole, die möglichst schnell für große Datenmengen ausgewertet (z.B. ausgezählt) werden können. Der Kodierplan ist ein „Wörterbuch", das die Verbindung Information-Symbol herstellt. Das Kodierblatt (*code sheet*) ist ein Formular für die Notierung der Information in Symbolform.
[2] Prozess des → Verschlüsselns. D.G.

Kodifizierung, in der Rechtssoziologie das Aufzeichnen von Regeln, nach denen hinfort gelebt werden soll. Resultat einer K. ist ein → Gesetz [1]. R.L.

Koeffizient, humanistischer, Merkmal aller kulturellen Phänomene, als Gegenstand wissenschaftlicher Erkenntnis zugleich Produkt und Gegenstand alltäglicher Erkenntnis zu sein (F. Znaniecki 1934). E.L.

Koevolution, allgemeine Bezeichnung für die gegenseitig von einander abhängigen Entwicklungen zweier distinkter Systeme oder Gesellschaften, historisch etwa die Beziehungen zwischen Ackerbaugesellschaften und nomadisierenden → Pastoralisten, bis in die Gegenwart besonders in Form der Wechselwirkung zwischen Metropolen einerseits, Kolonien und postkolonialen Gesellschaften andererseits. R.Kö.

Kognation, das Prinzip, die Verwandtschaft zwischen den Nachfahren eines gemeinsamen Vorfahren grundsätzlich unabhängig von dessen Geschlecht anzuerkennen. Gegenbegriff: → Agnation E.L.

Kognition, [1] auch: Erkennen, Bezeichnung für den Prozess, durch den der Organismus Informationen oder „Kenntnisse" über Objekte der Umwelt und die Beschaffenheit der Realität erwirbt. Dazu gehören die Aktivitäten des Wahrnehmens, Denkens, Vorstellens, Lernens, Urteilens usw. In diesem Sinne wird die K. – neben dem Fühlen (den emotionalen Prozessen) und dem Wollen (den volitionalen Prozessen) – häufig als eine der psychischen Grundfunktionen betrachtet.
[2] Bezeichnung für das Ergebnis eines Erkenntnisprozesses: eine einzelne Vorstellung

oder ein bestimmtes Wissen, in dessen Besitz ein Individuum ist. Hierfür wird häufig auch die Bezeichnung „kognitives Element" gebraucht.
    R.Kl.

Kognition, dissonante → Dissonanz, kognitive

Kognition, irrelevante, Bezeichnung für eine Kognition, die einen bestehenden Zustand der → kognitiven Dissonanz oder Konsonanz nicht verändert, also weder zur Reduktion noch zur Vergrößerung von Dissonanz beiträgt.   R.Kl.

Kognition, konsonante → Dissonanz, kognitive

Kognition, soziale → Wahrnehmung, soziale

kognitiv, das Erkennen oder Wahrnehmen betreffend.   R.Kl.

Kohärenzsinn, *SOC, sense of coherence,* bezeichnet nach A. Antonovsky (1979) eine globale Orientierung des Menschen in Form eines durchdringenden, andauernden und dennoch dynamischen Gefühls des Vertrauens. K. ist nach Antonovsky ein zentrales Moment der Gesunderhaltung (→ Salutogenese). Antonovsky unterscheidet drei Komponenten, die die Entwicklung des SOC beeinflussen: (1) im Leben gemachte Erfahrungen, die strukturiert, vorhersehbar und erklärbar sind; (2) die Ressourcen einer Person, um den Anforderungen der Umgebung erfolgreich zu begegnen, und (3) die Bedeutung, die Personen den Herausforderungen zumessen, d.h. ob sie die Anstrengung und das Engagement zu ihrer Bewältigung lohnen.   W.P.

Kohärenztheorie der Wahrheit, eine Wahrheitstheorie, die die „Wahrheit" einer Aussage als deren logische Kohärenz mit anderen, schon akzeptierten Aussagen definiert, welche zusammen ein „stimmiges Ganzes" bilden.   R.Kl.

Kohäsion, Kohäsivität, Gruppenkohäsion, (*group-*)*cohesion, cohesiveness,* [1] Gruppenintegration, Gruppenzusammenhalt, Gruppensolidarität, die Integration der Gruppe als Folge der Anziehungskraft, die die Gruppe auf ihre Mitglieder ausübt und durch die diese zur Interaktion miteinander veranlasst werden.
[2] Von den einzelnen Gruppenmitgliedern aus betrachtet: Gruppenattraktivität, Gruppenanziehung, Anziehungskraft der Gruppe, im Sinne der psychologischen Feldtheorie auch → Gruppenvalenz, die durchschnittliche Anziehungskraft, die die Gruppe auf ihre einzelnen Mitglieder ausübt.   H.E.M.
[3] In der → Soziometrie das Verhältnis der Zahl der gegenseitigen Wahlen in einem soziometrischen Test (*W*) zu der Zahl der in diesem Test prinzipiell möglichen gegenseitigen Wahlen (*M*), nach der Berechnungsformel: $K = \dfrac{W}{M}$.
    R.Kl.

Kohorte, Population, deren Mitglieder in einem bestimmten Zeitraum das gleiche bedeutsame Lebensereignis erfahren haben. K.n-definierende Ereignisse können individuelle (z.B. Geburt, Schulabschluss, Scheidung) oder gesellschaftliche (z.B. Krieg, technische Innovation) sein.
    M.M.

Kohorten-Sequenz-Analyse → Kohortenanalyse

Kohortenanalyse, Untersuchung der Bevölkerung oder von Bevölkerungsteilen im Zeitablauf, bei der die Entwicklungen oder Veränderungen von Gruppen, die durch zeitliche Merkmale (gleicher Geburtsjahrgang, gleiches Schulabschlussjahr) gekennzeichnet sind, analysiert und verglichen werden. Diese Gruppen, deren „Schicksal" über einen gewissen Zeitraum verfolgt wird, werden Kohorten genannt. Die Analyse von Kohorten gleicher Geburtsjahre („die Achtzehnjährigen") erfolgt häufig zur Erforschung von Generationsproblemen. D.G./H.W.

Kohorteneffekt, diejenige im systematischen, kombinierten Quer- und Längsschnittvergleich verschiedener Kohorten ermittelte Verhaltensdifferenz, die auf Unterschiede des Geburtszeitpunkts bzw. der ihm benachbarten frühen, die individuelle Entwicklung prägenden Jahre zurückgeführt werden kann, unabhängig von Altersdifferenzen (→ Alterseffekt) oder vom sozialen Wandel, dem alle Kohorten unterlagen (→ Periodeneffekt). Der K. gilt dabei als empirischer Indikator von Generationsdifferenzen, insofern sich jede Kohorte bzw. ein entsprechend homogenes Bündel benachbarter Kohorten als Generation deuten lässt.   H.L.

koinonia politike (gr.) → *societas civilis*

Kokonmodell, in der Theorie sozialer Probleme bei M. Schetsche (1996) das Struktur- und Ablaufmodell, worin die Entstehung sozialer Probleme in sechs Stufen beschrieben wird, die Elemente sowohl der objektivistischen als auch der konstruktionistischen Problemtheorie berücksichtigen. Konstitutiv für das K. ist die Unterscheidung zwischen sozialen Sachverhalten, ihrer kollektiven Deutung als Problem und dem Prozess der gesellschaftlichen Anerkennung der Problemwahrnehmung.   M.S.

Kollegen, [1] in der Berufssoziologie die Inhaber gleichartiger oder verwandter Berufspositionen (H. Daheim).
[2] In der Organisationssoziologie mehrere Individuen, die derselben Organisation angehören.
    R.L.

Kollegialitätsprinzip, die Beschränkung der Herrschaft Einzelner entweder durch Instanzen, die Kontroll- oder Vetorechte haben, oder durch vorgängige Bindung der Entscheidung an eine Mehrzahl von Personen, die auf dem Wege der

K

Abstimmung eine Entscheidung treffen (M. Weber). W.F.H.

Kollektiv, soziales Kollektiv, auch: Kollektivität, *social collective, collectivity,* [1] Bezeichnung für eine Mehrzahl von Personen, die – im Unterschied zu den Angehörigen einer → Sozialkategorie – ein gemeinsames Werte- und Normensystem besitzen und daher ein Gefühl der Zusammengehörigkeit entwickelt haben, aber – im Unterschied zu den Mitgliedern einer → Gruppe – nicht miteinander in Interaktion stehen (so u.a. R.K. Merton).
[2] Ähnlich definierte bereits F. Tönnies das K. als eine Mehrzahl von Individuen oder Familien, die durch gemeinsame Traditionen, Interessen und Anschauungen miteinander verbunden sind, jedoch wegen des Fehlens eines organisatorischen Zusammenhalts nur unter bestimmten Bedingungen zur Bildung eines gemeinsamen Willens und zu gemeinsamem Handeln kommen.
[3] Abstraktes K., bei L. von Wiese Bezeichnung für die → sozialen Gebilde, die – im Unterschied zu Massen und Gruppen – Träger von „Dauerwerten" sind und einen überpersönlichen Charakter haben. Dazu gehören insbesondere die Körperschaften verschiedener Art (z.B. Staat, Kirche) sowie die Organisationen.
[4] Nach A.S. Makarenko Bezeichnung für eine Gruppe, deren Mitglieder durch gemeinsame fortschrittliche Ziele, gemeinsame Arbeit und gemeinsame Organisation dieser Arbeit verbunden sind, wobei die grundsätzliche Gleichheit und Gleichberechtigung aller Mitglieder die Organisation der Arbeit und die Verteilung der Rechte und Pflichten bestimmt. In diesem Sinne gilt das K. der marxistischen Theorie als die anzustrebende Grundform der Organisation der menschlichen Beziehungen. jeder ist Mitglied eines K.s, jedes K. ist organischer Teil des Gesamt-K.s der sozialistischen Gesellschaft. Das K. ist der Ort der → Kollektiverziehung.
[5] Im unspezifischen Sinne auch synonym mit „soziales Gebilde", „Gruppe". E.L./W.Lp./R.Kl.

Kollektivbedürfnisse, [1] Bedürfnisse z.B. nach Raum, nach Sicherheit, nach höherem Lebensstandard, die nicht von Einzelnen als Individuen, sondern von Einzelnen als Gliedern von Kollektiven ausgehen. K., wie sie besonders von Beleg- und Personalschaften in Organisationen, von den Mitgliedern der Verbände, von sozialen Schichten, Klassen, schließlich von nationalen und übernationalen Kollektiven entwickelt werden, sind dem gesellschaftlichen Handeln entweder klar bewusst – und können durch öffentliche Kundgabe mit Nachdruck vertreten werden – und/oder aber un- und vorbewusst, d.h. als ver- deckte, objektiv gleichwohl virulente, ja im Effekt brisante Größe vorgegeben. Der Steuerung sozialer Prozesse, der Bewältigung sozialer Probleme stellt sich daher stets die Aufgabe, K. theoretisch wie praktisch zu erfassen und entsprechender Befriedigung zuzuführen. W.Lp.
[2] → Kollektivgüter

Kollektivbewusstsein, frz. *conscience collective,* auch Kollektivseele oder -psyche, kollektive Mentalität, Gruppenbewusstsein, Gruppenseele usw., [1] ein Zentralbegriff der Durkheimschen Soziologie, der jene geistige Einheit einer Gesellschaft oder eines gesellschaftlichen Subsystems bezeichnet, die sich in Sprache und Schrift, Moral und Recht, Brauch und Gewohnheit, Wissensbestand und Gewissen u.ä. ausdrückt. Das K. ist die „Gesamtheit der Anschauungen und Gefühle, die der Durchschnitt der Mitglieder derselben Gesellschaft hegt" (E. Durkheim); dementsprechend ist auch von „Kollektivvorstellungen", „kollektiven Ideen", „Kollektivgefühlen", „Kollektiveinstellungen" usw. die Rede. Die Durkheim-Schule fasst das K. nicht als eigene, von den individuellen Bewusstseinsinhalten substantiell unterschiedene Wesenheit auf. Vielmehr handelt es sich dabei um diejenigen Einstellungen, Denkweisen, Vorstellungen usw. im Bewusstsein der Individuen, die durch ein Aufeinanderwirken und durch eine Fusion individueller Bewusstseinsinhalte, also durch das Leben der Individuen in der Gesellschaft, zustande gekommen sind und die daher auch nur unter Bezugnahme auf die gesellschaftlichen Bedingungen, in denen die Individuen leben, erklärt werden können. Das K. äußert sich in kollektiven Handlungen und Reaktionsweisen; die Gesellschaft reagiert repressiv auf Verletzungen des K., wie es z.B. im Strafrecht kodifiziert ist. Das K. kann andererseits zu einem solidarischen Ausgleich in restitutivem Sinne anregen, was z.B. in den Anweisungen des Bürgerlichen Rechts seinen Ausdruck findet. Schwinden die ausgleichend-solidarischen Formen der Vergesellschaftung, kommt es entweder zur ausschließlich repressiven Herrschaft des K. bei → mechanischer Solidarität oder zu einem Zustand der sozialen → Anomie [1]. R.G./F.H./W.Lp.
[2] Insbesondere in organizistischen und verwandten Theorien, die die Gesellschaft in Analogie zum biologischen Organismus als einen „sozialen Körper", als ein kollektives „Wesen" eigener Substanz auffassen, ist das K. oder die „Kollektivseele" (auch „Gruppenseele", „Volksseele", „Massenseele" usw.) der Sitz oder das Organ des kollektiven (Gruppen-, Volks- usw.) Willens, der die Handlungsweisen der Gesamtheit bestimmt, so wie das Bewusstsein des Einzelmenschen dessen Handlungen bestimmt.

[3] Bei A. Vierkandt → Wirbewusstsein. R.Kl.

Kollektiveigentum, auch Gemeineigentum; → Kollektivgüter → Privateigentum

Kollektiveinstellungen → Kollektivbewusstsein [1]

Kollektiverziehung, wichtigstes Ziel und Mittel der Pädagogik in den früheren sozialistischen Ländern. Nach Aufhebung bürgerlicher Konkurrenzmechanismen sollen die Einzelnen zur Gemeinschaft gleichberechtigter, individuell unterschiedener Persönlichkeiten erzogen werden, die sich bewusst zur gemeinsamen Gestaltung der gesellschaftlichen Lebensprozesse vereinigen. E.D.

Kollektivgebilde → Organisation

Kollektivgefühle → Kollektivbewusstsein [1]

Kollektivgüter, auch öffentliche Güter, Begriff aus der älteren Finanzwissenschaft, in der zwischen K. und Individualgütern unterschieden wurde. K. werden vom Staat, Individualgüter von privater Seite bereitgestellt. In der neuen Theorie der öffentlichen Finanzen werden nach R.A. Musgrave neben den Privatgütern (*private goods*), für die der private Markt zuständig ist, K. (*social goods*) und → meritorische Güter (*merit goods*) unterschieden, deren Bereitstellung dem politischen Gemeinwesen obliegt. K. und meritorische Güter unterscheiden sich dadurch, dass bei K. mit der Befriedigung eines einzigen Nutznießers die Bedürfnisse aller übrigen Nutznießer mitbefriedigt werden (Kriterium der Nicht-Ausschließbarkeit von Nutzern, z.B. im Bezug auf Leuchttürme, Ampeln, saubere Luft, Landesverteidigung), während der Gebrauch der meritorischen Güter individuell erfolgt (z.B. Impfung) und rivalisierend sein kann (z.B. Wasser, Bildung). Als öffentliche Güter werden häufig nur solche bezeichnet, für die sowohl die Nicht-Ausschließbarkeit und die Nicht-Rivalität des Konsums gilt (I. Kaul et al. 1999), die also von allen Mitgliedern einer Gesellschaft in gleicher Höhe in Anspruch genommen werden können. Nach A.O. Hirschman besitzt zudem auch „keiner die Möglichkeit ihrem Verbrauch zu entgehen, es sei denn, er verlässt die soziale Gruppe, die sie anbietet" (Hirschman et al. 1970). K. können deshalb auch „öffentliche Übel" sein. Die K. spielen in der Theorie des (rationalen) kollektiven Handelns (Problematik des *free rider* ;→ Olson-Theorem; → Tragik der Allmende) und heute in der Debatte um Umweltökonomie und Umweltpolitik (→ Effekte, externe) eine wichtige Rolle. S.S./H.W.

Kollektividentität → Gruppenidentität

Kollektivismus, methodologischer, besagt in der extremen Version, dass individuelles Verhalten von gesellschaftlichen Faktoren kausal abhängig ist, aber das Verhalten gesellschaftlicher Gruppen nicht durch das Verhalten von Individuen erklärbar ist; in der gemäßigten Version, dass Sätze über gesellschaftliche Gruppen nicht restlos in Sätze über Individuen überführt werden können, dass aber Sätze über gesellschaftliche Sachverhalte, um überprüfbar zu sein, teilweise in Sätze über Individuen umwandelbar sein müssen und dass gesellschaftliche und individuelle Sachverhalte interdependent sind. Die Gegenposition zum m.n K. ist der → methodologische Individualismus. H.D.R.

Kollektivmerkmal → Merkmale, kollektive

Kollektivorientierung → Selbstorientierung

Kollektivpsyche → Kollektivbewusstsein

Kollektivrepräsentation → Repräsentation, kollektive

Kollektivseele → Kollektivbewusstsein

Kollektivsymbole, nach J. Link komplexe Sinnbilder und Zeichen, deren kollektive Verankerung sich aus ihrer sozialhistorischen Relevanz ergibt und die gleichermaßen metaphorisch wie repräsentativ oder pragmatisch verwendbar sind. K.K.

Kollektivverhalten, kollektives Verhalten, auch: Massenhandeln, *collective behavior*, relativ gleichförmiges, aber weitgehend unstrukturiertes und unorganisiertes Verhalten, mit dem Menschen in größerer Zahl auf bestimmte, sie in gleicher Weise betreffende Situationen und Reize reagieren. K. unterscheidet sich vom Gruppenverhalten vor allem durch den geringen Grad der Interaktion, die zwischen den beteiligten Personen besteht. In der Regel in umfassende gesellschaftliche Veränderungen oder Umbrüche eingebettet, ist K. nicht als einmaliger, quasi-zufälliger Ausbruch (→ Masse; → Mob), sondern als dynamischer kollektiver Problemlösungsprozess (K. Lang, N.J. Smelser) anzusehen, der sich von weitgehend unstrukturierten zu immer stabileren Organisationsformen fortentwickelt. Im Zuge der Kristallisation von Führungsgruppen und bei steigendem gesellschaftlichem Erfolg können sich Solidaritätsgefühle und Interaktionssequenzen ausbilden, die ihrerseits zur weiteren Festigung, sozialen Bedeutung und Spezifizierung der Bewegung beitragen. Organe der Willensbildung, durch die kollektives Verhalten gelenkt werden kann, können dabei ebenso sehr intern entwickelt wie „von außen", durch Parteien, Gewerkschaften, Massenmedien etc. bereitgestellt werden. Unterschiedliche Formen kollektiven Verhaltens spielen u.a. bei der Entstehung und beim Ablauf → sozialer Bewegungen und → Revolutionen, der → öffentlichen Meinung sowie bei der Verbreitung von Moden eine Rolle. → Kollektiv [1] W.Lp.

Kollektivverhandlungen, *collective bargaining,* Bezeichnung für die durch Übereinkunft einer

Vielzahl von Beschäftigten, mit gemeinsamen Zielen und gemeinsamer Verhandlungsführung die Bedingungen ihrer Arbeitsverträge zu verbessern, begründete Verhandlung ihrer (Gewerkschafts-)Vertreter mit der Betriebsleitung oder den Unternehmerverbänden. W.F.H.

Kollektivvertrag, Bezeichnung für das vertraglich festgelegte Resultat von → Kollektivverhandlungen. W.F.H.

Kollektivvorstellungen → Kollektivbewusstsein [1]

Kolmogorov-Smirnov-Test, statistisches Verfahren zur Beantwortung der Frage, ob die Verteilung eines Merkmals in einer Stichprobe einer bestimmten theoretischen Verteilung folgt (Nullhypothese). Im Falle von zwei Stichproben dient der K.-S.-T. durch Vergleich der Verteilungen der Beantwortung der Frage, ob die Stichproben gleichen Grundgesamtheiten entstammen. Als Prüfgröße dient die maximale Distanz zwischen den kumulierten Häufigkeitsverteilungen der Stichproben. H.W.

Kolonialismus, auf Erwerb, Erhaltung und Ausnutzung von Besitz und Herrschaft über auswärtige Gebiete gerichtete Einstellung und Aktivität von Interessengruppen und Staaten. Wegen der Vorherrschaft ausgeprägt großmachtpolitischer Kolonialbestrebungen wird die Zeit von 1885 bis 1918 als Zeitalter des K. oder Imperialismus bezeichnet. → Neokolonialismus W.La.

Kolonialismus, interner, bezeichnet vor allem in Siedlergesellschaften das Verhältnis der herrschenden Minderheit zur autochthonen Mehrheit. Betont wird das Zusammentreffen von Kolonisatoren und Kolonisierten in einem gemeinsamen gesellschaftlichen Zusammenhang und auf einem gemeinsamen Territorium. Der Begriff wird kontrovers diskutiert für die Analyse der Apartheid in Südafrika, aber auch im Hinblick auf die Lage ethnischer Minderheiten etwa in den USA. R.Kö.

Kolonialsoziologie, ältere Bezeichnung für die Untersuchung der ethnischen, sozialen und ökonomischen Strukturen der Kolonien im Zeitalter des Imperialismus. W.F.H.

Kolonisation, [1] Besiedlung und Kultivierung rückständiger Gebiete des eigenen Landes (innere K.) oder auswärtiger Gebiete von einem Mutterland aus, unter Beibehaltung völkischer Eigenarten (äußere K.).
[2] Inbesitznahme auswärtiger Gebiete durch einen Staat. W.La.

Kolonisierung der Lebenswelt bezeichnet die Tendenz, wonach Vorgänge, die bislang ausschließlich im Privatbereich angesiedelt waren (genauer: im Netz kommunikativ vermittelter Kooperationen), mit den Medien Recht, Geld und Wissen in die gesellschaftliche Verwaltung

genommen und behördlich reguliert werden. Die → Verrechtlichung der Familie etwa wird als K. d. L. kritisiert. R.L.

Kombinatorik, Teilgebiet der Mathematik, das sich mit Fragen nach der Anzahl der möglichen Zusammenstellungen gewisser gegebener Dinge (Elemente) nach jeweils festgelegten Regeln beschäftigt. Grundbegriffe der K. sind Permutation (bestimmte Reihenfolge aller gegebenen Elemente) und Kombination (Auswahl gewisser Elemente aus allen). Die Anzahl aller Permutationen von n Elementen ist $n!$ (lies: n Fakultät), d.h. das Produkt aller Zahlen von 1 bis n. Die Anzahl aller Kombinationen zu k Elementen aus n Elementen ist

$$\frac{n!}{k!(n-k)!} = \binom{n}{k}$$

(lies: n über k) und wird als Binomialkoeffizient bezeichnet. Die K. bildet die Grundlage der elementaren Wahrscheinlichkeitsrechnung. M.K.

Kommensalismus, [1] Tischgemeinschaft.
[2] Beziehung zwischen Personen oder Gruppen mit gleichen oder ähnlichen Zielen und Interessen. E.L.

kommensurabel, mit gleichem Maße messbar und vergleichbar. H.W.

Kommerzialisierung, die Umwandlung von Arbeits- und Austauschbeziehungen in Ware-Geld-Beziehungen, allgemein, die Ausrichtung von gesellschaftlichen Beziehungen und Verhältnissen auf Zahlung und Erwerb von Geld. H.W.

Kommodifizierung, commodification, [1] Substituierung von Tätigkeiten, z.B. im Haushalt, durch industriell gefertigte Waren, z.B. Kochen durch Fertiggerichte, Waschen durch Waschmaschinen.
[2] Umwandlung von Arbeitsprodukten in marktgängige Waren, der Übergang von auf Eigenverbrauch gerichteter Produktion zur Produktion für Märkte, z.B. in der bäuerlichen Landwirtschaft. H.W.

Kommunalität, communality, [1] in der → Faktorenanalyse der Anteil an der Varianz einer Variablen, der durch die Faktoren erklärt wird, die die Variable mit den anderen Variablen gemeinsam hat. Der restliche Anteil der Varianz wird spezifischen Faktoren oder Fehlergrößen zugeschrieben.
[2] Als Norm der Wissenschaft → Kommunismus [3] H.W.

Kommune, [1] Bezeichnung für eine Gemeinde als selbstständige (räumliche) Verwaltungseinheit.
[2] Bezeichnung für die Gemeinde als die Einwohnerschaft einer Ortschaft.

[3] Bezeichnung für eine Lebens- und Wohngemeinschaft, die von der Protestbewegung seit
1967 als Vorgriff auf eine emanzipierte Gesellschaft entwickelt wurde.

[4] Bezeichnung für eine Lebens-, Wohn- und
Produktionsgemeinschaft als natürliche Form
des Zusammenexistierens in der vom Anarchismus und Anarcho-Syndikalismus angestrebten
Gesellschaftsformation.

[5] frz. *commune*, Pariser Kommune, die anarchistische, politische Bewegung und Regierung
im Pariser Aufstand (18.3.1871 – 28.5.1871).

[6] Politische Bewegung in Frankreich nach
Ausrufung der 3. Republik (4.9.1870) mit dem
Ziel der Dezentralisierung des Staates.

[7] Bezeichnung für den Gemeinderat von Paris,
der 1792/93 den Konvent beherrschte.   O.R.

Kommunikation, Bezeichnung für den Prozess
der Informationsübertragung. [1] In der Kommunikationsforschung wird die K. als Informationsübertragung zwischen Menschen analysiert,
als die Weitergabe einer Mitteilung (→ Adresse)
von → Adressanten an → Adressaten.

[2] In der Informationstheorie bedeutet K. den
Austausch von Informationen jedweder Art zwischen dynamischen Systemen oder Teilsystemen,
unter der Voraussetzung, dass die Informationen
von den Systemen aufgenommen, gespeichert
und/oder umgeformt werden können. Die K. findet zwischen → Sender und → Empfänger statt.

[3] In der allgemeinen Systemthemtheorie bedeutet K. die informationelle Kopplung von Systemen, d.h. dass spezielle *outputs* des einen Systems zum *input* eines anderen Systems werden.
     O.R.

[4] a) K. ist aus soziologisch-systemtheoretischer
Perspektive eine spezifische Informationsver-
arbeitungsform und die einzige genuin soziale
Operation. Sie wird definiert als dreistellige Selektion aus Information, Mitteilung und Verstehen. b) Entscheidend ist für K., dass sie sich gegen den Prozessverlauf realisiert. Erst dann,
wenn *ego* die Differenz von Information und
Mitteilung handhabt und in diesem Sinne Verstehen ermöglicht, konstituiert sich K. Dabei
kann typischerweise nur durch eine Anschlussk.
festgestellt werden, ob eine K. verstanden worden ist. c) Aufgrund der multiplen Konstitution
der K. kommen ihr typische Unwahrscheinlich-
keiten (der Verständlichkeit, der Erreichbarkeit
und der Annahmebereitschaft) zu, die je nach
Differenzierungsform der Gesellschaft verschieden gelöst werden.   M.G.

[5] In der philosophisch orientierten K.stheorie
bezieht sich der Begriff über den Prozess der
Informationsübertragung hinaus auf den Prozess

der intersubjektiven Verständigung. Zu kommunizieren bedeutet, sozial eingespielten Regeln
zu folgen, über deren korrektes Befolgen allein
der K.spartner – durch Verstehen oder Nicht-
Verstehen – das Urteil zu fällen in der Lage ist
(L. Wittgenstein). Neben der reinen Informationsübertragung (→ Inhaltsaspekt) bedeutet
menschliche K. immer auch: Austausch von
emotionalen Gehalten (→ Beziehungsaspekt);
sie bestimmen den eigentlichen Sinngehalt der
Information.   H.G.

Kommunikation, bidirektionale, Art des Kommunikationsprozesses, in dem die Kommunikationspartner Adressant und Adressat zugleich
sind. In der b.n K. werden Informationen rezi-
prok ausgetauscht; dies setzt voraus, dass es
ebensoviele Zeichenvorräte wie Kommunikationspartner gibt.   O.R.

Kommunikation, bilaterale → Kommunikation,
gegenseitige – einseitige

Kommunikation, direkte, personale Kommunikation, *face-to-face*-Kommunikation, [1] Bezeichnung für die Art des Kommunikationsprozesses, in dem der Adressant seine Information
unmittelbar an den Adressaten übergibt und dabei überprüfen kann, ob der Adressat die Art
der Informationskodierung akzeptiert, die empfangenen Zeichen in erwarteter Form dechiffriert und interpretiert. Zumeist werden bei der
d.n K. verschiedenartige Zeichen, z.B. Sprache,
Gestik, Mimik etc., übermittelt, die vom jeweiligen Adressaten verschiedenartig dechiffriert, jedoch einheitlich interpretiert werden.

[2] In der älteren Literatur Bezeichnung für
jede Art von Kommunikationsprozess, in dem
Information ausschließlich mittels Sprache weitergegeben wird.   O.R.

Kommunikation, einseitige → Kommunikation,
gegenseitige – einseitige

Kommunikation, expressive – instrumentale,
Verständigung auf der zwischenmenschlichen
Ebene über Gefühle, Affekte, Einstellungen der
beteiligten Kommunikationspartner (e. K.) im
Unterschied zu einer Verständigung über Sach-
verhalte und Aufgaben (i. K.).   U.S.

Kommunikation, fiktive, Art der Informationsübertragung, die sich an einen nur in der Vorstellung des Adressanten existierenden Adressaten richtet, so z.B. an übernatürliche Mächte, an
Verstorbene oder an das → *alter ego* in Selbst-
gesprächen. In der f.n K. fehlt eine objektiv reziproke Beziehung.   A.G.W./A.R.

Kommunikation, gegenseitige – einseitige, Unterscheidung im Hinblick auf das Verhalten der
Kommunikationspartner: in der g.n K. findet ein
ständiger Rollentausch zwischen Kommunikator
und Kommunikant statt (z.B. Gespräch), in der
e.n K. dagegen ist das Verhalten des einen Kom-

munikationspartners beschränkt auf die reine Informationsvermittlung, die des anderen auf die reine Rezeption (z.B. Vortrag). Synonyma für g. K. vs. e. K. sind: kooperative vs. nichtkooperative K., bilaterale vs. unilaterale K., wechselseitige vs. e. K., Zweiwegk. vs. Einwegk.

U.S./A.R.

Kommunikation, geschützte, ein Modus des öffentlichen oder privaten Sprechens, der sich strategischer Zurichtungen in Wortwahl, Duktus und diskursiver Rahmung bedient, um negative Reaktionen auf die Thematisierung sozial tabuierter Erfahrungen kontrollieren zu können.

M.S.

Kommunikation, gestaffelte, ein Kommunikationsprozess, der sich in Einzelprozesse aufgliedert, da die räumliche Distanz oder der Zeitraum zwischen dem Adressanten und dem Adressaten in der g.n K. zu groß ist. Es werden dann für die Übermittlung der Nachricht zahlreiche Mittler (Mediatoren) gebraucht: z.B. die jeweils von Angesicht zu Angesicht weitergegebene Anordnung über mehrere Zwischenträger in einer großen Organisation. Die g. K. hat große Bedeutung in den Gesellschaftssystemen, deren technischer Entwicklungsstand weitgehend noch keine indirekte Kommunikation ermöglicht.

A.G.W./O.R.

Kommunikation, indirekte, [1] mediale Kommunikation, Bezeichnung für einen Kommunikationsprozess, der zur Überwindung von räumlicher und/oder zeitlicher Distanz über Zwischenträger (Mediatoren) läuft; d.h. die Verständigung zwischen den Kommunikationspartnern erfolgt über technische Hilfsmittel, z.B. über Telefon, Tonbandaufnahme.
[2] In der älteren Literatur Bezeichnung für nicht-verbale Informationsübermittlung.

U.S./O.R.

Kommunikation, instrumentale → Kommunikation, expressive – instrumentale

Kommunikation, interkulturelle, bezeichnet Interaktion und Kommunikation zwischen Angehörigen unterschiedlicher Lebensweisen und Kulturen. Diese Form der Kommunikation zeichnet sich dadurch aus, dass gewisse gemeinsame Annahmen über das alltägliche oder ethnografische Hintergrundwissen nicht einfach vorausgesetzt werden können, sondern in der Kommunikation erst hergestellt werden müssen.

R.S.

Kommunikation, kooperative → Kommunikation, gegenseitige – einseitige

Kommunikation, mediale → Kommunikation, indirekte

Kommunikation, nicht-interaktive → Interaktivität

Kommunikation, nichtkooperative → Kommunikation, gegenseitige – einseitige

Kommunikation, nonverbale, Bezeichnung für jeden Vermittlungsakt nonverbalen Verhaltens von Person zu Person (A.W. Siegman u. S. Feldstein 1978).

O.R.

Kommunikation, paradoxe, Bezeichnung für die widersprüchlichen, aber unausweichlichen Handlungsaufforderungen innerhalb einer Situation, wie sie die → Doppelbindungs-Hypothese beschreibt.

R.L.

Kommunikation, partiale → Partialkommunikation

Kommunikation, personale → Kommunikation, direkte

Kommunikation, quasi-interaktive → Interaktivität

Kommunikation, symbolische, jeder nicht auf Zeichen oder Signalen, sondern auf Symbolen (z.B. auf natürlicher Sprache) beruhende Vorgang der Übermittlung von Informationen. U.S.

Kommunikation, unilaterale → Kommunikation, gegenseitige – einseitige

Kommunikation, vertikale, Bezeichnung für die Art des Kommunikationsflusses in allen hierarchisch strukturierten sozialen Gebilden, die durch einen asymmetrischen Kommunikationsverlauf gekennzeichnet ist: die Kommunikation fließt in formalen Kanälen in der Hierarchie von unten nach oben mit abstrakter werdendem Informationsgehalt, und von oben nach unten in Form von Anweisungen und Befehlen mit zunehmender Sachbezogenheit.

O.R.

Kommunikation, voll-interaktive → Interaktivität

Kommunikation, wechselseitige → Kommunikation, gegenseitige – einseitige

Kommunikationsbarriere, Störung im Ablauf eines Kommunikationsprozesses. Sie kann von Natur aus bestehen (körperliche Behinderung, unwegsames Gelände), geschichtlich entstanden sein (Sprachenvielfalt), gesellschaftlichen Trennungszwecken dienen (Sprachbarrieren) oder biografisch bedingt sein (Neurosen). A.G.W.

Kommunikationschance, die Chance, an einer Kommunikation teilzunehmen, einen bestimmten Adressaten zu erreichen; die K. hängt von der Komplexität des Kommunikationsnetzwerks ab und von der Position, die man in diesem Netzwerk einnimmt. In der Primärkommunikation herrscht fast Chancengleichheit, in der Massenkommunikation extreme Ungleichheit.

A.G.W.

Kommunikationsdistanz bezeichnet das Ergebnis von Selektionsmechanismen (in der Wahrnehmung, Deutung, Speicherung von Mitteilungen) im Kommunikationsprozess auf Seiten der Adressaten. Teils bewusst, teils unbewusst wählen sie aus dem Angebot von Informationen aus und schaffen sich so die Distanz, die sie als Individuen brauchen, um ihre Identität zu wahren. A.G.W.

Kommunikationsfeld, Kommunikationssituation, kommunikative Situation, die spezifische soziale Situation, in der Kommunikation geschieht, einschließlich der Bezugsgruppe, nach der man sich ausrichtet. Zum K. gehören u.a. biografische Daten, persönliche und gesellschaftliche Interessen, Prädispositionen, soziale und technische Bedingungen, Positionen im Kommunikationsnetzwerk usw. Das K. entscheidet über die Kommunikationsstrategie, über Erfolg und Misserfolg. A.G.W./U.S.

Kommunikationsfluss, zweistufiger, *two-step flow of communication,* Zwei-Stufen-Fluss der Kommunikation, Bezeichnung für die häufig beobachtete Tatsache, dass Massenmedien nicht unmittelbar auf die Einstellung ihrer Rezipienten einzuwirken vermögen, sondern nur indirekt über „Meinungsführer", die als Mittler zu informellen Gruppierungen auftreten. Der z.e K. wurde zuerst von P.F. Lazarsfeld, B. Berelson u. H. Gaudet (1948) bei den Präsidentschaftswahlen der USA von 1940 bemerkt. O.R.

Kommunikationsforschung, [1] hat die Natur und Rolle von Mitteilungen im Leben der Individuen und in der Gesellschaft zum Objekt. Sie erforscht Kanäle und Kommunikationsnetzwerke von Systemen, durch die Informationen fließen, sowie Art, Inhalt und Funktion der Information. K. wird von zahlreichen Wissenschaften betrieben, ohne dass es bislang zu einer theoretischen oder methodologischen Integration in Gestalt einer Kommunikationswissenschaft gekommen wäre.
[2] Anwendung der Informationstheorie auf die Probleme der allgemeinen Sprachwissenschaft. A.G.W.

Kommunikationsgewohnheit, typisierte Art und Weise des Austausches gesellschaftlicher Informationen, die zwar im Detail modifiziert und variiert, aber doch in ihrer Standardform oft wiederholt wird. In ihrer Gesamtheit bilden alle K.en das soziale Beziehungsgeflecht einer Gesellschaft auf einer symbolisch (z.B. sprachlich) vermittelten Ebene ab. U.S.

Kommunikationskanal, Bezeichnung für einen vorgeschriebenen oder üblichen Weg der Nachricht zwischen Adressant und Adressat. Von einem K. spricht man, wenn die Nachricht nicht über eine dritte Person läuft, die sie inhaltlich aufnimmt und weitergibt, sondern direkt den Adressaten erreicht. A.G.W./O.R.

Kommunikationskette, [1] Bezeichnung für die Glieder eines Kommunikationsablaufs, bei dem jedes Glied die Information empfängt und dann weitergibt.
[2] In der Informationstheorie Bezeichnung für alle an einem System Kommunikationsvorgang beteiligten wesentlichen Funktionseinheiten. Grafisch wird die Struktur des Systems in einem Blockschaltbild wiedergegeben, in dem die Glieder der K. als Blöcke (*black boxes*) auftreten. Das einfachste Schema einer K. ist:

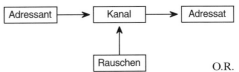

O.R.

Kommunikationskette, gestörte, Bezeichnung für die Art des Kommunikationsprozesses, bei dem das Verstehen der Adresse durch den Adressaten erschwert ist, bedingt durch Störungen im Bereich der Signale (z.B. Rauschen) und/oder der Zeichen (z.B. unleserliche Schrift). A.R.

Kommunikationskontrolle nennt man die Überprüfung und/oder Beschränkung des Kommunikationsprozesses von Personen und/oder sozialen Systemen nach innen oder nach außen. K. ist ein wesentliches Mittel der Herrschaftsausübung. Teils tritt K. offen zu Tage (Zensur), teils realisiert sie sich unbewusst zur Verinnerlichung bestimmter Werte und Normen. A.G.W.

Kommunikationsmechanismus, [1] das gesellschaftlich entstandene und individuell erlernte Instrumentarium a) zur Interpretation, Auswahl, Auswertung, Speicherung und Erinnerung von Reizwirkungen sowie zu planmäßiger oder unwillkürlicher, reagierender oder schöpferischer Produktion neuer, auf andere Individuen einwirkender Reize; und b) zur Vermittlung, einschließlich der Ver- und Entschlüsselung, von Botschaften eines Individuums an ein breites gesellschaftliches Publikum.
[2] Auch die natürlichen Organe, mit denen die Menschen Botschaften übersenden (z.B. Sprechwerkzeuge), heißen K. U.S.

Kommunikationsmechanismus, institutionalisierter, auch: Kommunikationsmedium, Steuerungssprache, in der strukturell-funktionalen Systemtheorie (T. Parsons) Bezeichnung für gesellschaftliche Phänomene wie Geld und Macht. Ihre Funktion wird darin gesehen, die soziale Situation von Handelnden zu strukturieren, die Ziele der Handlung zu begrenzen, die notwendigen Rollenanforderungen erfüllen zu helfen, die Auswahl von Zielen und Mitteln zu regeln. W.F.H.

Kommunikationsmedien → Kommunikationsmechanismus, institutionalisierter, → Kommunikationsmittel, → Massenmedien

K

Kommunikationsmedien, symbolisch generalisierte, in den Systemtheorien von T. Parsons bzw. N. Luhmann im Wesentlichen geldanalog aufgefasste subsystemspezifische Vermittler von Austausch- bzw. Kommunikationsbeziehungen mit folgenden allgemeinen Kennzeichen: Neutralität gegenüber bestimmten Austauschbarkeiten bzw. Kommunikationen und Teilnehmern; sie erweitern den unbestimmten Bereich bestimmter Austauschbarkeiten bzw. Kommunikationen; die g.n K. sind u.a. speicherbar, übertragbar, vermehrbar, kreditierbar und konvertierbar; der Umlauf von g.n K. wird inflationär und deflationär beeinflusst (Parsons). Parsons nennt als g. K.: Geld, Macht, Einfluss und *commitments* für das allgemeine Sozialsystem sowie Intelligenz, Performanzfähigkeit, Affekt und Definition der Situation für das allgemeine Handlungssystem; Luhmann benennt: Geld, Macht, Liebe, Wahrheit.   D.K.
S. g. K. sind evolutionäre Errungenschaften der Gesellschaft, die die Unwahrscheinlichkeit der Annahmebereitschaft von → Kommunikation [4] überwinden, weil sie im Gegensatz zur Ja/Nein-Codierung der Sprache eine Verbindung von Selektion und Motivation bereitstellen. Ihr Spezifikum ist jeweils ein Zentralcode, der trotz Unwahrscheinlichkeit die Fortsetzung der autopoietischen Reproduktion der Funktionssysteme (→ Evolution [3]) ermöglicht. Fast alle Funktionssysteme verfügen über solche K. → Medium – Form   M.G.

Kommunikationsmittel, Kommunikationsmedien, alle „Vehikel", die Mitteilungscharakter gewinnen oder Mitteilungen transportieren, angefangen bei einfachen Lauten und Gesten bis hin zur Sprache einschließlich ihrer Speichermöglichkeiten (Schrift, EDV) sowie technischer Mediatoren (Fernsehgerät, Telefon).   A.G.W.

Kommunikationsmodell, die abstrakte, verbale und/oder grafische Darstellung der Struktur von Kommunikationsprozessen, die mehr oder weniger differenziert den Kommunikationsfluss und die Beziehungen zwischen → Adressant, → Adresse, → Kommunikationskanal, → Kommunikationsmedium und → Adressat widerspiegelt.   A.R.

Kommunikationsnetz, Bezeichnung für die Menge der → Kommunikationskanäle zwischen einer bestimmten Zahl von Positionen.   O.R.

Kommunikationsnetzwerk, kommunikatives Netzwerk, ein → soziales Netzwerk, dessen Kanten die Kommunikationserwartungen bzw. -aktivitäten seiner Aktoren abbilden; oft als System (dann mitunter als „formales" K., also eine Sollgröße) analytisch aufgefasst.   L.C.
K.e können durch Planung oder Gewöhnung entstehen. Das Muster eines K.s (z.B. Ketten,

Kreise, Sterne) richtet sich nach den Kommunikationszwecken und -bedingungen. Je größer die Zahl der Positionen (Knoten) ist, mit denen eine Position durch kommunikative Beziehungen (Kanten) verknüpft ist, desto größer sind die Einflusschancen des Inhabers dieser Position (→ Positionszentralität). In einem sozialen System können mehrere K.e neben- und übereinander bestehen.   A.G.W.

Kommunikationsordnung → Kommunikationsstil [2]

Kommunikationsposition bezeichnet die Stelle, die jemand in einem Kommunikationsnetz innehat. Solche Positionen bestimmen, wen man erreichen kann, von wem was erreicht werden kann.   A.G.W.

Kommunikationsprogramm, Bezeichnung für die eindeutige Angabe, welche Informationen zwischen welchen Positionen ausgetauscht werden müssen, um zur Lösung einer Aufgabe zu kommen.   O.R.

Kommunikationsprozess, Bezeichnung für den Ablauf der Informationsübertragung; er ist damit Objekt der Kommunikationsforschung. Der K. schließt ein: Adressant, Kanäle, Coding – Decoding, Inhalte, Effizienz, Kontrolle, Situation, Absicht, Adressat. Je komplexer das Kommunikationsnetzwerk, desto störanfälliger der K. Störanfälligkeit wird z.T. durch → Redundanz ausgeglichen. Zumeist ist K. ein Synonym für Kommunikation.   A.G.W.

Kommunikationsquelle → Adressant

Kommunikationsschemata der Sachverhaltsdarstellung, bezeichnet nach der Erzähltheorie von W. Kallmeyer und F. Schütze (1977) jene drei Textsorten, aus denen kommunikative Darstellungen bestehen können: Erzählungen, Beschreibungen und Argumentationen. Erzählungen sind mehr oder weniger ausführliche und empathische Wiedergaben von Geschehnissen, während es sich bei Beschreibungen um statische Darstellungen von Zuständen handelt; Argumentationen beziehen sich in theoretisch-analytischer oder in bewertender Weise auf ihren Gegenstand. Erzählungen, insbesondere → Stegreiferzählungen, besitzen den höchsten Authentizitätsgehalt über die Rekonstruktion der geschilderten faktischen Handlungen und ihrer Entscheidungshorizonte. Auf dieser Einsicht basiert das Verfahren des → narrativen Interviews.
                                     I.K.

Kommunikationssituation → Kommunikationsfeld

Kommunikationssoziologie, auch: Soziologie der Kommunikation, Bezeichnung für die soziologische Erforschung von Kommunikationen. Dabei kann zwischen einer allgemeinen K. unterschieden werden, die die Prinzipien und Regeln aller möglichen Kommunikationsformen untersucht, und zwischen verschiedenen speziellen K., die sich nur mit einer bestimmten Kommunikationsform befassen, etwa dem Gespräch (→ Gesprächsforschung) oder den Massenmedien (diese wird auch oft als Mediensoziologie bezeichnet). R.S.

Kommunikationsstil, [1] Bezeichnung für eine bestimmte Relation von Einhaltung syntaktischer und semantischer Regeln und der Variabilität im Umgang mit diesen Regeln durch den Adressanten im Kommunikationsprozess.
[2] Kommunikationsordnung, Bezeichnung für Art und Form der Kommunikation zwischen Herrschenden und Beherrschten. O.R.
[3] Bezeichnung für die vom Adressanten vorgenommene Auswahl bestimmter Kodes, Kanäle, Mediatoren je nach Kommunikationssituation und persönlichkeits-, schicht-, gruppenspezifischen Bedingungen. K.e dienen besonders der Betonung von personaler Identität und Gruppenidentität und werden somit als Kommunikationsbarrieren eingesetzt: Ganovenjargon, Militärsprache, Behördendeutsch usw. A.G.W.

Kommunikationsstruktur, Bezeichnung sowohl für das relativ dauerhafte Gefüge sozialer Regeln und Regelhaftigkeiten, die den Informationsaustausch zwischen Individuen oder zwischen Organisationseinheiten kennzeichnen, als auch für das diesen Regeln und Regelhaftigkeiten zugrunde liegende Ordnungsprinzip. Durch die K. werden sowohl die relativen Positionen der Kommunikanten als auch die Grenzwerte für Inhalte und Richtung des Informationsflusses fixiert. F.H.

Kommunikationssystem, [1] Synonym für Kommunikation unter dem Aspekt, dass sie aus Handlungen von Menschen besteht, deren Handlungen ihrem Sinn nach aufeinander bezogen werden.
[2] Synonym für Kommunikationsprozess unter dem Aspekt, dass er aus einer Gruppe von Elementen besteht, die nur zu Elementen dieses Kommunikationsprozesses Beziehungen haben. Es wird unterschieden zwischen technischen K.en und sozialen K.en. A.R.

Kommunikationstheorie, [1] Theorie, die sich mit den Gesetzmäßigkeiten des → Kommunikationsprozesses befasst.
[2] → Informationstheorie O.R.

Kommunikationswege → Kommunikationskanal, → Kommunikationskette

Kommunikationswissenschaft, die Wissenschaft von der Verständigung zwischen einzelnen Menschen und Gruppen und zwischen den Gruppen der jeweiligen Gesellschaftsformation. Sie untersucht die Herstellung gesellschaftlicher Bezie-

hungen zwischen den Menschen und dem Austausch von Informationen mittels Zeichen, insbesondere mittels natürlicher Sprachen, sowie Art, Form und Medien der Kommunikation. Der Begriff K. ist weitgehend identisch mit → Kommunikationsforschung, verweist jedoch als Wissenschaft von der Kommunikation auf einen multidisziplinären Ansatz. Aus zahlreichen einzelwissenschaftlichen Untersuchungen der Rolle der Kommunikation jeweils innerhalb des spezifischen Interesses, des theoretischen und methodologischen Rahmens der beteiligten Wissenschaften (Mathematik, Nachrichtentechnik, Soziologie, Psychologie, Publizistik, Politische Wissenschaften, Anthropologie, Psychiatrie u.a.m.), entwickelten sich eine Zusammenarbeit zwischen den Disziplinen und Ansätze zur K.
A.G.W./U.S.

Kommunikator, [1] → Adressant
[2] Mediator, Mittlerposition im Kommunikationsprozess zwischen Adressant und Adressat.
[3] Im engeren Sinne Bezeichnung für Berufsrollen, die in der Massenkommunikation die Mitteilungen auswählen, kommentieren und zur Verbreitung aufbereiten (z.B. Redakteure, Reporter). A.G.W.

Kommunismus, [1] entwickelt sich nach marxistischer Auffassung durch bewusste Planung aus dem Sozialismus. Die Struktur dieser Gesellschaftsordnung ist von K. Marx in Einzelheiten nicht entfaltet worden. Charakteristisch für den K. dürfte das Zurücktreten bürokratischer Herrschaft, die generelle Aufhebung gesellschaftlicher Unterschiede – handele es sich nun um solche der Geschlechter, von Stadt und Land, geistiger und körperlicher Arbeit etc. –, die Überwindung der Entfremdung, die Beschränkung der der materiellen Arbeit gewidmeten Zeit und das Überflüssigwerden der kapitalistischen Arbeitsdisziplin sein: „eine Assoziation, worin die freie Entwicklung eines jeden die Bedingung für die freie Entwicklung aller ist" (K. Marx 1848).
[2] Unter K. wird auch die Gesamtheit der unterschiedlichen Ideen und Bewegungen verstanden, die über die kapitalistischen Verhältnisse hinaustreiben. „Der Kommunismus ist für uns nicht ein Zustand, der hergestellt werden soll, ein Ideal, wonach die Wirklichkeit sich zu richten haben wird. Wir nennen Kommunismus die wirkliche Bewegung, welche den jetzigen Zustand aufhebt" (K. Marx u. F. Engels 1845).
C.Rü.
[3] Auch Kommunalität, *communism, communality,* nach R.K. Merton (1957, 1963) eine der Normen, die das soziale System der Wissenschaft regulieren. Sie besagt, dass es in der Wissenschaft keinen „Privatbesitz" an wissenschaft-

K

lichen Erkenntnissen geben soll, sondern vielmehr jede Entdeckung allen Forschern und darüber hinaus der Öffentlichkeit zugänglich zu machen ist. Der Entdecker besitzt lediglich einen Anspruch auf Anerkennung der Priorität und Originalität seiner Entdeckung (die nur in diesem Sinne sein „geistiges Eigentum" bleibt). Die Norm soll die Geheimhaltung von Forschungsergebnissen unterbinden und somit die wissenschaftliche Kommunikation fördern.

R.Kl.

Kommunismus, urwüchsiger → Urkommunismus

Kommunismus, utopischer, [1] im Marxismus Bezeichnung für den vormarxistischen Kommunismus insgesamt.
[2] Im engeren Sinne Bezeichnung für soziale Bewegungen und Ideen, die absolute Eigentumslosigkeit des Einzelnen und Gütergemeinschaft des Ganzen vertreten. Dies ist Grundlage der (jeweiligen) Schilderung einer idealen Gesellschaft (z.B. Sonnenstaat, Icarie), die sowohl als Gesellschaftskritik als auch als einzig mögliches Ziel der sozialen Entwicklung alle Merkmale der Utopie aufweisen (z.B. die Entwürfe von T. Campanella, E. Cabet, F.N. Babeuf etc.).

C.Rü.

Kommunismus, wissenschaftlicher → Sozialismus, wissenschaftlicher

Kommunitarismus, politische Theorie mit starker Betonung der moralischen Dimension. Der K. reformuliert das „Ideal der Demokratie" in einer modernen und hochdifferenzierten Gesellschaft angesichts der „zerstörenden Wirkungen eines freigesetzten Individualismus" und legt großes Gewicht auf „politische Institutionen und Prozeduren staatsbürgerlicher Beteiligung" (H. Joas 1995). Bezugsfeld des K. ist die auf Gemeinschaften (communities) ausgerichtete Demokratievorstellung in den USA. Der K. setzte in den 1980er Jahren in den USA in Auseinandersetzung mit J. Rawls' Theory of Justice (1971) ein (Ch. Taylor, M. Walzer) und wurde im deutschsprachigen Raum vornehmlich von W. Reese-Schäfer (1995) vertreten. O.R.

Komorbidität, bezeichnet in der Medizinsoziologie das gemeinsame Auftreten von zwei oder mehreren Störungen bzw. Erkrankungen. W.P.

Komparatistik, Sammelbegriff für diverse Sachgebiete betreffende und unterschiedliche Verfahren anwendende vergleichende Ansätze in den Sozialwissenschaften. → Methode, vergleichende, → comparative government, → comparative politics H.D.R.

Kompartmentalisierung, Bezeichnung für die strikte Aufteilung der Denk- und Verhaltensweisen eines Individuums in verschiedene, als zusammenhanglos erscheinende Bereiche, wodurch das Individuum Widersprüche in seinem Verhalten und Denken zu neutralisieren oder gar als nicht vorhanden zu betrachten vermag. Ein Beispiel für K. ist die Trennung von privatem und beruflichem Verhalten: ein Geschäftsmann, der privat ein liebevoller Familienvater und loyaler Freund ist, kann beruflich als rücksichtsloser Konkurrent und Vorgesetzter auftreten, ohne dies als widersprüchlich zu empfinden. Der K. auf der individuellen Ebene entspricht häufig eine Mehrzahl voneinander relativ unabhängiger Rollen auf der sozialen Ebene (→ Rollensatz). R.Kl.

Kompensation, [1] eine der → Individualpsychologie [1] A. Adlers entstammende Bezeichnung für das Bestreben eines Individuums, seine Unterlegenheitsgefühle (→ Minderwertigkeitskomplex) zu beseitigen, indem es versucht, die eigenen Unzulänglichkeiten auszugleichen (zu kompensieren). Die K. kann durch Ausgleich der wahrgenommenen Mängel selbst, aber auch durch vermehrte Leistungen auf einem anderen Gebiet, durch Senkung des → Anspruchsniveaus oder fiktive Lösungen angestrebt werden. → Überkompensation
[2] In der Soziologie speziell Bezeichnung für den Ausgleich der von einer Person empfundenen Mangelhaftigkeit ihrer Leistungen in einer Rolle durch Leistungen in einer anderen Rolle. Beispiel: die K. von Misserfolgen im Beruf durch Aufbau einer „Freizeitkarriere" (Vereinsvorsitz u.ä.). R.Kl.

Kompetenz, kommunikative, in der modernen Sprachphilosophie (K.O. Apel, J. Habermas) die Beherrschung der universalen Regeln, die jeder menschlichen Verständigung zugrundeliegen. Diese Regeln gelten als das ‚Apriori', also als die transzendentale Bedingung jedes empirischen kommunikativen Verständigungsprozesses. Sie werden im Prozess des Erlernens einer empirischen Sprache immer zugleich miterworben. Inhaltlich ist für die k. K. konstitutiv, dass der Mensch in seinen empirischen Kommunikationsbezügen, als Teilhaber an der „realen Kommunikationsgemeinschaft", das apriorische Verständigtsein der „idealen Kommunikationsgemeinschaft", der er durch seine k. K. immer schon angehört, sucht (Apel). In diesem Sinne besagt k. K., dass a priori jede menschliche Kommunikation auf Einigung abzielt und von der „kontrafaktischen Erwartung" (Habermas) ausgeht, dass ein „wahrer" Konsens letztendlich möglich ist. H.G./R.L.

Kompetenz, narrative, die Fähigkeit zur erzählenden Darstellung, z.B. von selbst erlebten Erfahrungen. Dies wird von Sprechern unterschiedlich gut beherrscht, was bei der Erhebung und Auswertung nichtstandardisierter, insbesondere → narrativer Interviews berücksichtigt werden muss.   I.K.

Kompetenz, soziale, allgemein die Fähigkeit, mit den Anforderungen des gesellschaftlichen Lebens umgehen zu können. Nach P. Bourdieu eröffnet die passende s. K. den Weg in eine der gesellschaftlichen Klassen. Insb. komme es hierbei auf eine ästhetische K. an, also auf das Vermögen, ein Kunstwerk zu dekodieren.   R.L.

Kompetenz – Performanz, Sprachbesitz – Sprachverwendung. K. meint die Gesamtheit der Kenntnisse (auch der nicht bewussten), die ein Sprecher/Hörer von seiner Sprache hat. P. meint den aktuellen Gebrauch, den ein Sprecher in konkreten Situationen von seiner K. macht.   A.H.

Kompetenztheorie, [1] ursprünglich ein Ansatz der Psycho-Linguistik (N. Chomsky), der von der Annahme angeborener, gattungsspezifischer universaler Strukturen des Spracherwerbsapparats ausgeht.
[2] Mittlerweile ein Ansatz der Sozialwissenschaften, die kommunikativen und interaktiven Fähigkeiten des sozial handelnden Subjekts unter dem Gesichtspunkt universaler, also als *a priori* zu betrachtender und von einer bestimmten Kultur unabhängiger, angeborener Strukturen zu begreifen. K.n zielen also ab auf die Explikation dieser universalen Strukturen, die als die Bedingungen der Möglichkeit menschlicher Erkenntnisfähigkeit und intersubjektiver Verständigungsmöglichkeiten verstanden werden (so z.B. J. Habermas' Theorie der → kommunikativen Kompetenz).   H.G.

Komplementärbedürfnisse, *complementary needs,* Bezeichnung für die verschiedenartigen, häufig entgegengesetzten Bedürfnisse der Partner in einer sozialen Beziehung, die sich gegenseitig so ergänzen, dass jeder Partner dann, wenn er seine eigenen Bedürfnisse zu befriedigen sucht, dabei gleichzeitig die entsprechenden Bedürfnisse des anderen befriedigt. Beispiel: Bei einem Paar sind aggressiv-sadistische und masochistische Bedürfnisse verschieden verteilt und werden wechselseitig erfüllt. Nach einer von R.F. Winch et al. (1954) aufgestellten, empirisch aber sehr ungesicherten Hypothese sind die Ehen am erfolgreichsten, in denen die Ehepartner K. besitzen.   R.Kl.

Komplementärlegitimation, Ergänzung einer Legitimationsart von Herrschaft durch eine oder mehrere andere Legitimationsarten zur Stabilisierung der Herrschaft.   E.L.

Komplex, [1] in der Freud'schen Psychoanalyse ein deskriptiver, zusammenfassender Oberbegriff für vorwiegend unbewusste „affektmächtige Gedanken- und Interessenkreise" (S. Freud)

einer Person: eine Gesamtheit miteinander verbundener stark affektbesetzter Vorstellungen, Gedanken, Erinnerungen, Interessen usw. → Ödipuskomplex
[2] Die populärwissenschaftliche Verwendung des K.-Begriffes wird eher von der tiefenpsychologischen Auffassung C.G. Jungs gestützt, für den K.e auf moralische Konflikte oder ein psychisches Trauma zurückgehende, verdrängte und affektiv stark aufgeladene Vorstellungsinhalte sind, die als „abgesprengte seelische Persönlichkeitsteile [...] ein Sonderdasein in der dunklen Sphäre des Unbewussten führen" und so manifeste Verhaltensstörungen verursachen.
[3] In der Individualpsychologie A. Adlers: → Minderwertigkeitskomplex.   W.K./R.Kl.

Komplex, militärisch-industrieller, Verbund gesellschaftlicher und politischer Kräfte mit gleichgerichteten Interessen und weitreichenden Einflussmöglichkeiten im politischen Entscheidungs- und Legitimationsbeschaffungsprozess. Ziel des Machtkartells ist es, politische Entscheidungen im Sinne von Rüstungsinteressen zu lenken. Das in den 1960er Jahren durch US-Präsident Eisenhower bekannt gemachte Konzept fand zunächst breite öffentliche Resonanz, erwies sich dann aber analytisch als zu eindimensional, wurde zu einem „politisch-ideologisch-militärisch-wissenschaftlich-technologisch-industriellen" Komplex (D. Senghaas) erweitert und mündete schließlich in die allgemeine Militarismus-Diskussion ein.   E.Li.

Komplexität ist die Einheit einer Mannigfaltigkeit. Durchweg wird heute ein mehrdimensionaler Begriff von K. vertreten. Man unterscheidet Zahl der Elemente, Zahl der zwischen ihnen bestehenden Relationen (maximal $\frac{N^2 - N}{2}$) sowie Verschiedenartigkeit der Elemente bzw. Relationen; eventuell noch das Ausmaß, in dem diese Werte während bestimmter Zeitabschnitte variieren. Der Begriff kann auf einzelne Systeme, auf ihre Umwelt sowie auf System und Umwelt zusammen (Welt) angewandt werden. Die funktional-strukturelle Theorie knüpft an das Problem der K. an, indem sie davon ausgeht, dass maximale Relationierung aller mit allen Elementen in keinem System, keiner Umwelt und keiner Welt durchführbar ist, sodass jedes System zur Selektion eines partiellen Relationierungsmusters und in diesem Sinne zu kontingenter Strukturbildung gezwungen ist.   N.L.

Komplexität, kognitive, Bezeichnung für eine Persönlichkeitsvariable nach G.A. Kelly (1955) und J.H. Harvey et al. (1961), die drei Strukturmerkmale des individuellen kognitiven Systems umfasst, welche bei der Gewinnung und Verar-

K

beitung von Informationen wichtig sind: Differenziertheit (die Fähigkeit der Unterscheidung von „Hauptkategorien"), Diskriminiertheit (Fähigkeit zu weiter gehender Feinunterscheidung) und Integriertheit (Fähigkeit, Verbindungen zwischen den Kategorien herzustellen). W.Li.

Komplexität, organisatorische, organisierte Komplexität, [1] Vielfältigkeit des einer Organisation immanenten Handlungsrepertoires zur Handhabung von Ereignissen der außer- und innerorganisatorischen Umwelt. [2] Ausmaß der funktionalen Differenzierung und der damit verbundenen Spezialisierung, Professionalisierung und Dezentralisierung bzw. der Vielfalt organisatorischer Regelungen. K.T.

Komplexität, organisierte → Komplexität, organisatorische

Komplexität, strukturelle, der Merkmals- und Gliederungsreichtum eines Systems, die Anzahl und Artverschiedenheit der Relationen, bezogen auf die Zahl der Elemente. Eine entwickelte Industriegesellschaft z.B. ist hoch komplex: sie impliziert sehr verschiedene Organisationsarten (Familie, Freundschaft, Betrieb, Verband), mehrdimensionale Schichtung (Beruf, Bildung, Einkommen, Einfluss) und starke Arbeitsteilung. Eine segmentäre Gesellschaft dagegen ist wenig komplex: sie kennt nur ein Organisationsprinzip (Sippe oder Stamm), einfache Schichtung (Alter oder Macht) und geringe Arbeitsteilung (Handwerker, Jäger, Häuptling). Mit wachsender s.r K. eines Sozialsystems erhöht sich die Chance von Konflikten, aber auch seines Wandels, seine Fähigkeit zu lernen und variable Anpassungsleistungen hervorzubringen. Im Gegensatz zu s.r K. bedeutet Kompliziertheit eines Systems die Vielzahl der Elemente und der Wiederholung gleicher Relationen (z.B. in einem technischen System). H.L.

Komplexitäts-Indeterminierbarkeit ist eine Beziehung zwischen komplexen Systemen, die beide an ihren Grenzen Informationen raffen und filtern müssen, um sie intern relationieren zu können, und deshalb beide nicht komplex genug sind, um entscheiden zu können, ob und wie das jeweils andere System determiniert entscheidet. K.-I. zwingt deshalb beide Systeme dazu, sich auf Indeterminiertheit einzustellen, auch wenn Determiniertheit vorliegt. N.L.

Komplexitätsreduktion → Reduktion von Komplexität

Komplexpsychologie → Psychologie, analytische

Kompliziertheit der Arbeit → Arbeit, einfache – komplizierte

Komponentenanalyse, ethnografische, Bezeichnung für ein relativ standardisiertes und formales Mittel, um elementare kognitive (nicht emotive bzw. konative) Vorstellungssysteme einer Gruppe oder einer Gesellschaft zu erfassen, die sich in deren umgangssprachlicher Terminologie und den Regeln des routinisierten interaktionsspezifischen Gebrauches dieser Terminologie niedergeschlagen haben. Gegenwärtig wird die e. K. hauptsächlich in der paradigmatischen Semantik zur Analyse von Wortfeldern und innerhalb der Sozialwissenschaften im engeren Sinne in der linguistisch orientierten Ethnografie, d.h. in erster Linie in der *ethnoscience* verwendet. Die e. K. geht von den Überlegungen aus, dass a) in den lexikalischen Einheiten der Umgangssprache einer Gruppe oder Gesellschaft elementare handlungsleitende Vorstellungsgehalte „gespeichert sein können", dass b) derart relevante linguistische Einheiten und die ihnen entsprechenden Vorstellungsgehalte in bestimmten Merkmalsdimensionen miteinander kontrastieren und dass sich c) letztere zu übergreifenden Ordnungen ganzer Orientierungsfelder von Welt, den semantischen Domänen, organisieren. Die entscheidende Aufgabe der e.n K. besteht nun darin, festzustellen, wann lexikalische Einheiten elementare handlungsleitende Vorstellungsgehalte beinhalten, d.h. in der Terminologie der *ethnoscience* „Segregate" (terminologisch abgegrenzte Bezirke soziokultureller Objekte) sind. F.S.

Kompositionseffekt → Emergenz

Kompradorenbourgeoisie, Bourgeoisie in kolonialen und neokolonialen Ländern, die ihre Geschäfte in ökonomisch-politischer Unterordnung unter ausländisches Kapital führt und bei Kapitalakkumulation „aus eigener Kraft" fähig ist. H.W.

Konation, Handlungstendenz, Strebung, Willensimpuls, eine vor allem in der älteren psychologischen Literatur gebrauchte Bezeichnung für die Verhaltenstendenzen, die ein Individuum im Hinblick auf bestimmte Objekte besitzt bzw. die durch diese Objekte hervorgerufen werden, im Unterschied zur Kognition, also der Erkenntnis dieser Objekte, und zur Emotion, also der gefühlsmäßigen Zu- oder Abneigung gegenüber diesen Objekten. R.Kl./W.La.

konativ, die → Konation, also das Wollen und Handeln betreffend. Insbesondere Bezeichnung für die Handlungskomponente von → Einstellungen [1], die Handlungsbereitschaft.
 W.La./R.Kl.

Konditionalprogramm → Programmierung von Entscheidungen

Konditionalsatz, irrealer, *counter-factual conditional*, Aussage der Art: „Wenn sich X... ereignet hätte, dann hätte sich auch Y... ereignet." Sätze dieser Art haben Bedeutung in der Diskussion über die Form gesetzesartiger Aussagen, z.B. bei N. Goodman. H.W.

Konditionierung, Bezeichnung für die Herstellung → bedingter („konditionierter") Reaktionen. Die K. kann sowohl im Laboratoriumsexperiment als auch durch die Erfahrungen herbeigeführt werden, die der Organismus in seiner natürlichen Lebenswelt macht. Vielfach wird die K. als der Lernmechanismus betrachtet, der allen Verhaltensänderungen zugrunde liegt. → K., instrumentelle; → K., klassische   H.S.

Konditionierung, instrumentelle, Bezeichnung für ein Verfahren zur Herstellung → bedingter Reaktionen. Bei der i.K. wird – im Unterschied zur → klassischen Konditionierung – erst nach einer erfolgten Reaktion ein verstärkender Reiz (z.B. Futter für ein hungriges Versuchstier) verabreicht. Insofern stellt also die Reaktion ein Instrument zur Erlangung des Verstärkers dar. Da nur bestimmte Verhaltensweisen verstärkt werden, führt die i.K. zu einer → Verhaltensselektion. Eine erweiterte Form der i.K. ist die operante K. Während bei der i.K. durch die Verstärkung eine bestimmte Reaktion mit einem auslösenden Reiz verbunden wird, wird bei der operanten K. das Verhalten nicht durch einen bestimmten Reiz ausgelöst. Vielmehr wirkt ein Organismus durch ein bestimmtes Verhalten (Operation, „Operant") auf seine Umgebung ein, und die Konsequenzen dieser Operationen beeinflussen das weitere Verhalten: Wenn auf das gezeigte Verhalten eine Verstärkung folgt, wird jenes Verhalten künftig häufiger, schneller, mit größerer Wahrscheinlichkeit ausgeführt (Lernen am Erfolg).   H.S.

Konditionierung, klassische, auch: respondente Konditionierung, von I. Pawlow eingeführte Bezeichnung für ein Verfahren zur Herstellung → bedingter Reaktionen. Wird ein neutraler Reiz mehrfach gemeinsam mit einem → unbedingten Reiz dargeboten, so erwirbt der ursprünglich neutrale Reiz ebenfalls Auslösefunktion, d.h. der neutrale Reiz wird zu einem konditionierten oder → bedingten Reiz. Eine k.K. hat stattgefunden, wenn die Darbietung des konditionierten Reizes allein genügt, die Reaktion auszulösen. Im Gegensatz zur → instrumentellen Konditionierung führt die k.K. nicht zu einer → Verhaltensselektion. Gelernt wird lediglich, eine bereits im Verhaltensrepertoire vorhandene Reaktion auf einen neuen Reiz hin zu äußern (Reizsubstitution).   H.S.

Konditionierung, operante → Konditionierung, instrumentelle

Konditionierung, respondente → Konditionierung, klassische

Kondratieff-Zyklen, auch K.sche Wellen, von N. Kondratieff, einem russischen Ökonomen, in den 1920er Jahren aufgestellte statistische Beobachtung, nach der sich die kapitalistische Welt-

wirtschaft seit Ende des 18. Jahrhunderts durch Zyklen von Auf- und Abschwüngen mit einer Länge von gut 50 Jahren hindurch bewegte. Ob K.-Z auch für die Zeit nach 1945 existieren, ist umstritten. Die Zyklen scheinen u.a. durch technologische Basisinnovationen und durch wechselnde Führung industrieller Sektoren und nationaler Ökonomien hervorgerufen zu werden. Im Unterschied zu Marx sah Kondratieff in den Zyklen keine immanente Zusammenbruchstendenz des Kapitalismus gegeben.   H.W.

Konfidenzintervall, Vertrauens- oder Sicherheitsbereich, Mutungsbereich, bei der Schätzung eines unbekannten Wertes der Grundgesamtheit (Mittelwert, Varianz) aufgrund von Stichprobenwerten ermittelter Wertebereich, innerhalb dessen der unbekannte Wert der Grundgesamtheit mit angegebener Wahrscheinlichkeit liegt. Als gewünschte Wahrscheinlichkeit wird meist 0.95, 0.99 oder auch 0.999 gewählt. Die Verfahren zur Bestimmung von K.en variieren danach, welche Informationen über die Grundgesamtheit vorliegen.   H.W.

Konfiguration, die Stellung von Elementen (z.B. → Akteuren) zueinander; im engeren Sinne → Figuration.   L.C.

Konfiguration, soziometrische, Bezeichnung für die charakteristischen Figuren wie „Dreieck", „Kette", „Stern" usw., die sich bei der grafischen Darstellung von → Soziogrammen ergeben.   R.Kl.

Konfigurationsfrequenzanalyse, KFA, für psychologische Fragestellungen entwickeltes parameterfreies statistisches Modell (G.A. Lienert 1988) zur empirischen Auffindung von Typen oder Klassen („Syndromen") auf der Basis einer begrenzten Anzahl dichotomer Messungen. Die K. wertet die Häufigkeiten aus, mit denen Merkmalsmuster (Vorzeichen-Konfigurationen: $+ + -$; $- + -$ usw.) in einer Stichprobe auftreten.   H.W.

Konflikt, [1] sozialer K., der Interessengegensatz und die daraus folgenden Auseinandersetzungen und Kämpfe zwischen Individuen und Gruppen, insbesondere zwischen Schichten, Klassen. Von K. wird auch dann bereits gesprochen, wenn ein bestehender Interessengegensatz nicht zu offenen Kämpfen zwischen den Parteien führt („latenter" K.). Im Unterschied zur Konkurrenz ist der K. dadurch gekennzeichnet, dass es für die beteiligten Parteien darauf ankommt, durch den Einsatz von Macht- und Einflussmitteln eine Niederlage des Gegners herbeizuführen oder die eigene Niederlage zu verhindern, um bestimmte Ziele zu erreichen. Jedoch bedeutet die Existenz eines K. nicht, dass die sozialen Beziehungen zwischen den konfligierenden Parteien ungeregelt, anomisch sind; vielmehr sind K.be-

K

ziehungen fast immer sozial normiert. Bestimmte K.arten (z.B. die Tarifauseinandersetzungen zwischen Unternehmern und Arbeitnehmern) sind sogar gesetzlich, gerichtlich und vertraglich geregelt.   R.Kl.

[2] In der soziologischen Konflikttheorie heißt K. ganz allgemein: a) Jede durch Gegensätzlichkeit gekennzeichnete Beziehung zwischen zwei sozialen Elementen, z.B. Personen, Gruppen, Klassen. Dabei lässt sich die Gegensätzlichkeit aus der Struktur der sozialen Einheiten ableiten (R. Dahrendorf). b) Jeder Kampf um „Werte und um Anrecht auf mangelnden Status, auf Macht und Mittel" (L.A. Coser). Die Parteien können im Kampf einander neutralisieren, verletzen oder ausschalten.   O.R.

[3] In der Psychologie Bezeichnung für das Zusammentreffen offener Verhaltensmöglichkeiten in einer Wahl- oder Entscheidungssituation, die gemeinsam unvereinbar sind. Für I. Pawlow ist K. die Kollision zwischen Hemmungs- und Erregungsprozessen, die sich auf dieselbe Reaktion beziehen. Nach lerntheoretischer Auffassung (B.F. Skinner) kommt es zu einem K., wenn in einer Situation Stimuli wirksam sind, die miteinander unverträgliche Reaktionen des Organismus unterstützen. → Appetenz-Appetenz-K., → Appetenz-Aversions-K., → doppelter Appetenz-Aversions-K., → Aversions-Aversions-K.   K.St.

[4] In der Psychoanalyse spricht man von K., wenn gegensätzliche innere Forderungen im Subjekt bestehen. Der Begriff wurde ursprünglich gebraucht, um die Dualität von Lustprinzip („Es") und Realitätsprinzip („Ich") zu beschreiben. Die Entstehung von Neurosen wird auf nicht gelöste, unbewusst gewordene K.e (→ Abwehrmechanismen) zurückgeführt, wobei sich die K.e in Symptomen äußern können. → Ödipuskomplex   U.E.

Konflikt, antagonistischer, Bezeichnung für die Form des Konflikts, die sich aus der Existenz der Klassengesellschaft ableitet und auf dem Interessengegensatz der Klassen oder der sozialen Gruppen beruht. Im Rahmen der bestehenden Produktionsverhältnisse ist der a.e K. unversöhnlich.   B.Ba./O.R.

Konflikt, auflösender, bezeichnet die Form des Konflikts in einem sozialen Gebilde, der nicht behoben werden kann; dies kann dazu führen, dass alle Interaktionen innerhalb dieses Gebildes abgebrochen werden. Der a.e K. bewirkt eine Desintegration des betreffenden Gebildes.   O.R.

Konflikt, dysfunktionaler, Bezeichnung für jeden Typ von Konflikt, der Bestand oder Leistung eines sozialen Systems beeinträchtigt. Nach L.A. Coser werden Konflikte in solchen Syste-

men dysfunktional, in denen Konflikte nicht institutionalisiert sind.   O.R.

Konflikt, echter, nach L.A. Coser Bezeichnung für jede Form des Konflikts, die nicht Selbstzweck ist, sondern von einem Kontrahenten als Mittel eingesetzt wird, um ein bestimmtes Ergebnis zu erzielen. Der e.e K. endet, wenn dies oder ein funktionales Äquivalent erreicht ist.   O.R.

Konflikt, industrieller, Bezeichnung der Industriesoziologie für die auf der Interessenverschiedenheit von abhängig Beschäftigten und Leitungsebene der Betriebe beruhenden Gegensätze. I. K. ist ein Gegenbegriff zu Klassenkampf: Er geht von der Kanalisierbarkeit dieser Gegensätze ohne grundlegende gesellschaftliche Veränderung aus.   W.F.H.

Konflikt, informeller, Bezeichnung für einen Konflikt, der nicht mit formalen Mitteln (z.B. Gerichtsprozess), sondern außerhalb geregelter Verfahren ausgetragen wird.   B.Ba./R.L.

Konflikt, institutionalisierter, Bezeichnung für den Typus des Konflikts, der als Mittel zur Erreichung eines bestimmten Ziels und in seinem Ablauf sozial anerkannt, durch verlässliche Routine geregelt und im Rahmen allgemein akzeptierter Normen ausgetragen und auf Dauer gestellt wird.   B.Ba./O.R.

Konflikt, latenter, ist im Gegensatz zum manifesten Konflikt einer, der nicht als solcher erkennbar ist, nicht zur offenen Austragung kommt und daher oft auch nicht mit zugelassenen und anerkannten Mitteln geführt wird.   B.Ba.

Konflikt, umgeleiteter, ist jene Form des sozialen Konflikts, der nicht als solcher direkt erkennbar ist, sondern in andere Verhaltensweisen abgedrängt wird. Verursacht wird der u.e K. dadurch, dass das Element A zur Interessendurchsetzung gegen das Element B nicht auf den Konflikt als Mittel zurückgreifen kann, da z.B. die Durchsetzungschancen von A für seine spezifischen Interessen in einem Konflikt mit B zu gering sind; A muss auf die unmittelbare Durchsetzung verzichten und wird stattdessen aus der Spannungssituation Konsequenzen individueller Art ziehen, die in ihrer manifesten Ausdrucksform nicht als Konflikt in Erscheinung treten. So liegt z.B. ein u. K. vor, wenn ein Demonstrationszug auf Befehl der Polizei sich auflöst, jedoch der Einzelne dann bei „rot" über die Straße geht.   B.Ba./O.R.

Konflikt, unechter, nach L.A. Coser Bezeichnung für die Form des Konflikts, bei der dieser zumindest für einen Kontrahenten Selbstzweck ist; der u.e K. ist nicht durch gegensätzliche Ziele verursacht, sondern dient der Spannungsentladung, sodass letztlich der „Partner" im Konflikt austauschbar wird.   O.R.

Konflikt, unterdrückter, Bezeichnung von L.A. Coser in Anschluss an G. Simmel für einen unterschwelligen Konflikt in stark integrierten sozialen Gruppen, der unterdrückt wird, weil feindselige Gefühlsäußerungen als Gefährdung der Gruppe empfunden und daher verboten werden. Wenn ein solcher u. K. dann doch offen ausbricht, wird er gewöhnlich von allen Beteiligten unverhältnismäßig aggressiv geführt.   O.R.

Konfliktbande, eine → *Gang,* die sich – nicht nur gelegentlich – kriminell (insbesondere gewalttätig gegenüber Personen und Sachen) verhält.   R.L.

Konfliktforschung, interdisziplinäre Studien über Ursachen, Verlaufsformen und Lösungsalternativen von Konflikten, in erster Linie zwischen den Staaten und Nationen (und deshalb oft mit → Friedensforschung verbunden).   W.F.H.

Konfliktmanifestierung bezeichnet den Prozess eines echten Konflikts. Als Etappen der K. gelten: a) Heranbildung der Gegensätze, b) Bewusstwerden der Interessendivergenz und Organisierung der Konfliktgruppierungen, c) offener Ausbruch des Konflikts (R. Dahrendorf).   B.Ba./O.R.

Konfliktmodell, Bezeichnung von R. Dahrendorf (1958) für ein Modell der Gesellschaft, das in bewusster Unterscheidung zum Gleichgewichtsmodell des sozialen Systems entwickelt wurde. Das K. soll als dessen Ergänzung bei der Erklärung soziologischer Probleme vornehmlich die Aspekte Konflikt, Wandel und Zwang sowie deren Verschränkung beleuchten (→ Konflikttheorie).   O.R.

Konfliktregelung, Bezeichnung für das Austragen von sich offen manifestierenden und als solche anerkannten Konflikten mittels Anwendung von Regeln, die von den Parteien akzeptiert sind oder ihnen oktroyiert werden. K. ist somit das Gegenteil von Konfliktunterdrückung oder endgültiger Lösung von Konflikten.   B.Ba.

Konflikttheorien, Bezeichnung für Theorien, die mittels der Kategorie Konflikt den gesellschaftlichen Prozess und die sozialen Vorgänge erklären. Weitgehend gemeinsam ist den K., dass sie das integrierende Moment des Konflikts betonen, den sozialen Wandel als Funktion des Konflikts betrachten, den Konflikt als universell, als unvermeidbar für jede Gesellschaft ansehen und als Ursache des Konflikts die Knappheit eines Guts annehmen, das alle Teile der Gesellschaft besitzen wollen (z.B. Macht über andere, Eigentum etc.). Hauptvertreter der K. sind L.A. Coser, R. Dahrendorf und D. Senghaas.   O.R.

Konfliktunterdrückung → Konfliktregelung, → Konflikt, unterdrückter

Konfliktvermeidung, *conflict avoidance,* Bezeichnung für die Tendenz, die bei dem gleichzeitigen Auftreten widerstreitender Verhaltensantriebe (→ Konflikt [3]) entstehenden „Kosten" (z.B. Verhinderung jeglicher Befriedigung bei einem → Appetenz- Appetenz-Konflikt) zu reduzieren, indem durch Veränderung der Bewertungen der verschiedenen Verhaltensalternativen eine Entscheidung ermöglicht wird.   R.Kl.

Konformismus, eine Grundeinstellung, die zur Anpassung an Mehrheitsmeinungen, an das, was sich schickt, an das, was andere tun usw. leitet. In der Alltagssprache häufig mit abschätziger Wertung, Gegensatz zu Nonkonformismus.   W.F.H.

Konformität, allgemeine Bezeichnung für die Befolgung oder Übernahme der Normen, Gewohnheiten, Verhaltensmuster, Meinungen usw. einer Gruppe durch deren Mitglieder. Je nach Art und Stärke des sozialen Einflusses, der auf K. hinwirkt, kann die K. von einer oberflächlichen oder gar widerwilligen Anpassung an die betreffenden Normen usw. bis hin zu ihrer freiwilligen Bejahung und → Verinnerlichung reichen.   W.Sl./H.Tr.

Konformität, zwanghafte, *compulsive conformity,* nach T. Parsons (1951) Bezeichnung für das Resultat eines → Ambivalenzkonflikts einer Person („*ego*") in Bezug auf ihre(n) Interaktionspartner („*alter*"), der darin besteht, dass *ego* negative Gefühle gegenüber *alter* hegt und gleichzeitig ein starkes Bedürfnis hat, die Beziehung zu *alter* nicht zu gefährden und daher *alters* Erwartungen nicht zu enttäuschen. Eine z. K. mit *alters* Erwartungen ergibt sich, wenn *ego* zur Abwehr (→ Abwehrmechanismen) seiner eigenen Abneigung gegen *alter* mit zwanghafter, übertriebener Sorgfalt *alters* Erwartungen zu entsprechen sucht. Die gegenteilige Reaktion – „zwanghafte Entfremdung" (*compulsive alienation*) – tritt ein, wenn bei einem Überwiegen der Abneigung gegen *alter ego* zur Unterdrückung seiner gleichwohl noch vorhandenen Bindungen an *alter* durch übertriebene Zurückweisung aller Erwartungen *alters* gezwungen ist.   R.Kl.

Konformitätswachen → Vigilantismus

Konformitätszwang, der innere Druck, etwa aus der Erziehung stammend, sich den herrschenden Normen gemäß zu verhalten. K. schränkt die kritischen Urteilsfähigkeiten des „Ich" in der Weise ein, dass seine Widerstandskraft gegen „Kollektivstimmungen" und -handlungen, aber auch gegen eigene Triebneigungen weitgehend aufgehoben ist.   H.Tr./R.L.

Kongruenz – Inkongruenz, *congruity – incongruity,* [1] die Übereinstimmung bzw. Nichtübereinstimmung verschiedener Einstellungen, Bewertungen, Überzeugungen, Absichten usw. einer Person. Synonym: Konsistenz – Inkonsistenz.

[2] In der sog. Kongruenztheorie des Einstellungswandels von C.E. Osgood u. P.H. Tannenbaum (1955) bedeutet I., dass zwei oder mehr Einstellungsobjekte, die durch eine „Behauptung" („*assertion*") miteinander verbunden werden, von einer Person unterschiedlich bewertet werden. Das sog. Kongruenzprinzip besagt, dass im Falle von I. eine Tendenz zur Änderung der Einstellungen gegenüber diesen Objekten in Richtung auf einen Zustand des Gleichgewichts oder der K. besteht. Beispiel: Eine Person erfährt, dass der von ihr geschätzte Politiker A sich lobend über den von ihr abgelehnten Politiker B geäußert hat; daraufhin wird die Einstellung dieser Person gegenüber Politiker A negativer und gegenüber Politiker B positiver.

[3] In der sog. Inkongruenztheorie von R. Münch (1972) ist I. die Diskrepanz zwischen einem Standard (einer Norm, einem Ziel usw., z.B. „Ich soll nicht lügen") und einer Kognition (einer Information, der Wahrnehmung eines Tatbestandes, z.B. „Ich bin ein Lügner"). Nach Münch ist das Vorliegen einer I. hinreichende und notwendige Bedingung für das Auftreten einer Disposition zu einem Verhalten, das zur Reduktion der I. führt. R.Kl.

Kongruenz von Statusfaktoren → Statusinkonsistenz

Kongruität → Kongruenz – Inkongruenz

Königsmechanismus, von N. Elias in seinen Untersuchungen zur Monopolbildung im gesellschaftlich-politischen Bereich entwickelter Begriff: Das Königtum, auch und gerade das des Absolutismus, gewann seine Zentralmacht aufgrund einer Konstellation der anderen Kräfte (Adel, Bürgertum usw.), die darin sich weder gegeneinander durchsetzen noch zu einem tragenden Kompromiss finden konnten. Über diesen speziellen historischen Sinn hinaus formuliert Elias den K. als allgemeine Regel: „Immer balanciert der Mann oder die Männer im Zentrum auf einer Spannung von großen oder kleinen Gruppen, die sich als interdependente Gegner, als Gegner und Aktionspartner, wechselseitig in Schach halten" (Elias 1969). W.F.H.

Konjunkturbewegung, Folge von wirtschaftlichen Wechsellagen: Aufschwung, Hochkonjunktur, Krise, Depression, Erholung. Dieser Zyklus periodisch wiederkehrender Krisen wird als ein Kennzeichen der Entwicklung der kapitalistisch-industriellen Wirtschaft angesehen. So wurden etwa in England zwischen 1750 und 1850 14 Krisen gezählt. Seit der Weltwirtschaftskrise um 1930 ist die Beeinflussung der K. eine Hauptaufgabe staatlicher Wirtschaftspolitik in kapitalistischen Wirtschaften geworden. H.W.

Konkordanz, in der Statistik Bezeichnung für die Übereinstimmung, Korrelation von ordinalen Skalen, Rangreihen. H.W.

Konkordanzdemokratie, eine demokratische Regierungsform, in der Entscheidung nicht nur über Mehrheiten getroffen werden, sondern formalisierte Verfahren für Kompromisse und Vermittlungen bestehen, die auch die Interessen von Minderheiten berücksichtigen sollen. Als K. wird das politische System der Schweiz und der Niederlande bezeichnet. D.Kl.

Konkordanzkoeffizient, Maß der Übereinstimmung von Rangreihen, etwa der Beurteilungen von Schülern durch mehrere Lehrer. Für jedes beurteilte Objekt wird die Summe der Rangplätze gebildet. Die Varianz der Rangsummen ist am größten bei vollkommener, am geringsten bei nicht vorhandener Übereinstimmung. Der K. ist definiert als das Verhältnis der beobachteten Rangsummenvarianz zur maximal möglichen Varianz. Daraus ergibt sich:

$$W = \frac{12 \sum X^2}{k^2 (N^3 - N)}$$

Dabei bedeuten: N die Zahl der Objekte oder Rangplätze, k die Zahl der Beurteiler und X die Rangsummen. Für größere Werte von N kann die Signifikanz von W mithilfe des Chi-Quadrat-Tests geprüft werden:

$$\chi^2 = W \cdot k (N - 1);$$

Freiheitsgrade = $N - 1$ H.W.

Konkubinat, eine Lebensgemeinschaft von Mann und Frau, die entweder weniger stark sozial geregelt ist als die Ehe, oder zwar sozial geregelt ist, aber für Nachfolgeordnung und Erbrecht folgenlos ist. In der Diskussion über die rechtliche Anerkennung inzwischen als „nicht eheliche Lebensgemeinschaft" bezeichnet. W.F.H.

Konkurrenz, [1] → Wettbewerb
[2] Bezeichnung für die Grundsituation auf einem → Markt (Warenmärkte, Arbeitsmärkte etc.)
[3] speziell Bezeichnung für den Preiskampf auf Märkten bei Angebot einer Ware durch zwei oder mehrere Verkäufer (Konkurrenten). Von reiner oder vollständiger K. spricht man, wenn eine große Menge von Verkäufern einer großen Menge von Käufern (Polypol) ein homogenes Produkt anbietet, so dass kein Verkäufer einen Einfluss auf den Preis des Produkts ausüben kann. Als monopolistische K. wird eine Situation bezeichnet, in der eine Menge von Verkäu-

fern ein differenziert gestaltetes Produkt anbietet, so dass ein Verkäufer bei Erhöhung seines Preises erwarten kann, nicht alle Käufer zu verlieren. Die Unterscheidung zwischen vollkommener und unvollkommener K. richtet sich danach, ob ein vollkommener oder unvollkommener Markt (→ Marktformen) vorliegt. Neben dem reinen Preiskampf gibt es noch andere Formen der K. auf Warenmärkten wie Kundenbindung, Qualitätsgarantien etc.   H.W.

Konkurrenz, freie, Bezeichnung für die Konkurrenz auf Märkten, zu denen es für Verkäufer und Käufer keine Zugangsbeschränkungen gibt.   H.W.

Konkurrenz, monopolistische → Konkurrenz
Konkurrenz, reine → Konkurrenz
Konkurrenz, vollkommene – unvollkommene → Konkurrenz

Konkurrenzkapitalismus, nach marxistischer Auffassung die Phase, in der die Konkurrenz zwischen den einzelnen Kapitalien sich ohne Einschränkungen durch überholte feudale Produktionsverhältnisse (Zunftzwang, Leibeigenschaft etc.) entfalten und die immanenten ökonomischen Gesetze der kapitalistischen Produktion zum Vorschein bringen konnte. Der K. setzte in den europäischen Ländern zu unterschiedlichen Zeitpunkten ein (im Laufe des 19. Jahrhunderts), ging aber generell vor Ende dieses Jahrhunderts in den → Imperialismus über. → Imperialismustheorie [1]; → Kapitalismus, organisierter   R.Ka.

Konnotation, [1] die Bedeutung eines sprachlichen Ausdrucks.
[2] Der gefühls- und einstellungsbestimmte Bedeutungsraum eines Begriffes, meist nur in Gruppen mit vergleichbarer sprachlicher Sozialisation übereinstimmend geprägt.   U.Sch./R.L.

Konnubium, ethnologische Bezeichnung für geregelte Bindungen zwischen einander ursprünglich fremd oder feindlich gegenüberstehenden Gruppen durch Heirat (z.B. zwischen Eroberern und Eroberten, Einheimischen und Einwanderern). Das K. gilt als wichtige Voraussetzung bzw. Indikator für Annäherung und gegenseitige Anerkennung der beiden Gruppen.   W.F.H.

Konnuptialindex, Verschwägerungsindex, ein Maß dafür, zu welchen Graden soziale Gruppen häufiger untereinander heiraten als mit der sozialen Umgebung Ehen eingehen.   R.O.W.

Konsekration bezeichnet in den Schriften P. Bourdieus den Vorgang gesellschaftlicher Weihung und Anerkennung. In Bezug auf Einsetzungsriten, gesellschaftlich-kulturelle Weihungen etc. ist von K.seffekten die Rede.   W.S.

Konsekrationseffekte → Konsekration
Konsens, *consensus,* Übereinstimmung zwischen den Mitgliedern einer sozialen Einheit über gemeinsame Ziele, Werte, Normen u.ä. Ein Minimalkonsens ist Existenzvoraussetzung für jedes soziale System, sodass aus dessen Existenz auf ihn geschlossen werden kann. K. ist ein Merkmal von Kultur und Gesellschaft; er kommt nicht notwendig in rationalem Verfahren zu Stande und wird auch nicht immer ausdrücklich festgestellt.   G.E.

Konsensprinzip → Mehrheitsprinzip
Konsenstheorie der Wahrheit, eine Wahrheitstheorie, die den – in rationalem, → herrschaftsfreiem Diskurs erzielten – Konsens über die Akzeptabilität einer Aussage als Kriterium für die „Wahrheit" dieser Aussage betrachtet.   R.Kl.

Konsequenzen, unvorhergesehene → Folgen, unvorhergesehene

Konsequenztheorie der Wahrheit, pragmatistische Wahrheitstheorie, derzufolge sich die „Wahrheit" einer Aussage nach ihrem Nutzen für die Praxis, d.h. danach bemisst, inwieweit sich die aus ihr ergebenden Konsequenzen im Handeln bewähren. → Pragmatismus   R.Kl.

Konservative, eines der zehn Sinus-Milieus (2004), zu dem rd. 5% der Bevölkerung gehören. Zu ihnen zählt das alte deutsche Bildungsbürgertum, das durch gute Umgangsformen und eine starke Pflichtorientierung Exklusivität beansprucht.   D.Kl.

Konservativismus, [1] Antwort gegen (Re-aktion) liberale, sozialistische, anarchistische, insgesamt alle auf Veränderung setzende Strömungen in Politik, Gesellschaft und Kultur nach der französischen Revolution von 1789, mit dem Ziel der Bewahrung des Bestehenden.
[2] Nach K. Mannheim umfasst der K. nicht nur politische Gehalte und Verhaltensweisen, sondern auch Zusammengehörigkeiten allgemein weltanschaulicher und gefühlsmäßiger Art. Ein Charakterzug des konservativen Denkens und Erlebens ist das Beharren auf dem Hergebrachten und eine Scheu vor Neuerungen. Hierin besteht die Verwandtschaft des K. mit dem Traditionalismus. Im Unterschied zu letzterem, der als eine seelische Haltung auftritt, ist der K. selbstreflexiv, mithin theoretischer Natur.
[3] A.O. Hirschman (1992) unterscheidet drei typische Argumentationsfiguren konservativer Rhetorik: Die Sinnverkehrungsthese warnt davor, eine Entscheidung werde über eine Kette unbeabsichtigter Folgen zum genauen Gegenteil dessen führen, was erklärtermaßen beabsichtigt sei. Die Vergeblichkeitsthese besagt, dass alle Bemühungen um Veränderung letztlich nutzlos, oberflächlich und illusorisch sind, weil nämlich die „tiefen" Strukturen der Gesellschaft ganz unberührt bleiben. Die Gefährdungsthese weist darauf hin, dass man durch Veränderungen zwar

etwas hinzugewinnen kann, dass man aber nicht nur gleichzeitig etwas verliert, sondern dass die Verluste ungleich schwerer wiegen als der Gewinn.

[4] Die Zuordnung Einzelner soziologischer Theorien zum K. ist problematisch. Nach H. Schelsky (1959) kann man von einer konservativen Soziologie noch am ehesten für die zweite Hälfte des 19. Jahrhunderts sprechen, in der sich die Soziologie als Antikrisen- und Ordnungswissenschaft konstituierte, die sich in eine sozialistisch-reformatorische und eine konservative Richtung (W.H. Riehl, F. Tönnies) spaltete. In den 1980er Jahren entwickelte sich innerhalb der Soziologie der USA ein Neokonservativismus, der insbesondere von C. Lasch (1981) und R. Sennett (1983) untersucht wird.   F.G.

Konservierungsstrategien – Subversivstrategien, bezeichnen bei P. Bourdieu (1993) die unterschiedlichen Formen, wie sich die Etablierten bzw. die Alteingesessenen in einem Feld mit den Neulingen, Nachgekommen und Hochgekommenen streiten: Erstere benutzen K., um aus ihrem schon angesammelten Kapital Profit zu ziehen, Letztere benutzen S., um nach Möglichkeit die Wertigkeit und die → Konvertierbarkeit der Kapitalsorten zu ihren Gunsten zu verändern.   W.F.H.

Konsistenz, affektiv-kognitive, nach M.J. Rosenberg (1960) Bezeichnung dafür, dass die affektiven und die kognitiven Komponenten einer Einstellung miteinander vereinbar oder „konsistent" sind. A.-k. Inkonsistenz liegt vor, wenn ein Einstellungsobjekt positiv bewertet wird, aber Informationen (Kognitionen) über dieses Objekt vorliegen, die diese positive Einstellung nicht rechtfertigen, und umgekehrt. Die Theorie der a.-k.n K. nimmt an, dass Personen bestrebt sind, a.-k. K. herzustellen, indem sie entweder ihre affektive Bewertung eines Objekts oder ihre kognitiven Überzeugungen von der Beschaffenheit dieses Objekts verändern.   R.Kl.

Konsistenz, kognitive → Konsistenz – Inkonsistenz [2]

Konsistenz, logisch-affektive, von C.A. Insko (1967) eingeführte Bezeichnung für den von W. McGuire (1960) beschriebenen Zustand, dass die verschiedenen Überzeugungen und Erwartungen einer Person sowohl untereinander logisch konsistent als auch mit den Hoffnungen und Wünschen dieser Person konsistent sind. Wenn eine Person infolge von „Wunschdenken" zu einer Überzeugung gelangt, die mit ihren übrigen Überzeugungen in einem logischen Widerspruch steht, tendiert sie nach McGuire dazu, diese übrigen Überzeugungen so weit zu ändern, dass die logische Konsistenz wieder hergestellt wird.   R.Kl.

Konsistenz – Inkonsistenz, Stimmigkeit, Widerspruchsfreiheit – Unstimmigkeit, Unhaltbarkeit, [1] logische K., logische Widerspruchsfreiheit; logische I. (Kontradiktion, Widerspruch) liegt dann vor, wenn von zwei Aussagen die eine Ausage die Negation der anderen impliziert. Wenn I. zweier Aussagen gegeben ist, muss wenigstens eine der beiden Aussagen falsch sein (nach dem „Satz vom Widerspruch": A ≠ Nicht-A).

[2] Kognitive K. bzw. I.: In der Sozialpsychologie allgemeine Bezeichnung für die Tatsache, dass bestimmte Überzeugungen, Bewertungen, Handlungstendenzen, Einstellungen einer Person miteinander „vereinbar" bzw. „unvereinbar" sind oder vielmehr von dieser Person als vereinbar oder unvereinbar empfunden werden. Dabei ist die Definition dessen, was nun genau als „konsistent" bzw. „inkonsistent" betrachtet werden soll, bei den verschiedenen Autoren sehr uneinheitlich. Jedenfalls gilt logische K. bei den meisten Theoretikern weder als notwendige noch als hinreichende Bedingung für kognitive K. (→ Psycho-Logik). Eher scheinen dem Begriff der kognitiven K. Vorstellungen von einem „Gleichgewicht", einer „Symmetrie", „Ausgewogenheit" oder „Einfachheit" o.ä. des kognitiven (mentalen) Systems zu Grunde zu liegen. Die Annahme, dass kognitive I. als unbefriedigend erlebt wird und zu inneren Spannungen und daher Einstellungsänderungen und andere Verhaltensweisen bewirkt, die der Vermeidung oder Reduktion kognitiver I. bzw. der Herstellung von K. dienen, liegt den sog. (In-) Konsistenztheorien zu Grunde, zu denen man u.a. L. Festingers Theorie der → kognitiven Dissonanz, F. Heiders → Balancetheorie sowie die sog. Kongruenztheorie von C.E. Osgood u. P.H. Tannenbaum (→ Kongruenz – Inkongruenz) rechnet.   R.Kl.

Konsistenzkoeffizient, Maß für den Grad, in dem ein Beurteiler eine Menge von n einzuschätzenden Objekten in eine widerspruchsfreie Rangordnung bringen kann. Eine Rangordnung ist widerspruchsfrei oder konsistent, wenn gilt: $A > B$, $B > C$ und auch $A > C$. Ein Urteil ist inkonsistent bei $A > B$, $B > C$ und $C > A$. (Die Zeichen $>$, $<$ bedeuten „größer als" bzw. „kleiner als".) Das angegebene inkonsistente Urteil bezeichnet man auch als „zirkuläre Triade". Sie kann u.a. entstehen, wenn der Beurteiler bei den einzelnen Vergleichen unterschiedliche Dimensionen anlegt oder Urteilsunsicherheit vorliegt.

Jede Anzahl von n Objekten kann in Kombinationen von 3 Elementen zerlegt werden. Maximal können sich $d(max) = n(n^2 - 4)/24$ für geradzahliges n und $d(\max) = n(n^2 - 1)/24$ bei ungeradzahligen n inkonsistente Urteile ergeben. Das Verhältnis der Anzahl der vorliegenden Inkonsistenzen d zur maximal möglichen Anzahl $d(\max)$ ist K. M.G. Kendall bringt es in die Form $K = 1 - \dfrac{1}{d(\max)} d$. Verfahren zur schnellen Ermittlung von d liegen vor.   H.W.

Konsistenztheorien → Konsistenz – Inkonsistenz [2]

Konsonanz, kognitive → Dissonanz, kognitive

Konspirationstheorie → Verschwörungstheorie

Konstanten, anthropologische, Faktoren, die die Wissenschaften vom Menschen als übergeschichtliche, jeder Kultur bzw. Gesellschaft zugrunde liegende Bedingungen menschlichen Daseins ansehen (z.B. das → Inzesttabu, früher auch die Annahme von der Natürlichkeit der Kleinfamilie). Dass es a. K.en gibt, wird meist von denen bestritten, die eine große Gestaltbarkeit soziokultureller Grundbedingungen vertreten.   W.F.H.

Konstantsummenspiel → Nullsummenspiel

Konstanzproblem, das sich allen sozialen Systemen stellende Problem der Erhaltung ihres Zustands trotz wechselnder und unkontrollierbarer Umweltereignisse und -einflüsse. Das K. bezieht sich auf die Identität sozialer Systeme; seine Bewältigung erfordert vom System bestimmte Leistungen und Strategien.   J.H.

Konstellation, historisch-soziologische, setzt sich nach A. Weber aus einem bestimmten (geschlossenen) Geschichtskörper (völkischen Trägern geschichtlicher Kulturen, wie z.B. islamische oder abendländische), aus dem Stand des Zivilisationsprozesses und der Eigenart einer Kultur zusammen. Die Erforschung geschichtlicher Gesamtkonstellationen sollte nach A. Weber die Aufgabe der Soziologie sein, die als „allgemeine Strukturlehre der geschichtlichen Welt" mehr Auskunft über die brennenden Probleme der Gesellschaft zu geben vermag als punktuelle Detailforschungen (Beziehungslehre, Empirismus).   G.K.

Konstitutionalismus, allgemein die durch die Verfassung oder anerkannte Tradition geregelte Kontrolle der politischen Entscheidungsinstanzen, insbesondere der Regierung, durch andere Instanzen nach den Maßstäben von Verfassung, Gesetz und Tradition. In der bürgerlichen Demokratie fand der K. seinen Ausdruck in der Gewaltenteilung.   W.F.H.

Konstitutionsanalyse, systematische phänomenologische Analyse des Aufbaus jener Erlebnisse und Akte, die den Sinn eines Gegenstandes der äußeren oder inneren Erfahrung, des Handelns oder schließlich auch des Anderen konstituieren. *Ego* und *alter* stehen jedoch in einem gegenseitigen Konstitutionszusammenhang, sodass die „objektive" Welt nur als „intersubjektiv" konstituiert begriffen werden kann.   W.L.B.

Konstrukte, theoretische, Begriffe, die sich nicht direkt auf beobachtbare Sachverhalte zurückführen lassen, die jedoch geeignet sind, Beobachtungen aufeinander zu beziehen. Die Anerkennung der t.n K. als sinnvolle Bestandteile wissenschaftlicher Theorien hat in der neueren Wissenschaftstheorie mit zur Überwindung einer strikt empiristischen Wissenschaftskonzeption beigetragen.   H.W.

Konstruktion der Wirklichkeit, dynamisch- prozesshafter Begriff von Wirklichkeit. Ansätze der interpretativen Soziologie (Symbolischer Interaktionismus, Phänomenologische Soziologie, Ethnomethodologie) gehen davon aus, dass die soziale Realität in alltäglicher Interaktion durch interpretative Leistungen (Situationsdefinitionen, Typisierungen, Deutungsmuster, *accounts*) von den Handelnden aktiv (re-)produziert wird.   M.M.

Konstruktionismus → Konstruktivismus [1]

Konstruktivismus, [1] auch: Sozialkonstruktivismus, eine seit P.L. Berger u. T. Luckmann in der Soziologie anerkannte Richtung, die darauf besteht, an einem jeglichen gesellschaftlichen Phänomen dessen Gemachtsein zu sehen und zu untersuchen. Soziale Tatbestände sind danach nicht einfach „gegeben", sondern sie sind erzeugt. Alles soziologisch Interessante gilt als von Menschen hervorgebracht und weitergegeben, und darauf hin ist es zu analysieren. Die Grundfrage zielt weniger auf ein Warum und mehr auf das Wie des Handelns, der Institutionen, der Auffälligkeiten usw.

[2] In der gegenwärtigen Erkenntnistheorie behauptet der „radikale K.", dass Kognitionen (Wahrnehmungen usw.) die Wirklichkeit nicht abbilden. Das die Sinnesempfindungen verarbeitende Gehirn repräsentiere nicht die äußere Realität, vielmehr konstruiere es sie. Dahinter steht, auf neurophysiologischen Forschungen beruhend, die Annahme von der informationellen Geschlossenheit, erweitert zum Modell des autopoietischen Systems (E. von Glasersfeld; H. Maturana; F. Varela).

[3] In der Wissenssoziologie der Naturwissenschaften (L. Fleck, K. Knorr-Cetina) führt der K. dazu, die scheinbar festen Fakten als gesellschaftliche Phänomene zu erklären, etwa aus den Arbeitsabläufen, Hierarchiebeziehungen usf. in einem Labor. Naturwissenschaftliches wird auf Soziales zurückgeführt.   R.L.

[4] Bei K. Holzkamp ist K. eine Weiterentwicklung des → Konventionalismus. Im Sinne des K. sind die vom Forscher ermittelten Daten nicht

unabhängig von ihm, sondern durch seine Theorie und Forschungsinstrumente konstruiert, hergestellt. Die Daten können daher nicht unabhängige Prüfinstanz der Theorien sein. Damit soll das Poppersche Falsifikationskriterium hinfällig sein. Theorien können exhauriert, d.h. trotz widersprechender Daten aufrechterhalten werden. Gelingt es dem Forscher nicht, Daten gemäß seiner Theorie zu realisieren, so sind die die Realisation störenden Bedingungen aufzufinden. Lassen sich solche Bedingungen nicht explizit angeben, so gilt die Theorie als belastet. Weniger belastete Theorien sind denen mit größerer Belastung vorzuziehen. Der K. soll eine Explikation der Forschungspraxis (insb. der experimentellen Psychologie) darstellen. Da die Wahrheit oder Falschheit einer Theorie nicht endgültig festgestellt werden kann, kann die Suche nach gesicherter Erkenntnis nicht das ausschlaggebende Kriterium bei der Wahl der Forschungsinhalte sein. Die Frage nach der Relevanz der Forschung rückt damit an die zentrale Stelle des Forschungsprozesses. In diesem Sinne soll der K. Grundlage einer kritischen Wissenschaft, insb. einer kritischen Psychologie sein.
H.W.

Konsum, ökonomisch, Verbrauch von produzierten Gütern und Diensten, a) als produktiver K. in der Herstellung von Waren und Diensten (z.B. in Form von Rohstoffen, Energie, Vorprodukten, Arbeitsleistungen, b) als (unproduktiver) Endverbrauch der privaten Haushalte, des Staates und der Nicht-Erwerbsorganisationen, die definitionsgemäß nicht zu einem Warenangebot auf dem Markt führen. Nach ökonomischer Theorie ist der Endverbrauch oder die Endnachfrage das Ziel der Wirtschaftstätigkeit, jene kann jedoch nur wirksam sein, wenn sie, wie Marx sagt, zahlungskräftig ist, also ihr Einkommen aus Arbeit in Form von Löhnen bzw. Steuern vorausgeht.
H.W.

Konsum, demonstrativer, auch: geltungssüchtiger Konsum, *conspicuous consumption*, Bezeichnung von T. Veblen für den Konsumstil der Oberklasse (→ Mußeklasse), die ihren Reichtum und ihre Macht durch aufwändige, nach außen sichtbare Konsum- und Luxusgüter unter Beweis stellen und festigen will.
H.W.

Konsum, privater – staatlicher. P. K. ist die Summe der Verkäufe von Unternehmungen an private Haushalte. S. K. ist die Summe aller unentgeltlich abgegebenen Dienstleistungen der öffentlichen Haushalte. Es wird behauptet, im System privater Produktion und Aneignung bestehe eine Tendenz zur Unterversorgung mit öffentlichen Dienstleistungen.
D.K.

Konsum, rivalisierender, Gebrauch eines Gutes, der andere potentielle Bewerber um das Gut ausschließt. Der r.K. liegt zum Teil in der Natur der Güter begründet (z.B. bei nicht dauerhaften Verbrauchsgütern), zum Teil beruht er auf institutionellen Regelungen (z.B. private vs. öffentliche Bibliothek).
H.W.

Konsumelite, die Gruppierung in einer Gesellschaft, die aufgrund ihres Prestiges eine Vorbildrolle im Warenverbrauch spielen kann, die über ihre Gruppe hinaus das Konsumverhalten anderer normativ mitbestimmt.
O.R.

Konsumgesellschaft, [1] Begriff der Kritik an der vorherrschenden Lebenshaltung vor allem in Westdeutschland seit den 1950er Jahren: Gebunden an einen Statuswettbewerb mittels Konsumverhalten und Konsumstil und geleitet durch Werbung und Absatzstrategien (Konsumzwang) seien viele Menschen weder an den öffentlichen Dingen interessiert noch zu einer lebendigen und erfahrungsneugierigen Existenz in der Lage.
[2] In Studien über die modernen Formen des Konsums und ihre Bedeutung für bzw. Entsprechung zu gesellschaftlichen Bedingungen im Allgemeinen oft neutraler als [1] verwendet, vor allem zur Skizzierung derjenigen sozialstrukturellen Momente, die über eine hergebrachte Arbeitsorientierung der Lebensführung, über die Industrie- bzw. Arbeitsgesellschaft hinausweisen.
W.F.H.

Konsumismus, kritisch gemeinter Begriff für die in bestimmten Schichten und Generationen vorherrschende Einstellung, sich in Erlebens- und Verhaltensräumen von Freizeit und Kultur ausschließlich daran zu orientieren, was sich wie wirtschaftliche Güter und Dienstleistungen konsumieren, d.h. ver- und gebrauchen lässt.
V.K.

Konsum-Materialisten, eines der zehn Sinus-Milieus (2004), zu dem rd. 11% der Bevölkerung gehören. Den K.-M. gehören Teile der gering gebildeten Unterschicht jeglichen Alters an. Ihre ausgeprägte Konsumorientierung dient dem Gefühl, mit den anderen mithalten zu können, obwohl ein Einkommen aufgrund unqualifizierter Tätigkeiten und häufiger Arbeitslosigkeit diesen Lebensstil nicht zulässt.
D.Kl.

konsummatorisch, auch: konsumptiv, Bezeichnung für diejenigen Reaktionen oder Verhaltensweisen, die unmittelbar der Befriedigung eines bestimmten Bedürfnisses dienen, im Unterschied zu den Verhaltensweisen, die eine Gelegenheit zur Bedürfnisbefriedigung vorbereiten. Als k. wird beispielsweise der Akt der Nahrungsaufnahme im Unterschied zur vorhergehenden Jagd, der Zubereitung der Mahlzeit usw. bezeichnet oder die Kopulation im Unterschied zum vorangehenden Balzverhalten. Der Begriff

k. bezieht sich also grundsätzlich auf das Ziel einer Sequenz von Reaktionen (→ Verhaltenssequenz).   R.Kl.

Konsumprestige bedeutet in einer gesellschaftlichen Schicht, in der sich Ansehen vor allem nach der Konsumfähigkeit bemisst, das Ansehen, das eine Person durch die bekannte, oft auch mithilfe von → Statussymbolen demonstrierte Fähigkeit erlangt, sich hoch angesehene Verbrauchsgüter zu leisten.   W.La.

Konsumtion, individuelle → Konsumtion, produktive – individuelle

Konsumtion, industrielle → Konsumtion, produktive – individuelle

Komsumtion, produktive (auch industrielle) – **individuelle.** „Die Konsumtion des Arbeiters in doppelter Art. In der Produktion konsumiert er durch seine Arbeit Produktionsmittel und verwandelt sie in Produkte von höherem Wert als dem des vorgeschossnen Kapitals. Dies ist seine produktive Konsumtion ... Andererseits verwendet der Arbeiter das für den Kauf der Arbeitskraft gezahlte Geld in Lebensmittel: dies ist seine individuelle Konsumtion ... In der ersten handelt er als bewegende Kraft des Kapitals und gehört dem Kapitalisten; in der zweiten gehört er sich selbst und verrichtet Lebensfunktionen außerhalb des Produktionsprozesses" (K. Marx 1867).   K.M.

konsumtiv → konsummatorisch

Konsumverhalten, Verbraucherverhalten, Bezeichnung für die Kaufwünsche, Kaufentscheidungen, Finanzierung der Käufe und den Umgang mit den angeschafften Waren. Dazu meint K. auch die Inanspruchnahme von Dienstleistungen. Es wird angenommen, dass das K. beispielsweise nach Lebensalter und Zugehörigkeit zu einer sozialen Schicht variiert.   R.L.

Kontakte, differenzielle → Assoziation, differenzielle

Kontakte, kategoriale, die Art der sozialen Beziehungen, in denen die Partner wechselseitig nur oder vornehmlich als Merkmalsträger wahrgenommen werden.   O.R.

Kontaktfrage, Frage im Interview, die das Interview oder die Behandlung eines bestimmten Themas eröffnet. Die K. soll dazu dienen, das Interesse der Befragten zu wecken oder mögliche Antworthemmungen abzubauen.   H.W.

Kontaktneurose, quasi-klinischer Ausdruck für die Gesamtheit derjenigen psychischen Disharmonien, die, häufig deutlich syndromhaft verlaufend, bei größeren Teilen ganzer Gruppen – vornehmlich sog. „primitiver" – als Folge engerer Berührung mit einer überlegenen Fremdkultur auftreten.   W.Sch.

Kontaktsysteme bezeichnet soziale Systeme mit eigenen Normen und Verhaltensweisen, die sich an den Grenzen zweier miteinander in Interaktion stehender (i.d.R. formal organisierter) Systeme bilden, wenn die Interaktion zwischen diesen Systemen problematisch ist oder wird. K. sind z.B. Bekanntschaften zwischen Ein- und Verkäufer verschiedener Handelsorganisationen, Verhandlungen zwischen Gewerkschaften und Arbeitgeberverbänden, Konferenzen zwischen Vertretern verschiedener Staaten.   E.L.

Kontentanalyse → Inhaltsanalyse

Konterelite → Gegenelite

Kontergesellschaft, Gegengesellschaft, *counter society*, Teilgruppe der Gesamtgesellschaft, mit eigenen, gegen die Gesamtgesellschaft gerichteten Normen und Werten (z.B. Sekten, Geheimbünde). Der Begriff tritt vor allem in der Soziologie abweichenden Verhaltens auf. Zugehörigkeit zu einer K. kann abweichendes Verhalten fördern oder auch automatisch implizieren.
                                                         A.St.

Konterrevolution → Gegenrevolution

Kontext, normativer, in der Kommunikationsforschung soziale Normen, die als außersprachliche Faktoren in jede kommunikative Situation eingehen. → Kontext, situativer   F.K.S.

Kontext, situativer, in der Kommunikationsforschung außersprachliche Bedingungen, die mit dem Wechsel der Partner (deren Erwartungen, psychische Verfassung usw.), mit Ort und Zeit der Kommunikation von Situation zu Situation unterschiedlich auf den sprachlichen Kommunikationsprozess Einfluss haben. → Kontext, normativer   F.K.S.

Kontextanalyse, Untersuchungsform, die neben individuellen Merkmalen auch Merkmale von Kontexten (z.B. von Gruppen, Organisationen, Regionen, denen das Individuum angehört) erfasst. Die Kontextmerkmale werden zumeist als unabhängige Variable aufgefasst, die individuelle Größen beeinflussen oder Zusammenhänge zwischen individuellen Größen modifizieren. So hat man z.B. festgestellt, dass sich das Wahlverhalten von Katholiken in vorwiegend katholischen Gegenden von dem von Katholiken in überwiegend protestantischen Gegenden unterscheidet. Theoretische Probleme liegen u.a. in der Abgrenzung von Kontexten und der Bestimmung von Einflussmechanismen (Wahrnehmung, sozialer Druck usw.).

Eine spezielle, methodisch weiter vorangetriebene Form der K. stellt die Mehrebenenanalyse dar. Sie untersucht das Problem, in welcher Form beobachtete Zusammenhänge auf individueller Ebene mit Zusammenhängen der gleichen Variablen auf Aggregatsebene verknüpft sind (vgl. Schema):

Indiv. $X \xrightarrow{t} Y$

$a \downarrow \qquad \downarrow b$

Aggre. $X' \xrightarrow{T} Y'$

Das Kontextproblem entsteht dadurch, dass die Beziehungen auf der individuellen oder Mikro-Ebene von den Aggregaten der Makro-Ebene abhängig sind (z.B. beim Wahl- oder Konsumverhalten). Mit der Mehrebenenanalyse könnte ein Instrument gefunden sein, die in der Soziologie zumeist auseinander fallenden Bereiche von Mikrotheorien (Individuum, Gruppe) und Makrotheorien (Organisation, Gesellschaft) zu verknüpfen. Aus dem Schema ergeben sich folgende Fragestellungen: 1) Gegeben sei eine Mikrotheorie t und die Aggregationen a und b; wie sieht die Makrotheorie T aus und umgekehrt? 2) Gegeben t und T; wie sind die Aggregationen a und b geartet?   H.W.

Kontextdefinition, auch: Gebrauchsdefinition, Erläuterung eines Begriffes durch den Kontext (Text), in dem er vorkommt. Dazu wird der Text, in dem der Begriff vorkommt, in einen äquivalenten Text, in dem der Begriff nicht vorkommt, überführt (B. Russell).   H.W.

Kontexte, hierarchische, Ordnung von sozialen Kontexten in der Art, dass ein Kontext „höherer Ordnung" die Kontexte „niedrigerer Ordnung" einschließt. In Bezug etwa auf eine Verwaltungstätigkeit schließt der höhere Kontext „Verwaltung" den niedrigeren Kontext „Büro" ein.   H.W.

Kontexteffekt, in der empirischen Sozialforschung Bezeichnung für die Modifikationen eines Zusammenhanges zwischen Variablen durch die Strukturen und Eigenschaften unterschiedlicher Kontexte. So ändern sich etwa Form und Ausmaß manifester Diskriminierung einer Randgruppe durch eine vorurteilsvolle Person je nach Billigung des Vorurteils in der jeweiligen sozialen Umgebung.   H.W.

Kontextualisierung, bezeichnet die Verfahren und Methoden (*contextualization cues*), mithilfe derer Akteure ihre Mitteilungen formen, um ein bestimmtes Verständnis bei ihren Kommunikationspartnern zu erwirken. Nach J.J. Gumperz kann man dabei insbesondere prosodische, paralinguistische, lexikalische und semantische K.schlüssel unterscheiden.   R.S.

Kontextualität, Begriff des → Strukturalismus, der aus der Linguistik stammend zunehmend soziologisiert wurde. K. meint, dass das Ganze (der Kontext, in dem ein Element steht) Vorrang vor dem Element habe und dass das Element nur vor dem Hintergrund des Kontextes inhaltlich bestimmbar sei. → Systematizität J.B.

Kontextverstehen, allgemeine Anforderung an den Verstehensvorgang aller prinzipiell mehrdeutigen, alltäglichen Handlungen und alltäglichen sprachlichen Äußerungen, die ihren Sinn erst im Zusammenhang einer Situation (Kontext) erhalten, deren Ein- oder Mehrdeutigkeit wiederum von Definitionen, Zuschreibungen und Deutungen der Beteiligten oder der Forscher bedingt sind.   H.W.

Kontextwissen, in der → objektiven Hermeneutik [2] U. Oevermanns jene Kenntnisse über einen Fall, die der Sozialforscher über die im zur Interpretation anstehenden Datenmaterial enthaltenen Informationen hinaus hat. Als Faustregel zur Schärfung der Interpretationsbemühungen wird vorgeschlagen, bei der Auslegung des Datenmaterials (z.B. eines Interviewprotokolls) strikt vom K. abzusehen (und es erst bei späteren Analyseschritten zu berücksichtigen).   W.F.H.

Kontiguität, zeitlich oder räumlich enges Aufeinanderfolgen oder Zusammenfallen verschiedener Erlebnisinhalte, Knüpfung einer assoziativen Verbindung zwischen Reiz und Reaktion auf dem Wege der Gleichzeitigkeit ihrer Wahrnehmung durch den Organismus. K. wird als eine der wesentlichen Bedingungen für Lernen angesehen.   K.St.

Kontiguitätstheorie, Kontiguitätshypothese, -gesetz, von E.R. Guthrie vertretene Lerntheorie, nach der sich Lernen dadurch ereignet, dass aufgrund der → Kontiguität von Reiz und Reaktion Assoziationen entstehen, die im Augenblick ihrer Bildung maximale Stärke erreichen (Alles-oder-Nichts-Konzept der Assoziation). Lernfortschritt ergibt sich durch assoziative Koppelung neuer Elemente. Der Verstärkung kommt in der K. nur eine Unterbrechungs- und Sicherungsfunktion zu. Gegenauffassung: → Verstärkungshypothese   K.St.

Kontingenz, [1] die Eigenschaft einer Hypothese, empirisch wahr oder falsch zu sein. Für die Annahme der Hypothese sind die Erfahrungstatsachen maßgebend.
[2] Die Möglichkeit, dass ein Strukturelement auch anders beschaffen sein könnte, als es tatsächlich ist. K. bedeutet hier das Zufällige im Gegensatz zum Notwendigen, und das Gegebene im Gegensatz zum Unmöglichen. In diesem Sinne ist K. ein Grundbegriff der systemtheoretischen Erklärung von Evolution. Weil dem Akteur mehrere Handlungsalternativen offen stehen, weil das System verschiedene Zustände annehmen kann, besteht ein Zwang zur → Selektion.   R.L.
[3] In der Statistik Synonym für Korrelation, speziell für die Abweichung der beobachteten Zellenhäufigkeiten in Kontingenztabellen von

den Häufigkeiten, die bei zufälliger Verteilung zu erwarten wären. H.W.

[4] In der Lernpsychologie (B.F. Skinner) Bezeichnung für die verschiedenen möglichen Bedingungen, durch die jeweils spezifische Lernprozesse herbeigeführt werden. Beispiele: die gleichzeitige Darbietung eines primären Verstärkers und eines neutralen Reizes, durch die der neutrale Reiz zu einem sekundären Verstärker wird; die Verabreichung eines Verstärkers nach der Äußerung einer bestimmten Reaktion, wodurch die Wahrscheinlichkeit des Auftretens dieser Reaktion erhöht wird. R.Kl.

Kontingenz, doppelte, *double contingency,* „doppelte" oder wechselseitige Abhängigkeit, Bezeichnung für die Reziprozität sozialer Interaktionsbeziehungen, die darin besteht, dass die Reaktion des einen Interaktionspartners auf das Verhalten des anderen für diesen eine Belohnung oder Bestrafung darstellt, auf die dieser wiederum mit einem bestimmten Verhalten reagiert, das für ersteren eine belohnende oder bestrafende Bedeutung besitzt usw. Wenn beide Partner wissen, dass beide sich durch kontingentes Verhalten des jeweils anderen motivieren lassen, entsteht eine strukturell unbestimmte Situation, die nach der → strukturell-funktionalen Theorie durch Akzeptieren gemeinsamer Wertprämissen, nach der → funktional-strukturellen Theorie durch Auslösen eines systembildenden Kommunikationsprozesses bestimmbar wird. R.Kl./N.L.

Kontingenzkoeffizient → Chi-Quadrat-Kontingenzmaße

Kontingenzmaße, statistische Maßzahlen, auch Assoziations- oder Korrelationsmaße genannt, die die Enge eines Zusammenhangs oder eine Korrelation zwischen Variablen angeben. Als K. werden i.d.R. solche Größen bezeichnet, die zur Messung der Beziehung zwischen qualitativen, nominalskalierten Variablen herangezogen werden, so etwa die → Chi-Quadrat-K. H.W.

Kontingenztabelle, Kontingenztafel, Kreuztabelle, tabellarische Anordnung von Objekten (Elementen einer Stichprobe) nach zwei Merkmalen. Besitzt das eine Merkmal *n* und das andere *m* Ausprägungen, so hat die K. *n* Zeilen und *m* Spalten. In den durch die Zeilen und Spalten gebildeten Zellen der K. stehen die Anzahlen der Objekte, die die entsprechenden Ausprägungen beider Merkmale zugleich besitzen (lat. *contingere* = berühren). Soll durch die K. eine Abhängigkcit zwischen den Merkmalen gezeigt werden, so werden die Spalten i.d.R. durch das unabhängige Merkmal gebildet. Einen Spezialfall der K. stellt die → Vier-Felder-Tafel dar, die aus zwei dichotomen Variablen gebildet wird. Da in der Soziologie die Variablen meist nur auf den Niveaus einer → Nominal- oder → Ordinalskala gemessen werden, stellt die Analyse der → Häufigkeitsverteilungen in einer K. eines der wichtigsten Auswertungsverfahren der empirischen Sozialforschung dar. H.W.

kontinuierlich, Eigenschaft von → Variablen oder → Wahrscheinlichkeitsverteilungen. H.W.

Kontradiktion → Widerspruch, logischer

Kontraktarbeit, Form der Rekrutierung und Kontrolle von Arbeitskräften durch Kontraktoren, die Arbeitskräfte anwerben und sie den Auftraggebern für i.d.R. begrenzte Zeit zur Verfügung stellen. Typisch für die K. war etwa die Verwendung von „gangs" chinesischer und japanischer Immigranten, die für den Bau der nordamerikanischen Eisenbahnen ab 1860 und später für die kalifornische Landwirtschaft in den USA gebracht wurden. Die Arbeitskräfte befanden sich vielfach in großer Abhängigkeit von den Kontraktoren, z.B. als Schuldner für Transport, Unterkunft und Unterhalt, die die K. zu einem System unfreier Arbeit machte. Eine moderne Form der K. ist die Leiharbeit. Die K. entlastet die Unternehmen, die K. in Anspruch nehmen, weitgehend von Verpflichtungen gegenüber einzelnen Arbeitskräften wie von ihrer Disziplinierung. H.W.

Kontraktehe, [1], auch als Scheinehe bezeichnet, die von Migranten zum Erwerb eines legalen Aufenthaltstatus eingegangen wird.

[2] bezeichnet eine Eheschließung, die als vertragliche Abmachung zwischen den beiden Herkunftsfamilien und nicht primär durch Partnerwahl der Eheleute zustande kommt. K. wird auch als arrangierte E. (z.B. Indien, Pakistan) bezeichnet. In der Praxis besitzen die zukünftigen Eheleute heute, abhängig vom sozialen Status der Familien, in dem häufig durch Vermittler geführten Aushandlungsprozess zwischen den Familien auch eine Mitsprache. W.F.H./H.W.

Kontraktgesellschaft, Bezeichnung für den Gesellschaftstypus, in dem die zwischenmenschlichen sozialen Beziehungen sich auf rein vertraglich geregelte Rechtsbeziehungen reduzieren lassen. O.R.

Kontraktion der Familie, Kontraktionsgesetz, Bezeichnung für einen geschichtlichen Prozess der Verkleinerung der Verwandtschaft (und der Familie) auf die von Vater, Mutter, Kindern, die Kernfamilie also. Gegen diese von E. Durkheim behauptete Tendenz ist einzuwenden, dass sie keine lineare Erscheinung der Geschichte überhaupt ist, sondern mehrfach aufgetreten ist. Im 19. Jahrhundert lässt sich der Trend nur für die Oberschicht beobachten. W.F.H.

Kontraktionsgesetz → Kontraktion der Familie

Kontraktualismus, [1] Vertragstheorie, eine sozialphilosophische Anschauung, nach der sich die Menschen als gleiche und freie Wesen aufgrund eines Vertrages (Kontraktes) zu Staat und Gesellschaft zusammengetan haben. Der K. geht von der Vernunft der Menschen aus und basiert auf dem Tauschprinzip; so geben bei T. Hobbes die Menschen ihre je spezifische Macht auf, um Sicherheit von ihren Mitmenschen einzuhandeln, so verzichten aus dem gleichen Grund bei J.-J. Rousseau die Menschen auf ihre natürliche Freiheit.

Die Vorstellung eines Gesellschaftsvertrages löste in der bürgerlichen Gesellschaft die als irrational angesehene Vorstellung einer natürlichen Sozialität des Menschen – und damit zugleich der Natürlichkeit der → *societas civilis* – ab, indem die Herrschaftsverhältnisse nun vom rationalen Handeln der Menschen abhängig gemacht werden. Das Emanzipatorische am K. in Hinblick auf Trennung von Gesellschaft und Staat ist jedoch bis zur französischen Revolution verschleiert durch die Annahme, dass die vernünftige Vertragsordnung neben der Regelung der Sozialbeziehungen durch Macht auch eine soziale Stabilität garantiere und den sozialen Fortschritt bewirke.   O.R.

[2] K. bezeichnet auch die Neigung, sämtliche sozialen Beziehungen durch Verträge zu regeln. Beispiel: die „Zielvereinbarungen", die in Organisationen zwischen der Leitungsebene und den einzelnen Mitgliedern abgeschlossen werden, um die Effizienz der Arbeit zu steigern. Eingewendet wird gegen den K., dass Verträge sich nicht selbst genügen, sondern auf außervertraglichen Grundlagen beruhen (U. Bröckling 2004). Im K. drückt sich, ähnlich wie im → Qualitätsmanagement, ein neoliberaler Zeitgeist aus.
                    R.L.

Kontrakultur → Gegenkultur

Kontrast, maximaler – minimaler, Bezeichnungen aus dem von B. Glaser u. A.L. Strauss (1967) vorgeschlagenen Verfahren der → theoretischen Auswahl (*theoretical sampling*): In der Absicht, ein soziales Feld, einen sozialen Prozess o.ä. theoretisch zu erfassen, wählt der Forscher Erhebungsfälle sukzessive so aus, dass er Kenntnis von möglichst allen konturierten Varianten dieses Prozesses oder in diesem Feld erlangt. Die Auswahl eines nächsten Falles im Hinblick auf min.n K. dient dabei der Erweiterung und Abrundung bereits gefundener Informationen, die im Hinblick auf max.n K. (also möglichst weitgehende Verschiedenheit von den bereits analysierten Fällen) dient der Ergänzung und auch der Infragestellung der bereits entwickelten Einsichten. Als Faustregel gilt, mit min.m K. zu beginnen.   W.F.H.

Kontrastgruppenanalyse → Kontrasttypenverfahren; auch: Extremgruppenanalyse → Extremtypus

Kontrasttypenverfahren, *tree analysis,* auf der → Varianzanalyse beruhendes Verfahren der empirischen Sozialforschung, das in einer schrittweisen Zerlegung der untersuchten Einheiten in Subgruppen besteht, von denen aus die abhängige Zielvariable möglichst genau vorhergesagt werden kann. Zunächst wird diejenige der erklärenden Variablen ausgewählt, die zur größten Varianzausschöpfung führt. Die sich ergebenden Untergruppen werden dann nach der zweitwichtigsten Variablen zerlegt. Auswahl und Aufteilung der Variablen wird i.d.R. vom Computer („automatischer Interaktionsdetektor" von Sonquist u. Morgan) durchgeführt.   H.W.

Kontrollbewusstsein, Kontrollorientierung, *locus of control,* Bezeichnung in der → Attributionstheorie dafür, wie ein Individuum die Ursachen für sein eigenes Verhalten und für damit verknüpfte Ereignisse verortet: in sich selbst (internes K.) oder außerhalb der eigenen Einflussmöglichkeiten (externes K.).   R.L.

Kontrolle, äußere, erzeugt Gefolgschaft für eine Norm durch den Druck, der von den „anderen" als soziale Reaktion ausgeht und in der Form von negativen und positiven Sanktionen als Drohung und Ansporn wirkt.   H.Tr.

Kontrolle, betriebliche, das Bestreben, über die Nutzung und Verausgabung von Arbeitskraft im Produktionsprozess zu verfügen. B. K. als theoretisches Konzept beinhaltet vier Dimensionen: a) das Kontrollproblem, d.h. die Transformation von abstraktem Arbeitsvermögen in konkrete Arbeit, b) die Subjektgebundenheit des Arbeitsvermögens, c) die Endogenität von Kontrolle im kapitalistischen Arbeitsprozess und d) der Formwandel von Kontrolle. Strukturell ist darin der Konflikt zwischen Beschäftigten- und Managementinteressen angelegt. Historisch und systematisch lassen sich als Strategien von Managementkontrolle die Errichtung von → Fabriken zur Entwicklung von Arbeits- und Zeitdisziplin, die tayloristische Form der Arbeitsorganisation (→ wissenschaftliche Betriebsführung) und der Einsatz von Technik (Entpersonalisierung und Dezentralisierung von Kontrolle) zur Festlegung der Tätigkeiten und Bewegungsabläufe und zur Enteignung und Konzentration von Wissen, Lohnsysteme zur Steuerung der Leistungsverausgabung sowie Hierarchiebildung als psychosoziale Motivierung benennen.
                    M.Sch.

Kontrolle, formelle, bezeichnet die Tätigkeit der (meist: staatlichen) Instanzen, welche die Einhaltung sozialer Normen überwachen. In einem → Rechtsstaat vollzieht sich f. K. in gesetzlich geregelten Verfahren und führt zu → Sanktionen.   R.L.

Kontrolle, informelle, der Vorgang, dass erwünschte Verhaltensweisen nicht unter Berufung auf gesatzte Regeln und in festgelegten Verfahren durchgesetzt werden, sondern durch Personen und Gruppen, die nicht eigens zur Verhaltenskontrolle eingerichtet sind (z.B. durch Familie, Kameraden, Betriebsgruppe).   H.Tr./R.L.

Kontrolle, innere, will beim Individuum die Anerkennung bestimmter Regeln (Normen) fördern. Das heißt, die geforderten sozialen Verhaltensregelmäßigkeiten sollen als etwas „Gesolltes" empfunden und auf diese Weise zum eigenen Maßstab des Handelns gemacht werden (Verinnerlichung von Normen im Wege der Erziehung).   H.Tr.

Kontrolle, politische, [1] allgemein die Überwachungsfunktionen staatlicher Instanzen über staatliche Einrichtungen und gesellschaftliche Bereiche.   W.F.H.
[2] Speziell: das → Ministerialprinzip   R.L.

Kontrolle, primäre – sekundäre. Bei der p.n K. garantieren Primärgruppen, in denen man sich intim kennt (Familie, Dorf), das Einhalten von sozialen Verhaltensnormen. Bei der s.n K. geschieht dies durch Gruppen und Instanzen, mit denen man nicht so eng verbunden ist (Verein, Betrieb, Staat).   H.Tr./R.L.

Kontrolle, sekundäre → Kontrolle, primäre

Kontrolle, soziale, *social control,* in der Literatur mehrdeutig verwandter Begriff. Der gemeinsame Kern der zahlreichen Definitionen ist: s. K. bezeichnet jene Prozesse und Mechanismen, mit deren Hilfe eine Gesellschaft versucht, ihre Mitglieder zu Verhaltensweisen zu bringen, die im Rahmen dieser Gesellschaft positiv bewertet werden. Dies geschieht durch → innere und → äußere Kontrolle.   H.Tr.

Kontrolle, systemische, Begriff, der das durch den Einsatz von Informationstechnologien im Betrieb mögliche, neuartige Kontrollniveau charakterisiert und einen Formwandel von → betrieblicher Kontrolle darstellt. Die Annahme eines neuen Kontrollniveaus beruht auf der Interpretation technologischer Kontroll-Potenziale, nicht auf deren vorfindbarer betrieblicher Realisierung. Verdrängung interpersoneller betrieblicher Kommunikation durch automatische Datenerzeugung, Transparenz von Tätigkeiten aufgrund zwangsläufiger Informationsaufzeichnung, Transparenz des Gesamtsystems Betrieb durch Integration und Vernetzung von Teilbereichen, Schrumpfen von zeitlichen und örtlichen Ungewissheitsräumen infolge zentraler Interventionsmöglichkeiten und Steigerung des Zugriffs auf

menschliche Arbeit durch die Verfügbarkeit von Arbeitsprozessdaten sind Dimensionen s.r K.   M.Sch.

Kontrollfrage, Frage im Interview, die eine bereits beantwortete Frage in neuer Form wieder aufnimmt, um die Korrektheit einer bestimmten Antwort wie auch die Einstellung des Befragten zum Interview (Täuschung, Desinteresse etc.) zu bestimmen.   H.W.

Kontrollgesellschaft, zeitdiagnostischer Begriff von G. Deleuze (1990); K. ist gekennzeichnet durch die Auflösung der → alten Einschließungsmilieus (u.a. Fabrik, Gefängnis), durch vielfältige, permanente, äußere und innere Kontrollen, unmittelbare Kommunikation und insgesamt eine Hinwendung zu einer neoliberalen → Gouvernementalität. Deleuze entwickelt K. in Anlehnung und Aktualisierung von Foucaults → Disziplinargesellschaft.   B.M.

Kontrollgruppe, eine Gruppe von Versuchspersonen, die neben der eigentlichen Zielgruppe (Experimental- oder → Experimentiergruppe) in einem Experiment untersucht wird, um festzustellen, ob ein Kausalfaktor (unabhängige Variable) die ihm zugeschriebene Wirkung auf die abhängige Variable hat. Im Fall des Bestehens eines Einflusses muss die Experimentiergruppe die zugeschriebene Wirkung zeigen; die Kontrollgruppe (dem Kausalfaktor nicht ausgesetzt) darf die Wirkung nicht zeigen.   D.G.

Kontrollhierarchie, *hierarchy of control,* ist nach T. Parsons die Differenzierung von vier verschiedenen Generalisierungsebenen (auch: Einheiten, Teilsystemen, Kriterien; → AGIL-Schema) des Handlungssystems, die einander von oben durch Information steuern und von unten durch Energie erhalten.   N.L.

Kontrollinstanz → Instanz sozialer Kontrolle

Kontrollkanal, *channel of control,* der Kontrolle eigenen und fremden Verhaltens dienende, Rückkoppelungsprozesse sichernde Informations- und Kommunikationswege.   G.B.

Kontrollkurve, in der Organisations- und Betriebssoziologie Mittel zur Darstellung von Kontrollstrukturen: In ein Koordinatendreieck werden auf der Abszisse die Ebenen der Entscheidungs- und Steuerungsbefugnisse in der Organisation eingetragen, auf der Ordinate der Umfang der Entscheidungsbefugnisse. Der Verlauf der K. gibt Auskunft über den Typus von Kontrolle bzw. Herrschaft („demokratisch", *„laissez-faire"* usw.).   W.F.H.

Kontroll-Loch, bezeichnet abgekürzt die These, dass die Kindheit im Zweiten Weltkrieg und in der Nachkriegszeit trotz autoritär eingestellter Eltern recht frei war und dass die Kinder aufgrund ihres Beitrages zum Lebenserhalt der Familie fast gleichberechtigt behandelt wurden (M. Fischer-Kowalski 1983). W.F.H.

Kontrollorientierung → Kontrollbewusstsein

Kontrollsegregation bezeichnet den Tatbestand, dass jene Führungs- und Kontrolltätigkeiten, die sich auf die „instrumentalen" und „expressiven" Funktionen einer Gesellschaft beziehen, von jeweils verschiedenen elitären Gruppen wahrgenommen werden. H.Tr.

Kontrollspanne, *span of control,* in einer Organisation der Bereich der einem Vorgesetzten unmittelbar Untergebenen. Die umstrittene Annahme, die K. müsse klein sein, damit die Kontrolle auch erfolgreich sei, ist Grundlage aller Hierarchietheorien. G.E.

Kontrollstruktur → Autoritätsstruktur

Kontrolltheorie, *control theory,* bezeichnet eine theoretische Richtung in den Untersuchungen über Delinquenz und abweichendes Verhalten, die – in der Nachfolge von E. Durkheim – die Ursachen für delinquentes und deviantes Verhalten in einer reduzierten Bindung der Täter an die Gesellschaft bzw. in deren verminderter Kontrollmacht sieht. Dimensionen der Bindung, die die Mehrheit zu konformem Verhalten veranlasst, sind z.B. (nach T. Hirschi 1969): Persönliche Bindung an Eltern und andere nahestehende Menschen, deren Wertschätzung und Liebe man nicht riskieren will; schulisches, berufliches, familiäres, finanzielles und alltägliches → *commitment,* das man nicht aufs Spiel setzen will; Involviertsein in konventionelle Pflichten, Aufgaben und Beschäftigungen, das die Gefahr vermindert, in Gelegenheiten zu delinquentem Handeln zu geraten. W.F.H.

Kontrollvariable → Test-Variable

Konurbation, in der britischen Stadtsoziologie seit P. Geddes (1915) übliche Bezeichnung für das verstädterte Gebiet und ggf. die Trabantenstädte außerhalb der administrativen Grenzen der Großstädte, aber in deren sozio-ökonomischem Einfluss. Ein Spezialfall der K. ist die → Stadtregion. J.F.

Konvention, das durch eine (oftmals stillschweigende) Übereinkunft geregelte Verhalten. Man bezeichnet damit auch jene Verhaltensmuster, die allgemeinen gesellschaftlichen Erwartungen entsprechen. M. Weber versteht unter K. die durch Missbilligung gegen Abweichung äußerlich garantierte Verhaltensregelmäßigkeit. H.Tr.

Konventionalisierung, *conventionalization,* [1] bezeichnet die Schaffung von Regeln, Bedingungen, Situationen, unter bzw. in denen ein Verhalten sozial toleriert werden kann, das anderswo verboten ist, z.B. spezielle Orte, an denen man Badekleidung tragen kann (W.G. Sumner 1906).
[2] Die Einstellung eines Akteurs, der eine deviante bzw. kriminelle Handlung begeht, nach

der solche Handlungen allgemein falsch und auch subjektiv unangemessen sind, wobei aber die Handlung, die gerade ansteht, nicht zu dieser Klasse gehört (J. Lofland 1969). W.F.H.

Konventionalismus, Wissenschaftslehre (Hauptvertreter u.a. H. Poincaré, H. Dingler), nach der die Natur- und Sozialwissenschaften rein begriffliche Konstruktionen sind. Nach konventionalistischer Auffassung sind Naturgesetze Festsetzungen der Wissenschaft, die nicht widerlegbar sind, da durch diese Festsetzungen erst bestimmt wird, was als Messung gelten soll. Kriterium für die Wahl zwischen zwei Begriffssystemen, die Beobachtungen herstellen und ordnen sollen, soll die Einfachheit der Systeme sein. Der Begriff der Einfachheit ist dabei selbst wieder eine Festsetzung. Für aktuelle Versionen: → Konstruktivismus. H.W.

konventionell → Urteil, moralisches

Konvergenz, kulturelle, der Prozess der Angleichung von Kulturelementen verschiedener sozialer Einheiten ohne Vermittlung durch Verbreitung oder Übernahme. W.F.H.

Konvergenzthese, Konvergenztheorie, [1] Übereinstimmungstheorie, die politik- und allgemein sozialwissenschaftliche These von einer strukturellen Annäherung der kapitalistischen und sozialistischen Gesellschaften (vorgebracht seit Ende der 1960er Jahre): Gemeinsamkeiten in der technisch-organisatorischen Basis des Produktionsprozesses in beiden Gesellschaftsformen verursachten eine Angleichung gegen und über die verschiedenen Ausdrucksformen und Eigentumsregelungen hinweg und werden zu einer mehr oder weniger einheitlichen modernen Industriegesellschaft führen. Diese K., die deutlich mit der beginnenden Entspannungspolitik in Verbindung stand, wurde von einigen sozialistischen Gesellschaftswissenschaftern als Versuch kritisiert, den sozialistischen Gesellschaften eine eigene Zukunft zu bestreiten; sie betonten stattdessen den → Systemvergleich.
[2] In der Psychologie (W. Stern) die These, dass Anlage und Umwelt bei der psychischen Entwicklung interagieren und einander ergänzen. W.F.H.

Konversationsanalyse, *conversation analysis,* von Ethnomethodologen (H. Sacks, E. Schegloff) in den 1960er Jahren begründeter Arbeitsbereich, der (natürliche) Gespräche als Interaktionsprozesse untersucht, anhand von (mithilfe genauer Transkriptionsverfahren dokumentierten) Gesprächsprotokollen das latente Regelsystem erforscht, das Sprecher benutzen, wenn sie ein Gespräch zu Stande bringen (vor allem Abfolge der Redezüge, Gestaltung von Redeübergaben, Eröffnungen und Abschlussformen). Wegen der Auffassung von Gesprächen als Interaktionsprozessen, die anhand der verschriftlichten Sprachelemente analysiert werden können, hatte die K. Einfluss auf die Begründung von Verfahren der qualitativen Interpretation (sowie auf entsprechende Transkriptionsverfahren). W.F.H.

Konversationsclique, bei N. Luhmann (1964) Bezeichnung für eine Clique von „Unzufriedenen" innerhalb formaler Organisationen, in der – vor allem durch Klatsch – die dominierende Wertstruktur abgewertet oder sonst eine akzeptable Erklärung für den unbefriedigenden eigenen Status erarbeitet wird. R.Kl.

Konversationsimplikaturen, pragmatische Schlussprozesse in Kommunikationen, mit Hilfe derer Kommunikationsteilnehmer die nicht-natürliche Bedeutung des von Sprechern Gemeinten im Gegensatz zu dem Gesagten auf der Basis von rationalen → Konversationsmaximen erschließen können (P. Grice). R.S.

Konversationsmaximen, rationale Maximen, die Kommunikationsteilnehmer in ihrem kommunikativen Handeln wechselseitig unterstellen. Hierbei handelt es sich um Maximen hinsichtlich der Quantität, der Qualität, der Modalität, der Relevanz und der Kooperation. Diese K. dienen Kommunikationsteilnehmern zur Interpretation und Einschätzung von Redebeiträgen bzw. der Festlegung von → Kommunikationsimplikaturen (P. Grice). R.S.

Konversion, [1] in der Psychoanalyse: Umsetzung einer unbewusst bleibenden, weil verdrängten Triebregung in ein körperliches Geschehen, in dem Regung und Verbot gleichzeitig ausgedrückt sind: Grundmuster für das Verständnis aller sog. hysterischen (vollständiger: „konversionshysterischen") Phänomene. Beispiel: der verdrängte Impuls, einen Menschen zu schlagen, „kehrt wieder" als – neurologisch weder nachweisbare noch behebbare – Lähmung des Arms. W.Sch.
[2] Als religionssoziologischer Terminus meint K. allgemein die Annahme eines Glaubens (Bekehrung) oder im engeren Sinne den Übertritt von einer Religionsgemeinschaft zu einer anderen (Konfessionswechsel). V.Kr.
[3] In der Ökonomie: der Wechsel des Produkts innerhalb einer vorhandenen Industrie. Beispiel: → Rüstungskonversion (statt Waffen wird etwas anderes, etwa Umwelttechnologie, hergestellt). R.L.

Konvertierbarkeit der Kapitalsorten, bei P. Bourdieu die Möglichkeit, eine Kapitalsorte (ökonomisches, kulturelles, soziales) in eine andere umzuwechseln, sowie der Grad, zu dem dies möglich ist. Die Regeln der K.d.K. sind jeweils zwischen den Klassen und Großgruppen umkämpft (z.B. Streit um den Wert von Bildungstiteln auf dem Arbeitsmarkt). W.F.H.

Konzentration des Kapitals → Kapitalkonzentration

Konzentration, organisatorische → Dekonzentration

Konzentration, wirtschaftliche, [1] Verdrängung oder Übernahme von kleineren und mittleren Unternehmen durch Großunternehmen. Die K. erfolgt durch Wachstum einzelner Unternehmen, Kartell- und Konzernbildung, die zur Ausschaltung des Wettbewerbs, Marktbeherrschung, Monopolbildung, erhöhtem Einfluss auf die staatliche Wirtschaftspolitik führen.
[2] Im engeren Sinne → Kapitalkonzentration H.W.

Konzern, Zusammenschluss mehrerer Unternehmen unter einem einheitlichen Management. Die Unternehmen können verschiedenen Produktionsstufen angehören (z.B. Zulieferer). Je nach Größe können K.e marktbeherrschende Stellungen erreichen. H.W.

Konzern, transnationaler → Konzerne, multinationale

Konzerne, multinationale, auch: transnationale Konzerne oder internationale Monopole, sind privatwirtschaftliche Konzerne, die bei rechtlich-organisatorischer Selbstständigkeit der einzelnen Teile unter einer die Gesamtstrategie bestimmenden Zentrale dauerhaft Kapital, Arbeit und Waren über Ländergrenzen hinweg mit dem Ziel des maximalen Gewinns transferieren. Die Produktion wird ebenso wie die Beschaffung der Produktionsmittel und der Absatz der Waren auf mehrere Länder verteilt. Der transnationale Rahmen ermöglicht es den Konzernen, Gegenmaßnahmen wie etwa Streiks oder Produktionsverbote zu umgehen. G.F.

Kooperation, [1] das allgemeine gesellschaftliche Verhältnis, in dem die Menschen in ihrer Arbeit aufeinander angewiesen sind: Produkte und Dienstleistungen können nur durch die Zusammenarbeit mehrerer Menschen erstellt werden.
[2] Allgemeine Bezeichnung der formalen Soziologie für die Zusammenarbeit mehrerer Menschen, im Gegensatz zu Konflikt und Konkurrenz (als alternativen Grundmustern menschlichen Verhaltens).
[3] Allgemeine Bezeichnung der Sozialpsychologie für die Zusammenarbeit mehrerer Menschen bei der Lösung einer Aufgabe oder der Befriedigung eines sozialen Bedürfnisses.
[4] Bezeichnung der Genossenschaftsbewegung für Formen der Produktion und Distribution, die auf Solidarität und nicht auf Profiterhöhung beruhen. W.F.H.

Kooperation, antagonistische, Kooperation trotz Gegnerschaft in einigen Gebieten, weil höhere

K

Werte für beide Seiten nur durch Kooperation erreicht werden können (W.G. Sumner). G.E.

Kooperation, arbeitsteilige, die Form der gesellschaftlichen Arbeit, in der eine Vielzahl von Menschen, die jeweils verschiedene Teile des Gesamtarbeitsganges übernehmen, zusammenarbeiten. In der Manufaktur ist diese Zusammenarbeit die Koordinierung der verschiedenen handwerklichen Fertigkeiten der Teilarbeiter, im entwickelten Kapitalismus wird die a. K. der Teilarbeiter weitgehend durch die den Arbeitern vorgegebene Maschinerie bestimmt. W.F.H.

Kooperation, einfache, nach K. Marx jene Grundform kapitalistischer Produktion, die dadurch gekennzeichnet ist, dass eine größere Anzahl von Menschen gleichzeitig in demselben Raum unter der Leitung eines Kapitalisten eine bestimmte Ware herstellt. D.K.

Kooperation, gefügeartige – teamartige, Formen der Zusammenarbeit in der durch die Maschinerie der großen Industrie bestimmten Arbeitsteilung: Bei g.r K. sind die einzelnen Arbeiter nur noch über die Maschinen miteinander verbunden und aufeinander angewiesen, bei t.r K. arbeiten sie an verschiedenen Aufgaben in Gruppen, sodass sie einander von Fall zu Fall helfen können (H. Kesting). W.F.H.

Kooperation, teamartige → Kooperation, gefügeartige – teamartige

Kooperationsprinzip → Normprinzip – Kooperationsprinzip

Kooperationssystem, *cooperative system,* nach Barnard die sozialwissenschaftliche Bezeichnung für einen Betrieb, eine Behörde oder eine Schule. Im Rahmen eines K.s arbeiten mehrere Personen zielorientiert zusammen. Das K. umfasst die physikalischen, biologischen, psychischen und sozialen Komponenten der Kooperation. W.St.

Kooptation, Mitgliederrekrutierung einer manifesten sozialen Gruppe mittels Zuwahl durch die Gruppe selbst. K. vermag eine Repräsentanz von Gruppen herzustellen, die dennoch einflusslos bleiben, da sie am Auswahlprozess nicht beteiligt waren. L.C.

Koordination, Koordinierung, [1] das wechselseitige Abstimmen der Aktivitäten in arbeitsteiligen Gruppen und Organisationen. K. wird hergestellt, indem alle Mitglieder einen allgemeinen Operationsplan annehmen, der die Arbeit inhaltlich spezifiziert und die verfahrensmäßigen Beziehungen der Mitglieder untereinander festlegt (H.A. Simon).
[2] Bezogen auf die Hierarchie in einer Gruppe oder Organisation bedeutet K. die Gleichstellung zwischen Positionen nach Prestige und Macht, im Gegensatz zur Subordination. R.L.

Kopfarbeit → Arbeit, körperliche – geistige

Kopplung, operative, Bezeichnung für den Vollzug von → strukturellen Kopplungen in den Operationen von Systemen. R.S.

Kopplung, strukturelle, Bezeichnung für die Vielfalt von Abhängigkeiten und Beziehungen zwischen den Strukturen eines Systems zu seinen System- bzw. Nichtsystemumwelten. R.S.

Körper, im Gegensatz zum → Leib, welcher der Mensch ist und dem Bereich der subjektiven Wahrnehmung und Erfahrung zugeordnet wird, gilt der K. als etwas, was der Mensch hat und dem Bereich der objektivierbaren Betrachtung zugänglich ist. Dabei wird der K. soziologisch weniger als natürliches oder biologisches Phänomen denn als veränderliches historisches, soziales und kulturelles Phänomen betrachtet. K. wird zwischen den Ordnungskategorien individueller-kollektiver K., Produkt-Produzent sozialer Wirklichkeit, Subjekt-Objekt in Abhängigkeit zu der jeweiligen soziologischen Betrachtungsweise u.a. als disziplinierter, symbolischer, handelnder, geschlechtlicher, spürbarer analysiert. S.B.

Körper, sozialer, in der → organizistischen Soziologie Bezeichnung für die Gesellschaft. Der Begriff s. K. verweist nicht auf die Analogie von Organismus und Gesellschaft, vielmehr soll mit s. K. ausgedrückt werden, dass die Gesellschaft ein lebendes Wesen sei (H. Spencer, A. Schäffle, P. von Lilienfeld, R. Worms). O.R.

Körper-Ich, Körperselbst, die psychische Repräsentanz körperlicher Empfindungen (Gesichts-, Gehör-, Tast-, Viszeralvorstellungen), die das „Körperschema" bilden. Das K.-I. gilt als Kern des Selbst, um den herum alle anderen Ich-Vorstellungen bzw. Selbstrepräsentanzen organisieren. Wichtigste Grundlage ist die Wahrnehmung. E.H.

Körperschaft, [1] bei F. Tönnies Bezeichnung für jenen Typus sozialer Gebilde, der gekennzeichnet ist durch die organisierte Fähigkeit zur Findung und Durchsetzung von Entscheidungen, die von allen Mitgliedern der K. als verbindlich anerkannt und befolgt werden, so dass die K. nach außen als Gebilde mit einem einheitlichen Willen auftritt. F.H.
[2] *Corporation,* zentraler Gegenstand der positiven Sozialtheorie von J.S. Coleman (1990). Auf der Basis seiner Theorie des rationalen, nutzenorientierten Handelns (→ *rational choice theory*) konzipiert er K. allgemein in doppelter Weise: als konsensuale Übertragung von Handlungs- und Kontrollrechten der für die K. und als Agentschaften der für die K. im Auftrag handelnden Akteure. Die K. ist nach Coleman ein emergentes soziales Gebilde. Ihre wesentliche Eigenschaft „liegt in der Existenz einer separa-

K

ten Menge von Rechten und Pflichten und einer Menge von Ressourcen und Interessen, die weder einer einzelnen physischen Person zugeteilt noch zwischen einer Menge von Personen aufgeteilt werden können". K. wird als ein „Selbst", als einheitlicher, aber nach innen differenzierter Akteur (*corporate actor*) verstanden. K.en (Unternehmen, Verbände, Gewerkschaften, Vereine etc.) dominieren nach Coleman die Sozialbeziehungen in modernen Gesellschaften.

H.W.

Körperschema → Körper-Ich

Körpersoziologie, spezielle Soziologie, die den Körper als Produkt und Produzent sozialer Wirklichkeiten versteht. Der Körper verbindet hiernach soziale Strukturen mit sozialem Handeln. Zum anderen etabliert sich zunehmend eine Forschungsperspektive, die den Körper weniger als einen Forschungsgegenstand denn als -perspektive heranzieht und die Verkörperlichung sozialer Phänomene analysiert. Entsprechend der Mehrdeutigkeit des Körpers setzt sich das Feld der K. aus z.T. heterogenen theoretischen Strömungen zusammen, wobei aber sozialkonstruktivistische, phänomenologische und philosophisch-anthropologische Richtungen besonderen Einfluss haben. S.B.

Korporatismus → Korporativismus

Korporativismus, auch: Korporatismus, in der neueren Diskussion, insbesondere in der politischen Soziologie seit Beginn der 1970er Jahre verwendeter Begriff zur Kennzeichnung der modernen Verfasstheit von Staat und Gesellschaft, spezieller von Politikoptionen und Strategien der gesellschaftlichen Akteure. Unter Rückgriff auf die 1920er und 1930er Jahre und den Bedeutungszuwachs von Staat, Parteien und Verbänden herrscht eine uneinheitliche und diffuse Begrifflichkeit vor: beginnend mit der Vorstellung von einer zunehmenden Intervention des Staates in die Organisation des Wirtschaftsprozesses (H.A. Winkler) über die einer spezifischen Form der Vermittlung gesellschaftlicher Interessen aufgrund der zunehmenden Verschränkung von Verbandsorganisationen und Staat (P.C. Schmitter) sowie deren institutionalisierten Kooperation auch bei der Ausführung politischer Entscheidungen (G. Lehmbruch) bis zur Vorstellung von der staatlichen Kontrolle der Arbeiterklasse durch die Integration vor allem der Gewerkschaften (L. Panitch, C. Crouch). Einer i.d.R. systemtheoretischen Formulierung des K. steht die Forderung gegenüber, in umfassender Aufnahme der historischen Entwicklungen die Art und Weise der politischen Reorganisation von Gesellschaft durch korporativistische Ordnungsmodelle und Realisierungsversuche zu entschlüsseln und dabei die Gesamtheit der gegen-

wärtigen Herrschaftsorganisation heutiger Demokratien einzubeziehen (H. Kastendiek).

H.G.T.

Korporativstaat → Korporativismus

Korpsgeist → Gruppengeist [1]

Korrelation, allgemeine Bezeichnung für das gemeinsame Auftreten oder das gemeinsame – gleich- oder gegensinnige – Variieren von zwei oder mehr Merkmalen. Eine K. zweier Merkmale ist nicht notwendig gleichbedeutend mit einem funktionalen (kausalen) Zusammenhang, sondern bedarf stets einer zusätzlichen Interpretation. Zur Beschreibung und Kennzeichnung von K.en liegen in der Statistik eine Reihe unterschiedlicher Maßzahlen (Koeffizienten) vor. Manche Autoren gebrauchen den Begriff der K. nur für intervallskalierte Daten und bezeichnen den Zusammenhang bei nominal- oder ordinalskalierten Daten als Assoziation, Kontingenz, Rangkorrelation oder Konkordanz. Der Gebrauch dieser Bezeichnungen variiert beträchtlich. M.K.

Korrelation, biseriale, die Korrelation zwischen zwei intervallskalierten Merkmalen, von denen eines dichotomisiert, d.h. in zwei Werteklassen aufgeteilt ist. Ist dieses Merkmal jedoch echt dichotom ausgeprägt, spricht man von punktbiserialer Korrelation. Als Maßzahlen dienen die aus dem Pearson-Koeffizienten hergeleiteten Größen r_b, r_{pb} sowie r_{tet}, der tetrachorische Koeffizient, für den Fall, dass beide Merkmale dichotomisiert sind. M.K.

Korrelation, kanonische, Korrelation zwischen kanonischen Variablen, die jeweils aus Summen (Linearkombinationen) von gewichteten metrischen Variablen bestehen. Gesucht werden die Gruppen von Variablen bzw. Gewichten mit dem höchsten Korrelationskoeffizienten. H.W.

Korrelation, multiple – partielle, genauere Untersuchung der Korrelation zweier Merkmale durch Betrachtung von Kontrollvariablen. Durch Berechnung der Korrelation für feste Werte der Kontrollvariablen (p. K.) lassen sich Rückschlüsse auf etwaige kausale Abhängigkeiten ziehen. Insbesondere für intervallskalierte Merkmale lassen sich unter Verwendung eines linearen Regressionsmodells zusammenfassende Maßzahlen für die p. K. sowie die (m.) K. zwischen einem Merkmal und mehreren anderen angeben. M.K.

Korrelation, punktbiseriale → Korrelation, biseriale

Korrelationsindex › correlation ratio

Korrelationskoeffizient, eine Maßzahl für einen Zusammenhang zweier oder mehrerer Merkmale, häufig auch abgekürzte Bezeichnung für den → Pearson'schen Produkt-Moment-K. Die neueren K.en (Goodman-Kruskal) basieren auf dem

K

Prinzip der „proportionalen Irrtumsverminderung", wobei der Irrtum E_1 bei der Schätzung eines Charakteristikums der Verteilung der als abhängig betrachteten Variablen aus der eigenen Verteilung zu dem Irrtum E_2 bei der gleichen Schätzung unter Benutzung der Verteilung der anderen in der Form $\dfrac{E_1 - E_2}{E_1}$ in Beziehung gesetzt wird. Ein K. nimmt im Allgemeinen Werte zwischen −1 oder 0 und +1 an, wobei der absolute Betrag die Stärke, ein etwaiges Vorzeichen die Richtung des Zusammenhangs angibt.

M.K.

Korrelationskoeffizient, tetrachorischer → Korrelation, biseriale

Korrelationsmaße → Kontingenzmaße

Korrelationsmatrix, Matrix, deren Zeilen und Spalten von Variablen gebildet werden. In den Zellen der K. stehen die Korrelationskoeffizienten der betreffenden Variablen (vgl. die Skizze mit drei Variablen x_1, x_2, x_3). Die K. ist Ausgangspunkt einer Reihe von Analyse-Modellen (Faktorenanalyse, *Cluster*-Analyse).

	x_1	x_2	x_3
x_1		r_{12}	r_{13}
x_2			r_{23}
x_3			

H.W.

Korrelationsverhältnis → *correlation ratio*

Korrespondenzanalyse, Verfahren der explorativen Datenanalyse, das jeweils bivariate Zusammenhänge zwischen mehreren Variablen nominalen Niveaus visualisiert. Die Zeilen und Spaltenprofile einer einfachen oder zusammengesetzten Kontingenztafel werden in einen gemeinsamen, möglichst niedrigdimensionalen Raum projiziert. Sofern es die Koeffizienten zulassen, beschränkt sich die Interpretation in der Regel auf die zweidimensionale Darstellung. Neben den Koeffizienten kann in der grafischen Darstellung, die die Ausprägungen der Zeilen- und Spaltenvariablen enthält, der relative Abstand der einzelnen Punkte und ihr Abstand zum Koordinatenursprung interpretiert werden. Das Verfahren geht theoretisch auf R.A. Fischer, H.O. Hirschfeld und L.A. Guttman zurück und fand seit den 1970er Jahren in Frankreich eine breite Anwendung. Im deutschsprachigen Raum wurde es durch die Rezeption P. Bourdieus populär.

C.W.

Korrespondenzregeln, auch: semantische Regeln, Regeln für die Zuordnung von Zeichen (Worten, Symbolen) zum Bezeichneten etwa durch Definitionen, Hinweise, Operationen.

Durch die K. wird die Bedeutung eines Zeichens festgelegt.

H.W.

Korrespondenztheorie der Wahrheit, die wohl einflussreichste Wahrheitstheorie, die die „Wahrheit" einer Aussage als deren „Übereinstimmung mit den Tatsachen" definiert. Wie A. Tarski gezeigt hat, benötigt man für eine solche korrespondenztheoretische Wahrheitsdefinition eine → Metasprache, wenn semantische Antinomien (Widersprüche) vermieden werden sollen.

R.Kl.

Kosmogonie → Anthropogonie – Kosmogonie

Kosmopolit, Weltbürger, in keinem Land sesshaft, aber auch nirgends fremd. Der K. zeichnet sich durch Beziehungen zu einer Vielzahl von Kulturen aus, die er als „distinkte Entitäten" versteht (U. Hannerz 1990).

O.R.

kosmopolitisch → lokal – kosmopolitisch

Kosten. Als K. (einer Handlung) werden in der soziologischen Austauschtheorie die Begleitumstände einer Handlung bezeichnet, die die Wahrscheinlichkeit herabsetzen, dass ein Individuum diese Handlung ausführt. K. sind also die – nach der Bewertung des Handelnden – „Negativa", die bei Ausführung einer Handlung zu erwarten sind. Zu den K. gehören nicht nur die unmittelbar mit der Handlungsausführung verbundenen Unannehmlichkeiten, sondern auch der mit der Wahl dieser Handlung geleistete Verzicht auf Werte, die mit alternativen Handlungen realisierbar gewesen wären („*opportunity costs*").

V.V.

Kosten, falsche → *faux frais*

Kosten, komparative, volkswirtschaftliches Erklärungsmodell für die Strukturen der internationalen Arbeitsteilung. Das auf D. Ricardo zurückgehende Modell besagt, dass es für eine schwächer entwickelte Volkswirtschaft in der Konkurrenz mit einer entwickelteren vorteilhaft ist, sich auf die Produktion derjenigen Waren zu spezialisieren, für die die Produktivitätsrückstände am geringsten sind. In der Fortentwicklung des Modells durch Ohlin und Heckscher hat eine Nation dann Vorteile, wenn sie solche Produktionsfaktoren besonders stark einsetzt, über die sie vergleichsweise reichlich verfügt. Welche Bedeutung das Theorem für die reale internationale Arbeitsteilung zwischen den Industrienationen und den sog. Entwicklungsländern und die Möglichkeit einer nachholenden Industrialisierung besitzt, ist umstritten.

H.W.

Kosten, soziale → Sozialkosten

Kosten, tote → *faux frais*

Kovarianz, Ausdruck für das gemeinsame Variieren zweier Variablen um ihre Mittelwerte. Die K. ist definiert als die Summe der Produkte der Abweichungen der Messwertpaare (x_i; y_i) von ihren Mittelwerten ($\bar{x}$; $\bar{y}$) dividiert durch N:

$$\sum_{i=1}^{N} \frac{(x_i - \bar{x})(y_i - \bar{y})}{N}$$

N ist die Zahl der untersuchten Einheiten, an denen die Variablen x und y gemessen werden. Streuen die Variablen unabhängig voneinander um ihre Mittelwerte, so ist die K. gleich null. Die K. geht in den Pearson'schen Produkt-Moment-Korrelationskoeffizienten ein. H.W.

Kovarianzanalyse, Untersuchung der Beziehungen zwischen den → Kovarianzen in einer Menge von drei oder mehr Variablen. Mit K. wird i.d.R. der Fall bezeichnet, in dem Intervallskalen und Nominalskalen gemeinsam untersucht werden, etwa in Form der Zerlegung der Kovarianz zweier Intervallskalen nach den Kategorien einer Nominalskala. Obwohl die K. für soziologische Fragestellungen besondere Bedeutung besitzen dürfte, wird sie nur selten durchgeführt. H.W.

Kovarianztheorem, eine Beziehung, die das Verhältnis von individueller und kollektiver Korrelation angibt. Ist eine Population in eine Zahl von Kollektiven untergliedert (Schüler nach Schulen oder Klassen, Bevölkerung nach Regionen), so ist die Gesamt-Kovarianz zwischen zwei Variablen (z.B. Leistung und Intelligenz) gleich der Summe der → Kovarianz zwischen den Kollektiven (bestimmt als Kovarianz der → Mittelwerte der Kollektive) und dem gewichteten Durchschnitt der Kovarianzen innerhalb der Kollektive. Anhand des K.s lassen sich verschiedene Formen von Fehlschlüssen (→ Fehlschluss, atomistischer; → Gruppenfehlschluss) darstellen. H.W.

Krankenrolle, nach T. Parsons Begriff zur Beschreibung der typischen Erwartungsmuster, denen eine Person im Falle einer Erkrankung ausgesetzt ist. Als wesentlichste Erwartungen lassen sich feststellen: a) Rückzug aus den üblichen, geforderten Rollenverpflichtungen. b) Die Erkrankung darf nicht willentlich hervorgerufen sein. c) Es muss der Wille zur Genesung erkennbar sein. d) Es muss kompetente (ärztliche) Hilfe in Anspruch genommen werden, wobei die Kooperationsbereitschaft hinsichtlich der Befolgung der ärztlichen Anordnungen erkennbar werden muss. R.N.

Krankheitsbegriff, sozialer, die Gesamtheit der Vorstellungen, Theorien und Erklärungsformen, die gesellschaftlich Geltung haben und die Auftretenshäufigkeit und Entstehung von Krankheit betreffen. Während früher Krankheit unter dem Einfluss jüdisch-christlicher Tradition weitgehend als Bestrafung für schuldhaftes Verhalten angesehen wurde, hat sich heute, unter dem Einfluss der modernen Medizin, eine vorwiegend naturwissenschaftliche Sichtweise durchgesetzt. R.N.

Krankheitskarriere → Patientenkarriere

Krankheitsverhalten, Begriff zur Beschreibung der typischen, kulturspezifischen Verhaltensweisen, die im Falle einer Erkrankung bzw. Störung des Befindens geäußert werden. K. umfasst auch die jeweils geltenden Einstellungen und Normen, die im Zusammenhang mit Krankheit stehen. → Krankheitsbegriff, sozialer R.N.

Kreativität, kreatives oder schöpferisches Denken, allgemeine Bezeichnung für die Fähigkeit zur Hervorbringung neuer und origineller Problemlösungen. Voraussetzung dafür ist die Fähigkeit, alte Denkgewohnheiten, Sichtweisen usw. aufzugeben und neue, überraschende Verbindungen herstellen, neue Beziehungen zwischen gegebenen Daten usw. auffinden zu können. R.Kl.

Kredit, Leistung im Vertrauen auf eine zukünftige Gegenleistung. Als Grundlage des Tausches ist K. im weiteren Sinne auch Bedingung vieler Formen der sozialen Interaktion. G.E.

Kreis, abstrakter, großer Kreis, Bezeichnung von G. Simmel (1908) für eine an Mitgliedern so umfangreiche Gruppe, dass sie eine eigene Qualität bekommt; der a.e K. tritt als Verkörperung der Gruppenkräfte seinen einzelnen Mitgliedern mit dem Charakter des Überpersönlichen und Objektiven gegenüber. In ihm entwickeln sich, parallel zur funktionalen Differenzierung in Hinblick auf Aufgabenerfüllung, objektiv-abstrakte Normen für das Verhältnis zwischen ihm und seinen Teilen sowie für diese untereinander. Ohne diese Normen könnte der a.e K. nicht bestehen. O.R.

Kreis, großer → Kreis, abstrakter

Kreis, kleiner → Kreis, konkreter

Kreis, konkreter, kleiner Kreis, bei G. Simmel (1908) Bezeichnung für eine kleinere, funktional wenig differenzierte Gruppe, in der eine direkte Wechselbeziehung zwischen den Angehörigen und eine völlige Systematisierung und lückenlose Zweckmäßigkeit besteht. Der k.e K. entspricht weitgehend der *face-to-face*-Gruppe oder dem einfachen sozialen System. O.R.

Kreislaufprozess → Zirkulation

Kreuzbasenehe, Kreuzvetternehe, *cross-cousin-marriage*, Bezeichnung für ein Heiratsmuster, das die Ehe mit dem Kind der Schwester des Vaters bzw. dem Kind des Bruders der Mutter bevorzugt. R.O.W.

Kreuztabelle → Kontingenztabelle

Kreuzung sozialer Kreise. Nach G. Simmel (1908) ist jeder Mensch Mitglied mehrerer sozialer Kreise (→ Kreis, abstrakter, → Kreis, konkreter). Da diese unterschiedliche Normen haben, führt die Überschneidung der Gruppenzugehörigkeiten im einzelnen Individuum, die K. s. K., zu inneren und äußeren Konflikten. Durch die K. s. K. wird sich der Einzelne seiner eigenen Individualität bewusst, er wird durch sie zur Persönlichkeit. Die Zahl der Kreise, die sich im Einzelnen kreuzen können, wächst mit dem Entwicklungsgrad der Gesellschaft. O.R.

Kreuzvalidierung, *cross-validation,* Überprüfung der an einer bestimmten Datenmenge mithilfe eines bestimmten Verfahrens (z.B. einer Regressionsrechnung) gewonnenen Ergebnisse an weiteren Daten. In der Regel geschieht dies durch Aufteilung einer vorliegenden Datenmenge (Stichprobe) in zwei oder mehrere Teile. Im Falle der → Regression können dann an einem Teil die Koeffizienten bestimmt werden, deren Voraussagefähigkeit an den anderen Teilen überprüft werden kann. H.W.

Kreuzvetternehe → Kreuzbasenehe

Kreuzzug, moralischer, auch: symbolischer K., Versuch von Gruppen und politischen Instanzen, ihre eigenen Moralvorstellungen mittels aggressiver öffentlicher Kampagnen für die Gesamtheit der Gesellschaft als verbindlich durchzusetzen. Populär wurde der Begriff in den 1980er Jahren bezüglich der Sexualpolitik der Reagan-Administration in den USA und der Anti-Pornografie- Kampagnen der Frauenbewegung. M.S.

Krieg, begrenzter, bezeichnet (im Unterschied zu totalem Krieg) einen Krieg, der den Großteil der Bevölkerung allenfalls indirekt tangiert und der vor allem vom Militär geführt wird (A. Giddens 1999). W.F.H.

Krieg, kalter, *cold war,* [1] allgemeine Bezeichnung für einen Konflikt zwischen Staaten, in dem alle Kampfmittel unterhalb der des offenen Krieges verwendet werden.
[2] In historisch bestimmtem Sinne Bezeichnung für die außen- und militärpolitische Kontrontation von USA und Sowjetunion zwischen 1946 und 1990. W.F.H.

Krieg, kleiner → Guerilla [1]

Kriege, Neue, sind diejenigen bewaffneten und verlustreichen Auseinandersetzungen, die (im Unterschied zu „Alten Kriegen") nicht zwischen Staaten geführt werden, sondern im Stadium staatlichen Zerfalls geschehen. Beispiele sind das ehemalige Jugoslawien, die Randstaaten der früheren Sowjetunion oder Afghanistan. Regionen, Bevölkerungsteile oder von starken Personen (*war lords*) angeführte Gruppen versuchen, gewaltsam die Herrschaft zu erlangen. Neben dem Wunsch nach ethnischer oder religiöser Homogenität stehen dabei oft auch ökonomische Interessen im Hintergrund. R.L.

Kriegerkommunismus, bei M. Weber eine Form der militärischen Vergemeinschaftung, bestimmt durch a) rechnungsfremden Konsum aus gemeinsamen Vorräten und b) kommunistische Solidarität bzw. echte charismatische Heldengesinnung an Stelle der Errechnung von Versorgungsoptima. Förderlich für K. ist gemeinsame Gefahr, z.B. des Feldlagers (Lager- und Beutekommunismus); eine Abschwächung ergibt sich mit jeder Art dezentralisierter (präbendaler oder feudaler) Militärverfassung, allgemein durch Streben nach Besitz, rationalem Erwerb und Familiengründung. Historisch ist der K. die urwüchsige Form jederzeit schlagfertig bereitstehender geschulter und der Disziplinierung fähiger Truppen. C.S.

Kriegsfolgenforschung, neuere Bezeichnung für das sozialwissenschaftliche Aufgabengebiet, die Folgen von Kriegen und Kriegführung auf die beteiligten Gesellschaften (sozialer, wirtschaftlicher und technologischer Wandel, Veränderung der staatlichen Steuerung, Revolution, Nivellierung sozialer Ungleichheit, Erweiterung der politischen Partizipation usw.) zu erforschen (H. Haferkamp 2000). W.F.H.

Kriminalätiologie → Ätiologie

Kriminalisierung, [1] ein Verhalten, eine Handlung, oder eine Person als kriminell definieren, registrieren, etikettieren und behandeln. Hierbei lassen sich verschiedene Ebenen unterscheiden:
a) die K. abstrakt definierter Handlungen durch wertbezogene, interessengeleitete und gesellschaftliche Machtverhältnisse widerspiegelnde Setzung von Strafrechtsnormen;
b) die K. konkreter Handlungen oder Personen im Prozess der Strafverfolgung durch Instanzen sozialer Kontrolle;
c) die mit a) und b) nur bedingt übereinstimmende K. durch die Bevölkerung (z.B. über Anzeigenerstattung).

In allen Fällen weist das Konzept der K. darauf hin, dass Handlungen und Personen nicht „als solche" kriminell sind, sondern dass es von zahlreichen sozialstrukturell bedingten Prozessen abhängt, ob bestimmte Handlungen abstrakt oder konkret mit dem Etikett „kriminell" belegt werden bzw. ob bestimmte Personen aufgrund des Begehens derartiger Handlungen den Status des „Kriminellen" erhalten oder nicht. Das Konzept der K. steht damit im Gegensatz zu Vorstellungen, die von einem feststehenden Kriminalitätsbegriff ausgehen, und Prozessen, nach denen Personen aufgrund biologischer, psychologischer und soziologischer Faktoren – gemessen an Anzahl und Schwere ihrer Straftaten – immer „krimineller" werden (→ kriminelle Karriere).

[2] Jemanden kriminell machen, d.h. ihn in eine soziale Situation bringen oder ihm eine soziale

Rolle zuschreiben, die ihn motiviert oder zwingt, Handlungen zu begehen, die als kriminell bezeichnet werden, z.B. → sekundäre Devianz als Folge von K.sprozessen. **M.B.**

Kriminalität, [1] eine Form abweichenden Verhaltens, das einer strafrechtlichen Norm widerspricht. K. wird teilweise von Instanzen der Strafverfolgung (Polizei, Staatsanwaltschaft, Strafjustiz) sanktioniert.

[2] Einige Autoren beziehen K. nicht auf das aktuell geltende Strafrecht, sondern auf Normen, die kriminalpolitisch wünschenswert sind. So werden manche Teile der Wirtschaftskriminalität nach noch nicht vom Gesetzgeber erlassenen Regeln zur Reinhaltung der Umwelt bestimmt. **R.L./C.Wo.**

Kriminalität, organisierte, *organized crime,* abgek. „OK", Bezeichnung für Straftaten, die von netzwerkartig operierenden Banden mit dem Ziel ökonomischer Gewinne verübt werden. Hierzu zählen z.B. Schutzgelderpressung, Schmuggel und Menschenhandel. Unter O.K. werden nicht klar definierte Bedrohungen der → inneren Sicherheit v.a. durch Aktivitäten ausländischstämmiger Banden verstanden, deren Organisationsstruktur, Mentalität und Vorgehen den Kontrollorganen schwer zugänglich sind. Zur Bekämpfung der O.K. werden Maßnahmen einer umstrittenen → pro-aktiven Kriminalpolitik angewandt. **D.Kl.**

Kriminalitätsfurcht, bezeichnet die Einstellungen zum möglichen Vorkommen von Straftaten. K. ist eine emotionale Reaktion gegenüber Kriminalitätsgefahren, die als persönliche Bedrohung empfunden werden (K. Boers 2002). Sie enthält auch kognitive Komponenten wie die persönliche Risikoeinschätzung. Als Operationalisierung dient die Frage: „Für wie wahrscheinlich halten Sie es, dass Sie tatsächlich Opfer einer Straftat werden?" In der sog. Standardfrage für das Unsicherheitsgefühl wird erhoben, was man empfinde, wenn man sich „allein im Dunkeln in den Straßen des eigenen Wohnviertels" aufhält. Kritisch sei angemerkt, dass mit Daten zur K. ordnungspolitisch agiert wird, sodass der Verdacht aufkommen kann, hier handele es sich auch um ein Konstrukt oder gar Artefakt der Kriminologie. **R.L.**

Kriminalitätsfurcht-Paradox, bezeichnet die Diskrepanz zwischen der Furcht, Opfer einer Straftat zu werden, im Vergleich zum objektiven Risiko. Das K.-P. wird gerade für Frauen festgestellt, die regelmäßig eine höhere Kriminalitätsfurcht äußern, wohingegen tatsächlich Männer stärker gefährdet sind. Dieses K.-P. wird zumeist damit erklärt, dass Frauen sich wehrloser und verletzbarer fühlen (→ Vulnerabilität) als Männer und daher eine stärkere → Kriminalitätsfurcht äußern. **D.Kl.**

Kriminalitätskonkordanz, Bezeichnung für die Ähnlichkeit in der → Delinquenzbelastung zwischen Geschwistern aus Zwillingsgeburten. Mit Untersuchungen zur K. soll das Ausmaß von erbbiologischen Ursachen für die Kriminalität ermittelt werden. **R.L.**

Kriminalitätsquote → Kriminalitätsrate

Kriminalitätsrate, -quote, -ziffer, die Häufigkeit von strafbaren Handlungen, bezogen auf die Gesamtbevölkerung und auf einen bestimmten Zeitraum. Die statistischen Ämter berechnen in der Regel, wie viele Straftaten in einem Jahr für 100 000 Einwohner bekannt geworden sind. Die K. kann weiterhin bezogen werden auf Kategorien des Alters, des Geschlechts und der Schichtzugehörigkeit. Solange die Berechnungen nur die offiziell aufgedeckten Straftaten zugrunde legen, ist die K. kein gültiger Maßstab für die tatsächliche Kriminalität. **C.Wo./R.L.**

Kriminalitätsverteilung, die Häufigkeit strafbaren Verhaltens, bezogen auf Bevölkerungskategorien (Geschlecht, Alter, Schicht, Wohngebiet usw.). In der Stadt z.B. ist die Kriminalität stärker als auf dem Lande. **C.Wo./R.L.**

Kriminalitätsziffer → Kriminalitätsrate

Kriminalpolitik, pro-aktive – reaktive, im Unterschied zur r.K., die sich darauf beschränkt, Straftaten zu verfolgen, bezeichnet p.K. einen aufsuchenden Kontrollstil zur Vorbeugung von Kriminalität. Mit der p.K. sind v.a. umfangreiche polizeiliche Eingriffsbefugnisse für anlasslose Ermittlungen verbunden (wie Großer Lauschangriff, Schleierfahndung), um z.B. gegen → Organisierte Kriminalität und Terrorismus vorzugehen. **D.Kl.**

Kriminalsoziologie, die mit soziologischen Ansätzen arbeitenden Versuche, Kriminalität zu beschreiben und zu erklären – im Unterschied zu einer mehr von Juristen und Psychiatern betriebenen → Kriminologie. Am meisten diskutiert sind heute die beiden theoretischen Ansätze der → Ätiologie [2] und des → *labeling approach.* **R.L.**

Kriminalstatistik, eine quantitative Darstellung der Kriminalität. Das Verfahren ist für die BRD gesetzlich geregelt. Die K. enthält: a) die polizeiliche K. (Zählung aller der Polizei bekannt gewordenen Fälle, denen eine kriminalpolizeilich bearbeitete Anzeige zugrunde liegt), b) die Strafverfolgungsstatistik (Zählung der rechtskräftig erledigten Strafverfahren) sowie Statistiken über den Strafvollzug u.a. Die K. wird stark kritisiert hinsichtlich ihrer Gültigkeit (soll z.B. bei Verkehrsdelikten die Maßeinheit der Einwohner sein oder nicht vielmehr das Auto?) und hinsichtlich ihrer Zuverlässigkeit (Verzerrung z.B. durch die Dunkelziffer, durch die Verfolgungs- und Aufzeichnungstechniken). R.L.

kriminogen, Bezeichnung für Faktoren, die als kriminalitätsfördernd angesehen werden, z.B. zerrüttete Familienverhältnisse. C.Wo.

Kriminologie, die Wissenschaft(en) zur Erklärung der Kriminalität. Seit jeher mischen sich in der K. (zumindest in der deutschen) sehr verschiedene Einzelwissenschaften mit kaum zueinander passenden Theorien, Methoden und Begriffen (juristischer, psychologischer, psychiatrischer, biologischer, philosophischer usw. Abkunft). Die → Kriminalsoziologie versucht, diesem Dilemma zu entgehen. R.L.

Kriminologie, kritische, eine Richtung der → Kriminologie, die diese als selbstständige, theoretisch gerechtfertigte Wissenschaft begründet und gegen die übliche Indienstnahme durch die → Instanzen sozialer Kontrolle abschirmt. K. K. hat sich in Deutschland und mehreren westeuropäischen Ländern seit den 1970er Jahren durch Arbeitskreise, kriminalsoziologische Forschung und eigene Publikationsorgane etabliert. R.L.

Krise, Krisis, „Entscheidung", Wendepunkt, [1] allgemeine Bezeichnung für die plötzliche Zuspitzung oder das plötzliche Auftreten einer Problemsituation, die mit den herkömmlichen Problemlösungstechniken nicht bewältigt werden kann (z.B. „Regierungsk.", → Legitimitätsk.).
[2] Wirtschaftsk., Bezeichnung für eine Phase im Konjunkturablauf (→ Konjunkturbewegung): infolge von Absatzstockungen kommt es zu einem plötzlichen Abbruch der Hochkonjunkturphase, der sich u.a. in Preisverfall, Häufung von Konkursen, wachsender Arbeitslosigkeit äußert. O.R.

Krise, narzisstische, Kränkungserfahrungen des Selbstwertgefühls oder der Selbstliebe (→ Narzissmus), auf die der narzisstisch gestörte Mensch mit einer „unreifen" Reaktion reagiert. Die Konzeption, beruhend auf der Narzissmustheorie von H.Kohut (1971), wurde von H. Henseler (1974) zur Erklärung suizidalen Verhaltens (insbesondere von Selbstmordversuchen) ausgearbeitet und auf klinische Populationen angewendet. Hiernach greift die Person in einer n.K. auf in früheren Entwicklungsphasen gelernte Mechanismen der Verleugnung und der Idealisierung zurück. Versagen diese Mechanismen, dann erscheint der Suizid als phantasierte Regression in einen harmonischen Primärzustand. W.P.

Krise, ökonomische → Krisentheorie

Krise, organische, bezeichnet nach A. Gramsci die Hegemoniekrise der gesellschaftlichen Füh-

rungsklassen, die sich zugleich zur politischen Krise der (oppositionellen) Arbeiterbewegung ausbreiten kann. Der Begriff der o.n K. meint also angesichts der neuen Herausforderungen der Krise auch die Tendenz zum Anachronismus der Arbeiterparteien sowie die Notwendigkeit der Entwicklung neuer Politikkonzeptionen. Historische Beispiele sieht Gramsci in der deutschen Arbeiterbewegung am Ende der Weimarer Republik und in der franz. KP vor der Volksfront-Phase. K.K.

Krisenexperiment, auch: Zusammenbruchsexperiment, *breaching experiment,* Verfahren in der Ethnomethodologie (H. Garfinkel 1967), um Renormalisierungen zu beobachten, die Menschen bei Störungen im erwartbar-normalen Alltag verwenden. Z.B. gaben sich Sozialforscher bzw. instruierte Studenten in einer Umgebung, in der sie als der und der bekannt und vertraut waren, als jemand anderes; oder sie verlangten mitten in einem Alltagsgespräch metakommunikative Erörterungen oder präzise Explikationen eines Satzes, den der andere gerade gesprochen hatte. Jeweils reagierten die Versuchspersonen mit Interpretationen, weshalb solche Störungen auftreten, weshalb sich der andere so irritierend verhält, und versuchten so, ihre eigene Sicherheit des „normalen Alltags" zu bewahren. Solche K.e zeigten die normalisierende Praxis von interpretativen Prozeduren sowie die Notwendigkeit, dass die Normalität des Alltags dauernd hergestellt und garantiert werden muss. W.F.H.

Krisentheorie, [1] allgemeine Bezeichnung für Theorien über die Entwicklung der Wirtschaftsprozesse kapitalistischer Gesellschaften als Abfolge von wirtschaftlichen Wechsellagen (Aufschwung, → Konjunktur, Krise, Depression, Erholung). D.K/W.F.H.
[2] Die Marx'sche Theorie analysiert die kapitalistische Produktionsweise insgesamt unter der Perspektive ihrer immanenten Krisenhaftigkeit, die zu ihrem eventuellen Zusammenbruch und zu ihrer Überwindung führen. Eine abgeschlossene K. liegt jedoch nicht vor. In der Trennung von Kauf und Verkauf, Ware und Geld sieht K. Marx die allgemeine Möglichkeit von Krisen begründet. Waren finden keinen Absatz mehr; die Kapitalisten schränken die Produktion ein und entlassen Arbeiter, die Löhne sinken; die Handels- und Kreditbeziehungen brechen zusammen, kleinere Betriebe machen bankrott, die Konzentration des Kapitals schreitet fort. Zur Erklärung der zyklischen Krisen finden sich bei Marx sowohl Ansätze einer → Unterkonsumtionstheorie, wie aber auch einer → Überakkumulationstheorie. Die durch die Anarchie der Produktion (→ Warenproduktion, kapitalisti-

sche) unvermeidlichen Disproportionen zwischen den Bereichen gesellschaftlicher Arbeit (Produktionsmittel – Konsumtionsmittel) machen sich in Krisen gewaltsam Luft. Das entwickelte Kreditsystem birgt eigene Krisenmöglichkeiten. Im Unterschied zur bürgerlichen Ökonomie führen Krisen nach Marx jedoch nicht zu neuen Gleichgewichtzuständen, vielmehr führen Konkurrenz, der Wachstumsimperativ wie die permanente, nicht voraussehbare Revolutionierung der Produktivkräfte zu ungleichgewichtiger Entwicklung. H.W.

[3] Auch Bezeichnung für verschiedene theoretische Ansätze, die Auslösung, die Verlaufsformen, die Wirkungen usw. von sozialen Krisen sowie die entsprechenden Renormalisierungsbemühungen zu erfassen. W.F.H.

Krisenzyklus → Krisentheorie [2]

Kristallisation findet in der Soziologie nur als an dem mineralogischen Vorgang der Kristallbildung angelehnte Metapher Verwendung, und zwar i.S.v. einerseits Erstarrung bzw. andererseits Substanzwerdung. G. Simmel meinte noch, K. als „Substanzwerdung" (1917) umschreiben zu können, und damit das Erstarren im Lebensprozess als Formung oder Objektivation im Blick zu haben. Bei V. Pareto (1919) und insbesondere bei der „Kulturellen K." von A. Gehlen (1961) klingt bereits ein kulturkritischer Akkord bei Verwendung von K. in Bezug auf Institutionalisierung an. Gehlen konstatiert, dass die aktuelle Kultur der „westlichen Welt" gekennzeichnet sei von K., von der „Starrheit der Grundentscheidungen", die einen eigentlichen Wandel, einen Forschritt verhinderte. O.R.

Kristallisation, politische, der Grad, in dem sich die Sozial- und Klassenstruktur einer Bevölkerung in ihren Entscheidungen bei Wahlen ausdrückt (G. Lenski). W.F.H.

Kriteriumsvalidität, *criterion validity* → Validität, externe

Kriteriumsvariable, Kontrollmessung, die zur Bestimmung der → externen Validität einer Variable herangezogen wird. H.W.

Kritik der politischen Ökonomie → Ökonomie, politische

Kritik, die Prüfung eines Gegenstandes, die Bewertung seiner Problematik, aufgrund derer seine Infragestellung begründet werden kann. Wissenschaftliche K., meist als Methodenkritik, ist eine Garantie für den Fortschritt der Erkenntnis. Gesellschaftskritik, z.B. als Ideologiekritik, richtet sich gegen ungerechte Sozialverhältnisse oder ihre Verschleierung. Kulturkritik intendiert die Infragestellung von Formen der → Entfremdung in der technisch-wissenschaftlichen Zivilisation nach einem humanitären, emanzipatori-

schen oder auch traditionalen Kultur- und Gesellschaftsideal. H.L.

Kritikzusammenhang → Entdeckungszusammenhang – Rechtfertigungszusammenhang

Kritizismus, [1] nach I. Kant eine Richtung der Erkenntnistheorie, die auf die → apriorischen Grundlagen, Voraussetzungen und Bedingungen der Erfahrung und Erkenntnis zurückgeht. Da Erfahrung immer nur eine Erkenntnisart ist, die Verstand voraussetzt, und sich Erkenntnis nicht nach den Objekten, sondern diese sich nach den Formen der menschlichen Erkenntnis richten, kann sich die Erkenntnis nach dem K. nur auf Objekte möglicher Erfahrung richten, auf Phänomene. Kant wollte mit dem K. den Gegensatz von Empirismus und Rationalismus aufheben, indem die Erkenntnis abhängig ist von der Erfahrung, die Grundlagen der Erfahrung jedoch aus der Gesetzlichkeit, der reinen „Vernunft" sich ableiten.

[2] Vornehmlich in der englischsprachigen Literatur svw. → kritischer Rationalismus. O.R.

Küchenkabinett, *kitchen cabinet,* meist kritische Bezeichnung für ein nicht gewähltes, aber einflussreiches Beratergremium um einen Regierungschef (zuerst im 19. Jahrhundert unter dem amerikanischen Präsidenten A. Jackson). W.F.H.

Kuder-Richardson-Methode → *Split-Half*-Methoden

Kula, Name des rituell verankerten Tauschsystems der Südost-Melanesier. Der sog. Kula-Handel verbindet mehrere inselbewohnende Stämme durch den zeremoniellen Austausch von Halsketten und Armbändern, der von einem Austausch von Gebrauchsgütern begleitet wird. Während die Gebrauchsgüter in das Eigentum der Empfänger übergehen, müssen die zeremoniellen Tauschgüter nach kurzer Zeit weitergegeben werden. Durch diese – aufgrund magisch-mythischer Vorstellungen geheiligte – Vorschrift wird der zeremonielle Austausch und damit auch der Gebrauchsgütertausch in Fluss gehalten sowie gegen Unterbrechungen durch Streitigkeiten und Stammeskriege gesichert. R.Kl.

Kult, [1] Bezeichnung für religiöse, von Alltagshandeln unterscheidende Handlungen einer Gemeinschaft, welche die Begegnung und den Umgang mit dem Heiligen ermöglichen und durch folgende Elemente an festgesetzte und geregelte Vollzugsformen gebunden sind: a) spezifische Teilnahmebedingungen (Kleidervorschriften, rituelle Waschungen, asketische Übungen, Initiation, etc.), b) K.orte (Sakralraum, Tempel, Kirche, geweihte Plätze, etc.), c) heilige Zeiten (Festtage und -zeiten), d) K.- handlungen (→ Initiationsriten, Opfer, kultisches Mahl, Prozessionen, Tänze, Gebete, Meditationen, etc.), e) K.gegenstände (wie z.B. Bilder, Symbole, Glocken, Rosenkranz, etc.) und f) professionell tätige Mittler, welche die rituellen Akte vollziehen und die Laien anleiten (Zauberer, Medizinmann, Priester).   V.Kr.

[2] Im übertragenen Sinne kritische Bezeichnung für eine unangemessene Verehrung oder Hochschätzung (z.B. Personenkult, Jugendkult).
                    W.F.H.

Kultgemeinde, ein dauerhaft bestehender und durch professionell tätige Mittler (Priester) angeleiteter Verband von Menschen, der sich in bestimmten Formen kontinuierlich der Verehrung ein und desselben Gottes (Kultes) widmet. Ist die Vermittlung dieses Verehrungshandelns über professionelle Priester nicht gegeben oder nur schwach ausgebildet, spricht man von Kultgemeinschaft.   J.Ma.

Kultgemeinschaft → Kultgemeinde

Kultur der Armut, *culture of poverty,* Begriff geprägt u.a. von O. Lewis (*La Vida* 1966) für eine Lebens- und Arbeitsform mit kurzen Zeithorizonten, die auf unmittelbare Befriedigung ausgerichtet ist, mit flüchtigen sozialen Beziehungen und häufigen Arbeitsplatzwechseln. Die Familien, in denen die Männer häufig nur kurze „Gastrollen" geben, werden von den Frauen dominiert. Die K. d. A. soll typisch für Familien von permanenten Wanderarbeitern oder farbigen Lohnarbeiterfamilien in den Slums der USA sein; das Konzept ist jedoch in seinem Erklärungswert umstritten.   H.W.

Kultur und Persönlichkeit, Sammelbezeichnung für alle Wechselbeziehungen zwischen den als K. bzw. P. definierten Bereichen psychischen Geschehens. Überwiegend gesehen als Einwirkung der K. auf die P., war dieser Zusammenhang zumal um 1950 Thema regen Forschungsinteresses; leitend war dabei die an der Psychoanalyse orientierte Überzeugung, dass kulturell standardisierte Kindheitskonstellationen die Menschen einer Gesellschaft jeweils von Anfang an gleichsinnig prägen und somit allen Erwachsenen eine im Kern identische P.sstruktur mitgeben; beeinträchtigt wurde diese Forschung durch gewisse Simplifizierungstendenzen sowie durch die Schwierigkeit, die nur in den P.en vorfindliche K. als selbstständige Seinskategorie eigener Wirkmächtigkeit zu behaupten.   W.Sch.

Kultur und Zivilisation → Zivilisation

Kultur, wichtiger, in vielfältigen Bedeutungen gebrauchter Begriff hauptsächlich der Ethnologie, aber auch anderer Sozialwissenschaften; allgemeiner Hinweis darauf, dass alle Menschengruppen nach nicht von der Natur vorgegebenen Regeln leben und diese Regeln in irgendeiner Weise an ihre Nachkommen weitergeben.

[1] Die Gesamtheit der Verhaltenskonfigurationen einer Gesellschaft, die durch Symbole über die Generationen hinweg übermittelt werden, in Werkzeugen und Produkten Gestalt annehmen, in Wertvorstellungen und Ideen bewusst werden.

[2] Die Gesamtheit der Verhaltenskonfigurationen einer jeden sozialen Gruppe, ganz gleich, wie groß und dauerhaft sie ist.

[3] Die Gesamtheit der Symbolgehalte einer Gesellschaft (Religion, Kunst, Wissen usw.) im Gegensatz zu ihrer materiellen Ausstattung (Zivilisation). In dieser Bedeutung wird K. heute nur noch von der Kulturkritik verwendet.

[4] Die Gesamtheit der sozial entworfenen und zugelassenen Formen der Triebbefriedigung, ein psychologisch orientierter K.- begriff.

[5] Bei einigen Kulturanthropologen bedeutungsgleich mit sozialer Struktur oder sozialem System.

[6] Der Bereich der „hohen" K., also der der literarischen, künstlerischen, wissenschaftlichen, der geistigen Leistungen im weitesten Sinne, denen herausragende Bedeutung zugemessen wird. In dieser Bedeutung wurde K. von einigen älteren Soziologen verwendet (und zu Beginn der Kultursoziologie).   W.F.H.

Kultur, adaptive, der Teil der nichtmateriellen Kultur, der direkt die Produktion und Aneignung der materiellen Kultur betrifft (also Eigentumsregeln usw.).   W.F.H.

Kultur, apollinische, eine Kultur, deren Verhaltensmuster auf Form, Ordnung und Tradition ausgerichtet sind. Die in der Ethnologie gebräuchliche Bezeichnung geht auf das in anderem Kontext entwickelte Begriffspaar apollinisch-dionysisch von F.W.J. von Schelling und F. Nietzsche zurück.   O.R.

Kultur, archaische → Naturvölker – Kulturvölker

Kultur, dionysische, eine Kultur, deren Verhaltensmuster auf „Lebensbejahung" und Machbarkeit der eigenen Welt ausgerichtet sind. Die d. K. wird als Gegenbegriff zur apollinischen Kultur verstanden.   O.R.

Kultur, explizite – implizite, *explicit – implicit culture, overt – covert culture,* Begriffe der Kulturanthropologie. Als e. K. werden diejenigen Elemente einer Kultur bezeichnet, die der Forscher durch Befragung der Mitglieder dieser Kultur und durch direkte Beobachtung ermitteln kann. Als i. K. hingegen gelten diejenigen Kulturelemente, die weder unmittelbar beobachtbar sind noch von den Mitgliedern der Kultur gegenüber dem Forscher verbalisiert werden können, aber ihrem beobachtbaren Verhalten als kulturelle Selbstverständlichkeiten, Werte,

Normen usw. zugrunde liegen. Der Forscher kann also die i. K. einer Gesellschaft erst aufgrund sorgfältiger Analyse und Interpretation seines Beobachtungs- und Befragungsmaterials erschließen. W.F.H./R.Kl.

Kultur, geschlossene, Idealtypus oder Modell einer Kultur, deren Verbreitung in territorialer und personeller Hinsicht eindeutig begrenzt ist und die folglich ein integriertes System darstellt, das in der Lage sein muss, sämtliche – vorgegebenen oder von ihr geschaffenen – Bedürfnisse der in ihr Lebenden zu befriedigen. Diese Bedingungen sind bei geografisch lange Zeit isolierten Gruppen (z.B. den Bewohnern der Andamanen) annähernd verwirklicht, in manchen anderen Fällen – zumal solchen von Kulturkonflikt – mehr oder weniger bewusst intendiert. W.Sch.

Kultur, immaterielle – materielle, allgemein die Unterscheidung zwischen gegenständlichen (m. K.) und nicht-gegenständlichen Elementen (i. K.) einer Kultur. Umstritten ist in der neueren Geschichtswissenschaft wie Kulturanthropologie aufgrund der Wechselwirkung beider nicht nur die Möglichkeit der Unterscheidung, sondern auch die Art ihrer Wechselwirkung (z.B. in der „Mentalitätsgeschichte" der *Annales*). So können etwa „gewohnheitsmäßige Handlungen, empirische Prozesse, alte Methoden und Verfahren, die seit altersher weitergegeben werden" (F. Braudel), als m. K. bezeichnet werden; aber zugleich stellt sich die Frage nach der Dynamik des Prozesses, in dem Neuerungen durchgesetzt werden, in denen wiederum Akzentverschiebungen im Symbolwert (i. K.) eine wichtige Rolle spielen (z.B. bei der Kleidung, der Ernährung, dem Wohnen). Beide stehen im Spannungsverhältnis politisch-sozialer Kräfteverhältnisse und ihrer Verschiebungen im historischen Prozess sowie nicht zuletzt der herrschenden Diskurse und ihrer Konjunkturen. H.G.T.

Kultur, implizite → Kultur, explizite – implizite

Kultur, industrielle, die Gesamtheit standardisierter Lebensäußerungen, die die „Industriegesellschaft" kennzeichnen und von der Kultur anders konstituierter Gesellschaften unterscheiden. Die i. K. ist prinzipiell auf andere Kulturen – als „Industrialisierung" – übertragbar oder aufpfropfbar. Doch bleibt es eben deshalb eine Definitionsfrage, wieweit sie als eigene, in sich vollständige Kultur oder doch nur als ein – sehr mächtiges – → Kulturmuster zu gelten hat. W.Sch.

Kultur, kofigurative → Kultur, postfigurative

Kultur, legitime, meint den gesellschaftlich anerkannten, für höherwertig erklärten Lebensstil dominanter Sozialgruppen (z.B. Bildungsbürger), zu dem subalterne Gesellschaftsklassen (Kleinbürgertum, Arbeiter) in einem normativen und praktischen Unterordnungsverhältnis stehen. K.K.

Kultur, materielle → Kultur, immaterielle – materielle; → Zivilisation [2]

Kultur, plebejische, Form der Volkskultur, in Untersuchungen der Arbeits- und Lebensweise vorindustrieller, überwiegend noch nicht voll proletarisierter Unterschichten entwickelter Begriff für kollektive Handlungsmuster, die u.a. in Form von Festen, „Katzenmusik", „brauchmäßigen Diebstahls" und Formen direkter Aktion (Gefangenenbefreiung, Brandstiftung) ein Gegengewicht zur sozialen Kontrolle durch die Herrschenden zu schaffen versucht, ohne dadurch die Sozialordnung grundsätzlich in Frage zu stellen. Zur p.n K. wird auch die Regulierung von Arbeit, Muße und Konsum im Rahmen → moralischer Ökonomie gerechnet. H.W.

Kultur, politische, die Gesamtheit der für ein politisches System charakteristischen Orientierungen der Einzelnen und Gruppen. Die politischen Wert- und Glaubenshaltungen einer Bevölkerung gelten als wichtige Bedingungen für die Struktur eines politischen Systems und die Abläufe in ihm; sie werden daher in ihrer Entstehung in Familie, Schule, Beruf usw. untersucht. W.F.H.

Kultur, postfigurative – präfigurative – kofigurative , von M. Mead (1971) vorgeschlagene Begriffe für Kulturen, in denen jeweils das Verhältnis der jüngeren und der älteren Generationen zueinander und zum sozialkulturellen Wandel anders gestaltet sind: in der postf.n K., charakterisiert durch geringen Wandel, lernen die Kinder von den Älteren (weil die Situationen, in die sie kommen bzw. kommen werden, ähnlich sind wie die, in denen sich die Älteren befunden haben). In der kof.n K. mit erheblichem sozialkulturellem Wandel reichen das Vorbild und der Rat der Älteren nicht aus; Kinder und Jugendliche lernen auch von Gleichaltrigen. In der präf.n K. der Gegenwart mit sehr schnellem Wandel und Umbau seien die Älteren den Jüngeren in mancherlei Beziehung unterlegen (Wert der jeweiligen Erfahrungen, Bereitschaft zur Umstellung und Fähigkeit, neue Ideen zu entwerfen) und lernten daher oft von den Jüngeren. W.F.H.

Kultur, präfigurative → Kultur, postfigurative

Kultur, primitive, ähnlich wie „primitive Gesellschaft" bezeichnet p. K. die Kulturen, mit denen sich Völkerkunde, Kulturanthropologie und Ethnografie in erster Linie beschäftigen. Dabei wird meist eine größere Einfachheit dieser Gesellschaften – verglichen mit den industriell entwickelten – unterstellt. Die Bezeichnung wird heute mit Vorsicht verwendet, weil manche p. K. in ihren Ideen, Werten und Vorstellungen nicht

K

weniger kompliziert ist als eine moderne Gesellschaft bzw. deren Kultur. W.F.H.

Kultur, profane, *profane culture,* von P. Willis 1978 formulierter Leitbegriff für die Arbeit des *Centre for Contemporary Cultural Studies* (CCCS) in Birmingham ab den 1970er Jahren: Kultur wird nicht als Inbegriff der kanonisierten Werke verstanden, sondern als alltägliche und kreative Produktion der Menschen und Gruppen (auch und gerade im Umgang mit Massenmedien und → Kulturindustrie). W.F.H.

Kulturalismus, *culturalism,* [1] meist kritische Bezeichnung für diejenigen Forschungen in der Kulturanthropologie, die von der Annahme einer → Grundpersönlichkeit ausgehen, die in jeder Kultur auf eigene Weise früh ausgeprägt werde (vor allem M. Mead und R. Benedict). Ihnen wird ein kultureller Determinismus vorgeworfen.
[2] Manchmal auch Bezeichnung für die → Kulturanthropologie insgesamt.
[3] Allgemein auch kritische Bezeichnung für eine Überbetonung des Kulturellen gegenüber dem Sozialen, Ökonomischen und Geschichtlichen in sozialwissenschaftlichen Studien (z.B. Analyse von Jugendstilen im Hinblick auf die kulturelle Innovation, aber ohne Berücksichtigung der beruflichen und sozialen Perspektiven der betreffenden Jugendlichen; Schluss von den Symbolsystemen einer Sozialgruppe – z.B. Glaube an Hexerei o.ä. – auf das Gesamtfeld des Umgangs mit der Wirklichkeit). W.F.H.

Kulturanalyse, die wissenschaftliche Untersuchung erforschter und beschriebener Kulturen, und zwar hauptsächlich im Sinne der Kulturanthropologie auf ihre funktionale Gliederung, Integration und Leistung. W.Sch.

Kulturanthropologie, *cultural anthropology,* vergleichende systematische Wissenschaft von den Kulturen der Gesellschaften und Epochen, die sich vor allem mit Aufbereitung und Analyse ethnografischen Materials beschäftigt (entstanden in den USA); oft bedeutungsähnlich mit Völkerkunde und Ethnologie, allerdings Aufgaben und Fragestellungen der Archäologie und der Sprachwissenschaft einschließend. Grundlegende Annahme ist, dass die Menschen sich in verschiedenartigen Kulturen verwirklichen können (kultureller Relativismus). Ein bedeutender Teil der neueren K. hat sich der Untersuchung des Verhältnisses von Kultur und Persönlichkeit zugewandt und sieht dies Verhältnis nicht länger allein von der Kultur bestimmt an, sondern hebt die besonderen Aneignungswege in der Erziehung hervor (R. Benedict, M. Mead) und greift dabei Elemente der Freud'schen Psychoanalyse auf. W.F.H.

Kulturareal, manchmal auch: Kulturprovinz oder Kulturkreis, ethnologische Bezeichnung für eine Region oder ein größeres geografisches Gebiet, in dem ähnliche Lebensbedingungen bestehen und in dem die Stämme bzw. Völker dadurch sowie durch gemeinsame Geschichte (trotz möglicherweise unterschiedlichen Sprachen und Religionen) einander ähnlich sind, im weiteren Sinne ähnliche Kulturen aufweisen. Z.B. die Prärieindianer, die Stämme des nordpazifischen Küstengebiets (C. Wissler 1948). W.F.H.

Kulturbewegung, die Gesamtheit der Vorgänge in einer konkreten (Hoch-) Kultur, die, ohne im Sinne vergrößerter Umweltbeherrschung eine „Entwicklung" oder im Sinne des Entstehens eines gesamtmenschlich relevanten Traditionsgutes einen „Prozess" darzustellen, dennoch Veränderungen auf dem Gebiet geistiger Produktion (Kunst, Religion usw.) bewirken, die ihrerseits etwa einer Epoche das Gepräge geben oder sie als von einem bestimmten Stil durchformt erscheinen lassen. W.Sch.

Kulturdiffusion → Diffusion, kulturelle [2]

Kulturelement, jeglicher materieller oder immaterieller Bestandteil von Kultur, der – dem chemischen Element analog zu denken – durch seine Verbindung mit jeweils bestimmten anderen Elementen die besondere Gestalt der einzelnen Kultur bedingt. Der Ausdruck wurde hauptsächlich in der Kulturkreislehre benutzt und ist sinnvollerweise wohl nur in Bezug auf die (relativ) merkmalsarmen „primitiven" Kulturen anwendbar. W.Sch.

Kulturethnologie, selten gebrauchter Ausdruck, der an den von der Ethnologie behandelten Erscheinungen deren kulturellen Aspekt (hier meist im wertenden Sinne) besonders betont. W.Sch.

Kulturen der Achsenzeit → Achsenzeit

Kulturgebiet, *culture area,* geografischer Bereich, innerhalb dessen übereinstimmende kulturelle Formen in größerer Zahl vorkommen. Anders als → Kulturkreise sind K.e. nicht aufgrund relativ weniger „Leitmerkmale" konstruiert, sondern an einer Fülle von Daten kartografisch präzis ermittelt, wobei die räumliche Verbreitung als Niederschlag der historischen Ausbreitung gesehen und die Verteilungsdichte für Rückschlüsse auf das Entstehungszentrum jeweils einer bestimmten Kombination von → Kulturmerkmalen benutzt wird. W.Sch.

Kulturgebundenheit, [1] Zugehörigkeit einer kulturellen Erscheinung zu einer bestimmten Kultur oder Gruppe von Kulturen, auf die bezogen sie allein zu verstehen und außerhalb deren sie nicht zu erwarten ist.
[2] Bezogen- oder Festgelegtsein der Lebens- oder Erlebnismöglichkeiten eines Menschen auf

eine bestimmte Kultur, im Normalfall seine Herkunftskultur.   W.Sch.

Kulturgemeinschaft, Gruppe von Menschen (oder das Verhältnis zwischen ihnen), die durch übereinstimmende Kultur verbunden, d.h. auf bevorzugte Interaktion miteinander eingestellt und sich dieser Verbundenheit mehr oder weniger deutlich (mitunter bis zur betonten Bejahung einer Schicksalssolidarität) bewusst sind. Sinnvoll ist K. wohl nur auf größere Gruppen (Völker oder auch mehrere so verbundene Völker) anzuwenden.   W.Sch.

Kulturgeschichte, [1] allgemeiner Gegenbegriff zur politischen Geschichte: Gesamtheit des überlieferten Geschehens (bzw. dessen wissenschaftliche Darstellung) nichtpolitischer Art in einer Region, einer Zeitspanne, einem Traditionskontinuum oder der Menschheit insgesamt. [2] Geschichte der im engeren Sinne kulturellen (d.h. geistigen und deshalb als wertvoll geltenden) Bereiche (Kunst, Dichtung usw.) und insofern Gegenbegriff auch etwa zur Sozial-, Wirtschafts- oder Technik-Geschichte.   W.Sch.

Kulturheros, *culture hero,* ethnologische und religionswissenschaftliche Bezeichnung für jene übermenschlichen Figuren, die – zufolge vieler Mythologien – den Menschen die Regeln des richtigen Zusammenlebens gelehrt und sie mit Handwerk, Technik und Kunst vertraut gemacht haben.   W.F.H.

Kulturindustrie, von M. Horkheimer und T.W. Adorno (1947) eingeführter Begriff für das Insgesamt der Massenmedien (Schallplatten, Radio, Fernsehgerät, Illustrierte usw.), die alle möglichen Elemente der „hohen" und der „niederen" Kultur vermischen und durch ihre Programmangebote auf die Beherrschung der Menschen aus sind, an deren Integration ins Bestehende (durch planmäßige Berechnung der Wirkungen auf Wünsche, Fantasien usw. der Abnehmer). „An den Mann gebracht wird allgemeines unkritisches Einverständnis, Reklame gemacht für die Welt, so wie ein jedes kulturindustrielles Produkt seine eigene Reklame ist" (Adorno 1963). Andere Folgen der K. sind, dass das Kunstwerk, nunmehr beliebig reproduzierbar, seine Autonomie verliert, dass die dargestellten Erfahrungsgehalte planiert werden („Das gemütliche alte Wirtshaus demoliert der Farbfilm mehr, als Bomben es vermochten: er rottet noch seine imago aus". A.a.O.). Die mit K. verbundenen Thesen hatten in den 1960er und 1970er Jahren in Westdeutschland weit reichenden Einfluss, weil hier eine Erklärung dafür gefunden schien, weshalb sich die meisten Menschen wenig politisch engagierten, kaum an eine Gesellschaftsveränderung glaubten. Gegenüber solch popularisierten Fassungen

des Gedankens ist allerdings daran zu erinnern, dass Adorno die K. zwar für eine zentrale Ideologie hielt, aber nicht für eine, die jedes Bewusstsein der „Konsumenten" notwendigerweise einfärbt.   W.F.H.

Kulturkern → Kulturökologie [2]

Kulturkomplex, Bezeichnung von ähnlicher Bedeutung wie → Kulturmerkmal oder → Kulturelement, mit der manchmal auch eine Mehrzahl von miteinander verbundenen Kulturmerkmalen gemeint ist.   W.F.H.

Kulturkonflikt, *cultural conflict,* Widerstreit von Wertungen (im weitesten Sinne) zweier in Kontakt getretener Kulturen oder von Interessen der Träger dieser Kulturen, die vorzugsweise auf Wertungen bezogen oder an ihnen abgehandelt werden.   W.Sch.

Kulturkonstanz, Bezeichnung für die Grundannahme in älteren ethnologischen Ansätzen (→ Kulturkreis), dass Kulturwandel vor allem durch exogene Faktoren (Begegnung mit fremden Kulturen und Kulturvermischung) zustandekomme, nicht durch endogene.   W.F.H.

Kulturkontakt, *culture contact,* Berührung zweier oder mehrerer Kulturen durch Interaktionen zwischen ihren Trägern. K. kommt prototypisch durch Wanderungsbewegungen zu Stande, wird jedoch in neuerer Zeit wesentlich durch gezieltes Einwirken weniger Angehöriger der einen (aktiven) auf viele der anderen (überwiegend rezeptiven) Kultur repräsentiert (Kolonisation, Missionierung, Entwicklungshilfe). K. hat in der Regel erhebliche Umgestaltungen zumindest in der Empfängerkultur zur Folge und bietet deshalb das verbreitetste Erklärungsmodell für das Entstehen der Vielgestaltigkeit der Kulturen überhaupt.   W.Sch.

Kulturkreis, [1] unbestimmter, jeweils durch Adjektive zu vervollständigender Name für eine Gruppe von Gesellschaften, die aufgrund einer geistigen Gemeinsamkeit (z.B. Sprache, Religion) in einem begrenzten Sinn als zusammengehörig angesehen wird. [2] Ethnologisch: Geografischer Bereich des gemeinsamen Vorkommens jeweils einer gewissen Anzahl von Kulturelementen, die nicht notwendig zusammengehörig scheint und dennoch stets miteinander auftritt. Dabei muss es sich nicht um ein räumlich geschlossenes Gebiet handeln. Eben die mitunter sehr große Distanz zwischen einzelnen Teilgebieten (z.B. Westafrika – Melanesien) bot Anlass, über die rein kartografische Verbreitungsfeststellung hinauszugehen und – in Gestalt der Kulturkreislehre und ihrer Nachfolgeschulen – historische Konstruktionen von im Einzelfall recht hypothetischem Charakter aufzustellen.   W.Sch.

K

[3] → Kulturareal

Kulturlehre, von dem Völkerkundler L. Frobenius begründete Form der Kulturanalyse, die eine Kultur als eigene werdende und vergehende Wirklichkeit auffasste, die Menschen und Völker hingegen bloß als Träger, gar als Objekte der Kulturentwicklung: „Wir sehen nicht Menschen, wir schauen Kulturen. Die Menschen sind Begnadete, meist Ahnungslose gegenüber dem tiefen Rätsel eines in immer höheren Formen sich manifestierenden Welterfüllenden" (Frobenius 1923). W.F.H.

Kulturmerkmal, *culture trait,* allgemeinster Name für jede einer Kultur zuzuordnende Einzelerscheinung (Kenntnis, Fertigkeit, Artefakt, Glaubensvorstellung usw.); ungefähr synonym mit → Kulturelement, doch womöglich noch unpräziser und nicht durch bestimmten Theoriebezug belastet. W.Sch.

Kulturmorphologie, die in der Frankfurter Schule der Ethnologie (L. Frobenius) vorgenommene (im weiteren auch als Kulturphysiognomik bekannt gewordene) Fortbildung der → Kulturkreislehre, die aus dem Vorfindbaren primitiver und archaischer Kulturen auf deren frühere Hochblüte zurückschließt, um sie in dieser als ihrer eigentlichen Gestalt anschauend zu erfassen. W.Sch.

Kulturmuster, *cultural pattern,* [1] allgemeine Benennung für isolierbare kulturelle Erscheinungen, von dem fast gleichbedeutenden → Kulturmerkmal höchstens durch stärkere Betonung des Formalen vor dem Inhaltlichen und des Übergreifenden vor dem Punktuellen unterschieden.
[2] Ursprünglich vereinzelte Erscheinung in einer Kultur, deren Vorhandensein im Zeitablauf auf andere Bereiche derselben oder benachbarter Kulturen formend wirkt (A. Goldenweiser).
[3] Gesamtgestalt einer gleichsam von einem Leitmotiv durchwirkten Kultur (R. Benedict) – etwa als historisch realisierter → Idealtypus zu denken, jedoch nur in wenigen Fällen näherungsweise konkretisiert. W.Sch.

Kulturnation, in der politischen Soziologie eine Nation, die allein aufgrund kultureller Merkmale, jedoch ohne einheitlichen Staat, existiert. Beispiel: die „deutsche Nation" bis 1871, die ihre Einheit auf den Sprachraum bezog. R.L.

Kulturniveau, [1] Bezeichnung für den Entwicklungsstand der Lebenshaltung, Gesundheitsversorgung, Bildung und Erziehung usw. von sozialen Gruppen oder Schichten.
[2] Der Grad der Entwicklung und Verfeinerung der Kultur einer Gesellschaft oder der einer Teilgruppe in einer Gesellschaft. W.F.H.

Kulturökologie, *cultural ecology,* [1] jene ethnologischen und allgemein sozialwissenschaftlichen Studien über die Wechselwirkungen zwischen der natürlich-geografischen Umwelt und der Sozialorganisation und Kultur einer Gesellschaft.
[2] Speziell die von J.H. Steward (1955) vorgelegte Theorie über die Wechselwirkungen der natürlichen Umwelt einer Gesellschaft und ihren grundlegenden soziokulturellen Merkmalen (Kulturkern, *cultural core,* z.B. Siedlungsform, Arbeitsteilung, dominante Technologie). W.F.H.

Kulturologie, [1] *culturology,* eine Theorie der Kulturen als Systemzusammenhänge, die sich unabhängig von den menschlichen Trägern nach eigenen Gesetzen entwickeln (L.A. White 1949).
[2] Ältere Bezeichnung für die Wissenschaft von der Kultur im Unterschied zur breiteren Soziologie (W. Ostwald). W.F.H.

Kulturparallelen, Bezeichnung der Ethnologie für das Auftreten ähnlicher Kulturelemente in voneinander verschiedenen bzw. voneinander entfernten Kulturen oder Gesellschaften. Der Begriff deutet an, dass er nicht schon eine bestimmte Erklärung für solche K. unterstellt (also etwa Verbreitung und Übernahme, → Diffusionismus, oder Ausdifferenzierung aus einem menschheitlich gemeinsamen Sinnreservoir).
W.F.H.

Kulturpessimismus, die Anschauung, dass die oder eine Kultur (meist wertend verstanden) im Niedergang begriffen und zum Untergang bestimmt sei oder (hier freilich meist stärker die der Kultur kontrastierte Zivilisation denunzierend) etwas Böses darstelle oder das Böse in der Welt – zumal jedoch im Menschen – verursacht oder begünstigt habe. W.Sch.

Kulturphase, ältere Bezeichnung der Kulturgeschichte und anderer Disziplinen für Entwicklungsstadien der menschlichen Lebensformen und Gesellschaft. W.F.H.

Kulturphysiognomik → Kulturmorphologie
Kulturprovinz → Kulturareal

Kulturrelativismus, eine Grundposition in der Ethnologie, aber auch in der Soziologie (etwa in ethnografischen Studien über Teilwelten der modernen Gesellschaft), derzufolge die zu untersuchende Kultur allein aus ihrem eigenen Zusammenhang heraus verstanden, erklärt oder beurteilt werden soll. Der K. wendet sich so gegen die Anwendung von der betreffenden Kultur fremden Maßstäben (gegen einen → Ethnozentrismus bzw. → Eurozentrismus der Forscher) sowie gegen die Beurteilung von evolutionistischen Lehren her (einschließlich des Marxismus). Eine jede Kultur gilt so implizit oder explizit als eigene Verwirklichung menschlicher Möglichkeiten neben vielen anderen.
Für eine Weltkulturpolitik (vor allem gegenüber der Dritten Welt, aber auch gegenüber Immigrantengruppen in den westlichen Gesellschaf-

ten) ergäbe sich daraus das Verbot jeglichen Eingriffs. W.F.H.

Kulturrevolution, [1] Bezeichnung für die Anstrengungen und Bewegungen in einigen sozialistischen Gesellschaften des 20. Jahrhunderts, womit der Einfluss der bürgerlichen Kultur beseitigt, das Proletariat zur Aneignung fortschrittlicher Kulturinhalte der Geschichte und zur Produktion neuer Kulturinhalte, Lebensformen, Gefühle und Gewohnheiten befähigt werden sollte. Beispiele: Die sowjetische K. nach 1917, die chinesische 1965 bis 1969.
[2] In einem übertragenen Sinne bezeichnet K. auch radikale Protestbewegungen gegen die bürgerliche Kultur innerhalb kapitalistischer Verhältnisse, so z.B. die Studentenbewegung in Westdeutschland, Frankreich und Italien („1968er"). W.F.H.

Kulturschock, beim unmittelbaren Kontakt mit einer fremden, d.h. nicht internalisierten Kultur mehr oder weniger plötzlich auftretendes, mitunter erschreckendes Gewahrwerden der fundamentalen Andersartigkeit der durch die fremde Kultur erlebbaren Realität. Ein K. wird bei nicht vollauf bejahtem Kontakt gewöhnlich durch innere Distanzierung (meist als negative Idealisierung des Fremden) abgewehrt; er gilt jedoch als unverzichtbare existenzielle Erfahrung, die auch intellektuelles Begreifen fremder Kulturen (und mittelbar der eigenen) allererst ermöglicht. W.Sch.

Kulturschwelle, innerhalb des in gesamtmenschheitlicher Perspektive gesehenen Kulturprozesses das – sehr seltene – Ereignis, das fundamental neue Möglichkeiten der Lebensgestaltung eröffnet, über das hinweg also neue Kultur„räume" betreten werden (bisher im Wesentlichen: der Übergang von aneignender Nahrungsgewinnung zu Anbau und Viehhaltung, die Erfindung der Schrift, die erste und die zweite industrielle Revolution). W.Sch.

Kulturseele → Paideuma

Kultursoziologie, [1] allgemein Bezeichnung (von wechselnder Bedeutung) für eine Teildisziplin der Soziologie (manchmal auch einen Teil der allgemeinen Soziologie), die sich mit dem Verhältnis von Kultur und Gesellschaft befasst. Von der → Kulturanthropologie unterscheidet sich die K. dadurch, dass sie vor allem die (westlichen) Hochkulturen im Blick hat sowie die Eigenständigkeit der Kultur gegenüber der Sozialorganisation betont.
[2] Der Begriff K. wurde von A. Weber (1931, 1935) eingeführt, der als ihren Gegenstandsbereich allein die geistigen, künstlerischen, wissenschaftlichen, moralischen usw. Lebensformen, also die „höhere Kultur" fasste, nicht hingegen die technischen und zweckmäßigen, die er als

Zivilisation gegenüberstellte. Hauptfrage ist hier die nach der Prägung von Epochen der Gesellschaftsgeschichte durch einen dominanten geistigen Stil. Grundlegungen der K. sind zuvor (ohne dass die Bezeichnung verwendet wurde) von G. Simmel, M. Weber u.a. erarbeitet worden. M. Webers religionssoziologische Arbeiten (insbesondere die über die Bedeutung des Protestantismus für die Entstehung des modernen Kapitalismus) heben die Eigenbedeutung der Religion und anderer kultureller Momente hervor. Simmel untersuchte – abgesehen von Detailstudien – die Tragödie der modernen Kultur (Nichteinholbarkeit der kulturellen Objektivationen durch die Individuen).
[3] Angeregt vor allem durch die Studien von N. Elias, der hochkulturelle und alltagskulturelle Gegenstandsbereiche (Essgewohnheiten, Kleidungssitten, Verhaltensstandards) gemeinsam im Hinblick auf den Zivilisationsprozess untersuchte (ohne sich vorrangig als Kultursoziologe zu verstehen), befasst sich die neuere K. zunehmend auch mit Gegenstandsbereichen außerhalb der „hohen" Kultur (bis hin zu Teilkulturen und der Popularkultur, hier manchmal in Zusammenarbeit mit der Volkskunde). Als ihre systematische Frage kann die nach der Wechselwirkung und der Spannung zwischen kulturellen Objektivationen und Überlieferungen und der gesellschaftlichen Struktur gelten.
[4] Manchmal auch der Teil Soziologie, der die Formen der Kulturproduktion und des Kulturkonsums (vor allem Radio, Fernsehen, Zeitung) in den industriell entwickelten Gesellschaften untersucht.
[5] → Kunstsoziologie [1] W.F.H.

Kulturstufe, gedankliche Konstruktion, an vorwissenschaftliche und wissenschaftliche Vorstellungen (z.B. „goldenes Zeitalter" bzw. „mittlere Steinzeit") angelehnt, wonach die Geschichte der Kultur eine als Aufwärtsbewegung zu verbildlichende Entwicklung darstelle, die gleichsam schubweise erfolgt und deshalb in Stufen zu gliedern sei (klassisches Beispiel: Wildheit – Barbarei – Zivilisation). Inzwischen wird der Begriff der K. wegen der gewaltsamen Zusammenordnung raumzeitlich disparater Kulturen auf jeweils einer Stufe und der implizierten Einlinigkeit der Menschheitsgeschichte als nicht realitätsgerecht angesehen und gilt wissenschaftlich als überholt. W.Sch.

Kulturthema, [1] Eigenschaften oder Elemente einer Kultur, die sie von anderen klar unterscheiden lassen und in ihr eine wichtige Rolle spielen.
[2] Zentrale Normen und Werte einer Gesellschaft, die die normalen und typischen Lebens-

formen der Menschen mehr oder weniger selbstverständlich und unausgesprochen bestimmen. W.F.H.

Kulturtheorie, alle Lehren von Wesen, Entstehen und Ausbreitung, Wirkungsweisen und -bereichen (Funktionen) sowie vom Seinscharakter der jeweils unter dem Begriff der Kultur subsumierten Erscheinungen. Tatsächlich ist der Begriff der K. meist auf die entsprechenden Lehren innerhalb der → Kulturanthropologie bezogen. W.Sch.

Kulturträger, kulturtragende Gruppen, *culture bearing groups,* die Gruppen in einem sozialen System, die das Gesamt seiner Werte, Ideen und Regeln mehr als andere Gruppen in seinem Bestand und seiner Geltung garantieren. W.F.H.

Kulturübertragung, gelegentlich auch als Transkulturation bezeichnet, ist jeder Vorgang der Ausbreitung von Bestandteilen einer Kultur auf andere, etwa durch Übernahme, Entlehnung oder zwangsweisen Import. K. geschieht meist unter Selektion und Umgestaltung des Übertragenen. W.Sch.

Kulturvergleich, jedes Verfahren, das durch gedankliches, tabellarisches usw. Nebeneinanderstellen der Inhalte zweier oder mehrerer Kulturen Gemeinsamkeiten und Verschiedenheiten zwischen diesen zu ermitteln sucht. Ursprünglich wurde K. als vergleichende Methode des Evolutionismus angewandt, um Unterschiede der Entwicklungshöhe festzustellen und daraus einen schematisierten Entwicklungsablauf zu konstruieren. Heute wird K. vorzugsweise in der *cross-cultural method* realisiert, die auf statistisch formulierte, jedoch auch funktional interpretierbare Regelhaftigkeiten des gemeinsamen Vorkommens zweier oder mehrerer → Kulturmerkmale in einer als repräsentativ verstandenen Auslese von Kulturen zielt. W.Sch.

Kulturverlust, Fortfall von einzelnen Bestandteilen einer Kultur, z.B. durch Aussterben der alleinigen Träger bestimmter Kenntnisse, durch Verdrängung einer Religion durch eine stärkere oder durch Ersetzen von Handfertigkeiten durch maschinelle Technik. Im Allgemeinen ist K. viel seltener als meist vermutet, da Verbotenes häufig im Untergrund (z.B. als Aberglaube) und Überholtes im Bereich des Spielerischen (Bogenschießen, Segeln) fortleben. W.Sch.

Kulturvermischung, das häufigste Resultat von → Kulturkontakt: die gegenseitige, meist nur teilweise Durchdringung zweier oder mehrerer Kulturen, die gewöhnlich zu neuen Gestaltungen führt, die ihrerseits im Grenzfall die Herkunftskulturen verdrängen können. W.Sch.

Kulturverspätung → *cultural lag*

Kulturvölker → Naturvölker – Kulturvölker

Kulturwachstum, *culture growth,* deskriptiver Ausdruck für die Anreicherung einer Kultur mit neuen Bestandteilen, Zunahme ihrer Komplexität oder Kompliziertheit oder Erhöhung des Grades ihrer Umweltbeherrschung – vorzugsweise soweit all dieses als Resultat von autochthonen Entwicklungen vorgestellt werden kann. W.Sch.

Kulturwandel, *culture change,* Bezeichnung für die Veränderung einer Kultur in Form der Variation, der Anreicherung (auch der Verarmung) oder (als denkbarer, definitorisch jedoch schwer bestimmbarer Grenzfall) des Erreichens eines neuen Zustands. K. kann auf Ereignissen innerhalb der Kultur beruhen (endogener oder autochthoner K.), wird meist aber zumindest angeregt (induzierter K.) durch Kontakt mit anderen Kulturen, aus denen Bestandteile übernommen und gewöhnlich zu einer neuen – auch in der Herkunftskultur so nicht enthaltenen – Form umgestaltet werden. W.Sch.

Kulturwissenschaft, [1] ältere Bezeichnung für die Disziplinen, die sich im Gegensatz zu den Naturwissenschaften (und manchmal den Sozialwissenschaften) mit den Erzeugnissen „kultureller" Tätigkeit beschäftigen (Literatur, Musik, Kunst).
[2] Auch K.en, Bezeichnung für eine neuere integrierte Forschungsrichtung (z.T. auch in der universitären Lehre verankert), die der Annäherung vieler Fragestellungen in den Geistes-, Sozial- und anthropologischen Wissenschaften Rechnung tragen will durch ein Verständnis vom Menschen als kulturell produktivem Wesen. W.F.H.

Kulturzusammenstoß, Kontakt zweier Kulturen, der durch bis zur Unvereinbarkeit gehende Gegensätzlichkeit der in ihnen verkörperten Werte und Interessen oder/ und durch die Form des Kontaktgeschehens (z.B. als kriegerische Eroberung) auf überwiegend konflikthaften Verlauf angelegt ist. W.Sch.

Kulturzyklus, vermutete oder behauptete, auf manchen Gebieten (z.B. darstellende Kunst) freilich auch augenfällig zu demonstrierende Reihe von Phasen (etwa einzelne Stile, aber auch ganze Kulturen betreffend), die als regelmäßig aufeinander folgend und meist auch als wiederkehrend zu denken sind (Zyklentheorie). Eng damit verwandt sind die Vorstellungen vom Lebensablauf (Jugend, Reife usw.) von Kulturen. W.Sch.

Kumulation → Häufigkeit, kumulierte

Kunstsoziologie, spezielle Soziologie, die sich mit den sozialen Bedingungen und Funktionen der Kunst, dem Wandel ästhetischer Strukturen und Bewertungen, der Rezeption, der Verteilung und den Wirkungen von Kunst befasst oder

Kunst zum Ausgangspunkt der Gesellschafts-analyse nimmt (z.B. T.W. Adorno, W. Benjamin). Gegenstand der K. sind prinzipiell alle künstlerischen Ausdrucksformen (Musik, Literatur, Theater, bildende Kunst usw.), auch wenn sich bspw. mit der Musik- und Literatursoziologie eigenständige spezielle Soziologien entwickelt haben. Obwohl sich die K. lange Zeit v.a. mit den künstlerischen Erzeugnissen, Vermittlung und Rezeptionsweisen der sog. Hochkultur beschäftigt hat, werden zunehmend auch traditionell der Populärkultur zugeordnete Ausdrucksformen (z.B. Film, Comic, Graffiti) zum Gegenstand der K.   D.V.

Kurtosis, auch: Exzess, Bezeichnung für die „Flachheit" oder „Steilheit" einer eingipfligen Häufigkeitsverteilung im Vergleich mit dem Bild der Normalverteilung. Als Maß für die K. wird nach K. Pearson das Verhältnis des vierten Moments zum Quadrat des zweiten Moments benutzt.   H.W.

kurvilinear, gleichbedeutend mit „nicht linear". Der Ausdruck findet sich in Zusammensetzungen mit Regression, Korrelation und Trend.   H.W.

Kürwille, bei F. Tönnies Bezeichnung für jenen aus der Wirklichkeit abstrahierten Typus des menschlichen Wollens, bei dem sich das auf die Konstruktion und Verwirklichung von Zweck-Mittel-Beziehungen gerichtete Denken weitgehend losgelöst hat von dem organisch gewachsenen Ganzen aus physisch-psychischer Veranlagung und aus von den Vorfahren ererbten Weisen des Erlebens, Denkens und Handelns. Der K. ist Grundlage bestimmt auf die Setzung und Verwirklichung verstandesmäßig konzipierter Zwecke gerichteter Formen der menschlichen Verbundenheit, von denen er seinerseits geprägt wird.   F.H.

Kürwillensformen, bei F. Tönnies Bezeichnung für die Seinsweisen bzw. Ausdrucksformen des Kürwillens, wie er sich in der Ausrichtung auf bestimmte Gegenstände, Tätigkeiten oder Personen verwirklicht: a) Bedacht als gedankliches Abwägen zwischen einer Mehrzahl von Zwecken und möglichen Handlungsweisen; b) Beschluss als Entscheidung für bzw. gegen bestimmte Handlungsweisen angesichts gegebener Zwecke; c) Begriff als sozial verbindliche gedankliche und sprachliche Ordnung von Erfahrungen und Eindrücken. Die genannten K. sind enthalten in den drei „Gesamtformen" des Kürwillens: a) Bestrebung als System von Gedanken, welches Zwecke und Mittel aufeinander bezieht, um für eigene Leistungen angemessene Gegenleistungen zu bekommen; b) Berechnung als jener Teil der Bestrebung, der auf die Erzielung von Gewinn ausgerichtet ist; c) Bewusst-

heit als Ausrichtung des Handelns an der begrifflich exakten Kenntnis von der Beschaffenheit der Dinge und Menschen.   F.H.

kustodial, bewahrend, verwahrend, bewachend, in Verbindung mit Einrichtungen der Psychiatrie i.S. von: ausschließlich an der Verwahrung und Unterbringung der Klienten orientiert.   R.N.

Kybernetik, Bezeichnung für die wissenschaftliche Beschäftigung mit selbstregulierenden Systemen. Diese Systeme besitzen die Eigenschaft, durch Rückkopplungsvorgänge bestimmte Gleichgewichtszustände gegenüber äußeren Einflüssen aufrecht zu erhalten oder darüber hinaus durch Selbstorganisation ihre Struktur und Anpassungsfähigkeit zu erhöhen, zu lernen, sich zu entwickeln, sich selbst zu reproduzieren. Die K. übergreift verschiedene Disziplinen, u.a. Biologie, Medizin, Psychologie, Pädagogik, Soziologie, Ökonomie. Die Eigenschaften kybernetischer Systeme werden i.d.R. anhand abstrakter, z.T. mathematischer Modelle z.B. in Computersimulationen analysiert. Die K. gliedert sich in eine Reihe z.T. selbstständiger Spezialisierungen (Regelungstheorie, Systemtheorien), deren bedeutendste die → Informationstheorie ist, da alle Regelvorgänge als Prozesse der Informationsverarbeitung und Nachrichtenübertragung aufgefasst werden können. In diesem Sinne ist die K. auch eng mit der Entwicklung elektronischer Datenverarbeitung und Nachrichtentechnik verbunden.   H.W.

Kybernetik, politische, ein theoretischer Ansatz, die traditionellen Kategorien der Politischen Wissenschaft im Begriffshorizont der Kybernetik und der Informationswissenschaft zu interpretieren, Politik als Prozesse der Informationskontrolle zu verstehen (K.W. Deutsch). Zentral ist dabei die Frage, wie das System seine innere Organisation so einrichtet, dass es im Kampf mit der Umwelt überleben kann.   W.F.H.

L

labeling approach (engl.), oft auch: *social reaction approach*, Definitionsansatz, ein Ansatz in der Kriminalsoziologie, vertreten etwa von H.S. Becker und, in Deutschland, von F. Sack. Hiernach wird abweichendes Verhalten in erster Linie als ein Prozess aufgefasst, der auf mehreren Ebenen abläuft (gesellschaftliche Normsetzung – interpersonelle Reaktionen – Vorgehen von Instanzen) und dabei das Etikett „kriminell" erhält. Das Etikett (*label*) wird sowohl von der Umwelt bei dem Betroffenen wahrgenommen als auch von diesem in sein Selbstbild eingegliedert. Der *l. a.* wendet sich gegen Ansätze, welche abweichendes Verhalten als gegeben ansehen und nur noch nach den Ursachen im Verhalten des Devianten fragen (→ Ätiologie [2]). Führende Vertreter des *l. a.* betonen, Devianz sei keine im Handeln des betrachteten Täters auffindbare Qualität; vielmehr sei Devianz eine Konsequenz der Anwendung von Regeln und Sanktionen auf den Täter.   R.L.

labor economics (engl.) → Arbeitsökonomie [1]

Laboratoriumsbeobachtung, Beobachtung, die im Unterschied zur Feldbeobachtung Verhaltensweisen unter „künstlichen", vom Forscher hergestellten Bedingungen registrieren soll. Durch die L. sollen schwer kontrollierbare Umwelt- und Situationsfaktoren ausgeschlossen werden. Außerdem stehen für die L. eine Reihe technischer Hilfsmittel (offene oder verdeckte Kameras, Mikrophone, Ein-Weg-Spiegel) zur Verfügung, die den Aufzeichnungsvorgang erleichtern. Die L. unterscheidet sich vom → Laboratoriumsexperiment dadurch, dass die Einflussfaktoren nicht durch den Forscher manipuliert werden.   H.W.

Laboratoriumsexperiment, Bezeichnung für Experimente, bei denen durch die Schaffung einer „künstlichen" Umwelt alle das Ergebnis beeinflussenden Bedingungen der Kontrolle des Experimentators unterliegen sollen. Als Kontrollmöglichkeiten bieten sich die direkte Manipulierung, die Ausschaltung oder die → Randomisierung von Einflussgrößen an. Die Stärke des L.s liegt in seiner internen Validität. Demgegenüber ist die externe Validität, d.h. die Möglichkeit, Ergebnisse zu verallgemeinern und auf andere Bereiche zu übertragen, meist problematisch.   H.W.

labour process debate (engl.), eine im angelsächsischen Sprachraum, v.a. in Großbritannien disziplinübergreifend geführte Diskussion um Struktur und Entwicklung der Arbeit und des Arbeitsprozesses. Kennzeichnend für die *l. p. d.* sind neben ihrer marxistischen Grundorientierung die Frage nach historischen Trends der Organisation von Arbeitsprozessen und die Untersuchung des politischen Gehalts von Arbeitsprozessen. Angestoßen wurde diese Debatte durch H. Bravermans „Die Arbeit im modernen Produktionsprozess" (1974) mit der zentralen These von der zunehmenden Dequalifizierung der Arbeit in Folge der alle Bereiche durchdringenden tayloristischen Managementstrategie. In einer ersten Welle der Reaktion wurde sowohl die Überbetonung des Taylorismus als auch die Vernachlässigung der subjektiven Seite von Arbeit kritisiert, die zweite Welle der Kritik zentrierte sich um die Frage nach Management-Alternativen zum Taylorismus zur Überwindung subjektiver Widerständigkeit (A.L. Friedman 1977, R. Edwards 1979, M. Burawoy 1979). Die dritte Welle kritisierte grundsätzlich Bravermans Ansatz in seiner Gleichsetzung von Qualifikation und Facharbeit, seiner ausschließlichen Orientierung an Managementkontrolle und seiner Annahme eines Nullsummenmodells von Kontrolle und Macht im Arbeitsprozess, das implizit das Management als ausschließlichen Gewinner von Kontrolle ansah. Das Verdienst der *l. p. d.* liegt in erster Linie darin, betriebliche Macht- und Herrschaftsbeziehungen sowie politische und soziale Prozesse im Betrieb stärker in die Forschungsperspektive gerückt zu haben.   M.Sch.

labour relations (engl.) → Beziehungen, industrielle

labour-consumer-balance (engl.), von D. Thorner in Anlehnung an A.V. Cayanov geprägte Bezeichnung für eine insb. in Familienwirtschaften geltende sollende Ausrichtung des Arbeitsaufwandes der Produzenten an ihren – in die vorkapitalistische ländliche Sozialordnung eingebundenen – konsumtiven Bedürfnisse, die nicht nur die Erhaltung der bloßen Existenz, sondern auch sozial gebilligte Muße und demonstrativen Luxus umfassen. Die *l.-c.-b.* steht der Durchsetzung kapitalistischer Arbeitsverhältnisse (z.B. feste Arbeitszeiten) entgegen, da sie u.U. bei steigendem Arbeitsertrag zur Verminderung des Arbeitsaufwandes führt. Als Beispiel einer auf der *l.-c.-b.* beruhenden Verhaltensweise gilt der „blaue Montag" in den Anfängen der Industrialisierung.   H.W.

Labyrinth, *maze,* in der experimentellen Lernforschung eine Anordnung von Laufgängen, die zumeist so angelegt wird, dass das Versuchstier nur auf einem Weg zum Ziel gelangen kann, während alle anderen Wege Sackgassen darstellen. Diese Anordnung ermöglicht insbesondere die Untersuchung des → Lernens durch Versuch und Irrtum.   H.S.

Laeken-Indikatoren → Gemeinschaftsstatistik über Einkommen und Lebensbedingungen

lag, cultural → *cultural lag*

Lage → Situs

Lage, soziale → Soziallage

Lagerkommunismus → Kriegerkommunismus

Laienkultur, Wertvorstellungen und Kommunikationsstrukturen, die über Zugang und Inanspruchnahme einer professionellen Einrichtung (von Fachleuten) mitentscheiden, z.B. das medizinische Populärwissen über die Inanspruchnahme ärztlicher Beratung. W.F.H.

Laientheorie → Alltagstheorie

laissez-faire (frz.), [1] Bezeichnung für eine Wirtschaftspolitik des Staates, die auf jeden regulierenden Eingriff in das Wirtschaftsgeschehen verzichtet. Die Forderung nach *l.-f.* wird vor allem vom klassischen Liberalismus (A. Smith) in der Überzeugung vertreten, dass Konsumtion und Produktion von Gütern über Konkurrenz und Preisbildung auf freien Märkten zum Gleichgewicht und zur optimalen Allokation von Ressourcen und Gütern tendieren.
[2] In der Pädagogik bedeutet *l.-f.* einen weitgehenden Verzicht auf regulierende Eingriffe in den Lernprozess des Kindes durch den Erzieher. Hierhinter steht die Auffassung, dass sich das Kind aufgrund eigener Erfahrung selbst zu regulieren lerne.
[3] In Typologien von → Führungsstilen in der Organisations- und Betriebssoziologie wird mit *l.-f.* ein Mangel an Anweisung und Kontrolle durch den Vorgesetzten bezeichnet, der insb. gegenüber demokratischen Führungsstilen nach einer Reihe von Forschungen zu geringerer Aktivität und Produktivität der Mitglieder der Organisation führen soll. H.W.

Laizismus, frz:. *laicisme*, [1] Bezeichnung für die bürgerliche Bewegung des 18. und 19. Jahrhunderts, die in der Ausgangsphase des Absolutismus die Trennung von Staat und Kirche bewirkte.
[2] Bezeichnung für die in dieser Bewegung vertretene Forderung, Religion und Kirche aus dem öffentlichen Leben, aus Politik, Verwaltung, Recht, Wirtschaft und Bildung zu verbannen, um die Gesellschaft im Hinblick auf ihre eigenen Bedürfnisse entwicklungsfähig zu machen. O.R.

Lamarckismus, die auf J. de Lamarck (1744-1829) zurückgehende Abstammungslehre, nach der die Entwicklung der Arten auf der Vererbung erworbener Eigenschaften beruht, die im gezielten Anpassungsprozess an geänderte Umweltbedingungen von den Arten gelernt werden. O.R.

Landkarte, kognitive, *cognitive map*, [1] Ergebnis eines als *„cognitive mapping“* bezeichneten Lernvorganges, bei dem angenommen wird, dass eine Serie von Bewegungen und anderen Verhaltensweisen, die zu einem bestimmten Ziel führen, nicht als Kette einzelner, isolierter Reiz-Reaktions-Folgen gelernt wird. Stattdessen werde die Struktur dieser Verhaltenssequenz gelernt, also die Beziehungen der einzelnen Verhaltenselemente zueinander und zu dem Verhaltensziel. R.Kl.

[2] In der Soziologie wird der Begriff benutzt, im komplexe Entscheidungsprozesse zu analysieren. In der k.n L. sind die (insb. kausalen) Annahmen einer Person zu einem bestimmten Problem eingetragen. Kennt man nun auch die normativen Ziele der Person, dann lässt sich deren Handeln prognostizieren (R.M. Axelrod 1976; J.J. Savelsberg 1988). Beispielsweise wird bei der Rekonstruktion eines Gesetzgebungsvorganges nachgezeichnet, in welchen Gedankengängen sich die Entscheidungsträger bewegt haben und warum sie zum Entschluss gekommen sind. R.L.

Landnahme, innere – äußere, Begriffspaar, mit dem die Ausdehnung der kapitalistischen Produktionsweise auf bisher nicht-kapitalistische, also nicht den marktwirtschaftlichen Tausch- und Verkehrsformen unterliegende Bereiche bezeichnet wird. [1] Mit i.L. bezeichnet B.Lutz (1984) die Vereinnahmung „traditioneller" Sektoren der Arbeit und Produktion durch den Markt. Nach Lutz war die i.L. mitbestimmend für das Wirtschaftswachstum in Europa nach dem 2. Weltkrieg.
[2] Bei R. Luxemburg (1913) dient das Begriffspaar allgemein zur Erklärung der Kapitalakkumulation, wonach die erweiterte Reproduktion des Kapitals nur realisiert werden kann im Austausch mit bzw. durch kapitalistische Transformation von noch nicht-kapitalistischen Teilen einer Volkswirtschaft (innere L.) bzw. Regionen der übrigen Welt (äußere L.). Die ä.L. ist kennzeichnend für Kolonialisierung und imperialistische Expansion (→ Imperialismustheorie [1]).
[3] → Akkumulation, ursprüngliche [3]
M. Sch./II.W.

Längsschnittsuntersuchung, Longitudinalstudie, Langzeitstudie, diachrone Analyse, Untersuchungsform, die Daten für mehrere, mindestens zwei Zeitpunkte erhebt. Zu den L.en gehören → Panel-Analysen und → Retrospektiverhebungen sowie auch Wiederholungsstudien mit dem gleichen Untersuchungsinstrument an nicht-identischen Stichproben. Häufig besteht das Ergebnis der L. in der Erstellung von → Zeitreihen.
H.W.

Langsicht, Begriff von N. Elias in seinen Untersuchungen des europäischen Zivilisationsprozesses für eine Haltung der bzw. für eine Wirkung von Selbstkontrolle, die gegenwärtige Affekte, Triebregungen und Wünsche Zwecken und Zielen in der Zukunft unterordnet (sowie für die dadurch entstehende Planung des Lebens). L. ist die zunehmende Anpassung und Selbsteinordnung der Menschen in das historisch wachsende und dichter werdende Geflecht von Interdependenzen (wirtschaftlicher, politischer und anderer

Art), die den Einzelnen und die Gruppen auch von entfernt lebenden Gruppen abhängig machen, die den Horizont aller Handlungsketten erweitern. Elias hält L. insofern für ein spezifisches Merkmal der europäischen Entwicklung, als diese sich hier – anders als in anderen Hochkulturen – mehr – oder weniger auch bei den sozialen Unterschichten durchgesetzt habe. Das Denkmodell impliziert die Vorstellung eines gewissermaßen kindlich- bedürfnisorientierten Frühstadiums der Menschheitsgeschichte.

W.F.H.

langue (frz.), Sprache, bezeichnet Sprache als strukturiertes System von Zeichen, wie es nur in den Köpfen der Gesamtheit der Angehörigen einer Sprachgemeinschaft existiert, ein soziales Produkt und im Prinzip konventionell (F. de Saussure), im Unterschied zu → *parole*. A.H.

language of class (engl.) → Klassensprache

Langzeitstudie, svw. Längsschnittuntersuchung, → Querschnittsuntersuchung

large-N-Methoden, bezeichnet jene Methoden, die mit einer großen (*large*, engl.) Anzahl von Fällen arbeiten, also z.B. die quantitativen Verfahren in der historischen Soziologie. W.F.H.

Lasswell-Formel, Bezeichnung für die von H.D. Lasswell formulierte Frage, nach der Kommunikationsprozesse analysiert werden sollen; die L. liegt in zwei Fassungen vor: „Wer sagt was zu wem und mit welcher Wirkung?" (1946) und „Wer sagt was durch welches Medium zu wem mit welcher Wirkung?" (1948). O.R.

Lastenabwälzung, bezeichnet bei L. von Wiese (1966) die Tendenz aller Menschen, die Lasten des Daseins auf andere abzuwälzen; insbesondere die Stärkeren bürdeten den Schwächeren einen Teil ihres Drucks auf. W.F.H.

latent class model (engl.), Spezialfall des *Latent-Structure*-Modells, in dem die Verteilung der Versuchspersonen in Bezug auf die zu untersuchende Variable als diskret angenommen wird, also die Menge der Versuchspersonen in *m* Klassen zerfällt. M.K.

Lastquotient → Abhängigkeitsquotient

latent distance model (engl.), Spezialfall des *Latent-Structure*-Modells, in dem die Wahrscheinlichkeitsverteilungen für die einzelnen Indikatoren als einstufige Treppenfunktionen angenommen werden. Ein Spezialfall des *l. d. m.* ist die Guttman-Skala. M.K.

latent structure analysis (engl.) → Analyse latenter Strukturen

Latenz, [1] Reaktionslatenz, in der Lernpsychologie Bezeichnung für die Zeit, die zwischen der Darbietung eines Reizes und der darauf folgenden Reaktion vergeht. H.S.
[2] In der → strukturell-funktionalen Theorie dasjenige der vier Systemprobleme, das die Zu-

stände und Prozesse innerhalb der Einheiten eines Sozialsystems betrifft. Die L.-Funktion sorgt sowohl für Strukturerhaltung als auch für Spannungsbewältigung in den Systemeinheiten. R.L.

Latenzperiode, Latenzzeit, nach psychoanalytischer Lehre der Zeitabschnitt zwischen phallischer Stufe und dem Erreichen der eigentlichen genitalen Stufe in der psychosexuellen Entwicklung des Kindes (→ Libidostufen), der durch Zurücktreten des direkten Ausdrucks sexueller Ansprüche und durch Kanalisierung sexueller in sachliche Ansprüche und Identifikationen mit Eltern und Vorbildern gekennzeichnet ist (5. Lebensjahr bis zur biologischen Geschlechtsreife). Die L. ist insbesondere im Familiensystem der industriell entwickelten Gesellschaften deutlich vom Kleinkindalter abgesetzt. U.E./W.F.H.

latifundismo (span.), Latifundismus, auf Großgrundbesitz gegründetes Herrschaftssystem in Lateinamerika, in Form der → Plantagenwirtschaft oder der → *hacienda*. Kennzeichen des *l.* sind extensive Bodennutzung (z.B. Viehwirtschaft), geringe Produktivität, brachliegende Ländereien, die der Klasse der *latifundistas*, die häufig ihren Besitz nicht selbst bewirtschaften, hohe Einkommen sichert, die Landbevölkerung dagegen vom Bodenbesitz ausschließt und in Abhängigkeit hält. Der *l.* befindet sich häufig in Koalition mit ausländischem Kapital u.a. in gemeinsamem Interesse an der Erhaltung eines Reservoirs billigster Arbeitskräfte in der Landbevölkerung. H.W.

Laufbahn, [1] die Abfolge der Berufspositionen, die ein Individuum im Verlauf seines Arbeitslebens einnimmt. O.R.
[2] In der Soziologie des Lebenslaufs übertragen auch die Abfolge nichtberuflicher Positionen und Statusniveaus (z.B. Familienleben, Aufgaben in einem Verein o.ä.). W.F.H.

Laufbahn, kollektive, bei P. Bourdieu (1982) die gemeinsame Entwicklungsrichtung einer Klasse oder einer anderen Großgruppe im sozialen Raum, z.B. dass sie auf- oder absteigt, reicher oder ärmer wird, jünger oder älter, dass sie Eigentum und Eigenschaften an ihre Nachkommen vollständig weitergeben kann oder nicht.

W.F.H.

Laufbahneffekt, bezeichnet bei P. Bourdieu (1982) jene Merkmale von Klassen und Individuen, die auf ihre Bewegungen im → sozialen Raum zurückzuführen sind. Zwar sind die eingenommenen sozialen Positionen weitgehend durch die familiäre Herkunft vorbestimmt, jedoch sind auch soziale Auf- und Abstiegsbewegungen möglich. Emporkömmlinge z.B. können ihren individuellen Aufstieg einer Heirat in eine höhere Klasse verdanken. Ein kollektiver Abstieg einer ganzen Klasse kann durch Entwertung ihres → Kapitals bedingt sein, wie im Falle des → absteigenden Kleinbürgertums. Der L. zeigt sich z.B. in Einstellungen und Meinungen, die weder der familiären Herkunft noch der aktuellen Sozialposition entsprechen.   D.Kl.

Laufbahnprinzip, ein Prinzip in bürokratischen Organisationen, insbesondere öffentlichen Verwaltungen, von dem die Berufskarriere ihrer Mitglieder vorgezeichnet ist. Das L. zeigt sich in dem stufenweisen Aufrücken von niedrigen in höhere Positionen und in dem Vorhandensein mehrerer verschiedener Laufbahnen in einer Organisation, die häufig nach dem Status ihrer Angehörigen einander über- und untergeordnet sind. Laufbahnen haben bestimmte Eingangsbedingungen (z.B. eine spezifische Ausbildung). Typisch für Laufbahnen ist, dass man vom Anfang bis zum Ende einer Berufskarriere in einer Laufbahn bleibt und der Wechsel in eine andere Laufbahn eine Ausnahme ist.   J.H.

Laufbahntypologie, [1] in der Berufssoziologie die Darstellung unterschiedlicher Abfolgen von beruflichen Tätigkeiten und Positionen im Leben der Einzelnen als Typologie.
[2] Allgemein die Darstellung aller, auch der nichtberuflichen Abfolgen von Positionen und Statusniveaus als Typologie.   W.F.H.

law and order (engl.), Recht und Ordnung, bezeichnet z.B. politische Forderungen, die auf ein schärferes und gnadenlos durchgesetztes Recht setzen und deshalb als konservativ und repressiv kritisiert werden.   D.Kl.

law of categorical judgement (engl.) → Gesetz des kategorialen Urteils

law of comparative judgement (engl.) → Gesetz des vergleichenden Urteils

layer, social (engl.) → Schicht, soziale

L-B-Z-These, meint nach S.M. Miller (1960) die von S.M. Lipset, R. Bendix u. L.H. Zetterberg vertretene These von der Ähnlichkeit der Mobilitätsquoten in Frankreich, Deutschland, Russland, USA, Schweiz, Finnland, Großbritannien, Dänemark, Italien, Schweden, die inzwischen empirisch und methodisch mehrfach in Teilen überprüft und korrigiert worden ist.   S.S.

lean production (amerik.), auch: schlanke oder straffe Produktion, bezeichnet ein Produktionskonzept, das Anfang der 1990er Jahre als Alternative zur Massenproduktion diskutiert wird. Die Grundelemente von *l. p.* sind: a) Null-Fehler-Zielsetzung durch Rückführung jedes auftretenden Fehlers auf seine letzten Ursachen, b) Beseitigung von unnötigen und unproduktiven Arbeitsschritten, c) Entwicklung von „Teams vielseitig ausgebildeter Arbeitskräfte", die ein Maximum an Aufgaben und Verantwortung übernehmen und ständig Verbesserungsvorschläge machen sollen, d) beteiligungsorien-

tiertes Verhalten des Managements, das durch transparente Informationsstrukturen Entscheidungen nachvollziehen und beeinflussen lässt und entsprechenden Einsatz honoriert, e) eine Beschäftigungspolitik, die eine Wertschätzung des Arbeiters im „Geist gegenseitiger Verpflichtung" deutlich werden lässt, etwa eine Weiterbeschäftigung auch in produktionsschwachen Zeiten garantiert.
Im Vergleich zur Massenproduktion soll *l. p.* kreative und befriedigende, wenn auch anstrengendere, Arbeitsstrukturen schaffen, die Produktvielfalt vergrößern und eine höhere Produktivität ermöglichen. Das Produktionssystem wurde von der Autofirma Toyota seit den 1950er Jahren entwickelt und realisiert; der Begriff wurde von Mitarbeitern des *Massachusetts Institut of Technology* (J.P. Womack u.a. 1990) geprägt. Das Konzept ist umstritten. Während in Europa und USA die Vorteile, insbesondere bezogen auf den Konkurrenten Japan, diskutiert und erprobt werden, stößt *l. p.* in Japan zunehmend auf Akzeptanzprobleme.   G.F.

learning, vicarious (engl.), stellvertretendes, „passives" Lernen. Durch Beobachtung eines Modells (Vorbilds) wird in einer Entscheidungssituation Verhalten bestätigt. Diese Verstärkung führt beim Modell zu einer emotionalen Reaktion (z.B. dem Ausdruck von Befriedigung), die von der beobachtenden Person wahrgenommen wird und bei ihr ähnliche emotionale Reaktionen auslöst. Man kann sagen, dass die Verstärkung, die das Modell bekommt, vom Beobachter „stellvertretend" erlebt wird und somit auch sein Verhalten beeinflusst. Durch das Konzept des *v. l.* werden Vorgänge wie das → Lernen durch Beobachtung erklärt.   K.St.

Least-Square-Methode → Methode der kleinsten Quadrate

Leben, experimentelles, frz. *vie expérimentale,* eine von C.H. de Saint-Simon vorgeschlagene (und vorgelebte) Lebensform, die besonders förderlich sei für neue Ideen in den Sozialwissenschaften: sich mit sozial möglichst unterschiedlichen Menschen und Gruppen bekannt machen, die Lebensformen auch von fernstehenden Sozialgruppen zeitweise übernehmen, beweglich leben zwischen den sozialen Großgruppen. „Was ist die Haltung der Soziologie? Die der VIE EXPÉRIMENTALE." (K. Mannheim 1930)   W.F.H.

Leben, nacktes, bezeichnet bei G. Agamben (2002) die allen Tieren gemeinsame, schlichte Tatsache zu leben, also den bloßen, nicht zu einem sozialen Wesen verwandelten Körper. Zum n.L. kontrastiert *bios,* die einem Individuum oder einer Gruppe angemessene Lebensweise bzw. der Körper mit allen gesellschaftlichen Attributen. Wer auf das n.L. reduziert wird, dem droht das rechtlich folgenlose Getötetwerden als → *homo sacer*. Ein historisches Beispiel ist die Tötung von Insassen in einnem NS-Konzentrationslager, nachdem sie als gesellschaftlich wertlos degradiert worden waren. R.L.

Leben, ungelebtes, bezeichnet in der Psychosomatik (V. von Weizsäcker) die verpassten bzw. mutlos nicht ergriffenen Lebensmöglichkeiten. Krankheit gilt als Folge des u.L. W.F.H.

Lebensablauf → Lebenslauf

Lebensbilanz, [1] allgemein die zusammenfassende Bewertung und Beurteilung des Lebens durch denjenigen, der es geführt hat (ursprünglich angesichts des Todes oder von Todesgefahr, inzwischen auch als Zwischenbilanz üblich, so etwa als Teil einer „Krise der Lebensmitte" um das 50. Lebensjahr).
[2] Unterschiedliche Befragungsmethoden der soziologischen und psychologischen Biografie- und Lebenslaufforschung erheben oft eine L. der Befragten (auch jüngeren Alters), um so Hinweise auf die Lebenszufriedenheit zu gewinnen oder aber, um die evaluative Zusammenfassung der L. (als Teil der Selbstthematisierung) mit den detaillierten Datenmaterial der Lebensgeschichte vergleichen zu können. W.F.H.

Lebenschancen, bei R. Dahrendorf (1976) die multiplikative Verknüpfung von Optionen, also Wahlmöglichkeiten, und von → Ligaturen (sinnstiftende Bindungen der Person an Gemeinschaften und Werte). Später differenziert Dahrendorf (1982) Optionen weiter in Anrechte, z.B. sozialstaatliche Leistungen und Angebote und Konsumchancen. U.Schi.

Lebensdistanzierung → Distanzierung

Lebensereignis → Lebensereignisforschung

Lebensereignisforschung, *life event research,* [1] zuerst Forschungsrichtung der Medizinsoziologie, der klinischen Psychologie und der Psychiatrie mit der Vermutung, dass dem Ausbruch einer (psychosomatischen) Krankheit eine Phase im Leben des Erkrankten vorausgeht, die besonders viele und besonders anstrengende bzw. herausfordernde (kritische) Lebensereignisse mit sich brachte (Todesfall in der Familie, Ehekonflikte, Scheidung, Arbeitsplatzwechsel, Arbeitslosigkeit, Belastungen am Arbeitsplatz, Wechsel der Wohngegend o.ä.). Grundgedanke ist hier, dass eine jede (auferlegte oder selbst gewollte) Umstellung oder Veränderung in wichtigen Linien des bisherigen Lebens belastend wirkt, dass eine Ballung mehrerer solcher Ereignisse in einem bestimmten Lebensabschnitt Stress herbeiführt.
[2] In der Entwicklungspsychologie (besonders der → Entwicklungspsychologie der Lebensspanne) wird das Konzept der auf den Lebens-

lauf sich auswirkenden (kritischen) Lebensereignisse verallgemeinert: Nicht nur die Phase vor Ausbruch einer Krankheit wird untersucht, sondern das ganze bisherige Leben. Ob bestimmte Lebensereignisse bzw. deren Häufung in einem Lebensabschnitt eine Belastung bedeuten oder nicht (etwa eine Herausforderung zu neuer Persönlichkeitsentwicklung), wird als empirische Frage behandelt (und nicht unterstellt).
[3] Der Begriff des Lebensereignisses wird auch außerhalb der L. in Soziologie und Psychologie des Lebenslaufs allgemein für konturierte Veränderungen im Lebenslauf verwendet, also für alle Positionswechsel, Veränderungen der Rollenkonstellation, Auf- und Abstiege, Statuspassagen, Umarbeitungen des Selbstbildes usw., und zwar oft einschließlich für die, die durch „äußere" geschichtlich-gesellschaftliche Geschehensreihen (Krieg, Wirtschaftskrise, Zusammenbruch einer Branche o.ä.) herbeigeführt werden. Auch die Forschungen über Altersnormen und über die subjektive Strukturierung des Lebenslaufs (in Phasen und Lebensabschnitte, in „gute" und „schlechte" Zeiten usw.) verwenden oft diesen Begriff der (kritischen) Lebensereignisse im Sinne von Schalt- und Wendepunkten des Lebenslaufs. W.F.H.

Lebensereignisse, belastende, *life events,* einschneidende, einmalige oder wiederkehrende Ereignisse (Todesfälle, Trennungen, Verlust des Arbeitsplatzes, Flucht, traumatisierende Unfälle und Übergriffe etc.), mit denen die Betroffenen nicht fertig werden (u.a. sog. Anpassungsstörungen). Die englischen Medizinsoziologen G.W. Brown und T.O. Harris (1978) konnten zeigen, dass Depressionen bei Frauen vor allem durch Lebensereignisse ausgelöst werden, die im weitesten Sinne einen Verlustcharakter haben (z.B. Trennungserlebnisse, Verlust des Selbstwertgefühls durch Obdachlosigkeit). In Deutschland hat insbesondere S. Geyer (1999) diesen Ansatz weiter entwickelt. W.P.

Lebensereigisse, kritische → Lebensereignisforschung

Lebensereignisse, normative, Bezeichnung in Psychologie und Soziologie des Lebenslaufs für solche Ereignisse im Leben, die allen oder vielen in etwa dem gleichen Alter geschehen (z.B. Schulabgang, Pensionierung). Der Begriff legt die Vorstellung von einem Fahrplan durch den Lebenslauf nahe, dessen Stationen aufgrund von → Altersnormen von allen oder vielen in der gleichen Reihenfolge und etwa zur selben Zeit erreicht werden. W.F.H.

Lebenserwartung, mittlere → Sterbetafeln

Lebensformen, bei E. Spranger (1914) Bezeichnung für idealtypisch herausgearbeitete Grundformen des individuellen Bewusstseins (und der Lebensführung), die durch je einen Zentralwert dominiert werden: der theoretische Mensch, der ökonomische, der ästhetische, der soziale, der religiöse Mensch, der Machtmensch. Spranger verstand diese Typologie als protestantischen Gegenentwurf gegen den, wie er sagt, katholisch inspirierten der Grundformen des Wissens bei M. Scheler (→ Herrschaftswissen – Erlösungswissen – Bildungswissen). W.F.H.

Lebensführung, [1] allgemein die Formung des eigenen Lebens im Hinblick auf Ziele, normative Werte, religiöse Überzeugungen usw., wie sie sich auch in alltäglichen Handlungen kundtut. [2] Bei M. Weber das Insgesamt des „praktischen Verhaltens", der auch alltäglichen Lebensäußerungen, in denen sich die Gestaltwirkung einer religiösen Überzeugung, einer sozialen Konvention, eines ethnischen Gemeinschaftsgefühls, einer ständischen Ehre o.ä., einer von einer Gruppe geteilten Lebens- und Weltauffassung ausdrückt. Diesen Prägungen der L. ist Weber anhand vieler Gegenstandsbereiche nachgegangen, so der Prägung der Geschäftspraktiken und der Methodisierung der alltäglichen Lebensvollzüge (Pünktlichkeit, Zeitbewusstsein usw.) bei den Puritanern, der Verachtung der Erwerbsarbeit in ritterlicher und anderer herrschaftlicher L., dem Unterschied von Klassenlage und durch Konsumstil und anderen Stilisierungen (Ehrbegriff) charakterisierter L. der Stände. W.F.H.

Lebensführung, doppelte, auch: doppelte Lebensplanung, eine von der Mehrheit der Frauen heute praktizierte Form des weiblichen Lebenslaufs, die (anspruchsvolle) Berufsarbeit mit der Verantwortung für die Familie verbinden will. W.F.H.

Lebenskonstruktion, in der → Biografieforschung Bezeichnung für die Gesamtgestalt eines Lebens, für seine „Gangstruktur...", wie sie in der Vielgestaltigkeit der Lebensäußerungen zum Ausdruck kommt" (H. Bude 1984). W.F.H.

Lebenskrise, nicht-normative → Lebenskrise, normative – nicht-normative

Lebenskrise, normative – nicht-normative, Unterscheidung der (psychologischen) Lebenslaufforschung für krisenhafte Ereignisse im Lebenslauf, die erwartbar (weil allen und vielen anderen geschehend, n. L.) oder nicht erwartbar oder jedenfalls nicht in einer bestimmten Lebensaltersstufe erwartbar (n.-n. L.) eintreten. Pensionierung oder Weggang der erwachsenen Kinder aus der Familie sind Beispiele für n. L.n, schwerer Unfall oder Krankheit solche für n.-n. L.n. W.F.H.

Lebenslage, soziale, Konzept der Ungleichheitsforschung, das gegenüber älteren Klassen- und Schichttheorien zur vergleichenden Untersuchung der Lebensbedingungen von Einzelnen bzw. von Gruppen vielfältigere Dimensionen benutzt als Berufsposition bzw. Einkommen des Haushaltsvorstandes, nämlich Wohnsituation, Bedingungen des Wohnumfeldes, Gesundheit und gesundheitliche Risiken, Schulangebot der Region für die Kinder, Vermögen (Hausbesitz, Sparanlagen usw.), Bedingungen des Freizeitlebens, Erholungsmöglichkeiten usw. Hinzu kommen u.U. Merkmale der innerfamiliären Konstellation, d.h. das Verhältnis der Frau und der Kinder zum Mann als Hauptverdiener o.ä.

So soll erstens erreicht werden, dass die Lebensbedingungen auch derer angemessen erfasst werden, deren L. mit der alleinigen Berücksichtigung von Beruf und Einkommen des Haushaltsvorstandes nicht erfasst wird. Zweitens sollen diejenigen Lebensbedingungen berücksichtigt werden, die durch die Erhebung von Beruf und Einkommen allein nicht deutlich werden (Transfereinkommen, Bedingungen der Infrastrukturversorgung, regionale Besonderheiten). Die Diskussion, wie Ausprägungen dieser vielfältigen Indikatoren zu konturierten s. L.n zusammengefasst werden können, ist nicht abgeschlossen. W.F.H.

Lebenslauf, auch: Lebensablauf oder Lebensverlauf, *life course,* früher manchmal auch Lebenszyklus, *life cycle,* [1] allgemein im Unterschied zu → Biografie die („objektive") Abfolge der auch mit quantitativen Erhebungsverfahren ermittelbaren Ereignisse und herausragenden Veränderungen im Leben einzelner (wobei methodologisch und methodisch das Verhältnis zur Biografie nicht abschließend geklärt ist).

[2] Zuerst (in strukturell-funktionalen Ansätzen der 1960er und 1970er Jahre) Bezeichnung für den Durchgang der Einzelnen bzw. von Gruppen durch die sozial vorgegebenen Rollen, Lebensstadien, Statusniveaus, Altersgruppen usw. (also z.B. vom Kleinkind, Kindergartenkind, Schulkind, Jugendlichen über den berufstätigen Vater bis zum Rentner). In diesem Ansatz ergeben sich hauptsächlich Fragen nach der Einhaltung der richtigen Reihenfolge der Rollenerweiterungen oder -wechsel, nach dem Lebensalter, in dem die entsprechenden Übergänge oder Wendepunkte auftreten (zu früh? zu spät? – jeweils im Sinne von Mehrheitslösungen oder von → Altersnormen), nach den mit den Übergängen und Wendepunkten verbundenen Sozialisations- und Desozialisationsprozessen.

[3] Neuere Studien haben sich von diesem Abbildungsverhältnis von sozialer Altersstruktur

im L. gelöst und fassen den L. als Zusammenhang von Ereignissen und Entscheidungen, die jeweils aus vorangegangenen Ereignissen, Entscheidungen usw. erklärt werden können, begreifen also L. als (prozessuale) Struktur eigener Art (so K.U. Mayer 1987).

[4] Ein historisch vergleichender Ansatz (→ Kohorte) arbeitet die spezifischen zeitgeschichtlichen Bedingungen heraus (Wirtschaftskrise, Weltkrieg, Notzeiten usw.), unter denen Einzelne bzw. Gruppen die als sozial angemessen geltenden Lebensschritte gehen konnten (Berufseinstieg bei Massenarbeitslosigkeit, Eheschließungen in der Nachkriegszeit, Schulabschluss unter anderem Bildungsangebot usw.) und gelangt so zur Beschreibung der unterschiedlichen L.formen von nebeneinander lebenden Generationen.

[5] M. Kohli (1983, 1985) gilt der L. als wichtige soziale Institution in der modernen Gesellschaft (These von der Institutionalisierung des L.s): Der säkulare Sterblichkeitsrückgang seit dem 19. Jahrhundert, der Ausbau von Schule und Bildungssystem einerseits, die Garantie des Rentenalters andererseits haben eine relativ gleichartige Verlaufsform der L.e als um die Berufsphase im Erwachsenenalter herum organisiert erbracht. Diese relativ gleichartige Verlaufsform des Lebens helfe mit, Vergesellschaftung zu sichern, nachdem andere Sicherungen (ständische Milieus, tradierte Lebensführungsstile usw.) weithin zerfallen sind; die soziale Institution L. vermittle Individuum und Gesellschaft.

[6] In der psychologischen Biografik (H. Thomae) der Zusammenhang der sich im Leben eines Einzelnen voneinander abhängig verändernden Hauptabsichten, Grundstimmungen und Tätigkeitsbereiche.

[7] Die alltagssprachliche Bedeutung von L. als *curriculum vitae* spielt in den Sozialwissenschaften keine Rolle. W.F.H.

Lebenslaufforschung, auch: Lebensverlaufsforschung, [1] übergreifende Bezeichnung für soziologische, psychologische, ethnologische usw. Studien zum Lebenslauf, von der → Biografieforschung gewöhnlich durch geringere Berücksichtigung der subjektiven Erfahrungen und Darstellungsweisen des Lebens unterschieden.

[2] Speziell eine quantitativ arbeitende (mit repräsentativen Erhebungen mehrere Kohorten vergleichende) soziologische Forschungsrichtung in den USA, Norwegen, Israel, Frankreich und Deutschland. W.F.H.

Lebenspartnerschaft, eingetragene, seit August 2001 hat der deutsche Gesetzgeber – nach dem Vorbild anderer europäischer Staaten – mit der

e.L. auch für schwule und lesbische Paare eine staatliche Registrierung mit eheähnlichen Rechten und Pflichten geschaffen. Allerdings handelt es sich dabei nicht um eine völlige Gleichstellung mit einer (heterosexuellen) Ehe, wie sie es in den Niederlanden gibt. K.Le.

Lebensphilosophie, Bezeichnung für eine Reihe von philosophischen Ansätzen zu Beginn des 20. Jahrhunderts, die mit der Zentralsetzung Leben und seinen geschichtlich-kulturellen Verdichtungen die rationalistische Subjekt/Objekt-Spaltung behoben sahen. Sie gingen vom Erlebten-Leben gegenüber Handeln, vom Verstehen gegenüber Erklären aus und legten das Primat auf die (Lebens-)Zeit als Seiendes, auf die soziale Dynamik. Zentrale Vertreter der L. waren H. Bergson und W. Dilthey. Einen Niederschlag der L. in die Soziologie findet sich in G. Simmels „Grundfragen der Soziologie" (1917). O.R.

Lebensplanung, Bezeichnung für das individuelle Bestreben, obere Ziele langfristig zu erreichen, insbesondere eine gesellschaftliche Position einzunehmen. An der L. lässt sich die soziale Einbettung des Lebenslaufes besonders deutlich ablesen. R.L.

Lebensplanung, berufszentrierte, eine Form der Lebensplanung von Frauen heute, die sich hauptsächlich auf eine qualifizierte Berufsausbildung und die Verwirklichung beruflicher Ziele richtet, ohne dabei eine Familiengründung grundsätzlich auszuschließen (B. Geissler/M. Oechsle 1996). W.F.H.

Lebensplanung, doppelte → Lebensführung, doppelte

Lebensplanung, familienzentrierte, eine Form der Lebensplanung von Frauen heute, in der eine eigene Berufstätigkeit fast keine Rolle (traditionelle Variante) oder eine dem Lebensbereich Familie untergeordnete (modernisierte Variante) spielt (B. Geissler/M. Oechsle 1996). W.F.H.

Lebensplanung, individualisierte, eine Form der Lebensplanung von Frauen heute, die weder Beruf noch Familiengründung noch andere langfristige Ziele zentral setzt, sondern sich um die sukzessive Entfaltung der eigenen Persönlichkeit bemüht (B. Geissler/M. Oechsle 1996). W.F.H.

Lebensplanung, verweigerte, eine Form der Lebensführung von Frauen heute, die sich in allen Feldern (Beruf, Partnerschaft usw.) von einem kurzfristigen und kündbaren Arrangement zum nächsten entlang hangelt (B. Geissler/M. Oechsle 1996). W.F.H.

Lebensqualität, *quality of life*, zusammenfassende Bezeichnung für den durch sog. → soziale Indikatoren (*social indicators*) angezeigten Entwicklungsstand der allgemeinen Lebensbedingungen in einer Gesellschaft. Im Gegensatz zu dem zumeist rein ökonomisch definierten Begriff des → Lebensstandards umfasst der Begriff der L. u.a. auch solche Faktoren wie die Wohnbedingungen, den Zustand der natürlichen Umwelt, den Grad der Demokratisierung, den Gesundheitszustand der Bevölkerung, die Erholungsmöglichkeiten, das Erziehungswesen und das Maß an sozialer Sicherheit in einer Gesellschaft zu einem gegebenen Zeitpunkt. R.Kl.

Lebensraum, [1] *life space,* vektorpsychologischer (feldtheoretischer) Begriff für die psychische Vorstellungs- und Erlebenswelt. Der L. umfasst jeweils die Person als Bewusstseinseinheit und deren subjektive Umwelt, deren beider Funktion das Verhalten der Person ist. H.E.M.
[2] Der geografische Raum, der einer Tierpopulation, aber auch einem Volk o.ä. zum Leben zur Verfügung steht. In Verbindung mit sozialdarwinistischen Gedanken spielte der Begriff insbesondere in imperialistischen Ideologien eine zentrale Rolle. So suchte der Nationalsozialismus den Krieg gegen die Sowjetunion u.a. mit dem Argument zu rechtfertigen, das deutsche Volk müsse sich L. „im Osten" erkämpfen.
R.Kl.

Lebensstandard, [1] Bezeichnung für Menge und Qualität von Waren, öffentlichen Einrichtungen und anderen Lebensbedingungen, die einer Person zur Verfügung stehen oder ihre Lebensführung bestimmen. Die Messung des L.s (definiert in Bezug auf bestimmte Waren und Leistungen = „Warenkorb") erfolgt i.d.R. zu Vergleichszwecken. H.W.
[2] eine Bestimmung des L. über den Besitz von Gütern oder die Verfügung über Einkommen greift nach A. Sen zu kurz; er lenkt den Blick auf die gesamten Lebensbedingungen, die Möglichkeiten der Lebensgestaltung bzw. auf die Fähigkeiten – und die damit verbundenen Freiheiten – unterschiedliche Arten von Leben zu führen. Sen wendet sich gegen eine Bewertung von L. über Wohlstand und Nutzen; er verweist demgegenüber auf die gesellschaftliche Bewertung (Standardbewertung) und die Selbstbewertung. Anstelle einer Gesamtklassifizierung soll die differenzierte Bewertung einzelner Komponenten des L. erfolgen. C.W.

Lebensstil, die Inszenierung des eigenen Lebens in den Augen der Umwelt. [1] G. Simmel (1900) hat den Begriff für die Soziologie fruchtbar gemacht, indem er davon ausging, dass zum einen der L. das Persönliche entlastet und verhüllt, zum anderen aber von der Umwelt das Persönliche am L. abgelesen wird. Aus der gesellschaftlich angebotenen Menge von L.en greift sich der Einzelne aufgrund seines → Weltbildes den L.

heraus, der ihm angemessen scheint. Die in einer Gesellschaft greifbaren L. hängen vom Stand der Gesellschaft ab; und entsprechend macht Simmel für die große Bedeutung des L. in der Moderne das Geldwesen verantwortlich, das, gemeinsam mit der aktuellen Intellektualität und dem Rechtswesen, ja gerade durch Gleichgültigkeit gegenüber individueller Eigenheit gekennzeichnet sei. Daraus folge eine erhöhte Sehnsucht nach Individualität wie auch eine erhöhte Angst vor einer von der Umwelt nicht verstandenen Eigenheit. O.R.
[2] Als Kategorie der kultursoziologischen Zeitdiagnose bezeichnet L. ein Mittel der (sub-)kulturellen Einbindung und eine Form der Selbstpräsentation des Individuums, die Zugehörigkeit zu einem bestimmten sozialen Milieu demonstrierend.
[3] P. Bourdieus Theorie sozialer Ungleichheit zufolge erzeugt ein durch eine spezifische Soziallage (vor allem Klassenlage) bedingter Habitus einen spezifischen L., der sich in bestimmten kulturellen Praktiken manifestiert: in der Art der Wohnungseinrichtung, der Lektüre, Essensgewohnheiten u.v.m. Distinktive L.e sind Mittel sozialer Ab- und Ausgrenzung. M.M.

Lebens- und Schicksalsgemeinschaft, Bezeichnung von S. Kracauer (1922) für Gruppen, „deren Glieder in unlöslicher Verbundenheit miteinander leben, statt nur durch Ideen oder beliebige Prinzipien zusammengeschweißt zu sein." Als Beispiele nennt Kracauer: Familie, Nation. W.F.H.

Lebensverein → Cönose

Lebensverlauf → Lebenslauf

Lebensverlaufsforschung → Lebenslaufforschung

Lebensweise, Bezeichnung insbesondere von Soziologen in der ehem. DDR für den gegebenen Stand der Bedürfnis- und Bewusstseinsentwicklung, der Denk- und Verhaltensweisen. Gefragt wird, wie Gesellschaftliches und Individuelles in der L. einander bestimmen. R.L.

Lebenswelt, *life-world, world of everyday life,* [1] ein von E. Husserl geprägter Begriff, stellt die Gesamtheit der tatsächlichen und möglichen Erfahrungshorizonte menschlichen Lebens dem mathematisierbaren „Ideenkleid" der exakten Wissenschaften gegenüber. Letzteres hat seinen notwendigen, obgleich häufig vergessenen Grund in der L., indem jede ideale Gegenständlichkeit durch Urteils- und Erfahrungszusammenhänge hindurch in den „vorprädikativen" Bereich der L. zurückgeführt werden muss.
R.G.
[2] Bei A. Schütz und T. Luckmann wird L. zum soziologischen Hauptbegriff. „Die L. ist der Inbegriff einer Wirklichkeit, die erlebt, erfahren

unbd erlitten wird" (1984). Untersucht wird vor allem die alltägliche und soziale Praxis. Die alltägliche L. meint jenen Wirklichkeitsbereich, „den der wache und normale Erwachsene in der Einstellung des gesunden Menschenverstandes als schlicht gegeben vorfindet" (1975).
[3] J. Habermas (1981) benutzt L. als Komplementärbegriff zum → kommunikativen Handeln. Gesellschaft wird gleichzeitig als System und als L. konzipiert. Die L. enthält den kulturell überlieferten und sprachlich organisierten Vorrat an Deutungsmustern. Sie meint, hier, vereinfacht gesagt, die soziokulturelle Umwelt.   R.L.

Lebenswelt, kleine soziale, *small life-world,* bezeichnet einen Ausschnitt aus der → Lebenswelt [2], der im Sinne einer Sonderwelt oder eines Milieus an einem kleineren und bestimmteren Wissensvorrat orientiert ist, z.B. Lebenswelt eines Berufes, einer Teil- oder Teilzeitkultur (T. Luckmann 1970). Klein ist die k.s.L. also nicht wegen ihres Umfanges an Mitgliedern oder ihrer Geltungsreichweite, sondern weil sie in ihren Relevanzen weniger komplex ist als die Lebenswelt insgesamt.   W.F.H.

Lebenszeitrisiko, *life time risk,* Kennzahl, häufig ausgedrückt als Prozentsatz, für das Risiko einer bestimmten Personengruppe im Laufe der (durchschnittlichen) Lebenszeit von einer bestimmten Krankheit oder anderen Ereignissen betroffen zu werden. So beträgt das L. für Frauen, an Brustkrebs zu erkranken, in den USA 1/8 oder 12 Prozent.   W.P./H.W.

Lebenszusammenhang, in der Kritischen Theorie die → Totalität der subjektiven und objektiven Beziehungen, aus denen eine soziale Existenz besteht. Im Kontrast zum L. stehen die Beziehungen zum Staat, zu Institutionen, Einzelinteressen usw.   R.L.

Lebenszyklus, *life cycle,* ältere Bezeichnung für → Lebenslauf.   W.F.H.

Leerformel, Behauptung ohne empirischen Gehalt, formuliert als unwiderlegbare Wahrheit; vereinbar mit jedem beliebigen Tatbestand, da über Sachverhalte, die überprüft werden könnten, nichts ausgesagt wird.   L.K.

legal realism (engl.), Rechtsrealismus, Bezeichnung für einen (in den USA, z.B. von K.N. Llewellyn) entwickelten rechtssoziologischen Ansatz, der vom Unterschied zwischen *„law in books"* und *„law in action"* ausgeht. Für den *l. r.* steht das Verhalten der Gerichte im Mittelpunkt des Interesses. Rechtsregeln sind für ihn generalisierte Voraussagen über das Verhalten der Gerichte.   M.O.H.

Legalisierung, bei M. Weber Oberbegriff für den Wandel einer charismatischen Herrschaft zu einer traditionalen oder rationalen Herrschaft. Die „Sendung" des Charisma-Trägers wird ver-

alltäglicht, da eine Dauerbeziehung eine weltzugewandte und wirtschaftsorientierte „Alltagsgrundlage" erfordert.   M.O.H.

Legalismus, die Einstellung von Akteuren sozialen Wandels, ihre Ziele ausschließlich im Rahmen und mit Mitteln der vorhandenen Rechtsordnung zu verfolgen. Die Praxis der westdeutschen Gewerkschaften ist ein Beispiel für L.   R.L.

Legalität, die Rechtmäßigkeit einer Handlung aufgrund ihrer Übereinstimmung mit Gesetzen.   W.F.H.

Legalitätsglaube, die heute häufigste Form der Legitimierung von Herrschaft aufgrund des Glaubens der Beherrschten an die formale Korrektheit von Satzungen (M. Weber).   W.F.H.

Legeshierarchie, die im Mittelalter geglaubte hierarchische Ordnung verschiedenartig begründeter Rechtsmaterien (nämlich *lex divina, lex aeterna, lex naturalis* und *lex positiva*).   N.L.

Legislative, die gesetzgebende Gewalt im Staat. Die Lehre von der → Gewaltenteilung (J. Locke, Montesquieu) unterschied im staatlichen Funktionszusammenhang zwischen drei Gewalten: L., → Exekutive und → Judikative. Mit dem Begriff der L. korrespondiert der Gesetzesbegriff (eine abstrakte, allgemeine und gleiche Regelung), der den Aufgabenbereich der L. absteckt.   M.O.H.

Legitimation, [1] Bezeichnung für den Nachweis der Herrschenden, dass sie die geforderten Bedingungen rechtmäßiger Herrschaft erfüllen (M. Weber).
[2] Allgemeine Bezeichnung für den (erfolgreichen) Versuch, die eigenen Handlungen als begründet durch gemeinsame oder übergeordnete Ziele und insofern als rechtmäßig nachzuweisen, sie zu rechtfertigen.
[3] Allgemeine Bezeichnung für den (erfolgreichen) Versuch, die eigenen Ziele und Absichten als im gemeinsamen Interesse liegend oder als aus übergeordneten gemeinsamen Zielen folgend zu rechtfertigen.   W.F.H.

Legitimationskrise → Legitimitätskrise

Legitimierung, der Vorgang, durch den eine Herrschaft von den Beherrschten als rechtmäßig Anerkennung findet, z.B. durch Übertragung charismatischer Legitimität einzelner Führer auf von ihnen gestiftete Institutionen.   W.F.H.

Legitimierung, horizontale – vertikale. Mit h.r L. wird die gegenseitige Anerkennung von Privilegierten bezeichnet, die sich so gegenüber den Nichtprivilegierten absichern. H. L. ist so die Voraussetzung von v.r L., die in der rechtfertigenden Absicherung des Verhältnisses von Privilegierten zu Nichtprivilegierten besteht (H. Popitz).   W.F.H.

Legitimierung, technische, die Anerkennung einer Herrschaft durch die Beherrschten aufgrund des technischen Fachwissens der Herrschenden.   W.F.H.

Legitimierung, vertikale → Legitimierung, horizontale – vertikale

Legitimität, [1] die Rechtmäßigkeit einer Handlung aufgrund ihres Zusammenhangs mit einer politischen Ordnung oder einer politischen Gruppe, denen von der regierten Gruppe politische Rechtmäßigkeit zuerkannt wird.

[2] Allgemeine Bezeichnung dafür, dass Herrschende, politische Bewegungen und Institutionen aufgrund ihrer Übereinstimmung mit Gesetzen, Verfassungen, Prinzipien oder aufgrund ihrer Leistungsfähigkeit für allgemein anerkannte Ziele akzeptiert, positiv bewertet und für rechtmäßig gehalten werden.   W.F.H.

Legitimität, charismatische, die Rechtmäßigkeit einer Handlung aufgrund der Anerkennung der herausragenden Persönlichkeitseigenschaften eines Führers oder Herrschers durch die Beherrschten (M. Weber).   W.F.H.

Legitimität, ideologische, *ideological legitimacy,* meint allgemein die von ökonomischen, politischen u.a. Interessen gesteuerte Rechtfertigung einer Norm, Institution oder gesellschaftlichen Ordnung, zuweilen in Abgrenzung zur sachlichen L., die durch empirisch oder immanent-logisch gestützte Sachgesetze bestimmt ist.   W.M.S.

Legitimität, institutionelle, die Rechtmäßigkeit einer Handlung aufgrund ihres Zusammenhangs mit einer institutionell garantierten Ordnung.   W.F.H.

Legitimitätsanspruch, Autoritätsanspruch, der Anspruch der Herrschenden an die von ihnen Beherrschten, die Rechtmäßigkeit der Regeln, nach denen sie zur Herrschaft gelangt sind oder sie ausüben, anzuerkennen.   W.F.H.

Legitimitätseinverständnis, die dem Gehorsam der Beherrschten zugrunde liegende Übereinstimmung, dass die Herrschaft rechtmäßig und für sie verbindlich ist (M. Weber).   W.F.H.

Legitimitätserwartung, bei J. Habermas (Theorie der → kommunikativen Kompetenz) Bezeichnung für die prinzipiell vorgenommene Unterstellung eines Kommunizierenden, dass sein Kommunikationspartner die Normen, denen er folgt, auch zu begründen in der Lage ist. Die L. schließt die Unterstellung ein, dass dann, wenn die Legitimität von Normen und Argumenten vom Kommunikationspartner angezweifelt werden sollte, die Subjekte jederzeit aus dem problematisierten Handlungszusammenhang heraustreten und einen → Diskurs [2] aufnehmen können.   H.G.

Legitimitätsglaube, bei M. Weber der Glaube der Beherrschten an die Rechtmäßigkeit der Herrschaft, der besser als zweckrationale Interesse, affektuelle oder wertrationale Haltungen allein zur Stabilisierung der Herrschaft beiträgt.   W.F.H.

Legitimitätsgrundlage, die der Fügsamkeit der Beherrschten in die Herrschaft zugrunde liegende Form der Anerkennung: Glaube an die herausragenden Persönlichkeitseigenschaften eines Führers, Geltung von Tradition oder sachliche Übereinstimmung mit Satzungen und Verfahrensregeln (M. Weber). In der Diskussion des Herrschaftsbegriffs bei Weber sind weitere L.n vorgeschlagen worden, vor allem die Sachverständigkeit in der Lösung von technischen Problemen.   W.F.H.

Legitimitätskrise, auch: Legitimationskrise, Situationen, in denen die Herrschenden nicht mehr ohne weiteres mit der Wirksamkeit gewohnter Anerkennung der Rechtmäßigkeit ihrer Herrschaft durch die Beherrschten rechnen können. Bestimmte Formen der Herrschaft stehen mehr oder weniger immer in dieser L. (so die Herrschaftsausübung aufgrund von Sachverständigkeit, die permanent nachgewiesen werden muss).   W.F.H.

Legitimitätsproblem, die in bestimmten Situationen ungesicherte Anerkennung der Herrschaft durch die Beherrschten.   W.F.H.

Legitimitätsregelung, der Anspruch einer Herrschaft, von den Beherrschten aufgrund von herausragenden Führerpersönlichkeiten, aufgrund von Traditionen oder von Satzung als rechtmäßig anerkannt zu werden, wird von den Beherrschten nicht immer inhaltlich anerkannt: die Anerkennung wird oft nur vorgetäuscht, gehorcht wird aus anderen Gründen. Trotzdem bestimmt der Legitimitätsanspruch maßgeblich die jeweilige Struktur der Herrschaft und hat insofern L. (M. Weber).   W.F.H.

Legitimitätsvorstellung, die die Anerkennung einer Herrschaft begründenden Vorstellungen der Beherrschten von Legitimität, z.B. aufgrund herausragender Persönlichkeitseigenschaften eines Führers, aufgrund geltender Tradition, aufgrund von Satzung und Verfahrensregelung (M. Weber).   W.F.H.

Lehnswesen → Feudalismus

Lehre von der Gegenseitigkeit → Mutualismus [1]

Lehrplan, heimlicher, *hidden curriculum,* Bezeichnung und Programmbegriff einer kulturanthropologisch inspirierten Arbeitsrichtung der Schul- und Unterrichtsforschung, die das offizielle und pädagogische Selbstverständnis der Schule (und anderer Bildungseinrichtungen) kritisieren will durch den Nachweis eines zweiten, eines h.n L.s.: Die Schule ermöglicht oder provoziert durch ihre institutionellen Arrangements (Abfolge von Unterrichtsstunden und Pausen, Kontrolle der Schüler auch außerhalb des Lernens, Zusammenfassung in Klassen vor einem Lehrer usw.) andere als die pädagogisch gewollten Lernprozesse, z.B. dass man sich als Schüler durch Widerstand, Vortäuschung von Interesse oder Bravheit behaupten muss, dass die Mächtigen (die Lehrer) einander gegenseitig nicht kritisieren, sondern durch Kollegialität verbunden sind, dass auf dem Schulhof nicht die Noten zählen, sondern die Körperkraft, dass die hoch geschätzte Bildung im 45-Minutentakt zerstückelt angeboten werden kann usw. Kulturanthropologisch inspiriert ist diese Arbeitsrichtung der Schulforschung insofern, als sie sich darum bemüht, Schule und Unterricht von den wirklichen Vollzügen und nicht von der pädagogischen Programmatik her zu beschreiben.   W.F.H.

Lehrtechnologie → Unterrichtstechnologie – Bildungstechnologie

Leib. In phänomenologischen Sozialphilosophien ist die Unterscheidung von menschlichem Körper und L. wichtig. Während eine dualistische Ontologie (Lehre vom Sein) in der Tradition R. Descartes' die körperliche Welt ausgedehnter Gegenstände und die unkörperliche Welt des Bewusstseins trennt, versucht eine leiborientierte Sozialphilosophie, z. B. in der Nachfolge M. Merleau-Pontys, die Mehrdeutigkeit der Leiblichkeit herauszustellen: L. ist einerseits die menschliche Art und Weise, eine Welt als Sphäre der Gegenstände des Wahrnehmens und Handelns zu haben; leibfreie Erfahrung von Dingen ist daher nicht möglich. Andererseits ist der L. ein Körper unter den Körpern dieser Welt. Ist so der L. nie als Körper ganz ein Gegenstand (ich besitze nicht einen L. wie ich Gegenstände des persönlichen Hantierens besitze, sondern mein L.: das bin ich), so ist doch mein L. auch nicht die Distanz von meiner Welt, wie sie etwa mit dem Begriff eines Bewusstseins gemeint sein kann. Merleau-Ponty etwa nennt den L. die Art des „Seins-zur-Welt" (*l'être-au-monde*). Insbesondere in sozialphilosophischen Zusammenhängen ist der Begriff des L.s als Dimension der Erfahrung des Anderen wichtig.   K.R.

Leibeigenschaft, vielgestaltige Form persönlicher Abhängigkeit und Untertänigkeit in der Feudalgesellschaft. Der feudale Grundherr verfügt u.a. ganz oder zum Teil über die Arbeitsleistung des leibeigenen Bauern oder Handwerkers und seiner Familie (Fronhof), schränkt seine Freizügigkeit ein, befindet neben anderen Vorrechten über Heirat des Leibeigenen und

die Erbfähigkeit der Kinder, zieht im Todesfall die ganze oder Teile der Habe ein. Die L. war im Mittelalter und der frühen Neuzeit stets stark umkämpft.   H.W.

Leibeigenschaft, zweite, Verschärfung der Grundherrschaft und der Abhängigkeit von Leibeigenen im Zuge des Ausbaus der Gutswirtschaften in Osteuropa im 16. bis 19. Jahrhundert, die im Zeichen der sich entwickelnden Arbeitsteilung und Konkurrenz auf den Weltmärkten für Agrarprodukte (z.B. Weizen für England und die Niederlande) und der Herausbildung einer neuen Klasse von Grundherren (Junker) stand.   H.W.

Leib-Seele-Dualismus → Leib-Seele-Problem

Leib-Seele-Problem, die klassisch-philosophische, aber auch für die modernen Humanwissenschaften zentrale Frage nach dem Verhältnis zwischen dem Leib, also dem als dem → Ich zugehörig erlebten menschlichen Körper, durch den der Mensch an der Welt der physikalisch-chemischen Gegenstände und Vorgänge teilhat, und der „Seele", also den Bewusstseinszuständen und -vorgängen des Menschen (seinen Willensakten, Gefühlen, Erwartungen usw.).

Die meisten Theorien zum Leib gehen von einem „Leib-Seele-Dualismus" aus, also von der These, dass weder seelische Vorgänge vollständig auf physisch-körperliche Vorgänge noch umgekehrt körperliche Vorgänge gänzlich auf psychische Vorgänge zurückgeführt und damit erklärt werden können, betonen dabei aber die enge Wechselwirkung zwischen psychischen und physischen Vorgängen und Zuständen (→ psychosomatisch [2]).   R.Kl.

Leichtsinn, metaphysischer, bei M. Scheler (1957) jene Grundhaltung der Fröhlichkeit und des Lebensmutes beim Menschen, die als eine „natürliche Verdrängung" der Todesgewissheit gelten könne.   W.F.H.

Leistung, *performance, achievement,* der Prozess des Leistens bzw. das Ergebnis in einer bestimmten Tätigkeit, z.B. beim Autofahren, Aufsatzschreiben. Gemessen wird die L. mit → Leistungstests.   H.W.K.

Leistung, originäre – derivative, Begriffe einer verhaltens- und entwicklungsbezogenen Macht- und Herrschaftstheorie. O. L. meint die Bereitstellung zusätzlicher oder neuer, d. L. die Bereitstellung bisheriger oder alter Bedürfnisbefriedigungsmittel. Macht- und Herrschaftsverhältnisse wandeln sich mit der Differenzierung von o.r L. und Vermehrung von d.r L. Den Übergang von der bürgerlichen zur Leistungsgesellschaft bezeichnet die Kollektivierung oder Vergesellschaftung der Verfügung über ökonomische d. L.   D.K.

Leistungen vom Typus des Bestimmens wie z.B. die Bestimmung (Festlegung) einer Arbeitsnorm (Stückzahl) durch eine Gruppe von Akkordarbeitern, nach P.R. Hofstätter (1957) einer von drei Leistungstypen (neben Such- und Trageleistungen), bei denen die Gruppenleistung der Summe der Leistungen der einzelnen Gruppenmitglieder überlegen ist und die daher als Gründe für die Bildung von Gruppen betrachtet werden können. → Gruppeneffekte   R.Kl.

Leistungen vom Typus des Suchens und Beurteilens wie z.B. die Schätzung des Flächeninhalts verschiedener geometrischer Figuren oder die Lösung einer Rechenaufgabe, nach P.R. Hofstätter (1957) ein Leistungstyp, bei dem die Gruppenleistung der Summe der Leistungen der einzelnen Gruppenmitglieder überlegen ist und die damit als Gründe für die Bildung von Gruppen betrachtet werden können.   R.Kl.

Leistungen vom Typus des Tragens und Hebens wie z.B. der Transport einer schweren Statue durch eine Kolonne von Sklaven, nach P.R. Hofstätter (1957) einer (der primitivste) von drei Leistungstypen (neben Such- und Bestimmungsleistungen).   R.Kl.

Leistungsanreiz, Veränderung der ökonomischen, psychischen und sozialen Arbeitsbedingungen mit dem Ziel, die Arbeitenden zu einer einmaligen höheren Leistung oder zur Ausbildung eines höheren Leistungsniveaus zu motivieren. Während die Arbeitsmotivation nach liberalistischer Auffassung allein von Lohnhöhe und Lohnform abhing, wird heute den nicht zweckrationalen (traditionalen, emotionalen, wertrationalen) Komponenten der Motivationsstruktur höhere Leistungsrelevanz zugesprochen.   B.Bi.

Leistungsautorität, eine Einflusschance, die aus positiven Leistungen, d.h. Bereitstellung von Mitteln zur Befriedigung von Bedürfnissen für das Gesamtsystem (K.O. Hondrich) entsteht.   H.H.

Leistungsbedürfnis → Leistungsmotivation

Leistungsbewertung → Arbeitsplatzbewertung, analytische

Leistungselite, jede Form von Elite, die die Zugehörigkeit ihrer Mitglieder mehr oder weniger ausschließlich von erbrachten Leistungen abhängig macht.   O.R.

Leistungsgesellschaft, Bezeichnung für die Industriegesellschaft, in der das soziale Handeln geprägt ist durch → Leistungsmotivation und in der sich der soziale Status aller Gruppierungen und aller Mitglieder nach erbrachten Leistungen für die Gesamtheit bestimmt. In der L. herrscht durch das formale Leistungsprinzip Chancengleichheit für alle und damit ein Trend zur Beseitigung sozialer Ungleichheit. Diese Auffas-

sung von den Zielen der L. ist ideologisch; eine universalistische Leistungsorientierung schlägt sich zwar im Produktivitätszuwachs nieder, aber: was Leistung ist und wer wofür warum belohnt wird, wird von Kriterien bestimmt, die nicht an diesen Zielen ausgerichtet sind.   O.R.

Leistungsgruppe, Funktionsgruppe, in Industriesoziologie und Arbeitskräftestatistik Bezeichnung für die Beschäftigten eines Betriebes, einer Region oder eines Staates mit gleichen Qualifikationsmerkmalen (z.B. gelernt, angelernt, ungelernt; Facharbeiter, Spezialarbeiter, Hilfsarbeiter).   W.F.H.

Leistungsindividualismus, Bezeichnung dafür, dass sich das moderne Individuum durch Leistungen identifiziert, für Leistungen soziale Anerkennung und Bestätigung erhält sowie seinen Lebenssinn in beidem sieht (U. Schimank 2000). → Anspruchsindividualismus   W.F.H.

Leistungslohn, gerechter → Arbeitsplatzbewertung, analytische

Leistungsmotivation, Leistungsbedürfnis, *n-achievement,* auch: Leistungsorientierung, die Tendenz einer Person, eine Vielzahl von Tätigkeiten primär unter dem Aspekt „Erfolg – Misserfolg" zu sehen und entsprechend dieser Kategorisierung das Bestreben zu zeigen, die eigene Tüchtigkeit bei diesen Tätigkeiten möglichst hoch zu halten. → Erfolgsmotivation – Misserfolgsmotivation   H.W.K.

Leistungsorientierung → Leistungsmotivation

Leistungsphysiologie → Arbeitsphysiologie

Leistungsprinzip, Bezeichnung für die Verteilungsnorm moderner Gesellschaften, nach welcher sich die materiellen und sozialen Chancen der Individuen allein nach der Qualität und dem Umfang ihrer Leistung bemessen sollen. Vorausgesetzt sind Leistungsstandards, über deren Definition innerhalb eines sozialen Systems Konsens herrscht. Das L. hat gegenüber anderen Zuteilungskriterien (z.B. Stand, Herkommen) im Zuge der Industrialisierung an Bedeutung gewonnen. An die Verwirklichung des L.s heftet sich nicht nur die liberale Vorstellung von sozialer Gerechtigkeit (Abbau von funktional ungerechtfertigten Statusvorteilen und Schichtbarrieren), sondern auch die Erwartung der optimalen Ausschöpfung des gesamtgesellschaftlichen Leistungspotenzials. Kritisiert wird am L., dass es als individualistisches Zurechnungskriterium den gesellschaftlichen Charakter produktiver Leistungen verschleiere.   B.Bi./F.X.K.

Leistungsquotient, LQ, *achievement quotient, AQ,* das Verhältnis von Leistungsalter, gemessen durch aktuelle Test- bzw. Schulleistungen, zu dem Leistungsniveau, wie es nach dem chronologischen Alter bzw. dem Intelligenzalter erwartet werden kann. Ist die aktuelle Leistung geringer als erwartet (LQ kleiner als 1), so spricht man von „Unterleistung" (*underachievement*). Die Erforschung möglicher Ursachen des *underachievements* (z.B. Schulversagen bei an sich ausreichender Intelligenz) ist eine wichtige Aufgabe der Schulpsychologie.   H.W.K.

Leistungsrolle → Rekrutierungsrolle – Leistungsrolle

Leistungsspezialisierung → Leistungsspezifizierung – Leistungsspezialisierung

Leistungsspezifizierung – Leistungsspezialisierung, verschiedene Formen der Arbeitsteilung (M. Weber). L.spezifizierung bedeutet, dass eine Person eine besondere Leistung erbringt, wobei sie alle technisch erforderlichen Einzelleistungen vollzieht. L.spezialisierung bedeutet dagegen, dass die Einzelleistungen zum Endergebnis von mehreren gleichzeitig oder nacheinander übernommen werden.   W.F.H.

Leistungsstaat, im Gegensatz zum → Ordnungsstaat zielt der L. darauf ab, durch Umverteilungen die wirtschaftliche und soziale Wohlfahrt zu erhöhen.   D.Kl.

Leistungstest, Verfahren zur Bestimmung der augenblicklichen Leistungsfähigkeit eines Individuums in bestimmten Aufgaben bzw. Gebieten, z.B. beim Englischsprechen, Klavierspielen, Autofahren. L.s messen, in welchem Ausmaß jemand von einer bestimmten Unterweisung profitiert hat. (So kann etwa der Unterrichtserfolg in Rechtschreibung durch Schul-L. erfasst werden.) L.s gestatten im Allgemeinen keine Aussagen über die Eignung einer Person für bestimmte künftige Aufgaben. Diese wird über → Eignungstests (in der Regel Batterien von Leistungs- und Fähigkeitstests) ermittelt.   H.W.K.

Leistungstest, soziodramatischer, *sociodramatic performance test*, eine Testmethode zur Untersuchung der Reaktionsweisen von Personen in sozialen Situationen (z.B. ihrer Führungsqualitäten, ihres Taktes, ihrer Kritikempfindlichkeit usw.) mithilfe eines → Soziodramas. In einem s.n L. werden Individuen oder Gruppen zu Aktivitäten in einer simulierten sozialen Situation (d.h. zu einem „Rollenspiel") veranlasst.   R.Kl.

Leistungswissen → Herrschaftswissen [1]

leisure class (engl.) → Mußeklasse

leisure, conspicuous (engl.), demonstrative Muße, → Mußeklasse

Leitbild, Leitvorstellung, auch: Leitidee, insbesondere in der deutschen Soziologie der 1950er Jahre gebräuchliche Bezeichnung für Komplexe normativer Vorstellungen über die erstrebenswerte Gestaltung der Gesellschaft oder eines ihrer Teilbereiche, z.B. des Familienlebens. Soziale L.er geben an, wie „man" leben, welche Ziele „man" anstreben soll.   R.Kl.

Leiter → Führer

Leitfaden, in der qualitativen Forschung gebräuchliches Instrument zur Grobstrukturierung der Erhebung bei Interview, Beobachtung, Gruppendiskussion. Der Umgang mit dem L., der die Aufmerksamkeit auf relevante Themen lenkt, soll situationsangemessen-flexibel sein.   M.M.

Leitidee → Leitbild

Leitkultur, [1] mit dem Begriff einer Europäischen L. empfiehlt der Politikwissenschaftler B. Tibi (1996) die Entwicklung eines auf kulturellen Werten des modernen Europas (wie Demokratie und Pluralismus) basierenden Wertekonsenses. Mit der Europäischen L. soll eine Grundlage für die Integration von Migranten geschaffen werden.
[2] Begriff aus der politischen Diskussion, der sich gegen die Idee der Multikulturalität wendet und stattdessen fordert, dass sich Migranten an die hier herrschenden Werten und Normen anpassen müssen.   D.Kl.

Leitstudie, auch: Erkundungsstudie, Explorationsstudie, Pilotstudie, *pilot study*, Untersuchung, die i.d.R. der Vorbereitung einer größeren Untersuchung dient. Durch eine L. wird häufig versucht, die relevanten Variablen (z.B. Einstellungsdimensionen) in einem Bereich möglichst vollständig zu erfassen, damit sie in der nachfolgenden Hauptuntersuchung angemessen repräsentiert werden können. Deshalb besteht eine L. für eine Einstellungsuntersuchung oft aus → Tiefeninterviews.   H.W.

Leitsysteme, objektive, bezeichnet bei D. Claessens (1993) insbesondere die Architektur sowie Weg- und Straßenführungen, die die Bewegungs-, Nutzungs- und Begegnungsmöglichkeiten festlegen.   W.F.H.

Leitvorstellung → Leitbild

leniency bureaucracy (engl.), eine „milde", „nachsichtige" Bürokratie, Bezeichnung für eine bürokratische Organisation, in der die Vorgesetzten die Untergebenen nicht ständig unter strenger und unpersönlicher Kontrolle halten, sondern nachsichtig gegenüber gewissen Regelverstößen sind.   G.B.

leniency effect (engl.), „Milde-Effekt", eine ähnlich wie der Halo-Effekt (→ Hofeffekt) wirkende Beurteilungsverzerrung in Einstellungsuntersuchungen, die durch eine vorgefasste positive Einstellung gegenüber dem beurteilten Subjekt bzw. Objekt zu einem günstigeren Urteil führt, als nach den Beurteilungskriterien angemessen wäre.   C.R.S.

Leninismus, Bezeichnung für Theorie und Praxis der kommunistischen Partei Russlands bzw. der Sowjetunion unter Führung W.I. Lenins sowie für die Politik von Parteien und Organisationen, die sich an ihr als Vorbild und Anleitung orientierten. Strategisch berücksichtigt der L. die Situation des damaligen Russland als industriell wenig entwickelten Bestandteils des Imperialismus: Die Partei erhält (auch wegen der illegalen Kampfsituation) gegenüber den Klassenkampferfahrungen der Massen die Rolle der Avantgarde; sie wird zum Initiator revolutionären Bewusstseins. Organisiert nach den Prinzipien des → demokratischen Zentralismus übernimmt sie nach der Revolution die politische Vereinheitlichung des Landes, die das von Lenin anfangs vertretene Rätesystem (→ Rätedemokratie) nicht zu leisten vermochte.   W.F.H.

Lernen am Erfolg → Erfolgslernen

Lernen am Modell → Lernen, imitatives

Lernen durch Beobachtung, Beobachtungslernen, *observational learning,* Lernvorgang zwischen einem Beobachter (Nachahmer) und seinem Modell (Vorbild). Nach Bandura (1962) lernt ein Kind auch das nachzuahmen, wofür nicht es selbst, sondern das Modell (konkrete Personen, Vorbilder aus Film, Fernsehen und Lektüre) belohnt wird.   K.St.

Lernen durch Einsicht, einsichtiges Lernen, *insightful learning,* ein von W. Köhler am Problemlösevorgang bei Schimpansen beobachtetes Verhalten, das durch einen plötzlichen Umstrukturierungsvorgang einsetzen kann, wenn das Ziel, die Hilfsmittel und die Gegebenheiten der Lage mit ihren Hindernissen als eine spannungsreiche Ganzheit wahrgenommen werden. Durch Einsicht Gelerntes lässt sich gut behalten, ist auf ähnliche Probleme übertragbar und schult das produktive Denken.   K.St.

Lernen durch Nachahmung → Lernen, imitatives

Lernen durch Versuch und Irrtum, Versuch-Irrtums-Lernen, *trial and error learning,* Bezeichnung für ein Lernen, bei dem das Individuum in einer ihm unbekannten Problemlage zunächst eine Vielzahl stark variabler, anscheinend planloser Reaktionen „ausprobiert". Führen bestimmte Reaktionen zufällig zu einem Erfolg, werden diese Reaktionen häufiger gezeigt. So wird in sukzessiven Annäherungen allmählich eine erfolgreiche Problemlösungsstrategie ausgebildet, die später bei gleichen oder ähnlichen Problemlagen sofort angewandt wird.   K.St.

Lernen, Bezeichnung für beabsichtigte und eine gewisse Mühe erfordernde Aktionen zum Erwerb von Kenntnissen und Fertigkeiten; im weiteren Sinne die Gesamtheit der hypothetischen Prozesse, die als Folge des Reagierens auf spezifische Reizsituationen denjenigen Verhaltens- und Erlebensänderungen entsprechen, die nicht durch Ermüdung, angeborene Verhaltenstendenzen, Reifung, exogene Eingriffe oder durch

Pharmaka aufgetreten sind und die von vorausgegangenen Erfahrungen abhängen können.
L. kann sich als a) Übung, als Auswendiglernen vollziehen (Ebbinghaus), b) Reizsubstitution im Sinne Pawlows und Bechterews (Signallernen, bedingter Reflex, klassisches Konditionieren), c) Verhaltensselektion (Thorndike, Skinner). Hier geschieht L. durch die Verstärkung von Reaktionstendenzen (Hull), selegiert durch den eintretenden Erfolg (instrumentelles Konditionieren). Die Lernarten b) und c) können nach dem → Kontiguitätsprinzip oder nach dem Erfolgsgesetz verlaufend gedacht werden, eine theoretische Unterscheidung ist schwer möglich. d) Nach der kognitiven Lerntheorie von E.C. Tolman werden statt der Reiz-Reaktions-Folgen eher Strukturen (→ kognitive Landkarten [1]) gelernt. e) In O.H. Mowrers Zwei-Faktoren-Theorie des L.s wird versucht, Annäherungs- und Vermeidungslernen in ein System zu bringen. Dabei spielen Hoffnungen (z.B. auf Futter) und Befürchtungen (z.B. vor Schmerz) die Rolle von Verstärkern. f) Die → Gestaltpsychologie (Köhler, Wertheimer) begreift L. als Vorgang der Einsicht. Zur Problemlösung gelangt man oft nur über Umstrukturierung und Umzentrierung des Materials. In der → Sozialisation ereignet sich → soziales L. [1]. Eine umfassende → Lerntheorie gibt es bis heute nicht.   K.St.

Lernen, assoziatives, auch: mechanisches Lernen, ein Lernvorgang, der hauptsächlich als ein Ausbilden von Assoziationen zwischen Reizgegebenheiten und bestimmten Reaktionsweisen beschrieben werden kann (→ S-R-Theorie). Damit wird a. L. von einem Lernen unterschieden, bei dem das dargebotene Reizmaterial in irgendeiner Weise von dem lernenden Individuum kognitiv verarbeitet wird.   K.St.

Lernen, einsichtiges → Lernen durch Einsicht

Lernen, imitatives, Lernen aufgrund von Nachahmen, wichtigste Form des → sozialen Lernens, beim Erwerb von Sprache, Werthaltungen, Gewohnheiten, Eigenarten ohne explizite Übung beteiligt. Die Neigung zur Nachahmung auf verschiedenstem Niveau (zum Konformismus Erzogene neigen eher dazu, überhaupt nachzuahmen) hängt nach Bandura/Walters von der Tüchtigkeit, Beliebtheit, offiziellen Rolle und den Belohnungs- und Bestrafungsmöglichkeiten der Modellperson ab.   K.St.

Lernen, instrumentelles, Lernen an den vollzogenen Handlungsweisen, wobei es auf die Selektion erfolgreicher Reaktionen ankommt. → Konditionierung, instrumentelle   K.St.

Lernen, intentionales, nach einer Aufforderung und mit Absicht erfolgendes Lernen.   K.St.

Lernen, inzidentelles, ohne Aufforderung oder besondere Motivation vorkommender natürlicher Einprägungsvorgang. I. L. geschieht ohne Lernabsicht, im Gegensatz zum → intentionalen Lernen. Wenn sich jemand eine Anzahl Wörter einprägen soll, wird er hinterher nicht nur diesen Stoff im Gedächtnis haben, sondern z.B. auch das Tapetenmuster des Versuchsraums.
          K. St.

Lernen, latentes, Lernen ohne Motivation, ohne Bekräftigung. Auch völlig gesättigte Ratten lernen im Labyrinth ihren Weg zum Futter. L. L. passt bisher in kein lerntheoretisches Konzept.
          K.St.

Lernen, lebenslanges, *lifelong learning*, Bezeichnung und Programmbegriff aus der bildungspolitischen Debatte der 1960er und 1970er Jahre, der die Notwendigkeit zur Weiterbildung während des ganzen Lebens betont, wodurch die schulische und Berufsausbildung in Kindheit und Jugend zu einem das ganze Leben begleitenden Qualifizierungs- und Bildungsprozess ausgedehnt werden.
          W.F.H.

Lernen, mechanisches → Lernen, assoziatives

Lernen, programmiertes, von B.F. Skinner begründete Methode des Lernens mithilfe von sog. Lehrmaschinen, programmierten Lehrbüchern und ähnlichen Verfahren der Darbietung des Lehrstoffes (programmierte Instruktion, programmierter Unterricht). Dem p.n L. liegen die bei der operanten Konditionierung (→ Konditionierung, instrumentelle) gewonnenen lerntheoretischen Erkenntnisse zu Grunde. Der Lehrstoff wird in zahlreiche kleine, relativ leicht zu lösende Aufgaben (meist Ergänzungsaufgaben) aufgeteilt („programmiert"), die nacheinander gelöst werden müssen. Jeder Lernschritt, d.h. jede erfolgreiche Problemlösung wird sofort verstärkt (zumeist durch Bestätigung der richtigen Lösung). Jeder Lernende kann das für ihn günstigste Lerntempo bestimmen.   R.Kl.

Lernen, selektives → Erfolgslernen

Lernen, soziales, [1] Lernen durch Wirkungen der sozialen Umwelt, insbesondere der Prozess der Aneignung der Verhaltensformen und Wissensbestände, die ein Erwachsener zur Erfüllung seiner normalen Funktion im gesellschaftlichen Leben braucht. Durch s. L. wird der Mensch an die Normvorstellungen, Tabus, Erwartungen usw. der für ihn wichtigen gesellschaftlichen Umwelt angepasst. Dieser Prozess vollzieht sich hauptsächlich in Kindheit und Jugend, setzt sich aber im Erwachsenenstatus fort.   K.St./W.F.H.
[2] Auch pädagogisch gesteuertes Lernen (durch Gruppenarbeit, Rollenspiel, Kooperationsaufgaben, Gespräche usw.) in Kindergarten und Schule (vor allem Gesamtschule), das zu friedfertigem, aber Konflikte austragendem, zu sachli-

chem, aber die menschliche Begegnung einschließendem Sozialverhalten führen soll.
          W.F.H.

Lernkurve, anschauliche, grafische Darstellung des Lernfortganges (Verhältnis von Lernbemühungen, Durchgängen und Lernerfolg, Anzahl der Treffer o.ä.). Nach Culler/Girden ist jede L. als Ausschnitt aus einer insgesamt S-förmigen Funktion anzusehen.   K.St.

Lernplateau, Abweichung des Verlaufs der → Lernkurve, stellt eine Phase relativer Leistungskonstanz zwischen zwei Perioden des Lernfortschritts dar.   K.St.

Lernprozess, pathologischer, in sozialkybernetischen Modellen (K.W. Deutsch) Bezeichnung für inadäquate Informationsverarbeitung: das System zieht den Nachrichten aus und über die Umwelt Nachrichten aus dem eigenen Gedächtnis vor und verhindert so seine realistische Anpassung an die Umwelt.   W.F.H.

Lernpsychologie, Bezeichnung für den Teilbereich der allgemeinen Psychologie, der die Bedingungen, unter denen Lernen stattfindet, beschreibt und analysiert. Dabei wird in der L. der Begriff „Lernen" weiter gefasst, als es etwa umgangssprachlich üblich ist. Lernen im Sinne der L. ist jede Verhaltensänderung, soweit diese nicht durch Krankheit, Reifung oder Ermüdung hervorgerufen wird. Die L. befasst sich somit nicht nur mit dem Erwerb von Fähigkeiten und Fertigkeiten, sondern auch mit der Entstehung von sozialen Einstellungen, Vorurteilen, Neurosen usw. → Lernen   H.S.

Lerntheorien, Bezeichnung für verschiedene theoretische Versuche, die allgemeinen Grundlagen des → Lernens zu erklären. Die verschiedenen theoretischen Ansätze stimmen weitgehend darin überein, dass Lernen sich in einer Änderung des Verhaltens zeigt, sofern diese Verhaltensänderung nicht durch andere Faktoren (wie Ermüdung, Reifung) bewirkt wird. Hinsichtlich der Annahmen über die Mechanismen, die dem Lernen zugrunde liegen, lassen sich zahlreiche L. unterscheiden. → S-R-Theorie; → S-S-Theorie; → Lerntheorien, kognitive; → Konditionierung, instrumentelle; → Konditionierung, klassische   H.S.

Lerntheorien, kognitive, Bezeichnung für solche Lerntheorien, die davon ausgehen, dass es nicht unbedingt eines Reizes bedarf (wie in der S-R-Theorie), Lebewesen aktiv werden zu lassen. Aktivität wird vielmehr als ein wesentliches Merkmal lebender Organismen aufgefasst. Somit sind im Rahmen der k.n L. also auch (im Gegensatz zur S-R-Theorie) spontane Aktionen möglich. Ein weiterer wichtiger Unterschied zwischen den k.n L. und der S-R-Theorie besteht in der Erklärung gelernten Verhaltens.

Während die S-R-Theorie davon ausgeht, dass Reiz und Reaktion miteinander assoziiert werden (→ S-R-Theorie), basieren die k.n L. auf der Annahme, dass Reize verknüpft und kognitive Strukturen gebildet werden (→ S-S-Theorie). H.S.

Leviathan, [1] im Alten Testament ein von Jahve besiegtes Seeungeheuer; in der Apokalyptik eine Erscheinungsform des Teufels.
[2] Seit T. Hobbes ein Symbol für den modernen, politischen Territorialstaat. Durch einen doppelten Gesellschaftsvertrag entsteht der Staat als Kontrollsystem gegenüber der selbstsüchtigen Natur des Menschen, um den Naturzustand (Kampf aller gegen alle) zu beenden. Der L. ist der „sterbliche Gott", der durch den Schrecken seiner Macht alle zum Frieden zwingt. H.J.D.

Levirat, [1] der Brauch, die Witwe des älteren Bruders zu heiraten.
[2] Die Heirat mehrerer Brüder durch eine Frau. W.F.H.

Lex mercatoria, lat., wörtlich etwa: Gesetz der Kaufleute, bezeichnet eine Regelungsgrundlage für nichtstaatliche Vertragspartner im transnationalen Rechtsverkehr. Für die Anerkennung von Schiedssprüchen bei Streitigkeiten einigt man sich hier oft auf die *New York Convention on the Recognition of Foreign Arbitral Awards* von 1958. Die Figur wird rechtssoziologisch eingesetzt, wenn das im Zuge einer Globalisierung allmählich entstehende Weltrecht untersucht wird. R.L.

Lexikokratie, Verdrängung systematisch erworbenen Wissens durch Vorherrschaft des aus Lexika und Nachschlagewerken gewonnenen Wissens. Nach herrschender Meinung führt die L. durch mundgerechte Zerstückelung und Abpackung von Erkenntnissen und Theorien zu verminderter Kritikfähigkeit und Kreativität. Sie fördere Oberflächlichkeit, Bequemlichkeit und damit auf lange Sicht die Abschaffung des Denkens. Soziologisch bedeutsam ist die L. als integrierender Bestandteil der → Technokratie.

Liberalismus, Bezeichnung für die Gesamtheit der Gesellschafts-, Staats- und Wirtschaftslehren, die den größtmöglichen gesellschaftlichen Fortschritt, „das größte Glück der größten Zahl", von der freien, nicht durch staatliche, gesellschaftliche und geistige Bevormundung gehinderten Entfaltung der Anlagen und Fähigkeiten des Einzelnen erwarten. Der L. entwickelte sich im 18. und 19. Jahrhundert als die Ideologie des → Bürgertums im Kampf gegen Feudalismus, Absolutismus und Klerikalismus. Der L. wurde insbesondere in der Unabhängigkeitserklärung (1776) und Verfassung der USA, in der französischen Revolution (1789, Erklä-

rung der Menschenrechte) sowie in den Revolutionen von 1830 und 1848 politisch wirksam. Hauptforderungen des L. sind: Anerkennung und Schutz der individuellen Grundrechte und -freiheiten, Gleichheit vor dem Gesetz, Rechtssicherheit und Schutz vor Willkür (→ Rechtsstaat), freier Leistungswettbewerb statt ständischer und zünftlicher Privilegien, Beschränkung der Staatsgewalt u.a. durch → Gewaltenteilung, Teilnahme des Einzelnen an der politischen Willensbildung im Staate (→ Demokratie). Auf wirtschaftlichem Gebiet zielt der L. auf ein „freies Spiel der Kräfte", in dem das private Eigeninteresse der am Wirtschaftsprozess Beteiligten ungehindert von staatlicher Einflussnahme den Wettbewerb steuert. Nach der Idee des L. besteht hierin die Voraussetzung für Fortschritt, allgemeinen Wohlstand und soziale Gerechtigkeit. Dieses System begünstigte jedoch einseitig die ökonomisch Stärkeren, insbesondere die Eigentümer der Produktionsmittel. Für große Teile der Lohnabhängigen erwies sich die politische Freiheit und Gleichheit als lediglich formaler Anspruch, der aufgrund der wirtschaftlichen Abhängigkeit und Ungleichheit nicht realisiert werden konnte. Hieran setzen die sozialistischen Ideen und Bewegungen an. Neuere Versuche, die Lehren des L. an die Bedingungen der industriell entwickelten Gesellschaft anzupassen (vor allem durch Aufnahme des Gedankens, dass der Staat zum sozialen Ausgleich beizutragen hat), führten in Deutschland zur Entwicklung des Konzepts der → sozialen Marktwirtschaft. → Ordoliberalismus; → Neoliberalismus. R.Kl.

liberté civile (frz.) → Freiheit, bürgerliche

liberté naturelle (frz.) → Freiheit, natürliche

Libido, [1] nach S. Freud eine „quantitativ veränderliche Kraft, welche Vorgänge und Umsetzungen auf dem Gebiete der Sexualerregung messen könnte". Freud nahm „einen besonderen Chemismus" für diese Erregungsvorgänge an (1905), der durch sexual-physiologische Untersuchungen in neuerer Zeit bestätigt und spezifiziert wurde. Es wird unterschieden zwischen Ich-L. und Objekt-L., wobei die Annahme zugrunde liegt, dass alle psychischen Störungen in termini der L.-Ökonomie auszudrücken sind.
[2] Im Gegensatz zu Freud und der Psychoanalyse verstand C.G. Jung L. als „psychische Triebkraft überhaupt". U.E.

libido dominandi (lat.), Herrschaftslust, bezeichnet bei P. Bourdieu (1997) ein im männlichen → Habitus verankertes Machtstreben. Danach treten Männer gezielt mit anderen Männern in Wettbewerb, etwa um ökonomische Güter, körperliche Kraft oder militärische Leistungen. Hier werde Männlichkeit in Abgrenzung zu

Schwäche konstruiert; in diesen Wettbewerben gehe es darum, „die anderen Männer zu dominieren, und sekundär, als Instrument des symbolischen Kampfes, die Frauen". D.Kl.

Libidoentwicklung, psychoanalytischer Begriff, Bezeichnung für die zeitliche Abfolge der verschiedenen Phasen oder Stufen der infantilen psychosexuellen Entwicklung. → Libidostufen
R.Kl.

Libidoorganisation, psychoanalytischer Begriff, bezeichnet die jeweilige Form, in der die → Partialtriebe koordiniert sind. Für jede L. ist das Primat einer bestimmten erogenen Zone sowie einer bestimmten Art der → Objektbeziehung kennzeichnend. So werden im Allgemeinen die orale, die anale und die phallische L. (als die Formen der sog. prägenitalen L.) sowie die genitale L. unterschieden. In der zeitlichen Aufeinanderfolge sind die verschiedenen L.en Stufen oder Phasen der psychosexuellen Entwicklung. → Libidostufen R.Kl.

Libidostufen, Stufen, Phasen der psychosexuellen Entwicklung (entsprechend der psychoanalytischen Theorie). Die Kennzeichnung der einzelnen Entwicklungsabschnitte des Kindes erfolgt nach der Dominanz einer erogenen Zone in der Organisation der Libido (→ Libidoorganisation). Die Aufeinanderfolge der L. ist biologisch vorgegeben, das psychische Erleben phasenspezifisch. Gravierende äußere Einflüsse (Traumata), exzessive Befriedigungs- oder Versagungserlebnisse auf einer bestimmten Stufe können → Fixierungen der Libidoorganisation auf dieser Stufe zur Folge haben. Im Falle einer Aktualisierung unbewusst determinierender Konflikte im Erwachsenenalter treten Regressionen auf frühere Fixierungen bzw. L. auf. Im Einzelnen werden allgemein die orale, die anale, die phallische sowie die genitale Stufe oder Phase (in dieser zeitlichen Aufeinanderfolge) unterschieden:

a) Die orale Phase umfasst etwa das erste Lebensjahr. Definiert durch das Primat der Mundregion als erster erogener Zone, sodass sexuelle Lust als Folge einer Reizung der Mundregion auftritt. Sexuelle Triebäußerungen sind anfangs an Nahrungsaufnahme gebunden, werden dann autonom und können autoerotisch befriedigt werden, z.B. durch Daumenlutschen. In die orale Phase fällt die Konstituierung der ersten Objektbeziehung, die nach oraler Modalität erlebt wird.

b) Die anale Stufe als zweite Stufe der Libidoentwicklung umfasst etwa die Zeit vom zweiten bis zum vierten Lebensjahr. Sie ist charakterisiert durch das Vorherrschen des Anus (Afters) und Enddarms als erogener Zone. Wesentlich für das gefühlsmäßige Erleben ist in der analen

Phase das Nebeneinander von libidinösen und aggressiven Impulsen in Bezug auf die eigenen Körperprodukte und in den Objektbeziehungen. Wegen dieser Ambivalenz und der aggressiven Triebäußerungen wird die anale Phase auch als anal-sadistische Phase bezeichnet. Hinsichtlich der Sozialisation ist die Reinlichkeitserziehung, die in diese Phase fällt, von besonderer Bedeutung. Es besteht die Annahme einer Beziehung zwischen strenger Reinlichkeitserziehung und der Charakterbildung, z.B. der Bildung eines → autoritären Charakters (T.W. Adorno).

c) Die phallische Phase – als dritte infantile Organisationsstufe des Libido – ist durch das Primat der Genitalorgane gekennzeichnet. In der phallischen Phase herrscht bei Jungen und Mädchen die überwertige Vorstellung eines Genitales, nämlich des männlichen (des Phallus) vor. Der Gegensatz der Geschlechter wird als Gegensatz von „phallisch" (= männlich) und „kastriert" (= weiblich) erlebt. Den Höhepunkt der phallischen Phase bildet der → Ödipuskomplex, der in enger Beziehung zum → Kastrationskomplex steht.

Die orale, anale und phallische Stufe werden auch als die prägenitalen Stufen der infantilen Libidoentwicklung bezeichnet. Nach deren Abschluss folgt auf eine → Latenzperiode (5./6. Lebensjahr bis zum Beginn der Pubertät).

d) Die genitale Stufe (oder Genitalorganisation). Darunter versteht man – im Gegensatz zur phallischen Stufe – einen idealtypischen, postpubertären Entwicklungsstand, der durch die so genannte Normalität oder „reife Objektliebe" (→ Genitalerotik) gekennzeichnet ist. Häufig werden auch die phallische Stufe und die postpubertäre Entwicklungsstufe unter dem gemeinsamen Oberbegriff „genitale Stufe" zusammengefasst. Die phallische Phase gilt dann als die „infantile Genitalorganisation", die von der „eigentlichen" Genitalorganisation durch die Latenzperiode getrennt ist. U.E.

Liebe, Gefühl oder Kulturmuster, das zwar auch in anderen → persönlichen Beziehungen (z.B. Eltern-Kind-Beziehung) vorkommt, aber vor allem mit → Zweierbeziehungen in Verbindung gebracht wird. L. als Gefühl ist als Thema vor allem in der Sozialpsychologie verortet. Im Vordergrund steht das subjektive Erleben einer Person. L. wird als eine besondere Zuwendung zu einer anderen Person aufgefasst. Welche als die zentralen Komponenten von L. angesehen werden können, dazu existieren unterschiedliche Vorschläge. Nach Robert J. Sternberg (1986) zeichnet sich L. durch Leidenschaft, Intimität und Bindung aus. Im Anschluss an John A. Lee (1976) werden unterschiedliche L.stile unterschieden: die romantische, besitzergreifende, freundschaftliche, spielerische, pragmatische und altruistische L. Für die empirische Erforschung wurden Skalen (z.B. Marburger Einstellungsinventar für Liebesstile) entwickelt und getestet. In der Soziologie ist es dagegen verbreiteter, L. als Kulturmuster zu betrachten. Der Blick ist dabei auf die überindividuellen Vorgaben gerichtet, die das subjektive Erleben anleiten. Gesprochen wird von L. als gesellschaftlicher Semantik oder als Kommunikationscode (N. Luhmann 1982).   K.Le.

Liebe, leidenschaftliche oder passionierte, bei N. Luhmann (1982, 1997) das moderne Verständnis des überkommenen Kommunikationsmediums L., deutlich unterschieden von der philía-amicitia-Tradition. Das Prinzip der l.L. verlangt von der geliebten Person, die Weltsicht und Empfindlichkeiten der liebenden Person vollständig zu akzeptieren, bei der Bereitschaft, sich selber so zu binden. Wegen des asymmetrischen Baus (einseitige Richtung) hat sich l.L. als äußerst störanfällig erwiesen.   R.L.

Liebe, romantische, Bezeichnung für die eine Partnerwahl bestimmenden Gefühle der unbedingten Anziehungskraft des Partners und für die entsprechenden Vorstellungs- und Erwartungskomplexe. Als soziales Phänomen von größerer Verbreitung ist sie mit der bürgerlichen Familienordnung entstanden. Diese verbietet die Aufnahme sexueller Beziehungen vor und außerhalb der Ehe und lässt daher in der oberen Mittelschicht Beziehungsformen des idealisierenden Anbetens entstehen. Inzwischen hat sich die r. L. als Kriterium für Partnerwahl in allen Klassen und Schichten der industriell entwickelten Gesellschaften mehr oder weniger durchgesetzt und besteht als verselbstständigter Vorstellungs- und Erwartungskomplex (*romantic love*) z.B. in Werbung und Kulturindustrie.   W.F.H.

Liebesakosmismus, von M. Weber geprägter Begriff zur Bezeichnung derjenigen rationalen ethischen Religiosität, die allein die radikalen Brüderlichkeitspostulate (Nächsten- und Feindesliebe, Selbsthingabe) als universal gültig anerkennt und bei konsequenter Durchführung zwangsläufig in Konflikt mit der Eigengesetzlichkeit beanspruchenden wirtschaftlichen und politischen Rationalität gerät.   V.Kr.

Liebeskommunismus nennt M. Weber eine Form der Vergemeinschaftung auf emotionaler oder religiöser Basis bei rechnungsfremdem Konsum aus gemeinsamen Vorräten. L. reicht vom Klosterkommunismus bis zur säkularisierten Form des modernen Konsumentenhaushalts.   C.S.

life cycle (engl.) → Lebenslauf

life event research (engl.) → Lebensereignisforschung

life graphs (engl.), eine projektive Technik zur Erhebung der Lebenszufriedenheit (Back/Brookover 1970): Den Befragten wird eine Skala mit Fünfjahresschritten vorgelegt; sie werden aufgefordert, darin ihre vergangene wie künftige Lebenszufriedenheit einzuzeichnen.   W.F.H.

life history method (engl.) → Methode, biografische

life-review (engl.), Bezeichnung der Psychologie für eine Erlebnisform des Sterbenden (nach Berichten von Beinahe-Gestorbenen bei Unfällen etwa), in der das gesamte Leben blitzschnell und klar am Bewusstsein vorüberzieht.   W.F.H.

life space (engl.) → Lebensraum [1]

life-space sample (engl.), Verfahren zur Messung der Ausdehnung der Zukunftsperspektive eines Menschen in der Psychologie (R. Jessor u.a. 1961): Den Versuchspersonen werden erwartbare Ereignisse der Zukunft vorgegeben mit der Maßgabe, den vermuteten Zeitpunkt ihres Eintreffens anzugeben. Der Durchschnitt dieser Abstände in die Zukunft soll Auskunft geben über die individuelle Breite oder Enge der Zukunftsperspektive.   W.F.H.

life-span developmental psychology (engl.) → Entwicklungspsychologie der Lebensspanne

life-world (engl.) → Lebenswelt

life-world, small (engl.) → Lebenswelt, kleine soziale

Ligaturen – Optionen, ein Paar gegensätzlicher Begriffe, von R. Dahrendorf als Strukturmuster gesellschaftlicher Ordnung eingeführt. O. sind sozial gegebene Wahlmöglichkeiten bzw. Alternativen des Handelns, Gelegenheiten. L. sind Zugehörigkeiten oder Bindungen, diejenigen Felder des sozialen Handelns, in welche die Individuen hineingestellt sind. Die beiden Elemente L. und O. können unabhängig voneinander variieren. L. ohne O. verheißen Unterdrückung, während O. ohne L. keinen Handlungssinn ergeben.   R.L.

Likert-Skala, *method of summated ratings*, Skalierungsverfahren, das *items* verwendet, die zur Hälfte positiv, zur anderen Hälfte negativ formulierte Meinungen zu einem Untersuchungsproblem ausdrücken. Den (z.B.) 5 Antwortkategorien („stimme stark zu" bis „lehne stark ab") werden Punktwerte zugeordnet, aus denen ein (vorläufiger) *score* des Befragten errechnet wird. Mit einem t-Test wird jedes *item* daraufhin überprüft, wie stark (signifikant) es zwischen den 25% Befragten mit den höchsten und den 25% der niedrigsten *scores* diskriminiert (Prüfung der Eindimensionalität). Zur Berechnung der endgültigen *scores* werden die 20 bis 25 *items* mit den höchsten t-Werten ausgewählt.

Die L.-S. ist nur ordinal interpretierbar, weil die ausgewählten *items* nur die Extrembereiche des Einstellungskontinuums erfassen.   P.P.

Liminalität, bezeichnet eine Art von Schwellenzustand, in welchen Individuen oder Gruppen geraten, wenn sie die bestehende Sozialordnung infrage stellen (V.W. Turner). Die Krise der Zugehörigkeit kann sich in verschiedene Richtungen auflösen: Entweder die Kritiker treten aus bzw. werden ausgeschlossen, oder es ändert sich die bislang bestehende Ordnung, sodass die Mitgliedschaft erhalten bleiben kann. In der Phase der L. scheint die Zeit aufgehoben zu sein; die Grenzen zwischen Fiktion und Realität verschwimmen.   R.L.

Limitationalität → Substituierbarkeit

lineage (engl.), (Abstammungs-) Linie, ethnologische Bezeichnung von stark wechselndem Gebrauch. [1] Allgemein für Abstammungsgruppen in verschiedenen Familiensystemen.
[2] Abstammungsgruppen, die ihre Verwandtschaft untereinander und zu einem gemeinsamen (männlichen oder weiblichen) Vorfahren genau angeben können (häufig im Unterschied zu Klan oder Sippe, bei denen die gemeinsame Abstammung nicht Generation für Generation nachgezeichnet werden kann).   W.F.H.

lineage gap (engl.), Abstammungslücke, bezeichnet ähnlich wie → Generationslücke den Abstand, die Verschiedenheit zwischen Kind, Eltern, Großeltern im Hinblick auf Lebensorientierungen, politische und soziale Einstellungen, kulturelle Werte, Bildungsniveau usw., meint im Unterschied zu Generationslücke aber allein die Individualebene, also die Verhältnisse innerhalb einzelner Familien (nicht Kollektive).   W.F.H.

lingua franca (ital.), die Verkehrssprache, also das Verständigungsmittel zwischen Menschen, die verschiedene Sprachen benutzen. Bei der Kommunikation zwischen Soziologie und der Gesellschaft dient meist die Umgangssprache als *l. f.*   R.L.

linguistic turn (engl.), Hinwendung zur Praxis der Sprache, eine zusammenfassende Bezeichnung für verschiedene Strömungen in den Geistes- und Kulturwissenschaften, den Zeichengebrauch als eine Konstitutionsbedingung von Bedeutung zur theoretischen Grundlage zu machen. Sprache gilt dann als unhintergehbare Bedingung des Denkens, und nur durch sie lässt sich die Wirklichkeit erfassen (R. Rorty). Auch in der Soziologie setzen einige Richtungen so an, z.B. die → Gesprächsforschung oder das Konzept der → Narration.   R.L.

Linguistik, anthropologische, Untersuchung der schriftlosen Sprachen.   A.H.

Linie → *lineage*, → Linien-Stab-Organisation

Linien-Stab-Organisation, Prinzip der personellen, Funktions-, Kompetenz- und Machtdifferenzierung in Organisationen. Die „Linie" stellen die hierarchisch angeordneten Mitglieder mit Verwaltungs- und Amtsautorität; als „Stab" werden einzelnen Linienstellen zugeordnete Personengruppen mit Entscheidungsvorbereitungs- oder Ausführungsfunktionen bezeichnet, die keine Entscheidungs- und Anordnungsbefugnisse haben. Stäbe bestehen meist aus spezialisierten Fachkräften, die außerhalb der Linie stehen. In der L.-S.-O. wird die hierarchische Struktur von Organisationen beibehalten.   J.H.

Linie und Stab → Linien-Stab-Organisation

Linkage-Analyse, *linkage analysis* → Cluster-Analyse

Linkage-Effekte → *backward-linkage*, → *forward-linkage*

LISCOMP → *LISREL*

LISREL, kurz für: *Linear Structural Relationships,* von K.G. Jöreskog und D. Sörbom entwickelter Ansatz zum Testen von theoretisch konstruierten Hypothesensystemen. Ausgehend von der Analyse von Korrelations- und Kovarianzbeziehungen werden Beziehungen zwischen latenten Variablen überprüft. Der Ansatz besteht aus einem Strukturmodell, in dem die Beziehungen zwischen den latenten Variablen formuliert werden, und je einem Messmodell für die exogenen und endogenen Indikatorvariablen. Die Abbildung der latenten Variablen im Strukturmodell folgt dem pfad- bzw. regressionsanalytischen Modell, während die Messmodelle dem faktoranalytischen Ansatz folgen; entsprechend wird ein metrisches Datenniveau vorausgesetzt. Muthén hat unter dem Namen *LISCOMP* ein Modell vorgestellt, das auch endogene Variablen ordinalen Niveaus zulässt. Für beide Modelle sind gleichnamige EDV- Programme verfügbar.   Ch.W.

List der Vernunft, Terminus der Hegel'schen Philosophie, wonach die Zwecke der Vernunft nicht in die Handlungsziele eines subjektiven Wollens übernommen werden müssen, um verwirklicht zu werden. Das objektive Gute ist nicht darauf angewiesen, dass sich Subjekte finden, die sich für es einsetzen. Durch die subjektiven Zwecksetzungen hindurch, die für sich betrachtet gar keinen objektiven Wert zu besitzen brauchen, durch Leidenschaften und durch partikulare Interessen hindurch verwirklicht sich die Vernunft. Das ist die L. d. V., dass sie die Leidenschaften und Interessen für sich wirken und sich abarbeiten lässt. In diesem Begriff drückt sich prägnant die liberale Tendenz der Hegel'schen Philosophie aus, die nicht damit rechnet und es nicht zu fordern braucht, dass jeder Einzelne zur Moralität gezwungen werden muss, damit das Ganze des gesellschaftlichen Zusammenhangs erträglich oder sogar rational wird. K.R.

Literatur, elementare, Begriff der → Diskursanalyse bei J. Link (1983) für die in den nicht-literarischen Spezialdiskursen der verschiedenen gesellschaftlichen Praxisbereiche gemeinsam verwendeten „elementar-literarischen" Formen oder Parzellen (kollektive Symbole, Bilder, Charaktere, Situationen, Mythen), die diese Diskurse miteinander verbinden (als Präkonstrukte des → Interdiskurses [2]). Bestimmte Genres wie die Konversation oder die politische Rede werden durch e.L. dominiert. Die e.L. ist nicht identisch mit der sog. Trivial-, Massen- oder Sachliteratur, die zur institutionalisierten Literatur gehören. Die e.L. bildet das Material, die „Halbfabrikate" der institutionalisierten Literatur, die dadurch entstehen, dass der Rahmen des praktischen Diskurses, die pragmatische Verankerung des Sprechens fortfällt und durch ein spezifisches, „literarisches" Verfahren ersetzt wird. H.W.

Literatur, institutionalisierte → Literatur, elementare

Literatursoziologie, beschäftigt sich mit literarischen Werken im weitesten Sinne sowie mit ihren Autoren, Verlegern, Lesern usw. Grundgedanke ist, dass die Herstellung, die Inhalte und Formen, die Verbreitung und Rezeption von literarischen Werken nicht auf gesellschaftliche Verhältnisse und Prozesse zurückgeführt, aber doch daraufhin relationiert werden können. Eine wichtige Streitfrage war, ob vor allem das Werk selbst (als Ausdruck von Widerständigkeit gegen die Gesellschaft) interpretiert werden soll (T.W. Adorno), oder ob allein die Erfahrungen, die Leser mit dem Werk machen (A. Silbermann). Forschungsgegenstände sind u.a. die in Literatur objektivierten Handlungskonstellationen, Lebensfragen und Gesellschaftsbilder, die Beziehungen zwischen literarischem Geschmack und Klassenlage, der stilbildende und rezeptionssteuernde Einfluss von Literaturkritik und Massenmedien, die Sozialgeschichte des Lesens, das Verhältnis von hoher zur Trivialliteratur. U.S./W.F.H.

living apart together (engl.), eine Lebensform von zwei Menschen, die eine → Zweierbeziehung eingegangen sind, jedoch nicht am selben Ort wohnen, sondern sich etwa an arbeitsfreien Tagen besuchen. W.F.H.

locus of control (engl.) → Kontrollbewusstsein

log-linear → Modell, log-lineares

Logik der Forschung, auch: Wissenschaftslogik, umfassende Bezeichnung für logische Untersuchungen der Grundlagen und der Erkenntnismethoden von Einzelwissenschaften oder von wissenschaftlichen Erkenntnisvorgängen im Allgemeinen. Zu den Problemen der L. d. F. gehören etwa der formale Aufbau von Theorien, die Überprüfbarkeit von Theorien, die Erkenntnis kausaler oder stochastischer Vorgänge, der Begriff der Wahrscheinlichkeit. Innerhalb der Sozialwissenschaften (Logik der Sozialwissenschaften) stehen die Probleme der verstehenden Methode gegenüber nomologischen Vorgehensweisen, der Werturteilsfreiheit, die Grundlagen bestimmter Ansätze (z.B. des Funktionalismus), die Möglichkeiten der Formalisierung im Vordergrund. H.W.

Logik der Sozialwissenschaften → Logik der Forschung

Logik, deontische → Deontik

logisches Handeln → Handlungen, nicht- logische

Logits → odds

lognormal (engl.) → Normalverteilung, logarithmische

Logoswissenschaft → Wirklichkeitswissenschaft – Logoswissenschaft

Lohn, [1] die auf Vereinbarung (Vertrag, Gewohnheitsrecht) beruhende Gegenleistung (Geldl., Naturall.) für die Überlassung der Nutzung der Arbeitskraft. L. ist Moment eines Tausch- und Vertragsverhältnisses zwischen zwei als unabhängig angesehenen Parteien, entspringt also nicht aus Verpflichtungen zum Unterhalt, noch besteht er in einem Anspruch auf einen Teil des Arbeitsproduktes, das insgesamt dem Lohnherren gehört.
[2] Nach der marxistischen Theorie der kapitalistischen Produktionsweise ist L. kein Entgelt für geleistete Arbeit, sondern richtet sich nach der Höhe der zur Reproduktion der Arbeitskraft nötigen Unterhaltsmittel des Arbeiters (und seines Haushalts). Diese sind historisch variabel und hängen davon ab, welche Ansprüche die Arbeiter (individuell oder kollektiv) durchsetzen können. H.W.

Lohn, gerechter, Vorstellung, dass der Lohn einen der Leistung des Arbeitenden geschuldeten oder ihr gemäßen Anteil am Produkt darstellt bzw. diesem Anteil entsprechen soll. Entgegen der Vorstellung von der Ausbeutung des Arbeitenden durch den Kapitalisten („Die Arbeit schafft die Werte"), die zu einem prinzipiellen Interessengegensatz von Lohnabhängigen und Kapitalisten führt, impliziert der g.L. ein prinzipiell partnerschaftliches Verhältnis. Die Vorstellung knüpft an ältere Formen einer → moralischen Ökonomie an, nach der der Lohn für „ein gerechtes Tagewerk" den Arbeitenden und ihren Familien ein „gerechtes Auskommen", ein anständiges Leben ermöglichen muss. H.W.

L

Lohn, naturgemäßer, auch: natürlicher Lohn, Lohn des Arbeiters, der sich nach J.H. von Thünen (1842) nicht nur aus dem Existenzminimum, den Verhältnissen auf dem Arbeitsmarkt, sondern auch aus der Produktivität des Arbeiters bestimmt. Der n.e L. soll sich aus folgender Gleichung ergeben:

$$L = \sqrt{a \cdot p}$$

Der Lohn (L) ist also das geometrische Mittel aus dem Existenzminimum (a) und dem Arbeitsertrag (p) des Arbeiters.   H.W.

Lohn, politischer, Bezeichnung für die Annahme, dass aufgrund der im organisierten Kapitalismus möglichen Regulierbarkeit der Widersprüche der kapitalistischen Ökonomie der Lohn in erster Linie politisch (durch die Kräfteverhältnisse zwischen Proletariat und Bourgeoisie) bestimmt werde (R. Hilferding).   W.F.H.

Lohnabhängigkeit, marxistischer Doppelbegriff zur Charakterisierung sowohl der Arbeit gegen Lohn (Lohnarbeitsverhältnis) und deren gesellschaftlicher Verallgemeinerung als auch der Lohnarbeit selbst als eines spezifischen Merkmals des Kapitalismus (→ Kapitalverhältnis). L. ist allgemein dadurch gegeben, dass der Lohnarbeiter keinen Zugang zu Produktionsmitteln für den eigenen Unterhalt besitzt und daher gezwungen ist, seine Arbeitskraft gegen Lohn zu verkaufen.   D.K.

Lohnarbeit, [1] allgemein, in Abgrenzung zu anderen Formen abhängiger, → unfreier Arbeit (Sklaverei, Hörigkeit, Schuldknechtschaft) wie auch zu Formen selbständiger Arbeit, die auf (vertraglicher) Vereinbarung beruhende Überlassung der Nutzung der Arbeitskraft (für bestimmte Zeit) gegen Entlohnung (in Geld oder auch Naturalien).
[2] L. bezeichnet bei K. Marx im engeren Sinne „kapitalsetzende, kapitalproduzierende Arbeit, d.h. lebendige Arbeit, die sowohl die gegenständlichen Bedingungen ihrer Verwirklichung als Tätigkeit, wie die objektiven Momente ihres Daseins als Arbeitsvermögen, als fremde Mächte sich selbst gegenüber produziert, als für sich seiende, von ihr unabhängige Werte" (Marx 1857).   W.F.H./H.W.

Lohnarbeitsverhältnis, [1] allgemein Bezeichnung, die an der → Lohnarbeit den Charakter des ökonomisch-gesellschaftlichen Herrschaftsverhältnisses betont. Der „doppelt freie" Lohnarbeiter (M. Weber) ist formal frei, Verträge über den Verkauf seiner Arbeitskraft zu schließen; als „frei" von Eigentum an Produktionsmitteln ist er zugleich hierzu gezwungen. Die Vertragsfreiheit stellt ihn einerseits auf eine Stufe mit allen anderen Warenbesitzern, der Verkauf seiner Arbeitskraft unterwirft ihn andererseits der unmittelbaren betrieblichen Herrschaft seines „Arbeitgebers" (→ industrielle Despotie). Das L. impliziert zugleich die Freiheit der Verwendung des Lohns (Konsumentenfreiheit) wie die Verantwortung des Lohnarbeiters für die Reproduktion seiner Arbeitskraft. W.F.H./H.W.
[2] Im Zusammenhang mit der subjektorientierten Industriesoziologie ein Programmbegriff für den Versuch, Lohnarbeit nicht länger als ökonomisches Grundverhältnis aufzufassen, in dem sich die Arbeiter gezwungenermaßen nach dessen Regeln bewegen, sondern ihre subjektiv-biografischen Aspekte zu erfassen. Beispiel: Wie wird der Gegensatz zwischen Verwertung von Arbeitskraft in der Arbeit und selbständigem Besitz dieser Arbeitskraft außerhalb der Arbeit durch die Arbeiter biografisch bewältigt? Wie wird Lohnarbeit als Lebensform in Sozialisation, Schule und Berufsausbildung vorbereitet? Allgemein: wie wird das L. als Lebensform sozialisatorisch und kulturell erhalten und an neue Generationen weitergegeben?   W.F.H.

Lohnfetisch, nach der marxistischen Kritik der politischen Ökonomie ist der Lohn nicht Äquivalent der geleisteten Arbeit, sondern Ausdruck des Werts der Ware Arbeitskraft. Der L. besteht darin, dass der Lohn in der Anschauung als Gegenwert (Bezahlung) für die geleistete Arbeit erscheint und damit das Ausbeutungsverhältnis verdeckt.   W.F.H.

Lohnfondstheorie, ältere Lohntheorie, vor allem von J. Mill, J.S. Mill, H. Fawcett und N.W. Senior vertreten, wonach sich der Lohn als Quotient des in einer Volkswirtschaft gegebenen Lohnfonds und der Anzahl der Arbeiter bestimmt. Der Lohnfond selbst wird entweder als die Gesamtheit der Güter und Leistungen, die den Arbeitern in einer Periode zufließen, oder als die Kapitalsumme, aus der der Unternehmer die Arbeiter entlohnt, definiert. Da erstens ein Lohnfond im Sinne einer bestimmten Kapitalmenge für Lohnzahlungen nicht existiert, zweitens die Höhe des realen Lohnfonds nicht unabhängig von der Anzahl der Arbeiter gesehen wird und drittens die L. tautologisch wird, wenn man den Lohnfond erst aus den tatsächlich gezahlten Löhnen bestimmt, wird die L. heute nicht mehr vertreten.   S.S.

Lohnform → Lohnsystem

Lohngesetz, ehernes, Bezeichnung von F. Lassalle für D. Ricardos Lohntheorie, die an das Malthussche → Bevölkerungsgesetz anknüpft, wonach der Lohn um das Existenzminimum schwankt. Liegt der Lohn über dem Minimum, setzt ein Bevölkerungswachstum ein, das Angebot an Arbeitskräften steigt (Kinder), der Lohn geht dadurch unter das Minimum zurück, das Bevölkerungswachstum wird gestoppt, das Angebot an Arbeitskräften sinkt, der Lohn steigt jetzt wieder etc. **H.W.**

Lohnquote, nach der gebräuchlichsten Definition der gesamtwirtschaftliche Anteil des Bruttoeinkommens aus unselbstständiger Arbeit (einschließlich der Arbeitgeber- und Arbeitnehmerbeiträge zur Sozialversicherung und der Lohnsteuer) am Volkseinkommen (Nettosozialprodukt zu Faktorkosten, → Sozialprodukt, → volkswirtschaftliche Gesamtrechnung). Der reziproke Wert der L. ist die gesamtwirtschaftliche Profitquote oder der Anteil der Einkommen aus Unternehmertätigkeit und Vermögen am Volkseinkommen. Aus der Entwicklung dieser meist um Beschäftigungseffekte und Effekte des Mehrfacheinkommens u.a. zu bereinigenden Quoten lassen sich Aussagen über die Entwicklung der Einkommensverteilung und der sozialen Schichtung ableiten. **D.K.**

Lohnstruktur, Bezeichnung für die Struktur der Löhne und Gehälter der Lohnabhängigen in einem Betrieb, einer Region, einer Gesellschaft, nach Höhe, Form, Häufigkeit, Vertragsbedingungen, Berufszugehörigkeit, Arbeitsleistung, Qualifikationsstrukturen usw. **W.F.H.**

Lohnsystem, auch Entlohnungssystem, Lohnform, [1] Verfahren der Lohnfindung und Maßstäbe der Lohnbemessung. Beim Zeitlohn wird ein fester Betrag für einen Zeitraum (Woche, Monat) bezahlt. Der Leistungslohn ist an die tatsächlich erbrachte Leistung der Beschäftigten geknüpft. Formen des Leistungslohns sind der Stücklohn oder Akkordlohn (auch als Gruppenakkordlohn) und der Prämienlohn. Mit dem L. sind unterschiedliche Anreize zur Leistungsverausgabung bzw. Formen der Bindung an den Betrieb intendiert.

[2] Art und Weise der Lohnauszahlung. Bedeutsam sind unter anderem die zeitliche Form der Zahlungen (täglich, wöchentlich, monatlich) und die materielle Form des Lohns (Naturallohn, Geldlohn). Im historischen *Truck*-System konnten die Arbeiter ihren Lohn nur in den Läden des Fabrikherrn einlösen und wurden so von diesen auch in ihren Konsumgewohnheiten kontrolliert. **B.Bi./M.Sch.**

Lohnveredelungsindustrien, Produktionsstätten zur Weiterverarbeitung oder Endfertigung, die dem Wert der Vorprodukte in der Hauptsache nur die „Löhne hinzufügen". Als L. werden häufig Produktionsstätten in → freien Produktionszonen bezeichnet, die fast alle Vorleistungen (Maschinen, Rohstoffe, Halbfabrikate) von den sie kontrollierenden transnationalen Konzernen erhalten und am Ort nur die billigen Arbeitskräfte ausnutzen. **H.W.**

Lohnzufriedenheit, in der Industrie- und Betriebssoziologie der Zufriedenheitsgrad der Arbeiter und Angestellten mit ihrem Lohn (im Unterschied zum Zufriedenheitsgrad mit anderen Arbeitsbedingungen). **W.F.H.**

loi de classement (frz.), von A. Comte konzipiertes Gesetz der Klassifikation der Wissenschaften entsprechend ihren Gegenständen und Methoden in historischer und in systematischer Perspektive. In Bezug auf ihren jeweiligen Gegenstand lässt sich von der Mathematik über Astronomie, Physik, Chemie und Biologie bis hin zur Soziologie ein abnehmender Grad der Allgemeinheit sowie ein zunehmender Grad der Kompliziertheit, der Nähe zum Menschen und der Notwendigkeit der Kontrolle subjektiver Wertungen feststellen. Im Bereich des Methodischen entspricht dieser Rangfolge die Einführung der elementaren Formen des logischen Beweises, der systematischen Beobachtung, des Experiments, des Klassifikationsverfahrens, des Vergleichs und der historischen Methode. **F.H.**

lokal – kosmopolitisch oder überlokal, *local – cosmopolitan*, ein sich ursprünglich aus der Übersetzung der Begriffe „Gemeinschaft" und „Gesellschaft" herleitendes Gegensatzpaar sozialer Orientierungen oder Einflüsse. L.e Orientierungen oder Einflüsse beziehen sich auf Verhaltensmaßstäbe der engeren Umwelt (z.B. Nachbarschaft, Gemeinde, eigene Berufsgruppe), k.e dagegen auf Verhaltensmaßstäbe mit allgemeiner Bedeutung (z.B. überregionale, gesellschaftliche, universalistische, internationale Werte). L.e Einflüsse können die Befolgung k.er Standards verstärken, modifizieren oder auch verhindern (z.B. lokale Rassendiskriminierung durch humanistisch eingestellte Bürger). **H.L.**

Lokomotion, wörtlich: „Ortsveränderung", [1] in der → Vektorpsychologie K. Lewins Bezeichnung für die Bewegung im Lebensraum (→ Lebensraum [1]) einer Person, d.h. für eine Handlung oder eine physische Bewegung, eine geistig-seelische Veränderung (z.B. eine Einstellungsänderung) oder auch eine Veränderung in den sozialen Beziehungen oder in der sozialen Position der Person (soziale L.). **H.E.M.**

[2] In der Verhaltensforschung die Fortbewegung eines Organismus aus eigener Kraft mithilfe der arteigenen, angeborenen Bewegungsweisen. **R.Kl.**

Longitudinalstudie → Längsschnittsuntersuchung

longue durée (frz.), innerhalb der Geschichtswissenschaft der → „*Annales*"-Schule von F. Braudel geprägter Terminus zur Kennzeichnung jener Beschreibungsebene, auf der sich langfristige gesellschaftliche Veränderungen ereignen, im Unterschied zum „Ereignis", das eine kurzfristige Veränderung bezeichnet. Mit der Prägung des Begriffs ist zugleich der Appell ver bunden, die Ebene der *l.d.* zur eigentlichen Beschreibungs- und Erklärungsebene zu machen und sich von einer Geschichtsschreibung zu verabschieden, die Einzelereignisse in ihrer Abfolge bloß aufzählt. *L.d.* bezeichnet die Zeit der gesellschaftlichen Veränderungen, im Unterschied zur *très longue durée*, der erdgeschichtlichen, und zur *courte durée*, der individualgeschichtlichen Zeit. K.R.

looking-glass self (engl.) → Spiegel-Selbst

Lorenzkurve, grafische Darstellung der Konzentration in einer Verteilung, z.B. von Eigentum. Die L. beantwortet die Frage, welcher Prozentsatz von nach ihrer Größe geordneten Fällen welchen Prozentsatz der gesamten Merkmalssumme auf sich vereinigt, z.B. 60% der Bevölkerung besitzen 20% des Eigentums etc. Als ein Maß der Konzentration gilt der → Gini-Index, der auf der L. aufbaut. H.W.

Löschung, *extinction,* Bezeichnung für die Herabsetzung oder Auslöschung einer → bedingten Reaktion durch Nichtverstärkung. Wird z.B. die Reaktion eines Versuchstieres (etwa Hebeldrücken) in mehreren Versuchsdurchgängen nicht mehr durch die Verabreichung von Futter verstärkt, so wird diese Reaktion zunehmend seltener geäußert und erlischt schließlich. H.S.

loss, social (engl.) → Verlust, sozialer

lost letter technique (engl.), Technik der „verlorenen" Briefe, von C.B. Merritt und R.G. Fowler entwickeltes Instrument zur nicht-reaktiven Einstellungsmessung. Briefe mit bestimmten Inhalten werden auf der Straße oder an bestimmten Orten „verloren". Aus dem Rücklauf der Briefe hofft man Schlüsse auf die Hilfsbereitschaft, Ehrlichkeit etc. einer Bevölkerungsgruppe ziehen zu können. H.W.

Lotterieauswahl → Zufallsauswahl

lower-lower class (engl.), untere Unterschicht, → Unterschicht

lower-middle class (engl.), untere Mittelschicht, → Mittelschicht

lower-upper class (engl.), untere Oberschicht, → Oberschicht

Loyalität, die Unterstützung, welche ein politisches System seitens der Bevölkerung erfährt, eine Organisation seitens ihrer Nutzer, ein Führer seitens seiner Gefolgschaft, ein Vorgesetzter seitens der ihm Untergebenen usw. R.L.

LQ → Leistungsquotient

Lumpenproletariat, Begriff aus der marxistischen Klassentheorie für eine bestimmte Abteilung der → industriellen Reservearmee, eine deklassierte Schicht des Proletariats, die die Beziehung zur gesellschaftlichen Organisation des Produktionsprozesses verloren habe. Das L. sei eine „unbestimmte, aufgelöste, hin- und hergeworfene Masse" (K. Marx 1852), die sich aus allen Schichten rekrutiere. Das L. sei – trotz oft großen materiellen Elends – nicht in der Lage, proletarisches Klassenbewusstsein zu entwickeln und sich im Kampf gegen das Kapital zu organisieren; es nehme politisch schwankende, teilweise radikale Haltungen ein und lasse sich unter bestimmten Umständen für die Zwecke der herrschenden Klasse einspannen. R.Ka./O.R.

Lust, das mit Bedürfnisbefriedigung, Wunscherfüllung, Spannungsabfuhr verbundene angenehme Gefühl. Gegensatz: Unlust U.E.

Lust-Ich – Real-Ich, psychoanalytische Bezeichnung für Stufen der Ich-Organisation, auf denen das → Ich nach dem Lust-Unlust-Prinzip arbeitet (das L.-I. kann nur wünschen) bzw. nach dem Realitätsprinzip organisiert ist (das R.-I. kann Schaden vermeiden und Nutzen erzielen). E.H.

Lustprinzip, psychoanalytischer Begriff, neben dem → Realitätsprinzip einer der beiden Prozesse, die das psychische Geschehen regulieren. Das L. ist gekennzeichnet durch freie, nicht gebundene Energie mit der Tendenz nach unmittelbarer Befriedigung. Genetisch herrscht zuerst das L., das im Laufe der Ausdifferenzierung des psychischen Apparates zugunsten des Realitätsprinzips zurückgedrängt wird. Das L. funktioniert nach den Gesetzen des Primärvorganges (→ Primärprozess). U.E.

Luxembourg Employment Study, LES (engl.), **Luxembourg Income Study,** *LIS,* Datenbanken für die international vergleichende Analyse von Mikrodaten zu Haushaltseinkommen und Erwerbstätigkeit. C.W.

Machbarkeit bezeichnet bei H. Freyer das die Neuzeit charakterisierende technische Denken, d.h. ein Machen der Dinge, die stets nur Objekt bleiben müssen. Die M. ist neben der Organisierbarkeit der Arbeit und der Zivilisierbarkeit der Menschen das bestimmende Moment des → sekundären Systems. G.K.

Machiavellismus, eine auf N. Machiavelli (1469–1527) zurückgehende, die Einheit von Politik und Ethik auflösende Machtlehre, die das Prinzip der Wertfreiheit in der Politik formulierte: Politik wird zum technischen Mittel der Machtbehauptung, die damit zum Selbstzweck wird. Allgemein versteht man unter M. politische Skrupellosigkeit.   J.Mo.

Machismus → Empiriokritizismus

Macht [1] wird verstanden als Chance, den eigenen Willen auch gegen den Widerstand der Betroffenen durchzusetzen (M. Weber). M. gilt a) als Oberbegriff für die verschieden begründeten Chancen der Durchsetzung, b) als Oberbegriff für jene Teilgruppe der Durchsetzungsansprüche, die keine Anerkennung durch die Betroffenen finden. In dieser letzten Bedeutung wird M. wegen ihrer sozialen Illegitimität von einigen Autoren mit Gewalt gleichgesetzt oder als eng verwandt mit Gewalt betrachtet. Soweit M. als Oberbegriff zur Unterscheidung von Legitimität und Illegitimität gilt, steht der Begriff auf ähnlich allgemeiner Stufe wie der Einfluss-Begriff; dabei unterscheiden einige zwischen Einfluss als einem deskriptiven und M. als einem theoretischen Begriff (H.-P. Dreitzel).   H.H.
[2] In Auseinandersetzung mit dem Bürokratiemodell von M. Weber formulieren Crozier/Friedberg (1979) einen spezifischen, u.a. für die neuere Organisationssoziologie folgenreichen Begriff der M. eines Akteurs als Verfügung über Ressourcen („Machtquellen"), die für andere beteiligte Akteure „Zonen der Unsicherheit" darstellen (z.B. Sanktionspotenziale, Informationen, Kooperationsbereitschaft). An Stelle der Durchsetzung eines Willens gegen einen anderen (M. Weber) wird M. als organisatorisch/strategische Interdependenz von Akteuren (Machtspiele/Machtstrategien) verstanden, die das Handeln in Organisationen bestimmt. (→ Mikropolitik)
[3] Bei H. Arendt (1970) „die menschliche Fähigkeit, nicht nur zu handeln oder etwas zu tun, sondern sich mit anderen zusammenzuschließen und im Einvernehmen mit ihnen zu handeln". Diese M. als gesellschaftliche „Kraft" kann von Herrschenden angeeignet werden, sich aber auch gegen diese richten. (→ Macht, kollektive)   H.W.

Macht, autoritative, eine Form der Macht, die ohne handfeste Machtmittel (Gewalt, Drohung, Versprechen, Strafe, Belohnung usw.) auskommt, weil die ihr Unterworfenen von demjenigen, der die Macht ausübt, anerkannt werden wollen. „Es ist das Anerkennungsstreben, das die spezifischen Autoritätswirkungen überhaupt erst hervorbringt und das uns an Autoritäten fesselt" (H. Popitz 1981).   W.F.H.

Macht, brachiale, in der Klassifikation der Machttypen bei A. Etzioni Bezeichnung für die Verwendung von Körperkraft und ihrer Andro-

hung zur Erlangung von Macht, vor allem in der Zwangsorganisation.   W.F.H.

Macht, distributive, *distributive power*, Bezeichnung von T. Parsons (1960;1963) für M. Webers Begriff der → Macht [1]. Nach Parsons impliziert der Machtbegriff von Weber eine konstante Menge an Macht, die unter Akteuren (z.B. in einer Organisation) verteilt ist. Was der eine an Macht gewinnt, muss der andere verlieren. Parsons stellt ihr die → kollektive M. gegenüber.   H.W.

Macht, geistig-geistliche → *pouvoir spirituel*

Macht, informelle, in Organisations- und Betriebssoziologie Bezeichnung für die Chance, außerhalb der formalen Entscheidungshierarchie durch persönliche Beziehungen und Verbindungen anderen Personen zu schaden oder zu nützen.   W.F.H.

Macht, kollektive, *collective power*, Bezeichnung für Formen der Macht, die aus der Kooperation von Menschen, aus der (planvollen) Vereinigung ihrer Kräfte entstehen und gegenüber Dritten (z.B. eine kolonisierte Gesellschaft) oder der Natur (z.B. Bau eines Staudamms) eingesetzt werden können. K.M. ist damit allgemein ein Phänomen der Gesellschaft oder des Gemeinwesens. Diese Vorstellung von Macht findet sich u.a. bei T. Parsons (1970), bei H. Arendt (1970) (→ Macht [3]) und M. Mann (1990; 1998). Nach M. Mann ist k.M. eine diffuse Form der Macht, über die nicht ohne weiteres autoritativ verfügt werden kann.   H.W.

Macht, legitime → Herrschaft [1]

Macht, normative, die Verwendung von symbolischen Belohnungen und Strafen (Zuneigung, Ermutigung, Prestige etc.) zur Erlangung von Macht (A. Etzioni), vor allem in der normativen Organisation.   W.F.H.

Macht, personale – funktionale. Während der Begriff p. M. subjektive, persönlich vermittelte Herrschaftsbeziehungen (z.B. König – Untertan, Lehnsherr – Vasall, charismatischem Führer – Gefolgschaft) thematisiert, verweist f. M. auf primär moderne Ungleichheitsverhältnisse, die sich über die ‚unsichtbare Hand des Marktes' (A. Smith) vermitteln, sich ,hinter dem Rücken' (K. Marx) der Gesellschaftsmitglieder durchsetzen und über das System der formal gesatzten Regelwerke staatlicher Bürokratien transportiert werden. F. M. meint also die über eine Stellung innerhalb eines hierarchischen Gefüges oder eines strukturellen Systemzusammenhangs vermittelte, verallgemeinerte Machtchance.   K.K.

Macht, politische, allgemeine Bezeichnung für jede im System politischer Willensbildung und Durchsetzung wirksame Macht.   W.F.H.

M

Macht, pretiale, *utilitarian power,* die Verwendung von Gütern, Geld und Diensten zur Erlangung von Macht (A. Etzioni), vor allem in der utilitaristischen Organisation (→ Organisation, normative). W.F.H.

Macht, produktive, Techniken und Strategien, die die Kräfte und Potenzen von Individuen anregen, anstatt sie zu unterdrücken (repressive M.). M. Foucault richtet sich mit dem Begriff gegen Vorstellungen von einer ausschließlich negativen, nur repressiven oder ausbeuterischen Macht, versteht p.M. aber nicht als eine allgemeine Machttheorie. P.M. bezeichnet in Abgrenzung von Gewalt und Herrschaft ein spezifisches Moment moderner Macht (→ Bio-Macht; → Mikrophysik der Macht). Die p.M. ist mit der (historisch kontingenten) Hervorbringung von Wissen und Wahrheit verbunden (→ Macht-Wissen-Komplex). B.M.

Macht, souveräne, Machtmodell, wonach die Nationalstaaten im 16. Jahrhundert durch ein homogenes M.-Zentrum an der gesellschaftlichen Spitze (meist dem König), das über vollständige Macht verfügt, regiert werden. Die Ausübung s.M. inszeniert sich als öffentliches Spektakel, das Verstöße gegen den Souverän symbolisch straft. M. Foucault hat gezeigt, dass seit dem 18. Jahrhundert dezentrierte → Mikro-Mächte zunehmend wichtiger werden und selbst die s.M. sich auf Mikromächte stützen muss. U.St.

Macht, symbolische, [1] symbolische Stellvertretung objektiver Machtstrukturen.
[2] Eine machtvolle Setzung einer gedanklichen Konstruktion als Faktum. Die s. M. „erschafft" das Symbolische, lässt das Fiktive „wirklich" werden, transformiert die „Einbildung" ins Reale. K.K.

Macht, weltliche → *pouvoir temporel*

Machtblock → Block an der Macht

Machtelite, eine mehr oder minder geschlossene ständische Gruppierung in einem auf Machtverhältnissen aufgebauten System, die auf der Macht- und Prestigeskala die höchsten Rangplätze einnimmt und deren Entscheidungen aufgrund Zugehörigkeit zur M. und/oder ihrer Positionsrollen gesamtgesellschaftliche Folgen haben. O.R.

Machtgruppe, eine aus gemeinsamer Interessenlage wirksame soziale Einheit (Interessengruppe, Klasse, Organisation, Staat), deren Mitglieder mittels Mobilisierung und Vereinigung bestimmter Mittel gemeinsam Macht ausüben oder androhen. K.H.H.

Mächtigkeit, *power,* eines Tests → Trennschärfe

Machtkonstellation, [1] Gesamtheit von spezifisch strukturierten, gegenüber Machtunterworfenen alternativ verfügbaren Machtmitteln.

[2] Qualitative Unterschiede zwischen Zwei-, Drei- und Mehr-als-drei-Personen-Konstellationen von Machtträgern. K.H.H.

Machtmonopol, absolute Konzentration knapper Machtmittel, etwa des Eigentums an Produktionsmitteln, zur willkürlichen Beherrschung etwa von Waren-, Kredit- und/oder Arbeitsmärkten zur Erzielung von Monopolgewinnen. K.H.H.

Machtordnung → Herrschaftsordnung – Machtordnung

Machtorientierung, Ausrichtung individueller oder kollektiver Einstellungen und Verhaltensweisen auf bestimmte gegebene oder erstrebte Machtverhältnisse. K.H.H.

Machtprestige, die aus der Einnahme objektiver Machtpositionen abgeleitete oder beanspruchte subjektive Wertschätzung der Inhaber jener Positionen durch andere. Im Falle der Prestigeanmaßung politischer „Großmächte" dient das M. als Rechtfertigung nationalistischen und imperialistischen Expansionsdrangs, wobei dieser Anspruch – von den entsprechenden herrschenden ökonomischen sowie sozial-kulturellen Interessen gefördert – weite (insbesondere auch kleinbürgerliche) Schichten zu erfassen vermag (M. Weber). K.H.H.

Machtstruktur, lokale, *community power structure,* die im örtlichen Bereich vorherrschenden Einflussverhältnisse. Kraft spezifischer ökonomischer, politischer und ideologischer Bedingungen der Gemeinde als auch deren gesamtgesellschaftlicher Umwelt tragen sie entweder mehr multiforme Züge eines Gruppen- oder Elitenpluralismus oder mehr monopolistische Züge einer Machtelite oder herrschenden Klasse. Die jeweils benutzte Forschungsmethode (→ Reputationsmethode, Entscheidungs- und/oder Positionstechnik) besitzt einen erheblichen Einfluss auf die Identifizierung dieser Züge. K.H.H.

Machtsummenkonstanz, Annahme, dass die Summe der Macht, die auf die Mitglieder eines Systems verteilt ist, bei Änderungen der Machtverteilung unter den Mitgliedern konstant bleibt. Das bedeutet, dass der Machtzuwachs des einen Mitglieds nur auf Kosten einer Machtverringerung eines anderen Mitglieds erfolgen kann. K.H.H.

Machttechnik, Bezeichnung für die Herstellung, Verbreitung und Verteilung von Macht durch Kombination von Androhung und Einsatz bestimmter Mittel oder durch Vermeidung der Verwirklichung bestimmter vom Anderen besonders unerwünschter Alternativen in gemeinsam definierten Situationen. K.H.H.

Machttheorien, Vielzahl von Versuchen aus Kultur- und Sozialanthropologie, Ökonomie, Politologie, Soziologie und Sozialpsychologie zur Erklärung eines relativ breiten Spektrums sozialer Phänomene, die durch theoretische Begriffe wie „Macht" und „Herrschaft", aber auch „Einfluss", „Kontrolle" und „Zwang" bezeichnet werden. M. charakterisieren „Machtsituationen" sowohl aufgrund von Umfang, Richtung, Objekt, Einflussbereich und Reichweite der Macht als auch von Machtmitteln und deren Verteilung und Einsatz unter Berücksichtigung der dabei entstehenden Kosten und Mittelabnutzung. M. erklären „Macht" a) verhaltenswissenschaftlich eng aus der monokausalen Verknüpfung spezifischer Reaktionen mit vorangegangenen spezifischer Einflussversuchen, b) konflikttheoretisch aus dem Kampf um begehrte Wertmittel, c) strukturalistisch aus der Chance zur Einschränkung von Wahlbereichen Anderer bzw. der Erweiterung der eigenen und/oder zum Unterlassen des besonders vom Anderen unerwünschten Mitteleinsatzes, oder d) systemtheoretisch aus Gewichtung und Widerspruch in den Beziehungen zwischen den (ökonomischen, politischen und ideologischen) Teilsystemen einer Gesellschaft. K.H.H.

Macht- und Einflussgruppe → Interessengruppe

Macht-Wissen-Komplex, mit der Bezeichnung will M. Foucault (1975) auf die enge Verknüpfung von Macht und Wissen in Hinblick auf Konstitution von Wahrheit hinweisen. Macht und Wissen bedingen sie sich gegenseitig. Macht hat immer Wissenseffekte, so wie Wissen immer Machteffekte aufweist; das besagt für die Wahrheitstheorie, dass Subjekt, Objekt und Erkenntnisweise als vom M.-W.-K. beeinflusst angenommen werden müssen. (→ Macht, produktive). B.M.

Machtverteilung, Bezeichnung für die Verteilung der Zugänge zu den in einer Gesellschaft gegebenen ökonomischen, politischen und ideologischen Machtquellen (als Ausdruck konkret verteilter Kontrolle über die Mittel der ökonomischen Produktion und Distribution, der politischen Herrschaft und der sozialen Wert- und Prestigezuweisung). Sie können den historischen Charakter von Klassendichotomien, sozialen Schichtungshierarchien und/ oder Konstellationen teils konkurrierender, teils kooperierender Eliten oder Machtgruppen mit je eigenen Einfluss- und Verfügungssektoren annehmen. K.H.H.

Machtzentrum, Konzentration knapper Machtmittel zur Beherrschung spezifischer Gesellschaftsbereiche innerhalb komplexer oder oligarchischer Gesamtstrukturen. K.H.H.

Magie → magisch

magisch, Sammelbezeichnung für zumeist rituelle Praktiken, mit denen übersinnliche Mächte in den Dienst des Menschen gezwungen werden.

M.e Handlungen beruhen auf dynamistischen Vorstellungen, d.h. dem Glauben an die mechanische Wirksamkeit von Kräften, die der Mensch vermittels bestimmter Techniken beherrschbar bzw. in Bewegung bringen und zum Nutzen (weiße Magie) wie zum Schaden (schwarze Magie) einsetzen kann. Magie wird häufig von Religion definitorisch abgegrenzt (Geister*zwang* vs. Gottes*dienst*), doch lässt sich diese Unterscheidung empirisch nicht aufrechterhalten. V.Kr.

mainstream-Soziologie, meist distanzierend bis abschätzig gebrauchte Bezeichnung für den „Hauptstrom" soziologischer Forschung und Theoriearbeit (mit dem Unterton, dieser sei durch Konventionalisierung in der Lehre und breite institutionelle Absicherung ideenlos und routinehaft geworden), benutzt von denjenigen, die dagegen neue oder übersehene „Nebenlinien" der Theorie und der Forschungsmethodik vorschlagen (so z.B. die Vertreter qualitativer Sozialforschung gegen die dominierende quantitative, früher die Vertreter der interaktionistischen bzw. verstehenden Soziologie gegen die Vorherrschaft des Funktionalismus). W.F.H.

Majoritätsprinzip → Mehrheitsprinzip

Makrofunktionalismus, untersucht Struktur und Funktion gesellschaftlicher Teilsysteme, ihre wechselseitigen Beziehungen und ihre Stellung im gesamtgesellschaftlichen Wirkungszusammenhang. Gegenbegriff: → Mikrofunktionalismus B.W.R.

Makrokriminalität, bezeichnet „Großformen kollektiver Gewalt [...]: Verbrechen im Zusammenhang mit Kriegen, Völker- und Massenmorden, nuklearer Vernichtung, totalitärer Herrschaft, Staats- und Gruppenterrorismus, Minderheitenverfolgung, Kultur- und Religionskonflikten, Guerillakämpfen, revolutionären und gegenrevolutionären Bewegungen und akuten politischen Massensituationen" (H. Jäger 1988/ 1996). Mit dem Konzept soll auf Einschränkungen der Kriminalitätswahrnehmung hingewiesen werden, die sich zu sehr mit der kleinförmigen Straßenkriminalität zu befassen pflegt. Für M. ist gerade nicht Abweichung, sondern Konformität charakteristisch: Sie geschieht mit dem Einverständnis der jeweiligen Staatsmacht und Bevölkerung. M. ist weniger eine isolierte Tat und punktuelles Ereignis, sondern in einen kollektiven Aktionszusammenhang eingehüllt. Die überaus opferreichen Vorfälle der M. werden meist als Techniken politischer Herrschaft, aber nicht als Verbrechen gedeutet. Die Kriminologie benötigt daher eine veränderte Betrachtungsweise, wenn sie die Großverbrechen der Gegenwart untersuchen (und weniger wahrscheinlich machen) will. R.L.

Makroökonomie → Mikroökonomie

Makrosoziologie, Untersuchung gesamtgesellschaftlicher Wirkungszusammenhänge im Hinblick auf das Zusammenspiel struktureller Elemente und institutionalisierter Prozesse. M. untersucht insbesondere die Beziehungen gesellschaftlicher Bereiche untereinander und im Hinblick auf die Gesamtgesellschaft, die Struktur und Dynamik der sozialen Schichtung und den sozialen Wandel. Gegenbegriff: → Mikrosoziologie [1] B.W.R.

Makrostruktur, die Elemente und Zusammenhänge auf einer allgemeinen oder oberen Untersuchungsebene, die Gesamtstruktur. Dabei sind auch die nach den Regeln der Mehrebenenanalyse (→ Kontextanalyse) gebildeten Begriffskonstrukte durch Verwendung von Elementen der → Mikrostruktur anwendbar. Beispiele: → soziale Schichtung, → Anomie, Wirtschaftssystem, politische Institutionen oder → Verwandtschaftssystem einer Gesellschaft. H.L.

maladjustment (engl.) → Fehlanpassung

Malthusianismus, Bevölkerungstheorie, die sich auf das → Bevölkerungsgesetz von R. Malthus (1798) stützt. Die tendenzielle Überbevölkerung und die von M. damit ursächlich verknüpften Hungersnöte, Kriege etc. werden im Wesentlichen auf einen an sich schrankenlosen Fortpflanzungstrieb zurückgeführt, der nur durch eine restriktive Bevölkerungspolitik (Ehebeschränkung, Fortpflanzungsbeschränkungen) gebändigt werden kann. H.W.

man within (engl.), „innerer Mensch", bei A. Smith bildhafte Bezeichnung für das Prinzip seiner Handlungstheorie, demzufolge die Individuen im Rahmen bestehender gesellschaftlicher Verhältnisse stabile Erwartungen, Einstellungen und Werthaltungen ausbilden, indem sie zum einen das Verhalten ihrer Mitmenschen kritisch auf seine Nützlichkeit und Schicklichkeit hin betrachten, und indem sie zum anderen diese Zuschauerrolle verinnerlichen (*man within the breast*) und somit zum Schiedsrichter ihres eigenen Verhaltens erheben. F.H.

man, marginal (engl.) → marginal [1]

Mana, melanesisches, ursprünglich polynesisches Wort für „das außerordentlich Wirkungsvolle". In der Religionswissenschaft und Ethnologie umfasst M. umfasst alle Phänomene des als übersinnlich erachteten Wirksamen und ist zur Bezeichnung des religiösen Begriffes der positiv wirkenden Macht geworden. Der gefahrvolle Aspekt der Macht wird mit dem polynesischen Wort Tabu bezeichnet (→ Tabu [2]). V.Kr.

Management, [1] die mit den dispositiven Funktionen der Planung, Organisation und Kontrolle betraute Gruppe der Führungskräfte im Unternehmen, insbesondere der Führungsstab des Großunternehmens. Während sich das *top management* die eher politischen Entscheidungen über langfristige und grundlegende Strukturveränderungen des Unternehmens vorbehält, obliegt dem *middle management* vornehmlich die Durchsetzung dieser Entscheidungen in der Organisation. Entsprechend unterschiedlich sind die Qualifikationserfordernisse und das Legitimationsverständnis auf den verschiedenen Ebenen des M.s, was auch die geringe Mobilität zwischen ihnen erklärt. Ist der Unternehmenseigentümer im Unternehmen tätig, wird er dem *top management* zugerechnet.
[2] Der Prozess der Zielformulierung und Durchsetzung von Zielentscheidungen in der Organisation durch Planung, Koordination und Kontrolle. B.Bi.

Management, mittleres, Bezeichnung für die Inhaber der mittleren Vorgesetztenpositionen in einen Industriebetrieb (Abteilungsleiter, Werkmeister usw.). W.F.H.

management, scientific (engl.) → Betriebsführung, wissenschaftliche

Managerideologie, Bezeichnung für die Wert- und Rechtfertigungsvorstellungen der Manager. Gegenüber den traditionellen Unternehmerideologie von der (angeborenen) Berufenheit zur Leitung der Betriebe und Unternehmen stellt die M. den besonderen funktionalen Beitrag der Unternehmensleitung, insbesondere den Faktor der Disposition, zur Rechtfertigung des Herrschaftsanspruchs der Manager heraus. W.F.H.

Managerkontrolle, Bezeichnung für die aufgrund der zunehmenden Trennung von Eigentum an den Produktionsmitteln und Verfügung darüber entstandene Herrschaft der Manager, der angestellten Kapitalbeauftragten. W.F.H.

Managerrevolution, *managerial revolution,* von J. Burnham (1941) prognostizierte, durch das Auseinanderfallen von Eigentum und Verfügungsgewalt in den Großunternehmen bedingte Übernahme der innerbetrieblichen und gesellschaftlichen Macht durch die eigentumslosen Manager, die die Produktionsmittel kontrollieren. B.Bi.

Manchesterliberalismus, auch: Manchestertum, Bezeichnung für einen strikten wirtschaftlichen Liberalismus, der jede Form des Staatseingriffes ablehnt und nur den individuellen Nutzen anerkennt. Der M. geht zurück auf die Manchesterpartei (R. Cobden) in England, die sich für die Aufhebung der Korngesetze (1838-1846) und für unbeschränkten Freihandel einsetzte. H.W.

Mandat, gebundenes → Mandat, imperatives – repräsentatives

Mandat, imperatives – repräsentatives, Formen der Verantwortlichkeit von Delegierten: Beim i.n M. (auch: gebundenes Mandat) kann der Abgeordnete jederzeit durch Beschluss seiner Basis zu bestimmten Entscheidungen veranlasst oder abgesetzt werden. Beim r.n M. ist dies nicht möglich, der Abgeordnete ist nach der Wahl allein seinem Gewissen verantwortlich, die Basis kann ihn erst nach Ablauf der Wahlperiode ersetzen.   W.F.H.

Mandat, repräsentatives → Mandat, imperatives – repräsentatives

Mängelhaftigkeit, biologische → Mängelwesen

Mängelwesen, von A. Gehlen geprägte anthropologische Bezeichnung für den Menschen, die auf bestimmte organische „Mängel" desselben im Vergleich zu anderen Lebewesen hinweist: mangelhafte Ausstattung mit organischen Waffen, mangelhafte Instinktregelung, unspezifischer Sinnesapparat. Gehlen entwickelt aus dieser „biologischen Mängelhaftigkeit" des Menschen sein Angewiesensein auf Umgestaltung der Umwelt, Herstellung von Werkzeugen als Organersatz, Instinktabsicherung durch soziale Institutionen.   W.F.H.

Manipulation, [1] in einem allgemeinen Sinne Bezeichnung für einen gezielten und unmerklichen Einfluss auf Entscheidungen von Menschen, den diese als gezielten Einfluss (und damit Beeinträchtigung ihrer freien Entscheidung) nicht wahrnehmen (können).
[2] Besondere Bedeutung hat die Bezeichnung in der oft kulturkritischen Diskussion über die Bedeutung der Werbung und der Massenkommunikationsmittel erlangt: Die Anpreisung von Waren und die Übermittlung von Nachrichten z.B. werden oft als manipuliert angesehen, wobei sich diese Einschätzung mehr oder weniger ausgesprochen am Kriterium der „Objektivität" orientiert.   G.v.K.
[3] Bezeichnet in der → Kulturanthropologie die strategische Nutzung von kulturellen Überlieferungen zu persönlichen Zwecken, z.B. Vorspiegelung, ein Schutzgeist sei einem erschienen, wodurch ein ansonsten egoistisches Handeln gerechtfertigt wird.   W.F.H.

Männerkindbett → couvade

Männerstudien, men's studies, in Reaktion auf die Frauenforschung haben sich seit den 1980er Jahren (im deutschsprachigen Raum seit den 1990 Jahren) M. entwickelt. Gegenstand sind männliche Lebenslagen und die soziale Konstruktion von Männlichkeit. Männer werden in ihrer Geschlechtlichkeit thematisiert, indem untersucht wird, in welcher Weise diese ihr Handeln in unterschiedlichen sozialen Feldern bestimmt. Ihr Entstehen verdanken die M. dem Umstand, dass – nicht zuletzt bedingt durch die feministische Kritik – die Strukturen der Geschlechterordnung sich verändern. Die M. sind ein Reflex des Wissenschaftssystems auf die problematisch gewordene Position des Mannes

in der Geschlechterordnung, d.h. darauf, dass die männliche Herrschaft nicht mehr fraglos feststeht. Leitkategorie der M. ist das von R. Connell entwickelte herrschaftskritisch orientierte Konzept der hegemonialen → Männlichkeit, das sowohl die Relation von Männern und Frauen (heterosoziale Dimension) als auch die Beziehungen von Männern untereinander (homosoziale Dimension) behandelt. In jüngster Zeit gibt es verstärkte Bemühungen, women's studies und men's studies in ein übergreifendes Konzept von → gender studies zu integrieren.   M.M.

Männlichkeit, hegemoniale. Dieser von R. Connell geprägte Begriff hat entscheidend zu einer wissenschaftlichen Fundierung der men's studies (→ Männerstudien) beigetragen und ist rasch zu deren Leitkategorie avanciert. Darüber hinaus hat er Eingang in die allgemeine Geschlechterforschung gefunden. Der Begriff der h.M. bezieht sich auf Macht- und Herrschaftsverhältnisse sowohl in der heterosozialen (Beziehungen von Männern und Frauen) als auch der homosozialen Dimension (Beziehungen von Männern untereinander). In Anlehnung an das von A. Gramsci entwickelte Verständnis von → Hegemonie sieht Connell die gesellschaftliche Dominanz des männlichen Geschlechts über das weibliche nicht primär auf Gewalt gegründet, sondern auf der symbolischen und institutionellen Verknüpfung von Männlichkeit und Autorität. Diese Hauptachse männlicher Macht wird von einer zweiten überlagert, von einer Hierarchie von Autoritäten innerhalb der dominanten Genusgruppe selbst. H.M. ist keine (Charakter-) Eigenschaft der individuellen Person, sondern wird in sozialen Interaktionen immer wieder hergestellt.   M.M.

Mann-Whitney-U-Test, Test für den Vergleich zweier Stichproben, bei denen eine oder beide der zu vergleichenden Variablen aus einer Ordinalskala bestehen. Geprüft werden soll, ob eine der beiden zugehörigen Grundgesamtheiten nicht nur zufällig die größeren Elemente besitzt. Dazu werden die Elemente beider Stichproben vereint und in eine gemeinsame Rangordnung gebracht. Jedes Element der ersten Stichprobe wird mit jedem Element der zweiten verglichen. Je nachdem ob das Element einen höheren oder niedrigeren Rangplatz einnimmt, erhält es ein Plus- oder Minuszeichen. Die Plus- und Minuszeichen aus allen Paarvergleichen werden getrennt summiert. Die kleinere Summe stellt die Prüfgröße U dar. Unter der Nullhypothese, dass sich die beiden Grundgesamtheiten in der mittleren Größe ihrer Elemente nicht unterscheiden, kann für U der folgende Wert erwartet werden:

$$m_U = \frac{N_1 \cdot N_2}{2}.$$

N_1 und N_2 sind die Stichprobenumfänge. U ist bei größeren Stichproben annähernd normalverteilt mit einer Standardabweichung von

$$s_U = \sqrt{\frac{N_1 \cdot N_2 \, (N_1 + N_2 + 1\,)}{12}}.$$ H.W.

manor (engl.) → Grundherrschaft

manpower-approach (engl.), auch: *manpower forecasting approach*, Arbeitskräftebedarfsansatz, in der Bildungsplanung ein Ansatz, der von der Annahme ausgeht, es bestehe ein direkter Zusammenhang zwischen Volumen und Struktur des Sozialprodukts und Volumen und Struktur der zu seiner Erstellung benötigten Arbeitskräfte. Aus der Schätzung des Wachstums und der strukturellen Zusammensetzung (nach Sektoren und Branchen) des Sozialprodukts kann dann unter Verwendung der bekannten Arbeitskräfteeinsatzrelationen (nach beruflichen, qualifikatorischen Merkmalen) der quantitative und qualitative Arbeitskräftebedarf geschätzt werden. D.K.

manpower forecasting approach (engl.) → *manpower approach*

Manufaktur, räumliche Konzentration der arbeitsteiligen, auf handwerklicher Arbeit beruhenden Produktion. Die M. entstand als Zusammenlegung mehrerer Handwerke in einem Raum, die im Auftrag eines Kapitalbesitzers in Lohnarbeit Produkte herstellten. Die M. brachte eine Form der Arbeitsteilung mit sich, die die Arbeitsproduktivität steigerte, aber vorher ganzheitliche Arbeitsvollzüge in Teilarbeiten zerlegte und damit den Handwerkerberuf zerstörte. Die räumliche Konzentration der Produktion in der M. bringt eine Gewöhnung an regelmäßige Arbeitszeiten, Arbeitsdisziplin und eine Zentralisierung von Kontrolle hervor. Die M. entwickelte sich insbesondere in der Zeit des → Merkantilismus und ist Vorläufer der industriellen Produktion, deren Ausgangspunkt im Unterschied zur M. nicht die handwerkliche Arbeit, sondern die technischen Arbeitsmittel und die Kraftmaschinen sind. H.W./M.Sch.

Maoismus, Bezeichnung für Theorie und Praxis der kommunistischen Partei Chinas unter Führung Mao-Tse-tungs sowie für die Politik von Parteien und Organisationen, die sich an ihr als Vorbild und Anleitung orientieren. Im Einzelnen zählen dazu: in der Revolutionstheorie die Annahme, dass die arme Bauernschaft Chinas (und der Dritten Welt) im Bündnis mit der Arbeiterschaft, aber als durchaus eigenständiger Faktor eine revolutionäre Kraft sei; in der Theorie der Übergangsgesellschaft die Tendenz zu direkten Willensbildungs- und Kontrollformen, zu dauernder Kritik und Veränderung der politischen und gesellschaftlichen Formen der nachkapitalistischen Gesellschaft; ein gegenüber dem sowjetischen seit den 1930er Jahren abweichendes Modell der ökonomisch-sozialen Entwicklung: statt Industrialisierung durch extensive Investition Übernahme kapitalistischer Technik und Technologie und damit verbundener Arbeitsorganisation sowie Zurückstellung anderer sozialer Ziele und Werte, Aufbau industrieller Leistungsfähigkeit „aus eigener Kraft", durch in politischen Kampagnen verbreitete Qualifikation und Einsatzbereitschaft der Bevölkerung; in der marxistischen Philosophie ein erneuertes Praxisverständnis.
Seit der chinesischen Kulturrevolution der 1960er Jahre wurden mit dem M. assoziiert: Kampf gegen soziale und politische Hierarchie, Ablehnung kapitalistisch bestimmter Technik und Arbeitsorganisation, Ansätze zu gemeinsamen Arbeits- und Lebensbeziehungen, ständige Kritik und Umwälzung durch die Bevölkerung, Kritik an den Arbeits- und Staatsverhältnissen in der Sowjetunion. W.F.H.

mapping, cognitive (engl.) → Landkarte, kognitive [1]

Marburger Schule, philosophisch: → Neukantianismus; politikwissenschaftlich: → Politik, wissenschaftliche

marginal, *marginal*, auch: randständig, [1] nach R.E. Park (1928) Bezeichnung für die Situation von Individuen und (Unter-) Gruppen, die eine Position am Rande einer Gruppe, einer sozialen Klasse oder Schicht, einer Gesellschaft usw. innehaben. Ein m. Individuum, *marginal man*, wird im Deutschen als Randpersönlichkeit oder Außenseiter, bisweilen auch als Randseiter bezeichnet, Marginalität selten auch als Randexistenz, Randständigkeit. Die Bezeichnung trifft besonders auf die Lage von Personen zu, die auf der Grenze zwischen zwei Gruppen oder Klassen stehen und weder in die eine noch in die andere voll integriert sind. M. Individuen leiden im Allgemeinen unter Normen- und → Rollenkonflikten, → Statusunsicherheit, Desorientierung und → Diskriminierung. R.Kl.
[2] Aus der lateinamerikanischen Diskussion stammende Kennzeichnung der Situation großer Bevölkerungsteile, die sich in den Rand- und Elendsvierteln der Städte der Dritten Welt im Zuge von Unterbeschäftigung und Landflucht gebildet haben. Im Rahmen der → *Dependencia*-Theorien bildet die marginalisierte Masse einen zentralen klassenanalytischen Begriff für diejenigen, die aus der kapitalistischen Produktion und Reproduktion ausgeschlossen sind und

damit auch nicht zur → industriellen Reservearmee des Kapitals gehören.

[3] Im Zuge der → Globalisierung kapitalistischer Warenmärkte bedeutet m. den faktischen Ausschluss vom → Weltmarkt für Bevölkerungsgruppen als Produzenten (z.B. Kleinbauern), Arbeitskräfte und Konsumenten oder für Regionen z.B. durch → Deindustrialisierung oder Zerstörung von Agrarmärkten. Diese Prozesse betreffen auch Bevölkerungsteile und Regionen (z.B. in Form der Massenarbeitslosigkeit) innerhalb der hoch industrialisierten Gesellschaften.
H.W.

marginal man (engl.) → marginal [1]

Marginalismus, Bezeichnung für eine bestimmte Art ökonomischer Theoriebildung, die u.a. in den Begriffen Grenznutzen, Grenzproduktivität, Grenzkosten zum Ausdruck kommt. Betrachtet werden die Veränderungen in den Werten der Variablen eines Systems in Abhängigkeit von einer minimalen („unendlich kleinen") Veränderung einer bestimmten Größe, etwa zur Bestimmung von Maxima und Minima oder Gleichgewichtspunkten. Allgemeiner findet sich der M. überall dort, wo Modelle mit differenzierbaren Funktionen konstruiert werden. H.W.

Marginalität → marginal

Maritalresidenz, ethnologische Bezeichnung für den Wohnsitz von Ehemann und Ehefrau (als Folge kultureller Regeln, wer wann wo und mit wem wohnen soll). W.F.H.

Markov-Kette, von dem russischen Mathematiker A.A. Markov (1856-1922) entwickeltes einfachstes Beispiel eines stochastischen Prozesses, eine Folge von Zufallsvariablen, die alle eine bestimmte abzählbare Menge von Werten (Zustände) annehmen können und in der die Verteilung der n-ten Variablen nur von der $(n-1)$-ten abhängt. Eine solche Folge wird i.a. als Beschreibung eines bestimmten Merkmals zu aufeinander folgenden Zeitpunkten interpretiert. Die Größe der so genannten Übergangswahrscheinlichkeiten, d.h. die Wahrscheinlichkeit von einem Zustand i im Zeitpunkt n zu einem Zustand j im Zeitpunkt $n+1$ zu gelangen, bestimmt die verschiedenen Typen von M.-K.n, wie homogene, irreduzible oder ergodische M.-K.n. In der Soziologie dienen M.-K.n als Modelle für eine Vielzahl von Prozessen (Mobilität, Lernen, Interaktion), bei denen der Übergang zu einem bestimmten Zustand abhängig ist vom bestehenden Zustand. M.K.

Markov-Prozess, spezieller stochastischer Prozess, durch Betrachtung eines kontinuierlichen Zeitintervalls und nicht notwendig diskreter Zufallsvariabler verallgemeinertes Modell einer → Markov-Kette. Wesentlichstes Kennzeichen des M.-P.es ist, dass der Zustand in einem beliebigen Zeitpunkt t nur von dem unmittelbar vorhergehenden, nicht aber von weiter zurückliegenden abhängt. Durch diese spezielle Voraussetzung ist zwar die mathematische Theorie des M.-P.es relativ gut handhabbar, jedoch die Anwendung des M.-P.es auf sozialwissenschaftliche Vorgänge nur mit erheblichen Einschränkungen möglich. M.K.

Markt, Bezeichnung für Tauschbeziehungen (nicht nur wirtschaftlicher Art) zwischen Gruppen von Personen (Anbietern und Nachfragern, Konsumenten und Produzenten) und deren institutionelle Bedingungen (z.B. M.zugänge). Nach M. Weber soll von einem M. dann gesprochen werden, wenn mindestens die Personen einer Gruppe miteinander um ihre Tauschchancen konkurrieren (→ M.formen). Das gesellschaftliche Handeln auf dem M. wird häufig als typisches Beispiel für rational kalkuliertes, zweckgeleitetes Handeln dargestellt (M.vergesellschaftung, M. Weber). Daneben bestimmen auch gemeinschaftlich getragene Regeln und Werte das Handeln der M.teilnehmer (M.vergemeinschaftung, M. Weber). Für das Funktionieren der kapitalistischen Warenmärkte sind gesellschaftliche Institutionen wie das Eigentums- und Vertragsrecht und die Sicherung des Geldwerts von grundlegender Bedeutung. Zwischen den M.teilnehmern bestehen oft große Unterschiede in der → M.macht. H.W.

Markt, organisierter → Marktformen

Markt, sexueller, bezeichnet das Feld der Austauschbeziehungen und einsetzbaren Ressourcen, die Partner füreinander sexuell zugänglich machen. Der s.M. ist relativ unabhängig vom Heiratsmarkt (Desrosières 1978). W.F.H.

Markt- und Meinungsforschung → Marktforschung, → Meinungsforschung

Markt, vollkommener – unvollkommener → Marktformen

Marktchancen, auch: Markterwerbschancen oder Erwerbschancen, sind nach M. Weber (1921) → ökonomische Chancen, die rein → zweckrational an → Marktlagen orientiert sind. Grundlage jeder Ermittlung von M. ist die betriebliche Kapitalrechnung, die Bilanz. Erfolgsmaßstab und -ziel ist die Rentabilität des autonomen Unternehmens. „Die Kapitalrechnung in ihrer formal rationalsten Gestalt setzt" dabei „den Kampf des Menschen mit dem Menschen voraus." Die Art der M. bestimmt deshalb für den einzelnen die Marktlage, für eine „Vielheit von Menschen" die → Klassenlage. G.F.

Marktformen, Bedingungen für die Tauschbeziehungen zwischen Anbietern und Nachfragern einer Ware. Die wichtigsten Merkmale sind Anzahl und Konkurrenzverhältnis von Anbietern bzw. und Nachfragern.

M

Zu den M. des Teilmonopols, des Teiloligopols, des Teilmonopsons oder des Teiloligopsons gelangt man, wenn man danach unterscheidet, ob neben einem oder wenigen großen oder mittleren Anbietern bzw. Nachfragern noch weitere kleine Anbieter bzw. Nachfrager bestehen. Eine wichtige Unterscheidung ist weiterhin die zwischen vollkommenen und unvollkommenen Märkten. Ein → Markt ist vollkommen, a) wenn die Waren homogen, nach Zahl, Gewicht etc. vergleichbar sind, b) wenn es keine persönlichen Präferenzen zwischen Verkäufern und Käufern gibt, c) wenn Käufer und Verkäufer weder räumlich noch zeitlich differenziert sind, d) wenn Markttransparenz besteht, d.h. alle beteiligten Akteure vollständig über den Markt informiert sind. Die Unterscheidung zwischen vollkommenen und unvollkommenen Märkten kann mit den neun M. kombiniert werden. Hierdurch erhält man weitere wichtige Typen etwa der monopolistischen Konkurrenz (Polypol und unvollkommener Markt). M. bestimmen sich darüber hinaus danach, ob Zugangsbeschränkungen für Anbieter und Nachfrager zum Markt bestehen oder nicht. H.W.

Marktforschung, *market research*, übergreifende Bezeichnung für die Untersuchung aller Aspekte, die für die Möglichkeiten des Absatzes von Waren und Dienstleistungen auf wirtschaftlichen Märkten von Bedeutung sind. Dazu gehört u.a. die Feststellung sog. „Marktlücken", die Untersuchung der Gründe für den Rückgang der Nachfrage nach einem bestimmten Produkt, die Erforschung der Reaktionen des Publikums auf Werbemaßnahmen usw. Da sich die M. bevorzugt der Methoden der → Meinungsforschung bedient, spricht man auch zusammenfassend von „Markt- und Meinungsforschung". R.Kl.

Marktgesellschaft → Modell einer Gesellschaft, die auf Tausch von Gütern und Leistungen und freier Konkurrenz um die Tauschchancen basiert. In der Doktrin des → Neoliberalismus sollen im Prinzip alle Sphären der Gesellschaft (z.B. auch die Bildung) durch Konkurrenz bestimmt sein. H.W.

Marktgesetze, Marktmechanismen, allgemein Bezeichnung für die Zwänge der → Konkurrenz, denen Produzenten, Verkäufer und Käufer bei verschiedenen → Marktformen unterliegen. So können im Modellfall der reinen Konkurrenz die einzelnen Beteiligten keinen Einfluss auf den Marktpreis nehmen. H.W.

Marktlage bezeichnet nach M. Weber (1921) die Gesamtheit der „erkennbaren Aus- und Eintauschchancen" eines Tauschobjektes für die Marktteilnehmer im Marktgeschehen, unter Verwendung der Geldrechnung als zweckmäßig-

stem, da einen einheitlichen Ausdruck ermöglichendem Rechnungsmittel. Es gestattet zugleich eine Projektion zukünftiger M.n, den Geldabtauschchancen. G.F.

Marktmacht, eine Form der ökonomischen Macht. Die M. ist umso größer, je weniger Markttransparenz besteht. Hingegen gilt als ein Merkmal des vollkommenen Marktes (→ Marktformen), wenn allen Marktteilnehmern alle Informationen über relevante Entscheidungsparameter (Waren, Qualitäten, Preise etc.) zur Verfügung stehen. Unterstellt ist, dass der Zugang zu Informationen frei ist und die Informationsbeschaffung keine Kosten verursacht. H.W.

Marktmechanismen → Marktgesetze

Marktrationalität, Rationalitätsbegriff der liberalen Theorie, der von der Unmöglichkeit der Festlegung inhaltlicher Planziele ausgeht. Die Normierung eines sozialen Systems wird auf die Formulierung institutioneller Rahmenbedingungen und die Setzung formaler Spielregeln beschränkt, innerhalb deren sich das freie Spiel marktrelevanter, im weiteren Sinne aller systemrelevanten Kräfte, entfalten und eine optimale inhaltliche Lösung der Systemprobleme garantieren soll. B.W.R.

Marktsegmentierung, Strategie von Unternehmen zur Sicherung und Steigerung ihres bestimmten Marktanteils durch Preis-, Qualitäts- oder Produktdifferenzierung. H.W.

Marktsozialismus, auch: sozialistische Marktwirtschaft, [1] Bezeichnung für unterschiedliche Modelle zur Reform sozialistischer Planwirtschaft, in denen neben verschiedenen Formen des Eigentums an Produktionsmitteln und Böden (staatlich, genossenschaftlich, privat) in der Regel staatliches Eigentum in den dominanten Sektoren vorherrschend bleibt und die Preisbildung auf Märkten mit staatlicher Preisbildung etwa für zentrale Produktionsfaktoren verbunden werden soll. Weitere wichtige Fragen des M. sind die Beteiligung der Arbeitenden an der Unternehmensleitung, die Rolle der Konsumenten und der Informationsmedien in der Steuerung der Produktion von Massenkonsumtionsmitteln sowie Fragen des Außenhandels und der internationalen Geldbeziehungen. Als Form der „gemischten Wirtschaft", zwischen „freier Verkehrswirtschaft" und „zentralgeleiteter Verwaltungswirtschaft" (W. Eucken), versuchen die Modelle des M. vor allem die systematische Fehlleitung und Vergeudung von Ressourcen in Planwirtschaften sowjetischen Typs durch flexiblere marktförmige Abstimmungs- und Anpassungsmechanismen zu überwinden.

[2] In einem strengeren Sinn kann unter M. auch die Vergesellschaftung jener Mechanismen

verstanden werden, die im klassisch-liberalen Modell den Markt ins Gleichgewicht bringen sollen, deren Funktionieren in der Realität jedoch mangelhaft ist und aufgrund der → Transaktionskosten nur bestimmten zahlungsfähigen Gruppen zugute kommen kann. Hierzu gehört insb., dass die Herstellung von Markttransparenz sozialisiert wird, allseitige Information in Bezug auf Angebot und Nachfrage bestehen und dass die Regulation der Produktion durch die Arbeitenden in ihrer Doppeleigenschaft als Produzenten und Konsumenten gestärkt wird.
H.W.

Marktsoziologie, Bezeichnung für die soziologische Beschäftigung mit ökonomischen Sachverhalten, insbesondere den sozialen Bedingungen wirtschaftlicher Vorgänge (Marktmacht, Normen rationalen Verhaltens, Organisation von Märkten). Die M. wird zum Teil als Ergänzung, zum Teil als Kritik ökonomischer Theorien betrieben, insbesondere der Modellannahmen z.B. über die Rationalität der Wirtschaftssubjekte oder die Sozialstruktur als Rahmenbedingung von Märkten.
H.W.

Markttransparenz, gilt als ein Merkmal des vollkommenen Marktes (→ Marktformen), bei der allen Marktteilnehmern alle Informationen über relevante Entscheidungsparameter (Waren, Qualitäten, Preise etc.) zur Verfügung stehen. Unterstellt ist, dass der Zugang zu Informationen frei ist und die Informationsbeschaffung keine Kosten verursacht.
H.W.

Marktvergemeinschaftung → Markt

Marktvergesellschaftung → Markt

Marktwirtschaft – Planwirtschaft – Selbstverwaltungswirtschaft, bezeichnen drei idealtypische Konstruktionen von Wirtschaftsordnungen. In der M. (auch: Verkehrswirtschaft) werden die Verflechtungsbeziehungen zwischen den arbeitsteiligen Wirtschaftsbereichen, Produktion und Konsum durch die autonomen Handlungen der Marktteilnehmer im Wettbewerb auf einem Markt ins „Gleichgewicht" gebracht. Von einem gelenkten M. ist die Rede, wenn der Staat Maßnahmen zur konjunkturellen Stabilisierung, zur Umverteilung von Einkommen etc. ergreift. Der M. wird die P. (auch: Zentralverwaltungswirtschaft) gegenübergestellt. In der P. werden Produktions- und Austauschprozesse nicht auf Märkten, sondern durch zentrale Pläne reguliert, in denen Produktion und gesellschaftliche Bedürfnisse zum Ausgleich gebracht werden sollen. Die P. wird auch danach unterschieden, ob sie total gelenkt ist oder aber Wahlmöglichkeiten in einzelnen Bereichen (Konsum, Arbeitsplätze) zulässt. Zwischen M. und P. wird von einigen Autoren die S. gestellt, in der die am Markt Beteiligten (z.B. die Arbeitenden und

ihre Betriebe, Betriebe und Käufer) durch Verhandlungen zu Vereinbarungen über ihre Beziehungen gelangen.
H.W.

Marktwirtschaft, soziale, die in Deutschland nach dem Zusammenbruch des Nationalsozialismus propagierte Form der → Marktwirtschaft, in welcher der Wettbewerb durch eine Wettbewerbs- oder regulierte Ordnung zu sichern ist und der Staat aktiv die Bedingungen der Marktteilnahme (Bildungs-, Vermögens-, Mittelstands-, Strukturpolitik u.a.) beeinflusst (→ Ordoliberalismus), um den Ausgleich von (leistungs-) ungerechten Marktergebnissen (Umverteilung) bemüht sein sollte und für die Absicherung gegenüber wirtschaftlichen und sozialen Risiken (System der sozialen Sicherung) zu sorgen hat.
D.K.

Marktwirtschaft, sozialistische → Marktsozialismus [1]

Marxismus , [1] umfasst die Gesamtheit der von K. Marx entwickelten Theorien sowie die Theorien der sich auf ihn berufenden Marxisten. Nach dem Zerfall der Staaten des „realen Sozialismus", der als Triumph des Kapitalismus und seiner „freien Marktwirtschaft" erschien, wurde auch sein schärfster Kritiker lautstark als „toter Hund" abgetan. Die nicht verstummte praktische und theoretische Suche nach lebenswerten Alternativen zur zerstörerischen Dynamik des globalisierten Kapitalismus hat das Interesse an der Marx'schen Theorie und Philosophie jedoch erneut belebt (D. Bensaid 1995). Die inzwischen zum Teil veröffentlichten Originalmanuskripte, insb. auch der Vorstudien und Entwürfe zu Marx' Hauptwerk „Das Kapital", dessen zweiter und dritter Band von F. Engels redigiert und kompiliert wurden, fordern heute zu neuen Lektüren frei aller Orthodoxie auf.
H.W.
[2] Im orthodoxen, zumal im sowjetischen Marxismus-Leninismus kanonisierten Sinn umfasste der M. die Erkenntnismethode des → dialektischen Materialismus, eine Geschichtstheorie (→ historischer Materialismus), die Kritik der politischen Ökonomie und eine Konzeption politischen Handelns, auf die oft eingeschränkt der Begriff „wissenschaftlicher Sozialismus" verwandt wird.
C.Rü/H.W.

Marxismus, analytischer, *rational choice marxism,* seit Mitte der 1970er Jahre sich entwickelndes sozialwissenschaftliches Paradigma. Der a.M. betrachtet den Marxismus als eine Sozialtheorie des 19. Jahrhunderts, die wichtige Einsichten formulieren konnte (Historischer Materialismus, Klasse und Ausbeutung als zentrale Bezugspunkte der Theoriebildung, „Sozialismus" als dem gegenwärtigen Kapitalismus überlegen, Entfremdung und Ungerechtigkeit im Kapitalismus als überwindbar). Nach heutigen

Maßstäben sei der Marxismus aber zu vereinfachend, im Detail und vielleicht auch in einigen grundlegenden Ansprüchen falsch. Der a.M. hält ihn mithin für eine weiterzuentwickelnde Sozialtheorie. Vertreter des a.M. berufen sich u.a. auf den methodologischen Individualismus, bedienen sich der Mittel der analytischen Philosophie und der Spieltheorie. Marx-Exegese ist für den a.M. von geringerem Interesse, was ihm häufig vorgeworfen wird ("Marxismus ohne Marx"). Vertreter u.a.: G.A. Cohen, J. Elster, A. Przeworski, J. E. Roemer.   A.G.

Maschine, [1] Gebilde, das einen Bauplan, eine Menge von deterministischen oder stochastischen Schrittfolgen (Algorithmen) oder die Möglichkeit vielfältiger (freier) Programmierbarkeit inkorporiert und zur Transformation einer Energie in eine andere Form von Energie (Kraftmaschinen, z.B. Generatoren), zur Umwandlung von Energie in Bewegung (Antriebe, "Arbeit"- oder Werkzeugmaschinen) oder zur Umwandlung (Übertragung, Speicherung, Verarbeitung) von Informationen (Computer, Denkmaschinen) dienen kann. Die verschiedenen Formen können auch integriert werden (Roboter).
[2] In Analogie zu [1] werden auch Organisationen mit festen *inputs* und *outputs* (Bürokratien, Justizapparate, Parteien, Armeen) als (gesellschaftliche, politische) M.n bezeichnet.   H.W.

Maschinensprache, Programmiersprache, in der die elementaren Operationen von elektronischen Rechnern formuliert werden. Die M. besteht aus Maschinenbefehlen, die Angaben über die Art der Operation (Rechnung, Datentransport, Vergleich) und die Speicherplätze der zu verarbeitenden Daten enthalten.   H.D.R.

Maschinenstürmerei, [1] historisch Bezeichnung für gewaltsame Zerstörungsaktionen von Manufakturarbeitern und Handwerkern gegen die Einführung der Maschinerie in der Übergangsphase von Manufaktur zu großer Industrie.
[2] Im verallgemeinerten Sinne Bezeichnung für (meist antikapitalistische) Bewegungen und Aktionen, die sich gegen neue Formen der Produktionsmittel richten.   W.F.H.

Masochismus, [1] eine sexuelle Perversion. Sie besteht darin, dass sexuelle Erregung und Befriedigung durch das Erleiden von Schmerz oder Demütigung herbeigeführt werden.
[2] In einem allgemeineren Sinne jedes Streben nach Bestrafung, Misshandlung, Erniedrigung, Leiden usw., auch wenn damit keine sexuelle Lust erzeugt wird. Solche Unterwürfigkeit kann z.B. durch unbewusste Schuldgefühle entstehen (S. Freud: "moralischer M."). → Sadomasochismus [1]   R.Kl.

Masse, [1] vieldeutig gebrauchte Bezeichnung für eine große, aber relativ unstrukturierte Menge von Menschen.
[2] Auch: Menge, konkrete M. (L. von Wiese), aktuelle M. (A. Vierkandt, T. Geiger), *crowd*, eine Ansammlung von Menschen, wie sie passiv als Publikum, aktiv bei Aufläufen, Demonstrationen, Unruhen, Massenveranstaltungen usw. auftreten kann (F. Tönnies: "gesammelte Menge"; G. Gurvitch: "versammelte M."). Da es vielfach irrationale, im "Unbewussten" liegende Faktoren seien, die das Verhalten der M. bestimmen, werden die Fähigkeiten der M. zur Selbststeuerung und zur realistischen Erfassung der Wirklichkeit in der Regel als begrenzt angesehen. Die M. neige in diesem Sinne nicht nur zur Panik, ja zum Amok, sondern auch zur Unterwerfung unter autoritäre Führer, die die Triebkräfte der M. anzusprechen und zu ihren Zwecken zu "manipulieren" verstehen. → Masse, primäre – sekundäre
[3] Auch abstrakte M. (L. von Wiese), latente M. (T. Geiger), *mass*, eine Vielzahl nicht direkt miteinander interagierender Personen (F. Tönnies: "getrennte Menge"), die sich unter dem Einfluss gleicher Reize (insbesondere der sog. → Massenmedien) in identischer Weise verhält (z.B. in der Mode, im Konsum und Freizeit, in der politischen Meinungsbildung. M.nverhalten in diesem Sinne wird häufig als typisch für die moderne, industriell entwickelte → "Massengesellschaft" betrachtet (→ Massenverhalten, → Kollektivverhalten). Von der "abstrakten" M. wird in kultur- und gesellschaftskritischer Absicht behauptet, dass sie durch politische Demagogen, durch Propaganda und kommerzielle Reklame ("geheime Verführer") leicht "manipulierbar" sei. Bisweilen wird angenommen, dass in den spontanen, unkontrollierten Handlungen einer erregten "konkreten" M. die latenten aggressiven Tendenzen und Motive der "abstrakten" M. zum Ausbruch kommen.   W.Lp.

Masse, abstrakte → Masse [3]
Masse, aktuelle → Masse [2]
Masse, apperzeptive → Apperzeption [2]
Masse, geführte, eine → Masse [2], aus der heraus sich spontan ein oder mehrere Führer bilden, die dann dem Massenhandeln eine andauernde Richtung geben (L. von Wiese 1966).   W.F.H.

Masse, heterogene, Aggregat von Menschen, die potenziell zu gleichförmigen, bei gegebenem Anlass erratisch ausbrechendem Verhalten (→ Masse [2]) neigen, sich jedoch aus heterogenen, relativ unverbundenen sozialen Schichten, Gruppierungen und Funktionsbereichen rekrutieren.   W.Lp.

Masse, konkrete → Masse [2]

Masse, künstliche, artifizielle Masse, in S. Freuds Massenpsychologie Bezeichnung für eine Masse, bei der – im Unterschied zur „natürlichen Masse" – „ein gewisser äußerer Zwang aufgewendet (wird), um sie vor der Auflösung zu bewahren und Veränderungen ihrer Struktur hintanzuhalten" (Freud). Beispiele sind Kirche und Heer. → Masse, primäre – sekundäre   W.K.

Masse, latente → Masse [3]

Masse, marginalisierte → marginal [2]

Masse, natürliche → Masse, künstliche

Masse, primäre – sekundäre, Bezeichnungen der Freud'schen Massenpsychologie. Der Begriff p.M. ist Freuds eigentlicher Massenbegriff: dabei handelt es sich um „eine Anzahl von Individuen, die ein und dasselbe Objekt an die Stelle ihres Ich-Ideals gesetzt und sich infolgedessen in ihrem Ich miteinander identifiziert haben". Bei diesem Objekt handelt es sich zumeist um einen realen Führer, jedoch kann es sich auch um ein fiktives Objekt (bei religiösen Massen z.B. um einen Gott, „Christus" o.ä.) handeln. Als s.M. bezeichnet Freud im Anschluss an McDougall die „organisierte Masse"; durch „Organisation" erhält die Masse jene „Eigenschaften [...], die für das Individuum charakteristisch waren und die bei ihm durch die Massenbildung ausgelöscht wurden", nämlich Kontinuität, Selbstbewusstsein, Tradition usw.   R.Kl.

Masse, versammelte → Masse [2]

Maße der zentralen Tendenz, Maße zur Kennzeichnung der Lage einer Häufigkeitsverteilung auf einer Messskala. Zu ihnen zählen: arithmetisches Mittel, Median oder Zentralwert, Modus oder häufigster Wert. Die M. d. z. T. unterstellen stochastische Prozesse, die zu unimodalen Verteilungen führen.   H.W.

Massenbasis, [1] die Verankerung einer sozialistischen Organisation oder Partei in der Arbeiterschaft, wobei nicht allein der quantitative Aspekt gemeint ist, sondern auch ein qualitativer: die Massen stützen nicht allein die Politik dieser Organisation, sondern bestimmen und vollziehen sie mit.
[2] In der politischen Soziologie auch allgemein die Abstützung der Politik einer Partei oder Organisation durch einen relevanten Bevölkerungsanteil.   W.F.H.

Massenbeobachtung, *mass observation,* eine Ende der 1930er Jahre in England eingeführte Untersuchungsmethode, bei der in Form von Tagebüchern oder Berichten eine Vielzahl von Beobachtern Aufzeichnungen über Bereiche des Alltagslebens anfertigen sollten. Im idealen Fall soll jeder jeden und sich selbst beobachten.   H.W.

Massendaten, bevölkerungsstatistische Daten auf der Basis von Volkszählung und Mikrozensus (→ Zensus) sowie anderen durch Institutionen (z.B. Sozialversicherung) produzierten Daten.   M.M.

Massendemokratie, die im Gegensatz zur klassisch-parlamentarischen Demokratie durch formal gleichberechtigte politische Teilnahme der Arbeiterschaft bzw. allgemeiner der Unterschichten, durch breiten Einfluss der Verbände und Interessengruppen, durch gegenseitige Durchdringung von Staat und Gesellschaft gekennzeichnete Demokratieform. Gefährdungen der M. werden vor allem im wachsenden Einfluss von großen Interessenorganisationen, in der zunehmenden Bürokratisierung und Verstaatlichung des Lebensvollzüge und in der Wirkung der Massenmedien (als heimlicher „vierter politischer Gewalt") gesehen.   W.F.H.

Massenepidemie → Epidemiologie

Massenexperiment, statistisches Experiment von sehr großem Umfang, etwa in Form fortwährender Wiederholungen von Münzwürfen. Das M. spielt in den Gedankenexperimenten der Statistik eine Rolle.   H.W.

Massengesellschaft, zumeist in kulturkritisch-abwertendem Sinne gebrauchte Bezeichnung für die moderne, industriell entwickelte Gesellschaft. Durch den Begriff soll insbesondere die für diese Gesellschaft kennzeichnende Tatsache der Bevölkerungsvermehrung, der großstädtischen Ballungszentren, der durch moderne Technik ermöglichten Serienfertigung, des Massenverkehrs usw. unterstrichen werden. Darüber hinaus impliziert der Gebrauch dieses Begriffs jedoch meist auch die These, dass der Mensch in dieser Gesellschaft zu einem weitgehend identitätslosen und „außengeleiteten", „manipulierten" Mitglied einer anonymen → Masse [3] geworden sei (→ Außenleitung); kulturelle und schichtspezifische Unterschiede würden unter den Bedingungen der M. verwischt, eingeebnet und im Zuge einer Entwicklung zur → „nivellierten Mittelstandsgesellschaft" beseitigt. Diese These wird heute von den meisten Soziologen als zu undifferenziert oder gar als bloß ideologisch zurückgewiesen.   W.Lp.

Massenhandeln → Kollektivverhalten

Massenkommunikation, ein Kommunikationsprozess, der folgende Charakteristika aufweist: a) Im Gegensatz zur → Primärkommunikation fehlt dem → Publikum [1] hier die gemeinsame Alltagserfahrung, aus der heraus es die Mitteilungen interpretiert und miteinander diskutiert. b) Die M. erreicht ein großes Publikum, das aus isolierten Individuen besteht; sie muss für alle leicht zugänglich sein; sie bedarf eines größeren personellen und technischen Apparates, um den

M

Kommunikationsprozess aufrecht zu erhalten; sie ist schwer vom Publikum zu kontrollieren. Der Einfluss der M. auf das Publikum ist ungeklärt, scheint aber eher auf Stagnation als auf Wandel hinauszulaufen, da das Publikum die ihm genehmen Mitteilungen herausfiltert, und die M. von Interessengruppen gelenkt wird.
     A.G.W.

Massenkommunikationsmedien → Massenmedien

Massenkultur, *mass culture,* oft kulturkritische Bezeichnung für jene kulturellen Werte, Ziele und Vorstellungen, die von den Massenmedien im Hinblick auf ihre Rezeptionsfähigkeit bei möglichst vielen Konsumenten angeboten werden (vor allem Schlager, Fernsehserien), sowie auch die Folgen dieser Rezeption bei den Konsumenten (populärer Musikgeschmack, modische Orientierungen, stereotype Fantasien usw.).
     W.F.H.

Massenloyalität, Zustimmung breiter Bevölkerungskreise zur jeweiligen Regierung oder Gesellschaftsordnung als Voraussetzung ihrer nicht auf offener Gewaltanwendung beruhenden Stabilität. M. als Ausdruck eines diffusen Konsenses über die Akzeptierbarkeit einer bestimmten Herrschaft unterscheidet sich vom soziologischen Legitimitätsbegriff in der Nachfolge M. Webers dadurch, dass in letzterem über die Akzeptierung von Herrschaft hinaus die Anerkennung der Geltungsgründe von Herrschaft mitgedacht ist. (→ Legitimation; → Legitimität) M. dagegen gilt zumeist als Folge tatsächlicher oder vermeintlicher Befriedigung von (materiellen) Bedürfnissen und lässt sich dementsprechend im weiteren Sinne als Ausprägung eines „sozialeudämonistischen" Legitimitätstyps bezeichnen, der sich auf die Leistungsfähigkeit einer sozialstaatlichen Ordnung bezieht.
     H.D.R.

Massenmedien sind hochkomplexe soziale und technische Systeme mit großem, kontinuierlichem Informationsausstoß, der „blind" auf ein breites Publikum gerichtet wird, dessen Reaktionen nur ungenügend und indirekt zurückgemeldet werden. Da die M. z.T. großen politischen und wirtschaftlichen Einfluss nehmen, ist ihre Kontrolle ein besonderes Problem des demokratischen Rechtsstaates. Als Synonyma sind gebräuchlich: Massenkommunikationsmedien und (selten) Kommunikationsmedien.   A.G.W.

Massenorganisation, auch: Massenverband, eine politisch handelnde Organisation, die die Interessen großer Teile der Bevölkerung (vor allem der Arbeiterklasse) durchzusetzen versucht und in diesen Bevölkerungsteilen stark verankert ist. Eine Partei, eine Gewerkschaft kann eine M. sein im Gegensatz zu Zirkeln, politischen Sekten, Honoratiorenparteien usw.   W.F.H.

Massenpartei, eine Partei, die anders als die frühen liberalen und konservativen Parteien in den Massen der Arbeiter bzw. allgemeiner der Unterschichten organisatorisch verankert ist und deren Interessen politisch artikuliert.   W.F.H.

Massenphänomene, Begriff der → Sozialpsychologie für den Gegenstand der sog. → Massenpsychologie. M. beziehen sich auf das Verhalten einer Unzahl von Menschen, die sich in unstrukturierten und/oder normativ unsicheren Situationen mit denselben Ereignissen befassen (Prinzip der Polarisierung oder Konvergenz). M. werden unterteilt a) in Phänomene der aktuellen Masse (*crowd behavior,* → Masse [2]), wie sie in Situationen des Zuschauerpublikums (*audience*) und des → Mobs (etwa der Panik des Lynchens) zu beobachten sind, und b) in Phänomene der abstrakten Masse (*mass behavior,* → Masse [3]), bei der die Vielzahl an Menschen so groß ist, dass sie sich nicht am selben Ort zusammenfinden können; darunter fallen Phänomene wie Massenepidemien (*mass contagion, contagious follies,* → Ansteckung), → Massenkommunikation, Öffentlichkeit (*public*), modisches Verhalten (*fads, crazes*) und → soziale Bewegungen. Die von der Massenpsychologie behaupteten Merkmale der Emotionalisierung, Irrationalität, geringen Infrastruktur und Gewalttätigkeit sind angesichts empirischer Untersuchungen umstritten.   B.Kr.

Massenproduktion, Bezeichnung für ein auf intensiver Rationalisierung der Produktion und Taylorisierung der Arbeitsorganisation beruhendes Akkumulationsmodell. Die Steigerung der Arbeitsproduktivität ermöglicht eine langfristige Erhöhung von Lohneinkommen und damit der Massenkonsumtion industriell erzeugter Produkte (Henry Fords „Modell T") Damit wird die massenhafte Herstellung von Konsumtionsmitteln für die Reproduktion der Arbeitskräfte als Anlage- und Verwertungssphäre des Kapitals erschlossen („innere Landnahme", B. Lutz 1984). Das Modell der M. wird im Unterschied zur vorangegangenen extensiven Phase kapitalistischer Entwicklung (geringer Mechanisierungsgrad, → Kapitalakkumulation v.a. im Produktionsmittelsektor) als intensive Phase bezeichnet.   M.Sch.

Massenpsyche, Massenseele, von verschiedenen Vertretern der sog. Massenpsychologie, so von G. LeBon, gebrauchte Bezeichnung für die „Seele" (im Sinne gewisser Konstanten der Erlebnisverarbeitung und des Verhaltens), über die ihrer Auffassung nach Massen oder Gesellschaften analog zu Individuen verfügen und die in der Sprache der Psychologie des Individuums beschrieben werden könne. → Kollektivbewusstsein [2]   W.Lp.

Massenpsychologie, durch G. LeBon begründete, später u.a. durch S. Freud fortentwickelte Betrachtungsweise, die von der Auffassung ausgeht, dass das soziale Phänomen „Masse" (→ Masse, → Masse, primäre – sekundäre) nicht allein unter soziologischen, sondern auch – ja vorwiegend – unter psychologischen Gesichtspunkten untersucht werden muss. Die M. kann insofern als Vorläuferin der → Sozialpsychologie betrachtet werden.
Grundlegende, schon von LeBon vertretene Thesen der M. betreffen die Gleichförmigkeit, emotionale Erregbarkeit und Irrationalität des Massenhandelns, -fühlens und -denkens. S. Freud, der Probleme der M. im Zusammenhang mit Fragen der Ich-Analyse untersuchte, betonte insbesondere den für die Massenbildung konstitutiven Verlust der Ich-Identität bzw. des Ich-Ideals des Einzelnen aufgrund der vollständigen Identifikation mit dem Führer (der Führer „ersetzt" das Ich). Eine Reihe von Beiträgen zur M., wie sie vor allem im ersten Drittel des 20. Jahrhunderts erschienen sind, ist dabei von geisteswissenschaftlichen, spezifisch kulturpessimistischen und kulturkritischen Zügen geprägt. Sie beklagen insbesondere den angeblich mit dem Auftreten der Massen in den modernen, industriell entwickelten Gesellschaften (→ Massengesellschaft) verbundenen allgemeinen Verlust an Individualität und kulturellen Traditionen. Solche Auffassungen sind von zahlreichen Psychologen (P.R. Hofstätter 1957) und Soziologen (T. Geiger 1950/ 51) in Frage gestellt worden.
                            W.Lp.

Massenreligiosität → Virtuosenreligiösität

Massenseele → Massenpsyche

Massenverband → Massenorganisation

Massenverhalten, *mass behavior,* das unter dem Einfluss identischer kultureller Reize, insbesondere der Massenkommunikationsmittel, relativ gleichförmige Verhalten einer großen Zahl von Menschen aus einer heterogenen Bevölkerung, die ansonsten kaum miteinander in direkter Interaktion stehen. M. in diesem Sinne kann auf dem Gebiet der Verbreitung politischer Meinungen, von Kleidungs- und Musikmoden usw. beobachtet werden. → Masse [3], → Kollektivverhalten   R.Kl.

Maßnahmestaat → Doppelstaat

Maßzahl → *score*

master sample (engl.), bei aufwändigen mehrstufigen Auswahlen, z.B. Flächenstichproben, Stichprobe von Einheiten vorgeordneter Stufen (Regionen, Gemeinden), die für mehrere Stichproben auf der Endstufe (Haushalte) ausgenutzt werden kann.   H.W.

master status (engl.), Hauptstatus, bezeichnet ein einzelnes Merkmal, das für sich allein den Rang einer Person zu bestimmen vermag, sodass sie nur noch stereotyp wahrgenommen wird und sie ihre persönliche Identität dem anpasst. Beispiele: eine besonders schreckliche Abweichung oder die Position als Star.   R.L.

mastery, magical (engl.), eine Bezeichnung für eine Wahrnehmungs- und Erlebensform insbesondere bei älteren Menschen, die in der Verleugnung von Problemen, dem Wegschieben der Verantwortung für ihre Lösung, der Verneinung von unlusterzeugenden Situationen besteht (Gutmanns 1973).   W.F.H.

matching (engl.), Zuordnung von Objekten, Individuen aufgrund gleicher Merkmalsausprägungen (Alter, Geschlecht, Status etc.) zueinander. Werden je zwei Objekte einander zugeordnet, so spricht man von *pair matching.* Die Zuordnung wird vorgenommen, um Unterschiede zwischen Gruppen (z.B. Raucher – Nichtraucher) genauer abschätzen zu können. Bei aufeinander abgestimmten Stichproben (*matched samples*), bei denen jedem Element der einen ein Element der anderen Stichproben entspricht, kann oft keine Zufallsauswahl durchgeführt werden, sodass die Prüfung der Signifikanz von Unterschieden problematisch wird.   H.W.

Material, musikalisches, zentraler Begriff der Musiksoziologie T.W. Adornos, dem insb. seine Erfahrungen mit der neuen Musik (Schönberg-Kreis) zugrunde liegen. Das m.e M. umfasst alle musikalischen Gestalten, Formen und technischen Verfahrensweisen zur Erzeugung von Klängen. Aus der Einsicht in die Bedingungen des m.n M.s (A. Schönberg 1911) geht das Vermögen zu seiner Weiterentwicklung hervor. Nach Adorno gilt es, jeweils mit dem fortgeschrittensten Stand des m.n M.s zu komponieren. In der „Tendenz des Materials" finden sich die entwickelten gesellschaftlichen Widersprüche repräsentiert, auf die Kunst, will sie nicht reaktionär sein (so der Vorwurf an Strawinsky in der „Philosophie der neuen Musik" 1948), zu antworten hat. In der „Ästhetischen Theorie" (1969) zeichnet sich eine Neubewertung des m.n M.s ab, die es in den übergreifenden Rahmen einer → ästhetischen Technologie einbindet.
                            E.He.

Materialismus, dialektischer, [1] seit F. Engels der Versuch, Dialektik als Realprozess der Natur aufzufinden und die Ergebnisse der Naturwissenschaften auf Gesetzmäßigkeiten des Widerspruchs, der Negation der Negation usw. hin zu interpretieren (Dialektik der Natur).
[2] In der marxistischen Orthodoxie (insbesondere im Stalinismus) die philosophisch- naturwissenschaftliche „Weltanschauung" der Arbei-

terklasse und des Sozialismus (als allgemeine Lehren vom Widerspruch als Bewegungsprinzip der Entwicklung in Natur und Gesellschaft usw.).

[3] Bedeutungsgleich mit → historischer Materialismus.   W.F.H.

Materialismus, historischer, Bezeichnung für die von K. Marx und F. Engels in der Auseinandersetzung mit G.W.F. Hegel und L. Feuerbach entwickelte Methode der Geschichts- bzw. Gesellschaftswissenschaft, die von der materiellen Produktion, von den wirklichen gesellschaftlichen Lebensprozessen ausgeht. Dabei werden die religiösen, ideologischen und politischen Momente des gesellschaftlichen Lebens nicht auf Strukturen der materiellen Produktion zurückgeführt (im Sinne der Ideologiekritik der Wissenssoziologie), sondern die Strukturen des Überbaus müssen theoretisch aus den Strukturen der Basis (→ Basis – Überbau) heraus entwickelt werden und gelten erst dann als erklärt.   C.Rü.

Materialität der Kommunikation, kommunikations- und medientheoretischer Begriff (H.U. Gumbrecht/K.L. Pfeiffer 1988), welcher die Bedeutung materialer Eigenschaften von Medien (wie z.B. Schreibgeräte, Techniken und Apparate, Übertragungswege und Körper) für den Kommunikationsprozess betont. Der Begriff wendet sich gegen Konzepte, welche Kommunikation als einen formalen und materialfreien Vorgang verstehen. Radikale Positionen gehen davon aus, dass Kommunikationsprozesse durch ihre Hardware gesteuert und beherrscht werden (F. Kittler). Mit der Betonung der M.d.K. geht eine Kritik des souveränen Subjekts einher.   U.St.

Matriarchat → Mutterrecht

matrilateral – patrilateral, [1] Bezeichnungen für eine Verwandtschaftszurechnung nach der Mutter (m.) oder nach dem Vater (p.) in einem Verwandtschaftssystem, das jeweils umgekehrt der Zurechnung nach dem Vater (patrilineal) oder nach der Mutter (→ matrilineal) folgt.

[2] Bezeichnungen für eine Verwandtschaftszurechnung nach der Mutter (m.) oder nach dem Vater (p.) in einem Verwandtschaftssystem, das weder matrilineal noch patrilineal ist.

[3] Auch gleichbedeutend mit → matrilineal und patrilineal.   W.F.H.

matrilineal – patrilineal. M. bezeichnet im Familiensystem die Abfolge von Gruppenzugehörigkeit, Namen, Erbrecht und Status zwischen den Generationen nach der Mutter, p. nach dem Vater. In Reinheit treten beide Typen selten auf, je nach Entwicklungsstand der Gesellschaft umfassen sie alle Funktionsbereiche oder nur die der lokalen und Familiengruppen. Diese Regeln der Abfolge stimmen nicht ohne weiteres mit der

Autoritätsverteilung nach dem Geschlecht (Mutterrecht – Vaterrecht) überein. Manchmal werden für m. und p. auch die Bezeichnungen → matrilateral und patrilateral gebraucht, die sonst andere Bedeutungen haben.   W.F.H.

matrilokal – patrilokal. M. bezeichnet den Wohnort einer neuen Ehe oder Kernfamilie bei dem der Familie der Frau, p. bei dem der Familie des Mannes.   W.F.H.

Matrix, ein Schema bestehend aus n Zeilen und m Spalten zur mehrdimensionalen Anordnung und numerischen Beschreibung von Mengen von Objekten. Einfachstes Beispiel einer M. ist die Vierfeldertafel. Außer in der Statistik werden Matrizen auch in der Soziometrie (Soziomatrix) und der Spieltheorie (Auszahlungsmatrix) benutzt.   M.K.

Matrix, heterosexuelle → Heteronormativität

Matrixorganisation. Kennzeichen der M. ist die Verbindung des vertikal strukturierenden funktionalen oder Verrichtungsprinzips (→ Organisation, funktionale – hierarchische) mit dem horizontal strukturierenden divisionalen oder Sparten- oder Objektprinzip der Organisation. Letzteres nimmt die zeitlich begrenzten Projekte oder zeitlich unbegrenzten Produkte zum Ausgangspunkt der Abgrenzung von organisatorischen Einheiten (projekt- oder produktorientierte Organisation).   D.K.

Matrizenrechnung, der im 19. Jahrhundert entwickelte Kalkül des Rechnens mit Matrizen. Analog zum bürgerlichen Rechnen (den vier Grundrechenarten) können auch für Matrizen Addition, Subtraktion, Multiplikation und mit Einschränkungen Division erklärt werden. Die M. ist ein unentbehrliches Hilfsmittel in der Statistik. Weitere Anwendungen der M. finden sich insbesondere in der Kleingruppenforschung.   M.K.

Matthäus-Effekt, *Matthew effect,* von R.K. Merton (1968) geprägter Begriff der Wissenschaftssoziologie. Der M. besteht darin, „dass für eine bestimmte wissenschaftliche Leistung ein angesehener Wissenschaftler mehr Ansehen gewinnt als ein weniger angesehener". Der Ausdruck bezieht sich auf Matthäus 13, Vers 12: „Denn wer da hat, dem wird gegeben, dass er die Fülle habe; wer aber nicht hat, von dem wird auch genommen, was er hat."   R.Kl.

Matthew effect (engl.) → Matthäus-Effekt

Maximal Fremder, von M. Schetsche (2004) in Abgrenzung zum radikal Fremden eingeführte Grenzkategorie zur Bezeichnung eines – fiktiven, transzendenten oder realen – nonhumanen Gegenübers, dem trotz ungewisser Verständigungsaussichten ein Akteursstatus zugesprochen wird (etwa Ahnengeister, Götter oder Künstliche Intelligenzen).   M.S.

Maximinkriterium → Minimaxkriterium

Maximum-Likelihood-Methode → Methode der größten Mutmaßlichkeit

maze (engl.) → Labyrinth

maze-way (engl.), Irrgarten-Weg, [1] nach R.E. Wallace Bezeichnung für das Labyrinth institutionalisierter Handlungsmöglichkeiten im kulturellen System.
[2] Bezeichnung für die Vorstellung des Einzelnen im kulturellen System von diesem System. O.R.

McDonaldisierung, ein kultursoziologischer und -kritischer Begriff nach G. Ritzer (1993), der alle gesellschaftlichen Einrichtungen zunehmend von den Organisationsprinzipien der bekannten Schnellküchenkette überzogen sieht: betriebliche Effizienz, knappe Auswahl und Gleichförmigkeit der Produkte, der Anschein von Preiswürdigkeit. Dabei werden die Konsumenten ebenso wie die Angestellten in einem Höchstmaß kontrolliert und gegängelt, wobei Kreativität, Autonomie und Individualität der Einzelnen auf der Strecke bleiben. R.L.

me (engl.), das „Mich", nach G.H. Mead die durch den sozialen Prozess festgelegte Komponente des → Selbst, erstes Stadium der Reflexivität, in dem das Individuum seine soziale Identität durch Übernahme der Haltungen anderer gewinnt. Das *me* ist die Vorstellung des Individuums davon, wie die Interaktionspartner es sehen und wie es sich nach seiner Interpretation ihrer Erwartungen in der konkreten gesellschaftlichen Situation zu verhalten hat. → *I* W.B.

Mean Logarithmic Deviation (MLD) → Theil Indices

meaning (engl.) → Sinn

measures, nonreactive (engl.) → *measures, unobtrusive*

measures, unobtrusive (engl.), auch: *nonreactive measures,* „unaufdringliche Messungen", Sammelbezeichnung von E.J. Webb u.a. (1966) für solche Mess- und Erhebungsinstrumente in den Sozialwissenschaften, die die untersuchten Personen nicht zu spezifischen Reaktionen auf den Mess- oder Erhebungsvorgang veranlassen, damit das Messergebnis verfälschen und seine interne und → externe Validität herabsetzen. Durch die *u. m.* sollen Interviewereffekte, Einstellungsänderungen durch Befragung, Verhaltensänderung bei Beobachtung und andere „Störungen" ausgeschaltet oder umgangen werden. Die *u. m.* müssen je nach Untersuchungssituation ausgesucht werden und dienen i.d.R. der gegenseitigen Erhärtung mehrerer Messinstrumente. Beispiel für ein *u. m.* ist etwa der Abnutzungsgrad von Teppichen und Treppen in Mu-

seen, von dem auf das Interesse an bestimmten Ausstellungsobjekten geschlossen werden kann. H.W.

Mechanisierung, [1] die Ersetzung von körperlicher Arbeit als Kraftquelle und Ausführungsorgan durch Maschinen.
[2] In der marxistischen Theorie die Phase in der Entwicklung der Produktivkräfte, in der die körperliche Arbeit als Kraftquelle und Ausführungsorgan durch Maschinen ersetzt wird, der Arbeiter aber durch Maschinenbedienung und -kontrolle an deren Arbeitsgang gebunden bleibt. Gegenüber früheren Phasen (→ Manufaktur) besteht der → produktive oder betriebliche Gesamtarbeiter nicht mehr aus den miteinander verbundenen, verschieden qualifizierten Teilarbeitern, sondern aus der Kombination dieser Teilarbeiter durch die Maschinerie. W.F.H.

Mechanismen, defensive → Abwehrmechanismen

Mechanismen, evolutionäre, Bezeichnung für grundlegende Mechanismen in der sozio-kulturellen Entwicklung. Nach D.T. Campbell und N. Luhmann handelt es sich dabei um die sich wechselseitig bedingenden e.M. der → Variation, → Selektion und Retention (→ Stabilisierung). R.S.

Mechanismus, *mechanism,* Bezeichnung für das, was die Soziologie nach J. Elster (1989) statt einer umfassenden Theorie zustandebringen könne und solle: Überschaubare, in ihrem Verlauf und ihrer Wirkungsweise geklärte, für wiederholte Handlungen, Interaktionen und Ereigniskonstellationen anwendbare Produktions- und Reproduktionsregeln von sozialen Sequenzen. W.F.H.

Mechanismus, angeborener auslösender, Abkürzung: AAM, → Auslöser

Mechanismus, reflexiver, ein Mechanismus, der Prozesse ordnet, die auch auf sich selbst angewandt werden können, bevor sie ihr Sachziel erreichen, z.B. Forschung über Forschung, Eintauschen von Tauschmöglichkeiten, Erziehung von Erziehern. N.L.

Mechanismus, sozialer, uneinheitlich gebrauchter Begriff, der jedoch zumeist eine eingespielte, wiederholt ablaufende Wirkungskette bezeichnet, auf die sich in sozialen Systemen Erwartungen und über Erwartungen andere Kausalzusammenhänge eingestellt haben. Durch Einrichtung solcher Mechanismen können kleine Ursachen große Wirkungen haben, und umgekehrt bewirkt der Ausfall eines s.n M. mehr als nur den Ausfall der eigenen Effekte. N.L.
[2] Ein s.M. kann als eine kausale Wirkungskette aufgefasst werden, die unter bestimmten konditionierten Umständen eintritt. Mit der Identifikation von s.M. werden häufig Ansprüche auf

M

die Tiefenerklärung von sozialen Phänomenen und Prozessen verbunden. Eine solche Tiefenerklärung durch s.M. wird in der soziologischen Theorie als eine dritte Alternative zu nomothetischen und → idiographischen Verfahren angesehen. R.S.

Mechanismus, symbiotischer, bezeichnet in der soziologischen → Systemtheorie die Verbindung von sozialen Systemen bzw. von → symbolisch generalisierten Kommunikationsmedien zu relevanten Bereichen des organischen bzw. körperlichen Systems von Akteuren (z.B. Sexualität in Bezug auf Liebe oder Bedürfnisse in Bezug auf Geld). R.S.

Medialität, bezeichnet den durch Medien (wie z.B. die Schrift) eröffneten Möglichkeitsraum von Kommunikation (z.B. Reproduktionsmöglichkeiten schriftlicher Kommunikation). Sie macht aber nicht nur Kommunikation möglich, sondern zeichnet diesen durch einen „nichtintendierten Überschuss an Sinn" aus, der sich nicht auf den Informationsgehalt einer Information reduzieren läßt und hermeneutisch nicht entschlüsselt werden kann (z.B. Rauschen der Kommunikation und andere Formen der Eigenlogik von Kommunikationsmedien und -apparaten) (S. Krämer 1998). U.St.

Median, auch Zentralwert, bezeichnet den in der Mitte stehenden Wert von nach ihrer Größe angeordneten Messwerten. Der M. teilt die Menge der Messwerte in zwei Hälften. Bei gerader Anzahl von Werten wird der M. aus dem arithmetischen Mittel der beiden am weitesten in der Mitte stehenden Werte der Anordnung gebildet. Bei streng symmetrischen Verteilungen entspricht der M. dem → arithmetischen Mittel. H.W.

mediational codes (engl.) → Zeichen, vermittelnde

Mediator → Kommunikator [2]

Medien, Neue, Bezeichnung für hoch entwickelte Informations- und Kommunikationstechnologien, die seit den 1980er Jahren Verbreitung finden. Zu den N.n M. zählen: Bildschirmtext, Videotext, Kabelfernsehen, Breitbandkommunikation, Satellitenfernsehen. O.R.

Medien, symbolisch generalisierte, erhöhen die Annahmewahrscheinlichkeit von Kommunikation, indem eine bestimmte Selektion *Egos* (z.B. Vorschlag) mit einer Motivation *Alters* verknüpft wird (N. Luhmann). Dies geschieht durch die Loslösung von konkreten Interaktionssituationen (Generalisierung) und durch die Symbolisierung der Verzahnung von Selektion und Motivation. Die moderne Gesellschaft, die auf das Funktionieren anonymer Kommunikation unter Abwesenden angewiesen ist, bedarf in besonderem Maße S.g.M., um jenseits von Interaktionssituationen, Annahmewahrscheinlichkeiten zu generieren. Beispiele für S.g.M. sind Geld, Liebe, Macht oder Wahrheit. U.St.

Mediengesellschaft, bezeichnet die Durchdringung immer weiterer Bereiche des gesellschaftlichen Lebens durch die Massenmedien, die Veralltäglichung des Mediengebrauchs sowie den zunehmenden Einfluss der Medien auf das Funktionieren westlicher Gesellschaften. Diese Entwicklung umfasst u.a. die Mediatisierung des Alltags, die Vervielfachung und Diversifizierung des Medienangebots, die zunehmende ökonomische Bedeutung von Medienkonzernen sowie die erhöhte Bedeutung von Massenmedien für die politische Kommunikation. O.M./R.L.

Medikalisierung, von I. Illich (1975) vorgeschlagener (kritischer) Begriff für die Monopolisierung von Gesundheitsfragen und Krankheitsbewältigung durch die Medizin als Beruf und Institutionenbereich in der modernen Gesellschaft. Über die Folgen solcher M. fürs Körperbewusstsein und für die Lebensorientierung der Menschen sowie für die Behandlung von Kranken in und durch medizinische Institutionen ist abschließende Klarheit noch nicht erreicht. W.F.H.

Medium – Form, Bezeichnung einer Differenz, die auf dem Unterschied von strikter und loser Kopplung aufbaut. F.en zeichnen sich danach durch die rigide Kopplung, Medien dagegen durch die lose Kopplung von Elementen aus. Dies begründet die Asymmetrie zwischen M. und F., insofern sich F.en aufgrund der rigiden Kopplung gegenüber Medien durchsetzen können, andererseits aber nur temporären Bestand haben. Die Unterscheidung findet im Kontext systemtheoretischer Forschung v.a. im Zusammenhang mit der Theorie symbolisch generalisierter Kommunikationsmedien Verwendung. M.G./N.L.

Medium, [1] ein uneinheitlich gebrauchter und in vielfältigen Zusammenhängen benutzter Begriff, mit dem ein Objekt, ein Material, eine Technik oder ein Prozess bezeichnet wird. Durch das M. wird etwas anderes als es selbst wahrgenommen oder mitgeteilt.
[2] Eine engere Bedeutung im Bereich der Kommunikationstheorie und -soziologie: Medien sind nach N. Luhmann solche Einrichtungen, die bestimmte Probleme in der Kommunikation lösen. Dementsprechend kann man unterscheiden zwischen Medien, die das Verstehen von Äußerungen ermöglichen (Primärmedien wie Sprache, Schrift, Bilder, Töne), Medien, die die Erreichbarkeit von Adressaten wahrscheinlicher machen (technisch induzierte Sekundärmedien wie Buchdruck, Zeitungen bzw. Massenmedien, Film, Fernsehen, Radio oder Internet) und

→ symbolisch generalisierten Kommunikationsmedien, die die Annahme von Kommunikation wahrscheinlicher machen.
[3] Häufig steht der Begriff auch nur als Kurzbezeichnung für die → Massenmedien bzw. für die → Massenkommunikation. R.S.

Medizinsoziologie, Medizinische Soziologie, die Anwendung soziologischer Theorie und soziologischer Methoden auf das Gebiet der Medizin, ihre Organisation und die darin tätigen Berufsgruppen. Es wird unterschieden nach R. Straus: a) Soziologie der Medizin (*sociology of medicine*), die Analyse des medizinischen Systems auf unterschiedlichen Ebenen (internationaler Vergleich der Gesundheitssysteme); Analyse der einzelnen Organisationsformen (stationärer und ambulanter Bereich); Analyse der Struktur medizinischer Berufe (Ausbildung und Zugangswege); Analyse der Rollenstruktur einzelner medizinischer Berufspositionen; Analyse des Wert- und Normgefüges der Medizin und des medizinischen Handelns.
b) Soziologie in der Medizin (*sociology in medicine*), der Versuch, unter Einbeziehung soziologischer Erkenntnis zur Erweiterung und Optimierung des Wissens über Entstehung von Krankheiten, ihre Therapie und die notwendigen Rehabilitationsmaßnahmen beizutragen (→ Sozialmedizin). R.N.

Meerschweinchen-Effekt → Hawthorne- Effekt

Mega City (engl.), junger und noch unbestimmter Begriff für v.a. in so genannten Schwellenländern wachsende Städte mit über sieben Millionen Einwohner/innen. J.W.

Megalopolis, Bezeichnung der Stadt- und Regionalsoziologic für eine Ballung mehrerer großstädtischer Zentren (J. Gottmann), z.B. die an der Ostküste der Vereinigten Staaten von Amerika, die *Randstad* in den Niederlanden oder das Ruhrgebiet. W.F.H.

Megamaschine, nach L. Mumford Zusammenfassung menschlicher Arbeitskraft und Technik in einem umfassenden Mensch- Maschine-System seit dem Bau der Pyramiden bis hin zur modernen Großtechnologie, zu der die organisatorische Tätigkeit des administrativen und politischen Systems hinzugehört. R.T.

Mehr-Themen-Umfrage, Omnibus oder Omnibus-Umfrage, vor allem in der Markt- und Meinungsforschung benutzte Umfrageform, bei der in einem Fragebogen Fragen zu verschiedenen Themen (Werbung, Politik, Religion oder anderes) gestellt werden. → ALLBUS H.W.

Mehrarbeit, [1] allgemeine Bezeichnung für die über die gesetzliche oder vertraglich festgelegte normale oder regelmäßige Arbeitszeit hinaus geleistete Arbeit. G.B.

[2] *Surplus labour,* Begriff der Marx'schen Theorie zur Analyse des allen Klassengesellschaften gemeinsamen Ausbeutungsverhältnisses, abstrahiert von allen besonderen gesellschaftlichen Formen, in denen sie geleistet wird. M. ist in diesem Sinne diejenige Arbeit, die von der herrschenden Klasse ohne Äquivalent angeeignet wird, oder – vom Standpunkt des unmittelbaren Produzenten – formuliert – diejenige Arbeit, die über das hinausreicht, was die Produzenten unter gegebenen gesellschaftlichen Bedingungen zu ihrem Lebensunterhalt benötigen. Im Feudalismus wird die M. unmittelbar angeeignet als Fronarbeit oder in Gestalt von Abgaben in Produkt- oder Geldform. In der kapitalistischen Produktionsweise bildet sie den → Mehrwert. Die M. hat zwei Funktionen: einerseits bildet sie den Konsumtionsfond der herrschenden Klasse, andererseits dient sie der Erweiterung der Produktion. D.K./C.Rü./R.Ka.

Mehrdeutigkeit, Ambiguität, *ambiguity,* Bezeichnung für Sachverhalte, die mehrere Lesarten zulassen, insbesondere für Bilder bzw. Figuren, die auf mehrere Arten interpretiert werden können (sog. „Umspringbilder"). Nach Frenkel-Brunswik (1949/50) neigen Personen mit hoher → „Intoleranz gegen M." dazu, mehrdeutige Zeichnungen später zu erkennen, als es Personen mit niedriger Intoleranz gegen M. tun. Dieses Merkmal soll mit Rigidität und anderen Eigenschaften der autoritären Persönlichkeit (→ autoritär) in engem Zusammenhang stehen. R.Kl.

Mehrebenenanalyse → Kontextanalyse

Mehrehe → Monogamie

Mehrfachentdeckungen, *multiple* oder *simultaneous discoveries,* Bezeichnung für wissenschaftliche Entdeckungen, die von mehreren Forschern unabhängig voneinander ungefähr zum gleichen Zeitpunkt gemacht werden. M. sind häufig Anlass für intensive Prioritätsstreitigkeiten zwischen den beteiligten Wissenschaftlern. Auf die Bedeutung der M. als Indikator für die Tatsache, dass sich der Forschungsprozess soziologisch als ein Wettbewerb der Forscher um → „professionelle Anerkennung" interpretieren lässt, hat zuerst R.K. Merton (1957, 1961) hingewiesen. R.Kl.

Mehrfachkorrelation → Korrelation, multiple – partielle

Mehrfaktorenansatz, eine Richtung v.a. der Kriminologie, wonach zur Erklärung und Prognose von Kriminalität nicht von einer festen Anzahl von Faktoren ausgegangen wird, sondern bei jedem Fall jeder irgendwie in Frage kommende Umstand, sei er von größerer, sei er von geringerer Bedeutung, berücksichtigt wird. Der M. wird kritisiert, weil er darauf verzichtet, die zur

M

Erklärung herangezogenen Faktoren aus einer Theorie abzuleiten, und damit die Suche danach unterbindet.   R.L.

Mehrfaktoren-Theorie der Intelligenz, multiple Faktoren-Theorie, von C. Burt, T.L. Kelley, L.L. Thurstone und anderen vertretene Theorie, nach der jede einzelne Intelligenzleistung durch eine begrenzte Anzahl von Begabungsfaktoren erklärt wird, die in unterschiedlichem Ausmaß bzw. mit unterschiedlicher Gewichtung für die einzelnen Intelligenzleistungen bestimmend sind.   R.Kl.

Mehrgenerationenfamilie, mehrgenerative Familie, *generational family,* neben der → Großfamilie eine der beiden Grundformen der erweiterten Familie. In der M. lebt mind. ein erwachsener, verheirateter Sohn mit Kindern zusammen mit seinem Vater, der bis zu seinem Tod die Vormundschaft über den Sohn behält.   R.O.W.

Mehrheitseinfluss → *bandwagon-effect*

Mehrheitsprinzip, auch: Majoritätsprinzip, Bezeichnung für eine Regel für das Zustandekommen von Entscheidungen in demokratisch organisierten Gruppen, Verbänden usw., wonach auch die bei einer Abstimmung unterliegende Minderheit an die durch die Mehrheit getragene Entscheidung gebunden ist. Im Einzelnen wird unterschieden zwischen relativer oder einfacher Mehrheit, absoluter und qualifizierter Mehrheit. Gegensätze zum M. sind das Konsensprinzip, die Entscheidung durch Übereinstimmung aller (in manchen Kollegialverfahren, auch Geschworenengericht) sowie die Suche nach der „sachlich richtigen" Entscheidung durch u.U. lange Erörterung und gegenseitige Überzeugung (als Anspruch in manchen neuen sozialen Bewegungen).   W.F.H.

Mehrparteiensystem → Einparteiensystem

Mehrpersonenspiel → N-Personenspiel

Mehrphasenauswahl, *multi-phase sampling,* Auswahlverfahren, bei dem aus einer gezogenen Stichprobe eine (Zweiphasenauswahl, *double sampling*) oder mehrere weitere Stichproben gezogen werden, um etwa detailliertere Angaben für eine kleinere Anzahl von Untersuchungseinheiten zu erheben. Die M. ist nicht mit der → mehrstufigen Auswahl zu verwechseln.   H.W.

Mehrprodukt, [1] allgemeine Bezeichnung für den Teil des Gesamtprodukts, der über die Löhne für die Produzenten und die Erhaltung des Produktionsapparats hinaus erwirtschaftet wird. [2] *surplus produce,* Begriff der Marx'schen Theorie für das Produkt der → Mehrarbeit [2].   W.F.H.

Mehrstufenauswahl → Auswahl, mehrstufige

Mehrvariablen-Analyse → Analyse, multivariate

Mehrwert, *surplus value,* [1] Begriff der klassischen bürgerlichen Ökonomie für den Wert, der

sich als Überschuss des Werts der Produktion über die für Arbeitskraft und Produktionsmittel sowie Rohstoffe usw. eingesetzten Werte ergibt. [2] In seiner Kritik an den einander widersprechenden Bestimmungen des M.s in der klassischen Ökonomie gelangt K. Marx durch die Unterscheidung zwischen dem Wert der Ware Arbeitskraft und der Wertschöpfung durch die lebendige Arbeit zur Bestimmung des M.s aus dem Verhältnis allein zu dem für Arbeitskraft verausgabtem, dem variablen Kapital. Der M. umfasst diejenigen in einer Arbeitsperiode produzierten Werte, die über die zur Reproduktion der Arbeitskraft notwendige Arbeit hinausgehen. Diese Werte eignet sich der Produktionsmittelbesitzer ohne Entgelt an. Insoweit die Vergrößerung des Kapitals allein von der Verwertung, der Mehrwertproduktion abhängt, hat die kapitalistische Produktion die grundlegende Tendenz zur gesteigerten Ausbeutung der Arbeitskraft.   W.F.H./C.Rü.

Mehrwert, absoluter – relativer, Unterscheidung zwischen dem Mehrwert (a.M.), der durch „die Verlängerung des Arbeitstages über den Punkt hinaus, wo der Arbeiter nur ein Äquivalent für den Wert seiner Arbeitskraft produziert hätte" (K. Marx), geschaffen wird, und dem Mehrwert (r.M.), der durch Steigerung der Intensität oder Produktivität der industriellen Arbeit erzielt wird. Hierdurch wird die zur Reproduktion der Arbeitskraft notwendige Arbeit verkürzt, d.h. die Ware Arbeitskraft verbilligt sich durch Verbilligung der zu ihrer Reproduktion notwendigen Waren und Dienste.   H.W.

Mehrwertrate, in der Marx'schen Theorie Begriff für die Rate, in der die lebendige Arbeit Werte über die zu ihrer Reproduktion notwendigen Werte hinaus schafft. Unter der Voraussetzung, dass das konstante Kapital seinen Wert in der Produktion nicht vermehrt, sondern nur erhält, dass allein das variable Kapital (der für Arbeitskraft ausgelegte Kapitalanteil) wertvermehrend wirkt, ergibt sich die M. aus dem Verhältnis von Mehrwert zu variablem Kapital: m/v.   W.F.H.

Meidungsbeziehung, *avoidance relationship,* frz.: *relation d'évitement,* aus der Ethnologie stammende Bezeichnung für Beziehungen von Verwandten, die durch soziokulturelle Vorschriften eingeschränkt (etwa auf bloße Höflichkeitskontakte) oder ganz verboten sind. In einigen Gesellschaften dürfen Brüder und Schwestern sich nicht treffen, häufiger sind M.en zu Schwiegereltern bzw. Schwiegerkindern (→ Schwiegermuttertabu), von denen wir Reste noch kennen in Gestalt der verbreiteten Annahme von einer schwierigen Beziehung zur Schwiegermutter. Vgl. auch die M. zwischen einer verheirateten

Frau und ihren männlichen Verwandten in einigen romanischen Ländern sowie ähnliche islamische Regeln.   W.F.H.

Meinung, *opinion,* [1] eine sowohl subjektiv als objektiv unzureichende Fürwahrhaltung (I. Kant).
[2] Bezeichnung für den Sinn einer → Adresse [1], also für das, was unter einer Aussage oder einem Urteil verstanden werden soll.
[3] Meinen, Bezeichnung für den geistigen Akt, der Ausdruck und Bedeutung in Zusammenhang bringt.   O.R.
[4] In der → Sozialpsychologie: entweder a) der beobachtbare verbale Ausdruck einer subjektiven Einstellung oder eines Wertes oder b) im Unterschied zur Einstellung die relativ affektfreie Überzeugung hinsichtlich eines Objekts.   W.Sl.

Meinung, öffentliche, *public opinion,* frz.: *opinion publique,* [1] die Gesamtheit mannigfacher, oft sich widersprechender Ansichten, Wünsche und Absichten der Mitglieder einer Gesellschaft.
[2] Die Gesamtheit der durch die Massenmedien verbreiteten Meinungen, die gesellschaftliche Wirkungen hervorrufen.
[3] Bezeichnung für eine (normative) Kommunikationsebene in einer Gesellschaft oder einem gesellschaftlichen Bereich. Sie ermöglicht es dem einzelnen, mit von der ö.n M. akzeptierten Chiffren zu sprechen und dafür eine Verständigungsebene vorauszusetzen zu können; jede von der ö.n M. abweichende Vorstellung bedarf der Begründung. Obwohl die ö. M. bestimmte Vorstellungen für ihren Bereich sachlich allgemein und sozial übergreifend festhält, kann sie ihnen dennoch keine zeitliche Dauerhaftigkeit verleihen. Damit bleibt die ö. M. permanent abhängig von der Produktion der ö.n M., von den Trägern der ö.n M.
[4] Sozialhistorische Bezeichnung für den politisch-gesellschaftlichen Konsens des dritten Standes in der bürgerlichen Gesellschaft seit der zweiten Hälfte des 18. Jahrhunderts. Das ökonomisch mächtige Bürgertum hatte nicht Teil an der politischen Herrschaft, deren Legitimität darin gesehen wurde, dass sie gerecht und dadurch konsensfähig war. Die ö. M. wird dem Bürgertum zur zentralen Kategorie für die Neubestimmung von Legitimität im Kampf um die Herrschaft. Dabei beinhaltet der Begriff ö. M.: a) die Meinung des Bürgertums ist die vernünftige Meinung im Gegensatz zu etwaigen Meinungen der Aristokratie oder des vierten Standes; b) aus dieser Vernunftbezogenheit (→ Publikum, räsonierendes) leitet sich ab, dass die ö. M., d.h.

die des Bürgertums, die Meinung der Gesellschaft überhaupt sein sollte; c) die Einbeziehung der ö.n M. in die Entscheidungen ist eine ständige Wahrheitskontrolle und garantiert einen harmonischen Fortschritt der Gesellschaft (→ Ordnung, natürliche). – Die ö. M. sollte als universeller Konsens die Herrschaft ersetzen, deren Legitimität nur darin liege, ihre eigene Abschaffung zum Zweck zu haben. G.W.F. Hegel und K. Marx wiesen auf das Ideologische im Verständnis von ö.r M. hin, indem sie sie als Nur-Meinung entschleierten.   O.R.

Meinungsänderung, Meinungswandel, *opinion change,* [1] Bezeichnung für Änderungen im verbalen Verhalten eines Individuums als Folge einer vollzogenen Einstellungsänderung oder als Ausdruck eines Konfliktes zwischen zwei gleichzeitig aktivierten, unvereinbaren Einstellungen (verbaler Kompromiss).
[2] Bezeichnung für die Änderung einer relativ affektfreien Überzeugung, z.B. im Sinne einer → Dissonanzreduktion.   W.Sl.

Meinungsforschung, *opinion research,* die Erforschung der Meinungen von Personen zu den verschiedensten Themen und der Faktoren, von denen diese Meinungen beeinflusst werden. Im Allgemeinen meint man mit M. speziell die zumeist kommerziell von privaten „Meinungsforschungsinstituten" im Auftrag von Regierungen, Parteien, Verbänden und Unternehmen betriebene Untersuchung der in der Bevölkerung verbreiteten Meinungen, deren Kenntnis die Auftraggeber für relevant im Hinblick auf die Durchsetzung ihrer eigenen Interessen halten. Bevorzugte Gegenstände der M. sind daher die Popularität von Politikern und Parteien, die Meinung der Bevölkerung zu bestimmten aktuellen politischen Fragen, die Beurteilung industrieller Produkte, die Reaktionen auf Werbekampagnen u.ä. Methode der M. ist hauptsächlich die repräsentative Fragebogenerhebung („Umfrageforschung"). Da das Instrumentarium der M. zu einem großen Teil zur Erforschung der Marktchancen von Waren und Dienstleistungen angewandt wird, spricht man häufig auch zusammenfassend von „Markt- und Meinungsforschung". → Marktforschung   R.Kl.

Meinungsführer, *opinion leader,* [1] Bezeichnung aus der Kommunikationsforschung für Personen, die eine Mittlerstelle zwischen Massenmedien und denjenigen (informellen) Gruppen einnehmen, denen sie angehören (→ Kommunikationsfluss, zweistufiger). Der M. ist eine Position, die nicht unbedingt hohen Rang mit einschließen muss. Im Prozess der Meinungsformierung beeinflussen die Massenmedien primär den M., der in Kommunikation mit seiner Gruppe die

M

Interpretation der von ihr rezipierten Mitteilungen kanalisiert.

[2] Personen, Verbände, Massenmedien, die eine öffentliche Meinung zu einem bestimmten Thema herstellen wollen, zu dem bislang keine dezidierten Einstellungen bestehen.

[3] Personen, die im Namen eines Publikums Einfluss nehmen wollen. A.G.W.

Meinungskonformität → *belief – disbelief*

Meinungskontrarität → *belief – disbelief*

Meinungslosigkeit → Nichteinstellung

Meinungszone ist der Bereich der sozialen Gültigkeit und Legitimität einer Meinung. M.n bilden sich jeweils in bestimmten Situationen zu bestimmten Themen, sodass eine Vielzahl von ihnen zugleich bestehen kann, ohne dass ihre Träger identisch sein müssen. A.G.W.

Meisterkrise → Werkmeisterkrise

Melancholie, Schwermut, [1] ein vom Pessimismus geprägter seelischer Zustand, der häufig als Temperament verstanden wurde und als Statussymbol Anwendung fand. O.R.

[2] In Psychologie und Psychiatrie ein im Allgemeinen als abnorm bzw. als neurotisch anzusehender Gemütszustand. Die M. ist „ausgezeichnet durch eine tiefschmerzliche Verstimmung, eine Aufhebung des Interesses für die Außenwelt, durch den Verlust der Liebesfähigkeit, durch die Hemmung jeder Leistung und die Herabsetzung des Selbstgefühls, die sich in Selbstvorwürfen und Selbstbeschimpfungen äußert und bis zur wahnhaften Erwartung von Strafe steigert" (S. Freud). U.E.

Meliorismus bezeichnet die Ansicht, dass die sozialen Verhältnisse immer weitgehender machbar und damit besser werden. O.R.

Menge, additive Vielfalt (T. Geiger), eine unüberschaubare Vielzahl von Menschen, die sich zum selben Zeitpunkt am selben Ort befinden, aber nicht miteinander interagieren. Sozialwissenschaftlich ist M. insofern von Bedeutung, als a) am Verhalten von M. beobachtet werden kann, wie Verhaltensnormen ohne manifeste und/oder verbale → Kommunikation symbolisch vermittelt eingehalten werden (massenhaftgleichartiges Verhalten, M. Weber; auch „zönotropes Verhalten"), und als sich b) aus Mengensituationen durch das Auftreten kollektiv relevanter (polarisierender, konvergierender) Reize aktuelles → Massenverhalten ergeben kann; die M.-Situation wird auch als „latente Masse" (→ Masse [3]) bezeichnet. B.Kr.

Menge, gesammelte → Masse [2]

Menge, getrennte → Masse [3]

Mengen, unscharfe → *fuzzy sets*

Mensch, innerer → *man within*

Menschenrechte, sind Grundansprüche der Individuen an ihre Lebensbedingungen, die allein aufgrund der Tatsache der Geburt gelten und daher unveräußerlich sind. Sie gehen jeder Gesetzgebung voran, weswegen Umfang und Reichweite nicht feststehen. Gemeint sind Rechte auf Leben, körperliche Unversehrtheit, Freiheit, Glücksstreben usw. Das deutsche Grundgesetz greift die Idee in Art. 1, Abs. 2, auf. Mit der Ablösung des Absolutismus wurden die M. zum Thema der bürgerlichen Demokratie („Erklärung der M." in der frz. Revolution, 1789). Ihre heutige politische Aktualität leitet sich aus den lebensverachtenden Erfahrungen der beiden Weltkriege des 20. Jahrhunderts her (H. Arendt). Durch supranationale Vereinbarungen und Gerichtshöfe (Europa, Vereinte Nationen) erlangt ein Teil der proklamierten M. neuerdings die Geltungskraft des → positiven Rechts [1]. Und wo die Gesetzgebung versagt, fungieren die M. als eine „Instanz des Sprechens" (C. Vismann 1998), d.h. als ein Medium, um Forderungen zu artikulieren. Die Rechtssoziologie analysiert z. B. das Vordringen der M. innerhalb nationaler Rechtsordnungen und den Einfluss der Globalisierung hierauf. R.L.

Menschenwissenschaften, vor allem von N. Elias benutztes Synonym für → Humanwissenschaften. R.Kl.

Menschenwürde, der Wert, der dem Menschen als Teil der Menschheit zukommt; „denn der Mensch kann von keinem Menschen (weder von anderen noch sogar von sich selbst) bloß als Mittel, sondern muß jederzeit zugleich als Zweck gebraucht werden, und darin besteht seine Würde (seine Persönlichkeit), dadurch er sich über alle anderen Weltwesen, die nicht Menschen sind und doch gebraucht werden können, mithin über alle Sachen erhebt" (I. Kant, 1797). Die mit der M. angesprochene Einzigartigkeit bzw. Vorrangigkeit des Menschen ist abhängig von einem sich ändernden Selbstverständnis der Menschen, z.B. der Mensch als Gottes Ebenbild, als einziges Wesen mit Tugend, mit Seele, mit Verstand, etc. Seit der → Aufklärung herrscht das Bewusstsein vor, dass der Mensch vernunftbegabt sei. Dem folgend wird heute für den Menschen eine Freiheit zur Selbst- und Umweltgestaltung angenommen (W. Düring 1958). Darauf fußt die im Grundgesetz der Bundesrepublik Deutschland verbürgte M.; wenn es in ihm anfangs heißt: „Die Würde des Menschen ist unantastbar" (Art. 1, Abs. 1 GG), so wird die M. in ihrer allseitigen Geltung für die gesamte Rechtsordnung garantiert und damit quasi der Rechtsentwicklung entzogen. Die M. soll hier vorpositivistisch verstanden werden, naturrechtlich verankert. O.R.

mental age (engl.) → Intelligenzalter

mental hygiene (engl.) → Psychohygiene

mental hygiene movement (engl.), Bewegung zur Förderung der psychischen Gesundheit, eine Bewegung, die von C.W. Beers 1908 gegründet wurde und zum Ziel hat, durch individuelle Prävention die psychische Gesundheit des Einzelnen zu gewährleisten.   R.N.

mental, geistig, seelisch, bewusstseinsmäßig, verstandesmäßig.   R.Kl.

Mentalgeschichte → Mentalitätsgeschichte

mentalistisch, Bezeichnung für psychologische und sozialwissenschaftliche Theorien, die Verhalten mithilfe von Annahmen über mentale (also geistig-seelische, Bewusstseins-) Prozesse und Strukturen zu erklären suchen bzw. Begriffe („m.e Begriffe"), die sich auf solche Prozesse und Strukturen beziehen, in ihren Erklärungen benutzen. Der Begriff wird zumeist von behavioristisch orientierten Forschern in kritischem Sinn gebraucht. → Behaviorismus   R.Kl.

Mentalität, in der Fachsprache weniger gebräuchliches, eher umgangssprachliches Synonym für → Charakter oder (sozialkulturelle) → Persönlichkeit.   R.Kl.

Mentalität, kollektive → Kollektivbewusstsein

Mentalitätsgeschichte, auch: Mentalitäten- oder Mentalgeschichte, von der französischen Forschergruppe um die Zeitschrift „Annales" (seit 1929) sowie englischen Studien angeregte Arbeitsrichtung in der Geschichtswissenschaft, die, in kritischer Wendung gegen die Ereignisgeschichte und die Hochbewertung traditioneller Quellen, Mentalitäten vor allem von historisch nicht hervorgetretenen Schichten und Gruppen untersucht. Mentalität wird dabei aufgefasst als kollektiv geteilte Weltsicht und Lebensanschauung von eigener, nicht mit sonstigen historischen Periodisierungen deckungsgleicher Dauer. Sie ist nicht (ohne weiteres) erschließbar aus der schriftlich überlieferten Religions- und Ideengeschichte, sondern muss entdeckt werden anhand von Quellen, die über Alltagsleben und Lebenspraxis Auskunft geben (Gerichtsakten, Inschriften, Grabsteine, Votivbilder, Liedgut usw.). Gegenstände der M. sind u.a. Frömmigkeit und Aberglaube seit der beginnenden Neuzeit, die Eigenart des mittelalterlichen Weltbildes im Vergleich zum neuzeitlichen, die Kultur der Bauern, die kollektiven Sinnhorizonte der entstehenden Arbeiterschaft.   W.F.H.

Meriten → Meritokratie

Meritokratie, (kultur)kritisches Konzept einer Staats- und Gesellschaftsform, in der diejenigen herrschen, die sich durch Leistungen ausgezeichnet haben und aufgrund ihrer Verdienste (Meriten) eine führende Rolle erhielten.   G.L.

Merkantilismus, bezeichnet die staatliche Wirtschafts- und Handelspolitik im Absolutismus des 17. und 18. Jahrhunderts, die darauf abzielte, den nationalen Reichtum zu erhöhen, indem die Einfuhren gedrosselt und die Ausfuhren sowie die inländische Industrie gefördert wurden. Besonders gegen die Einfuhrbeschränkungen und Schutzzölle des M. richteten sich die Angriffe der → Physiokratie und des → Liberalismus.
                                              H.W.

Merkmale, absolute, an den Untersuchungseinheiten (z.B. Individuen) gemessene Eigenschaften, die ohne Rückgriff auf einen Kontext der Untersuchungseinheit (etwa einer Gruppe) direkt an ihr bestimmt werden können.   H.W.

Merkmale, analytische, Eigenschaften von Kollektiven von Untersuchungseinheiten, die durch Aggregation der absoluten Merkmale der einzelnen Einheiten gebildet werden. Zu den a.n M.n zählen u.a. Durchschnitte und Anteilswerte.
                                              H.W.

Merkmale, dichotome, Merkmale von Untersuchungseinheiten, die nur in zwei Ausprägungen (jung: alt; groß: klein) auftreten. Ein M. kann genuin dichotom sein (z.B. Geschlecht) oder durch künstliche Zweiteilung geschaffen werden.
                                              H.W.

Merkmale, globale, Eigenschaften von Kollektiven von Untersuchungseinheiten, die im Unterschied zu → analytischen Merkmalen nicht aus Merkmalen der zugehörigen Einheiten ermittelt werden. Beispiele für g. M. sind nur in geringer Anzahl vorhanden, da sich den Kollektiven zugeschriebene Eigenschaften in vielen Fällen auf Eigenschaften von Individuen und ihrer Stellung zueinander zurückführen lassen.   H.W.

Merkmale, individuelle, Individualmerkmale, [1] Eigenschaften (z.B. Einstellungen und Alter), die an der einzelnen untersuchten Person oder allgemeiner an der einzelnen Untersuchungseinheit im Unterschied zu kollektiven Eigenschaften von Untersuchungseinheiten (→ kollektive Merkmale) beobachtet oder gemessen werden. Zu den i.M. zählen absolute, komparative und auch Relationsmerkmale.
[2] In einem engeren Sinne sind i.M. mit den → absoluten Merkmalen identisch.   H.W.

Merkmale, kollektive, Kollektivmerkmale, Gruppenmerkmale, Gruppeneigenschaften, auch Gruppenvariable (z.B. wirtschaftliche Lage und Kriminalitätsrate), Bezeichnung für Merkmale, die im Unterschied zu den → individuellen Merkmalen Gruppen oder allgemein Kollektiven von Individuen oder Untersuchungseinheiten zugeschrieben oder direkt an ihnen gemessen werden. Zu den k.M. werden analytische, strukturelle und Globalmerkmale gezählt. R.Kl.

M

Merkmale, komparative, Kennzeichnungen der Lage von Untersuchungseinheiten innerhalb der Merkmalsverteilung einer Menge von Einheiten (z.B. Stellung in einer Prestige-Ordnung). H.W.

Merkmale, qualitative → Nominalskala

Merkmale, quantitative, Merkmale, deren Ausprägungen sich hinsichtlich ihrer Größe oder Intensität in eine Rangordnung bringen lassen. Je nach den Eigenschaften der Rangordnung handelt es sich um eine → Ordinal-, → Intervall- oder → Ratioskala. H.W.

Merkmale, relationale → Relationsmerkmale

Merkmale, strukturelle, Eigenschaften einer Menge von Untersuchungseinheiten, die auf der Struktur der Beziehungen zwischen den Elementen der Menge beruhen (z.B. Arbeitsteiligkeit einer Gesellschaft). H.W.

Merkmalsausprägung → Ausprägung

Merkmalsbildung, Bestimmung der Art und Weise, in der die zu untersuchenden Eigenschaften von Individuen oder Gruppen in einer Untersuchung repräsentiert werden, z.B. als einzelner Indikator, als Index oder → Skala, als Aggregatmerkmal etc. Probleme der M. entstehen u.a. dann, wenn die zu messenden Eigenschaften nur umgangssprachlich formuliert sind, der Gegenstandsbereich nicht vollständig klassifiziert werden kann oder wenn Untersuchungs- und Erhebungseinheiten nicht identisch sind. H.W.

Merkmalsraum → Eigenschaftsraum

Merkwelt → Umwelt [5]

Mesoebene, die zwischen die Makro- und Mikroebene geschobene und beide vermittelnde Betrachtungsweise. Zwischen Gesamtgesellschaft und Kleingruppe bzw. sozialem Handeln des Individuums stehen danach die Organisationen. R.L.

Messen, die Zuordnung von Symbolen (z.B. Zahlenwerten) zu einer Klasse von Objekten, um ihre Merkmalsprägungen auf einer (oder mehreren) diesen Objekten gemeinsamen Dimension(en) (Eigenschaften) zu erfassen. Als M. wird auch die Erfassung qualitativer Merkmale (Klassifikation) bezeichnet, i.d.R. wird jedoch unter M. die Entwicklung und Anwendung einer → Skala oder → Metrik verstanden. P.P.

Messen, indikatororientiertes, *stimulus- centered approach*, den Zweck eines Messvorgangs charakterisierende Bezeichnung von W.S. Torgerson dafür, dass die Reaktionen der Befragten Informationen über die Indikatoren oder Reize geben sollen, nicht jedoch über die Befragten (personenorientiertes Messen), deren Antworten als Replikationen betrachtet werden, z.B. bei der Konstruktion einer Skala durch Einschätzung der *items* oder Indikatoren durch „Experten". P.P.

Messen, personenorientiertes, *subject-centered approach*, die den Zweck des Messvorgangs charakterisierende Bezeichnung von W.S. Torgerson dafür, dass die Reaktionen der Befragten Informationen über sie selbst erbringen, nicht jedoch über die Reize oder Indikatoren (indikatororientiertes Messen), die als Replikationen betrachtet werden. P.P.

Messen, reaktionsorientiertes, *response-centered approach*, eine den Zweck des Messvorgangs charakterisierende Bezeichnung von W.S. Torgerson dafür, dass die Reaktionen von Befragten gleichzeitig sowohl Informationen über die Befragten selbst als auch über die Stimuli erbringen. P.P.

Messfehler, auch → Beobachtungsfehler, in der klassischen → Testtheorie die Abweichung der gemessenen Werte von den wahren Werten. Unterschieden wird zwischen → Zufallsfehlern und → systematischen Fehlern. Da nahezu jede Messung fehlerbehaftet ist, werden in der empirischen Forschung Messungen in der Regel auf ihre → Zuverlässigkeit und ihre → Validität geprüft. H.W.

Messianismus, Bezeichnung für eine religiös, sozial oder politisch motivierte Erwartung oder einen Glauben an die Präsenz einer diesseitigen charismatischen, als heilig attribuierten Person, die als Heilsbringer fungiert und diejenigen, die an sie glauben, von sozialem, wirtschaftlichem und politischem Elend erlöst (im Unterschied zum → Chiliasmus, der mit einem endzeitlichen irdischen Reich rechnet). M. tritt nur als Bewegung in Erscheinung (→ Bewegung, charismatische), ist religionshistorisch oft mit → Apokalyptik [2] und Chiliasmus vermengt und deshalb empirisch nicht genau abgrenzbar. V.Kr.

Messniveau → Skalenniveau

Messtheorie, mathematische Theorie der Darstellung empirischer Relationen (empirisches Relativ) im Zahlensystem (numerisches Relativ). Man unterscheidet dabei zwischen fundamentalen Messungen, bei der der empirischen Messungen direkt isomorph im Zahlensystem abgebildet werden können, und abgeleiteten Messungen, die bereits fundamentale Messungen voraussetzen. H.W.

Messverfahren, nicht-reaktive, → Einstellungsmessung, nicht-reaktive, → *measures, unobtrusive*

Mestizisierung, ältere Bezeichnung für die Vermischung von Menschen indianischer und spanisch-europäischer Herkunft in Mittel- und Südamerika sowie für die damit verbundene Statusveränderung (Herauslösung aus der verachteten indianischen Bevölkerung und Eingliederung in die auch anhand von rassischen Kriterien gebildete Statushierarchie unter Dominanz derer von spanisch-europäischer Herkunft). W.F.H.

Metaanthropologie, die philosophische Beschäftigung mit Voraussetzungen und Annahmen der anthropologischen Wissenschaften, vor allem der Kulturanthropologie. W.F.H.

Metabolismus, eigentlich „Stoffwechsel", Bezeichnung für das Gleichgewicht zwischen *input* und *output* (d.h. zwischen Eingabe und Ergebnis) eines fortlaufenden Prozesses in einem System. R.L.

Metabolismus, demografischer, „Stoffwechsel der Bevölkerung", also Bezeichnung dafür, dass innerhalb von Gruppen, sozialen Institutionen, Gesellschaften sich die Zusammensetzung der Menschen dauernd durch Geburt, Altern und Tod verändert. W.F.H.

Metaerzählung/Großerzählung, frz. *grand récit*, bei J.-F. Lyotard die Erzählungen der Moderne (z.B. fortschreitende Emanzipation der Vernunft und Freiheit, der Arbeit), aber auch des Christentums. In zeitdiagnostischer Perspektive konstatiert Lyotard das Ende der M., den Zusammenbruch der darüber erzeugten einheitlichen Diskurswelten. Die großen Legitimationserzählungen seien mit der Zerstörung eines universellen Projekts der Moderne – er verweist auf „Auschwitz" und den Sieg der Techno-Wissenschaft – unglaubwürdig geworden. C.W.

Metageschichte, *metahistory*, eine von H. White vorgeschlagene Forschungsperspektive zur Analyse historiografischer Produktionen. Sie rekonstruiert zunächst die narrativen Strukturen und tropologischen Strategien, die in Geschichtswerken verwandt werden. White unterscheidet dabei in Anlehnung an literarische Genres verschiedene Handlungsstrukturen (Romanze, Tragödie, Komödie, Satire), durch die kontingente Ereignisse in eine Form, einen Sinnzusammenhang, gebracht werden. Dabei werden tropologische Verfahren der Vertextung genutzt: Metapher, Metonymie (Umbenennung), Synekdoche (Mitverstehen) und Ironie. Schließlich wird auch nach den verwendeten Erklärungsmodi und nach politischen Einstellungen gefragt. C.W.

Metakommunikation, [1] Kommunikation über Kommunikation oder kommunikative Akte. H.W.

[2] Bezeichnung für diejenigen kommunikativen Beziehungen, die zwischen Kommunikationspartnern über den jeweiligen Inhalt der Kommunikation hinaus bestehen. U.Sch.

Metalinguistik, [1] Auffassung, dass alle Bereiche des menschlichen Verhaltens und Denkens Systemcharakter haben, wobei die Sprache eine übergeordnete Rolle spielt. Es wird versucht nachzuweisen, dass die Struktur einer gegebenen natürlichen Sprache analoge Strukturen in

den nichtsprachlichen Äußerungen der Sprachgemeinschaft bedingt.

[2] → Ethnolinguistik A.H.

Metanarrativ, große Erzählung, auch: → Metaerzählung, die ein universalisierendes, totalisierendes und teleologisches Sinnangebot macht. Beispiele für M. sind etwa die Emanzipationserzählung des Sozialismus, die Fortschrittserzählung der Wissenschaften oder die Heilserzählung des Christentums. U.St.

Metaphysik, [1] Lehre vom Wesen und Sinn des Seins und Geschehens, die in Einbeziehung von Fundamentalbedingungen und von empirisch nicht überprüfbaren Annahmen eine übergreifende, einheitliche, widerspruchsfreie und harmonische Weltanschauung zu bieten versucht. M. ist seit Aristoteles zentraler Bestandteil der Philosophie, selbst wenn in ihr M. widersprüchlich umschrieben wird.

[2] In der Soziologie zumeist abfällige Bezeichnung für wissenschaftliche Spekulationen in Bereichen, die der Empirie unzugänglich sind.

O.R.

Metaproduktion, der Teil der gesellschaftlichen Arbeit, der der Entwicklung der Produktivkräfte durch Erweiterung des Wissens dient (Forschung und Entwicklung). Die Produkte der M. werden im Produktionsprozess nicht konsumiert, sondern als Rezepte angewendet. W.F.H.

Metapsychologie, in der Terminologie S. Freuds Bezeichnung für die (weitgehend spekulative) Erarbeitung der begrifflichen und theoretischen Grundlagen der psychoanalytischen Psychologie (z.B. des Modells eines in Instanzen geteilten psychischen Apparats). R.Kl.

Metaqualifikation, Bezeichnung für solche Kenntnisse, Fertigkeiten, Fähigkeiten und Einstellungen, die zur selbstständigen Erweiterung und Veränderung der einmal erlangten Qualifikation befähigen. W.F.H.

Metäriewirtschaft, Anteilswirtschaft, eine Pachtform, bei der Pächter und Grundbesitzer jeweils einen Teil des Ackerbaukapitals stellen und der Pächter einen vertragsmäßig festgelegten Teil (häufig die Hälfte; Halbpacht) des Ertrages an den Grundbesitzer zu liefern hat. S.S./H.W.

Metasoziologie, Analyse der methodologischen und wissenschaftstheoretischen Grundlagen soziologischer Forschung und Theoriebildung im Hinblick auf die Begründung von Annahmen und das darin sich manifestierende Vorverständnis gesellschaftlicher Zusammenhänge. B.W.R.

Metasprache, Sprache, in der über eine Sprache gesprochen wird. Dabei kann es sich um natürliche wie um künstliche Sprachen handeln. Im Allgemeinen wird zwischen einer Objektsprache und einer zugehörigen M. unterschieden, in der über die Objektsprache geredet werden kann.

M

Begriffe einer Theorie, die die Objekte der Theorie bezeichnen, gehören der Objektsprache an, während etwa methodologische Regeln der Begriffsbildung der M. angehören. Zu jeder M. können M.n höherer Ordnung gebildet werden, in denen über die M. niedrigerer Ordnung gesprochen werden kann. Die Unterscheidung zwischen M. und Objektsprache hat in der modernen Wissenschaftstheorie Bedeutung gewonnen (z.B. für die Vermeidung semantischer Antinomien). Die Nichtbeachtung der Unterscheidung führt in der Soziologie häufig zu Konfusionen (etwa beim Sprechen über Verhaltensregeln).   H.W.

Metatheorie, die „Theorie über eine Theorie", die über eine einzelne Theorie hinausgehenden Aussagen. [1] Bezeichnung für die spezifischen Überlegungen zur Grundlage und Form der Theorien einer Wissenschaft (z.B. Metasoziologie).
[2] Bezeichnung für übergreifende, allgemeinste Theorien, die ein Bild der Welt oder von Gesellschaft entwerfen wollen.
[3] Seltener Synonym für → Wissenschaftstheorie.   L.K.

Methode der Differenz, auf J. St. Mill zurückgehende Überlegung, mit der mögliche kausale Abhängigkeiten zwischen Sachverhalten festgestellt werden können. Eine Größe X kann dann von einer Größe U ursächlich abhängen, wenn unter Bedingungen, die sich nur dadurch unterscheiden, ob U auftritt oder nicht, entsprechend auch X auftritt oder nicht auftritt. Nach der M.d.D. können zumindest alle anderen Bestandteile der Situation nicht Ursache von X sein. Die M.d.D. ist Teil des klassischen experimentellen Designs.   H.W.

Methode der größten Mutmaßlichkeit, Maximum-Likelihood-Methode, wichtiges Schätzverfahren, das oft schwer zu handhaben ist. Der Methode liegt grob folgende Überlegung zu Grunde: die Zusammensetzung einer Zufallsstichprobe hängt vom zu schätzenden Wert (z.B. dem Mittelwert) der Grundgesamtheit ab. Gesucht wird als Schätzung bei gegebener Stichprobe ein Wert der Grundgesamtheit, für den die vorliegende Stichprobenrealisation die höchste Wahrscheinlichkeit besitzt.   H.W.

Methode der kleinsten Quadrate, least-square method, Schätzverfahren in der Statistik, bei dem die (unbekannten) Parameter eines Modells durch die Minimierung der Summe der quadrierten Abweichungen der tatsächlichen (empirischen) Werte von den theoretischen geschätzt werden. Die M. d. k. Q. wird z.B. zur Berechnung von Regressionskoeffizienten benutzt. Unter gewissen Voraussetzungen liefert die M.

d. k. Q. die gleichen Ergebnisse wie das Maximum-Likelihood-Prinzip.   M.K.

Methode der konkomitanten Variationen, auf J.S. Mill zurückgehende Überlegung, nach der zwischen zwei Variablen dann eine Kausalbeziehung bestehen kann, wenn sie über verschiedene Bedingungen hinweg sich gleichlaufend verändern. Die M. d. k. V. ist nicht zwingend, da sie das Einwirken anderer Variablen nicht beachtet.   H.W.

Methode der Residuen, auf J.S. Mill zurückgehende Überlegung folgender Art: zieht man von der Variation einer Variable den Teil ab, der schon auf bekannte Bedingungen zurückgeführt werden kann, so kann der Rest der Variation Wirkung der restlichen Bedingungen sein, unter denen die Variable beobachtet wurde.   H.W.

Methode der Übereinstimmung, auf J.St. Mill zurückgehende Überlegung, mit der mögliche kausale Abhängigkeiten zwischen Sachverhalten, Variablen festgestellt werden können. Eine Größe X kann dann von einer Größe U ursächlich abhängig sein, wenn verschiedene Bedingungen, unter denen X auftritt, nur U gemeinsam haben und in Fällen, wo U nicht auftritt, auch X nicht beobachtet wird. Die M. d. Ü. ermöglicht keine zwingenden Schlüsse. Sie ist heute Bestandteil komplexerer experimenteller Anordnungen.   H.W.

Methode des kritischen Pfades, critical path method, CPM, Verfahren zur Planung von Handlungsabläufen (z.B. Bau einer Universität). Ausgangspunkt der M.d.k.P. ist die Bestimmung der auszuführenden Tätigkeiten, ihrer Ausführungsdauer und ihrer notwendigen Reihenfolge. Diese Daten werden in einem Netzwerk dargestellt, dessen Punkte den Abschluss von Tätigkeiten und dessen Linien die Tätigkeiten darstellen. Der kritische Pfad eines Netzplans entspricht einer Reihe von Tätigkeiten (ein Linienzug), deren zeitliche Anordnung bedingt, dass bei Verzögerung einer Tätigkeit der Reihe der Abschluss des gesamten Vorhabens verzögert wird. Ein der M.d.k.P. sehr eng verwandtes Verfahren ist PERT (Program Evaluation and Review Technique).   H.W.

Methode, biografische, früher oft bedeutungsgleich mit → Biografieforschung [1], heute meist allein die Methoden der Erhebung und Auswertung von biografischem Datenmaterial. Unterschieden werden kann zwischen der Erhebung von Lebensgeschichten (oder von Abschnitten daraus) durch → biografische Interviews und andere Befragungswege und andererseits der Erhebung von in der sozialen Welt schon verfasstem biografischem Datenmaterial (Familienchroniken, Autobiografien für private Zwecke, Tagebücher, Privatbriefe, Fotoalben usw.) etwa mittels gezielter Sammlung oder öffentlichem Aufruf, solche Materialien dem Sozialforscher zu überlassen. Nachdem die b.M. nach vielversprechenden Anfängen in der Chicagoer Schule der Soziologie sowie in Polen (F. Znaniecki) zurückgegangen war, erhielt sie seit den 1970er Jahren zuerst in Forschungen über Bewusstsein und Lebensführung von Arbeitern und dann in anderen Feldern neues Gewicht. → Biografieforschung   H.W./W.F.H.

Methode, dialektische → Dialektik [3-6]

Methode, dokumentarische → Interpretation, dokumentarische

Methode, experimentelle, Forschungsmethode, die auf dem → Experiment beruht. Das methodische Vorgehen wird insbesondere in den Lehren über → Versuchspläne dargestellt.   H.W.

Methode, funktionale → Analyse, funktionale

Methode, historische, verstehende Erfassung historischer Ereignisse und Personen in ihrer geschichtlichen Individualität aufgrund der Interpretation und Kritik historischer Quellen, verbunden mit einer Systematik historischer Erscheinungen (Typologie). Die h. M. wird in einigen Bereichen der Geschichtswissenschaft durch neuere sozialwissenschaftliche Methoden ersetzt.   H.D.R.

Methode, komparative → Methode, vergleichende

Methode, kritische, für den → Kritischen Rationalismus (K.R. Popper) ein Synonym für „wissenschaftliche Methode": Wissenschaft schreitet voran durch Kritik, ist im Wesentlichen kritische Diskussion. Dabei ist „Kritik" in erster Linie „Suche nach logischen Widersprüchen": nach immanenten Widersprüchen in der kritisierten Theorie, nach Widersprüchen zwischen der kritisierten Theorie und anderen, konkurrierenden Theorien, nach Widersprüchen zwischen der kritisierten Theorie und empirischen Beobachtungen. Diese Widersprüche führen zur Konstruktion neuer Theorien mit größerer → Erklärungskraft, die der Kritik, an der die alten Theorien gescheitert sind, standhalten, aber ihrerseits selbst der kritischen Nachprüfung auszusetzen sind. Da die menschliche Erkenntnis niemals unfehlbar sein kann, ist grundsätzlich keine Theorie *a priori* von der Kritik ausgenommen (→ Fallibilismus).   R. Kl.

Methode, phänomenologische → Phänomenologie

Methode, soziale → *social-demand-approach*

Methode, vergleichende, auch komparative Methode, Komparatistik, [1] umfassende Bezeichnung für alle Untersuchungsformen, die auf der Betrachtung von Unterschieden und Ähnlichkeiten zwischen Untersuchungsobjekten beruhen. In diesem Sinne zählt der überwiegende Teil der empirischen Untersuchungsverfahren (mit Ausnahme der Einzelfallstudie) zur v.M. [2] I.e.S. wird als v.M. der Vergleich größerer sozialer Gebilde (Kulturen, Nationen) bezeichnet. Neben der Relativierung von Befunden in einer Kultur im → interkulturellen Vergleich steht u.a. die Ermittlung universeller Regelmäßigkeiten (Familienform, Inzest-Tabu) im Zentrum der v.M.   H.W.

Methode, verstehende, Sinnverstehen, Erfassung des Sinns von Handlungen, Institutionen und Kulturäußerungen, wird wegen des sinnhaften Charakters menschlicher Handlungen als eigenständige Methode der Geisteswissenschaften der Beschreibung und der Erklärung im naturwissenschaftlichen Verständnis gegenübergestellt. Dabei ist zwischen dem Verstehen des subjektiv gemeinten Sinnes oder der Intention einer Handlung und dem Verstehen des sozialen Sinnes, der sozialen Bedeutung einer Handlung oder Situation zu unterscheiden.

[1] In Bezug auf den subjektiv gemeinten Sinn geht die v.M. davon aus, dass sie es zwar mit unwiederholbaren und abgeschlossenen Ereignissen zu tun hat. Aufgrund einer gemeinsamen anthropologischen Grundausstattung und durch kulturelle Traditionen sind die Gemeinsamkeiten zwischen Individuen und Kulturen groß genug, um aufgrund dieses „Vorverständnisses" den Schluss von der eigenen Situation auf fremde Situationen zu erlauben. Das Verstehen individueller Handlungen und Gedanken erfolgt, indem sich der Forschung in die Situation des Handelnden nachempfindend hineinversetzt und auf seine Dispositionen, Motive und Ziele eingeht sowie die (historischen) Bedingungen rekonstruiert.

[2] Neben dem Verstehen des vom Handelnden intendierten Sinns steht die Erfassung des objektiven Sinns, d.h. der sozialen Bedeutung, die eine Handlung, ein Objekt, ein Symbol, eine Institution in einem bestimmten sozialen Kontext besitzt, die von den anderen Akteuren in einer Situation geteilt wird. Das Verstehen des subjektiv gemeinten Sinns setzt im Allgemeinen das Verstehen der sozialen, geteilten Bedeutung voraus. Ähnlich wird beim Verstehen von Institutionen, Ereignissen, Ideen, Kunstwerken usw. vorgegangen, deren Sinn sich aus ihrer Einbettung in umfassende Zusammenhänge, aus besonderen Wirkungen oder aus einer gewissen Bedeutung für die gegenwärtige Situation ergeben kann. Trotz des Anspruchs der v.M., ihre Ergebnisse letzten Endes nur durch Zurückgehen auf Tatsachen und Sachverhalte zu gewinnen, gestehen ihr Kritiker, die auf die Messbar-

keit sozialer Phänomene setzten, lediglich eine heuristische Funktion zu.

[3] Als Interpretation von Texten → Hermeneutik; → Hermeneutik, objektive   H.D.R./H.W.

Methodenmix, vor allem in der Markt- und Umfrageforschung Bezeichnung für die Verwendung mehrerer Methoden der Datenerhebung nebeneinander und miteinander kombiniert, um ein und denselben Gegenstand zu untersuchen, z.B. Einstellungsskalen, einfache Meinungsfragen und zusätzliche qualitative Interviews. Methodologisch werden Fragen des M. und verwandte Probleme unter dem Stichwort → Triangulierung [1] diskutiert.   W.F.H.

Methodenstreit. [1] Wenn von M. in der deutschen Nachkriegssoziologie die Rede ist, ist meist der sog. → Positivismusstreit gemeint.

[2] Mit M. wird auch der → Werturteilsstreit bezeichnet, der vor allem von M. Weber und G. Schmoller im Verein für Socialpolitik ausgetragen wurde.   H.W.

Methodentriangulation → Triangulierung

Methodologie, Theorie der Methoden; [1] deckt sich in der weiteren Auffassung des Begriffs mit → Wissenschaftstheorie.

[2] M. umfasst in einer engeren Auffassung nur die Analyse der wissenschaftlichen Methoden, besonders im Hinblick auf die wissenschaftlichen und theoretischen Ziele ihrer Anwendung.   L.K.

Methodologie, reflexive, Bezeichnung für eine solche Methodenlehre der Sozialforschung, die in theoretischem Ansatz, Gegenstandswahl, methodischem Arrangement, Veröffentlichungs- und Verwendungszusammenhang der Ergebnisse reflektiert, dass Sozialforschung Teil ihres Objektfeldes Gesellschaft ist, dass Sozialforschung in Gegenstandsfassung, Operationalisierung und Veröffentlichung aus sozialem Alltag stammt und in ihn hineinwirkt. Im Unterschied zu „traditioneller" Methodologie gelten insbesondere die Ethnomethodologie und die Aktionsforschung als Versuche, eine r. M. zu entwickeln.   W.F.H.

Metrik, Eigenschaft einer Skala. Jedem Paar (x, y) der durch die Skala geordneten Elemente ist eine Distanz $D (x, y)$ zugeordnet, sodass gilt: 1) $D (x, x) = 0$; 2) $D (x, y) = D (y, x)$ und 3) $D (x, z) \leq D (x, y) + D (y, z)$. Metrische Skalen sind die Intervall- und Ratio-Skalen.   P.P.

Metrisierung, Interpretation einer Menge von Messwerten einer oder mehrerer Variablen im Sinne einer → Metrik mithilfe mathematischer Modelle. Durch die M. werden den Daten die Eigenschaften einer Metrik auferlegt, wobei die ursprüngliche Ordnung der Messwerte durch die ein- oder mehrdimensionale Lösung der M. möglichst wenig gestört werden sollte.   H.W.

Metropole, wörtl. „Hauptstadt", in Übertragung des Verhältnisses von Hauptstadt – Provinz Bezeichnung für die kolonialistischen, imperialistischen Mächte, die in den kapitalistischen Industrieländern und ihren Hauptstädten politisch und ökonomisch (z.B. Banken) zentriert sind.   H.W.

micro-flow (engl.), bezeichnet die alltäglichen Kurzformen des → flow-Erlebnisses, z.B. Kaugummi kauen, phantasieren, spazieren gehen, mit Freunden reden.   W.F.H.

middle class society (engl.), svw. „mittelständische", d.h. von kleinbürgerlich-mittelständischen Schichten und Wertvorstellungen geprägte Gesellschaft. → Mittelstandsgesellschaft, nivellierte   R.Kl.

middle-middle class (engl.) → Mittelschicht

Migrantennetzwerk, in Form eines → Netzwerks verknüpfte, häufig auf persönlichen Bindungen (Verwandtschaft, Nachbarschaft, Freundschaft) beruhende Beziehungen zwischen Gruppen von Migranten, ehemaligen Migranten und ihren Organisationen im Aufnahmeland sowie zwischen Aufnahme- und Herkunftsland.   H.W.

Migration, Wanderung, Bewegung von Individuen, Gruppen oder Gesellschaften im geografischen und sozialen Raum, die mit einem ständigen oder vorübergehenden Wechsel des Wohnsitzes verbunden ist (Binnenwanderungen, Rotationswanderungen, transnationale M.). M. ist Gegenstand verschiedener Disziplinen (Soziologie, Demografie, Ökonomie, Ethnologie). Wichtige Formen der M. sind Arbeitsmigration, Wanderarbeit, Heiratsmigration, Flucht und Vertreibung. Die Forschung richtet sich auf die Ursachen (Armut, ökologischer Niedergang, politische, religiöse, ethnische Konflikte, Repression von Frauen), die politische, rechtliche, soziale und kulturelle Situation von Migranten und Migrantengruppen am Aufnahmeort, die Verbindungen zwischen Herkunfts- und Aufnahmeort (Rückkehr, Überweisungen, Eheschließungen) und die Auswirkungen auf die Herkunftsgesellschaft (Konsummuster, soziale Differenzierung). M. wird sowohl als (rationale) Strategie von Individuen, Haushalten oder Familien (z.B. Einkommenssicherung) (H. Esser 1980) wie als systemischer, sich selbst organisierender und verstärkender Prozess (→ Kettenmigration, Herausbildung von → Migrantennetzwerken) (T. Faist 1997) im Rahmen von → Migrationsregimen angesehen.   H.W.

Migration, selektive, bezeichnet allgemein den Auslese- und Siebungseffekt von Wanderungen hinsichtlich bestimmter Regionen und Personen bzw. Personengruppen. So zeigt sich z.B., dass sich die wanderungsbereiten Individuen und Gruppen von der übrigen Bevölkerung durch bestimmte psychische, physische und/oder soziale Merkmale unterscheiden, vor allem durch spezifische Persönlichkeitsmerkmale, die sie befähigen, die der Wanderung entgegenstehenden Hindernisse zu überwinden. Ferner ergeben sich unterschiedliche Ausleseeffekte je nachdem, ob die Wandernden durch eine negative Bewertung ihrer Lage im Herkunftsgebiet („*push*") oder eine positive Bewertung ihrer voraussichtlichen Lage im Zielgebiet („*pull*") bewogen werden. „Positiv" ist eine Auswahl von Wandernden (nach E.S. Lee 1966), wenn die s. M. überwiegend durch positive Faktoren im Zielgebiet bestimmt und/oder die zu überwindenden Hindernisse besonders groß waren, „negativ", wenn sie überwiegend durch die negativen Faktoren im Herkunftsgebiet bestimmt war. S.S.

Migrationsregime, Gesamtheit von Regulierungen, die die Migration (z.B. Arbeitsmigration oder Flüchtlingsbewegungen) zwischen bestimmten Ländern und Regionen ermöglichen und kontrollieren. Eine dominante Rolle spielen die staatlichen Regelungen (Anwerbeabkommen, Asylpraxis, Illegalisierung und Grenzkontrollen, Staatsangehörigkeit etc.). H.W.

Migrationstheorie, [1] Bezeichnung für Theorien der → Migration.
[2] Ältere ethnologische und kulturgeschichtliche Theorie, die davon ausgeht, ein jedes Kulturelement habe in der Menschheitsgeschichte einen einmaligen Entstehungsort; sein Vorkommen auch in anderen Kulturen und Gesellschaften gilt als Ergebnis von Verbreitung durch Wanderung dieses Elements. Bedeutungsähnlich mit → Diffusionismus W.F.H.

Mikrodaten, bezeichnet in massenstatistischen Erhebungen die Angaben über Individuen. Der Zugang ist problematisch, und die statistischen Ämter geben solche Daten allenfalls in anonymisierter Form heraus. R.L.

Mikrofunktionalismus, untersucht Struktur und Funktion von Prozessen in Kleingruppen als Wirkungszusammenhang eines Binnensystems, u.a. die Bedingungen und Mechanismen zur Erreichung der Gruppenziele, der Stabilisierung und des Fortbestehens kleiner Gruppen. Gegenbegriff: → Makrofunktionalismus B.W.R.

Mikromacht → Mikrophysik der Macht

Mikro-Makroanalyse → Kontextanalyse

Mikro-Makro-Problem, gegenwärtig wieder aktuelle Überlegungen und Auseinandersetzungen, wie sich die individualistische und kollektivistische Ebene soziologischer Analyse, insbesondere die von Kleingruppe und Gesamtgesellschaft oder die von Handeln und System zueinander verhalten und in einen einheitlichen Untersuchungsansatz einbezogen werden können. → Kontextanalyse R.L.

Mikroökonomie, Bezeichnung für Theorien des wirtschaftlichen Verhaltens des einzelnen Wirtschaftssubjekts (Haushalt, Unternehmung) als Anbieter und Nachfrager auf verschiedenen Märkten. Das Verhalten wird insbesondere in seiner Abhängigkeit von den jeweiligen Marktformen analysiert. Spezielle Formen der M. sind Produktions- und Preis- sowie Konsumtheorien. Demgegenüber beschäftigt sich die Makroökonomie mit den Aggregaten der aus individuellem Verhalten resultierenden Größen. Gegenstand der Makroökonomie sind u.a. der Wirtschaftskreislauf, Konjunktur und Wachstum. H.W.

Mikrophysik der Macht, auch: Mikromacht oder „Politische Ökonomie des Körpers", bezeichnet nach M. Foucault jene unscheinbaren, subjektlosen Strukturen moderner Sozialdisziplinierung, die sich jenseits offener Gewaltanwendung, direkter persönlicher Unterwerfung und unmittelbarer ideologischer Beeinflussung unterhalb der Makrostruktur sozialer Beziehungen (Institutionen) in den Poren des Alltagslebens eingenistet haben und bis in intime Sektoren des menschlichen Körpers vorgedrungen sind. Die M. d. M. ist nicht ein Privileg herrschender Gruppen oder ein Besitzverhältnis, sondern die Gesamtwirkung ihrer gesellschaftlichen Positionen. K.K.

Mikropolitik, Begriff aus der Organisationstheorie, der sich gegen ausschließlich akteurs- und auch systemzentrierte Ansätze abgrenzt. Stattdessen bezeichnet M. Handlungsspielräume innerhalb systematischer oder struktureller Grenzen von Organisationen und deren Konstitution bzw. Veränderung durch das Agieren von Individuen oder Gruppen. Ausgehend von der Kontingenz, der Nicht-Determiniertheit (z.B. durch Kapitalverwertung) von Organisationsstrukturen untersucht das Konzept M. das Funktionieren, den Bestand und die Rationalität von Organisationen („organisationale Innenpolitik"). Macht und Politik werden als wesentliche Bestandteile des Geschehens in Organisationen angesehen, die Rationalität von Entscheidungsprozessen wird eher skeptisch betrachtet. Wichtiges Element von M. ist demgegenüber sogenanntes „unausgesprochenes, häufig heimliches Einverständnis" verschiedener Akteure untereinander. Das analytische Konzept der M. von W. Küpper u. G. Ortmann (1986) knüpft an die Arbeiten von T. Burns zu „*micropolitics*" (1961/62) und von H. Bosetzky (1972) an. M.S.

Mikroritual, bezeichnet alltägliche Handlungsvollzüge, die sequenziell und sinnhaft geordnet sind und deren Vollzug etwa eine institutionelle Ordnung zugleich herstellt und bestätigt; z.B. in der Schule der Übergang zwischen Unterricht

M

und Pause oder der Beginn des Unterrichts am Montagmorgen. W.F.H.

Mikroskalen, allgemein Skalen, die sich auf Teilbereiche der Mobilität beziehen. Die Unterscheidung von M. und Makroskalen wurde von K.M. Bolte (1959) im Zusammenhang mit der Struktur von Prestigeskalen der Berufe getroffen. Nicht jede Gruppe von Positionsinhabern folgt in der Einstufung anderer Positionen einem einheitlichen Kriterium, vielmehr sind die prestigeakzentuierenden Kriterien beispielsweise abhängig vom Informationsstand über andere Berufe oder von der subjektiv unterschiedlichen Gewichtung der Kriterien. Andererseits lassen sich Berufsbereiche und Berufsgruppen abheben, die in der Statusbeurteilung konsistent sind, also einem einheitlichen Merkmal folgen. Letztere definiert Bolte als „Sektor" und die Prestigeskala der Positionen eines solchen Sektors als Sektorskala. Sektorskalen sind M.; Skalen, die verschiedene Sektoren umfassen (z.B. Betrieb, Gesellschaft), werden Totalskala genannt, ihnen entsprechen die Makroskalen. S.S.

Mikrosoziologie, [1] Untersuchung kleinster selbstständiger, nicht mehr weiter reduzierbarer Konfigurationen sozialen Verhaltens – wie Wir-Gefühl, Formen der Solidarität, der Wechselseitigkeit –, die als elementare Totalphänomene unabhängig vom gesamtgesellschaftlichen Zusammenhang begriffen werden und anzusiedeln sind zwischen Gruppenphänomenen und individualpsychologischen Sachverhalten.
[2] Im amerikanischen Bereich: Erforschung der Struktur und Dynamik kleiner Gruppen.
Gegenbegriff: → Makrosoziologie B.W.R.

Mikrostruktur, Strukturen, deren Elemente Individuen sind. Gemeint sind die Elemente und Zusammenhänge auf der elementarsten, kleinsten Untersuchungsebene, etwa die Struktur im Bereich der Handlungstheorie oder der Theorie kleiner Gruppen. Beispiele: interpersonale Beziehungen, Rollenstruktur. H.J.

Mikrozensus → Zensus

Milde-Effekt → *leniency effect*

Milgram-Experiment, ein von S. Milgram 1963 konzipiertes Laborexperiment zur Untersuchung des extremen Autoritätsgehorsams. Versuchspersonen (Vpn) wurde im vorgeblichen Kontext eines Lernexperimentes befohlen, den „Schülern" (Mitarbeiter Milgrams) bei Fehlern Elektroschocks stetig steigender Intensität zu applizieren. Die höchsten, als „gefährlich" deklarierten Stromstärken wurden trotz massiver akkustisch wahrnehmbarer „Schmerzreaktionen" der Schüler von 62,5% der Vpn verabreicht. Gehorsame zeigten im Vergleich zu Ungehorsamen signifikant stärker das Profil einer autoritären Persönlichkeit. Variationen des ex-

perimentellen *settings* zeigten zudem situative Einflüsse des sozialen Autoritäts- und Verantwortungsgefüges sowie der räumlichen Nähe zwischen den Vpn und ihren Opfern auf deren Gehorsamsbereitschaft. Das M.-E. erfuhr heftige Kritik aufgrund seiner problematischen externen Validität und ethischen Legitimität.
A.W.

Milieu, [1] Bezeichnung für die Gesamtheit der äußeren, natürlichen (geografische Bedingungen, Klima) und der sozialen Umwelt (Normen, Gesetze, ökonomische und politische Bedingungen) des Einzelnen bzw. einer Gruppierung, die auf die Entwicklung (→ Sozialisation), Entfaltungsmöglichkeit und die Modalität sozialen Handelns Einfluss nimmt.
[2] In der Soziologie des 19. Jahrhunderts fast durchgängig nur biologisch verstanden als „die Gesamtheit der äußeren Umstände irgendwelcher Art, die für die Existenz eines bestimmten Organismus nötig sind" (A. Comte). Von H. Taine (1895) wurde der Begriff M. dann dahingehend erweitert, dass auch die innere, geistige Umgebung Teil des M.s sei. O.R.

Milieu, äußeres soziales, bei E. Durkheim Bezeichnung für jenen Teil der Umwelt einer Gesellschaft oder eines gesellschaftlichen Subsystems, der seinerseits aus sozial festgelegten Weisen des Verhaltens und Erlebens bzw. aus sozialen Gebilden besteht. F.H.

Milieu, inneres soziales, bezeichnet bei E. Durkheim jene Wirkgrößen innerhalb einer Gesellschaft oder eines gesellschaftlichen Subsystems, die die Verhaltens- und Erlebnisweisen sowie die Strukturprinzipien sozialer Gebilde bestimmen. Das i.s.M. wird konstituiert durch alle materiellen Gegenstände und alle Produkte vorangegangener sozialer Aktivitäten sowie durch alle Personen, die zusammen mit diesen Objekten ein abgrenzbares Gefüge von wechselseitig abhängigen Teilen bilden. Die wichtigsten Wirkgrößen des i.s.M. sind das → soziale Volumen sowie die → materielle und die → dynamische Dichte der miteinander in Beziehung stehenden sozialen Einheiten bzw. Personen. F.H.

Milieu, sozialmoralisches, Bezeichnung für die Ende des 19. Jahrhunderts in Deutschland entstehenden weltanschaulich-politisch geprägten, durch Vereine, Solidargemeinschaften, kulturelle Veranstaltungen usw. organisierten Lebenszusammenhänge, wie sie sich etwa um SPD und Gewerkschaften, um das Zentrum oder das protestantisch-nationale Bürgertum gruppierten. Sie waren gegeneinander relativ exklusiv und prägten Sozialisation und Alltagsleben. Ihre Auflösung bzw. Zerstörung vor, während und nach dem Nationalsozialismus wird oft mit dem Begriff des „politischen Lagers" erörtert. W.F.H.

Milieuanalyse, *contextual analysis,* in der Umfrageforschung die Einstufung nicht nach Merkmalen der befragten Person selbst, sondern nach ihrer Umwelt oder nach Beziehungen zu ihrer Umwelt (z.B. bei getrennter Befragung von Ehepartnern werden folgende Analysekategorien gebildet: Befragte aus Haushalten, in denen die Ehepartner übereinstimmende Konsumansprüche haben; Befragte aus Haushalten, in denen die Frau höhere Ansprüche stellt als der Mann usw.). R.L.

Milieufaktoren, diejenigen Umstände, Bedingungen, Kräfte, die als materielle und soziale Umwelt eines Individuums oder einer sozialen Gruppe deren Lebensumstände ausmachen. M. sind im Allgemeinen vom vereinzelten Individuum her relativ unbeeinflussbar, wirken aber auf sein Leben ein. Ihre Bedeutung wurde vor allem für den Lernprozess in Abhebung von Anlagefaktoren und Reifungsprozessen entwickelt. W.La./W.F.H.

Milieutheorie, [1] In einem allgemeinen Sinne (auch in Völkerkunde und Anthropologie) Bezeichnung für die Annahme, dass die Entwicklung von Einzelmenschen bzw. von Menschengruppen und Kulturen ausschließlich (oder hauptsächlich) von Umweltfaktoren geprägt wird. W.F.H.
[2] Eine Theorie zur Erklärung von Kriminalität, als Gegenpol zur biologistischen Anlagetheorie. Die Ursachen kriminellen Verhaltens liegen danach allein im Milieu begründet, worunter eine Vielzahl divergierender Faktoren verstanden wird (z.B. Klima, Tradition, Wirtschaftslage, Krieg). C.Wo.
[3 In der Sozialisationstheorie Bezeichnung für die Annahme, dass die Fähigkeiten, Orientierungen und Handlungsdispositionen der Individuen durch deren soziale Umwelt (vor allem Sozialschicht) bedingt oder determiniert sind. W.F.H.

Milieuverengung, in der Kirchensoziologie geläufige Bezeichnung für die Überrepräsentation gesellschaftlich randständiger Gruppen in der kirchlichen Kerngemeinde bei gleichzeitiger Unterrepräsentation gesellschaftlich verbreiteter „Milieus" in ihr. J.Ma.

Militarismus, Begriff mit vielfältigen Bedeutungsaspekten, oft auch Kampfbegriff. [1] Einstellungen und Dispositionen, die kriegerische Auseinandersetzungen hoch schätzen und ohne weiteres als normale Äußerungsformen gesellschaftlicher und zwischengesellschaftlicher Konflikte hinnehmen.
[2] Die Unterordnung aller gesellschaftlichen Bereiche unter die typischen Haltungen und Lebensformen des Militärs, z.B. Verbreitung militärischer Mode oder militärischer Grußformen.
[3] Die politische und institutionelle Unterordnung der Gesellschaft unter den Einfluss militärischer Führungsgruppen und ihre häufig kriegerischen Ziele. W.F.H.

Militärsoziologie, als soziologische Spezialdisziplin entstanden aus der Anwendung soziologischer, sozialpsychologischer und organisationswissenschaftlicher Erkenntnisse auf die optimale Einrichtung militärischer Instanzen, Vorgänge usw. im 2. Weltkrieg, vor allem in den USA und im nationalsozialistischen Deutschland (Wehrsoziologie). Seitdem sind die wichtigsten Gegenstände der M. der Widerspruch von hierarchischer und technisch-funktionaler Organisationsstruktur, die Professionalisierung der höheren Chargen, die Rekrutierungsformen, die Anerziehung militärischer Normen und Verhaltensformen, die Kampfmotivation. Das Verhältnis von Militär und ziviler Gesellschaft insgesamt (zentral bei C.-H. de Saint-Simon und A. Comte), Rolle und Funktion organisierter Gewalt in verschiedenen Gesellschaftsformen, die Zusammenhänge internationaler Abschreckung, die Imperialismusdisussion sind gegenüber diesen eher organisationswissenschaftlichen Fragestellungen in den Hintergrund getreten. W.F.H.

Militokratie, Bezeichnung für die Vorherrschaft militärischer Führungsgruppen in einem Staat. W.F.H.

Millenarismus → Chiliasmus

Mimesis (gr.), bezeichnet als ursprünglich poetologischer Begriff in der aristotelisch-naturphilosophischen Tradition expressive Nachahmung menschlichen Handelns zunächst im Rahmen des archaischen Rituals. Seit G. Tarde (1890) ist M. als basaler Vorgang der aktual-variierenden Reproduktion sozialer Formen und Verhaltensmuster auch in die Soziologie eingeführt (→ Nachahmung). Sowenig mimetische Reproduktion raumzeitlich als „Abbildung" bzw. „Widerspiegelung" eines Vorgegebenen denkbar ist, sowenig ist ihr Gegenbegriff reiner Poiesis (gr., Herstellung, Erfindung) als *creatio ex nihilo* soziologisch überzeugend zu verteidigen: M. und Poiesis sind lediglich strikt objektbezogen überhaupt analytisch zugänglich, und sinnvoll ist das Begriffspaar nur als regulatives Konzept. „Mimetisch" lassen sich eher unbewusst-automatisierte Reproduktionsweisen nennen, „poietisch" die kreativ-innovatorischen. Eine eigenwillige, quer zu aller Tradition stehende Fassung von M. legte T.W. Adorno (1970) vor, indem er Kognition mimetisch-archaische Impulse unterstellte, die methodisch kontrolliertes Erkennen *ästhetisch* unterlaufen: Mimesis wird zum Vermögen des Subjekts, über inkommensurable ästhetische

Erfahrung eine unentfremdete *Praxis* zu antizipieren.   I.M.

Mimikry, wörtl. Nachahmung, Nachäffung, [1] die durch Selektion entstandene Angleichung der Form oder Farbe mancher Tierarten an ihre Umgebung (z.B. Schutzfärbung) oder an eine andere Tierart, die für potenzielle Feinde der betreffenden Art gefährlich oder ungenießbar ist und daher von diesen Feinden gemieden wird.
[2] Mimetische Reaktion, eine instinktive, artspezifische Reaktion, durch die bestimmte Tierarten ihr äußeres Erscheinungsbild an ihre Umgebung anpassen.
[3] Im übertragenen Sinne wird der Begriff der M. gelegentlich auch auf menschliches Anpassungs- oder Imitationsverhalten angewandt.
R.Kl.

mind, closed – open (engl.) → Dogmatismus [2]

Minderheit, Minderheitsgruppe → Minorität

Minderheit, kognitive, „eine Gruppe von Menschen, deren Weltanschauung sich in charakteristischen Zügen von dem unterscheidet, was in ihrer Gesellschaft sonst als Gewissheit gilt" (P.L. Berger 1969).   W.F.H.

Minderwertigkeitskomplex, auch Inferioritätskomplex, [1] zentraler Begriff der Adlerschen Individualpsychologie. Er bezeichnet die Gesamtheit der Vorstellungen und Strebungen eines Menschen, die Ausdruck seines „Minderwertigkeitsgefühls" bzw. seiner Versuche sind, dieses Gefühl zu überwinden. Nach Adler leidet bereits das Kind an einem allgemeinen Gefühl der Unterlegenheit oder Minderwertigkeit, das vor allem auf seine realen konstitutionellen Schwächen, aber auch auf soziale Benachteiligung (z.B. in der Familie) zurückgeht. Das Minderwertigkeitsgefühl steht dem Bedürfnis nach Selbstverwirklichung, Überlegenheit und Macht entgegen und ruft so eine starke Tendenz zur Kompensation [1] hervor.
[2] Als „sozialer M." bzw. als „soziale Minderwertigkeitsgefühle" werden bisweilen (O. Brachfeld 1953) auch die Unterlegenheits- und Beeinträchtigungsgefühle sozialer Aufsteiger sowie von unterdrückten, ausgebeuteten, benachteiligten, politisch schwachen Gruppen, Schichten, Klassen und Völkern bezeichnet. Ressentiments, → Vorurteile, → Ethnozentrismus usw. werden dann als Ausdruck dieses sozialen M. bzw. des Kompensationsstrebens erklärt.   R.Kl.

Minifundium, bäuerlicher Klein- und Kleinstbesitz in Lateinamerika, häufig in direkter Entsprechung zum Großgrundbesitz (→ *latifundismo*), i.d.R. mit nur eng begrenzten Zugängen zu Krediten, landwirtschaftlicher Technologie und Marktinformationen. Das M. reproduziert in den Ländern der Dritten Welt ein Reservoir bil-

ligster Arbeitskräfte für das nationale und transnationale Kapital.   H.W.

Minimaxkriterium, ein Entscheidungskriterium, unter dem die negativen Seiten einer Entscheidung minimiert werden. Das M. findet Verwendung in der statistischen Schätztheorie, der Entscheidungstheorie und insbesondere der Spieltheorie, in der auch das Gegenstück des M.s, das Maximinkriterium, eine Rolle spielt. In der Spieltheorie geht jeder Spieler davon aus, dass sein Gegner ihm den größtmöglichen Schaden zuzufügen versucht, und wählt dann eine Strategie (Minimaxstrategie), die ihm unter dieser Voraussetzung die beste Auszahlung garantiert.
N.M.

Minimaxstrategie → Minimaxkriterium

Minimax-Theorem, Theorem von J. von Neumann, das besagt, dass in allen Zwei-Personen-Nullsummen-Spielen ohne Sattelpunkt für die Spieler X und Y eine gemischte Strategie besteht, sodass der erwartete Gewinn für X mindestens u und der erwartete Verlust für Y höchstens v ist, wobei gilt: $v = u$. Spielt einer der Spieler seine optimale Strategie, während der andere Spieler von seiner optimalen Strategie abweicht, so kann der erwartete Gewinn größer als u bzw. der erwartete Verlust kleiner als v für den Spieler mit der optimalen Strategie werden.
H.W.

Ministerialprinzip, der rechtsstaatliche Grundsatz, wonach die Entscheidungen der Beamten letztlich von der Behördenspitze parlamentarisch verantwortet werden müssen.   R.L.

Minorität, auch: Minoritätsgruppe, Minderheit, Minderheitsgruppe, [1] im allgemeinen Sinne Bezeichnung für eine – im Vergleich zur Majorität – zahlenmäßig schwächere Untergruppe (z.B. bei Abstimmungen).
[2] Insbesondere Bezeichnung für Teilgruppen innerhalb einer umfassenderen Gruppe oder Gesellschaft, die sich von der Majorität – im Sinne der „herrschenden Gruppe" – durch bestimmte (z.B. rassische, sprachliche, konfessionelle) Merkmale unterscheiden, die von der herrschenden Gruppe als weniger wertvoll im Vergleich zu den entsprechenden eigenen Merkmalen angesehen werden. Aufgrund welcher konkreter Merkmale bestimmte Individuen als M. betrachtet und behandelt werden, hängt also größtenteils von den Werten und Normen ab, die von der herrschenden Gruppe mit allgemeinem Geltungsanspruch vertreten werden. M.en werden von denjenigen, für die die herrschende Majorität die Bezugs- oder Identifikationsgruppe (Eigengruppe) darstellt, als Fremdgruppen gewählt und entsprechend diskriminiert. Da in den modernen Gesellschaften die „Nation" als

(fiktive) Trägerin der gesamtgesellschaftlich-politischen Macht besonders gern als Identifikationsgruppe gewählt wird, werden nationale, ethnische und rassische M.en besonders intensiv diskriminiert. R.Kl.

Misogynie, Frauenverachtung oder -feindlichkeit; neuerdings zur Kennzeichnung von Einstellungen, die die strukturelle Benachteiligung der Frau in der Gesellschaft und im privaten Bereich widerspiegeln. Misogyne Einstellungen und Verhaltensweisen äußern sich sowohl offen restriktiv (Karrierehemmnisse, ungleiche Bezahlung, etc.) wie auch durch die in verdeckter Weise erfolgende Beschränkung der Frau auf ihre traditionelle → Geschlechtsrolle (Verzerrung des Selbstbildes der Frau aufgrund spezifischer Sozialisation, Betonung ihrer schwächeren Position durch überlieferte Höflichkeitsformen etc.). Da M. als Emanzipationsfeindlichkeit im engen Zusammenhang mit dem umfasseneren Autoritarismus (→ autoritär [1]) gesehen wird, erscheint ihre Überwindung nur im gesamtgesellschaftlichen Kontext möglich. B.R.

Misserfolgsmotivation → Erfolgsmotivation – Misserfolgsmotivation

missing data (engl.) → *missing value*

missing value (engl.), auch *missing data*, fehlender Wert, bezeichnet in der Datenanalyse eine Leerstelle in der Ursprungsdatei oder ein Datum, das vom Forscher als nicht zu berücksichtigendes definiert wurde. Ein *m.v.* ist von anderen fehlenden Angaben genauestens zu unterscheiden: So sind z.B. bei der Einkommensermittlung Angaben wie „Kein Einkommen", „Weiß nicht" oder „Keine Antwort" zu trennen. H.W.

Mitgliederpartei – Wählerpartei, Unterscheidung nach der Art der sozialen und politischen Absicherung einer Partei in der Bevölkerung: Die M. verfügt in vielen gesellschaftlichen Bereichen über Mitglieder, die W. besteht mehr oder weniger nur aus einem Apparat von Organisatoren und Abgeordneten, die von Wahl zu Wahl durch die Bevölkerung bestätigt werden. Durch ihre stärkere soziale Verankerung ist die M. nicht jede Wahl in ihrer Existenz gefährdet; sie hat den Vorteil, dass sie ihre Ziele auch außerhalb des politischen Bereichs dauernd vertreten kann. W.F.H.

Mitgliedschaftsentwürfe, neuere Bezeichnung der Sozialisationsforschung (K. Hurrelmann u. D. Ulich 1991): Diejenigen, die Kinder und Jugendliche zu „ordentlichen" Mitgliedern von sozialen Gruppen erziehen wollen (Erzieher vor allem), haben M. im Sinne von Vorstellungen und Erwartungen, was ein „ordentliches" Mitglied ausmacht. Diese M. leiten die Sozialisation der Kinder bzw. Jugendlichen an. W.F.H.

Mitgliedschaftsgruppe, Mitgliedsgruppe, *membership group,* Bezeichnung für eine Gruppe, der eine Person tatsächlich angehört und in der sie direkte Interaktionsbeziehungen zu anderen Personen unterhält, im Unterschied zu einer sog. Nichtmitgliedschaftsgruppe (*nonmembership group*), die für die Person z.B. nur als → Bezugsgruppe [1] von Bedeutung ist. R.Kl.

Mitgliedsgruppe → Mitgliedschaftsgruppe

Mitgliedsrolle, Komplex von Erwartungen und Normen, die sich auf das Mitglied einer Organisation richten. Die M. gibt die Kriterien der Zugehörigkeit zu einer Organisation an, enthält die in der Organisation an alle Mitglieder gestellten Erwartungen, definiert die Bedingungen des Zugangs zu anderen Rollen in der Organisation und unterscheidet den organisationsbezogenen („dienstlichen") vom nicht-organisationsbezogenen („privaten") Verhaltensbereich. Die Anerkennung der M. ist mehr oder minder Mitgliedschaftsbedingung. J.H.

Mitläufereffekt → *bandwagon-effect* [2]

Mitte, bürgerliche, eines der zehn Sinus-Milieus (2004), zu dem rd. 16% der Bevölkerung gehören. Hierzu zählen v.a. Angehörige der Mittelschicht im mittleren Alter. Zu den typischen Eigenschaften gehören Statusorientierung, Sicherheitsdenken und Harmoniestreben sowie beruflicher Ehrgeiz, um ein Leben im Wohlstand zu ermöglichen. D.Kl.

Mitte, gesellschaftliche, eine alte Vorstellung, derzufolge soziale Merkmale, Erscheinungen usw. auf einer gedachten Skala immer auch einen mittleren Bereich zwischen zwei Extremen aufweisen, die schließlich zu einer politischen Idealisierung des Mittleren, insbesondere von sozialen Gruppen mittlerer Lebenslage geführt hat. W.La.

Mittel, arithmetisches, häufig auch einfach Mittelwert oder umgangssprachlich Durchschnitt, Summe der betrachteten Messwerte für eine Variable dividiert durch die Anzahl der Messwerte. Das a.M dient., wie andere Maße der zentralen Tendenz, zur Beschreibung von Verteilungen. Die Wahl zwischen dem a.M. und anderen Maßen (z.B. → Median) ist u.a. von der Form der → Verteilung [2] (z.B. → Extremwerte, → Schiefe) und dem → Skalenniveau abhängig. H.W.

Mittel, geometrisches, *n*-te Wurzel aus einem Produkt von *n* Werten:

$$M_g = \sqrt[n]{a \cdot b \cdot c \ldots \cdot n} \qquad \text{H.W.}$$

Mittel, illegitime, *ilegitimate means,* Handlungsmöglichkeiten, die normativ nicht zugelassen sind, z.B. Benutzung von Rauschgift oder von Einbruchswerkzeug. Die Zugänglichkeit von i.n M.n begünstigt das Erlernen und Ausüben krimineller Rollen. Ihre Verteilung ergibt die → Gelegenheitsstruktur. C.Wo./R.L.

Mittelklassen, Mittelschichten, sind soziale Gruppen, die im Klassen- bzw. Schichtengefüge einer Gesellschaft zwischen Klassen (Schichten) extremer Standorte zu lokalisieren sind (z.B. Klein- und mittlere Eigentümer, höhere und mittlere Angestellte und Beamte, auch obere Gruppen der Arbeiterschaft). B.Ba.

Mittelschicht, in einer hierarchisch strukturierten Gesellschaft die Summe oder die Gruppierung der Inhaber mittlerer Rangplätze auf der Skala der Merkmale, die in der je spezifischen Gesellschaft als relevant für Wertschätzung oder als dominant erscheinen (z.B. Macht, Einkommen, Prestige). Eine Einteilung der M. in obere M. (*upper-middle class*), untere M. (*lower-middle class*) und (selten) mittlere M. (*middle-middle class*) findet sich in den klassifikatorischen Konstruktionen der Forscher als statistische Kategoriebildung für fast alle Untersuchungen zur Schichtung, ohne dass jedoch generell festliegt, wo die jeweiligen Grenzen zu ziehen sind. O.R.

Mittelstand, Gruppierung zwischen zwei vom M. zu unterscheidenden Bevölkerungsteilen in einer Gesellschaft, die zumeist als vertikal strukturiert angesehen wird. Eine über diese formale Umschreibung in weiteren Kreisen akzeptierte Definition von M. gibt es nicht. O.R.

Mittelstand, alter, [1] die Summe der Berufsgruppen, die bereits vor der Industrialisierung dem → dritten Stand angehörten und nicht in Ober- oder Unterschichten gelangten; z.B. Kleinunternehmer, selbstständige Handwerker, Staatsbeamte, Akademiker. Beim a.n M. spielt deutlich die Identität des Ranges des Einzelnen mit seiner Berufsgruppe eine Rolle sowie eine in der Außendarstellung unterstellte Einheitlichkeit der Lebensweise, die als unabhängig von der ökonomischen Situation des Einzelnen verstanden wird.
[2] Die Summe der selbstständig Gewerbetreibenden, die über ein „mittleres" Einkommen verfügen.
[3] Synonym für obere Mittelschicht. O.R.

Mittelstand, falscher, die Summe der Berufsgruppen, vornehmlich des tertiären Sektors (→ Wirtschaftsbereiche [2]), die ihrem Status und ihrem Einkommen nach kaum von der mittleren Arbeiterschaft zu unterscheiden sind, sich jedoch selbst den → Mittelschichten zugehörig fühlen und die Verhaltensweisen des → alten Mittelstandes kopieren. Zum f.M. zählen u.a. Verkäufer, Kellner, Chauffeure, Tankstellenwarte. O.R.

Mittelstand, neuer, [1] die Summe der Berufsgruppen, die seit der Industrialisierung entstanden oder im Unterschied zu anderen Berufsgruppen überproportional wuchsen und nicht in der Selbst- und Fremdeinschätzung Ober- oder Unterschichten zugeordnet werden, z.B. die Angestellten. Der Begriff n. M. hat seit seiner Einführung sein ideologisches Moment nicht verloren, indem mit ihm unterstellt wird, eine duale Klassenstruktur sei historisch überholt.
[2] Die Summe der Beschäftigten, die über ein „mittleres" Einkommen verfügen.
[3] Synonym für untere Mittelschicht. O.R.

Mittelstandsgesellschaft, nivellierte, Bezeichnung für den von H. Schelsky (1953, 1965) u.a. behaupteten Sachverhalt, dass in industriell-bürokratischen Gesellschaften feststellbar sei, dass die Aufstiegsprozesse der Unterschichten sich mit den Abstiegsprozessen der oberen Mittel- und Oberschicht auf der Ebene der unteren Mittelschicht kreuzen. Dies führe zu einer verhältnismäßig einheitlichen kleinbürgerlich-mittelständischen Gesellschaft. O.R.

Mittelstandsideologie, Puffertheorie, Bezeichnung für die Ideologie, die die Bedeutung des Mittelstands betont für das soziale, ökonomische und politische Gleichgewicht in einer Gesellschaft, der unterstellt wird, dass sie zu einer selbstzerstörerischen dichotomen Strukturierung neige. O.R.

Mittelwert, [1] Bezeichnung in der Statistik für solche Werte einer Verteilung von beobachteten Werten einer Variablen etwa in einer Stichprobe, die das Zentrum der Lage der Verteilung, ihren Schwerpunkt, beschreiben. Die gebräuchlichsten M.e sind das arithmetische Mittel, der Median oder Zentralwert und der Modus oder Modalwert.
[2] Abgekürzte Bezeichnung für → arithmetisches Mittel. H.W.

Mitwelt → Umwelt [2], → Vorwelt

mixed economy (engl.), „gemischtes Wirtschaftssystem", in dem neben dem privaten Kapital sich ausgedehnte Sektoren (z.B. Grundstoffe, Banken) im Staatsbesitz befinden. In bestimmten politischen Strategien wird die *m. e.* als Stadium im Übergang zur Sozialisierung bzw. Nationalisierung der Volkswirtschaften begriffen. Im weiteren Sinne werden mit *m. e.* alle Formen staatlicher Kontrolle der Produktion und staatlich induzierter Produktion im Rahmen des kapitalistischen Wirtschaftssystems (→ Keynesianismus) bezeichnet. H.W.

mixed scanning (engl.), eine Strategie der Entscheidung (A. Etzioni 1967), die zweistufig verfährt: Zunächst werden grundlegende Gesichtspunkte möglichst rational entschieden, innerhalb derer danach kleinere Entscheidungsschritte (zögernd und situativ bestimmt im Sinne des → Inkrementalismus) folgen. W.F.H.

MMPI, *Minnesota Multiphasic Personality Inventory,* Instrument der Persönlichkeitsdiagnostik mit 566 *items.* Das *MMPI* umfasst 10 Skalen, die an der Psychopathologie von E. Kraepelin orientiert sind (Hypochondrie, Depression, Hysterie, Paranoia u.a.), und 4 Validitätsskalen. Dem *MMPI* liegt ein unklarer psychiatrischer Krankheitsbegriff zu Grunde. H.W.

Mneme-Theorie, Bezeichnung von R. Semon und T. Geiger für die Theorie, die zu erklären versucht, warum eine handelnde Person gleichartige Situationen jeweils mit einem bestimmten Verhalten zu beantworten pflegt: das Gedächtnis löst bestimmte Vorstellungen aus, und es bildet sich eine akzeptierte Gewohnheit heran. H.Tr./R.L.

Mob, in der Massenpsychologie Begriff für soziale Gruppierungen mit sehr geringem, ja extrem rückgebildetem Organisationsgrad. M. sei demnach eine triebenthemmte, zu aggressiven, zerstörerischen Reaktionen ausbrechende Menschenmenge, die besonders in Ausnahmefällen, im Zuge sozialer und politischer Krisen, auf den Plan tritt („Mobverhalten") und sich aus den untersten Schichten der Gesellschaft rekrutiere. Synonym: Pöbel W.Lp.

Mobilisierung, intellektuelle, in den Studien von R. Bendix zur Entstehung der modernen Nationalstaaten und der Volksherrschaft (1978) Bezeichnung für das rapide Anwachsen der Lesekundigen und einer Bildungselite vom 16. Jahrhundert an (als selbständige Ursache des sozialen Wandels). W.F.H.

Mobilisierung, politische, [1] allgemein die geplante und ungeplante Einbeziehung von Einzelnen und Gruppen in politische Bewegungen und in politische Handlungszusammenhänge überhaupt.
[2] Im Unterschied von anderen Formen der Mobilisierung bezeichnet p. M. die Ingangsetzung sozialen Wandels in den industriell nicht entwickelten Ländern durch politische Bewegungen und Parteien (und nicht durch Familiensysteme, wirtschaftliche Anreize usw.). W.F.H.

Mobilität, geografische → Migration

Mobilität, horizontale, ein spezieller Mobilitätsaspekt, ein individueller, familialer oder kollektiver Wechsel in der sozialen oder räumlich-geografischen Lage, der keine Änderung im Status einschließt. S.S.

Mobilität, individuelle → Mobilität, kollektive [1]

Mobilität, intergenerationale → Inter-Generationen-Mobilität

Mobilität, intragenerationale → Intra-Generationen-Mobilität

Mobilität, kollektive, ein spezieller Mobilitätsaspekt, [1] nach T. Geiger (1951, 1955) der Statuswechsel einer „ganzen Kategorie von Personen". Beispielsweise der kollektive Aufstieg der Volksschullehrer vom mittleren Beamten zum Akademiker durch eine Hochschulausbildung. Geiger unterscheidet k. M. und individuelle Mobilität (kollektiver/individueller Statuswechsel bzw. Übergang), die sich insoweit gegenseitig bedingen, als der k.n M. individuelle Übergänge folgen können und umgekehrt.
[2] Nach K.M. Bolte (1959) die Veränderung (Vergrößerung oder Verringerung) der sozialen Distanz gegenüber anderen Statusgruppen bei gleichzeitiger Beibehaltung des eigenen Status. So ist z.B. die Berufsposition „Landarzt" zwar in der sozialen Rangfolge von 1920 bis 1950 unverändert hoch geblieben, ihre Distanzverringerung gegenüber anderen Statusgruppen wird von den Landärzten jedoch als sozialer Abstieg gewertet. S.S.

Mobilität, konnubiale, spezieller Mobilitätseffekt, der sich auf das Verhältnis von Heiratsverhalten und Herkunftsmilieu der Ehepartner bezieht und die soziale Durchlässigkeit klassen- bzw. schichtenspezifischer Heiratskreise bezeichnet. K.K.

Mobilität, kulturelle, *cultural mobility.* P.A. Sorokin (1959) unterscheidet zwischen *„social mobility"* und *„cultural mobility"*, wobei er unter letzterer die Bewegung von Kulturelementen (Ideen, Gegenständen, Wörtern) versteht. Der Begriff „Mobilität" ist hier irreführend, da es sich eigentlich um einen Aspekt des → sozialen Wandels handelt. S.S.

Mobilität, migratorische → Migration

Mobilität, räumliche → Migration

Mobilität, regionale → Migration

Mobilität, scheinbare → Mobilität, unechte

Mobilität, soziale, [1] Bewegungen von Personen oder Personengruppen aus einer sozialen Position in eine andere, die sich innerhalb einer sozial relevanten Schichtungsdimension (beispielsweise Macht, Beruf, Wohngegend) oder zwischen solchen vollziehen. Spezielle M.svorgänge werden überwiegend unter dem Aspekt individueller oder kollektiver, vertikaler oder horizontaler, inter- oder intragenerativer Bewegungen erfasst.
[2] Individuelle oder kollektive Veränderungen in der sozialen Lage.
[3] Nach T. Geiger (1954) die Bewegungen von Individuen zwischen sich infolge der Ab- und Zuwanderungsbewegungen verändernden Schichten in einer sich (dadurch) wandelnden Gesellschaftsstruktur.
[4] Bewegungen von Individuen in oder zwischen gesellschaftlichen Klassen. S.S.

M

Mobilität, unechte, scheinbare Mobilität, die nach M. Tumin (1968) innerhalb eines Sozialsystems durch spezielle Strategien und Techniken zu manipulierten Rangunterschieden führt, denen *de facto* also keine signifikante Veränderung in der Position oder Soziallage – beispielsweise im Prestige, Einkommen, Macht – entspricht. Als Beispiel für u. M. können neue Berufsbezeichnungen gelten, mit denen keine Statusveränderung verbunden ist. Die Ursachen der u.n M. sind zahlreich. Ist beispielsweise Aufstiegsorientierung ein im Sozialsystem anerkannter Wert, stehen dem sozialen Aufstieg aber objektive Hindernisse im Wege (z.B. begrenzte Zahl zu besetzender Positionen), werden die zur u.n M. führenden Techniken eingesetzt, um individuelle bzw. strukturelle Frustrationslagen und deren unerwünschte Wirkungen zu verhindern. S.S.

Mobilität, vertikale, ein spezieller Mobilitätsaspekt, bezeichnet die Bewegung von Individuen (intragenerativ, Karrieren), Familien (intergenerativ) oder Kollektiven (z.B. Berufsgruppen) zwischen Positionen oder Schichten, die subjektiv oder objektiv unterschiedlich bewertet werden, sodass die Veränderung als sozialer Auf- oder Abstieg erfasst werden kann. S.S.

Mobilitätsbestreben, subjektives, die neben objektiven Faktoren (wie z.B. Bildungschancen) bestehende individuelle Bereitschaft zur Mobilität, der „subjektive Faktor des persönlichen Willens" (R. Mayntz 1958). Obwohl s.M. nicht unabhängig von der → Soziallage des Einzelnen gedacht werden kann, bestimmt das s.M., ob unter den objektiven Bedingungen vorhandene Mobilitätschancen genutzt werden. S.S.

Mobilitätschance, die aufgrund objektiver und/ oder subjektiver Faktoren für eine Person oder Personengruppe gegebene Möglichkeit zum Positionswechsel. Subjektiv wird die M. beispielsweise durch Alter, Sozialisation, die Attitüden und Motive, die konstitutionelle Vitalität, die soziale Herkunft bestimmt; objektiv durch die ökonomischen und demografischen Strukturen einer Gesellschaft, ihre Macht- und Herrschaftsverhältnisse, durch die gleichzeitig die Zahl der zur Verfügung stehenden Positionen und die Art der Austauschprozesse festgelegt werden. S.S.

Mobilitätsgrad, allgemeiner, unexakter Begriff zur Kennzeichnung der Größe eines Mobilitätsanteils oder des Gesamtumfanges von Mobilität. Unspezifiziert umfasst der M. eine Reihe nicht ohne weiteres miteinander vergleichbarer spezieller Mobilitätsvorgänge. Als einfachstes, deskriptives Maß zur Feststellung des M.es dient die Errechnung von → Mobilitätsquoten. S.S.

Mobilitätsindex, mathematisches Verfahren zur Messung sozialer Mobilität, das allgemein auf einem Vergleich zwischen beobachteter (tatsächlicher) und erwarteter (wahrscheinlicher) Mobilität beruht, d.h. auf der Hypothese statistischer Unabhängigkeit. Am häufigsten werden der Stabilitäts- oder → Assoziationsindex, → Benini-Index und der M. oder Dissoziationsindex berechnet. S.S.

Mobilitätskanal, allgemeine Bezeichnung für die strukturell vorgegebenen und selektiv wirkenden zentralen Medien und Wege, über die Positionsveränderungen in einer Gesellschaft vorrangig ermöglicht werden. So beispielsweise in vielen Gesellschaften über die Familie (schichtenspezifische Sozialisation), die Schulbildung, den Beruf, den Besitz. In der Literatur wird der Begriff überwiegend im Zusammenhang mit Auf- und Abstiegsbewegungen genannt. S.S.

Mobilitätsquote, auch Mobilitätsrate, Verhältniszahl zwischen dem Anteilswert der Bewegung einer Person oder Personengruppe auf eine Bezugsgröße, ausdrückt; beispielsweise in der → Inter-Generationen-Mobilität der Anteil von Personen (in v.H.), die im Zeitablauf die väterliche → Berufsgruppe verlassen haben und jetzt anderen Berufsgruppen zuzurechnen sind. Die M. ist das einfachste Maß zur Feststellung des → → Mobilitätsgrades, beinhaltet jedoch in der Festlegung von Bewegungseinheiten und Zeitdistanzen mögliche Fehlerquellen insofern, als beispielsweise im Vergleich der erreichten Berufspositionen von Vater und Sohn das unterschiedliche Lebensalter zum Erhebungszeitpunkt als Bezugsgröße oder gesellschaftliche Strukturveränderungen (quantitative Veränderung der Berufspositionen, Verlängerung der Ausbildungszeit etc.) unberücksichtigt bleiben. Für spezielle Mobilitätsaspekte ist es aus Vergleichsgründen sinnvoll, M.n zu errechnen. Da ihre Größe von der Zahl der Gruppierungsmerkmale abhängt, stellen sie jedoch kein absolutes Maß dar. Versuche, M.n für Gesellschaften zu errechnen und zu vergleichen (→ L-B-Z-These), stoßen auf erhebliche methodische Probleme, da den komplexen Mobilitätsprozessen eine Vielzahl von Faktoren zugrunde liegt, mit denen Gewichtungsprobleme verbunden sind. S.S.

Mobilitätsrate → Mobilitätsquote

Mobilitätsstreben, subjektives → Mobilitätsbestreben, subjektives

mobility score, generational occupational (engl.) → GOMS

mobility, ideational (engl.), ältere Bezeichnung (E.W. Burgess/H.J. Locke 1945/1950) für den Grad, zu dem ein Einzelner bzw. eine Familie in Kontakt steht mit gegenwärtig wichtigen Gedanken und Wertvorstellungen (konzipiert als eine Form von Mobilität neben anderen). W.F.H.

Modalität, Art und Weise des Seins oder Geschehens; nach T. Geiger (1962) die allen Äußerungen und Erscheinungen menschlichen Daseins gemeinsamen geselligen Erscheinungen. Nur die M. sei das Objekt der Erfahrungswissenschaft Soziologie.   O.R.

Modalpersönlichkeit, auch modale Persönlichkeit, Bezeichnung für die Summe der am häufigsten in einer bestimmten Kultur oder Gesellschaft vorkommenden → Persönlichkeitseigenschaften (→ Modus) bzw. für den aufgrund dieser Merkmale hypothetisch konstruierten → Persönlichkeitstyps. Häufig auch ungenaue Bezeichnung für den am häufigsten in einer Population vorkommenden Persönlichkeitstypus. Der Begriff stellt den Versuch dar, das Konzept der → Grundpersönlichkeit zu präzisieren.   W.Sl.

mode (engl.) → Modus

mode 2 (engl.), Modus 2, Bezeichnung für eine neue Form der wissenschaftlichen Wissensproduktion (Gibbons et al. 1994). Danach hat traditionelle akademische Forschung an Universitäten (mode 1) ihr Monopol der Wissensproduktion verloren. Forschung wird zunehmend in außeruniversitären Forschungseinrichtungen betrieben, ist stärker nutzenorientiert und auf Anwendung bezogen. Orientierungsrahmen der Wissensproduktion sind nicht mehr die Disziplinen. An ihre Stelle tritt als neues Charakteristikum eine sog. Transdisziplinarität: Problemlösungen werden im Feld der Anwendung entwickelt, Forschungsergebnisse an die am Prozess Beteiligten zurück gemeldet. Das so erzeugte Wissen hat eigene theoretische Grundlagen und wird mit spezifischen Forschungsmethoden hervorgebracht. Forschung müsse sich außerdem nicht mehr nur gegenüber wissenschaftlichen Qualitätsstandards legitimieren, sondern auch stärker soziale Werte und politische Zielsetzungen einbeziehen. Einige Vertreter des Konzepts behaupten zudem eine epistemologische Veränderung von Wissenschaft.

Die Einwände betreffen den Referenzrahmen der Konzeption auf: eine Abwendung von akademischen, durch „peer review" gesicherten Forschungsstandards sei empirisch nicht belegbar, die These von der „Transdisziplinarität" (im Unterschied zu Interdisziplinarität) bleibe unscharf und bezeichne keine historisch neue Entwicklung. Insgesamt gälten die als m. 2 bezeichneten Veränderungen nur für einen kleinen Teil des Wissenschaftssystems.   M.Sch.

model, human-relations (engl.) → Modell, bürokratisches

model, professional (engl.) → Modell, bürokratisches

Modell, [1] als wissenschaftliches Erkenntnismittel symbolische, grafische Darstellung der Struktur, der Verhaltensweisen von Sachverhalten, Systemen unter bestimmten Gesichtspunkten und Annahmen. Die Konstruktion eines M. erfolgt unter vereinfachenden Annahmen. Das M. abstrahiert vom Einzelfall, es soll i.d.R. die Gemeinsamkeiten in den Beziehungsstrukturen und Prozessen einer größeren Klasse von Sachverhalten wiedergeben. Die Ergebnisse, die durch verschiedene Operationen im Modell – je nach Art des Modells etwa Simulation, Benutzung mathematischer Kalküle – gewonnen werden, werden durch Analogieschluss auf den im M. abgebildeten Bereich der Realität übertragen. Sie besitzen einen hypothetischen, häufig auch rein heuristischen Charakter. Gegen eine Reihe von M., deren Annahmen u.a. nicht in Bezug auf einen empirischen Sachverhalt, sondern auf bestimmte M.eigenschaften (Darstellbarkeit, Geschlossenheit, Eleganz) gewählt werden, ist der Vorwurf des → M.-Platonismus erhoben worden.   H.W.

[2] Beim → imitativen Lernen ist ein M. das Vorbild, das nachgeahmt wird.   R.Kl.

Modell, bürokratisches – human-relations model (engl.) – **professional model** (engl.), [1] Unterscheidung der Organisationssoziologie für Organisationsmodelle (E. Litwak): Ein b. M. mit festen Handlungsregelungen ist am erfolgreichsten bei stabilen Zielen und relativ gleich bleibenden Umweltbedingungen. Das h.-r. m. kann seine Zielstruktur und Geregeltheit relativ offen lassen, weil Ziele und Regeln von seinen Mitgliedern stark geteilt werden. Das p. m. vereint die Vorzüge der beiden andern Modelle.

[2] B. M. wird oft auch bedeutungsgleich mit → Bürokratie [1] verwendet.   W.F.H.

Modell, dezisionistisches – technokratisches – pragmatisches, drei unterschiedliche modellhafte Vorstellungen über das tatsächliche oder auch angestrebte Verhältnis von Wissenschaft und Politik.

[1] Dem d.n M. zufolge ist die Rolle des Fachmannes vor der des Politikers scharf getrennt. Dessen dezidierten, rational nicht begründbaren Entscheidungen über zentrale Ziele stellt der Fachmann lediglich Informationen und Technologien für eine rationale Mittelwahl zur wirksamen Durchsetzung dieser Ziele zur Verfügung.

[2] Dem t.n M. zufolge engen die konvergierenden Ergebnisse wissenschaftlicher Forschung und technischer Entwicklung den Entscheidungsspielraum des Politikers ständig mehr ein. Die vom Menschen selbst hervorgebrachten Sachgesetzlichkeiten der technischen Welt treten dem Politiker als Probleme und Forderungen entgegen, deren Lösung und Erfüllung nicht anders als selbst wieder technischer Art sein kann.

M

[3] Diesen beiden verkürzten und zugleich ideologischen Interpretationen setzt das p.e M. eine genauere Auffassung vom Verhältnis von Wissenschaft und Politik gegenüber, derzufolge ein wechselseitiger Zusammenhang zwischen Werten, die aus Interessenlagen hervorgehen, einerseits und Techniken, die zur Befriedigung wertorientierter Bedürfnisse verwandt werden, andererseits besteht. Weder beherrscht der Fachmann den Politiker, noch ist Politik zwangsläufig irrational. W.La.

Modell, log-lineares, Modell zur Analyse mehrdimensionaler Kontingenztabellen, das versucht, nicht nur je zwei Variable, sondern auch deren Interaktionseffekte zu analysieren. Das Konzept der erwarteten Häufigkeiten wird so erweitert, dass nicht nur einzelne Variable (Haupteffekte) in die Erwartung einbezogen werden, sondern auch alle ihre Wechselwirkungen (Interaktionseffekte). Die Logarithmen der Erwartungswerte werden als Funktion dieser Haupt- und Interaktionseffekte dargestellt. Ausgehend von saturierten Modellen, in denen die beobachteten Häufigkeiten vollständig erklärbar sind, wird nach Lösungen gesucht, die auf Basis der wichtigsten Interaktionseffekte eine möglichst gute Annäherung liefern. Logit-Modelle stellen einen Sonderfall log-linearer Modelle für dichotomisierte Daten dar. Ch.W.

Modell, pragmatisches → Modell, dezisionistisches

Modell, technokratisches → Modell, dezisionistisches

Modell-Platonismus, von H. Albert eingeführter Begriff, der gegen den neoklassischen Denkstil in der Ökonomie gerichtet ist, dem Albert Bevorzugung der Modellbildung, des Gedankenexperiments gegenüber der Empirie vorwirft. Durch die → *ceteris-paribus*-Klausel und andere Manipulationen des Geltungsbereichs der Modelle wird eine Anwendung auf konkrete Fälle und damit eine empirische Falsifikation erschwert, sodass letzten Endes nur Aussagen über das jeweilige Modell, nicht über die Realität vorliegen – ähnlich wie bei einem Begriffsrealismus platonischer Prägung. Die Gefahr des M.-P. besteht auch in anderen Sozialwissenschaften, wenn durch entsprechende Prämissen oder einschränkende Annahmen die empirische Überprüfung von Aussagen unmöglich gemacht wird. H.D.R.

Moderatorvariable, Variable in multivariaten Modellen, die nicht direkt auf andere Variablen wirkt, sondern die Form des Zusammenhangs zwischen anderen Variablen beeinflusst. So kann sich etwa die Wirkung einer Droge auf das Sozialverhalten in Abhängigkeit vom Alter der betreffenden Person verändern. „Alter" ist hier eine M. H.W.

Moderne Performer → Performer, moderne

Moderne, [1] ein schillernder Begriff, der allgemein auf eine Phase der „neuen Zeit", auf das bislang letzte Stadium der Geschichte hinweist. Meist geht es um die Epoche seit der Industrialisierung. M. war seit dem späten 18. Jahrhundert ein Thema der Philosophie, insb. bei G.W.F. Hegel. Die Soziologie, selbst ein Kind der M., konnte ihre M. anfangs in der jeweiligen Gegenwartsgesellschaft finden. Doch nach einem Jahrhundert soziologischen Denkens wurde auch hier die M. historisiert. So werden heute Phasen und Epochen der M. unterschieden, und es wird z.B. eine Zweite Moderne (U. Beck) propagiert. Soziologisch ist die M. vielfach analysiert worden. Bei Max Weber entspricht sie dem okzidentalen Rationalismus; im Protestantismus findet Weber eine der geistigen Wurzeln für den Schub zur M. Im durch die Geldflüsse beschleunigten Tempo des Lebens erblickte G. Simmel einen Pfad zur M. Bei T. Parsons ist die funktionale Ausdifferenzierung von gesellschaftlichen Teilsystemen (Wirtschaft, Politik, Religion etc.) maßgebend. Soweit keinem dieser Bereiche noch ein Primat zukommt, entstehen gleichrangige Rationalitäten, deren Vermittlung nicht länger unter Rekurs auf letzte Instanzen (→ Metaphysik), sondern allenfalls durch gesellschaftliche Aushandlungsprozesse möglich ist (J. Habermas). Seit den 1950er Jahren wird M. als Prozess diskutiert (→ Modernisierung). Insoweit M. in einem positiv-normativen Sinne verwendet wird („Fortschritt") bzw. schlicht mit Verwestlichung gleichgesetzt wird, entstehen auch modernitätskritische Positionen. Dass die M. keineswegs mit sozialen Verbesserungen oder gar Humanisierung gleichgesetzt werden kann, wird an ihren barbarischen Auswüchsen gezeigt (M. Horkheimer/T.W. Adorno; Z. Bauman). Zur Prominenz des Begriffs M. gehört auch, dass immer wieder einmal deren Ende ausgerufen und ein Nachfolgezustand oder gar das Ende der Geschichte proklamiert wird. Voraussichtlich aber bleibt das Thema auf der soziologischen Agenda, zumal bei zunehmender Auseinandersetzung mit nichtwestlichen Kulturkonzepten. R.L.

[2] Kulturphilosophisch meint der Diskurs der M. das Selbstreflexionsunternehmen der modernen Gesellschaft, innerhalb dessen die unter [1] beschriebenen Merkmale in ihren Konsequenzen durchdacht werden. Dieser Diskurs weiß um den provisorischen Charakter gesellschaftlicher Ordnungsmuster. In seiner emanzipatorischen Spielart begründet er die Bedingungen seiner Möglichkeit durch soziale Lernprozesse („Pro-

jekt der Moderne"). Die kulturpessimistische Variante setzt nicht länger auf die Lösungspotentiale wissenschaftlicher Reflexion und insistiert statt dessen auf die prinzipiellen Aporien der durch die funktionale Differenzierung verursachten Wertekollisionen. Jenseits dieser Alternative behauptet sich eine dritte Position, die das Pathos des Fortschrittsglaubens aufgibt, die Zukunftsorientierung jedoch beibehält.

[3] Im Bereich der Architektur, Literatur, Kunst und Musik verwendete Bezeichnung zur Charakterisierung eines avantgardistischen Stils in Abgrenzung zur konventionellen und als überholt betrachteten Ästhetik.   V.K.

Moderne, Zweite, Begriff von U. Beck, womit eine Reihe von grundlegenden sozialen Wandlungsprozessen westlicher Gesellschaften im Unterschied zur Ersten → Moderne [2] bezeichnet werden. Die fundamentalen Entwicklungen der → Globalisierung, Enttraditionalisierung, → Individualisierung und der damit verbundenen neuen Unsicherheiten und Risiken läuten hiernach ein neues Zeitalter ein. Das Konzept der Z.M. versteht sich als Gegensatz zu Theorien der → Postmoderne, denen vorgeworfen wird, allein die Auflösung der Moderne zu beschreiben, ohne konkrete Vorstellungen davon zu entwickeln, was an ihre Stelle tritt.   D.Kl.

Modernisierung, Bezeichnung für den Entwicklungsprozess in Richtung auf Modernität. Die M. gilt als spezifische Form des zielgerichteten Wandels in der Gegenwart und wird im internationalen Vergleich an der Zunahme des Bruttosozialprodukts und an Veränderungen der sozialen Institutionen des Organisationssystems und an Phänomenen wie Bürokratisierung, Urbanisierung, Demokratisierung und sozialer Mobilität gemessen.   O.R.

Modernisierung, nachholende, beschreibt bei W. Zapf die Transformation der ehemaligen staatssozialistischen Länder als speziellen Modernisierungsprozess. Im Gegensatz zum offenen Modernisierungsprozess evolutionärer Innovation ist bei der nachholenden Modernisierung das Entwicklungsziel: demokratischer Wohlfahrtsstaat, bekannt. Das Konzept der nachholenden Modernisierung geht von einem Modernisierungsrückstand der ehemaligen staatssozialistischen Länder aus, der durch Nachhol- bzw. Aufholprozesse verringert werden und so eine Angleichung der Lebensverhältnisse bewirken soll.   E.B.

Modernisierung, reflexive, bezeichnet bei U. Beck u.a. (1996) soziale Transformationsprozesse, in denen der Wandel zur → Zweiten Moderne verarbeitet wird. Die r.M. stellt gesellschaftliche Institutionen, Wissenschaften und Individuen vor die Herausforderung, die überkommen

Selbstverständlichkeiten der Ersten Moderne in Frage zu stellen (zu reflektieren) und neue Konzepte zu entwickeln. Dieser Anspruch richtet sich auch an die Soziologie, die aufhören soll, mit veralteten Kategorien und Prämissen zu arbeiten und damit gegenwärtige Umbrüche zu verkennen: „Die Soziologie der Zweiten Moderne muss erst noch erfunden werden." (Beck)
     D.Kl.

Modernität, Kategorie zur Bezeichnung bestimmter charakteristischer Merkmale neuzeitlicher Gesellschaftsentwicklung. Im Unterschied zum Epochenbegriff „Moderne" (→ Moderne [1]), zum Systembegriff „moderne Gesellschaft" sowie zur Norm eines allumfassenden Modernisierungsbegriffes (→ Modernisierung) benennt M. in formaler Hinsicht die Neuheit von kulturellen Tendenzen, Handlungsschemata und gesellschaftlichen Strukturen in Abgrenzung zum Tradierten als Überkommenen. Dementsprechend zeichnet sich M. inhaltlich dadurch aus, dass sie sich systematisch jeder endgültigen Fixierung entzieht (programmatische Offenheit). Eine nähere Bestimmung erfährt der Begriff durch einschneidende Entwicklungen wie → Säkularisierung, → Industrialisierung und → Demokratisierung, deren jeweilige Gewichtung und Irreversibilität allerdings kontrovers diskutiert werden.   V.K./J.Mi.

Modul, *key,* Begriff in E. Goffmans Rahmenanalyse (1974), der „das System von Konventionen" meint, „wodurch eine bestimmte Tätigkeit, die bereits im Rahmen eines primären Rahmens sinnvoll ist, in etwas transformiert wird, das dieser Tätigkeit nachgebildet ist, von den Beteiligten aber als etwas ganz anderes gesehen wird". Im Einzelnen nennt Goffman folgende Arten von M.n: So tun als ob (das Spiel, Tagträume, Darstellungen aufgrund von Drehbüchern z.B.), Wettkämpfe und Kampfspiele, Zeremonien (insoweit als Hochzeiten, Bestattungen usw. auch „aufgeführt werden"), Sonderausführung (Theaterproben, Simulation in der Berufsausbildung, überhaupt Übungen, Demonstrationen bzw. Vorführungen verschiedener Art, Dokumentationen eines Vorgangs z.B. durch Ton- und Bildaufnahmen, Rollenspiele), in anderen Zusammenhang stellen (z.B. Tätigkeiten für einen Wohltätigkeitszweck übernehmen, Gartenarbeit auf ärztlichen Rat). Zusammen mit anderen Überlegungen kann dieser Ansatz als Versuch gelten, die ineinandergeschachtelten Ebenen der Wirklichkeit des Sozialen zu untersuchen.
     W.F.H.

Modulation, bei E. Goffman (1974) Bezeichnung für den Vorgang, durch den eine „eigentliche" Handlung transformiert wird zu einer, die als etwas ganz anderes gilt (→ Modul). W.F.H.

modus ponens (lat.) → Deduktion

modus tollens (lat.) → Deduktion

Modus, modaler Wert, *mode*, Bezeichnung für den am häufigsten in einer Stichprobe vorkommenden Wert einer Variablen. Der M. ist der Wert, der dem Gipfel einer Verteilung zugeordnet ist. Verteilungen mit einem, zwei oder mehreren Gipfeln werden unimodal, bimodal bzw. multimodal genannt.   H.W.

moiety organization (engl.), auch: *dual organization*, dualistische Organisation, Dualsystem, Dualismus; in Ethnologie und Kulturanthropologie üblicher Terminus zur Bezeichnung jener Sozialstruktur in sog. primitiven Gesellschaften, deren Charakteristikum die Teilung der sozialen Gruppe (Stamm, Dorf, Clan) in zwei einander entgegengesetzte, zugleich aufeinander angewiesene und sich ergänzende Hälften (*moieties*) ist, die der Heiratsregelung und/ oder der Regelung kultischer, politischer, wirtschaftlicher oder sportlicher Tätigkeiten dienen.   G.B.

molar – molekular, Unterscheidung zwischen Betrachtungsweisen eines Gegenstandsbereiches, die sich mehr auf größere Einheiten, Aggregate, Gebilde beziehen (molar) oder die stärker die Beziehungen zwischen kleinsten Einheiten, in die sich der Bereich zerlegen lässt, analysieren (molekular).   H.W.

molekular → molar – molekular

Moment, bezeichnet in der Statistik die Summe der Abweichungen der Messwerte vom → Mittelwert oder einer anderen Bezugsgröße, dividiert durch die Anzahl der Messwerte. Je nachdem, ob die Abweichungen quadriert, kubiert oder zu einer höheren Potenz erhoben werden, spricht man vom zweiten, dritten oder *n*-ten M. Das zweite M. wird auch → Varianz genannt.   H.W.

Momentum, demografisches, bezeichnet in einer technologischen Metapher die Trägheitsmomente, die sich bei demografischen Veränderungen einstellen. Rückläufige oder steigende Geburtenziffern führen erst mit einem erheblichen zeitlichen Verzug zu Veränderungen der Bevölkerungszahl und der Bevölkerungsstruktur.   C.W.

Monetarisierung bezeichnet eine Entwicklung, die eine soziale Beziehung zunehmend durch Geldzahlungen regelt.   R.L.

Monetarismus, [1] auch: Neoquantitätstheorie oder Chicago-Schule, Bezeichnung für eine Richtung der politischen Ökonomie, die die Entwicklung der Geldmenge langfristig als (allein) entscheidend für die Gleichgewichtserhaltung in der wirtschaftlichen Entwicklung ansieht. Die Wachstumsrate der Geldmenge, die möglichst konstant gehalten werden soll, ist dabei bestimmt für Änderungen der Einkom-

mensentwicklung, besonders der Realeinkommen. Der M. unterstellt einen gut funktionierenden Kapitalmarkt, der auftretende Störungen am besten autonom ausgleichen kann. Eine Stabilitätspolitik durch den Staat lehnen die meisten Vertreter ab, weil sie langfristig eher destabilisierend wirke. Von einer „natürlichen Arbeitslosenrate" (M. Friedman 1968) müsse ausgegangen werden. Der Begriff wurde von K. Brunner (1968) geprägt, wird aber gemeinhin mit M. Friedman verbunden. M. wird oft im Gegensatz zu → Keynesianismus oder → Fiskalismus diskutiert; die beteiligten Theoretiker verweisen hingegen auf ihre analytischen Gemeinsamkeiten, die dennoch zu verschiedenen praktisch-politischen Einschätzungen führen.   G.F. [2] Bezeichnung für die Doktrin des → Merkantilismus, dass die Vermehrung des nationalen Reichtums in der Anhäufung von Gold (als Weltgeld) besteht.   H.W.

Monismus, Bezeichnung für diejenigen religiösen oder philosophisch-weltanschaulichen Lehren, welche die Totalität der Wirklichkeit ontologisch oder erkenntnistheoretisch aus einer einzigen Substanz, Kraft oder Prinzip erklären.   V.Kr.

Monismus, theoretischer → Theorienmonismus – Theorienpluralismus [2]

Monofunktionalität, der Sachverhalt, dass ein soziales Element nur eine einzige Wirkung auf das Systemziel ausüben kann.   B.W.R.

Monogamie – Polygamie, Einehe – Mehrehe, Formen des geschlechtlichen Zusammenlebens. M. lässt für beide Partner nur einen Geschlechtspartner zu und tabuisiert den Verkehr mit anderen Partnern. Die P. ist eine Form des geschlechtlichen Zusammenlebens, bei der ein Mann mit mehreren Ehefrauen (Polygynie) oder eine Frau mit mehreren Ehemännern (Polyandrie) zusammenleben darf.   R.Kl.

Monogamie, serielle, bezeichnet die Abfolge von Partnerschaften, die ein Akteur nacheinander eingeht und jeweils ausschließlich mit dem anderen Teil lebt. Da M. ursprünglich auf die lebenslang bestehende Ehe verwies, die s.M. aber eine Mehrzahl zeitlich befristeter (oft nichtehelicher) Beziehungen meint, besitzt der Begriff einen ironischen Unterton. Indessen trifft er in der Gegenwart und bei den jüngeren Generationen auf einen großen Teil gelebter Zweierbeziehungen zu.   R.L.

monokausal, Bezeichnung für Hypothesen oder Theorien, die ein Ereignis vollständig durch eine einzige Ursache erklären wollen. Solche Versuche können i.d.R. als unrealistisch angesehen werden.   H.W.

Monokratie, Einherrschaft, allgemeine Bezeichnung für die Herrschaft eines Einzelnen.
W.F.H.

Monolatrie, im Unterschied zu Monotheismus als Glauben an die Existenz eines einzigen Gottes Glaube an einen bzw. Anbetung eines Gottes, ohne dass die Existenz anderer Götter (mit gewissermaßen anderen Zuständigkeiten) verneint wird. W.F.H.

Monopol, konkurrenzlose Vorherrschaft eines Produzenten oder Anbieters auf einem Markt, sei es aufgrund sachlicher oder institutioneller Voraussetzungen (→ natürliches M.) oder durch Ausschaltung der Konkurrenz in Folge wirtschaftlicher Konzentration und Zentralisation.
H.W.

Monopol, bilaterales, Marktform, in der sowohl auf der Seite der Anbieter als auch auf der Seite der Nachfrager ein Monopol besteht. Das b.M. kann als Zwei-Personen-Nicht-Nullsummen-Spiel (→ Zwei-Personenspiel) aufgefasst werden. Es dient in mathematisch-modellmäßigen, wie in experimentellen Untersuchungen zur Erforschung von Verhandlungsstrategien. H.W.

Monopol, natürliches, Beschränkung des Angebots eines Produkts auf einen einzigen Anbieter aufgrund von natürlichen oder technischen Gegebenheiten (z.B. das Leitungsnetz in der städtischen Trinkwasserversorgung), die eine Bereitstellung durch mehrere Anbieter unwirtschaftlich erscheinen lassen. H.W.

Monopolbourgeoisie. Als M. bezeichnet die marxistische Theorie denjenigen Teil der Bourgeoisie, der sich – im imperialistischen Stadium des Kapitalismus – auf Kosten anderer Kapitalfraktionen einen überproportionalen Anteil am Mehrwert sichert. Basis dieses Umverteilungsprozesses ist das ökonomische Monopol, aus dem der Monopolprofit entspringt. Als Resultat dieser Prozesse konzentriert sich das Eigentum an den Produktionsmitteln zunehmend in den Händen der M. Auf der politischen Ebene erscheint die M. nach dieser Auffassung als besonders aggressive und reaktionäre Fraktion der Bourgeoisie, die aufgrund ihrer gewaltigen ökonomischen Macht den Staat beherrscht und ihren Interessen unterwirft; sie liquidiert dabei zunehmend die formalen Errungenschaften der bürgerlichen Demokratie und fördert allgemein reaktionäre, vor allem auch militaristische Tendenzen. R.Ka.

Monopolkapitalismus, Begriff der marxistischen Theorie für die jüngste Entwicklungsform des Kapitalismus, die durch Konzentration der Kapitale in den Händen relativ weniger Monopole und die Einbeziehung staatlicher Wirtschafts- und Finanzpolitik in die Erhaltung und Erweiterung der Profitchancen dieser Monopole ge-

kennzeichnet ist. → Kapitalismus, staatsmonopolistischer; → Imperialismus [2] W.F.H.

Monopolmechanismus, von N. Elias bei seiner Untersuchung der Entstehung des modernen Staates (Steuer-, Gewalt- und Herrschaftsmonopol) verwendeter Begriff: Seit dem Mittelalter wirkende Konkurrenzen und Kämpfe zwischen kleineren und größeren Territorialherren haben dazu geführt, dass einige von diesen immer mächtiger wurden, viele andere aus der Konkurrenz ausscheiden mussten und abhängig wurden. Je weniger Konkurrenten allerdings übrig bleiben, umso mehr werden sie umgekehrt abhängig z.B. von der Loyalität der Abhängigen. Damit tendiert das von einem Fürsten erkämpfte Privatmonopol der Macht zu einem allgemeinen zu werden (dem des Staates). Damit bewirkt der M. den „Aufbau, bei dem die Monopole zum Nutzen und im Sinne des ganzen Menschenverbandes verwaltet werden" (Elias 1969). W.F.H.

Monopolprofit → Imperialismus [2]

Monopolprozess → Monopolmechanismus

Monopson, Vorherrschaft eines Nachfragers auf einem Waren- oder Arbeitsmarkt. H.W.

Monotheismus, Bezeichnung für den Glauben an einen einzigen Gott, der den Glauben an die Existenz anderer Götter im Unterschied zum → Polytheismus und zur → Monolatrie prinzipiell ausschließt. V.Kr.

Monotoniewirkung → Arbeitsmonotonie

Monte-Carlo-Methode, Simulation zufallsartiger Prozesse (z.B. Diffusion von Nachrichten) mithilfe von Zufallszahlengeneratoren. Die sich aus den stochastischen Prozessen ergebenden Verteilungen können durch die M.-C.-M. in ihrer Abhängigkeit von bestimmten Bedingungen, die vom Forscher variiert werden oder ebenfalls Zufallscharakter haben, analysiert werden. Durch Zufallszahlen wird etwa das Eintreten von Ereignissen bestimmter Klassen oder die Reihenfolge von Ereignissen gesteuert. H.W.

moonlight-economy (engl.) → Schattenwirtschaft

moral economy (engl.) → Ökonomie, moralische

Moral, [1] die Gesamtheit der Anschauungen und Normen; von denen die Menschen in ihrem praktisch-sittlichen Verhalten gesteuert werden. [2] In der Soziologie wurde vor allem die Funktion der M. für die Gesellschaft hervorgehoben, die in der Selbsterhaltung (H. Spencer, G. Simmel), in der Solidarität (E. Durkheim) gesehen wurde. Hingegen lehnt N. Luhmann die Funktionsfrage in diesem Zusammenhang ab und bezieht M. auf die Frage nach der gegenseitigen Achtung der Menschen (1984).

[3] Svw. Sittenlehre, Ethik.

M

[4] Zustand einer Gesellschaft in Bezug auf die Einhaltung der gebotenen Verhaltensregeln.

O.R.

Moralentwicklung → Urteil, moralisches

Moralerziehung, *moral education*, ein Trainingsprogramm mit dem Ziel eines ethisch höherwertigen Verhaltens, orientiert an Theorie und Methode von L. Kohlberg. Die Teilnehmer u. Teilnehmerinnen, etwa in der Ausbildung zu bestimmten Berufen, diskutieren vorgegebene Situationen mit einem Dilemma, an dem die verschiedenen ethischen Niveaus deutlich werden. → Dilemma, moralisches

R.L.

Moralökonomie → Ökonomie, moralische

Moralorientierung, moralische Wertorientierung, eine Motivations- und Handlungsrichtung, bei der die Entscheidung für ein Objekt nach kulturellen Maßstäben der Zulässigkeit, Sittlichkeit und Rechtschaffenheit (nach dem „Gewissen" des Akteurs) erfolgt. Dabei wiegt die Legitimität des Handelns mehr als die möglichen Ergebnisse und Sanktionen.

H.L./R.L.

Moralpanik, im Unterschied zur → Panik ein gesellschaftlicher Zustand der Erregung, der einige Zeit anhält und dann verfliegt. Gegenstand der kollektiven Beunruhigung sind Übeltäter und Feinde, deren Konturen nebulos bleiben, aber deren Gefährdungspotenzial beträchtlich ist. Nicht *die* Bösen lösen eine M. aus (denn sie kann man fassen und einsperren), sondern *das* Böse schlechthin scheucht die Gemüter auf. Ein Beispiel findet sich in den offiziellen Begründungen, die 2002 dem Krieg in Irak gegeben wurden. Ein anderes bieten die Kommunistenverfolgungen der Bundesrepublik Deutschland und der USA (McCarthy) in den 1950er Jahren. Auch eingebildete Vorgänge können Gegenstand einer M. sein, etwa riesige „kriminelle Netzwerke" oder „satanistische Zirkel". Der Begriff M. wurde von dem britischen Soziologen S. Cohen (1972) eingeführt. Das Konzept beleuchtet die überreizte Reaktion auf manche Formen der Devianz (E. Goode/N. Ben-Yehuda 1994). In ihrem Aufbau ähnelt eine M. dem geläufigen → sozialen Problem, nur dass sie den Zyklus ihrer Konstruktion weit dramatischer durchläuft.

R.L.

Moralschisma, Aufspaltung der Moralanschauungen; T. Geiger (1947) bezeichnet mit M. den sozialgeschichtlich aufweisbaren Übergang von einer dogmatischen Moral, die darauf fußt, dass der Inhalt der Wertidee des Guten objektiv bestimmbar sei, zu einer autonomen Gewissensmoral des Subjektivismus. Als deren Folge treten in der Gesellschaft unterschiedliche Moralanschauungen auf, abhängig von Konfessionen, Klassen, sozialen Funktionsgruppen etc.

O.R.

Moralstatistik wurde die Zählung genannt, die regelmäßig sich vollziehende gesellschaftlich bedeutsame menschlichen Handlungen erfasste (Eheschließungen, Geburten, Verbrechen etc.), die der moralischen Wertung unterlagen. Die M. fußte auf den Ausführungen von A. Quetelet (1835), der mittels der M. gesamtgesellschaftliche Prognosen stellte. Im deutschsprachigen Bereich wurde die M. u.a. vertreten von Ad. Wagner (1864), A. von Öttingen (1868), G.F. Knapp (1871) und G. Rümelin (1875).

O.R.

Moralunternehmer, Bezeichnung für Organisationen oder Individuen, die ein soziales → Problem entdeckt zu haben glauben und über öffentliche Thematisierung ein allgemeines Bewusstsein für diese Störung der sozialen Ordnung wecken sowie bestimmte Reaktionen herbeiführen wollen. Beispielsweise in Bezug auf den Schwangerschaftsabbruch gab es in der Bundesrepublik mehrere M. mit entgegengesetzter Tendenz.

R.L.

Moralwissenschaft, *moral science*, wurde als Begriff für Gesellschaftswissenschaft in den 1880er Jahren aus dem Englischen übernommen, die das Geschehen und die Entwicklung des „sittlichen Lebens", d.h. der geregelten sozialen Interaktionen, zu ermitteln suchte. Die M. ging von H. Spencers Evolutionstheorie und J.St. Mills Comte-Rezeption aus. Im deutschsprachigen Raum ist der Begriff M. nur durch G. Simmels zweibändige „Einleitung in die Moralwissenschaft" (1892/93) bedeutsam geworden.

O.R.

Moratorium, psychosoziales, in Sozialisations- und Jugendforschung von E.H. Erikson geprägte Bezeichnung dafür, dass die modernen Gesellschaften, aber auch viele andere eine Art Entwicklungsaufschub für die geschlechtsreif gewordenen und geistig ausgereiften Jugendlichen vorsehen, eine Karenzzeit, während der vergangene kindliche und zukünftige erwachsene Verhaltensmöglichkeiten nebeneinander gelebt werden können, in der experimentelles Rollenhandeln möglich ist und eine Übernahme der soziokulturellen Werte auch auf Umwegen. Dauer und Form des p.n M.s sind innerhalb von Gesellschaften (vgl. „verlängertes" Moratorium der Studenten) und von Gesellschaft zu Gesellschaft verschieden; dass es (institutionalisiert) gewährt wird, hält Erikson aber für eine Grundbedingung von Sozialität und Persönlichkeitsentwicklung.

W.F.H.

Morbidität, Bezeichnung für die Krankheitshäufigkeit in einer Bevölkerung. Morbiditätsdaten sind oft von Nutzen, wenn die Gründe für bestimmte Tendenzen der Sterblichkeit analysiert werden. In vielen Staaten ist deshalb die Erhebung bestimmter Morbiditätsdaten vorgeschrieben, zum Beispiel bei meldepflichtigen Krankheiten. In diese Gruppe gehören häufig auch Quarantänekrankheiten, zum Beispiel Cholera und andere gefährliche übertragbare Krankheiten wie z.B. AIDS. Versuche, die Morbidität auf der Grundlage von Indexsystemen zusammenzufassen und auf diese Weise eine Art allgemeiner Krankheitslast zu bestimmen, sind aufgrund der methodischen Probleme von geringem praktischen Wert.   W.P.

Moreno-Test → Soziometrie [1]

mores (engl.), heißen bei W.G. Sumner (1906) die → *folkways*, die von der Gruppe als unabdingbare Verhaltensweisen für das Erreichen des vom Konsens abhängigen Gruppenzwecks angesehen werden. *M.* sind in einfachen Gesellschaften daher zumeist religiös legitimiert. Sie strukturieren die soziale Differenzierung und bewirken die Entwicklung von Institutionen.   O.R.

Morphogenese, in der Systemtheorie ein bestimmter Vorgang der Evolution. Die M. knüpft nicht an die Differenzen von System/Umwelt bzw. Element/Relation an, sondern an die Differenz von Ermöglichung/Unterdrückung. Die M. verändert und erneuert Strukturen.   R.L.

Morphologie, soziale, seit E. Durkheim Bezeichnung für jenen Arbeitsbereich der Soziologie, der sich mit der Struktur des Aufbaus der Gesellschaft befasst und versucht, Typen für die Klassifikation sozialer Gebilde zu konzipieren. Bezugspunkt für die Typenbildung ist die kleinste und einfachste empirisch auffindbare soziale Gruppierung, die so genannte einsegmentäre Gesellschaft. Alle komplexen Gesellschaften lassen sich nach Durkheim als Resultante aus a) der Beschaffenheit, b) der Zahl, c) der Unterschiedlichkeit und d) den jeweiligen Kombinationsmustern der einsegmentären sozialen Gebilde erklären, die die untersuchte Gesellschaft konstituieren. Daraus ergeben sich formal die Haupttypen der einfachen mehrsegmentären Gesellschaft, der einfach zusammengesetzten mehrsegmentären Gesellschaft und der vielfach zusammengesetzten mehrsegmentären Gesellschaft.   F.H.

Mortalität, Sterblichkeit, in der Bevölkerungsstatistik Anzahl der Todesfälle pro 10 000 oder 100 000 Angehörige einer Gruppe (Bevölkerung, Neugeborene, Bewohner einer ökologisch bedrohten Region o.ä.) in einem Jahr o.ä.   W.F.H.

Motiv, *motive,* ein Spannungszustand innerhalb eines Organismus, der zielgerichtetes Handeln in Gang setzt, aufrechterhält und kanalisiert. Der Begriff M. bezeichnet sowohl einfache physiologische Triebe oder → Bedürfnisse (z.B. Hunger, Durst) wie auch komplexe psychische Strukturen (z.B. Leistungsmotiv). Das M. einer

Handlung kann der handelnden Person dabei bewusst sein oder unbewusst bleiben, außerdem kann sich eine Person über ihre eigenen Motive täuschen (Rationalisierung). Unter den Konzepten der Psychologie ist das des M.s eines der umstrittensten. Eine einheitliche Definition kann nicht gegeben werden, vielmehr scheinen so viele Definitionen wie Motivationstheorien zu existieren. Von einigen Theoretikern (z.B. G.A. Kelly) wird das Konzept des M.s gänzlich abgelehnt.   H.W.K.

Motivation, Konzept der Psychologie, mit dem jene hypothetischen Vorgänge in einem Organismus bezeichnet werden, durch die ein Verhalten in Gang gesetzt, aufrechterhalten und auf ein bestimmtes Ziel ausgerichtet wird. Somit können die Aktivierung des Organismus oder die Antriebsfunktion (→ Energie, psychische) sowie die Steuerung des Verhaltens oder die Richtungsfunktion (→ Gerichtetheit) als die wichtigsten Leistungen betrachtet werden, die dem Prozess der M. zugeschrieben werden. Allerdings gibt es zwischen den verschiedenen theoretischen Modellen, die zur Beschreibung und Erklärung dieser Vorgänge entwickelt worden sind, zahlreiche Divergenzen. Einige Psychologen stellen sogar generell die Relevanz von M.s-Modellen in Frage. → Motiv   H.W.K.

Motivation, intrinsische – extrinsische, Begriffspaar der Lernpsychologie, durch das zwei Arten der Lernmotivation unterschieden werden. Als i. M. wird diejenige Motivation bezeichnet, die durch die von einer Tätigkeit oder Aufgabe ausgehenden Anreize („intrinsische Belohnungen") geschaffen wird. Intrinsisch motiviert ist z.B. ein Schüler, der sich für einen bestimmten Lehrstoff „um der Sache selbst willen" interessiert. Als c. M. wird dagegen diejenige Motivation bezeichnet, die durch „äußere", nicht „in der Sache" liegende Anreize, Strafen, Zwänge usw. („extrinsische Belohnungen") geschaffen wird. Extrinsische Lernmotive wären z.B. das Streben nach guten Zensuren, Angst vor Strafen, Vermeidung von Missbilligung durch die Gruppe usw. Die Begriffe spielen vor allem in der Didaktik eine Rolle. Es wird angenommen, dass eine i. M. zu besseren Lernergebnissen führt.   W.F.H./R.Kl.

motive pattern (engl.) → Motivkonstellation

Motive, extrinsische → Motivation, intrinsische – extrinsische

Motive, gelernte → Motive, sekundäre

Motive, intrinsische → Motivation, intrinsische – extrinsische

Motive, physiologische → Motive, primäre

Motive, primäre, Primärtriebe, primäre Bedürfnisse, auch: physiologische Motive bzw. Bedürfnisse, Konzept der Motivationspsychologie im Rahmen eines Klassifikationsentwurfs der Moti-

M

ve nach deren Entstehungsbedingungen. Primäre M. (z.B. Hunger) sind danach solche, die ihre Wirkung auf physiologischer Basis durch die Aktivierung ererbter Mechanismen hervorbringen. In der modernen Psychologie sind jedoch sowohl verschiedene existierende Klassifikationsentwürfe der Motive (z.B. S. Freud, W. McDougall, H.A. Murray) wie auch die Zuordnung einzelner Motive zu bestimmten Klassen umstritten. So wird etwa selbst die Sexualität nicht einhellig als p.s M. angesehen. H.W.K.

Motive, sekundäre, auch: sekundäre Bedürfnisse, gelernte Motive bzw. Bedürfnisse, Konzept der behavioristisch (lerntheoretisch) orientierten Motivationspsychologie (Hull); erlerntes Bedürfnis als Initiator weiteren Lernens. Unter einem s.M. versteht man dabei das Bedürfnis, sich einer Reizquelle anzunähern bzw. von ihr wegzukommen (zu fliehen), auch wenn dieser Reiz ursprünglich „neutral" war, d.h. keine derartigen Reaktionen auslöste. Damit neutrale Reize Ziel von s.M. werden, müssen sie eine Zeitlang mit primäre Bedürfnisse auslösenden Reizen (z.B. Futter- oder Schmerzreizen) zusammen auftreten. Werden sie danach ohne diese Reize dargeboten, so lösen sie Reaktionen (auch Lernprozesse) aus, die ursprünglich nur bei den Reizen, die primäre Bedürfnisse auslösen, beobachtet wurden, d.h. sie sind selbst Ziel eines Bedürfnisses (sekundären Motivs) geworden. In der Theorie G.W. Allports wird versucht, das gesamte menschliche Handeln aus der Bildung derartiger s.M. zu erklären („funktionale Autonomie der Motive"). H.W.K.

Motive, soziale, diejenigen – vermutlich erworbenen (sekundären) – Motive, die menschlichen Kontakt, Kommunikation, Anerkennung durch andere u.ä. zum Ziel haben. Dass es sich hier um Motive bzw. Bedürfnisse handelt, kann man zeigen, indem man eine Situation sozialer Deprivation (Kontaktunterbrechung) herbeiführt. Diese führt dann zum Lernen neuer Verhaltensweisen, wenn dadurch der Deprivationszustand beseitigt, d.h. das soziale Bedürfnis befriedigt wird. H.W.K.

Motivforschung, die Erkundung des Verbraucherverhaltens (Kaufmotive und -gewohnheiten) mit dem Ziel, dieses Verhalten bzw. das jeweilige Produkt oder seine Aufmachung zu modifizieren und dadurch den Umsatz des betreffenden Produkts zu steigern. H.W.K.

Motivkonstellation, *motive pattern*, Bezeichnung für das Gesamt der während eines Zeitabschnitts von einem bestimmten Motiv beherrschten und zusammengehaltenen Verhaltensweisen, Wahrnehmungen, Gefühle und Gedanken (T.M. Newcomb). R.Kl.

movement systems, structured (engl.), verallgemeinernde Bezeichnung aus der Ethnografie des Tanzes (A. Kaeppler 1999) für den Gesamtbereich der soziokulturell geordneten Bewegungsabläufe, also auch für die bei religiösen und weltlichen Ritualen und Zeremonien, in Spiel und Sport usw. W.F.H.

movement, single purpose (engl.) → Einpunktbewegung

movement, social (engl.) → Bewegung, soziale

muckrakers (am.), „Schmutzwühler", ursprünglich ein Schimpfname für eine Gruppe von amerikanischen Journalisten, die sich mit der Aufdeckung von sozialen Problemen und Missständen befassten und die der empirischen Sozialforschung in den USA wichtige Impulse gaben. R.N.

Multi-Faktor-Test, Messinstrument für einen komplexen Sachverhalt (z.B. Intelligenz), der durch eine Vielzahl von Faktoren bestimmt ist. Die den Faktoren entsprechende Vielzahl von *items* in einem M.-F.-T. werden i.d.R. zu einem einzigen Wert zusammengefasst, der den komplexen Sachverhalt repräsentieren soll, in seiner Aussagekraft jedoch häufig beschränkt ist. H.W.

multiform test (engl.), Methode zur Abschätzung der → Zuverlässigkeit eines Messinstruments. Verschiedene Tests zur Messung der gleichen Variablen werden nacheinander bei derselben Gruppe von Versuchspersonen angewandt. Der *m.t.* ist nur bedingt anwendbar, da die Aufeinanderfolge der Tests verzerrende Effekte haben kann. H.W.

Multifunktionalität, Sachverhalt, dass ein soziales Element mehrere Wirkungen positiver und/oder negativer Art auf verschiedene Systemziele ausüben kann. So dient ein öffentliches Strafverfahren zugleich einem kollektiven Sühnebedürfnis, einer Geltungsverstärkung der verletzten Norm sowie zur Degradierung des Verurteilten. B.W.R./R.L.

Multikollinearität, bei einer → multiplen Regression die Abhängigkeit der unabhängigen Variablen untereinander. Durch die M. können Regressionsschätzungen fehlerhaft oder unmöglich werden. Die M. kann in verschiedener Form gemessen werden. In Modellen der → kausalen Analyse kann die M. explizit berücksichtigt werden. H.W.

multilineal, Multilinealität, *multilineality*, Bezeichnung für die Verwandtschaftszurechnung im Verwandtschaftssystem der USA (bzw. allgemeiner in den entwickelten westlichen Gesellschaften) durch Vater und Mutter und deren väterliche und mütterliche Vorfahren (T. Parsons). W.F.H.

Multilinearität der Familie, Bezeichnung für die Annahme, dass die heutigen Formen der menschlichen Familie entwicklungsgeschichtlich auf mehrere verschiedene, bereits im Tierreich vorhandene Familienformen zurückgeführt werden können. E.L.

Multi-Moment-Methode, Stichprobenverfahren für Beobachtungen, z.B. an industriellen Arbeitsplätzen, bei dem zufällig Zeitintervalle und Raumpunkte zur Beobachtung ausgewählt werden. H.W.

Multinomialverteilung → Verteilung, multinomiale

Multioptionsgesellschaft, Bezeichnung von P. Gross (1994) für die fortschreitende Steigerung der Möglichkeiten, zu handeln, zu erleben und sein Leben zu gestalten. Die Moderne verspricht Individuen große Handlungsspielräume, jedoch sind die Teilhabechancen hieran unterschiedlich verteilt. Wenn sich Gewissheiten, Traditionen und Grenzen des Machbaren zunehmend auflösen, lastet die Verantwortung für die Wahl der richtigen Handlungen mehr und mehr auf den Individuen. Wenn sie die Differenz zwischen dem Möglichen und der Wirklichkeit akzeptieren, könnte das die Einzelnen entlasten. D.Kl.

multiple choice test (engl.), Test für bestimmte Leistungen in der Form von Fragen mit mehreren Antwortvorgaben, aus denen die Testperson die jeweils richtige oder falsche heraussuchen soll. H.W.

Multistabilität, Bezeichnung für die Eigenschaft eines Systems, sich an vielfältige Umweltveränderungen anpassen zu können, indem die verschiedenen Subsysteme des Systems unabhängig voneinander Gleichgewichtszustände gegenüber verschiedenen Störungen aus der Umwelt erreichen können. H.W.

multivariable-multimethod matrix (engl.), Bezeichnung von Champbell u. Fiske für eine Matrix der → Korrelationskoeffizienten zwischen mehreren Variablen, die jeweils mit verschiedenen Methoden gemessen sind. Die *m.-m.m.* dient der Validitätsprüfung, die durch Vergleich verschiedener Gruppen von Koeffizienten der *m.-m.m.* erfolgt. So müssen die verschiedenen Messungen einer Variablen konvergieren, d.h. positiv korreliert sein (*convergent validity*). Die Korrelationen zwischen den Messungen einer Variable (Validitätskoeffizienten) müssen größer sein als die Korrelationen mehrerer Variablen, die sich jeweils innerhalb einer Messmethode ergeben, und auch größer sein als die Korrelationen zwischen den Variablen unter verschiedenen Methoden (*discriminant validity*). H.W.

multivariat, mehrere Variablen betreffend, Bezeichnung der Statistik für solche Fälle, in denen an einer Untersuchungseinheit gleichzeitig zwei oder mehr Veränderliche gemessen und in ihren Beziehungen untersucht werden (→ Analyse, multivariate). H.W.

mundan, von lat. *mundanus*, weltlich. In Auseinandersetzung mit E. Husserls transzendentalphänomenologischem Begriff der Lebenswelt entwickelte A. Schütz einen m.-phänomenologischen Ansatz. Diesem zufolge muss die phänomenologische Analyse sozialen Handelns bei der alltäglichen Lebenswelt ansetzen: bei der Welt, wie sie dem „gesunden Menschenverstand" in der „natürlichen Einstellung" fraglos gegeben ist. Die „Strukturen der Lebenswelt" sind in den Sinnzusammenhängen der im Alltag Handelnden zu finden, die Lebenswelt des Alltags ist „die vornehmliche und ausgezeichnete Wirklichkeit des Menschen" (A. Schütz/T. Luckmann 1979). M.M.

Munizipalsozialismus, Richtung des Sozialismus, die auf der Basis von Gemeinden herrschafts- und ausbeutungsfreie Lebensräume anstrebt, von denen erwartet wird, dass sie beispielhaft auf ihre Umwelt wirken. C.Rü.

Musealisierung, von J. Ritter (1963) aufgeworfener und besonders im Kontext postmoderner philosophischer und sozialwissenschaftlicher Theorien der 1980er Jahre verwendeter Begriff, der die Institution Museum und deren Tätigkeiten des Sammelns, Bewahrens, Erforschens und Ausstellens von kulturell bedeutsam erachteten Objekten als Indikator für einen gesellschaftlichen Wandlungsprozess nimmt. M. thematisiert damit verbundene relationale Veränderungen der Zeitkonzepte Gegenwart, Vergangenheit und Zukunft. Die Bewertung der M. ist dabei unterschiedlich: H. Lübbe interpretiert die M. eher positiv als kompensatorische Notwendigkeit angesichts einer durch beschleunigte wissenschaftlich-technische Entwicklungen bedingten Verunsicherung der Individuen und Destabilisierung der Gesellschaft. O. Marquardt kritisiert mit dem Begriff M. dagegen die Neutralisierung von „gelebten Traditionen" als Verbindung zwischen Gegenwart und Vergangenheit. J. Baudrillard und H. Jeudy spitzen dies auf die Kritik zu, dass im Zuge der Musealisierung Alltagswelten ebenso wie Bezüge zu Vergangenem zeitlich und räumlich entkontextualisiert und fixiert werden. S.B.

Musiksoziologie, eine soziologische Arbeitsrichtung, die in eine Vielzahl von Ansätzen zerfällt, was aus dem Facettenreichtum des Gegenstandes zu erklären ist. So kann Musik einerseits als soziales Handeln konzeptualisiert werden, als Musizieren, Komponieren oder Rezipieren von Musik. Andererseits ist Musik auch als Artefakt sozialen Handelns konzeptualisierbar, also als

M

soziale Konstruktion musikalischer Bedeutung bzw. als musikalisches (Kunst-)Werk. Die Ansätze der M. beschränken sich meist auf einen Teilaspekt des Phänomens: 1) Auf Simmel (1881) geht eine anthropologisch-ethnologische Analyse von Tonsystemen, Rhythmus und rituellem Einsatz von Musik zurück; diese Thematik wird heute eher von der Ethnomusikologie (Myers 1992) bearbeitet und befasst sich z.B. mit der sozialen Bedeutung von Musikstilen für die Identitätsbildung der jeweiligen Trägergruppen. 2) M. Weber (1921 posth.) untersuchte im Rahmen seiner Großfragestellung die Rationalisierung des europäischen Tonsystems in vergleichender Perspektive (u.a. Indien, Persien) sowie die Rationalisierung der europäischen Musikinstrumente. 3) Auf Weber aufbauend erarbeitete Blaukopf (1950) eine musikhistorische Soziologie der Tonsysteme, in der eine Analogisierung von sozialem und musikalischem Wandel versucht wird. 4) Zentrale Aufgabe der M. nach Adorno (1962) ist die Analyse des gesellschaftlichen Gehaltes kunstmusikalischer Werke, d.h. der musikalischen Gestalt in Relation zum generellen Entwicklungsstand des musikalischen Materials. 5) Silbermann (1957), als musiksoziologischer Antipode Adornos, sah im „Musikerlebnis" das einzig relevante Phänomen und gilt deshalb als Hauptvertreter der Rezeptionsforschung. 6) Von Schütz (1951) stammt eine phänomenologische Analyse der Interaktionen beim Aufführen komponierter Musik. 7) Rotter (1985) und Fuchs (1992) analysieren Musik im Rahmen der Luhmann'schen Systemtheorie als Kommunikationsmedium. 8) Elias (1991 posth.) hat auf der Basis seiner Zivilisationstheorie eine sozialpsychologische Analyse von Mozart als zwischen höfischer und bürgerlicher Kunstauffassung stehendem Komponisten vorgelegt. I.K.

Muss-Norm → Kann-Norm – Soll-Norm – Muss-Norm

Muße, *leisure,* [1] Bezeichnung für freie Zeit, Bequemlichkeit, Untätigkeit; M. ist dabei immer ein wertender Begriff: entweder positiv, z.B. M. im Sinne von Kontemplation, oder negativ, z.B. M. im Sinne von Trägheit, Faulheit.
[2] svw. → Freizeit   O.R.

Muße, demonstrative, *conspicuous leisure* → Mußeklasse

Mußeklasse, *leisure class,* insb. durch T. Veblen geprägte Bezeichnung für jene Schichten, die ihren Reichtum und ihre Macht durch demonstrativen Müßiggang (unproduktive Konsumtion von Zeit) unter Beweis stellen und sich dadurch von allen abgrenzen, die ihren Lebensunterhalt durch eigene Arbeit erwerben müssen. Die M. iist nach Veblen Ergebnis des historischen

Schichtungsprozesses, in dem die Menschen, getrieben vom Geltungsstreben, darum wetteifern, sich voneinander vorteilhaft abzugrenzen. H.W.

Muster, *pattern,* [1] eine bestimmte Art der Orientierung und des Handelns aufgrund einer unverwechselbaren Konstellation von Merkmalen.
[2] Eine bestimmte Ordnung von Elementen eines Systems, die in Übereinstimmung mit seiner Struktur zusammengesetzt sind (T. Lutz). H.L.

Muster, temporale, von R. Dollase (2000) vorgeschlagene Bezeichnung für relativ feststehende Reihenfolgen von Tätigkeiten, Ereignissen oder Erlebnissen innerhalb eines größeren Zeitabschnitts, also z.B. Tagesmuster (Gespräche und Konferenzen zwischen 9 und 10 Uhr, 14 und 16 Uhr, 18 und 20 Uhr), Wochenmuster (Lehrveranstaltungen Montags von 9 bis 10 Uhr, 14 bis 15 Uhr), Jahresmuster (Urlaub im April und im August). T.M. können sowohl aus der Perspektive von Individuen wie aus der von Organisationen (Schulen, Kaufhäuser, Beratungsstellen usw.) untersucht werden. W.F.H.

Mutterrecht – Vaterrecht, Matriarchat – Patriarchat, mit unterschiedlichen Bedeutungen gebrauchte Begriffe der älteren Kultur- und Gesellschaftswissenschaften. Durch die neuere Frauenforschung z.T. wieder aufgenommen, aber noch ohne abschließende Klärung der vor- und frühgeschichtlichen Sachverhalte.
[1] Die Rechtsordnung einer Gesellschaft nach der mütterlichen bzw. der väterlichen Abstammung.
[2] Viele Wissenschaftler des 19. Jahrhunderts gingen davon aus, dass in der Geschichte der Menschheit auf die ursprüngliche Promiskuität eine mutterrechtliche Gesellschaftsorganisation gefolgt ist, die dann vom V. verdrängt worden ist. Die Unkenntnis der Vaterschaft durch Zeugung hat (nach L.H. Morgan) zur Organisation der Familie und des Stammes nach der Mutter geführt und damit zur beherrschenden Stellung der Frau in Politik und Gesellschaft. F. Engels hat die Resultate der Anthropologen seiner Zeit (J.J. Bachofen, L.H. Morgan) als Belege für einen mutterrechtlichen Urkommunismus am Beginn der menschlichen Geschichte interpretiert (gemeinschaftliche Arbeit und entsprechende Verteilung der Produkte; Gliederung in friedlich miteinander lebenden Klans). Die folgende Klassenspaltung der Urgesellschaft und die Entstehung des Staates seien verbunden gewesen mit dem Übergang zum V. (Unterdrückung und Ausbeutung der Frau; Entstehung des Privateigentums).
[3] Die heutigen Wissenschaften von den primitiven Gesellschaften haben die Annahme von

einem umfassend geltenden M. bzw. V. aufdifferenziert in verschiedene Merkmale: Familienzurechnung (matrilineal, patrilineal); die Sach- und Herrschaftserbfolge; die Wahl des Wohnsitzes (patrilokal, matrilokal, neolokal) usw. oder sprechen von matristischen Gesellschaften, wenn die Frauen den Männern in mehreren wichtigen sozialkulturellen Dimensionen gleich- oder höher gestellt sind.   W.F.H.

mutual-benefit-association (engl.) auch: *mutual-benefit-organization*, Vereinigung zum gegenseitigen Nutzen.   G.B.

mutual-benefit-organization (engl.) → *mutual-benefit-association*

Mutualismus, [1] Lehre von der Gegenseitigkeit, nach P.J. Proudhon die Lehre von der Vermittlung zwischen Privateigentum und Gemeinbesitz. Der M. zielt eine Zerstörung der Grundeigenschaft des Privateigentums, die darin liegt, daß ein Einkommen ohne Arbeit aufgrund von Eigentum eine Reziprozität von Diensten verneint; zugleich soll jedoch das Allgemeine des Privateigentums beibehalten werden, das die Freiheit der Arbeit und des Tausches bedingt. [2] Theorie der gegenseitigen Hilfe. Nach P. Kropotkin Naturgesetz und Entwicklungsfaktor; der M. gilt dabei als Widerlegung der Darwinschen „Kampf ums Dasein".   O.R. [3] bei L. von Wiese svw. Genossenschaftsprinzip, eine Ordnung, die (ohne Herrschaft oder Hierarchie) auf Gegenseitigkeitsverhältnissen beruht.   W.F.H.

Mutungsbereich → Konfidenzintervall

Mystifikation, Begriff der Marx'schen Theorie für die Verschleierung der gesellschaftlichen Verhältnisse innerhalb der kapitalistischen Produktionsweise durch die Formen, in denen sie sich der Anschauung darstellen. So erscheint der Lohn als Preis der Arbeit, durch den dem Arbeiter der „Wert der Arbeit" gezahlt zu werden scheint. Nach K. Marx ist jedoch „Wert der Arbeit" ein irrationaler Ausdruck, „ebenso irrationell wie ein gelber Logarithmus". Durch die Lohnform wird die Teilung des Arbeitstages in notwendige Arbeit zur Reproduktion der verkauften Arbeitskraft und Mehrarbeit, die sich der Kapitalist als Mehrwert unentgolten aneignen kann, verdeckt (→ Lohnfetisch). Ebenso erscheint im Kapitalzins das Kapital als belebt, als „Früchte tragend"(→ Kapitalfetisch). Die aus den gesellschaftlichen Formen entspringende M. der gesellschaftlichen Verhältnisse ist die Grundlage des → falschen Bewusstseins.   H.W.

Mystik, bezeichnet eine außeralltägliche religiöse Erfahrung, die als Aufgehen des Ich in eine höhere, als heilig qualifizierte Wirklichkeit beschrieben wird. Die M. ist am mystischen Zustand unterschiedlich beteiligt (aktivistisch, kon-

templativ und quietistisch). In jedem Fall ist das mystische Erlebnis ein individuelles, Einsamkeit voraussetzendes und von daher a-soziales. Als solches nicht kommunikabel, drängt es gleichwohl zur Mitteilung, wobei der M.er eine bilderreiche Symbolsprache benutzt. An Erlebnis- und Äußerungsformen stehen sich emotional-affektive M. und rational-intellektuelle Gedankenm. gegenüber. Als wichtigstes typologisches Differenzierungsmerkmal ist Objekt und Erlebnisgrund der mystischen Erfahrung zu nennen, dem gemäß zwischen personaler (theistischer) und impersonaler (monistischer und Naturm.) M. unterschieden wird.   V.Kr.

mythéme (frz.), von C. Lévi-Strauss (1958) vorgeschlagener Begriff für die grundlegenden Elemente eines Mythos.   W.F.H.

Mythologem, mythisches Thema oder Motiv, analytische Grundeinheit mythischer Erzählungen.   V.Kr.

Mythologie, [1] System von Mythen, in dem einzelne → Mythologeme in einem größeren Erzählzusammenhang zusammengefasst und in eine Ordnung gebracht sind.
[2] Wissenschaftliche Erforschung von Mythen (→ Mythos), die deren Inhalte als symbolisch-erzählerische Deutung und Organisation von Natur-, sozialen und seelischen Erfahrungen zu verstehen sucht.   V.Kr.

Mythos, [1] die sich von wissenschaftlicher Erklärung unterscheidende Grundform menschlichen Erschließens von Wirklichkeit, der auf symbolisch-narrative Weise ein letzter Sinn beigemessen wird. Der archaische M. führt fragwürdige, als kontingent erfahrene, gegenwärtige Sachverhalte der Natur- und Kulturwelt auf vorhistorische Ereignisse aus der Welt transzendenter Wesen zurück, die das Sosein der Gegenwart bedingen (ätiologischer M.). Der Begriff M. umfasst aber auch transformierte Erscheinungsformen, die sich in modernen Wahrnehmungs- und Darstellungsweisen (z.B. in der Kunst) sowie Weltanschauungen überall dort zeigen, wo es um die Bewältigung von Elementarerfahrungen, die Zustimmung zu einer letzten, grundlegenden Wirklichkeit und die Legitimation von rational nicht weiter begründbaren Werte- und Handlungsmustern geht.   V.Kr.
[2] Bei R. Barthes (1957) wird M. durch eine Aussage oder ein semiologisches System gebildet, das auf einer Metaebene ein → Zeichen und seine Bedeutung zur Form eines neuen Zeichens erhebt, z.B. das Bild eines Schwarzen in französischer Uniform, der die Trikolore grüßt, als Zeichen der französischen Imperialität. Das Bild, aufgefasst als M., ist weder Beispiel noch Symbol, sondern schafft eine Präsenz des Be-

M

deuteten von imperativem und interpellatorischem Charakter. H.W.

N

NACE, frz. *Nomenclature generale des Activites economiques dans les Communautes europeennes,* im Rahmen der EU entwickeltes vierstufiges Klassifikationssystem von Wirtschaftszweigen. C.W.

Nachahmung, auch: Imitation, Bezeichnung für Verhaltensweisen, die plötzlich auftreten können, nachdem sie bei anderen Individuen beobachtet wurden, ohne dass sie jemals zuvor geübt worden sind (→ Lernen, imitatives). Das vor allem von G. Tarde (1890) vertretene *loi de l'imitation* (frz., Nachahmungsgesetz), wonach alle gesellschaftlichen Beziehungen, insbesondere das Verhältnis der → Massen zu ihren Führern, letztlich auf N. zurückgeführt werden können, gilt heute als überholt. H.S./R.Kl.

Nachbarschaft, [1] räumliche Untereinheit von Gemeinden, in der alle Einwohner einander leicht erreichen können.
[2] Auf diesem Gebiet lebende Personen, deren Beziehungen durch räumliche Nähe, persönliche und dauerhafte Bekanntschaft, gegenseitige Hilfe und soziale Kontrolle gekennzeichnet sind. N. kann daher zur → Primärgruppe werden. J.F.

Nachbarschaftseinheit, *neighbourhood-unit,* soziale und räumliche Planungseinheit des Städtebaues, überschaubar, mit kommunaler Selbstverwaltung, meist etwa 3000 bis 4000 Einwohner. J.F.

Nachfolgekrise → Nachfolgeproblem

Nachfolgeproblem, ein Problem von Organisationen, das auf bestimmte Positionen oder ihre Ziele bezogen ist. [1] Das N. entsteht beim Fortgang des meist unbürokratischen Führers oder einer führenden Person. Der Begriff wurde von M. Weber an die Leistungen des charismatischen Führers geknüpft, im Gegensatz zu anderen Mitgliedern nicht „ersetzbar" ist.
[2] Das N. stellt sich, wenn Organisationen ihre Ziele erreicht haben oder diese überflüssig geworden sind und neue Ziele gefunden werden müssen.
Jede Art von N. führt häufig zu einer Nachfolgekrise. Diese kann sowohl unter dem Gesichtspunkt des Bestands der Organisation als eine

Gefahr für diese als auch unter dem positiven Aspekt der Möglichkeit zu Innovation und Wandel der Organisation gesehen werden. J.H.

Nachfrage → Angebot – Nachfrage

Nachfragekurve, Bezeichnung der Ökonomie für die grafische Darstellung der Abhängigkeit der Menge, die ein Käufer oder Nachfrager von einer Ware kaufen will, vom jeweiligen Preis der Ware auf dem Markt. Mit einigen Ausnahmen (→ Giffen-Effekt) kann bei steigendem Preis ein Rückgang der Nachfrage erwartet werden. H.W.

Nachfragen, exmanente → Nachfragen, immanente – exmanente

Nachfragen, immanente – exmanente, bezeichnen im → narrativen Interview die Frageformen nach Abschluss der nicht durch Fragen unterbrochenen Haupterzählung des Befragten. Die i.N. sollen weiteres Erzählpotenzial ausschöpfen und beziehen sich auf bisher nicht Erzähltes sowie unvollständige Informationen aus der Haupterzählung. Die dann folgenden e.N. steuern hingegen hauptsächlich Evaluationen des Erlebten durch den Erzähler, seine Eigentheorie, an. I.K.

nachgeschichtlich → posthistorisch

Nachhaltigkeit, *sustainability,* mehrdimensionales, häufig diffus verwendetes, politisch-wissenschaftliches Konzept der Beurteilung von bestehenden Praktiken oder Innovationen („Entwicklungsprojekte") der Verwendung von (natürlichen) Ressourcen und Technologien in Bezug auf ihre Wirkungen und Nebenwirkungen. In ökologischem Sinn verlangt N., dass die Nutzung einer (natürlichen) Ressource auf Dauer ihre Regenerierbarkeit und Ertragsfähigkeit (Ressourcenproduktivität) nicht vermindert. Klassisches Beispiel ist eine Waldwirtschaft, die auf bestimmte Weise nicht mehr Bäume in einer bestimmten Periode aus einem Wald entnimmt, als durch Naturverjüngung oder Aufforstung nachwachsen können. Diese Sicht der N. kann auch auf andere relevante Dimensionen eines Ökosystems übertragen werden (z.B. Artenvielfalt). Problematisch ist häufig die Bestimmung der Systemgrenzen und der Interdependenzen (z.B. Entwaldung und globaler Klimawandel). In sozialem Sinn meint N. stabile, einvernehmlich erzielte Nutzungsordnungen und einen Interessensausgleich, durch die (zerstörerische) soziale Konflikte um die Nutzungen verhindert werden. In ökonomischem Sinn wird verlangt, dass Nutzungen rentabel oder selbsttragend, d.h. nicht dauerhaft auf Subventionen oder Externalisierung von Folgekosten angewiesen sind. Die Vereinbarkeit dieser Dimensionen muss als problematisch gelten. Die Bestimmung von N. erfordert Folge- und Risikoabschätzungen (z.B. →

Technikfolgenabschätzung) und impliziert Konflikte zwischen technokratischen Lösungsvorschlägen und demokratischen Entscheidungen. Die heutige westliche industrielle Produktions- und Lebensweise insgesamt kann nicht als nachhaltig gelten, da sie nicht verallgemeinerungsfähig ist, d.h. nicht von allen Gesellschaften (nachhaltig) praktiziert werden kann.   H.W.

n-achievement (engl.), Kurzform von *need (for) achievement*, → Leistungsmotivation.   H.W.K.

nachindustriell → Gesellschaft, postindustrielle

Nachknappheitsgesellschaft, auch: Nachknappheitssystem, *post-scarcity system*, der Entwurf einer gesellschaftspolitischen Entwicklung bei A. Giddens (1995), der weder auf die Selbstregulierungskraft der (globalen) Märkte noch auf eine strikte staatliche über überstaatliche Kontrolle des Wirtschaftsgeschehens setzt, sondern auf eine umfassende Umverteilung des Wohlstands (auch international). „Denn wenn die wichtigsten Lebensgüter nicht mehr knapp sind, können die Marktkriterien nicht mehr als Mittel zur Stützung weitverbreiteten Mangels ... fungieren."   W.F.H.

nachmodern → postmodern

Nachrichtenüberlastung → Informationsüberlastung

Nachrichtenverarbeitung → Informationsverarbeitung

Narration, Erzählung, H. White begreift N. im Kontext der Geschichtswissenschaft als eine diskursive Form, ein System der diskursiven Sinnproduktion, die es Individuen nahelegt, eine spezifische imaginäre Beziehung zu seinen realen Daseinsbedingungen einzugehen. White verweist darauf, dass N. sowohl als eine Diskursmodalität, eine bestimmte Sprechweise mit sprachlichen, grammatikalischen und rhetorischen Spezifika, als auch als das darüber erzeugte Produkt zu begreifen ist. Vgl. a. → Metaerzählung, Metanarration   C.W.

Narrationsanalyse, [1] *narrative analysis*, ein Ansatz in der neueren angelsächsischen → historischen Soziologie (→ *new historical sociology*), der die (erzählbare) Abfolge von geschichtlichen Ereignissen und Konstellationen formalisiert und in Richtung auf die Feststellung von Kausalbeziehungen verwendet, also eine Art narrativer Erklärung (Prozessmuster und Abfolgeformen als kausale Faktoren) unternimmt. Dimensionen sind hierbei die temporale Geordnetheit von geschichtlichen Ereignissen, ihre Sequenziertheit, ihr „timing", d.h. die Zeitstelle, an der sie auftreten usw. Manchmal bedeutungsgleich mit → *process tracing*.   W.F.H.
2] Bezeichnung für die soziologische Analyse von Erzählungen, insbesondere von autobiografischen Lebenserzählungen, die mittels → narra-

tiver Interviews erhoben wurden. Bei der N. handelt es sich um das in der soziologischen Biografieforschung vorrangig eingesetzte Verfahren. Die Bevorzugung dieser Methode wird u.a. damit erklärt, dass die Narrativität ein Wesensmerkmal von Biografien ist, Biografien also vornehmlich im Vorgang des Erzählens der Lebensgeschichte erzeugt werden.   I.K.

narrativ → Interview, narratives

Narrative, analytische, *analytical narratives*, bezeichnet eine Analyse- und Erklärungsform im Bereich der historischen Soziologie (→ *sociology, new historical*): in Narrationen werden Sequenzen von historischen Ereignissen durch analytische Handlungserklärungen rekonstruiert.   R.S.

Narzissmus, Selbstliebe (nach der Sage vom griechischen Jüngling Narkissos, der sich in sein eigenes Spiegelbild verliebte). In der Psychoanalyse zunächst hauptsächlich Bezeichnung für die Rücknahme von Besetzungsenergien von Objekten auf das Selbst; heute überwiegend als Ausdruck für Persönlichkeitsstörungen („narzisstische Neurosen") benutzt, deren entwicklungspsychologische Ursachen sehr früh liegen und sich um die Themata Abhängigkeit – Unabhängigkeit, Ohnmacht – Macht gruppieren und insofern auch von sozialpsychologischer Bedeutung sind.   K.H.

Nash-Gleichgewicht, Bezeichnung der Spieltheorie (J. Nash 1951;1953) für eine Situation, in der kein Spieler veranlasst ist, seine gewählte Strategie zu ändern, sofern alle anderen Spieler ihre Strategie beibehalten. Im nicht-kooperativen → Häftlingsdilemmaspiel bildet das „Geständnis" beider Spieler ein N.-G. Je nach Situation kann es in einem Spiel mehrere oder kein N.-G. geben.   H.W

Nation, ein politisches Gebilde, das über die folgenden Merkmale verfügt: a) die einheitliche Kultur (beispielsweise der Sprache) eines Volkes, b) der einheitliche Staat mit gewisser Legitimität, c) das Bewusstsein, einer bestimmten N. anzugehören. Der Begriff N. ist eine Erfindung aus der frühen europäischen Neuzeit.   R.L.

Nation, neue, Bezeichnung für eine ehemalige Kolonie, die erfolgreich gegen die Kolonialherrschaft revoltiert hat und staatlich unabhängig geworden ist. Die Politik der n.n N.en betont oft die nationale Eigenart, um nach innen Integration sowie nach außen Unabhängigkeit zu demonstrieren.   U.B.

nation-building (engl.) → Nationenbildung

Nationalbewusstsein, das Wissen von Einzelnen und Gruppen, einer bestimmten Nation anzugehören, sowie, damit verbunden, die Wertschätzung dieser Tatsache.   W.F.H.

N

Nationalbolschewismus, eine nationalistisch orientierte Richtung im deutschen Kommunismus (H. Laufenberg, F. Wolffheim, K. Radek; seit 1919), die eine Zusammenfassung aller Kräfte und Klassen zu einer Diktatur vorschlug, wodurch die Abhängigkeit Deutschlands von den Alliierten würde abgestreift werden können. Wegen der Ablehnung des Versailler Vertrags und der französischen Besatzung sowie wegen der Orientierung an einer Diktatur gab es zeitweise Annäherungen an die Völkischen und auch an die Linke in der NSDAP. Theoretisch: E. Niekisch, der jedoch Hitler-Gegner war.
W.F.H.

Nationalcharakter, diejenigen psychischen Eigentümlichkeiten, die, zum „Charakter" geschlossen gedacht, der Mehrheit der Angehörigen einer Nation gemeinsam sind und sie von denen anderer Nationen unterscheiden. Nach räumlicher und zeitlicher Geltung noch schwieriger zu fixieren als die Nation, ist der N. wesentlich als ein (nach dem Vorurteilsmechanismus funktionierendes) Stereotyp des öffentlichen Bewusstseins anzusehen, doch kann der Begriff – zumindest als heuristisches Prinzip – auch in der Wissenschaft verwendet werden.
W.Sch.

Nationaler Sozialer Survey, eine Befragung eines repräsentativen Querschnitts der Bevölkerung in der Bundesrepublik; die Befragung soll in regelmäßigen Abständen wiederholt werden.
R.L.

Nationalisierung, Überführung ausländischen Eigentums an Unternehmen, an Boden oder an Rohstoffvorkommen in inländisches, häufig staatliches Eigentum (jedoch allg. nicht mit Verstaatlichung gleichzusetzen). Die N. erfolgt i.d.R. durch Staatseingriff, wobei die Frage der Entschädigung häufig ein zentraler Konfliktpunkt ist. In abgeschwächter Form soll die N. dem inländischen Kapital die Kontrolle (z.B. Mehrheitsbeteiligung) über die Unternehmen im Land sichern.
H.W.

Nationalismus, [1] allgemein Bezeichnung für ein übertriebenes Nationalbewusstsein, in dem die eigenen Nation auf Kosten anderer überhöht wird.
[2] Als politische Ideologie und Kraft war der N. ursprünglich progressiver Ausdruck für die Forderung des aufkommenden Bürgertums nach einer, seinen ökonomischen Bedürfnissen entsprechenden Verkehrsform, dem Nationalstaat. Im späten 19. Jahrhundert wandelte sich der N. in eine reaktionäre Herrschaftslegitimation. Soziale Basis des N. wird das ökonomisch ungesicherte Kleinbürgertum, ihm dient er als Abwehrideologie.

[3] In industriell nicht entwickelten, jungen (nach-kolonialen, post-kommunistischen) Staaten hat der N. vor allem die Funktion, staatliche Identität herzustellen und Kräfte für die Entwicklung des Landes zu mobilisieren.
[4] Der neue N. in Osteuropa wird auch als Bewegung gegen erzwungene Internationalisierung (gegen nicht freiwillig vollzogene Bildung von Staatenbünden und national heterogen zusammengesetzten Großstaaten) verstanden.
J.Mo./W.F.H.

Nationalismus, methodologischer → Transnationalismus

Nationalkapital → Kapital, nationales

Nationalsozialismus, Bezeichnung für die politische Bewegung in Deutschland ab 1919, die sich ab 1920 als NSDAP organisierte, für das durch diese Partei ab 1933 errichtete Herrschaftssystem in Deutschland und für die durch sie getragene Ideologie. → Faschismus W.F.H.

Nationalstaat, politisch souveräner Staat mit vereinheitlichtem Territorium. Der Idee nach besitzt der N. ein Volk, das sich aufgrund gemeinsamer Herkunft, Sprache und Kultur als politische Einheit und Schicksalsgemeinschaft begreift. In der Realität der Bevölkerungen der gegenwärtigen N. als Territorialstaaten vielfach heterogen. Die Idee des N. war seit dem 18. Jahrhundert die treibende ideologische Kraft bei der Entstehung der modernen bürgerlichen Staaten.
M.S.

Nationenbildung, *nation-building,* Bezeichnung für den Prozess, in dem – meist auf Betreiben eines militärisch, administrativ, ökonomisch und/oder kulturell überlegenen Herrschaftszentrums (→ Zentrum - Peripherie) – die Bevölkerung eines Territoriums durch Unterwerfung unter eine einheitliche staatliche Verwaltung, Durchsetzung bestimmter gemeinsamer kultureller (vor allem: sprachlicher) Standards und schrittweise Einbeziehung aller Bevölkerungsteile in den politischen Prozess (Ausdehnung des Wahlrechts) politisch und soziokulturell integriert wird.
R.Kl.

Nativismus, kollektive, bewusst organisierte Einstellung, ausgewählte Aspekte der eigenen Kultur und dazu als passend angesehene Aspekte anderer Kulturbereiche wiederzubeleben oder gegen in Verbindung mit bestehender oder bestandener Fremdherrschaft als von außen aufoktroyiert empfundene Kultur auf Dauer zu setzen.
O.R.

Natur, zweite. Als z. N. des Menschen wird bisweilen – im Unterschied zu seiner „ersten Natur", seinen biologischen Anlagen – die Kultur des Menschen bzw. (beim Individuum) die im Verlauf der Sozialisation erworbene sozialkulturelle Persönlichkeit des Menschen bezeichnet.

Damit wird angedeutet, dass soziale und kulturelle Momente das Leben des Menschen als Gattung und als Individuum mindestens in gleichem Maße bestimmen wie seine natürlichen Anlagen und Umweltbedingungen.   R.Kl.

natural history (engl.), aus der Chicago-Schule der Soziologie stammendes Konzept (zuerst in Analogie zu Evolution formuliert), das vorschlägt, soziale Gegenstände als in einem Prozess gewordene zu untersuchen, die Geschichte ihres Werdens zu rekonstruieren. Anregend war dies Konzept z.B. für Analysen, wie jemand ein Krimineller wird (sowie für andere Karrieren im Sinne von stufenartig strukturierten biografischen Verlaufsformen), für die Soziologie sozialer Probleme (Phasenmodelle des Auftauchens eines sozialen Problems, z.B. H. Blumer 1971), für soziolinguistische Studien (z.B. wie entsteht aus der Abfolge wechselseitiger Sprechbeiträge ein Gespräch?).   W.F.H.

natural sociology (engl.), eine unkonventionelle Richtung in der nordamerikanischen Soziologie in der Tradition der → Chicago-Schule. Für die Theoriearbeit setzt man hier an drängenden sozialen Problemen an (z.B. Drogen, Randgruppen) und favorisiert qualitative Erhebungsmethoden. Bereits zu Beginn eines Projekts wird ins Feld gegangen, mit dem Blick und den Instrumenten der → Kulturanthropologie – aber in der eigenen Gesellschaft. Erklärende Hypothesen stehen nicht am Anfang, sondern erst am Ende des Forschungsvorganges.   R.L.

Naturalismus, [1] Bewertung alles Gegebenen unter dem Gesichtspunkt des Natürlichen, wobei nur das natürliche Sein als Wirklichkeit gilt (Stoiker, Giordano Bruno, J.W. Goethe u.a.). Darauf basiert auch der so genannte naturalistische Fehlschluss, der vom Vorliegen natürlicher Gegebenheiten darauf schließt, dass sie auch so sein müssen.   L.K.
[2] In der Soziologie die Ableitung sozialer Sachverhalte aus biologischen Gegebenheiten und Vorgängen (naturalistische Soziologie).   H.W.

Naturalwirtschaft, Wirtschaft ohne den Gebrauch von Geld. M. Weber unterscheidet zwischen tauschlosen N.en (Hauswirtschaften, Naturalleistungswirtschaften, in denen vom Produzenten Abgaben in Naturalien erhoben werden) und N.en mit Naturaltausch. Besondere Probleme dieser Form von N. ergeben sich aus der Naturalrechnung, etwa der Bestimmung von Tauschrelationen ohne allgemeine Verrechnungseinheit. Wirtschaften mit Geldgebrauch heißen analog Geldwirtschaften.   H.W.

Naturgeschichte → *natural history*

Naturgesetz → Gesetz [3], [5]

Naturismus, [1] religionswissenschaftliche Bezeichnung für die religiöse Verehrung von Dingen der Natur.
[2] Bezeichnung für die von F.M. Müller entwickelte religionswissenschaftliche Theorie, nach welcher der religiöse Naturkult mit seinen sinnlich erfahrbaren Objekten der Verehrung Ausgangspunkt der religiösen Entwicklung sei.   V.Kr.

Naturrecht, was jeweils in einer historischen Epoche Naturrecht ist, entscheidet sich in ihr: Das klassische Naturrecht, das Naturrecht des Mittelalters, ist das Recht, das sich aus der gottgewollten Dynamik des Seins ergibt. Das Naturrecht der aufsteigenden bürgerlichen Gesellschaft setzte sich zur Seinsordnung des Feudalismus in Widerspruch; es gründete sein Recht auf die vorgeschichtliche Gegebenheit des wirtschaftenden Menschen. Das Privateigentum erscheint als N. des arbeitenden Menschen (J. Locke). Soweit es auf die Zerstörung des *régime féodal* gerichtet war, entfaltete es seine revolutionäre Dimension; bedroht durch die Ansprüche des vierten Standes, verwandelte es seine Natürlichkeit in eine Apologie der bürgerlichen Gesellschaft. Im Zusammenhang mit der Ausdifferenzierung der Rechtswissenschaft im 19. Jahrhundert zur Wissenschaft des positiven Rechts, einem Entwicklungsprozess, der das Recht der Natur durch die Natur des Rechts ablöste, verstärkte sich dieser apologetische Charakter des Naturrechts; es wurde zu einem Mittel des Schutzes für die sich juristisch immanent entfaltende positive Rechtswissenschaft: Nur Experten vermögen die Rechtsidee auszulegen.   M.O.H./R.L.

Naturverhältnisse, gesellschaftliche, aus dem Umfeld der Kritischen Theorie (C. Görg 1999) stammende Bezeichnung für das Verhältnis von Naturbegriff und Gesellschaftsbegriff in Soziologie und Gesellschaftstheorie. In diesen wird das Verhältnis von Natur und Gesellschaft u.a. als „Einbettung", als „Vermittlung" (z.B. durch Arbeit), als „Herrschaft" oder als „Auftrennung" der Umwelt des Menschen in Natur und Gesellschaft gedacht. Dabei geht es um die Bestimmung des soziologischen Beitrags zum Verständnis und zur Bearbeitung der permanenten ökologischen Krise, die in der Form der Auseinandersetzung moderner Gesellschaften mit Natur begründet ist.   T.G.

Naturvölker – Kulturvölker, [1] veraltete Unterscheidung, festgemacht am Entwicklungsstand einer Gesellschaft. N. sollen in einer Art von Urzustand leben, so als hätten sie die Schwelle vom tierischen zum menschlichen Dasein gerade erst überschritten. Allerdings ist die Annahme naiv, es gäbe Gesellschaften, die allein „aus der

Natur heraus" und ohne Kultur lebten. Mit K. meinten die Europäer schlicht sich selbst.
[2] Wenn Ethnologen den Begriff N. heute verwenden, meinen sie damit Gesellschaften, die bis zum Zeitpunkt ihres Erforschtwerdens von den Einflüssen der modernen Industriezivilisation weitgehend unberührt geblieben sind (K.E. Müller 1984). R.L.

Naturzustand, bezeichnet den jeder Vergesellschaftung historisch oder hypothetisch vorausliegenden Zustand (bei T. Hobbes etwa verstanden als Krieg eines jeden gegen einen jeden, bei J.J. Rousseau als natürlicher Zustand von Gleichheit, Freiheit und Selbstliebe). In neuzeitlichen Theorien des Gesellschaftsvertrags wird seit Hobbes staatliche Ordnung durch vertragliche Überwindung des N.s begründet. O.M.

Nebenklassen, in der marxistischen Theorie Bezeichnungen für die neben den Grundklassen bestehenden Klassen in einer Gesellschaftsordnung, die entweder Reste ehemaliger oder Ansätze zu zukünftigen Grundklassen sind, z.B. Arbeiter im Feudalismus, Großgrundbesitzer im Kapitalismus. O.R.

Nebenwiderspruch → Hauptwiderspruch – Nebenwiderspruch

Neck-Beziehung, Spottverhältnis, *joking relationship,* nach A.R. Radcliffe-Brown eine Form der Beziehung zwischen sozialen Gruppen, bei der Feindseligkeit und Freundlichkeit gleichzeitig zum Ausdruck gebracht werden (z.B. in Gestalt des nicht beleidigenden gegenseitigen Verspottens). Die N. als ein legitimer Brauch wird vor allem (aber nicht nur) in Stammesgesellschaften beobachtet, in denen es relativ fixierte Feindschaften zwischen verschiedenen Familiengruppen gibt, die gleichzeitig, z.B. durch Heiraten, miteinander verbunden sind. Die N. entschärft die Feindseligkeiten L.C./R.Kl.

need (engl.) → Bedürfnis

need, functional (engl.) → Erfordernis, funktionales

Negation → Verleugnung

Negation der Negation → Dialektik [3]

Negation, dialektische, Verneinung im Sinne von Aufhebung, d.h. ein Prozess und dessen Ergebnis, in dem etwas bewahrt (beibehalten) und zugleich etwas beendigt wird. In der d.n N. kommt es aufgrund der in einem System wirkenden immanenten dialektischen Widersprüche zum Umschlag einer spezifischen Qualität in ihr Gegenteil. Dieses Gegenteil ist nicht nur der Übergang in eine andere Qualität, sondern auch in eine fortentwickeltere, da sie das Allgemeine der alten Qualität beibehalten hat. Daher wird in der dialektischen Theorie mit Ausnahme in der kritischen Theorie (→ Dialektik, negati-

ve) die Negation eines Positiven selbst als Positives betrachtet. O.R.

Negation, logische, Bezeichnung für Verneinung, Kontradiktion, im Bereich von Aussagen. Die l. N. einer Aussage führt zur gegenteiligen Behauptung. Die l. N. einer wahren Aussage ist eine falsche Aussage. Eine zweimalige l. N. einer Aussage ergibt die ursprüngliche Aussage. H.W.

Negativismus, Bezeichnung für eine allgemein „negative", d.h. melancholisch-depressive, pessimistische, lebensverneinende Haltung, die z.B. bei bestimmten psychotischen Erkrankungen bis zur völligen Nahrungsverweigerung führen kann. R.Kl.

Negentropie → Informationsgehalt

negotiated order approach (engl.), Theorie der ausgehandelten Ordnung; ein dem Symbolischen Interaktionismus verbundener Ansatz, der die Konstitution sozialer Ordnung in Organisationen nicht durch die normative Dimension von Satzung, Rollengefüge u.ä. gewährleistet sieht, der Ordnung vielmehr als Produkt von Aushandlungsprozessen der Mitglieder analysiert. M.M.

negotiated order theory (engl.) → Aushandeln

negotiation (engl.) → Aushandeln

Negritude (aus dem frz.), Selbstbezeichnung der besonders in Westafrika und der Karibik beheimateten Bewegung zur Rückbesinnung auf als spezifisch afrikanisch bezeichnete Lebensformen und Werte nach 1945; Exponenten: L.S. Senghor, F. Houphouët-Boigny, A. Césaire. Die N. spielte eine wichtige Rolle in der ersten postkolonialen Phase in Afrika, bald schon kritisiert besonders von F. Fanon. N. ist klar zu unterscheiden von der späteren Bewegung des Schwarzen Selbstbewusstseins (*black consciousness*). R.Kö.

Neid, *envy,* das – im Unterschied zum sozialen Konflikt – geheim gehaltene Begehren eines Gutes, das ein anderer besitzt. In der Psychoanalyse wird gelegentlich (M. Klein) im N. die primäre Quelle von Aggression gesehen. N. knüpft sich an die allgegenwärtige soziale Ungleichheit und wird daher in Gerechtigkeitstheorien (J. Rawls) sowie in der Allgemeinen Soziologie (H. Schoeck, E. Weede) diskutiert. R.L.

Neighborhood Watch (engl.), Nachbarschaftswache, bezeichnet eine Organisationsform der sozialen Kontrolle innerhalb von → Nachbarschaften, bei der ursprünglich informelle Kontrollstrukturen der Bewohner/innen untereinander formalisiert sind und Kooperationsformen mit staatlichen Akteuren sozialer Kontrolle bestehen. J.W.

Neighborhood-Policing → Community-Policing

Neoanalyse → Neopsychoanalyse

Neobehaviorismus, eine liberalisierte Form des → Behaviorismus, die unter grundsätzlicher Beibehaltung der erfahrungswissenschaftlichen Orientierung den rigorosen Operationalismus des Behaviorismus aufgibt, indem die theoretische Verwendung von nicht unmittelbar in Beobachtungsdaten auflösbaren intervenierenden Variablen und hypothetischen Konstrukten (z.B. des Begriffs der Erwartung) zugestanden wird.

V.V.

Neo-Evolutionismus, eine soziologische Richtung, die sich kritisch absetzt gegenüber dem klassischen → Evolutionismus [1] und stattdessen die entwicklungsgeschichtlichen Dimensionen des sozialen Systems erforscht. Dabei wird zumeist davon ausgegangen, dass die Evolutionskriterien (→ Variation, → Selektion, → Stabilisierung [2]) als evolutionäre Errungenschaften des sozialen Systems zu betrachten sind, die wiederum die Evolution steuern.

O.R.

Neofaschismus, Bezeichnung für politische Bewegungen und Organisationen, die nach Ende des 2. Weltkriegs Ideologie und politische Ziele des italienischen Faschismus bzw. des deutschen Nationalsozialismus aufgegriffen und verfochten haben.

W.F.H.

Neofreudianismus, [1] Bezeichnung für psychoanalytisch fundierte Lehren, die eine soziokulturelle Relativierung der Aussagen S. Freuds anstreben und dabei in größerem oder geringerem Umfange marxistische Gedanken heranziehen.
[2] → Neopsychoanalyse

W.Sch.

Neoklassik → neoklassisch

neoklassisch, auch: Neoklassik, bezeichnet ökonomische Theorien und Modelle eines allgemeinen Gleichgewichts auf allen Märkten (Güter-, Arbeits- und Geldmärkten). Durch die Gleichgewichtspreise werden alle Märkte geräumt. Im Modell bewegt sich das System ohne äußere Eingriffe (Staat) ins Gleichgewicht und erzielt, bei gegebener „Erstausstattung" der Akteure, eine (pareto-)optimale Allokation der Güter und Ressourcen. Die N. geht zurück auf Theoretiker wie L. Walras (1834–1910) und A. Marshall (1842–1924). Die mathematische Konstruktion basiert auf den Annahmen sinkender Grenznutzen, steigender Grenzkosten und völliger Substituierbarkeit von Gütern bzw. Produktionsfaktoren. Die Modelle arbeiten u.a. mit Annahmen vollständiger Information, vollständiger Mobilität und Teilbarkeit von Ressourcen, Nicht-Interdependenz der Akteure, vollständiger und stabiler Präferenzordnungen, unendlichen Anpassungsgeschwindigkeiten (→ Modell-Platonismus). Gegen die Theoreme der N. werden u.a. die Probleme der Berücksichtigung → externer Effekte (z.B. Umweltbelastungen), die Nichtberücksichtigung von → Transaktionskosten, die

begrenzte Rationalität und strategische Interdependenz der Akteure angeführt.

H.W.

Neokolonialismus, u.a. von Kwame Nkruma propagierte Kennzeichnung für die Abhängigkeit der formell unabhängigen Staaten der Dritten Welt von den ehemaligen Kolonialmächten und allgemeiner von den kapitalistischen Zentren insgesamt. Der N. besitzt eine Vielzahl von politischen, militärischen, ökonomischen Formen, z.B. Abhängigkeit von Waffenlieferungen und militärischer „Beratung", von internationalen Kreditorganisationen (Weltbank, Internationaler Währungsfonds), von internationalen Kommunikationssystemen, vom Technologietransfer etc. Der N. wurde u.a. durch die Schaffung kleiner, schwacher und künstlicher Staatsgebilde durch die Kolonialmächte gefördert, deren politisch-ökonomische Führungsschichten an den ehemaligen Metropolen orientiert sind.

H.W.

Neokonservatismus, politische Strömung im 21. Jahrhundert, die die Rückbesinnung auf konservative Werte, wie Familie, Religion und Heimat fordert und zugleich eine neoliberale Wirtschaftspolitik befürwortet. Als Vordenker des N. gilt F. Fukuyama.

D.Kl.

Neokorporatismus, Bezeichnung für eine Art staatlicher Politik, welche die gesellschaftlich bestehenden Verbände – etwa der Arbeitgeber, der Arbeitnehmer und Arbeitnehmerinnen, der Wohlfahrtspflege – nicht nur beteiligt, sondern auch für staatliche Regulierungsaufgaben benutzt. Die Kooperation zwischen Staat und Verbänden wird von der Regierung und Ministerialbürokratie koordiniert und läuft am Parlament immer mehr vorbei. → Korporativismus

R.L.

Neoliberalismus, Bezeichnung für eine politisch-ökonomische Doktrin, die im Wettbewerbssystem den Garanten für sozialen Fortschritt und individuelle Freiheit sieht. [1] Die nach der Weltwirtschaftskrise 1928 entstandenen Schulen des N. befürworten in kritischer Absetzung zum → *laissez-faire* [1] des klassischen → Liberalismus ein mittelbares, ständiges staatliches Eingreifen, um den öffentlich-rechtlichen Rahmen für die Wettbewerbsordnung zu gewährleisten. Sie sei das Kernstück der Wirtschaftsordnung (→ soziale Marktwirtschaft), die eine neue Sozialordnung bewirke. Als Theoretiker sind zu nennen: W. Eucken, F.A. v. Hayek, L.C. Robbins und W. Röpke.

O.R.

[2] Nach der Weltwirtschaftskrise zu Beginn der 1970er Jahre werden unter N. Forderungen nach Abkehr von keynesianischer Wirtschaftspolitik (→ Keynesianismus) zur (Wieder)Freisetzung der Marktkräfte (Konkurrenz) verstanden, die vor allem durch → Deregulierung der Arbeitsmärkte und Arbeitsbeziehungen, Abbau staatli-

cher Systeme der sozialen Sicherung und Öffnung zu den Weltmärkten (Freihandel) erreicht werden soll. Die vorrangige Aufgabe des Staates wird in der Sicherung der Geldwertstabilität gesehen.

[3] N. wird auch als Bezeichnung für die gegenwärtige Epoche (2005) beginnend mit den Regierungsantritten von M. Thatcher, R. Reagan und H. Kohl verwendet, International ist diese Epoche u.a. durch Deregulierung der Finanzmärkte und die sog, Strukturanpassungspolitik der Weltbank gegenüber den Schuldnerländern des „Südens" gekennzeichnet. H.W.

neolokal → unilokal

Neomalthusianismus, politische Doktrin, die die Konsequenzen des Malthusschen → Bevölkerungsgesetzes durch Geburtenbeschränkung (Kontrazeption, Heraufsetzung des Heiratsalters etc.) beheben will und die entsprechenden Maßnahmen durch das Naturgesetz als gerechtfertigt sieht. Der N. fand in der zweiten Hälfte des 19. Jahrhunderts im Liberalismus und Sozialismus (u.a. K. Kautsky, E. Bernstein) Unterstützung. H.W.

Neopositivismus, meist kritisch, oft abwertend verwandter Sammelbegriff für die erkenntnistheoretischen Positionen des → logischen Positivismus und → kritischen Rationalismus. Der N. hat sich im Rahmen der modernen wissenschaftstheoretischen Diskussion in unterschiedliche Richtungen weiterentwickelt, sodass er nicht als eine einheitliche Wissenschaftskonzeption gelten kann. L.K.

Neopsychoanalyse, auch: Neoanalyse, Neofreudianismus, Sammelbegriff für nachfreudsche tiefenpsychologische Schulen, die entweder S. Freuds Triebkonzept und/ oder die Theorie des Unbewussten und/ oder die Konzeption des psychischen Determinismus ablehnen oder modifizieren und somit die lebensgeschichtliche Situation des Individuums bei der Entstehung von Neurosen zu Gunsten einer stärkeren Betonung akzidenteller Momente vernachlässigen. U.E.

Neoquantitätstheorie → Monetarismus [1]

Neovitalismus → Vitalismus

Nettoproduktionswert, Nettowertschöpfung → Sozialprodukt

Nettoreproduktionsziffer → Reproduktionsziffer

Nettosozialprodukt → Sozialprodukt

Netze, soziale → Netzwerk, soziales

Netzwerk, *network,* ist ein Graph (→ Graphentheorie) aus einer endlichen Menge Knoten, der durch Kanten zwischen diesen (evtl. auch mit dem Ausgangs- als Endknoten, „Schleifen") zusammenhängt. L.C.

Netzwerk, kommunikatives → Kommunikationsnetzwerk

Netzwerk, selbststeuerndes, *self-steering network,* ein kommunikatives Netzwerk, das a) Informationen aus Vergangenheit, Außen- und Binnenwelt des Systems aufnehmen, b) sie in Verhalten umsetzen und c) mittels Rückkoppelungen sowohl daraus „lernen" als auch durch programmierte Aussperrung von klassifizierten (z.B. „verspäteten") Informationen „entscheiden" kann. L.C.

Netzwerk, soziales, *social network,* [1] das Modell eines Netzwerks, dessen Knoten soziale Aktoren (Personen, Gruppen) und dessen gerichtete Kanten die Verhältnisse der Aktoren zueinander abbilden. Zur Vereinfachung werden oft unbestimmte Relationen als symmetrische (dargestellt durch ungerichtete Kanten) unterstellt. Seine Analyse befasst sich mit der Netzwerkdichte, der Aktorerreichbarkeit (*reachability*), der Mehrwertigkeit (*multiplexity*) von Verhältnissen u.a.m. und wird bei größeren Netzwerken (Matrixdarstellung geboten) rasch kompliziert (Großrechner vonnöten). Die gegenseitige Beeinflussung zwischen einem Aktor und seinem s.N. wurde vor allem in der Stadtethnologie und -soziologie untersucht. L.C.

[2] Dezentrale, offene Strukturen von interagierenden/kommunizierenden Elementen („Knoten"), die fähig sind, „grenzenlos zu expandieren und dabei neue Knoten zu integrieren, solange diese innerhalb des Netzwerks zu kommunizieren vermögen, also solange sie dieselben Kommunikationscodes besitzen." (M. Castells 2001). Die Digitalisierung der Informationen ermöglicht eine Verflechtung artverschiedener (biologischer, sozialer, mikroelektronischer) Prozesse. Mit der → informationellen Revolution werden demzufolge historisch neuartige Voraussetzungen geschaffen, um das Netzwerkprinzip gesellschaftlich universell und global zur Geltung zu bringen. R.Kö.

Netzwerkdichte (D_N) ist in einem sozialen Netzwerk das Verhältnis der aktuellen zu den potenziellen Kontakten $(K_a : K_p)$ der (K_N) Kontaktpersonen eines Aktors untereinander:

$$D_N = \frac{2\,K_a}{K_N{}^2 - K_N} \text{ (für } K_N > 1).$$

D_N kann also Werte zwischen +1 (völlig verknüpftes soziales Netzwerk, soziale Kleingruppe, Clique) und 0 (unverknüpftes soziales Netzwerk, „sozialer Knotenpunkt") annehmen. Schwache Verknüpfung (*loose-knit network*) erhöht die Freiheitsgrade des Aktors gegenüber seinem sozialen Netzwerk, starke Verknüpfung (*close-knit network*) macht ihn davon abhängiger. Partielle starke Verknüpftheit (Knäuel, *cluster*) gibt Abgrenzungs- und Analyseprobleme auf. L.C.

Netzwerkgesellschaft, nach M. Castells (1996/ 2000) Bezeichnung für eine neu entstehende Gesellschaftsform, die auf der Logik und dem Organisationsprinzips des → sozialen Netzwerks [2] beruht. Die N. wird ermöglicht durch die → informationelle Revolution, die zur digitalen Vermittlung zentraler gesellschaftlicher Funktionen in elektronischen Netzwerken führt. Die N. zeichnet sich nach Castells u.a. durch die Relativierung territorialer Zusammenhänge und neue Formen der Herrschaft, der Inklusion/Exklusion in Form des „Ein- und Abschaltens" von „Knoten" im Netzwerk aus. Die N. besitzt ein hohes soziales Innovationspotenzial, wie gleichzeitig eine durch markante Ungleichheit gekennzeichnete Geografie. R.Kö.

Netzwerkunternehmen, bezeichnet dezentralisierte Unternehmensformen mit flachen Hierarchien, Teamwork und mit ausgedehntem Einsatz des Prinzips des Subkontrakts, vor allem in Ostasien aber auch von verwandtschaftlichen Beziehungen. Die regional unterschiedlichen Formen von N. sind Antwort auf → informationelle Revolution und Globalisierung. R.Kö.

Neue Medien → Medien, Neue

Neuerung, *novelty,* in einem sozialen System oder Subsystem bisher unbekanntes Element oder neue Kombination bereits bekannter Elemente. Die Einführung einer Norm heißt auch → Innovation. E.W.

Neugier, Neugierverhalten, auch: Explorationsverhalten, ein Konzept der Motivationspsychologie. [1] In der älteren Psychologie (W. McDougall, 1871–1938) ein Instinkt, der darauf gerichtet ist, sich neuartigen Objekten anzunähern und diese genauer zu erforschen.
[2] In der neueren Psychologie ein Verhalten, das bei Vorliegen eines „begrifflichen" Konflikts (d.h. eines Konflikts zwischen symbolischen Reaktionstendenzen, z.B. Einstellungen, Überzeugungen, Erfahrungen) auftritt. Je stärker dieser Konflikt ist (z.B. zwischen einer bereits existierenden Überzeugung und einer davon abweichenden neuartigen Information, → „kognitive Dissonanz"), desto ausgeprägter ist auch das hierdurch induzierte N.verhalten. H.W.K.

Neukantianismus. Nach 1848 entstandene philosophische Schule, die im deutschen Kaiserreich zur vorherrschenden Strömung der universitären Philosophie wurde. In mehr oder minder direkter und historisch meist wenig legitimer Anknüpfung an I. Kants Schriften wurden Erkenntnis- und Wissenschaftstheorie (Kritizismus) gegen Weltanschauungen (Materialismus, Pessimismus, Klerikalismus – später: Lebensphilosophie) mobilisiert. Zwei einflussreiche Schulen, die Marburger (F.A. Lange, H. Cohen, P. Natorp) und die Südwestdeutsche oder Freiburger

Schule (W. Windelband, H. Rickert) – eine sozial- und eine eher nationalliberale Richtung – beeinflussten außerhalb der Fachphilosophie den ethischen Sozialismus (E. Bernstein, Revisionismus), andererseits die Wissenschaftstheorie der Sozialwissenschaften (G. Simmel, M. Weber) in Richtung ideologiekritischer Grundeinstellungen. K.C.K.

Neurose, Bezeichnung für eine Reihe von Störungen im Verhalten, Denken, Erleben und Fühlen (sog. funktionellen Störungen), die auf keine erkennbaren Veränderungen oder Schädigungen des Organismus zurückgeführt werden können. Als neurotische Symptome kommen psychische Störungen wie Herabsetzung der intellektuellen Leistungsfähigkeit, Konzentrationsschwäche, Verminderung der Anpassungs- und Kontaktfähigkeit ebenso in Betracht wie körperliche Störungen (z.B. Impotenz, Schlafstörungen, Erbrechen). Grundsätzlich ist jede N. auf Situationen zurückzuführen, in denen dem Organismus eine adäquate Verarbeitung der auftretenden Affekte (Angsterlebnisse; → Angst) nicht gelang.

Besondere Bedeutung hat die auf S. Freud zurückgehende Unterscheidung von Aktual- und Psycho-N.: Aktual- oder vegetative N.n (Schreck-N., Neurasthenie, Angst-N.) gehen auf das Erlebnis einer akuten Gefahr (z.B. intensives Schreckerlebnis oder Schock) oder auf eine chronische Stress-Situation zurück und äußern sich in vegetativen Störungen. Die Psycho-N. oder Abwehr-N. (z.B. Hysterie, Phobie, Zwangs-N.) wird auf einen „unbewussten" Konflikt zwischen bestimmten, vor allem sexuellen Triebwünschen (des → Es) und den diesen Wünschen entgegengesetzten, sie abwehrenden Strebungen (des → Ich), verinnerlichten Verboten, Tabus usw. zurückgeführt.

Die neurotischen Symptome werden als Versuche zur Herstellung eines „Kompromisses" zwischen Wunsch und Abwehr interpretiert, der die durch den Konflikt ausgelöste Angst zu bewältigen hilft und eine – wenn auch entstellte oder abwegige – Erreichung des Triebziels (Ersatzbefriedigung) ermöglicht. Die moderne, lerntheoretisch orientierte Neurosenlehre sieht N.n als gelernte (konditionierte) emotionale oder Angst-Reaktionen auf bestimmte Stimuli und Stimuluskonfigurationen an und betrachtet die meisten neurotischen Symptome als sekundäre Folgen dieser Angst-Reaktionen. → Verhaltenstherapie R.Kl.

Neutralität, affektive, [1] emotionale Gleichgültigkeit gegenüber einem Objekt.
[2] → Affektivität – Neutralität W.Sl.

Neuwert, bezeichnet bei K. Marx denjenigen Teil des Wertprodukts, der im Produktionsprozess durch die lebendige abstrakte Arbeit den Ausgangsmaterialien zugesetzt, also nicht im Arbeitsprozess von den Ausgangsmaterialien (Roh- und Hilfsstoffe, Werkzeuge, Maschinen) auf das Endprodukt übertragen wird. Der N. bestimmt sich nach der aufgewandten, durchschnittlich gesellschaftlich notwendigen Arbeit. Entsprechend den Ausbeutungsverhältnissen wird er aufgeteilt in Lohn (*v*) und Mehrwert (*m*).   R.Ka.

New Age (aus dem engl.), religiöse Weltanschauung, die auf die Einheit von Natur, Geist und Bewusstsein des Menschen und der Welt abstellt und sich als ein neues, ganzheitliches Erkenntnis- und Deutungsparadigma versteht; Mittel dieser neuartigen Erkenntnisweise ist die Bewusstseinserweiterung (zum „planetaren Bewusstsein"). Das *N. A.* ist eine synkretistische Erscheinung, da es sich aus verschiedenen religiösen und politischen Überzeugungen sowie okkulten Praktiken zusammensetzt. Träger dieser Weltanschauung ist die *N.-A.*-Bewegung, die sich in dezentralen Netzwerken organisiert und die Transformation der Welt zu einer globalen spirituellen Kultur zum Ziel hat („Neues" oder „Wassermann-Zeitalter"). Deshalb ist die *N.-A.*-Bewegung als chiliastische Bewegung zu verstehen (→ Bewegung, chiliastische [2]).
V.Kr.

new political economy (engl.) → Ökonomie, Neue Politische

New Urbanism (engl.), Reaktion auf die → Suburbanisierung in den USA. Alternativ entstehen neue Vorstädte nach dem Muster traditioneller, kompakter Kleinstädte mit historischen Architekturformen, in denen sich, durch die Stadtplanung initiiert, gemeinschaftsfördernde Strukturen entwickeln sollen (vgl. → Kommunitarismus). Im Unterschied zum Ideal der → Urbanität zielt der N.U. nicht auf eine soziale Mischung und Heterogenität, sondern ist empirisch durch die Ausrichtung an der gehoben Mittelschicht charakterisiert.   J.W.

newly industrializing countries (NIC) (engl.) → Schwellenländer

Nichtbeachtung, höfliche → Gleichgültigkeit, höfliche

nicht-direktiver Führungsstil → Führungsstil

Nichteinstellung, auch: Meinungslosigkeit, Tendenz in Umfragen, dass Befragte allein aufgrund der Tatsache des Befragtwerdens eine Frage beantworten, ohne wirklich eine Einstellung oder Meinung zu den erfragten Sachverhalten zu haben.   H.M.

Nicht-Entscheidung, *nondecision*, eine Situation, in der ein Problem zwar zur Lösung ansteht, aber ungelöst bleibt, weil es nicht zur Auswahl zwischen Handlungsalternativen kommt. Beispielsweise mag die Information über eine schädliche Situation durch Manipulation von Nachrichten so weit unterdrückt werden, dass eine entscheidungsfordernde Situation gar nicht erst entsteht.   R.L.

Nicht-Ich heißt das, was außerhalb des Ich befindlich gedacht wird, was sich vom Ich unterscheidet, bzw. dem Ich entgegen gesetzt wird. Der Begriff geht auf J.G. Fichte (1794) zurück und bekam in der Diskussion um das → Du große Bedeutung (G. Simmel, M. Buber).   O.R.

Nicht-Mitgliedschaftsgruppe, *non-membership group*, Begriff aus der Bezugsgruppentheorie (R.K. Merton) für eine Gruppe, die durch ein Individuum zwar als → Bezugsgruppe [1] gewählt wurde, der es aber (z.B. durch formelle Aufnahme oder durch Häufigkeit der Interaktion mit anderen Mitgliedern) nicht angehört.
R.Kl.

Nicht-Nullsummenspiel → Nullsummenspiel

Nicht-Orte, *non-lieux* (frz.), in der „Ethnologie der Einsamkeit" von M. Augé (1994) die modernen Durchgangs- und Übergangsräume wie Flughäfen, Straßenkreuzungen, Wartesäle, Hotels, Einkaufszentren, aber auch Durchgangslager und Slums. N.-O. besitzen keine Identität oder Geschichte, sind nicht auf Verständigung ausgelegt, besitzen aber eine Ästhetik des Flüchtigen und der „Disponibilität des Augenblicks", die zu einer spezifischen Erfahrung von Subjektivität, einer „Begegnung mit sich selbst" führen kann.   H.W.

nichtreaktiv → *measures, unobtrusive*

Nicht-Verstärkung, *non-reinforcement*, Bezeichnung für das Ausbleiben einer (erwarteten) Verstärkung. Die N.-V. führt zur Verminderung oder Löschung der unbelohnten Handlungen.
H.S.

Niederschriftenmethode, ältere Bezeichnung der psychologischen und pädagogischen Jugendforschung für ein Forschungsverfahren, bei dem Jugendliche (meist in Schulklassen) zur Abfassung von Aufsätzen zu vorgegebenen Themen bewegt und diese „Niederschriften" dann qualitativ, aber auch quantitativ ausgewertet wurden.
W.F.H.

Niedrig-Einkommens-Panel, NIEP, eine zwischen 1988 und 2002 durchgeführte Wiederholungsbefragung von Haushalten im unteren Einkommensbereich. Das halbjährliche Befragungsintervall liefert detaillierte Informationen über Armutsverläufe.   C.W.

Niedrigkostensituation → Hochkostensituation – Niedrigkostensituation

Nische, ökologische, Bezeichnung für die Gesamtheit der Umweltfaktoren, die das Überleben einer Art im → Ökosystem ermöglicht.

O.R.

Nischen, kommunikative, sind Positionen im Kommunikationsnetzwerk, die Einzelne oder Gruppen freiwillig oder erzwungenermaßen von Teilen der im Kommunikationsnetzwerk umlaufenden Information ausschließen.

A.G.W.

Niveaumilieu, eine der gesellschaftlichen Großgruppen innerhalb der kultursoziologischen Fünferklassifikation von G. Schulze. Im N. strebt man nach kulturellem Rang. Es besteht vor allem aus Gebildeten über vierzig, welche die Hochkulturszenen bevölkern: Symphoniekonzerte, Theater, Museen usw. Früher sprach man vom „Bildungsbürgertum". Jungakademiker halten oft Distanz zum N. und gesellen sich zum → Selbstverwirklichungsmilieu.

R.L.

Nivellierung, soziale, gilt im Sinne zunehmender Verwischung von Schichtgrenzen als typisches Kennzeichen der Schichtungsstruktur komplexer Industriegesellschaften. H. Schelsky nahm s. N. für die Gesellschaft der Bundesrepublik als sozialstrukturelle Entwicklung an, die durch den Abbau sozialer Ungleichheiten und noch bestehender Schichtgrenzen gekennzeichnet ist. Abgesehen von der Gefahr des politischen Missbrauchs einer solchen These lassen sich Prozesse der s.n N. allenfalls in bestimmten Teilbereichen (etwa auf dem Konsumsektor) beobachten, während in anderen Teilbereichen die soziale Ungleichheit weiter besteht oder neue Konturen annimmt.

M.B.

nodal (ursprgl. engl.), bezeichnet die Verknotung von Wissen, Fähigkeiten und Ressourcen. Viele staatliche Einrichtungen, beispielsweise die Polizei, sind n. organisiert, um wirkungsvoll → *governance* ausüben zu können.

R.L.

No-go-area (engl.), Doppelbezeichnung für Orte in einer Stadt, die entweder aufgrund von Kriminalitätsfurcht gemieden werden oder die für bestimmte, i.d.R. sozial unterprivilegierte, als gefährlich → stigmatisierte oder als ordnungsfremd definierte Personenkategorien unzugänglich sind (vgl. → Ausgrenzung, sozialräumliche).

J.W.

noise (engl,) → Geräusch

Nomadismus, [1] Bezeichnung der Ethnologie für eine Lebens- und Wirtschaftsform, die auf Haltung von Viehherden beruht und keinen ständigen Wohnsitz kennt (Wanderungen vor allem zwischen Sommer- und Winterweiden), mit vaterrechtlicher Erbfolge.
[2] Allgemein jegliche Lebensform ohne festen Wohnsitz.

W.F.H.

Nominaldefinition, Einführung eines neuen Ausdrucks (*Definiendum*) für einen vorhandenen (*Definiens*). Aus Gründen der Zweckmäßigkeit wird eine neue sprachliche Konvention eingeführt, die durch Abkürzung oder Präzisierung das umformt, was im *Definiens* an Bedeutungselementen vorhanden war.

H.D.R.

Nominalismus, auch: Begriffsnominalismus, Gegenposition zum Begriffsrealismus im → Universalienstreit, derzufolge die Universalien (Allgemeinbegriffe) nicht real existieren, sondern Fiktionen, Namen sind, die durch Abstraktion von unseren Wahrnehmungen geschaffen werden, um einander ähnliche Dinge etwa durch Gattungs- oder Artbegriffe zusammenfassen zu können.

H.D.R.

Nominalskala, eine Klasse metrisch nicht geordneter Mengen, denen Elemente (Untersuchungseinheiten) nach dem Kriterium des Besitzes oder Nichtbesitzes eines Merkmals bzw. einer (qualitativen) Merkmalsausprägung zugeordnet werden können (qualitative Klassifikation). N.en sind z.B. ethnische Zugehörigkeit, Konfessionszugegehörigkeit, Geschlecht, Verwandtschaftsgrade, d.h. solche Variablen, zwischen deren Ausprägungen keine Rangordnung in Bezug auf eine bestimmte Eigenschaft besteht.

P.P.

nomologisch → Gesetz [6]

nomothetisch → idiografisch – nomothetisch

non-membership-group (engl.) → Nicht-Mitgliedschaftsgruppe

nonfunktional, Merkmal eines Elements, zur Erhaltung, Integration oder Umweltanpassung eines sozialen Systems weder einen positiven noch einen negativen Beitrag zu leisten.

B.W.R./R.L.

Non Governmental Organization, NGO (engl.), Nicht-Regierungsorganisation, nichtstaatliche Gruppe zur Erreichung bestimmter politischer Ziele. In Bereichen der Entwicklungszusammenarbeit, des Umweltschutzes etc. werden NGOs als Repräsentanten der sog. Zivilgesellschaft verstanden und an politischen Entscheidungsprozessen beteiligt. Zu den *NGOs* zählen z.B. kirchliche Organisationen („Brot für die Welt"), Umweltschützer („Greenpeace") und Globalisierungsgegner („Attac"). In der spätmodernen Gesellschaft, in der zunehmend nicht-staatliche Akteure in die politische Verantwortung eingebunden werden, spielen *NGOs* eine wichtige Rolle. Kritisch wird das Engagement von *NGOs* betrachtet, weil sie politische Entscheidungen beeinflussen können, ohne verfassungsmäßig legitimiert zu sein wie gewählte Regierungsvertreter.

D.Kl.

Nonintegration, die Isolierung von Personen, Gruppen oder Subkulturen von ihrer sozialen Umgebung.

H.E.

nonkonform → aberrant

N

Nonkonformität, zwanghafte, auch: zwanghafte Unabhängigkeit, *counterformity*, Bezeichnung für eine Form der Nonkonformität oder des abweichenden Verhaltens, bei der sich das Individuum durch den Gruppendruck gerade zu einem Abweichen von den Normen und Erwartungen der Gruppe veranlasst fühlt. Ein solches „antikonformistisches" Individuum opponiert „aus Prinzip" und muss sich zwanghaft zu seiner Umwelt in Widerspruch setzen. R.Kl.

Nonresponse, die Nicht-Beantwortung von einzelnen Fragen oder Frage-Blöcken (*Item-Nonresponse*) bzw. der Ausfall ganzer Interviews (*Unit-Nonresponse*) stellt die empirische Sozialforschung vor erhebliche Probleme, weil diese Ausfälle in der Regel nicht zufällig verteilt sind. Wichtige Informationen gehen verloren, insbesondere bei komplexen Datensätzen wie Panel- oder Netzwerkdaten. Zudem setzen viele statistische Verfahren vollständige Daten voraus. Im Rahmen der Methodenforschung wird versucht, den Ursachen von *Item-* und *Unit-Nonresponse* nachzugehen und Strategien zur Verbesserung z.B. von Ausschöpfungsquoten zu entwickeln; mit Hilfe von → Imputationen werden die Folgeprobleme für die Datenanalyse begrenzt. C.W.

Nonsense-Korrelation → Scheinkorrelation

Noo-Soziologie, Bezeichnung von W. Sombart (1923, 1956) für eine „geistwissenschaftliche" im Unterschied zu einer naturalistisch-psychologischen Richtung der Soziologie. Ziel der N.-S. ist es, die inneren Sinn-Gesetzmäßigkeiten der einzelnen „Kultur- und Geistgebiete" zu erforschen und deren Bedeutung für die Wirklichwerdung des Geistes in der Geschichte nachzuweisen. Zentralbegriff der N.-S. ist dabei „Verstehen" im Sinne von Sinn- und Bedeutungsverstehen. O.R.

Noologie, Lehre vom Geistigen; erkenntnistheoretische und methodologische Grundhaltung, die wissenschaftliches Arbeiten auf die Erklärung von Tatsachen auf der Bewusstseinsebene beschränkt und die Einbeziehung materieller oder psychologischer Ursachen für unwissenschaftlich hält. O.R.

Norm, auch: Verhaltensstandard, -regel, -richtschnur; die in der Literatur zahlreich vorhandenen Definitionsversuche lassen sich auf drei verschiedene Bedeutungen des N.begriffes zurückführen, wobei die meisten Definitionen eine Mischung aus zwei oder drei dieser Bedeutungen darstellen:
[1] eine beobachtbare Gleichförmigkeit des Verhaltens;
[2] eine soziale Bewertung von Verhalten;
[3] eine verbindliche Forderung eines bestimmten Verhaltens.

Elemente des N.begriffes können sein: ein Absender von Verhaltensforderungen (Normabsender), ein Adressat, an den die Forderungen gerichtet sind (Normadressat), eventuell Personen, zu deren Gunsten die N. wirkt (Normbeneficiare), eine bestimmte Situation, in der ein Verhalten verlangt wird. Im Fall der Abweichung von diesem verbindlich geforderten Verhalten können als Reaktion Sanktionen erlassen werden, die von Sanktionssubjekten ausgeführt werden. H.Tr.

Norm, formale, die verbindlich geforderte soziale Verhaltensregelmäßigkeit, die in der Form einer gesatzten Regel (Gesetz) gegeben ist. H.Tr.

Norm, ideale → Idealnorm

Norm, konjunkte, bei J.S. Coleman Bezeichnung für Normen, bei denen die Menge der Akteure, die die Norm kontrollieren und Nutznießer dieser Norm sind, mit der Menge der Akteure, auf deren Handlungen sich die Norm richtet, identisch ist. Bei einer disjunkten N. sind entsprechend die Nutznießer der Norm und die Zielakteure unterschiedliche Akteursgruppen (z.B. Eltern – Kinder). H.W.

Norm, latente, Bezeichnung für eine Norm, die sich hinter einer sozialen Verhaltensregelmäßigkeit verbirgt und noch nicht, etwa in richterlicher Anwendung, offenbar geworden ist. Die l. N. wird erst erkennbar, wenn auf das Abweichen von dieser Verhaltensregelmäßigkeit eine Reaktion eintritt. H.Tr./R.L.

Norm, praktische → Idealnorm

norm, sequencing (engl.) → Sequenznorm

Norm, subsistente → Normsatz – subsistente Norm

Normabsender → Normsender

Normadressat bezeichnet die Person, die zu einem bestimmten Handeln verpflichtet wird, das heißt die Norm befolgen muss. Eine andere Bezeichnung dafür ist Normempfänger. H.Tr.

normal crime (engl.), Normalverbrechen, ein von D. Sudnow eingeführter Begriff zur Analyse informeller Regeln der Strafverfolgung. Danach ist das, was ein Verbrechen zu einem „normalen Verbrechen" macht, nicht den Formulierungen der Gesetzestexte zu entnehmen, sondern in erster Linie dem konkreten Handeln der mit der Strafverfolgung betrauten Personen. Es handelt sich also um eine spezifische Form von Stereotypen, z.B. um Vorstellungen vom „typischen Betrugsfall" oder vom „typischen Dieb". Zur Definition dessen, was als „normal" oder „typisch" angesehen wird, gehören sowohl Merkmale des Ortes, an dem bestimmte Straftaten typischerweise begangen werden, als auch der Umstände, unter denen sie in der Regel stattfinden, der

Personen, die meist darin verwickelt sind sowie die Art und Weise der Tatausführung. M.B.

Normalarbeitsverhältnis, stabile, sozial abgesicherte, abhängige Vollzeitbeschäftigung, deren Rahmenbedingungen (Arbeitszeit, Entlohnung, Sozialversicherung) tarif-, arbeits- oder sozialrechtlich geregelt sind. Diese Regelungen betreffen hauptsächlich die materielle Absicherung der Beschäftigten, andere Arbeitsbedingungen sind hiervon ausgenommen. Durch die → Arbeitszeitflexibilisierung und damit verbundenen neuartigen Formen von Arbeitsverhältnissen wird die Reichweite der Absicherungsqualität des N.s zunehmend eingeschränkt.

M.Sch.

Normalbiografie, [1] von R. Levy (1977) eingeführter Begriff für typische Ablaufmuster in den Lebensläufen einer sozialen Gruppe, für einen „sozial institutionalisierten ... Lebensplan" (Positionsveränderungen und Veränderungen der Statuskonfiguration in gleicher Abfolge und ähnlichem Lebensalter). Levy hat N. eingeführt, um auf die Unterschiede zwischen männlicher und weiblicher N. (Zurücktreten der Berufstätigkeit während der Kleinkindphase usw.) und die dadurch entstehenden Spannungen (geringe Synchronisierung der Lebensläufe von Mann und Frau, Unstrukturiertheit der Situation der nicht berufstätigen Ehefrau usw.) aufmerksam zu machen (sowie um den Lebenslauf als soziale Institution begreifen zu können).
[2] In der folgenden Debatte, vor allem in der Frauenforschung, hat (weibliche) N. z.T. den analytischen Charakter verloren und wurde zum Etikett dafür, was die Gesellschaft den Frauen (zu Unrecht) zumute (Unterbrechung der Berufstätigkeit wegen kleiner Kinder usw.).

W.F.H.

Normalisierung, [1] bezeichnet in der Statistik Umformungen von Messwertverteilungen in die Form von → Normalverteilungen. Diese kann durch Veränderung der Skalenintervalle vorgenommen werden. Die N. wird u.a. durchgeführt, um größere Vergleichbarkeit zwischen verschiedenen Skalen zu erreichen. Durch die N. wird die relative Position des Individuen in der Verteilung verändert. Gleichzeitig wird häufig eine lineare Transformation der Skalenwerte in eine Z-Skala (→ z-Transformation) vollzogen. Die so gewonnenen → Skalen heißen auch normalisierte Skalen.

H.W.

[2] Im Rahmen des → *labeling approach* Bezeichnung für Interaktionsprozesse, bei denen leichtere Formen abweichenden Verhaltens zu akzeptierbaren Variationen normierter Verhaltensmuster erklärt werden. Erst wenn derartige Bemühungen um Integration von Abweichung in normale Interaktionsbeziehungen fehlschla-

gen, setzt eine Entwicklung ein, die zu einer Stabilisierung des abweichenden Verhaltens führen kann. Prozesse der N. sind vor allem zur Reduktion von Verhaltensunsicherheiten in unmittelbaren Interaktionen zwischen konkreten Personen von Bedeutung. M.B.

[3] Allgemein Bezeichnung für Versuche, eine Störung der Interaktion, eine Krise (oder Katastrophe) in kleinen oder großen sozialen Einheiten zu überwinden und wieder normale, d.h. gewohnheitsmäßig und ohne besonderen Steuerungsaufwand laufende soziale Prozesse zu ermöglichen.

W.F.H.

Normalitätswächter → Vigilantismus

Normaltypus, Durchschnittstypus, frz.: *type moyen,* bei E. Durkheim Bezeichnung für jene sozialen Muster des Verhaltens oder Erlebens und für jene Arten des Aufbaues von sozialen Gebilden, die in einer bestimmten Kategorie von Gesellschaften zu einer bestimmten Zeit vorherrschend sind bzw. dem durchschnittlichen Typus des Auftretens des betreffenden sozialen Tatbestandes entsprechen.

F.H.

Normalverteilung, *normal distribution,* auch: Gauß-Verteilung, eine stetige Wahrscheinlichkeitsverteilung, die schon im 18. Jahrhundert durch A. de Moivre, P.S. de Laplace und C.F. Gauß berechnet wurde. Die N. nimmt in der Statistik eine zentrale Stellung ein, da alle Zufallsvariablen, die sich additiv aus vielen einzelnen unabhängigen Beobachtungen zusammensetzen, annähernd normalverteilt sind (zentraler Grenzwertsatz). Eine daraus resultierende Interpretation der N. als Naturgesetz führte zur Namensgebung und zum Konzept des *„homme moyen"* von A. Quetelet. Die N. wird gelegentlich auch als Fehler- oder aufgrund ihrer grafischen Darstellung als Glockenkurve bezeichnet. In der Praxis arbeitet man gewöhnlich mit der standardisierten N., deren → Erwartungswert null und deren → Streuung eins beträgt. M.K.

Normalverteilung, logarithmische, *lognormal distribution,* Bezeichnung für eine Verteilung, bei der die logarithmischen Werte der betreffenden Variablen normalverteilt sind. H.W.

normativ, Normativität, Bezeichnung für Aussagen, in denen eine Bewertung ausgedrückt wird (z.B. richtig, gut), verbunden mit der Forderung, sich dieser Bewertung anzuschließen. Der Gegenbegriff heißt „deskriptiv" und bezeichnet Aussagen, die lediglich eine → Beschreibung enthalten. C.Wo./R.L.

Normativität des Faktischen, von dem Staatsrechtler G. Jellinek geprägte Bezeichnung für die Tendenz von Machtakten und Verhaltensregelmäßigkeiten, als Recht zu gelten und in legitime Verhaltensforderungen überzugehen. R.L.

Normbenefiziar, die Person, zu deren Gunsten eine Norm wirkt. H.Tr.

Normbruch, Bezeichnung für eine Handlung, die soziale Normen verletzt. Als → ziviler Ungehorsam (z.B. im Kampf gegen die Apartheid) symbolischer Akt, der die Weigerung der Individuen deutlich machen soll, sich weiterhin ungerecht empfundenen Normen zu unterwerfen. M.S.

Normdistanz bezeichnet die reservierte Einstellung gegenüber Normen, und zwar entweder auf Seiten des Normadressaten, wenn die Normen seinen Wünschen und Vorstellungen widersprechen, oder auf Seiten des Normsenders, wenn er seine Forderungen an die Adressaten nicht erhöhen kann. N. muss nicht zum Normenkonflikt führen. C.Wo./H.Tr.

Normempfänger → Normadressat

Normen, außerrechtliche, Bezeichnung für Verhaltensregeln, die sich aus Gewohnheit, Brauch, Sitte, Mode u.a. ergeben, aber nicht in rechtlichen Vorschriften verfestigt sind. Wenn ein Problem juristisch zu entscheiden ist, dann wird der Entscheider innerhalb der Ermessensspielräume, welche die Rechtsnormen zahlreich offen lassen, von den a.n N. geleitet. R.L.

Normenaggregat → Normenkomplex

Normenkomplex, Normenaggregat, eine Mehrzahl von Normen, die von einer Person oder einer Gruppe akzeptiert werden und einen bestimmten Verhaltensbereich regeln. C.Wo./R.L.

Normenkonflikt, Bezeichnung für die Situation, dass für einen Sachverhalt mehrere, einander inhaltlich widersprechende Normen vorhanden sind. N.e entstehen insbesondere, wenn eine Mehrzahl von Normen (ein Normenkomplex) nicht in der Weise gegliedert ist, dass eine Norm ihre Geltung von einer jeweils höherrangigen Norm ableitet. R.L.

Normenkorrespondenz, die Ähnlichkeit zwischen den von einer Person akzeptierten Verhaltensregeln und den in der Gruppe geltenden Verhaltensregeln. Der Grad von N. ist ein Indiz dafür, wie stark eine Person sich in die Gruppe integriert hat. C.Wo./R.L.

Normenstaat → Doppelstaat

Normierung, [1] bezeichnet allgemein den Tatbestand, dass Normen vorhanden sind, d.h. dass Menschen ihr Verhalten sozial verbindlich machen.

[2] N. bezeichnet zuweilen auch den Vorgang, dass eine Norm auf menschliches Verhalten angewandt wird. H.Tr./R.L.

Normkern bezeichnet nach T. Geiger das Verhaltenselement im Normbegriff: gleichartige Situationen werden innerhalb eines angebbaren Personenkreises regelmäßig mit einem bestimmten Verhalten beantwortet. H.Tr.

Normkristallisation, *crystallization of a norm*, Maß für die Zustimmung, die eine Verhaltensregel in einer Gruppe genießt. R.L.

Normlosigkeit, das Fehlen verbindlicher sozialer Regeln zur Steuerung des sozialen Handelns in bestimmten Situationen. Dieser Sachverhalt heißt auch → Anomie [1]. E.L.

Normsatz – subsistente Norm. Die s. N., die Norm im eigentlichen Sinn, besteht aus mehreren Elementen: dem Normkern, dem Normstigma, dem (oder den) Normadressaten und in gewissen Fällen dem (oder den) Normbenefiziar(en). Der N. ist die sprachliche Wiedergabe dieses Verhältnisses, die nicht für jede s. N. vorliegen muss. Mithilfe der beiden Begriffe unterscheidet T. Geiger zwischen der Norm selbst und ihrer Wortgestalt. H.Tr.

Normsender, Bezeichnung für denjenigen, der Verhaltensforderungen (Normen) an andere Personen richtet. Andere Bezeichnungen dafür: Normsetzer oder Normgeber. H.Tr.

Normstigma, der Umstand, der eine → Norm verbindlich, gültig macht. Bei T. Geiger das eigentlich normative Element im Normbegriff. H.Tr./R.L.

Normsystem, [1] → Normenkomplex
[2] Ein Normenkomplex, der nach steigender Abstraktheit und Geltung der Normen gegliedert ist. C.Wo./R.L.

Notwendigkeit, funktionale → Erfordernis, funktionales

N-Personenspiel, auch: Mehrpersonenspiel, Spiel im Sinne der → Spieltheorie, an dem mehr als zwei Personen (→ Zwei-Personenspiel) beteiligt sind. In der Analyse des N.-P. ist die Bildung von Koalitionen von zentraler Bedeutung. H.W.

NST → Sozialisationstyp, narzisstischer

nuclear family (engl.) → Kernfamilie [1]

Nukleation, ein Knoten- und Entscheidungspunkt in der Biografie, an dem sich (unabsichtlich, quasi zufällig) viel entscheidet, an dem die bisherige Lebensgestalt brüchig wird und sich neue Formen der Lebensführung andeuten (Jantsch 1979), z.B. eine neue Liebe. W.F.H.

Nullhypothese, Hypothese, der zufolge eine nur zufällige Beziehung zwischen den untersuchten Variablen besteht. Um die alternative Hypothese vorläufig zu bestätigen, muss die N. durch statistische Testverfahren widerlegt werden. L.K.

Nullmethode, von K.R. Popper in Anlehnung an J. Marschak benutzte Bezeichnung für die Interpretation menschlichen Verhaltens mithilfe so genannter rationaler Modelle: man konstruiert ein Modell der Aktionen und Interaktionen von Menschen in einer bestimmten Situation, das von der Annahme vollständiger Rationalität und vollständiger Informiertheit der beteiligten

Individuen ausgeht, und vergleicht dann deren tatsächliches Verhalten mit dem aufgrund des Modells zu erwartenden Verhalten, „wobei dieses als eine Art Nullkoordinate dient". Etwaige Abweichungen des faktischen Verhaltens von dieser „Nullkoordinate" wären dann z.B. auf den Einfluss irrationaler Vorurteile, Informationsmangel o.ä. zurückzuführen.   R.Kl.

Nullperson, Unperson, eine Person, der situationsabhängig oder generell soziale Handlungskompetenz nicht zugebilligt wird und die so – wie z.B. der Diener auf Empfängen – zumindest in gewissen Situationen zum „anwesenden Nichtanwesenden" werden kann.   H.Ty.

Nullpunkt, sozialer → Standort

Nullsummenspiel, *zero sum game,* ist ein Spiel, in dem die Summe der Auszahlungen an die Spieler null ergibt. Im Falle des Zwei-Personen-N. ist also der Gewinn des einen Spielers gleich dem Verlust des anderen. Das N. ist ein spezielles Konstantsummenspiel, bei dem die Summe der Auszahlungen ein konstanter Betrag ist. Für die Lösung von N. existiert ein mathematischer Algorithmus, das Simplex-Verfahren (→ Programmieren, lineares). Nicht-N. sind solche Spiele, bei denen die Summe der Auszahlungen an die Spieler nicht konstant ist. Im → Zwei-Personenspiel können in diesem Fall beide Spieler gleichzeitig Gewinne oder Verluste erzielen. Für die Lösung dieser Spiele gibt es bisher keinen allgemein anerkannten mathematischen Algorithmus. Die sozialwissenschaftliche Anwendung von N. setzt eine vollständig antagonistische Konfliktsituation voraus. Nicht-N. sind daher meist realitätsnäher.   N.M.

nullum crimen (lat.), → Pönalisierung

Nullwert, aus der Mathematik entliehener Begriff, der im französischen Strukturalismus (C. Lévi-Strauss) eine wichtige Rolle als begründende Instanz für Strukturen und Organisationen übernimmt. Ein N. wird z.B. durch das Wort „Mana" bezeichnet, das kaum zu definieren ist, aber dennoch im gesamten Tauschakt gegenwärtig ist. Der N. bezeichnet daher nicht ein bestimmtes Element unter anderen, sondern jenen Wert, welcher die Elemente einer Struktur erst ermöglicht. → Signifikant, leerer   U.St.

Numen, religionswissenschaftliche Bezeichnung für die göttliche Macht ohne personale Gestalt.   V.Kr.

Numinose, von R. Otto geprägter Begriff zur Bezeichnung des irrationalen Momentes der religiösen Kategorie des Heiligen. Das N. zeichnet sich durch seine ambivalente Wirkung aus, es hat etwas Furcht erregendes und etwas Anziehendes zugleich (*„Mysterium tremendum et fascinosum"*).   V.Kr.

NUTS-Systematik der Gebietseinheiten für die Statistik, frz. *Nomenclature des unites territoriales statistiques,* dreistufige regionale Gliederung der EU-Staaten. Die *NUTS*-Einheiten bestehen als Einheiten vergleichbarer Größe aus einer oder aus mehreren Verwaltungseinheiten. In Deutschland entsprechen die *NUTS*-1-Regionen den Bundesländern, die *NUTS*-2- und -3-Regionen mehrheitlich den (ehemaligen) Regierungsbezirken bzw. den Kreisen und kreisfreien Städten.   C.W.

Nutzen, die Summe der Vorteile, welche dem Akteur aus seinem Verhalten erwachsen. Grundbegriff der → *rational choice-theory* und ökonomischen Soziologie (J.S. Coleman, H. Esser, D. Krause u.a.). → Utilitarismus, → Wohlfahrts-Ökonomie   R.L.

Nutzen, kardinaler, Nutzenmessung, die über die Bestimmung von Rangunterschieden zwischen verschiedenen Nutzen (ordinaler N.) auch die Bestimmung des metrischen Abstands zwischen zwei Nutzengrößen erlaubt. Die k.e Nutzenmessung gestattet u.a. die Addition der N. verschiedener Objekte oder Handlungen. Über die Frage, ob ein k. N. bestimmt werden kann, besteht eine ausgedehnte Diskussion. Ein weithin anerkanntes Modell ist der Erwartungsnutzen von J. v. Neumann und O. Morgenstern, das jedoch nur auf bestimmte Situationen anwendbar ist.   H.W.

Nutzenfunktion, Bezeichnung für eine eindeutige Zuordnung zwischen bewerteten Gegenständen oder Entscheidungsergebnissen und reellen Zahlen, die die Wertschätzungen ausdrücken. Die Skala der geordneten Gegenstände soll zumindest die Anforderungen an eine Intervallskala erfüllen. Eine weitere Voraussetzung für die Konstruktion einer N. ist die Existenz einer konsistenten Präferenzordnung über die Gegenstände oder Entscheidungsergebnisse. Schon 1738 entwickelte D. Bernoulli aus einer „Grenznutzen"-Differenzialgleichung eine logarithmische, also nichtlineare N. Bisher gibt es keine allgemein anerkannte Methode zur Konstruktion einer N.   N.M.

O

Oberflächengrammatik – Tiefengrammatik, *surface grammar – deep grammar.* [1] Eine O. beschreibt nur die → Oberflächenstruktur einer gegebenen Sprache, eine T. erfasst Oberflächen- und Tiefenstruktur und die Beziehungen zwischen beiden.

[2] Bei L. Wittgenstein umfasst O. die traditionelle Lehre vom korrekten Satzbau einer Sprache. T. untersucht den Gebrauch von sprachlichen Äußerungen in pragmatischen Situationen.

A.H.

Oberflächenstruktur – Tiefenstruktur, *surface structure – deep structure*, Unterscheidung in der Sprachwissenschaft: die O. repräsentiert die grammatische Struktur einer sprachlichen Äußerung so, wie sie aktuell lautlich oder geschrieben erscheint. Die T. beschreibt die in der O. nicht sichtbaren elementaren grammatischen Relationen, die zwischen den sprachlichen Elementen bestehen, wodurch die Bedeutung der Äußerung definiert ist (z.B. bei Mehrdeutigkeiten und bei Sätzen komplizierterer Struktur).

A.H.

Oberklasse → Klasse, herrschende [1]

Oberschicht, in einer hierarchisch strukturierten Gesellschaft die Summe oder die Gruppierung der Inhaber der höchsten Rangplätze auf der Skala der Merkmale, die in der je spezifischen Gesellschaft als relevant für soziales Ansehen gelten oder dominant erscheinen (z.B. Macht, Einkommen, Prestige). Eine Unterscheidung von oberer O. (*upper-upper class*) und unterer O. (*lower-upper class*) ist zumeist rein klassifikatorisch.

O.R.

Objekt, internalisiertes soziales, das im Zuge von Interaktions- und Sozialisationsprozessen verinnerlichte Bild des jeweils anderen Akteurs (*alter*) als Bestandteil der Motivation des handelnden Subjekts (*ego*) in der Form von Einstellungen und Erwartungen gegenüber *alter*. H.L.

Objektbesetzung, psychoanalytische Bezeichnung der Tatsache, dass ein bestimmtes Maß an psychischer Energie an Objekte gebunden ist (→ Besetzung). Die O. ist genetisch etwa um den achten Lebensmonat vollzogen und wird dann als Objektkonstanz bezeichnet. Die Rücknahme von O.en hat ein Anwachsen der Ich-Besetzung zur Folge und charakterisiert den sekundären Narzissmus.

U.E.

Objektbeziehung, in der Psychoanalyse das bewusste und unbewusste Erfassen von bedeutsamen Anderen (→ Andere, der signifikante) durch ein Subjekt. Analog den Stufen der → Libidoorganisation werden Stufen der Entwicklung von O. oder O.stypen angesetzt, die gekennzeichnet sind durch die Übertragung infantiler Wünsche. Mit der Überwindung des → Ödipuskomplexes und der Erreichung der endgültigen genitalen Stufe korrespondiert eine reife O., die durch postambivalente Objektliebe charakterisiert ist.

U.E.

Objektfixierung, psychoanalytischer Begriff, der besagt, dass Objekte nach den Vorstellungsmodalitäten, die einer bestimmten psychosexuellen Entwicklungsstufe (→ Libidostufen) entsprechen, erlebt werden. → Fixierung [3]

U.E.

Objektinterview, von R. Tschiedel und B. Hülsmann eingeführte Bezeichnung für die systematische fragebogengestützte Beschreibung sozialer Situationen, in deren Zentrum eine technische Problemlösung steht. Eignet sich besonders zur partizipationsorientierten → Technikfolgenabschätzung, → Technikbewertung und → Technikgestaltung. Ermittelt und zur EDV-Auswertung aufbereitet werden möglichst vielfältige, um eine technische oder nichttechnische Problemlösung herum organisierte gesellschaftliche Teilsysteme, die durch eine Veränderung der Problemlösung (z.B. durch Technikeinsatz oder Veränderung einer Technik) neu strukturiert werden müssen oder „der technischen Entwicklung zum Opfer fallen". Relevant sind insbesondere die betroffenen, beteiligten und profitierenden gesellschaftlichen Akteure.

R.T.

Objektivation, [1] bezeichnet in der phänomenologischen Soziologie den Prozess und das Resultat des Vorgangs, worin sich subjektive Vorgänge in Handlungen und Gegenständen in der Lebenswelt des Alltags verkörpern. Das menschliche Ausdrucksvermögen manifestiert sich in Erzeugnissen, die für den Handelnden und dessen Mitmenschen begreiflich sind. R.L.

[2] Bei A. Schopenhauer die „reale Körperwelt", ein für das Subjekt Gegenständlich-Werden des „Willens" (1844).

[3] In der Erkenntnistheorie ist damit die gegenstandskonstituierende Leistung von Begriffen, Urteilen, Wahrnehmungen etc. angesprochen.

[4] Bei G. Simmel (1900) sind alle nicht naturgegebenen Gegenstände O.; im Zusammenhang mit seiner Lebensphilosophie „O. des Geistes": „Kunstwerke und Sozialreformen, Institutionen und Erkenntnisse". O. ist jedoch nicht nur eine → Entäußerung, sondern ist zugleich nicht willkürlich, vielmehr Ausdruck des Lebens.

[5] Teils svw. → Objektivierung

O.R.

Objektivierung, [1] Vergegenständlichung, heißt die Vorstellung eines subjektiv Gegebenen als objektiv.

[2] Eine innere Vorstellung äußerlich in Erscheinung umwandeln; vgl. → Entäußerung.

[3] Bei G. Simmel die Entlassung eines kulturellen Phänomens aus dem subjektiven Zugriff, was einer Versachlichung entspricht.

[4] Bei E. Husserl und in der phänomenologischen Soziologie svw. Gegenstandskonstituierung: „das doxische cogito allein vollzieht aktuelle O." (1913).

[5] In der Psychologie meint O., etwas zum Objekt machen, indem die die Aufmerksamkeit auf einen Inhalt gelenkt wird, der dann vom psychischen Akt seiner Erfassung unterschieden werden kann, oder – im engeren Sinne – durch kategoriale Formung des Erfahrungsmaterials.

O.R.

Objektivismus, in den Sozialwissenschaften Ablehnung introspektiver Methoden des Erkennens (z.B. verstehender Methoden). Zuverlässige, intersubjektiv übertragbare Beobachtungen sind im Sinne des O. nur durch Beobachtung der Verhaltensweisen der Individuen zu gewinnen. Eine Form des O. ist der → Behaviorismus.

H.W.

Objektivität, das Gegenteil von → Subjektivität, die Unabhängigkeit von subjektiven Einflüssen, Sachlichkeit. Insbesondere eine Eigenschaft von Urteilen, Aussagen: ein Urteil ist objektiv, soweit seine Geltung unabhängig von den subjektiven Eigenschaften des Urteilenden (seinen persönlichen Erfahrungen, Einstellungen, Wertvorstellungen, Wünschen usw.) begründet und somit – wenigstens prinzipiell – von anderen überprüft werden kann (→ Intersubjektivität [1]). Wissenschaftliche O. hängt vor allem von dem methodischen, d.h. sowohl durch den Forscher selbst kontrollierten als auch durch andere kontrollierbaren Vorgehen bei der Gewinnung der Ergebnisse ab.

R.Kl.

Objektkonstanz → [1] Objektbesetzung
[2] Nach Piaget die entwickelte Vorstellung beim Kind, dass Objekte, auch wenn sie nicht wahrnehmbar sind, vorhanden sind (Suchen – Finden).

H.W.

Objektkonstruktion, bei P. Bourdieu die begriffliche (sowie operationale) Bestimmung des Forschungsgegenstandes, die sich im Sinne von E. Durkheim vom Alltagsverständnis lösen muss und auch von dem durch Staat, Großorganisationen und öffentliche Meinung vorgegebenen Problemverständnis.

W.F.H.

Objektmodalitäten, *modalities of objects,* Eigenschaften eines sozialen Objekts, die die Orientierung eines Subjekts und dessen Verhalten gegenüber dem Objekt beeinflussen (T. Parsons).

G.E.

Objektsprache → Metasprache

Objektwahl, nach psychoanalytischer Terminologie die Partnerwahl nach Abschluss der Pubertät. Es werden schematisch zwei Typen der O. unterschieden:
a) O. nach dem Anlehnungstypus oder anaklitische O.; besagt, dass die Sexualtriebe sich in der frühen Kindheit anlehnen an die Selbsterhaltungsfunktionen, und die postpubertäre O. sich anlehnt an infantile Elternimagines;

b) narzisstische O., wenn das Subjekt nach dem Vorbild der Beziehung, die es zu seinem Selbst hat, eine O. trifft; insbesondere im Zusammenhang mit der Homosexualität von Bedeutung.

U.E.

Oblaten, bei P. Bourdieu Bezeichnung für jene Gruppen, vor allem Kleinbürger, die alle ihre Erwartungen und Überzeugungen in den Bereich von Schule und Hochschule legen, die sich diesem Bereich gewissermaßen weihen.   A.K.

Obrigkeitsstaat, [1] kritische Bezeichnung insbesondere für die autoritäre Staatsform des Deutschen Reiches ab 1871, die ihre Staatsbürger tendenziell als Untertanen behandelte und einen entsprechenden Untertanengeist aufkommen ließ.
[2] Allgemein kritische Bezeichnung für jegliche autoritäre Staatsformen und entsprechende politische Zielvorstellungen (so z.B. in der Kritik an den Notstandsgesetzen Westdeutschlands).

W.F.H.

Obstruktion, in der Politik eine Reihe von Mitteln der Durchsetzung, die auf Arbeitsunfähigkeit oder Beschlussunfähigkeit von Versammlungen und Gremien hinzielen.   W.F.H.

odds (engl.), Chancen, Wettchancen, in der Statistik definiert als Verhältnis der Wahrscheinlichkeit des Eintretens eines Ereignisses (p_i) zur Gegenwahrscheinlichkeit ($1-p_i$), also: $(pi)/(1-p_i)$. Bei einer Wahrscheinlichkeit von 0.8 betragen die Chancen des Eintritts des betreffenden Ereignisses 4:1. Der Wertebereich der o. ist nach unten gegen Null beschränkt. Durch Logarithmierung können die o. in sog. Logits transformiert werden: $\ln(p_i) - \ln(1-p_i)$. Diese haben einen Wertebereich zwischen minus und plus unendlich. Logits bzw. o. spielen u.a. in der → logistischen Regression eine Rolle.   H.W.

Ödipuskomplex, nach psychoanalytischer Theorie der Kulminationspunkt der phallischen Phase, in der das Kind alle libidinösen und aggressiven Wünsche auf seine Eltern richtet. Das Grundmodell des Ö.es übernahm S. Freud aus der antiken Ödipussage: sexueller Wunsch gegenüber dem gegengeschlechtlichen Elternteil und feindselige bzw. Todeswünsche gegen den gleichgeschlechtlichen Elternteil, der als Rivale empfunden wird. Diese Version beschreibt vereinfachend die positive Form des Ö.es; die negative Form des Ö.es besagt, dass der gleichgeschlechtliche Elternteil geliebt und der gegengeschlechtliche gehasst wird. Der Ö. ist das Kernstück der psychoanalytischen Theorie, insbesondere der Neurosenlehre, und wird als anthropologische Konstante angenommen, auch bei differenten gesellschaftlichen Organisationsformen.
→ Familienkomplex   U.E.

Ödipusphase, svw. phallische Phase. → Libidostufen; → Ödipuskomplex   R.Kl.
OECD-Skala → Äquivalenzeinkommen
off (engl.) → *on – off*
Öffentliche Meinung → Meinung, öffentliche
Öffentlicher Raum → Raum, öffentlicher
Öffentlichkeit, aktive, eine Form der Interessenartikulation, bei der neben den verfassungsmäßigen Institutionen auch Medien, Wissenschaftler u.a. in einen politischen Vorgang eingreifen
und dabei ein eigenes Gewicht – meist zu Gunsten artikulationsunfähiger Betroffener – gewinnen.   R.L.
Öffentlichkeit, bürgerliche, sozialhistorischer
Begriff für das Organisationsprinzip politisch-li-
terarischer Kommunikation und Entscheidung
in der klassischen bürgerlichen Gesellschaft: der
in Klubs und Salons, Zeitungen, Büchern und
Theater gegebene Zusammenhang des gebildeten, diskutierenden Publikums. Gegen die absolute Herrschaft der Monarchen beansprucht die
vernünftig im Allgemeinen Interesse geführte
Diskussion ihr Recht (J. Habermas).   W.F.H.
Öffentlichkeit, plebejische, zentraler Bestandteil
des Konzeptes einer → plebejischen Kultur der
vorindustriellen Unterschichten in Europa (E.P.
Thompson u.a.), die, durch gemeindliche Zusammenhänge lokal und personell begrenzt, gegenüber der bürgerlichen Öffentlichkeit keine
Trennung von Öffentlichkeit und Privatsphäre,
keine Trennung von Produktion, Konsumtion
und Politik zeigt. Ausgeprägte Formen der p.n
Ö. sind öffentlicher Konsum in einer Vielzahl
von Festen, Hunderennen und Hahnenkampf,
direkte, öffentliche Präsentation von Gegenge-
walt in Revolten und direkten Aktionen. H.W.
Öffentlichkeit, proletarische, [1] allgemein Bezeichnung für Formen der Äußerung, des Austauschs und der Organisation von Lebenslage
und Lebensinteresse der Arbeiterklasse.
[2] Bei O. Negt u. A. Kluge (1972) Bezeichnung
für eine nicht nur dem Inhalte, sondern auch der
Form nach von bürgerlicher Öffentlichkeit verschiedene Öffentlichkeit: In den Kampfformen
der Arbeiterbewegung, den alltäglichen Widerständen gegen kapitalistische Vergesellschaftung
und staatliche Willensbildung, gegen Zerteilung
des Lebens in Beruf und Freizeit, Arbeitskraft
und Persönlichkeit, in Resten lebendiger und
herrschaftsloser Beziehungen zwischen den
Menschen wirkt danach p. Ö. als Medium und
Entwurf einer neuen Gesellschaft, die sich auf
Produktion des Lebens aller gründet.   W.F.H.
Öffentlichkeit, repräsentative, sozialhistorischer
Begriff für die Gesamtheit der Herrschafts- und
Lebensformen der Feudalherren als gegenüber
den Untertanen sich darstellender Herrschaft (J.
Habermas).   W.F.H.

office (engl.) → Amt
Offizialisierung, bei P. Bourdieu spezielle Re-
präsentationsform und Darstellungsweise, mit
der eine soziale Gruppe die Existenz ihrer
selbst als Kollektiv, eine bestimmte politische
Meinung, kulturelle Lebensweise oder ein bestimmtes Weltbild mit Nachdruck öffentlich proklamiert und damit den Anspruch auf allgemeine Respektabilität, Anerkennung und Institutionalisierung unterstreicht. Erfolgreich ist die
Strategie der O. dann, wenn stillschweigend die
Grenze zwischen Denkbarem und Undenkba-
rem definiert und so zur Erhaltung, Veränderung oder Verfestigung einer sozialen Ordnung
beigetragen wird, aus deren Faktizität die eigene
Macht abgeleitet werden kann.   K.K.
Offizialisierungsstrategien, O. verschleiern (materielle, egoistische, individuelle) Interessen und
Motive indem das Handeln im Nachhinein in
Hinblick auf das Regelwerke der Sozialgruppe,
auf legitimierte Beweggründe hin geordnet und
dargestellt wird, ohne dass das Handeln auf diesen Regeln beruht hätte.   A.K.
off-time (engl.), bezeichnet die Situation von Individuen bzw. Gruppen, die mit dem Tempo in
einer → Statuspassage nicht mithalten können
und im Verhältnis zu den anderen zurückfallen.
Sie geraten oft unter Begründungszwang. Können sie auf Dauer nicht mithalten, werden sie
aus der Statuspassage herausgenommen (z.B.
Überweisung auf eine andere Schulform).
                                    W.F.H.
off-shore plant (engl.) → Weltmarktfabrik
Ogive, Bezeichnung der Statistik für die Form
einer Häufigkeitsverteilung, die durch Kumulation von normalverteilten Daten entsteht:

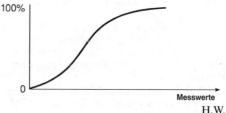

H.W.

Oikos (gr.), Haushaltung, Bezeichnung von J.K.
Rodbertus für den Typ des autoritär geführten
Großhaushalts (z.B. eines Potentaten, Groß-
grundbesitzers, Patriziers), dessen Zweck nicht
kapitalistischer Gelderwerb, sondern organisierte naturale Bedarfsdeckung des O.-Vorstehers
ist, d.h. im O. herrscht das Prinzip der Vermö-
gensnutzung und nicht das der Kapitalverwertung.   O.R.

Okkasionalismus, bezeichnet ein „Planungsverhalten", das ohne eigene Planung aufmerksam
auf eine günstige Gelegenheit zum Handeln

wartet, um dann absichtsvoll und gezielt die eigenen Kräfte zum Einsatz zu bringen (U. Schimank 2005). W.F.H.

Okkultismus, bezeichnet diejenigen, zumeist monistischen oder holistischen („ganzheitlichen"), Weltanschauungen, die sich auf die Erkenntnis und den Umgang mit den übersinnlichen und geheimnisvollen Aspekten der Natur, des Kosmos und der menschlichen Psyche richten. Bestandteile des O. sind Geheimlehren (→ Esoterik) und spezielle Praktiken. In „Geheimwissenschaften" neigt der gegenwärtige O. nicht *per se* zur Bildung von Gruppen mit Exklusivität beanspruchender Identität; vielmehr gehören okkultes Wissen und Praktiken heute zum Angebot alternativ- und subkultureller psycho- und physiotherapeuthischer Praxis. V.Kr.

Okkupationstheorie, Aneignungstheorie, im zu Beginn der Neuzeit vertretenes „natürliches" Recht des Individuums, das dem tätigen Menschen einräumt, dass er durch seine eigene Arbeit der Natur so viel Dinge entreißen darf, als er zur Unterhaltung seines eigenen Lebens braucht. O.R.

Ökodiktatur, politischer Kampfbegriff der 1980er Jahre zur Kennzeichnung einer gesellschaftspolitischen Position (z.B. W. Harich, H. Gruhl), die den einzigen Ausweg aus einer drohenden Umweltkatastrophe und zur Sicherung des biologischen Überlebens der Menschheit in einem Staatswesen sieht, das Freiheit und Selbstbestimmung sowie den Lebensstandard der Menschen zwangsweise einschränken muss. Wegen des totalitären Anspruchs auch als „Ökofaschismus" kritisiert. R.T.

Ökofaschismus → Ökodiktatur

Ökologie heißt die Lehre von den Wechselverhältnissen zwischen Lebewesen und ihrer Umwelt, die als Teile eines Systems gefasst werden, das sich im Fließgleichgewicht befinde.
Der Begriff Ö. wurde 1866 als biologisch-darwinistischer von E. Haeckel eingeführt, der darunter „die gesamte Wissenschaft von den Beziehungen des Organismus zur umgebenden Außenwelt" verstanden wissen wollte, wobei er unter „Außenwelt" alle Existenzbedingungen subsumierte. O.R.

Ökologie, politische, [1] im Zuge der Umweltdiskussion wurde p. Ö. in den 1980er Jahren zum wissenschaftlichen Begriff eines bewussten Verständnisses vom Menschen als Lebewesen in seiner Umwelt. Das Adjektiv „politisch" setzt hier nur den Akzent, dass Prozesse der Umweltveränderung nicht naturwüchsig wertfrei vonstatten gehen, sondern aus ihrem Interessenzusammenhang verstanden und bewertet werden müssen.
[2] → Wahlgeographie M.O.H.

Ökologie, psychologische, auch: Ökopsychologie, psychologische Umweltlehre, ein von der Schule K. Lewins benutzter Begriff für die Analyse der physikalischen, sozialen, organisatorischen oder ökonomischen Verhaltensvoraussetzungen und -grenzen als Bestandteil psychologischer (insbesondere feldtheoretischer) Untersuchungen. H.E.M.

Ökonometrie, ein Bereich der Wirtschaftswissenschaft, deren Aufgaben in der Messung wirtschaftlicher Sachverhalte und der empirischen Überprüfung ökonomischer Theorien bestehen. Die Ö. betont heute eine enge Verknüpfung von Statistik und Modellen der mathematischen Wirtschaftsforschung. H.W.

Ökonomie des Bildungswesens → Bildungsökonomie

Ökonomie der Verschwendung → Verschwendung

Ökonomie der Zeit, bezeichnet ausgehend von der Marx'schen Werttheorie eine Grundtendenz kapitalistischer Gesellschaften zu zeitlich zunehmend rationalisierten, auf → abstrakte Arbeit und einfaches Zeitmaß bezogenen Produktionsformen in der modernen Industrie. Zugleich eine Zentralkategorie des Marx'schen Gegenkonzepts, in dem die Überwindung der Warenfetischismus der Ö.d.Z. zuallererst durchschaubar und zum Ausgangspunkt bewusster Planung machen würde. R.Kö.

Ökonomie, [1] Wirtschaftlichkeit des Handelns [2] Wirtschaft eines Landes, in älterer Form auch die Landwirtschaft
[3] Svw. Wirtschaftswissenschaft H.W.

Ökonomie, duale → Wirtschaft, duale

Ökonomie, informelle svw. → Schattenwirtschaft

Ökonomie, moralische, Moralökonomie, *moral economy,* von E.P. Thompson in der Untersuchung des Widerstands der englischen Unterschichten, der *„labouring poor",* gegen die Durchsetzung kapitalistischer Marktökonomie geprägter Begriff, der den traditionsgebundenen, teilweise paternalistisch orientierten volkstümlichen Konsens über eine angemessene, nicht an der zahlungskräftigen Nachfrage, sondern an den innerhalb eines kommunalen Lebenszusammenhanges legitimen Bedürfnissen und an der tatsächlichen Not orientierten Versorgung des Volkes mit Lebensmitteln, z.B. Getreide und Brot, kennzeichnen soll. H.W.

Ökonomie, Neue Institutionelle, Modellierung und Erklärung der Entstehung sozialer Institutionen (stabile Verhaltenskoordination, Normen), auf der Grundlage von Tauschhandlungen individueller, utilitaristischer Akteure (T. Voss 1985). Institutionen werden als ökonomisch effiziente Lösungen zur Vermeidung von Transak-

O

tionskosten, externen Effekten oder allgemein sub-optimalen Resultaten in Situationen strategischer Interdependenz (→ Häftlingsdilemma) angesehen. Die N.I.Ö. bearbeitet insgesamt ähnliche Fragestellungen wie die → Neue Politische Ökonomie. H.W.

Ökonomie, Neue Politische, *new political economy,* Sammelbezeichnung für ältere (R.H. Coase, J.R. Commons, M. Olson, A. Downs) und neuere (A.O. Hirschman, O.E. Williamson) Ansätze zur Erklärung wirtschaftlicher, sozialer und politischer Institutionen und institutionellen Handelns mittels wirtschaftstheoretischer, insbesondere nutzen-, wahlhandlungs- und markttheoretischer Modelle. D.K.

Ökonomie, politische, [1] manchmal auch → Sozialökonomie, allgemein eine Bezeichnung für die Wissenschaft von den Zusammenhängen der materiellen Produktion, von der Herstellung, Verbreitung und Vermehrung des gesellschaftlichen Reichtums. R.Ka.
[2] Im 18. und 19. Jahrhundert Bezeichnung für die Disziplin der Wirtschaftswissenschaften. Als „politisch" galt die Ökonomie, da sie als staatlicher Aufgabenbereich angesehen wurde. O.R.
[3] K. Marx bezeichnet die ökonomischen Theorien seiner Zeit (A. Smith, D. Ricardo) als p.Ö., da sie seiner Auffassung nach eine Apologie der entstehenden kapitalistischen Produktionsweise beinhalten.
[4] Die Marx'sche Kritik der politischen Ökonomie wurde in ihren Fortentwicklungen verkürzt als (marxistische) p.Ö. oder Politökonomie bezeichnet. Diese Rezeption verlor den kritischen Gehalt der Theorie aus dem Auge und verkehrte sie schließlich zu einer positiven „marxistischen Ökonomie".
[5] In frühen Schriften von K. Marx bezeichnet p.Ö. auch das System des *laissez-faire*-Kapitalismus, also nicht nur die ökonomische Theorie, sondern auch die Wirtschaftspraxis. R.Ka.

Ökonomie, sexuelle → Sexualökonomie

Ökonomieprinzip, Sparsamkeitsprinzip, Prinzip, das die größtmögliche Leistung mit einem Minimum an Aufwand zu erreichen vorschreibt. Das Ö. kann entweder als ein methodisches Prinzip oder als ein ontologisches Prinzip formuliert werden. Als methodisches Prinzip ist es die Vorschrift, die Anzahl der Prinzipien oder Axiome o.ä. auf ein Minimum zu begrenzen (Ockhams *Razor*). Als ontologisches Prinzip beinhaltet es die Voraussetzung, dass die Natur in ihren Hervorbringungen (oder Gott in der Einrichtung des Heilsplans) sparsam verfährt, dass also keine Naturerscheinung überflüssig oder unnötig ist. Seit J. Kepler wird das Prinzip auch als „Prinzip der kleinsten Aktion" thematisiert. Be-

einflusst hat der Gedanke des Ö.s die verschiedensten sozialwissenschaftlichen Disziplinen: z.B. S. Freuds Begriffs der Triebökonomie, Machs Prinzip einer „Ökonomie der Wissenschaft" oder G. Simmels „Prinzip des kleinsten Zwanges". In pluralistisch ausgerichteten Theoriemodellen, in denen nicht mehr die Einheit, sondern vielmehr die Vielfalten im Zentrum des Interesses stehen, wird dem Sparsamkeitsprinzip neuerdings ein Proliferationsprinzip (P. Feyerabend) entgegengestellt, das Prinzip üppiger Wucherungen. K.R.

Ökonomismus, [1] abwertende Bezeichnung für Theorieansätze in den Sozialwissenschaften, die alle gesellschaftlichen Prozesse und Strukturen unmittelbar aus Wirtschaftsprozessen abzuleiten versuchen.
[2] In Theorie und Strategie der Arbeiterbewegung Bezeichnung für solche Theorieansätze, die den Übergang von Kapitalismus zu Sozialismus aus Entwicklungen der Ökonomie allein bestimmen und daher der politisch-bewussten Gestaltung dieses Übergangs distanziert gegenüberstehen. W.F.H.

Ökonomismushypothese besagt, dass kapitalistisch organisierte Wirtschaftsbereiche zwangsläufig über verschiedene, hochkomplexe Vermittlungen zur Oligarchisierung der gesellschaftlichen Organisation führen. O.R.

Ökopsychologie → Ökologie, psychologische

Ökosozialismus, Bezeichnung für die Idee einer Gesellschaftsordnung jenseits der kapitalistischen Marktgesellschaft und des bürokratischen Staatssozialismus, in der – idealtypisch gesprochen – Ausbeutung von Menschen durch Menschen und Ausbeutung der Natur durch Menschen zu Gunsten eines neuen Verhältnisses von Mensch und Natur aufgehoben werden sollen. Die Zerstörung der natürlichen Lebensgrundlagen wird aus den inneren Gesetzmäßigkeiten der kapitalistischen Akkumulationslogik hergeleitet. Die Lösung der ökologischen Krise wird gleichwohl nicht in der alleinigen Abschaffung des Privateigentums an Produktionsmitteln gesehen. Der ökologische Umbau, aber auch die Emanzipation der Völker der „Dritten Welt" erforderten zwingend einschneidende Veränderungen der stofflichen Seite der Industrieproduktion und der Konsum- und Bedürfnisstruktur in den industrialisierten Metropolen des Nordens. K.K.

Ökosystem, *ecosystem,* ökologisches System, Bezeichnung für die ökologische Einheit von Lebensgemeinschaft (→ Biozönose) und Lebensbereich (→ Biotop), die sich selbst zu regulieren vermag. O.R.

Oligarchie, die Herrschaft weniger, z.B. von Cliquen oder einigen Familien. W.F.H.

Oligarchie, ehernes Gesetz der → Gesetz der Oligarchie, ehernes

Oligarchisierung, [1] allgemein die Umwandlung einer demokratischen Herrschaft in die Herrschaft weniger.
[2] Speziell die Tendenz zum Abbau demokratischer Herrschaft in politischen Parteien und Organisationen (Gewerkschaften), die von einigen Autoren (R. Michels) als Gesetzmäßigkeit formuliert wurde: → Gesetz der Oligarchie, ehernes.   W.F.H.

Oligopol, Bezeichnung für eine Marktform, in der wenige, zumeist große Anbieter einer Ware (Unternehmen, Konzerne) einer Vielzahl kaum organisierter Nachfrager gegenüberstehen. Eine besondere Form des O. ist das Duopol, in dem zwei Anbieter konkurrieren. Das O. ist gegenüber anderen Marktformen durch starke Abhängigkeiten der Handlungen der Oligopolisten voneinander gekennzeichnet, die in der Theorie zu besonderer Berücksichtigung strategischer Probleme (→ Spieltheorie) geführt haben. H.W.

Olson-Theorem, von M. Olson (1965) aufgestellte Behauptung, dass es für den einzelnen in einer „hinreichend großen" Gruppe nicht rational sei, für ein öffentliches Gut (→ Kollektivgut) zu zahlen oder sich an seiner Herstellung zu beteiligen, wenn er nach der Herstellung von seinem Genuss nicht ausgeschlossen werden kann. Olson zieht daraus den Schluss, dass es, mit Ausnahme von „ziemlich kleinen Gruppen", immer des Zwangs, zusätzlicher Anreize oder anderer spezieller Mittel bedarf, um alle Gruppenmitglieder zur Kooperation bei der Herstellung eines in ihrem gemeinsamen Interesse liegenden öffentlichen Guts zu bewegen. Die individuell rationale Tendenz zum „Trittbrettfahren", wenn sie in einer Gruppe dominant wird, verhindert die Verwirklichung gemeinsamer Interessen (→ Häftlingsdilemma) oder führt, wenn sich nur ein Teil beteiligt, zu suboptimalen Ergebnissen (z.B. Steuerflucht).   H.W.

Omnibus-Umfrage → Mehr-Themen-Umfrage

on – off (engl.), Unterscheidung in dramaturgischen Ansätzen der Soziologie danach, ob die Menschen sich auf der Bühne sehen und vor einem Publikum Theater spielen müssen (*on*) oder nicht (*off*). Situationen des *on* werden als künstlich, belastend, auferlegt empfunden, solche des *off* als ungezwungen und „natürlich".   W.F.H.

one best way (engl.), Mythos vom einzigen Weg, eine Vorstellung, derzufolge es für jegliche Art von Problemen immer eine eindeutig beste Lösung gibt, die sich aus der Sache selbst ergibt und sich längerfristig in Forschung und Entwicklung auch durchsetzt.   W.La.

Online-Erhebung, Datenerhebung unter Nutzung Internet-basierter Dienste (WWW, E-Mail). Im Rahmen von Befragungen können E-Mail-Verbindungen für die Ansprache der Interviewten bzw. die Zustellung und den Rücklauf der Fragebogen genutzt werden. Wenn der Fragebogen auf einem Server liegt, kann er z.B. unter Nutzung von HTML, PDF, JAVA oder Script-Sprachen direkt über das WWW ausgefüllt werden. Neben Online-Befragungen können auch Online Experimente durchgeführt werden. Möglich ist auch die Nutzung anderer Dienste (Diskussionsforen, Chats) für O.-E. Online-Befragungen können erheblich kostengünstiger durchgeführt werden; für die verschiedenen methodischen Probleme insbesondere im Bereich des Sampling gibt es bislang noch keine befriedigenden Lösungen.   C.W.

Onlineforschung → *online research*

Online-Interview → Online-Erhebung

Ontogenese, Ontogenie, [1] Geschichte oder die durch Umwelteinflüsse und biologische Faktoren bestimmte Entwicklung eines einzelnen Organismus von der Geburt bis zum Tode. Gegenbegriff: → Phylogenese
[2] Nach E. Haeckel Bezeichnung für die Keimesentwicklung des Einzelwesens.   O.R.

Ontogenie → Ontogenese

ontological gerrymandering → *gerrymandering*

Ontologie, Lehre vom Seienden als solchen, einschließlich dessen Grundbestimmungen und allgemeinen Eigenschaften.   O.R.

open-mindedness (engl.) → Dogmatismus [2]

Operant, operante Reaktion, operantes Verhalten, Wirkreaktion, bei B.F. Skinner Bezeichnung für eine Reaktion, deren Intensität oder Häufigkeit nicht – wie im Falle der respondenten Reaktionen – von einem auslösenden Reiz abhängt, sondern von den Auswirkungen dieser Reaktion: folgt auf einen möglicherweise zufällig gezeigten O.en eine Verstärkung, wird dieser O. künftig mit größerer Häufigkeit gezeigt. Gegenbegriff: → Respondent [2]. → Konditionierung, instrumentelle   R.Kl.

Operation ist aus systemtheoretisch-soziologischer Perspektive stets ein zeitpunktfixiertes Ereignis eines Systems. Der operative Systembegriff impliziert damit zugleich, dass Systeme stets nur in einem Moment existieren. Im Falle sozialer Systeme ist diese O. Kommunikation, bzw. wenn diese (simplifizierend) beobachtet wird, Handlung. Für die Analyse der Gesellschaft ist von besonderer Wichtigkeit, dass auch diese Beobachtungen (→ Beobachtung [3]) O.en dieses Systems sind.   M.G.

operational-code-technique (engl.), von K.J. Holsti (1977) und George (1979) entwickelte Methode zur Erfassung weltanschaulicher und instrumenteller Überzeugungen politischer Führer. Da davon ausgegangen wird, dass Überzeugungen Systemcharakter haben, lassen sich mit der *o.-c.-t.* Führer vergleichend wichten und Typologien von Führern entwerfen. O.R.

Operationalisierung, [1] Entwicklung operationaler Definitionen, Präzisierung, Standardisierung von Begriffen durch Angabe der Operationen, die zur Erfassung des durch den Begriff bezeichneten Sachverhaltes notwendig sind (O. im ursprünglichen Sinne), oder durch Angabe der messbaren Ereignisse, die das Vorliegen dieses Sachverhaltes anzeigen (Indikatoren). Die O. erfolgt also nicht, indem man Eigenschaften oder Gebrauchsweisen definiert, sondern durch Festsetzung der Regeln, wie Begriffe und Daten zu verknüpfen sind. Diese Regeln können je nach Problemstellung für denselben Begriff verschieden sein, wichtig ist ihre Zweckmäßigkeit. Da aber soziale Sachverhalte wegen ihrer Komplexität ohnehin schwer auf einen oder mehrere Indikatoren zu bringen sind, lassen sich auch Kriterien für die Zweckmäßigkeit einer bestimmten O. nicht ohne weiteres angeben. Explikation und Validitätserörterungen können dabei helfen. H.D.R.

[2] In den Erziehungswissenschaften, insbesondere in Curriculumforschung und -theorie Bezeichnung für die Übersetzung von Lernzielen in durch einen Ausbildungsgang oder -abschnitt zu erwerbende, durch Tests und Examina überprüfbare Verhaltensänderungen der Lernenden. W.F.H.

Operationalismus, Operationismus, *operationism*, zuerst von P.W. Bridgman vertretene Lehre, alle wissenschaftlichen Begriffe als gleichbedeutend mit der entsprechenden Menge physischer Operationen anzusehen, durch die der mit dem Begriff bezeichnete Sachverhalt festgestellt bzw. gemessen wird. Später ließ Bridgman neben den physischen auch symbolische (logische) Operationen zu. Die Kritik weist darauf hin, dass im O. nur die Art der Begriffspräzisierung, die operationale Definition, absolut gesetzt wird und außerdem die Gefahr des unendlichen Regresses vorliegt, da auch die in der operationalen Definition verwandten Begriffe selbst operationalisiert werden müssten. H.D.R.

Operationismus → Operationalismus

operations research (engl.) → Operationsforschung

Operationsforschung, *operations research,* auch: Unternehmensforschung, bezeichnet die Untersuchung von Organisationsproblemen, die Entscheidungs- und Planungsprobleme wirtschaftlicher, militärischer und auch gesellschaftlicher Natur vorwiegend anhand mathematischer Modelle und Verfahren analysiert und anwendba-

ren Lösungen zuführt. Aufgaben der O. sind u.a. die Planung von Transportsystemen, der optimale Einsatz von Produktionsmitteln, die optimale Lagerhaltung von Unternehmen, Qualitätskontrollen, Ersatz- und Bedienungsprobleme. Neben Planung, Optimierung und Überwachung von Systemen von Handlungen oder Operationen, die deterministischer oder stochastischer Natur sein können, tritt die Untersuchung strategischer Probleme. Dabei können die Gegenspieler sowohl intelligente Parteien wie auch die Natur sein (z.B. Planung von Fischfängen). Da sich die O. häufig mit der Planung von selbstregulierenden Systemen zu befassen hat (Regelungstheorie), bestehen enge Beziehungen zur → Kybernetik. H.W.

operativ, im Sinne der Lerntheorie gleichbedeutend mit „operant". → Operant H.S.

Opfer, bezeichnet in der Soziologie des abweichenden Verhaltens und der Kriminalität diejenige Seite der Interaktion, auf welcher ein Rechtsgut verletzt wird und der Schaden eintritt. Während früher die Seite der „Täter" im Mittelpunkt wissenschaftlicher Analysen stand, werden zunehmend die „O." ins Zentrum gerückt. Diese kriminologische Umorientierung wird „Viktimismus" genannt und hat zwiespältige Folgen für die rechtsstaatliche Aufgabe des Strafrechts und der sozialen Kontrolle. Mit dem Ruf „Opferschutz geht vor Täterschutz" werden Freiheitsgarantien zurückgenommen, die seit dem Mittelalter (*Habeas corpus* usw.) die Verdächtigen vor ungehemmtem polizeilichen Zugriff, vor grenzenloser Strafe und vor Lynchreaktionen bewahrt haben. R.L.

Opferhaltung, präsentative, bezeichnet in der → Viktimologie ein demonstratives und gewissermaßen übertriebenes Vorzeigen des eigenen Opferstatus, hinter dem eine Umkehrung des Täter/Opfer-Verhältnisses vermutet werden kann. Z.B. Hitler, der sich als Opfer einer jüdischen Weltverschwörung sah (G. Fischer/P. Riedesser 1998). W.F.H.

Opferpersönlichkeit, bezeichnet ein (umstrittenes) Konzept in der → Viktimologie, demzufolge das Opfer einer Straftat durch Persönlichkeitsmerkmale (mangelnde Durchsetzungskraft, Leidensbereitschaft o.ä.) den Täter angezogen und zur Tat geradezu veranlasst hat. W.F.H.

Ophelimität, Bezeichnung von V. Pareto für die Befriedigung, den Nutzen, den ein Gut einem Konsumenten gewährt. Die O. ist abhängig von der Stärke des Bedürfnisses des Konsumenten. H.W.

opinion (engl.) → Meinung

opinion leader (engl.) → Meinungsführer

opinion poll (engl.) → *poll*

opinion research (engl.) → Meinungsforschung

opinion, public (engl.) → Meinung, öffentliche

opportunity costs (engl.), Opportunitätskosten → Kosten

opportunity structure (engl.) → Gelegenheitsstruktur

Oppositionswissenschaft, Bezeichnung für die Soziologie, die sich in Opposition zu den jeweils herrschenden Zuständen und Auffassungen befindet (C. Brinkmann). Seit ihren Anfängen im 19. Jahrhundert fungierte die Soziologie, gewollt oder ungewollt, als O. in dreierlei Hinsicht: a) Soziale Missstände waren zu beseitigen; ihre Untersuchung implizierte Opposition gegen bestehende Machtverhältnisse. b) Die Analyse sozialer Tatbestände bedeutet Infragestellen kultureller und politischer Selbstverständlichkeiten, Relativierung „natürlicher" Institutionen, Entlarvung von Ideologien und damit Rationalisierung politischen Handelns. c) Kraft besserer Einsicht haben sich insbesondere Soziologen zur Forderung nach sozialen Reformen verpflichtet gefühlt. In demokratischen Gesellschaften haben z.T. Parteien, Kommunikationsmedien und Verbände diese Rolle übernommen.   H.L.

Optimierung, dynamische → Programmieren, dynamisches

Optimierung, lineare → Programmieren, lineares

Optionen, [1] Auswahlmöglichkeiten, Bezeichnung für die Handlungsmöglichkeiten, die der Einzelne in Bezug auf seine Lebensstile hat bei Einbeziehung der gesellschaftlichen Zwänge und Begrenzungen. Unter der Hypothese, dass die Zahl der O. mit zunehmender Arbeitsteilung und funktionaler Differenzierung wächst, nennt E.K. Scheuch die O. das *Output*-Kriterium von hochdifferenzierten Industriegesellschaften.
O.R.

[2] → Ligaturen

oral, auf die Körperzone des Mundes (lat. *os*) oder auch – in der Psychoanalyse – die dort lokalisierten oder dorthin zielenden Empfindungen oder Triebregungen bezogen. → Libidostufen; → Oralerotik   R.Kl.

Oral History, aus dem engl. übernommener Begriff, manchmal auch als „mündliche Geschichtsschreibung" eingedeutscht. [1] Eine Methode der Gewinnung von zusätzlichen Quellen für den Historiker durch Befragung von Zeitzeugen (biografische und Informanteninterviews), in den USA begonnen hauptsächlich als Befragung von politischen, militärischen, wirtschaftlichen usw. Protagonisten der Zeitgeschichte (zur Abrundung der Analysemöglichkeiten der zeitgeschichtlichen Forschung).

[2] Durch kritische Rezeption dieser Arbeitsrichtung (L. Niethammer 1978) und inspiriert durch die Renaissance der biografischen Metho-

de bzw. der Biografieforschung wurde O. H. seit Ende der 1970er Jahre zu einem Forschungsprogramm, das über die Geschichtswissenschaft hinaus auch für andere Disziplinen anregend wurde und in die politische Bildung sowie in affine Laieninitiativen („Geschichte von unten" o.ä. bei lokalen Geschichtsinitiativen) ausstrahlte: Aus mündlichen Quellen sollen die geschichtlichen Erfahrungsstrukturen derer rekonstruiert werden, die keine Protagonisten der Zeitgeschichte waren, die „Erfahrung des Volkes". Wichtig war das Forschungsprojekt über Lebensgeschichte und Sozialkultur im Ruhrgebiet 1930 bis 1960 (Niethammer u.a. 1983 ff.); hier u.a. Nachweis, dass die gewohnten Wendepunkte der Zeitgeschichte (etwa 1945) in der Erfahrungsgeschichte eine geringere, jedenfalls andere Bedeutung haben. Die methodologische Bedeutung der O. H. in der Geschichtswissenschaft (u.a. heftige Kritik von Seiten der Sozialgeschichte) ist noch nicht abschließend geklärt; international inzwischen weit verbreitet, verbunden oft mit Geschichte der Arbeiterbewegung, mit Alltags- und Mentalitätsgeschichte.   W.F.H.

Oralerotik, in der Psychoanalyse die sexuellen Triebäußerungen der oralen Phase (→ Libidostufen). Je nach der relativen Ich- und Über-Ich-Entwicklung zum Zeitpunkt von Triebfixierungen resultieren verschiedene pathologische Zustandsbilder: Suchtkrankheiten, so genannte orale Charakterneurose, orale neurotische Symptome. Bei Ausschließlichkeit der O. im Sexualverhalten handelt es sich um eine Perversion. U.E.

Oraltradition, die mündliche Überlieferung, etwa in schriftlosen Kulturen.   R.L.

order, sequential (engl.) → Ordnung, sequenzielle

ordered metric (engl.), Ausdruck von C. Coombs für → Ordinalskalen, bei denen auch die Differenzen zwischen den Objekten geordnet sind.   H.W.

Ordinalskala, eine die Rangordnung wiedergebende, nicht-metrische Anordnung (quantitative Klassifikation) von Untersuchungseinheiten auf einem Kontinuum, das eine quantitative Merkmalsdimension der Einheiten repräsentiert. In Bezug auf diese Dimension müssen die Einheiten folgende Bedingungen erfüllen: 1) Wenn A ≠ B, dann A < B oder B > A; 2) Wenn A < B, dann A ≠ B; 3) Wenn A < B, und B < C, dann A < C. Die O. definiert nur eine Rangfolge, nicht jedoch die Größe der Abstände zwischen den Einheiten. In der Soziologie werden Variablen wie Prestige, Gruppenkohäsion oder Macht bisher nur auf ordinalem Skalenniveau gemessen, in der Praxis jedoch häufig als → Intervallskalen behandelt.   P.P.

O

Ordnung, von lat.: *ordo,* frz.: *ordre, order,* die In-Beziehung-Setzung unterschiedlicher Teile zu einem Ganzen.

[1] In der Antike das konfliktfreie Verhältnis zwischen den ungleichen Teilen in einem hierarchisch gegliederten Ganzen, sei es der Mensch, der Staat, die Gesellschaft (Cicero).

[2] In der Soziologie die Anordnung der Teile in einem sozialen Ganzen, die dessen Bestand nicht infrage stellt oder gefährdet. O.R.

[3] Bei M. Weber undefiniert eingeführter Grundbegriff zur Erfassung normativer Strukturen: Soziales Handeln kann von den Beteiligten an der Vorstellung des Bestehens einer legitimen O. orientiert werden. Die Geltung einer solchen vorgestellten O. kann garantiert sein entweder innerlich (affektuell oder wertrational) oder durch die Erwartung positiver oder negativer äußerer Folgen: durch Interessenlage. Als O.en unterscheidet Weber insbesondere Konvention (die Geltung wird garantiert durch die Chance, bei Abweichung auf relativ allgemeine Mißbilligung zu stoßen) und Recht (für die Durchsetzung dieser O. ist ein spezifischer Menschenstab zuständig). Als Quellen der legitimen Geltung einer O. schließlich unterstellt Weber Tradition, affektuellen oder wertrationalen Glauben sowie positive Satzung, an deren Legalität geglaubt wird. C.S.

Ordnung, berufsständische, Gesellschaftsbild und -ziel u.a. katholischer Gruppen, begriffen aus dem Gegensatz zur kapitalistischen Klassengesellschaft: Das Profitmotiv und die Vielfalt einander widerstreitender Interessengruppen sollen aufgehoben werden durch die organische Zuordnung von beruflichen Funktionen im Dienste des Ganzen. Ideologisch geht das Ziel der b.n O. in das des Ständestaats über. W.F.H.

Ordnung, legitime, die verbindlich geregelte Struktur eines Verbandes, einer Organisation, einer Gesellschaft, die von den Betroffenen mehr oder weniger als rechtmäßig anerkannt ist und nicht nur aus Zweckerwägungen und unbefragter Tradition befolgt wird. W.F.H.

Ordnung, natürliche, frz. *ordre naturel,* ist die für das Glück der Menschen gewollte Ordnung der Vorsehung. Die n.O. ist die selbstverständliche, beste, die durch Vernunft erkannt werden kann, auch wenn sie nicht aus der Geschichte der gesellschaftlichen Entwicklung ablesbar ist. N.O. gehört zu den Zentralbegriffen der → Physiokratie. O.R.

Ordnung, sequenzielle, *sequential order,* ein Ansatz zur Analyse von sozialen Ereigniskomplexen, der Geschehensabfolgen in den Blick nimmt, ohne in jedem Fall einen Kausalzusammenhang feststellen zu können. Beispiel: Unge-lernte Landarbeiter der Südstaaten suchen bessere Lebensmöglichkeiten in den Städten (des Nordens); daraufhin entstehen vaterlose, dem Bildungssystem und der Leistungsmotivation fernstehende Kinder einer allein lebenden armen Mutter (Moore 1970). W.F.H.

Ordnungspolitik, bezeichnet staatliche Maßnahmen, die auf die Aufrechterhaltung der gegebenen Formalstrukturen im Inneren und Äußeren sowie auf die Rahmenbedingungen des Wirtschaftens abzielen. Wo O. betont wird, gerät Sozialpolitik (→ Sozialpolitik [1]) ins Hintertreffen. D.Kl./R.L.

Ordnungsstaat, im Gegensatz zum → Leistungsstaat sollen sich die Interventionen des O. auf die Aufrechterhaltung der inneren und äußeren Sicherheit sowie auf die Rahmenbedingungen des Wirtschaftens beschränken. D.Kl.

Ordoliberalismus, Bezeichnung für die Richtung des Neoliberalismus [1], die die Ordnungsidee zentral setzt. Der O. geht nicht von der → natürlichen Ordnung des klassischen → Liberalismus aus, sondern von einer sozial geschaffenen (auch: ökonomischen) Ordnung, die Voraussetzung dafür sei, um Fortschritt und Freiheit zur Selbstverwirklichung zu gewährleisten. O.R.

ordre naturel (frz.) → Ordnung, natürliche

Organentlastung – Organersatz, Bezeichnungen philosophischer Anthropologen (A. Gehlen) für den geschichtlichen Prozess, in dem die Menschen ihre – verglichen mit den Tieren – mangelhafte organische Ausstattung durch Entwicklung von Werkzeugen und Technik entlasten und ersetzen. W.F.H.

Organersatz → Organentlastung

Organisation, [1] als Bezeichnung der Organisationswissenschaften die Ordnung von arbeitsteilig und zielgerichtet miteinander arbeitenden Personen und Gruppen. O. umfasst insofern nicht nur Verbände und Vereinigungen, sondern alle Institutionen, Gruppen und sozialen Gebilde, die bewusst auf ein Ziel hinarbeiten, dabei geplant arbeitsteilig gegliedert sind und ihre Aktivität auf Dauer eingerichtet haben. Die ältere Organisationswissenschaft war – als wissenschaftliche Betriebsführung etc. – an der profitablen Organisation des kapitalistischen Betriebes interessiert und untersuchte O. als ein in Zielen, Struktur und Mitteln eher statisches Gebilde, während die neuere Systemtheorie der O. das Schwergewicht auf die Prozesse legt, durch die sich die O. in ihrer sozialen Umwelt erhält und sichert.

[2] In den angewandten Organisationslehren bedeutet O. die bewusste Geplantheit des zielgerichteten Handelns einer Gruppe oder Institution.

[3] In älteren Sozialtheorien bezeichnet O. häufig das als organisch strukturiert vorgestellte Ganze der Gesellschaft.   W.F.H.

[4] O.ssysteme bestimmen ihre Grenze allgemein durch Mitgliedschaft, d.h. durch eine Konditionierung von Eintritts- und Austrittsbedingungen in das bzw. aus dem System. Die Elemente dieser Systeme sind Entscheidungen, die aufgrund ihrer wechselseitigen Konditionierung bzw. Verkettung wiederum als selbst produzierte Elemente von O.en verstanden werden können.   M.G.

[5] Manchmal auch (darin dem Alltagsverständnis nahe) im Sinne von Organisieren, also der Tätigkeit, die Menschen und sachliche Prozesse zu zielgerichteter Zusammenarbeit bringt.   W.F.H.

Organisation, berufliche, die Gliederung der gesellschaftlichen Arbeitsteilung durch feste und langdauernde Bindung der Einzelnen an in Berufen gebündelte Funktionen und Arbeiten im gesellschaftlichen Reproduktionsprozess. B. O. ist ein Gegenbegriff zu älteren Formen der Arbeitsteilung, die durch oder innerhalb von Verwandtschaftsgruppen bestanden.   W.F.H.

Organisation, bürokratische → Bürokratie [1]

Organisation, differenzielle soziale → Gruppenorganisation, differenzielle

Organisation, dualistische → *moiety organization*

Organisation, formale – informale. Die f. O. ist die geplante, „offizielle" Struktur einer Organisation, mit der Geschäftsverteilung und Weisungsbefugnisse festgelegt sind. Die i. O. ist ein zusätzliches, offiziell nicht vorgesehenes Netzwerk sozialer Beziehungen, das die f. O. teils überlagert, neutralisiert und ergänzt. Die informalen Beziehungen stellen zusammen mit der f.n O. die Realstruktur einer Organisation dar.   F.B.

Organisation, freiwillige, freiwillige Vereinigung, *voluntary organization*, die Organisation, zu der die Mitgliedschaft freiwillig beantragt werden kann (z.B. Parteien, Berufsverbände).   W.F.H.

Organisation, funktionale – hierarchische. F. O. bezeichnet einen Organisationstyp, bei dem Struktur und Kompetenzverteilung überwiegend zweckrational von den wahrzunehmenden Funktionen bestimmt sind. Im Gegensatz dazu bezeichnet h. O. einen Organisationstyp, in dem das Prinzip der Über- und Unterordnung dem funktionalen Prinzip vorgeht.   F.B.

Organisation, hierarchische → Organisation, funktionale – hierarchische

Organisation, industrielle, Bezeichnung der Organisationssoziologie für Betrieb oder miteinander durch Eigentum verbundene Betriebe (Konzern usw.).   W.F.H.

Organisation, informale → Organisation, formale – informale

Organisation, intermediäre → Institution, intermediäre

Organisation, komplexe, Organisationstyp mit heterogener und mehrdimensionaler Zweckbestimmung und/oder Struktur, oft zugleich eine Großorganisation.   F.B.

Organisation, kulturelle, Bezeichnung der Organisationssoziologie für Organisationen mit kulturellen (wissenschaftlichen, literarischen, erzieherischen usw.) Zielen. Damit wird die k. O. von Organisationen mit politischen, sozialen oder wirtschaftlichen Zielen unterschieden.   W.F.H.

Organisation, normative – utilitaristische – Zwangsorganisation. Unterscheidung der Organisationssoziologie (A. Etzioni) nach Art von Strafen bzw. Belohnungen, mit der die unteren Mitglieder der O. zu rechnen haben, und nach deren Einstellung zur O.: In der n.n O. symbolische Strafen und Belohnungen; die Einstellung der unteren Mitglieder zur O. bestimmt diese als Selbstzweck. In der u.n O. materielle Belohnungen und zweckrationale Einstellung zur O. In der Z. körperlicher Druck und Ablehnung sowie Entfremdung als Einstellung der unteren Mitglieder.   W.F.H.

Organisation, produktorientierte oder **projektorientierte** → Matrixorganisation

Organisation, soziale, bedeutungsunscharfe Bezeichnung für die allgemeinen Strukturmerkmale einer Gesellschaft, meist bedeutungsgleich mit Gesellschaftsordnung, Sozialstruktur, Sozialorganisation.   W.F.H.

Organisation, totale, totale Institution, von E. Goffman eingeführte Bezeichnung für Organisationen, die die in ihr lebenden Menschen einer einzigen Autorität unterwerfen, mehr oder weniger vollständig von der Umwelt absondern (häufig geschlossene Anstalten), alle Lebensvollzüge und Bedürfnisse der „Insassen" nach einem umfassenden Plan (Hausordnung usw.) verwalten und deren ganze Person für sich in Anspruch nehmen. Die sonst übliche Trennung von Arbeits-, Wohn- und Freizeitbereichen ist aufgehoben. Zu den t.n O.en gehören Klöster, Gefängnisse, Heilanstalten, Kasernen. Sie ähneln sich weniger in ihren Zielen als in ihrer Struktur, auch wenn sie unterschiedliche Grade der Totalität aufweisen.   J.H./H.Tr.

Organisation, utilitaristische → Organisation, normative

Organisationsanalyse, einzelne und/oder vergleichende Untersuchungen und Darstellungen von Strukturen und Prozessen in Organisationen, meist mit dem Ziel, den Ist-Zustand nach einem

Soll-Konzept ganz oder teilweise zu verbessern. Bei der O. finden die üblichen Verfahren der betriebswirtschaftlichen und der empirischen Sozialforschung Anwendung. F.B.

Organisationsautonomie, Bezeichnung für die definitionsgemäß postulierte, realiter auch nachweisbare relative Invarianz bzw. Unabhängigkeit von Organisationen gegenüber der Einflussnahme unterschiedlicher Umweltsektoren, besonders hinsichtlich ihrer Zielbildung, der Programmfindung und -ausgestaltung sowie der Personalgewinnung und Strukturierung des Mitgliederverhaltens. P.L.B.

Organisationsentwicklung, OE, *organization development,* Bezeichnung für die planvolle, organisationsweit operierende, von der Spitze aus, unter Einschaltung eines „*change agent*" oder „Katalysators", gelenkte Veränderung einer Organisation mit dem Ziel größerer Effektivität und – oft – humanerer Arbeitsbedingungen. Gegenstand der Veränderung sind die Mitglieder, die Kultur und Techno-Struktur der Organisation. Die OE arbeitet hauptsächlich mit verhaltenswissenschaftlich begründeten Interventionen in Prozesse der Organisation unter Einbeziehung der → Aktionsforschung. Als Instrumente der OE sind insbesondere zwei Verfahren zu nennen, die in den meisten OE-Prozessen Anwendung finden: die Laboratoriumsmethode nach K. Lewin und die *Survey-Research-* und *Survey-Feedback*-Methode. OE-Experten beanspruchen, den sozialen Wandel von Organisationen rational planen und durchführen zu können. Umstritten sind Fragen nach den Wertprämissen, dem Standardisierungsgrad ihrer Instrumente und danach, in welcher Breite und Tiefe diese eingesetzt werden sollen. M.Sch.

Organisationsforschung, Untersuchungen über Eigenschaften, Merkmale, Struktur, Funktionen, Arbeitsweise, Verfahren, soziale und andere Probleme von Organisationen zur Gewinnung grundlegender Erkenntnisse und/oder zur Prüfung organisationstheoretischer Aussagen.
Die neuere Organisationsforschung legt das Schwergewicht auf die empirisch fundierte Erklärung von Organisationsstrukturen. Hiernach bestehen zwar in gewissen Grenzen gesicherte Zusammenhänge zwischen Zielen, Transformationstechniken, Organisationsideologien usw. und Strukturindikatoren, aber entzieht sich die tatsächliche Komplexität der vorgefundenen Strukturen allgemeinen und reduktionistischen Erklärungen. D.K./F.B.

Organisationsgesellschaft, Kennzeichnung der modernen Gesellschaft als einer Gesellschaft, die in fast allen Lebensbereichen zunehmend von formalen Organisationen durchsetzt ist. →

Gesellschaft, asymmetrische, → Herrschaft, bürokratische U.Schi.

Organisationsgleichgewicht → Gleichgewicht

Organisationsgrad, [1] allgemein Ausmaß und Umfang des Organisiertseins von sozialen Gebilden.
[2] Speziell bei Organisationen bezeichnet der O. a) die Zahl der von den Mitgliedern gemeinschaftlich ausgeübten Tätigkeiten, b) das Ausmaß, in dem die Tätigkeiten in der Organisation durch Regeln festgelegt (formalisiert) sind. In diesem Sinne weisen Organisationen einen hohen O. auf, wenn alle Tätigkeiten formalisiert sind. J.H.
[3] Gewerkschaftspolitische Bezeichnung für den Prozentsatz, zu dem die Arbeitenden eines Betriebes, einer Branche, einer Region o.ä. Mitglied in der Gewerkschaft sind. W.F.H.

Organisationshandeln, Organisationsverhalten, die binnen- oder außengerichteten Aktivitäten von organisierten Gebilden. O. bezeichnet einerseits einen „bestimmt gearteten Ablauf sozialen Handelns" von Personen (M. Weber) in ihrer beruflichen, dienstlichen usw. Eigenschaft als Organisationsmitglieder sowie andererseits zielgerichtete oder zumindest koordinierte Aktivitäten von Organisationseinheiten. F.H.

Organisationskultur → Unternehmenskultur

Organisationsmann, Organisationsmensch, *organization man,* Bezeichnung von W.H. Whyte (1956) für diejenigen Angehörigen des oberen und mittleren Managements in Wirtschaft, Verbänden und Verwaltung, die sich besonders stark mit der Organisation, für die sie arbeiten, identifizieren. Es wird angenommen, dass die Einstellungen und Verhaltensweisen dieser Organisationsleute einander ähneln. R.L.

Organisationsmitglied → Mitgliedsrolle

Organisationssoziologie, Spezialdisziplin für zweckorientierte, planmäßig gestaltete oder informelle soziale Systeme. Die O. ist entstanden aus den Versuchen der wissenschaftlichen Betriebsführung, der Betriebswissenschaften und der Verwaltungslehre, die innerbetrieblichen Vorgänge in Hinblick auf das vorgegebene Ziel optimal zu gliedern und zu kombinieren. Unter dem Einfluss der allgemeinen Systemtheorie hat die O. diesen ursprünglichen Gegenstand erweitert und untersucht in engem Kontakt mit anderen Organisationswissenschaften nicht nur die Zielerreichung einer Organisation (Gesichtspunkt der Zweckrationalität), sondern auch ihre Stabilität in der sozialen Umwelt. Als zentrales Paradigma der O. gilt entsprechend der situative Ansatz. D.B./W.F.H.

Organisationsstruktur, Bezeichnung sowohl für das dauerhafte Gefüge von sozialen Regeln und Regelhaftigkeiten der Arbeitserledigung, Kommunikation und Kontrolle zwischen den Mitgliedern einer Behörde oder eines Betriebs als auch für das diesen Regeln und Regelhaftigkeiten zugrundeliegende Ordnungsprinzip. Mit O. wird einerseits das Ordnungsgefüge der organisationsinternen Positionen (mit ihren jeweiligen Sachmitteln, Aufgaben und Kompetenzen) sowie andererseits das Ordnungsprinzip der Prozesse, durch die sich eine Organisationseinheit gegenüber ihrer Umwelt abgrenzt und erhält, bezeichnet. F.H.

Organisationsumwelt, ausgehend von der Vorstellung, dass Organisationen keine isolierten Systeme, sondern in die sie umgebende Gesamtgesellschaft eingebunden sind, bezeichnet O. die Gesamtheit aller tatsächlichen oder möglichen externen, organisierten oder nicht organisierten Aktionspartner einer Organisation aus der Perspektive dieser Organisation, wobei die Organisation auf diese einwirken und/oder von diesen hinsichtlich ihrer Zielsetzung, ihrer Strukturierung und ihres Mitgliederverhaltens beeinflusst werden kann. P.L.B.

Organisationsverhalten → Organisationshandeln

Organisationswandel → Innovation, organisatorische

Organisationsziel, das Ergebnis oder der Zustand, den eine Organisation anstrebt. Das O. ist das, was die Entscheidungen und das Handeln einer Organisation maßgeblich beeinflusst; es braucht nicht mit dem in der Satzung festgelegten oder von der Führung angegebenen Ziel identisch zu sein. Es empfiehlt sich deshalb, zwischen tatsächlichen und vorgegebenen Zielen zu unterscheiden. Das O. legt die Richtung des Handelns einer Organisation fest und ist eine Legitimationsgrundlage für ihre Existenz. Auf das O. nehmen Personen und Gruppen inner- und außerhalb der Organisation Einfluss. Häufig verfolgen Organisationen nicht nur ein, sondern mehrere Ziele. J.H.

Organismusmodell, theoretisches Modell, nach welchem Aufbau und Funktion einer Gesellschaft in Analogie zu lebendigen Organismen zu sehen sind. Häufig werden Begriffe und Vorstellungen aus der Biologie übertragen; z.B. bei Vorstellungen von Leben, Metamorphose und Tod einer Gesellschaft oder beim Vergleich des Verhältnisses verschiedener Gesellschaftsgruppen untereinander mit dem verschiedener Organe eines Körpers. Die Deutung der Gesellschaft als Organismus verfehlt sowohl die Eigenart des Individuums als soziales Wesen wie auch die der sozialen Prozesse und Gebilde. Vertreter des O. waren P. von Lilienfeld, A. Schäffle, R. Worms, A. Nowikow, G. de Greef. W.La./O.R.

organization development (engl.) → Organisationsentwicklung

organization man (engl.) → Organisationsmann

organization, custodial (engl.), Bezeichnung für einen Typ von Organisationen, dessen dominantes Ziel die Einsperrung der zwangsweise in ihr lebenden Menschen („Insassen") mit dem Zweck des Ausschlusses aus der Gesellschaft ist. *C. o.s* sind Gefängnisse, Heilanstalten usw. J.H.

organization, people-changing (engl.), Bezeichnung für geschlossene Organisationen (Eintritt wie Austritt aus eigenem Willen nicht möglich), die die „Umerziehung" ihrer Insassen beabsichtigen (z.B. Strafanstalt, geschlossene psychiatrische Klinik, Erziehungsheim, Arbeitslager). W.F.H.

organization, voluntary (engl.) → Organisation, freiwillige

Organizismus, abwertende Bezeichnung für Theorien, in denen ausgesprochen oder unausgesprochen Aufbau und Funktionsweise einer Gesellschaft in Analogie zu denen lebender Organismen verstanden werden. W.La.

Organüberbietung, bei philosophischen Anthropologen (A. Gehlen) Bezeichnung für den geschichtlichen Prozess, in dem die Menschen ihre – verglichen mit den Tieren – mangelhafte organische Ausstattung durch Werkzeuge und Technik kompensieren und überbieten. W.F.H.

Orgie, archaische Form religiöser Vergemeinschaftung, exzessive Feste, in denen auch dem Laien → Ekstase als Gelegenheitserscheinung zugänglich ist. In der O. werden oftmals die im Alltag geltenden sozialen Normen außer Kraft gesetzt (→ Außeralltäglichkeit). V.Kr.

Orientalismus, kritische Bezeichnung (E.W. Said 1978) für das System von Imaginationen in Form eines dualen Weltbildes (Okzident und Orient), das seit dem Mittelalter bis heute das westliche Denken über östliche Gesellschaften, insb. auch in Bezug auf den Islam, beherrscht. Hierzu gehören u.a. Vorstellungen von „Undurchdringlichkeit", „Stagnation", „Fatalismus", aber auch vom „Zauber" des Orients. H.W.

Orientierung, *orientation,* allgemeine und umfassende Bezeichnung für diejenigen Verhaltensweisen bzw. für diejenigen Aspekte des Motivationsgeschehens, durch die sich ein Organismus in einer Situation zurechtfindet und auf bestimmte Ziele oder Zielobjekte und auf Wege zur Erreichung dieser Ziele ausrichtet. Dabei muss es sich keinesfalls um einen „bewussten" Erkenntnisvorgang handeln; vielmehr ist jedes motivierte Verhalten – auch die Unruhe des hungrigen Säuglings oder selbst der Flug des Insekts – an der äußeren Realität und auf bestimmte Zielobjekte in dieser Realität (die Mutterbrust, die Wärmequelle) hin „orientiert" (H. Thomae 1965). Auch im Falle der → „Handlungsorientierung" bei höher entwickelten Ver-

O

haltenssystemen kann es sich um „gewohnheitsmäßige motorische Einstellungen" (D. Katz u. E. Stotland 1959) handeln, durch die das Individuum an der Situation orientiert wird und die doch keine bewussten Erkenntnisleistungen darstellen. Andererseits wird aber auch die bewusst erarbeitete, intellektuell kontrollierte Anpassung zwischen dem zielgerichteten Handeln und der sozialen und kulturellen Umwelt als O. bezeichnet (z.B. die „politische O." oder die „religiöse O." eines Menschen). Im Einzelnen werden in den Sozialwissenschaften nach der Art der Motive oder Bedürfnisse, die Ausgangspunkt einer O.sleistung werden, oder nach den Aspekten der Situation, auf die sich die O. bezieht, verschiedene Arten der O. unterschieden (z.B. affektive O., Erfolgs-O.; Ziel-O., Mittel-O., Norm- und Wert-O.).   R.Kl.

Orientierung, aktivistische – passivistische, Unterscheidung der Sozialisationstheorie und -forschung (B. Rosen) für Orientierungen als Ergebnis schichtspezifischer Sozialisation: Insbesondere gegenüber den Leistungsansprüchen der Schule verhalten sich Arbeiterkinder eher uninteressiert und passiv (p. O.), Kinder aus den Mittelschichten eher interessiert und aktiv (a. O.).   W.F.H.

Orientierung, berufliche, → Berufsorientierung

Orientierung, bürokratische, Bezeichnung für eine berufliche Orientierung, die auf die Arbeitsorganisation als relevante Bezugsgruppe ausgerichtet ist, sich mit den administrativen Werten, Normen und Zielen identifiziert, hierarchische Interaktionsmuster bevorzugt und Vorgesetztenkontrolle betont.   G.B.

Orientierung, evaluative, auch: wertende O., eine → motivationale Orientierung, die auf vergleichender Auswahl aus den möglichen Handlungsalternativen beruht. Die Alternativen werden vom Akteur nach kulturell vermittelten, z.B. moralischen, Maßstäben (Werten) abgewogen und entschieden. Die e. O. ergänzt und integriert nach T. Parsons die beiden anderen Hauptarten der Motivationsorientierung: kognitive O. (Erkennen des Objekts) und kathektische O. (Lust- oder Unlust- Affekt gegenüber dem Objekt).   G.E./H.L.

Orientierung, expressive, Art der → evaluativen Orientierung, bei der die Dauerhaftigkeit des erwarteten Vorteils die Handlung bestimmt.   G.E.

Orientierung, familistische – individualistische, Unterscheidung der Sozialisationstheorie und -forschung (B. Rosen) für Orientierungen als Ergebnis schichtspezifischer Sozialisation: Arbeiterkinder orientieren ihr Verhalten eher an der Wichtigkeit familiärer Zusammenhänge, Mittelschichtkinder behaupten stärker ihre individuellen Ansprüche und Absichten gegenüber der Familie.   W.F.H.

Orientierung, individualistische → Orientierung, familistische – individualistische

Orientierung, instrumentale, Art der → evaluativen Orientierung, bei der ein vorgestelltes, erstrebenswertes zukünftiges Ziel die Handlung bestimmt.   G.E.

Orientierung, kathektische, → motivationale Orientierung, die auf einer „Gewinn- und Verlust-Rechnung" für die Persönlichkeit des Handelnden in seinem Verhältnis zum Objekt beruht.   G.E.

Orientierung, kognitive, → motivationale Orientierung, die auf der Bedeutung von Situationsaspekten für die Interessen des Handelnden beruht.   G.E.

Orientierung, moralische, Art der → evaluativen Orientierung, bei der nicht weitere, sondern im Ordnungssystem selbst liegende Ziele die Handlungen bestimmen.   G.E.

Orientierung, motivationale, Teil der → Handlungsorientierung, der die Art des Verhältnisses zwischen Handelndem und Objekt angibt. Analytische Arten: evaluative, kognitive, kathektische Orientierungen.   G.E.

Orientierung, normative, eine (Handlungs-) Orientierung, die sich auf die Einhaltung bzw. Erfüllung von Normen im Sinne von anerkannten bzw. geteilten verbindlichen Verhaltensforderungen richtet.   W.F.H.

Orientierung, passivistische → Orientierung, aktivistische – passivistische

Orientierung, professionelle, auf die Berufskollegen als relevante Bezugsgruppe ausgerichtete, sich mit den Werten, Normen und Zielen der Berufsgruppe identifizierende, egalitäre Interaktionsmuster bevorzugende, Selbst- und Kollegenkontrolle betonende berufliche Orientierung.   G.B.

Orientierung, wertende → Orientierung, evaluative

Orientierungsalternativen → *pattern variables*

Orientierungsaussagen, *orienting statements* → Feststellungen, orientierende

Orientierungsfamilie → Fortpflanzungsfamilie – Orientierungsfamilie

Orientierungshypothese, eine explizite Vermutung darüber, wie ein Ausschnitt der gesellschaftlichen Wirklichkeit beschaffen ist, ohne bereits so weit verfeinert zu sein wie eine → Theorie. Sie ist zwar in einem gewissen Maß informativ, aber nicht im strengen Sinn überprüfbar, sondern nur durch Beispiele belegt. O.n. leiten oft empirische Untersuchungen an, bilden darüber hinaus auch so etwas wie den harten Kern in einem Forschungsprogramm, wie etwa der → *labeling approach* und der → Definitionsansatz in der interaktionistischen Kriminalsoziologie. R.L.

Orientierungsreaktion, auch: Orientierungsreflex, Bezeichnung für eine unkonditionierte Reaktion des Organismus, die der schnellen Erfassung neuer Reizsituationen zum Zwecke des adäquaten Reagierens dient. Beispiel: bei einem unerwarteten Geräusch wendet man seinen Kopf in Richtung des Geräusches, die Muskelspannung steigt, die Empfindungsschwelle der Sinnesorgane wird herabgesetzt. R.Kl.

orienting statements (engl.) → Feststellungen, orientierende

Ort, die Raum- (und meist auch: Zeit-) stelle, nach der ein Individuum als Ding (als Objekt, als Leib etc.) in der phänomenologisch betrachteten → Lebenswelt [2] zu lokalisieren ist. W.L.B.

Orte, zentrale, Hauptkonzept einer Theorie der Verteilung von Städten und Siedlungen im Raum (W. Christaller 1933). Die Zentralität eines Ortes bestimmt sich nach dem Umfang der Funktionen und ihrer Bedeutung (z.B. bei der Versorgung mit bestimmten Produkten oder Verwaltungsleistungen) für ein bestimmtes Gebiet. Aus der Theorie soll die optimale Anordnung von Unternehmen und Verwaltungseinrichtungen abgeleitet werden. H.W.

Orthodoxie, [1] allgemein: Rechtgläubigkeit, Übereinstimmung mit der herrschenden (kirchlichen) Lehre;
[2] bei P. Bourdieu eine Sozialform, in der die grundlegenden Glaubensvorstellungen von der Rechtmäßigkeit der Ordnung nicht mehr selbstverständlich gelten, sondern im Vergleich mit anderen diskutiert werden; in dieser Situation treffen die Herrschenden die Entscheidung, dass sie dennoch allein gelten sollen (und richten entsprechende Institutionen ein, z.B. Zensur). A.K.

Orthogonalität, Rechtwinkeligkeit, Bezeichnung aus der multivariaten Analyse (z.B. Faktorenanalyse) für die Unabhängigkeit zweier Variablen oder Faktoren voneinander. Stellt man Korrelationen zwischen Variablen mithilfe von Vektoren dar, so bilden sie bei einer Korrelation von $r = 0$ die betreffenden Vektoren einen Winkel von $90°$ miteinander. H.W.

Ortsbezogenheit → Standortgebundenheit

OSIRIS, Programmpaket für statistische Analysen; entwickelt vom *Institute for Social Research* in Ann Arbor, Michigan. Nach dem es in den 1960er und 1970er Jahren weite Verbreitung fand, ist das Softwarepaket heute weniger gebräuchlich. Ch.W.

Ostforschung, ältere Bezeichnung für häufig interdisziplinäre Studien über Geschichte, Gesellschaft und Wirtschaft der osteuropäischen Länder. Die O. verstand sich als Teil des Kampfes gegen den Kommunismus; mit Nachlassen des Kalten Krieges hatte sie ihre theoretischen Annahmen verändert, und zwar vom Totalitarismusvorwurf zur → Konvergenzthese, sowie eine Diskussion über ihre wissenschaftspolitischen Funktionen begonnen. W.F.H.

Ostrazismus, Scherbengericht, [1] die Ächtung oder Androhung der Ächtung eines Mitgliedes durch Konsensbildung in einer kohäsiven Gruppe.
[2] Ursprünglich bezeichnete O. eine Gerichtsform in der athenischen Demokratie (507–417 v. Chr.), nach der die Volksversammlung einen Bürger auf 10 Jahre verbannen konnte, wenn die Mehrheit der auf Scherben abgegebenen Stimmen gegen ihn war. O.R.

O-Technik → R-Technik

other-directedness (engl.) → Außenleitung

othering (engl.), wörtlich: das Ver-andern, also eine Wortschöpfung, um das Anders-Machen im Sinne eines Ausschließens und Fremdmachens hervorzuheben. Die Kriminalsoziologen D. Garland, J. Young und F. Sack kritisieren damit Tendenzen zur → Punitivität im Strafbetrieb der Spätmoderne. In den Gegensatzpaaren normal-vs.-anders bzw. wir-sie („die da") gibt es die eine Seite, auf der jemand soziokulturell „richtig" ist, wohingegen die andere Seite „falsch" ist, weil sie normative Defekte an sich trägt. O. wird mit negativer Tendenz betrieben, das ausschließende Merkmal brandmarkt in essenzialistischer Weise. Zugleich erhält das „Normale" durch das „Andere" erst seine Gestalt (E. Kosofsky-Sedgwick). Eine Menschenkategorie, welche die Anforderungen der gesellschaftlich-moralischen Mehrheit nicht erfüllt, wird an den sozialen Rand geschoben und schleichend enthumanisiert. O. ist ein Prozess, der in mehreren Phasen abläuft. Am Anfang steht die Definition und Bewertung von Merkmalen, die ein Individuum oder eine Handlungsweise dem Anderssein zuschlagen. Beispiel: eine Substanz (z.B.) wird vom (akzeptierten oder unauffälligen) Genussmittel zur (gemeingefährlichen) Droge umgedeutet, womit die Stigmatisierung der Nutzer einsetzen kann. So geschehen gegenüber Kokain oder Marihuana, so gegenwärtig versucht gegenüber dem Rauchtabak. R.L.

outcome (engl.) → Auszahlung

out-group (engl.) → Fremdgruppe

outing (engl.), eine umstrittene Strategie von Randgruppen, ihre Mitglieder gegen deren Willen öffentlich namhaft zu machen. Diese Mitglieder haben zwar ein → *Coming-out* innerhalb ihrer Subkultur vollzogen, halten aber im Übrigen ihr Stigma verdeckt. R.L.

out-of-the-body-experience (engl.) → Ich-Austritt

output (engl.), Ausgang, Wirkung eines Systemelements auf andere Elemente des gleichen Systems oder dessen Umwelt, sowie (allgemein) die Wirkung des Systems auf seine Umwelt. Gegenbegriff: *input*, Eingang, als die Wirkung der Umwelt auf das System bzw. dessen Elemente. → throughput O.R.

over-compliance (engl.) → Überkonformität

over-conformity (engl.) → Überkonformität

over-protection (engl.), Bezeichnung für eine Erziehungspraxis, die dem Kind häufige und weitreichende Kontaktmöglichkeiten mit den Erziehungspersonen bietet, es dabei in übertriebener Weise behütet und seine eigenständigen Kontaktversuche mit der Umwelt behindert. W.F.H.

P

Paar → Dyade

Paarungsehe, leicht lösbare Eheformen mit geringer Regelung der sexuellen Beziehungen und der Nachfolge. P. wird in älteren Theorien (F. Engels) als Übergangsform zwischen → Gruppenehe und mutterrechtlicher Familie (→ Mutterrecht – Vaterrecht) beschrieben. W.F.H.

Paarvergleich, *paired comparison,* Skalierungsverfahren, bei denen aus einem Feld von Stimuli (z.B. *items*) alle Stimuli von den Befragten in Bezug auf eine bestimmte Merkmalsdimension paarweise miteinander verglichen werden. Die Häufigkeit, mit der ein Stimulus S_i größer als ein Stimulus S_j eingeschätzt wird, führt zu einer → Ordinalskala (S_i S_j S_k ...). Aus den Postulaten des → „Gesetzes der vergleichenden Urteile" entwickelt L.L. Thurstone ein Verfahren zur Konstruktion einer → Intervallskala. Nach einer → z-Transformation der relativen Häufigkeiten, mit der ein Stimulus größer als ein anderer Stimulus eingeschätzt wird, wird der Skalenwert eines Stimulus als durchschnittlicher Abstand (Diskrepanz) zwischen seinem und den Modalwerten der anderen Stimuli berechnet. Bei einer Einstellungsmessung gilt dann der → Median der Skalenwerte aller akzeptierten *items* als Einstellungs-*Score* des Befragten (ordinale Interpretation). P.P.

Paideuma, von dem Völkerkundler und Kulturtheoretiker L. Frobenius (1921) eingeführte Bezeichnung für die innere Gestaltungskraft (Seele) einer Kultur bzw. der Kulturen eines Erdraumes. Diese Gestaltungskraft hat eine Geschichte, wodurch Auf- und Verblühen von Kulturen erfassbar scheinen. W.F.H.

pair matching (engl.) → *matching*

Palastrevolution, erfolgreicher Kampf einer kleinen Gruppe ohne Massenbasis um die Besetzung von Positionen in der bestehenden politischen Herrschaftsordnung. O.R.

Panel, sozio-ökonomisches, SOEP, seit 1984 jährlich in Deutschland durchgeführte Panelbefragung von Haushalten bzw. Individuen. Die Stichprobe umfasst etwa 12 000 Haushalte mit mehr als 22 000 Personen. Schwerpunkte der Befragung liegen auf einer detaillierten Erfassung der sozioökonomischen Lage der Haushalte: Haushaltszusammensetzung, Erwerbs- und Familienbiografie, Erwerbsbeteiligung und berufliche Mobilität, Struktur der Einnahmen und Ausgaben, Einkommensverläufe. Die Daten ermöglichen Längsschnittanalysen, beispielsweise in der dynamischen Armuts- und Sozialhilfeforschung. C.W./R.L.

Panel-Analyse, Verfahren der empirischen Sozialforschung, bei dem dieselbe Gruppe von Versuchspersonen in regelmäßigen Zeitabständen mit dem gleichen Erhebungsinstrument untersucht wird (vor allem, um Änderungen von Einstellungen etc. zu erforschen). D.G.

Panel-Effekt, Einflüsse, die durch wiederholte Befragung derselben Versuchspersonen (*Panel*) hervorgerufen werden und zu einem veränderten Reaktionsverhalten führen. D.G.

Panel-Interview, Befragung eines Individuums durch mehrere Interviewer. Das P.-I. kann zur Bewertung der Zuverlässigkeit von Einschätzungen durch die Interviewer dienen. H.W.

Panelmortalität, Panelsterblichkeit, Anzahl von Personen oder Untersuchungseinheiten, die von einer Erhebungsphase eines → *Panels* zur nächsten aus unterschiedlichen Gründen (Unauffindbarkeit, Verweigerung etc.) aus der Untersuchung ausscheiden. H.W.

Panelsterblichkeit → Panelmortalität

Panideologismus, abwertende Bezeichnung für das Verständnis von Ideologie, das, ausgehend von der Seinsverbundenheit des Denkens, jede Art geistiger Tätigkeit als ideologisch ansieht. Der Begriff P. geht auf K. Mannheims (1928) universellen Ideologiebegriff zurück. O.R.

Panik, Bezeichnung für eine plötzlich auftretende Furchtreaktion von Individuen, die sich häufig als irrationale, d.h. planlose, die Folgen nicht bedenkende, unüberlegte Flucht äußert. Das P.verhalten von Menschenansammlungen wurde von der älteren Sozialpsychologie als typisch für die angenommene Triebhaftigkeit und Irrationalität des sog. Massenhandelns (→ Kollektivverhalten) angesehen. Neuere Theorien des rationalen Verhaltens zeigen, dass die P. einer spezifischen Logik folgt (J.S. Coleman).

R.Kl./H.W.

Panik, stumme, nach K. Baschwitz (1932) Bezeichnung für eine Furchtreaktion von Menschen, insbesondere von größeren → Massen, die sich in einer allgemeinen „Lähmung" des Handelns äußert. In der Alltagssprache wird diese Erscheinung auch als „lähmende Angst" beschrieben. Die s.P. kann z.B. durch gezielten Terror erzeugt werden und bewirken, dass sich eine Bevölkerung der „Vergewaltigung" durch eine Minorität nicht durch gezieltes, koordiniertes Handeln zu widersetzen vermag.   R.Kl.

Panoptikum, auch Panopticon, von J. Bentham (1748-1632) entworfenes Modell eines kreisrunden Gefängnisses, dessen Insassen in nach innen hin offenen Zellen von einem Wachturm in der Mitte aus mit geringen Mitteln kontrolliert werden können. Die ständige Sichtbarkeit soll zu konformem Verhalten führen. Foucault sah im P. ein Modell der → Disziplinargesellschaft.   H.W.

Pantheismus, Bezeichnung für diejenige Lehre, nach der Gott in allen Dingen ist bzw. Weltall oder Natur und Gott identisch sind (Gegensatz: → Theismus). Wenn Gott als das Weltall vorgestellt wird, spricht man auch von Theopanismus; wird umgekehrt das Weltall oder nur die belebte Welt vergöttlicht, geschieht dies zumeist in religionskritischer Absicht und kann leicht in Naturalismus oder Materialismus umschlagen.

V.Kr.

Papier-und-Bleistift-Test, Test, etwa zur Beurteilung bestimmter Leistungsfähigkeiten eines Individuums, der auf schriftlichen Äußerungen der untersuchten Person (z.B. Fragebogen) beruht.

H.W.

para-proxemics (engl.) → Zeichen, vermittelnde

Paradiesvorstellung, durch Märchen, Gebräuche, Lieder, Tänze, Feste etc. vermittelte quasi-archaische, irrational-ideologische Urerinnerung an harmonische Sozialverhältnisse. P.en gelten als Wunschvorstellungen, die, je nach ihrem zeitlichen Ort, Bezug nehmen auf jenseitige und diesseitige, auf verlorene und erwartete Paradiese.   W.S.

Paradigma, [1] im allgemeinen Sinne gleichbedeutend mit: Beispiel, Anwendungsbeispiel (z.B. für eine grammatische Regel).
[2] Methodologisch: ein Beispiel oder Leitfaden für die Durchführung eines bestimmten Forschungsansatzes oder für die Anwendung einer bestimmten Methode.
[3] Ein von T.S. Kuhn (1962) eingeführter Begriff der Wissenschaftsgeschichte, -theorie und

-soziologie. Er bezeichnet eine klassische wissenschaftliche Leistung (wie z.B. die Newton'sche Mechanik), die von den Mitgliedern einer wissenschaftlichen Disziplin als vorbildlich akzeptiert und durch die eine wissenschaftliche Tradition begründet wurde. Die Arbeit der Forscher in einer Phase der „normalen Wissenschaft" besteht in der Auffindung und Lösung von Problemen, die sich bei der Verfeinerung, dem Ausbau und der Anwendung der Prinzipien des P.s auf neue Gegenstandsbereiche stellen. Andere Probleme sowie die Frage nach der Begründung des P.s selbst werden vernachlässigt; solange sich eine Disziplin an einem P. orientiert, erscheinen ihr ihre Grundlagenprobleme als gelöst. Sich häufende Schwierigkeiten („Anomalien"), die innerhalb des P.s nicht gelöst werden können, oder die Unmöglichkeit, auf der Grundlage des P.s neue Probleme zu formulieren, können zu einer „Krise" führen. Den Übergang von einem alten P. zu einem neuen P. nennt Kuhn eine „wissenschaftliche Revolution".   R.Kl.

Paradigma, interpretatives – normatives, bezeichnet eine von T.P. Wilson 1970 vorgenommene Zuspitzung zweier Forschungsperspektiven in der Soziologie – einer herkömmlichen und einer neuartigen. Das n.e P. sieht soziales Handeln als von vorhandenen Rollen, Regeln, Normen usw. geleitet, an denen sich die Akteure orientieren, an sie mehr oder weniger zu erfüllen, über die sie aber nicht verfügen können. Für das i.e P. hingegen sind jene Regeln keineswegs fest vorgegeben, sondern bloß lockere Gesichtspunkte, um Eindrücke zu ordnen und das eigene Auftreten zu organisieren. Das dargestellte Selbst ist hier ein Entwurf, der innerhalb der Interaktion ständig und wechselseitig verändert wird. → Soziologie, interpretative   R.L.

Paradigma, normatives → Paradigma, interpretatives – normatives

Paradigmenwechsel. Nach T.S. Kuhn vollzieht sich der Prozess des wissenschaftlichen Fortschritts in Form eines P.s, als Übergang von einem alten zu einem neuen → Paradigma [3].

M.M.

Paradoxie, [1]. Widersprüchlichkeit, die durch Anwendung einer Aussage auf sich selbst entsteht, etwa in der Aussage eines Kreters. „Alle Kreter lügen" (Epimenides). → Nichtentscheidbarkeit, → logische Typen   H.W.
[2] P.n sind im Kontext systemtheoretischer Forschung u.a. für den Kontext einer → Beobachtung [3] zweiter Ordnung von besonderer Bedeutung. Sie treten immer dann auf, wenn in selbstreferentiellen Konfigurationen, in denen die Referenz mit der Operation, die ein Selbst

konstituiert, übereinstimmt, die Möglichkeit der Negation hinzutritt und damit die Anschlussfähigkeit weiterer Operationen in Frage gestellt ist. Wenn P. auftreten, bedarf es der Einrichtung von Zusatzvorkehrungen, um die Anschlussfähigkeit für weitere Operationen sicherzustellen. Zentral ist damit für die Beobachtung von Beobachtungen die Differenz von P./Entparadoxierung.   M.G.

[3] Mit sozialer P. ist eine Widersprüchlichkeit gemeint, die innerhalb ein und desselben gesellschaftlichen Vorgangs auftritt. Beispielsweise können Menschen auf Freiheitsgewinne (Chancengleichheit, Individualisierung) unvorhergesehen mit steigender Unzufriedenheit reagieren. Für A. Honneth (2002) ist soziale P. ein Grundkonzept aktueller Gesellschaftsanalyse.   R.L.

paralinguistisch, auch: parasemantisch, linguistisch nicht segmentierbare, individuell und kulturell bedingte sprachliche Phänomene mit kommunikativer Funktion, z.B. Artikulationsweise, Stimmqualität, Lautstärke, Rhythmus, Dynamik, Akzentuierung, Dauer, Tempo, Lachen, Zögern.   T.B.

Parallelgesellschaft, politischer Begriff für ethnisch-kulturell geprägte Gemeinschaften, die ein von der Mehrheitsgesellschaft abgeschottetes Eigenleben führen. Tatsächlich bilden migrantische Gemeinschaften oft ein Netz eigener Einrichtungen aus, welches tendenziell alle Bedürfnisse bedient (*institutional completeness*). Sie pflegen ihre Herkunftskultur, die der der übrigen Gesellschaft häufig widerspricht. Spektakuläre Fälle z.B. von Zwangsheiraten, Blutrache oder Terrorismus dienen häufig als Beleg für die Existenz von P.en, denen mit der Verpflichtung auf eine deutsche → Leitkultur entgegen gewirkt werden soll. Solange sich jedoch ethnisch-kulturelle Gemeinschaften nicht vollkommen von der Kultur und den Institutionen der Mehrheitsgesellschaft abspalten, kann nicht von einer P. gesprochen werden.   D.Kl.

Parallelismus, kultureller, das Auftreten von gleichen Kulturelementen in einander sonst fremden sozialen Einheiten, das nicht durch Nachbarschaft, Übernahme usw. erklärt werden kann. Der Bedeutungsunterschied zu → kulturelle Konvergenz ist gering.   W.F.H.

Parallelismus, psycho-physischer, ältere philosophische Auffassung (G.W. Leibniz, B. Spinoza), die in der Psychologie von G.T. Fechner vertreten wurde, nach der zwischen mentalen und körperlichen Vorgängen keine Beziehungen der Beeinflussung, sondern strenge, parallel verlaufende Entsprechungen bestehen. Nach dieser Auffassung müssen physische Gehirntätigkeit und kognitive Vorgänge als zwei Aspek-

te ein und desselben Vorgangs betrachtet werden.   H.W.

Paralleltests, mehrfache Messungen einer Variablen an der gleichen Population. Zwei Tests sind dann parallel, wenn sie für jede Testperson den gleichen → Erwartungswert und die gleiche → Varianz besitzen. P. sollen also eine bestimmte Eigenschaft gleich gut messen. Zu den P. zählen auch die Testwiederholungen, bei denen derselbe Test mehrmals auf dieselben Versuchspersonen angewandt wird. Mithilfe von P. soll die Verlässlichkeit eines Messinstruments abgeschätzt werden. Von *Random*-Paralleltests spricht man dann, wenn aus einem gedachten Universum von *items*, die Indikatoren für einen bestimmten Sachverhalt darstellen sollen, zufällig *items* zu mehreren Tests zusammengestellt werden.   H.W.

Parallelvetternehe, die in den meisten Gesellschaften nicht zugelassene Ehe mit einem Cousin, wenn die elterlichen Geschwister, durch die Verwandtschaft besteht, gleichen Geschlechts sind.   W.F.H.

Parameter, [1] in der Statistik Bezeichnung für Größen, Werte, durch die Grundgesamtheiten charakterisiert sind. P. sind z.B. → Mittelwerte, → Varianzen, → Regressionskoeffizienten. Die entsprechenden Größen von Stichproben werden auch als P. oder als Statistiken bezeichnet, die zur Schätzung der P. der Grundgesamtheit benutzt werden.
[2] In der Mathematik werden als P. die konstanten Glieder in Gleichungen mit mehreren Variablen bezeichnet.
[3] In der Ökonomie und anderen Bereichen werden auch → Aktionsparameter mit P. bezeichnet.   H.W.

paramount reality (engl.) → Subsinnwelt

Paranoia, eine Form der → Psychose, die durch das Vorherrschen eines Wahns (zumeist eines Verfolgungs- oder Größenwahns, häufig auch eines religiösen Wahns) gekennzeichnet ist. Die paranoiden Ideen werden nicht selten zu einem wohlorganisierten und äußerst differenzierten Theoriengebäude („Wahnsystem") ausgearbeitet. Den Begriff P. wendet man im Allgemeinen nur dann an, wenn die Persönlichkeit des in dem Wahn befangenen Individuums im Übrigen intakt bleibt. Anderenfalls spricht man von paranoider → Schizophrenie.   R.Kl.

Paraphrasierung, sozialwissenschaftliche, ein von T. Heinze u. H.W. Klusemann (1979) vorgeschlagenes Interpretationsverfahren bei qualitativen (biografischen) Interviews: Mehrfache Hin- und Herbewegung zwischen dem Material und den aus sozialwissenschaftlichen Theorien gewonnenen Anhaltspunkten und Ordnungsmöglichkeiten, dem Modell alltäglichen Verstehens nachgebildet („Rückfrage" an den Text, ob eine Interpretation zutreffend ist). Ziel ist die Rekonstruktion des Bildes, das der Befragte von sich, von seinen Handlungen und von seiner Lebenswelt hat. Verknappt dargestellt werden kann dieses Bild ergebnisartig als „Kernaussage", die möglichst nahe an der Sprache des Interviewprotokolls formuliert wird. Im Vergleich zu anderen Interpretationsverfahren (narratives Verfahren von F. Schütze, Objektive Hermeneutik von U. Oevermann) hat sich die s. P. nicht durchsetzen können. W.F.H.

parasemantisch → paralinguistisch

Parasit, eine vielgestaltige Figur der Störung, die v.a. von M. Serres (1981) in drei Bedeutungen entwickelt worden ist: P. als Nutznießer, der auf Kosten seines Gastgebers lebt; P. als Schädling, der sich in sein Gastsystem einnistet und P. als Rauschen in der Kommunikation. In allen drei Bedeutungen tritt der P. als produktiver Störer auf, der nicht auf eine negative Bedeutung reduziert werden kann. → Dritte, der U.St.

Parasoziologie, Bezeichnung für die nicht durch disziplinierte und kontrollierte Forschung gewonnenen, im Vorfeld der Wissenschaft (z.B. in der Belletristik, im politischen Journalismus, im Alltagswissen der Menschen) verbreiteten Annahmen und Aussagen über gesellschaftliche Sachverhalte. Die P. kann der Forschung fruchtbare Impulse und Ansätze liefern. B.W.R./R.Kl.

Parataxie, in der klinischen Psychologie (H.S. Sullivan 1947) Bezeichnung für eine Form der Fehlanpassung: Die Einstellungen zu anderen Menschen (z.B. den Eltern), die ein Individuum in früher Kindheit erworben hat, werden unverändert auf Personen übertragen, mit denen das Individuum in späteren Lebensabschnitten zu tun hat (z.B. Lehrer, Ehepartner), sodass es zu Fehldeutungen des Verhaltens dieser neuen Interaktionspartner und zu Fehlreaktionen ihnen gegenüber kommen kann. R.Kl.

parenting, authoritative (engl.) → Erziehung, autoritative

Pareto-Koeffizient → Zipfs Gesetz

Pareto-Optimal, auch Pareto-Effizienz, Bezeichnung aus der → Wohlfahrts-Ökonomie und → Spieltheorie für eine Allokation von Gütern oder eine Verteilung von Gewinnen in einem Spiel, bei dem der Gewinn oder das Wohlergehen eines Spielers oder Gesellschaftsmitglieds (bei gegebener Knappheit der „Erstausstattungen" und feststehenden Präferenzordnungen) nicht weiter erhöht werden kann, ohne dass dadurch mindestens ein anderes Individuum eine Einbuße erleidet. Ein p.-optimaler Zustand beinhaltet ferner, dass es keinen anderen Zustand gibt, der für alle Beteiligten zusammenge-

nommen ein größeres Wohlergehen bedeuten würde. H.W.

Pareto'sches Gesetz → Zipfs Gesetz

Paria, [1] eine niedrige, auf die Urbevölkerung zurückgehende Kaste in Südindien, die unreine Tätigkeiten ausführen wie Landarbeiter, Abdecker, Schuster und Totengräber.
[2] Nach M. Weber eine sozial verachtete, unterprivilegierte, relativ rechtlose Bevölkerungsgruppe. P. leben aufgrund von Heiratsbeschränkungen oft endogam und sind von allen nicht unbedingt notwendigen Kontakten mit Höherstehenden und von jeglichem Aufstieg ausgeschlossen. Gleichwohl sind P. wegen der von ihnen ausgeübten (wenn auch verachteten) Sonderfunktionen unentbehrlich. Wenn es sich dabei um ethnische Gruppen handelt, spricht Weber von „P.völkern". R.Kl.

Paria-Intellektualismus, bei M. Weber Bezeichnung für einen von politisch und sozial diskriminierten Klassen getragenen, ethisches und religiöses Pathos einschließenden Intellektualismus, der sich nicht an die gesellschaftlichen Konventionen in Bezug auf die äußere Ordnung und die üblichen Meinungen gebunden fühlt. H.U.O.

Pariareligion, nach M. Weber die typische Religion von Pariakasten und -völkern, die ihre Anhänger zur Duldung oder gar Billigung ihres verachteten, rechtlosen und unterdrückten Status veranlasst, da dieser nur die Vorstufe für oder eine Vorbereitung auf eine spätere Statuserhöhung des Einzelnen oder der Gruppe (durch Wiedergeburt, durch einen Messias usw.) sei. R.Kl.

Pariavölker → Paria [2]

Parkinson-Gesetz, kein → Gesetz im strengen Sinne, sondern eine ironische, von C.N. Parkinson (1958) formulierte These, derzufolge Verwaltungen unabhängig von dem tatsächlichen Arbeitsanfall zu personellem Wachstum und Selbstauslastung tendieren. W.Sl.

Parlamentarismus, Bezeichnung für eine politische Herrschaftsform, in der ein gewähltes Parlament die wichtigste oder eine der wichtigsten Funktionen im politischen System innehat (nicht ohne weiteres identisch mit allgemeiner Demokratie; das Wahlrecht zum Parlament war jahrhundertelang auf bestimmte Schichten der Bevölkerung und auf die Männer beschränkt). W.F.H.

parole (frz.), Sprechen, bezeichnet im Unterschied zu → *langue* den aktuellen Gebrauch einer Sprache durch ein Individuum der Sprachgemeinschaft (F. de Saussure). A.H.

Partei, autoritäre – totalitäre. T. P. bezeichnet eine Partei, die – im Besitz der staatlichen Herrschaftsorgane und mit einer geschlossenen Welt-

P

anschauung – alle gesellschaftlichen Bereiche kontrolliert; a. P. bezeichnet eine Partei, die unter Umständen zwar durch die gleichen Charakteristika ausgezeichnet ist, aber aufgrund eigener Zugehörigkeit zu (und damit Abhängigkeit von) bestimmten gesellschaftlichen Bereichen eine totale Kontrolle nicht durchsetzen kann.

W.F.H.

Partei, totalitäre → Partei, autoritäre – totalitäre

Parteielite, die Inhaber der Führungspositionen in einer Partei, die als Gruppe mehr oder weniger Interesse daran entwickeln, diese Positionen auf Dauer zu besetzen.

W.F.H.

Parteiensoziologie, Teildisziplin der Soziologie, die sich mit den Zusammenhängen von organisatorischer Struktur, politischer Zielstruktur, Anhänger- und Mitgliedschaft von Parteien in den politischen Systemen von Gesellschaften verschiedener sozioökonomischer Grundstruktur beschäftigt.

W.F.H.

Parteienstaat. In ähnlicher Bedeutung wie → parteienstaatliche Demokratie bezeichnet P. eine Demokratie, in der sich in und durch die (durch die Verfassung und Staatstheorie nicht ausdrücklich legitimierten) Parteien in der Hauptsache politische Willensbildung und Entscheidungen vollziehen.

W.F.H.

Parteientypologie, Bezeichnung für einen Forschungsansatz der → Parteiensoziologie, der im Anschluss an M. Weber und M. Duverger Kriterien für die Klassifikation von Parteien erarbeitet, z.B. nach ihrer Mitgliedschaft (→ Honoratiorenpartei, → Massenpartei usw.); nach ihrem Verhältnis zur staatlichen Organisation (Wählerpartei, → Mitgliederpartei usw.).

W.F.H.

Parteiidentifikation, die gefühlsmäßige Bindung der Wählenden an ‚ihre‘ Partei. Bei politischen Wahlen gibt ein nicht geringer Anteil der Wahlberechtigten die Stimme nach der P. ab.

R.L.

Parteimaschine, [1] die (insbesondere in den USA) gegenüber der Wählerschaft verselbstständigte Organisation der politischen Parteien, die zu den periodischen Wahlterminen in der Öffentlichkeit für ihre Kandidaten wirbt und diese innerhalb der Partei durchsetzt.

W.F.H.

[2] Nach M. Weber Bezeichnung für die durch „Entseelung" der Gefolgschaft dem Führer willige Partei in der Demokratie.

O.R.

Partialkommunikation, Bezeichnung für einen Kommunikationsprozess, bei dem durch Kommunikationsbarrieren oder eine Überfülle von Mitteilungen in kurzer Zeit ein Teil der Information verlorengegangen ist. Dies gilt für mediale, → indirekte Kommunikation mehr als für → Primärkommunikation. Ausgleich kann in gewissem Umfang durch → Redundanz geschaffen werden.

A.G.W.

Partialobjekt, psychoanalytischer Begriff: genetisch betrachtet die Objekte, die zur Befriedigung der → Partialtriebe dienen, zum Beispiel die Brust als orales P. Unabhängig von den Partialtrieben wird P. gebraucht, um Introjektions- und Identifikationsprozesse (→ Introjektion) zu kennzeichnen, wenn Objekte nicht in ihrer Totalität wahrgenommen, sondern aufgespalten werden.

U.E.

Partialtriebe, psychoanalytischer Begriff zur Bezeichnung der einzelnen, in der präödipalen Phase der psychosexuellen Entwicklung (→ Libidostufen) auftretenden Triebe, deren Befriedigung nicht an genitale Sexualität gebunden ist, z.B. der orale oder der anale P., auch der Schautrieb, die Tendenz, sich zu zeigen, oder die Tendenz, sich der Objekte zu bemächtigen. Im Kindesalter bestehen die P. zunächst unabhängig voneinander. Später streben sie danach, sich unter der Dominanz der genitalen Triebe zu vereinigen. Bei Erwachsenen manifestieren sich die P. in der Vorlust als integrierte P. und in Perversionen als Fixierungen an einzelne P. (z.B. Voyeurismus als Fixierung an den Schautrieb).

U.E.

participant observation (engl.) → Beobachtung, teilnehmende

participation, evaluated, *EP* (engl.), auch: evaluierte Partizipation, Methode zur Festlegung sozialer Schichten durch die Beurteilung von Untersuchungspersonen durch andere Mitglieder der Population. Die EP geht davon aus, dass die soziale Partizipation des Einzelnen in verschiedenen Tätigkeitsbereichen, z.B. durch Einnahme von Ehrenämtern auf kommunaler Ebene sowie seine Beteiligung an formalen und informellen Gruppen in seiner Nachbarschaft bekannt ist und dort auch bewertet, mit Prestige belohnt wird. Durch Generalisierung und Einstufung der Arten von Partizipation sowie die der Tätigkeitsbereiche und Gruppen wird dann ein Schichtungsmodell für die untersuchte Population erstellt. Eine Weiterführung der *EP* stellt der → *index of status characteristics* (ISC) dar.

O.R.

participatory rural appraisal / PRA → rural appraisal, participatory

Partikularisierung, [1] der Vorgang des Zerfalls einer größeren politischen Einheit in Teile oder Teilgebiete, die ihre Sonderinteressen geltend machen (Ergebnis: Partikularismus, etwa der deutschen Fürstentümer im 18. und 19. Jahrhundert).

[2] Allgemein jeglicher Zerfall von Orientierungen an übergreifenden oder universalistischen Werten, Zielen, Normen usw. zu Gunsten der an speziellen und begrenzten.

W.F.H.

Partikularismus → Universalismus – Partikularismus; → Partikularisierung [1]

Partil, auch: Quantil, Werte einer Messskala, die eine Menge ihrer Größe nach geordneter Messwerte in k gleichgroße Teilmengen zerlegt. Bei k = 100 erhält man 99 Perzentile, bei k = 10 neun Dezile, bei k = 5 vier Quintile, k = 4 drei Quartile, schließlich bei k = 2 den → Median. **H.W.**

Partisan. [1] Ursprünglich ist P. allgemein der Parteigänger. Dieser Sprachgebrauch hat sich im Englischen und Französischen erhalten. Seit dem 16. Jahrhundert wird jedoch im eingeschränkten Sinne von einem P. gesprochen als einem, der gegen feindliche Invasionsheere militärischen Widerstand übt. In politische Theorien fand die Gestalt des P.en Eingang seit 1810 durch C. von Clausewitz anlässlich des preußischen Landsturms, d.h. des Volksaufstands gegen die napoleonische Herrschaft.
[2] Im 20. Jahrhundert verliert der P. seinen Ausnahmecharakter, und zwar durch zwei voneinander unabhängige Entwicklungen: die Ideologisierung aller Kriege in ein „revolutionäres" und ein „konterrevolutionäres" Lager und eine Entwicklung zum totalen Krieg moderner Prägung, die die klassische völkerrechtliche Unterscheidung von Kombattanten und Nichtkombattanten im totalen Krieg moderner Prägung hinfällig werden lässt. Dem wird neuerdings durch das Völkerrecht Rechnung getragen: das Zusatzprotokoll zu den Genfer Konventionen vom 10.6. 1977 regelt, dass auch P.en, wenn sie bestimmte Bedingungen erfüllen, den Schutz der Konvention zur Behandlung der Kriegsgefangenen (3. Genfer Abkommen) genießen. Indem der P. sich im Übrigen unerkennbar bewegen kann, nutzt er die Vorteile des Schutzes der Zivilbevölkerung und kann sich so (nach Mao) im Volke wie ein Fisch im Wasser bewegen. Mit dieser völkerrechtlichen Zusatzkonvention ist der P. vom Odium des Verbrecherischen befreit worden. So wie die Zivilbevölkerung durch die Totalisierung des Krieges jederzeit unfreiwillig in den Zustand des Kombattanten versetzt werden kann, so kann nun der P. als Teil des Volkes jederzeit zum Kombattantentum übergehen. Im Zuge einer möglichen „Weltinnenpolitik" würde freilich durch ein international kurzgeschlossenes Strafrecht jeder P. als Terrorist wahrgenommen und verfolgt werden müssen. **K.R.**

Partizipation, [1] allgemeine Bezeichnung für die Teilhabe und Teilnahme von (einfachen) Mitgliedern einer Gruppe, einer Organisation usw. an deren Zielbestimmung und Zielverwirklichung. **W.F.H.**
[2] Auch: Politische Beteiligung oder Teilnahme, Mitbestimmung, Bezeichnung für den Vorgang, durch den die Mitglieder einer Gesellschaft ihre Wünsche und Vorstellungen an die politischen Institutionen vermitteln und ggf. (z.B. auf kommunaler Ebene) an Entscheidungsprozessen und ihrer Umsetzung mitwirken. Unterschiedliche demokratietheoretische Ansätze sehen in der P. entweder eine Form der Verwirklichung von Demokratie selbst (Mitbestimmung, Emanzipation) oder in einem Zuviel an P. Gefahren für die Stabilität eines politischen Systems. **W.St.**

[3] → Gesetz der Partizipation
Partizipation, evaluierte → participation, evaluated
Partizipation, kulturelle, auch: kulturelle Teilhabe, Bezeichnung für Art und Ausmaß, in denen sich Einzelne oder soziale Gruppen die in Büchern, Bildern, Fotografien, Filmen usw. überlieferte Kultur zugänglich machen, sie kennen lernen, sich aneignen (können). Art und Ausmaß der k.n P. sind einerseits abhängig von der Verfügbarkeit und der Leistungsfähigkeit der Objektivierungsformen von Kultur (s. Erfindung des Buchdrucks, Verbreitung der Fernsehgeräte), andererseits von der Neigung der Menschen unter bestimmten Lebensumständen, an Kultur in diesem Sinne teilzunehmen. **W.F.H.**
Partizipation, politische → Partizipation [2]
Partizipation, soziale, auch: soziale oder informelle Teilnahme, Bezeichnung für Art und Ausmaß, mit denen Einzelne oder soziale Gruppen am sozialen Leben im Sinne von nicht an Vereine, Organisationen usw. gebundener Geselligkeit teilnehmen (z.B. Stammkneipe, Einladungen zu Privatfesten, Brieffreundschaft). **W.F.H.**
Partizipationsforschung, [1] allgemein ein Arbeitsbereich (unter Mitarbeit von politischer Soziologie, Organisationssoziologie, Politikwissenschaft u.a.), der die Möglichkeiten der Mitwirkung der (einfachen) Mitglieder einer Organisation oder eines politischen Feldes an Entscheidungen, Zielbestimmung usw. untersucht (sowie die Bedingungen und Chancen für eine Erweiterung dieser Mitwirkung, oft inspiriert durch das Ziel einer Demokratisierung oder das der Basisdemokratie).
[2] Speziell die entsprechende Untersuchung der Mitwirkungsmöglichkeiten der Arbeitenden in den Betrieben (oft bedeutungsähnlich mit Mitbestimmungsforschung). **W.F.H.**
partizipatorischer Führungsstil → Führungsstil
Partnerersatz, bezeichnet eine innerfamiliäre Konstellation, in der Vater oder Mutter (nach Trennung oder Scheidung z.B.) ein Kind wie einen Partner behandelt, also z.B. alle Lebenssorgen mit ihm bespricht und es um Rat fragt (und dadurch eventuell überfordert). **W.F.H.**
Partnerschaftsfamilie, *colleague family,* durch Gefühlsbindungen zwischen den Lebens- bzw. Ehepartnern zusammengehaltene, von einer

Rollen- und Autoritätsverteilung nach Können und persönlichen Fähigkeiten sowie von hoher Aussprachefähigkeit und gemeinsamen Entscheidungen gekennzeichnete → Gattenfamilie. R.O.W.

Partnerwahl, [1] Bezeichnung für den komplexen Prozess von Präferenzen, Entscheidungen und wechselseitiger Verständigung, durch den ein Mann und eine Frau zu Eheleuten werden. [2] Auch Bezeichnung für das sozialkulturelle Regelsystem, das – nach Epochen, Kulturen, Schichten usw. verschieden – die Vorbereitungs- und Entscheidungsprozesse bis zur Eheschließung ordnet (insoweit ist auch eine von den Eltern bestimmte Wahl des künftigen Ehepartners eine P.). [3] Manchmal auch (der Alltagssprache folgend) Bezeichnung für jegliche Entscheidungen für einen Sexual- oder Lebenspartner. W.F.H.

Partnerwahl, selektive, die sozial beschränkten Möglichkeiten zur Wahl der Partner für Ehe und Sexualität. Klassenzugehörigkeit, Bildungsstand, spezielle Ausfüllung der Geschlechtsrolle spielen dabei eine Rolle. W.F.H.

passagee (engl.) → agent – passagee

Passageriten → Übergangsriten

passing (engl.), [1] in E. Goffmans Buch über die „Techniken der Bewältigung beschädigter Identität" (1963) svw. Täuschen, Vorgeben, also jene Versuche von Menschen mit einem Stigma, dieses zu verheimlichen und sich als „normal" auszugeben. *P.* kann absichtlich oder unabsichtlich geschehen, in allen Lebensbereichen oder nur in einigen, zeitweise oder dauerhaft usw. [2] Bei H. Garfinkel in seiner Studie über Geschlechtsumwandlung (1967) die Anstrengungen und Vornahmen, um den gewünschten sexuellen Status zu erreichen und zu sichern, sowie sich gegen Entdeckung und den daraus resultierenden schädlichen Folgen einer Entdeckung vorzusehen. Wiewohl in der Sache ähnlich wie [1], so doch mit ganz anderer Betonung. Nicht täuschende Verheimlichung eines Stigmas ist gemeint, sondern die angestrengt-unsichere Arbeit daran, einen neuen Status einzunehmen, sich darin als normal darzustellen und zu fühlen (die Verheimlichung dieser Arbeit ist dazu nur ein Mittel). W.F.H.

Pastoralismus, auf Tierhaltung und Weidewirtschaft gegründete Lebens- und Wirtschaftsweise, in der die Tiere (z.B. Rinder) einen hohen Stellenwert besitzen, zum Teil nomadisierend oder in Form der → Transhumanz auch mit bäuerlicher Wirtschaft verknüpft (Agropastoralismus). H.W.

Pastoralmacht, in Anlehnung an das Bild von „Hirt und Herde" bei M. Foucault (1982) Bezeichnung für ein Bündel christlicher Führungs- und Machttechniken: u.a. Gewissensprüfung, Beichte und Geständnis, Forderung von „reinem" Gehorsam als Tugend. P. ist auf das individuelle Seelenheil gerichtet, individualisierend, allgegenwärtig und produziert ein spezifisches Wissen über die Individuen. P. ist nach M. Foucault eine individualisierende Macht oder Subjektivierungsweise, die grundlegend für den modernen Staat wurde, in dem sich die Ziele (Gesundheit, Sicherheit, Wohlergehen) und Agenten (Polizei, Fürsorgevereine, Privatunternehmen, Philanthropen) der P. vervielfachen. B.M.

Pastoralsoziologie → Pfarrsoziologie

Paternalismus, Herrschaftsformen in nicht-familiären Bereichen, bei denen ein Herrschender eine der väterlichen Autorität entsprechende Rolle (u.a. der Fürsorge für Untergebene) beansprucht und sich auf diese Weise legitimiert. W.F.H.

path analysis (engl.) → Pfadanalyse

Pathologie, soziale → Sozialpathologie

Patientenkarriere, Begriff zur Kennzeichnung der typischen sozial vermittelten Prozesse, die vom Bemerken der ersten Krankheitssymptome, über den Besuch beim Arzt, der Überweisung ins Krankenhaus bis zum Sterben bzw. zur Genesung ablaufen. Besondere Beachtung findet der erste Abschnitt der P., der Zeitraum bis zum ersten Arztbesuch. Er zeigt häufig drei Stadien: Symptomaufmerksamkeit, Konsultation von Nicht-Ärzten (Laienkonsultation), Selbstmedikation. R.N.

Patientenrolle, bezeichnet die Summe der Erwartungen, die mit der Aufnahme eines Patienten in einer Institution des Gesundheitswesens (Krankenhaus, psychiatrische Anstalt etc.) für die Dauer des Aufenthaltes zwingend erwartet werden. Häufig beginnt das Erlernen der P mit dem → *stripping process*, worauf die verhaltensmäßige Anpassung an die Ablaufbedingungen der Institution erfolgt, die vom Individuum weitgehende Unterwerfung unter die Regeln der jeweiligen Institution fordert. R.N.

Patriarchalismus, zusammenfassende Bezeichnung für die unbeschränkte Herrschaft des Mannes in der Familie, der Verwandtschaftsgruppe, der Gesellschaft, sei es durch geltende Abstammungs- und Nachfolgeregeln, durch anerkannte Herrschaftsbeziehungen oder durch organisierte Unterdrückung der Frauen in einer Schicht oder einer Gesellschaft. W.F.H.

Patriarchat, wörtlich etwa: Väterherrschaft, [1] → Mutterrecht – Vaterrecht [2] In feministischen Texten eine Kurzbezeichnung für die Gesellschaftsformation, in der das männliche Geschlecht alle soziale (also die öko-

nomischen, politischen und kulturellen) Beziehungen dominiert und nach seinen Interessen ordnet – zu Lasten der Frauen.
[3] P. kann sich auch auf die Dominanz der älteren über die jüngeren Männer beziehen.   R.L.

patrilateral → matrilateral – patrilateral
patrilineal → matrilineal – patrilineal
patrilokal → matrilokal – patrilokal
Patrimonialismus, eine Form der traditionellen Herrschaft eines einzelnen Herrschers, die sich von anderen Formen durch die Existenz eines dem Herrscher persönlich verpflichteten Verwaltungsstabes unterscheidet (M. Weber).
W.F.H.

Patrimonialstaat, eine Staatsform, in der dem Herrscher aller Grund und Boden als vererbbarer Besitz gehört, woraus er seinen Herrschaftsanspruch sowie seine (grundsätzlichen) Anrechte auf alle wirtschaftlichen Erträge dieses Bodens begründet.   W.F.H.

pattern (engl.) → Muster
pattern consistency (engl.) → Strukturkonsistenz
pattern maintenance (engl.), auch Strukturerhaltung, die Funktion derjenigen Subsysteme oder Institutionen einer Gesellschaft, die zur Erhaltung der grundlegenden Verhaltensmuster beitragen, indem sie Individuen zur Übernahme sozialer Rollen motivieren. Strukturerhaltend wirken insbesondere die Institutionen, die soziale Rollen vermitteln, z.B. die Sozialisationsagenturen Familie und Erziehungssystem.   H.L.
pattern responsibility (engl.) → Strukturverantwortung
pattern variables (engl.), auch: Bewertungs- oder Orientierungsalternativen, die von T. Parsons definierten Begriffspaare für eine mehrdimensionale Klassifikation sozialer Orientierungen. Sie stellen alternative Endpunkte von Kontinuen dar, die verschiedene allgemeine Dimensionen der Bewertung oder Orientierung beinhalten. Je nach Art der sozialen Situation eines Handelnden wird seine Verhaltensmöglichkeit oder seine Entscheidung in Richtung auf je eine der folgenden Alternativen gehen: → Affektivität – Neutralität, → Spezifität – Diffusheit, → Universalismus – Partikularismus, → Qualität – Verhalten, → Selbstorientierung – Kollektivitätsorientierung.   H.L.
pattern, cultural (engl.) → Kulturmuster
pattern, narrative (engl.), Bezeichnung für temporale Sequenzen bzw. zeitliche Regelmäßigkeiten im sozialen Prozess (A. Abbott 1997), nicht aber die Erzählung davon oder der Diskurs darüber.   W.F.H.
Pauperismus, extreme physische und psychische Verelendung von Teilen der Arbeiterklasse, die durch die kapitalistische Entwicklung aus dem

Produktionsprozess herausgeworfen werden, indem sie sich den wandelnden Arbeitsanforderungen nicht anpassen können, aufgrund ihres Alters keine Anstellung mehr finden oder durch Arbeitsunfälle verstümmelt worden sind.
G.L./R.Ka.

pay off (engl.) → Auszahlung
P.C. → *political correctness*
Pearson'scher Produkt-Moment-Koeffizient, r, spezieller → Korrelationskoeffizient für intervallskalierte Daten. Der r ist definiert als → arithmetisches Mittel der Produkte aus den standardisierten Messwerten und somit gleich der Steigung der Regressionsgeraden. Eine sinnvolle Interpretation hängt somit von der Angemessenheit des Modells einer linearen → Regression [1] ab.   M.K.
peasant society (engl.) → Gesellschaft, bäuerliche
peer group (engl.), Gruppe von „Gleichen", → Gleichaltrigengruppe
Peinlichkeit, bei N. Elias, im Unterschied zur → Scham, die Situation, in der man der Normübertretung eines anderen Anwesenden ansichtig wird und darüber in Verlegenheit gerät.   R.L.
Peinlichkeitsschwelle → Schamschwelle
Penisneid, nach psychoanalytischer Auffassung eine psychische Folge der Entdeckung des anatomischen Geschlechtsunterschiedes in der phallischen Phase: das Mädchen fühlt sich im Vergleich zum Jungen kastriert und neidet ihm sein größeres Genitale. Von den Verarbeitungsformen dieser Entdeckung hängt nach dieser Auffassung die Liebes- und Genussfähigkeit der Frau ab. Die neuere Diskussion im Zusammenhang mit der Frauenbewegung stellt die Frage, warum die Entdeckung des anatomischen Unterschiedes zwischen Mädchen und Jungen zu Unterlegenheitsgefühlen und P. beim Mädchen führen muss, und vermutet in diesem Theorem einen Ausdruck des männlichen Überlegenheitsanspruchs.   U.E./W.F.H.
pensée domestiquée (frz.) → Denken, wildes
pensée sauvage (frz.) → Denken, wildes
peonaje (span.) → Schuldknechtschaft
people changing organization (engl.) → Behandlungsorganisation
people processing (engl.), der Versuch insb. von → Behandlungsorganisationen, Menschen zu konformem Verhalten zu bringen.   R.L.
percentile (engl.) → Partil
performance (engl.) → Performanz, → Rollenverhalten, → Verhalten, darstellendes
performance codes (engl.) → Ausdruckszeichen
performance test, sociodramatic (engl.) → Leistungstest, soziodramatischer
performance, cultural (engl.), [1] Bezeichnung für Veranstaltungen, in denen eine Kultur bzw.

P

Gruppe ihr Selbstbild vor Zuschauern vorstellt, z.B. Hochzeiten, Musikkonzerte, Tempelfeste. *C.p.* haben einen Anfang und ein Ende, einen Ort und eine Zeit der Aufführung, eine Art Partitur, Darsteller und Zuschauer.

[2] Bezeichnung für den Charakter des sozialen Handelns als kulturelle Aufführung, als Gestaltung, als körperliche Inszenierung auch bei alltäglich-konventionellen sozialen Vorgängen (C. Wulf 2001). W.F.H.

Performanz, *performance,* [1] tatsächlich erbrachte Leistung, speziell auch der *Output* eines Systems im Verhältnis zum *Input,* zu den Zielvorgaben oder dem von der Systemstruktur her Möglichen. Die P. von sozialen Systemen bemisst sich z.B. an der Befriedigung von Bedürfnissen, an der Effizienz der Ressourcennutzung. H.D.R.

[2] In der → Kommunikationssoziologie und Sprachphilosophie Bezeichnung für die Handlungsdimension von Äußerungen. In der frühen Version der Sprechakttheorie von J.L. Austin wurde zunächst zwischen performativen und konstativen Äußerungen unterschieden: Konstative Äußerungen stellen einen Sachverhalt fest, performative Äußerungen sind soziale Handlungen, die etwas bewirken (performative Verben wie taufen, danken, versprechen, warnen, sich entschuldigen). Später wurde das von Austin revidiert zugunsten der Ansicht, dass alle → Sprechakte eine Handlungsdimension haben (illokutionäre Sprechakte). Seitdem wird unter P. allgemein die Handlungsdimension von Äußerungen, aber auch von Werken oder Kunstwerken verstanden. R.S.

Performativität, auch: das Performative, bezeichnet an einem Ereignis die Merkmale Vollzug, Akt und Setzung, im Gegensatz zu den Merkmalen Absicht, Ziel und Plan bei einer Handlung. P. erzeugt Sinn, bringt etwa ein Kunstwerk hervor. Für die Sprache betont P. das Sprechen, am sozialen Handeln das Praktische. Im Vordergrund steht hier nicht, *was* oder *wie* etwas sich vollzieht, sondern *dass* es geschieht. An einem Musikstück beispielsweise untersuchen wir dann nicht das notierte Werk, sondern seine Vorführung als → Ereignis. R.L.

Performer, moderne, eines der zehn Sinus-Milieus (2004), zu dem rd. 8% der Bevölkerung gehören. Zu ihnen zählt die junge Leistungselite, die ihr Leben auskostet (z.B. durch Sport) und Chancen nicht verpassen will. Häufig wagen die m.P. den Sprung in die berufliche Selbständigkeit (z.B. mit Ich-AGs und Start-ups). D.Kl.

Periodeneffekt, auch: Zeiteffekt, im systematischen, kombinierten Quer- und Längsschnittvergleich (→ Querschnitt- und → Längsschnittun-

tersuchung) verschiedener → Kohorten ermittelte Verhaltens- oder Einstellungsänderungen, die auf gesamtgesellschaftliche Ereignisse folgen. Diese Veränderungen treten unabhängig von Unterschieden des Alters (→ Alterseffekt) oder des Geburtszeitpunkts (→ Kohorteneffekt) auf. Der P. gilt dabei als empirischer Indikator erfolgten sozialen Wandels (z.B. als Wertewandel) auf Mikroebene, der sich in mehr oder minder alle betrachteten Kohorten niederschlägt. H.L.

Peripherie → Zentrum – Peripherie

perlokutionär → Akt, illoktionärer

permissiv, gewährend, zulassend, neben vorgeschriebenem, erwünschtem und verbotenem Verhalten eine weitere Art von sozialer Verhaltensregulierung, wobei die Einhaltung von Normen, etwa der kindlichen Sexualität, nur locker kontrolliert wird. Diese Art von Regulierung ist sehr bedeutsam für die Sozialisation (→ Erziehungsstil, → Führungsstil). G.E./R.L.

permissiver Führungsstil → Führungsstil

Permutation → Kombinatorik

Peronismus, von Juan Domingo Peron 1943–1955 charismatisch geführte sozialreformistische Bewegung Argentiniens. Der P. leitete eine Industrialisierung mit dem Ziel der → Importsubstitution ein. Er stützte sich als Massenbewegung auf das Kleinbürgertum, eine von Peron in Gewerkschaften organisierte Arbeiterschaft und die am Aufstieg dieser Schichten interessierten Militärs. Er wies dem privaten Unternehmertum zusammen mit dem Staat, im Gegensatz zu den bis dahin herrschenden Agrarexport-Oligarchien, die Hauptrolle in der Industrialisierung zu und schuf dadurch Möglichkeiten der politischen Absorbierung ländlicher und städtischer Massen. D.E.

Perseveranz, perseverativ, Bezeichnung für eine sich in verschiedenen Bereichen äußernde allgemeine Verhaltenstendenz, die als Fixierung auf bestimmte Erlebnisinhalte, als Neigung zum Beharren auf oder zur Wiederholung von bestimmten Vorstellungsinhalten oder Verhaltensweisen, zu allgemeiner Unbeweglichkeit, Eigensinnigkeit, Rigidität und Stereotypie umschrieben werden kann. B.W.R./R.Kl.

Persistenz, Beständigkeit, Bezeichnung für das Überdauern, die Nicht-Veränderung von Einstellungen, Institutionen usw. Der Begriff der P. von Einstellungen ist der Gegenbegriff zu dem der → Einstellungsänderung. R.Kl.

person perception (engl.) → Personwahrnehmung

Person, von lat. *persona* (Theatermaske, Theaterrolle) abgeleitete Bezeichnung für den mit Selbstbewusstsein und der Fähigkeit zu freier, verantwortlicher Willensentscheidung ausgestatteten Menschen. In Psychologie und Soziologie wird der Begriff heute auch als Synonym für „Mensch" oder „Individuum" als Einheit der Analyse (z.B. in dem Ausdruck „Versuchsperson") benutzt.   R.Kl.

Person, basale → Grundpersönlichkeit

Person, kollektive, Gesamtperson, Verbandsperson, Bezeichnung für eine umfassende und mit der Einzelperson gleichursprüngliche Gemeinschaft (wie Familie, Stamm, Nation, Kulturgemeinschaft). Nach phänomenologischer Meinung ist die Einzelperson in ihren Aktvollzügen – trotz ihrer individuellen und einmaligen Qualitäten – nur als Glied einer k.n P. voll zu begreifen. Einzelperson und k. P. sind aufeinander bezogen.   W.L.B.

Person, modale → Modalpersönlichkeit

Persona, bei C.G. Jung Bezeichnung für den „äußeren Charakter" oder die „Maske", die ein Individuum gegenüber seiner sozialen Umgebung zeigt. In der P. verbindet das Individuum kompromissartig seine individuellen Einstellungen und Absichten (seinen „individuellen Charakter") mit den Einstellungen und Handlungsweisen, die das Kollektiv, dem er angehört, von ihm erwartet.   R.Kl.

personal document (engl.) → Dokument, persönliches

Personalisation, „Persönlichkeitswerdung", Bezeichnung für den Prozess, in dem der Mensch durch → Sozialisation und → Enkulturation zu einer relativ autonomen und integrierten, gegen den Anpassungsdruck der Gesellschaft widerstandsfähigen → sozialkulturellen Persönlichkeit heranreift.   R.Kl.

Personalisierung, [1] in der Wahlforschung wird mit P. die Reduzierung der Wahlentscheidung auf die Wahl zwischen den Spitzenkandidaten der verschiedenen Parteien – unter Absehung von Parteiprogrammen u.ä. – bezeichnet (sog. Kanzlerwahl).
[2] Abwertende Bezeichnung für historisch-politische Ansätze, die gesellschaftliche Entwicklungen oder Strukturen aus der Psyche bzw. Motivation einzelner politischer Führer zu erklären versuchen.   M.S.

personality inventory (engl.) → Persönlichkeitstests

Personalstruktur, umgangsprachlich die Bezeichnung für die faktische personelle Zusammensetzung (Mitglieder) einer Organisation, aufgeschlüsselt nach organisationsspezifischen Gliederungsmerkmalen (z.B. Einkommensniveau, Zuständigkeiten) sowie nach organisationsunabhängigen Merkmalen (z.B. Alter, Geschlecht, formales Bildungsniveau). Im sozialwissenschaftlichen Sprachgebrauch gilt P. als Oberbegriff für Regeln und/oder Regelhaftigkeiten, die bestimmte Personalbestände, -gliede-

rungen und -bewegungen in Organisationen bewirken. Zur P. gehören demnach Regeln der Personalbeschaffung (→ Rekrutierung [1]), der Personalauswahl (→ Selektion) ebenso wie Regeln der innerorganisatorischen Aus- und Fortbildung und der organisationsspezifischen → Sozialisation (z.B. Übermittlung spezifischer Arbeitsnormen und Leistungsmotive). Zur P. gehören auch die Regelhaftigkeiten der horizontalen Personalbewegung (Arbeitsplatzwechsel, *job rotation*, Versetzung) und der vertikalen Personalbewegung (Aufstieg: Beförderung; Abstieg: Rückstufung, Degradierung).   D.G.

Personalwesen, meist als „betriebliches" P. qualifiziert, Sammelbezeichnung für alle jene innerorganisatorischen Aufgaben, die zur Personalorganisation, Personalpolitik, Personalführung und Personalverwaltung gehören. Die Aufgabenschwerpunkte des P.s verlagern sich von den adaptiven, über die integrierenden und kontrollierenden immer mehr zu den motivierenden, qualifizierenden und planenden Funktionen.
                                    D.G.

personfunktional – systemfunktional, bezeichnet einen Versuch von H. Schelsky (1970), der vordringenden funktionalen Systemtheorie einen anderen Akzent zu verleihen, wonach dem Subjekt ein theoretisch höheres Gewicht zukomme. Als Bezugspunkt einer → funktionalen Analyse wird dabei nicht das System gewählt (das wäre s.). Vielmehr blickt die Analyse auf das Individuum, und ihr Endziel findet sie im Gedanken der persönlichen Freiheit (p.).   R.L.

persönliche Beziehungen → Beziehungen, persönliche

Persönlichkeit, [1] ein in Psychologie und Soziologie häufig gebrauchter, aber im Einzelnen sehr unterschiedlich und unscharf definierter Begriff. P. heißt die relativ stabile, zeitlich überdauernde, aber gleichzeitig dynamische Organisation der Eigenschaften, Gewohnheiten, Einstellungen, Motivationen, Gefühle, Interessen u.ä. einer Person. Die auf Vererbung und Lebensgeschichte der Individuen zurückzuführenden Unterschiede zwischen den P.en untersucht die → differentielle Psychologie. Für Soziologie und Anthropologie sind diejenigen Elemente der P. von zentraler Bedeutung, die durch die soziokulturellen Einflüsse der Gruppen erklärt werden können, in denen das Individuum sozialisiert wird (→ Sozialisation); dieser Teil der P. wird als → „sozialkulturelle P." bezeichnet (→ Kultur und P.). → Modalpersönlichkeit   R.Kl.
[2] Bei G. Simmel (1912) das Bewusstsein des Ich und der Erinnerung an sich selbst; damit steht P. für die Identität der Person.   O.R

Persönlichkeit, antidemokratische → autoritär [1]

Persönlichkeit, autoritäre → autoritär [1]

Persönlichkeit, basale → Grundpersönlichkeit

Persönlichkeit, bürokratische, ein Persönlichkeitstyp des Mitarbeiters in Organisationen, der geistig unselbstständig arbeitet und Mangel an Überblick hat. Das Verhalten der b.n P. ist geprägt von persönlicher Unsicherheit, formalrechtlicher Abhängigkeit und spezialisierter Fachausbildung. Nach R.K. Merton verlagert sich bei der b.n P. die Orientierung von den Zielen der Organisation auf deren Mittel. Eine b. P. bildet sich vor allem aufgrund strenger Regelhaftigkeit der Organisation heraus.   D.B./R.L.

Persönlichkeit, kollektive, jene Ebene des individuellen Verhaltens, die von soziokulturellen Faktoren, wie der „Kollektivmoral" (E. Durkheim), dem „kollektiven Gedächtnis" (M. Halbwachs), dem „kollektiven Unbewussten" (C.G. Jung), wesentlich geprägt ist und die die spezifische individualgenetische Dimension der menschlichen Persönlichkeit in breiter, sie erst ermöglichender Einbettung umgibt. In die k. P. gehen dergestalt traditionale, ja mythische und archetypische Komponenten ein, die Signaturen der historischen Epoche, der spezifische kulturelle Stil, der Sprachgestus, die Klassen-, Schichten- und Gruppennormen einer Gesellschaft, die das individuelle Verhalten (quasi in integraler Synthese) vorformieren. → Kollektivbewusstsein; → Charakter, sozialer, → Persönlichkeit, sozialkulturelle   W.Lp.

Persönlichkeit, modale → Modalpersönlichkeit

Persönlichkeit, rigide → Rigidität

Persönlichkeit, sozialkulturelle, auch: soziokulturelle Person oder Sozialperson, Bezeichnung für die relativ stabile Organisation der Motive, Denk-, Fühl- und Verhaltensweisen eines Menschen, die aus der Überformung seiner ursprünglich unangepassten Impulse, Affekte und Reaktionen durch die Übernahme sozio-kultureller Elemente (Sprache, Normen usw.) im Verlaufe der → Sozialisation entsteht. Die Überformung erfolgt nie total; die s. P. repräsentiert daher nur einen Teil der gesamten → Persönlichkeit eines Menschen. Dieser Teil aber kann als „Schnittpunkt" zwischen der psycho-physischen Natur des Individuums und der es umgebenden Gesellschaft und Kultur betrachtet werden; die s. P. ist bis zu einem gewissen Grade ein Spiegelbild der soziokulturellen Verhältnisse, die sie geprägt haben (→ Grundpersönlichkeit; → Charakter, sozialer). Allerdings ist die s. P. nicht einfach als ein Produkt der (passiven) Anpassung des Individuums an die Gesellschaft aufzufassen; normalerweise ist die s. P. durch ein gewisses Maß an Selbstständigkeit und Autonomie gegenüber der Gesellschaft gekennzeichnet, die in der als Konflikt erlebten Auseinandersetzung

zwischen den primären Bedürfnissen des Individuums und den gesellschaftlichen Anforderungen gebildet wird.   W.Sl.

Persönlichkeitsdesorganisation, auch: persönliche Desorganisation, *personal disorganization,* Bezeichnung für Störungen der Persönlichkeit, die auf einen Konflikt zwischen widersprüchlichen Werten und Normen zurückgehen, die das Individuum internalisiert hat. Zur P. kann es vor allem dann kommen, wenn sich das Individuum in einem → Rollenkonflikt befindet, wenn es sich Erwartungen ausgesetzt sieht, die mit früher gelernten Normen unvereinbar sind, wenn es verschiedene, miteinander konfligierende → Bezugsgruppen akzeptiert hat. P. äußert sich insbesondere in der Unfähigkeit, angesichts der konfligierenden Normen und Erwartungen, eine Entscheidung zu treffen. P. ist häufig eine Begleiterscheinung von sozialer Desorganisation oder → Desintegration. → Anomie [2]   R.Kl.

Persönlichkeitseigenschaften, Persönlichkeitsmerkmale, in der psychologischen Fachliteratur häufig einfach „Eigenschaften", „Merkmale", *personality traits, traits,* in der faktorenanalytischen Persönlichkeitsforschung meist: Persönlichkeitsfaktoren, allgemeine Bezeichnung für relativ konsistente oder überdauernde sowie zumeist auch generelle und universelle Merkmale, mit deren Hilfe menschliche Verhaltenseigentümlichkeiten beschrieben und u.U. auch erklärt werden (C.F. Graumann 1960). Als konsistent gilt ein solches Merkmal dann, wenn es ein bestimmtes Verhalten nicht nur gelegentlich, sondern immer oder häufig kennzeichnet, als generell, wenn es nicht nur eine bestimmte Verhaltensart in einer spezifischen Situation, sondern mehrere Verhaltensarten in wechselnden Situationen kennzeichnet. Universelle P. sind solche, die sich nicht nur bei einer Person, sondern bei allen oder den meisten Personen einer vergleichbaren Population finden. Je nach theoretisch-methodischer Orientierung werden diese P. entweder als deskriptive, durch Abstraktion oder Zusammenfassung (z.B. mithilfe der → Faktorenanalyse) von beobachteten Verhaltensweisen gewonnene Verhaltens-„Typen" oder -„Dimensionen" aufgefasst oder als dem beobachteten Einzelverhalten „zugrundeliegende", es kausal verursachende → Dispositionen betrachtet. Klassifizieren lassen sich P. insbesondere nach dem Grad ihrer Generalität und nach dem Grad ihrer Universalität, also einerseits unter dem Gesichtspunkt, wie viele verschiedene Verhaltensweisen eines bestimmten Individuums durch die betreffenden P. charakterisiert werden (spezifische vs. generelle P.), andererseits unter dem Aspekt, wie viele verschiedene Individuen bzw. Populationen durch eine bestimmte P. charakterisiert werden (individuelle vs. universelle P.). Die Feststellung relativ überdauernder P. ist vor allem für die Voraussage des Verhaltens von Individuen in verschiedenen Situationen von Bedeutung. **R.Kl.**

Persönlichkeitsfaktoren → Persönlichkeitseigenschaften

Persönlichkeitsfragebogen → Persönlichkeitstests

Persönlichkeitsgenese, auch: Persönlichkeitsentwicklung; lebenslanger, kontinuierlicher Veränderungsprozess, gründet in der Interaktion einzelner Aspekte der Persönlichkeit (kognitiv, affektiv, motivational, sozial, normativ, biologisch, behavioral) untereinander sowie in deren adaptiver Auseinandersetzung mit ihrer sozialen und ökologischen Umwelt. P. wurde im Rahmen zweier theoretischer Traditionen der Persönlichkeitspsychologie erforscht. So genannte *„trait*orientierte" Modelle richten ihr Augenmerk auf altersspezifische quantitative Veränderungen einzelner Persönlichkeitseigenschaften und deren je spezifische Relation zueinander. Prozessorientierte Konzeptionen stellen hingegen die Dynamik des altersspezifischen Adaptionsprozesses und die daraus resultierenden qualitativen Veränderungen der Persönlichkeit ins Zentrum der Betrachtung. Als Determinanten der P. werden in den einzelnen theoretischen Ansätzen biologische, psychosoziale und soziokulturelle Faktoren in unterschiedlicher Weise akzentuiert. Als Gliederungsgesichtspunkte der P. gelten die einzelnen Aspekte der Persönlichkeitsorganisation einerseits sowie die in einzelnen Lebensabschnitten gestellten spezifischen Anforderungen andererseits. **A.W.**

Persönlichkeitsinventar → Persönlichkeitstests

Persönlichkeitsmerkmale → Persönlichkeitseigenschaften

Persönlichkeitsorganisation, Organisation der Persönlichkeit, im Allgemeinen eine recht unspezifisch gebrauchte Bezeichnung für den inneren Aufbau der → Persönlichkeit und dessen Ordnung. Bei H.J. Eysenck (1947, 1957) Bezeichnung für die, durch schrittweise faktorenanalytische Datenreduktion gewonnene, Darstellung der Ergebnisse von Persönlichkeitstests als „Hierarchie" von vier „Organisationsstufen" zunehmender Allgemeinheit (vom gemessenen Einzelverhalten über habituelle Verhaltenstendenzen und Syndrome solcher Tendenzen oder „Persönlichkeitszüge" bis hin zu Syndromen von Zügen oder Persönlichkeits-„Typen"). **R.Kl.**

Persönlichkeitspsychologie → Persönlichkeitsforschung

Persönlichkeitsrolle, auch: Charakterrolle, Bezeichnung für die Gesamtheit der Erwartungen, die an einen Menschen aufgrund des Bildes gerichtet werden, das seine soziale Umwelt von ihm als Repräsentanten eines bestimmten Charakter- oder Persönlichkeitstypus hat (→ Persönlichkeitstypen). **R.Kl.**

Persönlichkeitsschichten → Schichtenlehre [2]

Persönlichkeitssystem → System, personales

Persönlichkeitstests, Bezeichnung für eine Reihe von Testverfahren, die benutzt werden, um die → Persönlichkeit, ihre Eigenschaften und Struktur, d.h. ihre Einstellungen, Motive, Interessen, Gefühle usw. und ggf. auch ihre Neigung zu neurotischen und sonstigen affektiven Störungen (aber nicht ihre Intelligenz und ihr Leistungsvermögen, für deren Messung es besondere Verfahren gibt) zu erfassen. Häufig werden die P. in subjektive (Selbstanalyse, z.B. in Form eines Lebenslaufs), objektive (z.B. Verhaltensbeobachtung in verschiedenen Situationen) und projektive (→ Test, projektiver) Verfahren eingeteilt. Eine oft angewandte Methode ist der sog. Persönlichkeitsfragebogen (auch: Persönlichkeitsinventar, *personality inventory*): Dabei muss der Proband eine größere Zahl von Fragen nach seinem Befinden in verschiedenen Situationen, seinen Einstellungen zu unterschiedlichen Themen, seiner Biografie usw. beantworten; die Antworten werden als Indikatoren für die ihn kennzeichnenden Persönlichkeitseigenschaften ausgewertet. **R.Kl.**

Persönlichkeitstheorie → Persönlichkeitsforschung

Persönlichkeitstypen, allgemeine und zusammenfassende Bezeichnung für alle durch Zusammenfassung und Abstraktion von beobachteten → Persönlichkeitseigenschaften gewonnenen Klassifikationen, in die sich individuelle Persönlichkeiten einordnen lassen. Im Allgemeinen ist es das Ziel der Persönlichkeitstypologien, mithilfe möglichst weniger Typusbegriffe eine möglichst große Zahl individueller Merkmalsausprägungen zusammenzufassen. Die neuere Persönlichkeitsforschung (z.B. H.J. Eysenck) bedient sich zur Feststellung von P. zumeist der → Faktorenanalyse. Ein häufig genannter Persönlichkeitstypus ist z.B. der sog. Extrovertierte (bzw. der Introvertierte). → Extraversion; → Introversion **R.Kl.**

Persönlichkeitstypus, basaler oder basischer, *basic personality type* → Grundpersönlichkeit

Person-Rolle-Konflikt, Anpassungsproblem einer Person, die der Forderung ausgesetzt ist, Vielfalt und Streubreite ihrer Persönlichkeitsmerkmale einzuschränken und einzelne dieser Merkmale zu unterdrücken, um ihr Verhalten an vorgegebenen, einengenden Rollenvorschriften auszurichten (z.B. ein besonders aggressiver Mensch arbeitet in einem Team mit). **B.Bu.**

Personwahrnehmung, Personenwahrnehmung, *person perception*, auch: interpersonelle Wahrnehmung, soziale Wahrnehmung, Bezeichnung für die Art, in der Personen einander als Personen wahrnehmen. Bei der Untersuchung der P. spielen u.a. die Fragen eine Rolle, wie weit bei der P. besondere Wahrnehmungsweisen (z.B. Einfühlung, Ausdrucksverstehen, Rolleneinnahme) von Bedeutung sind, in welcher Weise die P. durch persönliche und soziale Merkmale des Wahrnehmenden, insbesondere durch seine → Projektionen, beeinflusst wird und wie die P. selbst auf das soziale Verhalten, die Einstellungen und Vorstellungsweisen des Wahrnehmenden zurückwirken. → Wahrnehmung, soziale
R.Kl.

Perspektivenübernahme, auch: Perspektivenwechsel, Bezeichnung im Anschluss an G.H. Mead für einen grundlegenden Vorgang, durch den das Kind sozialisiert wird und für das gelingende Interaktion ganz allgemein von Bedeutung ist: Indem sich *ego* in die Perspektive von *alter* „hineindenkt", lernt es dessen Welterfahrung kennen und gewinnt eine „Außensicht" seiner selbst. Komplexere Formen der P. beziehen sich auf Gruppen, größere soziale Einheiten sowie imaginierte Repräsentanten des sozialen Ganzen (→ generalisierter Anderer). Insofern ist P. bedeutungsähnlich mit Rollenübernahme bzw. → Rolleneinnahme, betont aber stärker die Art des übernommenen Wissens, der Bewertungen, Haltungen usw. als perspektivisch geordnet.
W.F.H.

Perspektivenwechsel → Perspektivenübernahme

Perspektivismus, Bezeichnung für den Aspekt der → Standortgebundenheit sozialer Wahrnehmung des Menschen, dessen Handeln und Erleben an die Situation des jeweiligen Hier und Jetzt gebunden ist, z.B. an die historische Situation, den kulturellen Kontext, die → soziale Schicht, die → Gruppe oder → die soziale Rolle. Zur Überwindung des mit dem P. gegebenen Relativismus, der allgemein gültige Aussagen über soziale Wahrnehmungen in Frage stellt, finden sich in den verschiedenen soziologischen Richtungen unterschiedliche Ansätze, darunter → *homme moyen*, → Anderer, generalisierter, → Idealtypus, → Bewusstsein, falsches, → Kollektivbewusstsein, → Habitus [4].
R.G.

persuasibility (engl.) → Beeinflussbarkeit

persuasion (engl.) → Beeinflussung

persuasion, moral (engl.) → Beeinflussung, moralische

PERT → Methode des kritischen Pfades

Pervasivität, *pervasiveness,* das Ausmaß, in dem Merkmale der Persönlichkeit sich auf das Verhalten auswirken, ja es dirigieren. Stark pervasive Persönlichkeitszüge beeinflussen das Verhalten unabhängig von der jeweiligen Situation, während schwach pervasive Persönlichkeitszüge nur unter bestimmten Bedingungen Einfluss auf das Verhalten gewinnen.
A.St.

Perversion, ein vom „Normalen", d.h. vor allem: vom sozial Üblichen und Gebilligten abweichendes Sexualverhalten (z.B. Exhibitionismus, Sadismus). Abweichendes Sexualverhalten wird insbesondere dann als pervers bezeichnet, wenn es zwanghaft- neurotische Züge trägt.
R.Kl.

Perzentil, *percentile* → Partil

Perzentil-Score, Perzentilenrang, Prozentrang → Partil

Perzeption → Wahrnehmung

Pfad, kritischer → Methode des kritischen Pfades

Pfadanalyse, *path analysis,* auch: Dependenzanalyse, auf der Regressions- und Korrelationsanalyse beruhende Modelle zur Untersuchung und Darstellung der Einflussbeziehungen in einer Menge von Variablen. Dabei werden direkte wie indirekte Wirkungen der Variablen aufeinander berücksichtigt. Die P. wird insbesondere als Mittel zur Entwicklung von → Kausalmodellen in der Soziologie angesehen.
H.W.

Pfadabhängigkeit, *path dependence,* soll eine Abhängigkeit von Ereignissen oder Schritten in einem Prozess oder einer Entwicklung vom jeweils erreichten Zustand bezeichnen. Solche Prozesse werden nicht durch ein bestimmtes „Entwicklungsziel" gelenkt, sondern resultieren in unterschiedlichen „Entwicklungspfaden", die vom jeweiligen Ausgangspunkt nicht zu gleichen „Endpunkten" führen. P ist nicht mit Vorstellungen von „Optimierung" und „Reversibilität" von Prozessen vereinbar. P. kann u.a. Resultat von Lern- und Selektionsprozessen, kollektiver Entscheidungen oder „begrenzter Rationalität" der Akteure sein. Das theoretische Konzept verweist auf historische Kontingenzen gesellschaftlicher Entwicklungen.
H.W.

Pfarrsoziologie, auch: Pastoralsoziologie, in den 1950er und 1960er Jahren vor allem im katholischen Raum gebräuchliche Bezeichnung für die Erforschung von Kirchengemeinden (Pfarreien) mit den Methoden empirischer Sozialforschung und in der Absicht, aus der Analyse der sozialen Struktur von Kirchengemeinden und deren Wandlungen Orientierungen für strukturelle Kirchenreformen zu gewinnen.
J.Ma.

Pflanzensoziologie, Phytocönologie, Wissenschaft vom Zusammenleben der Pflanzen, insbesondere von den sozialen Wechselbeziehungen innerhalb und zwischen den Pflanzenarten (→ Cönosen).
F.St.

Pförtner, auch: Schleusenöffner, *gate keeper,* kommunikations-, gruppen- und organisationstheoretische Bezeichnung für diejenigen Mitglieder von Gruppen oder Organisationen, welche einen oder mehrere der „Kanäle" kontrollieren, über die die Gruppe oder Organisation mit ihrer Umwelt in Verbindung tritt, und von denen es daher z.B. abhängt, welche Informationen die übrigen Gruppen- bzw. Organisationsmitglieder „von außen" erhalten. → Kanaltheorie R.Kl.

Phalanstère (frz.), Phalansterium, Bezeichnung für die im Fourierismus angestrebte Form der Genossenschaft, in der es jenseits der vom Handel demoralisierten Welt möglich sei, in sozialer Harmonie zu leben und die Arbeit auf die Lustbefriedigung menschlicher Bedürfnisse hin zu differenzieren. Die P. ist nach C. Fourier (1772 – 1837) die Form der egalitären Gemeinschaft der Zukunft. O.R.

phallisch, [1] psychoanalytische Redeweise über als betont „männlich" erscheinendes Verhalten, auch bei Frauen.
[2] Als p.e Phase → Libidostufen. R.L.

Phallozentrismus, Phallogozentrismus, begriffliches Konzept, das aus der feministischen Auseinandersetzung mit der Psychoanalyse resultiert, besonders mit J. Lacans Konzept des Phallus als primärem Signifikanten. Mit P. wird die kritische Analyse einer patriarchalen symbolischen Ordnung zusammengefasst, die Frauen und Weiblichkeit ausschließt bzw. nur als das mangelhafte „Andere" zulässt (L. Irigaray). Die Kritik des P. führte besonders bei den Vertreterinnen der → Differenztheorien [2] zu einer feministischen Re-Lektüre kanonischer Texte der westlichen Moderne. Zum anderen resultierte aus dieser analytischen Bewegung der Versuch, eine frauenspezifische Sprache und Schrift zu finden (*écriture féminine*) (H. Cicoux), die eine phallogozentrische symbolische Ordnung konterkariert. S.B.

Phänomen, autokinetisches → Autokinese

Phänomenalismus, Bezeichnung für eine Reihe erkenntnistheoretischer Positionen, die der Tradition des Positivismus im weiteren Sinne zuzuordnen sind. Gemeinsam ist ihnen, dass Erkenntnis auf den Bereich des durch die Sinne Wahrnehmbaren beschränkt und durch die damit vorliegende Möglichkeit individueller Wahrnehmungsunterschiede auch relativiert wird. Die Erkennbarkeit eines „Dinges an sich" oder eines „Wesens", das im Verhältnis zu den wechselnden Sinneseindrücken konstant wäre, wird bestritten. Daher entstehen für den P. Benennungsprobleme, d.h. z.B. die Festlegung der Bedingungen, unter denen ein Phänomen noch mit dem gleichen Begriff bezeichnet werden kann. Darüber hinaus lassen sich in einem strengen P. abstrakte Begriffe, Strukturen und Gesetzmäßigkeiten nicht definieren. H.D.R.

Phänomenologie, [1] Lehre von den Erscheinungen, meist im Zusammenhang mit den Erscheinungsformen und Eigenschaften bestimmter Sachverhalte oder Gegenstandsbereiche. Durch die Unterscheidung von äußerlich-zufälligen und wesentlichen Eigenschaften kann sie als Voraussetzung der Beschreibung und theoretischen Erkenntnis dienen. Bei G.W.F. Hegel wird P. im Sinne einer Lehre der Äußerungsformen des Geistes in der Entwicklung des menschlichen Bewusstseins gebraucht.
[2] Als universale philosophische Methode wurde die P. von E. Husserl begründet, der sie in der Auseinandersetzung mit dem → Psychologismus, einem erkenntnistheoretischen Relativismus, zu Beginn des 20. Jahrhunderts als „Wesenswissenschaft" konzipierte. Ihm geht es zunächst um die Erkenntnis des Wesens der Dinge, das durch die „eidetische Reduktion", durch das Absehen von den individuellen Eigenheiten der Dinge hervortritt. In der Weiterentwicklung der P. steht das erkennende, „schauende" Subjekt im Vordergrund: wenn Erkenntnis wesentlich durch die Intentionalität, d.h. das Gerichtetsein des Bewusstseins auf seinen Gegenstand bestimmt wird, dann gilt es nun, die subjektiven, u.U. verfälschenden Besonderheiten der Erkenntnis durch die „phänomenologische, transzendentale Reduktion" auf ein „reines Bewusstsein" zu vermeiden. Das geschieht durch die „Einklammerung" (die sog. → *Epoché* [3]) des realen Kontextes des Erkenntnisaktes, wodurch die Erfassung der „transzendentalen Phänomene" möglich wird. Obwohl innerhalb der P. alle Erkenntnis auf Evidenz zurückgeführt wird, die wiederum auf der lebensweltlichen Erfahrung jedes Subjektes beruhen soll, und auch der Übergang zum „reinen Bewusstsein" auf intuitive Weise erfolgt, vertritt die P. die Objektivität ihrer Methode. Demgegenüber wird von der Kritik die P. häufig als subjektiver Idealismus, gelegentlich auch als Wiederaufnahme des Platonismus bezeichnet. Die Anwendung der P. auf die Sozialwissenschaften wurde insbesondere von A. Schütz unternommen. H.D.R.

Phänomotiv → Genomotiv – Phänomotiv

Phänotext → Genotext

Phänotyp → Genotyp – Phänotyp

phantom normalcy (engl.) → Identität, balancierende

Phase, anale → Libidostufen

Phase, formative → Prägephase

Phase, orale → Libidostufen

Phase, phallische → Libidostufen

Phasenraum, Teilzusammenhang eines psychologischen oder sozialen Feldes in zeitlich aufeinanderfolgenden Querschnitten, z.B. in der Be-

P

trachtung der Veränderung von Aggressionsniveaus im Zeitablauf bei experimentell veränderter Gruppenatmosphäre (nach K. Lewin).
    H.E.M.

phénomène social total (frz.) → Totalphänomen, soziales

Phi-Koeffizient, allgemein das Chi-Quadrat-Kontingenzmaß $\varphi = \sqrt{\dfrac{\chi^2}{N}}$. Im Falle zweier dichotomer Merkmale wird es auch mit $r\varphi$ (Punkt-Vierfelder-Korrelationskoeffizient) bezeichnet, da es sich dann aus dem Pearsonschen Produkt-Moment-Koeffizienten mathematisch herleiten lässt. Es gilt

$$r\varphi = \frac{ad - bc}{\sqrt{(a+b)(c+d)(a+c)(b+d)}} \; .$$
    M.K.

Philosophie, analytische, Versuch, auf der Basis einer analytischen Grundhaltung dem philosophischen Argumentieren eine neue Legitimation zu geben. Die a. P. macht in ausgedehntem Maße von formallogischen und sprachanalytischen Mitteln Gebrauch und hat auf diese Weise eine Reihe der klassischen philosophischen Probleme (Universalienstreit, Leib-Seele-Problem, ethisch-moralische Fragen) neu und präziser formuliert. Es gibt dabei Berührungspunkte mit der angelsächsischen *philosophy of science* (→ Wissenschaftstheorie).   L.K.

Philosophie, politische, der Teil der Philosophie, der sich mit dem Menschen als politischem Wesen beschäftigt und daraus z.B. Entwürfe idealer Staatswesen oder Kriterien dafür ableitet.
    W.F.H.

philosophy of science (engl.) → Wissenschaftstheorie

Phratrie, [1] Bezeichnung in der Kulturanthropologie und Ethnologie für eine durch gemeinsamen (Ahnen-) Kult zusammengehörige Zahl von unilinearen Abstammungsgruppen.
[2] Als Bruderschaft bzw. Sippe Bezeichnung für einen Teil des Geschlechterverbands bzw. Stammesverbands (Phyle) in Gemeindeverbänden des antiken Griechenlands. Die P. soll ursprünglich eine reine Kultgemeinschaft gewesen sein, tritt jedoch in der historischen Zeit als politische Gruppierung auf, die um die Macht im Stadtstaat ringt und den Zugang zur Bürgerschaft reguliert; nach der Verfassungsreform des Kleisthenes (im 6. Jh. v. Chr.) in Athen bezeichnet P. nur noch einen geografisch festgelegten Verwaltungsbezirk.   W.F.H./O.R.

Phyle → Phratrie [2]

Phylogenese, Bezeichnung für die Entwicklung der Arten in Struktur und Verhaltensweise im Gegensatz zur Entwicklung des einzelnen Lebewesens (→ Ontogenese [1]).   O.R.

Physik, soziale, frz.: *physique sociale,* von C.H. de Saint-Simon und anfänglich auch von A. Comte verwandter Begriff für Soziologie. Synonym wurde von ihnen der Begriff → Sozialphysik benutzt.   O.R.

Physikalismus, [1] „Einheitswissenschaft" war das Programm des logischen Empirismus (→ Positivismus, logischer) der 1930er Jahre. Hierzu bedurfte es einer „Einheitssprache der Wissenschaft", die zwei Kriterien erfüllen sollte: Sie musste intersubjektiv, d.h. jedem zugänglich sein, alle Zeichen sollten für alle dieselben Bedeutungen haben, und universal – jeder beliebige Sachverhalt musste in ihr ausgedrückt werden können. O. Neurath und R. Carnap hielten (im Gegensatz zu M. Schlick und H. Reichenbach) die Physik für vorbildlich. Daher der Begriff des P.
[2] Bezeichnung für eine philosophische Richtung, die, etwa im Gegensatz zum cartesischen Dualismus, Bewusstseinszustände mit physikalisch-chemischen Zuständen identifiziert (Identitätsthese, z.B. D. Davidson).   A.G.

Physiokratie, Lehre der ersten nationalökonomischen Schule, der Physiokraten, deren Begründer und Hauptvertreter F. Quesnay war (1694-1774). Die P. unterstellt der politischen Ökonomie eine natürliche Ordnung und versuchte, die Gesetze der Reproduktion und Zirkulation des gesellschaftlichen Gesamtkapitals zu ermitteln (→ *tableau économique*).   O.R.

Phytocönologie → Pflanzensoziologie

piecemeal engineering (engl.) → Stückwerk-Technik

Pigou-Steuer → Effekte, externe

Pilot-Studie, *pilot-study* → Leitstudie

Place-making (engl.), bezeichnet eine Strategie der Stadtplanung, bei der gemeinsam formulierte Ziele und Leitbilder von Verwaltung, Wirtschaft und Bürger/innen hinsichtlich der Entwicklung eines Quartiers als Wohn- und Arbeitsort im Zentrum stehen. Weiterhin betont P.-m. bestehende lokale Identitäten bzw. die Inszenierung einer neuen.   J.W.

Planifikation, Form der nationalen Wirtschaftsplanung unter Beibehaltung des Privateigentums und der marktwirtschaftlichen Ordnung. Je nachdem, ob es sich um eine stärker imperative (befehlende) oder indikative (empfehlende) Planung handelt, werden unterschiedlich durchgreifende Maßnahmen eingesetzt (gezielte Information, freiwillige Abstimmung, Staatsausgaben, Anreize, Ge- und Verbote).   G.L.

planning, educational (engl.) → Bildungsplanung

Planrationalität ist die inhaltliche Festlegung und Normierung aller wichtigen Elemente, Prozesse, Mittel eines sozialen Systems im Hinblick darauf, dass diese die Verwirklichung der Planziele garantieren. Ein derart determiniertes System beruht auf der Einschränkung individueller Entscheidungsfreiheit und schließt damit die Möglichkeit flexibler Entscheidungen und nichtplangebundener Initiativen aus. → Marktrationalität   B.W.R.

Planspiel, für Forschung, Ausbildung und Entscheidungsvorbereitung eingesetztes Verfahren, bei dem Teilnehmer, die bestimmte Rollen spielen sollen, mit praktischen Situationen konfrontiert werden, die aufgrund einer Ausgangslage und festgelegten Regeln entsprechende Entscheidungen und Handlungen verlangen. Auf der Basis feststehender oder variierter Plandaten (Planziele, System- und Umweltbedingungen) werden planverwirklichende Mittel definiert, eingestreute Störimpulse durch Plankorrekturen behoben. Die Beurteilung der Plausibilität der Aktionen erfolgt durch eine Kontrollgruppe. Das P. dient zur Einübung zweckrationalen, flexiblen und reaktionssicheren Entscheidungshandelns in Planungsprozessen.
                    H.D.R./B.W.R.

Plantagenwirtschaft, auf den Verkauf der Produkte (→ cash-cropping), zumeist für den Export, ausgerichtetes landwirtschaftliches Produktions- und Herrschaftssystem, das auf der Arbeit von Sklaven oder Lohnarbeitern (insb. Saisonarbeitern) beruht. Die P. ist auf Monokulturen (Bananen, Kaffee, Zucker, Baumwolle etc.) spezialisiert und besitzt z.T. kapitalistische Betriebsformen (strikte und rationale Organisation der Arbeitsprozesse, Buchhaltung, Einsatz moderner Technologien u.a.).   H.W.

Planung, Gesamtheit aller Entscheidungen, die – auf der Basis umfassender Informationen über Bedingungen und Wirkungsbeziehungen des zu gestaltenden Zusammenhangs – Planziele definieren, Mittel zu ihrer Verwirklichung auswählen und schließlich Durchsetzungsstrategien formulieren. Zur P. gehört auch die methodische Kontrolle der Planverwirklichung.   B.W.R.

Planung, advokative oder advozierende → Anwaltsplanung

Planung, dezentrale – zentrale, in der Theorie des Vergleichs von Gesellschafts- und Wirtschaftssystemen ein Begriffspaar zur Kennzeichnung von Allokations- und Koordinationstypen. Planträger sind bei d.P. die Haushalte und Betriebe und bei z.P. eine politische Instanz. → Marktwirtschaft – Planwirtschaft – Selbstverwaltungswirtschaft   D.K.

Planung, holistische, auch: utopische oder kollektivistische Planung oder Sozialtechnik, nach

K.R. Popper eine Sozialplanung, die die Gesellschaft „als Ganzes" nach einem feststehenden utopischen Gesamtplan umwälzen und neu gestalten will (→ Holismus). Nach Popper muss jede h.P. zwangsläufig scheitern, da die Gesellschaft als Ganzes niemals Gegenstand wissenschaftlicher Erkenntnis sein kann (denn alle Erkenntnis ist selektiv) und daher auch nicht zum Gegenstand rationaler Lenkung und Planung gemacht werden kann. Statt der h.P. empfiehlt Popper deshalb dem Gesellschaftsreformer eine → Stückwerk-Technik, die das begrenzte menschliche Wissen und Planen berücksichtigt.
                    R.Kl.

Planung, imperative, die Planziele werden auf direktem Wege und unter Einsatz von Zwangsmitteln durchgesetzt.   B.W.R.

Planung, indikative, die Planziele werden nicht direkt über Medien des Zwangs durchgesetzt (z.B. über Befehle), vielmehr werden die Ziele auf mittelbarem Wege über indirekte Steuerungsmittel (wie z.B. Subventionen) verwirklicht.   B.W.R.

Planung, kollektivistische → Planung, holistische

Planung, primäre, die Festsetzung und Verwirklichung neuer Ziele.   B.W.R.

Planung, sekundäre, der Vorgang der Kontrolle und Regulierung von Folgewirkungen, die sich mit der Einführung und Verwirklichung neuer Planziele ergeben.   B.W.R.

Planung, utopische → Planung, holistische

Planungsmehrwert, Wertsteigerung eines Grundstücks oder Gebäudes, die infolge staatlicher Planungen, z.B. Stadtsanierung, vom Eigentümer in Form einer Erhöhung von Bodenpreisen, Mieten etc. realisiert werden kann. Die Erwartung eines P.s ist ein Moment der Bodenspekulation.   H.W.

Planungswerkstatt, Kombination von → Planungszelle und → Zukunftswerkstatt zur Betroffenenbeteiligung an gesellschaftlichen Planungsprozessen. Verläuft nach Anknüpfung an ein aktuelles Planungs- oder Gestaltungsproblem als kritische Bestandsaufnahme (→ Objektinterview), Fantasiephase und konkrete, den Entscheidungsträgern vorzustellende Szenariokonstruktion durch Betroffene, die als Repräsentanten einer bestehenden Kommunikationsinfrastruktur in den Planungs- und Gestaltungsprozess gezielt einbezogen werden. Entwickelt und erprobt für kommunale Planungsprozesse durch R. Tschiedel und B. Hülsmann.   R.T.

Planungswissenschaft, ist eine empirisch-analytische Wissenschaft, die die Gesamtheit der Funktionszusammenhänge von Planungsprozessen untersucht, ohne selbst eine normative Theorie der Planziele aufzustellen. Sie erforscht die gesellschaftlichen Determinanten, die sich in der Formulierung der Planziele niederschlagen, die Mittel und Strategien zu deren Verwirklichung, die Differenz von Soll-Werten des Plans und Ist-Zuständen sowie das Verhältnis von Planungsaufwand und Planungsergebnis. Darüber hinaus erfasst sie die Auswirkungen der Planungsprozesse auf andere gesellschaftliche Teilsysteme und den gesamtgesellschaftlichen Zusammenhang. B.W.R.

Planungszelle, Baustein partizipativer Politikberatung nach P.C. Dienel. Ca. 25 nach dem Zufallsprinzip ausgewählte Bürgerinnen und Bürger erarbeiten in mehrtägiger Klausur und entlohnt, unterstützt durch einen sog. Prozessbegleiter und von Experten kontrovers informiert, ein Bürgergutachten, das der auftraggebenden Instanz als Entscheidungsgrundlage übergeben wird. Vorzüge sind die Einbeziehung der Kreativität und der Werturteile von Nicht-Experten sowie die akzeptanzsteigernde Wirkung hinsichtlich der Ergebnisse ihrer Arbeit. Es besteht jedoch auch die Gefahr des Einsatzes von Planungszellen zur bloßen Akzeptanzerheischung. R.T.

Planwirtschaft → Marktwirtschaft – Planwirtschaft – Selbstverwaltungswirtschaft

Plastizität, Bezeichnung für die Tatsache, dass die Persönlichkeit des Menschen nur zum Teil von dessen biologischen Anlagen (z.B. → Instinkt) bestimmt ist und in starkem Maße durch die Umwelt, vor allem durch die soziale und kulturelle Umwelt (→ Sozialisation) geformt werden kann. R.Kl.

Plateau → Lernplateau

Plattformpartei, eine Partei, die nicht durch gemeinsame gesellschaftspolitische Ideologie zu Stande kommt und umfassende gesellschaftspolitische Ziele verfolgt, sondern in der sich Gruppen und Strömungen mit einzelnen politischen Zielbereichen unter einer Plattform, die ihren gemeinsamen Nenner politischer Absichten artikuliert, vereinigt haben. W.F.H.

Platzierung, soziale, Prozess der Vermittlung von Personen an bestimmte soziale Positionen. In modernen Industriegesellschaften hat die s.P. nach Herkunft, gegenüber der Zuweisung von sozialen Positionen aufgrund von Leistung und individuellen Fähigkeiten, stark an Bedeutung verloren. Familienexterne Institutionen, wie Schule und andere Ausbildungssysteme, haben in zunehmendem Maße die Aufgabe der s.P. im Sinne einer leistungsbestimmten Positions- und Statuszuweisung übernommen, sodass Vorteile der Herkunft nur mittelbar einwirken können. M.B.

Platzierungseffekt, Wirkung der Anordnung von Fragen im Interview auf die befragte Person,

z.B. durch die Weckung von Aufmerksamkeit oder von Abwehrreaktionen. Der P. kann als „Störeffekt" erscheinen, der u.U. statistisch durch wechselnde Anordnungen der Fragen ermittelt werden kann. H.W.

Platzierungssinn, auch: Anlage-Sinn, bezeichnet bei P. Bourdieu das mit einem bestimmten → Habitus [4] gegebene Gespür dafür, was in einem → Feld [6] ein lohnender Einsatz ist, was die „wahrscheinliche Zukunft" (im Sinne von künftiger Nachfrage usw.) sein wird; z.B. die Sicherheit, mit der ein Kunsthändler bestimmte Objekte kauft oder ein Wissenschaftler sich vielversprechenden Forschungsthemen zuwendet. Privilegiert sind dabei diejenigen, die in das Feld von Kindheit an hineinsozialisiert wurden, weil sie ohne permanente Berechnung, allein vermittels ihres P. wie selbstverständlich die höchsten Gewinne erzielen. A.K.

Platzrangordnung in Tiergruppen → Hackordnung

Plausibilitätsstruktur, Bezeichnung für den Satz von Kriterien, nach denen eine Aussage für plausibel, d.h. einer Erklärung nicht bedürftig, gehalten wird (→ Selbstverständlichkeit). Plausibel erscheint jemandem ein Aussagensystem, insoweit er in dessen Sinn sozialisiert worden ist und es getragen wird durch die Beziehungen mit → signifikanten Anderen. Die Struktur dieser Beziehungen bestimmt die phänomenologische Struktur des Selbstverständlichen. W.L.B.

Pleonexie, bedeutet in der Sozialpsychologie Begehrlichkeit, Anmaßung, Herrschsucht. P. tritt bei der Entwicklung von Binnengruppenbewusstsein auf (G. Simmel); da dies in Interdependenz zur Umwelt geschieht, wird P. auf soziale Unsicherheit zurückgeführt. In kulturkritischen Schriften (M. Scheler) wird P. als modernes Massenphänomen bezeichnet, das mit Kulturlosigkeit korrelieren soll. O.R.

plot (engl.), stellt eine inszenierte Handlungsabfolge dar, deren Ordnung festgelegt wird durch ein → *script*; p. gibt mithin ein → Ritual bzw. ritualähnliches Verhaltensschemata wieder. W.S.

Pluralismus, [1] theoriegeschichtlich entstanden aus einer Kritik an älteren Staatstheorien zu Beginn des 20. Jahrhunderts, wobei vor allem die alleinige Souveränität des Staates (gegenüber Unternehmern und Gewerkschaften z.B.) bestritten wurde: das Allgemeinwohl setze sich durch die Konkurrenz von Gruppeninteressen durch.

[2] In der neueren politischen Theorie gilt der P., das konkurrierende Verhältnis mehrerer sozialer Gruppen bzw. einer Mehrzahl von Interessenverbänden, Organisationen und Einflussgruppen innerhalb des Staates wie innerhalb der

gesellschaftlichen Teilbereiche, als Wesensmerkmal der westlichen Demokratien. W.F.H.

Pluralismus, theoretischer → Theorienmonismus – Theorienpluralismus

Plutokratie, [1] Bezeichnung für eine Herrschaftsform, in der die politischen Ämter und Funktionen nur den Vermögenden, den Reichen offen stehen.
[2] Ältere Bezeichnung für den übermächtigen Einfluss der Reichen, der „Multimillionäre" usw. auf die Politik in einer demokratischen Gesellschaft. O.R./W.F.H.

Pöbel, [1] in ständisch gegliederten Gesellschaften die Bevölkerungsteile, die keinem Stand angehören und für Mitglieder der Stände arbeiten. Zum P. wurden u.a. gerechnet: Gesinde, Tagelöhner, Kötter, Häusler.
[2] → Mob O.R.

points of no return (engl.) → Entwicklung

Poisson-Verteilung, von S.D. Poisson im Jahre 1837 eingeführte Verteilung, die zur Approximation der → Binomialverteilung verwendet wird, wenn die Wahrscheinlichkeit p eines Ereignisses gegen null, die Zahl der Ausführungen des Experiments gegen unendlich geht. Dabei soll der Mittelwert $m = np$ gegen einen endlichen Wert streben. Die Wahrscheinlichkeitsfunktion lautet dann:

$$f(x) = \frac{m^x}{x!} e^{-m}$$

H.W.

Polarerlebnis, bezeichnet in K. Mannheims Generationsansatz „die Tatsache, dass zwei nacheinander folgende Generationen stets einen jeweils anderen Gegner in der Welt und in sich bekämpfen" und sich aus dieser Konstellation erleben. Für die nachfolgende Generation ist der Gegner der älteren oft bereits verschwunden. Wegen dieser Schiefe im Verhältnis von aufeinander folgenden Generationen habe der Geschichtsprozess eine nicht-geradlinige Entwicklung. W.F.H.

Polarisierung – Differenzierung. Während im Fall der D. Gruppen-, Verhaltens- und Einstellungsstrukturen durch mannigfache Abstufungen gekennzeichnet sind, führt P. zu einer übergangslosen Scheidung und frontalen Entgegensetzung dieser Strukturen. B.W.R.

Polarisierung, soziale, bezeichnet den Sachverhalt, dass eine Gruppe sich in zwei, sich mehr oder minder frontal gegenüberstehende, miteinander im Streit liegende Teilgruppen mit scharf voneinander geschiedenen Wert- und Interessenhaltungen, Einstellungen und Verhaltensweisen aufspaltet. B.W.R.

Polarisierung, sozialräumliche, bezeichnet in der Stadtforschung einen Prozess sozialer Spaltung. Dabei driften in einem Kontinuum die Endpunkte Armut und Reichtum auseinander; oder aber es werden bei gleichbleibendem Abstand die Pole zulasten der Mitte stärker besetzt. Die s.P. spiegelt sich im materiellen → Raum der Städte wider (vgl. → Segregation, soziale). J.W.

Polarisierungsthese, die Erwartung einiger Automationsforscher in den 1970er Jahren, dass die fortschreitende Automation in kapitalistischen Gesellschaften nicht zu einer allgemeinen Steigerung der intellektuell-schöpferischen Anforderungen des Arbeitsprozesses gegenüber den körperlich-repetitiven führt, d.h. nicht zu einer allgemeinen Höherqualifizierung aller Arbeitenden, sondern zu einer Aufteilung in einen kleineren Teil hoch qualifizierter technisch-wissenschaftlich und einen größeren Teil weiterhin unqualifizierter Arbeitenden tendieren wird. W.F.H.

Polaritätsprofil, auch: semantisches Differential, ein von C.E. Osgood u.a. entwickeltes Verfahren, um das „Image" eines Untersuchungs- oder Einstellungsobjekts (Stimulus) bei Befragten zu messen. Gemessen wird auf drei Dimensionen: 1. Stärke, 2. Bewertung und 3. Aktivität, die jeweils durch eine Reihe von Gegensatzpaaren (Adjektiven) repräsentiert werden. Auf einer der zwischen den Paaren angeordneten Stufenskalen soll der Stimulus von den Befragten so platziert werden, dass die Position Richtung und Intensität der Assoziation mit dem einen oder anderen Pol des Gegensatzpaares (z.B. heiß-kalt, männlich-weiblich) ausdrückt. Die für jede Dimension berechneten → Mittelwerte eines Stimulus sind seine Koordinaten im dreidimensionalen Bedeutungsraum. Sinnvolle Aussagen sind nur durch den Vergleich zwischen mehreren Stimuli bzw. den Urteilen verschiedener Gruppen von Befragten und ihren Veränderungen in der Zeit möglich. P.P.

Polemik → Apologetik – Polemik

Polemologie, *polemology,* wörtl. „Kriegskunde", die Erforschung der menschlichen Aggressivität sowie der Inter- und Intra-Gruppen-Konflikte. P. ist weitgehend ein Synonym für Friedens- und Konfliktforschung. O.R.

Policey, bezeichnet die innere Verwaltung des deutschen Territorialstaates in der frühen Moderne. Zu ihren Aufgaben gehörte die Regelung öffentlicher Ordnung und Sicherheit, die repressive und auch fürsorgliche Funktionen einschlossen. In den P.-Verordnungen wurde von der Armenfürsorge, der Straßenreinigung über die Qualität von Nahrungs- und Genussmitteln bis hin zu Vorschriften zum Ablauf von Taufen und Hochzeiten und den Strafen für übermäßigen Alkoholgenuss alles geregelt, was dem Erhalt des Gemeinwesens dienen sollte. Damit entstand erstmals eine Regierungstechnik, die auf die umfassende staatliche Disziplinierung einer Bevölkerung abzielte. → Disziplinarmacht

D.Kl.

policy decision – allocation decision – coordination decision (engl.), in der strukturell-funktionalen Organisationssoziologie (T. Parsons) drei Ebenen der Entscheidungsbefugnis: alle die wichtige Organisationsfunktionen betreffenden Entscheidungen heißen *p. d.*; Entscheidungen, die sich auf die Delegation von Entscheidungsbefugnis beziehen, *a. d.*; Entscheidungen, die sich auf die normative Integration der Organisation beziehen, der Organisationsstabilität dienen, heißen *c. d.* W.F.H.

policy, (engl.) bezeichnet die inhaltlichen und strategischen Seiten der verschiedenen Politikbereiche, wie Wirtschafts-, Gesundheits- und Sicherheitspolitik: Was hier wie erreicht werden soll. D.Kl.

political alienation (engl.) → Entfremdung, politische

political correctness (engl.), gebräuchlich auch in der Abk. *p.c.* oder *P.C.*, bezeichnet den moralischen Druck, sich des Gebrauchs verpönter Begriffe und Argumente zu enthalten. Wörter wie „Zusammenbruch" (für die Niederlage Deutschlands im zweiten Weltkrieg, *p.c.* wäre stattdessen „Befreiung") oder „Zigeuner" (für Roma und Sinti) sind augenblicklich nicht *p.c.* Für eine *P.C.* gibt es jeweils gute Gründe, doch wird nur ein kleiner Ausschnitt all dessen, was widerlegbar oder unerwünscht ist, unter das Gebot der *P.C.* gestellt. Ursprünglich war *P.C.* eine Argumentationsfigur gegen konservative Strömungen. Die Verwendungsweise des Begriffs schillert also (z.B. taucht er auch in antifeministischen Debatten auf). R.L.

politics (engl.), [1] Politikwissenschaft → Wissenschaft, politische;
[2] Die innerstaatlichen oder innerorganisatorischen Prozesse, die die Inhalte und Umsetzungen politischer Zielvorstellungen beeinflussen.

O.R.

politics, comparative (engl.) → *comparative politics*

politics in production (engl.) → Produktionspolitik

politics of production (engl.) → Arbeitspolitik

Politik, angebotsorientierte → Angebot – Nachfrage

Politik, internationale, [1] der durch Interessenkonflikte und -divergenzen zwischen Staaten und Nationen bestimmte Bereich der Außenpolitik.
[2] → Beziehungen, internationale W.F.H.

Politik, nachfrageorientierte → Angebot – Nachfrage

Politik, regulative, Bezeichnung für die Handlungsform staatlicher Politik, die ihre Ziele mithilfe von Vorschriften und Verboten, Genehmigungsverfahren und Strafbestimmungen zu erreichen sucht (z.B. die Bauordnung, die Lebensmittelkontrolle), im Unterschied etwa zu direkter staatlicher Dienstleistung oder zu staatlichen Anreizsystemen (vor allem steuerrechtlicher Art). W.F.H.

Politik, symbolische, ein auf M. Edelman zurückgehendes Konzept zur Beschreibung der expressiven Dimension von Politik im Gegensatz zu ihrer instrumentellen. Hiernach ist politisches Handeln durch einen inhaltlichen Kern und eine dramaturgische Darstellung für die Öffentlichkeit gekennzeichnet. S.P zielt auf Meinungsbildung statt auf Gestaltung der realen Verhältnisse. S.P. wird mit Schlagwörtern (z.B. → Leitkultur) und nichtsprachlichen Inszenierungen (wie der berühmte Kniefall Willy Brandts vor dem Ehrenmahl des jüdischen Ghettos in Warschau) betrieben, die der Öffentlichkeitsvermittlung komplexer politischer Entscheidungen und Positionen gerade in Wahlkampfzeiten dienen. Der Begriff wird darüber hinaus zumeist kritisch verwendet, um die verfälschende Darstellung tatsächlicher politischer Vorgänge zu betonen. Im Zuge verstärkter Medialisierung von Politik hängen politische Erfolge immer mehr von gelungener s.P. ab, die sich von der inhaltlichen Ebene weitgehend löst. D.Kl.

Politik, wissenschaftliche, vor allem im Umkreis der „Marburger Schule" (W. Abendroth, W. Hofmann, F. Deppe) benutzte Bezeichnung für die sonst „Politologie" oder → „Politische Wissenschaft" genannte Disziplin. Der Begriff soll andeuten, dass es bei der Wissenschaft von der Politik zugleich um die Verwissenschaftlichung der Politik gehe, die wissenschaftliche Beschreibung und Analyse der politischen Praxis (vor allem der Praxis der Arbeiterbewegung) von dieser Praxis also nicht getrennt werden dürfe.

W.F.H.

Politikberatung, Strategie zur Verwissenschaftlichung des Regierens, die in den 1970er Jahren im Rahmen sozialliberaler Reformpolitik als Versuch entstand, staatliche Organe und politische Organisationen insb. von Sozialwissenschaftlern informieren zu lassen. Einige politologische Studiengänge entwickelten entsprechende praxisorientierte Studienschwerpunkte.

M.S.

Politikformulierung, im Rahmen der Diskussion zur politischen Planung entstandene Bezeichnung für den Vorgang der Bestimmung politischer Prioritäten (Zielplanung, Aufgabenplanung). R.R.G.

Politiksoziologie → Soziologie, politische

P

Politikverflechtung, Bezeichnung für ein weder durch die Verfassung noch durch die institutionellen Zuständigkeiten vorgesehenes Feld gegenseitiger Einflüsse zwischen staatlicher Verwaltung, Landes- oder Kommunalbehörden und -parlamenten sowie regionalen oder örtlichen Interessengruppen, das die Formulierung politischer Ziele und deren Verwirklichung trägt; seine Vorteile sind, dass die Politik teilweise dem u.U. festgefahrenen Streit der Parteien entzogen wird, dass regionale und örtliche Interessen mit ins Spiel kommen können. W.F.H.

Politikwissenschaft → Wissenschaft, politische

Politische Ökonomie des Körpers → Mikrophysik der Macht

Politische, das, von „der Politik" als sozialem Teilbereich unterschiedener Begriff, der ein spezifisches Politik-Kriterium benennt, dessen Anwendung jedoch nicht auf das Feld institutionalisierter Politik beschränkt bleibt, sondern auf alle sozialen Teilbereiche ausdehnbar ist. Erstmals wurde d.P. in diesem Sinne eingesetzt von C. Schmitt mit dem Kriterium der Freund/Feind-Unterscheidung. Heute verwenden u.a. E. Laclau und Ch. Mouffe (1985) den Begriff d.P., um den sozialen Antagonismus zu benennen. O.M.

Politisierung, [1] Zunahme der Bedeutung des staatlichen Bereichs gegenüber allen anderen Bereichen, häufig speziell eine Übernahme gesellschaftlicher Aufgaben in die staatliche Entscheidungskompetenz. Kritisch oft verwendet zur Bezeichnung der mehr oder weniger erzwungenen Verstaatlichung der meisten Lebensbereiche im Nationalsozialismus und in kommunistischen Regimes.
[2] Veränderung im Bewusstsein und Verhalten von einzelnen und Gruppen: diese werden sich der gegenseitigen Abhängigkeit der Bereiche Staat, Arbeit und Privatleben bewusst und lassen sich in ihrem politischen Verhalten nicht auf die Trennung der Rollen Staatsbürger, Arbeitnehmer, Privatleute ein. In diesem Sinne zentraler Begriff der Studentenbewegung und nachfolgender Protestbewegungen.
[3] Überformung von als unpolitisch vorgestellten gesellschaftlichen Bereichen (z.B. Familie, Schule, Universität, Betrieb) durch politische Ideen und politische Formen der Willensbildung. W.F.H.

Politökonomie → Ökonomie, politische [3]

Politologie → Wissenschaft, politische

polity (engl.), allgemeine Bezeichnung für das Ensemble politischer Institutionen in einer Gesellschaft. O.R.

Polizeiarbeit, gemeindebezogene → Community-Policing

polizieren, engl. *policing*, bezeichnet wörtlich nur die Tätigkeit der Polizei. Doch neuerdings tritt p. neben den klassischen Begriff der Polizei (die staatliche Einrichtung für Sicherheit und Ordnung) und lenkt den Blick auf deren umfassende Kontrolltätigkeit. Auch werden weitere Kontrolleure sichtbar, die keine Polizei im engeren Sinne sind, aber mit vergleichbarer Zielsetzung in Organisationen, öffentlichen Räumen und privaten Wohnbezirken tätig werden: z.B. Videokameras, Nachrichtendienste, Detektive, Nachbarschaftswachen. Letztlich zählen alle Kontrollaktivitäten, bei denen jemand einen anderen überwacht, zur Handlungsform des P. Dieses wird damit zum Bestandteil neuer → *governance*. R.L.

poll (engl.), wörtlich: Abstimmung, Bezeichnung für Meinungsumfragen, speziell für Umfragen zu aktuellen Problemen, zu denen der Befragte seine „Stimme" abgeben soll. H.W.

Polyandrie → Monogamie – Polygamie

Polygamie → Monogamie – Polygamie

Polygynie → Monogamie – Polygamie

Polykontexturalität, ein ursprünglich von G. Günther im Rahmen seiner Untersuchungen zur Überwindung der zweiwertigen Logik geprägter Begriff, den N. Luhmann zur Kennzeichnung der funktional differenzierten modernen Gesellschaft adaptiert. Jedes gesellschaftliche Ereignis hat demzufolge mehrere Bedeutungen je nachdem, aus welchem teilsystemischen Sinnhorizont es gesehen wird. Diese divergierenden Bedeutungen lassen sich nicht in eine Wertigkeitsrangordnung bringen. P. meint letztlich eine Vervielfachung gesellschaftlicher Wirklichkeit und damit die Aufsprengung der ontologischen Sicherheit einer einheitlichen Welt. U.Schi.

Polykratie, [1] svw. „Vielherrschaft", Herrschaftsbündnis
[2] Begriff neuerer Analysen der faschistischen Herrschaft insb. in Deutschland. Entgegen der Vorstellung von der Herrschaft des Nationalsozialismus als einem umfassenden und lückenlosen, d.h. totalen Herrschaftssystem wird im Bild der (faschistischen) P. auf die Zusammengesetztheit und die divergierenden Interessen der an der Macht Beteiligten abgehoben. Betont werden die Interessen und Kompetenzkonflikte zwischen Gruppen und Personen aus den Bereichen von NSDAP, Industrie, Wehrmacht und staatlicher Bürokratie, die bis hinunter auf die lokalen und regionalen Ebenen zu Auseinandersetzungen um die Macht führten. Zu konstatieren bleibt allerdings die letztliche Vorherrschaft von NSDAP und der nationalsozialistischen Bewegung, die ihre Stärke nicht zuletzt gerade aus

der Zerklüftung des herrschenden Machtkartells gewannen. H.G.T.

polymorph-pervers, nach S. Freud Bezeichnung für die Sexualität des Kleinkindes, die noch nicht unter dem Primat der Genitalität organisiert ist, sondern durch das unabhängige Auftreten der → Partialtriebe gekennzeichnet ist.
R.Kl.

Polypol, eine spezifische Marktform, bei der eine große Zahl von Anbietern differenzierte, aber substitutive Güter liefert. Da der Marktanteil eines einzelnen Anbieters zu gering ist, als dass er mit Reaktionen anderer Anbieter auf seine Preisänderungen rechnen kann, sind Preis und Menge in polypolistischer Konkurrenz nicht unabhängig voneinander zu bestimmen. → Oligopol, → Dyopol, → Monopol S.S.

Polysemie, Vieldeutigkeit eines Wortes oder Textes. → Intertextualität H.W.

Polytheismus, Bezeichnung für den Glauben an eine Vielzahl von Göttern, die nach Analogie der jeweiligen soziokulturellen menschlichen Verhältnisse in einer hierarchisch geordneten Gemeinschaft, dem Pantheon, zusammenfasst sind. V.Kr.

Polyzentrismus, Begriff aus der Analyse von Machtbeziehungen (M. Foucault u.a.), nach der die Macht nicht auf eine zentrale Instanz reduziert werden kann (etwa den Staat). In der empirisch-historischen Analyse erweist sich auch der Staat selbst als polyzentrisch. Der P. entspricht bei Foucault der Dezentralisierung historischer Subjekte analog der → Dezentralisierung des Subjekts als Person oder als „Autor". H.W.

Pönalisierung, bezeichnet den Vorgang, dass der Staat ein soziales Handeln unter Strafdrohung stellt. Nach dem deutschen Grundgesetz darf eine Tat nur dann bestraft werden, wenn die Strafbarkeit gesetzlich bestimmt war, bevor die Tat begangen wurde (der römisch-rechtliche Grundsatz *nullum crimen, nulla poena sine lege*). R.I.

poolen (engl.), in der empirischen Sozialforschung Bezeichnung für die Verknüpfung von Datensätzen für identische oder gleichartige Populationen i.d.R. mithilfe der EDV. H.W.

Populäre, das, von lat. *popularis* (zu den Leuten gehörend) abgeleiteter Begriff, der in den englischen Cultural Studies das Terrain anti-hegemonialer kultureller Kämpfe zwischen den Leuten und dem hegemonialen Block bezeichnet (St. Hall 1981). Im P. wird mit populär- und alltagskulturellen Mitteln um die Definition sozialer Identitäten gekämpft. Wegen der Parteinahme für die Kultur der Leute wird der Begriff häufig als „kultureller Populismus" kritisiert (J. McGuigan). Zahlreiche Studien beschäftigen sich mit Formen des P. in unterschiedlichen kulturellen

Feldern (z.B. Musik, Film, Video und Journalismus). In der → Kultursoziologie [3] interessiert zudem die soziale Erzeugung der Unterscheidung von *high/low* sowie die verwendeten Bewertungsschemata. U.St.

Populärkultur – Elitekultur, [1] in der Massenkommunikationsforschung die unterschiedlichen alltäglichen Lebensformen der Elite und des Volkes, meist allein bezogen auf den Gegensatz von „kulturellem Genuss" der Elite und „Zerstreuungsaktivitäten" des Volkes.
[2] P. kann auch allgemein die alltäglichen (Freizeit-)Verhaltensformen der Menschen in der industriell entwickelten Gesellschaft bezeichnen, wobei aber meist – anders als bei → Alltagskultur – ihre (relative) Abhängigkeit bzw. Abgeleitetheit von hochkulturellen oder von massenmedialen Vorgaben betont wird. W.F.H.

Population, [1] svw. → Bevölkerung
[2] In der Statistik auch Bezeichnung für Gesamtheiten von Fällen, insb. für die Grundgesamtheit, aus der Stichproben entnommen werden. H.W.

Populismus, [1] in politischen Zusammenhängen eine Art der Wahlwerbung, die sich einer emotional vorgebrachten, polemisch zuspitzenden und vorurteilshaft aufgeladenen Rhetorik bedient (E. Holtmann u.a. 2006). P. zielt darauf, einen möglichst großen Teil der Bevölkerung („die Massen") zu mobilisieren. Dazu werden die Mittel Polarisierung, Protest und Provokation eingesetzt. P. gilt als pathologische Art der Politikvermittlung, im Gegensatz zu einer soliden Problemlösungskompetenz.
[2] P. als Schlagwort formuliert einen moralischen Vorwurf, ein → soziales Problem für den eigenen Erfolg zu instrumentalisieren. Wenn in der Arena eines Wahlkampfs die Konkurrenten einander des P. bezichtigen, dann soll damit der Gegner stigmatisiert und in die Defensive gebracht werden. R.L.
[3] In der Lateinamerikaforschung bezeichnet P. einen wirtschaftlich und kulturell ausgeprägten Nationalismus, der politisch und ideologisch rückständige Massen zusammenzufassen versucht. Durch oft charismatische Führung soll die „oberhalb aller Klassen stehende politische Einheit" durch die Klassengrenzen verwischende Massenmobilisierung hergestellt werden. Der P. beinhaltet hier eine Reihe von Verstaatlichungs-, Protektions- und Umverteilungsreformen, die den Wünschen der ihn stützenden Bevölkerungsgruppen (Mittelklassen und Proletariat) entsprechen und einer Industrialisierung nicht im Wege stehen. D.E.

Position, erworbene → Zugeschriebenheit sozialer Positionen

Position, exzentrische → Exzentrizität

Position, soziale, [1] räumliche Vorstellungen (z.B. → Raum, sozialer) vom „Platz" in einer Gesellschaft oder einer Gruppe; gesellschaftlicher Ort, der sich einzelne Personen oder eine Kategorie von Personen im Verhältnis zu anderen in einem sozialen System zuordnen lassen. Die Struktur der sozialen Beziehungen in einem System wird dabei als vorgegebene, mehrdimensionale „soziale Landkarte" begriffen, deren verschiedene Kristallisationspunkte bestimmter Funktionen, Aufgaben und geregelter Verhaltensweisen repräsentieren und eine „soziale Ortsbestimmung" der Akteure untereinander ermöglichen.
[2] S.P. wird oft als der statische Aspekt einer Rolle bezeichnet. Die gesellschaftliche Definition einer s.P. impliziert, dass ihre Träger bestimmten Verhaltenserwartungen ausgesetzt sind. Dieser Positionsbegriff wird vorwiegend in Verknüpfung mit → strukturalen Rollen [1] verwandt.   B.Bu.

Position, zugeschriebene → Zugeschriebenheit sozialer Positionen

Positionalität, exzentrische → Exzentrizität

Positionsautorität → Amtsautorität

Positionselite, die Inhaber führender Ämter in Politik, Ministerialbürokratie, Wirtschaft und Interessenverbänden. In modernen Industriegesellschaften geht Herrschaft von Personen aus, welche Stellen mit einigermaßen klar umrissenen Entscheidungsbefugnissen einnehmen. R.L.

Positionsfeld → Rollenfeld

Positionsgut, auch: positionelles Gut, bezeichnet in der Theorie von Wachstum und Wohlfahrt eine bestimmte Art von Knappheit. Im Allgemeinen lassen sich materielle Güter durch wachsende Arbeitsproduktivität so vermehren, dass die Nachfrage gestillt werden kann. Im Falle der P. indessen gelingt das nicht (F. Hirsch); sie sind absolut oder gesellschaftlich bedingt rar (z.B. Führungspositionen). Ihr Gebrauchswert hängt davon ab, dass nur ein Teil der potentiellen Nutzer das Gut erwirbt bzw. ein Teil von der Nutzung ausgeschlossen wird. Bekanntestes Beispiel für ein p.G. ist das Auto: Je mehr Personen ein Auto benutzen, umso langsamer können sich alle bei begrenzten Straßenkapazitäten mit ihm fortbewegen. Alle Güter des → demonstrativen Konsums sind p.e G.er. In der ökologischen Diskussion wird insb. auch die industrielle Produktion der Industrienationen insgesamt als p.G. angesehen, das dies aufgrund des hohen Ressourcenverbrauchs und der Emissionen nur einer begrenzten Anzahl von Ländern möglich war und bleibt.   H.W/R.L.

Positionsnetzwerk, ein → Netzwerk, dessen Knoten soziale Positionen und dessen Kanten deren Wechselbeziehungen abbilden.   L.C.

Positionsnorm → Zugehörigkeitsnormen

Positionswechsel, freier, ist die Form von Laufbahn, in der die Abfolge von Berufspositionen, die ein Individuum im Verlauf seines Berufslebens einnimmt, nicht sozial vorgegeben ist.   O.R.

Positionszentralität, *position centrality,* → Zentralität

positive discrimination (engl.) → Aktion, affirmative

Positivismus, positive Wissenschaft, [1] als allgemeine philosophische Haltung die Überzeugung, dass das Gegebene (die positiven Tatsachen) Quelle der menschlichen Erkenntnis ist, das uns durch Sinneseindrücke und Empfindungen bekannt wird, wobei wir gewisse Regelmäßigkeiten konstatieren können. Nicht gegeben sind dagegen alle abstrakten Begriffe, zeitlosen Ideen, hinter den Erscheinungen waltende Gesetze etc., da wir von ihnen keine Sinneseindrücke haben können. Von daher impliziert der P. eine scharfe Ablehnung aller metaphysischen Erörterungen.
[2] Im Sinne von A. Comte die Wissenschaft im → positiven Stadium.   L.K.

Positivismus, logischer, auch: logischer Empirismus, Neuformulierung einer empiristischen Erkenntnistheorie durch den Wiener Kreis in folgenden Punkten: a) Konzeption von Philosophie als der logischen Analyse der Voraussetzungen und Methoden der Wissenschaft; b) Erfahrung nicht mehr als Quelle der Erkenntnis (wie im klassischen Empirismus), sondern als Bestätigungsinstanz für empirische Aussagen; c) Einführung des Verifizierbarkeitsprinzips zur Akzeptierung empirischer Aussagen (empiristisches Sinnkriterium) und damit Ausschaltung aller metaphysischen Sätze; d) Verifizierung durch Induktion; e) programmatische Forderung der Entwicklung einer einheitlichen Beobachtungssprache für Aussagen aller Wissenschaften durch Rückführung aller Grundbegriffe auf physikalische Termini (→ Physikalismus). Der l.P. ist eine Hauptströmung im sog. Neo- oder → Neupositivismus.   L.K.

Positivismus, narrativer, *narrative positivism,* so bezeichnet A. Abbott (1983ff.) hauptsächlich seinen eigenen theoretischen und methodologischen Ansatz, die Sozialstruktur als Insgesamt von *trajectories* (→ Trajekt) und von *turning points* (→ Wendepunkte) zu beschreiben sowie für Forschungszwecke zu modellieren (ohne Zuhilfenahme qualitativer Verfahren).   W.F.H.

Positivismusstreit, von T.W. Adorno eingeführte Bezeichnung für die von ihm und K.R. Popper

P

1961 auf der Tübinger Arbeitstagung der Deutschen Gesellschaft für Soziologie begonnene und vor allem von J. Habermas und H. Albert fortgeführte Grundsatzdiskussion über die Logik der Sozialwissenschaften. Dabei ging es u.a. um: a) das Verhältnis zwischen soziologischer Theoriebildung und der Gesellschaft als ihrem Gegenstand; b) das Verhältnis zwischen Theorie und Erfahrung in den Sozialwissenschaften; c) das Verhältnis zwischen soziologischer Theorie und Geschichte; d) das Verhältnis zwischen Theorie und Praxis sowie e) um die Wiederaufnahme des sog. → Werturteilsstreits.

Dazu trugen die Vertreter der → Kritischen Theorie (Adorno, Habermas) die Auffassung vor, dass a) die Soziologie den gesellschaftlichen Lebenszusammenhang als eine die Forschung selbst bestimmende → Totalität begreifen müsse, von deren Struktur der Soziologe „vorgängig etwas verstanden haben muss", wenn seine Kategorien dem Gegenstand „angemessen" sein sollen; deshalb habe b) soziologische Theoriebildung an die „vorgängige" d.h. „vorwissenschaftlich" oder „lebensgeschichtlich" erworbene „Erfahrung der Gesellschaft als Totalität" anzuknüpfen, weshalb das Verhältnis von Theorie und Erfahrung nicht auf das der Überprüfung hypothetischer Sätze durch „restringierte Erfahrung" im Sinne kontrollierter und reproduzierbarer (Einzel-) Beobachtungen reduziert werden dürfe; soziologische Theoriebildung habe c) auf die Formulierung „historischer Bewegungsgesetze abzuzielen", „die sich, vermittelt durch das Bewusstsein der handelnden Subjekte, tendenziell durchsetzen" und gleichzeitig „den objektiven Sinn eines historischen Lebenszusammenhanges" aussprechen; damit sei auch d) das Verhältnis von Theorie und Praxis bestimmt: nicht bloß als Ummünzung wissenschaftlicher Prognosen in technische Empfehlungen für eine zweckrationale Mittelwahl, sondern darüber hinaus gehend als Entfaltung der „Perspektive eines der Gesamtgesellschaft als Subjekt zurechenbaren Handelns", die letztlich auf die „Emanzipation" der gesellschaftlichen Lebenszusammenhänge ziele; insofern e) jede Erkenntnisbemühung → a priori von einem bestimmten normativen – technischen, lebenspraktischen oder emanzipatorischen – Vorverständnis oder „Interesse" geleitet sei, müsse das „positivistische" Postulat der „Wertfreiheit" wissenschaftlicher Erkenntnis als ideologische Verschleierung der Vorherrschaft eines bestimmten – des technischen → Erkenntnisinteresses betrachtet werden.

Dagegen meinten die Vertreter des → „Kritischen Rationalismus" (Popper, Albert), die die von Adorno und Habermas vorgenommene Identifikation ihrer Position mit der des → Positivismus scharf zurückwiesen, dass a) der Begriff der „gesellschaftlichen Totalität" eine → Leerformel bleibe, solange nicht klar ist, wie diese Totalität die sozialen Phänomene, die Gegenstand soziologischer Analyse sind, strukturiert und wie diesbezügliche Hypothesen zu überprüfen wären; auch ein wie auch immer zustande gekommenes „Vorverständnis" gesellschaftlicher Zusammenhänge sei nichts als eine – möglicherweise falsche – Theorie, die kritisierbar und ggf. revidierbar sein müsse und für die keine apriorische Gültigkeit als Maßstab der „Angemessenheit" sozialwissenschaftlicher Kategorien beansprucht werden könne; dies gelte b) auch für die sog. „lebensgeschichtlich erworbene Erfahrung". Erfahrung (auch die kontrollierte „Beobachtung" der Naturwissenschaft oder der empirischen Sozialforschung) sei kein „Fundament der Erkenntnis", durch das irgendwelche Wahrheitsansprüche begründet werden könnten, sondern bestenfalls eine kritische Instanz, die bei der Suche nach theoretischen Irrtümern hilft, dabei aber selbst der kritischen Nachprüfung unterliegt (→ Falsifikationismus, → Fallibilismus); c) der Versuch, „historische Bewegungsgesetze" zu formulieren, müsse scheitern, da der Ablauf der Geschichte wesentlich von der Entwicklung des menschlichen Wissens beeinflusst werde und es logisch unmöglich sei, die künftige Entwicklung des Wissens vorherzusagen (→ Historizismus); dies schließe jedoch die Möglichkeit bedingter Sozialprognosen (→ Prognose) nicht aus; aus ähnlichen Gründen sei d) eine auf die Umwälzung der gesellschaftlichen „Totalität" gerichtete Praxis im Sinne → „holistischer Planung" abzulehnen; e) bei der Idee der „Werttreiheit" schließlich gehe es nicht um die Leugnung der Bedeutung von Interessen und Wertfragen für den Forschungsprozess, sondern um die Anerkennung der Idee der objektiven Wahrheit als „leitender Wert" der Wissenschaft und um das Auseinanderhalten von Wahrheitsfragen und anderen Wertfragen.

R.Kl.

Possibilismus, [1] Bezeichnung für den Teil der Arbeiterbewegung, der die Strategie des Möglichen befolgt; in Einschätzung der jeweiligen politischen Situation versucht der P., schrittweise seine Ziele zu verwirklichen (→ Revisionismus).

[2] Im engeren Sinn Bezeichnung für den revisionistischen Flügel innerhalb der Arbeiterbewegung Frankreichs, der sich 1882 von dem *parti ouvrier français socialiste* löste.

[3] Bezeichnung aus der Ökologie für die Anschauung, dass die geographischen Gegebenheiten den Menschen die Möglichkeit geben, sie nach ihren Zwecken unterschiedlich zu verwenden.   O.R.

post-acquisitiv, nicht (länger) auf den Erwerb von Gütern gerichtet, in den Forschungen zum Wertewandel bedeutungsgleich mit postmaterialistisch (→ Postmaterialismus).   W.F.H.

Postadoleszenz, von K. Keniston (1968) vorgeschlagene Bezeichnung (auch: → *youth*) für eine neue Lebensphase zwischen Jugend und Erwachsenenalter, die er am Beispiel der radikalisierten Studentengeneration aufweist: Diese Studenten seien in jeder Beziehung (sexuell, politisch, intellektuell, dem Identitätsgefühl nach) bereits erwachsen, nicht aber in ökonomischer Hinsicht. In der deutschen Diskussion hat J. Zinnecker (1981) diesen Gedanken verallgemeinert (nicht nur auf Studenten bezogen) und mehrere Zugangswege zur P. bezeichnet: Studium, die Lebenssituation der jungen Arbeitslosen und „Jobber" in den Großstädten, im dritten Lebensjahrzehnt neu begonnene Bildungswege (2. Bildungsweg) sowie die alternativen und Protestszenen. Die Diskussion darüber, ob anhand solcher Lebenssituationen P. als eine neue Phase des Lebenslaufs (im dritten Lebensjahrzehnt) konzipiert werden sollte, ist noch nicht abgeschlossen.   W.F.H.

post-colonial studies (engl.), auch: *post-colonial theory,* Sammelbezeichnung für verschiedene theoretische Ansätze, die sich mit den sozialen, kulturellen und gesellschaftlichen Effekten des Kolonialismus, sowohl in den ehemaligen Kolonien, als auch in den Ländern der Kolonialmächte, befassen. Erster wichtiger Beitrag war E. Saids *Orientalismus* (1978) zur Konstruktion des „Orients" durch den Westen. Seit 1990 erhalten die p.-c.s. zunehmende Bedeutung durch Autoren und Autorinnen wie Spivak (1988), Bhabha (1994), S. Hall (1991).   B.M.

postcolony (engl.), in Analogie zu → Postmoderne gebildete Bezeichnung für die hybriden sozialen und kulturellen Erscheinungen in → postkolonialen Gesellschaften.   R.Kö.

Postfordismus, ausgehend von der Krise des → Fordismus skizziert der Begriff des P. Ansätze einer neuen → Regulationsweise, deren Konturen bislang nur vage auszumachen sind: → neue Technologien, veränderte Branchenstrukturen, → neue Produktionskonzepte, → flexible Spezialisierung, veränderte industrielle Beziehungen, → Deregulierung und Flexibilisierung (→ Flexibilität [1]), selektiver → Korporativismus, → Zwei-Drittel-Gesellschaft, individualisierte → Lebensstile etc.   Ch.W.

posthistoire → posthistorisch

posthistorisch, frz.: *posthistorique,* nachgeschichtlich, bezeichnet die Eigenschaft eines Zustandes, der nicht mehr dem Wandel unterworfen ist, sondern zeitlos besteht: So sind zumeist in Utopien Gesellschaftsordnungen p. geschildert.   O.R.

postindustriell → Gesellschaft, postindustrielle
postkolonial / postcolonial studies → *post-colonial studies*
postkonventionell → Urteil, moralisches
Postmarxismus, [1] Sammelbezeichnung für aus dem Marxismus hervorgegangene Theorien, die insbesondere ökonomistische und klassenreduktionistische Tendenzen überwinden wollen; politisch oft der Neuen Linken zugeordnet.
[2] Selbstbezeichnung der Hegemonietheorie von E. Laclau und C. Mouffe (1985), die im Anschluss an sowohl den Marxismus A. Gramscis als auch poststrukturalistische Autoren die marxistische Totalitätsvorstellung von Gesellschaft kritisieren und ein Primat → des Politischen gegenüber der Ökonomie postulieren.   O.M.

Postmaterialismus, in Forschungen zum → Wertwandel eine durch den amerikanischen Politikwissenschaftler R. Inglehart geprägte Erklärungsformel für den Anstieg politischer Teilhabewünsche seit Ende der 1960er Jahre. Danach befrieden Menschen zuerst physiologische oder „materialistische" Bedürfnisse, wie Hunger und Sicherheit, und später „postmaterialistische" Bedürfnisse nach Gemeinschaft und Selbstverwirklichung, wie freie Meinungsäußerung und Mitbestimmung. Die Bedürfnisse, die in den prägenden Jahren der Jugend nur mangelhaft befriedigt werden können, bleiben über das ganze Leben bestimmend, selbst wenn die Chancen ihrer Befriedigung sich später verbessern. Die hohe materielle Versorgung der westlichen Industrieländer in den 1950er und 1960er Jahren erlaubt es den in dieser Zeit Aufwachsenden, postmaterialistische Werte zu betonen; dadurch wird erklärbar, dass auch in materiell saturierten Gesellschaften soziale Bewegungen entstehen.   H.M.

Postmaterielle, eines der zehn Sinus-Milieus (2004), zu dem rd. 10% der Bevölkerung gehören. Die Angehörigen dieses Milieus verfügen über hohe Bildungsabschlüsse und verteilen sich auf alle Altersklassen. Sie sind kritisch, intellektuell und kreativ. Für sie steht ihre Selbstverwirklichung im Vordergrund.   D.Kl.

postmodern, aus der ästhetischen und philosophischen Diskussion stammender Begriff, der bei wechselnder Bedeutung sowohl Richtungen in der Kunst (Architektur), in der Philosophie (J.-F. Lyotard), der Psychologie, in kulturkritischen und zeitdiagnostischen Arbeiten, eine Lebensweise bzw. Erfahrungsweise vom Leben so-

P

wie die Verfasstheit einer nicht mehr modernen Gesellschaft bzw. Kultur bezeichnet. Als gemeinsame Merkmale können gelten: Verzicht auf geschichtsphilosophisch begründete Fortschrittsmodelle; Auflösung bzw. Dezentrierung des Subjekts als Erkenntnis-, Handlungs- und Erfahrungszentrum; Skepsis gegenüber (auch in Philosophie und Sozialwissenschaften) tradierten Wirklichkeitsbegriffen (Verweis auf die Bedeutung der Simulation, J. Beaudrillard); Zurückweisung von Allgemeinprinzipien und Universalbegriffen; Suche nach alternativen Denk- und Darstellungsformen (also auch des Schreibens von philosophischen oder wissenschaftlichen Texten). In einem weiteren Sinne als p. gelten manchmal auch die Pluralisierung der Lebensstile und ihre Expressivität, die Freude am Zitat und an der kulturellen Sinn überspringenden Mischung von Stilelementen (etwa in der Jugendkultur), allgemein die Missachtung von überkommenen kulturellen Sinngrenzen und Denkformen. Die Soziologie hat sich der Herausforderung durch p.s Denken als ganzer noch kaum gestellt, im Einzelnen aber manche Anregung (etwa von M. Foucault) übernommen. W.F.H.

post-scarcity society (engl.) → Nachknappheitsgesellschaft

postsozial, heißt eine Kommunikation bzw. Interaktion mit einem Gegenüber, welches nicht notwendig ein Mensch oder eine Gruppe von Menschen ist, sondern auch ein unbelebter Gegenstand sein kann. Von der Technik- und Wissenschaftssoziologie (B. Latour, K. Knorr Cetina) propagierte Erweiterung des früheren Konzepts der Vergesellschaftung, das sich auf zwischenmenschliche Beziehungen beschränkte. Danach kann ein Wissensobjekt einen eigenständigen Charakter annehmen, sodass wir uns zu ihm verhalten wie zu beseelten Wesen. Beispiele: ein Genetiker „fühlt" sich in das untersuchte Chromosom ein; der Großcomputer „Hal" in Kubricks Filmklassiker *2001*. Objekte vermitteln die Beziehungen und schaffen neue Bindungen des modernen Selbst. R.L.

Post-Soziologie, auch Soziologie der Möglichkeiten, Bezeichnung für eine Soziologie, die entschlossen ist, auch zu Zeiten, in denen ihr der Gegenstand abhanden kommt, weiterzumachen. Sofern die Soziologie schon immer auf der Suche nach ihrem Gegenstand war, ist dieser Zustand nicht weiter bemerkenswert oder kritisch. Das Ausfallen des Wirklichkeitssinns kann durch Möglichkeitssinn funktional kompensiert werden. Anderen schlägt hingegen der Zustand aufs Gemüt oder sie verfallen ins Grübeln. Die P.-S. bietet Großsoziologen Raum für konstruktiv gesteigerte, einwandsimmune Zeitdeutungen.

Auf evtl. Erfahrungsrückständen beruhende Eintrübungen durch → Wirklichkeit gehen zu Lasten letzterer. H.W.

Poststrukturalismus, auch: Neostrukturalismus, aus Frankreich stammende Denkrichtung (J. Lacan, J. Derrida, G. Deleuze, J.-F. Lyotard, J. Baudrillard), die kritisch an den linguistisch-ethnologischen Strukturalismus (F. de Saussure, C. Lévi-Strauss) anschließt, diesen jedoch weniger in methodischer Hinsicht weiterführt, als ihn aus einer philosophischen Richtung heraus radikalisiert. Insoweit der P. die Auffassung vertritt, dass die Bedeutung eines Zeichens ein Effekt der Ausdrucksseite desselben ist, knüpft er an gängige Arbeitshypothesen des → Strukturalismus an, der sich gegen die metaphysische Tradition wendet, die lautlichen Zeichen seien eine Widerspiegelung psychischer oder kognitiver Prozesse. Hingegen bestreitet der P. die Möglichkeit, die überindividuelle Struktur eines Kommunikationszusammenhanges als theoretisch überschaubares und abgeschlossenes System zu begreifen und damit beherrschen zu können. Darin drückt sich selbst im Strukturalismus noch das Streben abendländischer Theorie aus, Natur wissenschaftlich-theoretisch verfügbar zu machen. Der P. lehnt dieses Denken als ein Denken in Begriffen der Macht ab. Philosophische Bedeutung für soziologische Fragestellungen gewinnt der P. hinsichtlich der Frage nach der Repräsentation des Sozialen als Sinnzusammenhang insoweit, als er die klassische Idee eines sinnerzeugenden Zentrums (einer organisierenden Subjektivität) bestreitet. → Polyzentrismus, → Dezentrierung des Subjekts V.K.

Postulat → Axiom

Potenz, psychologische, *potency,* Feldstärke, die Stärke, mit der ein Situationszusammenhang oder ein Einflussfeld auf das Verhalten einer Person oder einer Sozialeinheit (Gruppe) einwirkt. Der Begriff der p.n P. ergänzt in der Feldpsychologie (K. Lewin) den Begriff der Valenz (→ Aufforderungscharakter) um das Intensitätsmaß. H.E.M.

Potenzial, Gesetz des evolutionären → Gesetz des evolutionären Potenzials

Potlatch, das Verschenken und demonstrative Vernichten von Gütern (→ demonstrativer Konsum), um im Austausch zum materiellen Verlust von der eigenen Gruppe einen höheren Status zugesprochen zu bekommen. Das P. wurde von Ethnologen zuerst als höchst komplexe, fest reglementierte Institution bei Indianern an der nordpazifischen Küste beobachtet, bei denen über das P. Konkurrenzkämpfe abgewickelt wurden. O.R.

pouvoir spirituel (frz.), bei A. Comte Bezeichnung für die geistig-geistliche Macht, die in der verwissenschaftlichten Industriegesellschaft neben der weltlichen Macht (Bankiers, Industrielle) die Geschicke der Menschen lenkt. Die *p. s.* wird von Wissenschaftler-Priestern auf der Grundlage positiver Erkenntnisse und reiner Menschenliebe ausgeübt. Sie steuert die Einstellungen der Menschen im Hinblick auf die Anerkennung der Notwendigkeit von Kooperation und Gehorsam. F.H.

pouvoir temporel (frz.), bei A. Comte Bezeichnung für die weltliche Macht, der in der verwissenschaftlichten Industriegesellschaft aufgrund einer Kombination von Fachwissen und Reichtum die Lenkung der politökonomischen Angelegenheiten obliegt. Machtmissbrauch durch Personen oder Gruppen wird durch die Kontrolle von Seiten der geistig-geistlichen Macht auf ein Mindestmaß beschränkt. F.H.

power, coercive (engl.) → Zwangsmacht

power, countervailing (engl.), Bezeichnung in Theorien des gesellschaftlichen Gleichgewichts und des → Pluralismus für Machtgruppen und Interessenverbände, die – etwa mit den gleichen Durchsetzungschancen ausgestattet – sich gegenseitig in Schach halten und somit eine freiheitliche Organisation des Kapitalismus ermöglichen (z.B. im Gleichgewicht von Produzenten und Konsumenten; von verschiedenen Unternehmensgruppen usw.). W.F.H.

power, referent (engl.) → Bezugsmacht

power, utilitarian (engl.) → Macht, pretiale

power axis of differentiation (engl.), im Struktur-Funktionalismus die hierarchische Dimension der Differenzierung von Rollenstrukturen hinsichtlich des jeweiligen Ausmaßes an Machteinfluss auf das Funktionieren sozialer Interaktionssysteme, etwa in unterschiedlichen Phasen des Sozialisierungsprozesses in der Kleinfamilie (T. Parsons u. R.F. Bales). K.H.H.

power field (engl.) → Einflussfeld

PRA → *rural appraisal, participatory*

Präanimismus, Animatismus, religionswissenschaftliche Bezeichnung für die ursprüngliche Form der Religion, die in dem Glauben an etwas Unsinnliches, Mächtiges in der Umwelt, welches das Lebendige ausmacht und alles prägt, was mit Lebendigem in Berührung kommt, bestehen soll. Der P. soll der Stufe des → Animismus vorausgehen. O.R.

Präbendalismus, bei M. Weber diejenige Einkommensquelle eines Verwaltungsstabes, die aus Pfründen besteht, d.h. einem Deputat, einem Recht auf Zulieferung aus der verwalteten Gemeinden. R.L.

practice theory (engl.) → Praxistheorie

Prädestinationslehre, theologische Aussage über die Erlösung nach dem Tode. Die „Gnadenwahl" wird allein vom göttlichen Souverän getroffen. Auf diese Lehre Calvins beruft sich insbesondere M. Weber (→ Ethik, protestantische, → Geist des Kapitalismus). R.L.

Prädiktor, auch: Vorhersagevariable, eine Variable, die in einem Modell (z.B. in einer Regressionsgleichung) zur Berechnung oder „Vorhersage" von Werten einer anderen Variable dient. H.W.

Prädisposition, [1] Bezeichnung für die angeborene Bereitschaft oder Neigung, ein bestimmtes Merkmal (z.B. eine Organbesonderheit, eine Krankheit, eine Verhaltenstendenz usw.) auszubilden.
[2] Gleichbedeutend mit → Disposition R.Kl.

Präferenz, *preference,* Vorziehen eines Wertes oder Zieles vor einem oder mehreren anderen. J.F.

Präferenz, soziometrische, Bezeichnung für die durch den soziometrischen Test bei einer Person festgestellte, an seinen Wahlen ablesbare, relative Bevorzugung oder Ablehnung der anderen Mitglieder ihrer Gruppe. R.Kl.

Präferenzordnung, auch: Präferenzsystem, Ordnung einer Menge von Objekten durch eine → Präferenzrelation, nach der ein Individuum die Objekte einstuft. Besitzt die Präferenzrelation die Eigenschaften der Reflexivität, Antisymmetrie und Transitivität (→ Relation), dann spricht man von einer schwachen Ordnung. Liegen Asymmetrie und Transitivität vor, dann ergibt sich eine starke Ordnung. Lassen sich nicht alle Objekte in eine Ordnung zueinander bringen, dann liegt eine partielle Ordnung, im anderen Falle eine totale oder vollständige Ordnung vor. Die Untersuchung von P. spielt eine große Rolle in den psychologischen, ökonomischen und auch soziologischen Theorien der Wahlhandlungen und Entscheidungen. Insbesondere existiert eine umfängliche Literatur über das Problem, unter welchen Bedingungen es möglich ist, aus individuellen P. eine kollektive P. zu aggregieren. In der empirischen Untersuchung von P. hat sich herausgestellt, dass diese häufig nicht konsistent sind, sondern zirkuläre Triaden (→ Konsistenzkoeffizient) aufweisen. H.W.

Präferenzrelation, Beziehung zwischen den Elementen einer Menge von Objekten, nach der eine handelnde Person die Objekte einstuft. Die P. legt fest, welches Element bei allen möglichen Paaren von Objekten vom Individuum jeweils dem anderen vorgezogen wird. Beispiele von P.en sind: „größer als", „schöner als" oder „nützlicher als". Durch eine P. wird innerhalb der Menge von Objekten eine → Präferenzordnung geschaffen. H.W.

Präferenzsystem → Präferenzordnung

Präferenzwandel, u.a. von J. Elster (1983) analysiertes Problem rationalen Handelns. Der auch

als „Willensschwäche" oder Akrasie bezeichnete endogene P. in Abhängigkeit von „günstigen" Gelegenheiten führt häufig nur zu „lokalen" Maxima, d.h. nur zu besten Lösungen in der unmittelbaren Umgebung des Handelnden. Beispiel für einen endogenen P. ist die Bevorzugung aktuell erreichbarer Vorteile gegenüber erst in der Zukunft erwartbaren. Ein „globales" Maximum kann nur erreicht werden, wenn die Entscheidungsfreiheit des Handelnden eingeschränkt ist (z.B. Selbstverpflichtungen, „öffentliche Nebenwetten"). Bei exogenem P. modelliert der Handelnde seine Wünsche nach dem, was er für realisierbar hält („saure Trauben").
H.W.

Präformismus ist ein Modell für sozialen Wandel, dem zufolge Änderungen im sozialen System als Differenzierungen anzusehen und ausschließlich auf systemimmanente Faktoren zurückzuführen sind. Das soziale System ist unabhängig von seinem Differenzierungsgrad im Modell immer „funktional vollständig", d.h. das System kann im Laufe seiner Entwicklung keine neuen Funktionen entwickeln.
O.R.

prägenital, in der Psychoanalyse zusammenfassende Bezeichnung für die Trieborganisationen, die Modi der Objektbeziehungen usw. vor der phallischen Phase, d.h. vor der Errichtung des Primats der Genitalzone (→ Libidostufen).
U.E.

Prägephase, auch: formative Jahre oder formative Phase, bezeichnet im Anschluss an K. Mannheims Generationstheorie jene Lebensjahre (etwa zwischen 15 und 25), in denen (politische) Lernprozesse und Erfahrungen besonders tief in die Persönlichkeit einwirken und möglicherweise lebenslang wirksam bleiben.
W.F.H.

Pragmatik, Teilgebiet der → Semiotik, welches die Sprache in der Gesamtheit ihrer gesellschaftlichen und psychologischen Bedeutung für den Menschen untersucht. Dabei wird unterschieden zwischen einer „Symptomfunktion", durch die Gefühle und Empfindungen ausgedrückt werden, einer „Signalfunktion", durch die beim Hörer bzw. Leser eine bestimmte Reaktion hervorgerufen wird, und einer „Bewertungsfunktion", durch die eine Beurteilung von Sachverhalten und Denkweisen möglich ist. Von den drei Teilgebieten der Semiotik ist die P. bisher am wenigsten ausgearbeitet; sie hat jedoch die größte Relevanz für die gesellschaftliche Praxis.
A.H.

pragmatisches Modell → Modell, dezisionistisches

Pragmatismus, [1] Philosophie des Handelns, vornehmlich von amerikanischen Philosophen (C. Peirce, W. James, J. Dewey) seit dem Ausgang des 19. Jahrhunderts entwickelt, die in

Auseinandersetzung mit der cartesianischen Bewusstseinsphilosophie besonders die situativen, problemlösenden und kreativen Momente des Handelns betonen, die auch zum Ausgangspunkt einer politischen Philosophie der Demokratie werden. Der P. ist für die Soziologie u.a. bedeutsam geworden in der → Chicago-Schule und in der Entwicklung des → symbolischen Interaktionismus insb. bei G.H. Mead. Die neuere Rezeption in Deutschland wurde entscheidend bestimmt durch H. Joas.
[2] Gestützt insb. auf Äußerungen von W. James wird P. häufig als eine Erkenntnistheorie und Weltanschauung angesehen, nach der sich die Wahrheit von Denken, Urteilen und Aussagen nach ihrer Nützlichkeit für das praktische Handeln bemessen soll. Sinn und Gültigkeit von Aussagen erscheinen relativ zu den Interessen der Handelnden.
H.W.

Prägnanzprinzip, bezeichnet in der Gestaltpsychologie (M. Wertheimer 1923) die Tendenz eines Feldes (der Wahrnehmung, des Denkens usw.), sich zu möglichst großer Klarheit und Einfachheit zu organisieren.
W.F.H.

Prägung, [1] *inprinting,* Bezeichnung für einen bisher allein bei verschiedenen Tierarten experimentell nachgewiesenen Lernvorgang mit folgenden spezifischen Kennzeichen (K. Lorenz 1935): a) Es handelt sich um einen irreversiblen Prozess, d.h. das durch P. Erworbene kann durch spätere Erfahrungen nicht mehr verändert werden; b) P. ist nur in bestimmten, meist in der Zeit unmittelbar nach der Geburt liegenden, Lebensabschnitten möglich; c) nur der → Auslöser für bestimmte artspezifische Reaktionen wird durch P. gelernt; dies gilt insbesondere für diejenigen Merkmale eines Objekts, durch die Lebewesen veranlasst werden, sich dem betreffenden Objekt anzuschließen, es nach Erreichen der Geschlechtsreife anzubalzen und zu versuchen, mit ihm zu kopulieren; man sagt dann, dass das betreffende Lebewesen „auf dieses Objekt geprägt ist".
[2] In einem weiteren Sinne werden auch andere Lernvorgänge in frühester Jugend als P. bezeichnet, insbesondere die frühkindliche → Sozialisation (D. Claessens: sozio-kulturelle P.). Auch hier gilt als kennzeichnend, dass durch P. erworbene Eigenschaften und Verhaltensweisen gegen spätere Erfahrungen, Löschung und Vergessen besonders resistent sind, dass bestimmte „Schlüsselerlebnisse", traumatische Erfahrungen u.ä. bei der P. eine große Rolle spielen und dass P.prozesse im Vergleich zu anderen Lernprozessen relativ schnell ablaufen.
R.Kl.

präkonventionell → Urteil, moralisches

Präsenzpublikum, Bezeichnung aus der Kommunikationsforschung für das Publikum, das zu einer bestimmten Zeit an einem bestimmten Ort versammelt ist, z.B. beim Fußballspiel im Stadion, beim Vortrag im Saal.   O.R.

Prätention des Politischen, nach C. Schmitt (1925) der von Vertretern ökonomischer Rationalität (i.e. Marxismus und Liberalismus) bestrittene Anspruch eines Primats des Politischen aufgrund einer verpflichtenden autoritären Idee, eines „Ethos der Überzeugung", das Affekte zu binden und bündeln sowie eine hierarchische Ordnung zu begründen und legitimieren in der Lage ist: „Zum Politischen gehört die Idee, weil es keine Politik gibt ohne Autorität und keine Autorität ohne ein Ethos der Überzeugung". → Rede, repräsentative   R.Kr.

Prätorianismus, in Anlehnung an eine Eliteeinheit (Prätorianer-Garde), die mehrfach den römischen Kaiser proklamierte, Bezeichnung für eine Herrschaftsform, die auf der politischen Hegemonie der militärischen Führungsschicht eines Landes beruht. Wird i.e.S. dann verwendet, wenn der Staats- bzw. Regierungschef vom Militär eingesetzt wird.   M.S.

Prävalenz, allgemein ein Maß für das Vorkommen bestimmter Ereignisse in einer Gruppe oder Population (in v.H.), z.B. dafür, wie viele Angehörige eines Jahrgangs bis zu einem bestimmten Lebensalter verheiratet sind.   W.F.H.

Prävalenzrate, Maß für die Verbreitung eines Merkmals in einer Population. Die P. wird als Verhältnis der Zahl der Merkmalsträger in einem Untersuchungszeitraum und der Anzahl der gesamten in Betracht kommenden Population gebildet. Die P. wird berechnet, um die Verbreitung z.B. des Drogenkonsums oder der Kriminalitätsbelastung zu erheben. Im Gegensatz zur → Inzidenzrate erhöht sich die P. nicht, wenn die Befragten in ihrem Leben mehrfach Drogen konsumiert oder Straftaten begangen haben.   R.N./D.Kl.

Prävention, Vorbeugung, bezeichnet jegliche Art von Maßnahmen zur Verhütung z.B. von Krankheiten, von Gewalt- und kriminellen Handlungen sowie allgemein von Missständen im Bereich der → sozialen Probleme. Kriminalp. wird nach drei Bereichen unterschieden. Primäre P. wirkt auf die allgemeinen Ursachen von Kriminalität ein, die v.a. in Armut und mangelhafter Sozialisation vermutet werden (z.B. durch Arbeitsmarkt- und Familienpolitik → Disziplinierungstechnik). Die positive Generalp. meint eine Stärkung des Rechtsbewusstseins durch das Strafrecht. Sekundäre P. versucht, potenzielle Straftäter abzuschrecken, indem z.B. die Tatgelegenheiten erschwert (etwa durch technische Sicherungen von Eigentum) und das Entdeckungsrisiko einer Straftat erhöht wird. Der Umbau zu einer → Kontrollgesellschaft betont insbesondere diesen P.aspekt (→ Kriminalpolitik, pro-aktive – reaktive). Ferner sollen drohende Strafen auf potenzielle Täter negativ generalpräventiv wirken, jedoch ist es sehr umstritten, ob das Strafrecht tatsächlich abschreckt. Die tertiäre P. schließlich dient dazu, Straftäter zu bessern und die Öffentlichkeit vor ihnen zu schützen. Eine spezialpräventive Wirkung der Strafsanktion, die den Täter von weiteren Straftaten abhalten soll, ist ebenfalls fragwürdig. Eine Bestrafung kann im Gegenteil dazu führen, dass sich kriminelles Handeln erst verfestigt (→ *labeling approach*). Bei jugendlichen und Ersttätern wird daher häufig von einer formalen Sanktionierung abgesehen (→ Diversion, → *restorative justice*). Insbesondere im angelsächsischen Raum wird mit dem Begriff der → Punitivität die Ausweitung tertiärer P. kritisiert. Im → Neoliberalismus tendiert die Kriminalpolitik zur Betonung der sekundären und tertiären P., wobei die wohlfahrtsstaatlichen Maßnahmen der primären P. vernachlässigt werden.   D.Kl.

Prävention, strukturelle, bezeichnet jene besondere Art der → P., die dem soziologischen Denkansatz nahe steht. S. P. setzt nicht beim Verhalten der Einzelnen an, sondern bei den Verhältnissen, unter denen sie leben. Beispielsweise würde eine s. P. hinsichtlich einer HIV-Infektion bei homosexuellen Männern versuchen, deren Stigma-Management und sexuelle Identität spannungsfrei zu gestalten (Sichtbarkeit und Akzeptanz der schwulen Lebensstile erhöhen, Selbstorganisationen und Autonomie stärken, Sozialisationsbedingungen verbessern). S. P. zielt also nicht auf die Symptome, sondern auf den Kontext des Gefahrenherdes.   R.L.

Praxeologie, allgemeine Handlungslehre und Theorie der Wahlhandlungen, derzufolge das bestimmende Prinzip des sozialen Handelns die Maximierung des subjektiven Nutzens ist.
     B.W.R.

Praxis, [1] Art und Ergebnis des richtigen Handelns als Eingriff in gegebene Zustände. Erfolgreiche soziale P. setzt Erkenntnis der gesellschaftlichen Bedingungen, Verfügbarkeit und Beherrschung zweckmäßiger Mittel, angebbare Ziele sowie Überprüfung der Ergebnisse voraus. Diese Voraussetzungen sind auch in entwickelten Gesellschaften nur unvollkommen gegeben. Sozialer Wandel und gesellschaftliche Differenzierung erschweren P. als Verfolgung längerer Zweckreihen. Praktische Einzelmaßnahmen tendieren somit häufig zu wechselseitiger Aufhebung oder werden zu Quellen neuer Konflikte.   H.L.

[2] Praktiken, zentrale Grundkategorie der Sozialtheorie P. Bourdieus, mit der jenseits einer objektivistischen Systemperspektive und volun-

P

taristischer Theorieannahmen das sozial determinierte Wechselverhältnis von Individuum und Gesellschaft bestimmt werden soll. Entstehung und Bedingtheit gesellschaftlicher Makrostrukturen wird dabei in die Lebenspraxis sozialer Akteure zurückverlagert.   K.K.

Praxis, verwissenschaftlichte, allgemeine Bezeichnung für die immer mehr von der Entwicklung der Wissenschaften bestimmte und durchdrungene gesellschaftliche Praxis in den industriell entwickelten Gesellschaften.   W.F.H.

praxisrelevant, wörtlich: von Bedeutung, mit (erwartbaren) Konsequenzen für die (gesellschaftliche) Praxis. Die Frage, ob eine wissenschaftliche Idee, ein Forschungsergebnis, ein Lehrziel an der Universität usw. p. ist, spielte insbesondere in den Bemühungen der Studentenbewegung um Wissenschaftskritik und Hochschulreform eine Rolle.   W.F.H.

Praxistheorie, *practice theory,* bezeichnet bei T. Schatzki (1996) gemeinsam die Ansätze von P. Bourdieu, A. Giddens, J.-F. Lyotard und Taylor, weil sie Praktiken – und nicht Gesellschaftssysteme, soziale Strukturen, Institutionen, soziale Situationen, soziales Handeln – als fundamentale soziale Phänomene ansehen und theoretisch zentral setzen.   W.F.H.

prediction studies (engl.) → Voraussagestudien

Preistheorie, Sammelbezeichnung für Theorien der Ökonomie, die die Preisbildung von Waren unter bestimmten Marktbedingungen zum Gegenstand haben. Im Unterschied zur marxistischen → Werttheorie [2] steht in der P. die Analyse des Verhaltens von Nachfragern und Anbietern in verschiedenen → Marktformen (Monopol, Oligopol u.a.) im Vordergrund. Neuere Entwicklungen der P. legen Gewicht auf die Momente des Verhandelns und Entscheidens (→ Spieltheorie).   H.W.

Prekariat, eine Wortneubildung, um – angelehnt an den früheren Begriff von Proletariat – die wachsende Menge von Menschen in ungesicherter Lebenslage zu bezeichnen. Die Unsicherheit rührt von befristeten, leicht kündbaren Beschäftigungsverhältnissen her oder bezieht sich auf die Risiken der sozialen Absicherung im Krankheits- und Altersfalle.   R.L.

Prekarität, bezeichnet die Lage von Arbeitnehmern, die aufgrund unsicherer Beschäftigungsverhältnisse dem Risiko von Armut und Arbeitslosigkeit ausgesetzt sind. Das Risiko von P. erleichtert die Zugeständnisse an Arbeitgeberinteressen nach flexiblen Arbeitszeiten, Lohnkürzungen, Aufweichungen des Kündigungsschutzes sowie Entlastungen von Sozialabgaben, die die P. weiter verschärfen können.   D.Kl.

preparedness (engl.), bezeichnet in der Evolutionspsychologie eine ererbte Vorgeprägtheit des Menschen (aufgrund früher menschheitsgeschichtlicher Erfahrungen), die dazu führt, dass regelmäßig bestimmte Lösungsmuster anderen vorgezogen werden.   W.F.H.

prerequisite (engl.) → Erfordernis, funktionales

pressure group (engl.), wörtlich: „Druckgruppe", oft gleichbedeutend mit → Interessengruppe; ein Verband oder eine mehr oder weniger gut organisierte Gruppierung, die auf Parteien, Parlament, Verwaltung und öffentliche Meinung durch Meinungsbildung, Personalpolitik, Finanzierung usw. Druck ausübt, um ihre – gesamtgesellschaftlich betrachtet – Teilziele durchzusetzen.   W.F.H.

Prestige, Sozialprestige, soziales Ansehen, Bezeichnung für die Wertschätzung, die eine Person oder eine Gruppe (z.B. eine Berufsgruppe) bzw. die Inhaber eines bestimmten sozialen Status genießen. Häufig wird der Begriff des P.s mit dem des sozialen Status gleichgesetzt; er drückt dann die Bewertung einer bestimmten Position aus. Personen mit hohem P. sind in der Regel (E. Benoit-Smullyan 1944) Gegenstand der Bewunderung, der Ehrerbietung und der Nachahmung, besitzen starken sozialen Einfluss und sind „Mittelpunkt sozialer Anziehung". Die P.-Verteilung in einer Gesellschaft hängt eng mit der Verteilung der politischen und ökonomischen Macht in dieser Gesellschaft zusammen.   R.Kl.

Prestige, negatives, das geringe Ansehen oder der schlechte Ruf, den eine Person hat.   R.Kl.

Prestigedifferenzierung, Rangdifferenzierung sozialer Positionen, das Ausmaß, in dem soziale Positionen, insbesondere Berufspositionen, sich in der Wertschätzung oder dem Prestige, das ihnen zugeschrieben wird, unterscheiden.   R.Kl.

Prestigefaktoren, Bezeichnung für die Merkmale einer Position, die für deren Rang innerhalb der gesellschaftlichen Prestigehierarchie bestimmend sind. Als die wichtigsten P. bei der Einstufung von Berufspositionen hinsichtlich ihres Prestiges werden genannt (K.M. Bolte 1959): die mit der Position verknüpften Macht- und Einflusschancen, die zur Ausübung der Position erforderlichen Kenntnisse und Fähigkeiten, insbesondere das Ausmaß des erforderlichen Spezialwissens, und die Wichtigkeit der Position hinsichtlich der Verwirklichung bestimmter gesellschaftlich anerkannter Werte und Ziele.   R.Kl.

Prestigegeneralisierung, die Erscheinung, dass sich das Prestige, welches jemand als Inhaber einer bestimmten Rolle genießt, auf seine Funktion als Inhaber anderer Rollen überträgt. So kann es z.B. jemand, indem er als Wissenschaftler in seinem Fachgebiet Anerkennung erringt, auch zu Prestige als Mitglied seiner Gemeinde, als „Fachmann" für die Beurteilung politischer Fragen usw. bringen. **R.Kl.**

Prestigegüter, jene Güter, die in primitiven Gesellschaften als Geschenke rituell ausgetauscht, an mehrere andere zur Sicherung von Loyalität ausgeteilt oder zur Gewinnung von Prestige vom Eigentümer demonstrativ vernichtet werden. → Potlatch **W.F.H.**

Prestigeklasse, *prestige class,* Bezeichnung für eine Kategorie von Personen mit ähnlich hohem Prestige, das die Mitglieder dieser Kategorie in ihrer Umwelt genießen. Eine P. verdankt ihre Existenz meistens subjektiven Einschätzungen und stellt in der Regel keine → Gruppe dar. **B.Ba.**

Prestigekriterium, Bezeichnung für diejenigen Merkmale einer Person (z.B. Reichtum, Bildung, Schönheit, „Männlichkeit" o.ä.), deren Besitz oder Nichtbesitz nach den in einer Gruppe oder Gesellschaft geltenden Standards entscheidend für das Prestige ist, welches diese Person erhält. **R.Kl.**

Prestigerente, Bezeichnung für das Prestige, welches eine Person nicht aufgrund der Position genießt, die sie gegenwärtig innehat, sondern aufgrund einer früher einmal innegehabten Position. K.M. Bolte (1959) nennt als Beispiel den ehemaligen aktiven Offizier nach dem Kriege, der „getrost mit Würstchen oder Coca-Cola handeln" konnte, da er aus seiner Vergangenheit eine erhebliche P. bezog. **R.Kl.**

Prestigeschicht, Bezeichnung für eine soziale Schicht, deren Mitglieder innerhalb der Bevölkerung ungefähr gleich hohes Sozialprestige genießen und sich dadurch von sozialen Schichten mit geringerem oder höherem Prestige unterscheiden. Ausgangspunkt jeder hierarchischen Gliederung der Gesellschaft in P.en sind die im Verhalten der Bevölkerung selbst erkennbaren und in ihren Grenzen feststellbaren Differenzierungen gegenseitig zugeordneter Wertschätzung. Im Gegensatz zu Schichtungsansätzen, die von objektiven Merkmalen wie Beruf, Bildungsniveau und Einkommenshöhe ausgehen, beruht die Einteilung der Gesellschaft in P.en also auf dem subjektiven Merkmal der Prestigezurechnung. **M.B.**

Prestigeskala, [1] Sammelbezeichnung für alle, im Einzelnen sehr unterschiedlich konstruierten Skalen, mit deren Hilfe das Prestige von Positionen, vor allem von Berufspositionen, gemessen werden kann. In der Regel erfolgt die Skalierung mithilfe von → Rangordnungsverfahren, durch die eine größere Zahl ausgewählter Berufspositionen in Bezug auf das ihnen zugeschriebene Prestige in eine Rangordnung gebracht wird. Typischerweise geschieht die Feststellung der Rangordnung auf der Grundlage

von Befragungen repräsentativer Bevölkerungsstichproben.
[2] Auch Bezeichnung für die in einer Gruppe oder Gesellschaft vorhandene und mithilfe geeigneter Skalen zu messende Rangordnung der Positionen hinsichtlich ihres Prestiges selbst. **R.Kl.**

Prestigestufen, die Stufen der Prestigeskala, Bezeichnung für die Abschnitte oder Einheiten, in die eine Prestigeskala bzw. das durch diese Skala gemessene Prestigekontinuum eingeteilt wird. Eine P.e soll die Berufspositionen zusammenfassen, die in ihrem Prestige so ähnlich wie möglich und von den jeweils anderen Positionsgruppen so unterschieden wie möglich sind. Im Allgemeinen werden zwischen 6 und 10 P. unterschieden. **R.Kl.**

Prestigesuggestion, Bezeichnung für den Einfluss des Prestiges einer Person oder einer anderen Instanz („Quelle"), die eine Meinung oder eine Einstellung äußert oder sonst irgendein Produkt (z.B. ein Gemälde) hervorbringt, auf die Bewertung dieser Meinung usw. durch andere Personen. So werden z.B. Ansichten, die angesehenen Persönlichkeiten zugeschrieben werden, oder Bilder, die angeblich von berühmten Malern stammen, allein deshalb schon als „richtiger" bzw. „besser" angesehen als solche von wenig angesehenen oder unbekannten Urhebern. **R.Kl.**

Pretest, Vortest, Erprobung eines Untersuchungsinstruments, z.B. eines Beobachtungsschemas oder eines Fragebogens (Probeinterview) vor der Durchführung der eigentlichen Erhebung. Dabei werden einige Personen, die zur Zielgruppe der Untersuchung gehören, untersucht, um die Eindeutigkeit, Verständlichkeit und Diskriminationsfähigkeit der Fragen, Kategorien usw. zu prüfen. Der P. kann auch mit alternativen Fassungen des Untersuchungsinstruments durchgeführt werden. **D.G./R.Kl.**

Priesterherrschaft → Hierokratie

primacy effect (engl.) → Primatwirkung

Primärabweichung → Devianz, primäre

Primäraktivitäten, Tätigkeiten, die in der Zeitbudgetforschung jeweils als situationsdominant gelten, auf die sich die Protokollierung der Zeitverwendung konzentriert oder die von den simultan ausgeübten Sekundär- bzw. Tertiäraktivitäten unterschieden werden. Beispiele: Abendessen mit Familie in Verbindung mit der Sekundäraktivität Fernsehen, Hausarbeit in Verbindung mit der Aufsicht über spielende Kinder. Ein objektives Kriterium für P. ist die Verbindung von Aktivität, Ort, Zeit und Handlungsinstrument (E.K. Scheuch 1977), woraus auch folgt, dass eine bestimmte P. nicht beliebige Sekundäraktivitäten zulässt. **H.L.**

P

Primärbedürfnisse → Motive, primäre

Primärdaten, bezeichnen in der empirischen Sozialforschung Daten, die im Gegensatz zu → Sekundärdaten für die eigene Forschung durch den Forscher erhoben werden.   D.Kl.

Primärerfahrung, die vorwissenschaftliche Sozialerfahrung von jedermann. Diese aus der direkten Begegnung mit der sozialen Welt gewonnene Erkenntnis kann nach H. Schelsky zur Grundlage für die wissenschaftliche, d.h. von subjektivem Vorverständnis gereinigte und experimentell überprüfte Sekundärerfahrung werden. Die Unterscheidung ist von Bedeutung für die methodologische Diskussion um verstehende und phänomenologische Soziologie (etwa A. Schütz).   E.L.

Primärgruppe, *primary group,* nach C.H. Cooley (1909) Bezeichnung für Gruppen, deren Mitglieder in relativ intimen, vorwiegend emotional bestimmten, direkten und häufigen persönlichen Beziehungen miteinander stehen, sich gegenseitig stark beeinflussen und so relativ ähnliche Einstellungen, Wertvorstellungen und Normen entwickeln. Solche Gruppen sind „primär" vor allem in dem Sinne, dass sie den frühesten und grundlegendsten Einfluss auf die Sozialisation und Entwicklung des Individuums ausüben. Die wichtigsten Beispiele für P.n sind die Familie, die Freundschaft, die Nachbarschaft, die traditionelle ländliche Gemeinde. Gegenbegriff: → Sekundärgruppe   R.Kl.

Primärkommunikation, vollzieht sich in kleinen Gruppen, die durch persönliche Bekanntschaft, geringe raumzeitliche Abstände, Kontinuität, Homogenität, ausgeprägte Identität, große Kommunikationshäufigkeit, gute und gleiche Kommunikationschancen und geringe Kommunikationsstörungen gekennzeichnet sind. P. erlaubt effizientere Beeinflussung als mediale Kommunikation.   A.G.W.

Primärprozess, psychoanalytisch einer der beiden Funktionsmodi des psychischen Apparats (neben dem → Sekundärprozess), genetisch der frühere. Primärvorgänge dulden keinen Aufschub der von ihnen erstrebten Befriedigung; außerdem ist die von ihnen mobilisierte Besetzungsenergie hochgradig verschiebbar. P.e folgen dem Lustprinzip und gehören dem → Es bzw. dem infantilen → Ich [5] sowie dem → Unbewussten [2] an.   W.K.

Primärstatus , bezeichnet einen Sektor aus dem Bereich des → zugeschriebenen Status. Er beruht auf angeborenen, aber gesellschaftlich nicht oder kaum veränderbaren Eigenschaften, die trotzdem einen Einfluss auf die Einordnung in das gesellschaftliche Statussystem haben (Status des Dicken, Langen usw.).   W.La.

Primärtrieb → Trieb, primärer

Primärverstärker → Verstärker, primäre

Primärziele – Sekundärziele, Bezeichnung für die ursprünglichen und die hinzukommenden Ziele einer Organisation. P. stehen am Anfang der Geschichte einer Organisation, die meist zur Verwirklichung dieser Ziele gegründet wurde. Im Laufe des Bestehens entwickelt die Organisation Bedürfnisse aus sich heraus, die sich zu S.n verfestigen können. Zwischen beiden Zielen kann es zu Konflikten kommen; häufig dominieren die S. mit der Zeit über die P.   J.H.

Primat der Politik, [1] allgemeine Bezeichnung dafür, dass die Politik gegenüber anderen staatlichen Bereichen (Verwaltung, Militär) oder auch nichtstaatlichen Feldern führend ist (sein soll).

[2] Vor allem in der marxistischen Theorie Bezeichnung für die Annahme, der Staat habe eine eigenständige Einwirkungsmöglichkeit auf den kapitalistischen Wirtschaftsprozess. In der Diskussion über Ursachen und sozialökonomische Basis des deutschen Faschismus sowie über die Thesen vom staatsmonopolistischen Kapitalismus (Einbeziehung des Staates in den kapitalistischen Reproduktionsprozess aufgrund einer politisch-bewussten Reaktion der Monopole auf die Bedrohung durch den Sozialismus) wurde diese Annahme ausführlich erörtert.   W.F.H.

Primat, integrativer, *integrative primacy,* in einem Sozialsystem der Vorrang von Prozessen der → Integration. Institutionen mit i.m P. sind diejenigen, die Normen definieren und deren Beachtung kontrollieren bzw. ihre Verletzung sanktionieren. Diese Funktion wird im Wesentlichen durch die Institutionen des Rechts erfüllt.   H.E.

Primaten, die am höchsten entwickelte Klasse der Säugetiere; Affen und Menschenaffen.   R.Kl.

Primatwirkung, *primacy effect,* in einem Kommunikationsprozess die größere Wirkung des ersten Stimulus gegenüber dem letzten. Die Theorie über die P. ist bislang ebenso wenig bestätigt wie die gegenteilige Theorie (→ *recency effect*).   G.E.

Primitiver, zunehmend ungebräuchlicher werdender Terminus, der erstmals im Zusammenhang der revolutionskritischen, restaurativen Sozialtheorie (de Bonald, de Maistre) Verwendung fand, um denjenigen gesellschaftlichen Zustand zu bezeichnen, in dem die göttlichen Gesetze allein Geltung hatten. In diesem Sinne bezeichnet P. einen Gegensatz zum „Wilden" (etwa im Sinne J.-J. Rousseaus), der nach dieser Doktrin bloß ein Verwilderter ist. Ab 1870 findet der Terminus Eingang in die (zunächst englische) → Ethnologie [1] (Lubbock, Tyler). Hier wird teilweise wertneutral (und damit in Absetzung vom

P

Begriff des Wilden) unter einem P.en einfach die früheste kulturelle Entwicklungsstufe verstanden. Bereits 1895 problematisiert E. Durkheim erstmals den Begriff und seine wissenschaftliche Diskriminierungskraft, weil man nicht wissen könne, was in fremden Kulturen ursprünglich bzw. einfach ist und was sich einer späten Regression verdankt. Inzwischen hat sich weitgehend die Ansicht durchgesetzt, dass die Vorstellungen, die mit den Begriffen des Wilden und des P.en verbunden waren, wissenschaftlich nicht haltbar sind und sich einer westeuropäisch-ethnozentrischen Projektion verdanken: Die gemeinten Gesellschaften sind in vieler Hinsicht nicht einfacher, sondern vielfältiger als die homogenisierten → Zivilisationen des Westens. K.R.

Primitivismus, soziale und kulturelle Strukturen und Elemente, die gegenüber dem Gesamtzusammenhang von Kultur und Gesellschaft eine sehr viel ältere Entwicklungsstufe repräsentieren. W.F.H.

primordial, svw. ursprünglich, weit zurückreichend, auch vorgesellschaftlich, z.B. in Bezug auf emotionale Bindungen. H.W.

principle of parsimony (engl.) → Prinzip der Einfachheit

Prinzip der Einfachheit, *principle of parsimony, Ockham's razor,* Grundsatz, unter mehreren Erklärungen oder Theorien, die als gleich richtig gelten, jene als beste auszuwählen, die am einfachsten ist. Das Prinzip, das u.a. im → Konventionalismus eine Rolle spielt, gilt als problematisch, da genaue Kriterien der Einfachheit meist fehlen. L.K.

Prinzip der Kontrolle, *principle of control,* nach W. Waller u. R. Hill (1951): besagt, dass in einer sozialen Beziehung die Person mit der größeren Rücksichtslosigkeit die größere Kontrolle über die Gestaltung der Beziehung ausübt. R.Kl.

Prinzip der Kraftersparnis besagt, dass die Natur, sparsam mit ihren Kräften umgehend, Reibungen, Konflikte und Widerstände zu minimieren sucht, indem sie sich funktional differenziert. Dadurch werden sich die ausdifferenzierten Teile formal ähnlicher und inhaltlich aufeinander abgestimmt, was Reibungen reduziert, Effizienz steigert und Energien spart. Das P.d.K. wird von G. Simmel formuliert und als Gesetzmäßigkeit auch auf Gruppenprozesse übertragen (1890). O.R.

Prinzip des geringsten Aufwandes → Gesetz des geringstmöglichen Aufwandes

Prinzip des geringsten Interesses, *principle of least interest,* nach W. Waller u. R. Hill (1951): besagt, dass diejenige Person die Bedingungen einer sozialen Beziehung (z.B. Dyade) diktieren

kann, deren Interesse an der Aufrechterhaltung der Beziehung am geringsten ist. R.Kl.

Prinzip des kleinsten moralischen Zwanges, nach G. Simmel (1888) wird Zwang regelmäßig in Abhängigkeitsverhältnissen internalisiert. Es zeigt sich darin, dass „der Eigenwille des Abhängigen durch die andauernde Unmöglichkeit, seine von dem herrschenden [Willen] abweichenden Tendenzen durchzusetzen, schließlich diesem vollkommen angepaßt wird und dann auch von selbst gar nichts anderes will, als für die Interessen jenes zu leben". O.R.

Prinzipal → Agentschaft

prisoner's dilemma game (engl.) → Häftlingsdilemmaspiel

Prisonisierung, nach D. Clemmer (1940) Bezeichnung für den mit der Einlieferung eines Strafgefangenen in das Gefängnis einsetzenden Prozess, in dem der Gefangene die „Gefängniskultur" (d.h. die zur Bewältigung des Lebens in einer Strafanstalt notwendigen Verhaltensweisen, die unter den Gefangenen gültigen Werte, Normen und Anschauungen usw.) übernimmt. Die P. kann so weit gehen, dass der Gefangene die Haft als Lebensform akzeptiert. R.Kl.

Privatarbeit → Arbeit, private

Privateigentum bezeichnet im Unterschied zu Gemeineigentum (Eigentum in der Hand einer Gemeinde, einer Siedlungsgruppe, einer Körperschaft, auch des Staates) und zu Genossenschaftseigentum die Verfügungsgewalt über Sachen und Güter in der Hand von nicht gemeinschaftlich gebundenen Einzelnen oder Gruppen. Bei K. Marx und in der marxistischen Theorietradition wird unter P. meist allein Verfügungsgewalt über → Produktionsmittel (nicht über andere Sachen und Güter) verstanden. → Eigentum [2] W.F.H.

Privatheit, jene Lebens- und Tätigkeitsbereiche, die ausdrücklich nicht der öffentlichen Sphäre, der Öffentlichkeit angehören, sondern hiervon (relativ) abgeschirmt, abgesondert und geschützt sind (also vor allem das Familienleben und allgemein das Leben „in den eigenen vier Wänden", auch Teile der Freizeittätigkeiten sowie der Geselligkeit). Sozialgeschichtlich spät entstanden (endgültig im 19. Jahrhundert) beruht P. selbst wieder auf aus der staatlich-öffentlichen Sphäre stammenden Garantien (Unverletzlichkeit der Wohnung, Recht auf Eheschließung und Familiengründung usw.). W.F.H.

Privatisierung, [1] die Überführung von staatlichem, Gemein- oder Genossenschaftseigentum an Produktionsmitteln in Privateigentum. [2] Unterschiedlich gebrauchte, meist kritisch gemeinte Bezeichnung für die Verlagerung von Interessen und Orientierungen hin auf die Probleme des Privatlebens, des Haushalts und der

P

Familie (und weg von den Entscheidungen und Aufgaben in Politik und Wirtschaft). Eine solche P. wurde z.B. für das Westdeutschland der 1950er Jahre konstatiert (als Gegenbewegung gegen die „weltgeschichtliche Überforderung" in Nationalsozialismus und Krieg, auch als Flucht vor angemessener Erinnerung daran).
                                                    W.F.H.

Privatkapitalismus, [1] Bezeichnung von M. Weber für die private Aneignung von Kapital im Unterschied zur Aneignung durch den Staat oder Souverän.   H.W.
[2] In der gesellschaftspolitischen Argumentation oft bedeutungsgleich mit Kapitalismus als Gesellschaftsform, in der wenige Besitzer der Produktionsmittel sind, viele nur Besitzer ihrer eigenen Arbeitskraft.   W.F.H.

Probabilismus, [1] wissenschaftstheoretische Auffassung, nach der das Zutreffen, die Gültigkeit einer Aussage nicht als sicher, sondern nur als mehr oder minder wahrscheinlich gewertet werden kann.
[2] Eine insbesondere von den Jesuiten im 17. Jahrhundert (Bartholomäus de Medina, G. Vázquez u.a.) entwickelte Lehre, nach der, im Zweifel an der Erlaubtheit einer Handlung, der weniger sicheren Ansicht gefolgt werden dürfe, wenn sie nur wahrscheinlich (probabel) ist, sollte auch die andere Ansicht die größere Wahrscheinlichkeit für sich haben.
[3] Bezeichnung nach I. Kant für die Maxime, dass die bloße Meinung, eine Handlung könne wohl recht sein, schon hinreiche, sie zu unternehmen.   H.W./O.R.

Proband, Abkürzung: Pb, Bezeichnung für eine → Versuchsperson.   R.Kl.

process tracing (engl.), bezeichnet in der neueren → historischen Soziologie (→ *new historical sociology*) ein Erklärungsverfahren, das einen besonderen geschichtlichen Prozess als durch ein Bündel von in Wechselwirkung zueinander stehender Faktoren verursacht nachzeichnen will. Manchmal bedeutungsgleich mit → Narrationsanalyse [1].   W.F.H.

process, structural (engl.), auch: *structured process*, bei B. Glaser/A. Strauss (1967) Bezeichnung für sozial geordnete Ablaufformen, zuerst entwickelt an Sterbeprozessen. Von F. Schütze als Prozessstruktur übersetzt und mit speziellerer, nämlich biografietheoretischer Bedeutung versehen (→ Prozessstrukturen des Lebensablaufs).   W.F.H.

process, structured (engl.) → *process, structural*

Probehandeln, von S. Freud (1911) geprägter Begriff zur Beschreibung dessen, was im Inneren eines Menschen vorgeht, wenn er in einer unklaren Situation die verschiedenen Möglich-keiten und Wege des Handelns im Hinblick auf ihre Vor- und Nachteile gegeneinander abwägt, bevor er sich für die eine oder andere Verhaltensmöglichkeit entscheidet (→ Denken). R.Kl.

Probeinterview → Pretest

problem approach, social (engl.) → *social problems approach*

Problem der Enklaven → Sinnbereiche, abgeschlossene

problem solving (engl.) → Problemlösen

Problem, soziales, ein Sachverhalt, „der von sozial relevanten Gruppen als unerwünscht definiert wird und von dem angenommen wird, dass er änderbar ist" (H. Harbach 1976). Auf welcher Grundlage s.P. entstehen, ist in der Soziologie umstritten: Der → Objektivismus geht davon aus, dass s.P. auf einer „signifikanten Diskrepanz zwischen sozialen Standards und sozialer Realität" (R.K. Merton 1975) basieren. Der Symbolische Interaktionismus betont, dass s.P. nicht allein objektiv ein Problem darstellen, sondern „dass s.P. auf einem Prozess kollektiver Definition beruhen und dessen Produkte sind" (H. Blumer 1971). Der radikale → Konstruktivismus [2] geht noch weiter, indem er bestreitet, dass sich s.P. überhaupt auf objektive Sachverhalte beziehen müssen. Wenn ein s.P. erst einmal definiert, d.h. in der gesellschaftlichen Meinung als Missstand ausgewiesen ist, bleibt es im Hinblick auf seine Folgen (z.B. in Form von Rechtsnormen) gleichgültig, ob ihm ein objektiver Sachverhalt oder ausschließlich ein sozialer Definitionsprozess zugrunde liegt (M. Schetsche 1996). Kriminalität und Arbeitslosigkeit gelten als s.P., während z.B. die Homosexualität mehr und mehr ihren P.status verliert.   D.Kl.

Problematisierung, auch: Problemdefinition, in der Theorie sozialer Probleme der Vorgang, bei dem ein gesellschaftlicher Missstand erkannt und so bewertet wird. Die P. ist ein Akt gesellschaftlicher Bewusstseinsbildung und gilt für die Entstehung eines sozialen Problems als konstitutiv.   R.L.

Problemdefinition → Problematisierung

Problemkäfig → Skinner-Box

Problemlösen, auch: Problemlösungsverhalten, *problem solving*, Bezeichnung für den Prozess, durch den Individuen oder Gruppen einen ihnen vorher nicht bekannten Weg finden, um von einem gegebenen Ausgangszustand zu einem gewünschten Endzustand oder Ziel zu gelangen. Als Problemlösungsverhalten werden sowohl die beobachtbaren, bei der Lösung eines Problems gezeigten Verhaltensweisen als auch die im „Inneren" der Problemlösenden ablaufenden Denkprozesse bezeichnet, die von den Problemlösenden erlebt und mitgeteilt oder vom Forscher hypothetisch postuliert werden. Sowohl das → Lernen durch Versuch und Irrtum als auch das → Lernen durch Einsicht dürften beim P. eine wesentliche Rolle spielen.　　　R.Kl.

problems approach, social (engl.) → *social problems approach*

Problemverschiebung, progressive – degenerierende → Forschungsprogramm

Produktenrente, Form der Grundrente, in der ein Teil des vom Pächter erzeugten Produkts (z.B. Getreide) an den Grundherrn abgeführt wird. Gegenüber der → Arbeitsrente verfügt der unmittelbare Produzent selbst über seine Arbeitszeit.　　　H.W.

Produktion, anarchische → Warenproduktion, kapitalistische

Produktion, gesellschaftliche → Aneignung, private – Produktion, gesellschaftliche

Produktion, ideelle, in der marxistischen Diskussion die Herstellung von nicht-gegenständlichen Produkten durch Wissenschaftler und andere Kopfarbeiter im Rahmen der gesellschaftlichen Gesamtarbeit.　　　W.F.H.

Produktion, kapitalistische → Kapitalismus

Produktion, kulturelle, ist in der Fassung der britischen Kultur- und Jugendsoziologie (etwa P. Willis) ein Prozess der kollektiven Teilhabe an Diskursen, Bedeutungen, Materialien, Praxen und Gruppenprozessen, wodurch bestimmte Positionen, Verhältnisse und materielle Möglichkeiten erkundet, verstanden, modifiziert und kreativ besetzt werden. Die Trennung von Produktion und Konsumtion kultureller Güter soll mit diesem Begriff annulliert und die eigensinnige Aneignung und Produktion neuer Bedeutungen gegenüber einer bloß statistenhaften Rezeption betont werden.　　　K.K.

Produktion, schlanke → *lean production*

Produktion, straffe → *lean production*

Produktionsbedingungen, bezeichnen bei K. Marx die sachlichen Bedingungen des Produktivkraftsystems (→ Arbeitsmittel, → Arbeitsgegenstand).　　　R.Ka.

Produktionsbedingungen, allgemeine, bezeichnen in der marxistischen Theorie die Voraussetzungen der Produktion, die von den durch Konkurrenz zersplitterten Einzelkapitalen nicht erbracht werden (z.B. ein ausgebautes Verkehrsnetz; eine Grundqualifikation aller Arbeitskräfte, die ihre allgemeine Anwendbarkeit garantiert). Sie müssen vom Staat erbracht und durch Abzug aus der gesellschaftlichen → Revenue [4] bezahlt werden. → ideeller Gesamtkapitalist　　　W.F.H.

Produktionsfaktoren → Produktivkräfte; → Produktionsfaktorentheorie

Produktionsfaktorentheorie, hält für die Erstellung eines Produkts i.d.R. für notwendig, die drei „Faktoren" Arbeit (lebendiges oder aktives Produktionsmittel), Boden (natürliches Produktionsmittel) und Kapital (produziertes Produktionsmittel) zu kombinieren. Nach den im Einzelnen unterschiedlichen Theorien kann den „Faktoren" jeweils der relative Beitrag an der Erstellung des Produkts zugerechnet werden (Zurechnungstheorien), ohne damit notwendigerweise allen „Faktoren" eine wertbildende Potenz zuzuschreiben. Aus der (funktionellen) Zurechnungslehre ist (bei einigen Autoren) eine (personelle) Zuteilungslehre entstanden: Das, was den „Faktoren" zuzurechnen ist, sei den Besitzern der „Faktoren" auch tatsächlich zuzuteilen. Tatsächlich wird dann aber die Verteilung von Produktionsergebnissen bzw. Einkommen von Besitzverhältnissen abgeleitet.　　　D.K.

Produktionskonzepte, neue, seit Mitte der 1980er Jahre innerhalb der deutschen Industriesoziologie heftig diskutiertes Theorem einer modernen Variante kapitalistischer Rationalisierung, wonach bei betrieblichen technisch-organisatorischen Umstellungen zunehmend ein ganzheitlicher Arbeitszuschnitt mit qualifizierten Tätigkeiten (→ Reprofessionalisierung) zum arbeitspolitischen Ziel werde. Dieser Paradigmenwechsel bewirke eine Aufweichung bzw. Überwindung traditioneller fordistisch-tayloristischer Rationalisierungskonzepte. Ausgelöst wurde diese Debatte durch die Studie „Das Ende der Arbeitsteilung?" (1984) von H. Kern u. M. Schumann. Mit dem Theorem der n.n P. verbindet sich neben einer Einschätzung zukünftiger Strukturen industrieller Produktion der Versuch, diese Entwicklung an einen gesamtgesellschaftlichen Entwurf von Modernisierung zu knüpfen, in dem der Technik-Entwicklung eine Schlüsselstellung als Garant dieses Modells zukommt. Einwände gegen die These von den n.n P.n richten sich v.a. gegen die behauptete übersektorale Bedeutung, gegen die prognostizierte Ablösung tayloristischer Rationalisierungsstrategien und gegen den verengten Technikbegriff, der die neue Qualität von → Informationstechnologien unberücksichtigt lässt.　　　M.Sch.

Produktionsmittel, [1] in der Marx'schen Analyse des Arbeitsprozesses Bezeichnung für die Arbeitsmittel, mit denen der Mensch in der Arbeit einen Arbeitsgegenstand verändert zum Zwecke der Gebrauchswertherstellung, und für diesen Arbeitsgegenstand als Voraussetzung bzw. Rohstoff der Gebrauchswertherstellung. Kapitalistische Produktion als → Kapitalverwertung wird möglich durch die juristische und faktische Trennung des Arbeiters von den P.n.

[2] Allgemein Bezeichnung für die sachlichen Voraussetzungen und Bedingungen der Güterproduktion.　　　W.F.H.

P

Produktionspolitik, *politics in production.* Mit P. werden von dem amerikanischen Soziologen M. Burawoy Kämpfe um die Transformation oder Reproduktion von Kooperationsbeziehungen innerhalb des Produktionsprozesses bezeichnet. Ausgangspunkt ist das Problem der Verwandlung von Arbeitskraft in konkrete Arbeit. Unterschieden werden vier Grundformen von P.: a) Im Konkurrenzkapitalismus herrscht (ökonomischer) Zwang gegenüber Zustimmung, b) im Monopolkapitalismus infolge staatlich organisierter Minimalreproduktion der Arbeitskraft dominiert ein hegemoniales System, in dem Zustimmung gegenüber Zwang den Ausschlag gibt, c) im Staatssozialismus eine bürokratische Despotie, in der ebenfalls Zwang gegenüber Zustimmung überwiegt und d) kollektive Selbstverwaltung. M.Sch.

Produktionspreis, in der Kalkulation der Warenpreise besteht der P. aus den Produktionskosten einer Ware, wie sie sich dem einzelnen Kapitalisten darstellen (Auslagen an variablem und konstantem Kapital), zuzüglich eines bestimmten, an der Höhe des gesamten vorgeschossenen Kapitals ausgerichteten Profits (→ Durchschnittsprofitrate). R.Ka./D.K.

Produktionsprozess, unmittelbarer, bei K. Marx Bezeichnung für den Fertigungsprozess, in dem Produktionsmittel, Arbeitsgegenstände und lebendige Arbeit zur Herstellung von Produkten miteinander kombiniert werden. W.F.H.

Produktionssphäre, [1] der gesellschaftliche Bereich zur Herstellung von Gütern und Dienstleistungen.
[2] Im Kapitalismus ist die P. im Gegensatz zur → Zirkulationssphäre durch unmittelbare Herrschaft des Kapitals über die Arbeit im Betrieb und Kämpfe um die Bedingungen der Verausgabung von Arbeitskraft gekennzeichnet. R.Ka/H.W.

Produktionsteilung – Arbeitszerlegung. Nach K. Bücher ist P. eine spezifische Form der Arbeitsteilung, deren Charakteristikum die Zerlegung des Produktionsprozesses in mehrere selbstständige wirtschaftliche Abschnitte ist, sodass ein Produkt von der Rohstoffgewinnung bis zum Endprodukt verschiedene Betriebe durchlaufen muss (i.d.R. vertikale Arbeitsteilung). Erst die weitere Zerlegung eines jeweiligen wirtschaftlich und in betrieblich organisierter Form verselbstständigten Produktionsabschnittes in einfache, selbstständige Arbeitselemente wird von Bücher als A. bezeichnet. D.K./G.B.

Produktionsverhältnisse, gesellschaftliche Verhältnisse, die die Menschen in der Produktion eingehen und die „einer bestimmten Entwicklungsstufe ihrer materiellen Produktivkräfte entsprechen" (K. Marx). Der Zusammenhang der P. mit den → Produktivkräften wird als → Produktionsweise auf den Begriff gebracht. Die wichtigsten P. sind die Eigentumsverhältnisse an Sachen und Personen. Sie drücken die jeweilige vorherrschende gesellschaftliche Form der Vereinigung der lebendigen Arbeit mit den Produktionsmitteln aus, also die gesellschaftliche Verteilung der Produktionsmittel; unter diesem Aspekt sind sie → Verteilungsverhältnisse, die gleichzeitig die Verteilung des Resultats der gesellschaftlichen Produktion unter die Glieder der Gesellschaft bedingen. Aus diesem Zusammenhang ergeben sich die Klassenverhältnisse als weiteres Moment der P. R.Ka.

Produktionsvoraussetzungen, [1] allgemeine Bezeichnung für die sachlichen, personellen, organisatorischen und juristischen Voraussetzungen der Güterproduktion.
[2] In der marxistischen Diskussion meist als allgemeine P. Bezeichnung für Garantien und sachliche Bedingungen (Eigentumsgarantie, Infrastruktur, Marktbedingungen, politische Unterdrückung der Arbeiterklasse), die der bürgerliche Staat als Voraussetzungen für den Fortgang kapitalistischer Produktion stellt. → Produktionsbedingungen, allgemeine W.F.H.

Produktionsweise, die marxistische Theorie fasst die Produktionsverhältnisse und die Produktivkräfte einer jeweiligen Gesellschaft zusammen unter dem Begriff der P. Dieser drückt die dialektische Einheit der Beziehungen der Menschen zur Natur und untereinander in der materiellen Produktion aus. In der Geschichte tritt in bestimmten Momenten die Entwicklung der Produktivkräfte in Widerspruch zu den Produktionsverhältnissen (Eigentumsverhältnisse, Herrschafts- und Klassenstrukturen, Ideologien), sodass letztere aus „Entwicklungsformen der Produktivkräfte" in „Fesseln derselben" umschlagen (K. Marx). Dieser Widerspruch führt unter bestimmten historischen Bedingungen zur Revolutionierung der Produktionsverhältnisse und zur Errichtung einer neuen P. auf den Trümmern der alten. Der Begriff der P. ist der Ausgangspunkt für die marxistische Analyse der Geschichte, ihrer Einteilung in Epochen aufgrund der materiellen Entwicklung und der Eigentumsverhältnisse. Neben der kapitalistischen und der sozialistischen P. werden die P. der sog. Urgesellschaften (Horde, Stamm), die → asiatische P., die P. der Sklaverei und die feudale P. unterschieden. R.Ka.

Produktionsweise, asiatische, bezeichnet in der Marx'schen Theorie eine Gesellschaftsformation, die sich auf Organisationsformen kollektiver Arbeit und Gemeineigentum an Grund und Boden gründet. Die sich unter bestimmten Bedingungen entwickelnden Aufgaben der Bewässerung, Kanalisation, Verteidigung usw. werden durch eine Zentralgewalt (Aristokratie, Bürokratie) geleitet. Die Zentralgewalt konzentriert Teile des für die weitere Reproduktion notwendigen Produkts bei sich, um die nur durch zentrale Anordnung möglichen Arbeiten zu ermöglichen. Die Grenze zwischen diesem notwendigen Produkt und dem durch den Staat und seine Funktionsträger angeeigneten Mehrprodukt ist unsichtbar, und es bilden sich individuelle Aneignungsformen heraus. Innerhalb des Kollektivbesitzes besitzt der Einzelne Eigentum an den Produktionsmitteln. Aus diesen Eigentumsformen soll sich die der a.P. nachgesagte Stagnation erklären, die auf Veränderungen (Machtwechsel) im politischen Bereich beschränkt bleibt. Das Konzept hat der historischen Kritik nicht standgehalten, war aber einflussreich für die weitere Theoriebildung (insbes. → orientalische Despotie).   D.E.

Produktionsweise, gentile, ethnologischer, weitgehend an vorkapitalistischen Gesellschaften in Afrika entwickelter Begriff (C. Meillassoux, P.P. Rey, E. Terray), der ausgehend vom Marx'schen Begriff der Produktionsweise insb. die Bedeutung von Verwandtschaftsverhältnissen (Alte – Junge, Männer – Frauen) als Produktionsverhältnisse untersucht. Ein wichtiges Moment der Aneignung eines Mehrproduktes z.B. durch die Ältesten ist in der g.n P. die Kontrolle der Zirkulation der Frauen und der Männer, z.T. auch von Sklaven zwischen den Abstammungsgruppen. Umstritten ist u.a. die Frage, ob die g. P. Klassenverhältnisse hervorbringt.   H.W.

Produktionsweise, häusliche, *domestic mode of production*, von M. Sahlins (*Stone Age Economics* 1972) ausgearbeiteter Begriff für eine Produktionsweise in vornehmlich agrarischen Gesellschaften, bestehend aus gleichartigen, kleinen „häuslichen" Einheiten, die durch persönliche Solidarbeziehungen verbunden sind. Die Hauptmerkmale der h.P. sind: Einheiten gebildet durch die geschlechtliche Arbeitsteilung zwischen einem Mann und einer Frau, einfacher Werkzeuggebrauch, geregelter Zugang zu „eigenem" Land, Aneignung der Produkte durch den Haushalt, gemeinsamer Konsum der Haushaltsmitglieder, Begrenzung der Produktion und des Arbeitsaufwandes auf die Befriedigung eines begrenzten Kreises von Bedürfnissen. Nach Sahlins besitzen die auf der h.n P. beruhenden Gesellschaften keine immanente Wachstumsdynamik und schöpfen ihre „Spielräume" durch die Begrenzung der Produktion und der Bevölkerung nicht aus. H.P. bezieht sich mit anderen Akzenten auf ähnliche gesellschaftliche

Verhältnisse wie die → gentile Produktionsweise.   H.W.

Produktionsweise, koloniale, in Absetzung von Kennzeichnungen kolonialer Ökonomien als feudal, kapitalistisch oder als Koexistenz feudaler und kapitalistischer Produktionsweisen bezeichnet der Begriff (H. Alavi) die Einordnung der kolonialen Ökonomie in die der imperialistischen Zentren und akzentuiert ihre strukturelle Unabgeschlossenheit Die k.P. ist durch die Existenz eines bürgerlichen Staates, bürgerlichen Eigentums am Boden und durch eine verallgemeinerte Warenproduktion für die kapitalistischen Zentren gekennzeichnet, die sich einen großen Teil des → *surplus* aneignen und den Akkumulationsprozess beherrschen.   H.W.

Produktionsweise, postkoloniale, Begriff, der im Vergleich zur → kolonialen P. eine Milderung der internen Zerrissenheit durch zunehmende nationale Abstimmung und Ausrichtung der Produktionssektoren bezeichnet, neben die jedoch gleichzeitig eine stärkere Abhängigkeit vom Weltmarkt und den kapitalistischen Industriegesellschaften auf den Gebieten der Produktion von Produktionsmitteln, der Technologie, des Kredits u.a. tritt.   H.W.

Produktionszone, freie, *industrial free zone*, von Ländern der Dritten Welt für transnationale Konzerne bereitgestellte Standorte für Exportindustrien (Weltmarktfabriken), die den Industrien besondere Vergünstigungen einräumen: Befreiung von Importzöllen, Gewinn- oder Kapitalsteuern, Verzicht auf die Kontrolle des internationalen Zahlungsverkehrs, Garantie frei verfügbarer billiger Arbeitskräfte, Bereitstellung von Infrastruktur, Energie usw. Aufgrund des Enklavencharakters der f.n P. sind ihre Wirkungen auf die „Entwicklung" der nationalen Ökonomien i.d.R. gering.   H.W.

produktiv → Arbeit, produktive

Produktivitäts-Wachstums-Schere, seit Beginn der 1970er Jahre in der Bundesrepublik Deutschland beobachtetes, im Vergleich zum Wachstum des Produktionsausstoßes überproportionales Wachstum der Arbeitsproduktivität. Ausdruck der P.-W.-S. ist die zunehmende Massenarbeitslosigkeit.   H.W.

Produktivkraft Mensch. In der marxistischen Diskussion gilt der Mensch als wichtigste der → Produktivkräfte, weil er nicht nur Naturkraft ist, sondern zugleich Naturkräfte organisieren, in seinen Dienst nehmen und für die Produktion des Lebens verändern kann.   W.F.H.

Produktivkraft Wissenschaft, in der marxistischen Diskussion Bezeichnung dafür, dass Wissenschaft als akkumulierte und systematisierte Erkenntnisse der Menschen über Natur und Gesellschaft auf dem modernen Stand der Ent-

P

wicklung der Produktion zur unabdingbaren Voraussetzung und zum festen Bestandteil des Produktionsprozesses geworden ist. In der nicht- marxistischen Diskussion wird Wissenschaft (u.a. auch) als Produktionsfaktor diskutiert, von dessen Volumen und Qualität wirtschaftliches Wachstum und gesellschaftliche Entwicklung wesentlich abhängen. W.F.H./D.K.

Produktivkräfte, System der subjektiven und objektiven Momente des Produktionsprozesses: die menschliche Arbeitskraft (nach der Seite sowohl ihrer körperlichen als auch ihrer geistigen Betätigung; hierzu gehören auch Wissenschaft und Leitungstätigkeit, soweit diese für den Arbeitsprozess – im Gegensatz zum Verwertungsprozess – notwendig sind), die Arbeitsmittel (Werkzeuge, Maschinen; im weiteren Sinne sämtliche für die materielle Produktion notwendigen Momente der Infrastruktur, also Transportmittel, Nachrichtenverbindungen etc.) und die Arbeitsgegenstände (Naturschätze, Rohstoffe). Die wichtigste P. ist der Mensch, indem er sich nicht nur als „Naturkraft" (K. Marx) den anderen in das System der P. einbezogenen Naturkräften entgegenstellt, sondern die Arbeitsmittel erst schafft und den gesamten Produktionsprozess organisiert.

In der marxistischen Geschichtstheorie drückt das System der P. einer bestimmten Gesellschaft den Entwicklungsstand der materiellen Produktion nach der Seite der Auseinandersetzung des Menschen mit der Natur aus. Andererseits bewegen sich die P. immer in bestimmten gesellschaftlichen Formen, den Produktionsverhältnissen, die selbst wiederum bedingt sind durch den Stand der Naturbeherrschung. Die Entwicklung der P. ist die Grundlage des historischen Fortschritts und stellt in diesem das Moment der Kontinuität her R.Ka.

Produktlinienanalyse, PLA, ein vom Freiburger Öko-Institut entwickeltes Bewertungsverfahren von Produkten, das die gesellschaftlichen Vorbedingungen (Bedürfnis, Nutzen) und sozialen Auswirkungen (Arbeitsplatzsicherung, Dritte Welt, geschlechtsspezifische Arbeitsteilung etc.) in die Analyse einbezieht. Methodisch geht die P. von einer Produktlinienmatrix aus, in der die Produktentwicklung mit ökologischen, ökonomischen und sozialen Kriterien in Beziehung gesetzt wird. S.F.

Produkt-Moment-Korrelationskoeffizient → Pearson'scher Produkt-Moment-Koeffizient

Produktzyklus, Phasenmodell der Verlagerung der Produktion bestimmter Güter von den Industriezentren in die „Entwicklungsländer". Die 1. Phase der technologischen Innovation und Produktentwicklung und die 2. Phase der Standardisierung der Produktion im Rahmen indu-

strieller Massenfertigung verlaufen im Rahmen der Binnenmärkte der Industrieländer. In der 3. Phase drängen die Waren auf die Exportmärkte, die Produktion verlagert sich in Länder der Dritten Welt, die ihrerseits nun als Exporteure auftreten. Das Modell des P., das der Theorie der → komparativen Kosten folgt, ist empirisch umstritten. H.W.

profan → heilig – profan

Profession, [1] Beruf, Berufsgruppe, Gewerbe, Stand.
[2] Ein für die Gesellschaft relevanter Dienstleistungsberuf mit hohem Prestige und Einkommen, der hochgradig spezialisiertes und systematisiertes, nur im Laufe langer Ausbildung erwerbbares technisches und/oder institutionelles Wissen relativ autonom und kollektivitätsorientiert anwendet (z.B. Arzt, Richter). G.B.

professional (engl.), Inhaber einer professionalisierten Berufsposition. G.B.

Professionalisierung, *professionalization*, Spezialisierung und Verwissenschaftlichung von Berufspositionen aufgrund gestiegener Anforderungen an das für die Berufsausübung erforderliche Fachwissen, verbunden mit einer Höherqualifizierung der Berufsausbildung, der Einrichtung formalisierter Studiengänge, einer Kontrolle der Berufsqualifikation und des Berufszuganges durch Fachprüfungen, der Organisation der Berufsangehörigen in besonderen Berufsverbänden, der Kodifizierung berufsethischer Normen, der Zunahme universeller Leistungsorientierung und beruflicher Autonomie sowie einer Steigerung von Berufsprestige und -einkommen. G.B.

Professionalisierung, aktive, Bezeichnung aus den 1970er Jahren für den Versuch soziologischer Studiengänge (insb. in Bielefeld), das Fach als Beruf zu etablieren. Über Wissenschaft und Publizistik hinaus („Generalismus') sollten weitere Beschäftigungsfelder erschlossen werden („Spezialisierung'). Das Soziologiestudium wurde u.a. durch Schwerpunktsetzung so gestaltet, dass es auf bestimmte Tätigkeiten vorbereitet. R.L.

Professionalismus, eine die Bedeutung wissenschaftlicher Ausbildung, spezialisierten und systematisierten Wissens, individueller beruflicher Autonomie und universeller Leistungsorientierung betonende Berufsauffassung. G.B.

professionalization (engl.) → Professionalisierung

Profilanalyse, mathematisch-statistische Modelle zur metrischen Bestimmung der Ähnlichkeit oder Distanz zweier Einheiten aufgrundlage ihrer Merkmalsprofile. Größe und Richtung der Abweichungen bei einer gegebenen Anzahl von Merkmalen werden gemessen und in gewichteter Form in einer Maßzahl zusammengefasst. Die P. ist häufig Bestandteil einer → Klassifikationsanalyse.   H.W.

Profit, [1] in der unternehmensbezogenen Gewinn- und Verlustrechnung die Differenz zwischen sämtlichen Aufwendungen und Erträgen (Reingewinn oder Geschäftsgewinn oder Unternehmungsgewinn; bei betrieblicher Rechnung nur Betriebsgewinn), wobei z.B. Zinsen, Mieten, kalkulatorische Kosten oder Opportunitätskosten der eigenen Ressourcen und Unternehmerlohn als Kostenelemente gelten. Volkswirtschaftlich wird der P. in der Regel definiert als Einkommen der privaten Haushalte, aus Unternehmertätigkeit und Vermögen, wobei hier z.B. alle Einkommen aus Besitz (Miete, Zins) und selbständiger Unternehmertätigkeit (ohne unverteilte Gewinne) eingeschlossen sind. P.erklärungen sind u.a.: P. als Kapitalertrag, P. als Abzug vom Wertprodukt, P. als Aufschlag auf die Kosten, P. als Residualeinkommen.   D.K.
[2] In der klassischen politischen Ökonomie wird P. als produzierter Überschuss über das gesamte eingesetzte Kapital verstanden.
[3] Nach K. Marx ist P. [2] eine „transformierte Form des Mehrwerts, die bürgerliche Form, worin die Spuren seiner Entstehung ausgelöscht sind" (Marx 1863) (→ Profitrate). Der einem Unternehmen verbleibende „Gewinn" (→ P. [1]) ist nach der Marx'schen Theorie nur Teil des gesamten produzierten Mehrwerts, aus dem auch der Kapitalzins, die Grundrente, „Unternehmerlohn" oder Managementgehälter und die → *faux frais* gezahlt werden müssen.   H.W.

Profitquote → Lohnquote

Profitrate, im Unterschied zur → Mehrwertrate stellt die P. das Verhältnis von erzieltem → Mehrwert zum gesamten für Produktionsmittel (*c*) und Arbeitskraft (*v*) aufgewendeten Kapital dar

$$\left(P = \frac{m}{v + c} \right).$$

Die P.n der einzelnen Unternehmen gehen in die Ausgleichung zur → Durchschnittsprofitrate ein. In der P. erscheint das Verhältnis von Profit und Kapital als ein Verhältnis des Kapitals zu sich selbst. In dieser Form wird die Mehrwertproduktion zur „Selbstverwertung des Kapitals", zur „Verwertung des Werts" (→ Kapitalfetisch).   H.W.

Profitrate, tendenziell fallende → Gesetz des tendenziellen Falls der Profitrate

Prognose, *prediction*, auch: Voraussage oder Vorhersage, bezeichnet die Behauptung, dass unter bestimmten Bedingungen bestimmte Ereignisse in einem bestimmten Zeitraum eintre-

ten werden. Die Basis der P. kann unterschiedlicher Art sein. So finden sich Extrapolationen beobachteter Trends, wie auch P. in Form → deduktiv-nomologischer Erklärungen auf der Grundlage von Gesetzesaussagen. In der methodologischen Diskussion werden insbesondere die Beziehungen zwischen P., → Retrodiktion und → Erklärung eines Sachverhalts untersucht. In den Sozialwissenschaften ergeben sich besondere Probleme daraus, dass Menschen auf P. reagieren und sie damit u.U. ungültig werden lassen können. In anderen Fällen kann das Aufstellen der P. selbst Ursache für den Eintritt des vorausgesagten Ereignisses werden (→ *self-fulfilling prophecy*).   H.W.

Programm, [1] in einer Programmiersprache formulierte Anweisungen an einen Rechner, welche Operationen mit welchen Daten vorgenommen werden sollen, angeordnet in der Reihenfolge, in der sie abzuarbeiten sind.   H.D.R.
[2] P.e bieten Kriterien der Zuteilung von Kodewerten (→ Kode [1]) der jeweiligen Funktionssysteme. Sie ermöglichen gegenüber der harten Kodierung Lernfähigkeit des jeweiligen Funktionssystems, insofern diese änderbar sind. Allerdings werden auch diese P.e nur durch die jeweiligen Funktionssysteme gewählt.   M.G.

Programm, partnertaktisches, Bezeichnung für die Orientierung des Sprachverhaltens an einem bestimmten Kommunikationspartner. Sozialbeziehungen, Erwartungshaltung, Grad der Bekanntheit und des Vorwissens über den Partner sind hierfür wichtige Grundlagen.   F.K.S.

programme evaluation and review technique (engl.) → Methode des kritischen Pfades

Programmieren, [1] allgemein Bezeichnung für die Aufstellung eines Programms, d.h. die Planung einer Abfolge von Prozessen, die zu einem bestimmten Ziel führen sollen.
[2] In der Pädagogik bezeichnet man als (didaktisches) P. die Entwicklung von Lehrprogrammen für programmiertes Lernen bzw. programmierte Instruktionen.   R.Kl.

Programmieren, didaktisches → Programmieren [2]

Programmieren, dynamisches, auch: dynamische Optimierung, mathematische Modelle zur Lösung der Probleme → mehrstufiger Entscheidungen.   H.W.

Programmieren, lineares, auch: lineare Optimierung, mathematische Modelle zur Lösung von → Entscheidungsproblemen unter Gewissheit. Das Ziel des l.n P.s ist die Maximierung oder Minimierung einer Zielgröße Z. Z hängt dabei linear von einer Reihe anderer Größen oder Komponenten ab:

$$Z = a_0 + a_1 Y_1 + a_2 Y_2 + \cdots + a_n Y_n.$$

Diese Funktion wird Zielfunktion genannt. Die Komponenten sind i.d.R. nicht frei wählbar, sondern unterliegen einem System linearer Restriktionen:

$$a_{11}Y_1 + a_{12}Y_2 + \cdots + a_{1n}Y_n \geq a_{10}$$
$$a_{21}Y_1 + a_{22}Y_2 + \cdots + a_{2n}Y_n \geq a_{20}$$
$$a_{m1}Y_1 + a_{m2}Y_2 + \cdots + a_{mn}Y_n \geq a_{m0}$$

Zielfunktion und Restriktionen sind dem Handelnden bekannt. Das Entscheidungsproblem besteht in der Wahl eines Vektors Y, für den Z ein Maximum oder Minimum erreicht. Der bedeutsamste Algorithmus zur Lösung ist das Simplexverfahren von G.B. Dantzig. Das Anwendungsgebiet des l.n P.s hat sich über militärische, technische, wirtschaftliche Anwendungen fast unübersehbar ausgeweitet. Sind Zielfunktionen und Restriktionen nicht alle linear, dann kann das Entscheidungsproblem mithilfe von Modellen der nicht-linearen Programmierung angegangen werden. H.W.

Programmiersprachen, aus Symbolen, Befehlen und Regeln zur Bildung von Anweisungen bestehende formalisierte Sprachen zur Programmierung von Digitalrechnern. In den → Maschinensprachen werden die Anweisungen an den Rechner in detaillierter und unmittelbar lesbarer Form gegeben. Die problemorientierten P. sind dagegen in ihrer Struktur der mathematischen Formelsprache und der Umgangssprache angenähert und verkürzen den Zeitaufwand für die Programmierung. Sie lassen sich für fast alle Rechnertypen verwenden, benötigen aber einen Übersetzer (*compiler*) der ihre Makroanweisungen in Einzelschritte auflöst und in Maschinensprache übersetzt. H.D.R.

Programmierung, in der Kybernetik das Aufstellen einer Lösungsvorschrift für eine bestimmte Aufgabe. O.R.

Programmierung von Entscheidungen, die mehr oder weniger verbindliche Festlegung von Verfahren, nach denen in Organisationen oder politischen Systemen Entscheidungen getroffen werden. Es werden zwei Typen von P. v. E. unterschieden: Zweckprogrammierung und konditionale Programmierung (N. Luhmann 1968). Bei der Zweckprogrammierung werden die Entscheidungen an erstrebten Wirkungen orientiert, zu deren Erreichung unter den gegebenen Bedingungen günstige Mittel gewählt werden sollen. Bei der konditionalen Programmierung handelt es sich um sog. „Wenn-Dann"-Programme. Entscheidungen werden nach bestimmten Regeln erst dann getroffen, wenn ein bestimmter Sachverhalt eingetreten ist, so z.B. bei richterlichen Entscheidungen. H.W.

Programmierung, konditionale → Programmierung von Entscheidungen

Programmpakete für die qualitative Datenanalyse unterstützen die Organisation, Strukturierung sowie die Kodierung von Textmaterialien. Zu den verbreiteten Programmpaketen gehören: MAXqda, ATLAS.ti, Nvivo, Ethnograph. C.W.

Programmpakete für die statistische Datenanalyse unterstützen die Aufbereitung und Modifikation sowie eine Vielzahl von Verfahren zur Darstellung und Analyse standardisierter Daten. Zu den verbreiteten Programmpaketen gehören z.B. SPSS, SAS, S-Plus, Stata, Systat. Darüber hinaus gibt es eine große Zahl von Programmen, die spezielle statistische Verfahren oder Gruppen von Verfahren unterstützen. C.W.

Progress, [1] in der Logik das Fortschreiten von der Bedingung zum Bedingten.
[2] Synonym für → Fortschritt O.R.

Projektautorität, als Form der funktionalen Autorität die aus den Kompetenzen zur Durchführung eines besonderen Auftrags entstehende Autorität (H. Hartmann). W.F.H.

Projektion, die (fälschliche) Wahrnehmung eines negativen eigenen Merkmals, insbesondere eines verbotenen oder nicht zu befriedigenden eigenen Wunsches als Merkmal bzw. Wunsch anderer Personen oder der Umwelt. Es wird allgemein angenommen, dass P. bei Erwartungshaltungen (*sets*) und Einstellungen beteiligt ist. Bei sozialen Vorurteilen würde die Unterdrückung einer „inneren Wahrnehmung" etwa in der (unbewussten) Leugnung der eigenen negativen Merkmale (z.B. Geiz, Aggressivität) zum Ausdruck kommen; statt dessen würde die diskriminierte Fremdgruppe als geizig und aggressiv wahrgenommen werden. P. ist ein unbewusster → Abwehrmechanismus des Ich. → Test, projektiver U.E.

Projektionstheorie, Versuch innerhalb der Religionstheorie, Religion aus der Projizierung von Wunsch- oder Angstvorstellungen in eine transzendente Wirklichkeit zu erklären. Namhafte Vertreter der P. sind L.A. Feuerbach und S. Freud. V.Kr.

Projektwissenschaft, auch: Projekttechnologie, im Zusammenhang technologischer (militärischer oder ziviler) Großprojekte (Mondflug, Städtebau, Bewässerungen) bzw. gesellschaftlicher Großprojekte (Schulreform, Agrarreform, AIDS-Prävention u.a.) entstehende Planungswissenschaft. Wichtige Teilgebiete sind die Risiko- und Folgenabschätzung, die Analyse der Interdependenzen von Projekt und natürlichen, sozialen und kulturellen Umwelten sowie die Großprojektplanung und das Projektmanagement selbst. H.W.

Proletariat, [1] die Klasse, deren Mitglieder nur rechtlich frei sind, keinen Besitz an Produktionsmitteln haben und die, um ihr Leben fristen zu können, gezwungen sind, ihre Arbeitskraft als Ware zur Erstellung fremdbestimmter Leistungen anzubieten.
[2] Klasse der Industriearbeiter.
[3] → Arbeiterklasse.
[4] Bei C.-H. de Saint-Simon Bezeichnung für die Klasse der eigentumslosen Handarbeiter in Landwirtschaft, Handel und Gewerbe. In der Folge der Eigentumsumschichtung während der französischen Revolution habe sich die prinzipielle Befähigung der Angehörigen des P.s zur Wahrnehmung leitender Funktionen in Wirtschaft und Politik erwiesen.   F.H./O.R.
[5] In der Antike wird das P. von deklassierten Bürgern gebildet, die z.B. durch Verschuldung ihren Grundbesitz verloren hatten.   H.W.

Proletariat, deklassiertes, die gegenüber dem normalen Lebensniveau der Arbeiterklasse abgesunkene Schicht. Aufgrund geringer Qualifizierungschancen, Dequalifizierung, Verschuldung usw. kann sie in der Konkurrenz um den Verkauf der Arbeitskraft nicht mithalten, geht teilweise nur unregelmäßiger Arbeit nach und lebt von der Unterstützung der Sozial- und Fürsorgeinstitutionen (oft in eigens dafür eingerichteten „Asozialen"-Siedlungen). Ihre Reintegrationschancen sind gering: Aufgrund gruppenspezifischer Verhaltens- und Lebensmerkmale wird ihnen die Wiederaufnahme normaler Lebens- und Arbeitsbedingungen verwehrt, ihre Kinder werden überwiegend von vornherein in die Sonderschulen verwiesen.   W.F.H.

Proletarisierung, [1] zum Mitglied der Klasse der Proletarier werden, entweder als Einzelner oder als Schicht.
[2] Als Bestandteil der Verelendungstheorie bedeutet P. eine Gesetzmäßigkeit: Je länger sich der Kapitalismus entfaltet, umso mehr entwickelt sich die Sozialstruktur zu einem dichotomen Zweiklassen-Modell; dabei verringert sich der quantitative Umfang der Bourgeoisie, sodass in wachsendem Maße mehr Personen und Zwischenklassen, z.B. das Kleinbürgertum, ins Proletariat absteigen.   O.R.

Proletarität, von G. Briefs (1926) geprägter Begriff für die Konstellation der Lebensbedingungen des Proletariats (Zwang zum Verkauf der Arbeitskraft zur Sicherung des Lebensunterhalts, Risiko der Arbeitslosigkeit und der Verarmung, Weitergabe dieser Situation an die nächste Generation) als Typus einer kollektiven Lebenslage.   W.F.H.

Proletaroide, [1] Summe der Berufsgruppen, die aus den Mittelschichten abgestiegen sind, sich jedoch in der Selbsteinschätzung dem Mittelstande zugehörig fühlen.
[2] → Mittelstand, falscher   O.R.

Prominenz → Elite [4]

Promiskuität, Bezeichnung für sexuelle Beziehungen in einer Gruppe, die durch keine sozialen Regeln eingeschränkt sind, in der auch das Inzesttabu nicht gilt. P. galt bei vielen älteren Autoren (J.J. Bachofen, L.H. Morgan, F. Engels) als Vorstadium des Mutter- und Vaterrechts, der Gruppenehe und der Monogamie.   W.F.H.

Propaganda durch die Tat, ein im Anarchismus vertretenes Prinzip, das meint, dass Gewalttaten gegen gesellschaftliche Institutionen oder deren Vertreter durch ein einzelnes Individuum die Massen revolutionieren, indem sie sich mit Kenntnis der Gewalttaten der sozialen Misere bewusst werden und sich zugleich mit dem Täter solidarisieren.   O.R.

properties, emergent (engl.) → Aggregateigenschaften

property rights (engl.), häufig ungenau mit Eigentumsrechte übersetzt, sind (nach H. Demsetz) Rechte jedweder Art an knappen Ressourcen jedweder Art. *P.r.* gelten dann als effizient institutionalisiert, wenn die Folgen ihrer Verwendung eindeutig zugerechnet werden können und ihr Austausch allein nach der Regel der Erwartung einer Wertsteigerung (Nutzenerhöhung) bzw. Ersparnis an → Transaktionskosten erfolgt.   D.K.

property-space (engl.) → Eigenschaftsraum

Prophylaxe, ein aus dem Bereich der Medizin und der Psychologie in die Soziologie übernommener Begriff zur Kennzeichnung von sozialwissenschaftlich begründeten pädagogischen, organisatorischen, planerischen und politischen Maßnahmen zur Verhinderung der Entwicklung gesellschaftlich unerwünschter Persönlichkeitsstrukturen und Verhaltensmuster (→ Delinquenzprophylaxe). Obwohl – abstrakt betrachtet – weitgehend synonym mit dem Begriff der → Prävention, scheint die Einführung des Begriffs der P. sinnvoll, da die Bedeutung des Begriffs der Prävention heute sehr stark durch Theorien aus dem Bereich des Strafrechts und der Strafverfolgung vorgeprägt ist.   M.B.

Proportionalverstärkung → Verstärkungspläne

Proposition, svw. → Hypothese

Proprium (lat.), das Eigene, bei G.W. Allport (1949) Bezeichnung für das Ich oder das „Selbst als Objekt des Wissens und Fühlens". Es umfasst u.a. die Erfahrung des eigenen Körpers (Körpersinn) und der Selbstidentität, die Selbstachtung und das Selbstbild.   R.Kl.

prosozial, seit den 1970er Jahren Bezeichnung für altruistisches Verhalten bzw. allgemeiner für ein Verhalten, das anderen eine Hilfe, eine Unterstützung, eine Wohltat zukommen lässt, ohne dass der Geber dazu durch berufliche Aufgabe oder dienstliche Zuständigkeit verpflichtet wäre. Viele Forschungen über p.es Verhalten sind motiviert durch Nachrichten, dass sich (vor allem in den Großstädten) die Menschen nicht mehr darauf verlassen können, dass ihnen von anderen geholfen wird, wenn sie bedroht oder Opfer von Verbrechern werden.   W.F.H.

Prospektive → Außenschau

Protest, politischer, heißt eine Aktion von Beherrschten, mit der die Herrschenden zu einer Änderung der Politik oder politischer Entscheidungen veranlasst werden sollen. Der p.e P. gilt in demokratischen Systemen als Form von → Partizipation.   O.R.

Protestantismus-These, zusammenfassende Bezeichnung für die Hypothesen von M. Weber über den Zusammenhang von religiösen Vorstellungen und ökonomischem Verhalten; insbesondere die These, dass puritanische Ideen (→ Ethik, protestantische) die Entwicklung des modernen Kapitalismus beeinflusst hätten. Die Kontroversen um die P.-T. dauern an.   R.L.

Protoindustrialisierung, „Industrialisierung vor der Industrialisierung", von F.F. Mendels, C. und R. Tilly geprägter Begriff für die im Übergang vom Feudalismus zum Kapitalismus in verschiedenen Teilen Europas zu beobachtende Entstehung von ländlichen Zonen, in denen „ein großer Teil der Bevölkerung ganz oder in beträchtlichem Maße von gewerblicher Massenproduktion für überregionale und internationale Märkte lebte". Diese hausindustrielle Warenproduktion basiert auf einer verdichteten, zugleich differenzierten und polarisierten ländlichen Bevölkerung und dem Vordringen des Handelskapitals von der Stadt aufs Land. Die P. beruht auf handwerklicher Basis und darf nicht mit Frühindustrialisierung gleichgesetzt werden. Nur in bestimmten Zonen vollzieht sich ein direkter Übergang der P. zur Industrialisierung.   H.W.

Protokollsätze, Aussagen, die die „unmittelbaren Erlebnisinhalte oder Phänomene, also die einfachsten erkennbaren Sachverhalte" (R. Carnap) beinhalten. Die P. sollen die empirische Basis der Wissenschaften bilden. Diese Rolle der P. ist umstritten. An ihre Stelle sollen nach K.R. Popper die → Basissätze treten.   H.W.

Protosoziologie ist eine Grundlagenforschung, die versucht, die methodologischen Voraussetzungen von sozialwissenschaftlicher Forschung und Theoriebildung zu klären. Bevor man z.B. über die Gültigkeit (→ Validität) eines bestimmten Erhebungsinstruments (einer Frage, eines → *item* in einem Fragebogen) urteilen kann, muss geklärt sein, wie sich der Prozess des Sinnverstehens allgemein gestaltet. Die phänomenologi-

sche Analyse der universalen Strukturen des Alltagshandelns, wie sie von A. Schütz vorgelegt worden ist, wird vielfach als P. bezeichnet.   M.M.

Proudhonismus, umfasst die von P.-J. Proudhon (1809–1865) entwickelten Theorien, vornehmlich die des → Mutualismus, und deren Ausarbeitung durch die Proudhonisten. Da sich der P. als sozialistische Theorie scharf vom Kommunismus absetzte, wurde er in der zweiten Hälfte des 19. Jahrhunderts politisch fälschlich als Anarchismus verstanden.   O.R.

provinces of meaning, finite (engl.) → Sinnbereiche, abgeschlossene

Provinz, geographische, ein von A. Bastian (1860) eingeführter ethnologischer Begriff für den raumzeitlichen Bereich, in dem einfache und komplexe soziale Systeme sich entwickeln. Da nach Bastian Entwicklungsprozesse sozialer Systeme in den Grundzügen gleichartig verlaufen, sind die feststellbaren Variationen von der g.n P. abhängig. Der Begriff g. P. ist heute ungebräuchlich und weitgehend durch den Begriff Kulturkreis ersetzt.   O.R.

Provokateure, moralische, *moral provocateurs,* bezeichnet Menschen, die absichtlich und demonstrativ die allgemein für gültig gehaltenen moralischen Einstellungen brechen, z.B. im Bereich von Nacktheit (Douglas 1970).   W.F.H.

Proxy-Variable, Begriff für Variablen, die als Indikatoren für andere Variablen interpretiert werden. Hiernach können z.B. die P.-V. Alter, Geschlecht und Einkommen Hinweise auf Rollenmuster, Lebensziele und politische Einstellungen der Untersuchten liefern. Die Verwendung von P.-V. ist problematisch, weil es der Interpretation der Forscher überlassen ist, wie sie gedeutet werden, d.h. für welche nicht direkt gemessenen Variablen sie stehen.   D.Kl.

prozedural, in einem allgemeinen Sinne, verfahrensmäßig. Der Begriff lenkt den Blick von der Struktur auf den Prozess hin, vom Statischen auf das Dynamische, vom Ergebnis eines sozialen Vorgangs auf den Verlauf des Vorgangs sowie auf die Herstellung des Produkts. Produralisierung des Rechts beispielsweise meint, dass mit einer Rechtsnorm nicht mehr der erwünschte Zustand geregelt wird, sondern dass statt dessen ein Verfahren eingerichtet wird, mit dem die Konfliktparteien eine ihnen gemäße Problemlösung finden können (wie etwa in den Vorschriften über die Mitbestimmung).   R.L.

Prozentrang, Perzentilenrang → Partil

Prozess, [1] die Aufeinanderfolge verschiedener Zustände eines Objekts in der Zeit. Ist jeder spezifische Zustand eindeutig und ausschließlich von dem ihm zeitlich vorausgehenden Zustand bewirkt, so spricht man von einem determinier-

ten P.; folgt jedoch der spezifische Zustand nur mit einer gewissen Wahrscheinlichkeit aus dem vorausgehenden Zustand, so spricht man von einem → stochastischen P. Im Allgemeinen wird der determinierte P. als Grenzfall des stochastischen P.es angesehen.
[2] Gerichtetes, gesetzmäßig ablaufendes, stetiges Geschehen, das Zustandsänderungen bewirkt.
[3] Im weiteren Sinne Bezeichnung für jeden Ablauf, z.B. einer Interaktion.
[4] Synonym für Verfahren, so bes. das gerichtliche.   O.R.

Prozess, determinierter → Prozess [1]

Prozess, konjunkturaler, *conjunctural process,* in der historischen Soziologie Bezeichnung für einen sozialen Prozess, der aus der Konjunktion bzw. Kumulation von Ereignissen besteht und keine eigene Dynamik entwickelt.   R.S.

Prozess, primärer → Primärprozess

Prozess, sekundärer → Sekundärprozess

Prozess, stochastischer, Modell in der Statistik, mit dem Zufallsvorgänge, die von der Zeit abhängen, beschrieben werden. Die ersten Modelle dieser Art wurden aus naturwissenschaftlichen Fragestellungen entwickelt (Brownsche Molekularbewegung). Eine mathematische Theorie s. P. wurde 1931 von A.N. Kolmogoroff entwickelt. Mit ihr lässt sich ein s. P. als eine Familie von Zufallsvariablen, die von einem Parameter *t* abhängen, der eine gewisse Menge von reellen Zahlen durchläuft, exakt definieren. Die Theorie der s. P. ist auf viele sozialwissenschaftliche Fragestellungen, wie Mobilität, Lernprozesse, Informationsverbreitung und Einstellungsänderungen, angewandt worden. Die bisher in der Soziologie am häufigsten betrachteten s. P. sind die → Markov-Prozesse.   M.K.

Prozessanalyse sozialer Beziehungen → Interaktionsanalyse

Prozesse erster Ordnung → Prozesse, einfache – verwickelte

Prozesse zweiter Ordnung → Prozesse, einfache – verwickelte

Prozesse, eigendynamische, allgemeine Bezeichnung für soziale Prozesse (meist im Sinne der → historischen Soziologie), die in ihrem Verlauf und in der Abfolge ihrer Teilschritte und Ereignisse eine eigene Dynamik, eine gerichtete Entwicklung ausbilden, die künftige Schritte und Ereignisse mehr oder weniger festlegt, und somit eine eigene „Kausalität" aufweisen. → Eigendynamik   W.F.H.

Prozesse, einfache – verwickelte, auch: Prozesse erster Ordnung – zweiter Ordnung, Unterscheidung bei L. von Wiese (1966): V.P. können nur in Rücksicht auf die → sozialen Gebilde analysiert werden, in denen sie sich abspielen; e.P.

hingegen können unabhängig von ihnen untersucht werden, auch weil sie z.T. außerhalb und vor der Bildung von sozialen Gebilden stattfinden (also insbesondere der „zwischenmenschliche Verkehr").   W.F.H.

Prozesse, quasistationäre, gleichablaufende oder im äußeren Rahmen oder Erscheinungsbild stabil erscheinende Prozesse, z.B. das Einhalten von Gewohnheiten oder eine gleichbleibende Sparneigung bei einer Bevölkerung über einen längeren Zeitraum hinweg. Von W. Köhler und K. Lewin in die Feldpsychologie (→ Vektorpsychologie) eingeführt. → Feldtheorie   H.E.M.

Prozesse, reflexive → Mechanismus, reflexiver

Prozesse, verwickelte → Prozesse, einfache – verwickelte

Prozessierung, institutionelle, bezeichnet in der → Biografieforschung eine nicht-autonome Lebensführung, die von einer (Sozialisations-)Institution gelenkt wird, z.B. von einem Kinderheim, einer psychiatrischen Anstalt.   W.F.H.

Prozessmodelle, *trajectories,* allgemeine Bezeichnung für soziologische (Erklärungs-)Modelle, die die Ablaufgestalt sozialer Prozesse und deren aufeinanderfolgende Sequenzen und auseinander hervorgehende Ereignisse zentral setzen; vor allem in der → historischen Soziologie, der Untersuchung des → sozialen Wandels und in der → Biografieforschung (→ Trajekt).   W.F.H.

prozess-produziert, Bezeichnung für diejenigen Daten, die als Aufzeichnungen innerhalb öffentlicher oder privater Organisationen im Verlauf von deren Aktivität entstehen. Die p.-p.en Daten entstammen der Buchführung der Verwaltung, werden also nicht eigens für die wissenschaftliche Auswertung geschaffen; sie haben daher bei der Datenanalyse besondere Vorteile und Probleme.   R.L.

Prozesssoziologie, Bezeichnung für die an N. Elias orientierte Theorierichtung, welche den Verlaufscharakter sozialer Beziehungen und Gebilde in den Vordergrund stellt („Über den Prozess der Zivilisation", 1939). Die P. stellte sich gegen eine Sichtweise, welche die Struktur von Gesellschaft, Handeln und Institutionen untersucht. Elias betonte, der Mensch sei „ständig in Bewegung; er durchläuft nicht nur einen Prozess, er *ist* ein Prozess. Er entwickelt sich" (1970).   R.L.

Prozessstrukturen des Lebensablaufs, nämlich → Verlaufskurve, → biografische Handlungsschemata, → institutionalisierte Ablaufmuster und → Wandlungsprozesse, vier von F. Schütze identifizierte Entwicklungsformen und Entwicklungsmodi, die Biografien zeitlich begrenzt oder über den gesamten Verlauf hinweg aufweisen können. Sie unterscheiden sich nach Heteronomitäts- bzw. Autonomitätsanteilen, also danach,

P

ob Erleiden oder intentionales Handeln im Vordergrund der biografischen Entwicklung stehen, und nach dem Grad der Orientierung an normativen Ablaufmustern.   I.K.

Prüfverfahren, statistische, statistische Tests, → Testtheorie, statistische

Pseudo-Gruppeneffekte → Gruppeneffekte

Pseudonymisierung → Anonymisierung

Psychiatrie, der Zweig der Medizin, der sich mit den Ursachen, Verlaufsformen und Arten sowie mit der Diagnose und Behandlung der Geisteskrankheiten befasst. Die traditionelle P. ist – besonders in Deutschland – überwiegend somatisch orientiert, d.h. sie führt Geisteskrankheiten in erster Linie auf organische Störungen zurück und wendet entsprechende Behandlungsmethoden an (z.B. Psychopharmaka). Die moderne P. wendet ihre Aufmerksamkeit zunehmend den sozialen Bedingungen für die Entstehung und Heilung von Geisteskrankheiten zu (→ Sozialpsychiatrie).   R.Kl.

Psychoanalyse, nach der Definition ihres Begründers S. Freud Bezeichnung für [1] ein Verfahren zur Untersuchung seelischer Vorgänge, das vor allem darauf abzielt, die unbewusste Bedeutung von Worten, Handlungen und Vorstellungen (z.B. Träumen, Phantasien) herauszufinden. Dabei knüpft die P. vorab an die vom Patienten in „freier Assoziation" produzierten Einfälle zum Untersuchungskomplex an; jedoch können auch andere Äußerungen hinsichtlich ihrer unbewussten Bedeutung untersucht werden.

[2] Eine auf dieser Untersuchungstechnik basierende Methode der Therapie psychischer Störungen; diese Therapie bedient sich des Mittels der kontrollierten, im Gespräch mit dem Patienten erfolgenden Deutung der geheimen Wünsche, Widerstände und → Übertragungen des Patienten.

[3] Die Gesamtheit der Theorien, die die durch [1] und [2] gewonnenen Erkenntnisse zusammenfassen und systematisieren. Kern dieses theoretischen Systems ist die Lehre von der stufenförmigen Entwicklung der Libido (→ Libidostufen) sowie die Theorie des psychischen Apparats, die von der Annahme dreier interagierender, häufig konfligierender psychischer „Instanzen": des → Es, des → Ich und des → Über-Ich, ausgeht. Diese Ansätze in den theoretischen Arbeiten Freuds haben vor allem nach dem zweiten Weltkrieg zu einer intensiven Rezeption der P. durch die Soziologie geführt, darunter die strukturell-funktionale Handlungstheorie (T. Parsons), die soziologischen Theorien der → Sozialisation und der → sozialkulturellen Persönlichkeit sowie in der → Kritischen

Theorie der Frankfurter Schule der Soziologie, in der eine Synthese psychoanalytischer und marxistischer Gedankengänge versucht wurde (v.a. E. Fromm, auch H. Marcuse). Eine Weiterentwicklung in dieser Richtung ist der Ansatz von A. Lorenzer (→ Interaktionsformen).   W.K./R.Kl.

Psychoanalyse, strukturale, von J. Lacan im Rückgriff auf den linguistischen Strukturalismus und in Analogie zur strukturalen Anthropologie von C. Lévi-Strauss gegründete Schule der P., die von der zentralen These ausgeht, das Unbewusste sei strukturiert wie eine Sprache. Die drei Register des → Symbolischen, → Realen und → Imaginären bilden zusammen das grundlegende Klassifikationssystem der s. P. Die s. P. wurde u.a. von S. Zizek und E. Laclau zu einer lacanianischen Gesellschaftstheorie ausgebaut.   O.M.

Psychobiografie → Psychohistorie

Psychodrama, von J.L. Moreno im Anschluss an die Tradition des Stegreiftheaters entwickelte Methode der Psychotherapie, bei der es im Wesentlichen darauf ankommt, dass der Patient Gelegenheit erhält, sich selbst in seinen verschiedenen Rollen zu erleben, sei es, indem er sein Verhalten gegenüber seinen verschiedenen Rollenpartnern selbst darstellt, wobei die Rollenpartner ebenfalls von ihm selbst dargestellt oder von anderen gespielt werden („Rollenspiel") oder auch nur symbolisch (z.B. als „leerer Stuhl") anwesend sein können, sei es, indem ihm sein eigenes Verhalten von einer anderen Person („Hilfs-Ich") vorgeführt wird („Spiegelmethode"). Das Ziel ist – ähnlich wie in der frühen Psychoanalyse – die „Katharsis", d.h. die Heilung durch eine mehr oder weniger schockartige Erkenntnis der eigenen Lebensrealität und der in ihr bis dahin verborgenen Konfliktursachen. Das P. kann auch zu rein diagnostischen Zwecken benutzt werden.   R.Kl.

Psychodynamik, allgemeine Bezeichnung für eine Betrachtung psychischer Phänomene unter besonderer Berücksichtigung ihres Prozesscharakters und ihre Erklärung mithilfe von Annahmen über das Wirken dynamischer „Kräfte", wie Trieb, Instinkt, Bedürfnis, Libido usw. R.Kl.

psychogen, auf psychische (und nicht auf biologisch-organische oder soziale) Ursachen zurückgehend.   R.Kl.

Psychohistorie, *psychohistory,* auch: Psycho-Historie, Arbeitsrichtung im Überschneidungsbereich von Psychoanalyse und Geschichte, initiiert durch Arbeiten von E.H. Erikson (1959, 1975). Hauptfragen der P. (in diesem Sinne auch: Psychobiografie) sind: Wie kommt es zur Zusammenstimmung der psychosozialen Entwicklung eines Protagonisten (etwa von Luther oder

Gandhi) mit der geschichtlichen Entwicklung eines Volkes, einer Gemeinschaft u.a., sodass daraus geschichtliches Handeln entsteht (bearbeitet meist anhand von Autobiografien oder Memoiren)? Wie kommt die entsprechende Übereinstimmung bei seinen Anhängern zustande? Allgemeiner: Wie passen zeitgeschichtliche Rahmenbedingungen (z.B. „kollektive Lebenspläne") und die Entwicklung von Ich-Identität zusammen? Oft werden zur P. auch Arbeiten gerechnet, die mit Hilfe psychoanalytischer Verständnisformen die Geschichte der Kindheit aufschließen sowie Kollektivfantasien deuten wollen (L. de Mause vor allem).   **W.F.H.**

psychohistory (engl.) → Psychohistorie

Psychohygiene, *mental hygiene,* „seelischer Gesundheitsschutz", die wissenschaftliche Untersuchung und planmäßige Schaffung der sozialen (z.B. familiären) und sonstigen Bedingungen, durch welche psychischen Erkrankungen vorgebeugt, die Gesundung psychisch Erkrankter gefördert und zur (beruflichen usw.) Wiedereingliederung ehemals psychisch Kranker beigetragen wird. Die P. ist ein Hauptanwendungsgebiet der → Sozialpsychiatrie.   **R.Kl.**

Psycholinguistik → Sprachpsychologie

Psychologie der Dinge, von C.F. Graumann (1974) vorgeschlagenes Arbeitsfeld der Psychologie, das sich mit dem dingbezogenen Handeln und der Bestimmtheit des Alltagslebens durch Artefakte befassen soll.   **W.F.H.**

Psychologie, die Wissenschaft, die die Gesetzmäßigkeiten untersucht, denen das Verhalten, die Veränderung von Verhaltensweisen sowie das Erleben (Wahrnehmen, Vorstellen, Denken, Fühlen usw.) lebender Organismen (Tiere und Menschen) unter dem Einfluss der auf sie einwirkenden Umweltreize unterliegt. Die moderne P. gliedert sich in zahlreiche Spezialgebiete, deren Abgrenzung voneinander sich u.a. auf die grundlegenden theoretischen Annahmen (z.B. → Assoziationsp., → Apperzeptionsp., → Gestaltp.), die untersuchten individuellen Zustände und Zustandsabfolgen (z.B. → Psychopathologie, → Entwicklungsp.), Anlagen, Fähigkeiten und Leistungen (z.B. Denkp., Wahrnehmungsp., Intelligenzp.), Personengruppen (z.B. Kinderp.), Anwendungsgebiete (z.B. Arbeitsp., Werbep., → Psychotherapie, → Religionsp.) usw. bezieht. Die Grenzen zwischen der P., deren Aussagen sich primär auf den einzelnen Organismus oder das Individuum als Analyseeinheit beziehen, und den Sozialwissenschaften, die die Gesetzmäßigkeiten des gesellschaftlichen Zusammenlebens untersuchen, sind fließend; zwischen beiden Forschungsbereichen steht die → Sozialp.   **R.Kl.**

Psychologie, analytische, auch: Komplexpsychologie, Bezeichnung für C.G. Jungs tiefenpsychologische Lehre im Unterschied zu S. Freuds → Psychoanalyse.   **R.Kl.**

Psychologie, differenzielle, Bezeichnung für den Zweig der Psychologie, der sich mit der Erforschung der Unterschiede (Differenzen) zwischen den Individuen, also den verschiedenen individuellen → Persönlichkeitseigenschaften und den für ihre Entstehung verantwortlichen Ursachen befasst.   **R.Kl.**

Psychologie, experimentelle, Bezeichnung für jede psychologische Forschung, die sich experimenteller Methoden zur Überprüfung ihrer Hypothesen bedient, gleichviel, von welchen theoretischen Grundannahmen und methodologischen Prinzipien sie sich im Übrigen leiten lässt. → Experiment   **R.Kl.**

Psychologie, klinische, Bezeichnung für den Zweig der Psychologie, der sich – unter Verwendung der verschiedenen psychologischen Testmethoden – mit der Diagnose und Behandlung individueller psychischer Störungen befasst.   **R.Kl.**

Psychologie, pädagogische, Erziehungspsychologie, *educational psychology,* Teildisziplin der angewandten Psychologie, die die psychischen Faktoren und Voraussetzungen der Unterrichts- und Erziehungsprozesse in Familie und Schule erforscht. Ihre Ergebnisse setzt sie in Unterrichtsplanung und Erziehungsstrategien um. Die Ansätze der p.n P. überschneiden sich zum Teil mit denen der Sozialisationsforschung, der Lernpsychologie und der Unterrichtsforschung.   **E.D.**

Psychologie, physiologische → Psychophysiologie

Psychologie, politische, [1] Studien zur Entstehung, Dauerhaftigkeit und Wirkung von Haltungen und Einstellungen, die zur Erklärung des Verhaltens herausragender Personen oder der Massen der Bevölkerung im politischen Bereich beitragen.   **W.F.H.**
[2] Auch: kritische p. P., hat zum Gegenstand das gesellschaftliche Schicksal individueller Sinnlichkeit. Nur dieser Gegenstand sei antagonistisch fassbar und zugleich jeweils kritisierbar , nämlich als Antagonismus zwischen den Sozialstrukturen und der zwar gesellschaftlich vermittelten, jedoch zu relativer Selbstständigkeit gelangenden Ebene des Psychischen.   **G.K.**

Psychologie, topologische → Vektorpsychologie

Psycho-Logik, nach R.P. Abelson u. M.J. Rosenberg (1958) das System von Regeln, durch die Personen geleitet werden, wenn sie aus den in ihrem Bewusstsein vorhandenen kognitiven Elementen denkend Schlussfolgerungen ziehen. Diese Regeln beschreiben ein Denken, welches in erster Linie danach strebt, → affektiv-kognitive Konsistenz im Bereich der eigenen Einstellungen zu erhalten oder zu erreichen, nicht aber

P

ein Denken, welches bewusst an dem Ziel orientiert ist, Irrtümer zu vermeiden und zu „wahren" Schlussfolgerungen zu gelangen. Deshalb sind die Ergebnisse eines Denkens, welches den Regeln der P.-L. folgt, nicht notwendig identisch mit den Ergebnissen logischen Denkens im Sinne der Regeln der formalen Logik. So ergibt sich nach Abelson u. Rosenberg aus den beiden Sätzen „A liebt B" und „B liebt C nicht" die logisch offenbar unzulässige psychologische Folgerung „Also liebt A C auch nicht".   R.Kl.

Psychologismus, Bezeichnung für die unangemessene Ausweitung des Anwendungsbereichs psychologischer Theorien und psychologischer Gesichtspunkte auf Sachverhalte und Problemstellungen, für deren Behandlung andere, nicht-psychologische (z.B. philosophische, soziologische) Denkansätze erforderlich sind, bei gleichzeitiger Vernachlässigung oder gar Zurückweisung dieser nicht-psychologischen Gesichtspunkte. Manche Soziologen wenden diesen abwertenden Begriff in erster Linie auf das von ihnen abgelehnte Forschungsprogramm der → Verhaltenssoziologie an. In der Philosophie gilt z.B. die ausschließlich psychologische Behandlung des Problems der Geltung ethischer Normen oder wissenschaftlicher Theorien als P. (→ Soziologismus).   R.Kl.

Psychometrie, der Zweig der Psychologie, der sich mit der Entwicklung und Anwendung statistischer und anderer mathematischer Verfahren in der Psychologie (speziell der Testpsychologie) befasst.   H.W.K.

Psychoneurose → Neurose

Psychopathie, auch: Soziopathie, eine spezifische Persönlichkeits- und Verhaltensstörung: Der Psychopath ist impulsiv, willensschwach, egoistisch, verantwortungslos und unfähig zu Einfühlung, Sympathieempfindung und Mitgefühl; sein Verhalten erscheint häufig als ausgesprochen gemütlos, amoralisch und asozial oder gar antisozial. Im Gegensatz zum Neurotiker ist der Psychopath nicht in der Lage, Schuld oder Reue wegen seiner abweichenden und aggressiven Verhaltensweisen zu empfinden. P. wird häufig auf Mängel der → Sozialisation und eine daraus resultierende allgemeine Unfähigkeit zur → Einfühlung zurückgeführt; jedoch gibt es auch Versuche, P. als Folge einer ererbten oder erworbenen Störung der Hirntätigkeit zu erklären.   R.Kl.

Psychopathologie, die Lehre von den Ursachen, Formen und Symptomen der psychischen Störungen oder Erkrankungen.   R.Kl.

Psychophysik, Gebiet der Psychologie, dessen Gegenstand die Beziehungen zwischen der Intensität physischer Reize (Ton, Druck etc.) und der Intensität der Empfindung sind. Zu den Er-

gebnissen der P. gehören das Webersche und das Fechnersche Gesetz, die auf Bemühungen, Schwellenwerte in der Unterscheidung von Reizintensitäten zu bestimmen, zurückgehen.   H.W.

Psychophysiologie, physiologische Psychologie, die Untersuchung des Zusammenhanges von physiologischen, d.h. organischen, somatischen oder körperlichen Prozessen (insbesondere der Funktionsweise des Nervensystems und der Sinnesorgane) und psychischen (seelischen) Prozessen des Erlebens und Bewusstseins.   R.Kl.

Psychose, Bezeichnung für eine Klasse relativ schwerer Störungen der geistigen und psychischen Funktionen, durch die das Individuum weitgehend den Kontakt zur Realität verliert. Wichtige psychotische Symptome sind Störungen des Denkvermögens, die sich in Wahnvorstellungen (Verfolgungswahn, Größenwahn) äußern, und Wahrnehmungsstörungen, die sich in Halluzinationen (Hören von „Stimmen") manifestieren, sowie phobische Zwänge (fixe Ideen, unkontrollierbare Ängste, Zwangshandlungen), depressive Verstimmungen und abnorme, bisweilen aggressive Erregungszustände. Die Klassifikation der psychotischen Syndrome sowie ihre Abgrenzung von anderen psychischen Erkrankungen in der psychiatrischen Literatur ist uneinheitlich. → Paranoia und → Schizophrenie sind die am häufigsten genannten P.formen.
     R.Kl.

psychosomatisch, [1] Bezeichnung für eine Reihe von organischen Erkrankungen (p. Krankheiten, wie z.B. Asthma, Magengeschwüre), deren Auftreten oder Verschlimmerung als Folge einer emotionalen Störung, insbesondere als Reaktion auf eine Stress-Situation angesehen werden muss.
[2] Bezeichnung für eine ganzheitliche medizinische Theorie (p. Medizin), die – von der Annahme der Interdependenz leiblicher und seelischer Vorgänge ausgehend – die Auffassung vertritt, dass bei der Entstehung wie bei der Heilung physischer Erkrankungen die psycho-sozialen Beziehungen des Individuums zu seiner Umwelt, insbesondere ungelöste, verdrängte innere Konflikte des Individuums sowie seine allgemeine soziale Lebenssituation (z.B. berufliche Unsicherheit) eine entscheidende oder sogar die allein ausschlaggebende Rolle spielen.   R.Kl.

psycho-sozial, Bezeichnung für Phänomene, die gleichzeitig psychischer und sozialer Natur sind bzw. die durch die Interdependenz psychischer und sozialer Prozesse gekennzeichnet sind.
     R.Kl.

Psychosoziologie, Bezeichnung für eine soziologische Auffassung, der zufolge das soziale Dasein des Menschen im wesentlichen psychischer

Natur und das äußerlich beobachtbare Verhalten nur Ausdruck und Niederschlag seelischer Vorgänge ist, sodass Erlebnisqualitäten zum eigentlichen Gegenstand und die → Introspektion bzw. das → Verstehen zur hauptsächlichen Methode der Soziologie werden. T. Geiger (1962), der diesen Begriff benutzt, nennt als Beispiel für einen psychosoziologischen Standpunkt den Ansatz A. Vierkandts. R.Kl.

Psychotechnik, [1] ältere Bezeichnung für die angewandte Psychologie, vor allem die zum rationellen Einsatz der Arbeitskräfte in der Industrie angewandte.
[2] Allgemeine Bezeichnung für Herrschaftsmethoden, die sich psychologischer Erkenntnisse bedienen. W.F.H.

Psychotherapie, Bezeichnung für verschiedene psychologisch begründete Verfahren zur Behebung psychischer und psychisch bedingter Störungen. Die Verwendung psychologisch begründeter Behandlungsmethoden unterscheidet die P. von medizinischen Verfahren zur Heilung psychischer Erkrankungen (wie z.B. der Benutzung von Psychopharmaka, Elektroschocks). Die psychotherapeutischen Methoden können in folgende Hauptgruppen unterteilt werden (P.R. Hofstätter 1966): suggestive Methoden (z.B. Persuasion, d.h. Herbeiführung der Einsicht in Ursachen der Störung und der Mithilfe zu ihrer Beseitigung durch rationale Argumentation; autogenes Training; Suggestion im Zustand der Hypnose), expressive Methoden (d.h. Herbeiführung einer Abreaktion aufgestauter Affektspannungen), dialektische Methoden (d.h. Aufdeckung der den Problemen des Patienten zugrunde liegenden Konflikte und allmähliche Umformung seines Selbstbildes im therapeutischen Gespräch, wie z.B. in der → Psychoanalyse [2] oder in der → Gruppentherapie) sowie zusätzliche organische Methoden zur Unterstützung der genannten Therapien. → Verhaltenstherapie R.Kl.

P-Technik → R-Technik

Pubertät, Bezeichnung für den zwischen Kindheit und Adoleszenz liegenden Entwicklungsabschnitt, die Zeit der Geschlechtsreifung. In welches Lebensalter die P. fällt, ist in Stadt und Land, in industriell entwickelten und nicht entwickelten Gesellschaften usw. unterschiedlich; in den modernen, industriell entwickelten Gesellschaften beginnt die P. beim Jungen etwa im 12., beim Mädchen etwa im 11. Lebensjahr. Die psychischen Veränderungen und Merkmale, die häufig als „typisch" für die (oder gar als definierende Kennzeichen der) P. genannt werden (Stimmungsschwankungen, Nachdenklichkeit, Streben nach Erlebnistiefe, schwärmerische Suche nach sicheren Werten und Vorbildern, kriti-

sche Auseinandersetzung mit der und Protest gegen die Welt der Erwachsenen, „Sehnsucht" usw.) sind keine entwicklungsbiologisch und -psychologisch universalen Erscheinungen, sondern in erster Linie Resultat der von einer Gesellschaft, die dem Jugendlichen ein geordnetes und sozial anerkanntes Sexualleben nicht gestattet, erzwungenen Unterdrückung den mit der Geschlechtsreifung erwachenden sexuellen Interesses. Daher gibt es auch in Kulturen, in denen diese Unterdrückung nicht verlangt wird, keine P. im Sinne etwa der europäisch-amerikanischen Gesellschaft. In letzterer endet die P. mit der erfolgreichen Ablösung des Jugendlichen von den Eltern und seinem Eintritt in das Erwachsenenleben (insbesondere ins Arbeitsleben). R.Kl.

Pubertät, gestreckte, Bezeichnung für die spezifisch jugendlichen Verhaltens- und Denkformen junger Menschen in den industriell entwickelten Gesellschaften, die nach ihrer biologischen Geschlechtsreife durch soziale Vorschriften noch nicht als Erwachsene anerkannt werden. Diese Beschränkungen führen zu großem Interesse an Werten, Idealen und Vorbildern (S. Bernfeld). W.F.H.

Pubertätsriten → Initiationsriten

public choice (engl.), auch: *social choice* → Entscheidungen, kollektive

Public Health (engl.), Bezeichnung für ein multi- und interdisziplinäres Forschungs-, Bildungs- und Praxiskonzept, das, wenn auch unsystematisch und zum Teil widersprüchlich, sozialwissenschaftliche, medizinische und technische Wissenschaften zu einem komplexen humanwissenschaftlichen Ansatz integriert. P. H. hat sich international zum Teil komplementär, zum Teil konkurrierend zur Medizin entwickelt. W.P.

public opinion (engl.) → Meinung, öffentliche

Public-Private-Partnership, auch PPP (engl.), bezeichnet Kooperationen zwischen privaten (Wirtschaft) und öffentlichen (Verwaltung) Akteuren auf unterschiedlichen Ebenen (Bund, Länder, Kommunen). Motive für PPP sind sowohl erwartete Synergieeffekte als auch Kostenersparnisse für die Beteiligten. PPP lassen sich dabei in unterschiedlichen Bereichen finden: in der Entwicklungskooperation, der lokalen Wirtschaftsförderung, im Schul- und Gesundheitswesen, bei → *Business Improvement Districts*, im Bereich Innerer Sicherheit. Hintergründe für die (weltweite) Verbreitung von PPP sind finanzielle Engpässe bei öffentlichen Verwaltungen, neue Managementkonzepte und die Ablösung des Primats der Politik durch das der Ökonomie, was zu höherer Akzeptanz von privatwirtschaftlichem Engagement in öffentlichen Ange-

P

legenheiten und zu wachsendem Einfluss privater Akteure führt.   J.W.

Publikum, [1] Bezeichnung aus der Publizistik für die Menge der Adressaten, die im technischen und/oder sozialen Bereich von Massenkommunikationsmitteln die Möglichkeit hat, deren Mitteilungen zu rezipieren.

[2] Bezeichnung für die Menge der Adressaten, die von Entscheidungen politischer Instanzen oder Verwaltungsinstitutionen betroffen sind; das P. ist das Objekt dieser Systeme.

[3] Bezeichnung für eine formal nicht organisierte Gruppierung, deren Mitglieder die gleichen Interessen haben, dessen sie sich durch unpersönlichen Verkehr und Kontakt bewusst sind und die aus dieser Interessenlage heraus Informationen auswählen und rezipieren.   O.R.

[4] Entgegen einem sozialstrukturellen P.begriff verstehen die → Cultural Studies das P. als Prozess (J. Fiske), der sich durch die Rezeptionspraktiken und Aneignungsweisen der Empfänger bestimmt. Gleichzeitig wird der P.begriff auch als imaginäre Konstruktion verstanden, auf deren Grundlage Macht- und Kontrolltechniken entstehen (J. Hartley).   U.St.

Publikum, anerkennendes, die Form des Publikums, dessen Mitglieder ein gemeinsames Interesse an einer bestimmten Form des Verhaltens haben (z.B. *Fan*) und die sich dadurch in der Art der Rezeption spezifischer Mitteilungen auszeichnen.   O.R.

Publikum, bürgerliches, eine Schicht räsonierender Privatleute, die in Klubs und Kaffeehäusern die Anfänge einer kritischen, öffentlichen Meinung schufen. Ab Mitte des 19. Jahrhunderts weitet sich das b. P. zunehmend zu einem konsumierenden P. aus, das weithin den Anforderungen, die an eine kritische öffentliche Meinung zu stellen sind, nicht genügt.   A.G.W.

Publikum, disperses, Bezeichnung aus der Kommunikationsforschung für ein Publikum, das sich aus einer Anzahl von Adressaten zusammensetzt, die räumlich und/ oder zeitlich untereinander getrennt dieselbe Mitteilung aufnehmen, also im Kommunikationsprozess keine Verbindung miteinander haben.   O.R.

Publikum, formiertes, Bezeichnung für ein Publikum, das von Institutionen mithilfe der Massenmedien als Menge der öffentlich rezipierenden Konsumenten geschaffen wird, jedoch zugleich von diesen Institutionen gegenüber der Öffentlichkeit als mündig dargestellt wird; insoweit dient das f.e P. Legitimationszwecken der Institutionen.   A.G.W./O.R.

Publikum, mediatisiertes, ein Publikum, das von den Massenmedien eine unentwirrbare Mischung aus Nachrichten, Kommentaren, Unterhaltung, Werbung kontinuierlich angeboten bekommt, es unkritisch konsumiert und sich in öffentlichen wie privaten Dingen weitgehend fremdbestimmen lässt. Es ist das genaue Gegenstück zu einer kritischen Öffentlichkeit: Objekt von Herrschaftsinteressen, statt Kontrollinstanz.   A.G.W.

Publikum, räsonierendes, sozialhistorische Bezeichnung für das bürgerliche P. vornehmlich des 18. Jahrhunderts, das sich aus Privatleuten zusammensetzt und in Berufung auf Vernunft die öffentliche Gewalt, an der sie nicht partizipieren, zur Legitimation vor der öffentlichen Meinung zu zwingen versucht, durch Publizität.   O.R.

Publikum, tätiges, Bezeichnung für die Form des Publikums, das durch Appell an die Öffentlichkeit spezifische Dinge in der Gesellschaft durchsetzen will und auf sich selbst verweist.   O.R.

Publizistik, [1] Publizistikwissenschaft, Bezeichnung für die wissenschaftliche Erforschung von Kommunikationsprozessen im öffentlichen Bereich durch die verschiedenen Massenmedien.

[2] In der bürgerlichen Gesellschaft des 18. Jahrhunderts bezeichnete P. die Beschäftigung mit Angelegenheiten der „öffentlichen Gewalt".
                                                                O.R.

Puerilismus, Verhaltensformen von Erwachsenen, die einem kindlichen oder jugendlichen Entwicklungsstadium entsprechen.   W.F.H.

Puffertheorie → Mittelstandsideologie

pull (engl.) → Migration, selektive

Punitivität, von lat. *punire,* bestrafen. [1] Punitiv verhält sich eine Person oder Institution, welche das Handeln einer anderen Person oder Institution als vom Normalen abweichend bezeichnet und sich für eine negative Reaktion ausspricht. P. ist also die verallgemeinerte Haltung, mit belastenden Sanktionen auf → Devianzen zu antworten.

[2] In einem engeren Sinne verweist P. auf die Tendenz, vergeltende Sanktionen vorzuziehen und versöhnende zu vernachlässigen. P. ist eine bestimmte Art, Strafsanktionen einzusetzen, nämlich mit Härte und Schärfe. Das archaische Motiv der Rache siegt über die rationalisierende Art einer Wiedergutmachung. Diese Tendenz wird gegenwärtig in westlichen Gesellschaften beobachtet; umstritten ist, wie sehr und ob überall. D. Garland (2001) sieht eine epochale Tendenz, die vom Wohlfahrtsstaat (etwa von 1890 bis 1970) zum Strafstaat in der Hochkriminalitätsgesellschaft (seither) führt. Ein „Regieren mittels Verbrechen" *(governing through crime,* J. Simon) gilt als die machttheoretische Manifestation und Grammatik einer punitiven Wende in

der Gesellschaft (F. Sack 2004; → *governance*). Über Ausmaß und Tendenz dieser „neuen Straflust" (W. Hassemer) wird diskutiert. R.L.

Punkt-Schätzung → Schätzverfahren

Punkt-Vierfelder-Korrelationskoeffizient → Phi-Koeffizient

push (engl.) → Migration, selektive

Pygmalioneffekt, Bezeichnung für die Beziehung zwischen den Erwartungen eines Lehrers (Prüfers) und den Leistungen eines Lernenden (Schülers): Der Lehrer erwartet aufgrund guter Leistungen eines Lernenden auch in Zukunft gute, aufgrund schlechter Leistungen auch künftig eher schlechte Leistungen des Lernenden. Diese Erwartungen tragen dazu bei, dass die zukünftigen Leistungen der Lernenden entsprechend ausfallen (R. Rosenthal u. L. Jacobson 1964). W.F.H.

Q

Q → Yule-Koeffizient

QCA (engl.) → *analysis, qualitative comparative*

QDA-Programme → *Qualitative Data Analysis*-Programme

Q-Korrelation → Q-Technik

Q-sort (engl.), Verfahren zur Einschätzung größerer Mengen von Objekten, Personen oder *items* auf einer Eigenschaftsdimension. Den Beurteilern wird vorgeschrieben, wie häufig sie die einzelnen Werte einer Skala (etwa von 11 Punktwerten) zur Einstufung der Objekte vergeben dürfen. Durch das *Q-s.* wird eine bestimmte Verteilung der Objekte auf die Skala erzwungen, durch die etwa Urteilsfehler ausgeschaltet werden sollen, die in der Vorliebe einzelner Beurteiler für mittlere oder extreme Skalenwerte liegen. H.W.

Q-Technik, von W. Stephenson (1953) vorgeschlagener Forschungsansatz, der geeignet sein soll, die Verhaltensdynamik eines einzigen Individuums zu erfassen. Während die Faktorenanalyse (R-Technik) Korrelationen zwischen Messungen an einer Mehrzahl von Individuen verarbeitet, stützt sich die Q-T. auf Korrelationen zwischen Messungen an einem Individuum. Die Messungen ergeben sich z.B. aus Einschätzungen bestimmter Objekte in mehreren Dimensionen, zwischen denen über die Objekte Korrelationen ermittelt werden, die in ähnlicher Weise wie in der Faktorenanalyse verarbeitet werden.

Ergebnis der Q-T. kann in diesem Fall die Faktorenstruktur der Einschätzungen einer Situation durch das Individuum sein. In Ausweitung der Q-T. können Q-Korrelationen auch zwischen den Messwerten oder Testprofilen mehrerer Individuen gebildet werden. Anstatt Beziehungen zwischen Variablen enthält die Korrelationsmatrix Ähnlichkeiten zwischen Individuen, die durch faktorenanalytische Behandlung zu Typen von Individuen reduziert werden können. H.W.

Quadrat, griechisch-lateinisches → Quadrat, lateinisches

Quadrat, lateinisches, Versuchsplan, der vor allem für landwirtschaftliche Experimente entwickelt wurde. Das l. Q. soll den Einfluss von zwei (Stör-)Variablen in einem Experiment kontrollieren. Sollen z.B. die Auswirkungen eines Faktors auf drei Stufen A, B, C untersucht werden und können die zu kontrollierenden Variablen jeweils in drei Kategorien I, II, III und 1, 2, 3 aufgeteilt werden, so kann das l. Q. die folgende Form annehmen:

	1	2	3
I	A	B	C
II	B	C	A
III	C	A	B

In jeder Spalte und jeder Zeile sind alle Stufen vorhanden. Jede Stufe erscheint in jeder Reihe und Spalte nur einmal. Die Zahl der Reihen, Spalten und Stufen ist identisch. In einer gegebenen Situation können verschiedene l. Q. gebildet werden.

Will man eine weitere Variable kontrollieren, so kann ein griechisch-lateinisches Quadrat gebildet werden, das aus einer Überlagerung zweier orthogonaler l. Q. besteht. Das l. Q. ist als Design dann geeignet, wenn die Effekte der kontrollierten Variablen additiv sind, d.h. keine statistische Interaktion vorliegt. H.W.

quago, auch quango (engl.), Abk. für *quasi-governmental organization* bzw. *quasi-nongovernmental organization*, bezeichnet eine Mischform zwischen staatlichen und nicht-staatlichen Organisation, wie z.B. die Wohlfahrtsverbände. D.Kl.

Qualifikation, die Gesamtheit der Fertigkeiten, Fähigkeiten und Wissensbestände einer Person. Als Arbeitsqualifikation die für Beschäftigungen im Produktions- und Reproduktionssektor erforderliche Q. einer Person. D.K.

Qualifikationsanforderungen, Anforderungen an das Arbeitsvermögen. Die Gesamtheit der Fertigkeiten, Fähigkeiten und Wissensbestände, über die eine Person für eine Tätigkeit im Produktions- und Reproduktionsprozess verfügen muss. D.K.

Qualifikationsgruppen, die Gliederung der Arbeitenden nach Stufen der Qualifikation, traditionellerweise nach Merkmalen wie z.B.: gelernt, angelernt, ungelernt; Zugehörigkeit zu Leistungslohngruppen; elementare, mittlere, höhere oder Hochschulbildung. D.K./W.F.H.

Qualifikationsmerkmale, prozessabhängige – prozessunabhängige, Unterscheidung industrie- und arbeitssoziologischer Untersuchungen (H. Kern u. M. Schumann): Die auf die technischen Anforderungen bestimmter Arbeitsgänge bezogenen und in der Berufsausbildung bzw. Anlernzeit erworbenen Q. heißen prozessabhängig (auch: prozessgebunden). Q., die für eine Vielzahl von Arbeitsgängen anwendbar sind, heißen prozessunabhängig (z.B. Flexibilität, technische Intelligenz, technische Sensibilität). Für den weiteren Verlauf der Automation rechnet man mit einer Verschiebung von den Ersten zu den Zweiten. Die Unterscheidung steht begriffsgeschichtlich in engem Zusammenhang mit der älteren von funktionalen und extrafunktionalen → Fertigkeiten. W.F.H.

Qualifikationsmerkmale, prozessgebundene → Qualifikationsmerkmale, prozessabhängige

Qualifikationsmerkmale, prozessunabhängige → Qualifikationsmerkmale, prozessabhängige

Qualifikationsproduktion → Bildungsproduktion

Qualifikationspyramide, die nach Niveau und Umfang pyramidenförmige Verteilung der Qualifikationen auf die Arbeitskräfte in einem Betrieb, einer Gesellschaft. W.F.H.

Qualifikationsstruktur, die Verteilung von Personengruppen, die nach verschiedenen Merkmalen zu bilden sind (Erwerbstätige, Arbeitslose, Jugendliche, Frauen, Arbeiter usw.), auf → Qualifikationsgruppen. D.K.

Qualität – Verhalten, *quality – performance,* eine der → *pattern variables* der sozialen Orientierung. Ein Handelnder kann ein Objekt entweder mehr danach beurteilen, was es ist (Qualität), oder mehr danach, was es tut oder bewirkt (Verhalten). Zugeschriebene Qualitäten wären z.B. bei einem anderen Akteur das bewertete Aussehen, Alter oder Geschlecht, bei einem Auto sein angenommener Wert als Statussymbol. Das Verhalten wäre andererseits die berufliche Leistung oder eine bestimmte Interaktion bzw. die Fahreigenschaften des Autos. Die Interpretation liegt nahe, dass die Orientierung an der Qualität des Objekts mehr zum Typ des distanzlosen oder vorurteilsvollen Verhaltens, die Orientierung am Verhalten dagegen mehr zum Typ des reflektierten Verhaltens gehört. H.L.

qualitativ → Sozialforschung, qualitative

Qualitative Data Analysis-Programme, auch QDA-Programme, software-Programme für die qualitative Analyse von Texten, Bildern, Filmmaterial usw. W.F.H.

Qualitätsmanagement, *quality management,* Begriff für ein an vordefinierten Normen orientiertes Verfahren, das die Güte von Produkten und Dienstleistungen sicherstellen soll. Das Q. zielt auf die transparente Organisation von Arbeitsabläufen ab, um sie im Hinblick auf ihre Kosten und Nutzen zu optimieren (→ *Best Practice*) und eine Vergleichbarkeit der Ergebnisse (→ *Benchmarking*) sicherzustellen. Dem stark formalisierten Regelwerk eines Q. liegt die Vorstellung zugrunde, Qualität sei in allen Arbeitsbereichen nach ähnlichen Standards messbar. Das ursprünglich für die Industrie entworfene Q. wird zunehmend auch z.B. in Bildungsinstitutionen und Krankenhäusern angewandt. In die Kritik gerät das Q., weil es zur Ökonomisierung der Gesellschaft beiträgt, indem Maßstäbe von Effizienz und Wettbewerb auf außerwirtschaftliche Bereiche angewandt werden. D.Kl.

Quantifizierung, Messung von Eigenschaften von Untersuchungseinheiten durch Zuordnung von nach ihrer Größe unterschiedenen Werten. Die Messung erfolgt i.d.R. mithilfe eines Maßstabs (→ Skala), der bestimmte mathematische Eigenschaften aufweist (→ Metrik). Q. erfolgt etwa bei der Skalierung von Einstellungen, d.h. bei der Zuordnung von Zahlenwerten zu Einstellungsintensitäten auf der Grundlage bestimmter → Modelle. P.P./H.W.

Quantil → Partil

quantitativ → Sozialforschung, quantitative

Quartile, Q_1, Q_2 und Q_3, Bezeichnung für die Maßzahlen einer nach ihrer Größe geordneten Reihe von Messwerten, die jeweils ein Viertel (25%) der Werte voneinander abteilen. Das zweite Q. (der → Median) teilt also die Reihe in zwei Hälften, die jeweils 50% der Werte umfassen. H.W.

Quartilsabstand, mittlerer, selten benutztes Streuungsmaß für metrische, unter besonderen Bedingungen auch für ordinale Daten. Er ist definiert als mittlerer Abstand des dritten und ersten → Quartils vom zweiten Quartil:

$$\frac{(Q_3 - Q_2) + (Q_2 - Q_1)}{2} = \frac{(Q_3 - Q_1)}{2}$$

H.W.

Quasibedürfnis, nach K. Lewin (1926) Bezeichnung für „Vornahmeakte" oder „Gedanken, die Absichten enthalten", d.h. willentliche Zielsetzungen, im Unterschied zu den von Lewin so genannten „echten Bedürfnissen", d.h. inneren Handlungszwängen aufgrund von Trieben, Mangelgefühlen o.ä.

Quasi-Experiment, Bezeichnung für Untersuchungsformen, bei denen an die Stelle der direkten Kontrolle von Einflussgrößen während der Untersuchung (z.B. im Laboratoriumsexperiment) eine nachträgliche Kontrolle durch statistische Auswertungsverfahren tritt. Im einfachsten Fall kann z.B. der Einfluss einer Variablen auf den Zusammenhang zweier anderer Variablen dadurch kontrolliert werden, dass die Untersuchungseinheiten nach den Ausprägungen der Kontrollvariablen gruppiert und der betrachtete Zusammenhang innerhalb der einzelnen Ausprägungsklassen überprüft wird.   H.W.

Quasigesetz → Gesetz [6]

Quasigruppe, nach M. Ginsberg (1953) Bezeichnung für Individuenmengen oder „Aggregate ...", die keine erkennbare Struktur haben, aber deren Mitglieder gewisse gemeinsame Interessen oder Verhaltensweisen kennen, die sie jederzeit dazu führen können, sich zu bestimmten Gruppen zu organisieren". In diesem Sinne werden z.B. soziale Klassen als Q.n bezeichnet. In R. Dahrendorfs Herrschafts- und Konflikttheorie (1957) werden insbesondere die jeweils Herrschenden einerseits und die Beherrschten andererseits (im Betrieb, im Staat usw.) als Q.n bezeichnet, solange deren entgegengesetzte Interessen an Herrschaftssicherung bzw. Herrschaftswechsel latent bleiben, d.h. noch nicht zur Bildung eines jeweils eigenen Gruppenbewusstseins und einer Organisation zur Durchsetzung der Interessen geführt haben.   R.Kl.

Quasi-Korrelation → Quasi-Statistik

Quasiskala, Bezeichnung für eine Guttman-Skala, für die der Reproduzierbarkeitskoeffizient Rep. < 0,85 ist, obwohl die Häufigkeit von typischen, im Sinne der Guttman-Skala jedoch fehlerhaften Antwortmustern (*„non-scale types"*) gering ist. → Skalogramm-Analyse   P.P.

quasistationär → Prozesse, quasistationäre

Quasi-Statistik, nach A.H. Barton u. P.F. Lazarsfeld (1955) Ergebnisfeststellungen in sozialwissenschaftlichen Studien, die wie Ergebnisse aus quantitativer Forschung und statistischer Analyse aussehen, aber meist intuitive Zusammenfassungen und Verallgemeinerungen aufgrund qualitativer oder jedenfalls nicht statistisch verarbeitbarer Daten sind. In diesem Sinne ist eine Quasi-Verteilung z.B. die Aussage aufgrund von 35 biografischen Interviews mit Jugendlichen: „Die meisten Mädchen ...", eine Quasi-Korrelation auf der Grundlage der gleichen Daten die Aussage: „Mädchen mit Hauptschulabschluss ..., hingegen Mädchen mit Gymnasialabschluss ...". Allgemein: Häufigkeitsaussagen in nicht-quantitativen Studien sind meist unbegründet, Verallgemeinerungen von Zusammen-

hängen über die (nicht-repräsentativ erhobenen) Daten hinaus meist problematisch. W.F.H.

Quasi-Verteilung → Quasi-Statistik   H.E.M.

queer (engl.), svw. schräg, verkehrt, gefälscht, leicht verrückt und fragwürdig. Ursprünglich war *q.* in den USA ein Schimpfwort für Homosexuelle, die gegenüber den *straighten* Heterosexuellen, den „richtigen" Männern und Frauen als „falsch" auftreten. *Q.* bezeichnet heute solche Praxen, Menschen und Gruppen, die gegen gesellschaftliche Normen von Geschlecht, Sexualität, Identität und Körper verstoßen. Dies sind u.a. lesbische, schwule, bisexuelle, fetischistische, sadomasochistische, *cross-dressed, transgender, trigender,* multisexuelle, und intersexuelle Personen und Praxen (→ transgender).   E.T.

Queer Studies (engl.), Forschungsrichtung, die Anfang der 1990er Jahre in Nordamerika aus den *Gay* und den *Lesbian Studies,* entstand. Ihre Absicht ist es, die dort jeweils entwickelten Themen zusammenzuführen und weiterzuentwickeln und andere sexuell und geschlechtlich marginalisierte Gruppen und Themen aufzunehmen.   E.B.

Queering, inzwischen eingedeutschte Ableitung von engl. *queer* (→ *Queer Studies*). Q. bezeichnet eine Denkweise, welche die vorhandenen Ordnungssysteme im Bereich von Geschlecht und Sexualität infrage stellt, unterläuft und letztlich destabilisiert. Die machtdurchwirkten Diskurse des → Geschlechterbinarismus und der → Heteronormativen werden im Zuge des Q. überwunden.   R.L.

queer-politics (engl.), politische Bezeichnung für soziale und politische Praktiken, die in Kritik an den feministischen, lesbischen und schwulen Minderheitenpolitiken der 1970er und 1980er Jahre und ihrer Einpassung in hegemoniale Identitätsvorgaben gerade jene gesellschaftlichen Praktiken und Diskurse angreifen wollen, die diese eindeutigen Identitäten und Körper hervorbringen. *Q.-p.* grenzen sich von unterstellten Gruppenidentitäten, einem verbindenden „Wir" ab und agieren aus unterschiedlichen benachteiligten Positionen heraus. Statt aus marginalisierten Positionen politisierte Identität zu bilden und für diese gleiche Rechte zu fordern, geht es *q.-p.* vorrangig um die Entprivilegierung der normativen heterosexuellen Ordnung und der vernatürlichten Zweigeschlechtlichkeit (→ Heteronormativität). Kulturell eindeutige Verständnisse von Geschlecht und Sexualität sollen durch politische Praxen des lautstarken Aktivismus, des parodistischen Ernstes im Spiel mit Identitäten, des Nicht-Identifizierens bzw. der bewussten Desidentifikation, der Subversion, Parodie und Maskerade aufgebrochen werden (→ *queer*).   E.T.

Q

queer-theory (engl.), Forschungsansatz zur Untersuchung der kulturellen Produktion von Normen und Normalitäten, des „Fremden" und der gesellschaftlichen Ein- und Ausschließungsmechanismen, Hierbei steht die soziale Konstruktion von Geschlecht und Sexualität und ihre Verschränkung mit anderen Normsystemen wie „Rasse" und „Ethnizität", „Klasse", „Alter", „Behinderung", Religion oder dem Immunserostatus im Vordergrund. Aus der Perspektive der *q.-t.* wird die Vorstellung eines autonomen, sich selbst bewussten und wissenden Subjekts ebenso verworfen wie die einer eindeutigen, stabilen Identität (→ queer). Der Begriff geht auf die US-amerikanische Psychoanalytikerin T. de Lauretis (1991) zurück. *Q.-t.* entwirft eine Kritik an der gesellschaftlich dominanten → Heteronormativität und will diese subversiv unterlaufen (→ *queer politics*). Sie stellt eine kritische Methode zur Untersuchung von marginalisierten, verworfenen und uneindeutigen Diskursen, Denk- und Repräsentationssystemen dar und zeigt gesellschaftliche Normalisierungs- und Machtmechanismen auf. Darüber hinaus werden jene Erfahrungen fokussiert, die die „klaren" Grenzen von Geschlecht und Sexualität überschreiten.   E.T.

Querschnittssoziologie, bei A. Weber die punktuelle Analyse eines gesellschaftlichen Systems. Da die Analyse zu einem bestimmten Zeitpunkt stattfindet, berücksichtigt sie nicht die Verlaufsdimension der untersuchten Variablen.   B.W.R.

Querschnittsuntersuchung, *cross section study,* synchrone Analyse, Sammelbezeichnung für Untersuchungen, die sich auf einen Zeitpunkt oder begrenzten Zeitraum beziehen, für die eine zeitliche Ordnung der Daten nicht von Bedeutung ist bzw. eine zeitliche Entwicklung der untersuchten Verhältnisse ausgeschlossen werden soll. Als Q. werden typischerweise repräsentative Stichproben aus Populationen bezeichnet, die gewissermaßen einen Schnitt durch die Zusammenhänge und Verhältnisse zu einem Zeitpunkt legen. Die Wirkungszusammenhänge zwischen Untersuchungsvariablen erscheinen in der Q. typischerweise als statistische Korrelationen. Von der Q. wird die → Längsschnittsuntersuchung unterschieden.   H.W.

question wording (engl.), die Formulierung von Fragen bei der Konstruktion eines Fragebogens.   W.F.H.

questionnaire (engl.) → Fragebogen

queue (engl.), Warteschlange → Warteschlangenmodell

Quietismus, [1] Bezeichnung für eine religiös oder philosophisch begründete passive Geistes- und Lebenshaltung, die sich durch das Streben nach dem Zustand größtmöglicher Ruhe und gott- oder schicksalsergebener Frömmigkeit auszeichnet, dementsprechend einen eigenen Willen sowie jede Form von eigeninitiativem Handeln ablehnt und sich stattdessen einem fremden Willen unterwirft.
[2] Im engeren Sinn Bezeichnung für eine mystische Richtung im Katholizismus u.a. des 17. Jahrhunderts, die sich durch die unter [1] genannte Geistes- und Lebenshaltung auszeichnet.   V.Kr.

Quintil → Partil

Quota-Verfahren → Quoten-Sample

Quotenregelung, auch Quotierung, politischer Begriff, mit dem gefordert wird, dass in einer Organisation der Anteil der Mitglieder mit bestimmten Merkmalen (Geschlecht, Ethnie z.B.) der Verteilung in der Gesamtgesellschaft entspreche oder diesen sogar noch übersteige. Dies zielt darauf ab, benachteiligte und unterrepräsentierte Bevölkerungsgruppen durch die bevorzugte Vergabe von Ämtern und Positionen an sie zu fördern (→ Aktion, affirmative). Die Q. ist umstritten, weil sie die Eignung der mithilfe der Q. geförderten Personen hinsichtlich ihrer Qualifikationen in Frage stelle.   D.Kl.

Quoten-Sample, Auswahlverfahren in der Umfrageforschung, bei dem die Auswahl der zu befragenden Personen dem Interviewer überlassen wird. Der Interviewer hat sich bei der Auswahl nach bestimmten Merkmalen der Befragten zu richten, die in einem bestimmten Verhältnis (Quote) im Sample auftreten sollen. So sollen z.B. die Geschlechter im Verhältnis 1:1, bestimmte Altersgruppen im Verhältnis 2:3:4 etc. befragt werden. Die Quoten werden so gewählt, dass die Zusammensetzung des Samples in Bezug auf die ausgewählten Quotenmerkmale der Zusammensetzung der Grundgesamtheit (z.B. Bevölkerung der Bundesrepublik) entspricht. Als Quotenmerkmale werden in der Regel Alter, Geschlecht, Beruf, Konfession, Schulbildung gewählt. Die Güte des Q.-S. ist umstritten. Für das Q.-S. werden von der Markt- und Meinungsforschung seine Wirtschaftlichkeit angeführt. Zudem sollen sich durch das Q.-S. Durchschnitte und Anteile von Variablen, die mit den Quotenmerkmalen eng korreliert sind, recht gut erfassen lassen. Gegen das Q.-S. spricht, dass sich der → Auswahlfehler nicht berechnen lässt, die Auswahl durch die Interviewer nur bedingt kontrolliert werden kann und weitergehende Aufgliederungen über die Quotenmerkmale hinaus unzuverlässig sind. Das Q.-S. wird daher für wissenschaftliche Fragestellungen nur bedingt für empfehlenswert gehalten.   H.W.

Quotenverstärkung → Verstärkungspläne

R

R, [1] Abkürzung für → Reaktion, *response*
[2] Abkürzung für den Koeffizienten der multiplen Korrelation.   H.S.

Radikalismus, [1] Begriff mit vielfältiger philosophischer, politischer und sozialwissenschaftlicher Bedeutungsgeschichte (zuerst um 1830 als politischer Kampfbegriff in England) und vielen Anwendungsbereichen (so galten oder gelten z.b. als Radikale diejenigen Angehörigen von Lincolns Partei, die auf rasche und umfassende Sklavenbefreiung drängten, die Opposition der „Jungen" in der SPD um 1890, die französischen Syndikalisten, die Linkskommunisten der 1920er Jahre, die Rechtsradikalen heute).
[2] Heute meist Bezeichnung für grundsätzlich konzipierte und konsequente politische Einstellungen, Programme oder Praxisformen, die auf sofortige Veränderung von Institutionen, Herrschaftsverhältnissen usw. dringen. Für den R. wird oft Kompromissunfähigkeit behauptet.
[3] In einem bedeutungsunscharfen Sinne auch Bezeichnung für Organisationen, Parteien usw. auf dem extremen rechten und dem linken Flügel des politischen Spektrums demokratischer Staaten (Rechtsradikalismus, Linksradikalismus).   W.F.H.

Rahmen → Frame
Rahmen, psychologischer → Rahmenanalyse
Rahmenanalyse, *frame analysis,* von E. Goffman (1974 im Anschluss an G. Bateson: psychologischer Rahmen) eingeführter Begriff für eine Analyse der Organisationsprinzipien und Elemente, mit deren Hilfe die Menschen eine soziale Situation und ihren Anteil oder ihre Mitwirkung daran definieren, also Fragen beantworten wie: Was geht hier vor? Ist das Spaß oder ernst gemeint? Handelt es sich um Wirklichkeit oder um eine Aufführung?   W.F.H.

Rahmenschaltelement, bezeichnet einen sprachlichen Markierer, z.B. „und dann", der ein → narratives Interview formal strukturiert, also den Wechsel von einem thematischen Segment zum nächsten anzeigt.   I.K.

Randauszählung → Randverteilung
Randbedingungen, [1] allgemeine Bezeichnung für Bedingungen und Begleitumstände, unter denen ein Ereignis auftritt.
[2] Auch als Anfangsbedingung, Antecedensbedingung Bestandteil von → deduktiv-nomologischen Erklärungen. R. ist hier die Feststellung eines bestimmten Tatbestandes, aus der mithilfe einer Gesetzesaussage ein zu erklärender Tatbe-
stand abgeleitet wird. Beispiel: Je mehr sich eine Person in ihren Aktivitäten den Normen der Gruppe nähert, umso höher wird ihr sozialer Rang sein (Gesetzesaussage nach G.C. Homans). Klaus nähert sich den Gruppennormen mehr als Peter (R.). Also hat Klaus einen höheren Rang als Peter (erklärter Tatbestand).
                                H.W.

Randbelegschaft → Kernbelegschaft
Randexistenz → marginal [1]
Randgruppe, [1] nach F. Fürstenberg (1965) Bezeichnung für einen lose oder fester organisierten Zusammenschluss von Personen, „die durch ein niedriges Niveau der Anerkennung allgemein verbindlicher sozio-kultureller Werte und Normen und der Teilhabe an ihren Verwirklichungen sowie am Sozialleben überhaupt gekennzeichnet sind". Unter diese Definition fallen u.a. folgende Personengruppen: Obdachlose, Landstreicher, Banden von Kriminellen, sozial Abgestiegene, alte Menschen, schulische Außenseiter, altbürgerliche Kreise.
[2] Um die mit dieser Definition verbundenen Probleme (mangelnde Präzision, Diskrepanzen zwischen Begriffsverständnis und empirisch gemeinten Personengruppen) zu beheben, definieren F.W. u. R. Stallberg (1976) R.n als „innergesellschaftliche Personenkategorien, denen gegenüber die große Mehrheit der ‚Normalen' negativ besetzte Stereotypen (generelle Stigmata) hält, die darüber hinaus als Objekte offizieller Kontrolle und Hilfe die Existenz bestimmter Institutionen legitimieren, und mit denen regulierungsbedürftige soziale Probleme bezeichnet sind". → marginal [2], → Subkultur, → Minorität [2]   S.S.

random error (engl.) → Zufallsfehler
random sample (engl.) → Zufallsauswahl
random variable (engl.) → Zufallsvariable
Randomisierung, *randomization,* zufälliges Anordnen oder Herausgreifen von Elementen (etwa *items* in einer Skala, Reizen in einem Experiment). Die R. spielt eine große Rolle bei der Durchführung von Experimenten, etwa als zufällige Zuordnung von Versuchspersonen zu Versuchsbedingungen. Durch R. soll eine systematische Verzerrung der Untersuchungsergebnisse durch nicht kontrollierte Faktoren vermieden werden.   H.W.

Random-Paralleltest → Paralleltests
random-route-Verfahren (engl.), Begriff der empirischen Sozialforschung für eine Erhebungsmethode, die den Kriterien einer → Zufallsauswahl genügt. Die Auswahl der Befragten erfolgt hierbei mithilfe eines zuvor festgelegten Weges, wonach der Interviewer ab einer zufällig ausgewählten Startadresse ein Stadtviertel begeht.

Eine solche Route legt z.B. fest, in welchen Abständen der Interviewer abbiegen muss, um Personen zu interviewen, die auf einer Straßenseite, in einem bestimmten Haus und in einem bestimmten Stockwerk wohnen. D.Kl.

Random-Stichprobe → Zufallsauswahl

Randpersönlichkeit → marginal [1]

Randseiter → marginal [1]

randständig → marginal [1]

Randverteilung, bezeichnet in der Statistik eine Verteilung, die gebildet wird, indem in einer → Kontingenztabelle die Häufigkeiten über die Spalten oder Zeilen aufsummiert werden. Die R. als Verteilung der Spalten- oder Zeilensummen wird in tabellarischen Darstellungen am unteren bzw. rechten Rand der Häufigkeitstabelle aufgeführt. H.W.

Rang, sozialer, die durch ein Anerkennungsverhältnis (meist auch formell) gesicherte Position in der Hierarchie eines sozialen Systems, aus der sich Rechte (insbesondere Weisungsbefugnisse), Pflichten (insbesondere eine dem Rang entsprechende Lebenshaltung) und eine ihm geschuldete Achtung ergeben. Weitgehend bedeutungsgleich mit → Status [1]. W.La.

Ranggradient, Bezeichnung für „das Verhältnis zwischen der zahlenmäßigen Stärke der einzelnen Rangstufen einer Gruppe und ihrer Stellung auf der Stufenleiter" (P.R. Hofstätter 1963). Je höher (oder grafisch betrachtet: je steiler) der R. ist, desto größer sind die Rangunterschiede in der betreffenden Gruppe. R.Kl.

Ranggruppe, eine Kategorie (z.B. Offiziere) mit (oft formell) anerkannten gleichen Rechten und Pflichten in einem sozialen System. Es entwickelt sich aufgrund der gleichartigen Befugnisse oft ein Zusammengehörigkeits- und gemeinsames Wertgefühl, das die Art der sozialen Kontakte weitgehend bestimmt. W.La.

Rangkorrelation, Zusammenhangsmaß zwischen Rangordnungen (→ Ordinalskala), bei dem als Daten die Rangplätze (1, 2, 3, ... , N) der untersuchten Einheiten verwendet werden. Die wichtigsten Modelle sind → Kendall's Tau und → Spearmans Rangkorrelationskoeffizient. H.W.

Rangordnung, eine nicht-metrische Anordnung von Elementen auf einem Kontinuum, das eine quantitative Merkmalsdimension der Elemente repräsentiert, wobei die R. die relative Stärke der Merkmalsausprägung eines Elements im Vergleich zu anderen, jedoch keinen absoluten Wert auf dem Kontinuum wiedergibt (→ Ordinalskala). P.P.

Rangordnung, erotische, *erotic ranking,* auch: *erotic hierarchy,* ein Konzept von Zetterberg (1968), das die gewöhnlich latente, aber sozial vielfach bedeutsame Einordnung der Individuen danach meint, wie stark sie über die Fähigkeit verfügen, von jemandem anderen geliebt, verehrt, begehrt zu werden. Eine hohe Position in der e.R. könne man u.a. durch Flirten, Tanzen, sexuellen Verkehr erlangen. W.F.H.

Rangordnungsverfahren, Skalierungs- oder skalierungsähnliche Verfahren, bei denen eine Reihe von Stimuli (*items*) in Bezug auf eine Merkmalsdimension in eine Rangordnung gebracht wird. Die Skalierung erfolgt typischerweise durch Experten, denen ein objektives Urteil unterstellt wird. Normalerweise wird eine Reihe von Stimuli so auf einer Stufenskala einzeln oder gleichzeitig von den Experten angeordnet, dass die Positionen den relativen Abstand auf dem durch die Skala repräsentierten psychologischen Kontinuum wiedergeben sollen. Der → Median der sich zu jedem *item* ergebenden Verteilung bestimmt die Rangposition, der interquartile Abstand (→ mittlerer Quartilsabstand) das Maß der → Streuung (d.h. Übereinstimmung) der Urteile. P.P.

Rangplatzordnung → Hackordnung

Rangvarianzanalyse → Friedman-Test

ranking, erotic (engl.) → Rangordnung, erotische

Rapport, Erlebnis einer unmittelbaren, emotional getragenen Kontakt- und Verständigungsmöglichkeit zwischen zwei Menschen. Ursprünglich und auch heute fast nur verwendet, wo dieses Erlebnis innerhalb der psychiatrischen – mitunter auch der psychologischen – → Exploration vorkommt, für deren Gelingen es Voraussetzung ist. W.Sch.

Rasch-Modell, von G. Rasch entwickeltes Skalierungs-Modell, das sowohl eine populationsunabhängige Eichung von Test-*items* als auch eine *item*-unabhängige Messung von Personen ermöglichen soll. Zentrale Begriffe des R.-M.s sind die „Schwierigkeit einer Aufgabe" und die „Fähigkeit einer Person". Jede Person besitzt eine Wahrscheinlichkeit, eine bestimmte Aufgabe zu lösen. Ist X_r die Fähigkeit einer Person und D_i die Schwierigkeit einer Aufgabe, dann ist nach dem R.-M. die Wahrscheinlichkeit, dass diese Person jene Aufgabe löst

$$P_{ri} = \frac{X_r}{X_r + D_i} \cdot$$

Das Modell führt zur unabhängigen Schätzung der *item*- und der Personen-Parameter. H.W.

Rassenkampf, wird von L. Gumplowicz (1883) als das treibende Moment der sozialen Entwicklung angesehen; dabei versteht er unter Rasse keine biologisch-anthropologische Einheit, sondern Rasse ist für ihn ein historisch-soziologischer Begriff, der auf gemeinsame Kultur und soziale Interaktion verweist. Als soziales Gesetz besagt der R. nach Gumplowicz, dass alles gesellschaftliche Geschehen abhängig ist vom Konflikt zwischen den Rassen (z.B. Klassen, Schichten, Gruppen) um die Herrschaft im Staat, um mittels der Herrschaft die Beherrschten ausbeuten zu können.   O.R.

Rassenkunde, Teildisziplin der Anthropologie, die die menschlichen Rassen als Ausprägungen der Gattung vornehmlich mit naturwissenschaftlichen Methoden (neuerdings der Genetik) untersucht. Hauptziel ist die Identifikation der verschiedenen Rassen (etwa Europide, Negride, Mongolide, Australide), die sich durch natürliche Merkmale bzw. Merkmalskombinationen voneinander unterscheiden.   W.F.H.

Rassentrennung, [1] institutionalisierte Meidungsformen zwischen Angehörigen unterschiedlicher ethnischer Gruppen.
[2] Politik, die diese Meidungsformen benutzt und fördert, um ethnische Gruppen als Ganze politisch und/oder ökonomisch zu beherrschen.   F.X.K.

Rassismus, weltanschaulich formulierter Glaube an die Höherwertigkeit der eigenen und die Minderwertigkeit anderer Rassen sowie oft an deren Gefährlichkeit für die eigene (Angst vor Vermischung usw.). R. ist im Europa der letzten zwei Jahrhunderte vor allem als Antisemitismus aufgetreten, in den USA und Südafrika vor allem als Ausgrenzung und Benachteiligung der Schwarzen.   W.F.H.

Rassismus, institutioneller, bezeichnet das Versagen einer Organisation als ganzer, für ihre Klienten und Mitglieder mit migrantischem Hintergrund eine angemessene und professionelle Leistung zu erbringen. Die Diskriminierung der Fremden entsteht hiernach nicht absichtlich, sondern aus unwissentlichen Vorurteilen, aus Unkenntnis, Gedankenlosigkeit und rassistischen Stereotypien, wodurch Menschen aus ethnischen Minoritäten benachteiligt werden. R.L.

Rätedemokratie, Rätesystem, demokratische Herrschaftsform, besser: Herrschaftsmodell (denn bislang ist R. noch nicht umfassend und auf Dauer institutionalisiert worden). Merkmale: Basis sind die nach Arbeitstätigkeit (Betriebe) oder Wohngebieten (auch Militäreinheiten) zusammengefassten Wähler, die Zuständigkeit haben für alle gesellschaftlichen, ökonomischen, politischen, juristischen usw. Fragen. Sie wählen Räte (für einen Betrieb, eine Gemeinde o.ä.), die wiederum übergeordnete Räte (für eine Region, eine Branche, einen Staat) wählen. Die Gewählten sind an Aufträge gebunden, jederzeit abwählbar; Diskussion und Beschlussfassung sind öffentlich, alle Gewalt liegt bei den Räten. In der Pariser Kommune, den russischen Revolutionen 1905 und 1917, der deutschen Revolution 1918, im Prager Frühling 1968 und bei anderen Gelegenheiten hat R. (Arbeiter-, Soldaten- und Bauernräte) eine wichtige Rolle gespielt als Ausdrucksform der mobilisierten Basis. Gewissermaßen zurückgeschnittene Nachfolger von R. sind die Betriebs- und Personalräte und die Arbeiterkammern, nur noch entleerte Formen waren die Sowjets (= Räte) der Sowjetunion (weil prinzipiell unverträglich mit dem leninistischen Zentralismus). In einigen Merkmalen ähnelt R. auch berufsständischen bzw. korporativstaatlichen Modellen.   W.F.H.

Ratenverstärkung → Verstärkungspläne

rate-of-return approach (engl.) → Ertragsratenansatz

Rätesystem → Rätedemokratie

Ratingskala, Einschätzung, Beurteilung von Objekten oder Personen anhand verschiedener Merkmale. Die Beurteilungskategorien („stimme zu", „lehne ab" u.ä.) werden in Form von in Intervalle unterteilten Strecken, von Zahlenwerten oder verbalen Ausdrücken vorgegeben. Die Zuverlässigkeit der R. wird meist durch die Übereinstimmung der Beurteiler gemessen.   H.W.

rational choice marxism → Marxismus, analytischer

rational choice-theory (engl.), auch: Theorie der rationalen Wahl oder Wahlhandlung. „Unter dem Etikett versammeln sich verschiedene Axiome der → Mikroökonomie, der → Spieltheorie und der Theorie öffentlicher Güter, mit deren Hilfe Ereignisse auf intentionale Handlungen individueller und kollektiver Akteure zurückgeführt werden" (H. Wiesenthal 1987). Ansatzpunkt ist das Schema kausal-intentionaler Handlungserklärungen, etwa im Sinne Davidsons, das r.c.-Erklärungen mit gewissen Rationalitätskriterien (z.B. Konsistenz der Überzeugungen (beliefs) und der Wünsche bzw. Präferenzen (desires), Evidenz der Realitätsannahmen u.a.m.) ergänzt, sodass es etwa gelingt, Handlungen aufgrund von Akrasie (Willensschwäche) als nicht rational auszuzeichnen. Neben dem Begriff „choice" (→ Wahl, rationale [2]) spielen die „constraints", die Randbedingungen der Handlung, eine große Rolle bei r.c.-Erklärungen. Die constraints können selbst wieder rationalerweise durch Handlungen bestimmt sein, wie dies etwa im → chicken game durch Beschränkung der Handlungsoptionen der Fall sein kann. Eines der zentralen Probleme in der Entwicklung von r.c.-Theorien ist die Frage, wie in Gefangenendilemma-ähnlichen Situationen (Kollektivgutproblematik) Kooperation entstehen kann (→ Häftlingsdilemmaspiel). R.c.-Theorien finden Anwendung in modernen Vertrags- und Gerechtigkeitstheorien (→ Kontraktualismus), in „public"- oder „social choice"-Theorien, die das Entstehen und Funktionieren von Bürokratie und Koalitionen erklären, in der Neuen institutionellen Ökonomie, der → Neuen Politischen Ökonomie (B.M. Barry 1975) und schließlich im *r.c.*-Marxismus (→ Marxismus, analytischer). → Kollektivgüter, → Ökonomie, Neue Institutionelle A.G.

Rationalisierung, mit vielfältigen Bedeutungen gebrauchter Begriff mehrerer Sozialwissenschaften, meist im Sinne von Prozessen der Vereinfachung, der Effektivierung, der klareren Strukturierung.
[1] In Industriesoziologie und Betriebswirtschaftslehren Bezeichnung für eine (organisations-)wissenschaftliche Überprüfung und Veränderung der betrieblichen Prozesse (Arbeitsorganisation, Arbeitszeitregelung, Arbeitsplatzstruktur, Verwaltung usw.) in der Absicht, die gegebenen Faktoren der betrieblichen Produktion in geplanterer Kombination mit höherem Ertrag einsetzen zu können.
[2] Bei M. Weber und anderen Autoren Bezeichnung für einen Teilprozess oder ein Moment der Herausbildung der kapitalistischen Gesellschaft bzw. der industriellen Gesellschaft: R. als Einrichtung der Lebensführung auf geplante Zweck-Mittel- Beziehungen, als Durchsetzung rationaler Rechnungsführung und Betriebsführung, als Aufkommen einer rationalistischen ökonomischen Gesinnung und als Verbreitung rationaler Verwaltung. W.F.H.
[3] In der Psychoanalyse Bezeichnung für einen Abwehrmechanismus, durch den einem Verhalten, Gedanken oder Gefühl eine *prima vista* rationale Erklärung als schlüssige Motivation zugeordnet wird. U.E.

Rationalisierung, systemische, Bezeichnung (nach M. Baethge/H. Oberbeck 1986) für Prozesse, die unter Nutzung mikroelektronisch basierter Datenverarbeitungs- und Kommunikationstechnologien betriebliche und überbetriebliche Informations- und Kommunikationsflüsse, die Organisation von Betriebsabläufen und die Steuerung unterschiedlicher Funktionsbereiche eines Unternehmens „in einem Zug" neu gestalten sollen. S.R. steht in einem Gegensatz zu Rationalisierungsprozessen, die punktuell und auf Einzelfunktionen – ein Arbeitsplatz, eine Tätigkeit – bezogen sind. S.R. erfordert eine systematische Analyse der einzelnen betrieblichen Funktionsabläufe und -zusammenhänge.
M. Sch.

Rationalismus als Methode, bei M. Weber das Prinzip der Begriffsbildung und der Analyse der verstehenden Soziologie: alle Sinnzusammenhänge des Sichverhaltens, die das Handeln beeinflussen (können), werden als Ablenkungen

von einem konstruierten rein zweckrationalen Verlauf desselben erforscht. Durch dieses methodische Prinzip soll die kausale Zurechnung der festgestellten Ablenkungen zu den sie bestimmenden inneren und äußeren Irrationalitäten möglich werden. Das Prinzip sagt nichts darüber, inwieweit in der Realität rationale Zweckerwägungen das Handeln bestimmen; es beinhaltet also nicht ein rationalistisches Vorurteil der Soziologie, sondern stellt das für Weber entscheidende Mittel wissenschaftlicher Rationalität dar. C.S.

Rationalismus, klassischer, Erkenntnistheorie, vertreten u.a. von R. Descartes, G.W. Leibniz, die auf der Annahme unmittelbar (*a priori*) gegebener, „eingeborener" Verstandesbegriffe (*idea innatae*) wie Kausalität, Substanz etc. beruht. Im Gegensatz zum → Empirismus etwa von D. Hume und J. Locke werden sie für wahr gehalten, weil sie im Denken und nicht in Sinneswahrnehmungen begründet sind. Nur durch sie ist eine Erkenntnis der Wirklichkeit möglich, wobei man auf deduktivem Weg von der apriorischen Erkenntnis zu den empirischen (aposteriorischen) Aussagen gelangt. Damit ergibt sich allerdings das für den k.n R. unlösbare Problem, dass wegen der deduktiven Verknüpfung der apriorischen Vernunftbegriffe mit der aposteriorischen Erkenntnis für beide dieselben Prüfungs- bzw. Begründungsinstanzen gelten müssten, womit der Vorrang der apriorischen vor der aposteriorischen Erkenntnis nicht mehr eindeutig gesichert erscheint. L.K.

Rationalismus, kritischer, Umwandlung der Erkenntnistheorie des klassischen R. durch: a) Beibehaltung und Präzisierung der deduktionslogischen Ableitungsverfahren; b) Auflösung der Verschmelzung von Gewinnungs- und Geltungsproblematik durch strikte Trennung zwischen der Entstehung und der Begründung wissenschaftlicher Erkenntnis, wobei nur mehr letztere interessiert; c) Aufgabe der Vorstellung einer Wahrheitsgarantie durch Rückgang auf die Erkenntnisquelle (Vernunft) zu Gunsten der ständigen kritischen Überprüfung von Hypothesen und Theorien, die für den k.n R. prinzipiell nur hypothetischen Charakter haben; d) zur Sicherung der Überprüfungsmöglichkeit Ersatz des Verifizierbarkeitskriteriums durch das Kriterium der Falsifizierbarkeit. Der k. R. versteht sich als explizite Gegenposition zum logischen Positivismus. Zu den Hauptvertretern des k.n R. zählen K.R. Popper und H. Albert. → Fallibilismus, → Falsifikationismus,→ Methode, kritische, → Positivismusstreit. L.K.

Rationalismus, okzidentaler, ein den modernen abendländischen Kapitalismus hervorbringendes, auf Beherrschung abstellendes Weltverhältnis, das zunächst im ökonomischen Bereich erscheint sowohl in Form einer marktmäßigen, auf rationaler Betriebsorganisation und formell freier Arbeit gründenden Kapitalverwertung als auch im Geiste innerweltlicher aktiver Askese auf der Basis der Idee der Berufspflicht, um sodann die übrigen Lebensordnungen wie Politik, Wissenschaft, Kunst etc. zu durchdringen und nach universeller Bedeutung und Gültigkeit zu streben. G.W.

Rationalität. [1] R. auf der Handlungsebene besteht dann, wenn soziale Handlungen oder der Einsatz sozial normierter Mittel in der Lage sind, je subjektive Handlungszwecke zu realisieren. Auf der Systemebene bestimmt sich R. als das Insgesamt der Wirkungen von sozialen Handlungen oder institutionellen Elementen, welche bestimmte Systemzwecke verwirklichen. In beiden Fällen wird R. nur als technisches, wenn auch komplexes Verhältnis, als positiver Funktionszusammenhang von Handlungen, Mitteln, Elementen und vorausgesetzten Zwecken begriffen: Die Frage nach der inhaltlichen R. der Handlungszwecke einerseits, der Systemzwecke andererseits bleibt ausgeklammert. [2] Diesen nur formalen Rationalitätsbegriffen steht – über diese hinausgehend – ein inhaltlicher Begriff von R. gegenüber, der diese im Hinblick auf die subjektiven Handlungszwecke an einen maximalen Spielraum individueller Wahlmöglichkeiten, im Hinblick auf die Systemzwecke an den Prozess einer intersubjektiven, mit demokratischen Mitteln erzielten Übereinkunft bindet. B.W.R.

Rationalität, begrenzte, *bounded rationality*, Annahme der Entscheidungstheorie der Organisation, dass eine Entscheidung nicht als beste aller möglichen angestrebt und erreicht werden kann, weil dies unbegrenzte Rationalität der Handelnden unterstellte, sondern als eine – gemessen an relativ feststehenden, gewohnten Leistungskriterien – optimale (H.A. Simon). W.F.H.

Rationalität, kommunikative, in der Theorie des → kommunikativen Handelns die diskursive Begründbarkeit und Kritisierbarkeit von Geltungsansprüchen hinsichtlich der propositionalen Wahrheit, der normativen Richtigkeit und der subjektiven Wahrhaftigkeit von Aussagen, die von verständigungsbereiten Diskursteilnehmern in Einigungsprozessen angemeldet werden. Die k.R. ist in allgemeinen Vernunftansprüchen begründet, die von Habermas (1986) als normativer Gehalt einer unhintergehbaren Praxis der alltäglichen Verständigung angesehen werden und nicht ohne performative Widersprüche bestritten werden können. H.W.

Rationalität, organisatorische, Relation zwischen organisationalen Regelungen oder Handlungen und inner- oder außerorganisatorischen Zielen, Zwecken oder Funktionen. Je nach Inhalt dieser Relation wird unterschieden in z.B. instrumentell- technische, ökonomische und soziale R. (→ Effektivität – Effizienz), substanzielle und funktionale R. (M. Janowitz u. W. Delany). → Rationalität, begrenzte K.T.

Rationalität, prozedurale, *procedural rationality*, allgemeine Bezeichnung in der → Entscheidungstheorie (H.A. Simon 1976) dafür, dass der Handelnde nicht auf eine direkte Erreichbarkeit seines Handlungsziels hofft, sondern seine Entscheidung sukzessiv an Regeln des Vorgehens orientiert, um dadurch seine Intention möglichst weitgehend verwirklichen zu können. W.F.H.

Rationalität, responsive, nach B. Waldenfels das bewegliche Strukturierungsprinzip einer grundsätzlich offenen Ordnung, in das, was geordnet wird, nicht selber dieser Ordnung entspringt. R. R. regelt die Art und Weise, wie auf Fremdes, ,Ungeordnetes', Jenseitiges der etablierten Ordnung eingegangen wird, ohne dessen überschießende Möglichkeiten zu eliminieren oder einem vorgegebenen starren Klassifikationsraster zu unterwerfen. K.K.

Rationalitätsfassaden, bezeichnet Handlungen, die sich nach außen als rationale Entscheidung ausgeben, wobei der Handelnde weiß, dass die Möglichkeiten für Kalkulation und Entscheidung nicht vorliegen. Z.B. manche Entscheidung zwischen mehreren Bewerbern, die aus juristischen Gründen als Entscheidung dargestellt und begründet werden muss, während die Entscheider doch wissen, dass andere als zufällige oder subjektive Gründe nicht vorliegen (U. Schimank 2005). W.F.H.

Rationalitätsfiktionen, bezeichnet Handlungen, die wie Entscheidungen aussehen und vom Handelnden meist auch so verstanden werden, ohne doch Entscheidungen zu sein; sie sind „intersubjektiv geteilte Routinen, die sich darstellen, als ob es sich um Entscheidungen handele" (U. Schimank 2005). Beispiel: die Ansicht, dass man eine bestimmte demokratische Partei auf keinen Fall und in keiner Konstellation wählen könne, oder die Hinwendung zum Vegetarianismus – Vorgänge also, in denen kalkulierbare Alternativen nicht vorkommen. W.F.H.

rationality, bounded (engl.) → Rationalität, begrenzte

Rationality, procedural (engl) → Rationalität, prozedurale

Ratioskala, auch: Verhältnisskala oder absolute Skala, ein Messinstrument mit den formalen Eigenschaften der Intervallskala, jedoch mit einem gegebenen („natürlichen") Nullpunkt, von dem aus gemessen wird. Die R. kennt keine negativen Werte. Alle Rechenoperationen, auch Multi-

R

plikation/Division sind uneingeschränkt möglich. Nur die linearen Transformationen sind erlaubt, durch die der Null-Punkt erhalten bleibt.

P.P.

Raubkapitalismus → Abenteurer- und Raubkapitalismus

Raum, [1] Die Soziologie geht davon aus, dass alles soziale Geschehen im R. statt findet; R. und →Zeit sind notwendige Bedingungen für soziologische Erkenntnis. Die soziologische Theorie des R. geht auf G. Simmels Überlegungen (1903) zurück, der nach der Bedeutung fragte, „die die R.-Bedingungen einer Vergesellschaftung für ihre sonstige Bestimmtheit und Entwicklungen" besitzen. Dabei analysierte er zum einen die Grundqualitäten der R.-Form, die gestaltend auf das Gemeinschaftsleben wirken, und nannte dafür (1) die Ausschließlichkeit des R.; (2) die R.-Gliederung als Ursache und Wirkung von Grenzziehung, (3) die Fixierung, die der R. seinen Inhalten ermöglicht, (4) der R. als Bedingungskontext von Nähe und Distanz, (5) die Bedeutung der Bewegung im R für die soziologischen Formen. Zum anderen fragte er nach der „Einwirkung, die die räumlichen Bestimmtheiten einer Gruppe durch ihre eigentlich soziologischen Gestaltungen und Energien erfahren," und hob folgende Aspekte hervor: (1) die Bedeutung des R. für die Organisation von Einheitlichkeit und Macht; (2) das Verhältnis von Personen- und Gebietsherrschaft, (3) die räumliche Konkretisierung soziologischer Energien als allgemeines Moment der Vergesellschaftung und (4) der leere R. als Medium soziologischer Formen.

O.R.

[2] Die allgemeine Kategorie des R.s wird in der → Stadtsoziologie nicht rein physikalisch aufgefasst. Über den „Behälter-R." hinaus, wird R. als sozial konstruiert angesehen. R. kann gemäß D. Läpple in vier Dimensionen beschrieben werden: materiell-physische Elemente, ein mit dem materiellen Substrat verbundenes Zeichen-, Symbol- und Repräsentationssystem, gesellschaftliche Interaktions- und Handlungsstrukturen sowie institutionalisierte und normative Regulationssysteme.

J.W.

Raum, gestimmter, auch: präsentischer Raum, bei Binswanger (1955) jener Raum, den Stimmungen und Gestimmtheiten ausbilden (ohne scharfe Richtungsdifferenzen und Ortsvalenzen), z.B. der Raum, in dem wir uns im Tanz bewegen oder den wir als Ausdrucksgestalt (z.B. Landschaft) erleben.

W.F.H.

Raum, hodologischer, Wegeraum, Pfaderaum, in K. Lewins → Vektorpsychologie Bezeichnung für das Modell eines ordinalen Raums, durch das eine mathematisch-begrifflich eindeutige Beschreibung des Weges oder der Richtung von

Lokomotionen (Handlungen) ermöglicht werden soll.

H.E.M.

Raum, homogener, Bezeichnung von L. Binswanger (1955) für jenen Raum, den wir durchwandern können, in dem das Hier des Ich relativiert wird durch die Raumstellen, an denen sich andere befinden und in deren Position ich mich hineindenken kann. Im Prinzip der Raum Newtons und der Naturwissenschaft.

W.F.H.

Raum, öffentlicher, in der → Stadtsoziologie ist der ö.R. ein Bereich, der prinzipiell uneingeschränkt zugänglich ist, dem die Funktionen Markt und Politik zugeordnet sind, der dem öffentlichen Recht unterliegt, der durch unvollständige Integration und durch stilisierte Verhaltensweisen der dort interagierenden Individuen gekennzeichnet ist (vgl. → Urbanität).

J.W.

Raum, orientierter, Bezeichnung von L. Binswanger (1955) für jenen Raum, in dem das Ich und sein Leib ihr Hier haben, um das herum sich die Welt als Umwelt konstituiert. Den o.R. kann man nicht durchwandern, wir nehmen ihn immer mit uns.

W.F.H.

Raum, schicksalsloser, bei E. Straus (1956) jener Raum, der „gegen unser Dasein indifferent" ist, der uns nur zugänglich wird, indem wir von unserem Hier absehen können.

W.F.H.

Raum, sozialer, Grundbegriff der Sozialtheorie P. Bourdieus, mit der die soziale Welt in Form eines mehrdimensionalen, interdependenten Macht- und Handlungsgefüges dargestellt werden soll, dem verschiedene und nicht aufeinander reduzierbare Unterscheidungs- und Verteilungsprinzipien zugrundeliegen. Der Begriff des s.n R.s ist als Alternative zur makroanalytischen Systemkategorie und zum phänomenologischen Milieubegriff konzipiert.

K.K.

Räume, transnationale soziale, Konzept in Verbindung von Raumsoziologie und Migrationsforschung (L. Pries 1996), das mit Bezug auf das Konzept der sozialen → Verflechtungszusammenhänge von N. Elias das Auseinandertreten von geografischen und sozialen Räumen in den Blick nimmt. T.s.R. werden vor allem durch multi-lokale, geografisch diffuse, transnationale Migrationsnetzwerke gebildet, die die Migranten, Migrantenhaushalte und Migrantengemeinden mit ihren Herkunftsorten und Herkunftsgesellschaften verbinden (→ Transmigrant). Sie schaffen über nationale Kontexte hinweg Bezugsrahmen für Lebenszusammenhänge, soziale Positionierungen, multiple Identitäten und Biografien der Personen, die sich in ihnen bewegen. Von diesen Phänomenen kann jedoch nicht auf eine Bedeutungsminderung nationalstaatlicher Grenzen und nationaler Migrationsregime für die

Regulierung und Kontrolle transnationaler Migration geschlossen werden. **H.W.**

Raumforschung, Regionalforschung, interdisziplinäre Forschungsrichtung (u.a. Geographie, Ökonomie, Soziologie) zur Beschreibung und Analyse der geographischen, ökonomischen, politischen und sozialen Struktur von größeren Gebieten (Regionen). In den USA ist ein stark mathematisierter Teil der R. die *regional science*. **J.F.**

Raumplanung, Regionalplanung, Plan für die Nutzung, Erschließung und Besiedlung eines zusammenhängenden Gebietes (Region). Die Regionalplanung steht hinsichtlich der Größe des zu planenden Raumes zwischen staatlicher Landesplanung und der Bauleitplanung der Gemeinden. **J.F.**

Rauschen → Geräusch

Reaktanz ist in der R.-Theorie (J.W. Brehm 1966, 1972) eine motivationale Erregung mit dem Ziel, eine bedrohte oder abnehmende oder gänzlich beseitigte Freiheit wiederherzustellen. Die Stärke der R. hängt u.a. von der Wichtigkeit der Freiheit für die Person, dem Umfang der bedrohten oder eliminierten Freiheit und der Stärke der Freiheitseinengung ab. R. führt zu Veränderungen in der Bewertung der unkontrollierbaren Ergebnisse, zu direkten Versuchen, das bedrohte Verhalten auszuführen, zu Versuchen, die Freiheit durch das Ausführen ähnlicher Handlungen wiederherzustellen sowie zur Entwicklung von Wut und aggressiven Gefühlen. **W.P.**

Reaktion, auch: Erwiderung, Abkürzung: R, *reaction, response*, Bezeichnung für die Antwort eines Organismus auf Reize oder Reizkonstellationen. Die R.en können von verschiedener Komplexität sein. So werden z.B. motorische R., endokrine R., emotionale R., verbale R. usw. unterschieden. **H.S.**

Reaktion, antizipative, auch: antizipierende oder antizipatorische Reaktion, *anticipatory reaction*, Bezeichnung für eine Reaktion, die ursprünglich auf bestimmte situative Reize erfolgte, im Wiederholungsfall jedoch bereits vorweggenommen werden kann. Wird beispielsweise ein Kind für ein bestimmtes Verhalten bestraft, so wird es in der Regel dieses Verhalten nicht mehr äußern. In der Folge genügt es, dass das Kind die Reize wahrnimmt, die der Bestrafung vorangegangen sind, um das Verhalten nicht mehr zu äußern (Vermeidungslernen). **H.S.**

Reaktion, antizipierte, *anticipated reaction*, eine Form der „Interessenvertretung" der politischen Basis durch die Herrschenden ohne Teilnahme der Basis: Die Herrschenden nehmen im Interesse ihrer Rechtfertigung von vornherein die vermutlichen Interessen der Basis in ihre politischen Entscheidungen auf. Entwickelt wurde

dieses Konzept in der amerikanischen Gemeindesoziologie (R.A. Dahl). **W.F.H.**

Reaktion, bedingte, oder konditionierte Reaktion, auch: bedingter oder konditionierter Reflex, *conditioned response*, Abkürzung: CR, Bezeichnung für die von dem russischen Physiologen Pawlow entdeckte Tatsache, dass eine Reaktion, die normalerweise nur durch einen unbedingten Reiz ausgelöst wird, auch durch einen ursprünglich neutralen Reiz ausgelöst werden kann, wenn dieser wiederholt zusammen oder kurz vor dem unbedingten Reiz dargeboten wird. → Konditionierung, klassische. **H.S.**

Reaktion, kollektive, bei T. Geiger Bezeichnung für Verhaltensweisen des Publikums bei einer Normübertretung: Es missbilligt die Normverletzung, und es billigt die Reaktion des Betroffenen bzw. missbilligt, wenn der Betroffene nicht in der erwarteten Weise reagiert. **M.O.H.**

Reaktion, operante → Operant

Reaktion, respondente → Respondent [2]

Reaktion, thermidorianische, Bezeichnung für das Stadium in Revolutionsablaufmodellen, welches sich nach der Herrschaft der Extremisten durchsetzt und sich bewusst von dieser distanziert. In diesem Stadium wird eine Stabilisierung angestrebt durch Aufgabe der revolutionären Zielsetzungen. Der Begriff t. R. entspringt der Verallgemeinerung des Ablaufs der französischen Revolution und bezieht sich auf das Stadium nach dem Sturz Robespierres am 9. Thermidor des Jahres II, d.i. 27. Juli 1794. **O.R.**

Reaktion, unbedingte, unbedingter Reflex, auch: unkonditionierte(r) Reaktion (Reflex), *unconditioned response*, Abkürzung: UCR, Bezeichnung für eine Reaktion, die durch eine bestimmte Reizsituation ausgelöst wird, ohne dass ein Lernvorgang oder eine → Konditionierung stattgefunden hat (→ Reaktion, bedingte). **H.S.**

Reaktion, zirkuläre → Interaktion, zirkuläre

Reaktionsbildung, ein Abwehrmechanismus, der als Reaktion auf einen ursprünglich vehementen, dann entweder durch äußeres Verbot oder durch innere Triebgefahr verdrängten Wunsch gebildet wurde. Da die R.en permanente Gegenbesetzungen gegen drohende Triebgefahren darstellen, zeichnen sie sich vor allem durch Rigidität und Stereotypie aus und imponieren als Charakterzüge, die genetisch insbesondere im Zusammenhang mit der libidinösen und aggressiven Entwicklung in der analen Phase zu verstehen sind, wie z.B. peinliche Sauberkeit als R. auf Schmutzlust oder „übertriebene" Freundlichkeit als R. gegen Aggressivität. Neben der psychopathologischen Bedeutung der R.en bei den so genannten Charakterneurosen und in extremen Fällen einer Psychopathologie der Be-

R

rufswahl spielen R.en bei der normalen Über-Ich-Bildung eine Rolle. U.E.

Reaktionsdifferenzierung → Differenzierung [2]; → Verhaltensausformung

Reaktionseinstellung, *response set,* allgemeine Bezeichnung für eine Tendenz, in bestimmten Situationen nicht den Reizen adäquat zu reagieren, sondern bestimmten Mustern oder Schemata zu folgen. So kann die R. z.B. bei Fragebogenerhebungen zu einer Verzerrung der Ergebnisse führen, wenn der Proband nicht unbefangen auf die Fragen antwortet, sondern nur Antworten gibt, die er für sozial wünschenswert hält, oder unabhängig vom Inhalt der vorgelegten Fragen eher mit „Ja" als mit „Nein" antwortet. Die Möglichkeit einer R. bei den Befragten sollte bei der Formulierung und Anordnung der Fragen im Fragebogen berücksichtigt werden. H.S./H.W.

Reaktionsgeneralisierung, Bezeichnung für den Vorgang, dass auf einen spezifischen Reiz hin nicht nur die gelernte Reaktion auftritt, sondern dass auch ähnliche Reaktionen geäußert werden, sofern sie ebenfalls zu einer Verstärkung führen. Ein einfaches Beispiel der R. ist schon dann gegeben, wenn beispielsweise ein Kind dafür verstärkt wurde, in einer bestimmten Weise ein Wort auszusprechen und im Folgenden das Wort etwa in unterschiedlicher Lautstärke geäußert wird. Gegensatz: (Reaktions-)Differenzierung. → Differenzierung [2] H.S.

Reaktionshierarchie, Bezeichnung für eine Gruppe von Reaktionen, die mit einem spezifischen Reiz verbunden sind, und deren Auftretenswahrscheinlichkeiten unterschiedlich sind. So verfügt ein Organismus z.B. über zahlreiche Reaktionen, um zu einem Ziel zu gelangen. Von diesen Reaktionen wird die zuerst geäußert, die mit größter Wahrscheinlichkeit am schnellsten zum Ziel führt. Erst wenn sich diese Reaktion als erfolglos erweist, werden andere Reaktionen aus der R. mit geringerer Erfolgswahrscheinlichkeit ausgelöst. H.S.

Reaktionslatenz → Latenz [1]

Reaktionspotenzial, Bezeichnung für die hypothetisch angenommene Tendenz eines Reizes, eine spezifische Reaktion auszulösen. Das R. wird durch verschiedene Faktoren bedingt, von denen die wichtigsten die → Gewohnheitsstärke und die Bedürfnisspannung (→ Bedürfnis [2]) sind. Das Zusammenwirken dieser Faktoren ist multiplikativ. Das bedeutet u.a.: ist auch nur einer der Faktoren gleich Null, so erfolgt keine Reaktion. Dem R. wirkt das → Hemmungspotenzial entgegen. Subtrahiert man vom R. das Hemmungspotenzial, so erhält man das affektive R. H.S.

Reaktionsumkehrung, *response reversal,* Bezeichnung für eine experimentelle Umkehrung von Reiz und Reaktion während des Lernprozesses. So werden etwa beim Lernen von Paarassoziationsaufgaben zunächst Reizglieder dargeboten, auf die mit Reaktionsgliedern zu antworten ist. Die R. besteht nun darin, dass in einem weiteren Versuchsdurchgang das bisherige Reaktionsglied dargeboten wird, das nun mit dem bisherigen Reizglied zu beantworten ist. H.S.

Reaktivität, steht für die Reaktionsfähigkeit untersuchter Individuen und Gruppen auf vom Forscher unter bestimmten Bedingungen gesetzte „Reize" (z.B. Antworten auf Fragen im Interview). Im Falle reaktiver Methoden sind die Untersuchungsergebnisse prinzipiell von den verwendeten Untersuchungsmethoden abhängig. Ob und wieweit eine Methode zu verzerrten Darstellungen von (als gegeben angesehenen) Eigenschaften des Objekts führt, ist Gegenstand der Methodenforschung. R. gehört zu den Grundbedingungen empirischer Forschung in den Sozialwissenschaften. W.F.H.

Realanalyse, im Anschluss an K. Marx Bezeichnung für die Untersuchung der Besonderheiten der gesellschaftlichen Verhältnisse, die auch bei gleicher ökonomischer Basis vielfältige Variationen und Abstufungen zeigen können und nur durch empirische Analyse zu begreifen sind. H.W.

Realangst → Angst

Realdefinition, Definition eines Begriffs durch Aussagen über die Beschaffenheit der von ihm bezeichneten Gegenstände oder über die Art seines Gebrauchs. Abgesehen von Aussagen über das Wesen von Gegenständen oder Sachverhalten lassen sich folgende Arten von R. unterscheiden: → Bedeutungsanalysen, → Explikationen und empirische Analysen (Wiedergabe der Merkmale der bezeichneten Gegenstände). H.D.R.

Reale, das, neben dem → Symbolischen und dem → Imaginären eines der drei Register, die gemeinsam das grundlegende Klassifikationssystem der strukturalen Psychoanalyse J. Lacans bilden. Im Unterschied zu psychischer oder sozialer „Realität" bezeichnet d.R. das, was jeder sprachlichen Symbolisierung absolut widersteht. In der lacanianischen Sozialtheorie wird d.R. mit der prinzipiellen Unabschließbarkeit und Nicht-Totalität von Gesellschaft sowie mit der Instanz eines Gesellschaft gründenden, doch selbst nicht-aufhebbaren → Antagonismus assoziiert. O.M.

Realfaktoren, Faktoren des Unterbaus, Faktoren des gesellschaftlichen Seins, sind meist unspezifisch Elemente der Körperlichkeit des Men-

R

schen, der Natur (Ökologie, Raum, Klima) etc. einerseits, der Sozialstruktur (Entwicklungsstand der Technik, Klassenlage, Machtstruktur) andererseits. Der Begriff stammt aus der Wissenssoziologie M. Schelers und bezeichnet dort etwa Rasse, politische Machtverhältnisse, Interessen, Produktionsverhältnisse etc. Sie gehören zu drei Hauptgruppen der R.: Natur, Macht und Wirtschaft, denen jeweils einer der menschlichen Triebe zugrunde liegt: Sexual- und Fortpflanzungstrieb, Machttrieb und Nahrungstrieb. Die Geschehnisse der Realwelt sind vom Willen des Menschen unabhängig und gehorchen einer automatisch sich durchsetzenden eigengesetzlichen Phasenabfolge. In sie kann der menschliche Geist bestenfalls „leitend und lenkend" eingreifen. Dass die Idealfaktoren je nach eigenem Plan die R. positiv beherrschen könnten, gilt Scheler als utopische Vorstellung. Die R. determinieren die Idealfaktoren zwar nicht in ihrem Inhalt, aber sie allein legen fest, welche der vielfältigen Möglichkeiten, die der Geist ersinnt, historisch realisiert werden. Gegenüber K. Marx vertritt Scheler die Auffassung, dass jeder der drei Haupt-R. in je verschiedenen Phasen einer Kultur vorherrschend ist: in der Frühphase die Natur, gefolgt von der Macht, und erst in der Spätphase wird die Wirtschaft bestimmend.
W.M.S.

Real-Ich → Lust-Ich – Real-Ich

Realisation, Bezeichnung von K. Holzkamp für die Herstellung von experimentellen Bedingungen, unter denen eine Gesetzeshypothese verifiziert werden soll. Durch den Ausdruck R. will Holzkamp darauf hinweisen, dass der Experimentator nicht Beobachter eines „Natur"-Vorganges sei, sondern durch praktische Handlungen im Experiment eine Hypothese zu bewahrheiten versuche (→ Konstruktivismus [4]).
H.W.

realism, symbolic (engl.) → Realismus, symbolischer

Realismus, [1] auch: Begriffsrealismus, von Platon und in abgeschwächter Form von Aristoteles vertretene Ansicht, dass Universalien (Eigenschaften, Farben u.ä.) real existieren und unseren Wahrnehmungen der sinnlich erfahrbaren Welt vorausgehen. Der R. wurde im mittelalterlichen → Universalienstreit gegen den→ Nominalismus verfochten.
[2] Erkenntnistheoretischer R.: die wahrnehmbaren Dinge sind unmittelbar gegebene, vom Erkennenden unabhängig bestehende Wirklichkeit (naiver R.); dagegen erkennt der kritische R. Bewusstseinsinhalte an, durch die die Wirklichkeit wahrgenommen wird. Der R. versteht sich als Gegenposition zum → Idealismus [1].

[3] Im Gegensatz zum → Instrumentalismus [1] entspricht dem R. in der modernen wissenschaftstheoretischen Diskussion die Ansicht, dass die Wissenschaft das Ziel haben müsse, die Welt so zu beschreiben und zu erklären, wie sie sei, und sich nicht auf Aussagen beschränken dürfe, die für instrumentelle (z.B. technische) Zwecke ausreichten, von denen aber unsicher sei, ob sie die Realität wiedergeben.
H.D.R.

Realismus, kritischer, Bezeichnung für die vor allem mit den Arbeiten von R. Bhaskar verbundene und in der angelsächsischen Soziologie einflussreiche realistisch orientierte Philosophie der Sozialwissenschaften, die sich als eine Alternative zu positivistischen wie zu hermeneutischen Methodologien versteht. Grundprinzipien des k.R. sind neben einer realistischen Epistemologie ein im Gegensatz zum → methodologischen Individualismus stehender strukturalistischer Ansatz, der die Zeit-Raum-Abhängigkeit und die Akteurabhängigkeit sozialer Strukturen betont.
R.S.

Realismus, symbolischer, *symbolic realism,* von R.N. Bellah geprägter Begriff zur Bezeichnung einer erkenntnistheoretischen Haltung, die sich gegen jede Form reduktionistischer Erklärung von Religion wendet, religiöse Symbolisierung und Erfahrung als anthropologische Konstanten ansieht und in der Folge einer wissenschaftlichen Analyse der Religion einen höheren Wahrheitsgehalt als den religiösen Symbolen selbst abspricht.
V.Kr.

Realität, Konstruktion einer, bringt das Verständnis sozialer Wirklichkeit als einer in sozialem Handeln und Erleben gründenden und daraus hervorgehenden R. zum Ausdruck. Das gesamte tradierte Wissen einer Gesellschaft muss potenziell in Prozessen der Entwicklung, der Vermittlung und der Erhaltung des Wissens den einzelnen Handelnden plausibel werden, und es dient zugleich aktuell in Prozessen der Legitimation zur Stützung des institutionellen Gefüges einer Gesellschaft. In diesen Prozessen wird soziale R. in steter Wechselbeziehung „konstruiert". Die Analyse der Konstruktion von sozialen R.en hat daher drei Fragen aufzuklären: a) Wie kommt es dazu, dass diese R.en so gut wie unabhängig sind vom Beitrag des einzelnen Handelnden? b) Wie kommt es dazu, dass diese R.en dem einzelnen Handelnden als sein eigenes Produkt erscheinen, über das er nach Belieben frei verfügen kann? c) Wie kann eine R. einerseits subjektiv plausibel sein, indem sie individuellem Handeln einen Bezug gibt, und andererseits objektiv sinnvoll sein, indem sie die Einzelerfahrung als „allgemein gültig" erscheinen lässt?
R.G.

R

Realität, soziale, gesellschaftlich konstruierte Wirklichkeit (P.L. Berger u. T. Luckmann 1966), in der Soziologie weithin akzeptiertes Verständnis von s.R., die in sozialem Handeln und Erleben gründet und daraus hervorgeht. Das gesamte tradierte Wissen einer Gesellschaft muss potenziell in Prozessen der Entwicklung, der Vermittlung und der Erhaltung des Wissens dem einzelnen Handelnden plausibel werden, und es dient zugleich aktuell in Prozessen der Legitimation zur Stützung des institutionellen Gefüges einer Gesellschaft. In diesen Prozessen wird s.R. in steter Wechselbeziehung „konstruiert". Die Analyse der Konstruktion von s.R. hat daher drei Fragen aufzuklären: a) Wie kommt es dazu, dass diese R. so gut wie unabhängig sind vom Beitrag der einzelnen Handelnden? b) Wie kommt es dazu, dass diese R. dem einzelnen Handelnden als sein eigenes Produkt erscheinen, über das er nach Belieben frei verfügen kann? c) Wie kann eine R. einerseits subjektiv plausibel sein, indem sie individuellem Handeln einen Bezug gibt, und andererseits objektiv sinnvoll sein, indem sie die Einzelerfahrung als „allgemeingültig" erscheinen lässt? → Konstruktivismus R.G.

Realitätsleugnung, ein → Abwehrmechanismus des Ich, bei dem bestimmte, für das Ich bedrohliche oder beängstigende Fakten in der Realität geleugnet bzw. nicht wahrgenommen werden. R.Kl.

Realitätsprinzip, psychoanalytischer Begriff, bezeichnet das Regulationsprinzip, das zwischen Triebwünschen, so genannten Es-Ansprüchen, und Ich-Interessen und Über-Ich-Haltungen vermittelt. Das bedeutet, im Gegensatz zum → Lustprinzip Befriedigungen nicht unmittelbar gesucht, sondern aufgeschoben und/oder verschoben werden können auf Triebobjekte, die sozial akzeptabel sind. Wesentliche Voraussetzung für das Funktionieren des R.s ist die kognitive Entwicklung mit der Möglichkeit der Realitätsprüfung. U.E.

Realitätsverlust, Verlust der Fähigkeit, zwischen eigenen Vorstellungen und äußeren Gegebenheiten zu trennen. R. wird von Psychoanalytikern als Rückfall in frühkindliche Erlebnisweisen erklärt. U.Sch.

Reallohn, allgemein Realeinkommen. Definiert als Verhältnis von Nominallohn oder (Lohn-) Einkommen zu laufenden Preisen und Preisindex. Der R. drückt die Kaufkraft des Einkommens aus. Als Maß für den Lebensstandard ist der R. nur bedingt geeignet, da er sich nur auf monetäre Einkommen und entgeltliche Güter und Dienste bezieht und als eindimensionale Stromgröße auch nicht das nur mehrdimensional zu erfassende Wohlfahrtsniveau (Bestands-

größe) und dessen Veränderung (Stromgröße) anzeigt. D.K.

Realsoziologie, beschreibt die von der Einwirkung geistiger Faktoren unabhängigen, eigengesetzlichen, realen Wirkfaktoren (z.B. ökonomische Produktionsverhältnisse, politische Machtverhältnisse) des gesellschaftlichen Geschehens. B.W.R.

Realtypus, Bezeichnung für ein charakteristisches Muster von Eigenschaften eines Sachverhaltes, das im Unterschied zum → Idealtypus nicht auf einer rationalen Konstruktion beruht, sondern mit einer bestimmten Regelmäßigkeit in der Realität vorzufinden ist. H.W.

Realwissenschaft, nicht-philosophische Wissenschaft, d.h. eine Wissenschaft, die ihre Aufgabe in der Erkenntnis über die „Realien", die wirklichen Dinge, also individuelle historische Tatbestände, sieht. Demgegenüber untersuchen die Idealwissenschaften (Logik, Mathematik) allgemeine, zeitlose, rein logische Sachverhalte. Die Unterscheidung ist von Bedeutung etwa für die Kritik des Psychologismus in der Logik (E. Husserl). L.K./H.W.

reason (engl.) → Vernunft

reasons-causes-Debatte (engl.) → Gründe und Ursachen

Rebellion, [1] Kampf um die Veränderung der politischen Positionen, sodass es zu einer Änderung der bestehenden politischen Herrschaftsordnung kommen soll.

[2] Das Auflehnen gegen die bestehende politische, ökonomische und soziale Ordnung mit dem Ziel, diese zu beseitigen, ohne dass eine bestimmte neue Ordnung angestrebt und mit Gewalt durchgesetzt werden soll.

[3] Bezeichnung für eine misslungene Revolution.

[4] In der Anomie-Theorie von R.K. Merton (1957) wird R. durch die Dissoziation kultureller Werte und institutionalisierter Mittel ausgelöst. Sowohl die gesellschaftlichen Werte wie die akzeptierten Mittel werden durch die R. verworfen. O.R.

Rebellion, rituelle, ethnologische Bezeichnung (M. Gluckmann 1952) für Handlungsformen, die sich gegen die soziale bzw. kulturelle Ordnung richten, Vorschriften oder Tabus brechen, aber sozial erwartet oder vorgeschrieben sind (insofern rituell im Sinne von nicht ernsthaft). Beispiele sind der zeitweise Wechsel von Männer- und Frauenrollen, die geduldete Beschimpfung oder auch Demütigung von sozial Höherstehenden, auch von Herrschern (vgl. die Übernahme der Rathäuser im Fasching). W.F.H.

recency effect (engl.), Bezeichnung für den Faktor, der die an letzter Stelle präsentierte Kommunikation beim Empfänger wirksamer sein lässt als die zuvor präsentierten Inhalte. Die Forschungsergebnisse hierzu sind uneinheitlich: Nach einigen gibt es einen *r. e.*, nach anderen dagegen einen *primacy effect* (→ Primatwirkung), wonach die an erster Stelle dargebotenen Kommunikationen wirkungsvoller sind.   R.L.

Recht, [1] die Summe derjenigen Verhaltensregeln, bei deren Übertretung Sanktionen (zumindest psychischer Art, wie Entrüstung) von einer dazu autorisierten Instanz erlassen werden. Mit diesem weitgefassten Begriff können auch die Ethnologen arbeiten.

[2] Verhaltensregeln, die explizit formuliert, von einer (meist staatlichen) Instanz gesetzt und von (meist staatlichen) Sanktionsinstanzen mit (insbesondere physischen) Zwangsmitteln garantiert werden. Dieser engere Begriff wird vor allem auf moderne Gesellschaften angewendet. Man fasst ihn so inhaltsreich, um R. abgrenzen zu können von Brauch, Sitte, Moral, Religion und anderen Normordnungen. Eine Reihe vorkommender Begriffsfassungen verzichtet auf das eine oder andere hier genannte Definitionsmerkmal.

[3] Auch: Rechtsform, bei dem Marxisten P.O. Chalfina (1968) die Gesamtheit der Normen, die einen bestimmten Aspekt ökonomischer Verhältnisse regulieren und zugleich ihren Inhalt bedingen. So erwähnt K. Marx als Form des Tauschverhältnisses den Vertrag, „worin sich das ökonomische Verhältnis widerspiegelt. Der Inhalt dieses Rechts- oder Willensverhältnisses ist durch das ökonomische Verhältnis selbst gegeben."

[4] Bei P.A. Sorokin (1947) ist R. jede Verhaltensnorm, die einer Partei einen bestimmten Anspruch und einer anderen Partei eine bestimmte Pflicht auferlegt.

[5] Für M.S. McDougal ist das R. kein Inbegriff von Normen, sondern die Aufeinanderfolge politischer Entscheidungen.

[6] N. Luhmann (1972) fasst R. „als Struktur eines sozialen Systems, die auf kongruenter Generalisierung normativer Verhaltenserwartungen beruht". Damit sind diejenigen Erwartungen gemeint, die sowohl → enttäuschungsfest stabilisiert als auch äußerlich fixiert sind sowie durch einen erwarteten Konsens seitens Dritter gestützt werden.   R.L.

Recht, gesellschaftliches → Recht, lebendes
Recht, inoffizielles → Recht, offizielles – inoffizielles
Recht, lebendes, bei E. Ehrlich „das nicht in Rechtssätzen festgelegte Recht, das aber doch das Leben beherrscht". Das l.e R. ist nicht mit dem gesellschaftlichen Recht gleichzusetzen (das sind die Lebensformen, die ganz ohne staatliche Eingriffe zur Grundlage der bestehenden Ordnung werden). Nach M. Rehbinder ist das l.e R. ein gesellschaftliches Recht auf höherer Stufe, nämlich durch Reaktion auf Juristenrecht und staatliches Recht beeinflusst.   R.L.

Recht, objektives – subjektives. O. R. ist die Summe der vorhandenen Rechtsnormen, das Recht in seiner Allgemeinheit. Das s.e R. bezeichnet Positionen, die ein Einzelner innehaben und im Gerichtswege geltend machen kann. Die s.n R.e sind Teile des o.n R.s; aber der Gesamtbereich des o.n R.s ist nicht rückstandslos in s.e R.e auflösbar (z.B. das Recht des Landschaftsschutzes gehört zum o.n R.; dem Einzelnen steht es aber nicht zu, die Durchsetzung dieses o.n R.s als sein s. R. zu betreiben). Beide Begriffe sowie ihre Gegenüberstellung gehen auf die Epoche der Durchsetzung der bürgerlichen Gesellschaft zurück. Erst die Theorie der bürgerlichen Gesellschaft formulierte die Personenbezogenheit rechtlicher Zusammenhänge und begründete damit das s.e R. als einen gegen den Staat zu wendenden Anspruch des Einzelnen.   M.O.H.

Recht, offizielles – inoffizielles. Bei P.A. Sorokin ist o. R. die Gesamtheit der Rechtsnormen, die für alle Gruppenmitglieder obligatorisch sind und die von der ganzen autoritativen Macht der Gruppenführung oder von der Gruppe selbst getragen und durchgesetzt werden. I. R. ist das, was unter der sozialen Oberfläche, die vom o.n R. bestimmt ist, zahlreiche individuelle, gruppenspezifische Interaktionen regelt, an die das o.e R. nicht heranreicht. Die Normen des i.n R.s stehen neben dem o.n R.; sie ergänzen und korrigieren es oder bestimmen sogar Abweichungen von ihm.   M.O.H.

Recht, positives, [1] Rechtsnormen, die – ungeachtet ihres Inhalts – als verbindlich anerkannt werden, nur weil sie formell korrekt zu Stande gekommen sind. Der Begriff hat sich im 19. Jahrhundert, im Zusammenhang mit der Ausdifferenzierung der Rechtswissenschaft, herausgebildet. Der Rechtspositivismus glaubt, bei der juristischen Argumentation auf die Berücksichtigung des gesellschaftlichen Kontexts zu Gunsten logisch-begrifflicher Analyse verzichten zu können.

[2] Bei N. Luhmann ist p. R. dasjenige Recht, das beliebig abänderbar ist, je nach den Funktionszusammenhängen des Systems. Positivität ist hier nicht mehr als ein Mittel zur Reduktion von Komplexität.   M.O.H.

Recht, repressives – restitutives, vergeltendes – wiederherstellendes R. Nach E. Durkheim entspricht das repr. R. (z.B. Strafrecht) den Gesellschaften mit → mechanischer Solidarität; es verhindert soziale Differenzierungen und stellt so-

R

ziale Gleichheit unvermittelt wieder her. Das rest. R. (z.B. Zivilrecht) entspricht den Gesellschaften mit → organischer Solidarität; es schützt die Differenzierung der Gesellschaft, ja garantiert geradezu den „ungehinderten Aufschwung der sozialen Arbeitsteilung".   M.O.H.

Recht, spontanes, bei L. Duguit Bezeichnung für die Rechtsnormen, die aus der sozialen Solidarität entstehen, dem Staat vorausgehen und ihm überlegen bleiben. Wenn der Staat eine Rechtsnorm formuliert, so tut er das – nach dieser Theorie – auf der Basis vorgegebenen s.n R.s, das er nur aufgreifen kann, um dann von ihm wieder überholt zu werden.   M.O.H.

Recht, subjektives → Recht, objektives – subjektives

Rechtfertigungszusammenhang → Entdeckungszusammenhang – Rechtfertigungszusammenhang

Rechtsethnologie, ein Teilbereich der Rechtssoziologie, der den Ausgang von solchen rechtlichen Befunden nimmt, die jenseits der Demarkationslinie des okzidentalen Rechts anzutreffen sind. Als interethnischer Rechtsvergleich vermag R. zum Korrektiv okzidental beschränkter Rechtssoziologie zu werden, sofern sie sich nicht einem kolonialistischen Verwertungsinteresse unterwirft. Damit fördert die R. auch das Verständnis dessen, was in der sog. Dritten Welt Recht ist. Das Verständnis des traditionalen Rechts (d.i. Recht aus Gesellschaften mit Elementen vorkapitalistischer Produktionsweisen) hilft die Bedeutung des mit dem Kolonialismus importierten Rechts zu klären.   M.O.H.

Rechtsnorm, diejenige soziale Norm, die von einer Instanz (meist vom Staat) kraft alleiniger Sanktionsgewalt geschützt wird.   H.Tr.

Rechtspositivismus → Recht, positives [1]

Rechtssicherheit besitzt die Entscheidungspraxis einer juristischen Bürokratie in dem Maße, wie ihre Aktivitäten streng den vorgegebenen Verfahrensregeln folgen und somit für die Benutzer vorhersehbar sind.   R.L.

Rechtssoziologie, befasst sich mit dem Beitrag juristischer Einrichtungen zur sozialen Ordnung sowie mit dem Einfluss gesellschaftlicher Kräfte auf die juristischen Vorgänge. Im einen Fall haben wir es mit Allgemeiner Soziologie zu tun, die seit ihren Anfängen (vor allem bei E. Durkheim und M. Weber) den Platz des → Rechts im Gesellschaftsprozess betont, beispielsweise bei der Modernisierung. Im anderen Fall arbeitet R. als eine der speziellen Soziologien (→ Bindestrich-Soziologie) und untersucht Vorgänge der Gesetzgebung, der Rechtsanwendung bei Gerichten, die juristischen Berufe und die Benutzung des Rechts durch die Bevölkerung. Da kaum ein Lebensbereich von der Verrechtli-

chung ausgenommen bleibt, sind die Untersuchungsfelder der R. unabsehbar groß. Für einige Bereiche haben sich eigene Spezialsoziologien entwickelt, etwa für Staat und Verwaltung, für die Internationalen Beziehungen sowie für die Kriminalität. Kontrovers ist die Frage, inwieweit R. sich mit Gerechtigkeit befassen kann oder sollte.   R.L.

Rechtsstaat, eine Staatsform, die die Prinzipien sowohl der Rechtssicherheit als auch der Rechtmäßigkeit des staatlichen Handelns zu realisieren sucht. Der materielle Gehalt der demokratischen und sozialen Prinzipien des Grundgesetzes tritt zur Legalität staatlichen Handelns hinzu. Eine bürgerlich-liberale Form des R. wurde in Deutschland im 19. Jahrhundert gegen Eingriffe des Staates in die Sphäre des Individuums entwickelt. Ein formaler R. findet sich häufig auch in Diktaturen, z.B. in Deutschland zu Beginn der Nazi-Herrschaft.   D.B.

Rechtsstab, bezeichnet die Einrichtungen, welche das geschriebene Recht anwenden und durchsetzen. Meist bezieht sich R. auf den staatlichen Zwangsapparat (Verwaltungsbehörden, z.B. die Polizei und die Instanzen der Rechtssprechung wie Justiz, Staatsanwaltschaft, Strafvollzug). Zum R. können auch außerstaatliche Einrichtungen für juristische Beratung und Hilfe, vor allem die Rechtsanwaltschaft, gerechnet werden.   R.L.

Rechtstatsachenforschung, ein Forschungszweig innerhalb der Rechtssoziologie. Die R. fragt, wie die Formen der tatsächlichen Rechtsanwendung beschaffen sind, in welcher Weise die Gesetze von Gerichten und Publikum tatsächlich angewendet werden, welche Zwecke mit den Normen verfolgt werden und welche Wirkungen sie äußern (A. Nußbaum). Die R. ist sich des Unterschieds zwischen dem Recht in den Büchern und dem → lebenden Recht bewusst.   M.O.H.

recognition (engl.) → Anerkennung

recognition heuristics (engl.), alltägliche Annahmen, die eine Entscheidungsstrategie bei begrenzter Information (Gigerenzer u.a. 1999) ermöglichen: Wenn von zwei Alternativen (Objekten) eine bekannt und eine unbekannt sind, wird angenommen, dass die bekannte einen höheren Wert hat. Z.B. amerikanische Studenten kennen eher München als Dortmund und urteilen (deshalb), dass München die größere Stadt ist.   W.F.H.

recognition, professional (engl.) → Anerkennung, professionelle

record-linkage (engl.), Datenverkettung, in der Datenverarbeitung Operationen zur Verknüpfung von Datensätzen und zum Herstellen von Verweisstrukturen. Typisches Beispiel ist die Abbildung von Verwandtschaftsstrukturen in einem personenbezogenen Datensatz: den Daten zur Person werden Zeiger hinzugefügt, die z.B. auf den Datensatz der Mutter oder des Vaters verweisen und so die Verwandtschaftsbeziehungen abbilden. Die Möglichkeit, solche Verweisstrukturen herzustellen, hängt von der eingesetzten Software ab. **Ch.W.**

Rede, repräsentative, nach C. Schmitt eine rationale und irrationale Elemente vereinigende rhetorische Form, die die öffentliche Sichtbarmachung eines unsichtbaren Seins oder Personifizierung einer präexistenten Idee (z.B. Gott, Volk, Freiheit, Gleichheit) in der Öffentlichkeit oder durch Publizität sowohl beinhaltet als auch gleichzeitig verwirklicht, indem sie an die Personalität einer selbst eine höhere Autorität (z.B. die Idee des Staates, der Kirche) verkörpernden (und somit repräsentierenden) Person (z.B. eines politischen Führers) gebunden ist. **R.Kr.**

Rederecht, bezeichnet in Studien über alltäglich-informelle sowie über formale Kommunikationen die Berechtigung des einen zu sprechen und die Pflicht des anderen zuzuhören. Die Übergabe des R. ist in formalen Situationen festgelegt oder wird durch einen „Moderator" geregelt, in informellen muss sie ausgehandelt werden. **W.F.H.**

redintegration (engl.) → Reintegration

Redistribution → Umverteilung

Reduktion, [1] Form des logischen Schlusses, in dem (im Unterschied zur → Deduktion) vom Nachsatz auf den Vordersatz geschlossen wird: wenn *A*, dann *B* – gegeben nun *B*, also auch *A*. Die R. ist ein hypothetischer, kein zwingender Schluss.

[2] Erklärung einer Aussage oder Theorie in einem Forschungsgebiet durch eine Theorie eines anderen Gebietes, deren Gegenstände i.d.R. als die Bestandteile der Objekte der reduzierten Theorie aufgefasst werden, z.B. Erklärung soziologischer Aussagen durch psychologische Theorien (→ Reduktionismus). **H.D.R.**

[3] In der → Arbeitswerttheorie [3] stellt sich als Problem der R. die Frage nach der quantitativen Rückführung komplizierter Arbeit auf einfache Arbeit. Dabei wird oft fälschlicherweise die Wert schaffende Potenz einer Arbeitskraft mit ihrem Wert (bzw. ihrem Qualifikationsniveau) identifiziert. **W.F.H.**

Reduktion von Komplexität, [1] Dieser Ausdruck von N. Luhmann ist unter Gebildeten geradezu populär geworden und will dann meist nicht mehr besagen, als dass man etwas Schwieriges vereinfache. Erkenntnistheoretisch und soziologisch geht es bei R.v.K. darum, wie die unüberschaubare Vielfalt der Welt erlebt und beobachtet werden kann. Bei der gesellschaftlichen Kommunikation wird → Komplexität in

Form von → Sinn [7] repräsentiert. Aus der Vielzahl möglicher Aspekte werden die jetzt wichtigen herausgegriffen (→ Selektion). Die Welt ist zwar präsent, aber in Form der jeweils zugänglichen Möglichkeiten. **R.L.**

[2] Die Formel ist zunächst für das notwendig-selektive Verhältnis von Systemen zu ihrer Umwelt oder von Begriffen zu ihren Gegenständen angewandt worden (J. Bruner). Zusätzlich zieht die funktional-strukturelle Theorie in Betracht, dass auch die eigene Komplexität für Systeme unzugänglich bzw. nur selektiv (z.B. nur begriffsförmig) zugänglich ist. Das heißt: R. v. K. ist, da es keine Totalsichten gibt, unvermeidlicher Aspekt von Prozessen schlechthin. **N.L.**

Reduktion, eidetische → Phänomenologie [2]

Reduktion, phänomenologische → Phänomenologie [2]

Reduktionismus, Erklärungsweise, die Prozesse auf einer Systemebene auf Gesetzmäßigkeiten im Verhalten der Subsysteme reduziert und in der Soziologie z.B. Hypothesen über das Individual- oder Kleingruppenverhalten zur Erklärung von Gruppenverhalten benutzt. Spielarten des R. sind → Psychologismus und → methodologischer Individualismus in den Sozialwissenschaften sowie → Physikalismus in den Naturwissenschaften. Haupteinwand gegen den R. ist, dass auf jeder Systemebene durch die Interaktion von Subsystemen neue Phänomene entstehen (→ Emergenz), die nicht durch Aussagen über das Einzelverhalten von Subsystemen erklärbar sind. **H.D.R.**

Redundanz. [1] Überschuss, eine Zeichenfolge ist redundant, wenn durch Eliminierung eines oder mehrerer Zeichen kein Verlust an der durch die Zeichenfolge dargestellten Information eintritt. Der redundante Teil einer Nachricht hilft, Fehler zu erkennen. Die hohe R. in der Alltagskommunikation fördert das Verstehen und lässt Fehlinterpretationen vermeiden. **A.H./R.L.**

[2] Bei N. Luhmann die Mehrfachabsicherung einer Funktion durch multifunktionale Einrichtungen. Zu einem R.verzicht kommt es, wenn multifunktionale durch funktionsspezifische Einrichtungen ersetzt werden. **R.S.**

reembedding (engl.) → Rückbettung

Re-entry (engl.), wörtlich: der Wiedereintritt, eine im Anschluss an den Logiker G. Spencer Brown von N. Luhmann verwendete Denkfigur, die eine neuerliche Thematisierung zunächst ausgeschlossener Sinnbereiche bezeichnet. Der Output eines Prozesses kann erneut als Input in dasselbe System eingeführt werden. Ablauf: Eine bereits getroffene Unterscheidung tritt in das Unterschiedene ein. Daraufhin hat der Beobachter dieses Wiedereintritts zwei Möglichkeiten: Er kann ein System sowohl von innen (seine Selbstbeobachtung „verstehend") als auch von außen beschreiben, also sowohl einen internen als auch einen externen Standpunkt einnehmen. R.L.

REFA, Abk. für den 1924 gegr. Reichsausschuß für Arbeitszeitermittlung, der 1948 in Verband für Arbeitsstudien und Betriebsorganisation e.V. umbenannt worden ist. Der Verband befasst sich mit der Erforschung von so bezeichneten Grundlagen der Arbeitsgestaltung als „Schaffen von Bedingungen für das Zusammenwirken von Mensch, Technik, Information und Organisation im Arbeitssystem" (1991) sowie mit der Entwicklung von Methoden zur Betriebsorganisation und von Arbeitsstudien, die eine Systematisierung der Arbeitsplatzanforderungen und Bewertung von Arbeitsplatzabläufen (→ Arbeitsplatzbewertung, analytische) ermöglichen sollen. Ziel soll „die Erfüllung der Arbeitsaufgabe unter Berücksichtigung der menschlichen Eigenschaften und Bedürfnisse und" die „Wirtschaftlichkeit des Systems" sein. REFA stellt darauf aufbauend Richtlinien zur Verfügung und bildet Arbeitsstudien-Fachleute aus. Kritik an REFA bezieht sich vor allem auf Fragen nach der methodischen Exaktheit, der behaupteten Objektivität und dementsprechenden Funktionalität bei der Arbeitsbewertung. G.F.

reference points (engl.), Ereignisse in → Statuspassagen, die denjenigen, die sie durchlaufen, Auskunft über den erreichten Fortschritt geben und die weitere Zukunft prognostizierbar machen (Roth 1963). W.F.H.

Referent, oder Referenz, auch: Referenzklasse, das Designat, die Klasse von Objekten, auf die sich das Signifikat (→ Signifikant – Signifikat), die begriffliche Seite eines → Zeichens [2] bezieht. H.W.

Referenzgruppe → Bezugsgruppe

Referenzklasse → Referent

Refeudalisierung, [1] Bezeichnung für Versuche der Grundherren in der ausgehenden Feudalzeit (15.-17. Jahrhundert), die Abhängigkeiten der Bauern (zweite Leibeigenschaft) und die Grundlasten zu ihren Gunsten zu verändern, die besonders in Osteuropa erfolgreich waren. [2] Heißt die faktische Umwandlung öffentlicher Ämter und öffentlicher Leistungen in Pfründe von Privatpersonen, Parteien, Unternehmen u.a. Die Bezeichnung kritisiert die partielle Aufhebung der Trennung von privater und öffentlicher Sphäre, die formell für die bürgerliche Gesellschaft konstitutiv ist. H.W.

Reflex, Bezeichnung für nicht erlernte Reaktionen, die auf einen bestimmten Reiz hin regelmäßig eintreten und im Allgemeinen von der Mitwirkung des Bewusstseins unabhängig sind.

Ein einfaches Beispiel ist der Pupillenreflex: tritt man aus einem dunklen Raum in helles Licht, so verengen sich die Pupillen unwillkürlich, sodass die einfallende Lichtmenge verringert und die Netzhaut vor zu starker Reizung geschützt wird, ohne dass das Bewusstsein daran beteiligt ist. H.S.

Reflex, bedingter → Reaktion, bedingte

Reflex, konditionierter → Reaktion, bedingte

Reflex, unbedingter → Reaktion, unbedingte

Reflex, unkonditionierter → Reaktion, unbedingte

Reflexion, ursprünglich philosophischer Begriff für die Zuwendung des Geistes, des Denkens zu sich selbst. Heute ist R. in den Sozialwissenschaften meist gebräuchlich im Sinne von kritischer Überprüfung der eigenen Denkinhalte und Theorieansätze sowie ihrer Rückbeziehung auf die eigene gesellschaftliche Interessenlage bzw. die eigene soziale Erfahrung. W.F.H.

reflexiv, in der verstehenden Soziologie Bezeichnung dafür, dass eine zu deutende Einzelheit zu dem Kontext gehört, den man braucht, um die Einzelheiten in dem Kontext zu identifizieren und ihren Sinn zu ermitteln. Ein Detail hat Sinn nur unter Verweis auf andere Teile einschließlich seiner selbst. Dabei muss nicht endlos zu immer umfassenderen Kontexten fortgeschritten werden, sondern es ist die Reflexivität zwischen den Einzelheiten zu erfassen, welche die jeweils gegebene konkrete Situation konstituieren. R.L.

Reflexivität, Eigenschaft einer → Relation; → Mechanismus, reflexiver

Reflexologie, meist polemisch gemeinte Bezeichnung für den Versuch, alle psychischen Vorgänge auf Reflexvorgänge (→ Reflex; → Reaktion, unbedingte) zurückzuführen. Wird häufig undifferenziert und fälschlich auf alle lern- und verhaltenstheoretischen Ansätze angewandt. R.Kl.

réforme sociale (frz.) → Sozialreform [2]

Reformismus, [1] Bezeichnung für die Politik und Theorie eines Teils der Arbeiterbewegung, vor allem der Sozialdemokratie. Der R. hält die revolutionäre Aufhebung des Kapitalismus für unnötig oder unmöglich und will stattdessen allein durch das Vorantreiben von Reformen die im Kapitalismus angelegten Momente der neuen Gesellschaft stärken und von selbst in eine sozialistische Gesellschaft umschlagen lassen. [2] In einem allgemeinen, abwertenden Sinne bezeichnet R. heute auch eine Politik, die zwar Reformen anstrebt, sich aber über die Möglichkeiten ihrer Verwirklichung keine Rechenschaft gibt, häufig Reformen zum Selbstzweck werden lässt und den Zusammenhang von Refor-

R

men und Systemveränderung aus den Augen verliert.   **W.F.H.**

Regel, allgemein svw. die Art und Weise der Fortsetzung bzw. Fortsetzbarkeit von Folgen oder Verknüpfungen von Elementen: etwa bei Zahlenreihen (2,4,6... oder 2,4,8... oder 2,4,16...), Tönen und Harmonien, Spielzügen (z.B. Schach) oder Handlungen in sozialen Situationen. Sozial geteilte R.n definieren die soziale Bedeutung von bestimmten Verhalten bzw. des Unterlassens von bestimmten Verhaltensformen in bestimmten Situationen (z.B. in Situationen des Begrüßens). Zum Begriff der R. gehört nicht unbedingt, dass Handelnde, die den R.n einer Situation folgen, diese auch explizieren können. R.n sind grundlegend für jede soziale Praxis. Sie definieren soziale Situationen und werden zugleich in ihnen ausgehandelt. Wird die Befolgung einer R. sanktioniert, spricht man auch von einer → Norm. Anknüpfend an die Untersuchungen von L. Wittgenstein hat sich besonders P. Winch (1966) mit der Bedeutung des Begriffs für die Sozialwissenschaften befasst. **H.W.**

Regel, konstitutive – regulative. Nach H.S. Searle lassen sich zwei Arten von R.n unterscheiden. Eine r. R. regelt Verhalten, das unabhängig von der R. existiert. Anstands-R.n regeln die Form der Nahrungsaufnahme, essen kann man jedoch auch unabhängig von diesen Regeln. Eine k. R. regelt und erzeugt Handlungsvollzüge, die ohne die k. R. nicht vorhanden wären. Schach kann man erst spielen, wenn es entsprechende Spiel-R.n gibt. Sprache existiert nur auf der Basis von grammatischen R.n. Der in der Sprechakttheorie entwickelte doppelte R.-Begriff ist von hermeneutischen Ansätzen in der Soziologie aufgenommen worden. Eine soziale Praxis zu verstehen erfordert, die zugrunde liegenden k.n R.n zu erfassen. **M.M.**

Regelkreis, geschlossenes System mit Rückkopplung, das aus Regler, Stellgröße, Steueroder Regelstrecke und Regelgröße besteht. Die Regelstrecke besteht aus den Teilen des Systems, die in der Regelung so beeinflusst werden, dass die Regelgröße einem vorgegebenen Sollwert, auch Führungsgröße, entspricht. Stellt der Regler Abweichungen der Regelgröße vom Sollwert fest, die etwa durch störende Einflüsse auf die Regelstrecke hervorgerufen werden können, dann führt er über Veränderung der Stellgröße, die auf die Regelstrecke wirkt, die Regelgröße wieder an den Sollwert heran. Der R. kann als allgemeines Schema der Struktur selbstregulierender, kybernetischer Systeme aufgefasst werden. **H.W.**

Regelmäßigkeit, [1] die Befolgung einer → Regel.

[2] Auch empirische oder statistische R., eine induktiv gewonnene Aussage über Beziehungen oder Zusammenhänge in einer Menge von Objekten oder Ereignissen. Beispiel: „Je höher der Status einer Person, desto höher der Status des Ehepartners." **H.W.**

Regeln, semantische → Korrespondenzregeln

Regeln, soziale → Norm

Regelstrecke → Regelkreis

Regelung – Steuerung. Beide Begriffe werden in vielfältiger Bedeutung gebraucht. Die verbreitetste Bedeutung kann so angegeben werden: R. bezeichnet die Aufrechterhaltung des Gleichgewichts eines Systems durch einen Regler, der die Wirkgröße berücksichtigt und (vorhergesehene) schädliche Einflüsse korrigiert (nach Maßgabe seiner Kapazität im Verhältnis zur Systemkomplexität und zur Größe der Störfaktoren). S. dagegen kann die Wirkgröße nicht berücksichtigen. Unter der Voraussetzung, dass alle Störgrößen bekannt sind, kompensiert das Steuergerät die Wirkungen der Störfaktoren auf die Sollgröße des Systems hin. Der Nachteil von S. besteht im Mangel an Rückkopplung sowie darin, dass meist nicht alle Voraussetzungen für ein geschlossenes Steuerungssystem bekannt sind. **W.F.H.**

Regelverstehen, die Analyse einer sozialen Praxis durch eine interpretative Rekonstruktion der Regeln, an denen die Praxis orientiert ist, insb. der konstitutiven Regeln (→ Regel, konstitutive – regulative). Die soziale Praxis „Prüfung" z.B. hat man erst dann verstanden, wenn man die konstitutiven Regeln analysiert hat, die eine Prüfung als eine spezifische, von anderen unterschiedene Form von *face-to-face*-Interaktion konstituieren. R. setzt voraus, dass die Regeln den beteiligten Akteuren bewusst oder von ihnen formulierbar sind. **M.M.**

Regierbarkeit → Unregierbarkeit

Regierungslehre, vergleichende → *comparative government*

Regierungssystem, dualistisches, eine politische Ordnung, in der Regierung und Parlament auf verschiedene Legitimationsquellen zurückgehen und das Parlament nicht die Regierung bestimmt (z.B. konstitutionelle Monarchie, oft auch Präsidialsysteme). **W.F.H.**

Regierungssystem, parlamentarisches, ein demokratisches Regierungssystem, in dem das Parlament die Regierung (Minister) bzw. deren Vorsitzenden (Ministerpräsident, Kanzler usw.) zusammensetzt, wählt und abwählt. **W.F.H.**

Regime, internationale, in unterschiedlichem Grad institutionalisierte, nur teilweise in Behörden verankerte, internationale Regelwerke zu globalen und regionalen Problemen, welche die Regelungskompetenz der Nationalstaaten über-

R

steigen. Wichtige Bereiche sind Welthandel (bes. WTO) und Weltwirtschaft (IMF, Weltbank u.a.), die Umweltpolitik (u.a. Kyoto-Protokoll, Convention on Biodiversity), aber auch die Menschenrechte (Allgemeine Erklärung der Menschenrechte). R.Kö.

Regime, skopisches, eine historisch variable Ordnung des Sehens (Ch. Metz, M. Jay), welche die sozio-kulturelle Konstruktion des Sehens betont. Zu den wichtigen s.R. gehören die Erfindung der Zentralperspektive und das barocke s.R., in dem eine vereinheitlichende Perspektive fehlt. In den Cultural Studies und der visuellen Soziologie gelten auch gender- und ethnizitätsspezifische Blickanordnungen als s.R. Der Begriff richtet sich gegen einen anthropologischen oder biologischen Begriff des Sehens. U.St.

Region, [1] für die Zwecke von Planung und Verwaltung gebildetes geographisches Gebiet, das hinsichtlich jeweils spezifischer Merkmale als Einheit betrachtet werden kann. J.F.
[2] In psychologisch-sozialwissenschaftlicher Topologie (Feldtheorie) Teilbereich eines zu analysierenden Zusammenhangs, z.B. äußere R. gegenüber innerer R. in Persönlichkeitsschichten oder -lagen (*layers*), Ziele, Hindernisr. und andere vorgestellte und unbewusste Wirklichkeitsbestandteile (einschließlich der eigenen und anderer Personen) im Lebensraum. H.E.M.

region, moral (engl.), auf R.E. Park zurückgehender Begriff, mit dem kulturelle Differenzen zwischen verschiedenen Wohnquartieren oder Orten in einer Stadt anhand normativer Orientierungen und Wertvorstellungen beschrieben werden (vgl. → area, natural). J.W.

Region, neutrale, bei Einstellungsskalen: Bezeichnung für den Bereich der durch die Skala gemessenen Einstellungskontinuums, der zwischen dessen negativem und dessen positivem Bereich liegt. Die n. R. ist also die Region des Übergangs von einer negativen zu einer positiven Einstellung. Wenn der Wert, den eine Person auf einer Einstellungsskala erhält, innerhalb der n.n R. liegt und somit weder eine positive noch eine negative Einstellung der Person zu dem jeweiligen Einstellungsobjekt anzeigt, sagt man, dass die betreffende Person „keine" Einstellung zu diesem Objekt besitzt. R.Kl.

Regionalforschung → Raumforschung

Regionalisierung, [1] raum-zeitliche Strukturierung der sozialen Welt. Gesellschaften sind keine homogenen Systeme, sondern durch Differenzierung in Zentrum und Peripherie sowie durch ungleichzeitige Entwicklungen der Subsysteme charakterisiert. Der regionalen Differenzierung korrespondieren Unterschiede im Sozialcharakter und in Handlungsmustern. M.M.

[2] In der → Raumplanung bezeichnet R. die verstärkte Orientierung politischer und planerischer Praktiken an nahräumlichen Strukturen. Dies umfasst die Bedeutung von spezifischen Produktions-Clustern, interkommunale Kooperation (z.B. bei Abfallwirtschaft, im Personennahverkehr) sowie übergreifende Gemeinde- und Verwaltungsstrukturen. J.W.
[3] Bezeichnung für die Ausbildung von sog. strukturstarken Räumen (z.B. industrial districts) im Rahmen der → Globalisierung [4], die unterhalb der Ebene der Nationalstaaten (Mikroregionen) oder diese übergreifend (Makroregionen) zu neuen Ungleichheiten in der räumlichen Organisation der kapitalistischen Akkumulation führen. H.W.

Regionalismus, Bezeichnung für Bewegungen mit vielfältigen Erscheinungsformen, die auf dem sozialen, kulturellen und politischen Eigenrecht der Regionen (einer gegenüber anderen, aller gegenüber der politischen Zentralgewalt) bestehen und dieses Eigenrecht durch Schaffung regionaler Hauptstädte, kulturelle Selbstverwaltung, historisches Selbstbewusstsein der Region usw. zu verwirklichen suchen. W.F.H.

Regionalplanung → Raumplanung

Regression, [1] in der Statistik die näherungsweise Beschreibung einer Variablen Y als Funktion anderer $X_1, ..., X_n$. Nach Festlegung eines Funktionstyps $f(X_1, ..., X_n)$ werden die Koeffizienten mithilfe der *Least-Square*-Methode (→ Methode der kleinsten Quadrate) geschätzt und so eine beste Näherung gefunden. Die so bestimmte Größe wird als R. von Y auf die $X_1, ..., X_n$ bezeichnet. M.K.
[2] In der Psychoanalyse: teilweises und meist auch nur zeitweises Ungeschehenmachen eines Reifungsprozesses, „Zurückgehen" auf früher durchlaufene Phasen zumal der → Libidoorganisation. Zu verstehen ist R. gewöhnlich als Antwort auf Situationen, denen sich der Mensch nicht gewachsen fühlt, ohne sich ihnen anderweitig entziehen zu können (z.B. das durch Geburt eines Geschwisters eifersüchtig gewordene Kind beginnt wieder einzunässen; der bettlägerige Kranke lässt sich bemuttern, also als Kind behandeln). W.Sch.
[3] → Reversion

Regression, lineare – nichtlineare, die Verwendung einer linearen bzw. nichtlinearen Funktion zur Beschreibung des Zusammenhangs zwischen Variablen. In einer linearen Funktion treten alle Variablen nur in der ersten Potenz auf, im einfachsten Fall handelt es sich dann um eine Gerade. M.K.

Regression, logistische, statistisches Modell zur Analyse von binär (z.B. 0/1) codierten abhängigen Variablen, die im Modell der linearen → Regression [1] nicht behandelt werden können. Durch die l.R. werden die Chancen des Auftretens bestimmter Ereignisse oder Merkmale in Abhängigkeit von einer oder mehreren unabhängigen Variablen modelliert. Als abhängige Größen werden u.a. sog. Logits (→ odds) verwendete. Die Regressionsgewichte der unabhängigen Variablen können mit Hilfe der → Methode der größten Mutmaßlichkeit (Maximum Likelihood) geschätzt werden.   H.W.

Regression, mehrfache → Regression, multiple

Regression, multiple, auch: mehrfache R., die Regression einer Variablen auf mehr als eine weitere. Mathematisch relativ einfach handhabbar ist der lineare Fall:

$$Y = b_1X_1 + b_2X_2 + ... b_nX_n$$

Zwischen den Regressionskoeffizienten, den partiellen und den multiplen Korrelationskoeffizienten bestehen enge formelmäßige Zusammenhänge, die auch eine inhaltliche Interpretation dieser Korrelationskoeffizienten erlauben.   M.K.

Regression, nichtlineare → Regression, lineare – nichtlineare

Regression, partielle, Regression einer Variablen auf eine andere, wobei der Einfluss weiterer Variablen auf die betrachtete Variable statistisch ausgeschlossen wird. Die p.R.koeffizienten entsprechen den multiplen R.koeffizienten.   M.K./H.W.

Regressionsanalyse → Regression [1]

Regressionsgerade → Regression, lineare – nichtlineare, → Streuungsdiagramm

Regressionskoeffizient, allgemein ein konstanter Faktor in einer Regressionsgleichung $Y' = f(X_1, ..., X_n)$. Speziell im Fall linearer Regression zweier Variabler, also $Y' = a + bX$, der Koeffizient b, anschaulich die Steigung der Regressionsgeraden.   M.K.

Regressionsschätzung, Schätzung eines Wertes der abhängigen Variable durch Einsetzen von Werten der unabhängigen Variable in die Regressionsgleichung, durch die abhängige und unabhängige Variablen verbunden sind. Sind die Werte der unabhängigen Variable für die Grundgesamtheit bekannt, so können, ähnlich wie in der → Verhältnisschätzung, die Werte der abhängigen Variable für die Grundgesamtheit geschätzt werden.   H.W.

Regulationstheorie, „nichtlineare" Theorie der kapitalistischen Entwicklung (Vertreter: M. Aglietta, R. Boyer, A. Lipietz, J. Hirsch u. R. Roth u.a.), die sich gegen die Auffassung des traditionellen Marxismus wendet, die Geschichte als gesetzmäßige Entfaltung einer in der ökonomischen Kernstruktur der kapitalistischen Produk-

tionsweise angelegten „Logik" zu denken und das komplexe Gefüge der Gesellschaft auf ein simples → Basis-Überbau Modell zu reduzieren. Stattdessen wird die Geschichte des Kapitalismus als Abfolge spezifischer gesellschaftlicher Formationen gedacht (→ Fordismus, → Postfordismus), die sich auf der Basis einer gleich bleibenden Grundstruktur (Privatproduktion, Lohnarbeit, warentauschvermittelte Aneignung des Mehrprodukts) in ihren Produktions- und Ausbeutungsformen, den Klassenverhältnissen sowie dem Charakter des Staates und der politischen Herrschaft wesentlich unterscheiden. Im Mittelpunkt der R. stehen diejenigen strukturellen Formen und institutionellen Mechanismen, die erst eine kontinuierliche Reproduktion und Stabilität der ökonomischen Basisstrukturen gewährleisten.   K.K.

Regulationsweise bezeichnet in der französischen Regulationstheorie nach A. Liepitz (1985) den spezifischen Charakter des vielgliedrigen Geflechts von ökonomischen, politischen und sozialen Institutionen, Netzen und (expliziten oder impliziten) Normen, das der materiellen Reproduktion des Gesamtsystems eine gewisse Gleichgewichtigkeit und Stabilität verleiht. Die R. umfasst insbesondere die historisch spezifischen Formen des Lohnverhältnisses, der kapitalistischen Konkurrenz, des Geld- und Kreditverhältnisses sowie der Interessensorganisation und Art und Umfang der Staatstätigkeit.   K.K.

Rehabilitation, Bezeichnung für verschiedene Maßnahmen, einen Menschen, der infolge abweichenden Verhaltens oder abnormaler Beschaffenheit aus dem gesellschaftlichen Leben abgesondert war (etwa im Gefängnis, Krankenhaus, Nervenheilanstalt), in die Prozesse der Arbeit, des Wohnens und der Interaktion (wieder) einzufügen. Die Engpässe bei der R. liegen derzeit in der Knappheit an Mitteln und auch an geeigneten Methoden, die nicht ihrerseits den Rehabilitanden erneut stigmatisieren.   R.L.

Reich der Freiheit, als Begriff der Marx'schen Theorie: Das R. d. F. basiert auf dem → Reich der Notwendigkeit und stellt sich erst dort auf eine Möglichkeit menschlicher Existenz dar, wo die unmittelbare, materielle Produktion nur noch einen geringen Teil der menschlichen Kraftäußerung absorbiert. Menschliche Tätigkeit, die sich als Selbstzweck gibt, findet unter diesen Bedingungen die Chance ihrer Entfaltung. Das R. d. F. kann als die gesellschaftliche Wahrnehmung dieser Chance begriffen werden.   C.Rü.

Reich der Notwendigkeit, als Begriff der Marx'schen Theorie für die Sphäre der materiellen Produktion, die in allen Gesellschaftsformen Voraussetzung für die menschliche Existenz ist.

Zwar unterliegt diese Sphäre aufgrund sich wandelnder Bedürfnisse und Produktionsweisen einer ständigen Veränderung, sie hebt sich jedoch nicht auf. Ziel kann es nur sein, den Stoffwechsel mit der Natur rationell, human und mit geringem Zeitaufwand zu regeln. C.Rü.

Reichtum, [1] Phänomene des R. können im Rahmen der Soziologie in individueller (privater R.) wie kollektiver Perspektive (genossenschaftlicher, öffentlicher, nationaler, gesellschaftlicher R.) begriffen werden. Über Einkommen und Vermögen hinaus können viele weitere nicht in Geld auszudrückende Faktoren analysiert werden: z.B. der Zugang zu Vergnügungen und Annehmlichkeiten (A. Smith), soziale Teilhabe und politische Freiheiten (U. Beck), Entwicklung und Verfügung über gesellschaftliche Produktivkräfte, Befriedigung mannigfaltiger Bedürfnisse, verfügbare Zeit (K. Marx). [2] Im Kontext der Armuts- und R.sforschung wurde versucht, Phänomene des Einkommens- und Vermögensreichtums analog zu den Messkonzepten der Armutsforschung zu erfassen. Dementsprechend finden sich relative wie absolute, subjektive wie objektive, an Lebenslagen wie an Ressourcen orientierte Messkonzepte. Angesichts der vergleichsweise geringeren Operationalisierungsprobleme wird in der Armuts- und R.sberichterstattung der Bundesregierung insbesondere mit Einkommensangaben gearbeitet. Die Abgrenzung erfolgt dabei über relative (200% des Mittelwerts, das oberste Perzentil) wie absolute (DM- bzw. Euro-Million) R.smaße. C.W.

Reife, soziale, [1] allgemeine Bezeichnung für das Resultat eines gelungenen Sozialisationsprozesses im Sinne der Formung des Kindes zu vollgültiger Teilhabe am gesellschaftlichen Leben. [?] In der psychoanalytisch orientierten Erziehungswissenschaft Bezeichnung für einen Entwicklungsstand des einzelnen, in dem er sich aus den (kindlichen) totalen Identifikationen mit bestimmten Partnern löst und seine Beziehungen zu anderen zeitlich begrenzt und nach sachlichen Interessen selbst regulieren kann, in dem er ohne Angst vor Erschütterung seines psychischen Gleichgewichts ständig seine Meinungen und Urteile überprüfen kann, in dem er ein hohes Maß an Verhaltensunsicherheit ohne Störungen aushält. E.D.

Reifikation, eine Aussage, die theoretische Begriffe als Teile einer auffindbaren Wirklichkeit darstellt. Das Problem der R. entstand in der philosophischen Auseinandersetzung zwischen → Realismus [1] und → Nominalismus. R.N.

Reihenkorrelation, *serial correlation,* Bezeichnung für → Autokorrelationen und Korrelationen zwischen Zeitreihen. H.W.

reinforcement (engl.) → Verstärkung

Reinkarnation, industrielle, bezeichnet bei G. Anders die industriell beliebig oft mögliche Herstellung eines Produkts oder eines Geräts (im Unterschied zur Sterblichkeit des Menschen). W.F.H.

Reinlichkeitsdressur, Reinlichkeitserziehung, im Rahmen der psychoanalytischen Theorie speziell die während der analen Phase (→ Libidostufen) erfolgende Erziehung zur Kontrolle der Ausscheidungsvorgänge, insbesondere des Stuhlgangs, und damit zusammenhängend die Erziehung zur Reinlichkeit überhaupt. Es wird angenommen, dass eine zu strenge R. zu einer analen Fixierung und somit zu Schäden der Persönlichkeitsentwicklung (z.B. zur Entwicklung einer autoritären Persönlichkeit (→ autoritär [1]) führen kann. R.Kl.

Reintegration, *redintegration,* Wiederherstellung früherer Integration. Werden in einem sozialen System bestimmte Strukturen restauriert, so entsteht ein Druck zur Rekonstruktion des gesamten Zusammenhangs, in dem diese Strukturen früher bestanden. R. ergibt sich aus dem Systemcharakter solcher Organisationen und Gesellschaften, die punktuelle Veränderungen nicht zulassen. H.E./R.L.

Reiz, Stimulus, Abkürzung: S, Bezeichnung für Veränderungen in der Außenwelt oder im eigenen Organismus, die eine entsprechende Reaktion des Organismus auslösen. H.S.

Reiz, aversiver, *aversive* oder auch *noxious stimulus,* auch: negativer Verstärker, Bezeichnung für einen Reiz, nach dessen Beseitigung die Häufigkeit einer vor seiner Beseitigung gezeigten Reaktion steigt. Ferner sind a.e R e als Auslöser von Angstreaktionen definiert. Reaktionen, die durch die Beseitigung eines a.n R.es verstärkt werden, bezeichnet man als Fluchtverhalten; Reaktionen, die das Auftreten eines a.n R.es verzögern oder verhindern, heißen Vermeidungsverhalten. → Verstärkung, positive – negative R.Kl.

Reiz, bedingter, konditionierter Reiz, *conditioned stimulus,* Abkürzung: CS, Bezeichnung für einen Reiz, der ursprünglich in Bezug auf eine bestimmte (gewünschte) Reaktion neutral war, d.h. diese Reaktion nicht auslöste, der aber nach der Konditionierung zum Auslöser einer solchen Reaktion wurde (→ Reaktion, bedingte). → Konditionierung, klassische H.S.

Reiz, diskriminierender, diskriminativer Reiz, lernpsychologische Bezeichnung für einen Reiz, von dessen Vorliegen oder Nicht-Vorliegen es

abhängt, ob eine bestimmte Reaktion geäußert wird oder nicht. (→ Diskriminationslernen)
R.Kl.

Reiz, neutraler, ein Ereignis, das weder eine positiv noch eine negativ verstärkende Wirkung hat. R.Kl.

Reiz, symbolischer, Bezeichnung für einen konditionierten Reiz (z.B. ein Wort), der die gleiche Reaktion auslöst wie die bisher vom unkonditionierten Reiz (Objekt) ausgelöste. Die Konditionierung bewirkt also, dass z.B. ein Wort die Funktion des Objekts übernimmt (Substitutionstheorie). H.S.

Reiz, unbedingter, unkonditionierter Reiz, *unconditioned stimulus*, Abkürzung: *UCS*, Bezeichnung für einen Reiz, der eine bestimmte Reaktion auslöst, ohne dass ein Lernvorgang oder eine Konditionierung stattgefunden hat (→ Reaktion, bedingte). H.S.

Reiz, unterschwelliger, Bezeichnung für Reize, die keine Empfindung auslösen, da sie unterhalb der Reizschwelle (→ Schwelle) der Sinnesorgane liegen. So kann z.B. der Mensch Töne und Geräusche empfinden, sofern die Luftschwingungen sich im Bereich von etwa 16 pro Sekunde bis 20 000 pro Sekunde bewegen. Außerhalb dieser Schwellen werden die Luftschwingungen nicht wahrgenommen. H.S.

Reizdifferenzierung → Diskrimination [1]

Reizdiskrimination → Diskrimination [1]

Reizgeneralisierung, Bezeichnung für den Vorgang, dass gelernte Verhaltensweisen, die durch einen bestimmten Reiz ausgelöst werden, auch durch ähnliche Reize ausgelöst werden können. Eine R. liegt z.B. vor, wenn ein Kind, das gelernt hat, auf den eigenen Pudel das Wort Hund anzuwenden, dieses Wort auch beim Anblick ähnlicher Vierbeiner (häufig auch falsch) anwendet. H.S.

Reizkontrolle → Stimuluskontrolle

Reiz-Reaktions-Theorie → S-R-Theorie

Reizschwelle → Schwelle

Reizsubstitution → Substitution [2]

Reizüberflutung, [1] nach einem zentralen Theorem der philosophischen Anthropologie (A. Gehlen) ist der Mensch im Unterschied zum Tier nicht durch ein gattungsspezifisch begrenztes Wahrnehmungsvermögen beschränkt, sondern offen für ein (biologisch gesehen) Übermaß an Reizen. Diese R. wird von dem Menschen in der Geschichte eingedämmt durch Entlastung, Distanzierung, Sprache.
[2] In den auf Jugendschutz gerichteten volkspädagogischen Debatten der 1950er und 1960er Jahre auch Kampfbegriff (gegen das Eindringen der öffentlichen und privaten Medien und ihrer Bilder in die Erziehung und überhaupt in die Lebenswelt). W.F.H.

Rekodierung, in der empirischen Sozialforschung weitere Verschlüsselung bereits kodierter Daten, häufig ohne Rückgriff auf die Rohdaten, z.B. durch Bildung von mehrere Merkmalsausprägungen übergreifende „Übercodes". H.W.

Rekonstruktion, [1] Bezeichnung für die nachvollziehende Darstellung eines wissenschaftlichen Ansatzes oder eines Hypothesengeflechts. Hierbei findet oft insoweit ein Neuaufbau statt, als Theoriefragmente ergänzt oder eine neue Begrifflichkeit verwendet wird. R.L.
[2] Die Explikation der konstitutiven Regeln einer sozialen Praxis oder der Rationalität einer Handlung, allgemein der Konstruktionsprinzipien sozialer Wirklichkeiten. H.W.

Rekrutierung, [1] die Beschaffung von Mitgliedern für eine Gruppe, Organisation, Schicht usw.
[2] Die Herkunft von Mitgliedern einer Gruppe, Schicht usw. W.La.

Rekrutierung, politische, [1] allgemein die Formen und Mittel, durch die politische Organisationen Mitglieder und Unterstützung in der Bevölkerung gewinnen.
[2] In der → *comparative politics* (G.A. Almond) eine der zentralen (*input*-)Funktionen politischer Systeme, die der Elitebildung.
W.F.H.

Rekrutierungsrolle – Leistungsrolle, *recruitment role – achievement role*, inhaltliche Gliederung von Rollen, in zwei Arten gemäß der Voraussetzungen, nach denen der Zugang zu sozialen Rollen in einem sozialen System geregelt ist. R. (auch: zugeschriebene oder askriptive Rolle) bezieht sich auf solche Fälle, in denen eine Person eine Rolle aufgrund von Merkmalen, denen sie sich nicht entziehen kann und über die sie keinerlei Kontrolle hat, bekleidet und in rollenspezifisches Verhalten umzusetzen hat (z.B. Geschlechtsrollen, Altersrollen, Verwandtschaftsrollen oder Rollen, die mit der sozialen Herkunft in kastenähnlich organisierten sozialen Systemen verbunden sind). R.n basieren auf einer kulturell erzwungenen Zuweisung von Personal zu bestehenden Rollen, ein Rekrutierungsprozess, der vom Akteur nicht beeinflusst werden kann und keine Alternativen lässt. L.n (auch: erworbene Rollen) beziehen sich auf solche Fälle, in denen eine Person den Erwerb einer Rolle freiwillig angestrebt hat. Dies impliziert zwar meistens, dass dafür spezifische Qualifikationen erworben oder erarbeitet werden müssen (wie bei Berufsrollen, Mitgliedschaftsrollen), schließt aber nicht aus, dass dieser leistungsspezifische, an den Wünschen der Akteure orientierte Rekrutierungsmechanismus von Regeln kultureller Zuweisung überlagert ist. In

R

vielen Fällen ist daher eine Einordnung von Rollen im Rahmen dieses Begriffspaares nicht sehr sinnvoll. B.Bu.

rekursiv, Kennzeichen von Kausalmodellen, z.B. Pfadmodellen, in denen keine direkten oder indirekten Rückwirkungen zwischen den Variablen (Rückkopplungen, Schleifen) angenommen werden. H.W.

relation d'évitement (frz.) → Meidungsbeziehung

Relation, umfassende Bezeichnung für Beziehungen oder Verhältnisse zwischen zwei oder mehreren Objekten oder Individuen: „A ist Freund von B", „A liegt in der Nähe von B", „A ist in Bezug auf C größer als B" usw. Je nachdem, wie zwei Objekte in einer R. in Beziehung zueinander treten, spricht man von einer zweistelligen, einer dreistelligen usw. R. Eine R. zwischen zwei Objekten wird symbolisiert durch aRb oder $R (a, b)$. R., die ein wichtiges Untersuchungsgebiet der Logik und Mathematik darstellen, werden danach unterschieden, ob sie eine oder mehrere der folgenden Eigenschaften besitzen:
1) Reflexivität: für alle Elemente einer Menge gilt aRa („ist gleich"; „ist ähnlich").
2) Symmetrie: aus aRb folgt bRa („ist verheiratet mit").
3) Asymmetrie: wenn aRb, dann nicht bRa („ist Ehemann von").
4) Antisymmetrie: aus aRb und bRa folgt $a = b$ („ist größer oder gleich groß").
5) Transitivität: aus aRb und bRc folgt aRc („ist beliebter als").
Gelten 1) oder 5) nicht, so hat die R. die Eigenschaft der Irreflexivität bzw. der Intransitivität. Wichtige Klassen von R. sind u.a. die Funktionen (→ Abbildung) und › Äquivalenzrelationen.
In den Sozialwissenschaften sind R., u.a. in der Untersuchung von Gruppenstrukturen und → Netzwerken, für → Skalierung und Nutzenmessung (→ Präferenzrelationen) von Bedeutung. H.W.

Relationismus, Bezeichnung K. Mannheims für seine Methode der Wissenssoziologie, die keineswegs zu einem Relativismus führe, „bei dem jeder bzw. keiner Recht hat, sondern zu einem Relationismus, wonach bestimmte (qualitative) Wahrheiten gar nicht anders als seinsrelativ erfassbar und formulierbar sind. In unserem Falle besagt dies, dass bestimmte historisch-lebendige und in diesem Sinne qualitative Einsichten nur bestimmten historisch und sozial formierten Bewusstseinsstrukturen zugängig sind, weshalb in diesem Gebiete auch der historisch-soziale Auf-

bau des Subjekts für die Erkenntnistheorie von Bedeutsamkeit wird" (Mannheim 1929). W.F.H.

relations, industrial (engl.) → Beziehungen, industrielle

relations, international (engl.) → Beziehungen, internationale

relations, personal (engl.) → Beziehungen, persönliche

Relationsanalyse, Beziehungsanalyse, *relational analysis*, [1] Untersuchungsansatz, der neben den Individualmerkmalen von Mitgliedern von Gruppen oder anderer Kollektive auch die Verbindungen der Individuen zu anderen Individuen in Form von Relationsmerkmalen einbezieht. Individualmerkmale und ihre Beziehungen können damit im Kontext der Beziehungen innerhalb eines Kollektivs analysiert werden.
[2] In speziellerer Form versteht L. Festinger unter einer R. eine Untersuchung, die die Interaktionen zweier Individuen im Zusammenhang mit ihren Erwartungen und Vermutungen an- und übereinander analysiert. H.W.

relationship, joking (engl.) → Neck-Beziehung

relationship, forbidden (engl.) → Zweierbeziehung, verdeckte

Relationsmerkmale, Beziehungsmerkmale, Eigenschaften von Untersuchungseinheiten, die sich auf ihr Verhältnis zu anderen Einheiten der untersuchten Population beziehen. Zu den R.n zählen etwa Bekanntschaft, die Führungsrolle eines Individuums etc. H.W.

Relativismus, Lehre von der Relativität der Erkenntnis, des Wissens und der Werte. Der R. geht davon aus, dass: (1) nicht die Dinge selbst, sondern nur Relationen in und zwischen den Dingen erkannt werden können (→ Positivismus); (2) alle Wissensformen in Relation zu bestimmten sozialen Lebensformen zu sehen sind (→ Wissenssoziologie), (3) alle Werte nicht substanziell fest sind, sondern nur als und in Wechselwirksamkeiten gelten (G. Simmel 1900), (4) die ethischen Werte und sittlichen Normen nur für die je einzelne Kultur gelten (→ Relativität, kulturelle). O.R.

Relativität, kulturelle, Bezeichnung für die Bezogenheit aller einzelnen Elemente einer Kultur auf eine besondere historisch- konkrete Gesamtheit der Kultur, durch die sie sich von anderen Kulturen unterscheidet. Die k. R. wurde in der Kulturanthropologie vertreten als Reaktion auf die anthropologischen Wissenschaften des 19. Jahrhunderts, die – befangen in kolonialistischer Perspektive – die Kulturelemente fremder Kulturen nach den Maßstäben der westeuropäischen beurteilten, sammelten und beobachteten. W.F.H.

Relativität, linguistische, auch: Sapir-Whorf-Hypothese (nach E. Sapir und B.L. Whorf, die den

Gedanken anhand von Studien über die Sprachen nordamerikanischer Indianer formuliert haben): Die Annahme, dass die verschiedenen grammatischen Grundstrukturen der Sprachen zu typisch verschiedenen Denkweisen, Beobachtungen und Auffassungen von der Wirklichkeit führen. **W.F.H.**

releaser (engl.) → Auslöser

Relevanzstruktur, Ansatz der Phänomenologie, wonach jede Person oder Gruppe nach dem für sie bedeutsamen Lebensbereich zu charakterisieren ist: dieser kann räumlich mehr oder weniger ausgedehnt sein, und er kann sich zeitlich mehr auf gegenwärtige oder mehr auf vergangene Erfahrungen oder mehr auf Zukunftserwartungen beziehen. **W.L.B.**

Relevanzstruktur, subjektiv soziale, von L. Hack u.a. (1979) vorgeschlagener Begriff, der die gewissermaßen bloß sozialpsychologische Dimension des Begriffs → Deutungsmuster (Gegenüberstellung von gesellschaftlicher Wirklichkeit und Deutenden) überwinden will zu Gunsten des Gedankens, dass die Einzelnen die gesellschaftliche Wirklichkeit keineswegs nur deuten, sondern alltäglich herstellen, der also die praktische Verflochtenheit von Deuten, Produktion und Reproduktion der gesellschaftlichen Wirklichkeit fassen soll. **W.F.H.**

Reliabilität, *reliability* → Zuverlässigkeit

Religion, [1] auch: allgemeine Religion, natürliche Religion, Bezeichnung für eine – anthropologisch angelegte oder als für den Aufbau und das Funktionieren von Gesellschaften unerlässlich angesehene – Bindung und Orientierung an letzten, zumeist als überweltlich angesehenen Gegebenheiten (Gotteswille, Werte), die allen individuellen religiösen Erfahrungen oder historisch auftretenden Religionsformen als Gemeinsames zugrunde liegt, und deren konkreter Ausdruck Letztere ist. **J.Ma.**
[2] Bei E. Durkheim Bezeichnung für ein System von Glaubensvorstellungen und zeremoniellen Riten, das eine kollektiv vollzogene Unterscheidung aller Dinge in profane und heilige (lat. *sacer*) Wesen und Gegenstände beinhaltet und das institutionell verankert ist in einer Gemeinschaft von Gläubigen (Kirche). Die R. ist gleichermaßen Ausdruck einer bestimmten gesellschaftlichen Ordnung und Ursprung der dem Denken zugrunde liegenden Kategorien. **F.H.**

Religion, allgemeine → Religion [1]

Religion, aparte, in der Kirchensoziologie aufgekommene Bezeichnung für die Absonderung und Isolierung der religiösen Erfahrung und des religiösen Handelns von gesellschaftlicher Erfahrung und gesellschaftlichem Handeln. Die Bezeichnung ist kritisch gemeint: Religion werde häufig wie ein isoliert zu nehmendes, apartes

Phänomen behandelt, doch liege dieser Sicht eine Verengung von Religiosität auf Kirchlichkeit zu Grunde. **J.Ma.**

Religion, bürgerliche → *civil religion*

Religion, explizite, in der Kirchensoziologie aufgekommene Bezeichnung für ausdrücklich als solche wahrgenommene und geübte religiöse Erfahrungen und Verhaltensweisen, insbesondere in der Form der Erfüllung institutionalisierter kirchlicher Erwartungen. **J.Ma.**

religion, hidden (engl.) → Religion, unsichtbare

religion, implicit (engl.) → Religion, unsichtbare

religion, invisible (engl.) → Religion, unsichtbare

Religion, natürliche → Religion [1]

religion, non-doctrinal (engl.) → Religion, unsichtbare

Religion, primitive, [1] Bezeichnung für Religionsformen, die in Frühstadien der Zivilisationsgeschichte aufgetreten sind.
[2] Religionsformen, die in → primitiven Gesellschaften anzutreffen sind und denen aufgrund ihrer Einbettung in eine orale Kultur ein geringerer Komplexitätsgrad unterstellt wird als Formen der → Hochreligion. P. R.en konstituieren die kulturelle Identität von Stämmen oder Klanen und sind in der Geltung an die Grenzen der genannten sozialen Einheiten gebunden. Wegen der abwertenden Konnotationen wird die Bezeichnung p. R. heute vorsichtig und distanziert verwendet. **V.Kr.**

Religion, private, religiöse Vorstellungen und Verhaltensweisen, die der Beliebigkeit und Zufälligkeit subjektiver Lebenserfahrung und Interpretation überlassen sind nicht oder kaum der Überprüfung und Korrektur an allgemein verbindlichen und institutionalisierten religiösen Vorstellungen und Verhaltensweisen (öffentliche, organisierte Religion) ausgesetzt sind. **J.Ma.**

Religion, säkulare → Diesseitigkeitsreligion

Religion, sekundäre, bezeichnet (J. Assmann 2000) eine reflexiv gewordene und sich gegenüber früheren religiösen Traditionen die Frage nach wahr/falsch polemisch absetzende Religion, dabei gewöhnlich bilderfeindlich. Z.B. Monotheismus des Echnaton, Jahwe-Glaube in Israel, Zarathustra. **W.F.H.**

Religion, unsichtbare, *invisible religion,* von T. Luckmann geprägter Ausdruck zur Bezeichnung eines Religionsverständnisses, nach dem die religiöse Funktion in der Bewältigung jeder Form von Transzendenzerfahrung besteht und das Religiöse somit Kern des Sozialen ist. Die Sozialformen der u.n R. sind strukturell durch Privatisierung, Verlagerung von den primären auf sekundäre Institutionen und dem damit zusammenhängenden Bedeutungsverlust der institu-

R

tionalisierten Religion gekennzeichnet (woraus sich die Charakterisierung als unsichtbar ableitet). Sinnverwandte Begriffe, die das Konzept der u.n R. erweitern oder detaillieren, sind *nondoctrinal, implicit* und *hidden religion*.   V.Kr.

Religionen, politische, Begriff bei E. Voegelin für alle Konzeptionen von einer politischen Ordnung, die in religiösen Erfahrungen und Gefühlen wurzeln, auch wenn sie sich innerweltlich, a-religiös und wissenschaftlich begründet darstellen. Auf diese Weise war nicht nur der Sonnenglaube der Ägypter eine p.r., sondern sind auch die modernen politischen Bewegungen (z.B. Progressivismus, Kommunismus, Nationalsozialismus) p.R., insofern sie sich (etwa in der Nachfolge gnostischer Sekten) aus der Herstellung einer innerweltlichen Heiligkeit (z.B. einer vollkommenen Menschheit) begründen.   W.F.H.

Religionskritik, Bezeichnung für die Versuche der Philosophie, die Notwendigkeit religiöser Vorstellungen, Bilder und Orientierungen bei den Menschen aus den Lebensbedingungen der Menschen zu erklären. Gemeint sind meist der anthropologische Versuch von L. Feuerbach („Was der Mensch nicht wirklich ist, aber zu sein wünscht, das macht er zu seinem Gott oder das ist sein Gott“) und der materialistische von K. Marx und F. Engels, die die religiöse Vorstellungs- und Gefühlswelt als notwendiges Produkt der Lebenssituation der ausgebeuteten und unterdrückten Klassen („Opium des Volkes“) interpretieren.   W.F.H.

Religionspsychologie, untersucht die psychischen Ursachen, Begleiterscheinungen und Folgen religiöser Einstellungen, Erfahrungen und Verhaltensweisen (wie z.B. des Glaubens, der Bekehrung, von Erfahrungen der „Reue“ und der „Sünde“ usw.).   R.Kl.

Religionssoziologie, Arbeitsbereich der Soziologie, in dem die gesellschaftlichen Bedingungen und Wirkungen religiöser Phänomene und die religiösen Bedingungen und Wirkungen gesellschaftlicher Phänomene empirisch erforscht und theoretisch erklärt werden. Wichtige in der Forschung bearbeitete Themenkomplexe sind: die religiös-ethische Fundierung des Wirtschaftsverhaltens, des generativen und des Erziehungsverhaltens sowie des politischen Verhaltens; ferner die gesellschaftliche Bedingtheit religiöser Organisationsformen, insbesondere religiöser Spaltungen sowie der schichtenspezifische Charakter von religiösen Verhaltensweisen, Glaubensformen und Glaubensinhalten. Fußend auf der gesellschaftspolitischen Religionskritik der französischen Aufklärung (P.H.D. Holbach, C.A. Helvetius) und der Hegel-Kritik des 19. Jahrhunderts (L. Feuerbach, K. Marx), hat sich die R. in der „Klassik“ der Soziologie (E. Durkheim, M.

Weber) zu einem festen Bestandteil allgemeiner soziologischer Theorie entwickelt. Mit der thematischen Konzentration auf Kirchlichkeit hat sich die R. in neuerer Zeit zu einer speziellen Organisationssoziologie verengt (Kirchensoziologie). Demgegenüber wird im Gefolge der Kritik an der Säkularisierungsthese wieder stärker hervorgehoben, dass Religion als zentrale Dimension von Gesellschaft anzusehen ist (T. Luckmann, Ärger, T. Rendtorff, J. Matthes).   J.Ma.

Religiosität, auch: Frömmigkeit, [1] Bezeichnung für die innere, religiöse Haltung eines Menschen im Unterschied zur Religion mit verobjektivierten Inhalten (Dogmen) und Institutionen. Religion basiert auf R., umgekehrt muss R. jedoch nicht zwangsläufig auf Religion abzielen. R. kann sich auf transzendente Vorstellungen, religiöse Vorschriften, aber auch auf profane Inhalte richten („Weltfrömmigkeit“) oder auf eine rein psychische Stimmung beschränkt sein, prägt aber in jedem Fall Wahrnehmung, Denken und Handeln. An soziologischen R.s- oder Frömmigkeitstypen werden Observanz-, Kultus-, Werk-, asketische, mystische sowie die rationalistische Denk- und Lehr-Frömmigkeit unterschieden. [2] In der Religionssoziologie T. Luckmanns bezeichnet individuelle R. die subjektive Ausprägung jeder Form von Weltanschauung.   V.Kr.

Religiosität, populare → Volksfrömmigkeit

religoid nennt G. Simmel (1912) das tiefere Empfinden, das in allem Hingeben und Annehmen anzutreffen sei. Dieses Moment im Emphatischen ähnele dem Religiösen, habe aber nichts mit Religion zu tun. Vielmehr ergebe sich die Ähnlichkeit durch das Opfermoment.   O.R.

Rendite – Rentabilität – Verzinsung. V. oder Rent. ist das Verhältnis von Rein- oder Nettoertrag und eingesetztem Kapital (→ Kapitalwert; → Ertragsratengesetz). Aufgrund von Rent.sberechnungen können betrieblich oder gesellschaftlich Investitionsprioritäten gesetzt werden. Rend. oder effektive V. ist das Verhältnis von Nominalverzinsung und Verkehrs- oder Kurswert eines Kapitals.   D.K.

Rentabilität → Rendite – Rentabilität – Verzinsung

Rentenformen → Arbeitsrente, → Geldrente, → Grundrente, → Produktenrente

Rentenkapitalismus, *rent-seeking,* im Unterschied zur produktiven Anlage von Kapital die Anlage von Geld zur Erzielung einer Geldrente (Zinsen, Dividenden) oder zu spekulativen Zwecken (Grunderwerb, Aktien).   H.W.

rent-seeking (engl.) → Rentenkapitalismus

Reorganisation, Änderung der Struktur einer Organisation mit Folgen für die Organisation insgesamt.   D.K.

repartimento (span.), „Zuteilung", System der entlohnten Zwangsarbeit in den spanischen Kolonien neben und in Ablösung der → *encomienda*. Die indianischen Gemeinden mussten in einer Art „Kopfsteuer" eine bestimmte Anzahl von Arbeitskräften für bestimmte Zeiten im Jahr zur Verfügung stellen, die durch Staatsagenten an Unternehmer vermittelt wurden.   H.W.

Replikation, Erwiderung, Wiederholung, [1] Bezeichnung für die Wiederholung einer Untersuchung an denselben oder an anderen Untersuchungsobjekten zur Überprüfung der Forschungsergebnisse.
[2] Bezeichnung für die Wiederholung von Messungen an verschiedenen Untersuchungsobjekten zur Feststellung von Beziehungen zwischen den gemessenen Variablen. Die einzelnen Interviews in einer Umfrage können i.d.S. als R.en aufgefasst werden. R.en sollen unabhängig sein. Mehrere Interviews in einem sozialen Kontext (eine Schule, eine Familie) sind i.d.R. nicht unabhängig.
[3] In der Logik Bezeichnung für eine Aussagenverknüpfung („Nur wenn *A*, dann auch *B*"), die nur dann falsch ist, wenn *B* wahr ist, ohne dass auch *A* wahr ist.   H.W.

Repräsentanz, Begriff der experimentellen Forschung; die Art und Weise, in der in einer Laborsituation eine bestimmte Größe (z.B. „Gruppendruck") hergestellt wird. Je weniger die Laborsituation als stellvertretend für die angezielten „Ernstfall-Situationen" angesehen werden kann, umso problematischer ist die Übertragung der Untersuchungsergebnisse auf diese Situationen. Die R. bezieht sich sowohl auf die Vielfalt der Faktoren und Umstände einer Situation wie auf ihre Intensität.   H.W.

Repräsentation [1] nennt M. Weber allgemein den Tatbestand, dass das Handeln bestimmter Mitglieder eines Verbandes den übrigen zugerechnet oder von ihnen als verbindlich anerkannt wird. Für Verbandsherrschaften unterscheidet Weber (traditional) appropriierte und ständisch-eigenrechtliche R. einerseits und gebundene R. (imperatives Mandat) sowie freie, nur an je eigene sachliche Überzeugungen gebundene R. andererseits.   C.S.
[2] R. meint allgemein die Vergegenwärtigung (lat. *praesentatio*) und Wieder-Vergegenwärtigung (*re-*) von Wirklichkeiten. Auch: die Darstellung von Abwesendem durch etwas Anwesendes. R. geschieht durch visuelle und andere, meist sinnliche Mittel. Sie zielt auf eine „Eroberung der Welt als Bild" (M. Heidegger). Wegen des stark angewachsenen Gewichts der Massenmedien in allen Lebensbereichen werden Struk-

turen und Krisen der R. auch in der Soziologie diskutiert.   R.L.

Repräsentation, kollektive, frz. *représentation collective*, ein von E. Durkheim eingeführter Begriff, der die Symbole bezeichnet, die für die Mitglieder eines Kollektivs (Gruppe, Organisation, Gesellschaft, soziale Gebilde aller Art) eine gemeinsame kognitive und affektive Bedeutung besitzen und durch die die kollektiven Erfahrungen, Werte und Verhaltensnormen der Gruppe vergegenwärtigt und dargestellt werden. Die k.R. umfasst nicht nur materielle Symbole (wie z.B. eine Fahne), sondern insbesondere auch die gemeinsamen Begriffe und die gemeinsame Sprache überhaupt, die ausdrückt, wie die Gesellschaft als Ganzes die Welt erfährt. „Unter den Wörtern, die wir gewöhnlich benutzen, ist kaum eines, dessen Bedeutung nicht die Grenzen unserer persönlichen Erfahrung mehr oder weniger überschreitet" (Durkheim) und somit eine kollektive Erfahrung repräsentiert. → Kollektivbewusstsein [1]   W.Lp.

Repräsentationsprinzip, das Gestaltungsprinzip repräsentativer Demokratien: Das Volk ist Basis der Staatsgewalt, ausgeübt wird sie in seinem Namen durch Gewählte.   W.F.H.

Repräsentationsschluss, in der Statistik Bezeichnung für einen Schluss von einer Stichprobe auf die Grundgesamtheit, etwa die Schätzung eines Anteilswertes in der Grundgesamtheit durch den Anteilswert der Stichprobe.   H.W.

Repräsentativität, in der Statistik Bezeichnung für das Ausmaß, in dem eine Stichprobe die Struktur der Grundgesamtheit in bestimmten Hinsichten getreu widerspiegelt. Da nur bei → Zufallsauswahlen eine Berechnung des Stichprobenfehlers möglich ist, gelten häufig nur solche Auswahlen als repräsentativ.   H.W.

Repräsentativsystem → Demokratie, repräsentative

Repression → Unterdrückung

Reproduktion auf erweiterter Stufenleiter → Reproduktion, einfache – erweiterte

Reproduktion, Wiederherstellung, [1] bezeichnet allgemein die Tatsache, dass jede Gesellschaft im Zuge der Produktion von Gegenständen zur Bedürfnisbefriedigung auch die Ausgangsbedingungen dieser Produktion wiederherstellen muss. Die Wiederherstellung bezieht sich einmal auf die R. der verschlissenen Produktionsmittel, zum anderen auf die R. der Arbeitskraft. Letztere gliedert sich in generative, sozialisierende und regenerative R. Sie verweist damit auf → Geschlechterverhältnisse ebenso wie auf gesellschaftliche Naturverhältnisse.
[2] → Reproduktion, gesellschaftliche   R.Ka.

Reproduktion, einfache – erweiterte, Begriffe der Marx'schen Kritik der politischen Ökonomie zur Wertanalyse des kapitalistischen Reproduktionsprozesses. Dabei bezieht sich die einf.R. auf die Wiederherstellung der Ausgangsbedingungen eines Produktionsprozesses im Verlauf dieses Prozesses selbst auf dem ursprünglichen Niveau der Produktivkräfte (sowohl in quantitativer als auch in qualitativer Hinsicht). Die davon nicht abzulösende erw.R oder R. auf erweiterter Stufenleiter verweist darauf, dass über mehrere Produktionszyklen hinweg die Ausgangsbedingungen nicht nur wiederhergestellt, sondern quantitativ und/oder qualitativ erweitert werden. Die erw.R. resultiert in einem steigenden Quantum an Produkten. Sie setzt voraus, dass ein Teil des Mehrprodukts nicht unmittelbar in die individuelle Konsumtion eingeht, sondern in Produktionsmittel verwandelt wird. Unter den kapitalistischen Verhältnissen hat die erw.R. die gesellschaftliche Formbestimmtheit der Akkumulation von Kapital (→ Akkumulation [2]).   R.Ka.

Reproduktion, erweiterte → Reproduktion, einfache – erweiterte

Reproduktion, gesellschaftliche, der Prozess der notwendigen Wiederherstellung der gesellschaftlichen Voraussetzungen sozialen Handelns, in dem die Mittel für die individuelle Existenzsicherung ihrer Mitglieder – wie zu der der Gesamtgesellschaft – hergestellt werden. Diese Mittel umfassen die sachlichen, institutionellen und personellen Bestandteile des gesellschaftlichen Zusammenwirkens von Menschen und ermöglichen erst dessen Dauerhaftigkeit; sie werden letztlich durch Arbeit erzeugt. Unter den Bedingungen der heutigen internationalen ökonomischen Konkurrenz von Gesellschaften (→ Nationalstaaten) ist neben der Schaffung des je Verbrauchten ein Überschuss zu erzeugen (→ Mehrprodukt [1], → Mehrwert [1]), der zur Erweiterung von Produktion und Reproduktion benutzt wird und den Prozess der g.R. in der Geschichte (→ sozialer Wandel [2]) auf einer erweiterten Stufenleiter stattfinden lässt (→ einfache – erweiterte R.). Das beinhaltet die Möglichkeit von Ungleichgewichten zwischen den verschiedenen Bereichen der gesellschaftlichen → Arbeitsteilung und bewirkt – im Verbund mit dem organisierten politischen Willensbildungsprozess (Staat, Parteien, Verbände) – Verschiebungen zwischen ihnen, die sich auch als → Krisen der g.R. darstellen können.   H.G.T.

Reproduktionsarbeit, vom Marx'schen Begriff der Reproduktion der Arbeitskraft abgeleitete Bezeichnung für Arbeitsverrichtungen außerhalb des Sektors formeller Erwerbsarbeit, die dem Erhalt der individuellen Arbeitsfähigkeit und zur Sicherung der Erhaltung der Arbeitsbevölkerung dienen. Durch R. soll zum Ausdruck

gebracht werden, dass diese Tätigkeiten zu den gesellschaftlich notwendigen Tätigkeiten zählen, d.h. Arbeit sind. Zur R. zählen die Arbeiten des Gebärens, des Aufziehens und der Erziehung der zukünftigen Arbeitsbevölkerung, der physischen und psychischen Betreuung der Arbeitskräfte (einschließlich derer, die künftig R. übernehmen werden) und des Erhalts ihrer Arbeitsfähigkeit, die Versorgung von Kranken und Arbeitsunfähigen. Zur R. zählt i.d.R. auch die zum Eigenverbrauch betriebene Land- und Gartenwirtschaft, Bau- und Reparaturtätigkeiten für den Eigenbedarf (Arbeit nach der Arbeit). Die R. unterliegt formell der Eigenregie der Haushalte (→ Eigenarbeit) und dient vornehmlich ihrem Erhalt (→ Subsistenzproduktion).   H.W.

Reproduktionsprozess → Reproduktion

Reproduktionsstrategie, bezeichnet bei P. Bourdieu jene (meist habituellen) Maßnahmen einer Gruppe bzw. Klasse, die die Lebensaussichten ihrer Nachkommen im sozialen Raum sichern bzw. verbessern sollen. Dazu gehören z.B. die Entscheidungen über die Schullaufbahn der Kinder, die Beratung bei der Wahl eines Ehegatten, die Berufsvererbung, ferner solche Bemühungen, die für die Nachkommen eine Umstellung der Kapitalsorte anzielen, weil dies aussichtsreicher erscheint (etwa Absicherung nicht mehr allein durch ökonomisches, sondern auch durch Bildungskapital).   W.F.H.

Reproduktionsziffer, spezielle Fruchtbarkeitsziffer, die das Verhältnis von Mädchengeburten zur Anzahl der Frauen einer Bevölkerung zu einem Zeitpunkt angibt. Die Brutto-R. ist eine gewichtete Summe der R.n der verschiedenen Altersgruppen von Frauen und damit der verschiedenen Fruchtbarkeitsperioden. Die Netto-R. berücksichtigt daneben noch die Sterblichkeit der einzelnen Altersgruppen. Die R.n, die jeweils zu einem bestimmten Zeitpunkt (Jahr) bestimmt werden, könnten zur Voraussage des Bevölkerungswachstums dienen. Da sie jedoch kurzfristig erheblich schwanken können, sind sie zu diesem Zweck nur begrenzt verwendbar.   H.W.

Reproduzierbarkeits-Koeffizient, *coefficient of reproducibility,* Maßzahl für die Güte der Guttman-Skala.

$$\text{Rep.} = 1 - \frac{n_f}{n_i \cdot n_s}$$ gibt den Anteil der vom Antwortmuster einer „perfekten" Guttman-Skala abweichenden Antworten, d.h. die Fehler (n_f) an der Gesamtzahl der Antworten ($n_i \cdot n_s$ = Anzahl der *items* mal Anzahl der Befragten) wieder. Die Auswahl der *items* wird nachträglich so getroffen, dass Rep. $\geq 0{,}85$.   P.P.

Reprofessionalisierung, Begriff, der im Zusammenhang des Theorems von den → neuen Produktionskonzepten geprägt wurde und einen Umbruch in der Verwertung von Arbeitskraft bezeichnet: unter dem Einfluss moderner Technologien und begünstigt durch veränderte Rahmenbedingungen kommt es in den industriellen Kernsektoren (Automobilindustrie, Maschinenbau, chemische Industrie) zu einer R. der Produktionsarbeit: Rückverlagerung von Produktionsintelligenz, integrierter Arbeitseinsatz, erhöhte Qualifikationsanforderungen. Die in diesen Industriezweigen zu beobachtenden Veränderungen weisen demnach auf eine Überwindung bzw. Aufweichung tayloristischer, an Fragmentierung, Disziplinierung und Entmündigung orientierter Personaleinsatzkonzepte hin. Die Kritik an dieser These bezieht sich u.a. auf die mangelnde Berücksichtigung der Qualität von → Informationstechnologien und der daraus resultierenden Unterbelichtung von Kontrolle im Arbeitsprozess sowie auf die auf Qualifikation fixierte Untersuchungsperspektive.   M.Sch.

Republikanismus, [1] ein Begriff innerhalb der Sozialphilosophie von I. Kant (→ Friede, ewiger).
[2] Auch eine seltener vorkommende Bezeichnung für → Kommunitarismus.   R.L.

Reputationsmethode, Verfahren zur Ermittlung der Macht von Personen, das vor allem in der Analyse gemeindlicher Machtstrukturen Anwendung findet. Die Macht einer Person wird bei der R. mit Einfluss und Ansehen gleichgesetzt, die ihr von der befragten Bevölkerung oder ausgewählten Experten zugeschrieben werden.   H.W.

requisite, functional (engl.) → Erfordernis, funktionales

requisite, structural (engl.) → Erfordernis, strukturelles

research design (engl.) → *design*

research programme, scientific (engl.) → Forschungsprogramm

research, historical social (engl.) → Sozialforschung, historische

research, quantitative historical (engl.) → Sozialforschung, historische

Reservearmee, industrielle, [1] relative Überbevölkerung (im Vergleich zu den vom Kapital beschäftigten Arbeitskräften), die nach K. Marx vor allem durch Freisetzung von Arbeitskräften durch das industrielle Kapital selbst produziert wird. Die i.R. ist nach Marx Voraussetzung für eine vom Bevölkerungswachstum unabhängige Entwicklung des Kapitals, stellt sie doch die freie, disponible Arbeitskraft zur Verfügung, die auf jeder Stufe der → erweiterten Reproduktion neu nachgefragt wird. Sie dient – wie neben Marx auch M. Weber betont – zugleich der Disziplinierung der aktiven Lohnarbeiterschaft.   C.Rü.
[2] Zur i.R. zählen heute auch im Haushalt tätige Frauen, die eine eigene Erwerbstätigkeit suchen, Jugendliche, die keinen Arbeitsplatz finden, sowie un- oder unterbeschäftigte Bevölkerungsgruppen, z.B. aus ländlichen Regionen, die auf Gelegenheit zur Arbeitsmigration in die Industriezentren warten.   H.W.

Residualkategorie, Restkategorie, in der alle Objekte, die in einer Klassifikation nicht eindeutig einer bestimmten Klasse zugeordnet werden können, erfasst werden.   H.W.

Residuen nennt V. Pareto das Ensemble von sozial manifest gewordenen psychischen Konstanten (Gefühlen, Wunschvorstellungen etc.), das das Handeln des Einzelnen bedingt und steuert. R. sind mit Derivaten und → Derivationen, d.h. den Handlungsabläufen und den scheinbar logischen Begründungen der Handlungen durch die Akteure, die Elemente der → nichtlogischen Handlungen. Die bedeutsamsten R. sind nach Pareto: a) die R. der „Kombination", d.h. Handlungen auf Erneuerung, Veränderung, Spekulation und Manipulation hin; b) die R. der „Persistenz der Aggregate", d.h. Handlungen auf Beibehaltung des jetzigen Zustandes hin; c) die R., die Gefühle durch erkennbare Handlungen für die Umwelt wahrnehmbar machen; d) die R. der → „Sozialität"; e) die R. der „Integrität des Einzelnen und seines Zubehörs" und f) die R. der „Sexualität".   G.K./O.R.

Resozialisierung meint die vom Strafvollzug und auch von anderen Kontrollorganisationen angestrebte Befähigung des Insassen zu einem Leben ohne Konflikt nach seiner Entlassung. Der Begriff ist insofern problematisch, als er vorgibt, es gelte nur einen früheren Zustand (der Sozialisiertheit) wiederherzustellen, was jedoch für die meisten delinquenten Lebensläufe nicht zutrifft.   H.Tr.

Resozialisierung, proletarische, in der Erziehungsdiskussion der 1970er Jahre Programmbegriff für Versuche, die gesellschaftliche Randstellung von dissozialen, „asozialen" Gruppen (→ deklassiertes Proletariat) durch ihre Integration in die Arbeiterschaft aufzuheben (und nicht durch Anpassung an bürgerliche Wertvorstellungen und Verhaltensweisen, z.B. durch kompensatorische Erziehung).   E.D.

Respekt, bezeichnet in sozialphilosophischen Analysen die wechselseitige Achtung zwischen gesellschaftlichen Gruppierungen mit unterschiedlichen Merkmalen, etwa des ethnokulturellen Hintergrunds oder religiösen Bekenntnisses. Statt einander zu bekämpfen, begegnen sich die Parteien „als gleichberechtigte Mitglieder einer rechtsstaatlich verfassten politischen Ge-

R

meinschaft" (R. Forst 2003). Von der → Toleranz unterscheidet sich R. dadurch, dass hier keine einseitige Perspektive angelegt wird – von „oben nach unten", von dominanter Mehrheit zu unterlegener Minderheit, sondern dass auf gleicher Augenhöhe politisch kommuniziert wird. R.L.

Respondent, [1] „Antwortender", eine Person, die Fragen in einer Fragebogen-, Interview- oder Testerhebung beantwortet, ein → Befragter.

[2] Respondente Reaktion, respondentes Verhalten, Antwortreaktion, Antwortverhalten, auch: Reflexverhalten, in B.F. Skinners Lernpsychologie Bezeichnung für eine Reaktion, die durch einen bestimmten, bekannten Reiz ausgelöst wird. Beispiel: die durch das Klopfen gegen das Kniescheibenband ausgelöste Streckbewegung des Unterschenkels. Gegenbegriff: → Operant R.Kl.

response (engl.), [1] → Reaktion
[2] Bei T. Parsons Bezeichnung für eine spezielle Reaktionsweise gegenüber einem anderen, nämlich für den Ausdruck der Bereitschaft, zur unmittelbaren Bedürfnisbefriedigung des anderen beizutragen oder selbst als Objekt seiner Bedürfnisbefriedigung zu dienen. Damit unterscheidet Parsons *r.* von den Reaktionsarten → *acceptance,* → *approval* und → *esteem.* R.Kl.
[3] → *challenge – response*

response approach (engl.) → Messen, reaktionsorientiertes

response reversal (engl.) → Reaktionsumkehrung

response set (engl.) → Reaktionseinstellung

response-centered approach (engl.) → Messen, reaktionsorientiertes

Responsibilisierung, bezeichnet eine Tendenz im → Neoliberalismus, wonach Individuen weitgehend unabhängig von staatlicher Fürsorge selbst die Verantwortung für ihr Leben und seine Gestaltung zu tragen haben. Mit der R. werden Subjekte zu Unternehmern ihrer selbst, deren Erfolg davon abhängt, ob sie sich am Markt bewähren können. Misserfolge (z.B. Arbeitslosigkeit, Armut) sind hiernach dem eigenen Handeln und nicht etwa sozialen Benachteiligungen zuzuschreiben. Zur R. gehört damit auch eine individuelle Vorsorgepflicht, um Risiken vorzubeugen. → *homo prudens* D.Kl.

Ressentimentkritik, nach M. Scheler eine Kritik, die nicht auf die Behebung der Missstände aus ist, die sie anprangert, sondern geradezu im Gegenteil ärgerlich wird, wenn Gründe und Anlässe für Kritik entfallen. W.F.H.

Ressortforschung, eine Form der planmäßigen Zuweisung von Forschungsfragen und -aufgaben zur Bearbeitung an verschiedene Institute und Forschergruppen, um Mehrfachbearbeitungen auszuschließen und mit einschlägigen Ressourcen sparsam umzugehen (z.B. die sozialwissenschaftliche Forschung in der ehemaligen DDR). R. führt dazu, dass die fachliche Konkurrenz kaum wirksam wird. W.F.H.

Ressourcen, Güter und Mittel, mit deren Hilfe Austausch- und Machtbeziehungen gestaltet werden. Ein Machthandeln kann auf physisch-zwingende, materiell-belohnende oder normativ-symbolische R. gestützt werden. R.L.

Ressourcen, allokative – autoritative, fundieren Herrschaftsverhältnisse. All. R. verweisen auf die materiell-ökonomischen, aut. R. auf die kulturell-lebensweltlichen Bedingungen von Herrschaft. In A. Giddens' Theorie der Strukturierung sind beide Arten von R. von gleichem Gewicht für die Entwicklung von Formen gesellschaftlicher Organisation. M.M.

Restfamilie, besteht aus den Restmitgliedern einer modernen Kleinfamilie nach Abschluss der Phase der Kindererziehung: aus Mutter oder Vater, die entweder bei einem berufstätigen unverheirateten oder verheirateten Kind oder allein leben. R.O.W.

Restkategorie → Residualkategorie

restorative justice (engl.), wörtlich: wiederherstellendes, stärkendes Recht, bezeichnet ein Konzept, das für strafrechtlich relevante Konflikte die Wiedergutmachung und Versöhnung als Ziel eines moderierten gemeinsamen Aushandlungsprozesses zwischen Tätern und Opfern vorsieht („Täter-Opfer-Ausgleich"). Im Gegensatz zur gerichtlichen Verhandlung, in der der Normbruch im Vordergrund steht, berücksichtigt *r.j.* die Opferinteressen nach Schadenswiedergutmachung (z.B. durch Zahlung eines Schmerzensgeldes oder durch vereinbarte Arbeitsleistungen für das Opfer) und nachhaltige Konfliktlösungen. Durch die staatsanwaltschaftliche oder gerichtliche Entscheidung zum Täter-Opfer-Ausgleich werden darüber hinaus die negativen Folgen einer formalen Sanktionierung für den Täter abgewendet (→ *labeling approach*). *R.j.* wird vornehmlich bei jungen Straftätern angewandt, die Gewalt- und Körperverletzungsdelikte begangen haben. D.Kl.

retaliation (engl.) → Vergeltung

Retardation, allgemeine Bezeichnung für die Verlangsamung einer Bewegung oder Entwicklung. Insbesondere: [1] In der Entwicklungspsychologie Bezeichnung für das Zurückbleiben der Intelligenzentwicklung eines Kindes gegenüber der seiner Altersgenossen.

[2] In der biologischen Anthropologie (L. Bolk, A. Gehlen) Bezeichnung für das stammesgeschichtliche und individualgenetische „Zurück-

bleiben" des menschlichen Organismus, das man feststellen kann, wenn man den Organismus des Menschen und dessen individuelles Entwicklungstempo mit dem Körperbau und der Entwicklung von Tieren vergleicht. Als durch die R. bedingte Merkmale des Menschen gelten u.a.: die Erhaltung stammesgeschichtlich primitiver Organbesonderheiten, ferner Haarlosigkeit und Schädelwölbung mit untergesetztem Gebiss als Kennzeichen eines „fixierten Foetalzustandes" sowie die Verlangsamung der individuellen Entwicklung (vor allem die sehr lange Hilflosigkeit der Kleinkindphase, die späte Geschlechtsreifung und die hohe Lebenserwartung des Menschen).   R.Kl.

Retest → Test-Retest-Methode

retrieval (engl.), Rückgewinnung, Datenrückgewinnung (*data r.*) für bestimmte Untersuchungszwecke aus dem Datenmaterial von → Datenarchiven.   H.W.

Retrodiktion, Schluss von einem gegebenen Ereignis auf einen in seiner Vergangenheit liegenden Sachverhalt, etwa mithilfe von Gesetzeshypothesen. Je nach Art des betrachteten Systems ist eine R. nicht immer möglich.   H.W.

Retrospektiverhebung, Form der → Längsschnittuntersuchung, in der die Daten einer Zeitreihe vollständig im Nachhinein erhoben werden. Die Güte der R. ist vom Erinnerungsvermögen, von Gewichtungen und Selektionen der Befragten bzw. den Definitionen und der Vollständigkeit dokumentarischen Materials abhängig. Der Vorteil der R. besteht insb. in den im Vergleich zu wiederholten Datenerhebungen geringen Kosten.   H.W.

Re-Urbanisierung, Prozess eines Bedeutungsrückgewinns innerstädtischer Quartiere nach einer Phase der → Suburbanisierung und des innerstädtischen Verfalls.   J.W.

Revenue, Einkommen, in verschiedenen Zusammenhängen gebrauchter Terminus der klassischen und der marxistischen Ökonomie. [1] Allgemein: einer Person oder Klasse relativ kontinuierlich zufließender Anteil am gesellschaftlichen Reichtum (Kapitalzins, Grundrente und Arbeitslohn unter den Bedingungen des Kapitalismus).
[2] Synonym für → Mehrwert. Der Terminus R. betont in diesem Zusammenhang den Charakter des Mehrwerts als nicht nur einmalige, sondern „periodisch aus dem Kapital entspringende Frucht" (K. Marx).
[3] Der zur individuellen Konsumtion des Kapitalisten bestimmte Teil des Mehrwerts.
[4] Der Teil des gesellschaftlichen Reichtums, der vom Staat in Form von Steuern etc. angeeignet und umverteilt wird.   R.Ka.

Revenuequelle, ironische Bezeichnung von K. Marx für die Vorstellung, dass ein bestimmtes (arbeitsloses) Einkommen (z.B. Zinseinkommen) einen eigenen Ursprung außerhalb der gesellschaftlichen Arbeit besitzt („Geld arbeitet").   H.W.

reverse discrimination (engl.) → Aktion, affirmative

Reversion, Bezeichnung von C. Darwin (1859) für die angenommene Gesetzmäßigkeit, dass Kinder eher Eigenschaften ihrer Ahnen als ihrer Eltern aufweisen. Die R. ist die gesetzmäßige Fassung des → Atavismus. Als Synonym werden für R. in der deutschen Literatur z.T. Rückschlag und → Regression [2] verwandt.   O.R.

Revierverhalten, Territorialverhalten, Territorialität, nach den Ergebnissen der vergleichenden Verhaltensforschung ein wichtiger Aspekt des Sozialverhaltens von Tieren und Menschen. Umfasst u.a. folgende Sachverhalte: das Leben von Angehörigen der meisten Arten (bei sozial lebenden Arten auch das Leben von Gruppen) ist an einen bestimmten Raum (Revier, Territorium) gebunden, der normalerweise nicht verlassen wird, dessen Grenzen (z.B. durch Duftmarken, Zäune) markiert werden und der gegen das Eindringen Fremder (vor allem ortsfremder Angehöriger der gleichen Art) verteidigt wird. Die Größe des jeweils beanspruchten Raums ist nur innerhalb bestimmter Ober- und Unterwerte variabel (→ Dichtetoleranz).   R.Kl.

Revisionismus, in der Arbeiterbewegung theoretische Strömungen (mit und ohne organisatorische Basis), die eine Abkehr von marxistischen Positionen beinhalten. Zuerst wurde der Begriff für sozialdemokratische Theorien von der evolutionären Durchdringung des Kapitalismus mit sozialistischen Vergesellschaftungsformen zu Beginn des 20. Jahrhunderts (E. Bernstein) verwendet. In den Auseinandersetzungen dann zwischen verschiedenen kommunistischen Fraktionen, Linien und Staatsführungen wurde R. manchmal zum bloßen Schimpfwort an den jeweiligen Gegner. Zuletzt haben (marxistische) Nachfolgeorganisationen der Studentenbewegung den R.vorwurf gegen die Sowjetunion und andere kommunistische Staaten und Organisationen erhoben, weil diese die führende Rolle der Arbeiterklasse aufgegeben hätten und die Notwendigkeit des Klassenkampfes leugneten. Entsprechend galten die Anhänger der westdeutschen DKP als „Revis".   W.F.H.

Revitalisationsbewegung, Revivalisationsbewegung, Bezeichnung für eine Gruppierung in einem System, dem im Verlaufe von Fremdherrschaft eine fremde Kultur und Zivilisation aufgezwungen wurde und die das Ziel verfolgt, eine der Geschichte und der gegenwärtigen Situation

R

des Systems adäquate, befriedigende Kultur aufzubauen. O.R.

Revitalisierung, in der Stadtforschung ein Prozess der Wiederbelebung (meist) von Innenstadtquartieren, die an konzentrierten sozialen Problemlagen, Einwohnerschwund, wirtschaftlichem Niedergang und baulichem Verfall litten. Als Sonderfall vgl. → Gentrification. J.W.

Revivalisationsbewegung → Revitalisationsbewegung

revolution by consent (engl.), Revolution durch Konsens, bezeichnet tief greifende Veränderungen in einem sozialen System innerhalb einer verhältnismäßig kurzen Zeit auf gewaltlosem legal-parlamentarischem Wege. O.R.

Revolution von oben, die Angleichung der politischen und ökonomischen Institutionen an die reale Situation seitens der Herrschenden. Die R. v. o. wird zumeist als politische Pseudo-R. verstanden, als in ihr die Herrschenden den zu erwartenden Forderungen der Beherrschten vorgreifen, um eine politische und/oder soziale R. zu verhindern. Als R. v. o. wurde z.B. die Sozialgesetzgebung Bismarcks angesehen. O.R.

Revolution, [1] Bezeichnung für einen Prozess, in dem innerhalb eines politisch-sozialen Systems rapide, tief greifende Änderungen gewaltsam gegen die Verteidiger der „alten Ordnung" durchgesetzt werden.
[2] Bezeichnung für einen tief greifenden Änderungsprozess innerhalb eines bestimmten Bereiches; dieser Prozess muss nicht unbedingt Schnelligkeit oder Gewaltsamkeit aufweisen, sodass der Begriff der R. weitgehend mit dem Wandels identisch wird.
[3] Bezeichnung für einen sozialen Prozess, in dem Möglichkeiten aktualisiert werden, die durch die soziale Struktur negiert sind, jedoch im Möglichkeitsbereich des sozialen Systems liegen. Dies geschieht auch durch – teilweise gewaltsame – Vernichtung von sozialen Reduktionsmechanismen und situationsabhängigen Möglichkeiten, was den Prozess als rapide und intensiv erscheinen lässt (Bruch mit dem Gestern).
[4] Bezeichnung bei K. Marx für einen qualitativen Sprung in der historischen Entwicklung der Menschheit (R. als Lokomotive der Geschichte), der den Kulminationspunkt eines Klassenkampfes darstellt. Die objektiv notwendige R. als Konflikt zwischen sich im allseitigen Gegensatz befindlichen Klassen resultiert aus der zu groß gewordenen Diskrepanz zwischen Stand der Produktivkräfte und den von den Herrschenden zur Wahrung des Status quo mehr statisch gehaltenen Produktionsverhältnissen, die sich mit der R. dann ändern.

[5] Bis in die französische R. ist R. ein *post-hoc*-Begriff für ein einmaliges politisch-soziales Ereignis, das umfassende Auswirkungen auf das gesamte System hat; so galt in der *Glorious Revolution* nur die Landung Wilhelm von Oraniens als R., so wurde der Sturm auf die Bastille 1789 als R. verstanden. O.R.

Revolution, bürgerliche, die R.en, in denen sich das Bürgertum gegenüber dem Feudalsystem durchsetzte; z.B. die Unabhängigkeitsbewegung in den Niederlanden (16. Jahrhundert), die *Glorious Revolution* in England, der Unabhängigkeitskrieg der Vereinigten Staaten von Amerika, die französische Revolution. O.R.

Revolution, dritte industrielle, auch: dritte Phase der industriellen Revolution (L. Hack 1988), meist bezogen auf gesellschaftliche Umbrüche in der Gegenwart (→ zweite i. R.), basierend auf neuen Formen der Integration und Flexibilisierung der verschiedenen Bereiche der industriellen Produktion von der Konstruktion bis zum Verkauf. Kennzeichen sind u.a. neue Systeme der Steuerung und Vernetzung auf der Grundlage von Digitalisierung und Miniaturisierung, wachsende Bedeutung von Molekularbiologie und Gentechnologie, neue Formen der vertikalen und horizontalen Integration in transnationalen Konzernen, neue Formen sog. flexibler Arbeitsorganisation. Charakter, Richtung und Reichweite der neuen Phase der Industrialisierung sind umstritten. H.W.

Revolution, frühbürgerliche, Bezeichnung für revolutionäre Bewegungen im Übergang vom Mittelalter zur Neuzeit, die durch zwei Konflikte gekennzeichnet sind: der Kampf der Bauern gegen die Feudalherrn und der Kampf der Vertreter des Frühkapitalismus gegen die des Spätfeudalismus, mit dem Ziel, die ökonomische und politische Zersplitterung zu überwinden. Beispiele: Hussiten-Bewegung, Reformation und Bauernkrieg in Deutschland. Der Begriff f. R. stammt von J. Macek (1958) und ersetzt in der modernen marxistischen Soziologie den von K. Marx und F. Engels benutzten Begriff der bürgerlichen Revolution für diese Art der revolutionären Bewegungen. O.R.

Revolution, grüne, im engeren Sinne Bezeichnung für die wissenschaftliche Entwicklung von (genetisch veränderten) Hochertragssorten (z.B. Weizen, Reis) mit mehreren Ernten pro Jahr, die zu einer besseren Versorgung insb. auch der Bevölkerungen in Entwicklungsländern führen sollte. Neben speziellem Saatgut werden größere Mengen an Dünger, Pflanzenschutzmitteln und Wasser erforderlich. In Verbund mit der Mechanisierung förderte die g.R. größere Betriebe (hohe Kapital- und Betriebskosten, Zugang zu Importen und *know-how*) und vertrieb

R

viele Kleinbauern und landwirtschaftliche Arbeitskräfte aus der Produktion. Der Beitrag zur besseren Versorgung und Selbstversorgung der Entwicklungsländer ist umstritten. **H.W.**

Revolution, industrielle, [1] Bezeichnung für die sozialen, wirtschaftlichen und produktionstechnischen Umwälzungen, die die rasche Industrialisierung zu Beginn des 19. Jahrhunderts vor allem in den westeuropäischen Ländern begleiteten: Durchsetzung der Fabrik als typischer Produktionsstätte; breite Nutzung der Naturwissenschaften zur Mechanisierung der Produktionsgänge; Zusammenballung von Arbeitern im Umkreis der Fabriken; damit verbunden große Bevölkerungsbewegungen vom Land in die Stadt usw.
[2] Im weiteren Sinne wird i.r. auch für andere Prozesse der Industrialisierung oder für neue Stufen bei der Entwicklung der industriellen Produktion benutzt. Die Automation wird z.B. häufig als → zweite oder → dritte i.r. bezeichnet. **H.W.**

Revolution, informationelle, technologische Umwälzung, die seit Ende der 1970er Jahre mit den Durchbrüchen in der Mikroelektronik und in der Informatik praktisch alle Lebensbereiche erfasst und sich zum → Informationalismus ausgebildet hat. Strukturelle Voraussetzungen und kontingente Momente hat vor allem Manuel Castells (1996/2000) herausgearbeitet. **R.Kö.**

revolution, managerial (engl.) → Managerrevolution

Revolution, misslungene → Rebellion [3]

Revolution, neolithische, insbesondere von V.G. Childe (1925) propagiertes Konzept eines evolutionären Umbruchs von der Stufe der „Jäger- und Sammler-Gesellschaften" zu den „ackerbauenden und viehzüchtenden Gesellschaften", mit dem eine neue Stufe kooperativen Arbeitens, des Handwerks, des Handels, der Dauerhaftigkeit der Siedlungen und der inneren Differenzierung der Gesellschaften aufgrund zunehmenden Reichtums verbunden gewesen sein soll. Der Ausdruck „neolithisch" (neu-steinzeitlich) wird nicht allgemein geteilt. Zeitpunkte (nachweisbar wohl nicht vor 10000 v. Chr.), Dauer und Verlauf des „Umbruchs", ökonomische und gesellschaftliche Entwicklungen (z.B. Städte, Großreiche) als Konsequenzen einer n.R. stellen sich für verschiedene Welt-Regionen unterschiedlich und uneinheitlich dar. **H.W.**

Revolution, passive, bezeichnet nach A. Gramsci die Fähigkeit herrschender Klassen, einen Sprung in der Entwicklung der gesellschaftlichen Produktivkräfte zu vollziehen, ohne dass es zu einer Transformation der kapitalistischen Produktionsweise kommen muss. Durch → Staatsinterventionismus, → Faschismus und →

Korporativismus werden ökonomische Strukturveränderungen durchgesetzt (Verstaatlichung und Planung der Produktion), ohne die klassenspezifische Aneignung des → Mehrprodukts [2] anzutasten. **K.K.**

Revolution, permanente, ununterbrochene Revolution, [1] nach L. Trotzki in Anschluss an K. Marx Synonym für die proletarische Revolution. Diese kann sich a) nicht nur ausschließlich in einem System vollziehen; vielmehr beginnt sie „auf nationalem Boden, entwickelt sich international und wird vollendet in der Weltarena. Folglich wird die sozialistische Revolution in einem neuen, breiteren Sinne des Wortes zu einer p.R.: Sie findet ihren Abschluss nicht vor dem endgültigen Siege der neuen Gesellschaft auf unserem Planeten". Und b) ist sie nicht in Etappen aufteilbar, sondern alles „entwickelt sich in komplizierten Wechselwirkungen und (lässt) die Gesellschaft nicht ins Gleichgewicht kommen" bis zum Abschluss der R.
[2] Nach Mao Tse-Tung Bezeichnung für die Form der R., die durch die Entwicklung der Produktivkräfte hervorgerufen wird, in nicht-antagonistischer Form verläuft und jede Gesellschaft, auch die sozialistische, kennzeichnet. Im Unterschied dazu ist die durch Klassenkämpfe bewirkte R. nicht dauerhaft. **O.R.**

Revolution, politische, bezeichnet die Revolution, die überwiegend oder ausschließlich tief greifende Änderungen im politischen System anzielt und/oder bewirkt. In der p. R. erringen die Beherrschten die Herrschaft und strukturieren das politische System gemäß den realen oder unterstellten neuen Bedürfnissen der Gesellschaft um; der p. R. geht meist eine Wandlung im ökonomischen Bereich voraus. **O.R.**

Revolution, proletarische, sozialistische Revolution, in der Arbeiterbewegung und in der marxistischen Diskussion Bezeichnung für den gesetzmäßigen Umschlag von der kapitalistischen in die sozialistische Gesellschaftsform, für den Umsturz der bürgerlichen Herrschaftsverhältnisse durch das Proletariat als Vorbedingung für die Freisetzung der neuen Produktionsverhältnisse. In der p. R. gehen jedoch im Unterschied zu anderen Revolutionen die Umwälzungen im politischen denen im ökonomischen Bereich zeitlich voraus, weil die Grundlage für die sozialistische Gesellschaft, die Abschaffung des Privateigentums an den Produktionsmitteln, nur mit politischen Mitteln durchsetzbar ist. Die Ungleichmäßigkeit der Entwicklung der kapitalistischen Länder im Zeitalter des Imperialismus formulierte W.I. Lenin zu der strategischen Überlegung, dass der Sieg der p. R. auch in einzelnen Ländern möglich sei und auch in solchen, in denen die Arbeiterklasse weder einen domi-

R

nanten noch einen entwickelten Teil der Bevölkerung darstellt.   W.F.H./O.R.

Revolution, soziale, bezeichnet die Revolution, die überwiegend oder ausschließlich tief greifende Änderungen im Sozialgefüge anzielt und/ oder bewirkt; in der s. R., der grundlegende Wandlungen im ökonomischen und politischen Bereich vorausgehen, passt sich die soziale Strukturierung einer seit langem geänderten Situation an.   O.R.

Revolution, sozialistische → Revolution, proletarische

Revolution, technische, ältere Bezeichnung für → wissenschaftlich-technische Revolution bzw. → wissenschaftlich-technischen Fortschritt.
                                              W.F.H.

Revolution, ununterbrochene → Revolution, permanente

Revolution, wissenschaftliche, in die Wissenschaftsgeschichte, -theorie und -soziologie von T.S. Kuhn eingeführte Bezeichnung für die Phasen in der Entwicklung einer Wissenschaft, in denen ein Paradigma seine Anhänger verliert und durch ein neues verdrängt wird. Da ein Paradigma in einer „normalen Wissenschaft" eine normative Funktion besitzt, herrscht während einer w. R. in der betroffenen Disziplin ein Zustand der Normen- und Orientierungslosigkeit, der Desorganisation und des Konflikts. → Paradigma [3]   R.Kl.

Revolution, wissenschaftlich-technische, auch technische Revolution, Bezeichnung für die grundlegende Veränderung im System der Produktivkräfte, die als Übergang von mechanisierter zu automatisierter Produktion vor sich geht. Forschung und Wissenschaft, und damit der hochqualifizierte Mensch, gelten in der Diskussion über die w.-t.R. als Voraussetzung für die Weiterführung des technischen Fortschritts; die menschliche Arbeit werde sich mehr und mehr aus der Fertigung zurückziehen und die Aufgaben der Produktionsvorbereitung und -überwachung übernehmen, die Fertigung den sich selbst regulierenden Maschinensystemen überlassen; ein ausgebautes Bildungssystem und zentrale gesellschaftliche Lenkungs- und Planungsmechanismen werden unabdingbar. O.R./W.F.H.

Revolution, zweite industrielle, [1] Bezeichnung für den Prozess weitgehender Mechanisierung der Produktion auf wissenschaftlicher Grundlage zur Entwicklung der → Massenproduktion seit Ende des 19. Jahrhunderts. Neben der Entwicklung der Elektro- und der chemischen Industrie, der Errichtung umfassender technischer Netze (Elektrizität, Telefon, Bahn) wird das Fließband in der Automobilindustrie zum Kennzeichen der z.i.R.

[2] In den 1950er und 1960er Jahren Bezeichnung auch für eine erwartete umfassende Automation der industriellen Produktion und der Büro- und Verwaltungstätigkeiten mit weitreichenden sozialen Konsequenzen („menschenleere Fabrik", „Freizeitgesellschaft" u.a.). → Revolution, dritte industrielle   H.W.

Revolutionspotenzial → *gap, revolutionary*

reward (engl.) → Belohnung

reward power (engl.) → Belohnungsmacht

reward-punishment-mechanism (engl.) → Belohnung – Bestrafungsmechanismus

Rezeptionsforschung, die Erforschung der Wahrnehmung und Wirkungen von audiovisuellen Informationen und Erlebnissen in Situationen der Mediennutzung, Kunstbetrachtung und → Massenkommunikation, insbesondere beim Hören von Musik, auf Seiten der Empfänger. Typische Gegenstände der R., die bei Betonung der Verhaltenssteuerung durch Medien auch als Wirkungsforschung fungiert, sind z. B.: Beliebtheit von Sendungen und Genres, Muster der Beschreibung und Beurteilung von Stilen, Werken oder Interpreten durch Rezipienten; Einschalt- oder Frequentierungsquoten; Reaktionen auf bestimmte Motive und Handlungen in der Darstellung durch die Medien. Die R. liefert Erkenntnisse über Medien- und Kommunikationswirklichkeit, durch die künstlerische Intentionen, Geschmacksstandards oder die ästhetische Bewertung von Werkformen und -inhalten relativiert werden können.   H.L.

Rezeptor, Empfangsorgan, das durch Reize aktiviert wird, z.B. Retina, Hautzellen, Geschmackszellen usw. Die R.en sprechen jeweils nur auf bestimmte Energieformen an. Gegenbegriff: → Effektor   H.S.

Rezidivismus, Rückfälligkeit, in der Kriminologie das erneute kriminelle Verhalten eines Menschen, der früher bereits bestraft worden ist.
                                              R.L.

Rezipient → Adressat

Reziprozität der Perspektiven. Nach A. Schütz gelingt es den Handelnden, ihre Handlungen aufeinander abzustimmen, indem sie auf der Basis von zwei Idealisierungen agieren: Vertauschbarkeit der Standpunkte und Kongruenz der Relevanzsysteme. Diese Reziprozitätsunterstellungen führen zu der wechselseitigen Annahme einer identischen Umwelterfahrung und zur lebensweltlichen Konstitution von Intersubjektivität.   M.M.

Reziprozität. Als R. oder Gegenseitigkeit wird das in sozialen Beziehungen wirksame Prinzip des Gebens und Nehmens, des wechselseitigen Austausches von Leistung und Gegenleistung bezeichnet. Das Prinzip der R. wurde in der Kulturanthropologie (so bei B. Malinowski) in seiner Bedeutung für die Herausbildung sozialer Strukturen betont und erscheint in der soziologischen Austauschtheorie (G.C. Homans, P.M. Blau) als allgemeiner Bezugsrahmen der Analyse sozialen Handelns. V.V.

Rhizom. In der Biologie bezeichnet R. eine Art der Wurzelbildung bestimmter Pflanzenarten; in dem 1976 erstmals vorabgedruckten Einleitungskapitel zum zweiten Teil von *„Capitalisme et Schizophrénie"* benutzen G. Deleuze und F. Guattari diesen Begriff zur programmatischen Kennzeichnung ihrer nicht-repräsentierenden Schreibweise. So wenig wie ein R. als Wurzel ein Spiegelbild des oberirdischen Pflanzenteils ist, so wenig soll das Buch ein Bild der Welt sein. Es sei nicht möglich, Vielheiten durch diese auf einheitliche Weise repräsentierende Schreibweise und Theoriebildung angemessen darzustellen. Erst eine Schreibweise, die die R.e imitiert (die Zusammenhänge von oberirdischen und unterirdischen Pflanzenteilen, Knollen, Verästelungen, Sprossen und Würzelchen) verlässt das ermüdende Modell des Buchs als Bild der Welt. Die Merkmale des R. als Modell sind: Allseitige Verkettung aller Teile miteinander, Verkettung von Heterogenem, Bestand aus uneinheitlichen Vielfalten auf verschiedenen Ebenen, Abbruch bisheriger Verteilungsmuster durch Beginn ganz andersartiger Praktiken, Karten statt Kopien. Während eine Struktur durch Punkte, Positionen und Relationen zwischen ihnen gekennzeichnet ist, ist ein R. die Ausdehnung von Linien über Vielheiten von Dimensionen hinweg; während Struktur-Denken sich über Modelle in eine Abbild-Relation zur Realität zu setzen versucht, ist rhizomatisches Denken eine Bewegung der Realität selbst, die mit anderen Dimensionen der Realität „Rhizom macht", wie die Autoren zu sagen belieben. Die Dreiteilung herkömmlicher Erkenntnistheorien von Repräsentationsbeziehung, Repräsentiertem und Repräsentierendem ist im R. bedeutungslos geworden. Das R. als Modell und Rhizomatik als eine Schreibweise poststrukturalistischen Denkens haben seit 1976 eine zeitlang eine gewisse modische Aktualität gehabt; eine eigentliche wissenschaftliche Auseinandersetzung aber hat bisher nicht stattgefunden. K.R.

Richten, bei T. Eckhoff diejenige Art der Konfliktlösung, die ihren Ansatz aus vorgegebenen Normen ableitet. R. wird hier unterschieden vom Vermitteln (das bei den Interessen der Betroffenen ansetzt) und vom Anordnen (das nicht vorgibt zu bestimmen, was längst Recht ist, sondern von den Konsequenzen der Entscheidung in der Zukunft ausgeht). M.O.H.

Richtigkeitsrationalität ist das empirisch ermittelte Verhältnis von Zwecken und Mitteln, die

deren Verwirklichung tatsächlich gewährleisten, im Gegensatz zu den subjektiven Vorstellungen über die Zweck-Mittel-Rationalität. B.W.R.

Rigidität, Starrheit, Bezeichnung für die herabgesetzte Fähigkeit einer Person, ihre Verhaltensweisen oder Einstellungen und Meinungen auf Grund neuer Erfahrungen oder Argumente zu verändern und an gewandelte objektive Bedingungen anzupassen. Ein wichtiges Beispiel für R. ist das Denken in → Stereotypen. R.Kl.

Risiko, abgeleitet von *riesco* (ital.), was im 15. Jahrhundert nur finanzielle Gefahr bedeutete; heute umgangssprachlich für Gefahr, Wagnis. R. heißt positiv Mut zum R. oder negativ Gefahr, in die man sich begibt (subjektives R.), oder die, in der man sich alternativlos befindet (objektives R.).
[1] Im technisch-politischen Verständnis heißt R. das Produkt aus Schadenswahrscheinlichkeit und Schadensumfang bezogen auf eine Zeiteinheit.
[2] In der Ökonomie wird als R. die vermutete Abweichung der realisierten von den erwarteten Daten in Wirtschaftsplänen verstanden, die sich aus der Ungewissheit über künftige Daten ergibt.
[3] In der Entscheidungstheorie heißt R. so viel wie Verlusterwartung.
[4] Für die Soziologie hat N. Luhmann vorgeschlagen, strikt zwischen Gefahr und R. zu trennen; Gefahr heißt in dieser Gegenüberstellung „jede beachtenswerte Möglichkeit eines Nachteils", wohingegen man von R. nur dann sprechen könne, wenn „die eigene Entscheidung eine unerläßliche Ursache des (möglichen) Eintritts eines Schadens" sei. O.R.

Risikoabschätzung, *risk assessment*, politisch-wissenschaftliches Instrument zur organisierten prospektiven Analyse und Berechnung der Wahrscheinlichkeit und des Umfangs von Schäden, die bei Einführung neuer Technologien auftreten; diese Daten werden für die R. mit anderen Risiken in der Gesellschaft verglichen. Der R. kam in den 1970er Jahren große legitimatorische Bedeutung für die staatlichen Entscheidungsinstanzen zu, um sich gegen die Forderungen der Anti-Kernkraft-Bewegung zu behaupten. O.R.

Risikobereitschaft, Bezeichnung für die Größe des Risikos, das Personen bei Entscheidungen einzugehen bereit sind (→ Entscheidungen unter Risiko), bzw. für die Art, in der Personen mit Risiko umgehen (Risikoverhalten, *risk-taking behavior*). R. wird im Rahmen der Motivationsforschung als individuelle Disposition bzw. als Persönlichkeitseigenschaft aufgefasst. R.Kl.

R

Risikobewertung, *risk assessment,* heißt der Wertungsprozess eines Risikos in Hinblick auf seine Akzeptabilität, indem Kosten und Nutzen gegeneinander abgewogen werden und versucht wird, Ungleichgewichtigkeiten zu minimieren.
O.R.

Risikogesellschaft. Nach U. Beck (1986) Bezeichnung für den auf die klassische Moderne der Industriegesellschaft folgenden gegenwärtigen Gesellschaftstypus, in dem immer mehr Lebensrisiken alle Gesellschaftsmitglieder betreffen, weil die klassischen Grenzen von Stand, Klasse, ethnischer Zugehörigkeit, Nation gegenüber vielen von der Industriegesellschaft selbst produzierten Risiken (z.B. Atomenergie, Ozonloch) keinen Schutz mehr bieten. Symptome der R. sind: Verlust des Fortschrittsglaubens, schwindendes Vertrauen in die Wissenschaft, neue Formen der politischen Kultur (Bürgerinitiativen, neue soziale Bewegungen), Erosion traditional verbürgter Lebensformen (insb. im Geschlechterverhältnis), vielfältige Identitätskrisen. M.M.

Risikopopulation, Begriff der Sozialmedizin zur Kennzeichnung der Population, die dauerhaft bestimmten gesundheitlichen Gefährdungen ausgesetzt ist. R.N.

Risikoschub, *risky shift,* ein von J. Stoner eingeführter Begriff zur Kennzeichnung des Phänomens, dass Entscheidungsaufgaben in experimentellen Gruppen risikofreudiger angegangen werden als in Einzelsituationen. Als häufigste Erklärungen des R. von Einzelentscheidung zur Gruppenentscheidung sind die Verteilung der Verantwortung, *diffusion-of-responsibility-explanation,* sowie das Vorherrschen risikofreudiger kultureller Werte, *cultural-value- explanation,* genannt worden. Von einigen Autoren wird bezweifelt, dass R.-Phänomene allgemein für Gruppen typisch sind. C.R.S.

Risikostreuung, eine Strategie der Entscheidung, die mögliche Fehlentscheidungen in ihrer Wirkung dadurch mindern will, dass nicht alles auf eine Karte gesetzt wird. W.F.H.

risk assessment (engl.), Bezeichnung für ein wissenschaftliches Instrument, um prospektiv Risiken abschätzen (→ Risikoabschätzung) und bewerten (→ Risikobewertung) zu können. *R. a.* entstand in Auseinandersetzung mit der Verbreitung der Kernenergie, sie sollte der staatlichen Entscheidung für Kernenergie im Nachhinein eine rationale Basis geben und damit die Entscheidung legitimieren wie eine Akzeptanz durch die Öffentlichkeit fördern. O.R.

risky shift (engl.) → Risikoschub

Riten, asketische → Riten, negative

Riten, imitative → Riten, positive

Riten, kommemorative → Riten, positive

Riten, negative, asketische Riten, bezeichnen nach E. Durkheim die Riten, die durch Verbote die dauerhafte Trennung von Profanem und Geheiligtem gewährleisten sollen. F.H.

Riten, piaculare, frz.: *rites piaculaires,* Bezeichnung von E. Durkheim für die Riten, die auf die Bannung, Milderung oder Sühnung einer Missetat oder eines Unheils hinzielen. F.H.

Riten, positive, Bezeichnung von E. Durkheim für die Riten, die Vorschriften für den Umgang mit dem Heiligen und mit dem Profanen enthalten, und zwar in Bezug auf Mahl und Opfer, Hervorrufen eines gewünschten Zustandes durch Nachahmung der als Ursache angesehenen heiligen Kraft (imitative R.), oder Wiederbelebung von Vergangenem zum Zwecke seiner Bewussterhaltung (kommemorative R.). F.H.

rites de passage (frz.) → Übergangsriten

Ritual, Begriff von ungenauer Bedeutung, oft bedeutungsgleich mit Ritus. [1] Sozial geregelte, kollektiv ausgeführte Handlungsabläufe, die nicht zur Vergegenständlichung in Produkten oder zur Veränderung der Situation führen, sondern die Situation symbolisch verarbeiten und häufig religiöse, immer aber außeralltägliche Bezüge haben.
[2] Allgemein in der Bedeutung von fest gefügten Modellen und Spielregeln des sozialen Verhaltens (z.B. Begrüßung, Kampf, Friedenschluss, Ehrung). W.F.H.

ritual, early (engl.), bezeichnet bei A. Strauss/B. Glaser (1971) eine verfrühte Erreichung des Ziels (bzw. eines Zwischenziels) einer → Statuspassage. Beispiele: Ein Verwandter verabschiedet sich von einem Sterbenden vor der Zeit, weil er wieder nach Hause reisen muss; Soldaten werden zu früh an die Front gebracht und langweilen sich dann. W.F.H.

Ritualisierung, [1] allgemein die Verfestigung von Verhaltens-, Mitteilungs- und Ausdrucksweisen zu einer sozialkulturell geregelten Form bzw. einem Ablaufmuster (z.B. Beileidsformeln bei einem Todesfall, Fröhlichkeit beim Polterabend, Entschuldigungsformeln).
[2] Unter dem Einfluss des durch die Vertreter einer antiautoritären Erziehung bzw. der neueren Natürlichkeitslehren wieder verbreiteten Ideals vom spontanen, sozial nicht reglementierten Menschen wird R. hin und wieder abwertend benutzt (im Sinne von: den Konventionen verfallen; bloß formal statt inhaltlich). W.F.H.

Ritualismus, in einem Schema von R.K. Merton derjenige Typus von individueller Anpassung, bei dem die herrschenden kulturellen Ziele abgelehnt, die dafür institutionalisierten Mittel aber akzeptiert werden. So mag jemand das dominierende Ziel des wirtschaftlichen Aufstiegs und Erfolgs zwar aufgeben, doch an den Normen des ökonomischen Verhaltens festhalten.

R.L.

Ritus, [1] religiös oder abergläubisch begründete, sozial bis ins Einzelne geregelte Handlungen (meist von Gruppen), in denen sich die Menschen die Naturkräfte bzw. imaginäre gesellschaftliche Kräfte günstig stimmen wollen.

W.F.H.

[2] Bei E. Durkheim Bezeichnung für jene Art von Mustern des Handelns, die zusammen mit kollektiven Glaubensvorstellungen ein religiöses System bilden, das die Welt unterteilt in profane und in heilige (lat.: *sacer*) Dinge. Die Riten beinhalten Vorschriften für das Verhalten gegenüber dem Heiligen und festigen durch gemeinsam von den Gläubigen vollzogene regelmäßige Zeremonien die bestehende Ordnung des Handelns, Denkens und Erlebens. Drei Grundarten von Riten lassen sich unterscheiden: negative, positive und piaculare.

F.H.

Rohdaten, bezeichnen in der empirischen Sozialforschung Daten, die nach ihrer Erhebung noch nicht aufbereitet (statistisch analysiert) sind. → Datenaufbereitung D.Kl.

role-hybridization (engl.) → Rollenkreuzung

role set (engl.) → Rollensatz

role taking (engl.) → Rolleneinnahme

Rolle, kommunikative, das Gesamt der Verhaltenserwartungen, die sich an das Kommunikationsverhalten des Mitgliedes einer Gruppe oder Organisation richten und die seine Kommunikationschancen mitbestimmen (z.B. „Meinungsführer", „Pförtner"). W.F.H.

Rolle, kulturelle, in der Sozialisationstheorie das Gesamt der Verhaltenserwartungen, das das Kind vor Übernahme der eigentlich sozialen Rollen übernimmt. Sie beinhaltet die grundlegenden Selbstverständlichkeiten der Zugehörigkeit zu einer Nation, einer Sprachgruppe, der Herkunft aus einer bestimmten Region, der fundamentalen Erlebnisformen der Welt. E.D.

Rolle, soziale, *social role,* [1] die Summe der Erwartungen, die dem Inhaber einer sozialen Position über sein Verhalten entgegengebracht werden. R.L.

[2] Ein gleichmäßiges und regelmäßiges Verhaltensmuster, das mit einer sozialen Position oder einem Status in einem sozialen System assoziiert wird. Während Position sich auf einen „sozialen Ort" in einer sozialen Struktur bezieht, der denjenigen, die ihn einnehmen, bestimmte Rechte und Privilegien einräumt, aber auch bestimmte Pflichten abverlangt, bezieht sich s. R. auf die Umsetzung dieser Rechte und Pflichten in konkretes Verhalten.

Bildhaft gesprochen, geschieht das Spielen einer „gesellschaftlichen R." auf einer „gesellschaftlichen Bühne", d.h. unter den kritischen Augen von Zuschauern und Mitspielern, die den der R. zu Grunde liegenden „sozialen Text" kennen und hinsichtlich der Qualität der Darbietung der jeweiligen Rollenspieler konkrete Erwartungen hegen. Dem bildhaften Charakter des Rollenkonzepts entspricht sein didaktischer Vorzug, die vielfältigen, interdependenten Beziehungen zwischen Individuum und Gesellschaft oder zwischen Person und sozialem System einsichtig vermitteln zu können.

Der Rollenbegriff vereinigt die folgenden (im Einzelnen dann wieder analytisch zu trennenden) Aspekte: Steuerung des Verhaltens einer Person in einer sozialen Position durch die Rollenerwartungen; die Wahrnehmung und Interpretation solcher Erwartungen durch den Rollenträger; die Umsetzung der Rollenerwartungen in konkretes Rollenverhalten durch den Rollenträger; die Verinnerlichung von Rollenerwartungen; der langfristige Einfluss von Rollenerwartungen auf den Prozess der Persönlichkeitsbildung des Rollenträgers. Diese Aspekte beziehen sich im Wesentlichen auf die Anpassungsreaktionen der Rollenträger auf gegebene soziale Verpflichtungen. Umgekehrt beinhaltet s. R. gleichzeitig auch die Chance eines Rollenträgers, in konkreten Interaktions- und Austauschsituationen persönlich gefärbte Interpretationen seiner s. R. gegenüber seinen Rollenpartnern durchzusetzen, sich auf Grund persönlicher Fähigkeiten (wie sozialer Kreativität) von den Rollenerwartungen zu emanzipieren, um schließlich selbst Maßstäbe und Erwartungen für angemessenes Verhalten in dieser Rolle zu setzen. Das Rollenkonzept sucht somit sowohl Gruppenmerkmale als auch Merkmale der Person auf einer eigenständigen Ebene miteinander zu integrieren. Angesichts dieser konzeptuellen Vielschichtigkeit ist bisher eine systematische empirische Prüfung der mit Hilfe des Rollenbegriffs formulierten Hypothesen oder gar Theorien in der soziologischen und sozialpsychologischen Forschung nur selten versucht worden (z.B. bei N. Gross u.a. 1958).

Die in der Literatur verwendeten Definitionen unterscheiden sich stark hinsichtlich der Betonung oder Auslassung einzelner der eben genannten Perspektiven, sodass ein Vergleich von Aussagen verschiedener Autoren, die sich auf die Rollenhaftigkeit menschlichen Verhaltens beziehen, oft schwierig ist. Darüber hinaus ist der soziale Zusammenhang weit gesteckt, in dem eine s. R. entstehen und gelten kann: von unstrukturierten Alltagssituationen über stabilere soziale Beziehungen in Gruppen oder Organisationen bis hin zu kulturell oder gar interkulturell gültigen Rollendefinitionen.

Dieser universellen Verwendungsmöglichkeit verdankt der Rollenbegriff auch seine weitläufige Verwendung in nahezu allen Spezialdisziplinen der Soziologie; vor allem auch in soziologischen Lehrbüchern und Einführungstexten, die sich mit strukturellen Anpassungs- und Konfliktproblemen des Individuums in den verschiedensten sozialen Situationen und institutionellen Lebensbereichen beschäftigen. B.Bu.

Rolle, strukturale, [1] soziale Rolle, die – unabhängig von den persönlichen Interpretationen der Rollenpartner oder von einem situationalen Zusammenhang – als Bestandteil institutionalisierter sozialer Systeme (wie: Verwandtschaft, Organisation, Gesellschaft) definiert ist. B.Bu.
[2] Grafische Darstellung von Rollenbeziehungen. R.L.

Rollenambiguität bezeichnet den nicht seltenen Fall, dass keine → Rollenklarheit besteht. R. kommt auf, wenn es an gesellschaftlichem Konsens bezüglich der Rollenerwartungen mangelt. R.L.

Rollenambivalenz bezeichnet das Nebeneinander widersprüchlicher Erwartungen, dem sich jemand selbst innerhalb eines einzelnen Interaktionsmusters gegenübersieht. R. rührt daher, dass eine Rolle oft die flexible Lösung von Normgegensätzen darstellt. R.L.

Rollenauffassung, Rollenselbstdeutung, *role conception, individual-, subjective-, personal-role,* die Konkretisierung der von außen kommenden Rollenerwartungen durch den jeweiligen Rollenträger. Dieser nimmt die ihm entgegengebrachten Erwartungen selektiv wahr, akzeptiert die meisten, verwirft vielleicht einige andere. So verarbeitet er die generelle Rolle zu seiner individuellen R. R.L.

Rollenaustausch, *role bargain, role transaction,* soziale Austauschprozesse in Rollenbeziehungen, bei denen die beteiligten Interaktionspartner das Ziel verfolgen, Schwierigkeiten, die mit der Erfüllung vielfältiger Rollenverpflichtungen gegeben sind, zu reduzieren. In solchen Transaktionen kann der Einzelne mit seinen Rollenpartnern langfristig eine Kombination solcher Rollen aushandeln und auf sich vereinigen, die einander weitgehend ergänzen und geringe Belastungen und Konflikte implizieren; gleichzeitig erreicht er ein Optimum befriedigender sozialer Beziehungen zu seinen Rollenpartnern. B.Bu.

Rollenbeziehung, *role relationship,* Verhältnis – meist ein Interaktionsverhältnis, das durch wechselseitige Verhaltenserwartungen definiert ist – zwischen → Rollenträger und → Rollensender. B.Bu.

Rollenbild, Rollenidealbild, *role image, image* einer sozialen Rolle, in dem ihre stereotypen Minimalinhalte festgehalten sind. Zusammen mit einem entsprechenden Rollennamen dient ein R. der groben Orientierung hinsichtlich des mit einer Rolle typischen und üblicherweise zu erwartenden Verhaltens und ermöglicht die Kommunikation über die so identifizierbaren Rollen zwischen den Akteuren. B.Bu.

Rollenbrauch, *role custom,* [1] Zurschaustellung von Symbolen oder symbolischen Handlungen anlässlich ritueller Situationen, durch die die Bedeutung einzelner Rollen betont wird. B.Bu.
[2] Verhaltensregelmäßigkeiten, die sich als soziale Gewohnheiten eingebürgert haben. R.L.

Rollendefinition, inhaltliche Bestimmung der in Übereinstimmung mit den Rechten und Pflichten einer sozialen Rolle für legitim erachteten Verhaltensweisen eines Rollenträgers durch den Rollenträger selbst und/oder seine Rollensender. B.Bu.

Rollendisposition, *role disposition,* das Vorhandensein von Voraussetzungen (meistens spezifischer Persönlichkeitsmerkmale) oder persönlicher Neigungen, in einer sozialen Situation eine soziale Rolle zu übernehmen. B.Bu.

Rollendistanz, *role distance,* uneinheitlich definierter Begriff, der von solchen Fällen ausgeht, in denen Rollenerwartungen und tatsächliches Rollenverhalten auseinandertreten.
[1] R. bezieht sich auf die Fähigkeit eines Rollenträgers, kraft seiner sozialen Kreativität oder seiner übergeordneten Stellung die konkreten Rollenverpflichtungen zu lockern oder mit individuellen Verhaltensäußerungen zu mischen, um nach außen den Eindruck zu erwecken, er handle autonom und rollenunabhängig (→ Individualitätsmuster).
[2] Andere Autoren wollen R. für solche Fälle reserviert wissen, in denen Akteure sich von einer Rolle abgrenzen, entweder, weil sie sich von ihr lösen wollen, um eine andere zu übernehmen (→ Rollengradation, → Rollentrennung, → Rollensequenz), oder weil sie keinen Anspruch auf sie haben. B.Bu.

Rollendruck, *role pressure,* [1] Stärke der von einem Rollensender ausgehenden Erwartungen, gemessen etwa an den Möglichkeiten, ein rollengemäßes Verhalten zu erzwingen. R.L.
[2] Überforderung eines Rollenträgers durch widersprüchliche Rollenerwartungen, die durch ihn schwer zu integrieren sind. Die daraus resultierende Uneinheitlichkeit des Verhaltens führt zu Orientierungsverlusten. B.Bu.

Rolleneinnahme, Rollenübernahme, *role taking,* Prozess, bei dem ein Interaktionspartner das Verhalten seines Gegenübers vorherzusehen sucht, indem er dessen Reaktionen im Rahmen einer Rolle beurteilt. R. geschieht in einem „symbolischen Prozess, bei dem eine Person für einen Moment davon ausgeht, als sei sie der Interaktionspartner, sich in das Wahrnehmungsfeld des anderen hineinprojiziert, sich ‚an die Stelle des anderen versetzt', um Einsichten in das wahrscheinliche Verhalten des anderen in gegebenen Situationen zu gewinnen. Dies geschieht in der Absicht, den ‚Standpunkt' des anderen zu erfassen, um dessen Verhalten zu antizipieren und dann entsprechend darauf reagieren zu können" (Coutu).
R. erhält einen normativen Aspekt, wenn die Person es in diesem Prozess nicht nur mit einem isolierten, sondern mit einem „generalisierten" Interaktionspartner, z.B. mit einer Bezugsgruppe, zu tun hat, von der ihrerseits Rollenvorschriften und Anpassungserwartungen ausgehen, die in ihrem eigenen Verhalten berücksichtigt werden müssen. R. kann somit beides beinhalten: die Manipulation des Rollenpartners sowie die Anpassung an dessen Standpunkte und Erwartungen. B.Bu.

Rollenerfüllung, Anpassung des Verhaltens an die Rollenerwartungen der Partner. B.Bu.

Rollenerwartungen, *role expectations,* [1] Verhaltensweisen, zu denen Menschen im sozialen Umgang verpflichtet sind. Die Verpflichtung des Rollenträgers geht vom Rollensender aus. R. erhöhen die Vorhersagbarkeit des Verhaltens beim Rollenträger. Die Wirkung der R. auf das tatsächliche Rollenverhalten eines Akteurs hängt von vielen Faktoren ab, u.a. von der Internalisierung der R. durch den Rollenträger, vom Konsens sowie von den Sanktionsmöglichkeiten der Rollensender und von der Legitimität, die der Rollenträger der R. beimisst.
[2] R., auch: Rollenzumutungen, in einem engeren Sinne, sind R., deren Legitimität der Rollenträger bezweifelt oder nicht anerkennt, ohne von der Pflicht, entsprechendes Rollenverhalten zu zeigen, entbunden zu sein. B.Bu./R.L.

Rollenfeld, auch: Positionsfeld, die auf eine Position oder Stelle im sozialen Raum wirkende Kräfte oder Einflusskonstellation. H.E.M.

Rollenfixierung → Rollenverhaftung [2]

Rollengradation, *role gradation,* schrittweiser Übergangsprozess einer Person von einer Rolle zu einer anderen; vor allem in Rollensequenzen, die mit dem Lebenszyklus oder einer Karriere (im weitesten Sinne) verbunden sind. Mit R. sind häufig Übergangsriten (frz.: *rites de passage*) verbunden. B.Bu.

Rollenhaftigkeit, Kennzeichnung von Verhalten als rollenspezifisch, d.h. abhängig von den Erwartungen und Normen der Interaktionspartner in Rollenbeziehungen im Gegensatz zu individuellen, spontanen oder persönlichkeitsspezifischen Verhaltensweisen. B.Bu.

Rollenidealbild → Rollenbild

Rollenidentifikation zeigt jemand in dem Maße, wie er die wahrgenommenen Anforderungen bejaht und zu erfüllen sucht. R.L.

Rollenideologie, [1] Verabsolutierung des Rollenansatzes durch manche Sozialwissenschaftler, nämlich der Gedanke, soziales Verhalten sei ausschließlich durch Rollenerwartungen gesteuert.
[2] Die Verbreitung eines durch eigene Machtinteressen und -ansprüche verzerrten Rollenbildes einer eigenen oder fremden Rolle; so die politisch motivierte Präsentation, Übertreibung oder Dämonisierung eigener Rollenfertigkeiten und parallel dazu die Behauptung einer übergeordneten gesellschaftlichen Bedeutung der eigenen Rolle, wie sie etwa in der statussichernden Verfestigung des Rollenstereotyps des Arztes als eines „Halbgotts in Weiß" resultiert; oder das Sich-Berufen auf ein fragwürdiges, traditionell verfestigtes, zumeist kulturell zugeschriebenes Rollenbild einer fremden Rolle zum Zwecke der Sicherung eigener Privilegien, wie es etwa in der von Männern propagierten Vorstellung „die Frau gehört in die Küche und zu den Kindern" geschieht. B.Bu.

Rolleninhaber → Rollenträger

Rolleninkompatibilität → Intersenderkonflikt

Rolleninterdependenz, wechselseitige Abhängigkeit zweier oder mehrerer Rollen, wobei die isolierte Betrachtung der einen Rolle ohne ihr Pendant nicht sinnvoll ist (wie z.B. bei Verwandtschaftsrollen). B.Bu.

Rollenklarheit, *role clarity,* Situation eindeutiger, präziser und daher in der Regel übereinstimmender Rollendefinitionen beim Rollenträger und Rollensender. B.Bu.

Rollenkombination, Vereinigung zweier oder mehrerer Rollen, die in der Regel verschiedenen Positionen in unterschiedlichen institutionalisierten Bereichen zuzuordnen sind, auf eine Person. B.Bu.

Rollenkonflikt, Anpassungsproblem einer Person in einer Rollenbeziehung, in der ihr die Erfüllung logisch und/oder moralisch unvereinbarer Erwartungen hinsichtlich ihres Verhaltens abverlangt wird. Man unterscheidet fünf Arten von R.en: → Intra-R., → Inter-R., → Intrasenderkonflikt, → Intersenderkonflikt und → Person-Rolle-Konflikt. Das Auftreten von R.en und deren Lösung ist abhängig u.a. vom Wahrneh-

R

mungsvermögen des Rollenträgers, von seiner Einschätzung der Sanktionsmöglichkeiten seiner Rollenpartner sowie von Persönlichkeitsmerkmalen und situationsabhängigen Faktoren. Die sozialwissenschaftliche Literatur konzentriert sich vor allem auf die Konsequenzen von R.en für den individuellen Akteur und seine mutmaßlichen Reaktionen; seltener sind Ansätze, die R.e als Problem der Sozialstruktur begreifen. B.Bu.

Rollenkongruenz, *role congruency,* [1] Situation übereinstimmender Rollendefinitionen beim Rollenträger und Rollensender. B.Bu.
[2] Situation, in welcher ein Akteur erfährt, dass mehrere Rollensender ihm dieselben oder ähnliche Erwartungen entgegenbringen. R.L.

Rollenkreuzung, *role-hybridization,* nach J. Ben-David u. R. Collins (1966,) die Übertragung der Verhaltensmuster einer Rolle auf eine andere Rolle, wodurch eine neue Rolle geschaffen wird. R.Kl.

Rollenmenge → Rollensatz

Rollennorm, [1] allgemein verbindlicher, situationsübergreifender Komplex von Rollenerwartungen, der sich auf alle Sektoren einer sozialen Rolle – in der Regel auf eine → strukturale Rolle – bezieht. B.Bu.
[2] Die verbindlich erwarteten Verhaltensweisen, die einer bestimmten Klasse von Individuen zugeordnet werden können, z.B. allen Vätern im Unterschied zu allen Müttern. H.Tr.
[3] Bei H. Popitz diejenigen Verhaltenserwartungen, die sich nicht nur auf Situation und Handlungsablauf, sondern auch auf die jeweils beteiligte Person beziehen. R.L.

Rollenpartner, verallgemeinerter, Bezeichnung für die verallgemeinernde Vorstellung, die eine Person von den Erwartungen und Haltungen ihrer Rollenpartner besitzt und die zu einem integrierten Bild des Rollenpartners ausgestaltet wird, das auch als Repräsentation der Erwartungen und Haltungen der Gruppe selbst aufgefasst werden kann. → Andere, der generalisierte W.B.

Rollensatz, Rollenmenge, *role set,* die Gesamtheit aller Rollenbeziehungen, die eine Person in einer bestimmten sozialen Position eingeht (R.K. Merton). Die einzelne Position (z.B. des Lehrers in der Schule) eröffnet ihrem Inhaber eine Mehrzahl von Rollenbeziehungen (z.B. als Klassenlehrer, Sprecher des Kollegiums, Mitglied der Lehrergewerkschaft, Autor didaktischer Aufsätze, Mitarbeiter der Volkshochschule), in denen ihn unterschiedliche Verhaltenserwartungen treffen. B.Bu./R.L.

Rollensegment, Rollensektor, Bezeichnung für den Ausschnitt aus den Rollenbeziehungen eines Rollenträgers. Das R. beschränkt sich auf

das Rollenverhalten in bezug zu jeweils einem Rollenpartner (z.B. Betriebsrat gegenüber Arbeitnehmern, Betriebsrat gegenüber anderen Gewerkschaftsmitgliedern, Betriebsrat gegenüber Unternehmensleitung). B.Bu.

Rollenselbstdeutung, Rollenselbstbild → Rollenauffassung

Rollensender, *role sender,* diejenigen Partner (Person oder Gruppe) in einer Rollenbeziehung, von denen die Erwartungen und Normen über das Verhalten des Rollenträgers ausgehen. B.Bu.

Rollensequenz, zusammenhängende Reihe einander zeitlich und/oder hierarchisch aufeinander folgender Rollen, die eine Person mit ihrem Alter, mit lebenszyklusspezifischen Ereignissen oder in Prozessen der Auf- und Abwärtsmobilität durchläuft. B.Bu.

Rollen-Set → Rollensatz

Rollenspiel, [1] das Spielen einer sozialen Rolle, → Rollenverhalten.
[2] Die im → Psychodrama und im → Soziodrama benutzte Technik des improvisierten Nachspielens realer Lebenssituationen zu diagnostischen und therapeutischen Zwecken. R.Kl.

Rollenstress, *role strain,* [1] Bezeichnung für die Situation, in der dem Rollenträger die Erfüllung der ihm auferlegten Pflichten als Belastung erscheint. Im Allgemeinen überfordern die Rollenpflichten die Leistungsfähigkeit einer Person (W.J. Goode). Beispielsweise durch Aushandeln lässt sich der R. mindern.
[2] → Rollendruck R.L.

Rollentheorie, Sammelbezeichnung für sozialwissenschaftliche Bemühungen, mit Hilfe des Rollenbegriffs einzelne oder zusammenhängende Hypothesen über die Bedingungen regelmäßigen sozialen Verhaltens zu formulieren und empirisch zu prüfen. B.Bu.

Rollenträger, Rolleninhaber, Fokalperson, *focal person,* der Inhaber einer sozialen Position, an die sich Rollenerwartungen knüpfen. Der R. hat die soziale Rolle zu spielen. R.L.

Rollentrennung, *role segregation,* zeitlich- räumliche Distanz zwischen den verschiedenen Rollen eines Rollenträgers, die sich unterschiedlichen institutionalisierten Bereichen einer Gesellschaft zuordnen lassen. R. kann als Strukturmerkmal eines arbeitsteiligen sozialen Systems begriffen werden oder als individuelle Verhaltensstrategie zur Vermeidung von Rollenkonflikten. B.Bu.

Rollenüberlastung, *role overload,* Überforderungszustand eines Akteurs, der mit so vielen Rollen befrachtet ist oder der so viele Rollen auf sich gezogen hat, dass er den daraus resultierenden Verpflichtungen nicht mehr angemessen nachkommen kann (Beispiel: die berufstätige Mutter). R. führt zu Stress und Handlungsunfähigkeit. B.Bu.

Rollenübernahme → Rolleneinnahme

Rollenverengung, bezeichnet eine Verarmung des Bereichs der Erwartungen auf solche, die eine tiefere Identifikation mit der (Berufs-)Rolle nicht zulassen. W.F.H.

Rollenverhältnis, [1] Verhältnis zwischen zwei aufeinander bezogenen Rollen (z.B. zwischen Arzt und Patient, Vater und Sohn). B.Bu.
[2] Subjektive Beziehung zur eigenen oder zu einer fremden Rolle. R.L.

Rollenverhaftung, [1] Orientierung des Verhaltens an eingebildeten Rollenverpflichtungen, und zwar in solchen sozialen Situationen, die gerade individuelle Verhaltensäußerungen gestatten oder erfordern. B.Bu.
[2] auch: Rollenfixierung, bedeutet eine extrem starke Bindung des Rollenträgers an die ihm entgegengebrachten Erwartungen. Die Identifizierung mit der Rolle verhindert dann etwa die Einfühlung in Partner. R.L.

Rollenverhalten, Rollenspiel, *role performance, role enactment, role playing,* das gegenüber dem Rollenpartner öffentlich gezeigte Verhalten eines Rollenträgers. Man geht davon aus, dass R. an Erwartungen der Partner einer Rollenbeziehung orientiert ist; vollständige Übereinstimmung ist jedoch nur im seltenen Extremfall gegeben. R. darf daher nicht bloß als automatische Übersetzung von Rollenerwartungen oder -vorschriften in entsprechendes Verhalten angesehen werden, sondern hängt darüber hinaus ab von den persönlichen Wahrnehmungen und Interpretationen solcher Erwartungen seitens des Akteurs sowie von individuellen und situationsgebundenen Faktoren. B.Bu.

Rollenvolumen, *role volume,* [1] Anteil der Mitglieder einer Gruppe, die aktive Rollenspieler sind.
[2] Umfang des Rollenhaushalts einer Person; die Summe aller Rollen, die eine Person zu einer gegebenen Zeit auf sich vereinigt sowie der damit verbundene Umfang ihrer Belastung.
B.Bu.

Rollenvorschrift, *role prescription, role obligation,* eine verbindliche, unbedingt zu befolgende Verhaltenserwartung, die an den Träger einer Rolle gerichtet ist. B.Bu.

Rollenzumutung → Rollenerwartungen

Rollenzuschreibung, *role ascription,* kulturelle Regelung der Zuteilung von Personen zu bestimmten Rollen, die sie auf Grund von Merkmalen, denen sie sich nicht entziehen können und über die sie keine Kontrolle haben, zu bekleiden und in rollenspezifisches Verhalten umzusetzen haben (z.B. Geschlechtsrollen, Altersrollen). B.Bu.

Rorschach-Test, *Rorschach ink-blot test,* Bezeichnung für den von H. Rorschach entwickelten → projektiven Test, der in seiner zumeist benutzten Form aus einer Serie von 10 Tintenklecksen besteht, die der Versuchsperson zur Deutung vorgelegt werden. Die Art der Deutung der Kleckse durch die Versuchsperson wird als Indikator für bestimmte Merkmale ihrer Persönlichkeitsstruktur betrachtet. R.Kl.

Rotation, [1] Bezeichnung für Verfahren in der → Faktorenanalyse zur Festlegung eines Koordinatensystems aus der unendlichen Menge möglicher Koordinatensysteme, durch die eine bestimmte Faktorenkonstellation beschrieben werden kann. Die R. soll die Grundlage einer adäquaten Interpretation der Faktoren bilden. Geometrisch anschaulich kann man die R. als Drehung rechtwinkelig (orthogonale R.) oder schiefwinkelig (schiefwinkelige R.) zueinander stehender Achsen eines Koordinatensystems in bestimmte Punktmengen darstellen, die die Lage der Variablen kennzeichnen. Ein wichtiges Kriterium, nach dem die R. erfolgen kann, ist die → Einfachstruktur.
[2] → Arbeitskräfterotation H.W.

Rotationswanderung, zyklische Migration zwischen verschiedenen Orten als saisonal bedingte Suche nach Arbeit (z.B. in der Landwirtschaft, im Tourismus) oder als institutionalisierte → Arbeitskräfterotation. H.W.

Routine-Activity-Theorie, ein makrosoziologischer Ansatz, der die Kriminalität als Ereignis in der alltäglichen Lebensführung (von „Tätern" wie „Opfern") untersucht. Gefragt wird hier, unter welchen gesellschaftlichen Verhältnissen potenzielle Täter, geeignete Tatziele und mangelnde Hindernisse zusammenkommen (M. Felson 1994). Beispiel: Ein wachsender Wohlstand enthält eine erhöhte Menge von stehlbaren Gütern; die Veränderungen im Arbeits- und Lebensstil der Menschen (insbesondere die Erwerbstätigkeit beider Lebenspartner) bedingen lange Abwesenheiten vom Haushalt, also fehlende Beaufsichtigung – und beides zusammen bietet besonders günstige Gelegenheit zu Einbruch und Diebstahl. R.L.

Routinisierung des Charisma, die dauernde Tendenz der charismatischen Herrschaftsbeziehung, sich im Falle der Übertragung auf Nachfolger zu veralltäglichen und dabei meist in ständische oder bürokratische Herrschaft einzumünden (M. Weber). K.H.H.

Rowntree'scher Zyklus, nach B.S. Rowntree ein vierphasiger Verlauf der Armut in der Unterschicht: Armut der Eltern bei Heirat – Verschlechterung der ökonomischen Verhältnisse bei Geburt von Kindern – Verbesserung bei Berufstätigkeit der Kinder – bei Heirat der Kinder

R

wieder Verschlechterung bei Eltern, verstärkt durch niedrige Rente und fehlende Ersparnisse. J.F.

R-Technik, in der Typologie von R.B. Cattell (*covariation-chart*), in der die Beziehungen zwischen Beobachtungen nach den drei Dimensionen „Variable", „Personen" und „Zeit" oder „Beobachtungssituation" dargestellt werden, Bezeichnung für die Betrachtung von Korrelationen zwischen Variablen über die Personen hinweg. Die R.-T. stellt die gebräuchlichste Betrachtungsweise der Variationen im Beobachtungsmaterial dar. An zweiter Stelle folgt die → Q-Technik. Wird die Variation zweier Variablen an einer Person über verschiedene Zeiten oder Situationen hinweg betrachtet, spricht man von P-Technik. Bei der Q-Technik werden Zeitpunkte über die Variablen hinweg verglichen. Daneben werden noch die S-Technik (Personen über Zeiten in Bezug auf eine Variable) und T-Technik (Zeiten über Personen) unterschieden, die bisher kaum Bedeutung erlangt haben. H.W.

Rückbettung, *reembedding*, bezeichnet bei A. Giddens (1995) „die Rückaneignung oder Umformung entbetteter sozialer Beziehungen, durch die sie (sei es auch noch so partiell oder vorübergehend) an lokale raumzeitliche Gegebenheiten geknüpft werden sollen." Z.B. die persönliche Begegnung von Vertretern → abstrakter Systeme in Konferenzen, Geschäftsessen usw. → Einbettung W.F.H.

Rückkopplung, Selbstkorrektur im → Regelkreis, d.h. zielgerichtete Selbststeuerung eines technischen, biologischen oder sozialen Systems durch Rückmeldung der Ergebnisse oder Ausgangsgrößen (*output*) bzw. ihrer Veränderung und Einwirkung auf die Eingangsgrößen (*input*). Werden durch die R. Abweichungen vom Sollwerten des Systems korrigiert, dann liegt eine negative oder kompensierende R. vor. Werden dagegen Abweichungen durch R. verstärkt, spricht man von positiver oder kumulativer R. Negative R. gilt allgemein als stabilitäts- und systemerhaltend, während positive R. zur Veränderung oder Zerstörung des Systems führen kann. Im gesellschaftlichen und ökonomischen Bereich spielt R. in spontanen Kommunikationsprozessen sowie in jeglicher kontrollierter Planung und Leitung eine Rolle (z.B. in der Unternehmensforschung, bei der Durchführung von Wirtschaftsplänen u.a.). U.S./H.W.

Rückkopplung, afferente → *feedback*-Stimuli

Rückkopplung, informationelle, *information feedback*, durch Selbstkorrektur im Regelkreis ausgezeichneter Sonderfall informationeller Kopplungen, bei denen bestimmte Ausgaben eines Systems zugleich Eingaben eines anderen Systems sind. I. R. liegt etwa jeder gegenseitigen

menschlichen Kommunikation zu Grunde, bei der der eine Partner seine Äußerungen nicht nur an der eigenen Absicht, sondern auch an den Äußerungen des anderen ausrichtet. U.S.

Rückkopplung, kompensierende → Rückkopplung, negative

Rückkopplung, kumulative → Rückkopplung, negative

Rückkopplung, verstärkende, durch sie bewirkt jede Information über die Reaktion eines Systems eine gleichgerichtete Verstärkung dieser Reaktion, entweder systemüberwindend bzw. systemzerstörend, in gleichförmiger oder ansteigender Tendenz (z.B. galoppierende Inflation) oder aber in fallender Tendenz gegen einen oberen Grenzwert strebend, d.h. gegen ein Maximum von systemimmanent möglicher Leistung. U.S.

Rückkopplungskanal, *feedback channel*, trägt den Informationsfluss zwischen den Stellen der Beobachtung tatsächlicher und der Planung beabsichtigter Systemleistung in einem Rückkopplungsmechanismus und ermöglicht den Vergleich beider. Die Selbstbestimmung des Systems ist umso größer, je höher Zahl und Rangordnung und je wirksamer die Organisationsform seiner R.e ist. U.S.

Rücklaufquote, Anteil der in einer schriftlichen Befragung zurückgeschickten Fragebögen. Die R. gibt Anhaltspunkte für die Repräsentativität einer Untersuchung. In postalischen Befragungen variiert sie zumeist zwischen 30% und 40%. D.Kl.

Rückschlag → Reversion

Rücksendequote → Ausfallquote

rule-adjucation – rule-application – rule-making (engl.), im funktionalistischen Ansatz der → *comparative politics* von G.A. Almond Bezeichnungen für die *output*-Funktionen politischer Systeme: die Funktion der Gesetzesentscheidung (*r.-adj.*), die der Anwendung von Gesetzen (*r.-appl.*) und die des Gesetze-Machens (*r.-m.*). W.F.H.

rule-application (engl.) → *rule-adjucation*

rule-making (engl.) → *rule-adjucation*

ruling class (engl.) → Klasse, herrschende; → Oberschicht

Rund-um-die-Uhr-Gesellschaft, bezeichnet in der Soziologie der Zeit (J.P. Rinderspacher 1992) eine Tendenz in der zeitgenössischen Gesellschaft, die traditionellen Ruhezeiten (die Nacht sowie Samstag und Sonntag) auszuhöhlen (variable Ladenschlusszeiten, Ausdehnung der Betriebszeiten, jederzeitige Verfügbarkeit von Geld an Geldautomaten usw.). W.F.H.

Runtest → Iterationstest

rural appraisal, participatory (engl.), PRA, bezeichnet die Methodologie und Techniken der

Erfassung und Analyse von dörflichen Sozialstrukturen, Produktionssystemen, Ressourcenausstattungen etc, eingesetzt vor allem zur Vorbereitung und Durchführung von ländlichen Entwicklungsvorhaben. Erhebungen und Analysen werden gemeinsam mit der ländlich-dörflichen Bevölkerung, den Nutzer- und Sozialgruppen (z.B. Frauen) durchgeführt. Zu diesem Zweck wurden spezielle Erhebungs- und Darstellungsformen (z.B. Begehungen, gemeinsame Herstellung von Karten oder Diagrammen) entwickelt. Das PRA soll Wissen, Potentiale und Relevanzstrukturen von Bauern und Dorfbewohnern gegenüber dem Spezialistentum der Agrarforschung zur Geltung bringen (Robert Chambers u.a. *Farmer First* 1989).   H.W.

rural sociology (engl.) → Agrarsoziologie

rurban (engl.), eigentlich: *rural-urban* (dt.: ländlich-städtisch) nennt man die Vermischung städtischer und ländlicher Verhaltensmuster und sozialer Strukturen am Rande der Großstädte.
                                                          J.F.

rurbanisation (engl.), Prozess des Eindringens städtischer Verhaltensmuster auf das Umland der Großstädte auf Grund ihrer Ausdehnung bis hin zur Vermischung der ursprünglich stark unterschiedlichen Lebensformen von Stadt und Land.   J.F.

Rüstungskonversion, seit Ende der 1970er Jahre in verschiedenen Politikfeldern oft diffus gebrauchter Begriff. Er bezeichnet in seinem allgemeinsten Sinn die Umstellung der Produktion von Rüstungsgütern auf Güter des zivilen Bedarfs. Die Forderungen nach R. zielen dabei, je nach politischem Ursprungszusammenhang, auf unterschiedliche Handlungs- und Politikfelder: a) Arbeitsplatzsicherung in Rüstungsbetrieben, b) Ausweitung gewerkschaftlicher Mitbestimmung, c) Kritik an sozialer Nützlichkeit des hergestellten Produkts, d) Umorientierung der staatlichen Ausgabenpolitik auf soziale und arbeitsplatzsichernde Bereiche, e) in der Friedensbewegung als aktives Mittel zur Friedenssicherung, f) als Kritik an der herkömmlichen Entwicklungspolitik, g) in der Ökologiedebatte als Weg zur Herstellung ökologisch verträglicher Produkte.   G.F.

S

Sabotage, bürokratische, in der Organisationssoziologie (A.W. Gouldner) Bezeichnung für ein Verhalten der unteren Positionsinhaber in einer Bürokratie, das bei genauer Kenntnis und Beachtung der gesatzten Regeln ihre Funktion außer Kraft setzt (z.B. Dienst nach Vorschrift).
                                                          W.F.H.

Sachautorität → Autorität, funktionale

Sachzwang, Bezeichnung für die Zwänge und Beschränkungen, denen das Handeln der Menschen auf Grund der Naturgesetze und/oder der durch die jeweilige Situation gegebenen Randbedingungen unterliegt. Häufig werden Entscheidungen von Herrschenden mit Verweis auf angebliche S.e angeordnet, obwohl die Situation durchaus eine Veränderung der gegebenen Bedingungen und somit eine andere Entscheidung erlaubt hätte; der Verweis auf die S.e hat in diesem Zusammenhang die Funktionen, die Entscheidung zu legitimieren, sie zu begründen, mögliche Alternativen zu negieren und die Chance zu erhöhen, für die Entscheidung Gehorsam zu finden, da ein Auflehnen wider den Entscheidungsabsender scheinbar ein Auflehnen wider die Natur wäre.   O.R.

Sadismus, [1] eine sexuelle Perversion, bei der sexuelle Lust oder Befriedigung dadurch erreicht werden, dass man einem anderen Schmerzen zufügt.
[2] In einem allgemeineren Sinne: jedes Verhalten, das auf die Demütigung, die Herabsetzung, das (u.U. nur seelische) Quälen eines anderen Menschen abzielt.   R.Kl.

Sadomasochismus, [1] Bezeichnung für eine sexuelle Perversion, bei der sexuelle Lustgefühle oder Befriedigung sowohl durch das Zufügen (→ Sadismus) als auch durch das Erleiden (→ Masochismus) von Schmerzen erreicht werden.
[2] Bezeichnung für die wechselseitigen Befriedigung dienende Interaktion von Sadisten und Masochisten.   R.Kl.

Saint-Simonismus, Bezeichnung für die von den Schülern und Nachfolgern des französischen Sozialphilosophen C.-H. de Saint-Simon (1760-1825) entwickelte Lehre, die im Wesentlichen auf einer Systematisierung und Fortentwicklung der Gedanken Saint-Simons basiert. Die geschichtsphilosophische Unterscheidung von theologisch-militärischen, metaphysisch-juristischen und wissenschaftlich-industriellen Epochen wird ergänzt durch die Unterscheidung von harmonisch-religiös geordneten Stadien und egoistisch-kritisch-anarchischen Stadien. Das endgültige Stadium der Menschheitsgeschichte wird den Egoismus der Konkurrenz in der liberalen Wirtschaft ebenso beseitigen wie die politische Willkürherrschaft der wirtschaftlich rückständigen und unproduktiven Klassen über die produktiven Klassen. Die Gegensätze zwischen den Kapitalisten und Proletariern werden durch die Abschaffung des individuellen Erbrechts, durch die Verstaatlichung der Produktionsmittel, durch die leistungsgerechte Vergütung aller Arbeiten sowie durch die staatliche Erziehung und Ausbildung im Sinne des Sittengesetzes und der Berufsgliederung beseitigt. Die Lenkung der Produktion liegt bei einem zentralen Rat hervorragender Vertreter von Wissenschaft und Wirtschaft unter Führung der Banken. Die Aufrechterhaltung der sozialen Ordnung vermittels Erziehung, Moral und Religion obliegt den Priestern, die zugleich Wissenschaftler sind.

Während die „Darstellung der Lehre Saint-Simons" (1828/29–1830) in Form von Vorlesungen noch gemeinsam von den Anhängern verfasst und herausgegeben wird, kommt es nach 1831 zum Streit zwischen S.-A. Bazard (1791–1832), der die aufklärerisch-kritischen Dimensionen des S.-S. betont, und B.-P. Enfantin (1796–1864), der romantisch-schwärmerisch für die Abschaffung der Einehe, die völlige Emanzipation der Frau und die Regelung der geschlechtlichen Beziehungen durch die Priester eintritt. In der Folge wird vor allem die friedliche Umwandlung der kapitalistischen Klassengesellschaft in einen staatlich zu fördernden, religiös fundierten Genossenschaftssozialismus propagiert (P. Lerroux, C. Pecqueur, P.B. Buchez). **F.H.**

Saisonkomponenten → Trend

Sakralgewalt, Form der symbolischen Gewalt, häufig Eigenschaft persönlicher Herrschaft, die durch Worte, Gesten und Zeichen (Salbung, Wunder) verbürgte Heiligkeit der herrschaftlichen Handlungen. Die Verfügung über die S. ist häufig zwischen weltlichen und kirchlichen Herrschern umstritten gewesen. **H.W.**

Säkularisierung, [1] ideenpolitischer Begriff zur (wertenden) Kennzeichnung der geistes- und sozialgeschichtlichen Emanzipation der bürgerlichen Gesellschaft von der theologisch und kirchlich geprägten und sanktionierten Gesellschaftsordnung des Mittelalters.
[2] In der Religionssoziologie viel diskutierter und kontroverser Begriff zur Kennzeichnung eines komplexen gesellschaftlichen Prozesses, in dessen Verlauf sich die Organisation und das Selbstverständnis des gesellschaftlichen Lebens von religiös-transzendenten Bezügen lösen und diese Bezüge einerseits in die Privatheit des individuellen Bekenntnisses, andererseits in eine gettoisierte Kirchlichkeit abgedrängt werden. **J.Ma.**

Säkularisierungsthese, in der Religionssoziologie häufig vertretene These, nach der der Prozess der Säkularisierung durch gesamtgesellschaftliche Prozesse wie Industrialisierung, Urbanisierung und Verwissenschaftlichung bedingt, als ein fortschreitender und nicht umkehrbarer epochaler Prozess anzusehen ist. Die Gültigkeit dieser These wird unter Verweis auf die Komplexität und Widersprüchlichkeit der in sie eingegangenen Aussagen und Erfahrungen bestritten. **J.Ma.**

Salutogenese, „Gesunderhaltung", Ansatz des israelischen Medizinsoziologen A. Antonovsky, in dessen Zentrum nicht krankmachende Faktoren, sondern individuelle und soziale Faktoren der Aufrechterhaltung von Gesundheit stehen. Der zentrale Faktor für die Erklärung gesundheitlicher, die Gesundheit erhaltender Prozesse ist für Antonovsky der → Kohärenzsinn. Möglicherweise bleiben Individuen auch unter hohen Stressbelastungen gesund, wenn sie über entsprechende Widerstandsressourcen verfügen. Wenn diese Annahme zutrifft, dann wäre es sinnvoller, bei Untersuchungen von Krankheitsursachen anstelle der zahlreichen Stressprozesse eine Analyse der Ressourcen und der Widerstandsfähigkeit einer Person ins Zentrum zu stellen. **W.P.**

Sammlerkultur, Bezeichnung der Ethnologie für einfache und menschheitsgeschichtlich frühe Sozialformen, deren Wirtschaften darin besteht, dass wild wachsende Früchte und Pflanzen (sowie andere Nahrungsmittel) gesammelt werden. S.en gibt es sowohl in kargen (Wüsten, Steppen) wie in natürlich reichen (Urwald) Lebensgebieten. **W.F.H.**

sample (engl.), Stichprobe, Auswahl, → Auswahlverfahren

samples, matched (engl.), aufeinander abgestimmte Stichproben, → *matching*

Sampleverteilung → Stichprobenverteilung

sampling distribution (engl.) → Stichprobenverteilung

sampling error (engl.) → Auswahlfehler

sampling fraction (engl.) → Auswahlsatz

Sampling, theoretisches → Auswahl, theoretische

Sampling, verschränktes, bezeichnet eine Auswahl (für eine zweite Methode) aus einer Stichprobe (für eine erste Methode), z.B. Auswahl für qualitative Interviews aus den für eine standardisierte Befragung ausgewählten Personen. **W.F.H.**

Sampling-Theorie der Intelligenz von G.H. Thomson und E.L. Thorndike. Besagt, dass alle

Intelligenzleistungen von einer großen Anzahl nicht näher identifizierter, elementarer Begabungsfaktoren bestimmt werden, von denen aber jeweils nur einige bei bestimmten Leistungen relevant werden. Korrelationen zwischen den einzelnen Leistungen bestehen, insofern diesen gemeinsame Elementarfaktoren zugrunde liegen. Jede Einzelleistung ist somit als eine bestimmte Stichprobe (*sample*) aus dem Universum der Elementarfaktoren zu betrachten.   R.Kl.

Samtschaft, nach F. Tönnies (1919) Bezeichnung für nicht formal organisierte Großgruppen, die formal organisierte Einheiten als Teile aufweisen können.   O.R.

Sanierung, Teil eines städtebaulich-politischen Programms, bei dem ein Häuserblock (Objekts.) oder ein Stadtviertel (Gebietss.) auf Grund schlechter Wohn- bzw. Lebensbedingungen für die Bewohner durch Um- oder Neubau menschenwürdiger werden soll.   J.F.

Sanktifizierung, *sanctification*, nach R.K. Merton ein Prozess der Umwertung in Organisationen: Es entwickeln sich Einstellungen mit moralischer Legitimität, die als Werte eigenen Rechts gelten, obgleich sie zuvor bloß als technische Mittel gegolten haben. Sekundärwerte werden zu Primärwerten. Entgegengesetzt verläuft der Prozess der Säkularisierung in Organisationen.   G.E./R.L.

Sanktion, die gesellschaftliche Reaktion sowohl auf normgemäßes als auch auf abweichendes Verhalten. Für die Erfüllung einer Norm werden Vorteile gewährt, für die Verletzung werden Nachteile – vom Tadel bis zur Todesstrafe – verhängt. Insbesondere werden Normabweichungen negativ sanktioniert. Auf diese Weise soll demonstriert werden, dass das abweichende Verhalten nicht hingenommen wird. Zugleich wirkt eine derartige Reaktion als Geltungsverstärkung der übertretenen Norm.   H.Tr.

Sanktion, formale – informale. Bei einer f.n S. ist festgelegt, worauf reagiert wird, wer reagiert und welchen Inhalt die Reaktion hat. Oftmals ist auch festgelegt, wie beim Vollzug der Reaktion im Einzelnen zu verfahren ist (z.B. Disziplinarrecht, Strafprozess). Bei der i.n S. dagegen sind diese Festlegungen nicht gegeben, die Reaktion bleibt dann häufig dem vom Normbruch unmittelbar Betroffenen überlassen.   H.Tr./R.L.

Sanktion, positive – negative. Als Reaktion auf abweichendes Verhalten geschieht in der Regel eine Zurechtweisung in der Form einer n.n S.; andererseits kann normkonformes Verhalten durch p. S.en belohnt werden.   H.Tr.

Sanktion, repressive – restitutive, Unterscheidung von E. Durkheim für die Reaktionen auf normverletzendes Verhalten. Bei der repr.n S.

wird dem Normbrecher ein Gut entzogen (etwa Freiheit, Ehre, Leben). Bei der rest.n S. werden die gestörten Verhältnisse so wiederhergestellt, wie sie vor dem Normbruch waren. Entsprechend den S.en teilt Durkheim die Rechtsnormen ein in repressive (Strafrecht) und restitutive (Zivil-, Handels-, Verwaltungsrecht u.a.). Den beiden Normarten ordnet Durkheim die mechanische bzw. die organische Solidarität zu.   R.L.

Sanktionsapparat, jener Stab von Personen, der eigens dafür geschaffen ist, negative Sanktionen zu verhängen (z.B. Polizei, Staatsanwaltschaft). → Instanz sozialer Kontrolle   H.Tr.

Sanktionskoalition, bei einem Normbruch kann nicht nur der unmittelbar Betroffene reagieren, sondern es kann sich eine S. bilden, die weitere Personen, z.B. unbeteiligte Dritte (Zuschauer) einschließt.   H.Tr.

Sanktionsnorm, eine soziale Norm, die bei der Durchführung von Sanktionen eingehalten werden muss; sie schreibt vor, welche Sanktion bei einem bestimmten Normbruch als angemessen gilt und wie das Sanktionsverfahren abzulaufen hat. Gesetzestechnisch besonders differenziert ausgestaltete S.en sind z.B. die Normen des Verfahrensrechts (vor allem in der StPO) sowie Gesetze, die das Einschreiten der Polizei regeln (Polizeigesetze, Ordnungswidrigkeitsgesetz).   M.B.

Sanktionspotenzial, die Summe der Mittel, die zur Durchsetzung von Normen verfügbar sind. Man muss diese Mittel haben, um dem Normbrecher Nachteile zufügen zu können, oder wenigstens ihren Besitz vortäuschen können, um die Nachteile androhen zu können.   H.Tr.

Sanktionssubjekt, derjenige, der auf einen Normbruch mit einer Sanktion reagiert. Dabei kann die Sanktion auch von jemand anderem angeordnet worden sein.   H.Tr.

Sanktionsverzicht, eine Strategie, wobei auf ein abweichendes Verhalten die Gegenreaktion unterbleibt, etwa weil der Abweichende zu stark ist oder zu viele Verdienste hat. Der S. kann gelegentlich ein bewusstes Mittel sein, um verhaltenssteuernde Wirkung zu erzielen.   H.Tr./R.L.

Sapir-Whorf-Hypothese → Relativität, linguistische

SAS, Programmpaket für die statistische Datenanalyse → Programmpakete

satisficing (engl.), eine Entscheidungsstrategie bei begrenzter Information (H.A. Simon): Man entscheidet sich für eine Alternative in einer Sequenz, wenn man wenig über weitere Alternativen in der Zukunft weiß. Wenn z.B. eine Frau einen Mann geheiratet hat, der ihren Ansprüchen genügt, so sucht sie nicht mehr nach besseren Möglichkeiten.   W.F.H.

S

Sattelpunkt ist der Wert eines → Zwei-Perso-nenspiels, bei dem beide Spieler denselben opti-malen Wert des Spiels durch die Wahl → reiner Strategien erreichen. Der S. entspricht also ei-nem bestimmten Element der → Spielmatrix. Ein Spiel kann mehrere S. besitzen, die alle den gleichen Wert haben. Da die optimalen Strate-gien beider Spieler im Falle eines S.spieles un-mittelbar aus der Auszahlungsmatrix ablesbar sind, sind S.spiele triviale Sonderfälle von Zwei-Personen-Nullsummenspielen. N.M.

Sattelzeit, einer der meistzitierten Termini neue-rer Begriffsgeschichte. Von R. Koselleck (1972) auf metaphorischer Basis geprägt, behauptet S. eine qualitativ neue Verdichtung des Bedeu-tungswandels innerhalb der okzidentalen Be-griffsgeschichte. Von ca. 1750/70 – 1830/50 seien im deutschsprachigen Raum sowohl Neudefini-tionen traditioneller soziopolitischer Begriffe („policey"), als auch das Auftauchen einer Fülle vorher nicht gebräuchlicher Wortschöpfungen („Fortschritt") zu beobachten, sodass begriffsge-schichtlich die Durchsetzung der → Moderne re-lativ genau umrissen werden könne – sie wird in diesem Zeitraum „aufgesattelt" und verdrängt zugleich das ältere Bedeutungsspektrum, das nur noch rekonstruktiv zugänglich ist (Brun-ner/Conze/Koselleck [Hg.] 1972–1997). S. teilt das Schicksal vieler Großbegriffe, die selbst in die historisch-politische Sprache eindringen: Je genauer die Bedeutungswandel innerhalb ver-schiedener Diskurse (Wirtschaft, Politik, Kunst usw.) erschlossen werden, desto fragwürdiger gerät die Annahme „der" S. Dies gilt in noch höherem Maße für den internationalen Ver-gleich, da andere Nationen andere Periodisie-rungen, mithin andere S.n. nahelegen. I.M.

Sättigung, psychische, Bezeichnung für das zu-nehmende, bis zur affektiven Ablehnung führen-de Desinteresse an der Ausführung von Tätig-keiten oder an der Aufnahme von Reizen, wenn diese sehr monoton sind bzw. sehr häufig wie-derholt werden. Die p. S. kann eintreten, auch wenn noch keine Ermüdung vorliegt. H.S.

Sättigung, theoretische, Kriterium zur Beendi-gung des theoretischen Samplings (→ theoreti-sche Auswahl) im Rahmen der Methodologie der → *grounded theory*. Eine t. S. ist dann er-reicht, wenn weitere Fälle, Beobachtungen und Vergleiche keinen Anlass mehr zur Fortentwick-lung der Theorie bilden. Angesichts der offenen Konzeption der *grounded theory* ist t. S. immer nur vorläufig erreicht. H.W.

Satz-Ergänzungs-Test, ein → projektiver Test, der aus unvollständigen Sätzen besteht, die vom Befragten zu ergänzen sind. Aus der Art der Er-gänzung sollen Rückschlüsse auf Einstellungen und Gefühle gezogen werden, die der Befragte

gegenüber bestimmten Objekten oder Situatio-nen besitzt. Daneben werden solche Tests auch zur Intelligenz- oder Wortschatzmessung be-nutzt. H.W.

Satzung, bei M. Weber die Schaffung von (Rechts-)Normen im Wege der Vereinbarung oder der Oktroyierung. Eine S. beansprucht Achtung von den Angehörigen des betreffenden Herrschaftsverbandes und von denen, die ihm unterworfen sein werden. M.O.H.

Säuglingssterblichkeit, *infant mortality rate,* Zahl der im ersten Lebensjahr Gestorbenen pro 1000 Lebendgeborene. H.W.

scapes (engl.), Profile, von A. Appadurai entwi-ckeltes Modell für die Analyse unterschiedlicher globaler Strömungen (z.B. *Ethno-, Media-, Tech-no-, Finance-* und *Ideo-S.*). *S.* folgen voneinander abgekoppelten Logiken und Dynamiken und bringen gerade dadurch immer neue Assoziatio-nen und Dissoziationen hervor. So entstehen neue multiple Identitäten, pluralisierte kulturel-le Formationen und ein komplexer Polyzentris-mus. Unter Bedingungen der zunehmenden Los-lösung und Beschleunigung der jeweiligen *s.* ent-stehen widerspenstige Konstellationen, Konflik-te und Ungleichmäßigkeiten. Der Begriff *s.* rich-tet sich gegen ein vereinfachendes Verständnis von Globalisierung als (westlicher) Imperialis-mus, der den Peripheriegebieten eine vereinheit-lichende Ordnung aufzwingt (→ McDonaldisie-rung). S.H.

Scenario (ital.), ursprünglich „Drehbuch", im übertragenen Sinne (z.B. als „Krisenscenario") Bezeichnung für die systematische Antizipation denkbarer Verläufe mit den aus ihnen zu zie-henden Konsequenzen in einem strategischen Kalkül in der Form kurzfristig zu verfolgender Alternativpläne. H.D.R.

Schaltalgebra ist eine auf der Aussagenlogik ba-sierende (Boole'sche) Algebra, die vorwiegend zur Behandlung von Schaltnetzwerken verwen-det wird. Schaltnetzwerke in schaltalgebraischer Form sind Modelle von Aussageformen. Jeder Aussagevariablen entspricht eine Kontaktvaria-ble, somit einer wahren Aussage ein geschlosse-ner Kontakt und einer falschen Aussage ein of-fener Kontakt. Eine Parallelschaltung entspricht der Oder-Verknüpfung der Aussagenlogik, eine Kettenschaltung der Konjunktion. Die S. ist ein wesentlicher Bestandteil bei vielen Planungs- und Entscheidungsverfahren. N.M.

Scham, das von Angstempfindungen begleitete Bewusstsein, die Erwartungen anderer Perso-nen, wichtige soziale Normen und Werte usw. in einer Weise verletzt zu haben, dass Missbilli-gung und der Verlust von Ansehen und Wert-schätzung seitens der für das Individuum be-deutsamen → Bezugsgruppen und -personen zu erwarten sind. Im Gegensatz zur S. ist das Schuldgefühl bzw. die Schuldangst (→ Angst [3]) die Angstempfindung, welche auftritt, wenn das Individuum sich bewusst wird, eigene internalisierte Normen und Werte bzw. wichtige Forderungen des → Über-Ich verletzt zu haben. R.Kl.

Scham, prometheische, bezeichnet bei G. Anders die Minderwertigkeitsgefühle des Menschen gegenüber seinen Geräten und Produkten, weil er im Vergleich zu diesen aus „schlechtem Rohstoff" ist. W.F.H.

Schamane → Schamanismus

Schamanismus, rituelle, technisch erzeugte und kontrollierte Ekstasepraxis, in der nach Auffassung des Schamanen entweder seine Seele den Körper verlässt und sich in kosmische Sphären (der Unter- oder Oberwelt) begibt oder Geister in ihn eintreten (Besessenheit) bzw. er mit herbeigerufenen jenseitigen Wesen kommuniziert. Die schamanische → Ekstase unterscheidet sich von anderen ekstatischen Phänomenen durch ihre soziale Funktion, ihr spezifisches Ritual und die Vorstellung eines in verschiedenen Sphären gegliederten Kosmos. Der Schamane wird immer dann aktiv, wenn der individuelle oder gemeinschaftliche Alltag durch das Wirken transzendenter Mächte gestört oder bedroht ist. Zu den Aufgaben des Schamanen gehören Krankenheilung, Abwendung von Unheil, Traumdeutung, Vorhersage der Zukunft sowie Wahrung und Wiederherstellung von verletzten sozialen Normen und Wertvorstellungen. V.Kr.

Schamkultur, in der Sozial- und Kulturanthropologie gebräuchliche Bezeichnung für solche Gesellschaften, in denen die Individuen typischerweise (→ Modalpersönlichkeit) in besonders starkem Maße dazu neigen, → Scham zu empfinden bzw. Angst davor zu haben, „das Gesicht zu verlieren", und in welchen gleichzeitig die Drohung des Gesichtsverlusts, der öffentlichen Schande, des Ausgelachtwerdens usw. eine zentrale Rolle als soziale Sanktion zur Erzielung konformen Verhaltens spielt. R.Kl.

Schamschwelle, auch: Peinlichkeitsschwelle, jener Umschlagpunkt im Gefühlsleben, von dem an ein Verhalten, eine Wahrnehmung, u.U. auch ein Gedanke als peinlich, als unangenehm, als nicht den Sitten entsprechend erlebt wird. Die S.n im Hinblick auf unterschiedliche Lebensbereiche (Essen, Kleidung, Sexualität, Wortwahl usw.) sind von Kultur zu Kultur, von Epoche zu Epoche verschieden. N. Elias (1969) hat zu zeigen versucht, dass die S.n in mehreren Bereichen (u.a. Tischsitten, Gebrauch des Taschentuchs, Verhalten im Schlafraum) als Momente des europäischen Zivilisationsprozesses und als

Indikatoren zunehmender Selbstkontrolle der Einzelnen angestiegen sind. W.F.H.

Schattenwirtschaft, Schattenökonomie oder *moonlight-economy,* Sammelbegriff für alle Wirtschaftsaktivitäten, die in der volkswirtschaftlichen Gesamtrechnung nicht erfasst werden (können). Hierzu zählen Schwarzarbeit, Geschäfte ohne Rechnung, Hausarbeit, → Subsistenzwirtschaft, Heimwerkerarbeit, Nachbarschaftshilfe, Teile der Alternativökonomie, aber auch kriminelle Transaktionen wie z.B. der Drogenhandel, Computerkriminalität oder Subventionsbetrug. Die Ursachenforschung und -wertung von S. gestaltet sich je nach Betroffenheit verschieden: So lässt sich etwa intensive Nachbarschaftshilfe beim Hausbau aus der Sicht der Arbeitgeber als entgangener Auftrag, aus staatlicher Perspektive als nicht steuerpflichtige Tätigkeit oder aus dem Blickwinkel des Helfenden oder eines Sozialarbeiters als sinnstiftende und den Gruppen-Zusammenhalt fördernde Tätigkeit interpretieren. G.F.

Schätzverfahren, Verfahren oder Modelle, die aufgrund der Stichprobenwerte bestimmte Größen der Grundgesamtheit abschätzen oder annähern. Handelt es sich bei der Schätzung um Annäherung an Konstante der Grundgesamtheit (→ Mittelwerte, Anteile, → Varianz), so spricht man von Punkt- oder Parameter-Schätzung. Zieht man den Stichprobenfehler des Schätzwertes mit in Betracht und bestimmt ein Intervall, innerhalb dessen der Wert der Grundgesamtheit mit bestimmter Wahrscheinlichkeit (→ Konfidenzintervall) liegt, dann spricht man von Intervall-Schätzung. Es ist in der Regel naheliegend, die Parameter einer → Zufallsauswahl als Schätzwerte für die Werte der Grundgesamtheit aufzufassen. An die Schätzfunktionen werden mehrere Anforderungen gestellt: a) sie ist erwartungstreu, wenn der Mittelwert der Schätzwerte möglicher Stichproben aus der Grundgesamtheit gleich dem Wert der Grundgesamtheit ist; b) sie ist konsistent, wenn der Mittelwert der Differenzen zwischen Schätzwert und Wert der Grundgesamtheit bei wachsendem Stichprobenumfang gegen Null strebt, oder anders formuliert, wenn die Wahrscheinlichkeit, dass sich der Schätzwert um weniger als einen beliebig kleinen positiven Wert vom wahren Wert unterscheidet, gegen 1 strebt; c) sie ist wirksam oder effizient, wenn der Schätzwert eine endliche Varianz besitzt und keine andere Schätzfunktion einen Wert mit kleinerer Varianz ergibt. Ein wichtiges Schätzverfahren stellt die *Maximum-Likelihood*-Methode, die → Methode der größten Mutmaßlichkeit dar. H.W.

scheduling (engl.), in ein Ablaufprogramm bringen, einen sozialen Vorgang nach einer Zeittafel ordnen; Bezeichnung in Studien über die Organisiertheit von Verlaufsformen und Ablaufmustern (Statuspassagen) sowie über Biografieverläufe. Als Prototyp einer *„scheduled passage"* (B. Glaser u. A. Strauss 1971) gilt meist der Weg des Schülers durch das staatliche Schulsystem, der nach Art und Zahl der Zwischenstationen, ihrer Abfolge und der jeweiligen Zwischenzeiten vollständig vorgegeben ist. Eine in diesem Sinn gering geordnete Verlaufsform ist die Entfaltung eines künstlerischen Talents oder das Schreiben eines Romans.   W.F.H.

Schein, verdinglichter, Begriff der darauf hinweist, dass eine soziale Beziehung (z.B. die der Warenproduzenten zueinander) nicht als ein menschliches Verhältnis in Erscheinung tritt, sondern vom Bewusstsein versachlicht, als eine Beziehung von Dingen (z.B. Waren) wahrgenommen wird. → Warenfetisch   C.Rü.

Scheinbewegung → Autokinese

Scheinkorrelation, [1] beobachtete Korrelation zwischen zwei Variablen, die durch die Art der Datenbehandlung erzeugt wird (z.B. bei der Korrelation zweier Indizes mit einer gemeinsamen Variablen als Nenner, etwa X/Z und Y/Z).
[2] Korrelation zwischen zwei Variablen, die durch die gemeinsame Abhängigkeit von einer dritten Variablen zu Stande kommt. Diese Form von S. wird nach G.U. Yule auch als *Nonsense-Korrelation* bezeichnet.   H.W.

Scheinproblem, [1] Problem, das nur wegen vager sprachlicher Formulierungen entsteht und sich durch Präzisierung des Gemeinten beseitigen lässt.
[2] Problem, dessen Scheinhaftigkeit sich durch die verwendeten Begriffe (das Nichts, Gott) ergibt, die keinen Bezug zu real gegebenen Tatbeständen haben und damit nur Aussagen ermöglichen, die einer Überprüfung durch die Erfahrung nicht zugänglich sind (R. Carnap).   L.K.

Scheinprofessionalisierung, Bezeichnung für eine Höherqualifizierung der Berufsausbildung, eine Kodifizierung der Berufsnormen und Kontrolle des Berufszuganges, die weder auf gestiegene Anforderungen an das benötigte Fachwissen zurückgehen, noch im Interesse der Leistungsverbesserung sind. Die S. dient der Steigerung des Prestiges und des Einkommens der in einem Berufsverband organisierten Mitglieder einer Berufsgruppe (Beispiel: die „Verwissenschaftlichung" des Bestattungsgewerbes in den USA).   G.B.

Schema, auslösendes → Auslöser

Schema, deskriptives → Analyse, dimensionale [1]

Schema, kognitives, Bezeichnung für eine hypothetische, durch Lernen, Prägung oder Reifung zu Stande kommende, weitgehend unbewusst

wirkende, relativ stabile Tendenz von Individuen, kognitive Inhalte (Wahrnehmungen, Erfahrungen, Vorstellungen usw.) unter ganz bestimmten Gesichtspunkten oder Aspekten aufzunehmen, zu ordnen und zu bewerten. Ein besonders wichtiges Beispiel für k.e S.ta sind Erwartungen.   R.Kl.

Scherbengericht → Ostrazismus

Scherzbeziehung, Bezeichnung aus der Ethnologie für eine Beziehungsform zwischen Verwandten, bei der es üblich ist und erwartet wird, dass sich beide necken und Späße miteinander machen, u.U. auch bis hin zu erotisch-sexuellen Handlungen. S.en können u.a. zu den Großeltern bestehen, zu Onkel oder Tante, zu Schwager oder Schwägerin.   W.F.H.

Schicht, geschlossene → *class, closed*

Schicht, offene → *class, open*

Schicht, soziale, Bevölkerungsgruppe, deren Mitglieder bestimmte gemeinsame Merkmale besitzen und sich dadurch von anderen Bevölkerungsgruppen in einer als hierarchisches Gefüge vorgestellten Sozialstruktur unterscheiden. Eine allgemein anerkannte Definition des Begriffs der s.n S. gibt es bis heute trotz seiner Bedeutung und zahlreicher Definitionsversuche nicht. Es ist daher stets notwendig, genau festzulegen, was unter s. S. verstanden werden soll.
Die vorliegenden Schichtdefinitionen unterscheiden sich nicht nur nach Abstraktionsgrad, Reichweite und Operationalisierbarkeit, sondern auch im Verständnis dessen, was überhaupt damit gemeint ist. So wird s. S. einerseits als Oberbegriff für Kaste, Stand, Statusgruppe und Klasse, als die wichtigsten geschichtlich nachweisbaren Typen sozialer Schichten, verwendet, andererseits steht s. S. häufig als Synonym für soziale Klasse oder aber als Begriff, der gerade nicht mit dem der „sozialen Klasse" verwechselt werden dürfe, da s. S. im Gegensatz zum analytischen Klassenbegriff als rein deskriptiver Ordnungsbegriff zu verstehen sei, also zur Bezeichnung einer sozialen Kategorie von Gesellschaftsmitgliedern, die nach bestimmten sozialrelevanten Merkmalen eine annähernd gleiche soziale Position innerhalb eines sozialen Systems einnehmen. Die meisten Schichtdefinitionen lassen sich dennoch einer der folgenden Vorstellungen von s.n S.en zuordnen:
1) S. S.en sind Sozialkategorien von Menschen, die durch gleiche oder ähnliche Ausprägungen eines oder mehrerer empirisch nachweisbarer Schichtungsmerkmale gekennzeichnet sind, wobei mit den Abstufungen der verwendeten Merkmale Unterschiede der sozialen Wertschätzung im Sinne von höher oder tiefer, überlegen oder unterlegen, mehr oder weniger geachtet

S

verbunden werden, z.B. Einkommens-Schichten, Status-Schichten. S. S.en in diesem Sinne sind zunächst nur statistische Kategorien, die nach einer klassifikatorischen Konstruktion des Forschers künstlich unterschieden werden; sie sind damit als soziale Gruppe fiktiv.

2) Relativ große Gruppen von Personen, deren Mitglieder sich in einer gemeinsamen, durch objektive Faktoren bestimmten strukturell determinierten und für ihre Lebenschancen und Lebensweise entscheidenen Soziallage befinden und sich auch aufgrund ihrer gleichen oder ähnlichen sozialen Lage tatsächlich nach Verhalten, Lebensstil, Einstellungen und Bewusstsein von anderen sozialen Gruppen innerhalb einer Population im Sinne eines hierarchischen Schichtgefüges unterscheiden.

3) Bevölkerungsgruppen, die sich selbst aufgrund eines mehr oder weniger klar ausgeprägten Bewusstseins ihrer Zusammengehörigkeit von anderen Bevölkerungsgruppen im Sinne eines Höher oder Tiefer abheben.

Durch die Einbeziehung des Schichtbewusstseins in die Definition der s.n S. rückt diese in die Nähe dessen, was K. Marx unter „soziale Klasse" verstand. Marx selbst belegte jedoch nur Klassen ohne Klassenbewusstsein, also die → „Klasse an sich" mit dem Begriff der s.n S. Im englischen Sprachbereich wird s. S. in der Regel mit *social stratum*, häufig jedoch auch mit *social class* und gelegentlich mit *social layer* bezeichnet.   M.B.

Schichtballung, eine vor allem Großstädte komplexer Industriegesellschaften kennzeichnende Form der Schichtungsstruktur, in der außer den klar erkennbaren Schichten der sozial Abgesunkenen und der oberen Oberschicht keine deutlich gegeneinander abgrenzbare Schichten zu beobachten sind, sondern eher in ihren Grenzen verschwimmende Gruppierungen innerhalb eines kontinuierlich ansteigenden Statusaufbaus. S.en dieser Art sind z.B. a) Arbeiter, kleine Angestellte, kleine Selbstständige, b) mittlere Angestellte, Beamte und Selbstständige und c) größere Selbstständige, höhere Angestellte und Beamte, Akademiker.   M.B.

Schichtbewusstsein, [1] Vorstellungen in der Bevölkerung von der sozialen Schichtung der Gesellschaft (T. Geiger: kognitives S.). Im Gegensatz zur ständischen Gesellschaft, in der Schichtung und S. praktisch übereinstimmen, lassen sich in komplexen Industriegesellschaften sehr unterschiedliche Vorstellungen von der sozialen Schichtung feststellen, und zwar sowohl hinsichtlich des Bewusstseinsgrades als auch hinsichtlich des jeweils spezifischen Schichtungsbildes bzw. der Kategorien, in denen Menschen

ihre Gesellschaft als geschichtet beschreiben. Empirische Untersuchungen haben außerdem ergeben, dass das kognitive S. je nach Stellung der Befragten in der Schichtenskala typischen perspektivischen Verzerrungen unterliegt.

[2] Grad des Bewusstseins, das die Mitglieder einer sozialen Schicht von ihrer eigenen Gleichartigkeit und Zusammengehörigkeit haben (T. Geiger: aktives S.); wesentliche Voraussetzung für die Eindeutigkeit der Schichtidentifikation (Selbstzurechnung der Schichtzugehörigkeit), für die Entwicklung schichtspezifischer Solidarität im Verhalten gegenüber Angehörigen anderer Schichten und für die Entstehung schichtspezifischer Deutungssysteme, Sondermoralen, Sitten, Traditionen und Normen bis hin zur Herausbildung schichtspezifischer Subkulturen.   M.B.

Schichtbewusstsein, aktives → Schichtbewusstsein [2]

Schichtbewusstsein, kognitives → Schichtbewusstsein [1]

Schichtdeterminante, das die Schichtzugehörigkeit bestimmende Merkmal. [1] Bezeichnung für das objektiv feststellbare und als wesentlich angesehene Merkmal der tatsächlichen sozialen Lage, auf Grund dessen Personen oder Gruppen eindeutig einer bestimmten sozialen Schicht zugerechnet werden können oder durch das ihre Schichtzugehörigkeit klar bestimmbar wird (→ Schichtmerkmal).

[2] Bezeichnung für den sozialen Faktor, der zur Entstehung differenzieller schichtspezifischer Lebens- und Interessenlagen maßgeblich beiträgt und somit die Schichtzugehörigkeit oder soziale Lage von Personen und Gruppen auf der Ebene tatsächlich ablaufender sozialer Prozesse bestimmt.   M.B.

Schichten, antimonopolistische, im Rahmen der Theorie des → staatsmonopolistischen Kapitalismus benutzte Bezeichnung für jene sozialen → Schichten, die nach Auffassung dieser Theorie faktisch oder tendenziell gegen die Kapitalkonzentration in den großen „Monopolen" auftreten, da sie von den Monopolen Nachteile, Unterdrückung, Ausbeutung erfahren. Neben der Arbeiterklasse im engeren Sinne werden hier alle Lohn- und Gehaltsabhängigen genannt, aber auch Teile der Selbstständigen bis hin zu mittleren Unternehmern sowie Auszubildende, Schüler und Studenten.   W.F.H./R.Kl.

Schichtenerneuerung, endogene, Bezeichnung für den Prozess der Rekrutierung von Schichten aus sich selbst, d.h. neue Mitglieder sind ausschließlich Abkömmlinge von Mitgliedern dieser Schicht. Die e. S. kann verschiedene Gründe haben: a) Der Auf- bzw. Abstieg ist in einer be-

S

stimmten Gesellschaftsform unterbunden, z.B. weitgehend in der Kastengesellschaft; b) der Auf- bzw. Abstieg in eine bestimmte Schicht einer speziellen Gesellschaftsform ist unterbunden, im Extrem: der Aufstieg in die *upper-upper class* und/oder der Abstieg in die *lower-lower class*; c) die Wirkung der Lebensverhältnisse in der Sozialisation verhindert beim Einzelnen die Motivation auf- bzw. abzusteigen.　　　O.R.

Schichtenlehre, Schichttheorie, [1] Lehre von den sozialen Schichten.

[2] Schichttheorie der Persönlichkeit, Bezeichnung für eine Reihe von Modellvorstellungen über den Aufbau von Person, Persönlichkeit oder Charakter des Menschen. Grundlegend ist die heuristische Annahme, dass sich die Persönlichkeit in mehrere, teilweise voneinander unabhängige und häufig miteinander in Konflikt stehende Bereiche aufteilen lässt, die entweder vertikal (wie Erdschichten) übereinandergeschichtet sind („Aufschichtungstheorie") oder einander von „innen" nach „außen" (wie die Schalen einer Zwiebel) überlagern.　　　R.Kl.

Schichtenmodell → Schichtungsmodell

Schichtgrenze, die im Verhalten zwischen den Mitgliedern verschiedener sozialer Schichten zum Ausdruck kommende soziale Kluft (z.B. geringe Interaktionshäufigkeiten, Mobilitätsbarrieren oder versperrte Heiratsmöglichkeiten). Der Begriff S. gilt sonst als konstitutives Element des Schichtungsbegriffes, um diesen von der Vorstellung eines bloßen Kontinuums unterschiedlicher Merkmalsausprägungen abzuheben. Klar ausgeprägte S.n sind ein Merkmal stark profilierter Schichtungsstruktur, verstärken das Zusammengehörigkeitsgefühl innerhalb der sozialen Schichten, fördern die Entwicklung schichtspezifischer Sitten, Traditionen und Normen und erleichtern die Selbst- und Fremdzurechnung der Schichtzugehörigkeit. Aufgrund der relativ hohen sozialen Mobilität und der Entwicklung verschiedener nicht kongruenter Schichtdimensionen sind die S.n in komplexen Industriegesellschaften weitgehend verwischt.　　　M.B.

Schichtindex, multipler, häufig verwendetes Forschungsinstrumentarium zur Bestimmung a) der Schichtzugehörigkeit von Einzelpersonen auf Grund ihres Gesamtstatus und b) zur Feststellung, wie sich die Bevölkerung auf verschiedene Status-Schichten aufteilt. Die Konstruktion eines m.n S. vollzieht sich im Wesentlichen in folgenden Schritten: Auswahl von Schichtungsmerkmalen oder Schichtungsvariablen, Operationalisierung der Variablen, Gewichtung der Variablen und Indikatoren sowie ihre Kombination zu einer Skala von Gesamtpunktwerten. Durch die Verwendung eines S. zur Bestimmung

der Schichtzugehörigkeit wird die untersuchte Bevölkerung faktisch nur auf die verschiedenen Ränge einer Status-Skala verteilt. Das entstehende Kontinuum vertikal angeordneter Statuslagen kann zwar in verschiedene Statusschichten untergliedert werden (→ Schichtungsskala), stellt aber auch dann keine Aufteilung sozialer Schichten im Sinne tatsächlich verhaltensrelevanter Abstufungen dar.　　　M.B.

Schichtindikator, empirisches Äquivalent für eine zunächst nur theoretisch definierte Merkmalsdimension zur Bestimmung der Schichtzugehörigkeit; so ist z.B. das Schichtungsmerkmal sozioökonomischer Status nicht unmittelbar, sondern nur über bestimmte Indikatoren wie Höhe des Einkommens, Qualität der Wohnungseinrichtung und Besitz technischer Geräte zu erfassen. Die Bestimmung der Schichtzugehörigkeit geschieht jedoch in der Regel über multiple Schichtindizes, d.h. über die gewichtete Kombination mehrerer S.en, die sich ihrerseits auf unterschiedliche im Schichtindex zusammengefasste Schichtungsmerkmale beziehen. Als einer der zuverlässigsten S.en gilt heute im Allgemeinen der Beruf.　　　M.B.

Schichtkern, Personen oder Gruppen, deren Schichtzugehörigkeit eindeutig bestimmbar, deren soziale Status hoch miteinander korrelieren und deren Verhalten somit als schichttypisch bezeichnet werden kann. Das Interesse der empirischen Sozialforschung an S.en begründet sich vor allem in der Schwierigkeit, schichttypische Verhaltensweisen in komplexen Industriegesellschaften festzustellen, deren Schichtungsstruktur nach zahlreichen Umschichtungen und einer allgemein zu beobachtenden Entschichtung durch Multidimensionalität und fließende Schichtgrenzen gekennzeichnet ist.　　　M.B.

Schichtlage → Soziallage

Schichtmentalität, [1] charakteristische Einstellungen und Persönlichkeitsstrukturen der Angehörigen derselben sozialen Schicht (→ Schichtbewusstsein). T. Geiger, der den Begriff der Mentalität in die Schichtungsdiskussion eingebracht hat, geht davon aus, soziale Schichten zunächst aufgrund der Gleichartigkeit ihrer empirisch feststellbaren objektiven Soziallagen zu unterscheiden und erst dann die für die verschiedenen Schichten jeweils als typisch zu bezeichnende S. wie Haltungen, Meinungen, soziale Willensrichtungen und Wirtschaftsinteressen zu ermitteln.

[2] Heute wird der Begriff der S. häufig nicht nur für die Beschreibung sozialer Schichten, sondern – vor allem bei multidimensionalen Schichtungsstrukturen – dafür verwendet, um überhaupt generelle Aussagen über die sozia-

le Schichtung der Gesellschaft treffen zu können. M.B.

Schichtmerkmal, [1] Individualmerkmal, das auf alle Mitglieder einer sozialen Schicht mehr oder weniger genau zutrifft, das ihre Zugehörigkeit zu einer bestimmten sozialen Schicht relativ eindeutig festlegt (z.B. die Berufsbezeichnungen Arbeiter oder Akademiker).
[2] Gruppenmerkmal oder Eigenschaft einer bestimmten sozialen Schicht insgesamt a) als aggregatives S. im Sinne eines Durchschnittswertes, der aus den Einzeldaten aller Schichtmitglieder errechnet wurde (z.B. das durchschnittliche Einkommen), b) als globales S. oder Eigenschaft einer sozialen Schicht als Kollektiv (z.B. der Grad der Integration). M.B.

Schichtmodell → Schichtungsmodell

Schichtpersönlichkeit, die durch schichtspezifische Soziallage (finanzielle Möglichkeiten, Macht, Prestige) und schichttypische Verhaltensstile und Einstellungen (Erziehungstechniken, Konsumgewohnheiten, subkulturelle Werte) geprägte Persönlichkeitsstruktur, die die Angehörigen einer bestimmten sozialen Schicht kennzeichnet. Als schichtspezifische Aspekte der Persönlichkeit wurden empirisch u.a. festgestellt: Unterschiede im Vorstellungsvermögen, in der Kontrolle über affektive und emotionale Regungen, in der Angst vor Unbekanntem, im Grad der Schuldbewusstheit, in der Bereitschaft, Belohnungen aufzuschieben, in der Erfolgsorientierung, in der autoritären Einstellung, in der Hilflosigkeit und dem Misstrauen gegenüber der Welt. M.B.

Schichtrekrutierung, Bezeichnung für soziale Prozesse innerhalb einer Gesellschaft, die den personellen Bestand der jeweils vorhandenen sozialen Schichten maßgeblich beeinflussen. Während die S. bei relativ geschlossenen Schichtungssystemen im Wesentlichen durch schichtspezifische Fruchtbarkeit und soziale Herkunft sowie den damit verknüpften Berufs-, Ausbildungs- und Heiratsmöglichkeiten bestimmt wird, ist die S. in komplexen Industriegesellschaften in erster Linie abhängig von der sozialen Platzierung der Kinder durch das Elternhaus, durch sozialstrukturell bedingte Prozesse gesellschaftlicher Umschichtungen und durch die infolge hoher sozialer Mobilität erfolgende Fluktuation zwischen den sozialen Schichten. M.B.

Schichtsolidarität, wesentliches Merkmal einer stark profilierten Ungleichheitsstruktur mit klaren Schichtgrenzen; S. bezeichnet das bei relativer Abgeschlossenheit einer sozialen Schicht sich entwickelnde Bewusstsein der Zusammengehörigkeit und engen Verbundenheit unter Schichtmitgliedern, die Erkenntnis der Gemein-

samkeiten und des Füreinanderstehenmüssens und die daraus resultierende Vorstellung von der Notwendigkeit gemeinsamen Handelns gegenüber Angehörigen anderer sozialer Schichten. → Schichtbewusstsein [2] M.B.

Schichttheorie der Persönlichkeit → Schichtenlehre [2]

Schichtübergang, [1] individueller sozialer Auf- oder Abstieg von einer sozialen Schicht zur anderen (Schichtwechsel). Zu unterscheiden sind a) persönlicher Übergang und b) Übergang in der Generationsfolge.
[2] Gelegentlich Synonym für → Schichtgrenze. M.B.

Schichtung von Stichproben → Auswahl, geschichtete

Schichtung, auch: Stratifikation, aus der Geologie übernommener Zentralbegriff der Soziologie mit unterschiedlichen Bedeutungsgehalten. [1] S. meint den statischen Aspekt der Makrostruktur eines sozialen Systems im Sinne eines hierarchisch strukturierten Gefüges sozialer Schichten.
[2] S. meint den dynamischen Aspekt der vertikalen sozialen Differenzierung eines sozialen Systems im Sinne der Herausbildung von Schichtungsstrukturen und des Ablaufes von Schichtungsprozessen.
[3] S. bezeichnet den Prozess des Schichtens als aktive Handlung eines Sozialforschers: a) bei der Aufstellung von Schichtindizes und Schichtungsskalen (Stratifizierung) und b) ganz allgemein bei Erstellung einer geschichteten Wahrscheinlichkeitsauswahl (*sample*) von Untersuchungseinheiten.
[4] in der empirischen Sozialforschung: → Auswahl, geschichtete M.B.

Schichtung, dominante, bezeichnet bei T. Geiger die für die Sozialstruktur einer in mehreren Richtungen geschichteten Gesellschaft entscheidende Schichtungsebene, in der industriell-kapitalistischen Gesellschaft nach K. Marx die durch ihre Produktionsverhältnisse bedingte Schichtung. Demgegenüber vertritt T. Geiger die Auffassung, dass im Geschichtsverlauf bisher untergeordnete Schichtungen zu dominanten werden und *vice versa*. Die d. S. wurzelt dabei nicht notwendigerweise in wirtschaftlichen Zuständen. S.S.

Schichtung, multidimensionale, bezeichnet das Vorhandensein mehrerer Schichtungen innerhalb einer Gesellschaft, ohne dass diese Dimensionen der sozialen Schichtung trotz der zwischen ihnen bestehenden Interdependenzen miteinander konvergieren und ohne dass eine von ihnen allen anderen gegenüber eindeutig dominieren würde. Die m. S., die Tatsache also, dass es mehrere objektive Merkmale gibt, die als

S

Grundlage der Schichtbildung dienen können, ist insbesondere ein Kennzeichen moderner Industriegesellschaften, in denen Teilstrukturen wie die Berufsstruktur, die Bildungsstruktur, die Einkommensstruktur und die Machtstruktur nur partiell übereinstimmen. Einzelpersonen oder Gruppen können daher in den verschiedenen Teilstrukturen jeweils unterschiedlich hohe Rangpositionen einnehmen, ohne dass damit feststeht, welche der verschiedenen Positionen ihre soziale Lage in erster Linie bestimmt. → Status-Schicht, → Schichtindex M.B.

Schichtung, soziale, *social stratification*, vertikale soziale Differenzierung der Makrostruktur eines sozialen Systems; im Sinne einer Rangordnung von Gruppen mit horizontal verlaufenden Grenzlinie: eine hierarchische Gliederung größerer Bevölkerungsgruppen, die durch bestimmte objektive oder subjektive Merkmale voneinander unterschieden sind. Die Definition des Begriffs variiert jedoch sehr; in idealtypischer Betrachtungsweise lassen sich zunächst drei grundlegende Gliederungsprinzipien voneinander trennen. [1] Das dichotomische Modell: Zwei durch entgegengesetzte Merkmale und Interessen gekennzeichnete Bevölkerungsgruppen stehen einander gegenüber, wobei sich die eine Gruppe in einseitiger Abhängigkeit von der anderen befindet; z.B.: Freie und Sklaven, Besitzer und Nichtbesitzer von Produktionsmitteln. [2] Das funktionale Modell: Hier handelt es sich um mindestens drei durch verschiedene Merkmale gekennzeichnete Gruppen mit unterschiedlicher gesellschaftlicher Funktion, die als voneinander gegenseitig abhängig begriffen werden; z.B. Herrscher, Händler, Handwerker und Bauern. [3] Das Rangordnungsmodell: Wiederum handelt es sich um mindestens drei Gruppen, die jedoch weniger durch den Besitz verschiedener Merkmale und sozialer Abhängigkeit gekennzeichnet sind, als vielmehr durch den Grad, zu dem sie ein und dasselbe Merkmal besitzen; z.B. Gruppen, die sich durch die Höhe ihres Einkommens oder die Höhe ihres sozialen Prestiges unterscheiden. M.B.

Schichtung, sprachliche, unterschiedliches Sprachverhalten der Mitglieder einer Sprachgemeinschaft je nach ihrer sozialen Herkunft. Die Kriterien für die Abgrenzung von Sprachschichten sind umstritten. A.H.

Schichtung, subordinierte → Schichtung, dominante

Schichtungsdimension, eine die soziale Schichtung entscheidend mitbestimmende Teilstruktur der Gesellschaft wie die Berufsstruktur, die Bildungsstruktur, die Einkommensstruktur und die Machtstruktur. M.B.

Schichtungseffekt, Grad der Erhöhung der Genauigkeit einer Wahrscheinlichkeitsauswahl durch Schichtung des *Samples* in möglichst homogene Teilgesamtheiten. Je größer die Variabilität der Eigenschaften zwischen den Teilgesamtheiten und je kleiner die Variabilität innerhalb der Teilgesamtheiten, umso „effektiver" ist die Schichtung. M.B.

Schichtungsfaktor, [1] der von den in verschiedenen Teilstrukturen der Gesellschaft hierarchisch strukturierten sozialen Positionen und Status ausgehende Einfluss auf die reale soziale Lage, auf das Verhalten und auf die Einstellungen der jeweiligen Positionsinhaber und die dadurch bedingte Veränderung oder Stabilisierung der Schichtungsstruktur (→ Schichtdeterminante).
[2] Soziale Strukturen und Prozesse, die sich auf das jeweilige soziale System als Ganzes beziehen und die als Ursache für dessen vertikale Differenzierung in soziale Schichten angesehen werden (z.B. der Grad des Wertkonsensus, der Statuskorrelation und der sozialen Mobilitätschancen). M.B.

Schichtungsfunktion. Die Unbestimmtheit des Begriffs der „Funktion" führt bei seiner Kombination mit dem Begriff „Schichtung" zu unterschiedlichen Bedeutungsinhalten: [1] Im Rahmen der strukturell-funktionalen Systemtheorie wird die Universalität der sozialen Schichtung häufig als Beweis ihrer positiven Funktionalität für den Fortbestand sozialer Systeme gewertet, wobei als wichtigste Funktionen der sozialen Schichtung genannt werden: Strukturierung des sozialen Handelns, Integration und Stabilisierung der Systemstruktur. Ausgehend von einem bestimmten Menschenbild wird soziale Schichtung im Sinne eines differenziellen Belohnungssystems als funktionale Notwendigkeit zur adäquaten Besetzung wichtiger sozialer Positionen betrachtet.
[2] Außerhalb abstrakt-systemtheoretischer Überlegungen wird der Begriff der S. weniger in Beziehung zum Überleben der Gesellschaft als vielmehr in Beziehung zu den Interessen und Machtchancen bestimmter sozialer Gruppen innerhalb der Gesellschaft gesetzt, wobei sich die Funktionalität der sozialen Schichtung hier im Wesentlichen auf ihre Nützlichkeit und Annehmlichkeit für Mächtige reduziert.
[3] Verbreitet ist der Begriff S. auch zur Bezeichnung einer Vielzahl einzelner Wirkungen und Auswirkungen der sozialen Schichtung: a) im Sinne rein vektorieller Beziehungen des Einflusses von sozialer Schichtung auf andere soziale Prozesse und Strukturen, b) im Sinne eines nur hypothetisch angenommenen oder empi-

S

risch nachgewiesenen mathematisch formulier-
baren Zusammenhanges zwischen Schichtzugehörigkeit und anderen sozialen Variablen ohne
Angabe ihrer Ursache und Wirkung zwischen
den Variablen.   M.B.

Schichtungsgefüge, ein im deutschen Sprachen-
bereich häufig verwendetes Synonym für die
drei Begriffe → soziale Schichtung, → Schichtungssystem und → Schichtungsstruktur.   M.B.

Schichtungskriterium, sozialrelevantes Merkmal,
das in seinen unterschiedlichen Ausprägungen
als geeigneter Maßstab zur vertikalen Differenzierung oder Schichtung (Stratifizierung) von
Bevölkerungsgruppen betrachtet wird (→
Schichtzurechnung). Als objektive S.en gelten
Merkmale wie Berufspositionen, Einkommenshöhe und Bildungsniveau, als subjektive S.en
gelten Ansehen und Prestige.   M.B.

Schichtungsmodell, auch: Schichtmodell oder
Schichtenmodell, die Vorstellung von der Form
der Schichtstruktur eines sozialen Systems.
      M.B.

Schichtungsmodell, dichotomisches, weit verbreitete Vorstellung von der Gesellschaft als einem sozialen System, dessen Struktur wesentlich
durch die Gliederung in zwei klar voneinander
trennbare soziale Schichten gekennzeichnet ist.
Obwohl das antagonistische Klassenmodell von
K. Marx sicherlich als das theoretisch und politisch bedeutsamste d. S. gelten kann, gehören d.
S.e doch zu den ältesten und universellsten Ge-
sellschaftsbildern überhaupt (z.B. Plato). In ihren vielen historischen Ausdrucksformen finden
sich immer wieder folgende drei Aspekte der
Dichotomie: Herrschende und Beherrschte; Reiche und Arme; diejenigen, für die gearbeitet
wird, und diejenigen, die arbeiten (Ausbeuter
und Ausgebeutete).   M.B.

Schichtungsskala, [1] zentraler Begriff der strukturfunktionalen Schichtungstheorie von T. Parsons, der zwischen „sozialer Schichtung" als
dem tatsächlichen und effektiven System der
Über- und Unterordnungsbeziehungen und
„Schichtungsskala" als normatives Muster (Wer-
teskala) unterscheidet. Die in jeder Gesellschaft
vorhandene S. wird von Parsons als die entscheidende Ursache der sozialen Ungleichheit und
damit gewissermaßen als Rückgrat der sozialen
Schichtung angesehen.
[2] Rangordnung von forschungstechnisch definierten Statusschichten, die mithilfe von Punktwerten eines Schichtindexes erstellt wird, a) zur
Messung der Schichtzugehörigkeit von Einzelpersonen und b) zur Darstellung der Schichtver-
teilung innerhalb der Bevölkerung (auch
Schichten-Skala); zum Beispiel:

	Index-punkte	Bevölke-rungsanteil
Unterschicht	0–19	30 %
Mittelschicht	20–39	60 %
Oberschicht	40–59	10 %

      M.B.

Schichtungsstruktur, Gesamtheit aller einem
Schichtungssystem zugrunde liegenden Muster
der sozialen Beziehungen. Der Begriff S. findet
sich in der Literatur jedoch in unterschiedlichen
Bedeutungen:
[1] Struktur der internen sozialen Organisation
des Schichtungssystems; fest gefügtes Muster
der sozialen Beziehungen zwischen den als reale
gesellschaftliche Einheiten verstandenen Elementen des Schichtungssystems.
[2] Struktur der regelmäßig ablaufenden Schich-
tungsprozesse, d.h. derjenigen sozialen Prozesse,
die als ursächlich für die Herausbildung sozialer
Schichten angesehen werden (z.B. Sozialisation,
Bewertung, Normsetzung, sozialer Wandel).
[3] Formale Aspekte des Schichtungssystems:
Struktur der Bevölkerung nach sozialstatisti-
schen Kategorien, die als soziale Einheiten fiktiv sind und zwischen denen keine sozialen Beziehungen bestehen; hierunter fallen: prozentua-
le Verteilung der Bevölkerung auf die verschiedenen sozialen Schichten, äußere Form des Statusaufbaus der Gesellschaft (z.B. Pyramiden-
oder Rhombenform); Art der Untergliederung
(Statuskontinuum, oder klar ausgeprägter, durch
tiefe Einschnitte voneinander getrennte Schichten); soziale Distanz zwischen den höchsten und
niedrigsten Positionen innerhalb des Systems, →
Statusaufbau   M.B.

Schichtungssystem, meist synonym verwendet
für Begriffe wie Schichtungsgefüge, Schichtungsstruktur, Schichtungsmodell. Seine spezifische
Bedeutung erhält der Begriff im Kontext eines strukturfunktionalen
Theorie der sozialen Schichtung; er verweist insbesondere auf die interne Struktur des S.s als
System, auf die Interdependenz der verschiedenen Elemente oder Teile des Systems (der sozio-ökonomischen Schichten oder sozialen Rollen), auf die Interaktionen zwischen diesen Elementen und auf die relative Invarianz der Grenzen des S.s gegenüber der Umwelt.   M.B.

Schichtuniversum, selten verwendeter Begriff
zur Bezeichnung von relativ konkreten, intern
differenzierten Teilsystemen als sozioökonomische Schichten innerhalb eines umfassenderen
sozialen Systems; z.B. die Bereiche des Büros
und der Fabrik innerhalb eines Industriebetrie-
bes (R. Dahrendorf).   M.B.

S

Schichtwechsel → Schichtübergang [1]

Schichtzurechnung, [1] Festsetzung der Schichtzugehörigkeit durch den Sozialforscher aufgrund objektiver Merkmale (objektive S.). [2] Bestimmung der Schichtzugehörigkeit durch die Mitglieder der untersuchten Population (subjektive S.), wobei zwischen Selbstzurechnung und Fremdzurechnung unterschieden wird. M.B.

Schicksalsanalyse, tiefenpsychologische Untersuchung der Triebkonflikte, die vor der Geburt eines Menschen bei seinen Vorfahren wirksam waren und die ein „familiäres Unbewusstes" bilden (L. Szondi 1987). W.F.H.

Schiefe, *skewness,* Bezeichnung für die Abweichung einer Häufigkeitsverteilung von einer symmetrischen Verteilung. Bei einer schiefen Verteilung fallen → Modus, → Median und → arithmetisches Mittel nicht zusammen. Für die S. liegen eine Reihe von Maßen vor, die auf dem dritten → Moment beruhen. Liegt die Spitze einer schiefen Verteilung bei den kleineren Messwerten, so spricht man von rechter, im anderen Fall von linker S. H.W.

Schismogenesis, Schismogenese, nach W.E. Mühlmann Bezeichnung für die Auseinanderentwicklung zweier Gruppen durch den Prozess antagonistischer Gruppengeist-Prägung. Die Entwicklung der einen Gruppe ist ausschließlich von der Funktion abhängig, bewusst anders zu sein als die andere Gruppe. O.R.

Schizophrenie, zusammenfassende Bezeichnung für eine Gruppe von Geisteskrankheiten, als deren gemeinsame Symptome vor allem genannt werden: Ichfremdheit von Erlebnissen (das Gefühl, dass die eigenen Gedanken und Erlebnisse von anderen beeinflusst werden oder anderen bekannt sind), Wahnvorstellungen (Verfolgungs-, Größen-, religiöser Wahn), Halluzinationen (Stimmenhören), Denk- und Sprachstörungen, Wahrnehmungsstörungen, gefühlsmäßige Verstimmungen, Bewegungsstörungen. Als Formen der S. werden hauptsächlich unterschieden: die paranoide S. (Vorherrschen von Wahnvorstellungen und Halluzinationen), hebephrene S. (Hebephrenie, Jugendirresein; Vorherrschen von Gefühls- und Denkstörungen), katatone S. (Vorherrschen von Bewegungsstörungen). Die Ursachen der S. sind noch weitgehend ungeklärt; in erster Linie werden Erbfaktoren, biochemische Störungen und Stress als Ursachen genannt. Neuerdings jedoch findet zunehmend auch die Annahme Beachtung, dass konflikthafte emotionale Beziehungen und verwirrende, widersprüchliche Sozialisationserfahrungen in früher Jugend bei der Entstehung von S. eine Rolle spielen. R.Kl.

Schläfereffekt → *sleeper-effect*

Schleuse, kommunikative, bezeichnet im Kommunikationsprozess das, was außer der Mitteilung eingesetzt werden muss, um die Aufmerksamkeit des Adressaten zu behalten; k. S.n sind z.B.: Vertrauenspersonen, Belohnungen, Kodes etc. A.G.W.

Schleusenöffner → Pförtner

Schließung, operative → Geschlossenheit, operative

Schließung, soziale, [1] allgemein die Beschränkung oder das Verbot, Mitglied einer sozialen Gruppe werden zu können bzw. an den Handlungs- oder Erwerbschancen einer Gruppe teilzuhaben.
[2] M. Weber bestimmt Offenheit bzw. Geschlossenheit (offene bzw. geschlossene soziale Beziehungen) als allgemeine soziologische Grundbegriffe: „Eine soziale Beziehung (gleichviel ob Vergemeinschaftung oder Vergesellschaftung) soll nach außen ‚offen' heißen und insoweit die Teilnahme an dem an ihrem Sinngehalt orientierten gegenseitigen sozialen Handeln, welches sie konstituiert, nach ihren geltenden Ordnungen niemand verwehrt wird, der dazu tatsächlich in der Lage und geneigt ist." Umgekehrt die nach außen geschlossene soziale Beziehung (§ 10, Wirtschaft und Gesellschaft). Eine s. Sch. kann traditionell (z.B. Familienbindungen), affektuell (z.B. Liebespaar), wertrational (z.B. Glaubensgemeinschaft), zweckrational (z.B. wirtschaftliche Monopole) begründet sein. Neben diesen s.n Sch.en nach außen erörtert M. Weber auch solche nach innen (also Einschränkungen der Handlungs- oder Erwerbschancen für Einzelne oder Gruppen innerhalb eines Verbandes, eines Betriebes, einer Kaste usw.). W.F.H.

Schluss, abduktiver → Abduktion

Schluss, deduktiver → Deduktion

Schluss, induktiver → Induktion

Schlüsselreiz, Signalreiz, *key stimulus, sign stimulus,* Auslöser der Endhandlung beim Instinktverhalten. Als S. für eine spezifische Reaktion wirken nur bestimmte visuelle oder auditive Gestaltsignale der Außensituation (K. Lorenz: angeborenes auslösendes Schema). → Auslöser K.St.

Schneeball-Verfahren, Erhebungsmethode in der Sozialforschung. Nach den Angaben der Befragten in einer Stichprobe wird eine weitere Gruppe von Personen befragt, die ihrerseits wieder zu einem weiteren Kreis von Befragten führen kann usw. In den verschiedenen „Ringen" des „Schneeballs" befinden sich Personen, die mit den ursprünglich Befragten unmittelbar oder mittelbar in Kontakt stehen. H.W.

S

Schriftkultur, in Ethnologie und Historie Bezeichnung für eine Gesellschaft, die Informationen in Form lesbarer oder tastbarer Zeichen speichert und an nachfolgende Generationen weitergibt. Wird z.T. als Maßstab für die Fortgeschrittenheit einer Kultur betrachtet.   M.S.

Schuldangst → Angst

Schuldknechtschaft, *peonaje* (span.), System von Arbeitsbeziehungen, in dem der formell freie Lohnarbeiter (*peon*) über ein System von Vorschüssen, Verkäufen u.ä. des Dienstherren an den Arbeiter, die auf den Lohn angerechnet werden, in eine meist lebenslange, vererbliche Abhängigkeit gebracht wird, die es unmöglich macht, das Arbeitsverhältnis zu kündigen. H.W.

Schule, Frankfurter → Frankfurter Schule

Schule, historische → Historismus

Schule, sozietäre → Fourierismus

Schulkultur, das Insgesamt der Einstellungen zum Lernen und der jugendkulturellen Orientierungen der Schüler, der Arbeitshaltungen der Lehrer und ihrer fachlichen Prägung, des Engagements der Eltern usw. an einer Einzelschule, also svw. ihre pädagogische Atmosphäre.
W.F.H.

Schwabe'sches Gesetz → Engel'sches Gesetz

Schweigespirale, Bezeichnung der Umfrageforscherin E. Noelle-Neumann für eine bestimmte Art der Meinungsbildung in großen Kollektiven: die öffentliche Darstellung (vorhandener, vermuteter oder vorgeblicher) Mehrheitsmeinungen lässt die Anhänger anderer Meinungen befürchten, ins Abseits zu geraten; durch Schweigen entziehen sich solche Minderheiten der Isolation und stärken dadurch die Position der Mehrheitsmeinung.   R.L.

Schwelle, [1] Reizschwelle, bezeichnet die Reizintensität, die nötig ist, um eine Veränderung der Empfindungsqualität zu bewirken. Als Unterschiedsschwelle (eben merklicher Unterschied, engl. *just noticeable difference,* Abk.: JND) meint S. den notwendigen Veränderungsbetrag eines Reizes, der diesen im Vergleich mit der Ausgangsreizgröße als eben merklich stärker bzw. schwächer (größer bzw. kleiner o.ä.) wahrnehmbar macht.   K.St.
[2] Bei H. Freyer ein geschichtstheoretischer Begriff, der die großen Umbrüche in der Menschheitsgeschichte (z.B. Übergang zur Sesshaftigkeit, zur industriellen Gesellschaft) bezeichnet.   W.F.H.

Schwelle, absolute, minimale Intensität eines physikalischen Reizes, die nötig ist, um in einem Organismus überhaupt eine Empfindung auszulösen.   K.St.

Schwellenländer, *newly industrializing countries (NIC),* Gruppe von kapitalistischen Staaten der Dritten Welt (u.a. Argentinien, Brasilien, Mexiko), die gegenüber der Masse der Entwicklungsländer dynamischere, konkurrenzfähigere und stärker diversifizierte Industrien haben (H. Asche). Die Exporte an industriellen Fertigwaren besitzen einen relativ hohen Anteil (40% und mehr) am Gesamtexport. Die Bezeichnung S. drückt die Vermutung aus, dass diese Länder die „Schwelle" zu einem „sich selbst tragenden" kapitalistischen Wachstum überschreiten können.   H.W.

Schwellenphase → Liminalität

Schwellenwerte, *threshold effects,* bezeichnet Grenzwerte in bestimmten sozialen Prozessen, durch deren Erreichen ein rascher Umschwung herbeigeführt bzw. eine eigendynamische Entwicklung eingeleitet wird.   R.S.

Schwiegermuttertabu, in vielen primitiven Gesellschaften vorzufindende Vorschriften und Bräuche, die den Umgang mit der Schwiegermutter einschränken oder verbieten.   W.F.H.

Schwitzsystem → Hausindustrie [2]

Science and Technology Studies, STS (engl.), auch neuere Wissenschafts- und Technikforschung genannt, ist eine interdisziplinäre, konstruktivistische Richtung der Wissenschaftssoziologie, die die Genese wissenschaftlicher Tatsachen (Fakten, Erkenntnisse, Gesetze) v.a. in den Naturwissenschaften erforscht. Die *STS* wenden sich gegen die Annahme objektiven Wissens und betrachten naturwissenschaftliche Erkenntnisse und die Grundlagen technischer Innovationen als Ergebnisse sozialer Prozesse, wodurch naturwissenschaftliches Wissen und technische Entwicklungen soziologischer Analysen zugänglich werden. *STS* bezeichnen keine Theorie, sondern ein Forschungsfeld, in dem differierende Ansätze und Konzepte koexistieren. Gemeinsam ist ihnen, dass naturwissenschaftliches Wissen als sozial konditioniert betrachtet wird. Die empirischen Studien der *STS* fokussieren meist entweder wissenschaftliche Diskurse, die bspw. zur Schließung von Kontroversen führen oder beobachten die lokale Herstellung wissenschaftlicher Fakten, Objekte und Repräsentationen (z.B. im Labor).   D.V.

Science Citation Index (engl.), *SCI,* seit 1961 vom *Institute for Scientific Information* in Philadelphia (USA) jährlich herausgegebene Auflistung sämtlicher Literaturhinweise (Zitationen), die in den Fußnoten und Bibliographien in wissenschaftlichen Fachzeitschriften genannt werden. Der *SCI* erfasst bereits weit über 1000 Zeitschriften. Er dient hauptsächlich der Verbesserung der wissenschaftsinternen Kommunikation. Jedoch wird er auch für wissenschaftssoziologische Zwecke (vor allem: für Produktivitäts- und Kommunikationsstudien) ausgewertet.

S

Ab 1973 erscheint zusätzlich ein „*Social Science Citation Index*". R.Kl.

sciences, behavioral (engl.) → Verhaltenswissenschaften

scientific community (engl.) → Fachgemeinschaft, wissenschaftliche

scientific management (engl.) → Betriebsführung, wissenschaftliche

score (engl.), Maßzahl, Skalen- oder Punktwert, der die Position einer Untersuchungseinheit (z.B. eines *items* oder der Einstellung eines Befragten) auf einer Skala angibt, die eine Eigenschaftsdimension dieser Untersuchungseinheit repräsentiert. P.P.

script (engl.), zuerst von W. Simon/J.H. Gagnon (1969) für sexuelle Ablaufmuster verwendet, dann von St. Cohen u. L. Taylor (1977) vorgeschlagener Begriff für die Einbettung des sozialen Rollenspiels in „mancherlei größere oder kleinere Dramen" Das s. hat die Funktion einer Situationsdefinition, der Benennung der Akteure sowie der Strukturierung ihres Handelns zu einem → plot. W.S.

script, sexual (engl.), unter den Theorien menschlicher Sexualität begründet das Konzept des *s.s.* einen genuin soziologischen Ansatz: Gegen ein biologistisch verkürztes Verständnis von Sexualität wird eine interaktionistische Perspektive gesetzt, in der kollektive Orientierungen (kulturelle Szenarien), deren interpretative Anwendung auf spezifische Handlungskontexte (interpersonelle Skripte) und die individuelle Bedürfnisstruktur (intrapsychische Skripte) integriert werden. M.M.

S^D, S^Δ → Reiz, diskriminierender

sealed envelope technique (engl.), SET, eine Erhebungstechnik bei heiklen Fragebereichen (z.B. eigenes delinquentes Handeln): Der Befragte füllt im Beisein des Interviewers, aber ohne dass dieser Einblick erhält, einen schriftlichen Fragebogen(-teil) selbst aus und übergibt diesen dann in einem verschlossenen Umschlag dem Interviewer. W.F.H.

Sedimentation, Vorgang, durch den sich die im Lebenslauf eines Individuums erworbenen Erfahrungen (Lebenspraxis) in dessen Bewusstsein festsetzen und damit zur Erinnerung werden. S. schafft einen Bestand an praktischem Wissen, der durch Sprache vergegenständlicht und überliefert werden kann. W.B.

Segmentation, Prozess der Differenzierung strukturell gleicher Einheiten, welche die gleichen Funktionen ausüben. Diese Einheiten sind in der Regel nur wenig spezialisiert, nicht durch Kooperationszwänge und Austauschbeziehungen miteinander verknüpft und daher relativ autonom. Der Stabilität des Gesamtzusammenhangs entspricht sein geringes Leistungspoten-

zial. Ausfall segmentierter Einheiten führt nicht zu Störungen auf der Gesamtebene, sondern nur zur Verkleinerung des Systems. B.W.R.

Segmentation des Arbeitsmarktes → Arbeitsmarktsegmentation

Segregate → Komponentenanalyse, ethnografische

Segregation, zumeist räumliche Aufteilung von Individuen nach Hautfarbe, Konfession, Geschlecht, Status und anderen Merkmalen, die sich in der Art der Zugangsmöglichkeiten zu Wohnbezirken, Schulen, Kirchen, Klubs, öffentlichen Einrichtungen niederschlägt. S. führt zu erzwungener (etwa im Fall diskriminierter Bevölkerungsteile) oder freiwilliger Kontaktvermeidung zwischen den verschiedenen Gruppierungen. Die S. kann sich durch Normierung oder über individuelle Präferenzen und Wahlakte vollziehen. H.W.

Segregation, ethnische, umschreibt die Verteilung ethnischer Gruppen in einer Stadt anhand ihres Wohnortes (residentielle S.). Empirisch korreliert e.S. oft mit → sozialer Segregation unterer Einkommensschichten, ist von dieser jedoch theoretisch zu unterscheiden, da e.S. durch kulturelle Differenzen charakterisiert ist. Hinsichtlich der Effekte von e.S. ist zwischen freiwilliger und erzwungener zu trennen (vgl. → Enklave; Ghetto). J.W.

Segregation, funktionale, [1] bezeichnet die räumliche Verteilung unterschiedlicher Funktionen (Arbeiten, Wohnen, Freizeit, Verkehr) in einer Stadt.
[2] Umschreibt positive Effekte der Segregation etwa auf die Integration von Migrant/innen (z.B. durch soziale Netzwerke, die den Zugang zum Arbeitsmarkt erleichtern). J.W.

Segregation, soziale, umschreibt die Verteilung sozialer Gruppen (vgl. → Schicht; Milieu) in einer Stadt anhand ihres Wohnortes (residentielle S.). S.S. ist ein Phänomen sozialer Ungleichheit, dem ökonomische Kriterien zu Grunde liegen. Es wird zwischen freiwilliger (aktiver) und erzwungener (passiver) Segregation differenziert. Erst seit der Diskussion über privatwirtschaftlich organisierte → Gated Communities wird neben der s.S. unterer auch diejenige der gehobenen Schichten problematisiert. J.W.

Segregationsindizes, geben Auskunft über Unterschiede in der Verteilung von Merkmalen bzw. über Verhältnisse der Durchmischung oder Entmischung von sozialen Gruppen innerhalb eines Stadtgebiets. Für die Beschreibung von Segregationsprozessen wird häufig der von O. und B. Duncan vorgeschlagene S. genutzt. Der Index summiert z.B. über verschiedene Stadtquartiere die Differenz der Anteilswerte der un-

S

tersuchten Gruppe und der übrigen Bevölkerung. Wird anstelle der übrigen Gruppe eine zweite Untersuchungsgruppe herangezogen, so spricht man vom Dissimilaritätsindex. Beide Indikatoren haben einen Wertebereich zwischen 0 und 100 (minimale und maximale Segregation). Eine Messung von Segregationseffekten kann auch über den → Gini-Index erfolgen.   C.W.

Seignorage (frz.), ursprünglich Differenz zwischen Nominalwert von Münzen und Kosten der Münzprägung, die dem Münzherrn zufiel. Bezeichnet heute jene Gewinne, die durch die Schaffung von Geld durch Zentralbanken, besonders für „harte" Währungen, entstehen.
   H.W.

Sein und Sollen, bezeichnet den erkenntnistheoretischen Unterschied bei der Analyse von sozialen Ordnungen: Inwieweit gelten diese bloß ideell (Sollen) oder auch faktisch (Sein)? M. Weber und die ihm folgende Rechtssoziologie trennen streng zwischen dem normativen Sinn einer Vorschrift einerseits und deren Verwirklichung im individuellen und institutionellen Handeln andererseits. Der (neokantianische) Gegensatz von S.u.S. verführt oft zu einer überscharfen Abgrenzung und Zurückhaltung der Soziologie gegenüber den Normwissenschaften (wie Ethik, Theologie, Jurisprudenz, Ästhetik), als wäre nicht auch die Dogmatik moralischer, religiöser usw. Vorschriften soziologisch analysierbar.   R.L.

Sein, gesellschaftliches, Begriff der marxistischen Theorie für die Gesamtheit der → materiellen Verhältnisse, für den wirklichen gesellschaftlichen Lebensprozess der Menschen. Das g.S. bestimmt das gesellschaftliche Bewusstsein, die Vorstellungen der Menschen, auch die falschen: „Das Bewußtsein kann nie etwas Andres sein als das bewußte Sein, und das Sein der Menschen ist ihr wirklicher Lebensprozeß" (K. Marx u. F. Engels 1845).   W.F.H.

Seinsgebundenheit, der von K. Dunkmann eingeführte Begriff (1926) entspricht inhaltlich weitgehend dem Begriff → Seinsverbundenheit von K. Mannheim (1925).   O.R.

Seinsgebundenheit des Denkens → Seinsverbundenheit des Denkens

Seinsverbundenheit des Denkens meint in der → Wissenssoziologie K. Mannheims, dass das Denken in einem historischen und sozialen Raum verankert ist. Denken folgt nicht nur den immanenten Gesetzen der Logik, sondern ist immer auch auf einen sozialen Standort verwiesen; es ist verwurzelt in Zugehörigkeiten zu einer Generation, einer Klasse, einer Religion usw. In einigen Schriften unterscheidet Mannheim zwischen der S. d. D. und einer Seins*ge*bundenheit. Mit dem zweiten Begriff ist eine

Determination des Denkens durch den sozialen Standort bezeichnet, während der erste auf die Verbindung des Denkens mit einer sozialen Erfahrungsbasis abhebt (*Ver*bundenheit, aber nicht *Ge*bundenheit). S. d. D. kennzeichnet nach Mannheim nicht nur das Alltagsdenken, sondern auch historisches, politisches sowie geistes- und sozialwissenschaftliches Denken. Allein das naturwissenschaftliche Denken sei ausgenommen.
Der These von der S. d. D. korrespondiert ein „totaler" Ideologiebegriff: Alle Standorte sind ideologisch, also auch der eigene. Erkenntnistheoretisch folgt daraus allerdings kein Realitivismus, sondern ein „Relationismus", d.h. die Aspekthaftigkeit der Erkenntnis bzw. ihre „Seinsrelativität."   M.M.

Sekte, Bezeichnung für eine religiöse Gemeinschaft, die sich als ein Verein von religiös voll Qualifizierten versteht und deshalb notwendig auf Universalität verzichten und auf freier Vereinbarung ihrer Mitglieder beruhen muss (im Unterschied zur → Kirche). S.n verstehen sich oftmals als Erneuerer etablierter Religion, bilden sich i.d.R. um charismatische Führerpersönlichkeiten und zeichnen sich zumeist durch einen hohen Bindungsgrad ihrer Mitglieder aus. Um die negativen Konnotationen des aus der christlichen Kirchengeschichte stammenden Begriffes zu vermeiden, spricht man auch von religiösen Gruppierungen oder Gemeinschaften und neuen religiösen Bewegungen. → Bewegungen, neue religiöse   V.Kr.

Sektor → Mikroskalen

Sektor, formeller – informeller, meist deskriptiv gebrauchte Unterscheidung des Arbeitsmarktes in einen sog. geschützten Bereich stabiler, arbeitsrechtlich und arbeitsvertraglich abgesicherter, gut bezahlter Arbeitsplätze mit hohen Qualifikationsanforderungen und hoher gewerkschaftlicher Organisierung (f. S.) und einen sog. ungeschützten Bereich unstetiger, schlecht bezahlter, rechtlich unabgesicherter, unqualifizierter Arbeit (i. S.). In Bezug auf Länder der Dritten Welt wird der i. S. auch im Zusammenhang mit der Marginalisierung (→ marginal [2]) großer Bevölkerungsteile gesehen.   H.W.

Sektor, informeller → Sektor, formeller – informeller

Sektor, primärer – sekundärer – tertiärer → Wirtschaftsbereiche [2]

Sektorskalen → Mikroskalen

Sekundärabweichung → Abweichung, sekundäre

Sekundäranalyse, erneute Analyse des Datenmaterials bereits durchgeführter Untersuchungen, zumeist mit neuer Fragestellung. Eines der Hauptprobleme der S. ist die Validität der vorliegenden Indikatoren in Bezug auf die neuen

S

Fragen. Die S. hat in den letzten Jahrzehnten an Bedeutung gewonnen, besonders im Bereich international vergleichender Forschung. Diese Entwicklung ist durch das Entstehen umfangreicher Daten- und Umfragearchive gefördert worden, die Daten (Lochkarten, Bänder), Untersuchungsberichte, Fragebögen etc. sammeln und unter verschiedenen Gesichtspunkten systematisieren. Die vergleichende S. verschiedener Untersuchungen, z.B. zum Zweck der Überprüfung von Ergebnissen im internationalen Vergleich, hat ihre eigenen Probleme (Vergleichbarkeit von Erhebungsmethoden, Indikatoren, Ausfällen, Kodierung etc.). Der Wert der S. liegt u.a. darin, dass sie es gestattet, Ergebnisse zu überprüfen, zu kumulieren, Fragestellungen ohne eigene Feldarbeit zu untersuchen. Die Probleme, die sich im Bereich der S. aus der Archivierung von Untersuchungen mithilfe von EDV-Anlagen, der Datenrückgewinnung aus Archiven für eine S. ergeben, bilden heute bereits ein eigenes Spezialgebiet der Forschung. H.W.

Sekundärbedürfnis → Motive, sekundäre

Sekundärdaten, bezeichnen in der empirischen Sozialforschung Daten, die nicht durch den Forscher selbst gewonnen, sondern durch andere erhoben wurden (wie es z.B. mit den Daten des → ALLBUS geschieht). D.Kl.

Sekundärerfahrung → Primärerfahrung

Sekundärgruppe, *secondory group,* nach C.H. Cooley (1909) Bezeichnung für Gruppen, deren Mitglieder in relativ unpersönlichen und spezifischen, wenig emotionalen Beziehungen zueinander stehen und die durch bewusste Zweck- und Zielorientierung des Zusammenschlusses und durch rationale Organisation gekennzeichnet sind. E.M. Wallner (1970) verwendet den Begriff als zusammenfassende Bezeichnung für „Vereinigungen und Organisationen". Gegenbegriff: → Primärgruppe R.KL.

Sekundärheirat. Die Ethnologie unterscheidet erste und eventuelle weitere Eheschließungen (S.) voneinander, weil dafür in vielen Gesellschaften unterschiedliche Vorschriften gelten (z.B. Erbregeln oder die Regel, den Bruder des ersten Gatten bzw. die Schwester der ersten Gattin zu heiraten). W.F.H.

Sekundärprozess, psychoanalytisch einer der beiden Funktionsmodi des psychischen Apparats (neben dem → Primärprozess), genetisch der spätere. Sekundär sind solche seelischen Vorgänge, die sich dem Realitätsprinzip bzw. der Kontrolle durch das Ich als dessen Agenten fügen, insbesondere eine aufschub der von ihnen erstrebten Befriedigung dulden. W.K.

Sekundärtätigkeit, in der Soziologie der Freizeit und der Zeitbudgetforschung (→ Zeitbudget) eine Tätigkeit, die eine Person hauptsächlich

beanspruchende Tätigkeit begleitet, wie etwa Radiohören bei der Arbeit. H.M.

Sekundärtrieb → Trieb, sekundärer

Sekundärverstärker → Verstärker, sekundäre

Sekundärverwissenschaftlichung → Verwissenschaftlichung, reflexive

Sekundärziele → Primärziele – Sekundärziele

Selbst, *self* [1] das Selbstverständnis, das das Individuum im Verlaufe seiner sozialen Erfahrung gewinnt; jenes Bild, das das Individuum in der Interaktion mit anderen Menschen durch die strukturierten Reaktionen seiner Interaktionspartner und die Bedeutungen, die er diesen Reaktionen zuschreibt, von sich selbst gewinnt. Nach G.H. Mead sind die beiden wesentlichen Komponenten des S. das → *I* und das → *me*. [2] Häufig Synonym für → Ich. W.B. [3] Die neuere Psychoanalyse trennt begrifflich zwischen Ich und Selbst (H. Hartmann, H. Kohut). S. bedeutet dann das Insgesamt des seelisch-körperlichen Erlebens der eigenen Person. R.L.

Selbst, phänomenales, auch: persönliches Selbst, bezeichnet im symbolischen Interaktionismus den Sachverhalt, dass das Individuum sich selbst beim Wechsel von einer Rolle in eine andere als konstant erlebt. W.B.

Selbst, reflektiertes → Spiegel-Selbst

Selbst, soziales, von W. James als Gegenbegriff zum „reinen Ich" eingeführter Begriff, bezeichnet im symbolischen Interaktionismus den Zusammenhang zwischen sozialer Struktur und Selbstverständnis des Individuums, die Übernahme der in einer Gruppe gültigen Verhaltensmuster, d.h. der die sozialen Beziehungen im Rahmen dieser Gruppe definierenden Verhaltensnormen durch das Individuum. W.B.

Selbstständigkeit, Unabhängigkeit, *independence,* in der Sozialpsychologie Bezeichnung für die Neigung, sich lieber auf sich selbst als auf andere zu verlassen und nicht nach emotionaler Unterstützung durch andere zu suchen. Gegenbegriff zu → Abhängigkeit [1]; → Abhängigkeitsbedürfnis R.KL.

Selbstbeobachtung, [1] ist die Beobachtung eines Beobachters (eines Systems) durch sich selbst: Der Beobachter beobachtet sich dabei, wie er etwas beobachtet. Beobachtung ist dabei immer ein unterscheidender und das Unterscheidende bezeichnender Vorgang. D.K. [2] → Introspektion

Selbstbewusstsein, [1] svw. → Bewusstsein [1] [2] svw. → Selbstwertgefühl

Selbstbild, [1] Selbstkonzept, Selbstkonzeption, die Gesamtheit der Vorstellungen, Einstellungen, Bewertungen, Urteile usw., die eine Person im Hinblick auf ihre eigenen Verhaltensweisen,

Persönlichkeitseigenschaften, Fähigkeiten usw. besitzt.

[2] → Autostereotyp R.Kl.

Selbstdarstellung, *presentation of self,* derjenige Teil einer Kommunikation, in dem ein Individuum (eine Gruppe, eine Organisation) sich den anderen zeigt und einen Eindruck von der eigenen Beschaffenheit vermittelt. Der Handelnde vermag das Verhalten der anderen ihm gegenüber u.a. dadurch zu kontrollieren, dass er ihre Deutung der Situation beeinflusst. E. Goffman (1958) hat zahlreiche Techniken gezeigt, mit denen eine stimmige S. erarbeitet wird. R.L.

Selbstdefinition, Ausformung des Selbstbildes oder einer neuen Identität nach der jeweils erreichten sozialen Position. E.H.

Selbstdetermination, bezeichnet die Tatsache, dass der Handelnde durch jeden Entscheidungsschritt auch über sich und die eigenen Potenziale entscheidet (H. Bude 1986). W.F.H.

Selbstdisziplinierung → Selbstzwang – Fremdzwang

Selbsteinordnung → Selbsteinschätzung

Selbsteinschätzung, auch: soziale Selbsteinstufung, Selbstzuordnung, Selbsteinordnung, Selbstzurechnung, kennzeichnet ein methodisches Verfahren für die Bestimmung sozialer Schichtung, das – im Gegensatz zur → Fremdeinschätzung – von den subjektiven Vorstellungen und Wahrnehmungen gesellschaftlicher Differenzierung und der jeweils eigenen Schichtzuordnung ausgeht, d.h. von der Frage: Wer rechnet sich selbst zu welcher Schicht? S. setzt immer Schicht- oder Klassenbewusstsein voraus, das jedoch mit der Differenzierung nach objektiven Merkmalen nicht übereinzustimmen braucht, da S. – empirisch nicht kontrollierten – ideologischen und sozialpsychologischen Einflüssen (in der Bewertung des eigenen sozialen Status) unterliegt. Bei dem Verfahren der S. wird zumeist von Berufsgruppen ausgegangen (R. Mayntz 1958; K.M. Bolte 1959; E.K. Scheuch 1961). Insgesamt zeigt sich, dass bei der S. gegenüber der Fremdeinschätzung die Neigung zur „Mitte" besteht, d.h. allgemein, Extremgruppen wie ganz unten/ oben, arm/reich, asozial/prominent gemieden werden. S.S.

Selbsteinschätzung, soziale, SSE, von G. Kleining und H. Moore zwischen 1957 und 1962 nach der Methode der Selbsteinschätzung für Marktforschungszwecke entwickeltes Instrument zur Messung sozialer Schichten auf der Grundlage des Berufprestiges. Das SSE umfasst eine Fragestellung und vier parallel arbeitende Karten mit 36 bekannten Berufen, die jeweils in neun Gruppen zu je vier Berufen zusammengefasst sind. Jede von den neun Gruppen kennzeichnet eine bestimmte Position in der gesell-

schaftlichen Hierarchie. Die vier Karten sind unterteilt nach städtischen und ländlichen Berufen, die jeweils zwei Versionen (*X* und *Y*) enthalten. Erst wenn der Befragte seinen Beruf nach der *X*-Version nicht einordnen kann, wird die *Y*-Version mit den parallelen, aber anderen Berufen vorgelegt. Das SSE-Verfahren differenziert in sieben soziale Schichten, die verschiedene Formen der Zusammenfassung zulassen. S.S.

Selbsteinstufung, soziale → Selbsteinschätzung

Selbstentfremdung, [1] Erlebnis und Zustand einer Einschränkung der Verfügung über Mittel der Selbstverwirklichung, die als innerpsychische Folge der Erfahrung mit der Gesellschaftsstruktur entsteht. S. kann sozial als Machtlosigkeit, Normlosigkeit (Anomie), Bedeutungslosigkeit oder Isoliertheit erfahren werden oder sich selbst gegenüber als Entfremdung von der eigenen Lebensgeschichte und vor allem gegenüber seinen eigenen Entwicklungszielen (Ich-Ideal). E.H.

[2] Bei G.W.F. Hegel gehört es zur Freiheit des Individuums, sich seinen → Entäußerungen gegenüber zu entfremden. Dadurch wird das Selbst zum Prozess, in dessen Verlauf das handelnde Subjekt die Wirklichkeit als durch sein Handeln geworden begreift und sich diese Wirklichkeit aneignet (Erfahrung, Bewusstsein). In diesem Prozess kommt das Individuum zu einer höheren Bewusstseinsstufe seiner selbst (Hegel 1807).

[3] → Entfremdung. O.R.

Selbsthass, Bezeichnung für eine ausgeprägte Neigung von Individuen zur Selbstbestrafung für an sich selbst wahrgenommene „Fehler". Tritt besonders bei solchen Angehörigen von diskriminierten Minoritäten auf, die sich mit den diskriminierenden herrschenden Gruppen identifizieren und daher auch deren Vorurteile gegen die eigene Minoritätsgruppe übernehmen. R.Kl.

Selbsthilfe, [1] allgemein eine auf betroffenheitsorientierten Kleingruppen aufbauende Strategie zur Bearbeitung und Bewältigung von Notlagen. S. basiert auf dem Anspruch von Bürgern, ihre Probleme autonom (d.h. unabhängig von staatlichen Instanzen und Großorganisationen) regeln zu können. Sie entlastet gleichzeitig den Staat von sozialen Transferleistungen. M.S.

[2] In der Frauenforschung das gegenseitige Helfen innerhalb von Frauengruppen. Bekanntestes Beispiel sind die Häuser für misshandelte Frauen. Über den Aspekt des Unterstützens hinaus drückt sich hier die weibliche Autonomie aus. Offensiv gegen den → Patriarchalismus eingesetzt wird S. zur einer der politischen Strategien des Feminismus.

S

[3] In der Theorie und Praxis von Randgruppen bezeichnet S. die Tätigkeiten der von einer defizitären Soziallage Betroffenen, ihre Lage zu verbessern. S., wenn sie denn ausreichende Ressourcen aufzutun vermag, verspricht mehr Effizienz und mehr Humanität als eine von „außen" organisierte Hilfe.

[4] In der Sozialpolitik bezeichnet S. eine der Strategien im Rahmen des → Subsidiaritätsprinzips und im Rahmen von sozialen Bewegungen.

[5] In der Wirtschaftswissenschaft bezeichnet S. eine Versorgung mit knappen Gütern und Diensten, die innerhalb von Solidargemeinschaften stattfindet und bei der Berechnung des Bruttosozialprodukts nicht miterfasst wird.   R.L.

Selbstidentität → Identität

Selbstkommunikation, die Auseinandersetzung eines Individuums mit der eigenen Person und Identität sowie mit den Erwartungen an sich selbst.   R.L.

Selbstkontrolle, [1] in der psychologischen Lernforschung (B.F. Skinner) die Kontrolle bestimmter eigener Reaktionen durch eine Manipulation der Stimuli, die als auslösende oder diskriminierende Stimuli für das Ausführen oder Nicht-Ausführen dieser Reaktionen relevant sind.   R.Kl.

[2] → Ich-Kontrolle

Selbstkonzept(ion) → Selbstbild

Selbstmord, altruistischer. Ein Selbstmord wird von E. Durkheim (1897) als altruistisch bezeichnet, wenn er als Folge einer zu starken Integration des Individuums in die Gemeinschaft auftritt, d.h. von der Gemeinschaft mehr oder weniger gefordert wird.   E.L.

Selbstmord, anomischer. Ein Selbstmord wird von E. Durkheim (1897) als anomisch bezeichnet, wenn er als Folge einer Situation der Normlosigkeit, in der ein Handeln unmöglich wird, auftritt.   E.L.

Selbstmord, egoistischer. Ein Selbstmord wird von E. Durkheim (1897) als egoistisch bezeichnet, wenn er als Folge einer mangelhaften Integration des Individuums in die Gesellschaft bzw. als Folge des Rückzugs des Individuums auf sich selbst auftritt.   E.L.

Selbstmord, fatalistischer, ein Selbstmord wird von E. Durkheim (1897) als fatalistisch bezeichnet, wenn er als Folge einer Situation auftritt, in der die Normen so rigide sind, dass sie „Opfertode" wie die von Märtyrern oder Kamikazefliegern begünstigen.   W.P.

Selbstoffenbarung, *self-disclosure,* „unkonditionierte" Offenheit, auf Untersuchungen von S.M. Jourard (1964) zurückgehende Bezeichnung für eine Strategie in persönlichen Beziehungen zur Herstellung von Intimität, häufig in Form des wechselseitigen Tausches von Informationen über die eigene Person, das bisherige Leben, über Vorlieben und Abneigungen etc. Weil in der modernen Gesellschaft vertrauensvolle und intime Beziehungen nicht mehr gewissermaßen naturwüchsig im Rahmen lokaler Gemeinschaften entstehen, wird (nach A, Giddens) die Herstellung solcher Beziehungen, die durch S. initiiert und stabilisiert werden können, in bestimmten Situationen (z.B. Herstellung von tragfähigen Kontakten in Netzwerken) zur Aufgabe der beteiligten Personen. S. ist heute auch Bestandteil einer Reihe von therapeutischen Ansätzen.   W.F.H./H.W.

Selbstorganisation, zentrales Konzept systemtheoretischer Modellierung von Strukturbildung und Strukturveränderung, des Entstehens von „Ordnung" aus „Unordnung", des Übergangs zwischen Systemzuständen (Instabilitäten, Verzweigungen, Katastrophen) und der Abgrenzung eines Systems gegenüber seiner Umwelt auf der Grundlage immanenter Systemeigenschaften. S. kann sich auf solche Eigenschaften oder Strukturen eines Systems beziehen, die durch die Beziehungen zwischen seinen Komponenten induziert werden (selbst- vs. fremdorganisiert), auf die Abhängigkeit von Teilprozessen von Eigenschaften der Gesamtorganisation bzw. auf die Entstehung neuer Systemebenen aus der Interaktion von Systemteilen (Mikro-Makro-Beziehungen, → Emergenz). In diesem Sinne besitzen selbstorganisierte Systeme einen gewissen Grad von „Autonomie" oder „operationaler Geschlossenheit", der wie auch „Ordnung" und „System" beobachtungsabhängig ist. Gleichzeitig handelt es sich um energetisch offene Systeme (I. Prigogine).   H.W.

Selbstorganisation, kooperative, die betriebspolitische Organisation der Produzenten zur Durchsetzung ihrer unmittelbaren Interessen am Arbeitsplatz und im Produktionsprozess. Ihre Macht gründet sich dabei auf die Notwendigkeit der → Belegschaftskooperation für das Funktionieren des Betriebs.   W.F.H.

Selbstorientierung – Kollektivitätsorientierung, *self orientation – collectivity orientation,* in der strukturell-funktionalen Theorie eine der polaren Alternativen der Wertorientierung (→ *pattern variables*). Sie gibt an, ob in bestimmten Situationen die Rollenerwartung das primäre Verfolgen individueller Vorteile zulässt (S.) oder das primäre Berücksichtigen kollektiver Ziele vorschreibt (K.). Vor allem für die evaluative Orientierung wichtig. Da in jeder Handlung beide Alternativen mitspielen, ist der Unterschied skalar, nicht antinomisch. Die instrumentale, expressive oder moralische Orientierung erhält durch das Vorherrschen der einen oder anderen

Alternative ihre spezielle Färbung. Der Gegensatz besteht auch bei handelnden Kollektiven, nicht nur bei Individuen. G.E.

Selbstreferenz, bezeichnet in der Systemtheorie von N. Luhmann die Eigenschaft von Operationen in sozialen Systemen, sich auf anderes und dadurch auf sich selbst zu beziehen (Einheit von Selbst- und Fremdreferenz) und damit die autopoietische Reproduktion (→ Autopoiesis) von Systemen zu ermöglichen. Selbstreferenzielle Operationen können auf der Ebene der → basalen S., auf der es um die Bezugnahme von Operationen im Hinblick auf ihre Relationen zu anderen Operationen geht der prozessualen Selbstreferenz (Reflexivität), in welcher sich Prozesse auf sich selbst beziehen, oder auf der Ebene der Systeme (Reflexion von Systemen im Hinblick auf ihre Umwelten) angesiedelt sein. R.S.

Selbstreferenz, basale. Systeme verfügen über b. S., wenn sie mit jedem ihrer Prozesse sich auf andere eigene Prozesse beziehen, und dies auch bei Prozessen, die durch Umweltkontakt ausgelöst werden oder auf die Umwelt gerichtet sind. So wird in allen Kommunikationssystemen mit jeder Kommunikation nicht nur über Themen, sondern immer auch über Kommunikationen kommuniziert. Systeme dieser Art sind durch Selbstreferenz geschlossen und zugleich umweltoffen. Aber ihre Umwelt beeinflusst nur und wird nur beeinflusst durch die Art, wie die Systeme ihren Selbstkontakt durchführen. Die Anregung zu dieser Begriffsbildung stammt aus der Neurophysiologie und der *„biology of cognition".* N.L.

selbstreflexiv ist eine Institution, insoweit sie ihre Handlungsweisen auch auf die eigene Organisation anwendet, wie z.B. die Psychoanalyse. R.L.

Selbstregulierung, zentraler Begriff der kybernetischen Systemtheorie: Die Leistung eines Systems, sich bei Einflüssen aus der Umwelt und bei teilweise offenen Grenzen in seiner Identität und seinen Zielen zu erhalten. W.F.H.

Selbstrekrutierung, der sich auf gleicher sozialer Ebene vollziehende, an Zugehörigkeitsmerkmalen wie Abstammung, soziale Herkunft orientierende Prozess der Positionsnachfolge in sozialen Gruppen, Organisationen, Schichten. So zeichnen sich beispielsweise elitäre Gruppen und Oberschichten durch eine hohe S. aus, was für Nichtangehörige dieser Gruppen bzw. Schichten immer gleichzeitig eingeschränkte vertikale Mobilität bedeutet. S.S.

Selbstrolle, ein Begriff, mit dem die Rollentheorie Umwelt- und Persönlichkeitsaspekte zu verknüpfen sucht. [1] Bezeichnung für die subjektive Interpretation der vorgegebenen Rolle. Rollen gestatten in verschiedenem Maße, das Verhalten in einer sozialen Position individuell zu gestalten, insb. es mit Ich-Leistungen zu besetzen. Die Ansprüche des Selbst werden entweder in → Rollendistanz umgesetzt oder durch Entfremdungsprozesse niedergehalten.
[2] Bezeichnung für den Vorgang, dass ein Individuum neben den Reaktionen anderer auch die eigenen Reaktionen einschätzt, womit „die Rolle meiner selbst" (A.L. Strauss) übernommen wird. R.L.

Selbstsegregation, Bezeichnung für die nicht durch offenen sozialen Druck erzwungene, mehr oder weniger freiwillige Absonderung einer Bevölkerungsgruppe (z.B. einer rassischen Minorität) von der übrigen Bevölkerung. R.Kl.

Selbstsorge, auch: Sorge um sich, in der Sozialphilosophie M. Foucaults Modus des Sichverstehens, mit dem eine ethische Lebensform der Antike beschrieben wird, die dem neuzeitlichen Persönlichkeitsmuster insofern normativ überlegen sein soll, als sie dem Einzelnen die Möglichkeit einer autonomen Gestaltung seines Lebens nach Maßgabe ästhetischer Stimmigkeit einräumt. K.K.

Selbstsozialisation, [1] bezeichnet allgemein den Sachverhalt, dass Sozialisation nicht durch Anregung, Informierung oder Steuerung des Sozialisanden gelingt, sondern nur dadurch, was der Sozialisand selbst mit den Lernangeboten macht. „Sozialisation ist immer Selbstsozialisation." (Luhmann 1987);
[2] in der Pädagogik und der Jugendforschung dient die Bezeichnung auch dazu zu betonen, dass Jugendliche aktive Gestalter ihrer Lebensführung sind. W.F.H.

Selbststeuerung, zentraler Begriff der kybernetischen Systemtheorie: Die Leistung eines Systems, gegenüber Einflüssen aus der Umwelt und mithilfe von Informationen über sie die eigenen Ziele und Mittel zu bestimmen. W.F.H.

Selbsttechnologie, auch: Technologie des Geständnisses, bezeichnet bei M. Foucault die aus der christlichen Bußpraxis hervorgegangene Technik der Selbstkontrolle bzw. -prüfung durch freiwilliges Bekenntnis. Diese Form der Selbstthematisierung ist als Akt einer voluntaristischen, sich selbst steuernden Individualität zu verstehen, sondern impliziert die verinnerlichte Verpflichtung zum erzwungenen Schuldbekenntnis. Wesentlich ist, dass die individuelle Gewissenserforschung der modernen „Geständniswissenschaften" (Pädagogik, Psychologie, Medizin etc.) nach Foucault den mittelalterlichen Geständniszwang mit Methoden der klinischen Beobachtung zusammenschaltet. Nicht mehr die Verfehlung oder Sünde wird negativ sanktioniert, sondern das vom Normalen abweichende

S

Pathologische. Ergebnis dieser wissenschaftlich legitimierten Gewissenslenkung („Medizinisierung") ist die Norm im Gewande wissenschaftlich begründeter, ‚angemessener' Verhaltensweisen. Subjektivierung der Menschen meint demzufolge nicht Suche nach dem eigenen, autonomen Selbst, sondern perfektionierte Unterwerfung unter die „Normalisierungsgesellschaft".

K.K.

Selbstverständlichkeit, in einer Gruppe als gegeben unterstellte, hochgradig unbestimmte und weitgehend unbewusste Erwartung. S.en bilden die Struktur der Alltagswelt. Sinn und Berechtigung der S.en werden nicht kritisiert; sie werden dem Kind schon früh in der Sozialisation übermittelt.

E.L./W.F.H.

Selbstverstärkung, [1] lernpsychologischer Begriff; man bezeichnet eine Reaktion als selbst verstärkend, wenn durch sie bestimmte Reize erzeugt werden, die ihrerseits als Verstärker der Reaktion wirken. So werden die Bemühungen eines Kindes, Schreiben zu lernen, durch die Erfolge dieser Bemühungen (d.h. die mehr oder weniger richtig geschriebenen Buchstaben oder Wörter) selbst verstärkt, wenn das richtig Geschriebene z.B. durch früheres Loben zu einem sekundären Verstärker geworden ist. R.Kl.
[2] Im engeren Sinne ein innerhalb der → Verhaltenstherapie eingesetzter Verstärkungsmodus zur gezielten Änderung von gestörtem Verhalten. Dabei wird das Therapieprogramm so aufgebaut, dass der Klient zunehmend unabhängig von externer oder Fremdverstärkung wird, indem er durch selbst gesetzte, verbale und nichtverbale Verstärkungen seine Lernschritte autonom bestimmen kann.

C.R.S.

Selbstverwaltungswirtschaft → Marktwirtschaft

Selbstverwertung, Begriff der Marx'schen Theorie für Ziel und Bewegung des kapitalistischen Produktionsprozesses als quantitative Vermehrung des eingesetzten Kapitals durch die Anwendung von lebendiger Arbeit und deren Ausbeutung: Nicht die Vermehrung und Erweiterung der Gebrauchswerte, die Befriedigung der menschlichen Bedürfnisse, ist das bestimmende Moment kapitalistischer Produktion, sondern die Vermehrung des Kapitals als abstrakten Reichtum. → Profitrate W.F.H.

Selbstverwirklichungsmilieu, eine der gesellschaftlichen Großgruppen innerhalb der kultursoziologischen Fünferklassifikation von G. Schulze. Hier wird auf die Entfaltung eines inneren Persönlichkeitskerns abgezielt. Im S. versammeln sich Jüngere, die über eine mittlere oder höhere Bildung verfügen und sich vom → Harmoniemilieu in jeder Hinsicht unterscheiden wollen. Hochkultur wird konsumiert – wenn sie

zeitgenössisch ist. Spannung-mit-Anspruch lautet die Devise. R.L.

Selbstwertgefühl, Selbstgefühl, Gefühlsseite der Einstellung zu sich selbst. Das S. drückt sich positiv als Selbstachtung und Selbstsicherheit aus, negativ als → Minderwertigkeitsgefühl oder Depression. Das S. ist abhängig von der Beziehung zu den verinnerlichten Elternobjekten (Ich-Ideal, Über-Ich) und damit auch von den konkreten Eltern und später der befriedigenden Beziehung zu den Mitmenschen; die Erfüllung der Forderung von Ich-Ideal und Über-Ich stellt eine innere Harmonie her und macht relativ unempfindlich gegen äußere Kritik und Belobigung.

E.H.

Selbstzuordnung → Selbsteinschätzung

Selbstzurechnung → Selbsteinschätzung

Selbstzwang – Fremdzwang, [1] ein Zwang, den das Individuum auf sich selbst ausübt (S., auch: Selbstdisziplinierung) – ein Zwang, der von außen auf das Individuum einwirkt (F.).
[2] Zufolge von N. Elias Theorie (1969) ist die Geschichte der europäischen Zivilisation durch eine deutliche Zunahme von S., von Selbstkontrolle der Affekte und des Trieblebens gekennzeichnet. Ausdifferenzierung der sozialen Funktionen und Verflechtung von immer mehr Menschen – wirtschaftlich, politisch, kulturell usw. – haben die Abhängigkeiten des Einzelnen von anderen enorm erhöht. „Das Verhalten von immer mehr Menschen muss aufeinander abgestimmt, das Gewebe der Aktionen immer genauer und straffer durchorganisiert sein, damit die einzelne Handlung darin ihre gesellschaftliche Funktion erfüllt. Der Einzelne wird gezwungen, sein Verhalten immer differenzierter, immer gleichmäßiger und stabiler zu regulieren" (Elias 1969). Insofern geht S. auf F. zurück, es handelt sich um die Hereinnahme sozialer Abhängigkeitsbeziehungen in das Seelenleben.

W.F.H.

Selektion, Bezeichnung für den Prozess und die Funktion der Auswahl unter Möglichkeiten. [1] In der Systemtheorie heißt S. der Prozess, durch den Systeme sich mittels Auswahl unter Möglichkeiten, die ihre Umwelt bietet, konstituieren und erhalten.
[2] In der funktionalistischen Evolutionstheorie wird der S.prozess als ein Mechanismus gesehen, der zusammen mit → Variation und → Stabilisierung Evolution erzeugt. N.L.
[3] In der klassischen Evolutionstheorie (C. Darwin, H. Spencer) bezeichnet S. eine „natürliche Zuchtwahl"; S. ist das zentrale Moment einer Kausaltheorie der Evolution, indem vom Überleben auf die Gesetzmäßigkeit der Chan-

cen für das Überleben in gegebenen Umwelten geschlossen wird. O.R.

Selektion, natürliche → Gesetz der natürlichen Auslese

Selektionsmechanismen, Vorkehrungen, die es Organisationen erlauben, Auswahlen zu treffen. Der Begriff wird vorwiegend zur Bezeichnung von Organisationsregeln und -verhaltensweisen gebraucht, die die regelmäßige Bevorzugung bzw. Vernachlässigung bestimmter gesellschaftlicher Interessen bewirken. R.R.G.

Selektivität, *selectivity,* ein Vorgang, der nicht sämtliche, sondern nur bestimmte, nach Kriterien ausgewählte Merkmale der Umwelt aktualisiert und berücksichtigt. So werden bei selektiver Perzeption einzelne Umstände wahrgenommen, gewisse andere aber übersehen. Bei der S. von sozialer Sanktionierung werden einige Normbrecher verfolgt, andere – beispielsweise Oberschichtangehörige – nicht. R.L.

Selektivität, doppelte, die Funktionsweise sozialer Systeme, systembildende Leistungen von zwei verschiedenen Medien in einem abgestuften Vorgang sicherzustellen und dadurch vor Überlastungen zu schützen. Auf diese Weise kann nicht nur Komplexität reduziert, sondern können zugleich sinnhafte Handlungsorientierungen bereitgestellt werden. So z.B. ist die Differenzierung von Struktur und Prozess eine Strategie d.r S.: Strukturen reduzieren das Insgesamt an Möglichkeiten auf wenige, überschaubare Alternativen, während Prozesse als faktisches Geschehen die einzelnen Alternativen realisieren oder verändern. B.W.R.

Selektivität, kognitive → Wahrnehmung, selektive

self-defensiveness (engl.), Selbstschutzhaltung, eine Einstellung, die durch Abwehr von Anforderungen und Erwartungen vor Kränkungen des Selbstwertgefühls und Vereitelung der eigenen Ziele Schutz bieten soll. E.H.

self-destroying prophecy (engl.), sich selbst zerstörende Vorhersage, eine Vorhersage, die das Eintreten der vorausgesagten Ereignisse durch ihr Bekanntwerden verhindert. Die *s.-d. p.* wie die *self-fulfilling prophecy* sind Ereignisse, die beide auf der Gültigkeit des Thomas-Theorems beruhen: *„If men define situations as real, they are real in their consequences"* (wenn soziale Situationen als reale definiert werden, so haben sie reale Konsequenzen). R.N.

self-disclosure (engl.) → Selbstoffenbarung

self-employment (engl.), Bezeichnung für selbständige Berufstätige. G.B.

self-fulfilling prophecy (engl.), sich selbst bestätigende Vorhersage, eine Vorhersage, die aktiv an dem Eintreffen der prophezeiten Ereignisse beteiligt ist. Die *s.-f. p.* stellt eine Aussage dar,

die auf einer falschen Situationsbeschreibung beruht und dadurch unvorhergesehene Verhaltensformen hervorruft. Diese bewirken sowohl das Eintreffen der Vorhersage, als sie auch scheinbar nachträglich das Zutreffen der ursprünglich falschen Situationsdefinition beweisen. R.N.

self-interest (engl.) → Eigeninteresse

self-reliance (engl.), „Eigenständigkeit", → Entwicklung, autozentrierte

Semantik, Bedeutungslehre, [1] Teilgebiet der Semiotik, das die Beziehungen zwischen Zeichen und ihren Bedeutungen untersucht. Dabei wird vom pragmatischen Aspekt abstrahiert.
[2] In der historischen Sprachwissenschaft die Untersuchung des Bedeutungswandels einzelner Wörter. A.H.

Semantik, handlungstheoretische – realistische – pragmatische. Von den r.n Semantiken, die insbesondere im Rahmen der formalen Logiken präzisiert worden sind, werden die p.n Semantiken unterschieden. Die r.n S.en identifizieren Bedeutungen von Zeichen mit ihnen zugeordneten nicht- sprachlichen Entitäten. Der Grundsatz der p.n S. lautet: Bedeutung = Gebrauch (L. Wittgenstein); d.h. die Bedeutung kommunikativer Zeichen konstituiert sich erst im Gebrauch. Dieser Grundsatz wird von der h.n S. (im Anschluss an C.S. Peirce, C.W. Morris, W.V. Quine und eben L. Wittgenstein) handlungstheoretisch unter Rückgriff auf die Intentionen des Sprechers i.w.S. präzisiert (deshalb auch: intentionalistische S.). „(I) Zuerst ist ein kommunikatives Handeln mit Hilfe handlungstheoretischer Termini allgemein zu bestimmen, das heißt so, daß Begriffe einer intersubjektiven (regulären/konventionalen/sprachlichen) Bedeutung noch nicht vorausgesetzt werden; (II) und dann sind eben diese Bedeutungsbegriffe mit Hilfe der in (I) explizierten Begriffe des kommunikativen Handelns zu explizieren" (G. Meggle 1990). Im Anschluss an H.P. Grice wird die h. S. vor allem von G. Meggle entwickelt. A.G.

Semantik, intentionalistische, → Semantik, handlungstheoretische

Semantik, pragmatische → Semantik, handlungstheoretische

Semantik, realistische → Semantik, handlungstheoretische

Semiologie, [1] von F. de Saussure vorgeschlagene Wissenschaft von den konventionellen Zeichen (Riten, Bräuche, Höflichkeitsformen u.ä. werden als Zeichen aufgefasst), innerhalb deren die Linguistik nur einen – wenngleich zentralen – Teilbereich einnimmt. Das Hauptgewicht liegt auf der Bedeutung der Zeichen für das soziale Leben. Ansätze zur Entwicklung einer semiolo-

S

gischen Methode finden sich bei C. Lévi-Strauss und R. Barthes.   A.H.

[2] häufig auch svw. → Semiotik

Semiose, Zeichenprozess, elementar nach C.W. Morris (1938, 1939) eine Situation oder ein Prozess, „in der etwas durch die Vermittlung eines Dritten von etwas, das nicht unmittelbar kausal wirksam ist, Notiz nimmt". Jede S. umfasst danach einen (materiellen) Zeichenträger, ein Designat (das, wovon mittelbar Notiz genommen wird), einen Interpretant (die Form des Notiz- Nehmens) und einen Interpreten, der Notiz nimmt. Die Klasse von Objekten, auf die sich das Designat bezieht, braucht nicht immer ein Element zu besitzen (z.B. bei ästhetischen Objekten). Die S. ist der Gegenstand der → Semiotik.   H.W.

Semiotik, auch Semiologie, allgemeine Theorie der Zeichen oder Zeichenprozesse (→ Semiose), im eingeengten Sinne, etwa bei R. Barthes, deckungsgleich mit allgemeiner Sprachwissenschaft, Untersuchung der Mittel des gesellschaftlichen Austausches, der Speicherung und Verarbeitung von Informationen. Die S. wird gegliedert in drei Teilbereiche: → Pragmatik, Syntax und → Semantik [1].   A.H./H.W.

Semiperipherie → Zentrum – Peripherie

semi-profession (engl.), halb- oder noch nicht voll-professionalisierter Beruf.   G.B.

Sender → Adressant

Senioritätsprinzip, *seniority rule,* [1] allgemein Regelungen, die den Alten die Kompetenzen (aufgrund von Erfahrung usw.) und das Recht zugestehen, in Fragen, die für den Bestand der Sozialgruppe bedeutsam sind, zu entscheiden.

[2] Die soziale und arbeitsrechtliche Wertigkeit und Wichtigkeit des Alters, vor allem des Dienstalters, in einigen Bereichen der industriell entwickelten Gesellschaften (Verwaltung, Bürokratie).

[3] Im engeren Sinne Bezeichnung für eine am Alter orientierte Aufstiegsregel in einer Organisation.   W.F.H.

seniority rule (engl.) → Senioritätsprinzip

Sensibilität, soziale, der Grad der Differenziertheit, mit dem die Individuen sich selbst und ihre soziale Umgebung wahrnehmen.   W.F.H.

Sensitivitätsanalyse, *sensitivity analysis,* Bezeichnung für Untersuchungen des Ausmaßes an Veränderungen oder der Stärke der Reaktionen in einem System von Variablen, die bei Änderungen des Zustands einzelner Variablen hervorgerufen werden. Die S. wird u.a. zur Prüfung der Zuverlässigkeit und Validität von Simulationsmodellen eingesetzt. Bei Planungs- und Entscheidungsmodellen soll mithilfe der S. festgestellt werden, inwieweit Abweichungen einzel-

ner Variablen von ihren Sollzuständen in Bezug auf ein bestimmtes Ziel tolerierbar sind.   H.W.

sensitizing concepts (engl.), svw. Begriffe, die den Sozialforscher für seinen Untersuchungsgegenstand sensibel machen. *S. c.* steht für den Vorschlag vor allem in der qualitativen Forschung (H. Blumer 1954, N.K. Denzin 1970), die Forschungsarbeit mit offener, flexibler Begriffsbildung zu beginnen (darin der Situation entsprechend, dass der Forscher am Anfang noch wenig über den Gegenstand weiß), um dann im Zuge von Erhebung und Analyse des empirischen Materials zu immer präziseren Begriffen zu gelangen. Insgesamt will dieser Vorschlag die Horizontverengungen und voreiligen Festlegungen vermeiden, die mit einer operational-präzisen Begriffsbildung zu Beginn der Forschung sonst verbunden sein können.   W.F.H.

Sensorium, soziales, ein Organ für Empfindungen, das die Gesellschaft als ganze hat; die Empfindungen der einzelnen Mitglieder der Gesellschaft sind von diesem s.n S. abhängig. Die organizistische Annahme von der Existenz eines s. S. ist bereits Ende des 19. Jahrhunderts aufgegeben worden.   O.R.

sensory adaptation (engl.) → Adaptation [1]

Sensualismus, im Altertum u.a. von den Epikureern, in der Neuzeit insbesondere von J. Locke, E.B. de Condillac und D. Hume entwickelte Form des Empirismus, die alle Erkenntnisse auf Sinneswahrnehmungen zurückführt. So werden etwa abstrakte Begriffe als Zusammensetzungen einfacher Wahrnehmungsinhalte angesehen (Locke).   H.W.

Sentiment, [1] eine weitgehend durch den Einstellungsbegriff abgelöste Bezeichnung für eine relativ stabile Tendenz eines Individuums, gegenüber einem Objekt (Person, Ereignis, Idee, Nation usw.) mit bestimmten komplexen Fühl- und Denkweisen zu reagieren. Beispiele: „Heimatliebe", „Fortschrittsgläubigkeit".   W.Sl.

[2] → Gefühl [2]

[3] Bei V. Pareto Bezeichnung für die grundlegenden, nicht-rationalen Gefühle, Instinkte und Wünsche des Menschen, deren soziale Manifestationen die → Residuen sind, oder auch für die Residuen selbst.   R.Kl.

Sequenzanalyse, [1] von A. Wald 1943 begründete Methode des statistischen Schließens (Sequenztest), bei der der Umfang der Beobachtungen oder Stichprobe (sequenzielle Auswahl) nicht im Voraus festgelegt ist. Die Entscheidung, die Beobachtungen zu beenden, wird jeweils aufgrund der schon vorliegenden Daten getroffen. Reichen die Daten zur Annahme oder Verwerfung einer Hypothese noch nicht aus, so werden weitere Beobachtungen bis zur endgültigen Entscheidungsfindung angestellt. Wichtigstes Modell der S. ist der sequenzielle Quotiententest (SPRT), der gegenüber den herkömmlichen Verfahren eine erheblich höhere Wirksamkeit hat. Die S. ist ein wichtiges Element der von Wald später entwickelten allgemeinen Theorie der statistischen Entscheidungsfunktionen.   M.K.

[2] In der qualitativen Sozialforschung (insbesondere objektive Hermeneutik und narratives Verfahren) entwickelte Analyseform der Daten (etwa Protokoll eines narrativen Interviews): Die Interpretation folgt der inneren Sequenz der Daten Schritt für Schritt, Satz für Satz, Zeile für Zeile. Meist gilt die Vorschrift, dass die Interpretation auf Informationen an späterer Stelle nicht vorgreifen darf (und auch, dass sie – jedenfalls während der eigentlichen Interpretationsarbeit – nicht auf den Daten äußere Informationen aus anderer Quelle zurückgreifen darf). Die S. wird methodisch und methodologisch begründet: Nur eine schrittweise Interpretation zwingt den Interpreten zur Ausschöpfung aller Verstehensmöglichkeiten, zur Erörterung aller Lesarten von der jeweiligen Textstelle; in diesem Sinne ist S. Garantie für eine möglichst einfallsreiche Analyse. Methodologisch: Weil die Daten selbst ihre sequenzielle Produktion (z.B. durch den Befragten im Interview) abbilden, muss die Interpretation dieser Entstehungsweise der Daten folgen.   W.F.H.

Sequenzen, funktionale – reale. F. S. sind strukturgebundene Abhängigkeiten im Verlauf von sozialen Prozessen. Demgegenüber sind r. S. unvorhergesehene Verläufe, die sich durch unerwartete Wirkungsfaktoren ergeben.   B.W.R.

Sequenzierung, diskursive, bezeichnet bei N. Luhmann (1989) die Notwendigkeit der Kommunikation, das, was gleichzeitig wahrgenommen wird, in ein Nacheinander umzuwandeln. Kulturgeschichtlich ist die d.S. durch den Buchdruck (und das in ihm wirksame Nacheinander) gefördert worden.   W.F.H.

Sequenznorm, *sequencing norm*, eine soziale Vorschrift, welche die Abfolge von Lebensereignissen bzw. die Einnahme von Statuspositionen regelt, z.B. die Norm, dass die Schule abgeschlossen sein soll, bevor man heiratet. W.F.H.

Serendipität, *serendipity, serendipity pattern*, nach R.K. Merton wissenschaftssoziologische Bezeichnung für die Rolle des „glücklichen Zufalls" und der Überraschung im Erkenntnisfortschritt der Wissenschaft, d.h. für die Tatsache unerwarteter und ungeplanter Zufallsentdeckungen im Forschungsprozess.   R.Kl.

série (frz.), dt. Fourier-Reihe, [1] nach dem franz. Mathematiker und Physiker J. Baron de Fourier (1768-1830); trigonometrische Reihen zur Darstellung periodischer Funktionen; Verwendung zur Analyse von Wellen und Schwingungen.

[2] In der Theorie C. Fouriers heißt *s.* ein soziales Aggregat, das aus mehreren, nach Trieben differenzierten Gruppen besteht.   O.R./T.B.

Servomechanismus, Regelungsautomat (Thermostat, automatischer Pilot etc.), dessen Arbeitsweise auf einem → Regelkreis beruht. Der S. wird häufig als Modell für zielgerichtetes Verhalten aufgefasst.   H.W.

SES, socioeconomic status (engl.) → Status

SET → *sealed envelope technique*

Sex → Gender

Sexismus, *sexism*, ein analog zum Terminus Rassismus gebildeter Begriff zur Bezeichnung von Vorurteilen und Diskriminierungen aufgrund der Geschlechtszugehörigkeit. Wegen der in den meisten Gesellschaften vorherrschenden patriarchalischen Strukturen wird S. fast ausschließlich zur Kennzeichnung von diskriminierenden Einstellungen und Handlungen gegenüber Frauen verwendet, bzw. zur Kennzeichnung von Bevorzugung und Verherrlichung des männlichen Geschlechts. Der S. moderner Industriegesellschaften besteht in einer Benachteiligung der Frauen durch hauptsächlich folgende Mechanismen: schlechtere Ausbildung, bei gleicher Bildung schlechtere Berufe und Karrieren; Überrepräsentierung bei schlecht oder unterbezahlten Arbeiten; geringerer Lohn für gleiche Arbeit; ausschließliche Zuweisung des häuslichen Reproduktionsbereiches; Übertragung der Kinderaufzucht; frauenspezifische Moralvorstellungen (z.B. „Mütterlichkeit", „Sexualität"); Rechtfertigung frauenspezifischer Benachteiligung durch Erziehung, Kultur, Massenmedien, Werbung; wissenschaftliche Rechtfertigungsversuche geschlechtsspezifischer Arbeitsteilung.

Ähnlich wie der Rassismus wird auch der S. durch einen deutlichen Zusammenhang zwischen ideologischer Diskriminierung und ökonomischer Ausbeutung gekennzeichnet. Für manche Ausprägungsformen des S. sind Zusammenhänge mit konservativen und faschistischen Einstellungssyndromen nachgewiesen.   C.R.S.

Sexpol, Abkürzung für Sexualpolitik, Bezeichnung aus der Arbeiterbewegung für die mit dem Theorieansatz von W. Reich (→ Sexualökonomie) verbundenen praktischen Versuche der Befreiung von bürgerlicher Sexualmoral und -praxis, Sex-Pol-Bewegung genannt.   W.F.H.

sex-typing (engl.), die Handlungen oder Merkmale eines Menschen unter dem Gesichtspunkt seiner Geschlechtszugehörigkeit wahrnehmen.

R.L.

Sexualforschung, [1] allgemeine Bezeichnung für interdisziplinäre Forschungen, die sich mit

S

den Problemen der Sexualität in den industriell entwickelten Gesellschaften – häufig in aufklärerischer Absicht – beschäftigen.

[2] In der Psychoanalyse Bezeichnung für die Erkundungsversuche des Kindes über die eigene Sexualität und die der Erwachsenen.   W.F.H.

Sexualisierung findet statt, wenn einer Emotion, einem Objekt oder einer Handlung sexuelle Bedeutung beigemessen wird. So drückt sich nach R.J. Stoller in einer Perversion die S. von Hassgefühlen aus.   R.L.

Sexualkultur, bezeichnet die für eine Gesellschaftsformation spezifischen Gestaltungen der geschlechtlichen Intimität. S. besteht aus einem System von Regeln, Überzeugungen und Normen, welche die Mitgliedschaft in einer Gemeinschaft definieren und somit die Inklusion bzw. Exklusion ihrer Mitglieder – kraft ihres Sexualverhaltens (G. Herdt 1999). Westliche S.en handeln vor allem von den Problematisierungen des Sexuellen und binden es an Normen und Institutionen. Doch sind „erlaubt/verboten" bzw. „gut/böse" nicht die einzigen denkbaren Codes für eine S. Jede S. beantwortet auf ihre Weise Grundfragen nach dem Wie, Warum und Wozu der geschlechtlichen Handlungen sowie die damit verbundenen Fragen zu Körper und Gesundheit, Leben und Tod, Beziehungen zum anderen und zum eigenen Geschlecht.   R.L.

Sexualmoral, bürgerliche, die Wertvorstellungen, die die Einrichtung der bürgerlichen Ehe und Familie und ihre Kennzeichen (Sexualunterdrückung durch Monogamie, Verbot vorehelicher Sexualbeziehungen, Benachteiligung von Frau und Kindern) rechtfertigen und moralisch schützen.   W.F.H.

Sexualnormen, historisch entstandene Regeln, an denen sich das Sexualverhalten der in einer Gesellschaft lebenden Individuen ausrichtet.   W.Sa.

Sexualökonomie, die von W. Reich vorgelegte Theorie von den Triebenergien, die zugleich psychoanalytisch und gesellschaftswissenschaftlich verfährt. Sie geht von der Annahme aus, dass sexuelle Befriedigung wichtigster Bestandteil der menschlichen Erfüllung sei, und kritisiert von hier aus die Einrichtungen der bürgerlichen Familie als unterdrückend, erklärt psychische und soziale Störungen als durch diese Unterdrückung verursacht.   W.F.H.

Sexualpolitik → Sexpol

Sexualproportion, auch: Geschlechterverhältnis, in den Bevölkerungswissenschaften Bezeichnung für das zahlenmäßige Verhältnis von männlichen und weiblichen Mitgliedern einer Bevölkerung.   W.F.H.

Sexualsoziologie untersucht als Spezialdisziplin die Zusammenhänge zwischen der Struktur und

Organisation der Gesellschaft mit den in ihr auftretenden Formen und Zielen sexuellen Verhaltens.   W.Sa.

Sexualunterdrückung, Bezeichnung psychoanalytisch orientierter Sozialwissenschaftler für die durch die monogame bürgerliche Familie erzwungene Einschränkung des Sexualtriebes.
        W.F.H.

Sexualverhalten, allgemeine Bezeichnung für die geregelten und ungeregelten Formen der sexuellen Triebbefriedigung. Das menschliche S. unterscheidet sich von dem der Tiere vor allem dadurch, dass es von der Fortpflanzungsfunktion unabhängig ist und nicht an periodisches Auftreten gebunden ist.   W.F.H.

Sexualverhalten, abnormes, sexuelles Verhalten, das von der gesellschaftlich gesetzten Normierung abweicht. In der psychoanalytischen Theorie ist a. S. Ausdruck einer Verselbstständigung der Partialtriebe bei der Entwicklung zu einer ausgereiften Heterosexualität.   W.Sa.

Sexualwissenschaft, Oberbegriff für alle wissenschaftlichen Einzeldisziplinen, die die menschliche Sexualität zum Gegenstand haben.   W.Sa.

s-Faktor, spezifischer Faktor → Zwei-Faktoren-Theorie

shaping (engl.) → Verhaltensausformung

Shapley-Wert, eine nach L.S. Shapley benannte Maßzahl der N-Personen-Spieltheorie, die angibt, wie viele der möglichen Koalitionen in einem Spiel durch den Beitritt eines gegebenen weiteren Spielers in eine Gewinnkoalition verwandelt werden können, und die somit auch als Maß der „Macht" dieses Spielers in diesem Spiel verstanden werden kann. Die Berechnung des S.-W.es zeigt z.B., dass in einem Parlament mit zwei großen Fraktionen, die beide nicht die absolute Mehrheit besitzen, die kleinere dritte Fraktion – das „Zünglein an der Waage" – genauso viel „Macht" (nämlich 1/3) besitzt wie die beiden großen Fraktionen.   R.Kl.

share croppers (engl.), Kleinpächter, die unter der Kontrolle der Bodenbesitzer ihre Parzelle für einen Anteil am Ernteertrag bearbeiten.
        H.W.

shareholder-value (engl.), Aktionärswert, hinter diesem Begriff steht ein betriebswirtschaftlicher Ansatz, der von Wirtschaftsunternehmen fordert, das Interesse der Anteilseigner nach maximaler Gewinnausschüttung zu bedienen. Diese einseitige Orientierung widerspricht häufig den Interessen z.B. von Mitarbeitern und Kunden eines Unternehmens (sog. *stakeholder*). So steigt regelmäßig der Aktienwert von Unternehmen, nachdem Arbeitnehmer entlassen wurden (*jobless growth*). P. Bourdieu (1998) hat die *s.-v.-*Orientierung spekulativer Finanzmärkte als symbolhaft für den zunehmenden Abbau des Sozialstaates kritisiert. D.Kl.

Shell-Jugendstudie, Bezeichnung für repräsentative Umfragen unter der westdeutschen bzw. deutschen Jugend (Alter meistens: 15 bis 24 Jahre), die die Deutsche Shell AG seit 1953 in unregelmäßigen Abständen (ca. alle drei bis sechs Jahre) bei vom Unternehmen unabhängigen Forschern bzw. Forschungsgruppen (zuerst Blücher, ab 1981 Fischer/Fuchs-Heinritz/Münchmeier/Zinnecker, ab 2002 K. Hurrelmann/M. Albert) in Auftrag gegeben hat. Die Deutsche Shell versteht diese Aktivität als Teil ihres sozialen Engagements. Inzwischen liegen 15 S.-J. (mit teilweise wiederholten Frage-Bereichen) vor, es handelt sich um eine lange und gut dokumentierte Tradition der deutschen Jugendforschung. In Politik und Jugendarbeit gelten die S.-J. seit Jahrzehnten als Grundlageninformation. Die Aufnahme in der Jugendforschung war uneinheitlich (u.a. wegen der Auswahl mittels → Quoten-Samples sowie einer Nähe zur Demoskopie bei einigen Studien); konzeptionell einflussreich war vor allem „Jugend '81" (Jugendbiografie, → Postadoleszenz, → Jugendzentrismus, → Jugendstile). W.F.H.

shifting cultivation (engl.) → Wanderfeldbau

sibling rivalry (engl.) → Geschwisterrivalität

Sicherheit, [1] mehrdeutiger Begriff für einen sozialen Wert und für eine gesellschaftspolitische Zielsetzung. Der werthafte S.begriff beinhaltet die Einheit von äußerer (Schutz, Gefahrlosigkeit) und innerer S. (Gewissheit, S.gefühl) und spiegelt die Spannung zwischen Sicherungsmöglichkeiten und psychischen S.bedingungen in kapitalistischen Gesellschaften wider. Zur gesellschaftspolitischen Kategorie entwickelte sich S. nach der Wirtschaftskrise in den 1930er Jahren. F.X.K.

[2] Bei Z. Bauman (2000) ist der Mangel an S. kennzeichnend für postmoderne Gesellschaften. Er unterteilt S. in 1. *security,* bezieht sich auf Beständigkeit des Eigentums, der Fähigkeiten, der moralischen Maßstäbe usw., 2. *certainty,* die Gewissheit, Nützliches vom Nutzlosen, Passendes vom Unpassenden unterscheiden zu können, und 3. *safety,* der Schutz vor Gefahren. D.Kl.

Sicherheit, gesellschaftliche, gesellschaftliche Wertidee, die das Vertrauen in die Struktur der bestehenden sozialen Ordnung zum Inhalt hat und so Verhaltenssicherheit ermöglicht. Als gesellschaftlich- historischer Begriff ist g. S. stets ideologieanfällig. In Zeiten raschen Wandels ist das Bedürfnis nach S. bei den Gruppen besonders stark, die sich im Einvernehmen mit der bestehenden sozialen Ordnung wähnen. E.Li.

Sicherheit, innere, ein politischer Alltagsbegriff zur Beschreibung des Zustandes der sozialen Ordnung und des ‚sozialen Friedens' innerhalb einer Gesellschaft. Im Gegensatz zur äußeren Bedrohung eines sozialen Systems (z.B. durch Kriegshandlungen, wirtschaftliche Erpressung etc.) bezieht sich der Begriff der i. S. auf Bedrohungen, die von Zuständen und Entwicklungen innerhalb des Systems ausgehen; i. s. ist daher gleich bedeutend mit dem Schutz der Bürger vor Verbrechen, dem Schutz staatlicher Einrichtungen vor Übergriffen sowie dem Schutz der sozialen und politischen Ordnung schlechthin. Die Gewährleistung der i. S. obliegt vor allem der Polizei.

Kritiker dieses traditionellen Verständnisses heben hervor, dass i. S. sich nicht in der durch die Polizei vermittelten Ordnungsgarantie und Schutzfunktion des Staates erschöpft. Als sozialer Prozess beruhe i. S. vielmehr auf der Herstellung des inneren Friedens durch Gewährung von Chancengleichheit, Lebenshilfe und sozialer Sicherheit. Gefährdungen der i. S. liegen demzufolge nicht nur in Rechtsbrüchen, sie erwachsen vielmehr auch aus der Verweigerung der sozialen Sicherung, aus der Bedrohung der Lebensqualität durch Schädigung der Umwelt, aus dem Missbrauch wirtschaftlicher Macht und aus der Unterwerfung von Belangen des Gemeinwohls unter private Interessen; das heißt, auch Reformen auf den Gebieten der Sozialpolitik, der Kriminalpolitik, des Strafvollzugs und der Polizei gehören zu den wesentlichen Elementen der i. S. M.B.

Sicherheit, öffentliche, in der Dogmatik des Verwaltungsrechts ein unbestimmter Gesetzesbegriff, mit dem alle polizeilich zu schützenden Rechtsgüter der Allgemeinheit und des Einzelnen zusammengefasst werden. M.B.

Sicherheitsbereich → Konfidenzintervall

Sicherheitsstaat, Begriff von J. Hirsch (1980), der zugleich allgemeine wie historisch spezifisch deutsche Entwicklungen zusammenfasst. In Form einer säkularen Durchstaatlichung aller gesellschaftlichen Reproduktionsbereiche verbindet sich der Staat als Apparat von Klassenherrschaft immer enger mit der gesamtgesellschaftlichen Reproduktion, ist er „immer weniger nur physischer Gewaltapparat, verschmelzen Gewaltanwendung und materielle Reproduktionssicherung". Sozialpolitik zur massenhaften Reproduktion der Arbeitskräftebevölkerung war und ist immer zugleich „Hilfe" und repressive Überwachung bzw. Kontrolle. Der moderne S. als ein „umfassendes Überwachungs- und Kontrollsystem" entsteht nach Hirsch aus der politisch-sozialen Krise des → Fordismus mit „dauerhaften sozialen Desintegrationserscheinungen" und „radikal veränderten Feldern des sozialen Konflikts". Er ist gekennzeichnet u.a.

S

durch „selektive Massenintegration", „repressive Normalisierung" und Ausgrenzung von „Abweichlern" und „Störern" auf der Basis eines präventiven, „vorverlagerten Staatsschutzes", der administrativen und technischen Integration der verschiedenen repressiven Apparate und der Aufhebung bürgerlich-rechtsstaatlicher Legalität in einem „permanenten, konstitutionellen Ausnahmezustand". H.W.

Sicherheitswahrscheinlichkeit → Signifikanzniveau

Sicherung, soziale, *social security,* [1] von F.D. Roosevelt eingeführte Zielformulierung der Sozialpolitik (soziale Sicherheit).
[2] Organisatorische Maßnahmen zur Erreichung dieser Zielsetzung. Im deutschen Sprachgebrauch umfasst s. S. vor allem die Sozialversicherung gegen die Risiken Alter, Tod, Krankheit und Arbeitslosigkeit. Der Begriff wird zunehmend auf alle im Sozialbudget ausgewiesenen Sozialleistungen ausgedehnt. F.X.K.

Sicker-Effekt, bezeichnet den Prozess der gleichzeitigen Ausbreitung und des Auslaufens einer Mode. Er geht auf die Neigung zurück, „ein Modestück aufzugeben, sobald es aufhört, den Träger von anderen, die es übernommen haben, zu unterscheiden." (N.J. Smelser 1972)
W.F.H.

Siebe, soziale, heißen die Institutionen, durch die die Auf- oder Abstiegschancen des Individuums weitestgehend determimert werden. Zu den s. S. werden u.a. gerechnet: Familie, Schule, berufsausbildende Institutionen, Besitz, Heirat.
O.R.

Siebung, allgemeine Bezeichnung für einen gesellschaftlichen Selektionsprozess nach festgelegten Kriterien. O.R.

Siedlerkolonialismus, Form des Kolonialismus, in der die Herrschaft über die Kolonie mit der Inbesitznahme des Bodens durch Siedler und die Entstehung einer Siedlergesellschaft ausgeübt wird (historische Beispiele: Nordamerika, Rhodesien) im Unterschied zu direkter und indirekter Verwaltung durch die Kolonialmacht (z.B. Indien). H.W.

Siedlungssoziologie, Teilgebiet der Soziologie, das sich mit den Zusammenhängen zwischen Bodenbeschaffenheit, Dauer der Sesshaftigkeit, Art der Siedlung (z.B. Dorfform) und sozio-ökonomischer Organisation dcr Gesellschaft oder Kultur der Siedelnden beschäftigt. J.F.

Sigma (σ), in der Statistik Symbol für die → Standardabweichung. H.W.

Signal, [1] in den Sprachwissenschaften Bezeichnung für sprachliche Zeichen, wobei die Beeinflussungswirkung auf den Empfänger hervorgehoben wird.

[2] Kommunikationswissenschaftlich die Träger des Kommunikationsinhaltes, → Zeichen [1].
[3] In der Lerntheorie oft gleichbedeutend mit Reiz, manchmal mit → bedingtem Reiz. W.F.H.

Signalreiz → Schlüsselreiz

Signalsystem, *signal system,* von I. Pawlow im Rahmen seiner Forschungen zum klassischen Konditionieren eingeführter Begriff. Er bezeichnet die Gesamtheit aller von Menschen und Tieren erworbenen Verknüpfungen zwischen angeborenen Reaktionen und gelernten Reizen (Signalen). Während das Tier nur über ein „erstes S." verfügt, besitzt der Mensch die Fähigkeit, ein verbales „zweites S." zu entwickeln; die Sprache. Dieses S. zweiter Ordnung entsteht im Verlauf von Konditionierungsprozessen mittels Substitution direkter Umweltreize durch sprachliche Reize (Symbole). Diese sprachlichen Symbole können als Signale zweiter Ordnung dieselben Reaktionen auslösen wie die symbolisierten Umweltreize selbst. C.R.S.

signed-rank-test (engl.) → Wilcoxon-Test

signifiant (frz.) → Signifikant – Signifikat

signifié (frz.) → Signifikant – Signifikat

Signifikant – Signifikat, frz : *signifiant – signifié.* In der Semiotik bezeichnet S.kant die materielle Seite, durch die sich ein Zeichen manifestiert; S.kat bezeichnet die begriffliche Seite, die Bedeutung eines Zeichens (nach F. de Saussure).
A.H.

Signifikant, leerer, ein von all seinen Bedeutungen entleertes Zeichen, das gerade durch diese Leere zum gemeinsamen und totalisierenden Punkt sozialer und kultureller Identitäten werden kann (E. Laclau). Der l.S. nimmt in Diskursen eine paradoxe Stellung ein, da er als Signifikant zu diesen gehört, als von jeder festen Bedeutung entleerter Signifikant aber auch die Grenze der Intelligibilität symbolisiert und performativ eine nicht in Sinn überführbare Negativität in den jeweiligen Diskurs einführt. Die Fixierung und Besetzung eines l.S. ist Gegenstand von Hegemoniekämpfen. U.S.

Signifikanz, praktische, Bedeutsamkeit von wissenschaftlichen Ergebnissen für praktische Fragestellungen. So ergibt allein die → statistische Signifikanz eines Ergebnisses, z.B. die Wirksamkeit von Überzeugungsversuchen in einer Versuchsreihe, noch keine p. S., wenn der gefundene Einfluss eines Faktors nicht hinreichend groß genug ist, um auch praktisch wirksam zu sein.
H.W.

Signifikanz, statistische, Bezeichnung für die Sicherheit oder Wahrscheinlichkeit, mit der angenommen werden kann, dass bestimmte Unterschiede zwischen Stichproben oder Teilgesamtheiten einer Stichprobe sowie bestimmte Größen wie etwa Korrelationskoeffizienten nicht zufällig, durch die Zufallsauswahl bedingt, sondern Kennzeichen der untersuchten Grundgesamtheiten sind. Als signifikant werden aufgrund eines → Signifikanztests solche Ergebnisse bezeichnet, die mit sehr hoher Wahrscheinlichkeit (→ Signifikanzniveau) nicht auf dem Auswahlfehler der Zufallsauswahl beruhen. H.W.

Signifikanzniveau, Verlässlichkeitsniveau, *level of significance,* Sicherheitswahrscheinlichkeit, die obere Grenze für den → Fehler erster Art bei statistischen Tests, d.h. die geprüfte → Nullhypothese nicht anzunehmen, obwohl sie richtig ist. Die Festsetzung des S. beeinflusst die Größe des Ablehnungsbereichs, je höher das S., desto größer der Ablehnungsbereich und desto kleiner ein → Fehler zweiter Art. Übliche Werte für das S. sind 0,05; 0,01 und 0,001. M.K.

Signifikanztest, Bestimmung der Wahrscheinlichkeit, beim Schluss von vorliegenden Daten einer → Zufallsauswahl auf die Grundgesamtheiten einen → Fehler erster Art zu begehen, d.h. die → Nullhypothese zu verwerfen, obwohl sie zutrifft. Hierzu muss ein → Signifikanzniveau festgelegt werden. Das Testen von Nullhypothesen ist in der empirischen Sozialforschung das am häufigsten benutzte Prüfverfahren, an dem jedoch auch Kritik in Bezug auf seine praktische und theoretische Aussagefähigkeit vorgetragen wird. H.W.

Signifikat → Signifikant – Signifikat

sign-test (engl.) → Vorzeichentest

simple structure (engl.) → Einfachstruktur

simple-minded search (engl.), bezeichnet in der → Entscheidungstheorie (Cybert/March 1963) die frei gewählte Einschränkung der Ursachendiagnose und die Suche nach Problemlösungswegen auf ein enges Umfeld des anstehenden Entscheidungsproblems. → Inkrementalismus W.F.H.

Simplexverfahren → Programmieren, lineares

Simulacrum, bezeichnet bei J. Baudrillard theoretisch postulierte sozial-kommunikative Ordnungen (nicht zeitliche Epochen) mit einem jeweils typischen Verhältnis zwischen materieller und symbolischer Welt: In der *Ordnung der Imitation* sind materielle und symbolische Welt streng geschieden, die symbolische Welt bildet die natürlich verstandene Wirklichkeit lediglich nach. In der *Ordnung der Produktion* wird die natürliche Welt durch eine vom Menschen geschaffene künstliche Welt ergänzt; beide Wirklichkeitssegmente werden durch symbolische Abbildung (wissenschaftlich wie lebensweltlich) verdoppelt. In der *Ordnung der Simulation* fehlt die Unterscheidbarkeit zwischen der materiellen Welt und ihrer symbolischen Abbildung: Zeichen(-Systeme) werden zur einzigen handlungs-

relevanten Realität; es entsteht der Wirklichkeitsstatus des Hyperrealen. M.S.

Simulation, [1] dynamisches Modell eines Gegenstandsbereiches, insbesondere des zeitabhängigen Verhaltens von Systemen, wobei in einer analogen Abbildung (z.B. durch ein Gleichungssystem in einem Rechnerprogramm, gelegentlich auch unter Einschluss von Versuchspersonen) reale Vorgänge nachgeahmt werden. Das Modell kann allerdings nur einen Teil der realen Eigenschaften und des realen Verhaltens repräsentieren, sodass stets geprüft werden muss, inwieweit die Ergebnisse der S. auf die Realität übertragen werden können. S.en werden angewandt, wenn die zu erforschenden Vorgänge entweder nicht beobachtbar sind (z.B. weil sie in der Zukunft liegen und die S. eine Prognose liefern soll) oder wenn sie in zu geringer Zahl auftreten, um einer statistischen Analyse zugänglich zu sein, oder wenn für die Problemlösung kein Algorithmus zur Verfügung steht, sodass in verschiedenen Wiederholungen der S. der Bereich der möglichen Ergebnisse abgesteckt werden muss. S.en dienen im Wesentlichen der Forschung (durch ihren heuristischen und prognostischen Nutzen) und der Entscheidungsvorbereitung (durch Prognosen und die Möglichkeit, Alternativen durchzuspielen). H.D.R.

[2] Unter Bedingungen zunehmender medialer Durchdringung gesellschaftlicher Prozesse und Organisation mit elektronischen Medien (auf der Basis der Digitalisierung von Informationen) wird die Trennung zwischen S. und realem Relativ tendenziell aufgehoben. Die Simulakren (Bilder, Spiegel, Begriffe u.a.) dringen in die Realität ein, deutlich etwa bei der digitalen Umwandlung von Musik in „Echtzeit" oder neuen Formen der Kriegsführung mit elektronisch in „Echtzeit" gesteuerten oder sich selbst steuernden Waffen (P. Virilio). Das Verhältnis von Realität und Abbild dreht sich um. „Die wirkliche Definition des Realen lautet: das, wovon man eine äquivalente Reproduktion herstellen kann" (J. Baudrillard 1976). Der „Hyperrealismus" der Simulation als digitaler Reproduktion wird Teil der Realität. Wahrnehmung und mediale „Halluzination" gehen ineinander über. Ereignisse werden immer durchgreifender „inszeniert" („Fernsehkrieg") und damit subsumiert unter ästhetische Kategorien (Aufhebung der Differenz von Kunst und Realität). H.W.

Simultaneität → Gleichzeitigkeit

single item (engl.), (abkürzende) Bezeichnung für die Erhebung einer Variablen oder Dimension durch nur ein Item (Frage, Antwortvorgabe) in einem standardisierten Fragebogen. W.F.H.

single purpose movement (engl.) → Einpunktbewegung

Singularität [1] heißt die Eigentümlichkeit und Eigenständigkeit jedes Seienden. S. wird gegenwärtig als Synonym für Individualität verwandt, das als Begriff seinen Personenbezug verloren hat. S. hat als Gegenbegriff Universalität.   O.R.
[2] In poststrukturalistischen Ansätzen (F. Lyotard, J. Derrida, G. Deleuze) bezeichnet S. die keiner Totalität subsumierbare Spezifik eines Ereignisses, zumeist mit der ethischen Implikation der notwendigen Anerkennung dieser Spezifik.   O.M
[3] Bezeichnet auch die Unvergleichbarkeit des nationalsozialistischen Judenmords hinsichtlich anderer Makroverbrechen.   R.L.

Sinn wird im alltäglichen wie im sozialwissenschaftlichen Umgang selten vom Begriff „Bedeutung" unterschieden. Das englische *meaning* umfasst zudem beides. So wird S. in sehr verschiedenen Weisen im Zusammenhang der Gültigkeit von Erfahrungen, Erlebnissen, Berichten, Aussagen und Sätzen eingeführt:
[1] Die Aussagenlogik errichtet ihren Kalkül auf Sätzen, deren S. eindeutig als falsch oder richtig angenommen werden kann. („Der Schnee ist schwarz" ist sinnvoll und eine Aussage, „Der Schnee ist eine Primzahl" ist es nicht.)
[2] Die innere logische Struktur der Aussagen, z.B. der S. im Verhältnis von Prädikat und Subjekt, wird in der symbolischen Logik untersucht. S. wird hier im Rahmen semantischer Sprachsysteme durch S.-Postulate bestimmt und zur Grundlage logischer Wahrheit.
[3] Im klassischen Pragmatismus (C.S. Peirce) wird S. zur Unterscheidung von Handlungsdifferenzen eingeführt: Der S. eines Gedankens ist nie aktuell präsent, sondern nur virtuell, ist sein Bezug auf eine überhaupt nur irgendwie denkbare Handlungsrealisierung. Was somit keine Differenz in der Praxis hat, hat auch keine S.-differenz.
[4] Im populären Pragmatismus wird der S. eines Ereignisses oft unmittelbar an das Verhalten gebunden, das dem Ereignis entspricht. Gelegentlich wird S. auch als Bewusstsein aufgefasst, das ein solches Verhalten begleitet.
[5] Im symbolischen Interaktionismus wird S. als kommunikative Beziehung verstanden, die verschiedene Phasen einer Handlung zur Einheit bringt: Der gestische Ausdruck des Handelnden, die antwortende Geste des anderen und der Bezug dieser Gesten auf die Handlungsphasen selbst gründen die „S.-Matrix".
[6] Die „verstehende Soziologie" führt S. als definitorischen Grundbegriff ein: Soziologie ist Wissenschaft von sozialem Handeln, d.h. von einem seinem S. nach auf andere bezogenem und an ihnen ausgerichtetem Verhalten. Der subjektiv gemeinte S. eines als typisch gedachten Handelnden wird von dem objektiven S.-Zusammenhang unterschieden, für den es Chancen der Realisierung gibt.   R.G.
[7] Die funktional-strukturelle Theorie begreift S. als eine Form der Erfassung und → Reduktion von Komplexität. S. wird hier definiert als Simultanpräsentation von Wirklichem und Möglichem, die an jedem Thema des Erlebens und Handelns, das aktuell gegeben ist, eine letztlich ins Endlose gehende Verweisung auf weitere Möglichkeiten (→ Horizont) anknüpft. S. ist danach eine unausweichliche, nicht negierbare Form allen Erlebens und Handelns, die dieses, wie → Komplexität, unter Selektionszwang setzt.   N.L.
[8] Die Grenze zwischen „Sinnlichkeit" und „Sinngebung" versucht der phänomenologische S.-Begriff zu erfassen. Empfindungsdaten und sensuelle Erlebnisse können nur im reflektiven Blick mit S. gefasst werden. Soziale Erlebnisse stehen aufgrund ihrer Verweisung auf andere aus dem Erfahrungshorizont hervor. S. bekommt ein Erlebnis erst in reflektiver Zuwendung.
In weiteren Varianten erscheint der S.-Begriff in den Theorien der Motivation, des Interesses und der sozialen Relevanz.   R.G.

Sinn, praktischer, bezeichnet nach P. Bourdieu den – habituell verinnerlichten – praktischen Wissensvorrat sozialer Akteure. Der p.e S. ist unterhalb umfassender Reflexion und oberhalb totaler Unbewusstheit angesiedelt. Er bringt eine soziale Wahrnehmungsweise und Verhaltensmatrix hervor, die die Verfasstheit der sozialen Welt als ‚normal' und unabänderlich anerkennt. Gemeint ist damit aber auch das intuitive Gespür für soziale Distinktionen, der Sinn für gesellschaftliche Ungleichheitsverhältnisse, die Fähigkeit, die sozial „angemessene" Distanz oder Nähe in der jeweiligen Situation zu finden und sich entsprechend der sozialen Stellung zu verhalten.   K.K.

Sinn, subjektiver, ist konstitutives Element menschlichen Handelns in der verstehenden Soziologie (M. Weber) und scheidet dieses vom bloßen Sich-Verhalten. S. S. kann dabei der von einem gegebenen Handelnden tatsächlich oder der von der Masse der Handelnden in der Regel oder der von den in einem reinen Typus gedachten Handelnden gemeinte Sinn sein. Er ist verständlich und erklärungsfähig, somit methodischer Ansatzpunkt der empirisch-verstehenden Soziologie. A. Schütz hat die zahlreichen Unklarheiten dieser Formulierung des Sinnproblems für die Soziologie gezeigt; für ihn bezieht sich s. S. allein auf die sinnkonstituierenden Bewusstseinsprozesse. **W.M.S.**

Sinnadäquanz bedeutet in der Methodologie M. Webers bei der Analyse sozialen Handelns die erfolgreiche Einordnung des subjektiv gemeinten Sinnes in einen Sinnzusammenhang. Ein zusammenhängend ablaufendes Handeln ist sinnhaft adäquat dann, wenn die Beziehung seiner einzelnen Elemente den durchschnittlichen Denk- und Gefühlsgewohnheiten als typischer Sinnzusammenhang gilt. Im Unterschied zu den Naturwissenschaften, in denen ein Ereignis mittels Zuordnung zu einer Erfahrungsregel zureichend kausal erklärt ist (Kausaladäquanz), kann und muss soziales Handeln darüber hinaus durch Aufweis der S. verstanden werden.
A. Schütz hat gezeigt, dass diese Unterscheidung zwischen Kausaladäquanz und S. in den Sozialwissenschaften missverständlich ist: es gibt keine sinnadäquate Deutung, die nicht zugleich kausaladäquat wäre, und umgekehrt. **W.M.S.**

Sinnbereiche, abgeschlossene, begrenzte Sinnprovinzen, *finite provinces of meaning* (A. Schütz), gehen auf die pragmatistische Theorie der → Subsinnwelten (*subuniverses of meaning*) zurück. Die a.n S. sind Strukturen der sinnhaften Erfahrungswelt. Erfahrungen werden uns erst sinnvoll in reflektiver Zuwendung; wenn wir ein Erlebnis reflektieren und thematisch machen können, hat es Sinn. Erlebniszusammenhänge in diesem präzisen Verständnis bilden a. S. der Konsistenz und Verträglichkeit: der S. des Alltags als *„paramount reality"* (ausgezeichnete Wirklichkeit), der S. des Spiels, der S. des Traumes oder der Fantasie, der S. der Wissenschaft. Jedem S. entspricht ein spezifischer kognitiver Stil, d.h. spezifische Formen der Aufmerksamkeit, des Zweifels, der Spontaneität, der Selbsterfahrung, der Sozialität und der Zeitlichkeit. Beim Übergang von einem S. zum anderen wird ein Schock erlebt, und auf dieser Schockerfahrung, die zum Alltagserleben gehört, gründet unser Wissen um die untereinander nicht vereinbaren Wirklichkeitscharaktere der a.n S. Der „Wirklichkeitsakzent" (A. Schütz) wird so beim Sprung von einem S. zum anderen verlagert. In der Alltagswirklichkeit sind diese Übergänge häufig: Im Entwerfen einer sozialen Handlung und in ihrer tatsächlichen Ausführung sind ineinander verwoben die S. der Fantasie, der theoretischen Kontemplation und des Alltags. Derartige Verbunde von S.n wird als „Problem der Enklaven" in der Theorie der a.n S. untersucht. **R.G.**

Sinnkriterium, empiristisches, Kriterium, das empirisch zulässige (sinnvolle) von nicht zulässigen Aussagen zu unterscheiden gestattet. Es gibt verschiedene Vorschläge: a) Empirisch sinnvolle Aussagen müssen verifizierbar sein (M. Schlick, L. Wittgenstein). Nachteil: In den Aussagen können trotzdem Begriffe auftreten, die sich nicht auf Erfahrbares beziehen. b) Empirisch zulässige Sätze müssen falsifizierbar sein (K.R. Popper). Nachteil: Wirft bei komplexen Aussagen erhebliche Schwierigkeiten auf. c) Es sind alle Sätze zulässig, die bestätigungsfähig, d.h. in einer genau definierten Beobachtungssprache formulierbar sind (R. Carnap). Nachteil: Nicht alle Begriffe lassen sich in die Beobachtungssprache überführen. d) Zusätzlich zu c) sind auch solche Sätze zulässig, die in einer theoretischen Sprache formuliert werden können, deren Begriffe eine bestimmte prognostische Relevanz haben (Carnap). Nachteil: Man braucht Korrespondenz- bzw. Übersetzungsregeln zwischen der theoretischen und der Beobachtungssprache. Man ist wegen dieser Schwierigkeiten neuerdings dazu übergegangen, das Kriterium in mehrere Dimensionen auszuspalten. → Abgrenzungskriterium **L.K.**

Sinnkriterium, pragmatisches, auch: pragmatistisches S., von C.S. Peirce entwickelte Regel, nach der der Sinn von Sätzen davon abhängt, ob die aus ihnen abgeleiteten Handlungen zum Erfolg führen und sie damit die Regelung von Verhalten möglich machen. **H.D.R.**

Sinnprovinzen, begrenzte → Sinnbereiche, abgeschlossene

Sinnstruktur, latente, auch: objektive Bedeutungsstruktur, zentraler Begriff der von U. Oevermann entwickelten → Objektiven Hermeneutik [2]. L. S.en bilden demnach eine Wirklichkeitsebene eigener Art, die weder in dem aufgeht, was die Individuen in eine Interaktion einbringen, noch in dem, was sie von dieser Interaktion wissen. Was entsteht, während sie interagieren, kann so nicht durch Rekonstruktion ihrer Intentionen, des subjektiv gemeinten Sinns, ihrer Erfahrung von der Interaktion erschlossen werden, sondern nur durch Analyse der l.n S.en, die – gewissermaßen als unbewusstes Feld von Möglichkeiten und Regeln – Verlauf und Resultat der Interaktion bestimmen. Eine Analogie wäre die von S. Freud entschlüsselte Fehlleistung, zum Beispiel eine beleidigende Äußerung, die überraschend in einem Gespräch auftritt, ohne dass sie gewollt war oder gar eventuell als solche bemerkt wird: Beide Vorgänge deuten darauf, dass Interaktionen von l.n S.en gesteuert werden, besser: Realisierungsformen von solchen sind. Oevermann deutet an, man könne sich die Ebene der l.n S.en wie ein „soziales Unbewusstes" vorstellen oder wie die (weithin unbewusste) Grammatik eines Textes. Die Analyse der l.n S.en, nicht des subjektiv ge-

S

meinten Sinns, gilt entsprechend als Hauptaufgabe der Soziologie. W.F.H.

Sinnverstehen → Methode, verstehende

Sinnwelt → Erfahrungswelt

Sippe, Bezeichnung der Ethnologie von stark wechselnder Bedeutung. [1] Alle Abstammungsgruppen, die auf einen Vorfahr (Vorfahrin) zurückgehen, also sowohl mit mutterrechtlicher (→ Klan) als auch mit vaterrechtlicher Zurechnung (→ Gens).
[2] Eine Abstammungsgruppe, die nicht am gleichen Ort zusammen wohnt (z.B. bei den Zigeunern).
[3] Die Gruppe derer, die direkt von einem Vorfahr (einer Vorfahrin) abstammen (ausschließlich der durch Heirat usw. Hinzugekommenen). W.F.H.

Sitte, [1] bezeichnet im Allgemeinen soziale Verhaltensregeln, deren Einhaltung durch Sanktionen kontrolliert wird, die gleichsam von „jedermann" verhängt werden können.
[2] M. Weber bezeichnet mit S. soziale Verhaltensregelmäßigkeiten, die auf der Orientierung am Verhalten anderer beruhen und durch lange Eingelebtheit besonders gestützt werden. H.Tr.

Situation. [1] Für den Symbolischen Interaktionismus ist die soziale S. in einem raum-zeitlichen und in einem symbolischen Sinne der Ort, an dem und mit Bezug auf den sozialen Handeln stattfindet. Der Lebenslauf des Individuums ist eine Folge von S.en. Formal definiert: eine soziale S. ist eine von den Handelnden mit Bedeutung versehene raum-zeitliche Konstellation (z.B. ein Krisengespräch zwischen Ehepartnern, eine Seminarveranstaltung, eine Bundestagswahl). Die Bedeutung einer S. wird bestimmt durch die Art und Weise, wie die Handelnden sich auf sie beziehen. Folglich ist die → Definition der S. konstitutiver Bestandteil der S.
[2] Für die Richtung der empirischen Sozialforschung, die der Devise des „methodologischen Situationalismus" folgt, ist die soziale S. und nicht der Einzelne mit seinen Meinungen die zentrale Erhebungseinheit. Die Analyse der Interaktionssituation, genauer: der *in situ* sequenziell sich entfaltenden Interaktion, enthüllt eine Sinnebene, die über diejenige subjektiver Intentionalitäten hinausweist auf situational (re-)produzierte kollektive Sinngehalte. M.M.

Situation, kommunikative → Kommunikationsfeld

Situation, marginale, [1] svw. „Marginalität", → marginal
[2] → Grenzsituation

Situationsanalyse, Situationslogik, Bezeichnung für ein Verfahren der vorläufigen, hypothetischen Erklärung eines menschlichen Handelns aus der „Logik der Situation", in der sich der Handelnde befand (K.R. Popper). Dazu gehört insbesondere eine Rekonstruktion der Problemsituation, wie sie dem Handelnden vor dem Hintergrund des ihm zur Verfügung stehenden Wissens sowie seiner jeweiligen Handlungsabsichten vermutlich erschien. Ziel der S. ist es, die betreffende Handlung als aus der Sicht des Handelnden „situationsangemessenes" Verhalten erkennbar und damit rational (oder „objektiv") verstehbar zu machen. R.Kl.

Situationsdefinition → Definition der Situation

Situationslogik → Situationsanalyse

situation-switch (engl.), wörtlich: Umschalten der Situation, Bezeichnung im Umkreis ethnomethodologischer Forschungen dafür, dass eine sozial erwartbare und in ihren Charakteristika bekannte Situation durch Störungen umkippt und zu einer anderen wird (z.B. aus einem geselligen Abend eine politische Diskussionsrunde, aus einer Prüfung ein Gespräch übers Leben des Prüflings o.ä.). W.F.H.

Situs, Lage, im Unterschied zum Status (vertikale Dimension) bezeichnet S. die Lage, den Funktionsbereich (horizontale Dimension) eines Merkmals, einer Person oder Personengruppe innerhalb eines Sozialsystems. Der Begriff S. findet vorwiegend in der Klassifikation von Berufen Verwendung. Unter dem S. der Berufe werden Berufstypen verstanden (E. Benoit-Smullyan 1944; P.K. Hatt 1950; R. Morris u. R. Murphy 1959), deren Statussystem als eine Einheit gesehen werden kann, d.h., Statusbeurteilungen innerhalb der Berufslagen sind konsistent, zwischen ihnen nicht, z.B. die Unterscheidung in Landwirtschafts- und Industrieberufe. S.S.

Situsadäquatheit, allgemein die Übereinstimmung oder Entsprechung eines Merkmals mit der (sozialen) Lage einer Person oder Personengruppe. Im Sinne einer „historischen Theorie" bestimmt sich beispielsweise jenes in einer Weltanschauung enthaltene Wissen als wahr, das (H.-J. Lieber 1952) „dem Standort des erkennenden Subjektes entspricht, was seiner historisch-sozialen Lage gemäß ist und sie adäquat widerspiegelt". Das Kriterium der Wahrheit wäre wissenssoziologisch demnach in einer S. des Denkens zu suchen, das heißt, „in einer vollen Übereinstimmung des Wissens mit der gesellschaftlichen Lage (bei K. Marx den ökonomischen Verhältnissen, Anm. d. V.) des erkennenden Subjektes". S.S.

Skala, *scale,* [1] die Abbildung einer Eigenschaftsdimension eines Sachverhalts (z.B. Distanz sozialer Beziehungen, Rigidität von Einstellungen) auf ein qualitatives oder quantitatives Bezugssystem, meistens anhand eines formalen Kalküls. Man unterscheidet i.d.R. zwischen

Nominal-, Ordinal-, Intervall- und Ratioskalen. In der Einstellungsmessung besteht eine S. zumeist aus einer Reihe von *items*, deren Rangfolge oder Abstände bestimmt sind.

[2] Konkrete Anordnung von Objekten nach einem Messvorgang mit einer S. im Sinne von [1] (die Anordnung von Berufen nach Prestige, das durch Einschätzung einer Bevölkerung etwa auf einer 100-Punkte-Skala gemessen wird).

P.P./H.W.

Skala, absolute → Ratioskala

Skala, kardinale, Sammelbezeichnung für → Ratio- und → Intervallskalen.   H.W.

Skala, kumulative, Guttman-Skala, → Skalogramm-Analyse

Skalen, normalisierte → Normalisierung [1]

Skalendiskriminationstechnik, Diskriminationstechnik, *scale discrimination technique,* ein mehrere Methoden kombinierendes Skalierungsverfahren nach A.L. Edwards u. F.P. Kilpatrick, das eine Grundlage zur Auswahl von *items* für die → Skalogramm-Analyse bieten soll. Die *items* einer → Thurstone-Skala werden nach dem Kriterium des geringsten interquartilen Abstands (*Q*), d.h. dem geringsten Grad der Streuung der Einschätzungen der Beurteiler ausgewählt. Nach dem → Likert-Verfahren werden die verbleibenden *items* auf ihre Fähigkeit geprüft, zwischen Gruppen extremer Einstellungen zu unterscheiden. Nach Halbierung der so gewonnenen Skala werden beide Teilskalen der Skalogramm-Analyse unterzogen.   P.P.

Skaleneffekte, *economics of scale,* eine Steigerung der Arbeitsproduktivität durch (reine) Vergrößerung der eingesetzten Produktionsmittel und der Zahl der eingesetzten Arbeitskräfte ohne technologische Veränderungen.   H.W.

Skalenniveau, Messniveau, bezeichnet die Messeigenschaften einer Skala, d.h. die (abhängig vom Skalierungsverfahren) zulässigen Rechenoperationen (Transformationen). Es werden vier Formen des S.s unterschieden: Nominalskalen, Ordinalskalen, Intervallskalen und Ratio- oder Verhältnisskalen. In der angegebenen Reihenfolge steigt mit dem S. die Aussagekraft von Messungen. Während bei nominalem Niveau Objekte nur in verschiedene Klassen eingeteilt werden, wird auf ordinalem S. eine Rangordnung zwischen den Objekten aufgestellt. Eine Intervallskala gibt darüber hinaus Distanzen zwischen den Objekten an. Bei Ratioskalen ist auch das Verhältnis der Distanzen zueinander bekannt. Mit dem S. steigen gleichzeitig auch die Voraussetzungen, die erfüllt sein müssen, um entsprechende Messungen durchführen zu können. In der Soziologie und auch in anderen Sozialwissenschaften können quantitative Messun-

gen zumeist nur auf ordinalem Niveau durchgeführt werden.   P.P./H.W.

Skalierung, Verfahren zur Konstruktion von Skalen, mit denen bestimmte Sachverhalte (z.B. Einstellungen) gemessen werden sollen. Die S. besteht i.d.R. aus folgenden Schritten: 1. Auswahl relevanter *items*; 2. Prüfung ihrer Gültigkeit in Bezug auf die zu untersuchende Dimension eines Objekts; 3. Prüfung der Zuverlässigkeit; 4. Wahl einer dem Beobachtungsmaterial angemessenen Metrik und Platzierung der *items* auf dem Kontinuum; 5. Wahl eines Verfahrens zur Berechnung eines Gesamtpunktwertes (*total score*).   P.P.

Skalierung, mehrdimensionale, Darstellung von Stimuli in einem *n*-dimensionalen Eigenschaftsraum, in dem die Distanzen zwischen verschiedenen Stimuli als Grad ihrer Ähnlichkeit (bezogen auf die durch die Dimensionen repräsentierten Eigenschaften) interpretiert werden. Das Problem der m.S. ist a) die Ermittlung der kleinsten Anzahl der zur Abbildung der Stimuli notwendigen und voneinander unabhängigen Dimensionen; b) die Formulierung eines Kalküls zur Messung der Distanzen zwischen den Stimuli im rechtwinkligen Raum z.B. mithilfe der analytischen Geometrie). Aus der Kombination verschiedener Lösungsmöglichkeiten für a) und b) ergeben sich verschiedene Verfahren der m.S.   P.P.

skalierungsähnlich, Bezeichnung für alle Skalierungsverfahren, für die eine vollständige methodische Kontrolle durch ein Kalkül fehlt, durch das die Willkür einzelner Schritte ausgeschaltet werden kann.   P.P.

Skalogramm-Analyse, Guttman-Skala, Verfahren zur rein ordinalen Abbildung sowohl der Position der items wie der Einstellung der Befragten auf einem gemeinsamen Kontinuum („joint scale"). Die zu einem bestimmten Problem intuitiv ausgewählten, z.B. mit Ja/Nein zu beantwortenden Fragen müssen so strukturiert und auf dem Kontinuum platziert sein, dass die Position eines Befragten dadurch bestimmt ist, dass er – im Falle der Eindimensionalität – allen auf der Skala seiner Position vorgeordneten Fragen zustimmt und alle folgenden ablehnt. Der *score* des Befragten ist die Summe der Skalenwerte aller akzeptierten *items.* Der Reproduzierbarkeitskoeffizient ist das Maß für die Güte der Skala.   P.P.

Skeptizismus, organisierter, *organized scepticism,* nach R.K. Merton (1957, 1963) eine der Normen, die das soziale System der Wissenschaft regulieren. Sie besagt, dass in der Wissenschaft kein Forschungsergebnis, keine Theorie unbesehen übernommen und als wahr akzeptiert werden darf, sondern dass jeder Wissen-

S

schaftler verpflichtet ist, die Ergebnisse seiner Kollegen kritisch zu prüfen und Kritik an seinen eigenen Ergebnissen zu akzeptieren.   R.Kl.

skills, social (engl.) → Fertigkeiten, soziale

Skinner-Box, auch: Problemkäfig, ein von B.F. Skinner konstruierter Experimentierkäfig zur Untersuchung von Lernvorgängen bei Tieren. Je nach Untersuchungsziel können verschiedene Vorrichtungen im Käfig angebracht werden. Im einfachsten Fall befindet sich an einer Wand der S.-B. ein Hebel und darunter ein Futternapf. Ein Druck auf den Hebel bewirkt, dass automatisch eine Futterpille in den Napf fällt. Für detaillierte Untersuchungen wird häufig noch eine Lampe angebracht, sodass z.B. ein Hebeldruck nur dann zum Erfolg (Futter) führt, wenn die Lampe aufleuchtet.   H.S.

Sklavenkapitalismus nennt M. Weber eine der vorrationalistischen Formen kapitalistischen Erwerbs, bei der die Gewinnchancen wesentlich in unbeschränkter Verfügungsgewalt über Sklavenarbeit liegen.   C.S.

Skript [1] → *script*
[2] bei H. Esser → Frame

sleeper-effect (engl.), Schläfereffekt, Bezeichnung für den in der sozialpsychologischen Kommunikationsforschung festgestellten Sachverhalt, dass die Auswirkung der Glaubwürdigkeit einer Nachrichtenquelle auf die Glaubwürdigkeit der Nachricht selbst im Verlaufe der auf die Nachrichtenübermittlung folgenden Zeit allmählich nachlässt. So wurde experimentell festgestellt, dass die Zustimmung zu Meinungen, die aus „zuverlässigen" Quellen stammten, nach einigen Wochen zurückging, während die Zustimmung zu Meinungen, die von „unzuverlässigen" Quellen vertreten wurden, einige Wochen nach ihrer Übermittlung höher war als zum Zeitpunkt der Übermittlung; das Bewusstsein, von wem man bestimmte „eigene" Überzeugungen übernommen hat und wie glaubwürdig diese Quelle ist, „schläft ein", d.h. die Nachrichtenquelle wird vergessen.   A.G.W./R.Kl.

Slum (engl.), Bezeichnung für ein multipel depriviertes (→ Deprivation) Wohnquartier, das sich durch extreme Armut auszeichnet. Die Existenz von S.s gilt als auf Städte in Ländern der → Dritten Welt beschränkt (vgl. → Ghetto).   J.W.

small group research (engl.) → Kleingruppenforschung

smallest space analysis (engl.), Form der → mehrdimensionalen Skalierung, die insbesondere auf L.A. Guttman, J. Lingoes und W.S. Sheppard zurückgeht. Ausgangspunkt der *s. s. a.* sind Distanzen zwischen Objekten etwa in Form von räumlicher Entfernung, von Ähnlichkeit oder Häufigkeit des gemeinsamen Auftretens. Ge-

sucht wird die kleinste Anzahl von Dimensionen, innerhalb derer die Objekte angeordnet werden können, ohne dass dadurch die Verzerrung zwischen den Distanzen ein bestimmtes Ausmaß überschreitet. So konnten z.B. durch eine *s. s. a.* Lebensstile und ihre Beziehungen zueinander bestimmt werden, nachdem in bestimmter Weise Distanzen zwischen Wohnungseinrichtungen gemessen werden konnten. Die *s. s. a.* besitzt Ähnlichkeiten zu anderen dimensionsreduzierenden Modellen (z.B. Faktorenanalyse).   H.W.

social choice (engl.) → Entscheidungen, kollektive

social engeneering (engl.) → Sozialingenieur

social indicators research (engl.) → Sozialindikatorenforschung

social reaction approach (engl.) → *labeling approach*

Social Science Citation Index (engl.) → *Science Citation Index*

social services (engl.) → Dienste, soziale

social world (engl.), bezeichnet in der interaktionistischen Forschung jene Bezugsgruppen und Diskursuniversen, denen sich Individuen oder Gruppen (für längere Zeit) zugehörig und verpflichtet fühlen (T. Shibutani 1962, A. Strauss). Die Mitglieder teilen eine Sicht auf die soziale Welt sowie ein einschlägiges Vokabular. *S.w.* bestehen gegebenenfalls aus sich bekämpfenden Fraktionen; die Mitglieder können danach unterschieden werden, ob sie der *s.w.* zeitweise zugehören, oder ob sie im Kern der *s.w.* deren Ideologie formulieren und aufrechterhalten. Beispiele: Die *s.w.* der Ökologie, einer Therapierichtung, der AIDS-Problematik.   W.F.H.

social-area-Analyse, ein methodischer Ansatz von E. Shevky u.a. zum Studium großstädtischer Gebiete. Dabei werden die Daten aus der Bevölkerungsstatistik zu drei Indizes verarbeitet (sozialer Rang, Verstädterung und Segregation der ethnischen oder rassischen Einwohnerkategorien). Die Zählbezirke werden sodann nach den Indizes klassifiziert.   R.L.

social-demand-approach (engl.), *cultural-demand-approach*, auch: soziale Methode, Bezeichnung für eine Methode der Bildungsplanung. Nach Erfassung individueller Bildungsziele und gesellschaftlich nützlicher Bildungsziele werden beide aufeinander und mit den zur Erfüllung der resultierenden Zielvorgabe erforderlichen (privaten und) staatlichen Mitteln abgestimmt.   W.F.H./D.K.

Socialpolitik, in der Gründungszeit der deutschen Soziologie die Auseinandersetzung um das Verhältnis von Staat und Gesellschaft. Den Rahmen dafür lieferte der Verein für S., dessen

Diskussionen sich später ökonomisierten. In der Soziologie wurde das Thema → Sozialpolitik erst seit 1976 wieder heimisch. R.L.

social-problems-approach (engl.), sozialreformerisch motivierte Schule der amerikanischen Soziologie mit starker Anwendungsorientierung.
F.X.K.

società civile (ital.), auch: privater Apparat, bei A. Gramsci Bezeichnung für den strukturellen Zusammenhang bürgerlicher Gesellschaftlichkeit, die die Bedingung für die organische Kopplung von ökonomischer Sphäre der Produktion und Zwangsgewalt des Staatsapparats (Regierung, Bürokratie, Polizei) darstellt. Die *s. c.* bezeichnet nicht allein die Summe verschiedener Institutionen (Sozialisationsinstanzen, Parteien, Medien u.a.), sondern in erster Linie ihren Funktionsmodus, der dem Zweck der Verfestigung bürgerlicher Lebensformen und Weltbilder entspricht. Die *s. c.* bildet daher das Terrain des Kampfes um kulturelle Hegemonie.
K.K.

societas civilis (lat.), gr.: κοινωνια πολιτικη, Bezeichnung aus der alteuropäischen Tradition (Plato, Aristoteles, Thomas von Aquin) für die politische Gesellschaft im Unterschied zu anderen Formen menschlichen Zusammenlebens (z.B. *communitates*). Verkürzen lässt sich die Auffassung von der *s. c.* auf folgende Punkte: a) die Gesellschaft ist eine politische; b) die *s. c.* ist ein lebendes Ganzes und besteht aus lebenden Teilen, den freien Bürgern (also nicht dazugehörig: Sklaven, Frauen, Kinder etc.); c) Zweck der *s. c.* ist die Bewerkstelligung des guten, tugendhaften Lebens; d) die Gerechtigkeit ist die Tugend, die das Leben der Menschen in Gesellschaft erst möglich macht; e) zum Wesen der *s. c.* gehört der Gegensatz von Herrschenden und Beherrschten; f) die Macht in der *s. c.* ist eine feste Größe, d.h. die Macht, die einem Teil genommen wird, fällt einem anderen Teil zu; g) die Macht ist institutionalisiert als Herrschaft; h) Monarchie, Aristokratie und Demokratie sind Herrschaftsformen. – In der politischen Philosophie haben sich diese Überlegungen mit nur geringen Modifikationen bis heute gehalten.
N.L./O.R.

societas herilis (lat.) → Herr-Knecht-Beziehung [1]

société chaude (frz.) → Gesellschaft, warme

société froide (frz.)→ Gesellschaft, kalte

society, affluent (engl.) → Überflussgesellschaft

sociologie en profondeur (frz.) → Tiefensoziologie

sociology of work (engl.) → Arbeitssoziologie

sociology, educational (engl.) → Soziologie, pädagogische

sociology, new historical (engl.), bezeichnet ein in der angelsächsischen Soziologie seit den 1970er Jahren wichtig gewordenes Forschungsfeld. Im Unterschied zur früheren → historischen Soziologie ist die *n.h.s.* nicht an übergreifenden soziologischen Theorien orientiert (z.B. Modernisierungstheorie), sondern will (ohne strikte Abgrenzung zur Geschichtswissenschaft) jene umgreifenden Strukturen und Prozesse untersuchen, die den Wandel in der Geschichte ausmachen. W.F.H.

sociology, rural (engl.) → Agrarsoziologie

SOEP → Panel, sozio-ökonomisches

Soldier, American (engl.), vierbändiger Forschungsbericht von S.A. Stouffer u.a. (1949) über Einstellungen und Verhaltensweisen amerikanischer Soldaten während des 2. Weltkrieges. In methodischer Hinsicht gilt der auf etwa 300 Einzeluntersuchungen basierende Bericht als das bis dahin bedeutendste Werk der empirischen Sozialforschung. In theoretischer Hinsicht werden die Bedeutung der Primärgruppe, der sozialen Rolle und des individuellen Bezugsrahmens für Einstellungen und Verhalten herausgearbeitet. E.L.

Solidarität durch Ähnlichkeit → Solidarität, mechanische

Solidarität durch Arbeitsteilung → Solidarität, organische

Solidarität, [1] das Zusammengehörigkeitsgefühl der Teile in einem sozialen Ganzen.
[2] Das Zugehörigkeitsgefühl in einem sozialen Ganzen, das als Einheit handelt.
[3] Begriff zur Beschreibung der Vorbedingungen und Resultate gemeinsamer Kampferfahrungen in der Arbeiterbewegung: Das Bewusstsein von der gleichen Interessen- und Klassenlage, die Bereitschaft zu kollektiver politischer Durchsetzung und gegenseitiger Unterstützung. Sie sind Ausdruck der gemeinsamen Interessenlage der Arbeiter und gründen in der Gesellschaftlichkeit des Produktionsprozesses.
[4] Natürliche S., im Anarchismus Naturgesetz der Gegenseitigkeit, das sich erfassen lässt in der Maxime, dass *ego* sich dem *alter* gegenüber so verhalten solle, wie *ego* erwartet in ähnlichen Situationen von *alter* behandelt zu werden (P.A. Kropotkin). Die S. wird als wichtigstes Naturgesetz in bewusster Absetzung vom Kampf ums Dasein für die Entwicklung und Entfaltung der Menschheit angesehen. Zentrale Bedeutung kommt der S. in der anarchistischen Revoltierungsauffassung deshalb zu, weil die Einzelaktion gegen den Staat z.B. nur Erfolg haben kann, wenn sich Mitmenschen solidarisieren, wobei dies jedoch nicht von rationaler Ein-

S

sicht, sondern von einem spontanen Mitgefühl abhängt.   W.F.H./O.R.

Solidarität, askriptive → Solidarität, mechanische

Solidarität, mechanische, askriptive S., das Bewusstsein oder Gefühl der Zusammengehörigkeit aufgrund „natürlicher", vorgegebener gemeinsamer Merkmale der Beteiligten (z.B. Name, Alter, Geschlecht, Tradition), denen die Gruppe eine verbindende Bedeutung zuschreibt. M. S. heißt bei E. Durkheim das Kollektivbewusstsein, das sich in einfachen, segmentär differenzierten Sozialgebilden durch eine Gleichheit der Beziehungen von als homogen angesehenen Teilen in einem sozialen Ganzen zur Umwelt ergibt; d.h. die Homogenität der Teile führt zur Gleichheit der Sinngebung, zu einer Gemeinsamkeit der Weltanschauung.   H.L./O.R.

Solidarität, natürliche → Solidarität [4]

Solidarität, organische, Solidarität durch Arbeitsteilung, bezeichnet bei E. Durkheim die Kohäsion der Teile in einem föderativ-funktional differenzierten sozialem Ganzen, die aus der Verschiedenheit und wechselseitigen Angewiesenheit der Teile erwächst.   O.R.

Solidaritätsprinzip, Bezeichnung aus der katholischen Soziallehre für den Grundsatz des wechselseitigen Füreinander-Eintretens (einer für alle, alle für einen). Das S. soll soziale Ausgleichsprozesse legitimieren, z.B. in der Sozialversicherung.   F.X.K.

Solipsismus, extrem subjektivistische philosophische, insbesondere erkenntnistheoretische Auffassung, wonach allein das individuelle Ich mit seinen Bewusstseinsinhalten und -vorgängen wirklich existiert. Der Außenwelt kommt keine eigene Realität zu; sie besteht nur in den Vorstellungen des Ich. Auf der Grundlage eines „methodischen" (also nicht ontologisch zu verstehenden) S. versuchte der Neopositivismus (R. Carnap) die Zurückführung aller Aussagen über die Realität auf unmittelbar gegebene, elementare Erfahrungen.   R.Kl.

Soll-Norm → Kann-Norm – Soll-Norm – Muss-Norm

solo passage (engl.), bezeichnet bei B. Glaser/A. Strauss (1971) eine → Statuspassage, bei der diejenigen, die sie durchlaufen, ohne Beratung oder Kontrolle durch Verantwortliche für die Statuspassage (→ agents) sind, also die Verlaufsform der Statuspassage selbst bestimmen, z.B. Autodidakten.   W.F.H.

somatisch, den Körper betreffend, körperlich. Gegenbegriff: psychisch   R.Kl.

something better approach (engl.), eine Strategie der Entscheidung (T. Schelling 1981), die sich nicht an übergreifenden Zielkategorien orientiert, sondern daran, ob es noch eine bessere als die vorliegende bzw. die zunächst ins Auge gefasste Lösung gibt; nach ihr wird, anders als beim → satisficing, so lange, wie noch Zeit bleibt, gesucht.   W.F.H.

Sondersprache, umfassende Bezeichnung für fast alle Formen des abgewandelten spezifischen Gebrauchs einer Sprache in verschiedenen sozialen und institutionellen Bereichen. Als S. werden in der Regel gruppen- und altersspezifische Sprachstile, religiöse oder dichterische Sprachrepertoirs, Berufs- und Fachsprachen sowie solche sprachlichen Ausdrucksweisen bezeichnet, welche sich aufgrund enger Gruppenbeziehungen mit der Funktion innerer Integration und damit sozialer Abgrenzung der Gruppe nach außen herausbilden.   F.K.S.

Sonderweg, deutscher, in der neueren Soziologie und Geschichtswissenschaft (T. Parsons, B. Moore, R. Dahrendorf u.a.) verbreitete These von einer in Deutschland im Vergleich mit anderen „modernen westlichen Industrieländern" (insb. England) „ungewöhnlich lang dauernde(n) Verspätung der Demokratisierung gegenüber der Industrialisierung" (R.M. Lepsius), die den deutschen Faschismus hervorgebracht habe. Insb. das Scheitern einer bürgerlichen Revolution, der „Verzicht" der Bourgeoisie auf politische Führung im Wilhelminischen Deutschland, ihre Unterordnung unter die „alten, irrationalen Mächte" habe zum Widerspruch zwischen ökonomischer Entwicklung und politischer Verfassung geführt. Gegen die These vom d.n S. sind theoretische und empirische Bedenken geltend gemacht worden, die insb. das im Hintergrund stehende allg. Modell der „Modernisierung" anzweifeln, in dem Industrialisierung, Vorherrschaft der Bourgeoisie und Demokratie gleichgesetzt werden.   H.W.

Sorge um sich → Selbstsorge

Sororat, [1] der Brauch, die Schwester der verstorbenen Frau zu heiraten.
[2] Auch die Heirat mehrerer Schwestern durch einen Mann.   W.F.H.

Souveränität, [1] aus lat. *super* (über) abgeleitet, bezeichnet das Wort zunächst und auch heute noch in einem sehr weiten Sinne jede Form von Überlegenheit.
[2] Seit J. Bodins staatsrechtliche Grundlegung des Absolutismus den S.gedanken als den zentralen Gedanken der absoluten Herrschaft herausstellte, versteht man im engeren Sinne unter S. die Unabhängigkeit einer Person oder einer Körperschaft nach innen und nach außen. An diesen klassischen S.begriff knüpfen auch G. Batailles Vorstellungen von einer Wiederherstellung der vollen S. des Menschen an. Nach außen bedeutet S., dass unabhängige Staaten sich in ihrer Unabhängigkeit gegenseitig anerkennen und

eine völkerrechtliche Ordnung auf dieser Grundlage kodifiziert werden kann, z.B. durch Art. 2 (2) der UNO-Charta. Das bedeutet vor allem, dass jeder Staat auf seinem Territorium die Hoheitsgewalt ausübt.

[3] Im Inneren ist der alte absolutistische Bedeutungsgehalt durch die bürgerliche Revolution aufgelöst worden; an die Stelle des Gedankens der unbeschränkten S. des Fürsten trat die Idee der Volkssouveränität. Damit aber ist der S.sgedanke tendenziell widersprüchlich geworden, weil angesichts souveräner Staaten, in denen das Volk nicht souverän ist, es sowohl vom Gedanken der Volkssouveränität eine Pflicht zur solidarischen Einmischung als auch vom völkerrechtlichen Gedanken einer Friedensordnung souveräner Staaten ein Verbot der Einmischung in die inneren Angelegenheiten geben kann. Dieser Widerspruch wird seit der Französischen Revolution thematisiert und ist auch heute noch nicht gelöst.   K.R.

Soziabilisierung, nach D. Claessens (1967[2]) Bezeichnung für die erste Phase der Sozialisation, in der dem menschlichen Nachwuchs die als Anlage stets vorhandene, aber jeweils erst zu aktivierende Möglichkeit erschlossen wird, menschliche Eigenschaften zu entwickeln ("emotionale Fundierung"), in welcher dem Nachwuchs ferner "allgemeine Kategorien des Weltvertrauens und Weltverständnisses" vermittelt und somit die Möglichkeit geboten werden, "soziales Wesen" zu werden, und in der schließlich "primäre Positions- und Statuszuweisung" erfolgt, wodurch das Individuum die Möglichkeit zum Aufbau der Ich-Identität (→ Identität [2]) erhält.
                                                    R.Kl.

Soziabilität, [1] Bezeichnung für die Neigung eines Menschen, Kontakte zu anderen Menschen leicht und gern herzustellen, gesellig zu sein.
[2] Bezeichnung für die Formbarkeit des Menschen durch soziale Einflüsse oder auch für die Fähigkeit eines Menschen, sich an andere Menschen bzw. an soziale Bedingungen anzupassen.
[3] In der Soziometrie: die Anzahl der von einer Person abgegebenen Wahlen bzw. Ablehnungen im Verhältnis zur Gesamtzahl der abgegebenen bzw. überhaupt möglichen Wahlen oder Ablehnungen in der Gruppe. Andere Bezeichnungen: emotionale Ausdehnung oder → soziale Expansion einer Person.   R.Kl.

sozial, svw. gesellschaftlich, im Gegensatz zu ‚individuell'. Der Begriff verweist in sehr allgemeiner Weise darauf, dass es etwas mit den Beziehungen zwischen Menschen zu tun hat.   R.L.

Sozialaggregat, Bezeichnung für Personen in direktem räumlichem Kontakt, z.B. flüchtige Begegnungen, Fahrt im Eisenbahnabteil, Straßen-

auflauf. Das S. ist die lockerste Erscheinungsform mitmenschlicher Vereinigungen.   E.L.

Sozialanamnese, Begriff der Medizinsoziologie zur Bezeichnung des Vorgehens in der Individualtherapie, bei dem die bedeutsamen biografischen und sozialen Ereignisse erhoben werden, die vor oder mit dem Ausbruch einer Krankheit zu beobachten waren. → Anamnese   R.N.

Sozialanthropologie, *social anthropology,* auch: soziale Anthropologie, Bezeichnung mit wechselnder Bedeutung, manchmal bedeutungsgleich mit Ethnologie, Ethnographie oder Kulturanthropologie. [1] Kulturanthropologische Studien, die entweder das Sozialverhalten der Menschen oder die Organisiertheit dieses Verhaltens in Institutionen (vor allem Familiengruppen) als Gegenstand haben, insofern aus dem Gesamtarbeitsfeld der Kulturanthropologie die technisch-materiellen Lebensbedingungen tendenziell aussparen.
[2] Von A.R. Radcliffe-Brown (1923) und anderen zur Abgrenzung von der Ethnologie vorgeschlagener Begriff, die wegen ihrer Bindung an die historische Methode nicht in der Lage sei, allgemeine Gesetze der Funktionsweise und der inneren Struktur von Kultur zu formulieren.
[3] Manchmal auch Bezeichnung für die britischen, der ursprünglich amerikanischen *cultural anthropology* entsprechenden Forschungen, die sich – im Unterschied zu jenen und zur älteren Völkerkunde – wenig für die Geschichte der Kulturen oder die Diffusion von Kulturelementen zwischen Kulturen interessieren, sondern vor allem für den inneren Funktionszusammenhang einer gegebenen Kultur.   W.F.H.

Sozialarbeit, auch soziale Fürsorge, die Beschäftigung mit Devianten (Menschen, die von den herrschenden Normen abweichen) und Armen zu dem verkündeten Zweck, deren soziale Lage zu verbessern. Während man früher als Aufgabe der S. eine „Hilfe" für den einzelnen ansah, diskutiert man heute, ob nicht sozialpolitische Maßnahmen oder eine Reproletarisierung der Deklassierten die Aufgabe der S. sei. Neuere Untersuchungen kritisieren, dass der tatsächliche Erfolg der S. vor allem in → sozialer Kontrolle und Anpassung an die Maßstäbe der Normalität besteht. Die S. diskutiert über die sozialwissenschaftlichen Fundierung ihrer Methoden.
                                                    R.L.

Sozialarbeitswissenschaft, eine sich seit etwa den 1990er Jahren entwickelnde Richtung von Lehre und Forschung, welche die Nachfolge der älteren Fächer Sozialpädagogik und Sozialarbeit antritt. Einerseits wird eine Transdisziplinarität beansprucht, andererseits bestehen Kontroversen über die fachliche Grundorientierung (mehr bei der Pädagogik oder mehr bei den Sozialwis-

S

senschaften; auch Psychologie, Politologie, Medizin gehören zum Kanon). Als Handlungswissenschaft zielt S. elementar auf die Praxis, sich um in Not geratene Menschen zu kümmern. S. bildet für zahlreiche Berufsfelder aus (Familienhilfe, Jugendarbeit, Pflege, Behinderte, Migranten, Resozialisierung u.a.). R.L.

Sozialberichterstattung, gesellschaftliche, Versuch der Ausweitung, Ergänzung bis Ersetzung der → volkswirtschaftlichen Gesamtrechnung durch ein umfassendes System von Indikatoren. Die g. S. soll mittels verbesserter ökonomischer Indikatoren (Nettosozialwohlfahrt) sowie subjektiver und → sozialer Indikatoren (Indikatoren über Bedürfnisse, Familien-, Wohn-, Bildungssituation u.a.) sowie normativer und politischer Indikatoren (z.B. politische Partizipation) umfassende gesellschaftliche Zustands- und Entwicklungsinformationen liefern (Struktur- und Performanzindikatoren) und politische Entscheidungen fundieren (SPES, d.h. Sozialpolitisches Informations- und Entscheidungssystem). Besondere Probleme sind die Gewichtung und Normierung sowie Inbeziehungsetzung der Indikatoren. D.K.

Sozialbilanz, neuere Bezeichnung für eine Rechnungslegung durch Unternehmen, worin die sozialen, die nicht-ökonomischen Wirkungen und Ergebnisse der Arbeit eines Unternehmens bilanziert werden (M. Dierkes 1974), also erzielte Ergebnisse und unbeabsichtigte Wirkungen auf Region und Umwelt, Mitarbeiter und Standort-Gemeinde, kulturelle und Bildungsinfrastruktur usw. S.en gehen auf den Versuch von Großunternehmen zurück, nach außen ihre gesellschaftlichen Bezüge darzulegen, nach innen mehr Verantwortung für nicht-ökonomische Ziele und Handlungsbereiche zu erreichen. W.F.H.

Sozialbudget → Sozialberichterstattung

Sozialcharakter → Charakter, sozialer

Sozialeudämonismus (gr.-lat.), gesellschaftliche Glückseligkeitslehre [1] ethische Lehre, nach der das eigentliche Motiv, der oberste Zweck und das sittliche Kriterium des Gesellschaftlichen in einer kollektiven Glückseligkeit liege gemäß der Formel von J. Bentham vom „größten Glück für die größte Anzahl". Der S. verband sich um 1900 mit der Diskussion um den Wohlfahrtsstaat; [2] hat sich in der Literatur als Sammelbezeichnung für die sozialethischen Konzeptionen und Theorien von J. Bentham und J.St. Mill durchgesetzt. O.R.

Sozialdarwinismus, Bezeichnung für eine soziologische Richtung um die Wende zum 20. Jahrhundert, die das Gesellschaftliche durch die (biologischen) Ideen C. Darwins erklärt. Nach dem S. ist die Gesellschaft abhängig von einer vorgegebenen Objektivität der Entwicklungsnotwendigkeit; alles soziale Handeln ist nur rational, soweit es dieser Entwicklung förderlich ist, soweit es der Gesellschaft dient, dass sie überleben kann. Der soziale Konflikt in der Form des Kampfs ums Dasein ist sowohl zwischen Gesellschaften als auch zwischen Gesellschaftsteilen objektiv unumgehbar, da immer mehr Individuen gezeugt werden, als unter den je spezifischen Gegebenheiten leben können. In diesem Kampf vermögen nur diejenigen sich durchzusetzen und fortzupflanzen, die mit den sich auch ändernden Umweltbedingungen durch vererbbare Variationen der Anlagen am besten fertig werden (Gesetz der natürlichen Auslese), während die Nicht-Anpassungsfähigen eliminiert werden (Ausmerze). Indem die Überlebenden als die biologisch Tauglichsten (*survival of the fittest*) im S. verstanden werden, sind die bestehenden sozialen Verhältnisse rationalisiert und gerechtfertigt. Insoweit ist der S. eine politische Ideologie. Hauptvertreter des S. waren im Rückgriff auf H. Spencer: W. Bagehot, W.G. Sumner, B. Kidd, F.H. Giddings und G. Ratzenhofer. O.R.

Sozialdaten, Bezeichnung für eine spezielle Gruppe von Daten im Zusammenhang mit empirischen Untersuchungen, die sich auf die soziale Situation (Alter, Geschlecht, Einkommen, Beruf, Ausbildung, Familienstand) der untersuchten Personen beziehen. Sie gehören zu den Standardfragen, die in jeden Fragebogen aufgenommen werden, auch wenn keine speziellen Hypothesen dafür vorliegen. D.G.

Sozialdiagnose → *analysis, social*

Sozialdistanz-Skala, *social distance scale* → Bogardus-Skala

Soziale, das, heute eine umfassende Bezeichnung für alles Gesellschaftliche, für den zwischenmenschlichen Bereich (L. v. Wiese). [1] Der Begriff hat viele Wandlungen durchgemacht (L.H.A. Geck 1963). Im antiken Rom (lat. *socialis*) wies er auf die Beziehungen zu den Bundesgenossen hin. Die gesellschaftliche Dimension des S. rückt seit J.-J. Rousseau (→ *contrat social*) in den Vordergrund. Seitdem wird d.S. von den Sphären des Politischen und Ökonomischen abzugrenzen versucht. Als soziologisches Grundkonzept figuriert d.S. prominent bei E. Durkheim (s. Tatsachen) und M. Weber (s. Handeln). [2] Im 19. Jhdt. bezeichnete d.S. auch einen bestimmten Problembereich innerhalb der Soziologie: die Fürsorge für die Armen, die Verbesserung der Lebensbedingungen in der Arbeiterklasse. R.L.

Sozialenquête, 1964 von der Bundesregierung in Auftrag gegebene Darstellung des Sozialrechts in der Bundesrepublik. Die S. beschränkte sich auf den Bereich der sozialen Sicherung; sie kam zwar zu einigen Reformvorschlägen, vermochte jedoch nicht, dem Auftrag entsprechend die wirtschaftlichen und sozialen Auswirkungen des geltenden Sozialrechts darzustellen. **F.X.K.**

Sozialethik, Begriff für alle Bemühungen und Lehren, die die Urgierung und Explikation von Normen des gesellschaftlichen Zusammenlebens zum Gegenstand haben. Neben die kirchlichen Soziallehren trat in den 1970er Jahren eine sich erst allmählich explizierende marxistische S., während der praktisch dominierende Utilitarismus in der S. der Gegenwart kaum vertreten wird. Die S. soziologischer Richtungen manifestiert sich meist nur indirekt, vor allem in wissenschaftstheoretischen Erörterungen. **F.X.K.**

Sozialfaschismus, [1] von der KPD von Ende der 1920er Jahre bis 1934 benutzter Kampfbegriff gegen die SPD (aber auch gegen linkssozialistische Organisationen wie die SAP u.a.), mit dem sie der Sozialdemokratie Duldung oder gar Förderung der Nationalsozialisten und ihres Staats- und Wirtschaftsmodells vorwarfen, manchmal auch eine gleichartige Gefährlichkeit von Sozialdemokraten und Nationalsozialisten behaupteten.
[2] Ende der 1960er Jahre wieder aufgenommen von den chinesischen Kommunisten als Kampfbegriff gegen Staatsform und Herrschaftsstruktur der Sowjetunion. **W.F.H./R.Kl.**

Sozialforschung, empirische, allgemeine Bezeichnung für die Erforschung sozialer Zustände und Prozesse mit empirischen Methoden. E. S. verfolgt neben wissenschaftlichen häufig auch politische, kommerzielle und andere Interessen (etwa als → Markt- und Meinungsforschung). **H.W.**

Sozialforschung, historische, *historical social research,* auch: *quantitative historical research,* seit den 1950er Jahren Arbeitsrichtung im Überschneidungsbereich von Soziologie und Geschichtswissenschaft. Sie geht davon aus, dass beide Disziplinen den gleichen Gegenstand haben, und wendet sich gegen Historismus und Geschichtsphilosophie in der Geschichtswissenschaft mit dem Vorschlag, die Methoden der (quantitativen) empirischen Sozialforschung und das Modell der deduktiv-nomologischen Theorie auch dort zu verwenden. Forschungsfelder sind vor allem die historische Demographie und Familienforschung, Stadtgeschichte, Sozial- und Wirtschaftsgeschichte sowie die Erklärung politischer Entscheidungen und Entwicklungen. Entstanden in den USA hat sich die h. S. dort recht gut durchsetzen können, während sie in Deutschland von der Geschichtswissenschaft (noch) kaum akzeptiert wurde und mehr oder

weniger eine Arbeitsrichtung innerhalb der Soziologie (vgl. das Kölner Zentrum für historische Sozialforschung QUANTUM) blieb. **W.F.H.**

Sozialforschung, interpretative, Bezeichnung für jene Arbeitsrichtungen der Sozialforschung, die – in der Nachfolge der verstehenden Soziologie (P.L. Berger u. T. Luckmann 1967) – die soziale Wirklichkeit nicht als Feld von vorgegebenen Objekten auffasst, sondern als durch alltäglich-soziale Interpretation und Bedeutungszuweisung konstituiert. Daraus folgt, dass Sozialforschung, will sie Wirklichkeit verstehen, selbst interpretativ vorgehen muss. Ein methodologisches Problem i. S. ist dann die Untersuchung von Strukturgleichheit und -verschiedenheit von alltäglich-sozialen Verstehens- und Interpretationsprozessen und von entsprechenden soziologischen. Anregend für die i. S. war ein Buch von B. Glaser u. A.L. Strauss (*The Discovery of Grounded Theory,* 1967); allgemeine theoretische bzw. methodologische Bezugshorizonte bilden der Symbolische Interaktionismus, die Ethnomethodologie, die Phänomenologie. Geschätzte Methoden der i. S. sind die teilnehmende Beobachtung, das narrative Interview, die Konversationsanalyse u.a. **W.F.H.**

Sozialforschung, kommunikative, bedeutungsähnlich mit → interpretative Sozialforschung, aber vor allem betonend, dass die methodologischen Entscheidungen und methodischen Regeln der Sozialforschung nicht ohne Rücksicht auf und nicht ohne genaue Kenntnis der im sozialen Alltag vor sich gehenden Deutungs- und Verstehensprozesse formuliert werden dürfen, weil Sozialforschung ja gewöhnlich nur durch Kommunikation mit Befragten usw. möglich ist (Arbeitsgruppe Bielefelder Soziologen 1976). Als Beispiel kann das narrative Interview gelten, dessen methodologische Positionen und methodische Regeln sich durchweg aus Analysen alltäglichen Erzählens und alltäglichen Verstehens von Erzählungen begründet. In letzter Zeit wird der Begriff k. S. seltener verwendet, möglicherweise weil er das Missverständnis nahe legt, Sozialforschung könne als Kommunikation im Sinne alltäglicher Verständigung betrieben werden. **W.F.H.**

Sozialforschung, qualitative, Sammelbezeichnung für verschiedenartige Programmatiken und Forschungsmethoden, die im Unterschied zu den standardisierten und quantifizierenden Erhebungs- und Auswertungsverfahren die Prinzipien der Offenheit, Flexibilität und Kommunikation betonen. Die Methodologien der q. S. beinhalten i.d.R. einen oder mehrere der folgenden Züge: a) An die Stelle der Messung von Eigenschaften von Personen, Handlungen, Sprech-

S

akten oder Texten mithilfe von Messinstrumenten tritt die lebensweltlich-ethnographische Beschreibung sozialer Milieus auf der Basis eines interpretativen Nachvollzugs subjektiv gemeinten Sinns bzw. die interpretative Rekonstruktion kollektiver Sinngehalte und → latenter Sinnstrukturen. b) Die Auswahl von Untersuchungspersonen, Texten oder Situationen ist nicht an statistischer Repräsentativität, sondern an typischen oder signifikanten Fällen (→ *theoretical sampling*) zur Herausarbeitung einer Vielfalt von Aspekten und Zusammenhängen im Feld orientiert. c) An Stelle von empirischen Korrelationen oder Klassifikationen legt die q. S. Gewicht auf Tiefenstrukturen, die Dynamik des Zusammenwirkens von Kräften im Einzelfall, z.B. in der Biografie einer Person oder in den diskursiven Zusammenhängen eines Textes. d) Die Forschungsobjekte werden auch als Subjekte betrachtet (z.B. → Aktionsforschung). Die Postulate der q. S. sind u.a. in der → *grounded theory*, der empirischen und → objektiven Hermeneutik, der → Biografieforschung und der → Ethnomethodologie ausgearbeitet worden.   M.M./H.W.

Sozialforschung, quantitative, Sammelbezeichnung für sehr unterschiedliche Forschungsmethoden und Paradigmen, die einen oder mehrere der folgenden Züge aufweisen: a) Aufgrund von Stichproben sollen repräsentative Aussagen über Parameter von Grundgesamtheiten (Personen, Ereignisse, Texte etc.) gewonnen werden. Die verwendeten statistischen Modelle und Stichprobenverfahren zielen u.a. darauf ab, den Stichprobenfehler berechenbar zu machen und zu minimieren. b) Die Eigenschaften der untersuchten Wirklichkeitsausschnitte werden als zumindest in Teilen quantifizierbar aufgefasst. Das Augenmerk liegt daher auf der Konstruktion von Skalen, möglichst mit metrischen Eigenschaften. Die Quantifizierung kann sich dabei auf Eigenschaften von Personen, Gruppen oder ganzer Gesellschaften (Sozialindikatoren) richten. c) Die gewonnenen Ergebnisse sollen Verallgemeinerungen, Wahrscheinlichkeitsaussagen oder Gesetze darstellen, die für die untersuchten endlichen oder unendlichen Gesamtheiten gelten sollen, etwa in Form deterministischer oder probabilistischer Wenn-Dann-Aussagen. Zur q. S. in dem einen oder anderen Sinne zählen Labor- und Feldexperimente, repräsentative Bevölkerungsuntersuchungen und Befragungen, die Sozialindikatorenforschung, Zeitreihen- und Ereignisanalysen, quantifizierende historische und vergleichende Forschungen sowie quantitative Dokumenten- und Inhaltsanalysen.   H.W.

Sozialforschung, rekonstruktive, [1] Bezeichnung für qualitative Verfahren, die die zu untersuchenden Sachverhalte, d.h. die Konstruktionen der Forschungspartner, in der Untersuchungssituation gewissermaßen ein zweites Mal „herstellen" („Konstruktionen zweiten Grades"). Die Beforschten erhalten durch die Untersuchungsanlage, z.B. im narrativen Interview, die Möglichkeit, ihre Alltagskonstruktionen und ihr kommunikatives Regelsystem zu entfalten. Der Begriff wird benutzt in Abgrenzung zu Verfahren – wie etwa die → Konversationsanalyse –, die sich bei der Erhebung und Auswertung ihrer Daten auf „natürliche" Situationen und deren Interpretation durch den Forscher stützen. [2] Bezeichnung für Verfahren der Rekonstruktion der Forschung selbst, also der Regeln, Methoden und Theorien, deren sich der Forscher in seinem wissenschaftlichen Alltagshandeln, etwa bei der Interpretation von Untersuchungsmaterialien, bedient. Das Schwergewicht liegt hier auf der Theoriegenerierung.   M.Sch.

Sozialgebilde → Gebilde, soziales

Sozialgeographie, französische Forschungsrichtung der Geographie, die die sozialen Verhaltensweisen und Kulturen in Abhängigkeit von der gegebenen und geschaffenen physischen Umwelt untersucht (z.B. Verteilung der Bevölkerung auf Stadtgebiete, Wanderungen, Stadtwachstum), aber auch den Niederschlag sozialer Aktivitäten im Raum. Vertreter u.a.: Vidal de la Blache, C. Vallaux, M. Sorre. Die frz. S. teilt nicht den geographischen Determinismus des dt. Begründers der S., F. Ratzel.   J.F.

Sozialhilfe, nach dem Bundessozialhilfegesetz „Hilfe zum Lebensunterhalt" und „Hilfe in besonderen Lebenslagen", die den Empfänger der S. die Führung eines Lebens ermöglichen soll, das der Würde des Menschen entspricht. Die S. soll ihn so weit wie möglich befähigen, unabhängig von ihr zu leben (→ Subsidiaritätsprinzip); hierbei muss er nach seinen Kräften mitwirken. Mit dem Begriff S. wurde jener der „öffentlichen Fürsorge" abgelöst. S. zu gewähren ist eine öffentliche Aufgabe, die allein öffentlich-rechtlichen Trägern obliegt. Als Ausdruck des sozialen Gestaltungswillens des Staates wird S. als Erfüllung der → Sozialstaatsklausel angesehen.   S.S.

Sozialhygiene, die Gesamtheit aller Aktivitäten und Regeln, die sich auf die Beseitigung, Verringerung oder Eindämmung von Situationen oder Prozessen richten, welche als gesundheitsschädigend angesehen werden. Das Arbeitsgebiet der S. reicht von Fragen der direkten Hygieneüberwachung (Gebäude, Stadt, Umwelt) bis zur Epidemiologie der infektiösen und degenerativen Erkrankungen, sofern eine Sozialätiologie angenommen werden kann. Die englische Bezeichnung *social hygiene* erweitert das Arbeitsgebiet um alle Erscheinungsweisen, die als sozialpathologisch angesehen werden (Drogenkonsum, Prostitution, Jugendkriminalität u.a.). R.N./H.W.

Sozialidealismus, *social idealism,* frz.: *idéalisme social,* Bezeichnung für sozialphilosophische Konzepte, die Sozialismus und Idealismus verknüpften: Waren diese um 1900 gegen das kommunistische Konzept gerichtet (R. Stammler 1896 und E. Fournière 1898), so gewann der S. nach der russischen Revolution erneut an Bedeutung (z.B. W. Israel 1921, L. Nelson 1924 oder V. Engelhardt 1925). O.R.

Sozialimperialismus, [1] in den 1960er und 1970er Jahren vor allem von den chinesischen Kommunisten benutzter Kampfbegriff für die ökonomische Struktur, die politische Herrschaftsform und die weltgeschichtliche Rolle der Sowjetunion. Sie habe, weil Warenproduktion noch bestehe und sich entwickle und die Arbeiter nicht die Herrschaft über Betrieb und Gesellschaft übernommen hätten, kapitalistischen bzw. imperialistischen Charakter als Gesellschaftsform. Ökonomische und politische Expansions- und Beeinflussungsversuche der Sowjetunion wurden aus dieser inneren Struktur erklärt. Der Begriff war wissenschaftlich gering durchgearbeitet, insbesondere deshalb, weil der Rückfall in den Kapitalismus am Übergang von Stalin zu Chruschtschow festgemacht wurde, eine ökonomische Strukturveränderung also an einem politischen Machtwechsel. W.F.H.
[2] Von H.-U. Wehler geprägter Begriff, der die These von R. Robinson u. J. Gallagher (1953) vom *„informal Empire"* mit der Konjunkturtheorie ungleichmäßigen Wachstums sowie sozialpsychologischen Erklärungen verbindet. Industrialisierung und technischer Fortschritt führen Ende des 19. Jahrhunderts zu periodisch auftretenden Wachstumskrisen, die den sozialen Transformationsprozess verschärften und so die überkommene Gesellschaftsordnung gefährdeten. Aus diesem „Wirkungszusammenhang" heraus sei ein „ideologischer Konsens" entstanden, Herrschaftssicherung mittels ökonomischer und/oder politischer Expansion zu erreichen. Wehler unterscheidet zwei Arten von S.: die unreflektiert-naive Spielart, die ehrlich an wirtschaftliche Abhilfe geglaubt habe, und die bewusste manipulatorische Form der Herrschaftstechnik, die die Dynamik des sozialökonomischen Prozesses umzuleiten und durch ökonomische Erfolge und/oder Steigerung des nationalideologischen Prestiges aufzufangen versuchte. Die ökonomische Begründung von Wehlers Theorie ist insbes. in der Geschichtswissenschaft umstritten. G.F.

Sozialindikatorenbewegung → Sozialindikatorenforschung

Sozialindikatorenforschung, *social indicators research,* eine soziologische Schule („Sozialindikatorenbewegung"), welche den Stand und die Entwicklung der Lebensbedingungen einer ganzen Gesellschaft mit den Kenndaten der Sozialstatistik zu erfassen sucht. Ziel ist eine umfassende und regelmäßige Sozialberichterstattung (W. Zapf 1976, E. Ballerstedt u. W. Glatzer 1979), etwa auch in Form von „Sozialbilanzen", die als notwendiges Gegenstück zu den volkswirtschaftlichen Gesamtrechnungen erstellt werden sollen. Die S. entwickelt Indikatoren für die Messung der Wohlfahrt der Bevölkerung und ihrer Großgruppen (Lebensstandard, Gesundheit, Bildung, Kultur), mit deren Hilfe sozialer Wandel gemessen und prognostiziert werden kann. R.L./H.W.

Sozialingenieur, ein Fachmann der Anwendung soziologischen Wissens bei der planvollen Lösung spezifischer Probleme im Sinne der → Sozialtechnologie (z.B. in Organisationen, im Städtebau). Das Prädikat wird häufig in kritischer Absicht zur Erläuterung des Problems verwendet, dass unbeabsichtigte Nebenfolgen oder systemstabilisierende Funktionen des S. übersehen werden, wenn er nur unter Effektivitätskriterien tätig wird. → Stückwerk-Technik H.L.

Sozialintegration – Systemintegration, von D. Lockwood (1964) eingeführtes Begriffspaar: So. wurde ursprünglich zur Charakterisierung des analytischen Fixpunktes einer handlungstheoretischen Betrachtung der sozialen Wirklichkeit (Koordination des handelnden Zusammenwirkens) im Gegensatz zu einer durch T. Parsons geprägten systemtheoretischen Betrachtung benutzt. Seitdem auch Bezeichnung für die Integration von Personen in die gesellschaftliche Ordnung (Gegenbegriff: → Anomie). Sy. wurde ursprünglich zur Charakterisierung des analytischen Fixpunktes der durch T. Parsons geprägten systemtheoretischen Betrachtung der sozialen Wirklichkeit (Bestandserhaltung sozialer Systeme) im Gegensatz zu einer handlungstheoretischen Betrachtung benutzt. Seitdem auch Bezeichnung für die Integration der Teilsysteme einer funktional differenzierten Gesellschaft in diese. U.Schi.

Sozialisation, Sozialisierung, selten auch deutsch: Vergesellschaftung, [1] Bezeichnung für den Prozess, durch den ein Individuum in eine soziale Gruppe eingegliedert wird, indem es die in dieser Gruppe geltenden sozialen Normen, insbesondere die an das Individuum als Inhaber bestimmter Positionen gerichteten Rollenerwartungen, die zur Erfüllung dieser Normen und Erwartungen erforderlichen Fähigkeiten und

S

Fertigkeiten sowie die zur Kultur der Gruppe gehörenden Werte, Überzeugungen usw. erlernt und in sich aufnimmt. Wenn dieser Aneignungsprozess so weit geht, dass das Individuum die betreffenden Verhaltensstandards, Werte, Überzeugungen, Einstellungen usw. als seine „eigenen" bzw. als „Selbstverständlichkeiten" empfindet, spricht man von einer → Internalisierung derselben. Der S.sprozess setzt unmittelbar nach der Geburt ein und führt durch die Internalisierung und Integration der von den wichtigsten Interaktionspartnern des Individuums während der Kindheits- und Jugendphase (→ Sozialisationsinstanzen) vermittelten Werte, Einstellungen, Rollenerwartungen usw. zum Aufbau des sozialen → Selbst bzw. der → sozialkulturellen Persönlichkeit.

Obwohl einige Autoren die Verwendung des S.begriffes auf diesen Aufbau der sozialkulturellen Persönlichkeit und somit auf die bewusst und unbewusst ablaufenden Erziehungsprozesse bis zum Abschluss der Jugendphase beschränkt wissen wollen, kann grundsätzlich jedes Erlernen einer neuen sozialen Rolle bzw. jede Eingliederung in eine neue Gruppe als S. bezeichnet werden. Insofern ist die S. ein Prozess, der das gesamte Leben hindurch andauert. Von besonderer Bedeutung ist in diesem Zusammenhang die berufliche S., die bei einem Großteil der Bevölkerung in industriell entwickelten Gesellschaften erst nach Abschluss der Jugendphase einsetzt.

[2] Abweichend von dem in [1] referierten Sprachgebrauch bezeichnen einige Autoren (z.B. G. Wurzbacher, T. Scharmann) nur das Erlernen der für das Rollenverhalten des Individuums entscheidenden Verhaltensmuster als S. und verwenden für das Erlernen der von der Gruppe tradierten › Kultur den Begriff der → Enkulturation. Für die meisten Autoren ist die Enkulturation jedoch ein Teilaspekt des S.prozesses.   R.Kl.

Sozialisation, antizipatorische, auch: antizipatorische Anpassung, Bezeichnung für die Übernahme der Einstellungen, Normen und Werte einer Gruppe durch ein Individuum, das Mitglied dieser Gruppe werden möchte, es aber noch nicht ist. Um a. S. handelt es sich z.B., wenn ein aufstiegsorientierter Angestellter den Lebensstil und die Überzeugungen seiner Vorgesetzten nachahmt und übernimmt, weil er hofft oder erwartet, selbst Mitglied dieser höheren Statusgruppe zu werden.   R.Kl.

Sozialisation, fachspezifische → Fachsozialisation

Sozialisation, historische, Bezeichnung für die Bedingtheit der Fähigkeiten, Kenntnisse, Cha-

rakterstrukturen der Menschen einer historischen Epoche durch die geschichtlich-kulturellen Lebensverhältnisse dieser Epoche.   W.F.H.

Sozialisation, klassenspezifische → Sozialisation, schichtspezifische

Sozialisation, kollektive, Bezeichnung für die Sozialisation auch sehr kleiner Kinder in staatlichen o.ä. Einrichtungen (Krippe, Kindergarten), z.B. in der ehemaligen DDR. Abwertender Gegenbegriff zur Erziehung in der Familie. W.F.H.

Sozialisation, lebenslange. Diese Bezeichnung betont, dass Sozialisation nicht – wie nach älterem Verständnis – in Kindheit und Jugend mehr oder weniger abgeschlossen wird, sondern dass sie im Gegenteil während der ganzen Lebensspanne vor sich geht. Erlernen neuer Rollenanforderungen, Verlernen alter und Lösung aus den alten Rollen, Bewältigung von Statusübergängen und damit verbundene Identitätswandlungen und auch -krisen usw. werden jetzt als Kennzeichen des gesamten Lebenslaufs angesehen und erforscht.   W.F.H.

Sozialisation, militärische, Auswirkungen des Wehrdienstes auf junge Männer. Studien dazu haben seine relative Wirkungslosigkeit belegt. Die Lernziele politischer Bildung werden nicht erreicht. Die Vermutung einer Militarisierung unterschätzt die Wirkungen der vorangegangenen zivilen Lerngeschichte. Die wenigen Veränderungen gesellschaftlich-politischer Einstellungen sind eine Reaktion auf die militärische Lebensform (Befehl und Gehorsam).   E.Li.

Sozialisation, politische, [1] die Einführung des Kindes in die politische Kultur seiner Gruppe oder Gesellschaft. Unter der Voraussetzung, dass die politische Kultur als Zusammenhang der politisch relevanten Wissensbestände und Verhaltensdispositionen entscheidend ist für die Stabilität eines politischen Systems, werden die Sozialisationsvorgänge unter der Frage nach der Herausbildung dieser Wissensbestände und Verhaltensdispositionen untersucht.

[2] Im erweiterten Sinne die Lern- und Anpassungsprozesse, die vor, während und nach der Entscheidung für eine politische Organisationszugehörigkeit diese Entscheidung im Einzelnen durch Verinnerlichung der neuen Orientierungen, Werte und Verhaltensweisen absichern.   W.F.H.

Sozialisation, primäre – sekundäre. [1] Als p. S. gilt die Herausbildung der grundlegenden Persönlichkeitsmerkmale, Sprach- und Handlungskapazitäten in den ersten Lebensjahren (geleistet von der Familie), als s. S. der Erwerb von neuen Rollen und die Ausdifferenzierung der Fähigkeiten, neue Rollen einzunehmen, in den Lebensjahren danach (geleitet vor allem von Schule und Berufsausbildung). Die Begriffe werden manchmal unscharf insofern verwendet, als sie vor allem die verschiedenen Sozialisationsbereiche bzw. -instanzen bezeichnen (Familienerziehung oder Kindergarten, Schule usw.), nicht aber die dort ablaufenden Sozialisationsvorgänge.

[2] Manchmal auch übertragene Bedeutung im Sinne von einer ersten und einer zweiten, überlagernden Sozialisation (s. S. etwa eines Juristen durch die kommerziell-organisatorischen Aufgaben seiner Arbeit in einem Privatbetrieb). W.F.H.

Sozialisation, retroaktive, rückwirkende Sozialisation, also jene persönlichkeitsverändernden usw. Einflüsse, die vom Sozialisanden (z.B. dem Kind) auf die Sozialisatoren (z.B. die Eltern) ausgehen. Die Jugendsoziologie hat z.B. verschiedentlich festgestellt, dass sich Eltern an die politischen Meinungen, die modischen Präferenzen, die technischen Interessen oder den Umgangsstil ihrer heranwachsenden Kinder annähern. Als Bedingung für eine Zunahme solcher r. S. gilt meist, dass Kinder und Jugendliche – wegen des beschleunigten sozialen und kulturellen Wandels – in manchen Bereichen (Mode, technische Hobbys, politische Bewegungen, Musik und Tanz z.B.) schneller und intensiver kompetent werden als Erwachsene, weil sie das Neue nicht auf dem Hintergrund lebensgeschichtlich früherer Erfahrungen, Präferenzen und Fähigkeiten aufnehmen. Aber auch unabhängig hiervon ist der Begriff der r. S. anregend, weil er Sozialisation nicht als einseitigen Vorgang auffasst. W.F.H.

Sozialisation, schichtspezifische, Bezeichnung für den Prozess, durch den ein Individuum die für die soziale Schicht seiner Herkunftsfamilie spezifischen Normen, Rollenerwartungen, Fähigkeiten, Werte, Überzeugungen usw. lernt und internalisiert (→ Sozialisation). Die Tatsache der s. S. ist insbesondere unter dem Gesichtspunkt von Bedeutung, dass der in Familien der Unterschichten bzw. der unterprivilegierten Schichten sozialisierte Nachwuchs die für den Aufstieg in höhere Schichten oder für die Konkurrenz mit den Mitgliedern der privilegierten Schichten bzw. für die Überwindung des Zustandes der Unterprivilegierung erforderlichen Fähigkeiten (z.B. solche des Sprachverhaltens), Einstellungen usw. nicht erlernt und internalisiert. Insofern gilt die s. S. als ein Vehikel der Erhaltung gegebener Schichtstrukturen und sozialer Benachteiligungen. R.Kl.

Sozialisation, sekundäre → Sozialisation, primäre – sekundäre

Sozialisationsagenten, Sozialisationsagenturen, *agencies of socialization* → Sozialisationsinstanzen

Sozialisationsforschung, historische, seit Ende der 1970er Jahre (U. Herrmann) Programmbegriff für den Versuch, unterschiedliche Forschungen zur Geschichte der Kindheit, der Jugend, der Schule, der Familie, der Altersgliederung des Lebenslaufs usw. zusammenzuführen, um so auch die sonst oft „kurzatmigen" Diagnosen der Sozialisationsforschung in längere geschichtliche Entwicklungen einordnen zu können. W.F.H.

Sozialisationsforschung, ökologische, auch: sozialökologische S., jene Arbeitsrichtungen in der Sozialisationsforschung, die die Bedeutung der räumlich-sozialen Umwelt für die Sozialisation (meist des Kindes und des Jugendlichen) herausarbeiten (und damit über die Beachtung der innerfamilialen Konstellation, der Schichtzugehörigkeit usw. hinausgehen). Als spezielle Einflussfaktoren werden z.B. untersucht: Art und Qualität von Wohnung und Nachbarschaft; die Wohnumwelt (das „Quartier") als Milieu mit Infrastruktur, Gesellungsangeboten, Wegvorgaben, Erfahrungsmöglichkeiten usw. je eigener Art; die Gestalt der erlebten bzw. bekannten Nah- und Fernräume des Kindes bzw. des Jugendlichen sowie die damit gegebene alltägliche Deutung der Umwelt („subjektives Stadtbild" usw.). W.F.H.

Sozialisationsforschung, sozialökologische → Sozialisationsforschung, ökologische

Sozialisationsgeschichte, die Untersuchung von Sozialisationsprozessen im Hinblick auf (zeitgeschichtlich) unterschiedliche Kindheitskonstellationen, z.B. S. seit dem Zweiten Weltkrieg (U. Preuß-Lausitz u.a. 1983). W.F.H.

Sozialisationsinstanzen, Sozialisationsagent(ur)en, *agencies of socialization,* auch: Sozialisationsmedien. Alle gesellschaftlichen Einrichtungen, die die Lernprozesse von Kindern, aber auch von Erwachsenen steuern, die die geltenden Werte, Normen, Ziele und Wissensbestände vermitteln (Familie, Kindergarten, Schule, Freundesgruppe, Beruf usw.), heißen S.instanzen. S.- agent(ur) bedeutet meist dasselbe, gewöhnlich mit stärkerem Nachdruck auf die Personen in diesen Einrichtungen. E.D.

Sozialisationsmedien → Sozialisationsinstanzen

Sozialisationsreize, die von einer bestimmten sozialen Umwelt ausgehenden Stimuli, die das Lernen von institutionalisierten Verhaltensmustern, Rollen und Normen (→ Sozialisation) beeinflussen. R.Kl.

Sozialisationstechnik, [1] die vom Erzieher bewusst geplanten und betriebenen Erziehungsmaßnahmen, z.B. Lob und Strafe, durch die die Motivation des Kindes in Richtung auf die vorgeschriebene Verhaltensanforderung beeinflusst werden soll.

S

[2] Im übertragenen Sinn bezieht sich S. auf alle geplanten Mechanismen, durch die Einzelne an gegebene soziale Strukturen angepasst werden.
　　　　　　　　　　　　　　　　　　　　E.D.

Sozialisationstyp, narzisstischer, auch: NST, in den 1970er Jahren zentraler Begriff einer Debatte vor allem in der Pädagogik, wonach sich in bestimmten auffallenden Charakteristika vieler Jugendlicher ein neuer dominanter Persönlichkeitstypus ankündigt. Mehrere psychoanalytisch orientierte Forschungen über den Narzissmus (vor allem T. Ziehe 1975) aufnehmend wurde dieser n. S. (im Unterschied zum älteren autoritären) folgendermaßen skizziert: Weil der Vater als Erziehungs- und Identifikationsfigur für das Kleinkind mehr und mehr ausfalle (d.h. unter anderem auch Abschwächung der ödipalen Konflikte), müsse sich das Kind in Interaktion vor allem mit der Mutter entwickeln. Auch wegen der allgemeinen sozialen Schwäche der Mutter begünstigt diese Konstellation ein symbiotisches Verhältnis zu ihr, ein wenig konturiertes Ich, den dauernden Wunsch nach narzisstischem Gleichgewicht (statt etwa nach Objektbeziehungen und Realitätserfahrung), eine Handlungsstrategie, die das verletzliche Selbstwertgefühl unter allem Umständen schützen will (also Risiko, Kampf, Wettstreit, Leistung vermeidet). Diese These passte gut zu Erfahrungen von (linken) Pädagogen, dass viele Jugendliche damals für politisches Engagement nicht mehr zu begeistern schienen, dass sie interessiert waren an modischer Selbstdarstellung und kultivierter Pflege des Selbstgefühls (und führte möglicherweise auch deshalb zur breiter Debatte). Hingegen sind die anregenden Überlegungen zur veränderten Bedeutung von Vater und Mutter für das Kind systematisch kaum aufgenommen worden.
　　　　　　　　　　　　　　　　　　　　WFH

Sozialisierung, [1] Übernahme von Privateigentum in staatliche Hand, Verstaatlichung.
[2] → Sozialisation
　　　　　　　　　　　　　　　　　　　　W.F.H.

Sozialismus, [1] Gesellschaftsordnung, die aus dem Kapitalismus sich entwickelt, jedoch noch in vielen Beziehungen dem System, aus dem sie entstanden, verhaftet ist. Zwar organisiert die schon klassenlose Gesellschaft ihre ökonomischen und sozialen Beziehungen bewusst, aber der noch unentwickelte Bewusstseinsstand der in ihr organisierten Produzenten bedingt ein Festhalten am Leistungsprinzip beim Arbeitsentgelt und ein Vorherrschen der Warenproduktion.
[2] S. kann auch die Gesamtheit der sozialen Ideen und Bewegungen bezeichnen, die eine Transformation des Kapitalismus in den S. anstreben.
　　　　　　　　　　　　　　　　　　　　C.Rü.

Sozialismus, christlicher → Sozialismus, religiöser

Sozialismus, evolutionärer, auch: Revisionismus, bezeichnet in der Arbeiterbewegung die Richtung, die die Katastrophentheorie verneint. Der e. S. geht davon aus, dass aufgrund des unzureichenden Entwicklungsstandes der Arbeiterklasse die revolutionäre Übernahme der Macht zu Rückschlägen in der gesellschaftlichen Produktion führe. Es sei deshalb sinnvoll, durch schrittweise Reformen den Einfluss der Arbeiter auf die Entscheidungsprozesse in Staat und Wirtschaft auszubauen und so, neben kurzfristigen Verbesserungen ihrer Lage, einen Prozess einzuleiten, der zur inhaltlichen Aushöhlung des Kapitalismus führe.
　　　　　　　　　　　　　　　　　　　　C.Rü.

Sozialismus, religiöser, [1] allgemeine Bezeichnung für die Verknüpfung und Legitimation von revolutionären oder Reformbestrebungen auf politischem, sozialen und wirtschaftlichem Gebiet mit christlichen Glaubensinhalten, aus denen der Forderung nach irdischem Frieden und Gerechtigkeit abgeleitet wird; die politische und Religionsgeschichte weisen zahlreiche Beispiele des r. S. auf, z.B. den radikale Flügel der Reformation oder die → Befreiungstheologie.
[2] Im engeren Sinn Bezeichnung eines Flügels innerhalb der christlich-sozialen Bewegung ab der zweiten Hälfte des 19. Jhs., der in den Frühsozialisten (C.H. de Saint-Simon, R. Owen, W. Weitling) seine Verläufer, in C.F. Blumhardt seinen Begründer hatte und im *Kreis der Religiösen Sozialisten* um H. Kutter und L. Ragaz, in der Weimarer Republik dann im *Bund der religiösen Sozialisten* um P. Tillich formierte. Heute wird der r. S. durch die internationale Bewegung *Christen für den Sozialismus* vertreten.　　V.Kr.

Sozialismus, utopischer, Bezeichnung aus dem Marxismus für eine Spielart des Frühsozialismus. Die Kritik einzelner Aspekte der sich entwickelnden kapitalistischen Gesellschaft verbindet sich im u. S. mit dem Entwurf zukünftiger Gesellschaftsmodelle, deren Übersetzung in die Praxis scheitert (C. Fourier, E. Cabet, R. Owen), da die Vertreter des u.n S. in ihren Modellen die „politischen Formen von ihrer gesellschaftlichen Unterlage trennen und sie als allgemeine, abstrakte Dogmen hinstellen" (K. Marx 1847).
　　　　　　　　　　　　　　　　　　　　C.Rü.

Sozialismus, wahrer, eine von den französischen Frühsozialisten mit beeinflusste Abart früher sozialer Theorienbildung in Deutschland (z.B. Moses Hess). Der w. S. blieb trotz historisch-materialistischer Ansätze dem Idealismus verhaftet und entwickelte eher schwärmerische Anteilnahme für die ausgebeuteten Klassen als wissenschaftliche, das Handeln anleitende Erkenntnisse.
　　　　　　　　　　　　　　　　　　　　C.Rü.

Sozialismus, wissenschaftlicher, im weitesten Sinne Synonym für Marxismus. Im engeren Sinne wird unter w.S. oft nur jener Bestandteil des Marxismus verstanden, der auf politisches Handeln gerichtet ist und den Versuch umfasst, die nachkapitalistische Gesellschaft von ihren Bedingungen her zu bestimmen.   C.Rü.

Sozialkapital, bildungsökonomisch → Humankapital [2]; bei P. Bourdieu → Kapital soziales

Sozialkategorie, soziale Kategorie, auch: demographische Gruppe, Bezeichnung für eine Menge von Personen, die durch ein oder mehrere gleiche sozial relevante, insbesondere demographische Merkmale (z.B. Geschlecht, Alter, Beruf, Konfession) gekennzeichnet sind. S. sind etwa „die katholischen Landarbeiter", „die über 60-jährigen männlichen Wähler" usw.
    O.R./R.Kl.

Sozialkonstruktionismus → Konstruktivismus [1]

Sozialkonten → Sozialberichterstattung, betriebliche

Sozialkosten, volkswirtschaftliche Schäden und Verluste, die in der Wirtschaftsrechnung der disponierenden Wirtschaftssubjekte nicht enthalten sind und auf dritte Personen oder die Gesamtheit abgewälzt werden. S. enstehen beispielsweise durch Arbeitslosigkeit, Umweltverschmutzung, Betriebsunfälle, unvollständige Nutzung vorhandener Produktivkräfte oder Raubbau an Bodenschätzen. Bislang bleiben S. in der volkswirtschaftlichen Gesamtrechnung unberücksichtigt. Da S. aber faktisch auf Preis- und Kostenbildung, Volkseinkommen und Einkommensverteilung einwirken, kann eine optimale Nutzung von knappen Ressourcen in der Wirtschaft nur erreicht werden, wenn die S. in diese Gesamtrechnung eingehen.   S.S.

Sozialkritik → Gesellschaftskritik

Sozialkunde, [1] zusammenfassende Bezeichnung für die Analyse und Beschreibung der allgemeinen sozialen Verhältnisse in einer bestimmten Gesellschaft unter besonderer Berücksichtigung der politischen und ökonomischen Verhältnisse. Unter S. versteht man in der BRD insbesondere die Darstellung der sozialen, politischen und ökonomischen Verhältnisse in der heutigen BRD selbst.
[2] Bezeichnung für ein Schulfach, das – bei unterschiedlichen Inhalten und curricularer Funktion – in verschiedenen Lehrplänen auch Gemeinschaftskunde, Politischer Unterricht, Gegenwartskunde, Gesellschaftslehre, Polytechnik oder Arbeitslehre/Politik heißt.   R.Kl.

Sozialkybernetik, Konzeption, soziale Entscheidungs- und Kommunikationsprozesse mittels kybernetischer Modelle neurologischer Systeme zu verdeutlichen und diesbezügliche Probleme einer Lösung zuzuführen. Die S. geht auf N. Wiener (1950) zurück und wurde im deutschen Sprachraum durch die Rezeption seitens der marxistischen Philosophie gefördert (G. Klaus 1963). Trotz anfänglicher Beachtung, die die S. durch die Einbeziehung in die Kommunikationswissenschaften, in die Organisationssoziologie und politische Wissenschaft fand, scheint sich die Meinung durchgesetzt zu haben, dass die kybernetischen Modelle angesichts soziologischer Fragestellungen zu einfach seien (N. Luhmann 1973).   O.R.

Soziallage, ein insbesondere von T. Geiger verwendeter Terminus zur Definition des Begriffs soziale Schicht als Vielzahl von Personen, die sich in einer ganz bestimmten objektiven sozialen Lage befinden, d.h. die in „Lebensstandard, Chancen und Risiken, Glückmöglichkeiten, aber auch Privilegien und Diskriminationen, Rang und öffentlichem Ansehen" gleich oder ähnlich sind. Die Zahl der die S. einer Person potenziell mitbestimmenden Merkmale ist unbegrenzt. Als Synonima werden in diesem Sinne auch die Begriffe Status und Schichtlage verwendet.
    M.B./S.S.

Soziallehre, christliche S., christliche Gesellschaftslehre, katholische S., bzw. evangelische S., stellt das gesamte gesellschaftliche Leben aus Sicht der jeweiligen Glaubenslehre dar, das vor allem der Moraltheologie kompatibel ist.   O.R.

Sozialmachung → Erziehung, funktionale

Sozialmedizin, Disziplin der Medizin, die die Beziehungen zwischen sozialen Bedingungen und dem Auftreten bzw. der Entstehung und Verbreitung von Krankheiten untersucht. Die S. benutzt vorwiegend die Methoden der empirischen Sozialforschung, der Epidemiologie und der Soziologie (→ Medizinsoziologie) sowie der Sozialpsychologie. Ihre Interessengebiete liegen im Unterschied zur kurativen Medizin nicht primär beim Individuum, sondern bei Gruppen und Kollektiven von Menschen.   R.N.

Sozialökologie, *human ecology, social ecology,* von R.E. Park und E.W. Burgess 1921 begründete Forschungsrichtung der Soziologie. Die S. stellt eine Übertragung des ökologischen Ansatzes auf die Analyse menschlichen Zusammenlebens dar, zumeist in der Stadt. In ihr lassen sich drei Strömungen erkennen: a) eine mehr biologische, für die die Stadt ein Kräftefeld ständiger Anpassungsleistungen der konkurrierenden Individuen in einem fließenden biotischen Gleichgewicht ist; b) die Analyse der räumlichen Aspekte sozialer Strukturen (z.B. Verteilung der Delinquenzraten auf Stadtteile, Stadtmodelle); c) das Studium der Anpassung des Menschen an seine anorganische Umgebung, wobei „die Gemeinde der entscheidende adaptive Mecha-

S

nismus" menschlicher Umweltbewältigung ist (A. Hawley).

Während die erstgenannte, klassische Position heute aufgrund ihrer Trennung von biotischer (oder subsozialer) und kultureller Ebene sowie ihrer anthropologischen Annahmen als zu biologistisch überholt sein dürfte und auch die Vertreter der dritten Richtung interaktionistische Elemente wie Motive, Einstellung, Werte vernachlässigen, findet die zweitgenannte Position im Rahmen einer makrosoziologischen empirischen Forschung ihre Fortsetzung. Die S. erbrachte eine Fülle wichtiger deskriptiven Materials über Großstädte. **J.F.**

Sozialökonomie, bedeutungsunscharf verwendeter Begriff für Disziplinen, die soziologische und ökonomische Fragestellungen und Untersuchungsmethoden miteinander verbinden.
[1] Im 19. Jahrhundert Bezeichnung für die Volkswirtschaftslehre (unter Einschluss sozialwissenschaftlicher Arbeitsfelder).
[2] In einem speziellen Sinne als „Lehre von der Wirtschaftsgesellschaft" (W. Hofmann) bedeutungsgleich mit Politischer Ökonomie. **W.F.H.**

Sozialorganisation → Organisation, soziale

Sozialpädagogik, zusammen mit Sozialarbeit der Bereich der ursprünglich aus Armuts- und Verwahrlosungsproblemen motivierten institutionellen Sozialisations- und Emanzipationshilfen für verschiedene Gruppen außerhalb des traditionellen Bildungssystems. Prinzipien: Entwicklung, Organisation und Anwendung professioneller Dienstleistungen für solche Gruppen, deren erwünschte Sozialisation, Integration oder Autonomie aufgrund sozialer Bedingungen oder individueller Konflikte problematisch ist, wobei sozialwissenschaftliche Grundlagen angewendet werden. Arbeitsfelder: Kindergarten, Freizeitheim, Familienfürsorge, Beratungsdienste, Resozialisierung, Jugendtourismus, Altenhilfe u.ä. **H.L.**

Sozialpartner, in Wirtschafts- und Sozialpolitik, aber auch in Wirtschafts- und Sozialwissenschaften gängige Formel für die an den Verhandlungen, insbesondere über Tarifverträge beteiligten Parteien: die Vertreter der Arbeiter, Angestellten und Beamten auf der einen, die Kapitaleigentümer, die Unternehmens- und Behördenleiter auf der anderen Seite. Die Bezeichnung entstammt ideologischen Zusammenhängen (z.B. katholische Soziallehre), die das Verhältnis von Kapital und Arbeit als eines von Partnern auffassen und einen Interessenantagonismus verneinen. **W.F.H.**

Sozialpathologie, *social pathology,* veraltete Bezeichnung für → Devianz, wobei eine unangemessene Analogie zum biologischen Organismus unterstellt wird. **R.L.**

Sozialperson → Persönlichkeit, sozial-kulturelle

Sozialphänomenologie, [1] Analyse der Konstitution der Struktureigenschaften der Lebenswelt. S. fragt nach den Methoden, mit denen die Handelnden im Alltag das ihnen fraglos Gegebene, z.B. intersubjektive Verständigung, hervorbringen.
[2] Zeitdiagnostische ethnographische Beschreibung der sozialen Welt bzw. sozialer Milieus (→ Ethnographie [2]). **M.M.**

Sozialphilosophie, [1] im Gegensatz zur Naturphilosophie ein gedankliches System über alle bewusstseinsbestimmten Bereiche (z.B. Staat, Gesellschaft, Geschichte).
[2] Zentrales gedankliches System aller philosophischen Disziplinen, die Gesellschaftliches zum Objekt haben (z.B. Staats-, Rechts-, Wirtschafts-, Geschichts-, Kulturphilosophie, Ethik, Ästhetik).
[3] Bezeichnung für alle wertend erklärenden Richtungen der Soziologie.
[4] Bezeichnung für die historisch-kritischen Richtungen der (heutigen) Soziologie, die das Schicksal der Menschen als Schöpfer und Produkt der Gesellschaft deuten. **O.R.**

Sozialphysik, *physique sociale* (frz.), bei A. Comte Bezeichnung für die in Analogie zu den Naturwissenschaften auf systematisch- empirischer Beobachtung beruhende und auf die Entdeckung gesetzmäßiger Zusammenhänge abzielende Wissenschaft von den sozialen Phänomenen. In Abgrenzung zu den Naturwissenschaften kann die S. aufgrund der konkreten Vielgestaltigkeit und vielfältigen Verwickeltheit ihrer Untersuchungsgegenstände nicht vom Besonderen zum Allgemeinen fortschreiten, sondern muss bei der empirischen Erforschung des Besonderen stets das Wissen um das Allgemeine schon voraussetzen. Der spezifische Beitrag der S. zur Wissenschaftsentwicklung wird in der Einführung der historisch vergleichenden Methode gesehen. **F.H.**

Sozialphysiologie, positive Wissenschaft von der Gesellschaft und von den sozialen Beziehungen zwischen Individuen. Nach C.-H. de Saint-Simon geht die S. zusammen mit der Psychologie als letzte Wissenschaft in das positive Stadium der systematischen Beobachtung und der Formulierung gesetzmäßiger Zusammenhänge über. **F.H.**

Sozialpolitik, [1] praktische Sozialpolitik, Sammelbegriff für die Maßnahmen der Träger der S. (z.B. Staat, Gewerkschaften, Arbeitgeberverbände etc.), deren Ziel es ist, nach herrschenden Wertvorstellungen die ökonomischen und sozialen Lebensbedingungen Einzelner oder Gruppen zu verbessern. Im 19. Jahrhundert stand die → soziale Frage (Arbeiterfrage) im Zentrum der S.; heute werden u.a. dazu gerechnet: „soziale Sicherung", „Beeinflussung von Lebensbedingungen" und „soziale Umverteilung".

[2] Theoretische Sozialpolitik, Sammelbegriff für die ökonomischen, sozialrechtlichen, sozialpsychologischen und soziologischen Forschungen über die Ziele der S. und die Beschäftigung mit den Mitteln, Trägern und Wirkungen der sozialpolitischen Maßnahmen. Als solche ist die S. eine wissenschaftliche Disziplin.   F.X.K./O.R.

Sozialprestige → Prestige

Sozialprodukt, Gesamtheit der in der Wirtschaft eines Landes im Laufe einer Rechnungsperiode (z.B. ein Jahr) produzierten und nicht wieder im Produktionsprozess verbrauchten Sachgüter und Dienstleistungen (Nettowertschöpfung). In der Analyse des Wirtschaftskreislaufes kann das S. als Gesamtheit des privaten und staatlichen Konsums, der privaten und staatlichen Investitionen und der Differenz zwischen Exporten und Importen ermittelt werden. Sind im S. die Abschreibungen (Verschleiß von Produktionsmitteln) enthalten, spricht man vom Bruttosozialprodukt, sind sie abgezogen, vom Nettosozialprodukt. Berücksichtigt man bestimmte staatliche Aktivitäten (Subventionen, indirekte Steuern), dann entspricht dem Nettosozialprodukt das Volkseinkommen. Das Volkseinkommen wird deshalb auch als Nettosozialprodukt bezeichnet.   H.W.

Sozialprofil, die Zusammenstellung soziologisch wichtiger Merkmale einer Personenkategorie, z.B. Herkunft, Altersaufbau und Ausbildung der Beamtenschaft.   R.L.

Sozialprozess, ein Geschehen zwischen gesellschaftlichen Einheiten. A. Weber unterscheidet neben dem S. noch den Kulturprozess und → Zivilisationsprozess.   R.L.

Sozialpsychiatrie, Zweig der Psychiatrie, der den Einfluss von sozialen Faktoren (wie Sozialisation, Familienstruktur, Arbeitsverhältnisse, Einstellung der Gesellschaft zum psychisch Kranken, Organisation der psychiatrischen Kliniken usw.) auf die Entstehung, den Verlauf, die Häufigkeit und die Heilung von Geisteskrankheiten untersucht und bei ihrer Behandlung zu berücksichtigen sucht. Die S. geht von der sozialen Verursachung der psychischen Störung aus. Daher wird durch gezielte Therapie versucht, die als schädlich angesehenen Bedingungen (z.B. entfremdende industrielle Arbeitsbedingungen) zu verändern bzw. durch eine Anpassung an unveränderbare Situationen die Klienten wieder in die Gesellschaft zu integrieren (→ beschützende Werkstatt). Mitunter werden auch solche Forschungen zur S. gerechnet, die sich mit der Rolle der Geisteskrankheiten, von Geisteskranken oder jedenfalls psychisch Abweichenden in der Gesellschaft (z.B. in der Politik, in der Kunst)

befassen. Soziologische und sozialpsychologische Hypothesen und Forschungsmethoden werden in der S. in mehr oder weniger starkem Maße angewandt; teilweise handelt es sich um ein Gebiet der interdisziplinären Forschung von Psychiatern, Sozialpsychologen und Soziologen.   R.N./R.Kl.

Sozialpsychologie, ein sowohl zur Soziologie als auch zur Psychologie gehörendes, häufig auch als selbstständige, zwischen diesen Wissenschaften vermittelnde Disziplin aufgefasstes Forschungsgebiet, das sich mit der Analyse des individuellen Verhaltens unter dem Einfluss sozialer Faktoren, insbesondere der Interaktion zwischen Individuen, zwischen Individuen und Gruppen sowie zwischen Gruppen befasst. Eine genaue Definition und Abgrenzung der S. von anderen Sozialwissenschaften ist schwierig, da von der zu Grunde gelegten theoretischen Konzeption abhängig. Überwiegend wird die S. aber als Gebiet von grundlegender theoretischer Bedeutung für die Soziologie betrachtet; für bestimmte Richtungen der Soziologie, wie z.B. für den → Symbolischen Interaktionismus ist Soziologie sogar weitgehend mit S. identisch.

Im Einzelnen untersucht die S. vor allem: die Wirkungsweise aller sozial relevanten psychischen Grundfunktionen (wie Wahrnehmung, Motivation, Verhalten, Intelligenz) und ihre Beeinflussung durch soziale Faktoren; die → Sozialisation des Individuums und seine Entwicklung zur → sozialkulturellen Persönlichkeit; die Entstehung und Wirkung von → Einstellungen, Motiven, Bedürfnissen, Meinungen; einfache und komplexe Interaktionsprozesse zwischen Individuen und Gruppen; Gruppenstrukturen und -prozesse (→ Gruppendynamik; → Soziometrie), insbesondere die Bildung und Wirkung von → Vorurteilen und das Verhalten gegenüber → Minoritäten; Mechanismen der wechselseitigen (interpersonellen) Wahrnehmung von Individuen und Gruppen; Kommunikationsprozesse (u.a. die Entwicklung und Bedeutung der sprachlichen Kommunikation) und schließlich die Wechselbeziehungen zwischen Individuum einerseits und Kultur (→ Kultur und Persönlichkeit), Gesellschaft, einzelnen Institutionen und Organisationen andererseits.   R.Kl.

Sozialpsychologie, analytische → Sozialpsychologie, psychoanalytische [1]

Sozialpsychologie, psychoanalytische, auch: analytische S. [1] Von E. Fromm (1932) vorgeschlagenes Forschungsprogramm, das einer einfachen Arbeitsteilung zwischen Psychoanalyse (Individuum) und (marxistischer) Soziologie (Gesellschaft) widersprechen wollte. Die a. S. habe „die gemeinsamen – sozial relevanten – seelischen

S

Haltungen und Ideologien – und insbesondere deren unbewusste Wurzeln – aus der Einwirkung der ökonomischen Bedingungen auf die libidinösen Strebungen zu erklären".
[1] Allgemein jegliche sozialpsychologische Forschungen, die durch die Psychoanalyse inspiriert sind.   W.F.H.

Sozialreform, [1] seit L. von Stein Programmbegriff zur Lösung der durch den Liberalismus ausgelösten Gesellschaftskrise mithilfe sozialstaatlicher Maßnahmen, als Alternative zur Revolution.
[2] Frz. *réforme sociale*, im Anschluss an F. Le Play überwiegend korporativ orientiertes Programm katholischer Sozialpolitiker.
[3] In der Bundesrepublik seit 1952 Schlagwort zur Kennzeichnung von Reorganisationsproblemen der sozialen Sicherung.   F.X.K.

Sozialreife → Reife, soziale

Sozialschicht → Schicht, soziale

Sozialschichtung → Schichtung, soziale

Sozialstaat, die den kapitalistischen Gesellschaften seit dem 1. Weltkrieg eigentümliche Verflechtung von Privatwirtschaft und Staat, die durch die krisenverhindernden Eingriffe des Staates zu Stande kam: Der Staat garantiert nicht mehr allein das Rechtssystem, in dem sich der Wirtschaftsprozess vollzieht, und überlässt die kulturelle, soziale und wirtschaftliche Ordnung dem Streit der gesellschaftlichen Kräfte, sondern greift selbst ein im Interesse der Herstellung und Garantie von sozialer Sicherheit und von sozialer Gerechtigkeit, übernimmt die Aufgaben einer „kollektiven Daseinsvorsorge". Wichtige Diskussionspunkte sind: Ob Sicherheit und Gerechtigkeit auf diesem Wege strukturell erreicht werden können sowie, welche neuen Lebensorientierungen und -strategien durch die sozialstaatlichen Garantien bei den Menschen zustandekommen (u.a. „Verstaatlichung" privater Lebensentscheidungen).   W.F.H.

Sozialstaatsillusion → Staatsillusion

Sozialstaatsklausel, auch: Sozialstaatsgrundsatz, Sozialstaatspostulat, Sozialstaatsprinzip. Nach der Verfassung der Bundesrepublik Deutschland (Art. 20 u. 28 GG) die dem Staat obliegende Verpflichtung, als sozialer Rechtsstaat eine „annähernd gleichmäßige Förderung des Wohles aller Bürger und annähernd gleichmäßige Verteilung der Lasten" anzustreben. Da über die Verwirklichung des Prinzips der sozialen Sicherheit und sozialen Gerechtigkeit in formaler wie auch faktischer Hinsicht ein gesellschaftlicher Konsens kaum erreichbar ist, beinhaltet die S. als soziale Kategorie Momente „konkreter Utopie". Sie zu verwirklichen, ist „ständige Aufgabe", wobei ihre tatsächliche Ausgestaltung wie auch tatsächliche Entwicklung nicht unab-

hängig von dem in der Gesellschaft erreichten Demokratisierungsgrad zu sehen ist.   S.S.

Sozialstruktur, [1] die Struktur einer Gesellschaft oder allgemeiner: eines sozialen Systems.
[2] Arrangement von Akteuren in institutionell geregelten Beziehungen, deren wichtigste Strukturvariablen Position, Rolle und Status sind (A.R. Radcliffe-Brown, S.F. Nadel, R. Linton, T. Parsons, R.K. Merton u.a.).
Die Bestimmung der relevanten Dimensionen und Merkmale der S. ist uneinheitlich; je nach Art des Erkenntnisinteresses existieren verschiedene Ansätze, z.B.: der demographische Ansatz (Verteilung der Bevölkerung nach Geschlecht, Alter, Beruf, Bildung, Einkommen, Wanderungen usw.), die Qualität der Produktionsverhältnisse und der Klassenstruktur (K. Marx), Ausmaß und Grad der Arbeitsteilung (H. Spencer, E. Durkheim), Grad der Rationalisierung und bürokratischen Organisation (M. Weber), die Definition von Werten und Normen bzw. die Wechselwirkung von Institutionen (E. Durkheim, T. Parsons, A. Gehlen), die soziale Schichtung nach Prestige, Macht usw.   H.L.

Sozialstruktur, familistische → Familismus

Sozialsystem → System, soziales

Sozialtechniken, betriebliche, umfassende Bezeichnung für betriebliche Maßnahmen, die von der Unternehmensführung auf unterschiedlichen Ebenen zur sekundären Verhaltenssteuerung von Beschäftigten eingesetzt werden. Bezugspunkt b. S. ist das Problem, dass die menschliche Subjektivität nicht automatisch in Übereinstimmung mit den Unternehmenszielen steht und so die Erreichung dieser Ziele gefährden kann. B.S greifen vermutete und vorhandene Bedürfnisse der Arbeitenden auf, sprechen die Subjektivität der Beschäftigten „positiv" an, um diese dazu zu bringen, dass sie auch wollen, was sie sollen. Beispiele für b. S. sind Führungsgrundsätze, Qualitätszirkel, Maßnahmen der Organisationentwicklung. Demgegenüber soll primäre Verhaltenssteuerung (Anreizsysteme, Maschinensysteme etc.) durch „negative" Sanktionierung die Subjektivität der Arbeitenden kontrollieren. In der Betriebswirtschaftlehre wird statt von b. S. von Führungs- oder Motivationstechniken gesprochen.   M.Sch.

Sozialtechnologie, Soziotechnik, *social engineering*, das zur Lösung sozialer Entwicklungs-, Planungs- und Organisationsprobleme analog der physikalischen Technologie angewandte Verfahren des zielgerichteten, regelhaften Einsatzes effektiver Mittel. Je nach Zweck und Struktur des Systems können die Mittel einfach oder komplex sein. Beispiele: soziale Leistungsanreize im Betrieb, systematisches Rollentraining bei einer

Ausbildung, wissenschaftliches Management, Organisation von Kommunikationsnetzen für zielgerichtete Gruppen, Beeinflussung einer Bevölkerung durch Massenmedien. → Stückwerk-Technik H.L.

Sozialutopie → Utopie

Sozialverhalten → Verhalten, soziales

Sozialverträglichkeit, Kriterium zur Beurteilung von Maßnahmen und Techniken hinsichtlich ihrer Übereinstimmung mit den bestehenden sozialen Normen und Gefügen. Von K.-M. Meyer-Abich zuerst eingeführt in die Bewertung unterschiedlicher Energiepfade in der Kontroverse um die friedliche Nutzung der Atomenergie. [1] Verstanden als Eigenschaft einer Technik oder einer Maßnahme. [2] Verstanden als Ergebnis eines Beteiligungsprozesses. R.T.

Sozialwerdung → Erziehung, funktionale

Sozialwissenschaften, *social sciences,* analysieren einerseits Struktur und Funktion der Systeme, in denen sich das aufeinander bezogene Handeln der Menschen vergegenständlicht hat, andererseits die Wechselwirkung zwischen diesen institutionellen Systemen und Handlungs- und Verhaltensprozessen. Zu den S. gehören daher neben Soziologie und Sozialpsychologie als Grundwissenschaften u.a. auch Ökonomie, Rechtswissenschaft, Politikwissenschaft. B.W.R.

Sozialwissenschaft, historische, eine um 1970 aufgekommene Schule der Geschichtswissenschaft, gekennzeichnet durch den Versuch, die Fragestellungen, Theorien und Methoden der Sozialwissenschaften i.e.S. mit der geschichtswissenschaftlichen Arbeit zu verbinden. Nicht mehr einzelne Ereignisse und herausragende Individuen sollen im Vordergrund der Analyse stehen, sondern die kollektiven Verhältnisse in Gesellschaft, Politik und Wirtschaft. Bekanntester Vertreter ist H.-U. Wehler, das Fachorgan ,Geschichte und Gesellschaft'. R.L.

Sozioanalyse, die Untersuchung von Aufbau und Arbeitsweise einer Institution aus der Situation heraus, in der sich der Sozialwissenschaftler und sein Klient befinden und eine besondere Beziehung zueinander eingehen. Ähnlich dem psychoanalytischen Vorgehen hält die S. das Gefüge der untersuchten Organisation, etwa der Schule, für verschlüsselt; es kann nur in gemeinsamer Arbeit aufgedeckt und verändert werden. R.L.

Soziobiografie → Biografie

Soziobiologie, interdisziplinäre Wissenschaft, die die biologischen Grundlagen tierischen und menschlichen Sozialverhaltens erforscht. Die S. geht davon aus, dass sich sowohl Kultur als auch spezifische menschliche Verhaltensmuster (z.B. im Sexualverhalten, beim Altruismus oder bei

Aggressionen) nicht jenseits organischer Vorgänge entwickelt haben. Für die biologischen Grundprobleme der Selbsterhaltung und Fortpflanzung haben die kulturellen Errungenschaften Lösungscharakter. Verwandtschaftssysteme, Inzestverbote, Heirats- und Erbschaftsregeln, Arbeitsteilung, Kooperation u.v.m. besitzen biologischen Anpassungswert und sind mithin zugleich Resultat und Motor des evolutionären Prozesses. V.K.

Soziodrama, von J.L. Moreno im Anschluss an die Tradition des Stegreifspiels entwickelte Methode der → Gruppentherapie; eine Weiterentwicklung des → Psychodramas. Im Verlaufe eines S.s werden die Mitglieder einer Gruppe (z.B. Patientengruppe) veranlasst, unter Übernahme bestimmter sozialer Rollen miteinander in Interaktion zu treten (Rollenspiel), um sich selbst bzw. dem Therapeuten Gelegenheit zu geben, Symptome von Verhaltensstörungen und deren Ursachen anhand des Spielablaufs zu erkennen und – als Folge des durch diese Erkenntnis u.U. erfolgenden „soziodramatischen Schocks" – ggf. auch zu beseitigen. Das S. kann auch ohne therapeutische Absichten zu rein diagnostischen Zwecken benutzt werden (z.B. *Sociodramatic Performance Test,* → Leistungstest, soziodramatischer). R.Kl.

Soziogenese, Bezeichnung, die darauf hinweist, dass ein Verhalten oder eine Entwicklung des Individuums (z.B. eine Krankheit, eine neurotische Störung) durch die sozialen Lebensumstände entstanden ist und nicht durch soziale Faktoren (insofern Gegenbegriff zu → psychogen). W.F.H.

Soziogramm, grafische Darstellung der Ergebnisse eines soziometrischen Tests. Die Gruppenmitglieder werden dabei im Allgemeinen als Punkte dargestellt, die auf sie entfallenden oder von ihnen ausgehenden positiven und negativen soziometrischen Wahlen als Linien oder Pfeile. R.Kl.

Soziographie, [1] von R. Steinmetz (1913) begründete niederländische Forschungsrichtung, die ähnlich wie die Ethnologie die gesamte Sozialstruktur eines Gebietes (Stadt, Region) beschreibt. Die S. ist in den Niederlanden bis heute Teil der praktischen Raumplanung. [2] Bei R. Heberle wird die S. stärker soziologisch als Untersuchung der Verhaltensweisen bestimmter Bevölkerungsgruppen bestimmt. J.F.

Soziokratie, von A. Comte geprägter Begriff (1851–54) für eine Ausrichtung der politischen Herrschaft und Verwaltung an seiner Soziologie. Diese sollte einerseits eine Zivilreligion konstituieren (→ *civil religion*), und die von ihr ermittelten Regeln und Gesetzmäßigkeiten der Gesellschaft sollten andererseits die politischen

S

Entscheidungen präjudizieren. Comtes Überlegungen fanden keine Beachtung. S. wird heute selten – und zumeist nur in polemischem Kontext – als Begriff aufgegriffen.   O.R.

Soziolekt, Gesamtheit der gemeinsamen Sprachgewohnheiten innerhalb einer sozial (nicht geographisch) bedingten Gruppe (Schülersprache, Fachsprache, Gaunersprache).   A.H.

Soziolinguistik → Sprachsoziologie

Soziologie der Emotionen → Emotionssoziologie

Soziologie der Gefühle → Emotionssoziologie

Soziologie der Kommunikation → Kommunikationssoziologie

Soziologie der Objekte, von P. Bourdieu (1982) vorgeschlagenes Arbeitsfeld, das sich mit der Aneignung der Dinge in der Sozialisation und der dadurch erreichten Prägung der körperlichen Empfindungen und Gewohnheiten befassen soll; es soll die Dinge als „vergegenständlichte (Klassen-)Beziehungen" auffassen.
                                                     W.F.H.

Soziologie der Soziologie, ein Spezialgebiet der → Wissenschaftssoziologie, das sich mit der Soziologie als einer sozialen Erscheinung befasst. In der S. d. S. macht sich die Soziologie selbst zum Forschungsgegenstand.   R.Kl.

Soziologie, frz. *sociologie,* erhielt den Namen von A. Comte (1787-1857) und hat seitdem zu einer umfassenden Wissenschaft von den Menschen in ihren Zusammenhängen entwickelt. Die S. ist eine „kollektive und intersubjektiv-diskursive Einrichtung zur wissenschaftlichen Selbstbeschreibung von Gesellschaften" (D. Kaesler 2005). Anfänglich war noch angenommen worden, die S. könne menschliche Zusammenleben gesetzeartig erklären und danach vernünftig gestalten. Tatsächlich nahm die S. seit etwa 1900 einen grandiosen Aufschwung, eingeleitet durch die Schriften von É. Durkheim, M. Weber und G. Simmel. Dies gipfelte in ihrer akademischen Institutionalisierung und in dem theoretischen System von T. Parsons (1902–1979), womit man die Strukturen und Funktionsbedingungen aller Gesellschaften erkannt zu haben glaubte und eine starke Nachfrage nach den Produkten der S. hervorrief (1970er Jahre). Doch inzwischen sind die Illusionen einer → *grand theory* und eines unaufhaltsamen Fortschritts zerstoben; die S. ist in ihren Versprechungen bescheidener geworden. Zugleich hat sie sich in der Wissenschaftslandschaft, im politischen Denken und auch in dem Beschäftigungssektor fest verankert.

Heute existiert unangefochten *eine* Fachdisziplin S. Deren Inhalt lässt sich allerdings nicht mehr in einer einzigen Theoriesynthese vereinigen (Ausnahme: das „Modell einer soziologischen Erklärung" von H. Esser [mehrere Bände, 1999–2001], ausgehend von der → Wert-Erwartungs-Theorie). Auch besitzt die S. nirgends scharfe Ränder, hält sich vielmehr zu allen Seiten offen, um Impulse empfangen, soziologisch verarbeiten und weitergeben zu können. Nicht einmal der Begriff S. steht unbezweifelt fest. Zumeist wird S. mit „Wissenschaft von der Gesellschaft" übersetzt, doch einige renommierte Fachvertreter (wie F.H. Tenbruck) vermeiden das Konzept → Gesellschaft. Als ein Grund für diese vermeintliche Unklarheit wird genannt, dass Begriff und Inhalt der S. mit ihrem Forschungsgegenstand überaus eng verbunden sind und sich mit ihm fortwährend wandeln. Die historische und interkulturelle Vielfalt der Gesellschaftsformationen zieht die Flexibilität der S. notwendig nach sich.

Der multiparadigmatische Charakter der S. verwirrt alle, die sich dem Fach erstmals nähern. Doch lassen sich die verschiedenen Strömungen auch übersichtlich ordnen. Eine Zweiteilung trennt → Makro- und Mikro-S. Die gegenwärtigen Theoriebemühungen der S. können nach ihren Themen und Erkenntnismethoden zu sechs Schulen gruppiert werden: 1. eine historisch-rekonstruktionistische S., mit kritischen Analysen zu Macht und Subjekt; 2. Gesellschaftsvergleiche zu den Entwicklungen nach der „ersten Moderne"; 3. die interpretative S., welche die Sinnwelten untersucht; 4. die reflexive S., mit Zeitdiagnosen und Reformanliegen; 5. quantifizierend-formalisierende Ansätze, welche Akteure und Netzwerke studieren; 6. Ansätze zur Analyse der „Postmoderne" (Typologie von D. Kaesler 2005). Die Vielzahl der Richtungen ärgert diejenigen, die hier einfache Antworten erwarten; doch wird offenbar nur sie der Mannigfaltigkeit gesellschaftlichen Lebens gerecht. Nicht vergessen sei, dass neben dem polyphonen Theoriediskurs ein ebenso großes wie einvernehmlich gehandhabtes Inventar an Methoden der empirischen Sozialforschung und Datenanalyse besteht. Schließlich bezieht sich die S. auf Themen und Probleme, die in der Gesellschaft entstehen und in der S. mit praktischer Relevanz bearbeitet werden. So stellt sich die Einheit der S. im Dreischritt von Theorien, Methoden und Problemen her.   R.L.

Soziologie, allgemeine [1] die Kategorien und vor allem auch die Hypothesen, mit denen soziales Verhalten in den verschiedenen Lebensbereichen erklärt wird.   R.L.

[2] In der strukturell-funktionalen Theorie: das Insgesamt soziologischer Kategorien, die nach logischen Regeln zu einem Kategoriensystem

verknüpft werden, das zur Beschreibung und Erklärung empirischer Sachverhalte erforderlich ist. **B.W.R.**

Soziologie, angewandte → Bindestrichsoziologie

Soziologie, autopoietische → Autopoiesis

Soziologie, biologische, allgemeine Bezeichnung für die soziologischen Richtungen des 19. Jahrhunderts, die biologische Begriffe und Theorien zur Analyse gesellschaftlicher Erscheinungen verwandten. Die b. S. geht zumeist auf die verbreitete sozialphilosophische Analogie zurück, dass die Gesellschaft gleich dem Körper ein Organismus sei, dessen Teile erst durch das Zusammenwirken eine Lebenschance hätten. Allgemeine Anerkennung fand zeitweilig der Biologismus in der Soziologie durch die Übernahme der Darwin'schen Theorie, womit das Bestehende im Überleben als das Bessere gerechtfertigt wurde (so z.B. W.G. Sumner). Bekannteste Vertreter einer b. S. sind von P. von Lilienfeld, H. Spencer, A. Schäffle, aber auch noch R. Worms. Die b. S. ist, soweit sie die Gesellschaft als Organismus definiert, identisch mit der organischen bzw. organizistischen Soziologie. **O.R.**

Soziologie, Deutsche, Eigenbezeichnung der zwischen 1933 und 1945 in Deutschland tätigen Soziologen für die von ihnen vertretene Ausrichtung der Soziologie, die dem Nationalsozialismus verpflichtet sei. Die D. S. ging davon aus, dass mit Überwindung des Kapitalismus durch den Nationalsozialismus auch nicht mehr die durch Klassen geprägte Gesellschaft das aktuelle Zusammenleben repräsentiere, sondern das Volk. Die D. S. empfahl sich dem NS-System erst als „praktische Wissenschaft", da sie zur „Volkwerdung" beitragen könne; ab 1936 verstand sich die D. S. dann als „angewandte Wissenschaft", da sie mit ihren Kenntnissen über soziales Geschehen helfen könne, die NS-Ordnung planmäßig aufrechtzuerhalten, bzw. Instrument des Regimes sein könne, um Feinden des Systems zu begegnen. Die wichtigsten Vertreter der D. S. waren: H. Freyer, G. Ipsen, R. Höhn, M. Rumpf, K.-H. Pfeffer. **O.R.**

Soziologie, dialektische, die an die Hegel-Marx'sche Tradition der Dialektik anknüpfende geisteswissenschaftliche Richtung der S., deren wichtigste Kennzeichen sind: a) „gesellschaftliche Totalität" als Bezugspunkt: Die isolierte Betrachtung von Phänomenen wird als „Verdopplung der Wirklichkeit" abgelehnt, da sie nur im Zusammenhang mit den objektiven historisch-gesellschaftlichen Bedingungen zu begreifen seien. Ebenso leugnet die d. S. die logische Trennung von Methode und Problemauswahl, die beide in den Gegenstand eingehen. b) Damit wird auch die methodische Trennung von Wissenschaft und Ethik in Frage gestellt. Theo-

rie wird als Gesellschaftskritik aufgefasst: Analyse und Bewertung der Wirklichkeit nach dem Maßstab des gesellschaftlich Möglichen. c) Hermeneutik als Methode: Da Forschung wie der soziologische Gegenstand immer durch „vorgängige Erfahrung" präformiert seien, könne die Analyse nicht ahistorisch oder unabhängig von den Interpretationen der beteiligten Individuen erfolgen. d) Begriff der Vermittlung: Subjekt und Objekt, Begriff und Gegenstand, Idee und Wirklichkeit werden im Denken „vermittelt", ihre Differenz „aufgehoben", wodurch Widersprüche aufgelöst und rationales Begreifen auf einer höheren Stufe möglich werden. **H.L.**

Soziologie, engagierte, folgt dem Prinzip, dass die Auswahl soziologischer Untersuchungsgegenstände nach politischen oder sozialethischen Motiven erfolgen soll, d.h. aufgrund einer Einsicht in die Notwendigkeit gesellschaftlicher Veränderungen. Der engagierte Soziologe versucht, mögliche praktische Implikationen seines Wissens abzuwägen und auf unerwünschte Folgen hin zu prüfen sowie seine Erkenntnis politisch wirksam werden zu lassen. **H.L.**

Soziologie, enzyklopädische, Bezeichnung für die streng erfahrungswissenschaftlichen soziologischen Richtungen des 19. Jahrhunderts, die die Gesamtheit der Gesellschaft zum Objekt hatten. Die e. S. verstand sich als Naturwissenschaft, die Elemente der Ordnung des sozialen Gefüges und die Gesetzmäßigkeiten des gesellschaftlichen Fortschritts zu analysieren habe. Da vorausgesetzt wurde, dass eine gesetzmäßige unmittelbare Verbindung zwischen sozialem Bewusstsein und Sein herrscht, glaubte die e. S. die Spitze der Wissenschaftenhierarchie einzunehmen. Methodologisch fühlten sich die Vertreter der e. S. den Enzyklopädisten des 18. Jahrhunderts verpflichtet, politisch galten sie als Anhänger der Restauration. **O.R.**

Soziologie, experimentelle, soziologische Forschungsrichtung, die sich der experimentellen Methoden der Herstellung, Kontrolle und Veränderung von Bedingungen und Variablen bedient. Die e. S. ist zum größten Teil auf das Gebiet kleinerer Gruppen und Organisationen beschränkt, da es außerhalb des Laboratoriums nur schwer möglich ist, den Einfluss relevanter Größen zu kontrollieren, Bedingungen systematisch zu variieren. **H.W.**

Soziologie, formale, Bezeichnung für die auf G. Simmel zurückgehende soziologische Betrachtungsweise, die nach den Formen der Vergesellschaftung als dem der Soziologie eigenen Objektbereich fragt. Diese Objektbestimmung der Soziologie ist analytisch; sie bedient sich der Abstraktion von Form und Inhalt als in der Wirklichkeit untrennbaren Elementen. Unabhängig von deren jeweiligen Inhalten ist Soziologie die Wissenschaft von den Formen, in denen Individuen sinnhaft aufeinander bezogen agieren und miteinander in Wechselwirkung stehen. Die außerwissenschaftliche Legitimation für diese wissenschaftliche Reduktion der Komplexität der Wirklichkeit sieht Simmel in der Struktur der Objektivität, in der Tatsache nämlich, „daß die gleiche Form der Vergesellschaftung an ganz verschiedenem Inhalt, für ganz verschiedene Zwecke auftritt, und umgekehrt, daß das gleiche inhaltliche Interesse sich in ganz verschiedene Formen der Vergesellschaftung als seine Träger oder Verwirklichungsarten kleidet". Historisch wird für Simmel Soziologie als Wissenschaft erst dann möglich, wenn die vorausgehende, sich an verschiedenen Inhalten und Objekten orientierende wissenschaftliche Differenzierung abgeschlossen ist und durch die höhere Differenzierungsstufe von Form und Inhalt, von Objekt und Betrachtungsweise ersetzt werden kann. Die Aufgabe einer solchen soziologischen Betrachtungsweise sieht Simmel darin, dass zunächst die einzelnen Formen der Vergesellschaftung, die Über- und Unterordnung, die Konkurrenz, die Existenz von Parteiungen, Klassen und sozialen Kreisen unter dem Aspekt der Wechselwirkung darzustellen seien, um dann diesen jeweiligen Vergesellschaftungsformen, ihren Bedingungen, Funktionen und Ausprägungen in den verschiedensten Teilbereichen und historischen Epochen nachzugehen. Als weitere Vertreter einer formalen Soziologie gelten L. von Wiese, A. Vierkandt, F. Tönnies, W. Sombart und E. Dupréel; in die amerikanische Soziologie fand die formale Soziologie Eingang durch die Arbeiten von E.A. Ross, A.W. Small, H. Becker.   B.S.

Soziologie, geistwissenschaftliche → Noo-Soziologie

Soziologie, historische, [1] Bezeichnung für eine soziologische Forschungsrichtung, die die soziale Realität als historisch gewordene aufweist. Die h. S. analysiert dabei die historisch nachweisbaren, sozial bedingten Möglichkeiten, die in der Entwicklung negiert wurden. Zumeist enthält sich die h. S. jeder Art von Prognose als spekulativen Aspekt des Theorieverständnisses. [2] Bezeichnung für einen soziologischen Forschungsansatz, der historische Prozesse im Vergleich generalisiert, um zeitlose Regelhaftigkeiten zu erkennen. Bedeutsam ist diese Richtung vornehmlich im Rahmen der Theorie des sozialen Wandels.   O.R.

Soziologie, interpretative, allgemeiner Begriff für theoretische Ansätze, deren Prämisse lautet, dass soziale Wirklichkeit von den Handelnden in und durch Interpretationsleistungen aktiv konstituiert wird. Gegenstand der i. S. sind alltägliche Sinngebungsprozesse, die interpretativ zu rekonstruieren sind. Wichtige Ansätze: Symbolischer Interaktionismus, Phänomenologische Soziologie, Ethnomethodologie.   M.M.

Soziologie, klinische, *clinical sociology*, angewandte Soziologie mit dem Ziel einer Veränderung der Situation von Individuen oder Kollektiven nach einem Maßstab des normalen oder erwünschten Zustands. Im Unterschied zur analytischen S. dient die k. S. unmittelbar dem Handeln der Beteiligten, nicht der theoretischen Erkenntnis. Sie berücksichtigt daher alle realen, auch die besonderen Bedingungen des Feldes und leitet daraus neue Verhaltensmöglichkeiten ab.   H.L.

Soziologie, ländliche → Agrarsoziologie [2]

Soziologie, mathematische, Bezeichnung für formalisierte soziologische Theorien, deren Aussagen (Definitionen, Axiome, Theoreme) in Interpretationen mathematischer Modelle bestehen. Solche Modelle stellen z.B. die → stochastischen Prozesse dar, die für die Analyse von Mobilitäts- und Diffusionsprozessen oder für Lernvorgänge in kleinen Gruppen ausgewertet werden. Die Wahl mathematischer Modelle soll u.a. eine adäquate Beschreibung komplexer Strukturen und Prozesse, Widerspruchsfreiheit und Ableitbarkeit von Theoremen, Hypothesen erlauben. Die Güte eines mathematischen Modells hängt mit davon ab, in welchem Maße eine Vielzahl mathematischer Operationen im Modell inhaltlich interpretierbar sind. Da das Modell keinen bestimmten Sachverhalt in der Realität, sondern Klassen möglicher Strukturen und Prozesse beschreibt, müssen jeweils statistische Modelle der Schätzung von empirischen Werten, Parametern hinzutreten, anhand derer die Aussagekraft des Modells beurteilt werden kann.   H.W.

Soziologie, mechanische, eine vornehmlich im 19. Jahrhundert vertretene Richtung, die in Analogie zur Physik das Soziale, wie es erfahren werden kann, als durch Naturgesetze vermittelt und geordnet ansah. Das Ziel der m. S. war es, die Gesellschaft auf wenige Elemente (z.B. Triebe, Bedürfnisse, Ideologien) zu reduzieren und die Gesetzmäßigkeiten ihres Zusammenwirkens zu analysieren, um den sozialen Prozess und gesellschaftliche Alternativen erfassbar zu machen. Als Hauptvertreter gelten G. Tarde und V. Pareto. Im weiteren Sinne werden heute mit m. S. alle Anschauungen bezeichnet, die mit mechanischen Bildern und Analogien soziologische bzw. soziale Probleme adäquat fassen zu können glauben.   O.R.

Soziologie, medizinische → Medizinsoziologie

Soziologie, naturalistische → Naturalismus [2]

Soziologie, organische, eine soziologische Anschauung im 19. Jahrhundert, die das gesellschaftliche Sein und Werden in Analogie zum Biologischen sieht. Zur o. S. werden u.a. gerechnet: A. Comte, die Vertreter der → organizistischen Soziologie, des → Evolutionismus, des → Sozialdarwinismus.   O.R.

Soziologie, organizistische, eine soziologische Richtung im 19. Jahrhundert, nach der die Gesellschaft ein Organismus ist (→ Körper, sozialer) und folglich ihre Strukturierung und das soziale Geschehen nur mit biologischen Kriterien erfasst werden können. Biologische Gesetze wurden von der o. S. unmodifiziert auf das Soziale angewendet. Als Vertreter der o.n S. gelten u.a. a. A. Schäffle, P. von Lilienfeld, A. Nowikow. → Organizismus   O.R.

Soziologie, pädagogische, [1] Teildisziplin der Soziologie, die Erziehung und Bildung als gesellschaftliche Vorgänge untersucht sowie deren Auswirkungen auf andere soziale Bereiche. Insofern ist p. S. Oberbegriff für Erziehungssoziologie (deren Schwerpunkte bei Kindheit und Familienerziehung liegen) und Bildungssoziologie (deren Schwerpunkte bei Schule, Lernen, Bildung liegen). Viele Überschneidungen bestehen zur Sozialisationsforschung (ein Begriff, der in den letzten Jahrzehnten häufiger verwendet wird, allerdings nicht eigentlich eine Teildisziplin meint, sondern einen disziplinübergreifenden Forschungsbereich).
[2] Eine Hilfswissenschaft der Pädagogik. Sie untersucht die im engeren Sinne sozialen Bedingungen des Lernprozesses einzelner (Unterrichtssituation usw.), um die pädagogische Praxis effektiver zu machen.
[3] *educational sociology,* Bezeichnung für den älteren Anspruch der Soziologie, der Pädagogik die gesellschaftlichen Ziele und Normen vorzugeben.   E.D./W.F.H.

Soziologie, phänomenologische. Vielfach wird die phänomenologische Analyse der → Lebenswelt des Alltags, wie sie in der Tradition von A. Schütz betrieben wird, als p. S. bezeichnet. Es ist jedoch umstritten, ob diese Anwendung der → Phänomenologie auf den Bereich des sozialen Handelns eine soziologische Theorie, vergleichbar dem → Symbolischen Interaktionismus oder dem → Strukturfunktionalismus, ist, oder ob es sich um → Protosoziologie handelt.   M.M.

Soziologie, politische, auch: Politiksoziologie. Bei ungeklärter Abgrenzung zur Politischen Wissenschaft befasst sich die p. S. mit dem politischen Bereich der Gesellschaft und seinem Zusammenhang mit anderen Bereichen. Wichtige Gegenstände sind dabei die Entstehung, Verteilung, Erringung und Erhaltung von politischer Macht, die politischen Parteien als Organisationen und in ihrem Verhältnis zueinander, die Interessengruppen, das Wahlverhalten, das politische Interesse der Bevölkerung, das Verhältnis der drei Gewalten zueinander und zu den Interessengruppen, die internationalen Beziehungen und Organisationen der Völker, die Entstehungsbedingungen von zwischenstaatlichen Konflikten, die Gründe für das Auftreten von Protestbewegungen und deren politische Kraft, die vergleichende Untersuchung der Staats- und Regierungsformen kapitalistischer und sozialistischer Gesellschaften, Entstehung und Wandel von politischen Haltungen und von entsprechender Handlungsbereitschaft. Die verschiedenen theoretischen Ansätze der p.n S. entsprechen weitgehend denen der allgemeinen Soziologie.   W.F.H.

Soziologie, reflexive, Bezeichnung für eine Reihe methodologischer Programmatiken (z.B. die Ethnomethodologie), die als allgemeinen Grundtatbestand die nicht hintergehbare Zugehörigkeit der Soziologie zu ihrem gesellschaftlichen Untersuchungsfeld herausstellen. Die Aussagen der Soziologie sind Bestandteil des Feldes, über das sie etwas aussagen. Subjekte und Objekte der Forschung sind nicht unabhängig, sondern bedingen sich gegenseitig. Soziologische Messungen (A.V. Cicourel 1964) müssen daher reflexiv sein, d.h. das Grundverhältnis anerkennen, sich auf die jeweilige Situation im Verhältnis zu ihren Objekten und damit auf sich selbst „zurückbeziehen". Im strengen Sinne kennt die r. S. keine „Daten".   H.W.

Soziologie, reine, svw. → formale Soziologie

Soziologie, spezielle → Bindestrichsoziologie

Soziologie, strukturalistische, eine in enger Verwandtschaft zur Kultur- und Sozialanthropologie und Linguistik entstandene Richtung der Soziologie auf der methodischen Grundlage des sog. Strukturalismus (C. Lévi-Strauss u.a.). Die s. S. versucht, über Beobachtung, Vergleich und Klassifikation sozialer Tatbestände (Sprache, Bräuche, Symbole, Verwandtschaftssysteme usw.) die invarianten Grundstrukturen von Gesellschaften synthetisch zu rekonstruieren und aus ihnen Unterschiede zwischen Gesellschaften zu erkären. Die Struktur wird dabei als unabhängig von den Inhalten wirkendes Regulativ oder Wesen der Gesellschaft interpretiert. H.L.

Soziologie, subjektive, bezeichnet bei R. König (1937/1975) ein Wissen vom Sozialen, das durch Radikalisierung von im sozialen Handeln schon vorhandenem Sinn entsteht, ohne jedoch eine unabhängige Perspektive auf das soziale Leben zu gewinnen, ohne sich vom Existenziellen zu lösen. Hauptformen der s.S. seien der Sozialismus, die Lebens- und Existenzphilosophie sowie der Nationalsozialismus.   W.F.H.

S

Soziologie, transzendentale, eine soziologische Richtung, die sich nicht mit sozialen Tatbeständen allein beschäftigt, sondern vornehmlich mit der Erkenntnisart dieser Tatbestände, insoweit dieses *a priori* möglich ist. Die Aufgabe der t. S. ist somit, „Sinn und Grenzen des Sozialen und des soziologischen Denkens zu bestimmen" (H. Schelsky 1959).   O.R.

Soziologie, universalistische, Bezeichnung für die von O. Spann vertretene Auffassung, dass soziale Gebilde mehr und früher sind als ihre Teile, die Individuen. Die gesellschaftliche Wirklichkeit wird als verwirklichter, ausgegliederter Geist verstanden; dabei kann Geist bloß in „Gezweiung", d.h. in realer menschlicher Gemeinschaft wirklich sein, die dadurch nur als geistiger Gehalt begriffen werden kann. Die u. S. wurde von Spann in bewusster Absetzung zu jeder individualistischen Auffassung entwickelt und ist prinzipiell in der Vorgehensweise deduktiv, nicht empirisch und teleologisch. Dies meint jedoch nicht, dass „individualistische Soziologien" nach Spann durch die u. S. überflüssig geworden sind, sie haben ihr aber als Zielvorstellungen zu weichen.   O.R.

Soziologie, verhaltenstheoretische → Verhaltenssoziologie

Soziologie, verstehende, eine S., die von der Deutung des von den Handelnden selbst gemeinten subjektiven Sinnes sozialer Verhaltensweisen ausgeht. Methodologisches Hauptinstrument ist der Idealtypus. → Methode, verstehende   W.L.B.

Soziologie, wertfreie → Wertfreiheit

Soziologie, visuelle, eine soziologische Arbeitsrichtung, die bildhafte Dokumente, hauptsächlich Fotografien und Filme, untersucht. Dabei wird sowohl aufgefundenes Material, z.B. Musikvideos, Spielfilme oder Amateurfotos, als auch zu Forschungszwecken erhobenes verwendet. Die Bildobjekte können in drei – interdependenten – Dimensionen analysiert werden: erstens der Bildinhalt, das Dargestellte oder Dokumentierte, zweitens die Auswahl und Gestaltung des Bildes durch den Produzenten und drittens die Bildrezeption.   I.K.

Soziologiegeschichte, Geschichte der Soziologie, Bezeichnung für den Zweig der Soziologie, der sich mit ihrer Geschichte als Wissenschaft sozialer Vorgänge, die sich in Theorien niederschlagen, als akademische Disziplin und als Institution beschäftigt. Das jeweils Problematisierte wird historisch gesehen indem es in einer Zeitreihe eingeordnet wird, und zugleich wird es in Beziehung zu anderen historischen Ereignissen und Phänomenen gebracht, die als gesellschaftlich relevant eingeschätzt werden.   O.R.

Soziologismus, meist unter Hinweis auf das Werk E. Durkheims benutzte kritisierende Bezeichnung für ein Denken, das a) Soziales nur mit Sozialem erklären will und somit ausdrücklich auf die Suche nach beispielsweise psychologischen oder historischen Ursachen für soziale Tatbestände verzichtet und das b) dem Sozialen in sämtlichen Bereichen menschlichen Zusammenwirkens eine eigenständige Bedeutung als Wirkgröße und als Gegenstand der Wissenschaft zumisst.   F.H.

Soziologismus, erkenntnistheoretischer, das Unterfangen, die Sätze der Logik und der Erkenntnistheorie auf soziale Tatsachen zurückzuführen.   O.R.

Soziologismus, methodologischer, die Soziologie, die beansprucht, dass ihre Begriffsmodelle und Erklärungsprinzipien auf andere Wissenschaften als allein gültige übertragen werden müssen.   O.R.

Soziologismus, systematischer, Soziologie, die sich die zentrale Stellung im Gesamtsystem der Sozialwissenschaften oder der Wissenschaften überhaupt zuschreibt; so hatte z.B. die Soziologie in der Wissenschaftssystematik A. Comtes die Spitze inne.   O.R.

Soziomatrix, Darstellung der Ergebnisse eines soziometrischen Tests in Matrizenform (Tabellenform). So können die Mitglieder der untersuchten Gruppe in der Randspalte der Matrix als Wählende, in der Randzeile als Gewählte erscheinen; in die einzelnen Zellen der Matrix kann dann eingetragen werden, wer von wem gewählt oder abgelehnt wurde und wer nicht. Die Spaltensummen ergeben dann die Grundlage für die Berechnung des → soziometrischen Status der einzelnen Gruppenmitglieder, während die Zeilensummen die → soziale Expansion der einzelnen Individuen anzeigen. R.Kl.

Soziometrie, [1] Bezeichnung für die von J.L. Moreno (ursprünglich für Zwecke der Gruppentherapie) entwickelte Methode zur Messung und Darstellung der sozialen Beziehungen in einer Gruppe. Beim sog. soziometrischen Test (auch: Moreno-Test) werden die Gruppenmitglieder gefragt, welche anderen Mitglieder sie am meisten mögen oder nicht mögen, als Partner in bestimmten Situationen (z.B. Arbeit, Urlaub, Wohnung, Party) bevorzugen oder ablehnen oder mit wem sie tatsächlich interagieren und mit wem nicht. Die Antworten werden als „positive Wahlen" bzw. als „negative Wahlen" oder „Ablehnungen" bezeichnet. Moreno selbst hebt besonders die Aufgabe des soziometrischen Tests hervor, „die Differenz, den Konflikt zwischen der aktuellen, offiziellen Struktur einer Gruppe und der durch die Wahlen zum Ausdruck gekommenen Struktur" zu messen. Die Ergebnisse

des Tests können grafisch durch das → Soziogramm oder in Matrizenform (→ Soziomatrix) dargestellt werden.
[2] Im weiteren Sinne wird mit dem Begriff der S. bisweilen auch die Messung sozialer Tatbestände überhaupt bezeichnet. R.Kl.

Soziomorphismus, Übertragung sozialer Phänomene auf nichtsoziale Sachverhalte in der Natur oder auf religiöse Vorstellungen (z.B. Hierarchie und Streit unter Göttern oder die Änderung des auch strafenden zum nur noch liebenden christlichen Gott im Zuge der Entwicklung der neuzeitlichen Pädagogik). V.Kr.

Sozionik, Bezeichnung eines umstrittenen Versuchs zur peridisziplinären Integration soziologischer und informationstechnischer Forschungsstrategien und Theoriebildung. Untersuchungsgegenstände sind die Mensch-Maschine-Interaktion und das „Sozialverhalten" künstlicher Akteure (Roboter und Agenten in Netzwerken); Ziele sind die Berücksichtigung soziologischer Modelle bei der Konstruktion verteilter künstlicher Intelligenz und die Abschätzung der Möglichkeiten und Grenzen künstlicher Sozialität. M.S.

Soziopathie → Psychopathie

Soziosomatik, in Anschluss an G. Simmel die Soziologie des organischen Körpers. Aufgabe der S. ist es, Form und Inhalt der Einflussnahme der Gesellschaft auf die Funktionen des Organismus und die der Abhängigkeit der gesellschaftlichen Strukturierung vom menschlichen Organismus sowie die Wechselwirkung zwischen beiden zu erforschen. O.R.

Soziosophie, ein von T. Geiger (1929) geprägter Begriff für die europäische präwissenschaftliche Lehre von der menschlichen Gesellschaft, die über eine spekulative Problematisierung des Wesens der Gesellschaft Tugenden als Zweck des sozialen Ganzen und seiner Teile bestimmte. O.R.

Soziotechnik → Sozialtechnologie

Soziotop, Bezeichnung der Sozialökologie (T. Bargel u.a. 1981) für das je spezifische sozialräumliche Feld, in dem Familien wohnen und Kinder sozialisiert werden: Unterschiedliche Wohnverhältnisse, demographische Strukturen, kulturelle und Infrastrukturausstattung (Kindergarten, Schulen usw.), lokale Milieubedingungen usw. bilden miteinander kombiniert das Bedingungsfeld für Alltagserfahrungen, Lebensstile, Sozialisationsprozesse und Lebenschancen (z.B. traditionelle Landgemeinde, Kleinstadt, traditionelles Industriearbeiterviertel, innerstädtische City). Eine solche Typologie von S. will die einfache Stadt-Land-Unterscheidung ausdifferenzieren sowie Vereinfachungen der schichtspezifischen Sozialisationsforschung durch Einbezie-

hung sozialökonomischer Variablen überwinden. W.F.H.

Soziozentrismus, bei E. Durkheim Bezeichnung für den Tatbestand, dass die Kategorien des menschlichen Denkens und Empfindens bedingt und geformt werden von den jeweils erfahrenen sozialen bzw. gesellschaftlichen Verhältnissen. S. ist eine Kritik an der Auffassung, dass a) die Vorstellungen über soziale Tatbestände bedingt werden durch vorgegebene (angeborene) Muster menschlichen Denkens oder dass b) die kognitiven und affektiven Muster menschlichen Verhaltens aus dem Typus der Beziehungen des Einzelmenschen zu seiner Umwelt resultieren. F.H.

Spannung, [1] soziale S., Bezeichnung für einen Zustand des mehr oder weniger latenten sozialen Konflikts (→ Konflikt [1]), in dem sich feindliche Gruppen und Interessen gegenüberstehen.
[2] Psychische S., Bezeichnung für einen Zustand hoher Erregung, der als innerer „Druck", als Unruhe und Unbehagen empfunden und theoretisch meist als „Stau" psychischer Energie oder „Triebstau" interpretiert wird. R.Kl.

Spannungsbewältigung, *tension management,* Bezeichnung für die Techniken, mit denen man die Tendenzen und Diskrepanzen, welche die Zielverfolgung einer Person, Organisation oder Gruppe stören, auszugleichen versucht. Nach H.P. Dreitzel muss einerseits das Individuum seine verschiedenen Rollen so verteilen, dass ein Minimum an Bedürfnisbefriedigung und affektiver Bindung gesichert ist, und andererseits müssen Organisationen und Gruppen dafür sorgen, dass ihren Mitgliedern die Ausführung personbezogener Rollen möglich bleibt. Die Aufgabe der S. gilt in modernen Gesellschaften als der Familie übertragen. R.L.

Spannungsniveau, in feldtheoretischer Terminologie (K. Lewin) der Intensitätsgrad der konfligierenden Kräfte in einem psychischen oder sozialen Spannungssystem (→ System, gespanntes). Ein hohes S. kann auch und gerade dann gegeben sein, wenn keine Bewegung (→ Lokomotion) stattfindet, z.B. bei Handlungsunfähigkeit wegen einer Barriere oder in der Scheinruhe unter autoritärem Druck. H.E.M.

Spannungsraum → System, gespanntes

Spannungsschema, eine Geschmacksrichtung, welche die modernen Züge von Tempo und Nervosität (G. Simmel) zum Ausdruck bringt. Genuss findet man dort, wo *action* ist. Beispiele sind Jazz, Rock und Pop in der Musik, Aggressivität und Expression in Literatur, Film und Fernsehen. Der Körper rückt hier ins Zentrum, ganz anders als im → Hochkulturschema. R.L.

Spannungssystem → System, gespanntes

S

Spannweite → Streuungsbreite

Sparsamkeitsprinzip → Ökonomieprinzip

spatial turn (engl.), Umschreibung für die Wiederentdeckung des → Raums *(space)* in den Sozialwissenschaften. Die Kritik am s.t. verweist darauf, dass a) der Raumbegriff nie verschwunden war, dass b) die politisch-ideologischen Implikationen des Begriffs übersehen würden und dass c) die Bedeutung des geografischen, rein physisch-materiellen Raums für soziale Prozesse überschätzt werde. J.W.

Spätkapitalismus, mit vielfältigen Betonungen gebrauchter Begriff, der vor allem in der Frankfurter Schule der Soziologie und in der Studentenbewegung der BRD wichtig war. Er bezeichnet meist die gleichen Entwicklungskennzeichen des Kapitalismus wie die Begriffe → Monopolkapitalismus und → Imperialismus [2], hebt diesen gegenüber jedoch hervor, dass der Kapitalismus historisch überfällig sei. W.F.H.

Spätmoderne, die historische Phase in westlichen Ländern, die sich an das Ende der „Nachkriegszeit" anschließt. Eine S. setzt seit etwa Mitte der 1970er Jahre ein. Sie wird unter wechselnden Bezeichnungen diskutiert, z.B. → Postmoderne, → Zweite Moderne. R.L.

Spearman-Brown Formel, auch: *Spearman-Brown prophecy formula*, Modell für den Zusammenhang zwischen Testlänge (Anzahl der *items*) und der Zuverlässigkeit eines Tests. Ist die Reliabilität eines Tests (seine Korrelation mit einem → Paralleltest) von *m items* als r_m bekannt, dann ergibt sich die Reliabilität des Tests bei einer *n*-fachen Verlängerung aus:

$$r_n = \frac{n r_m}{1 + (n-1)\, r_m}.$$

Die Verlängerung muss dabei aus *items* bestehen, die den ersten *m items* in Inhalt und Schwierigkeit gleichen. Die S.-B. F. zeigt, dass unter bestimmten Voraussetzungen die Zuverlässigkeit eines Tests mit seiner Länge steigt. H.W.

Spearmans Rangkorrelationskoeffizient, Zusammenhangsmaß zwischen Rangreihen, das auf dem Pearson'schen Produkt-Moment-Korrelationskoeffizienten beruht. Bei S. R. werden die Rangreihen als Intervallskalen aufgefasst, wobei angenommen wird, dass die Intervalle zwischen benachbarten Rängen gleich sind. Die Formel für S. R. lautet:

$$r_s = 1 - \frac{6 \sum d^2}{N\,(N^2 - 1)}.$$

Dabei ist N die Zahl der Ränge in der Rangreihe und d die Differenz zwischen den Rangplätzen einer untersuchten Einheit in den Rangordnungen. H.W.

species (lat.) → Gattung

Spektakel, aus dem Marxismus und der Situationistischen Internationalen hervorgehender zeitdiagnostischer Begriff, der beschreibt, wie das Kapital als Schein und Bild zur beherrschenden Kraft der „Gesellschaft des S." (G. Debord 1967) wird. Das S. ist nicht an visuelle Darstellung gebunden, sondern ein auf Abstraktion beruhender Prozess, der das Subjekt von den Bildern isoliert und als passiven Konsumenten positioniert. Es steht damit im Gegensatz zum Fest, das keine Rollenaufteilung zwischen Betrachter und Spektakel kennt. Die Simulationstheorie von J. Baudrillard generalisiert die These des S. als allgemeinen Referenzverlust moderner Gesellschaften. Seit den 1980er Jahren wird S. meist nur noch in loser Anknüpfung an G. Debord benutzt, um die Vorherrschaft von Bildmedien und Formen der Spektakularisierung des Sozialen (etwa durch Inszenierung von Politik als Medien-Event) zu bezeichnen. U.St.

Spektralanalyse, aus den Naturwissenschaften stammendes Modell in der Zeitreihenanalyse, das annimmt, dass eine Zeitreihe in verschiedene „Frequenzen" und in periodische oder nichtperiodische Komponenten zerlegt werden kann. H.W.

Spekulation, [1] Betrachtung; intuitive, aber logisch geleitete Erfassung eines Ganzen mittels Ideen.
[2] In der antiken Philosophie Bezeichnung für die übersinnliche Schauung des Absoluten, des Göttlichen.
[3] Nach G.W.F. Hegel das dialektische, auf die Totalität des Wirklichen und Wahren gehende Denken. S. beinhaltet so die kritische Selbstreflexion des → Verstandes.
[4] Umgangssprachlich: bloße Einbildung, ein empirisch und/oder logisch nicht kontrolliertes Denken. O.R.
[5] Im Handel (vor allem im Börsen-, Wertpapier-, Devisen-, Waren- und Immobiliengeschäft) Bezeichnung für Käufe und Verkäufe, die allein zu dem Zwecke getätigt werden, vom „Spekulanten" erwartete Preisveränderungen auszunutzen und so möglichst hohe „S.sgewinne" zu erzielen. R.Kl.

Sperre, kulturelle, allgemeine Bezeichnung für die kommunikations- und interaktionseinschränkende Wirkung der kulturellen und sprachlichen Eigenart sozialer Systeme im Verhältnis zu anderen. W.F.H.

SPES → Sozialberichterstattung, gesellschaftliche

Spezialisierung, [1] Beschränkung auf, Erfassung, Darstellung und/oder Entwicklung von einzelnen Eigenschaften, Merkmalen, Tätigkeiten, Aufgaben etc.
[2] Im Zuge der strukturellen und funktionellen Differenzierung sozialer Systeme erfolgende Aufgliederung multifunktionaler Positionen und Rollen in arbeitsteilig differenzierte.
[3] Mit fortschreitender Arbeitsteilung einhergehende Beschränkung auf die Verrichtung einzelner, aus umfassenderen Aufgaben oder Arbeiten ausgegliederten Teilaufgaben oder -arbeiten unter gleichzeitiger Steigerung der hierfür erforderlichen Kenntnisse und Fertigkeiten.

G.B.

Spezialisierung, flexible, allgemein Fertigung von an wechselnden individuellen Ansprüchen orientierten Produkten mittels qualifizierter Arbeit und universell nutzbarer Technik. F. S. stellt ebenso wie die → „neuen Produktionskonzepte" von H. Kern u. M. Schumann einen globalen Deutungsentwurf des industriegesellschaftlichen Umbruchs dar, in dem der technologischen Dimension (Mikroelektronik) und einer damit korrespondierenden Aufwertung menschlicher Arbeit und Notwendigkeit von Kooperation in der Produktion eine zentrale Bedeutung zukommt, die die tayloristische Degradation menschlicher Arbeit beendet. In ihrer Untersuchung „Das Ende der Massenproduktion" (1985) entwickeln die amerikanischen Soziologen M.J. Piore u. C.F. Sabel f. S. als Alternative zum Modell der Massenproduktion. Ausgehend von auf den Massenproduktionsmärkten auftretenden Sättigungstendenzen und mit der Annahme, dass die Entwicklung von Arbeit, Technik und Produktion keiner Kapitallogik folgt, sondern *„industrial devides"* (Wegscheiden), an denen in einer historisch spezifischen Situation über den Gang der Entwicklung entschieden wird (so zu Gunsten des Massenproduktionsmodells am *„first industrial devide"*), mündet die Diagnose in der These eines gegenwärtigen *„second industrial devide"* zwischen Massenproduktion und flexibler Spezialisierung. Einwände richten sich u.a. gegen die Erklärung der bisherigen historischen Entwicklung sowie gegen die ausschließende Alternativsetzung von → Massenproduktion und f. S.

M.Sch.

Spezialisierung, integrative, Konzentration eines Systems oder einer Organisation auf die → Integrationsfunktion, eventuell auf Kosten der Beziehungen zur Umwelt.

H.E.

Spezialist, expressiver – instrumentaler → Führer, expressiver – instrumentaler

Spezialist, sozial-emotionaler → Führer, expressiver – instrumentaler

Spezialistentum, [1] auf hochspezialisiertem Fachwissen beruhende berufliche Qualifikation.
[2] Auf hochspezialisiertem Fachwissen, verbunden mit erworbenem Dienstwissen beruhende, demokratisch kaum kontrollierbare Machtstellungen und Einflussmöglichkeiten.

G.B.

Spezifität – Diffusheit, *specifity – diffuseness,* eine der → *pattern variables* der sozialen Orientierung. Soziale Objekte, insbesondere Interaktionspartner, werden je nach Art der Situation entweder nach spezifischen Rollen oder nach diffusen Eigenschaften, d.h. als unauswechselbare Personen, beurteilt. In einer Sozialbeziehung auf Grund spezifischer Orientierung wird nur ein bestimmter Handlungsbereich relevant (z.B. Verkäufer – Kunde, Anwalt – Klient), in einer diffusen Sozialbeziehung dagegen die Gesamtheit oder eine Vielzahl von Rollen und Dimensionen der Interaktion (so erleben sich z.B. die Mitglieder einer Familie als Träger diffuser Eigenschaften). Die Entwicklung moderner Gesellschaften kann u.a. als Aufsplitterung zahlreicher ursprünglich diffuser Beziehungen und Orientierungen in spezifische beschrieben werden.

H.L.

Spiegel-Selbst, Spiegel-Ich, *looking-glass self,* auch: reflektiertes Selbst, *reflected self,* von C.H. Cooley (1902) eingeführte Bezeichnung für die Auffassung des Individuums von sich selbst, die durch das Bild zu Stande kommt, das seine Interaktionspartner von ihm haben; die Reaktionen der Interaktionspartner auf die Handlungen des Individuums sind also gleichsam der Spiegel, in dem das Individuum sich selbst erblickt, und dieses Spiegelbild formt sein Selbstverständnis. Im S.-S. wird das Individuum sich unter dem Aspekt des Einzelnen oder mehrerer Rollenpartner zum Objekt und gewinnt so die Fähigkeit, sich selbst in einer Beziehung als Rollenspieler zu begreifen.

W.B.

Spiel, faires → Wert eines Spiels

Spiele gegen die Natur, *games against nature,* sind spezielle Zwei-Personenspiele, in denen die Umwelt als zweiter Spieler auftritt. Die Aktivitäten dieses „Spielers" sind die spielrelevanten Umweltzustände. Da ihre Wahrscheinlichkeiten gegeben sind, also nicht aus der Auszahlungsmatrix zu kalkulieren sind, gehören S. g. d. N. zum Bereich der statistischen Entscheidungstheorie.

N.M.

Spiele, experimentelle, sind Spiele, in denen soziale Konfliktsituationen modellmäßig dargestellt werden. Das Spielverhalten der Spieler soll Aufschluss über das Verhalten von Individuen in realen Konfliktsituationen geben. Wegen ihrer größeren Realitätsnähe verwendet man hierzu vorwiegend Nicht-Nullsummenspiele. Besonders häufig wird das → Häftlings-Dilemma-

S

Spiel in experimentellen Untersuchungen benutzt. N.M.

Spielgruppe, Bezeichnung für die sich regelmäßig zum Spielen zusammenfindenden Gruppen gleichaltriger und häufig auch gleichgeschlechtlicher Kinder aus verschiedenen Familien (z.B. in einer Nachbarschaft), deren Bedeutung hauptsächlich darin gesehen wird, dass sie zu einer Verselbstständigung der Kinder gegenüber den Eltern beitragen. Bei älteren Kindern und Jugendlichen spricht man eher von → Gleichaltrigengruppe (*peer group*). R.Kl.

Spielmatrix, Auszahlungsmatrix, Bezeichnung der Spieltheorie für die tabellarische Darstellung der Auszahlungen an die Spieler in einem Spiel. Die Zeilen und Spalten der Matrix werden von den möglichen Aktivitäten der Spieler gebildet, in der Matrix stehen die Auszahlungen (Gewinne oder Verluste) an die Spieler: Die Größen a_{ij} und b_{ij} sind die Auszahlungen an die Spieler, wenn sie die Aktivitäten α_i und β_j ergreifen, Spieler 1 erhält a_{ij}, Spieler 2 b_{ij}. Ist $a_{ij} = -b_{ij}$, so liegt ein Nullsummenspiel vor, gilt diese Bedingung für alle oder einige Auszahlungen nicht, dann besteht ein Nicht-Nullsummenspiel. N.M.

Spielsinn, bezeichnet bei P. Bourdieu (1999) den (nicht kalkulierten) „Sinn für die wahrscheinliche Zukunft", „die Kunst der praktischen Vorwegnahme der in der Gegenwart enthaltenen Zukunft", insofern bedeutungsähnlich mit → Platzierungssinn. W.F.H.

Spieltheorie, *game theory*, ist eine mathematische Theorie zur Analyse und Lösung strategischer Optimierungsprobleme unter dem Minimaxkriterium. Der konkrete Verlauf eines Spiels, die Partien, werden vollständig festgelegt durch die Anzahl der Spieler und die Regeln. Die Regeln enthalten Angaben über die mögliche Anzahl der Spieler, die Reihenfolge der Züge, die zugänglichen Informationen über den bisherigen Verlauf einer Partie, die Endlichkeit der Partien und die Auszahlungen an die Spieler nach jeder Zugfolge oder nach Beendigung einer Partie. Man unterscheidet Zwei-Personen- und N-Personenspiele, Spiele mit vollständiger und unvollständiger Information, endliche und unendliche Spiele sowie Nullsummen- und Nicht-Nullsummenspiele. Ein Spiel lässt sich auf zwei Arten darstellen: In extensiver Form durch einen Entscheidungsbaum oder in Matrixform. Die Anwendung der S. als Modell für strategische Konflikte, insbesondere auf sozialwissenschaftliche Probleme, wirft folgende Probleme auf: Die Konfliktstruktur muss vollständig durch Regeln erfasst sein, diese müssen allen Spielern, also den am Konflikt beteiligten Personen, bekannt sein; das Konfliktverhalten muss rational

im Sinne der S. sein; es muss eine kardinale Nutzenfunktion über die Partienergebnisse existieren. Wegen der genannten Schwierigkeiten wird die S. vorwiegend als Formulierungshilfe bei der Deskription strategischer sozialer Konflikte und zur Erstellung experimenteller Spiele für die Erforschung von Kleingruppenkonflikten und die Simulation sozialer strategischer Konflikte verwendet. Weitere Anwendungsgebiete sind: Militärstrategie, *Operations Research*, Wirtschaftstheorie und Regelungstheorie. N.M.

spill-over (engl.), Überlauf, bezeichnet einen Prozess der Übernahme der Zielsetzungen eines Subsystems, die über seinen eigenen Rahmen hinausweisen, durch andere Subsysteme. Auf der Ebene des sozialen Systems bedeutet der *s.-o.* somit eine Vereinheitlichung von Zielsetzungen. In der Ökonomie meist Bezeichnung für positive externe Effekte, z.B. der Produktion, der Konsumtion oder infrastruktureller Maßnahmen. D.K./O.R.

spin-off-Effekt, das Auftreten nicht beabsichtigter und unerwarteter Nebenwirkungen von technologischen oder sozialen Entwicklungen, die sich u.U. als folgenreicher erweisen als die erwarteten Wirkungen. H.D.R.

split ballot (engl.) → Befragung, gegabelte

Split-Half-Methoden, Verfahren zur Bestimmung der → Zuverlässigkeit eines Tests. Die *items* des Tests werden dazu in zwei Hälften geteilt, die sich nach Schwierigkeit und Inhalt gleichen. Die Korrelation der Messwerte der Testhälften gibt zunächst die Zuverlässigkeit der Testhälften an. Die Zuverlässigkeit des Gesamttests lässt sich nach bestimmten Annahmen über den Zusammenhang zwischen Testlänge und Zuverlässigkeit (→ Spearman-Brown Formel) schätzen. Die S.-H.-M. nach Rulon und Guttman schätzt aus der → Varianz der Messwertdifferenzen zwischen den Testhälften die Fehlervarianz (Präzision) des Gesamttests. Eine weitergehende Aufteilung des Tests als bei den S.-H.-M. wird in der Kuder-Richardson-Methode vorgenommen. Hier wird die Zuverlässigkeit des Tests aus den Korrelationen der einzelnen *items* untereinander ermittelt. H.W.

S-Plus, Programmpaket für die statistische Datenanalyse → Programmpakete. C.W.

spot (engl.), „Stelle", Menge von Stichprobenelementen, die bei der Durchführung einer mehrstufigen Auswahl, z.B. einer Flächenstichprobe, gebildet wird. So kann eine Stichprobe von 2000 Interviews in 200 *s.s* zu je 10 Interviews aufgeteilt werden, die dann proportional zur Bevölkerungszahl, z.B. auf Gemeindegrößenklassen und innerhalb dieser Klassen, zufällig auf bestimmte Gemeinden verteilt werden. H.W.

S

Sprachattitüden, *language attitudes,* die Einstellungen und Werthaltungen von einzelnen und Gruppen zu einer Sprache (etwa Vorurteile gegenüber einer Fremdsprache im Unterricht).
    W.F.H.

Sprachbarrieren. Das unterschiedliche Sprachverhalten gesellschaftlicher Klassen, Schichten oder Gruppen fungiert als Mittel sozialer Differenzierung und Einschränkung der gesellschaftlichen Mobilität. Das findet seinen besonderen Ausdruck darin, dass das Sprachverhalten der oberen und mittleren Schichten als gesamtgesellschaftliche Norm gilt, was auf den Berufs- und Ausbildungssektor bezogen für Angehörige der unteren Schichten heißt, sich an den Sprachstil der oberen Schichten anpassen zu müssen. Als Faktor sozialer Unterprivilegiertheit waren S. und ihre Überwindung wichtiges Thema der Schul- und Bildungsreformbemühungen der 1960er und 1970er Jahre.   F.K.S./W.F.H.

Sprachbesitz → Kompetenz – Performanz

Sprache, autorisierte, ist die kraft Autorität und Anerkennung durchgesetzte offizielle und als legitim klassifizierte Sprachnorm. Die a. S. bezieht sich damit nicht nur auf den formalen Inhalt der sprachlichen Äußerung, sondern vor allem auf die Art und Weise der Sprachverwendung, also auf Ausdrucksformen und Darstellungsweisen (Sprachstil).   K.K.

Sprache, empirische → Beobachtungssprache

Sprache, formale – öffentliche, *formal – public language.* In den frühen Arbeiten B. Bernsteins Bezeichnung für die unterschiedlichen Sprachcodes der Mittel- bzw. Unterschicht, später ersetzt durch *elaborated code – restricted code* (elaborierter bzw. restringierter Code). Der Terminus f. S. verweist auf die stärker entwickelte Fähigkeit, Sprache formal zu erfassen und zu handhaben als Ergebnis des Erziehungsverhaltens in der Mittelschicht. Ö. S. verweist auf die Tendenz der Unterschichterziehung, Sprache weniger zum Ausdruck individueller Gedanken und Empfindungen als zur Absicherung der Solidarität der Gruppe zu benutzen. In neuerer Literatur werden diese Bezeichnungen oft ersetzt durch: differenzierter vs. restriktiver Sprachgebrauch.   A.H.

Sprache, legitime → Sprache, autorisierte

Sprache, öffentliche → Sprache, formale – öffentliche

Sprache, theoretische → Beobachtungssprache

Spracherziehung, kompensatorische, Bemühungen vor allem in den 1960er und 1970er Jahren, die erziehungsbedingte Benachteiligung von Unterschichtkindern bezüglich ihrer sprachlichen Fähigkeiten durch Sprachtraining aufzuheben. Dabei wurde zunächst der Mittelschichtcode als erstrebenswerte Norm angesehen und durch rein formale Schulung eingeübt. Erst danach wurden zunehmend die Codes beider Schichten kritisch analysiert und Übungen für Unterschichtkinder entwickelt, in denen ihre Fähigkeit zur Begriffsbildung gefördert werden sollte. Dabei wurde nicht abstrakt formal verfahren, sondern die konkrete soziale Erfahrung der Kinder wurde einbezogen und durch sprachliche Verarbeitung bewusst gemacht.   A.H.

Sprachgebrauch, differenzierter → Sprache, formale

Sprachgebrauch, restriktiver → Sprache, formale

Sprachgemeinschaft, die Gesamtheit der durch gleichen oder sehr ähnlichen Sprachgebrauch miteinander verbundenen Menschen.   W.F.H.

Sprachkontakt, die Kontaktaufnahme zwischen Angehörigen verschiedener Sprachgemeinschaften, die oft zur Veränderung beider Sprachen führt.   W.F.H.

Sprachloyalität, der Grad, zu dem die Angehörigen einer Sprachgemeinschaft im Kontakt mit anderen Sprachgemeinschaften oder als Sprachminderheit ihre Sprache erhalten und der anderen Sprache gegenüber höher schätzen. W.F.H.

Sprachmilieu, ältere Bezeichnung für die die Sprachgewohnheiten und -fähigkeiten der Menschen prägende engere soziale Umgebung.
    W.F.H.

Sprachprestige, der Grad, zu dem eine Sprache gegenüber anderen als Kommunikationsmittel, als Abzeichen sozialen Status usw. hoch geschätzt wird.   W.F.H.

Sprachpsychologie, Psycholinguistik, allgemeine Bezeichnung für Studien über die Entstehung der Sprache in der Geschichte, die Entwicklung des Sprechens beim Kind, der Funktion des Sprechens für die Kontakte einzelner Menschen, die Bedeutungsstrukturen von Sprache und ihre Übermittlungsproblematik, den Zusammenhang von Sprachgebrauch, sozialer Situation und kulturellen Bedingungen.   W.F.H.

Sprachrepertoire, die Gesamtheit von Sprachelementen, die einem Sprecher in einer (oder allen) Kommunikationsbeziehung(en) zur Verfügung stehen.   W.F.H.

Sprachschicht → Schichtung, sprachliche

Sprachsoziologie, soziologische Teildisziplin, die sich mit den sozialen Bedingungen der Entstehung der Sprache bzw. Sprachen, ihrer Veränderung als System von Zeichen und der Veränderung ihrer Funktion im Zusammenhang mit Prozessen des sozialen Wandels beschäftigt. Die inhaltlich und methodisch recht verschiedenartigen Ansätze der S. sind seit den 1970er Jahren in den Hintergrund getreten gegenüber der neuen Zwischendisziplin Soziolinguistik, die, von den Sprachwissenschaften her, sich ausdrücklich und vorzüglich mit dem gesellschaftlichen Cha-

S

rakter von natürlichen Sprachen als Mittel zwischenmenschlicher Verständigung im Rahmen einer jeweils bestimmten Gesellschaftsformation befasst. Besonders interessieren schichtenspezifische Unterschiede im Sprachsystem und in Sprechweise der Angehörigen verschiedener Schichten (und Klassen) innerhalb einer Gesellschaft (→ Sprachbarrieren) und gegebenenfalls deren Überwindung.   W.F.H./U.S.

Sprachspiel, von L. Wittgenstein geprägter Begriff, der sich auf den Verwendungszusammenhang eines Wortes bezieht, durch den die Bedeutung des Wortes bestimmt wird. Die Bedeutung eines Wortes ergibt sich ähnlich dem Spiel aus einer mehr oder weniger bestimmten Menge von Verwendungsregeln. Im weiteren Sinn bezeichnet S. bei Wittgenstein auch die „Lebensform", d.h. den Zusammenhang zwischen Bedeutungsregeln und der gesellschaftlichen Praxis, deren Bestandteil sie sind.   H.W.

Sprachuniversalien, Bezeichnung für angenommene grundlegende, vielen oder allen Sprachen gemeinsame Elemente und Strukturen.   W.F.H.

Sprachvariante, ein Reservoir sprachlicher Elemente, die in einer bestimmten Rollenbeziehung zur Verfügung stehen.   W.F.H.

Sprachverhalten → Verhalten, verbales

Sprachverwendung → Kompetenz – Performanz

Sprachzerstörung, von A. Lorenzer eingeführte Bezeichnung für die Zerstörung der Denk- und Handlungsstruktur in der Neurose: Unter Konfliktdruck werden verpönte Handlungsmuster aus dem Sprachzusammenhang „exkommuniziert", indem die handlungsvermittelnden Sprachsymbole aufgespalten werden in → Klischees (sprachlose Interaktionsformen) und → Zeichen (unsinnliche Sprachfiguren). Aus den Klischees resultiert irrational unbewusstes Agieren (und Reagieren), Zeichen bilden Rationalisierungen und affektleere „Rationalität".   K.H.

spread (engl.), wörtlich: Ausdehnung, in der Jugend- und Lebenslaufsoziologie ein Maß für die Zeit in Lebensjahren, zu denen ein größerer Anteil einer Kohorte (z.B. 80%) ein Lebensereignis (z.B. Abschluss der Schule) erreicht hat (Modell u.a. 1976).   W.F.H.

Sprechakt, *speech act,* in der Kommunikationstheorie von J.L. Austin und J.R. Searle die Grundeinheit der sprachlichen Verständigung, beispielsweise eine Feststellung treffen, eine Frage stellen oder einen Vorschlag machen. Im S. werden nicht nur Worte oder Sätze geäußert („Ich verspreche dir, dass..."), sondern zugleich die bezeichneten Handlungen vollzogen (also das Versprechen wird gegeben). Als Teilhandlungen oder Teilrollen eines jeden S. werden von der S.theorie die lokutionäre, die illokutionäre und die perlokutionäre Komponente be-

trachtet. Der lokutionäre S. betrifft den propositionalen Gehalt einer Äußerung, der illokutionäre S. die Handlung, die mit der Äußerung vollzogen wird, und der perlokutionäre S. betrifft den Effekt, den man bei anderen durch die Äußerung erreicht.   R.L./R.S.

Sprechen, inneres, subvokales Sprechen, subvokale Sprechbewegungen, ein lautloses, als Veränderung des Tonus der Sprechmuskulatur messbares Sprechen, welches beim Lesen und Schreiben und begrifflichen Denken auftritt.   R.Kl.

Sprechsituation, ideale, bei J. Habermas Bezeichnung für einen → Diskurs [2] unter folgenden Bedingungen: alle Diskursteilnehmer haben die gleiche Chance a) zu Rede und Gegenrede, zu Fragen und Antworten; b) Behauptungen aufstellen und deren Geltungsanspruch problematisieren, begründen oder widerlegen zu können; c) ihre Einstellungen, Gefühle und Intentionen zum Ausdruck zu bringen; d) zu befehlen und zu opponieren, zu erlauben und zu verbieten. Diese Bedingungen der i.n S. müssen erfüllt sein, damit ein im Diskurs erzielter Konsens als „wahrer" Konsens Gültigkeit beanspruchen kann. Die Theorie der → kommunikativen Kompetenz geht davon aus, dass die kommunizierenden Subjekte eben jene formalen Bedingungen der i.n S. prinzipiell unterstellen, sofern sie in eine Kommunikation eintreten. Diese Unterstellung kann kontrafaktisch sein und fungiert dann als „operativ wirksame Fiktion".   H.G.

SPSS, *statistical package for the social sciences,* Paket statistischer Programme für die elektronische Datenverarbeitung, das speziell für die Anforderungen in der Soziologie und anderen Sozialwissenschaften entwickelt wurde und ständig weiter ausgebaut wird.   H.W.

Spürbarkeit des Staates, Bezeichnung bei L. von Wiese (1966) für die unterschiedlichen Grade, in denen der Staat als Herrschafts- und Gewaltapparat den Menschen spürbar wird, z.B. in ruhigen Friedenszeiten oder bei Ausbruch eines Krieges.   W.F.H.

Spurensuche, von lokalen Geschichtsinitiativen und *Oral-History*-Vorhaben verwendete Bezeichnung für den Versuch, die Geschichte einer Gemeinde, eines Gebäudes, eines Vereins, eines lokalen Brauchs usw. zu rekonstruieren (sowie die Ergebnisse für das öffentliche Geschichtsbewusstsein bzw. die gemeindliche Identität nutzbar zu machen).   W.F.H.

S-R-Gesetz, Bezeichnung für die regelhafte Verknüpfung zwischen Stimulus (S) und Reaktion (R), wonach R eine Funktion von S ist, d.h. R verändert sich in Abhängigkeit von S. Derartige Zusammenhänge sind in zahlreichen Tierexperimenten untersucht worden, indem z.B. die Dauer des Nahrungsentzuges systematisch variiert und anschließend die Reaktionen (z.B. Drücken einer Taste) registriert wurden. **H.S.**

S-R-Theorie, Stimulus-Reaktions-Theorie, Reiz-Reaktionstheorie, der vor allem in den USA entwickelte Entwurf einer Psychologie, die sich auf das objektiv beobachtbare und messbare Verhalten beschränkt, ohne irgendwelche mentalen (kognitiven) Prozesse zur Erklärung des Verhaltens heranziehen zu müssen. Alles Verhalten soll sich danach adäquat und vollständig durch die gesetzmäßigen Beziehungen zwischen Reiz und Reaktion beschreiben lassen. In den heute vorliegenden S-R-T.n werden jedoch mentale Prozesse insofern wieder berücksichtigt, als zwischen Reizen und Reaktionen wirkende Variablen postuliert werden (z.B. im Sinne der sog. intervenierenden Variablen). Das S-R-Modell liegt allen Verhaltenstheorien zu Grunde, die auf dem klassischen → Behaviorismus aufbauen. Wichtige Vertreter: E.R. Guthrie, C.L. Hull. **H.S.**

S-S-Theorie, Bezeichnung einer Lerntheorie, die davon ausgeht, dass Stimuli (S) miteinander assoziiert werden (und nicht Stimulus und Reaktion wie in der → S-R- Theorie). Durch ihre Beziehung zu einem Lernziel gewinnen Dinge der Umwelt (Stimuli) eine bestimmte Bedeutung. Diese Stimuli und ihre Bedeutung werden miteinander assoziiert (sog. „Zeichenbedeutungs-Assoziation"). Die Verbindung bestimmter Stimuli mit einer (vom Ziel her bestimmten) Bedeutung lässt Erwartungen entstehen, die als Integratoren zielgerichteten Verhaltens angesehen werden. Wichtigster Vertreter der S-S-T. ist E.C. Tolman. **H.S.**

Staat, archaischer, auch: primitiver Staat, Bezeichnung für politische Ordnungen in frühen Gesellschaften (Mittelamerika, Peru, altes China usw.) im Übergang vom Häuptlingstum bzw. von der allein auf dem Verwandtschaftssystem der Klans usw. beruhenden Sozialordnung zu einer staatlichen oder staatsähnlichen: Übertragung des Charismas von einem Häuptling o.ä. auf das Herrscheramt, Monopolisierung der religiösen Funktionen, zentraler Herrschaftssitz, nicht nur an die Hierarchie der Verwandtschaftsgruppen gebundene Über- und Unterordnung, Ansätze in Richtung auf eine Monopolisierung der Gewaltausübung. Die Annahme, solche politischen Ordnungen seien staatlicher Natur, ist umstritten auch, weil sie herkömmlichen Annahmen widerspricht (K. Marx sah den Staat erst mit der Klassengesellschaft entstehen; nach Durkheim kommt Staatlichkeit bei den segmentären Gesellschaften nicht vor; nach Meinung anderer ist

Staatlichkeit mit Verwandtschaftssystemen und Häuptlingstum nicht vereinbar). **W.F.H.**

Staat, autoritärer. Im Unterschied zum totalitären Staat begründet sich der a.e S. auf den durch Tradition gerechtfertigten Herrschaftsanspruch einer oder mehrerer Schichten. Er wird zwar nicht durch andere Instanzen kontrolliert, verfährt aber nicht terroristisch, sondern regiert mit väterlicher Strenge und väterlichem Wohlwollen (z.B. das kaiserliche Deutschland). **W.F.H.**

Staat, erweiterter, auch integraler Staat, umfasst nach A. Gramsci in den westlichen Gesellschaften sowohl den Staat im engen Sinne (Staatsapparat, Regierung, repressive Gewalt, *società politica*) wie die → Zivilgesellschaft (*società civile*). Klassenherrschaft stützt sich im e.Staat auf die Verbindungen von staatlicher Gewalt und zivilgesellschaftlichem Konsensus (→ Hegemonie). Im e.S. ist die Zivilgesellschaft nicht als dem Staat gegenübergestellt gedacht, sondern bildet mit ihm einen Funktionszusammenhang. Als historischer Bezug kann der Prozess der Erweiterung des Staates durch die selektive Einbindung des 3. Standes im Rahmen der französischen Revolution gesehen werden. **K.K./T.G.**

Staat, integraler → Staat, erweiterter

Staat, postkolonialer, eine für → postkoloniale Gesellschaften typische Staatsformation: die Besetzung des (von der Kolonialmacht hinterlassenen) fragmentarischen Staatsapparates, insbesondere seiner oberen Ränge, durch → strategische Gruppen oder Klientel- und Patronagenetzwerke, vornehmlich zur Appropriation der staatlich kontrollierten externen Ressourcenströme. **R.Kö.**

Staat, primitiver → Staat, archaischer

Staat, technischer, die Annahme von der mit fortschreitender Verwissenschaftlichung aller gesellschaftlichen Bereiche notwendig einhergehenden Verminderung der Wichtigkeit politisch-inhaltlicher Entscheidungen, die an alternativen Wert- und Zielvorstellungen sich orientieren, zu Gunsten der den „Sachzwängen" des gesellschaftlichen Lebens folgenden und sie optimal gestaltenden technisch-wissenschaftlichen Problemlösungen (H. Freyer, H. Schelsky). **W.F.H.**

Staat, territorialer → Territorialstaat

Staat, totaler, die erstmals im italienischen und deutschen Faschismus propagierte und praktizierte Herrschaftstechnik des → Totalitarismus. Der t.e S. ist ein zentralisierter Einparteienstaat; die Partei übt das Monopol über alle gesellschaftlichen Organisationen aus. Nach F. Neumann war das NS-Regime jedoch kein t. S., sondern vier Gruppen (Partei, Armee, Bürokratie,

S

Industrie) übten weitgehend autonome Macht aus.   R.L.

Staatsapparate, ideologische, im Sinne eines erweiterten Staatsbegriffs alle öffentlichen (auch formell unabhängigen) Einrichtungen, die der Einübung in gesellschaftliche Rollen und der Bildung von Loyalität gegenüber den bestehenden gesellschaftlichen Verhältnissen dienen (z.B. Schulen, Rundfunk- und Fernsehanstalten).
R.R.G.

Staatsbourgeoisie, [1] ansetzend an der zentralen Rolle des Staates in → nachholenden Industrialisierungsprozessen betont der Begriff S. die Verschränkung einer sich formierenden → Bourgeoisie mit dem Staatsapparat, auch ihre Abhängigkeit von der Kooperation mit dem Staat, zugleich im Unterschied zur „Staatsklasse" den bürgerlich-kapitalistischen Charakter einer postkolonialen Gesellschaft.
[2] Analog gelegentlich auch verwendet zur in der Regel kritischen Bezeichnung der herrschenden Klasse in Gesellschaften sowjetischen Typs.   R.Kö.

Staatsbürger → *bougeois – citoyen*

Staatsform, [1] in der auf Aristoteles zurückgehenden Politiktheorie Bezeichnung der Verfassungsform: Monarchie, Oligarchie, Demokratie, gemischte Verfassung (Verfassungsstaat).
[2] In der Theorie des bürgerlichen Staats: Bestimmung der Grundform, die das politische System in der bürgerlichen Gesellschaft annimmt, z.B. Monopol der legitimen physischen Gewaltsamkeit (M. Weber), Steuerfinanzierung, und der entsprechenden Handlungsformen: legale Herrschaft (hoheitliche Rechtssetzung und -vollziehung), indirekte Beeinflussung der Marktökonomie über den Steuerhaushalt und die Geldversorgung (Zentralbankensystem).
R.R.G.

Staatsfunktionen, die im Rahmen der bürgerlichen Gesellschaft für deren Fortbestand vom Staat dauerhaft zu erbringenden Leistungen. Die S. werden a) auf zwei Grundformen: Sicherung der privatkapitalistischen Akkumulation und Sicherung des sozialen Friedens (Massenloyalität) zurückzuführen versucht (J. O'Connor, C. Offe) oder b) nach verschiedenen Politikbereichen aufgegliedert (E. Altvater, J. Hirsch).
R.R.G.

Staatsillusion, auch: Sozialstaatsillusion, in der marxistischen Diskussion der 1960er und 1970er Jahre Bezeichnung für die von ihr für illusionär gehaltene Auffassung des Staates als einer neben oder über den gesellschaftlichen Widersprüchen und Klassenkämpfen stehenden Instanz.   W.F.H.

Staatsinterventionismus, auch: Interventionismus, allgemeine Bezeichnung für ein Verhältnis

von Staat und kapitalistischer Wirtschaft in den letzten Jahrzehnten, das durch zunehmende Eingriffe staatlicher Instanzen in den Wirtschaftsprozess selbst (durch Regelung von Lohnkämpfen, Einkommensumverteilung, Steuergesetzgebung usw.) gekennzeichnet ist, die über die allgemeine Garantie der allgemeinen Produktionsvoraussetzungen der Einzelkapitale hinausgehen.   W.F.H.

Staatskapitalismus, [1] ein Herrschafts- und Wirtschaftssystem, in dem der staatliche Besitz und die staatliche Verwaltung von Betrieben nach den Gesetzen kapitalistischer Produktion und Distribution einen bedeutenden Anteil am gesellschaftlichen Lebensprozess haben.
[2] Bezeichnung für ein Entwicklungsstadium des Kapitalismus, in dem der Staat durch Steuergesetzgebung, Einkommensumverteilung, Eingriffe in Lohnkämpfe usw. in den kapitalistischen Reproduktionsprozess einbezogen ist.
W.F.H.

Staatskirche, religionssoziologische Bezeichnung für die Kirchenform, die mit dem Staat in enger organisatorischer Verbindung steht und vor allem auf gesamtgesellschaftliche Wirksamkeit in Form der Einflussnahme auf die gesellschaftspolitische Willensbildung in den Bereichen der individuellen ethischen Lebensführung sowie der sozialen, wirtschaftlichen und politischen Probleme ausgerichtet ist.   V.Kr.

Staatsklasse, neben „Kleinbürgertum", „modernisierende Gruppe", „strategische Gruppe" usw. eine der konkurrierenden Bezeichnungen für diejenigen Gruppierungen in postkolonialen Gesellschaften, die den Staatsapparat besetzt haben. Begriffsstrategisch hebt S. auf die typische Konzentration von Appropriationschancen im Staatsapparat und dessen zentrale Rolle im Entwicklungsprozess bzw. im Prozess → nachholender Industrialisierung ab. Dagegen treten die ebenfalls charakteristischen Verflechtungen jenseits des Staatsapparats, vor allem aber die notwendigen Differenzierungen von „Staat" und „Klasse" zurück.   R.Kö.

Staatsnation bezeichnet den Fall, dass ein Staat Macht über Menschen ausübt, ohne dass diese sich als kulturelle Einheit verstünden.   R.L.

Staatspartei, eine Partei, deren Entscheidungs- und Befehlsapparat entweder mehr oder weniger mit dem des Staates identisch ist oder dem Staatlichen auf allen Ebenen vorgeschaltet ist.
W.F.H.

Staatsquote, Anteil der öffentlichen Ausgaben am Bruttosozialprodukt. Angaben zur S. können aufgrund unterschiedlicher Berechnungsgrundlagen voneinander abweichen.   H.D.R.

Staatsräson, Bezeichnung für eine politische Einstellung, die dem Staat zubilligt, seine Anforderungen auch außerhalb von Verfassung, Recht und Menschenrecht durchzusetzen.   W.F.H.

Staatssozialismus, [1] im 19. Jahrhundert konservative und christliche Versuche, den Klassengegensatz durch staatliche Reformpolitik zu entschärfen und die Arbeiterbewegung unter die Kontrolle bürgerlicher Parteien zu bringen.
[2] Kritische Bezeichnung für die früheren sozialistischen Gesellschaften bzw. für mit diesen sympathisierende Parteien und Gedanken. Kritisiert wurde die Durchsetzung neuer Produktionsverhältnisse mittels staatlicher Macht und Gewalt (statt mittels des gestaltenden Willens der Arbeiterschaft und anderer Gruppen), die durchgehende Verstaatlichung aller sozialer Lebensbereiche (Erziehung, Freizeit usw.), schließlich die dominante Orientierung vieler Menschen am Staate (Verzicht auf eigene Initiative und soziale Gestaltungsabsichten usw.) als Ergebnis solcher Monopolisierung von Problemerörterungen und Entscheidungen.   W.F.H.

Staatssoziologie, Studien über die Funktion des Staates und seiner Organe in der Gesellschaft. Sie werden heute in Politischer Wissenschaft und politischer Soziologie betrieben, vor dem 2. Weltkrieg in erster Linie in den Rechtswissenschaften.   W.F.H.

Staatstheorie, [1] Lehre von den Gemeinsamkeiten aller auf ein angebbares Territorium begrenzten Herrschaftsordnungen (allgemeine Staatslehre).
[2] Lehre von der historisch gegenüber der Antike und dem Feudalismus von der religiösen und ökonomischen Herrschaftsordnung gesellschaftlich abgesonderten Organisation politischer Herrschaft. In diesem Sinne ist Staatstheorie mit der Theorie des „modernen", „bürgerlichen" Staats identisch.   R.R.G.

Staatsverbrauch, in der → volkswirtschaftlichen Gesamtrechnung Bezeichnung für die Summe der Aufwendungen des Staates zur Durchführung seiner Aufgaben (Bildung, Militär, „innere Sicherheit", Gesundheitswesen usw.), die sich errechnen aus den Löhnen und Gehältern der Staatsbeschäftigten und den Aufwendungen für Gebäude, Anlagen etc. Der S. wird von der volkswirtschaftlichen Gesamtrechnung als Beitrag des Staates zum Bruttosozialprodukt (→ Sozialprodukt) gewertet.   H.W.

Staatsziel, eigentlich: S.bestimmung, bezeichnet eine Normenart im Verfassungsrecht, die sich neben den Grundrechten entwickelt hat. Den öffentlichen Institutionen wird damit ein allgemein gehaltener Auftrag erteilt, der allerdings nur beschränkt einklagbar ist. S.e formulieren Leitprinzipien wirtschaftlicher, sozialer und kultureller Art, neuerdings auch im Bereich des Tier- und Naturschutzes. Ein Beispiel ist die Verbürgung eines Rechtes auf Arbeit in einigen Verfassungen bundesdeutscher Länder.   R.L.

Stab und Linie → Linien-Stab-Organisation

Stabilisierung, [1] Bezeichnung für den Prozess, der Strukturen zeitbeständig macht, und für die Funktion dieses Prozesses.
[2] In der funktionalistischen Evolutionstheorie meint S. einen Aspekt des evolutionären Prozesses, nämlich a) die Mechanismen der Festlegung, b) die Funktion der Festlegung von Resultaten, die die Bedingungen der Möglichkeit weiterer Evolution definieren.   N.L.

Stabilität, Systemstabilität, Eigenschaft eines Systems, bei Abweichungen von einem Gleichgewicht aufgrund von Störungen (externer Impulse) zu einem Gleichgewichtszustand zurückzukehren. Der Bereich von Abweichungen um einen bestimmten Gleichgewichtspunkt, innerhalb dessen das System zum Gleichgewicht zurückkehrt, heißt Stabilitätsbereich. In den selbstregulierenden Systemen der Kybernetik, die i.d.R. auf Stabilität untersucht werden, erfolgt die Rückkehr zum Gleichgewicht über Rückkopplungsvorgänge. Besondere Formen der S. sind Multistabilität und Ultrastabilität.   H.W.

Stabilität, politische, die Fähigkeit eines politischen Systems, sich dauerhaft in der Auseinandersetzung mit seiner Umwelt inhaltlich und strukturell identisch zu behaupten. Die Frage nach der p. S. ist wichtig geworden nach dem 2. Weltkrieg, als die Politische Wissenschaft die Frage zu lösen hatte, welche Chancen die Übertragung der parlamentarischen Demokratie auf andere Gesellschaften hat.   W.F.H.

Stabilitätsbereich → Stabilität

Stabilitätsindex → Assoziationsindex

Stabsorganisation → Linien-Stab-Organisation

Stadien der psychosexuellen Entwicklung → Libidostufen

Stadium, abstraktes → Stadium, metaphysisches

Stadium, definitives, bei C.-H. de Saint-Simon und seinen Schülern Bezeichnung für die letzte Epoche der Menschheitsgeschichte, in der Harmonie, Ordnung und Einheit herrschen. In dieser Epoche fühlen sich die Menschen dem gemeinsamen Ziel verpflichtet, in allen Wirtschaftszweigen die Produktion mit den Bedürfnissen der Produzenten (= Konsumenten) in Übereinstimmung zu bringen, allen Mitgliedern der Gesellschaft die ihnen angemessene Arbeit zu geben und jeden Einzelnen nach Art und Ausmaß seiner Fähigkeiten und Leistungen zu belohnen. Die allgemein-sittliche Erziehung führt die Menschen von Kind an zur Identifikation mit dem Ziel, den Werten und den Normen der industriellen Leistungsgesellschaft. Die be-

S

rufliche Erziehung sorgt für die optimale Zuordnung von Individuum und Berufsposition. Die Tätigkeit des Staates konzentriert sich auf die Koordination und verwaltende Leitung der wirtschaftlichen Aktivitäten. Die Prinzipien der gesellschaftlichen Ordnung basieren ebenso wie die Religion und die Moral auf den Resultaten der positiven Wissenschaft.   F.H.

Stadium, fiktives → Stadium, theologisches

Stadium, kritisches, bei C.-H. de Saint-Simon und seinen Schülern Bezeichnung für solche Epochen der Menschheitsgeschichte, in denen Disharmonie, Unsicherheit und verwirrende Vielfalt herrschen. In der Anfangsphase solcher Epochen werden die bis dahin geltenden religiösen Wertvorstellungen und sozialen Normen kritisiert, und die gesetzliche Ordnung wird ebenso in Frage gestellt wie das Gefüge der Herrschaftsbeziehungen. Einheit besteht in dieser Phase in Bezug auf das Ziel der Auflösung der alten Ordnung. In der darauf folgenden Phase schwindet auch diese Gemeinsamkeit. Neben die verschiedenen Gruppen von Nutznießern bestimmter Teile der alten Ordnung treten eine Vielzahl von Gruppen und Personen, die die herrschende Unsicherheit für ihre privaten, egoistischen Zwecke ausnutzen. Als Ausdruck fehlender Religiosität sind der Gegenstand von Erziehung und Gesetz ungewiss, und die politische Herrschaft ist willkürlich losgelöst von den sozialen Verhältnissen.   F.H.

Stadium, metaphysisches, abstraktes Stadium, bei A. Comte im Anschluss an C.-H. de Saint-Simon Bezeichnung für die mittlere Epoche jeder Zivilisation. Die Erklärung der Natur durch personenähnliche Wesen weicht aufgrund der Zunahme empirisch-exakter Kenntnisse der Erklärung komplizierterer und umfassenderer Naturerscheinungen vermittels abstrakter Wesenheiten (z.B. Substanz). Die Theologen müssen ihre gesellschaftlich führende Stellung abgeben an die Vertreter einer metaphysisch-abstrakten Philosophie. Auch die wirtschaftlichen und politischen Beziehungen unterliegen zunehmend abstrakteren Regeln, wodurch den Juristen die führende Rolle zukommt. Ihnen obliegt die formale Regulierung und Absicherung der verschiedenen Formen des Grund- und Handelskapitals, während die Militärs in den Handelskriegen zu zweitrangigen Gehilfen werden.   F.H.

Stadium, organisches, bei C.-H. de Saint- Simon und seinen Schülern Bezeichnung für solche Epochen der Menschheitsgeschichte, in denen Harmonie, Ordnung und Einheit herrschen. In diesen Epochen verfolgen die Menschen (einer bestimmten Gesellschaft) ein allen gemeinsames Ziel. Die wirtschaftliche, politische und soziale Ordnung spiegelt die Hierarchie der allgemein akzeptierten Werte wieder. Sowohl die allgemein-sittliche wie auch die besondere Erziehung für bestimmte gesellschaftliche Positionen bedingen eine Verinnerlichung der herrschenden Normen und Werte. Die Gesetzgebung sanktioniert nur das Sittengesetz und ist in ihrer Anwendung beschränkt auf wenige Außenseiter. Die Religion ist Ausdruck und Synthese der herrschenden Ordnung.   F.H.

Stadium, positives, reales Stadium, bei A. Comte im Anschluss an C.-H. de Saint-Simon Bezeichnung für die letzte Epoche jeder Zivilisation. Die Naturerklärung vermittels abstrakter Wesenheiten weicht begrifflichen Verallgemeinerungen gesetzmäßiger Zusammenhänge auf der Grundlage empirisch-exakter Forschungen. Gleichzeitig tritt die positive Wissenschaft – zusammen mit der brüderlichen Nächstenliebe – an die Stelle der brüchig gewordenen, theologisch oder metaphysisch begründeten Moral. Die abstrakt-willkürliche Regelung der wirtschaftlichen Beziehungen durch die Juristen wird ersetzt durch eine auf Fachwissen und Berufserfahrung beruhende Leitung der politökonomischen Zusammenhänge durch Industrielle und Bankiers. In diesem wissenschaftlich-industriellen S. wird das gemeinsame Ziel der Produktionssteigerung auch von den lohnabhängigen Proletariern bejaht, sodass der äußere Herrschaftsdruck im Vergleich zu der Machtausübung über Sklaven, Leibeigene und Hörige sehr gering ist.   F.H.

Stadium, reales → Stadium, positives

Stadium, theologisches, fiktives Stadium, bei A. Comte im Anschluss an C.-H. de Saint-Simon Bezeichnung für die früheste Epoche jeder Zivilisation. Die Menschen deuten die Natur durch Annahme willensbegabter, die rätselhaften Naturvorgänge von innen her bewirkender Wesen. Mit der Zunahme positiver Erfahrungserkenntnisse wird die Zahl dieser menschenähnlichen Wesen vom Fetischismus über den Polytheismus bis hin zum Monotheismus zunehmend verringert. Den Dienern dieser göttlichen Wesen wird in den verschiedenen Formen des Priestertums (Theologen) eine hohe Stellung in der gesellschaftlichen Rangordnung eingeräumt. Das Gleiche gilt für die Militärs, da sie bei der Eroberung und später bei der Verteidigung des lebenswichtigen Acker- und Weidelandes unentbehrlich sind.   F.H.

Stadt, gemäß M. Weber ist die Stadt des Okzidents derjenige Ort, an dem die Mehrheit der Bevölkerung ihren Bedarf an Konsumgütern auf dem täglichen Markt deckt. Historisch war sie zudem Gerichtsstandort und durch Befestigung, relative Autonomie sowie durch Verwaltungsstrukturen charakterisiert. Für L. Wirth sind

Größe, Dichte und Heterogenität die Definitionskriterien für Großstädte. Spezifische Arbeitsteilung, Kontakt mit Fremden, Anonymität und unvollständige → Integration sowie die Polarität von → Öffentlichkeit und Privatheit werden heute regelmäßig als weitere Definitionskriterien für Großstadt herangezogen. **J.W.**

Stadtregion, demographischer und stadtplanerischer Begriff zur Abgrenzung und Gliederung von Stadtgebieten (städtischen Agglomerationen), die sich über ihre administrativen Grenzen hinaus ausgedehnt haben, daher räumlich und sozioökonomisch eng mit ihrem Umland oder weiteren Städten verbunden sind. Die endgültige Festlegung der Abgrenzungskriterien (Pendleranteil, Bevölkerungsdichte, Erwerbsstruktur) erfolgte in der BRD 1961 (O. Boustedt). Ähnliche Begriffe gibt es in zahlreichen Industrieländern, z.B. in den USA die *Standard Statistical Metropolitan Areas* (*SMSA*), in Großbritannien die *Conurbations* und in Frankreich die *Zones du peuplement industriel ou urbain* (*ZPIU*). J.F.

Stadtsoziologie, Teilgebiet der Soziologie, das die Beschreibung und Analyse sozialen Verhaltens, der Bodennutzung, des Wachstums sowie der Macht- und Entscheidungsprozesse in der Stadt umfasst. Als „Stadt" gelten dabei Gemeinden von einer bestimmten Größe, Bevölkerungszahl (in Deutschland 2000 Einw.) oder anderen Kennzeichen (z.B. Markt, Befestigung).
  J.F.

stakeholder → *shareholder-value*

Stalinismus, Bezeichnung für „eine exzessiv machtorientierte Ordnung der Innen- und Außenbeziehungen einer Gesellschaft des erklärten Übergangs zum Sozialismus" (W. Hofmann). Der S. als „Erziehungsdiktatur" galt bei vielen Sympathisanten kommunistisch regierter Länder als eine einschließlich seiner Unerfreulichkeit weitgehend notwendige Durchgangsphase zu einem realen Sozialismus. Andere hingegen betonen die bürokratisch-terroristischen Merkmale des S. **R.L.**

Stamm, *tribe,* Bezeichnung der Ethnologie für einen Verband von Siedlungen, Familien- und Abstammungsgruppen usw., die nahe verwandte Sprache und Kultur haben und durch den gemeinsamen Stammesnamen (und meist gemeinsames Territorium) ein Zusammengehörigkeitsgefühl entwickeln (meist durch die Annahme von einer gemeinsamen Abstammung ausgedrückt). Gemeinsame politische Organisation (Häuptlingstum) tritt hingegen nicht überall auf, selten sind stammesübergreifende Ordnungen (Konförderationen wie die der Irokesen).
  W.F.H.

Stammbelegschaft → Kernbelegschaft

Stammesentfremdung → Detribalisation

Stammesgesellschaft → Gesellschaft, tribale

Stammkultur, Bezeichnung der Jugendforschungs-Gruppe am *CCCS* (*Centre for Contemporary Cultural Studies*) in Birmingham (J. Clarke, P. Cohen u.a.) dafür, dass die neueren Jugendkulturen (Skinheads, Teds, Punks usw.) nicht nur gewöhnlich der sozialen Herkunft der Jugendlichen nach, sondern in inneren Strukturen ihrer Expressivität, ihrer Kleidungsgewohnheiten, ihrer Gesellungsformen und ihrer Wertvorstellungen auf die Kultur der Arbeiterklasse usw. als S. zurückgehen (vgl. die – wenn auch abstraktere, weil nicht mehr allein auf Arbeit gerichtete – Betonung männlicher Körperstärke). **W.F.H.**

Stamokap → Kapitalismus, staatsmonopolistischer

Stand, [1] Bezeichnung für den Rang des Einzelnen und zugleich für die Gruppierung (Schicht), der er angehört. Voraussetzung für den S. ist, dass die Funktion der Gruppierung und des Einzelnen für den Staat bzw. die Gesellschaft identisch ist und von daher durch Recht und Gesetz abgesichert bleibt (Privilegien). Der S. verfügt als Gruppierung über eine eigene traditional orientierte Subkultur, einen „Lebensstil" (M. Weber), der die Gruppenmitglieder bindet und den S. von anderen S. abhebt.
[2] Sozialhistorische Bezeichnung für eine rechtlich und sozial abgeschlossene Schicht. Im frühen und hohen Mittelalter ist die Gesellschaft in Geburtsstände geschichtet: Adel, Freie, Unfreie; im ausgehenden Mittelalter und in der frühen Neuzeit (→ Ständestaat [2]) erlangen vornehmlich die drei Stände Adel, Klerus und Bürgertum verfassungsrechtliche Bedeutung, wohingegen der S. der Bauern fast überall in Europa politisch entmachtet wird. **O.R.**

Stand, dritter, [1] in ständisch gegliederten Gesellschaften im Allgemeinen das persönlich freie Bürgertum der Städte.
[2] Nach der französischen Revolution, in der das Bürgertum vergeblich versuchte, durch Aufhebung der übrigen Stände und der Gleichsetzung des d.n S.es mit Nation, zu einer ständelosen Verfassung zu kommen, wird das persönlich freie, gebildete Bürgertum als d. S. bezeichnet; zu ihm gehören im 19. Jahrhundert z.B.: Staatsbeamte, Akademiker, höhere Techniker, Kaufleute, Fabrikanten, künstlerische Handwerker, die von ihrem Kapital lebenden „Rentiers", Großgrundbesitzer, soweit sie nicht zum Adelsstand gehören, etc.
[3] → Mittelstand, alter
[4] → Bourgeoisie **O.R.**

Stand, erster → Ständegesellschaft

S

Stand, fünfter, so nannte R. Aron (1962) die Intelligenz (Manager, Techniker, Wissenschaftler) in Ost und West und behauptete, deren Interessen, Organisationskraft und Handlungsformen würden dazu beitragen, dass sich Kapitalismus und Sozialismus mehr und mehr annähern werden.   W.F.H.

Stand, vierter, [1] in ständisch gegliederten Gesellschaften im Allgemeinen der Bauernstand. [2] Seit der französischen Revolution, in der sich der dritte Stand, die Bürgerschaft, durchsetzte, werden dem v. S. alle Berufsgruppierungen zugeordnet, die nicht den drei alten Ständen (Klerus, Adel, höheres Bürgertum) angehören: Arbeiter, Kleinbürger, Bauern, niedere Angestellte etc.

[3] → Proletariat   O.R.

Stand, zweiter → Ständegesellschaft

Standard, sozialer, [1] ein statistischer Durchschnitt unter den verschiedenen Ausprägungen des Verhaltens in einer gesellschaftlichen Situation.

[2] Maßstab zur Bewertung eines Verhaltens als gut, wünschenswert o.ä.; → Wert [1].
                                                      C.Wo./R.L.

Standardabweichung, positive Quadratwurzel der → Varianz

Standardfehler der Auswahl → Stichprobenverteilung

Standardisierung, [1] in der empirischen Forschung Umformung von Skalen in ein einheitliches Maßsystem zur Erhöhung der Vergleichbarkeit. Eine S. kann u.a. durch eine Transformation der Messeinheiten durchgeführt werden, z.B. bei Berufsprestigeskalen, denen unterschiedliche Berufsklassifikationen von wechselndem Umfang zugrunde liegen, oder durch Ausschaltung bestimmter Faktoren, z.B. durch Bezug von Fruchtbarkeitsziffern auf die Zahl der gebärfähigen Frauen in den untersuchten Ländern.   H.W.

[2] In Bezug auf Erwartungshaltungen und Verhaltensweisen Bezeichnung für eine Strategie der Vereinfachung und Vereinheitlichung der perzipierten Umwelt bzw. des Handelns durch Abstraktionsleistungen und Generalisierung von Erwartungen; führt zur Typisierung bzw. Normierung von Wahrnehmungen bzw. Handlungen.   K.T.

Standard-Score, z-Wert → z-Transformation

Standard-Skala → z-Transformation

Ständegesellschaft, ständische Gesellschaft, Bezeichnung für eine Gesellschaftsform, die in durch Recht und Gesetz gestützte und mit spezifischen Pflichten und Privilegien ausgestattete Stände (Schichten) gegliedert ist: erster Stand: Adel, zweiter Stand: Klerus (im engeren Sinne

die Prälaten), → dritter Stand: Bürgertum (Handwerker), vierter Stand: (freie) Bauern. In der S. wird neben der gleichen Herkunft (Geburtsstand) auch der gleiche Beruf (Berufsstand) rechtlich abgesichertes Kriterium für den Stand, sodass die Gliederung in Stände scheinbar arbeitsteilig ist (→ Differenzierung, funktionale). Die weitgehende Selbstständigkeit der einzelnen Stände und die geringe interständische Mobilität fördern in der S. die Herausbildung einer Herrschaftshierarchie und bereiteten den Absolutismus vor, dessen politische Konflikte mit den Ständen das 17. Jahrhundert prägten.   O.R.

Ständestaat, [1] die politische Programmatik und Wirklichkeit konservativer Bewegungen und Staatsformen, die sich an der spätmittelalterlichen „organischen" Gliederung der Gesellschaft in Stände orientieren. Sie sind Ausdruck des Widerstandes feudaler, halbfeudaler und kleinbürgerlicher Schichten gegen die volle Durchsetzung kapitalistischer Produktionsverhältnisse und ihrer politischen Formen und Folgen (bürgerliche Demokratie, Erstarken der Arbeiterklasse).   W.F.H.

[2] Bezeichnung für die Staatsform, die gekennzeichnet ist durch die verfassungsrechtliche Mitwirkung der Stände bei Gesetzgebung und Verwaltung. Wichtigstes Recht der Stände war die Steuerbewilligung. Die Herrschaftsformen des 13. bis 17. Jahrhunderts in Mittel- und Westeuropa werden heute unter dem Begriff S. zusammengefasst, der vom Absolutismus abgelöst wurde.   O.R.

Standort ist das durch die besondere Leiblichkeit des Menschen hervorgehobene Hier und Jetzt seines gesamten Handelns und Erlebens. Der Mensch lebt in, mit seinem und vermöge seines Körpers und ist durch ihn an seinen sozial determinierten S., auch „Nullpunkt" genannt, gebunden. Die Bindung an einen S. wird in historischer, sozialer und erkenntnistheoretischer Hinsicht differenziert (z.B. als „Klassenlage") und ist der Grund für den → Perspektivismus der sozialen Wahrnehmung.   R.G.

Standortgebundenheit umschreibt die Abhängigkeit des alltäglichen Wissens und in gewissem Sinne auch von Ideen und Theorien von dem sozialen Kontext, in dem sie entstanden sind bzw. gelten. Jedes absichtsvolle Handeln wird von solchem alltäglichen, ideellen und theoretischen Wissen geleitet; die Handlungsziele erhalten damit eine S., über die der Handelnde nicht einfach frei verfügen kann. Sozialisierungsprozesse in einer Gruppe bestimmen die S. als „relativ-natürliche Weltanschauung" jedes Gruppenmitgliedes: Die als fraglos und unproblematisch geltenden Selbstverständlichkeiten in die-

S

ser Gruppe werden von einer gewissen Grenze an nicht mehr hinterfragt. Entsprechend wird die S. in einer sozialen Schicht oder Klasse als „Klassenlage" bezeichnet. Spracherwerb, Intelligenz usf. werden häufig in ihrer kulturellen, schichtspezifischen oder familiären S. untersucht. R.G.

Standortveränderung, kollektive, ist die Aufwärts- oder Abwärtsmobilität von sozialen Gruppen (Berufen, ethnischen Einheiten, Konfessionen, sozialen Schichten etc.) in der sozialen Schichtungshierarchie, die nicht in erster Linie auf mobilitätsrelevantes Verhalten ihrer Mitglieder zurückgeht, sondern in Strukturveränderungen oder sozialen Katastrophen ihre Ursache hat (Wandel der Güterproduktion, Kriege, Migrationsprozesse, Revolutionen). W.M.S.

Star, soziometrischer, Bezeichnung für eine in einem soziometrischen Test von den anderen Gruppenmitgliedern besonders häufig gewählte Person. R.Kl.

Stärke, gesellschaftliche, Bezeichnung von N. Elias für jene Fähigkeiten eines Menschen (oder einer Gruppe), die ihm bei der Behauptung und Durchsetzung gegen andere von Nutzen sind, also in vorindustriellen Gesellschaften meist körperliche Stärke, Gewandtheit, Erfahrung im Umgang mit Waffen usw. „In der industriellen Gesellschaft z.B. kann sich höchste gesellschaftliche Stärke in Einzelnen mit sehr geringer, physischer Kraft verbinden, obgleich es Phasen in ihrer Entwicklung geben kann, in denen körperliche Stärke als Ingredienz der gesellschaftlichen wieder größere Bedeutung für alle erlangt" (Elias 1969). W.F.H.

Stata, Programmpaket für die statistische Datenanalyse, → Programmpakete. C.W.

statement (engl.) → *item*

statements, orienting (engl.) → Feststellungen, orientierende

Statik, soziale, nach A. Comte Bezeichnung für jenen Bereich soziologischer Theorie und Methodologie, der sich dem Studium der Struktur des Aufbaus und der Ordnung der Gesellschaft widmet. Die s. S. muss berücksichtigen, dass soziale Einheiten (Kollektivitäten) organisierte Ganze sind, für deren Fortbestand die harmonische Abstimmung der Teile aufeinander (Konsensus) Voraussetzung ist. Aus der wechselseitigen Bedingtheit der Teile folgt für die Untersuchungsmethode der Anspruch, vom Ganzen auszugehen und die Funktionen der Teile auf dem Hintergrund des Ganzen zu betrachten. Anwendungsbereiche der s. S. sind sowohl einzelne historische Gesellschaften als auch die menschliche Gesellschaft insgesamt oder aber einzelne gesellschaftliche Institutionen. F.H.

stationär ist ein Prozess, der stagniert. Beispiel: eine Bevölkerung ist s., wenn ihre Größe weder wächst noch schwindet. R.L.

Statistik, [1] die Lehre der Sammlung, Darstellung und Analyse von Daten. Historischer Ursprung ist die Sammlung von Daten politischer, ökonomischer und demographischer Art (Staatsbeschreibung im 17./18. Jahrhundert in Deutschland durch H. Conring und G. Achenwall, politische Arithmetik im 17. Jahrhundert in England durch J. Graunt und E. Halley) sowie die mathematische Wahrscheinlichkeitsrechnung (D. Bernoulli, P.S. Laplace, C.F. Gauß u.a.). Angeregt durch die Zusammenführung beider Disziplinen im 19. Jahrhundert durch A. Quételet, entstanden in der Folge durch die Anwendung höherer Mathematik neue Zweige der S., die heute unter dem Namen schließende S. (auch induktive, analytische oder Inferenzs.) zusammengefasst werden. Dem gegenüber steht die beschreibende (deskriptive) Statistik.
[2] Bei manchen Autoren aus empirischen Daten ermittelte Kennzahl, im Gegensatz zu einem Parameter eines statistischen Modells. M.K.

Statistik, analytische → Statistik, schließende

Statistik, beschreibende, auch: deskriptive Statistik, der Teil der Statistik, der sich mit dem Erheben, Ordnen und Darstellen von Daten befasst. Dazu gehören die Angabe von Häufigkeitsverteilungen, die Kennzeichnung der Daten durch gewisse Maßzahlen (Mittelwerte, Streuungsmaße u.a.) und die Beschreibung von Abhängigkeiten der Daten untereinander (Korrelationsrechnung). M.K.

Statistik, induktive → Statistik, schließende

Statistik, nichtparametrische, auch: verteilungsfreie oder verteilungsunabhängige Statistik, diejenigen Methoden, insbesondere Tests und Korrelationsmaße, die nicht eine Normalverteilung der Grundgesamtheit voraussetzen und die im Falle der Tests keine Hypothesen über die Parameter der Verteilung, wie Erwartungswert oder Varianz, zum Gegenstand haben. Die Methoden der n.n S. sind in der Soziologie von großer Bedeutung, da sie im Gegensatz zu den parametrischen Verfahren auch die Verarbeitung von nur nominal oder ordinal skalierten Daten ermöglichen und darüber hinaus in ihrem mathematischen Gehalt weniger anspruchsvoll und damit leichter anzuwenden sind. Ihr Nachteil ist jedoch eine geringere Aussagekraft gegenüber vergleichbaren parametrischen Verfahren. M.K.

Statistik, politische, ältere Bezeichnung für die systematische vergleichende Sammlung, Aufbereitung und Analyse von Daten über die Wahlentscheidungen einer Bevölkerung. W.F.H.

Statistik, schließende, auch: induktive, analytische oder Inferenzstatistik, der Teil der Statistik, der sich mit den Beziehungen zwischen den Eigenschaften einer Stichprobe und denen der Grundgesamtheit befasst. Aufbauend auf mathematischer Wahrscheinlichkeitsrechnung und der Theorie der Stichprobenfunktionen teilt sich die s. S. grob in Schätztheorie sowie Test- und Entscheidungstheorie. M.K.

Statistik, verteilungsfreie → Statistik, nichtparametrische

statistique morale (frz.) → Moralstatistik

Status wird in der Literatur mit unterschiedlicher Bedeutung gebraucht: [1] a) Im Rahmen der Schichtungstheorie bezeichnet der Terminus S. eine mehr oder minder hohe Position in der Schichtungshierarchie irgendeines sozialen Systems hinsichtlich eines beliebigen hierarchiebildenden Schichtungskriteriums. b) Überwiegend wird S. jedoch allein auf die Hierarchien sozialer Wertschätzung in einem sozialen System angewandt, bezeichnet also die Wertschätzung, die ein Individuum hinsichtlich eines Kriteriums (z.B. Besitz, Beruf, Macht) im Verhältnis zu anderen Individuen in diesem sozialen System genießt. c) In engstem Sinne bezieht sich S. ausschließlich auf gesamtgesellschaftliche Wertsysteme, die mitunter noch als einheitliche Werthierarchie (Schichtungssystem) gedacht werden. [2] Innerhalb der Rollentheorie wird S. synonym zum Begriff „soziale Position" gebraucht. Man bezeichnet mit ihm den Platz, den ein Individuum in einem sozialen System einnimmt (z.B. in der Familie als Vater, im Betrieb als Vorarbeiter). Der S. gibt einen Platz im sozialen Beziehungsgeflecht an, an den bestimmte Rollenansprüche gesellschaftlich geknüpft werden. [3] Ursprünglich bezeichnet S. die Gesamtheit der ererbten Rechte und Pflichten eines Menschen. Diese Bedeutung liegt noch der englischen Übersetzung von Stand mit status zugrunde. W.La.

status attainment (engl.) → Statuszuweisung

status characteristics, index of (engl.) → *index of status characteristics*

Status und Kontrakt. Die beiden Begriffe charakterisieren bei H.S. Maine (1861) zwei universalgeschichtlich bedeutsame Epochen: In einer frühen Epoche stellt der persönliche S. des einzelnen (Zugehörigkeit zu dieser oder jener Familie, Alter, Geschlecht u.ä.) den entscheidenden Ansatzpunkt für seine soziale Definition dar. K. steht für die moderne Zeit, die mit der S.anknüpfung gebrochen hat und an deren Stelle den autonomen Einzelnen gesetzt hat, der sich mit anderen autonomen Einzelnen im Vertragswege zusammenfindet. Unter dem Thema der Wandlungen der Rechtsstruktur im Sozialstaat hat der S.begriff neue Bedeutung erhalten. Wie vor allem in der Rollentheorie spürbar,

glaubt man zur Definition des Einzelnen auf schematisierte Merkmale zurückgreifen zu müssen. M.O.H.

Status, erworbener, *achieved status,* der nicht durch Geburt oder Herkunft zugeschriebene, sondern im Wettbewerb mit anderen durch persönliche Anstrengung erreichte S., beispielsweise Studienrat, Abteilungsleiter. Die Unterscheidung von *achieved status* und *ascribed status* (→ Status, zugeschriebener) wurde von R. Linton (1936) vorgenommen. Kritisiert wird der von Linton verwendete Begriff → Status, der von ihm als eine Stellung in einem bestimmten Muster definiert wird; sinnvoller erscheint hier der Begriff Position (→ Zugeschriebenheit sozialer Positionen). S.S.

Status, soziometrischer, soziometrischer Wahlstatus, im Allgemeinen Bezeichnung für die Anzahl der in einem soziometrischen Test durch eine Person von anderen Gruppenmitgliedern empfangenen Wahlen (w) im Verhältnis zu der Gesamtzahl der Gruppenmitglieder (n). Der entsprechende Index für den s.n S. wird dann nach der Formel $ss = w/n - 1$ berechnet. Je nachdem, ob es sich um positive oder negative Wahlen handelt, spricht man vom positiven oder negativen s.n S. Ein genereller s. S. kann durch Subtraktion des Index für den negativen s. S. von dem für den positiven s.n S. berechnet werden. Die Berücksichtigung des s. S. der wählenden Personen, die bei diesen Indizes nicht erfolgt, erfordert eine kompliziertere Formel. R.Kl.

Status, temporärer, ein → Status, den ein Individuum nur zeitweise bzw. zu bestimmten Gelegenheiten innehat (z.B. Karnevalsprinz, ein guter Tänzer). W.F.H.

status, transitional (engl.) → Übergangsstatus

Status, zugeschriebener, *ascribed status,* unabhängig von seinen Fähigkeiten dem Individuum zugewiesener Status, beispielsweise Alter und Geschlecht. Die Unterscheidung von *ascribed status* und *achieved status* (→ Status, erworbener) wurde von R. Linton (1936) vorgenommen. Sinnvoller als der Begriff S. von Linton erscheint aufgrund der Diskussion hier der Begriff Position (→ Zugeschriebenheit sozialer Positionen). S.S.

Statusäquilibrium → Statusinkonsistenz

Statusangleichung, *status equilibration,* das Auftreten einer Tendenz, die zur Angleichung der unterschiedlichen Teilstatus ein und derselben Person hinsichtlich verschiedener Statusdimensionen auf ein gemeinsames Niveau führt. W.La.

Statusangst, *status anxiety,* Angsterscheinungen, die bei tatsächlichem oder erwartetem Statuswechsel auftreten, entweder aufgrund eines da-

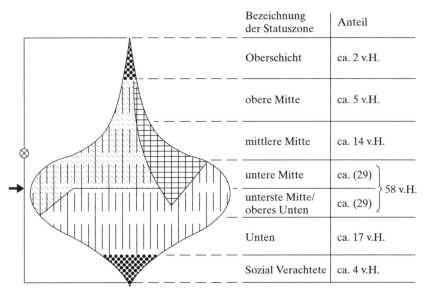

Bezeichnung der Statuszone	Anteil
Oberschicht	ca. 2 v.H.
obere Mitte	ca. 5 v.H.
mittlere Mitte	ca. 14 v.H.
untere Mitte	ca. (29) ⎫ 58 v.H.
unterste Mitte/ oberes Unten	ca. (29) ⎭
Unten	ca. 17 v.H.
Sozial Verachtete	ca. 4 v.H.

Die Markierungen in der breiten Mitte bedeuten:

Angehörige des sogenannten neuen Mittelstands

Angehörige des sogenannten alten Mittelstands

Angehörige der sogenannten Arbeiterschaft

Punkte zeigen an, dass ein bestimmter gesellschaftlicher Status fixiert werden kann.

Senkrechte Striche weisen darauf hin, dass nur eine Zone bezeichnet werden kann, innerhalb derer jemand etwa im Statusaufbau liegt

⊗ Mittlere Mitte nach den Vorstellungen der Bevölkerung

➤ Mitte nach der Verteilung der Bevölkerung. 50 v.H. liegen oberhalb bzw. unterhalb im Statusaufbau

(aus: K.M. Bolte, Deutsche Gesellschaft im Wandel, Opladen 1966).

mit verbundenen Prestigeverlusts oder auch aus Angst vor den mit dem neuen Status verbundenen Anforderungen.   W.La.

Statusaufbau der Bevölkerung der BRD → Statusaufbau

Statusaufbau, formale Darstellung einer mithilfe von Statusdifferenzierungen gegliederten Schichtungsstruktur einer Gesellschaft. Neben der äußeren Form des S.s (etwa pyramiden-, rhomben- oder zwiebelähnlich) interessieren dabei insbesondere Art und Anzahl der Untergliederungen. Eine recht anschauliche Darstellung des Statusaufbaus der Bevölkerung der BRD zeigt die Skizze von K.M. Bolte (s.o.).   M.B.

Statusbiografie, von R. Levy vorgeschlagener Begriff für eine struktursoziologische Analyse des Lebensablaufs als mehr oder weniger stark institutionalisierte Abfolge von Status-Rollen-Konfigurationen. „Die individuelle Biographie ist aufzufassen als eine sozial geregelte Bewegung in der Sozialstruktur oder in ihren Teilbereichen, welche stark durch Alterszuschreibung gesteuert wird." (Levy 1977)   W.F.H.

Statusbündel, *status set,* der Komplex mehr oder minder zahlreicher Status, die ein und dasselbe Individuum in verschiedenen sozialen Systemen und nach verschiedenen Statuskriterien einnimmt.   W.La.

statusdefinierend – statusqualifizierend, von einem Statusaufbau mit eindeutig getrennten Statusschichten ausgehend, nennt man s.d. solche Merkmale, die die eindeutige Zuordnung einer Person zu einer Schicht bestimmen und sie von anderen Schichten ausschließen, s.q. dagegen jene Merkmale, die nicht von allen Personen derselben Schicht geteilt werden, sondern lediglich eine Modifikation der Stellung in jener Schicht zur Folge haben.   W.La.

S

Statusdiskrepanz → Statusinkonsistenz

Statuserwerb, *status achievement*, wird die Erlangung eines bestimmten Status durch ein Individuum vermittels eigenem Zutun (z.B. durch Ausbildung oder Berufstätigkeit) genannt. Gegenbegriff: → Statuszuschreibung   W.La.

Statusfaktor, Statuskriterium, Statusmerkmal, diejenigen Dimensionen der sozialen Situation bzw. deren Merkmalsausprägungen, nach denen Individuen im System sozialer Wertschätzung eingestuft werden (z.B. Geld, Macht, Bildung).   W.La.

Statusfixierung, die Vorstellung, auf einen einmal eingenommenen Status festgelegt zu sein, sodass eine Änderung des Status nicht vorstellbar erscheint und als Gefahr Angst- und Abwehrreaktionen erzeugt.   W.La.

Statusgeneralisierung importiert in eine Situation äußerliche, aber rangrelevante Merkmale der Akteure (wie Alter und Geschlecht) und bestimmt dadurch wesentliche Teile der Interaktion. Die fraglichen Merkmale sind mit Alltagswissen verbunden und kulturell bewertet; sie signalisieren Über- bzw. Unterordnung und verteilen ‚Beweislasten', ohne eigentlich für die betreffende Interaktion relevant zu sein.   R.L.

Statusgruppen, Gruppen mit ähnlichem Lebensstil und oft auch einem Bewusstsein der Zusammengehörigkeit, die aufgrund eines vergleichbaren Maßes an sozialem Ansehen entstehen.   W.La.

Statushierarchie, die gestufte Ordnung der Ungleichheit sozialen Ansehens verschiedener Positionen in einem sozialen System.   W.La.

Statusindex, ein aus Messwerten für die verschiedenen Teilstatus berechneter Gesamtmesswert für den Gesamtstatus eines Individuums. Die Gültigkeit eines S setzt hohe Statuskorrelationen voraus.   W.La.

Statusinkonsistenz, Statusinkongruenz, Statusdiskrepanz, Statusambiguität, *status-inconsistency, -incongruency, -ambiguity*, verschiedene Termini zur Bezeichnung des Falles, in dem ein und dieselbe Person mehrere sehr unterschiedlich bewertete Status einnimmt. Es ist möglich, dass die Bewertung dieser Person hinsichtlich verschiedener Statuskriterien, wie Beruf und Einkommen, nicht eindeutig ist (z.B. ein Rechtsanwalt, der gerade das Existenzminimum verdient). Es ist auch eine unterschiedliche Bewertung in verschiedenen Sozialsystemen und Bezugsgruppen möglich (z.B. ein Arbeiter ist Vorsitzender eines Vereins). Die Mehrdeutigkeit des Gesamtstatus hat in diesem Falle oft Unsicherheit in der Einschätzung dieser Person durch andere Personen und in der Selbsteinschätzung zur Folge. Mehrere Untersuchungen

zeigen einen Zusammenhang zwischen S. und politischer Einstellung.   W.La./R.L.

Statusintegration ist gegeben, wenn in einer Gesellschaft die Individuen ausschließlich Muster von Status (Positionen) mit untereinander vereinbaren Rollen einnehmen. Häufige Rollenkonflikte entsprechen einem niedrigen Grad an S.   W.La.

Statuskongruenz → Statusinkonsistenz

Statuskompetenz, bei P. Bourdieu die Fähigkeit einer Person (→ Kompetenz, soziale), einen angestrebten Rang in der gesellschaftlichen Hierarchie erreichen und festhalten zu können.   R.L.

Statuskonsistenz → Statuskristallisation

Statuskontinuum wird der Statusaufbau eines sozialen Gebildes dann genannt, wenn in ihm keine scharfen Gliederungen auftreten, sondern die Übergänge zwischen den Status der Mitglieder gleichsam fließend sind.   W.La.

Statuskorrelation → Statuskristallisation

Statuskosmetik, Bezeichnung für ein Verhalten, durch das Personen sich selbst und anderen gegenüber den eigenen Status möglichst günstig, d.h. hoch erscheinen lassen. So werden z.B. in der Selbstdarstellung die niedrig bewerteten Statusmerkmale (etwa: geringe berufliche Qualifikation) herunter-, die hochbewerteten Merkmale des eigenen Status (etwa: Tätigkeit in einer angesehenen Firma) hochgespielt. → Statuskristallisation   R.Kl.

Statuskristallisation, Statuskonsistenz, hohe Statuskorrelation, bezeichnet das Bestehen eines engen Zusammenhanges zwischen den Prestige-Status ein und derselben Person innerhalb verschiedener sozialer Systeme und/oder hinsichtlich unterschiedlicher Statusfaktoren. So spricht man von S., wenn hoher beruflicher Status mit hohem Einkommensstatus usw. oder niedriger Berufsstatus mit niedrigem Einkommensstatus usw. zusammengehen. Gegenbegriff: → Statusinkonsistenz   W.La.

Statuskriterium → Statusfaktor

Statusmerkmal → Statusfaktor

Statusorganisation, nach D.C. Miller u. W.H. Form diejenige formelle und informelle Organisation, die sich um das nach ihrer Ansicht selbstständige Statussystem einer sozialen Organisation bildet.   W.La.

Statuspassage, *status passage*, Übergang von einem sozialen Status zu einem anderen (z.B. vom Junggesellen zum Ehemann, vom Schüler zum Lehrling), wobei aber die Gestalt dieses Übergangs selbst, der Prozess des Übergangs im Mittelpunkt des Interesses stehen. Seit A. van Genneps Studie über → Übergangsriten (1908) haben die Sozialwissenschaften sich unter verschiedenen Begriffen (Karriere, Berufsbiografie,

Sozialisationsprozess, Identitätswandel, Identitätskrise, Krankheitsverlauf, Trajekt, Verlaufskurve usw.) mit Verlaufsformen befasst, die von einem Status zu einem anderen führen, meist einen erwartbaren Ablauf haben und mit typischen Veränderungen der Identität verbunden sind. B. Glaser u. A.L. Strauss haben 1971 zu einer allgemeinen Theorie von S.n angesetzt. Ihnen zufolge impliziert eine S. meist eine zweiseitige Beziehung: denjenigen, der sie durchläuft (*passagee*), und denjenigen, der diesen Prozess anleitet, berät, prüft, beurteilt, also für die Einhaltung der „normalen" Ablaufform einsteht (*agent of control*). Beispiele: Schüler und Lehrer, Patient und Arzt bzw. Pflegepersonal. Dazu haben sie Dimensionen vorgeschlagen, durch die verschiedene S.n typologisch geordnet werden können (Erwünschtheitsgrad der S., Umkehrbarkeit, Wiederholbarkeit, Übersichtlichkeit, Freiwilligkeit u.a.). **W.F.H.**

Statuspolarisation, *status polarization,* [1] ein Zustand der Gesellschaft, in dem antagonistische Statusgruppen bei hoher Solidarität zur eigenen Gruppe wechselseitig antagonistische Wertpositionen einnehmen.
[2] Die gesellschaftliche Bewegung, die zu diesem Zustand führt.
[3] Eine Dimension, auf der gemessen wird, in welchem Grad eine solche Polarisation in der Gesellschaft vorliegt. **W.La.**

Statuspolitik – Interessenpolitik, Statuspolitik – Klassenpolitik, in der amerikanischen politischen Soziologie (R. Hofstadter, S.M. Lipset) gebräuchliches Begriffspaar zur Unterscheidung zwischen einer Politik, die auf die Durchsetzung der materiellen Interessen (Einkommensverteilung usw.) bestimmter Bevölkerungsgruppen oder Klassen gerichtet ist („I." oder „Klassenpolitik"), und einer Politik, bei der es eher um die Verteidigung oder Verbesserung des sozialen → Status von Individuen oder Gruppen geht („S."). Im Gegensatz zur I., wie sie in dem klassischen Rechts- Links-Gegensatz zwischen bürgerlichen und Arbeiterparteien zum Ausdruck kommt, appelliert S. besonders an die → Statusängste abstiegsbedrohter Mittelschichten oder an die Ressentiments der von → Statusunsicherheit betroffenen „Aufsteiger". **R.Kl.**

Statusprivileg, ein Vorteil formeller oder informeller Art, den ein Individuum aufgrund der mit seiner sozialen Position verbundenen Wertung erlangt. **W.La.**

statusqualifizierend → statusdefinierend

Statusrolle, *status-role,* Einheit eines sozialen Systems, die im Mikro-Makro-Kontinuum auf höherer Ebene steht als die soziale Handlung (T. Parsons 1951). **B.Bu./R.L.**

Statusschicht, eine Vielzahl von Personen oder Gruppen, die sich aufgrund ihres annähernd gleichen sozialen Status von anderen Personen oder Gruppen mit höherem bzw. niedrigerem sozialen Status unterscheiden. Die mit der Multidimensionalität der sozialen Schichtung einer komplexen Industriegesellschaft verbundene Schwierigkeit eindeutiger Schichtzurechnung hat die empirische Sozialforschung zu immer neuen Versuchen der Bestimmung eines summarischen Gesamt-Status veranlasst, in dem der Einzelstatus, den Personen oder Gruppen aufgrund ihrer Positionen in den verschiedenen schichtungsrelevanten Teilstrukturen der Gesellschaft (Schichtungsdimension) erhalten, adäquat berücksichtigt wird. Die vertikale Differenzierung moderner Industriegesellschaften wird daher heute in der Regel als Statusschichtung dargestellt. Da eine solche Statusverteilung jedoch praktisch ein Kontinuum ohne deutlich sichtbare Brüche darstellt, können S.en, die erst durch die Aufteilung des Kontinuums künstlich gebildet werden, nur die Bedeutung einer quasi Kategorie erhalten: als soziale Gruppen sind sie hingegen weitgehend fiktiv. Da der soziale Status zudem nicht unmittelbar, sondern jeweils über das soziale Prestige gemessen wird, das bestimmte objektive Merkmale wie Beruf, Bildung oder Einkommen genießt, gelten S.en im Wesentlichen als Ausdruck subjektiver Wertung unter weitgehender Vernachlässigung ihrer objektiven Bedingtheit. **M.B.**

Statusschisma, eine extrem einseitige Verteilung von Anordnungs- und Kontrollbefugnissen, Ansehen usw. in einer Gruppe oder Organisation: Ein Teil verfügt über sehr viele Rechte und Handlungschancen, der andere über sehr wenige. Krankenhäuser, Erziehungsheime, Militär, Gefängnis, Schule weisen ein S. mehr oder weniger stark auf. **W.F.H.**

Statussequenz, eine aufgrund gesellschaftlicher Zwänge von einer größeren Zahl von Personen, die einmal einen bestimmten Status eingenommen haben, typischerweise durchlaufene Folge verschiedener Status. **W.La.**

Statussucher, *status seekers,* Menschen, die nach einem hoch bewerteten Status streben und dadurch in ihrem Denken und Verhalten vorrangig beeinflusst werden. **W.La.**

Statussymbol, ein äußerlich erkennbares Zeichen, das im üblichen sozialen Kontext anzeigt, welchen Status die damit gekennzeichnete Person im Verhältnis zu anderen im Statussystem einnimmt. S. kann sein z.B. eine bestimmte Kleidung, ein Rangabzeichen oder die Adresse auf der Visitenkarte. **W.La.**

Statusunsicherheit, die Unsicherheit in der Selbst- und Fremdeinschätzung einer Person, die meist aus der Inkonsistenz des Status dieser Person folgt. S., so wird vermutet, verursacht Vorurteile gegenüber Mitgliedern fremder Gruppen. W.La.

Statusvererbung, die erbliche Übernahme einer gesellschaftlichen Position bzw. des mit ihr verbundenen Ansehens. Wichtig ist vor allem das Ausmaß, in dem S. in einer Gesellschaft vorkommt. W.La.

Statusverlust, der Verlust sozialer Wertschätzung, entweder durch Verlust an Wertschätzung ein und derselben Position im Zeitverlauf oder durch den Verlust einer hoch geschätzten Position. W.La.

Statuswechsel, der gewollte oder durch Strukturwandlungen erzwungene Übergang einer Person oder ganzer Familien von einer Statusgruppe zu einer anderen. W.La.

Statuszuschreibung, *status ascription*, bezeichnet den Vorgang, bei dem ein Individuum ohne jedes eigene Zutun, etwa aufgrund seiner Geburt, einen bestimmten Status erlangt. Gegenbegriff: → Statuserwerb W.La.

Statuszuweisung, [1] der Prozess, in dem Individuen aufgrund von Aufgaben, die ihnen innerhalb der Gesellschaft oder anderer Sozialsysteme zugewiesen werden, einen bestimmten Status einnehmen müssen. So muss etwa in der BRD ein junger Mann aufgrund einer solchen Zuweisung den Status eines wehrpflichtigen Soldaten einnehmen. W.La.
[2] → Platzierung, soziale

S-Technik → R-Technik

Stegreiferzählung, Bezeichnung für eine Erzählung, die ohne Vorbereitung des Erzählers zustande kommt. Das narrative Interview (nach F. Schütze) will deshalb S.en evozieren, damit eine (durch Vorbereitung des Erzählers wahrscheinliche) Einfügung von Anekdoten, Motiven aus familiengeschichtlicher Erzähltradition, nicht selbst erlebten Geschichten usw. nach Möglichkeit ausgeschlossen wird und der Erzähler der damaligen Ereignis- und Handlungsabfolge möglichst nahe kommt. W.F.H.

Stelle → Position, soziale

Stellenrotation, *job rotation*, Bezeichnung für den geplanten periodischen Wechsel der Arbeitsplätze in einer Arbeitsgruppe, einer Abteilung, einem Betrieb. Eine Arbeitsorganisation, die die Arbeiter fest an einen Arbeitsplatz und wenige Detailfunktionen im Produktionsgang bindet, wird aufgelöst. Dadurch können die psychischen und sozialen Folgeerscheinungen der Arbeitsteilung im Betrieb gemildert werden. W.F.H.

Stellung → Position, soziale

Sterbetafeln, tabellarische Anordnung der Sterbewahrscheinlichkeiten für die einzelnen Alters-

gruppen einer Bevölkerung. Die Sterbewahrscheinlichkeit für einen 40-jährigen Mann ergibt sich aus dem Verhältnis der Anzahl der zwischen den 40. und 41. Lebensjahr gestorbenen Männer zur Anzahl der 40-jährigen Männer innerhalb eines bestimmten Zeitraums. Sind die Sterbewahrscheinlichkeiten konstant, kann die Quote der Überlebenden aus einer Gruppe von Neugeborenen zu einem bestimmten Zeitpunkt ermittelt werden. Aus der Sterbetafel ergibt sich die mittlere Lebenserwartung eines Jahrgangs: sie ist die Summe der von den einzelnen Überlebenden noch erreichten Jahre im Verhältnis zur Zahl der Überlebenden. H.W.

Sterbewahrscheinlichkeit → Sterbetafeln

Sterbeziffer, Anzahl der Todesfälle pro tausend Einwohner einer Bevölkerung zu einem bestimmten Zeitpunkt. Da die S. in dieser Form wenig aussagekräftig ist, müssen alters- und geschlechtsspezifische S.n gebildet werden. H.W.

Sterblichkeit → Mortalität

Stereotyp, eine fest gefügte, für lange Zeit gleich bleibende, durch neue Erfahrungen kaum veränderbare, meist positiv oder negativ bewertete und emotional gefärbte Vorstellung über Personen und Gruppen (auch die eigene: → Autostereotyp), Ereignisse oder Gegenstände in der Umwelt und insofern das Extrembeispiel von sozialer → Einstellung. Bei der Bildung der dem S. zugrunde liegenden Urteile werden nur wenige, oberflächliche Merkmale des betreffenden Sachverhalts berücksichtigt (→ Wahrnehmung, selektive): Im Wechselspiel von verwendeten Merkmalen und den durch diese Merkmale angesprochenen Denkschablonen des Beurteilers entsteht das S., das sich später auch dann nicht mehr verändert, wenn derselbe Sachverhalt in anderen Zusammenhängen erneut auftritt. Häufig wird angenommen, dass die Bildung von positiven wie negativen S.en dem Individuum die Orientierung in und die Interaktion mit der Umwelt vereinfacht und somit erleichtert. W.Li.

Stern, soziometrischer, Bezeichnung für das Soziogramm, das sich ergibt, wenn eine Person von anderen besonders häufig gewählt wird, die sich untereinander nur wenig wählen. R.Kl.

stetig → Variable, diskrete

Steuerung → Regelung – Steuerung

Steuerung, soziale, Beeinflussung des sozialen Verhaltens durch gesellschaftliche Institutionen, Werte, Normen im Sinne eines offenen Wirkungsverlaufes, d.h. ohne Rückmeldung und Rückkopplung. B.W.R.

Steuerungssprache → Kommunikationsmechanismus, institutionalisierter

Stichprobe, Auswahl → Auswahlverfahren

Stichprobe, bereinigte → Ausgangsstichprobe

Stichprobe, historische, in der → historischen Sozialforschung eine Auswahl von Befragten heute, die zeitgeschichtlich frühere Konstellationen abbilden soll. Für die h.S. stellt sich das Problem der Erreichbarkeit besonders wegen der unterschiedlichen Sterblichkeit ihrer Befragtengruppe; z.B. ist eine Stichprobe von ehemaligen Gegnern des Hitler-Regimes heute außerordentlich schwierig zu bilden, weil so viele getötet worden sind und andere aufgrund der Folgen von Haft usw. eine nicht-normale Lebenserwartung hatten.   **W.F.H.**

Stichproben, abhängige, korrelierende Stichproben, Bezeichnung für mehrere Messungen einer Variablen an einer Stichprobenpopulation zu verschiedenen Zeitpunkten, etwa im Experiment unter verschiedenen Bedingungen. Jedem Stichprobenelement werden durch die S. mehrere Messwerte der Variablen zugeordnet.   **H.W.**

Stichproben, korrelierende → Stichproben, abhängige

Stichprobenausschöpfung, Anteil der tatsächlich in einer Untersuchung verwendeten Fälle an der Gesamtheit der in die Stichprobe gelangten Fälle. Die S. bei einer Befragung wird durch Verweigerung oder Abbruch von Interviews, durch die Unauffindbarkeit von Personen u.a. gesenkt. Eine hohe Ausfallquote kann die Repäsentativität der Untersuchung senken.   **H.W.**

Stichprobenfehler → Auswahlfehler

Stichprobenumfang, *sample size,* Anzahl der Einheiten, etwa Personen, die in einer Stichprobe erfasst werden sollen.   **H.W.**

Stichprobenverteilung, *sampling distribution,* Wahrscheinlichkeitsverteilung eines Stichprobenparameters (Anteile, → Mittelwerte, → Korrelationskoeffizienten u.a.) einer → Zufallsauswahl. Die S. dient der Abschätzung der Grundgesamtheitsparameter durch die Stichprobe. Man kann sich vorstellen, dass die S. durch unendliches Wiederholen des Ziehens einer Stichprobe eines bestimmten Umfangs aus einer Grundgesamtheit entsteht. Dabei konvergiert bei der einfachen Zufallsauswahl nach dem „Gesetz der großen Zahl" der Parameter der Stichprobe gegen den der Grundgesamtheit. Die S. gibt die Wahrscheinlichkeit einer bestimmten Abweichung der beiden Parameter (→ Auswahlfehler) voneinander an. Wichtiges Modell einer S. ist die → Normalverteilung. Die Standardabweichung der S. wird auch als Standardfehler der Stichprobe bezeichnet.   **H.W.**

Stifterreligionen, religionsklassifikatorische Bezeichnung für die durch charismatische Einzelpersönlichkeiten (wie Moses, Zarathustra, Buddha, Jesus, Mani, Muhammed) begründeten Religionen.   **V.Kr.**

Stigma, Merkmal, durch das eine Person sich von den für die Personenkategorie, der sie angehört, geltenden Standards physischer, psychischer und/oder sozialer Normalität (d.h. von ihrem sozialen Typus) negativ unterscheidet, das sie in ihrer sozialen Identität gefährdet und das sie somit von vollständiger sozialer Akzeptierung ausschließt. In unserer Gesellschaft wirken etwa Merkmale wie „blind", „unehelich", „vorbestraft" als S.   **W.B.**

Stigmamanagement, die Strategien einer mit einem Stigma behafteten Person, ihre Selbstachtung zu wahren und die Anerkennung anderer zu erringen.   **R.L.**

Stigmatisierung, Zuschreibung eines Stigmas, die Kategorisierung einer Person durch gesellschaftlich oder gruppenspezifisch negativ bewertete Attribute, die h. durch Eigenschaften, die sie sozial diskreditieren. So wird eine Person stigmatisiert, wenn man sie (z.B. in den Akten der Sozialfürsorge, in den Personalpapieren) als „Unehelicher" oder „Vorbestrafter" kategorisiert.   **W.B.**

Stigma-Umkehr bezeichnet den Vorgang, dass Angehörige sozialer Randgruppen, insbesondere sofern sie durch Vorurteile belastet sind, bestimmte gesellschaftliche Institutionen für ihre entrechtete Lage verantwortlich machen.   **R.L.**

Stil (lat.: stilus, Schreibgriffel), style, [1] hieß in der römischen Antike die Art und Weise des Schreibens.
[2] In der Kunstphilosophie meint S. sowohl die Einkleidung des Gedankens als auch die das Individualistische prägende Inkarnation der Gedanken des Geistes.
[3] Im 20. Jahrhundert wird das Verständnis von S. verallgemeinert und zuerst auf den wissenschaftlichen Diskurs angewendet (Denk-S.). Sodann wird S., unter dem Einfluss der → Lebensphilosophie, zum Lebens-S., der Symbol für die Gesamtbefindlichkeit einer Gesellschaft, für die ganze Lebensauffassung einer Zeit sein sollte. S. wird so zu einer „Form der Weltanschauung" (H. Nohl 1920) oder zur „Einheitsform einer Weltsicht" (F. Fellmann 1986).
[4] Für die Soziologie hat G. Simmel den Begriff des „S. des Lebens" (1900) fruchtbar gemacht (→ Lebensstil).   **O.R.**

Stil, kognitiver, allgemein die typische Art und Weise, in der Personen auf bestimmte kognitive Probleme reagieren. Im Besonderen [1] bei H.C. Kelman u. B.J. Cohler (1959) Bezeichnung für die Art, in der Personen mit einem starken „Bedürfnis nach kognitiver Klarheit" auf neue, zu ihren bisherigen Einstellungen und Meinungen im Widerspruch stehende Informationen reagieren: Der „Klärer" (*clarifier*) ist für die neue In-

S

formation offen, bemüht sich um eine Aufklärung der Gründe für die aufgetretenen Widersprüche und ändert ggf. seine Einstellungen und Meinungen. Der „Vereinfacher" (*simplifier*) reagiert defensiv, verschließt sich gegen die neue Information, vereinfacht sein Weltbild durch Ausschluss störender Elemente und widersteht so einer Einstellungs- und Meinungsänderung.
[2] In der phänomenologischen Soziologie (A. Schütz) Bezeichnung für die in bestimmten Erfahrungsbereichen (Alltagsleben, Wissenschaft, Poesie usw.) typische Art des kognitiven Verhaltens; für jeden dieser Bereiche ist ein anderer Grad von Aufmerksamkeit, Genauigkeit, Kritikbereitschaft usw. typisch.   R.Kl.

Stilanalyse, bezeichnet eine Weise, künstlerische und andere kulturelle Stoffe wissenssoziologisch – meist in der Tradition von K. Mannheim – zu untersuchen. Nicht nur der soziale und historische Kontext des Werks wird analysiert, sondern auch dessen Gestaltungselemente. Form und Inhalt werden weder normativ noch materialistisch interpretiert. Kunstgeschichte und Soziologie haben hier eine wechselseitige Kooperation entwickelt (A. Barboza 2005).   R.L.

Stimulation → Verstärkung

Stimulus → Reiz, → Stimulusvariable

stimulus-centered approach (engl.) → Messen, indikatororientiertes

Stimulus-Diffusion, von A. Kroeber (1940) eingeführter Begriff dafür, dass kulturelle Komplexe oft nicht als ganze von anderen Kulturen entlehnt bzw. übernommen werden, sondern nur Teile davon, die dann in der entlehnenden Kultur oft eine ganz andere Bedeutung erhalten. Beispiel: Turnschuhe als Teil der ärmlichen halbmodernen Lebensführung in Städten der Dritten Welt werden von den westlichen Gesellschaften entlehnt und hier zu Statussymbolen bis hinein in die Kindergärten.   W.F.H.

Stimuluskontrolle, Bezeichnung für die Kontrolle, die ein sog. diskriminierender Reiz über eine bestimmte Reaktion ausübt: Wenn der betreffende Reiz auftritt, dann wird auch die entsprechende Reaktion geäußert.   R.Kl.

Stimulus-Response-Modell → S-R-Theorie

Stimulusvariable, Stimulus, in Experimenten eine unabhängige, vom Forscher manipulierte Variable, deren Wirkungsweise auf die abhängigen Variablen durch systematische Veränderungen ihrer Stärke, der die Experimentiergruppen ausgesetzt sind, untersucht werden soll.   H.W.

stochastisch, Begriff der Statistik; zufällig, nur mit einer gewissen Wahrscheinlichkeit eintretend oder von einer gewissen Wahrscheinlichkeit abhängend.   M.K.

Strafe → Bestrafung

strafender Führungsstil → Führungsstil

Strategie, [1] auch Entscheidungsregel, Bezeichnung im Umkreis der Entscheidungstheorie(n) für eine Ordnung aller Handlungsmöglichkeiten eines Akteurs, die für das betrachtete Problem relevant sind, nach einem oder mehreren Kriterien, sodass für jede mögliche Situation festliegt, welche Handlung zu wählen ist.   H.W.
[2] Bezeichnet nach P. Bourdieu Handlungsverläufe, die regelhaft sind, aber nicht auf Regeln basieren, die absichtsvoll erscheinen, ohne zweckrational zu sein. Die meist gegebene Passung von S.en an die jeweiligen Erfordernisse der sozialen Welt beruht auf den Erfahrungen der Praxis, auf dem an eine bestimmte Soziallage gebundenen → Habitus [4] und erscheint deshalb als intendiert. → Reproduktionsstrategie   A.K.

Strategie, dominierende, Bezeichnung der → Spieltheorie für eine Strategie, die im Vergleich mit einer anderen Strategie eine ebenso große, möglicherweise auch eine bessere Auszahlung erbringt.   H.W.

Strategie, gemischte → Strategie, reine

Strategie, reine, Bezeichnung der → Spieltheorie für eine nach dem Mini-Max-Prinzip optimale Strategie, bei der die Spieler nur eine aus ihren möglichen Aktivitäten ergreifen. Die r.S. ergeben sich bei Spielen mit → Sattelpunkt. Existiert in einem → Zwei-Personenspiel kein Sattelpunkt, treten gemischte Strategien auf, bei der die Spieler abwechselnd verschiedene Strategien ergreifen. Für eine optimale gemischte Strategie besteht aus einer Wahrscheinlichkeitsverteilung $p(\alpha_1)$, $p(\alpha_2)$, ..., $p(\alpha_m)$ über die Aktivitäten α_i, $i = 1, 2, ..., m$, bei der für mindestens zwei α_k, α_l mit $k = l$ gilt: $p(\alpha_k) \neq 0$ und $p(\alpha_l) \neq 0$. Der zu den Aktivitäten eines Spielers gehörende Wahrscheinlichkeitsvektor q hat also zumindest zwei Komponenten $\neq 0$; $q = (0, 0, ..., p(\alpha_k)$, ..., $p(\alpha_l), ..., 0)$.   N.M.

stratification, social (engl.) → Schichtung, soziale

Stratifikation → Schichtung

stratum, social (engl.) → Schicht, soziale

Street Corner Society (engl.), Monographie eines italienischen Einwandererviertels in Boston durch W.F.H. Whyte (1943) mit der Methode der teilnehmenden Beobachtung.   J.F.

Stress, von H. Selye eingeführter Begriff, besonders der Motivationspsychologie, für physische oder psychische Belastungen des Organismus, die stets außer jeweils spezifischen Folgen auch zahlreiche unspezifische Reaktionen auslösen: bei Vorliegen von S. reagiert der Organismus zunächst mit Anpassung (Aktivierung körperlicher Abwehrmechanismen; Mobilisierung von Kraftreserven oder Müdigkeit, Unlust); bei Fort-

S

dauer des S. kommt es zur Erschöpfung des Organismus. Permanenter S. kann zu psychosomatischen Erkrankungen und anderen schwer wiegenden psychischen und physischen Störungen führen. In extremen S.situationen (z.B. im Krieg) kann es zum völligen psychischen und physischen Zusammenbruch kommen. Als soziale Ursachen für S. kommen alle sozialen Bedingungen in Betracht, die eine dauernde Überforderung und Überbelastung des Individuums fördern: ständig überhöhter Leistungsdruck, chronischer Misserfolg, dauernde Bedrohung durch berufliche Konkurrenten, politische Bedrohung und Verfolgung, soziale Diskriminierung, Rollenkonflikt usw.   H.W.K./R.Kl.

Stressinterview, Interview, in dem der Befragte durch Kritik, Infragestellung seiner Motive durch den Interviewer unter Druck, gesetzt wird. Das S. dient zur Beobachtung der Fähigkeit von Personen, Belastungen zu ertragen, abzuwehren oder sich von ihnen zu erholen. Das S. wird z.B. bei der Personalauswahl in Industriebetrieben eingesetzt.   H.W.

Streuung, Bezeichnung für das Ausmaß der Abweichungen der an einer Menge von untersuchten Einheiten (z.B. Individuen) gewonnenen Messwerte (z.B. des Alters) von einem gewählten Wert (z.B. vom arithmetischen Mittel). Die S. ist eine der Charakterisierungsmöglichkeiten, die zur Beschreibung und zum Vergleich von Verteilungen benutzt werden. Zu den wichtigsten Streuungsmaßen zählen die → Varianz und die → Standardabweichung. Daneben werden auch andere Maße wie die Streuungsbreite und der → mittlere Quartilsabstand benutzt.   H.W.

Streuungsbreite, auch: Spannweite, grobes Maß für die Streuung einer Verteilung von Messwerten. Mit S. wird die Differenz zwischen dem größten und dem kleinsten Wert einer Verteilung bezeichnet.   H.W.

Streuungsdiagramm, *scatter diagram,* zweidimensionale grafische Darstellung der an einer Menge von Individuen gewonnenen Wertepaare zweier Merkmale *X* und *Y.* Jedem Punkt in der Darstellung entspricht ein an einem Individuum gemessenes Wertepaar. Je stärker die Paare entlang einer bestimmten Linie streuen, umso größer ist die Korrelation zwischen den Merkmalen oder Variablen. Die Linie wird auch Regres-

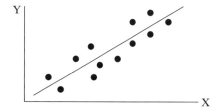

sionsgerade genannt. Die Steigung der Gerade wird durch den → Regressionskoeffizienten angegeben.   H.W.

stripping process (engl.), Akt des Kleiderablegens und Anlegens der Anstaltskleidung (Krankenhaus, psychiatrische Anstalt etc.), der die veränderte Situation symbolisierend als Beginn der Sozialisation in die Patientenrolle angesehen wird.   R.N.

structure-and-agency → Dualität von Struktur, *agency*

Struktur, die Elemente, aus denen ein Gegenstand (System) aufgebaut ist, und die Art und Weise, in der sie zusammenhängen. Wesentlich für den S.begriff ist nicht das Vorhandensein oder die bloße Anordnung, wohl aber eine bestimmte Ordnung der Elemente, durch welche Systeme als identisch charakterisiert werden können. In Analogie zur Sprache kann man S. auch als die Syntax verstehen, nach der die Elemente geordnet auftreten. S. impliziert keine vollständige Abbildung der Realität, sondern dasjenige Beziehungsnetz ausgewählter Elemente, das dem Gegenstand eine relative Stabilität und Konstanz verleiht.   H.L.

Struktur, generative → Bevölkerungsweise

Struktur, politische, allgemein die relativ stabilen und konstanten Zusammenhänge von Positionen und Rollen, in denen politische Entscheidungen getroffen und ausgeführt werden.
   W.F.H.

Struktur, semantische, Menge von semantischen Interrelationen zwischen Ausdrücken innerhalb eines sprachlichen Systems; Beispiele für semantische Relationen sind Synonymie, Antonymie, Hyponymie, Heteronymie, Symmetrie; Forschungsgegenstand der strukturellen Semantik, bes. der Konstituentenanalyse.   T.B.

Strukturalismus, Sammelbezeichnung für verschiedene Theorieansätze in der Soziologie, Philosophie, Anthropologie, Psychoanalyse und Literaturwissenschaft, die alle methodisch auf F. de Saussures These zurückgreifen, dass zwischen dem Wort als Ausdruck und als Bedeutung (→ Signifikant – Signifikat) keine natürliche Beziehung bestehe. Der S. unterscheidet demgemäß zwischen sozialer Basis (frz.: *infrastructures*) und Überbau (frz.: *suprastructures*), zwischen allgemeiner Praxis (frz.: *praxis*) und manifestem Handeln (frz.: *pratique*) sowie zwischen Individuum und Bewusstsein. Dabei unterstellt der S., dass diese empirisch fassbaren Paarteile nicht in einem dialektischen Verhältnis zueinander ständen, also in der Zeit sich nicht gegenseitig bedingten und nicht vermittelbar seien. Hier setzt sowohl die Marxismuskritik als auch die Geschichtskritik, die sich gegen Diachronität und der mit ihr gekoppelten Kausalität richtet, im S.

S

ein. Vielmehr nimmt der S. an, dass das Unterschiedliche nur über theoretische Modelle in Analogieschlüssen aufgehoben werden könne, in denen das Aufeinanderbezogensein der Elemente formal festgelegt sei. Solches Beziehungssystem heiße Struktur, in der empirisch fassbare Realitäten und (nicht real gewordene) Möglichkeiten gleichgewichtig nebeneinander lägen. Die Struktur gilt im S. zwar als historisch, aber sie verweise zugleich auf die Natur als Ensemble der unvergänglichen Möglichkeiten. Jede Struktur sei nämlich nur eine Variation. Folgende Hauptprinzipien werden von den verschiedenen Richtungen des S. in unterschiedlichem Grade vertreten:
a) Phänomene können nicht als Einzelerscheinungen betrachtet werden, sondern erhalten ihre Bedeutung erst als Elemente innerhalb eines strukturierten Systems. b) Es wird zwischen aktuellen Äußerungen oder Handlungen und einem abstrakten idealisierten System unterschieden, wobei letzteres nicht als analytisches Hilfsmittel betrachtet, sondern als existent angenommen wird. c) Wissenschaftliche Aussagen haben sich nur auf formale Strukturen, die Relationen zwischen den Elementen eines Systems, zu beziehen, nicht auf deren Inhalte. d) Universale Denkstrukturen bestimmen alles menschliche Denken und Handeln unabhängig von spezifischen sozialen und historischen Bedingungen. Als Vertreter des S. gelten u.a. C. Lévi-Strauss, L. Althusser, J. Lacan, R. Barthes.   A.H./O.R.

Strukturalismus, genetischer → Hermeneutik, objektive [2]

Strukturation, ein von A. Giddens geprägter Begriff zur Bezeichnung jener rekursiven Mechanismen, die das Verhältnis von Regelsystemen und Handlungen im Prozess einer sich im Raum und in der Zeit konstituierenden sozialen Ordnung charakterisieren. Aufgrund dieser spezifischen Dualität von Ordnung bzw. Struktur sind weder Regeln auf Handlungen noch Handlungen auf Regeln reduzierbar.   G.W.

Strukturdynamiken, soziale, allgemeine Bezeichnung für die Muster, in denen mehrere Akteure zusammenwirken und durch die sie (absichtlich, meist aber unabsichtlich) soziale Strukturen bewirken. Unterschieden wird zwischen offenen und geschlossenen s.S.: Bei ersteren ergeben sich die strukturellen Effekte gewissermaßen historisch zufällig, bei Letzteren sind die aufeinanderfolgenden Handlungen der Akteure so aneinander orientiert, dass von innerer Kausalität gesprochen werden kann (Beispiel: Wettrüsten). Nur letztere s.S. können gegebenenfalls von den beteiligten Akteuren durchschaut sowie soziologisch theoretisch modelliert werden, erstere lassen sich im Sinne der Ge-

schichtswissenschaft nur nachträglich erzählen (U. Schimank 2000).   W.F.H.

Strukturerhaltung → *pattern maintenance*

Strukturfunktionalismus → Theorie, strukturell-funktionale

Strukturgeschichte, eine von Frankreich ausgehende, in der Nachkriegszeit sich auch im deutschen Sprachraum etablierende und mittlerweile vorherrschende geschichtswissenschaftliche Richtung, die sich von den herkömmlichen vorwiegend an einzelnen politikgeschichtlichen Ereignissen orientierten Konstruktionen distanziert. Sie bemüht sich um zumeist kausal erklärende Verknüpfungen von historischen Erscheinungen zu vorwiegend ein-, seltener mehrdimensionalen, linear und häufig teleologisch angelegten Strukturverläufen. → Struktur in diesem Sinne und in diesem Zusammenhang entspricht dem → Idealtypus.   A.T.

Strukturgleichung, mathematische Gleichung in multivariaten Modellen (→ LISREL, → Pfadanalyse u.a.), die die Beziehung zwischen einzelnen Variablen spezifiziert.   H.W.

strukturierend – strukturiert. Das Wortdoppel bezeichnet den Unterschied zwischen einem Prozess und dessen Resultat. So ist der Habitus (P. Bourdieu) s.end, indem er der Wahrnehmung der sozialen Welt logische Teilklassen anbietet; er ist auch s.t, weil selber Produkt einer Verinnerlichung der Teilung in soziale Klassen.   R.L.

Strukturierung, zentraler Begriff in der Handlungs- und Gesellschaftstheorie von A. Giddens. Mit dem dynamisch-prozesshaften Begriff der S. versucht Giddens, die deterministischen Implikationen des Funktionalismus einerseits, die voluntaristischen Missverständnisse der interpretativen Soziologie andererseits zu vermeiden und dennoch die jeweiligen Ansätze zur Thematisierung des Problems der sozialen Ordnung aufzunehmen: als *vorgegeben und bewirkt*. Ausgehend von einem nicht-intentionalen Begriff sozialen Handelns, der vor allem die unbeabsichtigten Folgen betont, werden Strukturen als Produkt von Handlungspraxis begriffen. → Dualität von Struktur   M.M.

Strukturkonsistenz, *pattern-consistence*, der innere Zusammenhang und die daraus resultierende Regelhaftigkeit und Stabilität sich wechselseitig beeinflussender verschiedener Elemente einer Struktur (z.B. Bildung, Einkommen, Macht in der sozialen Schichtung) oder individueller Verhaltensweisen (z.B. Aggressivität nach außen, Freundlichkeit, Spontanität und intensive Interaktion innerhalb der eigenen Gruppe).   H.L.

Strukturmerkmal, *structural property*, ein charakteristisches Element in einem System, das für die Definition seiner Struktur unerlässlich ist. Für ein System sozialer Kontrolle sind S.e etwa die durchzusetzenden Normen und die Sanktionssubjekte. Die Gesamtheit der Strukturmerkmale und ihre Verknüpfung bezeichnen die Struktur des Systems.   H.L.

Strukturmodell, die Rekonstruktion einer Struktur nach formalen Regeln und vereinfachenden theoretischen Annahmen: relevante → Strukturvariable werden ausgewählt, definiert und systematisch zueinander in Beziehung gesetzt. Ein S. beansprucht keine vollständige Abbildung der Wirklichkeit, sondern dient der Darstellung oder Simulation der zu erkennenden, d.h. relevanten, Eigenschaften der Struktur.   H.L.

Strukturpolitik, Begriff für politische Maßnahmen, die darauf abzielen, z.B. durch Investitionsförderungen und Steuervergünstigungen die Wirtschaft zu stärken.   D.Kl.

Strukturreproduktion – Strukturtransformation, allgemein Wiederherstellung bzw. Wiederauftreten einer (Tiefen-) Struktur in identischer (S.reproduktion) bzw. Wiederauftreten einer (Tiefen-)Struktur in veränderter Gestalt (S.transformation).   W.F.H.

Strukturtyp, nach C. Seyfarth ein Hilfsmittel soziologischer Analyse, wobei von den Gegebenheiten des Handelns sowie vom vorhandenen Wissen ausgegangen wird und subjektiv gemeinter Sinn der Handelnden berücksichtigt wird, um zu objektiv möglichen Handlungsabläufen zu gelangen. Beispiel: die Begriffe rationalen Wirtschaftens und rationaler Lebensführung in der → Protestantismusthese.   R.L.

Strukturvariable, innerhalb eines Systems ein Element oder Merkmal, dessen Variation durch die Struktur des Systems vorgegeben ist. Eine S. bestimmt das Verhalten unabhängig von individuellen Variablen und besonderen Bedingungen der Situation.   H.L.

Strukturverantwortung, *pattern responsibility*, ist bei T. Parsons die Bereitschaft der Aufrechterhaltung, Verteidigung und Durchsetzung bestimmter sozialer Strukturen. S. gilt als eine wichtige Bedingung sozialer Kontrolle und sozialer Integration.   B.W.R.

Strukturwachstum, allgemeine Bezeichnung für die Ausbildung von immer mehr überlokalen politischen, rechtlichen, wirtschaftlichen usw. Ordnungen seit den alten Hochkulturen und insbesondere in der Entwicklung zur modernen Gesellschaft.   W.F.H.

Stückwerk-Technik, *piecemeal engineering*, Stückwerk-Sozialtechnik, von K.R. Popper geprägte Bezeichnung für die von ihm befürwortete Form der Anwendung soziologisch theoretischen Wissens für praktische Zwecke. Aufgabe der S.-T. ist es, soziale Institutionen zu entwerfen, umzugestalten oder in ihrer Funktionsfähigkeit zu erhalten, die zur Erreichung bestimmter

Ziele geeignet sind. Dabei macht der „Sozialingenieur" von der Möglichkeit der Umformung sozialwissenschaftlicher Gesetzesaussagen in technologische Aussagen Gebrauch, die darüber Auskunft geben, was mit welchen Mitteln erreicht (und vor allem: was nicht erreicht) werden kann. Der Ausdruck „Stückwerk" soll betonen, dass diese Sozialtechnik – im Unterschied zur utopischen oder → holistischen Planung bzw. Sozialtechnik – die Gesellschaft nicht als Ganzes (im Sinne von → Totalität) neu planen und gestalten will, sondern auch sehr weitreichende gesellschaftliche Veränderungen nur durch schrittweise kleine Eingriffe zu erreichen sucht, die sich stets korrigieren oder zurücknehmen lassen, wenn sie die in sie gesetzten Erwartungen nicht erfüllen.   R.Kl.

studies of work (engl.), neuere Arbeitsrichtung der Ethnomethodologie (H. Garfinkel u.a.), die die praktischen Wissenselemente untersucht, die berufliches Arbeitshandeln ermöglichen. W.F.H.

study expenditure (engl.), Untersuchung des Verbraucherverhaltens, als Teilgebiet der ökonomischen Verhaltensforschung vor allem in den Vereinigten Staaten entwickelt.   F.X.K.

study of values test (engl.), von G.W. Allport, P.E. Vernon u. G. Lindzey (1932) entwickelter, auf E. Sprangers „Lebensformen" zurückgehender standardisierter Test zur Messung der relativen Stärke von sechs, eine Persönlichkeit kennzeichnenden Interessen oder „Werten": des theoretischen, ökonomischen, ästhetischen, sozialen, politischen und religiösen Interesses.   R.Kl.

Stufe, anale → Libidostufen

Stufe, genitale → Libidostufen

Stufe, orale → Libidostufen

Stufe, phallische → Libidostufen

Stützkonzeption, Bezeichnung für eine theoretische Konzeption, die eine symbolische Sinnwelt stützt gegenüber Kritik, die sich aus dem dazugehörigen System selbst oder aus der Konfrontation verschiedener Sinnwelten (→ Erfahrungswelt) ergibt; die S. nimmt dabei Aspekte der Kritik auf, formuliert soziale Selbstverständlichkeiten neu oder um, und bewirkt damit, dass sich die symbolische Sinnwelt modifiziert. O.R.

subaltern studies, (engl.), im Umkreis der seit 1982 von Ranajit Guha herausgegebenen Publikationsreihe gleichen Namens stattfindende internationale Debatte (Ranajit Guha, Gayatri Spivak, Ranajit Das Gupta u.a.), orientiert vor allem auf Geschichte und Gesellschaft in Südasien. Im Zentrum der Debatte stehen koloniale und post-koloniale Herrschaft, nationalistische Mobilisierung und Widerstand. Inspiriert u.a. durch die Idee einer „Geschichte von unten" (E.P. Thompson), Gramscis Konzept der Hegemonie und Foucaults Begriff der diskursiven Macht bilden die s.s. einen Zusammenhang mit den sog. → *post-colonial studies*. H.W.

subaltern, in Anlehnung an A.Gramsci Bezeichnung bei G. Spivak (1985) für untergeordnete, vom Zugang zur Macht ausgeschlossene Schichten der Gesellschaft (Bauern, Frauen), die ihren Interessen „kein Gehör" verschaffen können, weil die herrschende Kultur sie nicht für „sprachfähig" hält. H.W.

Subgruppe → Untergruppe

Subimperialismus, innerhalb der Theorie des → peripheren Kapitalismus Bezeichnung für Abhängigkeitsverhältnisse zwischen den Staaten der Peripherie, z.B. in Bezug auf Rohstoffe, Wanderarbeit, Technologie, die denen zwischen Zentren und Peripherie strukturell ähneln.
 H.W.

subject-centered approach (engl.) → Messen, personenorientiertes

Subjekt, [1] im philosophischen, insbesondere erkenntnistheoretischen Sinne das erkennende, denkende und handelnde Individuum im Unterschied zu den Gegenständen oder Objekten, auf welche sich sein Erkennen, Denken und Handeln richten. Das S. ist der Träger des Bewusstseins, seiner Inhalte und Funktionen. In ähnlichem Sinne wird der Begriff z.T. auch in Psychologie, Psychoanalyse und Soziologie gebraucht: das S. als das erlebende und agierende Individuum mit seinen Bedürfnissen und Strebungen, welches den materiellen, sozialen und kulturellen Objekten, die seine Umwelt ausmachen, gegenübertritt, auf sie einwirkt und selbst von ihnen geprägt wird. → Subjekt-Objekt-Problem
[2] Vor allem im angelsächsischen Sprachgebrauch ist S. häufig gleichbedeutend mit → Versuchsperson, der Person als Untersuchungseinheit und Untersuchungsgegenstand. R.Kl.

Subjektivierungsweise, bezeichnet bei Michel Foucault die Art und Weise, mit der Menschen sich selbst und andere in bestimmter Weise wahrnehmen, erleben und fühlen. Foucault geht es darum, Vorstellungen eines „eigentlichen", „authentischen" Wesens von Subjektivität zu zerstören. Denn für ihn haben Menschen nie aufgehört, „sich selbst zu erzeugen". Gefragt wird, ob und wie Menschen Subjektivität im Sinne bürgerlicher Individualität erlangen können, wer, wie, weshalb welche Subjektivität erlangen kann und wie sich bestimmte S.n historisch-konkret transformieren. Foucault geht diesen Fragen nach, indem er diejenigen diskursiven und nicht diskursiven Praktiken und ihre Verkettungen in → Dispositiven erforscht, über die bestimmte historisch-konkrete S.n hervorgebracht wurden. In den Studien zur → Gouverne-mentalität steht die Frage nach dem Zusammenhang zwischen unterschiedlichen Machtformen und S.n im Zentrum. A.B.

Subjektivismus, Bezeichnung für eine erkenntnistheoretische und allgemein philosophische Auffassung, nach der alles (auch das wissenschaftliche) Wissen, aber auch alle Wertvorstellungen und alles Handeln durch die Subjektivität des Einzelmenschen, durch die Inhalte und Aktivitäten des individuellen Bewusstseins bestimmt werden. Ein extremer S. leugnet die eigenständige Existenz einer objektiven, äußeren Realität und behauptet, dass das subjektive Bewusstsein das allein Gegebene sei (→ Solipsismus). In der Soziologie werden vor allem solche Auffassungen als S. bezeichnet, die soziale Prozesse primär als Bewusstseinsprozesse betrachten bzw. auf Bewusstseinsvorgänge zurückführen und objektive Bedingungszusammenhänge (z.B. die tatsächliche Verteilung von Machtmitteln) vernachlässigen. R.Kl.

Subjektivität, [1] Bezeichnung für dasjenige, was zum Subjekt gehört, für das Subjekt kennzeichnend ist oder von einem Subjekt abhängig ist. Insbesondere Bezeichnung für eine Eigenschaft von Urteilen, Aussagen, Erkenntnissen: ein Urteil ist subjektiv, wenn es vom urteilenden Subjekt und seinen individuellen Eigenschaften (seinen persönlichen Erfahrungen, Wünschen, Vorurteilen usw.) wesentlich geprägt und nur für das Subjekt gültig ist. Deshalb häufig auch gleichbedeutend mit Vorurteilhaftigkeit, Voreingenommenheit, Einseitigkeit. Gegensatz: → Objektivität R.Kl.
[2] Die menschliche Persönlichkeit im umfassendsten Sinne. R.L.

Subjekt-Objekt-Problem der sozialwissenschaftlichen Erkenntnis, vor allem nach Auffassung von Gegnern einer nach naturwissenschaftlichem Vorbild verfahrenden Sozialwissenschaft ein erkenntnistheoretisches Grundproblem der Sozialwissenschaften, welches darin bestehen soll, dass der Sozialwissenschaftler als erkennendes → Subjekt zugleich selbst Teil seines Erkenntnisobjekts, der Gesellschaft, ist und von dieser geprägt wird; deshalb könne es in den Sozialwissenschaften keine → Objektivität im Sinne der Naturwissenschaften geben. Vertreter des kritischen Rationalismus und ähnlicher wissenschaftstheoretischer Positionen halten dem entgegen, dass wissenschaftliche Objektivität nicht von einer objektiven „Einstellung" und Distanz des Forschers zu seinem Gegenstand abhänge, sondern im Wesentlichen von dem methodisch kontrollierten, d.h. grundsätzlich von anderen nachprüfbaren und kritisierbaren Vorgehen; dieses sei auch in den Sozialwissenschaften möglich. R.Kl.

Subjekttheorie bezeichnet einen insbesondere in der Jugendforschung bedeutsamen Ansatz an der Schnittstelle von Soziologie, Pädagogik und Psychologie. Ausgehend von der Bestimmung des Subjekts als Zentrum der Lebenspraxis befasst sich S. mit Prozessen der Personwerdung, der Gewinnung und Behauptung von Identität, der Entwicklung von Handlungskompetenz. Orientiert an phänomenologischer und interaktionistischer Handlungstheorie vertritt S. die These, dass Menschen (auch heranwachsende) sich aktiv und produktiv mit der gesellschaftlichen Realität auseinander setzen. In der empirischen Forschung gilt es, die Sichtweisen der Subjekte interpretativ zu rekonstruieren (→ Forschung, qualitative). M.M.

Subkultur, allgemeine Bezeichnung für die von einem kulturellen Zusammenhang mehr oder weniger abweichende Kultur einer Teilgruppe, die sich durch Klassenlage, Alter, Beruf, Region usw. vom Gesamt unterscheidet. Der Grad der Abweichung solcher Sonderkulturen vom übergreifenden Gesamt kann dabei von bloßen Modifikationen bis zur ausdrücklichen Gegenposition reichen. Folgende Bereiche werden gewöhnlich mithilfe des Begriffs der S. untersucht: die Gesellungsformen und Ehrvorstellungen von Kriminellen und anderen devianten Gruppen, die Lebensstile und Wertvorstellungen von Schichten, Klassen und ethnischen Gruppen, die Gesellungsformen und expressiven Eigenheiten von Jugendkulturen, die Lebensstile und gesellschaftspolitischen Zielvorstellungen von Protestbewegungen und entsprechenden Szenen. W.F.H.

Subkultur, delinquente oder **kriminelle**, ein Komplex von Werten, Normen und Verhaltensweisen, der sich beim Zusammenleben von Menschen in gleicher Soziallage bilden kann und den herrschenden Verhaltensregeln zuwiderläuft. Viele Kriminalsoziologen halten die d. S. für einen wichtigen Faktor der Kriminalität, da hier → illegitime Mittel bereitgestellt werden. R.L.

Subkultur, jugendliche → Jugendkultur

Sublimierung, Sublimation, der Psychoanalyse zufolge ein Abwehrmechanismus, und zwar die Lenkung von Triebenergie von primären, d.h. in der Regel sexuellen, auf kulturell anerkannte Ziele; von S. Freud insbesondere im Sinne künstlerischer und wissenschaftlicher Produktion gesehen. Allgemeiner der Aspekt der Vergesellschaftung von Triebenergie im Sinne als wertvoll anerkannter Leistungen. K.H.

Subproletariat, Bezeichnung für den Teil des Proletariats, dessen Arbeitskraft nicht verwertbar und daher nicht Teil des Produktionsprozesses ist. O.R.

Subsidiaritätsprinzip, Zuständigkeitsprinzip, nach dem der je kleinere Lebenskreis Recht und Pflicht zur Wahrnehmung der Aufgaben hat, die er zu erfüllen im Stande ist. Größere Lebenskreise (z.B. Staat) sollen die Aufgaben übernehmen, denen kleinere Lebenskreise (z.B. Familie, Gemeinde) nicht mehr gewachsen sind. Das S. wurde von der katholischen Soziallehre formuliert und legitimiert eine die Staatstätigkeit einengende gesellschaftspolitische Tendenz. F.X.K.

Subsinnwelt, Subuniversum, *subuniverse of meaning* (W. James), umschreibt im pragmatischen Verständnis den sinnhaften Zusammenhang zwischen den Handlungsstilen von Erkennen und Wirken und den verschiedenen Schichten und Zonen der Wirklichkeit. Wirklichkeit steht hier immer in Beziehung zu emotivem und aktivem Leben. Die Wirklichkeit gliedert sich in eine unbegrenzte Anzahl verschiedenster Wirklichkeitsregionen, in *„subuniverses of meaning“*: die S. der manipulativen Dinge (*paramount reality*); die S. der Wissenschaften; die S. der Idealitäten; die S. des Traumes; die S. der Fantasie; die S. der Mythologie; die verschiedensten S.en individueller Meinungen; die S. der Psychopathen u.a. Jeder denkbare Gegenstand ist wenigstens einer S. zuordbar; jede S. ist in ihrer je eigenen Weise wirklich, solange man ihr aufmerkend zugekehrt ist; der Wirklichkeitsgrund liegt im attentionalen Interesse des Subjekts; die Gesamtheit der S.en hat ihren Grund und Zusammenhang im Alltag als *paramount reality*. Die Theorie der S.en beeinflusste insbesondere M. Schelers Vorstellung der „relativ-natürlichen Weltanschauung“ und A. Schütz, der in seiner Theorie der „abgeschlossenen Sinnbereiche“ (*finite provinces of meaning*) die psychologischen Implikationen der Theorie der S.en kritisierte. R.G.

Subsistenzökonomie → Schattenökonomie

Subsistenzproduktion, [1] als deskriptiver Begriff die auf den unmittelbaren Konsum der Produzenten bzw. der Produzentengruppe (Haushalt) gerichteten produktiven und reproduktiven Tätigkeiten. Die S. dient so der Charakterisierung bestimmter Wirtschaftsweisen (Subsistenzwirtschaft), etwa kleinbäuerlicher Familienwirtschaften wie der modernen Hausarbeit (Kochen, Putzen, Kinderaufzucht, Kleingärtnerei u.a.), die im Wesentlichen „Frauenarbeit“ sind.
[2] Als theoretisches Konzept wird S. der kapitalistischen Warenproduktion gegenübergestellt, dient so als Gegenbegriff zur Lohnarbeit, als Form nur Gebrauchswerte schaffender Arbeit. Gefragt wird nach den wechselseitigen Abhängigkeiten der kapitalistischen Warenproduktion und der S., sowohl für die Gesellschaften der

S

Dritten Welt (z.B. in Form von Wanderarbeit oder kleinbäuerlicher Marktproduktion) wie für die Industriegesellschaften (Reproduktion der Arbeitskräfte durch S.).

[3] Im sog. Bielefelder Ansatz (C. von Werlhof, V. Bennholdt-Thomsen u.a.) erhält S. die Bedeutung von „Überlebensproduktion", umfasst die sog. nicht-formalisierten Arbeitsverhältnisse von der kleinen bäuerlichen Marktproduktion, Kleinhandwerk, Straßenverkauf, Wanderarbeit und Hausarbeit bis zur Prostitution. Gegenbegriff zu S., die begrifflich vor allem an den Lebensverhältnissen der städtischen und ländlichen marginalisierten Schichten in Lateinamerika, Afrika und Asien entwickelt wurde, ist die industrielle, kommerzielle und staatliche Lohnarbeit. Die S. dient in feministischer Theoriebildung zur Analyse der besonderen, doppelten Ausbeutung von Frauen als Trägerinnen der S., der „Produktion für das Leben".   H.W.

Subsistenzwirtschaft, eine wesentlich auf Sicherung des Lebensunterhalts ihrer Angehörigen ausgerichtete Wirtschaftsweise. Einheiten der S. können ein Haushalt, eine bäuerliche Familienwirtschaft, ein Dorf oder ein Stamm sein, in denen die wichtigsten Lebens- und Produktionsmittel selbst hergestellt werden. Die S. kann auch Überschüsse und → Märkte kennen, ist also nicht mit Produktion am Existenzminimum oder Autarkie gleichzusetzen. Wesentlich ist ihre soziale Regulation nicht durch Prinzipien der Maximierung (z.B. Ertragssteigerung), sondern der Erhaltung der „ausreichenden Nahrung", die auch Feste und Mußezeit, d.h. spezifische Formen moralisch definierten Überschusses zulässt. Richtungweisend für den Begriff der S., der heute in vielen Zusammenhängen verwendet wird, waren die Schriften von M. Sahlins („*Stone age economics*"), von M. Mauss („Die Gabe"), E.P. Thompson zur „moralischen Ökonomie" der englischen Unterschichten im 18. Jh. und von A.W. Chayanov zur bäuerlichen Hauswirtschaft.   H.W.

Substanz, heißt als Kategorie das den wechselnden Phänomenen Zugrundeliegende, das Identische und Beharrliche im Wechsel der Erscheinungen, das zugleich meist als Träger der Eigenschaften gedacht wird.   O.R.

Substituierbarkeit – Limitationalität. In der Bildungsökonomie bezeichnet L. geringe Reaktionsmöglichkeiten des Qualifikationsangebots auf Veränderungen der Arbeitsplatzanforderungen (aufgrund zu früher Spezialisierung in der Ausbildung usw.), S. hohe Flexibilität des Qualifikationsangebots auf Bedarfsverschiebungen (aufgrund breiter Grundlagenbildung und hin-

ausgeschobener Spezialisierung in der Ausbildung usw.).   W.F.H.

Substitut, funktionales → Äquivalent, funktionales

Substitution, [1] Prozess der Ersetzung eines Strukturelements durch ein anderes Element (z.B. Position, Institution oder Produktionsfaktor), das eine äquivalente Funktion zu erfüllen bzw. einen gleichartigen Effekt zu erzielen vermag. Die beiden Elemente sind füreinander → funktionale Äquivalente.   H.L./R.L.
[2] S. von Reizen, Reizsubstitution, Bezeichnung für die Ersetzung eines Reizes (des unbedingten Reizes) durch einen anderen (den bedingten Reiz) beim → klassischen Konditionieren. H.S.

Substitution, horizontale – vertikale, in Bildungsökonomie und -planung die Besetzung einer (Berufs-) Funktion durch Absolventen verschiedenen Faches, aber gleichen Niveaus (h. S.) und die Besetzung einer (Berufs-) Funktion durch Absolventen des gleichen Faches mit unterschiedlichem Niveau (v. S.).   W.F.H.

Substitution, kulturelle, der Prozess der Ersetzung eines einzelnen Kulturelementes durch ein anderes, das den gleichen oder einen ähnlichen Zweck bzw. Sinn erfüllt.   W.F.H.

Substitution, vertikale → Substitution, horizontale – vertikale

Substitutionalismus, eine politische Gruppe nimmt die Interessen und Ziele einer anderen Gruppe oder Schicht beispielhaft und ausdrücklich in deren Interesse stellvertretend wahr. In der Diskussion über das Verhältnis zwischen Studenten- und Arbeiterbewegung spielte dieser Begriff eine Rolle.   W.F.H.

Substruktur, eine Teilstruktur oder Struktur niederer Ordnung, die der Gesamtstruktur eines Gegenstandes integriert ist. Die Elemente der S. sind unmittelbare oder abgeleitete Merkmale der Gesamtstruktur, wo sie allerdings ein anderes Gewicht haben können als in ihr.   H.L.

Subsumption, allgemein die Zuordnung eines einzelnen (Sachverhalt, Einzelfall) zu einem vorweg als tragfähig angenommenen begrifflichen oder theoretischen Ordnungssystem (in der Rechtsprechung z.B. die Zuordnung eines Sachverhalts zu einer gesetzlichen Bestimmung). In der soziologischen methodologischen Debatte gilt S. insbesondere den Vertretern der Objektiven Hermeneutik (und anderer fallrekonstruktiver Verfahren) als falsch. Ihre Kritik an einer S.slogik richtet sich sowohl gegen das Verfahren, mehrere qualitativ erhobene Fälle durch theoretische Begriffe zu ordnen, die nicht aus den Fallanalysen entwickelt wurden, wie insgesamt gegen die vor allem in der quantitativen Sozialforschung übliche Zuordnung von Fällen zu aus Theorien abgeleiteten operationalen Begriffen.   W.F.H.

Subsumptionslogik → Subsumption

Subsumtion, formelle – reelle, [1] bezeichnet bei K. Marx Formen der Unterwerfung von Arbeitsprozessen unter die Herrschaft und Regie des Kapitals. F.S. unter das Kapital: Vorgefundene, z.B. handwerkliche oder bäuerliche Arbeitsweisen werden zur Grundlage für den Verwertungsprozess von Kapital, d.h. die Momente des Arbeitsprozesses bleiben substanziell unverändert, werden aber unter die kapitalistische Form subsumiert. Die Arbeitskräfte werden zu Lohnarbeitern und die Produktionsmittel zu konstantem Kapital. R.S. unter das Kapital: Auf der Basis der f.S. werden die Momente des Arbeitsprozesses sukzessive den Erfordernissen der kapitalistischen Produktionsweise entsprechend umgewandelt. Durch betriebliche Arbeitsteilung, Arbeitszerlegung und Unterordnung unter den Maschinentakt verlieren die Arbeitenden ihre Selbständigkeit und die Verfügung über ihr Wissen. Der Prozess der f.S. und r.S. ist nicht ab einem bestimmten Punkt der kapitalistischen Entwicklung abgeschlossen, sondern er wiederholt sich, wenn neue Produktionszweige für die Kapitalverwertung erschlossen werden.
[2] Von f.S. wird auch dann gesprochen, wenn selbständige Kleinproduzenten, etwa Landwirte, unter die Herrschaft merkantilen Kapitals geraten (z.B. durch → Vertragsproduktion), ohne formell ihrer Selbstständigkeit beraubt zu werden.   R.Ka./H.W.

Subsumtion, reelle → Subsumtion, formelle – reelle

Subsystem, ein Bereich innerhalb eines Systems, der ebenfalls Systemeigenschaften hat. Soweit die Interdependenz zwischen einigen Elementen eines Systems größer ist, als es der allgemeinen Verflechtung im System entspricht, ergeben die Elemente ein S. S. lassen sich auch kennzeichnen durch gleichartige Beziehungen zwischen ihren Teilen. Die Prinzipien der S.bildung werden aus der Perspektive des umfassenden Systems abgeleitet. Beispiele: die Wertvorstellungen eines Individuums bilden ein S. innerhalb seines kognitiven Systems; Fraktionen sind S.e innerhalb eines Parlaments; Fachbereiche sind S.e innerhalb einer Universität.   H.E./R.L.

Subsystem, funktionales, in der strukturell-funktionalen Theorie diejenigen Teilsysteme, die ein soziales System ausgliedert, um nach dem Prinzip der Arbeitsteilung seine zentralen Probleme zu lösen. Die f. S.e sind verantwortlich für die Erhaltung des sozialen Systems insgesamt, sind jedoch von diesem umgekehrt insofern abhängig, als jedes f. S. auf die Leistung der anderen f. S.e angewiesen ist. Die f. S.e eines sozialen

Systems auf der Ebene einer Gesellschaft umgreifen die zentralen gesellschaftlichen Institutionen, also die Bereiche der Politik, der Wirtschaft, des Rechtes und der Schichtung sowie die Ausbildung und die biologische Reproduktion.   H.E.

Subtotem → Totem

Subuniversum → Subsinnwelt

Suburbanisation, Teil des Prozesses der Ausdehnung der großen Städte in ihr Umland: Wohnbevölkerung, aber auch Geschäfte und Betriebe des tertiären Sektors ziehen in die Vororte, was zu einem Funktionsverlust der *City* führt.   J.F.

suburbia (engl.), [1] Bezeichnung für die Wohnvororte der (zumeist weißen) Bevölkerung in den nordamerikanischen Großstädten.
[2] Im weiteren Sinne auch für den dort typischen Lebensstil der Mittelschicht.   J.F.

Subversion, Aktivitäten von Personen(-gruppen), die auf die Destabilisierung der bestehenden gesellschaftlichen Verhältnisse und besonders der staatlichen Herrschaft abzielen. Im erweiterten Sinne auch Bezeichnung für symbolische Aktionen, die den Staat lächerlich machen sollen (Spaß-Guerilla).   M.S.

subversiv → Subversion

Subversivstrategien → Konservervierungsstrategien – Subversivstrategien

Südwestdeutsche Schule → Neukantianismus

Suggestibilität → Beeinflussbarkeit

Suggestion, starke Beeinflussung der Wahrnehmung, des Denkens und Handelns der Menschen jenseits deren Selbstkontrolle. Der S. kam in der klassischen Sozialpsychologie zentrale Bedeutung zu, wurde in ihr doch die Basis des Zwischenmenschlichen gesehen (S. Sighele 1891). Der S. wurde beim *alter ego* eine hohe Suggestibilität, → Beeinflussbarkeit, zur Seite gestellt, wie dem konkurrierenden Modell → Nachahmung der Nachahmungstrieb beigeordnet wurde (G. Tarde 1890). S. wie Nachahmung haben mit dem Verzicht auf monokausale Erklärungen von menschlichen Verhalten an Bedeutung stark verloren.   O.R.

Suggestivfrage, Frage im Interview, die dem Befragten eine bestimmte Antwort nahe legt („Sie sind doch auch der Meinung, dass ..."). S.n haben i.d.R. einen verzerrenden Einfluss auf die Antwort des Befragten, könnten jedoch u.U. etwa dann gestellt werden, wenn die maximale oder minimale Zahl von Anhängern einer bestimmten Meinung ermittelt werden soll.   H.W.

Suizid → Selbstmord

Sukzession, in der ökologischen Richtung der Stadtsoziologie: ein Prozess, in dessen Verlauf a) die Bevölkerung eines Stadtteils durch Eindringen einer anderen verdrängt und die neue schließlich dominant wird oder b) eine vorherr-

S

schende Bodennutzung durch eine andere verdrängt wird (z.B. aus Wohnviertel wird Büroviertel). J.F.

Sündenbock, *scapegoat,* Bezeichnung für eine meist wehrlose Person oder Gruppe, auf die man die Schuld für die eigenen Fehler, Schwierigkeiten und Enttäuschungen schiebt und den man u.U. auch dafür bestraft, obwohl sie tatsächlich unschuldig ist. Der Begriff geht auf einen altjüdischen Brauch zurück, einmal jährlich einen Bock symbolisch mit den eigenen Sünden zu beladen und ihn dann in die Wüste zu jagen. Sozialpsychologisch wird dieses *„scapegoating"* damit erklärt, dass eine Gefährdung des Selbstbildes und der Solidarität innerhalb der Eigengruppe vermieden wird, indem man anstatt sich selbst, die eigene Gruppe oder deren Führer einen S. mit der Verantwortung für die eigenen Frustrationen belastet und die durch diese Frustrationen erzeugte Aggressivität (→ Frustration-Aggression-Hypothese) gegen ihn richtet.
R.Kl.

super-ego (lat./engl.) → Über-Ich

Superstruktur, [1] allgemein: eine Struktur höherer Ordnung, worin verschiedene Teilstrukturen integriert sind.
[2] Im engeren Sinn bezeichnet S. den Wirkungszusammenhang und die wechselseitige Stabilisierung von Wissenschaft, technischer Anwendung und industrieller Auswertung, deren Eigengesetzlichkeit und moralische Indifferenz (A. Gehlen) in modernen Gesellschaften. H.L.

Supersysteme, Bezeichnung von P.A. Sorokin (1937, 1941) für Grundformen von Gesellschaft, die im geschichtlichen Wandel immer wieder auftreten. Sorokin unterscheidet drei S.: a) das ideationelle System, charakterisiert durch sozial fest verankerte Glaubenswahrheiten, b) das sensuelle System, geprägt durch den Materialismus, und c) das idealistische System, das die harmonische Verbindung der beiden ersten S. darstellt.
O.R.

supplément (frz.), wörtlich: Ergänzung, bei J. Derrida ein Merkmal in der Sinnsetzung: Wo eine gewisse Leere bestand, kommt etwas hinzu oder setzt sich sogar an die Stelle des Vorherigen. Insbesondere bei den Regeln (im Recht, in Organisationen usw.) muss von der allgemeinen Formulierung zur Anwendung vorangeschritten werden, wodurch die Normkonstitution erst vollendet wird. Regeln und Anordnungen in Organisationen und Gesellschaft weisen stets Lücken auf, die im Verlauf der Durchführung gefüllt werden, sei es durch spontan gebildete Ergänzungsnormen, sei es durch eine Modifikation des Befehls. Mit S. wird eine allzu starre Vorstellung, wonach feste Regeln die Sozialstruktur ausmachen, aufgelockert: Das Gerüst der Nor-

men wird dadurch flexibel, es wird im Anwendungsvorgang angepasst und verändert. R.L.

support (engl.) → *demand*

Suprasegment, bezeichnet eine bei der formalen Analyse von → narrativen Interviews identifizierbare Struktur, bei der einige Segmente zwar voneinander unterschieden werden können, aber dennoch miteinander in einem übergreifenden thematischen Zusammenhang stehen. I.K.

Suprastrukturen, allgemeine Bezeichnung bei F. Braudel für alles, was sich in einer langen geschichtlichen Perspektive (→ *durée* [2]) oberhalb und neben der bäuerlichen Basis entwickelt und wandelt, also Städte, Handel, Handwerk und Industrie. W.F.H.

surface grammar (engl.) → Oberflächengrammatik

surface structure (engl.) → Oberflächenstruktur

surplus (frz.), „mehr", wird bei K. Marx in zahlreichen Wortverbindungen gebraucht. Zum Beispiel: S.bevölkerung (Überbevölkerung im Verhältnis zu der dem Verwertungsbedürfnis des Kapitals entsprechenden Nachfrage nach Arbeitskräften); S.kapital (Kapital, das aus der Aneignung von Mehrwert resultiert); S.produkt (Produkt, in dem sich Mehrarbeit realisiert). Die bedeutsamsten Verbindungen sind *surplus-labour* (→ Mehrarbeit) und *surplus-value* (→ Mehrwert). C.Rü.

Surplusarbeit → Mehrarbeit

Surplusprofit, Extraprofit, nach K. Marx Zusatzprofit von Einzelkapitalen, durch den diese sich aufgrund von mehr oder weniger kurzfristigen produktionstechnischen oder sonstigen Vorteilen (z.B. Standorte) besser als der Durchschnitt verwerten. C.Rü.

Surpluswert → Mehrwert

surrender and catch (engl.), → Hingebung-und-Begriff

surveillance (engl.) → Überwachung

survey (engl.), auch: *social survey* → Umfrageforschung

survey design (engl.) → *design*

survival of the fittest (engl.) → Sozialdarwinismus

survivals (engl.) → Überlebsel

sweating system, *sweat shops* (engl.) → Hausindustrie [2]

swing (engl.), in der empirischen → Wahlsoziologie Bezeichnung für die durchschnittliche Veränderung der Stimmenanteile (in Prozentpunkten) in einem Zweiparteiensystem mit Mehrheitswahl, in dem Stimmenverschiebungen zwischen den Parteien keine direkt proportionale Veränderung der Sitzverteilung bewirken, und daher ein z.B. durch Umfragen vorausgesagter *s.* zur Schätzung der Zahl der Wahlkreise dienen kann, in denen bei der nächsten Wahl die Mehrheit wechselt. H.D.R.

Symbiose, symbiotische Mechanismen, in der frühen Neuzeit als Variante für politische Gesellschaftlichkeit oder Gemeinschaftlichkeit des Zusammenlebens gebraucht, wurde der Begriff in die Soziologie ohne Anschluss an diese Tradition eingeführt zur Bezeichnung tieranaloger Grundlagen des Zusammenlebens im Gegensatz zu Grundlagen, die durch Sozialisation vermittelt werden (R.E. Park). Die funktional-strukturelle Theorie schlägt vor, Symbole kultureller Codes, die zur Regulierung des Verhältnisses sozialer Systeme zu organischen Systemen benutzt werden (z.B. Gewalt, Sexualität, Wahrnehmung), als symbiotische Mechanismen zu bezeichnen. N.L.

Symbol, [1] Vorgang oder Gegenstand, der als Sinnbild auf etwas anderes verweist oder für etwas anderes steht. Bei diesem „Anderen", dem „Symbolisierten", kann es sich ebenfalls um einen konkreten Vorgang oder Gegenstand handeln (z.B. die Sonne als S. für Ludwig XIV.); meist aber verweist ein S. auf einen abstrakten, nicht unmittelbar wahrnehmbaren Sachverhalt, Sinnzusammenhang oder Vorstellungskomplex in Religion, Politik, Wissenschaft usw. (z.B. das christliche Kreuz, Fahnen und Wappen, der Doktorhut). A.H.
Soziologisch stellen S.e ein wichtiges Medium sozialer Kommunikation und Interaktion dar (→ Interaktion, symbolische); S.funktion haben sowohl materielle Objekte, Formen, Farben, Melodien usw. als auch sprachliche Äußerungen und bestimmte (nach Auffassung mancher Autoren sogar alle) Formen des Verhaltens.
[2] In Psychoanalyse und Tiefenpsychologie sind S.e Handlungen, Worte, Vorstellungen, Traumbilder usw., in denen sich Unbewusstes, insbesondere verdrängte Wünsche und Gedanken, manifestiert. R.Kl.
[3] Auch synonym mit → Zeichen; jedes einzelne Element eines Zeichensystems. A.H.

Symbol, signifikantes. G.H. Mead unterscheidet zwischen Gesten und s.n S.en als der Basis sozialer Interaktion. Ein s. S. löst bei Sender und Empfänger die gleiche Vorstellung aus und ermöglicht so ein wechselseitiges Erfassen von Intentionen sowie die Antizipation von Verhalten. S.e S.e konstituieren die Intersubjektivität von Verhaltenserwartungen, wodurch eine Handlungskoordination auf komplexem Niveau möglich wird. Die Fähigkeit zu symbolisch vermittelter Kommunikation ist das spezifische Merkmal menschlicher Sozialität und Voraussetzung für die Entwicklung einer universellen Kommunikationsgemeinschaft. M.M.

symbolisch generalisierte Medien → Medien, symbolisch generalisierte

Symbolische, das, neben dem → Realen und dem → Imaginären eines der drei Register, die gemeinsam das grundlegende Klassifikationssystem der strukturalen Psychoanalyse J. Lacans bilden. Mit Bezug auf den Linguisten F. de Saussure und die Anthropologen M. Mauss und C. Lévi-Strauss bezeichnet d.S. bei Lacan die jeder individuellen Existenz vorausliegende kollektive Instanz des Signifikanten bzw. der sprachlich-sozialen Struktur. Für Lacan wie für die spätere lacanianische Gesellschaftstheorie (S. Zizek, E. Laclau) sind die Gesetze und Strukturen sozialer Realität symbolisch bzw. diskursiv. O.M.

Symbolismus, expressiver, Bezeichnung der Sozialisationsforschung und -theorie (B. Bernstein) für eine insbesondere in der Arbeiterschaft verbreitete Kommunikationsform: Gefühlslagen und Informationen werden eher nichtsprachlich mitgeteilt und selten ausdrücklich in der Mitteilung voneinander geschieden. Dem Gesagten wird weniger logische Bedeutung verliehen als affektive Unterstützung. E.D.

Symbolkultur, jener Teilbereich einer Kultur, der ihre Symbole umfasst (also ausschließlich ihrer materiellen Elemente). W.F.H.

Symmetrie, mögliche Eigenschaft einer → Relation. H.W.

Symptom, verweist der Psychoanalyse S. Freuds zufolge auf einen unbewussten Konflikt augrund von verdrängten, da gesellschaftlich unerwünschten Triebregungen. In der → strukturalen Psychoanalyse J. Lacans ist das S. eine Formation des Unbewussten, die (wie das Unbewusste selbst) wie eine Sprache strukturiert ist. O.M.

Symptomsubstitution, die Ersetzung eines neurotischen Symptoms (→ Neurose) durch ein anderes, etwa weil ersteres tabuiert ist. H.S.

Symptomtradition, die in unbewusster Identifikation mit den Eltern erworbene Verhaltensweise (z.B. Aggressivität), die man durch ganze Familiengenerationen hindurch wiederfinden kann. Mithilfe bestimmter Symptome (z.B. Depression, Trunksucht) lassen sich diese Identifikationen erklären; es sind keine Vererbungsfaktoren. C.Wo.

synchron → diachron – synchron

Synchronizität, Erklärungsprinzip in der Tiefenpsychologie von C.G. Jung, wonach das zeitliche Zusammentreffen von kausal nicht aufeinander beziehbaren Ereignissen von gleicher oder ähnlicher Bedeutung (z.B. Wahrnehmungen und Handlungen) sinnvoll erlebt wird und als Ausdruck eines im Unbewussten archetypisch vorhandenen Wissens gesehen werden kann. K.L.

Syndikalismus, [1] ursprünglich: Gewerkschaftsbewegung (frz.: *syndicat*, Gewerkschaft).

S

[2] Bezeichnung für die Richtung der Arbeiterbewegung, die eine föderativ strukturierte Gesellschaft mit genossenschaftlichen Produktionseinheiten revoltierend anstrebt; als Mittel werden vom S. eingesetzt: Streik, Boykott, direkte Aktion u.a. Jede Beteiligung an der parlamentarischen Demokratie wird abgelehnt: Gegenüber Sozialismus und Kommunismus betont der S. eine Autonomie und Unabhängigkeit der sozialistischen Gesellschaft von einer zentralen Verwaltung; gegenüber dem Anarchismus betont er die Bedeutung der Arbeiterklasse für die Revolte und lehnt den anarchistischen Individualismus ab. Der S. hatte große Bedeutung in Frankreich, Spanien und Italien um die Wende zum 20. Jahrhundert. Zu den Theoretikern des S. zählen u.a. F. Pellontier, G. Sorel, A. Labriola.

O.R.

Syndikat, [1] Form des Kartells, in dem die Mitgliedsunternehmen den Warenabsatz z.B. von Rohstoffen wie Kohle und Stahl über ein gemeinsames Verkaufskontor abwickeln. An die Stelle der Konkurrenz auf dem Absatzmarkt tritt die interne Konkurrenz um Verkaufsquoten.

H.W.

[2] → Syndikalismus [1]

Syndrom, Bezeichnung für eine Gruppe oder ein „Bündel" von in der Regel gemeinsam auftretenden Symptomen oder Indikatoren. Zumeist im klinischen, aber auch im übertragenen Sinne gebraucht, wie etwa bei dem Ausdruck „Autoritarismussyndrom" als Bezeichnung für die Gesamtheit der Merkmale, die gewöhnlich eine autoritäre Persönlichkeit kennzeichnen.

R.Kl.

Syndrom, präsuizidales, von E. Ringel (1953) aufgrund der Befragung von geretteten Suizidpatienten postuliertes Syndrom, das (1) Einengung, (2) gehemmte Aggression und (3) Selbstmordphantasien umfasst. Damit ist eine situativ (z.B. durch eine finanzielle Notlage) und psychologisch (z.B. Fixierung der Gefühle auf eine sich distanzierende Bezugsperson) beschränkte Lebenssituation beschrieben, die eine Konzentration auf Suizidphantasien bewirkt.

W.P.

Synergie, *synergy,* allgemeine Bezeichnung für das Zusammenwirken von Kräften in einer Richtung oder für die Gesamtkraft, die durch dieses Zusammenwirken entsteht. → Gruppensynergie

R.Kl.

Syngenismus, ein von L. Gumplowicz für das Gefühl der Zusammengehörigkeit eingeführter Begriff (1883). Der S. von Gruppenmitgliedern lässt sich nicht auf biologische Faktoren der menschlichen Natur reduzieren (auf Trieb oder Instinkt), sondern er ist abhängig vom Zusammenleben der Menschen selbst und beruht auf

Gruppenkultur, gemeinsamen ökonomischen Interessen und der Stellung der Gruppe in der Herrschaftsstruktur des Staates. Das mit S. bezeichnete Zusammengehörigkeitsgefühl in Gruppen wird heute z.T. mit dem Begriff → Wirbewusstsein abgedeckt.

O.R.

Synkretismus, religionswissenschaftliche Bezeichnung für die Vermischung von Elementen aus unterschiedlichen Religionen, die bei der Adaption einer Religion an eine fremde Kultur entsteht oder Teil eines allgemeinen kulturellen Wandels ist und zur Veränderung einer bestehenden Religion oder zu völlig neuen Synthesen führt (→ Bewegungen, neue religiöse). S. ist in der Religionsgeschichte ein fast allgemeines Phänomen und als Begriff ohne abwertenden Beiklang zu gebrauchen.

V.Kr.

Synoikismus, [1] nach M. Weber der reale und fiktive Akt der Verbrüderung von Sippen zu einer lokalen Speise- und Kultgemeinschaft als konstitutives Moment der antiken *polis,* in abgewandelter Form (lat.: *coniuratio*) auch der mittelalterlichen Stadt.

C.S.

[2] Die als Herd-, Schlaf-, Kultbrauchgemeinschaft eng zusammenlebende Gruppe (z.B. die nomadische Zeltgemeinschaft, die Kleinfamilie, die Wohngemeinschaft).

L.C.

Syntaktik, imerhalb der Wissenschaften von den Zeichen (Informationen) und ihrer Übermittlung die Lehre von den Zeichen und den Regeln ihrer Verknüpfung.

W.F.H.

Syntalität oder Gruppensyntalität, *(group) syntality,* von R.B. Cattell (1948) parallel zu dem Wort *personality* geprägtes Kunstwort zur zusammenfassenden Bezeichnung der Eigenschaften, die eine Gruppe als eine handelnde Einheit oder als „Ganzes" charakterisieren.

R.Kl.

Synthese → These

Synthesis, gesellschaftliche, von A. Sohn-Rethel geprägte Bezeichnung für die Art und Weise, in der ein „funktionsfähiger Daseinszusammenhang" durch die gesellschaftlichen Beziehungen der Tätigkeiten der Einzelnen zueinander hergestellt wird. Die S. kann sich bewusst geplant oder bewusstlos, „hinter dem Rücken" der Akteure, vollziehen. Nach Sohn-Rethel ist die g. S. in Klassengesellschaften durch die Form der Aneignung des gesellschaftlichen Reichtums (Warenproduktion und Mehrwertproduktion im Kapitalismus) gekennzeichnet. In klassenlosen Gesellschaften wird dagegen die g. S. durch die bewusste Organisation der gesellschaftlichen Arbeit durch die Produzenten, die Arbeiter, in Form einer „Ökonomie der Zeit" bestimmt.

H.W.

synthetisch → analytisch

Syntropie, Zustand hoher (nützlicher) Ordnung und freier, nutzbarer Energie im Unterschied

zum Zustand hoher Entropie als Zustand der Unordnung, der Vermischung von Stoffen und gebundener Energie. Hauptquelle der S. für die Entwicklung des Lebens ist die Sonnenenergie (Fotosynthese). Die in begrenzten „Inseln" (Kohle-, Erdgas-, Erdöllager) gespeicherte S. wird vom Menschen heute um ein vielfaches schneller verbraucht als durch die Sonne ständig der Erde zugeführt wird (H.P. Duerr 1990).
                                                                              H.W.

Systact, Neologismus bei W.G. Runciman (1989) für den Zusammenhang von einander ähnlichen und an derselben Stelle im sozialen Raum lokalisierten Rollen.   **W.F.H.**

Systat, Programmpaket für die statistische Datenanalyse, → Programmpakete.   **C.W.**

System der Bedürfnisse, nach G.W.F. Hegel das kennzeichnende Moment für die bürgerliche Gesellschaft, als sie, auch im Prozess ihrer Entwicklung, reduziert werden kann auf die Vermittlung des privaten Bedürfnisses und die egoistische „Befriedigung des Einzelnen durch seine Arbeit und durch die Arbeit und Befriedigung der Bedürfnisse aller Übrigen".   **O.R.**

System – Umwelt. Nach diesem konsensuellen Bezugspunkt der neueren Systemforschung sind Systeme stets umweltoffene Systeme, die mindestens in einem energetischen Austausch mit ihrer Umwelt stehen. Dieses Paradigma wird auch nach dem Wechsel zur Theorie → autopoietischer Systeme beibehalten. Hier wird zwar die operative Geschlossenheit von Systemen hervorgehoben, aber es gilt auch, dass gerade aufgrund dieser Geschlossenheit Offenheit zum System gehört, insofern Voraussetzung der Selbstreferenz ein Bezugnehmen (Differenzsetzen) auf die Umwelt erfordert.   **M.G.**

System, eine Menge von untereinander abhängigen Elementen und Beziehungen. Der Begriff dient zur Bezeichnung beliebiger Gegenstände; es wird von Gedankens., Theories., sozialem S., psychischem S. usf. gesprochen. Dabei handelt es sich stets um theoretische Konstruktionen. Etwas als ein S. aufzufassen bedeutet nicht mehr, als sich dem jeweiligen Gegenstand mit bestimmten Begriffen und unter einem bestimmten Gesichtspunkt zu nähern (nämlich die Elemente und ihre Beziehungen, etwa ihre Interaktion, mit der Umwelt zu verknüpfen). S.J. Der S.begriff geht davon aus, dass alle S.teile interdependent sind. Veränderungen einzelner S.elemente wirken mittelbar oder unmittelbar auf alle anderen S.elemente ein und verändern so den Zustand des Gesamt-S. S.veränderungen folgen einer Struktur, die durch das Prinzip der S.erhaltung und/oder des S.gleichgewichtes bestimmt ist. Damit ist die Tendenz eines S. ge-

meint, bestimmte periphere Variablen zu manipulieren, um die zentralen konstant zu halten.
                                                                              H.E.

System, abhängiges, *dependent system,* ein System, das in sozialen Prozessen von übergeordneten Systemen kontrolliert wird. Die Aktionen des a. S. sind nur teilweise durch eigene Entscheidungen bestimmt. Es führt mehr Aktivitäten aus, als es selbst kontrolliert. Gegenbegriff: System, autonomes   **H.E./R.L.**

System, adaptives, [1] das Subsystem der Gesellschaft, welches zwischen System und Umwelt vermittelt, das also die Gegebenheiten der Umwelt für Systemzwecke und Systemeinrichtungen im Hinblick auf die Umweltsituation manipuliert. In der Gesellschaft ist es speziell das ökonomisch- technologische System, das diese Funktion erfüllt (T. Parsons).
[2] Jedes offene System, das auf die Auseinandersetzung mit der Umwelt angewiesen ist (D. Easton, W. Buckley).   **H.E./S.J.**

System, äußeres – inneres, *external system – internal system,* Begriffspaar aus G.C. Homans' Theorie des Gruppenverhaltens (1950): unter ä.m S. versteht Homans die Beziehungen zwischen den Gruppenmitgliedern, soweit sie von der Notwendigkeit, den Bestand der Gruppe innerhalb ihrer spezifischen Umwelt zu sichern, bestimmt sind (z.B. die durch die technischen Notwendigkeiten bestimmten Interaktionen in einer Arbeitsgruppe). Das i. S. besteht aus den Beziehungen zwischen den Gruppenmitgliedern, die sich nicht aus den sachlichen Erfordernissen des Bestands der Gruppe herleiten, sondern erst als sekundäres Resultat der „sachlich geforderten" Beziehungen entwickeln (z.B. die privaten Kontakt- und Sympathiebeziehungen, die sich zwischen zwei an einer Maschine eng zusammenarbeitenden Arbeitern entwickeln).
                                                                              V.V.

System, autonomes, *autonomous system,* ein soziales System (z.B. eine Organisation), das sein Verhalten selbst bestimmen kann. Dazu muss es über Kapazitäten zur Selbststeuerung durch eigene Entscheidungen gegenüber der Umwelt verfügen. Gegenbegriff: System, abhängiges
                                                                              H.E./R.L.

System, autopoietisches → Autopoiesis

System, begriffliches → Taxonomie

system, cohort (engl.) → *system, continuous – cohort*

system, continuous – cohort (engl.), bezeichnet zwei unterschiedliche Eintrittsformen in → Statuspassagen (Roth 1963): Jeder kann mit der Statuspassage beginnen, sowie er deren Anfang erreicht hat und zum Eintritt berechtigt ist (*continuous s.*); nur mehrere können zu bestimmten Zeitpunkten zugleich eintreten (*cohort s.*), z.B.

S

ist die Immatrikulation an einer Universität nur einmal im Jahr möglich.   W.F.H.

System, empirisches → System, theoretisches

System, geschlossenes, System von Elementen, die nur Beziehung zu Elementen des eigenen Systems besitzen, also nicht in Kontakt zur Umwelt stehen. Kein als System betrachteter Zusammenhang ist jemals völlig geschlossen. Wir können uns aber entschließen, ihn unter bestimmten Aspekten als geschlossen zu betrachten – also bestimmte Interaktionsbeziehungen (materieller, energetischer, informationeller Art) mit der Umwelt zu vernachlässigen. Die Annahme der Geschlossenheit muss entweder als Definition oder empirisch prüfbare (falsifizierbare) Hypothese eingeführt werden.   S.J.

System, gespanntes, Spannungssystem, System in Spannung, auch: Spannungsraum, in der Feldpsychologie K. Lewins Bezeichnung für das in einer Person und damit in ihrem Lebensraum vorhandene Gefälle von Handlungsenergien, das zu einem Ausgleich strebt und somit zu Handlungen führt (feldtheoretisches Motivationskonzept), allerdings bei zu hohem Spannungsniveau auch zu Handlungsunfähigkeit führen kann (wenn jemand z.B. „starr vor Zorn" wird).   H.E.M.

System, grenzerhaltendes, *boundary-maintaining system,* ein System, das in der Lage ist, zentrale interne Prozesse oder Prinzipien gegenüber Einflüssen der Außenwelt fortzuführen bzw. aufrechtzuerhalten. Die Grenze zwischen System und Umwelt wird als eine Art Staudamm betrachtet: Aktionen auf der einen Seite der Grenze können sich gleichsam stauen (sie haben Zeit, eigene Gesetzlichkeiten zu entfalten), ehe sie eine Wirkung jenseits der Grenze hervorrufen. Ein grenzerhaltendes System ist also (in gewissem Umfang) in der Lage, seine charakteristischen Merkmale gegenüber der Umwelt zu bewahren, ohne durch Interaktion mit ihr zu verschmelzen.   H.E./S.J.

System, idealistisches → Supersysteme

System, ideationelles → Supersysteme

System, inneres → System, äußeres – inneres

System, kognitives, [1] Bezeichnung für einen Komplex von miteinander verknüpften Erfahrungs-, Wahrnehmungs- oder Vorstellungsinhalten, also von kognitiven Elementen oder Kognitionen. Ob verschiedene Kognitionen zu einem k.S. verbunden werden, hängt sowohl von ihrer Beschaffenheit (z.B. von ihrer Ähnlichkeit oder ihrer räumlichen Nähe) als auch von den Erfahrungen des Individuums ab. Beispiele für k.S. sind etwa: die Erinnerung an einen Zoobesuch, ein Stereotyp, eine wissenschaftliche Theorie. [2] → System, mentales [1]   R.Kl.

System, konkretes, der empirische Bezugsgegenstand des analytischen Konstrukts „soziales System". Alle Gruppen, Organisationen oder Gesellschaften sind k.e S.e. Streng genommen gibt es nicht k.e S.e, sondern nur die konkreten Gegenstände, die als System interpretiert werden können. Konkret sind immer einzelne empirisch fassliche Gegenstände, Systeme dagegen sind stets Rekonstruktionen konkreter oder abstrakter Gegenstände und damit immer Abstrakta.   H.E./S.J.

System, kulturelles, *cultural system,* die Summe von Normen, Werten und expressiven Symbolen (wie Worte und Zeichen), die das soziale Handeln in einer Gesellschaft strukturieren (T. Parsons). Die Kultur konstituiert so durch empirisch meist nur indirekt fassbare Verhaltensparameter den Zusammenhang des sie tragenden Systems. Die Elemente der Kultur müssen im Wesentlichen widerspruchsfrei aufeinander bezogen sein.   H.E.

System, kybernetisches → System, selbstregulierendes

System, mentales, [1] auch: kognitives System, allgemeine Bezeichnung für die Gesamtheit der Bewusstseinsinhalte, -strukturen und -prozesse einer Person.
[2] Nach R. Münch (1972) die Gesamtheit der Prädikationen (d.h. Kognitionen und Standards), die sich im Besitz einer Person befinden. R.Kl.

System, offenes, System von Elementen, von denen eins oder mehrere in Beziehung (*Input-* oder *Output-*Beziehungen) mit der Umwelt des Systems stehen. Während fast alle realen Systeme (Organismen, Gruppen) als o. S. anzusehen sind, wird in der wissenschaftlichen Analyse häufig eine künstliche Schließung vorgenommen, die eindeutige Aussagen ermöglicht. H.W.

System, ökologisches → Ökosystem

System, ökonomisches, [1] realtypisch aufgefasst: die als Einheit gedachten Beziehungen und Zusammenhänge in einer Gesellschaft, durch die sich Produktion, Austausch, Verteilung und Konsumtion von Gütern vollziehen.
[2] Idealtypisch: ein Grenzfall wirtschaftlicher Ordnungsformen, z.B. nach dem Kriterium „wer plant?" die Grenzfälle Zentralverwaltungswirtschaft und Verkehrswirtschaft.   W.La.

System, personales, auch: Persönlichkeitssystem, bezeichnet denjenigen Teil der Systemtheorie, der sich mit dem Menschen, vor allem mit dessen innerseelischen und körperlichen Vorgängen beschäftigt. Wie soziales, kulturelles und p. S. einander durchdringen (→ Interpenetration), ist ein Hauptthema von T. Parsons. In der Weiterentwicklung von N. Luhmann besteht ein p. S. dort, wo ein Individuum von anderen (auch von sich selbst) beobachtet wird.   R.L.

System, politisches. [1] Ebenso wie kulturelles und ökonomisches System funktionale Subsysteme der Gesellschaft sind, gilt dies auch für das p.e S. In der Theorie T. Parsons' ist das p.e S. funktional spezifisch auf „Zielerreichung" bezogen, umfasst also alles Handeln, das zur Formulierung und Durchsetzung kollektiver Entscheidungsprozesse führt. Das zirkulierende Interaktionsmedium (vergleichbar dem Geld im ökonomischen Subsystem) ist Macht: die Kapazität, bindende Entscheidungen zu übertragen.
[2] Es ist oft versucht worden, in einer kybernetischen Deutung gesellschaftlicher Prozesse das p.e S. als spezielles Steuerungssystem zu sehen, in dem die Zielwerte (Sollgrößen) gesetzt und die Abweichungen von Soll/Ist-Werten korrigiert werden. Eine solche Analogie stellt allerdings nur ein Bild, keine Erklärung für politische Prozesse dar.   S.J.

System, psychisches, Bewusstsein, der Operationsmodus psychischer Systeme, wobei die Elemente dieses S.s Gedanken sind, genauer Gedanken, die andere Gedanken als Vorstellungen von etwas beobachten. Für die Beobachtung von Gedanken durch Gedanken ist die Differenz von Selbstreferenz und Fremdreferenz konstitutiv. Aufgrund der Beobachtung von Gedanken durch Gedanken kann das p. S. als autopoietisches System beschrieben werden, d.h. es ist aufgrund von *inputs* nicht determinierbar. Andererseits ist die Mindestbedingung für die Fortsetzung dieser Autopoiesis Differenz (der Gedanken untereinander) und Limitation, die das p. S. entsprechend auf seine Umwelt verweist.   M.G.

System, repräsentatives → Demokratie, repräsentative

System, sekundäres, von H. Freyer eingeführter Ausdruck zur Kennzeichnung des reinen Typus moderner, auf industriell- technischer Basis organisierter Gesellschaftsformationen.   F.X.K.

System, selbstregulierendes, kybernetisches S., ein System, das fähig ist, durch Rückkopplungsmechanismen auf interne und externe Prozesse und Einflüsse so zu reagieren, dass ein dynamischer Gleichgewichtszustand des Systems garantiert ist. Soweit ein System als selbstregulierend bezeichnet wird, muss diese Hypothese als empirisch überprüfbare Vermutung über das Vorhandensein bestimmter Mechanismen eingeführt werden; sonst liegt nur eine bildhafte Umschreibung, aber keine Erklärung vor. H.E./S.J.

System, sensuelles → Supersysteme

System, soziales, Sozialsystem, *social system,* [1] jede konkrete Handlung zwischen Personen, die aus aufeinander bezogenen Orientierungen und Verhaltensweisen besteht.

[2] Eine Mehrzahl handelnder Personen und Organisationen.
Konstitutiv für beide Aspekte des s.n S.s ist der Begriff der Rolle, jenes Teils des Persönlichkeitssystems, mit dem der Handelnde in einer sozialen Beziehung engagiert ist. Ein s. S. lässt sich als System von Rollen analysieren, die einerseits arbeitsteilig an den essenziellen Systemproblemen orientiert sind, andererseits durch ihre institutionelle Verankerung die Regelmäßigkeit von Interaktionsmustern erst begründen, also die Struktur des s.n S.s definieren. Der Begriff des s. S. ist zentral für die strukturellfunktionale Theorie, deren Ziel die Erklärung der Bedingungen der Möglichkeit der Existenz und der Entwicklung von s.n S.en ist.   H.E.
[3] S.e S.e generieren sich durch Konditionierung der Kommunikation als deren Operationsmodus. Erst dadurch, dass sich jede Einzelkommunikation mit dem Verweis auf Anschließbarkeit anreichert, also seine Bestimmtheit durch Bezug auf andere Elemente gewinnt, ist es gerechtfertigt, soziale Systeme durch den Begriff der Autopoiesis zu beschreiben. S. S. sind entsprechend kein rein additiver Zusammenhang von (vorgegebenen) Elementen und Relationen, sondern Elemente sind nur mit Bezug auf Relationen bestimmbar.   M.G.

System, theoretisches, nach T. Parsons die Menge der allgemeinen Begriffe, die logisch zusammenhängend sind und gleichzeitig empirischen Bezug besitzen. Das t. S. wird nach dem Grad seiner logischen, deduktiven Geschlossenheit beurteilt. Dem t. S. stellt Parsons das empirische System gegenüber. Dieses bildet den Forschungsgegenstand und ist so zu wählen, dass die in ihm erfassten Erscheinungen „umfassend, komplex und verschiedenartig" genug, dabei jedoch hinreichend begrenzt sind, um bedeutsame Untersuchungsergebnisse zu ermöglichen. Die Abgrenzung des empirischen Systems erfolgt durch die Wahl der beschreibenden Begriffe, zum anderen durch die Beziehungen zwischen den Erscheinungen, durch die das System, seine Struktur, gebildet wird.   H.W.

System, utilitaristisches, *utilitarian system,* ein soziales System des institutionalisierten Individualismus (T. Parsons), in dem die rationale Verfolgung des Eigeninteresses einen dominanten Wert darstellt. Die utilitaristische Philosophie des 18. und 19. Jahrhunderts (J. Bentham, R. Malthus, J.S. Mill, D. Ricardo, A. Smith) entwickelte die ideologischen Grundlagen für das radikale Zweck-Nutzen-Prinzip des Kapitalismus.   H.L.

System, zielgerichtetes, zielstrebiges System, *goal seeking system,* ein System, das sich auf ei-

S

nen gewünschten zukünftigen Zustand orientiert und versucht, diesen durch rückkopplungsgesteuerte Selbstregulierung zu erreichen. Zu solchen Systemen gehören die biologischen Systeme, eine Reihe von Maschinensystemen und, nach Auffassung einiger Soziologen, auch die Handlungssysteme. Die Theorie der z. S. löst das ältere teleologische Denken ab, das auf der Vorstellung einer sich selbst verwirklichenden Kraft (*entelechie, élan vital*) beruhte. An deren Stelle tritt die Analyse derjenigen konkreten Mechanismen, die zur Ansteuerung bestimmter Zustände führen. Im Falle menschlichen Handelns sind dies stets die konkreten Motive, Absichten und Ziele der beteiligten Personen.

S.J./H.E.

Systemanalyse, *systems analysis* → Systemtheorie

Systematizität bezeichnet im → Strukturalismus den generellen Aspekt des de Saussure'schen Theorems: Die S. ergibt sich daraus, dass die Organisation der bedeutungtragenden Einheiten die inhaltliche Bedeutung des Einzelelements bestimmt (→ Signifikant – Signifikat). Die Bedeutung eines Elements produziert sich nicht aus dem Element heraus, sondern aus der Totalität der Zuordnung der Elemente. Die S. verweist auf die Vorherrschaft der Struktur über die Elemente und bedingt eine „Dezentrierung des Subjekts" (L. Althusser, M. Foucault). Denn das Individuum kann nicht im Sinne idealistischer Theorien als Zentrum seiner Aktivität begriffen werden, sondern als determiniert durch Systeme wie Ökonomie, Sprache, Politik. J.B.

Systemauseinandersetzung, auch: Systemkonkurrenz bzw. Systemwettbewerb, Bezeichnung für die strukturell relevanten Wirkungen in kapitalistischen und sozialistischen Gesellschaften, die aus der weltweiten Auseinandersetzung zwischen diesen beiden gesellschaftlichen Organisationsweisen entstanden. W.F.H.

Systemdatei, [1] enthält im Gegensatz zu der Rohdatei Informationen über die Variablenformate, die Bezeichnung von Variablen und Merkmalsausprägungen. Die Inhalte der Systemdatei sind vom verwendeten Programmsystem (z.B. *SPSS*) abhängig, unter dem sie angelegt worden sind; sie lassen sich im Unterschied zu den Rohdaten nicht unmittelbar in andere Systeme transferieren.
[2] Dateien, die zum Betriebssystem eines Computers gehören. Ch.W.

Systemdifferenzierung, die Gliederung eines sozialen Systems in relativ selbstständige Untersysteme, die spezifische systeminterne Leistungen erbringen und systemstabilisierende Reaktionspotenziale auf Umwelteinflüsse sicherstellen. S. hat ihren Ursprung in einem Problem,

das gelöst werden muss, und zu dessen Lösung dann ein spezieller Mechanismus ausgebildet wird. Beispiel: das Problem der Umweltbewältigung erfordert Anpassung an die Umweltbedingungen und Manipulationen dieser Bedingungen; die Lösung dieses Problems geschieht durch Ausdifferenzierung funktional-spezifischer (adaptiver) Subsysteme, wie des ökonomisch-technologischen Systems. B.W.R./S.J.

Systeme, abstrakte, bei A. Giddens jene Zusammenhänge von Glaubensvorstellungen und vor allem von fachlichem Wissen (→ Expertensysteme), die die Menschen in der Moderne anerkennen und zu denen sie – häufig auch ohne Interaktion mit Vertretern oder Abgesandten dieser a.S. (Experten usw.) – Vertrauen haben (müssen), weil andernfalls das Leben nicht geführt werden könnte. Wer z.B. telefoniert, wer in der Wohnung das Licht anknipst, wer Geld von der Bank holt, wer eine Flugreise unternimmt, muss sich auf unpersönliche a.S. verlassen, ohne deren (technische) Funktionsweise und deren Organisationsform zu kennen. W.F.H.

Systeme, interpenetrierende → Interpenetration

Systemerhaltung, [1] die Aufrechterhaltung der Systemgrenzen gegenüber der Umwelt.
[2] Das Erfordernis der Aufrechterhaltung eines Gleichgewichts nach dem Homöostase-Prinzip. S. betrifft die physische Existenz der Systemelemente. H.E.

systemfunktional → personfunktional

Systemgrenze → Grenze des Systems

Systemimperativ, allgemeine Bezeichnung für so genannte Sachzwänge und zu erfüllende Aufgaben, die zu beachten von der Sozialstruktur her als unausweichlich gesetzt erscheinen. R.L.

Systemintegration → Sozialintegration – Systemintegration

Systemkomplexität → Komplexität

systemkonform, allgemeine Bezeichnung für Handlungen, die innerhalb des von einem politischen Herrschaftssystem zugestandenen Ziel-Mittel-Bereichs bleiben oder – allgemeiner – dem System nicht schaden. Die Bezeichnung wurde in der ersten Phase der Studentenbewegung der BRD häufig benutzt. W.F.H.

Systemkonkurrenz → Systemauseinandersetzung

Systemmodell, ein organisationswissenschaftliches Modell, das Organisationen als offene soziale Systeme begreift und formale wie informale, integrierende wie konfligierende Strukturen und Prozesse umfasst, Zielrealisation, Zielveränderung, Zielkonflikte und Bestandserhaltung thematisiert. G.B.

Systemplanung. Während Prozesse der Planung im Regelfall an die Struktur bestehender Systeme anknüpfen, bezieht sich S. auf die Planung ganzer Systeme. Die Vielzahl der Planziele, die Komplexität der Funktionsbeziehungen erfordern dabei neue Planungsmethoden. B.W.R.

Systemprobleme, die (von einer Theorie unterstellten) Funktionsvoraussetzungen, die für den Bestand eines Systems notwendig erfüllt werden müssen. Dabei sind (von T. Parsons) vier entscheidende Erfordernisse definiert worden: a) Adaptation (Anpassung des Systems an die Umweltbedingungen und Fähigkeit, der Umwelt Ressourcen zu entnehmen); b) Zielerreichung (Definition und Verwirklichung kollektiv verbindlicher Ziele); c) Integration (Gegenseitigkeit der Interaktion, also Verknüpfung der Systemelemente zu einer Einheit vermittels komplementärer Handlungsmuster); d) Strukturerhaltung und -neukonstitution (Schaffung und Erhaltung der konstitutiven Merkmale des Systems, durch die es sich von seiner Umwelt als eigenständiges System unterscheidet). Ob und wie diese Probleme jeweils gelöst werden, ist eine empirische Frage. Man muss also die theoretischen Probleme als Hypothesen auffassen, mit deren Hilfe man nach empirischen Lösungen dieser Fragen sucht, wobei viele alternative Möglichkeiten denkbar sind. S.J.

Systemrationalität, [1] Bezeichnung für eine Perspektive, die auf solche sozialen Elemente und Handlungen achtet, die einen Beitrag leisten zur Lösung bestimmter Systemprobleme. Da aber die Annahmen über die relevanten zentralen Systemprobleme auseinanderlaufen, hängt die inhaltliche Bestimmung der S. von der Wahl der Bezugsprobleme ab. B.W.R. [2] Nach N. Luhmann (1973, 1988) ist die Rationalität von sozialen Systemen, etwa Organisationen, nicht in Bezug auf Zwecke und ihre Verfolgung hin zu definieren, da Zwecke selbst Variablen hinsichtlich der für das System relevanten Selektion von Wirkungen des Handelns sind, über die innerhalb der Systeme selbst entschieden wird. Die durch Zweckprogrammierung geschaffenen Strukturen und Sicherheiten im System müssen angesichts unsicherer Umwelten „opportunistisch" revidierbar sein. „Entscheidend für die Rationalität (wenn dies denn so heißen darf) bleibt, dass das System zu einem Führungswechsel zwischen Redundanz und Varietät befähigt bleibt." Kriterien für S. sind demnach im System generierte Reflexivität, Flexibilität, Irritierbarkeit, Fähigkeit zur Selbstbeobachtung und zum Perspektivenwechsel, allgemein durch Einführung und Thematisierung der „Einheit der Differenz von System und Umwelt" im System. S. erhebt in diesem Sinne keinen Anspruch auf „Vernunft" (Luhmann 1997). H.W.

Systemreferenz, Bezeichnung für den Bezug von Prozessen auf die Ziele eines Systems. In komplexen Systemen bestehen jeweils mehrere S.en, entsprechend der Relativität der Zweck-Mittel-Struktur zwischen Subsystemen und Gesamtsystem. H.E.

Systemstabilität → Stabilität

Systemtheorie, die Theorie von Systemen. Ihre Grundidee ist, dass alles und jedes als System betrachtet, d.h. unter dem Aspekt seiner inneren Organisation und seiner Interaktion mit der Umwelt analysiert werden kann. Der jeweils interessierende Gegenstand wird mithilfe einer besonderen Methode als System rekonstruiert und bestimmten Analyseverfahren unterworfen. Wesentlich für die Methode der S. ist das Analogieprinzip, nämlich die Vergleichbarkeit von Prozessen in verschiedenen Materialien. Darüber hinaus beharrt die S. auf der Analyse von Einzelbeziehungen unter dem Aspekt ihrer Funktionen für das umfassende Ganze. Ihre Erklärungsmodelle sind daher oft nicht kausal, sondern teleologisch konstruiert, meist durch Angabe der Bedingungen des Systemgleichgewichts. Da die Systemsprache alle Prozesse und Strukturen (ungeachtet der Verschiedenheit der empirischen Gegenstände) in gleichen Begriffen wiedergibt, werden häufig fruchtbare Einsichten über disziplinäre Grenzen hinweg möglich. Die S. entstand im Wesentlichen in den Zweiten Weltkrieg aufgrund militärisch-ökonomischer Planungsbedürfnisse. In Verbindung mit biologischen und mathematischen Modellen (L. von Bertalanffy, A. Rapoport) wurde sie dann schnell zum führenden Paradigma der Nachkriegszeit und in alle Wissenschaftsbereiche übernommen. In der Soziologie haben vor allem T. Parsons (→ Theorie, strukturell-funktionale) und in Deutschland N. Luhmann (→ Theorie, funktional-strukturelle) wesentlich zur Entwicklung der S. beigetragen. S.J./H.E.

Systemvergleich, allgemeine Bezeichnung für vergleichende gesellschaftswissenschaftliche Analysen kapitalistischer und sozialistischer Gesellschaften, die nicht von strukturellen Gemeinsamkeiten (wie Konvergenzthese und Industriegesellschaftsthese) ausgehen, sondern von grundlegend verschiedenen Produktionsverhältnissen oder von grundlegend verschiedenen Allokations- bzw. Lenkungssystemen. W.F.H.

Systemvertrauen, bezeichnet das Vertrauen von Menschen und Gruppen in die Leistungsfähigkeit von Systemen (z.B. einer Bank, des Staates). S. gilt als stabiler als Vertrauen in den Beziehungen von Personen, weil es diffuser ist, in der Sozialisation erworben wurde und weniger abhängig von der Prüfung der Vertrauenswürdigkeit ist (N. Luhmann 1968). W.F.H.

S

Systemwettbewerb → Systemauseinandersetzung

Systemziele, *system goals,* die von einem System angestrebten Zustände. Soziale Systeme stehen in bestimmten Beziehungen zu ihrer Umwelt; die Erhaltung oder die Veränderung dieser Beziehungen bestimmen die S. H.E.

Szenario, [1] bezeichnet in der Interaktionstheorie ein Modell zur Erklärung der Handlungen von Akteuren in wiederkehrenden Situationen; z.B. kann der Flirt als ein Szenario sexueller Kontaktaufnahme angesehen werden.
[2] In Plan- und Rollenspielen sowie in der Computersimulation typische Ausgangssituation mit einem *set* festgelegter Parameter. M.S.

Szene, [1] eine moderne großstädtische Gesellungsform, die durch gemeinsames Interesse an einer Freizeitbeschäftigung (z.B. Jazz spielen und hören, Motorrad fahren) oder einen Lebensstil (z.B. alternativ leben) konstituiert ist, aber weder auf persönlicher Bekanntschaft aller Beteiligten beruht (also anders als eine → Clique) noch – außer Treffpunkten und Treffzeiten – stabile Organisationsformen entwickelt (also anders als eine Protestbewegung oder ein Hobbyverein). W.F.H.
[2] Für die Kultursoziologie hat G. Schulze (1992) den Begriff weiter ausgearbeitet. Danach ist S. ein Netzwerk von Publikumssegmenten in einem lokalen Rahmen. Zusammengehalten wird diese S. durch die partielle Identität von Personen, von Orten und von Inhalten. D.h. eine S. verfügt über ihr Stammpublikum, ihre festen Lokalitäten und ihr charakteristisches Erlebnisangebot. Gegenwärtig zu finden sind z.B.: Hochkultur-S., Kneipen-S., Sport-S. S.en werden in mehreren Dimensionen empirisch untersucht: Ausdehnung, Kohärenz (Fluktuation oder Konstanz der Besucher), Affinität (zu einer anderen S.), Atmosphäre, Selektivität (exklusiv oder offen?), Besucherzusammensetzung. R.L.

Szientismus, [1] im weiteren Sinne Bezeichnung für den Versuch, Methoden und Prinzipien der Naturwissenschaft („science") wie z.B. das Prinzip der empirischen Nachprüfbarkeit von Behauptungen oder auch naturwissenschaftliche Begriffe und Erklärungsmodelle auf andere Gebiete wie z.B. Wirtschaft und Politik zu übertragen.
[2] Im engeren Sinne (z.B. bei F.A. von Hayek und K.R. Popper) Bezeichnung für „die sklavische Nachahmung der Methode und Sprache der Naturwissenschaft" bzw. für „die Nachahmung dessen, was gewisse Leute fälschlich für die Methode und die Sprache der Naturwissenschaft halten", durch die Sozialwissenschaften.

Popper spricht in diesem Zusammenhang auch von „Naturalismus". R.Kl.

T

tableau économique (frz.), der von F. Quesnay (1758) entwickelte Versuch einer schematischen Darstellung der Reproduktion und Zirkulation des gesellschaftlichen Gesamtkapitals. Der Grundgedanke des *t. é.,* das in Analogie zum Blutkreislauf erstellt wurde, lautet, dass die Güterzirkulation gewissen Gesetzen unterworfen sei und dass das Einkommen jedes Mitglieds der Gesellschaft von diesen Gesetzen der Zirkulation abhänge. Dieser Kreislauf vollzieht sich durch drei große Klassen: die produktive Klasse (vornehmlich die Bauern), die besitzende Klasse (vornehmlich die Grundbesitzer) und die sterile Klasse (Industrie, Handel). Das *t. é.* spiegelt die Agrarstruktur Frankreichs im zweiten Drittel des 18. Jahrhunderts wider und bildete den Hauptbestandteil der physiokratischen Lehre. O.R.

Tabu, [1] in Ethnologie und Kulturanthropologie Bezeichnung für eine zugleich religiöse und sittlich-juristische Einrichtung vor allem primitiver Gesellschaften, die als strenges Verbot, Vorschrift usw. wichtiges Strukturelement dieser Gesellschaften ist. Gemeint sind Speiseverbote, Verbote, bestimmte Dinge oder Menschen zu berühren oder auch nur anzuschauen, bestimmte Handlungen zu bestimmten Gelegenheiten durchzuführen.
[2] Allgemeine Bezeichnung für gesellschaftliche Regelungen, die mit besonders starker Strafandrohung bestimmte Handlungen verbieten.
[3] In der psychoanalytischen Diskussion Bezeichnung für ein erlerntes, meist religiös begründetes Verbot des Individuen, etwas zu tun, wozu ihr Unbewusstes sie drängt. W.F.H.

Tabuierung, die Durchsetzung eines → Tabus, also der Prozess der Belegung einer Handlungsrichtung mit einem absoluten sozialen Verbot. W.F.H.

Tabuschranke. Die durch ein Tabu verbotenen Handlungen sind für die Mitglieder der Gesellschaft oder Gruppe durch eine allen bekannte und deutlich erkennbare T. bestimmt, die nicht überschritten werden darf (z.B. Berühren oder Aussprechen). W.F.H.

Tagesreste, in der psychoanalytischen Traumlehre diejenigen Traumbestandteile, die unmittelbar an Erlebnisse des Träumers vom Vortag anknüpfen; sie sind häufig als Anlass für die Wahl des manifesten Trauminhalts zu verstehen, werden jedoch meist als relativ wenig aufschlussreich für den latenten Traumgedanken gewertet. → Traumarbeit W.Sch.

take-off (engl.), Phase in der Stufentheorie des wirtschaftlichen Wachstums von A. Rostow. Nach einer Anlaufphase folgt das *t.-o.* in Form hohen Wachstums einiger führender Produktionsbereiche (Textilindustrie, Eisenbahnbau) mit einem sprunghaften Anwachsen der Investitionsrate (etwa von 5% auf 10%). Das *t.-o.* soll ein selbsttätiges Wachstum der Wirtschaft aufgrund eigener Dynamik in Gang setzen. Die Stufentheorie von Rostow hat sich nicht als allgemein gültiges Beschreibungs- und Erklärungsmodell wirtschaftlichen Wachstums herausgestellt. H.W.

Takt, ein Satz von Verhaltensnormen für Kommunikationspartner, der darauf zielt, die Selbstdarstellung des anderen nicht zu durchbrechen und ihn auch dort noch zu schonen, wo er unglaubhaft wird (E. Goffman, N. Luhmann). T., zumal gegenseitiger, vermag Interaktionen in ihrem regulären Gang zu halten und Brüche sowie Konfliktbelastungen der Interaktion zu umgehen. H.Tr./R.L.

Talionsgesetz → Vergeltung

Taro-Kult, Bezeichnung einer religiösen Bewegung in Melanesien, die sich um einen „Geist der Nahrungsmittel" zentriert; der T.-K. ist mit dem → Cargo-Kult verwandt. V.Kr.

task specialist (engl.) → Führer, expressiver – instrumenteller

TAT, Abkürzung für: Thematischer Apperzeptionstest, eine von H. Murray (1943) entwickelte projektive Testtechnik, in der eine Person aufgefordert wird, je eine Geschichte zu insgesamt 19 Bildtafeln zu erzählen. Die Tafeln stellen ein relativ unstrukturiertes Reizmaterial dar und sollen deshalb die Person anregen, im Rahmen ihrer Geschichte ihre eigenen Bedürfnisse, Gefühle, Konflikte usw. in das Bild zu „projizieren". → Test, projektiver; → Projektion H.W.K.

Tatbestand, sozialer, frz.: *fait social*, soziale Tatsache, bei E. Durkheim Bezeichnung für das Soziale in seinen verschiedenen Erscheinungsformen. S.e T.e sind durch zwei Merkmale gegen psychisch-geistige Tatbestände abgegrenzt: Zum einen durch ihren Dingcharakter, d.h. durch ihre Unabhängigkeit von individuellen Willensbekundungen und durch ihre der systematischen Beobachtung zugängliche Seinsweise außerhalb der Individuen, und zum anderen durch ihren Zwangscharakter. Dieser Zwangscharakter wird

von den Individuen sowohl beim Sprechen und Handeln (z.B. in Form von Lohn und Strafe) als auch beim Fühlen und Denken (z.B. in Form eines schlechten Gewissens) erfahren. S. T. weisen von Gewohnheit über Brauch und Moral bis zum Gesetz unterschiedliche Grade der Verbindlichkeit sowie unterschiedliche Geltungsbereiche in Bezug auf verschiedene Gruppierungen (z.B. Schichten) in einer Gesellschaft auf. F.H.

Täter-Opfer-Ausgleich → *restorative justice*

Tatforschung, ältere Übersetzung von *action research,* → Aktionsforschung. W.F.H.

Tausch, der → Austausch von Gütern, Dienstleistungen, i.d.R. auf einem Markt, durch den jedes der tauschenden Individuen oder Gruppen einen wirtschaftlichen oder sonstigen Vorteil, Nutzen zu erreichen sucht. Vom T. wird der rituelle T., auch reziprozitärer (*reciprocative*) T. unterschieden, z.B. der Austausch von Geschenken zwischen Familien oder Stämmen, dem Anthropologen (B. Malinowski, M. Mauss) besondere Aufmerksamkeit geschenkt haben. Der rituelle T. wird nicht durch wirtschaftliche Kalkulation, sondern durch religiöse, traditionale oder andere Bindungen gesteuert. H.W.

Tausch, allgemeiner → Tausch, entwickelter

Tausch, entwickelter, Tausch von Produkten menschlicher Arbeit, der auf einem gesicherten, dauerhaften Überschuss an Produkten gegenüber den zum Lebensunterhalt der Produzenten benötigten Produkten beruht. Treten viele oder alle Produktarten einer Region ins Stadium des e.n T.es, dann spricht man vom allgemeinen Tausch. Alle Produkte sind als Waren gegeneinander tauschbar. Kann der Tausch z.B. wegen der Entfernung nicht mehr von den Produzenten selbst durchgeführt werden, dann entsteht ein eigener Tätigkeitsbereich, der Handel. H.W.

Tausch, ritueller → Tausch

Tausch, stummer, auch stummer Handel, Austausch von Produkten, Geschenken, ohne dass die Tauschpartner unmittelbar in Kontakt miteinander treten, z.B. durch Hinterlegen von Geschenken an bestimmten Orten. Dem s.T. wird u.a. die Funktion zugeschrieben, Feindseligkeiten zwischen Stämmen einzuschränken. H.W.

Tausch, ungleicher, im Rahmen der marxistischen Diskussion um die Unterentwicklung der Dritten Welt insb. von A. Emmanuel vertretener, stark umstrittener Begriff für den Transfer von Mehrwert aus den peripheren Ländern in die Zentren, die auf der Basis ihrer geringen Arbeitsproduktivität bzw. extrem niedriger Löhne durch die Preisbildung auf den Weltmärkten übervorteilt werden. Der u. T. beschneidet hiernach insb. die Akkumulationsmöglichkeiten der betroffenen Länder. H.W.

T

Tauschabstraktion, jene Abstraktion von sinnlich-konkreten Eigenschaften von Dingen und Handlungen, die in einer → Tauschgesellschaft deshalb zur Regel wird, weil die meisten Dinge und Handlungen im Hinblick auf den Warentausch hergestellt, behandelt und konsumiert werden. W.F.H.

Tauschbeziehung, gesellschaftliches Verhältnis zwischen voneinander unabhängigen, freien Subjekten, die sich nur als Eigentümer von Waren (bzw. Geld) aufeinander beziehen. Die T. ist also durch Sachen vermittelt. Sie realisiert sich auf dem Markt, im Austausch der Waren. Ideell vorweggenommen wird sie allerdings schon in der Produktion dieser Waren, insofern die Entscheidung zur Produktion von Waren hinsichtlich Art und Menge von den erwarteten Realisationsbedingungen, d.h. von den angenommenen zahlungskräftigen Bedürfnissen abhängt. Die T. ist eine Einheit gegensätzlicher Standpunkte: Jeder ihrer beiden Pole umfasst das Interesse am Tauschwert der eigenen und am Gebrauchswert der jeweils fremden Ware. Insofern bringt sie den in die Warenform eingebundenen Gegensatz zwischen Gebrauchswert und Tauschwert zur Erscheinung. R.Ka.

Tauschgesellschaft, auch Warengesellschaft, Gesellschaft, deren Glieder ihre Bedürfnisse nicht unmittelbar durch die Produkte ihrer eigenen Tätigkeit, sondern vermittelt über den Tausch und die Produktion für den Tausch befriedigen. Vor allem in der Kritischen Theorie wird T. zur Kennzeichnung der bürgerlich-kapitalistischen Gesellschaft verwendet, in der die Verhältnisse der Individuen wesentlich durch Tauschbeziehungen bestimmt sind. R.Ka/H.W.

Tauschheirat, Bezeichnung der Ethnologie dafür, dass zwei Gruppen einander wechselseitig Frauen zur Heirat geben. W.F.H.

Tauschrelation, Austauschverhältnis, die Mengeneinheiten einer Ware X im Verhältnis zu den Mengeneinheiten einer Ware Y, gegen die X eingetauscht werden kann. Können n Produkte gegeneinander getauscht werden, so bestehen $\frac{n(n-1)}{2}$ T.en, von denen $(n-1)$ unabhängig voneinander ausgehandelt werden können. Wird eine bestimmte Ware als Bezugseinheit zur Bestimmung der $(n-1)$ T.en gewählt, dann können alle T.en in Einheiten dieser Ware ausgedrückt werden. Diese Ware hat hier die Funktion von Geld als Recheneinheit. H.W.

Täuschung, konventionelle, im Anschluss an E. Goffman entwickelte Bezeichnung für eine Täuschung, die keine böse Absicht verfolgt, sondern dem anderen eine angenehme Illusion schenken will (Ottermann 2000), z.B. ein vorgespielter Orgasmus oder manche Mitteilungen über sich selbst zu Beginn einer Liebe. W.F.H.

Tauschwert, [1] in der klassischen Ökonomie Begriff für die im Warenaustausch sich realisierenden Eigenschaften einer Ware (engl. *value*, im Unterschied zu den Eigenschaften, die die Nützlichkeit für die menschlichen Bedürfnisse bezeichnen, engl. *worth*).
[2] Diese Bestimmung von T. greift K. Marx auf und entwickelt den durch die widersprüchliche Einheit von T. und → Gebrauchswert gekennzeichneten Doppelcharakter der → Ware. Der T. einer Ware kann nicht an ihr selbst erscheinen, sondern wird in Form der ihr gegenüber stehenden Ware bzw. dem Geld (→ Äquivalentform) ausgedrückt. Werden die Waren als Werte produziert (Verwertung des Kapitals), ist die T. die Erscheinungsform des Werts einer Ware. Der T. bildet einen Gegensatz zum Gebrauchswert. Sofern die Ware als T. betrachtet wird, ist sie nicht Gebrauchswert und umgekehrt. Im „einfachen Warentausch" („verkaufen, um zu kaufen") (W – W) erlischt der T. der Waren mit vollzogenem Austausch. Die Ware wird als Gebrauchswert konsumiert. Im Austausch gegen Geld als Kapital („kaufen, um zu verkaufen") (G-W-G'), bildet der Wert der Ware ein Moment des Verwertungsprozesses (→ Arbeitsprozess, – Verwertungsprozess, → konstantes Kapital).
D.K./W.F.H.

Tautologie (nach dem griech. *tauto leggein*, dasselbe sagen), [1] Bezeichnung eines Dinges oder Sachverhaltes durch mehrere, gleichbedeutende Ausdrücke („weißer Schimmel", „repressive Unterdrückung").
[2] In der Aussagenlogik wird mit T. die Eigenschaft eines Satzes bezeichnet, unabhängig von der Wahrheit seiner Teile aufgrund seiner Form wahr und demzufolge nicht empirisch widerlegbar zu sein. Als T.n werden auch die Sätze der Logik und Mathematik bezeichnet, da sie durch reine Umformung, ohne Hinzufügung neuer Bestandteile, aus anderen wahren Sätzen gebildet werden. H.D.R.

Taxien (Singular: Taxis), vor allem in der vergleichenden Verhaltensforschung benutzte Bezeichnung für die von bestimmten Außenreizen gesteuerten Raumorientierungsreaktionen von Lebewesen (im Unterschied zu den durch das Zentralnervensystem gesteuerten Instinktbewegungen). T. sind z.B. die Ausrichtung des Insektenflugs durch eine Lichtquelle oder der Haltung des Gleichgewichts dienenden Reaktionen (durch Veränderungen der Schwerkraft gesteuert). R.Kl.

Taxonomie, Begriffsordnung, begriffliches System, Klassifikation. Als T. werden im abwerten-

T

den Sinne solche Versuche der Theoriebildung bezeichnet, die nur ein System aufeinander bezogener Definitionen von Begriffen beinhalten, ohne reale Vorgänge erklären oder vorhersagen zu können. In der Soziologie wird i.d.S. das System T. Parsons' als T. bezeichnet. H.D.R.

Taylorismus → Betriebsführung, wissenschaftliche

Technik, [1] bei M. Weber „Inbegriff der verwendeten Mittel", i.d.R. als „rationale" T. der bewussten und planvollen Verwendung von Mitteln. T. in diesem Sinne gibt es in allen Lebensbereichen (Kriegstechnik, Gebetstechnik, Erziehungstechnik, erotische Technik) und zeigt einen bestimmten Grad der Rationalisierung der entsprechenden Handlungsketten an.
[2] In einem engeren Sinne wird unter T. die Verwendung sachlicher Mittel (Instrumente, Maschinen etc.) verstanden. Technisierung ist in diesem Sinne nach W. Rammert (1983) eine soziale Strategie, „eine Form sozialen Handelns, in der durch den Einbau von Sachen in menschliche Handlungsketten eine bestimmte Handlungsform im Vergleich zu anderen hervorgehoben, verstärkt auf Dauer sozial institutionalisiert und fixiert wird". Eine wichtige Strategie in diesem Sinne ist heute die Verwissenschaftlichung sowohl in Bezug auf die Entwicklung neuer Technologien selbst wie in Bezug auf ihre gesellschaftliche Durchsetzung (→ Technikfolgenabschätzung). Die Gesamtentwicklung der T. sieht Rammert als evolutiven Vorgang, in dem es kein einzelnes verantwortliches Subjekt mehr gibt.
[3] In deutschen konservativen Denktraditionen wurde T. als „zweite Natur des Menschen" (H. Freyer), als „Organersatz", „Organentlastung" und „Organüberbietung" (A. Gehlen) konzipiert, auf deren „Sachgesetzlichkeiten" (H. Schelsky) die Herrschaft im „technischen Zeitalter" beruhen soll. H.W.

Technikbewertung, wissenschaftliches und gesellschaftspolitisches Instrument der planmäßigen, systematischen und organisierten Bewertung gegenständlicher Sachsysteme sowie ihrer Bedingungen und Folgen auf der Grundlage von → Technikfolgenabschätzung unter Einbeziehung von Werten, Zielen und Handlungsalternativen, sodass begründete Entscheidungen getroffen und durch die zuständigen Institutionen durchgeführt werden können. Wichtig sind die Einbeziehung auch außertechnischer und außerwirtschaftlicher Werte sowie die Durchführung des Bewertungsprozesses von einem Netzwerk gesellschaftlicher Einrichtungen. R.T.

Technikfolgenabschätzung, nach amerik. *technology assessment*, *TA*, wissenschaftliches und gesellschaftspolitisches Instrument zur planmäßigen, systematischen und organisierten prospektiven Analyse technischer Entwicklungen insbesondere hinsichtlich ihrer nicht intendierten Folgen auf Menschen und Umwelt einschließlich der Herausarbeitung von Alternativen, um daraus Grundlagen für die → Technikbewertung zu Handlungs- und Gestaltungsmöglichkeiten für Wirtschaft und Politik herzuleiten. Umstritten wegen allgemeiner Probleme der Prognoseunsicherheit und der impliziten Akzeptanzerheischung. Umstritten auch als Instrument der Politikberatung hinsichtlich der Zuordnung zur Legislative oder Exekutive (USA: *Office of Technology Assessment, OTA*; BRD: Enquete-Kommission Technikfolgenabschätzung). R.T.

Technikforschung, sozialwissenschaftliche, interdisziplinär orientierte Forschungsrichtung zu Entstehungs-, Arbeits- und Verwertungszusammenhängen von Technik im weitesten Sinne. Organisatorisch werden vor allem entsprechende Teile der Industrie- und Betriebssoziologie einerseits und der Wissenschaftssoziologie andererseits zusammengeführt. Die bislang zu wenig berücksichtigten sozialen Bedingungen und Folgen von Technikentwicklung werden zunehmend in → Technikfolgenabschätzung, → Technikbewertung und → Technikgestaltung zur Geltung gebracht. Wichtig wird aus beiden Quellen zunehmend die Notwendigkeit der Betroffenenbeteiligung am Gestaltungsprozess. R.T.

Technikgeneseforschung, Richtung der → sozialwissenschaftlichen Technikforschung mit dem Ziel der möglichst frühzeitigen Einbeziehung von a) technikhistorisch ermittelten Erfahrungen und b) aus der → Technikfolgenabschätzung ablesbaren Konsequenzen in die im Forschungs- und Lehrbetrieb sowie der betrieblichen Technikentwicklung vorhandenen Entstehungsbedingungen von Technik. R.T.

Technikgestaltung, Umsetzung technischer Möglichkeiten in konkrete technische Problemlösungen, insbesondere Artefakte. Organisiert im Wissenschaftsbetrieb und in betrieblicher Praxis. Hauptansatzpunkt für noch unterentwickelte Gestaltungsalternativen über funktionelle, ökonomische und ergonomische Aspekte hinaus sowie für Möglichkeiten der Betroffenenbeteiligung. R.T.

Technikgestaltung, sozialverträgliche, [1] Postulat, bestehende gesellschaftliche Strukturen und Normen bei der Technikgestaltung zu berücksichtigen und Lebensbedingungen nicht zu verschlechtern. Zuerst von K.-M. Meyer-Abich in die Diskussion um die friedliche Nutzung der Atomenergie eingeführt.

T

[2] Von daher auch Streitbegriff in der Kontroverse um Mitbestimmungsmöglichkeiten bei der Gestaltung gesellschaftlicher Zukünfte.

[3] Entsprechend orientierter Programmteil (sozialwissenschaftliche Begleitforschung) des wirtschaftspolitisch orientierten Programms „Initiative Zukunftstechnologien" des Landes Nordrhein-Westfalen. R.T.

Technikkritik, verbindendes Moment konservativer, sozialistischer und ökologischer Diskurse: [1] Seit dem 19. Jahrhundert zentraler Bestandteil konservativer Kultur- und Gesellschaftskritik, die insb. die negativen Wirkungen des Fabriksystems auf sog. überkommene Werte und Sozialbindungen beklagt, in deren Konsequenz ein Prozess der „Vermassung" befürchtet wird. Technische Systeme rufen hiernach atomisierte Massen hervor, ohne diese letztendlich beherrschen zu können (exemplarisch in dem Film „Metropolis"). Mit der Kriegstechnik des Ersten Weltkriegs, in der präfaschistischen und faschistischen Kulturkritik wird die T. ambivalent (z.B. E. Jünger, Der Arbeiter). Mit H. Freyer, A. Gehlen und H. Schelsky macht der Konservatismus in den 1950er Jahren in der Vorstellung vom → technischen Staat seinen Frieden mit der Technik.

[2] Die von K. Marx ausgehende T. hebt ebenfalls die entmoralisierenden, entqualifizierenden und entsolidarisierenden Wirkungen der „großen Maschinerie" auf die Arbeiter hervor, geht jedoch davon aus, dass die Technik letztendlich kollektiv beherrschbar sein wird. Daneben wurde immer auch kritisch die Frage nach der „Formbestimmung" der Technik durch den kapitalistischen Verwertungsprozess, d.h. ihrer Brauchbarkeit für eine sozialistische Vergesellschaftung gestellt.

[3] Die neuere ökologisch orientierte T stellt u.a. im Anschluss an die Kritische Theorie („Dialektik der Aufklärung") die widersprüchliche Rationalität im technischen Denken, die Unbeherrschbarkeit technischer Großprojekte, die Zerstörung natürlicher Reproduktionsfähigkeiten (z.B. tropischer Regenwald) und die undemokratischen Rückwirkungen auf die Gesellschaft (→ Atomstaat) heraus. H.W.

Technizismus, Bezeichnung für (auch wissenschaftliche) Vorstellungen, die die Entwicklung der Gesellschaft auf die Entwicklung der Technik und diese wiederum auf technische „Ursachen" selbst zurückführen. W.F.H.

Technokratie, Expertenherrschaft, Expertokratie, [1] Bezeichnung für die Annahme von der wachsenden Bedeutung der wissenschaftlich und fachlich ausgebildeten Experten in den industriell entwickelten Gesellschaften, ihr Einrücken in Lenkungs- und Steuerungspositionen. Dabei wird selten erwartet, dass die Experten die Herrschaft selbst übernehmen, sondern dass sie sich im Auftragsverhältnis zu den Herrschenden aufgrund ihrer fachlichen Unentbehrlichkeit Einfluss verschaffen können, ohne dabei vollständige Loyalität zu den Herrschenden eingehen zu müssen.

[2] Eine Reihe von Autoren sieht in der T. als durch Sachzwänge, d.h. der Bestimmung gesellschaftlicher Ziele nach Maßgabe der vorhandenen technischen Mittel, und durch Dominanz der Experten gekennzeichneten Herrschaftsform die Zukunft moderner Gesellschaften (technische oder wissenschaftliche Zivilisation, H. Schelsky).

[3] Als technokratisch werden Entscheidungen bezeichnet, die der wissenschaftlich geplanten, vorbereiteten und durchgeführten Rationalisierung der sozialen Einrichtungen dienen, ohne dass die grundlegenden gesellschaftlichen Bedürfnisse und Ziele diskutiert worden sind.

[4] Im Umkreis der marxistischen Diskussion bezeichnet die T.these die Annahme, dass der Klassengegensatz überformt sei durch staatlich durchgeführte Anpassungsprozesse an das als technisch und organisatorisch undurchlässig und perfekt angesehene System des Spätkapitalismus. Die T.these nimmt den Grundwiderspruch (und damit die Möglichkeiten der Systemveränderung) an als Gegensatz von unterdrückenden Institutionen und Unterdrückten überhaupt.

[5] T. dient auch als Bezeichnung für die Dominanz der Technik in allen Lebensbereichen. H.W./W.F.H.

Technologie des Geständnisses → Selbsttechnologie

Technologie, [1] Bezeichnung für die Menge an Fähigkeiten und Wissen, die in einer Gesellschaft zur Bewältigung der (meist materiellen) Umwelt zur Verfügung stehen.

[2] T. dient auch zur Bezeichnung der Menge von technischen Hilfsmitteln einer Gesellschaft. H.W.

Technologie, ästhetische, nennt T.W. Adorno (1970) die Tendenz im Bereich der Kunst, an einer „Verwissenschaftlichung der Kunst als solcher anstatt technischer Neuerungen" interessiert zu sein. Die Kunst ist in den Prozess der Massenproduktion einbezogen worden. Ä. T. erschließt die Ebenen von Ausdruck und Erfahrung und führt sie gezielter gesellschaftlicher Nutzung zu. Das techno-ästhetische Wissen umfasst sowohl die Beziehungen von Effekten und Affekten wie ihre Auswirkungen auf Vergesellschaftungsvorgänge (emotionale Kontrolle). E.He.

Technologie, intermediäre → Technologien, angepasste

Technologie, organisatorische, organisierte Technologie, [1] das gesamte in einer Organisation verwendete Instrumentarium zur Transformation von *inputs* in *outputs*.
[2] Nur die physikalischen Hilfsmittel (z.B. Fertigungs- und Informations-T.). K.T.

Technologien, angepasste, AT, den jeweiligen Bedingungen im Sinne einer angestrebten Problemlösung optimal angepasste Technologien, in der Regel verstanden als technische Artefakte [1] im Sinne umwelt- und sozialverträglicher Techniken zur Abwendung unbeabsichtigter oder betriebswirtschaftlich nicht zu rechnender Kosten.
[2] Von daher häufig im Zusammenhang des → Technologietransfers und der „ökologischen Erneuerung des Industriesystems" diskutierbares Postulat. In Berufung auf E.F. Schumacher häufig gebraucht zur Bezeichnung für speziell den Bedürfnissen sog. Entwicklungsländer a. T.
[3] Dabei und darüber hinaus jedoch häufig missverstanden als Forderung nach „Einfachtechnologien" und deshalb diskriminiert wegen der Vermutung der Verbindung zu einem bewussten Bestehenlassen vorhandener „Entwicklungsrückstände" und damit Abhängigkeiten.
[4] In der neueren Diskussion eher und besser: Ergebnis eines systematischen und organisierten Verfahrens der Anpassung von Problemlösungen an die jeweiligen Bedingungen. R.T.

Technologien, neue, Sammelbezeichnung für eine Vielzahl technologischer Entwicklungen seit den 1970er Jahren, die neben den Entwicklungen in der Elektronik (Informations- und Kommunikationstechnologien, flexible Automation) auch die Entwicklungen im Bereich der Biotechnologien (z.B. Gen-Technologie) und neuer Werkstoffe (Chemie) umfassen. H.W.

Technologietransfer, [1] Überführung von in Wissenschaftseinrichtungen erzeugten anwendungsfähigen Wissens in marktfähige Produkte und Betriebe durch *know-how*- Transfer und Personaltransfer, zum Beispiel über Transfereinrichtungen und Technologiezentren. Zu wenig beachtet und organisiert sind bisher die Transfernotwendigkeiten betrieblichen *know-hows* in weitere betriebliche Kontexte.
[2] Auch *technology sales*, Transfer von *know-how* und v.a. technischer Einrichtungen in sog. Entwicklungsländer. Außerhalb von Verfahren der sozialverträglichen Technikgestaltung häufig Form der Etablierung technisch vermittelter neuer Abhängigkeiten und Ausbeutungsstrategien. R.T.

technology assessment, TA (amerik.) → Technikfolgenabschätzung
technology of foolishness (engl.) → *garbage can*
technology sales (engl.) → Technologietransfer [2]
technology, educational (engl.) → Unterrichtstechnologie
Technostruktur, bei J.K. Galbraith Bezeichnung für diejenigen Mitglieder des Industriebetriebs, die durch Spezialwissen und -erfahrungen zur Entscheidungsfindung des Managements beitragen. R.L.
Teilarbeit → Detailarbeit
Teilarbeit, repetitive → Arbeit, repetitive
Teilerhebung → Vollerhebung
Teilgruppe → Untergruppe
Teilhabe, kulturelle → Partizipation, kulturelle
Teilhabe, soziale, symbolische (Status) oder organisatorische (Partizipation) Zurechnung einer Person oder Gruppe zu einem positiv bewerteten sozialen Gebilde und daraus folgende Rechte. F.X.K.
Teilkultur, Bezeichnung für einen Zusammenhang von Normen, Wertvorstellungen, Verhaltensmustern usw. innerhalb einer größeren (eventuell hegemonialen) Kultur und verschieden hiervon. Anders als → Subkultur deutet T. das Verhältnis zur größeren (hegemonialen) Kultur neutraler an. W.F.H.
Teilnahme, informelle → Partizipation, soziale
Teilnahme, politische → Partizipation, politische
Teilnahme, soziale → Partizipation, soziale
Teil-Soziogramm, eine besondere Form des → Soziogramms, bei der nicht alle durch einen soziometrischen Test ermittelten Informationen, sondern nur ein Teil derselben (z.B. nur die Ablehnungen oder nur die ersten Wahlen) abgebildet werden. Der Vorteil gegenüber dem vollständigen Soziogramm ist die größere Übersichtlichkeit des T.-S.s. R.Kl.
Teilsystem – Vollsystem. Ein V. ist funktional autonom, d.h. es ist in der Lage, alle Systemprobleme selbst zu lösen, während ein T. auf die Unterstützung des umgebenden Systems angewiesen ist. T.e entstehen durch Arbeitsteilung; je differenzierter die funktionale Spezialisierung in einem V. ist, umso weniger funktionale Autonomie besitzen seine T.e. H.E.
Teilung der Arbeit → Arbeitsteilung
Teilziel, [1] ein Ziel, das mit anderen Zielen zusammen das Hauptziel einer Organisation ausmacht.
[2] Ein Ziel, das eine Organisation auf dem Wege der Verwirklichung ihres Hauptziels anstrebt und dessen Erreichung eine Etappe auf diesem Wege darstellt. J.H.
Telefoninterview, Befragung mithilfe des Telefons, häufig zu aktuellen Fragestellungen, die

T

kostengünstig ist, jedoch u.a. Nachteile in Bezug auf die Auswahl möglicher Befragter (Erreichbarkeit, Repräsentativität u.a.), Länge und Tiefe der Fragestellung besitzt.   H.W.

Telematik, Kunstwort (von frz. *télématique,* aus *télécommunication* und *informatique* nach S. Nora und A. Minc) zur Bezeichnung der Verbindung zwischen Telekommunikations- und informationsverarbeitenden Systemen. Zur Bezeichnung der aktuellen Epoche in der Regel synonym mit → Informationsgesellschaft.   R.T.

Teleologie, Auffassung, nach der Ereignisse oder Entwicklungen durch bestimmte Zwecke oder ideale Endzustände vorherbestimmt sind und sich auf diese zubewegen. Die T. erklärt ein Ereignis nicht kausal, d.h. durch Angabe von vorausgehenden Ursachen, sondern final, d.h. durch Angabe von in der Zukunft liegenden Zwecken („Dies geschieht, damit ..."). Die Zwecke oder idealen Zielzustände sind dabei entweder von außen vorgegeben (göttlicher Wille) oder werden als im Wesen der Natur liegend angesehen („Alle Dinge streben nach Vollendung"). Von der T. sind Erklärungen aufgrund der Zielgerichtetheit menschlichen Handelns („Ich tue das, damit ...") zu unterscheiden, die als kausale Erklärungen aufgrund von Motiven angesehen werden können. Teleologische Erklärungen werden heute weitgehend abgelehnt. So wird z.B. die Zielgerichtetheit organischer Vorgänge in Form kybernetischer → Regelkreise erfasst.
H.W.

Temporalität, in der phänomenologisch orientierten Soziologie und im symbolischen Interaktionismus übliche Bezeichnung für die vom Individuum vorgenommene Interpretation des Zeiterlebens als Grundbedingung des Handelns in aktuellen Situationen und der Organisation des Lebensvollzugs (Biografie).   K.L.

Tendenz, zentrale → Maße der zentralen Tendenz

Tendenzverhalten, in der Betriebssoziologie dasjenige Verhalten von Angestellten, das sich an bestimmten, vom Betrieb geforderten Normen orientiert, z.B. an der besonderen Treuepflicht der leitenden Angestellten. Manche Organisationen verlangen eine Tendenz von (fast) allen ihren Mitarbeitern: Verwaltungsbehörden, Kirchenämter, Gewerkschaften usw.   R.L.

tension management (engl.)   → Spannungsbewältigung

terms of trade (engl.), ein Begriff aus der wirtschaftswissenschaftlichen Analyse des Außenhandels. Bezeichnet die Austauschrelationen im Außenhandel, d.h. das Verhältnis zwischen dem Preisindex der Einfuhrgüter und dem der Ausfuhrgüter. Eine Veränderung der *t. o. t.* eines Landes deutet auf eine Verbesserung oder Ver-

schlechterung seiner Außenhandelssituation hin: wenn z.B. der Index der Importpreise bei Konstanz oder gleichzeitigem Sinken der Ausfuhrpreise ständig steigt, verschlechtert sich die Außenhandelssituation. Dieses Beispiel beschreibt auch die Lage der Außenhandelsbeziehungen eines großen Teils der sog. Entwicklungsländer zu den industriell entwickelten Ländern. R.Kl.

Territorialität, Territorialverhalten → Revierverhalten

Territorialstaat, zentralisierte Herrschaft in abgegrenzten und geschlossenen Territorien durch bürokratische Verwaltung und einheitlichem Erzwingungsstab. In der historischen Entwicklung führt der T. zu geschlossenen Wirtschaftsräumen, einheitlicher Steuererhebung und einheitlichem Recht für die sich auf dem Territorium befindenden Untertanen bzw. Bürger. Die sich in Europa aus den absoluten Monarchien bildenden T.en wurden Grundlage der modernen Nationalstaaten, Nationalökonomien und bürgerlichen Demokratien.   H.W.

Terror, [1] die Methode, durch physische oder psychische Gewaltanwendung bis hin zur physischen Vernichtung systematisch Schrecken zu erzeugen, um Machtansprüche in der eigenen Gruppe oder gegenüber anderen Gruppen durchzusetzen.   J.Mo.
[2] In einem engeren Sinne Bezeichnung für die Art der Interaktionen, in denen *A* Einfluss nimmt auf *B* durch einen physischen Akt gegen *C,* der *B* zeigen soll, dass *A* diesen Akt gegen *B* vollzieht, wenn *B* in seinem Handeln nicht die Interessen von *A* berücksichtigt. Während *B* für *A* eine bestimmte Person oder Gruppe ist, ist *C* für *A* austauschbar; *C* ist von *A* willkürlich gewählt.   O.R.

Test, [1] ein systematisches (standardisiertes und möglichst objektives) Verfahren zur Bestimmung der relativen Position eines untersuchten Individuums innerhalb einer Gruppe von Individuen hinsichtlich eines oder mehrerer Merkmale. Phasen des testdiagnostischen Prozesses: Provokation des Probanden zur Äußerung bestimmter Reaktionen, Registrierung dieser Reaktionen, Auswertung, Interpretation. Gütekriterien eines T.s: Objektivität (Forscherunabhängigkeit der Messung), Zuverlässigkeit (Genauigkeit der Messung), Gültigkeit (Eignung zur Messung bestimmter Merkmale). Klassifizierungsmöglichkeiten von T.s: Fähigkeitstests (T. der allgemeinen Intelligenz sowie spezieller Fähigkeiten), Kenntnis- und Leistungstests, Begabungs- und Eignungstests, Persönlichkeitstests.
H.W.K.
[2] Modell zur Überprüfung einer Hypothese in Form eines statistischen → Signifikanztests.
H.W.

Test, einseitiger – zweiseitiger, auch: gerichteter – ungerichteter Test, Bezeichnung für Tests, bei denen ein bzw. zwei Verwerfungsbereiche der Nullhypothese festgelegt sind. Lautet z.B. die Nullhypothese, dass eine Stichprobe mit einem bestimmten Mittelwert einer bestimmten Grundgesamtheit angehört, so wird man zweiseitig (ungerichtet) testen, d.h. die Nullhypothese verwerfen, sowohl wenn der Stichprobenmittelwert zu klein wie auch wenn er zu groß ausfällt. Ist man dagegen z.B. daran interessiert, ob eine bestimmte Einflussgröße mehr „Kohäsion" oder „Leistungsstärke" erzielt als eine andere Größe, dann wird man einseitig (gerichtet) testen, d.h. die Nullhypothese, dass kein Unterschied zwischen den Einflussgrößen besteht, nur bei Abweichungen in einer Richtung verwerfen.
                              H.W.

Test, gerichteter → Test, einseitiger – zweiseitiger

Test, kulturfreier, Testverfahren, aus dem alle *items* entfernt sind, deren Lösung durch kulturelle Faktoren (z.B. Schulbildung) beeinflusst werden könnte. Ein T., der diese Forderung zufrieden stellend erfüllt, existiert bislang nicht.
                             H.W.K.

Test, projektiver, psychologisches Untersuchungsverfahren, bei dem eine Person gewöhnlich mit relativ unstrukturiertem Reizmaterial konfrontiert wird (mehrdeutige oder verschwommene Bilder, Satzanfänge usw.), das sie zu einer – im Allgemeinen verbalen – Reaktion anregen soll (Bilddeutung, Satzergänzung usw.). Es wird unterstellt, dass die Person hierbei ihre eigenen Bedürfnisse, Gefühle, Konflikte usw. „projiziert". → Projektion   H.W.K.

Test, psychometrischer → Psychometrie

Test, sequenzieller → Sequenzanalyse [1]

Test, soziometrischer → Soziometrie

Test, ungerichteter → Test, einseitiger – zweiseitiger

Testbatterie, Kombination mehrerer eindimensionaler Tests unter bestimmten Gesichtspunkten, z.B. der Leistungs- oder Intelligenzmessung von Individuen in verschiedenen Dimensionen. Eine T. wird häufig bei praktischen Fragestellungen benötigt, in denen eine Vielzahl von Gesichtspunkten enthalten ist. Ziel der T. ist es meist, für jede Person einen einzigen Testwert zu erhalten, der aus der Summe der nach bestimmten Gesichtspunkten gewichteten Messwerte der einzelnen Tests ermittelt wird. Da in einen solchen Gesamtwert verschiedene Faktoren eingehen, ist er meist schwer zu interpretieren. Die Validierung der T. erfolgt meist anhand eines externen Kriteriums, etwa ihrer Fähigkeit zur Voraussage bestimmter Leistungen.   H.W.

Testfaktor, in der multivariaten Analyse → Test-Variable

Testmanual, zumeist standardisierte Instruktion. Anweisung, zur Durchführung eines bestimmten psychologischen Tests (z.B. Intelligenztest).
                              H.W.

Testprofil, Bezeichnung für eine grafische Darstellung der Messergebnisse für verschiedene Eigenschaften oder Merkmale einer Versuchsperson im Rahmen eines standardisierten Tests. Der relative Grad der Ausprägung wird durch entsprechend lange Linien wiedergegeben. Die Verbindung der Linien für die verschiedenen Merkmale ergibt ein Profil. Ein T. ermöglicht den gleichzeitigen Vergleich einer größeren Anzahl von Messergebnissen zwischen den Versuchspersonen.   D.G.

Test-Retest-Methode, Verfahren zur Überprüfung der → Zuverlässigkeit von Messinstrumenten, z.B. Skalen, gekennzeichnet durch wiederholte Anwendung des zu prüfenden Verfahrens in derselben Gruppe von Versuchspersonen nach angemessener Intervallzeit. Die Korrelationskoeffizienten für die Messwerte aus den wiederholten Versuchen zeigen den Grad der *Retest*-Zuverlässigkeit an.   D.G.

Testteilung → *Split-half*-Methoden

Testtheorie, in der Soziologie und Psychologie Theorie des Messens von psychischen oder sozialen Sachverhalten. Hauptgegenstände der T. sind Modelle zur Bestimmung der → Zuverlässigkeit und → Validität von Messinstrumenten (Tests, Skalen) sowie der Analyse und Auswahl von *items*. Die klassische T. (z.B. H. Gulliksen 1950) sieht jeden Messwert aus einem „wahren Wert" (*true score*) und einem Fehleranteil zusammengesetzt. In ihr hängt u.a. die Bestimmung der Zuverlässigkeit und der Faktorenstruktur der gemessenen Eigenschaft davon ab, wie die Messwerte in der untersuchten Population verteilt sind. Die stochastischen Testmodelle (P.F. Lazarsfeld, G. Rasch) schätzen die Lage der Untersuchten auf einem latenten (nicht direkt beobachtbaren) Kontinuum aufgrund ihrer Reaktionen auf die *items*. Die Wahrscheinlichkeit einer bestimmten Reaktion auf ein *item* ist Funktion der Lage der Untersuchten auf dem latenten Kontinuum.   H.W.

Testtheorie, statistische, von J. Neyman und E.S. Pearson 1928 begründete Entscheidungstheorie. In der s. T. wird über die unbekannte Verteilung einer Grundgesamtheit eine zu prüfende Hypothese (Nullhypothese) aufgestellt und aufgrund einer Stichprobe mithilfe einer jeweils festgelegten Stichprobenfunktion und eines dazugehörigen kritischen Bereichs (Ablehnungsbereich), d.h. derjenigen Werte der Stichprobenfunktion, deren Realisation bei Gültigkeit der Nullhypothese nur eine geringe Wahrscheinlichkeit hat, eine Entscheidung über die Annahme bzw. Ablehnung der Nullhypothese getroffen. Die Nullhypothese kann sich dabei sowohl auf den Typ der Verteilung (nichtparametrischer Test) als auch auf einen oder mehrere Parameter einer Verteilung bekannten Typs beziehen.   M.K.

Test-Variable, Test-Faktor, Kontrollvariable, Dritt-Variable, Bezeichnung von P.F. Lazarsfeld für Variablen, die zur Interpretation oder Erklärung eines Zusammenhangs zwischen zwei anderen Variablen herangezogen wird. Der ursprünglich beobachtete Zusammenhang wird innerhalb der einzelnen Ausprägungen der T.-V.n erneut auf Modifikationen oder Auflösung (→ Scheinkorrelation) durch die T.-V. untersucht.   H.W.

Testwiederholung → Paralleltest

Thanatopsychologie, jener Arbeitsbereich der Psychologie, der sich mit Einstellungen zum Tode, mit Todesangst und mit seelischen Veränderungen beim Sterben befasst.   W.F.H.

Thanatos (griech., Tod), von S. Freud nicht schriftlich benutzter, von anderen in die psychoanalytische Literatur eingeführter Begriff, der zur Bezeichnung des → Todestriebes dient; als Gegenspieler des Eros konzipiert.   K.H.

Thanatosoziologie, Soziologie des Todes, Bezeichnung für die Forschungen, die sich u.a. mit sozialen Todesbildern, mit der Erfahrung der Endlichkeit des Lebens, mit dem kulturellen Stellenwert von Tod und Sterben in der Gesellschaft sowie mit sozialen Definitionen des Sterbevorgangs befassen.   W.F.H.

Theatralität, ist ein weit über das Modell Theater hinausgreifendes Konzept, welches kultur- und sozialwissenschaftliche Analysen in allen Lebensbereichen anleitet, ohne dabei negativ zu werten (wie in „theatralisch"). T. bezeichnet als Sammelbegriff die Inszenierung, Vorführung und Präsentation sozialer Sachverhalte (H. Willems 1998). Eine t.theoretische Analyse kann nach E. Fischer-Lichte (1998) an vier Dimensionen ansetzen: 1. die Darstellung des Sachverhalts durch Körper und Stimme von Akteuren vor anwesenden Zuschauern (*performance*), 2. die Verwendung von Zeichen in der Produktion (Inszenierung), 3. der Körpereinsatz der Akteure (Korporalität), 4. die Reaktionen des Publikums (Wahrnehmung). Gegenüber T. ist → Inszenierung der engere Begriff, der das schöpferische Hervorbringen einer Darstellung betont. In der Soziologie folgen v.a. E. Goffman und R. Sennett einer theoretischen Perspektive der T.   R.L.

Theil-Indices, von dem Ökonometriker H. Theil vorgeschlagenes Konzept zur Analyse der Verteilung z.B. von Einkommen zwischen Wirt-

schaftssubjekten unter dem Aspekt der Konzentration. Theils L-Index (auch *mean log deviation, MLD*) ist eher für Veränderungen im unteren Einkommensbereich sensitiv; Theils T-Index, häufig als Theil-Index bezeichnet, reagiert stärker auf Veränderungen im mittleren und höheren Einkommensbereich. Die T.-I. sind Teil einer Gruppe von Entropie-Maßen (*Generalized Entropy Inequality Measures*), die über verschiedene Parameter aus einer Grundformel abgeleitet werden.   C.W.

Theismus, Bezeichnung für die Art des Gottesglaubens, der die Existenz eines einzigen, als mit personaler Wesenhaftigkeit ausgestatteten, sich von der Welt unterscheidenden, aber sie erhaltenden und lenkenden Gottes behauptet. Der T. steht damit im Gegensatz zu (in der Reihenfolge der genannten Elemente) Atheismus, → Polytheismus, → Pantheismus und Deismus.   V.Kr.

Thematisierung, [1] allgemein: das ausdrückliche Ansprechen eines Gegenstandes („Themas").
[2] In der Theorie sozialer Probleme die öffentliche Diskussion, mit der gesellschaftliche Defizite allgemein bewusst gemacht werden. Für den Staat entsteht daraus oft ein Druck zu sozialpolitischem Handeln.   R.L.

Themen, *themes,* [1] bei R.M. Williams werden die wichtigsten T. der nordamerikanischen Literatur (z.B. Erfolg, Aktivität, Leistung) als Hinweis auf die Werte dieser Kultur interpretiert.   J.F.
[2] Bei M.E. Opler sind kulturelle T. Forderungen oder Einstellungen, die soziales Verhalten regeln, ähnlich den → Werten, ohne indessen positive ethische Qualitäten haben zu müssen.   R.L.

Themen, generative, von P. Freire („Pädagogik der Unterdrückten") stammendes Konzept für Alphabetisierungsstrategien und soziales Lernen in der Dritten Welt: Zuerst suchen die Pädagogen gemeinsam mit den Lernenden nach Schlüsselwörtern und -situationen, in denen sich deren Lebenssituation und soziale Lage spiegelt (g. T.). Diese werden dann Ausgangspunkte für das Erlernen des Schreibens und Lesens sowie für das gemeinsame Durchdenken der eigenen Lebenslage (einschließlich der Möglichkeiten, diese gemeinsam zu verändern).   W.F.H.

Theokratie → Hierokratie

Theologie, politische, allgemeiner Begriff für Vorstellungen von und Regelungen der Beziehung zwischen politischer und religiöser Ordnung (Assmann 2000), z.B. → Theokratie oder Dualismus beider Sphären im europäischen Mittelalter.   W.F.H.

Theopanismus → Pantheismusmus

T

Theorem, [1] im strengen Sprachgebrauch Aussage, die aus den Axiomen einer Theorie abgeleitet wird.

[2] T. wird auch als Synonym für Hypothese und theoretische Aussage benutzt, auch wenn keine axiomatisierte Theorie vorliegt.   H.W.

theoretical sampling (engl.) → Auswahl, theoretische

Theorie, Begriff mit stark variierender Bedeutung: [1] Allgemein wird mit T. ein System von Begriffen, Definitionen und Aussagen bezeichnet, das dazu dienen soll, die Erkenntnisse über einen Bereich von Sachverhalten zu ordnen, Tatbestände zu erklären und vorherzusagen.

[2] In wissenschaftstheoretischen Darstellungen z.B. im Rahmen des kritischen Rationalismus wird T. oft gleichbedeutend mit → deduktiver Theorie benutzt.

[3] T. als theoretischer Bezugsrahmen besteht aus einem System von Klassifikationen, mit dessen Hilfe ein bestimmter Bereich von Sachverhalten hinreichend erfasst werden soll. Ein solches System bietet etwa die Theorie von T. Parsons.

[4] Häufig wird mit T. auch ein Erklärungsprinzip, eine in einer Erklärung benutzte Gesetzesaussage oder auch nur eine einfache Hypothese über einen bestimmten Zusammenhang verstanden.

[5] Umgangssprachliche Bezeichnung für „Gedankliches", nicht direkt auf Erfahrungen beruhenden Überlegungen.

In der wissenschaftstheoretischen Diskussion besteht heute weitgehend Einigkeit darüber, dass die Erfahrungswissenschaften, darunter auch die Soziologie, nicht theorielos arbeiten können, dass allen Beobachtungen explizite oder implizite T.n in Form von Annahmen und Hypothesen zugrunde liegen. Strittig ist u.a., ob diese T.n in Form von [2] formuliert sein sollten.   H.W.

Theorie der Gesellschaft, der von R. König in die Soziologie eingeführte Begriff dient zur Charakterisierung eines Theorietyps, der von → soziologischer Theorie zu unterscheiden ist. Während diese ein theoretisches System von Sätzen aufstellt, das die gesellschaftliche Wirklichkeit im Rahmen operationalisierbarer Aussagen erklärt und deutungsmäßig nicht überschreitet, bezieht sich die T. d. G. zwar auf soziologische Kategorien und empirische Einsichten, interpretiert diese jedoch in geschichtsphilosophischer Absicht auf dem Hintergrund gesamtgesellschaftlicher Struktur- und Entwicklungszusammenhänge. Die Marx'sche T. d. G. gewinnt ihre Erkenntnisperspektive als Ideologiekritik aus der Konfrontation von gesellschaftlichem Anspruch und gesellschaftlicher Praxis; ihre dialektische Methode ist Ausdruck der inneren Widersprüche der Vergesellschaftung, die bestimmten historischen Struktur- und Entwicklungsgesetzen unterliegt. An die Marx'sche T. d. G. knüpft die → kritische Theorie (M. Horkheimer, T.W. Adorno, H. Marcuse, J. Habermas), wenn auch mit Modifikationen, Einschränkungen und Erweiterungen, an. In beiden Ausprägungen der T. d. G. ist Grundthema: die durch herrschaftsvermittelte Gesellschaftsverhältnisse unterdrückte Selbstverwirklichung des Menschen. – In anderer Weise versucht eine transzendentale T. d. G. (H. Schelsky) den Sinn des Sozialen von einem bestimmten Standpunkt aus zu ergründen. Als T. d. G. ist auch die Systemtheorie N. Luhmanns zu begreifen, welche sowohl eine umfassende Theorie sozialer Systeme wie eine Theorie sozialer Evolution zu entwickeln sucht. Auch sie hält am Gedanken der „soziologischen Aufklärung" fest, wobei diese nicht vom Standpunkt des Subjekts, sondern von dem des sozialen Systems aus, als Steigerung der Möglichkeiten eines Sozialsystems, Weltkomplexität zu erfassen und zu reduzieren, begriffen wird.   B.W.R.

Theorie der rationalen Wahl → Entscheidungstheorie, → *rational choice-theory*

Theorie der Tiefenstufung → Tiefensoziologie

Theorie der vier Wünsche, nach W.I. Thomas (1923) lässt sich das soziale Verhalten auf vier Grunderwartungen, soziale „Wünsche", reduzieren: den Wunsch nach neuen Erfahrungen, nach Anerkennung, nach Macht und nach Sicherheit.   O.R.

Theorie der Wahlhandlung → Entscheidungstheorie, → *rational choice-theory*

Theorie der zentralen Orte → Orte, zentrale

Theorie des Handelns → Handlungstheorie

Theorie und Praxis, die jahrhundertealte Diskussion um das ethische Selbstverständnis der Wissenschaft, ihre gesellschaftliche Funktion und die praktischen Konsequenzen ihrer Erkenntnisse gipfelt in der Frage nach Einheit oder Gegensatz von T. (reiner Erkenntnis) und P. (richtigem Handeln). Während etwa die dialektisch-marxistische Tradition die Einheit von T. u. P. im historischen Prozess behauptet und ein sich kritisch auf praktische Veränderungen beziehendes Erkenntnisinteresse fordert, gehen die wissenschaftslogisch-analytischen Schulen von einer prinzipiellen Trennung von T. u. P. aufgrund von begrifflichen, sprachlichen, methodischen und psychologischen Unterschieden zwischen ihnen aus. Wissenschaftliche Praxis wird hier verstanden als Anwendung von Theorie auf Anfangsbedingungen und erwünschte Effekte eines Systems. Die handlungsleitende Verknüpfung dieser Komponenten erfolgt in technologischen oder Lernprozessen stimulierenden Modellen mit alternierenden Ziel-Mittel-Nebenfolgen-Relationen. Nach K.R. Popper folgt diese P. den Prinzipien wissenschaftlicher Erklärungen bzw. Prognosen insofern, als im Modell normative Sätze wie theoretische eingeführt werden können, d.h. ihre empirischen Implikationen überprüfbar sind. In der modernen Gesellschaft wird zunehmend zum Problem, wie irrationale Einflüsse bei der Umsetzung von T. in P. besser kontrolliert werden können. **H.L.**

Theorie, deduktive, System von Definitionen und Aussagen, von denen einige die Prämissen oder Axiome bilden, aus denen die Übrigen mithilfe logischer Operationen abgeleitet, deduziert werden können. D. T.n entstehen durch → Axiomatisierung. **H.W.**

Theorie, dynamische, eine auf Bewegung, das Wirken von Kräften oder beides bezogene Theorie. Im Rahmen der psychologisch-sozialwissenschaftlichen Feldtheorie ist d. T. ein Modell, das auf der Grundlage von Kräftedarstellungen (als Vektoren) und in Kombination mit einer (psychologisch-sozialwissenschaftlichen) → Topologie sowohl Bewegungen (Handlungen) als auch Nicht-Bewegung (Stillstand) erklären soll. **H.E.M.**

Theorie, empirische, Bezeichnung für Theorien, die Aussagen über beobachtete oder beobachtbare Sachverhalte machen und durch empirische Forschung (Beobachtung, Experiment) überprüft werden können. **H.W.**

Theorie, formale, *formal theory,* bezeichnet bei A. Strauss/B. Glaser (1967) eine Theorie, die mehrere → *grounded theories,* also gegenstandsbezogene Theorien übergreift und insofern ohne direkte empirische Begründung Bestandteil einer Allgemeinen Soziologie sein will. Z.B. f.T. der Statuspassage oder des Aushandelns. **W.F.H.**

Theorie, funktional-strukturelle, Bezeichnung für die durch N. Luhmann weiterentwickelte → Systemtheorie. Im Gegensatz zur → strukturell-funktionalen Theorie von T. Parsons geht die f.-s. T. davon aus, dass alle Annahmen und Aussagen über das Soziale funktionalisiert werden müssen in Hinblick auf das Problem der äußersten → Komplexität. Problemkreise lassen sich als Handlungssysteme fassen, die definiert sind als „Sinnbeziehungen zwischen Handlungen, die Komplexität reduzieren durch Stabilisierung einer Innen/Außen-Differenz" (1968). Um sich angesichts der variierenden Komplexität der jeweiligen Umwelt erhalten zu können, müssen Systeme eine variable Eigenkomplexität entwickeln, die systemerhaltende Reaktionen ermöglicht. **O.R.**

Theorie, gegenstandsbezogene → *grounded theory*

Theorie, kritische, eine Richtung der dialektischen Soziologie, die „die Menschen als die Produzenten ihrer gesamten historischen Lebensformen zum Gegenstand hat" (M. Horkheimer 1937). Der Begriff k. T. ist von Horkheimer 1937 programmatisch gegen das neuzeitlich naturwissenschaftliche Erkenntnisideal bestimmt worden. Demgegenüber besteht die k. T. auf der Vermittlung wissenschaftlichen und politischen Handelns. Diese normative Verpflichtung von Wissenschaft auf politische Handlungsorientierung wird abgeleitet aus dem Stellenwert von Wissenschaft im gesellschaftlichen Arbeitsprozess: k. T. betrachtet sich als dessen Moment und zugleich als handlungsleitende Reflexion über dessen adäquate politische Organisationsform. Sie ist „der menschlichen Arbeit immanent" und „es kommt ihr auf eine Neuorganisation der Arbeit an".

Die k. T. ist anfänglich am Marx'schen Kritik-Begriff (Kritik der politischen Ökonomie) orientiert, ohne sich indes mit dessen politischer Wirkungsgeschichte zu identifizieren. Vielmehr versteht sie sich gegenüber den politischen Instrumentalisierungen Marx'scher Theorie als Wahrer von deren „orthodoxer", d.h. authentischer Gestalt. Die in den 1940er und 1950er Jahren von T.W. Adorno und M. Horkheimer vollzogene Umbildung der k.n T. lässt ihre marxistische Identität freilich undeutlich werden. Diese „jüngere" k. T. lehnt die Vorrangigkeit des Allgemeinen vor dem Besonderen, d.h. den realen Menschen, als herrschaftsverdächtig ab (→ Dialektik, negative): „Das Ganze ist das Unwahre" (T.W. Adorno 1951). In Betonung des Besonderen und der Ablehnung eines Vermittelnden der Negation kann es heute weniger als im letzten Jahrhundert ein Engagement für eine Klasse in Hinblick auf ein Positives geben. Der Unterbau habe sich bei der „Unantastbarkeit" des Tauschprinzips den Überbau weitgehend einverleibt.

Die reale Utopie der k.n T., einer sich als „reales Subjekt" konstituierenden Gesellschaft, zielt auf eine Beherrschung der Naturbeherrschung und eine Brechung der Vorrangigkeit des Ökonomischen. Diese Utopie, die abhängig ist von der Reflexion über die heutige Gesellschaft, kann nicht durch eine scheinbar naturgesetzmäßige dialektische Negation im System erreicht werden, sondern, wenn überhaupt, nur in Prononcierung des Besonderen als Kritik des Werdenden, als ein Infragestellen des sich durchhaltenden Allgemeinen. Mit der Ablehnung des herrschenden Allgemeinen lehnt es die k. T. ab, um nicht Handlanger des herrschenden Systems zu werden, eine unwissenschaftliche Theorie zu entwickeln, in der „alle Teile durchgängig und widerspruchslos miteinander verknüpft sind" (M. Horkheimer 1937). Zu den Vertretern der k.n T. zählen u.a. M. Horkheimer, T.W. Adorno, H. Marcuse, K.A. Wittfogel, J. Habermas, A. Schmidt. H.Du./O.R.

Theorie, monistische, Bezeichnung für Theorien, die zur Erklärung der Vorgänge in einem Objektbereich einen einzigen Faktor als ausreichend ausgeben. („Alle sozialen Schichtungen beruhen auf dem Streben der Menschen nach sozialer Anerkennung.")   H.W.

Theorie, normative, ein ausgearbeitetes Programm für die Gestaltung eines gesellschaftlichen Problemfeldes. Eine n. T. ist nach Zielen, dahinführenden Schritten und einsetzbaren Mitteln gegliedert; sie ist im Einklang mit den vorliegenden wissenschaftlichen Erkenntnissen zu dem Problemfeld erarbeitet. N. T.n haben explizit politische Prämissen und gehen damit über → empirische Theorien hinaus.   R.L.

Theorie, objektivistische, in der marxistischen Diskussion eine Theorie, die allein die Veränderungen in den Bewegungsformen des Kapitals (z.B. Monopolisierung) untersucht und die Veränderungen in der Bewusstseinslage der Arbeiterklasse nicht einbezieht oder nicht mit den Veränderungen der objektiven Faktoren vermittelt.   W.F.H.

Theorie, pragmatische → Alltagstheorie

Theorie, sozietäre → Fourierismus

Theorie, soziologische, [1] ein theoretisches System, das auf einer hohen Allgemeinheitsstufe gesellschaftliche Struktur-, Funktions- und Entwicklungszusammenhänge zu erklären vermag, indem es auf der Basis empirisch gesicherter Erkenntnisse funktionale und kausale Beziehungen, Regelförmigkeiten und Gesetzesmäßigkeiten der Strukturbildung, Funktionsweise und Entwicklungsprozesse formuliert. Aus dem theoretischen System müssen Hypothesen und Sätze ableitbar sein, die eine empirische Überprüfung der Aussagen ermöglichen. Offen und kontrovers sind folgende Probleme: a) ob es nur eine soziologische Theorie geben kann und wodurch sich ggf. eine Mehrzahl soziologischer Theorien erklärt; b) ob sich die zentralen Annahmen der s.n T. in stufenweisen Schritten der Verallgemeinerung empirischer Protokollsätze gewinnen lassen oder ob nicht jene Annahmen auf einen selektiven Prozeß der Verarbeitung von Erfahrungswirklichkeit verweisen, der die Richtung der s.n T. bestimmt. Zu klären ist hier der Zusammenhang von Interesse und Erkenntnis, wie er sich im Vorverständnis und der Optik des Soziologen spiegelt. c) Schließlich ist die Frage kontrovers, ob es sich bei den rekonstruierten

Strukturzusammenhängen und Entwicklungsprozessen um Gesetze oder um empirisch auftretende Regelmäßigkeiten handelt.   B.W.R.
[2] In den Prüfungsordnungen des Soziologie-Studiums bezeichnet s.T. dasjenige Lehrgebiet, welches einen Überblick zu den verschiedenen Schulen soziologischen Denkens vermittelt. Neben den einzelnen Strömungen geht es dabei auch um deren Vergleich und die wechselseitigen Anschlüsse.   R.L.

Theorie, strukturell-funktionale, ist ein theoretisches System generalisierter Annahmen und Funktionsbeziehungen über die Struktur und Funktion sozialer Systeme. Bekanntester Vertreter ist T. Parsons. Der s.-f.n. T. zufolge haben soziale Systeme vier strukturelle Grundprobleme zu lösen: Umweltanpassung, Zielverwirklichung, Integration, Strukturerhaltung. Entscheidende Bedeutung kommt dem Funktionsbegriff zu: Er fasst die Wirkungen dynamischer Elemente im Hinblick auf die Lösung jener strukturellen Grundprobleme. Umstritten ist, ob die s.-f. T. unter ihren Grundannahmen Konflikt und Wandel zureichend systematisieren kann.   B.W.R.

Theorien mittlerer Reichweite, *theories of the middle range,* Theorien über begrenzte soziale Verhaltensbereiche und Strukturen, die nur eine beschränkte raum-zeitliche Geltung besitzen, z.B. nur für eine Epoche, eine Kultur oder eine bestimmte Organisationsform. Nach R.K. Merton, von dem der Ausdruck stammt, bestehen T. m. R. „aus Verknüpfungen relativ einfacher Ideen, die eine begrenzte Zahl von Tatsachen über Struktur und Funktion sozialer Gebilde zusammenbringen". In der Auseinandersetzung mit dem sehr allgemeinen und abstrakten Begriffsgebäude T. Parsons' sieht Merton die T. m. R. als am ehesten Erfolg versprechende Zwischenstufe auf dem Weg von empirischen Verallgemeinerungen zu allgemeinen soziologischen Theorien an.   H.W.

Theorien, kognitive, Sammelbegriff für theoretische Ansätze innerhalb von Psychologie und Sozialpsychologie, die Einstellungen, Verhalten und Interaktionen auf der Grundlage kognitiver Prozesse zu erklären und vorherzusagen suchen. Dabei wird als bedeutsam angesehen, welche Struktur die einzelnen Kognitionen untereinander bilden (z.B. → ‚Dissonanz' etc.), da eine generelle Tendenz nach Spannungsreduktion, nach Gleichgewicht vorausgesetzt wird. Was die k. T. von anderen Verhaltenstheorien (insbesondere den Reiz-Reaktions-Theorien) unterscheidet, ist die zentrale Bedeutung, die der Dynamik und der Organisation kognitiver Prozesse für die Genese menschlichen Erlebens und Verhaltens beigemessen wird. Für die Psychologie sind als wesentliche Ansätze die Gestalttheorie, Feld-

T

theorie, kognitive Lerntheorie und die Erforschung kognitiver Stile hervorzuheben; in der Sozialpsychologie sind besonders die kognitiven Konsistenztheorien und deren Varianten (Dissonanz-, Balance-, Konsequenztheorie), sowie die Attributionstheorie von Bedeutung. C.R.S.

Theorienmonismus – Theorienpluralismus, theoretischer Monismus – Pluralismus, [1] Bezeichnungen der Wissenschaftstheorie für einen gegebenen Stand der Theorieentwicklung in einem bestimmten Forschungsgebiet: T.m. liegt vor, wenn nur eine einzige, einheitliche Theorie über den Gegenstand dieses Forschungsgebietes existiert und/oder von den Fachleuten akzeptiert wird; T.p. herrscht dann, wenn es mehrere Theorien über diesen Forschungsgegenstand gibt, oder – nach einer engeren Definition – wenn es mehrere einander widersprechende, konkurrierende Theorien über den Gegenstand gibt.
[2] Zwei alternative methodologische Auffassungen: der T.m. fordert die Zusammenfassung des gesamten theoretischen Wissens eines Forschungsgebiets oder gar der Wissenschaft überhaupt zu einem einzigen widerspruchsfreien theoretischen System; wichtige Beispiele für theorienmonistische Bestrebungen sind die Idee der → Einheitswissenschaft oder der → Reduktionismus. Vertreter des T.p. (z.B. P.K. Feyerabend) meinen im Gegensatz dazu, dass es dem Erkenntnisfortschritt dient, wenn möglichst viele, einander widersprechende Theorien über einen Gegenstand entwickelt und miteinander konfrontiert werden. R.Kl.

Theorienvergleich, seit Mitte der 1970er Jahre aufgekommener Versuch, die Vielfalt konkurrierender theoretischer Ansätze in der Soziologie überschaubar und handhabbar zu machen. Der T. erstreckt sich auf empirische Theorien über bestimmte Gegenstände (etwa zur Entstehung von Aggressivität und von Krisen), auf die verwendeten Grundbegriffe und Grundannahmen samt ihrer Verknüpfung sowie auf die jeweils akzeptierten methodologischen Regeln. R.L.

theories of the middle range (engl.) → Theorien mittlerer Reichweite

theories, espoused (engl.) → Gebrauchstheorien – Bekenntnistheorien

theories-in-use (engl.) → Gebrauchstheorien – Bekenntnistheorien

theory, emergent (engl.), svw. sich herausbildende Theorie, bei A. Strauss Bezeichnung für eine Theorie, die (im Sinne der → *grounded theory*) im Hin und Her zwischen Daten und ordnenden Überlegungen im Laufe einer Forschung entsteht. W.F.H.

Thetik, Lehre von der Gewissheit, von den Festsetzungen, nach I. Kant der Inbegriff jeder „dogmatischen" Lehre. O.R.

thick description (engl.) → Beschreibung, dichte

Thomas-Theorem, Annahme von W.I. Thomas, derzufolge Menschen so handeln, wie sie eine Situation sehen (definieren), ohne dass sie auch so sein müsste: *„If men define situations as real, they are real in their consequences."* J.F.

threshold effects (engl.) → Schwellenwerte

throughput (engl.), Durchsatz, bezeichnet die Menge der in einem Produktionssystem zur Herstellung einer bestimmten Gütermenge benötigten Rohstoffe und Primärenergien, von denen ein Teil in den Produkten gebunden wird, der andere Teil als Abfall, Abwasser, Abwärme, Abgas etc. keiner weiteren Verwendung zugänglich ist. Der Begriff soll der Kennzeichnung von „sparsamen" oder „verschwenderischen" Produktionssystemen dienen. H.W.

Thurstone-Skala, Bezeichnung für Einstellungsskalen, die nach der Methode der gleich erscheinenden Intervalle konstruiert sind. Zu einem Problem (z.B. Todesstrafe) werden verschiedene *items* formuliert, die verschiedene Intensitätsstufen der Einstellung dazu wiedergeben. „Experten" platzieren jedes *item* einzeln auf einer 11-stufigen Skala, je nachdem, ob es eine günstige oder ungünstige Einstellung zum Problem ausdrückt. Für die Skala werden die *items* ausgewählt, deren (je für sie ermittelte) Mediane sich gleichmäßig über das Kontinuum verteilen und deren Streuung gering ist. Die Einstellung eines Befragten berechnet sich als arithmetisches Mittel (Interpretation als Intervallskala) oder Median (als Ordinalskala) der *scores* aller akzeptierten *items*. P.P.

tie (engl.), wörtlich: Band, Schleife, bei ordinalen oder Rangordnungsskalen Zuordnung mehrerer Objekte zum gleichen Rang. H.W.

Tiefengrammatik → Oberflächengrammatik

Tiefenhermeneutik, psychoanalytisches Verfahren des Fremdverstehens, mit dem die Bildungsgeschichte des Subjekts rekonstruiert wird. Psychische Strukturen, die dem Individuum nicht bewusst sind, werden „enträtselt", sie werden „aus der Tiefe" der frühen Lebensgeschichte „geborgen". M.M.

Tiefeninterview, auch: freies, offenes, nichtgelenktes oder Intensivinterview. Sonderform des mündlich-persönlichen Interviews, bei der die Interaktion zwischen Interviewer und Interviewten frei von Anweisungen erfolgt. Der Interviewer hat nur das Erhebungsziel zu berücksichtigen. Unter Verwendung psychoanalytischer Fragetechniken wird das T. leicht zur personalbezogenen Motivforschung, wobei Repräsentativitätsgesichtspunkte keine Rolle mehr spielen können. D.G.

Tiefenpsychologie, [1] ursprünglich und auch heute noch gelegentlich Spezialbezeichnung für

die (auch als „komplexe" oder „analytische" Psychologie bekannte) psychotherapeutische Schule C.G. Jungs.
[2] Allgemeinste Bezeichnung für die Gesamtheit derjenigen psychologischen Lehren, die sich, durchweg zur Anwendung in der Psychotherapie bestimmt, mit den überwiegend nicht-bewussten („tieferen") Schichten des Seelischen befassen; insoweit Gegenbegriff zur „allgemeinen" oder „akademischen" Psychologie. W.Sch.
Tiefensoziologie, frz.: *sociologie en profondeur* (G. Gurvitch), Theorie der Tiefstufung, beschreibt gesamtgesellschaftliche Prozesse als Ergebnis des Zusammenspiels von Wirkfaktoren, die sie einem Stufenbau von übereinander liegenden Schichten zurechnet. Eine Schicht befindet sich umso tiefer, je weiter sie im Verborgenen liegt. Die einzelnen Schichten wirken teils ergänzend zusammen, und teils weisen sie auseinander und arbeiten gegeneinander.
B.W.R./R.L.
Tiefenstruktur → Oberflächenstruktur
Tierpsychologie, der Zweig der Psychologie, der sich mit der Erforschung des Verhaltens und des psychischen Geschehens bei Tieren befasst. Wichtige Forschungsgebiete sind die Untersuchung der tierischen Fähigkeiten, insbesondere der tierischen Intelligenz, der Wahrnehmungsleistungen von Tieren sowie des tierischen Lernens. Soweit Tiere und Menschen als Lebewesen betrachtet werden können, deren Verhalten den gleichen Gesetzmäßigkeiten unterliegt, sind die Ergebnisse der T. auch für das Verständnis menschlichen Verhaltens von großer Bedeutung. Die Grenzen zwischen T. und → vergleichender Verhaltensforschung sind fließend. R.Kl.
tiers monde (frz.) → Dritte Welt
Tiersoziologie, Grenzdisziplin zwischen Biologie und Soziologie, untersucht das Sozialleben im animalischen Bereich, z.B. das paarweise Zusammenleben von Vögeln oder die Termitenstaaten. Die T. steht eher in Nachbarschaft zur Humansoziologie als zur Pflanzensoziologie. Ergebnisse der T. werden häufig mit Beobachtungen über menschliches Zusammenleben in Vergleich gesetzt. F.St./R.L.
Tiervergesellschaftungen, soziale Zusammenschlüsse bei Tierarten, z.B. Rudel oder Insektenvölker. Soziale Abhängigkeiten und Wechselbeziehungen sind für die meisten Arten wesensbestimmend. F.St.
time off (engl.), Auszeit, in der → Biografieforschung Bezeichnung für Situationen bzw. Phasen, in denen man sich (zeitweise) aus den Entwicklungspfaden der Lebensführung und den Schritten der → Statuspassagen herausbegibt, etwa um in handlungsentlasteter Lage eine Zwischenbilanz ziehen und neue Wege planen zu

können (z.B. Urlaub, ein Jahr im Ausland, Forschungssemester). W.F.H.
time study, *time usage study* (engl.) → Zeitstudie
time-space distanciation (engl.) → Abstandsvergrößerung, raumzeitliche
timetable (engl.), das Grundmuster, der Zusammenhang der Vorgaben, nach denen ein sozialer Prozess (etwa eine Statuspassage) abläuft und dabei zeitlich geordnet ist. Bedeutungsähnlich mit → *scheduling*, das allerdings stärker den Vorgang der Festlegung eines Zeit- und Ablaufplanes meint. W.F.H.
timing (engl.), die Art und Weise, wie ein sozialer Prozess (eine Statuspassage z.B.) zeitlich geordnet und zeitlich festgelegt ist. W.F.H.
TIT-FOR-TAT-Strategie, von A. Rapoport entwickelte kooperative Strategie für iterierte → Häftlingsdilemma-Spiele, nach der ein Spieler im ersten Zug kooperieren soll und dann immer das Verhalten wählt, das der Gegenspieler im vorausgegangenen Zug gezeigt hat. Die Strategie zeigt Kooperationsbereitschaft, sanktioniert aber jeweils unmittelbar nicht-kooperatives Verhalten des Gegenspielers. Ihre Prinzipien sind Kooperations- und Sanktionsbereitschaft sowie Nachsichtigkeit gegenüber nicht-kooperativem Verhalten, sofern der Gegenspieler zur Kooperation zurückkehrt. In den von Axelrod (1987) durchgeführten Computer-Turnieren erwies sich die TFT allen anderen Strategien überlegen. Durch sie soll gezeigt werden, dass Kooperation endogen erzeugt, also auch ohne vorausgehende Vereinbarungen oder Normen erreicht werden kann. H.W.
Tod, sozialer, [1] *mort sociale* (frz.), bei A. Comte der Ausschluss eines Menschen aus dem Gesellschaftsverband und die Tilgung der Erinnerung an ihn und seine Leistungen.
[2] *Social death,* die Behandlung eines sterbenden oder schwer kranken Patienten als bereits gestorben, z.B. Besprechung der Obduktion in Gegenwart eines komatösen Patienten (D. Sudnow 1973).
[3] In einem allgemeineren und metaphorischen Sinn bezeichnet s.T. unterschiedliche Ausgrenzungen aus dem normalen sozialen Leben (z.B. Sklaverei, die Lebenssituation alter und gebrechlicher Menschen). W.F.H.
[4] → Involution [1]
Todesrichtung, Erlebnis der, nach M. Scheler (1957) eine „wesensnotwendige" Erfahrung vom eigenen Leben (vor aller speziellen Erfahrung vom Älterwerden o.ä.), die darauf beruht, dass der Umfang des Zukünftigen ständig geringer wird. W.F.H.
Todesstrafe-Item, soll in Umfragen die Zustimmung und Ablehnung der Bevölkerung gegen-

über der Verhängung der Todesstrafe messen. In der Diskussion um die → Punitivität ist das T.-I. ein methodisch problematischer Indikator für Sanktionseinstellungen.   D.Kl.

Todestrieb, in der letzten Fassung der Trieblehre S. Freuds diejenige Triebkräfte, welche den (libidinösen) Lebenstrieben als Gegenspieler zugeordnet sind; sie versuchen das Lebewesen wieder in den anorganischen Zustand zu überführen. Nach Freud wirkt der T. zunächst nur intrapsychisch (als Selbstdestruktion) und äußert sich erst sekundär, nach außen gerichtet, als Aggressions- oder → Destruktionstrieb. Die von Freud selber als Spekulation bezeichnete Konstruktion wird heute kaum noch diskutiert.   K.H.

token (engl.), Zeichen, auch *token status,* Begriff aus der Forschung zu strukturellen Unterschieden zwischen Minderheiten und Mehrheiten (R.M. Kanter 1977). Der *t.*-Status von Minderheiten ergibt sich daraus, dass sie mehr auffallen (Visibilität), stärker unter Beweisdruck stehen und nicht individuell, sondern als Repräsentanten einer Gruppe wahrgenommen werden. Als Folge befinden sie sich in strukturellen und interaktiven Ambivalenzen, die zu einer Anpassung an Vorurteilsstrukturen (Assimilation) führen können oder aber zu einer Betonung besonderer Leistungsfähigkeit. Studien über Geschlechtersegregation in Organisationen weisen darauf hin, dass das *t.*-Phänomen bei Frauen in männerdominierenden Berufen diskriminierend wirkt.   U.K.

token, symbolic (engl.) → Zeichen, symbolische

Toleranz, von lat. *tolerantia,* svw. geduldiges Ertragen, eines der möglichen Konzepte, wie Mehrheit und Minderheiten in einer Gesellschaft koexistieren können. Der Minorität wird ein Lebensrecht zugestanden, dieses aber schillert in seinem moralischen Gehalt. einerseits T. als Respekt zwischen Gruppen trotz gravierender Unterschiede, andererseits T. als herablassende Hinnahme des Anderen (R. Forst 2003). Die Kritik an T. verweist darauf, hier werde von oben herab gewährt (I. Kant); T. bedeute eine Fortsetzung des Herrschens mit eleganteren Mitteln. Daher wird die Idee der T. heute zu einer Konzeption des politischen → Respekts fortentwickelt.   R.L.

Toleranz, repressive. Nach H. Marcuse (1965) wirkt sich die Toleranzidee in fortgeschrittenen demokratischen Gesellschaften repressiv aus; sie stabilisiert die bestehenden Herrschaftsverhältnisse, indem sie unterschiedslos im Rahmen des sozialen Ganzen alles Bestehende billigt und damit jede Form von Kritik zu nicht-systemgefährdend immunisiert. Kritik und Protest können nämlich durch das Toleranzprinzip immer

nur von innen gegen die gesellschaftlichen Verhältnisse wirken und können damit nicht die Gesellschaft in Frage stellen, weil nach Marcuse die bestehenden antagonistischen Gesellschaften nur noch von außen negiert und aufgehoben werden können. Unterdrückte Minderheiten haben ein „Naturrecht" auf Widerstand mit außergesetzlichen Mitteln, wenn die Toleranz heute wieder die Idee werden muss, die sie war: „ein parteiliches Ziel, ein subversiver, befreiender Begriff und als ebensolche Praxis".   O.R.

Toleranzbereich, ein je nach sozialer Norm sehr unterschiedlich breiter Spielraum von Verhaltensweisen, die (noch) als normkonform gelten.   M.B.

Toleranzgrenze, eine meist ungewisse Grenze, bis zu welcher Abweichungen von Verhaltensforderungen sozialer Normen und Erwartungen noch hingenommen werden. Negative → Sanktionen erfolgen erst bei Übertretung der T.   M.B.

Tonus → Diätetik

top management (engl.) → Management

Topik, die in der antiken Disputierkunst entwickelte Lehre von der Verwendung glaubwürdiger Sätze oder Gesichtspunkte (*topoi,* Gemeinplätze) in dialogischen oder rhetorischen Argumentationszusammenhängen. Neuerdings wird in der Rechtswissenschaft ein Zusammenhang von Topik und Problemorientierung behauptet.   N.L.

Topik, soziale, Begriff für sprachlich geronnene, gegenüber individuellen Erfahrungen, Alter, Berufsqualifikationen etc. relativ unabhängige Phänomene, „die weder bloße Vorurteile und zufällige Meinungen noch Resultate wissenschaftlicher Einsichten sind" (O. Negt 1971). Sie besitzen insbesondere für die in der formalen Sprache Sprechenden eine Zentralbedeutung hinsichtlich rationaler Bewältigung komplexer sozialer Prozesse. → Stereotyp   W.S.

Topologie, die mathematische Lehre vom Raum und seiner Struktur, durch K. Lewins „topologische" oder → Vektorpsychologie als Lehre vom „hodologischen Raum" (Wegeraum) auf Probleme der Psychologie und Sozialwissenschaft übertragen und mit → dynamischer Theorie zur → Feldtheorie verbunden. Dabei wird versucht, Handlungen und ihre Richtung als das Resultat von Kräften im Lebensraum zu erklären, die als gerichtete Vektoren im hodologischen Raum dargestellt werden.   H.E.M.

topologisch, Bezeichnung für nicht-metrische Skalen, → Nominalskalen, → Ordinalskalen.   H.W.

Total-Design-Methode, Versuch zur Optimierung postalischer Befragungen nach D.A. Dillman (1978). Prinzip ist, Befragten den Nutzen einer Teilnahme an der Befragung möglichst hoch, die damit verbundenen Kosten möglichst gering erscheinen zu lassen. H.W.

Totalerhebung → Vollerhebung

totales soziales Phänomen → Totalphänomen, soziales

Totalgeschichte, die von der → *Annales*-Gruppe, hier insbesondere von F. Braudel entwickelte raum-zeitliche Perspektive auf historische Vorgänge, die Raum und Zeit in einem Zugriff, Region und deren Einwohner als Einheit erfasst. Sie ist von geschichtsphilosophischen Konstruktionen ebenso weit entfernt wie von am Ereignis orientierten idiografischen Geschichtsbetrachtungen. Vielmehr lenkt sie die Aufmerksamkeit auf die Vielschichtigkeit, die Totalität, der gewöhnlich als eindimensional und linear wahrgenommenen historischen Zeit. Sie öffnet den Blick vor allem auf eine (fast) unbewegliche Geschichte – *histoire immobile*, auf Strukturen langer Dauer (→ *longue durée*), mithin auf die Gegenwart als Ausgangspunkt für Erklärungen der Vergangenheit. A.T.

Totalideologie → Ideologie, totale

totalitär → Totalitarismus

Totalität bezeichnet in der dialektischen Soziologie das zentrale methodologische Postulat; es besagt, dass sich das Ganze nur vermittels der Einheit der von seinen Teilen erfüllten Funktionen erhält. Der Teil konstituiert zwar einerseits das Ganze, doch hängt er andererseits von der T. seiner Beziehungen ab. Auf die Gesellschaft bezogen heißt dies, dass sich die soziale Einheit durch die Erfüllung der Teilfunktionen ihrer Mitglieder erhält, wobei zwar einerseits die Mitglieder das Ganze konstituieren, aber sie andererseits auch von der Summe der gesamtgesellschaftlichen Beziehungen (T.) abhängen. Die Gesellschaft wird also vom System der wechselseitigen Abhängigkeiten und deren Strukturierungen bestimmt. Für die Soziologie bedeutet die Forderung nach Erfassung der T. den methodologischen Versuch, soziale Teilerscheinungen stets von den strukturbestimmenden Wesenszügen des gesamten Sozialsystems her zu erklären, weil isolierte Phänomene nur durch ihr strukturell bedingtes Verhältnis zum Gesellschaftsganzen sinngemäß begriffen werden können. G.K.

Totalität, expressive, Bezeichnung von L. Althusser für Hegels Umschreibung von Totalität. E. T. sei jene Auffassungsweise, die die Wirklichkeit als → Entäußerung eines zugrunde liegenden Wesens begreift, sodass nach der e. T. alle Momente der Wirklichkeit eine strukturelle Homologie aufweisen müssen (→ Vernunft [3]). Demgegenüber geht Althusser von der Dominanz der Struktur aus und begreift Totalität als geschichtlich variierende Zuordnung von verschieden strukturierten Instanzen. J.B.

Totalitarismus, totalitäre Diktatur, totalitäre Herrschaft, totalitäre Gesellschaft, Bezeichnungen für das absolute Vorherrschen der meist von einer Partei gelenkten staatlichen Organe über alle sozialen Bereiche, das mit der Abschaffung der Meinungsfreiheit, der Bildung einer terroristischen Geheimpolizei, lenkenden Eingriffen in die Wirtschaft (keine Tarifautonomie usw.) und meist mit dem Anspruch einer für alle verbindlichen Weltanschauung verbunden ist. Zuerst wurde T. verwendet für das nationalsozialistische und das faschistische Regime, dann – im Zuge des Kalten Krieges – aber auch auf die kommunistischen Staaten übertragen. Gegen den Begriff T. wurde eingewandt, dass er zwar Ähnlichkeiten von Nationalsozialismus und Kommunismus andeute, aber zu grob sei, um unterschiedliche kommunistische Herrschaftsformen zu fassen (geschweige denn andere diktatorisch-ideologische Regimes angemessen zu spezifizieren). Durch die Betonung des Totalitären neige er auch dazu, innere plurale Machtkonstellationen in entsprechenden Regimes zu übersehen. Seit den 1970er Jahren wurde der T.vorwurf an die sozialistischen Gesellschaften weithin durch den Vorwurf ersetzt, sie unterschieden sich vom Kapitalismus in der Ideologie und Zügen der politischen Organisation, nicht aber in der materiellen Basis des Industrialismus (Industriegesellschafts- und Konvergenzthese). W.F.H.

Totalkommunikation ist zwischen Adressant(en) und Adressat(en) dann gelungen, wenn kein Informationsverlust aufgetreten ist und das Ziel der Kommunikation von den an ihr Teilnehmenden voll erreicht wurde. Das setzt kontinuierliche Kommunikation und wechselseitige Rollenübernahme voraus. A.G.W.

Totalphänomen, soziales, frz. *phénomène social total*, von M. Mauss (1923/24) geprägte Bezeichnung für soziale Tatsachen und Prozesse, die nicht nur einzelne Aspekte oder Bereiche (z.B. den wirtschaftlichen Bereich) des individuellen und gesellschaftlichen Lebens, sondern alle Bereiche und Schichten des Lebens betreffen und durchdringen. So ist nach Mauss die Institution des → Potlatch nordwestamerikanischer Indianer ein s.T., nämlich gleichzeitig ein rechtliches, wirtschaftliches, religiöses, ästhetisches und sozialmorphologisches Phänomen. R.Kl.

Total-Quality-Management, TQM (engl.) → Qualitätsmanagement

Totalskalen → Mikroskalen

Totem (indianisch), in der klassischen Ethnologie (J.G. Frazer, A. Goldenweiser, W.H. Rivers, F. Boas u.a.) sowie in der Soziologie (z.B. E.

Durkheim) und der Psychoanalyse (z.B. S. Freud) Bezeichnung für einen Typus von Pflanze(n) und/oder Tier(en), dem kraft und aufgrund kollektiver Glaubensvorstellungen überpersönliche und übernatürliche Kräfte innewohnen. Sozial festgelegte Muster des Handelns (Riten) regeln das Verhalten gegenüber dem T. als einem Ding, das heilig ist bzw. Heiligkeit verleiht und mit dem sich eine Person oder eine Gruppe von Menschen identifizieren kann. Das gilt gleichermaßen für das T. der auf gemeinsamer Abstammung, jedoch nicht notwendigerweise auf Blutsverwandtschaft beruhenden Sippe (Klan), wie für das Sub-Totem einer Gruppe innerhalb der Sippe und für das persönliche T. eines Sippenmitglieds. Nur das T. des Klans zeichnet sich auch noch dadurch aus, dass es als gemeinsamer Urahn der Sippenmitglieder verehrt wird. Zur Neuinterpretation des T.begriffs bei den Strukturalisten → Totemismus.   F.H.

Totemismus, Bezeichnung für ein System von kollektiven Glaubensvorstellungen und zeremoniellen Riten, vermittels dessen anonyme und diffuse Kräfte überpersönlicher und übernatürlicher Art in Form bestimmter Pflanzen und/oder Tieren für die Mitglieder einer Gruppe (Klan, Sippe) gedanklich begreifbar und im Alltag handhabbar werden. Als Ausdruck des menschlichen Bemühens um eine gedankliche und moralische Ordnung der erfahrbaren Welt ist nach E. Durkheim der T. die Grundform aller Religion. In der Ethnologie und verwandten Wissenschaften ist jahrzehntelang über den Begriff und die Entstehungsgründe des T. diskutiert worden. Überwog zunächst die Auffassung vom T. als der Symbolisierung der materiellen Lebensinteressen der Gruppe (z.B. in der Jagd und beim Pflanzensuchen) oder als der Identifizierung von Individuen und auf Verwandtschaft gegründeten Gruppen mit Pflanzen oder Tieren, so wurde dem später von Strukturalisten widersprochen (C. Lévi-Strauss). Für sie ist der T. eine Ausprägung von Grundstrukturen des menschlichen Denkens im Hinblick auf Natur und Gesellschaft; zugrunde liegt das Bemühen um ordnende Benennung individueller und kollektiver Existenzweisen.   F.H.

Totenkult. Die Bezeichnung umfasst diejenigen rituellen Handlungen, die dem ständigen Verkehr der Hinterbliebenen mit den Toten dienen und durch die die Macht der Toten den Lebenden vermittelt werden soll (im Unterschied zu Funeralriten als Bezeichnung für sämtliche Bräuche im Zusammenhang der Bestattungspraxis). Handelt es sich um Verehrungspraktiken in Bezug auf Ahnen mit dem Ziel, ihre besonderen Fähigkeiten nutzbar zu machen oder sie günstig zu stimmen, spricht man von Ahnenkult. Der T.

kann sich neben Angehörigen auch an mit besonderer Macht begabte Menschen wenden (Märtyrer- und Heiligenkult).   V.Kr.

Toyotismus, eine zuerst von der Firma Toyota praktizierte Form der Reorganisation der industriellen Produktion und des Vertriebs: *Just-in-time*-System der Lagerhaltung, umfassende Kontrolle der Produktion während der Produktion (im Hinblick auf Güte), Integration der Belegschaft durch Entscheidungsbeteiligung und Teamwork, kaum Hinweise auf die betriebliche Hierarchie im Betriebsalltag. Laut M. Castells (2001) ist der T. eine Übergangsform zwischen Massenproduktion und neuer industrieller Organisation.   W.F.H.

Tradition, das Insgesamt des von den Vorfahren Überlieferten (das heute noch gilt bzw. gelten soll). Eine jede Generation baut mehr oder weniger auf dem sachlich-technischen Wissen, den Verhaltens- und Sprachgewohnheiten, den Deutungen und Wertvorstellungen usw. früherer Generationen auf; dies macht die Geschichtlichkeit menschlichen Daseins aus und ist Ausdruck der Bindung an die Geschichte der je eigenen Gruppe (Stamm, Volk, Staat usw.). Grundlegender Mechanismus der T. im Sinne von Weitergabe ist die Sozialisation (einschließlich aller auch instrumentellen, etwa beruflichen Lernprozesse). Gesellschaften können danach unterschieden werden, wie umfangreich sie aus T. leben bzw. wie stark neue Generationen sich aus dem Überlieferten lösen und neue Lösungen und Deutungen finden. Von ihrem Anfang an steht die moderne Gesellschaft im Ruf, relativ wenig aufgrund von T. zu leben, während ältere Sozialformen (z.B. Feudalismus, schriftlose Kulturen) als traditionsbestimmt gelten.   W.F.H.

Tradition, erfundene, auf E. Hobsbawm und T. Ranger (1983) zurückgehende Bezeichnung für „Traditionen" und Rituale, die vor allem im Zuge der Etablierung und Legitimierung des modernen Staates neu geschaffen werden. E. T. sind unabhängig vom Glauben an ihr hohes Alter oft sehr jungen Datums. Sie schöpfen aus historischen Materialien und sind daher keineswegs beliebig. Andererseits sind sie scharf abzugrenzen vom „Brauchtum" (→ *custom*). R.Kö.

Tradition, kulturelle, die Gesamtheit der Kulturelemente einer sozialen Gruppe, die unter dauernden Wandlungsvorgängen von einer Generation auf die andere überliefert wird.   W.F.H.

traditional, die Eigenschaft eines sozialen Handelns bzw. Verhältnisses, das auf dem unbefragten Glauben der Akteure an die Gültigkeit oder Heiligkeit von Überlieferungen beruht (M. Weber), z.B. patriarchalische Herrschaft.   H.L.

Traditionalismus, Bezeichnung für eine Haltung, die, unbesehen von der historischen Situation und den herrschenden gesellschaftlichen Zuständen, am Althergebrachten festhält.   P.G.

Traditionsleitung, Traditionslenkung, Traditionssteuerung, von D. Riesman eingeführte Bezeichnung für die Lenkung des Verhaltens der Individuen in einer Gesellschaft durch eine gemeinsame → Tradition im Gegensatz zur → Außen- und → Innenleitung. Der T. als Typus der Sicherung der Verhaltenskonformität entspricht ein spezifischer Sozialcharakter (→ Charakter, sozialer), der traditionsgeleitete Mensch.   R.Kl.

Traditionsverwurzelte, eines der zehn Sinus-Milieus (2004), zu dem rd. 15% der Bevölkerung gehören. Zu den T. zählen zumeist alte und wenig gebildete Teile der unteren Mittel- und Unterschicht an. Sie führen einen sparsamen, dem Traditionellen verpflichteten Lebensstil, der für Ruhe und Ordnung steht.   D.Kl.

tragedy of the commons (engl.)→ Tragik der Allmende

Tragfähigkeit → *carrying capacity*

Trägheit, soziale, *inertia,* nach T. Parsons ein Prinzip, wonach soziale Prozesse, die nicht durch gegenläufige Bewegungen gehemmt oder verändert werden, in Richtung und Intensität unverändert bleiben.   H.E.

Tragik der Allmende, *tragedy of the commons* (engl.), Bezeichnung für die Verschlechterung von knappen natürlichen Ressourcen (Umwelt), die gemeinsam durch rational handelnde (d.h. nur auf ihren Eigennutzen bedachte) Individuen genutzt werden (Garrett Hardin, 1968). Bei einer „allen frei zugänglichen" Weide wird jeder Hirte bestrebt sein, immer mehr Tiere, trotz allgemeiner Verschlechterung der Weide, auf die Allmende zu bringen, da er den Nutzen jedes zusätzlichen Tieres sich allein aneignen kann, aber nur ein Teil der Verschlechterung der Weide zu tragen hat. „Jeder Hirte ist ein Gefangener seines Systems, das ihn zwingt, seine Herde grenzenlos zu vergrößern – in einer begrenzten Welt." Die T.d.A. ist in oft fragwürdiger Weise auf eine Vielzahl von Fragestellungen übertragen wurden, etwa auch das Bevölkerungswachstum. Allgemein entspricht es der Erfahrung, dass Individuen um ihr Privateigentum größere Sorge tragen als um öffentliche oder → Kollektivgüter. Die T.d.A. → lässt sich auch als Häftlingsdilemmaspiel darstellen und ist mit dem „Trittbrettfahrer"-Problem (→ Olson-Theorem) verwandt. Empirisch lässt sich zeigen, dass die häufig aus der T.d.A. gezogenen Konsequenzen einer Verstaatlichung oder Privatisierung von Gemeineigentum erfolgreich durch Vereinbarung von Regelsystemen vermeidbar sind (E. Ostrom 1990).   H.W.

trained incapacity (engl.) → Unfähigkeit, trainierte

Trainer → *agent – passagee*

Trajekt, *trajectory, trajectoire* (frz.), [1] von A. Strauss vorgeschlagener Begriff, der einen sozialen Prozess (etwa einen Krankheitsverlauf, eine sozialpädagogische Betreuungsbeziehung, eine Statuspassage) als strukturierten Zusammenhang von sozialkulturellen Vorgaben für diesen Prozess, von „äußerem" Ereignisverlauf und von „subjektiver" Erfahrung darin fassen will. Deutlicher als der ältere, über Berufswege hinaus verallgemeinerte Begriff der → Karriere zielt T. auf diesen Zusammenhang von sozialem Verlauf und individueller Erfahrung darin. Auch F. Schützes Konzept der → Verlaufskurve kann als T. aufgefasst werden. Mit dem Begriff verbinden sich Hoffnungen, die herkömmliche Kluft zwischen Handeln und Struktur in der Soziologie überwinden zu können.   W.F.H.
[2] In der historischen Soziologie Bezeichnung für die spezifische Form der Verkettung von Ereignissen in Prozesssequenzen.   R.S.

Transaktion, organisatorische → Umweltbeziehungen.

Transaktionskosten, bei R.H. Coase (1960) Bezeichnung für die Kosten von Markttransaktionen (Tausch), u.a. Informations-, Verhandlungs-, Entscheidungs- und Überwachungskosten, die von den geltenden institutionellen Regelungen und Kooperationsbeziehungen (z.B. im Unternehmen) abhängen. Die T. spielen eine Rolle in der Theorie der Eigentumsrechte und in anderen neueren Theorien der Erklärung von Organisations- und Institutionenbildung auf der Basis individuellen, rationalen Handelns unter Einbeziehung von Randbedingungen wie Informationsdefiziten, Risikostreuungen u.a., die im klassischen Marktmodell keine Berücksichtigung finden (z.B. O.E. Williamson 1975).   H.W.

Transaktionsmodell, in den Kommunikationswissenschaften die Annahme, dass ein Publikum nicht nur – wie in älteren *stimulus-response-*Theorien angenommen – auf einen angebotenen Kommunikationsreiz reagiert, sondern aktiv und initiativ aus den Kommunikationsreizen auswählt und mit eigenem Interesse weiterführt (R.A. Bauer). Die Vorstellung von der vollständigen Manipuliertheit des Publikums durch einen Kommunikator (z.B. Massenmedium) ist damit aufgegeben zu Gunsten eines Modells zweiseitigen Einflusses auf den Kommunikationsprozess.   W.F.H.

Transfer, auch: Übertragung oder Mitübung, aus dem Amerikanischen übernommene Bezeichnung für den Einfluss, den eine Lernaktivität auf nachfolgende Lernaktivitäten ausübt. Wird ein Lernprozess durch vorausgegangene Lernaktivitäten erleichtert, so spricht man von positivem T. (Beispiel: Lateinkenntnisse erleichtern das Erlernen der französischen Sprache). Wird der Lernprozess erschwert, so handelt es sich um negativen T. (Beispiel: Auf ein bekanntes Verkehrsschild muss eine neue Reaktion gelernt werden.) Der T.-Effekt ist u.a. abhängig von der Ähnlichkeit der Reize, auf die reagiert werden soll, und von der Ähnlichkeit der Reaktionen, die auf bestimmte Reize gefordert werden.

H.S.

Transfereinkommen, solche Einkommen, die nicht auf eigene Berufsarbeit zurückgehen, sondern auf staatliche Umverteilung (z.B. Sozialhilfe).

W.F.H.

Transformation, bezeichnet allgemein die Veränderung und den Übergang sozialer Strukturen, insb. den Wechsel des politischen Systems innerhalb derselben Gesellschaft. Der Begriff bezieht sich oft auf Vorgänge einer Modernisierung und Demokratisierung, passt aber auch auf Änderungen in umgekehrter Richtung, darunter auch die Kolonialisierung. Instruktive Beispiele bietet Deutschland in den Jahren 1919, 1933, 1945 und 1990.

R.L.

Transformation der Demokratie, von J. Agnoli (1968) geprägter Ausdruck für die Rückbildung demokratischer Strukturen im politischen Entscheidungsprozess (westlicher) Staaten (Involution). Das Wertsystem – die normative, rechtlich-moralische Hintergründe – bleiben dabei erhalten, im Gegenteil, Involution vollzieht sich unter tendenzieller Benutzung alter Verfassungsnormen. Sinn der Involution ist die Modernisierung der Staaten als Angleichung an die seinerzeit sich abzeichnende Massengesellschaft und Modernisierung ihrer Herrschaftsmittel.

G.F.

Transformation, demografische, auch demografischer Übergang, theoretisches Konzept zur Beschreibung verschiedener Phasen beim Übergang von hohen zu niedrigen Geburtenziffern. Verbesserungen der Nahrungsmittelproduktion und -verteilung sowie verbesserte hygienische und gesundheitliche Bedingungen führen zu rückläufigen Sterblichkeitsraten und zu einer höheren Lebenserwartung. Mit einem gewissen zeitlichen Verzug lässt sich dann – u.U. begleitet von verbesserten sozialen Sicherungssystemen – ein Rückgang der Geburtenziffern verzeichnen. Dieser Prozess ist im 18. und 19. Jahrhundert zunächst in den sich industrialisierenden Ländern, später dann auch in anderen sich entwickelnden Ländern zu beobachten. Angesichts des in den letzten Jahrzehnten in vielen Industriestaaten erkennbaren Rückgangs der Geburtenziffern wird verschiedentlich von einer zweiten d.T. gesprochen.

C.W.

Transformation, evolutive → Transformation, konservative – evolutive

Transformation, internationale, ein Begriff aus der Theorie des sozialen Wandels und der Theorie der internationalen Beziehungen. Bezeichnet Prozesse, in denen ein gegebenes System internationaler Beziehungen – ein Bündnissystem, ein System supranationaler Institutionen, eine eingefahrene Machtlage – vom Ausgangszustand in einen angebbaren, unter bestimmten Voraussetzungen gesetzmäßig zu erfassenden Folgezustand übergeht. Prozesse dieser Art, in denen etwa ein Verhältnis der lockeren Konfrontation in ein solches der starren, bipolaren Blockbildung, ein Hegemonial- in ein Vetosystem transformiert wird, werden insofern von sozialem oder politischem „Wandel" unterschieden, als ihre Ausgangsbedingungen als jeweils begrenzte, organisationelle Variablen erfasst werden, die eine Gleichgewichtslage bilden. Wird diese Gleichgewichtslage durch neue, hinzutretende soziopolitische Faktoren gestört, so ist es unter der Annahme der → Ultrastabilität von Systemen – und unter Berücksichtigung entsprechender Transformationsregeln – möglich, die weitere Systementwicklung vorauszusagen.

W.Lp.

Transformation, lineare, Umformung einer Reihe von Messwerten in eine neue Reihe, bei der die Verhältnisse der Differenzen zwischen den Messwerten zueinander, nicht unbedingt jedoch die Verhältnisse zwischen den Messwerten selbst erhalten bleiben. Eine l. T. ist jede Zuordnung einer Menge von Elementen $f(x) = y \in Y$ zu einer anderen (zu transformierenden) Menge von Elementen $x \in X$, für die gilt: $y = f(x) = mx + c$ (m = Proportionalitätsfaktor, c = absoluter Wert). Beispiel: die Skalenwerte $x_1, x_2, x_3, \ldots$ der *items* (oder Personen) $X_1, X_2, X_3, \ldots$ können ebenso zu $y = f(x) = mx + c$ (linear) transformiert werden, weil $y = f(x)$ die gleiche Ordnung der Elemente x_n abbildet.

P.P.

Transformation, konservative – evolutive, Unterscheidung zweier Arten des Wandels von Strukturen (H. Bude 1986): k.T. reproduzieren die bestehenden Strukturen, e.T. verändern grundlegend und eröffnen den Weg zu einer neuen strukturellen Konstellation.

W.F.H.

Transformation, monotone, Umformung einer Reihe von Messwerten (Skala) in eine neue Reihe, bei der die Rangordnung der Werte erhalten bleibt. Eine m. T. ist jede Abbildung einer Menge von Elementen $x \in X$ der Ordnung $x_n < x_{n+1}$ (monoton wachsend) durch eine Menge anderer Elemente $f(x) \in Y$ für die ebenso $f(x_n) < f(x_{n+1})$ gilt. Beispiel: Für die durch $A < B < C < D < \ldots$ definierte *item*-Reihe ist es gleichgültig, ob ihr die Symbolfolgen 1, 2, 3, 4, ... oder z.B. 3, 4, 9, 21, ... zugeordnet werden, weil sie die gleiche (Rang-)Ordnung $f(A) < f(B) < f(C) < f(D) \ldots$ repräsentieren.

P.P.

Transformationsgesellschaft, auch Übergangsgesellschaft, [1] heute gebräuchliche Bezeichnung für ehemalige sozialistische Gesellschaften im Mittel- und Osteuropa, die u.a. durch die z.T. schockartige Einführung der Marktwirtschaft und parlamentarischer Institutionen, die weitgehende Öffnung zu den Weltmärkten, den Zusammenbruch überholter Industriestrukturen tiefgehende Umbrüche erfahren haben.
[2] Bezeichnung für Gesellschaften im Übergang vom Kapitalismus zum Kommunismus. → Übergangsgesellschaft   H.W.

Transformationsgrammatik, die heute übliche Form der Erzeugungsgrammatik, die neben „Erzeugungsregeln" zur Hervorbringung von Sätzen elementarer Strukturen sog. Transformationsregeln enthält, welche durch Umstellung, Eliminierung oder Hinzufügung von grammatischen Elementen kompliziertere Satzstrukturen aus einfachen Sätzen abzuleiten erlauben. A.H.

Transformationsproblem → Kontrolle, betriebliche [2], → Arbeitswerttheorie [3]

Transgender, bezeichnet die Geschlechtszugehörigkeit von Menschen, die nicht mehr mit der (meist bei Geburt bestimmten, an der Gestalt der Genitalien orientierten) physiologischen Zuordnung übereinstimmen. Der Status als T. wird meist in einem langfristigen Prozess des Geschlechtswechsels erreicht. Früher sprach man von „Transsexuellen", jedoch besagt T. nichts über die Sexualität. Eine Änderung der vorhandenen Körpergestalt (etwa durch eine Einnahme von Hormonpräparaten oder durch chirurgische Eingriffe) ist nicht erforderlich; allein die Identifikation mit einem der möglichen Zielgeschlechter entscheidet über den Verlauf der Statuspassage. Wer hinfort erfolgreich als Mann lebt, ist ein „Transmann", als Frau eine „Transfrau" usw.   R.L.

Transhumanz, Lebensweise und Wirtschaftsform von Hirten, die mit ihren eigenen Herden oder auch im Auftrag (z.B. Almwirtschaft) periodisch ihren Aufenthaltsort (Sommerweide, Winterweide) wechseln.   H.W.

Transidentität, in der Theorie und Praxis des Geschlechterhandelns werden damit verschiedene Phänomene zusammengefasst, welche die herkömmliche Zweiteilung der Menschen in Frauen und Männer durchbrechen. Dazu gehören u.a. Formen wie Intersexualität (früher: Hermaphroditismus), Geschlechtswechsel (früher Transsexualität, → Transgender) und die Spielarten der Travestie.   R.L.

Transinformation → Information, übertragene

Transintentionalität, allgemeine Bezeichnung dafür, dass die strukturellen Wirkungen aus den Konstellationen von Akteuren (meist) nicht beabsichtigt sind, sondern sich nebenbei ergeben, also nicht beachtete Nebenfolgen positiver wie negativer Art sind (Beispiel: Wandel einer Sprache), oder sich auch im Widerspruch zu den Intentionen einzelner oder aller Akteure herausstellen, also verfehlte Absichten o.ä. ausmachen (z.B. U. Schimank 2000). Beispiel: Gegen den sowjetischen Einfluss in Afghanistan unterstützten die USA die Taliban ideologisch und militärisch, die sie dann später als Gegner der Demokratie und der Menschenrechte bekriegten.
                    W.F.H.

Transition, Bezeichnung für Übergangsprozesse von autoritärer zu demokratischer politischer Herrschaft. Ursprünglich bezogen auf die Überwindung von Diktaturen in Südeuropa wurde der Begriff danach vor allem für Lateinamerika verwendet und der geografische Bezug in der Folge global ausgeweitet. Im Gefolge von O'Donnell, Schmitter und Whitehead (1986) umfasst die T. mehrere Phasen institutionellen Wandels, die sich vor allem an der wiederholten Durchführung demokratischer Wahlen und dem hierdurch geregelten Regierungswechsel orientieren. T. schließt sozioökonomische Veränderungen ausdrücklich nicht ein. → Transformationsgesellschaften.   R.Kö.

transition, ecological (engl.) → Übergang, ökologischer

Transitivität, mögliche Eigenschaft einer → Relation

Transkript, [1] verschriftlichte Form mündlicher Aussagen mit Hilfe eines → Transkriptionssystems
[2] *transcript,* Rollen- oder Verhaltenstext, methodisches Konzept von James C. Scott (*Weapons of the Week* 1985) zur Untersuchung der (öffentlichen) Beziehungen zwischen subalternen Personen (z.B. abhängige Bauern) und den sie Beherrschenden (z.B. Landeigentümer). Angelehnt an die Theatermetapher von Vorder- und Hinterbühne ist das öffentliche T. (*public t.*) der Subalternen von Unterwürfigkeit, Simulation, Ausrede und Lüge gekennzeichnet, während das verborgene T. (*hidden t.*) dem Ausdruck von Ärger, Kritik und Auflehnung dient. Weder das eine noch das andere ist, in Macht bestimmten Situationen, „authentisch". Die Differenzierung von T.en, die „Kunst der Verstellung", kann als Strategie des Widerstands der Machtlosen aufgefasst werden und wird von Scott als typisch für bäuerliche Gesellschaften angesehen.   H.W.

Transkulturation → Kulturübertragung

Transmigrant, in Abgrenzung zur Vorstellung vom „Immigranten", der mit der Niederlassung in einem neuen Land seine alten „Wurzeln" verloren und neue soziale, ökonomische und politische Bindungen einzugehen hat, hebt das von Basch et al. (1994) eingeführte Konzept T., gestützt u.a. auf Forschungen zu karibischen und philippinischen Migranten in den USA, die Aufrechterhaltung von engen Bindungen an den Herkunftsort und von nationalen, am Herkunftsland orientierten Identitäten heraus. Diese zeigen sich neben engen verwandtschaftlichen/familiären Beziehungen zum Herkunftsort (Besuche, Eheschließungen, Geldüberweisungen) auch in ökonomischen Aktivitäten (Landkauf, Investitionen), in Vereinsbildungen und der Teilnahme an Migrantengemeinden an politischen Vorgängen im Herkunftsland. Diese Phänomene erklären sich u.a. durch die im Land der Niederlassung erfahrene rassistische Diskriminierung und Unsicherheit. Sie werden daneben gefördert durch ein steigendes ökonomisches und politisches Interesse von Herkunftsländern an den umfangreichen außerhalb ihres Staatsgebiets lebenden Migrantenpopulationen und Versuchen, diese zu Teilen einer das Staatgebiet übergreifenden oder von ihm unabhängigen Nation zu erklären (z.B. Mexiko, Portugal, Haiti).   H.W.

Transmigration, bezeichnet einen neuen Typus von Wanderungsprozessen, die nicht von der einen in eine bestimmte andere Gesellschaft gerichtet sind, sondern sich in viele Richtungen entwickeln. Migration vollzieht sich hier jenseits überkommener Vorstellungen vom Nationalstaat. Vermutet wird, dass T. eine Lebensführung an vielen Orten nach sich zieht und plurale Wirklichkeiten erzeugt.   R.L.

Transmission, *transmission,* [1] in Familiensoziologie und Sozialisationsforschung Bezeichnung für die Übermittlung kultureller Werte an das Kind, indem dieses lernt, Symbole angemessen zu verstehen und entsprechend zu handeln. D. Claessens (1962) zufolge ist die Kernfamilie ein „soziales Medium optimaler Art für die elastische T. von ‚Werten'".
[2] Allgemein auch: Weitergabe von Einstellungen, Orientierungen, Werthaltungen usw. von einer Generation auf die nächste sowie über mehrere Generationen hinweg.   W.F.H.

Transmissionsriemen, aus der Technik übernommene Bezeichnung für den Beitrag, den ein Systemelement leistet, um den Einfluss eines anderen Elementes auf ein drittes zu übertragen.   U.B.

transnational, Kennzeichnung für Strukturen und Prozesse, deren Produktion bzw. Reproduktion nationalstaatlich geprägte Räume überschreitet, z.B. Netzwerke von Migranten oder virtuelle Gemeinschaften im Internet.   H.W.

Transnationalismus, bezeichnet eine soziologische Denkweise, in der die Gesellschaft nicht als nationalstaatlich aufgefasst wird. Dies reagiert auf die Öffnung bzw. Auflösung überkommener Regionalgrenzen und geschlossener Kulturen sowie auf das Entstehen weltgesellschaftlicher Institutionen. In der Folge diskutiert z.B. die Migrationsforschung neue Ansätze jenseits älterer Konzepte wie Assimilation oder Multikulturalität. Die überkommene, meist stillschweigend vorausgesetzte Sichtweise wird als „methodologischer Nationalismus" kritisiert.   R.L.

Transskriptionssystem, ein Regelsystem, das die Form der Verschriftlichung von auf Tonträger dokumentierter Sprache bestimmt und dadurch mit dazu beiträgt, wie die einer qualitativen Analyse normalerweise zugrundeliegenden Daten aussehen (z.B. Wiedergabe von Sprechpausen und Verzögerungen, von Intonationen oder gleichzeitigem Sprechen, von nicht hochsprachlicher Aussprache).   W.F.H.

Transversalverlagerung → Vertikalverlagerung – Transversalverlagerung

Transvolution bezeichnet nach A. Schäffle die Zeit der beschleunigten intensiven Entwicklung gegenüber der Evolution als Zeit des numerisch-extensiven Wachstums.   O.R.

Transzendenz → Immanenz – Transzendenz

Transzendenzreligion, in der älteren Religionssoziologie (M. Weber, J. Wach u.a.) gebräuchlicher Begriff für Religionen, die auf der Erfahrung der Überweltlichkeit von das Diesseits bestimmenden Mächten und auf der Kultivierung des Verehrungsverhaltens gegenüber solchen Mächten beruhen (im Unterschied zu Diesseitigkeitsreligionen). Als Typen von T. werden unterschieden: magische Stammesreligionen, politische Volksreligionen (z.B. der japanische Shintoismus) und die Universalreligionen, die wiederum in Erlösungsreligionen i.e.S. (Buddhismus, Hinduismus) und in Geschichtsreligionen (Judentum, Christentum, Islam) typologisch unterteilt werden.   J.Ma.

Trauer, antizipierte, bezeichnet ein Trauerverhalten, das schon vor dem Tod dessen auftritt, um den getrauert wird (etwa in Folge der ärztlichen Prognose, dass er in absehbarer Zeit sterben wird).   W.F.H.

Trauma, psychisches, ein intensives und „schmerzhaftes", reales oder fantasiertes Erlebnis, das durch die Abwehrkräfte des Ich nicht adäquat verarbeitet werden kann und so dauerhafte pathogene Wirkungen hervorruft. Es wird angenommen, dass traumatische Erfahrungen (z.B. Verlust der Mutter in früher Jugend, schwerer Unfall) zur Ursache für die Entstehung von Neurosen werden können.   U.E.

Traumarbeit. Psychoanalytisch resultiert der Traum aus drei Komponenten: aktuellen physischen Reizen, unerledigten Affekten vom Vor-

tag (→ Tagesreste) und – zentral – aus der Kindheit überlieferten Komplexen; die T. fügt diese Komponenten zum „manifesten Traum", zum Traumerlebnis zusammen; die Traumdeutung macht diesen Prozess wieder rückgängig.
W.K.

Traumatisierung, nachträgliche, eine nachträgliche seelische Erschütterung durch ein früheres Erlebnis. „Ein Beispiel sind quasi-erotische Kontakte zwischen Erwachsenen und Kindern. Manchmal erst in der Pubertät kommen dem Kind die sexuellen Anklänge der Situation zu Bewußtsein. So wird die frühe Szene rückwirkend neu bewertet, diesmal im Bedeutungshorizont der entwickelten sexuellen Phantasien und Wünsche eines Adoleszenten." (G. Fischer/P. Riedesser 1998).
W.F.H.

Traumatisierung, transgenerationale, die Wirkungen von seelisch erschütternden Ereignissen über Generationen (in der Familie, der Kleingruppe oder auch in Großgruppen) hinweg. Z.B. Nachwirkungen des Vorgehens der Kroaten (im Bündnis mit Hitler) gegen die Serben im Krieg zwischen Serben und Kroaten nach dem Zerfall Jugoslawiens.
W.F.H.

Traumatologie, *traumatology,* die disziplinübergreifende Untersuchung von Traumata und Traumatisierungen und von deren Linderung.
W.F.H.

Traumdeutung, wegen der „durchgreifende(n) Analogie im Aufbau von Traum und neurotischem Symptom" (S. Freud) zentrales Werkzeug der Psychoanalyse: die T. kann zur Aufklärung der Genese psychischer Störungen und damit zu ihrer Heilung beitragen; weil der Traum auch Bestandteil des ungestörten Seelenlebens ist, trägt die T. auch zur psychoanalytischen Theorie bei.
W.K.

treatment organization (engl.) → Behandlungsorganisation

tree analysis (engl.) → Kontrasttypenverfahren

Trend, langanhaltende Bewegung in einer bestimmten (steigenden oder fallenden) Richtung, die den Daten einer Zeitreihe zugrunde liegt (z.B. Wachstumsprozess). Die beobachteten Daten schwanken in der Regel um eine mittlere Linie, die als Charakteristik für den T. auf lange Sicht keine Sprünge oder Knicke aufweisen sollte. Die Bestimmung von kürzerfristigen Schwankungen (Saisonkomponenten), von überlagernden Einflüssen und den Funktionen, die den Trend beschreiben, sind Gegenstand der T.analyse, die in der Ökonometrie besonders stark entwickelt ist.
H.W.

Trendextrapolation, Fortschreibung einer Zeitreihe unter der Annahme, dass der in den Daten durch statistische Analyse ausgewiesene lineare oder exponenzielle Trend auch für die betrachteten oder vorherzusagenden Zeiträume gültig ist.
H.W.

Trennschärfe. [1] Als T. oder Mächtigkeit (*power*) eines statistischen Tests wird seine Fähigkeit bezeichnet, falsche Hypothesen zurückzuweisen. Die T. ist umso größer, je kleiner die Wahrscheinlichkeit eines → Fehlers zweiter Art ist.
[2] Unter der T. eines Reizes oder *items* einer Skala wird die Genauigkeit verstanden, mit der die Untersuchten aufgrund ihrer Reaktionen den ihnen entsprechenden Kategorien der zu messenden Variable zugeordnet werden können. Die T. eines *items* sinkt mit zunehmender Zahl von Fehleinstufungen. Es wird angenommen, dass die Wahrscheinlichkeit einer bestimmten Reaktion von Individuen auf ein *item* mit ihrer Lage auf der Skala variiert.
H.W.

Trennung von Rollen → Rollentrennung

Treuhändersystem, *fiduciary system,* bei T. Parsons dasjenige Subsystem, welches ein bestimmtes Interesse für die Gesellschaft verwaltet, so wie etwa die Universitäten die gedankliche Vernunft bewahren.
R.L.

Triade, „Dreiheit", Dreiergruppe, eine aus drei Personen bestehende Gruppe.
R.Kl.

Triade, zirkuläre → Konsistenzkoeffizient

trial (engl.) → Versuch

trial and error (engl.) → Lernen durch Versuch und Irrtum

Triangulierung, auch: Triangulation, [1] die Koordination mehrerer Erhebungsverfahren und dadurch erlangter Datenarten zur Untersuchung ein und desselben Gegenstandes (insofern bedeutungsähnlich mit → Methodenmix). Speziell unterscheidet N.K. Denzin (1978) eine *„between-method"* der T. (Vergleich zwischen mehreren Methoden, also etwa quantitativ/qualitativ) und eine *„within-method"* (Verwendung mehrerer Verfahren innerhalb einer Methode, also etwa strukturierte und unstrukturierte Beobachtung oder offenes und durch Leitfaden gebundenes biografisches Interview gleichzeitig). Ziel ist jeweils der systematische Vergleich der unterschiedlich gewonnenen Informationen, um Forschungsartefakte, die etwa eine einzige Methode produziert, zu vermeiden, um mehrere Perspektiven auf den Gegenstand zu gewinnen, um also bessere und differenziertere Resultate zu erhalten. Methodologisch nicht geklärt ist, was zu tun ist, wenn Daten aus unterschiedlichen Erhebungswegen nicht übereinstimmen (und auch, ob Übereinstimmung in jedem Fall gesicherte Validität bedeutet).
W.F.H.
[2] An der Psychoanalyse orientierte Bezeichnung für die Unterwerfung des Kindes unter die konflikthafte Dreieckssituation von Vater-Mut-

ter-Kind („ödipales Dreieck") in der bürgerlichen Familie. H.W.

Tribalismus, bei E. Voegelin (1975) Bezeichnung für eine Tendenz der Menschen seit dem 18. Jahrhundert, sich in Gruppen bzw. Großgruppen nach Art von Stämmen unter Führern zusammenzuschließen, auch um Existenzangst, Hass, Obsessionen, Xenophobie u.ä. ausleben zu können (z.B. Nationalsozialismus, Kommunismus). W.F.H.

Tribus → Gesellschaft, tribale

Trichtertechnik, *funnel technique,* Aufbau eines Interviews von allgemeinen und breit gestellten Fragen (u.a. zur Erzeugung von Interesse oder eher spontanen Meinungsäußerungen) zu immer spezifischeren Fragen u.U. mit vorgegebenen Antwortmöglichkeiten. H.W.

trickster (engl.), frz.: *décepteur,* vor allem durch die Arbeiten von P. Radin über die Mythologie der Winnebago bekannt gewordene Bezeichnung für ein übermenschliches Wesen (manchmal als Gegenspieler des Höchsten Wesens), das sich durch schelmenhaftes Verhalten auszeichnet, durch Täuschungen, Verwandlungen, Verkleidungen, Späße usw. handelt. Am europäischen Teufel treten manchmal einige Züge des *t.* auf (auch: Eulenspiegel). W.F.H.

Trieb, Bezeichnung für [1] die energetisierende Grundlage eines auf Bedürfnisbefriedigung gerichteten Verhaltens,
[2] die psychische Repräsentanz biologischer Spannungen eines Organismus, die zu Handlungen mit dem Ziel der Beseitigung der Spannungsursachen führt,
[3] den durch ein Bedürfnis bewirkten psychischen Zustand eines Organismus, der charakterisiert ist durch Spannung, Energie und Zielgerichtetheit und der zu bedürfnisbefriedigendem, zielgerichtetem Handeln aktiviert. → Trieblehre W.Sl.

Trieb, erworbener → Trieb, sekundärer
Trieb, gelernter → Trieb, sekundärer
Trieb, primärer, angeborener, biogener, Primärtrieb, Bezeichnung für einen Handlungsantrieb, der auf einem angeborenen Bedürfnis basiert. Ein p. T. kann physiologischen oder sensorischen Ursprungs sein. Die p.n T.e des Menschen (Hunger, Durst, Schlaf, Sexualität, Defäkation, Schmerzfreiheit) werden im Sozialisationsprozess soziokulturell überformt und festgelegt. Synonym: → Motive, primäre W.Sl.

Trieb, sekundärer, erworbener, gelernter, soziogener, Sekundärtrieb, Bezeichnung für einen im Prozess der Sozialisation erworbenen Antrieb. „Sekundär" kann dabei bedeuten: a) nicht zur biologischen Grundausstattung des Lebewesens gehörig, b) aus primären Trieben abgeleitet. Synonym: → Motive, sekundäre W.Sl.

Triebabfuhr, die Abfuhr einer Triebspannung. → Abfuhr R.Kl.

Triebabwehr, die Abwehr von Triebwünschen, die zu unerträglichen Konflikten führen würden, durch das Ich. → Abwehrmechanismen R.Kl.

Triebaufschub, zeitliches Hinausschieben der Erfüllung eines Triebwunsches. Eine Leistung des Ich. K.H.

Triebbefriedigung, das Absättigen einer Triebspannung durch Erfüllen des Triebwunsches. Dabei geht es nicht nur um die Abführung von (etwa sexueller) Energie; Sinnlichkeit ist nur in lebensgeschichtlich entstandenen sinnhaften Bezügen zu befriedigen. K.H.

Triebbeherrschung, Triebkontrolle, die Fähigkeit des Ich, keine unkontrollierten (libidinösen und/oder aggressiven) Triebäußerungen zuzulassen. T. ist Voraussetzung für den Aufbau von Kultur (→ Triebverzicht). K.H.

Triebdynamik, das Ich zu psychischer Arbeit nötigende, in der Psychoanalyse auch als Drang bezeichnete Kraft des Triebes, mit der er nach Befriedigung sucht. T. wurzelt in somatischen Vorgängen, ist aber nur psychologischer Argumentation zugänglich, da sie nur in lebensgeschichtlichen Sinnzusammenhängen sichtbar wird. K.H.

Triebenergie, die Quantität der von der Triebquelle erzeugten Kraft, die sich, als reine Energie, nicht sinnvoll objektivieren lässt, sondern nur in bewusst oder unbewusst sinnhaft organisierten Verhaltensäußerungen und am psychischen Arbeitsaufwand erkennbar wird. K.H.

Triebentlastung, die Abfuhr einer Triebspannung, Triebabfuhr. → Abfuhr R.Kl.

Triebentmischung, nach S. Freuds letzter, der dualistischen, Triebtheorie das Lösen aggressiver Energie aus der Mischung mit libidinöser; besonders hervortretend in offen ambivalenten Objektbeziehungen, z.B. in der Zwangsneurose. K.H.

Triebfixierung → Fixierung [3]
Triebkontrolle → Triebbeherrschung
Trieblehre, misst Trieben als Naturkräften entweder unmittelbare oder mittelbare Bedeutung im Verhalten der Menschen zu. Menschliche Triebe unterscheiden sich nach vorherrschender Auffassung grundsätzlich von tierischen, insofern sie nicht erbgenetisch, sondern sozio- und psychogenetisch in Verhaltensäußerungen, in Objektbeziehungen eingebunden sind.
Die bekannteste und zugleich für die Sozialwissenschaften bis heute fruchtbarste T. ist die psychoanalytische von S. Freud. Wir können drei Phasen ihrer Entwicklung unterscheiden. Zunächst wurde von der Dualität der Ich- und Objekttriebe ausgegangen. In der zweiten Phase wurden die Ich-Triebe als narzisstische Libido,

d.h. als aufs Ich zurückgewendete Objekttriebe begriffen. Vom Problem der Aggression ließ sich Freud schließlich bestimmen, einen Antagonismus zwischen Lebens- und Todestrieb anzunehmen. Triebe haben nach dieser T. a) ein dynamisches (energetisches) Moment, welches veranlasst, dass der Mensch b) ein Ziel, die Aufhebung jenes Spannungszustandes, erstrebt, der von c) der Triebquelle, einem körperlichen, im Bewusstsein oder unbewusst repäsentierten Reiz verursacht wird. Befriedigung wird erreicht d) vermittels eines Objektes, an welchem oder vermittels dessen der Trieb sein Ziel, Entspannung, findet. Die letzte dualistische T. S. Freuds ist, was den libidinösen Teil anbelangt, an den Entwicklungsphasen des infantilen Sexualapparates festgemacht. Der Versuch, für die aggressive Entwicklung eine analoge physiologische Basis zu finden, ist nicht gelungen; die Muskulatur kann nur als Vermittler begriffen werden. Insgesamt ist das Aggressionskonzept problematischer als das der Libido.
Andere Tn gehen von einem einzigen Trieb (C.G. Jung) oder von einer Vielzahl von Trieben (W. McDougall) aus. K.H.

Triebmischung, auch: Triebverschränkung, nach S. Freuds letzter, der dualistischen, Triebtheorie die in normaler Sozialisation zu Stande kommende Vermischung libidinöser und aggressiver Energie. In aller Regel sollen, insbesondere beim Gesunden, nur Lebensäußerungen vorkommen, die von solcher gemischten Energie getragen werden. K.H.

Triebmodellierung, in N. Elias' Theorie des europäischen Zivilisationsprozesses (1969) allgemeine Bezeichnung für die Formung des als relativ formbar vorgestellten psychischen Apparates durch immer intensivere Verflechtungs- und Abhängigkeitsbeziehungen der Menschen und Menschengruppen. W.F.H.

Triebobjekt, der Gegenstand oder Mensch (bzw. und/oder dessen symbolische Repräsentanz), an dem oder vermittels dessen ein Trieb zur Befriedigung kommt. K.H.

Triebreduktion, Antriebsreduktion, auch: Bedürfnisreduktion usw., die Minderung einer gegebenen Trieb- oder Bedürfnisspannung. Psychoanalytisch auch: Triebabfuhr, → Abfuhr. R.Kl

Triebreiz, [1] auch: Antriebsreiz, *drive stimulus,* Bezeichnung für einen hypothetisch angenommenen inneren Reiz, dessen Stärke von dem jeweils gegebenen Triebzustand (z.B. Hunger) abhängig ist. Der T. ist – in der Lerntheorie von C.L. Hull – einer der Faktoren, die eine Handlung auslösen oder an der Auslösung beteiligt sind. H.S.

[2] Nach S. Freud ein im Körperlichen wurzelnder Spannungszustand, der vermittels seiner Repräsentanz im Bewusstsein oder unbewusst nach Entspannung, nach Befriedigung drängt. K.H.

Triebschicksal, zusammenfassende Bezeichnung von S. Freud für verschiedene Arten der Triebabwehr, die er in „Triebe und Triebschicksale" (1917) für den Sexualtrieb in vier Formen entwickelt: a) die Verkehrung ins Gegenteil (aktiv/passiv; Liebe/Hass), b) Wechsel des Objekts bzw. Wendung gegen die eigene Person (Sadismus/Masochismus), c) Verdrängung, d) Sublimierung. H.W.

Triebschwäche – Triebstärke, die Schwäche bzw. Stärke des Dranges der im menschlichen Verhalten zum Ausdruck kommenden Antriebskraft der körperlichen, im Bewusstsein oder unbewusst repräsentierten Triebquelle. K.H.

Triebsteuerung, [1] auch → Triebbeherrschung, Fähigkeit des Ich, aus dem Es drängende Triebenergien realitätsgerecht zu verwalten.
[2] Die gesellschaftliche Tendenz, gemäß den herrschenden Prinzipien der Produktion und Reproduktion vermittels der an Arbeit gebundenen Interaktionsprozesse und der Sozialisation spezifisch lenkend in die Bearbeitung und Gestaltung innerer, menschlicher Natur einzugreifen; die Triebenergien, ihre derart hergestellte → Triebstruktur, repräsentieren einen Aspekt der inneren Natur der Menschen. K.H.

Triebstruktur, Bezeichnung für die Gesamtheit der Triebbedürfnisse eines Menschen, ihre jeweilige historisch-inhaltliche Beschaffenheit sowie ihre wechselseitigen Beziehungen. W.Sl.

Triebtheorie → Trieblehre

Triebüberschuss, [1] im je eigenen soziokulturellen Bezugsrahmen (eines Menschen, einer Gruppe) nicht sozial integrierbarer Anteil der Triebenergie, welcher a) (in asozialer Weise) an oder vermittels von Objekten außerhalb befriedigt wird (z.B. durch kollektive Aggression). T. kann auch b) als innovatorische Energie in soziale Systeme eingebracht werden.
[2] → Antriebsüberschuss K.H.

Triebumkehr, die auf die letzte Entwicklungsstufe der Triebtheorie S. Freuds zurückgehende Vorstellung, dass ein Triebimpuls durch seinen Gegenspieler ersetzt werden kann (ein libidinöser durch einen aggressiven oder umgekehrt). K.H.

Triebunterdrückung → Unterdrückung

Triebverschränkung → Triebmischung

Triebverzicht, kurz- oder langfristiger Verzicht, eine aus körperlicher Quelle stammende Triebspannung an einem Objekt oder vermittels dessen zu befriedigen. Der Wunsch nach Befriedigung kann entweder weiter im Bewusstsein gegenwärtig sein oder, falls die Spannung zu groß wird, verdrängt, d.h. vermittels → Abwehrmechanismen bewältigt werden. Die Annahme S. Freuds war, dass Kultur auf T. aufbaut. **K.H.**

Trivialschema, die Geschmacksrichtung einer vergnügungssuchenden Anspruchslosigkeit und Gemütlichkeit, von Gebildeten gern abfällig beurteilt. In den Stoffen – Schlager, Familienquiz, Heimatroman, Klatschillustrierte usw. – wollen die Anhänger des → Hochkulturschemas nur Kitsch und Spießigkeit sehen. Doch wird die Kultursoziologie das Genre ernstnehmen, schon weil die Produkte massenhaft konsumiert werden. **R.L.**

Trotzkismus, eine revolutionäre Strategie, welche – im Gegensatz zum → Stalinismus und auch zum → Leninismus – insbesondere fordert: Permanenz der Revolution, Internationalismus, Arbeiterdemokratie, politische Massenstreiks, spontane Initiativen des Proletariats. Entwickelt von L. Trotzki (1879–1940) und bis heute von der IV. Internationale vertreten. **R.L.**

trust work (engl.), bezeichnet bei A. Strauss die Bemühungen um Sicherung und Wiederherstellung des Vertrauens zwischen Interaktionspartnern. **W.F.H.**

Tschuprows T → Chi-Quadrat-Kontingenzmaße

T-Technik → R-Technik

t-Test, statistisches Modell für die Bestimmung von Konfidenzintervallen oder der Signifikanz von Unterschieden zwischen den Mittelwerten von Stichproben. Der t-T. findet Anwendung bei kleineren Stichproben ($n < 30$), da hier die Stichprobenverteilung der Stichprobenmittelwerte nicht der Normalverteilung, sondern der t-Verteilung (auch Student-t-Verteilung) folgt, deren Streuung vom Stichprobenumfang abhängig ist. Bei größeren Stichproben kann auf den z-Test zurückgegriffen werden, der auf der standardisierten Normalverteilung (→ z-Transformation) beruht. **H.W.**

Tüchtigkeitsspezialist → Führer, expressiver – instrumenteller

turning points (engl.) → Wendepunkte

t-Verteilung → t-Test

twin research (engl.) → Zwillingsforschung

two-step flow of communication (engl.) → Kommunikationsfluss, zweistufiger

Typ → Typus

Typ, pathologischer, bei E. Durkheim Bezeichnung für eine Form des sozialen Verhaltens oder Erlebens, für eine Institution oder die Beschaffenheit eines sozialen Gebildes, insofern diese nicht dem in einer bestimmten Kategorie von Gesellschaften in einem bestimmten Entwicklungsstadium vorherrschenden bzw. durchschnittlichen Typus entspricht. Jede gesunde Gesellschaft weist Erscheinungen vom p.n T. auf,

die zwar notwendig sind, aber dennoch geahndet werden müssen. **F.H.**

type moyen (frz.) → Normaltypus

Typen, klassifikatorische, Klassen einer → Klassifikation. **H.W.**

Typen, logische, auch semantische Stufen, Unterscheidung von Objektebene und Aussagenebene (Metaebene) zur Auflösung logischer Paradoxien (Russell 1902; Ramsey 1926; Tarski 1936), die sich bei selbstbezüglichen, unbestimmten All-Aussagen ergeben. Klassisches Anwendungsbeispiel ist der „kretische Lügner", der behauptet, dass alle Kreter (immer) lügen. **H.W.**

Typifikation, Ergebnis eines Typisierungsprozesses. Zentraler Begriff sozialwissenschaftlicher Handlungstheorien; dort oft synonym verwendet mit → Typisierung. Obwohl die Abgrenzung zum Begriff → Stereotyp meist unklar bleibt, handelt es sich bei T.en in erster Linie um relativ vorläufige, ungefestigte Verallgemeinerungen, um situations- und personengebundene Konstrukte der Reduktion sozialer Komplexität, deren Bedeutung vor allem in der Bewältigung unmittelbarer Interaktionsprobleme gesehen wird, während es sich bei Stereotypen eher um relativ abstrakte, fest gefügte, zeitlich relativ invariable und weit verbreitete Vorstellungen über Personen und Personengruppen handelt (→ Vorurteile). **M.B.**

Typisierung, [1] zentraler Begriff in handlungstheoretischen Ansätzen der Soziologie, insbesondere im symbolischen Interaktionismus, in der Phänomenologie und in der Ethnomethodologie. Er bezeichnet a) den Prozess des Typenbildens, b) das Ergebnis des Typenbildungsprozesses (→ Typifikation) und c) den Prozess, bei dem vorgegebene Typifikationen bestimmten Personen, Situationen oder Handlungen zugeschrieben werden. Als Konstrukte stellen T.en Abstraktionen und Generalisierungen von Handlungssituationen dar, die entweder in vorangegangenen Interaktionsprozessen vom Handelnden selbst gewonnen oder aber durch Sozialisationsagenten an diesen vermittelt wurden. Eine T. umfasst jedoch nicht nur kognitive Elemente (z.B. „das ist ein Krimineller"), sondern zugleich immer auch bestimmte Werthaltungen (z.B. „Kriminelle sind gefährlich") und Verhaltensforderungen (z.B. „Kriminelle sollte man meiden"). Prozesse der T. werden allgemein als unabdingbar für menschliches Handeln angesehen.

[2] Im Bereich der empirischen Sozialwissenschaften häufig verwendetes Synonym für Kategorienbildung. **M.B.**

Typologie, [1] Einteilung eines Bereiches von Sachverhalten nach einem oder mehreren zen-

T

tralen Merkmalen (z.B. Einteilung von Herrschaftsformen nach der Grundlage ihrer Legitimität, Bildung von Marktformen nach Art der Konkurrenz und Anzahl der Marktteilnehmer). In ihrer entwickelten Form stellt die T. eine vollständige → Klassifikation von Sachverhalten dar. Die Klassen einer solchen T. heißen auch klassifikatorische Typen. H.W.

[2] Innerhalb der Psychologie verwendeter Begriff zur Kennzeichnung von psychologischen Typenlehren. Diese besonders im Rahmen der Persönlichkeitspsychologie vertretenen Ansätze versuchen, bestimmte Persönlichkeitsmerkmale als syndromartig und gesetzmäßig zusammenhängend darzustellen. Als Kristallisationspunkt dienen dabei für zentral gehaltene Eigenschaften wie z.B. Temperament, Körperbau, kognitive Stile u.ä., die zudem oft polar angeordnet sind (so → Extraversion, → Introversion). Die Probleme von T.n – die heute überwiegend mithilfe faktorenanalytischer Verfahren erstellt werden – sind vor allem darin zu sehen, dass a) es keine „reinen" Typen in der Praxis gibt, b) unklar bleibt, ob mit gebildeten Typen erklärende oder lediglich ordnende Gesichtspunkte angesprochen sind und c) ältere wie neuere T.n extrem anfällig für die weltanschauliche Position ihrer Urheber sind. C.R.S.

Typus, gedankliche Nachkonstruktion von Sachverhalten (z.B. Organisationen, Charakteren) anhand von beobachteten oder erschlossenen Merkmalen und Eigenschaften, in der der Sachverhalt in einer bestimmten reinen Form (→ Idealtypus) oder in seiner regelmäßigen Erscheinungsform (→ Durchschnittstypus) erkennbar wird. Durch die Bildung von Typen wird ein Bereich von Sachverhalten nach bestimmten Vergleichsgesichtspunkten (z.B. Bürokratisierung einer Organisation) geordnet. Die Bildung von Typen gehört zu den wichtigsten nicht quantifizierenden Erkenntnismitteln der Sozialwissenschaften. Übergänge zu einer quantitativen Betrachtung finden sich im → Extremtypus. H.W.

Typus, reiner, [1] bei M. Weber Synonym für → Idealtypus.

[2] Synonym für → Extremtypus H.W.

Tyrannei, [1] allgemein eine Willkürherrschaft.

[2] Bei P. Bourdieu (2001) Eingriffe eines → Feldes [6] in ein anderes, die die Autonomie des letzteren beeinträchtigen, z.B. Übergriffe des politischen oder wirtschaftlichen Feldes ins wissenschaftliche. W.F.H.

U

UCR, Abkürzung für *unconditioned response,* → Reaktion, unbedingte. R.Kl.

UCS, Abkürzung für *unconditioned stimulus,* → Reiz, unbedingter. R.Kl.

Überakkumulationstheorie, Variante marxistischer Krisentheorie, die im Vergleich zur → Unterkonsumtionstheorie den Akzent auf die Profitrate als Steuergröße des Akkumulationsprozesses legt. Die produzierten Profitmassen werden nicht mehr produktiv investiert (Überproduktion von Kapital), da der erwartete Profit unter den Durchschnittsprofit der vorausgegangenen Periode fällt. Im Verlauf der Krise wird Kapital in verschiedener Form entwertet und vernichtet und über die Verbesserung der Bedingungen der Profitproduktion der Weg für eine neue Akkumulationsphase frei gemacht. H.W.

Überausbeutung, über die mit dem „normalen" Arbeitslohn gegebene Ausbeutung hinausgehende Ausbeutung durch gewaltsame Herabsetzung des Arbeitslohns unter den Wert der Arbeitskraft, unter die zu ihrer Reproduktion gesellschaftlich notwendige Höhe. Durch die Ü. wird der „notwendige Konsumtionsfonds des Arbeiters in einen Akkumulationsfonds von Kapital" (K. Marx) verwandelt. H.W.

Überbau → Basis

Überbau, ideologischer → Basis

Überbau, politischer → Basis

Überbevölkerung, relative → Reservearmee, industrielle

Überdetermination, [1] auch: überdeterminierender Widerspruch, bezeichnet in der strukturalen Revision der dogmatisch-marxistischen Tradition die Einsicht, dass der Einfluss des ökonomischen Produktionssystems auf Politik, Kultur, Staat, Recht etc. nur als relativ beiläufig, wenn nicht sogar gebrochen zu denken ist. Damit soll die gesellschaftliche Wirkungsmächtigkeit des „Überbaus" betont und die Marx'sche Basis-Überbau-Metapher gegen mechanische, ökonomistische Interpretationen immunisiert werden. Gegenüber dem Kausalitätsdogma der letztinstanzlichen Ableitung des Überbaus von der Basis wird damit jene relative Autonomie auch erkenntnistheoretisch pointiert. Die ökonomische Dialektik mache sich „nie in einem reinen Zustand geltend" (L. Althusser). K.K.

[2] In der Psychoanalyse bei S. Freud ursprünglich die mehrfache Bestimmtheit von Bildungen des Unbewussten (Traumelemente, Symbole

u.a.) sowohl im Sinne der Genese wie der Deutung. Die Ü. zeigt sich in der prinzipiellen Vieldeutigkeit, in der Sprachähnlichkeit der unbewussten Bildungen, in denen sich, wie in sprachlichen Äußerungen, jeweils verschiedene Bedeutungreihen aufgrund von Verschiebung und Verdichtung überschneiden.   H.W.

Übereinstimmungskoeffizient, *coefficient of agreement,* Modell von M.G. Kendall zur Messung der Übereinstimmung von Urteilen mehrerer Beurteiler in Bezug auf mehrere Objekte. Der Ü. prüft, inwieweit den Urteilen einheitliche Gesichtspunkte zugrunde liegen. Er beruht auf dem paarweisen Vergleich der Urteile in Bezug auf die einzelnen Objekte. Aus der Summe aller sich ergebenden Übereinstimmungen bildet Kendall zur Prüfung der Signifikanz der Übereinstimmung eine wie Chi-Quadrat verteilte Größe. Für zwei Beurteiler entspricht der Ü. dem Rangkorrelationskoeffizienten von Kendall (→ Kendall's tau).   H.W.

Übereinstimmungstheorie → Konvergenzthese

Überflussgesellschaft, *affluent society,* Gesellschaft im Überfluss, Bezeichnung von J.K. Galbraith (1958) für hoch entwickelte Industriegesellschaften, deren Wirtschaft noch nach Standards arbeitet, die in einer Zeit sich entwickelten, als es galt, die aus Mangel und Armut resultierenden Bedürfnisse zu befriedigen; beim hohen Versorgungsstand der Bevölkerung in der Ü. ist die Wirtschaft in Beibehaltung dieser Standards gezwungen, die Nachfrage nach speziellen Produkten mit deren Produktion selbst zu produzieren (z.B. Bedürfniserweckung beim Konsumenten durch Werbung). Mit diesem Prozess werden nach Galbraith Wohlfahrt und Sicherheit als Ziele der Gesellschaft gefährdet.   O.R.

Übergang in der Generationsfolge, ein Schicht- oder Statuswechsel (Auf- oder Abstieg), der in der Abfolge der Generationen stattfindet. Beispiel: der Sohn des Arbeiters wird Unternehmer, der Sohn des Professors wird Postbote. Der Ü. i. d. G. wird vom Status- bzw. Schichtwechsel des Einzelnen im Lebensablauf (→ persönlicher Übergang) unterschieden.   O.R.

Übergang, demographischer, Modell der Bevölkerungswissenschaft, wonach ein Bevölkerungsgleichgewicht in vorindustriellen Gesellschaften mit hoher Geburten- und Sterberate im Zuge der Industrialisierung durch ein neues Gleichgewicht mit niedriger Geburten- und Sterberate abgelöst wird.   H.W.

Übergang, ökologischer, *ecological transition,* Bezeichnung der ökologischen Sozialisationsforschung: „Ein ökologischer Übergang findet statt, wenn eine Person ihre Position in der ökologisch verstandenen Umwelt durch einen Wech-

sel ihrer Rolle, ihres Lebensbereiches oder beider verändert." (U. Bronfenbrenner 1981)   W.F.H.

Übergang, persönlicher, Bezeichnung für den Schicht- oder Statuswechsel (Auf- oder Abstieg), den eine Person im Laufe ihres Lebens vollzieht. Dem p. Ü. als Statuswechsel innerhalb einer Lebensspanne steht der Statuswechsel bzw. der Übergang in der Generationsfolge gegenüber.   O.R.

Übergänge, normative, vor allem in der psychologischen Lebenslauf- bzw. Lebensereignisforschung jene Veränderungen im Lebenslauf, die (fast) allen geschehen. Hierzu rechnen vor allem die biologisch verursachten Ü., also Pubertät, Menopause usw., im weiteren Sinne manchmal auch soziale Ü., die (fast) allen geschehen (Schulbeginn bzw. Verlassen der Schule, Berufsaufnahme usw.).   W.F.H.

Übergangsgesellschaft, auch Übergangsperiode zum Kommunismus oder → Transformationsgesellschaft, lautete eine kritisch-marxistische Bezeichnung für Gesellschaften im Übergang von kapitalistischer Produktionsweise zu kommunistischer (kritisch insofern, als die Selbstauffassungen sozialistischer Gesellschaften vom Sozialismus als eigenständiger historischer Etappe nicht akzeptiert werden): Die Produktionsmittel und die politische Macht sind der Bourgeoisie entzogen, die Mehrarbeit wird gesellschaftlich geplant angeeignet. Die Arbeiterklasse als Inhaber der politischen Macht treibt mit den Mitteln der gesamtgesellschaftlichen Planung die Vergesellschaftung der Arbeit voran und drängt politisch und ideologisch die bürgerlichen Denk- und Lebensweisen zurück, um die neuen Verkehrsverhältnisse freizusetzen.   W.F.H.

Übergangsmodell heißt das abstrakte Modell zur Erfassung von Änderungen und Wandlungen in ansonsten als statisch angesehenen gesellschaftlichen Systemen. Im Ü. wird ein Komplex von Änderungen, zusammengefasst in einem Kürzel (z.B. Industrialisierung), ins Verhältnis zu Zeit gestellt; dabei wird davon ausgegangen, dass zu einer anderen Zeit für eine andere Gesellschaft die Änderung in gleicher Modellhaftigkeit abläuft, dasselbe Kürzel analytisch verwendbar ist. Das bekannteste Ü. ist die doppelte Schere der Bevölkerungsentwicklung.   O.R.

Übergangsobjekte, bezeichnet in der Tiefenpsychologie Gegenstände, mit denen das Kleinkind umgeht, die einem ungewissen Bereich zwischen Selbst und Nicht-Selbst angehören, z.B. eine Stoffpuppe, die Schmusedecke, und mit denen das Kind unter Umständen auch später noch verbunden bleibt.   W.F.H.

Übergangsperiode zum Kommunismus → Übergangsgesellschaft

Übergangsriten, auch: Passageriten, frz. *rites de passage* (A. van Gennep 1908), [1] Riten, durch die ein einzelner im Ablauf seines Lebens seine soziale Identität ganz ablegt und eine neue verliehen bekommt (z.B. Initiation in den Erwachsenenstatus; auch viele Trauer- und Begräbnisriten sind Ü. insofern, als sie Initiation in die Daseinsweise nach dem Tod erreichen wollen). Inhaltlich sind diese Riten oft durch das Gleichnis von Tod und Wiedergewinnung des Lebens bzw. Abtrennung vom sozialen Leben der Gruppe und Wiedereinführung bestimmt. Das Fehlen solcher Riten in den industriell entwickelten Gesellschaften (z.B. bei Ehescheidung, Austritt aus dem Arbeitsleben) wird kulturkritisch oft beklagt. [2] Weniger gebräuchlich ist die Bezeichnung für die Zeremonien, die einschneidende Veränderungen in der natürlichen Umwelt (z.B. Jahresanfang) betreffen. W.F.H.

Übergangsstatus, *transitional status,* bezeichnet bei B. Glaser/A. Strauss (1971) den Zustand zwischen zwei Status, in dem Menschen im Durchgang durch eine → Statuspassage manchmal gehalten werden. Beispiele: die Zeit, bis man vom Nichtmitglied zum Mitglied einer Gruppe wird; die Grundausbildung, die aus einem Zivilisten einen Soldaten macht. W.F.H.

Übergangswahrscheinlichkeit, Bezeichnung für die Wahrscheinlichkeit, mit der ein Element oder ein System von Elementen innerhalb eines bestimmten Zeitraumes von einem bestimmten Zustand in einen bestimmten anderen Zustand einer Menge möglicher Zustände überwechselt. Die Ü.en sind zentrale Bestandteile → stochastischer Prozesse. H.W.

Über-Ich, *super-ego,* nach psychoanalytischer Auffassung eine der Instanzen des psychischen Apparats (neben → Es und → Ich [5]). Es wird durch die Verinnerlichung der elterlichen Verbote und Forderungen gebildet und übt die Funktionen des moralischen Gewissens, der Ideale und der Selbstbeobachtung aus. Das Ü.-I. spielt somit gegenüber dem Ich die Rolle des „Richters" oder „Zensors", d.h. einer Kontrollinstanz. Verstöße gegen die Forderungen des Ü.-I. bewirken Angstgefühle („Gewissens-", „Schuld-" oder „Ü.-I.-Angst", → Angst). Insoweit sich in den elterlichen Forderungen allgemeinere gesellschaftliche Normen und Werte niederschlagen, kann das Ü.-I. auch als Träger der soziokulturellen Traditionen der Gesellschaft betrachtet werden. → Persönlichkeit, soziokulturelle R.Kl.

Überkode, durch Symbole (Zahlen, Buchstaben) repräsentierte Zusammenfassung von bereits kodierten Untersuchungskategorien (z.B. der Antwortkategorien mehrerer Interviewfragen)

zum Zweck der maschinellen Datenverarbeitung. H.W.

Überkompensation, erfolgreiches oder zur neurotischen Fehlhaltung misslungenes, dabei großenteils unbewusstes Bestreben, einem tatsächlichen oder subjektiv empfundenen Defekt so gründlich entgegenzuwirken (eventuell auch in einem anderen Leistungsbereich), dass deutlich mehr als ein bloßer Ausgleich erreicht wird. Beispiele: der ehemalige Stotterer als Redner oder Sprachlehrer, der Impotente als Bildhauer oder Bergsteiger, → Kompensation. W.Sch.

Überkonformität, *over-conformity, over-compliance,* Bezeichnung für die übermäßig korrekte, nahezu zwanghafte, ritualistische, von fehlender Rollendistanz gekennzeichnete Erfüllung von Rollenerwartungen und institutionalisierten Normen. Ü. ist häufig Folge von Statusangst und der Angst, den institutionalisierten Erwartungen nicht entsprechen zu können. R.Kl.

Überlagerungstheorie. Nach ihr wird – im Gegensatz zu den Vertragstheorien der Staatsentstehung – die Entstehung von Staaten in Abhängigkeit von der Überlagerung oder Überschichtung ethnischer Einheiten gesehen. Eine zahlenmäßig kleine ethnische Einheit lässt sich im Territorium der von ihr besiegten größeren ethnischen Einheit nieder und befestigt das Sieger-Besiegten-Verhältnis. Die beiden verschiedenen ethnischen Einheiten werden dabei zu den beiden Schichten des auf Gewaltverhältnisse zurückgehenden Staates. Zur Stabilisierung der herrschenden Gruppe werden Besitz, staatsrelevante Berufe und politischer Einfluss von ihr monopolisiert. Auch wenn im Staat die gewalttätige Auseinandersetzung der Anfangsphase weitestgehend aufhört, setzt sich der Kampf zwischen den Schichten um die Herrschaft fort. – Die Ü., die in der Soziologie von L. Gumplowicz, G. Ratzenhofer, F. Oppenheimer und A. Rüstow sowie in der Ethnologie von F. Ratzel und W. Schmidt vertreten wurde, findet heute kaum noch Beachtung. W.F.H./O.R.

Überlebensfunktion, auch Überlebenskurve, Konzept aus der mathematischen Modellierung von Ereignisverläufen in einer Population. Die Ü. gibt den Anteil der Personen wieder, die nach Ablauf einer bestimmten Zeit ihren Zustand, z.B. arbeitslos zu sein, nicht verlassen haben. → Ereignisanalyse H.W.

Überlebenskurve → Überlebensfunktion

Überlebensspiel, Bezeichnung der Spieltheorie für ein Spiel, bei dem einer oder mehrere der Spieler über endliche Auszahlungsressourcen verfügen. Sind die Ressourcen eines Spielers verbraucht, so scheidet er aus dem Spiel aus, „stirbt". Sonderfälle des Ü.s sind Ruinspiele, in denen es darauf ankommt, den Gegner eher zu ruinieren, in seine Ressourcengrenze zu drängen, als sich selbst. Derartige Spiele werden zur Darstellung von Duopol- bzw. Oligopolkonkurrenz verwendet.   N.M.

Überlebsel, *survivals,* Bräuche, Regeln, Vorstellungen, die über den Zeitpunkt hinaus mit sozialer Geltung fortdauern, zu dem sie als sinnvoll erlebt und einen sozialen Zweck erfüllten. Der Funktionalismus (B. Malinowski) widersprach dem Konzept der Ü. mit der Behauptung, dass alle Elemente einer Kultur irgendeine Funktion erfüllten. In der neueren soziologischen Diskussion wird diese Frage mehr unter dem Gesichtspunkt des Funktionswandels, nicht des Überlebens einzelner Kulturelemente behandelt.   W.F.H.

Überlernen, Lernen von Material über das Maß hinaus, das für eine Reproduktion des Materials erforderlich wäre.   K.St.

überlokal → lokal – kosmopolitisch

Überorganisation der Familie, eine die Ablösung der Kinder oder die Selbstständigkeit der Erwachsenen in der Familie hemmende Intensivierung der innerfamiliären Beziehungen (z.B. überstarke und langandauernde Mutter-Kind-Bindungen).   W.F.H.

Überorganisation, ein Zu viel an Festlegung in den Arbeitsvollzügen einer Organisation. Ü. ist ein Problem in Organisationen, deren Erfolg vom selbstständigen Entscheiden und Improvisieren der Mitglieder abhängt. Sie ist dann gegeben, wenn das Handeln durch Regeln etc. zu sehr eingeengt ist.   J.H.

Überproduktionskrise → Überakkumulationstheorie, → Krisentheorie [2]

Überprofessionalisierung, Vermittlung umfassenderen und stärker systematisierten Wissens als für Berufsausübung notwendig.   G.B.

Überredbarkeit → Beeinflussbarkeit

Überredung → Beeinflussung

Überschichtung, exogene Entwicklung von Schichtungsstrukturen durch (ethnische) Überlagerung im Gegensatz zu Prozessen systeminterner Differenzierung in soziale Schichten (→ Überlagerungstheorie).   M.B.

Übersetzung, *translation,* zentraler Begriff der → *Actor-Network Theory* (ANT), der die konstitutiven Operationen eines sozio-technischen Netzwerkes beschreibt und zugleich im Sinne einer Übertragung eines Textes in eine andere Sprache, wie auch im Sinne einer technischen Übersetzung (z.B. Hebelgesetz) verstanden kann. Ü. bewirken Veränderungen von Maßstäben und Zuständen und generieren Repräsentationen. Ü. stellen dabei strategische Prozesse dar, die aus vier Stufen oder „Momenten" bestehen (M. Callon): *„Problematization"* bezeichnet die Definition des zugrunde liegenden Problems, wobei entscheidend ist, dass andere Aktanten diese Definition akzeptieren. Bei dieser Definition werden Identitäten, Eigenschaften, Interessen und Ziele zugeschrieben. *„Interessement"* bezeichnet die Zuweisung und Stabilisierung von Rollen, die die Aktanten in einem sozio-technischen Netzwerk einnehmen sollen. *„Enrollment"* bezeichnet die Festschreibung und Koordination der einzelnen aufeinander bezogenen Positionen der Aktanten. *„Mobilization"* ist das Ergebnis der vorangegangenen Operationen, die, sollten die Bemühungen erfolgreich sein, den Urhebern der Übersetzung erlaubt, im Namen der involvierten Entitäten zu sprechen. Aufgrund der Zentralität des Ü-Begriffs wird die ANT bisweilen auch als Soziologie der Übersetzung bezeichnet.   D.V.

übersozialisiert nennt D.H. Wrong eine Auffassung in der Soziologie, wonach der Mensch ausschließlich durch die besonderen Werte und Normen der jeweiligen Kultur geformt werde. Dies, so lautet die Kritik, würde nicht nur die Körperlichkeit außer Acht lassen, sondern auch den Freiheitsraum des Individuums in Abrede stellen.   R.L.

Übersprungshandlung, ein Begriff der Instinktlehre. Er bezeichnet bestimmte Ersatzhandlungen, über die eine aufgestaute Triebenergie abreagiert wird, wenn das Fehlen auslösender Außenreize oder ein Konflikt zwischen unvereinbaren Trieben den Ablauf der Instinkthandlungen verhindert, durch die jene Triebenergie normalerweise abreagiert wird. So soll es sich bei dem Sich-hinter-dem-Ohr-Kratzen, das Menschen in Konfliktsituationen zeigen, um eine Ü. handeln.   R.Kl.

Übersteuern. Im kybernetischen Modell der Entscheidung und des politischen Handelns kann eine Organisation dadurch ihr Ziel verfehlen, dass sie die sie umgebende Umwelt zu stark im Interesse der Zielerreichung verändert.   W.F.H.

Übertragung, [1] die von der Psychoanalyse entdeckte, jedoch auch lerntheoretisch beschreibbare Tatsache, dass affektive Einstellungen oder Bindungen aus einer (zumal frühkindlichen) Beziehung in spätere, in irgendeiner Hinsicht ähnliche Beziehungen unbewusst „mitgebracht" und somit gegenüber Personen (oder Institutionen) reaktiviert werden, die „eigentlich" nicht gemeint sind. Soziologisch bedeutsam, weil prinzipiell in jeder aktuellen Beziehung das Nach- und insofern Mitwirken früherer Beziehungen – meist zu den gegenwärtigen Partnern unbekannten Personen – aufzufinden und ein entsprechendes Fortwirken auf künftige Beziehungen zu vermuten ist.

[2] → Transfer   W.Sch.

Übertragungsneurose, vom Erlebenden selbst und/oder seinen Mitmenschen als inadäquat empfundenes, zeitlich ausgedehntes Übertragungsverhalten, in dem frühkindliche Auseinandersetzungen neu belebt und ggf. abgearbeitet werden. Soweit ohne andere Symptomatik, meist nicht als eigentliche Neurose (= Krankheit) angesehen; regelhaft erwartbarer Bestandteil des psychotherapeutischen Prozesses und hierin vornehmlich für die nicht-therapeutische „Lehranalyse" von Wichtigkeit. W.Sch.

Überwachung, *surveillance,* bezeichnet bei A. Giddens (im Anschluss an M. Foucault) die Fähigkeit eines Staates oder einer Verwaltung, die Untertanen im politischen Bereich zu kontrollieren und sozial zu beaufsichtigen. Im Vergleich zu allen früheren Gesellschaftsformen verfüge die moderne Gesellschaft über eine außerordentlich hohe Fähigkeit zur Ü. und habe die einschlägigen Institutionen am weitesten ausgebaut. W.F.H.

Überzeugbarkeit → Beeinflussbarkeit

Überzeugung → Beeinflussung

Überzeugung, existenzielle, *existenzial belief,* bei T. Parsons reiner Typ der kognitiven Orientierung, bei dem Erkenntnisprozesse im Vordergrund stehen. Untergruppen sind empirische und non-empirische → Überzeugungen. G.E.

Überzeugungen, empirische – nonempirische, *empirical – nonempirical beliefs,* bei T. Parsons Gewissheiten oder Annahmen über ein Objekt des Handelns, die entweder auf tatsächlichen Beobachtungen und Erfahrungen beruhen (e. Ü.) oder unabhängig davon entstanden sind (n. Ü., z.B. Vorurteile). H.L.

Überzeugungs-Wert-Matrix, *belief-value matrix,* eine schematische Modelldarstellung der Kräfte und Prozesse zwischen bestimmten intervenierenden Variablen, die die Richtung einer Handlung (Wahl eines Objekts) psychologisch erklären sollen (Tolman). In der Matrix werden dargestellt: der gegebene Gratifikations- oder Deprivationswert einer Situation aufgrund der Ausgangsmotivation des Individuums, die danach erfolgende Bewertung von Objekten und die Überzeugung, bestimmte Objekte als Mittel der Befriedigung zu finden. H.L.

Übung, durch häufige Wiederholung in meist systematischer Form angestrebte qualitativ-quantitative Verbesserung und Festigung von Wissen und Fertigkeiten. Nach H. Ebbinghaus führt das Auswendiglernen (*rote learning*) z.B. sinnloser Silben durch gehäuftes Wiederholen in seiner Gesamtheit zur Ü. (des Gedächtnisses als „Organ"), während das neuere „*training*" bereits den einzelnen Lerndurchgang (*trial*) als Ü. bezeichnet. Beim Routinelernen bringt massierte Ü. schlechtere Erfolge als verteilte Ü. Sture

Ü. ist nach R.M. Gagné weniger wirkungsvoll als das Anwenden von Prinzipien, die Aufgabenanalyse, Lernübertragung innerhalb einer Aufgabe, Erreichung von Zwischenzielen, das Auflösen in Einzelprobleme, d.h. eine kognitive Strukturierung des zu Lernenden. K.St.

Ultraimperialismus, von K. Kautsky (1917) vertretene Möglichkeit einer Verbündung des internationalen Finanzkapitals in einem „Generalkartell" zur Ausbeutung und Ausplünderung der restlichen Welt, das zugleich in der Lage wäre, imperialistische Kriege zu vermeiden. H.W.

Ultrastabilität, Bezeichnung für die Eigenschaft bestimmter Systeme, bei Verlassen eines Stabilitätsbereiches, innerhalb dessen sie immer wieder zum Gleichgewichtszustand zurückkehren, durch Veränderung und Anpassung an die gewandelte Umwelt einen neuen Gleichgewichtszustand zu erreichen. In der systemtheoretischen Organisationswissenschaft wird als U. insbesondere die Fähigkeit einer Organisation gekennzeichnet, in den durch Anpassung an Umweltfaktoren verursachten internen Wandlungen ihre Eigenheit durchzuhalten. H.W./W.F.H.

Umfeld → Umwelt [3]

Umfragearchive → Datenarchive

Umfrageeinstellung, generalisierte, die allgemeine (wertende) Einstellung in einer Bevölkerung und insbesondere bei Befragten zu sozialwissenschaftlichen Umfragen. Die g.U. beeinflusst die Bereitschaft, sich interviewen zu lassen, und die Datenqualität. W.F.H.

Umfrageforschung, auch: Demoskopie, Teilbereich der empirischen Sozialforschung, in der Regel mit der Zielsetzung, Einstellungen und Meinungen der Bevölkerung oder von Bevölkerungsteilen zu aktuellen Fragen, Problemen, sozialen Missständen etc. zu erfassen. Solche Untersuchungen mithilfe der Interviewtechnik auf der Grundlage von größeren Stichproben werden auch als *surveys, social surveys* (Überblicksstudien) bezeichnet. Zu den Themen der U. gehören u.a. Wahlen, Beliebtheit von Politikern, Markt- und Verbraucherstudien, Medienforschung (Studium der Lesegewohnheiten, von Rundfunk- und Fernsehempfang, etwa zur Untersuchung der Beachtung von Reklamen). Die Breite dieser Themenstellung wird auch durch die Bezeichnung Markt- und Meinungsforschung abgedeckt. Die U. wird heute weitgehend von kommerziellen Instituten im Auftrag von Unternehmen, Verbänden, Parteien, Regierung und Verwaltung betrieben. H.W.

Umschichtung, gesamtgesellschaftliche Veränderungen der Schichtungsstruktur, wie z.B. völlige Auflösung oder Neubildung von Schichten, Zu- oder Abnahme des prozentualen Anteils einzelner Schichten an der Gesamtbevölkerung, sowie

U

Wandel in der sozialen Funktion, der volkswirtschaftlichen Bedeutung und dem sozioökonomischen Status sozialer Schichten. Der U. als wesentlichem Aspekt sozialer Mobilität und gesellschaftlicher Dynamik können sowohl bestimmte technische und politische Entwicklungen als auch gesamtgesellschaftliche Strukturveränderungen zugrunde liegen.   M.B.

Umverteilung, Redistribution, die hauptsächlich durch Abzug von Steuern oder Sozialversicherungsbeiträgen und durch Finanzierung von Sozialleistungen oder Subventionen bewirkte Korrektur der „primären", d.h. dem Marktwert produzierter Leistungen entsprechenden volkswirtschaftlichen Einkommensverteilung.   F.X.K.

Umweghandlung, Bezeichnung für ein Verhalten zur Umgehung oder Überwindung eines Hindernisses auf dem Wege zur Erreichung eines bestimmten Ziels.   R.Kl.

Umwelt, *environment.* [1] Alles, was außerhalb der Grenzen eines Systems liegt, ist seine U., und die Existenz eines Systems ist abhängig von seiner Fähigkeit, sich an die U. anzupassen oder diese zu verändern. Prinzipiell ist die U. eines Systems differenzierbar nach Systemen gleicher oder verschiedener Qualität, verglichen mit dem Ausgangssystem.   H.E.
[2] Bei A. Schütz ist U. die in räumlicher und zeitlicher Unmittelbarkeit und aus der Perspektive des im Mittelpunkt stehenden Ich erfahrene (dingliche und soziale) Situation. Die Mitwelt reicht räumlich und zeitlich über die Grenze der leibhaftig erfahrbaren und gleichgegenwärtigen U. hinaus. So werden in der phänomenologischen Analyse umweltliche und mitweltliche soziale Beziehungen streng unterschieden; in der Praxis verfließen die unmittelbar erlebten sozialen Beziehungen sehr leicht mit den nur erinnerten oder antizipierten und verschiedene U.en übergreifenden Beziehungen. → Vorwelt
       W.L.B.
[3] Auch Umfeld. In der Feldtheorie: die außerhalb der Person oder einer Sozialeinheit liegenden Handlungsbedingungen und Einwirkungen (bei „Umfeld" auch Umgebung einer Gestalt in der Wahrnehmung: Figur – Grund); Handlungen einer Person sind Funktion der Persönlichkeitsstruktur und der U. im Lebensraum (als Feld zusammengenommen). U. als Gegebenheit außerhalb der subjektiven Sicht ist Gegenstand der (psychologischen) Ökologie.   H.E.M.
[4] In der Anthropologie: der einen Organismus umgebende Lebensraum, insofern er einen Einfluss auf das aktuelle Verhalten dieses Organismus sowie die Ausbildung zeitlich länger erstreckter Eigenschaften und Dispositionen hat. Gegenteil: → Anlage und Umwelt

[5] In der Lehre J. v. Uex, küls: die Gesamtheit derjenigen Reize, die einer jeweiligen Art aufgrund ihrer spezifischen Wahrnehmungsorganisation zugänglich sind (Merkwelt).   H.W.K.

Umwelt, gestaltete, *created environment,* bezeichnet bei A. Giddens den Sachverhalt, dass die Menschen in der modernen Gesellschaft nicht mehr in einer natürlichen, sondern in einer durch Wissenschaft, Technik und Industrie geprägten Umwelt leben. „Nicht nur die bebaute Umwelt der städtischen Bereiche, sondern auch die meisten übrigen Landschaften werden der Koordination und Kontrolle durch den Menschen unterworfen." (A. Giddens 1995) W.F.H.

Umwelt, organisierte → Organisationsumwelt

Umweltbeziehungen, organisatorische, organisierte Umweltbeziehungen, Bezeichnung für die von der Organisation intendierten und in der Regel durch feste Programme oder durch Aufgabenzuweisung an einzelne Mitglieder formalisierten Beziehungen zu spezifischen Umweltsektoren. Sie dienen der Durchsetzung des Organisationsprogrammes (marktbezogen: Absatz), der Sicherung der notwendigen Ressourcen einschließlich der Absicherung der Legitimationsbasis und der Anpassung an sich ändernde Umweltbedingungen. O. U. können sowohl an spezifische Adressaten (Einzelpersonen oder Organisationen) als auch unspezifisch an die „Öffentlichkeit" gerichtet sein und können in ihrem Ablauf sowohl kooperativ als auch konfligierend sein.   P.L.B.

Umweltdifferenzierung, nach N. Luhmann die Aufgliederung der Umwelt, wie sie ein System vornimmt, um für die jeweiligen Ausschnitt geeignete Weisen der Aufmerksamkeit, Erlebnisverarbeitung und Reaktion ausbilden zu können. So unterscheidet ein Wirtschaftsbetrieb verschiedene Märkte (den Beschaffungs-, Finanz-, Personal- und Absatzmarkt). B.W.R./R.L.

Umweltgebundenheit → Weltoffenheit

Umweltkomplexität → Komplexität

Umweltkontrolle, *environmental control,* in sozialkybernetischen und entscheidungstheoretischen Modellen der Grad, zu dem ein soziales System seine Umwelt gezielt beeinflussen kann. Der Grad der U. hängt ab von der Komplexität der Umwelt und von der Rationalität und Informiertheit des Systems.   W.F.H.

Unabhängigkeit, zwanghafte → Nonkonformität, zwanghafte

unbedingt, im Sinne der Lerntheorie gleich bedeutend mit „nicht konditioniert". → Konditionierung; → Reaktion, unbedingte; → Reiz, unbedingter   R.Kl.

Unbestimmtheitsmaß, *coefficent of alienation,* Alienationskoeffizient, vom Pearson-Korrelationskoeffizient abgeleitetes Maß für die Unbestimmtheit des statistischen Zusammenhanges zweier metrischer Variablen: $A = \sqrt{1 - r^2}$.

H.W.

Unbewusstes, das Unbewusste, [1] allgemein die Gesamtheit der Erfahrungen, Bedürfnisse, Motive und sonstigen Inhalte, die nicht bewusst, d.h. im Bewusstsein des Individuums nicht gegenwärtig sind.
[2] Psychoanalytisch speziell die Gesamtheit der verdrängten, mit vorhandenen Triebbedürfnissen zusammenhängenden Gedanken, Wunschvorstellungen, Erinnerungen usw., denen aufgrund der Abwehr durch das Ich der Zutritt zum Bewusstsein versperrt ist. Obwohl subjektiv „vergessen", sind diese Inhalte gleichwohl nicht unwirksam: sie manifestieren sich im Verhalten; insbesondere in den neurotischen Symptomen, und können, wenn auch meist nur in entstellter bzw. symbolisierter Form, wieder Zugang zum Bewusstsein erlangen, wenn die Kontrolle des Ich nachlässt (z.B. im Traum) oder in der Psychoanalyse überwunden wird. → Verdrängung; → Abwehrmechanismen   R.Kl.

Unbewusstes, familiäres → Schicksalsanalyse

Unbewusstes, kollektives, nach C.G. Jung (1917) ein vom Bereich des „persönlichen Unbewussten" zu unterscheidendes, überindividuelles, durch Vererbung weitergegebenes, der gesamten Menschheit „gemeinsames Unbewusstes". Sein Inhalt sind die sog. Archetypen, d.h. bestimmte, aus der Urgeschichte des Menschen überkommene „Urbilder" von universaler Bedeutung (z.B. Schlange, gute Fee usw.), die in Traum und Tagtraum bewusst werden können, aber auch in den Mythen, Märchen, Religionen und Kunstwerken aller Zeiten und Völker lebendig sind und das Leben jedes Individuums mitbestimmen.   R.Kl.

Uneigennützigkeit, *desinterestedness,* nach R.K. Merton (1957, 1963) eine der Normen, die das soziale System der Wissenschaft regulieren. Sie besagt, dass der Wissenschaftler nicht durch das Streben nach Ruhm, Geld und Macht, sondern nur durch das Streben nach Erkenntnisfortschritt motiviert sein soll. Die Institutionalisierung dieser Norm soll u.a. zur Sicherung der wissenschaftlichen Objektivität beitragen. R.Kl.

Unentscheidbarkeit, Problemkonstellation, in der jede Entscheidung zu einem Widerspruch führt, etwa in paradoxen Aussagen. Eine Behauptung ist unentscheidbar, wenn weder ihre Wahrheit, noch ihre Unwahrheit bewiesen werden kann. Nach dem Unvollständigkeitssatz von K. Gödel (1930) kann in axiomatischen Systemen nicht über die Wahrheit aller Aussagen entschieden werden. Einen ähnlichen Beweis führte

A. Turing 1936. U. verweist auf die Problematik aller Selbstbegründungen von Systemen. H.W.

Unfähigkeit, trainierte, *trained incapacity,* nach T. Veblen die Verminderung der Flexibilität beim Experten. Das Training auf seinem Spezialgebiet lässt den Experten manchmal unfähig werden, neue Möglichkeiten zu sehen und auf veränderte Bedingungen adäquat zu reagieren.

R.L.

unfolding technique (engl.) → Verfahren der transferierten Einschätzungen

Ungehorsam, ziviler, Bezeichnung für eine Form des politischen Widerstandes, ausgeübt in erster Linie gegen Kolonial- und Besatzungsherrschaft im eigenen Lande, mit dem Mittel massenhafter Missachtung und Verweigerung von Verordnungen und Gesetzen.   W.F.H.

Ungleichartigkeit, zusammenhängende → Evolutionsformel

Ungleichheit, allokative (→ Ungleichheit, distributive), jede ungleiche Zuweisung von solchen Ressourcen zu Akteuren bzw. alle ungleichen Zugriffsmöglichkeiten von Akteuren auf solche Ressourcen, die ungleiche Möglichkeiten der gesellschaftlichen Teilhabe begründen.   D.K.

Ungleichheit, distributive, resultiert aus den Verteilungsregelungen des Wirtschaftsprozesses. Innerhalb des marktwirtschaftlichen Systems können Unternehmer staatliche Eingriffe in die primäre Einkommensverteilung häufig in Form von Preis- oder Lohnerhöhungen überwälzen, sodass eine Reduktion distributiver Ungleichheit unabhängig von den ökonomischen Machtverhältnissen nur in beschränktem Umfange möglich ist.   F.X.K.

Ungleichheit, expressive. Personen (Haushalte) statten sich mit bestimmten Dingen (Symbolen) aus und zeigen einen bestimmten Umgang mit dem, was sie haben (symbolisches Verhalten), um damit zu zeigen, als was sie sich sehen bzw. wie sie in den Augen anderer erscheinen möchten. Hieraus resultiert eine Ungleichheit der Lebensstile als Form subjektiver sozialer Ungleichheit.   D.K.

Ungleichheit, harmonische, bezeichnet eine Idealvorstellung (→ Figurationsideal) von der traditionellen Ehe, versinnbildlicht z.B. im Gesellschaftstanz: „...der Herr führt, die Dame folgt, und beide vereinigen sich zu harmonischen Figuren; in jeder Bewegung des einen wird die des anderen vorausgesetzt und einbegriffen." (B. van Stolk/C. Wouters 1987).

W.F.H.

Ungleichheit, natürliche, beruht auf Ungleichheiten der Individuen von Geburt aus hinsichtlich ihrer Ausstattung mit solchen Ressourcen (äußeren Merkmalen, Befähigungen), die eine

U

ungleiche Teilhabe an Gesellschaft (Zugang zu anderen Ressourcen) zur Folge haben.   D.K.

Ungleichheit, positionale, ist eine Form der → distributiven Ungleichheit. Sie beruht auf der Differenzierung sozialer Positionen (→ Position, soziale), insoweit diese mit ungleichen Möglichkeiten der einflusswirksamen Verfügung über Ressourcen wie z.B. Geld, Macht, Wissen oder Prestige verbunden ist.   D.K.

Ungleichheit, relationale, bezeichnet an die soziale Stellung, die soziale Lage oder die soziale Position gebundene ungleiche Möglichkeiten, soziale Beziehungen aufzunehmen (z. B. Kommunikations- oder Heiratschancen).   D.K.

Ungleichheit, soziale, ist allgemein jede Art verschiedener Möglichkeiten der Teilhabe an Gesellschaft (der Verfügung über gesellschaftlich relevante Ressourcen). Üblicherweise wird aber vorwiegend dann von s. U. gesprochen, wenn es sich um Ungleichheiten handelt, die jeweils größere Personengruppen betreffen und die als relativ dauerhaft gelten können.   D.K.

Ungleichheitsforschung, Sammelbezeichnung für die zahlreichen soziologischen Ansätze, welche die Verschiedenheit der Lebensbedingungen und Soziallagen zu erklären versuchen.   R.L.

Ungleichzeitigkeit, Anachronismus, das Fortbestehen älterer gesellschaftlicher Entwicklungsschichten oder Formationen neben neueren: die „Gleichzeitigkeit des Ungleichzeitigen". So wurde im Unterschied zu demokratischen Entwicklung in England für Deutschland eine U. von modernem Kapitalismus und (überholten) autoritären politischen Strukturen konstatiert. U. kann sich u.a. auch auf das Nebeneinander von Produktionsweisen (z.B. Markt- vs. Subsistenzwirtschaft), Mentalitäten oder Klassenstrukturen beziehen. U. spielt in der Philosophie E. Blochs eine wichtige Rolle („Erbschaft dieser Zeit" 1934).   H.W.

unilateral, [1] im Falle der → Kreuzbasenehe Bezeichnung für das Heiratsmuster zu einer Kreuzbase.
[2] Bedeutungsgleich mit → unilineal   W.F.H.

unilineal, auch: unilateral, Bezeichnung für eine Verwandtschaftszurechnung entweder nach der mütterlichen (matrilineal) oder nach der väterlichen Linie (patrilineal).   W.F.H.

unilokal – bilokal – neolokal, Bezeichnungen für die Art und Weise, wie Neuverheiratete den Wohnort wählen. U. bedeutet Wohnen entweder bei der Familie des Mannes oder bei der der Frau, b. bezeichnet die Möglichkeit der Wahl zwischen beiden (auch ambilokal). N. bezeichnet den Wohnort unabhängig von den beiden Familien.   W.F.H.

univariat, nur eine Variable betreffend.   H.W.

Universalien, *universals*, ursprünglich ethnologische Bezeichnung für die in jeder Gesellschaft bzw. Kultur vorkommenden, im Kern ähnlichen Objekte (z.B. Zuneigung zu Kindern).   G.E.

Universalien, evolutionäre, *evolutionary universals,* sind ein Komplex von Strukturen und dazugehörigen Prozessen, der im Verlauf des sozialen Wandels als strukturelle Innovation des sozialen Systems auftritt. Da die e. U. die Komplexität der systeminternen Mechanismen zur Reduktion von Komplexität sprunghaft steigern, wird angenommen, dass die e. U. als Erfindung in mehreren Systemen unter verschiedenen Bedingungen unabhängig voneinander auftreten. Als Beispiele nennt T. Parsons (1964): Technologie, Verwandtschaftsorganisation, sprachliche Kommunikation, Religion, soziale Schichtung, kulturelle Legitimierung, Bürokratie, Geld und Marktsystem, universalistisches Rechtssystem, demokratische Assoziation.   O.R.

Universalien, kulturelle, Bezeichnung für zentrale kulturelle Elemente, die aufgrund gleichbleibender Bedingungen der menschlichen Gattung oder grundlegender Ähnlichkeiten menschlicher Aneignung der Natur allen oder sehr vielen Kulturen gemeinsam sind. Mit diesem Begriff wird in den anthropologischen Wissenschaften der radikal gefassten Abhängigkeit aller Kulturelemente von der jeweils historischkonkreten Kultur (→ kulturelle Relativität) widersprochen.   W.F.H.

Universalien, sprachliche → Sprachuniversalien

Universalienstreit, philosophisch-weltanschauliche Auseinandersetzung in der mittelalterlichen Philosophie (Scholastik) über die Frage, ob den Allgemeinbegriffen (Universalien), d.h. Gattungs-, Ordnungs-, Wesensbegriffen gegenüber den realen Gegenständen, den konkreten sinnlich erfahrbaren Einzeldingen eine eigene Realität zugrunde liegt oder ob sie nur Einteilungen oder Klassifikationen aufgrund gedanklicher Abstraktionen darstellen. Die Hauptströmungen im U. können als Realismus – die Universalien stellen das wahrhaft Wirkliche dar und sind den einzelnen Erscheinungen vorgeordnet – und als Nominalismus – die Universalien sind Namen für Abstraktionen, die an den Einzeldingen gewonnen werden – einander gegenübergestellt werden.   H.W.

Universalisierung, *universalization*, im Gegensatz zur Tribalisierung die Durchsetzung universalistischer Zurechnungskriterien in der Gesellschaft (z.B. Leistung, positives Recht) und die Zurückdrängung partikularistischer Zurechnungskriterien (z.B. Verwandtschaft, Tradition).   W.L.B.

Universalismus – Partikularismus, *universalism – particularism*, in der strukturell- funktionalen

Theorie eine der polaren Alternativen der Wertorientierung (→ *pattern variables*). Im Gegensatz zu den anderen Alternativen gibt diese nicht den Verbindlichkeitsgrad oder Inhalt eines Wertmaßstabes an, sondern dessen Typ. Universalistische Werte gelten für alle Objekte mit gleichen Merkmalen, partikularistische nur für Objekte mit Merkmalen, die einen spezifischen Bezug zum Handelnden haben: Wer jedem Mitmenschen hilft, ist universalistisch orientiert, wer seinem Nachbarn hilft, partikularistisch. Der Gegensatz zwischen beiden Alternativen ist antinomisch. G.E.

Universalpragmatik, nach J. Habermas die theoretische Rekonstruktion des Regelsystems, das erwachsene Sprecher beherrschen müssen, um aus Worten und Sätzen Äußerungen zu formen, denen Sinngehalt zukommt. Dieses Regelsystem wird als universal verstanden, d.h. es ist konstitutiver Bestandteil der menschlichen → kommunikativen Kompetenz und nicht etwa an irgendeine empirische Einzelsprache gebunden. Das Regelsystem gilt also als das *Apriori* der menschlichen Fähigkeit zur intersubjektiven Verständigung. H.G.

Universalreligion → Weltreligion

universe of content (engl.) → Inhaltskollektiv

universe of discourse (engl.), in der Sozialphilosophie G.H. Meads das Ideal einer universalen Kommunikationsgemeinschaft, in der soziale Konflikte rational, d.h. mit den Mitteln diskursiver Verständigung gelöst werden. Die Realisierung einer demokratischen Gesellschaftsordnung ist auf eine derart geprägte universalistische Moral notwendig verwiesen. Evolutionstheoretisch sieht Mead die Voraussetzungen für den *u. o. d.* in der den Menschen eigenen Fähigkeit zu symbolischer Kommunikation gegeben. In den *u. o. d.* ist virtuell die gesamte Menschheit eingeschlossen. M.M.

unobtrusive (engl.) → *measures, unobtrusive*

Unordnung, physische → *incivilities, physical – social*

Unordnung, soziale → *incivilities, physical – social*

Unperson → Nullperson

Unpersönlichkeit → Dilemma, bürokratisches; → Entfremdung

unproduktiv → Arbeit, produktive

Unregierbarkeit, Zustand der Handlungsunfähigkeit eines politischen Verbandes (z.B. vieler Metropolen Lateinamerikas), bei dem dessen Organe aufgrund mangelnder parlamentarischer Mehrheiten oder chaotischer sozialer Verhältnisse nicht in der Lage sind, Entscheidungen zu treffen bzw. diese durchzusetzen. M.S.

Unsicherheitsabsorption, *uncertainty absorption*, findet statt, wenn aus Informationen unsichere

Schlüsse gezogen und mitgeteilt werden und der Mitteilungsempfänger sich nur noch an den Schlüssen und nicht mehr an den Ausgangsinformationen orientiert. Allgemeiner kann der Begriff den Verlust von Selektionsbewusstsein in einem mehrstufigen Kommunikationsprozess bezeichnen. N.L.

Unterbewusstes, Unterbewusstsein, [1] in der Psychologie meist unsystematisch benutzter Begriff, der oft minderes, gemindertes Bewusstsein oder Nicht-Bewusstes meint.
[2] Von S. Freud abgelehntes, aber in der Umgangssprache bisweilen benutztes Synonym für → Unbewusstes. K.H.

Unterdrückung, auch: Repression, *suppression*, frz.: *répression*, [1] in der Psychoanalyse: das bewusst betriebene, zuerst meist von äußeren Instanzen erzwungene Absperren von Triebregungen von dem ihnen adäquaten Vollzug („Trieb-U."), ohne dass es zur → Sublimierung oder → Verdrängung kommt; die unterdrückten Regungen bleiben dem Bewusstsein vielmehr nach Inhalt und Ziel zugänglich. W.Sch.
[2] In kultur- und sozialkritischem Sinne: die U. individueller Triebäußerungen durch gesellschaftliche Strukturen, vor allem durch entfremdete Arbeit, und – allgemeiner – der Ausschluss von Menschen, Klassen und Gesellschaften von Selbstentfaltung, Glück und Lebenschancen durch die gegebenen Herrschafts- und Autoritätsverhältnisse und die aufgrund dieser Verhältnisse verinnerlichten Zwänge und Tabus. Gegenbegriff: → Emanzipation K.H./R.L.
[3] Jede Form der illegitimen politischen Machtausübung und Gewaltanwendung. R.Kl.

Unterentwicklung, Merkmal von Gesellschaften, die zwar hinsichtlich messbarer Größen (wie technischer Ausstattung, wirtschaftliche und soziale Leistungsfähigkeit) gegenüber fortgeschrittenen Industriegesellschaften als zurückgeblieben gelten, gemessen an den verfügbaren Hilfsquellen aber entwickelbar sind. Der Begriff wird meist von außen an die sog. unterentwickelten Gesellschaften herangetragen und als abwertend empfunden. Er ist soziologisch problematisch („Entwicklung") und veraltet. W.La./L.C.

Unterführer, *sub-leader*, in der Gruppenforschung Bezeichnung für diejenigen Mitglieder einer Gruppe, die in Abhängigkeit oder im Auftrag von dem Führer der Gruppe in der Lage sind, das Verhalten der übrigen Gruppenmitglieder zu beeinflussen, also Aktivitäten innerhalb der Gruppe einzuleiten. R.Kl.

untergebenenorientierter Führungsstil → Führungsstil

Untergruppe, Teilgruppe, Subgruppe, *subgroup*, Bezeichnung für eine Menge von Mitgliedern einer Gruppe, die nach den allgemeinen Defini-

U

tionsmerkmalen einer → Gruppe eine Gruppe in dieser Gruppe bilden, sich also durch besonders häufige Interaktion und/oder ein gemeinsames Gruppenbewusstsein oder eine gemeinsame „Gruppenideologie" auszeichnen. R.Kl.

Unterhaltungsmilieu, eine der gesellschaftlichen Großgruppen innerhalb der kultursoziologischen Fünferklassifikation von G. Schulze. Gesucht wird nach permanenter Stimulation und Abwechselung. Den Kern bilden Jüngere mit niedrigem Schulabschluss. Vielen davon schwärmen für Fußball, Bodybuilding, Volksfeste oder aufgemotzte Autos. Die gebildeteren Altersgenossen befinden sich im → Selbstverwirklichungsmilieu. R.L.

Unterklasse, die Klasse, die von einer Oberklasse beherrscht, in Abhängigkeit gehalten und ausgebeutet wird. O.R.

Unterkonsumtionstheorie, Variante der marxistischen Krisentheorie, die im Vergleich zur → Überakkumulationstheorie den Akzent auf die Realisierungsbedingungen des Mehrwerts in der Zirkulationssphäre legt. Die U. geht von der Vorstellung eines Zurückbleibens der Massenkonsumtion in Folge von gegenüber den wachsenden Produktionskapazitäten zu gering wachsenden Löhnen aus. Die U. hat wie die Theorie von J.M. Keynes große Anziehungskraft auf Gewerkschaften, da krisenhafte Entwicklungen durch die Stärkung der Massenkaufkraft, allgemeiner durch Steuerung der Nachfrage als lenkbar erscheinen. H.W.

Unternehmen bezeichnet in allgemeiner Weise die wirtschaftliche Seite, spezieller die rechtliche Selbstständigkeit einer an Gewinn orientierten (Wirtschafts-) Organisation. Der Begriff wird kaum noch von dem des → Betriebes klar abgegrenzt, der die technisch-sozialen Seiten betont. D.K.

Unternehmensforschung → Operationsforschung

Unternehmenskooperation → *joint venture*

Unternehmenskultur, *corporate identity,* allg. definiert als Ensemble von Werten, Normen und Einstellungen, die das Handeln und Verhalten der Mitglieder einer Organisation zum Wohle der Organisation prägen und leiten sollen. Historische Traditionslinien reichen von „Kruppianern", „Boschianern", Führungskult und Leistungsideologie bis über Betriebs- und Werkgemeinschaftsideologien etc. Eine neue Qualität erhält des Konzept U. gegenwärtig im Kontext der Einführung neuer Technologien, den Grenzen tayloristischer Arbeitsgestaltung und damit verbundenen Auswirkungen auf Verhalten und Handeln der Beschäftigten. Als ganzheitliche, gesellschaftsbezogene Managementpolitik soll U. durch soziale und mentale Steuerung, durch

Organisierung konsensualer Prozesse („Beteiligung", „Partnerschaft") eine kooperative Identität zwischen Beschäftigten und Unternehmen schaffen, die Leistungsreserven mobilisiert, den Bedarf an individuellen extrafunktionalen emotionalen Qualifikationen sichert und eine positive Innen- und Außendarstellung des Unternehmens fördert. Die Entwicklung von Unternehmensphilosophien, eines ethischen Unternehmens-*Image* soll auch die Loyalität des Kunden sicherstellen. M.Sch.

Unternehmerfunktion, [1] bertiebswirtschaftlich: Die planmäßige Vereinigung der Elementarfaktoren der betrieblichen Leistungserstellung zu einer produktiven Kombination (dispositive Funktion, E. Gutenberg).
[2] Volkswirtschaftlich: Einleitung wirtschaftlicher Entwicklungsprozesse auf dem Wege der Durchsetzung neuer Kombinationen im Bereich der Produktionsfaktoren (Innovationsfunktion, J.A. Schumpeter).
Diese und andere U.en, z.B. Risikoübernahme, Kapitalbereitstellung, Entscheidungsfunktion, sind begrifflich nicht an eine bestimmte Position im Unternehmen, beispielsweise an die des Unternehmers, gebunden. B.Bi.

Unternehmersoziologie, soziologische Spezialdisziplin, die sich mit Geschichte, Stellung und Funktion der Unternehmer in der kapitalistischen Gesellschaft beschäftigt, und zwar besonders mit dem Verhältnis zum Eigentum an den Produktionsmitteln, mit den Rechtfertigungsversuchen der Unternehmer und dem Berufscharakter ihrer Tätigkeiten. W.F.H.

Unterorganisation, ein Zu wenig an Regelung in den Arbeitsvollzügen einer Organisation. U. ist ein Problem in Organisationen, die vor allem immer wiederkehrende Aufgaben zu erfüllen haben. Werden für deren Erledigung nicht generelle Maßstäbe, Regeln etc. gefunden und verbindlich gemacht, spricht man von U. J.H.

unterprivilegiert, die mangelhafte Ausstattung mit Lebenschancen, gemessen an dem, was gesellschaftlich möglich und bei anderen Teilen der Bevölkerung verwirklicht ist. R.L.

Unterricht, programmierter → Lernen, programmiertes

Unterrichtsforschung, empirische Teildisziplin der Erziehungswissenschaften, die den Zusammenhang von organisatorischen, kommunikativen, sozialen und pädagogischen Bedingungen der Unterrichtssituation und des Unterrichtsverlaufs (im Hinblick auf Effektivierung des Lehrens) untersucht. W.F.H.

Unterrichtstechnologie – Bildungstechnologie.
Als U., manchmal auch als B. bezeichnet man die modernen technischen Mittel der Effektivierung des Unterrichts, z.B. programmierte In-

struktion, Sprachlabor, audiovisuelle Lehrmittel. B., auch: Lehr- oder Erziehungstechnologie (*educational technology*), heißt dagegen im Allgemeinen die Gesamtheit der technischen, organisatorischen und pädagogischen Verfahren, die der Planung und Kontrolle effektiven Unterrichts dienen. W.F.H.

Unterschicht, in einer hierarchisch strukturierten Gesellschaft die Summe oder die Gruppierung der Inhaber der tiefsten Rangplätze auf der Skala der Merkmale, die in der je spezifischen Gesellschaft als schichtungsrelevant gelten oder dominant erscheinen (z.B. Macht, Einkommen, Prestige). In Untersuchungen zur Schichtung findet sich häufig die (fiktive) Unterteilung der U. in obere U. (*upper-lower class*) und untere U. (*lower-lower class*), jedoch sind die Grenzen von oberer U. zur unteren U., wie auch zur unteren Mittelschicht, fließend. In einigen Untersuchungen wird auch unterschieden zwischen unterer U. und Deklassierten, die dann somit nicht als Teil der Gesellschaft akzeptiert sind. O.R.

Unterschichtenmatriarchat, Bezeichnung der Familiensoziologie für eine dominierende Stellung der Frau (als Mutter) in Teilen der Unterschicht, die dadurch zustandekommt, dass der Vater nur einige Zeit bei Frau und Kindern bleibt (→ Desertion) und u.U. durch wechselnde Freunde der Mutter ersetzt wird. W.F.H.

Unterschichtung, Bezeichnung für eine Erweiterung der Schichthierarchie durch Hinzukommen einer neuen untersten Schicht (von außen oder durch äußere Umstände). Beispiele: Einwanderung von Mexikanern und Puertorikanern in die USA, Bildung einer untersten Unterschicht im Deutschland des Zweiten Weltkrieges (durch Anwerbung, Verschleppung und Kriegsgefangenschaft), U. durch Gastarbeiter bzw. Ausländer in den westeuropäischen Ländern seit den 1950er Jahren. Wichtiges sozialpsychologisches Problem ist bei U., wie die jetzt unerwartet und ohne eigenes Zutun eine Stufe nach oben geschobene bisherige (einheimische) Unterschicht reagiert. W.F.H.

Unterschied, eben merklicher, Unterschiedsschwelle, → Schwelle

unterschwellig → Reiz, unterschwelliger

Untersuchungseinheit, Beobachtungseinheit, Bezeichnung für die Elemente oder Einheiten einer Klasse von Objekten oder Individuen (z.B. die Berufstätigen in München, die Schulen eines Landes, die Sätze eines Textes), an denen in einer Untersuchung Beobachtungen oder Messungen vorgenommen werden. Die Abgrenzung der U. von angrenzenden Sachverhalten, den Kontexten, muss nach den Untersuchungszielen vorgenommen werden. Sie ist oft künstlich (z.B.

Festlegung von Verhaltenseinheiten für die Beobachtung von Interaktionen) und kann zu fehlerhaften Zurechnungen von Eigenschaften zu Einheiten oder Kontexten führen. H.W.

Unterwerfungsgesten → Demutsgebärde

upgrading (engl.), aufstufen, in einer Organisation die Beförderung auf eine ranghöhere Position. R.L.

upper-lower class (engl.) → Unterschicht

upper-middle class (engl.) → Mittelschicht

upper-upper class (engl.) → Oberschicht

urban sprawl (engl.), Prozess der unkontrollierten Ausbreitung von Städten. J.W.

urban underclass (engl.), beschreibt, abgrenzend zur → Unterschicht, eine sozial und funktional nicht mehr integrierte Schicht, die sich in innerstädtischen Quartieren konzentriert. Diese Form der → sozialen Segregation korreliert i.d.R. mit ethnischer Segregation; in US-amerikanischen Städten v.a. mit der → Ghettoisierung von Teilen der afroamerikanischen Bevölkerung. Der Begriff *u.u.* bezeichnet im Unterschied zur → sozialen Ausgrenzung keinen Prozess, sondern einen Status quo. Oft wird der Terminus auch wenig präzise als Residualkategorie für deviant → stigmatisierte Gruppen verwendet, die auf Armut verweisende Merkmale tragen. Eine „strukturelle *u.u.*" wird als Folge struktureller Bedingungen resp. Veränderungen wie Deindustrialisierung, Rassismus, Suburbanisierung der Mittelschicht und Benachteiligungen durch staatliche Institutionen (Schule, Gesundheitswesen, Polizei) angesehen. Eine „kulturelle *u.u.*" ergibt sich aus einer „Kultur der Armut" (O. Lewis), der abweichende normative Orientierungen und Wertvorstellungen zugrunde liegen und die sozialen Aufstieg verhindert. Aufgrund dieser Faktoren perpetuieren sich Armut und → Devianz in den Wohnquartieren der *u.u.* J.W.

urban underclass, kulturelle → Urban Underclass

urban underclass, strukturelle → Urban Underclass

Urbanisierung → Verstädterung

Urbanismus, Bezeichnung für die den Stadtbewohnern (jedoch weder ausschließlich noch ausnahmslos) eigentümliche Lebensweise, die das Ergebnis der → Verstädterung ist. Der Begriff fasst zumeist die folgenden Merkmale zusammen: hohe Arbeitsteilung, Kontaktformalisierung, -oberflächlichkeit, -variabilität, -freiwilligkeit und Mobilität. L.C.

Urbanität, bezeichnet sowohl eine durch Bevölkerungsdichte und soziale sowie kulturelle Heterogenität geprägte Qualität des Städtischen, als auch eine Großstädte charakterisierende Lebensart, die sich durch Distanziertheit (vgl. → Distanz, soziale) und Toleranz auszeichnet. Die

U

Polarität von Öffentlichkeit und Privatheit wird von H.-P. Bahrdt als Voraussetzung für das Entstehen urbanen Verhaltens betrachtet. **J.W.**

Urgemeinschaft → Urkommunismus

Urgesellschaft → Urkommunismus

Urhorde, bei C. Darwin und S. Freud Bezeichnung für die Urform der menschlichen Gesellschaft, in der ein eifersüchtiger Mann mit einer oder mehreren Frauen zusammengelebt und rivalisierende fremde Männer und eigene Söhne im Kampf um die Frau oder Frauen getötet oder vertrieben haben soll. Die heute als widerlegt geltenden Aussagen über die Urform der menschlichen Gesellschaft wurden u.a. zur Erklärung des Inzesttabus und des Exogamiegebots herangezogen. **E.L.**

Urkommunismus, Urgemeinschaft, Urgesellschaft, Bezeichnung für die von K. Marx und F. Engels auf der Basis der anthropologischen Forschungen ihrer Zeit formulierte Annahme über die Sozialorganisation am Anfang der menschlichen Geschichte. In gemeinschaftlicher Produktion stellten die Menschen bei geringer Entwicklung der Arbeitsinstrumente die Güter für ihren Lebensunterhalt her, ohne ein nennenswertes Mehrprodukt darüber hinaus erzielen zu können: ohne Klassentrennung, Ausbeutung, Staatsorganisation, bei gering entfalteter menschlicher Bedürfnisstruktur und großer Abhängigkeit von der Natur. Die gemeinschaftliche Produktionsweise des U. unterscheidet sich nach marxistischer Auffassung von der im Sozialismus durch den dort hohen Grad der Produktivkraftentwicklung und Naturbeherrschung sowie durch die Bewusstheit, mit der die gemeinschaftliche Produktion geplant und gesteuert wird. **C.Rü./W.F.H.**

Urliste → Ursprungsdatei

Urnenmodell, Grundlage von statistischen Gedankenexperimenten zur Stichprobentheorie. Das U. besteht aus der Vorstellung von Behältnissen (Urnen), die mit Kugeln, Zetteln und ähnlichen Gegenständen gefüllt sind. Die Urnen stellen die Grundgesamtheiten dar, deren Zusammensetzung etwa aus verschieden farbigen Kugeln i.d.R. als bekannt angenommen wird, aus denen auf verschiedene Weisen Zufallsauswahlen entnommen werden können. Das U. kann etwa dazu dienen, den Zusammenhang zwischen verschiedenen Zusammensetzungen der Grundgesamtheit, dem Stichprobenumfang und den möglichen Stichprobenergebnissen zu verdeutlichen. **H.W.**

Urproduktion, primäre Produktion, Gewinnung von Rohstoffen (Kohle, Metall, Holz, agrarische Produkte, Fischerei u.a.) für die weitere produktive Verarbeitung. **H.W.**

Ursprungsdatei, auch: Urliste, Datenmatrix, die direktes Resultat der Erhebung (Befragung, Beobachtung etc.) ist und i.d.r. nur auf einer ersten Kodierung der Angaben pro Fall aufbaut. Die U. ist der Ausgangspunkt aller Analyseschritte, etwa von Datenmodifikationen (Rekodierungen, Transformationen, Aggregationen), durch die die U. sukzessiv erweitert und verändert wird. **H.W.**

Urteil, konventionelles → Urteil, moralisches

Urteil, moralisches, Diskrimination und Evaluation einer sozialen Handlung unter Rekurs auf ein durch den psychosozialen Kontext des Urteilenden diktiertes Werte- und Regelsystem. Moralisches Urteilen wurde aus entwicklungspsychologischer Perspektive erforscht (J. Piaget, F. Heider, L. Kohlberg), wobei meist eine Stufenabfolge der Urteilsstrukturen postuliert wird. Kohlberg z.B differenziert unter Berücksichtigung je relevanter Bezugssysteme und Argumentationsstrukturen drei Stadien. Im präkonventionellen Stadium erfolgt eine zunächst egozentrische (Stufe 1), später dann instrumentell-hedonistisch (Stufe 2) motivierte Orientierung an autoritären Strukturen. Im konventionellen Stadium steht die Konformität mit konventionellen, als unveränderbar erachteten sozialen Rollenerwartungen seitens relevanter Bezugspersonen (Stufe 3) sowie später seitens des sozialen Ordungs- und Rechtssystems (Stufe 4) im Zentrum. Bezugssystem des postkonventionellen Stadiums sind selbstakzeptierte moralische Prinzipien, seien es relativierbare, demokratisch begründete Kontrakte (Stufe 5) oder ethische Prinzipien universeller Valenz (Stufe 6). **A.W.**

Urteil, postkonventionelles → Urteil, moralisches

Urteil, präkonventionelles → Urteil, moralisches

Urvertrauen, nach E.H. Erikson (1950) Bezeichnung für das grundsätzliche Vertrauen in die Mitmenschen und die Welt, das ein Individuum besitzt, welches im Säuglingsalter eine fürsorgliche, zärtliche Mutter und überhaupt eine gleichbleibend zutrauenerweckende soziale Umwelt hatte. Fehlen solche Entwicklungsbedingungen, kann es zu einem „Urmisstrauen" kommen, welches sich in einer allgemein pessimistisch- depressiven Haltung, später in erhöhter Anfälligkeit für neurotische Erkrankungen äußert. **R.Kl.**

U-Test → Mann-Whitney-U-Test

Utilitarismus, Nützlichkeitslehre, Nützlichkeitsethik, [1] vor allem durch J. Bentham (1748–1832) und J.St. Mill (1806–1873) begründete ethische Lehre, nach der der Zweck des menschlichen Handelns, seine Sittlichkeit, in der Erhöhung des Nutzens, der Wohlfahrt, des

Glücks der Gesamtheit bzw. der meisten besteht.

[2] Als Utilitätstheorie (*utility theory*) ist der U. eine Theorie der Erklärung sozialen Handelns, der zufolge das treibende Motiv des Handelns die Erzielung eines Nutzens mit dem hierfür günstigen Einsatz an Mitteln ist. Eine inhaltliche Bestimmung dessen, was als Nutzen zu gelten hat, erfolgt nicht. Der U. ist heute die Philosophie der → *rational choice-theory*. B.W.R./H.W.

Utilitätstheorie → Utilitarismus [2]

Utopie, Sozialutopie, Schilderung eines idealen Gemeinwesens oder einer vollkommenen Gemeinschaft, die oberflächlich raumzeitlich in keiner Verbindung zur Gegenwart steht; von hieraus kritisieren die U.n die Gegenwart und zeigen die negierten Möglichkeiten in einer Gesellschaft auf. U.n werden vom 16. Jahrhundert an in Romanen ausgemalt, der Begriff gewinnt aber in der sozialistischen Bewegung politischen Stellenwert und geht in die Ideologiekritik und Wissenssoziologie ein.

Für K. Mannheim zeichnet sich die U. (wie auch die Ideologie) durch inadäquate und unrealistische Erfassung der Wirklichkeit aus, die U. befindet sich mit dieser nicht in Deckung. Nicht jede wirklichkeitsfremde Orientierung kann aber als U. bezeichnet werden. Gegenüber der Ideologie, deren Funktion es ist, die Wirklichkeit zu verdecken und zu illusionieren, kann nach Mannheim nur das U. genannt werden, was das Bestehende ganz oder teilweise sprengt und in praktisches Handeln übergeht. Ein Urteil darüber, ob ein Bild der Wirklichkeit, das sich mit der Wirklichkeit deckt, ein utopisches Bild ist, oder gar Seinsblindheit verrät, hängt letztlich vom vorausgesetzten Begriff der Wirklichkeit ab. Insofern auch die Wirklichkeit perspektivisch gebunden ist, gibt es auch unterschiedliche Gestalten des utopischen Bewusstseins. So kann ein und derselbe utopische Entwurf aufgrund eines bestimmten Wirklichkeitsbegriffes eine lächerliche Fantasterei, ein reaktionärer Utopismus oder eine erstrebenswerte und realistische Alternative sein. Insofern bei der Diskussion von U.n immer nur von den idealen gesellschaftlichen Zuständen, aber nicht vom Menschen die Rede ist, der diese herbeiführen soll, muss die Soziologie auch eine Diskussion des Menschen verlangen bzw. des Menschenbildes, das den utopischen Entwürfen vorausliegt. P.G.

vacancy chain system (engl.), bezeichnet einen hierarchisch geordneten Zusammenhang von nur einmalig besetzbaren Positionen, sodass (berufliche) Mobilität nur möglich ist, wenn die als nächstes anstehende Position durch Abberufung, Tod usw. frei wird. W.F.H.

Valenz → Aufforderungscharakter

Validierung, in der empirischen Forschung i.d.R. Bezeichnung für die Überprüfung der Gültigkeit einer Messoperation durch spezielle Tests und statistische Verfahren. → Validität, externe H.W.

Validierung, kommunikative, Überprüfung der Gültigkeit einer Datenanalyse bzw. Interpretation, indem der Sozialforscher mit den Befragten (bzw. Beobachteten) darüber offen diskutiert, sie zur kritischen Prüfung seiner Analysen einlädt. K. V. ist insofern ein Begriff der → Aktionsforschung und wird hin und wieder mit dem Verweis auf die psychoanalytische Methode begründet, derzufolge eine Deutung des Therapeuten erst gültig ist, wenn sie vom Patienten angenommen worden ist. Abgesehen von wissenschaftstheoretischer Kritik wurde gegen k. V. vor allem eingewendet, dass die Befragten durch das Ansinnen, wie Sozialwissenschaftler zu urteilen, überfordert sein könnten. W.F.H.

Validität theoretischer Konstrukte, *construct validity*, betrifft nicht die (externe) Validität im Verhältnis von Begriffen, Tests oder Experimenten gegenüber Daten, sondern die Gültigkeit im Verhältnis von theoretischen Begriffen, Tests oder Experimentanordnungen zu ihrem theoretischen Bezugsrahmen. Man prüft, ob die aufgrund der Operationalisierung des Begriffs oder der Test- bzw. Experimentanordnung zu erwartenden Daten mit dem theoretischen Bezugsrahmen grundsätzlich in Einklang zu bringen sind. Da aber die Daten letzte Prüfungsinstanz sind, bleibt offen, ob Diskrepanzen auf die mangelnde V. t. K. oder auf mangelhafte Validität sonstiger Art zurückzuführen sind. H.D.R.

Validität, *validity*, Gültigkeit von operationalisierten Begriffen, Messoperationen (z.B. Tests) und Experimenten. Die V. hängt davon ab, inwieweit erhobene Daten bzw. in Tests und Experimenten ermittelte Messwerte tatsächlich das beschreiben, was man unter dem Begriff, dem Sachverhalt, der zu testenden Eigenschaft usw. versteht, über die Daten und Messwerte gewonnen wurden. H.D.R.

Validität, augenscheinliche, Plausibilität → *face validity*

Validität, externe, *external validity, criterion validity,* besagt, ob nach Messung des Merkmals *a* das von der Definition eines Begriffs bzw. der Anlage eines Tests oder Experiments her zu erwartende Merkmal *b* feststellbar ist, was als empirische (externe) Bestätigung dafür gelten würde, dass tatsächlich *a* gemessen wurde und der Begriff (Test, Experiment) valide ist. Die e. V. erfordert daher Kontrollmessungen, die im Falle der Voraussagegültigkeit in der Zukunft bei der *concurrent validity* parallel zur Messung von *a* stattfinden; d.h. das Merkmal *b* ist einmal längerfristige Folge von *a,* im anderen Fall tritt es gemeinsam mit *a* auf. Die Schwierigkeit bei der e. V. besteht u.a. darin, dass zwar *a* durch *b* zunächst bestätigt wird, aber die Validität der Messung des Merkmals *b* offen bleibt.   H.D.R.

Validität, inhaltliche → Validität, interne

Validität, interne, *internal validity,* auch: inhaltliche oder logische Validität, Gültigkeit von Begriffen, Tests und Experimenten wird aufgrund von theoretischen Kenntnissen oder Alltagserfahrungen beurteilt; insbesondere in den Fällen, wo empirische Validitätsprüfungen hinsichtlich der externen V. nicht möglich sind oder ein wissenschaftlicher Begriff nicht vollständig operationalisiert ist, aber z.B. auch vor der praktischen Erprobung von Tests und Experimenten. Kriterien sind: die Beziehungen zwischen den ausgewählten Indikatoren in der Realität und den Merkmalen eines Begriffs oder eines Sachverhalts, der gemessen werden soll; der logische Charakter des Rückschlusses von Indikatoren auf den Begriff bzw. Sachverhalt; das Verhältnis möglicher Indikatoren zu den tatsächlich ausgewählten usw. Aussagen über die i. V. sind stets unsicher bzw. hypothetisch.   H.D.R.

Validität, logische → Validität, interne

Validität, ökologische, *ecological validity,* Gültigkeit von Daten bzw. Ergebnissen empirischer Sozialforschung in der natürlichen sozialen Welt der untersuchten Personen. Gegenüber den durch Experimente und auch durch Umfrageforschung erhaltenen Auskünften wird oft der Einwand erhoben, sie erfüllten dieses Kriterium der ö.n V. nicht (z.B. Antworten auf Fragen in einem standardisierten Interview entsprächen nicht oder nur teilweise den Meinungen, Einstellungen usw., die die Befragten in ihrer Lebenswelt außerhalb der Interviewsituation haben). Die qualitative Sozialforschung will ö. V. dadurch erreichen, dass sie Forschungsinstrumente verwendet, die sich an Gewohnheiten in der natürlichen sozialen Situation anschmiegen.   W.F.H.

Validität, pragmatische, Voraussagegültigkeit, → Validität, externe

Validitätskoeffizient → *multivariable – multimethod matrix*

validity, concurrent (engl.) → Validität, externe

validity, convergent (engl.) → *multivariable – multimethod matrix*

validity, discriminant (engl.) → *multivariable – multimethod matrix*

validity, ecological (engl.) → Validität, ökologische

validity, predictive (engl.), Voraussagegültigkeit, → Validität, externe

value orientation (engl.) → Wertorientierung [3]; → Orientierung, evaluative

Variabilität, strukturelle, die Gewährleistung der Änderbarkeit einzelner Merkmale eines sozialen Systems durch dessen Grundstruktur. So erreichen nach N. Luhmann moderne Gesellschaften s. V. auf der Ebene der Normen dadurch, dass sie das Recht positivieren (das heißt: durch gesetzgeberische oder sonstige Entscheidung setzen lassen), wodurch die Änderungsmöglichkeiten stets präsent bleiben.   R.L.

Variabilitätskoeffizient, Variationskoeffizient, seltener verwandtes Streuungsmaß, das beim Vergleich von Standardabweichungen mit unterschiedlich großem Mittelwert (etwa Streuung des Einkommens bei Unternehmern und Arbeitern) sinnvoll ist:

$$V = \frac{\text{Standardabweichung}}{\text{Mittelwert}}$$ H.W.

Variable, Veränderliche, Ausdruck der Mathematik und Statistik für eine veränderliche Größe, die jeden Wert aus einer festgelegten Menge von Werten annehmen kann. Die Werte oder Ausprägungen einer V. können quantitativer oder qualitativer Natur sein. Nimmt die V. die Werte mit bestimmten Wahrscheinlichkeiten an, so spricht man von einer Zufallsvariablen oder zufälligen Veränderlichen.   H.W.

Variable, abhängige – unabhängige, Unterscheidung zwischen Variablen nach den zwischen ihnen bestehenden Einflussrichtungen. Als u. V. werden i.d.R. solche Variablen bezeichnet, deren Varianz in einer Untersuchung nicht erklärt werden soll, sondern die zur Erklärung anderer Variablen (a. V.) herangezogen werden. Die u. V. werden auch als Faktoren, in der experimentellen Forschung auch als *treatments* bezeichnet.
          H.W.

Variable, diskrete – kontinuierliche, a) Unterscheidung von metrischen Messungen, bei denen in einem bestimmten Intervall nur endlich viele, abzählbare Werte liegen können, z.B. Anzahlen von Personen und Handlungen (d. V.) bzw. bei denen zwischen beliebig nahe beieinander liegenden Werten stets weitere Werte liegen können (k. V.); b) nicht metrische Messungen (Nominal- und Ordinalskalen) sind immer diskret oder diskontinuierlich.   H.W.

Variable, intervenierende, vermittelnde Variable, [1] stellt eine Veränderliche dar, die einen indirekten Zusammenhang zwischen zwei Variablen herstellt. Wirkt A auf B und B auf C, dann ist B eine i.v. in der Beziehung zwischen A und C.
[2] In engerer Bedeutung sind i.v. nicht-gemessene Größen, die zur Erklärung von Zusammenhängen hypothetisch herangezogen werden. In der Psychologie ist es strittig, ob „innere", nicht im Verhalten beobachtbare Größen als i.v. zur Erklärung der Beziehung zwischen Reizen und Reaktionen angenommen werden dürfen. H.W.

Variable, kategorisierte → Kategorisierung

Variable, kontinuierliche → Variable, diskrete – kontinuierliche

Variable, latente – manifeste, Interpretation beobachtbarer Eigenschaften (m. V.) von Untersuchungseinheiten als Ausdruck oder Produkt von verborgenen, ihnen zugrunde liegenden Eigenschaften. Die m. V. wird zum Indikator einer l.n V. Die l. V. kann auch als theoretisches Konstrukt aufgefasst werden, die eine Menge empirischer Beobachtungen begrifflich vereinheitlicht. Die Unterscheidung l. V. – m. V. wirft immer das Problem der → Validität einer Messung auf.   H.W.

Variable, manifeste → Variable, latente – manifeste

Variable, metrische, Variable, die die Eigenschaften einer → Metrik besitzt. Der Messvorgang beruht auf einer standardisierten Maßeinheit (Meter, Gramm). Die Bedingungen einer Metrik werden in den Sozialwissenschaften durch den Messvorgang häufig nicht erreicht. Die Anwendung bestimmter mathematisch-statistischer Operationen ist in diesen Fällen nur bedingt möglich und bedarf besonderer Modelle (→ Metrisierung).   H.W.

Variable, qualitative – quantitative, in der empirischen Sozialforschung Unterscheidung von Variablen nach ihrem Mess- oder → Skalenniveau. Quantitative Eigenschaften haben die → Ordinalskalen, → Intervallskalen und → Ratioskalen, rein qualitative Eigenschaften die → Nominalskalen.   H.W.

Variable, quantitative → Variable, qualitative – quantitative

Variable, unabhängige → Variable, abhängige – unabhängige

Variable, vermittelnde → Variable, intervenierende

Variablensoziologie, Begriff von H. Esser (1989), um eine allein an quantitativen statisti-

schen Kriterien (z.B. Anteil erklärter Varianz) orientierte Soziologie zu kritisieren, deren Erklärungsgehalt ohne eine theoriegeleitete Interpretation gering bleibt.   D.Kl.

Varianz, statistisches Streuungsmaß, das die Verteilung von Messwerten um ihr arithmetisches Mittel charakterisiert, dargestellt als Summe der Abweichungsquadrate (SAQ) aller Messwerte einer Verteilung von ihrem arithmetischen Mittel, dividiert um durch die um 1 verminderte Anzahl der Messungen. Formel:

$$S^2 = \frac{SAQ}{(n-1)} \; ,$$

$$SAQ = \sum_{n}^{i=1} f_i \, (x_i - \bar{x})^2 \; ,$$

wobei: S^2 = Varianz; x_i = i-ter Messwert in der Häufigkeitsverteilung; f_i = Häufigkeit des i-ten Messwertes; $\bar{x}$ = arithmetisches Mittel aller Messwerte; n = Anzahl aller Messwerte ist. Die nicht negative Quadratwurzel aus S^2= heißt Standardabweichung.   D.G.

Varianzanalyse, statistisches Verfahren, mit dem mehrere Stichprobenverteilungen hinsichtlich ihrer Varianz miteinander verglichen werden. Bedingungen sind unabhängige, normal verteilte Daten mit dem Informationswert von Messwerten, gleiche Varianz der Stichproben und Additivität von Zeilen- und Spaltenwirkungen. Normalverteilung wird angenommen. Die Unterschiede zwischen je zwei Stichproben können mit dem Duncan-Test oder dem Newman-Kenes-Test auf Signifikanz geprüft werden. Die V. kann für einfache wie auch für mehrfache Klassifikationen angelegt werden.   D.G.

Variation im allgemeinsten Sinne ist die Änderung von Strukturen. In der allgemeinen Evolutionstheorie bezeichnet V. den Mechanismus und die Funktion zufällig streuender Abwandlungen, die die Voraussetzung dafür sind, dass unter sich ändernden Bedingungen neue, brauchbare Problemlösungen selektiert werden können. In der sozio-kulturellen Evolution erfolgt V. durch sinnhaft-sprachliche Erzeugung eines Überschusses an Möglichkeiten, unter denen mehr oder weniger bewusst gewählt werden kann.   N.L.

Variationskoeffizient → Variabilitätskoeffizient

Vaterrecht → Mutterrecht – Vaterrecht

Vektor, gerichtete Größe, wird geometrisch als Pfeil veranschaulicht, wobei die Länge des Pfeils den Betrag (Größe) des V.s charakterisiert. Allgemeiner wird jedes Element eines n-dimensionalen Zahlenraumes als V. bezeichnet. So spricht man zum Beispiel von den Zeilen und Spalten einer Matrix als den Zeilen- bzw. Spaltenvektoren.   M.K.

V

Vektorpsychologie, topologische Psychologie, exakter auch: Topologische und Vektorpsychologie, häufig: Feldpsychologie, ein von K. Lewin entwickelter Ansatz zu einer allgemeinen Verhaltenstheorie. Grundlegend ist der Gedanke, dass das Verhalten einer Person eine Funktion ihres → Lebensraumes oder eines psychologischen → Feldes ist, das seinerseits eine Funktion von Person und Umwelt ist.   H.E.M./R.Kl.

Ventilsitten, diejenigen Gebräuche und Einrichtungen in primitiven Gesellschaften, die institutionalisierte Auswege für solche Feindseligkeiten und Triebe bieten, welche gewöhnlich durch die Gruppe unterdrückt sind. Beispiel: Orgiastische Feste, bei denen sexuelle Normen gefahrlos übertreten werden dürfen (L.A. Coser).   R.L.

Veränderliche → Variable

Verallgemeinerung → Generalisierung

Veralltäglichung des Charisma, nach M. Weber der Prozess, der aufgrund des spezifisch außeralltäglichen und außerwirtschaftlichen Charakters charismatischer Herrschaft, die in reiner Form nur in *statu nascendi* möglich ist, regelmäßig und notwendig einsetzt, wenn sie als eine Dauerbeziehung zwischen charismatischem Herrn und Beherrschten bestehen soll. Als idealtypisches Endstadium dieses Prozesses gilt der traditional oder rational organisierte Alltag.   C.S.

Verankerung von Attitüden, *anchoring of attitudes*, in der Einstellungs- und Attitüdenforschung eine besonders große Resistenz von Attitüden gegenüber neuen Erfahrungen, die auf Abstützung durch weltanschauliche Werthaltungen oder massive Erfahrungen beruht.   W.F.H.

Verankerung von Urteilen, *anchoring of judgements*, Fixierung von Bezugspunkten (Ankern) bei der Einschätzung von Objekten, z.B. der Liberalität von Erziehungsverhalten. Die Anker können aus den Erfahrungswerten der einschätzenden Personen bestehen („Im Vergleich zu meinem Lehrer ...") oder vom Forscher gesetzt werden („Die Größe der Objekte liegt zwischen den Punktwerten 1 und 10"). Die Anker bestimmen Lage (Extremität) und Streuung der Urteile.   H.W.

Verantwortungsethik, von M. Weber eingeführte Bezeichnung einer ethischen Haltung, die die Richtigkeit eines Handelns in erster Linie nach seinen vorhersehbaren Folgen und nicht nach den ihm zugrunde liegenden Motiven beurteilt (→ Gesinnungsethik).   F.X.K.

Verantwortungsgesellschaft, lautet der deutsche Titel eines Buchs von A. Etzioni (1997), worin das Programm des → Kommunitarismus modifiziert wird. Um die Autonomie des Einzelnen zu wahren, obwohl die Gemeinschaft Anforderungen stellt, wird ein „responsiver Kommunitaris-

mus" empfohlen. Individuelle Rechte und soziale Verantwortlichkeiten verstärken sich darin bis zu einem gewissen Grad. Da beide aufeinander angewiesen sind, können sie in ein ausgewogenes Verhältnis gebracht werden.   R.L.

Verausgabung, in der Theorie von G. Bataille (1933) unproduktive Konsumtion, die im Unterschied zur Nützlichkeitsorientierung der Produktion und Reproduktion unnütz ist und ihren Zweck allein in sich selbst hat. Ziel der V., die sich in Luxus, Trauerzeremonien, Kriegen, Kulten, Prachtbauten, Künsten manifestieren kann, ist mithin der reine Verlust. Hierin unterscheidet sich V. von → Verschwendung, die von Nützlichkeitserwägungen geleitet sein kann. In der V. des Produzierten und Erworbenen konstituiert sich Souveränität. In vorchristlichen und vorbürgerlichen Gesellschaften dienten Produktion und Erwerb vorrangig den freiwilligen sozialen Formen der V., die seit dem 17. Jh. mit dem Niedergang des aristokratischen Lebensstils an Bedeutung verloren haben.   F.G.

Verbalverhalten → Verhalten, verbales

Verband, hierokratischer, nennt M. Weber einen Herrschaftsverband, insofern zur Garantie seiner Ordnung psychischer Zwang durch Spendung oder Versagung von Heilsgütern verwendet wird (hierokratischer Zwang). Kirchen bestimmt Weber enger als hierokratische Anstaltsbetriebe.   C.S.

Verband, politischer, [1] allgemeine Bezeichnung für Organisationen im Bereich von Staat und Politik, die Berufs-, Standes- und andere soziale Interessen vertreten und durchzusetzen versuchen, z.B. Berufsverbände.
[2] Bei M. Weber allgemeiner Begriff für politische Ordnungen (also z.B. nicht nur Staaten umgreifend): „Politischer Verband soll ein Herrschaftsverband dann und insoweit heißen, als sein Bestand und die Geltung seiner Ordnungen innerhalb eines angebbaren geografischen Gebiets kontinuierlich durch Anwendung und Androhung physischen Zwangs seitens des Verwaltungsstabes garantiert werden".   W.F.H.

Verbändeherrschaft, auch: Herrschaft der Verbände, der starke oder dominierende Einfluss der Verbände und Interessengruppen (der Privatindustrie, der Gewerkschaften, Kirchen, Berufsvereinigungen usw.) auf die politischen Entscheidungen im Parlament und auf die staatliche Verwaltung.   W.F.H.

Verbändestaat, die politische Herrschaftsform entwickelter kapitalistischer Staaten, die durch zunehmende Durchdringung von verfassungsmäßigen staatlichen Instanzen und außerstaatlichen Einflüssen gekennzeichnet ist, wobei besonders die Macht der Verbände (Gewerkschaften, Arbeitgeber usw.) als verfassungsrechtlich

V

nicht legitimierte Instanzen hervorgehoben werden.   W.F.H.

Verbandsfamilie, indische Form der erweiterten Familie; besteht aus allen Brüdern einer Generation, deren Söhnen, Enkeln, Urenkeln, die von Geburt an Miteigentümer des unteilbaren Familienbesitzes sind.   R.O.W.

Verbandshandeln, das Handeln des Verwaltungsstabes eines Verbandes sowie das von ihm geleitete Handeln (M. Weber), nicht aber jedes an der Verbandsordnung orientierte Handeln.   W.F.H.

Verbandskirche, religionssoziologische Bezeichnung derjenigen Kirchenform, die nach F. Fürstenberg über den sozialen Raum der Lokalgemeinde hinaus eine organisatorische Grundstruktur mit vorgeformten Verhaltensweisen (→ Ritus, → Kultus) und dem ausgeprägten Institut des Lehramtes besitzt. Eine Differenzierung der V. kann nach dem mehr hierarchisch- autoritären oder mehr genossenschaftlichen Charakter der Organisationsform vorgenommen werden (Gegensatz: → Bruderschaftskirche).   V.Kr.

Verbandsperson → Person, kollektive

Verberuflichung, [1] berufliche (im Unterschied zu familialer) Organisation der Arbeitsteilung einer Gesellschaft: Die Leistungen für deren Funktionieren werden „als Beruf" erbracht.
[2] Entstehung von industriellen (im Unterschied zu handwerklichen) Lehrberufen, die auf Anpassung der Arbeitskräfte an die Erfordernisse rationalisierter Arbeit abzielt und von den Unternehmen initiiert wird.
[3] Auf dem Kontinuum von „Arbeit – Beruf – Profession" ein mittlerer Grad der Systematisierung des Wissens und der sozialen Orientierung.   H.D.

Verbraucherverhalten → Konsumverhalten

Verbundsystem, in Industrie- und Betriebssoziologie (H.P. Bahrdt) Modell der Kooperation und der Organisation der Entscheidungsbefugnisse, das – im Gegensatz zur starren Hierarchie von Ebenen der Vorgesetzten – die direkte Zusammenarbeit von Fachleuten, dem Stab, mit den unteren Ebenen des Betriebes vorsieht. W.F.H.

Verbürgerlichung, [1] allgemeine Bezeichnung für die geschichtlichen Prozesse der Durchsetzung bürgerlicher Produktions- und Lebensformen gegenüber dem Feudalismus.
[2] Bezogen auf die Entstehung der bürgerlichen Gesellschaft bezeichnet V. die Vorgänge, durch die jedermann zum Bürger wurde.
[3] Wichtiger Begriff im Zusammenhang mit der Beschreibung der politischen und sozialen Integration der Arbeiterklasse in den bürgerlichen Staat und ihre Annäherung an bürgerliche Lebensformen. Meist werden Statusanhebung, Ein-

kommensverschiebung und Veränderungen im Lebensstil herausgehoben, manchmal auch gesellschaftspolitische Grundentscheidungen der Arbeiterorganisationen (z.B. Durchsetzung einer nicht-revolutionären Politik in SPD und Gewerkschaften zu Beginn des 20. Jahrhunderts).
[4] In einem allgemeinen Sinne bezeichnet V. alle Prozesse, durch die Schichten, die nicht zum Bürgertum gehören, in es integriert werden, also auch Integrationsprozesse adliger Oberschichten usw.   W.F.H.

Verdichtung, frz. *condensation,* [1] bezeichnet bei A. Comte eine Zusammenballung von Menschen in einem gegebenen Territorium und allgemeiner das Anwachsen der Bevölkerungsgröße. V. setzt eine differenziertere Arbeitsteilung in Gang (so später auch E. Durkheim) und beschleunigt soziale Entwicklung.   W.F.H.
[2] Bei den Völkerpsychologen M. Lazarus (1857), H. Steinthal (1871) und beim jungen G. Simmel (1890) steht V. für die Verfestigung von Vorstellungen und Gedanken zu abstrakteren Einheiten (z.B. Symbolen, Formeln) wie Institutionalisierung von Gewohnheiten (z.B. Sitten) sowie Objektivierungen der Kunst in Kunstwerken.   O.R.

Verdinglichung, [1] besonders von G. Lukács im Anschluss an K. Marx verwendeter Begriff für eine Form der Entfremdung, die das Bewusstsein oder das Denken betrifft. Verdinglichtes Bewusstsein oder verdinglichtes Denken begreift den Zusammenhang von Mensch und von ihm geschaffenem Gegenstand, von Produzent und Produkt nicht mehr, sondern hält diese Spaltung für eine grundlegende und natürliche und die vom Menschen geschaffenen Dinge (seien es Waren, gesellschaftliche Regelungen oder soziale Institutionen) für außer der Gewalt des Menschen stehende und ohne ihn (natürlich) entstanden. Diese, für die Marxisten in der kapitalistischen Produktionsweise unvermeidbare Erscheinung, wirkt sich vor allem in den Anschauungen zur Religion, zur Moral und zur Kunst, aber auch zur Wissenschaft und Philosophie aus. Im Bereich des Religiösen ist die menschliche Welt in eine religiöse und eine weltliche verdoppelt, und moralische Gebote sind von außen aufgegeben. Die Kunst spiegelt die Spaltung von schlechter Wirklichkeit und unwirklicher Idee. Die „positivistische" Wissenschaft wiederholt den Gegensatz von Produzent und Produkt in der erkenntnistheoretischen Spaltung von Subjekt und Objekt. Wie die Entfremdung verschwindet die V. nach der revolutionären Aufhebung der kapitalistischen Produktionsweise.
[2] Die nicht-marxistischen Soziologien, insbesondere die soziologischen Persönlichkeitstheo-

rien, gehen von der Normalität eines bestimmten Grades von V. aus: Die Spaltungs- und Entpersönlichungsphänomene sind konstitutiv für die Möglichkeit des Menschen, überhaupt Rollen zu spielen, Abstand zu nehmen und zu reflektieren. P.G.

[3] Der Begriff V. dient bei G. Simmel zur Erfassung des Phänomens, dass in der modernen Gesellschaft „aller Sachgehalt des Lebens immer sachlicher und unpersönlicher wird, damit der nicht zu verdinglichende Rest desselben umso persönlicher, ein umso unbestreitbareres Eigen des Ich werde" (1907[2]). Die V. des Produzierten wird gefördert durch die Mechanisierung, die das Objekt löst von der Entäußerung eines bestimmten Subjekts. Symbol und Ursache für die V. ist nach Simmel das Geld. O.R.

Verdrängung, der in der Psychoanalyse grundlegend und umfassend erörterte Mechanismus, den das → Ich zur unbewussten Abwehr und Unterdrückung eines anstehenden Triebbedürfnisses einsetzt. Auch Erinnerungen, Wunschfantasien und Emotionen im Zusammenhang mit einem derartigen Impuls des → Es können in dem Falle, wo er im Konflikt steht mit einschränkenden oder Verzichtsforderungen des → Über-Ich (Gewissensangst), nicht über die Bewusstseinsschwelle gelangen, d.h. werden ins Unbewusste abgedrängt. Das verdrängte Material wie der Prozess der V. selbst werden dem Subjekt nicht bewusst, im Gegensatz zum Vorgang der → Unterdrückung (Repression), bei der das Vergessenwollen auf einem bewussten Entschluss beruht. Verdrängte Inhalte sind, subjektiv betrachtet, vergessene Inhalte. Sie sind zwar „bewusstseinsunfähig", damit aber nicht gelöscht und wirkungslos, denn ihre Besetzung mit Triebenergie drängt weiterhin nach Befriedigung. K.St.

Verein für Socialpolitik wurde 1872 in Eisenach gegründet, 1873 endgültig konstituiert mit der Zwecksetzung, die Lage der Arbeiterklasse zu verbessern, um einer Revolution vorzubeugen. Träger des V. f. S. waren Nationalökonomen, die sog. Kathedersozialisten (G. von Schmoller, A. Wagner, L. von Brentano, G.F. Knapp, B. Hildebrand), Politiker, Unternehmer und Journalisten, die in Ablehnung des Manchesterliberalismus an die soziale Verantwortung der Politik appellierten. Der Staat sollte über soziale Missstände durch detaillierte empirische Studien (Enquêten) informiert und damit zum Handeln veranlasst werden. Der V. f. S. hatte großen Einfluss auf Bismarcks Sozialpolitik. O.R.

Vereinigung, freiwillige → Organisation, freiwillige

Vereinigungsmittel, i.S.v. gesellschaftlich vorgegebenen Verhaltensweisen, die soziale vertikale

Nähe schaffen (oder voraussetzen), also stratifikatorische Schranken überwinden, nennt G. Simmel Commensalität, Commerzialität und Connubität (1908). O.R.

Verelendung, im weitesten Sinne ein Begriff, der sich im Marxismus auf die Gesamtheit der ökonomischen und ideellen Beziehungen der Arbeiter richtet und meint, dass im Kapitalismus das Proletariat vordringlich unter den gesellschaftlichen Widersprüchen zu leiden hat. Im engeren Sinne bezieht sich V. auf die zu K. Marx' Zeiten zu beobachtende Lohnv. und Unterbeschäftigung der Arbeiter. Ist die materielle V. auch als Tendenz mit dem Kapitalverhältnis gegeben, so kann sie nach Marx durch Interventionen (etwa Gewerkschaftsarbeit) modifiziert und abgeschwächt werden. C.Rü.

Verelendung, relative, Abnahme des Anteils der Lohnabhängigen am produzierten gesellschaftlichen Reichtum durch Verbilligung der Konsumtionsmittel und Reduktion der sonstigen Reproduktionskosten der Arbeitskräfte (z.B. Gesundheitsversorgung). Die r.V. ist mit einer steigenden Güterausstattung der Lohnabhängigen (Massenkonsum) vereinbar. H.W.

Verfahren der gleicherscheinenden Abstände → Thurstone-Skala

Verfahren der nachträglich bestimmten Abstände, *method of successive intervals*, Verfahren zur Metrisierung der → Thurstone-Skala. Über die *z*-Transformation der kumulierten und prozentuierten Häufigkeitsverteilung aller *items* (etwa auf einer 11-Stufen-Skala) werden die genauen Intervallbreiten zwischen den Skalenstufen, die Intervallgrenzen auf dieser Grundlage (nachträglich) die (kardinal interpretierten) Skalenwerte der *items* berechnet. P.P.

Verfahren der summierten Einschätzungen → Likert-Skala

Verfahren der transferierten Einschätzungen, *unfolding technique*, Bezeichnung für die von C.H. Coombs entwickelte Skalierungsmethode der „Entfaltung" rangmäßig geordneter Stimuli (z.B. *items*) und Projektion auf ein eindimensionales latentes Kontinuum, auf dem sowohl die Position der Stimuli als auch die Einstellungspositionen der Befragten abgebildet werden (*joint scale*). Die Rangordnung wird als Ausdruck der (für eine Einstellung typischen) Distanz der Stimuli zur Einstellungsposition des Befragten betrachtet. P.P.

Verfassungswirklichkeit, in der Politischen Wissenschaft der Grad der Verwirklichung der Verfassungsvorschriften. W.F.H.

Verfemung, innergesellschaftliche Isolierung Einzelner oder Gruppen, die vornehmlich durch Abbruch der Interaktionen der übrigen Gesellschaftsmitglieder mit diesen erfolgt. O.R.

V

Verfestigung, bei G. Simmel svw. → Verdichtung

Verfestigung, positionelle, der Vorgang, dass Bündel von sozialen Verhaltensbesonderheiten einer bestimmten Klasse von Individuen zugeordnet werden und diese Bündel tradierbar sind.   H.Tr.

Verflechtung von Lebensläufen, bezeichnet die Annahme, dass der Lebenslauf eines Individuums nicht für sich betrachtet werden kann, weil er sozial und institutionell mit jeweils darauf bezogenen komplementären usw. Lebensläufen verflochten ist (Krüger 2001). Z.B. ist der männliche Lebenslauf mit dem Schwerpunkt auf der Berufsarbeit strukturell auf den weiblichen mit dem Schwerpunkt auf Familie bezogen und umgekehrt.   W.F.H.

Verfremdung, nach B. Brecht eine Technik der Schauspielkunst, um künstlerische Wahrheit wieder kommunizierbar zu machen. V. heißt, alltägliche Dinge aus dem Bereich des Selbstverständlichen zu heben, um durch die Negation des vom Publikum bisher immer Verstandenen zu einer neuen Ebene des Verstehens der Realität zu führen. Der beim Publikum durch die V. erzielte Effekt bewirkt Distanzierung zur Realität und Reflexion über sie.   C.Rü./O.R.

Verfremdungseffekt → Verfremdung

Verfügungsgewalt, durch Vertrag oder Satzung begründetes Recht auf Verfügung über Sachmittel, Leistungen, Arbeitskräfte (insbesondere im kapitalistischen Betrieb), im Unterschied zum Eigentumsrecht.   W.F.H.

Vergegenständlichung, [1] Verwirklichung, Objektivation, Bezeichnung für den Prozess, in dem sich das Subjekt durch Handeln „zum Dinge (macht, zur) Form, die Sein ist" (G.W.F. Hegel). Jede Handlung eines Subjekts, sei es, dass es einen Wunsch äußert, sei es, dass es etwas erstellt, macht dieses Subjekts etwas zum Objekt, zum Teil seiner Umwelt, das als an sich seiender Gegenstand auf das Subjekt zurückwirken kann (→ Entzweiung, → Entäußerung).   O.R.

[2] Im Anschluss an Hegel betrachtet K. Marx die menschliche Arbeit als Prozess der V. Im materiellen Arbeitsresultat treten den Menschen ihre kreativen Potenziale gegenständlich gegenüber. Besitzen die Arbeitenden unter bestimmten gesellschaftlichen Verhältnissen kein Eigentum an ihren Arbeitsprodukten, führt die V. zur → Entfremdung [3].   H.W.

Vergehen, im deutschen Strafrecht die mittelschweren Taten. V. sind mit einer Freiheitsstrafe von weniger als einem Jahr oder mit Geldstrafe bedroht.   D.Kl.

Vergeltung, *retaliation*, Talionsprinzip, in primitiven Gesellschaften geltende Regeln der Entschädigung für Unrecht: Die Betroffenen sind berechtigt, dem Täter gleichfalls Unrecht zuzu-fügen, und zwar (nach Entwicklung des Geldes und Tauschhandels) in gleichem Maße wie das erste Unrecht. Diese Regeln werden als Ursprünge des Rechts und der Gesetze überhaupt angesehen.   W.F.H.

Vergemeinschaftung nennt M. Weber eine soziale Beziehung, insofern die Einstellung des sozialen Handelns auf subjektiv gefühlter (affektuell-emotionaler oder traditionaler) Zusammengehörigkeit der Beteiligten beruht. Als anschaulichstes Beispiel gilt die Familiengemeinschaft. Der Übergang zu Vergesellschaftung ist fließend, weil auch wert- oder zweckrational gedachte, aber auf Dauer eingestellte Beziehungen i.a. dazu tendieren, Gefühlswerte, die für V. kennzeichnend sind, zu entwickeln, und, umgekehrt, mit V. durchaus auch wert- oder zweckrationale Einstellungen verträglich sind.   C.S.

Vergesellschaftung [1] nennt G. Simmel den Gegenstand der Soziologie. Soziologie als Einzeldisziplin findet ihr Objekt, indem sie die Gesellschaft mit einer neuen Abstraktion betrachtet. Soziologie untersucht die Wechselwirkungen der die Gesellschaft bildenden Elemente. Diese Wechselwirkungen bewirken, dass aus den individuellen Elementen Gesellschaft wird. Der V.sbegriff soll bei Simmel den vieldeutigen Gesellschaftsbegriff als Grundbegriff der Soziologie ersetzen, da er den dynamischen Aspekt der Gesellschaft besser verdeutlicht. Mit dem V.sbegriff wird es möglich, Gesellschaft im *„status nascens"* zu thematisieren. Diesen Prozess der permanenten Wechselwirkungen, der sich in sozialen Formen manifestiert, nennt Simmel V.→ Soziologie, formale   H.J.D.

[2] V. nennt M. Weber eine soziale Beziehung, insofern die Einstellung des sozialen Handelns auf (wert- oder zweck-) rational motiviertem Interessenausgleich oder auf ebenso motivierter Interessenverbindung beruht. Reinste Typen sind der frei paktierte Markttausch, der frei paktierte Zweckverein und der streng wertrationale Gesinnungsverein.   C.S.

[3] In der marxistischen Diskussion ein Begriff, der die bewusste, revolutionäre Aufhebung des Grundwiderspruches kapitalistischer Produktionsweise durch die Arbeiterklasse bezeichnet, wobei meist in erster Linie die Beseitigung der Anarchie der Produktion durch gesellschaftliche Planung der Produzenten gemeint ist. In diesem letzten Sinne kann V. auch die Inbesitznahme des Privateigentums an den Produktionsmitteln durch die Arbeiter bedeuten.   W.F.H.

Vergesellschaftung der Arbeit, [1] Bezeichnung für den geschichtlichen (und gegenwärtig fortgehenden) Prozess, in dem die Arbeiten einzelner Gruppen und Werkstätten in einem über unmittelbare Hauswirtschaft, Dorf- und direkten

Markt hinausgehenden, gesellschaftlichen Zusammenhang kommen (Verdrängung früherer Beziehungsformen durch Warentausch und Warenproduktion). Nach marxistischer Theorie gelangt diese gegenseitige Abhängigkeit aller Arbeiten in einer Gesellschaft (und auf der Welt) im Kapitalismus zu einem solchen komplexen Grad, dass dieser unverträglich wird mit der privaten Aneignung der Arbeitsergebnisse. So ergeben sich die Voraussetzungen für [2] eine V. d. A. in der Überwindung der kapitalistischen Vergesellschaftung, die nach dieser Auffassung aus gemeinschaftlich geplanter Abhängigkeit der Arbeiten einzelner Werkstätten, Gruppen, Regionen bestehen wird.   W.F.H.

Vergesellschaftung der Erziehung, Bezeichnung für die historischen Prozesse, durch die die Funktionen der Erziehung aus Familie und Verwandtschaft herausgelöst und mehr oder weniger geplant durch gesellschaftliche (staatliche) Einrichtungen wahrgenommen werden.   W.F.H.

Vergesellschaftung, anstaltsmäßige, nennt M. Weber das in Zusammenhang mit ökonomischen Interessenlagen sich entwickelnde, kontinuierliche politische Gemeinschaftshandeln, im Gegensatz zu nur bei unmittelbarer Bedrohung einsetzendem politischen Gelegenheitshandeln.   C.S.

Vergesellschaftung, rationale, nennt M. Weber ein an sachlichen, insbesondere ökonomischen Gesetzlichkeiten orientiertes Handeln, das sich nicht nach ethischen Prinzipien, sondern nach dem Kriterium von sachlichem, insbesonders ökonomischem Erfolg richtet.   C.S.

Vergesellschaftung, umgreifende, nennt M. Weber den wie immer zu Stande kommenden Zusammenschluss partikularer (ethnischer oder ständischer etwa) Gemeinschaften zu einem einheitlichen politischen Gemeinschaftshandeln   C.S.

Vergesellschaftung, unmittelbare, bei K. Marx die Zusammenführung gesellschaftlich zersplitterter Arbeiten und der sonst unverbundenen Individuen in der gemeinsamen Arbeit unter der Herrschaft des Industriebetriebs. Durch die Maschinerie wird „der kooperative Charakter des Arbeitsprozesses (...) durch die Natur des Arbeitsmittels selbst diktierte technische Notwendigkeit" (Marx).   H.W.

Vergesellschaftungsprozess, der Vorgang zunehmender Verfestigung sozialer Beziehungen. Die am V. Beteiligten orientieren ihr Verhalten wechselseitig aneinander und schaffen auf diese Weise soziale Beziehungen, die für andere zur sozialen Tatsache werden.   H.Tr.

Vergleich, interkultureller, *cross-cultural analysis,* vergleichende sozialwissenschaftliche Forschung; in der Literatur überwiegend allgemeine

Bezeichnung für einen Vergleich von Untersuchungseinheiten, die verschiedenen Kulturen (ein Begriff, der nur schwer zu definieren ist) angehören; in dieser Form vielfach auch synonym mit nachfolgenden Begriffen, obwohl unter theoretisch-methodischen Aspekten eine Unterscheidung möglich ist zwischen einer systematischen Analyse von Daten über die Variationen vergleichbarer Untersuchungseinheiten unter dem Einfluss verschiedener a) politischer Variablen als internationaler Vergleich, *cross-national analysis*; b) sozialer Variablen als intergesellschaftlicher Vergleich, *cross-societal analysis*; c) kultureller Variablen als interkultureller Vergleich. Im Hinblick auf die Relevanz für die theoretische Entwicklung der sozialwissenschaftlichen Disziplinen müssen aber noch zahlreiche Forschungsfragen im Zusammenhang mit dem methodologischen Problem der Vergleichbarkeit gelöst werden.   H.U.O.

Vergleich, kontrastiver, ein Arbeitsschritt bei der Analyse → narrativer Interviews. Dabei werden die Ergebnisse bereits ausgewerteter Fälle, bei biografischen Untersuchungen die → biografischen Gesamtformungen, auf ihre minimale oder maximale Unterschiedlichkeit hin verglichen, um so die relevanten Dimensionen der Varianz zu erfassen. Daran schließen sich die Re-Interpretation bestehender sowie die Erhebung weiterer Interviews gemäß → theoretischer Auswahl an. Das Vorgehen leitet sich aus der → *grounded theory* ab.   I.K.

Verhalten, *behavior,* allgemeinste Bezeichnung für jede Aktivität oder Reaktion eines Organismus; der Begriff umfasst körperlich-muskuläre Reaktionen einschließlich der Bewegungen des Sprechapparats (→ V., verbales) ebenso wie die Aktivitäten des Zentralnervensystems (Gehirn und Rückenmark) bzw. die von diesem gesteuerten nervösen Prozesse (z.B. Wahrnehmen, Fühlen, Denken), die vom Individuum subjektiv erlebt werden können. Obwohl bisweilen synonym mit „Handeln" (*action*; → Handeln [2]) benutzt, gilt V. üblicherweise doch als der allgemeinere und umfassendere Begriff: V. ist jede Reaktion, jedes Sprechen, Denken, Fühlen usw., gleichgültig ob das Individuum damit einen „subjektiv gemeinten Sinn", eine Absicht, einen Zweck usw. verbindet oder nicht. → V., soziales   R.Kl.

Verhalten, abweichendes → Devianz

Verhalten, adaptives → Anpassung

Verhalten, aggressives → Aggression [1]

Verhalten, darstellendes, Verhalten von besonderer Sinngebung, das auf die Konkretisierung und Umsetzung bestimmter vorgegebener und abstrakter gesellschaftlicher Sinnkonstitutionen – wie etwa ‚Selbst' (Selbstdarstellung) oder

Über- und Unterordnung (traditionelles Herrschaftszeremoniell als Darstellung von Herrschaftsbeziehungen) – in spezifische symbolische Handlungen bzw. Interaktionen zielt. **H.Ty.**

Verhalten, einstellungsdiskrepantes, das Verhalten einer Person, das zu ihren privaten Einstellungen im Widerspruch steht. Es wird angenommen (L. Festinger), dass e. V. zu → kognitiver Dissonanz führt. → *compliance, forced* **R.Kl.**

Verhalten, exploratives → Neugier

Verhalten, generatives, die Art und Weise der menschlichen Fortpflanzung, die in allen Schritten (Heirat, Zeugung, Kinderaufzucht, Tod) nicht allein aus biologischen Gesetzlichkeiten erklärt werden kann, sondern nur durch Berücksichtigung sozialer und sozialpsychologischer Faktoren. **W.F.H.**

Verhalten, kollektives → Kollektivverhalten

Verhalten, kriminelles → Kriminalität

Verhalten, offenes – verdecktes, *overt – covert behavior,* im klassischen Behaviorismus Unterscheidung zwischen den direkt beobachtbaren Veränderungen an lebenden Organismus, z.B. Bewegungen (o. V.), und denjenigen Veränderungen, die nur unter Zuhilfenahme besonderer Messtechniken (etwa Blutdruckmessungen) als Reaktionen auf bestimmte Reize beobachtet werden können (v. V.). **R.Kl.**

Verhalten, öffentliches, sozialpsychologische Bezeichnung für Handlungsstrategien, mit denen trotz gegenseitiger Fremdheit sozial einsichtige Beziehungen angeknüpft werden (z.B. mithilfe von Höflichkeitsregeln). **U.B.**

Verhalten, operantes → Operant

Verhalten, politisches, [1] allgemeine Bezeichnung für alle Handlungen im politischen Bereich einer Gesellschaft.
[2] Bezeichnung für alle Entscheidungen der Mitglieder eines politischen Systems, insbesondere für die Wahlentscheidungen, das → Wahlverhalten. Die (oft international vergleichende) Analyse des p. V. geht methodisch entweder von den in einem politischen System strukturell gegebenen Möglichkeiten und Alternativen der Entscheidung aus oder von den Bedingungsfaktoren des p. V. in der sozialen Situation dessen, der Entscheidungen trifft. **W.F.H.**

Verhalten, prosoziales → prosozial

Verhalten, rationales → Handeln, rationales

Verhalten, respondentes → Respondent [2]

Verhalten, soziales, Sozialverhalten, *social behavior,* allgemeine Bezeichnung für dasjenige → Verhalten von Individuen (Menschen und Tieren), das eine Reaktion auf das Verhalten anderer Individuen darstellt und selbst die Reaktionen anderer Individuen beeinflusst. Der Begriff umfasst gelernte Verhaltensweisen, wie sie etwa

durch → Sozialisation erworben werden, ebenso wie instinktive, durch bestimmte Auslöser gesteuerte Reaktionen. Das s. V. des Menschen wird weitgehend durch kulturelle Symbole (vor allem solche sprachlicher Art) und Normen gesteuert. → Interaktion; → Interaktion, soziale **R.Kl.**

Verhalten, verbales, Verbalverhalten, Sprachverhalten, in der behavioristisch orientierten psychologischen Verhaltenstheorie verwendete Bezeichnung für sprachliche Äußerung des Menschen (Sprache). In der Wahl des Begriffes v. V. drückt sich die Auffassung aus, dass das menschliche Sprachverhalten den gleichen (Lern-)Gesetzmäßigkeiten unterliegt wie die übrigen Verhaltensäußerungen (B.F. Skinner, *Verbal Behavior* 1957). **V.V.**

Verhalten, verdecktes → Verhalten, offenes – verdecktes

Verhalten, zielorientiertes, [1] → Zielorientierung
[2] Auch: zweckgerichtetes Verhalten, → Zweckverhalten. **R.Kl.**

Verhalten, zwanghaftes → Zwangshandeln

Verhaltensänderung → Verhaltensmodifikation

Verhaltensausformung, Verhaltensformung, auch: Reaktionsdifferenzierung, *shaping,* Bezeichnung für die Ausbildung differenzierter Reaktionen mithilfe des Verfahrens der operanten Konditionierung (→ Konditionierung, instrumentelle): Man kann z.B. ein Versuchstier auch sehr komplizierte und spezifische Reaktionsabfolgen lernen lassen, wenn man in mehreren, aufeinander folgenden Lernschritten jeweils diejenige Reaktion verstärkt, die der gewünschten Verhaltensweise am nächsten kommt; das Tier lernt diese Verhaltensweise in „sukzessiver Annäherung". Die Lernpsychologie (B.F. Skinner) nimmt an, dass auch zahlreiche, sehr komplexe menschliche Verhaltensweisen (z.B. das Sprechen) weitgehend nach dem Prinzip der V. gelernt werden. → Differenzierung [2] **R.Kl.**

Verhaltensdokumente, *behavior documents,* Zeugnisse über menschliche Verhaltensweisen in Form von Lebensberichten, Tagebüchern, Zeitungsberichten usw., mit deren Hilfe jene Verhaltensweisen verständlich gemacht und häufig sogar erklärt werden können. **E.L.**

Verhaltenselemente, speziell von G.C. Homans (1950) verwendeter Begriff zur Bezeichnung der Faktoren sozialen Verhaltens, auf die er sich bei seiner Theorie des Gruppenverhaltens bezieht. Während er bei seinem eigentlichen Modell des Gruppenverhaltens nur mit den grundlegenden V.n „Aktivität", „Gefühl" und „Interaktion" arbeitet, rechnet er den V.n im weiteren Sinne noch „Wert" und „Norm" hinzu. **V.V.**

V

Verhaltenserwartungen, Erwartungen darüber, wie Personen (allgemein oder solche mit besonderen Merkmalen) sich in bestimmten Situationen verhalten werden. V. sind Ausfluss der Erfahrung sozialer Verhaltensregelmäßigkeiten und ermöglichen eine Handlungsorientierung in sozialer Umwelt. Sie sind Grundlage und Ausdruck der Normierungsvorgänge, die ein soziales System konstituieren. → Erwartung   V.V.

Verhaltensformung → Verhaltensausformung

Verhaltensforschung, allgemeine Bezeichnung für die Bemühungen um eine mit erfahrungswissenschaftlichen Methoden betriebene Erforschung menschlichen und tierischen Verhaltens, wie sie für den psychologischen → Behaviorismus, die Ethologie (→ V., vergleichende) und die neuere Anthropologie kennzeichnend sind.   V.V.

Verhaltensforschung, sozialökonomische, Forschungsrichtung innerhalb der Ökonomie, die (im Gegenzug gegen den Formalismus der Neoklassik) um eine empirische Fundierung ökonomischer Theorie bemüht ist. Unter der Leitidee, dass die ökonomischen Prozesse Ergebnisse menschlichen Handelns sind, untersucht sie mit den üblichen Methoden der empirischen Sozialforschung die „hinter den Geld- und Warenbewegungen wirkenden Verhaltensweisen und Verhaltensmotive" (G. Schmölders), um auf diese Weise zur Formulierung und Überprüfung von empirisch gehaltvollen Verhaltensannahmen zu kommen, die das apriorische *homo-oeconomicus*-Modell ersetzen können.   V.V.

Verhaltensforschung, vergleichende (K. Lorenz), oder Ethologie (N. Tinbergen), Bezeichnung für den im Wesentlichen durch K. Lorenz begründeten Zweig der Zoologie, der sich mit der Erforschung der Formen und Funktionen tierischer und menschlicher Verhaltensweisen und ihrer Erklärung im Rahmen biologischer Theorien, insbesondere der Theorie von der Entwicklung der Arten, befasst. Grundgedanke der v.n V. ist die auf C. Darwins Evolutionstheorie zurückgehende These, dass angeborene artspezifische Verhaltensweisen, vor allem die sog. Instinkthandlungen (→ Instinkt), genauso wie körperliche Merkmale als das Ergebnis einer stammesgeschichtlichen Anpassung an bestimmte Umweltbedingungen betrachtet werden müssen, durch die die Überlebenschancen der betreffenden Art verbessert wurden. Auf Grund eines systematischen Vergleichs der Verhaltensweisen verschiedener Arten und Gattungen (einschließlich der Gattung Mensch) lassen sich bestimmte typische Verhaltensformen „homologisieren", d.h. auf einen gemeinsamen stammesgeschichtlichen Ursprung zurückführen. Wieweit es sich bei Ähnlichkeiten zwischen bestimmten menschlichen und tierischen Verhaltensweisen wirklich um Homologien und nicht lediglich um äußerliche Formähnlichkeiten handelt, ist strittig. Die v. V. bestreitet die Bedeutung des → Lernens nicht, betont jedoch dessen Abhängigkeit von angeborenen Dispositionen und die „Verschränkung" gelernter und angeborener Reaktionen im tatsächlichen Verhalten.   R.Kl.

Verhaltenshierarchie, Begriff aus der Lernforschung zur Kennzeichnung von beobachteten Verhaltenshäufigkeiten eines Organismus und deren nach Rangplätzen geordneten Wahrscheinlichkeit des Auftretens. Die V. lässt sich durch Lernen modifizieren.   C.R.S.

Verhaltenskette → Verhaltenssequenz

Verhaltenskonformität → Konformität

Verhaltenskontrolle, Steuerung des Verhaltens durch die Reaktionen der Umwelt. Als soziale V. lassen sich allgemein die Vorgänge bezeichnen, in denen durch den Mechanismus von Gratifikation und Sanktion eine Anpassung des tatsächlichen Verhaltens an etablierte Verhaltenserwartungen bewirkt wird. Soziale V. reicht von der informellen Kontrolle des Alltagsverhaltens bis zu den formalisierten Systemen staatlichen Rechtswesens.   V.V.

Verhaltenslehre, politische, eine Konzeption der politischen Bildung, die die institutionell gegebenen Einflussmöglichkeiten des Bürgers auf die politischen Entscheidungen extensiv ausschöpfen möchte (T. Ellwein).   W.F.H.

Verhaltensmodifikation, Verhaltensänderung, *behavior modification*, zusammenfassende Bezeichnung für eine Vielzahl von Techniken zur Beeinflussung und Veränderung menschlicher Verhaltensweisen auf der Grundlage verhaltenstheoretischer (lernpsychologischer) Prinzipien (→ Lernen). Dazu zählen insbesondere die verschiedenen Verfahren der → Verhaltenstherapie; häufig ist V. daher auch gleichbedeutend mit Verhaltenstherapie. Weitere Anwendungsgebiete sind u.a. die sog. → Resozialisierung und allgemein das Erziehungswesen. → Verhaltenskontrolle   R.Kl.

Verhaltensmuster, soziale Verhaltensschemata. Der in der Kulturanthropologie geprägte Begriff V. wird allgemein zur Bezeichnung von Verhaltensabläufen benutzt, die Ausdruck sozialer Verhaltenserwartungen (unterschiedlichen Verpflichtungsgrades) sind. So sind etwa soziale Rollen als mit bestimmten Positionen verbundene V. zu verstehen.   V.V.

Verhaltensnormen → Norm

Verhaltensorientierung → Orientierung

Verhaltensprägung → Prägung

Verhaltenspsychologie → Verhaltenstheorie

Verhaltensregel → Regel

Verhaltensrepertoire, *repertoire of behavior,* Bezeichnung für die Menge der möglichen Verhaltensweisen, zu denen ein Individuum fähig ist, ohne dass es sie zu jedem gegebenen Zeitpunkt auch tatsächlich in die Tat umsetzen muss.   R.Kl.

Verhaltensselektion, lernpsychologische Bezeichnung für die Tatsache, dass Reaktionen, auf die eine Verstärkung folgt, künftig mit größerer Wahrscheinlichkeit geäußert werden, während nicht verstärkte Reaktionen gelöscht werden: durch die Verstärkung bzw. Nicht-Verstärkung findet eine „Selektion" unter den geäußerten Reaktionen statt.   R.Kl.

Verhaltenssequenz, Verhaltenskette, *behavior sequence,* auch: *behavior set* („Verhaltensmenge"), Bezeichnung für eine Menge spezifischer motorischer und/oder verbaler Akte, die so aufeinander folgen, dass ein bestimmtes Ziel oder ein bestimmter Endzustand erreicht wird. R.Kl.

Verhaltenssoziologie, *behavioral sociology.* Der V. oder verhaltenstheoretischen Soziologie sind die soziologischen Theorieansätze zuzurechnen, die eine Erklärung sozialer Phänomene von Hypothesen über menschliches Verhalten – vor allem von lerntheoretischen Annahmen – her zu entwickeln suchen. Mit der Behauptung, soziale Phänomene seien als Resultate menschlichen Verhaltens von den Gesetzmäßigkeiten dieses Verhaltens her erklärbar, setzt die V. sich ab von einem Soziologismus, demzufolge zur Erklärung sozialer Phänomene eine eigenständige, spezifisch soziologische Theorie vonnöten ist.   V.V.

Verhaltensstandard → Norm

Verhaltenstendenz → Handlungstendenz

Verhaltenstheorie, auch: Verhaltenspsychologie, Bezeichnung für die Richtung innerhalb der Psychologie, die aus einer Weiterentwicklung der Modelle der klassischen Konditionierung (I. Pawlow) und des instrumentellen Lernens (E.L. Thorndike) hervorgegangen ist. Da die V. auf Erklärung der Entwicklung und der Veränderung des Verhaltens gerichtet ist, also der Phänomene des Lernens im allgemeinsten Sinne, wird sie auch als → Lerntheorie (bzw. → Lernpsychologie) bezeichnet.   V.V.

Verhaltenstheorien, kognitive, Bezeichnung für solche Verhaltenstheorien, die – im Gegensatz zu den sog. behavioristischen Theorien (→ Behaviorismus) – ausdrücklich Annahmen über die im „Inneren", d.h. im „Bewusstsein" von Individuen ablaufenden Denkprozesse zur Erklärung von Verhalten heranziehen. → Lerntheorien, kognitive   R.Kl.

Verhaltenstherapie, *behavior therapy,* zusammenfassende Bezeichnung für Verfahren zur Behebung von Verhaltensstörungen, die auf der Anwendung verhaltenstheoretischer (lerntheo-

retischer) Prinzipien beruhen. Im Unterschied zur traditionellen → Psychotherapie, vor allem zur → Psychoanalyse, fasst die V. neurotische Störungen nicht als „Symptome" für „unbewusste" Konflikte o.ä. auf, sondern als das unerwünschte Resultat bestimmter Lernprozesse (Konditionierungen), die mithilfe geeigneter Techniken auch wieder *ver*lernt werden können. Solche Techniken sind u.a. Löschung unerwünschter Reaktionen (z.B. einer Angstreaktion), Konditionierung einer Aversion gegen die mit einer unerwünschten Reaktion assoziierten Reize (z.B. bei Alkoholismus), operante Konditionierung erwünschter Reaktionen.   R.Kl.

Verhaltenswissenschaften, *behavioral sciences,* übergreifende Bezeichnung für die Wissenschaften, die sich – wenn auch unter verschiedenen Aspekten – mit Verhaltensäußerungen des Menschen beschäftigen, wie etwa Psychologie, Soziologie, Ökonomie oder Anthropologie. Mit der Verwendung des Begriffes V. ist in der Regel der Gedanke einer theoretischen Integration der genannten Wissenschaften verbunden, also der Gedanke, dass diese Wissenschaften mit denselben grundlegenden Hypothesen arbeiten und diese auf die Bedingungskomplexe anwenden, die für sie von spezifischem Interesse sind.   V.V.

Verhältnisschätzung, *ratio estimation,* Schätzung einer Größe der Grundgesamtheit mithilfe des Verhältnisses zweier Größen einer Stichprobe. Sind x und y die Häufigkeiten zweier Merkmale in der Stichprobe, und ist die Häufigkeit X des einen Merkmals in der Grundgesamtheit bekannt, dann kann Y aus dem Verhältnis von y zu x multipliziert mit X geschätzt werden.   H.W.

Verhältnisse, materielle, Gesamtheit der natürlichen und gesellschaftlichen Faktoren der gesellschaftlichen Produktion. In der marxistischen Gesellschafts- und Geschichtstheorie wird den m.n V.n bestimmende Funktion im Verhältnis zu den übrigen gesellschaftlichen Verhältnissen zugeschrieben. Zu den m. V. zählen insbesondere: die natürlichen Voraussetzungen des menschlichen Lebens, die Bedingungen der äußeren Natur (natürlicher Reichtum an Lebens- und Arbeitsmitteln) sowie die gesellschaftlichen Bedingungen der materiellen Produktion.   R.Ka.

Verhältnisskala → Ratioskala

Verhandlungsmoral, bezeichnet in der Geschlechterforschung und Sexualsoziologie ein historisch neues Kriterium dafür, welche Annäherungen und körperbezogenen Handlungen im Rahmen einer intimen persönlichen Beziehung erlaubt sind: nur solche, über die sich die Beteiligten ausdrücklich und verbal geeinigt haben. Die alte Sexualmoral verbot bestimmte sexuelle Handlungen – zum Beispiel außerehelicher Verkehr, Oralkontakte, Homosexualität – ein für allemal, mochten sich die Partner untereinander noch so einig sein. Unter dem Regime der V. darf alles geschehen, wenn erwachsene und informierte Individuen zugestimmt haben. Die V. hat sich seit den 1970er Jahren entwickelt. Kritisiert wird an der V., dass sie das Sexuelle verkürze, indem sie es rationalisiert und versachlicht (V. Sigusch). **R.L.**

Verifikation, Verfahren der (empirischen) Bestätigung von Hypothesen und Theorien; ist nur für Aussagen einer bestimmten Form (Existenzsätze) möglich und wird mit induktiven Schlüssen durchgeführt. **L.K.**

Verifizierbarkeit → Falsifizierbarkeit

Verinnerlichung, Internalisierung, [1] wesentlicher Bestandteil des Sozialisationsprozesses. V. bezeichnet die Eingliederung sozio-kultureller Muster (Werte, Normen) in die Persönlichkeitsstruktur. Das Kind lernt, die sozio-kulturellen Standards kognitiv, affektiv und motivational zu akzeptieren und zu bejahen. V. bedeutet damit den Aufbau innerer Kontrollmechanismen des Verhaltens, wodurch sich äußere soziale Kontrollen weitgehend erübrigen. **W.Sl.**
[2] In der Psychoanalyse auch die Introjektion der Beziehungen einer Person zu anderen Personen, insbesondere ihre Konflikte mit anderen Personen, in das Innere des Subjekts, sodass diese Beziehungen und Konflikte als innerpsychische erlebt werden. So wird gesagt, dass das Kind den Autoritätskonflikt mit dem Vater als Konflikt zwischen Ich und Über-Ich verinnerlicht.
[3] → Introjektion **R.Kl.**

Verkehrswirtschaft → Marktwirtschaft

Verkehrung, bezeichnet bei L. von Wiese eine tiefgreifende Verschiebung (absichtlich oder unabsichtlich) der Ziele eines → sozialen Gebildes, z.B. wird die Gewinnung neuer Mitglieder wichtiger als das ursprüngliche Hauptziel. **W.F.H.**

Verkörperung, *embodiment,* bezeichnet in neueren Medientheorien eine kulturelle Praktik, insb. eine physisch-sinnschaffende Aufführung. Vom „Geist als Bewusstsein" wendet sich die Blickrichtung zu „Geist als V.". Die V. unternimmt es, eine bestimmte historische Situation zu vollziehen (*doing*), zu dramatisieren und zu reproduzieren (J. Butler). Solche Akte einer → Performanz erzeugen sowohl den Körper in seinen Bedeutungen als auch (z.B. geschlechtliche) Identitäten. **R.L.**

Verlagssystem, Form der hausindustriellen Produktion, in der der Warenproduzent ausschließlich im Auftrag des Händlers arbeitet, der im entwickelten V. auch die Rohstoffe vorschießt und die Produktionsmittel in sein Eigentum bringt. Dadurch verliert der Produzent schließ-

lich das Eigentum an den von ihm hergestellten Waren und wird zum Lohnarbeiter, der für Stücklohn arbeitet. Demgegenüber bleibt unterm Kaufsystem der Produzent formell vom Handelskapital unabhängig, das lediglich den Absatz der Waren vermittelt. **H.W.**

Verlässlichkeit → Zuverlässigkeit

Verlässlichkeitsniveau → Signifikanzniveau

Verlaufsdaten, *event histories,* auch: Ereignisdaten → Ereignisanalyse

Verlaufskurve, von F. Schütze vorgeschlagener Begriff für Ablaufformen in Lebenslauf bzw. Biografie, die als Prozesse des Erleidens (also nicht unter dem Gesichtspunkt von Handeln) begriffen werden müssen (z.B. psychisch krank werden). Der in eine V. geratene Mensch sieht sich einer Ereigniskette, in die er nicht glaubt, eingreifen zu können, mehr oder weniger ausgeliefert. Die V. gilt als eine wichtige Form von „Prozessstrukturen des Lebensablaufs", also von biografischen Prozessformen. Je nach Richtung werden Fallkurven (die durch Einschränkung der Handlungsfähigkeit gekennzeichnet sind) und Steigkurven (die neue Handlungsmöglichkeiten eröffnen, z.B. eine unerwartete Beförderung) unterschieden. Der Begriff ist bedeutungsähnlich mit → Trajekt. **W.F.H.**

Verlaufskurve, kollektive, bezeichnet die krisenhafte Entwicklung eines Kollektivs hin zum Verlust von Handlungsautonomie und zum Zustand fremdbestimmten Getriebenwerdens. Der ursprünglich biografietheoretische Begriff (→ Verlaufskurve) wird so z.B. auf die Erfahrungen von Soldaten im Zweiten Weltkrieg übertragen (F. Schütze 1989). **I.K.**

Verlaufskurventransformation, in der → Biografieforschung eine Reaktion auf eine → Verlaufskurve, die nicht dazu geeignet ist, die Verlaufskurve aufzuhalten oder zu beenden, sondern sie nur verschiebt und gegebenenfalls verschärft, z.B. Medikamenten- oder Alkoholmissbrauch. **W.F.H.**

Verleugnung, *denial,* auch: Negation, psychologische Bezeichnung für eine bewusste oder auch unbewusste Abwehr bzw. Nichtbeachtung von inneren oder äußeren Tatbeständen, die Unlust oder Spannung erzeugen könnten, würden sie beachtet. **W.F.H.**

Verlust, sozialer, engl. *social loss,* bezeichnet in Studien über den Sterbevorgang (B. Glaser/A. Strauss) die Einschätzung bei Ärzten, Pflegepersonal usw., welchen Verlust der Tod eines Menschen (für die Hinterbliebenen, für alle) bedeuten würde. Je nach Beurteilung des s.V. gehen sie mit erkrankten bzw. sterbenden Menschen anders um. **W.F.H.**

Verlust-Koalition → Koalition

Vermassung, ein vorwiegend von konservativen Kulturkritikern benutzter Begriff, der die ihrer Meinung nach der industriellen Gesellschaft innewohnende Tendenz zur → Massengesellschaft und zur Einbeziehung immer weiterer gesellschaftlicher Gruppen in dieselbe bezeichnet. Demnach führt die V., die von verschiedenen Autoren auch mit der Einführung der (Massen-) Demokratie, dem Auftreten von Massenparteien, der Emanzipation der Arbeiterklasse und ähnlichen Bewegungen in Zusammenhang gebracht wird, zur Auflösung höherer kultureller Orientierungen, zur Verunsicherung der sozialen Disziplin, zur Minderung der Leistungsbereitschaft, zum Vordringen von Bequemlichkeits- und Gleichheitsinteressen, zur Forderung nach vermehrter sozialer Sicherheit, vermehrtem Konsum, vermehrter Freizeit u.s.f.   W.Lp.

Vermeidung, Vermeidungsreaktion, *avoidance*, Bezeichnung für eine Reaktion, durch deren Äußerung („aktive V.") bzw. Unterlassung („passive V.") das Auftreten eines → aversiven Reizes (d.h. eines negativen Verstärkers) verhindert oder verzögert wird. → Vermeidungslernen
     H.S.

Vermeidungslernen, Vermeidungstraining, *avoidance learning*, Bezeichnung für die Lernprozesse, die durch die Vermeidung eines negativen Verstärkers (eines aversiven oder Strafreizes) bedingt und aufrechterhalten werden. Im Allgemeinen unterscheidet man zwei Arten des V.s: Beim sog. passiven V. (auch Unterlassungs- oder Bestrafungstraining) wird eine bestimmte Verhaltensweise durch Darbietung eines negativen Verstärkers (Bestrafung) unterdrückt; das Individuum vermeidet die Fortsetzung oder Wiederholung der Bestrafung durch Unterlassung der bestraften Reaktion. Als wirksamer (im Sinne einer effektiven → Verhaltensmodifikation) gilt das sog. aktive V.: hier lernt das Individuum, das Auftreten von Strafreizen, die sich durch irgendwelche „bedrohlichen" Anzeichen ankündigen, durch rechtzeitige Äußerung bestimmter Reaktionen zu verhindern.   H.S./R.Kl.

Vermitteln → Richten

Vermittlung, [1] Bezeichnung für die Herstellung eines „Mittleren" zwischen antagonistischen Begriffen, Möglichkeiten, Anschauungen zur Überwindung der bestehenden Widersprüchlichkeit. Die V. führt zu qualitativ anderen Begriffen, Möglichkeiten und Anschauungen, denn sie „ist nichts anderes als die sich bewegende Sichselbstgleichheit, oder sie ist die Reflexion in sich selbst ..., oder auf die reine Abstraktion herabgesetzt, das einfache *Werden*" (G.W.F. Hegel 1807).   O.R.
[2] In der Stadtsoziologie diejenigen Folgeleistungen, die nicht im Dienste des unmittelbaren

Bedarfs der Bevölkerung, sondern der produktiven Grundleistungen (der Industrie und Landwirtschaft) stehen, im Einzelnen: Groß- und Geldhandel, Industriebau, Nachrichten- und Transportwesen und Energiewirtschaft.   W.La.

Vermittlungstechnologie → Technologie, organisatorische

Vernunft, *reason*, [1] allgemeine Bezeichnung für Geist, Intellekt.
[2] Im Unterschied zu → Verstand die Fähigkeit umfassender Geistestätigkeit.
[3] Bei G.W.F. Hegel wird die V. zum Weltprinzip. Im überzeitlichen Prozess verwirklicht sich die Idee in den Dingen und kommt im Bewusstsein zu sich selbst, jeweils in der Entfaltung gelenkt von der V. „Was vernünftig ist, das ist wirklich; und was wirklich ist, das ist vernünftig." (1821). Als Erkenntnis zielt die V. auf Totalität, dessen Teile und Phasen für die V. das Besondere und Endliche sind.   O.R.

Vernunftsreligion → Diesseitigkeitsreligion

Verrechtlichung, im Volksmund auch Gesetzesflut genannt, bezeichnet die These, dass der durch Recht normierte Bereich der modernen Gesellschaft zu Lasten der anderen Sozialbeziehungen ständig anwächst. Unterschieden wird die Ausdehnung des Rechts auf immer neue Teilbereiche des sozialen Lebens und die Detaillierung schon geregelter Sachverhalte in weitere Einzeltatbestände.   M.S.

Versachlichung der Partnerbeziehungen, Bezeichnung für die Vorgänge, durch die soziale und materielle Leistungen der Familienmitglieder heute stärker beachtet und belohnt werden als in dem früher im Bürgertum geltenden Bild von Ehe und Familie als einer auf Emotion und Erotik gründenden Intimgruppe (H. Schelsky).   W.F.H.

Versachlichung, [1] von K. Marx (1867) mit der Formel von der „Personifizierung der Sache und der V. der Personen" eingeführter Begriff für die → Entfremdung und Entwürdigung des Arbeiters unter den Bedingungen des Kapitalismus.
[2] Ähnlich findet sich der Begriff V. bei G. Simmel (1907 und 1908), wenn dieser unter den Bedingungen der modernen Geldwirtschaft eine „V. der Beziehungen" zwischen den Menschen, „das Hineinwachsen ihrer in die Dinge" ausmacht; die V. bewirke, dass „die Menschen nur noch als Exekutoren der in den Waren selbst angelegten Tendenzen" auftreten, ja, die „Beziehung der Menschen ist die Beziehung der Gegenstände geworden". Aber die V. gehe mit der Entfaltung „individueller Freiheit Hand in Hand" (1900). Dieser kritische Aspekt findet sich auch in der Simmelschen Differenzierung

von sachlich/sozial zur Analyse der sozialen Wechselwirkungen in der Moderne.

[3] In einseitiger Rezeption Simmels wird V. im 20. Jahrhundert dann zum kulturkritischen Topos. Das setzt mit W. Sombart ein, der unter V. nur noch „das Verschwinden jener Beziehungen, die auf einem Hand-in-Hand-, Auge-in-Auge-Verkehr der Menschen untereinander beruhten" (1902), setzt sich bei K. Jaspers fort, der vom „versachlichten, von seinen Wurzeln gerissenen Menschen" (1931) spricht und findet sich schließlich bei M. Horkheimer/Th.W. Adorno, die für „V. des Geistes" und die durch sie bedingte „V. des Menschen in Fabrik und Büro" vor allem die fehlentwickelte moderne Rationalität anprangern (1947).

[4] Mit H. Schelsky, der den Arbeitern „ein Bedürfnis nach V. der Arbeitsbeziehungen" attestiert (1979), verliert der Begriff V. sein kritisches Moment und wird heute zumeist i.S. einer emotionsfreien, von Interessen unberührten Form der Darstellung benutzt.   O.R.

Versagung → Frustration

Versäulung, niederl.: *verzuiling,* bezeichnet nach J.P. Kruit und W. Goddijn die Verfestigung von vertikal organisierten, vornehmlich konfessionsgebundenen Gruppierungen in der Gesellschaft, die einer funktionalen Differenzierung zuwiderläuft. Die V.stheorie ergab sich aus einer Analyse der Niederlande, in der sowohl das Kultur- and Bildungsleben als auch die politischen und sozialen Organisationen in verschiedenen konfessionellen „Säulen" nebeneinander getrennt aufgebaut bestehen.   O.R.

Verschiebung, psychoanalytisch die Ablösung und Übertragung einer affektiven Besetzung von einem Vorstellungskreis auf einen assoziativ mit ihm verknüpften anderen. Auch → Affektverschiebung   W.K.

Verschleiß, moralischer, das Veralten von Produktionsmitteln nicht durch Abnutzung, sondern durch Überholtwerden durch neue Modelle (K. Marx). In den Ansätzen zu einer politischen Ökonomie des Ausbildungssektors (in den 1970er Jahren) wurde m. V. oft für das Veralten von einmal erworbenen (Detail-) Qualifikationen verwendet.   W.F.H.

verschlüsseln – entschlüsseln, *encoding – decoding,* Bestandteile des Kommunikationsprozesses zwischen Sendern und Empfängern. Eine Nachricht oder Information wird vom Sender verschlüsselt, indem er die gedachte Mitteilung in Zeichen, etwa Worte, umwandelt. Die Zeichen werden vom Empfänger entschlüsselt, decodiert, indem er ihnen einen bestimmten Sinn unterlegt. Die Vorgänge des V.s und E.s finden

sich auch in der maschinellen Datenverarbeitung (→ Kodierung).   H.W.

Verschulung, [1] die institutionelle wie inhaltliche Angleichung aller Erziehungs- und Bildungseinrichtungen an die Schule, z.B. V. des Kindergartens.

[2] Der geschichtliche Vorgang, in dem bestimmte Altersgruppen und Lebensphasen in die Schule (z.B. des mittleren und späteren Jugendalters) einbezogen wurden, die damit zum hauptsächlichen Tätigkeits- und Lebensbereich wird.   W.F.H.

Verschwägerungsindex → Konnuptialindex

Verschwendung von Zeit, Mühe und Gütern und ein vornehmer Lebensstil, der dies fordert, sind T. Veblen (1899) zufolge nützlich für das Erlangen und Erhalten von Prestige. Mithilfe → demonstrativen Konsums findet ein Wettbewerb zwischen Klassen und Individuen um Prestige statt. V. nennt Veblen diejenigen Ausgaben, die zwar weder dem Leben des Menschen noch seinem Wohlbefinden dienen, die aber dennoch im Unterschied zu nutzloser → Verausgabung an einem Nutzen, nämlich der Erhöhung des Prestiges orientiert sind.   F.G.

Verschwörungstheorie, *conspiracy theory,* Konspirationstheorie, Erklärungsversuche von Herrschaftssystemen und politisch-geschichtlichen Geschehnissen aus der bis ins Einzelne gemeinsam geplanten Steuerung durch Personen oder Gruppen, die als solche nicht auftreten, sondern sich geheim und unkontrolliert abstimmen (z.B. die für den Antisemitismus wichtige Fiktion der „Weisen von Zion").   W.F.H.

Versorgungsklasse, von R.M. Lepsius vorgeschlagener Begriff zur Ergänzung der von M. Weber getroffenen Unterscheidung von → Besitzklassen und → Erwerbsklassen: V. „soll eine Klasse insoweit heißen, als Unterschiede im sozialpolitischen Transfereinkommen und Unterschiede in der Zugänglichkeit zu öffentlichen Gütern und Dienstleistungen die Klassenlage, d.h. die Güterversorgung, die äußere Lebensumstellung und das innere Lebensschicksal bestimmen" (Lepsius 1979).   W.F.H.

Versozialwissenschaftlichung, Überformung des Alltags und sonstiger Handlungsfelder (vor allem Politik) mit sozialwissenschaftlichen Deutungsmustern. V. ist ein Gegenstand der → Verwendungsforschung.   M.M.

Verspätung, kulturelle → *cultural lag*

Verstädterung, auch: Urbanisierung. [1] Prozess der Wanderung der Bevölkerung vom Land in die Stadt mit einer zunehmenden Konzentration von Bevölkerung und Wirtschaft in den Städten (erste Phase), die sich dann ihrerseits in das Umland ausdehnen (zweite Phase).

[2] Ausbreitung städtischer Verhaltensmuster
J.F.

Verstand, [1] die Fähigkeit der Menschen, die Realität in Begriffe zu fassen.
[2] Die Fähigkeit, Erfahrungen zu sozial gültigen Aussagen zu verknüpfen.
[3] Nach G.W.F. Hegel die aktive Geistestätigkeit, die isoliert und abstrakt das Besondere, als Moment der Totalität, betrachtet. Der V. sei daher nicht fähig, das Wirkliche, Wahre zu erkennen.
O.R.

Verstärker, Verstärkerreiz, *reinforcer,* [1] Bezeichnung für alle Reize, deren Darbietung oder (im Falle der sog. negativen V.) Beseitigung unmittelbar nach einer Reaktion die Wahrscheinlichkeit erhöht, mit der diese Reaktion in Zukunft auftreten wird.
[2] Nach orthodoxer S-R-theoretischer Auffassung Bezeichnung für Reize, die unmittelbar auf eine Reaktion folgen und zu einer Herabsetzung des Antriebreizes führen (z.B. Futter für hungrige Versuchstiere). → Verstärkung; → Verstärkung, positive – negative
H.S.

Verstärker, bedingter → Verstärker, sekundärer

Verstärker, generalisierter, Bezeichnung für einen solchen → sekundären V., der seine V.wirkung durch wiederholtes gemeinsames Auftreten mit mehreren, verschiedenen sekundären und vor allem → primären V. (z.B. Futter, Flüssigkeit *und* sexuellem Kontakt) erworben hat und dessen Wirksamkeit von der jeweils aktuellen Deprivations- bzw. Bedürfnislage (Hunger, Durst oder sexuelles Bedürfnis) daher relativ unabhängig ist.
R.Kl.

Verstärker, konditionierter → Verstärker, sekundärer

Verstärker, negativer → Verstärkung

Verstärker, positiver → Verstärkung

Verstärker, primärer, Primärverstärker, auch: unbedingter (unkonditionierter) Verstärker, Bezeichnung für diejenigen Reize, deren verstärkende Wirkung ohne vorangegangenes Lernen gegeben ist. Derartige Verstärkungsreize, die ursprünglich verstärkend wirken, sind z.B. Nahrungsmittel, Flüssigkeiten (etwa bei hungrigen bzw. durstigen Versuchstieren), sexueller Kontakt, Schmerzreize.
H.S.

Verstärker, sekundärer, Sekundärverstärker, auch bedingter (konditionierter) V., Bezeichnung für solche Reize, die ursprünglich neutral waren, also keine Verstärkung bewirkten, die aber durch wiederholtes gemeinsames Auftreten mit einem (primären oder auch sekundären) V. selbst zu (sekundären) V. werden. Durch Konditionierung erwirbt somit ein ursprünglich neutraler Reiz die Fähigkeit, selbst eine Konditionierung herbeizuführen. Weit verbreitete s.V. im

menschlichen Zusammenleben sind Geld, Lob, soziale Anerkennung usw.
H.S.

Verstärker, unbedingter, unkonditionierter Verstärker → Verstärker, primärer

Verstärkerreiz → Verstärker

Verstärkung, Bekräftigung, *reinforcement,* [1] im weiteren Sinne jedes Ereignis, das die Wahrscheinlichkeit des Auftretens einer vorangegangenen Reaktion erhöht. In dieser Definition wird auf die Annahme einer Triebreduktion durch das verstärkende Ereignis (vgl. [2]) verzichtet. Jedes beliebige Ereignis, das eine erhöhte Auftrittswahrscheinlichkeit einer bestimmten Verhaltensweise bewirkt, gilt als Verstärker. In diesem Sinne kann im Bereich des sozialen oder schulischen Lernens die einfache Mitteilung über die Richtigkeit einer Verhaltensweise verstärkende Wirkung haben. Wird z.B. in einer Schulklasse das Verhalten „ganze Sätze sprechen" gelobt, und werden danach häufiger ganze Sätze gesprochen, so wirkt das Lob als V.
[2] In der orthodoxen → S-R-Theorie wird unter V. die unmittelbar auf eine Reaktion folgende Verminderung des Antriebreizes (→ Triebreiz [1]) verstanden. So wird z.B. ein hungriges Versuchstier, das nach einer bestimmten Reaktion (etwa Niederdrücken eines Hebels) Futter erhält, dieses Verhalten in Zukunft häufiger äußern, weil es zu einer Verminderung des Antriebreizes führte.
H.S.

Verstärkung, differenzielle → Verstärkung, selektive

Verstärkung, intermittierende → Verstärkungspläne

Verstärkung, kontinuierliche → Verstärkungspläne

Verstärkung, partielle → Verstärkungspläne

Verstärkung, positive – negative, eine Unterscheidung von V.sarten nach der Wirkungsweise des verstärkenden Reizes. Die p.V. ist dadurch gekennzeichnet, dass auf die Äußerung einer Reaktion ein Reiz (ein sog. positiver Verstärker) *folgt,* der die Auftretenswahrscheinlichkeit dieser Reaktion erhöht. Der positive Verstärker wird also erst nach Äußerung der zu verstärkenden Reaktion in die Lernsituation eingeführt. Beispiele für p.V. sind: Verabreichung von Futter an hungrige Versuchstiere; Lob, Anerkennung; materielle Zuwendungen usw. für die Äußerung erwünschter Verhaltensweisen.
Dagegen ist die n.V. dadurch gekennzeichnet, dass ein bereits auf den Organismus einwirkender Reiz (der n.V. oder aversiver Reiz) *beseitigt* wird, nachdem eine bestimmte Reaktion geäußert wurde, und diese Entfernung des Reizes aus der Lernsituation die Auftretenswahrscheinlichkeit der Reaktion erhöht. Beispiele für n.V. sind alle Formen der *Beendigung* einer → Be-

V

strafung, wenn eine bestimmte erwünschte Verhaltensweise geäußert wird. Wenn z.B. ein Schüler zur Erledigung seiner Hausaufgaben in ein kaltes, ungemütliches Zimmer gesetzt wird (= Bestrafung) und diese Aufgaben schnell erledigt, weil er danach das Zimmer verlassen darf, liegt eine n.V. vor. Die Bestrafung selbst ist also keine n.V. H.S.

Verstärkung, selektive, auch: differenzielle Verstärkung, Verfahren der → Verhaltensausformung. Es werden zwei Arten der s.n V. unterschieden: a) eine Verstärkung erfolgt nur, wenn auf einen bestimmten (den sog. diskriminierenden) Reiz reagiert wird; Reaktionen auf andere Reize werden nicht verstärkt oder bestraft (→ Diskriminationslernen); b) eine Verstärkung erfolgt nur, wenn auf einen Reiz eine spezifische Reaktion folgt. Alle anderen Reaktionen werden nicht verstärkt oder bestraft. H.S.

Verstärkungsgesetz → Verstärkungshypothese

Verstärkungshypothese, auch: Verstärkungsgesetz, die Annahme zahlreicher Lerntheoretiker, dass ohne Verstärkung kein Lernen stattfindet. Gegenauffassung: Kontiguitätshypothese, → Kontiguitätstheorie. H.S.

Verstärkungspläne, *reinforcement schedules*, lernpsychologische Bezeichnung für die vor einem Lernexperiment erfolgende Festlegung, wann auf eine von dem Versuchstier oder der Versuchsperson gezeigte Reaktion eine Verstärkung verabreicht werden soll bzw. welche Reaktionen verstärkt werden sollen. Man kann zunächst unterscheiden zwischen kontinuierlicher (jede Reaktion wird verstärkt) und intermittierender oder partieller (nicht *jede* Reaktion wird verstärkt) Verstärkung. Die intermittierende Verstärkung kann nach einem bestimmten zeitlichen Intervall (Intervallverstärkung) oder nach einer bestimmten Anzahl von Reaktionen (Proportional-, Raten- oder Quotenverstärkung) erfolgen. Diese beiden letzten Formen unterscheiden sich nun noch danach, ob die Intervalle bzw. die Quoten fest (fix) sind oder ob sie variieren. Allgemein gilt, dass die intermittierende Verstärkung ein stabileres und löschungsresistenteres Verhalten erzeugt als die kontinuierliche Verstärkung. Unter den intermittierenden V. bewirken die variierenden Verfahren wiederum ein stabileres Verhalten als die festen (nicht variierenden) Verfahren. H.S.

Verstehen, in der Soziologie meist die Erklärung eines tatsächlichen Handlungsablaufs durch die deutende „Erfassung des Sinnzusammenhangs, in den, seinem subjektiv gemeinten Sinn nach, ein aktuell verständliches Handeln hineingehört" (M. Weber). Insofern es sich um Massenerscheinungen handelt, geht es weniger um den im Einzelfall real gemeinten als vielmehr um den durchschnittlich oder den idealtypisch gemeinten Sinn. Der bevorzugte Idealtypus ist das „zweckrationale" Verhalten. Aus dem Sinnverstehen gewonnene Hypothesen müssen durch Kausalanalysen erhärtet werden. W.L.B.

Verstehen, szenisches, bezeichnet in der psychoanalytisch orientierten → Hermeneutik (Lorenzer 1970) ein Verfahren, die unbewussten Lebensentwürfe und -probleme eines Patienten dadurch zu verstehen, dass der Analytiker die sich zwischen ihm und dem Patienten szenisch entwickelte Beziehungsdynamik (im Sinne von Übertragung und Gegenübertragung) interpretiert. W.F.H.

Versuch, *trial*, [1] in der experimentellen Forschung Bestandteil von → Experimenten, die i.d.R. aus einer Reihe von V.en oder Versuchsdurchgängen (z.B. Präsentieren eines bestimmten Reizes) bestehen.
[2] V. dient weiterhin als Bezeichnung für Problemlösungsversuche im → Lernen durch Versuch und Irrtum. H.W.

Versuchsanordnung → Versuchsplan

Versuchsbedingungen, Bezeichnung für die Bestandteile der vom Forscher geschaffenen oder ausgenutzten Situation, in der etwa im Laboratorium ein Experiment ablaufen soll. Von den Ähnlichkeiten der V. mit den V. anderer Experimente oder mit realen Situationen hängt es mit ab, inwieweit experimentelle Befunde verallgemeinert und übertragen werden können. H.W.

Versuchs-Irrtums-Lernen → Lernen durch Versuch und Irrtum

Versuchskaninchen-Effekt → Hawthorne-Effekt

Versuchsleitereffekt, *experimenter effect, experimenter bias*, meist ungewollte Verfälschung von Untersuchungsergebnissen durch die Person des Versuchsleiters. Unter *experimenter effect* werden meist Einflüsse verstanden, die durch äußerliche Merkmale des Versuchsleiters wie Alter, Geschlecht, Habitus, zustandekommen. Als *experimenter bias* werden weitergehende Einflüsse bezeichnet, die insbesondere durch die Erwartungen des Versuchsleiters, seine Kenntnisse der Untersuchungsabsicht, zu einer Bestätigung der Hypothesen führen. *Experimenter bias* tritt nicht nur bei Untersuchungen mit menschlichen Versuchspersonen auf, sondern ist auch für Tierexperimente nachgewiesen. C.R.S.

Versuchsperson, abgek.: Vp., Bezeichnung in der Psychologie für Personen, die zumeist unter Laboratoriumsbedingungen als Objekte psychologischer Forschung dienen. Das Interesse der Forschung richtet sich dabei in der Regel nicht auf die spezifischen Eigenarten der Vp., sondern auf ihre Reaktionen auf vom Forscher gesetzte Bedingungen. H.W.

V

Versuchsplan, *experimental design,* Versuchsanordnung, Bezeichnung der experimentellen Forschung für die Planung der Durchführung von Experimenten. Der V. beinhaltet insbesondere, in welcher Form der Einfluss eines oder mehrerer Faktoren auf eine zu beeinflussende Variable geprüft wird (faktorieller V.), welche Variablen (Blockvariablen) zu kontrollieren sind, an welchen Stellen des Experiments Messungen vorgenommen werden (*before-after design, after-only design*), in welcher Form Versuchspersonen ausgewählt und über die verschiedenen Bedingungen im Experiment verteilt werden. Durch den V. werden Auswertungs- und Aussagemöglichkeiten des Experiments festgelegt.
           H.W.

Versuchsplan, faktorieller, *factorial design,* experimentelle Untersuchungsform, in der die kombinierte Wirkung mehrerer Faktoren (Bedingungen, unabhängige Variablen) auf eine bestimmte Variable, z.B. eine bestimmte Leistung der Versuchsperson, ermittelt werden soll.   H.W.

Verteidigung, soziale. Gegenkonzept zur militärischen V. Mit Mitteln des gewaltfreien Widerstandes soll nach einer Aggression nicht um den Bestand von Grenzen und Gebieten gekämpft werden, sondern um die Erhaltung der Selbstbestimmung sozialer Institutionen. S. V. setzt eine gesellschaftliche Kultur der Widerstandsbereitschaft voraus. Historisches Beispiel für s. V. ist der Widerstand gegen den Kapp- Putsch (1920). Das Konzept wurde u.a. von M. Gandhi, M. Luther King und T. Ebert formuliert.   E.Li.

Verteidigungsmechanismen → Abwehrmechanismen

Verteilung, *distribution,* [1] allgemeine Bezeichnung für Vorgang und Ergebnis der Aufteilung einer Menge von Objekten (Waren, Geld) oder Potenzialen (Macht, Ansehen) auf eine Menge von Individuen (→ Allokation). In der Soziologie besteht besonderes Interesse an der Erklärung von Ungleichheit in der V. etwa von Macht, Prestige, Lebenschancen. Die Ungleichheit einer V. kann mithilfe einer Lorenz-Kurve beschrieben werden.
[2] In der Statistik die Verteilung der Einzelwerte über die Gesamtheit aller möglichen Werte. Man unterscheidet zwischen empirischen V.en (Häufigkeitsv.) und theoretischen Modellen von V. (Wahrscheinlichkeitsv.) sowie weiter zwischen ein- und mehrdimensionalen V.en.   H.W./M.K.

Verteilung, ansteckende, Bezeichnung für Verteilungen, die auf stochastischen Prozessen beruhen, bei denen die Wahrscheinlichkeit des Eintretens eines bestimmten Ereignisses vom vorausgehenden Ereignis beeinflusst wird. A. V.en treten etwa bei Diffusionsprozessen auf, bei denen etwa die weitere Verbreitung einer Nachricht oder einer Krankheit vom bereits erreichten Stand der Ausbreitung abhängig ist.
           H.W.

Verteilung, binomiale → Binomialverteilung

Verteilung, hypergeometrische, statistisches Modell für die Bestimmung der Wahrscheinlichkeit, bei einer Zufallsauswahl von n Objekten aus einer Gesamtmenge von N Objekten, in der M Objekte ein Merkmal x besitzen, genau m Objekte mit dem Merkmal x zu erhalten. Die Ziehung der Objekte aus der Gesamtheit erfolgt ohne Zurücklegen bereits gezogener Objekte. Die Wahrscheinlichkeit für m ergibt sich aus der Wahrscheinlichkeitsfunktion:

$$f(m) = \frac{\binom{M}{m}\binom{N-M}{n-m}}{\binom{N}{n}}$$

           H.W.

Verteilung, multinomiale, statistisches Modell für Häufigkeitsverteilungen, das die Wahrscheinlichkeit angibt, dass die voneinander unabhängigen Ereignisse $X_1, X_2 \ldots X_n$ bei einer bestimmten Anzahl (m) von Ausführungen eines Experimentes (z.B. Würfeln mit n Würfeln) mit bestimmten Häufigkeiten ($x_1, x_2 \ldots x_n$) auftreten. Besitzen die Ereignisse beim Einzelversuch die Wahrscheinlichkeit $p_1, p_2 \ldots p_n$, dann ergibt sich die Wahrscheinlichkeit des Auftretens eines bestimmten Häufigkeitsmusters für alle Ereignisse bei m Experimenten aus:

$$f(x_1, x_2 \ldots x_n) = \frac{m!}{x_1! \, x_2! \ldots x_n!} \, p_1^{x_1} \, p_2^{x_2} \ldots p_n^{x_n}$$

Ein Sonderfall der m.n V. ist die Binomialverteilung.   H.W.

Verteilung, multivariate, Häufigkeits- oder Wahrscheinlichkeitsverteilung, bei der die gleichzeitige Verteilung von zwei (bivariat) oder mehreren Variablen betrachtet wird. So wird im bivariaten Fall nach der Häufigkeit oder der Wahrscheinlichkeit des Auftretens der einzelnen Wertepaare (x_i; y_i) gefragt.   H.W.

Verteilungsgerechtigkeit, *equity, distributive justice,* ursprünglich nach G.C. Homans (1958, 1961) ein allgemeiner Maßstab, nach dem Akteure das Ergebnis von Interaktionen bewerten, indem sie ihren Gewinn (Belohnung, Nutzen usw. relativ zu Aufwand, Kosten, Investition usw.) ins Verhältnis zum Gewinn der anderen setzen. Werden eigener Nettonutzen und derjenige der Bezugsperson und → Bezugsgruppe als annähernd gleich bewertet, so verstärkt dies die Neigung zu reziprokem Austausch, verletzte V. kann dagegen zu relativer Deprivation und Interaktionsverweigerung führen. Es wird im Rahmen einer ökonomischen Betrachtung sozialer Beziehungen angenommen, dass das Streben nach V. die Grundlage der Handlungsorientierung in zahlreichen Typen von Situationen bildet. Daher wird auch die Tendenz zu → Statuskongruenz verschiedener Akteure und zu → Statuskonsistenz der eigenen Soziallage prinzipiell auf das Streben nach V. zurückgeführt.   H.L.

Verteilungsgesetz, Bezeichnung für eine Menge möglicher Ereignisse oder Ereignisfolgen x_1, x_2 ... x_n mit den zugehörigen Wahrscheinlichkeiten p_1, p_2 ... p_n; $\sum_{i=1}^{n} p_i = 1$. Das V. für einen gegebenen Sachverhalt ist abhängig von dem Komplex von Ursachen und Bedingungen, unter denen die Ereignisse stattfinden.   H.W.

Verteilungsverhältnisse → Distributionsverhältnisse

Vertikalverlagerung – Transversalverlagerung, bezeichnen bei P. Bourdieu unterschiedliche Formen der (beruflichen) Mobilität: Eine V. ist ein Auf- oder Abstieg innerhalb eines → Feldes [6], z.B. innerhalb des wissenschaftlichen. Eine T. ist ein Wechsel von einem Feld in ein anderes, z.B. ein Übergang vom wissenschaftlichen ins wirtschaftliche.   A.K.

Vertrag, Grundinstitution bürgerlicher Vergesellschaftung. V. sind Form und Mittel der Äußerung des Willens von zwei gleichen Subjekten, die im Prinzip frei über sich selbst verfügen können. Der V. ermöglicht kooperatives Handeln, er führt zu gegenseitigen Verpflichtungen und gewährt durch Selbstbindung die nötige Sicherheit im Verkehr der ansonsten ungebundenen Individuen. Nach W. Kersting (1996) sind V. Quellen von Normativität, von Rechten und Pflichten; sie sind Ausdruck von Rationalität, insofern sie von den Interessen der Individuen geleitet werden und i.d.R. zur Besserstellung der Vertragspartner führen. Wie E. Durkheim gegenüber H. Spencer herausstellte, gelten V. nicht allein aus sich heraus, sondern benötigen eine → Einbettung in außervertragliche, gesellschaftlich anerkannte Normen und Sanktionsinstanzen. V. sind nur dann gültig, wenn sie diese Normen nicht verletzen („Sittlichkeit" der V.). So ist es in der bürgerlichen Gesellschaft unsittlich, sich selbst oder eine andere Person in die Sklaverei zu verkaufen.   H.W.

Vertragsproduktion, *contract farming,* vertragliche Bindung ländlicher Produzenten, z.B. von Kleinbauern an einen Abnehmer, z.B. ein Unternehmen der Agroindustrie, wodurch die Anbauweisen, die Verwendung bestimmten Saatgutes oder bestimmter Düngemittel, Qualitäten, Mengen und Preise fixiert sind. Die hohen Risiken der landwirtschaftlichen Produktion werden durch die V. i.d.R. einseitig den Produzenten aufgebürdet.   H.W.

Vertragstheorie → Kontraktualismus

Vertrauen, *trust,* frz.: *confiance,* heißt die mit Risiken belastete Zuversicht, dass sich die Personen und Objekte in meinem Umfeld gemäß meinen Vorstellungen verhalten, dass ich darauf hoffen kann. V. ist eine elementare Voraussetzung für soziale Beziehungen, in der bestimmte Annahmen über Sachverhalte oder das Verhalten von Personen unthematisiert als fraglos vorausgesetzt werden (fungierendes V.) oder thematisch und reflexiv bestätigt werden (reflexives V.) mit der Folge, dass man diese Annahmen in seinem weiteren Handeln voraussetzen kann.   R.S.

[1] In der Soziologie gilt nach G. Simmel (1908) V. als „eine der wichtigsten synthetischen Kräfte", da es als „Hypothese künftigen Verhaltens" sicher genug ist, um praktisches Handeln darauf zu gründen. V. sei also ein mittlerer Zustand zwischen Wissen und Nichtwissen.
[2] Nach N. Luhmann (1968) erfüllt V. i.S.v. Zutrauen zu eigenen Erwartungen die Funktion, zwischen der Komplexität der Möglichkeiten von Zukunft und der mit der Gegenwart wirklich gewordenen Vergangenheit bei Interaktionen und Wahrnehmungen zu vermitteln, um Komplexität in dem Maße zu reduzieren, dass der Einzelne in seinem sozialen Kontext leben und handeln kann. V. bezieht sich also hier stets auf die kritische Alternative zwischen dem größeren Schaden durch Bruch des V. gegenüber dem Vorteil durch V. „V reflektiert Kontingenz" im Gegensatz zur Hoffnung, die Kontingenz eliminiert.   O.R.

Vertrauensbereich → Konfidenzintervall

Vertretungsbeziehung nennt M. Weber eine Form der sozialen Beziehung, bei der das Handeln bestimmter Beteiligter (Vertreter) den anderen Beteiligten (Vertretenen) zugerechnet wird, sodass sowohl die Chancen wie die Konsequenzen ihnen „zugute" kommen bzw. ihnen zur Last fallen. Derartige Vertretungsmacht geht i.a. einher mit dem Maß der Geschlossenheit einer sozialen Beziehung und findet sich vor allem in Verbänden als qua Vertretungsmacht legitimes Handeln des Leiters und des Verwaltungsstabes.   C.S.

Vertretungsfunktion, die Aufgabe einflussreicher Instanzen (z.B. Parteien, Gewerkschaften), jene sozialen Interessen zu repräsentieren und durchzusetzen, die nicht automatisch – etwa durch Marktmechanismen – berücksichtigt werden.   U.B.

Vertretungsmacht → Vertretungsbeziehung

V

Verwahrlosung, allgemein Bezeichnung für Verstöße von Individuen gegen die gesellschaftlich dominierenden Verhaltensstandards. In der traditionellen Fürsorgeerziehung kennzeichnet V. von der (Mittelschicht-) Norm abweichende Entwicklungs- und Verhaltensformen bei Kindern und Jugendlichen. Mit der Unterkategorie der sexuellen V. sind bis Ende der 1970er Jahre alle sexualbezogenen Aktivitäten Minderjähriger (besonders aber von Mädchen) diskreditiert worden.   M.S.

Verwaltung, *administration*, allgemeine Bezeichnung für die überwachende, disponierende Tätigkeit im Umgang mit Gütern, Tätigkeiten und Leistungen, die nach vorgefassten Regeln geplant und stetig abläuft. Insofern umschließt V. die V. privater Haushaltungen, kapitalistischer Betriebe und staatlicher Institutionen.   W.F.H.

Verwaltungsautonomie, [1] der der Verwaltung von den Regierenden zugestandene Entscheidungsspielraum für unvorhergesehene Fälle oder Auslegungsprobleme bei der Anwendung von Vorschriften.
[2] Das Recht einer Region, Stadt oder Gemeinde auf mehr oder weniger selbstständig eingesetzte und arbeitende Verwaltung.   W.F.H.

Verwaltungselite, administrative Elite, Führungsgruppen im Bereich der Verwaltung, „Verwalter der Macht". Zur V. zählen die höhere Verwaltung, Diplomatie, Justiz, Militär; in einigen Untersuchungen werden auch die beamteten Hochschullehrer und die wissenschaftlichen Berater der Regierungsinstitutionen zur V. gerechnet.   O.R.

Verwaltungsfront → Außenfront der Verwaltung

Verwaltungskontrolle, das Recht des Parlaments auf politische und sachliche Überprüfung der Tätigkeit der Beamten.   W.F.H.

Verwaltungssoziologie. Die V. untersucht mit organisations- rechts- und herrschaftssoziologischen Fragestellungen Geschichte, Struktur und gesellschaftliche Funktion der staatlichen Verwaltung.   W.F.H.

Verwaltungsstaat, politische Herrschaftsform entwickelter kapitalistischer Gesellschaften, in denen die zunehmende Bedeutung von staatlicher Verwaltung für die politische Willensbildung und Entscheidung die Funktionstüchtigkeit der gewählten Organe der Volksvertretung beschränkt. Die Verwaltung wird im Zusammenhang mit den Parteibürokratien und den Verbänden mehr und mehr zum Zentrum der Interessenabstimmung.   W.F.H.

Verwaltungsstab, allgemeine Bezeichnung für die Gruppe der Inhaber von Verwaltungspositionen in einer Organisation.   W.F.H.

Verwandtschaft, *kinship*, Bezeichnung für die Art und Weise, wie Status, Rang und Würden, Namen und Eigentum in einer Gruppe oder Gesellschaft übertragen werden. Dieser V.sbegriff ist nicht mit dem älteren identisch, der allein von der biologischen Verwandtschaft (*consanguinity*) ausgeht.   W.F.H.

Verwandtschaft, deskriptive → Verwandtschaft, klassifikatorische – deskriptive

Verwandtschaft, klassifikatorische – deskriptive, Bezeichnungen für die Formen der sozialen Begrifflichkeit der Verwandtschaftsverhältnisse (L.H. Morgan). Im Begriffssystem der k.n V. werden Abstammungslinie und Seitenverwandte miteinander vermischt (z.B. der Vaterbruder wird Vater genannt). In der d. V. stehen für jede einzelne Verwandtschaftsposition besondere Begriffe bereit. Diese ältere Unterscheidung erscheint heute nicht mehr zureichend zur Erfassung der sozialen Begrifflichkeit der Verwandtschaftsverhältnisse.   W.F.H.

Verwandtschaftsfamilie, eine Familie, in der die Beziehungen der Familienmitglieder durch Regeln der gemeinsamen Abstammung strukturiert werden.   R.O.W.

Verwandtschaftsgruppe, *kin group*, allgemeine Bezeichnung für alle das Verhältnis von Elterrn mit Kindern übergreifenden Verwandtschaftsbeziehungen, oft im Sinne von → *lineage*.   W.F.H.

Verwandtschaftsmatrix, die formale Gegliedertheit der Verwandtschaftsbeziehungen und ihre sozial festgelegte Begrifflichkeit.   W.F.H.

Verwandtschaftsmuster, *kinship pattern*, allgemeine Bezeichnung für die von Gesellschaft zu Gesellschaft unterschiedlichen Formen der Verwandtschaftszurechnung.   W.F.H.

Verwandtschaftsordnung → Verwandtschaftssystem

Verwandtschaftssystem, Verwandtschaftsordnung, *kin system*, die Gesamtheit der Vorschriften in einer Gesellschaft, die die Formen der Heirat und Ehe, der Abstammung und Nachfolge, der Vererbung von Namen und Eigentum, der sexuellen Beziehungen und familiären Lebensgemeinschaften sowie der Kinderaufzucht bestimmen.   W.F.H.

Verwandtschaftssystem, konsanguines, die die Familien- und Verwandtschaftszugehörigkeit und ihre Folgen (Abstammung, Name, Erbe) betreffenden sozialen Vorschriften, die auf dem Kriterium biologischer Verwandtschaft beruhen.   W.F.H.

Verwandtschaftsterminologie, *kinship terminology,* das Insgesamt der Bezeichnungen für Verwandtschaftsbeziehungen, das nach Genauigkeit (werden z.B. Großvater väterlicherseits und Großvater mütterlicherseits, Bruder von einem Jungen oder von einem Mädchen aus unterschieden?), Reichweite und Verwendungssituation (in der Anrede oder beim Sprechen über Verwandte) von Kultur zu Kultur verschieden ist. **W.F.H.**

Verwandtschaftsterminologie, klassifikatorische, *classificatory kinship terminology,* ein System von Verwandtschaftsbezeichnungen, das nicht zwischen Verwandten in direkter Linie und kollateralen Verwandten unterscheidet (etwa: gleiche Bezeichnung für Vater und Onkel oder Bruder und Cousin). **W.F.H.**

Verwendungsforschung untersucht die Bedingungen, Verlaufsformen und Resultate der Umsetzung sozialwissenschaftlichen Wissens in Handlungssysteme, die nach anderen als nach wissenschaftlichen Relevanzstrukturen organisiert sind (insb. Alltag, Politik). Die V. hat verschiedene Konzepte zur Analyse des Verhältnisses von Wissenschaft und Praxis entwickelt, z.B. Trivialisierung, Aufklärung, Verschwinden. **M.M.**

Verwertungsprozess → Arbeitsprozess – Verwertungsprozess

Verwirklichung → Vergegenständlichung

Verwissenschaftlichung der Praxis oder der Gesellschaft nennt H. Schelsky (1961, 1963) den Prozess, „dass mehr und mehr alles praktische Handeln von einiger Bedeutung heute von der Wissenschaft her begründet und gesteuert wird". **R.Kl.**

Verwissenschaftlichung, reflexive, auch: Sekundärverwissenschaftlichung, von U. Beck vorgeschlagener Begriff dafür, dass sich Verwissenschaftlichung nicht mehr vor allem Bereichen zuwendet, die noch nicht von wissenschaftlichen Begründungsweisen und Rationalitätsformen gesteuert werden (einfache Verwissenschaftlichung), sondern mehr und mehr den Folgewirkungen von Verwissenschaftlichung des Sozialen: (Angewandte) Wissenschaft und Technik gelten mehr und mehr selbst als Problem- und Arbeitsfelder für Wissenschaft. Solche reflexive Anwendung von Wissenschaft auf Wissenschaft (vgl. den Streit der Expertengutachten) höhlt auf Dauer die herkömmlichen Überlegenheitsansprüche wissenschaftlichen Wissens gesellschaftlich aus. **W.F.H.**

Verzerrung → *bias*

Verzinsung → Rendite

verzuiling (niederl.) → Versäulung

vested interest (engl.), wohlerworbenes Recht, Bezeichnung für eine Interessenposition, die sich sozial so weit etabliert hat, dass sie Angriffen auf ihre Privilegien zu begegnen vermag und einem Wandel, der ihren Rang bedroht, sich entgegenstellt. Beispiele: überkommene Behörden, staatlich gestützte Kirchen. **R.L.**

Veto-Gruppe, [1] Interessengruppe, die aufgrund ihres Einflusses bestimmte Entscheidun-

gen in Regierung und Gesetzgebung verhindern kann.
[2] Jede Interessengruppe (D. Riesman) **W.F.H.**

vie expérimentale (frz.) → Leben, experimentelles

Vielparteiensystem → Einparteiensystem

Vier-Felder-Tafel, Bezeichnung für eine Tabelle oder → Kontingenztafel, die aus zwei dichotomen oder dichotomisierten Merkmalen (Merkmalen mit zwei Ausprägungen) gebildet wird.

		Merkmal A	
		a_1	a_2
Merkmal B	b_1	1	2
	b_2	3	4

In den 4 Zellen oder Feldern der Tabelle stehen Häufigkeiten, mit denen die Kombinationen von Ausprägungen beobachtet werden. **H.W.**

Vigilantismus, von lat. *vigilia,* wachsam, auch: Konformitätswache oder Normalitätswächter, bezeichnet Aktivitäten zur Unterdrückung von abweichendem Verhalten anderer Bürger seitens Privatpersonen oder auch seitens Beamter außerhalb ihrer Dienstzeit. V. führt oft zu Formen von Selbstjustiz. V. trat im 19. Jahrhundert v.a. in den USA auf und findet sich noch heute in vielen Ländern z.B. Lateinamerikas und Afrikas, in denen das institutionalisierte Rechtssystem fehlt oder der Staat sein Gewaltmonopol nicht durchzusetzen vermag. **D.Kl.**

Viktimisierung → Opfer

Viktimismus → Opfer

Viktimologie, ein Teilgebiet der Kriminologie, das die Stellung der Tatopfer im Prozess der Begehung und Verfolgung von Kriminalität untersucht. Bei einigen Delikten stehen Täter und Opfer meist von vornherein in enger Beziehung. Eigenes Verhalten kann die Opferwerdung (Viktimisierung) fördern. Von den Reaktionen der Opfer hängt ein Großteil der Strafverfolgung ab. **R.L.**

Virtuosenreligiosität – Massenreligiosität, von M. Weber in die Religionssoziologie eingeführte Unterscheidung zur Markierung der Verschiedenheit der religiösen Qualifikation und Qualifikationsinteressen. Während sich der religiöse Virtuose in der Praxis strenger Heilsmethodik bewähren muss, ist die Masse „religiös unmusikalisch" und überlässt die Befriedigung ihrer ideellen Bedürfnisse den religiösen Virtuosen. **V.Kr.**

Visibilität, die Wahrnehmbarkeit sozial relevanter Merkmale und Prozesse für Außenstehende. Nur Vorgänge mit einer ausreichenden V. können in der gesellschaftlichen Interaktion berücksichtigt werden. So erleichtert z.B. die geringe V.

eines Stigmas (etwa eines körperlichen Gebrechens) dem Betroffenen das Stigma-Management. R.L.

Vitalgebilde, natürliche (biologische) oder im engeren Verständnis Generationsgebilde, die nach L. von Wiese (1933) im Gegensatz zu den kulturellen Gebilden (die als Produkte des sozialen Lebens definiert sind, beispielsweise der Staat) in der allgemeinen Ordnung der Lebewesen wurzeln und mit dem organisch-physischen Leben der Menschen zusammenhängen. Je nachdem, ob in der wechselseitigen Abhängigkeit von vitalen oder kulturellen Faktoren der eine oder andere Faktor dominiert, unterscheidet von Wiese Rassen als vorwiegend vitale Gebilde, Familien und Familienverbände als vital-soziale Gebilde und Völker als sozial-vitale Gebilde. Da die Menschen auf die V. einwirken, sind sie nicht nur Gegenstand der Biologie, sondern auch der Soziologie. S.S.

Vitalismus, [1] eine philosophische Auffassung, derzufolge allen Lebenserscheinungen eine besondere „Lebenskraft" zugrunde liegt, deren Wirken weder mechanisch noch physikalisch-chemisch erklärt werden kann. Gilt als überholt, seitdem es erstmalig gelang (1828), organische Stoffe synthetisch herzustellen. Auch der sog. Neo-V. (A. Driesch 1928) lehnt eine physikalisch-chemische Kausalerklärung von Lebensvorgängen ab und fordert statt dessen deren teleologische Interpretation (→ Teleologie). R.Kl.
[2] → Lebensphilosophie O.R.

voice (engl.) → exit – voice

volitional, willensmäßig, gewollt, das → Wollen (Volition) betreffend. R.Kl.

Volk, unscharfer Begriff für eine meist große Anzahl von Menschen, die sich stammesgeschichtlich als einander ähnlich und kulturell als zusammengehörig betrachten, ohne deswegen einen eigenen Staat bilden zu müssen. Der Begriff ist durch seinen Missbrauch in rassistischen Kontexten belastet. Er wird durch die Trennung in → Ethnos und → Demos präzisiert. Er ist heute wieder im Gebrauch zur Kennzeichnung indianischer Autonomieansprüche, z.B. gegenüber Nationalstaaten (→ Völker, indigene). R.L.

Völker, indigene, *indigenous people, pueblos indigenas* (span.), auch indigene Nationen, in neuerer internationaler Sprachregelung Bezeichnung für Gesellschaften, die sich auf einem Territorium in historischer Kontinuität zu Gesellschaften befinden, die einer Eroberung oder Kolonisierung von Außen vorausgingen. Sie sehen sich selbst als in ihren kulturellen Mustern, sozialen Institutionen und Rechtssystemen gegenüber benachbarten Völkern bzw. einer sie einschließenden Mehrheitsgesellschaft als dis-

tinkt und eigenständig an (Martinez-Cobo 1987 in einer Studie für die UNO). Die ILO-Konvention 169 von 1989 erkennt sie international an, ohne jedoch den Ausdruck „Volk" im Sinne des Völkerrechts zu benutzen. Die Konvention definiert als Grundrechte u.a. das Recht auf eigene Territorien, auf Nutzung der natürlichen Ressourcen, Selbstbestimmung und Selbstverwaltung sowie Erhalt der kulturellen Eigenständigkeit. Die Zugehörigkeit zu i.V. regelt sich in vielen Fällen durch Selbstbezeichnung. Eine Reihe von Staaten in Lateinamerika erkennt die i.V. heute in den Landesverfassungen an. H.W.

Völkerkunde → Ethnologie

Völkerpsychologie, von M. Lazarus und H. Steinthal (1860) als „Wissenschaft vom → Volksgeiste" konstituierte Wissenschaftsrichtung, die vorgab, die Gesetze zu entdecken, nach denen die innere, geistige oder ideale Tätigkeit eines Volkes – in Leben, Kunst und Wissenschaft – vor sich geht. Die V. beeinflusste stark die Soziologie und Sozialpsychologie, verlor aber seit 1900 ihre disziplinäre Eigenständigkeit und geriet als Begriff mehr und mehr in Vergessenheit. O.R.

Volksdemokratie, im historisch spezifischen Sinne Bezeichnung für die nach 1945 in osteuropäischen Ländern unter sowjetischem Einfluss entstandenen Staats- und Gesellschaftsformen. Die hergebrachten oder neu eingeführten parlamentarischen Verfassungsstrukturen wurden durch eine Entscheidungsstruktur ergänzt, überlagert und schließlich ersetzt, die nominell durch die in einer „Nationalen Front" o.ä. zusammengeschlossenen Parteien und „Massenorganisationen", die Volksvertretungen und die gewählten Leitungsorgane der Betriebe usw. gebildet, faktisch aber von der jeweiligen kommunistischen Partei (bzw. deren Bürokratie) beherrscht wurde. W.F.H./R.Kl.

Volksfrömmigkeit, auch: Volksreligiosität oder populare Religiosität, Bezeichnung für Glaubensinhalte und -praktiken mit folgenden, allein oder in verschiedenen Kombinationen auftretenden Merkmalen: a) Verschmelzung von Glaubensinhalten und -praktiken mit dem jeweiligen Religionssystems mit Elementen älterer, anderer religiöser Traditionen; b) Bewahrung traditionaler religiöser Vostellungen und kultischer Praktiken; c) als „Aberglaube" diffamierte religiöse Deutungen und Praktiken für alltägliche Lebensprobleme, die oft mit magischen Elementen vermischt sind; d) kultische (Gelegenheits-) Praktiken, die von großen Teilen der Bevölkerung einer Nation oder eines Kulturkreises gewohnheitsmäßig vollzogen werden. Der Begriff der V. ist inhaltlich nur relational zu dem der „offiziellen Religion" zu bestimmen und als

V

Massenphänomen überhaupt nur bei den großen Konfessionen (Buddhismus, Judentum, Christentum, Islam) anzutreffen.   V.Kr.

Volksfront – Einheitsfront, [1] Bezeichnungen für unterschiedliche Formen der Bündnispolitik kommunistischer Parteien. Als E. wird die Zusammenarbeit einer kommunistischen Partei mit nichtkommunistischen Arbeiterparteien und -organisationen (Anfang der 1920er Jahre in Deutschland der KPD und der SPD) im politischen und gewerkschaftlichen Bereich bezeichnet, deren gemeinsame Aktionen die Arbeiterklasse einigen und so auch andere Bevölkerungsgruppen für den Sozialismus gewinnen sollen. Der Begriff V. dagegen bezeichnet Bündnisse, an denen neben der kommunistischen Partei nicht nur sozialistische oder sozialdemokratische Arbeiterparteien, sondern auch linksliberale und demokratische bürgerliche Parteien beteiligt sind (die V.regierungen der 1930er Jahre in Frankreich und Spanien, der 1970er Jahre in Chile).
[2] In einem unscharfen Sinne werden die Begriffe V. und E. gleichbedeutend verwandt für jegliche Bündnisse kommunistischer Parteien mit anderen Parteien zum Zwecke der Regierungsbeteiligung.   W.F.H.

Volksgeist, Volksseele, Bezeichnung für den in den sozialen Wechselwirkungen der Einzelnen wirksame geistige Prozess, aus welchem – als Inhalt des „objektiven Geistes" – gesellschaftliche Gebilde hervorgehen wie Recht, Moral, Religion etc.; diese wie auch die Sprache lassen sich ursächlich nicht auf einen Einzelnen zurückverfolgen. Der V. als zentraler Teil der → Völkerpsychologie wurde von M. Lazarus und H. Steinthal (1860) aber nicht als geistige Substanz besonderer Art verstanden. Der Begriff V. wurde bereits um 1900 durch „Gesellschaft" (G. Simmel 1890) und „Kollektivbewusstsein" – ja, synonym auch „Kollektivseele", die ausdrücklich als Substanz umschrieben wurde (E. Durkheim 1903) – verdrängt und gilt aktuell als desavouiertes Theorem.   O.R.

Volkskirche, Bezeichnung für diejenige Kirchenform, die zwar aus dem engen Verhältnis zwischen Staat und Kirche (→ Staatskirche) gelöst ist, sich aber dennoch auf sehr große Teile der Bevölkerung einer Nation erstreckt. Im Gegensatz zur Freiwilligkeitskirche und → Sekte wird die Mitgliedschaft durch die allgemein übliche Säuglingstaufe zugeschrieben, was in der Tendenz zu offener Pluralität, aber auch zu einem geringen Bindungsgrad vieler ihrer Mitglieder (→ Kirchlichkeit, distanzierte) und zur Funktionsbeschränkung auf Versorgungsaufgaben (Kasualien) führt.   V.Kr.

Volkskunde, Disziplin der Wissenschaften vom Menschen, die sich mit der Eigenart der Lebensformen und Lebensbewältigung einzelner Völker und Volksgruppen mit stark beschreibendem und archivarischem Interesse beschäftigt. Ihre Gegenstände sind Sitte und Brauch, Mundart und Hochsprache, Musik, Lied, Tanz und Spiel, Feier und Fest, Erzählungen und Lesegewohnheiten, Aberglauben und Religion, Handwerkskunst, Hausbau, Essgewohnheiten, Kleidung und Tracht. In den letzten Jahrzehnten hat die V. in Teilbereichen Anschluss an die Nachbarwissenschaften gefunden (Erzähl- und Biografieforschung, kulturtheoretische Bemühungen).   W.F.H.

Volkspartei, einerseits eine Werbeformel („wir sind für alle da'), andererseits eine Wahlstrategie („wir wollen alle kriegen'). In der politischen Soziologie seit O. Kirchheimer (1965) eine viel diskutierte Kategorie (A. Mintzel 1983), welche auf die Entideologisierung und das Ähnlichwerden von großen Parteien in den westlichen Demokratien verweist.   R.L.

Volksreligiosität → Volksfrömmigkeit

Volksseele → Volksgeist

Volkssouveränität, Begriff zur Kennzeichnung des Anspruchs der bürgerlichen Revolution, dass die staatliche Souveränität im Volkswillen begründet sei. Lässt sich die ältere Auffassung, nämlich dass der Fürst der Souverän sei, in bestimmten Herrschaftsformen etwa des Absolutismus mühelos als Realität erkennen, so ist die V. überall nur ein Ideal oder eine Fiktion; die Wirklichkeit der Verfassungen löst dieses Ideal nirgendwo ein. So sind an die Stelle der revolutionären Vorstellung der V. zur Selbstidentifikation freiheitlicher Gesellschaftsordnungen überall eher Begriffe wie repräsentative Demokratie, Verfassungsstaat oder Rechtsstaat getreten; und die Garantie der Freiheit wird eher von der Rechtsstaatlichkeit der Verfahren als von der ungehinderten Durchsetzung des Volkswillens erwartet. Daher schränkt sich in der Wirklichkeit der Staaten westlichen Zuschnitts das Prinzip der V. auf die Wahl einer verfassungsgebenden Nationalversammlung und auf die plebiszitäre Zustimmung zu einem Verfassungsentwurf ein.   K.R.

Volkswirtschaft, die Wirtschaft eines bestimmten Landes, i.d.R. eines (National-) Staates (Nationalökonomie). Die V. ist die Betrachtungseinheit der Analysen des Wirtschaftskreislaufes und der meisten makroökonomischen Theorien.   H.W.

Volkszählung → Zensus

Vollerhebung, Totalerhebung, Untersuchung, in der alle Mitglieder einer Zielgruppe (z.B. die gesamte Bevölkerung der BRD, alle Studenten des

Geburtsjahrgangs 1972) durch die Datenerhebung erfasst werden. Wird aus der Zielgruppe nur eine (repräsentative) Teilgruppe befragt, dann liegt eine Teilerhebung vor. Aus Kostengründen ist eine Vollerhebung meist nicht möglich.   D.G.

Vollsozialisierung nennt M. Weber Sozialisierungsbestrebungen, die das Verschwinden effektiver Preise anstreben oder doch für möglich erachten; V. ist daher gleichbedeutend mit dem Ziel der Naturalrechnung. Die stärksten Widerstände gegen diese sieht Weber im unabdingbaren System der Massenversorgung durch industrielle Massenproduktion.   C.S.

Vollsystem → Teilsystem

volonté de tous (frz.), Willen aller, bei J.-J. Rousseau Bezeichnung für die Summe aller individuellen Verhaltensdispositionen (Werthaltungen, Einstellungen, Bestrebungen etc.), die das Denken und Handeln der Mitglieder eines Gemeinwesens in deren Eigenschaft als Privatpersonen steuern. Die bzw. der *v. d. t.* setzt sich zusammen aus der Vielzahl der egoistischen Sonderwillen (frz. *volontés particulières*) von Privatpersonen und Interessengruppen, die in ihren Extremformen dem Gemeinwohl zuwiderhandeln.   F.H.

volonté générale (frz.), Gemeinwille, bei J.-J. Rousseau Bezeichnung für jenen Komplex von Verhaltensdispositionen (Werthaltungen, Einstellungen, Bestrebungen usw.), der sowohl jedes Individuum in seiner Eigenschaft als Mitglied eines Gemeinwesens als auch die Mehrheit der Bürger eines Gemeinwesens insgesamt veranlasst, beim Denken und Handeln das Gemeinwohl und den Fortbestand des Gemeinwesens den egoistischen Privatinteressen voranzustellen. Gesetz und Recht, Sitte und Moral sind zugleich Ausdruck und verstärkende Wirkgrößen der bzw. des *v. g.*   F.H.

volonté particulière (frz.) → *volonté de tous*

Volumen, soziales, bei E. Durkheim Bezeichnung für eine Wirkgröße bzw. Maßgröße in Zusammenhang mit dem inneren Aufbau einer Gesellschaft oder eines gesellschaftlichen Subsystems. Das s. V. ergibt sich aus der Zahl der sozialen Einheiten, aus denen das betreffende soziale Gebilde zusammengesetzt ist.   F.H.

Volumenstress, *volume stress,* bei D. Easton die Tatsache der quantitativen Überlastung derjenigen, die in einem sozialen System Forderungen mit Entscheidungen zu beantworten haben, also gezwungen sind, Prioritätsskalen zu entwerfen.   H.E.

Voluntarismus, [1] philosophische Anschauung (u.a. A. Schopenhauer, F. Nietzsche), die den Willen im Gegensatz zum Intellekt als zentrale Kraft, als Prinzip des Erkennens und Handelns

betrachtet oder darüber hinaus im Willen das Wesen oder Prinzip der Welt, der Wirklichkeit sieht.   H.W.

[2] In der Arbeiterbewegung, aber auch in anderen politischen und politikwissenschaftlichen Zusammenhängen Bezeichnung für eine Orientierung und Praxis, die sich auf Wunsch, Absicht und Wille begründet, nicht dagegen (oder nicht konsequent genug) die Analyse der wirklichen Bedingungen und Möglichkeiten berücksichtigt.   W.F.H.

Voodoo, Bezeichnung für einen hauptsächlich in Afrika, Haiti, Westindien und im Süden der USA verbreiteten synkretistischen Geheimkult, der sich aus Elementen afrikanischer, indianischer und christlicher Religion zusammensetzt; die kultische Praxis besteht aus ekstatischen Tänzen und Schlangenriten.   V.Kr.

Voodoo death (engl.), in der älteren Ethnologie Bezeichnung für einen Tod nicht auf Grund körperlicher, sondern seelisch-religiöser Ursachen. Es wurde angenommen, dass der *V.d.* die Folge einer vorherigen tiefreichenden Tabu- oder Regelverletzung durch den Betreffenden ist.   W.F.H.

Voraussage → Prognose

Voraussagegültigkeit → Validität, externe

Voraussagestudien, *prediction studies,* Untersuchungsform, die ähnlich wie die Panel- und Trendstudien Daten verschiedener Zeitpunkte vergleicht. In den V. wird untersucht, inwieweit es möglich ist, von Daten zu einem früheren auf Daten zu einem späteren Zeitpunkt zu schließen. Es lassen sich zwei Arten von V. unterscheiden: die eine benutzt die Intentionen von Befragten, die andere solche Messungen als Voraussagegrundlage, die mit der zu prognostizierenden Größe korreliert sind. Es hat sich gezeigt, dass Voraussagen, die sich auf Kollektive von Individuen beziehen, größeren Erfolg haben als solche, die sich auf einzelne Individuen beziehen.   H.W.

Voraussetzung, funktionale → Erfordernis, funktionales

Voraussetzungslosigkeit, vor allem in den Sozialwissenschaften diskutierte, an wissenschaftliche Theorien gerichtete Forderung, nach der diese außer der wissenschaftlichen Methode keine weiteren Voraussetzungen, insb. Werturteile, haben dürfen, um als objektiv zu gelten. Gegen die V. ist eingewandt worden, dass die Methodenlehren z.B. empirischer Forschung selbst auf Werturteilen beruhen und von der historischen und sozialen Situation abhängig seien. Die V. verdecke darüber hinaus die Relevanzproblematik wissenschaftlicher Forschung.   H.W.

Vorbedingung, funktionale → Erfordernis, funktionales

V

Vorbewusstes, das Vorbewusste, in der psycho-analytischen Theorie S. Freuds Bezeichnung für die Gesamtheit der psychischen Inhalte und Prozesse, die zwar dem aktuellen Bewusstsein nicht gegenwärtig sind, jedoch – im Unterschied zum → Unbewussten – jederzeit und ohne Widerstände durch das Ich bewusst gemacht werden können. R.Kl.

Vorderbühne → Hinterbühne – Vorderbühne

Vorhersagegültigkeit → Validität, externe

Vorschrift, bezeichnet in der Techniksoziologie (B. Latour 1996) das den Menschen durch nicht-menschliche Konstellationen (Maschinen, Geräte usw.) aufgezwungene Verhalten, wobei die technischen Konstellationen als → Delegierte [2] sozialer Instanzen aufgefasst werden (eine Verkehrsampel ist ein „delegierter Verkehrspolizist"). W.F.H.

Vorschrift, operationale → Definition, operationale

Vorsorgestaat, deutsche Übersetzung von *L'Etat-providence,* wörtlich „Vorsehungs-Staat", Bezeichnung von F. Ewald (1986) für den modernen französischen Sozial- und Rechtsstaat. An Hand der Untersuchung zur Entstehung der modernen Unfallversicherung in Frankreich verweist Ewald auf einen fundamentalen Umbruch in der Konstitution des Verhältnisses von Individuum und Staat Dieses basiert nicht mehr auf Schuld und Verantwortung wie im *Code Napoleon* (1804), sondern auf Statistik und Versicherungsmathematik, auf statistischer Erwartbarkeit und „Normalität" von Unfällen, die zu Zwangsversicherung und Verpflichtung zur Schadensregelung führen. Die Normalisierung der Individuen erfolgt nun im Verhältnis ihrer Abweichungen von den statistischen Durchschnitten der als homogen gedachten, massenhaften Kollektive, denen sie angehören, und orientiert sich nicht mehr an moralischen Normen. H.W.

Vorstudie, auch: Voruntersuchung → Leitstudie

Vortest → Pretest

Voruntersuchung → Vorstudie

Vorurteil, Globalurteil, Pauschalurteil, ein verfestigtes, vorgefasstes, durch neue Erfahrungen oder Informationen schwer veränderbares Urteil über Personen, Gruppen, Sachverhalte usw. Es ist emotional gefärbt und enthält meist positive (vor allem gegenüber der eigenen Person und Gruppe) oder negative (vor allem gegenüber Fremden und → Fremdgruppen) moralische Wertungen. Die Informationen, auf die sich ein V. stützt, sind in der Regel lückenhaft, verzerrt oder sogar falsch. Der Bildung von V.en über Fremdgruppen (z.B. andere Nationen, → Minoritäten usw.) liegen vielfach Erfahrungen mit einzelnen Mitgliedern dieser Gruppen zu

Grunde, die generalisiert und für jedes Mitglied der betreffenden Gruppe als zutreffend angesehen werden. Die abwertende Einstellung gegenüber fremden Gruppen, die in den V.en über diese zumeist zum Ausdruck kommt, geht in der Regel darauf zurück, dass die eigenen Normen und Wertvorstellungen für allgemein gültig gehalten und zum Maßstab des Verhaltens auch aller anderen Menschen gemacht werden; dies dient gleichzeitig der Sicherung des Selbstwertgefühls und des Zusammenhalts der Eigengruppe. Ferner tragen Mechanismen wie die → Projektion, die Tendenz zur Ableitung von Aggressionen auf → Sündenböcke usw. zur V.sbildung bei. Da angenommen wird, dass V.e insbesondere im Zusammenhang mit der → Diskriminierung von Minoritäten (z.B. → Antisemitismus) und in den Beziehungen zwischen Nationen eine zentrale Rolle spielen, ist die Erforschung der Entstehung und Wirkung von V.en sowie der Möglichkeiten für den Abbau von V.en zu einem wichtigen Gegenstand der Sozialpsychologie und Soziologie, neuerdings auch der Friedens- und Konfliktforschung geworden. W.Li.

Vorverständnis. [1] Jede soziologische Forschung beginnt mit einem V. vom Untersuchungsgegenstand, das sich zum einen aus der Alltagserfahrung der Forschenden speist (lebensweltliches V.), zum anderen Elemente soziologischer Theorien enthält (wissenschaftliches V.). Eine voraussetzungslose Forschung ist nicht möglich. Ohne ein V. wüsste man keine Forschungsfrage zu stellen (→ Entdeckungszusammenhang). In der deduktiv-nomologischen Sozialforschung wird das V. in die Form einer Hypothese gebracht, die im → Begründungszusammenhang auf ihre Gültigkeit überprüft wird. In der qualitativen Sozialforschung gilt das V. als „sensitivierendes Konzept" (H. Blumer), das während des gesamten Forschungsprozesses virtuell einer ständigen Modifikation unterworfen ist.
[2] Die philosophische → Hermeneutik nimmt an, dass jedes Verstehen einer fremden Äußerung (eines Briefes, eines überlieferten Textes) auf ein V. angewiesen ist, d.h. auf Sinnerwartungen, die aus dem eigenen Verständnis des jeweils Thematisierten resultieren. Umgekehrt modifiziert und erweitert jede Interpretetion eines fremden Sinngehalts das V. (→ Zirkel, hermeneutischer). M.M.

Vorwelt, Geschichte, bezeichnet jene Sphäre der Sozialwelt (A. Schütz) vor der mir war, von der ich auf mancherlei Art Kenntnis habe, die insofern auch Bezugspunkt meiner Orientierung sein kann, die aber als Geschichte abgeschlossen und daher für meine Handlungswelt invariant ist, mit der mich also auch keine unmittelbar erlebte Erfahrung verbindet. Von ihr unterschieden sind die Umwelt (d.h. jener Teil der Sozialwelt, in dem ich in unmittelbarem Kontakt – räumlich und zeitlich – mit anderen interagiere), die Mitwelt (d.h. jener Teil der Sozialwelt, von deren Existenz als gleichzeitiger ich zwar weiß – als Kollektive, Institutionen, Rollen etc. –, deren Mitglieder aber nicht meine unmittelbaren Interaktionspartner sind) sowie die Folgewelt, die nach mir sein wird und von deren Erlebnisabläufen ich keinerlei Kenntnis habe. Diese Differenzierung wird von Schütz im Rahmen seiner Theorie des Fremdverstehens entwickelt: In jeder dieser Teilwelten ist mir der andere in je verschiedener Weise gegeben; daher unterscheidet sich nach Grad und Art die Verstehbarkeit seines Handelns.   **W.M.S.**

Vorzeichentest, auch: Zeichentest, Form des Binomialtests für zwei korrelierende Stichproben. Es werden die Differenzen zwischen den Messwerten der Beobachtungspaare gebildet und die Häufigkeit positiver und negativer Vorzeichen ermittelt. Unter der Nullhypothese, dass beide Stichproben Grundgesamtheiten mit der gleichen zentralen Tendenz angehören, ist ein Verhältnis der Vorzeichenhäufigkeiten von 0,5:0,5 zu erwarten. Die vorliegende Aufteilung wird gegen die erwartete Aufteilung wie beim Binomialtest auf Zufälligkeit der Abweichung geprüft.   **H.W.**

voting power (engl.) → Abstimmungsmacht

Vp. → Versuchsperson

Vulgärmarxismus, allgemeine Bezeichnung für jede vereinfachte und verfälschte Form des Marxismus, z.B. für die unvermittelte Rückführung von Prozessen im gesellschaftlichen Überbau auf ökonomische Faktoren oder für die methodische Verselbstständigung einzelner ökonomischer Kategorien (Warenproduktion, Monopol usw.).   **O.R.**

Vulnerabilität, (von lat. *vulnus,* Wunde) Verwundbarkeit, der Begriff wird in vielen natur-, human- und sozialwissenschaftlichen Disziplinen genutzt, um die Empfindlichkeit oder Gefährdung von Personen, sozialen, ökologischen oder anderen Systemen zu beschreiben. In der entwicklungspolitischen Diskussion wird die V. z.B. gegenüber Armut oder Wohlstandsverlusten analysiert; hier kommt das Konzept der V. dem Konzept der → Prekarität recht nah. V. kann als eine besondere Risikoexposition von Personen und Haushalten oder als eine Schutzlosigkeit gegenüber solchen Risiken und ihren Folgen begriffen werden. Eine Strategie zur Verringerung der V. kann z.B. darin liegen, dass die Nutzung diversifizierter Einkommensquellen gefördert wird. Die Messung von V. kann über standardisierte Querschnitt-, besser jedoch Längs-

schnittdaten oder über qualitative Studien erfolgen.   **C.W.**

Wachstum, kulturelles → Kulturwachstum

Wachstum, qualitatives, programmatischer Begriff der Gewerkschaften und der Sozialdemokratie, der in kritischer Abhebung von einem rein quantitativ gedachten ökonomischen Wachstum (gemessen etwa am Bruttosozialprodukt oder anderen hochaggregierten, quantitativen Indikatoren) Vollbeschäftigung durch eine Orientierung der Produktion an bestimmten, sozial sinnvollen und notwendigen Verwendungsweisen des gesellschaftlichen Reichtums erreichen will (z.B. Bau und Betrieb von Schulen, Krankenhäusern, Kindertagesstätten) und zugleich sozial-ökologisch schädliche Verwendungsweisen ausschließt. Das q.e W. soll auch eine menschengerechte, partizipative Form der Produktion (Humanisierung der Arbeitswelt) einschließen.   **H.W.**

Wachstum, wirtschaftliches, in der Regel als Anstieg des Sozialprodukts pro Kopf der Bevölkerung definiert. Theorien des w.n W.s sind vor allem in Hinblick auf die Industrialisierungsprozesse in den heutigen Industrienationen, die Probleme der sog. Entwicklungsländer wie auch eine möglichst stetige, krisenfreie Weiterentwicklung der bereits entwickelten Länder entworfen worden. Als Ursachen des w.n W.s werden u.a. das Bevölkerungswachstum, Veränderung der Qualität (Erfindungen) und Quantität (Investitionen) des Produktionsapparates, die Veränderung des institutionellen Rahmens (Schaffung von Arbeitsmärkten, Transportsystemen, Ausbildungsstätten), die Art der Wirtschaftsgesinnung herausgestellt.   **H.W.**

Wachstumskurven, mathematische Modelle für das Wachstum bestimmter Größen (Bevölkerung, Verbreitungsgrad einer Nachricht usw.), in denen die Größen Funktionen der Zeit sind. W., deren Zuwachsraten die Form $\frac{dy}{dt} = ay\,(n - y)$ besitzen, werden als logistische W. bezeichnet. Sie sind als Modelle für Diffusionsprozesse eingeführt. Dabei bedeutet y etwa den jeweils erreichte Ausbreitungsgrad einer Nachricht, $(n - y)$ der noch nicht erreichte Teil der Empfänger. Die Größe a kann als Beschleunigungs-

oder Verzögerungskoeffizient aufgefasst werden. H.W.

Wahl, Wahlhandlung → Entscheidung

Wahl, rationale, *rational choice*, [1] Bezeichnung für eine bestimmte Art der Wahl zwischen Alternativen: Im Hinblick auf eine Rangfolge von Zielen oder Bedürfnissen werden die Mittel ausgewählt, die deren Verwirklichung mit dem geringsten Aufwand und den geringsten unerwünschten Nebenfolgen garantieren. B.W.R.
[2] Schlüsselbegriff der → *rational choice-theory*, die die Bedingungen rationaler individueller und kollektiver Wahlhandlungen oder → Entscheidungen untersucht. H.W.

Wahl, soziometrische, Bezeichnung für die Angabe eines Befragten in einem soziometrischen Test, welche andere(n) Person(en) aus seiner Gruppe er mag, als Interaktionspartner in bestimmten Situationen bevorzugt oder mit wem er tatsächlich in Beziehungen steht (positive Wahlen) oder nicht (negative Wahlen bzw. Ablehnungen). R.Kl.

Wahlbiografie bezeichnet in der → Biografieforschung und der Soziologie des Lebenslaufs (Ley 1984) den Sachverhalt, dass die Menschen (die Frauen) nicht mehr den Vorgaben einer → Normalbiografie [1] folgen (müssen), sondern ihre Lebensführung zunehmend durch Wahlen gestalten können (bzw. müssen). W.F.H.

Wählerpartei → Mitgliederpartei

Wählersoziologie →Wahlsoziologie

Wählerverhalten → Wahlverhalten

Wahlgeographie, politische Ökologie. Die W. zieht die kulturellen, geschichtlichen und sozialen Charakteristika räumlicher Einheiten zur Erklärung des Wahlverhaltens der Bevölkerung dieser Einheit heran und benutzt dabei sowohl korrelationsstatistische Verfahren wie die Kartographie. W.F.H.

Wahlhandlungen, allgemeine und zusammenfassende Bezeichnung für die Verhaltensweisen, denen eine Auswahl oder Entscheidung zwischen zwei oder mehr Verhaltensmöglichkeiten vorangeht bzw. zugrunde liegt. → Entscheidung; → Entscheidungstheorie R.Kl.

Wahlkriterium, soziometrisches, Bezeichnung für das Kriterium, nach dem die in einem soziometrischen Test befragten Personen ihre „Wahlen" treffen sollen. Ein Beispiel für ein mögliches s. W. ist „Sympathie", die durch eine Frage wie „Welchen Ihrer Kollegen mögen Sie am liebsten?" festgestellt werden könnte. Ein anderes s. W. wäre „subjektive Interaktionspräferenz", die durch die Frage „Mit wem würden Sie am liebsten einen Urlaub verbringen?" erhoben werden könnte. R.Kl.

Wahlnachfrage, die von Meinungsforschern an das Publikum unmittelbar nach der Stimmabgabe (individuell beim Verlassen des Wahllokals) gerichtete Interviewfrage, für welche Partei gestimmt worden ist. Die W. dient als verlässlichste Grundlage für die „Hochrechnung", also für die Prognose des Endergebnisses. R.L.

Wahlsoziologie, auch Wählersoziologie, untersucht als Zweig der politischen Soziologie die Bestimmungsgründe für das Wahlverhalten einer Bevölkerung. Sie hat dabei das methodische Problem, dass aufgrund der Geheimhaltung der Wahlentscheidung der Individuen nur aggregierte Daten analysiert werden können. Das Problem wird zu umgehen versucht, indem am Ausgang des Abstimmungslokals ein Kurzinterview stattfindet, die so genannte → Wahlnachfrage. W.F.H./R.L.

Wahlstatus, soziometrischer → Status, soziometrischer

Wahlverhalten, [1] auch: Wählerverhalten, Gegenstand der Wahlsoziologie: die Entscheidung der Einzelnen und Gruppen, an einer Wahl teilzunehmen oder nicht, einer Partei oder einem Kandidaten ihre Zustimmung zu geben oder nicht. Das W. kann aufgrund der Geheimhaltungsvorschrift nicht direkt beobachtet werden, sondern muss nachträglich erfragt oder für größere Gruppen durch Analyse aggregierter Daten erschlossen werden.
[2] In der Soziometrie Bezeichnung für Präferenz für oder Abneigung gegen Interaktionspartner. W.F.H.

Wahlverwandtschaft, [1] aus der Chemie des 18.Jahrhunderts (i.S.v. Affinität) von Jean Paul (1796) und von Goethe (1809) übernommene Metapher für eine innerlich begründete, aber nicht determinierte Beziehung.
[2] M. Weber verwendet W. hin und wieder für die geschichtliche Parallelität und Affinität von protestantischer Ethik und kapitalistischem Geist, auch um Kausalurteile (etwa: Erstere habe Letzteren verursacht) zu vermeiden.
[3] L. von Wiese (1966) nennt W. eine absichtlich geschaffene soziale Vereinigung (im Unterschied zu den angeblich von Natur her gegebenen Gemeinschaften), betont also im Unterschied zu [2] die „Wahl". W.F.H.

Wahn, Bezeichnung für eine krankhafte Störung der Realitätswahrnehmung und des Realitätsbewusstseins. Diese manifestiert sich in Urteilen und Überzeugungen völlig unmöglichen oder unbegründbaren Inhalts („W.ideen", „W.vorstellungen"), welche durch keinerlei Erfahrung oder logische Argumentation berichtigt werden können. → Psychose; → Paranoia R.Kl.

Wahnsystem, kollektives, System dezidierter Bewertungen, moralischer Maßstäbe und praktischer Verhaltensformen, die im Verpflichtungszusammenhang sozialer Institutionen – wie ethnischer Gruppen, politischer Parteien, Gesamtgesellschaften – kollektiv organisiert und ideologisch verzerrt werden. Entscheidend dabei ist, dass sowohl die Motive, Interessen und Erfahrungen der einzelnen Individuen als auch namentlich die Qualitäten, die den in Frage stehenden sozialen Objektbereich charakterisieren, in kollektiven Prozessen in einem Maße unterdrückt werden, in dem das Orientierungsfeld hermetisch geschlossen, damit aber realitätsgerechtes soziales Lernen, rationale Umweltbewältigung, unmöglich gemacht und in die Erzeugung von Vorurteilen, Fehleinschätzungen, schließlich hochgradigen Wahnvorstellungen umgeleitet wird.   W.Lp.

Wahrheitsfähigkeit. Wahrheitsfähig sind Sinngehalte (zumeist enger: Sätze), wenn sie eine Erkenntnis ausdrücken, die wahr oder falsch sein kann. Als nicht wahrheitsfähig gelten nach vorherrschender Meinung z.B. Fragen, Befehle, Sollsätze, Wertungen.   N.L.

Wahrheitsmatrix → Wahrheitswertetafel

Wahrheitstheorien, Sammelbezeichnung für verschiedene philosophische Theorien, die sich um eine Klärung des Wahrheitsbegriffs, häufig auch um die Definition bzw. den Aufweis eines „Wahrheitskriteriums", d.h. eines Kriteriums zur Unterscheidung zwischen wahren und falschen Aussagen, bemühen. Die vier einflussreichsten W. sind wohl die → Korrespondenztheorie, die → Kohärenztheorie, die → Konsequenztheorie und die → Konsenstheorie der Wahrheit. R.Kl.

Wahrheitswert, Bezeichnung für die Werte „wahr" und „falsch", die einer Aussage zukommen können. Die W.e komplexerer Aussagen in Abhängigkeit von den W.en der Teilaussagen untersucht die Aussagenlogik. Sind nur die W.e „wahr" und „falsch" gegeben, dann spricht man von einer zweiwertigen Logik. Von drei- oder mehrwertigen Logiken spricht man, wenn die Aussagen drei und mehr Werte annehmen können, z.B. die Werte: wahr, falsch, unbestimmt.   H.W.

Wahrheitswertetafel, auch: Wahrheitsmatrix, Wahrheitstabelle oder Wahrheitstafel, in der Aussagenlogik gebräuchliche Darstellung der möglichen Wahrheitswerte einer zusammengesetzten Aussage in Abhängigkeit von den Wahrheitswerten der Einzelaussagen, die durch Junktoren („und", „oder", „genau dann, wenn" u.a.) verbunden sind. Im Fall der Konjunktion von zwei Teilsätzen („p und q") ergibt sich folgende W.:

„p"	„q"	„p und q"
w	w	w
w	f	f
f	w	f
f	f	f

Die Aussage „p und q" ist also nur in dem Falle wahr (w), wenn auch die Teilaussagen wahr sind.   H.W.

Wahrnehmung, Perzeption, allgemeine und zusammenfassende Bezeichnung für den gesamten Vorgang, durch den Lebewesen Informationen über ihre Umwelt und über ihren eigenen Zustand aufnehmen und verarbeiten. Physikalisch-physiologisch gesehen ist W. ein Prozess, bei dem bestimmte, aus der Außenwelt oder dem Organismus selbst stammende Reize durch die Sinnesorgane in Erregung von Nervenzellen verwandelt werden, die dann als elektrische Impulse in den sensorischen Bahnen weitergeleitet werden und schließlich zur Erregung bestimmter Ganglienzellen in der Hirnrinde führen. Die Psychologie versucht eine theoretische Klärung des Problems, auf welche Weise sich dabei bestimmte W.sgegenstände und W.sinhalte („Vorstellungen") bilden. Unter anderem wird betont, dass die W. nicht nur durch die physikalische Beschaffenheit der wahrgenommenen Reizkonfigurationen bestimmt wird, sondern auch von bestimmten Leistungen und Zuständen des wahrnehmenden Organismus selbst, so z.B. von den bereits vorhandenen Vorstellungen, den Erwartungen, Motiven und Einstellungen des Individuums (→ Wahrnehmung, selektive). Informationen werden nicht nur passiv „empfangen", sondern auch aktiv „gesucht" und „gefiltert". Sozialpsychologie und Soziologie zeigen, dass W. von vielfältigen sozialen Faktoren gesteuert und geprägt wird (→ Wahrnehmung, soziale).   R.Kl.

Wahrnehmung, interpersonelle → Personwahrnehmung

Wahrnehmung, selektive, Bezeichnung für die Tatsache, dass jedes Individuum angesichts der Menge und Mannigfaltigkeit der Umweltreize, denen es ständig ausgesetzt ist, dahin tendiert, nur solche Reize wahrzunehmen, für deren Aufnahme es aufgrund seiner bisherigen, in starkem Maße sozio-kulturell geprägten Erfahrungen vorbereitet ist. Für die Selektion der Wahrnehmungen ist eine Vielzahl psychischer und sozialer Mechanismen verantwortlich. Bevorzugt werden solche Merkmale und Ereignisse der Umwelt wahrgenommen, die mit den Erwartungen des Individuums und seiner sozialen Umwelt in Einklang stehen und im Hinblick auf seine Bedürfnisse und Interessen eine bestimmte

W

Bedeutung besitzen; unterdrückt werden solche Wahrnehmungen, die mit den Erwartungen, dem Selbstbild, den Wünschen des Individuums konfligieren (→ Stereotyp, → Vorurteil). → Wahrnehmung, soziale   R.Kl.

Wahrnehmung, soziale, auch: soziale Kognition, *social perception,* [1] Bezeichnung für die durch persönliche und soziale Faktoren beeinflusste Wahrnehmung. Der Begriff der „Wahrnehmung" wird in diesem Zusammenhang sehr unterschiedlich benutzt: zumeist im engeren Sinne der direkten Sinneswahrnehmung gebraucht, bezeichnet er häufig auch allgemein Prozesse, durch die Personen zu Vorstellungen, Meinungen, Urteilen, „Wissen" über die Wirklichkeit gelangen. Sozialpsychologische Experimente zur s.n W. im ersten, engeren Sinne haben u.a. gezeigt, dass die Wahrnehmung von Reizgegebenheiten durch den Konformitätsdruck der sozialen Gruppe, durch Werthaltungen und emotionale Einstellungen beeinflusst und (wenn auch nicht in beliebiger Weise) verfälscht werden kann. Soziologische Untersuchungen, die sich meist mit der s.n W. im zweiten, weiteren Sinne befassen, betonen die Abhängigkeit individueller Auffassungen über die Wirklichkeit, insbesondere über gesellschaftliche Gegebenheiten, von der sozialen Lage des Individuums, seiner Schicht- und Klassenzugehörigkeit, seinen Rollen und den damit verbundenen, interessengebundenen „Perspektiven" (→ Wissenssoziologie), aber auch von seiner Stellung in einem Kommunikationssystem, seinem Zugang zu Informationen, ferner die Bestimmtheit von Wahrnehmungen durch sprachliche und andere Interpretationssysteme und institutionalisierte Selbstverständlichkeiten, durch Traditionen, Ideologien, Vorurteile und sonstige mehr oder weniger starre Denkschemata.   H.E.M./R.Kl.

[2] Bezeichnung für die Wahrnehmung sozialer Sachverhalte, insbesondere die Wahrnehmung anderer Personen und Gruppen und die Interpretation ihrer Verhaltensweisen (interpersonelle oder → Personwahrnehmung), wobei im Allgemeinen ebenfalls davon ausgegangen wird, dass Wahrnehmungsvorgänge dieser Art von sozialen Faktoren beeinflusst und geprägt werden.

[3] Bezeichnung für die – sich bereits im Akt der Wahrnehmung vollziehende – Interpretation des beobachteten Verhaltens anderer als Ausdruck der diesen Verhaltensweisen zugrunde liegenden Intentionen, Motive, Einstellungen usw. (→ Interpretation, dokumentarische).   R.Kl.

Wahrnehmungsabwehr, in einem allgemeinen sozialwissenschaftlichen Sinn Bezeichnung für alle Verhaltensformen, in denen einzelne oder Gruppen sich aus welchen Gründen auch immer

weigern, Bedingungen ihrer wirklichen Situation wahrzunehmen.   W.F.H.

Wahrnehmungsdimension, Konzept der Wahrnehmungstheorie von K. Holzkamp (1973). Eine W. ist eine generalisierte Zusammenfassung von zentralen Bedeutungsmomenten an Gegenständen und Personen, die auf einer bestimmten Stufe der gesellschaftlichen Produktion angemessen wahrgenommen werden müssen. Zentrale W.en der warenproduzierenden bürgerlichen Gesellschaft sind nach Holzkamp in Bezug auf Gegenstände die „Wert-Dimension", in Bezug auf Personen „Leistung" und „Symphatie". Nach der Konzeption der → Gegenstandsbedeutungen erscheinen diese Dimensionen als Eigenschaften der Dinge oder Personen. Hierin ist nach Holzkamp die Objektivität des Scheins in der bürgerlichen Gesellschaft begründet.   H.W.

Wahrnehmungstest, soziometrischer, Bezeichnung für eine Sonderform des soziometrischen Tests, bei der die Befragten aufgefordert werden, anzugeben, von welchen anderen Personen ihrer Gruppe sie ihrer Meinung nach gewählt oder abgelehnt werden.   R.Kl.

Wahrscheinlichkeit, bedingte, Bezeichnung für die Wahrscheinlichkeit eines Ereignisses A unter der Bedingung, dass auch ein anderes Ereignis B vorliegt. Ändert sich die Wahrscheinlichkeit von A, je nachdem, ob B vorliegt oder nicht vorliegt, dann heißt A abhängig, im anderen Fall unabhängig von B.   H.W.

Wahrscheinlichkeit, induktive, Bezeichnung für den Grad der Bestätigung einer Hypothese in Bezug auf vorliegende Erfahrungsdaten. Die i. W. soll angeben, welcher Grad der Sicherheit oder Gewissheit einer Folgerung aus einer gegebenen statistischen (Wahrscheinlichkeits-) Aussage zukommt: „In 95% aller Fälle, in der ein Objekt das Merkmal X besitzt, weist es auch das Merkmal Y auf. Das Objekt Z besitzt X. Also weist es (mit sehr großer Sicherheit) auch Y auf."

Die i. W. darf nicht mit der → statistischen Wahrscheinlichkeit gleichgesetzt werden, da sie sich nicht auf die Häufigkeit von Ereignissen, sondern auf die Relation zwischen einer Erfahrungsaussage über solche Häufigkeiten und einer Hypothese bezieht. Über das Konzept der i.n W., das vor allem von Carnap (R. Carnap u. W. Stegmüller 1959) vertreten wird, besteht eine breite methodologische Diskussion.   H.W.

Wahrscheinlichkeit, logische, auch: mathematische W., Interpretation der Wahrscheinlichkeit, nach der die Wahrscheinlichkeit eines Ereignisses durch das Verhältnis der günstigen Fälle zur Gesamtzahl der möglichen Fälle im betrachteten Ereignisraum gegeben ist. Das Ereignis „Der Würfel zeigt eine 3 oder eine 6" hat danach die W. von 1/3. Der Begriff der l. W. setzt voraus, dass alle Ereignisse gleich „wahrscheinlich" sind, d.h. kein Ereignis in besonderer Weise gegenüber den anderen möglichen Ereignissen bevorzugt ist. Nach dieser Konzeption kann die Wahrscheinlichkeit eines Ereignisses ohne Beobachtung bestimmt werden. Sie wird daher auch *a-priori*-Wahrscheinlichkeit genannt. In den Erfahrungswissenschaften ist allerdings die Möglichkeit einer *a-priori*-Bestimmung gering. Die Konzeption der l. W. ist eng mit dem Namen von P.S. Laplace verknüpft.   H.W.

Wahrscheinlichkeit, mathematische   →   Wahrscheinlichkeit, logische

Wahrscheinlichkeit, statistische, auch: Häufigkeitswahrscheinlichkeit, Bezeichnung für die relative Häufigkeit, mit der ein Ereignis innerhalb einer Klasse von Ereignissen auftritt. Wird z.B. n-mal gewürfelt und tritt eine 6 k-mal auf, dann ist die s. W., eine 6 zu würfeln, gleich k/n. Da die s. W. je nach Anzahl der Beobachtungen oder Versuche (z.B. Zahl der Würfe mit dem Würfel) schwanken kann, wird die s. W. sich umso mehr der „wahren Wahrscheinlichkeit" annähern, je größer die Anzahl der Versuche ist. Die Wahrscheinlichkeit eines Ereignisses wird daher auch als der Grenzwert der relativen Häufigkeit aufgefasst, gegen den diese strebt, wenn die Anzahl der Versuche gegen unendlich strebt. Vertreter dieser Auffassung sind u.a. H. Reichenbach und R. von Mises. Hinter der Konzeption der s.n W. steht häufig die Auffassung, dass die s. W. eines Ereignisses Ausdruck eines relativ konstanten, wenn auch unbekannten Ursachenkomplexes ist. Von anderer Seite wird sie als zur Natur einer Sache gehörig angesehen (Indeterminiertheit der Natur). Trotz dieser und anderer philosophischer Probleme ist die s. W. wohl der praktisch bedeutsamste und verbreitetste Wahrscheinlichkeitsbegriff.   H.W.

Wahrscheinlichkeit, subjektive, subjektive Einschätzung der Wahrscheinlichkeit des Eintretens eines bestimmten Ereignisses durch ein Individuum (Beobachter, Handelnder). Die s. W. hängt von den Erfahrungen des Individuums ab. Im sog. Wahrscheinlichkeitslernen, das ein spezielles Untersuchungsgebiet der Psychologie darstellt, passt das Individuum aufgrund wiederholter Erfahrung seine s. W. der relativen Häufigkeit des Ereignisses an. Die s. W. ist ein wichtiger Bestandteil psychologischer Entscheidungstheorien (Risikoverhalten) und der Nutzenmessung (F. Mosteller u.a.). Die s. W. ist daneben zur Grundlage einer Schule, der „Bayesianer" (insb. L.J. Savage, F.R. Ramsey), geworden, die die Möglichkeit bestreitet, von Wahrscheinlichkeit in einem anderen Sinne (logische, statistische W.) als der s.n W. zu reden.   H.W.

Wahrscheinlichkeitsauswahlen   →   Zufallsauswahlen

Wahrscheinlichkeitshypothese   →   Hypothese, statistische

Wahrscheinlichkeitsrechnung, Gebiet der Mathematik und Statistik, das die Beziehung zwischen den Wahrscheinlichkeiten von Ereignissen und Ereigniskomplexen in einem → Ereignisraum untersucht. In der W., die durch A.N. Kolmogoroff axiomatisiert wurde, werden u.a. die Operationen der Addition der Wahrscheinlichkeiten von Ereignissen („die Ereignisse A oder B liegen vor"), der Multiplikation („sowohl A als auch B liegen vor"), die Eigenschaften der Unabhängigkeit von Ereignissen und der Bedingtheit dargelegt. Die W. ist eine wichtige Grundlage der statistischen Theorie.   H.W.

Wahrscheinlichkeitstheorie, Sammelbezeichnung für die Untersuchung erkenntnistheoretischer, philosophischer Probleme des Begriffs der Wahrscheinlichkeit, die sich u.a. in den verschiedenartigen Konzepten der logischen, subjektiven, statistischen Wahrscheinlichkeit niederschlagen.   H.W.

Wahrscheinlichkeitsverteilung, *probability distribution*, auf die Regeln der Wahrscheinlichkeitsrechnung gestützte Modelle empirischer Verteilungen. Eine W. gibt die Wahrscheinlichkeit für jede Ausprägung einer Variable als Funktion der Ausprägung an. Bekanntestes Beispiel ist die 1733 von de Moivre entdeckte → Normalverteilung. Man unterscheidet nach Art der möglichen Ausprägungen zwischen diskreten und stetigen W. Wichtige Beispiele für diskrete W. sind → Binomial- und → Poisson-, für stetige W. → Chi-Quadrat- und t-Verteilung (→ t-Test).   M.K.

Wald-Wolfowitz-Run-Test → Iterationstest

Wandel, autonomer, Veränderungen in Subsystemen, unabhängig von der Entwicklung des sozialen Systems, z.B. Moden.   O.R.

Wandel, externer, [1] Bezeichnung für Veränderungen der Umweltbedingungen einer Gesellschaft.
[2] Bezeichnung für Änderungen in der Struktur eines sozialen Systems in Hinblick auf veränderte Umweltbedingungen.   O.R.

Wandel, funktionaler, Bezeichnung für Änderungen im sozialen System, die darauf hinzielen, die Möglichkeiten des Abarbeitens von Komplexität mit dem Umfang der Komplexität, die vom System aus gesehen wird, in Übereinstimmung zu halten.   O.R.

Wandel, geplanter, Veränderungen in der Struktur eines sozialen Systems oder einer relativ stabilen Einheit, die als Wirkungen sozialen Handelns bewirkt waren.   O.R.

W

Wandel, gerichteter, Bezeichnung für den die modernen Gesellschaften kennzeichnenden → sozialen Wandel, der sich vermittels institutioneller Zusammenhänge, komplexerer Arbeitsteilung und hoher Bedeutung des Wissens auf weitere Modernisierung richtet und gewissermaßen als Entwicklung institutionalisiert wird (Eckert 1970).   W.F.H.

Wandel, geschichtlicher, die in der historischen Betrachtung wahrnehmbaren Veränderungen, unabhängig davon, ob sie erklärt werden können oder nicht.   O.R.

Wandel, interner, [1] Veränderungen in der Gesellschaft, unabhängig von der Entwicklung der Umwelt.
[2] Veränderungen in der Struktur eines sozialen Systems in Hinblick auf Änderungen in diesem System.   O.R.

Wandel, organisatorischer → Innovation, organisatorische

Wandel, qualitativer, Änderungen im sozialen System, die einen Fortschritt oder Rückschritt in Hinblick auf die Erreichung eines kollektiven Zieles darstellen.   O.R.

Wandel, quantitativer, Änderungen im sozialen System, die eine Erweiterung, z.B. der sozialen Differenzierung, ergeben, jedoch, von einem kollektiven Ziel aus gesehen, keinen Fortschritt oder Rückschritt darstellen.   O.R.

Wandel, revolutionärer, [1] jede Form von Wandel des Gesamtsystems, wenn von der Vorstellung ausgegangen wird, dass Änderungen nur sprunghaft durch Konflikt zu erzielen sind, d.h. gegen den Widerstand der Verteidiger des Bestehenden.
[2] Eine spezielle Form des gesamtgesellschaftlichen Wandels, der kurzfristig und violent verläuft.   O.R.

Wandel, sozialer, *social change,* [1] Bezeichnung für die regelhafte, nicht notwendig kausale, zeitliche Abfolge von sozialen Handlungen, die von routinemäßigen Tätigkeitsfolgen verschieden sind. Die Vielzahl der Entwürfe s.n W.s unterscheidet sich von → Fortschritt, → sozialer Dynamik und → Evolution, da sie Veränderungen in der Sozialstruktur nicht teleologisch gesetzmäßig sieht.
[2] Allgemeine Bezeichnung für die in einem Zeitabschnitt erfolgten Veränderungen in einer Sozialstruktur.   O.R.

Wandel, sprachlicher, in der historischen Entwicklung einer Sprache Veränderungen einzelner Elemente oder kompletter Teilsysteme hinsichtlich Bedeutung, Form oder Funktion.   A.H.

Wandel, zufälliger, ungeplanter Wandel, *ongoing change,* Veränderungen in der Struktur eines sozialen Systems oder einer relativ stabilen

Einheit, die als Wirkungen sozialen Handelns nicht bewusst bewirkt waren.   O.R.

Wanderarbeit, Form der Arbeitsmigration, individuelle oder kollektive Wanderung von Arbeitskräften, Männern und/oder Frauen, auf der Suche nach entlohnter Arbeit, i.d.R. zeitlich begrenzt aufgrund periodischen Arbeitsanfalls (z.B. Erntearbeiten, Baugewerbe, saisonaler Tourismus), der Bindung der Arbeitskräfte (z.B. Söhne oder unverheiratete Töchter) an den entsendenden Haushalt oder auch durch systematischen Zwang (z.B. begrenzte Arbeitserlaubnisse) (→ Arbeitskräfterotation). Die W. führt daher typisch nicht zur Verlagerung oder zur Neugründung von Haushalten. Beispiele sind die mexikanischen Erntearbeiter im Süden der USA oder die „Gastarbeiter" in der Bundesrepublik bis zu Beginn der 1970er Jahre.   H.W.

Wanderfeldbau, *shifting cultivation,* herkömmliches System des Feldbaus (Afrika, Amerika), bei dem periodisch alte, für einige Zeit genutzte Böden aufgegeben und neue, freie Böden, etwa durch Rodung gewonnen werden. Die alten Böden können nach einer längeren Zeit der Erholung von den Haushalten des Verbandes wieder in Besitz genommen werden. Der an bestimmte Bedingungen der Regenerierbarkeit der Bodenfruchtbarkeit angepasste W. setzt freie, nicht durch privates Eigentum begrenzte Zugangsmöglichkeiten zu den Böden einer Region und eine geringe Bevölkerungsdichte voraus.   H.W.

Wanderung → Migration

Wanderungsbewegung → Migration

Wandlung → Wandlungsprozesse

Wandlungsprozesse, auch: biografische Prozesse der Wandlung, in der → Biografieforschung Bezeichnung für Vorgänge, bei denen „die Betroffenen in sich selbst – mehr oder weniger verwundert – neue Kräfte feststellen, mit denen sie zuvor überhaupt nicht gerechnet haben." (F. Schütze 2001) Mit W. geht eine Verunsicherung einher, die die Menschen oft zum zeitweiligen Rückzug aus ihren Interaktionsfeldern bewegt, bis sie selbst hinreichend vertraut sind mit ihren neuen Potenzialen. → Prozessstrukturen des Lebensablaufs   W.F.H.

Wandlungsprozesse, kollektive, bezeichnet in der → Biografieforschung → Wandlungsprozesse von Gruppen und Großgruppen, z.B. die Aufbruchsituation 1989 in der Bevölkerung der ehem. DDR (F. Schütze 2001).   W.F.H.

Ware, *commodity,* [1] allgemeine Bezeichnung für ein Produkt menschlicher Arbeit, das nicht zum unmittelbaren Verbrauch durch den Produzenten, sondern für den Austausch bestimmt ist.
[2] Im Anschluss an die klassische bürgerliche Ökonomie entwickelt die Marx'sche Theorie den Doppelcharakter der Ware, der in der kapi-

talistischen Produktionsweise alle Produkte der gesellschaftlichen Arbeit als widersprüchliche Einheit von → Gebrauchswert und → Tauschwert erscheinen lässt. Somit zeigen sich auch die gesellschaftlichen Verhältnisse der Menschen in ihrer Arbeit als Verhältnisse von Dingen.
C.Rü./W.F.H.

[3] In der durch Geldverhältnisse bestimmten kapitalistischen Gesellschaft erscheint alles als W., was verkäuflich ist und einen Preis besitzt (z.B. auch Liebe oder Wählerstimmen). → Kommodifizierung. H.W.

Ware, allgemeine → Äquivalent, allgemeines
Warenanalyse, bei K. Marx die Untersuchung der Ware als gesellschaftliche Form. → Ware
H.W.

Warenästhetik, eine durch W.F. Haug (1964) bekannt gewordene Bezeichnung für die in Werbung und Verpackung von Waren in den entwickelten kapitalistischen Gesellschaften dem Gebrauchswert der Ware mitgegeben „Gebrauchswertversprechen", die unbewusste Wünsche und Ängste der Käufer zu erfüllen vorgeben.
W.F.H.

Warenaustausch → Austauschprozess
Warencharakter → Ware [2]
Warenfetisch, bezeichnet in der Marx'schen Theorie die Versachlichung der menschlichen Beziehungen in kapitalistischen Produktionsverhältnissen. Dass die Arbeit der Produzenten gesellschaftlichen Charakter hat, wird durch die Warenform der Produkte verschleiert: Erst im Austausch wird der gesellschaftliche Charakter der Arbeit realisiert. Deshalb erscheinen den Menschen ihre Beziehungen zueinander als Beziehungen zwischen Dingen, als Natureigenschaften der Waren selbst, und dieser Schein wirkt als sachliche Macht. Die eigenen gesellschaftlichen Bewegungen der Produzenten nehmen die Form einer Bewegung von Sachen an, unter deren Kontrolle die Menschen stehen. → Geldfetisch, → Kapitalfetisch, → Lohnfetisch
W.F.H./C.Rü.

Warenform → Ware [2]
Warengesellschaft, allgemeine Bezeichnung für alle Gesellschaften, in denen die Befriedigung der Bedürfnisse über die → Warenproduktion vermittelt ist. W.F.H.
Warenhandlungskapital → Handelskapital
Warenkapital, bezeichnet bei K. Marx das in Form produzierter Waren vorliegende Kapital. W. stellt eine Stufe des Formwechsels des industriellen Kapitals (→ Kapitalzirkulation) dar.
H.W.

Warenproduktion, [1] die gezielte Herstellung von Gütern für den Tausch (Verkauf), d.h. nicht nur gelegentlicher Verkauf von Überschüssen. Die W. setzt i.d.R. eine Spezialisierung auf be-

stimmte Produkte voraus und bedingt damit eine Abhängigkeit der Produzenten vom Markt. Erfolgt die W. überwiegend mithilfe von Waren (Vorprodukte, Lohnarbeit), führt dies zur rechnerischen und faktischen Trennung des Betriebs vom Haushalt der Produzenten. H.W.
[2] Ökonomische Charakterisierung von Gesellschaften, in denen die Befriedigung der gesellschaftlichen Bedürfnisse über die Produktion und den Austausch von Waren vermittelt ist, in denen also der gesellschaftliche Reichtum ganz oder teilweise Warenform annimmt. R.Ka.

Warenproduktion, einfache, [1] auch kleine W., Produktion von Waren für den Markt auf der Grundlage der Eigenarbeit des Produktionsmittelbesitzers und seines Haushaltes, also ohne (oder nur unter geringer) Verwendung von Lohnarbeit (z.B. bäuerliche oder handwerkliche → Familienwirtschaften).
[2] Von F. Engels geprägter Begriff für eine dem Kapitalismus vorausgehende arbeitsteilige Produktionsweise, in der die Produktion von Waren verallgemeinert ist, alle Produzenten Privateigentum an ihren Produktionsmitteln besitzen, jedoch ohne Verwendung von Lohnarbeit. Engels unterstellt, dass eine solche Produktionsweise (oder Gesellschaft) den Gegenstand des ersten Kapitels (die sog. Warenanalyse) im ersten Band von „Das Kapital" (K. Marx) darstellt. Diese Auffassung war für viele Marxisten (etwa im Sowjetmarxismus) maßgebend und hat beträchtliche Auswirkungen auf das Verständnis der Marx'schen Wert-, Geld- und Kapitaltheorie. Daneben wurde die e.W. als ein Modell angesehen, mit dem Charakteristika der kapitalistischen Produktionsweise herausgearbeitet werden können (z.B. P. Sweezy 1942). Heute wird vielfach davon ausgegangen, dass Marx bereits in der Warenanalyse ein entwickeltes Kapitalverhältnis unterstellt, dass den Begriff des „Werts" impliziert (M. Heinrichs 2003, C.J. Arthur 2002). Die e.W. als eine dominante gesellschaftliche Produktionsweise hat es historisch nicht gegeben. H.W.

Warenproduktion, kapitalistische, Herstellung von Waren unter den Bedingungen der kapitalistischen Produktionsweisen: Die k.W. ergreift tendenziell alle Bereiche der gesellschaftlichen Produktion. Hierbei wird die Arbeitskraft selbst zur Ware. Die Ausbeutungsverhältnisse nehmen ökonomische Gestalt an, weil sie über Beziehungen des Äquivalententauschs (Arbeitskraft gegen Lohn) vermittelt sind. Bestimmend ist die Anarchie der Produktion: Die Produktionsentscheidungen werden von privaten, autonomen Subjekten, den Privateigentümern der Produktionsmittel, getroffen, sodass immer die Gefahr

W

gegeben ist, an den qualitativ und quantitativ bestimmten gesellschaftlichen Bedürfnissen vorbei zu produzieren. Diese Tendenz setzt sich notwendig durch aufgrund der Tatsache, dass das treibende Motiv der Produktion nicht die Befriedigung der gesamtgesellschaftlichen Bedürfnisse ist, sondern die Produktion von Wert bzw. Profit. R.Ka

Warenproduktion, sozialistische, Bezeichnung für die auch unter sozialistischer Produktionsweise bei weitgehender Sozialisierung der Produktionsmittel weiter fortbestehenden Warenbeziehungen in gesellschaftlichen Teilbereichen (z.B. Konsumgüter). Wie weit diese ihre Eigengesetzlichkeit behalten oder sie, in den gesamtgesellschaftlichen Plan eingebettet, verlieren, war lange Zeit Gegenstand heftiger Auseinandersetzungen. H.W.

Warentausch → Austauschprozess

Warenzirkulation, Begriff der Marx'schen Theorie für den Austausch der Waren mithilfe des Geldes als Zirkulationsmittel: Ware wird mithilfe des Geldes gegen andere Ware getauscht ($W - G - W$): ein Produzent gibt einen Gebrauchswert, den er nicht selbst braucht, gegen einen anderen, den er für die eigene Konsumtion braucht. Zweck und Ziel dieser W. ist der Gebrauchswert. In der Bewegung des Kapitals dagegen, in der → Kapitalzirkulation ($G - W - G$) ist Ziel und Zweck die Vermehrung der zu Beginn des Kreislaufs eingesetzten Geldsumme, des Kapitalwerts. W.F.H./C.Rü.

Warteschlangenmodelle, mathematische Modelle, in denen das einem stochastischen Gesetz folgende Eintreffen von Elementen („Kunden") an einer Bedienungsstation betrachtet wird. Fragen, die mithilfe der W. beantwortet werden sollen, sind u.a.: Welche mittlere Warteschlange (*queue*) wird sich bei einer gegebenen Kapazität der Bedienungsstation und einer bestimmten (beobachteten) Verteilung des Eintreffens von Kunden bilden? In welcher Zeit wird sich eine vorliegende Warteschlange wieweit reduzieren, wenn weitere Stationen eingerichtet werden? Die W. lassen sich bei einer Vielzahl von Planungsaufgaben einsetzen. H.W.

Wartezeitverteilung, statistische Verteilung der Wartezeiten, Verweildauern bei der Abfertigung von Fällen in Bedienungssystemen, zentrales Konzept von → Warteschlangenmodellen. H.W.

Weber'sches Gesetz, für alle Sinnesorgane und nahezu alle Reizintensitäten geltendes grundlegendes Gesetz der Psychophysik, nach dem zwischen einer gerade noch wahrnehmbaren Reizveränderung (ΔI) und dem Ausgangsreiz (I) ein konstantes Verhältnis besteht:

$$\frac{\Delta I}{I} = k.$$

Je größer also die Anfangsintensität eines Reizes ist, umso größer muss die Veränderung sein, um wahrgenommen zu werden. Das W. G. geht auf den Physiologen E.H. Weber (1795–1878) zurück. H.W./O.R.

Wechselwähler, *floating vote,* der Teil der Wählerschaft, dessen Wahlverhalten nicht – vermittelt über Einkommen, Beruf, Bildung, gewohnheitsmäßige Loyalität usw. – traditionell auf eine Partei festgelegt ist. W.F.H.

Wechselwirkungen, [1] zentraler Begriff der Soziologie G. Simmels, der damit die gegenseitig ausgeübten Kräfte der Kohäsion, Attraktion und – partiell – der Repulsion meint. Die W. seien konstitutiv für Gesellschaft, da sie die Handlungsantriebe der Menschen (Inhalte) zu Formen gegenseitiger Beeinflussung werden ließen, die die Vergesellschaftung ausmachten. Die Soziologie hat daher nur „diese W., diese Arten und Formen der Vergesellschaftung" zu untersuchen (1908).
[2] Nach G. Simmel (1900) ein metaphysisches Prinzip: die lebendigen W. der Elemente treten an Stelle substantiell fester Werte, um das Aufkommen, die Geltung und die Dauer zentraler Kategorien, wie Wahrheit, Werte, Objektivität, zu ermöglichen.
[3] Svw. → Interaktion, da W. seit dem 20. Jahrhundert von L.F. Ward, A.W. Small und R.E. Park immer mit *interactions* übersetzt wurde und in diesem Begriff Einfluss auf die → Chicago-Schule nahm. O.R.
[4] Svw. → Interdependenz, soziale, → Interdependenz, funktionale

Wechsler-Test, Wechsler-Bellevue-Test, Kurzbezeichnung für einen amerikanischen, von D. Wechsler entwickelten und heute in verschiedenen Fassungen vorliegenden → Intelligenztest, der zu den meistbenutzten Verfahren dieser Art gehört. R.Kl.

Weg, dritter, politisch-ökonomische Konzepte der gesellschaftlichen Entwicklung, die sowohl das Entwicklungsmodell der kapitalistischen Industrieländer wie Strategien der sozialistischen Länder (insb. der ehemaligen Sowjetunion) ablehnen und einen eigenen Weg für die Länder der Dritten Welt proklamieren, der häufig staatliche, genossenschaftliche und privatwirtschaftliche Organisationsformen kombinieren und mit einer Reihe von Reformen (z.B. der Eigentumsverhältnisse, Demokratisierung) verbinden will. H.W.

Wehrsoziologie → Militärsoziologie
welfare economics (engl.) → Wohlfahrts-Ökonomie

welfarization (engl.), bezeichnet in der Armutsforschung die These, dass die staatliche Unterstützung von Menschen, die aus eigenem Handeln heraus in Not geraten sind (Trennung, Scheidung, uneheliche Geburt usw.), zu einer verbreiteten Haltung der Verantwortungslosigkeit geführt habe, zu einem mangelnden Willen, sich selbst zu helfen bzw. auf den Arbeitsmarkt zurückzukehren. W.F.H.

Welt 1 – Welt 2 – Welt 3, auch: erste, zweite und dritte Welt, von K.R. Popper eingeführte (und wohl auf den Mathematiker und Philosophen G. Frege zurückgehende) Bezeichnungen zur Unterscheidung zwischen der Welt der physikalischen Gegenstände („Welt 1"), der Welt der subjektiven (seelischen oder geistigen) Zustände und Vorgänge des Denkens, Fühlens, Glaubens usw. („Welt 2") und der Welt der „objektiven Erkenntnis", d.h. der objektiven (logischen) Inhalte von Ideen, Theorien, Argumenten, theoretischen Problemen usw. („Welt 3"). Popper argumentiert, dass es zwar genetisch-kausale Einflüsse der Welt 1 auf die Welt 2 und der Welt 2 auf die Welt 3 gebe, dass andererseits aber die emergenten Eigenschaften der Gegenstände der jeweils höheren Ebene nicht vernachlässigt werden dürften (→ Emergenz) und dass es wichtige Rückwirkungen der Gegenstände der jeweils höheren Ebene auf Gegenstände und Vorgänge auf den niedrigeren Ebenen gebe. R.Kl.

Welt, Dritte, *tiers monde* (frz.), [1] ursprünglich politischer Begriff für Länder außerhalb der kapitalistischen Industrieländer (Erste Welt) und der sozialistischen, an der Sowjetunion orientierten Länder (Zweite Welt), die einen eigenen politischen und gesellschaftlichen Weg (Blockfreiheit → dritter Weg) beschreiten wollten. [2] Heute wird D.W. häufig als Sammelbezeichnung für unterentwickelte, ökonomisch und politisch abhängige Länder Asiens, Afrikas und Lateinamerikas ohne scharfe Abgrenzungen gebraucht, vom Begriffsumfang her weitgehend deckungsgleich mit → Entwicklungsländer. H.W.

Welt, Vierte, die sog. „Ärmsten der Armen" (insb. Länder in Afrika), die u.a. aufgrund fehlender Rohstoffe (z.B. Öl), neokolonialer Abhängigkeiten, langjähriger Bürgerkriege und ökologischer Katastrophen keine Ansätze von „Entwicklung" zeigen. Die Weltbank spricht von *„least developed countries"*. H.W.

Weltablehnung, bei M. Weber als Form religiöser Ethik durch ihren Gegensatz zu ökonomischem Rationalismus von innerweltlich-ökonomischen Ethiken (so z.B. der protestantischen Ethik) unterschieden. Ihr konsequentester Ausdruck ist die mystische Erleuchtungskonzentration des alten Buddhismus. C.S.

Weltanschauung, [1] ist eine auf Anhängerschaft ausgerichtete umfassende Sinngebung von Welt und Leben, die Weltbilder verschiedener Wissenschaften und den Bildungsprozess des Protagonisten synthetisieren will. [2] Für die Soziologie hatte M. Scheler (1922) den Begriff W. fruchtbar gemacht, indem er W. als „organisch und geschichtlich gewordene Art und Weise großer zusammenhängender Gruppen, Welt, Seele und Leben tatsächlich anzuschauen und zu werten" umschreibt; und er unterscheidet zwischen einer „natürlichen W." als dem, was von einer Gruppe als keines Beweises bedürftig geglaubt und gefühlt wird, und einer „Bildungsw.", die von „(Meinungs-)Führern erzeugt und von vielen Imitatoren als wissenschaftlich allein mögliche Sinngebung" verbreitet wird. O.R.

Weltanschauung, natürliche → Weltanschauung

Weltanschauungspartei, eine Partei, die politische Interessen entweder allein oder aber vordringlich in weltanschaulichen Zusammenhängen artikuliert. W.F.H.

Weltbürger → Kosmopolit

Weltgemeinschaft, bei C.-H. de Saint-Simon und seinen Schülern Bezeichnung für jenes Stadium der Menschheitsgeschichte, in dem die Werte und Normen der industriellen Leistungsgesellschaft von allen Völkern und Staaten als Leitideen anerkannt und gemeinsam realisiert werden. F.H.

Weltgesellschaft. Der Begriff W. bringt zum Ausdruck, dass das umfassendste System menschlichen Zusammenlebens (Gesellschaft) nur welteinheitlich gebildet werden kann, nachdem alle Menschen füreinander kommunikativ erreichbar sind und durch Folgen ihrer Handlungen betroffen werden. Die Konsequenzen dieses Tatbestandes für den Gesellschaftsbegriff (z.B. Verzicht auf die Merkmale politische Konstitution, ethische oder wertmäßige Gemeinschaftlichkeit, Handlungsfähigkeit des Gesellschaftssystems) sind noch nicht durchdacht. Oft wird angenommen, dass das globale System deshalb nicht die Merkmale einer Gesellschaft erfülle, oder umgekehrt, dass die W. kein System sei. N.L.

Weltkomplexität → Komplexität

Weltmarkt, Bestimmung von Preis, Design, Qualität und Produktionsstandards einer Ware oder Dienstleistung durch weltweite Konkurrenz („Freihandel"), die durch Beseitigung lokaler oder nationaler Zugangsbeschränkungen zu Märkten ermöglicht wird. Die Ausdehnung von Märkten über nationale Grenzen hinweg war ein bestimmendes Moment der kapitalistischen

W

Entwicklung seit ihren Anfängen. K. Marx sah „die Tendenz den Weltmarkt zu schaffen [...] unmittelbar im Begriff des Kapitals selbst gegeben". Die auf den jeweiligen W.n gehandelten Güter unterliegen heute weitgehend den durch die GATT-Verträge oder die Welthandelsorganisation (WTO) gesetzten Standards und Regulierungen. Für gleichartige Produkte (Rohstoffe oder Industriegüter) bilden sich auf dem W. – unter Absehung von Transport- und Transaktionskosten – einheitliche Marktpreise bei unterschiedlichen Produktionsbedingungen (Arbeitsproduktivität, Lohnkosten) an den (nationalen) Produktionsstandorten heraus, über die zunehmend weltweit operierendes Kapital nach Rentabilitätsgesichtspunkten entscheidet. Insbesondere der monetäre W. für Geld und Kapital in Form internationaler Finanzmärkte hat in den letzten Jahrzehnten außerordentlich stark an Umfang und an Bedeutung für weltweite Kapitalbewegungen zugenommen. Die Konkurrenzmechanismen auf den W.n, durch die regionale und nationale Disparitäten vertieft werden, erscheinen zunehmend als Sachzwänge, denen sich nationale Politik zu beugen hat (z.B. in Form der sog. Standortkonkurrenz, Deregulierung der Arbeitsbedingungen, Abbau von sozialen Sicherungen, Schaffung → freier Produktionszonen).   H.W.

Weltmarktfabrik, *off-shore plant, maquiladora* (span.), Produktionsstätten, häufig in → freien Produktionszonen der Standortländer (Südkorea, Taiwan, Mexiko u.a.), die unter Kontrolle transnationaler Konzerne Produktteile und Halbfabrikate für den Weltmarkt herstellen, verarbeiten oder montieren. Durch entwickelte Transport- und Kommunikationssysteme sind die Konzerne in der Lage, die an den Standorten der W.en reichlich vorhandenen billigen Arbeitskräfte (z.B. junge Frauen) und spezielle staatliche Vergünstigungen und Förderungen auszunutzen.   H.W.

Weltoffenheit – Umweltgebundenheit, Bezeichnungen der philosophischen Anthropologie für die verschiedenen Verhältnisse von Mensch und Tier zur Welt. Das Tier ist durch feste Instinktschemata und angeborene Reiz-Reaktions-Verbindungen an eine gattungsspezifische Umwelt gebunden. Die Sonderstellung des Menschen in der Natur besteht darin, dass ihm keine gattungsspezifische Umwelt für Erfahrung und Handlung vorgegeben ist, dass er die durch Instinkte und Triebe beschränkte Umwelt des unmittelbaren Überlebens erweitern und übersteigen kann, ja übersteigen muss, um zu überleben.   W.F.H.

Weltreligion, auch: Universalreligion, religionswissenschaftliche Bezeichnung für die Form der → Hochreligion, deren Heilsbotschaft nicht an ethnische oder kulturelle Grenzen gebunden ist, sondern universale Gültigkeit beansprucht (Buddhismus, Christentum, Islam).   V.Kr.

Weltsystem, kapitalistisches, Begriff von I. Wallerstein (1974, 1980) in der Nachfolge der → *Dependencia*-Theorie, mit dem die Entwicklungen der verschiedenen Gesellschaften in den verschiedenen Regionen der Erde seit dem 16. Jh. zu einer Gesamtentwicklung zusammengefasst werden sollen. Hauptkennzeichen des k.n W.s ist die Entwicklung einer umfassenden internationalen Arbeitsteilung bei gleichzeitiger Existenz unabhängiger politischer Einheiten (Nationalstaaten). Im Unterschied zu Weltreichen hat das k.e W. keine politische Zentrale, sondern ist über den Weltmarkt integriert. Es ist in Zentrum, Semiperipherie und Peripherie gegliedert und wird durch die kapitalistische Produktionsweise des Zentrums beherrscht, wobei sich historisch die Niederlande, Großbritannien, die USA als Hegemonialmächte (Hegemonialzyklus) ablösen.   H.W.

Weltsystemanalyse → Weltsystem, kapitalistisches

Weltwollen, Denkwollen, in der Wissenssoziologie K. Mannheims gebrauchter Ausdruck. W. ist kein reflexiv bewusstes Wollen, sondern eine unbewusste, latente Tendenz, ein Lebensgefühl oder eine Grundstimmung, in die bestimmte Denkstile eingebettet sind. Ein bestimmtes W., und damit das Erscheinen bestimmter Denkstile, ist an das Aufkommen oder an die Bedrohung bestimmter Sozialgruppen gebunden, die eine Art eigene Lebensform entwickeln. So ist der neuzeitliche Rationalismus, wie er in den modernen Wissenschaften zur Anwendung gelangt, getragen vom Lebensgefühl oder vom W. des aufstrebenden Bürgertums, oder ist das romantische und konservative Denken der Ausdruck des in Frage gestellten W.s der monarchischen Bürokratie und des Landadels im Deutschland des 19. Jahrhunderts.   P.G.

Weltwollung   → Weltwollen

Wendepunkte, *turning points*, bezeichnet Punkte oder Schritte in → Statuspassagen, Biografien und anderen sozialen Prozessen, an denen das Individuum, das den Prozess durchläuft, als jemand anderes angesehen wird als bisher und sich auch selbst als jemand anderes betrachtet. W. sind häufig durch → Altersnormen geregelt.   W.F.H.

Werkmeisterkrise, auch: Meisterkrise, in der Betriebssoziologie der Funktions- und Autoritätsverlust der Meister (und anderer mittlerer Vorgesetzter) aufgrund der fortschreitenden Technisierung und Automatisierung der Produktionsgänge, die den notwendigen Aufwand an Anleitung und Kontrolle verringern.   W.F.H.

Werkstatt, beschützende, Produktionsstätte für körperlich und/oder psychisch Behinderte, in der handwerkliche Fähigkeiten als therapeutische Maßnahme gefördert oder unter weitgehendem Ausschluss von überfordernden Leistungsansprüchen Rehabilitation mithilfe industrieller Fertigungsverfahren eingeleitet wird.   R.N.

Wert eines Spiels ist die Auszahlungserwartung, die in einem Zwei-Personen-Nullsummenspiel beide Spieler bei Einsatz ihrer optimalen Strategien haben. Der Hauptsatz der Theorie der Zwei-Personen- Nullsummenspiele besagt: Jedes Zwei-Personen-Nullsummenspiel hat einen eindeutigen Wert und nur ein optimales Strategienpaar, dessen Einsatz zu diesem Wert führt. Ein Spiel mit Wert Null heißt fair.   N.M.

Wert, *value,* bewusste oder unbewusste Vorstellungen des Gewünschten, die sich als Präferenz bei der Wahl zwischen Handlungsalternativen niederschlagen. [1] W. wird uneinheitlich definiert, u.a. aufgrund unterschiedlicher Abgrenzung gegen seine Verwendung in Ökonomie und Psychologie. Im Wesentlichen lassen sich drei Gruppen von Definitionen unterscheiden. 1. W. als Objekt, als geschätztes oder erwünschtes Gut; 2. als Einstellung zu einem Objekt, das z.B. als richtig, gut, hässlich empfunden und beurteilt wird; 3. als Maßstab, der das Handeln lenkt und Entscheidungen über Handlungsweisen ermöglicht. Letztere Verwendung ist in der neuen Literatur vorherrschend. W.e gelten in der Soziologie als zentral für die Organisation einer Gesellschaft. Sie bilden Maßstäbe des Handelns für zahlreiche Situationen.   J.F.
[2] Nach der vorherrschenden Meinung in der bürgerlichen Ökonomie beruht der W. einer Ware in letzter Instanz auf dem Nutzen, den sie in den Augen des einzelnen Individuums besitzt. Als Resultante der Summe der Nutzenschätzungen der Individuen ergibt sich letztlich der Preis einer Ware (subjektive Wertlehre).   D.K.
[3] In der Kritik der Politischen Ökonomie von K. Marx bezeichnet W. jene abstrakte, ungegenständliche Größe, durch die die verschiedenen gesellschaftlichen, jedoch privat (unter der Regie des Kapitals) verrichteten Arbeiten in der Form von Waren aufeinander, als widersprüchliche gesellschaftliche Form ihrer Synthese, bezogen sind. Diese abstrahiert von allen konkreten Eigenheiten der Arbeiten, die als → abstrakte Arbeit die Substanz des W.s (Wertsubstanz) bilden. Die Produktion, Erhaltung und Vermehrung von W. in der Form des Kapitals (Mehrwert bzw. Profit) ist Ziel und treibende Kraft

der gesellschaftlichen Reichtumsproduktion. Im Geld erhält der W. eine eigene gegenständliche Form (W.gegenständlichkeit), in der die Wertgröße (Geld als Maß der Werte) erscheint. Die Wertgröße wird erst im Austausch der Waren gegen Geld (Tauschw.) fixiert.
[4] Arbeitswert → Arbeitswerttheorie   H.W.

Wert, modaler → Modus

Wertassimilation, *value-assimilation,* die Übernahme von Werten einer sozialen Gruppe durch neue Mitglieder. Mit W. befasst sich die Bezugsgruppentheorie von R.K. Merton.   J.F.

Wertbaumanalyse, Instrument der Entscheidungstheorie, bisher v.a. in den USA eingesetzt zur Entscheidungsvorbereitung oder Legitimation bei politisch kontroversen Themen. Angehörige thematisch relevanter gesellschaftlicher Gruppen werden nach ihren Zielvorstellungen befragt. Diese Ziele werden systematisch geordnet, in eine hierarchische Baumstruktur überführt und bei Bedarf zu einem Katalog von Prüfkriterien verdichtet. Geeignet auch als Entscheidungsvorbereitung in → Planungszellen oder → Planungswerkstätten.   R.T.

Wertbeziehung, nach M. Webers Deutung dasjenige spezifisch wissenschaftliche „Interesse", welches die Auslese und Formung des Objekts historischer, kulturwissenschaftlicher und sozialwissenschaftlicher Forschung bestimmt. Kultur- und Wertinteressen, die der historischen und vergleichenden Forschung und der idealtypischen Begriffsbildung die Richtung weisen, müssen zugleich in Zusammenhang gebracht werden mit den jeweils wirksamen W.en der untersuchten Handelnden selbst oder der Resultate ihres Handelns (Kulturgüter). Die Chance hierzu liegt erstens in Wertinterpretationen, die von den kulturwissenschaftlichen Spezialisten zu leisten sind, und zweitens in den sozialhistorisch herauszuarbeitenden objektiven Möglichkeiten des individuellen und kollektiven Sichverhaltens.   C.S.

Wertelite, eine Minderheit, die sich durch soziale, geistige oder politische Qualitäten von der Mehrheit in einer Gesellschaft abhebt, die durch ein System von allgemein anerkannten Werthaltungen gestützt wird und deren Entscheidungen als wertsetzend oder wertdurchsetzend strukturierenden Einfluss auf die Entwicklung der Gesellschaft nehmen.   O.R.

Wert-Erwartungs-Theorie, → Erwartungs- Wert-Theorie, Ansatz der Erklärung rational motivierten individuellen Handelns (Verhaltens). Das motivierte Handeln einer Person gilt als abhängig von ihren eigenen Erwartungen hinsichtlich der Erreichbarkeit eines von ihr gesetzten und von ihr in seiner Wertigkeit für ihn selbst bestimmten Zieles. Dazu werden verschiedene

W

Ansätze von J.W. Atkinson, V.H. Vroom und E.E. Lawler u. L.W. Porter vertreten. R.L.

Wertewandel, Thema einer neueren Forschungsrichtung, welche die sich verändernden gesamtgesellschaftlich dominierenden → Werte untersucht, im Zusammenhang etwa mit neuen parlamentarischen Mehrheiten in der Bundesrepublik. R.L.

Wertform, Begriff der Marx'schen Kritik der politischen Ökonomie für die Erscheinungsformen des Werts einer Ware. Der Wert einer Ware als in ihr enthaltene gesellschaftlich notwendige Arbeit lässt sich nicht an ihr selbst als konkretem Gebrauchsding (Naturalform) ablesen, sondern nur im Verhältnis zu anderen Waren, denen sie als Wert gleichsetzt wird. Erst in der faktischen Gleichsetzung von Waren im Tausch erscheint der gesellschaftliche Charakter der Privatarbeiten im Kapitalismus. Die einfache Tauschbeziehung zweier Waren wird von K. Marx mit den Kategorien relative W. und → Äquivalentform erfasst. In der entfalteten oder totalen W. kann sich der Wert einer Ware in der Vielfalt aller produzierten Waren, die ihr als tauschbare Äquivalente gegenüberstehen, ausdrücken. Im Geld, als allgemeine W., findet der Wert eine selbständige Daseinsweise. H.W.

Wertfreiheit, Werturteilsfreiheit, wissenschaftsmethodisches Prinzip, das auf der Grundlage der Unterscheidung zwischen Seinsaussagen und Sollensaussagen (deskriptiven und normativen Aussagen) die Sollensaussagen oder Werturteile im Rahmen wissenschaftlicher Aussagensysteme (Theorien) verbietet. Dieses Verbot schließt jedoch weder aus, dass Werte selbst zum Objekt wissenschaftlicher Erkenntnis gemacht werden, noch, dass wissenschaftlichen Aussagen Wertungen zugrunde liegen. Das Prinzip der W. liegt begründet in der Forderung nach intersubjektiver Überprüfbarkeit wissenschaftlicher Aussagen überhaupt: Intersubjektiv überprüfbar sind nur Seinsaussagen, also Aussagen, die eine Beziehung zwischen Objekten wissenschaftlicher Erkenntnis bezeichnen, nicht aber Werturteile, die eine subjektive Bewertung der Objekte im Sinne von besser oder schlechter durch den Wissenschaftler beinhalten.

Das insbesondere von Vertretern des kritischen Rationalismus für die Sozialwissenschaften betonte Prinzip wird von Vertretern der dialektisch orientierten Position als zu politischer Neutralität verführend kritisiert; es widerspreche dem praktischen Ziel sozialwissenschaftlicher Erkenntnis, nämlich aufzuklären. E.L.

Wertgesetz, [1] bezeichnet die Annahme in der klassischen bürgerlichen Ökonomie, wonach sich die Waren im Verhältnis zu der in ihnen vergegenständlichten Arbeit austauschen, dass der Wert der Waren ein Ausdruck der in ihnen vergegenständlichten Arbeit ist.

[2] Bezeichnet in der Marx'schen → Arbeitswerttheorie [2], [3] die Regulierung der Warenwerte durch die für die gesellschaftliche Reproduktion notwendige Verteilung der gesellschaftlichen Arbeit auf die verschiedenen Produktionssphären. Im engeren Sinne der Regulierung der Wertverhältnisse durch die zur Produktion der Warenwerte notwendige gesellschaftliche Arbeit. W.F.H./H.W.

Werthierarchie, ein- oder mehrdimensionale Rangordnung einer Mehrzahl von Werten oder der Werte innerhalb eines Wertsystems. Die Ranghöhe wird durch die Geltung eines Wertes bestimmt, sie kann demnach auch zur Entscheidung von Wertkonflikten dienen. J.F.

Wertidee, nach T. Geiger die Spiritualisierung der ursprünglich nur von der Gesellschaft vorgenommenen Bewertung (z.B. Billigung) einer Verhaltensweise zu einer ihr innewohnenden Eigenschaft (z.B. „Güte"). J.F.

Wertindizes, bei M. Weber das funktionale Äquivalent zu den Bilanzpreisen der Kalkulation der Verkehrswirtschaft. Bei Naturalrechnung, als Kern der → Vollsozialisierung und rationaler Planwirtschaft, müssen zum Zweck rationaler Dauerbewirtschaftung für die einzelnen Güter W. entwickelt werden, bei Einbeziehung betriebsspezifischer Gegebenheiten und gesamtgesellschaftlicher Nützlichkeit. C.S.

Wertklima, bei den Mitgliedern einer Gruppe oder Organisation vorherrschende Haltung gegenüber Werten, die nicht unmittelbar zum Gruppenziel gehören, aber dieses beeinflussen können. G.E.

Wertkonflikt, Widerspruch zwischen zwei oder mehr Werten, d.h. der unterschiedlichen Bewertung eines Sachverhaltes durch einen oder mehrere Menschen. J.F.

Wertneutralität → Wertfreiheit

Wertnihilismus, u.a. von T. Geiger vertretene Auffassung, → Wertideen seien irreal, die Maßstäbe der Moral also nicht den Handlungen immanent, vielmehr allein Produkt der jeweiligen sozialen Organisation einer Gesellschaft; Moral sei daher keine innere, sondern eine äußere, soziale Verpflichtung. J.F.

Wertorientierung, Wertvorstellung, [1] Synonym für → Wert. J.F.

[2] *evaluative orientation,* → Orientierung, evaluative

[3] *value orientation,* bei T. Parsons u.a. (1951) neben der motivationalen Orientierung die zweite analytisch unabhängige Kategorie der → Handlungsorientierungen. Die W. bezieht sich auf jene Aspekte der Orientierung des Akteurs,

die ihn zur Beachtung gewisser Normen, Standards und Auswahlkriterien verpflichten, wenn immer er sich in einer Wahlsituation befindet. Innerhalb einer bestimmten Kultur tendieren die W.en dazu, ein durchgegliedertes System zu bilden. Die W.en werden von Parsons u.a. (ähnlich den → motivationalen Orientierungen) in drei Arten eingeteilt.   R.L.

Wertpluralität, auch: Wertpluralismus, nennt man das gleichzeitige Vorhandensein mehrerer, oft konkurrierender Werte, ohne dass eine Hierarchie zwischen ihnen besteht resp. Präferenzen gesetzt werden.   J.F.

wertrational, die Eigenschaft eines sozialen Handelns bzw. Verhältnisses, das ausschließlich und unabhängig von Erfolgsmaßstäben durch bewussten Glauben der Akteure an seinen unbedingten Eigenwert – ethischer, religiöser, politischer, ästhetischer u.a. Art – bestimmt ist (M. Weber). W.es Verhalten ist insofern wertrigoros, als seine Nebenfolgen sowie der Mittel- und Bedingungscharakter der Umwelt nicht Bestandteil der Motivation sind.   H.L.

Wertrelativismus. Im Gegensatz zur wertphilosophischen Auffassung von der Existenz absoluter Werte vertritt der durch interkulturelle und historische Vergleiche stark geförderte W. die These von der Bezogenheit (Relativität) aller Wertvorstellungen auf andere, meist gesellschaftliche Gegebenheiten. Werte sind nach Auffassung des W. weder beliebig noch allgemein gültig, sondern nur innerhalb eines bestimmten Bezugssystems verbindlich.   F.X.K.

Wertschöpfung, [1] auch Nettowertschöpfung → Sozialprodukt
[2] in der Marxschen Kritik der politischen Ökonomie auch Bezeichnung für den → Neuwert   H.W.

Wertsystem, die Menge der Werte einer Person, einer Gruppe oder einer Gesellschaft, sofern die einzelnen Werte in einem strukturierten Zusammenhang stehen. W. wird häufig synonym mit „Werte" und „Wertkomplex" verwendet.   J.F.

Werttheorie → Wert, → Arbeitswerttheorie
Wertung, Synonym für → Bewertung; zuweilen auch → Wertorientierung.   J.F.

Werturteil, Aussage, die explizit oder implizit eine Wertung enthält, d.h. bestimmte Vorgänge, Handlungen oder Entscheidungen als gerechtfertigt oder wünschenswert bzw. als ungerechtfertigt bezeichnet. Der Ausschluss von W.en aus der Wissenschaft durch das Prinzip der Wertfreiheit steht im Mittelpunkt des → Werturteilsstreits.   L.K.

Werturteilsfreiheit → Wertfreiheit
Werturteilsstreit, auch: → Methodenstreit [2], Diskussion um die Zulässigkeit von Werturteilen in sozialwissenschaftlichen Aussagen (um

1910), die M. Weber ausdrücklich ablehnt, während G. Schmoller sie anerkennt. Weber geht dabei davon aus, dass eine adäquate Bearbeitung jedes sozialökonomischen Problems eine Haltung ethisch-neutraler Distanz erfordert. Wegen ihres normativen Charakters können Werturteile nichts zur kognitiv-informativen Zielsetzung der Wissenschaft beitragen. Schmoller hingegen besteht darauf, dass es Aufgabe der Wissenschaft sei, aus der Einsicht in die bestehenden Verhältnisse ein sittliches Werturteil über diese zu erarbeiten, um sozial- und wirtschaftspolitische Empfehlungen geben zu können. Der Streit basiert letztlich auf einem völlig unterschiedlichen Wissenschaftsziel.   L.K.

Wertvorstellung → Wertorientierung

Wertwandel → Wertewandel

Wertzusammensetzung des Kapitals, bezeichnet in der Marx'schen Kapitaltheorie das Verhältnis des konstanten Kapitals (in Form der angewendeten Maschinen, Roh- und Hilfsstoffe) zum variablen Kapital (angewendete Arbeitskraft). Sofern die W.d.K. durch das technische Verhältnis der „Masse von Produktionsmitteln" zur „Masse von Arbeitskräften", der sog. technischen Zusammensetzung, bedingt ist, bezeichnet K. Marx die W.d.K. auch als „organische Zusammensetzung des Kapitals". Allgemein soll für die kapitalistische Entwicklung ein Steigen der W.d.K. durch zunehmende Ersetzung von Arbeitskräften durch Maschinen gelten. W.d.K. spielt in der Marx'schen Begründung des allgemeinen → Gesetzes der kapitalistischen Akkumulation [1] und des → Gesetzes des tendenziellen Falls der Profitrate eine zentrale Rolle.   H.W.

Wesensschau, in der philosophischen Phänomenologie: Erkenntnishaltung, die sich durch bewusste Aufhebung der praktischen Haltung loszureißen versucht von den zufälligen Erscheinungen und von den eigenen (sich in den Erscheinungen manifestierenden) Triebimpulsen. Ziel der W. sind die an keine Raum- und Zeitstelle gebundenen und durch keine Setzung oder Konvention verzerrten Urphänomene.   W.L.B.

Wesenwille, bei F. Tönnies Bezeichnung für jenen aus der Wirklichkeit abstrahierten Typus des menschlichen Wollens, in welchem die erlernten Formen und Inhalte des Denkens und Handelns eine organisch gewachsene Einheit bilden mit den durch die physische Verfasstheit bedingten und den von den Vorfahren überlieferten Weisen des Erlebens, Denkens und Handelns. Der W. ist die geistig-gefühlsmäßige Grundlage der organisch-gemeinschaftlichen Formen menschlicher Verbundenheit, von denen er seinerseits geprägt wird.   F.H.

W

Wesenwillensformen, bei F. Tönnies Bezeichnung für die drei elementaren Seinsweisen bzw. Ausdrucksformen des Wesenwillens, wie er sich in der Ausrichtung auf bestimmte Gegenstände, Tätigkeiten oder Personen verwirklicht: a) Instinktives Gefallen als Ausdruck des sich aus der Keimanlage entwickelnden Komplexes von organischen Trieben, von Empfindungen und Ideen; b) Gewohnheit als Ausdruck des sich durch Übung vervollkommnenden Komplexes wiederholter positiver Erfahrungen und Eindrücke; c) Gedächtnis als Ausdruck jenes Komplexes von aus Empfindungen und Erfahrungen abstrahierten Ideen, welcher die Fähigkeit zur Wiederholung zweckmäßiger bzw. guter Tätigkeiten und Eindrücke einschließt.   F.H.

Westermarck-Effekt, ein Mechanismus, der dem Inzesttabu zugrunde liegen soll. Danach wird das Inzesttabu auf die Kenntnis der biologischen Folgen des Inzests und/ oder eine durch das Zusammenleben im gleichen Haushalt erworbene Abneigung zurückgeführt. Diese Hypothese (sie stammt von E.A. Westermarck) wird überwiegend abgelehnt.   E.L.

Wettbewerb, *competition*, [1] allgemein eine geregelte Interaktion, deren Teilnehmer ein Ziel oder Gut anstreben, das nicht allen zugleich zuteil werden kann (z.B. sportlicher Wettkampf, Ausschreibung einer Berufsposition). Der W. ist eine Form friedlichen Kampfes.
[2] In der Ökonomie wird W. zumeist als → Konkurrenz bezeichnet.   R.L.

Wettbewerbsstaat, nationaler, von J. Hirsch (1995; 2002) in Weiterführung der Überlegungen zum → Sicherheitsstaat geprägter diagnostischer Begriff zur Bestimmung der Veränderungen nationaler staatlicher Politik und Demokratie im Zuge der Internationalisierung des Kapitals. Der n W konzentriert sich zunehmend darauf, „einem global immer flexibler agierenden Kapital in Konkurrenz mit anderen Staaten günstige Wettbewerbsvoraussetzungen zu schaffen". Die weltweit operierenden Kapitale verfügen über steigende Fähigkeiten zur Auswahl von Standorten; zugleich sind sie immer stärker von der Erzielung von Produktivitätsfortschritten auf der Basis „systemischer Rationalisierung" der Standortvoraussetzungen (Kommunikation, Transport, Energie, Marktzugänge, Zulieferer- und Dienstleistungsbetriebe, speziell qualifizierte Arbeitskräfte, wissenschaftliche und technologische Einrichtungen, politische Stabilität, administrative Unterstützung und Subventionen, kulturelle Orientierungen und Verhaltensmuster etc.) angewiesen, deren Herstellung nach wie vor und zunehmend stärker die Aufgabe der n.en W.en darstellt. Die (politisch gewollte) „Unterwerfung unter die Standortkonkur-

renz" führt zur selektiven Bevorzugung bestimmter Wirtschaftssektoren, Regionen (industrielle Distrikte oder Cluster), Bildungsgängen und Bevölkerungskategorien und zur Vertiefung regionaler und sozialer Disparitäten auch im nationalstaatlichen Rahmen. Damit steigen die Anforderungen an die Integrations- und Sicherheitspolitik der Staaten und ggf. ihrer Fähigkeit zur militärischen Intervention. Die Einbindung der Staaten in supranationale Bürokratien, Regime und Verhandlungssysteme schwächt andererseits die Institutionen repräsentativer Demokratie.   H.W.

white collar – blue collar (engl.), wörtlich: „weißer Kragen" und „blauer Kragen", Bezeichnungen für die unterschiedliche Arbeitskleidung von Angestellten und Arbeitern. [1] In der amerikanischen Industriesoziologie Bezeichnungen für manuell (*b. c.*) und nicht-manuell Arbeitende (*w. c.*). In dieser Bedeutung decken sich die Bezeichnungen meist mit den deutschen „Arbeiter" und „Angestellte".
[2] *W. c.* bezieht sich manchmal allein auf die unteren Ränge der nicht-manuell Arbeitenden (kaufmännische und technische Angestellte ohne Führungsposition).
[3] *W. c.* bezeichnet manchmal auch die untere Mittelschicht insgesamt, die weder Unternehmerpositionen innehat noch von ihrer Berufstätigkeit her dem Industrieproletariat (im klassischen Sinne) vergleichbar ist (C.W. Mills).
    G.v.K.

White-collar-Kriminalität, „Weiße-Kragen-Kriminalität", Wirtschaftskriminalität, diejenige Kriminalität, die von Personen mit hohem gesellschaftlichem und ökonomischem Status (Unternehmer, Geschäftsleute) unter Ausnutzung ihrer beruflichen Situation begangen wird und sich in besonderen Deliktarten manifestiert (z.B. Unterschlagung, Betrug, Bestechung, Steuerhinterziehung). W.-c.-K. ist gekennzeichnet durch eine hohe Dunkelziffer, durch die besondere Art der Ermittlung (häufig in Gestalt von Kommissionen) sowie dadurch, dass die Täter nicht als kriminell gelten.   C.Wo.

Whittier-Skala, ordinale Anordnung bewerteter Faktoren des Systems Familie, z.B. Besitz, Sauberkeit, Größe, Verhältnis Mutter/Vater, Verhältnis Eltern/Kinder, in Hinblick auf die Messung von Umwelteinflüssen. Wegen ihrer Unzulänglichkeit wird die W.-S. kaum noch verwendet.   O.R.

Whorf-Hypothese → Relativität, linguistische

Widerspiegelungstheorie, Abbildtheorie, [1] auf Demokrit zurückgehende Lehre von der Erkenntnis als Widerspiegelung oder Abbildung der objektiven Realität im menschlichen Bewusstsein. Das Erkannte ist danach eine Spiegelung dessen, was erkannt werden soll.

[2] In der Fortentwicklung zur dialektisch-materialistischen Theorie besagt die W. als Kern der marxistischen Erkenntnistheorie, dass die unabhängig vom erkennenden Subjekt existierende objektive Wirklichkeit von diesem (nämlich dem gesellschaftlichen Menschen) auf der Grundlage gesellschaftlicher Praxis bewusstseinsmäßig erfasst und in ideellen Abbildern (Wahrnehmungen, Empfindungen, Urteilen, Begriffen, Theorien) widergespiegelt wird.   U.S.

Widerspruch, dialektischer, Bezeichnung für die Beziehung zwischen materiellen oder geistigen Bestandteilen eines Systems, von denen gegensätzliche Tendenzen ausgehen. Diese Bestandteile werden als notwendige Teile des Systems angesehen, das durch den d.n W. zwischen ihnen zur Entwicklung neuer Qualitäten getrieben wird. Die Sachverhalte, Prozesse, die im d.n W. stehen, bedingen die Einheit des Systems und sprengen sie gleichzeitig in der Entwicklung. → Dialektik, negative   H.W.

Widerspruch, logischer, auch: Kontradiktion, im logischen Sinne die gleichzeitige Behauptung (Konjunktion) einer Aussage und ihrer logischen Negation. Besteht in einer Theorie ein l. W., dann lässt sich aus der Theorie sowohl eine Behauptung oder Hypothese wie auch deren Negation ableiten. Die Widerspruchsfreiheit oder Widerspruchslosigkeit einer Theorie im logischen Sinne ist daher eine Forderung, die von allen wissenschaftstheoretischen Positionen geteilt wird.   H.W.

Widerspruch, überdeterminierter → Überdetermination

Widersprüche, gesellschaftliche, auch: gesellschaftliche Antagonismen, [1] nach der materialistischen Theorie der zentrale Prozess, dass die gesellschaftliche Entwicklung notwendig soziale Klassen (Lohnabhängige und Produktionsmittelbesitzer) mit gegensätzlichen Interessen hervorbringt. G. W. werden insbesondere in der Produktionsweise und ihrem Verhältnis zu den sozialen Verkehrsformen gesehen.

[2] In der Konflikttheorie die permanenten Interessenauseinandersetzungen aufgrund der anthropologisch und kulturell bedingten Mannigfaltigkeit sozialer Werte sowie der Knappheit bedürfnisbefriedigender Mittel.   U.B.

Widerspruchsdiskussionstechnik, *difference reveal technique,* ein Verfahren zur Untersuchung von Konflikten und Herrschaftsbeziehungen in Familien (McClelland 1958): Aufgrund von zunächst erhobenen Einzelinterviews werden die Familienmitglieder gemeinsam mit den darin aufgefundenen Widersprüchen konfrontiert und zu einer Klärung aufgefordert. Streit zwischen den Familienmitgliedern wird so vom Forscher absichtlich provoziert.   W.F.H.

Widerspruchsfreiheit, Widerspruchslosigkeit → Widerspruch, logischer

Widerstand, innerhalb der psychologischen, insbesondere der psychoanalytischen Terminologie Bezeichnung für die Weigerung einer Person, sich ihre unbewussten, verdrängten Wünsche und Motive bewusst zu machen oder durch den Psychoanalytiker bewusst machen zu lassen.   R.Kl.

Widerstand, ziviler, *civilian defence,* gewaltloser W., eine Strategie des sozialen Kampfes ohne körperlich verletzende Waffen. Das Ziel ist, Herrschaftsausübung zu beenden. Die Mittel sind eine den Gegner wirtschaftlich oder organisatorisch lähmende, moralisch schwächende (auch opferbereite) Nicht-Zusammenarbeit und Gegenorganisation. Für den Erfolg des z. W. sind Vorbereitung und Solidarität wichtig.   L.C.

Widerstandserlebnis, bei E. Durkheim Bezeichnung für die vom Individuum erfahrene Widerständigkeit und Zwanghaftigkeit sozialer Tatbestände. Das W. kann verschieden stark und von unterschiedlicher Dauer sein, je nachdem, ob es sich um eine Konfrontation mit familiären Gewohnheiten, modischen Bräuchen, berufsständischem Ehrenkodex, Sitte oder Gesetz u.ä. handelt.   F.H.

Wiederholungsbefragung → Panel-Analyse

Wiederholungsverfahren → Test-Retest- Methode

Wiederholungszwang, psychoanalytische Bezeichnung für einen unwiderstehlichen inneren Zwang, sich in unangenehme Situationen zu bringen und so frühere unlustvolle oder gar traumatische Erfahrungen zu wiederholen. Wird von S. Freud (1920) auf das Wirken des → Todestriebes zurückgeführt.   R.Kl.

Wiener Kreis, von M. Schlick (1882–1936) in den 1920er Jahren in Wien begründeter Diskussionskreis empiristisch orientierter, vor allem von E. Mach (→ Empiriokritizismus) und B. Russell beeinflusster Erkenntnistheoretiker. Im W. K. sind die Grundlagen des modernen logischen → Empirismus bzw. Positivismus entwickelt worden. Die Mitglieder des W. K.es verband vor allem die Forderung nach einer streng wissenschaftlichen, intersubjektiv kontrollierbaren Behandlung aller philosophischen Fragen und die daraus folgende Ablehnung jeder Art von „Metaphysik", d.h. aller nicht auf diese Weise kontrollierbaren Aussagen und Begriffe. Abgesehen von der gemeinsamen empiristischen Grundposition entwickelte der W. K. jedoch keine einheitliche philosophische Lehrmeinung, sondern förderte eher die wissenschaftliche Auseinandersetzung und wechselseitige Kritik. Nach

W

dem „Anschluss" Österreichs an das Deutsche Reich (1938) wurde der W. K. aufgelöst. Die meisten seiner Mitglieder emigrierten nach England und in die USA, wo sie die dort heute vorherrschende analytische Philosophie und Wissenschaftstheorie in starkem Maße anregten und beeinflussten. Zu den wichtigsten Mitgliedern des W. K.es gehörten R. Carnap, L. Wittgenstein, H. Reichenbach, H. Feigl, V. Kraft, O. Neurath und E. Zilsel. R.Kl.

Wilcoxon-Test, auch: *signed-rank-test,* Test-Modell für den Vergleich zweier korrelierender Stichproben in Bezug auf ihre zentrale Tendenz, wenn ordinale oder nicht- normal verteilte Messwerte vorliegen. Für jede Stichprobe werden die Daten in eine Rangordnung gebracht und einander zugeordnet. Jedem Rangpaar wird das Vorzeichen der Differenz zwischen den Rangplätzen zugeordnet. Durch Addition der Ränge mit dem selteneren Vorzeichen erhält man als Prüfgröße die Rangsumme T. Unter der Null-Hypothese, dass die Stichproben aus Grundgesamtheiten mit gleicher zentraler Tendenz stammen, hat T als Erwartungswert die halbe Rangsumme, also

$$m_T = \frac{N\,(N+1)}{4}.$$

T hat eine Standardabweichung von

$$s_T = \sqrt{\frac{N\,(2\,N+1)\,(N+1)}{24}}$$

und ist bei größerem Stichprobenumfang N annähernd normal verteilt. H.W.

Wille, Bezeichnung für die Fähigkeit, sich aufgrund von Überlegungen, bei denen verschiedene Motive, Ziele und Zielerreichungsmöglichkeiten (Mittel) gegeneinander abgewogen werden, bewusst für eine bestimmte Handlungsalternative zu entscheiden. Der W. wird in der Regel als eine spezifische Kraft („Willenskraft") oder als Energiepotenzial betrachtet; die Funktionsweise und Stärke dieses Potenzials ist verschiedentlich – vor allem von N. Ach (1910, 1935) – experimentell untersucht worden. Dabei wird die Wirkung des W.ns insbesondere in der Hemmung von Motiven bzw. in der Überwindung bestimmter motivationaler Hemmungen, also in der Steuerung und Ausrichtung des Motivationsgeschehens auf ein bestimmtes Ziel gesehen. Dieser psychische Vorgang selbst, d.h. die bewusste Bildung einer Absicht und das Ausgerichtetsein auf die Verwirklichung dieser Absicht, wird als → Wollen bezeichnet. R.Kl.

Wirbewusstsein, nach A. Vierkandt Bezeichnung für das die Mitglieder einer Gruppe verbindende Bewusstsein der Zusammengehörigkeit und Solidarität. Im Gegensatz zur „personalen Sphä-

re" des Bewusstseins, die jene Dinge umfasst, die das Gruppenmitglied als seine „eigenen" Angelegenheiten empfindet, bezieht sich das W. auf jene Aufgaben, Verantwortlichkeiten, Taten, Leistungen usw., die von den Mitgliedern als Sache der ganzen Gruppe, als „Gruppenangelegenheiten" oder „Wirangelegenheiten" erlebt werden. Das W. wurzelt in der häufig unbewussten, emotionalen Verbundenheit der Gruppenmitglieder, dem „Wirgefühl". Wirgefühl und W. äußern sich insbesondere in dem solidarischen Vorgehen gegen jeden „Fremden", der einen Gruppengenossen angreift („Wirhandeln"). R.Kl.

Wirbeziehung, Bezeichnung für die von Personen als Beziehungen „zwischen uns", d.h. als Beziehungen zwischen Mitgliedern ihrer → Wirgruppe (Eigengruppe) erlebten und somit von den Beziehungen zu „Fremden" oder → Fremdgruppen unterschiedenen sozialen Beziehungen. R.Kl.

Wirgefühl → Wirbewusstsein

Wirgruppe → Eigengruppe

Wirhandeln → Wirbewusstsein

Wirklichkeit, *reality,* in der phänomenologischen Soziologie die sozusagen frag- und perspektivlos für alle vorgegebene gleiche und im naiven Alltagsverständnis gegenüber dem Bewusstsein sich verobjektivierende Welt. Gegenüber dieser „objektiven" Wirklichkeit bleiben die „subjektiven" Wirklichkeiten, die durch endliche und nur zum Teil sich überdeckende Sinnbezüge gegeneinander abgrenzbar sind, nur perspektivisch erfahrbar. W.L.B.

Wirklichkeitsabsicherung, Wirklichkeitssicherung, in der phänomenologischen Soziologie die Prozesse der Routinisierung und Ritualisierung, die Sanktionierung des Zweifels und die Interaktion mit (scheinbar) konstanten Anderen, wodurch die Wirklichkeit gesichert werden kann. Die ‚Wirklichkeit' der Alltagswelt und der eigenen Selbstidentifikation wird ja durch Übergänge von einer Umwelt zur anderen und durch Bewusstseinskrisen dauernd bedroht und muss daher gesichert werden. W.L.B.

Wirklichkeitsakzent → Sinnbereiche, abgeschlossene

Wirklichkeitsebene, [1] in der phänomenologischen Soziologie: die durch soziale Prozesse am besten gesicherte und fundamentale Wirklichkeit ist die der Alltagswelt. Ihr gegenüber erscheinen alle anderen Wirklichkeiten (wie Traum, Spiel, Wissenschaft) als schwach und eng begrenzt. Die verschiedenen Sinnprovinzen der Wirklichkeit werden durch eine oberste symbolische Sinnwelt (z.B. Religion, Nationalkultur) zusammengehalten und nach dem ihnen zugeschriebenen Realitätsgehalt geordnet. W.L.B.

W

[2] Auch Realitäts- – Irrealitätsebene, in der Sozialpsychologie: das Ausmaß, in dem Ereignisse oder Sachverhalte als wirklich gedacht, erlebt oder wahrgenommen werden. Die W. spielt z.B. bei Überlegungen über die Frage eine Rolle, ob ein bestimmtes Ziel angestrebt werden soll oder nicht, oder auch bei Überlegungen über das eigene voraussichtliche Verhalten in Konfliktsituationen: Das Anspruchsniveau von Personen oder Gruppen wird nicht nur von ihren Wünschen, sondern auch von Überlegungen über die wirkliche Erreichbarkeit der Ziele bestimmt; ebenso fallen hypothetische Moralüberlegungen anders aus als Entscheidungen in realen Konflikten. Die Realitäts- und Irrealitätsebenen sind beim normalen Erwachsenen deutlicher getrennt als beim Kind und bei bestimmten Geisteskrankheiten, ebenso bei Gegenwartserlebnissen stärker als bei Vorstellungen, die sich auf Vergangenes und Zukünftiges beziehen. H.E.M.

Wirklichkeitskontrolle, nach H. Schelsky Bezeichnung für die Form des Verhältnisses der Soziologie zur sozialen Praxis, in der die Soziologie von einem Selbstverständnis als eine Art sozialen Handelns ausgehend, soziale Strukturen und Prozesse in kritischer Analyse beschreibt und erklärt, mit dem Ziel, das Realitätsbewusstsein zu stärken und die Handlungsmöglichkeiten zu vergrößern. Soziologie als W. wird abgegrenzt gegen eine Soziologie als revolutionäre und konservative Gesamtordnungspolitik, die ihr Ziel in der Formulierung und Durchsetzung ethischer und sozialer Programme sieht, und gegen eine Soziologie als Planungswissenschaft, die ihr Ziel in der Enthüllung sozialer Gesetzmäßigkeit und deren Bereitstellung zum Zwecke sozialer Manipulation sieht. E.L.

Wirklichkeitssicherung → Wirklichkeitsabsicherung

Wirklichkeitswissenschaft – Logoswissenschaft. Der Terminus W. wird von G. Simmel (1892) und M. Weber (1904) in einem eher beiläufigen Sinne verwendet. Das Wort L. stammt von H. Freyer (1930), der es einsetzt, „ohne damit einen weitergehenden terminologischen Vorschlag zu machen". Freyer kontrastiert L. mit W. nach dem Vorbild des von W. Dilthey (1883) entwickelten Dualismus von Geisteswissenschaften einerseits und einer Wissenschaft von der „äußeren Organisation der Gesellschaft". Im Gegensatz zur L. möchte Freyer die Soziologie als W. begründet sehen. Gegenstand der L. ist Sinn, gestalteter Geist, wie er sich z.B. in den Kunstwerken realisiert. Gegenstand der Soziologie als W. ist dagegen Leben, existenzielle Wirklichkeit. Die L. hat es mit fertigen, abgeschlossenen Objekten zu tun, die Soziologie als W. dagegen beschäftigt sich mit weiterdrängendem, zu-

kunftshaltigem Geschehen. Dementsprechend kann Soziologie als W. nicht wie die L. die reine Haltung der Theorie und des nachvollziehenden Verstehens einnehmen, sondern hat sich als Teil des existenziell bedeutsamen Geschehens zu betrachten. Gegenüber den L.en wird die Dynamik des Gegenstandsbereichs der Soziologie hervorgehoben. Und im Unterschied zur Geschichtswissenschaft hat die Soziologie dauerhafte Strukturen, die quer zu historischen Abläufen liegen, zu untersuchen. Diese von Freyer vorgelegte Konzeption der W. bezeichnet R. König (1937) in kritischer Absicht als „historisch-existentialistische Soziologie". F.G.

Wirkreaktion → Operant

Wirksamkeit → *efficacité*

Wirkungsforschung, im engeren Sinne eine in Publizistik und Kommunikationsforschung gebräuchliche Bezeichnung für Untersuchungsansätze, die die Effektivität und die Auswirkungen von (Massen-)Kommunikation auf Einstellungen und Verhalten des Publikums erforschen. C.R.S.

Wirtschaft, duale → Dualwirtschaft [2]

Wirtschaft, eingebettete → Einbettung

Wirtschaft, informationelle, bezeichnet bei M. Castells (2001) eine noch nicht abgeschlossene Entwicklung der zeitgenössischen Wirtschaft, die vor allem durch die Informationstechnik in Gang gebracht worden ist. Kennzeichen sind u.a.: Anwachsen der Managerberufe, Rückgang der industriellen Produktionsberufe, aber nicht unbedingt Anwachsen der im Bereich Information Beschäftigten. W.F.H.

Wirtschaftsbereiche, [1] Gliederungseinheit der amtlichen Statistik, in der Wirtschaftszweige und -abteilungen zusammengefasst werden. [2] Gliederung der Wirtschaft in Bereiche (Wirtschaftssektoren), die sich in Hinblick auf technischen Fortschritt und Arbeitsproduktivität unterscheiden. Der primäre Sektor umfasst die Landwirtschaft und die extraktiven Industrien, der sekundäre die verarbeitende Industrie und der tertiäre den Handel, die Banken und die Dienstleistungen. Die Einteilung wird u.a. zur Beschreibung der Entwicklung moderner Gesellschaften benutzt. Die ursprüngliche Vorrangstellung des primären Sektors wird im Zuge der Industrialisierung vom sekundären Sektor abgelöst. In der dritten Stufe findet eine relative Ausdehnung des tertiären Sektors statt. C. Fourastié (1949) entwickelte demgemäß das Bild einer „tertiären Zivilisation", in der bis zu 85% aller Erwerbstätigen im tertiären Bereich arbeiten. G.L.

Wirtschaftsdemokratie, [1] Bezeichnung für die Durchsetzung demokratischer Entscheidungsstrukturen und sozialistischer Wirtschaftsformen innerhalb der kapitalistischen Produktionsverhältnisse (u.a. mittels Ausbau der schon in Staatshand befindlichen Wirtschaftsbereiche, Übernahme bestimmter Betriebe und Branchen, die direkt von öffentlichem Interesse sind, in Staatshand, Etablierung überbetrieblicher Wirtschaftsplanung, weitgehende Mitbestimmung). Der Begriff entstammt der Theoriediskussion in Sozialdemokratie und Gewerkschaften in den 1920er Jahren (R. Hilferding, F. Naphtali u.a.). [2] Heute in der gesellschaftspolitischen Debatte meist gleichbedeutend mit Mitbestimmung.

                     W.F.H.

Wirtschaftselite, Summe der Rollenträger mit dem höchsten Status im ökonomischen Bereich, deren Entscheidungen qua Position bzw. Eigentum gesamtgesellschaftliche Folgen haben können. Zur W. zählen die Großeigentümer an Produktionsmitteln und die Manager mit großer Verfügungsgewalt.   O.R.

Wirtschaftsenklave → Enklave

Wirtschaftsethik, Wirtschaftsgesinnung, Gesamtheit der gerechtfertigten Zielvorstellungen und Handlungsmöglichkeiten eines Wirtschaftssubjektes oder einer Gruppe von Wirtschaftssubjekten (z.B. Unternehmer). Die Rechtfertigung erfolgt aus allgemeinen Prinzipien (Verwirklichung des Seelenheiles, des Wohls der Nation etc.). Prominentester Fall einer W. ist der von M. Weber analysierte „Geist des Kapitalismus".

                     H.W.

Wirtschaftsexklave → Enklave

Wirtschaftsgeschichte, wissenschaftliche Disziplin, die sich mit der Beschreibung, der Erklärung und dem Vergleich historischer wirtschaftlicher Entwicklungen befasst. Sie stellt einerseits das Material zur empirischen Überprüfung modelltheoretischer Hypothesen, andererseits versucht sie selbst Entwicklungsprozesse zu erklären. Besonders gefördert wurde sie durch die historische Schule, die in der beschreibenden W. den Ausgangspunkt wirtschaftswissenschaftlicher Erkenntnis sah.   G.L.

Wirtschaftsgesinnung → Wirtschaftsethik
Wirtschaftskreislauf → Zirkulation
Wirtschaftskriminalität → *White-collar*-Kriminalität
Wirtschaftsordnungen → Marktwirtschaft
Wirtschaftssektor → Wirtschaftsbereiche
Wirtschaftssektor, primärer → Wirtschaftsbereiche [2]
Wirtschaftssektor, sekundärer → Wirtschaftsbereiche [2]
Wirtschaftssektor, tertiärer → Wirtschaftsbereiche [2]
Wirtschaftssoziologie, spezielle Soziologie der wirtschaftlichen Vorgänge (Tausch, Entstehung

der Marktformen, Bildung und Verteilung von Eigentum, Arbeitsteilung, Industrialisierung und wirtschaftliches Wachstum, ökonomische Herrschaft etc.). Die W. wird z.T. als ergänzende, z.T. als konkurrierende oder übergeordnete Disziplin im Verhältnis zu einer mehr oder minder rein ökonomischen Betrachtung der Wirtschaftswissenschaft aufgefasst. In der W. liegt der besondere Akzent darauf, dass wirtschaftliche Vorgänge und Strukturen Teile allgemeiner gesellschaftlicher Prozesse sind. In der W. werden daher die von der Ökonomie i.d.R. als gegeben angenommenen Datenkränze (Marktformen, Rationalitätsprinzipien, Wirtschaftsgesinnungen, Arbeitsmotivationen etc.) z.T. in historischer Analyse gesellschaftlicher Entwicklung (M. Weber), z.T. unter bestimmten systematischen Fragestellungen (z.B. Wirtschaft als gesellschaftliches System, T. Parsons, N.J. Smelser) untersucht. Die → Marktsoziologie (H. Albert) als Sonderform der W. befasst sich insbesondere kritisch mit den Rationalitätsvorstellungen und Erklärungsprinzipien der Ökonomie.

                     H.W.

Wirtschaftssystem, gemischtes → *mixed economy*
Wirtschaftssystem, kapitalistisches → Kapitalismus
Wissen, soziologisch die Gesamtheit von Orientierungen, über die die Handelnden verfügen, um handeln zu können. W. umfasst nicht nur kognitive Kenntnisse darüber, was in dem je relevanten Weltausschnitt der Fall ist und wie das kausal mit anderem zusammenhängt, sondern auch intersubjektiv vermittelte Kenntnisse über geltende normative Vorgaben (→ Norm) sowie evaluative Standards von dem, was als erstrebenswert gilt, z.B. Gewinnerzielung in der Wirtschaft oder Wahrheitssuche in der Wissenschaft. Neben dem für jeden situativ kompetenten Laien verfügbaren, breit geteilten → Alltagswissen gibt es auch ein mehr oder weniger esoterisches, nur geschulten oder eingeweihten Spezialisten zugängliches W.   U.Schi.

Wissen, operatives, auf die Ausübung vorgegebener Tätigkeitsabläufe bezogene Kenntnisse.

                     W.F.H.

Wissenschaft, angewandte → Wissenschaft, reine – angewandte
Wissenschaft, bürgerliche, ein marxistischer Begriff zur Kennzeichnung desjenigen Teils der Forschung in kapitalistischen Ländern, der sich nicht auf einen materialistischen, kritischen oder proletarischen Standpunkt stellt. Es heißt etwa, die b. W. sei an herrschende Interessen gebunden, verkenne den objektiven Charakter von Entwicklungsgesetzen der menschlichen Gesellschaft, ermangele der einheitlichen theoreti-

schen Grundlage, ignoriere die Produktions-
und Klassenverhältnisse, verzichte auf umwäl-
zende Praxis. Bei aller polemischen Polarisierung zwischen marxistischer und b.r W. besteht
indessen zwischen beiden ein erheblicher Er-
kenntnisaustausch.   R.L.

Wissenschaft, normale, bei T.S. Kuhn (1962) Bezeichnung für diejenigen Phasen in der Entwicklung einer wissenschaftlichen Disziplin, in denen
die Forschungsarbeit an einem Paradigma (→
Paradigma [3]) orientiert ist. Phasen der n. W.
werden durch → wissenschaftliche Revolutionen
unterbrochen.   R.Kl.

Wissenschaft, Politische, Politikwissenschaft, Politologie. Während die P. W. in den USA seit vielen Jahrzehnten eine anerkannte Disziplin ist,
hat sie sich in der BRD erst spät etablieren können. Bis zur Mitte der 1960er Jahre beschäftigte
sie sich unter dem Einfluss von Historikern und
Staatsrechtlern vor allem mit der Beschreibung
von Verfassungen und Institutionen. Danach haben die politische Systemtheorie, die die Stabili-
tätsbedingungen politischer Systeme bestimmen
will, marxistische Ansätze und empirisch gerichtete Forschungen an Boden gewonnen. Struktur-
probleme der Demokratie, Systemkonkurrenz
von Sozialismus und Kapitalismus, politische
Parteien und soziale Bewegungen, internationale Beziehungen, Staatsinterventionen und Ökonomie, politische Haltungen und Bewusstseins-
formen, öffentliche Meinung, Massenmedien
und Wahlverhalten gehören zu ihren wichtigsten
Gegenständen.   W.F.H.

Wissenschaft, positive → Positivismus

Wissenschaft, reine – angewandte. Das Erkenntnisinteresse der rn W. zielt ab auf von außerwissenschaftlichen Zwecken unabhängiges
Wissen und theoretische Erklärung allgemeiner
Tatbestände (z.B. Gesetzmäßigkeiten sozialen
Handelns oder sozialer Schichtung). In der a. W.
werden spezielle Wirklichkeitsbereiche mit den
Mitteln der r. W. untersucht, wobei die Verwertung des Wissens zur praktischen Lösung außer-
wissenschaftlicher Probleme Hauptmotiv ist
(z.B. adäquate Betriebsorganisation, Stadtplanung, soziale Hilfen). Die Interdependenz von r.
W. und a. W. nimmt in dem Maße zu, wie die
Wissenschaft selbst zum aktiven Element gesellschaftlicher Veränderungen wird. Große Teile
der → Bindestrich-Soziologien gehören zum Typus der a. W., während die soziologische Theorie
eine r. W. ist.   H.L.

Wissenschaftler-Gemeinschaft, *scientific community* → Fachgemeinschaft, wissenschaftliche

Wissenschaftsforschung, auch: Wissenschaftswissenschaft oder Wissenschaft von der Wissenschaft, *science of science,* allgemeine und zusammenfassende Bezeichnung für die Gesamtheit

aller Bemühungen, bei denen die Wissenschaft
selbst zum Gegenstand wissenschaftlicher Analysen gemacht wird. Die W. ist ein Gebiet der
interdisziplinären Forschung, an dem u.a. die
Wissenschaftsgeschichte, die Wissenschaftssoziologie, die Wissenschaftsplanung und die Wissenschaftstheorie beteiligt sind.   R.Kl.

Wissenschaftsgemeinschaft, *scientific community*
→ Fachgemeinschaft, wissenschaftliche

Wissenschaftslehre → Wissenschaftstheorie

Wissenschaftslogik → Logik der Forschung

Wissenschaftssoziologie, *sociology of science,*
Bezeichnung für das Teilgebiet der Soziologie,
das sich mit der Erforschung der sozialen
Aspekte von Wissenschaft und Wissenschaftsentwicklung befasst. Gegenstand der W. sind einerseits die wechselseitigen Beziehungen zwischen gesellschaftlichen und wissenschaftlichen
Prozessen, also sowohl der Einfluss sozialer,
ökonomischer, politischer, kultureller, religiöser
Faktoren auf die Wissenschaft und ihre inhaltlichen Produkte (z.B. Begriffsbildungen, Theorien, Lehrmeinungen, Entdeckungen usw.) als
auch der Einfluss des wissenschaftlich-technischen Fortschritts auf die Gesellschaft (z.B. im
Bereich der materiellen Produktion, im Bildungssystem usw.). Andererseits (in den USA
sogar hauptsächlich) befasst sich die W. auch
mit der sozialen Organisation der Wissenschaft
selbst, also etwa mit der sozialen Struktur von
Disziplinen und Fachgemeinschaften (*scientific
communities*), mit der Organisation der Wissenschaft auf nationaler und internationaler Ebene,
den Kommunikationsprozessen in der Wissenschaft, der Organisation wissenschaftlicher Institute usw. Für die Untersuchungen der sozialen
Bedingungen, unter denen wissenschaftliche
Forschung stattfindet, wird häufig auch der Ausdruck „Forschungssoziologie" benutzt.   R.Kl.

Wissenschaftstheorie, Sammelbegriff für alle
metawissenschaftlichen Erörterungen über Wissenschaft, zu denen insbesondere die logische
Analyse der Begriffe der Wissenschaft, der wissenschaftlichen Methoden und der Wissen-
schaftsvoraussetzungen gehört. Die moderne W.
arbeitet mit formallogischen und sprachanalytischen Mitteln und hat damit unter anderem
die Unzulänglichkeit (weil Eindimensionalität)
der Kriterien für den Begriff der Erklärung und
der empirischen Signifikanz nachweisen können.
Sie hat auch zeigen können, dass eine Präzisierung wissenschaftlicher Vorgehensweisen ausschließlich mittels syntaktischer und semantischer Kriterien nicht durchführbar ist. Daher
werden in zunehmendem Maße pragmatische
Kriterien herangezogen und Methoden und Regeln danach überprüft, ob sie einem vorausgesetzten Zweck, etwa dem Erkenntnisfortschritt,

W

adäquat sind. Dieser engere Bereich der Wissenschaftslehre, der auch, soweit er wissenschaftliche Methoden und ihre Grundlagen behandelt, als Methodologie bezeichnet wird, wird ergänzt durch die Erörterung der Ziele der Wissenschaft und der Implikationen von Forschungsergebnissen für philosophische Probleme. Dieser weitere Rahmen wird im Angelsächsischen durch den Ausdruck *philosophy of science* gekennzeichnet.   L.K.

Wissenschaftstheorie, diachronische, Theorie des Wissenschaftsprozesses, Theorie der Wissenschaftsgeschichte. Die d. W. beschäftigt sich hauptsächlich mit der Erklärung theoretischen Wandels, der Struktur → wissenschaftlicher Revolutionen, dem Problem des Erkenntnisfortschritts, der Frage des Einflusses „wissenschaftsexterner" (subjektiver, sozialpsychologischer, sozioökonomischer) Faktoren auf die Entstehung und Entwicklung wissenschaftlicher Disziplinen.   R.Kl.

Wissenschaftstheorie, soziologische, bei dem französischen Strukturalisten P. Bourdieu svw. → Metasoziologie oder „Wissenschaftstheorie der Soziologie" (→ Wissenschaftstheorie). R.Kl.

Wissenschaftstransfer, auch: Forschungstransfer, die Übermittlung von neuen Ergebnissen wissenschaftlicher Forschung (auch der dabei verwendeten Methoden usw.) innerhalb der Wissenschaft und – vor allem – in außerwissenschaftliche Bereiche sowie ans allgemeine Publikum. Die entsprechenden Studien vergleichen oft zwei oder mehrere Wissenschaftsdisziplinen im Hinblick auf das Gelingen von W. und berücksichtigen so unterschiedliche fachliche Orientierungen und Traditionen, verfügbare Vermittlungsinstanzen und gegebene Nachfrage von außerhalb der Wissenschaft. Meist wird ein kommunikationswissenschaftliches Modell des Prozesses von W. zugrundegelegt (also differenzierte Modelle von Sender, Nachricht, Kanal, Empfänger o.ä.). Der Gegenstand W. hat seit einigen Jahren eine wissenschafts- und forschungspolitische Bedeutung gewonnen (etwa Einrichtung von besonderen, für W. verantwortlichen Stellen an den Hochschulen), weil dadurch die Nützlichkeit von universitärer und Institutsforschung für außerwissenschaftliche Felder (etwa die Stadt, die Region) aufgewiesen werden kann.   W.F.H.

Wissenschaftswissenschaft → Wissenschaftsforschung

Wissensgesellschaft, Bezeichnung für eine gesellschaftliche Formation, in der Wissen zum dominanten Prinzip des gesellschaftlichen Zusammenhalts wird. Behauptet wird als epochaler Wandel von der → Industriegesellschaft zur W. aufgrund eines enormen Bedeutungszuwachses

von Wissenschaft und Technik für alle Bereiche der Gesellschaft (N.Stehr 1994, H. Willke 1998). In der Ökonomie führe dies zu einem neuen Typus von „Wissensarbeit" im Zuge einer Abnahme herkömmlicher Produktionsarbeit und zur Aufwertung des Dienstleistungssektors im Zusammenhang der gestiegenen Bedeutung der Finanz- u. Kapitalmärkte. Wissen wird zum unmittelbaren → Produktionsfaktor erklärt. Für Wirtschaft und staatliche Politik wird ein gestiegener Beratungsbedarf zur Legitimation von Entscheidungen diagnostiziert. Deregulierung und Flexibilisierung avancieren zum dominierenden Politikmodell.

Bildung soll in der W. zur zentralen persönlichen Ressource werden. Insbesondere durch die Zunahme von Bildung und durch den Zugriff auf Wissen für jedermann über das Medium Internet prognostizieren die Protagonisten der W. neue Handlungsmöglichkeiten der Individuen und langfristig eine Nivellierung sozialer Ungleichheit.

Kritik am Konzept der W. richtet sich v. a. gegen die Behandlung von Wissenschaft und Technik als vor- oder außersozialen Größen, die als Ursachen ökonomischen und gesellschaftlichen Wandels angesehen werden, sowie gegen die Unschärfe des Wissensbegriffs und unhinterfragte Annahmen über die Qualität von Wissen.   M. Sch.

Wissenskluft, These der wachsenden, *increasing knowledge gap,* besagt, dass mit zunehmenden Informationen die Gruppierungen mit höherer Ausbildung diese schneller aufnehmen und umsetzen als Gruppierungen mit niedrigerem Ausbildungsgrad.   O.R.

Wissenssoziologie, diejenige soziologische Perspektive oder spezielle Soziologie, die sich mit den bei den Menschen vorhandenen Annahmen über die Realität befasst. Gegenstand der W. sind vor allem die kognitiven (erkenntnismäßigen) Elemente des Bewusstseins, seien sie nun gültig oder falsch; man untersucht das Zustandekommen dieser Wissensinhalte und deren Konsequenzen im sozialen Handeln. Der Begriff W. wurde von M. Scheler geprägt. Anfänglich erforschte die W. vor allem die Bedingungen einer von Interessen verzerrten Erkenntnis, betrieb also Ideologiekritik (K. Mannheim). Gegenwärtig steht die Untersuchung des Alltagswissens im Vordergrund – „was ‚jedermann' in seinem alltäglichen, nicht- oder vortheoretischen Leben ‚weiß'" (P.L. Berger u. T. Luckmann).   R.L.

Wissensvorrat, Konzept der phänomenologischen und der Wissenssoziologie. Unterschieden werden ein subjektiver und ein gesellschaftlicher W. Die Erfahrungen, die ein Individuum macht, werden in verallgemeinerter, typisierter

W

Form im subjektiven W. sedimentiert. In Lernvorgängen sozial vermitteltes Wissen ist ebenso Teil des subjektiven W.s. Vom gesellschaftlichen W., der jedem subjektiven W. empirisch vorausgesetzt ist, unterscheidet sich dieser durch die individuellen Besonderheiten des Wissenserwerbs, durch eine spezifische biografische Prägung. Der gesellschaftliche W. ist mehr als die Summe aller subjektiven W. Er enhält – vor allem sprachlich – objektivierte kollektive Sinngehalte, z.B. in Form von → Deutungsmustern. Ohne den gesellschaftlichen W., in dem die Resultate „gesellschaftlichen Lernens" festgehalten sind, wäre Geschichte nicht möglich.

M.M.

Wodu → Voodoo

Wohlfahrts-Funktion → Wohlfahrtsökonomie

Wohlfahrts-Ökonomie, *welfare economics,* Teilgebiet der Ökonomie, dessen Gegenstand in den Problemen der Maximierung der ökonomischen und – allgemeiner – der sozialen Wohlfahrt, der Bestimmung eines gesamtgesellschaftlichen Nutzenmaximums besteht. Durch die Konstruktion einer sozialen Wohlfahrtsfunktion, in der die Nutzen der einzelnen Gesellschaftsmitglieder aggregiert sind, soll ermöglicht werden, von zwei gesellschaftlichen Zuständen jeweils den mit dem größeren Nutzen auszuwählen. Das zurzeit nicht lösbar erscheinende Problem interindividuell vergleichbarer Nutzenmessungen, die Schwierigkeiten der Bestimmung einer gerechten Einkommensverteilung, die Vorwürfe offener oder versteckter Normativität führten u.a. zu einer Abwandlung der W.-Ö. als eher technischer Theorie der bestmöglichen Allokation der Produktionsfaktoren zur Maximierung des Sozialprodukts.

H.W.

Wohlfahrtspflege löste Ende des 19. Jahrhunderts den Begriff Armenpflege als Bezeichnung für Institutionen und Leistungen ab, die die soziale Not der Menschen lindern sollten. Ist heute nur noch gebräuchlich im Zusammenhang mit nichtstaatlichen Trägern sozialer und karitativer Arbeit (Wohlfahrtsverbände).

M.S.

Wohlfahrtsstaat, die Vorstellung, der Staat könne durch Vollbeschäftigungspolitik und ein lückenloses System der sozialen Sicherung alle individuellen Lebensrisiken in einer kapitalistischen Gesellschaft abdecken und dadurch „Wohlstand für alle" (L. Erhard) schaffen.

R.R.G.

Wohlstandsgesellschaft, [1] allgemeine, wenig genaue Bezeichnung für jene entwickelten industriellen Gesellschaften, in denen eine Mehrheit der Bevölkerung (seit etwa den 1960er Jahren) relativ wohlhabend ist, also nicht nur Zugang zu nahezu allen Konsumangeboten hat, sondern

auch Ersparnisse zurücklegen, Hauseigentum kaufen, fürs Alter vorsorgen o.ä. kann.
[2] → Überflussgesellschaft W.F.H.

Wohlstandskriminalität, Bezeichnung für diejenigen Formen der Kriminalität, von denen man annimmt, sie träten in Zeiten erhöhten materiellen Lebensstandards besonders häufig auf. In der Bundesrepublik z.B. sind die Diebstahlsdelikte von 1954 bis 1971 überproportional angestiegen.

R.L.

Wohnen, historisch und sozial wandelbarer Begriff für die Art und Weise der Unterkunft (vgl. → Haus, ganzes). Für die bürgerliche Gesellschaft des 20. Jahrhunderts wird W. idealtypisch in vier Dimensionen charakterisiert (H. Häußermann/W. Siebel 1991): funktional (Wohnung als Ort der Nicht- bzw. der → Reproduktionsarbeit), sozial (Ort der Familie), sozialpsychologisch (Ort der Emotionalität und Intimität) und ökonomisch (Wohnung als Ware).

J.W.

Wohnquartier, geschlossenes → gated community

Wollen, *volition,* Bezeichnung für die bewusste Entscheidung einer Person für ein bestimmtes Ziel und eine bestimmte Weise der Verwirklichung dieses Ziels sowie für das Ausgerichtetsein auf dieses Ziel unter Abwägung der verschiedenen, im Hinblick auf die vorhandenen Entscheidungsmöglichkeiten relevanten Motive, Mittel und Nebenfolgen. Die aus einem W., einer bewusst getroffenen Entscheidung, resultierenden Handlungen werden als Willenshandlungen bezeichnet (im Unterschied zu den impulsiven, spontanen Handlungen und den aufgezwungenen, nicht frei gewählten Handlungen). Kennzeichnend für die Intensität eines W. ist u.a., wieweit eine Person ihr Verhalten als das Ergebnis eines freien, nur der eigenen Kontrolle unterworfenen Entschlusses ansieht, für das sie allein verantwortlich ist. → Wille

R.Kl.

women studies (engl.), „Frauenforschung", eine aus der Frauenbewegung in den USA hervorgegangene innerdisziplinäre Studienausrichtung (bisher vorwiegend an amerikanischen Universitäten), die sich mit den sozialen, ökonomischen, historischen, ideologischen, kulturellen, medizinischen u.ä. Aspekten der Situation von Frauen befasst.

C.R.S.

work, sentimental (engl.) → Gefühlsarbeit [3]

workfare-state (engl.), auch Schumpeterscher *w.-s.,* Begriff in der neo-marxistischen Staatsdiskussion (B. Jessop) für ein Modell der Reorganisation des keynesianischen oder fordistischen → Wohlfahrtsstaat (*welfare-state*) im Hinblick auf Flexibilitätserfordernisse des Arbeitsmarktes (Erfordernis der Eigeninitiative und -verantwortung des Einzelnen) und struktureller Konkurrenzfähigkeit (→ nationaler Wettbewerbsstaat).

W

Der *w.-s.* soll angebotsorientierte Innovation fördern sowie Tempo und Richtung technologischer Entwicklung beeinflussen. Der Bezug auf den österreichischen Ökonomen J. Schumpeter ergibt sich aufgrund dessen zentraler Annahme von der Innovationsfähigkeit des Unternehmers.
M.Sch.

working definition (engl.) → Definition, operationale

working poor (engl.), arbeitende Arme, bezeichnet Beschäftigte, die trotz Erwerbsarbeit als arm gelten. Der der angelsächsischen Debatte entstammende Begriff wurde auch im Kontext der bundesdeutschen Armutsforschung aufgenommen. Angesichts der verschiedenen Definitionen von Armut und Erwerbstätigkeit liegen für Deutschland unterschiedliche Einschätzungen zur Bedeutung dieser Armutsgruppe vor. Ursache sind prekäre Beschäftigungsverhältnisse z.B. im Niedriglohnsektor, befristete Arbeitsverhältnisse, Scheinselbständigkeit und Teilzeittätigkeiten.
D.Kl./C.W.

working-class (engl.) → Arbeiterklasse

world of everyday life (engl.) → Lebenswelt

world, social (engl.) → *social world*

Wort-Assoziations-Test → Assoziationstest

Wortfeld → Feld, semantisches

Wozudinge, bezeichnet bei W. Schapp (1985) alle von den Menschen absichtlich und mit Sinn- oder Zweckzuschreibung hergestellten Dinge (im Unterschied zu den in der Natur vorgefundenen).
W.F.H.

wrong number technique (engl.), „Verwähltechnik", Instrument der nichtreaktiven Einstellungsmessung von S. Gaertner und L. Bickman. Eine Art Telefoninterview, bei dem unter Vorspiegelung, sich verwählt zu haben, der Interviewer Vorurteile, Hilfsbereitschaft etc. der Befragten ermitteln soll.
H.W.

WST, Abkürzung für *World-System Theory*, also für I. Wallersteins Theorie des → kapitalistischen Weltsystems.
W.Γ.II.

wtF → Fortschritt, wissenschaftlich-technischer

wtR → Revolution, wissenschaftlich-technische

Wudu → Voodoo

Wunsch, [1] allgemein: das Begehren von oder das Verlangen nach etwas, ein Wollen. → Theorie der vier Wünsche
[2] In S. Freuds Psychoanalyse hat W. eine spezifische Bedeutung. Der Begriff bezeichnet dort die durch ein unbefriedigtes Bedürfnis ausgelöste „psychische Regung", in sich bestimmte Vorstellungen („W.-vorstellungen") hervorzurufen, und zwar Erinnerungen an frühere Befriedigungserlebnisse, insbesondere Erinnerungen an

die ersten, infantilen Befriedigungserlebnisse. Der W. ist also eine Regung, „welche ... eigentlich die Situation der ersten Befriedigung wieder herstellen will" (Freud). Er wird „erfüllt", wenn jene Vorstellungen im Bewusstsein erscheinen. „W.erfüllung" ist somit streng von „Bedürfnisbefriedigung" zu unterscheiden: ein Bedürfnis oder Trieb kann nur durch Beschaffung des entsprechenden realen Objekts (z.B. Sexualpartner) befriedigt werden; der durch ein solches Bedürfnis erzeugte unbewusste W. wird durch Hervorrufung entsprechender W.vorstellungen erfüllt, wie es z.B. in Träumen („W.träumen"), Tagträumen, Fantasien, Halluzinationen oder im → Wunschdenken geschieht.
R.Kl.

Wunschdenken, *wishful thinking*, psychoanalytisch ein Denken, welches auf Kosten einer realistischen Einschätzung der Wirklichkeit und der Bedingungen für die Verwirklichung der eigenen Ziele von Wunschvorstellungen beherrscht wird und deshalb eher der Erfüllung unbewusster Wünsche als der Bedürfnisbefriedigung dient. Das W. kann im Extrem als eine Form des Fantasierens oder Tagträumens betrachtet werden. → Wunsch [2]
R.Kl.

Wünsche, Theorie der vier → Theorie der vier Wünsche

Wunscherfüllung → Wunsch [2]

Wunschverdrängung → Verdrängung

Wunschvorstellung → Wunsch [2]

Würde, *dignity,* frz.: *dignité,* [1] heißt die Achtung, die Einzelnen entgegengebracht wird. Innerhalb sozialer Gruppierungen (Ständen, Berufsgruppen) wird W. dem zuerkannt, der deren idealen Typus nahe kommt (z.B. in der Antike W. des Römers, in der Moderne W. des Künstlers, des Politikers, des Wissenschaftlers). W. überschneidet sich mit Ehre und Wertschätzung. W. heißt sodann für die Mitglieder sozialer Gruppierungen, dass ihnen ein (Mindest-)Maß an Eigenständigkeit zugebilligt wird, werden soll, werden muss. Von der W. des Menschen (→ Menschenwürde) ausgehend, die erst im 19. Jahrhundert auch die Frauen und die Kinder einschloss, ist die W. in den letzten hundert Jahren auf die Lebewesen generell (Tierschutz) und die Natur im Allgemeinen (Naturschutz) übertragen worden; W. heißt hier die Achtung vor der Eigenheit.
[2] Die mit einem Amt verbundene Reputation.
O.R.

Würfelung, in der Gemeindesoziologie: verschiedene, z.B. ethnisch verschiedene, Menschenkategorien siedeln durcheinander, ohne dass es zu sozialen Interaktionen zwischen ihnen kommt (R. Thurnwald, R. König).
R.L.

W

X

Xenophobie, die ablehnende, bis zu Hass und Feindschaft gesteigerte Einstellung gegenüber Fremden. X. geht über die Erfahrungstatsache hinaus, dass alles Fremde zunächst unheimlich anmutet. R.L.

Y

youth (engl.), [1] allgemein svw. Jugend.
[2] → Postadoleszenz W.F.H.
youth culture (engl.) → Jugendkultur
Yule-Koeffizient *Q,* ein spezieller Korrelationskoeffizient für Vierfeldertafeln, der definiert ist durch

$$Q = \frac{ad - bc}{ad + bc}$$

Q ist zwar einfach zu berechnen, sein Aussagewert jedoch gering. M.K.

Z

ZA, Abk. für Zentralarchiv für Empirische Sozialforschung, das ZA archiviert Primärmaterial aus sozialwissenschaftlichen Untersuchungen und stellt dies für Sekundäranalysen zur Verfügung, → GESIS. C.W.
Zeichen, [1] materielles Gebilde, welches Träger von Information ist. Natürliche Z. werden von dem Objekt, welches sie anzeigen, kausal verursacht (Rauch = Anzeichen für Feuer). Konventionelle Z. sind willkürliche Repräsentanten der bezeichneten Objekte (natürliche oder künstliche Sprachen).
[2] Lexikalische Einheit, die ein sprachliches „Lautbild" (frz.: *signifikant*) mit einer „Bedeutungsvorstellung" (frz.: *signifié*) verbindet (F. de

Saussure). Z. umfasst hier eine materielle sowie eine begriffliche Seite; seine Entstehung ist prinzipiell willkürlich. A.H.
[3] Bei A. Lorenzer Bezeichnung für „Sprachfiguren", die in der Sozialisation nicht mit vorsprachlich-sinnlich eingeübten → Interaktionsformen verbunden werden konnten oder denen diese Verbindung im neurotischen Konflikt wieder abhanden kam („desymbolisierte Z.") und die daher emotionslos fungieren. K.H.
Zeichen, künstliche, *artificial codes,* heißen in der nonverbalen Kommunikation die Informationen, die von Produkten ausgehen können, z.B. Kleidung, Schmuck, Kosmetika, Wohnungseinrichtung, Auto. O.R.
Zeichen, symbolische, *symbolic token,* darunter versteht A. Giddens (1995) „Medien des Austauschs, die sich "umherreichen" lassen, ohne dass die spezifischen Merkmale der Individuen oder Gruppen, die zu einem bestimmten Zeitpunkt mit ihnen umgehen, berücksichtigt werden müssten". In erster Linie: Geld. W.F.H.
Zeichen, vermittelnde, *mediational codes, paraproxemics,* heißen die Informationen, die in den Medien durch Aufbereitung der Informationen nonverbal mit übermittelt werden. O.R.
Zeichensystem besteht aus einem Inventar von konventionellen Zeichen und einer Anzahl von Regeln, die angeben, welche Relationen zwischen den Zeichen bestehen können. A.H.
Zeichentest → Vorzeichentest
Zeichentheorie → Semiotik
Zeit. Zeitumschreibungen dienen der Koordination sozialen Handelns. Sie stützen sich auf eine verbindliche Reihenfolge (Sequenz) und Einheit (Dauer) von Ereignissen. Bei der Uhrzeit sind dies astronomische, doch sind auch soziale Ereignisse geeignet (Markt, Dauer eines Spieles). Die Umschreibungen und die Einstellungen zurzeit sind im Mikrobereich (z.B. Pünktlichkeit) wie im Makrobereich (z.B. Geschichtsbild) sozio-kulturell geprägt, in Bezug auf die Wahrnehmung von Zeit lassen sich psycho-soziale Unterschiede feststellen. K.L.
Zeit, erfüllte, ist ein Zeiterlebnis, das durch die Erfüllung eines jeden Augenblicks der Tätigkeit im Zeitfluss ermöglicht wird. Demgegenüber steht die „sterbende Zeit". W.S.
Zeit, historische → Zeit, soziale – historische
Zeit, soziale – historische, Unterscheidung in lebenslaufsoziologischen Forschungen: S. Z. ist die Ablaufform, die durch sozialkulturelle Alterserwartungen (→ Altersnormen) und Altersstufen gebildet wird, h. Z. der zeitgeschichtlichen Ereignisse und Entwicklungen. Beide müssen berücksichtigt werden, will man die Prozessform eines Lebenslaufs oder von Lebensläu-

Z

fen vieler (etwa einer Kohorte) angemessen untersuchen. W.F.H.

Zeit, sterbende, heißt nach L. Kofler (1975) jene Art von Arbeitszeit, die wesentlich von Langweile geprägt sei und unkreativ bleibe. Das unerfüllt-sterbende Zeitgefühl des Arbeiters, resultierend aus „angestrengt unschöpferischer Tätigkeit", findet sich allerdings auch beim Bürger, insofern er sich „anstrengungsloser unschöpferischer Kontemplation" verschreibt, was gleichfalls in Langweile mündet. Demgegenüber steht die → erfüllte Zeit. W.S.

Zeit, subjektive, ein Bewusstsein für einzelne Handlungen und damit subjektiver Zeitlichkeit, wie es sich durch Reflexion aus der Erfahrung der inneren Dauer (frz.: *durée*) im je eigenen Erlebnisstrom konstituiert und von dem aus der Bezug zum gemeinsamen Handeln in einer relativen Gleichzeitigkeit gewonnen werden kann. Spontaneität wird auf diese Weise mit Intentionalität verknüpft. K.L.

Zeitalter, positives → Stadium, positives

Zeitautonomie, auch: Zeitsouveränität, die Eigenschaft des Handlungskontextes von Individuen, über einen relativ weiten Spielraum der Zeitdisposition und Eigenzeit nach subjektiven Zwecken zu verfügen. Z. wird typischerweise durch externe Zeitbindungen, Zeitnormierungen oder Zeitknappheit begrenzt. Z. ist eine wichtige Bedingung für Flexibilität der individuellen Zeitverwendung. H.L.

Zeitbudget, *time-budget.* Z.-Studien bezwecken, den Anteil aller Kategorien menschlicher Aktivitäten während einer bestimmten Dauer (zumeist 24 Stunden) zu ermitteln. Übliche Methoden: Beobachtung, Eigen-Protokolle, rückblickende Interviews („*Yesterday-Interviews*"). Z.-Studien sind besonders häufig in interkulturellen Vergleichen, in der Freizeit- und Medienforschung. K.L.

Zeitdiagnose, soziologische, bezeichnet ein Genre der soziologischen Literatur, das versucht, in pointierter Vereinfachung und stark spekulativ grundlegende Charakteristika der jeweils zeitgenössischen Gesellschaft herauszuarbeiten. Meist wird dabei ein einziges Prinzip der gesellschaftlichen Ordnung oder ihrer Dynamik isoliert und in seinen Konsequenzen betrachtet. Eine klassische s.Z. ist etwa M. Webers Feststellung einer zunehmenden „bürokratischen Herrschaft". Aktuell wird u.a. nach wie vor U. Becks (1986) These der → „reflexiven Modernisierung" als → Risikogesellschaft diskutiert. U.Schi.

Zeitelastizität, die Eigenschaft von Tätigkeiten, zeitlich ausgedehnt oder eingeschränkt zu werden. Sie sinkt mit dem Aufwand und Verpflichtungsgrad der Tätigkeit und steigt mit ihrer Beiläufigkeit (E.K. Scheuch 1977). Die Ausschöpfung von Z. ist ein wichtiges Mittel für das rationale Management des modernen Alltags, z. B. in der Gestaltung zeitlicher Spielräume oder der Bildung von Zeitreserven. H.L.

Zeitgeist, in Anschluss an G.W.F. Hegel These, dass der sich entfaltende objektive Geist in allen Erscheinungen einer Zeit sich niederschlage, Bezeichnung für das Charakteristische einer Zeit, das sich in allem Neuen wiederfinde. O.R.

Zeitgeografie, ein von T. Hägerstrand 1973 entwickelter Ansatz, die Bewegungen von Menschen in Zeit und Raum (im Sinne der bebauten Welt der Straßen, Häuser usw.) zu erheben und dadurch die gewohnten bzw. typischen Zeit-Raum-Pfade von Individuen bzw. von Gruppen z.B. durch eine Stadt darzustellen. W.F.H.

Zeitinstitution, Bezeichnung (M. Garhammer 2000) für eine Einrichtung, die die Alltags- und Lebenszeit von vielen Menschen gleichzeitig und ähnlich ordnet, z.B. Arbeits- und Ladenöffnungszeiten, das arbeitsfreie Wochenende, die Schulferien. W.F.H.

Zeitorganisation, gesellschaftliche, Bezeichnung für die Geordnetheit des Gesellschaftlichen durch Zeit und im Hinblick auf Zeit (F. Fürstenberg 1986), also z.B. sowohl die berufliche Trennung von Arbeit und Freizeit mit ihren Auswirkungen auf die Einzelnen und Gruppen, die Koordiniertheit des Alltags durch Öffnungszeiten und Fahrpläne wie die Abfolge der Altersgruppen und andere Nachfolgeordnungen. W.F.H.

Zeitperspektive, Fähigkeit des Individuums, die Abfolge vergangener oder/und künftiger Ereignisse gedanklich zu ordnen und zu interpretieren. Sie wird u.a. durch das soziale Milieu und das Lebensalter beeinflusst. K.L.

Zeitreihe, die Zusammenstellung quantitativer Daten, welche einen Tatbestand in verschiedenen Zeitpunkten charakterisieren. Z.n-Analyse versucht, mittels statistischer Verfahren bzw. Modelle (z.B. multiple Regression, Markov-Ketten) typische Abläufe der Entwicklung (z.B. Trends, Zyklen) zu formalisieren. K.L.

Zeitsouveränität → Zeitautonomie

Zeitstudie, *time study, time usage study,* [1] unter dem Gesichtspunkt einer „wissenschaftlichen Betriebsführung" soll die Arbeitsproduktivität mittels genauer zeitlicher Planung der Arbeitsvorgänge erhöht werden, wozu detaillierte Analysen der Bewegungs- und Arbeitsabläufe (inkl. Erholungszeiten) die Grundlage schaffen, die auch bei der Festlegung von Normen für die Akkordlohn-Berechnung verwendet werden. K.L.

[2] Studie zum → Zeitbudget R.L.

Z

Zeitvertiefung, in Analogie zum Begriff der Kapitalvertiefung (*capital deepening*) das Ausmaß, in dem insbesondere im Bereich des Freizeitverhaltens innerhalb einer bestimmten Zeiteinheit mehrere Aktivitäten gleichzeitig und mit einiger Kompetenz ausgeübt werden, z.B. Mahlzeit, Fernsehen, Diskussion (E.K. Scheuch). Die Fähigkeit der Z. steigt mit dem industriellen Entwicklungsgrad der Gesellschaft und dem Sozialstatus. H.L.

Zeitverwendung, allgemeine Bezeichnung in der Freizeit- und der Forschung übers → Zeitbudget für die (absichtliche oder habituelle) Aufteilung der einem Individuum (oder auch Gruppe) verfügbaren Zeit auf unterschiedliche Tätigkeiten. W.F.H.

Zelle, kleinste, aus wenigen Personen bestehende Einheit eines Geheimbundes, einer politischen Organisation oder Partei (meist solcher, die zu offener politischer Arbeit nicht zugelassen sind, diese von sich aus ablehnen oder auf andere Weise dem Umfeld gegenüber relativ fremd sind, etwa weil sie einen elitär-missionarischen Auftrag haben). W.F.H.

Zensus, Erhebung von Daten über die Bevölkerung eines Landes durch staatliche Stellen. Der Z. wird i.d.R. als Befragung sämtlicher Haushalte eines Landes durchgeführt. Durch den Z. sollen wichtige demographische und soziale Tatbestände und ihre Veränderungen erfasst werden. Die Daten sind häufig in Form statistischer und demographischer Jahrbücher zugänglich. Der Z. ist zum großen Teil empirische Grundlage der Demographie. Von Soziologen wird er selten beachtet. In modernen Staaten gehört der Z. regelmäßig zu den Mitteln der Planung und Kontrolle. Da der Z. als Gesamterhebung sehr aufwändig ist (Ermittlung der Adressen, Ausbildung der Zähler, Überwindung von Widerständen und Boykotten), wird er nur in größeren Abständen durchgeführt und in den Zwischenzeiten durch Stichproben (Mikrozensus) fortgeschrieben. H.W.

Zentralisation heißt bei A.J.E. Fouillée, dass in einem differenzierten System die Teile nur für das Ganze existieren. Z. ist damit in der klassischen Evolutionstheorie ein Maßstab für den Entwicklungsstand von Gesellschaften, deren Ziel es sei, dass die Interessen des Ganzen und die der Teile ohne Zwang sich decken. O.R.

Zentralisation des Kapitals → Kapitalzentralisation

Zentralismus, das organisatorische Prinzip, die Zuständigkeit für bindende Entscheidungen über divergierende Ansichten oder Interessen einer einzigen Instanz zu übertragen. U.B.

Zentralismus, demokratischer, ein Prinzip innerparteilicher oder staatlicher Organisation, wonach politische Entscheidungen zwar von der Bevölkerung diskutiert werden (können), aber von der Staats- und Parteispitze autoritativ zu treffen sind. Der d.e Z. wurde durch den → Leninismus zur Verfassungswirklichkeit vieler sozialistischer Länder. Dort wird er zum Hauptprinzip der sozialistischen Staatsmacht erklärt, wohingegen Kritiker darauf verweisen, dass im d.n Z. die Mitwirkungsrechte der Bevölkerung oft unverbindlich bleiben. R.L.

Zentralität, auch Positionszentralität, der Grad, in welchem eine soziale Position in einem Kommunikationsnetz mit den anderen Positionen verknüpft ist. Die zentralste Position ist diejenige, welche mit den anderen am engsten verknüpft ist. Der Index der Z. ist definiert als Verhältnis von Zahl der von einer Person gesendeten und empfangenen Kommunikationen zur Zahl der gesamten Kommunikationen in dem betreffenden Kommunikationssystem. E.L.

Zentralverwaltungswirtschaft → Marktwirtschaft

Zentralwert → Median

Zentroidmethode, Methode der Faktorenanalyse zur Bestimmung der Faktoren, die auf der Vorstellung beruht, dass die den Variablen gemeinsamen Faktoren Achsen durch den Schwerpunkt (Zentrum) einer Konfiguration von Punkten, die die Variablen darstellen, bilden. Die Einfachheit der Z. gegenüber dem Rechenaufwand der Hauptkomponentenmethode, deren Vorläufer die Z. bildet, wird von größeren Mängeln aufgehoben, sodass heute bei Vorhandensein von elektronischen Rechnern die Hauptkomponentenmethode bevorzugt wird. H.W.

Zentrum – Peripherie, [1] allgemein Unterscheidung zwischen den Kern- und den Randbereichen eines Macht- oder Herrschaftssystems (Michael Mann 1986).
[2] Im Rahmen der Theorien der abhängigen Entwicklung (→ *Dependencia*-Theorien) Kennzeichnung der asymmetrischen Beziehungen zwischen den entwickelten kapitalistischen Gesellschaften im Z. und den unterentwickelten Gesellschaften der kapitalistischen P.
[3] Im Rahmen der Theorie des → kapitalistischen Weltsystems von I. Wallerstein (1974; 1980) Bezeichnung für die hierarchische Anordnung von Regionen oder Nationalstaaten im Rahmen der kapitalistischen Weltwirtschaft, die durch Unterschiede in der Dichte der Arbeitsteilung, der Arbeitsproduktivität, der Arbeitsverhältnisse (freie Lohnarbeit vs. gebundene Arbeit und Sklaverei), durch Unterschiede in der administrativen und militärischen Stärke des Staatsapparats und die ökonomische und politische Handlungsfähigkeit der herrschenden Klassen gekennzeichnet ist. Zwischen Z. und P. ver-

Z

ortet Wallerstein Regionen und Staaten der Semiperipherie in einer „Mittler"-Position. Der historische Prozess der Ausweitung der europäischen Weltwirtschaft vollzieht sich über Auf- und Abstiege zwischen Z., Semiperipherie und P. und Wechseln zwischen den führenden Mächten im Zentrum. Z. und P. sind durch Arbeitsteilung und Marktbeziehungen systemisch miteinander verbunden, während die Regionen der „Außenarena" nicht zum System gehören. Allgemein betont die Theorie wie die *Dependencia*-Theorien die systemischen Ungleichmäßigkeiten und abhängigen Entwicklungen in der Herausbildung der kapitalistischen Weltwirtschaft.
[4] Im Rahmen der unter der Metapher der → Globalisierung gefassten Prozesse löst sich die Metapher von Z.-P. tendenziell von einer territorialen Zuordnung zu Nationalstaaten ab, ohne dass dadurch die internationalen Hierarchien aufgelöst wären. H.W.
[5] Neben der → segmentären, der → stratifikatorischen und der → funktionalen Differenzierung der vierte Grundtypus → gesellschaftlicher Differenzierung. Diese unterteilt eine Gesellschaft bzw. eine → Weltgesellschaft in (ökonomische, politische, kulturelle, religiöse) Zentren und abhängige Peripherien. R.S.

Zentrum, politisches, die Gesamtheit der im politischen Bereich handelnden Gruppen und Instanzen (Parlament, Regierung, Interessengruppen, Bürokratie usw.). W.F.H.

zero-sum-game (engl.) → Nullsummenspiel

Zero-Tolerance-Policing (engl.), Null-Toleranz-Polizieren, eine Handlungspraxis von Akteuren formeller sozialer Kontrolle, deren Grundlage eine niedrigschwellige Intervention bei → Devianz im → öffentlichen Raum ist. Die Definitionen von Handlungen als im öffentlichen Raum abweichend (z.B. Lagern, Trinken von Alkohol, Betteln, Graffiti-Sprühen) gehen i.d.R. mit neu kodifizierten → Normen und erweiterten Handlungsbefugnissen der Polizei einher. Hintergrund von Z.-T.-P ist der → Broken Windows-Ansatz. J.W.

Zeugungsfamilie → Fortpflanzungsfamilie

Ziel, induziertes, ein Begriff der psychologisch-sozialwissenschaftlichen Feldtheorie, der jene Ziele von Personen oder Gruppen bezeichnet, die diesen von „außen", d.h. durch andere Personen, herrschaftliche Zwänge, kulturell-soziale Normen usw., kurz: durch das Einflussfeld, in welchem sie sich befinden, suggeriert werden. H.E.M.

Zieldefinition, Zielsetzung, der Vorgang, durch den Gruppen oder Organisationen ihre Ziele festlegen und zur Richtschnur künftigen Han-

delns machen. Dabei variieren vor allem Verbindlichkeit und inhaltliche Genauigkeit der Ziele, die Beteiligung der Organisationsmitglieder und die Zeitperspektive der Z. → Organisationsziel W.F.H.

Zielerreichung, *goal attainment,* [1] in der strukturell-funktionalen Theorie die Funktion derjenigen Subsysteme oder Institutionen einer Gesellschaft, welche das Handeln der Individuen auf grundlegende und gemeinsame Ziele bzw. Werte hin verpflichten. Dazu gehören insbesondere die politischen Institutionen mit den Mitteln der Herrschaft und der Artikulation dessen, was als legitimes Ziel gelten soll. H.L.
[2] In der älteren Organisationswissenschaft galt allein der Grad, zu dem eine Organisation ihre Ziele erreichte oder durchsetzte, als Maß ihrer Wirksamkeit. Die systemtheoretische Organisationswissenschaft hat darüber hinaus die Notwendigkeit der Anpassung der Organisation an ihre soziale Umwelt (als Bedingung aktueller und künftiger Z.) betont. W.F.H.

Zielfunktion, in Planungs- und Entscheidungskalkülen (z.B. → lineares Programmieren) Bezeichnung für den Zusammenhang zwischen der Größe (z.B. Produktion einer Ware) die maximiert werden soll, und den Faktoren, die von den Akteuren beeinflusst werden können (z.B. Maschinen, Arbeitskräfte, Rohstoffe). H.W.

Zielkonflikt, Streit über die inhaltliche Verwirklichung bereits bestimmter Ziele einer Organisation. Haupttypen: a) die Organisation verfolgt mehrere widersprüchliche Ziele; b) innerhalb oder außerhalb der Organisation streiten Gruppen über ein Ziel. Z.e werden oft zum Beginn eines Zielwandels und können der Organisation helfen, sich veränderten gesellschaftlichen Verhältnissen anzupassen. G.E./R.L.

Ziellosigkeit, in der Organisationssoziologie und der strukturell-funktionalen Theorie Bezeichnung für Orientierung und Verhalten von Gruppen oder Organisationen, das ausformulierte und klar verfolgte Ziele nicht kennt, sondern z.B. in der unmittelbaren Erfüllung der psychischen Bedürfnisse der Mitglieder aufgeht. W.F.H.

Ziel-Mittel-Schema, Zweck-Mittel-Schema, grundlegendes handlungstheoretisches Modell vor allem der Organisationssoziologie und der politischen Soziologie sowie der Herrschaftssoziologie M. Webers: Der Handelnde verfolgt Ziele, setzt Mittel ein und berücksichtigt dabei Wertorientierungen. In der neueren strukturell-funktionalen Diskussion (N. Luhmann) wird dieses Modell als eines unter mehreren angesehen, das der Akteur zur Selbstauslegung seines Handelns benutzen kann. Denn Ziele dienen oft zur Rechtfertigung des Handelns; die Mittel ha-

ben erheblichen Einfluss auf Erfüllung und Veränderung der Ziele; beide sind nur analytisch voneinander zu trennen. Bezugspunkt dieser Relativierung des Z.-M.-S.s ist das Überleben eines Systems in einer schwierigen Umwelt.
W.F.H.

Zielmodell, *goal model,* auch: Zweckmodell. Für die klassische Organisationswissenschaft charakteristisches Modell oder Begriffsbild, welches Organisationen als rational konzipierte Instrumente zur kooperativen Realisation generell akzeptierter, stabiler, spezifischer und eindeutig identifizierbarer Ziele begreift und Effektivität an der Zielrealisation misst.
G.B.

Zielnachfolge, die Ersetzung eines erreichten, inzwischen überholten oder aufgegebenen Ziels einer Gruppe, Organisation o.ä. durch ein neues Ziel. Z. ist nicht der bloße Wandel des alten Ziels.
G.E.

Zielorientierung, zielorientiertes Handeln, *goal orientation,* [1] zielorientiert ist jedes Handeln, mit dem die Aneignung, Vermeidung oder Veränderung von Objekten in der Umgebung des Akteurs intendiert wird – nach der Handlungstheorie eine allgemeine Eigenschaft sozialen Handelns. Ziele können z.B. sein: Belohnung durch andere, Konsum von Gütern, Erwerb von Macht, Durchsetzung von Werten, Identifikation mit Symbolen. Bewusste Rationalität des Handelns ist dabei keine notwendige Bedingung.
H.L.

[2] Gelegentlich auch Synonym für → Zweckverhalten.
R.L.

Zielsetzung → Zieldefinition

Zielverschiebung, *goal displacement,* Verabsolutierung von sekundären Zielen zu primären (Prototyp: Mittel wird zum Selbstzweck), sodass sich die Haupttätigkeit einer Organisation wandelt. Z. ist zu unterscheiden von Zielnachfolge und -wandel, die nur Primärziele betreffen. Z. ist oft Folge von Bürokratisierung.
G.E.

Zielverwirklichung, der Prozess, in dem eine Organisation ihre Ziele erreicht. Die Bedingungen dieses Prozesses sind mitbestimmend für die Struktur der Organisation.
G.E.

Zielwandel, die Veränderung eines genau (sonst: Zielkonkretisierung) definierten Ziels einer Organisation, insbesondere zur Anpassung an neue äußere und innere Verhältnisse.
G.E.

Zipfs Gesetz, auch Pareto'sches Gesetz, von G. Zipf (1935) für die Häufigkeit des Gebrauchs der Wörter einer Sprache aufgestelltes Gesetz, nach dem sich der Logarithmus des Rangplatzes (R) eines Wortes (nach seiner Häufigkeit) umgekehrt proportional zum Logarithmus der Häufigkeit seines Gebrauchs (G) verhält:

$$\log G = a - b \log R.$$

Analoge Regelmäßigkeiten finden sich auch in anderen Bereichen (Diskussionsbeiträge von Gruppenmitgliedern, Städtegrößen, Häufigkeit der Namen von Gaststätten). V. Pareto beobachtete ähnliche Verhältnisse für Einkommensverteilungen. In diesem Zusammenhang wird der Koeffizient b auch als Pareto-Koeffizient bezeichnet. Z.G. dürften Prozesse zugrunde liegen, bei denen die Elemente mit zunehmender Größe oder Häufigkeit überproportionale Chancen weiterer Verstärkung besitzen: Je größer das Einkommen, umso höher sind die Chancen, das Einkommen weiter zu steigern.
H.W.

Zirkel, hermeneutischer, Bezeichnung für ein Dilemma, wohinein Erkenntnishaltungen des → Verstehens geraten: einerseits wird einzelnes nur dann richtig erfasst, wenn das es umfassende Ganze bekannt ist; andererseits wird dieses Ganze nur auf dem Weg über die Einzelverständnisse erkannt. Der h. Z. setzt voraus, ein Ganzes sei stets mehr als die Summe seiner Teile.
R.L.

Zirkeldefinition, Definition eines Begriffes, der diesen zu definierenden Begriff enthält; der Begriff wird durch sich selbst erläutert.
H.D.R.

Zirkulation der Eliten, Bezeichnung für den von V. Pareto behaupteten Sachverhalt, dass in allen sozialen Systemen der großen Menge von Beherrschten eine Minorität gegenübersteht, von der ein Teil die Herrschaft innehat und andere Teil zur Herrschaft strebt (Gegenelite). Diese muss versuchen, mit den Beherrschten eine Koalition gegen die herrschende Elite zu bilden, die hinwiederum diese Koalitionsbildung hintertreiben wird, indem sie den Beherrschten Versprechungen auf Systemänderungen macht. Der sich daraus ergebende Machtverlust für die herrschende Elite leitet den Elitenwechsel ein, der fließend oder revolutionär vor sich gehen kann. Die dann herrschende Elite ist entweder identisch mit der alten Gegenelite oder setzt sich aus einer Opposition zusammen, die sich im Laufe des Wechsels gegen die herrschende Elite gebildet hatte und sich aus Vertretern der Beherrschten, der herrschenden Elite und – zum überwiegenden Teil – aus der Gegenelite zusammensetzt. Da der neuen herrschenden Elite wieder eine Gegenelite erwächst, wiederholt sich der Elitenwechsel – es kommt zur Zirkulation. Pareto (1916) hat die Z. d. E. als historische Gesetzmäßigkeit hingestellt, als ständigen Wechsel von kombinatorischen zu persistenten Eliten.
O.R.

Zirkulation des Kapitals → Kapitalzirkulation

Zirkulation, [1] wirtschaftlicher Kreislaufprozess, Wirtschaftskreislauf, in den Wirtschaftswissenschaften verbreitetes Modell zur Darstellung und Analyse der Wirtschaftsprozesse insgesamt,

Z

besonders zu denen der Austauschprozesse von Waren und Geld. Mittels solcher entwickelter *Input-Output*-Darstellungen und -Analysen wird es möglich, die volkswirtschaftlichen Interdependenzen zu quantifizieren und ihre Entwicklung zu prognostizieren, worauf politische Entscheidungen gestützt werden können.

D.K./W.F.H.

[2] → auch Zirkulationssphäre
[3] → Warenzirkulation
[4] → Kapitalzirkulation

Zirkulationskosten, Begriff der Marx'schen Theorie für die Kosten, die entstehen, während das Kapital als Ware zirkuliert und auf seine Rückverwandlung in den Verwertungsprozess wartet, also nicht durch Mehrwertproduktion sich vermehren kann. Insofern sind die Z. → *faux frais* (frz.), Abzüge vom Mehrwert. W.F.H.

Zirkulationssphäre, Begriff für die Sphäre des Austausches von Waren gegen Geld und Geld gegen Waren, in der sich die Individuen als Käufer und Verkäufer, als Waren- und Geldbesitzer gleichberechtigt und frei gegenüber zu stehen scheinen. Hinter ihr verbirgt sich die → Produktionssphäre und das „Geheimnis der Surplus-Macherei" (K. Marx). Zur Z. gehören u.a. Handel, Banken, Börsen und Marketing, allgemein die Märkte, ihre Institutionen und damit zusammenhängenden Vorstellungen, Rechtskonstruktionen und Illusionen bürgerlicher Gesellschaft. H.W.

Zirkulationszeit, Begriff der Marx'schen Theorie insbesondere für die Zeit, in der sich das Kapital nicht durch die Anwendung von lebendiger Arbeit vermehren kann, sondern in der es – als Ware – zirkuliert und auf seine Rückverwandlung wartet. Gemessen am Prinzip kapitalistischer Produktion – Verwertung, Mehrwertproduktion – ist die Z. deshalb verlorene Zeit, sie muss so kurz wie möglich gehalten werden.

W.F.H.

Zivilgesellschaft, [1] Begriff A. Gramscis (*società civile*, ital.), mit dem die Vermittlung zwischen den Produktions- und Verkehrsverhältnissen einerseits und der staatlich-politischen Sphäre (*società politica*) andererseits zu erfassen versucht wird. Die Z. beinhaltet nicht nur das allgemeine Wahlrecht der Staatsbürger, mit dem die Individuen in die Verantwortung gezogen werden, sondern auch kulturelle Faktoren, mit denen die Z. „ohne Sanktionen und ohne genaue Verpflichtungen wirkt, aber dennoch einen kollektiven Druck ausübt und objektive Resultate bei der Ausarbeitung von Sitten, Denk- und Handlungsweisen, in der Moral usw. bekommt". Gramsci zählt zur Z. die „sogenannten privaten Organisationen", wie etwa die Kirche, die Gewerkschaften, aber auch Bibliotheken, Zirkel

und Clubs wie auch Architektur, Presse und Literatur. Das Zentrum der Z. stellt der → Alltagsverstand dar, eine in der Regel populäre Welt- und Lebensanschauung, in die traditionelle Momente ebenso eingehen wie Elemente moderner Entwicklungen in Wissenschaft und Technik.

[2] Wird Z. bei A. Gramsci als Verbindung von institutionalisierter Gewalt und weichen Formen der Einbindung in den politisch-gesellschaftlichen Prozess verwendet („Hegemonie gepanzert mit Zwang"), so wird in der neueren Diskussion eine Verflüssigung des Gewaltaspektes dominant. Die „demokratische Frage" (Rödel, Frankenberg, Dubiel) wird vornehmlich in der Nutzung der Souveränität des Volkes gesehen, im Willen der Bürger also, ihre Meinungen zu äußern und sich zu sich selbst und „ihrem politischen Gemeinwesen" in Beziehung zu setzen.

H.G.T.

[3] Der Begriff Z. bekommt in den Dissidentenbewegungen Mittel- und Osteuropas in den 1980er Jahren seinen speziellen Gehalt, indem er für eine Norm für das Verhältnis von Gesellschaft und Staat steht und zugleich die neuen Interaktionsformen der politisch-sozialen Bewegung als reales Phänomen meint. Nur die Z. in Form der sozialen Bewegung könne gegen den totalitären Staatsapparat opponieren, da sie nicht formal organisiert sei. Die Z. verwirkliche sich so als Gemeinschaftsbildungen in einer staatsfreien Sphäre (V. Havel 1985). O.R.

[4] Im amerikanischen → Kommunitarismus wird der Begriff Z. (*civil society*) aufgegriffen und umakzentuiert. Die Z. ist „ein Handlungsraum von Handlungsräumen" (M. Walzer, 1991). Die Menschen in der Z. vereinigen und interagieren in eine Vielzahl kleinerer Gruppen, die dem Einzelnen vermitteln, dass er mit den anderen verbunden ist und sie wechselseitig füreinander verantwortlich sind. Das sei Grundlage aller Freiheit und Gleichheit als Voraussetzung für den Zweck der Z., das „gute Leben" zu gewährleisten.

[5] In der liberalen Tradition wird mit dem Begriff an frühbürgerliche Bestrebungen gegen den starken, zentralen und feudalen Staat erinnert. In der neoliberalen Wendung wird aus der Z. eine Argumentationsfigur gegen den demokratischen und sozialen Rechtstaat.

[6] Häufig wird unter Z. auch der „dritte Sektor" in Gegenüberstellung zum Staatsapparat und zur Privatwirtschaft verstanden. T.G./O.R.

Zivilisation, [1] der Prozess der zunehmenden Affektbändigung der Menschen in der Gesellschaft und das „Vorrücken der Peinlichkeitsschwelle" (N. Elias 1939). In der im deutschen

Sprachraum gebräuchlichen bewussten Unterscheidung zwischen Z. und Kultur geht Z. auf die Umschreibung W. von Humboldts zurück, der mit diesem Begriff „die Vermenschlichung der Völker in ihren äußeren Einrichtungen und Gebräuchen und der darauf Bezug habenden inneren Gesinnung" meinte.

[2] Bezeichnung für die Gesamtheit der im Entwicklungsprozess erworbenen Kenntnisse und Fertigkeiten, die es der Gesellschaft ermöglicht, in der je spezifischen Art und Weise ihre Probleme zu lösen; in diesem Sinne ist auch der Begriff materielle Kultur gebräuchlich.

[3] In der englisch- und französischsprachigen Literatur svw. → Kultur.   O.R.

Zivilisation, technische → Technokratie [2]

Zivilisation, tertiäre → Wirtschaftsbereiche [2]

Zivilisation, wissenschaftliche → Technokratie [2]

Zivilisationsprozess, [1] bei A. Weber die „Darbietung veränderter Mittel für den Sozialaufbau", im Wesentlichen als eine fortschreitende Intellektualisierung der Daseinsbewältigung gedacht, die von der naiven zur reflektierten Stellungnahme zur Welt führt. Im Unterschied zum Kulturprozess, der wesensmäßig mit dem Geist eines bestimmten Volkes verbunden ist, ist Z. ein universaler Vorgang, der durch seine „Formungstendenzen" auf das „kulturelle Wollen und Verhalten" einwirkt; er bezieht sich auf die technischen Grundlagen der Daseinsrationalisierung und muss von allen Völkern erarbeitet werden.   G.K.

[2] Bei N. Elias (1939) der Wandel der Sozialstruktur zur Moderne hin, abgelesen an der Verfeinerung der Lebensstile, Sitten und Umgangsformen, der Dämpfung der Affekte, der Bändigung von offener Gewalt, der Herausbildung des Staates u.a. Der Z. vollzieht sich in westlichen Gesellschaften seit dem Hochmittelalter bis ins 20. Jahrhundert. Er verlief ungeplant und nicht zielgerichtet, allerdings nicht geradlinig, und er kehrte seine Richtung nie um.   R.L.

Zivilreligion → *civil religion*

z-Skala → *z*-Transformation

z-Test → t-Test

z-Transformation, Umwandlung der Messwerte (X) einer Skala in ihre Abweichung vom Mittelwert (m), dividiert durch die Standardabweichung der Verteilung (s):

$$z = \frac{X - m}{s} = \frac{x}{s}$$

Die Skala der *z*-Werte heißt *z*-Skala oder Standard-Skala. Die *z*-Werte geben Aufschluss über die relative Lage eines Messwerts in einer normalverteilten Population von Messwerten. Die

durch die z-T. gewonnene standardisierte Normalverteilung hat den Mittelwert $m = 0$ und eine Standardabweichung von $s = 1$.   H.W.

Zufall, [1] Bezeichnung für ein Ereignis, das in keinem systematischen Zusammenhang mit einem Bereich beobachteter Sachverhalte, etwa einem bestimmten System von Ereignissen, steht.

[2] Ereignis aus einer Klasse von Ereignissen, die alle die gleiche Wahrscheinlichkeit der Realisierung besitzen, z.B. in einer Zufallsauswahl.

[3] Ereignis mit einer bestimmten Wahrscheinlichkeit des Eintretens.

Als allgemeines Kennzeichen eines zufälligen Ereignisses werden angesehen: a) sein Eintreten kann nicht exakt vorausgesagt werden, b) sein Eintreten kann nicht beeinflusst werden.   H.W.

Zufallsauswahl, Wahrscheinlichkeitsauswahl, Zufallsstichprobe, *random sample,* Bildung einer Stichprobe aus einer Grundgesamtheit, bei der für jedes Element der Grundgesamtheit eine angebbare Wahrscheinlichkeit besteht, in die Auswahl zu gelangen. Eine uneingeschränkte Z. liegt vor, wenn die Stichprobe direkt der Grundgesamtheit entnommen wird (z.B. einer Kartei, die alle Elemente umfasst) und jedes Element die gleiche Wahrscheinlichkeit besitzt, in die Stichprobe zu kommen. Weitere Formen der Z. sind die geschichtete Auswahl, die mehrstufige Auswahl und Klumpenstichprobe, etwa in Form der Flächenstichprobe. Die Z. ist Voraussetzung für die Anwendung statistischer Schätz- und Prüfverfahren. Sie bilden zusammen den Gegenstand der Stichprobentheorie. Die Zufallsmäßigkeit der Auswahl sichert die Unverzerrtheit der Auswahl, die Repräsentativität, die es ermöglicht, innerhalb angebbarer Fehlergrenzen die Stichprobe als Abbild, Modell der Grundgesamtheit aufzufassen.   H.W.

Zufallsfehler, *random error,* Messfehler, der i.d.R. auf eine Vielzahl kleinerer unkontrollierbarer Störfaktoren zurückgeführt wird. Die Z. hängen nicht in systematischer Weise (→ systematische Fehler) von der Messmethode ab. Es wird häufig angenommen, dass der Z. der Normalverteilung mit einem Mittelwert von $m = 0$ folgt. Unter dieser Annahme tendiert der Mittelwert der Messwerte bei wiederholten Messungen gegen den wahren Wert. Die Standardabweichung der Messfehler wird als mittlerer oder mittlerer quadratischer Fehler bezeichnet.   H.W.

Zufallsprozess → stochastischer Prozess

Zufallsstichprobe → Zufallsauswahl

Zufallsvariable, *variate, random variable,* Bezeichnung der Statistik für eine veränderliche Größe, die Werte aus einer festgelegten Menge von Werten mit bestimmten Wahrscheinlich-

Z

keiten annimmt, die den Werten zugeordnet sind.   H.W.

Zufallsverteilung, häufig Synonym für Wahrscheinlichkeitsverteilung. Mit Z. werden auch Wahrscheinlichkeitsverteilungen bezeichnet, bei denen alle Ereignisse die gleiche Wahrscheinlichkeit des Auftretens besitzen (Gleichverteilung).   H.W.

Zufallszahlen, *random numbers,* Menge von Zahlen einer bestimmten Anzahl von Stellen, deren Ziffern (etwa 0 bis 9) zufällig mit gleicher Wahrscheinlichkeit auftreten. Die Z., die bei → Zufallsauswahlen oder der → Monte-Carlo-Methode zur Anwendung gelangen, können aus vorliegenden Zufallszahlentafeln entnommen werden.   H.W.

Zugang, in der empirischen Sozialforschung die Möglichkeit, im Untersuchungsfeld Daten zu erheben. Da die Genehmigung dazu oft nicht oder nur unter Auflagen erteilt wird bzw. mit solchen Restriktionen zu rechnen ist, müssen viele Projekte inhaltlich verändert oder sogar aufgegeben werden.   R.L.

Zugänglichkeit, *accessibility,* [1] der Grad, in dem gewisse Rekrutierungsregeln außenstehenden Personen den Zugang zu sozialen Positionen oder die Mitgliedschaft in sozialen Gruppen erleichtern, erschweren oder unmöglich machen.   B.Bu.

[2] Von K. Lewin (1948) benutzte Bezeichnung für die Bereitschaft, mit anderen Personen freundschaftliche Beziehungen anzuknüpfen. Eine allgemein große Z. ist nach J.W. Thibaut u. H.H. Kelley (1959) Folge von hoher Mobilität in einer Gesellschaft.   R.Kl.

Zugangschancen, die Wahrscheinlichkeit für einen Akteur, eine bestimmte soziale Position oder Rolle einzunehmen und dadurch Einfluss, Belohnungen, Status usw. zu erwerben, gemessen an seinen strukturellen Ausgangsbedingungen (wie Geschlecht, Herkunft, Bildung, Beziehungen).   H.L.

Zugangspunkt, *access point,* bezeichnet bei A. Giddens (1995) „Stellen, an denen eine Verbindung zustande kommt zwischen Einzelpersonen oder Kollektiven ohne Fachkenntnisse und den Vertretern → abstrakter Systeme"," wo sich also Vertreter bzw. Abgesandte der → Expertensysteme und Nichtexperten als Anwesende begegnen (z.B. Beratung beim Arzt oder Anwalt, Meldung beim Ordnungsamt). In solchen Situationen versuchen die Experten, das Vertrauen der Laien ins Wissen und in die Funktionsfähigkeit ihrer Systeme aufzubauen bzw. zu bestärken.   W.F.H.

Zugehörigkeitsmerkmale, Kennzeichnungen von Untersuchungseinheiten als Teile von Mengen von Untersuchungseinheiten, die bestimmte kollektive Merkmale aufweisen (z.B. Individuum *X* gehört einer stark kohäsiven Gruppe an). H.W.

Zugehörigkeitsnormen, Verhaltensregeln, die in sozial definierten Einheiten (z.B. Familie) nur für deren Mitglieder gelten. Im Unterschied zu Z. beziehen sich „allgemeine Normen" auf alle Gesellschaftsmitglieder und „Positionsnormen" nur auf einzelne Positionen.   C.Wo./H.Tr.

Zugeschriebenheit sozialer Positionen, die dem Individuum ohne eigenes Zutun aufgrund biologischer Merkmale (Alter, Geschlecht) oder sozialer Bedingungen (Gesellschaftsstruktur) in einem sozialen Beziehungsfeld zugeordnete Stellung. Was zugeschriebene oder erworbene Positionen des Individuums sind, ist nicht in jedem Fall eindeutig bestimmt, sondern von den gesellschaftlich vermittelten Möglichkeiten abhängig. Dem Begriffspaar „zugeschriebene vs. erworbene Positionen" liegt die von R. Linton (1936) getroffene Unterscheidung von *ascribed status* vs. *achieved status* zu Grunde. Da jedoch → Status nicht einheitlich definiert wird und auch Linton ihn mehrfach modifiziert hat, soll mit dem Begriff → Position (u.a. N. Gross, W. Mason, A. McEachern 1958; R. Dahrendorf 1959) terminologische Trennschärfe erreicht werden.   S.S.

Zugzwänge des Erzählens, in der erzähltheoretischen Fundierung des → narrativen Interviews nach F. Schütze jene im Stegreiferzählen eigenerlebter Erfahrungen wirksamen Mechanismen, die den Erzähler zur umfassenden Preisgabe authentischer Erfahrungen zwingen; gegen seinen Willen wird in der Erzählung auch bewusst Verschwiegenes und Verdrängtes erkennbar. Es handelt sich um den Gestaltschließungszwang (Zwang, einmal begonnene Geschichten auch zu Ende zu führen), den Relevanzfestlegungs- und Kondensierungszwang, der eine Hierarchisierung und Verdichtung der dargestellten Sachverhalte verlangt, sowie den Detaillierungszwang, der zur Plausibilisierung des Erzählten eine größere Ausführlichkeit und die Abgabe zusätzlicher Informationen bewirkt.   I.K.

Zukunft, psychologische, Begriff der psychologisch-sozialwissenschaftlichen Feldtheorie, der zukünftige Ereignisse, Handlungen und Ziele in der Vorstellungs- und Erlebenswelt (dem „Lebensraum") von Personen oder Gruppen in ihrer gegenwärtigen Bewusstheit oder Handlungswirkung bezeichnet. → Vergangenheit, psychologische   H.E.M.

Zukunftsforschung, Futurologie, seit dem 2. Weltkrieg aufkommende Bezeichnung für die systematische Darstellung wahrscheinlicher, möglicher oder utopischer Entwicklungen im gesamtgesellschaftlichen Bereich, insbesondere in Bezug auf die Wechselwirkungen zwischen

Technologie und sozialer Organisation und die Regelung von Konflikten. K.L.

Zukunftsorientierung → Gegenwartsorientierung

Zukunftswerkstatt, partizipationsorientiertes Planungsverfahren, durch das in den drei Phasen Kritik, Fantasie und Umsetzungsplanung Zukunftsentwürfe für thematisch bestimmte Fragenkomplexe von interessierten Betroffenen entworfen werden. Neben der Erarbeitung eines Zukunftsszenarios steht der soziale Lernprozess im Vordergrund. Als Instrument v.a. entstanden in der Bürgerinitiativbewegung und daher eng mit den Forderungen einer ökologisch orientierten und „emanzipierten" Lebensweise verbunden. Wissenschaftlich gesehen Form der → Aktionsforschung. R.T.

ZUMA, Abk. für Zentrum für Umfragen, Methoden und Analysen, das ZUMA in Mannheim unterstützt und berät bei sozialwissenschaftlichen Untersuchungen, stellt Datensätze aus dem Bereich der amtlichen Statistik (z.B. Mikrozensus, Einkommens- und Verbrauchsstichprobe) und der Umfrageforschung (z.B. ALLBUS) zur Verfügung und liefert Daten zur Sozialberichterstattung → GESIS R.L.

Zurechnung ist die Lokalisierung der maßgeblichen Ursache in einem an sich unendlichen Netz wirkender und bewirkter Faktoren. Z. erfolgt immer selektiv. Für die Selektion der Z. gibt es sowohl sozialstrukturelle als auch personstrukturelle Gründe. Der Unterschied von Selbstzurechnung und Fremdzurechnung (*internal – external control*) korreliert mit kognitiven und mit motivationalen Variablen und ist dadurch für die Verbindung von kognitiver und motivationaler Psychologie bedeutsam geworden. N.L.

Zusammenbruch, normativer → Anomie
Zusammenbruchstheorie → Krisentheorie [2]
Zusammenhalt der Gruppe → Kohäsion [1]
Zusammenhangsanalyse, Untersuchung einer Menge von Variablen auf systematische Beziehungen in Form miteinander kovariierender Variablenwerte oder bestimmter Konfiguration von Variablenwerten, die Gruppen von Untersuchungsobjekten charakterisieren. Die variablenorientierte Z. wird i.d.R. als Analyse von Kontingenztabellen, als Korrelations- und Regressionsanalyse oder als Varianzanalyse durchgeführt. Die an Objektgruppen orientierte Z. untersucht die Merkmalsprofile der Untersuchungseinheiten mit Methoden der *Cluster*-Analyse. H.W.

Zusammensetzung des Kapitals → Wertzusammensetzung des Kapitals
Zusammensetzung, organische → Wertzusammensetzung des Kapitals

Zusammensetzung, technische → Wertzusammensetzung des Kapitals
Zuschreibung – Leistung, *ascription – achievement*, eine Alternative der sozialen Orientierung (R. Linton), die später von T. Parsons zur → *pattern variable* „Qualität vs. Verhalten" verallgemeinert wurde. Man kann ein Individuum entweder beurteilen bzw. sich ihm gegenüber verhalten nach zugeschriebenen Eigenschaften (wie Alter, Geschlecht, Prestige, Hautfarbe u.ä.) oder nach dessen Leistung (im Beruf, als Staatsbürger, Steuerzahler u.ä.). Die Begriffe werden besonders häufig zur Unterscheidung von Faktoren des sozialen Status, also von Schichtungskriterien verwendet. Es wird angenommen, dass sich der soziale Status einer Person in entwickelten Industriegesellschaften zunehmend von erworbenen Kriterien (Leistung) und weniger von askriptiven Kriterien (Zuschreibung) herleitet. H.L.

Zuschreibungstheorie → Attributionstheorie
Zuständigkeitsprinzip → Subsidiaritätsprinzip
Zustandssystem, diskretes, auch: *D-S-System*, *discrete state system*, System, das sich in jedem Augenblick in einem Zustand aus einer endlichen oder unendlichen Menge möglicher Zustände befindet und in diesem Zustand eine endliche Zeitspanne lang verbleibt. Der Übergang von einem Zustand zu einem anderen erfolgt nach deterministischen oder probabilistischen Regeln. H.W.

Zustimmung → *belief – disbelief*
Zustromquote → Herkunftsquote
Zuteilung → Allokation
Zuverlässigkeit, Verlässlichkeit, *reliability*, überprüfbare Eigenschaft von Erhebungs- und Messinstrumenten (z.B. Skalen, Beobachtungsschemata, Versuchsanordnungen). Z. liegt vor, wenn die Anwendung des Instrumentes unter kontrollierten Erhebungs- bzw. Messbedingungen zu gleichen Resultaten führt. Die Z. eines Beobachtungsschemas muss u.a. danach beurteilt werden, inwieweit verschiedene Beobachter den gleichen Sachverhalt gleich einordnen oder inwieweit die Aussagen eines Beobachters zu verschiedenen Zeitpunkten über einen gleichen Sachverhalt voneinander abweichen. Kriterien und Methoden (Halbierungsverfahren, Test-Retest-Methoden) zur Bestimmung der Komponenten der Z. eines Messinstruments sind insbesondere in der psychologischen Testtheorie entwickelt worden. D.G./H.W.

Zuwendung, affektive, emotionale Zuwendung, das freundliche, liebevolle, zärtliche Verhalten, das einer Person entgegengebracht wird. Ein Mangel an a.r Z. in früher Jugend führt meist zu schweren Persönlichkeitsstörungen. → Hospitalismus R.Kl.

Z

Zwang, hierokratischer → Verband, hierokratischer

Zwang, sozialer, *social constraint, social coercion, social force,* [1] die gesellschaftliche Kontrolle einiger Menschen durch andere (R. Dahrendorf). Zwangsmittel sind hierbei alle Arten sozialer Verhaltenslenkung, z.B. bloße Rüge oder Belobigung, materielle Beeinträchtigung oder Belohnung, Kündigung oder Beförderung in einem Arbeitsverhältnis, Bestrafung.
[2] In einem engeren Sinne bedeutet s. Z. die Androhung physischer Eingriffe. Z. ist dann die Vorstufe zur Gewalt im Sinne unmittelbarer belastender Einwirkung auf den Körper eines anderen.
[3] In einem übertragenen Sinn wird mit s. Z. die kulturelle Determiniertheit des Menschen bezeichnet: Werte und Normen, die durch Erziehung tradiert werden, wirken auf die Überzeugungen und Handlungen des Einzelnen ein (H.P. Dreitzel). Der vieldeutige Begriffsgebrauch, bereits von E. Durkheim geübt, erschwert es, s. Z. von anderen Grundbegriffen wie Kontrolle, Sanktion, Gewalt, Macht und Einfluss abzugrenzen. Forschungsprobleme über s. Z. sind z.B. die Fragen, inwieweit er den Zusammenhalt von Gesellschaften zu erklären vermag (T. Hobbes) und unter welchen Bedingungen ein Zwangsregime zu legitimer Herrschaft wird. R.L.
[4] Bezeichnung für die Erwartung oder die Androhung von Beeinflussungen, die den Einzelnen veranlassen, aktuell anders zu handeln, als er potenziell könnte. O.R.

Zwangsapparat, der Teil einer Organisation oder Verwaltung, der für die Einhaltung der Satzung oder Rechtsordnung durch Zwang sorgt (M. Weber). W.F.H.

Zwangsarbeit → Arbeit, unfreie

Zwangsgarantie, die Garantie der Geltung einer Satzung oder Rechtsordnung durch psychischen oder physischen Zwang, ausgeübt durch den Teil einer Verwaltung oder Organisation, der ausschließlich mit dieser Aufgabe der Z. betraut ist (M. Weber). W.F.H.

Zwangsgemeinschaft nennt M. Weber allgemein jede Form der Vergesellschaftung, insofern zur Aufrechterhaltung ihrer Ordnung physischer oder psychischer Zwang ausgeübt wird. Nach dem engeren Sprachgebrauch freilich nur anstaltsmäßig organisierte Gebilde mit einem speziellen Zwangsapparat, der die Einhaltung einer Ordnung garantiert. C.S.

Zwangshandeln, klinisch gesehen bestimmte Aktionen oft rituellen Charakters, die ein Individuum durch einen inneren Zwang getrieben ausführen muss, um ein Ansteigen von Angst zu verhindern. U.E.

Zwangsheterosexualität, *compulsory heterosexuality,* Begriff der feministischen Theorie (A. Rich); bezeichnet den sozialen Druck und die kulturelle Selbstverständlichkeit, wonach geschlechtliche Liebe sich nur in der Mann-Frau-Paarung zu ereignen hat. R.L.

Zwangsmacht, *coercive power,* beruht auf dem Versuch der Machtunterworfenen, durch Konformität den als angedroht wahrgenommenen Bestrafungen zu entgehen (J.R.P. French u. B.H. Raven). K.H.H.

Zwangsmodell, in der Konflikttheorie (R. Dahrendorf) ein in der Arbeiterschaft vorherrschendes Bild von der kapitalistischen Gesellschaft, das zwei grundlegend getrennte Klassen unterscheidet, die Herrschenden und die Beherrschten (die Arbeiter), aber keine Chance zur Veränderung dieser Lage beinhaltet (insofern nahezu bedeutungsgleich mit → dichotomes Gesellschaftsbild). W.F.H.

Zwangsneurose. Neben der Hysterie stellt die Z. eine der beiden Übertragungsneurosen dar und bildet somit einen der Hauptbereiche der psychoanalytischen Klinik. In der psychoanalytischen Neurosenlehre wird die Z. erklärt als Regression auf anal-sadistische Fixierungen auf Grund eines unbewältigten Ödipuskomplexes, wobei sich die psychischen Konflikte in der Regel in Zwangssymptomen ausdrücken. Die Z. zeichnet sich aus durch eine umschriebene Konstellation der Abwehrmechanismen und durch eine besondere Spannung zwischen Zwangsvorstellungen und einem grausamen Über-Ich. U.E.

Zwangsorganisation → Organisation, normative

Zwangsverband, Bezeichnung für Verbände in vorkapitalistischen Epochen, in denen die in ihnen organisierten Untertanen durch gegenseitige Verpflichtung an eine Leistung für die staatliche Herrschaft gebunden sind, also militärische, juristische, steuerliche Leistungen gemeinsam aufbringen müssen. Einzelne Mitglieder des Z.es wurden dabei meist für die Erbringung der Leistung verantwortlich gemacht, z.B. die Grundherren. W.F.H.

Zweckbegriff bezeichnet bei M. Weber erstens das grundlegende methodologische Prinzip der Rekonstruktion allen subjektiv sinnhaften Handelns und zweitens einen bestimmten Typ bereits seinem subjektiv gemeinten Sinn nach zweckrational bestimmten Handelns, der ausgezeichnet ist durch Benutzung von rational kalkuliertem Verhalten von Gegenständen der Außenwelt oder von anderen Menschen als Mittel oder als Bedingung für eigene rational erstrebte und abgewogene Zwecke. C.S.

Zweck-Mittel-Schema → Ziel-Mittel-Schema

Zweckmodell → Zielmodell

Z

Zweckprogramm → Programmierung von Entscheidungen

Zweckprogrammierung → Programmierung von Entscheidungen

zweckrational, die Eigenschaft eines sozialen Handelns bzw. Sozialverhältnisses, das ausschließlich daran orientiert ist, ein gegebenes Ziel (Zweck) unter Abwägen möglicher Nebenfolgen mit den wirksamsten Mitteln zu erreichen im Sinne eines reinen Zweck-Mittel-Erfolg-Denkens (M. Weber). Reiner Typ: z.B. das Verhalten eines Unternehmens, mit begrenzten Mitteln maximalen Profit zu erwirtschaften.
               H.L.

Zweckverband, [1] Zusammenschluss von Gemeinden auf kommunaler Ebene zu einer Körperschaft des öffentlichen Rechts, der dann Aufgaben in Zusamenhang mit einem bestimmten Zweck übertragen werden.
[2] Bezeichnung von G. Simmel (1908) für die „Organisationsart", die Menschen um eines bestimmten Zweckes wegen, der rational verfolgt wird, vereinigt (1900). Von den Mitgliedern des Z. wird erwartet, dass jeder einzelne ausschließlich Träger einer bestimmten Leistung sei, gleichgültig gegenüber den individuellen Interessen (Rolle). Entsprechend sei der Z. „die schlechthin *diskrete* soziologische Formung, seine Teilnehmer sind in psychologischer Hinsicht anonym und brauchen ... voneinander eben nur zu wissen, *daß* sie ihn bilden."   O.R.

Zweckverhalten, zweckgerichtetes oder zielorientiertes Verhalten, *purposive behavior,* nach Tolman ein Verhalten, welches durch die Erwartung der Zielerreichung bzw. die „Zielerwartung" motiviert ist.   R.Kl.

Zwei-Drittel-Gesellschaft, (kritische) Bezeichnung für die sozialökonomische Entwicklung in Westdeutschland in den 1980er Jahren. Die Gesellschaft spaltet sich zunehmend in zwei Gruppen, deren eine (ca. 2/3) in einem bezahlten Arbeitsverhältnis steht und darüber am sozialen und politischen Leben teilnimmt. Ca. 1/3 der Gesellschaft wird ökonomisch etwa durch Sozialhilfe oder Arbeitsbeschaffungsmaßnahmen scheinbar integriert; die materielle Grenzsituation verhindert aber eine aktive Lebensgestaltung.   G.F.

Zweierbeziehung, ein Sammelbegriff für Ehen und „eheähnliche Beziehungsformen" (z.B. nichteheliche Lebensgemeinschaften, *Living-apart-together*-Beziehungen). Eine Z. ist eine persönliche Beziehung zwischen Personen unterschiedlichen oder gleichen Geschlechts, die sich durch einen hohen Grad an Verbindlichkeit (Exklusivität) auszeichnet, ein gesteigertes Maß an Zuwendung aufweist und sexuelle Interaktion einschließt. Dieser Begriff umfasst gleicher-

maßen hetero- wie auch homosexuelle Beziehungen. Synonym zu Z. werden auch die Begriffe Paarbeziehung und Intimsystem verwendet.
               K.Le.

Zweierbeziehung, verdeckte, *forbidden relationship,* bei K. Lenz (1998) eine heimliche Paarbeziehung, bei der mindestens einer der beiden in ein anderes Paar gebunden ist. W.F.H.

Zweiergruppe → Dyade

Zwei-Faktoren-Theorie der Intelligenz von C. Spearman. Sie besagt, dass alle Intelligenzleistungen, wie sie z.B. durch die einzelnen Aufgaben eines Intelligenztests definiert sind, auf einen gemeinsamen → generellen Faktor g (g-Faktor, *general mental ability*) und außerdem noch, jede für sich, auf einen spezifischen Begabungsfaktor s (→ s-Faktor) zurückgehen. R.Kl.

Zweiklassenmodell, dichotomes Modell der Sozialstruktur, das davon ausgeht, dass die beiden Klassen durch genau entgegengesetzte Merkmale kennzeichenbar sind (arm – reich, herrschend – beherrscht etc.) und dass die eine Klasse, wie sich aus der Merkmalsauswahl ablesen lässt, von der anderen abhängt.   O.R.

Zweiparteiensystem → Einparteiensystem

Zwei-Personenspiel, ein Spiel im Sinne der → Spieltheorie, an dem zwei Personen beteiligt sind. Jeder der beiden Spieler versucht, sich durch die Wahl von Minimaxstrategien (Strategien nach dem → Minimaxkriterium) einen Mindestgewinn zu garantieren. Man unterscheidet nach Art der Spielmatrix Zwei-Personen-Nullsummenspiele und Zwei-Personen-Nicht-Nullsummenspiele. In Letzteren ist es häufig möglich, dass die Spieler durch Kooperation eine höhere Auszahlung erreichen als durch Verhalten nach dem Minimaxkriterium. Kooperationsverhalten ist in der experimentellen Forschung insbesondere anhand des → Häftlingsdilemmaspiels untersucht worden. N.M.

Zweischichtentheorie. Die Sozialstruktur ist in zwei Schichten funktional differenziert, die durch Merkmale in Hinblick auf ein gemeinsames Ganzes gekennzeichnet sind; die beiden Schichten stehen in einem gegenseitigen Abhängigkeitsverhältnis.   O.R.

Zweistufenhypothese der Kommunikation → Kommunikationsfluss, zweistufiger

Zweitbestattung → Begräbnis, zweites

Zweiwegkommunikation → Kommunikation, gegenseitige

Zwillingsforschung, *twin research,* Erforschung des Anteils von Anlage- und Umwelteinflüssen bei einer Vielzahl körperlicher und psychischer Merkmale durch den Vergleich von eineiigen Zwillingen (EZ), die eine identische genetische Ausstattung haben, mit zweieiigen Zwillingen (ZZ), die biologisch den Verwandtschaftsgrad

Z

normaler Geschwister besitzen. Die aus der Z. abgeleiteten Interpretationen zur Erbbedingtheit psychologischer Merkmale (so z.B. Intelligenz) sind trotz der scheinbaren Eleganz des methodischen Vergleichs umstritten, da eine große Anzahl von möglichen Störfaktoren in die Z. mit eingeht: so ist u.a. die eindeutige Unterscheidung zwischen EZ und ZZ mit Sicherheit nur durch eine (meist nicht durchzuführende) Gewebetransplantation zu leisten; EZ und ZZ zeigen andere Verteilungsformen bei psychologischen Merkmalen als die Normalbevölkerung u.a.m.   C.R.S.

Zwillingszentrum, eine Agglomeration, bestehend aus zwei administrativ autonomen Städten, oft natürlich getrennt (z.B. Fluss). Beispiel: Mannheim und Ludwigshafen.   J.F.

Zwischenglieder, bei L. von Wiese (1966) jene Gruppen, die zwischen den Einzelmenschen und den sozialen Gebilden stehen (z.B. Priesterschaft zwischen Laien und Kirche, Beamte zwischen Bürgern und Staat).   W.F.H.

Zwischenschichten, in marxistischen Klassentheorien jene Sozialschichten, die weder eindeutig den Eigentümern von Kapital noch den Lohnabhängigen zugeordnet werden können (Angehörige freier Berufe, Bauern, Kleinhändler, Handwerker).   W.F.H.

Zwischenwelt, [1] allgemein und unscharf für Lebensformen oder Status im Übergang, z.B. für die Jugendphase.

[2] „Kulturelle Z." bezeichnet die Lebenssituation von Arbeitsmigranten zwischen Herkunfts- und Einwanderungsgesellschaft: „Zwischenwelt nennen wir jenen psychischen, sozialen und kulturellen Standort, den ein Mensch bezieht, wenn er unter dem Anspruch eines einheitlichen Lebensentwurfs versucht, gegensätzliche Lebenswelten, von denen er abhängig ist, zusammenzufügen" (Hettlage-Varjas/Hettlage 1984).   W.F.H.

Zyklen, politische. Nach der Vorstellung älterer Staatslehren wechseln die Regierungsformen in feststehendem Ablauf miteinander ab. Die drei Grundformen (Monarchie, Aristokratie, Demokratie) werden jeweils durch ihre Abarten (Despotie, Oligarchie, Ochlokratie) abgelöst. Daraus ergibt sich der Zyklus: Monarchie – Despotie – Aristokratie – Oligarchie – Demokratie – Ochlokratie – Monarchie etc.   W.F.H./O.R.

Zyklentheorie → Kulturzyklus, → Krisenzyklus, → Zyklen, politische

Zyklus, Rowntree'scher → Rowntree'scher Zyklus